आचार्य रमानाथ झा रचनावली -4

आचार्य रमानाथ झा रचनावली-4

विविध

संकलन-सम्पादन
मोहन भारद्वाज

वाणी प्रकाशन

वाणी प्रकाशन
ज्ञान के विविध आयामों के प्रकाशक
वाणी प्रकाशन का 'लोगो' विख्यात चित्रकार मक़बूल फ़िदा हुसेन की कूची से

वाणी प्रकाशन, 4695, 21-ए, दरियागंज, नयी दिल्ली-110002
वाणी प्रकाशन, अशोक राजपथ (पटना कॉलेज के सामने), पटना (बिहार)

AACHARYA RAMANATH JHA RACHNAWALI-4

by Aacharya Ramanath Jha

Edited by Mohan Bhardwaj

Complete work of Ramanath Jha

ISBN : 978-93-5000-210-0

सी.आई.आई.एल. के सहयोग से प्रकाशित

आवरण : छवि झा

प्रथम संस्करण

मूल्य : 5000/-

वाणी प्रकाशन

फोन : 0091#11#23273167, 23275710

फैक्स : 0091#11#23275710

वेबसाइट : www.vaniprakashan.in

ई-मेल : vaniprakashan@gmail.com

vani_prakashan@yahoo.com

आर.टेक ऑफसेट प्रिंटर्स द्वारा दिल्ली-110095 में मुद्रित

The 'Rachnavali' is dedicated to Late Durganath Jha (1946-2005), son of Acharya Ramanath Jha, whose painstaking efforts have made its publication possible

अनुक्रम

प्राक्कथन

"एखन मैथिलीक साहित्यकारलोकनिक समक्ष सबसँ महत्वपूर्ण काज अछि शिशु साहित्य-निर्माणक, वस्तुतः शिशु साहित्यक, एहन साहित्यक जे सत्ये शिशुक उपयुक्त हो, भाषा, भाव ओ शैली सब दृष्टि सँ नेनाक सहज औत्सुक्यक अनुकूल हो जाहि सँ ओकरालोकनि कें केवल बौद्धिक विकासेटा नहि, मनोरंजन सेहो भए सकैक।"

रमानाथ झा उक्त कथन बाल-साहित्यक स्वरूप आ उद्देश्य कें रेखांकित करैत अछि। शिशु-साहित्यक लेखनक लेल मैथिलीक साहित्यकार कें प्रेरित करब सेहो हुनक अभीष्ट छनि। किन्तु, बात ततबे नहि अछि। उक्त वाक्यक पहिल शब्द अछि 'एखन'। ई शब्द सन्दर्भ-सापेक्ष अछि आ से जानब उक्त कथनक निहितार्थ बुझबाक लेल जरूरी अछि। शिक्षण-व्यवस्था मे प्राथमिक शिक्षा आ प्राथमिक शिक्षा मे मातृभाषाक स्थान सभ दिन महत्वपूर्ण रहल अछि। मुदा आजुक मिथिला मे मैथिलीक माध्यम सँ प्राथमिक शिक्षा देबाक आवश्यकता बढ़ि गेल अछि। एकर कारण अछि साक्षरता मे भेल वृद्धि। स्वतन्त्रताक बाद मिथिला मे साक्षरता-वृद्धि अपेक्षित अनुपात मे भने नहि भेल हो, किन्तु ओहि मे बढ़ोत्तरी भेल अछि ताहि मे सन्देह नहि। साक्षर शिशुक जिज्ञासा आ उत्सुकता सेहो बढ़ल अछि। नेना मे पढ़बाक रुचि जगयबाक लेल, जागल रुचि कें शान्त करबाक लेल पोथी चाही। मैथिल जनपदक नेना कें मैथिलीक पोथी चाही। यदि एहि क्षेत्रक नेना कें दोसर भाषाक पोथी सँ अपन उत्सुकता शान्त करय पड़तैक तँ से प्रकृतिक प्रतिकूल हेतैक। कठिन आ समयसाध्य हेतैक। एहि सँ नेनाक विकास तँ बाधित होयबे करतैक, भाषान्तरक पोथी सँ जिज्ञासा शान्त करबाक अथवा मनोरंजन सामग्री पयबाक अभ्यास लागि जायब मैथिलीक भविष्य लेल सेहो अहितकर होयत। येह थिक ओ समय-सन्दर्भ जाहि मे मिथिलाक नेना लेल मैथिली मे साहित्य-रचना महत्तम आवश्यकता बनि जाइत अछि।

रमानाथ झा एहि बाध्यकारी प्रयोजन कें अधोरेखित करबाक संगहि स्वयं सेहो गतिमान भेलाह। हुनक शिशु साहित्य मात्रा मे कम अछि, उदाहरण मात्र अछि, मुदा विषय-चयन सँ भाषा-प्रयोग धरि मे ओ एकटा प्रतिमान स्थापित करैत अछि।

हुनके शब्दावली मे हम कहब जे 'एहिमे हित उपदेश कोन रूपेँ कथाक अन्तरमे निहित अछि से सबहुँ देखि सकैत छी।'

रचनावलीक एहि खंड मे रचयिता रमानाथ झाक एकटा भिन्न रूप भेटैत अछि। मैथिली साहित्य मे ओ भावयित्री प्रतिभाक उत्कर्षक रूप मे जानल जाइत छथि। किन्तु, एहि खंड मे हुनक कारयित्री प्रतिभाक सहजता-सरलता, रोचकता-मधुरताक निदर्शन भेटैत अछि। नेना-बच्चाक लेल ओ शिशु साहित्यक रचना कयलनि तँ चेतन हेतु उदयन-कथा ओ वररुचि-कथा लिखलनि। ई दुनू कथा-कृति थिक जे कथासरित्सागरक आधार पर लिखल गेल अछि। सोमदेव भट्ट रचित कथासरित्सागर संस्कृतक प्रारम्भिक कथा-पुस्तक थिक। एहि मे 18 लम्बक, 104 तरंग तथा 24000 श्लोक अछि। उदयन-कथा मे रमानाथ झा *कथासरित्सागरक* दोसर आ तेसर लम्बक मे वर्णित उदयन कथा केँ अपन कथा-पोथीक आधार बनौलनि। हुनकहि शब्द मे "ई जे कथा हम लिखल अछि से *कथासरित्सागरक* आधार पर, ओहिमे वर्णित कथाकेँ हम स्वाभाविकता ओ रोचकता दुहूकेँ दृष्टि मे राखि कतहु कम, कतहु बेसी कए, अपना शब्द मे लिखल अछि।" *वररुचि-कथा सेहो* एही प्रक्रिया सँ *कथासरित्सागरक* प्रथम लम्बकक दोसर सँ पाँचम तरंग धरि मे वर्णित कथाक आधार पर लिखित अछि।

रचनावलीक प्रस्तुत खंड एक आओर दृष्टिकोण सँ ध्यानाकर्षक अछि। अन्य खंड मे रचनाक चयन विषयक आधार पर कयल गेल अछि, किन्तु एहि खंडक विशेषता अछि विषयक विविधता। एहि मे एक्के ठाम मूल आ अनुवाद, साहित्य आ इतिहासक रूप भेटैत अछि तँ कथा आ कविता, जीवन-चरित आ रिपोर्ताजक रस सेहो उपलब्ध होइत अछि।

साहित्य सर्जनाक समस्या वस्तुतः दोसर खंडक रचना थिक। मुदा, बन्धुवर नरेन्द्र झा सँ ओ निबन्ध तखन भेटल जखन उक्त खंडक पाण्डुलिपि यथास्थान पठाओल जा चुकल छल। तेँ, पूर्व घोषणाक अनुसार, छूटल रचनाक रूप मे, एकरा चारिम खंड मे सम्मिलित कयल गेल अछि। श्री नरेन्द्र झाक प्रति कृतज्ञता-ज्ञापन हमर कर्त्तव्य थिक। दमन कुमार झा जाहि तत्परता सँ रमानाथ झाक बाल-साहित्य उपलब्ध करौलनि ताहि लेल धन्यवाद। मैथिलीक बाल-साहित्यक संग्रह आ ओकर विवेचन-विश्लेषण मे हुनक रुचि प्रशंसनीय अछि। प्रो. मन मोहन झाक सहृदयताक लेल हम आभारी छी जे अपन ग्रंथालयक झोंझसँ निकालि गुरु गोविद सिंहक जीवनी उपलब्ध करौलनि।

शिवपुरी, पटना **—मोहन भारद्वाज**

10 अप्रैल, 2007

शिशु साहित्य

भारत आइ स्वतन्त्र अछि। हमरालोकनि आब स्वतन्त्र भारतक नागरिक छी। हजार वर्ष परतन्त्र रहि आब हमरालोकनि मुक्त भेल छी ओ जेना चाही तेना अपनाकेँ बनाए सकैत छी। आब हमरालोकनिकेँ आनक शासन नहि मानए पड़त, अपन शासन अपनहि करैत छी। आब हमरा लोकनि जकरा चाही तकरा हाथ मे अपन शासन दए सकैत छिऐक, जकरा चाही तकरा निकालि सकैत छिऐक। परन्तु स्वतन्त्रता केवल अधिकार नहि, कर्त्तव्यक बोझ हमरा लोकनिकेँ दैत अछि। एहना स्थिति मे प्रत्येक नागरिकक ई कर्त्तव्य भए जाइत छैक जे अपन शासन तेहन सुन्दर बनाबी जे सभक कल्याण होइक आ सबहक कल्याण सँ देशक कल्याण स्वतः भए जाएत।

हमरा लोकनिक सरकार आब पाँच वर्षक हेतु बनैत अछि। पँचमा वर्ष पर देश भरिक लोक अपन मत दान दए अपन प्रतिनिधिकेँ चुनैत अछि ओ एही प्रतिनिधि मंडलक बहुमत सँ सरकार बनैत अछि। अठारह वर्षक जतेक पुरुष अछि अथवा नारी छथि सबकेँ एकरंग अधिकार छन्हि ओ जकरा बेसी गोटए चाहए सएह प्रतिनिधि होएत। आइ भारत मे राजा ओ रंक, पंडित ओ मूर्ख, नर ओ नारी सब बराबरि अछि। तेँ ई आवश्यक भए गेल अछि जे सब लोक शिक्षित हो, विषय बुझैक ओ विचार कए सकए, कारण अठारह वर्षक होइतहिँ सबकेँ अपन विचार सँ अपन-अपन प्रतिनिधि चुनए पड़तैक। तहिँ तँ भारतमे शिक्षाक दिन-दिन प्रसार बढ़ि रहल अछि। सब शिक्षित भए जाए तकर प्रयत्न भए रहल अछि। प्रत्येक बालक ओ बालिका केँ शिक्षित करबाक योजना तैयार अछि। प्रतिवर्ष हजारक संख्यामे विद्यालयक स्थापना भए रहल अछि। समस्त देश मे सब बालक ओ बालिका केँ शिक्षा निःशुल्क ओ अनिवार्य हो ई नीति मानि लेल गेल अछि। यदि चीनक आक्रमण सँ उत्पन्न संकटक स्थिति उपस्थित नहि भए गेल रहैत तँ प्रायः अग्रिम पाँच वर्ष नहि तँ दश वर्षक मध्यमे भारतवर्ष मे केओ बालक, अथवा बालिका अशिक्षित नहि रहए पबैत, निरक्षर नहि रहैत।

एहना स्थितिमे कोमल-मति शिशुक हेतु पढ़बाक सामग्रीक निर्माण ओ प्रसारण आवश्यक भए जाइत अछि जाहि सँ हुनका लोकनि केँ पढ़बाक रुचि जाग्रत

होइन्ह, अठारह वर्षक होइत-होइत हुनका लोकनिक बुद्धिक ततबा विकास भए जाइन्ह जे अपन हितक, अपन समाजक हितक, अपना देशक हितक, मानव जातिक हितक चिन्तना ओ लोकनि कए सकथि। शिशु-उपयुक्त साहित्यक सब दिन प्रयोजन रहैत अएलैक अछि परन्तु ओकर एतेक आवश्यकता कहिओ नहि छलैक जतेक आइ छैक, कारण जतेक शिशु आइ शिक्षित भए रहल अछि ततेक कहिओ नहि छल तथा देशक भविष्य जतेक आइ देशक शिशु समाजक सर्वांगीण विकास पर अवलम्बित अछि ततेक कहिओ नहि छल।

परन्तु शिशुक साहित्य केहन हो? साधारणतया शिशुक हेतु जे किछु लिखल जाइत अछि से उपदेश सँ भरल रहैत अछि, परन्तु उपदेश सुनब प्रायः ककरहु रुचिकर नहि होइत छैक ओ कोमलमति शिशुकेँ उपदेश कथमपि रुचिकर नहि भए सकैत अछि। शिशुक साहित्य तँ एहन हो जाहि मे शिशुक मन लगैक, जाहि सँ ओकरा पढ़बाक रुचि जाग्रत होइक। ओहि रुचिकर वस्तुक अन्तरमे निहित उपदेश रहौक, परन्तु केवल उपदेश सँ आकर्षण होएबाक संभव नहि। एखन पर्यन्त शिशु हेतु जे ग्रन्थ रचल गेल अछि ताहि मे हितोपदेशक सदृश प्रभावशाली प्रायः आन दोसर नहि अछि, परन्तु एहि मे हित उपदेश कोन रूपेँ कथाक अन्तरमे निहित अछि से सबहुँ देखि सकैत छी।

मैथिलीमे शिशु साहित्यक वस्तुतः अत्यन्त अभाव अछि। जकर परिणाम स्पष्ट अछि। मैथिली भाषी जनता मे मैथिली मे लिखल पुस्तक पढ़बाक रुचि जेना एकदम नहि हो ओ कोटिसँ अधिक एहि भाषाक भाषी परन्तु एको गोट पत्र-पत्रिका नीक जकाँ नहि चलैत अछि ओ मैथिली मे जे पोथी छपैत अछि तकर केओ ग्राहक नहि होइत छथि। अभ्यास लोककेँ शैशवहि मे लगैत छैक, रुचिक विकास नेनहिमे भए सकैत छैक। यदि नेना केँ हमरा लोकनि एहन साहित्य पढ़ए दिऐक जाहिमे ओकरा लोकनि केँ सुरुचिपूर्ण सामग्री भेटैक, पढ़बामे मन लगैक तँ मैथिली पढ़बाक से अभ्यास लागि जएतैक जे पुनि कहिओ छुटतैक नहि। तेँ एखन मैथिलीक साहित्यकार लोकनिक समक्ष सबसँ महत्त्वपूर्ण काज अछि शिशु साहित्य-निर्माणक, वस्तुतः शिशु साहित्यक, एहन साहित्यक जे सत्ये शिशुक उपयुक्त हो, भाषा, भाव ओ शैली सब दृष्टि सँ नेनाक सहज औत्सुक्यक अनुकूल हो जाहि सँ ओकरा लोकनि केँ केवल बौद्धिक विकासेटा नहि मनोरंजन सेहो भए सकैक।

एहि प्रसंग स्मरण जे शिक्षाक प्रसार सँ जखन मैथिल नेना सब अधिकाधिक संख्यामे साक्षर होअए लागत, शिक्षित होएत तँ पढ़बाक उत्सुकता ओकरा स्वतः होएतैक ओ यदि हमरा लोकनि मिथिला भाषामे ओकरा पढ़बाक सामग्री नहि देबैक, मैथिली पुस्तकक द्वारा ओकर मनोरंजनक प्रबन्ध नहि कए सकबैक तखन ओ सब भाषान्तरक पुस्तक पढ़त। शिशुक सहज उत्सुकताक शान्ति तँ होएबे करतैक, ओकरा मनोरंजन तँ चाहबे करी। तखन भाषान्तर द्वारा से भेला उत्तर हमरा लोकनिक

शिशु केँ जे अभ्यास लागि जएतैक ताहि सँ भविष्य मे मैथिलीक प्रचार मे जे बाधा होएत तकर अनुमान कए सकैत छी। भाषान्तर सबमे शिशु साहित्यक निर्माण ओ प्रचार बड़ तीव्र गतिसँ भए रहल अछि। मैथिलीक साहित्यकार लोकनि केँ एहि दिशि सचेत होएब, सचेष्ट होएब एखन सब सँ महत्त्वपूर्ण ओ तेँ आवश्यक प्रतीत होइत अछि। एखन यदि हमरा लोकनि चुकलहुँ तँ ताहि सँ जे क्षति होएत तकर पूर्त्तिक सम्भावना नहि।

(बटुक, शतांक/अप्रैल, 1963)

मिथिलामे अगहन

यदि हमरा पूछब जे मिथिला हेतु सबसँ नीक कोन समय होइत अछि, कोन मास कोन ऋतु एतएक हेतु सबसँ सुखद होइत अछि तँ हम कहब जे 'अगहन' सँ नीक दोसर कोनो मास नहि होइत अछि। कमसँ कम मिथिलाक हेतु तँ नहिए टा होइत अछि। ओना तँ भगवान अपन महिमाक परिचय दैत अपन सखा केँ गीता मे सेहो कहने छलाह जे मासमे हम अगहन छी, मुदा कहि नहि जे भगवान केँ कहबाक आशय की छल, कोन गुणक हेतुएँ ओ अहगन केँ एतेक पैघ बनाओल मुदा हमरा लेल कारण सोझ अछि। अहगन धान कटबाक मास थिक ओ आलू, कोबी, भाटा-मूर, सजमनि-कदीमा सन सन तरकारी एहि मास मे ढेर भेटैत अछि। मिथिला मे बड़ पुरान कहबी छैक जे अगहन मे नवका चाउरक भात, नवका सरिसबक साग आ महीसक छालहीबला दही, एहि सँ नीक एहि सँ गुणद एहि सँ रुचिकर भोजन एहन सुलभ कतए भेटत, से महीसक दही एहि मासमे जेहन होइत छैक तेहन कोन मासमे भेटत! ने कातिकक रोग, ने माघक ठार, ने चैतक ताप, ने भादवक बदरी। आ समय एहेन जे मूसो सुखसँ धान बीछि-बीछि निचेन रहैत अछि। लोकक कथा कोन? एहन सुखक समय होइत अछि अगहन। ई मास ककरा नीक नहि लगतैक? मासमे भगवान थिक अगहन।

मुदा हम एतबहिटाक हेतु एकरा नहि पैघ मानैत छी। मिथिलाक हेतु अगहनक महिमाक एकटा विशेष कारण छैक। सब केओ जनैत छी जे सीताक विवाह एही मासमे भेल छल। राम भगवानक अवतार छलाह। भगवानक कए गोट अवतार मुदा सबसँ पैघ हुनक कोन अवतार? सब कहब 'राम'। रामक नाम जे मरबाक काल ली तँ पुनः मरबाक अवसर नहि आबए पाओत। से राम कहिया अएलाह मिथिला? धनुष कहिया तोड़ल? हम तँ बुझैत छी जे अगहन चढ़ैत राम मिथिला अएलाह ओ अगहन बितैत बितैत ओ मिथिला सँ विदा भए गेल होयताह। पुनि ओ कहिओ सासुर अएलाह तकर पता नहि अछि, मुदा ई मास दिन तँ ओ एतए छलाह से के नहि मानत। ओहि दिनकेँ मन पाड़ि सौँसे शरीर पुलकित भए जाइत अछि। अगहन मे मिथिलाक शोभा कहल नहि जाए ओ मिथिलामे अगहनक महिमा बरनल नहि जाए।

जय जनकसुता जानकी जी
जय सीतापति रघुनाथ जी
जय जय सीता
जय जय राम
जय जय जय जय
सीता ... राम।

(बटुक, फरवरी, 1965

बुड़िबक सेठ

एक नगरमे एकटा धनिक सेठ रहए। ओकरा एकटा बहु छलैक मुदा ओ जखन वयसगरि भए गेलैक तखन सेठ विचारलक जे ई बहु आब बूढ़ि भेलि जाइत अछि। ई तँ अछिए आओर रहबे करति। एकटा नव कनिया लए आनी। धन रहबे करैक, खगता कथूक रहैक नहि। ओ एकटा नव बहु बिआहि अनलक आ सुख सँ रहए लागल।

मुदा अपनहुँ तँ ओ बूढ़ भेल जाइत रहए। ओकर केश पाकल जाइत रहैक। नवकी बहुकेँ से नीक नहि लगैक। ओकर मन जे सेठ ओकर बाप सन नहि लगैक। तेँ ओ सब राति सेठक माथमे मालिश करबाक लाथेँ ओकर सबटा पकलहा केश उखाड़ि उखाड़ि फेकल करैक।

ओमहर ओकर पुरनकी बहुकेँ ई बात नहि सोहाइक। ओकरा होइक जे जँ सेठक सबटा केश कारी रहतैक तँ लोक ओकरा सेठक माए बुझए लगतैक, बहु नहि बुझतैक, ई विचारि ओ सब दिन भिनसरकेँ सेठक केश थकरए बैसए आ चुपचाप ओकर करिआ केश उपाड़ि उपाड़ि फेकल करए।

सेठ बड़ खुशी होअए जे ओकर दुनू बहु ओकरा बड़े मानैत छैक, आवेश करैत छैक, सेवा करैत छैक। मुदा, थोड़ेक दिन एहिना करैत-करैत सेठक केश पतराए लगलैक आ बहुत दिन नहि बितलैक जखन एकदिन अएनामे अपन मुँह देखलक तँ सेठकेँ अपन माथ सिलपट देखि पड़लैक, एकोटा केश नहि, ने पाकल ने कारी।

इएह होइत छैक परिणाम दूटा बहु करबाक ओ दुनूकेँ खुशी करबाक आ सएह फल बेचारा सेठ केँ भोगए पड़लैक।

(ईसपक कथासँ)

बटुक, 'कथा विशेषांक, 1965 (प्रथम भाग)

जाड़ आ गरम

परुकाँ दड़िभंगामे शीत-लहरी आएल छलैक। रौदमे जेना गरमी रहबे ने करैक, रातिकेँ बाहर होएब कठिन भए गेल छल आ देहमे कनिओ बसात लगैत छल तँ देह काँपि जाइत छल। इएह तीन मास पहिने रौदमे बहराइत डर होइत छल जे कदाच लू ने लागि जाए, दिनभरि बाट तकैत रहैत छलहुँ जे कखन साँझ होएत आ बसात जँ ओना नहि भेटैत छल तँ बिजुलीक पंखा खूब जोर सँ चलबए लगैत छलहुँ। गरममे होइत छल जे ई खर मास कहिआ जाएत। आब जाड़क काल छल तँ इहो जेना सतबैत रहए तेहने भान होइत छल। केहन अछि जीवनक ई रीति जे कथूसँ जेना संतोष नहि हो। सतत एहने मन होइत रहैत अछि जे ई जे अछि से नीक नहि अछि, जे नहि अछि से जँ रहैत तँ नीक होइत। आ से जखन आओत सँ सेहो नीक नहि लागत आ मन होएत जे पहिलुके नीक छल।

एकटा बड़ पैघ कवि कहि गेल छथि जे "समय एव करोति बलाबलम्"। ई समयक गुण थिकैक। गरम मासमे बसात नीक लागत, जाड़मे रौद नीक लागत। बसात आ रौद सब समयमे एके रंग रहैत अछि, मुदा ई गरम मासक गुण थिक जे ताहि कालमे बसातमे बल रहैत अछि, बसात नीक लगैत अछि, रौद अबल रहैत अछि, रौद नीक नहि लगैत अछि। गरम गेल जाड़ आएल। बलक बात बदलि गेल आब रौद मे बल आएल, बसात अबल पड़ि गेल। इएह थिक समयक लीला। जेना तमासा रहैक अपनहु हँसी लगैत अछि अपना मन पर।

असल बात भगवान गीतामे कहने छथि जे जाड़ की गरम, सुख की दुख, ई सब किछु छुबए बला थिक, भीतर अबएबला नहि थिक, आएल ओ चल गेल। तेहने थिक, रहनिहार नहि थिक, चल गेनिहार थिक। तेँ एहि सबसँ मनमे खेद नहि करी, एहि सबहिक शोच नहि करी, जखन जे आएल तकरा सहि ली कारण जे ओ तँ रहत नहिए। इहो शीत लहरी आएल छल चलि गेल। दू दिन वा चारि दिन, हे नहि तँ दश दिन रहल सएह ने! फेर तँ रौद तीख होअए लागत, जाड़ो चल गेल, जेना गरम गेल। आइ दुख अछि। समयक ई फल थिक। समय बदलत, दुख चलि जाएत। सुख

आओत। मुदा सुख आ दुख दुनूकेँ एके रंग बुझी। ने सुखसँ अभिमान करी ने दुखसँ खेद। इएह थिक चतुरता आ तखनहि जीवनक नाटक केँ मन सँ देखि सकब। अपन जे काज अछि से करैत जाउ, संसारक तमासा देखैत रहू। सुख दुख सँ घबड़ाउ जनु, बिचलित नहि होइ।

(बटुक, फरवरी, 1966)

मिथिलाक गुणी

मिथिलाक राजा हरिसिंह देव बड़ गुणी छलाह तथा गुणी जनकेँ ओ बड़ मानल करथि, बड़ आदर करथि। हुनका दरबार मे बड़-बड़ गुनी गबैआ सभ रहथि। जखन राजा मुसलमान सँ लड़ाइ मे हारि नेपाल दिशि पड़ाए गेलाह तखन हुनक गबैआ सब अनाथ जकाँ एमहर ओमहर बौआए लागल ओ गुणी राजाक खोजमे जतए ततए गेल करए। राजाक सबसँ गुणी जे गबैआ छल तकरा राजा कलानिधि कहल करथि, सब केओ ओकरा कलानिधि कहैक, बूझू तँ ओकर नामे भए गेल छलैक कलानिधि। ओ से कलानिधि गोरखपुरक राजाक दरबार मे पहुँचल। गोरखपुरक राजा सेहो गुणी रहथि ओ गुणीक आदर कएल करथि।

गोरखपुरक राजा ई जानि बड़ खुशी भेलाह जे तिरहुतक गबैआ कलानिधि हुनक दरबारमे आएल। जखन ओ पूजा पर बैसलाह तखन कलानिधि केँ हुकुम भेलैक जे ओ अपन गुण देखाबए। ओ गाएब लागल आ राजा ओकर गीत सँ तते ने खुशी भेलाह जे पूजा पर सँ उठि ओकरा बहुत इनाम देलनि।

एहि पर ओहि दरबारक आन आन गबैआ जरए लागल। सब राजाकेँ आबिकेँ कहल जे कलानिधि तँ नामहिटा सँ कलानिधि अछि। ओकर कोन गुण पर एतेक इनाम भेटलैक ? केओ विचार कएनिहार होथि तँ हमरा लोकनि ओकरा संग अपन गुण देखबैत छी। जाँच भए जाओ।

राजा ओकरा सबकेँ कहल जे हम इनाम देलिऐक किएक तँ ओकर गान कानकेँ मधुर लागल। आ कलानिधिकेँ बजाएकेँ कहल जे हमर गबैआ सब कहैत छथि जे अहाँ हुनकालोकनिक संग अपन गुणक परिचय दिअ। से कोनहु विचारकक नाम कहू जे एकर जाँच करथि।

कलानिधि कहल सरकार हमर राजा हरिसिंह देव छलाह जे गुणकेँ जनैत छलाह। ओ तँ नहि छथि, तखन तँ आब महादेव अपनहि आबथि तखन हमर गुणक जाँच भए सकए।

मुदा गोरखपुरक गबैआ सब एकरा नहि मानलक। ओ सब कहल जे पंच नहि मानब हारि थिक। कलानिधि आन देशक थिकाह तेँ ओ एहि देशक लोककेँ भने नहि मानैत छथि जे ओ हमरालोकनिक दिशि भए जाएत। मुदा हरिन तँ ककरो

नहि थिकैक। हरिन केँ पंच मानथु।

कलानिधि कहल, हरिन तँ गीतक रसक लोभी होइत अछि। गाओल गीत सँ ओ मोहित भऽ जाएत। यदि पशुए पंच हो तँ गाएकेँ पंच मानू। पिआसल गाए पानि पिबए जलाशय दिशि जाइत रहए, तखन जकर तान सूनि ओ ठाढ़ भए गीत सुनए लागत से जीतथि।

राजा तँ ई सूनि अकचकाए गेलाह। सएह कएल गेल। गोरखपुरक गबैआक गीत सूनि एकोटा गाए ठाढ़ नहि भेल, मुदा कलानिधि जखन गाबए लागल तखन सब गाए ठाढ़ भए कान पाथि गीत सुनैत रहल, ओ यावत् ओ गबैत रहल पानि दिशि नहि बढ़ल, ठाढ़े रहि गेल।

आब गोरखपुरक गबैआ लोकनि खूब मुँहचुरू भेलाह। राजा कलानिधि केँ इनामसँ तारि देल। ओ कहल, वाह रे तिरहुतिआ, वाह। एहन ने गुणक आदर कएल जाइक आ एहन ने अपन गुणक गौरव। लोक फूसि नहि कहैत छैक जे तिरहुतिक लोक केँ अपन गुणक बड़ गौरव होइत छैक। गुण जँ रहैक तँ ओकर गौरव कोन बेजाए?

(**बटुक, कथा विशेषांक,** जनवरी-मार्च, 1967)

उदयन-कथा

प्राक्कथन

संस्कृत-साहित्यमे 'उदयन-कथा' बड़ प्राचीन ओ रोचक कथा अछि। महाकवि कालिदासहुक समयमे ई कथा बड़ प्रसिद्ध छल, उज्जयिनीमे घर घर विख्यात छल। एहि कथाक आधारपर संस्कृतमे चारिगोट प्रसिद्ध नाटक विरचित भेल अछि : महाकवि भासक "स्वप्नवासवदत्तम्" ओ "प्रतिज्ञा-यौगन्धरायणम्" तथा श्रीहर्षक "प्रियदर्शिका" ओ "रत्नावली"। वस्तुतः रामायण ओ महाभारतकेँ छोड़ि समस्त संस्कृत-साहित्यमे एहन रुचिर, मनोरम तथा लोकप्रिय, एहन विलक्षण जकरा अंगरेजीमे Romantic कहैत छिऐक, दोसर कोनो कथा नहि अछि।

एहि 'उदयन-कथा'क मूल "बृहत्कथा" कहल जाइत अछि। बृहत्कथा पैशाची भाषा मे रचित एकगोट महाकाव्य छल जकर रचना प्रतिष्ठानेश्वर महाराज सातवाहन (अथवा शालिवाहन वा हाल) क मन्त्री, गुणाढ्य, कएने छलाह। एही महाराजक चलाओल 'शाके' एखन देश मे प्रचलित अछि, अतएव गुणाढ्यक समय आइसँ 1860 वर्ष पूर्व होइत अछि।

संस्कृत-साहित्यमे बृहत्कथाकार गुणाढ्यक प्रतिष्ठा वाल्मीकि ओ व्यासहिक सदृश छैन्हि। आर्यासप्तशतीक आदिमे गोवर्धनाचार्य्य कहैत छथि– *"श्रीरामायण-भारत-बृहत्कथानां कवीन्नमस्कुर्मः।"* हुनक उक्ति छैन्हि जे गुणाढ्य जन्मान्तरापन्न व्यास सएह छलाह। संस्कृतक अनेकानेक कवि ओ साहित्यिक लोकनि एहि भूतभाषामयी, अद्‌भुतार्था बृहत्कथा तथा एकर रचयिता गुणाढ्यक अत्युच्चप्रशंसात्मक शब्दमे उल्लेख कएने छथि। छठम शताब्दीक एकगोट ताम्रपत्रमे बृहत्कथाक उल्लेख भेटैत अछि; नवम शताब्दीक एकगोट शिलालेखमे गुणाढ्यक चर्चा अछि।

भारतीय साहित्यमे, कथाक सबसँ प्राचीन संग्रह इएह "बृहत्कथा" थिक। एहि बृहत्कथान्तर्गत कथा वा कथाक एकदेश लए संस्कृतमे अनेको ग्रन्थरत्नक निर्माण भेल अछि। कादम्बरी ओ वेतालपञ्चविंशति, पञ्चतन्त्र ओ हितोपदेश सबहिक मूल बृहत्कथा थिक। केवल उदयन-कथात्मक चारिगोट नाटक तँ अछिए; ताहिसँ अतिरिक्तो भवभूतिक मालतीमाधव, विशाखदत्तक मुद्राराक्षस तथा श्रीहर्षक नागानन्द तकरो मूल इएह बृहत्कथा थिक।

परन्तु अत्यन्त खेदक विषय थिक जे हमरा लोकनिक हेतु बृहत्कथाक केवल

नाममात्र शेष रहल अछि, बृहत्कथा कतहु उपलब्ध नहि होइत अछि। बारहम शताब्दी धरि एकर उल्लेख भेटैत अछि, तदुत्तर कोनो पता नहि लगैत अछि। एहन प्रसिद्ध ई महाकाव्य महाकविलोकनिसँ एहन संपूजित भए, कोना वा कोन कारणेँ एना बिलाए गेल से एकगोट अद्भुत ओ आश्चर्य्यक विषय थिक! तथापि बृहत्कथाक सार लए लए जे संस्कृतमे कतोक ग्रन्थ लिखल गेल छल ताहीसबसँ आब ई बुझल होइत अछि जे ओहि बृहत्कथामे की सब छलैक।

प्रथम, बृहत्कथामञ्जरी। बृहत्कथाकेँ अत्यन्त विस्तीर्ण ओ पिशाचभाषामयी भेलाक कारणेँ सबहिक हृदयंगम होइत नहि बूझि काश्मीरक महाराज अनन्तराजक समयमे (ईशवीय 1029-1064) महाकवि क्षेमेन्द्र ओकर सार भाग लए संस्कृतक बृत्कथामञ्जरीक रचना कएलैन्हि। किन्तु एहि बृहत्कथामञ्जरीकेँ प्रायः अत्यन्त सङ्कुचित तथा नातिरुचिर भेल देखि ओही महाराज अनन्तराजक राजमहिषी परमविदुषी सूर्यवतीक प्रोत्साहनसँ ओही महाराजक समयमे काश्मीरहिक दोसर महाकवि सोमदेव भट्ट, ने अत्यन्त संक्षिप्त, ने विशेष विस्तीर्ण, अत्यन्त हृदयाकर्षक, बृहत्कथाक अनुकूल, संस्कृतमे कथासरित्सागर नामक ग्रन्थरत्नक निर्माण कएलैन्हि। तेसर, बुद्धस्वामीकर्त्तृक बृहत्कथाश्लोकसंग्रह उपलब्ध होइत अछि जाहिमे पूर्व दुहूसँ किछु भिन्नरूपेँ ओही बृहत्कथाक सार संगृहीत अछि। नेपालक महात्म्य ओहिमे रहलाक कारणेँ तथा नेपालहिमे पुस्तक प्राप्त भेलाक कारणेँ ई संग्रह प्रायः नेपालमे प्रचलित बृहत्कथाक सारक संग्रह थिक तथा पूर्वक दुहू काश्मीरक। एही तीनू ग्रन्थक प्रसादात् बृत्कथाक विषय सबकेँ बुझल होइत अछि। एहि तीनूमे विशेष प्रचार कथासरित्सागरहिक अछि तथा एही कथासरित्सागरक आधारपर हम ई कथा लिखल अछि।

बृहत्कथा किम्मूलक थीक एहि प्रसङ्ग कथासरित्सागरक आदिमे रोचक कथा अछि। सोमदेवभट्ट कहैत छथि जे—

हिमालयक उत्तर शिखर कैलासपर्वतपर एक दिन महेश्वर अम्बिकाक संग एकान्तमे बैसल छलाह तखन अम्बिका हुनका कहलथिन्ह जे "हे नाथ! एक गोट एहन दिव्य कथा कहू जे हम पूर्व सुनने नहि होइऐक।" पहिने तँ महादेव कहए लगलथिन्ह जे, "भूत, वर्त्तमान ओ भविष्य सबहिक जननिहारि अहाँके की अविदित अछि?" परन्तु पार्वतीक बहुत आग्रह कएलाक उत्तर महादेव उत्तर देलथिन्ह, "बेस, तँ हे प्रिये! आइ हम यथार्थ एकगोट अपूर्व अत्यन्त रोचक कथा कहैत छी। ई देवताक कथा नहि थिक, कारण जे देवताक कथा तँ एकान्त सुखक कथा होएत; रोचक नहि होएत। ने हम मनुष्यहिक कथा कहैत छी; नित्य दुःखी मनुष्यक कथा कहबे की करब? हम आइ अहाँकेँ विद्याधरलोकनिक कथा कहैत छी जाहिमे दिव्य ओ मानुष दुहूक विलक्षण सम्मिश्रण भेटत।" किन्तु कथा आरम्भ करबासँ पूर्व महेश्वर नन्दीकेँ द्वारपर नियुक्त कए देलथिन्ह जे केओ भीतर नहि आबए।

तावत् महादेवक एकगोट प्रसिद्ध गण पुष्पदन्त ओहिठाम पहुँचलाह। नन्दी

हुनका जएबासँ निरोध कएलकैन्हि। पुष्पदन्त बिचारए लगलाह जे, "की कारण थिकैक जे आइ हमरहु प्रवेश निषेध कएल गेल अछि ?" तथा योगबलसँ अलक्षितरूपहिँ ओ भीतर पहुँचलाह तथा स्वयं महादेवक मुखसँ निस्सृत सातो विद्याधरक अद्भुत चरितक कथा आद्योपान्त सूनि लेलैन्हि।

परन्तु अपन वित्त ओ रहस्य-कथा अपना स्त्रीसँ के नुकाएकेँ राखि सकैत अछि? पुष्पदन्त ओहि दिन जखन अपना ओहिठाम गेलाह तखन समस्त ई कथा अपना स्त्री, जयाकेँ जहिना महादेवक मुहसँ सुनने छलाह कहि सुनाओल। स्त्रीकेँ कतहु वाक्संयम भेलैक अछि? जया पार्वतीक प्रतिहारी छलीह; प्रातहिँ जाए समस्त कथा पार्वतीकेँ कहि देलथिन्ह। आब पार्वतीक क्रोधक कोनो ठेकान नहि रहल; लगले ओ जाए महादेवकेँ कहए लगलथिन्ह जे, "अहाँ हमरा ठकि देल जे हम अपूर्व कथा अहाँकेँ कहैत छी। आनक कोन कथा, हमर प्रतीहारी जया समेत ई कथा जनैत अछि।" उमापति प्रणिधान कएलैन्हि तँ देखैत छथि जे पुष्पदन्त योगक बलेँ भीतर प्रवेश कए सबटा कथा सूनि रहलाह अछि। ओ ई गिरिजाकेँ कहलथिन्ह; गिरिजाक क्रोध आब द्विगुण भए गेलैन्हि। पुष्पदन्त बजाओल गेलाह। भयसँ कँपैत हुनका अम्बिका कहल—"जाउ, हे अविनीत! मनुष्य भए अहाँ जन्म लिअ।"

पुष्पदन्तक भाए माल्यवान् सेहो ओतहि छलाह। पुष्पदन्तक दिसिसँ ओ किछु विज्ञप्ति करए लगलथिन्ह की उमा हुनकहु सएह शाप देल। तावत् जया आबि अम्बिकाके पाएर पर खसि पड़लीह। ओकरा देखितहिँ अम्बिकाक क्रोध शान्त भए गेलैन्हि। तखन ओ पुनि मन्द मन्द कहए लगलथिन्ह जे, "विन्ध्यारण्यमे कुवेरक शापसँ काणभूतिनामक पिशाच भेल सुप्रतीक नामक यक्ष छथि हुनका देखितहिँ पुष्पदन्तकेँ पूर्वक सब किछु स्मरण भए अओतैन्हि; ओ काणभूतिकेँ सम्पूर्ण कथा कहथिन्ह, तखन हिनका मुक्ति भए जएतैन्हि। काणभूति जखन ई सबटा कथा माल्यवानकेँ कहथिन्ह तखन हुनका मुक्ति होएतैन्हि तथा माल्यवान् जखन एहि कथाक प्रचार करताह तखन हुनकहु मुक्ति भए जएतैन्हि।"

ओएह पुष्पदन्त कौशाम्बीमे सोमदत्त (अथवा अग्निशिख) क पुत्र भए वररुचिनामेँ जन्म लेलैन्हि जे पछाति कात्यायननामेँ प्रसिद्ध भेलाह। ओ एकश्रुतधर छलाह तथा पाटलिपुत्र नगरमे वर्षउपाध्याय सँ समस्त वेद ओ वेदाङ्ग पढ़ि व्याकरण वार्त्तिक ओ वेदहुक नानासूत्रक रचना कएलैन्हि। सुनैत छी जे हुनका सरस्वती प्रत्यक्षा भेल छलथिन्ह तथा हुनकहि प्रसादेँ ओ बहुत दिन धरि नन्दवंशीय अन्तिम महाराज योगनन्दक मन्त्रित्व सेहो कएलैन्हि। अन्तमे नन्दवंशक नाश ओ वृषल चन्द्रगुप्तक साम्राज्यक समाचार बुझलाक उत्तर हुनका मनमे बड़ वैराग्य उत्पन्न भए गेलैन्हि तथा घुमैत घुमैत विन्ध्यवासिनी जगदम्बिकाक दर्शन करबाक निमित्त ओ विन्ध्यारण्य पहुँचलाह। ओही वनमे काणभूति पिशाचक मंडलीमे रहैत छलाह। काणभूतिकेँ देखलहि उत्तर वररुचिकेँ पूर्वक सबटा वृत्तान्त मन पड़ि अएलैन्हि। ओतहि वररुचि काणभूतिकेँ सात लाख

श्लोकमे सातो विद्याधरक सातो-कथात्मक ओ महाकथा सुनाए देलथिन्ह ओ कहलथिन्ह जे, "अहाँ किछु दिन एतहि रहू। माल्यवान् अबैत होएताह। हुनका ई कथा सुनाए देबैन्हि तखन अहूँके मोक्ष भए जाएत।" ई कहि वररुचि ओहिठामसँ बदरिकाश्रम जाए अम्बिकाक स्मरण कए पुनः अपन दिव्य स्थिति प्राप्त कए लेलैन्हि।

एमहर माल्यवान् प्रतिष्ठानदेशमे गोदावरीक तीरपर सुप्रतिष्ठनगरमे सोमशर्मानामक सद्ब्राह्मणक कुमारि कन्या, श्रुतार्थाक गर्भसँ नागकुमार कीर्त्तिसेनक पुत्र भए गुणाढ्य कहाए जन्म लेलैन्हि। अत्यन्त बाल्यावस्थहिमे हिनक माए मरि गेलथिन्ह। निस्सहाय बालक गुणाढ्य ओहिठाम सँ दक्षिणके बिदा भेलाह। पूर्वजन्मक महादेवक गण, सब विद्याके थोड़हि समयमे पढ़ि, समस्त दक्षिणावर्त्तमे विद्वत्ताक अपूर्व ख्याति लाभ कए, अपन दुइगोट प्रधान शिष्य गुणिदेव ओ नन्दिदेवक संग, गुणाढ्य, पुनि, अपन जन्मस्थान अएलाह।

ताबत प्रतिष्ठानेश्वर सातवाहन समस्त देशके जीति सार्वभौम भेल छलाह। हुनक प्रधानामात्य शर्व-वर्मा बड़ पैघ विद्वान् छलाह। पूर्वहिँ हुनका गुणाढ्यक गुणावली सुनल छलैन्हि अतएव प्रतिष्ठानेश्वरक सभामे गुणाढ्ययक पूर्ण सत्कार भेलैन्हि तथा ओतहि ओ मन्त्री भए रहए लगलाह।

महाराज सातवाहन छलाह तँ बड़ उग्र ओ पराक्रमी परञ्च छलाह मूर्ख तथा हुनक एकगोट महारानी, विष्णुशक्तिक कन्या, परम विदुषी छलथिन्ह। ई महाराजक हृदयमे खेदक एकगोट बीज छलैन्हि।

एक दिन वसन्तसमयमे महाराज रानीलोकनिक संग सन्ध्याकालके अपन विख्यात देवीकृत उद्यानमे विहार करैत छलाह। सस्वेद शरीर ओ स्वच्छ सरोवर देखि महाराज पानिमे उतरलाह; सब केओ उतरैत गेलीह। जलक्रीड़ा होअए लागल। महाराज पानि छीटए लगलाह। विदुषी विष्णुशक्तिदुहिता, शिरीषसुकुमाराङ्गी, स्तनभरालसा, पानिक मारि नहि सहि सकलीह; दुहू हाथसँ दुहू आँखि मूनि कहए लगलथिन्ह—"मोदकैर्देव! परिताडय।" मोदकसँ महाराज लड्डू बुझलैन्ह; खबासके आनए कहलथिन्ह। से देखि विदुषी रानी कहए लगलथिन्ह—"महाराज! कहू तँ, पानिमे लड्डूक कोन अवसर छैक? हम तँ कहलहुँ—"मा उदकैर्देव! परिताडय। माशब्द-उदकशब्दक सन्धिओ धरि नहि अबैत अछि? प्रकरणो धरि नहि बुझलिऐक? केहन मूर्ख छी?" सब केओ हँसए लगलैन्हि!

महाराजके ई हँसी बड़ए लगलैन्हि। हुनक सबटा दर्प जेना चूर्ण भए गेलैन्हि! तत्काल जल-क्रीड़ा त्यागि चुपचाप ओ पलंगपर आबिके पड़ि रहलाह। केओ कतबओ किछु पूछैन्हि तँ बजबे नहि करथि। आहार त्यागि देलैन्हि। जेना अपन मूर्खताके ओ अपन अपमान बूझि ई निश्चय कए लेने रहथि जे, "हमर शरण की तँ आब पाण्डित्ये, नहि तँ मृत्यु।"

प्रासादमे सब अकचकाए गेल। अमात्यलोकनिके वार्त्ता भेलैन्हि। शर्ववर्माके

ई कथा बुझल छलैन्हि जे महाराजकेँ मूर्खताक खेद होइत छैन्हि। अतएव ई बुझलाक उत्तर जे ओही विदुषी रानीक कथा कहलाक उत्तरसँ महाराज एहन दुर्मना छथि हुनका ई स्थिर भए गेलैन्हि जे महाराजक ई अवस्था केवल मूर्खताक अनुतापहिँ छैन्हि।

अतएव प्रातःकाल शर्ववर्मा गुणाढ्यकेँ संग लए बड़े आयाससँ बड़ीकालेँ चुपचाप महाराजक पलंग लग धरि पहुँचलाह ओ ओतए बड़े नम्र शब्दमे महाराजकेँ कहए लगलथिन्ह जे, "हमरा एक दिन पूछल गेल छल जे "की हम पण्डित भए सकैत छी?" एही प्रश्नकेँ लए राति हम स्वप्नसाधन कएल। देखल जे आकाशसँ एकगोट श्वेतकमलक फूल खसल अछि! एकगोट कुमार आबि ओहि फूलकेँ विकसित कए देलैन्हि। ओहि फूलसँ तखन एकगोट शुक्लाम्बरा स्त्री बहरइलीह। ओ श्रीमानक मुहमे चलि गेलीह अछि की निन्द टूटि गेल। अतएव इएह निवेदन करए आएल छी, प्रभो! जे स्वप्नसँ तँ स्पष्ट अबैत अछि जे श्रीमान् अवश्य पण्डित होएब।"

ताहिपर शर्ववर्मा कहलथिन्ह—"छओ वर्ष बहुत समय भेल। एतेक दिन श्रीमानसँ कोश उठाओल नहि भए सकैत छन्हि। हम प्रभो! कवेल छओ मास में अपनेकेँ पण्डित बनाए सकैत थी।"

एहि संवादसँ जेना किछु आश्वस्त भए महाराज अत्यन्त कातरतासँ गुणाढ्यकेँ पुछलथिन्ह—"खूब यत्नसँ यदि पढ़ए तँ कतेक दिनमे लोक पंडित भए सकैत अछि?" गुणाढ्य दुहू कर जोड़ि उत्तर देलथिन्ह—"प्रभो! सब विद्याक मूल व्याकरण थिकैक से व्याकरण बारह वर्षेँ पढ़ल होइत छैक। परन्तु हम, प्रभो! अपनेकेँ छबै वर्षमे पढ़ाए देब से प्रतिज्ञा करैत छी।"

गुणाढ्यकेँ ई सहल नहि गेलैन्हि। ओ बजलाह—"यदि छओ मासमे केओ पण्डित बनाए सकथि तँ सबकेँ तीनिगोट मनुष्यक भाषा सुनल थिक, संस्कृत, प्राकृत ओ देसिल, हम एनि तीनूक परित्याग कए देब।" ताहिपर शर्ववर्मा सेहो प्रतिज्ञा कएलैन्हि जे, "से यदि हम नहि कए सकी तँ अहाँक ई पादुका बारह वर्ष पर्यन्त हमरा माथपर।" ई कहि ओ चुप्पहिँ ओहिठामसँ बिदा भए गेलाह; जाएकेँ कुमार कार्त्तिकैयक आराधना करए लगलाह ओ हुनकहि प्रसादेँ *"कालापक कातन्त्र"* व्याकरणक निर्माण कए पुनः राजधानी अएलाह तथा सत्ये केवल छओ मासक अभ्यन्तरमे ओएह व्याकरण पढ़ाए ओ महाराज सातवाहनकेँ पण्डित बनाए देल।

आब गुणाढ्य अपन प्रतिज्ञासँ बद्ध भए संस्कृत, प्राकृत ओ देसिल तीनू भाषाकेँ त्यागि, मौन भेल, अपन दुहू शिष्यक संग सुमतिष्ठपुरसँ बिदा भए गेलाह ओ चिन्तासँ खिन्न, घुमैत-घुमैत विन्ध्यवासिनी अम्बिकाक दर्शनक निमित्त ओहि विन्ध्यारण्यमे पहुँचलाह। ओहिठाम पिशाच सबहिक भाषा सूनि गुणाढ्यकेँ सहसा स्फूर्ति भेलैन्हि जे "इएह हमर संस्कृत प्राकृत ओ देसिल भाषा त्रयसँ विलक्षण भाषा थिक।" थोड़हि समयमे ओहि पिशाच सबसँ ओ भाषा सीखि, पिशाचसबहिक संसर्गसँ गुणाढ्य, एक दिन, जाइत जाइत, काणभूतिक निकट पहुँचालह ओ अन्यान्य

पिशाच जेकाँ ओही पैशाची भाषामे काणभूतिकेँ अभिवादन कएलथिन्ह तथा हुनका अपन परिचय देलथिन्ह। काणभूतिकेँ वररुचि कहनहि रहथिन्ह; ओहो हिनकहि प्रत्याशेँ अँटकल छलाह। अत्यन्त आह्लादसँ सब किछु काणभूति गुणाढ्यकेँ बुझाए देलथिन्ह जो अन्तमे ओएह महादेवक मुखसँ निस्सृत सातो विद्याधरक सातो गोट कथा सातो लाख श्लोकमे जेना पुष्पदन्तसँ सुनल छलैन्हि अपन पैशाची भाषामे हुनका सुनाए अपने मुक्तिकेँ पाबि गेलाह।

अम्बिकाक कथनानुसार एहि कथाकेँ प्रचार कएलाक उत्तर मुक्ति भेटत ई बिचारि गुणाढ्य सात वर्षें ई सातो गोट कथा, यथाश्रुत, ओही पैशाची भाषामे लीखि गेलाह। हुनका भय छलैन्हि जे कदाच विद्याधर लोकनि ने एकरा छीनिकेँ लए जाथि अतएव ओ अपन शरीरसँ शोणित लए लए एकरा लीखिकेँ समाप्त कएलैन्हि। परञ्च एकर प्रचार कोना हो? ककरा ई काव्य समर्पण करी? गुणाढ्य विचारलैन्हि जे "वायुकेँ छोड़ि पुष्पामोदक भार दोसर के उठाए सकैत अछि? रसिक छोड़ि काव्यकेँ आन के पूछत?" अतएव ओहि पुस्तककेँ लेने अपन दुहू शिष्यकेँ गुणाढ्य महाराज सातवाहनक ओहिठाम पठाओल। महाराज सातवाहन हुनका दुहू गोटाक पिशाचक आकृति देखि तथा ओहि काव्यक पैशाचीभाषा सूनि विद्याक मदसँ सेर्ष्य भए कहलथिन्ह–"सात लाख श्लोक तँ बढ़ सुन्दर, परञ्च छिः! पिशाचक भाषामे शोणितसँ लिखल ई पिशाचक कथा लएकेँ की अएलहु अछि!"

गुणाढ्यकेँ ई सूनि नितान्त खेद भेलैन्हि परन्तु एकर प्रचार करब तँ हुनका आवश्यक छलैन्हि। अतएव ओहि वनप्रान्तमे पहाड़क नीचा एकगोट अग्निकुण्ड बनाए ओहिठाम बैसि गेलाह ओ एकटा पत्र बाचि-बाचि पशु ओ पक्षी सबकेँ सुनाए सुनाए ओहि अग्निमे देअए लगलाह। ओहि कथाकेँ सुनबाक निमित्त ओहि प्रान्तक सब पशु ओ पक्षी चरब पर्यन्त छोड़ि-छोड़ि ओहि ठाम आबए लागल। कर्णकर्णि ई वार्त्ता महाराजक कानमे पहुँचल। कौतुकसँ महाराज स्वयं ओतए पहुँचलाह तँ देखैत छथि जे ई तँ गुणाढ्य थिकाह। तखन ओ हुनका पाएर पर खसि पड़लाह परन्तु आब की हो? तावत् तँ गुणाढ्य छओ गोट कथाकेँ डाहि भस्म कए देने छलाह। एक लाख श्लोकक केवल एक गोट नरवाहनदत्तचरितात्मक कथाटा शेष रहि गेल छलैन्हि। ओकरा गुणाढ्य महाराजक हाथमे दए देलथिन्ह ओ कहलथिन्ह, जे "ई लिअ, महाराज! लए जाउ! इएह हमर दुहू शिष्य एकर व्याख्या कए अहाँकेँ सुनाए देताह। हिनकहि दुहू गोटाकेँ ओहू सातो कथामे इएह कथा सबसँ बेसी प्रिय छलैन्हि तेँ ई बँचल रहल।"

... ...

महाराज सातवाहन ओहि अवशिष्ट कथाकेँ सादर स्वीकार कए लेल। तखन गुणाढ्य जगदम्बिकाक ध्यान कए योगबलसँ अपन शरीर ओतहि त्यागि पुनि अपन दिव्य-स्थिति प्राप्त कर लेलैन्हि। महाराज सातवाहन समस्त कथा ओही दुहू शिष्य

गुणदेव ओ नन्ददेवसँ सूनि ओकर व्याख्या बूझि, पछाति हुनकहि दुहूगोटासँ ओहि कथामे ओहि कथाक अवतारहुक कथा ओही पैशाची भाषामे लिखबाए जोड़ाए ओकरहि देशमे बृहत्कथाक नामसँ प्रचलित कराए देलथिन्ह।

इएह बृहत्कथाक अवतारक कथा थिक। पुराण ओ इतिहास दुहूक एहिमे अपूर्व सम्मिश्रण अछि। एहि कथासँ इएह प्रतिपादित होइत अछि जे गुणाढ्य बृहत्कथाक लेखकमात्र छलाह; प्रचारक थिकाह; जहिना वेदमन्त्र सबहिक ऋषिलोकनि द्रष्टा कहल जाइत छथि, निर्माता नहि, तहिना बृहत्कथाक गुणाढ्य केवल श्रोतामात्र छलाह, कर्त्ता नहि; तथा बृहत्कथा जे कथामृत अछि से स्वयं भगवान् महादेवक मुखाम्बुधिसँ निर्गत थिक, अलौकिक थिक। हमरालोकनिक दुर्भाग्यसँ ई ग्रन्थ तँ उपलब्ध नहि अछि जे बूझि सकब जे केहन दिव्य ई महाकथा छल परन्तु जाहि महाकविलोकनिकेँ ई उपलब्ध छलैन्हि तनिकालोकनिक मुखसँ एहि महाकाव्यक प्रशंसा सूनि, एकर अद्‌भुत विस्तार ओ अपूर्व भाषाक विचार कए तथा एकर सार-संग्रह, कथासरित्सागरमे एहि कथाक रोचकता देखि एतबा स्वीकार अवश्य करए पड़त जे एकर उद्भव जेना भेल हो वस्तु धरि ई सर्वथा अपूर्व ओ विलक्षण छल।

कथासरित्सागरक प्रस्तावनामे सोमदेवभट्ट कहैत छथि जे "हम केवल बृहत्कथाक सारक संग्रह कए रहलहुँ अछि। जहिना मूल बृहत्कथा छल तहिना हमहु लिखैत छी; कथाक थोड़ो व्यतिक्रम हम नहि करब। भेद केवल एतबए अछि जे मूलग्रन्थकेँ हम संक्षेपमे लिखैत छी ओ भाषा भिन्न अछि। मूलक औचित्य ओ अन्वयक हम यथाशक्ति रक्षा करब। तथा एहिमे कवित्वक जतए कतहु योग देब सेहो ताहिरूपेँ जे कथाक रसमे कोनो विघात नहि हो। हमर ई उद्योग वैदग्ध्यख्यातिक लोभसँ नहि किन्तु बृहत्कथाक नानाकथाजाल सबकेँ सुखसँ स्मरण रहि सकए केवल ताही उद्देश्यसँ भेल अछि।"

ई कथासरित्सागर 18 लम्बक, 104 तरङ्ग ओ 24000 श्लोकमे समाप्त अछि। एकर मुख्य नायक थिकाह वत्सराज महाराज उदयन ओ अवन्तिराजपुत्री वासवदत्ताक पुत्र, नरवाहनदत्त, जे महादेवक कृपासँ पश्चात् विद्याधरक चक्रवर्त्तित्व प्राप्त कएलैन्हि। प्रथम लम्बकक आठ तरङ्गमे बृहत्कथाक अवतारक कथा अछि तथा द्वितीय ओ तृतीय लम्बकक बारह तरङ्गमे उदयनक कथा अछि। ताहिसँ अगहुँ उदयनक चरित्रक कथा आएल अछि किन्तु मुख्य कथा नरवाहनदत्तक अद्भुत चरित अछि।

परन्तु ई तँ मुख्य कथा थिक। कथासरित्सागरक ई नाम केवल एहि कथेँ नहि अछि। मुख्यकथाक मध्य मध्यमे नाना प्रसङ्गक नाना प्रकारक अनेको कथाक एहिमे संग्रह अछि जाहिसँ मुख्यकथा ठाम ठाम भेटबो कठिन भए जाइत अछि; तथा मुख्यकथा तँ रोचक अछिए, किन्तु ग्रन्थक विलक्षणता ओ सबटा चमत्कार एही नानाकथाजालक ग्रंथन मे अछि।

विश्वक साहित्यमे कथाक एतेकटा एहन दिव्य संग्रह सबसँ प्राचीन इएह

कथासरित्सागर उपलब्ध होइत अछि। एहिमे पुराणक कथा तथा इतिहासक कथा, धर्मक कथा तथा नीतिक कथा, राजनीतिक कथा तथा शृङ्गारक कथा, पशु ओ पक्षीक कथा तथा भूत, प्रेत, पिशाच ओ वेतालक कथा, कपट ओ धूर्त्तताक कथा तथा साहस ओ उत्साहक कथा—प्रत्येक प्रकारक कथाक, एक नहि, अनेक दृष्टान्त अछि। एक तँ कथा सब रोचक, ताहिपरसँ सोमदेवभट्टक सरस काव्य ओ कथा कहबाक अनुपम रीतिक कथासरित्सागर संस्कृतसाहित्यक एकगोट रत्न थिक तथा तुरुष्क, पारसीय आरव्य अथवा इतालीय, कथाक जे कोनो प्राचीन संग्रह भेटैत अछि ताहिसबकेँ देखि इएह प्रतीत होइत अछि जे कथासरित्सागर अथवा एकर मूल, बृहत्कथाक प्रभाव सर्वत्र अछि।

एही कथासरित्सागरक द्वितीय ओ तृतीय लम्बकमे वर्णित उदयनकथाक आधारपर हम ई कथा लिखल अछि। परन्तु उदयनक चरित्र एतहि समाप्त नहि भए जाइत छैन्हि। चतुर्थ लम्बकमे नरवाहनदत्तक जन्मक अद्भुत कथा अछि ओ तकर पश्चात् सेहो उदयनक चरित्र कम अद्भुत नहि छैन्हि। तथापि नरवाहनदत्तक जन्म भए गेलाक उत्तर मुख्यकथाक नायक ओएह भए जाइत छथि। यदि दिग्विजयक पछातिअहुक कथा लिखब तँ नरवाहनदत्तक चरितक चर्चा आबि जाएत ओ कतबओ संक्षेप करब तथापि कथा बड़कीटा भए जाएत जाहि हेतु स्थान नहि अछि, इएह सब बिचारि हम एहि कथाकेँ वत्सराजक दिग्विजयपर्यन्तहि लिखल अछि।

परन्तु एहि कथाकेँ कथासरित्सागरक अनुवाद कहब अनुचित होएत। अनुवाद तँ तकर ने नाम थिक जाहिमे मूलक यावतो कथाक भाषान्तरमे प्रतिपादन हो। ई से नहि थिक। एहिमे ओहू दुहू लम्बकक सब कथा नहि अछि; केवल उदयनक चरित जे मुख्य कथा अछि ताबते हम लिखल अछि। एतबहिमे मध्य मध्यमे 23 गोट अन्यान्य कथा अछि जाहिमे केवल एकगोट कथा, सोमप्रभा ओ गुहचन्द्रक, एहिमे विदूषकक कथा कहि भेटत, सेहो केवल एहि तात्पर्यें लिखल अछि जे कथासरित्सागरमे कोन रूपक कथा सब अछि तकर किछु दिग्दर्शन एहिसँ भए जाए। अतएव विशाल कथासरित्सागरक एहि परम क्षुद्र अंशकेँ ओकर अनुवाद कोना कहू? दोसर, हमर नीरस शब्द द्वारा कथासरित्सागरक सरस काव्यक भाषान्तरेँ प्रतिपादन होएब असम्भव! ताहि हेतु एकगोट सरस कविक लेखनी चाही। अतएव एहि कथाकेँ हम कथासरित्सागरक अनुवाद कहबाक धृष्टता नहि कए सकैत छी। हँ, ई जे कथा हम लिखल अछि से कथासरित्सागरक आधारपर; ओहिमे वर्णित कथाकेँ हम स्वाभाविकता ओ रोचकता दुहूकेँ दृष्टि मे राखि कतहु कम, कतहु बेसी कए, अपना शब्दमे लिखल अछि।

अन्तमे विज्ञप्ति जे ई दिव्य कथा हम केवल एही भरोसेँ लिखए लगलहुँ जे एहि विलक्षण कथाक रोचकतामे हमर शब्दक नीरसता ओ कल्पनाक त्रुटि सबटा झँपि जाएत ओ आशा करैत छी जे सहृदय पाठक-लोकनि एकर त्रुटि दिसि ध्यान

नहि दए केवल एहि कथामृतक रसास्वादन करताह। कहब व्यर्थ जे एहिमे जतए कतहु नीरसता बोध हो से सबटा हमर शब्दक दोष थिक, रोचकता ओ सरसता सबटा एहि कथाक गुण सर्वत्र प्रसिद्धे अछि।

एहि कथाकेँ लिखबामे विशेषतः एहि प्राक्कथनकेँ लिखबामे, हम

(1) बम्बइसँ 1825 शाकेमे प्रकाशित मूल कथासरित्सागर,

(2) कलकत्तासँ 1880 ई. मे प्रकाशित C.H Tawney क कथासरित्सागरक अंग्रेजीमे विलक्षण अनुवाद, तथा

(3) मद्राससँ 1937 मे प्रकाशित श्रीयुत एम. कृष्णामाचारिअर कृत History of Classical Sanskrit Literature सँ सहायता लेल अछि। अतएव हम एहि तीनूक प्रति अपन कृतज्ञता प्रकाश करैत छी।

॥ इति ॥

श्री रमानाथ झा

राज लाइब्रेरी
दड़िभङ्गा 9.6.39

उदयन-कथा

> **गौरी-नवपरिष्वङ्गे विभोः स्वेदाम्बु पातु वः।**
> **नेत्राग्निभीत्या कामेन वारुणास्त्रमिवाहितम् ॥**
> **निर्विघ्नविश्वनिर्माणसिद्धये यदनुग्रहम्।**
> **मन्ये स वव्रे धातापि तस्मै विघ्नजिते नमः ॥**

(कथासरित्सागर)

गौरीक प्रथमालिङ्गनसँ महादेवक शरीरमे उत्पन्न, हुनक तृतीय नेत्रक भयसँ भीत कामदेवक वारुणास्त्रप्रहार जेकाँ, स्वेदाम्बु अपने लोकनिक रक्षा करओ। ओहि विघ्नेश गणनायककाँ कोटि-कोटि प्रणाम जनिक अनुग्रहक याचना निर्विघ्नपूर्वक विश्वनिर्माणक सिद्धिक हेतु प्रायः विधातहुकाँ करैक पड़लैन्हि।

उदयन-बालचरित

कलियुगक आदिकालहिक कथा थिक जे आर्यावर्त्त मे वत्सनामक देश छल जकर रचना विधाता जेना स्वर्गक दर्प शान्त करबाक निमित्त पृथ्वी पर ओकर प्रतिस्पर्धी बनाए कएने छलाह। ओहि देशक मध्यमे लक्ष्मीक लीलाक आवास, भूतलक कर्णफूल जेकाँ, कौशाम्बीनामक महानगरी छल। आहिठामक महाराज, पाणुवक वंशज, अभिमन्युक प्रपौत्र, परीक्षितक पौत्र, जनमेजयक सुपुत्र शतानीक नामक छलाह। हुनका दुइगोट भार्या—एक तँ पृथिवी जे अनन्त-रत्न-प्रसवा छलीह, दोसर महारानी वसुमती जनिका कोनो सन्तान नहि होइन्हि।

एक समय महाराज मृगयार्थ वनमे भ्रमण करैत छलाह। ओतए हुनका शाण्डिल्यमुनिक संग परिचय भेलैन्हि। ओ महाराजकेँ पुत्रार्थी जानि कौशाम्बी अएलाह तथा मन्त्रपूत चरुकेँ साधित कए महारानीकेँ खोआओल। फलतः महाराजकेँ एक गोट पुत्र भेलथिन्ह जनिक नाम सहस्रानीक राखल गेलैन्हि। एहि पुत्ररत्नक उत्पत्ति भेलासँ महाराजक शोभा ओहिना बढ़ि गेलैन्हि जेना विनयसँ गुणक शोभा बढ़ैत अछि। कालक क्रमेँ महाराज शतानीक प्राप्तवयस्क अपन सुयोग्य पुत्रकेँ युवराज बनाए अपने केवल भोग मात्रक हेतु राजा रहि गेलाह, भूभारक

चिन्तनाक हेतु नहि।

एही समयमे देवासुरसंग्राम उपस्थित भए गेल। शतानीकसँ साहाय्य याचनाक हेतु देवराज इन्द्र अपन दूत मातलिकेँ हुनका ओतए पठाओल। महाराज अपन पुत्र ओ राज्य दुहूकेँ अपन मन्त्री युगन्धर ओ मुख्य सेनापति सुप्रतीकक हाथ मे समर्पण कए अपने असुरसँ युद्धक हेतु मातलिक संग स्वर्गलोक विदा भेलाह। ओहि युद्धमे ओ देवराजक समक्ष यमदंष्ट्रादि अनेको असुरकेँ मारलैन्हि किन्तु अन्तमे अपनहु मारल गेलाह। मातलि हुनक शवकेँ उठाए कौशाम्बी अनलैन्हि। महारानी वसुमती ओहि संग चितामे जरि सती भए गेलीह तथा राजलक्ष्मी हुनक पुत्र सहस्रानीकक आश्रयण कएलैन्हि।

ओमहर स्वर्गमे देवराजक ओहिठाम शत्रु पर विजय प्राप्त करबाक उपलक्षमे उत्सव प्रारम्भ भेल। ताहिमे सम्मिलित होएबाक हेतु अपन मित्रक पुत्र सहस्रानीकहुकेँ बजएबाक निमित्त देवराज मातलिकेँ पठओलैन्हि। ओहिठाम नन्दनक उपवनमे स्वस्वानुरूप कामिनीसबहिक संग क्रीड़ा करैत देवतालोकनिकेँ देखि महाराज सहस्रानीक चित्तमे ई चिन्ता उत्पन्न भेलैन्हि जे अपन उपयुक्त स्त्री हमरा कतए भेटतीह। हुनक ई अभिप्राय जानि देवराज इन्द्र हुनका बुझाए केँ कहए लगलथिन्ह जे "हे महाराज! अहाँ एहि हेतु व्यर्थ विषाद जनु करी। अहाँक ई वाञ्छा शीघ्रहिँ सिद्ध होएत। अहाँक हेतु स्त्री पूर्वहिँ निर्मिता भए पृथिवी पर उत्पन्न भए गेलीह अछि। से वृत्तान्त हम अहाँकेँ कहैत छी, सुनू।

एक समयमे पितामहक दर्शनार्थ हम हुनक सभा गेल रही। हमरा पाछाँ हमरे एकगोट वसु, विधूम नामक, सेहो रहथि। ओहिठाम हमरालोकनि रहबे करी तावतहिँ अलम्बुषा नामक एकगोट अप्सरा सेहो अइलीह। अकस्मात् बसातसँ हुनक शरीर-परक वस्त्र हटि गेलैन्हि। से देखतिहिँ ओ वसु सहसा कामदेवक वश भए गेलाह। ओहि अप्सरहुक आँखि झट ओहि वसुक सौन्दर्य्यसँ आकृष्ट भए गेल। ई देखि कमलयोनि हमरा दिसि तकलैन्हि। हुनक आशय जानि हम ओहि दुहूगोटाकेँ क्रोधसँ शाप देलिऐन्हि जे "अहाँ दुहूगोटए युवक छी किन्तु अहाँ दुहू गोटाकेँ कनेको विनय नहि अछि। अतएव जाउ; अहाँ दुहूगोटाक जन्म मर्त्यलोकमे होएत ओ ओतहि अहाँ दुहूगोटे पति ओ पत्नी होएब।" से, हे महाराज! ओएह वसु विधूम अहाँ थिकहुँ जे चन्द्रवंशक भूषण भए महाराज शतानीकक ओहिठाम जन्म लेल अछि तथा ओ अलम्बुषा अयोध्यामे महाराज कृतवर्माक ओहिठाम मृगावती भए उत्पन्न भेलीह अछि। ओएह अहाँक स्त्री होइतीह।"

ई कथा सुनितहिँ स्नेहसँ भरल महाराजक हृदयमे मदनानल जेना देवराजक वचनरूपी पवनसँ आओरो धधकि उठलैन्हि। तदुपरान्त देवराज हुनक उचित सम्मान कए मातलिक संग हुनका अपने रथ पर कौशाम्बी पठबाए देल। ओ जखन स्वर्गसँ विदा भेलाह तखन प्रेमसँ विह्वला भए तिलोत्तमा नामक अप्सरा हुनका कहलथिन्ह "हे महाराज! हमरा अहाँकेँ किछु कहबाक अछि। अतएव एक क्षण अहाँ अँटकि जाउ।" किन्तु महाराज मृगावतीक ध्यानमे ततबा लीन छलाह जे ओ हुनक ई कथा नहि

सुनलैन्हि, चले जाइत रहलाह। एहि अपमानसँ लज्जिता तिलोत्तमा क्रोधक आवेशमे हुनका शाप देलथिन्ह जे, "जाउ, जे सुन्दरी अहाँक मन एहि रूपेँ हरि लेने छथि जे अहाँ हमर कथा समेत नहि सुनैत छी तनिक वियोग अहाँकेँ चौदह वर्ष पर्यन्त होएत।" ई शाप मातलि तँ सुनलैन्हि परञ्च महाराज—ओ तँ अपन प्रियाक हेतु ततबा उत्सुक छलाह जे रथसँ तँ ओ कौशाम्बी जाइत छलाह परन्तु मन हुनक अयोध्यामे रहैन्हि।

कौशाम्बी पहुँचितहिँ देवराजसँ मृगावतीक प्रसंग जे किछु सुनने छलाह सभटा वृत्तान्त महाराज बड़े उत्सुकतासँ अपन मन्त्री युगन्धर प्रभृतिकेँ कहि सुनओलैन्हि तथा कालक्षेप सहबामे असमर्थ ओ लगले अपन दूत अयोध्या मृगावतीक पिता कृतवर्माक ओहिठाम हुनक कन्याक याचनाक हेतु पठओलैन्हि। कृतवर्मा ई संवाद सुनितहिँ हर्षसँ उत्फुल्ल, जाए सभटा कथा अपन स्त्री कलावती केँ कहलैन्हि। कलावती कहलथिन्ह, "महाराज! मृगावती अवश्य महाराज सहस्रानीककेँ देल जाइन्हि। हमरहु मन पड़ैत अछि जे ठीक इएह कथा हमरा एकगोट ब्राह्मण स्वप्नमे कहने छलाह।" अत्यन्त आनन्दसँ कृतवर्मा मृगावतीक गीतवाद्यादि कला-कुशलता तथा अप्रतिम सौन्दर्य्य ओहि दूतकेँ देखाए देलथिन्ह। यथार्थहु हुनका चन्द्रमाक मूर्त्ति ओ समस्त सुन्दर कलाक एकमात्र आधार कही तँ अत्युक्ति नहि होएत। विवाह स्थिर भए गेल। सहस्रानीक तथा मृगावती दूहुक सम्बन्ध जेना परस्पर एक दोसराक गुणक पूर्ति करबाक निमित्त विद्या ओ ज्ञानक संयोग हो तद्रूप भेल।

समय सुखसँ बितए लागल। कालक्रमेँ महाराजक सबहु मन्त्रीकेँ पुत्र जन्म लेलथिन्ह। युगन्धरकेँ पुत्र भेलथिन्ह यौगन्धरायण, सुप्रतीककेँ रुमण्वान्, तथा महाराजक जे नर्मसचिव (खेलौनिआँ) रहथिन्ह तनिका वसन्तक। किछुए दिन बितलाक उत्तर महारानी मृगावतिअहुक शरीर किञ्चित् पाण्डु होअए लगलैन्हि। गर्भक चिह्न सब लक्षित होअए लागल। सबकेँ प्रतीत भेल जे महारानीकेँ कल्याणक योग्यता छैन्हि। महाराजक आँखि तँ जेना मृगावतीकेँ देखैत देखैत तृप्ते नहि होइन्हि। एक दिन मृगावती अपन ई इच्छा प्रकट कएलैन्हि जे "रुधिरसँ पूर्ण एकगोट क्रीड़ाक तड़ागमे स्नान करितहुँ।" महाराज परम धार्मिक छलाह ओ हुनका महारानीक इच्छापूर्ण करबाक छलैन्हि। अतएव ओ लाक्षादिक रससँ भरल एकगोट तड़ागक निर्माण करओलैन्हि जे बुझना जाइक जेना रुधिरहिसँ भरल हो। महारानी ओहिमे स्नान करैत छलीह, लाक्षाक रससँ हुनक समस्त शरीर आलिप्त छल। एतबहिमे गरुड़क वंशक एकगोट पक्षी अकस्मात् आबि मांस-खंडक भ्रमसँ महारानी केँ उठाए उड़ि गेल।

ई सुनितहिँ महाराज विह्वल भए गेलाह। पक्षी हुनका कतए लए गेलैन्हि एकर अन्वेषणमे जेना महाराजक धैर्य सेहो चल गेलैन्हि। निश्चय महाराज सहस्रानीक प्रियामे अनुरक्त हृदय सेहो लए पक्षी चल गेल कारण ओ संज्ञाविहीन भए पृथिवी पर खसि पड़लाह। किछुए काल वितलाक उत्तर यावत् हुनका संज्ञा होइन्हि तावत् अपन प्रभावसँ ई सबटा विदित कए आकाश मार्गहिसँ मातलि ओहिठाम पहुँचलाह

तथा महाराजकेँ समाश्वासन दैत पूर्व सुनल तिलोत्तमाक शाप ओ ओकर अवधिक निवेदन कए फेर चल गेलाह। शोकार्त्त महाराज "हा प्रिये! ओहि पापिनी तिलोत्तमाक मनोरथ आइ पुरलैक" इत्यादि बिलाप करए लगलाह। किन्तु शापक वृत्तान्त जानि तथा मन्त्री सबहिसँ प्रबोधित भेलाक उत्तर ओ कोनहुना केवल एही आशासँ जीवनधारण कएने रहलाह जे पुनि समागम होएबे करत।

ओमहर ओ पक्षी महारानीकेँ लेने उड़ैत जाइत, ई जीवितहिँ अछि से बुझि, दैवात् हुनका उदयाचलक शिखर पर छोड़ि देलक। शोक ओ भयसँ व्याकुला महारानी ताकथि तँ अपनाकेँ एकाकिनी, एकमात्र वस्त्र पहिरने, एकगोट दुर्गम पर्वतक शिखर पर अनाथा पड़लि पओलैन्हि। अपन अवस्था देखि ओ कानए लगलीह। हुनका कनैत देखि एकगोट विशाल अजगर हुनका गिड़बाक निमित्त उठल किन्तु भविष्यमे तँ हुनका शुभ लिखल छलैन्हि, अकस्मात् एकगोट दिव्य पुरुष आबि ओहि अजगरकेँ मारि महारानीकेँ छोड़ाए देलथिन्ह। ओहि दिव्य पुरुषकेँ यावत् महारानी ताकथि तावत् तँ ओ कतहु विलीन भए गेलाह। अपन मरणहिक इच्छा करैत ओ एक वनहस्तीक लग चलि गेलीह किन्तु ओहो जेना दया कए हुनका छोड़ि दैन्हि। आश्चर्य तँ ई जे वन्य जन्तु सब हुनका समक्ष भेलहु उत्तर किछु नहि कहैन्हि। अथवा एहिमे आश्चर्य की ?—ईश्वरक इच्छासँ की नहि भए सकैत अछि !

अन्तमे ऊपरसँ कूदि प्राणत्याग करबाक उद्देश्येँ, गर्भक भारसँ अलसा बाला मृगावती ओहि उच्च शृङ्गपर चढ़ि ओहिठाम अपन स्वामीक स्मरण कए मुक्तकंठसँ कानए लगलीह। ताही समयमे फलमूल आदिक हेतु एकजन मुनिपुत्र ओहिदिसि आएल छलाह। ओ हुनक क्रन्दध्वनि सूनि हुनक समीप अएलाह। दखथि तँ जेना शरीर धारण कए स्वयं शोक ओहिठाम कनैत रहए। हुनक सबटा समाचार बूझि, दयासँ द्रवीभूत, ओ मुनिकुमार हुनका कोनहुना आश्वासन दैत महर्षि जमदग्निक आश्रम लए गेलाह। ओतए तँ महारानीकेँ स्वयं आश्वासनक मूर्ति महर्षि जमदग्निक दर्शन भेलैन्हि जनिक तेजसँ उदयाचल ओहिना प्रदीप्त होइत छल जेना बालार्क ओहिठाम आबि स्थिर भए गेल रहथि। दिव्यदृष्टि तथा आश्रित-वत्सल महर्षि पाएरपर खसलि वियोगक दुःखसँ कातरि मृगावतीकेँ कहए लगलाह जे "हे पुत्रि! अहाँ शोक जनु करी। एहिठाम अहाँके तादृश पुत्ररत्न जन्म लेताह जे अपन बापक वंशधर होएताह। अहाँकेँ पुनि अपन स्वामिअहुसँ मिलन होएबे करत।" ई बूझि ओ ओहि आश्रममे रहए लगलीह तथा हुनक हृदयमे स्वामीसँ पुनर्मिलनहुक आशा जाग्रत भए गेलैन्हि।

किछु दिन बितलाक उत्तर अनिन्दिता मृगावतीकेँ प्रशंसनीय पुत्ररत्न जन्म लेलथिन्ह जेना सत्संगतिसँ आचार उत्पन्न होइत अछि। ताहिकाल आकाशवाणी भेल जे "विपुलयशस्वी श्रीमन् उदयन नामक महाराजक उदय भेल अछि जनिक पुत्र समस्त विद्याधरक अधीश्वर होएताह।" ई सूनि मृगावतीक चित्तमे बहुत दिनुक बिसरल आनन्द स्मरण भए अएलैन्हि। क्रमशः बालक उदयन ओहि तपोवनमे अपन

सद्गुणसमूहक सङ्ग सङ्ग बढए लगलाह। ओ अपूर्व वीर्यवान् भेलाह। महर्षि जमदग्नि हुनक सबटा संस्कार क्षत्रियोचित कए हुनका समस्त विद्या ओ धनुर्वेदक शिक्षा देअए लगलथिन्ह। स्नेहसँ हुनक माता मृगावती महाराज सहस्रानीकक नाम खोधल एकगोट चकुठा अपना हाथसँ बहार कए हुनका पहिराए देलथिन्ह।

एकदिन बालक उदयन हरिणक सिकार खेलाइत वनमे घुमैत छलाह। ओ देखैत छथि जे एकगोट सपहर जंगलमे जोरसँ एकगोट सापकेँ पकड़ने अछि। हुनका ओहि सापपर दया भेलैन्हि अतएव ओ ओहि सपहरकेँ कहलथिन्ह जे "हमरा कहलासँ तोँ एहि सापकेँ छोड़ि दहक।" ओ सपहर उत्तर देलकैन्हि जे "मालिक! हमर तँ इएह जीविका थिक। हम दरिद्र छी। सब दिन सापहिकेँ खेलाए हम अपन ओ अपन परिवारक पालन पोषण करैत छी। पूर्व जे साप छल से मरि गेल। तकैत तकैत एहि जंगलमे ई भेटल अछि। मन्त्र ओ औषधक बलसँ वशीभूत कए एकरा पकड़ल अछि।" ई सुनि त्यागी उदयन अपना हाथसँ चकुठा बहार कए ओकरा दए देल तथा ओहि सर्पकेँ मुक्त कए देल। चकुठा पाबि ओ सपहर तँ प्रसन्न भए चल गेल किन्तु ओ साप हुनक आगाँ आबि प्रणाम कए अत्यन्त आह्लादसँ हुनका कहए लगलैन्हि, "हे महाराज! हम वासुकिक जेठ भाए वसुनेमि नामक प्रसिद्ध नाग थिकहुँ। अहाँ हमर रक्षा कएल अछि अतएव हमर तन्त्रीनिर्घोषरम्या ओ श्रुतिभागविभाजिता ई वीणा स्वीकार करू तथा एहन माला जे कहिओ म्लान नहि होएत तथा एहन तिलक जे मलिन नहि होएत तकर रचनाक युक्तिक संग ई नागवल्ली सेहो लिअ।" ई सभ लेने नागसँ छुट्टी पाबि, बालक उदयन आश्रम पहुँचलाह। हुनका देखि, हुनक सबटा गप्प सूनि मृगावतीक आँखिसँ जेना अमृतक वर्षा होअए लागल।

ओमहर ओ सपहर वनमे घुमैत, उदयनसँ ओ चकुठा पाबि, ओकरा लेने बेचबाक निमित्त अबैत अबैत दैववशात् कौशाम्बी पहुँचल। ओहिठाम बजारमे राजनामाङ्कित ओहि चकुठाकेँ बेचैत ओकरा पकड़ि राजकीय सिपाही दरबार लए गेलैक। ओहि चकुठाकेँ देखि ओकरा चीन्हि शोकसँ अभिभूत महाराज अपनहि ओकरा पुछए लगलथिन्ह जे 'तोरा ई चकुठा कतए भेटलौक?' ओ सपहर उदयाचल परक, सापक पकड़बाक कालसँ चकुठा पएबाक काल धरिक सबटा अपन वृत्तान्त निवेदन कएलक। ई सबटा बूझि अपन प्रियाक आभूषण चीन्हि महाराजक चित्त तँ विचार-दोलापर चढ़ि गेल। ताहिकाल आकाशवाणी भेल जे 'हे महाराज! अहाँक शापक दिन पुरि गेल। अहाँक स्त्री मृगावती अपन पुत्रक संग उदयाद्रिपर महर्षि जमदग्निक आश्रममे छथि।' ई सूनि जेना निदाघज्वालासँ विकल मयूर, वर्षाक वारिधारासँ कण्टकित भए उठैत अछि तहिना विप्रयोगक शोकसँ सन्तप्त महाराज सहस्रानीक हर्षसँ ओतप्रोत भए गेलाह।

ओ दिन तँ जेना उत्कंठासँ आओरो पैघ भए गेल। कोनहुना ओकरा बिताए प्रातहिँ महाराज ओहि सपहरकेँ आगाँ कए अत्यन्त शीघ्र अपन प्रियाक दर्शननिमित्त अपन सैन्यक संग उदयाचल परक ओहि आश्रमक हेतु प्रयाण कए देलैन्हि। पुनर्मिलनक प्रबल

उत्कंठा हुनक चित्तकेँ आन्दोलित कएने छलैन्ह। परिजनवर्ग बराबरि हुनका शान्तिक कथासब कहैत जाथिन्ह जे, “हे महाराज! व्यर्थ सन्ताप आब किएक कएल जाइत अछि। शाप तँ अपनेक आब क्षीण भइए गेल अछि। महारानी समीपहिमे छथि। समागम ओ वियोग ई तँ संसारक रीतिए थिकैक। जेलोकनि धैर्यवान् छथि ओलोकनि दीर्घ दीर्घ विरह-दुःख रूपी समुद्रकेँ पार कए पुनि कल्याणहुकेँ प्राप्त करितहि छथि।”

कतोक दिन बितलाक उत्तर महाराज महर्षि जमदग्निक आश्रममे पदार्पण कएलैन्हि। ओहिठाम तँ मानू मृगोसभ अपन चञ्चलताकेँ परित्याग कएने छल। ओतए हुनका तपस्याक साक्षात् मूर्ति महर्षिक दर्शन भेलैन्हि। ओ हुनक उचित सबटा आतिथ्य-सत्कार कए सपुत्रा मृगावतीकेँ आनि हुनका समर्पण कए देलथिन्ह। महाराजकेँ तँ जेना सानन्द-निवृत्तिअहिक पद प्राप्त भए जाइन्हि। एतेक दिन पर शापक अन्त भेलाकपर परस्पर दर्शनसँ हुनका दुहूगोटाक आँखि आनन्दाश्रुसँ भरि गेलैन्हि जेना अमृतहिक वर्षा होइत रहैन्हि। प्रथमहिँ अपन पुत्र उदयनकेँ देखि जे ओ हुनका हृदयसँ लगाओल से ओ हुनक हृदयसँ जेना छुटबे नहि करथिन्ह मानू हुनक शरीरमे जे रोमाञ्च भए गेलैन्हि ताहिसँ उदयन जेना सटि गेल रहथि।

अन्तमे महर्षिक आज्ञा लए अपन स्त्री ओ पुत्रक आश्रयभूत ओहि प्रशान्त आश्रमसँ महाराज सहस्रानीक मृगावती ओ कुमार उदयनकेँ संग लए अपन नगरीक हेतु प्रस्थान कएलैन्हि। तपोवनक सीमापर्यन्त आँखिमे नोर भरल मृगसभ हुनकालोकनिक पाछाँ पाछाँ गेलैन्हि। भरि बाट अपन प्रियतमाक विरहक वृत्तान्त सुनैत, अपन वियोगक वार्त्ता कहैत, महाराज क्रमशः कौशाम्बी पहुँचलाह। ओहिठाम हुनकालोकनिक स्वागतार्थ सम्पूर्ण नगरभरि मेहराब ओ पताका फहराइत छल। अपन पत्नी ओ पुत्रक संग जखन महाराज नगरमे प्रवेश कएलैन्हि तखन समस्त पौरजन जेना हुनकालोकनिकेँ आँखि खोलिकेँ पिबए लागल।

कौशाम्बी पहुँचलाक उत्तर हुनक गुणसबहुसँ उत्साहित भए महाराज सहस्रानीक झटपट उदयनकेँ यौवनराज्यक अभिषेक दए मन्त्रणाक हेतु अपन अमात्यलोकनिक सुपुत्र वसन्तक, रुमण्वान् ओ यौगन्धरायणकेँ नियुक्त कए देलथिन्ह। ताहिसमयमे आकाशवाणी भेल जे “एहि मन्त्रिवरलोकनिक सहायतासँ महाराज उदयन अखिल भूमंडलक साम्राज्य प्राप्त करताह।” स्वर्ग सँ देवता लोकनि पुष्पवर्षा करए लगलाह।

एहि प्रकारेँ अपन सुयोग्य पुत्रवरकेँ राज्यक सबटा भार दए महाराज सहस्रानीक अपन प्रियतमा मृगावतीक संग जीवनक चिरकाङ्क्षित सुखक भोगमे अपन दिन बितबए लगलाह। जखन महाराजक कर्णमूलमे शान्तिक दूती जरा सहसा आबि उपस्थित भेलीह तखन जेना ईर्ष्याकषायिता विषयवासना क्रुद्धा भए एकहि बेरि महाराजक हृदयसँ हटि दूर भए जाथि। अतएव महाराज संसारक अभ्युदयक हेतु कल्याण-मूर्ति, अनुरक्त-प्रकृतिक, अपन सुपुत्र, उद्‌यनकेँ राज्य दए स्वयं अपन भार्या मृगावती तथा अपन अमात्यवर्गक संग महाप्रस्थानक हेतु हिमाचल चल गेलाह।

वासवदत्ता

अपन पिताक समर्पित वत्सराज्यकेँ पाबि महाराज उदयन कौशाम्बीमे शासन करए लगलाह। क्रमशः राज्यक सबटा भार यौगन्धरायण प्रभृति अपन अमात्य वर्गकेँ दए अपने केवल सुखमे एकान्ततत्पर भए गेलाह। ओ केवल सिकार खेलाएल करथि तथा वासुकिक भाइक देल ओहि घोषवती वीणाकेँ दिनराति बजाओल करथि। ओकर तन्त्रीसँ जे मधुर शब्द बहराइक ताहि मोहन मन्त्रसँ वशीकरण कए ओ बराबरि मदमत्त जंगली हाथी सबकेँ पकड़ि पकड़ि आनथि। किन्तु उदयन अत्यन्त तेजस्वी छलाह। ओ केवल वारवनिताक मुखचन्द्रक प्रतिमासँ प्रतिबिम्बित आसवेटा नहि पीबथि किन्तु हुनक समक्ष मन्त्रीलोकनिक मुँहक कान्तिए बदलि जाइन्हि जेना ओकरहु ओ अपन तेजसँ पीबि जाथिन्हि। एकेटा चिन्ता हुनका छलैन्हि जे "कुलक अनुरूप तथा अपन गुणक सदृश स्त्री हमरा कतए भेटतीह? एकहि गोट कन्याक तँ नाम सुनैत छी—वासवदत्ता! ओ हमरा कोना प्रप्त होइतीह?"

ओमहर उज्जैनमे चंडमहासेन चिन्तना करथि जे, "हमर कन्याक सदृश वर तँ एहि संसारहिमे कतहु दृष्टि पर नहि अबैत अछि। छथि तँ उदयन, किन्तु ओ तँ सबदिन हमर विपक्षे रहैत छथि। कोनप्रकारेँ ओ हमर अधीन होएताह, कोना हमर जमाए होएब स्वीकार करताह? एकेगोट उपाय सुझैत अछि। ओ सिकारक व्यसनमे लागल बराबरि जंगलमे एकसरे हाथी पकड़ैत घुमैत रहैत छथि। एही छिद्रसँ युक्तिकए हुनका पकड़ि आनी। ओ गान्धर्व विद्यामे पंडित छथि। अपन कन्याकेँ हुनक शिष्या बनाए राखि दिऐन्हि। तखन निश्चय हुनक हृदय वासवदत्ताक रूप ओ गुणसँ मुग्ध होएबे करतैन्हि। एही प्रकारेँ ओ हमर अधीन भए सकैत छथि, हमर जमाए होएब स्वीकार कए सकैत छथि। दोसर कोनो युक्ति नहि देखैत छी।"

ई विचारि चंडमहासेन एहि उपायक सिद्ध्यर्थ चंडिकास्थान जाए चंडिकाकेँ अपन अर्चनासँ सन्तुष्ट कए हुनका ओतए एहि युक्तिमे सफलताक याचना कएलैन्हि। ताहिकाल आकाशवाणी भेल "हे महाराज! ई अभिलाषा अहाँक शीघ्रे सम्पन्न होएत।" एहिसँ हर्षित भए ओ आबि अपना सचिवक संग परामर्श करए लगलाह जे "उदयन अपना दर्पसँ उद्धत ओ लोभसँ पराङ्मुख छथि। सब भृत्य हुनक अनुरक्त छैन्हि। महाबलशाली छथि। अतएव सामादि उपायक ओ साध्य नहि छथि तथापि पूर्व केवल

प्रार्थना करबाक थिक।" ई स्थिर कए ओ एकगोट दूतकेँ ई संवाद कहि वत्सराजक ओतए पठऔलैन्हि जे 'हमर कन्या, वासवदत्ता, गान्धर्व-विद्यामे अपनेक शिष्या होअए चाहैत छथि। अतएव यदि अपनेकेँ हमर कनेको स्नेह हो तँ अपने एतए आबि हुनका शिक्षा दिऐन्हि।' ओ दूत कौशाम्बी जाए ई संवाद उदयनक ओतए निवेदन कएलक।

ई संवाद सूनि वत्सराज एकान्तमे जाए यौगन्धरायणकेँ पुछलथिन्ह जे "ई महाराज एहन सदर्प संवाद किएक कहाए पठओलैन्हि अछि? एहिसँ हुनक अभिप्राय की छैन्हि?" अपन स्वामीक जाहिसँ हित होएत ताहि विषयमे निष्ठुर, यौगन्धरायण कहए लगलथिन्ह जे "हे प्रभो! अपने व्यसनमे रत रहैत छी, ई विख्याति-रूपी-लता जे संसार भरि पसरि गेल अछि तकरे ई कटु फल थीक। अपनेकेँ व्यसनी जानि अपन कन्यारत्नक लोभ दए चण्डमहासेन अपनेकेँ बान्हि अपन अधीन करए चाहैत छथि। अतएव व्यसनकेँ त्यागल जाओ। जे राजा व्यसनमे खसलाह तनिका शत्रु ओहिना अपन अधीन कए लैत छैन्हि जेना हाथीकेँ खाधिमे खसाए मनुष्य वशमे कए लैत अछि।" अपन प्रधान सचिवक ई वचन सूनि धीर वत्सराज अपन दूत द्वारा चंड महासेनक संवादक उत्तर कहाए पठओलथिन्ह जे "यदि अपनेकेँ ई अभिलाषा रहए जे अपनेक कन्या हमर शिष्या होथि तँ हुनका एतहि पठाए देल जाइन्हि।" ई संवाद पठाए वत्सराज पुनि अपन अमात्यवर्गकेँ पुछए लगलाह जे "यदि अहाँ लोकनिक विचार हो तँ हम जाइ ओ चंडमहासेनहिकेँ पकड़ि बान्हि एतए लए आनी।"

वत्सराजक ई कथा सूनि सबहुँ अमात्यक अग्रणी यौगन्धरायण कहए लगलथिन्ह, "महाराज! ई ने भए सकैत अछि, ने करबे उचित थिक। हे प्रभो! ई अपनेकेँ स्वीकार करए पड़त जे चंडमहासेन प्रभावशाली महाराज छथि। हुनक सबटा वृत्तान्त हम अपनेकेँ कहैत छी। सुनल जाओ।

"उज्जयिनी नामक जे नगरी अछि ओ नगरी नहि, संसारक भूषण थिक। ओतए सुधाधौत प्रासादसभ जेना अमरावतिअहुके हँसी करैत हो। ओहिठाम विश्वनाथ, महाकालक स्वरूप धारण कए, जेना कैलास-वासक व्यसनकेँ कम करैत निवास करैत होथि। ओतए महेन्द्रवर्मा नामक श्रेष्ठ महाराज छलाह जनिका अपने सदृश जयसेन नामक पुत्र भेलथिन्ह। ओहि जयसेनक पुत्र नृपति-कुञर महाराज महासेन अप्रतिम वाहुबलक छथि।"

"ओ जखन महाराज भेलाह तखन हुनका ई चिन्ता भेलैन्हि जे हमरा तँ ने अपन योग्य खड्ग अछि, ने अपन अनुरूप भार्या छथि। दिनानुदिन ई चिन्ता महासेनकेँ बलवती होअए लगलैन्हि। एक समय ओ चंडिका-स्थान जाए, निराहार, चंडिकाक आराधना करए लगलाह। एहि आराधनाक क्रममे ओ स्वयं अपन शरीरक मांस कतरि कतरि ताहीसँ होम करए लगलाह। एहिसँ प्रसन्ना भए चंडिका हुनका प्रत्यक्षा भेलथिन्ह ओ कहए लगलथिन्ह—"हे पुत्र! अहाँक आराधनासँ हम प्रसन्न छी। ई उत्तम खड्ग लिअ। एकर प्रभावसँ अहाँ शत्रुक अजेय होएब। भार्या सेहो अहाँकेँ शीघ्रे अङ्गारवतीनामक अङ्गारकासुरक त्रैलोक्यसुन्दरी कन्या भेटतीह। अहाँ हमर उपासनामे अत्यन्त चंड कर्म कएल अछि। अतएव आइसँ

अहाँक नाम चंडमहासेन प्रसिद्ध होएत।" ई कहि खङ्ग दए देवी तिरोहिता भए गेलीह तथा महाराज अपना सङ्कल्पसिद्धिसँ अत्यन्त आनन्दित भए गेलाह। जहिना देवराज इन्द्रकें वज्र ओ ऐरावत, तहिना चंडमहासेनकें दुइगोट रत्न छलन्हि एक तँ ओ खङ्ग, दोसर नडागिरि नामक मदमत्त कुञ्जर। ओहि दुहूक प्रभावसँ ओ सर्वथा सुखी छलाह।

"एक दिन सिकारमे ओ घोर जंगल जाए पहुँचलाह। सहसा हुनका एकगोट विशालकाय भयंकर वराह दृष्टिगोचर भेलैन्हि। ओकरा देखि हुनका इएह बोध भेलैन्हि जे रातुक अन्धकार दिनमे पिंडीभूत भए आएल अछि। हुनक तेजसँ तेज शरहुसँ ओकरा कोनोटा अभिघात नहि भेलैक तथा ओ हुनक रथकें तोड़ि पड़ाए अपन विवरमे चल गेल। राजा अपन रथ ओतहि छोड़ि देलैन्हि तथा क्रोधसँ ओकर पाछाँ पाछाँ केवल शर ओ धनुष लेने ओही बिलमे चल गेलाह। बहुत दूर ओहि सुरंगमे गेलाक उत्तर ओ एकगोट पैघ ओ मनोहर नगर देखलैन्हि। ओहि नगरक मध्यमे एकगोट सुन्दर पोखरि छल। विस्मित भए ओ ओहि पोखरिक घाटपर जाए बैसि रहलाह तथा चिन्तना करए लगलाह। ताबत देखैत छथि जे एकसर कन्याकें संग लेने एकगोटि बाला नगरमे घूमि रहलीह अछि। हुनक रूपराशि ओ तारुण्यविकाश ताहि रूपक छल जे बोध हो जेना कामदेव हुनकहि अपन धैर्य-विध्वंसन शर निर्माण कएने होथि। हुनक दुहू आँखिसँ जेना प्रेमरसक आसारवर्षण होइत रहए। ताहिमे जेना चंडमहासेनकें डुबबैत ओ हुनक समीप अइलीह ओ हुनका पुछलथिन्ह जे, "हे सुन्दर युवक! अहाँ के थिकहुँ? कोन कारणसँ अहाँ एहि भयंकर विवरमे अएलहुँ अछि?" महाराज सबटा वृत्तान्त हुनका यथावत् कहि सुनाओल। से सबटा सूनि ओहि बालाक प्रेम भरल, लाल लाल दुहू आँखिसँ अश्रुधारा गरए लगलैन्हि जेना हुनक हृदयसँ सबटा धैर्य चल जाइन्हि। महाराज ताहिपर हुनका पुछलथिन्ह जे, "हे बाले! अहाँ के थिकहुँ? कनैत किएक छी?"

"कामदेवक आज्ञानुवर्त्तिनी ओ उत्तर देलथिन्ह जे, "एहि विवरमे जे वराह प्रवेश कए अएलाह अछि से अङ्गारक नामक दैत्य थिकाह। हम हुनक पुत्री अङ्गारवती थिकहुँ। हमर बापक सम्पूर्ण शरीर वज्रमय छैन्हि अतएव देखू, ई एहि एकसए राजपुत्रीकें पकड़ि पकड़ि आनि हमरा सेवामे दासी बनाए नियुक्त कएने छथि। ई शापक कारणें राक्षस भए गेल छथि। आइ थाकल ओ पिआसल छलाह तें अहाँकें पाबिओकें छोड़ि देलैन्हि। सम्प्रति ओ वराहक रूप त्यागि विश्राम कए रहल छथि। सूतिकें उठताह तँ निश्चय अहाँक किछु अनिष्ट करबेटा करताह। अतएव अहाँक कल्याणक कोनोटा उपाय नहि देखि हमर मन सन्तापसँ पीड़ित भए रहल अछि ओ तें हम कानि रहल छी।" ई सबटा सूनि चंडमहासेन हुनका कहए लगलथिन्ह जे, "यदि अहाँकें हमरा प्रति कनेको स्नेह रहए तँ हम जे कहैत छी से करू। अहाँक बाप जखन आइ सूतिकें उठथि तखन अहाँ हुनका समीप जाए कानए लागू। निश्चय ओ अहाँकें एहि उद्वेगक कारण पुछबे करताह। तखन अहाँ कहबैन्हि जे जँ अहाँकें केओ मारि दिअए तखन हमर की गति होएत एही दुःखसँ हम कनैत छी। ई पुछलासँ अहूँकें ओ हमरहु कल्याण अछि।"

“अङ्गारवती स्वीकार कए लेलैन्हि। अनिष्टक सन्देहसँ चंडमहासेनकेँ नुकाए राखि ओ अपन सुतल बापक शय्याक निकट पहुँचलीह। दैत्यक निन्द टुटलैन्हि। देखैत छथि जे समीपमे बैसलि अङ्गावतीक दुहू आँखिसँ अश्रुधारा बहि रहल छैन्हि। दैत्य पुछलथिन्ह “हे पुत्रि! अहाँ कनैत किएक छी?” ओ कहए लगलथिन्ह जे “हमरा एकर बड़ सोच भए रहल अछि जे जँ केओ वीरपुरुष अहाँकेँ मारि दिअए तँ हमर कोन गति होएत।” एहिपर दैत्य हँसिकेँ कहए लगलथिन्ह जे, “हे पुत्रि! हमरा के मारि सकत? सम्पूर्ण शरीर तँ हमर वज्रमय अछि। केवल वाम हाथमे देखैत छी एकगोट छिद्र अछि तकरहु तँ हम सतत शरसँ झपनहि रहैत छी।” एहिप्रकारेँ ओ हुनका आश्वासन दैत छलथिन्ह तथा राजा चुपचाप सबटा सुनैत छलाह।

“किछु कालक उपरान्त संध्या भेल। दैत्य उठलाह, स्नान कएलैन्हि ओ मौन भए महादेवक पूजा करए बैसलाह। ताहीकाल सम्मुख भए, धनुष चढ़ाए, ललकारि चंडमहासेन हुनका युद्धक हेतु आह्वान कएल। मौन छलाह अतएव ओ वामहाथ उठाए इसारा कएलथिन्ह जे कनेक काल थमहू। ताहीकाल हस्तलाघवसँ महाराज एकगोट शर खीँचि ओहि मर्मस्थानमे मारल। मर्माहत भए ओ दैत्य महाघोर चीत्कार कए भूमिपर खसि पड़लाह।

“एहि प्रकारसँ अङ्गारकासुरकेँ मारि सब राजकुमारीकेँ बन्धनसँ मुक्त कए चंडमहासेन ओहि दानवकन्या अङ्गारवतीकेँ लेने उज्जयिनी पहुँचलाह। ओतए हुनका दुहू गोटाक विधिपूर्वक विवाह भेल। कालक्रमेँ हुनका गोपालक ओ पालक दुइगोट पुत्र भेलथिन्ह। हुनका लोकनिक जन्मक उपलक्षमे ओ इन्द्रक उत्सव कएलैन्हि। ताहिसँ परितुष्ट भए देवराज हुनका स्वप्न देलथिन्ह हे, “हमरा प्रसादात् अहाँकेँ एकगोट अद्वितीया कन्या होइतीह।” समय भेलासँ महाराजकेँ यथार्थ एकगोट अपूर्वसुन्दरी कन्या जन्म लेलथिन्ह जनिक रचनामे जेना विधाता दोसर चन्द्रमहिक सृष्टि कएने रहथि। ताहिकाल आकाशवाणी भेल जे “हिनक पुत्र, कामदेवक अवतार, समस्त विद्याधरक अधीश्वर ओएताह।” महाराज हुनक नामकरण “वासवदत्ता” कएलैन्हि, कारण, ई कन्यारत्न हुनका वासव प्रसन्न भए देने छलथिन्ह। मन्थनसँ पूर्व जहिना कमला समुद्रक कोनहु कोटरमे पड़लि छलीह तहिना सम्प्रति इहो वासवदत्ता अपन पिताक घरमे पड़लि छथि। ककरहु हाथ तँ चण्डमहासेनकेँ हिनका देबहि पड़तैन्हि।

“हे महाराज! चंडमहासेन एहन प्रभावशाली महाराज छथि। हुनक राज्य एक दुर्गम देशमे अवस्थित छैन्हि। अतएव हुनका जीति लेब सम्भव नहि बुझना जाइत अछि किन्तु जानल जाओ जे ओहि कन्यारत्नकेँ ओ अपनहिकेँ देअए चाहैत छथि। केवल अभिमानसँ ओ अपन तथा अपन पक्षक विजय चाहैत छथि। हमरा तँ पूर्ण विश्वास अछि जे वासवदत्ताक विवाह अपनहिसँ होएतैन्हि।”

ई सुनितहिँ जेना वासवदत्ता महाराजक हृदयकेँ तत्काले हरण कए लए जाथिन्ह!

कारागार

ओमहर वत्सराजक ओ दूत उज्जैन पहुँचल तथा चंडमहासेनकेँ अपन स्वामीक उत्तर कहि सुनओलक। ई सूनि चंडमहासेन विचार करए लगलाह जे "अभिमानी वत्सराज नहि अएलाह। कन्याकेँ तँ हुनका ओहिठाम नहि पठाबी। ताहिसँ लाघव होएत। अतएव आब हुनका पकड़िकेँ मङाबी तकरे युक्ति करबाक थिक।" ई विचारि अपन सचिव लोकनिक संग परामर्श कए ओ अपन नडागिरिअहिक सदृश एकगोट विशाल यन्त्रक हाथी तैआर करओलैन्हि तथा ओहि हाथीक मध्यमे कतोक वीरपुरुष लोकनिकेँ नुकाए केँ भरि ओकरा विन्ध्याचलक जंगलमे छोड़ि देलैन्हि। हाथी पकड़बाक रसमे आसक्त वत्सराज़क वेतन पबैत चार सब घुमितहिँ छल। दूरहिसँ ओ सब ओहि हाथीकेँ देखि दौड़ल, वत्सराजक ओतए जाए इतलाए कएलक, "महाराज! विन्ध्याचलक वनमे एकगोट हाथी चरि रहल अछि। एहन हाथी अन्यत्र कतहु नहि देखल छल। ततेकटा अछि जे आकाश लागल बूझि पड़ैत अछि जेना जंगम विन्ध्याचल रहए।" ई सुनितहिँ महाराज हर्षसँ फूलि गेलाह। चारसबहिकेँ पूर्ण पारितोषिक देलथिन्ह। मनमे विचारए लगलाह "नडागिरिक जोड़ा यदि एहन एकटा गजेन्द्र हमरहु भेटि जाए तँ निश्चय हम चंडमहासेनकेँ अपना वशमे लए आनब। तखन ओ अपनहि अपन कन्या हमरा दए।" एहि भावनामे राति बितल। प्रातःकाल ज्योतिषी लोकनि लग्न जँचलैन्हि तँ यात्राक फल अएलैन्हि, "कन्याक लाभ किन्तु बन्धन।" उदयन ताहि कथूक विचार नहि करए लगलाह। मन्त्री लोकनि मना करितहिँ रहि गेलथिन्ह। वत्सराजकेँ गजक तृष्णा नहि रोकल गेलैन्हि। ओहि चारसबहिकेँ आगाँ कए ओ विन्ध्यावटीक हेतु प्रयाण कए देलैन्हि।

विन्ध्याचलक जंगल मे पहुँचलाक उत्तर वत्सराज अपन सैन्यकेँ दूरहि छोड़ि देलैन्हि जे कदाच हाथी भड़कि ने जाए। ओ केवल चारक संग घोषवती लेने ओहि विस्तीर्ण अरण्यमे प्रवेश कएलैन्हि। विन्ध्यक दक्षिण भागमे ओ चारसब दूरहिसँ सत्य-गजहिक सदृश ओहि गजाभासकेँ हुनका देखाए देलकैन्हि। तखन ओ एकाकी भए, घोषवतीमे मधुर मधुर गीत बजबैत, केवल हाथीकेँ बझएबाक युक्तिक चिन्तना करैत, शनैः शनैः ओहि हाथीक दिसि होअए लगलाह। एक तँ वीणावादनमे हुनक चित्त एकान्त संलग्न छल; दोसर सन्ध्या-समय समीप छलैक। जंगलमे अन्धकार भए

गेल छलैक। जेना तेना, उदयन ओहि वनगजकेँ मायागज नहि चीन्हि सकलाह। ओहो हाथी जेना गीतक रससँ, तहिखन कान उठाबए, तहिखन कान पटपटाबए, तहिखन समीप होअए, पुनि हटि जाए, एवंक्रमेँ हुनका दूर लए गेल। तखन सहसा ओहि यन्त्रगजक अभ्यन्तरसँ अस्त्रशस्त्र-सुसज्जित वीर लोकनि बाहर भए वत्सराजकेँ चारू दिसिसँ घेरि लेलथिन्ह। ई रचना देखितहिँ उदयन क्रोधसँ लाल भए गेलाह तथा छूरा बहार कए आगाँमे जे योद्धा रहथि तनिका संग लड़ए लगलाह। तावत पाछाँसँ कतोक गोटए आबि पकड़ि लेलकैन्हि। संकेत स्थिर छल। आओरो सैनिकलोकनि पहुँचि गेलाह। सबहिँ मीलि वत्सराजकेँ पकड़ि चंडमहासेनक ओतए बिदा भेलाह।

अवन्तिराज उदयनक सत्कारार्थ नगरसँ बाहर आबि पूर्ण सम्मान कए हुनका उज्जयिनी लए गेलाह। ओतए तँ ओहो नवागत, शश-लाञ्छनहिक सदृश, अपमानक कलङ्कसँ लाञ्छित पुरवासीजनक लोचनानन्दकर भए गेलाह। हुनक गुणसँ मुग्ध हिनकालोकनिकेँ ई सन्देह भेलैन्हि जे कदाचित् चंडमहासेन हुनक वधहिक आज्ञा ने दए देथिन्ह। अतएव ओ लोकनि सभा कए ई निश्चय कएलैन्हि जे हमरालोकनि जाए महाराजक ओहिठाम धरना दए दी। चंडमहासेन ई बुझितहिँ स्वयं आबि सभकेँ ई आश्वासन दए क्षोभ निर्वृत्त कए देलथिन्ह जे "हम वत्सराजक वध नहि चाहैत छी। हम तँ हुनका संग सन्धिक इच्छुक छी।" ओहिठाम ओ अपन कन्या तथा वत्सराज दुहूकेँ बजबाए वासवदत्ताकेँ गान्धर्वशिक्षाक हेतु उदयनक हाथमे समर्पण कए देलथिन्ह। कहलथिन्ह जे "हे महाराज! अहाँ हिनका शिक्षा दिऐन्हि। ताहिसँ अहाँक कल्याण होएत। मनमे अहाँ कोनो विषाद जनु करी।" ओहि कन्यारत्नकेँ देखितहिँ वत्सराजक मन ततबा मुग्ध भए गेलैन्हि जे क्रोध ओ खेद सभ किछु हुनका हृदयसँ हटि गेलैन्हि। वासवदत्ता, तनिको आँखि ओ मन दुहू संगहिँ उदयनमे लागि गेल। आँखि तँ लज्जासँ नीचो भेल किन्तु मन कोनहुना नहि हटलैन्हि!

अतएव आब उदयन ओहि गन्धर्वशालामे वन्दी भए रहए लगलाह। आँखि तँ हुनक सतत वासवदत्ताक मुहहिमे लग्न रहैन्हि। काज रहैन्हि केवल वासवदत्ताकेँ संगीतशिक्षा देब। हृदयपर घोषवती, कंठमे गीतध्वनि, तथा समक्षमे वासवदत्ता—इएह हुनक चित्तक विनोदक स्थान छलैन्हि। किन्तु राजकुमारी लक्ष्मीजेकाँ एकाग्रचित्तसँ हुनक परिचर्यामे सतत तत्पर रहथि तथा कहुखन हुनका नहि छोड़थिन्ह।

एमहर वत्सराजक अनुचरवृन्द जखन कौशाम्बी पहुँचल तखन प्रभु पकड़ि राखल गेल छथि ई जानि समस्त राष्ट्र अत्यन्त क्षोभमे पड़ि गेल। क्रोधक आवेशमे राजभक्त प्रजा सभ चाहलक जे जाए उज्जयिनी पर आक्रमण करी। किन्तु रुमण वान् ई बुझाए हुनकालोकनिकेँ शान्त कएलैन्हि जे "चंडमहासेन बड़ पैघ छथि। ओ बलक साध्य नहि छथि। एहिसँ वत्सराजहुक कुशल होएबाक सम्भव नहि। अतएव आक्रमण उपयुक्त नहि होएत। ई कार्य बलक साध्य नहि, बुद्धिक साध्य अछि।"

एवंक्रमे ँ प्रजाके ँ अनुरक्त ओ राज्यके ँ शान्त देखि धीर यौगन्धरायण रुमणवान् प्रभृति मन्त्रिवर्गक ओतए प्रस्ताव कएलैन्हि, "अहाँ लोकनि एतहि सतत प्रस्तुत रहू। राष्ट्रक रक्षा करू तथा समय अएलापर विक्रम हेतु उद्यत रहू। हम वसन्तके ँ संग लए जाइत छी। अपन बुद्धिक प्रभावसँ हम निस्सन्देह महाराजके ँ छोड़ाए आनब। जाहि प्रकारे ँ मूसलाधार वर्षामे विद्युत् आओरो अधिक तेजसँ चमकैत अछि तहिना जे व्यक्ति धीर छथि तनिक प्रज्ञा विपत्तिक दिनमे आओरो अधिक प्रखर भए जाइत छैन्हि। एहि कार्यक उपयोगी युक्तिसभ, यथा प्राकारभंजन (कोठा काटब) निगड़-भञ्जन (हथकड़ी ओ बेड़ी तोड़ब) अदर्शन (अलक्षित भए जाएब) प्रभृति योग हम पूर्णतया सिद्ध कएने छी।" ई कहि प्रजा-पालनक सबटा भार रुमण्वानके ँ दए यौगन्धरायण वसन्तकके ँ संग लए कौशाम्बीसँ विदा भए गेलाह। जाइत जाइत ओ दुहूजन विन्ध्यक जंगलमे पहुँचलाह जे हुनक अपने प्रज्ञाक सदृश सत्त्वसम्पन्न एवं नीतिक सदृश दुर्गम छल। विन्ध्यपर्वतक एक शिखर पर पुलिन्दक नामक, पुलिन्दजातिक सरदार, वत्सराजक मित्र, रहैत छलाह; यौगन्धरायण हुनका ओहिठाम गेलाह। हुनका सबटा वृत्तान्त बुझाए, "महाराज एहि मार्गें फिरताह अतएव हुनक रक्षार्थ प्रचुरसैन्यसँ सम्पन्न भए अहाँ एतए सुसज्जित रहब" ई कहि, हुनक संग सबटा कर्त्तव्य वस्तुक निश्चय कए, पुनि यौगन्धरायण वसन्तकक संग उज्जयिनीक हेतु यात्रा कएलैन्हि।

उज्जयिनी पहुँचि ओ लेकनि सोझे महाकालक आश्रम गेलाह तथा ओहि आश्रमक मध्यवर्ती श्मशानमे जाए स्थिर भेलाह। ओहिठाम नरमांसगन्धी, कारी कारी, वेतालसभ चिताधूमहिक सदृश चारूदिसि व्याप्त छल। ओतहि योगेश्वर नामक एकगोट ब्रह्मराक्षस वास करैत छलाह। ओ यौगन्धरायणके ँ देखितहि हुनक दर्शनसँ प्रसन्न भए हुनका संग मित्रता कएलैन्हि। हुनक उपदेश कएल युक्तिसँ यौगन्धरायण तत्कालहि ँ अपन रूप परिवर्तन कए एक गोट विकृत, वृद्ध, कुब्ज ओ खल्वाट बताहक सदृश बनाए लेलैन्हि जकरा देखि लोकके ँ हँसी लगैक। ओही युक्तिसँ ओ वसन्तकहुक स्वरूप दुर्मुख, दन्तुर, सम्पूर्ण शिरा बहराएल ओ पृथूदर बनाए देलथिन्ह। तखन वसन्तकके ँ पूर्वहि ँ सिंहद्वारक फाटकपर पठाए पश्चात् अपनहुँ ओही रूप ओ वेषमे ओतए पहुँचलाह। ओ बराबरि बताह जेकाँ नचैत गबैत छलाह।, चारू दिसिसँ नगरक छँओड़ा सब हुनका पाँछा लागल छैलन्हि, सभ कौतूहलसँ हुनक तमासा देखैत छल। ओहिना ओ डेउढ़ीपर पहुँचलाह। हुनका देखबाक निमित्त महल सँ रानीलोकनि सेहो अइलीह। ई वार्ता जाइत जाइत वासवदत्ताक कान धरि पहुँचल। पुनि नव वयस तँ कौतुकक सोदरे होइत अछि। चट ओ अपन चेरीक द्वारा हुनका गन्धर्वशाला बजबए पठओलथिन्ह। ओहि ठाम वत्सराजके ँ बन्धनमे देखि बताहहिक स्वरूप धारण कएने छलाह ते ँ की? यौगन्धरायणक आँखि सँ नोर बहए लगलैन्हि। ओ महाराजके ँ इसारा कएलथिन्ह जाहिसँ हुनका बुझबाक योग्य भए गेलैन्हि जे ई वेष बदलि यौगन्धरायण सएह आएल छथि।

एतबहिमे अपन अदर्शन-योगक बलसँ यौगन्धरायण वासवदत्ता ओ चेरी सबहिकेँ अदृश्य भए गेलाह। केवल वत्सराजटा हुनका देखथिन्ह; आओर सबहुँ विस्मयसँ बाजथि जे "ई बतहा कतए चल गेल?" हुनका लोकनिक कथा सूनि तथा समक्षमे हुनका उपस्थित देखि वत्सराज बुझलैन्हि जे ई सबटा ई अपन योगक बलसँ कए रहल छथि। एकान्त पएबाक लक्ष्य सँ युक्त्या ओ वासवदत्ताकेँ अपन सखीलोकनिक संग सरस्वती-पूजाक उपकरण आनए पठाए देलैन्हि। तखन यौगन्धरायण वत्सराजक समीप आबि निगड़भञ्जनप्रभृति योग हुनका सविधान सिखाए देलथिन्ह तथा बीणाक तन्त्रीमे प्रयोग करबाक योग्य आओरो आओरो वासवदत्ताकेँ वशीकरण करबाक योग हुनका समर्पण कए निवेदन कएलैन्हि जे "हे महाराज! वसन्तक सेहो आएल छथि। रूप बदलने ओ फाटक पर छथि। हुनका अपने संग राखल जाइन्ह। जखन वासवदत्ताकेँ अपने पर विश्वास भए जाइन्ह तखन पुनि यदनुसार हम कहब तेना कएल जाए। ताबत एहीठाम एहिना रहल जाओ।" एतबा कहि यौगन्धरायण ओहिठामसँ अलक्षिते बहार भए गेलाह।

ताबत वासवदत्ता पूजाक सबटा सामग्री लेने पहुँचलीह। वत्सराज हुनका कहलथिन्ह जे "फाटक पर जँ केओ ब्राह्मण होथि तँ बजबाए लिऔन्हि जे पूजाक दक्षिणा लेथि।" चेरी दौड़लि गेलि तथा ओहि विकृतरूपधारी वसन्तककेँ लेने पहुँचलि। हुनकहु वत्सराजक ई दशा देखि नहि रहल गेलैन्हि, ओहो कानए लगलाह। भेद खुजि ने जाए अतएव वत्सराज हुनका कहए लगलथिन्ह जे "हे वटुक! अहाँ जनु कानी। एतहि अहाँ रहू। रोगक कारणेँ जे अहाँक ई विरूपता अछि से हम छोड़बाए देब।" किन्तु हुनक विकृतरूप देखि वत्सराजहुकेँ हँसी लागि गेलैन्हि। हुनक आशय बूझि तखनसँ वसन्तक अपन आकृति ओ चेष्टा आओरो अद्‌भुत बनाए हँसल करथि। हुनक ई हँसी ओ खेलौनिआक सदृश चेष्टा देखि देखि वासवदत्ताँकेँ हँसी लगैन्हि तथा ओ हुनकापर बड़े प्रसन्न भेलीह। तखन हँसीमे एक दिन राजकुमारी हुनका पुछलथिन्ह जे "हे ब्राह्म ! अहाँ कोन गुण जनैत छी?" वसन्तक उत्तर देलथिन्ह जे "सरकार! हम कथा बड़ सुन्दर कहए जनैत छी।" तखनसँ वावसवदत्ता हुनका कथा कहए कहल करथिन्ह तथा वसन्तक हुनका हास्य ओ वैचित्र्य रससँ भरल कथा कहि कहि हुनक मनोरंजन कएल करथि।

वासवदत्ता-हरण

किछु दिन एहिना बीति गेल। दिन दिन वत्सराज ओ वासवदत्ताक स्नेह गाढ़ होअए लागल। ओ आब अपन पिताक पक्षसँ पराङ्मुख भए उदयनक पक्षमे होअए लगलीह। दुहूक मन प्रेम-पाशमे उत्तम जेकाँ फँसि गेल।

यौगन्धरायण अपन युक्ति पथनहिँ छलाह। एक दिन ओ पुनि अलक्षितरूपहिँ वत्सराजक निकट अएलाह तथा केवल वसन्तकक समक्ष एकान्तमे विज्ञप्ति कएलैन्हि जे "हे प्रभो! चंडमहासेन मायासँ अपनेकेँ बन्दी कए रखने छथि; वस्तुतः ओ तँ आब अपनेक हाथ अपन कन्याक दान कए सम्मान पुरस्सर अपनेकेँ एतएसँ विदा करी से विचार कए रहल छथि। तखन हमरालोकनि हुनक कन्याक हरणे कए किएक नहि चल जाइ? ताहीसँ तँ हुनक दर्पक उत्तरो होएतन्हि तथा अपनहुलोकनिक ई कलङ्क मेटाएत जे किछु पौरुष नहि देखाए सकलाह।

"एकर जे युक्ति हम रचल अछि से निवेदन करैत छी। अपनेकेँ विदित होएत जे अवन्तिराज अपन कन्याकेँ भद्रवती नामक एकगोट हथिनी देने छथि। नडागिरि छोड़ि अवन्तिराजक दोसर कोनो हाथी चालिमे ओकरा पाबि नहि सकैत अछि। नडागिरि यदि पएबो करत तथापि ओकर संग लड़बाक हेतु कथमपि प्रस्तुत नहि होएत। ओहि भद्रवतीक महाउथ आषाढ़क नामक अछि। ओकरा हम पूर्ण धन दए ठीक कएने छी। आब अपने राताराती अपन सभ आयुध लए वासवदत्ताक संग ओहि हथिनीपर सबार भए प्रस्थान कए देल जाओ। तखन एहिठामक महामात्र छथि। ओ हाथीक इङ्गित समेतक वेत्ता छथि। हुनका कोनहु युक्तिसँ अपने ओहि दिन मद्य पिआए ततबा संज्ञाहीन कए दिऐन्हि जे हुनका चैतन्ये ने रहैन्हि। हम ताबत आगाँ भए अपनेक मित्र पुलिन्दकक ओहिठाम जाइत छी तथा जाहि मार्गसँ अपने जाएब तकर रक्षाक विधान करब।"

ई कहि यौगन्धरायण चल गेलाह। उदयन अपन कर्त्तव्य, सब विषयक स्थिरता मनमे कए लेलैन्हि। वासवदत्ता अइलीह। विस्रम्भकथालाप चलल। ताहि उपक्रममे वत्सराज यौगन्धरायण जे किछु कहने रहथन्हि से सबटा वासवदत्ताकेँ बुझाएकेँ कहि देलथिन्ह। वासवदत्ता एकर सहर्ष अनुमोदन कएलैन्हि, वत्सराजक संग जएबाक हेतु प्रस्तुता भए गेलहि। आषाढ़क बजाओल गेल। ओ तैआर छल।

ट्रेवताक प्रसाद कहि वासवदत्ता महामात्रकेँ सब महाउथक संग प्रचुर मद्य पिआए सबकेँ साँझहिँ अचेत कए देलैन्हि।

दिवाकर अस्त भेलाह। चारूदिसि आकाश मेघाछन्न भए गेल। विद्युत चमकए लागल। आकाशमे तुमुल गर्जन होइत छल। एहि विकास समयमे आषाढ़ककेँ हुकुम गेल जे भद्रवतीकेँ कसने आबए। हौदा कसल जाइत रहैक तखन ओ हथिनी एकबेरि चिकरि उठल। महामात्र ओहि चित्कारकेँ सुनलैन्हि। निसा चढ़ल छलैन्हि। स्पष्ट तँ नहि भेलैन्हि तथापि लरखराइत लरखराइत बाजि उठलाह जे "हथिनी कहि रहल अछि जे हमरा आइ तिरसठि योजनक मार्ग कटबाक अछि।" किन्तु ततबा मत्त छलाह जे पुनि एहि कथाकेँ विचारमे लओताह से नहिँ भेलैन्हि। आन महाउथक कानमे तँ ओ शब्द गेबो नहि कएलैक।

भद्रवतीकेँ कसने आषाढ़क उपस्थित भेल। वत्सराज अपन घोषवती लेने आबि हथिनीपर चढ़ि गेलाह। यौगन्धरायणक सिखाओल युक्तिसँ निगडभञ्जन आब हुनका हेतु सामान्य वस्तु छल। पाछाँ पाछाँ वासवदत्ता हुनक सबटा आयुध लेने बहरैलीह तथा हुनका हाथकेँ देल। तखन वसन्तक आबि चढ़लाह। हुनका पाछाँ वासवदत्ता अपन रहस्यधारिणी सखी, काञ्चनमालाक संग आबि चढ़लीह। एवं प्रकारेँ महाउथ लगाए पाँच गोटए ओहि हथिनी पर चढ़ल राताराती विदा भेलाह। निर्धारित मार्ग छोड़ि देलैन्हि। दोसरहि ठाम हाथीसँ छहरदेबाली तोड़बाए, ओहिठामक रक्षक दुहूकेँ ठामहिँ मारि, आनन्दसँ गद्‌गद वत्सराज, अपन प्रेयसीक संग, ओहि हथिनी पर चढ़ल, वेगसँ नगरसँ बहार भए गेलाह।

ओमहर ओहि छहरदेबालीक दुहू रक्षककेँ मारल पड़ल देखि उज्जयिनीक पुररक्षकवर्गमे कोलाहल मचि गेल। ओसब क्षुब्ध भए जाएकेँ महाराजक ओतए निवेदन कएलक। अन्वेषण होअए लागल तँ पता लागल जे वत्सराज राजकुमारीकेँ हरण कए लए गेलाह। उज्जयिनीमे कोलाहल पड़ि गेल। एहि कोलाहलक मध्यमे चंडमहासेनक द्वितीय कुमार, पालक, नडागिरि कसबाए मङाए ओहि पर सबार भए वत्सराजक पाछाँ विदा भेलाह। नडागिरि शीघ्रे भद्रवतीकेँ पाबि गेल। वत्सराज हुनका अवैत देखि शरसँ हुनका संग युद्ध करए लागि गेलाह किन्तु नडागिरि ओहि हथिनी पर आक्रमण करबे नहि करैक। तावत् कुमार गोपालक पहुँचलाह। ओ अपन बापक कार्यक अनुरोधसँ अपन भाए कुमार पालककेँ लड़बासँ अनुरोध कए फिराए उज्जयिनी लए गेलाह। वत्सराज स्वच्छन्द भए विदा भेलाह।

राति बाटहिँ बीतल। दिनमे मध्याह्न होइत होइत छओ पहर बितलाक उत्तर ओ लोकनि विन्ध्यक अरण्यप्रान्तमे पहुँचलाह। तिरसठि योजनक यात्रा छल। भद्रवती पिआसेँ व्याकुल छलि। वत्सराज प्रभृति सब उतरि गेलाह। हथिनी तुरन्त पानि पीलक। पानिअहिक दोषेँ तत्कालहि भद्रवती खसि पड़ल ओ मरि गेल। वत्सराज ओ वासवदत्ता दुहू गोटाकेँ एहि घटनासँ बड़े विषाद भेलैन्हि। ताहिकाल

आकाशवाणी भेल जे "हे महाराज! हम मायावती नामक विद्याधराङ्गना थिकहुँ। एतेक दिन शापक दोषेँ हथिनी भेल छलहुँ अछि। आइ हम अहाँक किछु उपकार कए सकलहुँ तथा अहाँक भावी पुत्रहुक हमरासँ किछु उपकार होएत। ई जे अहाँक पत्नी वासवदत्ता छथि से मानुषी नहि थिकीह, देवी थिकीह। हिनक अवतार एहि भूमंडल पर कारण-विशेषवशात् भेल छैन्हि।"

एहि आकाशवाणीसँ हुनकालोकनिकेँ अतिशय हर्ष भेलैन्हि। विन्ध्य पर्वतक शृङ्गपर अपन मित्र पुलिन्दककेँ अपना अएबाक सूचना देअए वसन्तककेँ आगाँ पठाए अपने वत्सराज, वासवदत्ताक संग, पाएरहिँ मन्द मन्द विदा भेलाह। ताबत जंगलसँ बहराए डाकू सब हुनका पर आक्रमण कएलक। केवल धनुष हाथमे छलैन्हि तथापि वासवदत्ताक समक्षहिँ वत्सराज एकसए पाँच गोटाकेँ मृत्युक मुँह देखाए देलैन्हि। ताबत आगाँ आगाँ वसन्तक पाछाँ पाछाँ पुलिन्दक ओ यौगन्धरायण पहुँचलाह। ओहिठामक स्थिति देखतहिँ ओ भिल्लराज अवशिष्ट डकैतकेँ रोकि अपने वत्सराजक पाएरपर खसि पड़लाह तथा हुनका प्रसन्न कए सस्त्रीक हुनका अपना गाम लए गेलाह। वासवदत्ताक पाएरमे कुशक काँट गड़ि गेल छलैन्हि अतएव ओहि राति सबकेओ ओतहि विश्राम करैत गेलाह। यौगन्धरायण पूर्वहिँ दूत पठाए वार्त्ता देनहिँ छलथिन्ह; प्रातः होइत रुमण्वान् अपन सैन्य लए उपस्थित भए गेलाह। जंगलक चारू दिशि विशाल सेना पसरि गेल जेना विन्ध्यक जंगलहिपर धाबा भेल हो। ओहि दिन सेनाक मध्यमे खीमा खसल। ओहू दिन वत्सराज ओहि कानन प्रान्तमे एहि उद्देश्यसँ रहि गेलाह जे देखी उज्जयिनीसँ की खबरि अबैत अछि। ताबत यौगन्धरायणक एकजन मित्र, वणिक् उज्जयिनीसँ अएलाह ओ निवेदन कएलैन्हि जे "प्रभो! अपने जामाता भेलिऐन्हि अछि अतएव चंडमहासेन अत्यन्त आह्लादित छथि। अपन प्रतिहारीकेँ ओ अपनेक ओहिठाम पठाए रहल छथि। अबैत अबैत ओ मार्गमे विश्राम करबाक हेतु रहि गेलाह। हम सरकारक ओतए ई विज्ञप्ति करए चुपचाप दौड़ल आगाँ अएलहुँ अछि।"

वत्सराजकेँ ई सुनि अत्यन्त हर्ष भेलैन्हि। जाए सबटा वृत्तान्त वासवदत्ताकेँ कहलथिन्ह। ओहो हर्षिता भए गेलीह। अपन बन्धुक परित्याग कए आइलि, तथा विवाह-विधि सत्वर सम्पन्न हो तदर्थ व्याकुला, वासवदत्ता, सङ्कुचिता छलीह। अतएव हुनक मनोविनोद हेतु महाराज वसन्तककेँ कथा कहए कहलथिन्ह। वसन्तक एहन एहन कथा कहए लगलथिन्ह जाहिसँ हुनका अपन प्रियतमक प्रति भक्ति आओरो बढ़ैन्हि। एही प्रकारेँ ओहो राति ओतहि बीतल।

प्रातः काल चंडमहासेनक प्रतीहारी आबि हाजिर भेल। प्रणाम कए निवेदन कएलक जे "महाराज, अवन्तिराजक सन्देश अछि जे अपने स्वयं वासवदत्ताकेँ हरण कए लए गेलहुँ अछि से अपने उपयुक्ते कएल अछि। ताही हेतु हमरहुलोकनि अपनेकेँ अनने छलहुँ। एहिठाम यावत् अपने कारागारमे छलहुँ ताबतहिँ हम स्वयं कन्या-दान कए अपनेकेँ नहि दए देल से एहि शङ्कासँ जे कदाच हमरालोकनिक

प्रति अपनेकेँ प्रीति नहि हो। आब जाहिसँ हमर कन्याक विवाह विधिपूर्वक हो से कर्त्तव्य थीक। अतएव अपने किछु काल प्रतीक्षा कएल जाए। हमर कुमार गोपालक शीघ्रहिँ अपनेक ओहिठाम जाए रहलाह अछि। ओ अपना बहिनिकेँ विधिपूर्वक दान कए अपनेकेँ दए देताह।"

वत्सराजक ओतए ई निवेदन कए प्रतीहारी अन्यान्य संवाद वासवदत्ता तनिकहु कहलक। दुहू गोटए आनन्दसँ पुलकित भए गेलाह। स्थिर कएलैन्हि जे आब कौशाम्बी चली। अतएव अपन मित्र पुलिन्दक तथा सासुरक ओहि प्रतीहारी दुहू गोटाकेँ ई कहि ओहिठाम छोड़ि देलथिन्ह जे "अहाँ दुहू गोटए कुमार गोपालकक प्रतीक्षामे एतहि रहू। ओ जखन आबथि तखन हुनकहि संग अहाँ दुहू गोटए आएब।" अपने वासवदत्ताक संग दोसरा दिन प्रातःकालहिँ प्रस्थान कए देलैन्हि। सेनाक संग महाराजी खीमा टूटल। आगाँ आगाँ विशाल विशाल हाथी सब छल जकर मस्तकसँ मदक धार बहैत छलैक। बूझि पड़ए जेना स्नेहसँ विन्ध्याचलक शिखर सब हुनक संग जाइत हो। सैनिकक पदाघात एवं घोड़ाक खुराघातसँ एहन शब्द होइत छल मानू स्वयं पृथिवी वत्सराजक स्तुति करैत रहथि। धूलि जे उड़ैत छल ताहिसँ आकाश ताहिरूपेँ व्याप्त भए गेल जे प्रायः इन्द्रहुकेँ ई शङ्का भेल होएतैन्हि जे पुनि ने पर्वतसभ सपक्ष भए उड़ि रहल अछि।

दुइ तीन दिनमे वत्सराज कौशाम्बी पहुँचलाह। ओहि राति रुमण्वानहिक मन्दिरमे विश्राम कएलैन्हि। बहुत दिन पर ई उत्सवक दिन प्राप्त भेल छल। पुरवासी लोकनि बड़े उत्सुकतासँ बाट तकैत छलाह। प्रातःकाल महाराज अपन प्रियतमा वासवदत्ताक संग नगरमे प्रवेश कएलैन्हि। ओहि दिनुक कौशाम्बीक की वर्णन होएत? बहुत दिन पर स्वामीकेँ अएलासँ जेना एक गोट ललनाकेँ स्नान, प्रसाधनादिक शृङ्गार चारू दिशिसँ दसगोट सखी आबि कए दैत छथिन्ह ताहि प्रकारेँ आइ कौशाम्बिअहुक शृङ्गार छल। सस्त्रीक वत्सराजक दर्शन पाबि नगरवासीलोकनि शोकसँ रहित भए गेलाह जेना विद्युतक संग मेघजालकेँ देखि मयूर वीतशोक भए जाइत अछि। आकाशगङ्गामे जेना स्वर्ण-कमल फुलाएल हो, समस्त नगरक कोठाक अँटारी पौरावनिताक मुखकमलसँ भरल छल। अपर राज्यश्रीक सदृश वासवदत्ताक संग वत्सराज अपन महल पहुँचलाह। अनेको राजा सेवामे उपस्थित छलाह। चारूदिशि मागधलोकनि मङ्गलगान करैत छलाह। बोध हो जेना राजभवन आइ सूतिकेँ उठल अछि।

शीघ्रहिँ वासवदत्ताक भाए, कुमार गोपालक, पुलिन्दक ओ प्रतिहारीक संग, कौशाम्बी पहुँचलाह। वत्सराज हुनका दूरहिसँ अरिआतिकेँ लए गेलथिन्ह। भाएकेँ देखि हुनका लाज ने होइन्हि तेँ हेतु जेना हर्षोत्फुल्लनयना वासवदत्ताक दुहू आँखिमे नोर भरि अबैन्हि। किन्तु कुमार गोपालक हुनका बुझओलथिन्ह; पिताक संवाद कहलथिन्ह। ताहि सबहिसँ उत्साहित भए पुनि अपन स्वजनसँ मिललहुँ ई जानि वासवदत्ता अपनाकेँ कृतार्थ बुझए लगलीह।

कुमार गोपालक आतुर छलाह जे शुभस्य शीघ्रम् तेँ दोसरहि दिन वत्सराज उदयन ओ अवन्तिराजपुत्री वासवदत्ताक विवाहक महोत्सव स्थिर भेल। प्रेमक लतामे नव बहराइल उज्ज्वल पल्लव सदृश वासवादत्ताक पाणि वत्सराज ग्रहण कएलैन्हि। प्रियतमक करस्पर्शसँ वासव दत्ताक आँखि आनन्दसँ निमीलित भए गेल। स्वरमे कम्पन आबि गेल। सम्पूर्ण शरीर स्वेदसँ क्लिन्न भए गेल। गाढ़ रोमाञ्च भए आएल। यदि कही जे ओहिकाल पुष्पचाप अनङ्गदेव एकक बाद दोसर संमोहन, वायव्य ओ वारुण अस्त्रसँ हुनका पर प्रहार कएलैन्हि तँ किंचितो अत्युक्ति नहि होएत। अग्निहुक प्रदक्षिण करबाक काल धूआँ लगने लाल लाल हुनक आँखि एहन भासित होइत छल जेना मदिरा अपन मधु-माधुर्यक सूत्रपात कएने हो। बहुतरास रत्नादिक कुमार गोपालक जैतुकमे देलथिन्ह। बहुतरास राजालोकनि सलामीमे दाखिल कएलथिन्ह। वस्तुतः वत्सराजक खजाना आइ भरि गेल। वत्सराज आइ अवश्य राजराजत्व प्राप्त कएलैन्हि।

एवं क्रमेँ विवाह-विधि सम्पन्न भेलाक उत्तर एहने बूझि पड़ैत छल जे ई दुहू जायापति पहिने सब लोकक आँखिमे प्रवेश कएलैन्हि; पश्चात् अपन महलमे। एहि उत्सवक अवसर पर वत्सराज स्वयं पट्टबन्धादिसँ उचित सम्मान-पूर्वक कुमार गोपालक ओ अपन सुहृद् पुलिन्दककेँ सुशोभित कएलैन्हि। अन्यान्य राजा लोकनिक तथा अपन प्रजावर्गक सम्मानार्थ वत्सराज यौगन्धरायण ओ रुमण्वानकेँ नियुक्त कए देलथिन्ह। यद्यपि सबलोकककेँ प्रसन्न करब कठिन होइत छैक, एक गोट नेनहुकेँ यदि सन्तोष नहि होइक तँ ओहो क्रुद्ध भए जाइ'छ तथापि ई दुहू चतुर अमात्य सबहिक यथायोग्य सम्मान कए सबकेँ प्रसन्न कएलैन्हि। राजालोकनिक तँ ई दुहूगोटए ताहि रूपक सम्मान कएलैन्हि जे सबहिकेँ इएह बूझि पड़ैन्हि जे ई दुहू गोटए केवल हमरेटा सेवामे लागल रहैत छथि। एहि दुहू अमात्यक एवं वसन्तकक पूजा तँ वत्सराज अपनहि हाथसँ हुनकालोकनिकेँ वस्त्र, अङ्गराग, आभूषण एवं ग्रामादिक प्रदानसँ कएलैन्हि।

कुमार गोपालक सब विधि सम्पन्न कराए अपन पिताक आदेशानुसार फीरिकेँ उज्जयिनी चल गेलाह। जएबाक काल वत्सराज पूर्ण आग्रह कएलथिन्ह जे पुनि शीघ्र आओब।

विवाहोत्सव सम्पन्न भेलाक पर वासवदत्ताकेँ पाबि वत्सराजक तँ मनोरथहिक पूर्त्ति भए गेलैन्हि। बहुत दिन प्रतीक्षा कएलाक उत्तर एहन मधुर मिलनसँ हुनका दुहू गोटाक रसक्रम रात्रि-शेषमे चक्रवाकक मिलनक सदृश मनोरम होइत भेलैन्हि। जँ जँ परिचय प्रगाढ़ होइन्ह तँ तँ जेना हुनका दुहू गोटाक प्रेम दिन दिन नव भेल जाइन्ह।

किन्तु वत्सराज उदयन स्वभावहिसँ चञ्चल छलाह। हुनका महलमे एकगोट "विरचिका" नामक परिचारिका छलि। पूर्वहु उदयनकेँ ओकरासँ संग छलन्हि। आब पुनः ओ ओकरा प्रति गुप्त प्रेम प्रदर्शित करए लगलाह। एक दिन वासवदत्ताक

समक्षमे हुनका ओकर नाम लेना गेलैन्हि। तकर फल ई भेलैन्हि जे पुनि हुनका प्रसन्न करबाक निमित्त वत्सराजकेँ हुनका पाएरपर खसि हुनक नोरसँ सुभगसाम्राज्यक अभिषेक लेअए पड़लैन्हि।

तावत् एकगोट दोसरो रहस्य प्रकट भेल। कुमार गोपालक बन्धुमती नामक एकगोट राजकुमारीकेँ अपन बाहुबलसँ जीति, पकड़ि आनि, अपन बहीनि, वासवदत्ताकेँ सन्देश देने छलथिन्ह। एहिठाम ओ "मञ्जुलिका" कहाए प्रच्छन्नरूपेँ राखलि छलीह, कारण, हुनक सौन्दर्य एहि रूपक छलैन्हि जे लावण्यक समुद्रसँ जेना दोसर लक्ष्मी ओएह ऊपर भेलि रहथि। एकदिन वत्सराज वसन्तकक संग फुलबाड़ी मे टहलैत छलाह। ओहिठाम मञ्जुलिकाक संग वत्सराजकेँ साक्षात्कार भेलैन्हि। ओही फुलबाड़ीक एकगोट लताकुञ्जमे महाराज चुपचाप हुनका संग गान्धर्व-रीतिएँ विवाह कए लेलैन्हि। प्रच्छन्नरूपेँ वासवदत्ता सबटा घटना देखैत छलीह। हुनका बड़ क्रोध भेलैन्हि। ओ वसन्तककेँ बन्धबाए मङओलैन्हि। तावत् वत्सराज जाए उज्जयिनीसँ आइलि, वासवदत्ताक सांस्कृत्यायनी नामक एकगोट परिव्राजिका सखीक शरण पहुँचलाह। सती स्त्रीक चित्त तँ कोमल होइतहि अछि। वासवदत्ता सांस्कृत्यायनीक कथासँ पुनि प्रसन्नो भेलीह। हुनकहि आज्ञासँ ओएह परिव्राजिका कन्यादान कए वन्धुमतीकेँ वत्सराजक हाथ समर्पित कए देलथिन्ह। वसन्तकहुकेँ वन्धनसँ मुक्ति भेटलैन्हि। ओ आबि हँसैत हँसैत वासवदत्ताकेँ कहए लगलाह—"श्रीमतीजी! अपराध जँ छलैन्हि तँ बन्धुमतीक। अपने हमरा दंड किएक कएल? गहुमन पर खिसिआए एना ढोँढ़क हत्या किएक कएल?" वत्सराजक समीपमे बैसलि वासवदत्ता एहि कथासँ बड़े प्रसन्ना भेलीह।

एहिना जखन जखन कामुक वत्सराज पर वासवदत्ता कुपिता होथि तखन तखन महाराज हुनक पाएर पकड़ि, मधुर मधुर कथा कहि, वसन्तक नाना कौशलसँ हुनका पुनि प्रसन्नो कएल करथि। हुनक दिन सुखसँ बितैन्हि। रसना हुनक सतत मद्यहिक रसमे आसक्त रहए; हुनक दुहू कान सतत घोषवतीक कलध्वनिक रागसँ रञ्जित रहए; हुनक दृष्टि सतत वासवदत्ताक मुखमे लग्न निश्चल रहैन्हि। एहन सुखसँ हुनक दिन बितए लागल !

इति चारिम अध्याय

गुप्तमन्त्रणा

एवंक्रमेँ वत्सराज उदयन उज्जयिनीक राजकुमारी वासवदत्ताकेँ पाबि हुनका संग भोग ओ विलासमे एकान्त आसक्त भए गेलाह। दिन राति राज्यक सबटा भार महामात्य यौगन्धरायण एवं सेनापति रुमण्वानकेँ रहैन्हि। एक दिन रातुक समय चिन्तित यौगन्धरायण रुमण्वानकेँ अपना ओहिठाम बजाए लए गेलाह ओ हुनका कहए लगलथिन्ह।

"हे रुमण्वान्! विचार करू जे वत्सराज पाण्डवक वंशज थिकाह। ई सम्पूर्ण मेदिनी, ई हस्तिनापुर नगर, सबटा हिनकहि कुलक थिकैन्हि। एखन एहि सबहिक अधिपति इएह छथि से ई तँ विजयक तृष्णहिकेँ त्यागि देलैन्हि अछि जकर फल ई भेल अछि जे केवल एहीठामकटा एकटा मात्र राज्य हिनका रहि गेलैन्हि अछि। अपने ई स्त्री, मद्य, ओ मृगया—एहीमे आसक्त, निश्चिन्त, सुखसँ कालयापन करैत छथि, राज्यक सबटा चिन्ता हमरालोकनि पर छोड़ि देलैन्हि अछि। अतएव हमरालोकनिक कर्त्तव्य थिक जे अपनहि बुद्धिसँ से युक्ति रची जे समग्र पृथिवीक राज्य जे वंशपरम्परासँ हिनके थिकैन्हि से पुनि हिनक हाथ अबैन्हि। तहिखन तँ हमरहुलोकनिक भक्ति ओ मन्त्रित्व बुझल जाएत। बुद्धिक प्रसादात् की नहि भए सकैछ! जाहिसँ राज्यक हित हो से सर्वथा हमरालोकनिक कर्त्तव्य थिक।

"एहिमे हमरालोकनिक एके गोट शत्रु छथि—मगधराज प्रद्योत। प्राष्णिग्राह भेलाक कारणेँ ओ बराबरि पश्चात् दिशिसँ आक्रमण करैत रहैत छथि। हुनका एकगोट कन्यारत्न छथिन्ह। युक्तिसँ वासवदत्ताकेँ प्रच्छन्न कए, घरमे आगि लगाए "महारानी जरि गेलीह" ई प्रवाद सर्वत्र पसारि, की क्षति महाराजक निमित्त मगधराजसँ ओहि कन्यारत्नक याचना कएल जाए? अन्यथा ओ अपन कन्या नहि देताह। पूर्वहुँ हम कथा पठओने छलिऐन्हि तँ उत्तर देलन्हि जे "प्राणहुसँ प्रिया एहि कन्याकेँ हम वत्सराजक हाथमे कदापि नहि देब, कारण, वत्सराजकेँ वासवदत्तामे उत्कट प्रेम छैन्हि।" महारानीक अछैत महाराज अपनहु दोसर विवाह करब स्वीकार नहि करताह। तेहना स्थितिमे यदि ई ख्यात भए जाए जे वासवदत्ता जरिकेँ मरि गेलीह तँ सबटा अर्थ सुगमतया सिद्ध भए जाएत। पद्मावती भेटलीह की मगधराज सम्बन्धिक भेलाह! तखन तँ ओ आक्रमण कदापि नहि करताह प्रत्युत हुनकहुसँ सहायते भेटत।

तखन सर्व-प्रथम पूब दिसि जीति क्रमशः सब दिशाक विजय कए समस्त भूमंडलक एकातपत्र राज्य वत्सराजक बनाए सकैत छी। हमरहि लोकनिक उद्योगसँ ई एहि पृथिवीक साम्राज्य प्राप्त करताह ई तँ आकाशवाणिओ पूर्वहिँ भेल अछि।"

रुमण्वान् एहि साहससँ सशङ्कित भए गेलाह। उत्तर देलथिन्ह—"पद्मावतीक हेतु यदि ई व्याज रचब तँ पश्चात एकर सबटा दोषहुक भागी हमरहि लोकनिकेँ होअए पड़त! यदि कदाचित् ई व्याजप्रयोग विफल भए गेल तखन हँसी केहन होएत? एहि प्रकारेँ वासवदत्ताकेँ महाराजसँ वियोग कराए देबैन्हि ताहूमे बहुत दोष देखैत छी।"

यौगन्धरायण—"उद्योग सिद्ध होएत तकर तँ दोसर कोनो युक्ति नहि देखैत छी। उद्योग नहि करब तखन तँ तेहन व्यसनासक्त महाराज छथि जे इहो जे किछु बचल अछि तकरहु नष्टे बुझू। हमरहु लोकनिकेँ मन्त्रित्वक जे किछु प्रख्याति भेल अछि से सबटा नष्ट भए जाएत। प्रत्युत स्वामीक अभ्युदयमे व्यभिचारक दोषक भागी होअए पड़त। जे महाराज स्वायत्तसिद्धि छथि तनिक साधन हुनक अपने प्रज्ञा होइत छैन्हि, ओ कृतकार्य भेलाह अथवा नहि ओहिमे मन्त्रीक कोन दोष? किन्तु जे महाराज सचिवायत्तसिद्धि छथि तनिक कार्यसाधन तँ हुनक मन्त्रिमंडलहिक प्रज्ञा पर निर्भर करैत छैन्हि। हुनक मन्त्री यदि उत्साहसँ हीन होथि तखन तँ लक्ष्मी तिलाञ्जलिए पाबथि। अहाँकेँ महारानीक पिता, अवन्तिराजक सन्देह हो तँ से हम अहाँकेँ विश्वास दैत छी जे ओ, हुनक कुमार तथा महारानी केँ जे हम कहबैन्हि तदनुसारे करतीह।"

रुमण्वानक हृदयमे प्रमादक शङ्का बनले रहलैन्हि। धैर्य-धुरन्धर यौगन्धरायणक कथासँ ओ विचलित नहि भेलाह। पुनः कहए लगलाह—

"किन्तु प्रियतमाक वियोगसँ विवेकी जे पुरुष छथि तनिको धैर्यच्युति भए जाइत छैन्हि; वत्सराज उदयनक तँ कथे कोन? वासवदत्ताक्र परोक्षमे ओ कोना रहि सकताह?"

यौगन्ध.—"राजालोकनिकेँ स्वाभीष्टसिद्धिक हेतु एहि रूपक क्लेश सहए पड़ैत छैन्हि। रावणक विनाशक हेतु की नहि जनैत छी जे देवता लोकनि युक्ति कए स्त्रीरत्न सीतासँ रामचन्द्रकेँ वियोग कराए देलथिन्ह तँ की रामचन्द्र ओ विरहव्यथा सह्य नहि कएलैन्हि?"

रुमण्वान—"रामचन्द्रलोकनिक कथा नहि हो। ओ लोकनि देवता छलाह। हुनका लोकनि सब किछु सहि सकैत छलाह। परन्तु मनुष्यक हेतु एहन व्यथा असह्य भए जाइत छैक। कतोक कथा जनैत छी; एहि रूपेँ परस्पर वियोग भेलासँ अनेको व्यक्ति अपन प्राण त्यागि देलैन्हि अछि। अतएव महाराजकेँ अपन प्रेयसीक वियोग नहि होइन्ह से करबाक थिक।"

यौगन्ध0—"रुमण्वान् हम! एकर पूर्ण विचार कए ई निश्चय कएल अछि। राजा लोकनिक कार्य एही प्रकारक होइत छैन्हि। हमरालोकनिकेँ धैर्यसँ कार्य करए

पड़त। महारानी जरि गेलीह ई प्रवाद विख्यात कए हमरालोकनि धीरतासँ सब कार्य साधि लेब।"

धैर्यसागर यौगन्धरायणक ई निश्चय जानि अन्तमे रुमण्वान् सहमत भए गेलाह, कहलथिन्ह जे "यदि एहने निश्चय करी तखन सबसँ पूर्व महारानीक भाए कुमार गोपालकके बजबाए लिऔन्हि। हुनक संग परामर्श कए तखन स्थिरता करू।"

यौगन्धरायण एहि विचारकेँ पसिन्द कएलैन्हि। दोसर दिन प्रातःकालहिँ एक दूत कुमार गोपालककेँ एहि छद्मसँ बजबए पठाओल गेल जे महारानीकेँ बड़ उत्कंठा भए गेलैन्हि अछि। कुमार अपनहि कार्यवशात् यात्रा करबा पर छलाह। दूत पहुँचलैन्हि तखन तँ आओरो शीघ्रतासँ कौशाम्बी अएलाह। हुनका अएलाक उत्तर तँ कौशाम्बीमे एहन भान भेल जे उत्सव स्वयं शरीर धारण कए आएल छथि।

तखन एकदिन रातिकेँ यौगन्धरायण चुपचाप कुमार गोपालक ओ रुमण्वान्केँ अपना ओहिठाम लए गेलाह। ओतए ओ अपन साहस ओ उत्साहपूर्ण अभिप्राय जाहिरूपेँ रुमण्वान्क संग स्थिर भेल छलैन्हि सबटा कुमारकेँ कहि सुनऔलैन्हि। सज्जन हितक समक्ष आओर दोसर कोनो विचार नहि करैत छथि। यद्यपि अपन बहिनिक हेतु ई दुःखावह होएत तथापि वत्सराजक हितक अभिप्रायसँ ओ एहि प्रस्तावक अनुमोदन कएलैन्हि। किन्तु रुमण्वान् तथापि कहितहिँ रहलाह जे, "सब किछु भेल किन्तु महारानीक वियोगमे जखन वत्सराज प्राण त्यागबा पर भए जएताह तखन कोन उपाय करब तकर विचार करू। सब साधन संवलित कएल परञ्च मन्त्रणा तकर नाम थिक जाहिसँ अनर्थक प्रतीकार हो।

यौगन्धरायण अपन इतिकर्त्तव्यताक अशेष आलोचना कएनहि छलाह। एहूखन रुमण्वानक हृदयमे सन्देह दृढ़ देखि ओ पुनि कहए लगलाह "रुमण्वान्! एकर चिन्ता अहाँ जनु करी। अवन्तिराजपुत्री कुमार गोपालकक छोटि बहिनि थिकीह तथा हिनका प्राणहुसँ प्रिया छथिन्ह। हिनक शोक अल्प देखि महाराजहुकेँ निश्चय धैर्य होएतैन्हि जे कदाचित् वासवदत्ता जीबितहिँ ने होथि! दोसर, महाराज प्रौढ़ हृदयक वीर छथि। पुनि विवाहहुक तँ शीघ्रे ओरिआओन करब! शीघ्रे पद्मावतीक दर्शन कराए दबैन्हि।"

अतएव तीनू गोटामे ई निश्चय भेलैन्हि जे "महाराज ओ महारानीक खीमा मगधराजक समीपवर्ती सीमा परक लावाणक गाममे पड़ए। ओहि प्रान्तमे आखेटक हेतु प्रचुर भूमि अछि। महाराज जाहिकाल मृगयामे बहार रहताह ताहिकाल अन्दर महलमे आगि लगाए अपन अभिप्राय सिद्ध कए लेब। तखन से युक्ति करब जे महारानीकेँ कोनहुना पद्मावतीक ओहिठाम राखि सकी। ताहिसँ ई होएत जे गुप्तवासक समय हिनक शील शुद्ध छलैन्हि तकर साक्षिणी ओएह होइतीह।"

रातिमे ई मन्त्रणा कए प्रातःकाल तीनू गोटए राजभवन पहुँचलाह। दरबार पहुँचि रुमण्वान् इतलाए कएलैन्हि, जे "महाराज! हमरालोकनिकेँ लावाणक गेना

बहुत दिन भए गेल। ओ स्थान बड़ रमणीय अछि। सुन्दर सुन्दर सिकारक हेतु विलक्षण भूमि अछि। घोड़ाक हेतु वासहुक पर्याप्ति अछि। मगध राज्यक निकट भेलाक कारणेँ मगध-राज बराबरि आक्रमण करैत रहैत छथि। अतएव यदि सरकारी खीमा ओतए चलैत तँ सीमहुक रक्षा होइत तथा विनोदहुक अवसर होइत।" ई सुनितहिँ सतत क्रीड़हिक लालसा रखैत वत्सराज ओ वासवदत्ता दुहू गोटए लावाणक जाएब स्थिर कएलैन्हि। प्रातहिँ जाएब से स्थिर भेल। ज्योतिषीलोकनि लग्न साधिकेँ स्थिर कएलैन्हि।

ताबतहिँ नभोमण्डलसँ चारू दिशाकेँ अपन कान्तिसँ द्योतित करैत, सबक नेत्रकेँ आनन्द दैत, जेना अपन कुलक प्रीतिसँ स्वयं चन्द्रमा उपस्थित होथि, तहिना नारदमुनि वत्सराजक सभा मध्य आबि उपस्थित भेलाह। महाराज हुनक समुचित आतिथ्य सत्कार कए हुनका पाएर पर खसि पड़लाह। ओहो पारिजातक एक गोट माला महाराजकेँ पहिराए देल। वासवदत्ता सेहो प्रणाम कएलथिन्ह; ओ आशीर्वाद देलथिन्ह जे "कामदेवक अंश, सकल विद्याधरक अधिपति, अहाँकेँ पुत्र प्राप्त होथु।" तखन ओ वत्सराजक प्रपितामह लोकनिक गप्प कहैत, हुनक प्रति अपन वात्सल्य जनबैत, कहए लगलथिन्ह जे "हे महाराज अहाँक प्रपितामहें लोकनि हमर मित्र छलाह अतएव हम अहाँकेँ कहए आएल छी जे अहाँ अपन आमात्यवर्गक कथा कएल करब। ताहीसँ अहाँक समृद्धि जागत। किछु दिन अहाँकेँ क्लेशहुक भोग अछि परञ्च ताहिसँ अहाँ धैर्य-च्युत नहि होएब। अन्तमे अहाँकेँ सुख होएबे करत।"

ई उपदेश दए नारद मुनि चल गेलाह तथा यौगन्धरायण प्रभृति मन्त्रिवर्ग मुनिपुङ्गवक एहि कथासँ सिद्धिक उदयक पूर्ण सम्भावना करैत अपन मन्त्रणाकेँ सुचारुरूपेँ सम्पादन करबामे आओरो विशेष यत्न-पर भए गेलाह।

इति पाँचम अध्याय

पद्मावती-परिणय

एहि युक्तिसँ यौगन्धरायण-प्रमुख अमात्यवर्ग वत्सराजकेँ अपन प्रियवल्लभाक संग लावाणक लए गेलाह। महाराजी खीमाक संग जखन राजकीय सेना चलल तखन सैन्यक प्रयाणसँ जे महाशब्द होइत छल तकर प्रतिध्वनि दिशि दिशिसँ आबए मानू मन्त्री लोकनिक अभिप्राय सिद्ध होएतैन्हि से कहैत हो। ससैन्य वत्सराजक खीमा लावाणक पहुँचल से सूनि तँ मगधराजहुक हृदय काँपि उठल जे कतहु ई आक्रमण ने कए बैसथि। अतएव अत्यन्त सुविचारी ओ महाराज अपन एकगोट दूत यौगन्धरायण क ओहिठाम पठाओल। अपन अग्रिम अभिप्रायक अनुरोधसँ यौगन्धरायण ओहि दूतक पूर्ण सत्कार कएल।

ओतए रहैत महाराज उदयन प्रतिदिन मृगयाक हेतु ओहि विशाल काननमे घूमल करथि। एकदिन जखन वत्सराज बहार छलाह, यौगन्धरायण ओ रुमण्वान्, गोपालक ओ वसन्तकक संग एही मध्यमे अग्रिम कर्त्तव्यक परामर्श कए चुपचाप एकान्तमे वासवदत्ताक निकट पहुँचलाह। महारानी उठि हुनकालोकनिक यथोचित अभिवादन कएलथिन्ह। कुमार गोपालक पूर्वहिँ हुनका अपनालोकनिक अभिप्राय सूचित कए देने छलथिन्ह। आब यौगन्धरायण नाना प्रकारसँ महाराजक अभ्युदयार्थ हुनक साहाय्यक याचना कएलैन्हि। स्वामिहिताकांक्षिणी कुलाङ्गना अपन स्वामीक हित हेतु कोन कष्ट सहबाक निमित्त उद्यता नहि होइत छथि? यद्यपि विरहक क्लेशक पूर्ण भय छलैन्हि तथापि वासवदत्ता मन्त्रीलोकनिक ओहि विचारक अनुमोदन कएलैन्हि, हुनकालोकनिक प्रस्ताव स्वीकार कए लेलैन्हि।

चट यौगन्धरायण अपन रूपविवर्त्तनयोगसँ अपन स्वरूप एक गोट बृद्ध ब्राह्मणक बनाओल, वासवदत्ताकेँ एकगोट ब्राह्मणी महिलाक रूप देल तथा वसन्तककेँ एकगोट कनाह ब्राह्मणक बटुक बनाओल। ई सम्पन्न कए ओ हुनका दुहूगोटाक संग चुपचाप ओहिठामसँ बहार भए मगधराज्य दिशिक रास्ता धएल। घरसँ बहार भए वासवदत्ता यद्यपि शरीरसँ मार्ग पर विदा भेलीह किन्तु हुनक चित्त दौड़ि दौड़ि अपन स्वामी महाराज उदयनहिक ओतए चल जाइन्हि। एमहर रुमण्वान् हुनक रहबाक घरमे आगि लगाए घोल करए लगलाह "हा! हा! महारानी नहि बहरइलीहि! हा! वसन्तक नहि बहरएलाह!" समस्त खीमामे घोल मचि गेल। क्रमसँ आगि तँ

मिझाएबो कएल किन्तु आक्रोश कम नहि भेल।

ओमहर यौगन्धरायण दुहूगोटांके संग लेने मगधक राजधानी पहुँचलाह। राजकुमारी फुलबाड़ीमे छलीह। कतबो रक्षकलोकनि मना करैत रहि गेलैन्हि तथापि यौगन्धरायण ताहिठाम धरि पहुँचिए गेलाह जाहिठाम पद्मावतीक दृष्टि हुनकापर पड़ैन्हि। ब्राह्मणीरूपधारणी वासवदत्ताके देखितहि हुनका आँखिमे जेना स्नेह भरि अबैन्हि। ओ सिपाही सबके मना कए ओहि ब्राह्मणवेषधारी यौगन्धरायणके अपना समीप बजबाए पुछलथिन्ह—"अओ ब्राह्मण! ई बाला अहाँके के होइतीह? कोन प्रयोजनसँ अहाँ एतए आएल छी?" यौगन्धरायण उत्तर देलथिन्ह जे "हे राजकुमारी! आवन्तिका नामक ई हमर कन्या थिकीह। हिनक स्वामी महाव्यसनी छथिन्ह; हिनका त्यागि कतहु चल गेल छथि। हमर अभिप्राय अछि जे यावत् हम जाए हुनक अन्वेषण कए शीघ्रतासँ पुनि हुनका बजाए अनिऐन्हि तावत् काल हिनका अहींक शरणमे रखिऐन्हि। ई कनाह बटुक हिनक भाए थिकथिन्ह। एकसरि रहलासँ कदाचित् हिनका उद्वेग ने होइन्ह अतएव इहो बटुक ताधरि हिनकहि संग एतहि रहताह।" राजकुमारी पद्मावती ई स्वीकार कए लेलथिन्ह। यौगन्धरायण हुनका आशीर्वाद दए, हुनक आज्ञा लए, पुनि अत्यन्त शीघ्रतासँ लावाणकक हेतु विदा भए गेलाह।

आवन्तिका कहाए वासवदत्ता ओ बटुक कहाए वसन्तक ओतहि रहए लगलाह। स्नेहशालिनी पद्मावती आदर सत्कार कए हुनका लोकनिके संग लेने अपन महल पहुँचलीह। महल की छल मानू कौतुकक घर छल। ओहिठाम भीति पर रामायणक कथा चित्रित देखि सीताके रामचन्द्रक सदृश स्वामीक वियोगक स्मरण कए कए ओहो वासवदत्ता अपन विरहव्यथा सहन करए लगलीह। आकृतिसँ, सुकुमारतासँ, शयनासनादिक सुष्ठुतासँ एवं नीलोत्पलक सदृश शरीरक-सुगन्धिसँ पद्मावतीके बुझबामे कनेको विलम्ब नहि भेलैन्हि जे ई कोनो राजाक स्त्री थिकीह तेँ हुनकहु हेतु अपनहि जकाँ इच्छानुसार रहबाक प्रबन्ध कए देलथिन्ह। हुनका मनमे इएह होइन्ह जे "ई केओ छद्मवेषमे एहिठाम छथि। विराटनगरमे की द्रौपदी एहिना गूढ़रूपे निवास नहि करैत छलीह?"

एही बीचमे तावत् एकदिन प्रसङ्गवशात् आवन्तिका राजकुमारी पद्मावतीके उदयनसँ सीखल अम्लानमाला ओ तिलक रचि देल। पद्मावतीके एहिसँ विभूषित देखि हुनक माए एकान्तमे हुनका पुछलथिन्ह जे "ई माला के गँथलक अछि तथा ई तिलक के कए देलक अछि?" पद्मावती कहलथिन्ह जे, "एहिठाम हमरा महलमे एकजनि आवन्तिका नामक छथि तनिके ई रचना थिकैन्हि।" ताहि पर महारानी हुनका कहए लगलथिन्ह जे, "अए पद्मावती! जनिक विन्यासकौशल एहिरूपक छैन्हि ओ मानुषी नहि थिकीह, निश्चय केओ देवी थिकीह। श्रेष्ठ लोकक ओहिठाम देवतालोकनि तथा मुनिलोकनि वञ्चनाक हेतु एहिना आबि आबि रहल करैत छथि। महाराज कुन्तिभोजक ओहिठाम दुर्वासामुनि एहिना छद्मवेषमे छलाह से की नहि

बुझल अछि? ओहिना इहो केओ होइतीह अतएव हिनक उत्तम जेकाँ सत्कार करबैन्हि।" माएक ई उपदेश सुनि पद्मावती ओहि आवन्तिका-रूपधारिणी वासवदत्ताक आओर विशेष सत्कार करए लगलीह तथापि ओ अपन प्रियतमसँ फराक रातुक पद्मिनी जेकाँ वियोगसँ सुखाएल जाथि। केवल वसन्तकक बालोचित चेष्टा ओ व्यापारसँ ओहि वियोगिनीक मुह पर हँसीक रेखा देखल जाइन्ह।

ओमहर ओहि दिन सिकारमे अत्यन्त दूर दूरक अरण्यभूमिक भ्रमण करैत वत्सराज संध्याकाल अबेरकें लावाणक पहुँचलाह। देखलैन्हि जे अन्दरक सब घर जरिकें भस्म भए गेल अछि। सुनलैन्हि जे महारानी ओ वसन्तक दुहू गोटए बहराए नहि सकलाह। सुनितहिं जेना एहि दुःखक अनुभवक क्लेश हुनका नहि होइन्ह अतएव मोहसँ हुनक चेतना विलुप्त भए जाइन्ह, ओ भूमि पर मूर्च्छित भए खसि पड़लाह। जखन होस भेलैन्हि तखन शोकसँ जेना हुनक हृदय जरैत रहैन्हि मानू हुनक हृदयमे जे वासवदत्ताक मूर्त्ति छलैन्हि तकरहु दहन करबाक इच्छासँ अग्नि ओतहु प्रवेश कएने होथि।

वत्सराज विलाप करए लगलाह। अपन शरीरहिकें त्यागबाक एकमात्र हुनक उद्वेग छलैन्हि! किन्तु पूर्वक सबटा घटनाक स्मरण कए ओ चिन्तना करए लगलाह जे "नारदमुनि कहि गेल छथि जे हिनक पुत्र समस्त विद्याधरक अधीश्वर होएताह! हुनक कथा मिथ्या नहि भए सकैत अछि! किछु दिन दुःखक भोग अछि सेहो ओ कहनहि छथि! गोपालककें एकर शोक जेना अल्प देखैत छिऐन्हि! यौगन्धरायण प्रभृति ककरहु तादृश दुःखक वेग नहि देखैत छिऐन्हि! एहि सबहिसँ एहने भासित होइत अछि जे प्रायः वासवदत्ता जीवितहिं छथि? इहो मन्त्रीलोकनि कोनहु नीतिअहिक प्रयोग करैत गेल होथि? पुनि कदाचित् हमरा वासवदत्तासँ भेँट भए जाए? एहि सबहिसँ इएह अनुभव होइत अछि जे एहि दुःखक अन्त अछि।" ई सब विचारि, मन्त्रीलोकनिसँ प्रबोधित होइत, वत्सराज कोनहुना धैर्यक अवलम्बन कएलैन्हि। तहिखन ओहिठामक सबटा यथास्थित संवाद लए कुमार गोपालक एकगोट गुप्तचरकें अलक्षितरूपें अपन बहिनि वासवदत्ताक ओहिठाम पठओलैन्हि जे हुनकहु धैर्य होइन्हि।

मगधराजहुक गुप्तचर लावाणकहिमे छल। ओहिठामक सबटा वृत्तान्त जाए महाराजक ओतए निवेदन कएलक। मगधराज अवसरक पूर्ण ज्ञाता छलाह। पूर्वहुँ एहि हेतु यौगन्धरायण हुनका ओतए कथा पठओनहि छलथिन्ह। आब ई वृत्तान्त जानि हुनकहु अभिलाषा भेलैन्हि जे अपन कन्या पद्मावतीक दान वत्सराजहिक हाथें करी। अतएव ओ ई कथा लए अपने दूत वत्सराज ओ यौगन्धरायणहुक ओतए पठओलैन्हि। यौगन्धराणक अभिप्राय बूझि वत्सराज मगध-राजक ई कथा स्वीकार कए लेलथिन्ह। आब हुनका ई सन्देह होअए लगलैन्हि जे "कदाचित् एही हेतुएँ वासवदत्ता कतहु प्रच्छादिता राखल ने होथि।" तत्क्षणहिं लग्न स्थिर कएल गेल ओ

महामन्त्री यौगन्धरायण ई संवाद लए अपन दूत मगधराजक ओतए पठओलैन्हि जे "अपनेक कथा हमरालोकनिकेँ स्वीकार अछि। जाहिसँ महाराज शीघ्रहिँ वासवदत्ताकेँ बिसरि जाथि अतएव आइसँ सातम दिन वत्सराज पद्मावती-परिणयक हेतु अपनेक राजधानी पहुँचि जएताह।" ई संवाद सूनि मगधराज बड़े हर्षित भेलाह तथा ओहि सन्देशहारकक पूर्ण सत्कार कएलैन्हि।

कन्याक स्नेह, मनक मनोरथ तथा अपन वैभव अनुसार मगध राजधानीमे विवाहक ओरिआओन होअए लागल। अपन अभीष्ट पतिक प्राप्ति-सूनि पद्मावती तँ आनन्दसँ प्रमुदित भए गेलीह किन्तु वासवदत्ताकेँ जेना शोक पुनि नव भए जाइन्ह। ई वार्त्ता पाबि हुनक मुखक वर्ण विकृत भए गेलैन्हि जेना एहि विरूपता-प्रसाधनसँ इहो हुनक छद्मवेषहिक साहाय्य करैत होइन्ह। केवल वसन्तक बीच बीच मे हुनका आश्वासन देथिन्ह जे "हे देवी! अहाँक स्वामीक स्नेह किञ्चितो अन्यथा नहि भेल अछि। एहि छद्मवाससँ तँ अहाँ शत्रुअहुकेँ अपन मित्र बनाए लेल अछि।" केवल एहि आश्वासनसँ कथंकथमपि हुनका धैर्य रहलैन्हि। तावत् विवाहक दिन निकट आएल। तखन पुनि ओ मनस्विनी वासवदत्ता राजकुमारीकेँ ओ दिव्य तिलक रचि देल जे मलिन नहि हो, ओ दिव्य माला गाँथि देल जे म्लान नहि हो।

अन्तमे ओ सातम दिन पहुँचल। सचिववर्गक संग ससैन्य वत्सराजक सबारी विवाहक हेतु मगधराजपुरी आबि गेल। ओहि विरही उदयनकेँ हृदयक अन्तस्तलमे यदि ई आशा नहि रहितैन्हि जे एहिसँ हमरा पुनि वासवदत्ताक दर्शन होएत तँ जानि ने जे ओ एहि पुनर्विवाहक उद्योगकेँ अपन चित्तहुमे कोना स्थान दितथि। उदयाचलस्थित लोकक लोकनानन्दकर चन्द्रमाक सत्कारक हेतु जहिना सागर उमड़ि चलैत छथि तहिना हर्षनिर्भर मगधेश्वर वत्सराजकेँ अरिआति अनबाक हेतु विदा भेलाह। एमहर राजधानीमे वत्सराज प्रवेश कएलैन्हि ओमहर चारूदिशि पुरवासीजनक हृदयमे महोत्सव प्रवेश कएलक। विरहसँ झाम शरीर किन्तु चित्तकेँ सम्मोहन कएनिहार उदयनकेँ देखि नागरी स्त्रीगण लोकनिकेँ एहने बोध भेलैन्हि जेना ई रति-विहीन स्वयं कामदेव रहथि।

मगधेश्वरक महलमे प्रवेश कए वत्सराज कौतुकागार पहुँचलाह। ओहिठाम सधवालोकनि भरलि छलीह। ओतहि हुनका पद्मावतीक दर्शन भेलैन्हि। विवाहक पूर्ण शृङ्गार रचल छलैन्हि। अपन सम्पूर्ण मुखचन्द्रसँ ओ पूर्णचन्द्रहुक मण्डलकेँ जनु जितने रहथि। हुनक प्रसाधनमे अपन दिव्यमाला ओ तिलकक रचना देखि उदयनकेँ अत्यन्त आश्चर्य्य भेलैन्हि जे ई हिनका कतएसँ अएलैन्हि। वेदी पर जखन ओ हुनक करग्रहण कएलैन्हि तहिखनसँ जेना हुनक पृथिवीक कर-ग्रहण प्रारम्भ भए गेल। होमक धूम हुनका दुहू आँखिकेँ झाँपि देलक जनु वासवदत्ताक प्रिय भए महाराज उदयन ई सब कोना देखि सकैत छलाह। पद्मावती तनिको दुहू आँखि अग्निप्रदक्षिणा करैत काल लाल लाल, जनु स्वामीक ई अभिप्राय जानि कोपाकुपिल छल हो।

विवाह-विधि सम्पन्न भेलाक उत्तर वत्सराज अपना हाथसँ वधू पद्मावतीक हाथ छोड़ि देलथिन्ह किन्तु हुनक हृदयसँ एको क्षण वासवदत्ता नहि फराक भेलथिन्ह। विवाहक उपलक्ष्यमे मगधेश्वर ततबा रत्न अपन जमाताकेँ देलैन्हि जे एहने बोध होइत छल जेना वसुन्धरा आइ रत्नशून्या भए गेलीह। ओही वेदी पर अग्निकेँ साक्षी राखि यौगन्धरायण मगधराजकेँ वत्सराजक प्रति अद्रोहक प्रतिज्ञा कराओल।

महोत्सव जारिए छल। वस्त्र ओ आभूषणक लूटि होइत छल। पैघ पैघ चारण लोकनि स्थान स्थान पर अपन गान करैत छलाह। सुन्दरि सुन्दरि वारवनित लोकनिक स्थान स्थान पर नाच होइत छल। किन्तु अपन स्वामीक अभ्युदयक अपेक्षासँ अलक्षितरूपेँ अवस्थिता अवन्तिराज-कुमारी दिनमे चन्द्रमाक कान्तिक सदृश कतहु नुकाएल पड़लि छलीह।

ई सब विधि सम्पन्न भेल। वत्सराज अन्तःपुर प्रवेश कएलैन्हि। आब यौगन्धरायणकेँ ई सन्देह होअए लगलैन्हि जे "कदाचित् महाराजकेँ वासवदत्तासँ साक्षात्कार ने भए जाइन्ह। तखन तँ मन्त्रणाक सबटा भेद खूजि जाएत।" अतएव ओ मगधराजक ओहिठाम प्रस्ताव कएलैन्हि जे "वत्सराज आजे एहिठामसँ यात्रा करताह।" मगधराज स्वीकार कए लेल। तखन यौगन्धरायण ई वत्सराजहुक ओतए निवेदन कएलैन्हि। ओहो अङ्गीकार कए लेलैन्हि। अतएव सब लोक जखन खाए पीबि निश्चिन्त भेल तखन वत्सराज अपन सैन्य ओ मन्त्री लोकनिक संग पद्मावतीकेँ संग लेने पुनि लावाणकक हेतु प्रस्थान कए देलैन्हि।

बिदा होएबासँ पूर्वहिँ पद्मावती एकगोट सुन्दर रथ तथा संग जएबाक हेतु अपन एक गोट विश्वस्त सिपाही आवन्तिकाकेँ पठाए देने छलथिन्ह। जखन सैन्यसबहिक संग राजकीय सबारी ओहिठामसँ विदा भए गेल तखन रूप परिवर्त्तन कएने वसन्तककेँ आगाँ कए वासवदत्ता ओहि रथ पर चढ़ि गेलीह तथा ओहि सिपाहीक संरक्षणतामे गुप्तरूपेँ ओहिठामसँ सैन्यक पाछाँ पाछाँ विदा भेलीह।

यावत् वासवदत्ताक रथ लावाणक पहुँचल तावत् राति दुइ पहरसँ ऊपर भए गेल छल। गोपालकक डेराक समीप पहुँचितहिँ वासवदत्ता रथ सड़कहिपर ठाढ़ कराए सिपाहीकेँ ओतहि छोड़ि देलथिन्ह ओ वसन्तककेँ लेने अपने कुमारक डेरामे चलि गेलीह। भाइक दर्शन होइतहिँ हुनका धैर्य्य नहि रहलैन्हि; हुनका पाएर पर खसि ओ कण्ठ छोड़िकेँ कानए लगलीह। गोपालक हुनका उठाए छातीसँ लगाए लेलथिन्ह। तावत् अपन प्रतिज्ञाक अक्षरशः पालन करैत यौगन्धरायण रुमण्वानक संग महाराजक सबटा सल्तनत कएने ओहिठाम पहुँचलाह तथा सबहुँ मीलि वासवदत्ताक उत्साह ओ धैर्य्यक भूरि भूरि प्रशंसा करैत हुनका विरहक क्लेशक निमित्त सान्त्वना दैत जाए लगलथिन्ह।

एमहर ओ सिपाही दौड़ल। महाराजी खीमाक द्वार पर आबि महारानीक ओतए इतलाए करओलक। वत्सराज ओ पद्मावती विश्राम करए जाइत छलीह।

अपन सिपाहीक नाम सुनितहिँ पद्मावती ओकरा तुरन्त बजबओलथिन्ह। ओ समक्ष भए कर जोड़ि निवेदन कएलक जे "श्रीमती! आवन्तिका तँ ऐलीह मुदा रथकेँ सड़कहिपर छोड़ि अपने कुमार गोपालकक डेरामे चलि गेलीह अछि।" ई सुनितहिँ पद्मावतीक हृदय सन्देहसँ आन्दोलित भए गेलैन्हि, आज्ञा देलथिन्ह जे, "तुरन्त जाएकेँ आवन्तिकाकेँ कहुन्ह गए जे ओ की नहि जनैत छथि जे ओ हमरा ओहिठाम न्यासरूपेँ राखलि छथि? तखन ओ एना स्वतन्त्रतापूर्वक आचरण किएक करैत छथि? ओतए ओ की करए गेलीह अछि? जतए हम रही ततहि हुनका रहबाक थिकैन्हि। तेँ लगले ओ एतए चलि आबथु।"

आज्ञा पाबि सिपाही चल गेल। राजदम्पति शयनागार पहुँचलाह। एहन एकान्त उदयनकेँ एखन पर्यन्त नहि भेटल छलैन्हि। अतएव अवसर देखि ओ पद्मावतीकेँ पुछलथिन्ह जे "ई तिलक ओ ई माला अहाँकेँ के रचि देलैन्हि अछि?" पद्मावतीक चित्तमे आन कोनो सन्देह नहि छलैन्हि। ओ कहलथिन्ह जे, "हमरहि संग एकगोटए आवन्तिका छथि जनिक प्रसङ्ग सिपाही एखन कहए आएल छल अछि। एक जन ब्राह्मण हुनका प्रोषितभर्त्तृका कहि हमरा ओहिठाम राखि गेल छथिन्ह। हुनके ई शिल्प थिकैन्हि।"

वत्सराजकेँ सन्देह होअए लगलैन्हि जे "हो न हो, ई आवन्तिका निश्चय अवन्ति-राज-पुत्री सएह थिकीह! दोसराकेँ एहि अम्लान-माला ओ तिलकक युक्ति कतएसँ आबि सकैत छैक? पुनि हिनका कुमारक डेरामे चलि जएबाक की अर्थ? यदि केओ आन रहितथि तँ कथमपि कुमार गोपालकक डेरामे नहि जैतथि।" ई सब विचारि वत्सराज पद्मावतीकेँ बिनु किछु कहनहि ओतएसँ बहार भए लगले गोपालकक डेरा पर पहुँचलाह। द्वारपर सिपाहीक पहरा पड़ैत छल। महाराज सोझे भीतर पहुँचलाह। ओतए देखैत छथि जे वासवदत्ता सशरीर विद्यमान छथि तथा यौगन्धरायण, रुमण्वान्, कुमार गोपालक एवं वसन्तक सबहुँ ओतहि एकत्रित छथि!

क्षणेक वत्सराज ओतए निश्चल ठाढ़ छलाह। ग्रहणसँ निर्म्मुक्त चन्द्रमाक कला जनु शरीर धारण कएने रहथि तद्रूपक वसावदत्ताक कमनीय कान्ति समक्षमे देखि, शोक ओ हर्षक मिश्रित एकगोट विचित्र भावसँ वत्सराज ताहिरूपेँ अभिभूत भए गेलाह जे संज्ञा-विहीन भए ओ भूमिपर खसि पड़लाह। अमात्यलोकनि दौड़लाह तथा हुनका उठाए नाना प्रकारक उपचारसँ पुनि सचेत कए सान्त्वनाक वचन कहए लगलथिन्ह।

एमहर वासवदत्ताक हृदयमे भय ओ शोकसँ विचित्र कम्पन आरम्भ भए गेलैन्हि! विरहसँ पाण्डुर हुनक शरीर अतिशय कृश भए गेल छलैन्हि। सहसा अपन हृदयेश्वरकेँ समक्षमे देखि हुनकहु चेतना विलुप्त भए गेलैन्हि; ओहो मूर्च्छिता भए पृथिवी पर खसि पड़लीह तथा क्रमशः संज्ञा भेलाक पर अपन चरित्रक बारंबार निन्दा करैत विलाप करए लगलीह। हिनका दुहू गोटाक मादक प्रेम एवं ई मधुर मिलन देखि

ओतए जे छलाह केओ स्थिर नहि रहि सकलाह; सबक हृदयमे जनु करुणाक स्रोत बहि गेलैन्हि। सब केओ कानए लगलाह। धैर्य्यधुरन्धर यौगन्धरायण-समेतक दुहू नयनसँ अश्रुधारा बहए लगलैन्हि!

तावत् महाराज सहसा कतए चल गेलाह एहि अन्वेषणमे बहार भए, ओहिठामक कोलाहल सूनि, पद्मावती, सेहो, अबैत अबैत ओतहि पहुँचलीह। ओतए आबि, ओहिठामक स्थिति देखि, हुनका सबटा रहस्य बुझबामे कनेको विलम्ब नहि भेलैन्हि! पुनि ओहो तँ पतिव्रते छलीह। पतिव्रताक हृदय स्नेहक रससँ भीजल रहैत छैन्हि! ओहो एहि दुहू प्रेमी ओ प्रेमिकाक स्थिति देखि विह्वला भए कानए लगलीह।

वासवदत्ता वारंवार इएह विलाप करैत छलीह जे "एहि नारी-जीवनक कोन काज जाहिसँ स्वामीकेँ क्लेश हो।" वत्सराज अवाक् छलाह। तावत् अवसर देखि यौगन्धरायण दुहू कर जोड़ि महाराजक ओतए निवेदन कएलैन्हि जे "श्रीमन्! एहिमे महारानीक कोनो दोष नहि छैन्हि। ई सबटा जाल हमर रचल थिक। मगधेशकुमारीक लाभसँ श्रीमानूकेँ साम्राज्य-लाभ होएत एहि आशयसँ हमहि ई सबटा रचना कएलहुँ अछि। प्रवासावस्थामे हिनक शील कोन प्रकारक छलैन्हि तकर साक्षी हिनके सपत्नी इएह महारानी पद्मावती ठाढ़िए छथि। महारानी अवन्तिराजपुत्री अग्निदग्धा भए गेलीह ई मिथ्याप्रवाद पसारि हम पुनः हुनका हिनकहि लग राखि अएलिऐन्हि जे कार्य सिद्ध भए गेलाक उत्तर पुनर्मिलनक दिन ई हिनक शीलशुद्धिक साक्षी होथि!"

ईर्ष्याशून्यहृदया पद्मावती कहए लगलथिन्ह जे, "हिनक शुद्धिप्रकाशनार्थ यदि हमरा अग्निमे प्रवेश करबाक हो तँ हम ताहू हेतु उद्यत छी।" किन्तु तावत् वत्सराजकेँ नहि रहल गेलैन्हि; ओ कहए लगलथिन्ह—"ई सबटा तँ हमर दोष थिक; हमरहि हेतु सब केओ एना कएलैन्हि अछि; हमरहि हेतु हमरा प्राणेश्वरीकेँ एतेक यातनाक भोग करए पड़लैन्हि अछि। एहिमे हिनक शुद्धिक कोन कथा? हमरहिसँ हिनक भारी अपराध कएना गेल से ई क्षमा करथि।" किन्तु वासवदत्ता आग्रह करए लगलथिन्ह जे "महाराजक हृदय जाहिसँ हमरा प्रसंग शुद्ध भए जाइन्ह तदर्थ हम अग्निप्रवेश करब।"

ई सबटा घटना देखि यौगन्धरायण शुद्ध भए पूबमुँहेँ आसन पर बैसि आचमन कए हाथ मे कुशोदक लए ई सङ्कल्प कएलैन्हि जे "हे लोकपाल-लोकनि! यदि हम केवल महाराजहिक हितक भावनासँ प्रेरित भए ई सबटा व्यापार कएल अछि ओ यदि वासवदत्ता शुद्ध छथि तँ से अपनेलोकनि बाजू—नहि तँ हम एहिठाम अपन देहत्याग करैत छी।" ई सङ्कल्प कए यौगन्धरायण चुप भेलाह अछि की आकाशवाणी भेल जे "धन्य छी अहाँ, हे महाराज! अहाँ धन्य छी! जनिक अमात्य यौगन्धरायण ओ भार्य्या, पूर्वजन्मक देवता, वासवदत्ता छथि! हिनका प्रसङ्ग कोनहु दोषक शङ्का नहि करबाक थीक।"

निदाघज्वालासँ पीड़ित मयूरश्रेणी जखन प्रावृटक आगमनसूचक प्रथम मेघगर्जन सुनैत अछि तखन ओ सब अपन कण्ठ उठाए उठाए मेघक दिशि तकैत बड़ीकालधरि

ओहि शब्दकेँ सुनैत रहैत अछि! ओहिठाम जे केओ छलाह सबहुँ, कतेक सन्ताप सहि, आब समस्त दिङ्मंडलकेँ वर्षाकालहिक मेघगर्जनक सदृश मुखरित करैत एहि आकाशवाणीकेँ सूनि अपन हाथ उठाए आनन्दसँ पुलकित भए जनु मयूरहिक अनुकरण करए लागि गेलाह।

एमहर महाराज उदयन यौगन्धरायण जे किछु कएने छलथिन्ह तकर स्तुति करए लगलाह तथा समस्त भूमण्डल आइ करगत भए गेल सएह मानि लेलैन्हि। ओमहर पद्मावती वासवदत्ताक पाएर पकड़ि कहए लगलथिन्ह जे "बहिनिदाइ! नहि चिन्हल तेँ कतेक अपराध भेल होएत से क्षमा करब।" वासवदत्ता हुनका उठाए हृदयसँ लगाए लेलथिन्ह ओ कहए लगलथिन्ह, "हे अविधवे! अपराधिनी तँ अहाँक ओहिठाम हम छी! अहाँ हमर अपराध क्षमा करब।"

कतेक दिन पर एतेक गोटाक एहन सुन्दर मिलन छल; राति बितल जाए; ककरहु ताहि दिसि ध्यान नहि। अन्तमे वसन्तककेँ नहि रहना गेलैन्हि। ओ दुहू कर जोड़ि सबकेँ कहए लगलथिन्ह जे "सबटा गप्प आइए राति कोना होएत? फेरि काल्हि होएतैक! आइ आब महाराजकेँ विश्राम करए जाए दिऔन्ह।" वत्सराज हँसए लगलाह। वासवदत्ता ओ पद्मावती दुहू गोटाकेँ, जनि ओ दुहू गोटए स्वयं रति ओ निर्वृत्ति रहथि, संग लेने महाराज शयनागार दिशि बिदा भए गेलाह।

इति छठम अध्याय

वसन्तकक कथा

दोसरा दिनुक कथा थिक। महाराजक खीमा लावाणकहिमे छल। ओतए अपन प्रेयसी पद्मावती ओ प्रियतमा वासवदत्ताक संग वत्सराज एकान्तमे बैसल पानलीलामे मग्न छलाह। ओतहि क्रमशः यौगन्धरायण, रुमण्वान, वसन्तक ओ कुमार गोपालक सेहो लोकनि अबैत गेलाह। नाना कथालाप होअए लागल।

विरहक व्यथा केहन असह्य होइत छैक ताहि प्रसङ्ग गप्प कहैत वत्सराज सभकेँ पुरूरवा ओ उर्व्वशीक कथा कहए लगलथिन्ह जे "पुरूरवा तेहन प्रभावशाली महाराज छलाह जे स्वर्गहुमे हुनक गति अप्रतिहत छलैन्हि। एक समय ओ नन्दनक उपवनमे भ्रमण करैत छलाह; ओतए हुनका कामदेवक मोहनास्त्र लावण्यरसक निर्झरिणी उर्व्वशीक दर्शन भेलैन्हि। देखितहिँ मात्र दुहूगोटाक चित्त परस्पर ताहिरूपेँ आकृष्ट भए गेलैन्हि जे उर्व्वशी स्मरज्वराक्रान्त भए कोनहुना सखीलोकनिक सहायतासँ अपन मन्दिर ऐलीह मुदा पुरूरवा मूर्च्छित भए ओतहि भूमिपर खसि पड़लाह।

"ई सबटा वृत्तान्त अपन योगबलसँ क्षीराम्बुधिस्थित सर्वज्ञ विष्णुदेव दर्शनार्थ आएल देवर्षि नारदकेँ कहलथिन्ह जे "अहाँ जाएकेँ देवराजसँ उर्व्वशी पुरूरवाकेँ दिआए दिऔन्ह जाहिसँ ओहि महाराजक प्राणरक्षा होइन्ह।" एक तँ देवर्षिक अनुरोध, ताहूपरसँ विष्णुक संवाद–देवराज उर्व्वशीकेँ पुरूरवाक हाथमे दए देलथिन्ह। हर्षसँ ओतप्रोत पुरूरवा अपन हृदयेश्वरीकेँ लेने मर्त्यलोक अएलाह ओ ओतए सुखसँ रहए लगलाह।

"किछु दिनुक उपरान्त देवासुरसंग्राममे विजयक उपलक्ष्य स्वर्गमे उत्सव होइत छल। महाराज पुरूरवा सेहो निमन्त्रित छलाह। रम्भा नचैत छलि। तुम्बुरु सेहो ओहि सभामे छलाह। ओहि नृत्यमे किछु स्खलन देखि पुरूरवा हँसि देलथिन्ह। ई देखि ईर्ष्यासँ जरिकेँ रम्भा हुनका कहलकैन्हि जे "हे महाराज! मनुष्य भए अहाँ एहि नृत्यक मर्म की जानए गेलिऐक? ई स्वर्गक नृत्य थिकैक।" पुरूरवा उत्तर देलथिन्ह, "हे रम्भे! उर्व्वशीक संग भेलासँ हम ताहू नृत्यसबहिक मर्म जनैत छी जे अहाँक गुरु तुम्बुरु समेत नहि जनैत होएताह।" ई सूनि तम्बुरु हुनका शाप देलथिन्ह जे "बेस, तँ जाउ, अहाँकेँ ओही उर्व्वशीसँ वियोग भए जाएत।" आब पुरूरवाकेँ ज्ञान

भेलैन्हि। तुम्बुरुक पाएरपर खसि पड़लाह ओ हुनका प्रसन्न करए लगलाह। अन्तमे तुम्बुरु हुनका कहलथिन्ह जे "हमर कथा मिथ्या तँ नहि भए सकैत अछि, किन्तु श्रीकृष्णक आराधनासँ एहि शापक अन्त होएत।

"चिन्ता ओ भयसँ व्याकुल पुरूरवा घूरिकें मर्त्यलोक अएलाह तथा वज्रसन ई कथा उर्व्वशीकें कहलथिन्ह। तावत अकस्मात् उर्व्वशी अलक्षिता भए गेलीह, अदृश्यरूपहिं गन्धर्व सब आबि हुनका उठाएकें अपन लोक लए गेलैन्हि। पुरूरवा एकरा शापक प्रभाव जानि बदरिकाश्रम जाए श्रीकृष्णकें प्रसन्न करबाक हेतु तपस्या करए लागि गेलाह। एमहर उर्व्वशी अपन हृदयेश्वरक वियोगमे पुनि शापक अन्त होएत केवल एही आशाकें अवलम्बन कएने कोनहुना प्राणटा धएने छलीह किन्तु छलीह जेना मृता रहथि, सुप्ता रहथि, चित्रपट पर अङ्किता रहथि। शरीरक हुनका कोनो सुधि नहि छलैन्हि। एही स्थिति मे शापक अवधि बितलापर अन्तमे हुनका पुरूरवासँ पुनः समागमो भेलैन्हि किन्तु यावत् हुनका पुनः प्राणनाथक दर्शन नहि भेलैन्हि, हुनक चेतना विलुप्त छलैन्हि।"

वत्सराजक ई कथा सूनि वासवदत्ता किछु लज्जिता जेकाँ अप्रतिभ सन भए गेलीह। हुनका महाराजक कथाक ध्वनि एहन सन बुझना गेलैन्हि जे "उर्व्वशीक अनुराग ताहि रूपक प्रगाढ़ छलैन्हि जे पुरूरवाक विरहमे हुनक स्थिति मरणासन्न छलैन्हि। हम तँ विरहक क्लेश धैर्य्यसँ दृढ़तापूर्वक सहि गेलहुँ। एहिसँ तँ हमर अनुराग उर्व्वशीक अनुरागक अपेक्षें मन्द भासित होइत अछि।"

स्वामीक मुहें एहिरूपें युक्तया हुनक उपालम्भन सूनि तथा हुनक मुखकान्ति विलक्षित देखि यौगन्धरायण कहए लगलथिन्ह जे "हे महाराज! जेना यथार्थ मन्त्री होएबाक हेतु राज्यक भारक एकमात्र चिन्तना चाही, राजाक केवल चित्तानुवर्त्तन मन्त्रिता नहि थिक; ओ तँ केवल उपजीवकक लक्षण थिक तहिना स्वामीक प्रियकारिणीटा मात्र भेलासँ केओ नारी देवी पदक लाभ नहि कए सकैत छथि। यथार्थ देवी होएबाक हेतु हुनका स्वामीक हितैषिणी होएब आवश्यक छैन्हि। अतएव हे महाराज! पद्मावतीक सङ्ग अपनेक परिणय भेलासँ अपनेकें मगध-राजक संग सन्धि भए जाएत ओ ताहि प्रसादात् अपने पृथिवीक विजय कए सकब एहि उद्देश्यसँ हमरालोकनि ई सबटा रचना कएलहुँ। ई देवी वासवदत्ता केवल अपनेक भक्तिसँ वियोगक असह्य वेदना धीरतापूर्वक सहलैन्हि अछि। एहिसँ हिनक अनुराग कनेको कम नहि बुझबाक चाही। ई तँ अपनेक परम उपकार कएलैन्हि अछि।"

ई सूनि वत्सराज अत्यन्त लज्जित भए गेलाह ओ कहए लगलथिन्ह जे "इे मन्त्रिराज! से हम पूर्णतया जनैत छी जे अहींक प्रेरणासँ ई महादेवी जेना साक्षात् राजनीतिए रहथि तहिना सबटा कार्य सम्पन्न कए मानू हमरा समस्त मेदिनीक राज्य आनि देलैन्हि अछि! एखन जे असंगत कथा हम कहलहुँ अछि से हमर अपराध थीक;

प्रेमक उत्तापमे हमरासँ कहना गेल। की अहाँ नहि जनैत छी जे प्रेमसँ जे अन्ध रहैत छथि तनिका विचारक सामर्थ्य नहि रहैत छैन्हि?"

ओमहर मगधराज एतएक सबटा रहस्य वृत्तान्त अवगत कए अपन दूत लावाणक पठओलैन्हि। ई सब वार्त्तालाप होइतहि छल तावत् ओहि दूतक इतलाए भेल। अत्यन्त आदरपूर्वक ओकरा बजाए वत्सराज पुछलथिन्ह जे "कहू, मगधराजक की आज्ञा अछि?" ओ दूत निवेदन कएलकैन्हि जे "हे महाराज! मगधराज कहलैन्हि अछि जे अपनेक मन्त्रीलोकनि भारी वञ्चना कएकेँ हमर कन्याक विवाह अपनेक संग करबाए देलैन्हि। किन्तु आब जाहिसँ हमरा लोकनिक जीवन शोकमय नहि हो से अपनेकेँ कर्त्तव्य थिक।" ई संवाद वत्सराजकेँ कहि ओ दूत पुनः पद्मावतीकेँ अपन पिताक संवाद कहलकैन्हि जे "हे पुत्रि! अहाँ हमरा प्राणहुसँ प्रिया छलहुँ तथापि छलसँ प्रतारित भए हमरा अहाँक विवाह करओना गेल। अहाँक स्वामी अन्यासक्तचित्त छथि। परञ्च तकर आब साध्य कोन? अहाँक जीवन तँ कष्टमय भइए गेल, हमरहु कन्या-जनकताक पूर्ण फल भेटल!"

सबक समक्षहिँ पद्मावती एकर ई उत्तर अपना बापकेँ कहाए पठओलथिन्ह जे "हे पिता! अहाँ व्यर्थ खेद जनु करी। हमर स्वामी हमरा विषयमे अत्यन्त सदय छथि। देवी वासवदत्ता तनिकहु हमरा प्रति बहिनिहिक भाव ओ स्नेह छैन्हि। अतएव अहाँ हमरा हेतु कनेको चिन्ता जनु करी। यदि हमर जीवनक अहाँकेँ कनेको प्रयोजन हो तँ वत्सराजक प्रति अन्यद्रूपक भाव नहि कएल जाए। हम एतए पूर्ण सुखसँ छी। अहाँ केवल अपन वचनक पालन कएल जाए। ताहिसँ हम सुखी होएब।" ई संवाद सूनि सब केओ आनन्दसँ पुलकित भए गेलाह; पद्मावतीक सुबुद्धि ओ पतिभक्तिक भूरि भूरि प्रशंसा करैत ओहि दूतकेँ पूर्ण सत्कार कए ओतएसँ बिदा करैत गेलथिन्ह।

किन्तु पद्मावती अपन नैहरक स्मरण कए स्त्रीस्वभाव-सुलभ विह्वलतासँ विमना भए गेलीह। ई देखि वासवदत्ता हुनक मनोविनोदार्थ वसन्तककेँ कोनो रोचक कथा कहए कहलथिन्ह। वसन्तक कथा कहए लगलथिन्ह जे--

"पाटलिपुत्र नामक जे महानगर अछि से सत्ये एहि मेदिनीक अलङ्करण स्वरूप अछि। ओहिठाम धर्मगुप्त नामक एक जन बड़ पैघ सेठ रहथि! हुनका चन्द्रप्रभा नामक अत्यन्त सुन्दरी स्त्री छलथिन्ह।

"कालक्रमेँ चन्द्रप्रभाकेँ कल्याणक योग्यता भेलैन्हि तथा समय भेलाक पर हुनका एक गोट कन्या जन्म लेलकैन्हि जे देखबामे सर्वाङ्गसुन्दरी छलि किन्तु ओकरा जन्मितहिँ समस्त सूतिकागार जेना तेजसँ प्रकाशमान भए जाए तथा ओ चट ऊठिकेँ बैसि बेस बढ़िआँ जेकाँ सबसँ गप्प करए लागलि। ओतए जे केओ स्त्रीगणलोकनि छलीह सबकेँ विस्मित ओ वित्रस्त देखि भयसँ कँपैत धर्मगुप्त स्वयं ओहिठाम गेलाह तथा सबकेँ ओतएसँ फराक कए दुहू कर जोड़ि ओहि नवजात शिशुकेँ निवेदन कएलथिन्ह जे "हे भगवती! अहाँ के थिकहुँ जे हमरा गृहमे आबि

जन्म लेल अछि?" ओ शिशु उत्तर देलकैन्हि—"हे तात! अहाँ केवल हमरा ककरहु दए नहि देबैक। अहाँक घरमे जाधरि हम रहब ताधरि अहाँक शुभे होएत। बेसी बूझि अहाँ की करब?"

ई सूनि भयसँ भीत धर्मगुप्त ओहि कन्याकेँ कलकुशल कोरमे उठाए लेल ओ अपनहि ओहिठाम एकगोट गुप्तस्थानमे लए जाए ओतहि गुप्तरूपहिँ ओकर पालन-पोषणक सबटा नियुक्ति कए बहार आबि सबकेँ कहलथिन्ह तथा तदनुरूप सबटा क्रिया कए विख्यात कए देलथिन्ह जे ओ कन्या मरि गेलि।

"ओमहर ओहि कन्याक नाम सोमप्रभा राखल गेल तथा गुप्तरूपे राखलि ओ दिन दिन बढ़ए लागलि। केवल शरीरमात्रहिटासँ ओ मानुषी बूझि पड़ए; ओकर रूप ओ लावण्य सर्वथा स्वर्गक अप्सराक सदृश छलैक।

"जखन सोमप्रभा शैशवकेँ छोड़ि यौवनमे पदार्पण कएलैन्हि तखन एक दिन वसन्तोत्सवक अवसरपर नगरक उत्सव देखबाक उत्कंठासँ ओ दौड़लि दौड़लि कोठापर चढ़ि गेलीह तथा ओतएसँ तमाशा देखए लगलीह। एखन पर्यन्त नगरक लोकक कोन कथा, धर्मगुप्तक अपनहु ओहिठामक सबलोककेँ सोमप्रभाकेँ देखबाक अवसर नहि भेल छलैक किन्तु ओहि दिन एहन भेलैक जे ओहि नगरक दोसर एक प्रसिद्ध विभवसम्पन्न सेठ गुहसेनक पुत्र गुहचन्द्रक दृष्टि कोठापरसँ उत्सव देखैत सोमप्रभा पर पड़ि गेलैन्हि। एहि अलौकिक रूपवती किशोरीकेँ देखितहिँ गुहचन्द्र कामदेवक बाणसँ आहत भए मुमूर्षु भेल अपन गृह अएलाह। अपन पुत्रक एहिरूपक अस्वस्थता देखि गुहसेन बड़े चिन्तित भेलाह तथा एकर की कारण अथवा की क्लेश अछि ई सब विषय वारंवार पुछलाक उत्तर गुहचन्द्र अन्तमे अपन समान-वयसक मित्र सबहिक मुहेँ अपन स्थिति हुनका कहबाए देलथिन्ह।

"स्नेहसँ द्रवीभूत तथा चिन्तासँ कातर गुहसेन अपनहि धर्मगुप्तक ओहिठाम गेलाह ओ अपन पुत्रक सबटा स्थिति हुनका कहि अपना पुत्रक हेतु हुनक कन्याक याचना कएलैन्हि। धर्मगुप्त कहए लगलथिन्ह—"ई अहाँ की कहैत छी? हमरा कन्या कहाँ अछि? एकगोट कन्या उत्पन्न भेल छलि किन्तु ओ तँ जन्मितहिँ मरि गेलि! तखन हमरा की कहैत छी?" गुहसेन निराश भए अपन गृह अएलाह तथा पुत्रकेँ अवसन्न देखि विचारए लगलाह—"आब की कर्त्तव्य थिक? धर्मगुप्त निश्चय अपन कन्या नुकाएकेँ रखने छथि। कोन उपाय करी जाहिसँ ओ हमरा पुत्रक हाथेँ कन्यादान करब स्वीकार करथि। आब केवल राजाटाक भरोस। हुनक पूर्वहुँ बहुत सेवा कएने छिऐन्हि। हुनकहि प्रेरित करी तँ ई कन्या भेटि सकैत अछि तथा पुत्रक प्राण बाँचि सकैत अछि। दोसर तँ कोनो उपाय नहि सुझैत अछि।"

"ई विचारि गुहसेन महाराजक दरवार पहुँचलाह तथा एक गोट बहुमूल्य रत्न सलामी दए अत्यन्त विखिन्न भए अपन सबटा स्थिति हुनका ओतए निवेदन कएलैन्हि। महाराज पूर्वहुसँ गुहसेन पर प्रसन्न छलथिन्ह। हुनक करुण कथा सूनि

आओर सदय भए नगरपालकेँ बजबाए गुहसेनक संग कए देलथिन्ह जे "जाएकेँ हिनक सहायता करिऔन्ह जाहिसँ हिनक पुत्रक प्राणरक्षा होइन्ह।"

"आब गुहसेन ओहि नगरपालक संग सिपाही सब लेने जाए धर्मगुप्तक घर चारूदिशिसँ घेरि लेलथिन्ह तथा हुनका कहए लगलथिन्ह जे हमरालोकनि अहाँक घरक तलासी करब जे सत्ये अहाँकेँ कन्या नहि छथि अथवा अहाँ केवल मिथ्या वञ्चना कए हमर पुत्रक प्राण सङ्गटापन्न कए रहलहुँ अछि।" धर्मगुप्त चिन्तामे पड़ि गेलाह। धनसम्पत्तिक कोन कथा, हुनक प्राण समेत आब सङ्कटमे छलैन्हि। ई देखि पुनः सोमप्रभा हुनका कहए लगलथिन्ह, "हे पिता! हमरा हेतु अहाँ व्यर्थ उपद्रव किएक सहब! अहाँ हमर दान कए दिअ! केवल एतबएटा प्रतिज्ञा कराए लिऔन्हि जे हमर स्वामी हमरा संग कथमपि एक शय्यापर नहि होथि।"

"धर्मगुप्त जाए गुहसेनकेँ कहलथिन्ह जे "यदि अहाँ हमरा ओतए वचनबद्ध होइ जे हमर कन्याक संग अहाँक पुत्र एक शय्यापर नहि होएताह तखन हम अपन कन्याक दान अहाँक पुत्रक हाथमे कए सकैत छी।" गुहसेन मनहि मन हँसैत जे, "बेस, विवाह तँ भए जाउक तखन देखल जएतैक" 'एवमस्तु' कहि धर्मगुप्तक नियम स्वीकार कए लेलथिन्ह। एवंक्रमेँ सोमप्रभाक विवाह गुहचन्द्रक संग भए गेलैन्हि तथा हुनका लेने गुहचन्द्र ओही दिन अपना ओहिठाम अएलाह।

"ओही दिन सन्ध्याकाल गुहसेन अपन पुत्र गुहचन्द्रकेँ एकान्तमे लए जाए हुनका कहए लगलथिन्ह जे "हे पुत्र! एहनो कतहु सुनलिऐक अछि जे स्वामी अपन स्त्रीक संग एक शय्यापर नहि हो? हमर प्रतिज्ञाक अहाँ कनेको विचार जनु करी। अहाँ स्वामी छिऐन्हि; ओ अहाँक स्त्री थिकीह। जाउ, स्वामीक उचित आचरण करू ओ हुनका संग सुखसँ रहू।"

"सोमप्रभा जेना ई सुनितहिँ रहथि। लगले ओ हिनका दुहूगोटाक समक्ष ऐलीह तथा क्रोधसँ लाल केवल अपन तर्जनीसँ गुहसेनक दिसि सङ्केत कएलथिन्ह। एतबहिसँ जेना ओ यमराजहिक आज्ञा रहैक गुहसेन निष्प्राण भए भूमिपर खसि पड़लाह। चारूदिशि हाहाकार मचि गेल। सब केओ भयसँ चकित छल। गुहचन्द्र अत्यन्त चिन्तित भए गेलाह; विचारए लगलाह "निश्चय ई केओ डाकिनी हमरा घर आइलि अछि।" अतएव हुनक संग भोगक ध्यान छोड़ि ओ बेचारे संसारहिक भोगविलाससँ विरक्त भए केवल व्रतानुष्ठानमे अपन समय बितबए लगलाह। घरमे ओहन दिव्यरूपवती भार्या किन्तु हुनक संग भोगक भावना पर्यन्त करैत गुहचन्द्रकेँ भय होइन्ह। अतएव भरिदिन व्रत ओ अनुष्ठान कएल करथि ओ प्रतिदिन ब्राह्मण-भोजन कराबथि जे कोनो अनिष्ट नहि हो। सोमप्रभा सेहो एहिमे हुनक यथासाध्य साहाय्य करथिन्ह।

"एकदिन एकगोट वृद्धब्राह्मण निमन्त्रित छलाह। ओ सोमप्रभाक रूप देखि गुहचन्द्रकेँ एकान्तमे बड़े कौतूहलसँ पुछलथिन्ह जे "ई बाला अहाँकेँ के होइतीह?"

गुहचन्द्र पहिने तँ सशङ्कित भेलाह जे हिनका यथार्थ कथा कहिऐन्हि की नहि परञ्च ब्राह्मणक आग्रहसँ पछाति हुनका सब किछु सत्य सत्य कहि देलथिन्ह। ई सूनि ब्राह्मण दयासँ द्रवित भए हुनका उपदेश देलथिन्ह जे "अहाँ अग्निदेवक आराधना करू। ताहिसँ अहाँक मनोरथ सम्पन्न होएत।" एतदर्थ हुनका ओ एकगोट मन्त्र सेहो सिखाए देलथिन्ह।

"ओहि वृद्धक उपदेशक अनुसार गुहचन्द्र अत्यन्त तत्परतासँ प्रतिदिन अग्निक मन्त्र जप कए हुनक आराधना करए लगलाह। जपक नियम पूर्ण भेलाक पर एकदिन अग्निक मध्यसँ एकगोट पुरुष प्रकट भेलाह। गुहचन्द्र हुनका पाएरपर खसि पड़लाह ओ हुनक अनुग्रहक याचना कएलैन्हि। ओ कहलथिन्ह–"अहाँ कनेको चिन्ता जनु करी। आइ हम अहीँक ओहिठाम भोजन कए राति एतहि रहब। तखन हम अहाँकेँ एकर सबटा रहस्य देखाए देब ओ अहाँक अभिलाषाक पूर्ति सेहो कए देब।

"अतएव अन्यान्य ब्राह्मण जेकाँ ओहिदिन हुनकहि भोजन कराओल गेल। भोजनोपरान्त सबदिन जेकाँ सोमप्रभा आबि हुनकहु दक्षिणा दए गेलथिन्ह। तथापि ओ ब्राह्मण बहुत खाए गेलहुँ एहि व्याजसँ राति ओतहि विश्राम करबांक हेतु रहि गेलाह। गुहचन्द्र हुनक शय्या अपनहि लग कराए देलथिन्ह परञ्च एको क्षणक हेतु हुनक आँखि कथी लए लगलैन्हि? चुपचाप निद्राक स्वाङ्ग बनओने ओ अपन अवसर तकैत बराबरि पड़ल छलाह।

"जखन राति निशीथ भेलैक ओ ओहि गृहक सबकेओ निद्रित भए गेल तखन सोमप्रभा चुपहिचाप घरसँ बहरैलीह। ई बूझि ओ ब्राह्मण उठलाह ओ कलबल गुहचन्द्रकेँ जगाए कहए लगलथिन्ह जे "आब आउ, हमरा संग चलू, तथा अपन स्त्रीक वृत्तान्त देखू।" दुहू गोटए विदा भेलाह। आगाँ आगाँ सोमप्रभा जाइत छलीह, पाछाँ पाछाँ ई दुहू गोटए अलक्षित रूपेँ ओम्हरहि चललाह।

"सोमप्रभा जाइत जाइत ओहि नगरक बाहर पहुँचलीह। ओतए एकगोट विशाल वटक वृक्ष छल। ओकर पैघ पैघ डारि सुदूर धरि पसरल सुन्दर छाया दए रहल छल। दूरहिसँ हिनका दुहू गोटाकेँ ओहि वृक्षक दिशिसँ विलक्षण वीणाध्वनिक संग-संग दिव्य संगीतक स्वर सूनि पड़ए लगलैन्हि। किछु समीप भेलाक पर देखैत छथि जे ओहि वृक्षक डारिपर एकगोट सुन्दर आसन ओछाओल अछि। ओहिपर सोमप्रभाहिक आकृतिक एक गोट अपूर्व सुन्दरी कन्या बैसलि छथि। हुनक कान्ति तेहन छल जेना चन्द्रमाक कान्ति हुनक समक्ष मलिन हो। दुइगोट सखी श्वेत चामर लए दुहु दिशिसँ हुनका व्यजन कए रहलि छलथिन्ह। सोमप्रभा सेहो जाए ओही आसनपर बैसि रहलीह। समान-कान्तिक हुनका दुहू गोटाकेँ ओतए बैसलि देखि एहने भासित होइत छल जेना आजुक राति तीनगोट चन्द्रमा भूमंडल पर प्रकाशमान रहथि।

"ई देखि गुहचन्द्र विचारए लगलाह—"की ई हम स्वप्न देखि रहल छी अथवा ई हमर चित्तक केवल भ्रान्ति थिक! निश्चय ई हमर सन्मार्गरूपी वृक्षक जे विद्वत्संगतिरूप मंजरी भेल तकरे समुचित-फलाधायक पुष्पोद्‌गम थिक।"

"गुहचन्द्रक चित्तमे ई सब भावना भए रहल छल तावत् ओ दुहू दिव्यकन्या ओतहि भोजन करए लगलीह तथा भोजनोत्तर आसवपान सेहो कएलैन्हि। किछु काल धरि पुनः वीणाक संग संग दिव्य संगीतक अभ्यास कए सोमप्रभा उठलीह ओ कहए लगलथिन्ह—"बहिनि! आइ हमरा ओहिठाम एक जन महातेजस्वी ब्राह्मण आएल अछि। अतएव हमर चित्त आइ सशङ्कित अछि। तेँ हम जाइत छी।" ई कहि दोसर कन्याकेँ हृदयसँ लगाए सोमप्रभा ओहि गाछपरसँ उतरए लगलीह।

"ई देखि गुहचन्द्र ओ ओ ब्राह्मण आगाँ बिदा भेलाह तथा पूर्वहिँ घर आबि अपन अपन शय्यापर पड़ि रहलाह। सोमप्रभा सेहो अलक्षितरूपहिँ अपन घर आबि जाए सूति रहलीह। तखन ओ ब्राह्मण गुहचन्द्रकेँ कहए लगलथिन्ह, "देखल आइ अहाँ जे अहाँक जे ई स्त्री छथि से मानुषी नहि थिकीह, स्वर्गक केओ अप्सरा थिकीह। दोसराकेँ जनिका अहाँ देखलिऐन्हि अछि से हिनक बहिनि छलथिन्ह। आब तँ अहाँ बुझने होएब जे ई अहाँक संग किएक नहि करैत छथि। स्वर्गक नारी भए मनुष्यक संग कोना करतीह? तेँ हम एकटा मन्त्र अहाँकेँ देने जाइत छी। एहि मन्त्रकेँ अहाँ हुनक द्वार पर लीखि देबैन्हि जाहिसँ हुनक दृष्टि एहिपर पड़ैन्हि। ई मन्त्र पूर्णतया फलित हो तदर्थ एकगोट बाह्य उपचार सेहो हम सिखाए दैत छी। विशुद्ध अग्नि अपनहि प्रज्वलित होइत अछि, वातक योग भेलासँ तँ आओरो शीघ्र प्रज्वलित होएबे करत। तहिना ई मन्त्र अपनहु सबटा प्रयोजन सिद्ध कए देत; ताहू परसँ जखन एहि युक्तिक प्रयोग करब तखन तँ कथे कोन।" ई कहि ओ ब्राह्मण गुहचन्द्रकेँ मन्त्र दए युक्ति सिखाए भोर होइत होइत ओहिठामसँ बिदा भए कतहु चल गेलाह।

"एमहर गुहचन्द्र यावत् सोमप्रभा उठलो नहि छलीह ताबतहिँ हुनक द्वारपर ओ मन्त्र लीखि देलथिन्ह तथा सन्ध्याकाल उत्तम वेष बनाए, सुन्दर वस्त्र तथा बहुमूल्य अलङ्करण पहीरि, सोमप्रभाक समक्षमे किछु दूरपर एकगोट वेश्याकेँ बजबाए ओकरा संग चुपचाप गप्प करए लागि गेलाह। मन्त्रक प्रभाव तावत् धरि सोमप्रभापर पड़ि गेल छलैन्हि। अपन स्वामीकेँ ओहि वाराङ्गनासँ एना आलाप करैत देखि ओ जेना ईर्ष्यासँ जरैत हुनका अपन समीप बजबाए पुछलथिन्ह, "ई के थिकीह?" गुहचन्द्र उत्तर देलथिन्ह, "ई एकगोट वाराङ्गना थिकीह। हमरा प्रति हिनका प्रीति भए गेलैन्हि अछि तेँ ई हमरा बजबए आइलि छथि। हम आइ हिनका ओहिठाम जाइत छी।"

ई सूनि आँखि ओ भौँह टेढ़कए सोमप्रभा हुनका कहए लगलथिन्ह—"हुँ, बुझल! एही हेतु एहन सुन्दर वेष बनाओल अछि! मुदा ओतए जनु जाइ। ओकरा ओहिठाम की करए जाएब? आउ; हमरहि संग चलू। इएह तँ हम अहाँक गृहिणी

छी।" ई कहैत रोमाञ्च ओ कम्पनसँ व्याकुलिता सोमप्रभा दुर्ग्रहा भैओ कए ब्राह्मणक मन्त्ररूपी दूतीसँ प्रसादिता अपन दुहू बाहुसँ गुहचन्द्रकेँ आलिङ्गन कए लेलथिन्ह तथा ओहिना हुनका पकड़नहि अपन मन्दिर लए जाए अपनहि हुनका अपन शय्यापर बैसाए देलथिन्ह ओ अपनहु ओहीपर बैसि गेलीह। जाहि स्वर्गीय सुखक गुहचन्द्रकेँ मनोरथ समेत नहि होइत छलैन्हि सएह सुख हुनका आब जेना अपनहि प्राप्त भए जाइन्ह। तहिआसँ सोमप्रभा अपन दिव्य स्थिति त्यागि गुहचन्द्रक प्रेमिका भए रहए लगलीह तथा गुहचन्द्रक दिन सुखसँ बितए लगलैन्हि।

से हे महारानी, स्वर्गक परीलोकनि एहिना शापसँ च्युत भए भए मर्त्यलोकमे प्रादुर्भुत भेल करैत छथि तथा एतए याग, व्रत, दान प्रभृति सुकृति कए कए अपन जीवन बितबैत छथि। तहिना देवता ओ ब्राह्मणक पूजा सज्जनक हेतु सर्वदा काम-धेनुक सदृश होइत अछि। एहि प्रसादात् कोन वस्तु दुष्प्राप्य होएत? स्वर्गक लोक यदि पाप करैत छथि तँ ताहू दोषसँ ओ लोकनि मर्त्यलोकमे जन्म लैत छथि किन्तु हुनकालोकनिक अत्युच्चकुलहिमे जन्म होइत छैन्हि। अहूँ दुहू गोटए हे महारानी! पूर्व जन्ममे निश्चय स्वर्गहिक नारी छलहुँ ओ हमरा तँ पूर्ण विश्वास अछि जे शापहिक दोषसँ अहाँ दुहू गोटाक जन्म एहि भूलोकपर भेल अछि। जाहिरूपेँ अहाँ दुहू गोटए परस्परहिताकाङ्क्षिणीं छी ओ दुहू गोटाक हृदय द्वेषक भावसँ रहित अछि ताहिसँ तँ इएह बुझना जाइत अछि जे पूर्व जन्ममे अहाँ दूह गोटए बहिनि छलहुँ।"

वसन्तकक एहि कथाकेँ सूनि वासवदत्ता ओ पद्मावती दुहू गोटए अत्यन्त प्रसन्ना भए गेलीह तथा यथार्थहु हृदयक कोनहु कोनमे हुनका दुहू गोटाक मध्य ईर्ष्याक यदि लेशो छलैन्हि तँ तकरा ओ दुहू गोटए तत्क्षण त्यागि देलैन्हि।

इति सातम अध्याय

कौशाम्बी

दोसरा दिन पुनि यौगन्धरायण राजभवन पहुँचलाह। महाराज अन्तःपुरमे क्रीड़ा करैत छलाह। ओतए पहुँचि दुहू महारानीक समक्षमे ओ वत्सराजकेँ कहए लगलथिन्ह जे, "हे महाराज! जाहि हेतु ई सबटा प्रपञ्च कएलहुँ तकर उद्योग करबाक निमित्त आब कौशाम्बीक यात्रा किएक नहि कएल जाइत अछि? मगधराजकेँ प्रतारि लेलिऐन्हि तथापि हुनकासँ भयक आशङ्का नहि कएल जाए! कन्या-सम्बन्धक सामसँ जखन हुनका वाधित कए लेलिऐन्हि तखन आब ओ अपन प्राणहुसँ प्रिया पुत्रीक परित्याग करताह तकर कोन सम्भव? अपन प्रतिज्ञाक पालन ओ करबे करताह। अपने तँ हुनक प्रतारणा नहिए कएलिऐन्हि, से जँ करबो कएलिऐन्हि तँ हम; सेहो हम हुनक किछु अनिष्ट नहिए कएलिऐन्हि अछि। एहि मध्यमे चारहुसबसँ हमरा वार्त्ता भेल अछि जे ओ हमरालोकनिक विरोध नहि करताह। इएह बुझबाक हेतु तँ ई कतोक दिन एतए अँटकल छलहुँ अछि।"

ई गप्प होइतहि छल तावत् प्रतीहारी आबि इतलाए कएलक जे "मगधराजक दूत द्वार पर उपस्थित छथि।" तुरन्त ओकर प्रवेशक आज्ञा भेलैक। आबिकेँ ओ सबकेँ प्रणाम कए साञ्जलि निवेदन कएलक जे "श्रीमान! देवी पद्मावतीक संवाद सूनि मगधराज अत्यन्त परितुष्ट भए हमरा ई कहए पठओलैन्हि अछि जे विशेष किछु कहबाक आब प्रयोजन नहि। सबटा रहस्य आब हमरा अवगत भेल। हम अपनेसँ बड़ प्रसन्न छी। तेँ जाहि हेतु ई सबटा कएल गेल तकर उद्योगमे आब लागल जाओ। हम सर्वथा अपनेक पक्षपाती छी ओ रहब।"

दूतक मुहसँ ई संवाद सूनि वत्सराज बड़े आनन्द भेलाह। यौगन्धरायणक नीतिक सफलताक प्रसङ्ग यदि हुनका किञ्चितो सन्देह छलैन्हि तँ एहि संवादसँ से सर्वथा दूर भए गेलैन्हि। अत्यन्त प्रसन्न भए महाराज पद्मावतीसँ ओहि दूतक पूर्ण सत्कार कराए तथा प्रचुर पुरस्कार दिआए ओकरा विदा कएलैन्हि।

तावत् अवन्तिराजक दूत सेहो आबि द्वारपर उपस्थित भेल। सब उत्सुक भए गेलाह जे सुनी, हिनक की संवाद अबैत अछि। दूत सभामे आबि सबकेँ प्रणाम कए कर जोड़ि निवेदन कएलक जे "महाराज! चंडमहासेन अपनेक सबटा वृत्तान्त बूझि बड़े प्रसन्न छथि तथा कहलैन्हि अछि जे अपनेक महत्त्वक हमरालोकनि की प्रशंसा

करब? अपने केहन पैघ छी से तँ एहीसँ प्रतीत होइत अछि जे यौगन्धरायण अपनेक प्रधान अमात्य छथि। धन्य थिकीह वासवदत्ता जे अपनेक भक्तिसँ एहिरूपेँ आचरण कएलैन्हि। निश्चय, अपन चरित्रक उत्कर्षसँ ओ हमरालोकनिक मस्तक सज्जनक समाजमे बहुत ऊपर उठाए देलैन्हि अछि। पदमावतिअहुकेँ हम वासवदत्तासँ किञ्चितो भिन्न नहि बुझैत छिऐन्हि। दुहू गोटए एक हृदय कएने रहतीह। परन्तु आब अग्रिमक उद्योगमे विलम्ब नहि होएबाक चाही।"

चण्डमहासेनक ई संवाद सूनि सबहुकाँ केहन प्रमोद भेलैन्हि तकर कहाँ धरि वर्णन हो। दूतक पूर्ण सत्कार भेलैक, ओकरहु प्रचुर पारितोषिक भेटलैक। आब तँ सहजहिँ वत्सराज यौगन्धरायणक नीतिचातुर्य्य प्रत्यक्ष देखए लगलाह। हिनकासँ पैघ दोसर केओ हमर शुभचिन्तक नहि अछि ई विश्वास हुनका हृदयमे दृढ़ भए गेलैन्हि। कौशाम्बी जएबाक प्रस्ताव यौगन्धरायण कएनहि छलाह। विचार स्थिर भए गेल जे प्रातहिँ कौशाम्बीक हेतु प्रस्थान हो। ज्योतिषीलोकनि लग्न साधिकेँ स्थिर कएलैन्ह। राजकीय खीमा टुटए लागल।

दोसरा दिन प्रातःकाल वत्सराजक खीमा लावाणकसँ राजधानीक हेतु विदा भेल। आगाँ-आगाँ चतुरङ्गिणी सेना छल जकर तुमुल ध्वनि दूरहिसँ सूनि पड़ए जेना कोनो विशाल जलराशि अपन वेलाक अतिलङ्घन कए उमड़ल अबैत हो। तकरा पाछाँ महाराज एकगोट विशाल गजराज पर छलाह जे देखि एहने भान हो जेना उद्‌याचलस्थित स्वयं भानुदेव गगनमण्डलमे जाए रहल छथि। महाराजक पाछाँ श्रीओ पृथिवीजेकाँ दुहू महारानी एकहि गोट विशाल हथिनीपर छलीह। सामन्तलोकनि केओ हाथी पर केओ घोड़ा पर जेना ग्रहमण्डल भगवान भास्करक चारू दिशि घुमैत छथि, महाराजक आगाँ ओ पाछाँ तथा दुहू दिशि जाइत छलाह। वन्दी लोकनि बाट बाट महाराजक यशोगान करैत जाथि।

महाराज राजधानी जाए रहलाह अछि ई खबरि बिजलीजेकाँ राज्यभरि पसरि गेल। बूझि पड़ए जेना महाराजक खीमाक संग उत्सव सेहो शरीर धारण कए जाए रहल छथि। जाही प्रान्त बाटेँ राजकीय सबारी जाए ताही प्रान्तक सबटा लोक जेना महाराजक दर्शनक हेतु सड़कक दुहू दिसि आबिकेँ ठाढ़ भए जाथि। जाहिठाम खीमा खसए ताहिठाम तँ लोकक भीड़ पड़ए लागए। पैघ पैघ लोककेँ तँ राजधानिअहुमे महाराजक दर्शन होइत छैन्हि परञ्च एहन एहन लोक जकरा महाराजक दर्शन दुर्लभ छलैक बाटेँ बाटेँ महाराजक दर्शन पाबि अपन जन्म कृतार्थ मानलक। जकरा जएह जुड़ैक, केओ दही तँ केओ माछ, केओ फूलक माला तँ केओ फल, आनि आनि महाराजकेँ चढ़ाबए। पूर्ण कलश तँ बूझि पड़ए जेना एक पंक्तिमे सड़कक दहू दिशि राखल हो। महाराजक सबारी जाहि ठामसँ आगाँ बढ़ि जाए ताहिठाम एहने बोध हो जेना एतए पुष्पवर्षा भेल छल अछि। एवंक्रमेँ कतोक दिनेँ महाराजक खीमा राजधानी पहुँचल।

कौशाम्बीक आजुक शोभा वर्णनातीत छल। जहिखन नगरमे ई समाचार आएल जे वत्सराज अपन दुहू दयिताक संग राजधानी आबि रहलाह अछि तहिखनसँ

जेना नगरमे महोत्सव प्रारम्भ भए गेल। राजप्रासादक कोन कथा, नगरभरिक गृह सुसंस्कृत ओ सुसज्जित होअए लागल। सर्वत्र रक्त पताका फहराइत छल। जाहिमार्गें महाराज नगरमे प्रवेश करताह तकर दूरहिसँ शृंगार रचना होअए लागल। मार्गक दुहू दिशि तोरण ओ पताका, कदलीस्तम्भ ओ स्थल स्थल पर पूर्णकलश शोभायमान छल। फराकसँ देखला उत्तर एहने प्रतीत होइत छल जे कौशाम्बी एतेक दिन प्रोषितभर्त्तृका भए आइ अपन स्वामीक आगमन सूनि वासकसज्जा जेकाँ सब शृङ्गार कए आनन्दसँ प्रतीक्षा कए रहलि अछि!

जाहि दिन महाराज राजधानी पहुँचलाह ताहिसँ एक दिन पूर्वहिसँ कौशाम्बीमे बूझि पड़ए जेना कोनो मेला रहए। समस्त राज्य भरिक जे केओ अएबाक योग्य छल सब आबए लागल। पैघ पैघ लोक तँ केओ बाकी नहि रहलाह। सबक हृदय मे उत्साह ओ मुखपर आनन्द लक्षित होइत छल। यौगन्धरायण नीति ओ वत्सराजक उत्साहसँ सबक चित्त एहि आशासँ बलित छलैक जे उन्नतिक दिन आब दूर नहि अछि।

परन्तु पुरुषहुसँ बेशी स्त्रीगणमे उत्साह ओ आनन्द व्याप्त छल। अवन्तिराजपुत्री महाराज वासवदत्ता जरिकेँ भस्म भए गेलीह ई शोक समाचार जाहि दिन आएल छल ताहि दिन के एहन छल जे आत्मीयक वियोगक दुःख नहि अनुभव कएलक? महाराज पुनः विवाह कएलैन्हि, से मगधराजपुत्रीसँ, जनिका देश भरि सभ शुभलक्षणा कहैत छैन्हि, ई सुनि सभक हृदय उत्कंठासँ व्याकुल छल जे एक बेरि हुनक दर्शन पाबि आँखि जुड़ाए ली। सएह अवन्तिराजपुत्री आइ ओही सुलक्षणा पद्मावतीक संग महाराजक संग संग राजधानी आबि रहलीह अछि ई जानि के एहन छल जकर हृदय उत्सुकतासँ अधीर नहि भेल छलैक।

जाहि दिन वत्सराजक सबारी राजधानी पहुँचल ताहि दिन भोरहिसँ समस्त पुरवासी अपन अपन गृह-कार्य्य त्यागि उत्तम उत्तम वस्त्र ओ आभूषण पहीरि आबए लागल ओ मार्गक कातेँ कातेँ नीक नीक स्थान ताकि ठाढ़ होअए लागल। स्त्रीगणलोकनि सब शृङ्गार कए आबि आबि कोठाक झरोखा पर ठाढ़ि होअए लगलीह। क्रमशः सभ स्थान भरि गेल। यावत् महाराज नगरमे प्रवेश करथि तावत् ओहि मार्गक दुहू दिशि ऊपरसँ नीचा धरि तिलो धरि रखबाक स्थान नहि रहल!

महाराजक दर्शन होइतहिँ एहि विशाल जनसमुदायमे जयजयकार होअए लागल। सब केओ आनन्दसँ ओतप्रोत दुहू आँखिसँ जेना महाराजक ओ दुहू महारानीक रूपराशिकेँ पिबैत छल। पुरबालालोकनि ऊपरसँ लाबा ओ फूलक वर्षा करैत छलीह। पद्मावतीक रूप ओ लावण्य देखि सबहिक मुहसँ इएह बहराइक जे "भला, अवन्तिराजकिशोरीकेँ सौतिनि तेहन भेटलथिन्ह जनिक हुनका लाज नहि हो एतैन्हि।" वासवदत्ताक दाहक प्रवादसँ जे नगरी एक दिन शोकमग्न भए हतश्री लगैत छल सएह नगरी आइ आनन्दातिरेकसँ पुलकित भए जेना हुनकालोकनिक हृदयसँ स्वागत कएलक!

सिंहद्वारपर पहुँचितहिँ महाराज हाथीपरसँ उतरि गेलाह। दुहू महारानी सेहो उतरलीह। बृद्धालोकनि हुनका परीछि गेलथिन्ह। ब्राह्मण लोकनि स्वस्ति पाठ करैत छलाह; बन्दी लोकनि महाराजक गुणगान करैत छलाह। एवंक्रमेँ राजप्रासाद पहुँचि सर्वप्रथम वत्सराज कुलदेवताक मन्दिर जाए हुनक अर्च्चना कएलैन्हि तखन सभाभवन जाए सबक यथोचित सत्कार ग्रहण कए, पुनि प्रतिसत्कार बितरि, सभक सलामी लए, पुनः सबकेँ पुरस्कारसँ सन्तुष्ट कए, दुहू महारानीक संग अन्तःपुरमे प्रवेश कएलन्हि। समस्त नगर ओहि दिन भरि उत्सव होइत रहल तथा बूझि पड़ए जेना कौशाम्बी पुनः सूतिकेँ उठल अछि।

इति आठम अध्याय

दिग्विजय

दोसर दिन वत्सराज सभामे बैसल छलाह। अमात्यलोकनि सेहो सबहुँ ओतहि रहथि। एतबहिमे एक व्यक्ति ब्राह्मण आक्रोश करैत अएलाह ओ महाराजक ओतए इतलाए कएलैन्हि जे, "प्रभो! निरपराध हमर बेटाक टाङ बनमे गोआर सब काटि लेलक अछि।"

लगले सिपाही सबकेँ आज्ञा भेलैक; ओ सब जाए गोआर सबक मुखिया दू तीन गोटाकेँ पकड़ि अनलक। ओ सब निवेदन कएलक जे, 'श्रीमन्! हमरालोकनि गोआर छी ओ वनमे गाए पोसि निर्वाह करैत छी। ओहि वन प्रान्तमे एकगोट बड़कीटा शिलाखण्ड छैक। हमरालकनिमे एक गोटए छथि जे नित्य ओहि शिलाखंडपर जाए बैसि हमरालोकनिकेँ कहैत छथि जे, "हम तोहरा सभक राजा छिअहु।" ओ हमरालोकनिक शासन करैत छथि आ' हमरहुलोकनि हुनक शासन स्वीकार करैत छिऐन्हि; केओ हुनक आज्ञाक उल्लंघन नहि करैत छिऐन्हि।

आइ एहि ब्राह्मणक बेटा ओही बाटेँ अबैत छलथिन्ह अछि। गोपालराज अपन सिंहासनपर बैसल छलाह। ओ वटुक हुनका प्रणाम नहि कएलथिन्ह। हमरालोकनि कतबओ कहलिऐन्हि जे बिनु प्रणाम कएने जनु जाइ परञ्च ओ से नहि मानलैन्हि; हँसि देलैन्हि ओ चले जाइत रहलाह। एहिसँ असन्तुष्ट भए गोपालराज हमरालोकनिकेँ आज्ञा देलैन्हि जे, "हिनक टाङ काटि लहुन्ह।" ओ पड़एलाह; हमरालोकनि खेआड़लिऐन्हि। तथा पकड़िकेँ सत्ये हुनक एकगोट टाङ काटि लेलिऐन्हि। राजाक आज्ञा कोना टारितहुँ?"

ई सुनितहिँ यौगन्धरायण चुपचाप महाराजक कानमे कहए लगलथिन्ह—"निश्चय, महाराज! एहि स्थानपर अवश्य महानिधि गाड़ल अछि जकर प्रभावसँ गोआर समेत ओहि स्थानपर बैसि शासन करैत अछि। एहिखन, सरकार, स्वयं ओतए चलल आओ।"

तहिखन महाराज ऊठिकेँ ठाढ़ भेलाह ओ सबकेँ चलए कहलथिन्ह। आगाँ आगाँ ओ गोआरसब पाछाँ पाछाँ सैन्य ओ सभासदलोकनि संग संग वत्सराज ओतए पहुँचलाह। स्थानक पूर्णतया निरीक्षण भेल; ओ शिलापट्ट हटबाओल गेल तखन आज्ञा भेलैक जे आब ई स्थान खुनल जाओ। किछुए खुनल गेल अछि की ओहिठाम पृथिवीक उदरसँ एकगोट भीषण कृतिक विशाल यक्ष ऊपर भेल। ओ दुहू कर जोड़ि

प्रणाम कए वत्सराजकेँ कहए लगलैन्हि जे, "महाराज! ई महानिधि जे अपनेक प्रपितामहलोकनि एहिठाम गाड़ि गेल छलाह से सबटा आब अपन सुनझाए लेल जाओ। एतेक दिनसँ हमरा एकर रक्षाक भार छल अछि; आइ आब अपन लए लेल जाओ ओ हमरा स्वाच्छन्ध देल जाओ।"

ई कहि ओ यक्ष तँ बिलाए गेल किन्तु स्थान जँ खुनल जाए लागल तँ सत्ये एकगोट महानिधि ओहिठामसँ उपरए लागल। अपरिमित काञ्चन, असंख्य रत्न ओ सबसँ नीचामे एकगोट मणिजटित हेमसिंहासन ओहि गर्त्तसँ बहार भेल। सब केओ आश्चर्य्यसँ चकित छल। सब इएह बजैत छल जे उदयक काल एहिना सिद्धि परम्परा प्राप्त भेल करैत छैक। सबटा वस्तु लेने महाराज नगर अएलाह, सब केओ आनन्दसँ ओतप्रोत नगर आएल। ओहू दिन भरि कौशाम्बीमे उत्सवे होइत रहल।

प्रातःकाल जखन महाराज अन्तःपुरमे विलास करैत छलाह, यौगन्धरायण ओ रुमण्वान् दुहू गोटए जाइत जाइत ओतए पहुँचलाह ओ अन्यान्य गप्पक प्रसङ्गमे महाराजक मन टोबैत यौगन्धरायण कहए लगलथिन्ह जे, "प्रभो! ई जे हेमसिंहासन भेटल अछि आब सरकार ताही पर किएक नहि बैसल जएतैक? ई तँ सरकारहिक कुलक्रमायात थिक; सरकारहिक थिक।"

वत्सराज क्षणिक गम्भीर भए उत्तर देलथिन्ह—"महामात्य! ई अहाँ की कहैत छी? हमर प्रपितामहलोकनि समस्त भूमण्डलकेँ जीति एहिपर बैसल छलाह। जाधरि हमहु आसमुद्रान्त मेदिनीक विजय नहि कए लेब ताधरि की एहिपर बैसबाक योग्य हम भए सकैत छी? हम एहि सिंहासनपर ताही दिन बैसब जाहि दिन हमहु दिग्विजय कए आएब!"

यौगन्धरायण जएह चाहैत छलाह सएह उत्तर पाबि कृतकृत्य भए गेलाह ओ अवसर उचित देखि कहए लगलथिन्ह—"श्रीमन्! अपनेकेँ ई अभिमान उचिते! जाहि वंशक श्रीमान् गौरव छी ताहि वंशक उपयुक्ते श्रीमान् ई कथा कहल अछि! परञ्च, प्रभो! ओहू हेतु इएह समय सर्वथा समीचीन बुझना जाइत अछि। एखन दैव अनुकूल छथि; सरकारहुकेँ प्रचुररूपेँ पौरुष ओ उत्साह विद्यमान अछि; तथा हमरहुलोकनि नीतिमार्गमे किछु श्रम कएने छी। अतएव एखनुक समय सर्वथा उपयुक्त अछि जे श्रीमान् दिग्विजयक हेतु प्रस्थान कएल जाए! सरकारक जे आज्ञा हो।"

प्रधानामात्यक ई कथा महाराजकेँ बड़ प्रिय लगलैन्हि। क्षणेक भावनास्थ भए ओ पुनः उत्तर देलथिन्ह—"बेस, मन्त्रिराज! सएह होअओ। सबटा संभार एकत्रित करू। किन्तु कल्याणक सिद्धिमे सब दिन विघ्न होइतहि अएलैक अछि अतएव, यौगन्धरायण ! हमर विचार होइत अछि जे पूर्व हम देवदेव महादेवक आराधना कए हुनक प्रसाद प्राप्त कए ली तखन विजययात्रा करी। बिनु शङ्करक प्रसादेँ अभिलाषाक पूर्त्ति होएब असम्भव! सबहुँ तँ जनितहिँ छी जे स्वयं मर्यादापुरुषोत्तम रामचन्द्र सेहो

पुनि लङ्कापर आक्रमण करबाक हेतु विजययात्रासँ पूर्व ओही आशुतोषक प्रसाद प्राप्त कए लेने छलाह जाहि प्रसादात् हुनका विजय भेलैन्हि।"

सब केओ महाराजक एहि विचारक समर्थन कएलन्हि। एमहर मन्त्रीलोकनि विजययात्राक तैआरी करए लगलाह, ओमहर महाराज दुहू महारानीकेँ संग लए शिवजीक आराधना करए लागि गेलाह। तीन दिन तीन राति निराहार तपस्या कएलाक उत्तर महादेव स्वप्नमे वत्सराजकेँ प्रत्यक्ष भेलथिन्ह ओ कहए लगलथिन्ह—"हे वत्सराज! अहाँक साधनासँ हम सन्तुष्ट छी। उठू, विजययात्राक हेतु प्रस्थान करू। हमर प्रसादसँ अहाँकेँ निर्विघ्न विजय लाभ होएत।"

ई वरदान दए महादेव तँ अलक्षित भए भेलाह, एमहर महाराजक निद्रा भङ्ग भेलैन्हि। हर्षसँ हुनक दुहू आँखिसँ अश्रुधारा बहैत छलैन्हि; सम्पूर्ण शरीर रोमाञ्चसँ पुलकित छलैन्हि। गद्गद स्वरसँ सो दुहू महारानीकेँ जगाए सबटा वृत्तान्त हुनकालोकनिकेँ कहलथिन्ह। फूलसन कोमल हुनका दुहूगोटाक सुकुमार शरीर व्रत ओ उपवासक खेदसँ क्लान्त छलैन्हि, किन्तु ई सुनितहिँ जेना हुनकहु सबटा क्लान्ति दूर भए जाइन्ह तथा ओहोलोकनि आनन्दविभोर भए गेलीह। तहिखन यौगन्धरायण बजाओल गेलाह। तपस्याक सिद्धि बूझि हुनकहु केहन अपार हर्ष भेलैन्हि जेना हृदयमे आनन्द अँटबे नहि करैन्हि। क्रमशः वार्त्ता पसरए लागल। जएह सुनए सएह राजभवन दिशि दौड़ए। प्रात होइत होइत समस्त कौशाम्बीक लोक जेना राजप्रासाद पहुँचि गेल। महाराजकेँ ईश्वरक दर्शन भेलैन्हि अछि अतएव सब महाराजक दर्शन कए अपनाकेँ पवित्र करए चाहए। सब ठाम आनन्द व्याप्त छल, सर्वत्र उत्सव होअए लागल। निश्चय, एहि वर-प्राप्तिसँ वत्सराज अपन पूर्वजक अमित प्रभावकेँ प्राप्त कएलैन्हि! आइ यथार्थे वासवदत्ता ओ पद्मावती दुहू गोटए एहि कुलक प्राचीन पातिव्रत-कीर्त्तिकेँ लाभ कएलैन्हि!

ओहि दिन जखन पारणा कए महाराज स्थिर भेलाह तखन यौगन्धरायण सबहुँ अमात्य ओ सेनापतिक संग महाराजक समीप गेलाह ओ कहए लगथिन्ह जे, "प्रभो! अपने धन्य छी जे भगवान् शङ्करक अनुग्रह अपनेपर एहिरूपक अछि! आब विलम्बे की अछि? चलल जाओ महाराज; शत्रुपर विजयप्राप्त कए अपन बाहुबलसँ जीतलि राज्यलक्ष्मीक भोग कएल जाओ!"

"महाराज! लक्ष्मीकेँ सब चञ्चला कहैत छैन्हि, परन्तु धर्मसँ जीतलि लक्ष्मी कथमपि चञ्चला नहि होइत छथि ओ ओहि कुलमे स्थिर रहैत छथि। धर्मसँ अर्जित वित्तक, महाराज! विनाश नहि होइत छैक; ओहि वित्तक भोग ओहि वंशपरम्पराकेँ होइत छैक। तकरो दृष्टान्त तँ श्रीमाने छी। के जनैत छल जे श्रीमानक पूर्वज लोकनि महानिधि भूमिमे गाड़ि गेल छथि। परन्तु सबहुँ देखल अछि जे ओ महानिधि पुनः श्रीमानहिकेँ प्राप्त भेल! अतएव सबकेँ उचित थिक जे केवल धर्ममार्गहिँ वित्तोपार्जन करी, विशेषतः राजाकेँ ई कर्त्तव्य थिक, कारण राज्यवृक्षक मूल तँ धन थिक।

"अतएव प्रभो! हमर विचार होइत अछि जे आब व्यर्थ विलम्ब नहि कएल जाए। विधिपूर्वक अमात्यलोकनिक सत्कार कए आब विजय-प्रस्थान कएल जाओ। तेहन पराक्रमी अपनेक दुहू श्वसुर छथि जे थोड़ेक राजा अपनेक विरोध करताह; अधिक गोटए तँ सहर्ष अधीनता स्वीकार कए मीलिए जएताह। केवल काशीराज श्रीमानक विपक्षी छथि। हुनक विजय करए पड़त। हुनका जीति जे हमरा लोकनि पूबदिसि प्रस्थान करब से आसमुद्रान्त पृथिवीक विजय कएनहि आएब। अतएव, श्रीमान् सबसँ पूर्व काशीराजक विजयक हेतु प्रस्थान कएल जाओ। चलल जाओ पाण्डवलोकनिक दिग्दिगन्तव्यापी यशकेँ हमरा लोकनि पुनः दिग्विजय कए स्वच्छ कए आबी।"

वत्सराज आब अपनहुँ उद्यत छलाह, यौगन्धरायणक प्रस्ताव स्वीकृत भेल। महाराज आज्ञा देलथिन्ह जे, "राज्यमे घोषणा दए देल जाए जे सब एहि विजययात्रामे सम्मिलित हो।" एक गोट दूत भिल्लराज पुलिन्दककेँ ससैन्य बजएबाक हेतु पठाओल गेल। कुमार गोपालककेँ विदेहक राज्य देल गेलैन्हि; अपन सैन्यक संग ओ ओतए गेलाह। पद्मावतीक भाए कुमार सिंहवर्माकेँ चेदिराज्य दए वत्सराज उदयन अपन विशाल सेनाक संग दिग्विजय करबाक हेतु कौशाम्बीसँ प्रस्थान कए देलैन्हि। संगहि संग दुहू महारानी सेहो बिदा भेलीह जेना एहि विजय-यात्रामे महाराजक संग कीर्ति ओ जयश्री सएह जाइत रहथि।

एमहर यौगन्धरायणक पठाओल चारसब कापालिकक स्वरूप धए वाराणसी पहुँचि गेल छल ओ ओहिठाम सबटा रहस्यक पता लगाए नित्य यौगन्धरायणकेँ वार्त्ता देल करैन्हि। फलतः काशीराज जे कोनो युक्ति रचथि ताहि सबहिक रहस्य बुझि यौगन्धरायण ओकर प्रतीकार कएनहि जाथि। एवंक्रमेँ वत्सराजक सेना वाराणसीक समीप पहुँचि गेल। अपन सबटा मायाकेँ ध्वस्त होइत देखि आब काशीराज बुझलैन्हि जे वत्सराजसँ लड़ब व्यर्थ थिक अतएव एक गोट दूतकेँ आगाँ पठाए पाछाँ ओ स्वयं वत्सराजक शिविरमे पहुँचलाह तथा हुनका प्रणाम कए सलामी दाखिल कएलैन्हि, बिनु युद्धहिँ अधीनता स्वीकारि लेलैन्हि।

एहि अनायास विजयसँ प्रोत्साहित वत्सराज पूब दिशि बढ़लाह। जेना वायु अपन वेगक समक्ष जे वृक्ष मृदु रहैत अछि तकर अवनमन ओ जे कठिन होइत अछि तकर उन्मूलन कए दैत अछि तहिना जे केओ राजा हुनक अधीनता स्वीकार कए लेथि तनिकासँ कर ग्रहण करैत तथा जे विरोध करथिन्ह तनिक समूल संहार करैत वङ्गदेशकेँ जीति वत्सराज पूर्व समुद्रक तटपर पहुँचलाह। ओतए समुद्रक किनारमे ओ अपन विजयक उपलक्ष्यमे जे जयस्तम्भ बनबओलैन्हि से देखि इएह भान हो जेना पातालक अभय याचनाक हेतु स्वयं नागराज समुद्रसँ ऊगल होथि।

ओहिठामसँ वत्सराज दक्षिण दिशि घुमलाह। हुनक शौर्यक प्रतापहिसँ कलिङ्गराज विजित भए गेल छलाह। अतएव वत्सराजक सेना कलिङ्गराज्यमे पहुँचितहिँ ओ आगाँ

आबि अत्यन्त सम्मानसँ वत्सराजकेँ अपन राजधानी लए गेलथिन्ह तथा प्रचुर धन, गज, वाजि ओ रथ करस्वरूप दए हुनक अधीनता स्वीकार कए लेलथिन्ह। ओहिठामसँ वत्सराज विन्ध्याटवी होइत कावेरीक तीरपर पहुँचलाह। ओकरा पार कए चोलेश्वरक दर्पकेँ चूर्ण करैत गोदावरीक तीर धरि वत्सराजक सेना पहुँचि गेल। ओहिठामसँ वत्सराज पुनः फिरलाह; ओ रेवानदीकेँ पार कए उज्जयिनी पहुँचलाह।

हुनक आगमनक वार्त्ता पाबि पूर्वहिँ चण्डमहासेन स्वयं अपन राज्यक सीमाप्रान्तमे आबि उपस्थित छलाह तथा अत्यन्त सत्कारसँ वत्सराजकेँ अरिआति अपन राजधानी लए गेलथिन्ह। सैन्यकेँ विश्राम करबाक आज्ञा दए वत्सराज अपने दुहू महारानीक संग राजप्रासादमे सुखसँ अनेको दिन धरि छलाह। अनेक दिनक अनन्तर पुनः अपन नैहर आबि वासवदत्ताक आनन्दक सीमा नहि छलैन्हि। तथापि बापक लगमे बैसि जखन ओ अपना बाल्यावस्थाक स्मरण करथि तखन सब सुखक साधन वर्त्तमान छलैन्हि तथापि ओ विमना भए उठथि। पद्मावतिअहुक अवन्तिराज अपन पुत्रीसँ एको रत्ती भिन्न सत्कार नहि करथिन्ह। एहि प्रकारेँ अनेको दिन ओतए विश्राम कए अपन श्वशुरहुक सैन्य लए वत्सराज पुनः ओहिठामसँ पश्चिमक विजय करबाक हेतु प्रस्थान कए देलैन्हि।

ओहिठामसँ आगाँ बढ़ि सर्वप्रथम लाटदेशक विजय कए वत्सराज सिन्धु देश पहुँचलाह। सिन्धुराजकेँ अधीन कए ओहिठामसँ ओ उत्तर दिशि विदा भेलाह तथा क्रमशः म्लेच्छ, तुरुष्क, पारसीक तथा हूणसबहिक विजय करैत हिमालयक प्रदेशमे पहुँचलाह। ओहिठामसँ हिमाचलक दक्षिण भाग बाटेँ विजय कए अन्तमे वत्सराज कामरूपक राज्यमे पहुँचलाह तथा हुनका जीति हुनकासँ असंख्य हाथी करमे लेलैन्हि। एवंक्रमेँ आसमुद्रान्त मेदिनीक विजय कए असंख्य रत्न, अपरिमित धन, अनगनित हाथी, घोड़ा, रथ इत्यादि लेने वत्सराज मगधराजक ओहिठाम पहुँचलाह।

ओहिठाम महाराजक अपूर्व सत्कार भेलैन्हि। कन्या ओ जमाएकेँ अपना ओहिठाम पाबि के गृही आनन्द नहि होइत छथि? वत्सराज तँ सहजहिँ दिग्विजय कए आएल छलाह। अतएव बूझि पड़ए जेना हुनक संग साक्षात् उत्सव राजधानी आएल रहथि। पद्मावती पुनः अपनाकेँ अपन माए ओ बाप तथा बाल्यकालक सखीलोकनिक मध्यमे पाबि अपनाकेँ जेना आनन्दसँ बिसरि गेलीह। परञ्च सभसँ प्रमुदित छलीह वासवदत्ता! ओतेक दिन अव्यक्तरूपेँ ओतए रहि आइ ओ व्यक्तरूपेँ आइलि छलीह; हुनक सत्कार मगधराज पद्मावतिअहुसँ बढ़िकेँ करैत छलथिन्ह तथा समस्त राजधानीक महिला-लोकनि आबि आबि हुनक दर्शन कए हुनक स्वामिभक्तिक भूरि भूरि प्रशंसा करैत जाथि!

एवंक्रमेँ दिग्विजयी उदयन मगधराज तथा मगधराज्यक लोकसँ पूजित भए किछु दिन धरि ओतए विश्राम कए अन्तमे अपन श्वशुरक आज्ञा लए ओहिठामसँ अपन राज्यक हेतु प्रस्थान कएलैन्हि। अपना राज्यमे पहिल खीमा लावाणकमे पड़ल।

पूर्वक कथा सबकेँ स्मरण कए कए पुलकित होइत वत्सराज ओतहु किछु दिन रहि ओहिठामसँ कौशाम्बीक हेतु यात्रा कएलैन्हि।

वत्सराज आइ दिग्विजय कए राजधानी अबैत छथि अतएव समस्त नगरमे प्रमोद व्याप्त छल। ससैन्य, सामात्य, सपरिच्छद सम्राट् उदयन राजधानी पहुँचलाह। पुरवासीलोकनिक जयजयकार होइत छल; चारणलोकनि महाराजक यशोगान करैत छलाह, वन्दीलोकनि हुनक स्तुति करैत छलथिन्ह। तावत् महाराज दुहू महारानीक संग सभाभवन जाए सबक सत्कार ग्रहण कए, प्रतिसत्कार बाँटि, ओहिठामसँ विश्राम करए चल गेलाह।

दोसरा दिन महाराजक महाभिषेक भेल। आइ आसमुद्रान्त मेदिनीक विजय कए चक्रवर्त्ती उदयन अर्जुनक वंशधरत्वक उपयुक्तता प्रमाणित कए देने छलाह। अतएव ओहि हेमसिंहासनपर वासवदत्ता ओ पद्मावती दुहू गोटाक संग बैसि महाराज ब्राह्मण लोकनिकेँ असंख्य धन दान देलैन्हि; अमात्य लोकनिकेँ प्रचुर पुरस्कार दए सबकेँ सन्तुष्ट कएलैन्हि; समस्त राज्यक वन्दी कारागारसँ मुक्त भेल; समस्त राज्यमे उत्सव होअए लागल।

एवंक्रमेँ समस्त पृथिवीकेँ जीति पुनि राज्यक सबटा भार यौगन्धरायण ओ रुमण्वानकेँ दए सम्राट उदयन कीर्ति ओ श्रीजेकाँ वासवदत्ता ओ पद्मावतीक संग विलाससँ सुखपूर्वक समय यापन करए लगलाह।

इदं गुरुगिरीन्द्रजाप्रणयमन्दरान्दोलना-
त्पुरा किल कथामृतं हरमुखाम्बुधेरुद्गतम्।
प्रसह्य रसयन्ति ये विगतविघ्नलब्धर्द्धयो
धुरं दधति वैबुधीं भुवि भवप्रसादेन ते ॥

(कथासरित्सागर)

(विद्यापति-प्रकाशन, दरभंगा, नवीन संस्करण, 1964)

वररुचि-कथा

आमुख

हिमालयक उत्तर शिखर पावन कैलाश पर, जे एहि भूपर देवताक आलय स्वर्ग थिक, एक दिन देवदेव महादेव अम्बिकाक संग एकान्तमे बैसल छलाह। तखन अम्बिका हुनका बड़ प्रेमसँ कहलथिन्ह जे हे नाथ! एक गोट एहन दिव्य कथा कहल जाओ जे हम पूर्व सुनने नहि होइऐक। पहिने तँ महादेव कहए लगलथिन्ह जे हे प्रिये! भूत, वर्त्तमान ओ भविष्य सबकेँ जननिहारि, सबहिक सिरजनहारि, अहाँकेँ की अविदित अछि! परन्तु पार्वतीक बहुत आग्रह कएलाक उत्तर महादेव कहलथिन्ह जे बेस, तँ हे प्रिये! आइ हम यथार्थ एक गोट अपूर्व ओ अत्यन्त रोचक कथा अहाँकेँ सुनबैत छी। ई देवताक कथा नहि थिक कारण जे देवताक कथा तँ एकान्त सुखक कथा होएत; रोचक नहि होएत। ने हम मनुष्यहिक कथा कहैत छी; नित्य दुःखी मनुष्यक कथा कहबे की करब? हम आइ अहाँकेँ विद्याधर लोकनिक कथा कहैत छी जाहिमे दिव्य ओ मानुष दूहूक विलक्षण सम्मिश्रण भेटत। ई कथा ककरहु जानल नहि छैक ओ पहिलहि पहिल हम अहीँकेँ ई कथा सुनबैत छी। मुदा कथा आरम्भ करबासँ पूर्व महेश्वर अपना नन्दीकेँ द्वार पर नियुक्त कए देलथिन्ह जे केओ भीतर नहि आबए।

तावत् महादेवक एक गोट प्रसिद्ध गण, प्रभुक परम प्रिय, पुष्पदन्त ओहि ठाम पहुँचलाह। नन्दी हुनका भीतर जएबासँ निरोध कएलकैन्हि। पुष्पदन्त विचारल जे की कारण थिकैक जे आइ हमरहु प्रवेश निषेध कएल गेल अछि तथा योगबलसँ अलक्षित रूपहिँ ओ भीतर पहुँचलाह। कथा कहबामे महादेव ओ सुनबामे अम्बिका ततेक एकाग्रचित्त रहथि जे केओ ओहि दिशि ध्यानो नहि देल। पुष्पदन्त प्रभुक मुहसँ निःसृत सातो विद्याधरक अद्भुत चरित्रक कथा आद्योपान्त सुनि लेलैन्हि।

परन्तु रहस्य-कथा ओ वित्त अपना स्त्रीसँ नुकाएकेँ के राखि सकैत छथि? पुष्पदन्त ओहि दिन जखन अपना ओहिठाम गेलाह तखन समस्त ई कथा अपन स्त्री, जयाकेँ, जहिना प्रभुक मुहसँ सुनने छलाह, कहि सुनाओल। स्त्रीकेँ कतहु वाक्‌संयम भेलैक अछि? जया पार्वतीक प्रतिहारी छलीह, प्रातहिँ जाए समस्त कथा पार्वतीकेँ कहि देल। आब पार्वतीक क्षोभक ठेकान नहि रहल, लगले ओ जाए महादेवकेँ कहल, हे नाथ! अहूँकेँ ठकबा लए हमहि भेटलहुँ! फुसिए हमरा किएक कहल जे

अहाँके एकगोट अपूर्व कथा कहैत छी? आनक कोन कथा, हमर प्रतीहारी जया समेत ई कथा जनैत अछि। उमापति प्रणिधान कएलैन्हि तँ देखैत छथि जे पुष्पदन्त योगक बलें अलक्षित भीतर प्रवेश कए सब किछु सुनि रहलाह अछि। ई रहस्य-वृत्त ओ गिरिजाकें देखाए देल। आब तँ गिरिजाक क्षोभ क्रोध भए धधकि उठल। पुष्पदन्त बजाओल गेलाह। भयसँ कँपैत हुनका अम्बिका कहल, "जाउ, हे अविनीत! अहाँ हमरहु संग प्रभुकें विविक्त नहि रहए देल। अहाँके हम की कहू। जाउ, अहाँ मनुष्य भए जन्म लिअ' गए!"

पुष्पदन्तक भाए माल्यवान् सेहो ओतहि छलाह। पुष्पदन्तक दिशिसँ ओ किछु विज्ञप्ति करहि लगलाह की उमा हुनकहु ओएह शाप देल। तावत् जया दौड़लि आबि अम्बिकाक पाएर पर खसि पड़लि आ' कंठ छोड़ि कानए लागलि। ओकरा देखितहिँ, ओकर करुण क्रन्दन सुनितहिँ, अम्बिकाक क्रोध शान्त भए गेलैन्हि। तखन ओ पुनि मन्द-मन्द कहए लगलीह जे विन्ध्यारण्यमे कुबेरक शापसँ सुप्रतीत नामक यक्ष काणभूतिनामें पिशाच भेल छथि। हुनका देखितहिँ पुष्पदन्तकें पूर्वजन्मक सबटा कथा स्मरण भए अओतैन्हि। ओ काणभूतिकें ई सम्पूर्ण कथा सुनाए देथुन्ह तखन हिनका शापसँ मुक्ति भए जएतैन्हि। काणभूति जखन ई कथा माल्यवान् कें कहथिन्ह तखन हुनका मुक्ति होएतैन्हि ओ माल्यवान् जखन एहि कथाक प्रचार करताह तखन हुनकहु मुक्ति भए जएतैन्हि।

ओएह पुष्पदन्त, महेश्वरक प्रमुख ओ प्रिय गण, शापक कारणें कौशाम्बीमे सोमदत्तक जनिका लोक अग्निशिख सेहो कहैन्हि, पुत्र भए जन्म लेलैन्हि। हुनक नाम छलैन्हि वररुचि परञ्च पछाति जाए कात्यायननामें प्रसिद्ध भेलाह। ओ एकश्रुतिधर छलाह तथा पाटलिपुत्र नगरमे वर्ष उपाध्यायसँ समस्त वेद ओ वेदाङ्ग पढ़ि व्याकरणमे पाणिनिक अष्टाध्यायी सूत्रक वार्त्तिक ओ वेदहुक नाना सूत्रक रचना कएलैन्हि। सुनैत छी जे हुनका सरस्वती प्रत्यक्षा भेल छलथिन्ह। हुनकहि प्रसादें ओ बहुत दिन धरि नन्दवंशीय अन्तिम महाराज योगनन्दक मन्त्रित्व सेहो कएलैन्हि। अन्तमे नन्दवंशक नाश ओ वृषल चन्द्रगुप्तक आधिपत्य देखि हुनका मनमे बड़ खेद भेलैन्हि ओ घुमैत-घुमैत विन्ध्यवासिनी जगदम्बिकाक दर्शनक निमित्त ओहि विन्ध्याटवीमे पहुँचलाह। स्वप्नमे हुनका जगदम्बाक आदेश भेलैन्हि ओ तदनुसार ओ काणभूतिक भेँट करए चललाह। अत्यन्त सघन वनमे जतए भूमि पर वाघ सह-सह करैत छल ओ ऊपरमे गाछ पर वानर पसरल छल, जतए पानिक कतहु पता नहि छल, ओ गाछ सब जोआए-जोआए पाथरसन कठोर भए गेल छल, एक गोट विशाल वटवृक्षक तरमे चारू दिशिसँ पिशाच सबसँ घेरल बीचमे सालक गाछ सन लाम पिशाचकें देखि वररुचि हुनका लग गेलाह। काणभूति हुनका पाएर छूबि प्रणाम कएल ओ हुनका अपन परिचय दैत कहल जे हम एतए कुवेरक शापसँ पिशाच भेल प्रतीक्षा कए रहल छी पुष्पदन्तक अएबाक किएक तँ हुनकहि अएला उत्तर हमरा शापसँ मुक्ति होएत।

ई सुनितहिँ वररुचिकेँ अपन पूर्वजन्मक सबटा कथा मन पड़ि अएलैन्हि। जेना सूतिकेँ उठल रहथि, वररुचि प्रसन्न भए काणभूतिकेँ कहल जे हमहि ओ पुष्पदन्त थिकहुँ। महेश्वरक मुहेँ सुनल सातो विद्याधरक सात लाख श्लोकमे कहल सातो कथा सुनिकेँ अहाँ अपन शापसँ मुक्त होउ आ हमरहु मुक्त भए अपना प्रभुक समीप कैलाश जाए दिअ!

वररुचि तखन ओ सब कथा जहिना महेश्वरक मुहसँ सुनलेँ छलाह तहिना सुनाए काणभूतिकेँ कहल जे हमर शापक तँ अन्त भए गेल। अहाँ किछु काल एतहि अँटकि जाउ। माल्यवान् अबैत होएताह। हुनका ई महा-कथा सुनाए देबैन्हि तखन अहूँकेँ शापसँ मुक्ति भए जाएत।

काणभूति आनन्दसँ गद्‌गद भए वररुचिकेँ प्रणाम कएल ओ कहल जे, हे देव! अपने सत्ये रुद्रक अवतार छी। अपनेकेँ छोड़ि दोसर के ई महाकथा जनैत अछि अथवा कहि सकैत अछि! अपनेक कृपासँ हमर शाप गतप्राय भए गेल। हमरा शरीरसँ शापक प्रभाव क्रमशः हटि रहल अछि। अपनेक शापक तँ अन्त भए गेल मुदा यदि कहबाक योग्य हो तथा हमरा कहलासँ कोनो क्षति नहि हो तँ हमरा पर कृपा कए अपने अपन वृत्तान्त हमरा कहल जाओ। अपनेक सदृश देवक अवतारक जन्मसँ लए सविस्तर वृत्तान्त सूनि हम आओर पवित्र होइ से कएल जाओ।

काणभूतिक एहि प्रणत अनुरोधसँ वररुचि अपन जीवन-वृत्तान्त हुनका सुनाओल।

वररुचिक कौमार

कौशाम्बी नगरमे सोमदत्त नामक एक जन सद्वृत्त ब्राह्मण छलाह जनिका लोक अग्निशिख सेहो कहैन्हि। हुनक पत्नी छलथिन्ह वसुदत्ता। वसुदत्ता शापक कारणेँ मानुषी भए जन्म लेने छलीह। महादेवक प्रमुख गण पुष्पदन्तकेँ जखन पार्वतीक शापक कारणेँ मनुष्य भए जन्म लेबाक भेलैन्हि तखन ओ एही मुनिकन्या वसुदत्ताक गर्भमे जन्म लेल। हुनक जन्म होइतहिँ आकाशवाणी भेल जे ई जे शिशु जन्म लेल अछि से श्रुतिधर होएत एवं एहि विश्वक वर वस्तुअहिमे एकरा रुचि होएतैक।" तेँ शिशुक नाम राखल गेल 'वररुचि'।

वररुचिक अतिबाल्यकालहिमे हुनक बापक परोक्ष भए गेल ओ वसुदत्ता बड़ कष्टसँ अपन एकमात्र पुत्रक पालन-पोषण करए लगलीह।

एक दिन सन्ध्या समयमे वसुदत्ताक द्वार पर दू जन ब्राह्मण अएलाह। दूरसँ आएल दुहू जन धूलिसँ धूसर रहथि, परिश्रान्त रहथि ओ ओहि राति ओ दुहू जन वसुदत्ताक अतिथि भेलाह।

किछु राति बितला उत्तर मृदङ्गक मधुर ध्वनि सुनना गेल। वसुदत्ताक आँखिमे नोर भरि आएल आ ओ अपन पुत्रकेँ कहए लगलीह जे, सुनैत छलक मृदङ्गक ई मधुर ध्वनि। ई नन्द नट नाच करैत छहु। तोहर बापक ओ बड़का मित्र छलथुन्ह। ओ नेना बारंबार माएकेँ कहए लागल, माए हमरा नाच देखए जाए दे। ओतएसँ आबि जेना जे नाच भेल रहतैक से हम तोरा देखाए देबौक, जे किछु पाठ भेल रहतैक से सुनाए देबौक।

दुहू माइ पूतक ई संवाद सूनि दुहू जन अतिथिक कान ठाढ़ भए गेल। जिज्ञासा कएला पर वसुदत्ता गह्वरित भए कहल जे सत्ये ई नेना एक बेरि जे सुनि लेत से ओहिना कहि देत, कहिओ नहि बिसरत। जाँच करबाक हेतु एक जन लगले एक गोट प्रातिशाख्य पढ़ि देल ओ वररुचि ओकरा ओहिना सुनाए देल। दुहू जनकेँ विस्मय ओ आनन्दक सीमा नहि रहल। दुहू जन वसुदत्तासँ अनुरोध कए वररुचिकेँ संग कए नाच देखए चल गेलाह। ओतएसँ आबि ओ समग्र नाच ओ गान ओहिना माएकेँ देखाए देलक, सुनाए देलक। आब तँ एहि दुहू ब्राह्मणकेँ वररुचिक एकश्रुतिधरत्वमे कनेको संदेह नहि रहल।

ओहि दुहूमे एक जन ब्राह्मण तखन कर जोड़ि वसुदत्ताकेँ कहए लगलाह जे हे माता! हमर कथा सुनल जाए। हम दुहू साक्षाते पितिऔत भाए छी। वेतसपुर नामक नगरमे हमरा दुहु भाइक बाप दू भाइ सद्ब्राह्मण छलाह। ओहिमे एक गोटाक बालक ई थिकाह, इन्द्रदत्त, ओ दोसरक हम थिकहुँ, व्याड़ि। हमर पिताक अकस्मात् देहाबसान भेला पर हमर पित्ती, हिनक बाप, सेहो पञ्चत्वकेँ प्राप्त कएल ओ एही पतिवियोगक शोकसँ हमरा दुहू जनक माताक सेहो परोक्ष भए गेल। धन छलो तथापि हम दुहू भाइ अनाथ भए गेलहुँ। विद्यालाभक अभिलाषासँ हमरा लोकनि आओर की करितहुँ, लगलहुँ स्वामि-कार्तिकेयक आराधना करए। हमरा लोकनिक तपस्यासँ स्वामिकार्तिकेय प्रसन्न भेलाह ओ स्वप्नमे हमरा दुहू गोटाकेँ आदेश भेटल जे तोहरा लोकनि जाइत जाह महाराज नन्दक राजधानी पाटलिपुत्र। ओतए 'वर्ष' नामक एक जन विप्र बसैत छथि। हुनकहिसँ तोहरा लोकनि समग्र विद्या सीखह गए।

हमरा लोकनि पाटलिपुत्र पहुँचलहुँ। पुछारी कएला उत्तर पता लागल जे वर्ष नामक एक जन विप्र ओहि नगरमे बसैत तँ अवश्य छथि परन्तु सब कहए जे ओ तँ परम मूर्ख छथि। हमरा दुहू गोटाक चित्त डोलमाल करए लागल मुदा हमरा लोकनि सोझे हुनक आवास पर पहुँचलहुँ। हुनक घरक स्थिति देखि हमरा लोकनि क्षुब्ध भए गेलहुँ। पुरान घर, सम्पूर्ण मूसक माटिक ढेर, भीत सब फाटल, चार बिनु छारल, घरमे कतहु छाहरि नहि। बूझि पड़ल जेना दरिद्रताक जन्मस्थान इएह रहए। भीतरमे देखल वर्षकेँ ध्यानमग्न बैसल। आतिथ्यसत्कार कएनिहारि हुनक स्त्री बहरइलीह, हुनका देखल धूसर ओ दुब्बरि, शरीर पर वस्त्र मलिन ओ फाटल, बूझि पड़ल जेना वर्षक गुणक अनुरागसँ दुर्गति स्वयं शरीर धारण कए हुनक स्त्री भए आइलि रहथि। हमरालोकनि हुनका प्रणाम कए अपन वृत्तान्त ओ नगरमे हुनक स्वामीक मूर्खताक जे वार्ता भेटल छल सबटा कहि सुनओलिऐन्हि। सबटा सूनि ओ कहए लगलीह, हे पुत्र! अहाँ लोकनिसँ कोन लाज? सुनू, हम कहैत छी।

एहि नगरमे हमर जे ई स्वामी छथि से दू भाइ छथि, जेठ इएह छथि ओ छोट उपवर्ष छथिन्ह। ई छलाह मूर्ख ओ दरिद्र आ हिनक भाए ओकर विपरीत। तेँ आश्रमक सबटा भार हुनकहि स्त्रीकेँ छलैन्हि। एक बेरुक बरिसातक गप्प थिक। बरिसातमे स्त्रीगण पिठार ओ गुड़क गुह्यरूपक बगेआ बनाएकेँ मूर्ख ब्राह्मणकेँ देल करैत छथिन्ह ओ कहल जाइत अछि जे एहिसँ जाड़ ओ बरिसातमे स्नानक जे क्लेश होइत छैक तकर नाश होइत छैक। किन्तु देलहु उत्तर ई बगेआ केओ लैत नहि अछि, कारण, ई व्यबहार कुत्सित बुझल जाइत अछि। मुदा हमर देआदिनी ई बगेआ दक्षिण समेत हमरा स्वामीकेँ देलथिन्ह। ओ ई लए लेल ओ लेने आङन अएलाह। एहि हेतु हम हुनक बड़ भर्त्सना कएलिऐन्हि। ओ अपन मूर्खताक कारणेँ अन्तःकरणसँ दुःखित भेलाह ओ सोझे जाए कुमार कार्तिकेयक आराधना करए लागि गेलाह। हुनक तपस्यासँ कुमार प्रसन्न भेलथिन्ह, सब विद्या हुनका प्रकाशित कए देलथिन्ह, ओ

कहलथिन्ह जे एहि विद्याकेँ तोँ प्रकाशित करिहह ओहि विप्रकेँ जे सकृच्छ्रुतिधर होथि। ई आदेश पाबि ओ बड़े हर्षसँ घूरि घर अएलाह ओ सबटा वृत्तान्त हमरा कहिकेँ अपने तहिआसँ जप ओ ध्यानमे लागल रहैत छथि। तेँ अहाँलोकनि कोनहु श्रुतिधरकेँ ताकि आनू। ताहीसँ अहाँ दुहू गोटाक सब मनोरथ सिद्ध भए जाएत।

वर्षक स्त्रीसँ ई वृत्तान्त बूझि हमरा लोकनि हुनक दुर्गतिकेँ दूर करबाक हेतु एक सए अशरफी हुनका हाथमे दए प्रातहिँ ओहि ठामसँ विदा भए गेलहुँ। तहिआसँ हमरा लोकनि एहि भूमंडल पर घूमि रहलहुँ अछि। कतहु श्रुतिधर नहि भेटलाह। थाकिकेँ आइ हमरा लोकनि अहाँक ओहिठाम आएल छलहुँ। मुदा आइ अहाँक बेटा हमरा लोकनिकेँ एक श्रुतिधर भेटलाह अछि। तेँ हमरा लोकनिक निवेदन अछि जे ई बेटा अहाँ हमरा लोकनिकेँ दिअ। हिनका लए जाए हमरालोकनि विद्या ओ धन दुहूक सिद्धि प्राप्त कए सकब।

व्याड़िक वचन सूनि वसुदत्ता बड़े आदरसँ हुनका लोकनिकेँ उत्तर देलथिन्ह जे ई सब समाचार अहाँ लोकनि पूर्ण संगत कहल अछि। हमरहु एकर विश्वास अछि। एकर जन्म होइतहिँ आकाशवाणी भेल छल जे ई एक श्रुतिधर जन्म लेलक अछि। वर्ष उपाध्यायसँ विद्या लाभ कए ई लोकविषय व्याकरणक प्रतिष्ठा करत। जँ-जँ ई बढ़ल जाइत छल हमर चिन्तो बढ़ल जाइत छल जे वर्ष उपाध्याय हमरा कतए भेटताह। अहर्निश हम एही चिन्तामे डूबलि रहैत छलहुँ। आइ अहाँलोकनिक मुखसँ ई समाचार सूनि हमर सबटा चिन्ता दूर भए गेल। हमर परितोषक आइ सीमा नहि अछि, हम तँ आइ आब आनन्दमे डूवलि जाइत छी। ई तँ अहाँलोकनिक भाइए थिकाह। लए जइऔन्हि, एहिमे क्षतिक कोन गप्प?

ई सूनि व्याड़ि ओ इन्द्रदत्त दुहू जन बड़े हर्षित भेलाह। ओ राति तँ हुनका लोकनिकेँ क्षणे भरिक बूझि पड़लैन्हि। प्रात होइतहिँ संगमे जे किछु धन छलैन्हि सबटा वसुदत्ताकेँ उत्सव करबाक हेतु दए व्याड़ि ओहि शिशु वररुचिक उपनयन-कर्म सम्पन्न कएल जाहिसँ ओकरा वेदाध्ययनक योग्यता होइक। ततःपर ओ लोकनि विदा भेलाह। ओ नेना तँ उत्साहसँ माइक वियोगक दुःख सह्य कएने छल आ ओकरे उत्साहकेँ देखि वसुदत्ता स्नेहसँ भरल माइक हृदयक उमड़ैत नोरकेँ कोनहुना रोकि सकलीह। व्याड़ि ओ इन्द्रदत्त कुमार कार्तिकेयक प्रसादकेँ पुष्पित जानि बड़े शीघ्रतासँ श्रुतिधर वररुचिकेँ संग लेने पाटलिपुत्रक हेतु प्रस्थान कए देल।

ओतए पहुँचि ओ-लोकनि बड़ उल्लाससँ सोझे वर्ष उपाध्यायक ओहिठाम पहुँचलाह ओ हुनक स्त्रीकेँ शुभ संवाद कहि जे हमरा लोकनि सकृच्छ्रुतिधरकेँ ताकि आनल, वर्ष उपाध्यायकेँ वार्ता देल। हुनका तँ एहने प्रतीत भेल जे कुमार कार्तिकेयक प्रसाद स्वयं बटु वररुचिक स्वरूप धारण कए हुनका ओतए उपस्थित भेल रहए। ककरहु आनन्दक सीमा नहि छल। दोसरहि दिन वररुचि, व्याड़ि ओ

इन्द्रदत्त तीनू गोटाकेँ आगाँमे बैसाए, अपने पवित्र आसन पर बैसि, पद्मासन लगाए, वर्ष उपाध्याय दिव्य स्वरसँ ओँकारक उच्चारण कएलैन्हि। तत्क्षण चारू वेद, छवो अङ्गक संग, वर्ष उपाध्यायक समक्ष उपस्थित भए गेलथिन्ह। ओ लगलाह अध्यापन करए, ई तीनू जन लगलाह अध्ययन करए। एक बेरि गुरुक मुखसँ सुनला उत्तर वररुचि ओकरा ग्रहण कए लेथि ओ दोहराए देथि। दू बेरि सुनला उत्तर व्याड़ि ओकरा ग्रहण कए लेथि ओ ओकरा सुनाए देथि। तीनि बेरि सुनला उत्तर इन्द्रदत्तकेँ ग्रहण भए जाइन्ह ओ ओहो सुनाए देथिन्ह। एही क्रमसँ सब विद्या ओ तीनू जन तत्क्षण सिखने जाथि।

ओहिठाम एहि अपूर्व दिव्य ध्वनिकेँ सूनि-सूनि विस्मित ब्राह्मण-वर्ग ओतए चारू दिशिसँ आबए लगलाह जे देखी, ई की होइत छैक ओ ओतए आबि सबटा वृत्तान्त विदित कए प्रशंसापूर्वक हुनका प्रणाम कए-कए चल जाथि। वर्षक छोट भाए उपवर्षहुकेँ आनन्दक सीमा नहि छल परन्तु से हुनकहि टा नहि। समस्त पाटलिपुत्र मे उत्सव होअए लागल। मगधक महाराज नन्द सेहो कुमार कार्तिकेयक वरक प्रसाद देखि अत्यन्त संतुष्ट भेलाह तथा वर्ष उपाध्यायक गृह धन-धान्यसँ परिपूर्ण भए श्रीसम्पन्न भए गेल।

पाटलिपुत्रक निर्माण

आब वर्ष उपाध्यायकेँ छात्रक कोन कमी छल। मुदा हुनक पट्ट शिष्य रहथिन्ह इएह तीनू जन; जनिक केवल मेधा मात्रे अलौकिक नहि छल, अपितु श्रद्धो अपूर्व छलैन्हि तथा सन्तान जकाँ तीनू जन उपाध्यायक प्रियपात्र रहथि। एक दिनुक गप्प थिक। उपाध्याय आह्निककृत्य सम्पन्न कए बैसल रहथि। अध्येतृगणक पाठ समाप्त भए गेल रहैन्हि। ई तीनू जन आगाँ भए बैसलाह ओ सबसँ अल्पवयस्क वररुचि आचार्यकेँ जिज्ञासा कएल जे गुरु! ई पाटलिपुत्र नगर कोना एहि रूपक सरस्वती ओ लक्ष्मी दुहू गोटाक लीला-क्षेत्र भए गेल से कथा हमरा लोकनिकेँ कहल जाए। एहि पर वर्ष उपाध्याय कहल जे, सुनैत जाउ, से कथा हम कहैत छी।

गङ्गाद्वारमे कनखल नामक पवित्र तीर्थ अछि जतए देवदन्ती ऐरावत उशीनगर गिरिप्रस्थकेँ भेदन कए गङ्गाकेँ पृथिवी पर उतारने छलाह। ओहिठाम एक जन दाक्षिणात्य ब्राह्मण सस्त्रीक तपस्या करैत छलाह, ओतहि हुनका तीनि गोट पुत्र जन्म लेलथिन्ह। काल क्रमेँ ओहि ब्राह्मणक तथा हुनक स्त्रीक क्रमशः देहान्त भए गेलैन्हि। हुनक तीनू बालक विद्योपार्जनक लालसासँ राजगृह अएलाह। अधीतविद्य भेलहु उत्तर अनाथ ओ तीनू भाइ ओतएसँ विदा भेलाह दक्षिणापथ कुमार कार्तिकेयक दर्शनक निमित्त। जाइत-जाइत ओ तीनू जन समुद्रक तट पर अवस्थित चिञ्चिनी नामक नगर पहुँचलाह ओ ओतए एक जन विप्रक घरमे डेरा देलैन्हि। ओहि विप्रकेँ तीनि गोट कन्यामात्र। ओ अपन तीनू कन्या एहि तीनू भाइकेँ विवाह कराए अपन समस्त सम्पत्ति हुनकहि लोकनिकेँ दए स्वयं अनन्यसन्ततिक गङ्गातट पर तपस्या करए चल गेलाह।

आब ओ तीनू भाइ सासुरहिमे रहए लगलाह। तावत् एक बेरि वर्षा नहि भेल। समस्त देशमे अकाल पड़ि गेल। जे जन नृशंस छथि, हृदयक क्रूर छथि, तनिका बन्धु-बुद्धि स्पर्शो नहि करैत छैन्हि; अपन साध्वी स्त्रीकेँ परित्यागि ओ तीनू भाइ ओतएसँ पड़ाए गेलाह।

ओहि तीनू बहिनिमे माझिल सगर्भा रहथि। अपनाकेँ अनाथ बूझि ओ लोकनि अपन बापक मित्र, यज्ञदत्त नामक ब्राह्मणक घरमे जाए आश्रय लेलैन्हि।

ओतहि ओ तीनू अपन-अपन स्वामीक ध्यान धएने क्लेशसँ दिन काटए लगलीह। कुलकामिनी गण तँ विपदवस्थहुमे सतीवृत्तक परित्याग नहि करैत छथि। समय भेला पर माझिल बहिनकेँ पुत्र जन्म लेल। परस्पर तीनूकेँ अपनामे स्नेह पूर्वहु छलैन्हि। आब तँ तीनूक स्नेह उपराउपरी ओहि शिशुमे बढ़ए लागल।

ओही मध्यमे एक दिन महेश्वर स्कन्दमाता पार्वतीक संग व्योममार्गेँ विहार करैत चल जाइत रहथि। ओहि निरीह-शिशुकेँ देखि पार्वतीकेँ दया भेलैन्हि। ओ सदाशिवकेँ कहल—हे नाथ! देखल तँ जाओ एहि शिशुकेँ! कोन रूपेँ ई तीनू स्त्री एकरामे स्नेह कए रहलि अछि। निश्चय ओकरा तीनू गोटाकेँ ई आशा छैक जे एक दिन ई शिशु हमरा लोकनिक निर्वाह करत। अतएव हे देव! से कए देल जाउक जाहिसँ ई नेना एखन तँ शिशुए छैक मुदा ओ एकरा तीनू गोटाक जीवनोपाय होइक। प्रियाक ई कथा सूनि अढरनढरन सदाशिव उत्तर देलथिन्ह जे, हे प्रिये! हमर अनुग्रह तँ एकरा पूर्वहिँ प्राप्त छैक। ओहि जन्ममे ई अपना स्त्रीक संग मीलि हमर बड़ आराधना कएने अछि। ओहि आराधनाक फल भोग करबाक निमित्त एकर सृष्टिए भेल छैक। एकर स्त्रिओ राजा महेन्द्रवर्माक कन्या 'पाटली' कहाए जन्म लेने छैक। एहू जन्ममे एकर स्त्री ओएह होएतैक।

पार्वतीकेँ ई कहि सदाशिव ओहि तीनू पतिव्रता विप्रकन्याकेँ स्वप्न देलथिन्ह जे तोरा-लोकनिक एहि बाल-पुत्रक नाम पुत्रक थिकहु, एही नामसँ ई विख्यात होएतहु। नित्य सूतिकेँ ऊठि तकिअहक, एकरा सिरमामे एक लाख अशरफी भेटतहु। ई राजा होएतहु। ओहि दिन सूतिकेँ उठला उत्तर ताकल गेल तँ सत्ये ओहि शिशुक सिरमामे एक लाख अशरफी छल। आब तँ यज्ञदत्तक ओहिठाम रहैत ई तीनू विप्रकन्या अपन व्रत सफल होइत देखि आनन्दसँ विभोर भए गेलीह।

एतेक सुवर्ण नित्य पबैत किछुए दिनमे पुत्रक धनाढ्य भए गेलाह, हुनक कोष एहि रूपेँ भरि गेलैन्हि जे अन्तमे ओ राजा भए गेलाह। सदाशिवक आराधना कतहु विफल हो? तपस्यासँ सिद्धि सबकेँ जानल थिक।

तखन एक दिन एकान्तमे लए जाए यज्ञदत्त पुत्रककेँ कहल जे हे राजन्! अपनेकेँ नहि बुझल अछि जे अपनेक बाप ओ पित्ती लोकनि दुर्भिक्षक दोषेँ देशसँ पड़ाएल छथि। अतएव अपने नित्य ब्राह्मणकेँ प्रचुर दान देल जाओ जे सूनि ओहोलोकनि घूड़िकेँ आबथि। एहि प्रसङ्ग वाराणसीक राजा ब्रह्मदत्तक दृष्टान्तसँ मार्ग-प्रदर्शन भेटैत अछि। एक राति राजा ब्रह्मदत्तकेँ बूझि पड़लैन्हि जे अकालमे आकाश उज्जर-उज्जर मेघक टुकड़ीसँ भरल अछि ओ ताहि बीचमे जनु थिर बिजुरी नहू नहू चलल जाइत अछि। ओ छल राजहंसक जेरक मध्यमे एक जोड़ा हंस जकर पाँखि सोनक छबिसँ चमकैत छलैक। राजाकेँ ओ हंसयुगल एतेक आकृष्ट कएलक जे हुनका पुनि पुनि ओकरहि देखबाक उत्कण्ठा होइन्ह। ओहि हंसयुगलकेँ पएबाक प्रबल लालसामे हुनका राजोचित अन्यान्य सौख्यमे रतिए लुप्त भए गेलैन्हि। अन्तमे

मन्त्रिगणक परामर्शसँ ओ एक गोट विशाल सरोवरक निर्माण कराओल जे मानसरोवरसन मनोरम छल, कमल कुकुद आ कह्लारसँ कमनीय छल। अपना राज्यमे ओ प्राणीमात्रकेँ अभयदान घोषित कए देल, कतहु केओ पशु वा पक्षीकेँ नहि मारए। फल भेल जे कालक्रमेँ सत्ये ओ सुवर्णच्छाय हंसयुगल आबि ओहि सरोवरमे वास स्थिर कएल। विश्वास उत्पन्न कराए राजा ब्रह्मदत्त ओकरा संग खेलाथि ओ अन्तमे तँ ओ ओहि हंसक जोड़ीसँ इहो विदित कएल जे पूर्वजन्मक काक ओ दुहू एक गोट शून्य शिवालयमे बलिक हेतु लड़ैत-लड़ैत पाथरक जलाश्रयमे खसिकेँ मुइल जाहि पुण्येँ ओ परजन्ममे एहन कनकच्छवि हंस भेल ओ जाति स्मरत्व पओलक।

ई कथा सुनाए यज्ञदत्त अन्तमे कहल्न जे, हे राजन्! यदि अपनेक दानक सुयश आन-आन राजाक वदान्यताक ख्यातिसँ उत्कृष्टतर भए जायत तँ निश्चय अपनेकेँ अपन बाप ओ पित्ती लोकनि भेटि जएताह।

यज्ञदत्तक नीतिमत्ताक ई कथा राजा पुत्रक केँ बड़े रुचलैन्हि। हुनक दान आब दिन-दिन विशिष्ट होअए लागल। फलतः हुनक दानशीलताक ख्याति दूर-दूर धरि पसरि गेल। अन्तमे सत्ये ओहो तीनू जन ब्राह्मण दानक लोभसँ ओतए अएलाह। चिन्हल गेला उत्तर पुत्रकक अतुल सम्पत्ति हुनकहि लोकनिक भए गेलैन्हि। ताही संग अपन-अपन स्त्री सेहो हुनका लोकनिकेँ भेटि गेलथिन्ह।

किन्तु बड़े आश्चर्यक विषय थिक जे विवेकसँ शून्य रहला कारणेँ जनिक बुद्धि आन्हर छैन्हि एहन जे दुरात्मा छथि से जँ विपत्तिसँ उबड़िओकेँ अबैत छथि तथापि हुनक नैसर्गिक दुरात्मता दूर नहि होइत छैन्हि। किछुए दिनमे ओहि तीनू जन दुरात्मा ब्राह्मणकेँ राज्यहिक लोभ वशीभूत कए लेलक, ओ लोकनि पुत्रकक हत्याक षड्यन्त्र रचए लगलाह। एही उद्देश्यसँ ओ लोकनि विन्ध्यवासिनीक दर्शनक व्याजसँ पुत्रककेँ ओतए लए गेलाह। देवीक मन्दिरक गर्भगृहमे पूर्वहिसँ घातक सब नुकाएकेँ नियुक्त कएल छल। पुत्रककेँ कहल गेलैन्हि जे पूर्व अहाँ एकाकी देवीक दर्शन कए आएल जाए। पुत्रककेँ कोनो सन्देह रहितैन्हि तखन ने, ओ भीतर पहुँचलाह। चारू दिशिसँ घातक सब दौड़ल। पुत्रककेँ आब सबटा अर्थ लागि गेलैन्हि। ओ घातक सबके पुछलथिन्ह—तोरा लोकनि हमरा किएक मारैत छह? ओ सब कहलकैन्हि जे तोरे बाप तँ धन दएकेँ हमरा लोकनिकेँ नियुक्त कएने छथुन्ह। बुद्धिमान पुत्रक ताहि पर कहलथिन्ह, धनहिक लोभसँ जखन तोरालोकनि हमर हत्या करए जाइत छह तँ लएह हमर ई रत्नजड़ित महार्घ आभरण। हमरा छोड़ि दएह। हम ई भेद कतहु नहि खोलबहु। एही ठामसँ हम सोझे दूर देश चल जायब। हमर जान छोड़ि दएह। देवीक प्रसादसँ सब वधिक मोहित छल, पुत्रकक प्रस्ताव ओ सब स्वीकार कए लेलक। हुनकासँ आभरण लए ओ सब बहराए तीनू जन ब्राह्मणकेँ कहि देलकैन्हि जे काज भए गेल। ओ लोकनि जखन फीरिकेँ राजधानी अएलाह ओ ई रहस्य खुजल जे पुत्रकक ई लोकनि वध कराओल अछि तखन तँ राज्य भरि

आक्रोश मचि गेल तथा मन्त्री लोकनि आगाँ भए एहि तीनू दुरात्मा ब्राह्मणकेँ राजद्रोहक अपराधमे प्राणदंड दए देलथिन्ह। भला कृतघ्नहुकेँ कतहु कुशल होइक?

एमहर सत्यप्रिय राजा पुत्रक वन्धुमात्रसँ विरक्त भेल घोर विन्ध्यकान्तार मध्य प्रवेश कए बिदा भेलाह। किछुए दूर ओ गेल होएताह की ओ देखैत छथि जे दू गोट विशालकाय पुरुष कुश्ती लड़ि रहल अछि। पुत्रक विस्मित भए पुछलथिन्ह, तोँ के थिकह? किएक लड़ैत छह? ओ दुहू उत्तर देलकैन्हि, हम दुहू भाइ मयासुरक बेटा थिकहुँ, हमरा बापक ई धन देखैत छह, ई जोड़ा खड़ाम, ई यष्टिका, ई भाजन। ई हमरा दुहू भाइक थिक। एही हेतु हम दुहू भाइ लड़ैत छी जे जे बली होइ से ई धन ली। पुत्रककेँ ई सुनि हँसी सँ नहि रहल गेलैन्हि, कहलथिन्ह, ई धन कतेक छहु जाहि हेतु तोँ दुहू गोटे लड़ैत छह, एतेक हरान छह? एहि पर ओ दुहू असुर बाजि उठल—से जनु कहह। ई वस्तु सब तेहन साधारण नहि अछि। एहि खड़ाम पर चढ़ला उत्तर लोक खेचर भय जाइत अछि, आकाशमार्गसँ चलए लगैत अछि। ई जे ठेङा देखैत छहक ताहिसँ जे लीखि देबहक से सत्य घटित भय जएतहु। एहि भाजनमे जाही आहारक चिन्तना करबह सएह भेटतहु। चतुर पुत्रक ई आश्चर्यजनक कथा सूनि कहलथिन्ह, तैओ एहि हेतु लड़बाक कोन काज छैक? आनो तँ उपाय छैक जाहिसँ एकर निर्णय कए सकह। मानि लएह जे इएह प्रण हो जे जे बेशी दौड़ए तकरे ई धन होइक। ओहो दुहू मूढ़ पुत्रकक कहल बाजी राखि दौड़ल, तावत् एमहर पुत्रक ओहि यष्टिका ओ भाजनकेँ हाथमे लए खड़ाम पर चढ़ि गेलाह ओ आकाशमार्गे विदा भय गेलाह।

क्षणहिमे पुत्रक जाइत-जाइत एक सुन्दर नगरी देखल। ओतए ओ उतरलाह ओ विचारए लगलाह जे कतय जाइ। वेश्या वञ्चनप्रवणा होइत अछि, ब्राह्मण तँ हमरहि बाप जकाँ विश्वासघाती होएताह, वणिक धनलुब्ध होइत अछि। ककरा ओहिठाम डेरा करी। इएह चिन्तना करैत पुत्रक लहु-लहु चल जाइत छलाह। तावत् एकटा दरिद्रक सन टूटल घर दृश्य भेलैन्हि। ओहिमे भीतर तकैत छथि तँ देखैत छथि एकटा बुढ़ियाकेँ, बैसलि। आगाँ बढ़ि ओ ओकरा प्रणाम कएल, थोड़ेक सुवर्ण प्रणामी देल। बुढ़िआ हिनक पूर्ण आदर कएलक, अपना ओहिठाम हुनका डेरा देलक। ओही टूटल घरमे पुत्रक अलक्षित रूपसँ रहए लगलाह। अधिक दिन नहि बीतल ताबतहि बुढ़िआ पुत्रकक व्यवहारसँ मुग्ध भय गेलि। ओहि भाजनक प्रसादात् भोजनक कोनो क्लेशे नहि छलैन्हि। एक दिन भोजनोपरान्त सन्तुष्टा ओ बुढ़िआ पुत्रककेँ कहए लागलि जे हमरा तँ, बेटा! एकरे चिन्ता अछि जे तोहर अनुरूप कन्या कतए भेटतौक? हमर राजाक बेटी पाटली अवश्य छथि मुदा ओ तँ जेना अनमोल रत्न रहथि। हरदम कोठाक उपरहिमे अन्दर महलमे रहल करैत छथि आ नीचामे पहरा पड़ैत रहैत अछि। वृद्धाक वचनकेँ सुनबाक हेतु जे पुत्रक अपन कान देल से मानू कामदेवकेँ हुनका हृदयमे प्रवेश करबाक निमित्त रन्ध्र भेटि गेलैन्हि। लगले राजा मनहि मन संकल्प कयल जे, जे हो से हो, आइ राति एहि कान्ताकेँ देखबाक चाही।

शुक्ल पक्षक त्रयोदशी तिथि छल। समय वसन्त। पहिल पहर राति बितला उत्तर राजा पुत्रक खड़ाम पर चढ़ि आकाशमार्गें बिदा भए गेलाह। प्रासादक अन्दर महलमे जाहि कोठाक ऊपर पाटलीक शयनकक्ष छल ओकर अद्रिशिखराग्र सन उत्तुङ्ग बातायनसँ पुत्रक देखैत छथि जे सर्वाङ्गसुन्दरी किशोरी पाटली बेसुधि पल्यङ्क पर एकसरि घोर निद्रामे डूबलि छथि। शशिज्योत्स्ना हुनक अङ्गसँ संश्लिष्ट हुनक सेवा कए रहलि अछि। हुनका एहने प्रतिभासित भेल जे मूर्त्त कामदेवक शक्ति त्रिभुवन-विजय कए श्रान्त भेलि आबि सूतल छथि। हुनक अन्तःकरण प्रेमपारवश्यसँ शिथिल छल। उत्कंठा ओ आतुरता हुनका विचारतरल कए देलक। हिनका कोना जगएबाक चाही ई भावना करितहिँ छलाह तावत् हिनका कानमे पड़ल एक गोट पद्य, जे बाहरमे पहरूदार, अपन, सस्वर पाठ करैत छल।

आलिङ्ग्य मधुरहुँकृति-
मलसोन्मिषदीक्षणां रहः कान्ताम्।
यद्बोधयन्ति सुप्तां
जन्मनि यूनां तदेव फलम् ॥

अर्थ जे, एकसरि सूतलि प्रेमिकाकेँ तेनाकेँ बाहुसँ पकड़ि जगाबी जे आलस्यसँ भारी ओकर आँखि कनिएँ खुजैक आ मुहसँ मधुर ध्वनि बहार होइक 'हूँ'। बस, जीवनमे यौवनक सार्थकता एहीमे छैक।

एहि प्रासङ्गिक पद्यकेँ सूनि राजा साहस कएल; लहु लहु पल्यङ्क पर जाए कम्पसँ शिथिलित अपन बाहुयुगलसँ ओ पाटलीक कोमल आलिङ्गन कएल। पाटली निद्राच्युति भेल। पुत्रककेँ देखितहिँ हुनका लज्जा ओ कौतुकक परस्पर संमर्द होअए लागल। एक पल ओ पुत्रकक मुख दिशि ताकथि, दोसर पल आँखि नीच कए लेथि। क्रमशः आलाप भेल, गान्धर्व विवाह सम्पन्न भेल। दुहू गोटाक प्रेम बढ़ैत गेल, केवल राति नहि बढ़ल। भोर होइतहिँ उत्कण्ठातरला पाटलीसँ बिदा भए, परन्तु हुनका अपना हृदयमे लेने पुत्रक पुनः ओही बुढ़िआक शीर्ण सद्ममे आबि गेलाह मुदा मन हुनक ओतहि रहि गेल।

प्रति राति आब एहिना चलए लागल। पश्चात् पाटलीकेँ सम्भोगक चिह्न सबसँ लक्षित कए रक्षकवर्ग जाए हुनका बापकेँ वार्ता देल। आब एक गोट परिचारिका प्रच्छन्नरूपेँ हिनक चरित्रकेँ निरीक्षण करबाक हेतु नियुक्ता भेलि। हिनकालोकनिकेँ कोनो खबरि नहि, ओहि राति रतिश्रान्त सूतल पुत्रकक वस्त्रमे ओ परिचारिका आबि आलक्तक लगाए देलक ओ प्रात जाए राजाक ओतए निवेदन कए देलक। चार सब छूटल। ओही चिह्नसँ बुढ़ियाक जीर्णगृहमे पुत्रक पकड़ल गेलाह ओ पकड़िकेँ राजाक समक्ष आनल गेलाह। राजाकेँ कुपित देखि पुत्रक खड़ाम पर चढ़ि ओहिठामसँ उड़ि आकाशमार्गें बिदा भए गेलाह। पाटलीक भवनमे उतरि पुत्रक हुनका कहल, सब बूझि गेल, आब चलू, उठू। ओ हुनका अपना अङ्कमे लगओने आकाशमार्गहिँ ओ ओहि नगरसँ बिदा भए गेलाह।

जाइत जाइत ई दुहू दम्पति जखन गङ्गाक तट पर पहुँचलाह तखन पुत्रक देखलैन्हि जे पाटली परिश्रान्त भए गेलीह अछि। ओ पृथिवी पर उतरलाह। भाजनक दिव्य प्रभावसँ प्राप्त अलौकिक भोजन-पदार्थसँ ओ पाटलीकेँ प्रसन्न कएल। पुत्रकक ई अलौकिक सामर्थ्य देखि पाटली हुनका कहए लगलथिन्ह जे, हे नाथ! एहिठाम जतए हमरालोकनि पहिले-पहिल संग भए पृथिवी पर उतरलहुँ अछि ततए तेहन नगर बसाए दिऔक जे हमरा दुहू गोटाक नाम अमर रहि जाए।

पुत्रक अपन प्रियाक प्रसन्नतार्थ ओहि यष्टिसँ ओहि गंगाक तीरमे चतुरङ्ग बलसँ युक्त एकटा नगर लिखलैन्हि। ओहिठाम सत्ये नगर बसए लागल। पुत्रक ओहिठामक राजा भेलाह, पाटली रानी। आसमुद्रान्त पृथिवी पर हुनक आधिपत्य पसरि गेल। हुनक प्रताप ततेक बढ़ि गेल जे पछाति ओ अपन श्वशुरहुकेँ नम्र कैएकेँ छोड़लैन्हि।

इएह ई दिव्य नगर थिक–पाटली ओ पुत्रक दुहूक नाम पर सुविख्यात पाटलिपुत्र। मायासँ एकर सृष्टि भेल छैक, एतएक पुरवासी समेत मायाहिक रचल थिक। अहाँलोकनि जे कहल से सत्ये, ई लक्ष्मी ओ सरस्वती दूहूक लीला-क्षेत्र थिक।

वर्ष उपाध्यायक मुखसँ एहि अपूर्व अथच अतिशय विचित्र कथाकेँ सूनि बड़ीकाल धरि हुनक शिष्य-लोकनि विस्मयसँ प्रफुल्लित छलाह।

उपकोशा

व्याड़ि ओ इन्द्रदत्तक संग वर्ष उपाध्यायक ओहिठाम रहैत वररुचि क्रमशः समस्त विद्याक पार लगाओल ओ संगहि शैशव तकरहु पार कएल। एक समयमे इन्द्रोत्सव देखबाक हेतु ओ लोकनि नगरमे बहरएलाह। ओतए हुनकालोकनिकेँ एकटा किशोरी दृश्य भेलि जे लावण्यसँ बुझना गेलि जेना शर-रहित कामदेवक अस्त्र हो। वररुचि इन्द्रदत्तकेँ पुछलथिन्ह, ओ एहि बालाक परिचय दैत कहलथिन्ह जे ई उपवर्षक कन्या थिकीह, नाम थिकैन्हि उपकोशा। ओहो अपना सखी सबहिक द्वारा वररुचिक परिचय बूझि प्रेमसँ पेशल अपन दृष्टिसँ वररुचिक मनकेँ जोरसँ खिचने बिदा भए अपन चलि गेलीह।

उपकोशाक सौन्दर्य-सुषमाक वर्णन नहि हो। हुनक मुख-लावण्यमे पूर्णचन्द्रकेँ मातु करैत छल; आँखि दुहू शुद्ध इन्दीवरक सदृश आयत ओ विलक्षण छल, बाहु बूझि पड़ए जेना मृणालक नाल सन सुकुमार रहए, उरोज तँ पीनता ओ चाकचक्यसँ मनकेँ मथए, कंठक उपमा केवल शङ्खहिटासँ देल जाए सकैत छल, प्रवालक कान्ति हुनक दशनच्छदक लालिमाक समक्ष किछु नहि। कतेक कहल जाए, उपकोशा जेना महाराज कामदेवक सौन्दर्य मंदिरमे अपरा इन्दिरा छलीह।

वररुचिक हृदय कामदेवक शरसँ विद्ध भए गेल। ओहि राति हुनका निन्द नहि भेल। उपकोशाक बिम्बाधरक पिपासा जेना हुनका व्याकुल कएने रहए। रात्रिशेषमे कनेक आँखि लगलैन्ह तँ देखैत छथि जे एक गोट शुक्लाम्बरपरीधाना दिव्या स्त्री आबिकेँ कहि रहल अछि—उपकोशा तँ तोहर पूर्वजन्मक प्रेयसी स्त्री थिकथुन्ह। गुणकेँ जननिहारि ओ अपन पूर्व जन्मक पति सब गुणक आगर तोहरा छाड़ि दोसर व्यक्तिकेँ अपन पतिक हेतु कथमपि कामना नहि करथुन्ह। तोँ चिन्ता जनु करह। हे पुत्र! हम सदैव तोहर शरीरमे वास कएनिहार तोहर सरस्वती थिकिअहु। तोहर आधि हमरा देखना नहि गेल तेँ ई रहस्य कथा बुझाए देलिअहु अछि। ई कहि सरस्वती अन्तर्हिता भए गेलीह। वररुचिक निन्द टुटल। स्वप्नक कथा मन पाड़ि चित्त किछु अस्थिर भेल। बिदा भेलाह उपकोशाक भवनक दिशि। ओहिठाम बालचूतक एक गोट गाछक तरमे बैसि रहलाह। उपकोशाक एक जनि सखी हुनका

देखितहिँ दौड़लि आ लग आबि कहए लागलि जे उपकोशाकेँ हुनका हेतुएँ केहन गाढ़ अथच नवीन कामोद्रेक पराभूत कएने छैन्हि। ई सूनि तँ वररुचिक अन्तस्ताप द्विगुण भए गेल। अत्यन्त दीनतासँ वररुचि ओहि सखीकेँ कहल जे जाधरि गुरुजन हुनका दान कए हमरा नहि देलैन्हि अछि ता हम कोना हुनक ग्रहण करब। मृत्यु नीक थिक, अपकीर्ति नीक नहि थिक। तेँ हम अहाँकेँ एतबे कहब जे जाहिसँ अहाँक सखीक हृद्‌गतभाव हुनक गुरुजन बुझथिन्ह से कौशल करू। तखनहि टा तँ हमरा कल्याण देखना जाइत अछि। हमर प्राण आ अहाकँ सखीक प्राण दुहूक रक्षा आब अहींकँ हाथमे अछि।

ओतएसँ जाए ओ सखी सबटा समाचार खोलिकेँ उपकोशाक माएकेँ कहलकैन्हि। ओ लगले जाए उपवर्षकेँ कहलथिन्ह। उपवर्ष जाए अपन भाए वर्ष उपाध्यायकेँ कहलकैन्हि। वर्ष एहि कथाक सर्वथा अभिनन्दन कएल। विवाहक स्थिरता भए गेलाउत्तर उपाध्यायक आदेशसँ कौशाम्बीसँ वररुचिक माएकेँ बजाए अनलैन्हि। विधानपुरस्सर उपकोशाक दान भेल ओ वररुचि हुनक पाणिग्रहण कएल। वररुचि आब अपन माए ओ स्त्रीक संग ओतहि सुखसँ रहए लगलाह।

अनेक दिन बीति गेल, वर्ष उपाध्यायक विशाल शिष्मंडलीमे एक जन विद्यार्थी अत्यन्त जड़बुद्धि पाणिनि नामक रहथि। आनक सुश्रूषहिसँ हुनका अवकाश नहि होइन्ह, अन्तमे उपाध्यायक स्त्रीक कहलासँ ओ पाठ छोड़ि चल गेलाह ओ जाइत-जाइत हिमालय पहुँचि ओतए विद्याक कामना कए घोर तपस्या आरम्भ कर देलैन्हि। हुनक आराधनासँ संतुष्ट भए शशिशेखर हुनका सब विद्याक मुख-रूप व्याकरण-शास्त्रक एक गोट नव स्वरूप प्रत्यक्ष कए देलथिन्ह। आब जखन ओ फीरिकेँ अएलाह तँ सबसँ पूर्व ओ वररुचिकेँ शास्त्रार्थक हेतु आह्वान कएल। दुहू गोटामे वाद पसरि गेल। सात दिन धरि शास्त्रार्थ चलैत रहल। अठमा दिन वररुचिक विजय भेल मुदा तहिखन नभोमण्डलमे सदाशिवक हुङ्कारक ध्वनि सुनलाँ गेल। ओहि ध्वनिसँ पूर्वक ऐन्द्र व्याकरण प्रणष्ट भए गेल। पाणिनिक विजय भेल, वर्ष उपाध्यायक शिष्यमण्डली वररुचि प्रभृति सबहुँ मूर्ख भए गेलाह।

एहि घटनासँ वररुचिक मनमे बड़ विषाद भेल। विचित्र विराग उत्पन्न भए गेल। आश्रमक निर्वाहार्थ प्रचुर धन नगरक प्रसिद्ध सेठि हिरण्यगुप्तक हाथमे राखि ओकरहि अपन वणिक् नियुक्त कए ओ सब बात अपकोशाकेँ बुझाएकेँ कहि देल ओ विदा भए गेलाह देवदेव शङ्करक आराधना करए। हिमालय पर जाए ओ आहार त्यागि देलैन्हि ओ अतीव तीव्र तपस्यामे तत्पर भए गेलाह।

ओमहर उपकोशा अपना भवनमे प्रोषितभर्तृकाक नियमक यथावत् पालन करैत छलीह। अपन स्वामीक वियोगमे कामनासँ ओ व्रतादि करैत नित्य गङ्गास्नान करथि। चैत मास आएल। नगरमे मधूत्सवक उमंग छल। स्वामीक वियोगमे नियम ओ व्रतादिक पालन करैत-करैत ओ कृशा भए गेलि छलीह, शरीरमे पाण्डुता आबि गेल छलैन्हि तथापि

शुक्लपक्षक पड़ीबक चन्द्रलेखा जकाँ लोकलोचनानन्दकरी ओहिना छलीह। ओही उत्सवक मध्यमे एक दिन ओ स्नान करए गंगातट जाइत रहथि। नयन-मधुर हुनक आकृति बाटमे राज-पुरोहित देखि लेलथिन्ह, पछाति दण्डाधिपति से देखलथिन्ह ओ आगाँ जाए कुमार-सचिव सेहो देखि लेलथिन्ह। दर्शनमात्रहिसँ ओ तीनू गोटे कामदेवक अस्त्रक लक्ष्य भए गेलाह। उपकोशा ओहि दिन स्नानमे जानिकेँ विलम्ब कए देलैन्हि। जखन ओ अपना भवनकेँ प्रत्यावृत्त होइत रहथि तावत् साँझ पड़ए अबैत छल। बाटमे कुमार-सचिव बलसँ हुनका घेड़ि लेलथिन्ह। अपन उद्धारक आन कोनो प्रतीकार नहि देखि प्रतिभावती उपकोशा हुनका कहलथिन्ह ई तँ जेहने अहाकेँ अभिप्रेत तेहने हमरहु मुदा विचार करू जे सत्कुलमे हमर जन्म अछि, स्वामी छथि प्रवासमे। एना हम कोना प्रवृत्त होएब? जँ केओ देखि लेलक तँ केहन हमर ओ अहूँक अभार होएत! तेँ मधूत्सवक पहिल पहर राति बितैत जखन पुरवासी लोक उत्सवमे व्यस्त भए जाए तखन अहाँ हमर भवन चुपचाप चल आउ। उत्सवमे मस्त, केओ बुझबो नहि करत। अवश्य आएब। एहि रूपेँ संकेत कए हुनकासँ वचन लए जा ओ आगाँ बढ़थि ता पुरोहित आबि हुनका घेड़ि लेलथिन्ह। हुनकहु संग पुनि ओहिना ओ ओही मधूत्सव दिनुक दोसर पहर रातिक संकेत स्थिर कए मुक्ति पाबि तीव्र गतिएँ भवन दिशि बढ़लीह। अबेर भए गेल रहैन्हि, थाकि गेलि रहथि, तावत् किछुए दूर गेला उत्तर दण्डाधिपति आगाँ आबि हुनका घेड़ि लेलथिन्ह। ओही उत्सवक रातिक तेसर पहरक संकेत हुनकासँ स्थिर कए हुनकहुसँ मुक्ति पाबि श्रम ओ विषादक विह्वलतासँ भालरि जकाँ कँपैत उपकोशा अपना भवन अइलीह ओ अपन सब चेटीकेँ बजाए सबटा कथा साङ्गोपाङ्ग सुनाए अपन कर्तव्य निर्धारण करैत ककरा की करबाक होएत से बुझाए देलथिन्ह ओ कहलथिन्ह जे कुलकामिनीकेँ जँ पति प्रवासमे रहथिन्ह तँ मरण नीक, रूपलोलुप कामीजनक दृष्टि पर पड़ब कथमपि नीक नहि थिक।

एही चिन्तनामे पति-पद्मक ध्यान धएने ओ राति उपकोशा निराहार बिताओल, भरि राति हुनका निन्द नहि भेल। हुनका इएह टा चिन्ता व्याकुल कएने छल जे अपन शरीरक रक्षा हम कोना कए सकब, शीलक रक्षा कोना भए सकत, चरित्रकेँ कोना बँचाएब। प्रात होइत ओ अपन एक गोट चेरीकेँ हिरण्यगुप्त सेठिक ओहिठाम पठाओल जे किछु द्रव्य लए आउ, शान्त्यर्थ ब्राह्मणक पूजा करब। चेरीक संगहिँ सेठि अपनहि अएलाह ओ उपकोशाकेँ एकान्तमे लए जाए कहलथिन्ह जे हमरा संग अहाँ संभोग करू तखनतँ अहाँक स्वामीक राखल धन हम देब। स्वामी बिनु साक्षिअहि धन एकरा संग राखि गेल छथि ओ एकरा मनमे पाप छैक ई जानि खेद ओ क्रोध दुहूसँ व्यथितहृदया उपकोशा ओकरहु ओही उत्सवक राति चारिम पहरक संकेत कए आबए कहलथिन्ह। ओहो संतुष्ट भए चल गेल।

ओहि दिन उपकोशा अपन चेरी सबक संग मीलि एकटा बड़कीटा कुण्डमे सुगन्धित तेल सब ढारि कस्तूरी आदि भिन्न-भिन्न विलक्षण सुगन्धि द्रव्य मिलाए

बहुत रास कजरी तैआर कएल। ओहीमे रंगिकें चारि गोट वस्त्रखण्ड सेहो तैआर कए रखलैन्हि। एकटा बड़की टा काठक झप्पा सेहो बनबओलैन्हि जकरा बाहरसँ लगएबाक ढेकी छलैक। अभ्यन्तर स्नानागारमे एक कात ई झप्पा राखि देल गेल।

मधूत्सवक दिन आएल। पहिले पहर रातिमे सुन्दर वेष बनओने कुमार-सचिव चुपचाप उपकोशाक भवन पहुँचलाह। उपकोशा हुनका बड़े आदरसँ लए जाए बैसाओल ओ दूरहिसँ प्रेमालाप करैत कहल जे पहिने नीक जकाँ स्नान कएल जाओ तखन मे हम स्पर्श करब! ओहो मूढ़ प्रस्तुत भए गेलाह। उपकोशा अपन चेरी सबकें बजाए कुमार-सचिवके स्नानागार लए जाए कहल। चेरी सब चुपचाप हुनका अभ्यन्तरगृह लए गेलैन्हि। ओतए घोर अन्हार छल। ओतए हुनक वस्त्र आभूषण सब किछु लए लेल गेलैन्हि, ओएह रंगल चेलखण्ड हुनका देल गेलैन्हि जे पहीरि ओ स्नान करताह। सब केओ मालिश्तक व्याजसँ ओ तेलमिश्रित सुगन्धित कजरी हुनका आपादमस्तक घन कए पचबए लगलैन्हि। ई होइतहिँ छल तावत दोसर पहर राति भेल। राजपुरोहित अएलाह। उपकोशा हुनक स्वागतमे चलि गेलीह। एमहर चेरी सब कुमार-सचिवकें कहए लागलि जे वररुचिक मित्र राजपुरोहित आएल छथि तें अहाँ तावत् एहिमे चल जाउ। ई कहैत ओ सब हुनका ओहि झप्पामे नग्ने झटपट पैसाए बाहरसँ अर्गला चढ़ाए देलक।

तखन ओहो राजपुरोहित ओहिना स्नानक छलसँ अन्हार अभ्यन्तरगृह आनल गेलाह, ओहिना हुनकहुसँ वस्त्रादि लए लेल गेलैन्हि, ओहने रंग वस्त्रखण्ड पहिरए देल गेलैन्हि, ओही तेलमिश्रित कजरीसँ हुनकहु ओहिना मालिश्त होअए लगलैन्हि। तावत तेसर पहर राति भेल। दण्डाधिपति पहुँचलाह। दण्डाधिपति अएलाह अछि, दंडाधिपति अएलाह अछि ई कहैत भयभीता सन भेलि सभ चेरी झटझट हुनकहु ओही मंजूषामे बन्द कए बाहरसँ अर्गला लगाए देल। दण्डाधिपति तनिकहु ओहिना स्नानक लाथेँ अभ्यन्तर गृह लए जाए सबटा वस्त्रालङ्करणादि लए एक गोट रङ्गल वस्त्रखंड पहिरना दए कज्जलमिश्रित तेलसँ चेरी सब खूब मर्दन करए लागलि।

तावत् चारिम पहर राति भेल। सेठि अएलाह। सेठि देखि लेताह ई भय देखाए हुनकहु चेरी सब ओही झप्पामे बन्द कए बाहरसँ ढेकी लगाए देल। तीनू जन ओहि मंजूषामे बन्द जेना अन्धतामिस्त्र नरकमे वासक अभ्यास करैत चुपचाप दबकल छलाह ओ परस्पर स्पर्श होएबो करैन्हि तथापि डरेँ ओ लाजेँ केओ एको शब्द बाजथि नहि।

तावत् सेठिकेँ सङ्ग कएने हाथमे दीप लेने उपकोशा स्नानागार अइलीह। घर शून्य छल। बेस जोरसँ ओ सेठिकेँ कहल, हमर स्वामीक राखल सबटा धन हमरा दए दिअ। घरमे करकरहु नहि देखि ओ शठ सेठि कहल—हम तँ कहनहिँ छी, अहाँक स्वामीक राखल सबटा धन अहीँक थिक, हम तँ देबा ले प्रस्तुते छी। तखन उपकोशा ओहि मंजूषाकेँ सुनबैत कहल हे देवतालोकनि! अहाँ लोकनि सेठि

हिरण्यगुप्तक वचन सुनैत जाउ, साक्षी रहू। ई कहि ओ दीप मिझाए देल ओ चेरी सबकेँ बजाए अनकहि जकाँ सेठिअहुकेँ स्नान करबए कहल। हुनको वस्त्रादि लए लेलकैन्हि, ओएह खडुकी हुनकहु पहिरए देलकैन्हि आ ओही कजरीबला तेलसँ हुनकहु खूब मालिश्त करए लगलैन्हि। तावत् रात्रि शेष भेल। "भोर भेल, आब चल जाउ" "भोर भेल, आब पड़ाउ" ई कहैत इच्छा नहिओ छलैन्हि तथापि शठ सेठिकेँ सब चेरी मीलि गड़हत्था दए घरसँ बाहर कए देलक। एक गोट कारी खडुकी मात्र पहिरने, मोसिसँ सर्वाङ्गलिप्त ओ बेचारे लाजेँ मूड़ी खसओने पड़ालएल-पड़ाएल अपना भवन पहुँचलाह। भरि बाट पाछाँ-पाछाँ कुकुर सब भुकैत हुनका पछुअओने गेल। नोकर सबसँ कजरीकेँ धोआए पोछओताह से साहसे नहि होइन्ह जे नोकरहुकेँ मुह देखओताह। दुराचारक इएह फल होइत छैक!

प्रातःकाल गुरुजनसँ चोराए एकटा चेरी मात्रकेँ सङ्ग लए अपकोशा राजप्रासाद बिदा भेलीह। महाराज नन्दक ओतए निवेदन कएल जे हिरण्यगुप्त सेठिक सँग हमर स्वामी हमरा हेतु धन राखि गेल छथि से ओ पचबए चाहैत अछि। एहि अभियोगक बुझारतिक हेतु सेठिक तलबी भेल ओ आबि सोझे नठि गेल जे हिनक कोनो धन कहिओ हमरा जिम्मामे नहि छलैन्हि, ने छैन्हि। उपकोशा कहल—देव! हमरा साक्षी छथि। जएबाक काल हमर स्वामी एक गोट मंजूषामे देवता-लोकनिकेँ बन्द कए गेल छथि। हुनका लोकनिक समक्ष ई सेठि स्वीकार कएने अछि जे हमर एकरा जिम्मामे अछि। मंजूषा अनाओल जाओ, अपनहि श्रीमान् देवतालोकनिकेँ पुछल जाइन्ह। महाराजकेँ बड़ विस्मय भेल। लगले आज्ञा देल जे मंजूषा आनल जाए। छनहिमे ओ मंजूषा आनल गेल। अनेक व्यक्ति ओकरा उठओने आनि बीच सभामे राखि देल।

तखन उपकोशा ओहि झप्पामे बन्द व्यक्ति सबहिकेँ सबोधन कए जोरसँ कहल जे—"मंजूषास्थ देवतालोकनि! अपनेलोकनि सत्ये सत्य ई सेठि जे अपनेलोकनिक समक्ष बाजल छल से कहल जाओ, ओ से कहि अपना अपना घर गेल जाओ। नहि तँ ई मंजूषा हम एही ठाम डाहि देब अथवा एही ठाम बीच सभामे हम एकरा खोलि देब।" ई सुनितहिँ ओ तीनू जन बाजि उठलाह—"सत्ये ई सेठि हमरा समक्ष अंगीकार कएने अछि जे हिनक स्वामीक राखल धन एकरा जिम्मामे छैक।" सेठि बेचारे तँ अवाक् भए गेल। ओकरा स्वीकार करए पड़लैक आ सबटा धन उपकोशाकेँ दए देअए पड़लैक।

तखन राजा बड़ आग्रह करए लगलथिन्ह जे ई मंजूषा खोलए दिअ। राजाक कुतूहल देखि अन्तमे उपकोशा विहुँसिकेँ स्वीकृति देल, ओ राजा स्वयं जाए ओकरा अर्गला हटाए मंजूषा ओहीठाम बीच सभामे खोलि देल। तीनू व्यक्ति बहरएलाह, लागथि जेना तमःपिण्ड रहथि, नग्न, केवल कारी खडुकी पहिरने। बड़े कठिनतासँ क्रमशः सभासद् लोकनि ओ स्वयं राजा हुनका लोकनिकेँ चीन्हए लगलाह। कतोक काल पर तीनू व्यक्ति चीन्हल गेलाह। सब केओ हँसैत छल। स्वयं उपकोशा विहुँसैत

कातमे ठाढ़ि छलीह। आब राजाकेँ एकर अर्थ बुझबाक कुतूहल भेल। उपकोशाकेँ सबटा कथा कहए पड़ल। ओ सत्य-सत्य समस्त वृत्तान्त सबकेँ सुनाओल। सम्पूर्ण सभा उपकोशाक प्रशंसा करए लागल। सब इएह कहए जे शीलक रक्षा कएनिहारि कुलकामिनीक चरित अचिन्त्य थिक। ओमहर ओहि तीनू परस्त्री-लोलुप लम्पटक सर्वस्व हरण कए लेल गेल ओ तीनूकेँ देशसँ निर्वासनक दण्ड देल गेल। वस्तुतः शीलसँ विरहित के ऐश्वर्यकेँ पाबि सकल अछि? उपकोशाकेँ राजा बहिनि कहल, प्रेमसँ हुनका बहुत रास धन दए हुनका अपना भवन पठाओल। वर्ष ओ उपवर्ष दुहू भाइ हुनक पातिव्रत, शील ओ चतुरताक भूरि-भूरि अभिनन्दन कएल। समस्त पाटलिपुत्रक पौरजन विस्मयसँ चकित छल, उपकोशाक चरित सूनि सूनि हँसैत छल।

एमहर, हिमाचल पर तीव्रतर तपस्या कए वररुचि अढरनढरन पार्वतीनाथकेँ प्रसन्न कएल। ओएह पाणिनीय शास्त्र ओ हुनकहु प्रकाशित कए देल। हुनकहि अनुग्रहसँ, हुनके कहलासँ वररुचि ओहि शास्त्रकेँ पूर्ण सेहो कए देल। तदुत्तर अपन गृह प्रत्यावृत्त भेलाह। शशिशेखरक प्रसादरूप अमृतसँ निर्भर हुनक मन मार्गक परिश्रम केनेको नहि जानल। अपना गृह आबि ओ माए एवं अन्यान्य गुरुजनक पादाभिवन्दन कएल ओ क्रमशः उपकोशाक परम अद्भुत वृत्तान्त सेहो सुनल। ताहिसँ अपना तँ वररुचिकेँ आनन्द ओ विस्मय होएबे कएल, उपकोशाक विषय सेहो स्नेह ओ आदरबुद्धि चरम उत्कर्षकेँ पहुँचि गेल। वर्ष उपाध्याय हुनकहि मुखसँ एहि नव शैव व्याकरणकेँ सुनबाक इच्छा प्रकट कएल परंच से हुनका करए नहि पड़ल। स्वयं कुमार कार्तिकेय हुनका सब किछु प्रकाशित कए देलथिन्ह।

योगानन्द

तावत् व्याड़ि ओ इन्द्रदत्त दुहू जन उपाध्याय वर्षक ओतए विज्ञप्ति कएल जे हमरालोकनि आब अध्ययन सम्पन्न कएल। समावर्त्तन कए गृह गन्तुकाम छी। तैँ गुरुदक्षिणा माङ्ल जाओ। गुरु कोटि सुवर्ण मुद्रा माङ्ल। गुरुक कथा अङ्गीकार कए ओ दुहू जन वररुचिक ओहिठाम आबि हुनका कहल जे, हे सखे! चलह महाराज नन्दसँ गुरुदक्षिणाक याचना करी गए। एतेक सुवर्ण आओर ककरा छैक जे दए सकत! मगधराजहिकेँ सुनैत छिऐन्हि जे निन्नानवे कोटि सुवर्ण जमा छैन्हि। आ' उपकोशाकेँ ओ अपना वचनसँ पहिनहि धर्मभगिनी बनओने छथि। ताहि सम्बन्धेँ तोहर सार भेलथुन्ह। तोहरहि गुणसँ हमरा लोकनिकेँ किछु फल भए जाए!

अतएव ओ तीनू सद्ब्रह्मचारी विदा भेलाह। महाराज नन्दक कटक ताहि समयमे अयोध्यामे छल। ओ लोकनि अयोध्या पहुँचैत छथि तावत् नगरमे कोलाहल पड़ि गेल, राजा पंचतत्वकेँ प्राप्त कए गेलाह। हुनका लोकनिकेँ अत्यन्त विषाद भेल परन्तु ता' योगक सिद्धिकेँ प्राप्त कएने इन्द्रदत्त हुनका दुहूकेँ कहल जे हम योगबलसँ एहि गतासु राजाक कायमे प्रवेश करए जाइत छी। वररुचि अर्थी भए याचना करथु गए। हम यथाभिलषित सुवर्ण दए देबैन्हि। व्याड़ि जाधरि हम पुनि फीरिकेँ अपना कायमे नहि चल आबी ता' हमर शरीरक रक्षा करथु। ई निश्चय कए इन्द्रदत्त जाए महाराज नन्दक शरीरमे प्रवेश कएल। राजा ऊठि बैसलाह। समस्त नगरमे उत्सव होअए लागल।

एमहर शून्य देवगृहमे प्राण-विरहित इन्द्रदत्तक शरीरक रक्षा करैत व्याड़ि रहलाह ओ वररुचि राजकुलकेँ विदा भेलाह। ओतए जाए स्वस्तिवाचन कए लगले वररुचि गुरुदक्षिणाक हेतु कोटि सुवर्णक याचना कएल। ताहि पर पूर्वक सत्यनन्द, सम्प्रति सत्यनन्दक शरीरमे इन्द्रदत्त, योगक बलसँ बनल नन्द, योगनन्द, मन्त्री शकटारकेँ आज्ञा देल जे हिनका कोटि सुवर्ण दए दिऔन्हि। मृतककेँ प्रत्युज्जीवित ओ सद्यः अर्थीक सम्प्राप्ति तथा ओकर याचनाकेँ पूर्ण होइत देखि शकटारकेँ तत्त्व बुझबामे आबि गेल। सत्ये, जनिका धी छैन्हि तनिका की अज्ञेय रहि सकैत अछि? अतएव योगनन्दकेँ तँ ओ कहि देल जे बेश, देव! दिआए दैत छिऐन्हि मुदा ओ चिन्तना करए लागि गेलाह जे नन्दक बालक नेना छैन्हि, राज्य शत्रुसँ आकीर्ण अछि

अतएव एहू देहक सम्प्रति एतए रक्षा कर्त्तव्य थिक। ई विचारि जे कोनो शव नगरमे एखन उपलब्ध हो तकरा तत्काल डाहि देबाक निश्चय कए अपन गुप्तचर द्वारा अन्वेषण कराए व्याड़िकेँ बैलाए इन्द्रदत्तक शवकेँ देवग्रहसँ मङबाय ओ डहबाए देल। एहि मध्यमे योगनन्द वारंवार शकटारकेँ अगुतबथिन्ह जे सुवर्ण शीघ्र दिआए दिऔन्हि परन्तु शकटार इएह विचारल उत्तर देथिन्ह जे सब लोकक चित्त तँ महाराज! उत्सवमे आक्षिप्त छैक। कनेक ई विप्र थम्हथु, हम लगले दिआए दैत छिऐन्हि।

तावत् आक्रोश करैत व्याड़ि आबि राजाक ओतए निवेदन कएल जे अपनेक एहि शुभोदय वेलामे अपनेक कर्मचारी लोकनि बड़का प्रत्यवायक क्रिया कएल अछि। योगाराधना करैत जिबैत ब्राह्मणकेँ अनाथ शव कहि ओ लोकनि बलजोड़ी उठाए अनलैन्हि ओ डाहि देलैन्हि। ई सुनितहिँ तँ योगनन्दक अवस्था शोकसँ विचित्र सन भए गेल मुदा शकटार ई निश्चय बुझि जे पूर्वक कायक दग्ध भए गेलासँ आब एहि कायमे आत्मा स्थिर भए गेल, वररुचिकेँ कोटि सुवर्ण दए गेल। एकान्तमे योगनन्द खिन्न भए व्याड़िकेँ कहए लगलाह जे हम तँ ब्राह्मणसँ शूद्र भए गेलहुँ। स्थिरो छथि तेँ की, एहि राज्यलक्ष्मीकेँ लए हम की करब? व्याड़ि हुनका तत्कालोचित आश्वासन दैत कहल जे तोहर रहस्य महामन्त्री शकटारकेँ बुझबामे आबि गेलैक तेँ पहिने तकर चिन्ता करह। जखने ओकरा मन होएतैक ओ लगले तोहर नाश कए पूर्वनन्दक पुत्र चन्द्रगुप्तकेँ राजा बनाए देतहु। तेँ तोँ मुख्यमंत्रीक पद पर वररुचिकेँ नियुक्त कए लएह गए। ओ अपन अलौकिक प्रतिभा ओ बुद्धिसँ तोहर राज्यकेँ स्थिर राखि सकथुन्ह।

ई उपदेश दए व्याड़ि तँ गुरुदक्षिणा देअए चल गेलाह ओ योगनन्द वररुचिकेँ बजाए हुनका मुख्यमन्त्री बनाए लेल। वररुचि राजाकेँ विचारल जे अहाँक ब्राह्मणत्व तँ नष्ट भैए गेल मुदा राज्यो धरि स्थिर रहए से उपाय ने कर्त्तव्य थिक। यावत् शकटार मन्त्री छथि तावत् से सम्भव नहि। तैँ युक्तिसँ हुनक विनाश करबाक चाही। अतएव वररुचिक सम्मतिसँ योगनन्द एहि अभियोग पर जे ई जिबैत ब्राह्मणक शरीरकेँ डहबाए देलैन्हि शकटारकेँ सपरिवार अन्धकूपमे रखबाए देलथिन्ह ओ एक सरबा सातु ओ एक सरबा जल प्रत्यह ओहि अन्धकूपमे रखबाए देल करथिन्ह। शकटार अपना परिवारक लोककेँ कहलैन्हि जे एहि सातु ओ जलसँ तँ एकहु गोटाक जीवन धारण कठिनहिँ सँ संभव अछि, सबहुँक तँ नहिएँ तेँ ई सातु ओ जल ओएह खाउ जे नन्दसँ प्रतिशोध लेबामे समर्थ होथि। परिवारक सब लोक कहल जे से अहीँ सँ भए सकैत अछि तेँ ई अहीँ खाउ। धीर पुरुषकेँ शत्रुक प्रतिशोध अपन प्राणहुसँ प्रिय होइत छैन्हि। तेँ शकटार प्रतिदिन ओ सरबा भरि सातु खाए एक सरबा जल पीबि लेथि ओ एकसरे जिबैत रहलाह। शत्रुक जिगीषा लोककेँ सरिपहुँ बड़ क्रूर बनाए दैत अछि। अपना आँखिक समक्ष अपन सन्तानकेँ भूखेँ तड़पि-तड़पि मरैत देखि-देखि शकटारकेँ इएह भावना मनमे होइन्ह जे अपन कल्याणक जँ इच्छा रहए

तँ प्रभुक चित्तवृत्तिकेँ विनु नीक जेकाँ चिन्हने, हुनक पूर्ण विश्वास बिनु प्राप्त कएने, अपनहि मनेँ किछु नहि करबाक चाही। एक-एक कए हुनक एक सए सन्तान ओही अन्धकूपमे भूखेँ प्राण त्यागल ओ सैओ गोट अस्थिपंजरक मध्यमे एकसरे बेचारे शकटार जिबैत रहलाह।

तावत् योगनन्दक साम्राज्य सेहो स्थिर भेल आ गुरुदक्षिणा दए व्याड़ि सेहो फीरिकेँ अपन जन्मक बन्धु इन्द्रदत्तक आत्मासँ अन्तिम भेँट करए अएलाह। अबितहिँ ओ राजाकेँ कहल जे हे मित्र! तोहर राज्य चिरकाल पर्यन्त स्थायी रहहु। हम तोहरे भेँट करए आएल छलिअहु। आब हमरा जाए दएह। हम कतहु तपस्या करए जाइत छी। ई अन्तिम भेँट थिकहु। योगनन्दक कंठ भरि अएलैन्हि, गद्‌गद भए ओ बहुत कहल, बहुत मनाओल जे हमरा राज्यमे तोँ यथेच्छ भोग करह, हमरा छोड़िकेँ तोँ जनु जाह, मुदा व्याड़ि अपन संकल्पसँ विचलित नहि भेलाह। ओ कहलथिन्ह जे हे राजन्! ई शरीर तँ भेल क्षणनश्वर, एहि संसारक सुख-भोग सब थिक असार। तेँ जकरा कनेको ज्ञान छैक से एहिमे कोना डूबत गए? मरुक मरीचिका सन तँ भेल लक्ष्मी, ओहिसँ परतारल जाइत अछि मूढ़। जकरा कनेको ज्ञानक लेश छैक से ओहिसँ किएक मोहित होएत? एहिना निर्वेदक बहुतो कथा बड़ी काल धरि कए व्याड़ि अपन निश्चयक अनुकूल तपस्या करए चल गेलाह।

राजा योगनन्द सेहो अयोध्याक शिविर तोड़ि समस्त सेनाक संग अपन प्रधान राजधानी पाटलिपुत्र चल अएलाह। वररुचि मुख्य-मन्त्री सेहो संग अएलथिन्ह। दुहू मिलि राज्यक भोग करए लगलाह। वररुचिकेँ उपकोशाक परिचर्या प्राप्त छल ओ मगध साम्राज्यक मन्त्रित्वक भार। अपन माए ओ अन्यान्य गुरुजनक संग ओ एहि समृद्धिक उपभोग करए लगलाह। अपन आराधनासँ ओ गंगाकेँ प्रसन्न कएने छलाह ओ हुनक प्रसादात् वररुचिकेँ सुवर्णक कोनो कमी नहि छल। साक्षात् सरस्वती शरीर धारण कए हुनका प्रत्यक्ष भेल करथिन्ह ओ सब काजमे सर्वदा अपन सम्मति देल करथिन्ह। वररुचिक दिन दिव्य सुखसँ बितैत छल।

विषाद

आकस्मिक रूपसँ आएल लक्ष्मी ककरा नहि उन्मत्त बनाए दैत अछि? ऊपरसँ खसल सम्पत्तिकेँ पाबि के मनकेँ स्थिर राखि सकल अछि? विद्याक आलोकसँ विद्योतित ओ योगक आराधनासँ साधित इन्द्रदत्तक आत्मा योगनन्दक शरीरमे रहैत-रहैत काम क्रोध प्रभृति षडरिपुक वशीभूत भए गेल। मदसँ मत्त गजेन्द्रकेँ जेना किछु नहि सुझैत छैक तहिना ऐश्वर्यक मदसँ मत्त हुनको विवेक जेना अन्ध भए कार्याकार्यक विचारणामे अक्षम भए गेल।

वररुचिकेँ आब केवल राज्यहिक टा बोझ नहि रहल, राजाक सेहो आब हुनका चिन्ता अशान्त कएने रहए। ओ विचारथि–राजा तँ एकदम विशृङ्खल भए गेलाह। हुनके चिन्तासँ सतत आक्रान्त हमर अपन धर्म नष्ट भेल जाए रहल अछि तेँ अपना हेतु बड़का सहायक शकटारक उद्धार किएक नहि करी। ओ जँ किछु विरोधे करए चाहत तँ हमरा अछैत ओकर की चलतैक? अतएव राजाकेँ अभ्यर्थनासँ अनुकूल कए वररुचि ओहि अन्धकूपसँ शकटारकेँ बहार कराओल। शकटार मनमे ई विचारि जे वररुचिकेँ मुख्य मन्त्री अछैत योगनन्द अजेय अछि तेँ प्रतिक्रियाक प्रतीक्षा करैत तावत् वैतसी वृतिक आश्रयण करी, वररुचिक इच्छानुकूल पुनि राज्यक भार ग्रहण कएल ओ मन्त्रीक कार्य करए लगलाह।

एक दिन योगनन्द नगरसँ बाहर गेल छलाह। ओतए गङ्गाक किनारमे टहलैत ओ देखैत छथि जे पाँचो आङ्गुर सटल छैक एहन एक गोट हाथ गङ्गाक धारमे पानिसँ ऊपर घुमैत अछि। वररुचि संगहिँ रहथिन्ह, हुनुका ई अद्भुत दृश्य देखाए राजा हुनका पूछल जे ई की थिकैक। वररुचि ओही दिशि लक्ष्य कए अपन दू गोट आङ्गुर देखाओल। एहि पर पाँचो आङ्गुरबाला हाथ पानिमे डूबि गेल। योगनन्दकेँ एहिसँ आओरो विस्मय भेल। ओ वररुचिकेँ बड़े कुतूहलसँ आग्रह कए पूछए लगलाह। वररुचि कहलथिन्ह जे अपन पाँचो आङ्गुर देखाए ओ हाथ कहैत छल जे पाँचक मिलला उत्तर संसारमे एहन कोन वस्तु छैक जे साध्य नहि भए सकैत अछि। हम दू गोट आङ्गुर देखाए तकर उत्तर देलिऐक जे दुइओ गोटाक यदि ऐकचित्य भए जाइक तँ को असाध्य छैक! इएह समीचीन उत्तर पाबि ओ हाथ अन्तर्हित भए गेल। एहि गूढ़ विज्ञानकेँ कहला उत्तर वररुचि पर राजाकेँ बड़

सन्तोष भेल परन्तु शकटार मनहि मन बड़ विखिन्न भए गेलाह जे वररुचिक बुद्धि दुर्जेय अछि।

एक दिन राजा योगनन्द देखलैन्हि जे प्रासादक ऊपर वातायनसँ हुनक महारानी नीचामे ठाढ़ ऊपर रानीक दिशि तकैत एक गोट ब्राह्मण अतिथिकेँ देखि रहलीह अछि। एहिसँ ओहि ब्राह्मणकेँ दुराचारी बूझि राजा ओकरा पर कुपित भए ओकरा प्राणदण्डक आज्ञा देल। ईर्ष्या तँ विवेकक शत्रु होइत अछि। वधिक सब ओहि ब्राह्मणकेँ बन्हने बध्यभूमि लेने जाइत रहैक। बाट रहैक बीच बाजार दए। ओतए बेचबाक हेतु आनल गेल एक गोट मुइल माछ ओहि ब्राह्मणकेँ देखि भभाएकेँ हँसि देलक। आश्चर्यक ई घटना राजाक कानमे पड़ल। बधक आज्ञा स्थगित कएल गेल। वररुचि बजाओल गेलाह ओ हुनका माछक हँसबाक कारण पूछल गेलैन्हि। बिचारिकेँ कहब ई कहि वररुचि अपना भवन अएलाह। एकान्तमे जाए ओ सरस्वतीक ध्यान कएल। सरस्वती प्रत्यक्षा भेलीह। माछक हँसबाक कारण पुछला उत्तर वररुचिकेँ सरस्वती कहल जे आइ राति तोँ अलक्षित भए एहि ताड़क गाछ पर बैसि रहिहह, अपनहि माछक हँसबाक कारण तोँ सुनि लेबह।

ओहि राति अनहार होइतहिँ वररुचि जाए ओहि ताड़क गाछ पर नुकाएकेँ बैसि रहलाह। कतू राति अपन छोट-छोट बच्चाकेँ संग लेने एक भीषण राक्षसी ओहि गाछ तर आइलि। बच्चा सब ओकरासँ भोजन मङैक ताहि पर ओ राक्षसी कहलकैक जे कनेक थम्हैत जाह, प्रात होइतहिँ तोहरालोकनिकेँ हम ब्राह्मणक माँस खोआए देबहु। आइ ओ नहि मारल गेल। बच्चा सब पुछलकैक जे आइ की भेलैक जे नहि मारल गेल। राक्षसी कहलकैक जे ओकरा देखिकेँ मुइलो माछ हँसि देलकैक तेँ। बच्चा सब पुनः पूछए लगलैक जे किएक हँसलकैक? राक्षसी कहलकैक जे राजाक जतेक रानी छैक सब व्यभिचारिणी छैक। सौँसे अन्तःपुर स्त्रीक वेष बनओने पुरुष सबसँ भरल छैक। तैओ ई बेचारा ब्राह्मण विनु कोनहु अपराधहिँ अनेरे मारल जाइत अछि! एहि असंगत बातकेँ देखि मुइलो माछ हँसि देलकैक। राजाक विवेकहीनतासँ जीवमात्रक अन्तःकरणमे एहि रूपक विकार भेल करैत छैक, ई भावना करैत अवसर पाबि वररुचि ओहि गाछ परसँ चुपचाप उतरि अपना भवन चल गेलाह। ओकरा प्रात वररुचि राजाक ओतए जाए माछक हँसबाक कारण निवेदन कए देल। लगले सम्पूर्ण अन्तःपुर घेड़ि लेल गेल ओ जतेक स्त्री ओतए रहैत छलि सब पकड़िकेँ आनल गेलि। प्रत्येकक एकाएकी निरीक्षण ओ परीक्षण होअए लागल ओ तखन कतोक पुरुष पाओल गेल जे ओतए एनमेन स्त्री सन बनल रहैत आएल छल। ओकरा सबकेँ तँ प्राणदण्ड भेटलैक, सब शूली पर चढ़ाए देल गेल, मुदा ओहि निरापराध ब्राह्मणकेँ मुक्त कए देल गेल। वररुचिक प्रतिभाक चमत्कारसँ सब मुग्ध छल। राजा तँ आब आओरो हुनका मानए लगलाह।

एहि रूपेँ दिन बितए लागल। राजाक विशृङ्खलता दिन-दिन बढ़ैत गेल।

ओतए अव्यवस्थाक कोनो सीमा नहि रहल। वररुचि एहि सबसँ खिन्न रहथि। केवल अपना माइक भक्ति, गुरुजनक प्रसाद, तथा उपकोशाक प्रेमसँ हुनक जीवनमे माधुर्य छल, नहि तँ मन्त्रित्वक भार हुनक अन्तःकरणकेँ विचित्र रूपसँ अभिभूत कएने रहए। एही मध्यमे एक गोट नव चित्रकार आएल। ओ एकहि पट पर राजा योगनन्द ओ हुनक पट्टराज्ञीक एहन स्वाभाविक चित्र बनओलक जे ओहिमे चेष्टा नहि रहैक, मुहमे वाक् नहि रहैक, अन्यथा ओ एकदम सजीव प्रतीत हो। राजा बड़ प्रसन्न भेलाह, अपन उदारतासँ ओकरा धनाढ्य बनाए देल। ओ चित्र राजाक शयनकक्षमे दिबाल पर टाङि देल गेल। एक दिन वररुचि कोनहु कार्यवशात् ओहि कक्षमे प्रवेश कएल ओ चित्रमे सम्पूर्ण लक्षणसँ लक्षित रानीकेँ अङ्कित देखल। आन-आन लक्षणक परस्पर सम्बन्धक विचार कए वररुचि अपना प्रतिभासँ ऊह कएल ज रानीकेँ डंड़कसक स्थानमे एकटा तिलबा होएबाक चाही। ओहि चित्रमे ओहि स्थानमे तिलबा अङ्कित कए वररुचि चित्रमे रानीकेँ सत्ये संपूर्ण-लक्षणा बनाए देल। राजा जखन अएलाह ओ तिलबाकेँ अङ्कित देखलैन्हि तँ ओ ओहि कक्षक रक्षकगणकेँ पूछल जे ई चिन्ह एहिमे के बनाए देलक अछि? सब वररुचिक नाम कहल। योगनन्द क्रोधसँ आगि भए गेलाह। रानीक गुप्त प्रदेशक एहि चिन्हकेँ हमरा छाड़ि दोसर केओ कोना देखलक? वररुचि ई कोना बुझलथिन्ह? हो न हो, हमर अन्तःपुरकेँ इहो चुपचाप भ्रष्ट कएलैन्हि अछि। एहि ने ओतए स्त्रीकेँ वेषमे पुरुषसब अछि से ओ जानि सकलाह। एही रूपक हुनक विचारधारा छल। सत्ये, जे मूढ़ छथि तनिक सब विचार एहने मूढ़ भेल करैत छैन्हि। ओ स्वतन्त्ररूपेँ शकटारकेँ बजबाओल ओ हुनका आदेश देल जे महारानीक सतीत्व नष्ट करबाक अपराध मे वररुचिकेँ शूली पर चढ़बाए दिऔन्ह। "जे आज्ञा" कहि शकटार ओहिठामसँ चल अएलाह।

शकटार चिन्ता करए लगलाह जे वररुचिक वध करबाक् शक्ति हमरा कहाँ अछि? हुनक बुद्धिक प्रभाव अलौकिक अछि, दिव्य कहल जाए सकैत अछि, जकर एक नहि अनेको दृष्टान्त हमरालोकनि वारंवार देखैत अएलहुँ अछि। दोसर, ओ हमरा आपद्सँ उद्धार कए हमर प्राणक रक्षा कएने छथि। तेसर, ओ सद्ब्राह्मण छथि। अतएव हुनक हत्या नहि होअए दी। हुनका नुकाएकेँ कतहु राखि ली, ओ फुसिऐ आज्ञाक पालन भेल से देखाए दी। इएह नीक बुझना जाइत अछि। शकटार इएह निश्चय कएल।

अतएव शकटार वररुचिकेँ अपना ओहिठाम बजाए राजाक अकारण क्रोध ओ वधक आज्ञा सुनाए कहल जे, हम ककरो आनक हत्या कराए ई घोल कराए दैत छी जे वररुचिक वध कएल गेलैन्हि। अहाँ हमरहि घरमे प्रच्छन्न रहल करू ओ एहि कोपन राजासँ अपन बुद्धिक बलेँ हमर रक्षा करैत रहू। वररुचि हुनक बात मानि हुनकहि ओहिठाम रहए लगलाह ओ रातिमे ककरहु आनकेँ मरबाए शकटार ई कथा प्रचारि देल जे वररुचि मारल गेलाह।

नीतिक एहन प्रयोग कएनिहार शकटारसँ प्रसन्न वररुचि एक दिन प्रेमपूर्वक

हुनका कहलथिन्ह जे मन्त्री एकटा अहाँ छी जे हमर वध करबाक विचारे नहि कएल। मुदा अहाँ बुझि लिअ जे हमर हत्या करब ककरो शक्य नहि छैक। एकटा राक्षस हमर मित्र छथि। ध्यान कएलहि उत्तर ओ आबि जएताह ओ सम्पूर्ण संसारकेँ हमरा कहलासँ क्षण भरिमे ग्रसि लेताह। ई जे राजा छथि से तँ अहाँकेँ जनले अछि जे नन्द नहि थिकाह, ई तँ थिकाह हमर मित्र इन्द्रदत्त नामक, जातिसँ ब्राह्मण, तैँ हिनक वधो हम नहि कए सकैत छिऐन्हि। ई सूनि शकटारकेँ बड़ कुतूहल भेल, ओ आग्रह करए लगलथिन्ह जे ओ राक्षस हमरा देखाए दिअ। वररुचि ध्यान कएल, राक्षस लगले समक्षमे उपस्थित भए गेलाह। हुनका देखि शकटारकेँ विस्मये टा नहि त्रास सेहो कम नहि भेल। राक्षसक चल गेला पर ओ वररुचिकेँ पुछलथिन्ह जे ई राक्षस अहाँक मित्र भेलाह कोना?

वररुचि कहलथिन्ह जे किछु दिन भेलैक एक समयमे रातिकेँ नगरमे भ्रमण करैत एक एक टा नगरपाल सब रातिकेँ मारल जाए लागल। ककरहु कोनो पता नह लगैक। सब आश्चर्यसँ क्षुब्ध छल। राजा योगनन्दकेँ जखन ई वार्ता भेलैन्हि तँ हुनकहु बड़ आश्चर्य भेलैन्हि मुदा की विषय थिकैक तकर पता लगएबाक हेतु एक राति ओ हमरहि नगरपाल बनाओल। हम भ्रमण करैत रही ता हमरा एक टा राक्षस भेटल। ओहो हमरहि जकाँ भ्रमण कए रहल छल। हमरा देखतहिँ ओ हमरा कहलक, कहह तँ एहि नगरमे सबसँ सुन्दरी स्त्री के अछि हम हंसिकेँ उत्तर देलिऐक—धुर् मूर्ख! ई की पुछैत छह? अरे! जकरा जे पसिन्दक होइत छैक तकरा हेतु सएह सबसँ सुन्दरी होइत छैक। ई सुनितहिँ राक्षस हमरा कहलक, जाह, जितलह! तोँहीटा मुदा हमरासँ जितलह अछि। प्रश्नक उत्तर दए देलासँ हम हत्यासँ बाँचि गेलहुँ आ राक्षस कहलक जे हम तोरासँ प्रसन्न भेलिअहु, तोँ हमर मित्र भेलह, जखन कखनहु तोँ स्मरण करबह हम तोहरा लग आबि जएबहु, राक्षस ई कहि बिलाए गेल। एहिना हमरा आपत्तिक बेरिमे सहायता कएनिहार ई राक्षस मित्र भेल।

एहिना प्रार्थना कए शकटार वररुचिकेँ गङ्गाक ध्यान सेहो करए कहल ओ वररुचि हुनका गङ्गाक सेहो दर्शन कराए देल। एहि सबसँ शकटार वररुचिक अत्यन्त भक्त भए गेलाह। सहायक तँ ओ पूर्वहिसँ छलाह, आब हुनक सहायता ओ प्रणत भए कएल करथिन्ह।

वैराग्य

एवं रूपेँ शकटारक आश्रयमे प्रच्छन्न रहैत वररुचिकेँ कथूक कमी नहि छल तथापि अपना लोकक विरह ओ प्रच्छन्न वास हुनका विषण्ण कएने रहए। जखन हुनका माइक ध्यान होइन्ह अथवा उपकोशाक प्रेम स्मरण होइन्ह ओ अधीर भए जाथि। हुनक अवस्था देखि शकटार कम दुखी नहि होथि परन्तु नीतिचतुर शकटारकेँ धैर्य कहिओ नहि त्यागैन्हि। एक दिन एहिना विषण्ण देखि ओ वररुचिकेँ बुझबए लगलाह जे अहाँ तँ सब किछु स्वयं जनैत छी तैओ अपनाकेँ खेदसँ एतेक सीदित किएक करैत छी? राजालोकनिक बुद्धि केहन अविचारितासँ भरल होइत छैन्हि से की अहाँसँ नुकाएल अछि, अहाँकेँ विदित नहि अछि? हमरा तँ पूर्ण विश्वास अछि जे बहुत विलम्ब नहि अछि, अहूँक शुद्धि भैए जाएत। एना प्रच्छन्न रहबाक प्रयोजन अहाँकेँ नहि रहत। एहि प्रसङ्ग एक गोट कथा कहैत छी से सुनू!

एक समयमे आदित्यवर्मा नामक एकटा राजा छलाह। हुनका शिववर्मा नामक बड़े बुद्धिमान मन्त्री रहथिन्ह। ओहि राजाकेँ अनेक रानी, जाहिमे एक स्त्री गर्भवती भेलथिन्ह। राजा अन्तःपुरक रक्षकगणकेँ बजाएकेँ पूछल जे एहि अन्तःपुर गेलाँ तँ हमरा दू वर्ष भए गेल तखन ई गर्भ कोना भेल से कहैत जाह। ओ सब कहलक जे आन पुरुषक तँ एतए प्रवेश नहि होइत छैक। हँ, मन्त्री शिववर्मा धरिकेँ अवारित-प्रवेश छैन्हि। राजा विचारल जे निश्चय ओएह हमर द्रोही थिक मुदा ओहिना सोझे मारि देबैक तँ अपवाद होएत। अतएव विचारिकेँ ओ शिववर्माकेँ अपन मित्र सामन्त भोगवर्माक ओतए पठाओल आ पाछाँ ई लीखि अपन पत्रवाहक द्वारा चुपचाप आदेश पठाओल जे शिववर्माक वध कराए देब। मन्त्रीकेँ गेलाँ सप्ताहो नहि भेल होएत तावत् ओ गर्भवती रानी पड़इलीह मुदा पकड़लि गेलीह, ओ संगमे पकड़ल गेल एक गोट पुरुष जे स्त्रीक रूपमे हुनका संग छल। ई जानि आदित्यवर्माकेँ बड़ अनुताप भेलैन्हि जे ओहि रूपक मन्त्रीकेँ हम कथी लए अकारणहिँ मरबाए देल। ओमहर शिववर्मा सामन्तक ओहिठाम पहुँचलाह ओ पाछाँ लागल राजाक दूत सेहो आदेश-पत्र लेने पहुँचल। भोगवर्मा पत्र बाँचि बड़ चकित भेलाह ओ शिववर्माकेँ एकान्तमे ओ पत्र पढ़ि सुनाए देल। शिववर्मा बड़ बुधिआर छलाह, ओ कहए लगलथिन्ह जे होउ, हमर वध करू, नहि तँ हम स्वयं अपन प्राणहत्या एही नगरमे कए लेब। ई सूनि भोगवर्मा आओर अकचकएलाह

ओ मन्त्रिप्रवरकेँ शपथ पर शपथ देअए लगलथिन्ह जे की रहस्य छैक एहिमे से हमरा कहल जाओ। शिववर्मा उत्तर देलथिन्ह जे, हे राजा! हम जाहि देशमे मारल जाएब ताहि देशमे बारह वर्ष धरि एको बुन्द वर्षा नहि होएत, दर्भिक्ष भए जाएत। ओ देश उजड़ि जाएत। भोगवर्मा अपन मन्त्री सबहिक संग विचार कएलैन्हि जे केहन दुष्ट छथि आदित्यवर्मा जे हमरा देशकेँ नाश करबाक उपाय रचलैन्हि अछि। नहि तँ वधिकक की हुनका अपना देशमे कोनो कमी छैन्हि जे अपना देशमे हिनक बध नहि कराए हिनका एहि देश पठओलैन्हि अछि जे एहि ठाम हिनक हत्या कएल जाए? तेँ अपन प्राण वरु चल जाए मुदा एहि ब्राह्मणक प्राणरक्षा करबाक चाही, एहि देशमे हिनक बध नहि हो से करी ओ देशकेँ सत्यानाशसँ बँचाबी। ई निश्चय कए पर्याप्त रक्षकगण संग लगाए भोगवर्मा ओहि मन्त्रीकेँ पूर्ण सम्मानसँ विदा कए देल। अपन प्रज्ञाक प्रभावसँ ओ जीवित घूड़िकेँ घर अएलाह। हुनक शुद्धि तावत् अन्यथहिँ प्रमाणित भए गेल छल। पुनि ओ पूर्ववत् रहए लगलाह। धर्म कतहु अन्यथा भेलैक अछि? तेँ हम कहैत छी जे अहूँक शुद्धि प्रमाणित होएबे करत। अहाँ धैर्य धारण कएने रहू। अहाँ देखब जे राजाकेँ एहू हेतु पश्चात्ताप होएबे करतैन्हि। अहाँक निर्दोषता हुनका निश्चय मानए पड़तैन्हि। तखन अहाँकेँ प्रकट होएबाक अवसर आओत। अहाँ पुनः ओहने आदर ओ सत्कारसँ अपन पद पर प्रतिष्ठित होएब।

ई सब सूनि-सूनि वररुचि अवसरक प्रतीक्षा करैत शकटारक गृहमे प्रच्छन्न कतोत दिन धैर्य धारण कएने बितओलैन्हि परन्तु बराबरि दुःखी रहथि, व्याकुलचित्त रहल करथि, उपकोशाक प्रेम ओ माइक स्नेहक स्मृतिसँ अधीर भए-भए जाथि।

तावत् एहन भेल जे एक दिन योगनन्दक पुत्र हिरण्यगुप्त शिकार खेलाए वन गेल छलाह। हुनक घोड़ा ततेक वेगसँ बढ़ैत गेल जे अनुचरवर्ग पाछाँ छूटि गेल ओ राजकुमार एकसर पड़ि गेलाह। मार्ग छूटि गेलैन्हि। जाइत-जाइत ओ घोर वनमे पहुँचि गेलाह। तावत् दिनान्त होअए जाइत छल। इतस्ततः घुमैत-घुमैत राजकुमारकेँ वनसँ बहरएबाक बाट नहि भेटलैन्हि। राति आब एतहि बितबए पड़त तेँ एक गोट उपयुक्त वृक्ष ताकि राजकुमार ओहि पर चढ़ि बैसि रहलाह। तावत् एक गोट भालुकेँ सिंह खेहाड़ने जाइत दलैक, भालुकेँ बँचबाक जखन कोनो प्रतीकार नहि भेटलैक तखन ओ ओही गाछ पर चढ़ि गेल जाहि पर राजकुमार छलाह। राजकुमार भयेँ त्रस्त भए गेलाह मुदा ओ ॠक्ष मनुष्यक भाषामे हुनका कहए लागल जे, डेराह जनु, हम किछु नहि करबहु, तोँ हमर मित्र थिकह। राजकुमारकेँ भय दूर भेल, ॠक्षक कथा पर विश्वास कए ओ सूति रहलाह, मुदा ऋक्ष ओ जगले छल। नीचाँसँ सिंह कहलकैक जे, रे भलुआ, एहि मानुषयकेँ खसाए ने दे, हम ओकरा खाएकेँ चल जाएब। ॠक्ष ताहि पर उत्तर देलकैक जे, रे पापी! ई की कहैत छेँ। ई हमर मित्र थिक, मित्रक हम प्राण लिऔक? मुदा किछु राति आओर बितला उत्तर राजकुमार जगलाह ओ भालुकेँ आँखि लागि गेलैक। सिंह पुनि कहलकैन्हि राजकुमारकेँ, जागल देखि, जे, रे मानुष! एहि भालुकेँ नीचाँ खसाए

ने दे, हम एकरा खाएकेँ चल जाएब। राजकुमारकेँ भए भेल, चाहलैन्हि जे सिंहकेँ प्रसन्न करी। ओ भालुकेँ ठेलि देल मुदा दैवात् भालुक आँखि खुजि गेलैक। राजकुमार ठेलिओ देलथिन्ह तैओ भालु खसल नहि। ओ हिरण्यगुप्तकेँ शाप देल जे, जो रे मानुष, मित्रक द्रोह कएकेँ एहि प्रत्यवायेँ तोँ बताह भए जएबेँ। जा' लोक ई चरित तोहर बुझतौक नहि ता तोँ उन्मत रह गए।

प्रात राजकुमार वृक्षसँ उतरि बिदा भेलाह ओ बाट ताकि क्रमशः राजधानी पहुँचलाह परन्तु तावत् शापक प्रभाव प्रकट होअए लागल। मित्रद्रोहक कुफल प्रत्यक्ष भेल। राजकुमारक मति नष्ट भए गेल, ओ बताह भए गेल छलाह। हुनक एहि आकस्मिक उन्माद सँ योगानन्दकेँ बड़ विषाद भेल। वैद्य अथवा ज्योतिषी, शान्तिकरणिक अथवा तान्त्रिक, ओझा अथवा गुणी, केओ बाँकी नहि रहल परन्तु ने कारण बुझल भेलैन्हि जकर शान्ति कएल जाए, ने प्रतीकार सुझैन्हि जाहिसँ किछु शान्ति कएल होइन्ह। तखन जेना योगनन्दकेँ सहसा आँखि खुजैन्हि। ओ खेद करए लगलाह जे आइ जँ वररुचि रहितथि तँ एना असहाय नहि भेल रहितहुँ। अपन प्रतिभासँ ओ एकर निदान ओ प्रतीकार सब किछु कहि दितथि। ओएह टा एहन बुद्धिमान् छलाह जे एकर रहस्य बूझिकेँ सब किछु कहि सकैत छलाह। हाय रे वररुचि! धिक्कार थिक हमर कौशलकेँ जाहिसँ हम हुनक वध कराओल। वररुचिक परोक्ष भेलेँ हम असहाय भए गेलहुँ।

राजाक विषाद ओ विलाप सूनि शकटार विचारए लगलाह हँ, इएह ओ अवसर भेटल जखन वररुचिकेँ प्रकट कएल जाए सकैत अछि। वररुचिकेँ आत्माभिमान छैन्हि, मनस्विता छैन्हि। योगनन्दक सम्मानसँ ओ कदापि नष्ट नहि भए सकैत छथि, ओ आब मन्त्रित्वक भार कथमपि स्वीकार नहि करताह। मुख्य हमहि रहब। ओ वररुचिक चल गेला पर योगनन्दकेँ हमरहि प्रज्ञा पर निर्भर रहए पड़तैन्हि, हमरा पर हुनक विश्वास आओर दृढ़ भए जएतैन्हि। हमहु प्रतिक्रियाक जे आगि हृदयमे सुलगओने रखने छी तकरो धधकएबाक अवसर तँ तहिखन भेटत जखन वररुचि एहि राज्यसँ चल जएताह। अतएव एहि अवसरकेँ हाथसँ जाए नहि दी। वररुचिकेँ आब प्रकट करी।

ई विचारि शकटार राजासँ अभयदान लए कर जोड़ि निवेदन कएलैन्हि, हे देव ! व्यर्थ विषाद नहि कएल जाओ। वररुचि जिबितहिँ छथि। एही नगरमे छथि। ऊसरमे जेना वर्षा हो, आन्हरकेँ जेना आँखि हो, डुबैतकेँ जेना आश्रय हो, योगनन्दक कानमे ई शब्द ओहिना अप्रत्याशित आनन्दक कारण भए प्रवेश कएलक, कहलथिन्ह लए अनिऔन्हि।

शकटार वररुचिकेँ संग लेने योगनन्दक सभामे अएलाह। वररुचि राजकुमारक स्थिति देखल। सरस्वतीक प्रसादसँ हुनका सब किछु विदित भए गेल। ओ कहलथिन्ह जे महाराज! हिनका ई मित्रद्रोहक दुष्परिणाम थिकैन्हि। सबटा वृत्तान्त ओ भरल सभामे सबकेँ सुनाए देल। वररुचिक कथा समाप्त भेल अछि की शापक

प्रभाव सेहो समाप्त भए गेल। हिरण्यगुप्तक उन्माद छूटि गेल। ओ तँ जाएकेँ वररुचिक पाएर पर खसि पड़लाह।

आब वररुचिक आदर सम्मानक कोनो सीमा नहि रहल। योगनन्द हर्षें फूलल छलाह। वररुचिकेँ पुछलथिन्ह जे हें सखे! अहाँ ई कोना बिदित कएल? कोन युक्तिसँ अहाँकेँ ई रहस्य बुझल भेल? वररुचि उत्तर देलथिन्ह जे हे देव! जे प्रज्ञावान छथि तनिक बुद्धि लक्षणसबकेँ देखि अनुमानक बलसँ तथा प्रतिभाक बलसँ सब किछु ने बूझि लैत छैन्हि। इहो हम ओहिना विदित कएल अछि जेना हम रानीक मेखलापद परक तिलबा बूझि गेल रहिऐक। योगनन्द तँ लाजेँ मूड़ी खसाए लेलैन्हि, पश्चात्ताप सँ जेना ओ माटिमे गड़ल जाथि।

परन्तु वररुचिकेँ आदर वा सत्कारक कनेको हर्ष नहि भेल। हुनका हर्ष भेल अपन विशुद्धि-ख्यापनक। आइ ओ निर्दोष बुझल गेलाह, निष्कलंक घोषित भेलाह विद्वानक धन तँ शील थिक ताहि शीलक रक्षा भए सकल ततबहिसँ कृतार्थ वररुचि योगनन्दक प्रलोभनमे नहि पड़लाह। मन्त्रित्वक पद हुनका विपत्तिक जन्मभूमि प्रतीत होइन्हि। अपन परिवारकेँ देखबाक उत्कंठा हुनका चित्तकेँ चंचल कएने छल। उपकोशाक वियोग हुनका आब क्षणो भरि असह्य बूझि पड़ैन्हि। अतएव योगनन्दक सब सम्मानक उपेक्षा कए ओ लगले राजसभा छोड़ि अपन भवनक हेतु बिदा भए गेलाह।

ओतए वररुचिकेँ विचित्रे दृश्य देखना गेल। हुनका देखितहिँ चारू दिशिसँ लोक आश्चर्यसँ जेना चकित जमा होअए लागल। सब हुनका देखि-देखि कण्ठ छाड़ि कानए लागए। एतबहिमे हुनक श्वशुर उपवर्ष अएलाह, ओ सबसँ उद्‌भ्रान्त छलाह, वररुचिकेँ कण्ठसँ लगाए ओ बड़े करुणा ओ विषाद भरल स्वरमे कहल जे वत्स! उपकोशा चलि गेलीह, अहीँक अनुगमनक कामनासँ ओ हमरालोकनिकेँ त्यागि चलि गेलीह। राजाज्ञासँ अहाँक वध कएल गेल ई सूनि उपकोशा चिता रचाए ओहिमे प्रवेश कए गेलीह। अहाँक माइक हृदय फाटि गेल। ओ दुहू अहाँक वियोगमें स्वर्ग चलि गेलीह।

ई सुनितहिँ वररुचि काटल गाछ जकाँ हहाएकेँ भूमि पर खसि पड़लाह। हुनक चैतन्य जेना उपकोशाकेँ ताकए चल गेल। बड़ी काल पर चैतन्यलाभ कएला पर ओ विलाप करए लगलाह। जीवनमे हुनका हेतु आब कोनो आकर्षण नहि रहल। माइक स्नेह ओ पत्नीक प्रेम एहीसँ अनुप्राणित वररुचिक लोकयात्रा छल। आनन्दक स्रोत सुखाए गेलापर आनन्दक आब अवसरे नहि रहल। उन्मत्त जकाँ वररुचि प्रलाप करैत छलाह। प्रिय बन्धुक विनाशसँ उत्पन्न अग्निमे के सहृदय नहि जरैत अछि?

तावत वर्ष उपाध्यायकेँ सेहो वार्ता भेलैन्हि। ओ आबि वररुचिकेँ नाना प्रकारक प्रबोधन देलैन्हि—एहि संसारमे अहाँकेँ ई की नव भेटल अछि! संसार तँ थिके संसरणशील। जे बीति गेल से बीति गेल, जे चल गेल से चल गेल। गेल समय की पुनि हाथ आओत? पूर्वक समय सबटा स्वप्न छल। अनित्यत्व सएह टा तँ एहि असार संसार मे एकटा नित्य

वस्तु थिक। विश्वक प्रपंच ईश्वरक माया थिक। इहो ईश्वरहिक माया बूझि धीर होउ। सर्वज्ञ भए अहाँ मायाक जालमे एना किएक ओझराइत छी? मायाक प्रतारणामे पड़ि उद्विग्न किएक होइत छी? मोह छाड़ि कर्मपथ पर धीरतासँ आरूढ़ रहू।

परन्तु कोनहु कथासँ वररुचिकेँ प्रबोधन नहि भेटल। हुनक हृदय पूर्वहुसँ विरक्तिसँ रंजित छल मुदा वसुदत्ताक भक्ति ओ उपकोशाक प्रेम हुनका संसारक बन्धनमे बन्हने छल। बन्धन टूटि गेला पर हुनक अन्तःकरण मुक्त भए गेल, संसार हुनका शून्यप्रतीत होअए लागल। आब हुनका एकमात्र अभिप्रेत रहल शान्ति। संसार थिक शान्तिक परिपंथी तेँ जगत् ओ जीवनसँ विरक्त तत्क्षण संसारकेँ त्यागि वररुचि शान्तिक मार्ग धएल, तपोवनकेँ विदा भए गेलाह। भवनमे ओ पाएरो नहि देल।

तपोवनमे रहैत वररुचिकेँ एक समयमे अयोध्यासँ आएल एक गोट विप्रसँ भेँट भेल। वररुचि हुनका योगनन्दक वार्त्ता पूछल। ओ विप्र एहि प्रश्नहिसँ वररुचिकेँ चीन्हि हुनका प्रणाम कएल ओ कहए लगलाह जे योगनन्दक की वार्त्ता पूछल जाइत अछि? देशक तँ स्थितिए बदलि गेल। अपनेक प्रव्रज्या ग्रहण कएला उत्तर शकटारकेँ बहुत दिनक मनोरथ पूर्ण भेल, चिरप्रतीक्षित अवसर प्राप्त भेल। हुनका हृदयमे प्रतिक्रियाक जे आगि छल से धधकि उठल। ओ लगलाह योगनन्दक वधक उपाय ताकए, युक्तिक रचना करए, जाहिसँ अपन एक सए सन्तानक आँखिक सोझामे भूखेँ तड़पि-तड़पिकेँ मरबाक प्रतिशोध हो, ओकरा सबकेँ कएल प्रतिज्ञाक पूर्ति करथि। जाहि एकमात्र उद्देश्य लएकेँ ओ जीवित रहलाह तकरा सिद्ध कए कृतकृत्य होथि।

एही मध्यमे शकटारकेँ एक जन अद्भुत विप्र भेटलथिन्ह। हुनक नाम छलैन्हि चाणक्य। हुनका बाटक कातमे खुरपी लए माटि खोधैत देखि शकटारकेँ कुतूहल भेल, ओ हुनका पूछल जे ई की करैत छी? चाणक्य उत्तर देलथिन्ह जे कुशकेँ उपाड़ि-उपाड़ि फेकैत छी। शकटारकेँ आओरो कुतूहल बढ़लैन्हि, पुछलथिन्ह से किएक? ताहि पर ओ उत्तर देलथिन्ह जे कुशक काँट हमरा पाएरमे गड़ि गेल जाहिसँ क्षती भए गेल छी तेँ हम कुशक उन्मूलन आरम्भ कए देल अछि ओहि विप्रक संकल्पक दृढ़ता, निश्चयक क्रूरता, आत्माभिमान ओ आत्मविश्वास देखि शकटार सन्न भए गेलाह, मनमे कहल जे इएह भेटलाह ओ व्यक्ति जनिका द्वारा हमर प्रयोजन सिद्ध भए सकत। वार्त्तालापसँ बूझि जे ई विद्वान् छथि, हिनका प्रतिभा छैन्हि, शकटार हुनका बड़े आदरसँ कहए लगलथिन्ह जे अपने हमरा घर चलल जाओ। एहि त्रयोदशीक पार्वणश्राद्धक हेतु हम राजाक दिशिसँ अपनेकेँ निमन्त्रण दैत छी। लक्ष सुवर्ण अपनेकाँ दक्षिणा भेटत ओ सबहिक सीरामे बैसि अपने भोजन कएल जाएत। चाणक्य एहिसँ बड़ प्रसन्न भेलाह। शकटारसन मंत्री आदरसँ निमन्त्रण दैत छथि, राजाक दिशिसँ; ओ शकटारक ओहिठाम आबि डेरा देल।

श्राद्धक दिन शकटार हुनका लेने राजाक ओतए गेलाह। राजा हुनका श्राद्धक हेतु वरण कएल। ओ जाए सीरामे बैसि रहलाह। निमन्त्रित ब्राह्मण वर्गमे एक जन

दोसर व्यक्ति छलाह सुबन्धु नामक। हुनका मन जे सीरामे हम बैसी। शकटार जाएकेँ राजाकेँ निवेदन कएल जे, सीरामे के बैसथु? अपनामे हिनका लोकनिकेँ विवाद भए गेल छैन्हि। योगनन्द कहलथिन्ह जे, सबसँ योग्य छथि सुबन्धु। ओएह सीरामे बैसताह। दोसर के बैसत? शकटार मुह लटकओने अएलाह ओ चाणक्यकेँ अत्यन्त नम्र भए कहल जे, हम की करू? राजाक इएह आज्ञा भेटल अछि। हमर एहिमे कोन दोष?

चाणक्य तँ ई सुनितहिँ क्रोधेँ आगि भए गेलाह। थर थर कँपैत ओ चट अपन शिखा खोलि शकटारकेँ कहए लगलाह, वेश तँ इएह हम अपन शिखा खोलि प्रतिज्ञा करैत छी जे आब नन्दक नाश कैएकेँ हम शिखा बान्हब। देखू, सात दिनमे हम नन्दक नाश करैत छी। राजाकेँ वार्ता भेल, ओ भिन्ने बिगड़लाह, मुदा तावत् तँ चाणक्य बड़की बड़की डेग दैत प्रासादसँ निकलि गेलाह। शकटार अलक्षितरूपेँ हुनका पूर्ण सम्मानसँ अपना ओहिठाम मङबाए हुनका प्रच्छन्न राखल ओ हुनक अभ्यर्थनामे कथूक कनिओ त्रुटि नहि होअए देल। चाणक्य कृत्या-साधनक आयोजन करए लगलाह ओ शकटार पूर्ण तत्परतासँ सबटा उपकरण जुटबए लगलाह। एना सबटा संघटन चुपचाप सम्पन्न कए शकटार ओहिना अलक्षितरूपेँ चाणक्यकेँ अपना ओहि ठामसँ पूर्ण सत्कार कए विदा कएल। चाणक्य जाए गुप्त स्थान ताकि संकल्प कए दृढ़ आसन लगाए कृत्या साधन आरम्भ कए देल। ओमहर चाणक्य प्रयोगमे प्रवृत्त भेलाह, एमहर योगनन्द दाहज्वरमँ पीड़ित भेलाह ओ सातम दिन पुरैत पुरैत ओ ओही दाहज्वरक तापसँ पञ्चत्वकेँ प्राप्त कएल।

बस, शकटार प्रस्तुते छलाह, योगनन्दक बालक हिरण्यगुप्तकेँ मारि पूर्वनन्दक पुत्र चन्द्रगुप्तकेँ राजा बनएबामे चाणक्यकेँ पूर्ण सहयोग ओ सहायता कएल। चाणक्यक प्रण पूर्ण भेल, ओ अपन शिखा बान्हल। तखन शकटार बृहस्पतिक समान बुद्धिमान् ओ नीतिधुरन्धर चाणक्यक अभ्यर्थना कए हुनकासँ चन्द्रगुप्तक मन्त्रित्व स्वीकार कराओल। एहिरूपेँ नन्दक नाश कए, चन्द्रगुप्तमे लक्ष्मीक स्थापना कए, चाणक्यक सदृश महापुरुषकेँ हुनक मन्त्री बनाए, शकटार अपनाकेँ कृतकृत्य मानल। तखन पुत्रशोक हुनका नवीभूत भए आएल। वैरक प्रतिक्रिया सम्पन्न भए गेला पर हुनका आब किछु कर्त्तव्य नहि रहल। संसारसँ विरक्त छलाहे, अपन मनोरथ पूर्ण कए ओ बन चल गेलाह। इएह तँ मगध-राज्यक स्थिति अछि।

ओहि ब्राह्मणक मुखसँ ई वृत्तान्त सुनला उत्तर वररुचिकेँ बड़ दुःख भलैन्हि। योगनन्द हुनक मित्र इन्द्रदत्त छलाह ओ बहुत दिन धरि वररुचि हुनक सेवा कएने छलाह, हुनकासँ कतेक सम्मान पओने छलाह। तेँ हुनक विरक्त अन्तःकरण संसारक रीतिसँ आओरो विशेष विरक्त भए गेल। हुनका जेना एहि विश्वक सबटा प्रपंच असत्य, असार, अनित्य प्रत्यक्ष भए गेल हो। ओ जीवनसँ जेना थाकि गेलाह। अतएव तपावेनकेँ त्यागि विदा भेलाह अन्तिम बेरि जगन्माता विन्ध्यवासिनीक दर्शन करए।

महाप्रस्थान

अपन जीवनक समस्त वृत्तान्त काणभूतिकेँ सुनाए अन्तमे वररुचि कहलथिन्ह जे, सएह हम विरक्त भए विन्ध्यवासिनीक दर्शनक निमित्त आएल छलहुँ। जगदम्बाक असीम अनुकम्पासँ हमरा अहाँसँ भेँट भए गेल। आब हमरा पूर्वजन्मक सबटा वृत्तान्त स्मरण भए आएल ओ एहि जातिस्मरत्वसँ हमरा दिव्य ज्ञानक सेहो उदय भेल अछि। हमर शापक अन्त भए गेल। देवदेवक सेवामे पुनि संलग्न होअए हम महाप्रस्थानकेँ चललहुँ। अहाँकेँ हम महाकथा सुनाए देल। अहूँ अपन शापक अन्ते बुझू मुदा अहाँक कर्त्तव्य शेष नहि भेल अछि। अहाँ किछु दिन आओर प्रतीक्षा करू। अपन शिष्यलोकनिक संग गुणाढ्य अबितहिँ होएताह। संस्कृत, प्राकृत ओ देशी तीनू भाषाकेँ त्यागने, पिशाचक भाषाक ग्रहण कएने ओ महापण्डित हमरे छोट भाए थिकाह, हमरे पक्ष ग्रहण कएलैन्हि तँहि ओहो जगदम्बाक कोपभाजन भेलाह, शाप पावि मनुष्ययोनिमे आबि जन्म लेलैन्हि। हुनका ई महाकथा अहाँ सुनाए देबैन्हि तखन अहाँ शापसँ मुक्त भए जाएब। गुणाढ्य एहि कथाकेँ मर्त्यलोकमे प्रचारि शापसँ मुक्ति पओताह। ई कहि वररुचि ओहिठामसँ विदा भए गेलाह। आब हुनका एकमात्र कर्त्तव्य शेष छलन्हि शरीर त्याग ओ तदर्थ ओ पावन बदरिकाश्रमकेँ विदा भेलाह।

बदरिकाश्रमक बाटमे गङ्गातीर पर वररुचिकेँ एकगोट शाकाहारी मुनिसँ भेट भेल। हुनक समक्षहिँ मुनिक हाथमे कुश गड़ि गलैन्हि, शोणित बहए लगलैन्हि। मुनिक अहंकारक परीक्षा करबाक कुतूहलसँ वररुचि अपन तेजबलसँ शोणितकेँ शाकरसक सदृश हरिअर बनाए देल। ई देखितहिँ मुनि ई बुझि जे हम सिद्ध भए गेलहुँ दम्भसँ फूलि गेलाह। वररुचिकेँ हँसी लागि गेलैन्हि, ओ कहए लगलथिन्ह जे, हे मुनि! हम तँ अहाँक मनोभावक जिज्ञासनार्थ शोणितकेँ शाकरसक सदृश हरित कए देल अछि मुदा हम तँ देखैत छी जे अहाँ एखन पर्यन्त अहंकारकेँ त्यागि नहि सकलहुँ अछि। ज्ञानक मार्गमे अहंकार बड़का ढाठ जकाँ अछि जकरा पार करब सबसँ कठिन छैक आ बिनु ज्ञानेँ तँ कतबो व्रत करब, मोक्ष टा नहि होएत। व्रत आदिसँ अधिकसँ अधिक होएत स्वर्ग आ स्वर्ग तँ थिक क्षयी जकर भोग सम्पन्न भए गेला पर क्षय भए जाइत छैक अतएव जनिका अभिप्रेत रहैत छैन्हि मोक्ष, तनिका

स्वर्गक कोनो लोभ नहि होइत छैन्हि! तेँ जँ मुमुक्षा हो तँ ज्ञानक हेतु यत्न करू, जँ ज्ञानक प्रयोजन हो तँ अहंकारकेँ त्यागबाक यत्न करू!

शान्त वररुचिक एहि विनयक शिक्षाकेँ सूनि शाकाहारी मुनि प्रणत भए हुनक पाएर पर खसि पड़लाह ओ भूरि-भूरि हुनक स्तुति कएल।

अन्तमे वररुचि बदरिकाश्रमक पुण्य भूमिमे पहुँचलाह। ओतए ओ प्रगाढ़ भक्तिसँ भक्तवत्सला जगदम्बिकाक शरणमे अपनाकेँ समर्पित कए देल। प्रयोजन छलैन्हि हुनका एकमात्र, मर्त्य-भावसँ मुक्ति आ दिव्यभावक प्राप्ति। देवी अपन मूर्ति हुनका प्रत्यक्ष कएलथिन्ह आ कहलथिन्ह जे, अपना शरीरसँ योगानल उत्पन्न कए ओहि धारणासँ देहत्याग करह। वररुचि योगक अभ्यसनमँ धारण केँ प्राप्त कएल, अपनहि शरीरसँ योगक द्वारहिँ अग्नि उत्पन्न कएल ओ ओहि अग्निमे शरीरकेँ दग्ध कए गणगतिकेँ प्राप्त भेलाह। पुनि देवदेव शशिशेखरक प्रधान गण पुष्पदन्त भए अपन पूर्वक स्थिति प्राप्त कएल।

(ग्रन्थालय प्रकाशन, दरभंगा, 1962)

साहित्य सर्जनाक समस्या

वर्त्तमान समय मे हमरा जनैत सबसँ विशेष महत्त्वक समस्या अछि मैथिलीमे साहित्य-सर्जनाक। भाषाक प्राण थिकैक साहित्य। साहित्यहिक बल पर इहो मान्यता भेटल अछि; साहित्यिक विकाससँ भाषाक गौरव बढ़त। साहित्य अकादमीक मान्यतासँ हमरालोकनिकेँ एहि विषयमे उत्तरदायित्व बड़ बेसी बढ़ि गेल अछि। एहिमे कोनो सन्देह नहि जे कमसँ कम विद्यापतिक युगसँ अद्यपर्यन्त कोनो एहन समय नहि भेल अछि जखन मैथिलीमे साहित्यसर्जनाक क्रम बन्द छल। आइसँ सए वर्षक पूर्वक भारतीय-भाषा-सबहिक साहित्य-भण्डारक यदि लेखा-जोखा कएल जाए तँ विदित होएत जे तावत् पर्यन्त मैथिली-साहित्यक निधि आन कोनहु भाषाक-साहित्यक निधिसँ की परिमाणमे, की विलक्षणतामे हीन नहि छल। परन्तु एमहर आबि जतए आन-आन भाषाक साहित्य द्रुतगतिसँ बढ़ैत गेल, हमरालोकनि पछुआए लगलहुँ। एमहर पचीस-तीस वर्षसँ, वस्तुतः 1937 सँ, हमरहु भाषामे साहित्य-सर्जनाक गति द्रुत भेल अछि, मुदा आन भाषा साहित्य तँ आओरो द्रुततर बढ़ैत रहल अछि। शीघ्रताक एहि युगमे आन-आन भाषा-साहित्य वायुयानक वेगसँ बढ़ि रहल अछि ओ हमरालोकनि बढ़ितहुँ छी तँ बैलगाड़ीक वेगसँ। परन्तु आब जखन साहित्य अकादमीक मान्यतासँ मैथिली प्रमुख भारतीय साहित्यिक भाषाक श्रेणीमे आबि गेल अछि तखन एहि गतिसँ काज नहि चलत, अपन प्रतिष्ठा अक्षुण्ण रखबाक हेतु गतिकेँ द्रुततर करए पड़त, वायुयानक गति नहि तँ कम-सँ-कम जीपहुक गति तँ पकड़ए पड़त। ई विषय सकल मिथिलाभाषाभाषी शिक्षित समुदायकेँ नीक जकाँ बूझि लेबाक थिक।

मैथिलीक ई विशेषता रहलैक अछि जे हाल धरि ई राजाश्रित रहल। ओना तँ मैथिली भाषाक विकास ओही युगमे भेल जाहि युगमे मिथिलाक्षरक विकास भेलैक, गुप्तोत्तर कालमे, आइ सँ कम-सँ-कम पन्द्रह सए वर्ष पूर्व, परन्तु कर्णाटक युगसँ पूर्वक साहित्य कहाँ उपलब्ध होइत अछि? ग्रन्थक रूपमे सर्वप्रथम वर्णरत्नाकरक रचना मानए पड़त जे हरिसिंहदेवक मिथिलात्यागक पश्चात् भेल। परन्तु एहन प्रौढ़ गद्यक ग्रन्थ सहसा नहि लिखल गेल होएत—यदि एहिसँ पूर्व मैथिलीमे साहित्य-रचनाक परम्परा नहि रहैत। परन्तु नान्यदेवसँ पूर्व तँ मिथिलामे राजा छले नहि जकर आश्रय

पाबि मैथिल साहित्यकार अपन भाषासाहित्यक श्रीवृद्धि करितथि। हम तँ मानैत छी जे एही आश्रयक आकर्षणसँ कालिदासमिश्र पाटलिपुत्र गेलाह ओ चन्द्रगुप्त विक्रमादित्यक दरबारमे आदर पाबि हुनके संग साकेत होइत उज्जयिनी धरि पहुँचलाह। जखन-जखन मैथिलीकेँ राजाक पोषणता प्राप्त भेलैक तखन ओ फुलाएल; जखन से नहि भेलैक ओ मुरझाए गेल। तेँ मैथली-साहित्य एकाङ्गी भए गेल दरबारक वस्तु। लोकसाहित्य सेहो मैथिलीमे थोड़ नहि भेल परन्तु साक्षरताक अभावमे ओ सब मौखिक रूपे प्रचलित भेल ओ कालक्रमेँ लुप्त होइत गेल। मनबोधक कृष्णजन्म खण्डित बचल; दानलीलाक कतहु पता नहि। वस्तुतः कविलोकनि अपन रचना अपन आश्रयदाता श्रीमानकेँ समर्पित कए देथि। इएह छल प्राचीन साहित्य-सर्जनाक प्रक्रिया जाहिमे कवि ओ पोषक दुइए गोटाकेँ ओहिसँ साक्षात् सम्बन्ध। पछाति छापा चलल तथापि क्रम इएह रहल। मैथिलीक अधिकांश पोथी कोनहु श्रीमानक द्वारा अथवा कोनहु सार्वजनिक संस्थाक द्वारा प्रकाशित भए बहुधा बिनु मूल्यहिक वितरण कए देल गेल। चन्दाझाक रामायणक दू गोट संस्करण एहिना वितरित भेल। दाम दएकेँ मैथिलीक पोथी किनबाक चालिए नहि होअए पओलक। तेँ पुस्तको थोड़ प्रकाशित भेल तँ ओकर प्रचारक क्षेत्र सीमित रहल; साधारण लोक धरि ओ पहुँचबो नहि कएल; साधारण लोक ओहिसँ अनभिज्ञ ओ तेँ क्रमशः विमुख रहए लागल। मैथिली साहित्य वर्गीय भए गेल। कहल जे जाइत अछि जे ई साहित्य मैथिल ब्राह्मण ओ करण कायस्थ मात्रक थिक से सर्वथा असत्य नहि। एमहर सए वर्षसँ जे क्रम अछि से सएह सिद्ध करैत अछि।

परन्तु आब तँ देशमे श्रीमान् नहि रहलाह जनिक प्रसादार्थ केओ साहित्यकार रचना करताह। साहित्यकेँ जनता धरि पहुँचाबए पड़त ओ तेँ ओकरा जन-जीवनक समीप लए जाए पड़त। साहित्य जा धरि जन-साहित्य नहि होएत ता धरि जनता ओहि दिश आकृष्ट नहि होएत। हमरा दू कोटि जनताकेँ दृष्टिमे राखि साहित्य-सर्जना करए पड़त; साहित्यकेँ वर्गीय रूपसँ दूर कए लोक-साहित्यक रूप देअए पड़त। तेँ साहित्यक कोनहु एक विधासँ, गीत-कवित्त मात्रसँ, किंवा कथा-वार्त्ता मात्रसँ साहित्यिक भंडार भरत ई सोचबो व्यर्थ थिक। आब तँ उच्च सँ उच्च ओ सरल सँ सरल सब कथूक सृष्टि करए पड़त जकर पहुँचि जन-साधारण धरि होइक ओ जनसाधारण एहि साहित्यक रसास्वादन लए सकए तदर्थ सब यत्न करए पड़त। ई थिक एहि युगक आवश्यकता।

सम्प्रत्ति साहित्य सर्जनाक तीन गोट अङ्ग स्फुट अछि। जनिका प्रतिभा छैन्हि से लिखताह। परन्तु केओ तखनहि लिखत जखन ओकर रचनाक सम्मान होएतैक, ओकर प्रकाशन भए सकतैक। थोड़ साहित्यकार छथि जे पोथी लीखि स्वयं प्रकाशनक भार उठओताह; ने प्रतिभावान लेखक पोथी लीखि प्रकाशकक ओहिठाम दौड़ब पसिन्द करताह। साहित्यकार अपन प्रतिभाक प्रकाशनक प्रतिफलहुक आशा रखैत छथि।

मातृभाषाक सेवा-बुद्धिसँ कतेक काज चलत। तेँ आवश्यक अछि जे प्रतिभासम्पन्न साहित्यकार यदि अपन समय ओ श्रम लगाए कोनहु ग्रन्थक रचना करैत छथि तँ ओकर प्रकाशक रहए जे ओकरा नीक जकाँ छपएबाक भार लए ओकरा प्रकाशमे आनए। परन्तु प्रकाशक तँ व्यवसायी होएत। यदि प्रकाशनसँ ओकरा लाभ नहि होएतैक तँ ओ एहन वृत्ति किएक करत। ताहूमे प्रकाशन-कार्य बड़ व्ययसाध्य भए गेल छैक। संग संग प्रकाशनक कला ततेक उन्नति कएलक अछि जे केवल छपाए देलहि उत्तर कोनहु पोथीक प्रचार नहि भए सकतैक। तेँ व्यय आओर अधिक चाही। तेँ प्रकाशककेँ उत्साह तखनहि होएतैन्हि जँ ओहि पुस्तकक प्रचार खूब हो। यदि एक हजारक संस्करण तीन मासमे विकाए जाय तँ प्रकाशककेँ अपन पूँजी ऊपर भए गेलैन्हि तथा लेखककेँ ओ तखनहि किछु पारिश्रमिक दए सकथिन्ह। अतएव साहित्यसर्जनाक हेतु केवल लेखकेटा नहि, प्रकाशक ओ पाठक सेहो ओहने आवश्यक।

मैथिली साहित्यक एखन जे स्थिति अछि ताहिमे केवल लेखक टा प्रचुर संख्यामे भेटताह। साहित्यिक प्रतिभाक देशमे अभाव नहि अछि। भारतवर्षमे भाषासाहित्यक जे एतेक विकास भेल अछि से मुख्यतः अङरेजी शिक्षाक फलस्वरूप परन्तु आश्चर्य जे आइसँ पचास वर्ष पूर्व केवल संस्कृतक पंडित मैथिलीक उन्नायक छलाह, अङरेजी पढ़ल व्यक्ति बहुधा एकर विरोधी रहलाह, तँहि आधुनिक युगहुक मैथिली साहित्य आरम्भ मे संस्कृतमूलक रहल, पश्चिमक सम्पर्कसँ ओहिमे जे नवीनता अएबाक चाही से बड़ विलम्बसँ आएल। वस्तुतः श्रीहरिमोहन बाबूक कन्यादान एहि रूपक प्रथम कृति छल जे प्रकाश मे आयल। परन्तु आब से स्थिति नहि अछि। कम सँ कम कविता ओ लघुकथाक क्षेत्र मे मैथिली भारतीय कोनहु भाषा साहित्यिक संग पूरि सकैत अछि। अन्यान्यो विषय पर मैथिलीमे सुन्दर सँ सुन्दरग्रन्थ लिखल गेल अछि, लिखल जाए सकैत अछि। मैथिलीक जे व्याकरण प्रकाशित भेल अछि तकर प्रशंसा टर्नर साहेब ओ सुनीति बाबूक सदृश विश्वविख्यात भाषाशास्त्री कएने छथि। एखनहु हमरा संगमे कोष ओ अलंकार, वेदान्त ओ मनोविज्ञान, भाषाशास्त्र ओ मनोविज्ञान, भाषाशास्त्र ओ उपनिषद्; कम सँ कम दश बारह गोट विशिष्ट ग्रन्थक पाण्डुलिपि पड़ल अछि। एहिना कतेक ग्रन्थ लिखल अछि, लिखल जाए रहल अछि, लिखल जा सकैत अछि।

परन्तु प्रकाशित तँ होइत अछि कविता, लघुकथा ओ नाटकक पोथी सब। मैथिलीक केओ प्रकाशक नहि छथि; मैथिलीक प्रकाशन व्यवसायक रूप नहि धएलक अछि। एखन तँ जे पोथी प्रकाशित होइत अछि सब एही भरोसे जे ओ कोनहु परीक्षाक निमित्त पाठ्य निर्धारित भए जाएत ओ प्रकाशित होइतहिँ ओकरा पाठ्य निर्धारित करबाक प्रयास होअए लगैत अछि। एही भरोसेँ केओ प्रकाशक कोनहु पोथीकेँ छपबाक हेतु प्रस्तुत होइत छथि। तैयो हजारक संख्यामे छात्रक हेतु जे पोथी पाठ्य निर्धारित होइत अछि से बिकाइत अछि सएक संख्यामे। फलतः एक हजारक

संस्करणकेँ सधवामे तीनि चारि वर्ष समय लागि जाइत अछि। जे प्रकाशक पूँजी लगाए ओकरा छपैत छथि तनिका ओतबा दिन प्रतीक्षा करए पड़ैत छन्हि तथा लेखकके ँ जँ पारिश्रमिक भेटितहुँ छैन्हि तँ ओतबा दिनमे। ई तँ पाठ्य पोथीक हाल थिक। साधारण पोथी तँ एक बेरि छपला उत्तर दशहु वर्षमे नहि बिकाइत अछि। श्रीहरिमोहन बाबूक सदृश लोकप्रिय प्रतिभावान सुविख्यात लेखक आब लिखब प्रायः छोड़ि देने छथि कारण हुनको पोथीक केओ ग्राहक नहि होइत छैन्हि। श्रीयात्रीजीक सदृश प्रतिभा बला लेखक जनिक जीविके थिकैन्हि लिखब मैथिलीमे प्रायः नहिए लिखैत छथि; ओ हिन्दीमे लिखैत छथि, कारण हिन्दीक लेखसँ हुनक जीविका चलैत छन्हि; मैथिलीक पोथीसँ किछुओ प्राप्ति नहि होइत छैन्हि। एकर परिणाम ई होइत अछि जे जे किछु प्रकाशित होइत अछि से सब एहने पोथी जकर प्रकाशनमे कम व्यय पड़ैक यथा कविता, लघुकथा, छोट नाटक। पोथीक प्रकाशन बड़ व्ययसाध्य भए गेल छैक ओ केओ लेखक वा प्रकाशक जँ उत्साहो करैत छथि तँ ततबे व्यय करैत छथि जे सह्य भए सकैन्हि। एखनहु मिथिलाभाषामे गद्यलेखकसँ अधिक संख्यामे कवि छथि, कारण, कविलोकनि तँ कम सँ कम कविसम्मेलनमे कविता पाठ कए यश धरि पाबि जाइत छथि। लघुकथामे मैथिली बड़ प्रगति कएलक अछि, कारण, ओ छोट होइत अछि; पत्र-पत्रिका ताहूमे छपि जाइत अछि। उपन्यासक अभाव छैक।

मैथिलीक पोथीक पाठक नहि छथि से बात नहि छैक। एक तँ मैथिलीक आन्दोलनसँ प्रायः प्रत्येक शिक्षित मैथिल मैथिलीक पोथीक दिशि साकांक्ष रहैत छथि; ओहुना मैथिलीक जे ग्रन्थ काव्यगुणसँ सम्पन्न रहैत अछि ताहि हेतु रसिक जनकेँ आकर्षण रहैत छैन्हि। परन्तु मैथिलीक पोथी प्रकाशित भेलहु उत्तर सुलभतया प्राप्त नहि होइत अछि। कतहु एक गोट स्थान नहि अछि जतए मैथिलीक पोथी भेटत। अधिकांश पोथी लेखकक संग रहि जाइत छैन्हि ओ सबकेँ एतेक अवकाश कहाँ, एतेक व्यग्रता कहाँ, जे प्रत्येक पोथी भिन्न-भिन्न ठामसँ मङओताह। साधारण जनता विशेषतः स्त्रीगण मध्य तँ इएह प्रवृत्ति अछि जे ककरहुसँ माङिकेँ पढ़ि ली। कोन पोथी प्रकाशित भेल अछि तकरो पता लगाएब सुगम नहि अछि। हम स्वयं मैथिलीक सब पोथी संग्रह करब तदर्थ सतत सचेष्ट छी। तथापि भए नहि सकल अछि। तेँ जेहने विकट प्रकाशन समस्या अछि ताहूसँ विशेष नहि तँ ओतबे विकट ओकर वितरणक समस्या अछि। आइ यदि मैथिली पोथीक ग्राहकक संख्यामे वृद्धि हो; ततबा वृद्धि हो, जे ओकर प्रकाशनसँ लाभ होअए लागए ओ ओकर विक्रयसँ एक गोट दोकान चलए लागए तँ संगहि एहि दुनू समस्याक समाधान भए जाइत अछि। तखन मैथिलीमे साहित्य-सर्जनाक रूपे बदलि जाएत।

कहल जाइत अछि जे मैथिलीमे तेहन पोथी नहि लिखल जाइत अछि जे जन-साधारणकेँ रुचिकर होइन्ह ओ जेँ रुचिकर पोथी नहि लिखल जाइत अछि तेँ जन-साधारण ओकर ग्राहक नहि होइत छथि; ओएह व्यक्ति ग्राहक होइत छथि

जनिका मैथिलीक पोथी किनबाक चाही ई भावना रहैत छैन्हि ओ से भावना जन-साधारणमे चाहब से कठिन। ई कथा सर्वथा असत्य नहि अछि। मैथिली साहित्य एक तँ ओहिना एकाङ्गी रहल अछि; एखनहु गद्यलेखकसँ अधिक कवि भेटताह। जएह कवि, सएह कथाकार, ओएह उपन्यासो लिखताह ओ कोनहु क्षेत्रमे सफलता भेटितहिँ अपना केँ महापण्डित बुझि शास्त्रहुक दाबा करताह, समालोचक भए गुण-दोषहुक विवेचना करए लगताह। जेहो नीक कवि छथि सेहो नव नवप्रवृत्तिकेँ धए धए तेहन रचना करताह जे जन-साधारणक बुद्धिमे नहि आबि सकैत अछि। कथाक क्षेत्रमे सेहो नव प्रयोग ओकर प्रचारमे बासधक भए रहल अछि। हम मानैत छी जे हमरा भाषामे से अभिव्यक्तिक सामर्थ्य छैक ओ हमर साहित्यकारलोकनिमे से प्रतिभा छैन्हि जे कविता वा कथहुमे नवसँ नव प्रयोग मैथिलीमे होइत अछि, भए सकैत अछि, ओ पचि जाइत अछि। परन्तु एहि प्रसंग इहो स्मरण रहए जे हमर भाषासाहित्यक पाठकक क्षेत्र केहन अछि। रचना ककरहु हेतु होइत अछि ओ हमर साहित्यकार बहुधा ओहि जन साधारण हेतु रचना नहि करैत छथि जाहि वर्गक पोषणतासँ वर्त्तमान युगमे मैथिली-साहित्यक अभिवृद्धि भए सकैत अछि। पुरान चालिक कविताकेँ सामन्तवादी कहू परन्तु मैथिलीक साधारण पाठकक हेतु एखनहु ओएह रुचिकर अछि, नवयुगक प्रयोगवादी कविता नहि। अङरेजी साहित्यक अनुकरण एखन हिन्दी समेतमे लोकप्रिय नहि भए सकल अछि, मैथिलीक तँ कथे नहि। दोसर आन आन उन्नत साहित्यमे नव प्रयोगक पाछाँमे एकटा परम्परा छैक। अङरेजीमे आइ प्रयोगवादी उपन्यासकारकेँ सुदीर्घ परम्परा छैन्हि, जेम्सक उपन्यास रचल गेल स्काट, डिकेन्स ओ हार्डीक रचनाक पश्चात्। हिन्दीमे प्रेमचन्दक रचनाक प्रचार भेलहि उत्तर जैनेन्द्रकुमार वा अज्ञेय लिखए लगलाह। मैथिलीमे यदि हम एकहि बेरि नवीनतम प्रयोग पर उतरब तँ परम्पराक अभावमे साधारण पाठक ओहिसँ की बुझताह? तहिना साहित्य क्रमशः बुद्धिक विलास भेल जाइत अछि ओ तेँ साधारण जनताक हेतु जे साहित्य होएत ताहि प्रसङ्ग देखए पड़त जे ओहिते बुद्धिक ओतबे विलास रहए जतबा पाठककेँ सुगमतया गम्य होइन्ह। अतएव हमरा लेखककेँ लोकरुचिक परिष्कारसँ पूर्व लोकरुचिक अनुसरण करबाक चाहिऐन्हि। से नहि भेलासँ साधारण जनतामे साहित्यक प्रति आकर्षण नहि भए सकत। हमरा लेखकक समक्ष ई विचार सतत रहए जे स्वान्तःसुखाय तँ रचना होइतहिँ अछि, ओ होइतहिँ रहत, परन्तु लोककेँ आकृष्ट करब सेहो हुनक एक गोट लक्ष्य होएबाक चाही। हँ, क्रमशः पाठकक रुचिक परिष्कार सेहो आवश्यक अछि परन्तु परिष्कार तँ तखन ने होएतैक जखन रचना पढ़त अतएव प्राथमिकता आकर्षणकेँ देबाक थिक।

परन्तु इहो सत्य जे मैथिलीमे लोकप्रिय जे रचना अछि तकरो ग्राहक ओहि संख्यामे नहि होइत छथि जाहिसँ ओकर प्रकाशन लाभप्रद हो। दृष्टान्त हेतु श्रीहरिमोहनबाबूक रचना लेल जाए, अथवा श्रीयात्रीजीक कृतिकेँ देखल जाए।

हिनका दूहू जनसँ विशेष प्रतिभावान् लेखक एखन हमरा समाजमे नहि छथि जे रोकचता किंवा लोकप्रियतामे हिनक समता कए सकथि। परन्तु हिनको लोकनिक पोथी बिकाइत नहि छैन्हि। श्रीहरिमोहनबाबू तँ लिखब प्रायः छोड़नहि छथि तथा श्रीयात्रीजी केवल हिन्दीमे लिखैत रहैत छथि। हिनके लोकनिक जखन ई हाल तखन आनक की कहल जाए! एकरा की कहब? एहि प्रसंग इहो स्मरण रहए जे केवल मनोरंजन मात्रक रचनासँ साहित्यक श्रीवृद्धि चाहब से नहि भए सकत। आकर्षणक एक गोट कारण, ओ से मुख्य कारण, मनोरंजन अवश्य थिकैक, परन्तु केवल मनोरंजनहिटासँ कोनहु पुस्तकक यथार्थ महत्ता बुझल नहि भए सकैत अछि। साहित्यक सभ अङ्गक पुष्टि हो, सब विधाक विकास हो, सभ रंगक रचना हो से चाही। तदर्थ शिक्षित समाजक रुचिक परिष्कार हो, पुस्तकमे प्रेम हो से आवश्यक। तेँ एहिमे अन्योन्याश्रय सम्बन्ध अछि। यावत् रुचिकर ग्रन्थक निर्माण नहि होएत तावत् ओकर ग्राहकक संख्या नहि बढ़त, तावत् मैथिलीक पुस्तकक प्रकाशन लाभप्रद नहि होएत।

हमर अनुभव अछि जे कोनहु पोथीक चालीस प्रतिशत बिकाए गेलासँ ओकर प्रकाशन ओ साधारण रूपेँ वितरणक व्यय ऊपर भए जाएत। से यदि नहि भेल तखन तँ जे पूँजी लए प्रकाशनक कार्य आरम्भ करब तकर मूलधन घटए लागल। अतएव सबसँ प्रथम उद्योग होएबाक चाही जे प्रकाशनक तीन मासक अभ्यन्तर एक हजारक संस्करणक चारि सए पोथी बिकाए जाए। यदि हमरालोकनि एक हजार एहन सदस्य बनाए ली जे वर्षमे कम सँ कम दस रुपैआक मैथिलीक पोथी किनथि तँ ओहि वर्ष हमरालोकनि पचीस हजार मूल्यक पोथी प्रकाशित कराए रखैत छी, जकर अर्थ भेल जे पाँच टाका मूल्यक पाँच गोट पोथी प्रकाशित भए जाएत ओ जेँ ई योजनाबद्ध होएत तेँ ई सब पोथी उच्च स्तरक रहत, एहन रहत जाहिसँ साहित्यक यथार्थ श्रीवृद्धि भए सकत। मिथिलाभाषाभाषी जनता मध्य शिक्षाक प्रसार, हमरालोकनिक मध्य जातीय जागरण ओ ताहिसँ उत्साह, मातृभाषाक प्रति स्नेह ओ ताहि हेतु किछु करबाक भावना, सबसँ विशेष आत्मगौरव, आत्मविश्वास ओ आत्मरक्षाक प्रतिदिन बढ़ैत लहरि देखि हमरा तँ भरोस होइत अछि जे एक हजार एहन व्यक्ति भेटब कठिन नहि छथि जे वर्षमे मातृभाषाक पुस्तकक हेतु दश टाका व्यय करबाक क्षमता ओ उत्साह रखैत होथि। प्रतिवर्ष सए ठामसँ कम विद्यापति-स्मृति नहि मनाओल जाइत अछि; यदि प्रत्येक ठाम आयोजकलोकनि हराहरी दश गोट सदस्य बनाए लेथि तँ हजार पूरि जाएत ओ अनायास पूरि जाएत। ओहुना हमरालोकनि एकरा केन्द्रमे बाँटि सकैत छी। (1) दरभंगा नगर, (2) दरभंगा-मंडल, (3) मधुबनी ओ ओकर मंडल, (4) पटना, (5) कलकत्ता, (6) सहरसा-सुपौल-मधेपुरा, (7) भागलपुर-देवघर-दुमका, (8) राँची-सिन्द्री-जमशेदपुर (9) काशी-प्रयाग, (10) दिल्ली। देहातकेँ छोड़ि दिअ। केवल शहरहुसँ एना प्रचार कएलासँ एक हजार सदस्य भए जएताह। से यदि भए जाए

तँ प्रकाशनक कार्य अबाधगतिसँ चलि सकैत अछि। एहि पचीस हजार मूल्यक पाँच गोट पुस्तकक प्रकाशनमे व्यय पड़त दश हजार। एतवा पूँजी एक सए व्यक्ति एक एक सएक अंश दए एकत्र कए सकैत छथि ओ एकरा लिमिटेड कम्पनीक रूप दिऔक अथवा को-ओपरेटिबक। सए गोट शेअर-होल्डर दश व्यक्तिकेँ बीछि हुनका एकर सबटा भार दए सकैत छथिन्ह जे विधिवत् सबटा काज करताह; पुस्तकक चुनाव करताह, ओकर छपएबाक व्यवस्था करताह, पुस्तककेँ छपाए केन्द्र केन्द्र पठओताह ओ सबटाक लेखा-जोखा रखताह। एहिसँ छोट की योजना होएत ओ यदि इहो हमरा लोकनि नहि कए सकैत छी तँ मिथ्या मैथिलीक आन्दोलन करब थिक, मैथिलीक वृद्धि नहि भए सकैत अछि; हमरा लोकनि चुप भए बैसि रही।

हमरा दृष्टिमे दूटा क्षेत्र अछि जतए ई काज भए सकैत अछि, नीक जकाँ भए सकैत अछि। वस्तुतः देशसँ दूरहिँ लोककेँ अपन देशक ममत्व जाग्रत होइत छैक। से क्षेत्र थिक पटना ओ कलकत्ता। पटनाक चेतना समिति एखन मैथिलीक सबसँ क्रियाशील संस्था अछि, बिहार-राज्यक राजधानीमे अछि। कलकत्ता मैथिलीक हेतु सिद्धपीठ जकाँ तीर्थस्थान थिक। जँ कलकत्ता स्थान नहि देने रहितए तँ बिहारमे मैथिली उपेक्षिते रहितए। ओतहु पटनहि जकाँ बहुत अधिक संख्या मे, हम तँ बुझैत छी जे पटनहुसँ अधिक, शिक्षित मैथिल छथि। दूनू ठाम अपूर्व उत्साह अछि, विचारहुक कमी नहि अछि। सबसँ विशेष ई लोकनि अपन रचनात्मक कार्यदक्षतासँ प्रमाणित कए देल अछि जे मैथिलहुक संस्था किछु ठोस काज कए सकैत अछि। तँ पटनाक चेतना समिति ओ कलकत्ताक मैथिल समाज ई काज अपना हाथमे लेअए। दूनू ठाम यदि ई काज आरम्भ हो तँ परस्पर स्पर्धा सँ किछु विशेष काज भए सकैत अछि अथवा दुहू ठामसँ सम्मिलित योजना सएह बनए। एहि प्रसङ्ग हमरा योजना समेत तैआर अछि ओ हम अपन सेवा जे चाहथि तनिका देबाक हेतु प्रस्तुत छी।

वस्तुतः प्रकाशनक काज एखन एतेक महत्वपूर्ण अछि, साहित्यक भविष्य एहि पर एतेक अवलम्बित अछि ओ एहि दिशामे हमरालोकनि ततेक पछुआएल छी जे सबसँ मुख्य प्राथमिकता एकरहि देल जाए। प्रकाशनक कोनो व्यवस्था होइतहिँ साहित्य-सर्जन स्वतः होअए लागत, मुदा ई आब वैयक्तिक रूपसँ चलनिहार नहि थिक, एहि हेतु सामूहिक यत्न विधेय थिक।

(मिथिला दर्शन, दिसम्बर, 1967)

काशीमे विश्वशान्त्यर्थ महायज्ञ

गत त्रयोदशी रविकेँ विद्यापतिस्मृतिदिवसक उपलक्ष्यमे काशी जएबाक सौभाग्य प्राप्त भेल छल। छपरासँ आगाँ भेलहुँ, उदय भेल, तखनसँ सुनए लगलहुँ, काशीक महायज्ञक गप्प आ' ताहि संग संग स्वामीश्रीकरपात्रीजीक नाम, हुनक महिमा, हुनक यश। अखबार भेटल 'आज'। ओहूमे महायज्ञहिक गप्प मुदा आलोचनात्मक ओ से तीव्र। 'आज' क लेखकक आशय एहेन सन जेना श्रीकरपात्रीजी गबरमेंटक लोक रहथि, अतएव कांग्रेसक ओ तेँ देशक द्रोही होथि, एहन महगीक समयमे दुर्ल्लभ अन्न, घृत, एवं इंधनक सरकारक विचारसँ नहि तँ कृपा धरिसँ अवश्य भस्मसात् करबाक हेतु एहि व्यर्थ आयोजनमे प्रवृत्त छथि। उत्सुकताक बीजाङ्कुर बाटहि मध्य भेल।

काशी पहुँचलहुँ तँ सर्वत्र यज्ञक गप्प। सबारीबाला सभ धर्मनगर ओ नगवा एतबए घोल करए। जकरे पुछारी करी सएह धर्मनगरमे। जकरासँ भेँट हो सएह पूछए 'की यज्ञ देखए?' आ' कहिऐक—'नहि' तँ कहए जे 'एकबेरि अवश्य देखि आएब।'

क्रमशः स्वामी करपात्रीजीक परिचय, हुनक अवदात चरितक चर्चा सुनए लगलहुँ। बुझल जे ओ ज्योतिपीठाधीश्वर स्वामी ब्रह्मानन्दजी महाराजक शिष्य थिकाह तथा काशिअहि मध्य मीरघाटक लग अपन आश्रम बनाए रहैत छथि। अपूर्व विद्वान एवं अद्भुत वक्ता छथि। सनातनधर्म एवं वर्णाश्रमव्यवस्थाक कट्टर पक्षपाती छथि। हिन्दुत्वक गौरव छैन्हि तथा प्राचीन सम्पद्राय एवं वर्णाश्रमव्यवस्थाक विरुद्ध जे कोनो नवीन मत छैक सभक घोर विरोधी छथि। अखंड हिन्दुस्थानक हार्दिक समर्थक एवं धर्म्मविरुद्ध जे कोनो नवका कानून प्रस्तावित होइत अछि सभक विरुद्ध आन्दोलन करब अपन कर्त्तव्य बुझैत छथि। आधुनिक पण्डितम्मन्य लोकनिकेँ जे प्राचीन वेद ओ उपनिषद्क वाक्य सभकेँ सन्दर्भसँ हटाए वर्णाश्रमधर्मक विरुद्ध अपन अपन मत सबहिक पुष्टिमे उपस्थित करैत रहैत छथि तनिका 'राक्षस' कहल करैत छथिन्ह ओ तेँ कांग्रेसवाला लोकनि हिनक द्रोही भए गेल छथि। विश्वशान्त्यर्थ दिल्ली ओ कानपुरमे यज्ञ सम्पन्न कए काशीमध्य महायज्ञ कए रहल छथि। जहिआसँ ई एना यज्ञ करब आरम्भ कएलैन्हि अछि तहिअहिसँ मित्रराष्ट्रक विजयक श्रीगणेश भेल अछि। एतएक यज्ञक इष्टमीट सोलह लाखक अछि जे समस्त द्रव्य एकजन सुप्रसिद्ध एकसरे सेठ दैत छलथिन्ह, परन्तु करपात्रीजी हुनक एकोटा कैञ्चा ई कहि नहि ग्रहण कएल जे हुनक द्रव्य हिन्दूधर्मक विरुद्ध उपायसँ सञ्चित होइत छैन्हि

ओ पक्षाभ्यन्तरहिँ सभटा द्रव्यक संग्रह कए, समस्त सम्भार सम्पन्न कए, महायज्ञ आरम्भ कएलैन्ह अछि। आइ यज्ञक संकल्प भए गेल; काल्हि अग्निस्थापन होएत ओ परसू पूर्णिमासँ सात दिन हवन होएत। उत्सुकता बढ़ितहि गेल ओ निश्चय कएल जे आइ तँ विद्यापतिक स्मृतिमे श्रद्धाञ्जलि चढ़एबाक अछि, आइ नहि भए सकत, मुदा काल्हि धर्मनगर जाए एहि यज्ञक समारोह केँ अवश्य देखब।

चतुर्दशी सोमकेँ सन्ध्याकाल पाँच बजे विदा भेलहुँ। दशाश्वमेध घाटपर नाओ कएल। वेगक विरुद्ध नाओक गति मन्द, क्रमशः अस्त भए गेल। चन्द्रमाक विमल प्रकाशमे सुरसरितक मध्य देने जाइत ताहि समय गंगाक जे छवि देखल, काशीक जे शोभा देखल, मध्य मध्यमे शीतला, अहल्याबाइ, दरभंगा, पांडे, हरिश्चन्द्र, ललिता, केदार आ अस्सी प्रभृति घाट सबहिक जे सन्ध्याकालीन छटा देखल से वर्णनातीत अछि, जे सुख अनुभव कएल से शब्देँ चित्रित नहि भए सकैछ। घण्टासँ ऊपर लागल अस्सीघाट पार कए 'धर्मनगर' क घाट पर पहुँचबामे। नाबहि पर बुझल जे पूर्व विचार होइत छल जे गङ्गाक ओहि पार हो कारण ओहि दिशि स्थानक सङ्कीर्णता नहि अछि ओ एक जन सेठ अपना व्ययसँ तीनगोट कच्चा पुल गंगामे बन्हबाए देब गछैत छलाह परन्तु करपात्रीजी से प्रस्ताव नहि मानल कारण गङ्गाक ओ पार मगध थीक ओ केओ जखन ई शङ्का उठाओल जे अस्सी घाटक दक्षिणप्रान्त तँ पुण्यक्षेत्र नहि भेल ताहिपर करपात्रीजी कहल जे हमर सङ्कल्प अछि काशीमे यज्ञ करबाक ओ अस्सीक दक्षिण प्रान्त यद्यपि वाराणसी नहि भेल तैओ पञ्चकोशीक मध्य ओहो अछिए ओ तेँ काशी तँ भेले। दूरहिसँ बिजली बत्तीक आलोक मे स्थान परिच्छिन्न होअए लागल। ओ चारू दिशि बत्ती जरैत बड़का मुख्य मंडप थीक जकर ऊपर मे तीन पाँत ऊपरसँ नीचा धरि बत्ती, मध्य मध्यमे लाल, मंडपक तीनूटा गुम्बज थीक। ओ पतिआनी जोरसँ दोबगली बत्ती, मण्डपक दक्षिण, बाजारक सड़क थीक। ओ बीच बीचमे एक एकटा बत्ती वाला सबटा होता लोकन्हिक, कार्यकर्त्ता लोकनिक, स्वयंसेवक लोकनिक डेरा थिकैन्हि। देखैत देखैत धर्मनगरक मध्यमे नबे बनल घाट पर पहुँचलहुँ।

ई धर्मनगर अस्सीघाटसँ दक्षिण हिन्दूविश्वविद्यालय सँ गङ्गाक तट रामनगर घाट पर जे सड़क गेल छैक ततए धरि गङ्गाक तट पर कोसेक लम्बा स्थानमे विस्तृत हजारो तम्बू, राउटी, सामिआनासँ बनल अछि। ई प्रान्त नगबा कहि विख्यात अछि तथा एकरे पश्चिम विश्वविद्यालयक नगर अछि। बरिसातमे ई भूमि डूबल रहैत अछि, मुदा जओ गहूम एहि सबहिक खेती एतए खूब होइत अछि, ओ एहि वर्ष पचास रुपैए बीघा सबटा भूमि यज्ञक हेतु लए लेल गेल अछि। पन्द्रह दिनक मध्यमे ई नगर तैयार भेल अछि जाहिमे मण्डप टा फूसक अछि तथा करपात्रीजीक गुरु ज्योतिः पीठाधीश्वर शङ्कराचार्य भगवानटाक हेतु एकटा पक्का मकान सेहो एही दसदिनमे तैयार कराओल गेल अछि। तार, टेलीफोन, पुलिसक चौकी, पोस्टऑफिस, आगि मिझएबाक कल प्रभृति नागरिक सबटा सुव्यवस्था एतए भए गेल अछि।

सर्वप्रथम मुख्य मण्डप देखल। दारुतृणसँ निर्मित, चारूकात खुलता, ऊपर चटाइक छाह, किछु दूर हटि चारू दिशि खूब मजबूत ढाठ, पश्चिम दिशि एकटा फाटक, क्षेत्रफल करीब डेढ़ बीघाक। एकसए एकैस टा कुण्ड अछि जाहिमे शतरुद्रियसँ प्रतिदिन तीन घंटा प्रातःकाल ओ तीन घण्टा अपराह्नमे हवन होएत। कुण्डक कात कात सर्वतोभद्र, ब्रह्माक, प्रभृति उपकरण। किछु दूर हटि उत्तरमे दोसर मण्डप-एहिना निर्मित, किन्तु छोट-बीचमे पाँचटाकुण्ड-चारिटा चारूकात, एकटा मध्यमे ओ सबसँ कातमे चारू दिशि गनल तँ एकसए आठ गोट आसन जाहिपर बैसि व्यासलोकनि भागवत पाठ करताह। सुनल जे एहिना चण्डीपाठक व्यवस्था अछि, मुदा से कतेक व्यक्ति पाठ करताह तकर निश्चय कतेक लोक उपलब्ध होइत छथि से देखि होएत। मुख्य मण्डपसँ दक्षिण गङ्गाक कातेँ कातेँ बाजार आरम्भ होइत अछि जे रामनगर घाट धरि चल गेल अछि। ओकर मुहहिपर बड़का सामिआना ताहिमे सङ्कीर्त्तनक समारोह। बाजारक कतारसँ पश्चिम स्वयंसेवकक तम्बू रामनगर घाट धरि पाँच छओ पाँती एखन धरि ठाढ़ आओर कए सए राउटी तम्बू राखल देखल जे प्रयोजन पड़लापर ठाढ़ कएल जाएत। पाँच हजार स्वयंसेवकक व्यवस्था अछि से सुनल। मंडपसँ उत्तर पुनः अनेक पाँती तम्बू ओ राउटी जाहिमे होतालोकनि, ब्रह्मालोकनि, पाठकलोकनि, कथावाचक लोकनि कार्यकर्त्ता लोकनिक डेरा ओ कतेक भूमि पड़ले जाहिमे प्रयोजन पड़लासँ आओर तम्बू खसाओल जाए सकए। मण्डपक पश्चिम ज्योतिःपीठाधीश्वरक मकान ओ एक भंडार-पाँछामे पाकालय ओ भोजनालय। भोजनालयमे हजारो व्यक्ति ब्राह्मणकेँ—विशेषतः ओहिमे होता लोकनि रहथि-भोजन करैत देखल-पाकालय गेलहुँ देखए कए सए हाथक फूसक घर, एक नहि तीन गोट एक एक टामे पचासो चूल्हि तीन तीन हाथ गँहीर कतहु सोहारी छानल जाइत, कतहु दूध औंटल जाइत, कतहु मधुर बनैत, कतहु तरकारी। केवल दूध सुनल सएमन भिनसर ओ सएमन साँझ अबैत अछि। जे आबए पुरजी लेने आबए, वस्तु लए जाए ओ से सदाब्रत जकाँ सबकेँ भेटि सकैक। राजसूयक जे गप्प पुराणादिमे पढ़ैत छी तेहने सबटा संभार। राजसूयमे सभटा काजक भार तँ राजालोकनि केँ एतए सबटा काजक भार सेठ लोकनिकेँ जाहिमे प्रायः लाखपती तँ सब, अनेको करोड़पती। तँहि ने एतेक विशाल समारोह एहन सुव्यवस्थासँ चलैत छल। धर्मनगरमे नहि बूझि पड़ल जे एखन एहन महगी छैक।

सबसँ सन्तोषप्रद समाचार ओहिठाम मैथिल स्वयंसेवक लोकनिक प्रसङ्ग सुनलामे आएल। पूर्वमे भोजनालयक सभटा प्रबन्ध अन्य स्वयंसेवक दलकेँ छलैन्हि परन्तु पहिले साँझ ओ लोकनि सबसँ पहिने अपने सेवा करए लगैत गेलाह, भरि भरि पेट खाए लगलाह पछाति जेबीमे सोहारी भरए। जनिक सेवा हुनका लोकनिकेँ कर्त्तव्य तनिक पुछारी के करैत अछि? कर्णाकर्णि वार्त्ता सर्वत्र पसरि गेल। प्रबन्धक लोकनि दौड़लाह। पुछारी भेल। बात सत्य ठहरल। ओ तखन मैथिल स्वयंसवेक दल जाहि मे पचहत्तरि व्यक्ति मैथिल छात्र छलाह भोजनालयक प्रबन्धमे नियुक्त कएल गेलाह ओ तखन सँ सुनल सबटा इन्तिजाम सुचारु रूपेँ चलैत अछि।

ई सब देखैत टहलैत थाकि गेलहुँ ओ अबेर सेहो होअए लागल। मुख्यमण्डप लग आबि उत्तर दिशि बिदा भेलहुँ। किछु दूर आगाँ बड़का पण्डाल देखल, पन्द्रह बीघासँ ऊपरक, जाहिठाम सुनल धर्मसङ्घक चतुर्थ अधिवेशन होएत, अखण्ड हिन्दुस्थानक समर्थन सभा होएत, नवीन प्रस्तावित हिन्दू उत्तराधिकार बिलक विरोध मे सभा होएत। दूरहिसँ लाउडस्पीकरक शब्द सुनए लगलहुँ। बुझल भेल जे करपात्रीजी व्याख्यान दए रहलाह अछि। दौड़लहुँ पण्डाल दिशि। मञ्चपर सिंहासन देखल जाहिपर भगवान् शङ्कराचार्यजी विराजमान छलाह ओ दूहू दिशिसँ हुनका पंखा हौँकल जाइत छल। किछु दूर नीचा करपात्रीजी उत्तरमुहेँ ठाढ़ बाजि रहल छलाह; अपूर्व कान्ति, वयस बुझि पड़ल चालीस, दाढ़ी मोछ सबटा कारिए—हाथमे दण्ड। धाराप्रवाह बाजि रहल छलाह। समीपमे स्थान नहि भेटल, व्याख्यान सुनबाक प्रबल उत्कंठा तेँ एकदम पूब दिशिपण्डालक अन्तलग जाहिठाम लॉउडस्पीकर लागल छलैक जाए ठाढ़ भए गेलहुँ। व्याख्यानक विषय की से तँ बुझल नहि भेल मुदा बजैत रहथि ताहि समय करपात्रीजी ऐहिक सिद्धिपर ओ से कोना होएत। हुनक कथ्य छल से सबटा भगवानक कृपासँ भए सकैत अछि ओ से कृपा प्राप्त भेले सांसारिक सबटा सिद्धि लाभ भैए जाएत, स्वराजक कोन कथा स्वाराज्य, वैराज्य, मुक्ति समेत भए सकत। भगवानक कृपा प्राप्त करबाक प्रसङ्ग ओ "मच्चित्ताः मद्गतप्राणाः" प्रभृति तीनूटा गीताक श्लोकक व्याख्या करैत छलाह जोकर अन्तमे भगवानक उक्ति छैन्हि जे ओहने जे हमर भक्त छथि तनिकहि पर अनुकम्पा कए हम भास्वत् ज्ञानदीपसँ अज्ञानज तमक नाश कए दैत छिऐन्हि। ई व्याख्या केहन रोचक छल, केहन मधुर लागल, कतेक हृदयग्राही भेल से नहि कहि सकैत छी तथा कतबा पाण्डित्यपूर्ण छल तकर अन्दाज एही सँ कए लिअ जे एहि हेतु ओ वात्स्यायनक कामसूत्र सँ लए कौटिल्य, कामन्दिकी शुक्र ओ वृहस्पतिक नीतिशास्त्र पर्यन्तक पंक्ति उद्धृत करैत जाथि, मध्य मध्य मे पश्चिमक कूटनीतिज्ञक मिथ्यानुकरण कएनिहार देशक तथाकथित नेतालोकनिक निन्दा करैत जाथि, वर्णाश्रम धर्मक प्रशंसा ओ सनातन धर्मक महत्त्व बुझबैत जाथि। ब्रह्म अज्ञेय थिकाह बड़ काल धरि स्वामीजी एकरहि स्पष्ट कएलैन्हि ओ कहलैन्हि जे ब्रह्म शब्द जेकाँ अज्ञेय छथि। जेना वधिरक हेतु शब्द, तहिना अज्ञानीक हेतु ब्रह्म, किन्तु अघटितघटनासंघटनकुशल भगवान् कान दए शब्द ज्ञेय कए देल; रूप अज्ञेय, मुदा आँखि दए रूप ज्ञेय कए देल; तहिना ब्रह्मो अज्ञेय मुदा ज्ञान भेल की ब्रह्मो तहिना सुज्ञेय जेना कानबलाक हेतु शब्द सुज्ञेय, आँखिबलाक हेतु रूप सुज्ञेय ओ से ज्ञान कोना होएत ताही प्रसङ्ग भगवद्वारक्य, मञ्चित्ताः प्रभृति गीताक तीनू श्लोककेँ उपस्थित कएलैनिह। की स्पष्ट ओ सुन्दर संस्कृतमे शब्द हुनका मुहसँ बहराइत छल! मन हो सुनतहिँ रही मुदा तावत् दश बजैत छल, केओ कहलक जे ई तँ एहिना भरिओ राति बजितहि रहि जएताह। आत्मा नहिओ मानए तथापि मिनट प्रन्द्रहेक करपात्रीक व्याख्यान सूनि, काल ओ तद्वारा मनकेँ तृप्त कए,

आपस विदा भेलहुँ। अस्सीघाटपर पुनि नाओ कए एहि बेरि नदीवेगक संग मिनट बीसेकमे दशाश्वमेध घाटपर पहुँचि गेलहुँ। खेद एतबए रहल जे यज्ञ होइत नहि देखल मुदा समय नहि छल जे एकदिन आओर रहि जैतहुँ ओ केवल यज्ञक संभार देखि, यज्ञभूमिक पावन रजसँ शरीरकेँ पवित्र कए, करपात्रीजीक दर्शन ओ हुनक शब्दसँ आँखि ओ कान तथा आत्माकेँ सन्तुष्ट कए आपस चल अयलहुँ।

'आज' व्यङ्गचित्रमे एहि यज्ञकेँ सर्वस्वाहा देखओलक अछि। पुराणादिक कथा जाए दिअ, स्वयं भगवान् गीतामे यज्ञक कोनरूपेँ प्रशंसा कएने छथि से की आजक सम्पादक अथवा देशक नेता लोकनि नहि जनैत छथि? सुनैत छी महात्माजी गीताकेँ वेदजकाँ बुझैत छथि तथा अपन अनुयायी लोकनिकेँ गीतापाठक आदेश करैत रहैत छथि। 'एषवोस्त्विष्टकामधुक्' तँ यज्ञहिक प्रसङ्ग प्रजापतिक वाक्य भगवान् अर्जुनकेँ कहने छथि। 'परंश्रेयः' यज्ञसँ प्राप्त भए सकैत अछि। तखन यदि संसारक वर्त्तमान नरसंहारक परिस्थितिमे स्वामी करपात्रीजी काशीक पावनभूमिपर विश्वशान्तिक उद्देश्यसँ महायज्ञ करैत छथि तेँ लोकक देह एना किएक जरैत छैक—निश्चय ओलोकनि 'राक्षस' थिकाह जाहि शब्देँ करपात्रीजी हुनका लोकनिकेँ सम्बोधन करैत छथिन्ह। तथा वस्तु ओ द्रव्य नष्ट, से कतेक वस्तु ओ द्रव्य नष्ट, से कतेक वस्तु ओ कतेक द्रव्य कोना कोना नष्ट होइत अछि से की देशक लोक नहि जनैत अछि? कतेक लाख मन अन्न कलकत्तामे सड़ि गेल। एहि यज्ञक व्यय की युद्धक एको दिनक व्ययक बराबरि होएत? तखन एहन उच्च अथच पवित्र उद्देश्यमे एहन सत्कार्यकेँ यदि द्रव्य, अन्न, घृत ओ इन्धन नष्ट हो तँ ओ नष्ट नहि होएत; ओ तँ सएबर अधिक भए फड़त—संसार मे शान्ति होएत, लोक सुखसँ रहत। रहल सनातन धर्मक गप्प, वर्णाश्रमधर्मक कथा—ओ जे केओ एकर विरोधी छथि से ताहि-ताहि प्रसङ्ग करपात्रीजी स्वयं व्याख्यान दितहिँ रहैत छथि, एहू सप्ताह भरि पण्डालमे चिकड़ि चिकड़ि सबकेँ बुझाबतहिँ रहताह। निश्चय भारत ताधरि सुखी नहि होएत, एतए तावत् शान्ति नहि होएत, देश ताधरि स्वतन्त्र नहि होएत, सनातनधर्मक ध्वजा पुनः एकबेरि भारतभूमि पर नहि फहराएत। भगवान् करपात्रीजी केँ साहस देथुन्ह जे सब विरोध सहिओकेँ ओ एहिना अपन प्राचीन मर्यादाक समर्थन करैत रहथि, हिन्दुत्वक विस्मृत गौरव पुनश्च जागृत करैत रहथि, देशहित, राष्ट्रहित, विश्वहित एहिना एकसँ एक पैघ कार्यमे संलग्न रहथि। प्रयोजन तँ एखन अधिक; एक नहि अनेक करपात्रीजीक, ओ भारतभूमिक उद्धार तखनहि होएत, विश्वमे शान्ति तखनहि होएत, संसार सुखी तखनहि होएत जखन करपात्रीक सदृश पुरातन मुनिकल्प संन्यासी विद्वान् अनेक एहि भारतवर्षक उत्पन्न भए देशक कोन कोनमे हिन्दुत्वक प्राचीन महत्ताक ढोल पीटि पीटि सुतल स्वार्थी लोककेँ जगाओत। विश्वनाथ करपात्रीजीक संकल्प, हुनक मनोरथ, हुनक जीवनक उद्देश्य सफल करथुन्ह।

(मिथिला मिहिर 11 नवम्बर, 1944)

वैदिक काल का बिहार

हमारे प्रदेश का नाम 'बिहार' मुसलमानों का दिया हुआ है। कोषों में 'विहार' शब्द का एक अर्थ 'सुगतालय' या 'बौद्धमठभेद' मिलता है। आदिकाल से ही यह प्रदेश बौद्धधर्म का प्रसिद्ध केन्द्र एवं बौद्धधर्मावलम्बियों की पवित्र विहार-भूमि था।

बारहवीं शताब्दी के अन्त में, जब मुसलमानों ने इस प्रदेश पर अपना अधिकार जमाया, यहाँ पालवंशीय राजाओं की अधीनता में बौद्धों का ही प्राबल्य था। इस प्रदेश में असंख्य बौद्ध विहारों को देखकर—मालूम होता है, उन्हीं विहारों के कारण—इस प्रदेश का नाम 'बिहार' पड़ा।

किन्तु, वैदिक साहित्य की पर्यालोचना से पता लगता है कि उस प्राचीन काल में बिहार के अन्तर्गत तीन भिन्न-भिन्न प्रान्त थे। गङ्गा के दक्षिण-पश्चिम में 'मगधों' का राज्य था, और पूर्व में 'अङ्गों' का, तथा उत्तर में 'विदेहों' का, जिसको 'सदानीरा' (गंडकी) कोसलो के राज्य से पृथक् करती थी। अतएव आजकल जिसे हमलोग 'बिहार' कहते हैं, वैदिक युग में वही मगध, अङ्ग और विदेह नामक तीन स्वतन्त्र प्रान्तों में विभक्त था।

वैदिक साहित्य के प्राचीनतम अंश ऋग्वेदसंहिता में इन तीनों में से किसी का भी उल्लेख नहीं मिलता। उसके तीसरे अष्टक के 53वें सूक्त की 14वीं ऋचा में 'कीकट' देश और उसके राजा 'प्रमगन्द' की बड़ी निन्दा की गई है। निरुक्तकार 'यास्क' इस कीकट देश को अनार्यों का निवास-स्थान कहते हैं तथा 'सायणाचार्य' उन्हीं की व्याख्या का अनुसरण करते हुए अपने भाष्य में 'कीकट' शब्द का एक अर्थ तो वही देते हैं और दूसरा अर्थ यह कहते हैं कि "कीकट वे नास्तिक हैं जो योग, दान, होम इत्यादि क्रियाओं पर श्रद्धा नहीं करते और कहते कि खाओ, पिओ, मौज करो; यही लोक सब कुछ है; परलोक कोई चीज नहीं।" किन्तु वायुपुराण में गया-माहात्म्य के प्रकरण में कहा है—

कीकटेषु गया पुण्या नदी पुण्या पुनःपुनः।
च्यवनस्याश्रमं पुण्यं पुण्यं राजगृहं वनम् ॥

इससे स्पष्ट भासित होता है कि कीकट दक्षिण बिहार ही का अति प्राचीन नाम है तथा वेदों के पंडित वेबर, विल्सन, ग्रिफिथ प्रभृति पाश्चात्य विद्वानों का भी यही कहना है कि 'कीकट' मगध का ही पुराना नाम है।

मगध और अङ्ग देशों के स्पष्ट उल्लेख अथर्ववेद में मिलते हैं। उस वेद के 5वें कांड के 22वें सूक्त के 14वें मन्त्र में ज्वर से कहा गया है कि वह गन्धारियों को, मूजवन्तों को, अङ्गदेश-वासियों को तथा मगधदेश-वासियों को प्राप्त हो। फिर उसी वेद के 15वें कांड के दूसरे अनुवाक् में व्रात्यमहिमा-प्रकरण में कहा गया है कि पूर्व दिशा में मागध व्रात्यों के मन्त्र हैं, दक्षिण दिशा में मागध व्रात्यों के मित्र हैं, पश्चिम दिशा में मागध व्रात्यों के ह्रास हैं और उत्तर दिशा में मागध व्रात्यों के स्तनयित्नु (मेघ) हैं।

यजुर्वेद की वाजसनेयि-संहिता (अध्याय 30, कंडिका 5) और तैत्तिरीय ब्राह्मण (3-4-1-1) में पुरुषमेध यज्ञ के प्रसङ्ग में कहा है कि अतिक्रुष्ट के लिए मागध को वलि देना। वाजसनेयि-संहिता के उसी अध्याय की 22वीं कंडिका में अशूद्र और अब्राह्मण मागध को पुंश्चलियों, कितवों और क्लीवों के साथ प्राजापत्य पुरुषमेध के लिए वध्य कहा है।

श्रौतसूत्रों में भी मगधदेश-वासियों को बहुत नीचा स्थान दिया गया है। वौधायन धर्मसूत्र (1-2-13) में मगध और अङ्ग देशों के निवासी संकीर्णयोनि कहे गए हैं।

कात्यायन (22-4-22) और लाट्यायन (8-6-28) के श्रौतसूत्रों में कहा है कि दक्षिण के समय व्रात्यों का धन मागधदेशीय ब्रह्मबन्धुओं को देना। यहाँ यह बात ध्यान देने योग्य है कि इन श्रौतसूत्रों में मागधदेशीय ब्राह्मण ब्राह्मण न कहे जाकर ब्रह्मबन्धु कहे गए हैं, जिसकी व्याख्या यों की गई है कि ये लोग शुद्ध ब्राह्मण नहीं, किन्तु जातिमात्रोपेत ब्राह्मण हैं। तथापि, मगध में भी सद्ब्राह्मण रहते थे–तथा कौशीतकी आरण्यक (7-14) में कहा है कि मध्यम प्रातिबोधीपुत्र मगधवासी थे। किन्तु, इससे भी यही प्रतिपादित होता है कि ऐसे सद्ब्राह्मणों का मगध में रहना उस समय असाधारण था।

इन सभी स्थलों में जहाँ-जहाँ मागध शब्द आया है, उसकी व्याख्या भाष्यकारों ने कई प्रकार से की है। क्षत्रिय-कन्या में वैश्य से उत्पन्न संकर को मागध कहते हैं (मनु 10/11 तथा गौतम 4/17) और गायकों का भी नाम मागध है। सम्भव है, मगध की ही निन्दा के लिए इस वर्णसंकर का नाम मागध दिया गया हो तथा मगध देश में उन दिनों अच्छे गवैये होते हों; किन्तु जहाँ-जहाँ स्पष्ट मगध देश का ही उल्लेख है वहाँ तो सन्देह का अवकाश नहीं रहता कि इससे क्या अभिप्रेत है।

एतावता यह स्पष्ट है कि वैदिक काल में मगधदेश का स्थान बहुत ही हेय था। सर्वत्र उस देश की और उस देश के निवासियों की निन्दा ही की गई है। इसका हेतु क्या? यह कहना कि यह देश आर्य-संस्कृति के अंतर्गत नहीं था, सङ्गत न होगा; क्योंकि इन्हीं उल्लेखों से यह भी स्पष्ट है कि इस देश में भी शुद्ध नहीं तो कम-से-कम जातिमात्रोपेत ब्राह्मण लोग तो रहते ही थे–

पंडित वेबर (Indische Studien 1, 52, 53 etc. & Indian Literature 79, 111,112 etc.) इसके दो कारण देते हैं–

प्रथमतः उनका कहना है कि बौद्धधर्म का उदय और उसका प्रचार मगध में ही हुआ था, इसलिये ब्राह्मण लोग इस देश की ओर घृणा की दृष्टि से देखते थे। श्रौतसूत्रों के प्रसङ्ग में यह कहना कदाचित् सत्य भी हो, किन्तु यजुर्वेद और अथर्ववेद की संहिताओं के प्रसङ्ग में यह कहना असङ्गत होगा; क्योंकि इन संहिताओं की रचना निस्सन्देह बुद्धदेव के उदय से बहुत पहले हो चुकी थी। और, अगर इसीलिए मगध की इतनी निन्दा की गई है तो फिर काशी और कोसल की भी निन्दा क्यों नहीं है? बुद्ध स्वयं कोसल देश के थे और पहले-पहल उन्होंने काशी में ही अपने धर्मप्रचार का कार्य आरमभ किया तथा काशी और कोसल में भी बौद्धधर्म का प्रचार मगध से कुछ कम अथवा पीछे नहीं हुआ था।

उनका दूसरा अनुमान यह है कि मगध में आर्यों ने अपना अधिकार जमाया सही, आर्यों की संस्कृति भले ही यहाँ भी आई; किन्तु अनार्यों का यहाँ लोप नहीं हुआ। ब्राह्मणों की अधीनता स्वीकार करके भी यहाँ के अनार्य निवासियों ने अपना अस्तित्व कायम रक्खा। इसी कारण से ब्राह्मणों का प्राबल्य यहाँ नहीं हो पाया।

पार्जिटर साहब (J .R. A.S. 1908, P.851 853.) तो इससे और आगे बढ़ गये हैं। उनका कथन है कि मगध में पूर्व की ओर से अनार्यों का आना-जाना बराबर जारी था। वे लोग जलमार्ग से यहाँ आते ही रहे। इसी कारण से यहाँ आर्यों की प्रधानता दृढ़ नहीं होने पाई। यह युक्ति-संगत भी प्रतीत होता है। तभी तो ब्राह्मणों के विरुद्ध बुद्धदेव का उदय होते ही मागधों ने इस नये धर्म को स्वीकार कर लिया जिससे वे ब्राह्मणों की अधीनता से छुटकारा पावें।

इसके प्रसंङ्ग में सबसे विशद और युक्तियुक्त विवेचना डॉक्टर ओल्डनबर्ग ने अपने 'बुद्ध' नामक ग्रन्थ में की है। उनके कहने का सारांश यही है कि संहिताकाल में आर्य-सभ्यता का केन्द्र भले ही सरस्वती और दृषद्वती के बीच के देशों में–जिन्हें मनु 'ब्रह्मावर्त्त' कहते हैं–रहा हो, किन्तु ब्राह्मण-काल में इस संस्कृति का केन्द्र कुरु तथा पाञ्चाल और उसी के आसपास के देशों में था, जिसे मनु 'ब्रह्मर्षि देश' कहते हैं और जिस देश के प्रसङ्ग में उनका कहना है कि–

एतद्देशप्रसूतस्य सकाशादग्रजन्मनः।
स्वं स्वं चरित्रं शिक्षेरन्पृथिव्यां सर्वमानवाः ॥2-20॥

ऐतरेय ब्राह्मण (8-14) में भी आर्य देशों के लिए 'अस्यां ध्रुवायां प्रतिष्ठायां' विशेषणों का प्रयोग किया गया है; शतपथ-ब्राह्मण में तो बारबार कुरु-पञ्चाल ही के ब्राह्मणों की प्रशंसा की गई है और (1-4-1-14) स्पष्ट कहा गया है कि पहले ब्राह्मण लोग 'सदानीरा' को पार कर पूर्व की ओर नहीं गए थे–इन प्राच्य देशों में आर्यों का आना पीछे हुआ और कुरुपञ्चाल के ब्राह्मण लोग, जो आर्य-संस्कृति के नेता थे, इन

प्राच्य देशों की ओर उसी दृष्टि से देखते थे जिस दृष्टि से आगे बढ़े हुए लोग पिछड़े हुए लोगों को देखते हैं।

इसके साथ-साथ, जब हम वेबर और पार्जिटर के मतों का विचार करते हैं तब यही प्रतीत होता है कि यद्यपि मगध में भी आर्यों ने अपना अधिकार स्थापित किया, तथापि आर्य-सभ्यता यहाँ जड़ जमाने नहीं पाई—मगधवासियों ने कुरु-पञ्चालों की तरह आर्य-संस्कृति को नहीं अपनाया—यहाँ के निवासियों ने वैदिक धर्म के रहस्यों को नहीं समझा, अर्थात् मगध ने आर्य-सभ्यता को पूर्णरूपेण ग्रहण नहीं किया। यही कारण है कि वैदिक साहित्य में सर्वत्र मगध की केवल निन्दा ही मिलती है और इसीसे यहाँ बौद्ध प्रभृति वेद-विरुद्ध धर्मों का बड़ी प्रबलता के साथ प्रसार हुआ।

परन्तु, बिहार का एक प्रान्त ऐसा है जहाँ आर्यों का आगमन बहुत पीछे हुआ सही, किन्तु जो अत्यन्त द्रुत वेग से आर्य-संस्कृति को अपनाकर बहुत शीघ्र ही आर्य-सभ्यता का एक प्रधान केन्द्र बन गया; वह प्रान्त विदेहों का है। किसी भी संहिता में 'विदेह' का उल्लेख नहीं मिलता। तैत्तिरीय (2-1-4) और काठक (13-4) संहिताओं में 'वैदेह्य', 'वैदेही' और 'वैदेह' पद मिलते हैं; पर वे सभी गायों और बैलों के लिये आये हैं। ऐतरेय ब्राह्मण (8-14) में जहाँ आर्य देशों की चर्चा की गई है वहाँ भी 'विदेह' का पृथक् उल्लेख नहीं है। किन्तु काशी, कोसल, मगध और अङ्ग के साथ यह भी 'प्राच्य देशों' के ही अन्तर्गत दिया गया है।

विदेहों का उल्लेख सबसे पहले शतपथ-ब्राह्मण (1-4-1-10 से 19) में मिलता है। वहाँ कहा गया है कि विदेघ (जो प्रायः विदेह का ही प्राचीन रूप था) माथव (जो प्रायः मिथु की सन्तान थे या यह माधव का ही प्राचीन रूप हो) अपने पुरोहित गौतम राहूगण के साथ वैश्वानर अग्नि का अनुसरण करते-करते सरस्वती के तीर से सदानीरा के तीर तक आए। इससे पहले ब्राह्मण लोग सदानीरा को पारकर इसके पूर्व के देशों में नहीं गए थे। वैश्वानर ने भी ऐसा नहीं किया; किन्तु उन्होंने 'विदेघ माथव' से कहा कि तुम इसको पारकर पूरब की ओर जाओ और वहीं अपना निवासस्थान स्थिर करो। विदेघ ने अपने पुरोहित के साथ ऐसा ही किया। वह देश 'विदेह' कहलाने लगा और सदानीरा विदेह तथा कोसल की सीमा हो गई।

इस कथा से स्पष्ट ज्ञात होता है कि विदेह में आर्यों का आगमन कैसे हुआ। किसी भी देश में आर्यों के आगमन का ऐसा स्पष्ट इतिहास समस्त वैदिक साहित्य में कहीं उपलब्ध नहीं है। इससे यह भी सिद्ध होता है कि विदेह में आर्यों का आगमन पीछे हुआ है।

किन्तु विदेह शीघ्र ही आर्य-सभ्यता का प्रधान केंद्र हो गया। विदेहों के राजा जनक अपने समय के ब्रह्मज्ञानियों में सबसे बड़े गिने जाते थे। वे विद्या के अनन्य प्रेमी और ब्राह्मणों के बड़े ही पोषक थे। उनके दरबार में कुरु-पांचाल से बड़े-बड़े ऋषि आया करते थे। शतपथ-ब्राह्मण के शेष अध्यायों में जनक ही के दरबार की कथाएँ हैं।

किन्तु केवल ब्रह्मज्ञानी राजा ही के कारण नहीं, विदेह की प्रतिष्ठा उन दिनों यहाँ के ऋषि याज्ञवल्क्य के हेतु भी समस्त आर्यावर्त्त में व्याप्त हो गई थी। राजा जनक के दरबार के ये प्रधान ऋषि थे। ब्रह्मज्ञानियों में इनके समान दूसरे ऋषि नहीं थे। इन्होंने कुरु-पञ्चाल के ऋषियों से ही सभी विद्याएँ पढ़ी थीं, किन्तु राजा जनक के दरबार में अनेक शास्त्रार्थों में इन्होंने कुरु-पाञ्चाल के सभी ब्राह्मणों को बार-बार परास्त किया था। केवल अध्यात्मविद्या में ही नहीं, वैदिक क्रियाकलाप में भी इनके वचन सर्वथा प्रमाण समझे जाते थे। यदि पुराणों की बात मानी जाए तो शुक्लयजुर्वेद के प्रवर्त्तक ये ही यज्ञवल्क्य हैं। शतपथ-ब्राह्मण और बृहदारण्यकोपनिषद् में अनेक स्थलों पर जनक और याज्ञवल्क्य की ब्रह्मसम्बन्धी विवेचनाओं तथा याज्ञवल्क्य और भिन्न-भिन्न ऋषियों के शास्त्रार्थों का वर्णन है।

वैदिक साहित्य में विदेह के दूसरे-दूसरे राजाओं और ऋषियों की भी चर्चा है; किन्तु विदेह के यथार्थ गौरव ये दो ही हैं—जनक और याज्ञवल्क्य। केवल शतपथ-ब्राह्मण और बृहदारण्यकोपनिषद् ही में नहीं, तैत्तिरीय ब्राह्मण (3-10-99) में भी राजा जनक की बड़ी प्रशंसा की गई है और वह भी इनके ब्रह्मज्ञान ही के लिये।

कौशीतकी उपनिषद् (4-1) में एक कथा है, जो संक्षेप में शतपथ-ब्राह्मण (14-5-1) में भी कही गई है। गर्ग के वंश में 'वालाकि' नाम के बड़े भारी ब्रह्मज्ञानी ऋषि थे, जो सभी देशों का पर्यटन कर अन्त में काशी के राजा अजातशत्रु के दरबार में पहुँचे। राजा से उन्होंने कहा—"आपके सामने मैं ब्रह्म का निरूपण करता हूँ।' इससे राजा इतना प्रसन्न हुए कि दृप्त वालाकि को केवल इतना ही कहने के लिए एक हजार गौएँ दे दीं और कहा कि देखो, तब भी लोग 'जनक' 'जनक' चिल्लाते फिरते हैं!"

इससे स्पष्ट प्रतीत होता है कि विदेहों के राजा जनक की कीर्त्ति उन दिनों उनके ब्रह्मज्ञान के लिए इतनी फैल गई थी कि आसपास के राजा लोग उनसे ईर्ष्या करने लग गए थे। इससे यही सिद्ध होता है कि वैदिक मन्त्रों के द्रष्टा ऋषि-मुनि भले ही 'ब्रह्मावर्त्त' में रहे हों, वैदिक क्रिया-कलाप का विस्तार भले ही 'ब्रह्मर्षि देश' में हुआ हो; किन्तु जो ब्रह्मज्ञान आर्य-संस्कृति का चरम उत्कर्ष है—जिसके प्रसाद से आर्य-सभ्यता की महत्ता आज भी देश-विदेश में सर्वत्र अक्षुण्ण है, उसका विकास उस वैदिक युग में मुख्यतया विदेह में ही हुआ था। यह बात नहीं है कि उन दिनों दूसरे ब्रह्मज्ञानी थे ही नहीं, किन्तु सभी ब्रह्मज्ञानियों के सिरताज विदेहों के राजा जनक ही थे और उन्हीं के सभापंडित ऋषि याज्ञवल्क्य थे तथा अध्यात्मविद्या का अन्तिम पाठ पढ़ने उन दिनों समस्त आर्यावर्त्त के ऋषि लोग विदेह में ही आया करते थे।

बिहार के लिए यह बड़े सौभाग्य की बात है कि वह गौरव-मंडित विदेह, जिसे अब मिथिला या तिरहुत कहते हैं, बिहार ही का एक अंग है। वैदिक काल के बिहार में विदेह ही गौरव का स्थान था। उसके सामने बिहार के अन्य प्रान्तों का स्थान प्राचीन साहित्य में महत्त्वपूर्ण नहीं जान पड़ता।

(जयन्ती स्मारक-ग्रन्थ, 1942)

हिन्दी के कुछ पुराने बरवै

वरवै छन्द में लिखे 153 पदों की प्रतिलिपि मैंने दरभंगा-राज लाइब्रेरी के एक पुराने पोथे से की है। इनमें आदि के 90 पद षड्ऋतु-वर्णन के हैं और जैसा कि कवि ने स्वयं कहा है, इसका नाम 'रितुसंहार' है तथा इसमें वर्णित विषय है 'वल्लभ-वल्लभानुराग'। इसका आरम्भ ग्रीष्म ऋतु से होता है और यह क्रम महाकवि कालिदास के ऋतुसंहार की याद दिलाता है। सभी ऋतुओं के वर्णन में 15 पद हैं। इस ऋतुसंहार के कवि हैं सवलसिंध, जिनका उपनाम सबलस्याम इन्हीं पदों में उपलब्ध होता है। इसी पोथे में 63 पद 'असफुट बरवै बहुकृत' हैं, पर उसमें 62वाँ एक दोहा है, शेष 62 बरबै हैं, जिनमें केवल 18 बरवै (ऋतुसंहार के अतिरिक्त) लेख के अंत में प्रस्तुत है।

जिस पोथे से इन पदों की प्रतिलिपि मैंने की है, वह सत्रह इंच लम्बे और ग्यारह इंच चौड़े, मोटे उजले कागज के प्रायः 250 खुले पन्नों का बण्डल है और देखने से मालूम होता है कि कभी वे पन्ने जिल्द में बँधे थे। इनमें करीब पचास पन्ने सादे हैं। पन्नों में संख्या नहीं है और न पन्ने ही क्रम से लगे हैं, जिससे यह निर्णय करना कठिन है कि सभी पन्ने हैं ही या कुछ नष्ट भी हो गए हैं। इनमें संस्कृत-भाषा का अंश पुरानी देवनागरीलिपि में है, परन्तु उससे भिन्न अंशों में देवनागरी और कैथी मिश्रित एक खिचड़ी लिपि है। लिपिकार भी इसके अनेक प्रतीत होते हैं।

इस पोथे में तीन प्रकार के लेख हैं। आदि में ही संस्कृत के दो ग्रन्थ सम्पूर्ण मिलते हैं—'दात्रायतन्त्र' और 'सामुद्रिक शास्त्र'। सामुद्रिक शास्त्र के अन्त में है—'सम्वत् 1875 काः शा श्रवण कृष्णपपे तीथो द्वरदश्श्यां त्रतीय पहर समापतां। लिपिक्रतां गोविन्द राम तिवाड़ी।' इसके बाद इन्हीं के अक्षरों में प्रायः 30 पन्ने में जन्म-कुण्डलियाँ लिखी हैं, जिनमें अन्तिम कुण्डली संवत् 1919 की है। ये कुण्डलियाँ मुख्यतः राय राधारमणदास के परिवार की मालूम होती हैं; क्योंकि बहुत-सी कुण्डलियाँ उनके दो पुत्र राय दिनकरदयालु और राय श्रीधरनारायण की सन्तानों की हैं। इससे पता चलता है, सम्वत् 1876 से 1919 तक, अर्थात् करीब 43 वर्षों तक इस पोथे में पद संगृहीत होते रहे। इसका अधिकांश गीत और कवित्तों से भरा हुआ है, जो प्रायः सभी पुरानी हिन्दी के हैं। इसका प्रारम्भ होता है 'अथ

अस्तुतः देवीजी' से। पन्ना क्रमबद्ध नहीं हैं, इसलिए यह कहना कठिन है कि किस क्रम से ये गीत संगृहीत हैं। परन्तु, विद्यापति और सूरदास एवं अनेक परिचित और अपरिचित कवियों की हजार से अधिक रचनाएँ इसमें सन्निविष्ट हैं और जिन अनेक शीर्षकों में इन गीतों का संग्रह है, उनमें कुछ ये हैं–मलार, हिंडोला, वारहमासा, चौमासा, झूमर, सोहनी सोरठ, जाजवंती, काफी, पमाइच, मालकोश, ललित, टोड़ी, जोगिआ, सारंग, कान्हड़ा, सोहर इत्यादि। कवित्तों का विभाग अलग ही है, पर सबसे अधिक संग्रह इसमें होरी के गीतों का है। मैंने गिनकर देखा है, होरी के 169 गीत हैं, जिनमें 78 तो 'होरी' शीर्षक में रखे गए हैं, परन्तु 91 गीत नीचे लिखे 34 उपशीर्षकों में संगृहीत हैं। कहीं पूरा पृष्ठ और कहीं आधा पृष्ठ एक उपशीर्षक के लिए दे दिया गया है। उनमें कितने पृष्ठ सादे हैं तथा अधिकांश गीतों के स्थान भी सादे ही हैं। नीचे की सूची में प्रत्येक नाम के आगे कोष्ठकों के भीतर के अंक से उस उपशीर्षक में लिखे हुए गीतों की संख्या सूचित है–

भीमपलाशी (1), देवगरी (शून्य), गौरी (1), सामकले आन (शून्य), छायानट (3), ऐमन (3), भोपाली (1), हमीर (1), केडारा (2), शंकराभरन (शून्य), अड़ाना (9), कान्हाड़ा (3), कामोद (2), परज (2), पमाइच (1), सोहनी (5), बेहाग (2), सोरठ (7), जाजवन्ती (2), मालकोश (1), सारंग (5), नट (शून्य), पूरबी (शून्य), बीजे (1), झंझौरी (9), सिन्ध (14), भैरो (4), भैरबी (1), ललित (3), बेलाबर (1), अलहिआ (शून्य), सरपरदा (1), टोड़ी (5) और आसावरी (1)।

दोहों का संग्रह भी छोटा नहीं है। एक स्थान पर बिहारीलाल का सतसैया भी आरम्भ किया गया है, पर इसमें एक शीर्षक, जिसके अन्तर्गत सबसे अधिक गीतों का संग्रह है, होरी है।

इसी पोथे में मुझे दो पन्ने, अर्थात् 4 पृष्ठों में बरवै मिले। पूरा खोजने पर भी बरवै का तीसरा पन्ना नहीं मिला। चौथे पृष्ठ के अन्त में ऐसा कोई संकेत नहीं है कि यही उसका अन्त है। और, पन्ने में संख्या है ही नहीं, जिससे निर्णय किया जा सके कि संग्रहकर्त्ता ने कुल इतने ही बरवै के पद लिखे थे या इसका कोई अंश नष्ट भी हो गया।

इस पोथे में कई लेखकों की लिपियाँ हैं, जो प्रायः भिन्न-भिन्न समय की हैं, परन्तु होरी के गीतों के शीर्षक, और ये बरवै उन्हीं गोविन्द राम तिवाड़ी की लिपि में हैं, जिन्होंने सम्वत् 1876 में सामुद्रिक शास्त्र लिखा है। मुझे तो ऐसा प्रतीत होता है कि यह पोथा इन्हीं गोवन्द राम तिवाड़ी का है। इन्होंने ही इसे आरम्भ किया और ये ही समय-समय पर दूसरों से भी गीत लिखवाते गए। ये शायद राय राधारमणदास के पुरोहित थे, काशी में रहते, इसलिए संस्कृत नहीं भी जानते थे, तो भी टूटी-फूटी भाषा में संस्कृत भी लिखने का साहस कर लेते थे। पर, ये जो भी रहे हों, थे बड़े ही रसिक। आज से डेढ़ सौ वर्ष पहले एक हजार से अधिक गीतों और कवित्तों का

संग्रह इन्होंने कर लिया था। इन पदों को मैंने वैसा ही लिखा है, जैसा उस पोथे में लिखा है और उस लेख का वैशिष्ट्य कहीं भी दो पंक्तियाँ पढ़ने से, किसी को भी व्यक्त हो जायगा।

बरवै बड़ा ही रोचक छन्द है। इसलिए, मैंने इसे लिख डाला। इस समस्त पोथे में सबलस्याम का ऋतुसंहार ही एक ऐसा सम्पूर्ण काव्य मिला, जिसे सुधी-समाज के समक्ष उपस्थित किया जा सकता है। इसकी वर्णन-शैली परम्परागत रीति के अनुसार ही है, फिर भी राबलस्याम की उक्ति विच्छित्तिपूर्ण है और स्फुट पदों में भी चमत्कार है। पता नहीं, यह ऋतुसंहार काव्य अथवा बरवै के ये स्फुट पद प्रकाशित हैं या नहीं। यदि नहीं हैं, तो उन्नीसवीं शताब्दी के आरम्भ की यह रचना हिन्दी-जगत् में अवश्य ही सम्मान्य सिद्ध होगी। 'रितुसंहार' अविकल रूप से यहाँ उद्धृत है–

षट्‌ ऋतु-वर्णन (वरनन)

सबलस्याम कृत

अथ ग्रीषम रितु वरनन

तपन तपै रितु ग्रीषम तीछन घाम। तकि तरुनी तम सोऐ सीतल वाम ॥1॥
छाँह सघन तरु भावै वालंभ साथ। की पिय परम सरोवर सीतल पाथ ॥2॥
बहे प्रबल अति दारुन असहन वात। साँझ समैं मन भावै सर-जल जात ॥3॥
पिय संग सेज सोहावनि भवन उशीर। भाव संग विलेपन सुरभि समीर ॥4॥
जेठ मास सषि सीतल वट की छाँह। करुइ निन्द सिरहनवां पिय की वाँह ॥5॥
पिय-कर-परम-(स?) रस सुप चंदन जंक। भावनि रजनि सोहावनि दरस मयंक ॥6॥
पिय संग हीतल जौं विधि देइ। बहुरि न करे विछोह प्रान वरु लेइ ॥7॥
फनी तोर मुष जोये फनतर भेकु। सिंध्य सटातर सोये मृग रस ऐकु ॥8॥
पाटल बाँस पटल वन भावे ताहि। भुलेउन कबहु भवर घर आबे जाहि ॥9॥
सबलस्याम रितु ग्रीषम उपवन वाग। तरु सीतल अव हीतल जनु दव दाग ॥10॥
घर उपवन वन वीथिन सरवर वारि। जहा देपों तहा हरि बिनु जरत दवारि ॥11॥
कवहु असाढ़ घनाघन कबहु के छाँह। निरखि निरखि मन झुरवै तिय बिनु नाह ॥12॥
बहुत वार पिअ परषेउ अनि हित मोर। अब गहि सबति बिगारे उधों केहि बोर ॥13॥
सवलस्याम रितु ग्रीषम सुर तिन कीन्ह। सवति सतापिनि पापिनि सब दुष दीन्ह ॥14॥
वरिन जाहु सषि उपजत वन विष सोइ। सपनेउ काठ पुपरिआ सवतिन होइ ॥15॥

अथ वरषा रितु वरनन

रितु वरषा घन जोवन पिय परदेस। नदी नाद सम भरिगा यहे अंदेस ॥1॥
गरजि गरजि घन वरसै नभ घन घोर। झोकवन पवन चले वन बोले मोर ॥2॥
बरसै रिमिझिमि वुंदिअन सावन मास। पियसंग सेज सोहावन सब सुष रास ॥3॥
गावे गीत हिंडोले पिय संग वाम। मनहु जगावत बरबस सोअत काम ॥4॥
चमक वीजु घन गरजे लरजे प्रान। वरसे बुंद सघन तम जस भलवान ॥5॥
वोले कुहुकि कोइलिआ जस रितुराज। सुनि धुनि सवन न भावे विनु ब्रजराज। ॥6॥
घुमरि घुमरि घन वरसे चमके बीजु। पिय बिनु भवन न भावे भादो तीजु ॥7॥
भादो भवन न भावे पिय विनु सेज। हरित निहारि मद जारत जरत करेज ॥8॥
झोंकवनि झोकवनि फरिगा सरस पजूर। जोवन जात दिन पाहुन वालंभ दूर ॥9॥
भरि गऐ ताल सघन वन सरस रसाल। बहुत ऊंच सषि सर हर वालंभ बाल ॥10॥
यह संग वीर वहूटिन्हि केहि विधि दीन्ह। वालंभु वाल तरुन तन केहि विधि कीन्ह ॥11॥
जरे हरे भऐ वन घन वरसत मेह। विरह दहत छव दारुन पति रि (त) देह ॥12॥
गरजि गरजि पय नीरद बरसत जात। चढ़ि चढ़ि विरह बेअरिआ तन लपटात ॥13॥
वरसे स्याम घनाघन विनु घनस्याम। निस दिन सहइ दुसह दुष चातिक वाम ॥14॥
सवलस्याम सषि ऐहि रितु गवनन कीन्ह। पापिनि सवति सकल सुष मधुपुर लीन्ह॥15॥

अथ सरद रितु वरनन

सरद समय सषि सोहन पोहन जोग। मो मन नयन न भावे स्याम वियोग ॥1॥
कहु सषि स्याम नीलघन कहु भय सेत। सबलस्याम विनु व्याकुल हृदै अचेत ॥2॥
मिलवइ आनि कवनि सपि वालंभु मोर। नयन प्रान सम अति हित स्याम किसोर ॥3॥
अमल कमल जलकुमुदिनि मालति वाग। प्रफुलित देषि दहत मन पिअ अनुराग ॥4॥
लाल फूल धुपहरिया मन हरि लेत। वालम अधर मधुर मधु जनु कहि देत ॥5॥
शात पात कर रुपबा फूलेउ फूल। वालंभु मोर भवरवा धौंकेहि भूल ॥6॥
भोर भै (?) न मन झुरवै हसनि सो सोह। बोलौ अब तन भावै आवै मोह ॥7॥
पंजन जन मन रंजन मनहु सुरेस। अब सपि नयन न भावै पिय परदेस ॥8॥
नभ ससि विम (ल ?) विराजे राजे राति। पिअ सीतल अबहिल अब भै राति ॥9॥
चंद किरन तन वेधै विनु घनस्याम। विसवस हेरि हरै मन मनमथ काम ॥10॥
कुंज कुंजवन उपवन सरित समाज। तन मन देषि दहत सषि विनु ब्रजराज ॥11॥
भूलेउ भवरन एहिवन आवन कीन्ह। कुसुमति बेलि कवन सषि जेहि पिअ लीन्ह ॥12॥
सबलस्याम सपि एहि ब्रज सव सुष रासि। कारकुँअर विनु नहि सुष कातिक मास ॥13॥
वैरिनि सवति कवनि असि जेहि पियलीन्ह। मन मोहन मन मोहेउ का पढ़ि दीन्ह ॥14॥
गरिन जाहु सपि उपवन सवति अँकूर। जौं विधि करै न भावै बालंभु पूर ॥15॥

अथ हेमन्त रितु वरनन

गइ सषि सरस सरद रितु हिम रितु आइ। वालंभ दूर दुसह दुष सहिय न जाइ ॥1॥
चंद कीर अति सीतल परत तुषार। करत दूर उर अन्तर पिय तिय हार ॥2॥
भरि गऐ ताल सघन वन पुरइनि पात। रवि के किरन मंद भइ ससि सरसात ॥3॥
भावे चंदन रंजन रजनि समीर। भावे सेज सोहावनि बालभ तीर ॥4॥
घाव (?) प्रान नयनमा दिन अरु राति। पावइ नाह न आये धोकेंहि भाति ॥5॥
सषि विनु स्याम न भावे सीत सेज। सागर विरह पवन तन दवइ करेज ॥6॥
सरस लाल महि सोहै जोहै लोग। ससि नवीन मन भावै स्याम वियोग ॥7॥
भावे पान परम प्रिय वसन गभीर। यह उ दुसह भइ एहि ब्रज बिनु जदुवीर ॥8॥
अगतन पूस मास दुइ लागइ जंद। सबलस्याम सपि सेजिया इह सुपचंद ॥9॥
वहे पवन जस तैसइ वोढ़िय पीठि। भयो वाम विधि दाहिन विनु पिय डीठि ॥10॥
पिय संग रहत करत सुख कामइ दीन्ह। ताको सवतिआ पापिनि सव हर लीन्ह ॥11॥
कल न परत सषि निसदिन विनु ब्रजराज। कासों कहौं कठिन दुष आवइ लाज ॥12॥
बालंभ विरह दुसह दुष सहियो न जाइ। जेहि तन होइ सो जाने पीर पराइ ॥13॥
फूले सरववर सरस वन मधुकर भीर। देषि दहत निसदिन विनु स्याम सरीर ॥14॥
गयो स्याम विनु हिमरितु सहत कलेस। आयो सिसिर न पाएउ सुरति संदेस ॥15॥

अथ सिसिर रितु बरनन

सीतल सेज सिसिर रितु सीतल वारि। सीतल रजनी सीतके वहए वेआरि ॥1॥
यहौ जात दिन वीतत अवधि अधार। सिसिर सोच वालंभु के आवनिहार ॥2॥
बोले सारस जोरिआ आधी राति। सुनत स्याम विन छतिआ नहि विरहाति ॥3॥
भावत भवर सिसिर रितु जेहि न समीर। कोउ सषि आनि मिलावे वालंभु वीर ॥4॥
भवर चंदरनन्हि मलयज वारि। पीर होत विनु बालंभु सिसिर निहारि ॥5॥
सवलस्याम परदेसवाँ कहै को जाइ। माघ पाति माधो कै जों फिरि आइ ॥6॥
तुहिन परत भइ सीतल पिय बिनु राति। पुनि ससि किरनि सिसिर के ससि सरसाति ॥7॥
गगन ताल भऐ धूमिल परय तुषार। हरि विनु रजनि न भावे कुंकुम हार ॥8॥
माघ मास श्री पांचे सव हित जोग। मधुवन स्याम सपा सपि यहे वियोग ॥9॥
भूषन वसन न भावै विनु ब्रजराज। दिन दिन वढ़त देषि दुष फागुन माज ॥10॥
फागुन मास सरस सुख तिय पिय साथ। सहि न जात दुष यहि ब्रज विनु ब्रजनाथ ॥11॥
डफ के सबद श्रवन सुनि मन फिरि जात। सवलस्याम विनु यहि ब्रज कछ न सोहात ॥12॥
अब यह फागुन कवनि विधि देषेय वाम। नयन प्रान मधुवनहीं जहा घनस्याम ॥13॥
जस सुख हमे स्याम बिनु कुवुजहि होइ। जह लाएउ हरि विछुरत ब्रज विष सोइ ॥14॥
गयेउ सिसिर सषि आयो सुरभि समाज। भयो देषि दुष दारुन बिनु ब्रजराज ॥15॥

अथ वसन्त रितु वरनन

धनु गुन भरमन सहती तीषन तीर। विरहिनि हृदय वेध किए रितु वलवीर ॥1॥
प्रफुलित रितु वसंत सषि तसवन वेलि। सोहै कमल विमल सर अतिकुल केलि ॥2॥
दिन अरु राति सरस सुष सोहै कंध। मंद मंद चले सीतल पवन सुगन्ध ॥3॥
तरु तमाल सषि सोहय मोहै नैन (मैन)। स्याम वियोग न भावै नहि सुख चैन ॥4॥
आमव? डार भर सोहै कोकिल वोल। गुंजत फिरहि भृङ्ग गन मुनि मन डोल ॥5॥
चैत मास चित्त चढ़ि गइ मूरति काम। बढ़ि गइ विरह वेलि तन व्याकुल वाम ॥6॥
सांवल वरन करहु वन ढक वन लाग। परि गइ स्याम विरह तन जनु दव दाग ॥7॥
ढकवन लाल फूल सषि विपिन विभाग। वालम विरह अगिनि वन जनु दव दाग ॥8॥
का बड़ भएउ सेमरवा फूलेउ फूल। जो पै स्याम भवर सषि नहि अनुकूल ॥9॥
अरुन वरन कुसमित भाइ...। प्रगटेउ प्रथम सेमर कर जनु दव दाग ॥10॥
फूलेउ फूल कोरैया का मग माँझ। विमलेउ स्याम भँवर धाउन वन वाँझ ॥11॥
फूलेउ कुंद विसाल सो निर्मल कान्ति। हसनि स्याम कै सोहै जैसिय भाँति ॥12॥
माधव कानव मालनि माधव मास। इह सुष समय विसारेउ पिय परवास ॥13॥
सवलस्याम सुन्दर वर हित चित चोर। पीत वसन मन भावै नन्द किसोर ॥14॥
चितवन पनप राति दिन समय वसन्त। पायउ सुरति सन्देसन आयउ कन्त ॥15॥
इति श्री सवलसिंघ कृतौ रितुसंहार काव्ये वल्लव्येभल्लभानुरागे सूचक वर्ननम् ॥

ऋतुसंहार के अतिरिक्त स्फुट वरवै के भी कुछ उदाहरण प्रस्तुत किए जा रहे हैं–

अथ असफुट बरवै बहुकृत

वालंभु फुली पंडरिया हमरे देस। केहि पर केस गुंथावो पिय परदेस ॥1॥
वालंभु टुटी हरैया का गुंथि देइ। जा पै जाँव गुंथावन सो रस लेइ ॥2॥
रेंड़ रूप जनि सीचहु भीतर पोल। तिरिये जनि पतिअइहहु मीठे बोल ॥3॥
हंसि करि चढ़ी अररिया उतरी रोय। बालंभु तोरि अनुहरिया देषउ न कोय ॥4॥
वालंभु वालंभु मति करु जनि मरु रोय। चला जात संसार अमर नहिं कोय ॥5॥
काहे को गई ववुरवन किन्ह मति दीन्ह। महुआ के अस कुचवा किन रस लीन्ह ॥6॥
हरे कसव की अंगिया विदुलि लिलार। काह के कंत रिझावों करिके सिंगार ॥7॥
टूटि फाटि घर टटिया पटिअहु टूटि। पियके हाथ उसिसवा सुष के लूटि ॥8॥
पेलि लेहु लरिकाइयाँ लरिकन साथ। फेरि पाछे पछतैहहु मलि मलि हाथ ॥9॥
वालंभु तोरि कोठरियाँ पैठेव बोर। सैंया कि लैगा पगरिया लटकन मोर ॥10॥
माय बाप धरि दीन्ही चली भइ रोय। सैयां से नहीं चिन्हरिया कसकस होय ॥11॥
उठत वयस मसि भीजत कागद फाट। करन न पाइ वेसहनी उठिगा हाट ॥12॥
वालंभु चलत न लीन्ही हियरे लाय। वाही हूक करेजवा कसकत हाय ॥13॥

काटो पेड़ चमेलिया करउ ले हार। तुमरो भवर लोभायो बाल कुमार ॥14॥
पथिक एक पनिघटवां कहत पियाव। ननदोलि तोरि वलिहरियां फेरि कहाव ॥15॥
हरदि वरन मोरि देहिया पियके वियोग। कौन विधा मोहि पूछौ वौरे लोग ॥16॥
कोइलि बिनु वन सून अहिर विनु गाय। पिय विनु सून परोलना धै धै षाय ॥17॥
अब कस करिवो ननदिया ससुरे जात। चलन कहत लगवरवा हमरे साथ ॥18॥

(बिहार राष्ट्रभाषा परिषद् पत्रिका, जुलाइ, 1961)

अलयी-कुल-प्रकाश

अलयी-कुल-प्रकाश

प्राक्कथन

मिथिलाक सर्वाङ्गीण इतिहासक हेतु अन्वेषण करैत किछु दिन भेल जे हमर दृष्टि मिथिलाक अनुपम निधि पञ्जी-साहित्यक दिशि गेल। ओना तँ मिथिलाक पुरातत्वक विषयमे अनुसन्धाने की भेल अछि, जाही दिशि दृष्टि देब ताही दिशि सबटा कार्य पड़ले भेटत, परन्तु एहि पञ्जी-साहित्यक तँ दर्शनो प्रायः थोड़हि महानुभावकेँ भेल छैन्हि ओ एहि आधार पर अनुसन्धान करबाक सुयोग प्रायः सबसँ पूर्व हमरहि भेल अछि। एक तँ पञ्जीकार लोकनि अपन सर्वस्व बूझि पञ्जीक पोथी केँ बड़ गुप्त रूपसँ सुरक्षित रखले छथि, दोसर एकर रचना-शैली सेहो किछु एहन संकेतमय छैक जे बिनु गुरुक बुझओलैँ पोथीसँ किछु बूझि लेब सुगम नहि छैक। अपन प्रभु श्री मन्मिथिलेशक असीम अनुकम्पासँ पोथी हमरा दुर्लभ नहि रहल; चारि गोट शाखाक ओ चारि गोट मूलक पोथी हम राजकीय पुस्तकालयक हेतु प्राप्त कएल अछि। गुरु सेहो हमरा भाग्यसँ भेटलाह—बड़ सुयोग्य, पञ्जीकारक वंशक, एगारह पुरुषक पञ्जीकार, शिवनगर (रसाढ़) क नवयुवक पण्डित श्री मोदानन्दझा। स्वर्गीय म.म. डाक्टर सर गङ्गानाथझाक तत्वावधानमे जे अन्तिम धौत-परीक्षा दड़िभङ्गामे भेल छल ताहिमे पञ्जीशास्त्रमे ई पञ्जीकार अपूर्व सफलता सँ समुत्तीर्ण भए श्रीमन्मिथिलेशक हाथसँ धोतीक सङ्ग सङ्ग दोशाला एहो पाओल। एहन विद्धान गुरुक कृपासँ एहि साहित्यक संकेत हमरा हेतु सुगम भए गेल ओ तहिआसँ एहि साहित्यक अनुशीलन करैत हम कतोक नव-नव विषय समय-समयपर-पत्र-पत्रिकादिमे प्रकाशित कराओल अछि ओ कराए रहल छी परन्तु आरम्भहिसँ हमरा मनोरथ अछि मिथिलाक सामाजिक इतिहास संकलित कए प्रकाशित करी।

हमरा लोकनिक समाजक वर्त्तमान व्यवस्था आइसँ सबा छओ सए वर्ष पूर्व पञ्जी-प्रबन्धक सङ्ग-सङ्ग भेल छल जकरा 'हरिसिंहदेवी' व्यवस्था कहैत छिऐक। ई व्यवस्था मिथिलाक अन्तिम कर्णाटवंशीय क्षत्रिय महाराज हरिसिंह

देवक निर्माणित कहल जाइत अछि परन्तु एकर आरम्भ धरि ओ कराए सकलाह। सम्पन्न जखन ई भेल ताहिसँ पूर्वहिँ महाराज हरिसिंह देवके 'दुर्दैवदर्शितपथा' नेपाल-गिरिक आश्रयण करए पड़ल छल परन्तू जे ँ ई आरम्भ हुनके कराओल छल तेँ लोक एकरा हुनकहि नामेँ कहल, जाहिसँ उदीयमान किन्तु अकालहिँ अस्तमित धर्मप्राण महाराजक नाम अमर रहओ। तहिआसँ एहि व्यवस्थामे कतेक परिवर्त्तन भेल अछि, कतेक परिवर्धन भेल अछि, कतेक संशोधन भेल अछि, परन्तु एखन पर्यन्त ई अनुवर्त्तमान अछि तथा कालक स्रोतमे पड़ि एहिमे कतबो शिथिलता आबि गेल हो, प्राचीन आदर्श कतबो विस्मृत भए गेल हो, परन्तु एहिमे कोनो सन्देह नहि जे आइ धरि ई जीवित अछि। छओ सए वर्षसँ अधिक दिनक कोनो संस्था आदरणीय थीक, ओकर विकास एवं प्रकाश अध्येतव्य थीक, ओकर तत्व किंवा रहस्य अन्वेष्टव्य थीक; ई तँ हमरा लोकनिक अपन समाजक व्यवस्था थीक एहीमे हमरालोकनि आइ तेरह चौदह पुस्तिसँ रहैत आएल छी। एकर इतिहास जँ हमरा लोकनि स्वयं नहि बुझी ओ संसारकेँ नहि बुझाए सकी तँ हमरा लोकनिक स्वाभिमान, स्वदेशप्रेम, स्वजातिगौरवकेँ कलङ्क थीक।

परन्तु कार्य अछि ई दुरूह। मैथिल ब्राह्मण ओ कर्णकायस्थ दू जातिक पञ्जी आइ धरि सुरक्षित अछि। ताहिमे कायस्थक पञ्जी तँ हम एखन पर्यन्त देखबो नहि कएल अछि, ब्राह्मणहुक पञ्जीक विशालता के ँ स्मरण कए इएह बोध होइत अछि जे एहू पञ्जीक एक क्षुद्र अंश मात्र एखन पर्यन्त हमरा हस्तगत भेल अछि ओ तेँ अनेकानेक सन्देह अछिए। अनुसन्धानक काज चलि रहल अछि ओ सामाजिक इतिहास संकलित करबामे किछु विलम्ब अछि परन्तु ओहिसँ पूर्व मनोरथ भेल जे चँओतीस गोट जे मैथिल ब्राह्मणक विशिष्ट कुल पञ्जीमे परिगणित अछि ताहिमे फन्नाबारक कुल जे एमहर आबि केवल विद्याक वैभवसँ वैशिष्ट्यकेँ प्राप्त भेल अछि से मिलाए पँएतीसो गोट मूलक परिचयात्मक छोट-छोट प्रबन्ध लिखी जाहिसँ मैथिल ब्राह्मणक सकल सतकुलक, ओ तेँ प्रायः समस्त मैथिलब्राह्मणक, इतिहासक एक गोट स्थूल रूपरेखा प्रस्तुत भए जाएत ओ ताहि आधार पर सम्पूर्ण समाजक समष्टि रूपसँ विचार कए एक गोट इतिहास लिखब सुगम होएत। ओही बड़ पैघ मनोरथक पूर्ति करबाक क्रममे बानगीक रूपमे "अलयी" मूलक एक गोट शाखाक ई परिचयात्मक प्रबन्ध प्रस्तुत कएल अछि। समाज एकरा जाहि रूपसँ स्वीकार करत ताहि पर हमर अग्रिम कार्यक्रम अवलम्बित अछि।

एहि मूलकेँ बिछबाक कए गोट कारण। प्रथम, तँ, अक्षरानुमेँ ई सर्वप्रथम थीक ओ कोन क्रमसँ उठाबी ताहिमे अक्षरानुक्रम बड़ पुरान ओ निर्दुष्ट प्रतीत भेल। दोसर, एहि मूलक विस्तार थोड़ अछि माण्डर मूलमे चौहत्तरि गोट शाखा भेटैत अछि, एहि मूलमे पन्द्रह गोट मात्र। तेसर, एहि कुलमे एमहर दू सए

वर्षसँ राज्यक अधिगमसँ एकरा राजनैतिको महत्व भए गेल छैक ओ पैघ-पैघ तथा पुरान-पुरान राज्यक इतिहास लिखबासँ पूर्व छोट छोट वस्तुपर हाथ बैसाए लेब नीक बुझलाँ गेल।

चारिम कारण वैयक्तिक अछि। दू वर्ष पूर्व अयाची भवनाथ ओ हुनक शंकरावतार पुत्ररत्न सन्मिश्र शंकरक वंशधर लालगञ्जक श्री भीमनाथ मिश्र, जनिक पिता बनैलीक स्वर्गीय राजा पद्मानन्द सिंहक कन्यासँ विवाह कए सोतिसमाजसँ बहिर्भूत छलाह, अपन असाधारण गुणगरिमासँ सोतिसमाजकेँ प्रभावित कए, ओकरा सपक्ष बनाए, सोतिआइक अधिनायक श्री मन्मिथिलेशसँ अनुग्रह प्राप्त कएल ओ पुनि सोतिसमाजमे परिगृहीत भए गेलाह। एहि अनुग्रहक समासादन मे हमर यावच्छक्य सहयोग हुनका प्राप्त छलैन्हि। फलतः एमहर दू वर्ष सँ हम कतेक कुचेष्टा, कतेक उपहास, कतेक कुकाव्यक भाजन भए गेल छी से सोतिपुराक लोक जनैत अछि। एहि मे हमरा किञ्चितो सन्देह नहि अछि जे श्री5मन्मिथिलेशक ओतए हमरा लोकनि जे अनुग्रहक हेतु निवेदन कएल से हरिसिंहदेवी व्यवस्थाक सर्वथा अनुकूल क्रिया छल ओ ई अनुग्रह उचित-प्राप्त छल, परन्तु अज्ञानतामूलक मिथ्याभिमान सँ जे जन एहि हेतु हमरा लोकनिक उपहास कएल तनिकहु हम दोष नहि दैत छिऐन्हि, कारण जे हरिसिंहदेवीक मूलतत्व ओ ओकर आदर्शक उत्कर्ष कए गोटए जनैत छथि तथा कए गोटए बनैली राजकुलक हरिसिंहदेवी व्यवस्थाक प्रति कएल गेल सेवा ओ त्यागक महिमाकेँ जनैत छथि? अतएव एहि व्यापक अज्ञानान्धकारकेँ दूर करबाक हेतु, हरिसिंहदेवी समाज-व्यवस्थाक मूलतत्व केँ सुस्पष्ट करबाक हेतु, ओकर उच्च आदर्शकेँ ख्यापित करबाक हेतु तथा ताहि मापदण्डसँ अलैबार-लोकनिक सेवा ओ त्यागक मूल्य अंकित कए ओकर उचित प्राप्त सत्ताकेँ निर्धारित करबाक हेतु हमरा एहि वंशक परिचय लिखब वैयक्तिक रूप सँ आओर आवश्यक प्रतीत होअए लागल। तेँ एहि प्रबन्ध मे हमर दृष्टिकोणकेँ इएह वैयक्तिक कारण नियमन कएल अछि से कथा हम मुक्तकण्ठ सँ आरम्भहि मे कहि दैत छी, कारण जे एकरा पढ़ि ई धारणा भए सकैत अछि जे हम केवल ककरहु पक्ष मे साधन एकत्र कए तकर पुष्टि मात्र कए रहलहुँ अछि। हम जे किछु कहल अछि सबटा सत्य ओ सप्रमाण। जतए हम अनुमानतः किछु कहल अछि ततए से स्पष्ट शब्देँ व्यक्त कए देल अछि।

प्रबन्ध ई एहि प्रकारक प्रथमे थीक। पञ्जी सँ इतिहासकेँ कोना संकलित करब तकर ई बानगीक रूपमे प्रयास मात्र भेल अछि। पूर्णता तँ एहि विश्वमे भेटबे कठिन ताहूमे एहिमे ताहि हेतु यत्नो नहि कएल गेल अछि। पञ्जीकसाहित्य बड़ विशाल छैक, जाहिमे एक गोट क्षुद्र अंश मात्र हमरा उपलब्ध। ताहू पर सँ पञ्जीकार जकाँ हमरा सबटा अभ्यास नहि; सब ठाम विद्या पुस्तकस्था। परिचय

हम सोतिओक नहि जानी, पछबारिपारक तँ कथे कोन तथा जएबारक प्रसङ्ग एखन पर्यन्त अन्धकारहि मे छी। अतएव एहि प्रबन्ध मे अनेकानेक त्रुटि भेटत। कतोक तँ स्वयं हमरा अपनहि दृष्टि मे अछि ओ ताहि दिशि सबहिक ध्यान आकृष्ट कए सावधान कैए दैत छी।

एहि प्रबन्धके ँ अलैबारक सर्वाङ्गीण इतिहास नहि बुझब। से तँ तखन सम्भव होइत जँ हम ओकर प्रत्येक उपशाखाक अद्यपर्यन्तक परिचय दितहुँ। से हमरा अपनहु विदित नहि अछि। अतएव हम साधारण तथा उपशाखाक पृथकत्व देखाए बिरत भए गेल छी। एकरा ते ँ व्यापक नहि मानि दृष्टान्त-स्वरूप बुझब। बनैली राजकुलहुक विवरण अत्यन्त संक्षिप्त अछि ओ बहुत विषय हम नहि दए सकलहुँ। एकरो कारण ओएह। पूर्णता हमर उद्देश्य नहि छल। हम तँ केवल रूपरेखा अंकित कएल अछि ओ एहिमे जतेक अन्वेषण कए नव-नव विषयक समावेश कए सकब से सब एहि चित्रमे रङ्ग भरबाक काज करत।

दोसर, विषयके ँ सकल साधारणक बुद्धिगम्य ओ भाषाके ँ तदनुरूप करबाक निमित्त सचेष्ट रहितहुँ सम्भव थीक जे कतोक विषय सुस्पष्ट नहि भेल हो। टिप्पणी सब ओ वंशावलीक चित्र, जकरा हम उपयुक्त नामक अभावमे कुलचित्र कहल अछि, प्रचुर मात्रामे तँहि देल अछि जकरा मिलाएके ँ विवरण पढ़ला उत्तर विषय सुस्पष्ट भए जाएत, परिचय चित्र जकाँ आँखिक समक्ष अंकित बुझि पड़त। तथापि पञ्जी-साहित्य ओ हरिसिंहदेवी व्यवस्थाक विषय थीक ते ँ एकरा बुझाबक हेतु ताहि सबहिक साधारणो अवगति आवश्यक। कतोक व्यक्ति कहताह जे ई पँजिआरक पोथी थीक। आक्षेप मिथ्या नहि। पञ्जी-साहित्यात्मक प्रबन्ध तँ पँजिआरिए होएत। मुदा द्रष्टव्य एतबए जे से सुस्पष्ट अछि वा नहि, ओ उपन्यास जकाँ ई मनोरञ्जनक वस्तु तँ थीके नहि, किछु यत्नो कएला उत्तर साधारणो शिक्षित व्यक्तिके ँ ई बुझबाक योग्य होइत अछि वा नहि। एही कारणे ँ एहिमे पुनरुक्ति बड़ भेटत। मुख्य-मुख्य विषय अनेको ठाम आएल अछि ओ हम प्रायः सब ठाम ओकर प्रतिपादन कएल अछि, एक ठाम कए गेलहुँ ते ँ दोसर ठाम नहि करी से नीति नहि धएल।

प्रबन्धके ँ सरल एवं सुबोध बनएबाक हेतु कतोक एहनो विषय हमरा लिखए पड़ल अछि जे अप्रासङ्गिक बूझि पड़त। परन्तु से हमरा निरुपाय भए करए पड़ल। एहि साहित्यक यदि आओर ग्रन्थ विद्यमान रहैत अथवा एहि प्रसङ्ग यदि शिक्षितहु समाज मध्य किछुओ ज्ञान रहैत, थोड़ो परिचय साधारणतया उपलब्ध रहैत, तँ हम अप्रासङ्गिक विषयक प्रतिपादन नहि करितहुँ। आशा तँ इएह अछि जे एहिसँ पाठकगण असन्तुष्ट नहि प्रत्युत सन्तुष्टे होएताह।

तखन सबटा कथा हम अभ्रान्तो लिखल अछि तकरो अभिमान हम नहि करब। कए गोट परिचय तकबामे हमरा मासो दिन पोथी सब उलटाबए पड़ल

अछि ओ अपना जनैत हम सबटा परिचय खूब नीक जकाँ जाँचिकेँ लिखल अछि परन्तु तैओ प्रमादवशतः किंवा अज्ञानता सँ यदि कोनो कथा कतहु अशुद्ध लिखल भए गेल हो तँ से विज्ञजन क्षमा करथि। पँजिआड़ी मे अशुद्धि किंवा भ्रान्ति गारि भए जाइत छैक अतएव ताहि हेतु क्षमा-याचना करैत हम करबद्ध प्रार्थी छी।

अन्त मे निवेदन जे परिचयक प्रसङ्ग हम जे दृष्टान्त सब देल अछि ताहि सँ केओ हमर भावकेँ अन्यथा कए नहि बुझथि। दृष्टान्त देल जाइत छैक प्रसिद्ध वस्तुक ओ तेँ हम तेहने व्यक्तिक दृष्टान्त देल अछि जे सर्वजनप्रसिद्ध छथि, पैघ छथि। छोट लोकक दृष्टान्त देलहिँ की फल? हुनका के चिन्हत ओ यदि हुनका चिन्हलक नहि तँ दृष्टान्तक प्रयोजने सिद्ध नहि भेल। सेहो परिचय हम सब दिशिक नहि देखाए आदर्शमात्रक हेतु गोटेक देखाओल अछि। एक-एक गोटाक यावती परिचय दितहु तँ कतेक विस्तार भए जाइत! तेँ अनेक प्रसिद्धो व्यक्तिक अथवा कुलक चर्चा छूटि गेल अछि। परन्तु ककरहु हम उपेक्षाबुद्धिसँ नहि छोड़ल अछि। कतेक ठाम तँ हम गोलमोल लीखि देल अछि जे "बड़ पैघ पैघ लोक"। ताहि ठाम बुझबाक थीक जे एकर प्रसार बड़ विस्तृत छैक ओ तेँ संक्षेपमे हम संकेत मात्र कए देल अछि। यदि ओकर विश्लेषण करए लागब तँ हरिसिंहदेवीक मूर्धन्य भेल जे महापुरुष लोकनि छथि ताहिमे एहने केओ होएताह जे बाँचल रहताह।

हम जनैत छी जे समाजमे, विशेषतः हमर अपन समाजमे, जे जन संकुचित विचारक छथि से हमर एहि प्रयासक कोन रूपेँ उपहास करताह। कतोक अकारणहुँ द्वेषी, परहितासहिष्णु, निन्दक, दुर्जन एकर की-की अर्थ लगाए प्रचार करताह परन्तु हमरा समक्ष हरिसिंहदेवी व्यवस्थाक तत्वान्वेषण प्रश्न अछि ओ सत्य हमरा बल अछि। अपना जनैत हम सब ठाम गुणहिक ग्रहण ओ ख्यापन कएल अछि, दोषोद्घाटन हमर उद्देश्य नहि अछि। परन्तु सत्यक तेँ हम हिंसा नहि कएल अछि ओ जतए दोषहुक ख्यापन आवश्यक भेल, ततए सेहो करबे कएल अछि। मुदा ताहिमे हमर लक्ष्य रहल अछि केवल सत्यक प्रकाशन, उपहास नहि। आशा अछि जे केओ तेँ हमरापर असन्तुष्ट नहि होएताह। समाजकेँ अन्हरजालीमे राखि मिथ्याभिमानसँ लोककेँ दूसब ककरहु तात्कालिक हितकर, प्रेय, बोध होउक परन्तु समाजक श्रेय ताहि सँ सम्पादित नहि भए सकैत अछि। से होएत सत्यक ख्यापन सँ, मूलतत्वक विश्लेषण सँ ओ तकर प्रकाशन सँ। बङ्गालहुमे वल्लालसेनक प्रतिष्ठापित कुलीन-व्यवस्था भेल; हमरहु ओहिठाम हरिसिंहदेवक नाम पर तदनुरूपे व्यवस्था भेल। बङ्गालक व्यवस्था लुप्त भए गेल मुदा हमरालोकनि एखन पर्यन्त एकरा यथाकथञ्चिद् मानैत आबि रहल छी। की एहि दिशि विज्ञजनक ध्यान आकृष्ट नहि होएत?

वस्तुतः तेहन सुदृढ़ भित्ति पर एकर प्रसार भेल छैक जे तात्त्विक दृष्टि सँ एकर लोप भैए नहि सकैत छैक। एही तत्त्वक यथाकथञ्चिद् एतए दिग्दर्शन कराओल अछि ओ आशा अछि जे नवयुगक मैथिल मनीषी एकरा सहृदयता सँ, सहानुभूति सँ, विचारशीलता सँ अवलोकन कए हमर श्रमके ँ सफल करताह।

अपन वक्तव्य समाप्त करबा सँ पूर्व दू गोट नवयुवक पञ्जीकारक प्रति कृतज्ञता-ज्ञापन आवश्यक अछि। एक तँ हमर पञ्जीगुरु श्री मोदानन्द झा ओ दोसर ककरौड़क पञ्जीकार श्री हरिनन्दनझा। ई लोकनि जँ सङ्ग रहितथि ओ तखन ई हम लिखितहुँ तँ बहुत रास त्रुटिक संशोधन स्वयं भए जाइत। से तँ सम्भव नहि भेल। तथापि पत्रद्वारा हिनका दुहू गोटाके ँ हम जे जिज्ञासा कएल तकर समीचीन उत्तर दए ई दुहू जन हमर बड़ सहायता कएल अछि। वस्तुतः ई काज हुनकहि लोकनिक थिकैन्हि, ओ हमर एहि प्रयास सँ जँ ओ लोकनि वर्त्तमान युगक उपयुक्त रचनाशैलीक ग्रहण करथि तँ ओ लोकनि देशक बड़ पैघ उपकार कए सकताह।

इति

राज लाइब्रेरी — **श्री रमानाथ झा**

दड़िभङ्गा

कार्त्तिकी पूर्णिमा, 1358 साल

मूल

तेरहम शक शताब्दक पञ्चक दशक अथवा तत्प्रान्तमे जखन मिथिलाक समस्त सद्ब्राह्मणक परिचय संगृहीत भेल तखन देखल गेल जे शुक्ल-यजुर्वेदीय-माध्यन्दन शाखाक अनुयायी पञ्चप्रवर वत्स्यगोत्रक कए गच्छ सद्ब्राह्मण मिथिलामे छथि जे लोकनि अपन पूर्वजक परिचय दैत-दैत अपन सबसँ प्राचीन ज्ञात पूर्वजकेँ अलया गामक वासी कहल। अतएव ओहि परिचयक आधारपर जखन शाके 1248 मे पञ्जी-प्रबन्ध भेल तखन ओहि-ओहि गच्छक मूल अलयी कहल गेल तथा ओहि कुलक आदिम पुरुष कहि जाहि व्यक्तिक परिचय देल गेल से ओहि मूलक 'बीजी पुरूष' कहाओल। अलयी मूलक ब्राह्मण अलंबार कहबैत छथि।

ओहू समयमे अलैबार लोकनि अनेक ठाम बसैत छलाह। सबहुक शाखा, गोत्र ओ प्रवर एक; सबके इएह जानल जे आदिमे हमरा लोकनि अलयीक वासी थिकहुँ; परन्तु अपन-अपन जे परिचय ओ लोकनि देल ताहिसँ सब एकहि कुलक सिद्ध नहि होथि। से सिद्ध होइतथि तखन जँ सब गच्छक बीजी पुरुष केओ एक व्यक्ति ज्ञात रहितथि। परन्तु की तँ ई सब शाखा कए कुलक छलाह ओ कहिओ एकहि गाममे बसैत छलाह अथवा एकहि कुलक छलाह तँ बहुत दिन पूर्वहि शाखा फुटल छल ओ ततेक दूरधरिक परिचय तत्कालीन अलैबार लोकनिमे ककरहु ज्ञात नंहि छल। जाहि कारणसँ हो, मूल एक भेलहुँ कुल एक प्रमाणित नहि भेल ओ तेँ प्रत्येकक शाखा पृथक् निर्धारित कए देल गेल। से द्योतित करबाक हेतु ताहि दिन मूलक नामक सङ्ग-सङ्ग प्रत्येक शाखाक अर्वाचीन निवास-स्थानक नाम जोड़ि देल गेल। एवं रूपेँ पञ्जी-प्रबन्ध-कालहुमे अलयी मूलक गोट अठारहेक शाखा भए गेल, यथा (1) बाड़ अलयी,* (2) गोधौली-अलयी, (3) गढ़-अलयी, (4) सुसैला अलयी, (5) दोदन्त अलयी, (6) बसुआल अलयी, (7) टिटिहा अलयी (8) निचिताकुढ़ अलयी, (9) रेकौरा अलयी, (10) महथौर-अलयी, (11) डोडबाल-अलयी,

---

* बाड़-अलयीक अर्थ भेल 'बाड़वासी अलयी मूल'। एहिना अन्यत्रहु जानब। शाखाक सङ्ग मूलक नामक उपादानमे शाखाक नाम पूर्व कहल जाइत अछि 'मूलक पश्चात' ई नियम उप-शाखान मे सेहो जानब। यथा 'बँगिनोवासी अलयी मूल' कहल जाएत 'बैगिनी अलयी' 'महिसीवासी पाली' कहल जाएत महिसी-पाली' इत्यादि।

(12) रहेण्डा-अलयी, (13) पिहवाल अलयी, (14) कुन्दबाल अलयी, (15) सिघौली-अलयी, (16) ननौर-अलयी, (17) पाटक-अलयी ओ (18) भड़िआ-अलयी। एहिमे प्रथम आठ गोटक तँ वीजी पुरुषहुक उल्लेख भेटैत अछि, शेषक वीजी पुरुष हमरा एखन पर्यन्त उपलब्ध नहि भेल अछि। की तँ ई सब कालक्रमेँ लुप्त झए गेल अथवा ततबा न्यून भए गेल जे कोनहु नीक कुलसँ सम्बन्ध नहि रहलैक जाहि कारणसँ एकरा सबहिक वंश-परिचय कोनहु पञ्जीक पुस्तकमे संगृहीत नहि होइत अछि। एहूमे प्रथम पाँच गोटक तेँ आगाँ आबि जे उपशाखा भेल सेहो उल्लिखित भेटैत अछि। "पत्र-पञ्जी" मे प्रत्येक मूलक शाखा ओ उपशाखा सबहिक, तत्तद्शाखा ओ उपशाखाक "वीजी"क नामोल्लेखपूर्वक संकलन अछि अथच ताहिमे एहि मूलक एही पाँच गोट शाखाक उपशाखाक उल्लेख अछि। अलैबारक "परमगढ़" उपशाखा जाहिमे सम्प्रति कतेको सद्ब्राह्मण अनेक ठाम बसैत छथि एहीमे "सुसैला-अलयी" क एक गोट उपशाखा थीक।

अलयी मूलक जाहि आठ गोट शाखाक परिचय वीजीसँ लएकेँ भेटैत अछि तकर सबहुँक नीक जकाँ विवेचना कए हम देखल अछि परन्तु ई सब शाखा एकहि कुलक शाखा थीक तकर प्रमाण नहि भेटैत अछि। वैदिक शाखा, गोत्र ओ प्रवरक साम्य भिन्नहु-भिन्नहु कुल मे भए सकैत अछि ओ एतबहिक आधार पर ई मानि लेब जे ई सब एकहि कुलक शाखा थीक से असङ्गत होएत। इहो तँ सम्भव थीक जे एकहि वैदिक शाखाक एकहि गोत्रक एकहि प्रवरक भिन्न-भिन्न कुलक सद्ब्राह्मण लोकनि कोनहु समयमे अलयी गाममे बसैत छलाह जनिक सन्तान लोकनि पञ्जीप्रबन्धकाल मे भिन्न भिन्न गाम मे बसैत अपन पूर्वजक परिचय दैत अपना लोकनिक आदिम ज्ञात निवास-स्थान ओहि गामकेँ कहल। परन्तु इहो सम्भव थीक जे ई लोकनि एकहि कुलक भिन्न-भिन्न शाखा होथि परन्तु शाखाभेद बहुत दिन पूर्वहिँ भए गेल हो ओ पञ्जीप्रबन्धकालमे जे व्यक्ति लोकनि छलाह से अपन परिचय ततेक दिन पूर्व धरिक नहि जनैत होथि जाहि समय मे शाखा भेद भेल छल हो। ई विषय अनिर्णीत अछि ओ रहत। नामक साम्यसँ यदि कुल एक मानिओ लेब तैओ ई धरि मानहि पड़त जे अलयी गाम बड़ प्राचीन थीक। आगाँ हम एहि कुलक शाखा सबहिक समयहुक किछु विचार करब ओ ई देखाएब जे एहिमे कए गोट शाखाक बीजी पुरुष पञ्जीक प्रबन्धकाल सँ अन्ततः दू सए अढ़ाए सए वर्ष प्राचीन थिकाह। ताहि गाम मे हिनका लोकनिक बास ताहूसँ प्राचीन सिद्ध होइत अछि, अलयी गाम ताहू सँ प्राचीन भेल। हमरा लेखा सँ से सहस्रावधि वर्ष पूर्वक समाचार थीक।

ई अलयी गाम कतए अछि ओ सम्प्रति की कहाए प्रसिद्ध अछि? हमरा जतबा अनुसंधान कएल भेल अछि, मिथिलामे एके गोट गाम अछि जे ई गाम भए

सकैत अछि ओ से गाम थीक "अड़इ"*। रलयोर्साम्यात् अलैबार कें 'अड़ैबार' एखनहुँ कहितहिँ छैक ओ तें पूर्वक अलयी सम्प्रति 'अड़इ' भए गेल अछि। ई गाम दडिभङ्गा नगर सँ कोस चारिएक पश्चिम दड़िभंगाक सदर थाना मे मुजफ्फरपुर जिलाक सीमापर अवस्थित अछि। गाम ई बेश पैघ अछि ओ अड़इ तथा दड़िभङ्गाक मध्य मे पनिचोभ गाम अछि जे बड़ प्रसिद्ध गाम अछि तथा पञ्जीप्रबन्धकालहुमे बड़ पुरान गाम छल ओ नीक कुलक ब्राह्मणक निवास-स्थान छल जाहि कारण सँ एहि गामक नाम पर ब्राह्मणक निवास-स्थान छल जाहि कारणसँ एहि गामक नाम पर ब्राह्मणक एक गोट प्रतिष्ठित मूल अछि। एहि गाम सँ कोसेक उत्तर-पूब मे बस्तबाड़ नामक गाम अछि जतए पञ्जीक प्रबन्धकाल सँ दू सए वर्ष पूर्व नरओन मूलक एक गोट शाखाक वास छल जाहि मे हम स्वयं पड़ैत छी।

मूल ओ शाखाक निर्धारण-पुरस्सर सकल सद्ब्राह्मणक परिचय संगृहीत कए एकत्र करब ओ तकरा एहन सत् कुलक पण्डित ब्राह्मणक हाथ मे दए देब जे ओकर रक्षा करथि ओ एहि परिचय-सग्रहक आधारपर अस्वजन-पत्र लीखिकेँ देथि जे समाजमे विवाह हो—इएह भेल पञ्ची-प्रबन्ध। एकर एकमात्र उद्देश्य छल जातिक रक्षा। बिनु परिचय उपलब्ध भेलेँ स्वजनमे विवाह भए जाएत ओ ब्राह्मणेतर जातिक लोक अपनाकेँ ब्राह्मण कहि-कहि ब्राह्मणक संग विवाहादि क्रिया करए लागि जाएत—एकरे प्रतीकारक निमित्त एतेक आयाससँ पञ्जी-प्रबन्ध कएल गेल। परन्तु सर्वाशेँ परिचय उपलब्ध भेलहिँ गुण ओ दोष व्यक्त होअए लागल। ब्राह्मणत्वक मूल भेल जाति। जन्मना शुद्ध भेलहिँ ब्राह्मण, नहि तँ शास्त्र ओकरा चाण्डाल कहैत अछि। पुनि ब्राह्मणत्वक आधानक निमित्त चाही संस्कार, तथा ओकरा सुदृढ़ रखबाक हेतु आचार, जाहि बिनु ब्राह्मणत्व नहि होएत, नहि रहत। ओ ब्राह्मणक वृत्ति भेल विद्याक व्यवसाय। स्ववृत्तिक त्याग कएलासँ ओ अपन महत्ता स्थिर नहि राखि सकताह।

अतएव जन्म, आचार (जाहि मे संस्कारक शुद्धता ओ दैनन्दिन आचारक पालन दूहू अन्तर्गत अछि) ओ विद्याक व्यवसाय इएह तँ भेल ब्राह्मणत्वक माप-दण्ड। भवभूतिक 'मालतीमाधव' नाटकक टीकामे धर्माधिकरणिक महामहोपाध्याय जगद्धर एक गोट स्मृतिक वचन उद्धृत कएलेँ छथि जे

"जन्मना ब्राह्मणो ज्ञेयः संस्काराद् द्विज उच्यते।
विद्यया याति विप्रत्वं त्रिभिः श्रोत्रिय उच्यते।"

---

* एहि परिचयक हेतु हम आभारी छी अपन परम मित्र अलयी कुलक एक गोट कमल डॉक्टर श्री सुभद्र झाक। एहि गामक सरबे नम्बर 137 थिकैक तथा एकर उत्तरमे बसौली, सिमरी, बिरदीपुर, पश्चिम मे हरपुर ओ मुजफ्फपुरक जिला; दक्षिणमे सरबार, रसूलपुर, ओ बरहौलिया तथा पूबमे फुलथुआ ओ रामपुर डीह छैक। दड़िभङ्गा सँ मुजफ्फरपुर सड़क कनसी सिमरी होइत जाइत अछि ओही सिमरी सँ कोसेक उत्तर-पश्चिम सिंहवाड़ अछि ओ सटले दक्षिण अड़इ अछि।

अर्थात ब्राह्मणक शुद्ध कुल मे विशुद्ध जन्म भेल तँ ब्राह्मण भेल; संस्कार विधिवत भेलैक तखन ओ द्विज भेल; विद्याध्ययन कएलक तँ विप्र भेल; यदि तीनू भेलैक तखन ओ श्रोत्रिय थीक। हमरा लोकनिक समाज मे ब्राह्मणक सर्वोच्च श्रेणी जे एही 'श्रोत्रिय' अथवा ओकर अपभ्रंश रूप 'सोति' क नामसँ परिचित छथि से एतन्मूल के ँ बुझबाक चाही।

एहि सब विषयक स्पष्टीकरण परिचय संगृहीत भेलाक पर स्वयं भए गेल। हम एक गोट मात्र दृष्टान्त देब। सबहुँ जनैत छी जे महाराज हरिसिंहदेवक मन्त्रीलोकनि मे महाकवि विद्यापति ठाकुरक प्रपितामह लोकनि प्रमुख छलाह। सान्धिविग्रहिक देवादित्य जँ ताहि समय मे जीवित नहिओ छलाह तँ हुनक बालक लोकनि वीरेश्वर ओ गणेश्वर ओ धीरेश्वर प्रभृति तथा पौत्रलोकनि चण्डेश्वर, रामदत्त, प्रभृति अवश्य पञ्जी-प्रबन्धक अग्रगण्य नेता छल होएताह। आचारक पालन किंवा विद्याक व्यवसायमे ई लोकनि ककरासँ न्यून होइतथि? मुदा अपन परिचय तँ ई लोकनि किछु नहि जानथि। पञ्जी प्रमाण अछि जे एहि "बिसपी" मूलक बीजी पुरुष देवादित्यक पिता त्रिपाटि कर्मादित्य[1] सएह थिकाह। एहिसँ स्पष्ट अछि जे वीरेश्वर सबहुँ भाइ अपन पितामहहि धरिक नाम जानथि, ताहिसँ पूर्वक परिचय हुनका लोकनिके ज्ञात नहि छल। आब अनुमान करू जे वीरेश्वर तर्पण कोना करैत छल होएताह अथवा विवाहादिमे अस्वजनक निर्धारण कोना करैत गेल होएताह। फलतः आचारक शुद्धता एवं विद्याक उत्कर्षसँ हिनका लोकनि अत्युच्च होइतहुँ जन्मक विशुद्धिक अज्ञानताक कारणसँ केवल मध्यम श्रेणीमे राखल गेलाह।

अतएव संगृहीत परिचयक आधार पर पञ्जी-प्रबन्धोत्तरकालीन जे श्रेणीक विभाजन भेल ताहि मे चओतीस गोट मूल विशिष्ट मानल गेल। एहिमे बीसगोट तँ उत्तम श्रेणीक कहल गेल ओ चौदह गोट मध्यम श्रेणीक। पञ्चीमे ई चौआलीस गोट मूल परिगणित अछि। एहिसँ भिन्न आओर मूल साधारण ओ कतोक भ्रष्ट ओ भ्रष्टातिभ्रष्ट कहल अछि जकर नाम समेत नहि लेल गेल अछि, केवल मूलक प्रथम अक्षर* कहि संकेत मात्र कए देल गेल अछि। एमहर आबि जखन एकहि मूल मे सोति, योग्य ओ जएबार सबहिक समावेश देखैत छी तखन सन्देह होइत अछि, जे

---

1. हमरा जे पुस्तक अछि ताहिमे तँ नहि परन्तु पता लागल अछि जे कोनहु कोनहु पुस्तकमे गढ़ बिसपी मूलक बीजी पुरुष कर्मादित्य ठाकुरक पितामह विष्णु ठाकुर उल्लिखित छथि; ताहिमे देवादित्यक दोसर विवाह जाहिमे हुनका धीरेश्वर बालक, तकर परिचयमे देवादित्यक सारक नाम अछि श्वशुरक नहि। अतएव धीरेश्वर तर्पण कोना करैत छल होएताह से प्रश्न रहबे कएल ओ वीरेश्वर जँ तर्पण करितहुँ छलाह तथापि प्रमातामहक नाम ओहो नहि जानथि तथा अस्वाजन्य-निर्धारणक समस्या रहिए गेल।

* यथा पाँजि मे कहल अछि "लदफ ाः" जकर आशय भेल लगुड़दह, दहिभत, फनन्दह, ओ धनौज।

कोनहु मूलके 'अवदात'† कहि ओहि मूलक कोनहु व्यक्तिके न्यून कोना कहब?

फलतः ओहि मूलक सब व्यक्तिकेँ अवदाते कहए पड़त जाधरि कोनहु व्यक्तिक 'क्रिया'† नीच नहि देखब। वस्तुतः पञ्जी मे सोति किंवा योग्यक परिचायक किछु संकेतो टा नहि अछि। तकर कारणो स्पष्ट अछि। पञ्जीप्रबन्ध उच्च वा नीचक निर्धारणार्थ तेँ भेल नहि छल, ओ तेँ छल परिचयक संग्रह। परिचयक वैशद्य सँ आरम्भमे उच्च वा नीचक निर्धारित भेल 'मूल' ओ तें आपाततः मूलमात्रक उच्चता ओ नीचता पाछाँ आबि पञ्जीमे उपोद्घातक रूपमे जोड़ि देल गेल। सोति किंवा योग्य व्यक्तिगत वैशिष्ट्य सँ बुझल जाइत छल। क्रियाक वैशिष्ट्य सँ केओ सोति भेलाह ओ केओ योग्य परन्तु तेँ परस्पर विवाहादिमे कोनो प्रतिबन्ध तहिआ नहि छल। पूर्वापरक्रियाक विवेचनासँ कतोक व्यक्तिकें सोति चीन्हि सकैत छिऐन्हि, नहि तँ पञ्जीसँ ई कहब जे अमुक व्यक्ति सोति छलाह वा नहि, सम्भव नहि अछि। परन्तु जाहू व्यक्तिकेँ सोति चीन्हि लैत छिऐन्हि तनिको सम्बन्धपरम्परा निश्चय जे सोति नहि छलाह तनिका सङ्ग देखैत छिऐन्हि। अतएव हम तेँ बुझैत छी जे आरम्भमे मूलक विशुद्धि मात्र देखल जाइत छल, कारण, तावतैव ब्राह्मणत्व सिद्ध भए जाइत अछि ओ ब्राह्मणक सङ्ग सम्बन्ध करब ब्राह्मणक श्रेष्ठतामे हानि नहि कए सकैत अछि। आवश्यक भेल ब्राह्मणत्व मात्रक निर्धारण ओ से जँ निश्चित भए गेल, परिचयसँ केओ सन्मूलक सिद्ध भए गेलाह, तँ व्यक्तित्वें ओ उच्च रहथु वा नीच, पैघ सँ पैघ व्यक्ति हुनका ब्राह्मण जानि अपन कन्या दैथि वा हुनक कन्या ग्रहण करथि। सामाजिक उत्कर्ष किंवा अपकर्षक एकमात्र कारण जातिए टा तँ छल नहि; जाति तँ एक गोट छल ताहि सङ्ग आचार ओ विद्याक व्यवसाय सेहो तँ व्यक्तिगत उत्कर्षक अथवा अपकर्षक कारण बुझल जाइत छल।

परन्तु ई स्थिति पञ्जी-प्रबन्धकालक कहल अछि। क्रमशः क्रियाक उत्कर्ष वा अपकर्षसँ व्यक्तिगत उच्चता वा नीचता विशेष रूप सँ स्पष्ट होअए लागल, कारण, आब तँ प्रत्येकक क्रिया पञ्जीकारक, ओ तद्द्वारा सबहुँक जानल भए

---

† अवदातक अर्थ थीक स्वच्छ, कलङ्क सँ रहित। अतएव अवदात कुल ओ भेल जाहिमे कोनो कलङ्क नहि रहए। जखन आगाँ आबि पाँजिक सृष्टि भेल तखन सब पाँजि कोनहु कलङ्कहिक कारणसँ निर्धारित भेल अछि अतएव केओ पाँजिबाला व्यक्ति अवदात नहि कहाबथि। अवदात ओएह कहाबथि जनिका कोनो पाँजि नहि अबैन्हि। एहि शब्दक पारिभाषिक अर्थ अर्वाचीन थीक ओ एहि पारिभाषिक अर्थ मे आब केओ व्यक्ति अवदात नहि छथि।

† ओना तँ क्रिया सँ आचार, संस्कार, वृत्ति, ओ कुटुम्बिता-क्रिया, सब बुझबाक थीक परन्तु आन वस्तुक अवधारण एतेक दिन पछाति नहि भए सकैत अछि। केवल विवाह-क्रियाटा पञ्जी मे उल्लिखित भेटैत अछि। अतएव एतए ओ अगहुँ क्रियासँ विवाहक क्रिया बुझब जकरा कुटुम्बिताक क्रिया कहैत छिऐक, अपभ्रंशरूप कुटुमैती।

जाइत छल। पञ्चीप्रबन्ध-कालहुमे यदि कोनहु महाकुलक कोनहु शाखाक क्रिया अपकृष्ट सिद्ध भेल तँ ताहि शाखा मे मूलक नामक सङ्ग-सङ्ग ओहि शाखाक अर्वाचीन निवास-स्थानक नाम जोड़ि ओ संकेत त कए-कए देल गेल। एहि रूपक शाखाभेद पञ्जीप्रबन्धसँ प्राचीनो अनेक, प्रायः सब-महाकुलमे दृष्ट होइत अछि ओ से अधिक ठाम प्रायः अपकर्षहिक द्योतन करैत अछि। पञ्जीप्रबन्धक पश्चात तँ से द्योतित करब आओर आवश्यक भए गेल, कारण, मूलें अवदात व्यक्ति यदि न्यून क्रिया करथि तँ तकर संकेत कोना कएल जाएत ओ यदि से संकेतित नहि भेल तँ एकहि कुलक वंशधर मे उच्च ओ नीच क्रियाक भेद की रहल ओ लोक से कोना बुझत? अतएव पञ्जीप्रबन्धक सए वर्षक अभ्यन्तरहि, कतहु दू पुरुष, कतहु तीनि पुरुषक पश्चात, प्रत्येक मूल मे शाखाक विभाजन देखैत छी। मूल ओएह रहल मुदा ताहि सङ्ग-सङ्ग अर्वाचीन निवास स्थानक नाम जोड़ि जोड़ि ओहि शाखाक परिचय होअए लागल। ई नवीन नाम 'ग्राम' अथवा 'डेरा' ओ मूलग्राम 'मूल' कहबए लागल। अतएव अपन परिचय मे एखन हमरालोकनि जे अपन 'मूल' कहैत छिऐक ताहिमे दू गोट[†] गामक नाम रहैत अछि। पञ्जीप्रबन्धक पश्चात उच्चता वा नीचताक प्रथम निर्धारण एही 'डेरा' भेदसँ भेल छल ओ एखनहु कोनहु कुलक वैशिष्ट्य केवल मूलहिटा सँ नहि, अपितु ताहि सङ्ग-सङ्ग 'डेरा' क अथवा 'ग्राम' क नाम सँ स्पष्ट होइत अछि। पुनि गोटेक सए किंवा डेढ़ सए वर्षक मध्य मे एकहु डेरामे उच्चता ओ नीचताक प्रदर्शन आवश्यक भए गेल ओ से द्योतित करबोक हेतु 'पाँजि' के सृष्टि भेल। परन्तु ई सब विषय हरिसिंहदेवीक इतिहास भेल जाइत अछि ओ प्रस्तुत प्रकरण मे असंलग्न प्रतीत होएत। एतबओ एतए एहि हेतु कहल जे ई डेराक पृथक्करण किंवा पाँजिक सृष्टि पञ्जी-प्रबन्ध सँ सम्बद्ध रहितहुँ ओकर अंश नहि थीक।

पञ्जी मे डेराक नाम बड़ विरल भेटत; सर्वत्र मूल-मात्र उल्लिखित अछि। डेराक परिगणना ओ परिचयक हेतु एक गोट भिन्ने पञ्जी अछि जकरा पत्र-पञ्जी"[†] कहैत छैक। तहिना पाँजि। पञ्जीमे 'पाँजि' क कोनो चर्चो टा नहि भेटत ओ हरिसिंहदेवीक इतिहास मे सबसँ जटिल ओ रहस्यमय प्रश्न एही पाँजिक अछि। एहि सबसँ स्पष्ट भए जाइत अछि जे उच्चता किंवा नीचताक अवधारण किंवा प्रदर्शन पञ्जीप्रबन्धक उद्‌देश्य नहि छल; ओ तेँ पञ्जीप्रबन्धक आनुषङ्गिक परिणाम भेल। पञ्जीप्रबन्धमे तत्त्व छल "मूल" क विशुद्धि ओ क्रम-क्रम उच्चता वा नीचताक संकेत समाजकेँ व्यवहारक सौलभ्यार्थ आवश्यक प्रतीत भेल जकर पूर्ति पञ्जीकार लोकनि करैत रहलाह।

---

† यथा अलयीमूलक बैंगनी शाखा। पञ्जी मे ई कहल जाएत बैगनींबासि अलयी अथवा केवल 'बैंगनी-अलयी' मुदा हमरालोकनि कहइत छिऐक अलैबार बैंगनी। पञ्जीमे मूलक नाम पश्चात् ओ व्यवहार मे मूलक नामक विशेषण रूप पहिनहि दैत छिऐक। माण्डर मूलक विशेषण भेल मड़रए ओ पालीमूलक पलिबार। प्रथम अयान्त कहबैत अछि ओ दोसर बारान्त।

अस्तु; अलयी मूल पञ्जी ओहि बीस गोट मूलमे परिगणित अछि जे सब आचार्यक मतें उत्तम, श्रेष्ठ मानल गेल अछि। 'पण्डुआ' मूलक रघुदेव झा[†] बड़ विशिष्ट पञ्जीकार भए गेल छथि ओ प्राचीन पञ्जीकार मे हिनकेटा लेख हमरा उपलब्ध भेल अछि। अपना सँ पूर्वक पञ्जीक आचार्य, यथा मिश्र मङ्गलधर तथा सम्प्रदाय, यथा विश्वचक्र, एहि सबहिक मतक उल्लेख करैत ई कहैत छथि जे—

गंगौली च कुजौली च पबौली त्वलयी तथा।
बहेराढ़ी संकराढ़ी पाली पञ्ज्यान्तु श्रोत्रियाः ॥

'अयान्त' तेरह गोट मूलक निर्देश कए सात गोट 'बारान्त' मूलक नाम एतए गनाओल अछि जाहिमे 'गंगौली' 'कुजौली' 'पबौली' 'बहेराढ़ी' 'सङ्कराढ़ी' ओ 'पाली' क सङ्ग-सङ्ग 'अलयी' क सेहो नाम अछि। सोतिमे एखन एहि मे केवल कुजौली, पबौली, संकराढ़ी ओ पाली इएह चारिटा मूलक लोक छथि परन्तु पञ्जीकार रघुदेव झाक उक्तिसँ स्पष्ट अछि जे पञ्जीमे अर्थात् पञ्जीक प्रबन्धकालमे ई सातो मूल श्रोत्रियक मूल निश्चित भेल छल, सर्वोच्च मानल गेल छल, अवदात छल। आगाँ जे हम एहि कुलक विशिष्ट क्रियाकलापक किछु किछु दिग्दर्शन कराएब ताहू सँ स्पष्ट होएत जे मैथिल-ब्राह्मण-समाज मे ताहि दिन एहि कुलक मर्यादा कोन रूपक विशिष्ट छल।

परन्तु हम पूर्वहिं कहि आएल छी जे पञ्जीप्रबन्धकालहि सँ एहि मूलक गोट बीसेक शाखा भेटल ओ तेँ मूलक उल्लेख पञ्जी मे सर्वत्र विशेषण-विशिष्टे भेटत। तथापि केवल अलयी कहला सँ पञ्जी मे प्रायः सर्वत्र 'बाड़-अलयी' क बोध होइत अछि, आगाँ आबि कतहु कतहु 'गोधौली-अलयी' क। जाहि प्रकरण मे अलयी मूल केँ श्रोत्रिय कहल अछि ताहि प्रकरण मे आगाँ आबि बीसो गोट श्रेष्ठ ओ चौदहो गोट मध्यम मूलक बीजी पुरुषक उल्लेख ओहिना श्लोकबद्ध अछि। ताहिमे अलयी मूलक बीजी पुरुष 'गङ्गाधर' कहल छथि। अलयी मूलक जाहि शाखाक बीजीपुरुष गङ्गाधर भेटैत छथि तकरा कहैत छिऐक 'बाड़ अलयी'। पञ्जीप्रबन्धोत्तरकाल मे गोधौली अलयीक प्रतिष्ठा बाड़-अलयीसँ न्यून नहि, प्रत्युत कतोक अंश मे बड़ बढ़ल भेटैत अछि परन्तु गोधौली-अलयीक वीजीपुरुष थिकाह धरणीधर, गङ्गाधर नहि। हम इहो पूर्वहि कहि आएल छी जे शाखाक अर्वाचीन

---

† प्रत्येक मूल मे जाहि व्यक्तिक सन्तान जाहि डेराऊ निर्धारित भेला तनिक नाम ओहि डेराक नामक सङ्ग-सङ्ग पत्रपञ्जी मे उल्लिखित अछि। यथा अलयी मूलक एक गोट शाखाक अठारह गोट डेरा फुटाओल गेल तकर लेख पत्र-पञ्जी मे एहि रूपैँ अछि—'बुद्धिकर सन्तति बैंगनी' अर्थात अलैबार बुद्धिकरक सन्तति बैंगनीक वासी छलाह ओ तें अलैंबार बैगनी कहलैं बुद्धिकरक सन्तति द्योतित छथि। एहिना जए गोट डेरा अछि ततेक वाक्य ओहि मे सूत्ररूप सँ उल्लिखित अछि।

† पञ्जीकार रघुदेव झाक परिचय ओ हिनक समयक प्रसङ्ग हम तेसर अध्याय मे हिनक विशिष्ट कार्यक वर्णनक अवसरपर कहब।

निवास-स्थानक उल्लेख पुरस्सर जतए कतहु मूलक उल्लेख पञ्जीमे भेटैत अछि ततए अधिकांश ठाम, पाँच-सात गोट पैघ शाखाकें छाड़ि प्रायः सर्वत्र, ओहि शाखाक अपकर्षे द्योतित होइत अछि। केवल "अलयी" कहलासँ अलयीमूलक 'बाड़' शाखाक बोध होइत अछि, आओर सब शाखा मे डेराक नाम जोड़ले रहैत अछि। अतएव एहि सबसँ इएह सिद्ध होइत अछि जे पञ्जीप्रबन्धकालमेँ श्रोत्रियक श्रेणीमे परिगणित 'अलयी' मूल, जकर वीजी पुरुष "गङ्गाधर" छलाह, एहि मूलक ओ शाखा थीक जकर उल्लेख पञ्जी मे 'बाड़वासी अलयी' कहि कएल गेल अछि।

शाखा

'अलयी' मूलक ई 'बाड़-शाखा' जाहिमे शतावधि वर्षक अभ्यन्तर अठारह गोट उपशाखा नओ ग्राम मे विभक्त भेल ओ जाहि मे सम्प्रति सहस्त्रो सद्ब्राह्मण वृद्धिमान वर्तमान छथि, ताहिमे पञ्जीप्रबन्ध काल मे प्रायः दुइ घर मात्र ब्राह्मण भेटलाह। प्रथम छलाह महामहोपाध्याय रामेश्वर उपाध्याय जे अपन वैमात्रेय ओ पितिऔत भाइ लोकनिक सङ्ग प्रायः एकत्र छलाह तथा दोसर घर छल हुनक सपिण्ड रामेश्वरक पितामहक पितिऔत भाइक प्रपौत्र गयशर्माक। अपना कुलक तँ ई लोकनि छओ पुरुषक नाम कहल परन्तु यावतो× परिचय हिनका लोकनि अपन छओ पुरुषक नहि दए सकलाह। अपना बापक पितामहक पितामह धरिक नाम तँ ई लोकनि कहल परन्तु आगाँ परिचय ई लोकनि अपन पितामहक मात्रिकहिक टा धरि कहि सकलाह। निवास-स्थानक प्रसङ्ग मे ई लोकनि कहल जे आदिम ज्ञात निवास हमरा लोकनिकें 'अलयी' जानल थीक। परन्तु ई नहि निश्चय होइत अछि जे अलयी मूलक ई शाखा जाहि 'बाड़' गामक नामपर निर्धारित भेल ततए हिनका लोकनिक अपन वास छल किंवा हिनका लोकनिक सब सँ प्राचीन ज्ञात पूर्व पुरुष अर्थात् वीजी पुरुष जे छलथिन्ह तनिक वास छल। सम्भव इएह थीक जे वीजी पुरुषहिक वास ओहि बाड़ गाम मे छल, कारण, आगाँ जाए जखन डेरा फुटाओल गेल तखन पञ्जीप्रबन्धकाल वा ताहि सँ किछु पूर्वहुक व्यक्ति लोकनिक कए गोट भिन्न-भिन्न डेरा स्थिर भेल। अलयी गाममे वास हिनका लोकनिक वीजी पुरुषहुसँ पूर्वहिँ छल। हिनका लोकनिकें केवल परम्पराश्रुत छल जे हमरा लोकनि 'अलयी' क वासी थिकहुँ। अलयी वास ककर छल से हुनका लोकनिकेँ ज्ञात नहि छल।

ई बाड़ गाम कतए अछि तकर पूर्ण अनुसंधानो कएला उत्तर पता नहि लगैत अछि। एहि रूप मे तँ कोनो गाम कमसँ कम दड़िभङ्गा जिला मे नहिए अछि परन्तु

× यावतो परिचयसँ तात्पर्य थीक सोड़ह कुलक परिचय जतएसँ कन्या छठम पड़ैत अछि ओ तें सोड़हो छठम" पूर्वज छठि कहबैत छथि। ओहि सोड़हो व्यक्तिक संतान ब्राह्मणकें ओहि कन्यामे स्वाजन्य रहितहिं अछि ओ तें विवाहक अधिकार नहि होइत अछि। ई सोड़हो कुलथीक पिता ओ माइक पितामह ओ पितामह तथा मातामह ओ मातामहीक पितामह ओ मातामह।

कुल-चित्र (1)

बाड़-वासि अलयी-मूलक वीजी-पुरुष

म.स. पंडित गङ्गाधर झा

भरत

शीते

पदुम प्रः पद्मपाणि हाउ वर्धमान = वलिआससं हरिशर्मा

देवपति रघुपति

कमलपणि = खौआलसं महो नयपाणिसुता

हरिशर्मा क = नरओनसं क = तिलयींसं भद्रेश्वर राम

शिवशर्मा (शक्तरायपुरवासी)

गयशर्मा

रतिशर्मा (जरहटिआबासी)

रत्नेश्वर

वत्सेश्वर देवेश्वर जवेश्वर (अलयी वासी)

क = माण्डरसं वीशो

= वलिआससं शुभङ्करसुता स्थिति

हारू

प्रसाद महो शुभङ्कर

देवधर बुद्धिधर

बुद्धिकर क = सरिसवसं गाङ्ग (सकुरीवासी)

क = सरिसवसं पाखू (छादनवासी)

हरिहर शिव

दामोदर सूज = ओत्निनीसं राजवल्लभलक्ष्मीकरसुता

क = सरिसवसंग्रहेश्वर (जोंकीवासी)

किरतू धीरू

रत्नपाणि (वघवासवासी) महिपाणि (खाड़ुड़वासी)

क=नोनौतीसं आचार्य थालू

(1) = ततैलपंडुआस दिवाकरसुता = मांडरसं श्यामकंठसुता (2)

म.म. रामेश्वर वीरेश्वर

टिप्पणी एहि चित्र सबमे=चिन्ह बिबाहक थीक अर्थात् जनिका नामक सोझाँमे ई चिन्ह रहए तनिक विवाह बुझबक। सँ कन्या बूझब। मूलक आगामे क सँ संभूत बूझब यथा खौआलसंक अर्थ भेल खौआलकुल संभूत। अंक सँ विवाह संख्या बुझब। चिन्ह द्योतित करैत अछि जे संतान आगाँ छैन्हि।

एकर अप्रभंश रूपहुँ मे कोनो गाम संप्रति अछि कि नहि जकरा ई गाम चीन्हि सकी से नहि भेटल अछि।

महापमहोपाध्याय रामेश्वरझाक बापक पितामहक पितामह जे एहि कुलक सब सँ प्राचीन पूर्वपुरुष ज्ञात भए सकलाह सएह एहि कुलक वीजी पुरुष भेलाह। पञ्जीमे एहि गङ्गाधरकें महामहोपाध्याय* कहल अछि ओ से तँ प्रायः बहुतो श्रेष्ठ कुलक बीजी पुरुष कहले छथि। ताहूसँ विशिष्ट जे एकटा उपाधि पञ्जी मे हिनक भेटैत अछि से थीक "पण्डित"। महामहोपाध्याय भेलहिँ पण्डितत्व सिद्ध अछि तखन एहि उपाधिक की आशय? एहिरूपेँ पण्डित-उपाधि पञ्जी मे कए ठाम अन्यत्रहुँ दृष्ट भेल अछि परन्तु तैओ ई विरल अछि। पञ्जीमे जतए उपाधि सबहिक तात्पर्य स्पष्ट कएल अछि ततए ई नहि देल अछि अतएव ई असाधारण अवश्य अछि ओ तेँ एखन आब एकर आशय स्पष्ट नहि होइत अछि। पण्डितक अभिधार्थ लए जँ आशय बहार करी तेँ इएह मानए पड़त जे शास्त्रीय विद्याक सङ्ग-सङ्ग हिनका परमार्थ-ज्ञान सेहो छल, हिनक गणना ज्ञानी मे होइत छल। हिनक समयक प्रसङ्ग निश्चय तँ नहि किछु कहि सकैत छी परन्तु पञ्जीक विवेचना कएला उत्तर मोटामोटी एक पुस्ति प्रायः पएतालीस वर्षक मानए पड़त। तँ महामहोपाध्याय रामेश्वरक जन्म यदि शाके 1200 मे मानि ली तँ हुनक पिताक पितामहक पितामह पण्डित गङ्गाधरक समय ताहिसँ सबा दू सए वर्ष पूर्व, दशम शक शताब्दक अन्तिम भाग मानए पड़त।

पण्डित गङ्गाधरकेँ एक गोट मात्र बालक, भरत, ओ हुनका चारि गोट बालक। सबसँ जेठ 'शीते' क सन्तान पञ्जीप्रबन्धकालहु मे विद्यमान छलाह। शीतेक एक गोट बालक देवपतिक दू गोट कन्याक परिचय भेटैत अछि; एक गोटाक विवाह 'नरओनमूलक' 'शक्तरायपुर' शाखाक भद्रेश्वरसँ छल जनिक सन्तान ओहि शाखाक सब 'नरओनए' थिकाह। दोसर कन्याक विवाह छल 'तिलयी' मूलक राम सँ जनिक प्रपौत्रक पौत्र छलाह अगरू राय जनिक दौहित्र पहसरा एवं सौरिआ राज्यक प्रतिष्ठापक 'सुरगण' मूलक चौधरी समरू राय छलाह। एहि देवपतिक बालकसँ लए पञ्जीप्रबन्धकाल धरि ओ तकर पश्चातहुँ ई लोकनि पौरोहित्य वृत्ति करैत छलाह जकर द्योतन पञ्जी मे हिनकालोकनिक 'शर्म्मा' उपाधि सँ होइत अछि। शीतेक पौत्रक पौत्र छलाह गयशर्मा ओ गयशर्माक बालकक पत्रपञ्जी मे 'जरहटिआ' क वासी कहल अछि। पूर्ण रूपसँ प्रमाणित तँ नहि होइत अछि परन्तु प्रायः एहि गयशर्माक एक गोट कन्याक विवाह छल 'खौआल' मूलक

---

* पञ्जीमे सबटा उपाधि साभिप्राये अछि तथा पञ्जीकार रघुदेव झा ताहिमे बहुतोक आशय स्पष्ट कए देलैं छथि। महामहोपाध्याय उपाधि ओहि विद्वद्वरक थीक जे सब दर्शन मे निष्णात छलाह। केवल नैयायिकक उपाधि महोपाध्याय थीक, मीमांसकक उपाधि मिश्र थीक, ठाकुर उपाधि भूमि सम्पत्तिक अधिकारीक छल जकरा एखन जमींदार कहब। एहिना आओर उपाधिक आशय जतए जे बुझल होएत क्रमशः स्पष्ट करैत जाएब।

आङ्ग सँ, जनिक दौहित्र 'करमहा' मूलक श्रीधर छलाह ओ श्रीधरक दौहित्र छलाह चान ठाकुर[†] सबहुँ भाइ। जे हो, अलैबार क 'जरहटिआ' शाखा मात्र शीतेक सन्तान थिकाह।

एहि शाखा मे लोक थोड़ ताहू दिन छल; सम्प्रति 'अलैबार जरहटिआ' केओ छथि वा नहि से हमरा ज्ञात नहि अछि, परन्तु समाजमे ई शाखा ताहू दिन न्यूनहिक श्रेणी मे छल।

शीतेक सबसँ छोट भाइ छलाह वर्धमान। हुनका पुमपत्य नहि, एक गोट कन्याक उल्लेख भेटैत अछि जनिक विवाह 'बलिआस' मूलक 'एकम्बा' शाखाक वीजी पुरुष धरणीधरक पौत्र हरि शर्मासँ छल। एहि हरि शर्माक जेठ भाइ छलथिन्ह हरिवंश शुक्ल[†]। हरिवंशक विवाह छल 'खण्डबला' मूलक चक्रेश्वर ठाकुरक कन्या मे। चक्रेश्वरक प्रपौत्र छलाह ज्ञानपति ठाकुर ओ ई पञ्जीप्रबन्धकालमे विद्यमान छलाह। ज्ञानपति ठाकुरक वृद्ध प्रपौत्र मिथिलाराज्योपार्जक महोपाध्याय महेश ठाकुर

कुल चित्र (2)

एकम्बा-बलिआस-मूलक बीजीक पौत्र

खंडवलासं चक्रेश्वतसुता = शुक्ल हरिवंश ओ हरिशर्मा = अलयीसं वर्धमानसुत

= वेलऔचसं चड़ायी सुता | आङनि
शूभङ्कर | बाटू
क = अलयीसं देवेश्वर | शङ्कर | क = खंडबलासं ज्ञानपति ठाकुर
कृष्ण | भौर ओ बेहट शाखा
क = सोदरपुरसं म. म. विश्वनाथ
म.म. गोपीनाथ
मानी ओ जगौर शाखा

† चान ठाकुर, खड़ोरए, मिथिलाराज्योपार्जक म. म. महेश ठाकुरक पिता छलाह।

† शुक्ल ताहि दिन मैथिल ब्राह्मणहुक उपाधि छल ओ एकर किछु तात्पर्य अवश्य छल होएतैक किएक तेँ कोनो उपाधि बिनु तात्पर्य नहि छैक परन्तु से तात्पर्य आब बुझल नहि होइत अछि। एहिना कार्जि मैथिल ब्राह्मणक उपाधि छल।

छलाह। शुक्ल हरिवंशक प्रपौत्रक कन्यामे 'सोदरपुर' मूलक म. म. विश्वनाथ मिश्रक एक गोट विवाह छल ओ हिनक एहि विवाहक सन्तान 'सोदरपुर' मूलक 'मानी' ओ 'जगौर' शाखा थीक। शुक्लक छोट भाइ हरिशर्माक बालक जे 'अलैबार' वर्धमानक दौहित्र छलाह तनिक पौत्रीमै 'खड़ोरए' ज्ञानपति ठाकुरक विवाह छल ओ ज्ञानपति ठाकुरक सन्तान एहि मूलक भौर ओ 'बेहट' सब प्रतिष्ठित डेरा थीक। एतावता'अलैबार' वर्धमान ओ 'खड़ीरए' चक्रेश्वर—दूहू समानकालीन छलाह, कारण जे दूहूक कन्यामे 'बलिआसए' दू सोदर भाइक विवाह छल। चक्रेश्वर ठाकुरक प्रपितामह छलाह 'खण्डवलाग्रामोपार्जक' सात्री सङ्कर्षण ठाकुर ओ वर्धमानक पितामह छलाह 'अलैबार' क वीजी पुरुष गङ्गाधर। अतएव 'अलैबार' क बीजी पुरुष 'खण्डवलाग्रामोपार्जक' सङ्कर्षण ठाकुरसँ, अन्ततः एक पुरुष नवीन सिद्ध होइत छथि।

सबसँ जेठ शीते ओ सबसँ छोट वर्धमानक मध्य मे जे दू भाइ आओर छलाह, पदुम ओ हाउ, ताहि मे छोट हाउक कोनहु सन्तानक उल्लेख नहि भेटैत अछि। पदुमक सम्पूर्ण नाम छल पदपाणि ओ हिनक एकमात्र बालक छलाह कमलपाणि। कमलपाणिक विवाह छल खौआलक महाकुल मे, महोपाध्याय नयपाणिक कन्यासँ ओ ताहिमे हिनका चारिगोट पुत्र मुदा पुमपत्य ताहि मे केवल तीनि गोटाके ँ। सबसँ जेठ रत्नेश्वरक केवल एक गोट कन्याक उल्लेख भेटैत अछि। हिनक विवाह छल 'माण्डर' मूलक महोपाध्याय बीशोसँ। एखनहि जाहि 'सोदरपुरिए' म. म. विश्वनाथ मिश्रक चर्चा कएल अछि तनिक पौत्र सुप्रसिद्ध अयाची म. म. भवनाथ (प्रसिद्ध नाम दूबे) मिश्रक मातामह म. म. वटेश्वरक ई वीशो जेठ भाए छलाह तथा हिनक दोसर विवाह छल पाली मूलक 'बलाइनि' शाखाक हलधर मिश्रक कन्यामे। एहि हलधर मिश्रक प्रपौत्र छलाह म. म. परमगुरु वाचस्पति मिश्र जनिका स्मार्त किंवा 'अभिनव वाचस्पति' कहैत छिऐन्हि। एतावता परमगुरु वाचस्पतिक प्रपितामह ओ अलैबार रत्नेश्वर समानकालीन छलाह। 'अलैबार' क दौहित्र जे बालक बीशोके छलथिन्ह तनिक नाम छल प्रसाद* महोपाध्याय शुभङ्कर तथा पत्र-पञ्ची मे ई "सकुरी" क वासी कहल छथि। प्रसाद महो शुभङ्करक तीनि गेट कन्याक विवाह "सरिसब" मूलक महाकुलक तीनि गोट महापुरुषसे ँ छल जनिक सन्तान ओहि मूलक समस्त "खाङुड़" शाखा ओ 'जो ँ की' 'छादन' तथा 'बधबास' शाखाक कतिपय अंश थीक।

कमलपाणिक तेसर बालक देवेश्वरके ँ एक गोट मात्र बालक ओ से छलाह दौहित्र 'बलिगआस' मूलक 'एकम्बा' शाखाक शुक्ल हरिवंशक बालक शुभङ्करक। तीनि पुरुष धरि हिनक सन्तानक परिचय भेटैत अछि परन्तु तकर उपरान्त ई शाखा लुप्त भए जाइत अछि। पत्रपञ्जी मे देवेश्वरक सन्तानक चर्चा नहि अछि

---

* प्रसाद—एहू उपाधिक आशय नहि बुझल होइत अछि मुदा पञ्जी मे कए ठाम देखलामे अबैत अछि।

अतएव इएह अनुमान होइत अछि जे देवेश्वरक वंश लुप्त भए गेल। केवल हिनक प्रपौत्रक कन्यामे 'नोनौती' मूलक आचार्य† थालूक विवाह भेल ओ तनिक सन्तान-परम्परा हो स सम्भव। एहिसँ अधिक हिनक प्रसङ्ग पञ्जी मे नहि भेटैत अछि।

कमलपाणिक सब सँ छोट बालक जवेश्वरक सन्तान पत्रपञ्जी मे 'अलयी' क वासी कहल छथि आगाँ जाएकें देखब जे एहि कुलक आओर कए गोट उपशाखाक डेरा 'अलयी' भेल अर्थात् ओलोकनि 'अलयी' क वासी रहि 'अलैबार अलै' कहाओल। जवेश्वरहुक सन्तान "अलैबार अलै" भेलाह। एखनहु मिथिलामे एहि मूलक अनेको सद्ब्राह्मण छथि परन्तु हमरा जहाँ धरि उपलब्ध भेल अछि ताहि मे जवेश्वरक सन्तति नहि छथि। से केओ छथि वा नहि से हमरा ज्ञात नहि अछि। जवेश्वरक सन्तान मे कोनहु विशिष्ट व्यक्तिक परिचय नहि भेटैत अछि ओ दिनानुदिन क्रियाक अपकर्षे देखबा मे अबैत अछि। हिनका एक गोट मात्र बालक ओ तनिक दू बालक मे जेठ, दामोदरक विवाह ओञिनिबार राजकुलक प्रतिष्ठापक राजपण्डित कामेश्वर ठाकुरक सबसँ जेठ बालक लक्ष्मीकरक कन्यामे छल। राज्यक अधिकारी लक्ष्मीकरक छोट वैमात्रेय भाइ लोकनि होइत गेलाह; पञ्जी मे लक्ष्मीकरकेँ केवल 'राजवल्लभ' क उपाधि टा देखैत छिऐन्हि।

कमलपाणिक द्वितीय बालक छलाह वत्सेश्वर ओ एहि कुल मे सब सँ विशिष्ट हिनके सन्तान छथि, से केवल गुणगौरव एवं प्रतिष्ठहिटा मे नहि, अपितु संख्यहु मे। वस्तुतः हिनके सन्तान लएकेँ अलयी मूलक नाम। हिनका दू गोट विवाह छल; प्रथम 'पण्डुआ' मूलक 'ततैल' शाखाक दिवाकरक कन्यामे ओ दिवाकरक विवाह छल 'करमहा' मूलक महाकुलक बीजीपुरुष वंशधरक द्वितीय बालक म.म. हरिकेशक कन्यामे। एहि हरिकेशक छोट भाए छलाह मिथिलाक सु-प्रसिद्ध 'गोन्दू झा' जनिक उल्लेख पञ्जीमे अछि 'धूर्तराज' महोगोन्दू। एहिसँ स्पष्ट अछि जे "अलयी" मूलक वीजीपुरुषसँ पाँचम वत्सेश्वरक विवाह 'करमहा' मूलक वीजीपुरुषक वालक म.म. हरिकेशक दोहित्रीमे छल ओ तेँ 'करमहा' मूलक बीजीपुरुष "अलैबार" क वीजीपुरुष सँ कम सँ कम एक पुरुष अर्वाचीन थिकाह। एहि प्रस्थिति मे वत्सेश्वरकेँ एक गोट बालक मात्र, म. म. रामेश्वर उपाध्याय। दोसर विवाह वत्सेश्वरकेँ छल 'माण्डर' मूलक श्यामकण्ठक कन्यामे ओ ताहि मे हिनका एकगोट बालक मात्र, वीरेश्वर। तेँ पञ्जी-प्रबन्धक समय मे शीतेक सन्तान जे केओ छलाह—से प्रायः गय शर्मा छलाह, तनिका सङ्ग पदुमक सन्तान छलाह। ताहिमे जँ पदुमक पौत्र चारू भाइमे केओ जीवितो छलाह तँ बड़ वृद्ध छल होएताह, पूर्ण वयस्क छल होएताह वत्सेश्वरक दुहू बालक, म.म. रामेश्वर ओ हुनक वैमात्रेय वीरेश्वर, तथा हुनक पितिऔत देवेश्वर ओ जवेश्वरक बालक।

† आचार्य-इहो उपाधि असाधारण अछि तथा किम्मूलक से बुझल नहि होइत अछि।

वीरेश्वरकेँ दू गोट विवाह छल। प्रथम 'पवौली' मूलक महाकुलमे जकर लागि बड़ बड़ पैघ कुल सँ। एहिमे हिनक एक गोट कन्याक परिचय भेटल अछि जनिक विवाह 'खण्वला' मूलक 'एकम्बा' शाखाक धारूठाकुरसँ छल। हिनक सन्तानपरम्परामे† बड़-बड़ पैघलोक वर्त्तमान छथि। दोसर विवाहमे वीरेश्वरकेँ दू बालक ओ एक गोट कन्याक उल्लेख भेटैत अछि। कन्याक विवाह छल 'गढ़ बिसपी' मूलक महत्तक होरायी ठाकुरसे। पञ्जीमे 'महत्तक' धनाढ्यक उपाधि थीक ओ अत्यन्त धनाढ्यके 'महामहत्तक' कहैत अछि। ई धनाढ्य होरायी ठाकुर कविकोकिल विद्यापति ठाकुरक प्रपितामहभ्राता स्थानन्तरिक' हरदत्तक* 'बालक छलाह ओ सप्तरत्नाकर-कत्ता म. म. चण्डेश्वरक पितिऔत भाए। अपना पिताक सङ्ग चण्डेश्वर सेहो महाराज हरिसिंहदेवक मन्त्री छलाह ओ तेँ हुनक छोट पित्तीक बालक महत्तक होरायीक श्वशुर अलैवार वीरेश्वर निश्चय पञ्जीप्रबन्धकाल मे पूर्णवयस्क छल होएताह एहि मे सन्देह नहि।

वीरेश्वर दुहू बालकके सन्तान। जेठ, वास्तुकेँ दू बालक जाहिमे जेठ, वारू, पत्रपञ्जीमे "बेहटा" क† वासी कहल छथि ओ छोट, सीरू, "धमडिहा" क†। वीरेश्वरक छोट बालक गोविन्द पत्रपञ्जी मे 'बेहटा' क वासी कहल छथि। एतावता अलैबारक 'बेहटा' ओ 'धमडिहा' दूहू शाखा वीरेश्वरक सन्तान थीक। एहि दूहू शाखा मे बहुत लोक बहुत दिन धरि देखैत छी ओ सामाजिक क्रियाकलाप सेहो हिनका लोकनिक बहुत दिन धरि उच्चे भेटैत अछि। सम्प्रति एहि दूनू डेराक की स्थिति छैक से नहि कहि मुदा दृष्टान्तक हेतु एहि दूहू डेराक कतिपय सम्बन्ध-परम्परा एतए देखाए दैत छी।

---

† सन्तान-परम्पराक यावतो परिचय देले बड़ विस्तार भए जाएत तेँ से सब ठाम नहि देव। एतए केवल एक गोट परिचय दए एकर दृष्टान्त दए दैत छी। वीरेश्वरक कन्याक विवाह एकम्बा खण्डवला सं धारूसँ। तनिक बालक भीम। तनिक कन्याक विवाह उजती मूलक होरे सँ तनिक कन्याक विवाह पचही-जजिवाल मूलक मीतूसँ तनिक कन्याक विवाह हरिअम्ब मूलक रामकरसँ तनिक कन्याक विवाह सोदरपुर मूलक हाटीशाखाक होरे सँ। हिनक बालक छलाह म. म. गदाधर, हिनक सन्तान बड़ पैघ-पैघ व्यक्ति छलाह ओ केओ सोति एहि कुलक लागिसँ बाँचल नहि होएताह। ई एक गोट मात्र परिचय देल अछि। एना कए गोट अछि ओ ताहिमे बड़ बड़ पैघ कुल पड़ैत अछि। बहुत दिन धरि ई हाटी शाखा सोतिमे छल परन्तु अब लुप्त भए गैल अछि।

* सान्धिविग्रहिक देवादित्यकेँ सात गोट बालक-पार्णागरिक वीरेश्वर, महामहत्तक गणेश्वर, महावात्तिक नैबन्धिक धीरेश्वर ओ चारिम छलाह स्थानान्तरिक हरदत्त। ई सब भाइ पञ्जीप्रबन्धकाल मे अवश्य छलाह, सबसँ जेठ वीरेश्वरक बालक सप्तरत्नाकरकर्ता चण्डेश्वर सेहो छलाह, गणेश्वरक बालक रामदत्त ओ गोविन्ददत्त सेहो छलाह। हरदत्तक उपाधि 'स्थानान्तरिक' कोनो राजकीय पद छल परन्तु कोन से ज्ञात नहि होइत अछि।

† ई बेहटा एखनहु एही नामसँ प्रसिद्ध सकुरी स्टेशनक समीप मे अछि।

† पञ्चीक ई धमडिहा हमरा जनैत पुरैनिआ जिलाक वर्तमान धमदाहा थीक।

कुल-चित्र (३)

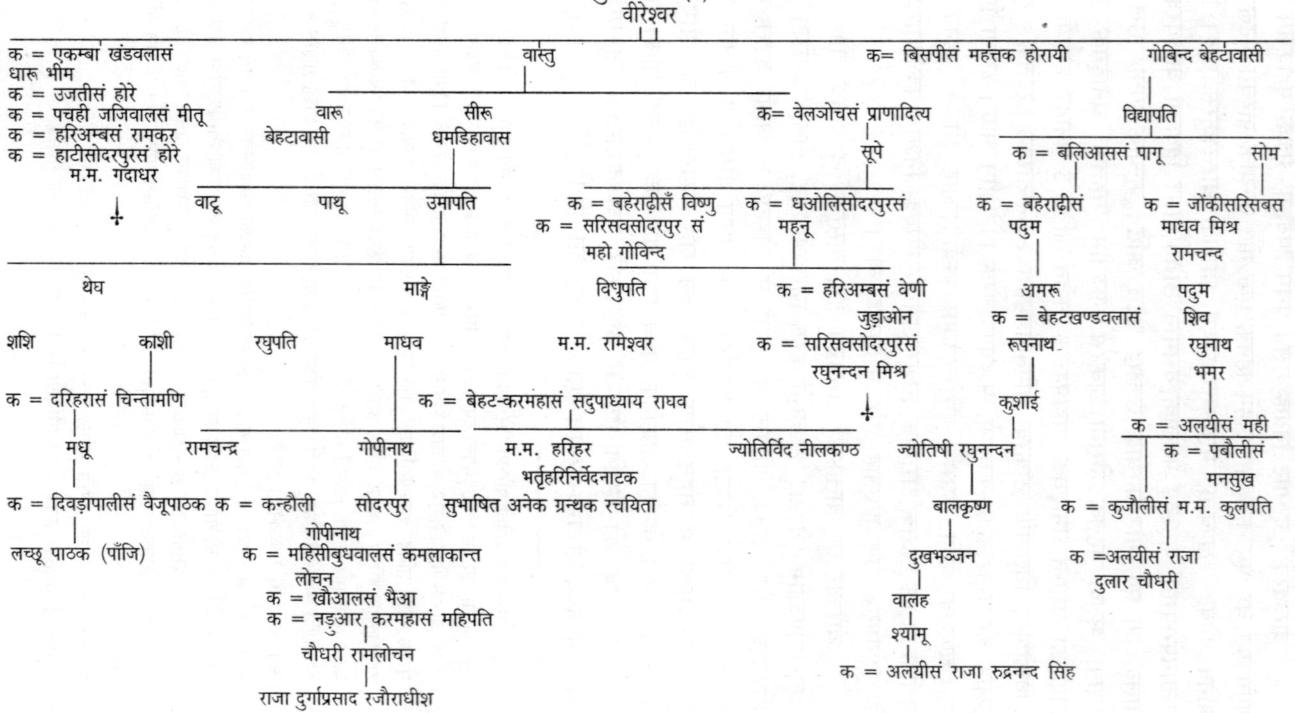

वीरेश्वर
क = एकम्बा खंडवलासं
धारू भीम
क = उजतीसं होरे
क = पचही जजिवालसं मीतू
क = हरिअम्बसं रामकर
क = हाटीसोदरपुरसं होरे
म.म. गदाधर
वास्तु
क= बिसपीसं महत्तक होरायी
गोबिन्द बेहटावासी
वारू
बेहटावासी
सीरू
धमडिहावास
क= वेलञोचसं प्राणादित्य
सूपे
विद्यापति
क = बलिआससं पागू
सोम
वाटू
पाथू
उमापति
क = बहेराढ़ीसँ विष्णु
क = सरिसवसोदरपुर सं
महो गोविन्द
क = धओलिसोदरपुरसं
महनू
क = बहेराढ़ीसं
पदुम
क = जोंकीसरिसबस
माधव मिश्र
रामचन्द
थेघ
माङ्गे
विधुपति
क = हरिअम्बसं वेणी
जुड़ाओन
अमरू
क = बेहटखण्डवलासं
रूपनाथ
पदुम
शिव
रघुनाथ
भमर
शशि
काशी
रघुपति
माधव
म.म. रामेश्वर
क = सरिसवसोदरपुरसं
रघुनन्दन मिश्र
क = दरिहरासं चिन्तामणि
क = बेहट-करमहासं सदुपाध्याय राघव
कुशाई
क = अलयीसं मही
क = पबौलीसं
मनसुख
मधू
रामचन्द्र
गोपीनाथ
म.म. हरिहर
भर्तृहरिनिर्वेदनाटक
सुभाषित अनेक ग्रन्थक रचयिता
ज्योतिर्विद नीलकण्ठ
ज्योतिषी रघुनन्दन
क = दिवड़ापालीसं वैजूपाठक
क = कन्हौली
सोदरपुर
बालकृष्ण
क = कुजौलीसं म.म. कुलपति
लच्छू पाठक (पाँजि)
गोपीनाथ
क = महिसीबुधवालसं कमलाकान्त
लोचन
क = खौआलसं भैआ
क = नड़ुआर करमहासं महिपति
चौधरी रामलोचन
राजा दुर्गाप्रसाद रजौराधीश
दुखभञ्जन
वालह
श्यामू
क = अलयीसं राजा रुद्रनन्द सिंह
क =अलयीसं राजा
दुलार चौधरी

वीरेश्वरक जेठ बालक वास्तुक एक गोट कन्याक विवाह 'बेलजोच' मूलक 'कन्हौली' शाखाक वीजी प्राणदित्यसँ छल जनिक बालक छलाह सूपे। हिनका दू कन्या, एक गोटाक विवाह 'बहेराढ़ी' मूलक विष्णुसँ ओ तनिक कन्यामे "सोदरपुर" मूलक सरिसब शाखाक म.म. शंकरमिश्रक बालक महोपाध्याय गोविन्द मिश्रक एकटा विवाह छल। सूपेक दोसर कन्याक विवाह छल "सोदरपुर" मूलक "धओलि" शाखाक राय कान्हूक बालक महनूसँ। राय कान्हूक जेठ भाए भद्रेश्वरक कन्यामे महाराज शिवसिंहक एक गोट विवाह छल। महनूक पौत्र म.म. रामेश्वरक कन्यामे 'करमहा' मूलक 'बेहट' शाखाक सदुपाध्याय राघव झाक एक गोट विवाह छल जाहि पक्षक हुनक बालक म. म. हरिहर उपाध्याय 'भतृहरिनिर्वेदनाटक', 'सुभाषितादि' अनेक विलक्षण ग्रन्थक रचयिता सुविख्यात छथि। महनूक दौहित्र छलाह "हरिअम्ब" मूलक 'शीबा' शाखाक जुड़ाओन मिश्र ओ तनिक कन्यामे म.म. सन्मिश्र शंकरक पौत्र, ओही गोविन्द मिश्रक सबसँ जेठ बालक महोपाध्याय रघुनन्दन मिश्रक* विवाह छल। ई लोकनि सब बड़का सोति छलाह तथा हिनका लोकनिक सन्तान समस्त सोतिपुरा मे भरल अछि।

धमडिहाक वासी सीरूक प्रपौत्र मे दू भाइक परिचय हम एतए दैत छी। एक गोटए छलाह काशी जनिक दौहित्र छलाह 'दरिहरा' मूलक मधू। एहि मधूक दौहित्र छलाह 'पाली' मूलक दिबड़ा शाखाक लच्छू पाठक† जनिक नाम पर प्रवर्त्तित पाँजि सम्प्रति सोतिक एकगोट प्रतिष्ठित पाँजि थीक।

सीरूक दोसर प्रपौत्र छलाह माधव ओ माधवक बालक छलाह गोपीनाथ। एहि गोपीनाथक कन्याक विवाह छल 'सोदरपुर' मूलक 'कन्हौली' शाखाक गोपीनाथसँ। एहि गोपीनाथक दौहित्र छलाह 'बुधबाल' मूलकर 'महिसी' शाखाक लोचन पाठक*। लोचनक कन्यामे 'खौआल' मूलक भैआक विवाह छल ओ भैआक दौहित्र छलाह रजौर राज्यक प्रतिष्ठापक राजा रामलोचन चौधरी†।

वीरेश्वरक छोट बालक 'वेहटा-वासी' गोविन्दके एक गोट मात्र बालक विद्यापति। हिनक दौहित्रीपुत्र छलाह 'बहेराढ़ी' मूलक अमरू ठाकुर। एहि अमरूक कन्यामे 'खण्डबला' मूलक 'बेहट' शाखाक रूपनाथ ठाकुरक विवाह छल। ई रूपनाथ छलाह मिथिलाराज्योपार्जक म.म. महेशठाकुरक पितामह-भ्राता महिषति

---

* महोपाध्याय रघुनन्दन मिश्रक प्रपौत्रक पौत्र लालगञ्जक महोपाध्याय श्री पुण्यनाथ मिश्र ओ महोपाध्याय श्री गोप्तृनाथ मिश्र लोकनि सम्प्रति समस्त सोति मे सबसँ पैघ जातिक लोक विद्यमान छथि।

† लच्छू पाठकक कन्या मे सोदरपुरसँ वनमालीक विवाह, तनिक कन्यामे, माण्डरसं महिपतिक विवाह, तनिक कन्यामे सरिसबसं भमरक विवाह, तनिक कन्या मे अलयीसँ महीक विवाह, तनिक कन्याक कुजाली सँ म.म. कुलपतिक विवाह। हिनक परिचय आगाँ भेटत राजा दुलार सिंहक विवाहक प्रसङ्ग मे। एही कुलपतिझाक लागि सँ ई पाँजि सोति मे पसरल अछि।

* पञ्जी मे 'पाठक' उपाधि पौराणिकक छल अर्थात जे पुराण वाँचि जीवन-यापन करथि से पाठक कहाबथि।

† राजा रामलोचन चौधरी करमहा मूलक नड्डुआड़ शाखाक छलाह ओ हिनक प्रपौत्र छलाह स्वर्गीय राजा टंकनाथ चौधरी।

ठाकुरक† प्रपौत्र। खण्डबलामूलक ई डेरा यद्यपि सोति सँ बहुत दिन पूर्वहिं हटि गेल मुदा योग्यमे ई वर्तमान समय धरि बड़ प्रतिष्ठित छल ओ सोति सँ एकरा सब दिन सम्बन्ध। एही रूपनाथ ठाकुरक प्रपौत्रक प्रपौत्र श्यामू ठाकुरक कन्यामे राजा रुद्रानन्द सिंहक विवाह छल से आगाँ कहब। 'अलैबार' विद्यापतिक एक गोट बालक सोमक कन्यामे 'सरिसब' मूलक 'जोकी' शाखाक माधव मिश्रक विवाह छल ओ एही माधव मिश्रक प्रपौत्रक पौत्र छलाह भमर मिश्र जनिक कन्यामे 'अलयो' मूलक महोझाक विवाह छल जनिक कन्यामे 'कुजीली' मूलक म.म. कुलपतिझाक विवाह छल जनिक कन्यासँ बनैलीराज्यक यथार्थ प्रतिष्ठापक राजा दुलार सिंहक दोसर विवाह छल।

वत्सेश्वरक जेठ बालक, म.म. रामेश्वर,–हिनका लोक रामझा कहए–यथार्थतः एक जन महापुरुष छलाह तथा एहि कुलमे वस्तुतः प्रजापति भए अपन सन्तान-वर्ग सँ समस्त मिथिलाकेँ जेना व्यापित कए देल। मिथिलामे ब्राह्मणक जतेक सत्कुल अछि सब कतिधा हिनक सन्तानकोटि मे पड़त। जन्मना ई शुद्ध छलाह, अवदात छलाह। विद्याक वैभव हिनक उपाधि सूचित करैत अछि ओ हम कहि आएल छी जे पञ्जी मे सर्वदर्शनक आचार्यक हेतु 'महामहोपध्याय' प्रयुक्त भेल अछि। हिनक बेटालोकनि, पौत्रलोकनि, प्रपौत्रलोकनि अनेक महामहोपाध्याय छलाह ओ क्रम एहन सन लगैत अछि जेना सरस्वतीक उपासना ई अपन सन्तानकेँ सम्पत्तिक रूपमे दए गेल रहथि। ताहू समय मे एहन विशुद्ध सद्ब्राह्मण थोड़ छलाह–दृष्टान्तक हेतु हम केवल दू गोट नाम एतए कहि देब पर्याप्त बुझैत छी, 'सोदरपुर' मूलक म.म. विश्वनाथ† मिश्र, ओ 'माण्डर' मूलक म.म. वटेश्वर+ उपाध्याय–जे लोकनि जातिक उत्कर्ष, आचारक यथावत् परिपालन ओ स्ववृत्तिक अध्यवसायसँ अपनहि टा अमर नहि भए गेलाह अपितु अपन कुलकेँ उत्कृष्ट बनाए देल ओ विद्याक एकान्त उपासना सँ मिथिलाक नाम समस्त भारतवर्ष मे आदरणीय बनाए देल। निश्चय एही रामेश्वरक ब्राह्मणत्व सँ ई कुल ताहि समय मे सर्वोच्च

---

† महिपति ठाकुर तीनि भाइ छलाह। सब सँ जेठ श्रीपति ठाकुर जनिक प्रसिद्ध नाम दूबे ठाकुर छल भौरक वासी कहल छथि ओ हिनके पौत्र महाराज महेश ठाकुर छलाह। शेष दू भाइ लाखू ठाकुर ओ महिपति ठाकुर बेहटक वासी कहल जाइत छथि।

† म.म. विश्वनाथक सन्तान मे सोदरपुरक ई चौदह गोट शाखा अछिभौ : आल, सुखेत, अकडिहा, कटका, केओटगामा, गौड़, दिगओन्ध, सरिसब, बाली, रैआम, सिसोनी, विठोली, मानी ओ जगौर। हिनक सबसँ जेठ बालकक प्रपौत्र छलाह पक्षधर मिश्र ओ एक गोट पौत्र अयाची भवनाथ जनिक शंकरावतार पुत्र सन्निमिश्र म.म. शंकर छलाह।

+ म.म. वटेश्वरक सन्तानमे माण्डरमूलक ई उन्नैस गोट शाखा अछि ओकी, रजौरा, पतौली, जगौर, अमरावती, कटैआ, सनकोर्थु, दहुला, कटका, सिरखड़िआ, सिहौलि, दुबौलि, बड़गाम, बिठुआड़, सरहद, पतलुक्का, कलसम, कटाई, बेहटा। मिथिलाक सुप्रसिद्ध नैयायिक यज्ञपति उपाध्याय हिनके प्रपौत्र छलाह।

मध्य परिगणित भेल। परिचयक विशुद्धि, सम्बन्धक उत्कर्ष एवं वृत्तिक वैशिष्ट्यक सङ्ग-सङ्ग हिनक व्यक्तित्व ताहि रूपक छल जे मैथिल ब्राह्मणक आदर्श हिनका निरूपित करबा मे ककरहु कोनो विप्रतिपत्ति नहि भेल होएत। अलयीमूल श्रोत्रियक मूल थीक एकर अर्थ हमरा इएह लगैत अछि जे म.म. रामेश्वर झा श्रोत्रिय बुझल गेलाह।

हिनका विवाह एक गोट मात्र, 'दरिहरा' मूलक 'मताञोन' शाखाक रतिकरक कन्यामे ओ ताहिमे हिनका तीनि गोट बालक ओ कन्यामे पाँचटाक हमरा परिचय उपलब्ध होइत अछि। हिनक बालक लोकनिक परिचय पश्चात देब; पूर्व हिनका कन्यासबहिक परिचय दैत छी कारण जे ताही सँ अनुमान भए जाएत जे हिनक मर्यादा कोन रूपक छल।

रामेश्वरक एक गोट कन्याक विवाह 'माण्डर' मूलक 'कटैआ' शाखाक बीजी पीताम्बरक बालक दामू सँ छल। ई पीताम्बर म.म. वटेश्वरक वैमात्रेय भाए छलाह। एहि पक्षमे दामूझाकें केवल दू गोट कन्या, मेनका ओ देवका। छोटि देवकाक विवाह 'पाली' मूलक 'हरिपुर' शाखाक बीजी नरसिंह सँ छल जनिक पुमपत्य तँ क्रमशः न्यून कार्य करैत अपकृष्ट कोटिमे परिगणित भए रहल छथि परन्तु स्त्र्यपत्य मे बड़ बड़ पैघ लोक छथि, यथा, नरसिंहक प्रपौत्र पीताम्बरक कन्यामे सन्मिश्र शंकरक अपर पौत्र मही रघुनन्दन मिश्रक छोट भाए महोपाध्याय गोन्दू मिश्रक एक गोट विवाह छल। दामूक जेठि कन्या, मेनकाक विवाह 'खण्डबला' मूलक ज्ञानपति ठाकुरक बालक सुरपति ठाकुरसँ छल जनिक बालक छलाह श्रीपति ठाकुर (हिनक प्रसिद्ध नाम दूबे ठाकुर छल) 'भौरक' वासी ओ शेष दू बालक लाखू ओ महिपति 'बेहटक' वासी छलाह। एही दूबे ठाकुरक बालक छलाह चान ठाकुर जनिक सम्पूर्ण नाम चन्द्रपति छल ओ हिनक बालक, सबसँ छोट बालक, मिथिलाराज्योपार्जक म.म. महाराज महेशठाकुर छलाह।

रामेश्वरक दोसर कन्याक विवाह छल 'संकराढ़ी' मूलक 'करुआइनि' शाखाक म.म. हरिहरक पौत्र, म.म. नाटूक बालक भीमसं। इहो कुल सम्प्रति न्यून कोटिमे परिगणित होइत अछि परन्तु से पश्चातक सम्बन्धक अपकर्ष सँ। ताहि दिन इहो एक गोट विशिष्ट कुल छल ओ भीमक सन्तान-कोटिक* परम्परा मे बड़-बड़ पैघ लोक पड़ैत छथि।

---

* भीम वा भीमेश्वरक एक गोट कन्याक विवाह छल 'टकवाल' मूलक रतिकरसँ। एहि रतिकरक पौत्र छलाह बाबू ओ बाबूक कन्या मे विवाह छल सोदरपुरमूलक महिआ शाखाक गौढ़ेक। एहि गौढ़ेक दू गोट प्रपौत्र, विश्वम्भर ओ रामक विवाहक लागि सँ तिसओत पाँजि सोति मे पसरल जे एमहर शतावधि वर्ष सँ सोति मे सबसँ पैघ पाँजि बुझल जाइत छल। विश्वम्भरक कन्या मे रतौली-दरिहरा सँ महो माधवझाक विवाह छल जनिक पौत्री सँ महाराज राघव सिंहक विवाह छल ओ प्रपौत्रक कन्यासँ म.म. सचल मिश्रक विवाह छल। गौढक दोसर प्रपौत्र रामक पौत्री मे बेहदकरमहासँ सदुपाध्याय जगन्नाथ झाक विवाह छल जनिक दौहित्र महाराज माधव सिंह बहादुर छलाह। ई दृष्टान्तक हेतु किछु दिग्दर्शन मात्र बुझब। एकर विस्तृत वर्णन कएला उत्तर एक गोट दोसरे प्रबन्ध भए जाएत।

रामेश्वरक तेसरि कन्याक विवाह छल 'माण्डर' मूलक 'रजौरा' शाखाक वीजीपुरुष पशुपति झासँ। पशुपति म.म. वटेश्वरक सबसेँ जेठ बालक छलाह तथा पिता वा अन्यान्य भाइजकाँ महामहोपाध्याय किंवा महोपाध्याय उपाधिसँ तँ नहि, किन्तु एक गोट दोसरहि उपाधिसँ ई विभूषित भेटैत छथि, सदुपाध्याय† । सदुपाध्याय पशुपति झाक एक गोट विवाह छल म.म. विश्वनाथ मिश्रक कन्यासँ, अयाची भवनाथ मिश्रक पिउसिमे ओ अयाची स्वयं छलाह वटेश्वरक दौहित्र। तेँ पशुपति अयाची मिश्रकेँ पिउसा छलथिन्ह ओ माम (वस्तुतः कठमाम) से छलथिन्ह। म.म. विश्वनाथ मिश्रक एक बालक ओ दू कन्याक विवाह म.म. वटेश्वरक एक कन्या ओ दू बालकसं छल। 'सोदरपुरिए' क दौहित्र पशुपतिक सन्तान से 'माण्डर' मूलक 'ओकी' तथा 'रजौरा' शाखा छथि ओ 'अलैवार' क दौहित्र जे पशुपतिक सन्तानसे ओहि मूलक 'पतौली' शाखा छथि। एहि पक्षमे पशुपतिकें एक बालक ओ तीनि कन्या। एक गोट कन्याक विवाह म.म. विश्वनाथ मिश्रक जेठ भाइक बालकसँ ओ दोसर विवाह म.म. विश्वनाथ मिश्रक सबसँ छोट बालक म.म. गोपीनाथ सँ छनि जनिक सन्तान 'सोदरपुर' मूलक 'मानी' ओ 'जगौर' दूहू शाखा समस्त थीक।

रामेश्वरक चारिम कन्याक विवाह 'बलिआस' मूलक राम शर्मा बालक म.म. मधुकरझा सँ छल। हिनका लोक माधूझा सेहो कहए। 'बलिआस' मूलक 'सिमरी', 'खड़का', 'मॉडर', 'बिसाढ़ी' ओ 'बिठौली' प्रतिष्ठित शाखा सब हिनके सन्तान थीक। एहिमे 'बिठौली' शाखा म.म. मधुकरक जे दुहू बालक 'अलैबारक' दौहित्र छलाह तनिक सन्तान थीक। म.म. मधुकरके एहि पक्षमे एक गोट कन्याक उल्लेख भेटैत अछि जनिक विवाह 'सोदरपुर' मूलक म.म. विश्वनाथ मिश्रक बालक म.म. रघुनाथसं छल। म.म. रघुनाथक सन्तान 'सोदरपुर' मूलक सिसौनी 'बिठौली' ओ 'रेञाम' तीनू शाखा थीक जाहिमे 'बिठौली' शाखा बलिआसएक दौहित्र, 'अलैबार' क दौहित्रीपुत्रक सन्तति थिकाह। एहि पक्ष मे म.म. रघुनाथकें एक कन्या जनिक विवाह खौआल मूलक 'मुराज' पुर शाखाक शुभंकर सँ छल। ई शुभंकर (प्रसिद्ध नाम शूभे) सन्मिश्र शंकरक माम छला ओ हिनक दौहित्र छलाह "कुजौली" मूलक "भखरौली" शाखाक म.म. शुचिकर* उपाध्याय।

---

† सोदुपाध्याय अथवा एकर संक्षिप्त रूप 'सद' पञ्जीमे बड़ प्रसिद्ध उपाधि अछि। एकर तात्पर्य थीक जे पाण्डित्यक प्रकर्ष तेँ नहि किन्तु हिनक प्रतिष्ठा समाज मे पूर्ण छल। झा अथवा उपाध्यायक हेतु जेना सदुपाध्याय तहिना मिश्रक हेतु ई उपाधि छल 'सन्मिश्र' ओ ठाकुरक हेतु 'सट्ठक्कुर'।
म.म. शंकर मिश्रके अधिकांश ठाम महामहो नहि कहि इएह सन्मिश्र कहल अछि आ महाराज महेश ठाकुर तँ सर्वत्र सट्ठक्कुर कहल छथि।

* ई शुचिकर छलाह सूपनझाक पौत्र जनिक कन्यासँ सन्मिश्र शंकरक विवाह छल ओ अपने ई शुचिकर महाराज महेश ठाकुरक विद्या-गुरु छलाह। हिनक प्रपौत्र मैथिलीक प्रसिद्ध कवि म.म. गोविन्ददासझा छलाह। शुचिकरक सन्तान एखन सोति मे जे कुजौलिबार छथि सब थिकाह तथा हिनक प्रपौत्रक प्रपौत्र श्री चेतकर झा पटना कओलेज मे राजनीति शास्त्रक अध्यापक छथि।

कुल-चित्र (4)

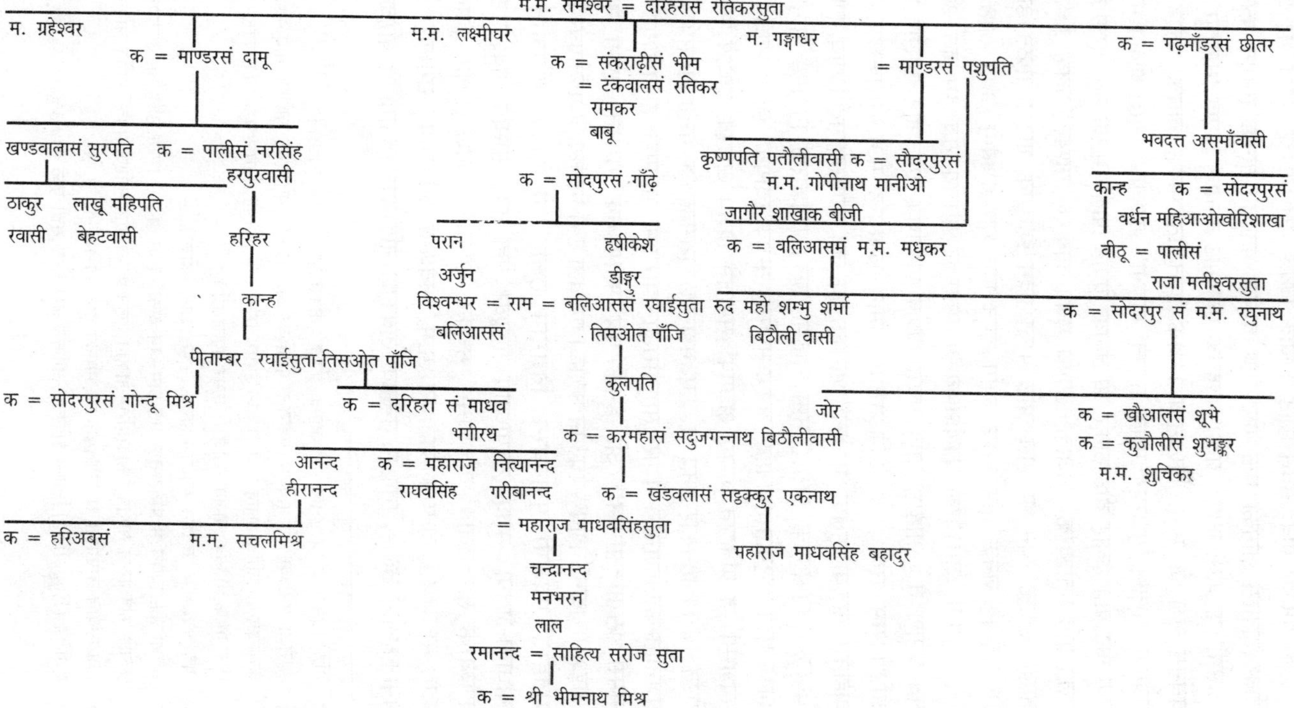
म.म. रामेश्वर = दरिहरासं रतिकरसुता
म. ग्रहेश्वर
क = माण्डरसं दामू
म.म. लक्ष्मीघर
क = संकराढ़ीसं भीम
= टंकवालसं रतिकर
रामकर
बाबू
म. गङ्गाधर
= माण्डरसं पशुपति
क = गढ़माँडरसं छीतर
खण्डवालासं सुरपति
क = पालीसं नरसिंह
हरपुरवासी
ठाकुर
रवासी
लाखू महिपति
बेहटवासी
हरिहर
कान्ह
पीताम्बर रघाईसुता-तिसओत पाँजि
क = सोदरपुरसं गोन्दू मिश्र
क = सोदपुरसं गाँढ़े
परान
अर्जुन
हृषीकेश
डीङ्गर
विश्वम्भर = राम = बलिआससं रघाईसुता रुद महो शम्भु शर्मा
बलिआससं
तिसओत पाँजि
बिठौली वासी
कुलपति
क = दरिहरा सं माधव
भगीरथ
क = करमहासं सदुजगन्नाथ बिठौलीवासी
आनन्द
हीरानन्द
क = महाराज
राघवसिंह
नित्यानन्द
गरीबानन्द
क = खंडवलासं सङ्क्कुर एकनाथ
= महाराज माधवसिंहसुता
महाराज माधवसिंह बहादुर
क = हरिअबसं
म.म. सचलमिश्र
चन्द्रानन्द
मनभरन
लाल
रमानन्द = साहित्य सरोज सुता
क = श्री भीमनाथ मिश्र
कृष्णपति पतौलीवासी क = सौदरपुरसं
म.म. गोपीनाथ मानीओ
जागौर शाखाक बीजी
क = वलिआसमं म.म. मधुकर
भवदत्त असमाँवासी
कान्ह
क = सोदरपुरसं
वर्धन महिआओखोरिशाखा
वीठू = पालीसं
राजा मतीश्वरसुता
क = सोदरपुर सं म.म. रघुनाथ
जोर
क = खौआलसं शूभे
क = कुजौलीसं शुभङ्कर
म.म. शुचिकर

रामेश्वर प्रायः सबसँ छोटि कन्याक विवाह छल 'माण्डर' मूलक गढ़ शाखाक छीतर ठाकुरसँ जनिका एक गोट मात्र बालक भवदत्त। हिनक सन्तान पत्रपञ्जीमे 'असमाँ' क वासी कहल छथि। भवदत्तक एक गोट कन्याक विवाह 'सोदरपुर' मूलक वर्धनसँ छल जे म.न. विश्वनाथ मिश्रक पितिऔत भाइक बालक छलाह। एही वर्धनक† सन्तान 'सोदरपुर' मूलक समस्त 'महिआ' ओ 'खोरि' शाखा थीक। भवदत्तक एक गोट पौत्र छलाह बीठू ठाकुर ओ तनिक विवाह 'पाली' मूलक मतीश्वरक कन्यामे छल। एहि मतीश्वरकेँ राजाक§ उपाधि छल। आब तँ "माण्डर" मूलक ई 'असमा' शाखा नितान्त न्यून भए गेल अछि परन्तु पूर्वमे इही एक गोट प्रतिष्ठित डेरा छल ओ बड़-बड़ जनकें एहि डेराक लागि बहुत दिन धरि देखबामे अबैत अछि।

म.म. रामेश्वरक कालनिर्णय मे एतए जे परिचय सब हम देल अछि से सब प्रमाण तेँ अछिए, ताहि सबसँ विशेष प्रामाणिक एक गोट आओर परिचय अछि। रामेश्वरकेँ जे 'बलिआसए' जमाए छलथिन्ह म.म. मधुकरझा, तनिक बहिनिसँ 'अलयी' मूलक 'गोधौली' शाखाक एक जन महापुरुष सदुपाध्याय गणेश्वरक विवाह छल। हिनक प्रसिद्ध नाम साठूझा छल। गणेश्वरक पितामह भोगीश्वरक दौहित्र छलाह 'सुगतिसोपानादि' अनेक सुप्रसिद्ध ग्रन्थक रचयिता 'खौआल-वंश-तिलक' भवशर्म्मा* जे प्रतिहस्त कहाए अद्यापि† समाजमे विशेष आदरक दृष्टिसँ सम्मानित होइत छथि। हिनकहि नियुक्त कए महाराज हरिसिंहदेवक मन्त्री 'बिसपी' मूलक राजनीति-कल्लोलिनी-कर्णधार साङ्ख्यसिद्धान्तपारगामी महामहत्तक गणेश्वर अपना नामसँ 'सुगातिसोपान'§ ओ हुनक पुत्र महामहत्तक रामदत अपना नाम सँ 'षोड़श-महादान-निर्णय'× रचओने छलाह। एतावता ई तँ निश्चय जे पञ्जीप्रबन्धकालमे प्रतिहस्त भवशर्मा पूर्णवयस्क विद्यमान छलाह ओ तनिक ममिऔत भाए 'गोधौली-अलयी' मूलक सदुपाध्याय गणेश्वर सेहो ताहि समयमे अवश्ये छलाह। गणेश्वरक सार छलाह 'बलिआसए' मधुकर ओ तनिक श्वशुर छलाह "अलैबार" म.म. रामेश्वर। अतएव प्रतिहस्त म.म. भवशर्मा ओ म.म. रामेश्वर अवश्य समानकालीन छलाह, एहि मे सन्देहक अवकाश नहि अछि। आगाँ जे परिचय सब

---

† एहि वर्धनक प्रपौत्र छलाह गौंढ़े जनिक प्रसङ्ग पूर्वहि बहुत कहि आएल छी।

§ ई राजा मतीश्वर ओइनिबार महाराज भोगीश्वर ओ महाराज भवेश्वरक माझिल भाए महामहत्तक कुसुमेश्वरक दौहित्र छलाह तथा राजाक उपाधि हिनका की तँ ओइनिबार महाराजक प्रदत्त छल नहि तँ नबाबक। हिनक बालक पाँजि मे कुमर कहल छथि।

* एहि भवशर्माक सन्तान खोआल मूलक नाहस शाखा थीक।

† धर्मशास्त्रक विषय मे प्रतिहस्तक मत ठाम-ठाम अन्यान्य आचार्य सँ भिन्न छैन्हि ओ अन्यत्रक कथा तँ नहि कहि परन्तु सोतिपुरा सोदरपुरिए लोकनि एखन पर्यन्त प्रतिहस्तहिक मतकेँ मानैत आएल छथि।

§ जायसवाल-सम्पादित राजनीतिरत्नाकर भूमिका पृष्ठ 17-18 नोट नं. 3

× एजलिड (Eggeling) निर्मित इण्डिआ आफिस लेख ग्रन्थ सूची पृष्ठ 549-550.

कहब ताहू सँ इएह कथा पुष्ट होएत जे पञ्जी प्रबन्धकालमे म.म. रामेश्वरझा पूर्णवयस्क विद्यमान छलाह ओ तँहि हम हिनक जन्मकाल अनुमानतः शाके 1200 क प्रान्त मे कहल अछि।

कुलचक्र (5)

गोधौली अलयीसं भोगीश्वर

अलयीसं मम रामेश्वर बलिआससं रामशर्मा यशोधर कन्या = खौआलसँ नरसिंह

कन्या = म.म. मधुकर कन्या = सदुःगणेश्वर म.म. भवशर्मा सुगतिसोपानकर्ता प्रतिहस्त

***

म.म. रामेश्वरके तीनि गोट बालक ओ तीनू दुर्धर्ष पण्डित। सबमे जेठ म.म. ग्रहेश्वर छलाह। हिनक विवाह 'बेलञोच' मूलक (एहि मूलक संस्कृत नाम विल्वपञ्चक अनेक ठाम भेटैत अछि) धरादित्यक कन्या सँ छल। एही धरादित्यक पितिऔत बहिनिक बालक छलाह दामू झा जनिका सँ ग्रहेश्वरक सबसँ जेठि बहिनिक विवाह छल। 'बेलञोचए' धरादित्य सत्य प्रजापति छलाह। हुनका तीनि गोट विवाह, एगारह गोट बालक ओ अन्ततः चारिगोट कन्या जनिका सबकें पैघ-पैघ ठाम विवाह, विशिष्ट-विशिष्ट व्यक्ति सँ, ओ सबकें प्रचुर सन्तान जाहिमे परम्परया बड़ पैघ-पैघ लोक। हिनक एगारहो बालकके सन्तान ओ से प्रचुर। वस्तुतः 'बेलञोचए' मूलक जे केओ सद्ब्राह्मण छथि सब धरादित्यक सन्तान ओ पैघसँ पैघ जे मैथिल ब्राह्मण छथि सेहो एकधा नहि अनेकधा एहि धरादित्यक सन्तान-कोटिमे पड़ताह।

ग्रहेश्वरकें बालक चारि गोट मुदा कन्या प्रायः हिनका एकोटा नहि। हमरा धरि हिनक कन्याक परिचय नहि भेटल अछि। सब सँ जेठ हिनक बालक छलाह म.म. गदाधर जनिका पञ्जी मे "धर्माधिकरणिक" कहल गेल अछि। हिनका तीनि गोट विवाह छल ओ तीनू पक्ष मे सन्तान, बालक ओ कन्या सब। एक विवाहक हिनक सन्तान पत्रपञ्जी मे 'उसरौली' क वासी कहल छथि ओ शेष दू पक्षक 'बैगनी' क वासी छलाह। धर्माधिकरणिक गदाधरक प्रसङ्ग विशेष वर्णन पछाति करब।

ग्रहेश्वरक दोसर बालक छलाह म.म. रत्नधर। हिनका लोक रातू कहए। पत्रपञ्जी मे ई 'ब्रह्मपुर' क वासी कहल छथि। हिनका तीनि गोट विवाह छल ओ तीनू पक्षमे हिनका प्रचुर सन्तान जकर सम्बन्ध बड़-बड़ ठाम। वस्तुतः सम्बन्धक उत्कर्ष एहि कुल मे हिनका सँ विशेष यदि आन ककरहु देखैत छी तँ हिनके छोट

भाइकेँ। हिनक पहिल विवाह छल 'दरिहरा' मूलक 'बड़गाम' ओ 'मधुकरपट्टी' शाखाक बीजी पुरुष रविकरक कन्या मे। आगाँक क्रिया सँ 'दरिहरा' क महाकुलक एहि शाखाक यद्यपि एमहर आबि बड़ अपकर्ष होइत गेल अछि परन्तु पूर्वमे एहि शाखाक मर्यादा बड़ विशिष्ट छल ओ बड़-बड़ पैघ कुलकेँ एहिसँ सम्बन्ध छलैक। एहि पक्ष मे रातू झाकें चारि गोट बालक ओ एक गोट कन्या। कन्याक विवाह छल 'एकहरा' मूलक, 'दण्डविवेकादि' अनेक अमर कीर्त्तिक रचयिता धर्माधिकरणिक म.म. वर्धमान उपाध्यायक सबसँ जेठ भाए रुद्रमिश्र* सँ। हिनक सन्तान-कोटि मे बड़-बड़ पैघ लोकं*।

रत्नधरक चारि बालक मे सबसँ जेठ हरदत्तक विवाह एही वर्धमान उपाध्यायक पितिऔति बहीनि मे, हलेश्वरक कन्यामे छल, जाहिमे हिनका बालक नहि केवल दू गोट कन्या। जेठि कन्याक विवाह छल 'सोदरपुर' मूलक 'सरिसब' शाखाक अयाची म.म. भवनाथमिश्रक बालक शम्भुनाथमिश्रसँ। ई सन्मिश्र शंकरक वैमात्रेय भाए छलाह तथा हिनक छोट भाए रुद्रनाथ मिश्रक विवाह ओजिनिबार महाराज धीरसिंह हृदयनारायणक कन्या सँ छल। शम्भुनाथ ओ रुद्रनाथ एहि दूनू भाइक सन्तति पत्रपञ्जीमे सोदरपुर मूलक 'बाली'† शाखाक कहल जाइत अछि। हरदत्तक दोसरि कन्याक विवाह 'खौआल' मूलक 'सिम्बरबार' शाखाक बाटूझासँ छल। एहि बाटुक छोट भाए मतिक विवाह हरदत्तक पितिऔति बहीनि, बुद्धिधरक कन्यासँ छल। एहि बाटूक बालक, अलैवार हरदत्तक दौहित्र, गोन्दू झाक कन्या 'सोदरपुर' मूलक 'कन्हौली' शाखाक मतिकर झा सँ विवाहिता छलीह जनिक प्रपौत्रक प्रपौत्रक पौत्र श्री यदुदत्तझा लोकनि उजान मे वृद्धिमान वर्तमान छथि।

---

* हिनक मूल 'एकहरा' थीक जे 'बेलऔच' मूलक एक गोट शाखा थीक। वर्धमान अपनाकेँ मुदा 'एकहरा' कुलक नहि 'बिल्वपञ्चक' कुलक कहैत छथि। परिवारमे सबहिक उपाधि उपाध्याय मुदा रुद्र अपनाके मिश्र कहल ताहिसँ द्योतित होइत अछि जे ई मीमासंक छलाह कारण जे मीमांसक उभयाधिकरणक विद्वान् सएह मिश्र कहाबथि।

* रुद्रक बालक, अलैबार रत्नधरक दौहित्र छलाह बुद्धिकर, तनिक कन्याक विवाह कटमा-हरिअम्ब मूलक महिपति सँ, तनिक कन्या मे विवाह माण्डर मूल के कलसम शाखा के सदुपाध्याय काशीसँ, तनिक कन्यामे विवाह सोदरपुर मूलक कन्हौली शाखाक माधूझासँ। ई माधू झा मतिकरक बालक, खौआड़ए गोन्दूक दौहित्र छलाह जे गोन्दू स्वयं हरदत्तक दौहित्र छलाह। रत्नधर सँ काशीक कन्या छठि हो परन्तु माधूकेँ से मातृपक्षमे पड़थि तें अधिकार भेल। एहि माधूक कन्यामे विवाह छल बेहट-करमहा मूलक सदु राघवक जनिक बालक बनाञि झाक पौत्र सदु जगन्नाथ झा छलाह, ओ राघव झाक दौहित्र छलाह सुल्हनी-नरओन मूलक सदुहरिनन्दन झा सब भाइ।

† सोदरपुरक वाली शाखा आब बड़ छोट बुझल जाइत अछि परन्तु पूर्वमे ई योग्यक श्रेणीमे छल ओ एतेक न्यून नहि छल। शम्भुनाथक बालक अलैबार हरदत्तक दौहित्र मानेक दौहित्र पलिवार जगन्नाथ तनिक दौहित्र वलिआसए भीखू तनिक दौहित्र पालीमूलक मडरौनी शाखाक मोहन झा छलाह जनिक पौत्र रामकृष्ण झा छलाह। हिनक परिचय आगाँ भेटत।

कुल-चित्र (6)

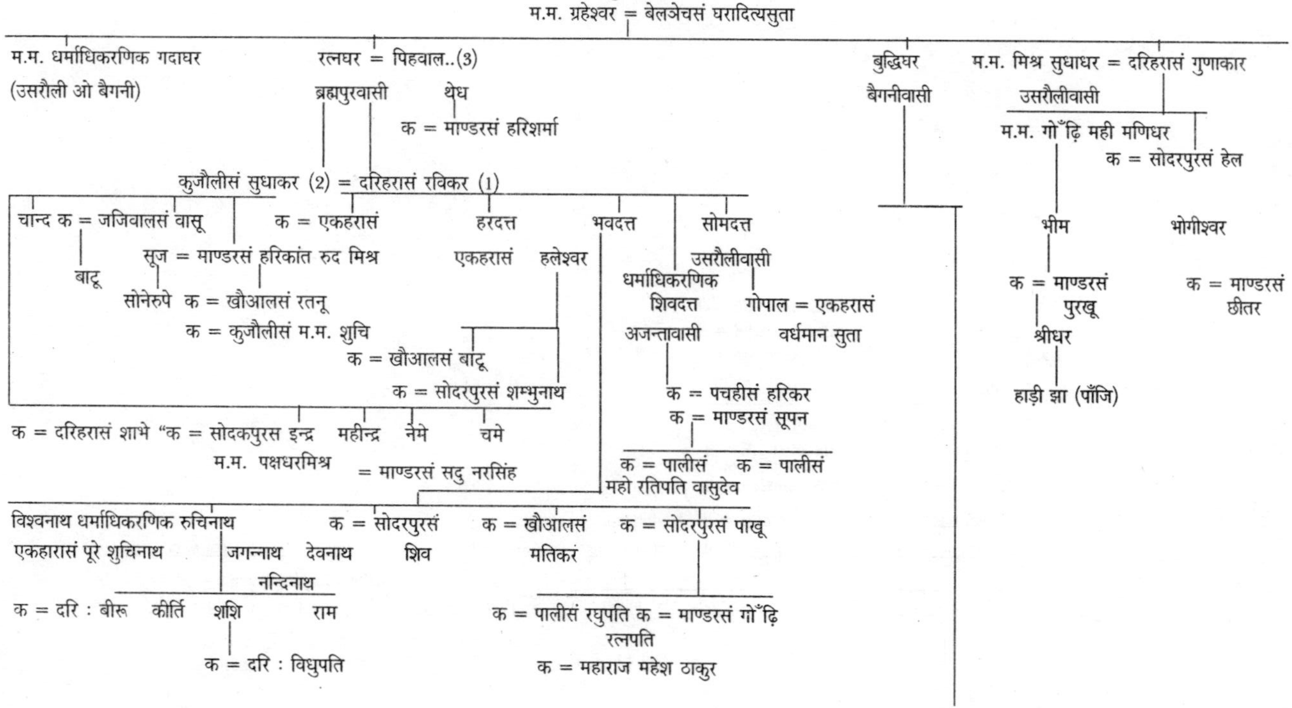
म.म. ग्रहेश्वर = बेलञेचसं घरादित्यसुता
म.म. धर्माधिकरणिक गदाधर
(उसरौली ओ बैगनी)
रत्नधर = पिहवाल..(3)
ब्रह्मपुरवासी
थेध
क = माण्डरसं हरिशर्मा
बुद्धिधर
बैगनीवासी
म.म. मिश्र सुधाधर = दरिहरासं गुणाकार
उसरौलीवासी
म.म. गोँढ़ि मही मणिधर
क = सोदरपुरसं हेल
कुजौलीसं सुधाकर (2) = दरिहरासं रविकर (1)
चान्द क = जजिवालसं वासू
बाटू
सूज = माण्डरसं हरिकांत रुद मिश्र
सोनेरुपे क = खौआलसं रतनू
क = कुजौलीसं म.म. शुचि
क = एकहरासं
हरदत्त
एकहरासं
हलेश्वर
क = खौआलसं बाटू
क = सोदरपुरसं शम्भुनाथ
भवदत्त
सोमदत्त
उसरौलीवासी
धर्माधिकरणिक
शिवदत्त
गोपाल = एकहरासं
अजन्तावासी
वर्धमान सुता
क = पचहीसं हरिकर
क = माण्डरसं सूपन
क = पालीसं
क = पालीसं
महो रतिपति वासुदेव
भीम
भोगीश्वर
क = माण्डरसं
पुरखू
क = माण्डरसं
छीतर
श्रीधर
हाड़ी झा (पाँजि)
क = दरिहरासं शाभे "क = सोदकपुरस इन्द्र
म.म. पक्षधरमिश्र
महीन्द्र
नेमे
चमे
= माण्डरसं सदु नरसिंह
विश्वनाथ धर्माधिकरणिक रुचिनाथ
एकहारासं पूरे शुचिनाथ
जगन्नाथ
देवनाथ
नन्दिनाथ
क = दरि : बीरू
कीर्ति
शशि
राम
क = दरि : विधुपति
क = सोदरपुरसं
शिव
क = खौआलसं
मतिकरं
क = सोदरपुरसं पाखू
क = पालीसं रघुपति क = माण्डरसं गोँढ़ि
रत्नपति
क = महाराज महेश ठाकुर

निकार
क = पवौलीसं बलभद्र
क = वलिआससं मोहन
क = बेलओचसं कविकालिदास
क = खण्डवलासं वीरठाकुर (पाँजि)

महाराज शुभङ्कर ठाकुर

दरिहा सं गौरि (1)

मेड़ू

क = खौआलसं मति

कुमर गंगौलीसं सीरू

क= माण्डर सं बुद्धिपति

क = कुजौलीसं बैजू

गणपति
क = माण्डरसं रतिपति
क = नरओनसं लाखन
क = हरिअम्बसं राम शीखे मिश्र

क = माण्डर मं महो शिवपति
म.म. यज्ञपति

नरपति
क = बलिआससं वेणी
क = सरिसवसं इन्द्रस
क = खौआलसं कृष्ण

रत्नपति
क = गंगौरसं श्रीपति
सुधापति

रत्नधरक दोसर बालक छलाह भवदत्त। हिनक विवाह 'माण्डर' मूलक 'कोइलख' शाखाक महोपाध्याय 'आवसथिक' नगेश्वरक बालक सदुपाध्याय नरसिंहक कन्यामे छल। नरसिंहक जेठ भाए छलाह म.म. आवसिथक श्रीदत्त जनिक धर्मशास्त्रविषयक अनेक निबन्ध अद्यापि मिथिलाक आचार ओ व्यवहारक निदर्शन करैत आएल अछि। नरसिंहक बालक, नरहरि, महोपाध्याय, 'नरपतिजयचर्यास्वरोदय' ग्रन्थक स्वरचित टीकामे अपनाके ओञिनिबार महाराज भैरव सिंहक सभापण्डित कहैत छथि। भवदत्तकें छओ गोट बालक ओ तीनि गोट कन्या। एक गोट कन्याक विवाह 'सोदरपुर' मूलक 'कटका' शाखाक शिव सँ छल, दोसरिक 'खौआल' मूलक 'महुआ' शाखाक मतिकर सँ छल ओ तेसरिक 'सोदरपुर' क 'सुन्दर' शाखाक देवेश्वरक बालक पाखू सँ छल। पाखूक दू गोट कन्याक उल्लेख आवश्यक अछि। हिनक एक गोट कन्याक विवाह छल 'माण्डर' मूलक 'सिहौलि' शाखाक गोढ़िझासँ। हिनक पुमपत्य* एखन पर्यन्त सोति मे छथि। दोसरि कन्याक विवाह छल 'पाली' मूलक 'हाटी' शाखाक रघुपतिझासँ। एहि रघुपतिक बालक, 'सोदरपुरिए' पाखूक दौहित्र, 'अलैबार' भवदत्तक दौहित्रीपुत्र छलाह-रत्नपतिझा जनिक कन्यामे महाराज महेश ठाकुर एक गोट विवाह कएल जाहि पक्ष मे हुनका बालक भेलथिन्ह म.म. शुभङ्कर ठाकुर जे पछाति मिथिलेश भेलाह ओ जनिक सन्तान तहिआ सँ अद्यपर्यन्त मिथिलेश होइत आएल छथि।

भवदत्तक छओ गोट बालकमे दोसर, शुचिनाथ, पञ्जी मे 'धर्माधिकरणिक' कहल छथि ओ आगाँ शाखा भेटैत अछि केवल दू गोटाक, सबसँ जेठ विश्वनाथ ओ तेसर रुचिनाथक। आओर भाइक आगाँ परिचय कोनहु पञ्जी मे संगृहीत नहि भेटैत अछि। एकर दू गोट कारण भए सकैत अछि, की तँ हिनका लोकनिक वंश लुप्त भए गेल ओ तेँ आगाँ परिचय नहि अछि अथवा ई लोकनि ततबा न्यून भए गेलाह जे कोनहु सत्कुल सँ हिनका लोकनिकेँ सम्पर्क नहि रहल ओ तेँ कोनहु पञ्जीक पुस्तक मे हिनका लोकनिक उल्लेख नहि भेल। ई कथा हम आगाँ जाए आओर स्पष्ट करब।

भवदत्तक जेठ बालक विश्वनाथक विवाह 'एकहरा' मूलक 'आसी' शाखाक हलेश्वरक पौत्री मे छल। हलेश्वरक कन्या मे हिनक पित्ती हरदत्तक विवाह छल। हिनका एक गोट कन्या जनिक सन्तान परम्परा मे सम्प्रति उजानक 'सोदरपुर' मूलक 'कन्हौली' शाखा अछि। तहिना रुचिनाथक बालक शशिक दौहित्र छलाह 'दरिहरए' निकार, तनिक दौहित्रीमे "बलिआसए" मोहनक विवाह छल, तनिक कन्यामे 'बेलञोच' मूलक 'सुदइ' शाखाक कवि वंशमणिझाक बालक कवि कालिदास झाक विवाह छल।

* गोढ़ि झा म.म. वटेश्वरक प्रपौत्र छलाह। हिनक बालक म.म. शिव ओ पौत्र म.म. अनिरुद्ध केवल पाण्डित्यहिँ नहि, जातिअहुं बड़ विशिष्ट छलाह। म.म. अनिरुद्धक विवाह बेहट-करमहासँ सदु राघव झाक कन्यासँ छल। गोंढ़िक सबसँ छोट बालक भवायीक प्रपौत्रक प्रपौत्रक पौत्र हमर मित्र महोपाध्याय श्री दुर्गाधर झा सम्प्रति उजानमे वृद्धिमान वर्त्तमान छथि।

रत्नधरक तेसर बालक छलाह शिवदत्त। पञ्जीमे हिनक उपाधि 'धर्माधिकरणिक' भेटैत अछि तथा पत्र-पञ्जी मे ई 'अजन्ता' क वासी कहल छथि। हिनक दू गोट दौहित्रीपुत्री मे, 'माण्डर' मूलक सूपनक दू गोट कन्यामे, 'परमगुरु' वाचस्पति मिश्रक बालक लक्ष्मीनाथक दू गोट बालक, वासुदेव ओ रत्नपतिक विवाह भेल छल। रत्नधरक चारिम बालक सोमदत्तक विवाह ओही वाचस्पति मिश्रक बहिनिक कन्यामे छल ओ सोमदत्तक बालक महोपाध्याय गोपालक विवाह 'एकहरा' मूलक धर्माधिकरणिक वर्धमान उपाध्यायक कन्यामे छल। सोमदत्त पत्रपञ्जीमे 'उसरौली' क वासी कहल गेल छथि।

रत्नधरक दोसर विवाह छल "कुजौलिबार" सुधाकरक कन्यामे। एहि पक्ष मे हिनका दू बालक, चान्द ओ सूरज, ओ एक कन्या जनिक विवाह 'जजिवाल' मूलक 'उदयनपुर' शाखाक बासूसँ छल। बासूक पौत्रीक दौहित्रक कन्यामे बेलउोच मूलक कवि वंशमणि झा[†] क विवाह छल जाहिमे हुनका बालक कवि कालिदासझा[*] छलाह।

चान्दकेँ[*] दू गोट विवाह छल। प्रथम विवाह मे हुनका एक गोट मात्र कन्या जनिक विवाह 'दरिहरा' मूलक 'राजनपुरा' शाखाक शाभे सँ छल। ई शाभे अयाची भवनाथ मिश्रक दौहित्र, म.म. शंकर मिश्रक भागिन छलाह। शाभेक दौहित्र छलाह 'बुधबाल' मूलक 'गंगौरा' शाखाक परान ओ परानक कन्यामे 'सोदरपुर' मूलक 'मानी' शाखाक हरिहर मिश्रक विवाह छल। एहि हरिहरक सन्तान[†] बड़का बड़का

---

* विश्वनाथक कन्यामे विवाह दरिहरए बीरूक, तनिक दौहित्र सोदरपुरिए देवपाणि, तनिक कन्यासँ विवाह हरिअम्बए विश्वेश्वरक, तनिक पौत्र किसनी मिश्र, तनिक कन्यामे विवाह खौआल मूलक महनौरा शाखाक विश्वेश्वरक, तनिक कन्यामे विवाह सोदरपुर मूलक कन्हौली शाखाक रामचन्द्र झाक। रामचन्द्र क पौत्र छलाह ठेङनीझा जनिक प्रपौत्र श्री यदुदत्त झा लोकनि छथि।

* कवि कालिदास झाक वंश-परिचय आगाँ आओत। हिनक कन्यासँ महिआ-सोदरपुरक हरपतिक विवाह छल। हरपतिक दौहित्री मे दरिहरा सँ भवेशक विवाह भेल छल ओ तनिक दौहित्र मडरौनी-पालीसँ रामकृष्णझा छलाह। हिनक परिचय आगाँ आओत। कालिदासक कन्या मे खड़ैरए वीर ठाकुरक विवाह छल जे सोतिमे बड़का पाँजि अछि।

† कवि वंशमणिझा बेलञीच मूलक सुदइ शाखाक कवि रामचन्द्रझाक बालक छलाह। रामचन्द्रक छोट भाए बाछनिझाक प्रपौत्रक प्रपौत्र बेतिआक श्री चन्द्रमोहनझा थिकाह। ई वंशमणि झा नेपालक महाराज जगज्ज्योतिर्म्मल्लक सभापण्डित छलाह तथा हिनक अनेक ग्रन्थ अछि जाहिमे गीत दिगम्बर नामक नाटक सुप्रसिद्ध अछि। हिनक लिखल शाके 1536 क पोथी नेपालमे विद्यमान अछि। हरप्रसाद शास्त्रीकृत नेपाल दरबार लाइबेरीक संस्कृत पोथीक सूची जिल्द प्रथम पत्र 103-109 द्रष्टव्य। हिनक विवाह छल हाटी-पाली मूलक काङरझाक कन्यामे। काङर छलाह महनौराखौआल मूलक श्रीपतिक दौहित्र ओ श्रीपतिक विवाह छल उदयनपुरजजिवाल मूलक बाटूक कन्यासँ जे अलैबार रत्नधरक दौहित्र छलाह। कवि वंशमणिक बालक कवि कालिदास झा छलाह।

† सोदरपुर मूलक मानी शाखा सोतिक एक गोट महाकुल थीक ओ एकर प्रसार देखाएब असम्भव अछि। एहि हरिहरक एक गोट कन्याक विवाह छल माण्डर मूलक रजौरा शाखाक रामचन्द्र झासँ ओ तनिक कन्यामे महाराज महेश ठाकुरक पौत्र महाराज सुन्दर ठाकुरक विवाह छल। हरिहर मिश्रक एक गोट बालक बाछनि मिश्रक प्रपौत्रक प्रपौत्र पदवाक्य प्रमाणतत्वज्ञ पण्डितप्रवर श्री मार्कण्डेयमिश्र सम्प्रति सरिसब मे विद्यमान छथि जनिक वैदुष्यख्याति सर्वविदित अछि। दोसर बालक भवानन्दक प्रपौत्रक प्रपौत्र सम्प्रति भटपुराये दीनानाथ मिश्र विद्यमान छथि।

सोति पड़ैत छथि। वस्ततुः चान्दक एहि कन्याक विवाहसँ लए सब सन्तान सोतिए छलाह। चान्दक दोसर विवाहमे चारि गोट बालक परन्तु ताहिमे ककरो सन्तान पञ्जी मे नहि भेटैत छथि। की तँ ओ शाखा सब लुप्त भए गेल अथवा ओ लोकनि अत्यन्त न्यून भए प्रतिष्ठित कुल सँ हटि गेलाह। परन्तु चान्दकेँ एहि विवाह मे एक गोट कन्या जनिक विवाह मै थिलविद्वन्मुकुटमाणि म.म. पक्षधर मिश्रसँ छल। 'सोदरपुर' मूलक 'भौआल' शाखाक जयदेवापर-नामक म.म. पक्षधर मिश्र, न्यायचिन्तामणिक 'आलोक' नामक टीकाककर्त्ता, अपन वैदुष्य-ख्यातिसँ अमर छथि। एहू पक्षधर मिश्रक सन्तान* मे बड़का सँ बड़का लोक, एकधा नहि, अनेकधा पड़ैत छथि।

चान्दक छोट भाए सूजक विवाह छल 'माण्डर' मूलक 'सकुरी' शाखाक सीरूक बालक हरिकान्तक कन्यामे। ई सीरू आवसथिक महोपाध्याय नगेश्वरक छोट वैमात्रेष भाए छलाह। नगेश्वरक पौत्रोए भवदत्तक विवाह छल ओ नगेश्वरक वैमात्रेय भाए सीरूक पौत्रीसँ भवदत्तक छीट वैमात्रेय भाए सूजक विवाह छल। सूजक पुमपत्यक उल्लेख पञ्जी मे नहि भेटैत अछि। हुनक एक गोट कन्याक विवाह छल "खौआल" मूलक 'महनौरा' शाखाक रामकरक बालक रतनू सँ। एही रतनूक छोट भाए होरेक प्रपौत्र खाँतरझाक बालक भवानन्द झाक दौहित्र 'सरिसब-सोदरपुर' मूलक छबनू मिश्र छलाह। एहि रतनूक पहिल विवाह परमगुरु म.म. वाचस्पति मिश्रक छोट भाए कान्हू मिश्रक कन्यासँ छल। रतनूक कन्या अलैवार सूजक दौहित्रीमे 'कुजौलिबार' म.म. शुचिकर उपाध्यायक एक गोट विवाह छल।

रत्नधरक तेसर विवाह छोट छल ओ यद्यपि ओहूमे हिनका बालक ओ एक गोट कन्या जनिक विवाह 'माण्डर' मूलक 'खएरा' शाखाक हरिशर्मासँ छल परन्तु ने हिनक बालकहिक पुमपत्य आगाँ देखैत छी ने हिनक कन्यहि पक्षमे कोनो विशेष उल्लेखनीय विषय भेटैत अछि।

एवं रूपेँ रत्नधरक सन्तान अलैबारक 'ब्रह्मपुर', 'अजन्ता' ओ 'उसरौली' तीनि गोट शाखा अछि। सम्प्रति एहि शाखा सबहि मध्य के कतए छथि अथवा केओ छथिओ कि नहि से हमरा ज्ञात नहि अछि, परन्तु एतबा निश्चय जे क्रमशः अपकृष्ट कार्य करैत-करैत ई लोकनि न्यून श्रेणीकेँ प्राप्त भए गेल छथि, पूर्वक सत्ता ककरहु नहि रहल।

---

* ओना तँ सोदरपुर मूलक भौआल शाखा आब लुप्तप्राय अछि, नीक जाति मे नहि अछि, मुदा म.म. पक्षधर मिश्रक एकमात्र बालक महोपाध्याय माधवमिश्रक कन्याक विवाह दरिहरा मूलक रतौली शाखाक सुधायी झासँ भेल। सुधायीक बालक रामनिक कन्यासँमे सोदरपुर मूलक महिआ शाखाक छीतर झाक विवाह छल। छीतरक कन्यामे खौआल मूलक महनौरा शाखाक भवानन्दझाक विवाह छल ओ भवानन्दझाक क़न्यासँ सोदरपुर मूलक सरिसब शाखाक शिवराममिश्रक विवाह छल। शिवराममिश्रक बालक छलाह छबनूमिश्र जनिक सन्तान समस्त सोतिपुरा मे व्याप्त अछि ओ जनिक प्रपौत्रक पौत्र श्रीगङ्गाधरमिश्र एखनहु सरिसबहि मध्य ओहि डीह सँ सन्निहिते बसैत छथि जतए आइसँ पाँच सए वर्ष सँ ऊपर भेल अयाची म.म. भवनाथमिश्र बसैत छलाह। ई गौरव समस्त सोतिपुरामे हिनकहि टा छैन्हि।

ग्रहेश्वरक तेसर बालक छलाह सदुपाध्याय बुद्धिधर मुदा हिनक प्रसिद्ध नाम बूधे छल। पत्रपञ्जी मे ई 'बैगनीक' वासी कहल छथि। हिनका दू गोट विवाह ओ दूहू विवाह मे हिनका बालक, परन्तु हिनक पुमपत्य आगाँ नहि बढ़ल, हिनक वंशक जेना लोप भए गेल। केवल हिनक स्त्र्यपत्य विद्यमान छथि ओ से अपत्य हिनक ततेक अछि ओ तेहन-तेहन पैघ लोक सब अछि जे बुद्धिधर तावतैव अमर छथि ओ रहताह।

हिनक पहिल विवाह छल 'दरिहरा' मूलक 'डोह' शाखाक गौरिक कन्यामे। ई गौरि 'सोदरपुरिए' म.म. विश्वनाथमिश्रक दौहित्र* छलाह। एहि पक्ष मे बूधेकेँ एक गोट बालक जनिक आगाँ परिचय नहि भैटेत अछि ओ एक गोट कन्या जनिक विवाह 'खौआल' मूलक 'सिम्बर-बार' शाखाक मतिझा सँ छल। एहि मतिझाक जेठ भाए बाटू झाक एक गोट विवाह बूधेक भाए रासूक जेठ बालक हरदत्तक कन्यासँ छल। मतिझाक सन्तान* एखन पर्यन्त सोति मे छथि ओ केओ नीक सोति नहि छथि जे कतिधा हिनक सन्तान-कोटि मे नहि पड़ताह।

बूधेक दोसर विवाह छल 'गंगौली' मूलक सीरूक कन्यासँ। सीरूक दोसरि कन्यासँ बूधेक जेठ भाए धर्माधिकरणिक म.म. गदाधरक विवाह छल ओ अपर कन्यासँ बूधे ओ गदाधरक छोट पित्ती महोपाध्याय गङ्गाधर मिश्रक विवाह छल। एहि पक्ष मे बूधेकें तीनि बालक ओ तीनि कन्या। पहिल कन्याक विवाह 'माण्डर' मूलक 'रजौरा' शाखाक वीजी-पुरुष सदुपाध्याय पशुपतिझाक बालक महोपाध्याय शिवपति झासँ जनिक बालक म.म. यज्ञपति बड़ पैघ पुरुषपुङ्गव छलाह। "तत्त्वचिन्तामणि" पर हिनक 'प्रभा' नामक टीका सुप्रसिद्ध अछि तथा हिनक मतक खण्डन नामोल्लेखपुरस्सर 'शिरोमणि' अपन 'दीधिति' नामक टीका मे कएने छथि। प्रजापतिओ ई तेहने छलाह ओ हिनक सन्तान† सहस्रहिक हिसाबे गनल जाए सकैत अछि। 'अलैवार' बूधेक दौहित्र म.म. यज्ञपतिक एक गोट वृद्धप्रपौत्र दशरथ झा छलाह जनिक प्रसिद्ध नाम दासेझा छल। सुनैत छी जे ई अवदात छलाह ओ सोति मे प्रायः अन्तिम अवदात इएह छलाह। बूधेक दोसर कन्याक विवाह छल 'कुजौली' मूलक 'भखरौली' शाखाक यशोधर झाक बालक बैजूझासँ। यशोधरक छोट भाए सुपनझाक कन्यामे सन्मिश्र शंकरक विवाह छल ओ

---

* म.म. विश्वनाथ मिश्र के अनेक विवाह छल ओ हुनक जाहि कन्याक बालक ई गौरि छलाह से पक्षधर मिश्रक प्रपितामह रमनाथ मिश्रक सोदर बहीनि, अयाची भवनाथ मिश्रक पिता रविनाथ मिश्रक वैमात्रेय बहीनि छलीह।

* मतिझाक प्रपौत्रक प्रपौत्रक प्रपौत्रक बालक सरिसबक कविशेखर श्री बदरीनाथ झा थिकाह।

† शिबपतिक प्रपौत्रक प्रपौत्रक प्रपौत्रक बालक लोकनि सम्प्रति वृद्ध विद्यमान छथि यथा उजानमे श्री रमानन्द झा, रामपुर मे श्री भोलाझा लोकनि। आनहु ठाम सोति मे मड़रए-रजौरा जे केओ छथि सब हिनके सन्तान थिकाह। वस्तुतः मड़रए-रजीरा मूलक जे केओ सद्ब्राह्मण छथि सब प्रायः शिवपतिहिक अपत्य थिकाह। परम्परया तँ केओ नीक लोक हिनक सन्तान-कोटि सँ बाहर नहि होएताह।

सुपनक पौत्र छलाह महाराज महेश ठाकुरक विद्या-गुरु म.म. शुचिकर झा। यशोधरक दोसर छोट भाए रविकरक विवाह बूधेक सबसँ जेठ भाए धर्माधिकरणिक गदाधरक कन्या मे छल ओ सन्मिश्र शंकरक छोट भाए महोपाध्याय महादेवमिश्रक विवाह रविकरक कन्यासँ छल। अतएव पित्ती रविकरक विवाह जेठ भाए गदाधरक कन्यामे ओ भातिज बैजूक विवाह छोट भाए बूधेक कन्यासँ छल। ओना तँ बैजूक सन्तान कतिघा देश मे पसरल अछि मुदा हम एतए एक गोट मात्र परिचय देब। बैजूक एक गोट कन्याक विवाह छल 'माण्डर' मूलक 'कलसम' शाखाक महोपाध्याय रतिपति सँ। हिनक दौहित्रीमे, 'नरओनए' लाखनक कन्यामे, 'हरिअम्ब' मूलक 'बलिराजपुर' शाखाक राममिश्रक विवाह छल जनिक बालक शीखेमिश्र छलाह। शीखेमिश्रक विवाह महाराज महेश ठाकुरक कन्यामे छल ओ सोतिपुरामे आइ जे केओ 'हरिअम्बए' छथि सब एही शीखे मिश्रक सन्तान थिकाह। बूधक तेसरि कन्याक विवाह 'माण्डर' मूलक म.म. शिवपतिक जेठ भाए एहि मूलक "ओकी" शाखाक वीजी-पुरुष गुणपतिक बालक बुद्धिपतिसँ छल।

बूधेक तीनि बालक मे दू गोटाक वंश तँ पञ्जी मे बिलाएले अछि, केवल हुनक सब सँ छोट बालक गणपतिक दू गोट बालक नरपति ओ रत्नपतिक धरि उल्लेख भेटैत अछि। ताहि मे नरपतिक दौहित्रीक दौहित्रीमे 'घुसओत' मूलक 'नगबाड' शाखाक भवदेव ठाकुर* क एक गोट विवाह छल जाहि पक्षक हुनक सन्तान आब एक घर मात्र 'घुसओतए' सोतिमे अवशिष्ट रहलाह अछि। दोसर, रत्नपति क कन्याक विवाह "गंगौर" मूलक श्रीपतिसँ छल। ओना तँ हिनक कन्याक* सन्तामे कतोक उल्लेखनीय नाम भेटैत अछि मुदा श्रीपतिक बालक सुधापतिक कन्यासँ कविकोकिल विद्यापति ठाकुरक प्रपौत्रक पौत्र पीताम्बर ठाकुरक विवाह छल। हिनको सन्तान मे† कतेक नीक लोक छथि, कतेक घर प्रतिष्ठित सोतिओ छथि।

---

* ई भवदेव ठाकुर काव्यप्रदीपकार सिद्ध म.म. गोविन्द ठाकुरक छोट वैमात्रेय भाए रुचिकर ठाकुरक बालक छलाह। हिनक विवाह छल आहिल-खोआल मूलक कृष्णक कन्यामे, कृष्णक विवाह छल सरिसबए इन्दक कन्यामे, हिनक विवाह छल बलिआसए वेणीक कन्यामे ओ वेणीक विवाह अलैबार बूधेक पौत्र नरपतिक कन्यामे छल। भवदेव ठाकुरक प्रपौत्रक प्रपौत्रक बालक श्री सत्यनारायणठाकुर सम्प्रति धर्मपुरमे विद्यमान छथि।

* गंगौर सँ श्रीपतिक दौहित्र छलाह दरिहरए मुसाइ, तनिक दौहित्रीक पुत्र छलाह एकहरए छितरूपाठक, तनिक कन्यासँ संकराढ़ी मूलक कवीन्द्र रघुनाथक बालक पुरुषोत्तमक एक गोट विवाह छल। पुरुषोत्तमक कन्यामे सन्मिश्र शंकरक पौत्र महो. रघुनन्दन मिश्र तनिक प्रपौत्र अच्युत मिश्रक विवाह छल, तनिक कन्यासँ तरौनी करमहा मूलक दाउझाक विवाह छल ओ तनिक कन्यासँ खण्डक्लासँ म. म. मेघ ठाकुरक प्रपौत्रक प्रपौत्र वैद्यनाथ ठाकुरक विवाह छल।

† पीताम्बरठाकुरक बालक गंगौरसँसुधापतिक दौहित्र छलाह अच्युत ठाकुर। हिनक कन्यासँमे विवाह 'पनिचोभ' मूलक 'बीरपुर' शाखाक कविशेवर शतञ्जीवक। एहि कविशेखरक कन्यासँ पञ्जीकार रघुदेवझाक बालक पञ्जीकार मथुरेशझाक विवाह छल। हिनक पौत्र छलाह पञ्जीकार अच्युतझा जनिक एक गोट कन्यामे कुजौली मूलक म.म. कुलपति झाक बालक झडुला झाक विवाह छल, हरिपुर, ओ दोसर कन्यामे पबौली मूलक सोति भैआ झाक विवाह छल जनिक बालक प्यारे झा ओ पञ्जीकार हलधर झा छलाह। झड़ला झा ओ भैआ झा दूहू गोटए अलैबार मही झाक दौहित्र छलाह ओ तेँ मसिऔत छलाह।

ग्रहेश्वरक सबसँ छोट बालक छलाह म.म. सुधाधर। हिनक उपाधि पञ्जीमे 'मिश्र' कहल अछि ओ तेँ हिनका मीमांसक बुझबाक चाही। ई पत्रपञ्जी मे 'उसरौली' क वासी कहल छथि। हिनक विवाह 'दरिहरा' मूलक 'मधुकरपट्टी' शाखाक वीजीपुरुष गुणाकरक* कन्यामे छल। एहि गुणाकरक बहीनिसँ म.म. सुधाधरक जेठ भाए रत्नधरक पहिल विवाह छल। हिनका दू बालक म.म. गोढ़िमिश्र ओ महोपाध्याय मणिधर मिश्र तथा एक कन्या। कन्याक विवाह छल 'सोदरपुर' मूलक 'धओलि' शाखाक ग्रहेश्वरक बालक हेलूसँ। हेलूक जेठ वैमात्रेय भाए भद्रेश्वरक कन्यामे महाराज शिवसिंहक एक गोट विवाह छल। हेलुकेँ सात गोट कन्या जाहिमे सबसँ जेठिक विवाह 'करमहा' मूलक 'तरौनी' शाखाक श्रीधरक† बालक रतिधरसँ, जनिक अपर विवाहक बालक रमापति पछाति 'संन्यासी विष्णुपुरी' क नामसँ बङ्गालक वैष्णव सम्प्रदायमे अमरकीर्ति पाओल ओ 'भक्तिरत्नावली' क रचना कए महाप्रभु चैतन्यकेँ पंक्तिक उद्‌बोध कराओल। हेलूक सब सँ छोटि कन्याक कन्यामे 'एकहरा' मूलक धर्माधिकरणिक वर्धमान उपाध्यायक बालक धर्माधिकरणिक विद्यापति उपाध्यायक विवाह छल।

पुमपत्य हिनको क्रमशः लुप्त भए गेल। छोट बालक नैयायिक मणिधरक तँ आगाँ उल्लेखो नहि अछि, परन्तु म.म. गोढ़िमिश्रक बालक ओ पौत्र धरिक परिचय भेटैत अछि। हिनका तीनि गोट विवाह ओ तीनू मे सन्तान परन्तु प्रायः क्रियाक अपकर्षसँ आगाँ जाए सब केओ न्यून भए गेलाह।

केवल हिनक एक गोट विवाह जे 'जजिबाल' मूलक 'भड़गामा' शाखामे छल ताहिमे तीन बालक ओ सबसँ जेठ भीम ओ सबसँ छोट भोगीश्वरक कन्याक विवाह 'माण्डर' मूलक 'रजौरा' शाखाक मधुकरझाक* दू बालक पुरखू ओ छीतरसँ छल। एहिमे पुरखूक बालक, 'अलैबार' भीमक दौहित्र, छलाह श्रीधर झा जनिक बालक हाड़ीझाक नामपर सोतिमे एक गोट पाँजि† अछि जे वेश प्रतिष्ठित ओ आब तँ पैघो पाँजि बुझल जाइत अछि।

---

* ई गुणाकर छलाह रविकरक बालक। रविकर पत्रपञ्जीमे बड़गामक वासी कहल छथि ओ गुणाकर मधुकरपट्टीक। रविकरक कन्यामे रत्नधरक विवाह छल।

† एहि श्रीधरक दौहित्र छलाह महाराज महेश ठाकुरक पिता चन्द्रपति प्रसिद्ध चान ठाकुर तीनू भाइ।

* मधुकरझा छलाह दूषड़िझाक बालक, महोपाध्याय इन्द्रपतिझाक दूषड़ि पौत्र ओ इन्द्रपति महोपाध्याय शिवपतिक छोट भाए छलाह। एतावता छलाह साक्षात पितिऔत भाए म.म. यज्ञपति उपाध्यायक। दूषड़ि झाक कन्यामे म. म. सिद्ध गोविन्द ठाकुरक विवाह छल जाहिमे हुनका सात गोट बालक, सातो महोमहोपाध्याय जाहिमे कण्टकोद्धारकारक मधुसूदन ओ आगमाचार्य देवनाथक नाम पिताहिक नाम जकाँ सुप्रसिद्ध अछि।

† ककरहु नाम पर पाँजि किएक भेल एकर रहस्य तँ बड़ गूढ़ छैक ओ तकर वर्णन हम एहि प्रबन्धमे नहि करब परञ्च एतबा बूझि लेब आवश्यक जे जनिका लागि सँ कोनो दोष समाज मे प्रविष्ट भेल तनिक नाम पर पाँजि प्रवर्त्तित भेल। ओहि व्यक्तिक सन्तान ओहि पाँजिक सब लोक थिकाहे परन्तु आनहु पाँजिक लोक हुनक सन्तान भए सकैत छथि जँ हुनका ओहि सँ छोट पाँजिक सम्पर्क भेल। हाड़ीझाक कन्यामे सोदरपुर मूलक हँसौली शाखाक रमापतिसुत लालाक विवाह भेल। लालाक दौहित्र छलाह संकराढ़ी मूलक लोहना शाखाक

एहि रूपे ँ म.म. रामेश्वरक जेठ बालक म.म. ग्रहेश्वरक वंशक उत्कर्ष देखल। हिनक बेटा गदाधर धर्माधिकरणिक; पौत्र, रत्नधरक बालक, शिवदत्त धर्माधिकरणिक; प्रपौत्र, रत्नधरक पौत्र, भवदत्तक बालक, शुचिनाथ धर्माधिकरणिक। महामहोपाध्याय हिनक सबसँ जेठ बालक गदाधर ओ सब सँ छोट सुधाधर तथा पौत्र, सुधाधरक बालक गोढ़ि। हिनक सन्तान मे अलैबार मूलक चारि गोट डेरा। गदाधरक सन्ततिक प्रसङ्ग वर्णन तँ आगाँ आओत मुदा हुनक पहिल विवाहक सन्तान 'उसरौली' क बासी छलाह तथा शेष दूहू विवाहक सन्तान "बैगनीक" वासी छलाह से जानि लिअ। एतावता, 'उसरौली'* मे ग्रहेश्वरक जेठ बालक गदाधरक पहिल विवाहक सन्तान, दोसर बालक रत्नधरक सबसँ छोट बालक सोमदत्तक सन्तान ओ सबसँ छोट बालक सुधाधरक सन्तान। 'बैंगनी' मे हिनक जेठ बालक गदाधरक आओर दू विवाहक सन्तान ओ तेसर बालक बुद्धिधरक सन्तान। 'ब्रह्मपुर' मे हिनक दोसर बालक रत्नधरक पहिल विवाहक एक गोट बालक भवदत्तक ओ दोसर विवाहक सब सन्तान। 'अजन्ता' मे रत्नधरक एक गोट बालक धर्माधिकरणिक शिवदत्तक सन्तान। एहि चारि गाममे ग्रहेश्वरक सन्तान, नओ गोट उपशाखामे, शतावधि वर्षक अभ्यन्तर मे व्याप्त भए गेल।

***

रामेश्वरक दोसर बालक छलाह म.म. लक्ष्मीधर। सरस्वतीक उपासना एहि वंश मे सबसँ विशेष रूप सँ हिनके अपत्य करैत आएल छथि ओ हिनक सन्तानक यद्यपि दुइए गोट डेरा अछि तथापि लोक एखन पर्यन्त हिनकहि सन्तान मे सबसँ अधिक अछि। हिनक जेठ भाए ग्रहेश्वरक सन्तानमे दू तीनि पुरुष धरि बड़ उत्कर्ष देखैत छी परन्तु तकर उपरान्त ह्रासहुक गति बड़ तीव्र भेटैत अछि जे एक गोट शाखाकेँ छोड़ि (जकर उल्लेख पश्चात् करब) ग्रहेश्वरक सन्तानमे केओ गण्यमान्य व्यक्ति सम्प्रति दृष्टिमे नहि अबैत छथि। लक्ष्मीधरक सन्तानक प्रसङ्ग से विषय नहि अछि। अलयी मूलक एक गोट शाखा जे आरम्भ सँ लएकें शतावधि वर्ष एमहर धरि जातीय मर्यादाक यथाकथञ्चित रक्षा करैत आएल छल ओ योग्यक श्रेणीमे अपन स्थिति दृढ़ रखने छल से लक्ष्मीधरहिक सन्तान ओ ताहि सँ भिन्नहु शाखा मे अनेको प्रतिष्ठित व्यक्ति छथि जे समाजमे जातीय उत्कर्ष नहि तँ व्यक्तिगत वैशिष्टयक कारणे ँ समादृत छथि।

कृष्णदास जनिक बालक अमृतनाथक कन्यासबहिक विवाह सोति मे, तेँ ई पाँजि सोति मे आएल। अमृतनाथक कन्यासँ बुधवाल मूलक गंगौरा शाखाक स्पर्शमणिझाक एक गोट विवाह छल ओ अमृतनाथक बालक गोविन्दक कन्यासँ मिथिलेश महाराज लक्ष्मीश्वर सिंह बहादुरक पहिल विवाह छल।

* अलैबार उसरौली मूल मे जे केओ 'झा' होएताह से सब गदाधर किंवा रत्नधरक सन्तान होएताह परन्तु जे "मिश्र" होएताह से ग्रहेश्वरक सबसँ छोट बालक म.म. सुधाधरमिश्रक सन्तान होएताह।

म.म. लक्ष्मीधरके[*] दू गोट विवाह छल। प्रथम विवाह छल हिनक 'एकहरा' मूलक दिवाकरक बालक रतिकरक कन्यामे। रतिकरक जेठ भाए सुधाकरक कन्यामे लक्ष्मीधरक बहिनो 'बलिआसए' म.म. मधुकरक अपर विवाह छल जाहि पक्षक हुनक सन्तान[*] सम्प्रति बलिआस-मूलक सर्वोच्च 'माँड़र' शाखा थीक। रतिकरक वैमात्रेय बहिनिसँ 'पलिबार' हलधरक विवाह छल जनिक छोट वैमात्रेय भाए नरसिंह[†] धर्माधिकरणिक छलाह ओ ओही 'एकहरए' रतिकरक पितिऔति बहिनिसँ विवाहित छलाह। 'पलिबार' हलधरक अपर पक्षक बालक छलाह डालूझा जनिक सम्पूर्ण नाम जटाधर छल। हिनक विवाह ओञिनिवार महाराज भोगीश्वरक छोट ओ महाराज भवेश्वरक जेठ भाए महामहत्तक कुसुमेश्वरक कन्या सँ छल। एहि "एकहरए" क कन्यामे म.म. लक्ष्मीधरके चारि गोट बालक ओ कम सँ कम दू गोट कन्या।

म.म. लक्ष्मीधरक एक गोट कन्याक विवाह छल 'माण्डर' मूलक 'भदुआल' शाखाक महोपाध्याय वासुदेव सँ। ई महामहोपाध्याय बटेश्वरक जेठ भाए सदुपाध्याय अमतूक बालक छलाह। वासुदेवक बालक जीवधरक कन्यामे 'पबौली' मूलक धर्माधिकरणिक रुद्रक[*] पौत्र, गोपाल खाणक[†] बालक, इन्दु पाठकक विवाह छल। लक्ष्मीधरक तेसर कन्याक विवाह छल 'दरिहरा' मूलक 'जमुगाम' शाखाक वीजी पुरुष शिवक बालक महादेवसँ। एहि महादेवक बालक, अलैवार लक्ष्मीधरक दौहित्र, रुचिकरक दौहित्रीपुत्रीसँ[$] 'पाली' मूलक 'जमदौली' शाखाक धीरूझाक विवाह छल जनिक सन्तान-कोटिमे[§] थोड़ योग्य बाँचल होएताह ओ आब तँ सोतिओ लोकनि छथि। महादेवक दोसर विवाहक बालक देहरिक कन्यासँ 'पाली' मूलक 'समौलि' शाखाक म.म. परमगुरु वाचस्पति मिश्रक बालक, 'पबौली' मूलक धर्माधिकरणिक रुद्रक दौहित्र, वेणीनाथ मिश्रक विवाह छल जनिक कन्यामे 'संकराढ़ी' मूलक 'परहट' शाखाक बसाओनझाक विवाह छल जनिक अपर विवाहक कन्यामे 'कुजौलिवार' म.म. शुचिकरक विवाह छल।

---

* म.म. मधुकरक एहि पक्षक प्रपौत्रक पौत्र छलाह म.म. रघुनन्दन जनिका लोक पण्डितराय कहि चिन्हैत अछि।

† धर्माधिकरणिक नरसिंहक दौहित्रीमे ओञिनिवार महाराज भवेश्वरक बालक महाराज हरसिंहक विवाह छल जनिक पौत्र महाराज धीरसिंह ओ महाराज भैरव सिंह छलाह। नरसिंहक पौत्र हरिपाणिक विवाह अयाची भवनाथ मिश्रक कन्यामे छल ओ हरिपाणिक पौत्र थेघक कन्यामे महाराज महेश ठाकुरक एक गोट विवाह छल।

* धर्माधिकरणिक रुद्र ओञिनिवार महाराज भवेश्वरक दौहित्र छलाह तथा एहि रुद्रक कन्यासँ परमगुरु म.म. वाचस्पति मिश्रक एक गोट विवाह छल जाहि पक्षमे हुनक बालक म.म. नरहरिमिश्र ओ महो वेणीनाथ मिश्र छलाह। महाराज भवेश्वरक दोसर कन्यासँ म.म. लक्ष्मीधरक विवाह छल से आगाँ कहब।

† खाण अथवा खाँ मुसलमान नवाबक देल उपाधि छल।

$ रुचिकरक कन्यासँ संकोना मूलक वासूक विवाह छल तनिक कन्यासँ सरिसब मूलक छादन शाखाक हरिनाथक विवाह छल ओ तनिक कन्यामे धीरूक विवाह छल।

§ पलिबारक जमदौली शाखा योग्यक बड़ प्रतिष्ठित ओ उच्च डेरा थीक। धीरूझाक बालक सँ लए पाँच, पुरुष, अतिवृद्ध प्रपौत्र धरि, बड़ पैघ-पैघ ज्योतिषी छलाह ओ धीरूझाक एकटा पौत्र श्रीकृष्णझाके ज्योतिषिराजक उपाधि देखैत छी। धीरूक प्रपौत्रक प्रपौत्रक प्रपौत्री दड़िभङ्गा राजक श्रीमती बड़ी राजमाता साहेबा थिकीह।

कुल-चित्र (7)

म.म. लक्ष्मीधर = एकहरासं रतिकरसुता

म.म. हलधर (जमुगाम वासी)
क = माण्डरसं महो वासुदेव
शशिधर = गंगौरसं शुभङ्करसुता
क = दरिहरासं महादेव
चन्द्रधर = गंगौरसं शुभङ्कर सुता
म.म. रुद्रधर = नरओनसं दामोदरसुता

रुचिकर
श्रीहरि
क = दरिहरासं चान्द

रतिधर
नरहरि
क = पालीसंलक्ष्मीनाथ

क = संकोनासं वासू
गीरू
पवौलीसं हरधरसुता

क = नरओनसं जाटू
क = सरिसवसं हरिनाथ

क = पालीसं म.म. नरहरि
क = जमदौली पालीसं धीरू राजू भाजू जीवे बीदू दामू वीरू

क = खौआलसं रूपे
क = जजिवालसं विश्वनाथ
क = वृधवालसं विष्णुपति
कूने
क = खौआलसं बाबू
क = वेलऔचसं बबुदी
क = संकराढ़ीसं विश्वेश्वर
रतिदेव
घनश्याम
क = पालीसं ज्योतिषीभैअन

महो माधव
म.म. मुरारि
हरिकेश
केशव
क = माण्डरसं रघु

महो केशव
महो राघव
रामी
क = दरिहरासं बाभन
क = सरिसवसं सुधाकर
क = माण्डरसं सदानन्द
क = खण्डः रघुनन्दन
क = दरिहरासं धराधर
भवेश
क = पालीसं धनेश
रामकृष्ण

क = बलिआससं रतीश्वर
क = पालीसं महो रामदेव
हरिदेव
क = बेलऔच वाछनि
वीर

महो मधू श्रीनिवास
मुकुन्द वनमाली श्रीनाथ चक्रपाणि
गोपाल नरहरि हृषीकेश

महो जीवे महो शिव मोह रतन मोहराम गौरि उमापति गोन्दू

लक्ष्मीधरक जेठ बालक म.म. हलबर 'जमुगाम' क वासी कहल गेल छथि। हिनक पुमपत्य प्रचुर देखैत छी। हिनका चारि गोट बालक ओ एक गोट कन्या जनिक विवाह 'माण्डर' मूलक 'ओआरी' शाखाक महोपाध्याय रघु सँ छल। बालक मे सबसँ जेठ महोपाध्याय माधव कें दू बालक, दूहू नैयायिक। जेठ केशवकें दू गोट विवाह ओ सात गोट बालक जाहिमे पाँच गोट नैयायिक, महोपाध्याय। छोट महोपाध्याय राघवके एक बालक मात्र, रामी झा, जनिक सन्तान-कोटि मे कतेको नीक लोक छथि। हलधरक दोसर बालक म.म. मुरारिकें तीनि गोट विवाह ओ नओ गोट बालक जाहिमे अनेको महोपाध्याय। एहू सबकें प्रचुर सन्तान पुमपत्य ओ स्त्र्यपत्य, ओ ताहि सब-सँ हिनक लागि बड़-बड़ कुल सँ। एहि रूपें विद्याक व्यवसाय ओ सन्तानक प्राचुर्य एहि जमुगाम शाखामे पूर्ण भेटैत अछि जो बहुत दिन धरि हिनकालोकनिक क्रिया सेहो उत्कृष्ट जँ नहि कहब तें समान मे अवश्य छल। एमहर आबि प्रायः क्रियाक अपकर्षसँ ई शाखा न्यून कोटि मे परिणत भए गेल अछि परन्तु यथास्थिति की छैक, के एहि शाखा मे छथि ओ से कतए, इत्यादि विषय हमरा ज्ञात नहि अछि।

लक्ष्मीधरक दोसर बालक शशियर पत्रपञ्जीमे 'अल' क वासी कहल छथि। वस्तुतः जेठ महोपाध्याय हलधरकें छोड़ि म.म. लक्ष्मीधरक दूहू विवाहक सब बालक अलयी शाखाक थिकाह। शशिधरक बालक रतिधरक दौहित्री मे, 'नरओनए' जादूक कन्यासँ, परमगुरु वाचस्पतिमिश्रक बालक म.म. नरहरिमिश्रक विवाह छल जनिक एक गोट बालक म.म. केशव मिश्र मिथिलाक सुप्रसिद्ध विद्धन्मूर्धन्य छलाह। म.म. नरहरि मिश्रकं सन्तान-कोटिमे केहन केहन पैघ लोक छथि तकर

---

* रामी झाक कन्यासमे दरिहरए बाभनझाक विवाह छल, तनिक कन्यासँ मड़रए सदानन्दक, तनिक कन्यासँ खण्डवला मूलक बेहट शाखाक ज्योतिषी रघुनन्दन ठाकुरक। रघुनन्दन प्रसङ्ग विशेष परिचय आगाँ भेटत। एही रघुनन्दन ठाकुरक दौहित्र छलाह दरिहरए भवेश जनिक दौहित्र मङरौनी-पालीमूलक पञ्जीकार रामकृष्णझा छलाह। हिनक चर्चा पूर्वहुँ अछि ओ आगाँ आओत।

† मुरारिक एक गोट कन्याक विवाह बलिआसए रतीश्वर सँ छल। हिनक दौहित्र छलाह पलिवार हरिदेव झा जनिक कन्यासँ बेलत्रेच मूलक बाछनिझाक विवाह छल। हिनक विशेष परिचय आगाँ भेटत।

* म.म. नरहरि मिश्रकें पाँच गोट पुत्र जाहि मे दू म.म. माधव ओ केशव, आओर तीनू महोपाध्याय। म.म. केशव तँ द्वैतपरिशिष्ट कर्त्ता सुप्रसिद्धे छथि ओ अनेक ठाम 'अस्मत्पितामहचरणाः' ओ 'परमगुरबः' कहि कहि अपन पितामहक मतक उल्लेख कएने छथि। केशवकें एक बालक म.म. अर्जुन, तनिका पाँच बालक। सबसँ जेठ रघुपतिक बालक छलाह भोजमिश्र जे पूर्व मे सोतिक एक गोट प्रसिद्ध पाँजि छल ओ भोजक पौत्रीसँ बलिआसए हरपति झाक विवाह छल। जखन हरपति झाक कन्यासँ महाराज माधवसिंह विवाह कएल तखन भोज मिश्र पाँजिक नाम बदलिके हरपतिक जेठ बालक रुद्रपति झाक नामपर ओ पाँजि प्रवर्तित भेल जै एखनहु सोतिक बड़का पाँजि थीक। अर्जुनमिश्रक चारिम बालक पशुपतिक दौहित्र खड़ोरए वीर ठाकुर छलाह जनिक विवाह बेलत्रोचए कवि वंशमणिक बालक कवि कालिदासक कन्यामे छल। इहो वीर ठाकुर सोतिमे बड़का पाँजि अछि ओ एही वीर ठाकुरक दौहित्र श्री5 मन्मिथिलेशक वृद्ध-प्रमातामह भवानीदत्तझा छलाह। म.म. नरहरिक दोसर बालक म.म. माधवक बालक वर्धमानक दौहित्र छलाह मझिआम सोदरपुरसँ

दिग्दर्शनो कराएव कठिन अछि। परन्तु शशिधरक बालक रतिधरक एक गोट कन्या मात्रक उल्लेख भेटैत अछि, हुनक पुमपत्यक जेना लोप भए गेल। तहिना शशिधरक छोट भाए चन्द्रधरहुक प्रसङ्ग जानब। हिनक बालक ओ पुनि तिनक बालकक उल्लेख तँ भेटैत अछि मुदा ताहिसँ आगाँ हिनको वंश जेना लुप्त भए जाए। पञ्जीमे आगाँ ककरो बढ़ाओ नहि अछि तेँ जँ केओ हिनक सन्तान आगाँ बढ़बओ कएलाह तँ ततेक न्यून श्रेणी मे चल गेलाह जे नीक लोक सँ सम्बन्ध नहि रहल ओ तेँ पञ्जीमे उल्लेख नहि भेल। आइ-काल्हि 'पञ्जीबद्ध' सँ हमरालोकनि बुझैत छी जे 'जनिका पाँजि हो' परन्तु ई अर्थ नवीन थीक, लाक्षणिक थीक। पूर्व मे तँ पाँजि छले नहि ओ ई अर्थ होएत कोना? पञ्जीबद्धक अभिधासँ लभ्य अर्थ तँ इएह होइत अछि जे "जनिक उल्लेख पञ्जी मे रहए"। पञ्जी मे उल्लेख तनिके रहत जे विशुद्ध वंशक रहताह ओ नीक लोक सँ जनिका सम्बन्ध रहतैन्हि। बड़ न्यून जनिक कार्य होइत अछि ओ तेँ जनिका नीक कुल सँ कुटुम्बिता नहि रहैत अछि तिनक उल्लेख पञ्जीमे नहि कएल जाइत अछि; पँजिआड़ लोकनि ओकरा छाँटि दैत छथिन्ह। अतएव जतए कतहु कोनहु शाखाक आगाँ बढ़ाओ नहि देखैत छी ततए इएह बुझैत छी जे की तँ वंश लुप्त भए गेल अथवा ओ शाखा पञ्जीबद्ध सँ नीचा खसि पड़ल। से शशिधर ओ चन्द्रधरक सन्तानक प्रसङ्ग इएह कहि सकैत छी जे ओ लोकनि यदि छथिओ तँ पञ्जीबद्ध सँ न्यून छथि ओ तेँ पता लागब कठिन अछि।

म.म. लक्ष्मीधरक एहि पक्षक सबसँ छोट बालक छलाह मिथिलाक एक जन अग्रगण्य स्मार्त-नैबन्धिक, म.म. रुद्रधर। हिनक रचित वर्षकृत्य जो 'व्रतपद्धति' सँ अद्यापि मिथिलामे वर्ष भरिक क्रिया-कलाप होइत आएल अछि जो हिनक रचित 'शुद्धिविवेक' ओ 'श्राद्धविवेक' एखन पर्यन्त मिथिलामे प्रमाणरूपसँ परिगृहीत होइत अछि। शुद्धिविवेकक अन्यत्र अपन परिचय दैत ई कहैत छथि— "महामहोपाध्याय श्री लक्ष्मपरात्मज महामहोपाध्याय हलधरानुज"। व्रतपद्धतिक आरम्भे ई अपनाकेँ "भ्रातृसूक्तिकृतोद्‌बोध कहैत छथि तथा ओकर अन्त मे कहैत छतिथ श्रीमद भ्रातृचरणोन्नीतः समयप्रदीपपाद्यनुसारी पन्थाः"। एहिसँ स्पष्ट अछि जे रुद्रधर अपन भाए हलधरसँ पढ़लें छलाह ओ स्मृतिवचनक आशयक स्फुटीकरणमे म.म. श्रीदत्तक[†]

बालकृष्ण। हिनक दौहित्री मे हरिअम्बए किसनीमिश्रक विवाह छल जनिक दौहित्री मे कन्होली सोदरपुर मूलक रामचन्द्रझाक विवाह कहि आएल छी। बालकृष्णक पौत्र वनमालीक विवाह पलिवार लच्छू पाठकक कन्यासँ छल। वनमालोक दौहित्र मड़रए हरेराम छलाह जनिक कन्यासँ छल। वनमालोक दौहित्र मड़रए हरेराम छलाह जनिक कन्यासँ खड़ोरए उग्रसिंह ठाकुरक विवाह छल ओ वनमालीक दौहित्रीसँ, हरेरामक बहीनिसँ, सरिसवए भमरक विवाह छल जनिक कन्यासँ अलैवार मही झाक विवाह छल। हिनका लोकनिक परिचय आगाँ आओत।

† धर्मविषयक मतद्वैधमे "प्रतिहस्त" क मतक चर्चा पूर्वहि कएल अछि। दोसर मत एही आवसथिकाग्निहोत्री म.म. "श्रीदत्त" क थीक माण्डर मूलक कोइनल शाखाक छलाह। सोतिपुरामे सोदरपुरिए लोकनि प्रतिहस्तक मत मानैत छथि, आओर लोक श्रीदत्तानुसारी क्रिया करैत छथि।

समयप्रदीप एवं अपना भाइक मतके समादृत करैत छलाह। हिनक श्राद्धविवेकक एक गोट पोथी* नवरामहुताशनाङ्किते वर्षे लक्ष्मणसेनभूभूजः अर्थात् ल.स. 339 मे लिखल गेल छल। अभिनव-जयदेव विद्यापति ठाकुर जे भागवतक पोथी। लिखलैन्हि ताहिसं ई समय केवल तीस वर्ष पछाति भेल ओ ल. स. क आरम्भक जे समय सर्वसम्मतिसँ एखन मान्य होइत अछि तदनुसार ई 1458 ईशवीय भेल। तेँ रुद्रधरक ई पोथी पञ्जीप्रबन्धक समयसँ एक सए बत्तीस वर्ष पछाति लिखल गेल। अपना बापक ई सबसँ छोट बालक छलाह जो अपना भाइसँ पढ़ले छलाह से स्मरण रखैत हिनक पितामहकेँ जे हम पञ्जीप्रबन्धक समयमे पूर्णवयस्क कहल अछि से असङ्गत नहि बोध होएत।

हिनका दू गोट विवाह छल। प्रथममे कोनो सन्तति नहि। दोसर विवाह छल हिनक 'नरओत' मूलक 'तेघरा' शाखाक वीजीपुरुष दामोदरक† कन्यामे। दामोदरके दू गोट विवाह छल; प्रथम पलिबार धर्माधिकरणिक नरसिंहक* कन्यामे ओ ताहि पक्षक दामोदरक सबसँ जेठि कन्या, महादेवी देवा सँ ओ‌इनिवार महाराज भवेश्वरक बालक महाराज हरसिंहक दोसर विवाह छल। महाराज हरसिंहक पहिल विवाहमे बालक छलाह महाराज नरसिंह जनिक बालक महाराज धीरसिंह ओ महाराज भैरव सिंह छलाह। दामोदरक दोसर विवाहक दोसरि कन्या, 'मधुमती' सँ, म.म. रूद्रधरक विवाह छल। हिनका दू बालक ओ चारि कन्या परन्तु एक गोट बालकक आगाँ चर्चा नहि भेटैत अछि ओ कन्यहुमे केवल एक गोटाक विवाह उल्लेखनीय अछि। हुनक विवाह छल 'दरिहरा' मूलक 'झोटूपाली' शाखाक मेघक बालक चान्दसँ। मेघक जेठ भाए सीरूक कन्यासँ परमगुरू वाचस्पति मिश्रक छोट भाए कान्हू मिश्रक विवाह छल। एहि 'दरिहरए' चान्दक कन्यामे, रुद्रधरक दौहित्रीसँ, परमगुरुक एक गोट बालक लक्ष्मीनाथ मिश्रक विवाह छल।

म.म. रुद्रधरक दू बालक, नरहरि ओ श्रीहरि, जाहि मे केवल नरहरिक विवाहक उल्लेख अछि। हिनक विवाह छल पबौली मूलक हरदत्तक पौत्र, गोविन्दक बालक, हरदत्तक कन्यामे। हरदत्तक अपर विवाह ओ‌इनिवार महाराज भवेश्वरक सब सँ छोटि कन्यामे छल जाहि पक्षक हुनक बालक धर्माधिकरणिक रुद्रक कन्यामे परमगुरु म.म. वाचस्पति मिश्रक विवाह छल। एही पक्षक बालक गोविन्दक पौत्रीसँ रुद्रधरक बालक नरहरिक विवाह छल। हिनक पुमपत्यक बढ़ाओ नहि भेटैत अछि परन्तु हिनक एक गोट कन्याक सन्तान-परम्परा मे बड़-बड़ पैघ लोक भेटैत

---

* जायसवाल निर्मित मिथिलास्थलेखग्रन्थसूची प्रथम खण्ड पृष्ठ 475 ग्रन्थ संख्या 403 बी द्रष्टव्य।

† दामोदरक छोट भाए मुरारिक दौहित्री, तरौनी-करमहा मूलक श्रीधरक कन्यासँ खड़ोरए सुरपति प्रसिद्ध दूबे ठाकुरक विवाह छल जनिक पौत्र म.म. महाराज महेश ठाकुर छलाह।

* एहि नरसिंहक एक गोट विवाह रुद्रधरक मात्रिक मे छल से कहि आएल छी। नरसिंहक स्त्री रूद्रधरक मातामहक पितिऔते बहीनि छलीह। नरसिंहक दोसर विवाहक कन्यासँ पबौलिबार हरदत्तक विवाह छल जनिक प्रपौत्री मे रूद्रधरक बालकक विवाह छल।

* नरहरिक कन्यामे विवाह खौआड़ए रूपकें, रूपेक कन्यामे विवाह जजिबालए विश्वनाथकें; विश्वनाथक दौहित्र छलाह बुधबारए कूने; तनिक कन्यामे नाहस-खौआल मूलक बाबू झाक विवाह छल, तनिक कन्यामे

छथि। पत्र-पञ्जी मे मुदा म.म. रुद्रधरक सन्तानक उल्लेख नहि अछि ओ ते ँ सम्भव थीक हिनक वंश लुप्त भए गेल हो परन्तु जँ से अछिओ तँ अलवारक अलयी शाखाक होएत ओ पञ्जीबद्ध सँ न्यून भए गेल होएत।

म.म. लक्ष्मीधरक दोसर विवाह छल ओञिनिबार महाराज भवेश्वरक दोसरि† कन्या, 'कूमरि नोनो' सँ। ई महाराज देवसिंहक सोदर बहीनि छलीह, महाराज शिवसिंहक पिउसि। इतिहास सँ पता लगैत अछि जे 1325 ईशबीयमे गयासुद्दीन तुगलकसँ पराजित भए महाराज हरिसिंहदेव मिथिला छोड़ि पड़एलाह ओ गयासुद्दीनक भातिज फिरोजशाह 1351 ई. मे दिल्लीक बादशाह भेलाह। कीर्त्तिलता मे विद्यापति ठाकुर कहैत छथि जे फिरोजशाह 'प्रियसखा' कहि महाराज भोगीश्वरक सम्मान कएल। अतएव भोगीश्वरके ँ ताहि समयमे पूर्णवयस्क* मानए पड़त। भोगीश्वरक छोट भाए छलाह भवेश्वर ओ तें हुनकहु महाराज हरिसिंह देवहिक समयमे उत्पन्न मानए पड़त। एहि भवेश्वरक कन्या मे म.म. लक्ष्मीधरक दोसर विवाह छल ओ ते ँ सम्भव इएह थीक जे हुनको जन्म महाराज हरिसिंह देवहिक समय मे भए गेल हो। अतएव लक्ष्मीधरक पिता म.म. रामेश्वरके ँ जे हम शाके 1200 क प्रान्तमे उत्पन्न कहल अछि से कोनो अत्युक्ति नहि। सम्भव थीक जे एहू सँ पूर्वहि हुनक जन्म भए गेल हो, पश्चात् होएबाक ते ँ कोनो सम्भव नहि। दोसर, महाराज भवेश्वरक दौहित्र रुद्रक कन्यामे परमगुरु वाचस्पति मिश्रक विवाह छल ते ँ लक्ष्मीधरक सबसँ छोट बालक रुद्रधर ओ परमगुरु, दूहू गोटाक समयक भेदक अनुमान कए सकैत छी ओ निश्चय रुद्रधर ओ वाचस्पति समानकालीन छलाह परन्तु रुद्रधर अन्ततः पचीस-तीस वर्ष हुनका सँ जेठ छल होइथिन्ह।

एहि पक्षमे म.प. लक्ष्मीधरके ँ कन्याक पता तँ नहि लागल अछि मुदा बालक तीनि गोट, रघु, राम ओ जटा (पूर्ण नाम प्रायः जटाधर छल)। एहि पक्ष मे म.म. लक्ष्मीधरकें कन्याक पता तँ नहि लागल अछि मुदा बालक तीनि गोट, रघु, राम ओ जटा (पूर्ण नाम प्रायः जटाधर छल), ई तीनू गोटए 'अलयी' क वासी कहल छथि। लक्ष्मीधरक पहिलहु विवाहक बालकमे केवल सबसँ जेठ म.म. हलधर 'जमुगाम' क वासी छलाह, शेष तीनू प्रायः 'अलयी' क। अतएव अलवारक अलयी

बेलञोचए बबुदी झाक विवाह छल। बबुदीक झाक कन्यामे हरिड़ी-संकराढ़ी मूलक पञ्जीकार श्विेश्वर झाक विवाह छल ओ तनिक सन्तान योग्यमे अनेक घर अछि। एक गोट सबसँ उत्कृष्ट दृष्टान्तः–विश्वेश्वरक पौत्र, पञ्जीकार रतिदेव झाक बालक, पञ्जीकार घनश्याम झाक कन्यामे जमदौली-पाली मूलक ज्योतिषी भैअन झाक विवाह छल ओ तनिक वृद्ध-प्रपौत्री दड़िभङ्गाक श्रीमती बड़ी राजमाता साहेबा थिकीह।

† भवेश्वरक दोसर विवाह दोसरि कन्यामे लक्ष्मीधरक विवाह, पाँचम विवाहक एक मात्र कन्या कूमरि इसरइनिसँ पवौलिवार हरदत्तक विवाह जनिक बालक रुद्रक कन्यामे परमगुरुक विवाह छल।

* प्रियसखा सँ हम बुझैत छी जे फिरोजशाह ओ महाराज भोगीश्वर समानवयस्क छलाह। फिरोज शाहक जन्म 1309 ई. में छल ओ ते भोगीश्वरहुक जन्म चौदहम शताब्दक प्रथम दशकमे मानबाक चाही।

शाखा की तँ रामेश्वरक सबसँ छोट पित्ती जवेश्वरक सन्तान थिकाह, नहि तँ लक्ष्मीधरक। एहि पक्ष मे हिनका बड़ सन्तान। सबसँ जेठ म.म. रघुकें दू विवाह। प्रथम 'गङ्गीर' मूलक शुभङ्करक कन्या सँ। शुभङ्करहिक कन्या सँ हिनक दू गोट वैमात्रेय भाए, शशिधर ओ चन्द्रधरहुक, विवाह छल। अपने शुभङ्कर विशिष्ट व्यक्ति छलाह, 'पाली' मूलक 'महिसी' सदृश अवदात शाखाक बीजी पुरुष दुर्गादित्यक दौहित्र छलाह। एहि पक्षमे म.म. रघुकेँ चारि गोट बालक ओ कन्या सेहो तथा दौहित्र सब पण्डित, परन्तु एहि दिशि हिनक शाखाक बढ़ाओ विशेष नहि भेटैत अछि। दोसर विवाह छल हिनक 'माण्डर' मूलक 'निकासी' शाखाक रामसुत देहरिक कन्या मे जनिक अपर कन्यामे हिनक वैमात्रेय म.म. रुद्रधरक पहिल विवाह छल। एहू पक्ष मे हिनका चारिगोट बालक महोपाध्याय रतनू, हचलू, म.म. पराउ ओ मतिकर। एहि मे सबसँ जेठ ओ सबसँ छोटक सन्तानक उल्लेख पञ्जी मे नहि अछि, शेष दुहू भाइक सन्तान पञ्जीबद्ध छथि। हचलूक पौत्र, रत्नाकरक विवाह 'सन्नहपुरदीधो' मूलक शिवदत्त ठाकुरक† कन्यामे छल ओ रत्नाकरक बालक, मुकुन्दक विवाह 'संकराढ़ी' मूले परामक कन्यासँ छल। एहि परामक विवाह छल 'तिसओत' मूलक 'कूआ' शाखाक नन्दनक दौहित्रीसँ ओ एही नन्दक† सन्तानसूचक "तिसओत" पाँजि भेल जे सोतिमे एमहर डेढ़-दू सए वर्षसँ महोच्च पाँजि बुझल जाइत छल। कहबाक अभिप्राय जे हचलक प्रपौत्र, लक्ष्मीधरक अतिवृद्धप्रपौत्रक विवाह एहन प्रतिष्ठित भेल छल ओ तावतैव एहि शाखाक मर्यादा अनुमान कए सकैत छी।

म.म. रघुक तेसर बालक म.म. पराउकेँ पाँच बालक जाहि मे जेठ महोपाध्याय सुरपति ओ छोट श्रीवत्सक सन्तानक उल्लेख नहि अछि, आओर तीनूकेँ पूर्ण सन्तान। हुनक दोसर बालक छलाह म.म. पशुपति ओ हुनका पाँच बालक जाहिमे दू गोटाकेँ सन्तान। एक गोटएक, रामकृष्णक सन्तानक प्रसङ्ग विशेष उल्लेखनीय तँ नहि किछु भेटैत अछि परन्तु पशुपतिक सब सँ छोट बालक कुमुदानन्दक क्रिया बड़ उत्कृष्ट भेटैत अछि ओ हिनक सन्तान-परम्परा मे बड़ बड़ पैघ लोक। हिनक विवाह छल 'खौआल' मूलक 'आहिल' शाखाक यज्ञपतिक कन्यामे। ई यज्ञपति (हिनक प्रसिद्ध नाम जागेझा छल) रूपेक पौत्र छलाह, रत्नपतिक

† एहि शिवदत्त ठाकुरक प्रपौत्र ञाखी ठाकुर लएके सिंहवाड़ पाँजि ओ ञाखीक प्रपौत्रक पौत्र चौधरी श्री केदारनाथ ठाकुर सिंहबाड़मे वर्त्तमान छथि। चौधरी उपाधि शिवदत्तक बालक उमापतिके भेटल। शिवदत्तक प्रपितामह, रतिदत्त, ओञिनिवार महामहत्तक कुसुमेश्वरक बालक राजरत्नेश्वरक दौहित्र छलाह तथा धर्माधिकरणिक जान ठाकुरक पौत्र छलाह।

† संकराढ़ी मूलक परानक दोसरि कन्याक विवाह छल सोदरपुर मूलक तेतरिहार शाखाक हरिकेशसँ ओ हरिकेशक कन्याक विवाह छल बलिआसए माँड़र रघाइझासँ। एही रघाइक कन्यासँ सोदरपुरक महिआ शाखाक विश्वम्भर ओ राम दू भाइक विवाह भेल ओ ताही सँ तिसओत पाँजि पसरल।

बालक, ओ रत्नपति छलाह सन्मिश्र शंकरक छोट भाए महोपाध्याय महादेवमिश्रक दौहित्र। रूपेक बहीनिमे सन्मिश्रक सबसँ छोट भाए महोपाध्याय दासेमिश्रक विवाह छल। जागेझाक अपन विवाह छल 'सोदरपुर' मूलक 'मझिग्राम' शाखाक सुप्रसिद्ध नैयायिक म.म. रुचिदत्त† क छोट भाए पिरतूक कन्यामे। कुमुदानन्दके पाँच गोट बालक महोपाध्याय परशुराम, महोपाध्याय बैजू, लखाइ, गोपाइ ओ भवाइ तथा एक कन्या जनिक विवाह 'दरिहरए' रामी झासँ छल ओ तनिक कन्यामे 'पाली' मूलक 'समौलि' शाखाक म.म. नरहरिक प्रपौत्र, म.म. केशवमिश्रक पौत्र म.म. अर्जुन मिश्रक चारिम बालक पशुपति मिश्रक* विवाह छल जनिक दौहित्र वीर ठाकुर छलाह।

महोपाध्याय परशुरामक विवाह दरिहरए मुसाइझा कन्यामे भेल छल। हिनक बालकसँ आगाँ शाखा-वृद्धि पञ्जी मे नहि भेटैत अछि परन्तु हिनक जेठ बालक बछाइ झाक कन्याक सन्तानमे§ बड़-बड़ लोक अछि ओ से सोति ओ योग्य दुहू मे अछि। तहिना लखाइक सन्तान-कोटिमे† सेहो बड़ लोक देखैत छी यद्यपि हिनका पुमपत्य नहि, दू गोट कन्या मात्रक उल्लेख भेटैत अछि। चारिम, गोपाइ प्रसिद्ध गोपीनाथक विवाह 'सतलखा' मूलक 'सतौनी' शाखाक शीवीक कन्यासँ छल। पूर्व सँ एहि सतलखा कुलक बड़ विशिष्ट प्रतिष्ठा* छल ओ एम्हरहु योग्यक

---

† ई रुचिदत्त, महामहोपाध्याय ओ मिथिलाक एक गोट बड़ पैघ नैयायिक, पक्षधरापर नामक म.म. जयदेव मिश्रक शिष्य छलाह ओ हिनक रचित कुसुमाञ्जलिप्रकाशमकरन्द, तत्वचिन्तामणिप्रकाश प्रभृति अनेक ग्रन्थरत्न हिनका अमर बनऔने अछि।

* हिनक विशेष परिचय टिप्पणी मे द्रष्टव्य।

§ बछाइक दौहित्र छलाह बेहट-खण्डवला मूलक भोरानाथ, तनिक दौहित्र छलाह नड़साम-बलिआस मूलक म. म. शीनामिश्र, हिनक कन्यामे तिसओतए सुबन्धुझाक बालक जगन्नाथ झाक विवाह छल ओ जगन्नाथक बालक गिरिधारीक कन्या सबहिक विवाह सोति मे यथा, भौरक दामोदरसिंह ठाकुर ओ म.म. श्रीकृष्ण सिंह ठाकुर।

सुबन्धुझाक परिचयक हेतु नीचाक टिप्पणी द्रष्टव्य।

† लखाइक दुहू कन्याक विवाह जजिबाल मूल मे। प्रथमाक कविराज सँ जनिक अपर विवाहक दौहित्री मे म.म. गोकुलनाथ उपाध्याय, फन्नाबारक, विवाह छल। कविराजक बालक, अलैबार लखाइक दौहित्र, सदाइक दौहित्र छलाह कुजौलिबार म.म. जानकीनाथझा जनिक दौहित्रीपुत्रीमे दिघवए उदन ठाकुरक विवाह छल। एही उदन ठाकुरक कन्यासँ म.म. सचल मिश्रक बालक खगदत्त मिश्र विवाह कएल। लखाइक दोसर कन्याक विवाह जजिबालए बल्ली सँ। तनिक बालक सिताइक कन्यासँ बलिराजपुर-हरिअम्बए शीखे मिश्रक भाए छीतूमिश्रक प्रपौत्र, भवक विवाह। भव मिश्रक दौहित्रीमे सरिसवए बलभद्र झाक विवाह छल जनिक पौत्र जगद्धरझाक चर्चा आगाँ आओत। नाहरक ई सरिसबएक घर योग्यक बड़ प्रतिष्ठित डेरा थीक ओ एखन धरि जातीय मर्यादा रखने छथि।

* शीवीक एक गोट वृद्ध प्रपितामहभ्राता चन्द्रकरक कन्यासँ परमगुरु वाचस्पति मिश्रक एक गोट विवाह छल तथा दोसर शङ्करक कन्या सँ सन्मिश्र शङ्कर ओ हुनक छोट भाए महोपाध्यम भासेमिश्रक एक एक गोट विवाह छल।

ई प्रतिष्ठित डेरा छल। गोपाइझाकेँ एक गोट बालक वंशीधर झा ओ एक गोट कन्या जनिक विवाह 'पबौली' मूलक जीवनझा सँ ओ एहि जीवनझाक बालक रामझा, वैयाकरणक दौहित्र तिसओतए पूर्वक सुबन्धु झा[×] छलाह जनिक नाम पर सोति मे प्रतिष्ठित पाँजि अछि।

वंशीधरझाक विवाह 'बेलञोच' मूलक 'सुदइ' शाखाक बाछनि झाक पौत्री, वीरझाक कन्यामे छल। एहि बाछनिझाक जेठ भाए छलाह कवि रामचन्द्रझा जनिक बालक नेपाल-राजपण्डित कविवर वंशमणिझा छलाह। बाछनिझाक अपर विवाह पक्षक बालक, वीरझाक वैमात्रेय भाए, छलाह कृपालझा जनिक सन्तान सम्प्रति बेतिआमे छथि। कृपालझाक प्रपौत्रक प्रपौत्र श्री चन्द्रमोहनझा सम्प्रति एहि कुलक हेतु कमल भेल विकासमान छथि। वीरझाक विवाह छल 'बलिआस' मूलक 'नड़साम' शाखाक म.म. जगदीश मिश्रक[†] कन्यासँ। वंशीधर झाक बालक छलाह महीझा। हिनक विवाह सरिसबए भमर[*] क कन्यामे छल। हिनका एक गोट बालक दुर्गादत्तझा जनिक वंश प्रायः लुप्त अछि ओ दू मात्र कन्याक परिचय हमरा भेटैत अछि। हिनक एक गोट कन्यामे 'पबौते' मूलक 'बढ़िआम' शाखाक सोति मनसुख झा[†] क विवाह छल जनिक सन्तान सोतिमे जे केओ हेमाङ्गदराय पाँजिक छथि प्रायः सब थिकाह। महीझाक अपर कन्यामे 'कुजौली' मूलक 'भखरौली' शाखाक म.म. कुलपति झाक[*] विवाह छल जनिक कन्यामे बनैलीक राजा दुलारसिंहक दोसर विवाह छल जाहि पक्षक हुनक सन्तान बनैली राजकुलक श्रीनगर शाखा थीक।

× जाहि नन्दनझाक लागिसँ तिसओत पाँजि सोति मे पसरल तनिक जेठ भाए राम-झाक वृद्धप्रपौत्र सुबन्धु झाकें दू विवाह। प्रथम माण्डर मूलक म.म. हिमकरक कन्यासँ जाहिमे एक कन्यामात्र; तनिक विवाह कन्हौली सोदरपुर मूलक भवेशझाक बालक मानिक झासँ, गीतगौरी प्रति प्रभृति अनेक काव्यग्रन्थक रचयिता सुकवि कृष्णदत्त झाक भाएसँ तनिक सन्तान सुबन्धुझा पाँजि छथि। दोसर विवाह हिनक ओही मानिक झाक बहीनिसँ, जाहिमे बालक जगन्नाथ झा ओ एक कन्या, जनिक विवाह दरिहरए दुखभञ्जनझासँ जनिक कन्यामे श्री5 मन्मिथिलेशक प्रमातामह भवानीदत्तझाक विवाह छल। एहि पक्षक हिनक सन्तानके सजि माधवमिश्र। अतएव सुबन्धु झा तेँ सहजहिं, माधव मिश्र पाँजि अछि तकरो अधिकांश लोक, एहि सुबन्धु झाक सन्तान थिकाह। ई दूनू पाँजि सोति मे पूर्ण प्रतिष्ठित बुझल जाइत अछि।

† जगदीशमिश्रक नाम पर एकटा पाँजि अछि जे सोतिमे वेश पैघ ओ प्रतिष्ठित बुझल जाइत अछि।

* सरिसबए भमरक चर्चा पूर्वहु कएल अछि।

† मनसुखझा अपने छलाह दौहित्रीपुत्र हेमाङ्गदरायक जे पण्डित रायरघुनन्दनक प्रपौत्र, शंकररायक पौत्र, कमलनयन रायक बालक छलाह। हेमाङ्गदरायक नाम पर सोति मे बड़ पुरान पाँजि अछि ओ से सब प्रायः मनसुख झाके लएके अथवा हिनक सोदराके लए जनिक विवाह करमहए बुद्धिनाथसँ छल।

* म.म. कुलपतिझाक प्रसङ्ग विशेष आगाँ कहब। हिनक प्रपौत्रक पौत्र लोकनि एखन हरिपुर मे श्री इन्द्रानन्द झा प्रभृति बृद्धिमान छथि।

म.म. पराउ झाक तेसर बालक विश्वपतिक सन्तान बहुत दिन धरि जातीय मर्यादाक रक्षा कएल। हुनक बालक चिन्तामणिक विवाह ओही खौआड़ए जागेझाक कन्यामे छल जनिक अपर कन्यासँ हिनक पितिऔत भाए कुमुदानन्दक विवाह छल। चिन्तामणिक दौहित्रीसँ सोदरपुरिएँ बालकृष्णक विवाह छल जनिक सन्तान-परम्परामे कतेक विशिष्ट व्यक्तिकें पूर्वहि देखाए आएल छी। तहिना म. म. पराउक चारिम बालक रमापतिहुक प्रसङ्ग। तीनि-चारि पुरुष धरि जहिनको सन्तान पञ्जीबद्ध छथि परन्तु विशेष उल्लेखनीय नहि किछु भेटैत अछि। एवं रूपे म.म. रघुक सन्तानक जातीय उत्कर्ष स्पष्ट अछि। ओना तँ ग्रहेश्वरक सन्तान-परम्परा मे बड़-बड़ विशिष्ट व्यक्तिके हम देखाए आएल छी परन्तु से सब बहुत प्राचीन परिचय अछि। एमहर आबि ग्रहेश्वरक सन्तान अपन जातीय मर्यादाक रक्षा नहि कए सकलाह। म.म. रघुक सन्तान समस्त अलैबार कुलमे एक गोट मात्र शाखा अछि जे बहुत दिन धरि अपन जातिक रक्षा कएल ओ नीक योग्य मे बराबरि परिगणित होइत रहलाह। तकर कारणो स्पष्ट अछि। रामेश्वरक आन आन शाखा मे तीनिचारि पुरुष धरि तँ सरस्वतीक उपासना देखैत छी परन्तु तकर पश्चात् जेना अन्धकार भए जाए ओ विद्याक उत्कर्षक सङ्गहि सङ्ग जेना जातीय उत्कर्ष सेहो बिलाए जाए। एहि शाखा मे म.म. रघुक प्रपौत्र धरि, एक नहि, अनेक पण्डित देखैत छी। इएह कारण भेल जे विद्याक वैभव सँ ई लोकनि अपन प्राचीन मर्यादा अक्षुण्ण रखलनि ओ तेहने कुटुम्बिता करैत रहलाह जे अपन स्वरूप दूरि नहि गेलैन्हि।

म.म. रघुक छोट भाए रामकेँ दू विवाह ओ दूनू मे प्रचुर सन्तान परन्तु ई लोकनि पञ्जीबद्ध छथि एहि सँ विशेष उल्लेखनीय आओर नहि किछु अछि। हिनक एक गोट बालक छलाह महोपाध्याय सूपेझा जनिक पौत्र राजूझाक कन्यामे “बलिआस” मूलक ‘नड़साम’ शाखाक महोपाध्याय राघवमिश्रक विवाह छल जनिक बालक म.म. जगदीशमिश्र छलाह जनिका नाम पर सोति मे एकटा पैघ पाँजि अछि।

म.म. लक्ष्मीधरक एहि पक्षक सब सँ छोट बालक छलाह जटाधरझा। हिनक विवाह ‘एकहरा’ मूलक ओही शाखा मे छल जाहि मे हिनक पिता म.म. लक्ष्मीधरक पहिल विवाह छल। लक्ष्मीधरक विवाह छल दिवाकरक बालक रतिकरक कन्यासँ ओ जटाधरक विवाह छल दिवाकरक छोट भाए रुचिकरक पौत्र सोनेक कन्यासँ। एही रुचिकरक कन्यामे ‘पलिबार’ धर्माधिकरणिक नरसिंहक एक गोट-विवाह छल जनिक चर्चा अनेक ठाम कएल अछि। एही रुचिकरक अपर विवाह-पक्ष मे दू गोट बालक छलथिन्ह लक्ष्मीकर ओ आनन्दकर। लक्ष्मीकरक बालक छलाह म.म. हरिनाथ जनिक पौत्र सुप्रसिद्ध धर्माधिकरणिक वर्धमान उपाध्याय छलाह तथा आनन्दकरक सन्ततिमे सम्प्रति एकहरए मूलक ‘खड़का’, ‘कन्हौली’, ‘ओड़ा’ ओ ‘रुचौलि’ सब प्रतिष्ठित शाखा अछि।

कुल-चित्र (8)

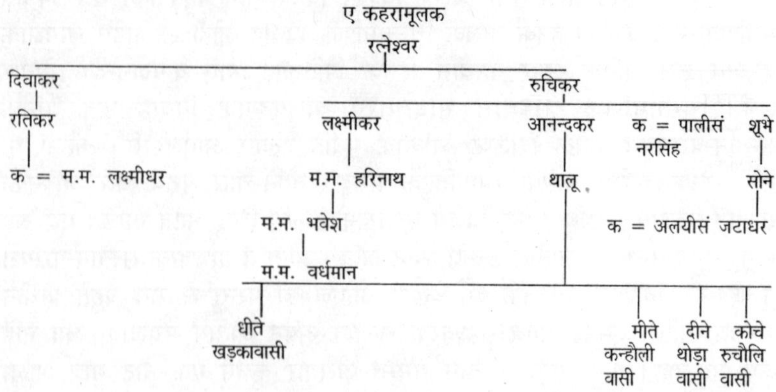

जटाधरकेँ तीनि बालक—नारायण, अनन्त ओ महोपाध्याय श्रीपति। एहिमे पहिल दूहू गोटाक सन्तान पञ्जी मे नहि भेटैत छथि; ओ लोकनि की तँ पञ्जीबद्ध नहि रहलाह अथवा हुनक शाखा लुप्त भए गेल-परन्तु नैयायिक श्रीपतिक प्रपौत्र धरिक परिचय पञ्जी मे अछि। श्रीपतिक पौत्र शुचिकण्ठक चारि बालक—रामचन्द्र, मधुसूदन, रामभद्र ओ बलभद्र। एहि मे मधुसूदन ओ रामभद्र दूहू भाइक विवाह 'खौआल' मूलक 'आहिल' शाखाक रतिदेवक[†] कन्यासँ छल। मधुसूदन के एक

कुल-चित्र (9)

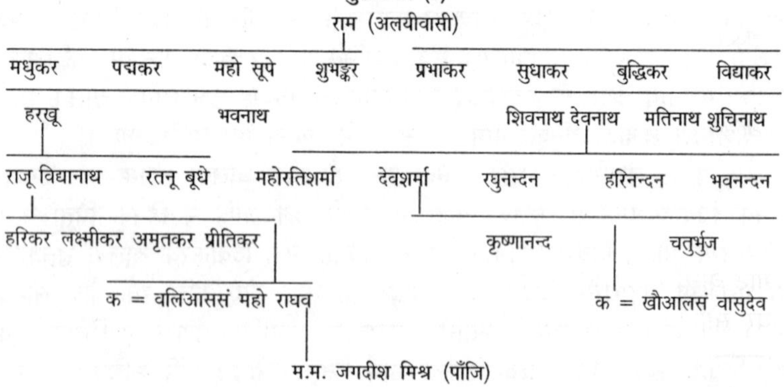

---

† रतिदेव अपने एकहरा मूलक राजपण्डित गँड़कूक बालक लाखनक दौहित्र छलाह ओ गँड़कू छलाह म. म. वर्धमान उपाध्यायक छोट भाए। रतिदेवक विवाह छल समौलि-पालीमूलक म.म. वाचस्पति मिश्रक पौत्र, म.म. रघुनाथ मिश्रक बालक रतिदेव मिश्रक कन्यामे।

कुल-चित्र (10)

जटा (अलयीवासी)
= एकहरासं सोनेसुता

नारायण | अनन्त | महो श्रीपति = संकराढ़ीसं | गणपति सुदा

शितिकुण्ठ = माण्डरसं | वसाओनसुता | क = माण्डरसं हरख

शुचिकण्ठ = दरिहरासं गोपी

रामचन्द्र | मधुसूदन | रामभद्र | बलभद्र

मधुसूदन = खौआलसं रतिदेवसुता

क = सतलखासं परमानन्द

क = समौलिपालीसं इन्द्रपति

क = बिठौलीबलियाससं अनन्त गुनात्रि
महादेब झा (पाँजि)

रामभद्र = खौआलसं रतिदेवसुता

मोहन = जगौर सोदरपुरसं गङ्गाधरसुता

महादेब झा = महुआ खौआलसं लक्ष्मणसुत

साहेब = खौआलसं भूषणसुता | क = माण्डरसं बछम

धर्मदत्त = सुदईवेलओचसं सीताराम सुता

टेङरा = कटरा सोदरपुरसं वस्तीसुता

ज्योतिर्विद् श्री कुञ्जी = दिगओन जजिवालसं छीतनसुता

डॉक्टर श्री सुभद्र झा = बाली सोदरपुरसं श्री सीताराम सुता

श्री तारिणीचरण

गोट कन्या मात्रक उल्लेख भेटैत अछि ओ तनिक सन्तान-परन्परा मे* आब कतेको घर सोतिओ छथि। रामचन्द्र ओ वलभद्रक शाखा पञ्जी मे उल्लिखित नहि अछि।

---

* मधुसूदनक कन्यामे सतलखए परमानन्द झाक विवाह छल, तनिक कन्यामे समौलि पालीमूलक इन्द्रपति मिश्रक विवाह छल, तनिक कन्यामे बलिआसए बिठौली अनन्तझाक विवाह छल। एही अनन्तझाक बालक छलाह महादेवझा जनिका नाम पर पाँजि अछि जे योग्यमे बड़ प्रतिष्ठित अछि ओ एमहर वर्ष पचासेक सँ सोतिअहु मध्य परिगृहीत भए गेल अछि।

रामभद्रक बालक मोहन ओ तनिक बालक गुनाञि धरिक उल्लेख पञ्जीमे अछि। एतेक दूर धरि हिनक शाखा पञ्जीबद्ध अछि। गुनाञिक बालक साहेबक विवाह प्रायः न्यून छल, कारण साहेबझाक बालक धर्मदत्तझा अपन मात्रिक ढंगा-हरिपुर आबि बसलाह ओ तनिक बालक अपन मात्रिक नागदह मे बसलाह जतए हुनका लोकनिक वास अद्यापि छन्हि। एहि धर्मदत्तझाक प्रपौत्र हमर परम मित्र, मैथिलविद्वत्समाजक असीम प्रेमभाजन, उदीयमान, पण्डितप्रवर डाक्टर श्री सुभद्र झा छथि।

***

म.म. रामेश्वरक तेसर बालक महोपाध्याय गङ्गाधरमिश्र छलाह। हिनक ई 'मिश्र' उपाधि हिनक वैशिष्ट्य सूचित करैत अछि। नैयायिक भैओकेँ ई मीमांसाक जेना विशेष अनुशीलन कएने होथि तथा सएह द्योतित करबाक हेतु प्रायः ई मीमांसकक उपाधि ग्रहण कएल। पत्रपञ्जी मे ई 'जमुगाम' क वासी कहल छथि जतए हिनक भातिज म.म. हलधरक वास छल। अतएव 'अलैबार' क 'जमुगाम' शाखा की तँ गङ्गाधर मिश्रक अपत्य थिकाह ओ से लोकनि 'मिश्र' कहबैत होएताह अथवा हलधरझाक अपत्य थिकाह ओ से लोकनि 'झा' कहबैत होएताह।

गङ्गाधरहुकेँ दू गोट विवाह छल। प्रथम विवाह छल हिनक 'गंगौली' मूलक सीरूक कन्यासँ, जनिक अपर दू गोट कन्यासँ हिनक दू गोट भातिज, हिनक सबसँ जेठ भाए ग्रहेश्वरक दू गोट बालक, गदाधर ओ बुद्धिधरक विवाह छल। गदाधरक पहिले विवाह सीरूक कन्यासँ, बुद्धिधरक दोसर विवाह सीरूक कन्यासँ ओ गङ्गाधरक पहिले विवाह सीरूक कन्यामे। अतएव स्पष्ट अछि जे गदाधर ओ बुद्धिधरक पिता ग्रहेश्वर ओ हुनक सबसँ छोट भाए गङ्गाधरक वयस मे पूर्ण अन्तर छल जाहिसँ ओ अपन भातिज सबहिक साढ़ भए सकलाह। एहि विवाहमे गङ्गाधरके एक बालक ओ एक कन्या। एहि कन्याक विवाह 'माण्डर' मूलक 'ब्रह्मपुर' शाखाक भीखे मिश्रसँ छल। ई भीखेमिश्र गोपालक बालक, शौरिकपौत्र, गूनेमिश्रक प्रपौत्र छलाह तथा गूने मिश्र म.म. वटेश्वरक पित्ती छलाह, हुनक पिता वैमात्रेय भाए। गूनेमिश्रक दोसर बालक थूबेमिश्रक दौहित्री सँ, गोपाल मिश्रक पितिऔत बहिनिक कन्यामे, महाकवि विद्यापति ठाकुरक एक गोट विवाह छल। एहि भीखेमिश्रक कन्या, अलैवार गङ्गाधरक दौहित्रीक, सन्तान-परम्परा मे[†] बड़-बड़ पैघ लोक छथि।

---

† भीखेक कन्यामे जजिबालए रघुक विवाह छल, तनिक कन्यामे संकराढ़ी मूलक शिवपतिक विवाह छल, तनिक दौहित्र छलाह बहेराढ़ी मूलक मधुसूदन, तनिक बालक रामचन्द्रक कन्यामे बलिआस मूलक माँड़र शाखाक जगन्नाथमिश्रक विवाह छल जे पण्डित-रायक साक्षाते पितिऔत भाए छलाह। जगन्नाथक कन्यामे खण्डबला मूलक म.म. महाराज महेश ठाकुरक छोट भाए म.म. दामोदर ठाकुरक पौत्र, अग्निहोत्रिक मही विश्वम्भरठाकुरक बालक, भवेश ठाकुरक विवाह छल। भवेश ठाकुरक प्रपौत्र छलाह म.म. प्रेमनिधि ठाकुर जनिक दौहित्र छलाह सिहोलि माण्डर मूलक हृदयदत्त आ जनिक कन्यामे मिथिलेश महाराज छत्रसिंह बहादुरक प्रथम विवाह छल ओ जनिक प्रपौत्र महावैयाकरण पण्डित श्री दीनबन्धुझा, अपर-पाणिनि, सम्प्रति इसहपुरमे विद्यमान छथि।

कुल-चित्र (11)

महो गङ्गाधर मिश्र जमुगाम वासी

= कूमार गङ्गौलीसं सीरू सुता | = ओञिनीसं पार्णागारिक उदय सिंह सुता

धारू

क = माण्डरसं भौखे

मीते क = माण्डरस भीखेसुत जोर

किरतू पिरतू

क = पचहीसं रघु

क = संकराढ़ीसं शिवपति

हरि शम्भु भीम अर्जुन क = बहेराढ़ीसं बीदू

मसूधुदन

श्री राम परशुराम गोविन्द

रामचन्द्र

क = वलिआससं मिश्र जगन्नाथ

रामचन्द्र गौरीनाथ भवानीनाथ क = सोदरपुर सं क = खण्डवलासं ठक्कुर भवेश

गिरिपति

रतनू रूचि सीरू गणपति क = बलिआससं गादू

क = बुधवालसं श्रीराम

मनोरथ

दामोदर क = गंगौरसं महादेव

भवनाथ क = बलिआससं उमापति

क = घोसौतसं विश्वनाथ

क = माण्डरसं नीलकण्ठ

मनी

भवेश

क = करमहासं रघुनाथ क = माण्डरसं यशोधर

क = सरिसबसं कमलापति

धरणीधर

क = कुजौलीसं धीर भञ्जन झा पाँजि

क = सरिसवसं भिखिआ

क = दरिहरासं यदुनाथ

हृदयनाथ झा (पाँजि)

गङ्गाधर मिश्रक बालक धारूमिश्रक सन्तान बहुत दिन धरि पञ्जीबद्ध भेटैत छथि परञ्च हिनका लोकनिक कोनो क्रिया विशेष उल्लेखक योग्य नहि भेटैत अछि। धारूक एक गोट बालक किरतूक कन्याक सन्तान कोटिमे॑ कतोक पैघ लोकके॑ देखैत छी, नहि तँ, ई लोकनि पञ्जीबद्ध छलाह एतबए कहब पर्याप्त बुझैत छी।

* किरतूक दौहित्रीपुत्र छलाह बुधवारए भवनाथ, तनिक दौहित्र छलाह मड़रए मनी, तनिक दोहित्रीपुत्र छलाह सरिसबएधरणीधर। हिनक बालक भञ्जनझाक नामपर पाँजि अछि जे आब सोतिहु मे प्रतिष्ठित बुझल जाइत अछि। धरणीधरक दौहित्रीपुत्रीक बालक दरिहरए हृदयनाथझा छलाह जनिक दौहित्रीपुत्र श्री5 मन्मिथिलेश थिकाह।

दोसर विवाह छल गङ्गाधर मिश्रकेँ ओञिनिवार राजकुलमे, महाराज भवेश्वरक प्रथम विवाहक एकमात्र बालक उदयसिंहक कन्यासँ। भवेश्वरक बालक मे मिथिलेश भेलाह महाराज देवसिंह, हुनक वैमात्रेय उदयसिंह नहि, जेठो सोदर त्रिपुरसिंह नहि। अतएव ई कहब कठिन अछि जे उदय सिंह बापक जेठ बेटा छलाह अथवा नहि। पञ्जी मे हिनका एक गोट असाधारण उपाधि देखैत छी, 'पार्णागारिक'। इएह 'पार्णागारिक' उपाधि देखैत छी एक ठाम आओर, बिसपी मूलक सान्धिविग्रहिक वीरेश्वरकेँ जनिक बालक सान्धिविग्रहिक चण्डेश्वर सप्तरत्ना = करकर्ता सुप्रसिद्ध छथि। पार्णागारिक कोनो राजकीय उपाधि अवश्य छल ओ से विशेष प्रतिष्ठाक, परन्तु एकर यथार्थ आशय स्पष्ट नहि होइत अछि। 'लिखनावली' में महाकवि विद्यापति ठाकुर पार्णागारिककेँ कोना पत्र लिखल जाए तकर आदर्श देने छथि ओ ताहिने सँ तँ बोध होइत अछि जे राजकीय पान-सुपारी आदिक अध्यक्षक जेना ई पद हो। विषय जे होउक, महाराज देवसिंहक वैमात्रेय भाए पार्णागारिक उदय सिंहक कन्यामे, महाराज शिवसिंहक पितिऔत बहिनिसँ, एहि गङ्गाधरमिश्रक दोसर विवाह छल। एहि पक्ष मे हिनका एक गोट मात्र बालक जनिक शाखा-वृद्धि पञ्जी मे नहि अछि। की तेँ से लुप्त भए गेल अथवा पञ्जीबद्धसँ न्यून भए खसि पड़ल। हिनका एक गोट कन्या सेहो, ओ तनिक विवाह ओही भीखेमिश्रक प्रथम विवाहक बालकसँ छल जाहि भीखेमिश्रक दोसर विवाह गङ्गाधर मिश्रक पहिल विवाहक कन्यासँ छल।

इएह अलयी मूलक बाड़ शाखाक विस्तार भेल। नओ गाम मे एहि कुलक अठारह गोट डेरा अछि। सम्प्रति कोन डेरा मे के लोक कतए छथि अथवा ई सबटा डेरा अछिए की ओहिमे कोनो लुप्तो भए गेल से हमरा ज्ञात नहि। परन्तु एतबा निश्चय जे बाड़ शाखाक जे केओ अलैबार होएताह एही मे कोनहु शाखाक अन्तर्भूत होएताह।

बैगनी-शाखा

पूर्वक अध्याय मे हम म.म. ग्रहेश्वरक जेठ बालक धर्माधिकरणिक गदाधरक प्रसङ्ग मे एतबए कहि आएल छी जे हिनका तीनि गोट विवाह छल ओ तीनू मे सन्तान, बालक ओ कन्या। एक विवाहक हिनक सन्तान 'उसरौली' क वासी कहल छथि, शेष दू विवाहक 'बैगनी' क। वस्तुतः पत्रपञ्जी मे ई स्वयं 'उसरौली' क वासी कहल छथि ओ हिनक दोसर ओ तेसर विवाहक बालक 'बैगनी' क वासी कहल छथि। तावतैव अनुमान करैत छी जे हिनक सन्तानमे जे अन्यत्रक वासी नहि कहल छथि से वापहिक डेराक रहलाह। गदाधरक छोट भाए बुद्धिधर सेहो "बैगनी" क वासी कहल छथि। अतएव "अलयी" मूलक "बैगनी शाखा" क जे केओ एखन वर्तमान छथि से लोकनि सबहुँ एही दूहू भाइ मे ककरो सन्तान थिकाह।

'अलैबारक' ई 'बैगनी' शाखा एमहर प्रायः डेढ़ सए वर्ष सँ मिथिला मे बड़ विशेष प्रतिपत्ति ओ प्रतिष्ठाक भाजन भए गेल अछि, कारण जे बनैलीक राजकुल एही शाखाक थीक। अपन जातीय स्वरूप किंवा सामाजिक प्रतिष्ठा अक्षुण्ण राखि 'अलैबार' क 'अलयी' शाखा छओसए वर्ष सँ ऊपर सँ मिथिलाक पूर्वाञ्चल मे विशाल भूसम्पति अर्जित कए कोन रूपें समाजकेँ गौरव प्रदान कएलक अछि ई इतिहासक गवेषणाक विषय थीक; ओ सङ्गहि-सङ्ग पञ्जी-प्रबन्धोत्तरकालीन श्रेणीविभागमे पूर्वमे न्यूनताके पाबि पुनः ई शाखा सम्बन्धक उत्कर्षक कोना गौरवकेँ पओलक अछि इहो मिथिलाक सामाजिक इतिहासक एक गोट थोड़ रोचक अध्याय नहि अछि। आइ काल्हि जे आक्षेप यत्र तत्र सुनलामे अबैत अछि जे हरिसिंहदेवी व्यवस्था 'मृत' अछि, एहिमे आब प्राण नहि छैक, तकर खण्डन प्रत्यक्ष रूप सँ एही शाखाक पूर्वापर समालोचनासँ भए जाइत अछि। से समालोचना तँ हम अग्रिम अध्याय मे करब, कारण जे शाखाक जखन सबटा परिचय भए जाएत तखनहि समालोचनाक अवसर आओत। एहि अध्याय मे हम धर्माधिकरणिक गदाधरक अपत्यक परिचय यथासम्भव संगृहीत कए रहलहुँ अछि। एकर विशेष महत्वकें दृष्टिमे राखि पूर्वक अध्याय मे उचित स्थानपर एहि प्रसङ्ग नहि किछु कहल, आगाँ कहब से प्रतिज्ञा कए ओहि हेतु एक गोट स्वतन्त्र अध्याय आरम्भ करैत छी।

म.म. रामेश्वरक जेठ पौत्र, म.म. ग्रहेश्वरकर जेठ बालक, म.म. गदाधर अवश्य

एक जन प्रतिभाशाली भाग्यवान् महापुरुष छलाह। पञ्ची मे हिनक उपाधि 'धर्माधिकरणिक' भेटैत अछि। मिथिलाक शासन-पद्धति से धर्माधिकरणिकक पद बड़ महत्वपूर्ण छल। स्वतन्त्र मिथिला मे न्यायशासनक अन्तिम अधिकार मिथिलेशहिके छल ओ से शासनक भार मिथिलेशक द्वारा जाहि व्यक्तिक अधिकार मे देल रहैत छल से धर्माधिकरणिक कहबैत छलाह। मिथिलामे धर्मक बड़ व्यापक अर्थ छैक ओ समस्त आचार एवं व्यवहार धर्महिक अन्तर्गत अछि। ओना तँ एहि सबहिक विवाद स्थानीय पण्डित लोकनिक ओहिठाम निर्णयार्थ उपस्थित कएल जाइत छल, परन्तु तीनि विषय विवादास्पद भए भए राजाक ओतए अबैत छल। एहि सब विषयक निर्णय करबाक हेतु राजासँ धर्माधिकरणिक नियुक्त कएल रहैत छलाह जनिक निर्णय एहि सब विषय मे सर्वमान्य होइत छल। आइ काल्हि जे अधिकार 'चीफ जष्टिस' केँ छैन्हि सएह अधिकार हिनका छल। परन्तु पद केहनो उच्च रहओ तथा एकर प्रतिष्ठा कतबो उत्कृष्ट होउक, छल धरि ई राज्य-सेवा। ब्राह्मणक हेतु सेवा-वृत्ति अधम कहल गेल अछि तेँ धर्माधिकरणिकके सामाजिक प्रतिष्ठा एवं जातीय गौरव नहि रहए पबैत छल। पञ्जी मे जे केओ धर्माधिकरिणक भेटैत छथि, प्रायः सबहिक सन्तानकें उत्तरोत्तर न्यून होइत देखैत छी। तैओ, छल धरि ई बड़ विशिष्ट पद ओ एहि हेतु विद्धत्ताक सङ्ग-सङ्ग व्यक्तित्वहुक प्रयोजन अवश्य होइत छल होएत। ग्रहेश्वरक सन्ततिसँ तीन पुरुष धरि ई प्रतिष्ठा देखैत छी ओ तावतैव सिद्ध अछि जे मीमांसा ओ धर्मशास्त्रक व्यवसाय हिनका परिवार मे डेढ़-दू सए वर्ष धरि अविच्छिन्न रूपसँ अनुवर्तमान छल।

हम पूर्वहि सूचित कए आएल छी जे म.म. गदाधरके तीनि गोट विवाह छल। हिनक पहिल विवाह सबसँ पैघ छल, 'गंगौली' मूलक सीरूक कन्यासँ। एहि सीरूक दू गोट आओर कन्या एही परिवारमे विवाहिता छलीह, एक गोटए हिनकहि छोट भाए बुद्धिधर सँ ओ दोसर हिनक छोट पित्ती गङ्गाधरमिश्रसँ। एहि विवाह मे हिनका एक बालक वीर ओ एक कन्या। बालकक शाखावृद्धि पञ्जी मे नहि अछि परन्तु से जँ पञ्जीबद्ध सँ न्यूनो भए छलाह तँ 'अलैबार उसरौली' कहाए, जतएक वासी ई स्वयं पत्रपञ्जी मे कहल छथि। एहि पक्ष मे जे हिनका एक गोट कन्या तनिक विवाह भेल "कुजौली" मूलक रविकर* सँ। हिनका पुमपत्य नहि, दू गोट कन्या मात्र, जाहिमे एक गोटाक विवाह सन्मिश्र शंकरक छोट भाए महोपाध्याय महादेव मिश्रसँ छल जनिक बालक ढक्काकवि† गणपति ओ पौत्र 'रसमञ्जरी'

---

* रविकर छलाह सूपन झाक छोट भाए, जाहि सूपनक कन्यामे सन्मिश्र शंकरक प्रथम विवाह छल ओ जनिक पौत्र म.म. शुचिकर झा छलाह, तथा लक्ष्मीकरक जेठ भाए जाहि लक्ष्मीकरक सन्तान हरिपुरक योग्य लोकनि थिकाह। ई सब भाइ महाराज शिवसिंहक साक्षात् मसिऔत भाए छलाह कारण ई लोकनि जलैबार म.म. रामेश्वरक दौहित्र छलाह।

† ढक्काकवि विचित्र उपाधि अछि। एकर पूर्ण आशय स्पष्ट नहि होइत अछि एतबा स्पष्ट अछि जे ओ कवि छलाह। हिनक कविताक संग्रह भानुदत्तमिश्रक संगृहीत रसपारिजातमे अछि।

प्रभृति अनेक अमर साहित्य-ग्रन्थक रचयिता कविराज म.म. भानुदत्त मिश्र छलाह। दोसर विवाह छल ओही 'सोदरपुर' मूलक 'हाटी' शाखाक रतिसँ। एहि रतिक बालक, 'कुजौलिबार' रविकरक दौहित्र, 'अलैबार' गदाधरक दौहित्रीपुत्र, छलाह हीरे जनिक एक गोट विवाह 'जगती' मूलक विवादचन्द्रकार सुप्रसिद्ध म.म. मिसरू मिश्रक पिउसिसँ छल।

दोसर विवाह धर्माधिकरणिकक छल 'गंगौर' मूलक हरिहरक कन्यामे। एहि मे हिनकर दू गोट बालक दिवाकर ओ प्रभाकर तथा एक कन्या। प्रभाकरक प्रसिद्ध नाम परभू छल तथा पत्रपञ्जी मे ई 'बैगनी' क वासी कहल छथि। मुदा एहि दुहू भाइ मे ककरो शाखा शाखा पञ्जी मे उल्लिखित नहि अछि। एहि पक्ष मे जे हिनका कन्या छलथिन्ह तनिक विवाह 'सुरगण' मूलक 'लोआम' शाखाक वासुदेवसँ छल जनिक प्रसिद्ध नाम बासू झा छल। एही वासुक कन्या छलीह 'विदुषीरत्न महादेवी लखिमा" महाराज शिवसिंहक पट्टराज्ञी, जनिक नाम महाकवि विद्यापति ठाकुर अनन्त कालक हेतु अमर कए गेल छथि। वासूके कए गोट विवाह छल ओ ई निश्चय नहि होइत अछि जे महादेवी लखिमा एहि अलैबार धर्माधिकरणिक क दौहित्री छलीह अथवा ई वासुदेवक आन विवाहक कन्या छलीह।

सम्भव इएह थीक जे ई वासुदेवक पूर्वक विवाहक कन्या छलीह, गदाधरक कन्यामे हुनक विवाह पश्चात् भेल। एहू विवाहक सन्तानमे वासुदेवकेँ बड़ पैघ-पैघ लोक, हुनक प्रपौत्र चातुर्द्धरिक समरूराय सुरगण-कुल-कमल-दिवाकर जकाँ भासमान भए पहसरा एवं सौरिआ प्रभृति राज्यक प्रतिष्ठापक भेलाह।

म.म. गदाधरक तेसर विवाह सब सँ महत्वपूर्ण छल ओ से छल 'कलिगाम' मूलक 'भुतहरी' शाखाक सान्धिविग्रहिक गणेश्वरक कन्यामे। एहि कलिगाम मूलक ताहि समयक इतिहास बड़ महत्वपूर्ण अछि ओ बड़ रोचक प्रतीत होएत से जानि ओकर किछु वर्णन एतए करैत छी।

जाहि समय मे मिथिलाक राज्य ओजिनिवारक कुल मे आएल अर्थात् पञ्जीप्रबन्धक अव्यवहित उत्तर काल मे एहि कलिगामक कुलमे अनेको महापुरुषक प्रादुर्भाव भेल जे लोकनि तत्कालीन राज-कुल सँ अनेक अनायत सम्बन्ध स्थापित कए बड़ अधिकार ओ प्रतिष्ठा पाओल, बड़ विशाल सम्पति एकत्र कएल। ताहि दिन एहि कुल मे एक जन छलाह प्रभाकर। ओना पञ्जीमे हिनक वृद्धप्रपितामह धरिक नाम अछि परन्तु हिनक अपनो मातामहक नाम अथवा तिनक कुलहुक नाम पञ्जी मे नहि अछि। प्रज्ञाकरक विवाह छल 'अलयी' मूलक 'डीह' शाखाक देवदासक कन्यासँ तथा हिनका चारि बालक ओ कए गोट कन्या जाहिमे तीनि गोटाक परिचय उल्लेखनीय बूझि पड़ैत अछि। हिनक एक गोट कन्याक विवाह ओजिनिबार राजकुलक प्रतिष्ठापक राजपण्डित कामेश्वर ठाकुरक दोसर बालक महामहत्तक कुसुमेश्वरसँ छल जनिक दू गोट बालक छलाह महामहत्तक महेश्वर ओ राजा रत्नेश्वर।

* होरेके दोसरो विवाह छल तकर चर्चापूर्वक टिप्पणी मे द्रष्टव्य। होरेक दुहू विवाहमे पूर्ण सन्तान ओ से सब सोतिमे बहुत दिन धरि प्रतिष्ठित छलाह यद्यपि आब ई डेरा सोतिमे लुप्त अछि।

कुल-चित्र (13)

धर्माधिकरणिक म.म. गदाधर
= गंगौलीसं सीरू सुता (1)
= गंगौरसं हरिहरसुता (2)
= कलिंगामसं सान्धिविग्रहिक गणेश्वरसुता (3)

(1)
वीर क = कुजौलीसं रविकर
क = सोदरपुरसं महो महादेव
क = सोदरपुरसं रति

(2)
दिवाकर
प्रभाकर
क = सुरगणसं वासुदेव
सोमु
प्राणपति
चौधरी समरू राय

(3)
हरिकर = कलिगामसं होने
पद्मकर
क = संकराढ़ीसं सुरपति
कान्ह
शिवपति
लक्ष्मीपति
क = पनिनीभुसं चिरञ्जीव
प्रवेश
क = सवसं नन्दन झा पाँजि
क = बलिआससं घनश्याम
नीलाम्बर मिश्र पांजि

श्रीकर
= वरुआल माण्डरसं नरसिंहसुत गाङ्गसुता
प्रज्ञाकार
हृदयकर

बुद्धिकर = ब्रह्मपुरामाण्डरसं महिधरसुत रामधरसुता
सुधाकर
पीताम्बर
वासुदेव
हरिहर
महो. रामभद्र = गंगौरन माधवसुत हरिनाथसुता

भरत
भगीरथ
= माण्डरसं दशरथसुत वनमाली

हरिकृष्ण
जयकृष्ण
महो. रामकृष्ण = दरिहरामं रविपौत्र श्रीकर सुत कामदवसुता

विश्वेश्वर = रतौली दरिहरासं नरोत्तमसुत गोपालसुता
क = सरिसब सोदरपुरसं
वैद्यनाथ
सङ्गीती वीर

चौधरी देवानन्द
अमरावतीदरिहरासं भगीरथसुत रमाकान्त
भवानन्द
शिवानन्द

चौधरी सं टेङरी
मानिक = सोदरपुरसं बोझनसुता
हरिलाल = खण्डवलासं कृष्णारामसुता

एकलाल
क = सोदरपुरसं भोलानाथ
कलितनाथ सिंह = कुजौलीसं एकनाथसुता

तीर्थानन्दसिंह
क = खण्डबलासं योगनाथ ठाकुर

पञ्जी मे 'महत्तक' धनाढ्यक उपाधि थीक ओ तेँ 'महामहत्तक' क आशय भेल अत्यन्त धनाढ्य। प्रज्ञाकरक दोसरि कन्या ओही राजपण्डित कामेश्वर ठाकुरक सबसँ छोट बालक महाराज भवेश्वरसँ विवाहिता छलीह ओ एहि विवाहमे महाराजकेँ दू बालक कुमर त्रिपुर सिंह ओ महाराज देवसिंह 'गरुड़नारायण' ओ एक कन्या कूमरि नोनो जनिक विवाह अलबार म.म. लक्ष्मीधरसँ छल। प्रज्ञाकर केँ एक गोट आओर कन्या ओ तिनक विवाह छल 'घुसओत' मूलक गुनाञिसँ। गुनाञिक बापक पितिऔत भाए छलाह प्रज्ञाकर जनिक विवाह 'बिसपी' मूलक महावार्तिक नैबन्धिक धीरेश्वरक कन्यामे छल। धीरेश्वरक प्रपौत्र महाकवि विद्यापति ठाकुर छलाह। 'कलिगामए' प्रज्ञाकरक बालक लोकनि छलाह, 'विश्वास धर्मकर' जनिक उपाधि 'विश्वास' सर्वथा अभिनव बूझि पड़ैत अछि, ओ किम्मूलक छल से बूझल नहि होइत अछि, मधुकर बीठू तथा सबसँ छोट महामहत्तक आनन्दकर। आनन्दकरक विवाह छल 'कुसुम्बबाल' मूलमे विभाकरक पौत्रीमे जनिका पञ्जीमे एहिना एक गोट अभिनव ओ असाधारण उपाधि 'पुष्पभट्ट' भेटैत अछि, ओ 'अलयी' मूलक 'बसुआल' शाखाक सलखनक दौहित्रीमे। आनन्दकरकेँ चारि बालक जाहि मे सबसँ जेठ गणेश्वर ओ सब सँ छोट सोमेश्वरकें पञ्जी मे 'सान्धिविग्रहिक' कहल अछि जकर आशय भेल जे दुहू भाइ राजमन्त्री छलाह। प्रधान अमात्यक पद पर नियुक्त छलाह तथा दोसर बालक भोगीश्वरके पञ्जी मे 'राजा' क उपाधि देखैत छी ओ से प्रायः हिनक शौर्य, वीर्य, औदार्य ओ सम्पतिक कारणें की तँ वादशाहक प्रदत्त छल अथवा ओञिनिवार महाराजहिक प्रदत्त छल तथा चारिम बालक गुणीश्वरके पञ्जी मे 'राजवल्लभ' कहल अछि जकर आशय भेल जे ओ तत्कालीन ओञिनिबार मिथिलेशक प्रियपात्र 'दरबारी' छलाह। एहिमे सबसँ जेठ सान्धिविग्रहिक गणेश्वरकें विवाह छल ओञिनिबार महाराज भोगीश्वरक बालक महाराज गणेश्वरक कन्यासँ, महाराज वीरसिंह ओ महाराज कीर्तिसिंहक वैमात्रेय वहीनि मे, कूमरि उमासँ। एही कूमरि उमा ओ सान्धिविग्रहिक गणेश्वरक कन्यासँ अलैबार धर्माधिकरणिक गदाधरक तेसर विवाह छल। एहि विवाहमे धर्माधिकरणिकके दू बालक हरिकर ओ पद्मकर, जाहि मे हरिकरक प्रपौत्रक प्रपौत्रक बालक छलाह देवानन्द जे बनैली राजकुलक बीजारोपण कएल। गदाधरके एहि पक्षमे एक गोट कन्या, तनिक विवाह 'संकराढ़ी' मूलक 'परहट' शाखाक होरें[†]क बालक सुरपति झासँ छल जनिक सन्तान-परम्परा में[*] सम्प्रति कतेक विशिष्ट ओ पैघ-पैघ लोक छथि।

---

† होरेझाक छोट भाए छलाह चाण्डीझा जनिक पौत्र रुदझाक दौहित्र म.म. महाराज महेशठाकुर छलाह। अतएव होरेक बालक सुरपति महाराज महेशठाकुर प्रमातामहक साक्षात पितिऔत भाए छलाह।

* सुरपतिक बालक, गदाधरक दौहित्र, छलाह कान्ह। तनिक पौत्र छलाह लक्ष्मीपति झा जनिक प्रसिद्ध नाम लोटाइझा रहए। तनिक दौहित्र छलाह पनिचोभए भवेश। हिनक विवाह छल पण्डुआ मूलक सुप्रसिद्ध पञ्जीकार रघुदेवझाक बालक भगीरथ झाक कन्यासँ। एहि भवेशक कन्यामे सरिसबए नन्दनझाक विवाह छल जनिका नाम पर बड़ परान ओ प्रतिष्ठित पांजि अछि। जखन मिथिलेश महाराज लक्ष्मीश्वर सिंह बहादुर अपन दोसर विवाह ओ महाराजाधिराज रामेश्वर सिंह बहादुर अपन पहिल विवाह एही नन्दन

भागलपुर-दर्पण*नामक पोथी मे कहल अछि जे पण्डित गदाधर झाक अगाध विद्वत्ता तथा साधु स्वभाव सँ प्रसन्न भए 1334 ई. मे पठान सम्राट् गयासुद्दीन तुगलक हिनका एक गोट पैघ भूसम्पति देल। हुनक वास सेहो भागलपुर-दर्पणकार बैगनी गाममे कहैत छथि। ई दूनू कथा सोझे सोझ किंवदन्ती थीक, सर्वथा अलीक। गदाधरक वास बैगनी मे नहि, उसरौली मे छल, से हम अनेक ठाम कहि आएल छी तथा गयासुद्दीन तँ 1324 ई. मे मिथिला-विजय† कए डिल्ली पहुँचितहिं 1325 ई. मे ओतए एक गोट नव-निर्मित कोठा पर सँ खसि कें प्राण त्यागल। अतएव 1334 ई. मे ओ जीवितहिं नहि छलाह ओ तें सम्पति देबाक गप्पे निर्मूल। ऊपर जे सम्बन्ध हम देखाए आएल छी ताहूसँ स्पष्ट अछि जे गदाधरक श्वशुरक श्वशुर महाराज गणेश्वरक पिता महाराज भोगीश्वरहिकें जखन गयासुद्दीनक भातिज फिरोजशाह 'प्रिय सखा' कहि सम्मान कएल तखन गयासुद्दीनक कोन कथा, फिरोजशाह सेहो यदि हिनक सत्कार कएने होथि तँ कदाचित अपन अन्तिम समयमे, पूर्व नहि। फिरोजशाहक देहान्त 1388 ई. मे भेल। गदाधरक अगाध विद्वत्ता ओ साधु स्वभावक गाथा बादशाहक कान धरि पहुँचए ताहि हेतु गदाधरकें ताहि समय मे वृद्ध नहि तँ पूर्णवयस्क अवश्य मानए पड़त ओ हमरा लेखे तँ गदाधरक जन्म 1350 ई. क प्रान्त मे भेल हो सएह संगत। ओ महाराज शिवसिंह ओ महाकवि विद्यापतिसँ कदाच जेठ छल होथि परन्तु सेहो बैशी नहि। तीनूकें समान-वयस्के मानब उचित थीक। ई एक जन महापुरुष छलाह ताहि मे कोनो सन्देह नहि; अगाध विद्वत्ताक सूचक तँ हिनक उपाधिए सब अछि ओ साधु स्वभाव, से बिनु साधु स्वभावक भेले दू-दू गोट राजकुल—पूर्व मे पहसरा ओ सौरिआ तथा पश्चात् बनैली—हिनक सन्तानक हस्तगत भए जाएत तकर कोन सम्भव?

हम कहि आएल छी जे गदाधरक अपर दुहू विवाहक सन्तान अथच बुद्धिधरक सन्तान पत्रपञ्जीमे बैगनीक वासी कहल छथि परञ्च बुद्धिधरक तें पौत्र धरिक उल्लेख अछिओ मुदा गदाधरक तँ एकओ गोट बालकक शाखा कोनहु पञ्जीक पोथी मे नहि भेटैत अछि। आगाँ परिचय ने गदाधरहिक बालक लोकनिक भेटैत अछि ने बुद्धिधरक प्रपौत्र लोकनिक। शाखा लुप्त भए गेल से कोना कहब कारण जे एतेक

झाक पाँजि मे, नन्दन झाक सन्तानमे, कएल तखन तँ ई पाँजि सोतिअहु मध्य बड़का पाँजि भए गेल। नन्दनझाक दौहित्र छलाह टंकवाल मूलक बाछ, तनिक कन्यासँ विवाह सोदरपुरिए पखिआक, तनिक कन्यासँ विवाह पण्डुए बलभद्रक, तनिक कन्यासँ विवाह करमहए विश्वनाथक, तनिक दौहित्रीमे महाराज लक्ष्मीश्वर सिंह विवाह कएल ओ ओही टंकवाल मूलक बाछक बहीनिमे विवाह बेलओचए विद्यासाथक कन्यासँ विवाह बहेराढ़ी मूलक कमलपाणिक, तनिक कन्यासँ विवाह माण्डर मूलक जमाहिरक, तनिक कन्यामे विवाह खड़ोरए राजा ठाकुरक ओ तनिक दौहित्रीमे महाराजाधिरा रामेश्वर सिंह विवाह कएल। पनिचोभए भवेशहिक दौहित्र छलाह बलिआसए नीलाम्बर मिश्र जनिकहु नामपर पाँजि अछि जे आब सोतिअहु मध्य प्रतिष्ठित बुझल जाइत अछि।

* पण्डित झारखण्डीझा निर्मित भागलपुर दर्पण-प्रथम भाग प्रथम खण्ड पृष्ठ 245-246

† डाक्टर ईश्वरी प्रसाद कृत मध्यकालीन भारतक इतिहास पृष्ठ 258

लोक तें अतबार बैंगनीक शाखा मे भेटैत छथि, ओ से सब तेँ हिनकहि दुहू भाइ मे ककरो सन्तान होएताह। अतएव इएह कहए पड़ैत अछि जे ओ लोकनि ततबा नीच क्रिया करैत गेलाह जे नीक कुलसँ हुनका लोकनिक सम्पर्क एकदम छूटि गेलैन्हि ओ तेँ पञ्जी मे हुनका लोकनिक परिचय देबाक अवसरे नहि आएल। पत्रपञ्जीमे जतए बैगनी शाखाक प्रवर्त्तकक उल्लेख अछि ततहु एतबे अछि जे 'परभूसन्तति बैगनी'; ई परभू गदाधरक दोसर विवाहक बालक प्रभाकर थिकाह। गदाधरक तेसर विवाहक बालक हरिकर किंवा पद्मकरक तँ नाम समेत पत्रपञ्जी मे नहि अछि। एही हरिकरक सन्तान बनैलीक राजकुल थीक। अतएव स्पष्ट अछि जे हरिकर स्वयं अथवा हुनक सन्तान तँ ताहू दिन अवश्य छलाह परन्तु हुनक अपने क्रिया ताही दिन ततबा न्यून छल, ताहि रूपक हुनक कुटुम्बिताक काज सब भेल छल, जे पत्रपञ्जी मे समेत हुनक उल्लेख करब अनावश्यक बुझल गेल; हुनक डेरा समेत नहि देखाओल गेल।

प्रसङ्गवशात् एहिठाम पञ्जी-साहित्यक विषय मे किछु परिचय दए देव आवश्यक प्रतीत होइत अछि कारण जे से नहि कएलेँ एतए बहुतो व्यक्ति नाना प्रकारक भ्रम मे पड़ि जएताह। आरम्भ मे जे पञ्जीक प्रबन्ध भेल तखन प्रत्येक मूलक पृथक पञ्जी छल जाहिमे बीजीपुरुषसँ आरम्भ कए ओहि मूलक सब बालक ओ कन्याक नाम, विवाह ओ सन्तानक परिचय लिखल जाइत छल। क्रमशः लोक बढ़ैत गेल, पोथीमे शाखा, उपशाखा, प्रशाखा सब होअए लागल ओ विवाहक अधिकार-निर्णयक बेरि मे कठिनता उपस्थित होअए लागल, कारण जे यावत पर्यन्त सब मूलक पोथी एकत्र नहि होइत तावत पर्यन्त अधिकारक निर्णय कोना होइत। एक गोट पोथी मे तँ पिता, मातामह ओ मातृमातामह, बड़ अधिक तँ एतबए उल्लिखित रहत। अधिकार जँचबाक हेतु एहि सँ बहुत अधिक परिचयक प्रयोजन होइत छैक। अतएव पञ्जीकार लोकनि एकर युक्ति बहार कएलन्हि। ओ एक गोट मूलकें लेल ओ बीजी पुरुषसँ ओकर परिचय देव आरम्भ कएलैन्हि। जएह दोसर कुलक उल्लेख आएल— ओ दोसर कुलक उल्लेख तँ लगले आओत किएक त ओहि व्यक्तिक विवाह कोनहु दोसरहि कुल मे होएत—लगले ओ ओहि दोसर कुलक परिचय पुनि वीजी-पुरुषसँ देब आरम्भ कएल। एवं रूपे प्रत्येक कुलक परिचय ओहि मे आबि जाएत। एकर नाम ओ लोकनि 'शाखा-पञ्जी' राखल ओ पूर्वक पञ्जीके 'मूलपञ्जी' कहल। शाखा-पञ्जी खण्डवलाक महाकुल सँ आरम्भ होइत अछि ओ तकर कारण हमरा इएह बोध होइत अछि जे जाहि समय मे एकर प्रणयन भेल ताहि समय मे मिथिलाक राज्य खण्डबला कुल मे आबि गेल छल ओ तेँ मिथिलेशहिक कुल सँ एकरा आरम्भ करब उचित बुझला गेल। हमरा जनैत पण्डुआ मूलक पञ्जीकार रघुदेवझा† ई कार्य कएल।

† ओना तँ पण्डुआ-कुल पञ्जीकारक वंश थीक मुदा प्रथम पञ्जीकार एहि कुल मे भेटैत छथि पञ्जीकार होरेश्वर झा। हिनक विवाह तिसुरी मूलक महिपतिक कन्यासँ छल ओ महिपति छलाह महाकवि विद्यापति

मूल-पञ्जीक क्रम तैओ जारी रहल। तकर कारण ई जे शाखा-पञ्जी मे तँ ततबे व्यक्तिक परिचय आओत जकरा नीक कुलसँक पैघ व्यक्ति सँ, सम्बन्ध, लागि रहत। पञ्जीबद्ध सँ हम ततबे व्यक्तिकेँ बुझैत छी। ताहिसँ न्यूनक विवाहक अधिकार-निर्णय करबाक हेतु तँ पुनि ओही मूल-पञ्जीक प्रयोजन होएत जाहि मे ओहि कुलक सब सन्तानक उल्लेख रहबे करत, ओ सोति रहथु, योग्य रहथु अथवा जएवार रहथु। तथापि एतबा स्वीकार करए पड़त जे मूल-पञ्जीक चालि क्रमशः पञ्जीकार लोकनि समस्त मूलक परिचय संगृहीत नहि कए एक-एक प्रान्तक अथवा ई कहू जे अपन-अपन 'यजमान' मात्रक परिचय मूलक रूप मे संग्रह करए लगलाह। सम्प्रति सएह स्थिति अछि। केओ पञ्जीकार आदि सँ लए अद्यपर्यन्तक एको गोट मूलक यावतो परिचय प्रायः नहि दए सकताह। सब पञ्जीकारकेँ अपन-अपन प्रान्त छैन्हि, डेरा सब बाँटल छैन्हि ओ ओहि डेराक परिचय प्रायः ओएहटा पञ्जीकार दए सकताह। ततेक प्राचीन ई व्यवस्था भेल, प्रत्येक मूल मे ततेक शाखा भेल, प्रत्येक शाखा मे ततेक लोक भेल जे एकहु मूलक यावतो परिचय संगृहीत करब असम्भवप्राय अछि। एहीसँ इहो स्पष्ट अछि जे सम्प्रति जे जनसाधारण जएबारक श्रेणी मे छथि तिनक विवाहक अधिकारक निर्णय केहन दुष्कर कर्म होएत; कतेक कठिनतासँ जएबार कन्याक सोड़हो कुलक परिचय उपलब्ध भए सकत ओ उतेढ़ ततबा दूर धरि जाँचब जे सम्बन्धक लागि नहि होइक, कतेक श्रमसाध्य ओ कतहु असम्भव होएत।

हमरा लग मे दू गोट बड़ प्रामाणिक शाखा-पञ्जीक पुस्तक अछि, दुहू शाके 1644 क लिखल। एक गोट थीक ककरौड़ मे पञ्जीकार रघुदेवझाक पौत्र पञ्जीकार देवानन्दझाक लिखल ओ दोसर थीक मङरौनी मे 'संकराढ़ी' मूलक 'हरिड़ी' शाखाक पञ्जीकार रतिनाथ प्रसिद्ध चीकू झाक पौत्र पञ्जीकार माधवझाक बालक पञ्जीकार पुरुषोत्तमझाक लिखल। दुहू मे कतहु 'अलैबार-बैंगनी' शाखाक उल्लेख नहि अछि। केवल एक ठाम मात्र एकर नाम अछि। 'सोदरपुर' मूलक 'सरिसब' शाखाक परिचय प्रसङ्ग मे म.म. सन्मिश्र शंकरक छोट भाए महोपाध्याय महादेव मिश्रक प्रपौत्रक प्रपौत्र

ठाकुरक दौहित्र। होरेश्वर झाक प्रपौत्र छलाह पञ्जीकार रघुदेव झा। हिनक जेठ बालक पञ्जीकार भगीरथ झाक विवाह फन्नाबार म.म. गोकुलनाथ उपाध्यायक पिउसि, विद्यानिधि म.म. पीताम्बर उपाध्यायक वैमात्रेय बहीनि, सदुपाध्याय रामभद्रक कन्यासँ छल परन्तु रामभद्रक ई कन्या श्रीकान्तझाक दौहित्री नहि छलीह जनिक नाम पर पाँजि अछि। म.म. गोकुलनाथ गढ़वालक राजा फतेहशाहक ओ हुनक परीक्ष भेलाक पर मिथिलेश महाराज राघवसिंहक सभा मे छलाह। अतएव हुनक जन्मकाल 1650 ई. क प्रान्त मे मानव उचित ओ तेँ पञ्जीकार रघुदेव झाक जन्म 1600 ई सँ पूर्वहिँ मानए पड़त। अतएव ई काज ओ सत्रहम शताब्दक आरम्भमे कएने होएताह। पञ्जीकार भगीरथझाक प्रपौत्रक प्रपौत्र पञ्जीकार श्री रघुनन्दनझा ककरौड़क वासी सम्प्रति श्री5 मन्मिथिलेशक पञ्जीकार विद्यमान छथि। पञ्जीकार भगीरथ झाक छोट भाए पञ्जीकार आनन्द झाक बालक पञ्जीकार देवानन्द प्रसिद्ध छोटी झाक शाके 1644 क लिखल एक गोट वृहत् शाखा-पञ्जीक पोथी हमरा हाथ मे अछि। एहिसँ सए-सबा सए वर्ष पूर्व हिनक पितामह रघुदेव झा शाखा-पञ्जीक प्रणयन कएलेँ छलाह से सर्वथा समीचीन प्रतीत होइत अछि।

वीरमिश्रक चर्चा आएल अछि। पञ्जी मे हिनक उपाधि अछि 'सङ्गीती' जकर आशय भेल जे ई सङ्गीत-विद्या-विशारद छलाह। एहि सङ्गीती वीरक विवाह लिखल अछि "बैंगनी वासि अलयी मूलक महो. रामभद्र पौत्र, भरत सुत, महो. रामकृष्ण" क कन्यामे। एहिठाम उचित छल जे जाहि शाखाक सन्तान ई रामभद्र छलाह ताहि मे जतए धरिक परिचय पोथी मे दए देल गेल अछि ततएक पत्र ओ पंक्तिक आँक दए ओतए सँ रामकृष्ण धरिक यावतो परिचय एतए दए देल जाइत। शाखा-पञ्जीक सएह रीति थिकैक। परन्तु तकर कोन कथा, रामकृष्णक विवाहुक उल्लेख एतए नहि अछि, मातृकक चर्चे कोन। एहिसँ स्पष्ट अछि जे एहि शाखामे शाके 1644 धरि जे केओ एकोटा नीक काज कएल ते ँ इएह रामकृष्ण अपन एक गोट कन्याक विवाह सत्‌कुलमे कराओल। आओर सब काज सब केओ न्यून करैत गेलाह, सबटा काज अधमे होइत गेल।

परन्तु एमहर आबि के ँ गत डेढ़-दू सए वर्षसँ एहि शाखाक पुनः उत्थान भेल अछि। हमरा लग मे शाके 1809 मे मिथिलेशक पञ्जीकार क्षत्रिय हलधर[†] झाक लिखल शाखापञ्जीक एक गोट पोथी अछि। शाखापञ्जी खण्डबाला मूलसँ आरम्भ होइत अछि से हम कहिए आएल छी ओ एहि पोथी मे खड़ैरए रघुवर[*] ठाकुरक एक गोट विवाह जे बनैलीक राजा लीलानन्दसिंहक कन्या मे छल, तकर उल्लेख करितहि, जे शाखा-पञ्जीक रीति थिकैक, एहि शाखाक आरम्भसँ परिचय दए देल गेल अछि ओ देल गेल अछि हरिकरसँ। हरिकरक नाम तँ सब शाखा-पञ्जीमे अवश्य भेटत कारण जे हिनक सोदर बहीनिक सन्तान मे 'सरिसबए' नन्दनझाक विवाह छल ओ नन्दन झाक सन्तान-सूचक हिनका नाम पर प्रतिष्ठितँ पांजि अछि से हम पूर्वहि कहि आएल छी।

एतए सन्देह भए सकैत अछि जे पञ्जी मे जखन एहि बैगनी शाखाक परिचय संगृहीत छले नहि तखन उत्तरकालीन पञ्जीकार लोकनि पुनि से अनलैन्हि कतए सँ? परन्तु पञ्जी मे नहि अछि तकर अर्थ बुझबाक थीक जे शाखा-पञ्जी मे नहि अछि। उत्तरकालीन पञ्जीकार लोकनि के ँ जखन प्रयोजन भेलैन्हि तखन ओ लोकनि पुछारी कए जाहि पञ्जीकारक ओतए एहि मूलक यावतो परिचय छल अथवा एहि शाखाक समस्त परिचय संगृहीत छल, ततएसँ परिचय संग्रह कए अनले ँ होएताह। ते ँ हरिकर सँ लए एमहर कए पुरुष धरिक परिचय जे भेटितहुँ अछि से बड़ थोड़, मूलपञ्जीक जेहन परिचय होएबाक चाही तेहने, मातामह ओ मातृमातामहक मूल ओ नाम एतबए। ओहि मातामह किंवा मातृमातामहक जे परिचय ताकब जे ओ के छलाह, से भेटब कठिन अछि। हरिकर सँ आठम अर्थात हुनक प्रपौत्रक

† ई पञ्जीकार पबौली मूलक बढ़िआम शाखाक उजान गामक वासी मनसुखझाक पौत्र छलाह जनिक परिचयक हेतु पूर्व पृष्ठक टिप्पणी द्रष्टव्य।

* ई रघुवरठाकुर म.म. दामोदर ठाकुर (महाराज महेश ठाकुरक अग्रज) क प्रपौत्रक प्रपौत्रक बालक छलाह—हिनका प्रसङ्ग विशेष आगाँ कहब।

प्रपौत्रक बालक छलाह देवानन्द चौधरी जे बनैली राजकुलक शिलान्यास कएल ओ तनिक बालक हजारी परमानन्द चौधरीसँ एहि शाखा मे पुनः कुटुम्बिता क्रियाक उत्कर्ष देखैत छी।

बनैली राजकुलक अधीन मे बड़ विशाल भूसम्पति अछि जे पुरैनिञा, भागलपुर, मालदह, सन्ताल-परगन्ना, ओ मुङ्गेर पाँच जिला मे पसरल अछि। उत्तर नेपाल सँ लए दक्षिणमे वैद्यनाथ-धाम धरि ओ पश्चिम मे पटनाक जिलासँ आरम्भ कए पूर्व मे बङ्गालक मालदह जिला धरि एकर विस्तार अछि। मध्य मध्य मे आनहुक जमिन्दारी अछि अवश्य परन्तु व्यापकताक दृष्टि सँ दड़िभङ्गाक राज्यकेँ छोड़ि आन कोनो राज्यक अन्ततः बिहार मे एकर तुलना नहि कए सकैत अछि। परन्तु अत्यन्त खेदक विषय थीक जे अद्यापि एको गोट प्रामाणिक विवरण नहि भेटैत अछि जे एहि राज्यक प्रतिष्ठा कोना भेल। भागलपुर-दर्पण मे पण्डित झारखण्डीझा जे सुनलैन्हि से लिखने गेलाह ओ अन्यान्य प्रमाण सँ हुनक कथा अधिकांश खण्डिते भए जाइत अछि। मिथिलामिहिरक मिथिलांकमे जे विवरण अछि सेहो प्रायः एही आधार पर अवलम्बित अछि ओ ओहूमे कोनो प्रामाणिकता नहि बूझि पड़ैत अछि। पुरैनिञा जिलाक गजेटिअर मे एकर किछु विवरण अछि, परन्तु ओहो किंवदन्तीमूलक सएह कहब। सबसँ प्रामाणिक विवरण हमरा दृष्टि मे बुकनन† साहेबक लिखल पुरैनिञा जिलाक रिपोर्टमे देल अछि। एहि रिपोर्टके लिखबाक हेतु ई डाक्टर साहेब 1809-10 ई. मे पुरैनिञा-जिलाक भ्रमण कएल। ताहि समय मे बनैली राज्यक यथार्थ प्रतिष्ठापक चौधरी दुलारसिंह जीवित छलाह ओ राजाक उपाधि नहि पओने छलाह। अतएव ई रिपोर्ट एहि प्रसङ्ग जे कोनो विवरण उपलब्ध अछि सबसँ प्राचीन थीक ओ तेँ सबसँ विशेष प्रामाणिक बोध होइत अछि। एहि अध्याय मे हम राजा दुलारसिंह धरिक विवरण मुख्यतः एही सँ लेल अछि।

धर्माधिकरणिक म.म. गदाधरक बालक, हरिकरक प्रपौत्र छलाह महोपाध्याय रामभद्र, नैयायिक; तनिक पौत्र, रामकृष्ण, सेहो नैयायिक छलाह, पञ्जीमे हुनकहु महोपाध्याय कहल अछि। महोपाध्याय रामकृष्णक पौत्र चारि भाए छलाह, योगी,

---

† बङ्गालक प्रेसिडेन्सीक प्रामाणिक सरवेक निमित्त 1867 ई. मे इष्ट इण्डिआ कम्पनीक गर्वनर-जनरल डाक्टर फ्रान्सिस बकननके नियुक्त कएल ओ ई डाक्टर सात वर्ष धरि बङ्गालक समस्त भागक भ्रमण कए गङ्गाक दक्षिण मार्गे विहारक गया जिला धरि पहुँचलाह तथा अपनररिर्पोट लीखि कम्पनीक अधिकारीक ओतए विलायत पठाए देल। बुकननक मृत्युक नओ वर्ष पछाति 1838 ई. में कम्पनीक डाइरेक्टर मोन्टगोमेरी मार्टिनकें भार देल जे एहि रिपोर्टक सारांश छपाबथि तथा सएह तीन जिल्द मे मार्टिनक "पूर्वीय भारत" (Eastern India) नामक ग्रन्थ थीक। विहार-उड़ीसा रिसर्च सोसाइटीक स्थापना भेला उत्तर जैकसन साहेब इण्डिआ आफिसक लाइब्रेरीसँ मूल रिपोर्टके बहार करबाए सेकेटरी आफ ष्टेटक अनुमतिसँ ओकरा प्रकाशित कराओत। पुरैनिञाक रिपोर्ट 1809-10 क, भागलपुरक 1810-11 क, पटना ओ गयाक 1811-12 क ओ शाहाबादक 1812-13 क थीक।

देवानन्द ओ शिवानन्द। एतेक दिन धरि ई लोकनि "झा" कहबैत छलाह; बैगनीक[†] वासी छलाह। देवानन्दके पञ्चीमे "चौधरी" क उपाधि देखैत छी।

चौधरीक उपाधि मुसलमानी अमलदारीक थीक, मुसलमान नवाब अथवा ओकर प्रतिनिधिक देल। वस्तुतः ई उपाधि एक गोट विशिष्ट राजकीय पदक सूचक थीक। गाम मालगुजारी ओसूल करबाक हेतु जेना जेठरै = अति, तहिना ताहि दिन परगन्नाक मालगुजारी ओसूल करबाक भार जकरा देल जाइत छलैक से "चौधरी" कहबैत छल। एक प्रकारसँ ई तहसीलदारक पद भेल तथा ओसूल मालगुजारीसँ अपन दस्तूरी जे भेटैत छलैक सएह ओकर वेतन छलैक। परन्तु हाकिम दूर रहैत ओ यातायातक सुविधा थत्नसाध्य अतएव ई चौधरी लोकनि एक प्रकारसँ जमिन्दारे छलाह ओ परगन्नाक मालगुजारी ओसूल कए जेना एखन रेवेन्यू दाखिल कएल जाइत छैक तहिना निर्धारित द्रव्य राजकीय खजानामे दाखिल कए अपने स्वतन्त्र मालिक भए रैअतिपर निरंकुश शासन करथि।

भागलपुरदर्पणकार कहैत छथि जे देवानन्दक बालक परमानन्द 'चौधरी' बनाओल गेलाह ओ से अजीमाबाद[*] सरकारसँ फकराबाद[§] परगन्नाक। हुनका मतसँ बैंगनीक मालिक ई लोकनि पूर्वहिसं छलाह। कोनहु कारण सँ अजीमाबादक नबाबक कोपभजान भए परमानन्द तिरहुत छोड़ि पड़एलाह ओ जाइत जाइत पुरनिञाक उत्तरमे मोरंगक कात मे भैरवमल्लिक नामक क़ायस्थ कानूनगोक आश्रय मे अमौरमे जाएके स्थिर भेलाह। आओरो जे कोनो एहि कुलक विवरण देखल अछि सबमे परमानन्द चौधरीकेँ एहि राजकुलक प्रतिष्ठापक कहल भेटैत अछि। श्रीनगर-बनैलीक सर्वेसेटलमेन्ट[*]क रिपोर्ट मे जे एहि कुलक इतिहास अछि ताहूमे सएह अछि। आओर, श्रीनगरेश साहित्यसरोज राजा कमलानन्द सिंहक अपन लिखल हुनक अपन परिचय[†] अछि ताहूमे एहि राज्यक प्रतिष्ठापक परमानन्द चौधरी कहल छथि।

परन्तु बुकनन साहेब[ॐ] लिखैत छथि जे पुरैनिञाक[$] महाराज रामचन्द्रनारायणक[§]

---

† ई बैंगनी गाम दड़िभङ्गा जिलामे बहेड़ा थानामे एखनहु विद्यमान अछि ओ सन्निहित नबादा गामक नाम सङ्ग जोड़ि बैंगनी-नबादा क नामसँ परिचित अछि। एकर पश्चिमे अछि हाबी-भौआल, पूवमे अछि सझुआर ओ रमौली, उत्तरमे अछि सझुआर ओ बीकूपट्टी तथा दक्षिणमें लछुमनपुर ओ किसुनपुर अछि।

* अजीमाबाद पटनाक तत्कालीन नाम थीक।

§ फकराबाद परगन्ना आईन अकबरीमे नहि भेटैत अछि, तकरा वादक थीक। दड़िभङ्गा जिलामे जाहि परगन्नामे बैंगनी अछि तकरे ई नाम थीक।

* श्री नगर-बनैली-सर्वे ओ सेट्लमेन्ट (1887-1894) रिपोर्ट पृष्ट 25।

† मिथिलामिहिरक मिथिलांक पृष्ठ 159।

ॐ बुकनन-लिखित पुरैनिञा जिलाक रिपोर्ट, पृष्ठ 493।
(BUCHANAN-PURNEA REPRT
B O Research Society 1928)

$ पहसराधीश सुरगण महाराजके बुकनन साहेब पुरैनिञाक राजा सएह कहैत छथि।

§ ई राजा रामचन्द्रनारायण राय अन्तिम पहसराधीश महाराज इन्द्रनारायण रायक पिता छलाह—समरू रायक प्रपौत्रक पौत्र छलाह।

देबान छलाह देवानन्द तथा ओएह महाराज अपन देबान, देवानन्दकेँ 1158 सालमे (फसली) अर्थात् 1751 ई. मे मोरङ्गक कातक असजा ओ तीराखरदा दू गोट परगन्ना देल। एहि सँ ई धरि तँ स्पष्ट अछि जे पुरैनिञा गेलाह देवानन्द, परमानन्द नहि; एहि राजकुलक सूत्रपात कएल देवानन्द, परमानन्द नहि। भागलपुरदर्पणकारक आओर सबटा गप्प भए सकैत अछि जे देवानन्दहिक प्रसङ्ग हो, नामक अन्तर सँ परमानन्दक प्रसङ्ग कहल गेल हो। चौधरीक उपाधि सेहो तँ देवानन्दहिकेँ देखैत छी। परन्तु बैंगनीक सम्पत्ति रहस्यमय प्रतीत होइत अछि। ई सत्य जे एखनहु ई ग्राम हिनकहि लोकनिक भोग मे अछि ओ परमानेन्ट सेटलमेन्टक समय सँ हिनकहि लोकनिक अधिकार मे अछि परन्तु से कहिआ सँ अछि से बुझल नहि होइत अछि। परमानेन्ट सेट्लमेन्टक समय मे राजा दुलारचौधरी छलाह से कथा आगाँ कहब ओ ई गाम समस्त हुनकहि नाम सँ बन्दोवस्त भेल। यदि बहुत दिन पूर्व सँ एहि गामक स्वामी हिनक कुल रहैत तँ गामक आधिपत्य हिनक सब दायादमे बाँटल रहैत। हमरा तँ एहने बोध होइत अछि जे परमानेन्ट सेट्लमेन्टक समय मे राजा दुलारचौधरी अपन पूर्वजक निवास-भूमि जानि एहि गामक बन्दोवस्त अपना नाम सँ कराए लेल। परन्तु इहो कोनो आश्चर्य नहि जे भागलपुरदर्पणकार जे कथा परमानन्दचौधरीक प्रसङ्ग कहैत छथि से हुनक पिता देवानन्दहिक गप्प हो तथा इएह फकराबाद परगन्नाक चौधराइ पओने होथि तथा नयाबक कोपभाजन भए पुरैनिञा सेँ पड़एला उत्तर परगन्ना तँ आपस भए गेल हो परन्तु बैंगनी गाम धरि हुनकहि भोग मे रहि गेल हो जकर बन्दोवस्त हुनक पौत्र परमानन्द सेट्लमेन्टक समय मे अपना नामसँ करबाए लेल। विषय जे होउक एहि मे कोनो सन्देह नहि जे एहि राजकुलक बीज देवान देवानन्दक रोपल थीक।

पुरैनिञा जिलाक धर्मपुर परगन्नाक विवरण दैत बुकनन साहेब तत्कालीन मिथिलेश महाराज राघवसिंहक सङ्ग पुरैनिञाक नबाबक सम्बन्धक वर्णन कएलेँ छथि। ओ कहैत छथिं जे कोनहु कारण सँ नबाव महाराज मिथिलेशपर बड़ असन्तुष्ट भए गेल छलाह परन्तु राजा रामचन्द्ररायक देबान देवानन्दकेँ नबाबक दरबारमे बड़ प्रतिपत्ति छल तथा ओ बीचमे पड़ि नबाबकेँ प्रसन्न कए मिथिलेशक सङ्ग सन्धि कराए देल जकर पुरस्कार-स्वरूप धर्मपुरपरगन्नाक पाँच गोट महालसँ दू गोट नाथपुर ओ गोरारी राजा रामचन्द्ररायक बालक राजा इन्द्रनारायण रायकेँ 1738 ई. मे देल गेल।

अतएव बैंगनी त्यागि पुरैनिञा के गेलाह तकर स्पष्ट उल्लेख तँ नहि भेटैत अछि परन्तु अनुमानतः इएह सङ्गत बूझि पड़ैत अछि जे देवानन्द एक जन भाग्यवान् महापुरुष छलाह ओ दैव सँ प्रेरित भए सुलग्न मे अपन देश त्यागि जीविकार्थ पुरैनिञा गेलाह। ओतए पहसराक महाराज रामचन्द्रनारायणरायक दरबारमे हिनक प्रवेश भेल। अपन बुद्धिमत्ता, कार्यकौशल एवं स्वामिभक्ति सँ ई अत्यन्त शीघ्र महाराजक प्रिय

* बुकननक पुरैनिञा जिलाक रिपोर्ट पृष्ठ 508।

विश्वासपात्र भए गेलाह। पुरैनिञाक नबाबक दरबार मे सेहो ई खूब प्रतिपत्ति जमाए लेल। उन्नतिक पथपर अग्रसर होइत-होइत ई पहसराधीशक प्रधान अमात्य, देवान,भए गेलाह ओ अपन प्रतिपत्तिसँ मिथिलेश महाराज राघव सिंहकेँ मुसलमान नवाबक सङ्ग सन्धि सेहो कराए देल। प्रायः हिनक सेवा सँ मुग्ध भए पहसराधीश हिनका मोरङ्गक समीपवर्ती तीराखरदा ओ असजा दू गोट परगन्ना देल। तीरा खरदा तँ मोरङ्गहिक राजा सँ छीनि कै पहसराधीशकेँ देल गेल छल। तराइक कातक ई दुहू परगन्ना पुरैनिञाक उत्तर सीमापर छल ओ बराबरि उपद्रवक केन्द्र रहैत छल। तंहि प्रायः ई दूनू परगन्ना देबान देवानन्दकेँ देल गेल जे ओ एकर शासन सुव्यवस्थित रूप सँ करथि ओ जिलाक शेष भाग सीमा सँ बाहरक अथवा सीमा-कातक उपद्रव सँ निश्चिन्त रहए। हिनक चौधरी उपाधि सेहो प्रायः एतन्मूलके छल ओ से की महाराज-प्रदत्त छल अथवा नबाब-प्रदत्त से निश्चित नहि होइत अछि। सम्भव थीक जे महाराजसँ परगन्ना-द्वय पुरस्कारक रूपमे पाबि ओकरा ओ नवाब सँ अनुमोदित कराए सुदृढ़ करबाए लेने होथि ओ ताही प्रसङ्गमे हिनका "चौधरी" क खिल्लति सेहो नबाबसँ भेटल हो। कहबाक अभिप्राय जे बनैली राजकुलक प्रतिष्ठापक हजारी परमानन्द चौधरी नहि, हुनक पिता देवान देवानन्द चौधरी छलाह से 'चौधरी' ई दड़िभङ्गाक नहि, पुरैनिञाक छलाह। हिनक समय अनुमानतः 1660 सँ 1755 ई. होएत कारण जे 1738 ई. मे ई ओतए बड़ प्रतिपत्ति प्राप्त कए लेने छलाह ओ 1751 ई. मे हिनका मोरङ्गक सीमापरक दुहू परगन्ना भेटल छल।

म.म. मुकुन्दझा बख्शी स्वरचित मिथिलाभाषामय इतिहासमे प्रसङ्गवशात् जे दू चारि गोट कथा एहि कुलक विषयमे लिखैत छथि ताहू सँ हमर कथाक पुष्टिए होइत अछि। हुनका जे परम्परा-श्रुत छलैनि ताहि अनुसार महोपाध्याय रामकृष्णझा आजीवनार्थ नशिरा प्रान्त गेलाह ओ हुनक बालक, जनिक नाम ओ विश्वनाथ अथवा बिश्शूझा कहैत छथि परन्तु पञ्जीमे जनिक नाम विश्वेश्वर भेटैत अछि, ओतएक रानी साहेबाक, प्रायः राजा रामचन्द्रनारायणक माइक, प्रियपात्र भए गेलाह। एही विश्शूझाक स्त्रीकेँ मुँह देखना मे हवेली ग्राम देल गेल यन्मूलक हिनका लोकनिक क्रमिक समुन्नति भेल। एतावता एहि राज्यक सूत्रपात देवानन्दचौधरीक पिता विश्वेश्वरहिक कएल सिद्ध होइत अछि। परन्तु तखन सन्देह रहि जाइत अछि जे देवानन्दचौधरीक आन भाए लोकनि अथवा एक जन जे हुनक पित्ती वैद्यनाथ झा छलथिन्ह तनिका लोकनिक की भेल?

देवान देवानन्द चौधरीकेँ बख्शीजी परम दयालु पुरुषपुङ्गव कहैत छथि तथा महाराज माधवसिंह बहादुरकेँ शैशवावस्था मे महाराज नरेन्द्र सिंहक स्त्री रानी पद्मावतीक कोप सँ त्राण करबाक उद्देश्य सँ अपन राजधानीमे चौदह वर्षक धरि आश्रय देबाक समाचार लिखैत छथि। महाराज माधवसिंह बहादुर सन् 1183 साल मे गद्दी पाओल ओ देवान देवानन्द चौधरी सन् 1158 सालमे तीरा-खरदा ओ असजा

परगन्ना पाबि श्रीमान् भेलाह। अतएव एहि किंवदन्ती मे ऐतिहासिकता असम्भव नहि अछि। महाराज राघवसिंह बहादुरकेँ ई देवान जे उपकार कएल तकर चर्चा डा. बुकनन कएलेँ छथि; महाराज माधव सिंह बहादुरक जे ई प्राणरक्षा कएल तकर उल्लेख म.म. मुकुन्द झा करैत छथि। वस्तुतः रानी पद्मावतीक सदृश प्रतापशालिनी ओ दुराग्रहिणी नारी सँ प्राण-रक्षा तेहनहि पुरुषपुङ्गवक आश्रयमे सम्भव छलैक जकरा ओतए भय किंवा लोभ दुहू मे किछु नहि चलैक ओ देवान देवानन्दचौधरी केवल दूरस्थ प्रयुक्तहिँ नहि, अपितु अपन व्यक्तित्वहुँ सँ तादृश व्यक्ति छलाह जनिका रानी पद्मावती अपन क्रूर अभिनिवेशक सहचर नहि कए सकितथि। एतावता खण्डबला राजकुलक प्रति देवान देवानन्द चौधरीक सेवा साधारण नहि छल ओ एहिसँ देबानक केवल नीतिज्ञता ओ हृदयक विशालता मात्र नहि परन्तु मिथिलेशक गद्दीक प्रति हुनक स्वामिभक्ति सेहो पूर्णतया द्योतित होइत अछि।

धर्मपुर परगन्नाक अठगामा बनैलीक राजाकेँ उपहारमे देल ई कथा बख्शीजीक किछु भ्रमात्मक प्रतीत होइत अछि। डा.बुकनन प्रायः एही अठगामाकेँ नाथनगर ओ गोरारी दू महालक रूप मे 1738 ई. में राजा इन्द्रनारायण रायकेँ उपहारमे देल गेल लिखैत छथि। गोरारी तँ राजा वेदानन्द सिंह कीनल। नाथनगरक पता नहि लगैत अछि। ई उपहारे महाराज माधवसिंहक द्वारा बनैली नरेशकेँ आत्मरक्षाक निर्वेशमे नहि, किन्तु महाराज राघव सिंहक द्वारा राजा रामचन्द्रनारायण रायक पुत्र राजा इन्द्रनारायणरायकेँ नवाबसँ सन्धि कराए देबाक निर्वेश मे देल गेल छलैन्हि से डा. बुकननके कथाक स्वारस्य विशेष समीचीन प्रतीत होइत अछि। एमहर आबि राजा लालानन्दसिंहक द्वारा महाराज लक्ष्मीश्वर सिंह बहादुर दुहू भाइकाँ अप्राप्त राज्यधिकारावस्था मे अपना ओहिठाम सादर बजबाए अपन खड्गपुरक जीतल मोकद्दमाक खर्चा आठ लाखक कागत हुनका चरणयुगल पर उपहार रूप मे समर्पण राजा साहेबक कलिकर्णता द्योतित करैत अछि, ओकरा प्रतिशीर्षक नहि कहबाक चाही।

देबान देवानन्दचौधरीकेँ दू बालक, परमानन्द चौधरी जे पछाति नवाबसँ 'हजारी मनसबदार' क खिल्लति पाओल, ओ माणिक्यचन्द्रचौधरी। बुकनन मानिककेँ जेठ कहैत छथि परन्तु पञ्जीमे हुनका छोट कहल अछि। दुहू भाइक बटबारामे असजा मानिकके भेटल। मानिकक बालक छलाह हरिलाल। हिनक विवाह बड़ उच्च ठाम छल, खण्डवला मूलक भौर शाखाक कृष्णाराम ठाकुरक कन्यासँ। हिनका बालक एक गोट कलितनाथसिंह ओ एक गोट कन्या जनिक विवाह 'सोदरपुर' मूलक 'दिगओन्ध' शाखाक श्यामनाथ मिश्रक बालक, सौरिआक सुरगण राजा चन्द्रनारायण रायक दौहित्र,

---

* म.म. महाराज महेश ठाकुरक छोट पित्ती नरपतिठाकुरक प्रपौत्रक प्रपौत्रक पौत्र छलाह कृष्णाराय। हिनक पितामहक पितिऔत छलाह वीरठाकुर जनिक नाम पर सोति मे बड़का पाँजि अछि। एहि कृष्णाराय ठाकुरक पौत्र छलाह राजाठाकुर जनिक दौहित्रीसँ महाराजाधिराज रामेश्वर सिंह बहादुर अपन पहिल विवाह मङरीनी कएल। एही कृष्णाराय ठाकुरक पिउसिक विवाह छल करमहा मूलक शम्भुनाथसँ जनिक दौहित्र छलाह खौआड़ए हेमनाथ झा जनिक कन्यासँ बनैलीक राजा लीलानन्दसिंह अपन पहिल विवाह कएल।

भोलानाथमिश्रसँ छल। कलितनाथक विवाह 'कुजौली' मूलक 'भखरौली' शाखाक म.म. जानकीनाथ झा†क पौत्री, एकनाथ झाक कन्यासँ छल जाहि मे हुनका एक बालक तीर्थानन्द सिंह ओ एक कन्या जनिक विवाह 'खण्डवला' मूलक 'भौर' शाखाक नैष्ठिक धर्मनाथ ठाकुरक छोट बालक योगनाथ ठाकुर*सँ छल। ई लोकनि सबहुँ अमौर बसैत छलाह। तीर्था निन्दसिंहक की भेल से ज्ञात नहि अछि। सम्प्रति ई शाखा लुप्त अछि ओ हिनक असजा परगन्ना सहित सकल सम्पति सुनैत छी जे पुरैनिञाक नजरगञ्जक राजा पृथ्वीचन्दलालक पितामह नकछेदलाल ओ अररिआ प्रान्तक बलुआ ग्रामक निवासी रुद्रानन्दठाकुरक पितामह कारूलालठाकुरक हस्तान्तरित भए गेल।

देवान देवानन्दक बालक परमानन्द चौधरीक प्रसंग बुकनन साहेब किछु, नहि कहैत छथि मुदा हुनक 'हजारी' उपाधि सूचित करैत अछि जे ओ नवाबक द्वारा 'मनसबदार' नियुक्त कएल गेल छलाह ओ तेँ अनुमान करैत छी जे हुनक शारीरिक शौर्य, वीर्य, उत्साह ओ कौशल असाधारण अवश्य छल जाहि कारणसँ प्रभावित भए नवाब हुनका एक हजार सेनाक अध्यक्ष बनाओल। देवान देवानन्दके नवाबक दरबार मे बड़ प्रतिपत्ति छल से तँ डाक्टर बुकनन स्पष्ट शब्दें कहलेँ छथि ओ हमरा तँ अनुमान होइत अछि जे 1751 ई. मे असजा ओ तीराखरदा परगन्ना पहसराधीशसँ अपन सेवाक पुरस्कार मे पाबि ओकर अनुमोदन नबाब सँ करएबाक काल वृद्ध देबान देवानन्दके 'चौधरी' क ओ हुनक नवयुवक पुत्र परमानन्दके 'हजारी मनसबदार'कँ खिल्लति सङ्गहि प्राप्त भेल।

सीमा-कातक वखेरिआ इलाकाक शासनक हेतु ओ सीमाक रक्षाक हेतु हुनका ई परगन्ना-द्वष देल गेल परन्तु ताहि हेतु तँ सेनाक आधिपत्य आवश्यक छल। तकरे पूर्ति प्रायः एहि खिल्लति सँ कएल गेल। स्वयं देवान ताहि समय मे वृद्ध छलाह ओ सेनाध्यक्षक खिल्लति हुनका अपना हेतु उपयुक्त नहि छल। तेँ सीमाक रक्षाक भार हुनका बालककेँ देल गेल ओ तहिआसँ परमानन्द चौधरी अपना नामसँ विशेष अपन खिल्लतिअहि सँ विख्यात भए गेलाह, 'हजारी चौधरी' हुनक प्रसिद्ध नामे भए गेल।

भागलपुरदर्पणकार तँ हिनकहि तिरहुतिसँ मोरङ्ग जएबाक ओ ओतए अपन शारीरिक गुण-राशि सँ प्रतिष्ठा पएबाक गप्प लिखलनि अछि। बड़का टा रोहु माछ दए केँ पहसराधीश राजा इन्द्रनारायणरायक प्रसन्नता प्राप्त करब किंवा बाघ मारिकेँ

---

† म.म. जानकीनाथ झा हरिपुरक कुजीलिबारक पूर्वज म.म. कुलपति झाक दायाद छलाह। हिनक परिचय पूर्वक टिप्पणी मे द्रष्टव्य।

* योगनाथ ठाकुरकेँ अनेक विवाह छल ओ विकौआ छलाह। एक गोट विवाह हुनका छल रजौराधीश राजा रामलोचनचौधरीक कन्यासँ, स्वर्गीय राजा टैकनाथ चौधरीक पितामहक बहीनिसँ। योगनाथ ठाकुरक सब सँ पछातिक विवाह जे रानीटोल छल ताहि मे हुनको बालक छलाह धर्मपुरक दुर्गानाथठाकुर जे अपन अन्तिम सगयमे पुनि सोति-समाज मे परिगृहीत भए गेलाह। दुर्गानाथ ठाकुरक बालक लोकनि सम्पतिक विद्यमान छथि।

नवावके ँ प्रसन्न करब सबटा गप्पे थीक कारण जे हिनक पितामहे छलाह राजा इन्द्रनारायण रायक पिताक देवान ओ नवावक ओतए हुनक प्रतिपत्ति असाधारण छल से सब कथा वर्णिते अछि। तखन बैंगनीसँ पड़ाए के ँ अमौर जाएब, ओतए भैरव मल्लिक नामक कायस्थ कानूनगोक आश्रय पाएब तथा भैरव मल्लिकक देहान्त भेला पर दिनाजपुर ओ पुरैनिञाक कानूनगो होएब इत्यादि कथा यदि सत्य तँ से देवान देवानन्दहिक गप्प हो सएह सङ्गत जँचैत अछि। हजारी परमानन्द चौधरी पहसराधीश राजा इन्द्रनारायणरायक दरबारमे छल होथि सएह टा सम्भव मुदा ओतहु ओ तीस टाका मासिक वेतन पर नोकर छलाह से असङ्गत, कारण जे तीराखरदा सन परगन्ना तँ हिनका पिताहिक देल छल। सम्पतिक बटबारा हजारी परमानन्द चौधरीक मृत्यु भेलाक पर भेल इहो कथा अलोक कारण जे डाक्टर बुकनन स्पष्ट लिखैत छथि जे असजा परगन्ना मानिकके ँ भेटल ओ से 1809 ई. में हुनक बालक हरिलालक भोगमे छल ओ हुनक वास अमौर मे छल, तकर प्रमाण पञ्जी सेहो, जाहि मे हरिलालके ँ ओ हुनक बालक कलितनाथके 'अमौर वासि बैंगनी अलयी' मूलक कहल अछि। परमानेन्ट सेट्लमेन्टक समयमे राजा इन्द्रनारायणरायक प्रसिद्ध महाल कुरसाकाँटा हजारी चौधरी स्वयं बन्दोबस्त लए लेल ओ तेँ पहसराधीशक ई कोपभाजन भेलाह इहो कथा भागलपुरदर्पणकारक असङ्गते छैन्हि। परमानेन्ट सेट्लमेन्टक समय मे ने राजा इन्द्रनारायण राय छलाह ने छलथिन्ह हुनक स्त्री रानी इन्द्रावती* ओ ने हजारी परमानन्दचौधरी छलाह, छलथिन्ह हुनक बालक राजा दुलारचौधरी। साम्य एहिमे एतबए बुझि पड़ैत अछि जे कुरसाकाँटा महाल जे पहसरा राज्यक एक गोट प्रधान ओ प्रसिद्ध महाल छल से कालक क्रमे राजादुलार सिंहक अधिकारमे आबि गेल परन्तु से तँ आओरो कतेक महाल आएल। पहसराकें राज्य जखन छिन्न-भिन्न भए गेल तखन ओकर अंश सब कतेक गोटाक अधिकार मे चल गेल ओ राजादुलार चौधरी ताहि मे एक गोट छलाह।

पुरैनिञाभ्रमणक उपक्रम मे डाक्टर बुकनन साहेब हजारी परमानन्द चौधरीक प्रसङ्ग एक गोट प्रवाद सुनल जकरा ओ राजा दुलार सिंहक वर्णनक प्रसङ्गमे† लीखि देल अछि। मोरङ्गक कात मे मटिआरी प्रान्त मे हजारीचौधरीक समयसँ कतोक जन एहि हेतु जागीर दए-दए बनाओल गेल छल जे सीमाक पार सँ चोर डकैत किंवा जङ्गली पशु सँ ओ सब पुरैनिञा जिलाक रक्षा करए। प्रवाद ई छल जे जागीरदार सब अछि तँ रक्षाक हेतु परन्तु हजारी चौधरी ओकरा सब सँ डकैती करबैत छलाह ओ हुनक श्रीवृद्धि वस्तुतः एही वृत्तिसँ भेल। बुकनन साहेबकें एहि प्रवाद

* रानी इन्द्रावतीकें पुरैनिञाक गेजेटिअर (पृष्ठ 161) ओ अन्यत्रहु प्रायः सर्वत्र दड़िभङ्गानरेश महाराज माधव सिंहक कन्या कहल अछि से किएक से जानि नहि। रानी इन्द्रावती माण्डर मूलक रजौरा शाखाक गोपीनाथ झाक पौत्री मनबोधझाक कन्या छलीह तथा गोपीनाथ झा मिथिलेश महाराज शुभंकर ठाकुरक दौहित्र छलाह।

† बुकनन पुरैनिञाक रिपोर्ट पृष्ठ 305 ओ 500

पर विश्वास नहि भेल परन्तु एहि रूपक जन-रव ताहि समयमे ओहि प्रान्तमे प्रसृत छल से धरि एहि सँ स्पष्ट अछि।

अतएव हजारी परमानन्दचौधरीक प्रसङ्ग निश्चित रूप सँ जे ज्ञात होइत अछि से एतबए जे ओ तीराखरदा परगन्नाक चौधरी छलाह ओ हजारी मनसबदार नियुक्त भए पुरैनिञाक उत्तरी सीमाक रक्षक छलाह। नवाबक ओतए हुनक पूर्ण मान छल, पहसराधीश राजा इन्द्रनारायणरायक दरबारमे हिनक बड़ विशेष सम्मान छल। अपन परगन्नाक ई बड़ सुन्दर व्यवस्था कएने छलाह ओ पूर्ण श्रम ओ तत्परता सँ कृषिकर्म कए बड़ सम्पत्ति एकत्र कएल। हिनक बालक दुलारचौधरी पूर्व मे नेपालसँ घी, अड़ाँची ओ बहुमूल्य काष्ठक ओ पश्चात हाथीक व्यापार करए लगलाह ओ ताहूसँ बड़ धन एकत्र कएल। परन्तु कृषि ओ वाणिज्य दुहूसँ प्रचुर धन सञ्चित कैओके ँहजारी परमानन्दचौधरी भूसम्पति नहि किछु अर्जत कएल। पुरैनिञाक गजेटिअरमे स्पष्ट अछि जे 1793 ई. मे जखन परमानेन्ट सेट्लमेन्ट भेल तखन दुलार चौधरीक सङ्ग केवल तीराखरदा परगन्ना मात्र बन्दोबस्त कएल गेल ओ ताहि परगन्नाक क्षेत्रफल ताहि समयमे 75 वर्गमील मात्र छल।

परन्तु भूसम्पति नहि तँ दोसर एक गोट सम्पति हजारी परमानन्दचौधरी अर्जन कएल जकर मूल्य थोड़ नहि थीक। ओ सम्पति छल जातीय गौरवाक, पाँजिक। हिनक विवाह भेल 'पबौली' मूलक 'बढ़िञाम' शाखाक टेङरी† झाक कन्यामे। ई कुल सोतिक बड़का कुल थीक परन्तु एमहर किछु दिन सँ न्यून क्रियाक कारणें हिनका लोकनिक सत्ता खसि पड़ल छल। टेङरीझाक पितामह धरिक से सत्ता उच्चे छल। परन्तु कतबओ खसल रहओ पञ्जीबद्ध तँ ई अवश्य छलाह ओ दश पुरुष पर एहन उत्कृष्ट सम्बन्ध स्थापित कए हजारी चौधरी अपन कुलक अधोगतिके रोकि ओकरा ऊर्ध्वमुख कएल जे तहिआ सँ क्रमशः अनुवर्त्तमान अछि, तहिआसँ पुनि हिनक सन्तानक समस्त कार्य अति उत्कृष्ट होइत आएल अछि। एकरे परिणाम थीक जे स्वर्गीय मिथिलेश महाराजाधिराज रामेश्वर सिंह बहादुर जखन पछबारि पारक पाँजिक संकलन कए श्रेणी-विभाजन कएल तखन एक गोट पाँजि परमानन्द चौधरीक नाम पर प्रवर्तित भेल ओ तकर स्थान 'कमलनयन पाठक' सँ उपरहिं 'पदुम

---

† टेङरी झाके स्वयँ अथवा हुनक कन्याकेँ जाहिमे हजारी चौधरी विवाह कएल कोन पाँजि छल से तँ बुझल नहि होइत अछि परन्तु पञ्जीवद्ध ई अवश्य छथि। टेङरी झाक बालक सुखाइ झाक नामपर पछबारि पारमे एक गोट साधारण किन्तु प्रतिष्ठित पाँजि अछि। सुखाइ झाक विवाह छल भसदीअरिगामक बुधवाल मूलक महिसी शाखाक कमलनयन पाठकक कन्यामे ओ ताहिमे सुखाइ झाक एक गोट बालक छलाह कन्हैआ झा जे राजा दुलार सिंहक मसिऔत भाए भेलथिन्ह। एहि कन्हैआ झाक कन्यामे रजौराधीश राजा दुर्गाप्रसाद चौधरीक विवाह छल जनिक पौत्र स्वर्गीय राजा टंकनाथ चौधरी छलाह। राजा दुर्गाप्रसाद चौधरीक सन्तानक पाँजि कमलनयन पाठक निर्धारित भेल ओ आब तँ से सोतिअहु मध्य पसरि गेल अछि। पूर्वमे सोति रहि, मध्यमे नीच कुटुम्बिताक कारणेँ सोतिसँ बहिष्कृत भए रजौर-राजकुलक समृद्ध सन्तान लोकनि पुनि सोतिमे परिगृहीत भए गेल छथि ओ अपन प्राचीन सत्ताके पाओल अछि।

झा' ओ 'श्रीकान्त झा' क श्रेणीमे देल। हजारी परमानन्द चौधरीक सन्तानक कुटुम्बिता-क्रियाक उत्कर्ष तँ आगाँ देखब परन्तु हुनका लोकनिक ई पाँजि सतत स्मरण करबैत रहत जे कुलक जे सामाजिक प्रतिष्ठा कालक स्रोतमे पड़ि भसिआए गेल छल तकर पुनरुद्धारक एहि कुल मे इएह भेलाह ओ आब जखन ई पाँजि सोतिअहु मध्य परिगृहीत भए गेल तखन हरिसिंहदेवी समाज-पद्धति हिनक सन्तान हिनकहि पुण्यक प्रताप सँ सर्वोच्च प्रतिष्ठा प्राप्त कए लेल।

हजारी परमानन्द चौधरी जन्म किंवा मृत्युक तिथिक कोनो पता नहि अछि ने इएह बुझल होइत अछि जे हिनक वास कतए छल। एतबा निश्चय जे ई कतहु ताराखरदा मे छल होएताह जेना हिनक भाए ओ भातिज अमौर मे छलाह। समयक प्रसङ्ग एतबए निश्चित जे 1793 ई. मे हिनक परोक्ष भए गेल छल परन्तु बहुत पूर्व नहि भेल छल कारण जे परमानेन्ट सेट्लमेन्टक समय मे हिनक बालक राजा दुलार चौधरी केँ केवल तीराखरदा परगन्ना छल, आओर विशाल सम्पत्ति ओ तकर उपरान्त कीनल। हमरा जनैत हिनक समय 1720 ई. सँ 1785 ई. धरि मानब उचित थीक।

हजारी परमानन्दचौधरीकेँ दू गोट बालक मात्र, दुलारचौधरी जे पछाति राजाक उपाधि पाओल ओ एकलालचौधरी। एकलालकेँ कोनो सन्तान नहि, विवाहो भेल वा नहि से बुझल नहि होइत अछि। दुलारचौधरी वस्तुतः बनैली राज-कुलक यथार्थ प्रतिष्ठापक थिकाह। अपन निवास इएह बनैली आनल जाहि नामसँ ई राजकुल सर्वत्र सुप्रसिद्ध अछि। वृटिश सरकार सँ "राजा" क उपाधि इएह पाओल ओ राजत्वसूचक "सिंह" क उपाधि सेहो इएह ग्रहण कएल। अपन पिताक देहान्त भेलाक पर धन जे किछु पाओल से हिनक पितामहक अर्जल छल परन्तु ई जखन देहत्याग कएल तखन बनैली राज्य सँ वार्षिक आय सात लाख रुपैआ छल।

राजा दुलारसिंहक जन्म कहिआ भेल ओ ई शरीर-त्याग कहिआ कएल किछु निश्चित रूप सँ ज्ञात नहि अछि। भागलपुरदर्पणकार हिनक जन्म 1750 ई. क प्रान्त मे कहैत छथि ओ अनुमानतः इएह सम्भव बुझि पड़ैत अछि जे 1750-60 क मध्यहि मे हिनक प्रादुर्भाव भेल हो। 1793 मे परमानेन्ट सेट्लमेन्टक समय मे ई अपन सम्पत्तिक स्वामी भए गेल छलाह। 1814-16 क वृटिश-नेपाल युद्धक समय मे ई वर्त्तमान छलाह तथा बुटिश-सरकारक बड़ सहायता कएल जकर पुरस्कार = स्वरूप हिनका राजाक उपाधि प्रदान कएल गेल। तकर पश्चात अर्थात् 1820 ई. क प्रान्त मे हिनक परोक्ष भेल होएत। सुनैत छी जे 1821 ई. मे ई देहत्याग कएल।

पुरैनिञा-जिलाक गजेटिअर मे कहल गेल अछि जे परमानेट सेट्लमेन्टक समय मे जाहि छओ गोट जमिन्दारक सङ्ग पुरैनिञा जिला वन्दोवस्त कएल गेल ताहिमे दुलार सिंह सबसँ छोट छलाह ओ हिनका केवल तीराखरदा परगन्ना छल जकर रकबा 75 वर्गमील देल अछि। 1809-10 मे डाक्टर बुकनन साहेब पुरैनिञा जिलाक भ्रमण कएल ओ 1810-11 मे भागलपुर जिलाक ओ ताहि समय मे राजा

दुलारसिंहक प्रतिपत्ति ओ प्रतिष्ठा चरमोत्कर्षकेँ प्राप्त कएलेँ छल। अपन रिपोर्ट मे जतेक ठाम ओ हिनक चर्चा कएने छथि ततेक ठाम आन कोनहुँ व्यक्तिक नहि तथा हिनक प्रशंसा ओ जाहि शब्देँ कएले छथि ताहि शब्देँ आन ककरो नहि; मुदा ओ हिनका सर्वत्र दुलारसिंह कहैत छथि, चौधरी कतहु नहि ओ राजाक उपाधि सेहो तावत ई ग्रहण नहि कएने छलाह।

पुरैनिञा ओ भागलपुर मे परगन्नाक क्रम सँ जमिन्दारीक वर्णन मे राजा दुलार सिंहक उल्लेख वारंबार आएल अछि। एवं क्रमेँ हिनक उपार्जित सम्पत्तिक विवरण जे ओ देल अछि से एहि रूपक :–

(1) परगन्ना कोतबाली जे अंश कलिआचक मे पड़ैत अछि से सर्वेक समय मे (1887-92) जिला मालदहमे पड़ल, दिनाजपुरक राजा सँ कीनल (पुरैनिञा रिपोर्ट, पृष्ठ 458)
(2) माहीनगर-सूजानगर-सर्वेमे मालदह मे पड़ल-दिनाजपुरक राजा सँ कीनल (पुरैनिञा रिपोर्ट, पृष्ठ 463)
(3) अकबरावाद–मालदह मे पड़ल–दिनाजपुरक राजा सँ कीनल (पृष्ठ 463)
(4) सूजानगर–जिला पुरैनिञामे पड़ल-ओही राजासँ कीनल (पृष्ठ 483)
(5) देहत्ता–जिला पुरैनिञा मे पड़ल-ओही राजासँ कीनल (पृष्ठ 484)
(6) शाहपुर–जिला पुरैनिञा मे पड़ल-ओही राजासँ कीनल (पृष्ठ 488)
(7) धपहरक अंश–जिला भागलपुर मे पड़ल–(पृष्ठ 503)
(8) भागलपुर जिलाक परगन्ना छइक अंश– (भागलपुर रिपोर्ट, पृष्ठ 501)
(9) परगन्ना फड़किआ–जिला मुङ्गेरमे पड़ल (भागलपुर रिपोर्ट, पृष्ठ 508)

एहि सँ भिन्न तीरा-खरदा परगन्ना तँ हिनक पैत्रिक सम्पत्ति छले। एहि सँ भिन्न हिनका तिरहुत मे ओ जिला दिनाजपुर मे सेहो भूसम्पत्ति छैन्हि से बुकनन कहैत छथि। एतेक सम्पत्ति ई 1793 ओ 1810 क मध्य मे सत्रह वर्ष मे कीनल। तकर उपरान्त की सब कीनल से प्रामाणिक रूपसँ कतहु उल्लिखित नहि भेटैत अछि। भागलपुरदर्पण मे अछि जे भागलपुरमे नबहट्टा, गोगरी ओ धपहरक आओर अंश ई कीनल। नेपालयुद्धक उपरान्त सीमानिर्णयक अवसर पर तीरा-खरदाक सीमा परक सात कोस भूमि हिनका हाथ बन्दोबस्त भेल से कथा भागलपुरदर्पण मे अछि। 1887-1894 ई. मे एहि राज्यक ओ भाग जाहि मे बनैली ओ श्रीनगर दुहूक अंश छल अथवा जाहि मे केवल श्रीनगरक अंश छल, तकर सर्वे भेल छल ओ ताहि मे एहि राज्यक विस्तार† पाँच जिलामे, 24 गोट परगन्ना मे, 696 गाम मे देखाओल गेल अछि। केवल बनैलीक अंश एहिं मे नहि अछि अतएव एहि मे सबटा नहि तँ प्रायः एकआध छाड़ि आओर सब राजा दुलारसिंहक उपार्जन थीक।

---

† श्रीनगर-वनैली सर्वे ओ सेट्लमेन्ट (1887-1894) रिपोर्ट, पृष्ठ 238

एहि प्रसङ्ग के हम आओर नहि बढ़ाए, आब डाक्टर बुकनन साहेब हिनका प्रसङ्ग जे लिखने छथि तकर सारांश एतए अनुवाद कए केँ दैत छी। असजा परगन्नाक वर्णन करैत ओ लिखैत छथि*—"1158 साल मे (1751 ई.) ई परगन्ना पुरैनिञाक अन्तिम राजाक पिता चन्द्रनारायण (हुनका रामचन्द्रनारायण आशय छैन्हि—लेखक) अपन देवान देवानन्दकेँ देल जे ओही समय मे तीरा खरदा नामक महाल सेहो पाओल/असजा हिनक जेठ बालक माणिक्यचन्द्रक अंश मे पड़ल जे सम्प्रति तनिक बालक हरलालक भोगमे अछि।"

तीरा-खरदा परगन्नाक वर्णन करैत ओ लिखैत छथि†—"मटिआरी ओ अररिआक प्रान्त मे तीराखरदा बड़ सुन्दर महाल अछि। इहो मोरङ्गक राजा सँ छीनिकेँ पुरैनिञाक राजाकेँ देल गेल छल तथा पुरनिञाक अन्तिम राजासँ पूर्वक राजा रामचन्द्र ई परगन्ना ओ असजा अपन देबान देवानन्दकेँ देल। असजा देवान देवानन्द अपन एक बालक माणिक्य चन्द्रक देल ओ तीरा-खरदा अपन दोसर बालक परमानन्द केँ देल जे सम्प्रति हुनक बालक दुलारसिंहक भोगमे अछि। एहि दुलारसिंहक चर्चा हम अनेक ठाम कएल अछि, कारण जे ई जन्नतावाद सरकार मे कोतवालीक अंश ओ माहीनगर-सूजानगरक, उरम्बर सरकारमे अकबरावादक, ओ ताजपुर सरकार मे सूजानगर, देहता ओ शाहपुरक मालिक छथि तथा जहाँ धरि हमरा ज्ञात भेल अछि ई सब हिनक अपन कीनल थीक। घपहरहुक अंश ई कीनल अछि। तिरहुत, भागलपुर एवं दिनाजपुरमे हिनका भूसम्पति छैन्हि। ई बड़ समृद्ध व्यक्ति छथि, बड़े कार्यकुशल ओ बुद्धिमान् छथि। हिनक सब सँ पैघ बुद्धिमत्ता हम ई बुझैत छी जे हिनक दृढ़ धारणा-छैन्हि जे मालिकक यथार्थ हित रैअतिक सङ्ग न्याय, दया ओ सद्व्यवहार मे छैक। अपन दरबारी के कम दर पर भूमि देबा सँ विशेष श्रेयस्कर ई थीक जे श्रमशील रैआतिकेँ अपन अमलाक, विशेषतः ठीकेदारक अत्याचारसँ रक्षा करी। हमरा बुझल भेल अछि जे ई ठीका नहि लगबैत छथि। तखन जे सम्पत्ति ई कीनल अछि से यदि ताहि समय मे ठीका लागल छल ओ ठीकाक अबधि नहि पुरल अछि अथवा भूमि बहुत दूर मे अछि से ठीका लागल छैन्हि। मुदा तैओ दुलार सिंहक सम्पत्तिक लगमे सम्पत्ति रहब झंझटिक घर थीक कारण जे जकर ककरो सम्पत्ति अपन सम्पत्तिक समीप मे अछि तकरा बलजोरी दखल कए ले = बाक हिनक प्रवृति दुर्निवार अछि।"

जमाबन्दी काएम करबाक हिनक रीतिक वर्णन कए ई लिखैत छथि—"तीराखरदा मे सबटा कृषिक योग्य भूमि प्रायः 7900 बीघा होएत जाहि मे 70000 बीघा वन्दोवस्त अछि, महाल मे बाँटल अछि जकर दर एहन अछि जे

---

* पुरैनिञा जिलाक रिपोर्ट पृष्ठ 493

† पुरैनिञाक रिपोर्ट—पृष्ठ 498 सँ 501

रैतिकें जबूर नहि बूझि पड़ए जाहि कारणें हिनक रैअति पूर्ण श्रमसँ खेती करैतअछि ओ सुखी अछि। शेष नओ हजार बीघा मे पाँच हजार बीघा ई अपन कामत मे रखले ँ छथि, अढ़ाइ हजार बीघा अपन हर बड़दसँ अपन बहिआ ओ जनक द्वारा करैत छथि ओ अढ़ाइ हजार बीघा बटाइ लगाओले ँ छथि। कतबो कार्य-कुशल रहथि तथापि बटाइ मे ठकल जएबाक पूर्ण भय छैन्हि मुदा तैओ जे ई बटाइ लगओले ँ छथि तकर कारण ई जे हिनका गाए ओ ब्रड़दक बड़ पैघ-पैघ जेर छैन्हि ओ तकर आहारक हिनका प्रबन्ध करए पड़तैन्हि। मालजाल सँ हिनका बड़ आमद छैन्हि। शेष चारि हजार बीघा मे 1800 बीघा ई पचास गोटाकेँ जागीर देले ँ छथिन्ह जे केवल 350 रुपैआ मालगुजारी दैत छैन्हि। ई जागीरदार सब बड़ साहसी व्यक्ति अछि ओ मोरङ्ग सँ जङ्गली जानवरक आक्रमणकेँ रोकबाक हेतु राखल अछि। कहल जाइत अछि जे मोरङ्ग सँ चोर-डकैत सभ नै आबए तकरो ई सब रक्षा करैत अछि मुदा "प्रवाद तँ अछि जे एकरा सबहिक उपयोग आनहि प्रकार कएल जाइत अछि, विशेषतः हिनका बापक समयमे कएल जाइत छल।" पाँच सए बीघा भूमि ई अपन बीसगोट पाइक के देले ँ छथि जे हिनक दूतक काज करैत अछि ओ पचास बीघा तकरा सबहिक सरदारके ँ। एनाकें सेवाक हेतु देल गेल भूमिके दएके चारि हजार बीघा सँ जे शेष रहल अर्थात् साढ़े सोड़ह सए बीघा भूमि ई अपन बहिआसभ मे बाँटि देले ँ छथि।

तालुका सबहिक कोन रूपे ई सुव्यवस्था कएले ँ छथि तकर विस्तृत विवरण दए अन्त मे ई लिखैत छथि–"एतेक विस्तृत हिनक विवरण देबा मे हमर तात्पर्य केवल इएह टा देखाएब अछि जे जमिन्दारीक सुव्यवस्था कोन रूप सँ कएल जाए सकैत अछि।"

दोसरा ठाम* डाक्टर बुकनन लिखैत छथि–"मटिआरी प्रान्त मे दुलारसिंह किछु व्यक्ति के ँ नियुक्त कएले ँ छथि जे मोरङ्गक वनमे बसैत जङ्गली जानवरकें एहि दिशि आक्रमण करबा सँ रोकैत अछि। एहि जागीरदार सबके ँ कम सरह पर भूमि देल छैक तथा ओ सब सीमा पर बसैत अछि। प्रवाद छैक जे "पूर्व समय मे एकरा सबहिक उपयोग दोसरहि वृत्तिक हेतु कएल जाइत छलैक जाहि वृति सँ एहि परिवारके ँ धन-सञ्चय" ओ लोक इहो कहैत अछि जे आब जे मालिक एकरा लोकनिके ँ बरखास्त नहि करैत छथिन्ह ओ एकर भूमि नहि जब्त कए लैत छथिन्ह तकर कारण इएह जे "एकरहि लोकनिक सेवावृति सँ हिनका घर मे श्रीवृद्धि।" सम्भव थीक जे ई प्रवाद सब केवल उपहासात्मक हो कारण जे एहि प्रान्तक लोकके ँ उपहासक दिशि बड़ प्रबल प्रवृत्ति छैक ओ ताही सँ तँ हुनका लोकनिके ँ धनसञ्चयक पूर्ण सुयोग छल तखन "दस्यु-वृत्ति" अवलम्बन करबाक हुनकालोकनि के ँ प्रयोजन कोन छल होएत?"

* पुरैनिञा रिपोर्ट पृष्ठ 305

भागलपुरक रिपोर्टमे[†] फड़किआ परगन्नाक विवरण मे बुकनन लिखैत छथि–"ई धरि हम अवश्य कहब जे केवल दुलारसिंहक जमिन्दारी सुस्थिति मे छैन्हि। हम पूर्वहुँ हिनक ओहि कार्यक प्रशंसा कएल अछि जाहि सँ समस्त परगन्नामे व्याप्त जङ्गली जानवरक आक्रमणक आतङ्क ई प्रजाक हृदयसँ हटाओल। जमिन्दारीक सुव्यवस्थाक हेतु पुरैनिञाक रिपोर्ट मे हिनक पूर्ण प्रशंसा कएल अछि। 'हमरा किञ्चितो सन्देह नहि अछि जे यदि ई परगन्ना समस्तो हिनके रहैत तँ बीस वर्ष मे ई सम्पूर्ण आबाद भए जाइत।"

ओही रिपोर्ट मे अन्यत्र[*] ओ लिखैत छथि– "जहिना पुरैनिञाक दक्षिण भाग, तहिना भागलपुरमे गङ्गाक उत्तर दलदल भूमिमे जङ्गलमे बनैआ हाथीक अड्डा छल ओ पुरैनिञहि जकाँ एतहु तकर बड़ घोर आतङ्क छल। पुरैनिञाक दुलार सिंह चौधरी (बस, एतहिटा एक ठाम ओ हिनका चौधरी लिखल अछि-लेखक)– हिनक कार्यपटुताक प्रशंसा हमरा अनेक बेरि करए पड़ल अछि–जखन एतए जमिन्दारी किनलैन्हि तँ देखलैन्हि जे ई तँ एकदम उजड़ल उपटल अछि ओ लोक कहलकैन्हि जे एकर कारण थिकैक बनैआ हाथीक आक्रमण ओ तकर आतङ्क। दुलारसिंहके ँ बुझबा मे भाङठ नहि रहल जे एकर यथार्थ कारण एहि सँ कतेक आओर गूढ़ होएत मुदा एकरो ओ उपेक्षा नहि कएल। सिलहट सँ ओ चारि गोट एहन हाथी मङाओल जे हाथी पकड़बामे पूर्ण शिक्षित छल। एहि लएके ँ ओ सातटा हाथी पकड़बाओल। जे बाँचि गेल से हुनक जमिन्दारी ओ तकर प्रान्त छोड़ि ततए पड़ाएके ँ चल गेल जतए ओकरा पकड़ब हिनका हेतु सम्भव नहि अछि। एहि रीतिक अनुसरण आनो जमिन्दार कए सकैत छथि परन्तु हमरा जनैत गोलीसँ मारि देब एहि सँ कम व्ययसाध्य होएत। जँ ई जीव सब पोसल भए सकैत तखन तँ ओकर मूल्यसँ ई व्यय किछु उपर भए जाइत मुदा हम सुनल अछि जे ओहि सातो हाथीमे एके टा हाथी दुलार सिंहक जिबैत बचलैन्हि।"

वृटिश-नेपाल-युद्धमे ई वृटिश सरकारक बड़ तत्परता सँ सहायता कएल ओ सुनैत छी जे वृटिश सेनाक हेतु ई एक लाख मन रसद अपन सञ्चय सँ देल ओ अपन विशाल हाथीक हलकाक द्वारा ताहि रसदके ँ पहुँचएबाक सम्पूर्ण भार अपना ऊपर लए लेल। इहो सुनैत छी, एही पर्वतीय प्रदेशक यातायातमे हिनक सत्रह गोट हाथी बाटहिँ मरि गेल। एही सँ अनुमान कए सकैत छी जे कतेक हिनका हाथी छल ओ कोन रूपक आर्थिक साहाय्य ई प्रदान कएल। एकरे पुरस्कार मे पुरैनिञाक उत्तर सीमाक कातक सात कोस भूमि हिनका हाथ बन्दोबन्त कए दए देल गेल जे मीलिके ँ हिनक पूर्वक परगन्ना तीराखरदा बढ़ि गेल ओ बनैली राज्यक प्रधान अंश बुझल जाए लागल। इहो कहल जाइत अछि जे 'राजा' क

† भागलपुर रिपोर्ट पृष्ठ 514
* भागलपुर रिपोर्ट पृष्ठ 219

उपाधि सेहो एही साहाय्यक पुरस्कार मे हिमका देल गेल यद्यपि श्रीनगर-बनैलीक सर्वे सेट्लमेंटक रिपोर्ट मे (पृष्ठ 25) कहल अछि जे विधिवत ई उपाधि हिनक पौत्र राजा लीलानन्दसिंह बहादुरके ँ समर्पित भेल छल। अएह एहि कुल मे प्रथम राजा भेलाह।

राजा दुलारसिंह 'राजा' क उपाधि नियमपूर्वक नेपाल-युद्धक उपरान्त अपना जीवनक सन्ध्याकाल मे पाओल किंवा नहि, परन्तु राजत्व सूचवक सिंह क उपाधि ई 1809 सँ पूर्वहिं, प्रायः परमानेन्ट सेट्लमेन्टक बादहिँ, ग्रहण कएल, कारण जे, बुकनन साहेब हिनक उल्लेख सर्वत्र सिंह युक्ते करैत छथि। अनका ई उपाधि घटौक की नहि मुदा हिनका हेतु ई उपाधि सर्वथा स्वभावक अनुकूल छल। सिंहहि जकाँ हिनक प्रताप छल, प्रतिभा असाधारण छल, स्वभाव मे प्रतिस्पर्धाक असहिष्णुता छल, संकल्पक दृढ़ता छल, बाहुमे वीर्य छल, अन्तकरणक स्फीत छल, निर्भीत छल, प्रचण्डताक सङ्ग-सङ्ग मृदुतासँ आपूर्यमाण छल। जहिना हिनक कोप, तहिना हिनक प्रसाद सेहो अवन्ध्य छल ओ भयसँ सर्वथा शून्य, हिनक चित्तके ँ पराजयक आशङ्का समेत जेना कहिओ आन्दोलित नहि करए। कौनहु अंशमे अपनाके ँ ककरहुसँ न्यून स्वीकार करबाक जेना हिनका प्रवृतिए नहि छल। एक गोट परगन्नाक मालिक भए ई जीवन क्षेत्र मे पदार्पण कएल मुदा अपनाके ँ ई अपना प्रान्तक सबसँ पैघ जमिन्दार बनाए लेल तथा राजाक उपाधि ग्रहण कए अपन उद्योगिता एवं पुरुष सिंहत्व ख्यापित कएल। मरबाक समयमे ई सात लाखक विशाल राज्यक अधिपति छलाह, अपन राजयानी स्थिर कए लेने छलाह, राजोचित जतेक क्रियाक वैशिष्ट्य थिकैक सब सँ परिपूर्ण भए ई एक गोट विशिष्ट राजकुलक यथार्थ प्रतिष्ठापक भए गेलाह।

तहिना सामाजिक विषयहु मध्य हिनक प्रचण्ड उग्रता परिलक्षित होइत अछि। अपनाके ँ ई 'हरिसिंह देवी' समाज-पद्धति मे बड़ दबल पाओल। जातीय अपमान सबके ँ मर्मस्पृश होइत छैक एहन पुरूष सिंह के ओ कोना सह्य भए सकैत छैक? ओ अपन स्वभावक अनुकूल ताहू उग्र ओ प्रचण्ड नीतिक अवलंबन कएल जे हरिसिंह-देवीक केन्द्रहि पर आक्रमण कए देल ओ आक्रमणक भीषणतासँ ओकरा डोलाए देल। सए वर्षक पश्चात आइ एक गोट 'सोति' क दृष्टिसँ हमरा इएह प्रतीत होइत अछि जे तात्कालिक साफल्य लाभ कैओके राजा दुलारसिंहके एहि आक्रमणसँ कोनो चिरस्थायी लाभ नहि भेल ओ ते ँ एकरा असफलते कही। एक गोट ऐतिहासिकक दृष्टि सँ हमरा एहनो प्रतीत होइत अछि जे राजा दुलारसिंह जे कनेक धैर्य धरितथि, मृदुता सँ आक्रमण करितथि जनमतके ँ सङ्ग लए अपन उद्देश्यक पूर्ति मे अग्रसर होइतथि तँ एहिसँ विषेश सुलभतासँ एहिसँ नीक ओ चिरस्थायी सफलता प्राप्त करितथि। परन्तु अपन स्वभाव सँ ओ विवश

छलाह। मध्यम पथ जे शान्तिक पथ थिकैक ताहि पर हुनका आस्था नहि छल; अपन प्रतापक दर्प मे ओ प्रत्यूहक सङ्घहुक तृणवत उपेक्षा करथि। हरिसिंह-देवीक ओ दिग्विजय करताह नहि तँ ओकरा ध्वस्त कए फेंकि देताह, एहि दृढ़ संकल्पसँ ओ सोतिआइक मर्मस्थान के ँ ताकि-ताकि अपन साधन-सम्पत्ति सँ विद्ध करए लागि गेलाह। आदर्श छल हुनका सुरगणक राजकुल जे बड़ थोड़ कालमे सामाजिक न्यूनताके ँ अतिक्रमण कए हरिसिंह-देवीक शीर्षस्थानीय भए गेल। दृष्टान्त छल हुनका "फन्नावार" रामभद्र उपाध्यायक वंशक जे हरिसिंह-देवी मे अधम स्थानक रहितहुँ , जातीय अपकर्षक अछैतहुँ , दक्षिणामूर्त्तिक प्रसादसँ सरस्वतीके ँ वश्या कए अपन वैदुष्य-वैभव सँ समाज मे से प्रतिष्ठा लाभ कएल जे तत्काल दोसर कोनहु कुलके ँ एहि छओ सए वर्षमे नहि भेल, परन्तु किछु तँ समयक परिवर्तन, कालक गति कारण, ओ किछु सुयोगक अभाव कारण। राजादुलार सिंह वैयक्तिक साफल्य लाभ कैओके ँ हरिकँसिंह-देवी समाजपद्धतिके ँ दबाए नहि सकलाह। एहि प्रसङ्ग विशेष विवेचना हम अन्तिम अध्याय मे करब; एतए हम हिनक अपन विवाहक परिचय दैत छी जाहि आधारपर ओ विवेचना अवलम्बित रहत।

राजा दुलारसिंहके ँ दू गोट विवाह छल, पहिल प्रायः पिताक कराओल ओ दोसर प्रायः अपन कएल। प्रथम विवाह छल हिनक कोइलख, 'सरिसब' मूलक 'खाङ्ड' शाखाक चतुर्भुज झाक कन्यासँ। हिनक डेरा सोतिक छल परन्तु पुर्वहि सँ क्रियाक अपकर्षसँ ई लोकनि योग्यक श्रेणी मे छलाह। भैअनझाक विवाह छल "पाली" मूलक "महिसी" शाखाक भवानीदत्तझा† क कन्या मे। भवानीदत्त झा अपने बड़ पैघ लोक रहथि, बड़का सोति, परन्तु 'फन्नाबार' क ओहिठाम बिकाएल छलाह ओ बिकौआके ँ जे उचित थिकैक अनेक विवाह कएल छलाह। एक गोट विवाह हिनका छल सुप्रसिद्ध 'तर्कपञ्चानन' म.म. गोकुलनाथ उपाध्यायक पितिऔत भाइक दौहित्रीमे, 'विद्यासिन्धु' 'सन्यासिदण्डी' 'महोपाध्याय' रतीशक बालक म.म. ईशाननाथक दौहित्रीमे। एही 'फन्नाबार' क दौहित्रीक दौहित्री, 'पलिबार' भवानीदत्त झाक दौहित्री, 'सरिसबए' भैअनझाक कन्यामे राजा दुलार सिंहक पहिल विवाह छल। एहि कन्याक पाँजि 'श्रीकान्त झा' छल ओ ते एकरा योग्य नहि कहब, ताहिसँ न्यून भेल। एहि विवाह मे राजा के ँ दू बालक कुमार सर्वानन्द सिंह ओ राजा वेदानन्द सिंह ओ दू गोट कन्या।

दोसर विवाह जे राजदुलार सिंह प्रायः अपने कएल, ओ प्रायः पहिल स्त्रीक देहान्त भए गेलाक पर कएल, से छल हरिपुर, बड़ प्रसिद्ध योग्यक ओहिठाम, म.म.

---

† भवानोदत्तझाक बृद्धप्रपौत्र श्री गङ्गाधरझा सम्प्रति मङरौनीमे वर्तमान छथि ओ श्री5 मनिन्मथिलेशक अनुकम्पासँ पुनि अपन वृद्धप्रपितामह जकाँ पैघ सोति भए गेल छथि।

कुलपति झा[†]क कन्यामे, भागलपुरदर्पणकार जे बवुरैआ झाक बहीनिमे कहैत छथि से नहि, हुनक पिउसि मे। इहो डेरा सोतिक डेरा थीक ओ हिनक पितामह धारि तँ निश्चय सोति छलाह। म.म. कुलपतिझाक विवाह 'अलयी' मूलक 'अलयी' शाखाक मही झाक कन्यामे छल जनिक पाँजि 'लच्छू पाठक' छल जे एखन सोतिमे एक गोट प्रतिष्ठित पाँजि बुझल जाइत अछि। एहि पक्षमे राजाकेँ एक गोट बालक राजा रुद्रानन्दसिंह ओ कम सँ कम चारि गोट कन्या जनिक हमरा परिचय उपलब्ध भेल अछि।

राजा दुलारसिंहक समय मे मिथिलेश छलाह महाराज माधवसिंह बहादुर। हरिसिंह देवीक सनातन व्यवस्था मध्य महाराज माधवसिंहक राजत्वकल मे युग-परिवर्तन भए गेल। एहि सँ पूर्व हरिसिंहदेवीक सबटा विचार ओ निर्णय सभाक द्वारा होइत छल जाहिमे प्रायः प्रत्येक कुटुम्बकेँ आह्वान होइत छल, अपन मत प्रकट करबाक अधिकार रहैत छल। प्रसङ्ग ई हरिसिंहदेवीक इतिहासक थीक ओ एकर विस्तृत विवेचना एतए अनुपयुक्त होएत परञ्च एतबा धरि कहब आवश्यक जे ताहि समय धरि हरिसिंह-देवीके राजशासन सँ कोनो सम्पर्क नहि छलैक। ओत्रिनिवार राजकुल ब्राह्मणक वंश छल; सुरगणक राजकुल ब्राह्मणक वंश छल; स्वयं खण्डबला कुल मे महाराज माधवसिंहक प्रपितामहक प्रपितामह मिथिलाराज्योपार्जक भेलाह ओ ई सब राजकुल बराबरि हरिसिंहदेवीक सत्ताकेँ मानैत, ओकर व्यवस्थाक पालन करैत, तदनुरूप अपन क्रिया ओ मर्यादा रखैत अएलाह। परन्तु सभाकेँ जनमत छोड़ि आओर दोसर कोनो अधिकार नहि छलैक जे अपन निर्णय सबकेँ मान्य

† कुजौली मूलक भखरौली शाखाक सूपनझा ओ रबिकर झाक परिचय पूर्वक टिप्पणी में दए आएल छी ओ एहि कुलक परिचय आनहु ठाम अनेक बेरि कहल अछि। तनिक छोट भाए लक्ष्मीकरक प्रपौत्रक प्रपौत्रक बालक छलाह ई म.म. कुलपतिझा। हिनक पितामह रमाकान्तझा बलिआसए पण्डितरायक छोट भाए बूढ़व झाक दौहित्र छलाह। बूढ़वझाक एक गोट बालक छलाह भृङ्गदूत प्रभृति अनेक अमर काव्यक रचियता कवीन्द्र गङ्गानन्द। दोसर बालक हुनक छलाह हराइ झा जनिक एक गोट बालक छलाह म. म. कल्याण शर्मा जनिक कन्या मे महाराज नरेन्द्र सिंहक एक गोट विवाह छल ओ अपर बालक वीरेश्वरक बालक हरपतिझाक कन्यामे महाराज माधवसिंह बहादुर जखन विवाह कएल तखन हरपतिक जेठ बालक रुद्रपति झाक नाम पर जे पाँजि प्रसृत भेल से सम्प्रति सोति मे महोच्च पाँजि अछि।

म.म. कुलपति झाक अपर कन्या मे पाली मूलक मङरौनी शाखाक पञ्जीकार रामकृष्णझाक विवाह छल। रामकृष्णझाक पौत्र धरि सोति छलाह। रामकृष्णझाक एक गोट कन्याक विवाह छल रसाढ़क एकहरा मूलक रुचोलि शाखाक गङ्गेश मिश्र सँ। एही गङ्गेशक दौहित्री में महाराज लक्ष्मीश्वर सिंह बहादुरक प्रथम विवाह छल जनिक असामयिक देहाबसान भए गेलाक पर महाराज बहादुर गङ्गेश मिश्रक बालक, रामकृष्ण झाक दौहित्र, इन्द्रनाथ मिश्रक कन्यामे विवाह कएल जे छलीह कैलासवासिनी महारानी लक्ष्मीवती साहेबा, अपन अन्तिम समयमे काशीमे अन्नपूर्णा जकाँ भेलि। इन्द्रनाथ मिश्रक पौत्र सम्प्रति चनौरक श्री जगन्नाथमिश्र छथि तथा इन्द्रनाथ मिश्रक अपर दू भाइक पौत्र सम्प्रति कटिहारक जमिन्दार श्री उमानाथ मिश्र ओ श्री लक्ष्मीनाथ मिश्र छथि।

कराबए। जाहि उच्च आदर्शकें लए हरिसिंहदेवीक व्यवस्था भेल छल से एमहर आबि कालक कुटिल गति मे पड़िकेँ विस्मृत होअए लागल ओ सभाक निर्णयक अवहेलना सेहो लोक करए लागल। समाजक जे नेतालोकनि ताहि दिन रहथि तनिकाँ स्पष्ट प्रतिभासित होअए लागल ले आब यदि शासनक सुप्रबन्ध नहि करब तँ सोतिआइ नहि बाँचि सकत। इएह सब विचारि महाराज माधवसिंह बहादुर जखन मिथिलेश भेलाह तखन सोति लोकनि हुनका हरिसिंहदेवी समर्पित कए देल, ओकर सबटा अधिकार हुनका दए देल। जनमत संग्रह करबाक हेतु ओ मिथिलेशके उचित परामर्श देबाक हेतु सभा होइत रहल—से आबहुँ होइत अछि—परञ्च निर्णय सबटा मिथिलेश करथि, प्रत्येक कुटुम्बक कन्यादान करबाक अनुमति-पत्र (एकरे नाम परमानगी थीक) मिथिलेश सँ प्राप्त करब आवश्यक कए देल गेल कारण जेँ कन्याग्रहण करब छोटहु कुलसँ गर्हित नहि बुझल जाइत छल परन्तु कन्यादान छोट ठाम करब हरिसिंहदेवी-व्यवस्थानुसार गर्हित कर्म छल ओ अगत्या से यदि करए पड़ैक तँ तकरा समाजक अनुमति लए, सभासँ अनुमोदित कराए करब सनातन रीति छल। श्रोयेतर व्यक्ति तँ परमानगी नहि लेथि तें जे केओ सोति श्रोत्रियेतरक कन्या ग्रहण करथि तँ ताहू हेतु हुनका वरहिकेँ, मिथिलेशक परमानगी लेब आवश्यक भए गेल। 'स्त्री रत्नं दुष्कुलादपि' जे नीतिक वचन एतए अक्षरशः पालित होइत छल ताहि पर एतबा प्रतिबन्ध लगाए देल गेल। एही सङ्ग-सङ्ग निग्रह ओ अनुग्रह करबाक अधिकार सेहो मिथिलेशकेँ दए देल गेल।

कुल-चित्र

राजा दुलार सिंह = सरिसवसं भँअनसुता

कुमार सर्वानन्द सिंह	राजा वेदान्त सिंह	क = सरिसव सोदरपुरसं	क = सिहौलि माण्डरसं
= खण्डवलासं उग्रसिंह सुता	= खण्डवलासं उग्रसिंह सुता	कन्हाइ मिश्र	रत्न सिंह झा

कलिकर्णराजालीलानन्द सिंह = महिआसोदरपुरसं महेशदत्त सुता निः (1)
= महुआ खौआलसं हेमनाथसुता रानी पार्वती (2)
= नड़साम वलिआससं ईश्वरीदत्त सुता रानी चन्द्रेश्वरी (3)
= रतौली दरिहरास गोपीनाथ सुता रानी सीतावती (4)

(2) (3) (4)

राजा पद्मा नन्द सिंह	योगमामा = दरिहरासं ठीठर	महामाया = खण्डवलासं रघुवर	चन्द्रमाया = सोदर पुरसं वछरन	नित्यमाया = माण्डरसं मनोहर	कामाख्या =सोदरपुरसं चण्डीदत्त	राजाकलानन्दसिंह =खौआलसं वंशमणिसुता	राजकीर्त्यानन्दसिंह = वेलञोचसं कुमरसुता	यमुना = नरओनसं शम्भुनाथ	क = संकराढ़ीसं पद्मनाथ — केदारनाथ

क = पवौलीसं — झलहन
क = नरओनसं — तेजनाथ
क = बुधवालसं वाओन सुता भइलाल
क = माण्डरसं मनू — श्री राधारमण

= खण्डवलासं योगनाथ सुता निः (1)
= सोदरपुरसं बदन सुता रानी पद्मावती (2)
= वलिआससं बबे सुता (निः)
= सादरपुरसं भुवनेश्वरीदत्त सुता रानी पद्म सुन्दरी (4)

(2)		(4)
कुमार चन्द्राचन्द्र सिंह	क = पवौलीसं जनार्दन	कुमार सूर्यानन्द सिंह

श्री भीमनाथ मिश्र   श्री बुद्धिनाथ मिश्र   श्री रावणेश्वर मिश्र   क = पण्डुआसं गुणानन्द सुता

मेजर श्री कृष्णानन्द झा प्रभृति   क = अलयीसं कुमार श्री यशवन्त जी

कुमार रमानन्दसिंह = सोदरपुरसं भैरवसुतानिः = खण्डवलासं दुर्गेश्वर सुता
श्री कन्या कुमार

कुमार श्रीकृष्णानन्द सिंह = खण्डवलासंक = दरिहरासं केवलकृष्ण सुता + राधारमणझा

क = नरऔनसं श्रीजयनाथ झा
पुत्रसव   क = वलिमाससं श्री शिवनाथ झा

क = सोदरपुरसं श्री विश्वनाथ मिश्र

कुमारश्रीश्यामानन्दसिंह = कुजौलीस पिनाकर सुता
क = माण्डरसं श्री गङ्गानाथ झा

कुमारश्रीविमलानन्दसिंह = दरिहरासं गोविन्दनारायण सुता

कुमारश्रीतारानन्दसिंह = सोदरपुरसं पद्मदत्त सुता
क = सोदरपुरसं श्री केशवदत्त झा

कुमारश्रीदुर्गानन्दसिंह = पवीलीसं कालिकानन्द सुता

कुमारश्रीजयानन्दसिंह दीधोसं चौधरी भैरव ठाकुर सुता
क = खण्डवलासं बाबू श्री दुर्गानन्द सिंह
वालक   = करमहासं श्री विमलानन्द झा

कुमारश्रीआद्यानन्द सिंह अविवाहित

एतए ई कहि देब आवश्यक प्रतीत होइत अछि जे महाराज माधवसिंह बहादुर राजपुत्र नहि छलाह किन्तु अपन वैमात्रेय भाए महाराज प्रतापसिंहक कर्तापुत्र भए मिथिलेश भेल छलाह ओ महाराज प्रतापसिंह अपन सपिण्ड महाराज नरेन्द्रसिंहक कर्त्तापुत्र भए मिथिलेश भेल छलाह। मिथिलाराज्योपार्जक म.म. महाराजमहेश ठाकुरक सबसँ छोट बालक म.म. महाराज शुभङ्करठाकुरक सन्तान तँ ई तीनू गोटए छलाह परन्तु महाराज नरेन्द्र सिंह छलाह महाराज शुभङ्कर ठाकुरक सबसँ छोट बालक महाराज सुन्दर ठाकुरक प्रपौत्र, महाराज नरपति ठाकुरक पौत्र, महाराज राघव सिंहक बालक ओ महाराज प्रतापसिंह किंवा महाराजमाधव सिंह छलाह महाराज शुभङ्कर ठाकुरक अपर बालक नारायणठाकुरक वृद्ध प्रपौत्र, लाला ठाकुरक प्रपौत्र, गुणानन्द ठाकुरक पौत्र, सट्टक्कुर एकनाथक बालक। अतएव महाराज माधवसिंह पिता मिथिलेश नहि छलथिन्ह ओ स्वयं महाराज माधव सिंह राज्य पएबासं पूर्व एक जन साधारण वित्तक परन्तु जातिएँ पैघ सोति छलाह ओ एक गोट बड़ पैघ ओ प्रतिष्ठित सोतिक दौहित्र छलाह। सोति भए राज्य पाओल अतएव सोतिक प्रति हिनक दयादृष्टि उचिते छल ओ ताहि परसँ जखन सोतिआइ हिनका समर्पित कए देल गेल तखन तँ ई आओरो तत्परतासँ आओर अधिक मनोयोग दए, सोतिक पालन ओ सोतिआइक रक्षा करए लगलाह।

राजा दुलारसिंह जे कोनो कुटुम्बिताक कार्य अपने कएलन्हि से महाराज माधवसिंहक हाथ मे सोतिआइ अएलाक बाद ओ आगाँ जे हम ओहि कार्य सबहिक परिचय देब ताहि सँ स्पष्ट भए जाएत जे तकर प्रतिक्रिया सोतिआइक रक्षक सोति मिथिलेश पर ओ तत्कालीन सोतिसमाज पर कोन रूपक भेल होएत।

सब सँ पूर्व अपन विवाह जे राजा दुलारसिंह हरिपुर कएल से यदि योग्यहिक ओहिठाम तँ योग्यो ओ बड़ पैघ ओ प्रतिष्ठित छलाह ओ जे कथा हम पूर्वहि कहि आएल छी, हिनक पितामह धरि तँ निश्चय सोतिए छलाह। राजा दुलारसिंहके॑ कन्या दए म.म. कुलपतिझा हरिसिंहदेवीक दृष्टिसँ न्यून भए गेला ओ सम्बन्ध यद्यपि सोतिसँ हिनक वंशजके तकर पश्चातो (हिनक पौत्र रघुरैआझाक सन्तान सोतिमे अनेक छथि ओ तकर पश्चातहु कए गोट सोतिमे हिनक वंशजके सम्बन्ध) परन्तु एहि क्रियाक पश्चात हिनक डेरा सोति सँ क्रमशः दूर होइत होइत योग्यक श्रेणी मे प्रतिष्ठित भए गेल।

अपन तीनू बालकक विवाह राजा दुलार सिंह मिथिलेशक सपिण्ड, भौरहि मध्य म.,म., महाराज महेशठाकुरक डीहपर बसैत, भैअनठाकुरक बालक उग्रसिंह ठाकुरक कन्यामे कराओल। महाराज महेश ठाकुरके॑ जे विवाह जातिएँ सब सँ पैघ छल ताहि मे हुनक सब सँ जेठ बालक छलाह सुप्रसिद्ध ज्योर्तिविद् महाराज हेमाङ्गदठाकुर[1]। पिता मिथिलाक राज्य म.म. गोपाल ठाकुरहि के दए काशी गेल

छलाह ओ से राज्य कतो ँ क दिन ज्योति = विद् महाराज हेमाङ्गद ठाकुर सेहो कएल परन्तु राज्यभार हिनका लोकनि मे ककरहु रुचिकर नहि भेल तें पछाति म. म. महाराज महेश ठाकुरक सबसँ छोट बालक म.म. महाराज शुभङ्करठाकुर ओकरा ग्रहण कए सुव्यवस्थित कएल। एही महाराज हेमाङ्गदठाकुरक प्रपौत्र छलाह भैअनठाकुर जनिक बालक छलाह उग्रसिंह ठाकुर। हिनका कए गोट विवाह छल, चारि गोटक परिचय हमरा भेटल अछि, सब छोट छोट, ओ ताहिमे एक गोट छल कुजौलिबार म.म. कुलपति झाक बहिनिक कन्यामे, 'लच्छू पाठक' पाँजिमे, परन्तु अपने ई छलाह "रामदेव मिश्र" क लोक, बड़कासोति, ओ सबसँ बेशी तँ ई जे महाराज महेश ठाकुरक डीहपर बसैत छलाह। एही उग्रसिंहक तीनि† गोट कन्यासँ राजा दुलारसिंह अपन तीनू बालकक विवाह कराओल। ततबे नहि, राजा दुलारसिंहक बालकके कन्या दए भैअनठाकुरक बालक लोकनि मिथिलेशहिक सङ्ग प्रतिस्पर्धाक भाव प्रदर्शित करए लागि गेलाह ओ राजत्वसूचक 'सिंह' उपाधि धारण कए लेल। परिणाम ई भेल जे भौर मे जे भैअन ठाकुरक सन्तान छलाह सब सोतिसँ बहिष्कृत भए गेलाह ओ अद्यापि छथिए। केवल उग्रसिंह ठाकुरक पौत्र, जगतसिंह ठाकुरक बालक, म.म. कृष्णसिंह ठाकुर अपन विद्यावैभव ओ नैष्ठिकतासँ समाज के ँ अनुकूल कए स्वर्गीय मिथिलेश महाराजाधिराज रामेश्वर सिंह बहादुरसँ अनुग्रह पाओल ओ ते ँ केवल जगतसिंह ठाकुरक सन्तान सम्प्रति सोति मे छथि।

अपन कन्या सबहिक विवाह सेहो राजा दुलाहरसिंह एहिना ताकि-ताकि कएल। सब सँ जेठि, राजा वेदानन्द सिंहक सोदराक विवाह, ओ "सोदरपुर" मूलक 'सरिसव' शाखाक म.म. शंकर मिश्रक सन्तान, बड़का सोति, लालगञ्जक पखिआ मिश्रक सब सँ जेठ बालक कन्हाइमिश्रसँ कराओल, कन्हाइ मिश्र† 'करमहा' मूलक 'बेहट' शाखाक 'रसकौस्तुभकार' कवि वेणीदत्त झाक दौहित्र छलाह ओ वेणीदत्तझा

---

† महाराज हेमाङ्गद ठाकुरक निर्मित एगारह सए वर्षक ग्रहणक समवादिक संग्रह 'राहूपरागपञ्जी' अथवा 'ग्रहणमाला' कहाए एखनहु दड़िभङ्गा राजकीय पुस्तकालयक एक गोट दर्शनीय रत्न अछि। सुनैत छी जे वार्षिक कर नहि दए सकबाक हेतुएँ डिल्लीक कारागारमे निगड़ित ई ग्रहणहिक लेखा करैत रहथि जे शाहंशाह जहाँगीर कें वार्ता भेलाक पर हिनक लेखा सँ अचिर भावी ग्रहणक याथातथ्य मिलला उत्तर, शाहंशाह हिनका बड़ सम्मानसँ विदाइ कएल परन्तु ओतएसँ प्रत्यावृत्त भए ई एतेक झंझटिक घर राज्यकें ग्रहण नहि कएल।

† एहिमे कुमार सर्वनिन्द सिंह ओ राजा वेदानन्दसिंहक विवाह तँ निश्चय कुजौलिबार कुलपतिझाक बहीनिक दू गोट दौहित्री मे भेल छल परन्तु तेसर कुलपति झाक दौहित्र राजा रुद्रानन्द सिंहक विवाह उग्रसिंहक कोनहु आन विवाहक कन्यामे भेल छल। एहि स्त्रीक असामयिक देहावसानक उपरान्त राजा रुद्रानन्दसिंहक विवाह बेतिआक श्यामूठाकुर कन्यामे भेल।

† कन्हाइमिश्रक वैमात्रेय भाइ लोकनिक पौत्र एखनहुँ सोति मे जातिएँ सर्वोच्च विद्यमान छथि। ई कन्हाइ मिश्र उग्रसिंहठाकुरक एक मात्र पिसिऔत बहीनिक पौत्र छलाह। लालगञ्जक एहि सोदरपुरिएक घरमे बनैलीक कतेक राजकन्याक विवाह सै आगाँ देखब।

महाराज माधवसिंह बहादुरक मामा छलाह। जाति मे कन्हाइमिश्र 'गङ्गाधर झा' पाँजिक अत्युच्च सोति रहथि।

राजा वेदानन्दसिंहक दोसर सोदराक विवाह 'माणडर' मूलक 'शिहौलि' शाखाक धीरनाथ सिंह झाक बालक रत्नसिंहझासँ भेल। धीरनाथसिंहझा 'सुरगणए' पहसराधीश राजा नरनारायणरायक दौहित्र छलाह, राजा रामचन्द्रनारायण रायक भागिन। धीरनाथसिंहझाक सबसँ जेठ बालक कुमरसिंहझाक प्रपौत्रलोकनि सम्प्रति चनौर मे श्री दीनानन्दसिंहझा, श्री यशोदानन्द सिंह झा प्रभृति विद्यमान छथि, दोसर बालक रत्नसिंहक विवाह राजा वेदानन्द सिंहक सोदरासँ छल ओ तेसर बालक मानिक सिंहक विवाह राजा वेदानन्द सिंहक सारिमे, उग्रसिंह ठाकुरक तेसरि कन्यामे छल।

आओर जे चारि गोट कन्या राजा दुलार सिंहके म.म. कुलपति झाक दौहित्री छलथिन्ह ताहिमे एक गोटाक विवाह पुनः "सोदरपुर" मूलक "सरिसब" शाखाक चित्रधर मिश्र* क सबसँ जेठ बालक पुण्यधर मिश्रसँ छल। अयाची भवनाथ मिश्रक समयसँ हिनका लोकनिक बास सरिसब मध्य ओ ओही डीहपर तँ नहि मुदा तत्सन्निधिमे छल। समस्त सोतिपुरा मे इएह टा घर अछि जे एतेक दिन सँ अपन प्राचीन डीह नहि त्यागल अछि। ई पुण्यधरमिश्र सोतिमे एक गोट विवाह कए सुगओनामे ओञिनिवार राजा गिरिधरनारायणक कन्या मे विवाह कए बिकाए गेल छलाह। तनि = कहि राजा दुलार सिंह अपन कन्या देल। दोसर कन्याक विवाह ई कराओल ओही चित्रधरमिश्रक जेठ भाए कीर्तिधर मिश्रक बालक भूधर मिश्र सँ, अपन पहिल जमाए पुण्यधरमिश्रक पितिऔत भाएसँ। हिनकहु पूर्वमे दू गोट विवाह सोतिमे छल, तेसर विवाह बनैलीक राजकन्यासँ कएल। तेसर कन्याक विवाह ई कराओल 'सोदरपुर' मूलक 'तेतरिहार' शाखाक मानिकझाक बालक वैद्यनाथझा सँ। मानिक झाक माए पहसराक अन्तिम राजा इन्द्रनारायण राय क स्त्री, रानी इन्द्रवतीक वैमात्रेय बहीनि छलीह। एहि स्त्रीक प्रायः परोक्ष भए गेलाक पर वैद्यनाथ झा आओर दू गोट विवाह कएल, बिकाइत चल गेलाह। चारिम कन्याक विवाह ई कराओल सुरगणक परिवारमे, रामनारायण† क सबसँ छोट बालक महिनारायण रायसँ। इहो कन्या राजा दुलार सिंहक प्रायः असन्ततिके शान्त भए गेलीह।

× × ×

राजा दुलार सिंहके प्रथम विवाहक दू बालक कुमार सर्वानन्द सिंह ओ कुमार वेदानन्द सिंह मे जेठ कुमार सिंह पिताक अछैतहिँ विवाह कए परन्तु असन्तति के

---

* चित्रधर मिश्र छलाह छबन मिश्रक बालक ओ हुनक परिचय पूर्व पृष्ठ टिप्पणीमे द्रष्टव्य।

* वैद्यनाथझाक छोट भाए ठीठरझाक पौत्र सम्प्रति श्री जलधरझा सरिसय मे विद्यमान छथि।

† रामनारायणरायक छोट भाए रूपनारायणक पौत्र सम्प्रति दुर्गागञ्जमे श्री बदरीनारायणराय ओ श्री शेषनारायण राय औ चनौर मे श्री लक्ष्मीनारायण राय विद्यमान छथि। एहि महिनारायणक बहीनि मे खड़ोरए रघुवर ठाकुरक एक गोट विवाह छल जे अपन विवाह पुनि राजा लीलानन्द सिंहक कन्यामे कएल।

देहत्याग कएल ओ तें राज्यक अधिकारी भेलाह वेदानन्द सिंह हिनक जन्म भागलपुरदर्पणकार 1778 ई. कहैत छथि ओ से यदि सत्य तँ सम्भव थीक जे पितामहिक समक्ष मे हिनक जन्म भए गेल हो। कहल जाइत अछि जे नेपाल-युद्ध मे प्रचुर साहाय्य हृदय खोलिकें देला कारणें राजा दुलार सिंहकें 'राजा' क जे खिल्लति देल गेल छल सएह हिनकहु सिंहासनारूढ़ भेलाक पर प्रदत भेल ओ पुरैनिाक श्रीनगर-बनैलीक सर्वे सेटूलमेन्टक रिपोर्ट मे भेटैत अछि जे एहि कुलक प्रथम राजा हिनक बालक राजा लीलानन्द सिंह छलाह।

पिताक परोक्ष होइतहिँ हिनका अपन वैमात्रेय भाए कुमार रुद्रानन्दसिंह सँ राज्यक बेंटबाराक हेतु म मिला भेल ओ अन्त मे राज्य आधा-आधा विभक्त भए दुहू भाइक अधिकार मे चल गेल। अन्यान्य प्राचीन राजबाड़ा ज्येष्ठहिकें समस्त राज्य हो एहि रूपक व्यवहार एहि राज्यमे नहि चलल। नवीन राज्य छल ओ तें ई धर्मशास्त्रक सामान्य नियम सँ शासित भेल। फलतः ई राज्य प्रत्येक पुस्ति मे बराबरि बँटतहिँ गेल अछि ओ पूर्वक जे एकर सत्ता किंवा विस्तार छलैक से नहि रहए पओलक।

राजा वेदानन्दसिंह बड़ शान्त प्रकृतिक साधु व्यक्ति रहथि। अपन राज्यक कार्य ई अत्यन्त तत्परता सँ मनोयोग दए करथि, समस्त राज्यक रक्षण ओ निरीक्षणक भार अपन नौकर चाकर पर नहि छोड़ि स्वयं अपना हाथकें रखलैं रहथि। अपन पितामह ओ पिता जकाँ हिनकहु कृषिक प्रति सहज स्नेह ओ प्रवृत्ति छल तथा कृषिक उन्नति हो तदर्थ ई सतत सचेष्ट रहथि। फलतः ई ततबा धन सञ्चय कएल जे 1840 ई. मे ई खरगपुरक समस्त महाल कीनि लेल ओ ताहि सँ अपन राज्य जे हिनका आधा भए गेल छलैन्हि तकरा कमसँ कम चतुर्गुण कए लेल। ई खरगपुर महाल मुख्यतः मुङ्गेर जिलामे पड़ैत अछि परन्तु भागलपुर ओ सन्ताल परगन्ना एहू दुहू जिला मे ई विस्तृत अछि। अपन अन्तिम समयमे ई गोरारी ओ पुरैनिञाक मधुबनी इलाका सेहो अपना बालकक नाम सँ कीनि लेल। राज्यकें एतेक बढ़ाए ई बड़ विशाल सम्पति अपना बालकके ँ दए गेलाह। बनैलीक श्रीवृद्धि वस्तुतः एतेक हिनकहि समयमे भेल ओ ओकरा चरम उत्कर्ष पर पहुँचाए ई अपन सुपुत्र राजा लीलानन्दसिंह बहादुरके राज्यक सङ्ग सङ्ग प्रचुर धन छोड़ि शरीर त्याग कएल।

पूर्वहिं लीखि आएल छी जे भौरक उग्रसिंहठाकुरक कन्यासँ हिनक विवाह छल ओ ताहिमे हिनका एक गोट बालक मात्र, दोसर हिनका विवाह में दोसर कोनो सन्तान नहि। उग्रसिंह ठाकुरक बालक ज़गतासिंह ठाकुर, हिनक सार, बड़ दक्षतासँ हिनक सेवा कएल ओ खरगपुरक खरीद सँ लए शासन-सुप्रबन्ध धरि सबटा भार ओएह वहल कएल। बरारो ठाकुर वंशक संस्थापक राजा मदनठाकुर एही राजा साहेबक समा कालीन छलाह ओ सुनैंत छी जे हुनका बनैली-नरेश सँ

बड़ साहाय्य भेटल छल। परन्तु राजा वेदानन्दसिंह केवल जमिन्दारे टा नहि छलाह, विद्याक सी सेहो छलाह तथा वैद्यक-विषयक एक गोट ग्रन्थ "वेदानन्द-विनोद" नामक सेहो लिखल जे सुनैत छी प्रकाशिती भेल छल। हिनक देहाबसान 1851 मे भेल।

हिनक बालक राजा लीलानन्दसिंह 'कलिकर्ण' कहाए प्रख्यात छथि। बनैली राज्यक प्रतिष्ठा कएल राजा दुलारसिंह, ओकर श्रीवृद्धि कएल राजा वेदानन्द सिंह, परन्तु समस्त उत्तर भारत मे बनैली राज्यक यश पसारल राजा लीलानन्दसिंह। के याचक भए हिनका ओहिठाम गेल ओ विमुख भए ओतएसँ आपस आएल? ओनातेँ इहो राज्यक विस्तार कएल, चान्दपुर हुसेन ओ खजुरिआ ई दुहू महाल 1860 ई. मे कीनि इहो राज्यकेँ बढ़ाओल, परन्तु हिनक मुक्तहस्त दानशीलताक समक्ष एतेक टा विशाल राज्य ओ एतेक पितृदत्त सम्पत्ति किछु नहि छल। धन-सञ्चय हिनका करहि नहि आबए। हिनक दानशीलताक गप्प देशक कोन-कोनमे पसरल अछि, के नहि जनैत अछि। हम मानैत छी जे एहि दानमे सब ठाम विवेकक मात्रा पूर्ण नहि भेटत। अयोग्यहुकेँ ई ओहिना धन सँ लादि देथि ओ पछाति तेँ लोक से बूझि हिनका ठकबो बड़ करैन्हि परन्तु यदि विवेक-पूर्ण टा दान ई करैत रहितथि तँ कलिकर्ण तँ नहि कहबितथि। एही दानशीलताक कारणे सञ्चित धन सबटा व्यय कए अन्तमे ई किछु ऋणो छोड़िकेँ शरीरत्याग कएल। ब्राह्मणोचित आचारक यथावत् परिपालन ई आलस्य छोड़िकें अन्त धरि करैत रहलाह ओ हरसिंहदेवीक एकान्त पक्षपाती रहथि। अपन मातृकक हिनका बड़ गौरव छलैन्हि तथा केओ यदि हिनका 'लच्छू पाठक' पाँजिक लोक कहैन्हि तँ तकरापर बड़ प्रसन्न होथि, ओकरा तारि देथि।

हिनक जन्म 1816 मे कहल जाइत अछि ओ तेँ पूर्ण सम्भव थीक जे पितामहक समक्षहिँ हिनक प्रादुर्भाव भए गेल हो। जखन ई पँएतीस वर्षक छलाह तखन हिनक पिताक परोक्ष भेल ओ एही मध्य मे ई राजाक उपाधि विधिवत पओलेँ होएताह। हिनक राजा भेलाक पर बनैली कौशिकीक उपद्रवसँ अत्यन्त अस्वास्थ्यकर भए गेल ओ हिनका लोकनिकेँ अपन राजधानी त्यागए पड़ल। पूर्व मे हिनक पित्ती राजा रुद्रानन्द सिंहक दू गोट बालक कालकवलित भए गेलथिन्ह ओ तेसरकेँ अत्यन्त रुग्ण उठाए पिउसि लोकनि बनैलीसँ पड़ाए श्रीनगर चलि गेलीह, पछाति राजा साहेबकें सेहो बनैली त्यागए पड़ल ओ ई अपन राजधानी रामनगर लए गेलाह जतए हिनक समस्त जीवन बीतल।

राजा लीलानन्दसिंहके चारि गोट विवाह छला चारू प्रतिष्ठित योग्यहिक ओहिठाम, जाहि मे प्रथम, जे प्रायः हिनक पिताहिक कराओल छल से छल ककरौड़िक 'सोदरपुर' मूलक 'महिआ' शाखाक महेशदत्तझाक कन्यामे, 'परमाग्निमिश्र' पाँजि मे। एहि रानीक असन्ततिक स्वर्गवास भए गेला पर राजाक दोसर विवाह

भेल रानीटोल, 'खौआल' मूलक 'महुआ' शाखाक ज्योतिषी आँखीझाक बालक हेमनाथ झाक कन्यामे, 'यदूमचल' पाँजि मे। हिनक नाम रानी पार्वती छल। रानीटो = लक खौआड़एक ई कुल बड़ प्रतिष्ठित छल अछि ओ एही आँखी झाक दौहित्र छलाह समौलिक 'नगबाड़-घुसओतए' पारसमणि ठाकुर जनिक कन्यामे महाराज लक्ष्मीश्वर सिंह बहादुरक तृतीय विवाह छल। एहि पक्ष मे राजाकेँ एक गोट बालक राजा पद्मानन्द सिंह ओ चारिगोट कन्या। तेसर विवाह सेहो राजा 'सलमपुर' कएल, 'बलिआस मूलक 'नडसाम' शाखाक ईश्वरीदत मिश्रक कन्यामे 'सिंहबाड़' पाँजि में। ईश्वरीदत्त मिश्र छलाह बालक मणि-प्रसिद्ध ललितनाथ मिश्रक जनिक कन्यामे राजाक माम 'खडोरए' जगत सिंह ठाकुरक विवाह छल तथा ईश्वरीयदत्त मिश्रक छोट भाए बबे मिश्रक कन्यामे राजा साहेबक जेठ बालक गाजा पद्मानंदसिंहक विवाह छल। मणि प्रसिद्ध ललितनाथ मिश्रक बहीनिसँ सोदरपुर मूलक कन्हौली शाखाक नन्दीश्वरझाक विवाह छल जनिक बालक मुरलीझाक कन्यासँ श्रीनगरेश राजा श्रीनन्दन सिंहक विवाह छल। अपन विवाह छल ईश्वरीदत्त मिश्रकें सिंहबाड़, हीराठाकुरक कन्यासँ, चौधरी श्री केदारनाथ ठाकुरक प्रपितामहक बहीनिसँ। एहि रानी चन्द्रेश्वरीसँ राजा लीलानन्द सिंहकें एक गोट कन्या मात्र, कामाख्या। चारिम विवाह ई कएल 'दरिहरा' मूलक 'रतौली' शाखाक यदुनाथझाक सबसँ छोट बालक गोपीनाथझाक कन्या, रानी सीतावतीसँ, 'नरपतिझा' पाँजि मे। ई लोकनि सोति छलाह, वीरठाकुरक लोक, नीक सोति। यदुनाथझाक सबसँ जेठ बालक अभयनाथ झाक प्रपौत्र श्री कुलानन्द झा एखनहु उजान मे अपन पैत्रिक डीह पर बसैत छथि। माझिल हृदयनाथझाक दौहित्रीपुत्र श्रीःमन्मिथिलेश थिकाह जनिक पाँजिओ अपन मातृमातामहक नाम पर 'हृदयनाथ झा' निर्धारित कएल गेल छल। सबसँ छोट गोपीनाथझा रसाढ़ जाए 'एकहरए' क ओहिठाम बिकाएल छलाह, रायबहादुर श्रीनाथमिश्रक सपिण्ड बनमाली मिश्रक पिउसि, वंशमणिमिश्रक कन्यासँ विवाह कएलेँ छलाह ओ तें रसाढ़हि मे बसि गेल छलाह। एही गोपीनाथझाक कन्यासँ राजा लीलानन्द सिंह अपन चारिम विवाह कएल ओ ताहि मे हुनका दू बालक, राजा कलानन्दसिंह ओ राजाबहादुर कीर्त्यानन्द सिंह ओ दू कन्या यमुना ओ एक गोट आओर जनिक नाम ज्ञात नहि भए सकल। एवं रूप सँ चारि विवाह हिनका छल ओ ताहि मे तीन बालक ओ सात कन्या, जाहि मे सब सँ छोट राजा बहादुर कीर्त्यानन्द सिंहके गर्भस्थ छोड़ि सड़सठि वर्षक वयस मे कलिकर्ण राजा लीलानन्दसिंह 1883 ई. मे एहि असार संसार कें त्यागि स्वर्ग सिधारल।

हरिसिंह-देवी व्यवस्थाक एकान्त पक्षपाती राजा लीलानन्दसिंह सोतिक कन्या अपन ओहिठाम लए जएबाक दुस्साहस कहिओ नहि कएल परन्तु अपन कन्या सबहिक विवाह ई केवल सोति सँ कराओल, नीकहि ठाम, ओ एही वैध मार्ग सँ ओ अपन सत्ताक उपचय कएल। सब सँ जेठि अपन कन्या, योगमायाक विवाह

ई कराओल सोतिक सब सँ उच्च ओ उत्कृष्ट डेरा सँ एक गोट, 'दरिहरा' मूलक 'रतौली' शाखाक खगनाथझाक बालक ठीठर झा†सँ। 'रामदेव मिश्र' क लोक ई बड़का सोति छलाह। हिनका एक गोट कन्या भेल जनिको विवाह राजा लीलानन्द सिंह सोति मे कराओल, 'पबौली' मूलक 'बढ़िञाम' शाखाक चन्द्रदत्तझाक बालक झलहनझा सँ, रूपौली गाम मे। दोसरि कन्या महामायाक विवाह 'खण्डवला' मूलक 'भौर' शाखाक भैआठाकुरक बालक रघुवर ठाकुर*सँ भेल। इहो बड़का सोति छलाह तथा स्वर्गीय सर गङ्गानाथ झाक पिताक साक्षाते मसिऔत भाए, 'रामदेव मिश्र' क लोक छलाह। एहि ठाकुरकेँ दू गोट विवाह पूर्वमे सोति मे छल ओ तेसर ई राजकन्या सँ कएल जाहि मे हिनका एक गोट कन्या, तिनको विवाह सोति मे, 'सरओन' मूलक 'पूड़े' शाखाक भोलानाथझा†क सबसँ छोट बालक तेजनाथ झासँ। राजाक तेसर कन्या चन्द्रमायाक विवाह 'सोदरपुर' मूलक 'दिगओन्ध' शाखाक गोसाञिमिश्रक बालक बछरन मिश्रसँ छल। इहो बड़का सोति छलाह, 'दामू झा' क लोक। गोसाञिमिश्र* अपने छलाह राजा नरेन्द्र सिंहक पट्टराज्ञी रानी पद्मावतीक बहिनौत तथा हुनक विवाह म.म. सचल मिश्रक बहिनिक दौहित्रीसँ छल। हिनकहु दू गोट विवाह सोति मे छल जाहिमे एक गोट रसकौस्तुभकार वाणीदत्तझाक पौत्रीसँ छल, तेसर विवाह बनैलीक राजकन्या सँ भेल जाहि मे हुनका एक गोट कन्या। हिनको विवाह सोति मे भेल, 'बुधबाल' मूलक 'पड़िञाम' शाखाक बाओन झाक बालक भाइलाल झासँ। बाओन झाक कन्यासँ फड़किआक राजा विजयगोविन्दसिंहक एक गोट विवाह छल। भाइलाल झाकें सोति मे सेहो विवाह छल ओ ताहि दिशिक सन्तान सोति मे छथिए। राजा लीलानन्दसिंहक दौहित्रीपुत्री, बछरन मिश्रक दौहित्री जे भाइलाल झाके कन्यासँ तिनको विवाह सोति मे, 'माण्डर' मूलक 'सिहौलि' शाखाकउ मनू झासँ जाहि मे हुनका बालक श्री राधारमणझा छथिन्ह। मनूझाकेँ* पूर्वहु सोति मे विवाह छल ओ ताहि पक्ष मे हिनक तीनि गोट कन्याक सन्तान सम्प्रति सोति मे वृद्धिमान छैन्हि। चारिम कन्या वियमायाक विवाह 'माण्डर' मूलक 'सिहौलि' शाखाक जीवधरझाक बालक मनोहरझासँ छल। ई मनोहरझा महाराज

---

† ठीठरझाक छोट भाए गरीबझाक पौत्र सम्प्रति श्री गौरीनन्दन झा गङ्गौली मे वृद्धिमान वर्त्तमान छथि।

* रघुवर ठाकुरक परिचयक हेतु पूर्व पृष्ठक टिप्पणी द्रष्टव्य। हिनक एक गोट विवाह सुरगण मूलक रामनारायण रायक कन्यासँ, महिनारायणक बहीनिसँ—पूर्व पृष्ठक टिप्पणी द्रष्टव्य। दोसर विवाह छल हिनक रसकौस्तुभकार वेणीदत्तझाक प्रपौत्रीसँ, दामोदरझाक कन्यासँ।

† भोलानाथ झा हमर प्रपितामह भ्राता छलाह तथा एही भोलानाथ झाक सबसँ जेठ बालक सुप्रसिद्ध आगमाचार्य बदरीनाथ झाक दौहित्र मधुबनीक बाबू श्री चन्द्रधारी सिंह साहेब ओ बाबू श्री क्षेमधरी सिंह साहेब सबहुँ थिकाह।

* गोसाञि मिश्रक छोट भाए कन्हाइ मिश्रक वृद्धप्रपौत्र सम्प्रति श्री विकल मिश्र सनकोर्थु मे वर्त्तमान छथि।

* मनूझा छलाह हृदयदत्त झाक पौत्र। मनूझाक जेठ भाएक बालक महावैयाकरण पण्डित श्री दीनबन्धुझा थिकाह। मनूझाक दौहित्र मैथिलीक सुप्रसिद्ध कवि भुवनजी छलाह।

माधवसिंह बहादुरक भागिन 'हरिअम्बए' दुल्लहमिश्रक दौहित्र छलाह तथा हिनक पितिऔत भाए खड्गधरझाक दौहित्र छलाह राघोपुरक बाबू यदुनन्दनसिंह साहेब ओ बाबू ब्रजनन्दनसिंह साहेब।

राजा लीलानन्दसिंहक जे कन्या बलिआसएक दौहित्री छलीह, कामाख्या, तिनक विवाह उजानक 'सोदरपुर' मूलक 'कन्हौली' शाखाक ठेङनी झा†क पौत्र गणेश्दत्तझाक बालक, चण्डीदत्तझासँ भेल। राजा दुलारसिंहक जमाए जे 'तेतरिहार-सोदरपुर' मूलक वैद्यनाथझा छलाह तनिक बहिनिक ई दौहित्र छलाह तथा पूर्व मे महाराज छत्रसिंह बहादुरक दौहित्र 'हरिअम्बए' बाबू लोकनाथमिश्रक कन्यामे विवाह कएने छलाह जाहि पक्षक हिनक बालक श्री लेखदत्तझा सम्प्रति वर्तमान छथि।

राजा कीर्त्यानन्दसिंह बहादुरक दू गोट सोदर बहीनि मे एक गोटाक विवाह छल इसहपुर, 'परहट-सङ्कराढ़ी' मूलक मनमोहनझाक पौत्र पद्मनाथझा सँ। मनमोहन झाक बहिनिक विवाह सुरगण राजा राजेन्द्रनारायणराय सँ छल। एहि पक्ष मे पद्मनाथ झाकें एक बालक केदारनाथझा। ओहि स्त्रीक परोक्ष भए गेलाक पर हुनक दोसर विवाह प्रतिष्ठित योग्य मे कराए देल गेल जाहि पक्षक हुनक बालक श्री रघुनाथझा पटना हाइकोर्टक एडवोकेट विद्यमान छथि। एही मनमोहनझाक सबसँ छोट बालक लीलानाथ झाक विवाह श्रीनगरेश राजा श्रीनन्दनसिंहक कन्यासँ छल। राजा बहादुरक दोसर बहिनि, यमुनाक विवाह छल नरुआड़, 'सुल्हनी-नरओन' मूलक फतूरीझाक बालक शम्भुनाथझा सँ। फतूरीझा अपने महाराज छत्रसिंह बहादुरक दौहित्रीपुत्र छलाह तथा हिनक विवाह छल जगमोहनझाक कन्यासँ जनिक छोट भाए मनमोहनझाक पौत्र पद्मनाथझा सँ राजा बहादुरक एक गोट बहिनिक विवाह छला एतावता ई दूनू साढ़ू, पद्मनाथ झा ओ शम्भूनाथझा, ममिऔत-पिसिऔत रहथि। शम्भूनाथझाकेँ एक गोट विवाह पूर्वहिं सोति मे छल। हिनक बालक राजा कीर्त्यानन्द सिंह बहादुरक भागिन शक्तिनाथझा चम्पानगरहि रहैत छथि।

एहि रूप सँ राजा लीलानन्दसिंह अपन कन्या सबहिक विवाह केवल सोति मे कराओल ओ ताकि-ताकि नीक नीक घरक पैघ-पैघ सोतिकेँ लए जाए अपन कन्या देल। अपन दौहित्रीक जे विवाह ओ कराओल सेहो सबटा सोतिअहि सँ, ओहिना विशाल आडम्बर सँ तथा केवल झलहनझाकेँ जे विशाल सम्पत्ति ओ देल ताही सँ अनुमान कए सकैत छी जे अपन सात गोट कन्याक विवाहक प्रसङ्ग मे हुनका कतबा व्यय करए पड़ल होएत। एहि मे हुनका एक गोट मात्र उद्देश्य छल, जातीय बलक संग्रह, हरिसिंह देवी समाज मे प्रतिष्ठा ओ गौरवक उपचय। तेँ द्वितीय वर किंवा तृतीय वर समेतकेँ कन्या देबा मे हुनका कोनो आपत्ति नहि

---

† एहि डेराक चर्चा अनेक ठाम आएल अछि। ठेङनीझा छलाह मतिकरक प्रपौत्रक पौत्र जनिक परिचय पूर्व पृष्ठ मे द्रष्टव्य।

छल यदि वर उच्च जातिक, पैघ कुलक, विस्तृत लगाओक सोति रहथि। अपना धरि एको गोट विवाह ओ सोतिक कन्यामे नहि कएल, तथा अपन जेठ बालक राजा पद्मानन्दसिंहक जे विवाह ओ कराओल सेहो सोति मे नहि कराओल।

ताहि सँ हरिसिंहदेवीक मर्मस्थान मे आघात होइत अछि ओ हरिसिंहदेवीक तँ राजा एकान्त पक्षपाती छलाह। हमरा दृष्टि मे हिनक सदृश महापुरुष मैथिल समाज मे बड़ विरल भेल अछि जे अपन गौरवक एहि रूप सँ रक्षा करत। समाजक परिस्थितिकेँ बुझैत, ओहि मे अपन स्थानक अनुभव करैत, वैध उपाय सँ अपन सत्ताकेँ बढ़एबाक उद्योग करब सर्वथा स्तुत्य थीक। परन्तु अपन सत्ता सँ असन्तुष्ट भए समाजक भित्तिकेँ उखाड़िकए फेंकबाक यत्न करब किंवा अपन सत्ताकेँ अवैध मार्गहुँ बढ़एबाक कुचक्र करब मिथ्या अभिमान थीक, ओ समाजक हितक दृष्टिसँ ओ कथमपि नीक नहि कहल जाए सकैत अछि। तेँ राजा लीलानन्द सिंह एक जन आदर्श महापुरुष छलाह, यथार्थ राजा छलाह, मैथिलक मानरक्षाक उदाराशय श्रीमान् छलाह ओ हरिसिंहदेवीक मर्यादाक पालक, ओकर संवर्धक, ओकर गौरव सँ अपनाकेँ गौरवान्वित करबाक इच्छुक, सक्रिय, सदाचारनिष्ठ सद्ब्राह्मण छलाह।

राजा पद्मानन्दसिंहक जन्म 1855 ई. मे भेल छल ओ पिताक परोक्ष भेलाक पर 28 वर्षक वयस मे ई गद्दी पाओल। दानशीलता हिनकहु अपन पिताहिक सदृश छल ओ व्यय करबाक प्रवृत्ति ओहिना अनियन्त्रित। सदाचारमे निष्ठा, परलोकक भय, ईश्वर मे भक्ति ओ हरिसिंह देवी-व्यवस्थाक प्रति श्रद्धा-सब कथू मे ई राजा लीलानन्द सिंहक आत्मज जकाँ राजोचित मर्यादाक परिपालन कएल। ई कहब कठिन अछि जे दान करबा मे विवेकक मात्रा पिता मे कम छल किंवा बेटा मे। वस्तुतः ककरा दातव्य थीक, ककरा नहि दातव्य थीक अथवा ककरा की वा कतेक दातव्य थीक तकर विचार ने पिताकेँ छल ने बेटाकेँ। तैओ हिनक निर्मापित श्री वैद्यनाथक फाटक चिरदिन पर्यन्त हिनक दानशीलताक शुभ्र यशकेँ सुदूर विस्तारित करैत रहत। पिताकेँ समस्त राज्य छलैन्हि; सुनैत छी जे मरबाक बेरि ओ चौदह लाख वार्षिक आयक विशाल राज्य छोड़ि गेलाह। ताहि पर सँ राजा वेदानन्दसिंहक सञ्चित प्रचुर द्रव्य छलैन्हि, नगद टाका। तैओ राजा लीलानन्दसिंह अन्त मे ऋण छोड़ि गेलाह। राजा पद्मानन्द सिंह केँ राज्यक आधा सँ कम अंश भेल ओ सञ्चित द्रव्य तँ नहिए प्राप्त भेल प्रत्युत किछु ऋण दातव्य छल। फलतः अपन दानशीलता एवं व्ययप्राचुर्य सँ ई अपन आर्थिक स्थिति दिनानुदिन अधलाहे करैत गेलाह। सुनैत छी जे नित्य पूजोपरान्त ई स्वर्णदान कैए जलग्रहण करथि। अन्तिम समय मे एक दिन एहन भेल जे दानक हे सुवर्ण नहि उपस्थित भए सकलैन्हि। परन्तु अपन नियम ई नहि त्यागल। यज्ञोपवीतसँ पवित्री बहार कए ई स्वर्णदानक विधि सम्पन्न कएल। ताहि सङ्ग-सङ्ग ई शिवजीक बड़ भक्त छलाह ओ श्री वैद्यनाथक फाटक जे ई प्रचुर धनव्यय कए बनबाओल से तकर एक गोट

दृष्टान्त मात्र थीक। हिनका मे कवित्वहुक प्रतिभा विशेष छल तथा महादेवक वन्दना मे हिनक रचित हिन्दी मे दू गोट कविता देखल अछि जाहि सँ अनुमान करैत छी जे एहि दिशि हिनक सेवा अवश्य स्तुत्य छल होएत यद्यपि खेद अछि से सब कविता एकत्र कतहु उपलब्ध नहि होइत अछि।

परन्तु हिनक समय विशेषतः गृहकलह ओ मोकदमाबाजी मे बीतल। राजा लीलानन्द सिंह अपन चरम अवस्था मे जे चारिम विवाह कएल ताही कारण सँ हुनका अपन जेठ बालक राजा पद्मानन्द सिंहसँ मनोमालिन्य भए गेल ओ तकर मात्रा ततेक बढ़ि गेल जे अन्त मे राजा लीलानन्दसिंह अपन ड्योढ़ी रामनगर त्यागि अपन सबसँ छोटि स्त्री रानी सीतावतीकेँ सङ्ग लए चम्पानगर चल गेलाह; रामनगर मे राजा पद्मानन्द सिंहक आवास स्थिर रहल। अन्त मे राजा लीलानन्द सिंह चारिम पक्ष मे दू कन्या ओ दू बालक मे जेठकेँ केवल तीनि वर्षक ओ छोटकेँ गर्भस्थ छाड़ि शरीर त्याग कएल। तकरा पाँचो वर्ष नहि भेल तावतहिँ रानी सीतावती अपन नाबालिग पुत्रद्वयक अभिभाविका भए राजा पद्मानन्द सिंहसँ राज्यक विभाजनक हेतु मामिला उठाओल। कतोक दिन ई मामिला चलल; कतेक अप्रिय प्रसङ्ग एहि कारण सँ परिवार मे उपस्थित भेल। तावत् परिवारक हितैषी लोकनिक बीच मे पड़ि गेलासँ मामिला फड़िछाए गेल, अपना मे सन्धि भए गेल। जेठ राजा पद्मानन्द सिंहकेँ राज्यक सात आना अंश भेटल, शेष नओ आना छोट दुहू नाबालिग कुमारकेँ देल गेल। राज्य विभाजित भए गेल।

पुनः 1903 ई. मे हिनक अपने बालक कुमार चन्द्रानन्दसिंह पिताक अपव्ययिता ओ दिनानुदिन परिवर्धमान ऋणभार सँ असन्तुष्ट भए हिनका सँ राज्यक विभाजनक हेतु मामला उठाओल। इहो मामला फड़िछा गेल ओ सात आनाक आधा अंश कुमार चन्द्रानन्दसिंहकेँ दए देल गेल। परन्तु तावत राजा पद्मानन्दसिंह ऋणक भार सँ बड़ दबि गेलाह ओ तेँ 1905 ई. मे ओ अपनो अंश लीखिकए अपन बालककेँ दए देल ओ स्वयं राज्यभार सँ विमुक्त भए गेलाह। एहि सात आना अंशकेँ ताहि समय मे पचास लाख ऋण छलैक दातव्य चम्पानगरेश राजा कलानन्द सिंह दुहू भाइकें। अतएव भागलपुरक जिला-जज रिसीवर नियुक्त भेलाह ओ बारह वर्षक हेतु एहि अंशक ठीका चम्पानगरेशकेँ दए देल गेल। पुनि कुमार चन्द्रानन्दसिंहक निवेदन कएलाक पर हुनक अंश कोर्ट्स ऑफ वाड्र्सक अधीन कए देल गेल परन्तु राज्यक सञ्चालनक अधिकार ओ भार चम्पानगरेशहिकेँ रहल। राजा पद्मानन्द सिंहक देहान्त 1912 ई. मे भेल।

पिताहिक जकाँ राजा पद्मानन्दसिंहकेँ चारि गोट विवाह ओ ताहि मे दूमे कोनो सन्तान नहि। हिनक पहिल विवाह जे प्रायः हिनक पिताहिक कराओल छल 'भौर-खण्डवला' मूलक नैष्ठिक धर्मनाथ ठाकुरक बालक योगनाथ ठाकुरक कन्या सँ छल। छलाह ई जन्मना सोति परन्तु पहिनहि बिकाएल छलाह, अमौर मे कलितनाथ सिंहक कन्यासँ विवाह कएलेँ छलाह ओ पछाति तँ कए गोट विवाह कएल। हिनके कोनहु पक्षक कन्यामे

ज्ञात नहि भए सकल अछि मुदा अधिकांश सम्भव इएह बूझि पड़ैत अछि जे सलमपुरक 'नड़साम-बलिआसए' मणिप्रसिद्ध ललितनाथ मिश्रक दौहित्रीसँ, दुर्गानाथ ठाकुर सोदरा मे) राजा पद्मानन्द सिंहक प्रथम विवाह भेल। एहि स्त्रीक असन्ततिक स्वर्गवास भए गेलाक पर हिनक दोसर विवाह भेल मङरौनी, 'कन्हौली-सोदरपुर' मूलक विघ्नेश्वरझाक सब सँ छोट बालक वदनझाक कन्यामे। एहि वदनझाक पितिऔत भाए मुरलीझाक कन्यामे श्रीनगरेश राजा श्रीनन्दन सिंहक विवाह छल ओ वैमात्रेय बहिनिसँ 'जमदौली-पाली' मूलक कवि रामीझाक विवाह छल जनिक पौत्र छलाह परसमणिझा जनिक कन्या मे महाराजधिराज रामेश्वरसिंह बहादुर अपन पहिल विवाह कएल ओ जनिक पौत्र श्री वलभद्रझा ओ श्री दयानाथझा आब खड़रख मे बसैत छथि। वदनझाक सोदर बहिनिक विवाह सलमपुरक 'नड़साम-बलिआसए' मणि प्रसिद्ध ललितनाथ मिश्र सँ छल जनिक एक कन्यामे 'खड़ोरए' योगनाथ ठाकुर सँ विवाह छल । एही मणिमिश्रक बालक ईश्वरीदत्तमिश्रक कन्यामे राजा लीलानन्दसिंहक तेसर विवाह छल ओ ताहि सँ छोट बबे मिश्रक कन्यासँ राजा पद्मानन्दसिंहक सेहो तेसर विवाह छल। ई तेसर स्त्री राजा पद्मानन्द सिंहकेँ असन्ततिके शान्त भए गेलथिन्ह। अस्तु , मङरौनीक "सोदरपुरिए" वदन झाक कन्या , रानी पद्मावती मे राजाकेँ एक बालक कुमार चन्द्रानन्द सिंह ओ दू कन्या।

कुल-चित्र

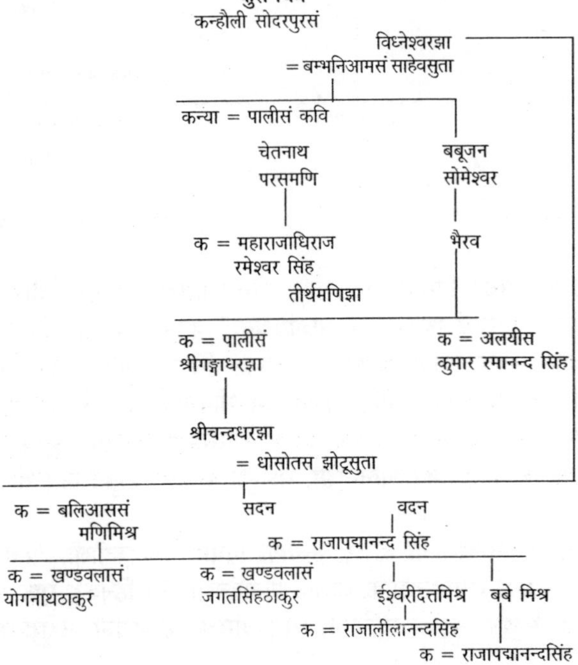

राजा पद्मानन्द सिंहकें चारिम विवाह छल सतलखा, 'सोदरपुर' मूलक 'रैञाम' शाखाक भुवनेश्वरीदत्तमिश्रक कन्यामे, रानी पद्मासुन्दरी सँ। एहि मे राजाकेँ एकमात्र बालक, कुमार सूर्यानन्दसिंह परन्तु अत्यन्त बाल्यावस्थहि हिनक देहान्त भए गेल। रानी पद्मसुन्दरी देवी एखन पर्यन्त जीविता छथि।

अपन दुहू कन्याक विवाह सेहो राजा पद्मानन्द सिंह अपन बापहि जकाँ सत्कुलक नीक सोति सँ कराओल। जेठि कन्या , मोतीदाइक विवाह भेल लालगञ्ज, 'सोदरपुर' मूलक 'सरिसब' मनोहरमिश्रक बालक भेषनाथमिश्रसँ। राजा दुलार सिंहक सब सँ जेठ जमाए जे कन्हाइ मिश्र छलाह तनिक छोट भाए हेमनाथमिश्रक

कुल-चित्र

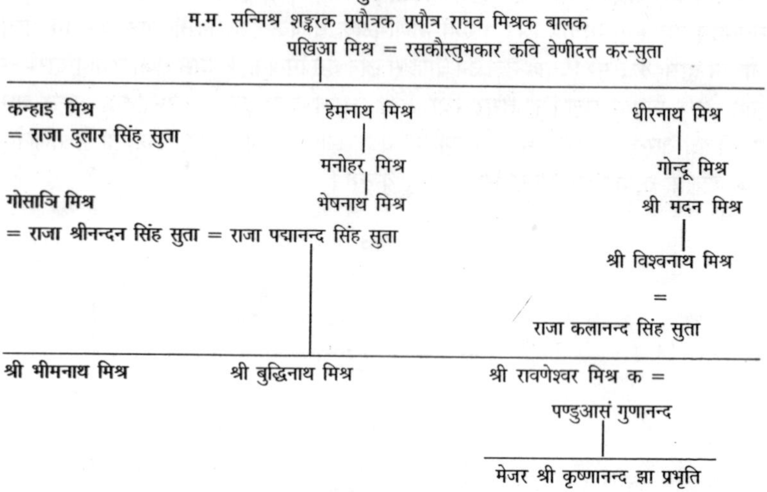

ई पौत्र छलाह तथा हिनक जेठ भाए गोसाञिमिश्रक विवाह श्रीनगरेश राजा श्रीनन्दनसिंहक कन्यामे छल । भेषनाथमिश्रकेँ पूर्वहुँ एक गोट विवाह सोति मे छल ओ ताहि पक्षक हुनक बालक श्री श्रीकृष्णमिश्र सम्प्रति सोति छथिए। एहि राजकन्यासँ भेषनाथमिश्रकेँ तीनि बालक श्री भीमनाथमिश्र, श्री बुद्धिनाथमिश्र ओ रावणेश्वरमिश्र ओ एक कन्या जनिक विवाह ककरौड़क 'पण्डुआ' मूलक गुणानन्दझा सँ जनिक बालक मेजर श्रीकृष्णानन्दझा, यशस्वी डाक्टर, प्रभृति कए भाए प्रतिष्ठित योग्य छथि।

राजा पद्मानन्दसिंहक दोसर कन्याक विवाह छल रूपौली, 'पवौली' मूलक 'बढ़िञाम' शाखाक धर्मानन्दझाक बालक जनार्दनझा सँ। हिनकहु एक गोट विवाह पूर्वहिं सोति मे छल, बड़का जाति मे, 'रामदेवमिश्र' क लोकमे, महाराजकुमार बाबू

रमापति सिंहक दौहित्रीसँ ओ ताहि पक्षक हिनक बालक श्री भगीरथझा ओ ऋद्धिनाथझा बड़का सोति छथिए। एही जनार्दनझाक दौहित्र थिकाह श्री मुकुन्द झा जनिका स्वर्गीय महाराजाधिराज रामेश्वरसिंह बहादुर अपन एकमात्र कन्या देल। परन्तु बनैलीक राजकन्या मे जनार्दन झाकेँ कोनो सन्तान नहि।

अपन एकमात्र बालक कुमार चन्द्रानन्दसिंहक विवाह राजा कोइलख कराओल, 'खौआल' मूलक 'नाहस' शाखाक कमल झा†क डेरा मे, ओहि कमल झाक प्रपौत्र गोसाञिझाक बालक महोपाध्याय ईश्वरदत्तझा तिनक बालक उगरी झाक कन्यामे। गोसाञिझाक अपन बालक वेणीझाक बालक वंशमणि झाक कन्यामे राजा कलानन्द सिंहक विवाह छल ओ ओही वंशमणिझाक जेठ भाए बबुआ झाक पौत्र वैद्यनाथझाक कन्यामें कुमार श्री गङ्गानन्दसिंह दुहू भाइक विवाह अछि। कुमार चन्द्रानन्द सिंह अपना पिताक समक्षहिं असन्ततिक अकालहिं कालकवलित भए गेलाह ओ हुनक सकल सम्पत्तिक अधिकारिणी भेलीह हुनक धर्मपत्नी रानी चन्द्रावती जनिक दानशीलताक यश समस्त देश जनैत अछि। हिनक दान सबटा परमार्थ मे कएल अछि ओ विवेक सँ पूर्ण। काशी मे श्यामामन्दिर मिथिला ओ मैथिलक गौरव बढ़ाए रहल अछि ओ ताहि लागल विद्यालय, दातव्य औषधालय, क्षेत्र ओ सुयोग्य छात्रकें प्रचुर वृत्ति प्रभृति निश्चय आकल्पान्त हिनक कीर्ति कें अमर बनाओने रहत। अपन नैहर कोइलख मे एक गोट स्कूल बनबाए ओतए निःशुल्क शिक्षाक प्रबन्ध कए अपन जन्मस्थानक प्रति ऋणक परिशोध ई बड़ उत्तम रीति सँ कएल। भागलपुरक जनाना अस्पतालकेँ एक लाख टाका दान दए ई नारी जातिक प्रति अपन कर्तव्य सम्पन्न कए गेलि छथि जकर फलस्वरूप सरकार सँ हिनका रानीक उपाधि प्रदत्त भेल। हिनक सासु रानी पद्मावती सेहो काशी मे तारामन्दिरक स्थापना कए श्यामामन्दिरहि जकाँ सब वस्तुक सुविधाक प्रबन्ध कराए गेलि छथि। कहबाक तात्पर्य जे जाहिं दानशीलताक आदर्श राजा लीनानन्दसिंह स्थापित कए गेलाह ओ राजा पद्मानन्द सिंह जकरा पालन करैत अपन जन्म निबाहल, तकर परम्पराकें रानी पद्मावती ओ हुनक पुत्रवधू रानी चन्द्रावती कतेक दूरदर्शिता सँ, कतेक विवेकिता सँ, केहन उदार भावना सँ अनुप्राणित भए अक्षुण्ण राखल, चिरकालक हेतु ओकरा अक्षय बनाए गेलीह।

1936 ई. मे रानी चन्द्रावतीक देहान्त भए गेल ओ तखन न्यायतः हिनक सम्पत्तिक अधिकारी भेलाह हुनक स्वामीक भागिन श्री भीमनाथमिश्र तीनू भाइ। राजा कीर्त्यानन्दसिंह बहादुर अपन वैमात्रय भाएक सम्पतिक हेतु दावा कएल परन्तु हिन्दू धर्मशास्त्रक नवीन संशोधनक अनुसार पित्ती सँ पूर्व बहिनिक ओ बहिनिक बालकक स्वत्वाधिकार निर्णीत कएल गेल छल ओ सम्पति जे कुमार

† कमलझाक नाम पर एक गोट पाँजि अछि जे आब सोति मे प्रतिष्ठित ओ पैघ पाँजि बुझल जाइत अछि।

चन्द्रानन्द सिंहक छल तेँ हुनक पित्ती राजा बहादुर सँ पूर्व हुनक भागिन श्री भीमनाथमिश्र लोकनिकेँ स्वत्व प्राप्त छल। किछु दिन ममिला चलल परन्तु पुनि लगले सन्धि भए गेल ओ राज्यक अढ़ाइ आना अंश श्री भीमनाथमिश्र लोकनिकेँ दए राजा बहादुर डेढ़ आना अंश लए सन्तुष्ट भए गेलाह। रामनगर मे श्री भीमनाथमिश्र लोकनिक डेउढ़ी स्थिर रहल।

श्री भीमनाथमिश्र सरकारी पुलिसक सुपरिन्टेन्डेन्ट छथि तथा अपन विद्यानुराग, सहृदयता एवं उच्च विचारक हेतु समाज मे सुप्रसिद्ध छथि। श्री बुद्धिनाथमिश्र रामनगर मे रहैत छथि ओ श्री रावणेश्वरमिश्र पटना हाइकोर्टक एडवोकेट, भागलपुर मे रहैत अपन राज्य कार्य सञ्चालन करैत छथि। वस्तुतः ई लोकनि अपन गुणगरिमा सँ मैथिलसमाजक मानवर्धन कए रहल छथि। श्री भीमनाथ मिश्रक विवाहो भेल अछि सोतिक कन्यासँ, 'रतौली-दरिहरा' मूलक रमानन्दझाक कन्यामे, श्रीनगरेश साहित्यसरोज राजा कमलानन्दसिंहक दौहित्रीसँ। अपन कुल ओ अपन जातिक हिनका बड़ गौरव छन्हि तथा अपन असाधारण गुणराशि सँ समस्त सोतिपुराके मुग्ध कए दू वर्ष भेल ई सोति लोकनिसँ श्री5मन्मथिलेशक ओतए निवेदन कराए हुनका सँ अनुग्रह प्राप्त कएल अछि तथा पुनि सोति समाज मे परिगृहीत भए अपन नष्ट सत्ताकेँ उपार्जन कएल अछि। वस्तुतः हजारी परमानन्दचौधरी के वंश मे ई 'भगीरथ' भए प्रादुर्भूत भेल छथि जे हरिसिंहदेवी समाज-व्यवस्थामे अपन मातृकुलक उद्धार कएल अछि। हजारी परमानन्दचौधरीक सन्तान ई प्रथमे थिकाह जे सोति मे परिगृहीत भेल छथि ओ सए वर्ष सँ पुरान सोतिआइक द्वन्द्वकेँ शान्त कए ई समाजक अनन्य उपकार कएल अछि।

× × ×

राजा लीलानन्दसिंहक चारि विवाह मे जेठ बालक राजा कलानन्दसिंहक जन्म 1880 ई. मे भेल छल ओ बापक देहान्तक समयमे केवल तीनि वर्षक शिशु छलाह। पारिवारिक वैमनस्यक कारणे हिनक माए रानी सीतावती अपन दूहू शिशु पुत्र ओ दू कुमारि कन्याकेँ लए रामनगरसँ फराक भए अपन डेउढ़ी चम्पानगर मध्य स्थिर कएल ओ राजा पद्मानन्दसिंहसँ राज्य विभाजित कराए नओ आना अंशक अधिकार प्राप्त कए अपन पुत्रक नाबालिगी मे अत्यन्त चतुरतासँ राज्यक प्रबन्ध कएल ओ प्रचुर धन सञ्चित कए अपन पुत्रद्वयकेँ देल। अपना जीवनक अन्तिम समय धरि राजा कलानन्द सिंह अपन कनिष्ठ भ्राता राजा कीर्त्यानन्दसिंह बहादुरक सङ्गहि अतीव सौहार्द सँ जीवनयापन कएल ओ अपन दुहू भाएक मध्य मे वैमनस्यक गन्धो नहि आबए देल। परन्तु जखन हिनक ज्येष्ठ पुत्र कुमार रमानन्द सिंह वयस्क भेलाह, योग्य भेलाह तखन अपना मध्य कोनहु मनोमालिन्यक कारणें दुहू भाइ पृथक भए गेलाह। चम्पानगरमे राजा कीर्त्यानन्द सिंह बहादुरक आवास स्थिर रहल, श्री राजा कलानन्दसिंह गढ़बनैली गेलाह। पिताक परोक्ष भेलाह

पर गढ़बनैली मध्य ज्येष्ठ भ्राता कुमार रमानन्दसिंह रहलाह ओ कनिष्ठ कुमार श्रीकृष्णानन्दसिंह भागलपुर जिला मे सुलतानगञ्ज नामक स्थान मे गङ्गाक तट पर अपन डेउढ़ी स्थिर कएल। राजा कलानन्द सिंहक देहान्त 1922 इ. मे भेल। सुनैत छी जे हिनका नाम पर बेतिआक पण्डित त्रिलोचनझा मैथिलीक एक गोट अलंकारक ग्रन्थ 'कलानन्द-विनोद' नामक रचने छलाह परन्तु से हमरा दृष्टिपथ मे नहि आएल अछि।

हिनक विवाह छल भराम, 'नाहस खौआल' मूलक ओही कमल झाक प्रतिष्ठित डेरामे जाहिमे कुमार चन्द्रानन्द सिंहक विवाह छल। वेणी झाक बालक वंशमणि झाक कन्यास मे, 'खुसिआल मिश्र पाँजि मे हिनक विवाह छल ओ वेणीझाक छोट भाए महोपाध्याय ईश्वरीदत्त झाक बालक उगरीझाक कन्या रानी चन्द्रावती छलीह। इएह एकटा हिनका विवाह जाहिमे हिनका दू गोट बालक, कुमार रमानन्द सिंह ओ कुमार श्रीकृष्णानन्द सिंह तथा तीनि कन्या। तीनू कन्याक विवाह सोतिमे भेल अछि। एक गोटाक विवाह छल उजानक 'रतौली-दरिहरा' मूलक सुप्रसिद्ध वैयाकरण पण्डित हरिनारायणझाक बालक, बाबू वंशीधारीसिंहक दौहित्र राधारमणझा सँ जनिक परोक्ष भए गेल अछि ओ कूमरि असन्ततिका विधवा छथि। दोसरक विवाह भेल महरैल, 'पूड़े-नरओन' मूलक मुकुन्द झाक बालक जयनाथ झा†सँ। हिनक बालक लोकनि पूर्ण सुयोग्य भेल छथिन्ह तथा एक गोट कन्याक विवाह हटाढ़क 'बलिआसए' लेशपति झाक बालक श्री शिवनाथ झासँ भेल अछि। तेसरि कन्याक विवाह भेल अछि लालगञ्ज, 'सोदरपुर' मूलक 'सरिसब' शाखाक गोन्दू मिश्रक पौत्र श्री मदन मिश्रक बालक श्री विश्वनाथमिश्रसँ। ई गोन्दू मिश्र कन्हाइ मिश्रक भातिज छलाह जनिक विवाह राजा दुलारसिंहक कन्यामे छल ओ मनोहरमिश्रक पितिऔत भाए छलाह जनिक एक गोट बालक भेषनाथमिश्रक विवाह राजा पद्मानन्दसिंहक कन्यामे छल ओ दोसर बालक गोसाञि मिश्रक विवाह श्रीनगरेश राजा श्रीनन्दन सिंहक कन्यामे छल।

कुमार रमानन्द सिंहक जन्म 1901 ई. मे भेल ओ देहावसान 1940 ई. मे। राज्य-कार्य-सञ्चालनक हिनका मे अद्भुत क्षमता ओ कौशल छल। 1921 ई. मे अपन निवास ई गढ़ बनैली लए जाए ओतए कृषि ओ वाणिज्यक बड़े उत्साह सँ उन्नति मे लागि गेलाह। वैज्ञानिक रीति सँ कृषि हो तदर्थ ई शिक्षाक सुप्रबन्ध सेहो कएल ओ स्वयं से करए लगलाह। अपना ओहिठाम संस्कृतक विद्यालय ओ हाइ स्कूल अपना पिताक नामपर स्थापित कए ई ताहि प्रान्तक बड़ पैघ अभावक पूर्ति कराओल। भागलपुर कओलेजकेँ दान, बिहार संस्कृत समितिकेँ तन्त्रक

† जयनाथझा बिसहौलि माण्डर मूलक फेकू झाक दौहित्र छलाह जनिक छोट भाए मनू झाक विवाह भाइलाल झाक कन्या, बछरन मिश्रक दौहित्री, राजा लीलानन्द सिंहक दौहित्रीपुत्री मे छल। फेकूझाक बालक श्री गङ्गानाथ झाक विवाह राजा कीर्त्यानन्द सिंह बहादुरक कन्यामे छल।

सर्वोत्तम निबन्धक हेतु प्रतिवर्ष पदक देल जाए तदर्थ दान, मुङ्गेरक जलालाबाद स्कूलक हेतु दान, अपना माइक नामपर राधानगरमे दातव्य औषधालय तथा पुरैनिञा-अस्पताल मे रमानन्द-ब्लाक प्रभृति अनेको सार्वजनिक हितक कामनासँ कएल हिनक दान अक्षय कीर्त्ति अछि। सङ्गीतक ई बड़ रसिक ओ ज्ञाता छलाह, नाटकक बड़ प्रेमी रहथि तथा अपनहु नाटकक रचना करथि; खेल-व्यायामादिक उन्नतिक हेतु पूर्ण सचेष्ट रहैत छलाह। बड़ असमय मे हिनक देहावसान भए गेल।

हिनका दू विवाह, प्रथम मङ्गरौनी, 'कन्हौली सोदरपुर' मूलक विघ्नेश्वर झाक प्रपौत्र भैरवझा*क कन्या मे। ताहि मे कुमारकेँ कोनो सन्तति नहि भेल तेँ दोसर विवाह ई कएल सोतिक कन्यामे, "खड़ोरए" श्री दुर्गेश्वर† ठाकुरक कन्यामे। एहि पक्ष मे कुमार साहेबकें एक गोट कन्या छथिन्ह जनिक विवाह अचिरहिं भावी अछि।

कुमार श्री कृष्णानन्दसिंहक जन्म 1907 ई. मे थीक तथा हिनक विद्याप्रेम ओ सङ्गहि सङ्ग आखेटप्रियता सर्वविदित अछि। हिनक विवाह सोतिक कन्यामे कराओल गेल जे शतावधि वर्ष पूर्व राजा वेदानन्दसिंहक विवाह जकाँ सोतिसमाज मे आन्दोलन कए देलक। ई कन्या एक गोट पैघ खड़ोरएक, "तिसऔत" पाँजिक महेश्वरठाकुरक सबसँ छोट बालक केवलकृष्णठाकुरक। खदेकविषयथीक, अत्यन्त खेदक, जे एहन पैघ कुलक, एहन विद्याप्रेमी, एहन सात्विक स्वभावक होइतहुँ श्री कुमार साहेब अपन दू गोट कन्याक विवाह एहन कराओल अछि जे हरिसिंह देवीक कोन कथा, सनातन जे स्मार्तधर्म समस्त देश मे आदर सँ अनुगम्यमान अछि ताहु सँ अनुमोदित नहि भए सकैत अछि। प्रसङ्ग अप्रिय जानि एहि विषयकेँ हम एतहि छोड़ि दैत छी परन्तु एतबा धरि हम अवश्य कहब जे छओ पुरुषसँ हिनक पूर्वज जे प्रतिष्ठा किंवा गौरव सञ्चित करैत आएल छलथिन्ह तकरा श्री कुमार साहेब अपन एहि क्रिया सँ ठामहिं ध्वस्त कए देल।

राजा कीर्त्यानन्द सिंह बहादुरक अवदात चरित सर्वविदित अछि। प्रयाग विश्वविद्यालयक ई एक गोट सुयोग्य स्नातक छलाह तथा हिनक विद्वत्ता सुप्रसिद्ध छल। परन्तु ताहूसँ विशेष ख्याति प्राप्त कएल ई आखेटक निपुणतामे। एहि विषयपर हिनक लिखल एक गोट पुस्तको अछि जे आखेट-प्रिय समाजमे बड़ आदरसँ देखल जाइत अछि। भागलपुर कओलेजकेँ दान, पटनाक मेडिकल कओलेजकेँ दान, पटना विश्वविद्यालय मे बनैलीक नामपर रोडर-शिव-लेश्चरक हेतु दान, ओ सबसँ विशेष कलकता विश्वविद्यालयकेँ मैथिलीक हेतु दान हिनक कीर्तिकेँ अक्षय कएने अछि।

---

* एहि भैरव झाक कन्यासँ मङरौनीक पलिबार श्री गङ्गाधरझाक विवाह छल जनिक बालक श्री चन्द्रधरझा थिकाह।

† ई ठाकुर बड़ पैघ कुलक सोति; हिनक पिता तिसओत छलाह ओ अपना समयक सबसँ पैघ सोति। श्री दुर्गेश्वर ठाकुरक विवाह उजानक नरनाथ झाक कन्यासँ अछि जे नरनाथझ श्रीनगरेश राजा कमलानन्द सिंह ओ राजा कालिकानन्द सिंहक साक्षात् मसिऔत भाए रहथि।

राजनीति मे सेहो हिनक योगदान साधारण नहि छल। पूर्व मे बङ्गालक काउन्सिल, ओ पछाति बिहारक काउन्सिलक सदस्य भए ई प्रजाक हितक बड़ काज कएल। महात्मा गान्धी जखन चम्पारन मे सत्याग्रह आरम्भ कएल तखन ओतएक रैआतिक स्थितिक बिचारार्थ बिहार-सरकार जे कमिटी बनाओल ताहि मे महात्माजीक सङ्ग इहो एक गोट सदस्य छलाह। अखिल भारतवर्षीय हिन्दी साहित्य सम्मेलनक भागलपुर अधिवेशनक ई स्वागताध्यक्ष छलाह तथा मुजफ्फरपुरक बिहार प्रादेशिक हिन्दी-साहित्यक-सम्मेलनक सभापति छलाह। बिहार-संस्कृत-समितिक ई बहुत दिन धरि सभापति छलाह। अपन कुलक मर्यादाक रक्षा करैत परिवर्तित परिस्थिति मे कोन रूप सँ जमिन्दारके रहबाक थीक तकर ई अपूर्व आदर्श छलाह। प्रताप, ऐश्वर्य ओ पाण्डित्य सबहिक अपूर्व सम्मिश्रण हिनकामे छल ओ हिनका विषय लक्ष्मी ओ सरस्वती दुहूक सामञ्जस्य वस्तुतः आश्चर्यजनक छल। हिनक सदृश प्रतापी राजा हिनका कुल मे हिनक प्रपितामहे छलाह, दोसर नहि। 1938 ई. क जनबरी मे हिनका काशीलाभ भेल। वस्तुतः हिनका प्रसङ्ग मे कहल जाए सकैत अछि जे ई Last of the Barons छलाह, ओहि श्रेणीक जमिन्दार अन्तिमे छलाह।

हरिसिंह-देवीक प्रति राजा बहादुर जाहि नीतिक अवलम्बन कएल से हिनक पिता किंवा पितामहक नहि छल, प्रत्युत हम तँ कहब जे से हिनक प्रपितामहक छल। हुनका प्रसङ्ग मे हम कहि अएलहुँ अछि जे अपन प्रतापक दर्प मे एक गोट राजा कें हरिसिंहदेवी-व्यवस्थाक भेदभाव सह्य नहि भए सकैत अछि परन्तु यावत समाजमे रहबाक अछि तावत् ओकर उपेक्षो करब सम्भव नहि। अतएव अपन प्रपितामहहि जकाँ इहो सोति-समाजक प्रति ओही आक्रमण-नीतिक अवलम्बन कएल ओ हरिसिंहदेवीक मर्मस्थान मे प्रहार करए लगलाह। अपना हिनका एक गोट मात्र विवाह ओ से बेतिआ, 'बेलञोच' मूलक 'सुदइ' शाखाक कुमर†झाक कन्या मे। बेलञोचएक ई महावंश योग्यक बड़ पुरान ओ प्रतिष्ठित डेरा थीक ओ अद्यपर्यन्त एहि महावंशके हरिसिंह-देवीक उच्च सँ उच्च श्रेणीक सङ्ग बड़ घनिष्ठ सम्बन्ध रहि आएल अछि। राजा बहादुरकें छओ गोट पुत्र ओ तीनि गोट कन्या। अपन जेठ भातिज कुमार रमानन्द सिंहक पहिल विवाह तँ नहि परन्तु छोट भातिज कुमार श्रीकृष्णानन्द सिंहक विवाहसँ लए अपन तीनि गोट बालकक ओ पुनि जेठ भातिजक दोसर विवाह-ई पाँच गोट विवाह जे ओ अपना समक्ष मे कराओल एहि पाँची विवाहक हेतु पाँच गोट सोतिक कन्या ई अपना ओहिठाम लए गेलाह।

---

† एहि कुमरझाक पौत्रीमे मिथिलाक वर = पुत्र स्वनामधन्य डाक्टर श्री अमरनाथ झाक विवाह छल ओ एही कुमरझाक सुपुत्र श्री चन्द्रमोहनझा सम्प्रति अपन गुण-गरिमासँ मैथिल जाति के गौरव प्रदान कए रहल छथि।

एहि मे सब सँ पूर्व कुमार श्रीकृष्णानन्दसिंहक विवाहार्थ सर्वसीमाक खड़ोरए केवलकृष्णठाकुरक कन्या ओ तखन कुमार रमानन्द सिंहक द्वितीय विवाहक हेतु सोनपुरक खड़ोरए श्री दुर्गेश्वरठाकुरक कन्या गेलि। ई दुहू व्यक्ति 'तिसऔत' पाँजिक अत्युच्च सोतिक बालक छलाह ओ महाकुलक छलाह। अपना बालक मध्य सबसँ जेठ कुमार श्री श्यामानन्द सिंहक विवाह सरिसबक 'भखरौली-कुजौली' मूलक पिनाकर झाक कन्यामे, दोसर कुमार श्री विमलानन्द सिंहक उजानक 'रतौली-दरिहरा' मूलक गोविन्दनारायण झाक कन्यामे ओ तेसर कुमार श्री तारानन्द सिंहक विवाह उजानक 'कन्हौली सोदरपुर' मूलक पद्मदत्तझाक कन्यामे भेल। एमहर जे दू भाइक विवाह भेल छैन्हि से योग्यक ओहिठाम, चारिम कुमार श्री दुर्गानन्द सिंहक फ्लामू 'बढ़िग्राम-पबौली' मूलक कालिकानन्दझाक कन्यामे ओ पाँचम कुमार श्री जयानन्द सिंहक सिंहबाड़ 'सन्नहपुर-दीघा' मूलक चौधरी भैरवठाकुरक कन्यामे। छठम, सबसँ छोट कुमार श्री आद्यानन्दसिंह अविवाहिते छथि। तीनू कन्याक विवाह सेहो राजाबहादुर सोति मे कराओल। एक गोटाक इसहपुर 'सिहौलिमाण्डर' मूलक फेकू झाक बालक श्री गङ्गानाथ झासँ। हिनक पित्ती मन्नू झाक विवाह राजा लीलानन्द सिंहक दौहित्रीपुत्री 'बुधबारए' भाइलाल झाक कन्यामे छल ओ हिनक भागिन जयनाथ झाक विवाह राजा कलानन्द सिंहक कन्यामे छल से पूर्वहिं कहि आएल छी। श्री गङ्गानाथ झाकें कोनो सन्तान नहि ओ हिनक स्त्री राजकुमारी सेहो स्वर्गीया भए गेलीह। दोसर कन्याक विवाह उजानक 'कन्हौली सोदरपुर' मूलक श्री केशवदत्त झासँ। हिनक पित्ती पद्मदत्त झाक कन्यामे हिनक सार कुमार श्री तारानन्द सिंहक विवाह अछि। एहू राजकुमारीकेँ कोनो सन्तति नहि। तेसर राजकुमारीक विवाह मधेपुरक 'खड़ोरए' बाबू श्री गणपति सिंह साहेबक जेठ बालक बाबू श्री दुर्गानन्दन सिंहसँ। हिनका बालको छथिन्ह तथा हिनक एक गोट कन्याक विवाह सोतिमे लखनौरक 'झंझारपुर-करमहा' मूलक टेकानन्द झाक बालक श्री विमलानन्दझा सँ भेल अछि।

राजा बहादुरक सब बालक सरस्वतीक उपासक, विद्वान् ओ गुणवान्। कुमार श्री श्यामानन्दसिंह सङ्गीत-विद्या-विशारद छथि। कुमार श्री विमलानन्दसिंह मोटर ओ विद्युत् विषयक विशेषज्ञ छथि, कुमार श्री तारानन्दसिंह बी. ए. बिहार व्यवस्थापिका सभामे जामिन्दारक निर्वाचित सदस्य छथि ओ बड़ तत्परता सँ राजनीतिमे योगदान कए रहल छथि। कुमार श्री दुर्गानन्दसिंह पाश्चात्य दर्शनक बड़ उत्कृष्ट विद्वान् छथि ओ पटना विश्वविद्यालय सँ एम. ए. क उपाधि प्रथम श्रेणी मे उत्तीर्ण भए विलायत जाए ओतएक केम्ब्रिज विश्वविद्यालयमे मनोविज्ञान-विषयक विशेषज्ञता प्राप्त कए एम. एससी. क उपाधि प्रतिष्ठाक सङ्ग पाबि देश आएल छथि ओ सम्प्रति पटना विश्वविद्यालय मे रिसर्च फैलो छथि। आओर दू कुमार एखन छात्र छथि।

× × ×

एतेक दूर धरि हम राजा दुलारसिंहक प्रथम विवाहक ज्येष्ठ पुत्र राजा वेदानन्द सिंहक वृहत् अपत्यवर्गक परिचय देल अछि। ई लोकनि बनैली शाखाक कहबैत छथि यद्यपि बनैली मे आब केओ नहि रहैत छथि, बनैली उजड़ि गेल अछि तथा हिनका लोकनिक निवास अनेक ठाम अछि यथा रामनगर, गढ़बनैली, सुलतानगञ्ज ओ चम्पानगर। राजा दुलारसिंहक अपर विवाहक कनिष्ठ बालक राजा रुद्रानन्द सिंहक सन्तान श्रीनगर शाखाक कहबैत छथि। ओना तँ बनैली राजा दुलारसिंहक प्रतिष्ठिापित ओ हुनक सन्तान तेँ सब केओ, दुहू शाखा, समाने। तैओ एमहर आबि सम्पत्तिक विस्तार मध्य विशेष भेद भए गेलासँ राजा दुलारसिंहक ज्येष्ठ बालकक सन्तान अपनाकेँ बनैली राजवंशक कहैत रहलाह ओ छोट राजा रुद्रानन्दसिंहक अपत्यवर्ग ओही वंशक एक गोट शाखाक रूप मे श्रीनगरेश कहाओल।

राजा रुद्रानन्दसिंहक प्रसङ्ग मे अनेक विषय पूर्वहिं कहि आएल छी। पिताक परोक्ष होइतहिं ई अपन जेठ वैमात्रेय भाए राजा वेदानन्दसिंहसँ पृथक् भए गेलाह। भागलपुरदर्पणकारक कथ्य छैन्हि जे तदुपरान्त ई अपन आवास बनैली सँ श्रीनगर लए आनल परन्तु से भ्रान्ति थीक। श्रीनगरक स्थापना हिनक देहावसानक पश्चात भेल अछि जकर सबसँ पैघ प्रमाण ओकर नामे थीक जे हिनक बालकक नामपर अछि। अपने ई भाइ सँ पृथक् भैओकेँ अपन जन्मस्थान बनैली नहि त्यागल, यावज्जीव ओतहि रहलाह। सुनैत छी जे राज्यविभाजनोपरान्त हिनका साढ़े तीनि लाख वार्षिक आयक राज्यांश भेटल, परन्तु 1882 ई. मे जखन हिनक बालक राजा श्रीनन्दन सिंहक देहान्त भेलाक पर श्रीनगरक स्टेट कोट ऑफ वार्डसक अधीन कएल गेल तखन एकर आय* दू लाख अठसठि हजार मात्र छल। अतएव स्पष्ट अछि जे जाहि रूप सँ बनैली राज्यक दिनानुदिन उन्नति होइत गेल ताहि रूपे श्रीनगरक नहि भेल, प्रत्युत आदिअहि सँ एकर क्रमिक ह्रासे होइत गेल। परन्तु कुलक आदिम निवास स्थान बैगनी ग्राम बँटबारा मे बनैली एवं श्रीनगर दूहू अंश मे पड़ल ओ अद्यावधि ओ हिनकहि लोकनिक अधिकार मे अछि।

अत्यन्त खेदक विषय थीक जे श्रीनगरेश राजारुद्रानन्द सिंह किंवा राजा श्रीनन्दनसिंहक जीवन-वृत्तान्तक प्रसङ्ग बड़ अल्प बुझल होइत अछि। अनुमानतः इएह स्थिर होइत अछि जे राजा रुद्रानन्द सिंहक जन्म अपन जेठ वैमात्रेय भाए राजा वेदानन्द सिंहसँ दश-बारह वर्ष पश्चात भेल हो कारण जे राजा दुलारसिंह प्रायः प्रथम स्त्रीक देहावसानोत्तर दोसर विवाह कएल ओ ताहिमे हुनका एक गोट मात्र बालक राजा रुद्रानन्द सिंह ओ चारि गोट कन्या जाहि मे प्रायः दू गोटए तँ निश्चय राजा सँ जेठि छलीह। अतएव राजा रुद्रानन्द सिंहक जन्म समय प्रायः 1790 ई. क पश्चातहिं होएत, पूर्व नहि, 1821 ई. मे पिताक देहावसानक समय मे ई 25-30 वर्षक छल होएताह ओ तकर दश-पन्द्रह वर्षक मध्यहिं, सम्भवतः 1840 ई. क पूर्वहिं ई देहत्याग कएल।

---

* श्रीनगर-बनैली सर्वेसेट्लमेन्ट रिपोर्ट, पृष्ठ 26

कुल-चित्र

राजा दुलार सिंह = कुजौलीसं म.म. कुलपति सुता

कन्या = सोदरपुरसँ पुण्यधर | क = सोदरपुरसं वैद्यनाथ | कन्या = सोदरपुरसं भूधर | क = सुरगणसं महिनारायण | राजा रुद्रानन्द सिंह

1 = खण्डवलासं उग्र सिंह सुता निः
2 = खण्डवलासं श्यामू ठाकुर सुता

कुमार केशवानन्द सिंह निः | कुमार मोदानन्द सिंह निः | राजा श्रीनन्दन सिंह = सोदरपुरसं मुरली सुता
= सरिसवसं जगद्धर सुता
= सोदरपुरसं मुसली सुता

2 | 1 | 3

कन्या = सोदरपुरसं गोसञि मिश्र | कुमार नित्यानन्द सिंह = संकराढ़ीस फुद्दी सुता | क = खौआलसं गोवर्धन

कन्या = संकराढ़ीसं लीला नाथ | रङ्गनाथ

साहित्य सरोज राजा कमलानन्द सिंह = माण्डरसं ठीठर सुता

राजा कालिकानन्द सिंह = पवौलीसं वृद्धी सुता

कन्या = दरिहरासं रमानन्द झा | क = भीमनाथ मिश्र

कुमार श्री गङ्गानन्द सिंह = खौआलसं श्री वैद्यनाथ सुता

स्वः कुमार अम्बिकानन्द सिंह | कुमार श्री अच्युतानन्द सिंह = खौआलसं श्री वैद्यनाथ सुता | क = दीघोसं चौधरी कमला कान्त ठाकुरक बालक

क = खौआलसं योगीन्द्र किशोर झा

क = पवौलीसं परमानन्द झा

श्री सनातन जी | क = खण्डवलास घूरन सिंह ठाकुरक बालक

श्री नारायणजी = दरिहारसंनूतनकृष्ण सुता | श्री मोहनजी = बेलओचसंशोभाझासुता | क = सुरगणसं श्री शेष नारायण सुत | स्वः मदनजी प्र:जयानन्द सिंह | श्री दमनजी = माण्डरसं दुर्गानन्द सुता | श्री यशवन्तजी = पण्डुआसंगुणानन्द सुता | श्री प्रमोद जी अविवाहित | क = खण्डवलास श्री ऋद्धिनाथ ठाकुर

हिनक एक गोट विवाह जे हिनक पिताहिक समय मे भेल से भौरक उग्रसिंह ठाकुरक कन्यामे, कोन विवाहक कन्यामे से कहि नहि परन्तु ओ राजा लीलानन्द सिंहक माइक सोदरा धरि नहिए छली। एहि रानीक असन्ततिक स्वर्गवास भेलाक पर ई दोसर विवाह कएल, बेतिआ, 'खण्डवला' मूलक 'बेहट' शाखाक श्याम ठाकुरक कन्यामे, 'महादेव झा' पाँजिमे। महिपति ठाकुरक प्रपौत्रक पौत्र ज्योतिषी रघुनन्दन ठाकुर*क परिचय पूर्वहुँ अनेक ठाम आएल अछि। ई पैघ योग्य छलाह ओ हिनक सन्तान-कोटिमे दू गोट पाँजिक लोक, 'नगरकोट' ओ 'महादेव झा' क, अनेकानेक पड़ैत छथि। हिनके वृद्धप्रपौत्र छलाह श्यामठाकुर। हिनक विवाह बेतिआक 'सुदइ-बेलत्रोच' मूलक रमण झाक कन्या सँ छल। रमण झाक अपन ओ रमणझाक जेठ भाए पन्नी झा*क दुहू भाइक विवाह 'बिठौली-बलिआस' मूलक महादेवझाक दौहित्रीपुत्री मे छल ओ तेँ एही महादेव झा नाम परक पाँजि हिनका लोकनिक सन्तानक भेल। इएह पाँजि श्रीनगरक सन्तानकेँ तहिआ सँ अछि कारण जे सोतिमे यद्यपि महादेवझा पाँजि बहुत दिन पूर्वहि परिगृहीत भए गेल ओ तेँ सोति मे एकर सत्ता उच्च अछि परन्तु पछबारिपारक पाँजिक जे क्रम स्प. मिथिलेश निर्धारित कएल ओ जकर एखन पालन होइत अछि ताहि मे महादेवझाक सत्ता परमानन्द चौधरीसँ न्यून अछि ओ तें राजा रुद्रानन्दसिंहक बालक राजा श्रीनन्दनसिंहकेँ बापक उच्च पाँजि "परमानन्द चौधरी" नहि, माइक नीच पाँजि 'महादेव झा' सएह प्राप्त भेल।

राजा रुद्रानन्द सिहके तीनि गोट बालक मात्र, कन्या नहि। एहि मे जेठ दुहू कुमार केशवानन्दसिंह ओ कुमार मोदानन्दसिंह नेनहि मे कालकवलित भए गेलाह। एही मध्य मे बनैली कौशिकीक उपद्रव सँ आक्रान्त भए गेल छल, ओतएक जलवायु अत्यन्त दूषित भए अस्वास्थ्यकर छल। राजा रुद्रानन्द सिंहक वंशक रक्षक एकमात्र कुमार श्रीनन्दन सिंह, सेहो प्लीहि सँ पराभूत अत्यन्त रुग्ण छलाह। अतएव राजाक बहीनि लोकनि, विधवा, जे हुनकहि आश्रम मे रहैत छलीह, वंशरक्षाक उद्देश्यसँ अपन रुग्ण भातिजकेँ लए, बनैली त्यागि, शौरानदी पार कए कोसेक पश्चिम आबि डेउढ़ी स्थिर कएल जे कुमरक नाम पर श्रीनगर

---

* एहि ज्योतिषी रघुनन्दनक चर्चा पूर्वक टिप्पणीमे द्रष्टव्य। हिनक दौहित्रक दौहित्र पलिवार रामकृष्ण झा छलाह जनिक परिचय पूर्वक टिप्पणी मे द्रष्टव्य। रघुनन्दन ठाकुरक दौहित्रीमे फन्नावार म.म. गोकुलनाथझाक पितिऔत भाए म.म. गुणीश्वरक विवाह छल। हिनक एक गोट बालक हरिकृष्णक दौहित्रीपुत्र छलाह बुधवारए लक्ष्मीदत्त झा जनिक विवाहक लागि सँ नगरकोट पाँजि पसरल अछि। लक्ष्मीदत्तझाक दौहित्रीमे नडुआर-करमहा मूलक जलधर झाक विवाह छल ओ जलधरझाक दौहित्री मे सर्वसीमाक खड़ौरए श्रीकृष्ण ठाकुर ओ बालकृष्ण ठाकुर दू भाइक विवाह छल तथा जलधर झाक पौत्रीमे कटिहारक व्रजनाथ मिश्रक विवाह छल जनिक बालक श्री लक्ष्मीनाथ मिश्र छथि। ज्योतिषी रघुनन्दन ठाकुरक दोसर बालक बालकृष्णक दौहित्र छलाह वुधवारए नरपति ओ नरपतिक पौत्र कृष्णपतिक कन्यामे बेतिआक बेलत्रोचए भूषणझाक विवाह छल जनिक बालक कुमरझा छलाह। एही बालकृष्ण ठाकुरक प्रपौत्र श्यामू ठाकुर छलाह।

* पन्नी झाक बालक छलाह भूषण झा जनिक बालक कुमरझाक चर्चा कए ठाम आबि गेल अछि।

कुल-चित्र

खण्डवला मूलक बेहट शाखाक बीजी पुरुष
(महामहोपाध्याय महाराज महेश ठाकुरक पितामह भ्राता)
महिपति ठाकुरक प्रपौत्रक पौत्र

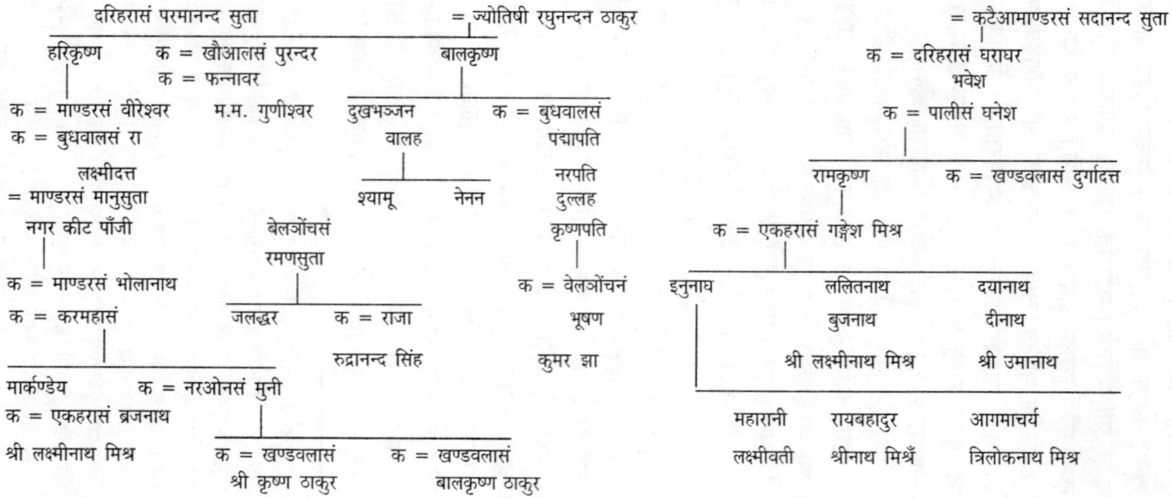

कहाओल ओ अद्यापि हिनका लोकनिक आवास ओतहि अछि। राजा लीलानन्द सिंह सेहो एही मध्य मे बनैली त्यागि रामनगर गेल होथि से सम्भव ओ राजा लीलानन्द सिंह 1851 मे गद्दी पर बैसलाह तें 1855 क प्रान्त हिनक बनैली त्यागबाक समय मानि ली। कुमार श्रीनन्दन सिंह एहि सँ किछु पूर्व त्यागने छल होथि ओ ताहि समय हुनक वयस छओ वर्ष मात्र छल। एहि अनुमान सँ राजा श्रीनन्दन सिंहक जन्म-समय प्रायः 1845-46 स्थिर होइत अछि। शरीरत्याग कएल ई 1880 ई. मे ओ हिनक सब सँ जेठ बालक कुमार नित्यानन्द सिंहक जन्म 1870 ई. मे भेल छल। ताहू लेखासँ राजा श्रीनन्दन सिंहक जन्म-समयक जे अनुमान एतए लगाओल अछि से समीचीन बुझलाँ जाइत अछि।

अठारहम श्ताब्दक मध्य सँ गोटेक सए वर्ष धरि पुरैनिञा जिलाक रसाढ़ प्रान्त सोति लोकनिक एक गोट मुख्य केन्द्र छल। तँहि तँ बुकनन साहेब अपन पुरैनिञाक रिपोर्ट* मे सोति-समाजक एक गोट एहन विलक्षण चित्र खिचलें छथि जे वस्तुतः प्रशंसनीय अछि। वस्तुतः मिथिलाक सोतिपुरामे नानामङ्गक गोल-गोलैशी सँ मुक्ति पएबाक हेतु बहुत सात्विक प्रकृतिक सोति कौशिकीकें पार कए ओहि दिशि पड़ाए गेल छलाह। पूर्व मे पहसराक ओ ओकरे शाखा सौरिआक राजा लोकनि ओ मध्यमे किछु दिन फड़किआक राजा विजयगोविन्दसिंह सोति छलाह, सोति सँ सम्बन्ध करथि, सोतिक विशेष आदर ओ सत्कार करथि। सत्कार करथि सोतिक बनैली-नरेश लोकनि सेहो किन्तु बनैलीक प्रतापसँ बहुतो सोति भयभीत रहथि ओ तें सबहिक ओतए प्रवेश नहि रहए। श्रीनगरक से हाल नहि छल। पहसरा एवं सौरिआक राज्य लुप्त भए गेलाक पर फड़किआ छल परन्तु राजा विजयगोविन्दसिंहक राज्य लुप्त भए गेलाक पर सोतिलोकनिक एकमात्र आश्रय श्रीनगरेश रहलाह। हिनका बनैलीनरेश जकाँ प्रतापक दर्प नहि छल ओ ने अपना विषय सामाजिक सत्ताक न्यूनताक असहिष्णुता। हरिसिंह-देवीक पालन ओ रक्षण करैत राजा श्रीनन्दन सिंह हरिसिंह-देवीक मूर्धन्य सोतिसमाजक बड़ विनय सँ सम्मान करथि, अपना विषय मिथ्याभिमान कए व्यर्थ प्रतिस्पर्धाक भाव नहि राखथि। वस्तुतः श्रीनगरसँ सोतिआइक विरुद्ध कोनो आचरण नहि भेल अछि ओ सब दिन श्रीनगरेशलोकनि आत्मपरिचयपुरस्सर वैधहिटा उपायसँ अपन सत्ताक, समाज मे अपन स्वत्वक, सँवर्धनेच्छुक रहैत आएल छथि।

राजा श्रीनन्दन सिंहक प्रधान कार्यकर्ता हरिपुरक बबुरैआझा छलाह जे हिनक बापक पिताक भाए छलाह तथा हिनकहि उद्योग सँ श्रीनगरक हेतु कोइलख गाम कीनल गेल जे अद्यावधि श्रीनगरहिक अधिकार मे अछि। फड़किआक राजा विजयगोविन्दसिंहहु सँ राजा श्रीनन्दन सिंहकें पूर्ण मैत्री छल।

---

* रिपोर्टक पृष्ठ 204-205 द्रष्टव्य।

राजा श्रीनन्दन सिंहकेँ तीनि गोट विवाह छल। द्वितीय विवाह हुनका छल नाहर, सरिसबए पञ्जीकार ननूझाक बालक पञ्जीकार जगद्धर झाँक कन्यामे, 'गोन्दू मिश्र' पाँजिमे । इहो योग्यक बड़ प्रतिष्ठित डेरा थीक ओ बहुत दिनसँ एहि पक्ष मे राजाकेँ एक बालक कुमार नित्यानन्द सिंह ओ एक कन्या जाहिमे प्रायः कन्या जेठि ओ हिनक विवाह भेल लालगञ्जक 'सोदरपुरिए' गोसाञि मिश्रसँ। गोसाञि मिश्रक छोट भाए भेषनाथमिश्रक विवाह राजा पद्मनन्द सिंहक कन्यामे छल। गोसाञि मिश्रकेँ एकटा विवाह पूर्व सोतिअहु मध्य छल परञ्च सन्तान हिनका एहि पक्षमे नहि । प्रथम विवाह राजा मङरौनी कएल, 'कन्हौली-सोदरपुर' मूलक नन्दीश्वर झाक छोट बालक मुरली झाँक कन्यामे , 'नरपति' झा पाँजिमे। एहि स्त्री मे राजा साहेबकाँ एकमात्र कन्या ओ तनिक विवाह भेल इसहपुर, 'परहट-संकराढ़ी' मूलक मनमोहन झाक सबसँ छोट बालक लीलानाथ झासँ। एहि लीलानाथ झाक सबसँ जेठ भाए दामोदर झाक बालक पद्मनाथ झामे राजा लीलानन्द सिंहक छोटि कन्या , राजा कीर्त्यानन्द सिंह बहादुरक सोदर बहिनिक विवाह छल से पूर्वहिं कहि आएल छी। लीलानाथ झाक बालक छलाह रङ्गनाथ झा। प्रथम स्त्रीक अकाल देहावसान भए गेलाक पर राजा श्रीनन्दन सिंह एक गोट विवाह कएल माम लोकनिक अनुरोध सँ नाहर परन्तु अपना रुचिञे लगले पुनि तेसरो विवाह कएल, ओतहि मङरौनी , मुरली झाक अपर कन्यासँ ओ एहि पक्षमे राजा साहेबकाँ दू पुत्र, राजा कमलानन्दसिंह ओ राजा कलिकानन्दसिंह ओ राजा कमलानन्दसिंह पाँच वर्ष मात्रक छलाह तखनहि 1880 ई. क 17 दिसम्बरकेँ राजा श्रीनन्दन सिंह तीन गोट कुमार बालक ओ प्रायः एक गोट कन्याके अविवाहित छोड़ि स्वयं स्मरणीय भए गेलाह।

राजा श्रीनन्दनसिंह जखन स्वर्गीय भेलाह तखन हुनक एको गोट बालक राज्यक भार वहन करबाक योग्य नहि छलाह, सब केओ नाबालिग छलाह, अतएव राज्यक भार पुरैनिञाक जिला-जज लेल परन्तु दुहू रानीक मध्यमे सौमनस्यक अभाव सँ राज्य कोर्ट आफ वाड्र्सक अधीन कए देल गेल। ताहि समयमे एहि राज्यक वार्षिक आय दू लाख अठसठि हजार छल। कुमार नित्यानन्द सिंहक वयस्क भेलाक पर राज्यकेँ पुनि ओ अपना हाथ केँ लेल परञ्च तकरा पश्चातहु छुनका अपना दुहू वैमात्रेय भाए सँ सौमनस्यक अभाव रहबे कएल। फलतः राज्यक विभाजन भए गेल। एवंरूप सँ राज्यक विभाजन ओ तदर्थ अपना मध्य मलोमालिन्य सँ राज्यक क्रमिक ह्रासे होइत गेल, वृद्धि नहि होअए पाओल।

---

* नन्दीश्वर झाक जेठ भाए विघ्नेश्वर झाक बालक वदन झाक कन्यामे राजा पद्मनन्द सिंहक विवाह छल। नन्दीश्वर झाक विवाह छल सलमपुरक बलिआसए मणि प्रसिद्ध ललितनाथ मिश्रक बहिनिसँ ओ मणि मिश्रक विवाह छल विघ्नेश्वर झाक कन्यासँ। वस्तुतः सलमपुरक बलिआसएक डेरा ओ मङरौनीक सोदरपुरिएक ई डेरा-दुहूमे परस्पर ओ दुहूकेँ अलैबार हजारी परमानन्द चौधरीक डेरासँ सम्बन्ध-परम्परा बड़ घनिष्ठ ओ बड़ पुरान थीक। मुरली झाक पौत्र छलाह जयनन्दन झा जनिक बालक लोकनि सम्प्रति वृद्धिमान वर्त्तमान छथिन्ह।

कुमार नित्यानन्दसिंहक जन्म 1870 ई. मे ओ परोक्ष 1919 ई. मे भेल। हिनक विवाह छल उजान, 'परहट-संकराढ़ी' मूलक वैदिक चन्द्रदत्तझाक बालक फुद्दी झा†क कन्यामे। कुमार नित्यानन्दसिंहके एक गोट कन्या मात्र जनिक विवाह अवामक 'सिम्बरवार-खौआड़ए' गोवर्धनझा*सँ छल, ओ असन्ततिका विधवा छथि। श्रीनगरसँ पृथक भए अपन आवास तारानगर मध्य राखि पछाति ई काशीवास करैत ओतहि शरीर त्याग कएल । हिनका तन्त्र मे बड़ भक्ति ओ अनुरक्ति छल ओ तान्त्रिक साधना करैत हिनक समय व्यतीत हो।

राजा कमलानन्दसिंह 'साहित्यसरोज' कहाए विद्वन्मण्डली मे अमर छथि ओ यावत् पर्यन्त देश मे साहित्य-चर्चा होइत रहत, तावत धरि कवि-कुलक पोषक एहि राजचन्द्रक कीर्ति अवश्य अमर रहत । भाग्य सँ हिनका प्रसङ्ग बहुत किछु लिखल उपलब्ध अछि। अपन नोट-बुक मे राजा साहेब स्वयं अपन जीवन-वृत्तान्त लिखने छलाह जे मिथिला-मिहिरक मिथिलाङ्क मे श्री विन्ध्येश्वरीप्रसादसिंह द्वारा पूर्ण ओ परिपुष्ट कए प्रकाशित, अछि। हिनक आश्रित कविवर श्री जनार्दनझाजी जनसीदन सेहो हिनका प्रसङ्ग एक गोट निबन्ध श्री नगेन्द्रकुमार द्वारा सम्पादित ओ प्रकाशित पुरैनिञा जिलाक डाइरेक्टरी मे† लिखले छथि ।

राजा साहेब 'कवि' छलाह ओ हिनक काव्य-गुरु छलाह पण्डित अम्बिकादत्त व्यास जे पूर्व मे भागलपुर जिला स्कूल मे हिनक हेड-पण्डित छलाह । परन्तु ताहि सँ कत बड़ महत्वक विषय तँ ई थीक जे हिन्दीसाहित्यक हितैषी एवं हिन्दी कविगण लोकनिक बड़का पोषक छलाह । वस्तुतः राजा साहेब कविक कल्पतरु छलाह। श्रीकान्त मिश्र नामक एक जन संस्कृतक पण्डित कवि हिनक ओ हिनक वंशक संस्कृत काव्यक रीति सँ 'श्रीसाम्बकमलानन्द-कुलरत्न' नामक ग्रन्थ रचलैन्हि। ओहि मे एक हजार श्लोक छल । राजा साहेब प्रति श्लोक तीनि रुपैआक दर सँ तीनि हजार रुपैआ पण्डितजीकेँ पुरस्कार देल। पण्डित अम्बिकादत्त व्यास ओ कविवर लच्छीरामकेँ ई गजदान दए पुरस्कृत कएने छलाह । हिन्दी साहित्यक लेखक, प्रकाशक ओ विद्यार्थी, नागरी प्रचारणी सभाक सदृश संस्था ओ सरस्वतीक सदृश पत्रर-पत्रिकाकेँ ई बराबरि आर्थिक सहायता प्रदान करैत रहलाह। जयगोविन्द महाराज, यज्ञराज, पण्डित श्री जनार्दनझाजी जनसीदन, सीतला प्रसाद, रामनारायणमिश्र प्रभूति अनेको कविगण वैतनिक रूपसँ हिनक आश्रित छलाह। नियमित रूप सँ

† एहि फुद्दी झाक बालक छलाह योगतपोलब्ध-सकलविद्य सत्यनारायण झा जनिक पौत्रीमे राजनगरेश श्रीमान् राजा बहादुर अपन द्वितीय विवाह कएल ।

* ई गोवर्धन झा गौरीनाथ झाक बालक मोदनाथ झाक पौत्र , भैआ झाक प्रपौत्र , गोकुल झाक वृद्धप्रपौत्र छलाह , सरिसवक खौआड़ए लोकनिक सपिण्ड।

* मिथिलांक पृष्ठ 159-160

† पुर्नियाक डाइरेक्टरी पृष्ठ 93-94

सन्ध्याकालकें सात सँ दश बजैत धरि हिनका दरबार मे साहित्यचर्चा होइत रहए। तत्कालीन कवि-समाज हिनका 'द्वितीय भोज', भारतधर्ममहामण्डल हिनका 'कवि-कुल-चन्द्र' ओ कानपुरक रसिक-कवि-सभा हिनका 'साहित्य-सरोज' क उपाधि सँ विभूषित कएने छल। ओहि समय मे आधुनिक हिन्दी साहित्य शैशवावस्था मे छल। विहारमे प्रायः एकर चर्चा एहिना ठाम ठाम होइत छल। अतएव एकर रूपनिर्माणमे, बिहार मे हिन्दीक प्रचारक कार्य मे, प्रत्यक्ष किंवा अप्रत्यक्ष रूप सँ राजा साहेबक पूर्ण हाथ छल। आधुनिक दृष्टिसँ राजा साहेबक सबसँ महत्वक काज भेल हिन्दी ओ बङ्ला साहित्यमे परस्पर विचार-विनिमय कराएब। विश्वकवि रवीन्द्रनाथसँ हिनका पूर्ण मैत्री छल ओ हुनक काव्यधारा सँ ई हिन्दी संसार कें परचित करबैत रहैत छलाह। कविगुरुओ हिनका द्वारा मिथिलाक संस्कृतिकसँ अवगत भेल करथि। बंगलाक कतेको ग्रंथक अनुवाद कएलें छलाह। अत्यन्त खेदक विषय थीक जे केवल चँओतीस वर्षक वयसमे हिनक देहान्त भए गेल परन्तु एतबहि दिन मे ई ततवा निर्मल यश अर्जित कए लेल जे कतेक व्यक्ति दीर्घायु पाबिओकें नहि सञ्चित कए सकैत छथि। सबसँ विशेष हिनक सौभाग्य बुझबाक थीक हिनक पुत्ररत्न मे तथा हिनक आत्मज स्वनामधन्य कुमार श्री गङ्गानन्दसिंह साहेब हिनक रचित समस्त ग्रन्थ, कविता ओ निबन्धादिक संग्रह कए प्रकाशित कराए रहलाह अछि जाहि सँ हिनक कीर्ति व्यापक रूप सँ प्रसृत भए जाएत।

राजा साहेबकें एक गोट मात्र विवाह, ककरौड़, 'माण्डर' मूलक 'जगीर' शाखाक ठेठरझाक कन्यामे, 'भैअन झा' पाँजि मे। माण्डर मूलक ई जगीर शाखा सोतिक डेरा थीक ओ आब यद्यपि सोति सँ ई डेरा लुप्त भए गेल अछि मुदा एम्हरहुँ एहि डेरा सँ सोतिकें बड़ घनिष्ठ सम्बन्ध। हिनका तीनि बालक कुमार

---

* म.म. वटेश्वरक दोसर बालक महोपाध्याय रघुपतिक सन्तान जगीरक वासी छथि। रघुपतिक प्रपौत्रक पौत्र छलाह सदु भवानीनाथझा। हिनका वहिनिसे पहसरा राज्यक प्रतिष्ठापक समरू राज्यक बालक राजा कृष्णदेव रायक विवाह छल। राजा कृष्णदेवक वृद्ध प्रपौत्र छलाह पहसराधीश राजा रामचन्द्रनारायण। भवानीनाथक दौहित्र छलाह हँसौली-सोदरपुर मूलक गङ्गाधरझा जनिक दौहित्र छलाह रतौलीदरिहरा मूलैक वैदिक जीवनाथ झा ओ वीघू झा। जीवनाथझाक नाम पर सोति मे बड़का पाँजि अछि ओ हिनक दौहित्रीपुत्रीसँ महाराज माधव सिंहक बालक बाबू कीर्त्ति सिंहक विवाह छल। बीधूझाक पौत्र हृदयनाथझा ओ गोपीनाथझाक परिचय दए आएल छी। भवानीनाथक एक गोट पौत्र भवदेवक दौहित्र छलाह सहिसी-पाली मूलक रतिदेवझा जनिक प्रपौत्र श्री बचनझा सोति एखनहु विद्यमान छथि। भवानीनाथक दोसर पौत्र जयदेवक पौत्र छलाह ईशाननाथ। हिनका एक गोत्र विवाहमे बालक म.म. मानिक जनिका पञ्जी मे 'राजगुरु' कहल अछि, कोन राजाक ई गुरु छलाह से जानि नहि। मानिकक बहिनिक विवाह खड़ोरए वीर ठाकुर (हिनका नाम पर पाँजि अछि) तिनक पौत्र मणिकृष्णठाकुरसँ ओ तनिक पौत्रीमे मड़रए लोटनी झा सोतिक विवाह छल। एही ईशाननाथ झाकें तेसर विवाह मे पाँच गोट पुत्र छलाह जाहिमे दोसर जमाहिरझाक कन्यामे नाहरक राजा ठाकुरक विवाह छल ओ तनिक दौहित्री दड़िभङ्गाक श्रीमती बड़ी राजमाता साहेबा थिकीह ओ तेसर बालक रामधनझाक बालक ठीठर झा क दौहित्र कुमार श्री गङ्गानन्द सिंह साहेब थिकाह।

श्री गङ्गानन्दसिंह साहेब, कुमार अम्बिकानन्दसिंह ओ कुमार श्री अच्युतानन्दसिंह जाहि मे मध्यम अविवाहित स्वर्गीय भए गेलाह ओ तीनि कन्या। सब सँ जेठि कन्याक विवाह अछि लोहना, "रतौली-दरिहरा" मूलक महाकुलक रमानन्द झा† सँ ओ एही रमानन्दझाक कन्यामे, साहित्य-सरोज राजा कमलानन्दसिंहक दौहित्रीसँ, लालगञ्जक भेषनाथ मिश्रक बालक, राजा पद्मानन्दसिंहक दौहित्र, श्री भीमनाथ मिश्रक विवाह अछि। राजा साहेबक आओर दुहू कन्याक विवाह योग्यमे भेल अछि, एक गोट बेतिया, 'खौआड़ए' योगीन्द्रकिशोरझा सँ ओ दोसर धकजरी, 'पबोलिबार' परमानन्द झासँ।

कुल-चित्र

खौआल मूलक नाहस शाखाक
कमल झा (पाँजि)
गुणाकार
ब्रह्मदत्त
गोंआञि झा

रायदत्त | वेणी | कान्हू | महो ईश्वर दत्त | पाँराम | नेनमणि | क = सरिसवसं गणेश
क = माण्डरसं वाचा
एवं प्रभूति सौतिमे कमल झाक लोक

महो ईश्वर दत्त — उगरी — रानी चन्द्रावती

वेणी — वंशमणि — क = सरिसबसं आदिनाथ, क = करमहासं वौनू (सोति)

वंशमणि — क = राजा कलानन्द सिंह

श्री गङ्गानन्द सिंह | क = कुमार श्री अच्युतानन्द सिंह | क = खण्डवलासं श्री नरेश मोहन ठाकुर

कुल-चित्र

पवौली मूलक बिढ़ञाम शाखा
महिसीपालीसं घोंघेप्रः अच्युत सुता = चन्द्रपति = दरिहरासं कवि भोरानाथ सुता

क = माण्डरसं दासे झा
क = माण्डरसं मनवोध
रानी इन्द्रावती
विजयगोविन्द सिंह

कलाधर
क = वलियाससं नीलाम्बर मिश्र | मचल
पाँजि | नाथा
बुद्धी झा
क = राजा कालिकानन्द सिंह

---

† रमानन्द झाक प्रपितामह चन्द्रानन्द झा महाराज माधव सिंह बहादुरक दौहित्र छलाह। रमानन्द झाक पिता लाल झा ओ बिठूक गणेश दत्त झा सबहुँ भाइ साक्षाते मसिऔत भाए छलाह तथा गणेशदत्त झाक बालक श्री मुकुन्द झा वृद्धिमान वर्त्तमान छथि।

* ओना तँ रमानन्द झाक कन्या, अपना माइक पितामह राजा श्रीनन्दन सिंहक पितामह, राजा दुलारसिंह सँ छठि हो तें राजा दुलार सिंहक सन्तान कें हुनकासँ विवाहक अधिकार नहि हो परन्तु श्री भीमनाथ मिश्र अपना मातृपक्षें राजादुलार सिंहक सन्तान थिकाह ओ मातृपक्ष मे पाँचे ठाम वर्जित अछि, छठम ठाम विवाह भए जाए। राजा दुलारसिंहक सन्तानमे परस्पर विवाहक ई प्रथमे अधिकार प्राप्त भेल छल।

* जनिका नाम पर पाँजि अछि ताहि कमलझाक प्रपौत्र गोसाञिझाक दोसर बालक वेणी झाक सबसँ जेठ बालक बबुआझाक प्रपौत्री जानकीनाथ झाक पौत्री श्री वैद्यनाथ झाक कन्यासँ कुमार श्री गङ्गानन्द सिंहक विवाह अछि, वेणी झाक पौत्री वंशमणि झाक कन्यामे राजा कलानन्द सिंहक विवाह छल ओ गोसाञिझाक चारिम बालक महोपाध्याय ईश्वरदत्त झाक पौत्री उगरी झाक कन्या रानी चन्द्रावती छलीह।

कुमार श्री गङ्गानन्दसिंह साहेबक जन्म 1898 मे थीक तथा ई कलकत्ता विश्वविद्यालयक एम. ए. छथि, भारतक प्राचीन इतिहास एवं सांस्कृतिक विषयक आचार्य छथि। पूर्व मे केन्द्रीय एसेम्बलीक स्वराजपार्टीक दिशि सँ निर्वाचित सदस्य रहि एमहर अनेको वर्ष सँ ई विहारक व्यवस्थापिका काउन्सिलक सदस्य छथि तथा वर्ष बीसेकसँ श्री5मन्मिथिलेशक प्राइवेट सेक्रेटरीक पदकें अलंकृत कए रहल छथि। राजनीति मे जे हिनक प्रवेश भेल ताहिसँ भारतीय विद्या एवं साहित्यजगतक बड़ हानि भेल परन्तु सन्तोष एतबे अछि जे नाना कार्य मे व्यापृत रहलहुँ हिनक साहित्यक प्रति सहजात स्नेह कम नहि भेल अछि तथा जएह किछु ई लिखैत छथि सएह साहित्यक एक गोट स्थायी सम्पत्ति भए जाइत अछि। हिन्दी ओ मैथिली दुहूक साहित्य हिनक कृतिसँ धनिक अछि ओ मैथिलीमे 'अगिलही' नामक उपन्यास, यद्यपि ई अपूर्ण अछि, हिनक कीर्त्तिकेँ चिरदिन पर्यन्त अमर बनओलें रहत। श्री कुमार साहेबक विवाह थीक कोइलख, 'खौआल' मूलक 'नाहस' शाखाक ओही डेरा मे जाहिमे राजा कलानन्द सिंहक ओ कुमार चन्द्रानन्दसिंहक विवाह छल श्री वैद्यनाथ झाक कन्या मे, ओ हिनका एक गोट बालक श्री सनातन से जनिक विवाह सरिसबक 'कुजौलिबार' पिनाकरझाक कन्यामे, बनैलीक कुमार श्री श्यामानन्दन सिंहक सारिमे भेल अछि ओ एक कन्या जनिक विवाह भौरक 'खड़ोरए' घूरनसिंहठाकुरक बालकसँ भेल अछि।

कुमार श्री अच्युतानन्द सिंह बी. ए. दड़िभङ्गा राजक मनेजर छथि। हिनको विवाह कोइलखहिं, ओही श्री वैद्यनाथ झाक कन्यामे अछि। हिनक एक गोट कन्याक विवाह सिंहबाड़क 'सन्नहपुर-दीघा' मूलक चौधरी कमलाकान्तठाकुरक बालकसँ भेल अछि।

राजा कालिकानन्द सिंहक देहान्त 1930 ई. मे भेल। ई बराबरि अपन जेठ सोदर साहित्यसरोज राजा कमलानन्द सिंहक सङ्गहि रहलाह ओ भाइक परोक्ष भए गेलाक पर अपन भातिज लोकनिक रक्षण-निरीक्षण, शिक्षा-दीक्षा सब कथूक भार बापहि जकाँ प्रेम ओ तत्परता सँ वहन कएल। ई बड़ उदाराशयक विद्याप्रेमी मनीषी छलाह तथा मातृभाषा मैथिलीक बड़ सक्रिय हितैषी। कलकत्ता विश्वविद्यालय मे मैथिलीक स्वीकृतिक हेतु रजौराधीश राजा टंकनाथ चौधरीक सङ्ग-सङ्ग हिनका बड़ व्यय ओ आयास लागल। मैथिलीमे ग्रन्थ प्रकाशन हो तदर्थ मधुबनी मे मैथिल प्रिण्टिङ्ग वर्क्स नामक प्रेस स्वर्गीय रमानन्द ठाकुरक तत्वावधान मे हिनकहि सदुद्योगक फल छल। मैथिल महासभाक ई उपसभापति छलाह। सङ्गीतक हिनका बड़ प्रेम छल ओ कल-काँटाक आवेश। पुरैनिञा मे मोटरगाड़ी सबसँ पूर्व इएह आनल ओ अपना ओहिठाम ओकर कारखाना जकाँ खोलबाए कतेक लोककेँ ई ड्राइवरीक शिक्षा देआओल। घोड़ाक सेहो हिनका तेहने प्रेम छल तथा श्रीनगर सँ पुरैनिञा बारह मीलक दूरी ई पँएतालीस मिनट मे घोड़ापर चल जाथि।

हिनक विवाह छल कोइलख, 'पबौली' मूलक 'बढ़िग्राम' शाखाक बुद्धी झाक कन्यामे, 'वछरू महादेव झा' पाँजि मे। इहो सोतिक बड़ प्रतिष्ठित डेरा थीक ओ बुद्धीझाक वृद्ध प्रपितामह चन्द्रपति झा† धरि बड़का सोति छलाह। एहि चन्द्रपति झाकेँ एक गोट विवाह छल 'दरिहरा' मूलक 'अमरावती' शाखाक 'कवि' भोरानाथक कन्यामे। कवि भोरानाथक काव्य तँ नहि उपलब्ध अछि परन्तु हिनक नाम धरि कवीश्वर चन्दाझा अपन रामायणक अन्त मे मैथिल कविक सूची मे दए गेल छथि। एहि दरिहरए कविक दौहित्र, चन्द्रपतिक बालक, छलाह कलाधरझा जे न्यून क्रियासँ बड़का सोतिक श्रेणी सँ योग्यक श्रेणी मे चल अएलाह। कलाधरक कन्या मे 'नड़साम बलिआसए' मूलक नीलाम्बर मिश्रक† विवाह जनिका नाम परक पाँजि आब सोतिअहु मध्य प्रतिष्ठित बुझल जाइत अछि। एही कलाधर झाक प्रपौत्र छलाह बुद्धीझा जनिक कन्या सँ राजा कालिकानन्दसिंहक विवाह छल।

हिनका छओ गोट बालक, जाहिमे तेसर अविवाहिते स्वर्गीय भए गेलाह ओ एक गोट कन्या। कन्याक विवाह अछि धर्मपुरक 'खड़ोरए' रमानाथ ठाकुरक* बालक श्री ऋद्धिनाथ ठाकुर सँ। बालक मे सब सँ जेठ श्रीनारायणजी (कुमार श्री अभयानन्द सिंह) प्रथम मैथिल थिकाह जे शिक्षाक हेतु विलायत गेलाह ओ किछु दिन दड़िभङ्गा राजक मनेजर रहि सम्प्रति अपन राज्यकार्य देखैत छथि। हिनक विवाह छैन्हि रानीपुर (बेतिआ) 'रतौली-दरिहरा' मूलक नूतनकृष्ण झाक कन्यामे। द्वितीय, श्री मोहनजी (कुमार श्री विजयानन्दसिंह) बहुत दिन धरि श्रीमन्मिथिलेशक 'पर्सनल स्टाफ' मे रहि आब श्रीनगरहि रहैत छथि। हिनक विवाह अछि कोइलख, 'बेलऔच' मूलक 'काफी' शाखाक शोभाझाक कन्यामे ओ हिनक एक गोट कन्याक विवाह दुर्गागञ्जक सुरगणए श्री शेषनारायण रायक जेठ बालक सँ भेल अछि। तृतीय, श्री दमनजी (कुमार श्री घनानन्द सिंह) दड़िभङ्गा राज्यक मनेजर छथि। हिनक विवाह छैन्हि ककरौड़, कुमार श्री गङ्गानन्द सिंहक मामा श्री दुर्गानन्द झाक कन्यासँ। चारिम श्री यशमन्तजी (कुमार श्री दिव्यानन्दसिंह) छात्र छथि ओ हिनक विवाह भेल अछि

---

† चन्द्रपतिझाकेँ कए गोट विवाह छल। प्रथम विवाह हिनक छल महिसीपाली मूलक अच्युतझाक कन्यासँ। अच्युतझाक प्रपौत्रक प्रपौत्र स्वर्गीय डा. सर गङ्गानाथझा छलाह। एहि पक्ष मे चन्द्रपतिकेँ बालक रामेश्वरझा ओ एक कन्या। कन्याक विवाह छल रजौरा-माण्डर मूलक दासे झासँ ओ सुनैत छी जे दासे झा अवदात छलाह, हुनका कोनो पाँजि नहि छल, सर्वोच्च सोति छलाह। चन्द्रपतिक बालक रामेश्वरक प्रपौत्र छलाह राजा विजयगोविन्दसिंह ओ रामेश्वरहिक दौहित्री छलीह पहसराक रानी इन्द्रावती।

† नीलाम्बर मिश्रक मात्रिकक प्रसङ्ग पूर्वक टिप्पणी द्रष्टव्य। वस्तुतः नीलाम्बर मिश्रओ नन्दनझा दुहू पाँजि एकहि सत्ताक थीक ओ पछबारिपारक पाँजिक श्रेणी-विभाजनमे दुहू एकहि ठाम प्रथम श्रेणीमे अछि मुदा ऊ पर अछि नीलाम्बर मिश्र ओ नन्दन झा ओहि सँ न्यून अछि।

* ई रमानाथ ठाकुर नैष्ठिक धर्मनाथ ठाकुरक प्रपौत्र छलाह ओ धर्मनाथक अपन बालक योगनाथठाकुरक चर्चा पूर्वहि कए ठाम आएल अछि।

ककरौड़ गुणानन्द झाक कन्यामे[†], भेषनाथ मिश्रक दौहित्रीसँ, राजा पद्मानन्द सिंहक दौहित्रीपुत्रीमे। पाँचम, श्री प्रमोदजी छात्र छथि ओ एखन अविवाहिते छथि।

× × ×

बैंगनी शाखाक अलैबार ब्राह्मण एहि सँ भिन्नो अनेक होएताह। देवान देवानन्दहिकेँ आओर तीनि गोट भाए छलथिन्ह। सबसँ जेठ योगीक प्रपौत्रक प्रपौत्र शशिनाथ ओ गोपीनाथ तथा अपर प्रपौत्रक पौत्र रामेश्वर एखनहु बनैली मध्य छथि तथा 'चौधरी' नहि 'झा' कहबैत छथि। ताहि सँ पूर्वहुँ हिनका वंश मे बड़ लोक छल। पुनि गदाधरक अन्यान्य बालकक सन्तान भए सकैत अछि ओ बुद्धिधरहुक सन्तान कतहु भए सकैत छथि। एहि सब मे कतोकक सन्तान देश मे होएताह। परन्तु हमरा ने तकर पता अछि ने पता लगबाक साधन अछि। कारण स्पष्ट अछि। जएह स्थिति देबान देवानन्दसँ पूर्व एहि उप-शाखाक छल सएह स्थिति तँ ओहि सब उप-शाखाक होएत। कहबाक अभिप्राय जे पञ्जीप्रबन्धक उत्तर कालहि मध्य ई शाखा न्यून क्रियाक प्राचुर्यसँ ओ क्रमिक विद्याक ह्रास सँ समाजमे न्यूनताकेँ पाओल ओ से न्यूनता-रूप कलंक देवान देवानन्दक सन्तान अपन क्रियाक उत्तरोत्तर उत्कर्षसँ दूर कएल परन्तु अन्धान्ध उप-शाखा मध्य ओ ओहिना रहल, प्रत्युत कालक गतिकेँ पाबि आओर बढ़ितहिं गेल।

इएह भेल अलयी मूलक संक्षिप्त परिचय, ओकर विकासक स्थूल रूप-रेखा। एहिमे मूलक उत्कर्ष हमरा लोकनि देखल। आब विचारणीय अछि जे हरिसिंहदेवी समाज-पद्धति मे एहि मूलक की स्थान अछि ओ ताहि मध्य एहि बैंगनी-शाखाक पूर्व पतन ओ पुनि उत्थानक कोन रहस्य अछि। ताहू मध्य हजारी परमानन्द चौधरीक डेराकेँ अपन सम्बन्धक उत्कर्ष सँ कोन सत्ता उचित प्राप्त थिकैक। एकर विवेचना अग्रिम ओ अन्तिम अध्याय मे करैत छी।

† श्री यशमन्तजी राजा दुलार सिंहक सन्तान थिकाह ओ राजा दुलारसिंहक सन्तान कन्या सेहो परन्तु राजा दुलाह सिंहसँ ई कन्या सातम ठाम पड़ैत अछि तथा स्वाजन्य छठमहि ठाम धरि रहैत अछि से अनेक ठाम कहल अछि तें ई अधिकार।

उपसंहार

मिथिला मे प्रचलित पञ्जीक प्रबन्ध ओ ताहि पञ्जीक आधार पर अवलम्बित समाजक नियमन महाराज हरिसिंह देवक नामसँ प्रसिद्ध अछि परन्तु इतिहासक जे केओ वेत्ता छथि किंवा ब्राह्मणक सामाजिक जीवनक जे केओ नियमपूर्वक अध्ययन कएने छथि से लोकनि कहताह जे महाराज हरिसिंहदेवक नामपर एहि प्रसङ्ग बहुत किछु संशोधन, ओ प्रबन्धन-नियमन अवश्य कएल गेल परन्तु अत्यन्त नव एहिमे किछु नहि भेल। वस्तुतः ई बड़ प्राचीन थीक ओ सनातनी जे हिन्दू छी से तँ कहब जे ई अनादि थीक। आर्यजातिक शिरोमुकुट ब्राह्मणकेँ विवाह एक गोट प्रधान संस्कार थिकैक; बिनु विवाहेँ सृष्टिक प्रक्रिया चलिए नहि सकैत अछि। विवाहक हेतु ओना तँ सब समाजमे नियम अछि, यत्रतत्र विवाह करबाक प्रतिषेध अछि, कन्याक निर्णय करबा मे प्रतिबन्ध अछि, परन्तु हिन्दू आर्य जातिक एहि प्रसङ्ग जेहन कठोर प्रतिबन्ध अछि, नियम अछि, व्यवहार अछि तेहन प्रायः अन्य दोसर कोनहु जातिक नहि। कन्या एक गोत्रक नहि हो, माइक सपिण्ड नहि हो, पितृकुलक कोनहु पूर्वज सँ छठमा ठामसँ दूर हो ओ मातृकुलक कोनहु पूर्वज सँ पचमा ठाम धरि नहि पड़ए; पितामह ओ मातामहक सन्तान नहि हो—इत्यादि अनेक नियम अछि ओ एहिमे पड़ला सँ कन्या 'स्वजना' भेलि ओ स्वजना सँ विवाह कएने ओकर गणना 'चाण्डाल' मे होइत अछि। परन्तु एहि सबहिक विचार कए निर्णय करब जे कोनहु कन्या सँ विवाह करबाक अधिकार हो वा नहि तावत् कोना सम्भव होएत यावत् वर ओ कन्या दुहूक यावतो परिचय उपलब्ध नहि होएत। तँहि तँ जएबारक विवाह मे बरिआतीकेँ एखनहु धरि परिचय पुछबाक चालि अछि कारण जे पञ्जीप्रबन्ध भेलहु उत्तर साधारण जएबारक यावतो परिचय पञ्जी मे नहि भेटि सकैत अछि। तथापि नीक लोकक विवाहक अधिकार-निर्णय एमहर जहिआसँ पञ्जीप्रबन्ध भेल अछि तहिआ सँ पञ्जीकार-लोकनि अपन पञ्जीक लेखानुसार करैत छथि ओ हुनकहिसँ 'अस्वजन-पत्र' लिखाए विवाहक स्थिरता होइत अछि जकरा 'सिद्धान्त' कहैत छिऐक। पञ्जी तँ नवीन वस्तु थीक; सबा छओ सए वर्ष सँ ई अछि परन्तु नियम तँ ई बहुत पुरान थीक, हम तँ कहब जे

अनादि थीक, ओ पञ्जी प्रबन्ध सँ पूर्व अधिकार कोना जाँचल जाइत छल?

ब्राह्मणत्वक निर्णय बिनु ओकर विशुद्ध जन्मक निर्णय सँ कोना होएत ओ जन्मक विशुद्धि कोना बुझब एहि प्रसङ्गमे मीमांसा-दर्शनक सुप्रसिद्ध वार्त्तिक ग्रन्थ 'तन्त्रवार्त्तिक' मे 'कुमारिलभट्ट' लिखैत छथि–

विशिष्टेनैव हि प्रयत्नेन महाकुलीनाः परिरक्षन्ति आत्मानम्। अनेनैव हि हेतुना राजभिर्ब्राह्मणैश्च स्वपितृपितामहादिपारम्पर्या-विस्मरणार्थ समूहलेख्यानि प्रवर्तितानि तथाच प्रतिकुलं गुणदोषस्मरणात्तदनुरूपाः प्रवृत्तिनिवृत्तयो दृश्यन्ते।

(अध्याय 1 पाद 2 सूत्र 2)

अर्थात् महाकुलप्रसूत जे छथि तनिका अपन (जातिक) रक्षाक हेतु बड़ विशेष प्रयत्न करए पड़ैत छैन्हि। त.हि तँ क्षत्रियलोकनि ओ ब्राह्मणलोकनि अपन पिता पितामह प्रभृति पूर्वजक नाम बिसरि नहि जाए तेँ 'समूह-लेख्य' रखैत छथि ओ प्रत्येक कुल मे गुण ओ दोष केँ देखि तदनुसार सम्बन्ध करबा मे प्रवृत्त होइत छथि अथवा निवृत्त होइत छथि।

एहि सँ स्पष्ट अछि जे कुमारिल भट्टक समय मे केवल ब्राह्मणेटा नहि, क्षत्रिय लोकनि अपन यावतो परिचय स्वयं रखैत छलाह ओ विवाहक घटना भेलाक पर वर ओ कन्या दुहू पक्षक परिचय एकत्र कए विवाहक अधिकारक निर्णय करैत छल होएताह। ओही परिचयक आधारपर छोट ओ पैघक निर्णय होइत छल ओ छोट कुल मे सम्बन्ध करब दोषावह बुझल जाइत छल, पैघ कुलसँ सम्बध कएलेँ कुलक प्रतिष्ठा बढ़ैत छल। स्मरण रहए जे तन्त्रवार्त्तिकक रचना सातम शताब्दक थीक, हरिसिंहदेवसँ ततबे जतबा पूर्व आइसँ हरिसिंह देव भए गेल छथि। ब्राह्मण लोकनि अपन संगृहीत परिचयक आधारपर वैवाहिक सम्बन्ध करैत छलाह ओ जातिक गौरव-रक्षार्थ ताहि ठाम सम्बन्ध करैत छलाह जतए परिचय सँ विशुद्धि स्पष्ट होइत छल–ई जे हरिसिंह-देवीक व्यवस्था अद्यापि अनुवर्त्तमान अछि से हरिसिंहदेवक समानकालीन नहि थीक, सातम शताब्दक कुमारिल सेहो एकरा सिद्धवत लीखि गेल छथि ओ तावतैव सुधीजन अनुमान कए सकैत छथि जे ई व्यवस्था कतेक प्राचीन थीक ओ तँहि तँ हम कहल अछि जे ई रीति सनातन थीक, अनादि कालसँ ई कोनहु ने कोनहु रूपमे अद्यपर्यन्त आबि रहल अछि।

मुदा तखन प्रश्न उठैत अछि जे हरिसिंहदेव तखन एहि मे कएल की जे ई व्यवस्था हुनक नाम पर कहओलक? कुमारिल जकरा समूह-लेख्य कहैत छथि से मूलपञ्जी जाहि रूप सँ राखल जाइत अछि (जाहि मे बालक ओ कन्या सबहिक परिचय रहैत अछि) ताहि रूपक उतेढ़ जकाँ होइत छल होएत ओ प्रत्येक वैवाहिक सम्बन्ध भेला उत्तर से ओहि पर टीपि लेल जाइत छल होएत। ई लोक स्वयं करैत छल ओ एक परिवार मे एक गोट रहैत छल होएत जाहि कारणें एकर नाम भेल

'समूह-लेख्य'। परन्तु महाराज हरिसिंहदेवक समयमे आबि देखल गेल जे कतोक नीको व्यक्ति एहि रूपक अपन परिचय नहि रखैत छथि ओ तखन तँ सन्देह होअए लागल जे विवाहसँ पूर्व ई लोकनि 'अस्वाजन्य' क निर्णय कोना करैत होएताह। एही मध्य मे प्रायः मङरौनी ग्राममे मिथिलाक पाण्डित्यप्रकर्षक प्रतीक स्वरूप 'हरिनाथ' नामक एक जन महामहोपाध्याय छलाह (जनिक मूल पञ्जीप्रबन्धोत्तर गंगौर निर्धारित भेल)। प्रायः एही म.म. हरिनाथक रचित 'स्मृतिसार' नामक धर्मशास्त्रक ग्रन्थ अद्यापि देश मे आदर सँ देखल जाइत अछि। ई जाहि कन्या (मटिहानी मूलक तारापतिक कन्या) सँ विवाह कएल से हिनक साक्षाते पितिऔत भाइक दौहित्री छलि। एकर गप्प तँ नाना रूपसँ अनेक ठाम लेखहु मध्य अछि ओ तथ्य कथा की से नहि कहि, परन्तु एतबा धरि निसन्देह जे हुनक विवाह 'छठि-वर्जित' कोन कथा, अपन 'पितामहहिक सन्तान' मे भए गेल। जखन ई विषय ज्ञात भेल होएत तखन समाजमे जे आन्दोलन भेल होएत से एखनहु अनुमान कए सकैत छी। हरिनाथ उपाध्यायक सदृश व्यक्ति जखन अपन परिचय नहि रखैत छथि ओ अनधिकारमे विवाह कए लेलैन्हि अछि तखन देशमे कतेक गोटए ई नियमपूर्वक रखैत होएताह ओ जखन अनधिकार मे विवाह होअए लागल अछि तखन जाति कोना बाँचत? जातिए नहि, तखन धर्म कोन आधारपर? धर्मप्राण मिथिलाकेँ से कोना सह्य होउक ओ तेँ महाराज हरिसिंहदेवक आज्ञा भेल जे समस्त ब्राह्मणकेँ पूछि-पूछि जहाँ धरि जे उपलब्ध भए सकए सबहिक परिचय संगृहीत कए कतोक जन पण्डित सतकुलीन ब्राह्मणकेँ दए दिऔन्ह जे ओकर रक्षा करताह, सबटा नव सम्बन्ध टिपने जएताह ओ विवाहक कथा स्थिर भेलाक पर अधिकार जाँचिकेँ कहि देताह जे कन्या स्वजनक कोटिमे नहि पड़ैत अछि। जे परिचय पूर्वमे सब स्वयं रखैत छल परन्तु आलस्यवशात् ताहि समय मे जे बहुतो नीको व्यक्ति नहि राखथि से राजाधीन कए देल गेल। जकरा कुमारिल 'समूहलेख्य' कहैत छथि सएह समस्त ब्राह्मणक एकत्र संगृहीत भए 'पञ्जी' कहाओल ओ ओकर रक्षक 'पञ्जीकार'। एहि परिचय सबहिक आधार पर एक एक कुलक एक एक टा नाम देल गेल जे नाम ओहि कुलक पूर्वजक आदिम ज्ञात निवास-स्थान गामक नामपर भेल ओ सएह ओहि कुलक 'मूल' कहाओल। परिचय सँ प्रत्येक कुलक दोष ओ गुण तँ कुमारिलहुक समय मे विवेचित होइत छल परन्तु से लोक स्वयं करैत छल। आब संगृहीत परिचयक आधार पर कुल सबहिक ओ दोषक विवेचना सर्वजनसुलभ भए गेल ओ सर्वसम्मति सँ कतोक कुल उत्तम, कतोक मध्यम ओ कतोक अधम कहाओल।

कुल सबहिक एहि रूपेँ उच्चता किंवा नीचताक अवधारण प्राचीन स्मृतिक अनुसारहिँ भेल। बङ्गाल मे जे कुलीनक प्रथा छल से छल शुद्धकें जाति-मूलक ओ अकुलीनक सम्पर्क होइतहिँ कुलीन अपन कुलीनत्व सँ पतित भए जाइत छल। हमरा

ओहिठाम से विषय एखनहु नहि अछि, पूर्व मे तँ नहिए छल। मनु कहैत छथि :

कुविवाहैः क्रियालोपैर्वेदानध्ययनेन च।
कुलान्यकुलतां यान्ति ब्राह्मणातिक्रमेण च ॥ 3163

अर्थात्—अधलाह विवाह कएला सँ, (जातकर्मादि संस्कार) क्रियाक लोप सँ, वेद नहि पढ़ला सँ तथा ब्राह्मणक सत्कार नहि कएला सँ पैघो कुल छोट भए जाइत अछि। एही अर्थकेँ बौधायन आओर स्पष्ट शब्द मे दृढ़ कएने छथि (1-5-82)

पुनः मनु कहैत छथि,
उत्तमैरुत्तमैन्त्यिं सम्बन्धानचारेत्सह।
निनीषुः कुलमुत्कर्षमधमानधमाँस्त्यजेत् ॥ 4-24-4

अर्थात-जनिकाँ इच्छा हो जे कुल उत्कृष्ट हो से कन्यादानादि सम्बन्ध विद्या, आचार, जाति एहि सबसँ उत्कृष्ट जे व्यक्ति छथि तिनकहि सङ्ग करथि, अपकृष्टसँ नहिए करथि, उत्कृष्ट नहि होइन्ह तँ बरु समान मे करथि।

एहि सँ स्पष्ट अछि जे जातिक उत्कर्ष किंवा अपकर्ष वैवाहिक सम्बन्ध सँ अवश्य नियमित होइत छल परन्तु केवल जन्मक शुद्धिमात्र एकर नियामक नहि छल। 'कुविवाह' एक गोट कारण थीक मुदा ताहि सङ्ग-सङ्ग 'क्रियालोप' ओ 'वेदानध्यन' सेहो तँ कहल अछि। मनुक समय मे कुविवाह सँ असवर्ण विवाह किंवा आसुरादि अप्रशस्त विवाह बुझल जाइत छल। हरिसिंहदेवक समय मे एकर अर्थ भए गेल 'छोट विवाह', जन्मक दोष सँ युक्त कन्यासँ विवाह। तहिना मनु वेदक अनध्ययनकेँ कुलक अपकर्षक हेतु कहल अछि परन्तु बौद्धयुग मे वेदाध्ययनक ह्रास भए गेल छल ते पञ्जी-प्रबन्धक समयमे वेदसँ साधारण विद्या बुझल जाए लागल। एही अर्थक पुष्टि तँ म.म. जगद्धर अपन मालती-माधवक टीका मे स्मृति वचन सँ कएने छथि जकरा हम प्रथमहि अध्यायमे उद्धृत कएल अछि ओ जाहिसँ ब्राह्मण, द्विज ओ विप्रक अर्थ कए श्रोत्रिय शब्दक लक्षण कएल अछि। एही अर्थक पुष्टि पाणिनीय-वृत्तिकार-परिगृहीत आगमोक्त लक्षणसँ होइत अछि जे—

त्रीणि यस्यावदातानि विद्या योनिश्च कर्म च।
एतच्छिवे विजानोयाद् ब्राह्मणस्याग्रलक्षणम् ॥

अर्थात—जकर ई तीनि विषय शुद्ध रहैक : विद्या, जन्म ओ कर्म, सएह ब्राह्मणक प्रथम लक्षण बुझबाक थीक।

एहि सब सँ स्पष्ट अछि जे 'जन्मक विशुद्धि' अर्थात् 'जाति' क सङ्ग सङ्ग 'विद्या' तथा संस्कार ओ आचार प्रभृति "कर्म" के समाने प्रधानता एतए देल गेल।

जातिक उत्कर्ष एवं अपकर्षक प्रकार याज्ञवल्क्य बड़ सुन्दर जकाँ देखाए गेल छथि ओ तन्त्रवार्त्तिक मे एहि प्रसङ्ग विशद विचार अछि।

जात्युत्कर्षो युगे ज्ञेयः सप्तमे पञ्चमेऽपि वा। 1-96

अर्थात् सतमा ठाम, छठमा ठाम किंवा पचमा ठाम जाएकेँ जातिक उत्कर्ष स्थिर होइत अछि।

ई वचन असवर्ण विवाहक प्रसङ्ग मे कहल अछि। एकर आशय ई जे क्षत्रिय मे उत्पन्न ब्राह्मणक सन्तान आगाँ ब्राह्मणहि सँ सम्बन्ध करैत-करैत पचमा ठाम जाएकें ब्राह्मणत्व प्राप्त करत, चारि पुरुष ब्राह्मण सँ न्यूने रहत। तहिना वैश्या मे उत्पन्न छठमा ठाम ओ शूद्रा मे उत्पन्न सतमा ठाम। तेँ ई विकल्प व्यवस्थित बुझबाक चाही। हरिसिंहदेवी व्यवस्थामे ई वचन सामान्य जातिपरक भए गेल ओ हरिसिंहदेवीक श्रेणीकेँ भिन्न-भिन्न वर्ण मानि एहि वचनक प्रयोग लाक्षणिक रूप सँ होअए लागल। केओ महाकुलीन छोट अथवा दोषपूर्ण विवाह कएल मुदा हुनक सन्तान पैघ नहि तँ समानो सम्बन्ध आगाँ करैत गेल तँ छठमा जाएकेँ ओकर विषय ओकर पूर्वजक छोट अथवा दुष्ट विवाहजनित दोष क्षालित भए जाइत छैक, दोष नहि रहैत छैक। एक बेरि पाएर चुकलाक पर छओ पुरुष धरि ओकर दोष खेहाड़ैत छैक जँ छओ पुरुष धरि कुटम्बक अपमान सहि उच्च किंवा समान सम्बन्ध करैत जाइ। से नहि भेल तखन तँ ओहि कुलक पात भए जाइत अछि। जतेक पाँजि आछि सबमे एहि याज्ञवल्क्यक वचनक चरितार्थता देखैत छी। जतेक पाँजि अछि सब कोनहु ने कोनहु दोषहिक कारणे ओ से दोष थीक जातिक, जन्मक विशुद्धिक। जतए दोष अछि ततए सँ जनिका नाम पर पाँजि चलल, ओ पाँजि सर्वत्र पैघहि लोकक नाम पर चलल अछि , केओ छओ ठाम सँ समीप नहि भेटताह, प्रत्युत दूरे भेटताह। एहिना छोटहु कुलक लोक एहिरूप सँ छओ पुरुष धरि उत्तम काज करैत करैत अपन कुलकेँ उत्कृष्ट बनाए लैत अछि। पञ्जीसाहित्य मे एहि नियम सबहिक एक नहि अनेको ज्वलन्त दृष्टान्त अछि।

एतेक दूर धरि एहि अव्याय मे हम जे कहि गेलहुँ अछि से कदाचित प्रस्तुतः विषय सँ असम्बद्ध, असंलग्न, प्रतीत हो। वस्तुतः ई विषय हरिसिंहदेवीक इतिहासक थीक तेँ हम सूत्ररूपहिं एकर एतए दिग्दर्शन मात्र कराओल अछि, विशद आलोचना कएलें ई विषय प्रस्तुत विषय सँ बहुत दूर बढ़ि जाएत। परन्तु थिकैक हरिसिंहदेवीक 'तत्व' इएह, एहि स्मृतिवचनादिक आधार पर हरिसिंहदेवीक ई अट्टालिका ठाढ़ कएल गेल, एहि तत्त्व पर हरिसिंहदेवीय व्यवस्था भेल छैक तथा एहि तत्व पर एकर सञ्चालन भेला सँ हरिसिंहदेवीक यथार्थ रक्षा भए सकैत छैक। विद्या ओ आचारकेँ गौण मानि केवल जन्मक उत्कर्षकेँ प्रधानता दए जहिआसँ हमरा लोकनि सामाजिक नियमन आरम्भ कएल तहिआ सँ अनेकानेकं दोष प्रविष्ट होअए लागल। परन्तु जन्महुक विशुद्धिकें ओ प्राधान्य हमरा लोकनि एखनहु कहाँ दैत छी जे बंगालक कुलीन लोकनि दैत छलाह? योग्यक सम्बन्ध कतेक सोतिकेँ बाँचल छैन्हि? प्रचलित पाँजि अछि ताहि मे अधिकांश तेँ योग्यहिक पाँजि थीक। योग्यक श्रेणी सँ पञ्जीकबद्धहुक परिग्रहण सोतिसमाज कैए लेलक अछि । कोनहु

सोतिक उतेढ़ देखू तँ थोड़ दूर पर किंवा बेशी दूर पर जएबारहुक संपर्क दृष्ट भए जाएत। पाँजि सँ शून्य तँ केओ सोति एहि डेढ़ दू सए वर्ष सँ छथिए नहि ओ पाँजिक रहस्य कतेक गोटाकें बुझल अछि? यथार्थतः प्रत्येक पाँजि, कतबो पैघ ओ रहौक, कलंक थीक, कुल मे जे दोष आएल तकर संकेत थीक; दूषणताक बीज थीक। तथापि पाँजिक जे गौरव करैत छी अज्ञानता छोड़ि आओर की कहाओत, मिथ्याभिमान नहि थीक तँ की भए सकैत अछि? पुनि दोषक जे ग्रहण कएल अछि से तँ याज्ञवल्क्यसाहित्यक वचनकेँ मानि ने, जे सतमा ठाम जातिक उत्कर्ष भैए जाइत अछि, सनातन नियमक पालन करैत हरिसिंह देवी अद्यापि जीवित अछि, उच्चता किंवा नीचताक अवधारण मे ओहि नियमक पालन एखनहु होएबाक चाही, ओ हम तँ कहब जे होइतहिं आएल अछि ओ जँ होइत रहत तँ हरिसिंहदेवीक लोप नहि भए सकैत अछि। केओ ओकरा बूझिकेँ करैत छथि, बहुत जन बिनु बुझलहिं करैत छथि ओ ताहि प्रसङ्ग मे हम कहब जे एकरा बूझिकेँ, उचित विचारपूर्वक, यदि ई कएल जाए तँ ताहि मे समाजक श्रेय अछि कारण जे तखन पक्षपातक अवकाश नहि रहत।

अलयी मूलक उत्कर्ष हमरा लोकनि आरम्भहिमे देखि आएल छी। एहि मूलके छोट कहब पञ्जीप्रबन्धक प्रसङ्ग अपन अज्ञानताक ख्यापन मात्र होएत। हरिसिंहदेवक समय मे जे व्यक्तिलोकनि एहि कुलमे छलाह ताहिमे सबसँ प्रमुख छलाह म. म. रामेश्वरझा। अपन परिचय छओ पुरुषक देल ओ तेँ जन्मक विशुद्धि हुनक स्पष्ट छल। विद्याक व्यवसाय हिनका कुलमे कोन रूपक छल से देखल। आचारक नैष्ठिकता किंवा संस्कारादिक यथावत परिपालन एतेक दिनपर बुझल नहि भए सकैत अछि परन्तु म. म. रामेश्वरक पौत्र, प्रपौत्र ओ वृद्धप्रपौत्र 'धर्माधिकरणिक' छलाह ओ म. म. रूद्रधरकेँ प्रमाण मानि आइ धरि हमरा लोकनिक आचार नियन्त्रित अछि। एतावतैव हिनक कुलक उत्कर्ष स्पष्ट अछि। वैवाहिक क्रिया हुनक सबटा पैघे छल। तें पञ्जीकार रघुदेवझा अलयी मूलकें जे उत्तम कुलमे गनाओल से कोनो आश्चर्य नहि ओ तेँ ई निश्चय जे एहि कुलक मूल मे कोनो दोष नहि छल। पञ्जीकेँ जे मानैत छी ओ हरिसिंहदेवी व्यवस्थापकेँ जे स्वीकार करैत छी तनिका एहि कुलकेँ 'उत्तम' कहए पड़त।

परन्तु ताही सङ्ग इहो मानहि पड़त जे एमहर आबि अलयी कुलक बड़ अपकर्ष भए गेल ओ हमरा तँ पूर्ण सन्देह अछि जे अलयीकेँ सोतिक मूल जे हम कहल अछि से देखि बहुतो जन हँसताह। तकर हमरा भय नहि अछि कारण जे ऐतिहासिक विवेचना एकर कए गोटे कएलें छथि अथवा कए सकैत छथि? तखन सब सँ वर्त्तमान जे परिस्थिति छैक ताहीसँ एकर उच्चता किंवा नीचताक अवधारण कए सकताह ओ से परिस्थिति अलयी कुल मात्रक नीक नहि रहल। एक गोट मात्र शाखा तँ एकर यथाकथञ्चिद् योग्य मे रहल परन्तु आब सेहो लुप्त भए गेल

ओ शेष जतेक प्रशाखा भेल ताहिमे ककरहु स्वरूप—रक्षाक कोन कथा, सामान्य पञ्जीबद्धहुक श्रेणीमे स्थान नहि रहल। ई स्थिति केवल एही मूलक भेल अछि से नहि, गंगौली ओ बहेराढ़ी एहू मूलकें देखू। आओरो अनेक मूल अछि जाहि मे गोटेक शाखा स्वरूपक रक्षा कए सकल अछि ओहू शाखामे गोटेक उपशाखा, गोटेक डेरा मात्र। क्रमिक ह्रास स्वाभाविक थिकैक* परन्तु अलयी मूलक अधःपतन आइ आश्चर्यजनक प्रतीत होइत अछि ओ जाहि हीन-दृष्टि सँ समाज एहि मूलके देखैत अछि ततेक आन थोड़के। एकर रहस्य की?

ओना तँ एकर विचार बड़ गहन छैक ओ निश्चित रूप सँ किछु कहव सम्भव नहि अछि। ततेक दिन पूर्वक ई विषय भेल जे यावतो विषय बुझल नहि भए सकैत अछि। परन्तु तैओ एतबा तेँ स्पष्ट अछि जे उत्तम कुल सँ हिनका लोकनिकेँ सम्बन्ध छूटि गेल ओ तेँ जे कथा मनु कहैत छथि ई महाकुल अकुलीनताकें प्राप्त कएलक। उत्तमकुलसँ सम्बन्ध नहि रहबाक कारण भेल विद्याक क्रमिक ह्रास। पञ्जी-प्रबन्ध सँ शतावधि वर्षक उत्तरहिं एहि कुलक तीनि गोट शाखा मात्रमे विद्याक व्यवसाय रहल, शेषसँ जेना चल गेल। रामेश्वरक तीनि पुरुष धरि तँ विद्याक प्रकर्ष रहल परन्तु तकर पश्चात ग्रहेश्वरक सन्तान मे रत्नधरक अपत्य जे 'ब्रह्मपुर' क वासी छलाह, ओ लक्ष्मीधरक सन्तान मे हलधरक अपत्य जे 'जमुगाम' क वासी छलाह ओ रघुक अपत्य जे 'अलयी' क वासी छलाह, बस, एही तीनू डेरा मे विद्याक व्यवसाय रहल ओ एहि तीनूक उत्कर्ष कम सँ कम छओ पुरुष धरि अवश्य रहल। ई एक गोट कारण भए सकैत अछि।

दोसर कारण भेल जे रामेश्वरक तीनू बालककें ओञिनिवार राजकुल सँ अनायत सम्बन्ध भए गेल। ओना ओञिनिबारक कुल सामान्य कुल नहि थीक; खौआल मूलक एक गोट शाखा ई मूलतः अवदात छल। परन्तु राज्यक प्राप्ति भेलाक पर एहि कुलक सामाजिक सत्ता जेना लुप्त भए गेल। एकर कारण की से कहब कठिन अछि परन्तु बड़ थोड़ पैघ कुलकें ओञिनिवारसँ, विशेषतः राज्यप्राप्ति भेलाक अव्यवहित पर, सम्बन्ध देखैत छिऐन्हि। कन्या तँ पूर्व मे प्रायः केओ नीक लोक हिनका लोकनिकें नहि देअए; जे केओ पैघ कुलक .बालक एहि कुलक राजकन्यासँ विवाह करथि तनिक सन्तान सँ पैघ लोक जेना हटि जाए ओ फलतः न्यून क्रिया करैत करैत हुनका-लोनिक सन्तान नीच भए जाए। सम्भव थीक जे राज्यग्रहण ब्राह्मणक हेतु अवैध बूझि ओञिनिवारक सामाजिक सत्ता न्यून भए गेल हो; भए सकैत अछि जे राज्यक मद मे हिनका लोकनिक आचार विशुद्ध नहि रहल हो; सम्भव थीक जे अपन ऐश्वर्यक दर्प मे ई लोकनि जातीय उत्कर्ष एवं अपकर्षकें

* मुदा उन्नतिओ तँ कतोक मूल कएलक अछि जे साधारण श्रेणी, अधम श्रेणी सँ अपन विद्याक वैभव सँ ऊपर उठैत, उच्च सम्बन्ध करैत, समाजक मूर्धन्य भए गेल अछि।

उपेक्षाक दृष्टिसँ देखैत होथि; भए सकैत अछि जे धनक प्राचुर्यकें पाबि ई लोकनि विद्याक अभ्यास के त्यागि देले होथि। जाहि कोनहु कारण सँ हो हरिसिंहदेवीक समाजमे ओञिनिबारक सत्ता आरम्भमे बड़ न्यून छल ओ ओञिनिबारसँ सम्बन्ध करब अपना कुलके नीच करब छल। ओही ओञिनिवार राजकुलक कन्यासँ रामेश्वरक दू गोट बालक विवाह कएल ओ सब सँ जेठ ग्रहेश्वरक जेठ बालक गदाधर ओञिनिवारक दौहित्री मे विवाह कएल। हिनका लोकनिके आओरो विवाह छल, ओञिनिवारक सम्बन्धसँ बँचल रामेश्वरकें अनेको पौत्र छलथिन्ह परन्तु रामेश्वरक तीनू बालक ओञिनिबार राजकुलक अनायत सम्बन्धी ई प्रवाद समाजमे अवश्य प्रसृत भए गेल होएत। एना समस्त परिवार ओञिनिवार राजकुल सँ एहि रूपें सम्बद्ध आन दोसर कोनहु कुलमे नहि भेटैत अछि।

जे लोकनि ओञिनिबारसँ सम्बद्ध नहि छलाह ताहि मे ब्रह्मपुर ओ जमुगाम शाखा तँ बहुत दिन धरि विद्याक व्यवसाय सँ अपन मर्यादा किछु किछु अवश्य राखल परन्तु तथापि जे क्रमिक ह्रास होइत गेल तकर कारण विशेष अनुसन्धानसापेक्ष अछि। परन्तु सब सँ आश्चर्य तँ ई जे अलयी मूलक जे अलयी शाखा सब सँ विशेष अपन मर्यादाक रक्षा कएल से छल म.म. लक्ष्मीधरक बालक, महाराज भवेश्वरक दौहित्र, म.म. रघुझाक डेरा। ओञिनिवारक दौहित्र भए ई अपन जातीय गौरवक कोनाके रक्षा कएल ई अवश्य उपदेशप्रद अछि। निश्चय ई सरस्वतीक उपासनाक फल थीक जे रघुझाक सन्तान नहि त्यागल। विद्यासँ विनय, ओ विनयसँ पात्रता प्रसिद्ध अछि ओ से पात्रता पाबि ई लोकनि जातीय अपकर्षक अपमान सहि-सहि उत्तम कुल सँ सम्बन्ध करैत गेलाह ओ तेँ पूर्वक दोष क्रमशः झँपैत गेल। आन-आन शाखाक लोक सब सँ अपमान नहि सहलें होएताह ओ अपन अभिमानक वेगमे भसिआए छोट भेल गेल होएताह।

परन्तु अलयी मूलकेँ हमरा जनैत आधुनिक समय मे एतेक 'बदनाम' कएलक अछि एकर बैंगनी शाखा। बनैली राज-वंशक प्रतिष्ठा भेलाक पर मिथिला मे एकर बड़ प्रसिद्धि प्रसृत भए गेल। परन्तु मिथिलाक आओर सब राजकुल उच्च कुलक छल। खण्डबला कुलक चर्चे नहि हो; पहसरा एवं सौरिआक राजवंश सोतिक वंश छल; राजा विजयगोविन्दसिंह सोति छलाह, रजौरहु राजवंश आरम्भ मे सोतिक वंश थीक। केवल बनैलीक राजवंश छोट कुलक बुझल जाइत छल अछि ओ तेँ साहचर्य वशात् बैंगनी शाखाक सङ्ग-सङ्ग समस्त अलयी मूलकेँ साधारण जन अत्यन्त हेय दृष्टि सँ देखए लागल इहो एक गोट कारण भए सकैत अछि।

परन्तु बैंगनी शाखा की सत्ये एतेक छोट छल? हम कहि आएल छी जे पत्रपञ्जी मे 'बुद्धिधरक सन्तति' ओ 'गदाधरसुत परभू सन्तति' बैंगनीक वासी कहल छथि। बुद्धिधरक पौत्र धरिक परिचय हमरा भेटल अछि ओ तावत् धरि हिनका सन्तानकें छोट नहि कहि सकैत छी। तकर उपरान्त एहि शाखा मे

बुद्धिधरक केओ सन्तान छथिओ की नहि से हमरा ज्ञात नहिं ओ तें ओहि प्रसङ्ग किछु कहब असम्भव। जँ केओ छथि ओ छोट भेलाह तँ बुद्धिधरक पौत्रक पश्चात ओ से जनबाक साधनो हमरा नहि अछि। परभूक तँ विवाह नहि भेटैत अछि ओ ते ओहू प्रसङ्ग किछु कहब असम्भव। उपलब्ध अछि गदाधरक बालक हरिकरक सन्तानक परिचय, बनैली राजवंशक कारणे, ओ पत्रपञ्जी मे हिनक उल्लेख नहिओ अछि तथापि जे ँ विद्यमान छथि ते ँ 'हरिकरक सन्ततिकें बैंगनीक वासी' मानि लेअए पड़ैत अछि।

एतए पुनि हम दोहराएब जे बुद्धिधरक ते ँ कथे नहि, गदाधरहुक विवाह मे कोनो दोष नहि छल। पूर्व जे सम्बन्धपरम्परा हम देखाए आएल छी ताहि सँ स्पष्ट अछि जे बुद्धिधर अवदात छलाह, हुनक बालक एवं पौत्र सेहो अवदात छलाह। तकर पश्चातक समाचार ज्ञाते नहि अछि। गदाधरक तेसर विवाह ओञिनिबारक दौहित्रीसँ छल, कलिगामएक ओहिठाम, ते ँ छोट ओ अवश्य छल, परन्तु कोनो दोष नहि भेटल अछि जाहि कारण सँ हुनक सन्तति एना समाज मे खसि पड़ए। गदाधरक बालक हरिकरसँ लए परिचय तँ भेटैत अछि परन्तु मूलपञ्जीक रूपमे, अति संक्षिप्त। यथा हरिकरक विवाह छल कलिगाम मूलक होरेक कन्या मे एतबे लेख अछि। ई होरे के छलाह, ककर बालक, ककर दौहित्र, हिनक विवाह कतए इत्यादि कथा किछु नहि भेटैत अछि। हरिकरक बृद्ध प्रपौत्र भरत धरि एहिना संक्षिप्त परिचय अछि जाहि आधारपर किछु विचार करब सम्भव नहि अछि। भरतक बालक रामकृष्णझा, नैयायिकक विवाहक परिचय किछु विशेष अछि ओ तहिना हुनक बालक विश्वेश्वरक, ओ तिनक बालक देबान देवानन्दक। छोट हिनकहु लोकनिक विवाह अछि परन्तु पूर्व पाँच पुरुषक प्रसङ्ग तँ सेहो कहब कठिन अछि। ते ँ हमर अनुमान अछि जे हरिकरक विवाह मे कोनो दोष छल जाहि कारण सँ हुनक सन्तान समाजमे खसि पड़लाह, नीक लोकसँ सम्बन्ध छूटि गेलैन्हि, ओ पत्रपञ्जी समेत मे हिनक उल्लेख नहि भेल। पुनि पाँच पुरुष धरि खसल-खसल ई लोकनि जएबारक श्रेणी मे चल गेलाह ओ ताहू मे जेना कलंकित रहथि तेना दबल रहलाह। हरिकरक प्रपौत्र पण्डित भेलाह महोपाध्याय रामभद्र; हुनक बेटा महोपाध्याय भरत पण्डित भेलथिन्ह; पौत्र महोपाध्याय रामकृष्णझा पण्डित भेलथिन्ह। ते भरत सँ आगाँ वैवाहिक सम्बन्धमे किछु उत्कर्ष दृश्य होइत अछि; रामकृष्णक कन्याक विवाह सत्कुलमे देखैत छी। याज्ञवल्क्यक वचनक अनुसार रामभद्रसँ छठम हजारी परमानन्द चौधरीक विवाह हमरालोकनि नीक पञ्जीबद्ध मे देखैत छी। तँहि परमानन्द चौधरीक नामपर पाँजि सेहो प्रवर्त्तित भेल। हरिकरक दोष रामभद्र झाँपब आरम्भ कएल ओ परमानन्द चौधरीक समय मे आबि ओ झाँपल भेल।

हरिकरक विवाहमे दोष कोन जाहि कारणे हुनक कुल एहि रूपे ँ कलंकित भए खसल से कहब असम्भव अछि। छलाह ओ धर्माधिकरणिकक बालक, मातृक

छल हुनक जातिक लेखें छोट, बड़ छोट, कलिगाम मूलक भुतहरी शाखा, परन्तु बड़ ऐश्वर्यशाली। हुनक मातामह सान्धिविग्रहिक छलाह, एक गोट मातामहभ्राताकें राजाक उपाधि छल ओ दोसर पुनि सान्धिविग्रहिक छलाह। मातामहक साक्षाते पिसिऔत भाए महाराज देवसिंह छलथिन्ह ओ मातामही महाराज गणेश्वरक कन्या, महाराज कीर्ति सिंहक वैमात्रेय बहीनि छलथिन्ह। एहि हरिकरक विवाह देखैत छी 'कलिगाम' मूलमे। परिचय तँ उपलब्ध नहि अछि जाहि आधार पर कहि सकब जे हरिकरक मातृक 'कलिआम मूलक भुतहरी शाखा' ओ हरिकरक श्वशुरक 'कलिगाम मूल' मे परस्पर कोन सम्बन्ध। गोत्रपञ्जी मे दुहू भारद्वाजगोत्रमे पठित अछि। हमरा पूर्ण सन्देह अछि जे हरिकरक ई विवाह अनधिकार मे छल, कारण जे कलिगाम हिनक मातृकुल छल ओ मातृकुल मे विवाहक अधिकार मे मातृसपिण्डाक वर्जन बहुत दूर धरि अस्वाजन्यक वारण करैत छैक। कोनो आश्चर्य नहि जे अपन ऐश्वर्यक मदमे जानिकें अथवा अज्ञानतः हरिकर प्रायः अनधिकारमे विवाह कए लेने होथि। परन्तु अनधिकार मे छल किंवा नहि, छोट धरि ई अवश्य छल ओ हिनक मातृकुल जकाँ हिनक श्वशुरहुक ई कलिगामएक कुल निन्द्य छल।

परन्तु जाहि कोनहु कारणे हो, अलयी मूलक बैंगनी शाखा दोषावह बुझल जाए लागल, समाज मे हेय भए गेल, नीक कुलसँ सम्बन्ध छूटि गेलैक, अत्यन्त साधारण जएबारक श्रेणी मे, सेहो जेना कलंकित रहए तेना, परिगणित होअए लागल। मुदा पुनि एकर क्रिया क्रमशः व्यवस्थित होअए लागल ओ हजारी परमानन्द चौधरीक विवाह जे पञ्जीबद्ध मे भेल तहिआसँ पुनि एहि डेराक सम्बन्धक उत्कर्ष कोन कुल सँ न्यून अछि! हजारी चौधरीक कन्याक उल्लेख नहि अछि परन्तु राजा दुलारसिंहक समयसँ लए केहन केहन सत्कुलक व्यक्तिकेँ एहि वंशक राजकन्या सब प्रदत्त भेलि अछि। द्वितीय वर किंवा तृतीय घर कथूक विचार नहि कए केवल जातीय गौरवक प्राप्त्यर्थ पैघहि पैघ सोतिकेँ ई लोकनि कन्या देल अछि ओ ताहि प्रसङ्ग व्यय कतेक कएल अछि! मनु कहैत छथि जे कुलकेँ उत्कर्ष प्राप्त हो से यदि इच्छा रहए तँ उत्तम उत्तमक सङ्ग सम्बन्ध करी। विचार करू जे एहिसँ उत्तम-उत्तम आओर के भए सकैत छथि जनिका सङ्ग सम्बन्ध कएल जाय। ओ ई सब कोन उद्देश्य सँ—इएह ने जे कुलक उत्कर्ष हो। कुमार श्री कृष्णानन्दसिंह जे हालहिमे दू गोट कन्यादान कएल अछि तकर चर्चा नहि हो, ओ हरिसिंहदेवी सँ बहुत व्यापक क्षेत्र मे पड़ैत अछि, नहि तँ राजा दुलारचौधरी सँ लए आइ धरि एको गोट कुविवाह एहि कुल मे भेल अछि? हजारी परमानन्द चौधरी सँ छठम ठाम राजा कीर्त्यानन्द सिंह बहादुरक बालक ओ भातिज लोकनि तथा कुमार श्री गङ्गानन्दसिंह सबहुँ भाइ पड़ैत छथि। एहि छओ पुरुषक क्रिया हिनका लोकनिक कोन रूपक मर्यादा प्रदर्शित करैत अछि, सामाजिक व्यवस्थाक प्रति कोन रूपक अनुराग द्योतित करैत अछि, जातीय गौरवक हेतु कोन रूपक त्यागक आदर्श उपस्थित करैत अछि!

हजारी परमानन्द चौधरी सँ आरम्भ कए एहि राजकुलक सबहु व्यक्तिक अपन विवाह केहन भेल अछि ! छओ-सात गोट सोतिक कन्या छोड़ि आओर जतेक कन्या एहि कुलमे आइलि छथि से सब योग्यक प्रतिष्ठित कुल सब सँ, जकरा सोति सँ सनातन सम्बन्ध पूर्वहु ओ परहु। एखन जे अविवाहित बालक किंवा कन्या बनैली किंवा श्रीनगरमे छथि तिनक यदि सोड़हो कुल देखल जाए तँ पैत्रिक कुलके छाड़ि आओर पन्द्रह गोट महाकुलहिक परिचय भेटत, ओ ताहि मे कए गोट तँ सोतिहिक कुल होएत। श्री भीमनाथमिश्रक कन्या किंवा बालकक सोड़हो कुल मे आधा तँ सोतिहिक महाकुल अछि ! एहना स्थिति मे आब हजारी परमानन्द चौधरीक डेराकेँ छोट कहब, सामान्य कहब, कलंकित कहैत रहब हरिसिंहदेवीक उपेक्षा थीक, दुराग्रह थीक, मिथ्याभिमान थीक। ने एहि डेरा मे 'कुविवाह' अछि ने 'क्रियाक लोप' अछि, ने 'विद्याक अनध्ययन' अछि, ने 'ब्राह्मणक अतिक्रमण' अछि। 'उत्तमसँ उत्तम सम्बन्ध' भेल अछि ओ से छओ पुरुष सँ होइत आएल अछि। याज्ञवल्क्य जातिक उत्कर्ष अधिकसँ अधिक सतमा ठाम कहैत छथि। शूद्रहुक सम्पर्क रहए तँ नीक क्रिया करैत-करैत सातम ठाम कलंकक लोप भए जाए ओ सन्तान पूर्व सत्ताकें पाबि जाए। मनु कहैत छथि–

उत्तमानुत्तमान् गच्छन् हीनान्हीनांश्च वर्जयन्।
ब्राह्मणः श्रेष्ठतामेति प्रत्यवायेन शूद्रताम् ॥ 4-245

अर्थात् उत्तम उत्तम सम्बन्ध करैत ओ हीन हीन सम्बन्धकें छोड़ैत ब्राह्मण श्रेष्ठताके पबैत छथि। एकर विपरीत क्रिया कएलासँ शूद्रताकेँ प्राप्त होइत छथि।

मानि लेल जे ई कुल शूद्रता केँ प्राप्त कएलें छल, छोट क्रिया करैत-करैत अपकर्षक पराकाष्टापर पहुँचि गेल छल परन्तु तैओ त याज्ञल्क्यक वचनानुसार आब हजारी परमानन्दचौधरीक वंशधरके जातिक उत्कर्ष उचित प्राप्त छैन्हि। तकर प्रत्यक्ष प्रमाण परमानन्द चौधरीक नामक पाँजिक सत्ता थीक जे स्वर्गीय राजर्षि मिथिलेशक निर्धारित कएल थीक। ओहि मे योग्य सँ अव्यवहित निम्न श्रेणीमे ई पाँजि राखल गेल ओ ताहि प्रसङ्ग हम तँ एतेक धरि कहब जे सेहो स्थान एहि कुलक क्रिया देखि एकरा हेतु पूर्ण उपयुक्त नहि भेल। केवल दृष्टान्तक हेतु हम कहैत छी जे श्रीकान्तझासँ एहि पाँजिक सत्ता कोन दृष्टिसँ, कोन आधारपर, कोन कारणेँ न्यून हो?

ई तँ भेल सिद्धान्तक दृष्टि सँ। दृष्टान्त सेहो हम देखबैत छी। ताहि प्रसङ्ग हम 'बलिआस' किंवा 'एकहरा' मूलक चर्चा एहि छोट प्रबन्ध मे नहि करब; पञ्जी मे एहि दुहू मूलकेँ मध्यम श्रेणीक कहल अछि मुदा विद्याक वैभव सँ ओ क्रियाक उत्कर्ष सँ ओ सम्बन्ध-परम्पराक महिमा सँ ई दुहू कुल बहुत दिन भेल बड़ उत्कृष्ट कुलक गणना मे आबि गेल। हम दृष्टान्त दैत छी 'सुरगण' क। पञ्जीमे एहि कुलक गणना मध्यम श्रेणी मे अछि ओ एखनहु एहि मूलक "लोआम"

शाखाकेँ छोड़ि —ताहूमे समरसिंहक डेरा— शेष समस्त मूल निकृष्ट बुझल जाइत अछि। परन्तु महाराज महेशठाकुरहिक समयमे एहि कुल मे समरूराय नामक एक जन महापुरुषक प्रादुर्भाव भेल। ई छलाह 'तिलैबार' अगरूरायक दौहित्र ओ अगरूरायकेँ ओइनिबार राजकुल सँ सम्बन्ध। समरूरायक पितामहक वैमात्रेय बहीनि 'विदुषीरत्न महादेवी लखिमा' छलीह से कहि आएल छी। ई समरूराय पुरैनिआक चौधराइ लए पहसरा राज्यक प्रतिष्ठा कएल जे राज्य सात पुरुष धरि हिनक वंशधरकेँ रहल। अन्तिम पहसराधीश, अथवा डा. बुकननक शब्द मे पुरैनिआक राजा, भेलाह इन्द्रनारायणराय जे समरू रायक अनेक प्रपौत्रक प्रपौत्र छलाह। समरू रायक अनेक विवाह, प्रथम पक्ष मे हिनक प्रपौत्रक प्रपौत्र श्री लक्ष्मीनारायणराय सम्प्रति विद्यमान छथि। दोसर विवाह मे हुनका पहसराधीश लोकनि संतान। दोसर विवाह जाहि मे हुनक संतान पहसराध्रीश = लोकनि, से छल 'माण्डर' मूलक 'सकुरी' शाखाक गोविन्दक कन्यामे जनिक पितामहीक मातामही 'लघुदहिभतवार' जीवेश्वर पाठकक प्रपौत्री छलीह। एहि जीवेश्वर पाठकक जाति 'दुष्ट' छल, दोष सँ युक्त छल। आश्चर्य तँ ई, अत्यन्त आश्चर्यक विषय, जे जीवेश्वरकें सन्तान कतेक भेल कतए कतए ने पसरि गेल ! परम्परया बड़-बड़ कुल हिनक सन्तति कोटि मे पड़ैत अछि परन्तु तप्त अग्नि-खण्ड जकाँ जमेहर जमेहर-हिनक सम्पर्क पड़ैत गेल सबकें ई दगैत गेलाह। कतेक अवदात कुल मे ई दाग लगाओल अछि, कते केँ पाँजि हिनक सम्पर्कक कारणे निर्धारित भेल अछि, कतेककेँ ई कलंक भेल छथि। एही जीवेश्वर सँ आठम ठाम पड़ैत 'मड़रए' गोविन्दक कन्यामे समरू रायक बालक राजा कृष्णदेवरायके हमरालोकनि सोतिमे उठाए लेल ओ बड़ बड़ जन हुनका कन्या देल ! राजा कृष्णदेव रायके चारि गोट विवाह, चारू पैघ ठाम। एक गोट जे 'माण्डर' मूलक 'जगौर' शाखाक सदुपाध्याय भवानीनाथ झाक बहिनिमे छल से हम पूर्वहिं कहि आएल छी। दू गोटाक वंश लुप्त अछि तेँ नहि कहि जे ओ लोकनि सोति छलाह वा नहि। परन्तु हुनक तेसर विवाह छल 'खौआल' मूलक 'सिम्बरवार' शाखाक ऐंठी झाक बालक लक्ष्मीपति झाक कन्यामे, 'कन्हौली सोदरपुर' मूलक म. म. नरहरिझाक दौहित्री मे। एही नरहरिक प्रपौत्रक पौत्र मङरौनीक विघ्नेश्वरझा ओ नन्दीश्वरझा सबहुँ भाइ छलाह। सुरगणके कन्या दए लक्ष्मीपतिझाक सत्ता समाज मे किञ्चिन्मात्रो न्यून नहि भेल। हुनक एक मात्र बालक गौरीपति झा बड़का सोति छलाह, बड़ प्रतिष्ठित। हुनका दू विवाह, प्रथम "नरओन" मूलक 'त्रिपुरौली' शाखाक 'अविलम्ब-सरस्वती' वटेश्वरक पौत्री म.म. राम सरस्वतीक कन्यामे ओ दोसर म.म. महाराज महेश ठाकुरक जेठ भाए, 'कुसुमाञ्जलि' क 'जलद' नामक टीकाक कर्त्ता, म.म. मेघठाकुरक दौहित्र 'हरिअम्बए' श्याम मिश्रक कन्यामे। प्रजापति जकाँ गौरीपति झाक सन्तान समस्त सोतिपुराक बड़का बड़का डेरा पसरल अछि ओ एही गौरीपति झाक प्रपौत्रक प्रपौत्र सरिसबमे कविशेखर श्री बदरीनाथझा

वृद्धिमान वर्तमान छथि। कृष्णदेवरायक छोट भाए रूपराय हरिदेवक विवाह 'खौआल' मूलक 'महनौरा' शाखा के भवनाथक कन्यासँ भेल जाहि भवनाथक अपर विवाहक कन्या सँ महाराज महेशठाकुरक बालक म.म. अच्युतठाकुरक विवाह, जनिक दौहित्र 'अविलम्बसरस्वती' 'श्रुतधर' रघुदेव मिश्र ओ हरिदेवमिश्र छलाह। समरू रायक बालकके कन्या दए 'खौआड़ए' लक्ष्मीपतिझा सुरगणक एहि डेरा के उठाए लेल ओ तहिआ सँ सुरगणक मूलक नाम पर पाँजि प्रवर्तित भेल जे आगाँ जाए ओही समरूरायक अतिवृद्धप्रपौत्र सौरिआधीश चन्द्रनारायणरायक विवाहक लागिसँ दोसर दोष आबि गेला उत्तर एक गोट छोट मुदा ओही नामक दोसर, 'छोटका सुरगण', पाँजिक सृष्टि भेलाक पर 'बड़का सुरगण' कहबए लागल। एखन पर्यन्त 'बड़का सुरगण' पाँजिक लोक सोति मे छथि ओ आब तँ ई बड़का पाँजि बुझल जाइत अछि। वर्त्तमान श्री लक्ष्मीनारायणराय समरू राय सँ दशमा ठाम पड़ैत छथि ओ एहि आठ पुरुषसँ हिनका कुल के॑ सबटा सम्बन्ध बड़का सोतिक ओहिठाम होइत आएल अछि। हँ, जे सोति सँ बाहर भए अन्यत्र क्रिया कए लेल से तँ स्वयं सोतिसमाज सँ बहिर्भूत भए गेलाह। कहबाक अभिप्राय जे 'तिलैबार' क दौहित्र समरूराय; मूल हुनक छोट 'सुरगण'; विवाह हुनक तेहन कन्यासँ जकरा 'जातिक दोष', नवम ठाम पड़ैत। परन्तु तैओ समरूरायक बालकको एक जन महाकुलीन श्री त्रियपुङ्गव अपन कन्या दए हुनका सोति मे उठाए लेल, सोतिसमाज हुनक परिग्रहण कए लेल, ओ तहिआ सँ बड़का बड़का सोति अपन कन्या एहि कुलक वंशधरके देअए लागल, एहि कुलक कन्या ग्रहण करए लागल। समाजक परिग्रहण सँ सब दोष झाँपल भए गेल। ओकर स्मरण करओनिहार रहि गेल केवल सुरगण मूलहिक नाम पर प्रवर्तित पाँजि जे ओहि कुलक सन्तानके समाज मे परिचित करबैत रहल!

दोसर दृष्टान्त हम देव 'फन्नाबार' क। एहि मूलक प्रसङ्ग तथा एहि मूलक वंशधर महाजनलोकनिक जातिक प्रसङ्ग हम नहि किछु कहब, कहबाक प्रयोजन नहि छैक। महाराज महेशठाकुरक समय सँ किछु एमहर आबि एहि कुल मे रामभद्र झा नामक एक गोट महापुरुषक प्रादुर्भाव भेल जनिक एक गोट विवाहक सन्तानकोटिमे 'नन्दन झा' पाँजि पड़ैत अछि से हम पूर्वहिँ कहि आएल छी। अपर विवाह ओ 'संकराढ़ी' मूलक श्रीकान्तझाक कन्या मे कएल। एहि द्वितीय पक्षक हुनक सन्तान दक्षिणामूर्तिक प्रसाद सँ सिद्धि प्राप्त कए सरस्वतीके जेना वश्या कए लेल ओ चारि पुरुष धरि, प्रायः दू सए वर्ष धरि, मिथिला मे विद्याक ज्योति जेना रामभद्रझाक सन्तानक घोर मे जरैत छल हो। एहन विद्याक उत्कर्ष ओ ताहि सँ वैभव सिद्धिक एहन चमत्कार, एमहर अन्यत्र नहि कतहु देखल अछि। परन्तु सिद्धवंशक भैओकें जाति मे ई लोकनि छोटे रहलाह। तकार प्रतीकार मे ई लोकनि पैघ पैघ कुल सँ सम्बन्ध करए लागि गेलाह। कतेक सतकुलक बालक हिनका लोकनिक ओहिठाम

बिकाए अपन गौरव ध्वस्त कएलक; कतेक पैघ-पैघ लोकक कन्याके हिनका लोकनि विवाहि विवाहि अपना ओहिठाम आनल। फलतः श्रीकान्तझाक नाम पर पाँजिक सृष्टि भेल ओ हरिसिंहदेवी समाजपद्धति मे जाहि कुलक कतहु गणना नहि छल से पञ्जीबद्धक श्रेणीमे पहुँचि गेलाह। सोति मे तैओ ई पाँजि बड़ पश्चात परिगृहीत भेल अछि परन्तु पछवारिपारक लौकितक श्रेणी-विभाजन मे 'श्रीकान्त झा' क स्थान योग्यक श्रेणीक अव्यवहित उत्तर, पञ्जीबद्धक लौकितक माथहि पर, परमानन्दचौधरी ओ कमलयनपाठकक श्रेणी मे परन्तु एहि सब सँ उपरहिँ, निर्धारित कएल गेल! एमहर आबिकें तँ ओहि रामभद्रझाक पौत्र, 'विद्यानिधि' म.म. पीताम्बर उपाध्यायक बालक, 'तर्कपञ्चानन' म.म. गोकुलनाथ उपाध्यायक प्रपौत्रक प्रपौत्री मे जखन श्री५मन्मिथिलेश स्वयं विवाह कएल अछि तखन तँ एहि मूलक न्यूनता हँटि गेल, रामभद्र उपाध्यायक जातिक दोष झाँपल भए गेल, विद्यानिधि पीताम्बर उपाध्यायक विवाहक कलंक प्रक्षालित भए गेल, दक्षिणामूर्तिक प्रसादक फल प्रपूर्ण भए गेल, सरस्वतीक उपासना सम्पूर्ण सिद्धि देखाए देलक! स्पर्शमणिक सदृश श्री५मन्मिथिलेशक चरणक स्पर्श सँ 'फनन्दह' मूल हरिसिंहदेवीक सुवर्ण भए सोति मे परिगृहीत भए गेल!

हम कहल अछि जे अनुसरण कएल राजा दुलारसिंह सएह नीति जे हुनक आश्रय सुरगण-राजा लोकनिक पूर्वज समरूराय धएलें छलाह। इहो अपन बेटाक विवाह ताकिकें एक गोट महाकुलीन ओ जातिमान सोतिक कन्या मे कराओल। उग्रसिंहठाकुर अपनहि टा पैघ लोक नहि रहथि, हुनक सम्बन्धी सबटा पैघहि ठाम छल। आशा तँ राजा दुलारसिंहकें इएह छल जे जेना लक्ष्मीपतिझा अपन जातिक प्रताप सँ, अपन व्यक्तित्वक गरिमासँ, अपन सामाजिक प्रतिपातिक महिमासँ सुरगण राजकुमारकें अपन कन्या दए हुनका सोति बनाए लेल, ओ हुनक अनुसरण करैत करैत बड़का-बड़का सोति सुरगण सँ सम्बन्ध करए लागि गेलाह तहिना उग्रसिंह ठाकुर सेहो कए सक = ताह। परन्तु सोतिक सामाजिक व्यवस्थामे एहि मध्यमे जे विराट् परिवर्तन भए गेल छल से हुनका दृष्टि मे नहि आएल, उग्रसिंहक व्यक्तित्वक परिचय हुनका नहि भेल। परिस्थितिक प्रतिकूलता सँ राजा दुलारसिंहके ँ फल उनटले भेल!

जामि समयमे सुरगणकें सोतिसमाज ग्रहण कए लेलक ताहि समय मे हरिसिंहदेवीक रूप दोसर छल। समाजक प्रत्येक व्यक्ति स्वतन्त्र छल ओ अपन मर्यादाक रक्षा स्वयं करैत छल, शासनक प्रयोजन ताहि हेतु नहि भेल छल। यदि कोनो नव क्रिया करबाक होइत छलैक तँ तदर्थ सभा होइत छल ओ सभाक निर्णयानुसारहि ँ से कएल जाइत छल। ताहि मे सामाजिक प्रतिपत्तिक लोक बहुमतके ँ मिलाए अपन मर्यादाक रक्षा करैत न्यूनो काज कए लैत छल ओ से पचाए लैत छल। सोति, योग्य ओ पञ्जीबद्धक मध्य मे वैवाहिक प्रतिबन्धो तावत्

पर्यन्त विशेष नहि भेल छल ओ जाति मे न्यूनहुकें पैघ लोक कन्या दए ओकर सत्ता उच्च कए दैत छलाह। एहना परिस्थिति मे लक्ष्मीपतिझाक सदृश प्रभावशाली महाकुलीन जन जे सुरगणकें जमाए कएल ओ से सुरगण यदि विनम्र भए सोतिक अनुजन करैत, सोतिक आचार ओ व्यवहारक यथावत पालन करैत, सोतिआइक मर्यादाक रक्षा करैत, हरिसिंहदेवी व्यवस्थाक अनुसरण करैत, सोतिसमाजमे परिगृहीत भए गेलाह तँ से कोन आश्चर्य!

परन्तु राजा दुलारसिंहक समय धरि अबैत-अबैत तँ अनेको सोतिक, वैयक्तिक स्वतंत्रताकें स्वच्छन्दता जानि, उटपटाङ्ग क्रिया सँ समस्त सोतिसमाज संक्षुब्ध भए गेल छल। विशेषतः जे लाकनि श्रीमान छलाह तनिक उच्छृङ्खल क्रियाक नियंत्रण आवश्यक छल। तें हरिसिंहदेवीक शासनसूत्र महाराजमाधव सिंह बहादुरकें दए देल गेल छल। आब तँ कोनहु नव क्रियासँ पूर्व मिथिलेशक अनुमति प्राप्त कए लेब आवश्यक भए गेल छल। जनमत अनूकूल कए ई अनुमति प्राप्त करब असम्भव नहि छल, परन्तु ताहि हेतु तँ सोतिक अनुव्रजन करए पड़ैत, नम्र होअए पड़ैत। एमहर समयक प्रगतिकें पाबि सोति ओ श्रोत्रियेतर समाजक मध्य मे बड़ विकट प्रतिरोध पड़ि गेल छल ओ सोति सँ भिन्न व्यक्तिकें कन्या देव महापातक सदृश हेय बुझल जाए लागल छल। हरिसिंहदेवीक मूल तत्त्व जनसाधारणकें बिसरए लागल छल; पाँजिक प्रावल्य सँ मिथ्याभिमान सेहो समाजमे प्रविष्ट होअए लागल छल। विद्याक अवनति ओ केवल जातिक प्रति पक्षपात समाजक भित्तिकें अबल बनाए रहल छल। प्राचीन मर्यादाक उपेक्षा व्यक्तिगत स्वार्थक हेतु पैघो लोक करए लागि गेल छलाह। एहना प्रतिकूल परिस्थिति मे राजा दुलारसिंह यत्न कएलनि जे उचित परमानगी लएकें सम्बध करी। राजा दुलारसिंह तँ मिथिलेशक सपिण्डक कन्या लए जाइत छलाह, सेहो महाराज महेश ठाकुरक डीह पर सँ, भौरसँ, ओ उग्रसिंह ठाकुर तँ राजा दुलारसिंहक सदृश प्रतापी पुरुषसिंहके समधी पाबि जे राज्य महाराज हेमाङ्गदठाकुर त्यागने छलाह तकरहि उपार्जन करबाक मनसूबा करैत छलाह ओ मिथिलेशक प्रतिस्पर्धा मे राजत्वसूचक 'सिंह' उपाधि धारण कए लेल। ताहि सङ्ग सङ्ग जखन बड़का सोतिक नेना सबकें प्रच्छन्न रूप सँ लए जाए ओकर विवाह, फन्नाबार जकाँ, अपना कन्या सँ करबए लगलाह तखन तँ समस्त सोतिपुरा मे बनैलीक एक गोट आतङ्क पसरि गेल, सकल साधारण सोति बनैलीक विरुद्ध भए गेलाह।

एकर परिणाम अत्यन्त कटु भेल। राजा दुलारसिंहक ओ हुनक सन्तानक प्रसङ्ग सोतिपुरा मे एक गोट विद्वेष पसरि गेल। उग्रसिंहठाकुर सबहुँ भाइ सोतिसमाजसँ वहिष्कृत भए गेलाह। उग्रसिंह ठाकुरक पौत्र म. म. कृष्णसिंह ठाकुर अपन विद्या, विनय ओ नैष्ठिकतासँ स्वर्गीय महाराजाधिराज मिथिलेशकें प्रसन्न कए पुनि सोति समाजकें अनूकूल कए अपना दुहू भाइपर अनुग्रह कराए लेल ओ तें जगतसिंह ठाकुरक सन्तान मात्र भौर मे सोति छथि; शेष उग्रसिंहठाकुरक अन्यान्य बालकक

सन्तान तथा उग्रसिंह ठाकुरक अन्यान्य भाएक सन्तान सबकेओ सोति सँ बहिष्कृते छथि ओ कतोक तँ आब जएबारहुक श्रेणीके सम्प्राप्त छथि। रूपे महाराज महेश ठाकुरक सबसँ उच्च विवाहक सन्तान जे छओ पुरूष धरि सोतिआइक मर्यादाक सर्वतोभावेन रक्षा कएल ओ जातिक गौरव अक्षुण्ण राखल से जेना एकहि बेरि पतित भए गेलाह ओ भौर सँ सोतिक डेरा जेना ऊठि गेल। ओमहर बनैली तहिआ सँ सोतिसमाजक दृष्टिमे हेय भए गेल ओ एहि डेढ़ सए वर्ष सँ हरिसिंहदेवीक समाज मे गोलेशीक वीज बनल अछि। सोतिसमाज एहि दीर्घकाल मे अपन कतेक नेनाकेँ वनैलीक सम्पर्कक कारणेँ त्यागि देलक अछि ओ ताहि सँ सोतिसमाजकेँ आर्थिक कतेक क्षति भेलैक अछि, मानसिक आधि कतेक सद्ह्य करए पड़लैक अछि, अपनामे वैमनस्य कतेक भेलैक अछि, सामाजिक शृङ्खलाकेँ कोन रूपक अभिघात भेलैक अछि।

बहुत समय बीति गेल। नीति कहैत अछि जे 'ऋणव्रणकलंकानां काले लोपो भविष्यति।' से काल आब सम्प्राप्त अछि। बहुत गोलेशी कएल। त्यागो हमरा लोकनि थेाड़ नहि कएल। विद्वेषक कारणके बिसरि हमरा लोकनिके आब उचित थीक जे पूर्वापर क्रियाक पर्यालोचना कए हजारी परमानन्दचौधरीक डेराक उचित सत्ताके स्वीकार कए ली। एही दृष्टि सँ तँ हमरा लोकनि राजा पद्मानन्द सिंहक दौहित्र श्री भीमनाथ मिश्र केँ पूर्ण सम्मानपुरस्सर अपन कौलिक मर्यादाक अन्तर्गत लए आनल अछि, कारण जे ई स्वयं महाकुलसम्भूत सोतिक कन्या, साहित्यसरोज राजा कमलानन्द सिंहक दौहित्री, मे विवाह कएलेँ छथि। अपना सँ वियुक्त अपन आत्मिककें अपनाए हमरा लोकनि एहि सँ राजा दुलारसिंहक सन्तानक दुहू शाखा, बनैली ओ श्रीनगर, दुहूक प्रति अपन सौहार्द प्रदर्शित कएल अछि। पूर्वक अप्रिय प्रसङ्गके बिसरि प्राचीन गोलेशीकें त्यागि, हमरालोकनि नवयुगक सूत्रपात कएल अछि, हमरा तँ इएह विश्वास अछि जे मिथ्याभिमान किंवा व्यक्तिगत राग ओ द्वेष जनिक हृदयकेँ संकुचित नहि कएने अछि से लोकनि एहि गोलेशी मे आब कोनो अर्थ नहि पओताह। कतेक छोट-छोट सत्ताक व्यक्तिक प्रति हमरा लोकनि अपन उदारता देखाओल अछि। तखन केवल एहीटाक प्रति अपन प्राचीन विरोध दृढ़ रखलेँ हमरा लोकनि न्यायक पथ सँ दूर होइते जाएब ओ न्यायक पथ त्यागि श्रेयक आशा करबे व्यर्थ; ताहिसँ सामाजिक श्रेय सम्पादन नहि भए सकैत अछि। न्याय की थिकैक सएह देखएबाक हेतु हमर ई यत्न भेल अछि ओ हमरा दृढ़ विश्वास अछि जे अपन सहज उदारता ओ हृदयक विशालताक परिचय दैत सोतिसमाज व्यक्तिगत राग-द्वेषकेँ त्यागि एहि प्रसङ्ग निष्पक्षपातरूप सँ विचार करताह। वस्तुतः योग्यक तँ कथे नहि, नीक पञ्जीबद्धहुक जातिक रक्षा सम्प्रति असम्भव भए गेल छैक ओ हरिसिंहदेवीक रक्षक श्री५मन्मिथिलेशके तकरो रक्षाक भार छैन्हिए।

सम्प्रति जे समय उपस्थित अछि से प्राचीन जातीय मर्यादाक हेतु सङ्कटक समय अछि। कतोक व्यक्ति कहैत छथि जे ई पुरान व्यवस्था आबक युगक हेतु अनुपयुक्त अछि ओ अधिक दिन नहि चलि सकैत अछि। मुदा हमर अन्तःकरण से नहि कहैत अछि। ओना तेँ एहि नश्वर सृष्टि मे सब कथूक नाश एक दिन अवश्यम्भावी छैक ओ ताहि नियमक अनुसार तँ एकरो विनाश कहिओ होएतैक, तकरा के रोकि सकत? परन्तु ऐतिहासिक विवेचना सँ हमरा स्पष्ट प्रतिभासित होइत अछि जे जेना ई अनादिकाल सँ एक ने एक रूप मे चल आबि रहल अछि तहिना अनन्त काल पर्यन्त एकर अस्तित्व अवश्ये रहतैक, एकर अत्यन्त विनाश नहि भए सकैत अछि। रूपक परिवर्तन तँ प्रत्येक युग मे होइतहिँ रहलैक अछि, अनेक बेरि भेलैक अछि, पुनि पुनि होइत रहतैक। से समय इएह सङ्कटक समय थीक ओ समाजक नेतागणकेँ समयकृत भार उपस्थित अछि जे अपन सामाजिक भित्तिकेँ पुनः सुदृढ़ कए ली जे आगामी बिरड़ो बिहाड़ि मे पुरान जे अपन घर अछि से उधिआएकेँ चल ने जाए ओ हमरा लोकनि निराश्रय ने भए जाइ। लोकसङ्ग सँ विशेष महत्वक एहि युग मे दोसर प्रतीकारे की भए सकैत अछि? ताहि सँ हमर बराबरि इएह प्रयत्न रहल अछि से हमर सामाजिक जे बन्धन अछि, हरिसिंहदेवीक प्राचीन जे मर्यादा अछि, जातीय गौरवक रक्षाक जे सनातन नियम अछि, तकरा बुझैत, ओकरा मानैत, ओकर पालन करबाक सङ्कल्प सँ, जे केओ सत्कुलक फूटल वा बौआएल व्यक्ति पुनि थाकिकेँ हमर शान्त एवं सुरक्षित आश्रय मे आबए चाहथि तनिकाँ हमरा लोकनि हृदयसँ लगाए अपना सङ्ग लगाए ली।

हरिसिंह-देवी व्यवस्थाक मूल थिकैक सश्रृङ्खल मर्यादा। ताहि हेतु ई अवधारण आवश्यक होइत छैक जे एतए धरि हमरा गन्तव्य थीक, ताहि सँ आगाँ हम नहि जाएब। तात्विक दष्टि सँ विचार कएला उत्तर बोध होएत जे सृष्टिक क्रमहु मध्य मर्यादा अपेक्षित छैक, ओ तकर रक्षा प्रकृतिओ करैत अछि। महाभारत मे तँ धर्महुक स्थिति मर्यादामे कहल अछि 'मर्यादायां स्थितो धर्मः।' एहि युगमे तँ 'स्वतन्त्रता' क अर्थ कएल जाइत अछि 'स्वच्छन्दचारिता'। ताहि सङ्ग मर्यादाक समन्वय कोना होएत? परन्तु एतबा धरि निश्चय जे भारतीयताक रक्षा होएत मर्यादासँ, स्वच्छन्दचारिता सँ नहि। सएह मर्यादा हमरहु समाजक अपन प्राचीन गौरवक रक्षा कए सकैत अछि। ताहि हेतु चाही त्याग, सामाजिक हितक हेतु वैयक्तिक त्याग। एहि त्यागक भावनाकेँ प्रधान कए, मर्यादाकेँ दृष्टिमे राखि, हरिसिंह देवी व्यवस्थापक सनातन स्तम्भभूत जातिरक्षा, सदाचारपालन एवं विद्याक व्यवसायकेँ मैथिल समाज पुनि पूर्ववत आदरसँ ग्रहण करए तँ निश्चय हमर समाजक उत्कर्ष स्वतन्त्र भारतकेँ पुनि चकित कए देत।

॥ इति ॥

गुरु गोविन्द सिंह

गुरु गोविन्द सिंह

मनुष्यमात्रकेँ, ओ हिन्दू हो अथवा मुसलमान, एक मानह।
एके परमेश्वर सभक सिरजनिहार थिकाह, पालनिहार थिकाह।
मनुष्य-मनुष्यमे भेद नहि मानह।
मन्दिर ओ मसजिद एके थिक।
तहिना एके थिक हिन्दूक पूजा ओ मुसलमानक नमाज!
मनुष्यमात्र एक थिक।

गुरु गोविंद सिंह

अनुवादकर्त्ताक प्राक्कथन

मिथिलाभाषाभाषी समस्त शिक्षित समाजकेँ एकर बड़ आनन्द छैक ओ गौरव सेहो छैक जे गुरु गोविन्द सिंहक सदृश सन्त महापुरुषक एहन सुन्दर प्रामाणिक जीवन-चरितक अनुवाद मैथिलीक साहित्य भंडार केँ प्राप्त भेल ओ तदर्थ गुरु-गोविन्द-सिंह-प्रतिष्ठान हमरालोकनिक अशेष धन्यवादक भाजन थिकाह। व्यक्तिगतरूपेँ हम एकरा सौभाग्य बुझैत छी जे ई अनुवादकार्य हमरा देल गेल ओ एना सम्पन्न भेल। अनुवाद-कार्य कठिन छैक जँ शब्द ओ भाव दूनूक अनुवाद करबाक हो। यथाकथञ्चित् से एहिमे भए सकल तकर हमरा संतोष अछि। गुरु गोविन्द सिंहक जीवन-वृत्तान्त उदात्त भावनाक उद्‌बोधक अछि। हमरा एहिसँ कतेक आनन्द ओ लाभ भेल अछि से कहि नहि सकैत छी; मिथिलाभाषाभाषी शिक्षित समुदाय एहिसँ प्रेरणा ग्रहण करताह, सिक्ख धर्मक अवदात गाथासँ उत्साह प्राप्त करताह, ओहि हेतु श्रद्धालु होएताह से हमरा पूर्ण विश्वास अछि। एहिमे गुण जे छैक से थिकैन्हि मूल-चरितक लेखक श्रीयुत हरवंश सिंहजीक जनिक लेख श्रद्धा ओ प्रामाणिकता दूनूसँ ओतप्रोत अछि; हँ एहिमे जे त्रुटि अछि से हमर ओ ताहि हेतु हम विनीत भए क्षमायाचना करैत छी।

दडिभङ्गा
दीवाली, 1966

श्रीरमानाथ झा

प्राक्कथन

महापुरुषक जीवन-चरित सदृश दुःसाध्य आन कोनो विषय लिखब नहि होइत अछि, कारण, बहुधा हुनक जीवनक पर्यवसान उद्देश्य-साधक किन्तु दुर्ज्ञेय कार्यमे होइत अछि ओ तेँ ओकर मूल्याङ्कन दू समान रीतिएँ भए सकैत अछि। तेँ कोनो आश्चर्य नहि जे जीवन-चरितक लेखक एहना स्थितिमे अन्तर्मुखी एकाङ्गी तथा एकान्त भङ्गिमा ग्रहण कए लैत छथि। साधारणतया एहन स्थिति तखन होइत अछि जखन हुनका प्रमाणपुष्ट सामग्री नहि भेटैत छन्हि अथवा ओ कोनहु आन्दोलनक विशेषत्व किंवा मूलतत्त्वक विवृतिमे सहानुभूति-पूर्वक प्रवेश नहि करए पबैत छथि। कहुखन केँ जीवनचरित शुद्ध कए घटना ओ अङ्कक संकलन अथवा यथाक्रम सजाएब मात्र होइत अछि; ओ साहित्यिक कृति नहि होअए पबैत अछि, कारण, ओकर निर्माण-कार्यमे लागल कल्पना-शक्ति मूलतः रसग्राही नहि छल। नीक जीवनचरित तँ इतिहास ओ साहित्यक संकर होइत अछि। एहने परिस्थिति गुरु गोविन्द सिंहक जीवनचरितक प्रसङ्गमे वर्त्तमान अछि ई खेदक संग मानए पड़ैत अछि। तेँ गुरु गोविन्द-सिंह-प्रतिष्ठानक प्रकाशन उपसमितिक ई निर्णय जे गुरु गोविन्दसिंहक एक गोट लोकप्रिय किन्तु प्रामाणिक जीवनचरित हुनक एहि त्रिशत-वार्षिक उत्सव वर्षमे-अङरेजीमे लिखाओल जाए कनिओ सबेर नीह बुझल जएबाक चाही, ठीक उपयुक्त समयमे लेल गेल अछि। एकर अभाव बहुत दिनसँ खटकैत छल ओ गुरुक नाम पर स्थापित प्रतिष्ठानकेँ अगत्या ई योजना अङ्गीकर्त्तव्य भेल।

प्रस्तुत जीवनचरित महान् गुरुक व्यक्तित्व ओ हुनक अवदात क्रियाकलापक पूर्ण सदृश भेल अछि, ओकर सौन्दर्यकेँ पूर्णरूपसँ प्रकाशित करैत अछि। विवरण अछि विवेकपूर्ण स्थिरमति तथा संतुलित तथापि ई धर्मानुराग ओ श्रद्धासँ अनुप्राणित अछि। एहिमे इतिहासकेँ कोनहु सिद्धान्त अथवा दृष्टिकोणक अनुकूल समर्थन नहि कएल गेल अछि। गुरु ओ गुरुसँ सम्बद्ध आन्दोलनक प्रसङ्ग नवीनतम शोधसँ अवगत भएकेँ लेखक महोदय जतए कतहु आवश्यक भेलैन्हि अछि ऐतिह्य ओ धर्मग्रन्थहुक प्रामाणिकता स्वीकार कएल अछि। तेँ जे जीवनचरित प्रस्तुत अछि

से प्रायः एहि रूपक प्रथमे आयास थिक, ओ जें एकर अनुवाद संगहि-संग सब प्रमुख भारतीय भाषामे भए रहल अछि तें एकर प्रचार विशाल एवं उत्सुक पाठक-वृन्दक मध्य पूर्ण रूपसँ होएत से विश्वास अछि।

गुरु गोविन्द सिंह इतिहासक ओहि ज्ञानीक वर्गमे छलाह जे धर्मक विषयमे वैचित्र्य-शून्य नीरस उपदेश नहि करैत रहलाह; ओ अपन अनुचरकें निर्भीकता, आत्मसम्मान ओ भक्तिक जीवन यापन करए सिखाओल। हुनक अनुयायिगण हुनका दशम नानक कहैत छथिन्ह। अतएव धर्म-विषय हुनक जे सिद्धान्त छलैन्हि से गुरु नानकक सिद्धान्तसँ सर्वथा अभिन्न छलैन्हि। गुरुनानक कहने छथि—"संसारक मैलक मध्यमे अहाँ निर्मल रहू।" गुरु गोविन्द सिंह सेहो अपन अनुचर-वर्गकें हृदयङ्गम कराए देल जे एकान्तमे आत्माकें पोषण करैत जनु रही। प्रत्युत पौरुष देखाउ, वीर होउ, संसारक व्यापारमे आकण्ठ डूबल रहू। अहाँक धर्म निष्ठा प्रकट होएबाक चाही ईश्वरक प्रति अहाँक प्रेमक प्राचुर्यमे, अहाँक जीवनमे स्वार्थक अत्यन्त तिरस्कारमे, न्याय ओ धर्मक पक्षमे अहाँक अनुरक्तिक दृढ़तामे। ओ सृष्टि कएल 'विस्मयजनक भगवानक पवित्र जन' क, "खालसा" क सम्प्रदायक, जनिक हेतु एकमात्र ईश्वरमे विश्वास अपेक्षित छलैन्हि, आन कथूमे नहिं। एक दोहामे गुरु गोविन्द सिंह ओहि विश्वासक परिष्कार कए देने छथि जे हुनक खालसाकें होएबाक चाही।

=जे अचल सत्यक आलोककें दीप्त रखने रहैत छथि तथा एक ईश्वरक भावनासँ किञ्चितो च्युत नहि होइत छथि;

=जे ईश्वरमे पूर्ण प्रेम ओ विश्वास रखने छथि ओ भ्रमहुँ अपन विश्वास उपवास अथवा मुसलमान पीरक कब्रमे नहि रखैत छथि,

=जे एक गोट ईश्वर मात्रकें मानैत छथि, ओ ने तीर्थयात्रा मानैत छथि, ने अहिंसाकें मानैत छथि, ने तपस्या मानैत छथि, ने हठयोग मानैत छथि;

=ओ जनिक हृदयमे पूर्ण परमेश्वरक प्रकाश चमकैत रहैत अछि, ओएह खालसाक विशुद्ध सदस्य बुझल जाथि।

भीरुता ओ परमेश्वरमे विश्वास—गुरु गोविन्द सिंहक विचारें—परस्पर-विरुद्ध थिक; जीवन्त धर्मक प्रतिषेध थिक। ओ अपना लोककें कहल जे अत्याचार ओ उत्पीड़नकें सहब अधर्म थिक ओ "अत्याचारीसँ लड़वाक हेतु खड्ग उठाएब धर्म थिक, हँ आन प्रतीकार जखन ताहि हेतु असमर्थ सिद्ध हो।"

कायरता ओ लाचारीकें गुरु गोविन्द सिंह सबसँ पैघ पाप बुझथि ओ जतेक धर्म छैक सभक विरोधी। एकटा हुनक प्रसिद्ध दोहा छैन्हि जाहिमे ओ एहि विषयकें स्पष्ट करैत कहैत छथि—

भीरुता ओ कारयताक मैलकें अपन मनक अन्तरतम
कोनसँ ज्ञानक बाढ़निसँ बढ़ारिकें फेकि दिअ।

एहन एहन उत्तेजक उपदेशसँ जादूक असरिजकाँ मानव-जातिक जकरा "आवर्जना" कहब से "सन्त-योद्धाक" रूपमे परिणत भए गेल, जनिक अनुरक्ति, शौर्य ओ श्रद्धा आगाँक पीढ़ीक लोकक हेतु वर्णनीय, श्लाघनीय, भेल रहल। कनिङ्घमक उक्ति छैन्हि जे गुरु गोविन्द सिंह विजित जातिक सुप्त उत्साह-शक्तिकेँ जाग्रत कएल ओ ओहि जातिमे सामाजिक स्वातन्त्र्य तथा जातीय उत्कर्षक निमित्त उदात्त किन्तु अस्थिर उत्कण्ठा भरि देल जे गुरु नानकक प्रवर्त्तित धर्मक विशुद्धिक स्वाभाविक अङ्ग छल।

गुरु गोविन्द सिंहक प्रतिभा भौतिक एवं आध्यात्मिक, शरीरी ओ चिन्मय, दूहूक अवधारण कएने छल। हुनका तर्कें दूहूमे कोनो अन्तर नहि अछि। शक्तिकेँ अभिव्यक्त होएवाक हेतु कोनो स्थूल रूप चाही तेँ विषयक आदिम स्वरूपक उपेक्षा नहि कएल जाए सकैत अछि। तेँ देघ तेग ओ फतेह ई जे त्रिरत्न ओ दए गेल छथि तकर तात्पर्य तखनहि सम्यकूतया अवगत भए सकैत अछि जखन ओकर विचार हमरालोकनि विशालतर क्षेत्रमे सर्वाशिंकरूपेँ करबैक। उदाहरणार्थ "देघ" अर्थात् "सामूहिक भोजनालय", आर्थिक क्षेत्रमे ओकरा जे प्रच्छन्न शक्ति रहौक ओहिसँ कल्याण सम्भावित रहौक, तकरा लाँघि ओहिसँ प्रेम, दया, दान ओ त्यागक गुण द्योतित होइत अछि। तहिना "तेग" अर्थात् तरुआरि केवल भौतिक शक्तिएटा नहि प्रत्युत नैतिक ओ आध्यात्मिक जीवनशक्तिकेँ सूचित करैत अछि जाहीटाक बलपर अन्तमे अत्याचारक, घोरसँ घोर अत्याचारक, प्रतिरोध कएल जाए सकैत अछि। "फतेह" अर्थात् विजयक प्रसंग ई सर्वशक्तिमान् परमेश्वरक सामर्थ्यमे अचल भक्ति पर जोर दैत अछि, कारण, अन्तमे विजय केवल हुनके होइत छैन्हि। हमरालोकनि जे विजय प्राप्त करैत छी से सब ओही ईश्वरक महिमामे अन्तर्भुक्त अछि।

गुरु गोविन्द सिंहक देल इएह त्रिरत्न सिक्खलोकनिक सबसँ महत्त्वपूर्ण सम्पत्ति थिकैन्हि। वस्तुतः सिक्खधर्मक ई अट्टालिका एही त्रिरत्नक भावना पर आधारित अछि। देखल जाइत अछि जे निरुद्यमक युगमे जाति किंवा राष्ट्र अपन पूर्वक सम्पत्तिक उपेक्षा करैत अछि, सम्भव थिक जे नष्ट सेहो करए, परन्तु त्रिरत्नमे निहित जे शाश्वत सत्य छैक तकरा पुनरुद्घुष्ट करबाक जतबा आइ प्रयोजन अछि ततेक प्रायः कहिओ नहि छल। देश आइ भीतरमे नैतिक पतनमँ दुर्बल अछि, ओ बाहरसँ निर्मम शत्रु द्वारा प्रपीड़ित अछि। देशकेँ आब सबदिनसँ अधिक प्रयोजन छैक एक गोट एहन समीकरणक जाहिसँ आध्यात्मिक स्वास्थ्य पुनः प्राप्त भए सकए। कारखाना, दोकान, आफिस, धर्मस्थान ओ कृषिक खेत—सब जेना अपन प्राचीन महिमा, शुद्ध स्वरूप हारि बैसल अछि। जीवनक प्रत्येक विभागमे, क्षेत्रमे, सत्यक स्थान लए लेलक अछि स्वार्थानुकूलता। एहना स्थितिमे हतप्रत्याश एवं कष्टक्लिष्ट राष्ट्रकेँ देघ तेग फतेहक ई त्रितय, ई त्रिरत्न, आलोक

प्रदान कए पथ प्रदर्शन कए सकैत अछि।

अपन "चौबीस अवतार" मे रामायण ओ महाभारतक कतोक कथाकेँ नव अर्थमे विवृत कए गुरु गोविन्द सिंह ई सिद्ध कएल जे प्राचीन हिन्दू धर्मग्रन्थ तथा सब अवतार अस्त्रप्रयोगक समर्थन कएने अछि मुदा अन्तिम प्रतीकारक रूपमे अर्थात् जखन आन सब प्रतीकार यथा प्ररोचन, मनाएब, साम किंवा सन्धिवार्त्ता इत्यादि विफल भए जाए ओ यदि ओ न्याय अथवा धर्मक पक्षमे अत्याचारीक विरुद्ध हो, ओ अत्याचारी अभ्यन्तरीण हो अथवा बाह्य।

एहि जीवनचरितकेँ पढ़ि ई कथा स्पष्ट स्पष्ट भए जाएत जे गुरु गोविन्द सिंह धर्ममे जीवन आनि देल ओ ओकरा जीवन्त कए ओहिसँ से उपलब्ध कएल जे साधारणतया असम्भव बुझल जाएत। एहि जीवनचरितकेँ पढ़ला उत्तर "The Religions of Man" मनुष्यजातिक धर्म-सब" नामक ग्रन्थमे हस्टन स्मिथक शब्द कतेक समीचीन प्रतीत होइत अछि–

"जतए कतहु धर्म जीवनमे प्रवेश करैत अछि ओ विस्मयजनक गुणकेँ प्रकट करैत अछि–ओ मुख्यता ग्रहण कए लैत अछि। आन सब किछु लुप्त नहि भए जाइत अछि मुदा गौण भए जाइत अछि, सहायकक रूपमे, निर्विरोध, पाछाँ चल जाइत अछि।

जीवन्त धर्म व्यक्तिकेँ जीवनक सबसँ महत्त्वपूर्ण विकल्प आगाँमे राखि दैत अछि। मानव आत्माकेँ ई उच्च साहस-यात्राक हेतु आह्वान करैत अछि, मानवक अन्तरात्माकेँ वन पर्वत ओ मरुभूमि होइत यात्राक हेतु। आह्वान होइत अछि यथार्थताक सम्मुखीन होएवाक, आत्मा पर विजय पएबाक निमित्त। जे केओ एकरा सुनैत छथि ओ एकर अनुसरण करैत छथि से अचिरहिँ एहि एकाकी यात्राक आपद् ओ विपद्केँ चीन्हए लगैत छथि।

कवि एकरा कहने छथि पिजाओल छूरीक धार जाहि पर चलब कठिन अछि–एहने दुर्गम ई मार्ग थिक–असिधारावत।

साधु गोविन्दसिंह, निर्मल-मतक विद्वान्, प्राचीन धर्मग्रन्थक पारंगत, अपन सुप्रसिद्ध हिन्दी ग्रन्थ इतिहास–गुरु खालसामे बड़ सुन्दर जकाँ गुरु गोविन्दसिंहक स्थान एहि प्रकारेँ वर्णित कएने छथि–

–संसारमे हजारो धर्म प्रचारक भेल छथि ओ लाखो देशभक्त शासक ओ राजा भए गेल छथि मुदा केओ दोसर एहन नहि भेलाह जे धर्मक रक्षामे अपन सर्वस्व बलिदान कए पश्चात् अपन प्राण समेत दए देल।

–यदि केओ महापुरुष भेलाह अछि जे हिन्दूधर्मकेँ पुनः पुनः अएनिहार विप्लवसँ बँचाओल अथवा मृतप्रायः आर्यजातिकेँ नवजीवन प्रदान कएल तँ से थिकाह इएह गुरु गोविन्दसिंह–सिक्ख समाजक निर्माता, सिक्ख धर्मक पथप्रदर्शक, शासक।

—हिनक कल्याणकारी उपदेशामृतक प्रसादात् चारू वर्ण परस्पर भ्रातृभावमे मिलए लागल अछि; ई हिनके महिमाक प्रसाद थिक जे आजुक समाज सैनिक शौर्यमे सर्वोपरि परिगणित होइत अछि।

—यावत् पर्यन्त आर्यजाति जीवित अछि हिनक अवर्णनीय क्रियाकलाप आदर ओ सम्मानसँ लोक स्मरण करैत रहत।

—धन्य थिक ओ जाति, धन्य थिक ओ युग, धन्य थिक ओ देश, धन्य थिक ओ नगर, धन्य थिक ओ घर, ओ धन्या थिकीह ओ पूजनीया जननी जे गुरु गोविन्दसिंहकेँ जन्म देल।

किरपालसिंह
अध्यक्ष
प्रकाशन-उपसमिति
गुरु गोविन्दसिंह-प्रतिष्ठान

पटिआला
अक्टूबर, 3, 1966

कृतज्ञता स्वीकार

सर्वप्रथम कृतज्ञता ज्ञापनीय अछि गुरु-गोविन्दसिंह-प्रतिष्ठानकेँ जे दशम गुरुक जीवनचरितकेँ हुनक एहि त्रिशतम वर्षमे अपना हाथमे लेल। प्रतिष्ठानक प्रकाशन-उपसमितिक अध्यक्ष सरदार किरपाल सिंह नारङ्ग महाशयक अनुरोध भेल जे एहि कार्य मे हम लागि जाइ ओ हम हुनका प्रति कतेक कृतज्ञता ज्ञापित करू जे ओ व्यक्तिगत रूपेँ हमरा विषय एतेक विश्वास प्रकट कएल। गुरु गोविन्दसिंहक अद्‌भुत जीवन-चरित लिखब सब दिन एक गोट दुस्साध्य व्यापार रहत। विषय छैक एतेक विशाल, ओ हमरा लोकनिक क्षमता अछि समिति। गुरुक पार्थिव अस्तित्वक ततेक अंश छलैन्हि ओ मानव-समाजक सेवाव्रत हुनक ततेक क्रियाशील उत्कृष्ट छलैन्ह जे अधिकसँ अधिक हमरालोकनि ओकरा कातहि कात धरि छूबि सकैत छी। ताहि संग संग वृत्तान्तक स्रोतक समस्या अछि जे अत्यन्त विरल अछि। गुरु गोविन्दसिंहक आत्मकथात्मक हुनक विचित्र नाटक अछि ओ हुनक कतोक कविक काव्यरचना अछि यथा सेनापतक श्रीगुरुशोभा, नाथमल्लक अमरनामा, अनीरायक जङ्गनामा गुरु गोविंदसिंहजीका; एहिसँ अतिरिक्त ऐतिहासिक महत्त्वक समसामयिक रचना नहि भेटैत अछि। एहि सबहिक ओ ताहिसँ पर कालक लिखल निम्नलिखित ग्रन्थक सहायता एहि जीवनचरितकेँ प्रस्तुत करबामे लेल गेल अछि—ग्रन्थ साखी ओ तेगगुरुबादुर एवं गुरु गोविन्द सिंहक यात्रा विवरण जकर अनुवाद अङ्रेजीमे सरदार सर अत्तारसिंह कएने छथि; सुखासिंह रचित गुरु-विलास; भाइ सन्तोष सिंहक सूरज-प्रकाश; ज्ञानी ज्ञानसिंहक पन्थप्रकाश, जान मेलकमल सिक्खक रूपरेखा (A Sketch of the Sikhs), जाजेफ डी. कनिङ्घमक सिक्खक इतिहास (A History of the Sikhs), सैयद मुहम्मद लतीफक पंजाबक इतिहास (A History of the Punjab), एम.ए. मैकोलिफक सिक्ख धर्म (The Sikh Religion), इन्द्रभूषण बनर्जीक खालसाक विकास (Evolution of the Khalsa), यदुनाथ सरकारक औरंजबेक संक्षिप्त इतिहास (A Short History of Aurangzeb), प्रोफेसर पूरनसिंहक दश गुरु (Ten Masters) सुन्दरसिंहक गुरु गोविन्दसिंहक युद्ध सब (The Battles of Guru Govind Singh), धरमपालक अष्टक दशम ग्रन्थक कविता

(The Poetry of Dasam Granth) तेगसिंहक ओ गंगासिंहक सिक्खक संक्षिप्त इतिहास (A Short History of the Sikhs) ओ कृशव-तकसिंहक सिक्खक इतिहास (A History of the Sikhs)।

आयास इएह कएल गेल अछि जे उपलब्ध सामग्री ओ ऐतिहासिक आधार पर एहन रूपरेखा प्रस्तुत हो जे ऐतिहासिक दृष्टिसँ विश्वसनीय हो। गुरुक कृतिसँ एवं अन्य धर्मग्रन्थसँ कतोक उद्धरण सबहिक अङरेजी अनुवादक हेतु हम बहुलतया मैकोलिफक अनवाद पर निर्भर छलहुँ, हँ, यत्रतत्र किछु भेद भेल हो से सम्भव। एहि जीवन-चरितकेँ विशुद्ध इतिहासक दृष्टिसँ नहि लिखल तेँ पाद-टिप्पणी दए सबठाम कृतज्ञता-ज्ञापनक प्रयोजन नहि प्रतीत भेल।

हम विशेष आभार स्वीकार करैत छी पञ्जाबक विशिष्ट इतिहास-विचक्षण डॉ. गंडासिंहक जे बड़े उदारतासँ अपन संग्रहसँ पोथी सब देल, पांडुलिपि पढ़ि बहुत उपयोगी सुझाव सेहो देल। हम अपन वैयक्तिक सहायक (P.A.) सरदार तीरथसिंहक गुण नहि बिसरि सकैत छी जे बड़े संलग्नतासँ एकर टङ्कित प्रति तैआर कए देल।

हरवंश सिंह

20, कर्जन रोड
देहरादून
12 जुलाई, 1996

दैवी प्रेरणा

संसारमे जतेक भगवद्-वाक्य-प्रचारक अथवा धर्मक मार्ग-प्रदर्शक भए गेलाह अछि ताहि सबमे समयक दृष्टिसँ हमरालोकनिक सन्निकटतम छथि गुरु गोविन्द सिंह। हमरालोकनिक वर्त्तमान युगसँ हुनका मध्य तीनि सए मात्र वर्षक व्यवधान अछि ओ एहि तीनि सए वर्षमे हुनका प्रसङ्ग ऐतिह्य किंवा किंवदन्ती बहुत रास जमा नहि होअए पओलक अछि। हुनक ऐतिहासिक व्यक्तित्व तेँ विशेष रूपसँ बुझल होइत अछि। अतएव देश ओ कालक दृष्टिसँ हुनक कृतित्वक प्रसङ्ग ध्यान विशेष रूपसँ आकृष्ट होएब उचिते किन्तु हुनक सार्वभौम एवं विश्वजनीन चरितक बहुधा पूर्णरूपेँ अनुशीलन नहि भए रहल अछि। यावत् एहि तात्त्विक सत्यक पर्यालोचना नहि कएल जाएत तावत् पर्यन्त गुरु गोविन्द सिंहक जाहि कोनहु मूर्त्तिक परिकल्पना करब से ने पूर्ण होएत ने यथार्थ।

एहि पृथिवी पर जे ओ अपन जीवन-लीला प्रारम्भ कएल ताहिसँ पूर्व हुनक उन्मुक्त आत्मा स्वर्गीय आनन्दमे मग्न छल। हुनक अपने शब्द एकर प्रमाण अछि। अपन आत्म-कथा-प्रधान 'विचित्र नाटक' मे ओ कहैत छथि जे पूर्व-जन्ममे हिमाच्छादित सप्तश्रृङ्ग हेमकुण्ट पर्वतक निर्जन शान्तिमे सम्पादित तपस्याक फलस्वरूप हुनकासँ द्वैतभाव हँटि गेल छल तथा परब्रह्मक सङ्ग ओ एकाकार भए गेल छलाह जाहिसँ एहि भू पर हुनका पुनः अवतीर्ण होएबाक कारण नहि रहल। जखन ईश्वर अपना इच्छा-शक्तिसँ हुनका एहि भू पर अवतीर्ण होएबाक आदेश देल तँ ओ हुनक सान्निध्य त्यागबाक हेतु उद्यत नहि छलाह। ओ कहैत छथि,

"हमरा अएबाक कनेको इच्छा नहि छल,
कारण हमर चैतन्य परमेश्वरक चरणमे आबद्ध छल
परन्तु परमेश्वर अपन इच्छा हमरा जनाओल,
ओ हमरा आदेश देल
पुत्रवत् हम तोहरा आशीर्वाद दैत छिअहु,
तोहरा पंथक प्रसारक हेतु नियुक्त करैत छिअहु,
जाह, हमर धर्मक प्रसार करह गए
ओ लोकके ँ उत्पथ जएबासँ रोकह गए।"

भगवद्-वाणी-प्रचारक सम्बन्धमे एहन साक्षात् ओ वैयक्तिक प्रमाण कोनहु धर्मक इतिहासमे अद्वितीय अछि। तहिना ईश्वरीय सत्ताक प्रमाणरूपहुँ ई ओहने महत्त्वपूर्ण अछि। एहिसँ स्पष्ट प्रमाणित होइत अछि जे ईश्वरीय सत्ता सत्य थिक। एहिसँ इहो प्रमाणित होइत अछि जे ईश्वर प्रेमसँ लभ्य छथि, ईश्वरक इच्छा पर आत्मसमर्पण कएलासँ तथा ईश्वरक दयासँ परम-सत्यमे लीन होएब सम्भव अछि। 'विचित्र नाटक' मे ईश्वरीय अवतरणहुक प्रमाण भेटैत अछि। निर्दिष्ट उद्देश्यक पूर्त्तिक निमित्त ईश्वरक पुत्र एहि पृथिवी पर अवतीर्ण भेलाह, जे धर्मक स्थापना हो तथा लोक भ्रान्तिसँ दूर रहए। किन्तु अनादि पुरुषसँ एतेक सन्निकट होइतहुँ, ईश्वरक एहन उच्च ओ उदात्त प्रेरणाक पात्र भैओ कें गुरु गोविन्द सिंह कहिओ अपना विषय ईश्वरीय सत्ताक आक्षेप नहि कएल। हुनकामे तेहन विनय छल ओ परमेश्वरक प्रति तेहन श्रद्धा छल जे ई हुनका हेतु सम्भवे नहि छल। 'विचित्र नाटक' मे हुनक उक्ति अछि जे।

जे हमरा परमेश्वर कहताह
से नरकक कुण्डमे खसताह
हमरा ईश्वरक दास मानू
एहिमे कोनो सन्देह नहि करू।

हुनका जे भगवान् कहैन्हि तकरा ओ शाप देल अछि। हुनका सबसँ विशेष आनन्द एहिमे होइन्ह जे ओ परमेश्वरक दास थिकाह। ओ कहथि जे जेना परमेश्वर हुनका कहैत छथिन्ह तहिना हम लोकके कहबैक ओ कोनहु मनुष्यक डरसँ हम चुप नहि रहब, ने हम व्यक्ति व्यक्तिमे जाति ओ धर्मक आधार पर भेद-भाव राखब। मनुष्यमात्रक समता पर हुनक विचार सर्वत्र सुस्पष्ट अछि,, प्रबल अछि।

"अकाल-स्तुति" मे ओ कहने छथि—

मनुष्यमात्रके ओ हिन्दू हो वा मुसलमान एक मानह
एके परमेश्वर सभक सिरजनिहार थिकाह पालनिहार थिकाह
मनुष्य-मनुष्यमे भेदभाव नहि मानह।
मन्दिर ओ मसजिद एक थिक।
तहिना एके थिक हिन्दूक पूजा ओ मुसलमानक नमाज।
मनुष्य मात्र एक थिक।

हुनकासँ दू सए वर्ष पूर्व गुरु नानक [1469-1539] जे सिक्ख-धर्मक प्रवर्त्तक मानल जाइत छथि एहिना प्रेम ओ विश्वासक धर्मक प्रचार कएने छलाह। ईश्वर एक छथि ई सरल मत समर्थित भेल छल आचरणक सिद्धान्तसँ जे लोकहित हो तथा उपस्थापित भेल छल निश्छल नम्रता एवं विश्वासक दृढ़तासँ जाहि हेतु गुरु नानकसँ नीक दोसर व्यक्ति नहि भेल अछि। भारतमे तावत् एक दिशिसँ पराजयक

आघात छल ओ दोसर दिशि कर्मकाण्डक बोझसँ लादल धार्मिक आचारक प्रसार छल। अतएव गुरु नानकके॑ अपन मतक माननिहार बहुत अनुयायी भए गेलथिन्ह। ई छल आरम्भ एक गोट पंथक जे कालक्रमे॑ सुस्पष्ट व्यापक धर्मक स्वरूप धारण कए लेलक। गुरु गोविन्द सिंह "विचित्र नाटक" मे कहैत छथि जे कलियुगमे गुरु नानक धर्मक प्रवर्त्तन कएल ओ साधुजनके॑ मार्ग देखाओल। जे हुनक पदानुसरण करैत अछि तकरा पापक क्लेश नहि होमए पबैत छैक।

गुरु नानकक ई सेवा-व्रत प्राप्त भेलैन्हि गुरु गोविन्द सिंहके॑ गुरु-परम्परा द्वारा, भगवद्-वाणी-प्रचारकार्य मे संलग्न उपदेशक परम्परा द्वारा।

गुरु-परम्परासँ प्राप्त एहि उत्तराधिकारक मूलभूत उपादान की सब छल?

एकर मूलभूत सिद्धान्त छल गुरु नानकक प्रत्यादेश। हिन्दूधर्म ओ इस्लाम जे पाँच सए वर्षसँ भारतमे प्रभुसत्ताक हेतु संघर्ष कए रहल छल दूहूके॑ एहिमे ऐक्यक एकटा सूत्र भेटलैक, गुरु नानक क मतमे ओना तँ हिन्दू धर्म एवं इस्लाम दूहूक किछु-किछु तत्त्व छलैन्हि किन्तु ओहिमे अपन अतिशयति उत्कर्ष एवं गतिशीलता सेहो छलैक। हुनक मुख्य-मुख्य सिद्धान्त छलैन्हि :—ईश्वर एकेटा छथि; मनुष्य भाइ भाइ थिक, जाति नहि मानी, मूर्त्तिपूजा व्यर्थ थिक। अपन सेवाव्रतक सम्पादनार्थ गुरु नानक दूर-दूर भ्रमण कएल। उत्तरमे मक्का ओ वगदाद धरि ओ बड़े कष्टसँ घुमलाह। सहचर छलथिन्ह हुनका एक जन मुसलमान, मर्दाना। हुनक व्यवहारक सरलता तथा हुनक उपदेशक सार्वभौमिकता सभक हृदयके॑ छूबि लैक। जे केओ हुनका गुरु मानि लेअए तकर जीवनक क्रमे नव भए जाइक। विकासोन्मुख एहि नव सम्प्रदायक सबसँ प्रमुख वैशिष्ट्य छल जे जातिके॑ नहि मानब ओ अनुष्ठानक पद्धतिके॑ नहि स्वीकार करब। एहि नव सम्प्रदायक अनुयायी लोकनिके॑ एक गोट जीवन्त विश्वास उपलब्ध भेलैन्हि जाहिसँ यथार्थ धार्मिक सजीवता सुदृढ़ होअए लागल तथा जीवनक प्रति एक गोट उल्लासमय ओ सशक्त प्रवृतिक उदय भेल। सिक्ख आन्दोलनक प्रगति भविष्यमे कोन रूपक होएतैक तकरा गुरु नानक पूर्वहि॑ लक्षित कए लेल। एहि दृष्टिसँ वावरक भारत-आक्रमणक प्रति हुनक प्रतिक्रिया बड़े मार्मिक अछि। हुनका हृदयमे एहिसँ घोर विक्षोभ भेल तथा की हिन्दू की मुसलमान सकल भारतवासीक क्लेशक ओ अत्यन्त सबल अथच करुण शब्दमे वर्णन कएने छथि। सिक्खलोकनिक धर्मग्रन्थ ग्रन्थसाहेबमे जे हुनक रचित कविता संगृहीत अछि ताहिमे देशप्रेमक गम्भीर उत्साह परिलक्षित होइत अछि। विदेशी आक्रमणक विरुद्धमे एहिसँ अधिक ओजस्वी स्वर ओहि युगक आन कोनहु साहित्यमे सुनबामे नहि अबैत अछि। गुरु नानक कहैत छथि—

अपन दुष्ट युद्धयात्रामे वावर काबुलसँ चलल अछि ओ जबरदस्ती दान मङैत अछि।

औचित्य ओ न्याय लुप्त भए गेल; केवल मिथ्याक व्यापार अछि।
काजी ओ ब्राह्मणक व्यवसाय चल गेल ओ सएतान विवाहक विधि सम्पन्न करबैत अछि।
मुसलमानक महिला कोरान पढ़ैत छथि ओ कष्टमे पड़लि ईश्वरकेँ गोहरबैत छथि।
तहिना की ऊँच की नीच सब जातिक हिन्दू महिलागण कष्ट भोगि रहलीह अछि।
पुनः
ईश्वर खोरासाँकेँ अपन छायामे धए देल ओ भारतकेँ वावरक वर्वरताक हेतु छोड़ि देल।
करतार अपना पर दोष नहि लैत छथि; हमरा लोकनिसँ युद्ध करए आएल मृत्यु।
जखन एतेक नरसंहार भेल, एतेक काहि लोक कटलक तखन हे भगवन्! अहाँ के कष्ट नहि भेल की?
हे करतार! तोँ सबहक थिकहक!

अपन आध्यात्मिक उत्तराधिकारी गुरु नानक अपन एक गोट शिष्य लहणाकेँ नियुक्त कएल। लहणा अपन गुरुक उपदेशक तत्त्वकेँ ताहिरूपे हृदयङ्गम कएने छलाह तथा अपन धार्मिकता एवं चरित्रबलसँ सबकेँ ताहि रूपेँ प्रभावित कएने छलाह जे गुरु नानक अपन बेटा सबकेँ त्यागि हुनकहि अपना स्थानमे अभिषिक्त कएल। ओ हुनका आलिङ्गन कए अपन "अङ्गद" कहल, अपन अङ्ग, अपन व्यक्तित्वक अंश।

गुरु अङ्गद अपन पूर्ववर्त्ती गुरुक कृतित्त्वकेँ आगाँ बढ़ाओल ओ हुनक भजन तथा जीवन-वृत्तान्तकेँ गुरमुखी लिपि मे लिखबाओल। एहीसँ सिक्खलोकनिक धार्मिक साहित्यक श्रीगणेश होइत अछि। गुरु अङ्गद "गुरु का लङ्गर" नामसँ ओहि संस्थाकेँ सुदृढ़ कएल जाहिमे बिनु शुल्कक सामूहिक भोजनालयक प्रबन्ध रहैत अछि जाहि ठाम सब केओ जातिक भेद भावकेँ छोड़ि सहभोजनक हेतु बैसैत छथि। सुदूरगामी सामाजिक क्रान्तिक ई एक गोट सफल साधन सिद्ध भेल।

तेसर गुरु सिक्ख संगठनक विकासमे सक्रिय रहलाह। भारतक भिन्न-भिन्न भागक हेतु ओ बाइस गोट "मंजी" स्थापित कएल ओ स्त्रीगणक मध्यमे प्रचरित पर्दाक तथा सतीक प्रथाक विरुद्ध निन्दा कए कए स्त्रीजातिक जे स्थान समाज मे छलैक तकरा सुधारबाक सफल आयास करैत रहलाह। चारिम गुरु, रामदास, अमृतसर शहरक स्थापना कएल जे सिक्ख धर्मक केन्द्र भए गेल।

गुरु अर्जुन पाँचम नानक छलाह, सिक्खधर्मक पाँचम गुरु। सिक्ख धर्मक हेतु पहिले पहिल ओएह प्राण देल। मोगल बादशाह जहाँगीर हुनका अपन धर्ममे

अटल विश्वासक कारणेँ दारुण यन्त्रणा दए प्राण लए लेल। हुनका आदर्श मानि सिक्खलोकनिमे एक गोट नव उत्तेजना जाग्रत भेल जे शान्तिपूर्वक कष्ट सह्य करी तथा अपनाकेँ बलिदान कए दी जे सिक्ख-इतिहासमे बराबरि अक्षुण्ण आबि रहल अछि ओ जाहिसँ ओहि इतिहासक कतेको पृष्ठ उज्ज्वल अछि, रङल अछि, लोकके़ँ अदम्य उत्साह प्रदान करैत अछि। सिक्खधर्मकेँ अपन धर्मग्रन्थ, ग्रन्थ साहेब ओएह देल तथा अमृतसरमे हरमन्दिरक निर्माण कराए सिक्खलोकनिकेँ अर्चनाक हेतु एक गोट केन्द्र स्थापित कए गेलाह।

हुनक पुत्र गुरु हर गोविन्द अस्त्रक प्रयोग सिखाओल! अत्याचारक शान्तिपूर्ण प्रतिरोधकेँ विफल होइत देखि ओ अस्त्रग्रहणकेँ न्यायसङ्गत उपायान्तर स्वीकारि लेल। हुनक उत्तराधिकारी, गुरु हररायक गुरुत्वकालमे कोनो सशस्त्र संघर्ष नहि भेल मुदा सिक्ख सम्प्रदायमे जे नियम-निष्ठाक विकास भेल छल मे सुस्थिर रहल। गुरुक राजकीय प्रतिष्ठान (दरवार) मे बाइस सए घोड़सवार सतत रहैत छल। एहिसँ गुरुक आध्यात्मिक वृत्तिमे कोनो बाधा नहि पड़ल; गुरु नानकक प्रवर्त्तित परम्पराक अनुसार ओ वृत्ति बराबरि परिचालित होइत रहल। वस्तुतः अत्याचार ओ अन्यायक प्रतिरोध करबाक निमित्त शक्ति सञ्चय करब उचित धार्मिक कर्त्तव्यमे परिगणित भए गेल। उत्तर-कालीन सिक्ख-सम्प्रदायमे तत्कालीन परिस्थितिक प्रतिक्रिया-स्वरूप विकासक साधारण क्रममे ई गुण उद्भूत भेल छल।

नेतृत्वक उत्तरदायित्व ग्रहण करबाक समयमे गुरु हरकृषण अल्प-वयस्क छलाह ओ केवल तीन वर्ष ओ गुरुत्वक भार वहन कएल। तथापि हुनक क्रियाकलाप सर्वदा साध्वधानतासँ पूर्ण बुद्धिमत्तासँ सम्पादित भेल। सिक्ख-समाजक कार्यसञ्चालनमे हुनक विचारसुष्ठुता कतेक नैसर्गिक छल तकर प्रमाण इएह जे मृत्युसँ किछुए क्षण पूर्व अपन रोगशय्यासँ ओ प्रसङ्गवशात् अपन उत्तराधिकारीक रूपमे तेगबहादुरक चर्चा कए सकलाह। हुनक अनेक आप्त सम्बन्धी छलथिन्ह परन्तु सबकेँ छोड़ि ओ तेगबहादुरक नाम लेल जे एहि पदक हेतु सबसँ कम लोलुप छलाह परन्तु जे एहि प्रतिष्ठाक हेतु सबसँ उपयुक्त छलाह।

एहि रूपेँ सिक्ख सम्प्रदायक गुरुपरम्परा तेगबहादुरकेँ प्राप्त भेल ओ तेगबहादुरक पुत्र छलाह गुरु गोविन्द सिंह। सिक्खलोकनिक सद्गुण-समूह तथा हुनका लोकनिक संगठित समाज दश गोट नेता-गुरुक अध्यक्षतामे विकसित भेल। प्रत्येक गुरु कोनहु एक गोट गुण पर विशेष जोर देल जकरा ओ अपना जीवनमे यथार्थतः चरितार्थ कए देखाओल अथवा जातीय जीवनमे कोनहु एहन वैशिष्ट्य जोड़ि देल जकर प्रयोग बदलैत समय एवं परिस्थितिमे कएल गेल। अतएव गुरु गोविन्द सिंह जखन गुरु नानकक गद्दी पर आसीन भेलाह तखन जे उत्तराधिकार हुनका हस्तगत भेल से छल इएह सिक्खधर्मक परिष्कृत एवं विकसित स्वरूप।

सिक्खलोकनिकेँ सतत ई विश्वास छैन्हि जे सब गुरु दैवी शक्तिसँ सम्पन्न

छलाह। ओ लोकनि मूर्धाभिषिक्त छलाह, प्रत्येक गुरु अपन उत्तराधिकारीकेँ अपन तेज दैत गेलाह, तथा ओ पवित्र प्रेरणा देने गेलाह जे ओ स्वयं प्राप्त कएने छलाह। एहू प्रसङ्ग पुनः "विचित्रनाटक" क प्रमाण असंदिग्ध अछि। गुरु गोविन्द सिंहक शब्दमे–"नानक अङ्गदक शरीर धारण कएल...पश्चात् नानक अमरदास कहाओल जेना एक दीपसँ दोसर दीप बरैत अछि। साधु नानक सएह अङ्गदक रूपमे पूजित भेलाह। अङ्गद सएह अमरदासक रूपमे परिचित छलाह। अमरदास भेलाह रामदास, रामदास जखन ईश्वरक सायुज्य प्राप्त कएल तखन ओ गुरुक पद अर्जुनकेँ देल। अर्जुन अपना स्थानमे हरगोविन्दकेँ नियुक्त कएल ओ हरगोविन्द अपन पद हररायकेँ देल। तदुत्तर हररायक पुत्र हरकृष्ण गुरु भेलाह। तत्पश्चात तेगबहादुरक आगमन भेल।"

पटनामे शैशव-लीला

सिक्खलोकनिक नवम-नानक गुरु तेगबहादुर (1621-1675) जाहि समयमे महापद पर आसीन भेलाह ताहि समयमे भारतवर्षक राजनीतिक सत्ता औरङ्गजेबक हस्तगत भए गेल छल। ओ अपन बाप शाहजहाँकेँ गद्दीसँ उतारि हुनका आगराक किलामे बन्दी कए दिल्लीक सिंहासन पर बैसल छलाह। हुनक साम्राज्यकालक आदिमे किछु दिन तँ हुनका अपन प्रभुसत्ताकेँ स्थिर ओ सुदृढ़ करबामे लागि गेल जाहि हेतु हुनका अपन शत्रु वर्गकेँ जीतए पड़ल, अपन भाइ सबकेँ एकाएकी अपन मार्गसँ हटबए पड़ल। तथापि अपन पवित्र उद्देश्यक पूर्त्यर्थ गुरु तेगबहादुर जखन देशभ्रमणक हेतु विदा भेलाह तँ औरङ्गजेबक ध्यान ओहि दिशि आकृष्ट बिनु भेलेँ नहि रहल। पञ्जाब सँ अपन परिवार ओ कतोक भक्त सिक्ख सरदारक सङ्ग गुरु तेगबहादुर विदा भेल रहथि जे सिक्खक मंडली सबकेँ देखैत ओ गुरु नानकक धर्मवाणीक प्रचार करैत जाइ। जखन ओ दिल्लीक प्रान्त देने जाइत रहथि तखन एकर सूचना सम्राटकेँ देल गेल। औरङ्गजेब कोनहु सामूहिक व्यापारकेँ सन्देहक दृष्टिसँ देखथि ओ तेँ ओ हुकुम देल जे हुनका पकड़ि लेल जाए। गुरु तेगबहादुर बन्दी बनाए लेल गेलाह परन्तु जयपुरक महाराज मानसिंह जे सम्राटक दरवारक एक जन प्रमुख उमराव छलाह ओ जनिक परिवार गुरु हरगोविन्दहिक समयसँ गुरुनानकक सम्प्रदायकेँ श्रद्धासँ सम्मान करैत अबैत छल, तनिक अनुरोधसँ हुनका मुक्त कए देल गेल।

यात्राक हेतु स्वतन्त्रता भेटला उत्तर गुरु तेगबहादुर पूब दिशि विदा भेलाह ओ प्रयाग, काशी, गया होइत ओ पटना पहुँचलाह। परिवार आगाँ नहि जाए सकैत छल तेँ अपन स्त्रीक भार अपन सार कृपालचन्द ओ अपन माएकेँ दए ओ पूब दिशि आसामक हेतु विदा भए गेलाह जे ओतए जाहि जाहि स्थानकेँ गुरुनानक अपना पाएरसँ पवित्र कएने छलाह तकरा देखी, ओतएक सिक्खलोकनिसँ भेंट करी।

पटना नगर अत्यन्त प्राचीन थिक। पाटलिपुत्रक नामेँ ओ भारतवर्षक एक गोट सबसँ पुरान राज्यक राजधानी छल ओ प्रायः हजार वर्ष धरि देशक एक गोट प्रमुख नगर छल। मुदा पटनाकेँ तैओ प्रतीक्षा छलैक ओहि क्षणक जखन ओकर

उत्कर्ष चरमकेँ प्राप्त करतैक, ओ पवित्र भए जाएत। ओना तँ 2400 वर्ष पूर्वहुँ पटना भगवान् बुद्धक आगमनसँ पवित्र भेल छल जखन भगवान्, सुनैत छी, जे पाटलिपुत्रक संस्थापक राजा अजातशत्रुकेँ हुनक प्रत्यवायक कार्यक हेतु गञ्जन करए ओतए पदार्पण कएने छलाह। मुदा 1666 ई. क 26 दिसम्बरकेँ पटनाक एक गोट सामान्य घरमे ताहि ज्योतिक उदय भेल जकर प्रकाश विश्वक अन्धकार दूर कएल। सर्वशक्तिमान परमेश्वरक आदेशक पालन करए स्वयं भगवानक पुत्र स्वर्गसँ अवतीर्ण भेलाह। ओहि शुभ दिन गुरु तेगबहादुरक धर्मपत्नी माता गुजरीक कुक्षिसँ गुरु गोविन्दसिंहक जन्म भेल। पटनाकेँ अक्षय शुचिता प्राप्त भेलैक।

एहि घटनाकेँ गुरुगोविन्द सिंह 'विचित्र नाटक' मे एहि रूपें अङ्कित कएने छथि–

हमर पिता पूब दिशि बिदा भेलाह
जे भिन्न भिन्न तीर्थस्थानक भ्रमण करी।

× × ×

ओतए मनुष्यक रूपमे ज्योति अवतीर्ण भेल
पटना नगरमे हमर जन्म भेल।

पटनामे बड़का उत्सव भेल। गुरु तेगबहादुर ओहि समयमे आसामक धुबड़ा मे छलाह। ओतए जखन ई शुभ समाचार पहुँचल तखन ओतहु उत्सव होअए लागल। भारतवर्षक भिन्न भिन्न स्थानसँ गुरु तेगबहादुरक अनुयायी एवं प्रशंसकलोकनि पटना पहुँचए लगलाह। सबसँ पहिने जे लोकनि पहुँचलाह ताहिमे एक जन मुसलमान फकीर छलाह जे नवजात शिशुकेँ देखैत मात्र उद्घोष कएल जे ई मनुष्य नहि देवता थिकाह।

पञ्जाबक घुड़म नामक गाममे दोसर एकटा मुसलामन सन्त छलाह, बड़ नामी, बड़ धर्मनिष्ठ, सैयद भीखन शाह। जाहि दिन गुरु गोविन्द सिंहक जन्म भेल ओ पूब दिशि माथ झुकाए ओहि दिशाकेँ प्रणाम कएल। एहि पर हुनक चेला लोकनि असन्तोष प्रकट कएल, कारण मुसलमानकेँ कावा छोड़िकेँ एहि प्रकारक मक्काक भाव दोसर दिशि नहि प्रदर्शित करबाक थिक, परन्तु पीर कहलथिन्ह जे पूबमे दयासागर ईश्वर एक गोट नवजात शिशुक रूपमे अपनाकेँ अवतरित कएल अछि; ओही दयासागर परमेश्वरकेँ ओ प्रणाम कएलन्हि, कोनो साधारण मनुष्यकेँ नहि।

ओहि शिशुकेँ नाम देल गेल ईश्वरक सेवक, गोविन्द दास। पटनामे ओ लोकक विस्मय ओ श्रद्धाक भाजन भए गेलाह। हुनक सुन्दर मुखाकृतिमे लोककेँ अमरत्वक चिन्ह जे थिकैक शुचि आनन्दमय शुद्धता से परिलक्षित होइक। पटनाक जेना पुनर्जन्म भेल होइक, ओ आब पटनाक पुरान नगर नहि रहल। प्रेमक एहन पात्र ओतए छलाह तेँ जेना ओहिठामक वायुमण्डल समेत विभोर रहए! गोविन्द

सिंहक मधुर आलाप ओ आनन्दक कलकलसँ पटनाक गली गुञ्जित रहैत छल। ओ क्रमशः बढ़ैत गेलाह ओ अपन संगी सबहिक संग मीलि सबठाम घूमल फिरथि। हुनक सबसँ प्रिय खेड़ि छल लड़ाइ जाहि हेतु ओ अपन सखा सबकेँ दू दलमे बाँटि लेथि। एहि सब खेड़िमे ओ स्वयं मुखिया रहथि। हुनक खेलओना छलैन्हि तीर ओ धनुष। सबसँ विशेष आनन्द होइन्ह हुनका मोर्चाबन्दीक खेड़िमे, अपन संगी सबहिकेँ हकारिकेँ लए जाएब, ओ दिनान्तमे पुनः सबकेँ अपना ओहिठाम बजाएकेँ आनब ओ ओतए खूब प्रेमसँ सबकेँ भरि पेट भोजन कराएब। हुनक माए ओ पितामहीकेँ सेहो हुनक संगी सबकेँ देखि ओकरा सबकेँ प्रेमसँ भोजन करएबामे बड़ आनन्द होइन्ह। ओ लोकनि सबकेँ मधुर देथिन्ह, असंख्य आशीर्वाद देथिन्ह। जँ-जँ गोविन्द सिंह बढ़ल जाथि हुनक माए ओ पितामहीक आनन्द बढ़ल जाइन्ह ओ मनहि मन ओ लोकनि अकालक स्तुति करथि जे ओ गोविन्द सिंहक रक्षा करथिन्ह, हुनका अनिष्टसँ बचबथिन्ह। साधारणतया गोविन्द सिंह खेड़िमे समयसँ अधिक रहि जाथि ओ घर अबेरकेँ आबथि। तेँ सिक्ख लोकनिक संध्यावन्दन रहिरास पढ़बामे बहुधा विलम्ब भए जाइन्ह तँहि पटना साहेब गुरुद्वारा मे रहिरास एखनहु धरि जे शास्त्रीय समय निर्धारित छैक ताहिसँ रहिकेँ विलम्बसँ पढ़ल जएबाक व्यवहार अछि।

दोसर खेड़ि जाहिमे गोविन्द सिंहकेँ बड़ विनोद होइन्ह से छल पटनाक गृहिणी सबकेँ , महिला सबकेँ ठकब आ ओकरा सबहिक घैलकेँ गुल्लीसँ फोड़ब। बहुधा माता गुजरीक ओहिठाम नालिश पहुँचैन्हि। के कहि सकैत अछि जे ई खेड़ि ओहू गृहिणी सबकेँ पसिन्द नहि होइक अथवा माता गुजरीकेँ जे सबकेँ सान्त्वना देबए पड़ैन्हि, कए बेरि नव घैल देअए पड़ैन्हि ताहिसँ ओहो असन्तुष्ट होथि?

कतेक व्यक्तिकेँ तँ गोविन्द सिंहक शान्त प्रसन्न मुखाकृतिक दर्शनसँ अपूर्व आनन्द होइन्ह। पंडित शिवदत्त एक जन बूढ़ प्रतिष्ठित ब्राह्मण छलाह, शास्त्रक गम्भीर विद्वान। हुनका गोविन्द सिंहक मुखाकृतिमे ओ वस्तु भेटलैन्हि जे ओ भरि जन्म तकैत छलाह। आत्माक शान्तिक खोजमे ओ सम्भ्रान्त घरक सम्पत्ति त्यागि भक्तिक मार्ग धए लेने छलाह। अपन इष्टदेवक उपासनामे समय बिताबथि, तपश्चर्यामे लीन रहथि। भक्तिभाव ओ शुचि आचारक कारणेँ पटनामे हुनका लोक बड़ श्रद्धा करैन्हि। मुदा हुनक अनुभव छलैन्हि जे जे हम तकैत छी से नहि भेटैत अछि। हुनक हृदयमे शून्यताक एकटा भावना जाग्रत रहैन्हि। ओ बराबरि जेना अन्धकारमे मार्ग टटोरिकेँ तकैत रहथि। एही मध्यमे एक दिन हुनक दृष्टि गोविन्द सिंह पर पड़ल। हुनका चैतन्यमे जेना सिद्धिक भाव जागि उठल। मधुर शान्ति सहसा हुनक अन्तःकरणकेँ आप्लावित कए देलक। हुनका बोध भेल जेना ओ यात्राक अन्त पर पहुँचि गेल होथि। आब हुनका एक गोट मात्र अभिलाषा

रहि गेलैन्हि जे जाहि आनन्दक हमरा उपलब्धि भेल अछि तकरा सदाक हेतु जोगओने रहि सकी। आब हुनक ध्यानक एकगोट विषय भए गेल, गोविन्द सिंहक शिशु-मुख। ओही मुखमे आब हुनका ओहि सब देवताक दर्शन होइन्ह जनिक उपासनामे ओ एतेक दिनसँ संलग्न छलाह।

किछु दिनक अनन्तर पंडित शिवदत्त एक दिन गङ्गाक तट पर ध्यानमे मग्न बैसल छलाह। हुनक अन्तःकरण एही नव उपलब्ध आनन्दसँ ओतप्रोत छल। एतबहिमे हुनक अनुग्रहक कामनासँ दू जन आगन्तुक ओतए पहुँचलाह। ओ छलाह राजा फतेहचन्द मैनी ओ हुनक धर्मपत्नी। दूहू पंडितजी केँ बहुत दिनसँ जनैत रहथि। संसारमे धनसँ जे किछु प्राप्य छैक से सब हुनका छलैन्हि मुदा ओ सन्तानहीन छलाह जकर हुनका बड़ दुःख छल। घरमे एक गोट पुत्रक प्रयोजन छल जे केवल हुनक सम्पत्ति-मात्रहिक टा भोग नहि करए प्रत्युत मरणोत्तर हुनका दुहू गोटाक और्ध्वदेहिक क्रिया सम्पन्न कए हुनका लोकनिकेँ नरकसँ त्राण करए। पण्डित शिवदत्त ओहि दम्पतीक आगमनक प्रयोजन बूझि गेलथिन्ह ओ हुनका कहलथिन्ह जे अहाँलोकनि जे चाहैत छी से ओहि दैवी शिशुक हाथमे अछि जे अहींक एहि नगरमे अछि। ओ हुनका विचार देल जे, जाउ, अपन हृदय खोलिकेँ ओहि शिशुकेँ कहिऔन्हि गए।

राजा फतेहचन्द ओ हुनक रानीकेँ आब उपासनाक एक गोट नव आश्रय भेटि गेलैन्हि। दिन दिन गोविन्दसिंहक प्रति हुनका दूहू गोटाक स्नेह ओ उत्कंठा बढ़ैत गेलैन्हि। एक दिन रानी अपना आङनमे मनःकथामे मग्न बैसलि रहथि। किशोर गोविन्द सिंह अपन सङतुरिआ सबहिक सङ्ग बौआइत-बौआइत ओहि दिशि पहुँचलाह आ चुपेचाप फाटक देने आङन जाए पाएर दबने रानीक लग जाए अपन दुहू बाँहिसँ रानीक कंठकेँ पाछासँ पकड़ि बड़े मृदु स्वर मे कहलथिन्ह "मा"। रानीक कानमे ई मधुर ध्वनि पड़ैत देखि हुनक हृदय आनन्दसँ पुलकित भए उठल। ओ आँखि खोललैन्हि ओ गोविन्द सिंहकेँ समक्षमे देखि जेना हुनका चकचोन्ही लागि गेलैन्हि। जाहि अलौकिक घटनाक हुनका दुहू गोटाकेँ प्रतीक्षा छलैन्हि से घटित भए गेल। दुहू प्राणी आनन्द ओ सन्तोषसँ अभिभूत भए गेलाह। पुत्रक जे लालसा छलैन्हि से पूर्ण भए गेलैन्हि ओ तहिआसँ हुनका दुहूक जीवन ध्यान ओ वन्दनामे बितए लगलैन्हि। हुनक घर सिक्ख-मण्डलीक केन्द्र भए गेल। तहिआसँ ओ घर सएह अछि ओ आइ पटनामे सिक्खलोकनिक एक गोट प्रधान ऐतिहासिक तीर्थ-स्थान बुझल जाइत अछि।

अपना ओहिठाम आबि गोविन्द सिंह घोषित कएल जे आइ हमरा दोसर माए भेटलीह अछि। माता गुजरी पुछलथिन्ह जे एकटा बेटा दूटा माइक कोरमे कोना खेलएतैक? गोविन्द सिंह उत्तर देलथिन्ह जे जेना एकटा चन्द्रमा एकहि बेरि दूटा जलाशयमे खेलाइत रहैत अछि।

किशोर गोविन्द सिंहक गुणसँ जे पटनामे कतोक व्यक्ति विमुग्ध छलाह ताहिमे दू जन मुसलमान नवाव छलाह रहीम वक्श ओ करीम वक्स। शिशु गोविन्द सिंहक व्यक्तित्वसँ जे पवित्रता झरैत छल ताहिसँ ओ दुहू जन ततेक प्रभावित भेलाह जे ओ लोकनि दूटा फुलवाड़ी ओ किछु भूमि हुनका चढ़ाए देलथिन्ह। ई सम्पत्ति आब पटनाक सिक्ख गुरुद्वाराक छैक।

शैशवक लीला ओ क्रीड़ाक मध्यमे गोविन्द सिंह केँ कखनहुकेँ बड़ उद्वेग होइन्ह जे अपन पिता गुरु तेग बहादुरक लग जाइ। एकहि बेरि जखन ओ आसामसँ आपस होएबाक काल पटनामे अटकल छलाह तखन गोविन्द सिंहकेँ हुनक दर्शन भेल छलैन्हि। अतएव जखन संवाद आएल जे समस्त परिवार घूड़िकेँ पञ्जाब चल आबए तखन गोविन्द सिंहकेँ आनन्दक सीमा नहि रहल।

दिल्ली मे वलिदान

पटना छोड़िकेँ जएबामे गोविन्द सिंहकेँ दुःखसँ असम्पृक्त केवल आनन्दक भाव छल से नहि कहि सकैत छी। हुनक शैशवक छओ वर्ष एतए बितल छल ओ एहि ठामक आनन्दमय निश्चिन्त जीवनक हुनका मनमे अनेको कोमल साहचर्यक भावना विद्यमान छल। जखन ओ देखलथिन्ह जे पालकी सजल जाइत अछि, रथ जोड़ल जाइत अछि जे दूरक यात्रा आरम्भ होएत तखन हुनका हर्षक उल्लास छल मुदा हुनका ओही क्षणमे मन पड़लैन्हि अपन संगी सब, अपन खेलाड़ी सब। यात्राक दिन नर ओ नारी, हिन्दू ओ मुसलामन, गोविन्दसिंहक सहचर शिशुमंडल, ओ भक्तगण तथा पंडित शिवदत्त, राजा फतेहचन्द मैनी ओ हुनक रानी पटना छोड़ि केँ जाइत दलकेँ अरिआतए नगरक बाहर बहुत दूर धरि अबैत गेलाह। ओ लोकनि जखन हुनकासँ, माता गुजरीसँ ओ पितामही माता नानकीसँ अन्तिम विदा लेल तखनुक दृश्य हृदयद्रावक छल ओ सब केओ यात्राक शुभकामनासँ भजन गबैत छलाह।

परन्तु जे रहि गेल तनिका हेतु शाश्वत सन्तोषक विषय ई छल जे पटनामे उपासना-मंडल जमि गेल अछि। प्रतिदिन ओतए दूहू सन्ध्या वन्दना भेल करए ओ भक्त लोकनि वन्दना कए बैसि अपनामे गप्प करथि जे हालमे हुनकालोकनिकेँ केहन सौभाग्यक दिन बीतल छल, हुनका लोकनिक मध्य अलोकसामान्य प्रतिभासम्पन्न शिशुक चरित कतेक अलौकिक आश्चर्यजनक छल। जाहि गृहमे गोविन्द सिंहक जन्म भेल छल से मन्दिर बनि गेल। आइ ओ स्थान सिक्खलोकनिक सबसँ पवित्र पीठ बुझल जाइत अछि ओ सिक्खलोकनिकेँ जे चारि गोट सबसँ श्रेष्ठ धर्म ओ प्रतिष्ठान सम्बन्धी अधिकारसँ सम्पन्न स्थान छैन्हि जकरा तख्त अर्थात् सिंहासन कहल जाइत अछि ताहिमे एक गोट इएह थिक। मन्दिर मे भावी जे गुरु छलाह तनिक कतोक स्मृतिचिह्न सुरक्षित राखल अछि यथा पलना, एक जोड़ जूता, शर, तरुआरि तथा पवित्र ग्रन्थक कात-कातमे सुन्दर काज कएल पोथी जाहि पर गुरु भेला पर गोविन्दसिंह अपन नाम लीखि पटना पठाए देने छलथिन्ह।

थोड़-थोड़ दूर चलैत ओ काशी, अयोध्या, लखनउ प्रभृति स्थानमे बहुत-बहुत दिन अँटकैत यात्राक दल पञ्जाब आपस भेल। सबसँ बेशी दिन अँटकल पंजाबमे

अम्बालाक निकट लखनौर नामक स्थानमे, छओ माससँ अधिक ओ एना सम्पूर्ण यात्रामे वर्षेक समय लागि गेल। जाही ठाम ओ पहुँचथि ताही ठाम गोविन्दसिंह आबि गेलाह ई सूनि दूर दूर सँ लोक हुनक दर्शन करए आबए ओ अपन मनोरथ पूरि गेल से मानि प्रसन्न होअए।

सिक्ख-धर्म प्रचारक मसन्दलोकनि भिन्न-भिन्न प्रखण्ड सँ भक्त अनुयायीलोकनिकेँ बजाए-बजाए गोविन्द सिंहक समक्ष आनथि, ओ ओकनि प्रणामी ओ चढ़ौआ सब आनि आनि हुनका अर्पण करथि। जे केओ हुनक दर्शन करथि सब हुनक प्रतिभा ओ तेजसँ मुग्ध भए जाथि ओ सब इएह कहथि जे ई बड़का धर्मोपदेशक होएताह, बड़ वीर जननायक होएताह। जाहीठाम ओ अँटकथि ताहीठाम धर्म-सभा सम्मिलित हो तथा स्तुतिक पाठ हो।

शिवालिक पर्वतश्रेणीक उपत्यकामे गुरु तेग बहादुर जे नगर बसाओल तकर नाम ओ रखने छलाह आनन्दपुर। ओहि नगरमे गुरु तेग बहादुर अपन पुत्रक आगमनक प्रतीक्षामे छलाह। नगरक समीप जखन यात्राक दल पहुँचल तखन समस्त नगरक लोक हुनक स्वागतार्थ नगरसँ बहराए आएल। नगरमे हुनक प्रवेश बड़का उत्सव सँ मनाओल गेल। गुरु तेग बहादुर परमेश्वरकेँ धन्यवाद देबाक हेतु विशेष उपासना कएल ओ बड़का भोज कएल जाहिमे जनिका इच्छा होइन्ह आबथि। जँ जँ समाचार पसरए लागल जे गोविन्द सिंह आनन्दपुर आबि गेलाह भक्त लोकनि की लगसँ की दूरसँ हुनक दर्शन करए, हुनका प्रणाम करए आबए लगलाह। ओ लोकनि नाना प्रकारक वस्तु उपहार आनथि जाहिमे खोरासान ओ फारसक बड़का जातिबला घोड़ा सब रहए, काबुल ओ कन्दहारक अस्त्र-शस्त्र रहए। गोविन्द सिंहकेँ सबसँ विशेष इएह वस्तु सब पसिन्द होइन्ह।

आनन्दपुरक नगर पर्वतश्रेणीक उपत्यकामे बड़ सुन्दर, चित्रवत् दर्शनीय, बसल छल। कोस पाँचेक दूरमे नयनादेवीक उच्च पर्वतशृङ्ग छल। सतलज नदी आनन्दपुरक कात देने पर्वतक नीचा कलकल करैत बहैत छल। पटना नगरमे गङ्गाक कलकल निनादसँ संतृप्त गोविन्द सिंह केँ ई दृश्य अत्यन्त मनोरम लागल। एहन सुन्दर आकर्षक अथच उद्दीपक प्रतिवेशक प्रतिक्रिया गाविन्द सिंहक चित्त पर बड़ जोरसँ लगले भेल। ओ पहाड़ पर तथा घाटी सबमे स्वच्छन्द घूमथि ओ हुनक शरीर एहिठामक स्वस्थ ओ बलप्रद वायुमण्डल सँ नवीन शक्ति ओ स्फूर्त्ति सञ्चय करए। अस्त्र-शस्त्रक व्यवहार शिक्षा तथा क्रीड़ा-युद्धक खेड़ि जे हुनका अत्यन्त प्रिय छल ताहिसँ भिन्न एहिठाम ओ शिकार खेलाथि। नित्य जे उपासना-मण्डल बैसैक जाहिमे हुनक बाप गुरु तेग बहादुर अध्यक्ष रहथि ताहिसँ ओ आध्यात्मिक उपदेश ग्रहण करथि। पटनहिमे गोविन्द सिंह अपना माएसँ गुरुमुखी सीखि लेने छलाह। हुनक बोलीमे बिहारक मगही बोलीक अत्यधिक प्रभाव छल तेँ आनन्दपुरक लोककेँ हुनक बोली बड़ प्रिय लगैक, ओहिसँ बड़

विनोद होइक। आब ओ संस्कृत, हिन्दी ओ फारसी पढ़ए लगलाह। साहेब चन्द ग्रन्थी जे संस्कृत साहित्यक प्रौढ़ विद्वान् छलाह हुनका संस्कृत ओ हिन्दीक शिक्षा देथिन्ह तथा काजी पीर मोहम्मद हुनका फारसी पढ़बथिन्ह। हुनक सहाध्यायी छलथिन्ह मनिया जे पछाति माइ मनी सिंहक नामसँ प्रसिद्ध भेलाह तथा अपन विद्वत्ता तथा वलिदानक हेतु हुनक स्थान सिक्खक इतिहासमे अमर अछि।

आनन्दपुर वस्तुतः एहि पृथिवी पर स्वर्ग छल। जीवनक ई काल गोविन्द सिंहक हेतु सबसँ विशेष सुखमय छल। मनुष्य जे किछु अभिलाषा कए सकैत अछि से सब हुनका एतए प्राप्य छल। भगवानक सबसँ पैघ कृपा हुनका छल हुनक पिता सिद्ध गुरु तेग बहादुरक स्नेह। प्रातः ओ सन्ध्याक समय हुनक बितैन्हि उपासनामे ओ अध्ययनमे तथा शेष भरि दिन शिकारमे अथवा पौरुषक खेड़िमे। हुनक शयन-कक्ष पृथक् निर्धारित छल ओ रातिकेँ सुतबासँ पूर्व हुनक सुख-समृद्धिक ई समय बड़ बड़ पैघ घटनाक ओ भूकम्प सदृश उलटापलटीक भूमिका मात्र छल जकर केन्द्र छल आनन्दपुर।

भावी घटनाचक्रक लक्षण दूर नहि छल। समस्त आनन्दपुर पर भविष्यक जेना छाया पसरल छल। नित्य जे गुरु तेग बहादुरक धर्मोपदेश होइन्ह ताहिमे ओ एहि कथा पर जोर देथिन्ह जे धर्म ओ सत्य कोना संकटमे अछि ओ जकरा आत्मसम्मानक भावना होइक से एकर उद्धारक हेतु की करए। साहस ओ विरोधक भावना क्रमशः जाग्रत भए रहल छल। गुरु नानक जे अपन उपदेशमे मनुष्य जातिक समता एवं ओकर प्रतिष्ठाक उद्घोष कएने छलाह तथा ओकरा कार्यरूपमे परिणत करबाक उद्देश्यसँ नव पंथक स्थापना कएने छलाह सएह छल एकर मूल। भारतीय समाजमे जे त्रुटि छलैक, जे दोष आबि गेल छलैक तकर हुनका नैसर्गिक अवगति छलैन्हि ओ समाज कतेक नीचा खसि पडल अछि तकरो हुनका पूर्ण बोध छलैन्हि। धर्म ओ समाजक बन्धन जे ओकरा नितान्त नपुंसक बनाए देने छैक। ताहिसँ सामान्य जनताकेँ उन्मुक्त करब ओ ओकरा पुनः तद्योग्य बनाएब जे ओ अन्याय तथा अत्याचारक विरोधमे ठाढ़ भए सकए इएह छल हुनक उपदेशक लक्ष्य। उद्धारक ई प्रक्रिया जे गुरु नानक चलाओल ताहिमे विशेष प्रगति भेलैक, ओहिमे नवीन सम्भावनाक उपलब्धि भेलैक। पञ्चम नानक गुरु अर्जुन जे अपन वलिदान कएल ताहिसँ ओ हुनक उत्तराधिकारी गुरु हरगोविन्द जे अन्तिम प्रतीकारक रूपमे सशस्त्र विरोधकेँ स्वीकृति देल, अनुमोदन कएल ताहिसँ।

औरंगजेब जखन दिल्लीक सिंहासन पर बैसलाह तखन स्थिति आओर अन्धकारमय भए गेलैक। ओ कट्टर मुसलमान छलाह ओ हुनक हृदय मे सतत इएह लिप्सा जाग्रत रहैन्हि जे भारतवर्षमे जतेक काफिर छल, इस्लामसँ भिन्न धर्मावलम्बी छल सबकेँ नष्ट कए एहि देशकेँ इस्लामक देश बनाबी। जखन ओ गुजरातमे सम्राटक प्रतिनिधि भए शासन करैत छलाह तखन ओ ओतएक कतेको

हिन्दूक धर्मस्थानकेँ विध्वस्त कएल। अहमदाबाद चिन्तामणिक मन्दिरमे एक गोट गाइक वध कए ओकरा अपवित्र कएल ओ तखन ओकरा मसजिद बनाए देल। सिंहासन पर पहुँचबा मे हुनका शोणितक धार पार करए पड़ल छल। बापकेँ ओ जहल मे राखि भूखेँ मारल; अपन भाइ सबहिक हत्या कएल। अपन अपराधक चैतन्यसँ हुनक धार्मिक कट्टरता मे हिंसाक से तीक्ष्णता अबैत गेल जे ओ हिन्दू-समुदायक विरुद्ध घोरसँ घोर नीतिक अवलम्बन करैत गेलाह। एहि नीतिसँ हुनका कट्टर मुसलमानकेँ प्रसन्न करब उद्देश्य छल ओ राज्य पएबा मे जे पाप कएने छलाह तकर प्रायश्चित्त प्राप्त करब सेहो अभिप्रेत छलैन्हि। अपन राज्यकालक प्रारम्भिक दश वर्ष धरि तँ ओ अपनाकेँ ततबा सबल नहि बुझथि जे कोनो उत्कट क्रिया करितथि मुदा 1669 ई. मे ओ सब प्रान्तीय शासकक नामसँ अनुशासन-पत्र पठाओल जे इस्लामसँ भिन्न धर्मावलम्बीक विद्यालय तथा उपासना-गृहकेँ जानि-जानिकेँ ध्वस्त कएल जाए, ओकरा सबहिक धर्मोपासना तथा धर्मोपदेशकेँ एकदम रोकि देल जाए। एही क्रममे सोमनाथक अपर मन्दिर, काशी मे विश्वनाथक मन्दिर, मथुरा मे केशवरायक मन्दिर सदृश हिन्दूक पवित्रसँ पवित्र धर्मस्थान ध्वस्त कएल गेल। मुसलमानसँ भिन्न धर्मावलम्बीक हेतु जे कतोक अत्याचारक फरमान जारी कएल गेल ताहि मे इहो छल जे राजपूतकेँ छोड़ि केओ पालकी पर नहि चलए, हाथी पर अथवा नीक जातिक घोड़ा पर नहि चढ़ए, संगमे हथियार नहि राखए। परन्तु सबसँ कड़ा अथच सबसँ लज्जाप्रद हुकुम छल 1679 ई0 मे लगाओल घृणित जजिआ कर । ई कर प्रत्येक अ-मुसलमानकेँ इस्लामक राज्य मे रहबाक अनुमतिक हेतु दातव्य छलैक। ई कर राजकीय कोषकेँ भरबाक सेहो एकटा साधन छलैक, कारण, दक्षिण देशक आक्रमण मे शाही खजाना खाली भए गेल छल तथा जे ई कर देबाक योग्य नहि छल तकरा इस्लाम धर्म ग्रहण करबाक हेतु बाध्य करबाक एकटा सुन्दर युक्ति छल।

औरंगजेबक लक्ष्य छलैन्हि जे अपन छोड़ि आन सब धर्म भारतसँ लुप्त भए जाए तेँ ओ बलपूर्वक मुसलमान बनएबाक नीतिसँ सेहो विमुख नहि छलाह। एकर प्रथम प्रयोग काश्मीरमे कएल गेल। ताहि समयमे हिन्दूजातिक सबसँ पैघ विद्वान् लोकनि काश्मीरमे छलाह तेँ सम्राट् विचारल जे यदि हुनका लोकनिकेँ मुसलमान बनाए लैत छी तँ अन्य समाजक धर्म-परिवर्त्तन कार्य सुगम भए जाएत। सम्राट्क जे प्रतिनिधि काश्मीरमे छलाह इफ्तिखार खाँ ओ बड़े जोशसँ एहि नीतिकेँ कार्यरूपमे परिणत कएल ओ तरुआरिक जोरसँ काश्मीरीकेँ मुसलमान बनबए लगलाह। मोगलक एहि घोर अत्याचारसँ उत्पीड़ित अनाथ जनताकेँ आशाक एक गोट क्षीण रश्मि भेटलैक आनन्दपुरमे ओ एक दल निरीह लोक ओतए पहुँचल तथा अपन दुःखक गाथा गुरु तेग बहादुरकेँ सुनाए हुनकासँ प्रतीकारक याचना कएल।

आनन्दपुर पहुँचि ओ सब गुरु तेग बहादुरक ओतए अपन दुःखक वृत्तान्त

सुनाए निवेदन कएल जे अहाँ ईश्वरक आदेशसँ धर्मक रक्षक छी ओ अहाँक शरणमे जे आएल अछि तकर रक्षा करबाक अहाँकेँ सामर्थ्य अछि। ओ सब हुनका ओतए विनती कएलक जे जाहि प्रतीकारेँ सम्भव होइक अहाँ हमरा लोकनिक धर्मक मानरक्षा करू।

ई जे विनती अनाथ जनता कएने छलैन्हि तकर चिन्तना करैत गुरु तेग बहादुर चुपचाप गम्भीर बैसल रहथि तावतमे गोविन्दसिंह अपन संगी सबहिक संग ओतए पहुँचलाह। बापकेँ एना गम्भीर बैसल देखि ओ ठाढ़ भए गेलाह तथा पूछल जे अहाँ कोन चिन्तामे एना डूबल छी। गुरु उत्तर देलथिन्ह जे धर्म पर बड़का संकट छैक। शासकक अत्याचार पराकाष्ठा पर पहुँचि गेल अछि। संसारसँ एहि उत्पीड़क भारकेँ दूर करबाक निमित्त कोनहु यथार्थतः महान् पुरुषकेँ अपन प्राण उत्सर्ग करए आबए पड़तैन्हि। अत्यन्त शुद्ध भावसँ गोविन्दसिंह बाजि उठलाह जे एहन सत्कार्यक हेतु अपनेसँ महत्तर दोसर के भए सकैत अछि।

शूरोचित एहि उत्तरसँ गुरु तेग बहादुर अत्यन्त प्रसन्न भेलाह। सत्य ओ न्याय हेतु अपन प्राण उत्सर्ग करबाक जे हुनका इच्छा उदित भए रहल छलैन्हि तकर एहि रूपक अकृत्रिम स्वतःस्फूर्त समर्थन अपन पुत्रसँ पाबि जे सम्प्रति केवल सात वर्षक छल हुनका बड़ संतृप्ति भेल। जे लोकनि हुनका निवेदन करए आएल छलाह तनिका गुरु उत्तर देलथिन्ह जे अपने लोकनि गेल जाओ, दिल्लीक अधिकारीवर्गकेँ कहिऔन्ह गए जे यदि गुरु तेग बहादुर धर्मपरिवर्त्तन करथि तँ हमरा लोकनि सब केओ स्वेच्छासँ इस्लाम ग्रहण कए लेब।

अतः प्राण उत्सर्ग कए देब परन्तु औरंगजेबक जे योजना छैन्हि जे समस्त भारतवर्षक लोककेँ मुसलामन बनाए लेब, तकरा सफल नहि होअए देब ई संकल्प कए गुरु तेग बहादुर 1673 ई. क ग्रीष्म समयमे आनन्दपुरसँ विदा भए गेलाह। ओ परमेश्वरक स्तुति कएल जे अपनाकेँ बलिदान कए सकी से अनुग्रह हुनका प्राप्त हो; अपन परिवारक लोकसँ तथा भक्त सिक्खलोकनिसँ विदा लेल। आगरा पहुँचबासँ पहिने ओ मालवामे तथा दक्षिण-पूर्वीय पञ्जाबमे खूब भ्रमण कएल; सर्वत्र ओ परमार्थ सत्यक उपदेश देल करथिन्ह ओ लोककेँ भय दूर करबाक हेतु उत्साहित कएल करथिन्ह; कहथिन्ह जे अहाँकेँ धर्मक तथा व्यक्तिगत स्वतन्त्रताक जे अधिकार अछि तकर जँ उल्लङ्घन होइत हो तँ प्रौढ़तासँ ओकर प्रतिरोध करबाक हेतु प्रस्तुत रहू। ककरहु भय नहि दिऔक परन्तु ककरो भय जनु करू—इएह सिद्धान्त छल जकर ओ प्रचार करथि। दू वर्ष धरि एहिँ भ्रमणक क्रम चलल; ओ एक ठामसँ दोसरा ठाम जखन जाथि तखन बहुत व्यक्ति हुनक संग जाथिन्ह बाटमे लोक हुनक अभिनन्दन करैत रहैन्हि, प्रणामी चढ़बैन्हि, उपहार दैन्हि। एहि यात्रामे उद्देश्य-विशेषसँ प्रवृत्त भेल छलाह तथापि हुनक धर्मव्रतक मूल मे जे आध्यात्मिक भाव छल, सर्वजनहितक जे भावना छल तकर मुख्यता ओहिना

रहल। एही यात्रामे पटिआलाक निकटस्थ सैफवादक सैफाद्दीन, समीणाक समीपस्थ गढ़ीक वासी पठान प्रभृति मुसमलमान सिक्ख धर्म ग्रहण कएने छलाह।

गुरु तेग बहादुर जखनहि आगरा नगर पहुँचलाह, लगले सम्राट्क आज्ञासँ ओ पकड़ि लेल गेलाह ओ हुनका दिल्ली आनल गेल। हुनका बेड़ी लगाए देल गेल। हुकुम छलैक जे यावत् ओ इस्लाम धर्म ग्रहण नहि करथि हुनका पीड़ित कएल जाए। परन्तु ने शारीरिक यन्त्रणा ने सांसारिक प्रलोभन हुनका कनेको विचलित कए सकल, ओ सतत ईश्वरक ध्यानमे मग्न रहथि। यन्त्रणासँ त्राण पएबाक हेतु अपन धर्म त्यागब जखन हुनका मान्य नहि भेल तखन हुनका कहल गेल जे अहाँक धर्मव्रत दैवी-प्रेरणासँ सञ्चालित अछि तकर प्रमाणमे अहाँ किछु अलौकिकता देखाउ। परञ्च ओ सेहो स्वीकार नहि कएल, ओ कहल जे ईश्वरक इच्छामे हस्तक्षेप उचित नहि। ईश्वरक भक्त भाँड़ कुवैद्य सबसँ लज्जित होएताह।

1675 ई. क नवम्बर मासक आरम्भमे हुकुम अएलैक जे तेग बहादुर केँ फाँसी देल जाए। मुदा एहिसँ पूर्वहिँ ई सम्भव भए सकल जे एक जन सिक्खक हाथेँ ओ पाँचटा पैसा ओ एकटा नारिकेर आनन्दपुर पठाए सकलाह जे हुनक परोक्ष भेला पर जखन गोविन्द सिंहकेँ गुरुक अभिषेक होइन्हि तखन हुनका समर्पित कएल जाए।

गुरुकेँ पीड़ा देनिहार अपन क्रूरताक परिचय पूर्वहिँ देने छलाह। गुरुक एक जन भक्त अनुयायी भाइ मतिदासकेँ दूटा खम्भाक बीचमे कसिकेँ बान्हि आड़ी लएकेँ हुनक माथसँ आरम्भ कए दू खण्डकेँ चीरि देल गेल। दोसर सिक्ख भाई दयालकेँ उधिआइत गरम पानिक कराह मे फेकि देल जे ओ सिद्ध भए जाथि। स्वयं गुरु तेगबहादुरक मूड़ी चान्दनी चौक मे 1675 क 11 नवम्वरक अपराह्न मे जनताक समक्ष तरुआरिसँ काटि देल गेल। जे ई हत्या कएलक सेहो विस्मित छल जे गरदनि पर तरुआरि खसि रहल छलैन्हि तथापि गुरु तेग बहादुर शान्तिसँ कनेको विचलित नहि भेलाह। भारतक इतिहासमे एहन रोमाञ्चकारी घटना सम्भवे दोसर भेल। गोविन्द सिंह 'विचित्र नाटक' मे एहि प्रसङ्ग लिखैत छथि

गुरु तेग बहादुर हिन्दूक तिलक ओ जनउक रक्षक छलाह।
कलियुग मे ओ अभूतपूर्व कृत्य कए गेलाह।
धर्मपरायण व्यक्तिक हेतु ओ चरम आत्मत्याग कएल।
ओ अपन मस्तक दए देल मुदा मुहसँ "आह" नहि कहल।
ई सब ओ धर्मक रक्षार्थ कएल।
ओ अपन प्राण त्यागल मुदा अपन संकल्प नहि त्यागल।
अपन शरीररूपी पहिरना दिल्लीक सम्राट्केँ दए
ओ आत्माक लोक चल गेलाह।

एहि पृथिवीपर आबि केओ एहन कृत्य नहि कए सकल
अछि।
तेग बहादुरक विदा होएबाक बेरि मे
एहि संसार मे शोक व्याप्त छल।
मनुष्यलोकमे दुःखक आक्रोश छल :
देवलोकमे जयजयकार भए रहल छल।

गुरु तेग बहादुरक छिन्न शरीर चौक मे अरक्षित पड़ल रहल; केओ व्यक्ति नहि छलाह जो मोगलक डरेँ ओहि शरीरकेँ छुबैत। साँझखन बिहाड़ि अएलैक, इएह अवसर भेलैक जे रङ्गरेटा नामक छोट जातिक एकटा सिक्ख-जतिआ गुरुक मूड़ी लएकेँ पड़ाएल। एहि परम पुनीत अथच दुःखद सम्पत्ति लेने, यात्राक सबटा संकट उठओने ओ पड़ाएल पड़ाएल जहाँ धरि शीघ्रतासँ भए सकलैक आनन्दपुर पहुँचल। बिनु मूड़ीक धरकेँ लुवाणाक एकटा सौदागर एकटा गाड़ी पर राखि ओकरा तूरसँ लादि अपन घर लए गेल। प्रत्यक्ष रूपसँ शरीरक अग्नि संस्कार राजद्रोह बुझल जाइत तेँ ओ सौदागर अपना घर मे आगि लगाए ओही मे वलि देल गुरुक शरीरकेँ डाहि भस्म कए देलक। ओ स्थान सम्प्रति रिकाबगञ्जक गुरुद्वारा थिक। जाहि स्थान पर गुरुक हत्या कएल गेल छल से सिक्खलोकनिक पवित्र पीठ थिक, भारतक राजधानी, दिल्लीमे सीसगञ्ज गुरुद्वारा।

आनन्दपुरमे आत्माक पुनर्गठन

आनन्दपुर पहुँचल ओकर संस्थापकक छिन्न मूड़ी, धूलिधूसरित, ओ ई देखि चारू दिशिक पर्वतमालाक पाथर समेत द्रवित भेल होएत। गुरु तेग बहादुरक माए, हुनक स्त्री, सिक्खलोकनि–सबकेँ से विषाद छल जकर सान्त्वना असम्भव छलैक। गोविन्द सिंह केँ दशम वर्ष छलैन्हि; विपत्ति जे पड़ल छलैन्हि से वर्णनातीत। तथापि ओ अपूर्व धैर्य ओ शान्ति देखाओल तथा परिस्थितिकेँ तुरन्त अपना हाथमे लए लेल। सबसँ पहिने तँ ओ जैताकेँ अभिनन्दन कएल, भरि पाँजकेँ हुनका पकड़ि अत्यन्त स्नेहसँ हुनक साहस ओ भक्तिक सराहना कएल। ओ जैताक जातिहिकेँ उच्च बनाए देल, ओकरा आशीर्वाद देल "रङ्रेटे गुरुके बेटे" अर्थात् रङ्रेटा जातिक लोक गुरुक बेटाक सदृश मान्य थिक। एही अवसर पर गोविन्द सिंह संकल्प कएल जे सिक्खलोकनिक एहन स्वरूप होएबाक चाही जे अनकासँ हुनकालोकनिक भेद स्वरूपतः बुझल जाए सकए, कारण, गोविन्द सिंहकेँ एहि बातक बड़ खेद छलैन्हि जे गुरु तेग बहादुरक हत्याक कालमे जे लोक जमा छल ताहिमे कतेको जन सिक्ख छलाह होएत परन्तु ककरहु ई नहि भेलैन्हि जे आगाँ बढ़ि गुरुक शरीरक रक्षाक भार लितथि।

ओ अपन पितामही, अपन माए ओ अपन अनुचरगणकेँ सान्त्वना देल। ओ कहल जे सब केओ ईश्वरक स्तुति करू। गुरु तेग बहादुरक हेतु शोक करबाक नहि थिक, कारण, ओ ईश्वरेच्छाक पालन कएल अछि ओ संसारकेँ अपूर्व आदर्श दए गेलाह अछि। एहन पूर्ण व्यक्तिक तिरोधानक कारणेँ शोक नहि कर्त्तव्य थिक। (गोविन्दसिंह कहल जे) गुरु स्वर्गमे छथि ओ ओतए हुनक जयजयकार होइत होएत।

अपन पिताक और्द्धदेहिक कृत्य गोविन्दसिंह अत्यन्त सम्मान ओ श्रद्धासँ सम्पन्न कएल। चाननक चिता रचल गेल; मूड़ी पर गुलाबक अत्तर छीटल गेल। किशोर गोविन्दसिंह ओहि मूड़ीकेँ हाथमे लए बड़े सम्मानसँ चिता पर राखल। तखन ओ जपुजीक आदि अंश पढ़ि चितामे आगि लगाओल। यावत् चिता जरैत छल सिक्खमंडली गुरुस्तोत्रक सस्वर पाठ करैत छल। ओलोकनि मन पाड़ि पाड़ि गुरु तेग बहादुरक परोपकारक कार्य ओ स्वार्थत्यागक कीर्त्तन करैत छलाह। तखन

अन्तिम वन्दनाक संग सोहेलाक पाठ भेल ओ प्रसादक वितरण भेल। घर आबि गुरु गोविन्दसिंह गुरु-स्तोत्रक पाठ आरम्भ कराओल, दश दिन धरि धारापाठ चलैत रहल ओ अन्तिम दिन भिक्षा वितरण भेल।

आनन्दपुर मे जे निस्तब्धता व्याप्त भए गेल छल तकरा गुरु गोविन्द सिंह क्रमशः दूर कएल। चारू दिशिक पर्वतश्रेणीसँ आनन्दपुरक स्तोत्रपाठ, वीरगाथाक पाठ आ किशोर गुरुक घोड़ाक टापक ध्वनि गुञ्जित होअए लागल। युद्धक कसरति ओ खेड़ि दोगुन उत्साहसँ आरम्भ भेल; शिकारक हेतु दल जाए लागल; घोड़-दौड़क, बन्दूक छोड़बाक ओ तीर चलएबाक प्रतिद्वन्द्विता आनन्दपुरक जीवनक साधारण घटना भए गेल। गुरुक भक्त अनुचर सबकेँ कहल गेलैन्हि जे उपहारमे केवल अस्त्र-शस्त्र ओ घोड़ा आनू। एहि सब वस्तुक आवश्यकता दिन दिन बढ़ैत जाइत छल तथापि दर्शनार्थी आगन्तुक लोकनिक अन्त नहि छल ओ तेँ कोनो वस्तु घटबाक सम्भावने नहि छल। अस्त्र-शिक्षाक हेतु लोकक उत्साह ततेक प्रबल छलैक जे ओहि समयक एक गोट कवि, हीर, अपन कवितामे कहने छथि जे सिक्ख बटुक मुरेठा बान्हब सिखबासँ पहिने तरुआरि भाँजब सिखैत छल। सिक्खलोकनिक हृदयमे पजरैत क्रोधक आगि लोककेँ नव संकल्प नव लक्ष्यक हेतु प्रेरित करैक। नवीन जागृति जनमि रहल छल, नव जाति निर्मित भए रहल छल।

अग्रिम बैसाखी दिन 1676 ई. क 29 मार्चकेँ दीक्षा-समारोह भेल जाहिमे गोविन्द सिंह विधिवत् गुरुक आसन ग्रहण कएल। ई अवसर उत्सव ओ उल्लासक छल। देशक भाग भागसँ बेसीसँ बेसी संख्यामे सिक्खलोकनि दीवानमे सम्मिलित होअए ओ उत्सवमे भाग लेअए आएल छलाह। मनोहर वेषभूषामे माथ पर कलगी लगओने गुरु अएलाह। एहन सुन्दर ओ एहन आत्मविश्वासक तेजसँ देदीप्यमान गुरुकेँ देखि समवेत सिक्ख-समाजक आनन्दक सीमा नहि रहल। प्रेम ओ श्रद्धासँ हुनक जयजयकार भेल। पावन ग्रन्थसँ स्तुतिक सस्वर पाठ भेल, अन्तमे विनतीक पद गाओल गेल, तखन गुरुक माथ पर केशरक तिलक लगाओल गेल। फाँसीसँ पूर्वहिँ गुरु तेग बहादुर जे पाँचटा पैसा ओ एकटा नारिकेर पठओने छलथिन्ह, पूर्वक गुरुक दिशिसँ उत्तर गुरुकेँ उपहार, से हुनका सोझाँमे राखल गेल। कड़ाह प्रसाद परसल गेल। भोजनक हेतु सिक्ख-लोकनि गुरुक लङ्गर जाइत गेलाह जतए परस्पर भेद भाव त्यागि सब केओ संग बैसि खाइत गेलाह। गुरु गोविन्दसिंह सिक्खलोकनिक आध्यात्मिक प्रभुसत्ता प्राप्त कएल ओ संगहि संग हुनका लोकनिक सांसारिक विषयहुक शासनक अधिकार अपना हाथमे लेल।

प्रभुसत्ताक एकटा आओर चिह्न आनन्दपुरकेँ प्राप्त भेलैक—युद्धक नगारा। गुरु गोविन्दसिंह एकरा खासकेँ बनबाओल। किछु मसन्द लोकनि एकर विरोध कएल जे एहि नगाराक बजओलासँ विलासपुरक पर्वतीय शासककेँ ईर्ष्या होएतैन्हि

आ आनन्दपुर एहि विलासपुरक राज्यक अन्तर्गत छल। परन्तु एहि तर्ककेँ दुर्बल कहि गुरु गोविन्दसिंह टारि देल ओ कहल जे बिनु नगाराक हमर साधन सम्पन्न नहि होएत। तैआर भेला उत्तर एकर नामकरण कएल गेल—रणजीत नगारा, ओ विधिवत् एकर प्रतिष्ठा कएल गेल। एहि पर चोट देबाक हेतु सबसँ मजबूत सिक्ख बीछल गेलाह ओ जखन खूब जोरसँ लय मे एहि पर चोट देल जाइक तँ जएह सुनैक तकरहि हृदय मे एकटा गुदगुदी लागि जाइक। साधारणतया ई नगारा बजाओल जाए जखन गुरु गोविन्द सिंह शिकार मे जाथि तथा सिक्ख पाकशालामे भोजनक समयमे। भोजनक बेरि चोट देबाक हेतु ई जे ओकर शब्द सूनि लोक भोजनक हेतु पाकशाला पहुँचि जाथि। एखनहु धरि सिक्ख गुरुद्वारा सबमे ई नियम चल आबि रहल अछि।

विलासपुरक राजा भीमचन्दकेँ आनन्दपुर मे जे नव नव विकासक काज होइक तकर वार्त्ता रहैन्हि। रण-जीत नगाराक गम्भीर ओ वज्रनिर्घोष सूनिकेँ हुनका बड़ कुतूहल मुदा आतंक सेहो भेल। ओ अपन मन्त्रीकेँ बजाए कहल जे पता तँ लगाउ जे गुरु गोविन्द सिंह आ हुनक सिक्खकेँ देशक शान्ति एना भङ्ग करबामे उद्देश्य की छैन्हि। मन्त्री छलाह धर्मभीरु ओ ज्ञानी। ओ राजाकेँ बुझाए देल जे गुरु ने अहाँक अनिष्ट चाहैत छथि ने अहाँक राज्य। ओ तँ शिकार मे आएल छलाह ओहि नवका नगारा लेने। ओ विचार देल जे गुरु गोविन्दसिंहक संग मित्रताक व्यवहार राखल जाए ओ शीघ्र एक बेरि हुनक भेंट करए जएबाक चाही।

ई विचार राजा भीमचन्दकेँ पसिन्द भेलैन्हि। ओ अपन एक गोट मन्त्रीकेँ आनन्दपुर पठाओल जे भेँटक तैयारी करथि। गुरु एहि दूतक पूर्ण आतिथ्य-सत्कार कएल, हुनका कहल जे गुरुक घर तँ सभक हेतु अवारितद्वार छैक, अहाँक राजा जहिआ आबथि तहिए हुनक आदर-सत्कार होएतैन्हि।

राजा भीमचन्द अएलाह; हुनक पूर्ण सत्कार भेल। गुरु गोविन्द सिंहक संग हुनका बड़ी काल गप्प भेल। दोसर दिन प्रातःकाल जे राजा भेंट करए गेलाह तखन ओ लोकनि एक गोट तम्बूमे बैसलाह जे अत्यन्त सुन्दर ओ दामी छल। दुनीचन्द नामक काबुलक एक जन सिक्ख ई गुरुकेँ उपहार देने छलथिन्ह। एतेक दामी काज कएल तम्बू देखि राजा भीमचन्द विस्मित भए गेलाह। गुरुकेँ एकटा हाथी छलैन्हि, छोट मुदा सुशिक्षित। ओकर नाम छलैक प्रसादी। आसामक राजा रतन रायक ई उपहार छल। इहो देखि राजा भीमचन्दकेँ बड़ विस्मय भेल। ई दूनू वस्तु देखि राजा भीमचन्द केँ ईर्ष्या होअए लागल। ओ जे फीरिकेँ विलासपुर अएलाह से इएह चिन्तना करैत जे ई दूनू दामी वस्तु गुरुसँ कोना लए लेल जाए।

राजा भीमचन्दक बेटा अजमेरचन्दक विवाह भावी छल गढ़वालक श्रीनगरक राजा फतेह शाहक कन्यासँ। इएह राजा भीमचन्दकेँ लाथ भेलैन्हि। ओ गुरु गोविन्दसिंहसँ हाथी ओ आओरो दामी असवाब सभ प्रदर्शनक हेतु मङनी माङल।

गुरुकेँ एकर अभिप्राय बुझबामे भाङठ नहि रहलैन्हि। ओ देब नहि गछल, कहल जे सिक्खलोकनिक उपहारमे देल वस्तु हम मङनी नहि दैत छिऐक। एहि पर राजा भीमचन्द गुरुकेँ धमकी दै चिट्ठी लिखल जे हाथी यदि ओना नहि आओत तँ हम जबरदस्ती मङबाए लेब ओ अपन सेना पठाए हम अहाँकेँ अपना राज्यसँ निकालि देब। गुरुक मन एहि धमकी सँ नहि बदलल। ओमहर आओर आओर पर्वतीय राजालोकनि राजा भीमचन्दकेँ मना कएल जे अगुताएल काज नहि करू विशेषतः एखन तँ विवाहक तैआरीमे सब लागल छी। भयक स्थिति टरि गेल मुदा तावते कालक हेतु, किएक तँ, पर्वत-प्रदेशक राजपूत राजालोकनिकेँ गुरु गोविन्दसिंहक संग विरोधक कारण हाथी वा चन्दवासँ विशेष गम्भीर छल। एक तँ गुरु गोविन्द सिंह जे राजा जकाँ दरबार करैत छलाह तकर हुनका लोकनिकेँ बड़ ईर्ष्या होइन्ह। दोसर, आनन्दपुर मे नवका विरादरी मे चारू वर्णक लोक जे एक ठाम मीलि गेल छल से हुनका लोकनिकेँ नहि पसिन्द। हुनकालोकनिक कथ्य छलैन्हि जे गुरु गोविन्दसिंह छोट लोककेँ बढ़ावा दैत छथिन्ह। सिक्ख-पाकशाला मे सब वर्णक लोक परस्पर भेदभाव छोड़ि एक संग बैसि भोजन करैत छल ताहिसँ सनातन जे सामाजिक नियम छल से टूटैत छल। गुरु तेग बहादुरक फाँसीक दिनसँ सिक्ख-लोकनि पर मोगल बादशाह बिगड़ल छथिन्ह से सबकेँ बुझल छलैन्हि आ जखन ओ लोकनि बादशाहकेँ कर दैते छलथिन्ह तखन तँ सिक्खलोकनिकेँ विद्रोही मानबे उचित छल। तेँ ओ लोकनि सिक्खकेँ नीच बुझथि, ओकरा प्रति मनहि मन शत्रुताक भाव राखथि।

सिक्खसमाजक कार्यजातक सञ्चालन करैत मध्य मध्यमे गुरु गोविन्द सिंह शारीरिक कौशल ओ साहित्यिक उत्कर्ष ताहू दिशि पूर्ण मनोयोग देल करथि। आब ओ सुन्दर युवक छलाह, पातर, चञ्चल ओ स्फूर्त्तिमान्। स्वच्छ निर्मल आँखिसँ हुनक हृदय दयार्द्रभाव ओ विश्वासक दृढ़ता झलकैत छल। हुनक सर्वतोमुखी प्रतिभा आश्चर्यजनक छल। भरि दिनक विभिन्न श्रमसाध्य कार्यजातकेँ सम्पन्न करबामे हुनक अक्षय जीवनीशक्ति स्फुट होइत छल। ओ प्रत्यूषमे उठथि ओ परमेश्वरक ध्यानमे लागि जाथि। तखन ओ प्रातःकालीन सभामे आबथि ओ ताऊ तथा सारन्दक संगतिमे भजनक गीत तल्लीन भए सुनथि। तखन श्रोतालोकनिक आध्यात्मिक उन्नतिक अभिप्रायसँ धर्मग्रन्थक मूलकेँ लए प्रवचन करथि। तदुत्तर दिन भरि ओ धर्म ओ पुराणक ग्रन्थ पढ़थि, ओजस्वी कविताक पाठ करथि, शस्त्रशिक्षा ग्रहण करथि, कसरत करथि, व्यायाम-प्रतियोगितामे भाग लेथि, सिक्खलोकनिक संग विनोदक गप्प करथि, हुनकालोकनिक प्रश्नक उत्तर देथि, शंकाक निराकरण करथि, हुनकालोकनिक जे आवश्यकता रहैन्हि तकर पूर्त्ति करबाक प्रबन्ध करथि ओ एतेक विशाल जे सामूहिक जीवन यापन कएल जाइत छल तकर समस्या सबकेँ सोझराओल करथि। सन्ध्याकालकेँ पुनः सङ्गति हो,

तदुत्तर संग मीलि भोजन होइक ओ तखन गप्प चलए जे बड़ी राति धरि होइत रहए जाहिमे नव-नव खबरिक आलोचना हो, शासकक अत्याचारक प्रसङ्ग विचार हो, पूर्वक गुरुलोकनिक चरितक कीर्त्तन हो, ताहि समयक सिक्खलोकनिक गुणानुवाद हो।

निरन्तर प्रशिक्षण ओ पूर्ण मनोयोगपूर्वक अभ्यासक परिणाम-स्वरूप गुरु गोविन्दसिंह अस्त्रप्रयोगमे अद्भुत कुशलता प्राप्त कएल। तरुआरि भजबामे आ तीर चलएबामे एहन कौशल प्रायः दोसराकेँ नहि छलैक ओ घोड़ाक सवारी तँ एहन केओ नहि कए सकैत छल। विद्याक बल सेहो हिनक ओहने चमत्कारक छल। पञ्जाबीक अतिरिक्त संस्कृत, ब्रजभाषा ओ फारसीक ओ प्रकाण्ड विद्वान् छलाह। प्राचीन साहित्यक अध्ययन हुनक बड़ विस्तृत ओ गम्भीर छल तथा संस्कृत ओ फारसी साहित्यक ओ प्रौढ़ विद्वान छलाह। कवित्वक प्रतिभा हिनका सहजात छल। जीवन यदि कविताक आराधनामे लगाए देल जाए तँ भरि जीवनमे जतबा कविता रचल भए सकैत अछि ततबा परिमाणमे हिनक रचित कविता उपलब्ध अछि। गुरुमुखी जे ई लिखथि से देखबाक योग्य, बड़ कटगर ओ सुन्दर। भाग्यसँ ताहि समयक अनेको ग्रन्थक पात सब पर हिनक हाथक लिखल उपलब्ध होइत अछि ओ अनेको हुकुमनामा पर हिनक दस्तखत भेटैत अछि।

"वार श्रीभगउती जी की" जे "चंडी दी वार" कहाए प्रसिद्ध अछि 1684 ई. क रचल हिनक प्रथम रचना थिक तथा पञ्जाबी भाषामे हिनक एकमात्र पैघ कृति अछि। ओजगुणक प्रकर्ष एवं रचनाक सौष्ठवक दृष्टिसँ "चंडी दी वार" क सदृश सम्भवे कोनो दोसर काव्य पञ्जाबी भाषामे भेल अछि। ई महाकाव्य थिक; एहिमे देवासुरसंग्रामक चित्र अङ्कित अछि। एकर ओजस्वी लय तथा सजीव कल्पना युद्धक्षेत्रक ध्वनि ओ कराल रौद्रताक अनुकूल अछि। एहिमे दुर्गामाताक मूर्त्तिक कल्पना मुख्य विषय छैक मुदा पौराणिक होइतहुँ कविक कल्पना ओ उल्लाससँ मूर्त्ति यथार्थ ओ दृढ़ निखरैत अछि। एकर प्रभाव एतेक प्रबल भेल जे साधारणतया लोकमे ई धारणा भए गेल छैक जे भोरे भोर ई पढ़लासँ ओहि दिन लड़ाइ होएबाक सम्भावना। मुदा निहङ्ग अथवा एहन एहन लोक जकर प्रवृत्ति युद्ध दिशि छैक एकरा अवश्य पढ़त ओ एहिसँ उद्बोधन ओ स्फूर्त्ति ग्रहण करत।

गुरु गोविन्द सिंह पुराणमे वर्णित दुर्गाक चरितकेँ अपन काव्यक विषय बीछल। असुरक संग युद्धमे दुर्गाक शूरताक वर्णनसँ हुनक अभिप्राय छलैन्हि जे लोकमे वीर-रस फूँकि दी। घटनाक क्रम मोटा-मोटी मार्कण्डेय पुराणमे वर्णित दुर्गाक माहात्म्यक अनुसरण करैत अछि परन्तु काव्यमे मुख्य विषय अछि चण्डीक चरित जाहिमे कविक यथार्थ प्रतिभा ओ लोकोत्तर कल्पना स्फुट अछि।

कथा अछि जे अष्टभुजा दुर्गाक प्रादुर्भाव विष्णुक शरीरसँ भेल। मधुकैटभ नामक असुर ब्रह्मा पर आक्रमण करैत अछि। ब्रह्मा अपन माथ परक घाम पोछिकेँ

सागरमे फेकैत छथि; ओहिसँ जलन्धर नामक दैत्य उत्पन्न होइत अछि। दैत्य खेहारैत छैन्हि आ ब्रह्मा पड़ाएल-पड़ाएल ध्यानमे लीन विष्णुक शरणमे अबैत छथि। मधुकैटभ विष्णुक दिशि बढ़ैत अछि तावत् विष्णुक पाँजरसँ अष्टभुजा दुर्गा प्रकट होइत छथि ओ दैत्यक संग युद्ध होइत अछि।

दोसर कथा अछि जे दुर्गा उज्जैनक राजाक बेटी छलीह। बापक एकमात्र कन्या, पिताक परोक्ष भेला पर ओ गद्दी पर बैसलीह। ओ जेहने रूपवती रहथि तेहने शूर। अपन हिन्दीक काव्य चण्डीचरित्रमे गुरु गोविन्द सिंह हुनक वर्णन एहि रूपेँ कएने छथि–

चन्द्रमा सन चकचक हुनक मुख छल–
जकरा देखलहि उत्तर लोकक शोक दूर भए जाइक।
शिवक साप सन हुनक वेणी लटकल रहए।
हुनक आँखि देखि कमल ओ हरिनी दूहूकेँ विषाद होइक।
हुनक भौँह कमान सन छल
आप पिपनी सब शर सन।
हुनक डाँड़ सिंहक डाँड़ सन पातर छल
ओ चालि छल हुनक गजराजक चालि सन।
पर्वतक शिखर पर हुनक वास छल ओ हुनक
रूपलावण्यसँ के मुग्ध नहि होइत छल।
हाथमे हुनका रहए खड्ग ओ वाहन छल सिंह;
सोन जकाँ चमकैत हुनक कान्ति छल।
दोसर हाथमे हुनका छल धनुष
हुनक चञ्चल स्फूर्तिसँ शफरी लज्जित छल
हुनक नयनक कम्रतासँ कमल ओ हरिणी दुहू,
हुनक नासासँ शुकचञ्चु
हुनक ग्रीवासँ कपोत
हुनक वाणीसँ कोकिल
दाड़िमक बीआ हुनक मोती सन-सन दाँतसँ लज्जित छल।
एहि देवीक शरीरक स्पर्श पाबि
चन्द्रबिम्ब पूर्णसँ विशेष कान्तिमय होइत छल।

गुरु गोविन्द सिंहक पञ्जाबी महाकाव्य चंडी-दी-वारक कथा आरम्भ होइत अछि देवासुर-संग्रामसँ। असुर देवतालोकनिकेँ पराजित कए स्वर्गमे अपन शासन चलबए लागल। सत्ययुगक अन्त भए गेल छल, आब छल त्रेतायुग जे सत्ययुग सन नहि छल। संसारमे सर्वत्र विरोध व्याप्त छल। लोकविषय रागकेँ जगएबाक हेतु सर्वप्रसिद्ध नारदक चलती छल।

निराश्रय भए देवगण भगवती दुर्गाक ओतए कैलाश जाइत गेलाह। देवराज इन्द्र देवीक स्तुति कएल। रक्षाक याचना कएल। दैत्यक संहारकारी सिंह पर सवार भए दुष्ट दैत्यक विनाश करए दुर्गाजी चललीह। घोर युद्ध भेल। डंका, शंख ओ भेरीक निनाद तथा युद्धक घोषसँ स्वर्ग फाटल जाइत छल। चमकैत तरुआरि आ भालाक चकचकीसँ सूर्य अदृश्य भए गेलाह। युद्धक तुमुल संघर्षमे बड़का-बड़का केशबला दैत्य सब कटि कटि भूमि पर खसए लागल जेना बताह मदिरा पीबि उन्मत्त खसैत अछि। भालासँ गाँथल योद्धा ओहिना निश्चेष्ट पड़ल रहए जेना डारि पर फल लटकल रहैत अछि। वज्रसँ आहत शौध-शिखर अथवा कोठाक अटारी जकाँ योद्धा सब भूमि पर ओङ्घराएल छलाह। दैत्य सब प्राण हाथमे लए दृढ़तासँ लड़ैत छल आ केओ पीठ नहि देखओलक। दैत्यक नारीगण अपन-अपन कोठाक अटारी परसँ शेणितक नदीमे लड़ैत अपन लोककेँ देखथि ओ देवीक अलौकिक शूरताकेँ देखि देखि विस्मित होथि। दुर्गाक तरुआरि हुनका हाथमे जेना नचैत छल ओ दानवगणक दलमे मृत्युक वर्षा करैत छल। क्रोधसँ धधकैत ओ सब कारी मेघ जकाँ दुर्गाकेँ चारू दिशिसँ घेड़ि लेलक। प्रचण्ड रूप धारण कए महिषासुर आगाँ आएल मुदा दुर्गा ततेक जोरसँ खङ्गक प्रहार कएल जे ओ कवचकेँ कटैत, शरीरकेँ छेदैत घोड़ाकेँ दू खण्ड करैत पृथिवीक भेदन कए वृषभक सिंह पर जाए बजड़ल, ओहि वृषभक जे पृथिवीकेँ धारण कएने छथि। सिंहवाहिनी दुर्गा अपन तरुआरिसँ शत्रुक संहार करैत दानव-दलकेँ चीरैत चलि गेलीह। दुर्गाक जयजयकार भेल। देवतालोकनि पुनि स्वर्ग पाओल। देवी अन्तर्हित भए गेलीह।

परन्तु देवतालोकनिक विपत्तिक अन्त नहि भेल। असुरगण पुनः शुम्भ ओ निशुम्भक नेतृत्वमे सन्नद्ध भेल। स्वर्ग पर पुनः आक्रमण भेल, इन्द्र पुनः पराएकेँ दुर्गाक शरणमे अएलाह। देवी पुनः युद्ध करए चललीह। चण्डीक रूप धारण कए दुर्गा बिजुली जहाँ दैत्यक भयंकर सैन्य पर टूटि खसलीह। देवीसँ लड़ए धूम्रलोचन सन-सन योद्धा आगाँ आबए लागल मुदा एकाएकी सब केओ देवीक खङ्गक प्रहारसँ कटि कटि खसए लागल। शुम्भ नव नव सैन्य पठाबए ओ देवी अपन शरसँ छिन्न-भिन्न कए सबकेँ महानिद्रामे सुताए देथि। तखन श्रोणत बीज, रक्तवीज, युद्धक्षेत्र मे आएल। ओकरा सङ्ग असंख्य दानव छल लौहकवच धारण कएने, क्रोधसँ उन्मत्त। दैत्यक गर्जन सूनि दुर्गा सिंह पर सवार भेलीह ओ गदाकेँ घुमबैत अपन सैन्यक संग आगाँ बढ़लीह। मुदा रक्तवीज तँ अमर छल। ओकर रक्तक जे बुन्द पृथिवी पर खसैक से दानव भए युद्धमे लागि जाए। तेँ जतेक केँ दुर्गा मारथि ताहिसँ कत बड़ अधिक दानव उत्पन्न होअए। खिसिआएकेँ दुर्गा कालीक स्मरण कएलैन्हि। दुर्गाक मस्तकसँ अग्निक ज्वालामे काली बहरइलीह आ दुनू मीलिकेँ खङ्गसँ दैत्यक संहार करए लगलीह। रक्तवीजकेँ चारूकात सँ असिधारा ओहिना घेड़ि लेलक जेना नव दुलहाकेँ रमणीगण घेरने रहैत अछि। दुर्गा प्रहार

करथिन्ह ओ दानवक शोणित पृथिवी पर खसतैक ताहिसँ पहिनहि काली शोणित पीने जाथि जाहिसँ दानवक उत्पन्न होएब बन्द भए गेल। रक्तवीज नीरक्त भए खसि पड़ल। रक्तबीजक वध सूनि शुम्भकेँ बड़ विषाद भेलैक। प्रतिशोधक भावनासँ ओ पुनः सैन्य सजलक। जेना बिहाड़िमे सागरमे नाओ, तहिना सैन्यक भारसँ पृथिवी काँपि गेलीह। किन्तु रणमे दुर्जाजीक समक्ष के ठाढ़ रहि सकैत? हाँसूसँ जेना घास कटैत छैक तहिना खड्गसँ ओ दानवकेँ काटए लगलीह। युद्धसँ जे कहिओ थकैत नहि छल सेहो सब थाकि गेल। घोड़ा पर चढ़ि निशुम्भ आएल हाथमे विशाल धनुष लेने जे ओ मुल्तानसँ मङबओने छल। मुदा जा' जा' ओ धनुष चढ़ाबए ता' दुर्गाक तरुआरिक धारसँ ओ कटिकेँ धराशायी भए गेल। इएह स्थिति भेल शुम्भक सेहो। नायककेँ एना विनष्ट देखि दानवक दलमे हाहाकार मचि गेल। ओ सब पड़ाएल, सब किछु छोड़ि, मुहमे घास रखने जे हारि मानि लेबाक चिह्न छल। इन्द्रकेँ अपन राज्य भेटलैन्हि। तीनू लोकमे घोष भेल—जगन्माता दुर्गाक जय।

एहि काव्यमे दुर्गाकेँ विजयिनी, शक्तिस्वरूपा ओ तेजस्विनी अङ्कित कएल गेल अछि। ओ दैवी क्रोध ओ दैवी प्रतिशोधक मूर्त्ति थिकीह मुदा साधुजनक ओ दयामयी तारिणी थिकथिन्ह। चंडी-दी-वारमे देवीकेँ दुर्गाशाह, चंडी, देवी, रानी, भवानी, जगमात और महामाई कहल गेल अछि।

चंडी-दी-वारमे मुख्य वस्तु अछि वीर-रसक विन्यास जकर परिपाक भेल छैक प्रौढ़ ओ ओजस्वी कल्पनाक द्वारा ओ जाहिमे लय छैक अर्थानुगामी, उदात्त ओ गौरवसँ युक्त। महाकाव्यक आकार एकरा नहि छैक परन्तु विषय विन्यासमे, भावक गम्भीरतामे ओ लयपूर्ण शब्दक चयनमे एकर महत्त्व असंदिग्ध अछि। एहिसँ पाठक केँ उत्साह ओ उद्दीप्ति अपूर्व होइत अछि।

1682 ई. क बैसाखी-समारोहमे मुलतानसँ जे सिक्खक दल आएल ताहिमे एक जन प्रतिभासम्पन्न ओ व्युत्पन्न नवयुवक छलाह जनिक नाम छल नन्दलाल गोया। ओ फारसी एवं अरबीक विद्वान छलाह तथा फारसीमे नीक कविता करथि। हुनक पूर्वज काबुलक राज दरबारमे वजीर छलथिन्ह ओ तेँ फारसी साहित्यक प्रति हुनका वंशानुगत प्रेम। ओ गुरु गोविन्द सिंहकेँ एकटा फारसीक काव्य समर्पण कएल जकर शीर्षक छलैक वन्दगीनामा अर्थात् स्तोत्रमाला। गुरु एहिसँ बड़ सन्तुष्ट भेलाह ओ भाइ नन्दलालक अभिनन्दन कएल। पोथीकेँ पढ़ि गुरु विचार देलथिन्ह जे एहि काव्यक नाम होएबाक चाही जिन्दगी-नामा अर्थात् जीवन-ग्रन्थ। तहिआसँ ई पोथी ओही नामसँ प्रसिद्ध अछि।

उन्नैस वर्षक वयसमे गुरु गोविन्दसिंहक विवाह भेल लाहोरक निवासी भिखिआक कन्या सुन्दरीसँ। प्रचलित व्यवहारक उपेक्षा कए ओ लाहोर जाएब स्वीकार नहि कएल; प्रत्युत आनन्दपुरक समीपहिमे ओ एक छोट शहरक स्थापना

कएल ओ ओकरहु नाम देल लाहोर। हुनक शिष्य लोकनि, सौदागर सब ओ दोकानदार सब ओतए बसि जाइत गेलाह। भिखिया सपरिवार ओतहि अएलाह ओ ओतहि बड़े धूम धामसँ हुनक विवाह-विधि सम्पन्न भेल।

अग्रिम वर्ष नव सिक्ख भेल लोकक एक दल आएल जाहि मे एक जनकेँ योग्य विवाहक एकटा कन्या छलैन्हि। नाम छलैन्हि जीतो। ओ गुरुक ओहिठाम प्रस्ताव कएल जे ओ ओकर पाणि ग्रहण करथि मुदा गुरुकेँ से स्वीकार नहि भेलैन्हि। तथापि अपना माइक आग्रहसँ हुनका से करए पड़ल ओ शीघ्रहिँ सबटा विधि सम्पन्न भेल। जीतोजीक देहान्त 1701 ई. मे भए गेल। ओही वर्ष रोहतासक एक जन सिक्ख हरभगवान गुरुक ओतए अपन कन्या उपस्थित कएल। कन्याक नाम छलैन्हि साहेब देवन। कन्याक माए-बापक आग्रह छल ओ देवनजी स्वयं गुरुक ओतए निवेदन कएल जे हमरा आओर किछु नहि चाही, हमरा केवल एतबे आज्ञा हो जे हम सहचरी भए सेवाक सुख प्राप्त करी, अन्तमे गुरु गोविन्द सिंह से अनुमति दए देल। पश्चात् गुरु जे खालसाक व्यवस्था कएल तकर माता ओएह साहेब देवनजी कहओलीह।

गुरु गोविन्द सिंहकेँ चारिटा सन्तान। सुन्दरीक गर्भसँ हुनका सबसँ जेठ बालक अजीत सिंह जनिक जन्म 1689 ई. मे भेल। शेष तीन पुत्र जीतोजीकेँ भेल। 1690 मे जुझार सिंह, 1696 मे जेराबर सिंह ओ 1699 मे फतेह सिंह।

एक गोट नव रूपक

गुरु गोविन्दसिंहक विरुद्ध जे षडयंत्र राजा भीमचन्द कएने छलाह ताहिमे जे पर्वतीय राजा योगदान नहि कएल ताहिमे प्रमुख छलाह सिरमुरक राजा मेदिनीप्रकाश। हुनक इच्छा जे किछु दिनक हेतु गुरुकेँ आमन्त्रित करी, अपना संग अपन राजधानी नाहनमे रहबाक हेतु; ओतएक जलवायु शीत छल ओ शिकारक प्रचुर साधन छल। एहिसँ हुनका अभिप्रेत छलैन्हि राजा भीमचन्दक रागकेँ उपशम करब ओ अपन प्रतिष्ठाक वृद्धि, विशेषतः अपन प्रतिस्पर्धी श्रीनगरक राजा फतेहशाहकेँ प्रभावित करब। ओ अपन दूत आनन्दपुर पठाओल मुदा गुरु गोविन्दसिंह लगले निर्णय नहि कए सकलाह जे नाहन जाए सकब की नहि; ओ दूतकेँ कहल जे उत्तरक हेतु किछु दिन अँटकि जाउ।

कतोक मसन्द-गणकेँ उत्कट इच्छा जे गुरु ई निमन्त्रण स्वीकार कए लेथि ओ किछु दिनक हेतु आनन्दपुरसँ चल जाथि। ओ लोकनि माताजीक ओतए निवेदन कएल ओ माइक विचारसँ ओ निश्चय कएल जे राजा मेदिनीप्रकाशक निमन्त्रण स्वीकार कए ली।

पर्याप्त रक्षक-गणकेँ आनन्दपुरमे नियुक्त कए 1686 ई. क ग्रीष्ममे गुरु गोविन्दसिंह अपन प्रस्थानक सूचना देबाक हेतु रणजीत-नगारा पर चोट देआए नाहनकेँ विदा भए गेलाह। संगमे हुनका छलथिनह अपन सम्बन्धी लोक तथा सुशिक्षित सिक्खगणक एक दल। ओ कीरतपुरमे अँटकलाह ओ अपन पितामह गुरु हरगोविन्दक समाधि देखए गेलाह। नाहनक समीप जखन गुरुक दल पहुँचल तखन राजा हुनक स्वागतार्थ आगाँ बढ़ि अएलाह ओ एहन पैघ साधुपुरुषकेँ अपन अतिथि देखि अपनाकेँ धन्य मानल। ओ अरिआतिकेँ हुनका अपन प्रासाद लए गेलाह ओ गुरु तथा गुरुक सहचरगणक सुख-सुविधाक सब प्रबन्ध अत्यन्त आतिथ्यपूर्ण रीतिसँ करैत रहलाह।

गुरु गोविन्दसिंहकेँ ई इच्छा नहि रहैन्हि जे बहुत दिन राजाक अतिथि रही। एक दिन जखन ओ शिकारक हेतु बहराएल रहथि हुनका यमुनाक किनारमे एक गोट स्थान अत्यन्त रमणीय भेटलैन्हि; ओकर प्राकृतिक सौन्दर्यसँ ओ मुग्ध भए गेलाह। ई स्थान नाहन सँ 26 मील दूर सिरमुर राज्यक अन्तर्गत छल। गुरु

गोविन्दसिंह ओहिठाम अपन खामा खसाए देल। ओहिठाम ओ भगवानक स्तुति कए प्रसाद वितरण कएल ओ एक गोट किलाक शिलान्यास कए लेल। हुनक अनुचर सिक्खलोकनि तथा राजाक लोक पूर्ण श्रमसँ काजमे दिन-राति लागि गेल। किला तैआर भेल ओ गुरु ओहिमे वास लेल। एकर नामकरण गुरु कएल पउण्टा कारण जखनहि हुनक घोड़ा अपन "पाय" अर्थात् पाएर ओहि भूमि पर रखलक तखनहि हुनक चित्त एहि स्थानसँ मुग्ध भए गेल छल।

गुरु गोविन्दसिंहक जीवनमे पउण्टाक दिन सबसँ विशेष रचनात्मक ओ महत्त्वपूर्ण छल। आनन्दपुरमे जाहि कार्यकलापमे हुनक समय बितैत छल से सब एतहु आरम्भ भेल। अपन समयक अधिकांश समय ओ अपन अनुचरवर्गक आध्यात्मिक विकास ओ सैनिक-प्रशिक्षणमे लगबए लगलाह। घरसँ बाहरक जे हुनक प्रिय मनोविनोदक क्रीड़ा छल ताहिमे ओ मनसँ लागथि ओ "विचित्र नाटक" मे ओ कहैत छथि जे एहि ठाम जंगलमे ओ कतेको बाघ, भालु ओ हरिण मारलैन्हि। एहिठाम ओ बहुधा बड़ी-बड़ी काल धरि देश-दशाक भावना करथि। देशक उद्धार ओ पुनर्निमाणक विशाल योजना जे हुनक मनमे क्रमशः बनिकेँ तैयार भेल से एतहि। हुनक कवित्व-प्रतिभा ओ रचना-शक्ति एतए पूर्णरूपसँ अभिव्यक्त भेल ओ एतए रहैत जे कविता ओ रचला से उदात्त भाषा, आध्यात्मिक उत्साह तथा विषयक प्रौढ़ताक दृष्टिसँ अतुलनीय अछि। काव्य-रचनामे हुनका दू टा लक्ष्य रहैन्हि—एक तँ अकालक गुण-कीर्त्तन ओ दोसर, अशक्त ओ क्षीण जनसमुदायमे नवीन स्फूर्त्तिक सञ्चारण। हुनक रचना एहि दुहू लक्ष्यक पूर्त्तिक हेतु अत्यन्त उपयुक्त छल। कोनहु भाषामे सम्भवे काव्य एहन वैयक्तिक अथच यथार्थ शब्दावली सँ एहि रूपक स्वर्गीय भावनाकेँ जाग्रत कए सकल अछि अथवा एतेक उत्साह ओ शूरताक उद्बोध कराए सकल अछि।

गुरु गोविन्द सिंह अपन कवितामे एक गोट नव रूपकक सृष्टि कएल—खड्गक रूपक। खड्गकेँ ओ मानल प्रतीक भगवतीक, शक्तिक, दुर्गाक अथवा कालिकाक, स्वयं अकालक। ईश्वरकेँ ओ सर्वलोह कहल। विदेशी शासनक परवशतासँ जाहि हिन्दू जातिक नैतिक पतन भए गेल छल, जकर पौरुष नष्ट भए गेल छल, जकर विचारधारामे सहनशीलताक स्रोत प्रबल भए गेल छल, ताहि जातिक विचार-सरणिकेँ, भावनाक धाराकेँ नव नव दिशा प्रदान करब हुनका अभिप्रेत छलैन्हि। ओहि जातिकेँ एक गोट नव मन्त्र चाही, विश्वासक एक गोट नव बिन्दु चाही। इएह प्रदान कएल गुरु गोविन्द सिंह एहि नव अलंकार-योजनासँ। 'विचित्रनाटक' क मङ्गलाचरणमे गुरु गोविन्द सिंह ईश्वरकेँ खड्गरूपमे सम्बोधन करैत छथि, ओ कहैत छथि—

प्रेम ओ श्रद्धासँ श्रीखड्गकेँ नमस्कार
हमरा पर सहाय होउ जे हमर ग्रन्थ पूर्ण हो।

तदुतर खड्गक स्तुति अछि जकर शब्द विन्यासमे ध्वनिक निनाद अछि, जकर भावोच्छ्वास मे प्रबलता अछि। संस्कृतक शब्दाडम्बर ततेक सशक्त अछि जे सुनबा मे खड्ग परस्परक संघर्षक ध्वनिक सदृश लगैत अछि

खग खंड विहण्डं खल दल खण्डं
अति रण मण्डं वर वन्दं
भुजदंड अखडं तेज प्रचण्डं
जोति अमन्दं भानुप्रभं
सुख सन्ता करणं दुर्मति दरणं
किल्विषहरणं असि शरणम्
जय जय जगकारण सृष्टि उबारण
मम प्रतिपारण जय तेगं

देशकेँ वश कएनिहार, खलक दलकेँ नाश कएनिहार, रणमे वीरकेँ शोभा देनिहार,
भुजदण्डक अलंकार, प्रचंड तेजवान्, भानुसदृश भास्वर,
सन्तकेँ सुख देनिहार, दुर्मतिकेँ दलन कएनिहार, पापकेँ नाश कएनिहार, खड्ग शरण छथि।
जगककारण, सृष्टिक रक्षक, हमर प्रतिपालक, हे खड्ग, हे तेघ
जय हो, जय हो।

खड्ग ईश्वरक पर्याय भए गेल। सिक्खलोकनिक अर्दास अर्थात् स्तुतिक जे रचना गुरु गोविन्द सिंह कएने छथि सभक आदिमे भेटत—खड्गक स्मरण कए गुरु नानकक ध्यान करू—

ईश्वरकेँ सर्वलोह कहितहुँ गुरु गोविन्द सिंहकेँ ईश्वरक दयामयता अथवा अनुकम्पा नहि बिसरलैन्हि। गुरु गोविन्दसिंहक एक गोट कृति अछि जपजी; ईश्वरक गुण कीर्त्तनक दृष्टिसँ ई काव्य अपूर्व अछि। ओकर एक गोट दोहामे ओ कहैत छथि

खड्गक परिचालन कएनिहार, प्रभो, प्रणाम।
आयुधक धारण कएनिहार, प्रभो, प्रणाम।
अन्तिम अज्ञातक जननिहार, प्रभो, प्रणाम।
माता जकाँ विश्वक प्रेम कएनिहार, प्रभो, प्रणाम।

एहिमे युद्धक आयुधकेँ ईश्वरक प्रतीक मानल अछि। ओ अङ्कित छथि पापकेँ दंड देनिहार ओ दुष्टकेँ दलन कएनिहारक रूप मे। ईश्वरक कल्याणकारी जे रूप अछि तकरो ओहने सशक्त शब्द मे वर्णन अछि। ओही संग ईश्वर कहल गेल छथि दयाक सागर, दरिद्रक आत्मीय, सुखक दाता। भक्ति ओ सांग्रामिकता, आध्यात्मिकता ओ वीररस—एकर समन्वय गुरु गोविन्द सिंहक जीवन-दर्शनक सबसँ प्रमुख वैशिष्ट्य थिक; धार्मिक नेता तथा क्रान्तिकारी प्रेरणाक अग्रदूतक रूप

मे जे हुनक जीवन-क्रम छलैन्हि तकर ई सबसँ महत्त्वपूर्ण वैलक्षण्य थीक।

पउण्टा मे हुनक अभ्यास छल जे प्रातःकालीन उपासना ओ सभासँ ओ चल जाथि बहुत दूर धरि टहलए यमुनाक काते काते ; जहाँ कोनो स्थान सुन्दर ओ शान्तिमय भेटैन्हि ओ ओतए बैसि जाथि, कविता रचए लागथि आ पहर भरि बिना विघ्न वाधाक ओहिमे मग्न रहथि। कहिओ कहिओ तँ रचनाक मग्नता अधिको काल धरि रहैन्हि। एक बेरि अकाल-स्तुतिक रचना मे "तूही" पदकें लए ओ तेहन आनन्द-विभोर भए गेलाह, जे ओ सोड़ह घंटा धरि ओही स्थिति मे बैसल रहि गेलाह। स्तुतिक ओहि पदमे तूही पदक सोड़ह बेरि प्रयोग भेल अछि।

सर्वप्रथम ओ कृष्णावतार समाप्त कएल जकर आरम्भ ओ आनन्दपुरहि मे कएने छलाह। से छोड़ि ओ प्राचीन महाग्रन्थ यथा रामायण, महाभारत ओ पुराण सबसँ आओरो कतेक प्रसङ्गकें लए वीर रसक कविता रचल। ई हुनक विलक्षण कवित्व प्रतिभाक परिणाम छल जे अपन रचनाक हेतु ओ भारतीय संस्कृतिक मूलग्रन्थ दिशि आकृष्ट भेलाह। अपन लक्ष्य प्रसङ्ग गुरु गोविन्द सिंह कनेको सन्देहक अवकाश नहि छोड़ने छथि। कृष्णावतारक उपसंहारमे ओ लिखैत छथि—

हम भागवत्क दशम कथा (भाषा) हिन्दीमे लिखल अछि
एहिमे, प्रभो, हमरा आन कोनो बासना नहि अछि
केवल धर्मयुद्ध चाहैत छी, धर्मयुद्धक महिमा उपस्थापनीय अछि।

धर्मक हेतु अथवा धर्माचरणाक हेतु युद्ध क्षेत्र में वीरगतिकें प्राप्त करब सद्गति, स्पृहणीय मृत्यु प्रतिपादित कएल गेल अछि। अपन एक गोट स्तुतिमे गुरु गोविन्दसिंह एहि रूपें विनती करैत छथि—

प्रभो, हमरा ई वरदान देल जाओ
जे हम कहिओ शुभ कर्मसँ विमुख नहि होइ।
हमरा शत्रुक डर नहि हो
जखन कखनहु हम युद्धमे जाइ।
आ विजयकें हम निश्चय अपना पक्षमे लए आनी।
हमरा मनमे एक गोट मात्र लालसा अछि
जे हम सतत अहाँक गुणगान करैत रही
ओ जखन समय पूरि जाए, हम देहत्याग करी
युद्ध करैत, रण-क्षेत्रमे।

इएह थिक ओ साहित्यिक प्रतीक जकर विकास गुरु गोविन्द सिंह पउण्टामे कएल; एही रसक ओ सृष्टि कएल।

एहि प्रकारसँ पउण्टा एक गोट नवीन आध्यात्मिक एवं सांस्कृतिक पुनर्निमाणक केन्द्र भए गेल। केवल परिमाणहुक दृष्टिसँ गुरु गोविन्दसिंहक पउण्टा-निवास कालक साहित्यिक रचना महत्त्वपूर्ण अछि। अपन प्रचुर कृतिसँ भिन्न हुनक

दरबारक कविलोकनिक रचना सेहो होइत रहल। पउण्टाक कविताराधनाक सुयश सूनि सरस्वतीक उपासक लोकनि गुरुक दरबारमे आबए लगलाह। वावन गोट कवि तँ नियत रूपसँ दरवारमे नियुक्त छलाह ओहिमे प्रमुख छलाह सेनापति, लखन, कांशीराम, अनीराय ओ सुखदेव। विद्या ओ कविता मे ब्राह्मण लोकनिक एकाधिपत्यकेँ दूर करबाक उद्देश्यसँ गुरु गोविन्द सिंह पाँच व्यक्ति सिक्खकेँ संस्कृत पढ़ए काशी पठाओल, सिक्ख-समाजमे साहित्यक "निर्मला" सम्प्रदायक स्थापना इएह पाँचो जन कएल। विद्या केवल द्विजक अधिकारमे नहि रहए पओलक। एक दिन गुरु गोविन्द सिंह सामूहिक पाकालयसँ उपरसहाकक काज कए फिरल एक गोट शुद्ध सन सिक्खसँ अपन एक गोट आलंकारिक शृंङ्गार-रसक दोहाक व्याख्या सुनबाए एक जन विद्वान् ब्राह्मणकेँ विस्मित कए देल।

दरवारक कविलोकनि गुरुक वन्दना, हुनक प्रशंसा, हुनक कीर्त्तन तँ करितहिँ रहथि, एहिसँ भिन्न शृङ्गार, हास्य, करुण, रौद्र, वीर, भयानक ओ अद्भुत रसहुक रचना करथि। पुरान संस्कृतक ग्रन्थक अनुवाद से करथि। हुनकालोकनिकेँ श्रमक पुरस्कारो प्रचुर भेटल करैन्हि। हंस नामक एक गोट कविकेँ महाभारतक कर्णपर्वक अनुवादक हेतु गुरु साठि हजार टाका देल। ई कार्य पछाति आनन्दपुरमे सेहो जारी रहल। ओतए एक बेरि गुरुकेँ उत्सुकता भेलैन्हि जे जतबा साहित्य लिखल गेल अछि तकरा तौलाबी आ सबटा ग्रन्थ तौलिमे नओ मन भेल। एहि सबकेँ संग्रह कए एकटा आकर ग्रन्थ तैयार कएल गेल ओ ओकर नाम राखल गेल विद्याधर। गुरु एहि ग्रन्थकेँ बड़ मूल्यवान् बुझथि। पश्चात् मोगल ओ पर्वतीय राजा सबहिक संग दीर्घ संघर्षक परिणाम स्वरूप जखन गुरु गोविन्द सिंह आनन्दपुर त्यागि जाइत छलाह तखन सरसा नदीक बाढ़िमे ई अमूल्य निधि भसिआए गेल। एहिसँ पञ्जाबी-साहित्य- परम्पराकेँ जे क्षति भेलैक से अपरिमित ओ अपूरणीय अछि।

गुरु गोविन्द सिंहक रचना-संग्रह दशम ग्रन्थक नामसँ प्रसिद्ध अछि, दशम गुरुक ग्रन्थ, जाहिसँ सिक्खधर्मक मूल ग्रन्थ आदिग्रन्थसँ ओकर भेद स्पष्ट हो। एहिसँ दू गोट रचना जपजी तथा त्वै प्रसाद स्वैया सिक्खलोकनिक पाँच गोट दैनिक उपासनाक जे स्तुति अछि ताहिमे अछि। जपजीमे 800 पद अछि, दश गोट भिन्न-भिन्न छन्दमे निर्मित अछि ओ भावप्रवणता एवं ओजस्वितासँ पूर्ण एकगोट अपूर्व भजनक संग्रह थिक। रस ओ रीति दूहूमे ई दोषसँ रहित अछि। शब्दक विन्यास, अलंकारक योजना तथा झट झट बदलैत ध्वनिपूर्ण प्रौढ़ अथच गेय छन्दक सुन्दर लय—एहि सबसँ पाठकक चित्त पर मधुर ओ कोमल प्रभाव पड़ैत अछि, ओ रसावेशसँ ओतप्रोत भए जाइत छथि। अकाल स्तुति, शब्द हजारे ओ श्रीमुखवाक स्वैया भजन थिक। शास्त्रनाममालामे आयुधक वर्णन अछि जाहिमे पौराणिक उपाख्यान ओ प्रतीकात्मक अभिप्राय निहित अछि। ज्ञान प्रबोध ग्रन्थ अंशतः जीवन नीतिक उपदेश दार्शनिक विचार-विमर्श द्वारा उपस्थित करैत अछि।

विष्णुक चौबीसो अवतारक लीलाकेँ ओ चौबीस अवतारमे वर्णन कएल अछि। चण्डी चरितक दूहू भाग ओ 'वार श्री भगउती जीकी, चण्डी चरितक पौराणिक कथाक पुनराख्यान थिक।'

गुरु गोविन्द सिंहक सब कृतिसँ हुनक कवित्व-प्रतिभा अथच जीवनतत्त्वक रहस्यक सहज अवगति व्यक्त होइत अछि। ओहिसँ पुराण, इतिहास, दर्शन, ज्योतिष, मनोविज्ञान, भूगोल, वनस्पतिशास्त्र, आयुर्वेद एवं युद्धकला प्रभृति विविध विषयक विशाल विद्वत्ता ओ गम्भीर ज्ञानहुक परिचय होइत अछि जे सर्वथा आश्चर्यजनक प्रतीत होइत अछि। अनेको भाषाक ओ पण्डित छलाह यथा ब्रजभाषा, अवधी, अरबी, फारसी ओ पञ्जाबी। हुनक रचना विशेषतः ब्रजभाषामे अछि कारण ताहि समयमे साहित्यक ओएह भाषा प्रचलित छल ओ मान्य छल। पञ्जाबीमे हुनक मुख्य कृति अछि "वार श्रीभगउती जी की"। शब्द-विन्यासक कौशल हुनक अद्‌भुत छल ओ ततेक स्वाभाविकता पूर्वक ओ शब्दक विन्यास करथि जे भिन्न-भिन्न मनःस्थिति, नाना प्रकारक दृश्य अथवा प्राकृतिक ध्वनिक अभिव्यक्ति ओहीसँ भए जाइत अछि। हुनक कवितामे स्वर्गीय संगीतक मधुरिमा अछि मुदा ताहि संग पर्वतीय नदीक अवाध गति तथा धावमान अश्वक टापक व्यापकता सेहो ओहिमे निहित छल। ओ कतेको प्राचीन छन्द अथवा विधाक ग्रहण कएल परन्तु छन्दक विषयमे अपनहु ज़े नवीनता ओ आनल से विस्मित कए दैत अछि। तहिना अपन कविताक अलंकरणक निमित्त अथवा अर्थक विशदीकरणक निमित्त ओ शत शत नव उपमा ओ नव रूपकक सृष्टि कएल। वस्तुतः उदात्त भावना, शब्दाडम्बर तथा प्रतीकक प्रचुरता–एहि सब अंशमे गुरु गोविन्द सिंहक कविता अद्वितीय अछि। एहिसँ लक्ष लक्ष व्यक्ति अनुप्राणित भेल अछि तथा भारतीय साहित्यकेँ एहिसँ पुनरुज्जीवन भेटलैक, ओ समृद्ध भेल।

परन्तु कविता तँ हुनक लक्ष्य छल नहि। कविता तँ हुनक एकटा साधन छल जाहि द्वारा ईश्वरीय न्याय लोककेँ ओ जनाए सकथि, भगवान्‌क जे स्वरूप हुनका प्रत्यक्ष छल तकर मूर्त्त कए लोककेँ ओ बुझाए सकथि। कविता द्वारा ओ प्रचार कएल प्रेमक, दयाक ओ नैतिक साधु-जीवन-क्रमक। मूर्त्तिपूजा तथा गतानुगतिक विश्वास ओ आचरणक निन्दा कए ओ एकमात्र ईश्वरक आराधनाकेँ प्रशस्त कएल। ईश्वरीय न्यायक विजय हो तँहि तँ ओ खड्गकेँ पूज्य मानल। हुनका हेतु खड्ग आक्रमणक प्रतीक नहि छल; आत्मविस्तारक हेतु ओकर प्रयोग नहि कएल गेल। सत्य ओ धर्मक रक्षाक निमित्त जे पुण्यक ओ साहसक कार्य अपेक्षित छैक तकरे प्रतीक ओ खड्गकेँ मानल। ओ छल प्रतीक पौरुषक, आत्म-सम्मानक जकर प्रयोग अन्तमे आत्मरक्षाक हेतु अगत्या कएल जाए। गुरु गोविन्द सिंह कहने छथि

सब उपाय जखन विफल भए थाकि जाए
तखन तरुआरि मेआनसँ खीचब धर्म थिक।

अकालक कृपासँ विजय

पउण्टाक जे वातावरण शान्त छल, कविताक माधुर्यसँ गुञ्जित छल से निरर्थक संघर्षसँ अस्तव्यस्त भए गेल ओ गुरु गोविन्द सिंहकेँ अगत्या ओहिमे कुदए पड़ल। सम्राट् औरंगजेब स्वयं तँ दाक्षिणात्यक विजयमे ततेक व्यस्त छलाह जे हुनका आर्यावर्तक घटना दिशि ध्यान देबाक ने समय छलैन्हि ने अवसर परन्तु एतए हुनक अधीनस्थ पार्वतीय राजा-लोकनि छलाह जनिका ने गुरु गोविन्द सिंहक धर्मप्रचार पसिन्द छलैन्हि ने अपनालोकनिक राज्यक बीचमे हुनक रहबे सोहाइन्ह। राजा भीमचन्दक बालकक जे विवाह श्रीनगरक राजा फतेहशाहक कन्यासँ भेलैन्हि तकर नेओत पूरिकेँ घुड़बाक काल ओ लोकनि मन्त्रणा कएल जे पउण्टा पर आक्रमण कएल जाए। गुरुकेँ ई कहिओ बुद्धिगम्य नहि भेलैन्हि जे एना किएक भेल। 'विचित्र नाटक' मे ओ लिखैत छथि जे राजा फतेहशाह हमरा पर व्यर्थ बिगड़लाह "हमरा संग निरर्थक युद्ध कएल"। ओ तँ फतेहशाह ओ हुनक विरोधी सिरमूरक राजाक मध्यमे विरोधक कारणकेँ सोझराए शान्ति कराए देने छलथिन्ह ओ हुनक कन्याक विवाहमे उपायन समेत पठओने छलथिन्ह। एहि उपायनकेँ ओ अपन समधि राजा भीमचन्दक आग्रहसँ आपस कए देल ओ आक्रमणकारी सेनामे मीलि गेलाह।

पउण्टासँ तीन कोस दूर भङ्गाणी नामक स्थानमे गुरु गोविन्द सिंह एहि सेनासँ भिड़लाह। युद्ध आरम्भ होएत ताबतहिँ पाँच सए पठान सिपाही विश्वासघात कए राजालोकनिक सेनामे मीलि गेल। एकरा सबकेँ मोगलक सेनासँ फुटाए गुरुक सेनामे लए अनने छलाह सधौराक एक जन मुसलमान साधु, सैयद पीर बुद्धूशाह, जे स्वयं गुरुक अनुचर छलाह। गुरु एकरा सबकेँ नियुक्त कए पउण्टामे रखने छलाह। आनन्दपुरसँ जे उदासी सब गुरुक संग आएल छल सेहो लड़ाइसँ पूर्वहिँ पड़ाए गेल। केवल ओकरा सबहिक नेता महन्थ कृपाल दास नहि पड़एलाह ओ अपन अद्भुत शौर्यसँ अपना दलक भीरुताक प्रायश्चित्त कएल। टाकाक हेतु लड़निहार पठान योद्धाक चल गेलासँ जे कमी भेल तकर पूर्त्ति कएल सैयद पीर बुद्धूशाह ओ हुनक चारिगोट पुत्र तथा हुनक अनुयायी सात सए सिपाही। ताहि परसँ गुरुक अपन अनुचर-गण रहथि, सिक्खलोकनि, जे वृत्त्या तँ सैनिक नहि

छलाह परन्तु वीरत्वक भावनासँ ओतप्रोत रहथि तथा गुरुक निमित्त प्राण उत्सर्ग करबाक संकल्पसँ दृढ़ रहथि। पठान सिपाही सब जएबाक काल व्यङ्ग्य करैत गेल रहए जे हमरालोकनि जाइत छी तखन गुरुक ई अनारी हँसेरी जे लड़त से देखबाक योग्य होएत परन्तु वीर सिक्खलोकनि अपन शूरतासँ एहि व्यङ्ग्यकेँ सत्य कए देखाओल।

गुरु गोविन्द सिंह लड़ाइक हेतु जे जगह बिछलैन्हि से यमुना ओ ओकर सहायक नदी गिरिक मध्यवर्ती भूमि छल। एहिसं हुनका लड़ाइक चालिमे लाभ भेल ओ तावतैव सिद्ध होइत अछि जे युद्धक कलामे हुनक अभिज्ञता केहन छल। हुनक पाँचटा जवान पितिऔत भाए–संगी साह, जितमल, गोपाल चन्द, गंगाराम ओ महरीचन्द–सब एक-एक दलक मुखिआ छलाह। भिड़न्त होइतहिँ लड़ाइ घमसान शुरु भेल।

पठान सब असाधारण रौद्रता ओ जोशसँ लड़ल। ओकर एक मुखिआ हयात खाँ सिक्खदलमे खलबली मचाय देलक। तावत् महन्थ कृपाल दास एकटा मुद्‌गर लेने पहुँचलाह आ ओकरा ललकारल। पहिने तँ पठान लठिधर महन्थक संग लड़ब नहि गछलक मुदा दोसर बेरिक ललकारा पर ओ अपन तरुआरिक प्रहार कएलक। महन्थ ओहि प्रहारकेँ अपन मुद्‌गर पर सम्हारि लेल ओ रिकाव पर ठाढ़ भए सत श्रीअकालक घोष कए अपन मुद्‌गर ततबा जोरसँ ओकरा पर बजारल जे ओकर मस्तक चूर-चूर भए गेलैक। विचित्र नाटकमे एहि दृश्यक बड़े सुन्दर ओ अभिनव उपमासँ वर्णन अछि। गुरु गोविन्द सिंह लिखैत छथि, "महन्थ कृपाल क्रोधमे अपन मुद्‌गर उठाए हयात खाँक माथ पर पटकल, ओकर मूड़ी फूटि गेलैक, जाहिसँ ओकर मूड़ीसँ गुद्दा बहए लगलैक जेना कृष्णक फोड़ला पर गोपी सबहिक गागरसँ मक्खन बहए लगैक। नन्दचन्द्र भयंकर रुद्र रूप धारण कए तहिखन भाला भाँजथि तहिखन तरुआरि। जखन ओ टूटि गेलैन्हि तखन कटार लए अपन सोधी जातिक मान राखल। हमर माम कृपाल क्रोधसँ लाल आगाँ बढ़लाह। कतेक शत्रुक तीर हुनक शरीरकेँ गँथने रहए मुदा कतेक पठान सिपाहीक जीनकेँ ओ खाली कए देल। साहिवचन्द सच्चा शूर जकाँ युद्धक बीचमे जाए कतेक शूरकेँ वीरगति देल। अनेको वीरयोद्धा खेत रहलाह, जे बाचल छलाह से भगलाह। वीरराज संगोशाह नाम कए देल, शत्रुदलक भयानक पठानक दर्पकेँ ओ पदमर्दित कए देल।" गुरु शत्रुपक्षक पर्वतीय उपराजा हरिचान्दहुक वीरताक प्रशंसा कएने छथि, "वीर हरिचान्द लड़ाइक मैदानमे अपन पाएर जमाए खिसिआए खिसिआए तेज तीर छोड़थि जे शत्रुकेँ चिरने जाए।"

गुरुक पितिऔत जितमल हरिचान्दक संग द्वन्द्वमे मारल गेलाह। संगोशाह आ पठान योद्धा निजावत खाँ दूहू जन द्वन्द्वयुद्धमे वीरगति पाओल। तखन गुरु गोविन्द सिंह अपन घोड़ापर सवार भए घमसान लड़ाइक बीचमे पहुँचलाह। आ

हरिचान्दक आगाँ अएलाह तथा तखन जे युद्ध भेल तकर वर्णन विचित्र नाटकमे देखू। "हरिचान्द खिसिआएकेँ तीर बहार कएलक। एक तीर हमरा घोड़ाकेँ लगाए आ दोसर तीर हमरा पर चलओलक। भगवान हमर रक्षा कएल आ ओ तीर हमरा कान लग देने सनसनाइत मुदा कनपट्टीकेँ चँछैत बहि गेल। ओकर तेसर तीर हमरा डाँड़क पट्टीकेँ छेदैत हमरा अंगकेँ छूलक परन्तु हमरा कोनो अभिघात नहि भेल। एहिसँ हमर क्रोध धधकि उठल आ हम अपन धनुषसँ तीर छोड़ए लगलहुँ। शत्रुपक्ष भागए लागल। हम एकटा तीर संधानि हरिचान्दकेँ मारल आ ओ ठामहि रहि गेलाह। पहाड़ी सेना पाछाँ हटल आ आतंकसँ भागए लागल। हे अकाल! तोहरहि कृपासँ हमरा एहि युद्धमे विजय प्राप्त भेल।"

संगी शाह, जितमल आ आन-आन सिक्खलोकनि जे अपन प्राण देने छलाह सभकेँ गुरु हृदयसँ स्तुति कएल। सबसँ विशेष ओ प्रशंसा कएल पीर बुद्धूशाहक जे हुनका दिशिसँ लड़ल छलाह आ जनिक दू गोट पुत्र एहि युद्धमे मारल गेल छलैन्हि। दूनू पक्षक घायल सिपाहीक यथासाध्य सेवा कएल गेल ओ जे मारल गेल छलाह तनिक अन्तिम क्रियाकर्म अपन-अपन धर्मक अनुसार कराए देल गेल।

गुरु गोविन्दसिंहक अनुयायी सिक्खलोकनिकेँ युद्धक अभ्यास नहि छलैन्हि मुदा साहस ओ कौशलमे ओ लोकनि अपन सुशिक्षित ओ युद्धव्यवसायी शत्रुकेँ टपि गेलाह। एहिसँ हुनकालोकनिकेँ अपन बाहुबल पर विश्वास होअए लागल ओ समीपक राजपूत राजालोकनि सिक्खक बलकेँ मोजर देअए लगलाह। भंगाणीक संग्राम 1688 ई. क 22 सितम्बरकेँ भेल। किछुए दिन मे गुरु गोविन्द सिंह पउण्टा छोड़ि आनन्दपुरक हेतु प्रस्थान कए देल।

गुरु गोविन्दसिंह पउण्टहि छलाह तखन हुनका सातम गुरु हररायक पुत्र बाबा राम रायसँ भेंट भेल। ई साक्षात्कार बड़े हृदयस्पर्शी भेल छल। बाबा राम राय यमुनाक ओहि पार देहरादूनमे रहैत छलाह। गुरुग्रन्थसँ एकटा पदकेँ लए ओकरा विकृत कए ओ सम्राट् औरंगजेबकेँ प्रसन्न करबाक उद्देश्यसँ कहने रहथिन्ह ओ एहि प्रत्यवायक कारणेँ हुनका गुरुक पदसँ वञ्चित कए देल देल छल, सिक्ख धर्मक इतिहासमे तेँ ओ मूलस्रोतसँ भसिआए गेलाह। परन्तु ओ बड़ गुणी व्यक्ति छलाह तथा हुनका प्रसङ्ग अनेक अलौकिक शक्तिक गप्प सुनला जाइत छल। हुनका अपनहु अनुयायीक संख्या पर्याप्त छल तथा औरंगजेब हुनक भक्त छलाह। हुनके देल बाबाकेँ देहरादूनक घाटी मे एक गोट विशाल जागीर छल।

बाबा राम रायकेँ वार्त्ता भेल जे हुनक पितृव्य-तुल्य गुरु गोविन्दसिंह एतेक समीपमे छथि। ओ हुनक दर्शनक हेतु व्याकुल छलाह। एकटा दूत पउण्टा पठाओल गेल। दिन स्थिर भेल जहिआ ओ दूनू गोटे यमुनाक किनारमे मिलथि। बाबा राम रायकेँ ई प्रथमे अवसर छलैन्हि जे गुरुक दर्शन हो आ ओ अपन सौभाग्य पर

प्रफुल्लित छलाह। ओ श्रद्धासँ गुरुक अभिवादन कएल ओ बड़ीकाल धरि दूनू गोटे हृदय खोलि गप्प करैत रहलाह। परन्तु बाबा राम रायक मसन्द लोकनि जे हुनक संग छलथिन्ह भाइ-भाइक एहि मिलनसँ सन्तुष्ट नहि उद्विग्न भए गेलाह।

गुरु गोविन्द सिंह पउण्टहिँ छलाह तावत् रामरायक देहान्त भए गेल। हुनक विधवा पत्नी पंजाब कौरकेँ सान्त्वना देबाक निमित्त गुरु देहरादूनक यात्रा कएल। पंजाब कौर हुनका ओतए नालिश कएल जे हुनक स्वामीक मसन्द लोकनि बड़ जबरदस्ती करैत छथि, भ्रष्ट भए गेल छथि। ओ गुरुकेँ कहल जे हुनका लोकनिकेँ रोकिऔन्ह, गञ्जन करिऔन्ह। गुरु मसन्दलोकनिकेँ अपना ओहिठाम बजाओल। ओ हुनकालोकनिक भ्रष्टाचरण ओ नीचताक अपराधमे यथायोग्य दंडक विधान कएल तथा नैष्ठिक धर्माचारी लोकनिकेँ पुरस्कार सेहो देल।

गुरु गोविन्द सिंह जखन आनन्दपुरक हेतु विदा भेलाह तँ सिरमूरक राजा परम असमंजसमे पड़ि गेलाह। हुनक इच्छा जे गुरु विदा भए जाथि ताहिसँ पूर्व जाए हुनक दर्शन कए ली, हुनका उचित विदाइ दिऐन्हि। परन्तु हुनका अपना लोकक भय छलैन्हि। गुरुक संग राजालोकनिक संघर्षमे ओ तटस्थ छलाह परन्तु हुनक विदा काल ओतए जाए हुनका राजसी विदाइ देबासँ राजालोकनि बिगड़ि जैतथि। गुरु हुनका एहि संकटसँ बचाए लेल। ओ हुनका संवाद देल जे अएबाक कष्ट किएक करताह ओ स्वयं सहसा ओतएसँ चलि देलैन्हि।

गुरु गोविन्द सिंह सढौरा ओ लहरपुर होइत घुमलाह। एहि बाटे ओ फिरलाह तकर कारण जे सढौरामे जे हुनक भक्त पीर बुद्धू शाह रहैत छलाह तनिका हुनका दर्शन देबाक छलैन्हि। बुद्धूशाह बहुधा जाए जाए गुरुक दर्शन कएल करथि ओ हुनकासँ धर्मक उपदेश ग्रहण करथि। रायपुरमे ओतएक रानी गुरुक बड़ राजसी स्वागत कएल ओ अपन पुत्रक हेतु आशीर्वादक याचना कएल। गुरु आदेश देल जे ओहि नेनाक केश नहि कटाओल जाइक तथा ओकरा शस्त्रविद्याक शिक्षा देल जाइक। बिदा होएबाक काल ओ एकटा ढाल आ तरुआरि ओकरा देने गेलथिन्ह। आनन्दपुर पहुँचैत कतेकक मनोरथ पूरि गेलैक जे गुरु महाराजक दर्शन होइत, उपदेशामृत हुनक मुखारविन्दसँ ग्रहण करितहुँ।

गुरु गोविन्दसिंहक अनुपस्थितिमे आनन्दपुर उजड़ि गेल छल; ओ पुनि बनाओल गेल। हुनका अबितहिँ चारू कातसँ हुनक दर्शनार्थी आबए लगलाह जाहिमे अधिकांश ओतहि बसि जाथि। गुरुक पउण्टागमनसँ पूर्व आनन्दपुर जहिना आध्यात्मिक ओ राष्ट्रीय पुनरुत्थानक केन्द्र छल तहिना ओ पुनः भए गेल ओ एहि नव उद्‌बोधनसँ आनन्दपुरक नगर सजीव भए उठल। ओतएक जीवनमे गति अएलैक ओ एकर प्रभाव देशक दूर-दूर धरि पसरि गेल।

नगरकेँ किला बनएबाक दृष्टिसँ गुरु गोविन्दसिंह पर्वतश्रेणीक मार्मिक स्थान बीछि बीछि चारि गोट गढ़ बनबाओल जकरा नाम देल आनन्दगढ़, लोहगढ़,

केशगढ़ तथा फतेहगढ़। पहिल गढ़ सबसँ पैघ छल, विशाल ओकर घेड़ाओ छल, तथा गढ़क भीतरहि॑ कूप ओ भण्डार आदिक प्रबन्ध छल।

आनन्दपुरमे जाहि जीवन-दर्शनक प्रचार भए रहल छल तकर लहरि समीपवर्त्ती पार्वतीय प्रदेश पर पूर्ण रूपसँ पड़ल। गुरु ओही प्रान्तमे छलाह ओ औरङ्गजेब दक्षिणक विजयमे व्यस्त छलाह एहिसँ उत्साहित भए एक गोट पहाड़ी राजा मोगल बादशाहके॑ कर देब बन्द कए देल। मियाँ खाँ जे जम्मूमे बादशाहक प्रतिनिधि छलाह अपन फौजदार अलीफ खाँके॑ पठाओल जे एहि बागी राजासबके॑ दण्ड देथिन्ह। कांगड़ाक राजा कृपाल ओ विज्झरबालक राजा दमाल बिनु संघर्षहि॑ अपनाके॑ समर्पण कए देल ओ दण्ड देबाक निमित्त पठाओल गेल एहि सेनाक अध्यक्षके॑ कहल जे अहाँ यदि विलासपुरक राजा भीमचन्दके॑ काबूमे लए आनी तँ सौ॑से पहाड़ी इलाका अहाँक कबजामे आबि जाएत।

एहिसँ पूर्वहि॑ राजा भीमचन्द गुरु गोविन्दसिंहसँ सन्धि कए लेने छलाह ओ आनन्दपुर पहुँचलाक पर हुनक दर्शन कए आएल छलाह। आब ओ मोगल दण्डनायकक विरुद्ध गुरु महाराजक सहायता माङल। गुरु महाराज स्वयं थोड़ेक बीछल सिक्ख योद्धा लए विदा भेलाह। काण्ड़ासँ दश कोस आग्नेयकोणमे व्यास नदीक वामा भागमे नदौन नामक स्थान पर अलीफ खाँ रोकि लेल गेलाह। लड़ाइ चटपट समाप्त भए गेल ओ विजय निर्विवाद छल। एकर वर्णन गुरु गोविन्दसिंह 'विचित्र नाटक' मे बड़े जोशसँ ओजस्वी छन्दमे कएने छथि। ओ कहैत छथि जे भगवानक कृपासँ लड़ाइ लगले खतम भए गेल ओ शत्रुक दलके॑ खेहाड़िके॑ नदीमे दए आएल गेल। अलीफ खाँ पड़ाएल ओ अपन शिविरहुक चिन्ता करबाक ओकरा अवसर नहि भेटलैक।

एहि हारिक खबरि सूवेदारक ओतएसँ बादशाहके॑ देल गेल। सबसँ विशेष चिन्ता बादशाहके॑ भेल जे गुरु गोविन्दसिंहक तेज बढ़ल जाइत छल ओ एहू अलीफ खाँक हारिमे हुनके हाथ छल। तुरंत बादशाहक हुकुम आएल पंजाबक फौजादारके॑ जे गुरुके॑ सिक्खक सम्मेलन करए नहि देल जाए; हुनक घर-द्वार सब ध्वस्त कए देल जाए; फकीरक जे जीवन होएबाक चाहिऐक ताहिसँ किञ्चितो विचलित होथि तथा अपन अनुचर सिक्खलोकनिसँ अपनाके॑ सच्चा पातिशाह कहाएब नहि छोड़थि तँ हुनका देशसँ निकालि देल जाए।

नबम्बर, 1693 मे ई हुकुमनामा आएल। आनन्दपुरमे मुदा एहिसँ कनेको आतंक नहि भेल; ओतए जे जोश धधकि रहल छल से कनेको ठंढा नहि पढ़ल। गुरु गोविन्दसिंह चारू दिशि आदेश पठाए देल जे आगामी बैसाखीक अवसर पर सिक्खलोकनि अधिकाधिक संख्यामे आबथि, सब केओ अस्त्र-शस्त्रसँ सुसज्जित आबथि तथा केओ सिक्ख केश वा दाढ़ी कटाएके॑ नहि आबथि।

जहिना गुरुमहाराजक आदेश छल तहिना सिक्खलोकनि देशक कोन कोनसँ

जमा होअए लगलाह। यात्राक असुविधा जे छल से तँ छले, एहि बेरि यत्र तत्र मोगलक दलसँ भिड़न्त होइत रहल। ओ रोकए चाहैन्हि, ई लोकनि लड़बाक हेतु प्रस्तुत रहथि, रोक नहि मानथिन्ह आ शीघ्रसँ शीघ्र गुरुमहाराजक नगरमे पहुँचए चाहथि जतए हुनकालोकनिक हेतु स्वागत राखल छल। 1694 मे बैसाखी समारोह 29 मार्चकेँ भेल। ओहि अवसर पर धार्मिक सम्मेलन भेल, भजनक गान भेल, सामूहिक भोज भेल, खेल-कसरति तथा युद्ध कौशलक प्रदर्शनीमे बाजी राखल गेल। एहि सिक्ख-महासम्मेलनक खबरि यथासमय बादशाहकेँ दक्षिण देशमे पहुँचाओल गेल।

तेँ बादशाही सेना एहि बेरि स्वयं गुरु गोविन्दसिंहक विरुद्ध पठाओल गेल। कांगड़ाक मोगल सूबेदार दिलावर खाँ अपन पुत्रकेँ विशाल सेना लए पठाओल जे पहिने गुरु गोविन्दसिंहकेँ दबाए तखन पहाड़ी राजा सबकेँ देखथि। नवयुवक सेनाध्यक्ष खूब वेगसँ चललाह आ दू प्रहर रातिक समयमे आनन्दपुरक समीप पहुँचलाह। विचार छलैन्हि जे राताराती आक्रमण कए देल जाए। "विचित्र नाटक" मे गुरु गोविन्दसिंह लिखैत छथि जे सेना नदी पार कएलक की हमर अनुचर आलमचन्द आबिकेँ हमरा जगाए देल। चारू दिशि आदेश पठाए देल गेल ओ सिक्खलोकनि झट पट ऊठि, सन्नध भए आक्रमणकारीक दिशि दौड़ल। रणजीत-नगारा पर चोट पड़ल; सिक्खलोकनि उच्च स्वरमे बड़े उल्लास ओ उमंगसँ गर्जन कएल। जाड़ मासक निशीथ राति। गर्जनक शब्द सर्वत्र गुञ्जायमान भए गेल। सबकेँ भ्रम भेलैक जे सिक्खलोकनि कतेक संख्यामे छथि! मोगल सेना सिक्खलोकनिक एतेक शीघ्रतासँ सन्नद्ध भए बहरएबाक आतंकसँ हतप्रभ भए गेल, बिनु लड़ाइ लड़नहि सम्पूर्ण सेना छिन्न-भिन्न भए गेल, पड़ाए गेल। "विचित्र नाटक" मे गुरु गोविन्दसिंह लिखल—लाज घोँटिकेँ खाँ पड़ाएल, कोनो अस्त्र नहि चलओलक। जे महावीर छलाह सेहो रणक्षेत्र छोड़ि पीठ देखाए देल।"

एहि पराजयक समाचार सूनि दिलावर खाँ विक्षुब्ध छलाह; हुनक बेटा लाजेँ मूड़ी खसओने सोझाँमे ठाढ़ छलथिन्ह। मुदा हुनक सेनापति हुसेन खाँ आगाँ बढ़ि अनुमति माङल जे हम जाए एहि हारिक बदला लेब। 1696 क आरम्भमे ओ आओरो विशाल सेना लए आनन्दपुरक हेतु प्रस्थान कएल। कतोक पहाड़ी राजा बाटमे हारि मानैत गेलथिन्ह जाहिमे विलासपुरक राजा भीमचन्द सेहो छलाह। अलीफ खांक संग जे युद्ध भेल छल ताहिमे ओ गुरु गोविन्दसिंहक संग संग तरुआरि भजने छलाह मुदा एहि बेरि ओ दोसर दिशि मीलि गेलाह।

परन्तु हुसेन खाँक ई आनन्दपुरक अभियान गड़बड़ाए गेल कारण बीचहिमे गुलेरक राजा गोपालक संग हुनका बाझि गेल। राजा गोपाल पर जतबा कर लगाओल गेल छल से देबामे ओ अक्षम छलाह ओ तेँ युद्धक तैआरी करए लगलाह। एहिमे हुनक सहायक भेलथिन्ह हुनक बलिष्ठ मित्र जसवलक राजा

रामसिंह। गुलेरक राजदरबार मे शान्तिक दूत भए अपन सात गोट सिक्ख सहचरक संग आएल संगतिया सेहो ओहि युद्ध मे भाग लेलक। हुसेन खाँकेँ कटोच ओ विलासपुरक राजाक साहाय्य प्राप्त छलैन्हि। घोर घमासान लड़ाइ भेल; हुसेन खाँ ओ कटोचक राजा कृपाल मारल गेलाह; गुलेरक राजा मित्र राजालोकनिक संग लड़ाइ जीतल। सगतिया ओ ओकर सातो सिक्ख सहचर एहि युद्ध मे प्राण उत्सर्ग कएल। गुलेरक राजा एहि विजयक उपलक्ष्यमे गुरुमहाराजकेँ प्रणामी चढ़ाओल आ तरुआरिक हेतु कृतज्ञता से जनाओल। एक गोट आओर सेना गुरु गोविन्दसिंहकेँ परास्त करए दिलावर खाँ पठाओल मुदा पूर्वहिक जकाँ इहो आक्रमण विफल भेल। आनन्दपुर पहुँचलो नहि छल तावतहिँ भलान नामक स्थान पर जयवालक राजा गजसिंहक सेना ओहिसँ सीड़ि गेल। नेता जुझार सिंह एही लड़ाइमे मारल गेलाह ओ ताहीसँ एहि आक्रमणक विफलता सिद्ध भए गेल।

एवं प्रकारेँ बारंबार हारिसँ बादशाह अत्यन्त असन्तुष्ट छलाह। 1696क 13 जुलाइकेँ बादशाह अपन जेठ बालक शाहजादा मुअज्जमकेँ, जे आगाँ जाए बादशाह बहादुरशाह कहाए दिल्लीक तख्त पर बैसलाह, पञ्जाबक स्थितिकेँ सम्हारए पठाओल। शाहजादा लाहोर मे खीमा खसाओल ओ अपन विश्वस्त अधिकारी मिरजा वेगकेँ सिवालिक पहाड़क दिशि पठाओल। मिरजा वेग राजालोकनिकेँ तँ वशमे लए आनल ओ हुनका लोकनिसँ बदला सेहो खूब लेल मुदा गुरु गोविन्द सिंहकेँ ओ छोड़ि देल। तकर कारण ई भेलैक जे गुरुक कए गोट भक्त शिष्य भाइ नन्दलाल शाहजादा मुअज्जमक विश्वस्त मुंशी छलाह तथा ओएह शाहजादाक ओतए गुरुक पक्षमे बहुत कहल। शाहजादा मुअज्जमकेँ ध्यानमे ई सतत रहैन्हि जे बादशाहक परोक्ष भेलाक पर भारतक साम्राज्य हस्तगत करबामे जँ संघर्ष भेल तँ गुरु गोविन्दसिंहसँ हुनका साहाय्य भेटि सकत।

तथापि मिरजा वेगक अभियानक प्रभाव आनन्दपुरमे नहि बोध भेल से नहि। अपन अनुचरलोकनिकेँ जे हुकुमनामा गुरु गोविन्दसिंह लिखने रहथिन्ह ताहि सबमे एहि विषयक ताकीद रहैन्हि जे जे केओ आनन्दपुर आबथि अस्त्रशस्त्रसँ सुसज्जित ओ घोड़ा लेने आबथि। एक गोट एहन हुकुमनामा 1696 ई. क अगस्त मासक लिखल उपलब्ध अछि जे फूलकियाँ राजवंशक पूर्वज तिलोका ओ रामकेँ लिखल गेल छल ओ सम्प्रति ओही राजकुलक वंशधर पटिआलाक महाराजक संगमे अछि। एहि पत्रमे गुरु महाराज लिखने छथिन्ह जे अहाँलोकनिक घर हमर अपने घर थिक ओ अहाँलोकनि अपन घोड़सवारक संग एतए अबैत जाउ। ई कथा बड़ जरूरी कहि बारंबार हुनका लिखल गेल छलैन्हि।

निर्माणक घड़ी

किछु दिन धरि ने मोगल बादशाहक दिशिसँ ने राजपूत राजा लोकनिक दिशिसँ कोनहु प्रकारक उपद्रव भेल ओ एहि मध्यमे गुरु गोविन्दसिंह अपन समय कविताक रचनामे ओ चिन्तनामे व्यतीत कएल। अपन समय ओ नैनादेवी शिखरक नीचामे एकान्तमे बिताबथि जे आनन्दपुरसँ दूर नहि छल। ओहीठाम 1698ई. मे ओ "विचित्र नाटक" समाप्त कएल जाहिमे हुनक अपन जीवन वृत्तान्त पद्यबद्ध अछि। हुनक कवि लोकनि महाभारत तथा अन्यान्य प्राचीन ग्रन्थसँ यथा हितोपदेश ओ चाणक्यक अनुवाद करथि। एहि स्थितिमे जखन हुनक उदात्त भावना ईश्वरक चिन्तनामे लीन छल गुरु गोविन्दसिंह लक्ष्य कएल जे आगाँ जे समय आबि रहल अछि से कतेक महत्त्वपूर्ण अछि। तेँ उद्धारक जे योजना हुनका मनमे एतेक दिनसँ परिपक्व भए रहल छल तकरा ओ अन्तिम रूप देल ओ अपन जीवनक महान् उद्देश्यकेँ निर्दिष्ट परिपूर्णता प्रदान करबाक आयोजन कए लेलैन्हि।

एहि दिशामे प्रारम्भिक काज जे ओ कएल से छल सिक्खलोकनिक धर्माचरण सम्बन्धी संघटित संस्थामे सुधार। समस्त देशमे ठाम ठाम पसरल जे सिक्ख-समाज छल तकर मुखिया छलाह मसन्द ओ मसन्दकेँ गुरुक साक्षात् प्रतिनिधिक सत्ता प्राप्त छल। मुदा ओ लोकनि धर्माचरणमे अनठबैत छलाह, आचारमे भ्रष्ट भेल जाइत छलाह, जनताक उत्पीड़न करैत छलाह। गुरुमहाराजकेँ बारंबार वार्त्ता होइत छलैन्हि जे कोन रूपेँ ओ लोकनि निश्छल भक्तलोकनिक साधुतासँ अनुचित लाभ उठबैत छथि। स्थानीय सिक्खसमाज आ गुरुक मध्यवर्ती ई मसन्द लोकनि अपन अधिकारक अनुचित उपयोग अपन स्वार्थ साधनक हेतु करथि ओ साधु जनताक रक्त समेत निर्दयतासँ चूसि लेथि। विचारमे ओ लोकनि सर्वदा सतर्क रहल करथि, भीरुताक प्रदर्शन करथि ओ मोगल शासक असन्तुष्ट नहि होथि तेँ बात बातमे गुरु महाराजकेँ रोकैत रहथि। एक दिन घूमि घूमिकेँ गीत गाबि गाबि मनोरञ्जन कएनिहारक एकटा दल आनन्दपुर आएल ओ गुरुक समक्षमे सिक्खलोकनिकेँ अभिनय देखओलक। ओकरा सबहिक सबसँ रोचक अभिनय छल मसन्दलोकनिक अनाचार जाहिमे ततेक कटु व्यङ्ग्य छल ओ उपहासक मात्रा ततेत तीब्र छल जे ओकर प्रभाव सब पर पड़ल। गुरु महाराज निश्चय कए लेल जे एहि धार्मिक

व्यवस्थाकेँ उठाए देल जाए जाहिसँ लोक पर अत्याचार होइत अछि, सिक्खधर्मक प्रतिष्ठाक ह्रास होइत अछि, तथा लोकक आस्था ओहि परसँ उठल जाइत अछि। ओ सब मसन्दकेँ आनन्दपुर बजाओल ओ हुनकालोकनिक अधिकार छीनि लेल। जनिका पर अनाचार किंवा दुराचारक विशेष अभियोग रहैन्हि तनिका दण्ड सेहो देल गेलैन्हि मुदा जे कतिपय जन ओहिमे नैष्ठिक साधु रहथि तनिक सम्मान कएल गेल। एहि व्यवस्थाक धरि अन्त भए गेल, सदाक हेतु ई उठि गेल ओ सिक्ख-समाज मसन्दक अत्याचार ओ उत्पीड़नसँ मुक्त भए आनन्दपुरसँ साक्षात् रूपेँ सम्बद्ध कए लेल गेल।

आनन्दपुरमे बैसाखी सब दिनसँ महोत्सवक पर्व मानल जाइत छल; ओहिमे दूर-दूरसँ भक्तलोकनि ओ शिष्यलोकनि आबि एकत्र मिलैत छलाह। 1699 ई. क महोत्सवक हेतु गुरु गोविन्द सिंह विशेष आयोजनक आदेश देल। सब ठाम संवाद पठाओल गेल जे सिक्खलोकनि अधिकसँ अधिक संख्यामे अस्त्र-शस्त्रसँ सुसज्जित ओ दाढ़ी-केश बिनु कटओने आबथि। हुनकालोकनिक स्वागतक निमित्त आनन्दपुरमे विस्तृत प्रबन्ध कएल गेल छल। अपने गुरु बेसी काल ध्यानमे मग्न रहथि ओ सिक्खलोकनि लक्ष्य करथि जे गुरुक मुहपर गम्भीर चिन्तनाक छाया वर्त्तमान अछि, हुनक आँखि जेना कतहु दूर मे केन्द्रित हो। हुनक सम्पूर्ण चेतना जेना अन्तस्तलक कोनहु गम्भीर विस्मय ओ रहस्यमे लागल हो। आनन्दपुरक वायुमण्डल जेना कोनहु प्रत्याशासँ निविड़ हो। सब केओ अपन सब काज करए मुदा सब केओ तत्कालीन आत्मचैतन्यक भावनासँ थोड़ बहुत अभिभूत रहए। सर्वत्र नीरवता व्याप्त छल जतए पूर्वमे एतेक आमोद-प्रमोद, एतेक चञ्चलता रहल—ओ शान्ति तथा नीरवता जे कोनहु महत्त्वपूर्ण घटनाक आगमनक दिशि संकेत करैत हो।

बैसाखी जँ-जँ लगिचाएल गेल, आनन्दपुर यात्रीक जनस्त्रोतसँ भरए लागल। इतिहासकारलोकनिक कहब छैन्हि जे एहि बैसाखीक अवसर पर अस्सी हजार लोक एकत्र भेल छल। बैसाखीक दिन—30 मार्चकेँ—गुरु गोविन्दसिंह पूर्ववत् प्रत्यूषहि शय्यात्याग कए समाधिमे बैसि गेलाह। तदुत्तर ओ अपन वेष-भूषा लगा अस्त्रशस्त्रसँ सुसज्जित भए समवेत जनताक समक्ष आबि उपस्थित भेलाह। सब जय-जयकारसँ हुनक स्वागत कएल। शिष्यमण्डल श्रद्धासँ अवनत हुनक प्रवचन सुनबाक हेतु उत्सुक छल परन्तु ओ प्रवचन आरम्भ करबाक बदलामे अपना म्यानसँ तरुआरि खीँचि विशाल जन-समुदायकेँ संबोधन कए कहल—'हमर खड्ग आइ एकटा मस्तक मङैत अछि। हमर सुच्चा सिक्खसँ केओ आगाँ आबथु। केओ एहन हमर सिक्ख नहि छथि जे अपन गुरुक हेतु, अपन धर्मक हेतु, अपनाकेँ बलि देबाक हेतु उद्यत छथि?"

गुरुदेवक शब्दसँ जनता जड़ीभूत भए गेल। लोक बूझि नहि सकल जे गुरुदेवक कहबाक अभिप्राय की छैन्हि। सब हुनका मुह दिशि विस्मित तकैत

रहल। गुरु अपन उक्ति दोहरओलैन्हि। विभ्रम भयमे परिणत भए गेल। गुरु तेसर बेरि आह्वान कएल। एहि बेरि लाहोरक एकगोट खत्री, दयाराम, उठलाह ओ विनीत भए कहल–"हे हमर सुच्चा मालिक! इएह हमर मस्तक तोहरा सोझाँमे छह। तोहर खड्गक तर मरबासँ पैघ दोसर कोन लाभ एहि दासकेँ होएतैक?" ओ गुरुदेवक पाछाँ-पाछाँ विदा भेलाह ओ समीपहिमे एकटा तम्बू छलैक ताहिमे चल गेलाह। क्षणेक पश्चात् गुरु शोणित टूप-टूप चुबैत खड्ग लेने बहरएलाह ओ दोसर मस्तकक आह्वान कएल। बहुतोकेँ आब ई असह्य भए गेलैक। लोक टघरए लागल। कतेक गोटे गुरुदेव माइक ओतए जाए अपन असंतोष प्रकट कएल। किंतु धर्मदास नामक दिल्लीक एक जन जाट उठिकेँ ठाढ भेलाह, ओ कर जोड़ि कहल–"महाप्रभु इएह तोहर दास छहु जे अपनाकेँ दैत छहु! हे हमर सुच्चा राजा! जाही दिन ओ तोहर सिक्ख भेलहु ताही दिन ओ अपन मस्तक उत्सर्गि तोहरा दए देलकहु।" गुरु गोविन्द सिंह तीन बेरि आओर आह्वान कएल। मुहकमचन्द जे द्वारकाक धोबि छल, हिम्मत जे जगन्नाथक पनिभर छल ओ साहिबचन्द जे विदारक नौआ छल क्रमशः अपन मस्तक देबाक हेतु सहर्ष आगाँ आएल।

किछु क्षण रहिकेँ गुरु गोविन्दसिंह एहि पाँचो सिक्खकेँ लेने ओहि तम्बूसँ बहरएलाह जाहिमे गुरु ओहि पाँचो जनकेँ एकक बाद दोसराकेँ लए गेल छलाह। ई तम्बू समीपहिमे एकगोट थोड़ेक ऊँच पहाड़ पर खड़ा कएल गेल छल ओ अत्यन्त गुप्तरूपसँ एकर रक्षाक विधान कए लेल गेल छल। एहिमे पाँच गोट बकड़ी बान्हिकेँ राखल छल ओ एके रंगक पाँचटा पोशाक सेहो राखल छल। केशरिआ रंगक चकमक पोशाक पहिरने, ओही रंगक ओहने मुरेठा शानसँ माथमे बन्हने ओ पाँचो महा-जन श्रद्धासँ अवनत, कृतज्ञताक बोझसँ झुकल, धोरे धीरे बहरएलाह। आगाँ-आगाँ गुरुदेव ओही रंगक ओहने पोशाक पहिरने छलथिन्ह। सभा तँ ताधरि बहुत पतराए गेल छल ओ सब निस्तब्ध छल, स्तम्भित छल। मुदा आब तँ सब आओर अवाक् भए आँखि फाड़ि तकैत रहि गेल जे जनिका सब गुरुक विक्षेप पर बलिदान भेल बुझैत छल से सशरीर आबि रहलाह अछि।

गुरु "पंज प्यारे' कहि एहि पाँचो अनुचरक परिचय देल; अर्थात् गुरुक ई पाँचो जन प्रिय। ओ अकाल-पुरुषकेँ अखण्ड आभार समर्पण कएल जनिक कृपासँ गुरु नानकक महान् लक्ष्य आइ सिद्धि प्राप्त कएल। ओ कहल–"एहन कठोर परीक्षासँ एना बेदाग बहराए ई पाँचो "प्यारे" केवल अपनहिटा केँ धन्य नहि कएल प्रत्युत अपन धर्महुक ध्वजाकेँ ऊँच कएल। हम जे आइ ईश्वरक अपन बीछल, साधु, पवित्र "खालसा"–सम्प्रदायक समारम्भ करए जाए रहल छी तकर बीजकेन्द्र इएह पाँचो जन पंज प्यारे होएताह।"

तदुत्तर ओ दीक्षाकर्मक समारम्भ कएल। लोहाक अढ़िआमे शुद्ध पवित्र जल भरि ओ मन्त्र पढ़ि-पढ़ि दोधारी तरुआरिसँ मथए लगलाह। माता जीतोजी चीनीक

खाँड़ लेने अइलीह आ गुरुक आदेशसँ जलमे ओ दए देल। लौहरसक संग आब मधुरस मीलि गेल आ अमृत भए गेल।

आब गुरु पाँचो शिष्यकेँ पाँच पाँच चुरुक जल पीबाक हेतु देल। शिष्यलोकनि वीरासनमे बैसल छलाह, वामा ठेहुन ऊपर ओ दहिन ठेहुन भूमि पर। जए बेरि गुरु चुरुक लए जल शिष्यक चुरुकमे देथिन्ह ओ जोरसँ कहथिन्ह "वाहि गुरुजी का खालसा, वाहि गुरुजी की फतेह" (अद्‌भुत ईश्वरक जे खालसा तनिक जय! जनिक विजय ताहि अद्‌भुत ईश्वरक जय!) शिष्य एहि मन्त्रकेँ दोहराबथि। जीवनप्रद जलक पाँचो चुरुक जल पील भए गेल तखन गुरु अमृत जल शिष्यक मुह पर छीटि हुनक आँखिमे अपन आँखि गड़ाए ताकल जाहिसँ अपन अन्तस्तलक प्रकाशसँ हुनक आत्माकेँ उद्‌बुद्ध कएल। तदुत्तर एक चुरुक जल लए ओ शिष्यक केशकेँ भिजाए देल जाहिसँ ओ सर्वदाक हेतु ईश्वरकेँ उत्सृष्ट भए गेलाह। अन्तमे अढ़िआक अवशिष्ट जल पाँचो गोटाकेँ दए देल जे एहि अमृतकेँ ओलोकनि बेराबेरी पी लेथि जाहिसँ नवीन भ्रातृभावक बन्धुत्व हुनकालोकनिकेँ प्राप्त भए जाइन्ह। एहि सम्प्रदायमे पुनर्जन्मसँ हुनकालोकनिक कुलनाश, कृतनाश एवं धर्मनाश भए गेल अर्थात् पूर्वक पारिवारिक सबटा बन्धन कटि गेल, एखन पर्यन्त अपन अपन वृत्तिसँ जे समाजमे हुनका लोकनिक सत्ता छल से हटि गेल, तथा पूर्वक जे संस्कार आचार अथवा व्यवहार छल सबटा नष्ट कए देल गेल। आब ओ लोकनि केवल अद्वैत ओ आदि-अन्तसँ रहित अकाल मात्रक उपासना करताह। हुनकालोकनिक पिता भेलथिन्ह आब गोविन्दसिंह, माता भेलथिन्ह माता साहेब देवन। हुनकालोकनिक जन्मस्थान भेल आनन्दपुर। एहिसँ हुनकालोकनिकेँ पूर्वक जीवनसँ सर्वथा उच्छेद भए गेल।

इएह पाँचो जन सिक्ख--तीन जन तथाकथित शूद्र, एक जन क्षत्रिय आ एक जन जाट—गुरु गोविन्दसिंहक संस्थापित आत्मत्यागी, युद्धवृत्ती, जातिरहित "खालसा" संघक बीजकेन्द्र भेलाह। हिनकालोकनिकेँ "सिंह" क आख्या देल गेल ओ हिनकालोकनिकेँ सदा "खालसा" क पाँच चिह्न धारण करबाक आदेश भेटल—केश, कंघा, कड़ा, कच्छा, ओ कृपाण। हिनकालोकनिक धर्म भेलैन्हि—दीन पर दया करब, अत्याचारीसँ लड़ब, एक ईश्वरकेँ मानब ओ मानवमात्रकेँ जाति ओ धर्मक विचार नहि कए एक बुझब। गुरु गोविन्दसिंह हुनकालोकनिकेँ कहल—"अहाँ लोकनि नानकक पुत्र थिकहुँ, ईश्वरक अपन, बीछल लोक। अहाँकेँ हम नाम देल अछि "खालसा"। अहाँलोकनि "सगीत"क शिष्य थिकहुँ, अहाँलोकनि मानव जातिक रक्षक, त्राता होएब। अहाँलोकनि सम्पत्ति नहि राखब, अहाँलोकनि मनुष्यकेँ मनुष्य बूझि प्रेम करब, जाति ओ धर्मक भेद नहि करब। जीवनक जे दीप आइ अहाँक अन्तरमे जराओल गेल अछि तकरा अहाँ एक अकालपुरुषक ध्यान ओ चिन्तनासँ जरैत राखब, मिझाए नहि देब, मन्द नहि होमए देब। केवल अपन

गुरुक सोझाँमे अहाँ मस्तक नीच करब। कथमपि कदापि पाथर, मूर्त्ति, चिता वा कब्रकेँ नहि पूजब। भय वा विपत्तिक समयमे केवल गुरुक नाम जपब, नानक, अङ्गद, अमरदास, रामदास, अर्जुनदेव, हरगोविन्द साहेब, हरराय साहेब, हरकृष्ण, तेग बहादुर। एहि नामक हम माला अहाँलोकनिकेँ दैत छी। अहाँ लोकनि अपनहि हेतु स्तुति नहि करब प्रत्युत सब समस्त खालसाक हेतु स्तुति करब। अहाँलोकनिक प्रत्येकमे समस्त संघक अवतार होएत शरीरसँ ओ आत्मासँ सर्वथा अहाँलोकनि हमर पुत्र थिकहुँ।"

तदुत्तर गुरु गोविन्दसिंह पाँचो दीक्षित सिक्खकेँ जहिना ओ अमृत बनओने रहथि तहिना अमृत बनबए कहल। जखन ओ बनि गेल तखन ओ स्वयं हुनकालोकनिक आगाँमे कर जोड़ि ठाढ़ भेलाह ओ निवेदन कएल जे अपन पंथ मे हमरहु दीक्षित करू। शिष्यलोकनिकेँ ई विचित्र प्रतीत भेलैन्हि परन्तु ओ बुझाए देलथिन्ह जे खालसाक सम्प्रदायक स्थापना तँ अकालक आदेशसँ भेल अछि। हम स्वयं ओहिमे होइ कारण हमरा ओ खालसामे अन्तर नहि रहबाक चाही। खालसाक सृष्टि हमरहि रूपमे भेल अछि। खालसा हमर स्वरूप थिक, दोसर हम, हमर इष्ट सुहृद। जेना गुरु नानक अपन गद्दी पर अङ्गदकेँ बासाओल तहिना हम खालसाकेँ गुरु बनाओल अछि।

गुरु गोविन्दसिंह सिक्खकेँ सर्वदा आदर करथिन्ह ओ सिक्खक प्रसङ्ग बड़ श्रद्धा ओ गुणग्राहितापूर्वक बाजथि ओ लिखथि। "खालसा महिमा"मे ओ लिखैत छथि—

"सिक्खक प्रसादसँ हम युद्ध जीतल अछि
सिक्खक प्रसादसँ हम दान कए सकलहुँ अछि
सिक्खक प्रसादसँ हमर विपत्ति टरल अछि
आ सिक्खक प्रसादसँ हमर उन्नति बढ़ल अछि।
सिक्खहिक प्रसादसँ हम विद्या अर्जल अछि
सिक्खहिक कृपासँ हम शत्रुकेँ मर्दल अछि
सिक्खहिक कृपासँ हम पैघ भेल छी
नहि तँ हमरा सन सन करोड़ो क्षुद्र लोक अछि।
आओर जे किछु हमर अछि
सब किछु हुनक सेवामे अर्पित हो।

आब ओ पाँचो जन सिक्ख जे खालसाक अधिकारसँ अन्वित भेल छलाह जलकेँ मथए लगलाह, ओहिमे चीनी मिलाए ओकरा अमृत बनाओल। गुरु जाहि विधिक प्रयोग कए ओकरा सम्मान्य, विशेषाधायक कएने छलाह ताही विधिक अनुसरण भेल। गुरु हुनकालोकनिक सोझाँमे बैसलाह, वीरासन लगाए, वामा ठेहुन ऊठल, दहिना ठेहन भूमि पर, तथा दीक्षाक कार्य सम्पन्न भेल। जहिना ओलोकनि

“वाहि गुरुजी का खालसा, वाहि गुरुजी की फतेह” मन्त्र जोरसँ पढ़थि, गुरु ओकरा दोहराबथि। एक कवि पछाति कहने छथि–जय हो गोविन्दसिंहक जे स्वयं गुरु छलाह आ संगहि संग शिष्य सेहो छलाह। एवं प्रकारेँ अपने शिष्यलोकनिसँ दीक्षित भेला उत्तर ओ गोविन्ददाससँ गोविन्दसिंह भए गेलाह। एहि विधिसँ ओ अपनाकेँ खालसामे मिलाए लेल तथा ओकरा अपन व्यक्तित्वक तेजसँ उद्भासित कए देल।

तदुत्तर गुरु गोविन्दसिंह समवेत सिक्खसलोकनिकेँ प्रवचन देल। एक संवाददाता जे एकर विवरण मोगल दरवार पठाओल तदनुसार हुनक प्रवचन छल–“हमर इच्छा जे अहाँलोकनि एक धर्म मानी, एक मार्ग पर चली, धर्मक भेदकेँ बिसरि दी, हिन्दूक चारू वर्ण जे अपन अपन भिन्न आचार ओ व्यवहार रखने छथि तकरा सर्वथा त्यागि देथु, उपासनाक एक गोट पद्धति मानि लेथु, ओ परस्पर भाइ-भाइ भए जाथु। केओ अपनाकेँ दोसरासँ पैघ जनु बूझथु। चारू जातिक लोक हमर दीक्षा ग्रहण करथु, एक पातमे खाथु, एक दोसरासँ विरक्ति अथवा घृणाक भाव नहि राखथु।” ओ श्रोतागणकेँ कहल जे “ई मार्ग सरल नहि अछि। ई मार्ग थिक विश्वासक, त्यागक, कठोर वैयक्तिक नीतिगत विवेकक ओ निष्ठाक।” ओ आहूत कएल एहन सिक्खकेँ जे हुनकासँ परिभाषित एवं स्पष्टीकृत मर्यादा, विनय ओ सिद्धान्तक अनुसार जीवनयापनक हेतु प्रस्तुत होथि ओ से लोकनि आगाँ आबि हुनकासँ दीक्षा लेथु, खालसाक चिह्न धारण करथु।

ओही संवाददाताक विवरणक अनुसार, कतोक जन तँ गुरुक धर्म ग्रहण करब स्वीकार नहि कएल मुदा प्रायः बीस हजार लोक उठिकेँ वचन देल जे गुरुक वचनमे हमरालोकनिकेँ पूर्ण विश्वास अछि, हुनक धार्मिक लक्ष्यमे हमरालोकनिकेँ पूर्ण श्रद्धा अछि तेँ हमरालोकनि हुनक आदेशक पालन करब। नवीन दीक्षार्थी लोकनि दल वान्हि बान्हि दीक्षित होअए आबए लगलाह। ओ पाँच जन जे आब अएलाह से छलाह, रामसिंह, देवसिंह, टहल सिंह, इशर सिंह ओ फतेह सिंह। गुरु हुनका लोकनिकेँ “पंज मुक्त” आख्या देल। तदुत्तर तँ असंख्य दल आएल, एक दोसरसँ आतुर। आनन्दपुरमे एक गोट विचित्र आध्यात्मिक उल्लासक लहरि उठि गेल। दीक्षा-समारोह कतेक दिन धरि चलैत रहल ओ हजारो सिक्ख अपन अपन शरीर ओ आत्माकेँ नव कए खालसाक पंथ मे समाविष्ट भए गेलाह।

सिक्खलोकनिक पथप्रदर्शनार्थ आओरो कतोक नियमक व्यवस्था भेल। ओ लोकनि केश ओ दाढ़ी ने कटाबथि ने छँटाबथि; ओ लोकनि तमाकू नहि पीबथि; सिक्ख अपन पत्नीसँ भिन्न आन नारीक ध्यान मनहुमे नहि आनथि; मुसलमान जेना जीवक हलाली करैत अछि तेहन जीवक मांस नहि खाथि। एहि नियमसबहिक उल्लंघन कएलेँ खालसासँ बहिष्कृत कएल जाएत। पुनः संघमे सम्मिलित होएबाक हेतु ओकरा पुनः दीक्षित होअए पड़त, दण्ड चुकबए पड़त जकर अर्थ भेल जे

सामूहिक पाकालयमे ओकरा टहल करए पड़त अथवा धार्मिक उपासनामे जखन समाज लागल रहत तखन सबहिक जूता ओकरा साफ करए पड़त तथा शपथ करए पड़त जे पुनः ई अपराध हम नहि करब। सिक्खलोकनिकें मनाही छलैन्हि जे जे मूर्त्तिक पूजा करथि, बेटीक वध करथि अथवा सती-प्रथाकें मानथि तनिका सङ्ग कोनो सम्पर्क नहि राखी। तहिना, जे अपन कन्या मोगलकें विवाहि देथि तनिक स्पर्श नहि करी। सिक्खलोकनिकें आदेश छलैन्हि जे जनिका दीक्षा भेल छैन्हि तनिक जातिक विचार नहि कए हुनका संग खाइ, हुनका भाइ बुझी, प्रयोजन पड़ला पर परस्पर साहाय्य दी, श्रम कए जीवन निर्वाह करी, भीख नहि माङी ओ अपन उपार्जनक दशम अंश समाजक कल्याणार्थ दान देल करी। आनक सम्पत्तिक विशेषतः धर्मक नाम पर देल धनक लोभ नहि करी। धर्मदान सिक्खलोकनिक हेतु बड़ अस्पृश्य रहल अछि। गुरु बहुधा एकटा पद सिक्खलोकनिकें कहल करथिन्ह जे भाइ गुरुदासक बनाओल थिक—भाइ गुरुदास जे गुरु अर्जुनक समयक एक गोट विद्वान् ओ नैष्ठिक सिक्ख छलाह

जेना हिन्दूलोकनिक आचारमे गोमांस निषिद्ध अछि,
जेना मुसलमानलोकनिक धर्ममे सूअरक मांस ओ सूदि मना अछि,
जेना श्वसुरकें जमाइक घरमे जल समेत पीब मना छैन्हि,
जेना हलालखोर भूखल रहत मुदा खढ़ेआक मांस नहि खाएत
जेना माछीकें मधुसँ कोनो लाभ नहि होइछ प्रत्युत ओहिमे
लपटाए प्राण दैत अछि।
तेहने थिक धर्मक हेतु देल दान जे चीनी लपेटल विष जकाँ थिक।

एक नित्य शाश्वत ईश्वरमे अटल ओ जीवन्त विश्वास जे जीवनकें ओ मानवक सब व्यापारकें सार्थकता प्रदान करैत अछि—इएह हुनका लोकनिकें धर्मक मूल तत्त्व सिखाओल गेल ओ गुरु गोविन्दसिंह सबकें आदेश देल जे कोनो काज करबासँ पूर्व, कोनो उद्यम आरम्भ करबासँ पूर्व स्तुति कए ओहि ईश्वरक कृपा माङि ली।

गुरु गोविन्दसिंहकें जे ईश्वर प्रदत्त कवित्व प्रतिभा छलैन्हि, लोकक उन्नयनक जे हुनक योजना छलैन्हि तकरे सिद्धि खालसाक प्रतिष्ठापन छल। इतिहासक ई बड़ पैघ रचनात्मक कार्य भेल जाहिसँ लोकक मनमे एक गोट क्रान्तिकारी परिवर्त्तन भए गेल ओ लोकक प्रसुप्त शक्ति जाग्रत भए क्रियात्मक रूपें परार्थ-साधनामे लागि गेल। सबकें चैतन्य भेल जे हमरालोकनि दासता ओ अवनतिक तरमे पड़ल कतेक अक्षमताक स्थितिमे छी। हुनकालोकनिकें शिक्षा भेटलैन्हि जे अपना पाएर पर ठाढ़ होइ ओ अपन स्थितिक उद्धार करबाक हेतु अनवरत उत्साहसँ प्रयासमे संलग्न रही। अन्धविश्वाससँ ओलोकनि मुक्त भए गेलाह, ओ सब भेदभाव दूर भए गेल जे कतोक सए वर्षसँ हुनकालोकनिक शक्तिकें क्षीण कएने जाइत छल,

हुनकालोकनिक आत्माकेँ माटिमे गाड़ने छल। हुनकालोकनिकेँ अपना प्रसङ्ग अपन भाग्यक प्रसङ्ग एक गोट नवीन धारणा उत्पन्न भेल। शूरताक एक गोट नव लहरि समस्त उत्तर भारतमे पसरि गेल। एकर फलस्वरूप त्याग ओ साहसक, शूरता ओ उत्साहक ततेक सत्कार्य सम्पादित भेल जकर अन्त नहि अछि। एहिसँ लोकमे उदात्त भावना तँ जाग्रत भेवे कएल, संग संग देशक घटना-चक्र तेहन मोड़ लेलक जकर महत्त्व निर्विवाद अछि, जाहिसँ घूड़िकेँ फिरब सम्भवे नहि छल।

गुरु गोविन्दसिंहक जीवनक सबसँ अलौकिक घटना ई थिक जे ओ कोना ओहि जातिकेँ अकर्मण्यतासँ उठाए सकलाह जे चिरदिनसँ अपन अधःपतनसँ संतुष्ट निश्चेष्ट पड़ल छल, जकर इच्छाशक्ति नितान्त क्षीण भए गेल छलैक। अत्याचारसँ संघर्ष करए जखन गुरु गोविन्दसिंह पर्वत-प्रदेशक राजालोकनिकेँ अपन संघमे सम्मिलित होएबाक आह्वान कएल तँ ओ लोकनि कहलथिन्ह—"एकटा तुरुक सौँसे बकड़ी खाए जाइत अछि। हमरा लोकनि भात खाइत छी। ओहन बलिष्ठ लोकसँ हम कोना सकब? की बगड़ा बाझकेँ मारि सकत, गीदड़ बाघकेँ पछारि सकत?" पराजय ओ आत्मसमर्पणक ई भावना पर्वतप्रदेशक राजेलोकनिकेँ छलैन्हि से नहि। एकरा दबबए पड़त। अपन अमृत-रससँ, अपन अध्यात्म चिन्तनसँ जकर सिद्धि पुनर्निर्माण सिद्धान्तमे भेल, गुरु गोविन्दसिंह लोकक हृदयमे विश्वास ओ साहसकेँ जगाए देल। ओ एक सिक्खकेँ सबा लाख लोकक बराबरि बनाए देल, सत्ये बगड़ासँ बाझकेँ मरबाओल। साधारण लोकभंगी, नौआ, जोलहा, चमार प्रभृति जे युग युगसँ दलित छल, समाजसँ बहिष्कृत छल, जे कहिओ तरुआरि छूने नहि छल ओ रक्तपातसँ काँपि जाइत छल, शूर ओ वीर योद्धा भए गेल। भारतवर्षक शिथिल ओ श्लथ शरीरमे, निस्तेज ओ निर्जीव देहमे ओ नव जीवन, नव तेज, नव स्फूर्त्ति आनि देल।

अपन अनुचरकेँ अपना धर्मक चिह्नसँ ओ सिंहक सदृश वाह्य रूप देलैन्हि। आत्माक विशालतासँ शारीरिक विशालता प्राप्त भेल। अठारहम ओ उन्नैसम शताब्दीक सिक्ख योद्धा जेहने वीरतामे विशाल छलाह तेहने शरीरहुमे विशाल छलाह। जस्सा सिंह अहलूवालिआ, नवाव कपूर सिंह, वावा आला सिंह, हरिसिंह नलवा, अकाली फूला सिंह, शामसिंह अटारीवाला ओ महाराज शेरसिंह कतेक नाम गनाओल जाए—अपन अपन शूरताक छाप अपना समयक घटनाचक्र पर छोड़ि गेलाह आ ओ लोकनि परम दर्शनीय रहथि, खूब लाम, विशालकाय, सुन्दर ओ खूब चाकर छाती रहैन्हि।

गुरु गोविन्द सिंह जे खालसाक प्रतिष्ठापन कएल से गुरु नानकक समय सँ लए दू सए तीस वर्षक आध्यात्मिक सेवाव्रतक चरम सिद्धि छल। ओकर मौलिक उपदेशक ई फल छल। विकासक क्रम तँ दश गोट गुरुक जीवनकालमे जारी छल; प्रत्येक गुरु ओकरा जे दिशा प्रदान कएल ओ तत्तत् कालक घटनाक

जे प्रभाव ओहि पर पड़ल ताहिसँ ओकर गति तीव्रतर होइत गेल। एहि मध्यमे गुरु नानकक प्रवृर्त्तिक धर्म राजनीतिक शक्ति रूप धारण कए लेलक। तथापि एकर संस्थापक जे मूल तत्त्व एकरा प्रदान कएने छलाह ताहिसँ ई विचलित नहि भेल। वस्तुतः गुरु गोविन्द सिंह खालसा-सम्प्रदाय जाहि तत्त्व सबहिकेँ लए चलाओल से प्रत्येककेँ हुनक पूर्ववर्त्ती गुरु लोकनिक स्वीकृत ओ प्रवर्त्तित सिद्धान्तमे देखल जाए सकैत अछि। एहि सम्प्रदायक केन्द्र-बिन्दु छल एक दयामय ईश्वरमे विश्वास। इएह तँ सिक्ख धर्मक आधारशिला छल ओ गुरु गोविन्दसिंहक समस्त जीवन, हुनक सबटा कविता एहि सिद्धान्तक उदात्त समर्थक छल। व्यक्तिगत निष्ठा वा धर्माचरण नानकक धर्मक एक मात्र लक्ष्य नहि छल। समाजक अङ्गभूत व्यक्तिक उन्नयन हुनका लक्ष्य छल। गुरु नानक अपनहु मूर्त्तिपूजा, अन्धविश्वास ओ कट्टरता तथा जाति भेदक अत्याचारक घोर विरोध कएने छलाह, तथा एहि सब दोषक परिहार करबाक व्रत लेने छलाह। विदेशी आक्रमणक ओ तत्कालीन शासनक अन्याय ओ उत्पीड़नक ओ घोर विरोध कएने छलाह। तहिआसँ सिक्खक संगति गुरुक व्यक्तित्वक चारू दिशि घनीभूत भए एक गोट पंथक रूप धारण कए लेने छल। गुरुलोकनि स्वयं अपनासँ विशेष महत्त्व एहि संगतिकेँ दैत आएल छलाह। "गुरु यदि बीस तँ संगति एकैस।" जातिभेदसँ मुक्त, धर्माचरणक विधि-विधानतासँ रहित, गुरुक आज्ञापालनक हेतु सतत प्रस्तुत भक्तलोकनिक समुदाय रूप ई संगति खालसाक बीजकेन्द्र भेल। संग्राम-तत्परताक सिद्धान्तकेँ जे गुरु गोविन्द सिंह एहिमे प्रमुखता देल सेहो ओ किछु नव नहि कएल। छठम नानक गुरु हरगोविन्द जखन गुरुक आसन ग्रहण करए अभिषेकोत्सवमे पहुँचल छलाह तखन ओ योद्धाक रूपमे छलाह, जप माला प्रभृति साधुक चिह्न त्यागि दूनू हाथमे दू गोट तरुआरि लेने छलाह। ओ कहल जे एक तरुआरि हमर आध्यात्मिक अधिकार प्राप्तिक प्रतीक थिक ओ दोसर सांसारिक, लौकिक। एहि रूपेँ आध्यात्मिक ओ आधिभौतिक, धार्मिक ओ सांग्रामिक—खालसाक जनतन्त्रमे दूहूक सम्मिश्रण अछि, समन्वय अछि ओ मानवजातिक कल्याण-सम्पादनक निमित्त ईश्वरक साधनक रूपमे गुरु गोविन्दसिंह एकरा पूर्ण सिद्धि प्रदान कएल। खालसाक प्रतीक छल खङ्ग परन्तु एक हाथमे जँ खङ्ग रहए तँ दोसर हाथक आङ्गुर जपमालापर चलैत रहए। एकरा वेत्रेक ओकर मूर्त्त कल्पना ने पूर्ण होएत ने सत्य होएत।

बगड़ा ओ बाझक भिड़न्त

गुरु गोविन्दसिंह एहि समयमे तैँतीस वर्षक छलाह। हुनक मानसिक ओ शारीरिक सामर्थ्य चरम पर छल। हुनक प्रभाव दिन दिन बढ़ैत जाइत छल। हुनक शिष्य एवं अनुचरक संख्या दिनानुदिन बढ़ि रहल छल ओ सबहिक श्रद्धा ओ अनुराग हुनका प्रचुर मात्रामे प्राप्त छल। ततेक नाटकीयतासँ तेहन रहस्यात्मक रूपमे ओ खालसाक सृष्टि कएल तथा ताहि संग अपन वैयक्तिक ऐक्य तेना घनिष्ठ रूपसँ स्थापित कएल जे लोकक मनकेँ भावनाकेँ ओ अविच्छेद्यरूपेँ पूर्णतः अपन लक्ष्य दिशि आकृष्ट कए लेल ओ ताहि लक्ष्यक पूर्त्तिक निमित्त प्राण समेत उत्सर्गि सत्प्रयास करबाक हेतु प्रस्तुत एक गोट महान् सक्रिय एवं सक्षम शक्ति सञ्चय कए लेल। ओ एक गोट सुदृढ़बद्ध एवं उत्साहपूर्ण संघक स्नेहक केन्द्र भए गेलाह। हुनक आज्ञाक पालन करब सब अपन सौभाग्य बुझए; हुनका हेतु प्राण देब कामना करबाक योग्य धर्म बुझए।

आनन्दपुरसँ बैसाखी बिताए जे सिक्खलोकनि अपना अपना घर घुड़लाह सबहिक हृदयमे उत्साहक उमंग छल, सबकेँ आदेश छलैन्हि जे जे केओ दीक्षा लेअए चाहथि सबकेँ दीक्षित कएल जाइन्ह। गुरु गोविन्दसिंह जे व्यवहार चलओलैन्हि तदनुसार केओ पाँच गोट दीक्षित शिष्य समुचित रीतिसँ आवश्यक अनुशासनक संग अमृत प्रदान कए दीक्षाक विधि सम्पन्न कए सकैत छलाह। एहिसँ ओहू सिद्धान्तक पुष्टि होइत छल जे जतए कतहु पाँच जन सिक्ख धर्माचरणक हेतु एकत्र होथि ततहि प्रतिनिधि रूपमे गुरुक उपस्थिति मानि लेल जाए। आनन्दपुरसँ फिरल सिक्खलोकनि बड़े उल्लास ओ आनन्दसँ अपन अपन अनुभवक गप्प कहथि जे कहिओ बिसरल नहि जाए सकैत अछि ओ जाहिसँ हुनकालोकनिकेँ नवजीवन प्राप्त भेल छलैन्हि। अपन नूतन जन्मक चिह्न सबहिक गौरवसँ चर्चा करथि। बहुतो ई सब सूनि उत्तेजित होथि, अनेको व्यक्ति जाए अमृत प्राप्त करबाक निश्चय करथि, विदा होथि। वस्तुतः एतेक लोक कहिओ पहिने आनन्दपुर नहि गेल छल।

ओना तँ सब जातिक ओ सब श्रेणीक लोक आनन्दपुर आबए मुदा विशेषतः आबथि ओ लोकनि जे पुश्ति पुश्तिसँ कट्टर समाजक रूढ़िसँ दलित ओ

शोषित होइत आएल छलाह। आब ओ लोकनि अपन हीनताक कलंक हटाए देशमे जे पैघसँ पैघ छलाह तनिक संग समता पाबि सकैत छलाह। ओहूसँ बेशी नहि तँ ओतबे पञ्जाबक किसान सब गुरु गोविन्दसिंहकेँ अपना पसिन्दक नेता मानए लागल–बलिष्ठ, शूर ओ साहसी। पुष्ट ओ परिश्रमी खेतिहर सब जे भारतवर्षक सीमाप्रान्तक वासी भए इतिहासक अनेक संकटकेँ काटि आएल छल सतत प्रस्तुत रहैत छल जे हरक फाड़केँ पिटबाए तरुआरि बनबाए ली। गुरुक आह्वानसँ ओकरा सबकेँ आशा भेलैक जे किछु कए सकैत छी, किछु कए अपनाकेँ मुक्त कए सकैत छी ओ एहिसँ ओकरा सबहिक अन्तस्तल झंकृत भए उठल। ओकरा सबहिक मन तँ पहिनहिसँ पूर्वक गुरुलोकनिक उपदेशसँ तैआर छल; तेँ दशम गुरुक द्वारा जाहि बीजक वपन भेल से एहिसँ अधिक उर्वर भूमिमे नहि पड़ि सकैत छल। एहन वीर जातिक हृदयमे जे शूरताक स्रोत छल तकरा उचित निर्दिष्ट मार्गें संयत रूपसँ रचनात्मक निर्माण कार्य दिशि लए जाएब ओ ओहिमे साधुक आदर्श ओ निष्ठा अनुप्रविष्ट कराएब सिक्ख-धर्मक अलौकिक व्यापार छल, जेना भारतीय समाजक परित्यक्त अन्त्यज तथा अन्यान्य युद्धसँ अपरिचित जातिक लोककेँ युद्धक कौशल सिखाए अस्त्रशस्त्रसँ सज्जित कए ओकरा एक गोट विशाल क्रान्तिक साधन बनाएब ओ ओकरासँ पुनि त्याग ओ वीरताक एकनिष्ठ सत्कार्य कराएब मानव जातिक इतिहासक एक गोट अद्भुत घटना भेल।

खालसाक स्थापनासँ जे एक गोट लहरि उठल ताहिसँ आनन्दपुर आप्लावित छल। सिक्खक जे दल नव आबए ताहिसँ आनन्दपुरक वासी पुलकित भए जाए ओ अपूर्व भ्रातृभावक मध्य दीक्षाक समारोह सम्पन्न होअए। दीक्षार्थी ओ दीक्षित, नव आगन्तुक ओ पुरान नगरवासी, शिष्य ओ गुरु सब केओ एकहि भाव-तरङ्गक अनुभव करथि। आनन्दपुरमे जे बन्धन पड़ए ताहिसँ एहन समाजक सृष्टि भेल जे स्वतन्त्र छल, संहत छल, जनतन्त्रक सिद्धान्त पर निर्मित छल। जाति ओ मूलक विचार लुप्त भए गेल। एहिमे आब एक गोट मात्र आध्यात्मिक वंश छल जाहिमे सबहिक हेतु एक पिता छलाह गुरु गोविन्दसिंह, एक माता छलीह साहिब देवन, एक वासस्थान छल आनन्दपुर। परार्थक उच्चतम आदर्शसँ अनुप्राणित ई एक गोट बन्धुत्व छल–विश्वबन्धुत्वक एक गोट छोट छीन रूप। एहिमे कोनहु प्रकारक श्रेणी किंवा वर्गक विभाजन नहि छल, कोनो भेद नहि छल, कोनो विशेषाधिकार नहि छल। धर्मसंघमे ऊच नीचक श्रेणी नहि छल, ने पादरी छलाह, ने पुरोहित छलाह। गुरुक सेना समेतमे कोनहु प्रकारक श्रेणी वा वर्गगत विभाजन नहि छल। गुरु स्वयं जनतन्त्रक एक गोट सदस्य छलाह, ओहो ओहिना दीक्षित भए प्रविष्ट भेल छलाह जेना केओ दोसर सिक्ख। ओहो ओहि नियमसबहिक पालन करैत छलाह जेना केओ आन करैत छल। एक बेरि शिकारमे एहन सन बुझना गेल जे ओ एक गोट कब्रकेँ प्रणाम करताह। सहचर सिक्ख गण हुनका पूछि बैसलाह जे ई तँ

हमरालोकनिक धर्मक नियमक प्रतिकूल होएत। गुरु एहि रूपेँ टोकल गेला पर अत्यन्त प्रसन्न भेलाह ओ सिक्ख लोकनिक विवेक बुद्धि तथा दृढ़ आत्म विश्वासक बड़ प्रशंसा कएल।

आनन्दपुरमे सब किछु समस्त खालसाक छल; अपन ककरहु किछु नहि छलैक। सब एकहि ठाम "गुरुका लंगर" मे भोजन करथि। सब केओ एक रूपमे वा दोसर रूपमे अपन श्रम किंवा सेवा करए। सिक्खसमुदायक अधिकांश श्रमजीवी वर्गक छल, यथार्थ पृथिवी-पुत्र। गुरु जतेक प्रसन्न समाजमे रहथि ततेक आन ठाम नहि। एक दिन सिक्ख लोकनिक मध्यमे बैसल गुरु एक गिलास पीबाक जल मङलथिन्ह। एक धनिक सेठक बालक जे गुरुक दर्शन करए आएल रहए उठल ओ एक गिलास जल आनि बड़े विनयसँ गुरुकेँ समर्पण कएल। गुरु एहि नवयुवकक तत्परतासँ बड़ प्रसन्न भेलाह मुदा कहलथिन्ह जे तोहर हाथ एखन बड़ कोमल छहु, तोँ हाथ केँ श्रममे नहि लगओलह अछि। एहन सुकुमार हाथक जल तँ हम नहि पीअब।

गुरुक भक्ति ओ स्वस्थताक उत्साह—इएह आनन्दपुरक जीवनक प्रधान वैशिष्ट्य छल। सबहिक हृदयमे विराजमान गुरु सबहिक प्रेम, श्लाघा ओ प्रशंसाक भाजन छलाह। हुनकहिसँ सब उद्‌बोधन प्राप्त करए; हुनकहिसँ सब शक्ति ग्रहण करए; हुनकहिसँ ईश्वरक दया तथा अनुकम्पा लाभ करए। पौरुष, धैर्य ओ साहसक ओ आदर्श छलाह। हुनका बल पर खालसाकेँ विश्वास छलैक जे ओ मृत्यु समेतसँ भीड़ि सकैत छल, प्रबलसँ प्रबल सैन्यकेँ पराजित कए सकैत छल। इएह छलैक ओहि समयमे आनन्दपुरक वासीक मनःस्थिति—सभक मनमे विश्वास छलैक, निश्चिन्तता छलैक, आशा छलैक। सिक्ख कहथि जे एक गोटे हम सबालाख सेनाक बराबरि। एहि प्रकारक एक गोट नव शब्दावलीक सृष्टि भेल। एहि बोली मे त्रुटि किंवा संकटकेँ छोट कए ओकरा स्पर्धाक सप्रतिभ शब्दसँ अभिव्यक्त कएल जाइत छल ओ सांसारिक सुख ओ सुविधाक वस्तुकेँ उपहासात्मक नाम देल गेल छल। मृत्युकेँ ओ परलोकक यात्रा कहथि। खाली पेट अपनाकेँ उन्नतिसँ भरल कहथि। जे बूट खाथि से कहथि जे बादाम खाइत छी। पेआजु भेल रूपाक खंड, टाका भेल झिटुका, गदा कहाबए ज्ञानागार।

खालसा जाहि मुक्तिक कामनाक प्रतीक छल ताहि संग संग एहि एलानक लहरि दूर दूर धरि पसरि गेल। एक गोट नव आन्दोलनक संचार सर्वत्र परिलक्षित होइत छल। विशेषतः पंजाब चञ्चल भए गेल। शासकक अनीति ओ उत्पीड़नसँ जकर हृदय विद्रोही भए जाइक तकरा हेतु आनन्दपुर मक्का भए गेल; जे उत्पीड़नसँ पडाए तकरा आनन्दपुरमे आश्रय भेटैक। एहि श्रेणीक शरणार्थीमे दू जन कवि छलाह, विशिष्ट कवि, कुवरेश ओ भाइ नन्दलाल। कुवरेश छलाह बुन्देलखंडक सुविख्यात हिन्दीक कवि केशवदासक पुत्र। इस्लाम धर्म ग्रहण करब ओ नहि

स्वीकारल ओ पड़ाएकेँ गुरुमहाराजक शरणमे अएलाह। आनन्दपुर पहुँचि ओ कविताबद्ध अरजी गुरुजीकाँ समर्पण कएल। गुरुमहाराज बड़ प्रसन्न भेलाह, हुनका शरण देल ओ पूर्ण वेतन दए हुनका अपन दरबारक कवि नियुक्त कए लेल। भाइ नन्दलाल आनन्दपुरक बासी छलाह, गुरु महाराजक शिष्य सिक्ख छलाह मुदा नेनहिमे अपन जन्मस्थानसँ विदेश चल गेल छलाह। पश्चात् ओ बादशाहक जेठ बालक शाहजादा मुअज्जयक सेवा ग्रहण कएल फारसी भाषा पर हुनका अद्भुत अधिकार छल। एक बेरि फारसक शाहक ओहिठामसँ पत्र आएल छल, तकर उत्तर लिखबाक हेतु दरवारक अनेको विद्वान्केँ आदेश देल गेल। भाइ नन्दलाल जे मजमून रचल सएह सबसँ सुन्दर, सबसँ उपयुक्त बुझल गेल तथा ओएह पठओलो गेल। मुदा बादशाहक मनमे भेल जे एहन विद्वान् व्यक्ति हिन्दू नहि रहए देल जाए। ओ चाहल जे भाइ नन्दलाल इस्लाम धर्म ग्रहण करथि। जखन भाइ नन्दलालकेँ ई वार्त्ता भेल, ओ निश्चय कएल जे पड़ाएकेँ आनन्दपुर चल जाइ। ई ओ अपन अन्तरङ्ग मित्र, दरवारक पैघ अधिकारी गेआसुद्दीन नामक मुसलमानकेँ चुपचाप कहल। गेआसुद्दीन स्वयं हुनका संग जएवाक इच्छा प्रकट कएल ओ जाएकेँ गुरुदेवक आध्यात्मिक निर्देश ग्रहण करए चाहल। दूनू गोटए चुपचाप निकलि पड़एलाह ओ आनन्दपुर आबि गुरु गोविन्दसिंहक शरणमे खसलाह। गुरुदेव दूहूकेँ बड़े सम्मानसँ स्वागत कएल। भाइ नन्दलालक उपनाम गोया छल तथा हुनक रचित फारसी कविताक अनेको ग्रन्थ अछि यथा जिन्दगीनामा, तौसिफ-ओ-साना, गनीनामा, जोतविकास, दीवाने गोया, इंशा दस्तूर तथा अर्ज-उल इल्फाज। पाँचम गुरुक समयक विद्वान् ओ नैष्ठिक साधु कवि भाइ गुरुदासहिक कविता जकाँ भाइ नन्दलालहुक कविता सिक्खलोकनिकेँ धर्म ग्रन्थक लगले बाद सम्मान्य अछि ओ गुरुद्वारामे गुरुक भजनक संग संग पढ़ल जाइत अछि। गुरु गोविन्द सिंहक जे ओ वर्णन कएने छथि से अत्यन्त आकर्षक अछि। ओहिसँ कविहृदयक संवेदनशीलता तथा भावुकता स्फुट होइत अछि। गुरुक जे ओ स्तुति कएने छथि से गम्भीर अनुराग ओ श्रद्धासँ ओतप्रोत अछि।

एही मध्यमे पटनाक सिक्खलोकनिक संग पुनिर्मिलन सेहो उल्लेखनीय अछि। राजा फतेहचन्द मैनी, हुनक स्त्री ओ पण्डित शिवदत्त ई तीनू जन गुरु गोविन्द सिंहकेँ बाल्यकालहिक परिचित। ई लोकनि दर्शन करए आनन्दपुर अबैत छथि से सूनि गुरुदेव बड़े प्रसन्न भेलाह। ओ हिनका लोकनिकेँ अरिआति आनए नगरसँ बाहरहिँ उपस्थित छलाह। जएह पालकी दृश्य भेलैक ई नुकाए रहलाह ओ पाछाँसँ चुपचाप आबि बड़ी जोरसँ पुक्की पाड़ल। गङ्गाक किनारमे जखन पण्डित शिवदत्त ध्यानमे मग्न रहथि तखन शिशु गोविंद सिंह एहिना पुक्की पाड़ि हुनका अकचकबैत छलथिन्ह। पहिने तँ यात्रीलोकनि एखनहु अकचकएलाह मुदा पश्चात् बूझि जे के एना आबि हुनका अकचकाए स्वागत कएलक अछि हुनका लोकनिकेँ

हर्षक सीमा नहि रहल। भावावेगसँ ओ लोकनि पराभूत भए गेलाह ओ दूहू आँखिसँ नोरक धार बहए लागल। मुदा आनन्दक संगहिँ हुनका लोकनिकेँ गौरवहुक कम अनुभव नहि भेलैन्हि, कारण, हुनका लोकनि जाहि शिशु-मूर्त्तिमे अनुरक्त छलाह से सम्प्रति एहन सुन्दर ओ सम्मान्य महापुरुष भए गेल छलाह। गुरु हुनका लोकनिकेँ बहुत दिन धरि आनन्दपुरमे राखल, पूर्वक दिनकेँ मन पाड़ि-पाड़ि पुरान गृह-स्नेहक आनन्द लेथि।

एहि कतोक वर्षक अभ्यन्तर गुरु गोविन्दसिंहकेँ चारू दिशिक पर्वतप्रदेशक राजा लोकनिसँ कोनो सम्पर्क नहि छल; केवल एक बेरि ओ सबकेँ पृथक् पृथक् खालसा धर्म ग्रहण करबाक आसेध मात्र कएने छलथिन्ह। तकरा ओलोकनि सोझे अस्वीकार कए देने छलथिन्ह, कारण, मोगल शाहंशाहक भय छलैन्हि मुदा यथार्थ कारण छलैन्हि हुनकालोकनिक युग युगसँ अबैत जातिक विचार। तैओ गुरुकेँ हुनकालोकनिक प्रति कोनो द्रोहक भाव नहि छलैन्हि तथा सबहिक संग ओ मित्रताक भाव निबाहैत रहलाह। ओलोकनि धरि मुदा भीतरहि भीतर ईर्ष्यासँ जरैत छलाह ओ चुपचाप ओहि अवसरक प्रतीक्षा कए रहल छलाह जखन आक्रमणक प्रक्रिया पुनि आरम्भ कएल जाए सकए ओ आनन्दपुरमे हुनका लोकनिक जनैत जे भयक कारण बढ़ल जाए रहल छल तकरा सदाक हेतु शान्त कए ली। एक बेरि गुरु कतिपय अनुचरक संग घाटीमे शिकारक हेतु घुमैत छलाह। दू जन वलिआचन्द ओ आलिमचन्द गुरुकेँ पकड़ि ली ताहि उद्देश्यसँ हुनक दल पर आक्रमण कए देल। सिक्खलोकनि शूरतासँ तकर जवाब देल ओ पहाड़ी लोकनिक दुर्गति भए गेल। वलिआचन्द तँ मारल गेलाह मुदा आलिमचन्दक एकटा हाथेटा कटलैन्हि।

एहि घटनासँ पार्वतीय राजालोकनिक आतंक आओर बढ़ि गेलैन्हि। ओ लोकनि निश्चय कएल जे तुरंत मोगल बादशाहक ओतए साहाय्यक हेतु अर्ज कएल जाए। वादशाह ताहि समयमे दक्षिणमे छलाह। तेँ एकटा अर्जी दिल्लीक सूवेदारक नामसँ पठाओल गेल। गुरु गोविन्दसिंहक जीवन वृत्तान्तक सबसँ प्राचीन विवरण-ग्रन्थ गुरु-विलासक अनुसार—जकर उद्धरण एम.ए. मैकऔलिफ साहेब अपन सिक्ख-धर्म नामक ग्रन्थमे देने छथि—राजालोकनिक अर्ज छल—"ई जानि जे गुरु गोविन्दसिंह गुरु नानकक उत्तराधिकारी थिकाह, हमरा लोकनि हुनका अपना लोकनिक मध्य रहए देलिऐन्हि, कोनो आपत्ति नहि कएलिऐन्हि। जखन ओ शक्तिक सञ्चय कएल ओ हमरा लोकनि हुनका रोकए चाहल तखन ओ नाहन चल गेलाह तथा ओतएक राजाक संग मीलि गेलाह। तदुत्तर ओ श्रीनगरक राजा फतेहशाहसँ टक्कर लड़लाह जकर परिणाम भेल भंगाणीक युद्ध जाहिमे बड़ बेसी नर-संहार भेल। आनन्दपुर आपस आबि गुरु एक नवीन सम्प्रदाय चलाओल जे ने हिन्दू थिक ने मुसलमान, जकरा ओ खालसा कहैत छथि। चारू वर्गकेँ ओ एक

कए देल अछि ओ बहुत लोक हुनक अनुयायी भए गेल अछि। ओ हमरहु लोकनिकें ओहिमे सम्मिलित होएबाक हेतु आमन्त्रिब कएल ओ वचन देल जे यदि हमरालोकनि मीलि जइऐन्हि तँ एहि लोकमे हमरा साम्राज्य भेटत ओ परलोकमे मुक्ति। ओ हमरा लोकनिकें इहो इङ्गित कएल जे यदि हमरा लोकनि बादशाहक विरुद्ध विद्रोह करी तँ ओ अपन सब शक्तिसँ हमरालोकनिक सहायता करताह, कारण, बादशाह हुनक पिताक हत्या कएने छथिन्ह ओ तें ओ बादशाहसँ प्रतिशोध चाहैत छथि। मुदा हमरा लोकनि बादशाहक विरोध करब उचित नहि बुझैत छी तें ओ हमरा लोकनिसँ असन्तुष्ट छथि, हमरा लोकनिकें नाना प्रकारें उपद्रव करैत छथि। हमरा लोकनि हुनका दमन नहि कए सकैत छिऐन्हि ओ तें हमरालोकनि सबहुँ हुनक विरुद्ध देशक न्यायशील सरकारक संरक्षणक याचना करैत छी। यदि सरकार हमरालोकनिकें अपन प्रजा बुझैत अछि तँ हमरालोकनि निवेदन करैत छी जे आनन्दपुरसँ गुरुकें निकालि दिऐन्हि तें सरकार हमरालोकनिक सहायता करए। यदि हुनका दण्ड देबामे वा दमन करबामे विलम्ब भेल तँ हुनक अग्रिम आक्रमण अहाँक सम्राज्यक राजधानी पर होएत।

राजालोकनिक अरजी बादशाहक ओतए प्रतिसारित कए देल गेल ओ यथासमय दू गोट पाँचहजारी मोगल सेना-नायक, पैंदे खां ओ दीन वेग गुरुकें सोझ करए पठाओल गेलाह। रोपड़मे पहाड़ी राजालोकनि अपन अपन सेना लए हुनका संग मीलि गेलाह। बढ़ैत आबि रहल आक्रमणकारी सेनासँ भिड़बाक निमित्त गुरु आनन्दपुरक पहाड़ परसँ नीचा भेलाह। युद्धक हेतु जे ओ प्रबन्ध कएल ताहिमे ओहि पाँचो जनकें पैघ पैघ भार देल जे लोकनि हुनक आह्वान पर सबसँ पहिने बढ़िकें आएल रहथि ओ तें सबसँ पहिने दीक्षा ग्रहण कएने रहथि। छोट धारक कातमे युद्ध भेल। सिक्ख-लोकनि बड़े कौशल ओ शूरतासँ लड़लाह। हुनकालोकनिकें एना दृढ़ देखि पैदेखां गरजिकें अपन सिपाहीकें फुर्ती करए कहल; कहल, जे ई धर्मक लड़ाइ थिक, काफिरकें मारि पुण्य लुटैत जाह। परन्तु कतबो जोर कएलक तथापि सिक्खलोकनि अपना जगहसँ विचलित नहि भेलाह। पैंदे खां गुरु गोविन्दसिंहकें द्वन्द्वयुद्धक हेतु आह्वान कएलक जे एहीसँ लड़ाइक हारि-जीतक निर्णय हो। ओ कहलक जे पहिने तों ही हाथ छोड़ह नहि तँ पछाति पछतएवह। गुरु कहल जे हम तँ अपन रक्षाक हेतु छोड़ि हाथ नहि उठबैत छी तें पहिने तों ही प्रहार करह। पैंदे खां दू बेरि अजमओलक, दू गोट तीर गुरु पर छोड़लक। पहिल तँ हुनक मुरेठा लग होइत सनसनाइत चल गेल, दोसरो कनिए ले हूसि गेल। आब गुरुक पार आएल। पैंदे खाँ मस्तकसँ पाएर धरि लोहक आवरण पहिरने छल तथापि गुरु अपन तीर ओकर कानलग एक गोट भेद्य स्थान ठेकनाए मारल जे ठीक लागल, मर्म स्थानक ई प्रहार सांघातिक सिद्ध भेल, ओ घोड़ा परसँ औङ्हराएकें मुहे भरे भूमि पर खसि पड़ल। पैंदे खां खसल की मोगल-सेना क्रोधसँ विक्षिप्त

जकाँ दोगुन तिक्ततासँ लड़ाए लागल। मुदा सिक्खलोकनि स्थिरतासँ डटल रहलाह ओ शत्रुक दलमे विकट ध्वंस मचाए देल। युद्धक आतंकक आभास पाबि पहाड़ी राजालोकनि क्रमशः पड़ाए लगलाह। दीन बेग लड़ैत रहल मुदा अन्तमे ओहो ततबा आहत भेल जे युद्ध-क्षेत्रमे ठहरि नहि सकल। मोगलसेना खेत छोड़ि पड़ाएल, सिक्खलोकनि ओकरा खेहारलैन्हि, खेहारैत खेहारैत खिदरावाद धरि पहुँचि गेलाह। एहि शानदार जीतक स्मृतिमे ओ स्थान सिक्खलोकनिक एक गोट पवित्र तीर्थ-स्थान मानल जाइत अछि। ओलोकनि तँ आओर आगाँ धरि जैतथि मुदा गुरु हुनका लोकनिकेँ ई कहि घुड़ाए लेल जे सेना पड़ाए गेल तकरा खेहारव उ़चित नहि थिक। युद्ध-क्षेत्रमे जाहि दृढ़तासँ सिक्खलोकनि डटल रहलाह ताहिसँ गुरुकेँ अतीव संतोष भेल ओ आनन्दपुर आपस आबि ओ ईश्वरीय प्रसादक हेतु भगवानक स्तुति कएल, भगवद्भजन कएल।

पहाड़ी राजालोनिककेँ मुदा एहि हारिक काँट गड़ले रहलैन्हि; ओ लोकनि गुरुक विरुद्ध षड्यंत्र करितहिँ रहलाह। अजमेरचन्द–अपन पिता भीमचन्दक परोक्ष भेला उत्तर विलासपुरक राजा–बीछल गेलाह जे दूत भए बादशाहक ओतए जाथि ओ हुनकासँ सहायताक पुनः याचना कएल जाए। बड़ बहुमूल्य वस्तु सब एकत्रित कएल गेल जे राजाक दिशिसँ बादशाहकेँ नजराना दाखिल कएल जाए। मुदा अजमेरचन्द प्रस्थान करथि ताहिसँ पूर्वहिँ हंन्डूरक भूपचन्द–उद्दंड नवयुवक–आग्रह करए लगलाह जे तुरन्ते आक्रमणे ने किएक कए दी। ओ कहल जे दिल्लीसँ किंवा लाहोरसँ सहायता पहुँचत तावत् पर्यन्त बैसल रहलासँ, ओकर बाट तकैत रहलासँ, फल कोन? जए दिन व्यर्थ बैसल रहब तए दिन गुरुक आततायीक संख्या बढ़ल जाएत फलतः हुनक शक्ति बढ़ल जायत। हमरा लोकनि हृदयसँ एक भए जँ चली तँ एखनहु हमरालोकनि सिक्खकेँ हराए सकैत छी। अन्तमे ओ कहल जे एकटा खरही वा सरपतमे की शक्ति छैक मुदा एक मुट्ठी सरपतकेँ एकठाम कए बान्हि दिऔक, ओ सहजेँ नहि टूटत। तहिना हमरालोकनि मीलि जाइ तँ सिक्खलोकनिकेँ सामर्थ्य नहि थिकैन्हि जे सोझाँमे ठाढ़ रहि सकताह।

भूपचन्द ततेक जोश सँ बजलाह जे बादशाहक दरबारमे दूत पठएबाक प्रस्ताव रहि गेल ओ आनन्दपुर पर पुनः आक्रमण कएल जाए तकर आयोजन होअए लागल। जम्मू, नूरपुर, मंडी, कुलू, केओंतल, गुलेर, चम्बा, श्रीनगर, डढ़वाल, प्रभृतिक राजालोकनि अपन अपन सेना लएलाह ओ शीघ्रतासँ बढ़ैत आनन्दपुरक सीमा धरि पहुँचि गेलाह। एहि बेरि हुनका लोकनिक चालि छल जे नगरकेँ चारू दिशिसँ घेड़ि ली जे ओ बाहर संसारसँ काटल भए जाए।

आक्रमण करबासँ पूर्व अजमेरचन्द गुरुकेँ पत्र लिखल जे अहाँ आत्मसमर्पण कए दिअ, जाहि भूमि पर आनन्दपुर बसल अछि तकर मालगुजारी दिअ, तथा

आगाँ प्रतिवर्ष से विधिवत् देल करब तकर वचन दिअ। यदि ई शर्त सब मंजूर नहि हो तँ आनन्दपुर त्यागि चल जएबाक तैआरी करू, नहि तँ एकर जे दुष्परिणाम होएत से भोगवाक हेतु प्रस्तुत होउ।

गुरुमहाराज एकर समुचित उत्तर पठाए देल। ओ कहल जे "हमर पिता ई भूमि कीनल ओ एकर मूल्य देल। तखन आब जे किछु माङल जाइत अछि से तँ केवल भालाक नोक पर भेटि सकत। अहाँलोकनि अहंकार त्यागू ओ तखन हमरासँ जे चाहब लए सकब। गुरुक घर तँ सभक हेतु अवारितद्वार थिकैक। हम तँ आमंत्रण करैत छी जे खालसासँ मैत्री करू। हम मध्यस्थता करबाक हेतु प्रस्तुत छी।"

परन्तु राजालोकनि तँ सिक्खकेँ ध्वस्त करबाक उद्देश्यसँ आएल रहथि; सन्धि करबाक ककरहु इच्छे नहि रहैन्हि। एमहर माझासँ पाँच सए सिक्ख बड़ बेरमे अएलाह जाहिसँ आनन्दपुरक शक्ति आओर बढ़ि गेल। एहि दलक नेता छलाह वक्शसिंह, गुरुबख्शसिंह भरोबाल-क कलालसिंह, ओ दुनीचन्द जनिक पितामह भाइ सालो चारिम ओ पाँचम गुरुक समयक विशिष्ट सिक्ख छलाह। लौहगढ़क किलाक रक्षांक भार देल गेल शेरसिंह ओ नाहर सिंहकेँ तथा लौह गढ़क रक्षाक भार उदयसिंहकेँ । भिन्न भिन्न अस्त्रशस्त्र यथा तीर, धनुष, तेग, कटार, जमधार, सरोही, साङ, भाला, बिछुआ, तरुआरि, सेला, बन्दूक सिक्खलोकनिकेँ देल गेलैन्हि। क्रमशः पहाड़ी राजाक सेना आनन्दपुरक घेड़ाकेँ आओर कड़ा करैत गेल।

कतोक दिन धरि घेड़ा पड़ल रहल मुदा तकर कोनो प्रभाव सिक्खलोकनि पर नहि पड़ल। रातिकेँ ओलोकनि बड़ साहस कए बहराथि, शत्रुक दलमे पूर्ण क्षति कए ओतएसँ वस्तुजात, रसद प्रभृति उठाए लए आनथि। राजालोकनिक सेना जँ किलाकेँ तोड़बाक प्रयत्नो करथि तँ सबबेरि मारि खाए क्षति उठाए प्राण गमाए पड़ाए पड़ैन्हि। सिक्खलोकनि जे एना रातिकेँ छोट छोट दलमे जाए शत्रुक जान ओ माल दूहूक क्षति कए आबथि ताहिमे गुरु गोविन्दसिंहक जेठ बालक अजित सिंह, जे तखन केवल चौदह वर्षक छलाह, तेहन बहादुरी देखाओल, कौशल ओ शूरता प्रदर्शित कएल, जे सब मुग्ध भए मुक्तकण्ठसँ प्रशंसा करए। अन्तमे पहाड़ी सेना पूर्ण शक्तिसँ बढ़ल; आगाँमे एकटा विशाल मत्त हाथी रहैक, लोहाक कवचसँ समस्त आवृत। लक्ष्य रहैक लौहगढ़क किला। ओ सब सोचने छल जे एही हाथीसँ किलाक विशाल फाटक तोड़बाएब। गुरु गोविन्दसिंह अपन एक बहादुर सिक्ख वचित्तर सिंहकेँ एहि हाथीकेँ दमन करए पठाओल। वचित्तर सिंह आनन्देँ फूलल छलाह जे गुरुदेव एहि काजक भार हमरहि देल। ओ जाए अपन भाला ततेक जोरसँ मारल जे हाथीक मस्तक परक लोहक पट्टीकेँ चीरैत भालाक नोक हाथीक मस्तकमे पैसि गेलैक। आतंकसँ बोमकारि कटैत हाथी पाछाँ घूड़ि पड़ाएल ओ ओकर पाएरक तरमे कतेक सिपाही पीसल भए गेल। युद्ध भेल ओ ताहिमे दूहू दिशिक योद्धागण बहुत मारल गेलाह परन्तु राजा लोकनिक सेन्यक डाँड़ टूटि

गेल, कारण, जसबालक राजा केसरीचन्द, तथा गुज्जर ओ रंघड जातिक नेता जगतुल्ला मारल गेलाह ओ कांगड़ाक राजा घामुण्डचन्द ओ हन्डूरक राजा बड़ विशेष आहत भेलाह। अन्तमे राजालोकनिक सेना घेड़ा उठाए पड़ाए गेल।

विलासपुरक राजा क्रोधसँ जरैत रहलाह। बारंबार हारिसँ ओ लाजेँ गड़ल जाथि। एकबेरि ओ पुनः प्रयास कएल, एहिबेरि लाहोर ओ सरहिन्दक सूबेदारक संग मीलि। तीनू सेना मीलि आनन्दपुर दिशि चलल। गुरु आगाँ आबि समीपहिमे निरमोह नामक स्थानमे ओकरा रोकल। भयंकर युद्ध भेल। दूनू दल प्राणक मोह त्यागि लड़ल। किछु काल तँ बूझि पड़लैक जे संयुक्त सैन्य जीति रहल अछि मुदा सिक्खलोकनि सम्हरलाह ओ जोर कएल। अन्तमे संयुक्त सैन्यकेँ पाछाँ हटए पड़ल। तावत् गुरु गोविन्दसिंह स्वयं बसाली चल गेलाह। ओतएक राजा सबदिन मित्रताक भाव रखने छलथिन्ह, ओ गुरुकेँ आमन्त्रित कएल ओ अपना राज्यमे रहबाक अनुरोध कएल। मुदा ओतहु हुनका शान्ति नहि रहल। राजा अजमेरचन्द एक दल योद्धाकेँ संग लेने हुनका पाछाँ विदा भेलाह। घमसान युद्ध भेल मुदा एहू बेरि सिक्खलोकनि हुनका नीक जकाँ परास्त कएल। अजमेरचन्दकेँ पड़ाएकेँ प्राण वँचबए पड़ल। परन्तु एहि युद्‌धमे गुरुक परम भक्त वीर योद्‌धा साहिवसिंह मारल गेलाह। ओहन शूर थोड़ सिक्ख छलाह। जाहि कोनहु युद्‌धमे ओ लड़ल छलाह सबमे ओ नाम कएने छलाह।

गुरु गोविन्द सिंह आनन्दपुर घूड़ि अएलाह। आब हुनका शान्ति भेटल मुदा ई शान्ति थोड़ दिन रहल।

आनन्दपुर-त्याग

गुरु गोविन्द सिंहकेँ जएह अवकाश भेटैन्हि जखन हुनका शान्ति रहैन्हि तँ ओ सिक्खलोकनिक धर्म-उपदेशमे लागि जाथि। सैनिकता ने हुनका लोकनिक वृत्ति रहैन्हि ने लक्ष्य। जे कोनो युद्ध आइ धरि ओलोकनि लड़ल छलाह, एकोटा हुनकालोकनिक अपन बेसाहल नहि छलैन्हि। हुनका लोकनि जे लड़ाइ जितलैन्हि ताहिसँ ने हुनका अपना जातिक यशक लोभ छलैन्हि ने कोनहु भूभागपर ओ लोकनि अपन अधिकार बढ़ओलैन्हि। हुनकालोकनिक प्रेरणाक स्रोत ओहि सबसँ गम्भीर छलैन्हि ओ गुरु बराबरि हुनकालोकनिकेँ मन पाड़ैत रहथिन्ह जे हुनकालोकनिक मूल आदर्श तत्त्वतः आध्यात्मिक छलैन्हि, जनकल्याण-कामनात्मक छलैन्हि। सांग्रामिकताक सिद्धान्त तँ ओही आदर्शक समर्थनक हेतु परिपुष्ट भेल छल ओ तेँ केवल नैतिक धर्म-मर्यादाक मात्र उद्देश्यसाधक छल जकर मुख्य कोनहु स्थितिमे वाधक नहि भए सकैत अछि।

गुरुदेवकेँ आब अवसर भेलैन्हि जे दीक्षित सिक्खलोकनिक चरित्रक पर्यालोचना कए सकथि। हुनका पूर्ण सन्तोष छलैन्हि जे युद्धमे ओलोकनि शूरता ओ धैर्यक चरम उत्कर्ष रखैत रहलाह ओ कठिनसँ कठिन परिस्थितिमे गुरुक प्रति भक्ति ओ धर्मक प्रति श्रद्धासँ किञ्चितो विचलित नहि होइत छलाह। हारिसँ ने ओलोकनि धैर्यच्युत होथि, जीतसँ ने ओलोकनि नम्रताच्युत होथि। गुरु आलमसिंहक दृष्टान्त देथि जे दीक्षा लेला उत्तर अपन जातिक गौरव त्यागि देल, अपन पूर्वजक व्यवसाय छाड़ि देल। ओ शस्त्र ग्रहण कएल जेना ओ सैनिकक कुलमे जन्म लेने होथि तथा अनेको युद्धमे अपन वीरताक प्रकर्ष प्रदर्शित कएल। गुरुक कथन छलैन्हि जे केओ सिक्ख जँ केश बढ़ाए लेथि मुदा दीक्षा नहि लेथि तँ हम सन्तुष्ट नहि होएब। जे सिक्ख श्मशान किंवा समाधि, फूसि देवता किंवा पीर जेना सरवर ओ गुग्गाक उपासना करैत छथि अथवा ज्योतिषी लोकनिक ओतए अपन भविष्य बुझए जाइत छथि ओ कहिओ पुण्य नहि पओताह। गुरुग्रन्थक प्रतिलिपि करबाक हेतु किंवा ओकर परायण करबाक हेतु दक्षिणाक रूपमे सिक्ख टाका लए सकैत छथि परन्तु पहिने ओ ताहिसँ दरिद्रकेँ भोजन कराबथु तखन अपने भोग करथु। एक सिक्खसँ दोसर सिक्ख शिक्षा ग्रहण करथु ओ एहिमे उच्च वा नीच, पैघ वा

छोटक विचार नहि करथु। अपनाकेँ जे सुच्चा सिक्ख बुझैत होथि से दीक्षा अवश्य लेथि ओ सत्कार्य करथि। एकटा कथा गुरुकेँ बड़ पसिन्द रहैन्हि जे ओ बारंबार कहल करथि—यावत् पर्यन्त सिक्खलोकनि क्रियामे ओ स्वरूपमे अपन वैशिष्टहय रखने रहताह हुनका लोकनिकेँ शक्ति ओ प्रभाव दूहू स्थिर रहतैन्हि।

विलासपुरक अजमेरचन्द सन्धिक प्रस्ताव करबाक हेतु ओतबे आतुर रहथि जतबा ओ शपथ-पूर्वक सन्धि कए ओकरा तोड़बाक हेतु अगुताएल रहथि। ओ गुरुक ओतए मित्रताक संवाद पठाओल जे हम गुरुसँ सन्धि करए चाहैत छी। गुरु स्वीकार कए लेल ओ आनन्दपुरमे हुनक एक प्रतिनिधिकेँ राखब गछि लेल मुदा जे राजदूत अएलाह ओ सद्भावना ओ मैत्रीक दूत भए नहि, गुप्तचर जकाँ रहए लगलाह। तैओ गुरु हुनका पर कृपा रखने रहलाह। अजमेरचन्दक देखाउसिमे आनो आनो पहाड़ी राजा लोकनि सन्धिक प्रस्ताव करए लगलाह। मण्डीक समीप खालसरमे वार्षिक मेला लगैक, गुरु सपरिवार गेल रहथि, ओहिठाम बहुत गोटे राजा हुनक दर्शन कएल, सब हुनक नम्रता ओ सद्भावनासँ मुग्ध भेलाह। सब हुनका विज्ञप्ति कएल जे हमरा लोकनिक पूर्वक अपराध क्षमा कए देल जाए, बिसरि गेल जाए। गुरुक मनमे द्वेषक भाव तँ छलैन्हि नहि, ओ लोकनि जे कहैत गेलथिन्ह सबकेँ विश्वास कए लेल। ओ सबकेँ अपन आवास पर बजाओल ओ सबहिक पूर्ण सत्कार कएल।

मुदा अपन स्वभावक अनुकूल अजमेरचन्दकेँ पहिले बेरि जे अवसर भेटलैन्हि जे गुरुकेँ पराभूत कए सकथि तकर लोभकेँ रोकि नहि सकलाह। दू जन मोगल सेनानायक सैयद बेग ओ आलिफ खां पाँच पाँच हजार सेनाक संग लाहोरसँ दिल्ली ओम्हरहि बाटेँ जाइत छलाह। अजमेरचन्द हुनका लोकनिकेँ कहल जे हम एक हजार टाका प्रतिदिनक हेतु देब अहाँलोकनि गुरु गोविन्दसिंह पर आक्रमण करिऔन्ह। ओ दूनू गोटे आनन्दपुर दिशि घुमलाह मुदा यावत् ओतए पहुँचथि तावत् सैयद वेन गुरुगोविन्दसिंहक नैष्ठिकताक समाचार सूनि ओहि अभियानसँ हँटि गेलाह। ओ पुनः अएलाह मुदा से गुरुक दिशिसँ लड़ए जखन युद्धक स्थिति संकटापन्न भए गेल छलैक। एहिसँ आलिफ खाँक जोश ठंडा पड़ि गेल ओ अपन सेना लए संघर्षसँ दूर भए गेलाह। सैयद बेग अपन शेष जीवन गुरुक सान्निध्यमे बिताओल। ओ बादशाहसँ फराक भए गेलाह, अपन सबटा धन सिक्खकेँ दए देल ओ मोगलक संग संघर्षमे ओ बरोबरि सिक्खक पक्षमे रहलाह।

अचिरहिँ आनन्दपुरकेँ दोसर आक्रमणक प्रतिरोध करए पड़ल। दश हजार सैन्य साजि अजमेरचन्द पुनः अएलाह। एहि बेरि ओ सब पर्वत-राज-लोकनिक सेनासँ बीछि बीछिकेँ सैन्य सजओने छलाह। आनन्दपुरमे रक्षाक हेतु आठ सएसँ बेसी सिक्ख नहि छलाह। ओ लोकनि देखलैन्हि जे एहना स्थितिमे सबसँ नीक इएह होएत जे सहसा बहराएकेँ चटपट प्रहार कए दी। एहिसँ सत्ये आक्रामक

दलमे गंडगोल मचि गेल। सबसँ पहिने अजमेरचन्द रणक्षेत्र छोड़ि पड़एलाह। आन आन राजा पड़ान रोकैक चेष्टा करए लगलाह ओ अपन अपन सेनाक पाछाँमे दृढ़ रहलाह। किछु काल तँ युद्ध घमासान भेल मुदा पहाडी सेनाकेँ हारए पड़लैक। एहि युद्धमे आलमसिंह ओ उदय सिंह वीरताक बड़ नाम कएलैन्हि। कवि सेनापति लिखने छथि जे "भगवानक लोक विजय पाओल, राजा लोकनि हारि मानल"।

आनन्दपुर पर सभक आँखि ताहि रूपेँ गड़ल छल जे एक गोट सेना पुनः एकरा अपन अधीन करए आएल। ई छल मोगल सेना, बादशाहक हुकुमसँ चलल, सैयदखाँक अधिनायकत्वमे। अधिकांश सिक्ख लोकनि बहुत दिन पर अपना अपना गाम गेल छलाह; केवल सए पाँचेक लोक गुरुक संग छल। तथापि ओ लोकनि झपटलाह, शूरता ओ दृढ़तासँ लड़ैत रहलाह। दू गोट सुच्चा मुसलमान मैमून खाँ ओ सैयदबेग गुरुक दिशिसँ लड़ैत छलाह। सैयदवेग एही युद्धमे जखन लड़ाइक वेग तीव्रतम छल अपन प्राण दए देल। अपन प्रसिद्ध हरिअर रंगक घोड़ा पर सवार गुरु गोविन्दसिंह प्रबल वेगसँ सेनाक बीच होइत जतए मोगल सेनाध्यक्ष सैयदखाँ छलाह ओतए पहुँचि गेलाह। सैयदखाँक बहिनि पीर बुद्धूशाहसँ विवाहिता छलीह ओ तेँ सैयदखाँ केँ गुरुक प्रसंग बहुत रास कथा सुनल छलैन्हि। गुरुकेँ ओ लगले चीन्हि गेलाह; हुनका हृदयसँ युद्धक सबटा भावना जेना बिलाए गेलैन्हि। ओ घोड़ा परसँ उतरि गेलाह ओ गुरुक रिकाबकेँ हाथसँ पकड़ि ओ गुरुक प्रति अपन श्रद्धा जनाओल। गुरुक संग युद्ध ओ नहि कए सकलाह; युद्ध बन्द भए गेल। वस्तुतः सैयदखाँक सैनिक जीवनक एहीठाम अन्त भए गेल। तहिआसँ जीवन भरि ओ भगवद्भजनमे लीन रहलाह।

होशिआरपुरक समीप वस्तीक एकटा ब्राह्मण एक दिन आनन्दपुर आएल, आक्रोश करैत जे हमरा स्त्रीकेँ पठान सब बलजोरी उठाएकेँ लए गेल अछि। ओ गुरुक समक्ष जाए बड़े करुण स्वरमे निवेदन कएलक जे हमर स्त्री घुड़बाए देल जाए। गुरु अपन पुत्र अजितसिंहकेँ एकसए घोड़सवार लएकेँ ओहि ब्राह्मणीक उद्धार करए पठाओल। अजितसिंह एहि भारकेँ पार लगएबामे अद्भुत तत्परता ओ स्फूर्ति देखाओल। शीघ्रतासँ जाए ओ पठान सबकेँ अपन गामहिमे अचक्कहिँ पकड़ि लेल ओ ब्राह्मणीकेँ जे बन्दी बनाए रखने छल से ओकरा छोड़ाए देल। ब्राह्मण अपन स्त्रीकेँ पाबि बड़े प्रसन्न भेलाह ओ किशोर अजितसिंहक प्रशंसा करैत अपन घर गेलाह।

1701 ई. सँ आनन्दपुर बराबरि आक्रमण ओ सीमोल्लंघनक विषय भेल छल। मुदा 1704क शीतकालमे मोगल शासकगण ओ पहाड़ी राजा लोकनि मीलिकेँ एक गोट सेना सज्जित कएल। सिक्ख लोकनि पर एतबहि दिनमे कतेक आक्रमण भेल छल परन्तु ई सेना पूर्वक सब सेनासँ विशाल छल ओ सिक्खक धर्मकेन्द्र आनन्दपुरकेँ एहन विकट परिस्थिति कहिओ नहि भेल छल। एहि बेरि अजमेरचन्द

स्वयं बादशाह औरंगजेब ओतए दक्षिण देश पहुँचल छलाह ओ गुरुगोविन्दसिंहक विरुद्ध सहायताक यायना कएने छलाह। बादशाहकेँ सब खबरि छलैन्हि ओ एहि खबरिसँ हुनका चिन्ता होइन्ह जे सिक्ख धर्म कोना बढ़ि रहल अछि तथा सिक्खक गुरुक प्रभाव कतेक उग्र भेल जाइत अछि। अतएव अजमेरचन्दक आतङ्क-जनक अरजी जखन हुनका समक्ष पेश भेल तँ ओकरा पढ़ि ओ बड़ बिगड़लाह तथा सरहिन्द ओ लाहोरक सूबेदारक नामसँ हुकुम पठाओल जे सिक्खक विरुद्ध सेना लए जाउ आ गुरुकेँ पकड़ि लाउ।

आनन्दपुरमे दीबालीक उत्सव छल। सर्वत्र आमोद-प्रमोद छल; सिक्ख लोकनि अपन पर्व मनबैत छलाह। बाहरसँ गुरुक अनुयायीगण बहुत अधिक संख्यामे आएल छलाह। जखन वार्ता भेल जे विशाल सेना बिरुद्धमे आबि रहल अछि, सभक जोश बढ़ि गेल ओ सभक एहि आशासँ हृदय आनन्दित छल जे गुरुक हेतु किछु कए देखएबाक अवसर होएत तथा यदि एहन भाग्य भेल तँ अपन प्राण उत्सर्गि वलिदानीक मुकुट सेहो पहिरब। बहुत गोटे घर आपस नहि गेलाह ओ भावी संघर्षक प्रतीक्षामे अँटकि गेलाह। पहाड़ी राजा लोकनिकेँ बहुत दिनसँ मनसुबा छलैन्हि जे एहने विशाल सेना संघटित करी; खुशी-खुशी अपन-अपन सेना लए मोगल सोनाक संग मीलि गेलाह। लाहोरक सुबादार रोपड़मे संग भेलाह। विशाल संयुक्त सेना सरहिन्दक सुबादार वजीरखाँक नायकत्वमे युद्धक हेतु उताहुल एवं प्रतिशोधक हेतु व्याकुल बढ़ैत आएल। सेनाक युद्धगर्जना समस्त घाटीमे बिजलीक कड़क जकाँ गुञ्जायमान होइत पर्वत श्रेणिअहुँकेँ जेना भयसँ कँपबैत छल।

सिक्खलोकनि अस्त्र-शस्त्रसँ सुसज्जित भए गेलाह; केओ निरस्त्र नहि रहल। जीवनोपयोगी आवश्यक वस्तु जमा कए लेल गेल। गुरु अत्यन्त उत्साहवर्धक शब्दमे अपन अनुचरकेँ उद्बोधित कएल ओ अपन रचित एक गोट चतुष्पद पढ़िकेँ सुनाओल—

धन्य थिक तनिक जीवन जगमे जे मुहसँ भगवानक नाम उचारैत छथि
ओ मनमे युद्ध विचारैत छथि;
देह अनित्य थिक, सब दिन नहि रहत—
एहि तनकेँ धैर्यक धाम बनाए
बुद्धि-सुदीपकसँ एहिमे इजोत करू।
ज्ञानक बाढ़नि हाथमे लएकेँ कातरताक मैलकेँ बढ़ारिकेँ फेकि दिअ ॥

सिक्खलोकनिक उत्साह अवर्णनीय छल। कतेको व्यक्ति गेरुआ रंगक वस्त्र धारण कए लेल जाहिसँ प्राण-उत्सर्ग करबाक संकल्प लोक लक्षित कए सकए। हुनका लोकनिक मुहमे इएह रहैन्हि जे—"चारि दिनक तँ ई जिन्दगी भेल तखन धर्मक हेतु बलिदान देबाक निर्मल यश यावत् भेटि सकए तावत् ओहि निमित्त आयास किएक नहि कएल जाए।"

शत्रुक सेना बढ़ैत अबैत छल। ओकर स्वागत गोलावाजीसँ कएल गेल, परिणाम भेल विध्वंस। एही मध्यमे घोड़सबार अत्यन्त वेगसँ चढ़ाइ कए देल ओ दीवालक पाँछाँसँ बन्दूकक गोली छूटए लागल। आक्रमणकारी दलकेँ एहन योजनाबद्ध तथा आक्रामक व्यापारक अंदाज नहि छलैन्हि। ओलोकनि घाटीमे नीचामे रहथि, ऊपरसँ गोलीक वर्षाक कोनो प्रतीकार नहि कए सकथि। फलतः हुनकालोकनिकेँ बड़ क्षति भेल। ताही मध्यमे दू सिक्ख सेनानायक उदयसिंह ओ दयासिंह अपन सहचरगणक संग शत्रुक दलमे पैसि तहसनहस करए लगलाह।

संयुक्तसेनाक नायकलोकनि सिक्खलोकनिक गति-विधिसँ विस्मित छलाह। ओलोकनि देखलैन्हि जे स्थिति सम्हारबाक एकेटा उपाय अछि जे गढ़ पर जाहिठाम सिक्खलोकनि डटल छथि ताहि पर चढ़ल जाए। अपन सब शक्ति लगाए ओ लोकनि बढ़लाह। लड़ाइक वेग तीव्रतर ओ भीषणतर भए गेल। तीन घंटा धरि घोड़ा ओ लोक परस्पर जूझल रहल, बताह जकाँ आँखि मूनि संहारकाजमे लागल रहल, एको क्षणक हेतु ककरहु विश्राम नहि छलैक। सूर्यास्तक काल जखन युद्धक विराम भेल तँ संयुक्त सैन्यमे नओ सए मुर्दा गनल गेल। मोगल सेनानायककेँ विश्वास नहि होइन्ह जे जकरा पहाड़ी राजालोकनि "क्षुद्र हँसेरी" कहने रहथि से एना शूरजकाँ व्यवस्थित रूपमे लड़ि सकत।

दोसरो दिन एहने घमासान युद्ध भेल। दूहू दिशि हताहतक संख्या ढेर छल मुदा तैओ लड़ाइ फड़िछाएल नहि। गढ़ पर कबजा करबाक हेतु जे आक्रमण हो सिक्खलोकनि रोकि लेथि। गुरु स्वयं अपन प्रिय घोड़ा पर सवार सब ठाम व्यस्त रहथि; तहिना हुनक पुत्र अजितसिंह जनिका मित्र ओ शत्रु सब वीरताक अवतार कहि प्रशंसा करए।

दिनान्तमे युद्धविरामक पश्चात् कतोक जन सिक्ख आबि गुरुक ओतए नालिस कएलैन्हि जे कन्हैआ नामक एकटा सिक्ख युद्क्षेत्रमे पीबाक हेतु जल तथा आन साहाय्य केवल आहत सिक्खहिकेँ नहि, शत्रुओकेँ देल करैत छल। गुरु कन्हैआकेँ पूछल जे की बात थिकैक। कन्हैआ कहल जे, "हँ मालिक! बात तँ बहुत दूर धरि सत्य थिकैक। युद्धक्षेत्रमे जकरा ककरहु पानिक खगता छलैक हम दैत छलिऐक। मुदा हम ओतए ने मेगल देखिऐक ने सिक्ख। हमरा तँ सबमे गुरुक मुह देखि पड़ए।" एहि उत्तरसँ गुरु अत्यन्त प्रसन्न भेलाह, कन्हैआकेँ आशीर्वाद देल ओ सब सिक्खकेँ कहल जे कन्हैआ हमर सेवाव्रतकेँ नीक जकाँ बूझि गेल।

सोझ सोझ आक्रमणसँ नगरकेँ परास्त कए सकब ताहिसँ निराश भए आक्रमणक दल योजना कएल जे नगरकेँ घेड़ि ली जाहिसँ बाहरसँ नगरमे वस्तुजात नहि पहुँचि सकए ओ अन्तमे सेना आत्मसमर्पणक हेतु बाध्य भए जाए। एहि योजनाकेँ पूर्णतासँ कार्यमे परिणत कएल गेल ओ नगरकेँ पूर्ण सावधानतासँ घेड़ि

लेल गेल जाहिसँ प्रत्येक अएबाक ओ जएबाक बाट रोकल भए जाए। सिक्खलोकनि सतर्क छलाह, सावधान छलाह ओ एहि मध्यमे किलाबन्दीक आवश्यक मरम्मति करए लगलाह। गुरु सेनाक नव संघटन कए ओकरा पाँच भागमे बाँटि लेल। पाँचसए सेनाक एकटा दल अपन पुत्र अजितसिंहक अधीन कए केशगढ़मे नियुक्त कएल; दोसर पाँचसएकेँ शेरसिंह ओ नाहरसिंहक अधीन लौहगढ़क रक्षाक भार देल; तेसर दल आलमसिंह ओ उदयसिंहक अधीन आगमपुरा ओ नगरक सीमा-प्रान्तक रक्षाक हेतु नियुक्त कएल; मोहकमसिंह, पंज प्यारेक अन्यतम, होलगढ़मे राखल गेलाह; अपने गुरु शेष सेनाक संग आनन्दगढ़मे रहलाह। सिक्खलोकनिकेँ सावधान कए देल गेल जे सब केओ किलाक पाछाँमे दृढ़ रहथि ओ सतर्क रहथि जे शत्रुदल अतर्कित चढ़ाइ ने कए देथि।

मोगल सेनापति घेड़ाकेँ आओर आगाँ कसैत गेलाह ओ एकर प्रभाव क्रमशः घेड़ल सेना पर पड़ए लागल। भीतरमे वस्तुजातक कमी होअए लागल; अन्न रुपैये सेर बिकाए लागल, आ सेहो दाम देलेँ भेटैक नहि। सिक्खलोकनि एहि हेतु शत्रुक खीमा पर चढ़ाइ कए कए लूटि करथि परन्तु सुरक्षाक विशेष प्रबन्ध भेला उत्तर सेहो कठिन होअए लागल। सब रातिकेँ अन्नक हेतु आक्रमण लोकक जानक दृष्टिसँ महग होअए लागल। जलक हेतु आनन्दपुरक लोककेँ एकगोट पहाड़ी नदीक अवलम्ब छलैक; ई कथा अजमेरचन्दक लोककेँ बुझल। ओ सब नदीक स्रोतकेँ दोसर दिशि घुमाए देलक। एहिसँ सिक्खलोकनिक परिस्थिति आओर विशेष संकटापन्न भए गेल। एक गोट कविक वर्णनमे अछि–"पानिक हेतु चारि गोटे जाथि; दू गोटे पानि लेथि तावत् दू गोटे प्राण हाथमे लए लड़ैत रहथि जे पानि लेल भए सकए।"

जँ जँ घेड़ाक दिन बढ़ल गेल, नगरक लोकक स्थिति कठिनतर होअए लागल। परिस्थिति से भए गेल जे लोककेँ गाछक छाल पीसि पीसि रोटी बनबए पड़ैक। सिक्खलोकनि पात खाए जीबथि अथवा गाछ पर जे भेटैन्हि ताही पर निर्वाह करथि। तथापि हुनकालोकनिक उत्साह भंग नहि भेलैन्हि। नगरक रक्षामे तथापि कोनो त्रुटि नहि भेल। मुदा प्रतिदिन स्थिति अधलाह दिशि होइत गेल ओ अनेको सिक्ख आबिकेँ गुरुकेँ विचार देल जे नगरकेँ छोड़ि चलल जाए। ओ एहि पक्षमे नहि छलाह तेँ एहि विचारकेँ ओ नहि मानल। कतोक सिक्खकेँ विश्वास उठए लगलैन्हि; ओ लोकनि आपस होएबाक आग्रह करए लगलाह। गुरु कहल जे यदि हमरा पर विश्वास नहि हो तँ जाए सकैत छी। किछु व्यक्ति गुरुकेँ त्यागैत छी एहि रूपक वक्तव्य लीखि फीरि गेलाह।

तावत् मोगल सेनापति, राजालोकनि तथा स्वयं बादशाहक ओतएसँ संवाद आएल जे जँ गुरु आनन्दपुर त्यागि देथि तँ घेड़ा उठाए लेल जाएत ओ सेना आपस बजाए लेल जाएत। ओ सब अपन अपन धर्मग्रन्थक शपथ खाए आश्वासन देल

जे नगर त्यागि जाइत काल ने गुरुकेँ ने हुनक कोनहु सिक्खकेँ कोनो अनिष्ट होएतैन्हि। गुरुदेव जनैत छलाह जे हुनकालोकनि जे कहैत छथि से करताह नहि, मुदा आनन्दपुरक वास्तविक रक्षा असम्भव सन भए गेल छल। खाद्य पदार्थ ओ अन्यान्य आवश्यक वस्तुक अत्यन्त अभाव छल तथा सिक्खलोकनिकेँ आवश्यक वस्तुक जे अभाव छल तथा ताहि द्वारेँ जे कष्ट छल से गुरुकेँ असह्य होअए। अतएव ओ निश्चय कएल जे आनन्दपुर खाली कए देबैन्हि। 1704 ई. क अन्तमे ओ आनन्दपुर त्यागि देल। सबसँ पहिने जे दल बहराएल ताहिमे हुनक माताजी छलथिन्ह, हुनक दुहू शिशु बालक छलथिन्ह, हुनक स्त्रीलोकनि छलथिन्ह तथा एहन लोक छल जे युद्धक हेतु अक्षम छलाह। अपने गुरु घोड़ा पर सवार होएबासँ पूर्व अपन पिताक पीठ-स्थानक दर्शन करए गेलाह ओ ओतए स्तुति कएल। ओहि स्थानक रक्षाक भार ओ गुरुवख्श नामक उदासी सम्प्रदायक एक जन सिक्खकेँ देल ओ स्वयं विदा भेलाह। दया सिंह, आलम सिंह, ओ उदय सिंह आगाँ आगाँ छलाह, दोसर दलक दीक्षित सिक्खलोकनि हुनक बामा दिशि छलथिन्ह। मोहकम सिंह दहिना भाग रहथिन्ह ओ हुनक दुनू जेठ बालक ओ हिम्मत सिंह पाछाँ पाछाँ जाइत छलाह। सए पाँचेक सिक्ख हिनकालोकनिक पाछाँ पाछाँ विदा भेलाह।

चमकौर ओ सरहिन्दमे आत्मवलि

आनन्दपुरक पर्वत पर ऊँच दीवाल रातुक अन्हारमे छाया जकाँ कारी भए रहल छल। अन्तिम बेरि ओहि दिशि अपन आँखि उठाए गुरु गोविन्दसिंह पंजाबक समतल भूमि पर विदा भेलाह। शैशवक बितला उत्तर जे हुनक तीस वर्षक जीवन छल तकर प्रायः तीसो वर्ष एतहि बिताए आइ जखन ओ एतएसँ विदा भेलाह तखन गृहत्यागक कातरताक व्यथा नहि भेलैन्हि से कोना कहल जाए सकैत अछि। अपन पिता तेग बहादुरक स्नेहपूर्ण संरक्षणतामे जीवनक सबसँ सुखद किशोरावस्थाक दिन ओ एतहि बितओने छलाह। एतहि ओ बढ़िकेँ गुरु नानकक सम्प्रदायक उत्तराधिकारीक भार उठओने छलाह। एतहि ओ अपनामे गाढ़ अनुरक्त समाजक आध्यात्मिक नेताक गौरवकेँ ग्रहण कएने छलाह। एतहि ओ कविता रचथि, एतहि ओ रहस्यक ध्यानमे डूबल घंटाक घंटा बैसल करथि, एतहि अपन सिक्खलोकनिक संग क्रीडा ओ प्रमोद करथि, एतहि पर्वत ओ उपत्यकाक स्वाच्छन्द्यक भोग करथि, एतहि सैनिक कुशलताक अभ्यास करथि, एतहि बड़ बड़ योद्धाक संग अपन शौर्यकेँ तौलथि। एही आनन्दपुरमे हुनक स्वप्न साकार भेल, कल्पना स्वरूपायित भेल, एतहि हुनक मानसिक उत्तेजनाक मूलस्रोत फूटल जकर प्रभासँ लोक ओ लोक नहि रहल तथा लोकक भाग्यचक्र पर्यन्त बदलि गेल। सम्प्रति ओ इतिहासक विचित्रतम भाग्यविपर्ययक चक्रमे पड़ि ओहि स्थानकेँ त्यागैत छलाह तथा के जानए पुनः देखबाक हुनका एहि जीवनमे अवसर नहि होइन्हि। मुदा हुनका विश्वास छलैन्हि जे इहो कोनो नियतिक विधान थिक, कोनहु उच्चतर उद्देश्यक पूर्त्ति दिशि लए जाए।

गुरुक दल बहुत दूर नहि गेल छल तावतहिँ ओएह लोकनि ओहि पर छुटलाह जे लोकनि वचन देने छलथिन्ह जे अहाँलोकनिकेँ निर्विघ्न जाए देल जाएत। आगाँमे अजितसिंह रहथि; ओ आक्रमणकारीकेँ रोकैत युद्धमे बाझि गेलाह। ई देखितहिँ उदयसिंह, विलक्षण शूर योद्धा, जे अनेको युद्धमे ख्याति पओने छलाह, गुरुक किशोर बालककेँ एहि भारसँ मुक्त कए देल, स्वयं शत्रुक दलसँ लड़ए लगलाह ओ ओतहि अपन प्राण दए देल। गुरु तावत् एक गोट छोट धारक कात पहुँचि गेल छलाह, सरसा-धारक कात, आ सरसामे जाड़क वर्षासँ बाढ़ि छलैक।

खेहारने अबैत शत्रुक दलक जोरसँ ओ लोकनि धार पार करए चाहल। ई अत्यन्त संकटक व्यापार सिद्ध भेल। भयंकर जाड़क रातिमे सत्यानाश भए गेल। सम्पूर्ण दल छित्तिर वित्तिर भए गेल। धारक वर्फसन सर्द पानिमे कतेको ठिठुरिकेँ रहि गेलाह। जे ओहि पार पहुँचलाह सब अस्तव्यस्त इहो नहि बूझि सकलाह जे कतए जाइ, कोमहर जाइ। गुरुदेवक माए माता गुजरी अपन दू अबोध पौत्र, जोरावर सिंह ओ फतेह सिंहक संग छलीह; अकस्मात् हुनका अपन परिवारक एक गोट पुरान चाकर गंगू भेटलैन्हि। ओ कहलकैन्हि जे चलैत चलू, हम सबकेँ अपना गाम लए चलैत छी। तहिना गुरुक एक गोट विश्वस्त सिक्ख, दिल्लीक वासी, गुरुक दूहू पत्नीकेँ सुरक्षित लए गेल। गुरुक अपना संग केवल चालीस गोट सिक्ख बचलथिन्ह जाहिमे हुनक दूहू जेठ बालक अजितसिंह ओ जुझारसिंह छलाह।

खेहारने जे सेनाक दल आबि रहल छल से तँ छले, दिल्लीसँ जे सेना मदतिक हेतु अबैत छल सेहो सब ओहि दलमे मीलि गेल; स्थानीय रंघाड़ ओ गुज्जर जातिक लोक जे गुरुकेँ परास्त करबाक कोनो अवसर हाथसँ जाए नहि दैत छल सेहो संग भए गेल। चारू दिशिसँ घेड़ल होइत होइत गुरु चमकौर नामक गाममे अपन एक सिक्खक घरमे जाए शरण लेल। ओकरे कच्चा घर हुनक गढ़ भेल। क्षीणतम जे हुनका सेना संग छलैन्हि तकरा बाँटि घरक चारू कात नियुक्त कए देल। आलमसिंह ओ मानसिंहकेँ पंहरा पर राखि ओ अपन दूनू बालक तथा दयासिंह ओ सन्तसिंहक संग ऊपर महल जाए स्थिर भेलाह।

मोगलक विशाल सेना तावत् आकाशमे उधिआइत पावसक कारी घटा जकाँ गामकेँ चारू दिशिसँ घेड़ि लेल। जँ जँ ओ सब समीप आबए लागल, एहि चालीस गोट वीर योद्धाकेँ ओहि विशाल सैन्यक संग गुरु-गम्भीर संग्राम होअए लागल जे सत्ये विशुद्ध वीरता ओ बलिदानक गाथा थिक। पाँच पाँच गोट सिक्ख एक बेरि बहराथि, किछु काल लड़थि, पुनः निश्चिते जे छलैन्हि वीर-गति से प्राप्त करथि। ककरो मुख मलिन नहि भेल; केओ पीठ नहि देखओलैन्हि। वस्तुतः सबकेँ परस्पर स्पर्धा रहैन्हि जे के पहिने लड़ए नहि, मरए जाइत अछि। सबसँ करुण छल ओ कतिपय क्षण जखन गुरुक दूहू बालक, सत्रह वर्षक अजितसिंह ओ चौदह वर्षक जुझारसिंह, एकक बाद दोसर अपन बापक अनुमति माङल जे गरुक सिक्खक हेतु जे एकमात्र मरणक प्रकार इष्ट ओ ईप्सित भए सकैत छल ताहि प्रकारेँ मृत्युकेँ माङए जाइ। गुरु सहर्ष अनुमति देल ओ अपना आँखिएँ दूनूक शौर्य ओ वीर-गति पाएब देखि अकालक स्तुति अत्यन्त विनीत भए कएल जे "अकाल जे प्रसन्न भए देने छलाह से आइ पुनः अपनामे लीन कए लेल"। अजितसिंहक संग एहि शूर-दलमे आलमसिंह छलाह जे कतेक युद्धमे वीरताक मुकुट पओने छलाह। चमकौरमे जे आत्मबलिदान कए अमर भेलाह ताहिमे पंज-प्यारेसँ मोहकम सिंह ओ हिम्मत सिंह छलाह। खालसाक संस्थापनक दिन दोसर दलमे

जे लोकनि गुरुक हाथसँ दीक्षा ग्रहण कएने छलाह से सब छलाह। प्रत्येक सिक्ख अपूर्व दृढ़तासँ लड़लाह, सब अपन प्राण महग देल। एक गोट कतेककेँ मृत्युक मुह देखाअेल। गुरु-पुत्रलोकनि तँ अद्भुत साहस ओ धैर्य देखाओल तथा युद्धमे रणप्रवीणक संकल्प ओ कौशल प्रदर्शित कएल, धराशायी होएबासँ पूर्व ओलोकनि शत्रुक दलकेँ थोड़ विध्वस्त नहि कएल। एकगोट कवि कहैत छथि—अजित सिंह कतेको पठानकेँ अपन भालासँ गाँथि देल ओ जखन हुनक भाला टूटि गेल तखन ओ अपन तरुआरिसँ सेहो ओहिना कटैत रहलाह। जुझार सिंह शत्रुक सेनाके ँ ओहिना चीरैत बढ़ि गेलाह जेना गोहि पानिकेँ चीरैत नदीमे बढ़ैत जाइत अछि।

एहन असम्भव छोट छोट सिक्खक टुकड़ीसँ अपन सैन्यकेँ एना तहस नहस होइत देखि लाहोरक सूवादारक धैर्य जाइत रहलैक। ओ प्रयास कएलक जे एकहि झोँकमे पूरा कवजा कए ली मुदा गुरु ओ हुनक संगीक तीर वर्षासँ परास्त भए ओकरा फीरि जाए पड़लैक। बादशाही सेनाक एकटा अधिकारी नाहर खाँ ओहि घरक देवाल पर चढ़ए लागल जाहिमे गुरु छलाह; गुरुक तीरसँ आहत भए ओ खसि पड़ल। सन्ध्या होइत होइत गुरुक संगमे पाँच जन मात्र सिक्ख रहलाह। ओहन विशाल ओ शूर सैन्यक इएह अवशेष रहल। एहना परिस्थितिमे कोनहु आशाक लेश पर्यन्त नहि देखि पाँचोजन संकल्प कए गुरुके ँ कहल जे अपने आब चमकौरसँ चल गेल जाओ। अपने यदि जीअब तँ खालसाक पुनः उत्थान भए सकत। गुरु दृढ़ छलाह जे किछु भए जाएत हम एहिठामसँ नहिं हटब परन्तु पाँच गोटेक निर्णय मान्य थिक आ गुरुके ँ अन्तमे से मानए पड़लैन्हि।

दू गोटे सन्तसिंह ओ संगतसिंह गछल जे हम एहि किलामे रहैत छी ओ तीनि गोटे दयासिंह, धरमसिंह ओ मानसिंह गुरुक संग जएबाक आयोजन करए लगलाह। ओहि किलाक फाटकसँ बाहर भए गुरु अपन तीरसँ शत्रुक मसालके ँ मिझाए देल। एहिसँ शत्रुदलमे हलचल भए गेल ओ एही मध्यमे गुरु ओहिठामसँ बिनु कोनहु उपद्रवक निकलि गेलाह। प्रातःकाल पुनः आक्रमण आरम्भ भेल। दूनू सिक्ख शरक वर्षासँ शत्रु-पक्षक संहार करैत रहलाह मुदा ओ घर कबजामे आबि गेल। मोगल सैन्यके ँ बड़ हर्ष छलैक जे आब गुरुके ँ पकड़ल। सन्तसिंहके ँ ओलोकनि गुरु बुझल। दूनू सिक्खक शिर काटि ओ सब विदा भेल जे ई बादशाहक ओतए उपहार पठाएब मुदा मोगल सेनापतिके ँ ई जानि परम हतोत्साह होअए पड़लैक जे एहि दूनूमे गुरु गोविन्दसिंह केओ नहि थिकाह।

चमकौरक लड़ाइ 1704 ई.क 22 दिसम्बरके ँ भेल। पश्चात गुरु गोविन्दसिंह जे एहि युद्धक प्रसङ्ग सम्राट् औरंगजेबके ँ फारसीमे पत्र लिखलथिन्ह ताहिमे ओ कहलथिन्ह—"बिनु अन्न-पानिक चालीस जन की कए सकैत अछि जखन एतेक विशाल सेना ओकरा पर अचक्कमे टूटि पड़तैक? शपथ-तोड़निहार सब तरुआरि, तीर ओ गोलीसँ सहसा आक्रमण कए देलक। हमरा बाध्य भए लड़ए पड़ल ओ

हम अपना भरि जी जानसँ लड़लहुँ। जखन कोनहु विषयक प्रतीकार सम्भव नहि रहैत छैक तखन तँ तरुआरिक शरण लेब धर्म थिक। कारी वेषमे अहाँक सेना मधुमाछीक हाँज जकाँ आएल ओ अचक्कहिमे भीषण गर्जन कए प्रहार आरम्भ कए देल। अहाँक प्रत्येक सिपाही, जे अपन सुरक्षाक पाँतीसँ बढ़ि हमर पाँती दिशि बढ़ल, शोणितक धारमे भसिआए गेल। जे केओ चढ़ाइ नहि कएलक तकर हम कोनो अनिष्ट नहि कएलिऐक। ख्वाजा अपने नुकएले रहलाह, पुरुष जकाँ बाहर नहि अएलाह। हुनक मुह यदि हमरा देखबामे अबैत तँ हुनकहु हमर तीर अवश्ये भेटितैन्हि। दूहू दिशि तीर आ गोलीसँ कतेक हताहत भेल। पृथिवी मधुरीफूल सन लाल भए गेल। मूड़ी ओ टाङ समस्त ढेर लागल छल जेना गेन्द ओ डंटा रहैक। शरक सनसनी ओ धनुषक टंकारक ध्वनि आकाश धरि पहुँचि गेल। शरक सनसनाहटिसँ बड़ बड़ धीरक हृदय काँपि गेलैन्हि। मुदा केहनो शूर रहथु चालीस गोटे असंख्य सेनाक समक्ष कतेक काल ठाढ़ रहि सकैत छथि? जखन दिनमणि अस्त भए गेलाह, रातुक रानी शृङ्गार कएने अइलीह, तखन जे भगवान् हमर रक्षक छथि हमरा बाट देखाए देल, जेम्हर होइत हम शत्रुक हाथसँ बँचि निकलि जाइ।"

चकमौरमे गुरु गोविन्दसिंह अपन दू गोट पुत्रकेँ धर्म ओ स्वतन्त्रताक वेदी पर बलि देल। एकहि दिन ई दूनू सुकुमार ओ भविष्णु वीर-पुत्र—एकहुक वयस बीस नहि छलैक—आगाँ पाछाँ बहराए शोणितक धारमे बहि गेल ओ किछु घंटाक आगाँ पाछाँ दूनू वीरगतिकेँ प्राप्त कएल, आ से अपना बापक आँखिक समक्ष, जनिक हृदयकेँ ई दूनू पुत्र अपन असम-साहसिकतासँ, जकर दृष्टान्त इतिहासमे भेटब दुर्लभ अछि, हर्ष ओ गौरवसँ पुलकित कए देल। एहिठामसँ अधिक दूर नहि, सरहिन्दमे एहि शोणित दिग्ध प्रातःकालक सप्ताहक मध्यहिँ हुनक आओर दूनू पुत्र जाहिमे एकहुक वयस दश नहि छलैक—ओहने धैर्य ओ दृढ़तासँ जल्लादक तरुआरिक धार सहल। आठ ओ छओ वर्षक निर्दोष शिशुक अभूतपूर्व बलिदान ओ सत्यनिष्ठाक ई गाथा ओहने हृदयविदारक अछि जेहने धर्म ओ नैतिकताक दृष्टिसँ ई श्रद्धेय अछि, चमत्कारक अछि।

सरसा धारक पार करबाक विपत्तिसँ उबरि माता गुजरी अपन दूनू पौत्रकेँ लेने जाहि विश्वास सँ गंगूक आश्रय लेल ताहि विश्वासक ओ घात कए बैसल। छलक स्वप्नो नहि छलैन्हि, माताजी आँखि मूनि ओकरा संग ओकर गाम सहेड़ी गेलीह। ओकरा ओहिठाम जे भोजनादिक व्यवस्था भए सकलैन्हि अथवा जे कोनो आतिथ्य ओ दए सकलैन्हि ताहिसँ ओ अत्यन्त सन्तुष्ट भेलीह। राति माताजी भूमि पर चटाइ बिछाए यात्रासँ परिश्रान्त-अपन दूनू पौत्रकेँ छातीसँ सटओने विश्राम कएल। वस्तु हुनका-संग आओर की रहितैन्हि, एकटा बटुआ छलैन्हि जाहिमे किछु टाका पैसा छलैन्हि। रातिमे गंगू ओकरा चोराएकेँ धए रखलक। प्रात जखन माताजी बुझलैन्हि जे बटुआ नहि अछि आ ओकर पुछारी करए लगलीह

तखन उनटले गंगू बिगड़बाक स्वांग कएलक ओ जोरसँ प्रतिवाद करैत कहलक जे ई तँ एक विद्रोही परिवारकेँ सहायता करबाक ओ आश्रय देबाक सुन्दर पुरस्कार भेटल!

जोर जोरसँ प्रतिवाद करैत ओ अपन सफाइ दैत गंगू गामक चौधरीक ओतए गेल ओ सूचना देलक जे गुरुगोविन्दसिंहक माए ओ दूटा बच्चा हमरा घरमे छथि। दूनू मीलि तखन बड़का अधिकारीक ओतए गेल, मोरिन्डाक रंघड़ राजाक ओहिठाम। ओकरा आशा छलैक जे एहन खबरि अनबाक हेतु नीक जकाँ पुरस्कार भेटत। एहन विशिष्ट जामिन एतेक सुलभ अछि तेँ रंघड़ राजा आनन्दसँ फूलि गेलाह। किछु सिपाहीकेँ संग लए ओ सहेड़ी गेलाह ओ गुरुक माताजी ओ बच्चाकेँ अपना हाथमे लए अनलैन्हि।

तीनू बंदी आब सरहिन्दक सूबादार वजीर खाँ, जे गुरुक विरुद्ध आक्रमणक सेनापति छलाह, तनिका दए देल गेल। सरहिन्दक किलाक गोपुरमे हुनकालोकनिकेँ राखल गेल। दोसर दिन 1704 ई.क 24 दिसम्बरकेँ गुरुक दूनू बालककेँ सूवादारक ओतए बजाओल गेल। बजबए गेलाह रंघड़। पितामहीक हेतु एहिसँ दुःखद दोसर कोन जाँच होइत! पलो भरिक हेतु ओ अपन बच्चा सबकेँ आँखिसँ फराक जाए नहि देखए चाहथि; से ओहि दूनू शिशुकेँ ओकरा हाथमे देब, ओकर कृपापर छोड़ि देब जे हुनक बापक, हुनक बापक जे किछु छलैन्हि तकर, नाश करबा पर लागल अछि बुझू जे हुनक हृदय बहार भए रहल छल। ओ अपन हीरा-मोतीकेँ कथमपि नहि छोड़ितथि मुदा दुनूमे जेठ जोरावरसिंह हुनका कहल—बुझाओल, जे जाए दिअ। ओ अपन पितामहीकेँ बुझाओल जे एतएसँ उद्धार तँ अछि नहि। तखन तँ हम दूनू भाइ जाइ आ सूवाक भेँट करिऐन्हि। पितामही दूनूकेँ चूमि, कँपैत हाथसँ दूनूक माथ हसोथि, कतेक आशीर्वाद देल, रक्षाक मन्त्र पढ़ल। तखन दूनू भाइ रंघड़क संग विदा भेलाह।

सूवादारक दरवार पहुँचैत देरी दूनू भाइ एक स्वरसँ सिक्ख लोकनिक अभिवादक वाक्य खूब उच्च स्वरमे बाजि उठल—वाहि गुरुजी का खालसा, वाहि गुरुजी की फतेह। ई सदर्प उद्घोष ओ दूहूक सप्रतिभ मुखाकृतिसँ सब विस्मित भए गेल। सुच्चानन्द नामक सूबादारक एक सचिव ओतएक निस्तब्धताकेँ तोड़ल; ओ दूनू शिशुकेँ कहल—"अहाँक बाप, अहाँक दूनू जेठ भाइ, हुनक सब संगी साथी चमकौरमे मारल गेलाह। अहाँ दूनू भाइक उद्धारक एकेटा उपाय अछि जे अहाँ दूनू गोटए सूबादारक आगाँ माथ झुकाबी आ इस्लाम धर्म ग्रहण करी।"

जोरावरसिंह मृदु स्वरमे किन्तु दृढ़तासँ उत्तर देल—"हमरालोकनिकेँ शिक्षा भेटल अछि जे माथ झुकाबी ईश्वरक आगाँ ओ गुरुक आगाँ, आन ककरो आगाँ नहि। तखन इस्लाम ग्रहण करबाक प्रसङ्ग—से हमरालोकनिक नाड़ीमे गुरु हरगोविन्द, गुरु तेगबहादुर आ गुरु गोविन्दसिंहक शोणित अछि। केओ हमरालोकनिकेँ अपन

पूर्व पुरुषक धर्मसँ विचलित नहि कए सकैत अछि।"

एहन सदर्प उत्तर सूनि सब प्रभावित भेल, विशेषतः सूबादार वजीर खाँ प्रभावित भेलाह। ओ विचारल जे एहन शूर ओ सप्रतिभ नेना इस्लामक शोभा बढ़ाओत। ओ स्वयं दुहू नेनाकेँ कहए लगलाह–"हम अहाँलोकनिक प्राण बचाए लेब, अहाँलोकनिकेँ राज्य देब, अहाँलोकनिक विवाह देशक विख्यात उमरावक कन्यासँ कराए देब।" जोरावरसिंह अपन छोट भाइक मुह दिशि ताकल ओ छोट भाइक आँखिमे समर्थन ओ दृढ़ताक निश्चय देखि ओ अवहेलाक स्वरमे कहल–"हमरा ने राज्य चाही, ने पदवी। हमरालोकनि प्राण देब मुदा धर्म नहि देब। अहाँ किछु गछब तैओ हमरा लोभाए नहि सकब। ई सांसारिक अधिकार अनित्य थिक। तुरुकक अत्याचार ओकर नाशक कारण सिद्ध होएत।"

वजीर खाँ हुकुम देल जे दूनू वंदीकेँ कारागर लए गेल जाए ओ प्रातःकाल पुनः हाजिर कएल जाए। तावत् लोक सब नियुक्त भेल जे जाए हुनका परताराए आ डेराबए जे ओ वात मानि लेथि। मुदा ओ दुनू अटल रहल, कनेको नहि हिलल-डोलल। दोसर दिन जखन ओ दरबार आएल तँ ओहिना मर्यादापूर्वक दृढ़तासँ अपना बात पर डटल रहल जेना पहिल बेरि जखन आनल गेल छल तखन छल। सूवादार आब क्रोधसँ थरथर कँपैत ओकरा कठिनसँ कठिन दण्ड देअए चाहल। मलेर-कोटलाक नवाव शेर मोहम्मद ओतए छलाह। ओ दूहू नेनाक पक्षमे कहल जे "दूनू नेना एखन अबोध अछि। ततेक कम वयसक अछि ओ निर्दोष अछि जे कानूनन ओकरा दण्ड नहि देल जाए सकैत अछि। ओकर बाप जे कएलकैक तकर दोषक भागी ओ कदापि नहि भए सकैत अछि तेँ एकरा दूनूकेँ छोड़ि देल जाइक।" मुदा दोसर ओजीर हुनक विरोध कएल ओ कहल जे "ई दूनू नेना अछि अवश्य मुदा थिक तँ गुरु गोविन्द सिंहक बेटा ओ चेतन भेला पर बाप जे विरोध बेसाहलकैक अछि तकरहि बढ़ाओत।" तखन कादीक विचारसँ वजीर खाँ हुकुम देलक जे जोरावरसिंह ओ फतेह सिंहकेँ देबालमे ईंटासँ गाँथि देल जाए। देबाल जखन भरि छाती ऊँच भेलैक तखन हुनका दूनूकेँ कहल गेल जे एखनहु यदि ओ अपन धर्म छोड़ि देथि तँ प्राण बँचि सकैत छैन्हि मुदा दूनू नेना कथी लए टसमँ मस होएत! देबाल तँ तोड़ि देल गेल आ ओ दूनू ओतएसँ हटाए लेल गेलाह मुदा तावत् दूनू अचेष्ट भए गेल छलाह। ओही स्थितिमे दूनूकेँ कारागार आनल गेल। ओतए किछु कालक आद हुनका होस भेल।

27 दिसम्बरक प्रातःकाल पुनः ओ दूनू तेसर बेरि दरवार आनल गेलाह। पुनः दूनूकेँ ओएह विकल्प आगाँमे राखि देल गेलैन्हि। ओ दूनू धर्मत्याग स्वीकार नहि कएल ताहि पर वयसक क्रमसँ गिलजइ जल्लादक हाथेँ दूनूकेँ कत्ल कए देल गेल।

टोडरमल नामक एक धनी सिक्ख ई सूनि जे गुरु गोविन्दसिंहक दूनू

अवोध बालक बंदी छथि सरहिन्द दौड़लाह जे जे टाका लागत से दए दूनूकेँ छोड़ाए लेब। मुदा ओ बड़ विलम्बकेँ पहुँचलाह। ओतए जे भेल छलैक से वार्त्ता लए ओ माता गुजरीक समक्ष जाए हुनका वज्रसन ई समाचार कहल। ई तीन दिन माताजीक क्षोभ ओ सन्तापक अन्त नहि छल। अपन अबोध पौत्र दूनूक चिन्तासँ ओ रक्षाक हेतु भगवानक नाम जपैत छलीह। एना दूनूक वध कएल गेल से सूनि जे आघात हुनका भेल से एहि वृद्ध वयसमे प्राणान्तिक सिद्ध भेल। ओ मूर्च्छित भए खसि पड़लीह ओ पुनः हुनका संज्ञा नहि भेल।

सम्राट्कें शास्ति

अनुरक्त सिक्खलोकनिक संग दू गोट जेठ पुत्र चमकौरक युद्धमे वीर-गतिकें प्राप्त कएल, स्वयं अन्हार रातिमे ओहू तीनू भक्त अनुचरसँ बिछुड़ि गेलाह जनिक संग ओ चुपचाप निकलि चलल छलाह; गुरु गोविन्दसिंह श्रान्तिक पथ पर एकाकी चल जाइत रहलाह; अपन दूनू अबोध बालककें कोन दौर्भाग्यक अभिशाप भावी छैक तकर हुनका कनेको आभासो नहि छल। स्थिति एकाएक जेना उनटि गेल। आबसँ गुरुक पर्यटनमे नाटकीयताक सबटा लक्षण छल—कनिए कनिए लए बाँचि जाएब, ईश्वरीय प्रेरणासँ ठीक मार्मिक क्षणमे अप्रत्याशित घटनाक घटित होएब, जनिकासँ आशा कएल जाए सकैत छल जे सहायता करताह बादशाहक प्रतिशोधक भयसँ तनिके विमुख होएब। जे राजा जकाँ दरवार करैत छलाह, सहस्रो हृदय पर आधिपत्य करैत छलाह, सेना पर हूकूमति करैत छलाह, सएह आइ खाली पाएरें एकाकी पथचारी भेल छलाह; ने हुनका भोजनक ठेकान, ने कतहु आश्रय, ने केओ सहचर। जंगलें जंगलें घुमैत हुनका पाएरमे फोका भए गेल जाहिसँ शोणित बहए; गाछक फल वा पात छोड़ि हुनका भोजनक हेतु आओर किछु नहि भेटए; जखन बड़ प्यास लगैन्हि तँ जंगली आकक दूध चाटि ओ अपन तृष्णा मिझाबथि। तथापि ओ एहनो अवस्थामे भगवद्भजन नहि छोड़ल, करितहिँ रहलाह। अपन जीवन-व्रतमे हुनका अटल विश्वास बनल रहल, हुनक आत्मा किञ्चितो पराभूत नहि भेल। ओहि तीव्र शीतकालक रातिकें माछीवाराक निर्जन वनमे आकाशक तर भूमि पर पड़ल पड़ल, सम्पूर्ण शरीर अभाव ओ श्रान्तिसँ शिथिल, गुरुगोविन्द सिंह भगवानक भजन बनाओल,

हे प्रिय सखा, प्रिय भगवन्

अहाँ विनु कोमल शय्या केवल तीव्र यन्त्रणा थिक;
अहाँ विनु प्रासादमे रहब सापक बीच रहब थिक;
अहाँ विनु सुराही थिक शूल, प्याला थिक खञ्जर;
अहाँ विनु ई सब किछु कसाइक छूरी सन तेज थिक;
भगवानक संग विपत्तिमे वास नीक थिक, कतेक नीक;
विनु भगवानक प्रासादक विलास नीक नहि थिक!

चमकौरसँ विदा होएबासँ पूर्वहि ँ ई लोकनि आकाशमे ताराक अवस्थितिक अनुसार अपन भ्रमणक दिशा-आदिक स्थिरता कए लेने रहथि मुदा तीनू जन सिक्ख भोतिआए गेलाह। ओ लोकनि गुरुकेँ तकबाक पाछाँ बताह रहथि। तावत् ओ लोकनि देखैत छथि जे फेकल एकटा माटिक वर्तन पर माथ रखने गुरु सूतल छथि। गुरु भेटि गेलथिन्हि तकर ततेक हर्ष ने हुनका तीनू गोटाकेँ भेलैन्हि जे ओ लोकनि बड़ जोरसँ जयजयकार कए उठलाह, पलायनक स्थितिमे सतर्कताक सीमासँ अधिक जोरसँ। वस्तुतः ओहिठामसँ अधिक दूर पर नहि, सम्राट्क सेनाक एक दल गुरुक ताकमे बौआइत छलाह। सिक्खलोकनिककेँ से बुझल छलैन्हि ओ तेँ ओलोकनि गुरुकेँ कहल जे हमरालोकनि एहिठामसँ तुरन्त चलि दी। अपन भ्रमणमे पूर्वक दिन ओ लोकनि एकटा फुलबाड़ी देखने रहथि जकर मध्यमे एकटा कूप छलैक। पाएरमे घाओ छलैन्हि तथा नीक जकाँ सूतल नहि छलाह तैओ गुरुकेँ ओलोकनि ओहि दिशि लए बिदा भेलाह। कूप पर पहुँचि गुरु स्नान कएल, कतेक दिन पर स्नान कएने छलाह। ओहि फुलबाड़ीक मालिकक नाम छलैक गुलाब; ओ सिक्ख छल ओ आनन्दपुरमे गुरुक दर्शन कएने छल, अपन सौभाग्य पर ओ अपनाकेँ धन्य बुझलक। ओ एकटा बड़कीटा बासनमे दूध अनलक। गुरु ओ सिक्खलोकनि दूध पीअल। तदुत्तर ओ लोकनि किछु विश्राम करए लगलाह तथा गुलाब अपन भाइक संग ओतए हुनक एतेक आपदक बीच मे भेटल विश्रामक पहरा करैत रहल। दिनान्त होइत छलैक; गुलाब हुनकालोकनिकेँ अपना घर पर लए गेल ओ घरमे जे दोसर महल हालहिमे जोड़ने छल ताहि पर हिनकालोकनिकेँ डेरा देल।

गुलाब पूर्ण सचेष्ट छल जे गुरु ओकरा घरमे छथिन्ह से बात प्रकाश नहि हो, तैओ लोककेँ बुझबामे भाङठ नहि रहलैक जे अतिथि के थिकाह। तेँ गुलाबकेँ अपनो सुरक्षा विषयक शंका ओआए लगलैकक। ओ अवसर तकैत छल जे कोनाकेँ गुरुकेँ कहिऐन्हि जे अन्यत्र गेल जाओ। मुदा ताबत गुरु स्वयं ई प्रस्ताव कएलैन्हि। एहि मध्य दू गोट मुसलमान गनी खाँ ओ नवी खाँकेँ खबरि भेलैक जे मोगल सेना गुरुकेँ पछुअओने फिरैत अछि। ओ दुनू आबि गुरुकेँ अपन सेवा अर्पित कएलक। ओ दूनू गुरुक दरबारमे आनन्दपुरमे रहल; घोड़ाक व्यापार करए ओ बहुत रास नीक नीक घोड़ा गुरुक हाथेँ बेचने रहए। गुलाबक पड़ोसक रहनिहारि एक सिक्ख महिला कतेक माससँ सूत कटैत छलि, आ सूतक कपड़ा बुनबओने छलि जे कदाच गाममे गुरुक पदार्पण होएत, हुनक दर्शन भेल, तँ ई हुनका समर्पण करब। ओ महिला एतेक दिनक जोगाओल एकटा चद्दरि जोकर कपड़ा गुरुकेँ समर्पण कएल। गनी खाँ ओ नवी खाँक विचारसँ ओ कपड़ा नील रंगमे रङाओल गेल ओ मुसलमान फकीर जाहि रूपक पोशाक पहिरैत छथि तेहन पोशाक बनबबाओल गेल। ओ पोशाक पहिरि सब गुलावक गामसँ विदा

भेल। गुरु पालकी पर छलाह। आगाँ ओकरा गनी खाँ ओ नबी खाँ उठओलैन्हि, पाछाँ मानसिंह ओ धरम सिंह। दया सिंह बड़े श्रद्धासँ चओर डोलबैत चललाह। पालकी मध्यक व्यक्ति "उच का पीर" कहल जाथि जकर दू गोट अर्थ—एक ई जे उच्च प्रतिष्ठाक पीर अर्थात् साधु जे गुरु छलाहे; दोसर ई जे उच नामक एकटा नगर दक्षिण पंजावमे छल जकरा मुसलमान बड़ पवित्र मानथि ततएक पीर, जाहिसँ ककरहु अन्यथा सन्देह नहि हो।

लल्ल नामक गामक लगमे हिनकालोकनिकेँ मोगल सेनाक एकटा दलसँ भेँट भए गेल। ओलोकनि गुरुक खोजमे रहथि। दलक मुखिआकेँ सन्देह भए गेलैक; ओ रक्षकदलकेँ जिरह करए लागल। अन्तमे गामक कादी पीर मोहम्मदकेँ बजबाओल गेल जे ओ एहि रहस्यक जाँच करथि। कादी गुरुक पुरान शिक्षक छलाह; आनन्दपुरमे ओ हुनका फारसी ओ अरबीक शिक्षा देने छलथिन्ह। ओ ईश्वर-भीरु मुसलमान छलाह; हुनक ई इच्छा नहि छलैन्हि जे गुरु ओहि शासकगणक हाथमे पड़थि जे हुनक शोणितक एतेक प्यासल छलाह। ओ सिपाही सबहिक गंजन कएल जे पीरक यात्रामे विघ्न उपस्थित कएलक ओ सेनानायककेँ कहल जे पीरकेँ बिना रोकटोक जाए देल जाइन्ह। सेनानायक बात मानि गेल ओ "पीर"क बारंबार क्षमायाचना करए लागल।

एहि रूपेँ चलैत गुरु हेहर नामक गाम पहुँचलाह। ओतए कृपाल दास नामक उदासी महन्थ रहैत छलाह। भंगाणीक युद्धमे ओ अपन बहादुरी देखओने रहथि। गुरुक ओ गुरुक सहचरक ओ स्वागत कएल। ओहिठाम गुरु गनी खाँक निःस्वार्थ ओ कठिन सेवाक पुरस्कार स्वरूप सोनाक एक जोड़ा कड़ा ओ एक गोट हुकुमनामा अर्थात् पत्र देल जाहिमे सब नैष्ठिक सिक्खसँ अनुरोध छलैन्हि जे ओलोकनि एहि दूनू जनक श्रद्धा ओ आदर करथि। ई लेख एखन धरि हुनकालोकनिक वंशजक जिम्मामे छैन्हि ओ सिक्खलोकनिकेँ बड़ लालसा रहैत छैन्हि जे ओहि पत्रकेँ देखी तथा ओहि परिवारक जे ऋण सिक्खसमाज पर छैन्हि तदर्थ कृतज्ञता प्रकाश करी। एतए गनीखाँ ओ नवीखाँ उदास भए अनिच्छासँ गुरुसँ विदा लेल।

महंथक आरामक जीवन बितबैत कृपालदासक पहिलुका उत्साह ठंढा भए गेल छल। अधिकारीकेँ पता लागि गेलैक जे हम एक निर्वासित व्यक्तिकेँ आश्रय देने छिऐक, ई सोचि ओ त्रस्त छलाह। गुरुकेँ बुझबाक योग्य भए गेलैन्हि जे महन्थ असमंजसमे छथि अतएव ओ हेहरसँ विदा भए गेलाह ओ जट्टपुरा पहुँचलाह जतए रायकोटक मुसलमान चौधरी रायकल्हा यथार्थ उत्साह ओ सम्मानसँ हुनक स्वागत कएलकैन्हि। गुरु गोविन्दसिंहक सत्कार कए सकलहुँ एकरा ओ अपन सौभाग्य मानल। ओ अपन एक अनुचर माहीकेँ गुरु गोविन्दसिंहक माए ओ दूनू बच्चाक वार्त्ता बुझए सरहिन्द पठाओल, कारण, प्रवाद सर्वत्र पसरि गेल छलैक जे ओलोकनि सुवादारक हाथमे वंदी छथि। माहीकेँ जे समाचार सरहिन्दमे बुझबाक

योग्य भेलैक से ओ ने गुरुकेँ कहि सकए ने राय कल्हाकेँ, बड़े त्रासद ओ हृदयद्रावक ओ समाचार छल। जखन आग्रह भेलैक जे ओ जे सुनलक से कहओ, तँ ओ कानए लागल ओ जे दुःखद घटना सरहिन्दमे भेल छलैक तकरा शोकपुरस्सर कहि गेल। गुरु गोविन्दसिंह सबटा समाचार पूर्ण शान्त भए सुनल परन्तु राय कल्हाकेँ धैर्य नहि रहलैन्हि, ओ अपन भावतरङ्गकेँ रोकि नहि सकलाह, करुण विलाप करए लगलाह ओ अत्याचारी शासककेँ शाप देअए लगलाह। गुरुगोविन्दसिंह तत्क्षण विनीत भए ईश्वरक ध्यान ओ वन्दना कएल जे अकालक देल जे छलैन्हि से ओ अकालकेँ सुनझाए दए सकलाह ओ राय कल्हाकेँ सान्त्वना देल जे अकालक इच्छा सर्वमान्य थिक ओ तेँ शोक करबाक कोनो काज नहि। मलेर-कोटलाक नवाव जे दया कए एहि मध्य पड़ल छलाह तदर्थ गुरु हुनका ओ हुनक सन्तानकेँ असंख्य आशीर्वाद देल। आतिथ्यक हेतु गुरु राय कल्हाकेँ आशीर्वाद देल ओ विदा होएबासँ पूर्व एकटा तरुआरि उपहार देल। रायक समस्त परिवार एहि तरुआरिकेँ अभ्युदयक रक्षक मानलक। अपने राय कल्हा एहि तरुआरिकेँ बन्धुत्वक स्मृतिचिह्न जकाँ सम्मान करैत रहलाह; तहिना हुनक पुत्र सेहो करैत रहलाह। हुनक पौत्र एहि लए शिकार खेलाए गेलाह। एकटा हरिनकेँ मारबाक यत्न करबाक काल ओ तरुआरि हुनका लागि गेल। ओही घाओसँ ओ मरि गेलाह। अङरेजक जमानामे ओहि परिवारक एक सदस्य लुधिआनाक डिप्टीकमिशनरकेँ ओ तरुआरि उपहार दए देल। ओ ओकरा विलायत पठाए देल। सम्प्रति ओ वृटिश म्यूजिमयमे सुरक्षित अछि।

तदुत्तर गुरु नाभाक जे राज्य छल ताहिमे दीना नामक गाममे जाए रहलाह। एहिठाम ओ बहुत दिन धरि रहलाह, ततबा दिन जे हुनक भक्त सिक्खलोकनिक दल पुनः ओतए एकत्र होअए लागल। एकर जड़ि भेलाह तीन भाइ—शमीर, लखमीर ओ तख्तमल—ओही गामक वासी। गुरु बारंबार हुनकालोकनिकेँ सतर्क करैत रहथिन्ह जे हमरा संग रहबामे बड़ आपद अछि मुदा ओ तीनू बड़े तत्परतासँ, बड़े उत्साहसँ, हुनक सेवामे संलग्न रहलाह। ई लोकनि जोधरायक पौत्र छलाह जे जोधराय गुरु हरगोविन्द सिंहकेँ मोगलक संग युद्धमे सहायक छलथिन्ह।

दीनामे गुरु छथि ई समाचार जँ जँ सिक्खलोकनिकेँ पहुँचए लगलैन्हि ओलोकनि एकसर ओ दल बान्हि हुनका ओतए आबए लगलाह। ओहिमे कतोक तँ पुनि घुड़िकेँ आपस नहि गेलाह ओ अज्ञात भविष्य अपना गर्भमे जे कोनो संकटक स्थिति रखने हो सबमे गुरुक संग पुरबाक संकल्पसँ रहिए गेलाह। सबसँ विशेष प्रसन्न भेलाह गुरुदेव ओहिदिन जखन भाइ रूपाक सन्तान परम सिंह ओ धरम सिंह ओतए पहुँचलाह। भाइ रूपाकेँ गुरु हरगोविन्दक आशीर्वाद प्राप्त भेल छलैन्हि जे हुनका वंशमे सिक्खधर्म सबदिन प्रतिष्ठित रहत। ओलोकनि गुरुक हेतु एकटा घोड़ा ओ एकटा पोशाक उपहार लेने आएल रहथि। गुरु हृदयसँ हुनक

स्वागत कएल, प्रसन्न भए उपहार स्वीकार कएल ओ अपन प्रसाद कहि शमीरकेँ दए देल। परम सिंह ओ धरम सिंहक सन्तान बागड़ियाँक भाइलोकनि तहिआसँ पुश्ति दर पुश्ति एकगोट महोच्च प्रतिष्ठित सिक्ख परिवार रहैत आएल छथि जाहिमे सिक्खधर्मक ज्ञान ओ नैष्ठिकताक परम्परा अक्षुण्ण अछि। पटिआला, फरीदकोट, नाभा, झिन्द, कपूरथला ओ कलसिआक सिक्ख राजकुल बागड़ियाँ परिवारक मुख्यकेँ विशेष श्रद्धासँ सम्मान करैत छथिन्ह ओ धार्मिक किंवा लौकिक कोनो उत्सव होउक, हुनकहि आमन्त्रित कए ओकर अध्यक्षता प्रदान करैत छथिन्ह।

दीनामे गुरु गोविन्द सिंहकेँ औरंगजेबक ओहिठामसँ एकगोट मिलानक अनुकूल पत्र आएल जाहिमे बादशाह हुनका दशिणदेशमे, जतए ओ कतोक वर्षसँ रहैत छलाह, भेँट करबाक निमन्त्रण देने छलथिन्ह। ई पत्र गुरुक ओहि पत्रक उत्तरमे आएल छल जे चमकौरक युद्धक पश्चात् गुरु हुनका लिखने छलथिन्ह। एहि पत्रक एकगोट अंशमात्र हालहिमे उपलब्ध भेल अछि। बादशाहक पत्रक उत्तरमे गुरु जे पत्र हुनका दीनासँ लिखलथिन्ह से धरि सम्पूर्ण दशम ग्रन्थमे समाविष्ट सुरक्षित अछि। ओजस्वी ओ विशुद्ध फारसीमे ई लिखल अछि मुदा स्वरमे तथा शैलीमे ओ पूर्वक पत्रक सदृश अछि। गुरु एकरा जफरनामा कहल अर्थात् विजयक पत्र ओ दया सिंह ओ धरम सिंहकेँ ओ लए सुदूर दक्षिणक यात्रा पर पठाओल जे ओ दुहू गोटे ई पत्र स्वयं वादशाहमे दाखिल करथि।

जे कथा एकर नामहुसँ स्पष्ट अछि, एहि पत्रकेँ काव्य कहब विशेष उपयुक्त होएत, एक सए एगारह पदक बेश पैघ काव्य। एकर रचना अत्यन्त उदात्त भावना ओ धार्मिक आवेगमे भेल अछि। एहिसँ गुरु गोविन्दसिंहक साहस ओ धैर्य, विश्वास ओ उदात्त नैतिक आदर्श परिलक्षित होइत अछि। एकर मौलिक प्रतिपाद्य विषय थिक सदसद्विवेकक महत्त्व-प्रतिपादन; गुरु गोविन्दसिंहक विचारेँ सार्वजनिक राजनीतिक विषय हो अथवा व्यक्तिक आचरण, विवेकक स्थान सर्वोपरि थिक। ई अनीति ओ क्रूरताक निन्दा करैत अछि, सत्य ओ नैतिक दृष्टिसँ शुद्धक प्रशंसा करैत अछि। विषय ओ पराजय—एकर निर्धारण होएबाक चाही सदसद्क अन्तिम आदर्शसँ, तात्कालिक भौतिक उपकारिता, प्रभुत्व अथवा उन्नतिसँ नहि। एहि पत्रमे औरङ्गजेवक नीतिक घोर निन्दा अछि, बारंबार हुनक विश्वास-घातक हेतु गञ्जन अछि, शास्ति अछि जे वादशाहक अधिकारि-वर्ग ओ स्वयं बादशाह शपथपूर्वक आश्वासन देल जे आनन्दपुर त्यागि चल जएबामे सिक्खलोकनिकेँ कोनो आपद नहि होएतैन्हि मुदा मोगलसेना हुनकालोकनि पर एहि रूपे आक्रमण कएलक। स्पष्ट ओ सन्देहरहित शब्दमे जफरनामा वादशाह ओ हुनक नीतिक भर्त्सना करैत अछि ओ ताहि दृष्टिसँ जफरनामा कूट राजनीति विषय पर इतिहासमे जे कोनो प्रबन्ध ज्ञात अछि सबसँ प्रत्यक्ष, सबसँ सोझ, कहल जाए सकैत अछि। एहिमे पूर्ण सशक्त शब्दमे प्रतिपादित अछि जे राजनीतिक व्यवहारमे सेहो नैतिकताकेँ ओएह

प्रभुसत्ता चाही जे ओकरा लोकक जीवन-व्यवहारमे छैक ओ तेँ साधनकेँ सेहो सएह प्रमुखता चाही जे लक्ष्यकेँ छैक। सत्याचरण जेहने सामान्य नागरिकक धर्म थिकैक तहिना ओ शाहंशाहहुक धर्म थिंक।

पत्रमे ईश्वरक वन्दना अछि—ईश्वर जनिका गुरु गोविन्दसिंह कहैत छथि शाश्वत, दयालु, दाता, पापहर्त्ता, राजाधिराज, दीनदयालु, धर्मरक्षक, वाणीक प्रभव, ज्ञानक सागर। बादशाहकेँ सम्बोधन कए गुरु कहैत छथि—"अहाँक शपथमे हमरा विश्वास नहि अछि, ओहि शपथमे अहाँ एक ईश्वर, अल्लाहकेँ साक्षी राखि लेल अछि। अहाँक शपथमे जे विश्वास करत से नष्ट भेल अछि।...अहाँ ने अल्लाहकेँ जनैत छिऐन्हि ने अहाँ मोहम्मदकेँ मानैत छिऐन्हि।...जकरा अपन धर्म पर श्रद्धारहतैक से अपन वचनसँ एना नहि हटत।...आइ यदि मोहम्मद साहेब एहि पृथिवी पर रहितथि तँ अहाँक विश्वासघातक वृत्तान्त हुनका हम कृत्रिम कए जाए सुनबितिऐन्हि।...मनुष्यकेँ अपन वचनक निष्ठा होएब आवश्यक; ई नहि जे बजलहुँ किछु ओ मनमे रहल किछु आओरे।" गुरु कहैत छथि जे हमर चारू पुत्र चल गेल मुदा तैँ की, हम तँ संघर्षकेँ जारी रखबाक हेतु जिबितहिँ छी।

गुरु जे एहिमे औरंगजेबक गुण-गान कएने छथि ताहिसँ एहिपर जोर पड़ैत अछि जे धर्मक जे आचरण थिकैक ताहिसँ बादशाह कतेक दूर छथि ओ एहिमे व्यङ्क पुट सेहो अछि। गुरु कहैत छथि—"बड़ भाग्यवान् छी अहाँ, हे शाहंशाह औरंगजेब! तरुआरि चलएबामे सिद्धहस्त ओ विश्रुत अश्वारोही। अहाँक आकृति भव्य अछि, अहाँक बुद्धि अति तीक्ष्ण अछि। अहाँ देशक शासक छी, सम्राट् छी, शासनकार्यमे अहाँ दक्ष छी, चतुर छी, ओ तहिना तरुआरिक परिचालनमे सेहो दक्ष छी, कुशल छी। अपन धर्मक अनुयायीक हेतु अहाँ उदार छी, ओ शत्रुक दमन करबामे तत्पर रहैत छी। राज्य किंवा धन देबामे अहाँ बड़ पैघ छी। अहाँक दया असीम अछि तथा युद्धमे अहाँ पर्वत जकाँ दृढ़ रहैत छी। अहाँक प्रतिष्ठा अत्युच्च अछि, अहाँक उच्चता ध्रुव जकाँ अछि। अहाँ शहंशाह छी, अहाँ विश्वक राजाक मुकुट छी। अहाँ विश्वक राजामे प्रसिद्ध छी। मुदा धर्म अहाँसँ दूर, बड़ दूर अछि!" एहि सबहिक तात्पर्य ई छल जे उपर्युक्त सब गुण अकार्यक थिक यदि व्यक्ति सहृदय नहि भेल, दयालु नहि भेल, व्यवहारमे सत्यनिष्ठ नहि भेल!

दक्षिण-देशमे आबि हमर भेँट करी एहि निमन्त्रणक उत्तरमे गुरु लिखल जे अहीँ आएल जाए, कांगड़मे,—जतए ओ छलाह तकर समीपहिक ओ एकटा गाम छल—आबि हमरा भेँट देल जाए। कांगड़ अएबामे अहाँकेँ कोनो आपदक सम्भावना नहि अछि, कारण, एहि इलाकामे बैराड़ जातिक आधिपत्य छैक ओ समस्त बैराड़ जाति हमर आज्ञावर्त्ती अछि।

बिछुड़लक विमुक्ति

सरहिन्दक सूवादार वजीरखाँकेँ जखन वार्त्ता भेलैन्हि जे गुरु गोविन्दसिंहक झंडाक तरमे पुनः सिक्खलोकनि जमा भए रहल छथि, ओ बड़े चिन्तित भेलाह ओ शमीर, जनिका ओहिठाम दीनामे गुरु रहैत छलाह, जखन अस्वीकार कए देल जे गुरुकेँ सुबादारक हाथमे हम नहि देब तखन सेना लए हुनका पकड़ए जएबाक योजना करए लगलाह। गुरु नहि चाहैत छलाह जे जाहि गाममे हुनका ओतेक आतिथ्य सत्कार ओना प्रस्तुत भेटलैन्हि से गाम युद्धक क्षेत्र भए जाए। तेँ ओ दीना छोड़ि विदा भेलाह ओ जलालक बाटेँ भगता पहुँचलाह। ओतए हुनका भाइ बहिलोक सन्तान भेटलथिन्ह। भाइ बहिलो पाँचम नानक, गुरु अर्जुनक समयक बड़ प्रतिष्ठित ओ सम्मान्य सिक्ख रहथि। कोट-कपूरमे कपूरसिंह हुनक स्वागत कएल। कपूरसिंह फरीदकोट राजवंशक पूर्वज छलाह। कपूरसिंह गुरुदेवक हाथसँ दीक्षा लेल ओ खालसाक बन्धुत्वमे सम्मिलित भए गेलाह। गुरु हुनका एकटा तरुआरि आ एकटा ढाल देल जे हुनक सन्तान आइ धरि बड़े सम्मान ओ श्रद्धासँ जोगओने रखने छथि।

खबरि पहुँचल जे वजीर खाँक सेना दृढ़तासँ पछुअओने आबि रहल अछि। गुरु दक्षिण-पूर्व दिशि ढिलवाँ चल गेलाह। ढिलवाँमे गुरुक अवस्थान बड़ महत्त्वक सिद्ध भेल, कारण, गुरु अर्जुनक सबसँ जेठ भाए पृथिवीचन्द जे सिक्खक मुख्य दलसँ फूटिकेँ अपन स्वतन्त्र दलक स्थापना कएने छलाह तनिक परिवारक सब लोक पुनि मुख्य-दलमे मीलि गेल। बाबा कौल, पृथिवीचन्दक सन्तान ढिलबाँमे रहैत छलाह; ओ गुरुक दर्शन करए अएलाह तथा गुरुकेँ एकटा पोशाक उपहारमे समर्पण कएल। आइ धरि गुरु ओएह नील रंगक पोशाक पहिरने छलाह; ओकरा छाड़ि गुरु नव पोशाक धारण कएल मुदा पुरना पोशाकक एकटा कनिए टा टुकड़ा राखि लेल गेल जाहिसँ अकाली अर्थात् निहंगलोकनिक नील पोशाकक आरम्भ भेल। बाबा कौलक पौत्र गुरुक हाथेँ दीक्षा लेल, ओ हुनका परिवारकेँ नानकक सम्प्रदायसँ जे विरोध छल तकर समाप्ति भेल।

गुरु ढिलाबाँमे बहुत दिन नहि रहलाह। ओतएसँ ओ कोठा-पृथिवीचन्द दिशि विदा भेलाह जे पछाति कोठा-गुरु कहाए प्रसिद्ध भेल। ओहि गामक समीपहिँ

जंगलमे ओ अपन खीमा खसाओल। दक्षिण-पूर्व पंजाब में जखन गुरु घुमैत छलाह ताही समयमे वियुक्त सिक्खलोकनिक संग पत्राचार पुनः स्थापित होअए लागल। आनन्दपुर समस्त सिक्ख-समाजक केन्द्र छल जतए सब आबि मिलथि। मोगल सेना जखन आनन्दपुरकेँ घेड़ि ओकरा फुटाए देल तहिआसँ साधारण सिक्ख ओहिसँ फराक भए गेल छलाह। अतएव आब पुनः अनेको नव लोक आबि आबि मिललाह; पुनः भक्त सिक्खक एकटा दल तैआर भए गेल जकर संकल्प छलैक जे गुरुक हेतु किछु करब, प्राण पर्यन्त उत्सर्ग कए देब। सिक्ख-संगति पुनः सक्रिय भए गेल, ओहिमे एकता, क्रियाशीलता तथा रचनात्मक संघटन आबए लागल।

वजीर खाँक सेनाक संग संघर्ष आब सन्निकट प्रतीत होअए लागल। गुरुक इच्छा जे लड़ाइक मैदान तेहना ठाम बनाबी जतए जल सुलभतया उपलब्ध होअए। गुरुकेँ कहल गेलैन्हि जे खिदराना एहने स्थान अछि। अपन सिक्खलोकनिक संग गुरु ओतए विदा भेलाह। जैतोँ गाममे बैराड़क राजा कपूरसिंह पुनः हुनक भेँट करए अएलथिन्ह ओ हुनका एकटा खन्ना संग कए देलथिन्ह जे हुनका खिदराना पहुँचाए दैन्हि।

ओमहर जे सिक्खलोकनि आनन्दपुरमे गुरुकेँ त्यागि घर घूड़ि गेल रहथि तनिकालोकनिकेँ अपन क्रियाक पश्चात्ताप होअए लागल। एहि अनुतापक भाव आओर तीव्रतर होअए लागल जखन ओ लोकनि घर पहुँचलाह। अपने लोक हुनक भर्त्सना करए लागल जे गुरुकेँ विपत्तिमे छोड़ि पड़ाए अएलहुँ! स्त्रीगण समेत हुनक कायरताक उपहास करथिन्ह ओ कहथिन्ह जे अहाँलोकनि हमर साड़ी पहिरि लिअ आ अपन पोशाक हमरालोकनिकेँ दिअ जे हमरालोकनि जाए गुरुक हेतु लड़ी। गुरुक ओ हुनक परिवारक खबरि जखन पहुँचल तखन तँ सिक्ख-समाज ओ हुनकासँ सहानुभूति रखनिहार समाजमे खलबली मचि गेल। अमृतसरक समीप पट्टीमे माझाक सिक्खलोकनिक एक गोट सम्मेलन भेल ई विचार करबाक हेतु जे आब की करबाक चाही। आनन्दपुरसँ जे लोकनि गुरुक भक्तिकेँ त्यागि घूड़ि घर चल आएल छलाह तनिक विश्वासघातक क्षतिपूर्त्ति कोना कएल जाए? हमरालोकनि जे किछु सहायता कए सकैत छिऐन्हि से कोना देल जाए? बड़ बड़ उत्साहक गप्प होइत रहल मुदा मध्य मध्यमे क्षीणे तथापि नैराश्यक विचार सेहो सुनल जाए जे ओएह पुरान तर्ककेँ दोहरबैत कहए जे बादशाहसँ लड़ने की फल होएत। अन्तमे निर्णय भेल जे एतएसँ किछु जनप्रतिनिधि-सिक्ख गुरुक दर्शन करए जाथि। एक दल सिक्ख मालवाक हेतु प्रस्थान कएल, किछु गोटे तँ इएह संकल्प कए चललाह जे गुरुकेँ छोड़ि जे हमरालोकनि स्वधर्मच्युत भेलहुँ तकर मार्जन आब अपन शोणितसँ करब ओ किछु गोटाकेँ एखनहु भरोस रहैन्हि जे सुदृढ़ राजशासनक विरुद्ध संघर्षसँ गुरुकेँ बुझाएकेँ फराक करब। बाटमे आओर आओर सिक्ख

दलमे मिलैत गेलाह ओ यावत् धरि खिदरानाक समीपमे गुरुक दर्शन होइन्ह तावत् ई दल बढ़ैत बढ़ैत एक गोट छोट छीन सेना भए गेल छल।

ओ दृश्य बड़ करुण छल जखन सिक्खलोकनि अर्धप्रस्फुट स्वरमे हुनक अभिवादन कएल–वाहि गुरुजी का खालसा, वाहि गुरुजी की फतेह। सभक हृदय आवेगसँ प्रपूर्ण छल, सभक आँखि नोरसँ भरल छल-किछु तँ अनुतापक ओ किछु आनन्दक–एतेक आपदसँ उबरिकेँ आएल गुरुकेँ देखि। सिक्खलोकनि एकाएकी आगाँ आबि गुरुकेँ प्रणाम करथि, गुरु सबकेँ प्रेम ओ स्नेहसँ प्रत्यभिवादन करथि, आशीर्वाद देथि।

मोगल सेना जोर शोरसँ पाछाँ कएने आबि रहल छल। समय नष्ट करबाक छल नहि। तैओ किछु जन जे आएले टा छलाह निवेदन कएल जे गुरुकेँ अपूरणीय क्षति भए चुकलैन्हि ओ विरोध काएम रखने अओर विशेष क्षति ओ क्लेश छोड़ि आओर किछु होएबाक आशा नहि छैन्हि। हुनकालोकनिक प्रस्ताव छल जे यदि विचार हो तँ ओलोकनि जाथि, गुरु ओ मोगल शासकक बीच सन्धिक उद्योग करथि। ई सरल प्रस्ताव सूनि गुरुदेवकेँ हँसी लगलैन्हि। ओ कहल जे धर्मक प्रसङ्ग असहिष्णुता ओ अत्याचारक संग यदि सन्धि वा समन्वय सम्भव होइत तँ गुरु अर्जुन ओतेक उत्पीड़न किएक भोगितथि, गुरु तेगबहादुर किएक शिरश्छेद सहितथि। ओ ओहने ओहने सिक्खकेँ अपना संग चलबाक आमन्त्रण कएल जे न्याय ओ स्वतन्त्रताक समर्थन मे हुनक संग मीलि आक्रामक सैन्यक विरोध करबाक हेतु उद्यत होथि। ई कहैत ओ खिदराना दिशि बिदा भए गेलाह। उपस्थित सिक्खमे अधिकांश हुनक संग विदा भेल। किछु गोटे रहि गेलाह जे घूड़ि अपन अपन घर जाए चाहलैन्हि।

ओहि विस्तृत मरुभूमिमे खिदरानाक पोखरि एक मात्र जलाशय छल। एकरहि सिक्खलोकनि मोगल सेनासँ भिड़बाक पूर्वहिँ अपन कबजामे करए चाहैत छलाह। 1706 ई.क ग्रीष्मारम्भक अप्रैल मासमे ई पोखरि सुखाएल छल। अग्रगामी दलकेँ लेने गुरु जाए पोखरिसँ कोस अधिक दूर पर बालुक एक विशाल बुर्ज पर अपन खीमा खसाए लेल। आओर जे सिक्ख आबथि से पोखरिक लगमे रहि जाथि जाहिसँ पाछाँ अबैत मोगल सेनाकेँ गुरुक भाँज नहि लगैन्हि। शत्रुकेँ सिक्खलोकनिक संख्याक बहुत बेसी अतिरञ्जित धारणा होइन्ह तेँ ओलोकनि बिछओनाक चादरिकेँ उघारि उघारि गाछ पर टाङि देल जाहिसँ ओ स्थान दूरसँ तम्बूक जंगल जकाँ देखि पड़ैत छल। ओहि स्थान पर सिक्खलोकनिक पवित्र पीठ "गुरुद्वारा तम्बू साहेब"क नामसँ सम्प्रति विद्यमान अछि।

वजीरखाँक सेना "तम्बू"क दिशि घूमल। वस्तुतः शत्रुक संख्या कतेक कम अछि से देखि ओकरा सबहिक उत्साह बढ़ि गेलैक तथा सोझाँक सिक्ख सेनामे गुरु गोविन्दसिंह छथि, जनिका अन्तमे हमरालोकनि सम्मुखीन कए सकलहुँ, एहि

विश्वास सँ ओकरा सबहिक जोशमे मरणान्तिक संकल्पक तीक्ष्णता आबि गेलैक। अपन मजहवी युद्ध-गर्जना करैत ओ सब प्राण हाथमे लए झपटल। सिक्खलोकनि दृढ़ रहलाह ओ प्रहारक उत्तर प्रहारसँ देअए लगलाह। अपन पूर्वक विश्वासघातकेँ धोए पुनः गुरुक कृपा-भाजन होइ ई जनिक संकल्प छलैन्हि तनिका एके टा इच्छा छलैन्हि जे गुरुक हेतु वीर-गति प्राप्त करी। सिक्खलोकनिक एहन सुदृढ़ प्रतिरोधक समक्ष मोगल सेना निरुपाय छल। ओमहर उच्च, सुविधाक स्थानसँ गुरु गोविन्दसिंह अपन सहचरलोकनिक सहित एकरूपसँ शरक वर्षा करैत छलाह। ताहिसँ शत्रुक दलमे आओर खलबली मचि गेल, अस्तव्यस्तता पसरि गेल। मोगल सेनाक पंक्ति अस्थिर होअए लागल। ई देखि वजीरखाँ अपन सैन्यक कायरताक भर्त्सना करए लगलाह। ओ अपन सैन्यकेँ मन पाड़ि देल जे संख्यामे ओ कतेक अधिक छथि, शत्रु कतेक नगण्य अछि। धर्मयुद्धक नाम पर ओ अपन सेनाकेँ नवीन स्फूर्ति सँ आक्रमण करबाक हेतु जगाओल। तखन जे युद्ध भेल से अन्धाधुन्ध, जाहिमे कोनहु पक्ष दिशिसँ दृढ़ताक त्रुटि नहि छल। दूनू दिशि अपार क्षति भेल, दूनू सेना लड़ैत लड़ैत थाकि गेल। प्याससँ व्याकुल, ओ पाछाँसँ गुरु गोविन्दसिंहक ओ हुनक संगीत शरवर्षासँ आहत, मोगल सेना खेत छोड़ि पड़ाए जएबा पर वाध्य भए गेल।

युद्ध समाप्त भेला पर जखन गुरु गोविन्दसिंह लड़ाइक मैदानमे अएलाह तँ ओ देखलैन्हि जे सिक्खलोकनि प्रायः गोटा-गोटी वीरगतिकेँ प्राप्त भेल छथि। ओ प्रत्येकक समीप जाए हुनक रक्तसिक्त मुहकेँ पोछैत, धैर्य साहस ओ भक्तिक प्रशंसा करैत, आशीर्वाद दैत जाथि। रटौलक महानसिंह नामक एक जन सिक्ख जीवनक अन्तिम घड़ीमे छलाह, तथापि हुनका अभिलाभा जे मरबासँ पूर्व एक बेरि गुरुक दर्शन होइत। जएह गुरु हुनक समीप अएलाह की ओ अपन दूनू क्षीण हाथ जोड़ि गुरुक अभिवादन कएल। एना अकस्मात् अपन इच्छाक पूर्त्तिसँ हुनक आँखिमे सन्तोषक क्षीण तेज उद्‌भासित भए उठल। गुरु बड़े स्नेहसँ अपन हाथ हुनक माथ पर राखि पूछल जे यदि किछु इच्छा हो तँ से कहू, हम पूर्ण कए देब। महानसिंह उत्तर देल–"गुरुक मुह देखल, आब आओर कोनो इच्छा नहि अछि।" गुरु तैओ आग्रह कएलथिन्ह जे किछु कहू, किछु माङू । महान सिंह कहल जे "हमरा ने कोनो सांसारिक सुख सुविधा चाही ने हमरा मुक्तिए चाही। यदि गुरु हमर अपराध क्षमा कए देल तँ हमर इएह याचना जे हम आ हमर संगीलोकनि आनन्दपुरसँ विदा होएबाक काल जे त्यागपत्र लीखिकेँ देल तकरा फाड़ि देल जाए।" ओ कागत गुरुक संगहि छलैन्हि। कहिओ ओ ओहि कागतकेँ संगसँ फराक नहि कएने छलाह। आइ ओ ओकरा बहार कए फाड़ि देल। महानसिंहकेँ जाहि वस्तुक लालसा से भए गेलैन्ह। ओ संतुष्ट भए गेलाह ओ शान्तिसँ देहत्याग कएल। गुरु गनलैन्हि तँ ओहि चालीसो व्यक्ति सिक्खकेँ ओ रणक्षेत्रमे धराशायी पाओल जे लोकनि आनन्दपुरमे हुनका त्यागने रहथि। आब ओलोकनि अपन

बलिदानक रक्तसँ अपन पापक पाँकके धोए लेने छलाह। गुरु हुनकालोकनिकेँ "चालीस अमर" अथवा "मुक्त" कहि धन्यवाद देल। हुनकालोकनिक वीरत्वक कथा सिक्खलोकनिक नित्यार्चनाक अंग थिक ओ कमसँ कम दू बेरि विश्वक लाख लाख भक्त सिक्ख ओकर परायण करैत छथि। खिदराना हुनकहि लोकनिक स्मृतिमे "मुक्तसर" कहबए लागल। प्रतिवर्ष एहिठाम एक गोट महासम्मेलन होइत अछि, एही विछुडलक विमुक्तिक उपलक्ष्यमे। देशक कोन कोनसँ यात्रीलोकनि अबैत छथि ओ एहि वीरताक गाथा केँ स्मरण कए अपन विश्वासकेँ दृढ़तर बनबैत छथि।

खिदरानाक सिक्खमे केवल एक गोटे बाँचल, भाइ भागो। ई महिला योद्धा छलीह; ई बिछुड़ल भागल सिक्खलोकनिकेँ गुरुक समक्ष बजाएकेँ अनने छलीह जे गुरुसँ क्षमा देआए देब। ओ युद्धहुमे भाग लेने छलीह तथा कतेक शत्रु योद्धाकेँ अपन भालासँ चीरि देने छलीह। ओहो आहत भेलि छलीह। गुरुक दर्शन पाबि ओहो अत्यन्त आनन्द भेलीह। जखन ओ सुनलैन्हि जे जे लोकनि गुरुकेँ त्यागि देने छलाह से सब मीलि गेलाह तँ ओ अपन उद्देश्यक एहन सुन्दर जकाँ पूर्त्ति भेल तकर पूर्ण संतोष पाओल।

युद्धक्षेत्रक लगपासमे बहुत रास मालक गाछ सुखाएल छलैक। गुरुक आज्ञासँ ओहि गाछ सबकेँ काटि काटि एकत्र कए चिता बनाओल गेल। सब सिक्खक शव ओहि चिता पर राखि गुरु अपनहि हाथेँ ओहिमे आगि लगाओल। एकगोट गाछ तर बैसि तखन ओ कहल–"ई लोकनि मुक्त भए गेलाह। साधु भक्त ओ महात्माक मर्यादाकेँ प्राप्त कएल।" तखन कीर्त्तन-सोहिला पढ़ल गेल ओ कराह-प्रसाद बाँटल गेल।

दमदमामे विश्राम

गुरु गोविन्द सिंह खिदरानासँ विदा भए सिक्ख धर्मक मूलतत्त्वक प्रचारक उद्देश्यसँ मालवा देशमे भ्रमण करए लगलाह। एहि देशमे हृष्ट पुष्ट ओ सोझमतिआ जाट जातिक वास, तथा गुरु हरगोविन्द, गुरु हरराय ओ गुरु तेग बहादुरक परिभ्रमणक क्रममे सिक्ख धर्मक उपदेशसँ प्रभावित छल। एहि धर्मक सरल, व्यावहारिक ओ उदार मत एहि कोमल अथच स्वतन्त्रता-प्रिय लोककेँ बड पसिन्द लगैक। तत्त्वशास्त्रक सूक्ष्मता किंवा आडम्बरसँ पूर्ण कुतर्कसँ व्याप्त आचार एहि जातिकेँ परिचित नहि। जाहि भूभागमे ई देश पड़ैत अछि तकर भौगोलिक स्थितिसँ ई लाहोर किंवा सरहिन्दक सूबादारक हस्तक्षेपसँ बहुधा रहित छल। अतएव ओलोकनि गुरुकेँ ओ गुरुक धर्मकेँ हृदय खोलिकेँ स्वागत कएल। सिक्खलोकनिक दलक संगसंग गुरुक सत्कार करबामे शासकवर्गक कोनो भय हुनकालोकनिकेँ नहि छलैन्हि तथा गुरुक उपदेश ग्रहण करबामे अपन सौभाग्य बुझल।

कतेक गाम होइत आ अनेको प्यासल आत्माकेँ स्वास्थ्य प्रदान करैत गुरु गोविन्दसिंह लक्खी जंगलमे पहुँचलाह जे भटिण्डा ओ कोट-कपूर नगरक मध्यमे छल। ओहिठामक शान्ति ओ स्वच्छन्दतासँ प्रभावित भए ओ किछु दिनक हेतु ओतए रहि गेलाह। शीघ्रहि ओ जंगल भगवद्भजनक पवित्र ध्वनि तथा यात्री-दलक पदध्वनिसँ गुञ्जायमान भए गेल। केतेको व्यक्ति एतेक दिनुक व्यवधान पर गुरुक दर्शन करए अएलाह—जाहि व्यवधानमे विप्लवकारी घटनासब घटल छल। मुदा गुरुक मुह पर कनेको तकर तिक्तता नहि छल, ने श्रान्तिक कोनो लक्षण छल। ओ प्रत्येक शिष्यकेँ पूर्ववत् उदारतासँ स्वागत कएल।

लक्खी जंगलमे गुरु गोविन्दसिंहक निवास ओहि मरुभूमिक मध्यमे उर्वर शाद्वल जकाँ भए गेल। जेना आनन्दपुरसँ, तहिना एतहुसँ, आओर अधिक सशक्त ओ सार्थक जीवनक प्रेरणा भेटए लागल। एहि देववाणीकेँ ग्रहण करए अधिकाधिक संख्यामे लोक आबए लगलाह। सबकेँ दीक्षा दए ओ सिक्खधर्म नियमक अनुरूप चिह्न दए गुरु अपन बनओने जाथि। एहि भूभागमे सिक्खधर्म सुदृढ़ जड़ि पकड़ि लेलक। खालसाक दीक्षासँ दीक्षित तथा हुनक सन्तान एहि देशमे प्रसूत नवीन धर्मक अचल आधारशिला भए गेलाह तथा केवल अत्याचारीक घृणित हाथकेँ

तोड़िए टा नहि देल प्रत्युत खालसाक धार्मिक जनतन्त्रकेँ पञ्जाबक प्रभुसत्ता अर्पित कए ओ लोकनि एहि भागक इतिहासमे बड़ महत्त्वपूर्ण स्थान प्राप्त कएल। एहीठाम लक्खी जंगलमे इवराहीम नामक एकटा मुसलमान फकीर दीक्षा लए नव धर्मक शपथ ग्रहण कएल। हुनक नव नाम अजमेरसिंह राखल गेल। हुनका लालसा जे गुरुक दृष्टिसँ फराक कहिओ नहि होइ। ओ गुरुक सन्निकटतम सहचर भए गेलाह ओ लक्खी जंगलसँ जखन गुरु भ्रमणमे विदा भेलाह ओहो संग छलथिन्ह।

भ्रमणक क्रममे गाम गाम सिक्खलोकनिसँ भेँट करैत गुरु तलबंडी साबोक समीप पहुँचलाह। ओतए ओ एकटा बालुकाचलक ऊपर भागकेँ चौरस करए कहल, अपन शरीरसँ कवच उतारल, ओ उपरका चाकर भूमि पर जाए विश्राम करए बैसलाह। एहि स्थानक नाम पड़ि गेल "दमदमा साहेब" अर्थात् विश्रामक स्थान। एहि ठाम गुरु नओ मास रहलाह, आनन्दपुर छोड़लाक बाद पहिले पहिल एतेक दिनक हेतु ओ एहिठाम निरुपद्रव रहि सकलाह।

भाइ डल्ला, ओहि गामक चौधरी, गुरुक अनुयायी छलाह। ओ आबि गुरुकेँ आग्रह कएल जे हमर गढ़मे जाएकेँ रहल जाओ। गुरु से नहि मानल, ओ बाहरहिँ रहब पसिन्द कएल। तथापि भोजन हुनका डल्लाक घर पर जाए करए पड़लैन्हि। पाँच दिन मात्र ओ भोजन ओतए जाए कएल; तदुत्तर गुरुक पाकालय चालू भए गेल। तैओ डल्ला जाहि कोनहु प्रकारेँ हो गुरुक सेवा करबा ले प्रस्तुत रहए तथा गुरुकेँ वा हुनक सिक्खकेँ जँ कोनहु वस्तुक खगता होइन्ह तँ से जुटाए अपन हृदयक लालसा मेटएबाक कोनो अवसर व्यर्थ नहि जाए देअए।

एक दिन डल्ला गुरुक समक्ष बैसल गप्प करैत अपन हार्दिक खेद प्रकट करैत छलाह जे "हम अपनेकेँ ओहि समयमे कोनो सहायता नहि कए सकलहुँ जखन अपने विपत्तिमे छलहुँ। यदि हमरा कनिओ बुझल होइत तँ हम अपन लोककेँ अपनेक सेवा करए पठओने रहितहुँ, हमर लोकसब जे विलक्षणरूपेँ शिक्षित अछि, अनुभवी अछि।" अपन योद्धाक गुणक प्रसङ्ग डल्लाक गप्प समाप्तो नहि भेल छलैक तावत् लाहोरसँ एक दल सिक्ख एकटा बन्दूक गुरुक हेतु उपहार लेने पहुँचलाह। गुरु ओहि अस्त्रक प्रशंसा करैत छलाह तथा कहल जे एकर लगले जाँच होएबाक चाही, ओ डल्लाकेँ पूछल जे की अहाँ अपन दूटा सिपाही दए सकैत छी जकरा एहि बन्दूकक गोली कतेक दूर जाइत अछि तकरा जँचबाक हेतु निशाना बनाए सकी? डल्लाकेँ आश्चर्य भेलैन्हि जे गुरुकेँ ई की फुरलैन्हि मुदा हुनका बूझि पडलैन्हि जे एहि रूपेँ अपन प्राण देबाक हेतु हुनका कहने केओ तत्पर नहि भए सकैत अछि। ताबत गुरुक दृष्टि पड़ल दू गोट सिक्ख पर, छोट जातिक लोक, दूनू पिता-पुत्र, दूनू मुरेठा बन्हैत छल। गुरु दूनकेँ बजबए पठाओल। दूनू हबड़ हबड़ माथमे मुरेठा लपटैत दौड़ल जे के पहिने पहुँचैत अछि आ बन्दूकक

सोझाँमे अपन अपन गरदनि एक दोसराक ऊपर नमरबैत ठाढ़ रहल जे पहिल निशाना हमरहि पर हो। डल्ला आब पछताबए लगलाह जे अपन सिपाहीक गुणगान एतेक बढ़ाएकेँ किएक कएल, कारण, गुरुकेँ की तात्पर्य छलैन्हि से हुनका आब स्पष्ट भेल। गुरु हुनका कहल जे हमर तात्पर्य अहाँकेँ अथवा अहाँक लोकके नीच देखाएब नहि छल। जे सिक्ख तरुआरिक धारसँ मथल अमृतक दीक्षा पओने छथि से मृत्युक भयकेँ जीति लैत छथि ओ अपनाकेँ खालसाक पन्थक हाथमे समर्पण कए दैत छथि। इएह थिकैन्हि हुनका लोकनिक निर्भीकताक, गुरुक प्रति भक्तिक रहस्य। डल्ला अपनहु दीक्षा लए पन्थमे प्रवेश कएल ओ डल्ल सिंह नाम पाओल।

डल्लसिंहकेँ वजीरखाँक संवाद आएल जे अहाँ अपन अतिथि गुरु गोविन्दसिंहकेँ हमरा हाथकेँ दए जाउ नहि तँ हम नाराज भए जाएब ओ अहाँकेँ दण्ड भोगए पड़त। डल्लसिंह अस्वीकारक उत्तर लीखि पठाओल जे ई भरोस छोड़ि दिअ जे हमरासँ एहन पापक क्रिया कएल होएत। हमरा आब एक मात्र इएह अभिलाषा अछि जे सतत गुरुक संग रही। यदि अहाँ सैन्यक बलसँ हमरा वशमे करए चाहब तँ हमरालोकनि जंगलक अन्तरतम भागमे चल जाएब जतए अहाँक सैन्य जँ हमरालोकनिक पाछाँ गेलाह तँ ओतए हुनक ओएह स्थिति होएतैन्हि जे खिदरानामे भेलैन्हि।

गुरुमहाराज डल्लसिंहक भक्तिक सराहना कएल मुदा ओ ई नहि पसिन्द कएल जे एहि हेतुएँ डल्लसिंहकेँ आपद भोगए पड़ए। तेँ ओ भटिण्डाक किला जे ओतएसँ बहुत दूर नहि छलैक देखबाक इच्छा प्रकट कएल जे ताहि लाथेँ किछु दिन तलबंडी साबोसँ फराक रही। भटिण्डामे ओ किलाक ऊपरक एकटा कमरामे डेरा कएल। ओहिठाम एक गोट अत्याचारी रहैत छल जे समस्त नगर ओ चारू दिशिक भागकेँ आतंकित कएने छल; गुरु ओकरा बैलाए देल। गुरुक शुभागमनक स्मृतिमे पटियाला राज्यक सेना ओहिठाम एक टा गुरुद्वाराक निर्माण कएल।

बाटक गाम गाम मे थोड़ थोड़ अँटकैत गुरु पुनः दमदमा साहेब आपस अएलाह। तावत दिल्ला सँ हुनक दूनू स्त्री, माता सुन्दरी ओ माता साहिब कौर, आबि हुनक संग भेलथिन्ह। ओ दूहू जनी अपन चारू पुत्रक क्रूर एवं दुःखद मृत्युकेँ स्मरण कए कंठ छोड़ि कानए लगलीह मुदा गुरु हुनका सान्त्वना दैत हुनकालोकनिक संताप कम कएल। गुरु कहल जे “ककरहु ओहि वीर सबहिक हेतु शोक करबाक काज नहि छैक। ओलोकनि वीरगतिकेँ पाओल अछि, अमर रहत। हुनकालोकनिक शूरता लोककेँ मन रहतैक ओ लोककेँ अनुकरणक प्रेरणा देतैक। चारि गोटे प्राण देल ताहिसँ की? ओ लोकनि प्राण देल जे ई हजारक हजार लोक जिबैत रहए।” चारू दिशि जे सिक्खलोकनि बैसल रहथि तकरा दिशि देखाए गुरु ई कथा कहने छलाह।

दमदमा पुनर्मिलनक केन्द्र भए गेल; बहुतो पुरान सिक्ख, भाट ओ कवि, जे गुरुक दरवारमे रहल छलाह गुरुकेँ तकैत तकैत पहुँचलाह ओ गुरुक दर्शन पाबि अपनाकेँ कृतकृत्य बुझल। बालुकामय दमदमामे पर्वतीय आनन्दपुरक सत्त्व पुनरुज्जीवित भए उठल तथा जाहि रूपक कार्ययोजना ओतए चलैत छल से आब एतए हाथमे लेल गेल। प्रतिदिन उषाकालमे भगवद्भजनक सहगान, गुरुक मुँह सँ धर्मसिद्धान्तक ओजस्वी व्याख्या, तथा भक्ति ओ वीरताक गाथा–जे किछु मानवक अन्तरात्माकेँ नव रूप दए सकैत अछि, नव प्रकाश दए सकैत अछि–पुनः एक बेरि ओहिठामक जीवनक क्रम भए गेल।

दमदमा साहेबमे जे लोकनि गुरुक साहचर्यमे अएलाह ताहिमे एक जन छलाह भाइ मानसिंह। गुरुक ओ सहाध्यायी छलाह तथा हुनक विद्वत्ताक बड़ ख्याति छल। गुरुक प्रस्ताव छलैन्हि जे आदि-ग्रन्थक एक गोट प्रामाणिक पाठ स्थिर कएल जाए, कारण, गुरु अुर्जन जे ओकर संकलन कएने छलाह तहिआसँ लेख-भेदेँ ओहिमे बहुत पाठ-भेद भए गेल छल। एहि भारकेँ बड़ पवित्र कार्यक भार बुझल गेल तेँ एक पृथक् तम्बू ठाढ़ कएल गेल। ओहिमे गुरु तथा मनीसिंह बड़ी बड़ी काल निर्वाध बैसल कार्यमे संलग्न रहथि। आदि-ग्रन्थक प्रथम लेख पोथी भाइ गुरुदासकेँ गुरु अर्जुन लिखओने रहथिन्ह; आब ई सुयोग भाइ मनीसिंहकेँ भेल जे लिखने जाथि, गुरु गोविन्दसिंह लिखओने जाथिन्ह।

मूलमे प्रथम पाँच गुरुक रचना भजन छलैक ओ कतोक सूफी ओ भक्त यथा फरीद, कबीर, रविदास, नामदेव ओ भीखनक रचित गीत छल। गुरु गोविन्दसिंह ओहिमे अपन पिता गुरु तेगबहादुरक रचना समाविष्ट कए देल। अपन रचना ओ एकोटा ओहिमे नहि देल। हुनक समस्त रचनाक संग्रह पश्चात् भाइ मनीसिंह कएल ओ ई संकलन "दशम ग्रन्थ" नामसँ विख्यात भेल।

दमदमा साहेबमे आदि-ग्रन्थक स्वरूपक अन्तिम निर्णय जेहन उचित चाही तेहन उत्सव ओ धन्यवादख्यापनार्थ समारोहसँ मनाओल गेल। गुरु ओ मोसि तथा कलम जाहिसँ ग्रन्थ लिखल गेल छल, ओहि तम्बूक समीपक जलाशयमे विसर्जित कए देल जाहि तम्बूक तरमे ओ लिखल गेल छल। ओ कहल जे "दमदमा सिक्खक काशी होएत तथा विद्याकेन्द्र भए प्रख्यात होएत।" ओ भविष्यवाणी कएल जे "अनेक जन एतए विद्याध्ययन कए विद्वान होएताह। अपन अज्ञानकेँ दूर कए ओ लोकनि ग्रन्थकर्त्ता, सन्त, कवि तथा व्याख्याकार होएताह। एहिठाम मूर्ख सेहो ज्ञानी भए जएताह।" एहि जलाशयक नाम पड़ि गेल "लिखन-सर" अर्थात् साहित्यिक प्रेरणाक जलाशय। ई स्थान जे "गुरु की काशी" सेहो कहल जाइत अछि सिक्ख विद्वत्ताक मार्मिक ओ विशिष्ट परम्पराक रक्षा करैत आएल अछि तथा दमदमाक धर्मविषयक पण्डित ओ मूल धर्मवचन भाष्यकारलोकनि सब दिनसँ सबसँ विशेष प्रभावशाली ओ प्रामाणिक मानल जाइत छथि। यावत् धरि

आदिग्रन्थ छापल नहि जाए लागल, तावत् दमदमा साहेबमे लिखल पोथी विशेष महत्त्वक ओ तेँ बहुमूल्य बुझल जाइत छल। एहि ठामक गुरुमुखी अक्षर आदर्श बुझल जाए लागल ओ छापाक हेतु जे अक्षर ढारल गेल तकर आधार इएह छल।

दमदमा साहेबमे फूलकिआँ राजकुलक पूर्वज राम ओ तैलोक गुरुक हाथसँ दीक्षा ग्रहण कएल। हुनक पूर्वज छलथिन्ह फूल ओ गुरु हरराय फूलपर प्रसन्न भए वरदान देने छलथिन्ह जे हुनका वंशमे राजकीय प्रभुसत्ता प्राप्त होएत। अपनहु ओ दूहू जन गुरुक अद्वितीय सेवा कएने छलथिन्ह; चमकौरक युद्धमे गुरुक जे दूनू पुत्र अपन शरीरक उत्सर्ग कएने छलाह तनिक अग्निसंस्कार इएह दूनू जन अपन प्राण हाथमे लए संपन्न कएने छलथिन्ह। दीक्षा भेला उत्तर हिनक नाम पड़ल रामसिंह ओ तैलोकसिंह। रामसिंहक सन्तान पटियालाक राजवंश थिक ओ तैलोकसिंहक सन्तान नाभा ओ झिन्दक। कखनहु तँ दीक्षार्थीक संख्या ततेक अधिक भए जाइन्ह जे लोहक बड़का कराहमे अमृत तैआर कएल जाइक। लाखसँ अधिक ब्यक्ति एतए अमृत-पान कएल ओ गुरु गोविन्दसिंहक हाथेँ दीक्षा ग्रहण कए खालसाक बन्धुत्वमे समाविष्ट भेलाह।

दमदमा साहेबमे गुरु गोविन्दसिंह छलाह ताहि मध्यमे जे वैशाखीक पर्व आएल से दमदमा साहेबमे खालसाक जन्मदिन मानल गेल। चारू दिशिसँ बहुतो सिक्ख एहिमे सम्मिलित होअए आएल छलाह ओ गुरुक दर्शन कए अपन अपन आँखि जुड़ाओल। ओ दिन एहिठामक हेतु एक गोट विशिष्ट पर्वक दिन भए गेल अछि जतए प्रतिवर्ष अपूर्व धार्मिक श्रद्धा ओ उल्लाससँ समारोह भेल करैत अछि।

खालसामे विलयन

गुरु गोविन्दसिंह जे पत्र दयासिंह ओ धरमसिंहक हाथेँ बादशाह औरंगजेबकेँ पठाओल तकर स्वर तीव्र छल तथापि ओकर अर्थ अधलाह नहि लगाओल गेल। अस्वस्थ ओ जरातुर बादशाह एकरा पढ़िकेँ द्रवित भए गेलाह। जाहि स्पष्टवादिता ओ निर्भीकतासँ जफरनामा लिखल गेल छल तकर पूर्ण प्रभाव औरंगजेब पर पड़ल ओ बादशाहकेँ विश्वास भेल जे गुरु गोविन्द सिंहकेँ ईश्वर ओ ईश्वरीय न्यायमे अटल विश्वास छैन्हि। अपन रोगशय्यापरसँ ओ अपन दिल्लीक ओजीर मुनीमखाँक नामेँ फरमान लिखबाए पठाओल जे गुरु गोविन्दसिंहक संग मैत्रीक भाव राखू, हुनका आमंत्रित कए बजबिऔन्ह ओ तखन फरमान दए हुनका हमरा ओहिठाम पठाए दिअ। मुनीम खाँकेँ इहो आदेश आएल जे गुरुक जे सम्पत्ति लए लेल गेल छैन्हि ताहिसँ हुनका यात्राक व्ययक हेतु जतबा द्रव्यक प्रयोजन होइन्ह से दए दिऔन्ह, एकटा पथप्रदर्शक हुनका संग लगाए दिऔन्ह ओ अपन राज्यक आगाँ हुनका सुरक्षित कए पठाए दिऔन्ह। ई पत्र बादशाहक चोबदार मोहम्मद वेगकेँ देल गेल तथा ओ गुरुक दूनू दूत दयासिंह ओ धरमसिंहक संग उत्तरक हेतु प्रस्थान कएल।

गुरु गोविन्दसिंहकेँ एहिसब घटनाक कोनो वार्त्ता ताधरि नहि छलैन्हि। वस्तुतः जफरनामा लए जहिआ दीना सँ दयासिंह विदा भेल छलाह तहिआसँ गुरुकेँ एतबे समाचार बुझबाक योग्य भेल छलैन्हि जे दया सिंहकेँ बादशाहसँ साक्षात्कार होएबामे कठिनता भए रहलैन्हि अछि। गुरु हुनका आदेश पठबाए देलथिन्ह जे धैर्यपूर्वक प्रतीक्षा करू आ अहमदनगरक सिक्खलोकनिकेँ लीखि देलथिन्ह जे ओहोलोकनि दयासिंहक काज होइन्ह ताहिमे यथासाध्य साहाय्य करथिन्ह। तदुत्तर ने दयासिंहक कोनो समाचार प्राप्त होइन्ह ओ नब्वे वर्षक वृद्ध बादशाहक अस्वास्थ्यक नाना प्रकार किंवदन्ती सुनबामे अबैत रहैन्हि अतएव गुरु गोविन्द सिंह निश्चय कएलैन्हि जे हम दाक्षिणात्य जाएब ओ स्वयं बादशाहसँ साक्षात्कार करब।

दमदमाक सिक्खलोकनि तँ ई विदित कए क्षुब्ध रहि गेलाह। सबसँ बेशी तँ डल्लसिंह, जे अपनहि मने मानि लेने रहथि जे गुरु ओहि गाममे सर्वदाक हेतु

रहए आएल छथि ओ तेँओ सबकेँ छोड़ि चल जएताह ई बात हुनका मनमे बैसबे नहि करैन्हि। ओ तथा आओर प्रमुख सिक्ख लोकनि यथा भाइ रूपाक धरम सिंह, फूलक रामसिंह ओ तैलोक सिंह, कोठ गुरुक अभयराम सोधी, चक्क भाई राम सिंह, भुच्चोक भाइ गोदरिआ, ओ दानसिंह ब्रार आबिकेँ गुरुकेँ प्रार्थना कएलथिनह जे अपने हमरालोकनिकेँ त्यागि जनु गेल जाओ। अपने राजा छी, एहिठाम दरबार लगैत अछि, अपन मित्र ओ शिष्यलोकनिकेँ दर्शन दैत छिऐन्हि। तथापि अपने सुदूर दक्षिणक बंजर देशक यात्रा करबाक विचारे किएक कएल जाइत अछि।" गुरु उत्तर देलथिन्ह—"एहिमे कोनो संदेह नहि जे दमदमासँ नीक स्थान हमरा नहि भेटत मुदा हमरा काज अछि ओ जाए पड़बे करत।"

कतेको सिक्ख अपन अपन घोड़ा कसि संग जएबाक हेतु विदा भेलाह मुदा गुरु बिछले व्यक्तिकेँ अनुमति देल जाहिमे प्रमुख छलाह मनी सिंह, परम सिंह, धरम सिंह, मानसिंह भाइ भगतूक परिवारक रामसिंह, ओ दानसिंहक बेटा गुरुवख्श सिंह ब्रार। गुरु अपन बापक पीठ-स्थान पर जाए अर्दासक जप कएल; गुरु तेगबहादुर सेहो एहि प्रान्तमे भ्रमणक क्रममे एहि स्थान पर आएल छलाह। 1706 ई.क अक्टूवर मासमे ओ दक्षिणक यात्रा पर विदा भेलाह। यात्रा बड़कीटा छल-बड़ कठिन, अतएव ओकर श्रम आ झंझटिसँ बँचएबाक हेतु, गुरुक दूनू पत्नी एक गोटाक संग दिल्ली पठबाए देल गेलीह।

गुरु राजपुताना बाटेँ विदा भेलाह। ओ सरसा, विकानेरक नौहर, सइओ, मधुसिंघाणा, ओ पुष्कर होइत नारायणपुर पहुँचलाह जकरा दादूवाड़ा सेहो कहैत छैक कारण सन्त दादू ओतहि रहैत छलाह।

सन्तक समाधिक निकटमे तम्बू खसबा गुरु अपन एक तीरकेँ उठाए माथमे लगाओल ओ एना ओहि समाधिकेँ प्रणाम कएल। खालसा एहिमे आपत्ति कएल ओ जुरमाना माङल। मानसिंह गुरुक अपने पद पढ़ि देल—गोर मढ़ी मठ भूल न मानै। गुरु तुरंत मानि लेल ओ जुरमाना देबाक हेतु उद्यत भए गेलाह। जुरमानाक परिमाण पाँच हजार टाका राखल गेल मुदा एक सिक्ख आपत्ति कएल जे ई बहुत भेल, एकरा पाँच सए करू। दोसर सिक्ख कहल जे ई तँ किछु नहि भेल ओ गुरुकेँ ई देब भारी नहि बोध होएतैन्हि। एक गोटए कहि उठलाह जे हमरा तँ पाँच लाखसँ कममे संतोषे नहि होएत। मुदा विमर्श भेल जे गुरु तँ एतबा टाका दए सकैत छथि मुदा पछाति एहि अनुपातमे खालसा दण्ड नहि दए सकत! अंतमे निर्णय भेल जे गुरु सबा सए टाका जुरमाना देथि ओ ताहि टाकासँ गुरुक अनुयायी लोकनिक हेतु पाकक निमित्त एकटा तम्बू खरीद कएल गेल।

गुरु गोविन्दसिंह बघौड़ नामक स्थानक समीपमे छलाह जतए दक्षिणसँ फिरल अबैत दयासिंहकेँ हुनकासँ भेँट भेल। अन्तमे बादशाहक दर्शन कोना भेल ओ तखन की सब भेल इत्यादि सब वृत्तान्त सुनाए दयासिंह कहल जे चोबदार

शाही फरमान लेने दिल्ली वजीर मुनीमखाँकेँ देअए गेल अछि। किछुए दिनक पश्चात् समाचार आएल जे 1707 ई.क 20 फरवरीकेँ अहमदनगरमे बादशाह औरंगजेबक देहान्त भए गेल। गुरुकेँ दक्षिण जएबाक एकेटा प्रयोजन छलैन्हि जे बादशाहसँ भेँट करब तेँ ओ ई खबरि पाबि आगाँ नहि बढ़लाह ओ उत्तर दिशि विदा भेलाह। सदलबल ओ दिल्ली पहुँचलाह जतए माता सुन्दरी ओ माता साहिब देवाँ दमदमासँ सोझे आबि गेल छलीह।

औरगंजेबक मृत्युसँ जेना पूर्वसँ उत्तराधिकारक हेतु युद्ध होइत आएल छल तहिना पुनः युद्धक संकेत भेटल। अकबर तँ विद्रोही छल ओ देशसँ निकालल तेँ ओकरा छोड़ि औरंगजेबकेँ तीनि बालक–मुअज्जम, आजम ओ कामवख्श। तीनू गद्दीक हेतु उत्सुक। सबसँ जेठ मुअज्जम ओहि समयमे पश्चिमोत्तर सीमा-प्रान्तमे छलाह, ने संगमे सेना छलैन्हि ने खजाना, तथापि काबुलमे ओ अपनाकेँ बादशाह घोषित कए देल। आजम दक्षिणमे खीमा करैत छलाह; ओतहि अपनाकेँ बादशाह घोषित कए देल। दूनूक लक्ष्य साम्राज्यक राजधानी, दिल्ली, ओ दूनू गोटे दूनू दिशिसँ धड़फड़ाएकेँ दिल्लीकेँ दौड़लाह। शाहजादा मुअज्जमकेँ एक जन विश्वस्त मुंशी छलथिन्ह, सिक्ख भाइ नन्दलाल, जे हुनक बड़ अतिरक्त तथा सिक्ख-समाजमे बड़ प्रभावशाली। ओ शाहजादाकेँ विचार देल जे गुरु गोविन्द सिंहसँ साहाय्य माङल जाए। गुरु तावत् दिल्ली पहुँचि गेल छलाह मुदा हुनका सेना नहि छलैन्हि जाहिसँ भावी युद्धमे ओ शाहजादाकेँ कोनो उपकार कए सकितथिन्ह। तथापि शाहजादा हुनक सहायता ओ आशीर्वादक हेतु पत्र लिखल।

मुअज्जमकेँ साधु पुरुषक ख्याति छलैन्हि; सम्राटक ओ सबसँ जेठ बेटा तेँ बादशाही गद्दीक कानूनी हक हुनकहि छलैन्हि। अपना पिता जकाँ ओ धर्मान्ध नहि छलाह; धर्मक भेदक विचार नहि कए साधु नैष्ठिक धर्मात्मा पुरुषक आदर ओ श्रद्धा करैत छलाह; एहि रूपेँ अपन उदारताक परिचय ओ दैत आएल छलाह। बादशाहक हुकुमसँ जखन ओ पहाड़ी राजा सब आ तहि संग संग गुरु गोविन्दसिंहकेँ दण्ड देअए पठाओल गेल छलाह तखन ओ गुरुक आध्यात्मिक सत्ताक उचित सम्मान कए हुनका विषयमे जानि बूझिकेँ हस्तक्षेप नहि कएल। एहि सब कारणेँ गुरु जे कोनो सहायता दए सकिऐन्हि तकर सत्पात्र शाहजादा मुअज्मकेँ मानल। ई नानकक कुलक जे परम्परागत मर्यादा छल जे जे केओ आर्त्त भए किछु माङए तकरा विमुख नहि करी–तकरो अनुकूल छल। तेँ ओ धरमसिंहकेँ एक दल सिक्खक संग बादशाही गद्दीक हेतु मुअज्जमक अधिकारक रक्षा करए पठाओल। दूनू शाहजादाकेँ 1707 ई.क 18 जूनकेँ आगराक समीप जैजो नामक स्थानमे भिड़न्त भेल। आजम पराजित भेलाह ओ अपन दू गोट वालिग बेटाक संग मारल गेलाह। मुअज्जम बहादुरशाहक उपाधि ग्रहण कए बादशाह भेलाह। अपन विजयक समाचार सिक्ख सेना-दलक नायक धरमसिंहक द्वारा ओ गुरुकेँ लीखि पठाओल

जाहिमे गुरुक प्रति कृतज्ञता ज्ञापित कएल।

बहुत दिन नहि बीतल छल तावत् गुरु दिल्लीसँ आगराक हेतु प्रस्थान कएल तथा मथुरा ओ वृन्दावनक यात्रा करैत आगराक बाहरहिँ एक फलवाड़ीमे अपन खीमा खसाओल। हुनक आगमनक वार्त्ता पाबि बादशाह हुनका भेँट करबाक हेतु निमन्त्रण पठाओल। गुरु निमन्त्रण सहर्ष स्वीकार कएल। बीछल सिक्खकेँ संग लए गुरु गेलाह। बादशाह बड़ सम्मानसँ हुनक स्वागत कएल, गुरुक दर्शन पाबि ओ अत्यन्त आनन्द प्रकट कएल; गुरु जे हुनका दर्शन देअए अएलाह तेँ ओ जैजोक युद्धमे जे साहाय्य देल तेँ अपन कृतज्ञता प्रकाश कएल। विदा होएबासँ पूर्व अपन श्रद्धाक सूचक उपहार सेहो ओ गुरुकेँ देल जाहिमे रत्नजटित उत्तरीय सहित खिल्लत छल, धुकधुकी छल ओ कलगी सेहो छल। गुरुक अनुचरगण, जे सभामण्डपक बाहर प्रतीक्षामे छलाह, बजाओल गेलाह ओ खिल्लतकेँ उठाए अपना खीमा लए गेलाह।

एहि मिलनसँ गुरु गोविन्दसिंह ओ बादशाहक मध्य मित्रताक भाव स्थापित भेल ततबे नहि; इस्लामसँ भिन्न धर्मक प्रसङ्ग शासनक की नीति होएबाक चाही एहि प्रसङ्ग परस्पर वार्त्तालापहुक एहीसँ श्रीगणेश भेल। दूनू गोटे सहमत भेलाह जे पुनः एहि विषय पर विचार-विमर्श करब ओ गुरु आशावान् छलाह जे जे विचार आरम्भ भेल अछि तकरा सफलतापूर्वक सम्पन्न कैएकेँ आब पञ्जाब आपस होएब। एहि आशयक पत्र ओ सिक्खलोकनिकेँ लिखल। धौलक संगतिक नामसँ लिखल ई पत्र हालहिमे उपलब्ध भेल अछि। एकर अनुवाद एहिरूपक होएत :

> **धौलक संगतकेँ। अहाँ हमर खालसा थिकहुँ। गुरु अहाँक रक्षा करथु। गुरु गुरु जपू। सब सुख सुविधासँ पादिशाहक ओतए पहुँचलहुँ। खिल्लत ओ साठि हजारक रत्नजटित धुकधुकी उपहार भेटल। गुरुक कृपासँ आओरो विषय चलि रहल अछि (संतोषपूर्ण रीतिसँ) किछु दिनमे आबि रहलहुँ अछि। समस्त खालसाकेँ हमर उपदेश जे एक भेल रहू। कहलूर जखन पहुँची तखन समस्त खालसा अस्त्रशस्त्रसँ पूर्ण सुसज्जित हमरा ओतए आबथि। जे अओताह से सुखी रहताह।...संवत् 1764 मिति कातिक।**

परन्तु बहादुरशाह केँ सहसा दिल्ली छोड़ि दक्षिणक यात्रा करए पड़ल। हुनक भाए कामबख्श विद्रोह कए देलकैन्हि; तकरा शान्त करबाक छलैन्हि। गुरु गोविन्दसिंहकेँ सन्धिक वार्त्ता संपन्न करबाक छलैन्हि तेँ ओ पंजाबक यात्राक

विचार छोड़ि देलैन्हि; बादशाहक संग दक्षिणकेँ प्रस्थान कएल। दूनू खीमा संगहि चलल। गुरु ओ बादशाहकेँ जखन जखन अवसर होइन्ह बड़ी बड़ी काल धरि धर्म ओ संसारक विषयमे परस्पर वार्त्तालाप करैत जाथि। कहुखनकेँ जखन कोनहु नव प्रान्त पहुँचथि तखन गुरु संग छोड़ि लोककेँ अपन उपदेश सुनबए चल जाथि, पाछाँ पड़ि जाथि।

दूहू खीमाक रक्षकदलकेँ बीच बीचमे झगड़ा भेल करैन्हि। मोगल सेनाक कतोक जन वजीर खाँक सैन्यमे आनन्दपुरक युद्धमे सिक्खसँ लड़ल छलाह। हुनकालोकनिकेँ गुरु गोविन्दक प्रति बादशाहक जे शान्तिपूर्ण ओ सन्धिक अनुकूल नीति छलैन्हि से पसिन्द नहि; मनहि मन ओलोकनि जरैत छलाह। ओ लोकनि जानि बूझिकेँ सिक्खलोकनिकेँ प्रकोपित करैत रहथिन्ह; सिक्खलोकनि सेहो बदला लेबासँ नहि चूकथि। गुरु एक गोट एहने झगड़ाकेँ फड़िछाबए मानसिंहकेँ पठाओल। ओ बुद्धिमान् छलाह, चतुर छलाह। मुदा हुनक शान्तिपूर्ण उद्देश्यक सम्मान कतएसँ करितैन्हि, उलटे एक जन मोगल सैनिक हुनक हत्या कए बैसल। चमकौरक युद्धक पश्चात् मानसिंह सतत गुरुक संग रहैत आएल छलाह अतएव हुनक हत्यासँ गुरुकेँ मर्मान्तिक पीड़ा भेल। बादशाहकेँ जखन ई वार्त्ता भेल तँ ओहो अत्यन्त दुःखी भेलाह। जे हत्या कएने छलाह से पकड़ल गेलाह ओ गुरु गोविन्दसिंहक ओहिठाम पठाए देल गेलाह जे गुरु हुनका उचित दण्ड देथिन्ह। मुदा गुरु हुनका क्षमा कए देल ओ हुनका अपन खीमा आपस पठाए देल।

जयपुर, जोधपुर ओ चित्तौरक राजधानी नगर होइत जखन गुरु गोविन्दसिंह जाइत छलाह तँ राजपूत महाराजलोकनि अपन अपन दूत पठाए हुनका भक्ति समर्पित कएल। खीमा नर्मदा पार कए दक्षिण पहुँचल ओ आओर दक्षिण नन्देरक दिशि प्रस्थान कएलक। नन्देर गोदावरीक तट पर अवस्थित नगर छल। ई घटना 1708 ई.क सितम्बर मासक थिक। बादशाहक संग गुरुक वार्त्तालाप कोनो निश्चय पर नहि पहुँचए। हुनका बोध भेल जे बादशाह बात टारि रहल छथि। विशेषतः जखन स्वर्गीय बादशाहक राजत्वकालमे जे अत्याचार भेल छल ताहि प्रसङ्ग वार्त्तालाप होअए लागए तँ बादशाह ओकरा अनठाए देथि। गुरुकेँ एहनो बोध होइन्ह जे सरहिन्दक सूबादार वजीर खाँ सदृश धर्मान्ध मण्डलेश्वर सबहिक विरुद्ध कोनो क्रिया करबामे बादशाह अपनाकेँ निस्सहाय ओ तेँ अक्षम बुझैत छथि। तेँ गुरुकेँ होइन्ह जे ई वार्त्तालाप जारी रखबामे कोनो फल नहि अछि।

नन्देर पहुँचला उत्तर गुरु गोविन्दसिंह एक गोट वैरागी साधु माधो दासक आश्रम गेलाह। लोक कहैत छल जे माधोदासकेँ अलौकिक सामर्थ्य छैन्हि। गुरु जखन आश्रम पहुँचलाह तँ माधोदास ओतए उपस्थित नहि रहथि। अपने गुरु हुनक शय्या पर जाए पड़ि रहलाह ओ हुनक प्रतीक्षा करैत रहलाह। गुरुक सहचर सिक्खलोकनि ओतए एकटा बकड़ाकेँ मारि ओकरा रातुक भोजनक निमित्त

रान्हए लगलाह। माधेदास जखन अएलाह तँ आश्रमकेँ अपवित्र कएलक तेँ क्रोधसँ बताह भए गेलाह ओ आगन्तुककेँ ओकर धृष्टताक हेतु भर्त्सना करबाक हेतु जेना जरैत छलाह। मुदा हुनक आँखि गुरुक ऊपर गेल की लगले जेना हुनक क्रोध विलाए गेल। हुनक इन्द्रजाल विद्या, जकर हुनका बड़ अभिमान, सेहो जेना लुप्त भए गेल, ओ गुरुक पाएर पर खसि पड़लाह ओ अपनाकेँ हुनक बन्दा अर्थात् दास घोषित कएल। दूनू गोटाक ई छोट संवाद अहमदशाह वतालिया अपन जिक्रे गुरुआँ वा इव्रुतिदाइ सिंघन वा मजहबे एशान नामक ग्रन्थमे उद्धृत कएने छथि। एकर आधार हुनका छलैन्हि अपन पूर्वजक लेख जे ओहि समयमे वर्त्तमान छलाह।

माधोदास—अहाँ के थिकहुँ?

गुरु गोविन्दसिंह—ओएह जनिका अहाँ चिन्हैत छिऐन्हि।

माधोदास—हम की जनैत छी?

गुरु गोविन्दसिंह—अपनहि मनकेँ पूछू।

माधोदास (किछु रुकिकेँ)—तँ अहाँ गुरु गोविन्दसिंह थिकहुँ?

गुरु गोविन्दसिंह—हँ।

माधोदास—अहाँ एतए किएक आएल छी?

गुरु गोविन्दसिंह— हम आएल छी जे अहाँकेँ अपना धर्ममे आनि अपन शिष्य बनाबी।

माधोदास—हमरा स्वीकार अछि, प्रभो। हम अपनेक वन्दा छी।

खालसाक विधिसँ खालसाक व्रत लए माधोदास खालसाक संघमे दीक्षित भए गेलाह ओ हुनका गुरुवख्श सिंह नाम देल गेल। गुरु अपना तरकशसँ बहार कए पाँच गोट शर हुनका देलथिन्ह तथा अपन एक गोट विश्वस्त सिक्खकेँ संग कए हुनका पंजाब पठाए देलथिन्ह। हुनका आदेश देल गेलैन्हि जे प्रान्तीय सूवादार लोकनिक क्रूरता ओ अन्यायक विरुद्ध अहाँ आन्दोलन करू, अभियान राखू। ओ वन्दासिंह कहाए प्रसिद्ध छलाह, दीक्षाक नामसँ अधिक लोकप्रिय हिनक इएह नाम भेल। ई वजीरखाँकेँ शास्ति देल, सरहिंद लूटि लेलैन्हि ओ बारंबार हरबैत हरबैत ई मोगल शासनक नींवकँ डोलाए देलैन्हि। अन्तमे बन्दाखाँ पराभूत भेलाह, पकड़ल गेलाह ओ 1715 ई. मे दिल्लीमे हिनक निर्मम हत्या कएल गेल।

नन्देरमे गुरु गोविन्दसिंह जाहि प्राकृतिक प्रतिवेशमे छलाह से हुनका बड़ सुन्दर लगैन्हि। जन्म भरि ओ जतए जतए रहल छलाह सब ठाम बहैत धारक मधुर संगीत हुनक कानकेँ तृप्त करैत छल। पटनामे हुनक जन्म भेल ओ पटनामे गंगा छलीह, आनन्दपुरमे सतलज तथा पउन्टामे यमुना। नदीक कातक वास हुनका बड़ आकृष्ट करए। तेँ नन्देरक शान्त नगर, मंद मंद बहैत औँघाएल जेना रहए तेहन गोदावरीक तट पर, हुनका उचिते मनोरम प्रतीत भेल। ओ निश्चय कएल

जे एतए एहि जाएब। मुदा एहि पृथिबी पर आब हुनका यापन करबाक हेतु बहुत दिन अवशिष्ट नहि छलैन्हि।

बादशाह बहादुर शाह जे गुरु गोविन्दसिंहक संग मिलानक वार्त्तालाप करथि, मैत्रीपूर्ण व्यवहार करथि, ताहिसँ सरहिन्दक सूबादार नवाब वजीर खाँ बड़ शंकाकुल भए गेलाह। दूनू गोटे संगहि जे दक्षिणक हेतु प्रस्थान कएल ताहिसँ ओ आओर ईर्ष्यालु भए उठलाह। अतएव अपन दू गोट विश्वस्त लोकके भार देल जे यावत् एहि दूनू जनक बढ़ैत मैत्री हमर किछु अनिष्ट करबामे सक्षम होइत अछि ताहिसँ पूर्वहि गुरु पञ्चत्वके प्राप्त कए जाथि से करह। दूनू पठान चुपचाप गुरुक पाछाँ विदा भेल ओ नन्देरमे ओ गुरुक संग भेल। ओ बहुधा सिक्खक खीमा पर जाए ओ गुरु तथा गुरुक अनुचरलोकनि सबसँ घनिष्ठ रूपे परिचित भए गेल। एक राति जखन गुरु रहिरास पाठ कए अपन कमरामे विश्राम करए पड़लाह तँ एक गोट पठान हुनका पर झपटल ओ अपन छूरा गुरुक हृदयक लग वामा भाग भोंकि देल। यावत् ओ दोसर प्रहार करए तावत् तँ गुरु अपन खड्गसँ ओकरा मारि खसाओल। हल्ला सूनि जे सिक्खलोकनि ओतए दौड़लाह तनिक तरुआरिक तरमे पड़ि दोसरो पठान मारल गेल।

ई समाचार जखन बहादुरशाहके पहुँचल तँ ओ अपन सिद्धहस्त अस्त्रवैद्यलोकनिके, सर्जनके, गुरु गोविन्दसिंहक चिकित्साक हेतु लगले पठाओल। गुरुक घाओ छूटिओ गेलैन्हि। मुदा किछुए दिन उत्तर ओ एक गोट सशक्त धनुषके चढ़बैत छलाह; एही आयासमे घाओ फाटि गेलैन्हि ओ बहुत शोणित बहलैन्हि। शरीर तँ गुरुक जर्जर छलैन्हिए, एहन प्रचण्ड समयसँ ओ उवरिके आएल छलाह। एहि रक्त-क्षयक प्रतीकार नहि छल।

गुरु अपन सिक्खलोकनिके अपना समीप बजाओल। ओ सबके स्मरण करबैत कहल, "अकालक जे इच्छा से तँ सब समयमे सब अवस्थामे सबके खुशी खुशी मानबाक चाही। ईश्वर सिरजनिहार थिकाह, पालनिहार थिकाह आ ओएह टा अमर छथि, अक्षय छथि। स्मरण राखू जे ओही अविनश्वर परमेश्वरक प्रकाश, जकर गुण थिकैक सत् चित् ओ आनन्द, अहाँ लोकनि प्रत्येकक अन्तःकरणमे उद्भासित अछि। तें प्रतिक्षण प्रसन्न रहू, विषादके मनमे आश्रय नहि दिअ। सत्य नाम मन राखू, खालसाजी। अहाँलोकनिके हम अमरत्वक संग जोड़ि देल अछि, अमर परमेश्वरक हाथके दए देल अछि। ग्रन्थ साहेब पढ़ू अथवा सुनू। ताहीसँ अहाँलोकनि शान्ति लाभ करब, सान्त्वना प्राप्त करब।"

अपन अनुयायी लोकनिक सङ्ग अपन शाश्वत सम्बन्धके मोहर दएके जेना पक्का करैत गुरु गोविन्दसिंह अंतिम घड़ीमे जे केओ ओतए रहथिन्ह सबके संबोधन कए कहल—"जतए कतहु पाँच जन एहन सिक्ख छथि जे ग्रन्थ साहेबसँ प्रेरणा ग्रहण करैत छथि ओ तदनुकूल अपन आचरण रखैत छथि, विश्वास राखू जे

ततए हम हुनकालोकनिक मध्यमे छी। गुरु नानकक समयसँ लएकें अपन गुरु लोकनिक इतिहास पढ़ू। आइसँ गुरु भेलाह खालसा आ खालसा भेलाह गुरु।"

गुरु तदुत्तर स्नान कएल। वस्त्र बदलल। जपजी पाठ कएल। प्रातःकालीन स्तुति पाठ कएल, अर्दास पढ़ल। तदुत्तर ग्रन्थसाहेबक विधिवत् प्रतिष्ठा भेल, ओ गुरु बनाओल गेलाह ओ घोषणा कएल जे सिक्खलोकनिक गुरु हमर परोक्षमे ग्रन्थ साहेब होएताह। ओहिमे जे उपदेशामृत छैक ताहिमे हमर आत्मा निहित रहत, हमरासँ पूर्वहुक सब गुरुक आत्मा ओहीमे निहित भेटत।

एहि प्रकारें सिक्ख सम्प्रदायक गुरुपरम्परा आबि गुरु ग्रन्थ साहेबकें प्राप्त भेल ओ खालसाक संग-संग गुरुग्रन्थ साहेब सिक्खधर्ममे गुरुक व्यक्तित्वक प्रतीक सम्मान्य भए गेलाह। सम्पूर्ण सिक्ख-समाज अर्थात् पन्थक सामूहिक इच्छा जकरा गुरु ग्रन्थ साहेबमे निहित उपदेशसँ प्रेरणा भेटैक—इएह भेल अधिकार-प्राप्त; प्रामाणिक गुरु जनिका सब दिनक हेतु खालसाक मर्यादा ओ ओकर अखण्डता एवं नैष्ठिकताक रक्षाक भार रहतैन्हि।

समवेत सिक्ख लोकनिसँ अन्तिम विदा लैत गुरु गोविन्द सिंह बड़े उल्लाससँ अभिवादनक मन्त्र बाजि उठलाह—वाहि गुरुजी का खालसा वाहि गुरुजी की फतेह। सिक्खलोकनि हुनकासँ अधिक आओर ककरहुमे अनुरक्त नहि छलाह; हुनक प्रदर्शित मार्ग पर अपूर्व साहस प्रदर्शित कएने छलाह; एतेक उपलब्ध कएने छलाह ओ हुनका हेतु कोनहु त्याग वा बलिदानकें ने पैघ बुझल ने असम्भवे। ओहो लोकनि एक स्वरसँ प्रत्यभिवाद न मे उद्घोष कएल—"वाहि गुरुजी का खालसा, वाहि गुरुजी की फतेह।" एही स्वरसंघोषमे ओ देह त्याग कएल। 1708 ई.क सात अक्टूबरक निशीथोत्तर प्रथम प्रहर बितैत छल।

एहि प्रकारें एहि संसारक क्षेत्रसँ सर्वदाक हेतु चल गेलाह एक महाजन जे मानव जातिकें शिक्षा देल, नवजीवन प्रदान कएल, जे मूर्धाभिषिक्त देवदूत छलाह, लोककें ईश्वरक विधान ओ इच्छा प्रकट कए देल, जे अपन जीवनसँ प्रदर्शित कएल जे मानव-आत्मासँ परदुःखकातरता एवं परार्थ तथा शूरत्वक कार्य सम्पादनमे कतेक दूर धरि सम्भावना छैक, मनुष्यजातिकें जे सबसँ पैघ ओ सबसँ अधिक मूल्यवान् वस्तु बुझल छैक तकर प्रतिपादनार्थ कतेक धरि त्याग ओ बलिदान सहल जाए सकैत अछि।

शव-दाहक निमित्त सिक्खलोकनि आयोजन कएल। गुरुक पवित्र पार्थिव शरीर चिता पर राखल गेल जे चारू दिशिसँ तम्बूक दीवाल ठाढ़ कए घेड़ि लेल गेल छल। धर्म-मन्त्रक पाठक मध्यमे चितामे अग्नि लगाए देल गेल। सोहिलाक पाठ भेल; कराह प्रसाद बाँटल गेल। पंजाबसँ सुदूर, ओ गुरुक उपस्थितिसँ विहीन सिक्खलोकनि तेहन शून्यताक अनुभव कएल जे गुरु नानकक समयसँ आइ धरिक इतिहासमे हुनकालोकनिकें कहिओ बुझल नहि छल। परन्तु हुनकालोकनिकें

गुरुक कथा स्मरण छलैन्हि जे अपनाकेँ खालसामे विलीन कए समस्त पंथकेँ गुरुत्व प्रदान कएने छलाह। गुरु हमरा लोकनिसँ अभिन्न छथि ई ज्ञान हुनकालोकनिकेँ पुनः उत्साह प्रदान कएलक, हुनकालोनिक सामूहिक चेतनामे परिव्याप्त भए गेल। इएह थिकैन्हि सिक्ख जातिक जीवन्त विश्वास जाहिसँ हुनकालोकनिक इतिहास गढ़ल गेल अछि ओ मानवता, प्रतिष्ठा ओ स्वातन्त्र्यक हेतु मानवजातिक इतिहासमे सबसँ उज्ज्वल प्रयासक मार्ग प्रशस्त कएलक अछि।

(**हरवंश सिंह** लिखित **गुरु गोविन्द सिंह**, जीवनचरित, गुरुगोविन्द सिंह प्रतिष्ठान, चंडीगढ़, 1966)

❑❑❑

आचार्य रमानाथ झा रचनावली-2

आचार्य रमानाथ झा रचनावली-2

मैथिली साहित्य

संकलन-सम्पादन

मोहन भारद्वाज

वाणी प्रकाशन

वाणी प्रकाशन
ज्ञान के विविध आयामों के प्रकाशक
वाणी प्रकाशन का 'लोगो' विख्यात चित्रकार मक़बूल फ़िदा हुसेन की कूची से

वाणी प्रकाशन, 4695, 21-ए, दरियागंज, नयी दिल्ली-110002
वाणी प्रकाशन, अशोक राजपथ (पटना कॉलेज के सामने), पटना (बिहार)

AACHARYA RAMANATH JHA RACHNAWALI-2

by Aacharya Ramanath Jha

Edited by Mohan Bhardwaj

Complete work of Ramanath Jha

ISBN : 978-93-5000-210-0

सी.आई.आई.एल. के सहयोग से प्रकाशित

आवरण : छवि झा

प्रथम संस्करण

मूल्य : 5000/-

वाणी प्रकाशन
फोन : **0091#11#23273167, 23275710**
फैक्स : **0091#11#23275710**
वेबसाइट : **www.vaniprakashan.in**
ई-मेल : **vaniprakashan@gmail.com**
vani_prakashan@yahoo.com

आर.टेक ऑफसेट प्रिंटर्स द्वारा दिल्ली-110095 में मुद्रित

The 'Rachnavali' is dedicated to Late Durganath Jha (1946-2005), son of Acharya Ramanath Jha, whose painstaking efforts have made its publication possible

अनुक्रम

प्राक्कथन

आचार्य रमानाथ झा रचनावलीक प्रस्तुत खण्ड मैथिली साहित्य सँ सम्बद्ध आछि। एहि सँ मैथिली साहित्यक स्वरूप आ दिशा स्पष्ट होइत अछि। रमानाथ झा केँ मैथिली साहित्यक रचनात्मक संवेदना सँ आत्मिक सम्पृक्ति छलनि। तेँ साहित्यिक विषय पर ओ जखन-जे लिखलनि से पूर्ण गम्भीरता सँ, मनोयोगपूर्वक। विषयवस्तुक व्यापकता विचारक गहनता आ विचार-पद्धतिक प्राञ्जलता केँ परिमित नहि कयलक। एकर कारण स्पष्ट अछि। साहित्यिक विषय पर जखन-तखन निबन्ध लिखब एक बात थिक, सम्बद्ध साहित्यक मानचित्र केँ सोझाँ राखि विचार-विमर्श करब दोसर बात। रमानाथ झा मैथिली साहित्यक सम्पूर्ण परिदृश्य केँ, ओकर परम्परा आ प्रस्थान केँ दृष्टि-पथ मे राखि क' लिखैत छलाह। निबन्ध-लेखन भने खण्ड-खण्ड मे होइत हो, ओकर पाछाँ कार्यरत दृष्टि अखण्ड रहैत छल। रमानाथ झाक लेल साहित्यपरक तथ्यात्मक विवरण ओतेक महत्वपूर्ण नहि छल जतेक रचनात्मक विशेषता। तेँ ओ रचनाक प्रवृत्तिमूलक अध्ययन आ विवेचन करैत छलाह। प्रवहमान साहित्यधारा मे ओकर मूल्यवत्ता तकैत छलाह। ई तथ्य हुनक प्रकीर्ण निबन्ध मे, छोटो आकारक रचना मे, परिलक्षित होइत अछि। तेँ हुनक स्फुट निबन्ध केँ ऐतिहासिक अन्विति देब जरूरी अछि। तखने ओकर प्रासङ्गिकता, अर्थवत्ता तथा महत्ता पूर्णतः प्रकट होइत अछि।

मैथिली साहित्य पर केन्द्रित एहि खण्डक रचना केँ ऐतिहासिक सङ्गति देबाक प्रयास कयल गेल अछि। रचनाक क्रमनिर्धारण एहि प्रकारेँ भेल अछि जाहि सँ मैथिली साहित्यधारा केँ, ओकर आरोह-अवरोह केँ, तीव्र आ मन्द गति केँ, अनायास आँकल जा सकथ। रमानाथ झा मैथिली साहित्यक इतिहास लिखने छलाह। आब ओ उपलब्ध नहि अछि। किन्तु, मैथिली साहित्यक इतिहास-लेखनक प्रसङ्ग हुनक सुचिन्तित विचार आ रूपरेखा डा. दुर्गानाथझा 'श्रीश' लिखित मैथिली साहित्यक इतिहासक 'आमुख' मे भेटैत अछि। भूमिका-रूप मे प्रकाशित ई निबन्ध मैथिली साहित्यक घर-आङ्गन मे जयबाक प्रवेश-द्वार थिक। तकरा बाद प्राचीन मैथिली साहित्यक रूपरेखा केँ देखैत-परखैत अबैत छी ज्योतिरीश्वरक, रचना-संसार मे।

रमानाथ झा ज्योतिरीश्वर कें 'भाषा-साहित्यक इतिहास मे नवयुगक प्रवर्त्तक' कहलनि अछि। ओ मैथिलिए नहि, समस्त पूर्वाञ्चलक प्रथम गद्य-ग्रन्थकारक रूप मे मान्य छथि। हुनक पश्चात विद्यापतिक दीर्घ काल-खण्ड प्रारम्भ होइत अछि। रचनावलीक प्रथम खण्ड विद्यापति सँ सम्बन्धित अछि, तेँ एहि खण्ड मे हुनका पर केन्द्रित रचना नहि अछि। किन्तु, विद्यापतिक अभाव मे मैथिली साहित्यक परिकल्पना नहि भ' सकैत अछि। यैह कारण थिक जे मैथिली काव्यधाराक पुरोधाक रूप मे विद्यापति कें एहि खण्ड मे सेहो राखल गेल अछि। विद्यापति ठाकुर सँ नवीन-गीत धरिक काव्य-रचनाक विवेचन-विश्लेषण वस्तुतः मैथिली साहित्यक प्रवृत्तिक निरूपण थिक। एहि प्रसङ्ग सर्वाधिक महत्वपूर्ण अछि हिन्दी मे लिखित दीर्घ निबन्ध मैथिली मे कृष्ण-काव्य। ई निबन्ध मैथिली साहित्यक प्रवृतिमूलक इतिहास थिक। मिथिलाक ओ मैथिलीक पाठक कें रचनावलीक माध्यम सँ ई रचना पहिल बेर उपलब्ध भ' रहल अछि। एहिना रचनावली मे सङ्कलित अछि अङ्‌रेजी मे लिखित एकटा अप्रकाशित रचना—*इम्पैक्ट ऑफ लेनिन ऑन मैथिली लिटरेचर*। साहित्य अकादेमी, नयी दिल्ली द्वारा आयोजित *लेनिन ऐंड इण्डियन लिटरेचर* विषयक सङ्गोष्ठी मे पठित ई आलेख रमानाथझाक अध्ययन एवं चिन्तनक अप्रतिम दृष्टान्त अछि।

मैथिली नाटकक प्रसङ्ग आचार्य रमानाथझाक मान्यता सर्वविदित अछि। हुनक कथन छनि—"मिथिलाक त्रैभाषिक नाटक, संस्कृत-प्राकृत-मैथिली नाटक कें हमरा विचारेँ मैथिली नाटक कहब आग्रह मात्र थिक, शुद्ध प्रचार थिक।" मिथिला मे लिखित त्रैभाषिक नाटक कें ओ मैथिलीक नहि, संस्कृतक नाटक मानैत छथि। हुनक मतानुसार "आसाम ओ नेपालक रचना छोड़ि मैथिली नाटकक रचना सर्वप्रथम कविवंर जीवनझा कएलनि ओ हुनक नाटक मैथिली साहित्यक हेतु नव वस्तु भेल।" एहि सम्बन्ध मे रमानाथझाक विचार कें यथावत, विस्तार सँ जनबाक लेल नाटक विषयक हुनक समस्त रचना कें एकठाम राखल गेल अछि।

रमानाथ झा मैथिली साहित्यक निविष्ट गद्यकार तँ रहबे करथि, मैथिली गद्य ओ गद्य-साहित्यक मर्मज्ञ सेहो रहथि। मैथिली गद्यक प्रसङ्ग हुनक दूटा रचना अछि—मूलतः एकटा भूमिका अछि आ दोसर भाषण। मैथिलीक वाचिक आ साहित्यिक गद्यक भिन्नता कें स्पष्ट करैत साहित्यिक गद्यक आरम्भ, ओकर स्वरूप, ओकर विकास-क्रम, ओकर गुण आदि बिन्दु पर विचार कयल गेल अछि। मैथिलीक प्राचीन गद्य-लेखनक उदाहरण दैत, आधुनिक गद्य-साहित्यक स्वरूपक विश्लेषण करैत, ओ जे निष्पत्ति देलनि अछि से थिक—"ई धारणा सर्वथा भ्रान्त थिक जे अपन भाषा मे साहित्य-सर्जन करबाक हेतु ओहि भाषाक व्यवसाय करब, ओकरा सीखब आवश्यक नहि छैक।"

मैथिली साहित्य मे आलोचना विधा कें प्राण-प्रतिष्ठा देबाक श्रेय आचार्य रमानाथ झा कें छनि। मैथिली समालोचनाक स्वरूप-निर्धारण आ तकर निदर्शन सँ

ओ मैथिली साहित्य मे समीक्षाक सूत्रपाते नहि, एकटा युगक निर्माण सेहो कयलनि। रमानाथ झा मैथिली आलोचनाक युग-पुरुष छथि। समीक्षा-शास्त्रक, समीक्षा-कर्मक जे स्वरूप, जे प्रतिमान ओ स्थापित कयलनि अछि से युग-युग धरि मैथिली समालोचकक, साहित्यकारक पथ-प्रदर्शक बनल रहत। उल्लेखनीय अछि जे रमानाथ झा मैथिली साहित्यक कोनो काल-खण्डक विशेषज्ञ बनि क' नहि, सम्पूर्ण साहित्यक मर्मज्ञक रूप मे साहित्यालोचन कयलनि। ज्योतिरीश्वर आ विद्यापति पर लिखब हुनका लेल जतबे मनोनुकूल छलनि ततबे रुचिकर उपेन्द्रनाथझा 'व्यास' आ ललित वा राजकमल चौधरीक कृति पर मनोभाव व्यक्त करब रहनि। हुनका दृष्टि मे रचना कैं बुझबाक लेल रचनाकार कैं, ओकर परिवेश आ समय कैं जानब जतेक जरूरी अछि ताहि सँ बेसी महत्वपूर्ण अछि रचनाक प्रवृत्ति कैं फरिछयब। ई काज ओ स्वतन्त्र समीक्षा-निबन्ध मे तँ करबे कयलनि, भूमिका-लेखनक माध्यम सँ सेहो कयलनि अछि।

रमानाथ झा लिखित भूमिका पर ध्यान दैत छी तँ ओहि मे प्रकृतिगत भिन्नता भेटैत अछि। ओ बहुत पोथीक भूमिका लिखने छथि। ओहि मे अपन आ अनकर—दुनू प्रकारक पोथी अछि। अधिकांश पोथी एहन अछि जकर भूमिका केवल कृति आ कृतिकार पर केन्द्रित अछि। किन्तु किछु एहनो भूमिका अछि जाहि मे पुस्तक आ ओकर लेखकक अतिरिक्त पुस्तकीय विषय-वस्तु पर व्यापक परिप्रेक्ष्य मे विचार-विमर्श भेल अछि। फलतः सम्बन्धित पोथी जाहि विधाक कृति थिक-ताहि विधाक रचना कैं देखबाक-बुझबाक एकटा विस्तृत फलक स्वतः भेटि जाइत अछि। एहि कोटिक भूमिकाक प्रकृति, ओकर अन्तर्ध्वनि, समीक्षात्मक होइत अछि। *मैथिली प्राचीन गीत, मैथिली कथा-काव्य, मैथिली नवीन गीत, गोविन्ददासझा कृत शृङ्गार-भजन गीतावली, कृष्णजन्मक प्रसङ्ग, मैथिली गद्यक प्रसङ्ग, पवित्राक प्रसङ्ग, पृथ्वीपुत्रक प्रसङ्ग, विडम्बनाक प्रसङ्ग तथा ललका पागक प्रसङ्ग* मूलतः भूमिका थिक जकरा एहि रचनावली मे मैथिली साहित्य-धाराक प्रकरण-विशेष मे, निबन्ध रूप मे, राखल गेल अछि। रचनाक अन्त में स्रोतक उल्लेख सँ ओहि रचनाक भूमिका रूप मे प्रकाशित होयबाक सूचना भेटि जाइत अछि।

साहित्यक विकास मे मौलिक लेखनक सङ्ग सम्पादन आ अनुवादक सेहो महत्वपूर्ण भूमिका अछि। रमानाथ झा एहि तीनू क्षेत्र मे सक्रिय छलाह। हुनक सम्पादित कृति गुणवत्ता मे मौलिक कृतिक समतुल्य अछि। ओ छओ गोट काव्य-संग्रहक सम्पादन कयने छथि। सभ संग्रह मे कविताक सङ्ग कवि वा कवयित्रीक परिचय सेहो अछि। भाषा-गीत-संग्रहक परिशिष्ट मे उल्लिखित सताइस गोट कविक सूची ओ हुनक संक्षिप्त परिचय रचनावली मे यथावत अछि। मैथिली प्राचीन-गीत मे प्रत्येक गीतक व्यङ्ग्यार्थ-बोधिनी टिप्पणी देल गेल अछि। विद्यापतिक गीतक टिप्पणी रचनावलीक प्रथम खण्ड मे अछि। गोविन्ददासक टिप्पणीकार छथि सरसकवि ईशनाथझा। ओ एहि रचनावली मे समाविष्ट नहि अछि। शेष सभ टिप्पणी

गीत-संख्याक सङ्ग एहि मे सङ्कलित अछि। मैथिली पद्य-संग्रह, कविता-कुसुम तथा मैथिली कथा-काव्य मे मुख्यतः नवीन गीत अछि, नवयुगक काव्य-रचना अछि। एहि चारू काव्य- संग्रहक कवि-परिचय कैँ पुस्तकानुसार रखबा सँ बेसी नीक, उपयोगी आ युक्तिसङ्गत लागल कविक क्रमानुसार प्रस्तुत करब। तैँ चारू पोथीक कवि-परिचय कैँ एकत्र, समेकित रूप मे देल गेल अछि। प्रत्येक कवि-परिचयक स्रोतक उल्लेख अछि। कोनो रचना-संग्रह मे रचनाक क्रम-निर्धारण जतबे महत्वपूर्ण अछि ततबे समस्यामूलक सेहो। रमानाथ झा *नवीन गीतक* भूमिका मे एहि बिन्दु पर विचार कयने छथि। ककर कविता लेल जाय, कोन कविता लेल जाय—एहि दुनू विषय पर विचार कयलाक बाद ओ लिखने छथि, "तेसर विषय अछि एहि संग्रह मे सीरा आ भाठाक प्रश्न कैँ लए अर्थात् कोन कविक रचना पहिने अबैन्हि कोन कविक पश्चात्। एहि प्रसङ्ग एहि संग्रह मे बड़ अव्यवस्था अछि, कारण, एकर निर्णय करबाक हमरा कोनो आधार नहि छल। वयसक अनुसार स्थानक निर्णय करी से प्रायः सर्वमान्य होइत, परन्तु यदि केओ थोड़हि वयस सँ रचना करैत छथि तँ हुनक स्थान ओही वयसक दोसर कवि सँ पूर्व होएबाक चाही जे पछाति आबि कविता रचए लगलाह अछि। परन्तु मैथिलीक कवि-लोकनिक जन्म-तिथिओ सुलभतया प्राप्त नहि अछि।" रचनावली मे, तथापि, *नवीन गीतक* कवि-क्रम कैँ आधार बनाओल गेल अछि। एकर एकटा मुख्य कारण ई अछि जे नवीन गीतक अट्ठाइस कवि, राजकमल चौधरीक बादक कवि, अन्य तीनू संग्रह मे नहि छथि।

रचनावलीक सम्पादन मे एतेक समय लागत तकर अनुमान हमरा नहि छल। ओना तँ कतेक प्रकारक विघ्न-बाधा भेल, मुदा विलम्बक मुख्य कारण अछि रचनाक अनुपलब्धता। मैथिली-संसार मे पुस्तकालयक अभाव, पुस्तकालय मे पोथी आ पत्र-पत्रिकाक अभाव सर्वविदित अछि। किन्तु अभावग्रस्त पुस्तकालय मे व्यवस्थाक अभाव, सहयोगक इच्छाक अभाव सेहो छैक ई कोनो भुक्तभोगिए कहि सकैत अछि। हम मुदा से सभ नहि कहब। अपेक्षित पोथी-पत्रिका रखनिहार एहन साहित्यजीवी मित्रलोकनिक मादे सेहो हम किछु नहि कहब जनिका आब लाथ करबा मे लाज होइत छनि। दुख एतबे अछि जे एहि खण्डक किछु एहन रचना अन्ततः उपलब्ध नहिए भेल जकर लेखन-प्रकाशनक सूचना अछि।

हमरा तैयो सन्तोष अछि। एहनो सुहृद् साहित्यकार भेटलाह अछि जे स्वतः, उपकरि क' रचनाक सूचना देलनि अछि, रचनो देलनि अछि। मुक्तभाव सँ कयल गेल हुनक सहयोगक प्रति हम नतशिर छी। हम अनुगृहीत छी भीमनाथझाक अनुबन्धक सम्बन्ध सँ। हुनक सहभागिता, अनुरागी स्वभावक स्निग्धता कैँ शब्दक सीमा मे समेटब सम्भव नहि अछि। हम आभारी छी साहित्य अकादेमीक श्री एम. एच. वेङ्कटेश्वरनक जे हमरा रमानाथझाक दुर्लभ निबन्ध उपलब्ध करौलनि। श्री

नरेन्द्रझा, डॉ. उमाकान्त, डॉ. विभूति आनन्द, पशुपतिनाथझा, श्री अशोक कुमार ठाकुर डॉ नीताझा, डॉ रमणझा, डॉ फूलचन्द्र मिश्र 'रमण', डॉ देवशङ्कर नवीन तथा केदार कानन सदृश सहधर्मी लोकनिक प्रति कृतज्ञता-ज्ञापन हमर कर्त्तव्य थिक। दमन कुमारझा तथा अशोक कुमार मेहताक सक्रियता हमरा हेतु सुविधाजनक भेल अछि। अशोक तँ सहवर्त्ती-सहभागी छथि। विचार-विनिमय, शङ्का-समाधान होइते रहैत अछि। ओकर लेखा-जेखा कतेक राखल जाय?

एहि अवसर पर हमरा फेर मन पड़ि रहल छथि दुर्गानाथजी। मैथिली प्राचीन गीतक भूमिका मे रमानाथ झा अपन एहि पुत्रक साहित्य-दृष्टिक उल्लेख कयने छथि। आचार्य रमानाथ झा रचनावलीक प्रकाशनक प्रस्ताव जखन हम हुनका लग रखलियनि तँ ओ अत्यन्त आह्लादित भेलाह। तकरा बादे ओ सक्रिय भेलाह आ रचनावलीक गाड़ी कैं रस्ता पर अनलनि। बहलमानीक भार हमरा देलनि। आइ ओ नहि छथि, मुदा हुनक पुत्र सुमनजीक उत्साह आ कर्मठता देखि ओ बेर-बेर मन पड़ैत रहैत छथि। डॉ. प्रभाकरझा कैं हम् धन्यवाद की देबनि। संयोग कहबाक चाही जे ओ पटना आबि गेलाह आ हुनक सुरुचि-सम्पन्न वैदुष्यपूर्ण सहकारिता सँ रचनावली समृद्ध भेल।

—मोहन भारद्वाज

शिवपुरी, पटना
25 मार्च, 2007

मैथिली साहित्यक इतिहासक प्रसङ्ग

चालीस वर्ष सँ ऊपर भेल—ठीक-ठीक तैंतालिस वर्ष भेल जे हम जखन ताहि दिनुक जी. बी. बी. कॉलेजक छात्र रही मुजफ्फरपुरक मैथिल छात्र-संघक हेतु अपन मित्र बेतिआ प्रान्तक धमौरा गामक वासी श्री भुवनेश्वरझाक प्रोत्साहन सँ मैथिली मे साहित्यक इतिहास लिखने रही। एहि तैंतालिस वर्षमे मैथिली साहित्य बड़ प्रगति कएलक अछि ओ विश्वविद्यालय सब मे स्नातकोत्तर कक्षा धरि मैथिलीक अध्यापनक व्यवस्था भेला सँ मैथिलीक अध्ययन दिनानुदिन वृद्धयुन्मुख भए रहल अछि। अनेक शोधग्रन्थ लिखल गेल अछि जाहि मे ऐतिहासिक सामग्री तँ सबमे थोड़-बहुत अछिए मुदा कए गोट तँ विशुद्ध इतिहासे थिक। ओना मैथिली मे एको गोट शोधप्रबन्ध प्रकाशित नहि भेल अछि, मुदा डॉ. जयकान्त मिश्रजीक शोधप्रबन्ध मैथिली साहित्यक इतिहास अंगरेजी मे प्रकाशित अछि। ओही आधार पर मैथिली मे लिखल श्री कृष्णकान्त मिश्रजीक इतिहास सेहो प्रकाशित अछि। डा. बालगोविन्दझाक एक गोट छोट इतिहास सेहो प्रकाशित अछि मुदा ई अत्यन्त संक्षिप्त अछि। फलतः श्री जयकान्तबाबूक ग्रन्थ प्रामाणिक इतिहास प्रस्तुत करैत अछि, यद्यपि ओकरो दोसर खण्ड ने ओतेक पूर्ण अछि ने प्रामाणिक। तेँ स्वतन्त्र रीतिसँ लिखल ई इतिहास ग्रन्थ विशेष उपादेय सिद्ध होएत ओ जेँ ई मैथिली मे लिखल अछि तेँ छात्रलोकनि सँ अतिरिक्तो साधारण पाठकक हेतु ई उपकारक हो से आशा कएल जाए सकैत अछि, यद्यपि मुख्यतः इहो इतिहास छात्रहि लोकनिक हेतु लिखल गेल अछि। हमरा मनोरथ जे साधारण पाठकक हेतु मैथिली साहित्यक एक गोट एहन इतिहास लिखल जाइत जाहिमे एहि साहित्यक विकासक चित्र मात्र अंकित रहैत; इतिहासक नाम ओ अङ्क ओतेक नहि रहैत। परन्तु से ई भेल नहि। साहित्य अकादेमी एहि रूपक एकटा इतिहास प्रस्तुत कराए रहल अछि परन्तु से होएत अंगरेजी मे, पछाति ओकर अनुवाद भाषान्तर मे भए जाओ।

परन्तु मैथिली साहित्यक जे इतिहास लिखल गेल अछि ताहि सँ हमरा पूर्ण सन्तोष नहि होइत अछि। मैथिलीक साहित्य बड़ पुरान थिक ताहि मे कोनो सन्देह नहि परन्तु एहि साहित्यक विकास बहुत दिन धरि अवरुद्ध रहल जकर फलस्वरूप

मैथिली कैँ ओ मान्यता प्राप्त नहि भए सकलैक जे एहि सँ कतोक नव साहित्य सब कैँ भेटि सकलैक। विद्यापति हमर भाषाक महाकवि छथि ओ भारतक एहि पूर्वाञ्चलमे ओ पहिल महाकवि भेलाह जनिक रचना सँ प्रेरणा लए, जनिक रीतिक अनुसरण कए, जनिक आदर्श कैँ समक्ष राखि एहि अंचलक भाषा-साहित्यक विकास भेल अछि। मुदा विद्यापतिक पश्चात् हमरालोकनि कैँ चन्दाझा भेटैत छथि। मध्यक पाँच सए वर्ष अनुकरणक युग रहल जाहि मे साहित्यक कोनो प्रगति नहि भेल। निश्चय एहि पाँच सए वर्ष मे सैकड़ो हिसाब सँ कवि भेलाह अछि, हजारक हिसाब सँ गीत रचल गेल मुदा साहित्यक प्रगति की भेल? विद्यापतिक जे गीत बड़ लोकप्रिय भेल, भावक दृष्टि सँ किंवा भासक दृष्टि सँ, तकर रचना होअए लागल। दृष्टान्तक हेतु मानक गीत लिअ। विद्यापति खण्डिताक मानक अपनोदन मे वर्णन कएल जे भरि राति मनबैत बीति गेल, भोर होअए अबैत अछि, आबहु मान त्यागू। एहि रूपक गीत लोकप्रिय भेल। परिणाम भेल जे एहि पाँच सए वर्ष मे कए सए मानक गीत लिखल गेल होएत जकर भास भए गेल प्रभातीक। विद्यापति कतहु अपन गीतक नामकरण विषयक आधार पर नहि कएल मुदा विद्यापतिक परवतर्त्ती काल मे विद्यापतिक जे गीत तिरहुतिक नाम सँ कहल जाइत छल, अनेक नाम सँ अभिहित होअए लागल यथा—बटगमनी, मान, गोआलरी, नखशिख, दानलीला, रासलीला इत्यादि। मध्य-मध्य मे आनहु ठाम सँ गीतक भेदसब परिगृहीत भेल। मलार सूरदासक प्रभाव सँ आएल, सोहर मगही लोकगीतक प्रभाव थिक, होरीक प्रयोग सब सँ पूर्व गोविन्ददासझा कएने छथि, फागुक अर्थ ताधरि तन्नामक गीत नहि, अबीर छल। समदाउनि विशुद्ध मिथिलाक गीत छल जकर आभास हमरा लोकनिकैँ कालिदासक शकुन्तला नाटकक चारिम अंक मे भैटैत अछि, विद्यापति समदाउनिक गीत अवश्य रचने होएताह, परन्तु व्यवहारक गीतक रूप मे ई मौखिक रहि गेल। विद्यापतिक किछु उचिती ओ एक गोट मात्र योगक गीत उपलब्ध भेल अछि। हमर कहबाक अभिप्राय जे जाहि गीतकाव्यक विद्यापति चौदहम शताब्दी मे प्रतिष्ठा कएल सएह गीतिकाव्य मैथिलीक साहित्य रहल। कवीश्वर चन्दाझा आबि ओकरा मे नूतनता आनल, नहि तँ पाँच सए वर्ष धरि ओएह एकेटा मैथिली रचनाक रीति रहल ओ यदि कही जे एकर मूल प्रेरक सङ्गीत छल, काव्य नहि, तथापि कोनो अत्युक्ति नहि। नारी-समाज मे गीतक अर्थ सँ ककरहु प्रयोजन नहि होइन्ह, सब गीतक सङ्ग-सङ्ग ओकर भास सीखथि। ई कोनहु इतिहास मे परिच्छिन्न कए वर्णित कहाँ भेटैत अछि? कविक नाम गनओने, हुनक परिचय किंवा समय उपलब्ध कएने इतिहास भए गेल से हम नहि मानैत छी।

साहित्यक इतिहास मे जनमानसक भावनाक चित्रण होएबाक चाही, परन्तु मैथिली साहित्य तँ जनमानस सँ क्रमशः दूर होइत नितान्त वर्गीय भए गेल जाहि कारणे आधुनिक काल मे यत्र-तत्र उपालम्भ सुनए पड़ैत अछि जे ई मैथिल ब्राह्मण ओ करण कायस्थक साहित्य थिक। मिथिला मे जनभाषा मे साहित्याराधना द्विजेतर

जातिक द्वारा आरम्भ भेल छल ओ तकरा महामहोपाध्याय परमेश्वरझा धरि गमैया भासक गीत कहि कहार-बेगारक मनोरञ्जनक वस्तु वर्णित कएल। ज्योतिरीश्वर पहिल पण्डित ब्राह्मण छलाह जे मैथिली मे अपना नाम सँ व्यक्त रूपेँ रचना कएल। विद्यापति जनमानसक तुष्टि कएल। ततबे वस्तु लिखल जकर रसास्वादन मे जाति-वर्ण-धन-शिक्षा-लिङ्ग कोनहु कारण सँ अन्तर नहि हो ओ तँहि तँ ओ देश-विदेश सर्वत्र पूजित भेलाह। मुदा हुनका उत्तर? पाँच सए वर्ष मे पण्डित लोकनि मिथिलाभाषा केँ हथिआए एकर विकासक मार्ग केँ अवरुद्ध कएने रहलाह। ई सांस्कृतिक अपकर्षक लक्षण थिक ओ पक्षधर मिश्रक पश्चात् मिथिलाक सांस्कृतिक उत्कर्ष ह्रासोन्मुख रहल ई कथा सर्वविदित अछि।

एहि मध्य मे दू जन महाकवि मैथिली काव्य-धारा मे मोड़ अनबाक चेष्टा कएल मुदा दुहू जन विफल भेलाह। गोविन्ददासझा मैथिली कविता-क्षेत्रमे मे महाप्रभु चैतन्यदेवक महापण्डित शिष्य लोकनि द्वारा स्थापित मधुर-रसक समावेश कएल मुदा मिथिलाक संस्कृतिक अनुकूल ओ वस्तु नहि छल ओ केओ दोसर कवि ओकर चेष्टो नहि कएल। मनबोध कृष्णचरितक शृङ्गार सँ भिन्न अंश केँ लए गोस्वामी तुलसीदासक रीतिक अनुसरण करैत बड़ लोकप्रिय काव्य लिखए लगलाह मुदा कविसमाज जे पण्डित-समाज छल हुनको गुण नहि चीन्हए लागल। दू सए वर्षक बाद कवीश्वर चन्दाझा सेहो ओहिना उपहासक पात्र होअए लगलाह परन्तु किछु तँ समयक प्रभाव, किछु ओहि वातावरणक प्रभाव जाहि वातावरण मे चन्दाझा लिखबाक उत्साह पबैत रहलाह, किछु हुनक विषयक प्रभाव—रामचरितक महत्वक प्रभाव जाहि प्रसङ्ग राष्ट्रकवि मैथिलीशरण गुप्तजीक उक्ति प्रसिद्ध अछि जे राम तुम्हारा चरित स्वयं ही काव्य है"—परन्तु सब सँ अधिक कवीश्वरक व्यक्तित्वक प्रभाव "जे ओ उपहास केँ प्रशंसा मे परिणत कए सकलाह, बान्हकेँ तोड़ि मैथिली साहित्यमे एक गोट नवीनता आनि सकलाह, स्वदेश स्वधर्म ओ स्वभाषाक शङ्ख फूँकि जनमानसकेँ आन्दोलित कए सकलाह! परन्तु से तँ शाके 1808 मे मानब जहिआ रामायणक रचना समाप्त भेल। ताहि सँ पूर्व तँ गतानुगतिकता सँ मैथिली काव्य एकांगी, अनुकरणात्मक, कृत्रिम ओ वर्गीय होइत रहल।

एक गोटे उमापति उपाध्याय सँ मैथिली साहित्य मे एक गोट नवयुगक कल्पना करैत छथि कारण पारिजात-हरणक रचना सँ ओलोनिक मैथिली मे नाटकक आरम्भ मानैत छथि। तथाकथित मैथिली नाटकक प्रसङ्ग हमर मत सब केँ बुझल अछि। मैथिली मे जकरा किरतनियाँ नाटक कहल जाइत अछि हम ओकरा मैथिलीक नाटक मानितहिँ नहि छी; ओ तँ त्रैभाषिक संस्कृत नाटक थिक परञ्च ओकरहि किरतनियाँ नाटक कहबाक यदि ककरहु आग्रह होइन्ह तँ हमरा ताहि मे कोनो आपत्ति नहि। मुदा उमापति सँ ओकरा जोड़ब कोना सम्भव भए सकैत अछि जखन विद्यापतिक गोरक्षविजय एहि जातिक नाटकक प्रथम कृति उपलब्ध अछि। तदुत्तर अमृतकरक

वासवदत्ता ओ वत्सराज विषयक ओ कवि भीष्मक पुरुरवा ओ उर्वशी विषयक नाटकक गीत उपलब्ध अछि। नाटक लुप्त भए गेल अछि। उमापति तँ किछु नव नहि कएलैन्हि, ओहो तँ विद्यापतिहिक प्रतिष्ठापित रीतिक पालन मात्र कएलैन्हि। किछु नवीनता कहाँ अनलैन्हि, ओकरा ओहिना त्रैभाषिक रखलैन्हि जेना विद्यापति रचने छलाह। हँ, किरतनियाँ नाचक स्थापना ओएह कराओल ओ विद्यापति सँ लए जे गीत मे लोकप्रियता मैथिल जन केँ मुग्ध करैत आएल छल तकर तुष्टिक हेतु मुक्तक गीत रचि-रचि नाटकक मध्य मे समाविष्ट कएल, गोरक्षविजय तथा पारिजातहरण क गीतक तुलना सँ से केओ बूझि सकैत छी। मैथिल जनताक हेतु ओ केवल गीत रचल, नाटक संस्कृतज्ञहिक हेतु छल। डा. जयकान्त मिश्र किरतनियाँ नाचक प्रसङ्ग हमर युक्ति ओ प्रमाणक विरुद्ध कतहु लिखने छथि जे हम इतिहास बिसरि गेलहुँ। मैथिली साहित्यक इतिहास प्रथमे प्रथम हमहि लिखल से हुनका ज्ञात छैन्हि ओ देखलो छैन्हि सएह तँ एहि उक्ति सँ ध्वनित होइत अछि। मुदा हम तँ कोनो इतिहास बनओने नहि छी जे हम बिसरब। मुदा श्री जयकान्तबाबू पारिजातहरणक भरतवाक्यक अन्तिम चरणक अर्थक भावना करथि जे आशूद्रान्तं कवीनां भमतु भगवती भारती भंगि भेदैः" पदक की व्यंग्यार्थ होइत छैक।

अतएव मैथिली साहित्यक इतिहास मे युग-विभाजनक समस्या पर कोनहु आचार्यक मत सँ हमरा सन्तोष नहि होइत अछि। विद्यापति सँ पूर्वक तँ केवल ज्योतिरीश्वरक वर्णरत्नाकर भेटैत अछि। ओकर साहित्यिकता एखनहु विवादक विषय अछि। वर्णरत्नाकरक महत्व हमरा लेखेँ ओकर भाषाक हेतु अछि तथा ओहि मे वर्णित तत्कालीन साहित्याराधनक चित्रक हेतु अछि। विद्यापति सँ हमर साहित्य आरम्भ होइत अछि ओ से कृष्णकाव्य रहैत अछि। मिथिला मे हर्षनाथझा ओ बङ्गाल मे रवीन्द्रनाथठाकुर धरि हम विद्यापतिक युग मानैत छी। तदन्तर चन्दाझाक युग अबैत अछि ओ से होइत अछि रामकाव्यक युग। हम आइ धरि ओहि युगक परिणाम मानैत छी। हँ, एम्हर किछु दिन सँ प्रयोगवाद कहि एक नव जातिक कविता रचल जाए लागल अछि जकरा आब कए गोटे अकविता कहैत छथि। एहि श्रेणीक प्रत्येक कवि अपन रचना केँ 'माइल स्टोन' घोषित करैत छथि ओ सब अपना केँ महाकवि कहैत छथि। प्रयोगवाद रीति थिक ओ प्रयोगवादी कविता रीतिकेँ मुख्यतया दए कविताक विषय केँ गौण कए दैत अछि। हमरा तँ कहुखन केँ सन्देह होइत अछि जे एहि जातिक सब कविता मे विषय किछु रहितहुँ छैन्हि अथवा नहि। परन्तु जे हो, प्रयोगवादी कविता जनमानस सँ दूर होइत जाए रहल अछि, वर्गीय भेल जाइत अछि। कोनहु कविक रचना हुनक मित्र अथवा समानधर्मा जे छथिन्ह सएह बुझैत छथिन्ह। हम मानैत छी जे नवीन कविता लोकसाहित्य नहि भए रहल अछि। ओ जनजीवनक स्पन्दन केँ प्रतिध्वनित करितहुँ अछि तँ विपथगामिता सँ ऊपर नहि उठैत अछि। विपथगामिता नवयुगक एकटा फैशन थिक, ओ नवीन कविता सेहो तँ

फैशन सँ आगाँ नहि बढ़ए पऔलक अछि। तें एकरा एक गोट नवयुग मानी अथवा नहि से एखन सन्दिग्ध अछि। काल सएह एकर निर्णय करत। तेँ हम मैथिलीसाहित्यक दुइए टा युग मानैत छी—विद्यापतिक युग, प्राचीन युग, कृष्णकाव्यक युग ओ चन्दाझाक युग, नवीन युग, रामकाव्यक युग। हमरा बड़ सन्तोष अछि जे एहि इतिहास मे स्पष्ट रूपेँ तँ एहि मतक प्रतिपादन नहि अछि परन्तु लेखक केँ एहन सन किछु भाव हृदयक अन्तस्तल मे अवश्य छैन्हि। मुदा व्यक्त रूपेँ इहो गतानुगतिकता सँ अपना केँ मुक्त नहि कए सकलाह अछि !

परन्तु मैथिली साहित्यक एक गोट अंश एहन अछि जे आन कोनहु साहित्य मे नहि भेटत। मैथिली मे साहित्य-रचना मैथिली सँ भिन्न भाषा प्रान्त मे मैथिली सँ भिन्न भाषा-भाषीक द्वारा भेल अछि ओ ताहि मे प्रत्येक प्रान्त मे अपन-अपन प्रतिभाक अनुकूल एहि मे भिन्न-भिन्न विधाक विकास भेल छैक। विद्यापतिक रचना मे मधुर स्वर-लहरीक सङ्ग-सङ्ग शब्दक श्रुतिमाधुर्य सेहो आकर्षक विषय छल। लोचन जकरा धातु ओ मातु कहैत छथि से दुनू समान रूपेँ उपर्युपरि आकर्षक छल। ततेक नवीन वस्तुक विधान ओ कएल जे जहए सुनए से मुग्ध भए जाए ओ विद्यापितक समय सँ सए वर्षक अभ्यन्तरहिँ हुनक गीतिकाव्य समस्त उत्तर-पूर्व भारतवर्ष मे भाषा-साहित्यक क्षेत्र मे वसन्त आनि देलक। कविलोकनि विद्यापतिक अनुकरण मे राग-काललयाश्रित गीत तँ रचबे करथि जे श्रुतिमाधुर्यक हेतु विद्यापतिहिक भाषा मे रचना करए लगलाह। बङ्गाल मे एहि अनुकरणक फलस्वरूप ब्रज-बुलिक सृष्टि भेल ओ रवीन्द्रनाथपर्यन्त बङ्गाल मे केओ गीतकार नहि भेल छथि जे विद्यापतिक अनुकरण करैत ब्रजबुलिमे रचना नहि कएने होथि। हँ, चैतन्यदेवक प्रादुर्भाव भेला उत्तर जे विद्यापति वैष्णव-महाजन भए गेलाह ओ हुनक भाषा अधिकाधिक बङ्गला-मिश्रित होअए लागल। तेँ ओहि वैष्णव साहित्य केँ मैथिलीक साहित्य नहि कहल जाएत। मुदा आसाम मे तँ से स्थिति नहि भेल। ओतएक पहिल महाकवि शङ्करदेव विशुद्ध मिथिला भाषा मे रचना कएल ओ किछु दिन धरि यावत-पर्यन्त असमिया मे अभिव्यक्तिक पूर्ण सामर्थ्य नहि भेल छलैक आसामक साहित्य मैथिली साहित्य थिक। शङ्करदेव साहित्य केँ भक्ति-धर्मक प्रचारक माध्यम बनाओल ओ आसाम मे जे लोकमञ्च छल तकर उपयुक्त नाटकक रचना कएल। मिथिला मे जे नाटक लिखल गेल ताहि सङ्ग आसामक नाटकक तुलनात्मक अध्ययन स्पष्ट कए देत जे दुनू दू दृष्टिकोण सँ दू उद्‌देश्य सँ, दू रङ्गक वस्तु भेल। आसामक नाटक विशुद्ध मैथिलीभाषा मे अछि जाहि मे गद्य सेहो अछि तथा काव्य केँ मुख्यता नहि दए भक्ति केँ प्रधानता देल गेल अछि। आसाम मे ई युग मैथिली साहित्यक युग छल जो लोकानुरञ्जक दृष्टि सँ भक्तिक प्रचार करबाक उद्‌देश्येँ नाटक सब विरचित भेल कारण प्रचार सब सँ सुलभ रीतिएँ अभिनय द्वारा भए सकैत छल। मुदा तेँ कहब जे मिथिला मे सेहो नाटक ताहि उद्‌देश्य सँ लिखल गेल, भ्रान्तिपूर्ण होएत।

इएह थिक इतिहासकारक काज जे केहन सामाजिक वातावरण मे कोन रूपक साहित्यक रचना भेल वा भए सकल तकर निरूपण करथि।

नेपाल मे मुदा मैथिली बहुत दिन धरि चलैत रहल ओ विद्यापातिक समय सँ लए गोरखाविजयक दिन धरि मल्लराजा लोकनिक समस्त राजत्वकाल, प्रायः तीनि सए वर्ष धरि नेपालक साहित्य मैथिलीक साहित्य थिक। वस्तुतः विद्यापतिक परवर्ती युग मे मिथिला मे जतबा मैथिली साहित्यक सर्जन भेल ताहि सँ कत बड़ विशेष मिथिला सँ बाहर, नेपाल ओ आसाम मे भेल। नेपालक मल्लराजा लोकनि स्वयं गीत ओ नाटक रचथि, कवि ओ नाटककार सबकेँ राखि काव्य ओ नाटक रचबथि। ओ सब राजाक नाम सँ निर्मित हो। नेपालहु मे रङ्गमञ्च छल, एखनहु धरि भातगाम मे रङ्गमञ्चक चबूतरा विद्यमान अछि। एतए नाटक लिखल जाए, अभिनयक हेतु, एक-एक गोट नाटक कए-कए दिन होअए। ओ सबटा नाटक विशुद्ध मिथिलाभाषा मे अछि, मिथिला भाषा मे गद्य ओ पद्य। आओर की, नेपाल मे शिलालेखपर्यन्त मे भाषा मैथिली अछि, मङ्गलाचरण मे मैथिलीक गीत अछि। नेपालक पुस्तकालयसब मे पचासोटा नाटक अछि, हजारो गीतक संग्रह अछि। मुदा ओहिठाम मैथिल पण्डितक मर्यादाक रक्षा कएनिहार जे कवि नाटक लिखने छथि, यथा—वंशमणि झा, हुनक नाटक मिथिलेक नाटक जकाँ त्रैभाषिक अछि। स्पष्ट अछि जे ई नाटक अभिनयक हेतु नहि रचित भेल छल, एकर अभिनय नहि भेल। अभिनयक हेतु रचित भेल ओ सब नाटक जे विशुद्ध मिथिलाभाषा मे अछि। मिथिलाक प्रभाव मे लिखल वंशमणिझा, आन-आन नाटककार नेपालक स्वतन्त्र नाटक रचल। भाषा मैथिली छल से तँ नेपाल दरबारहिक भाषा मैथिली छल। बङ्गाल जकाँ नेपाल मे मैथिलीक अनुकरण नहि भेल, प्रत्युत मैथिली सएह ओतएक भाषा साहित्यिक भाषा स्वीकृत छल, परिगृहीत छल। अतएव ओहि साहित्य केँ नेपालक मैथिली साहित्य कहब उचित। विद्यापतिक अनुकरण सँ आरम्भ भेल परन्तु एकर विकासक क्रम स्वतन्त्र छल। अतएव विद्यापतिक परवर्ती युगक मैथिली साहित्यक विवरण मे नेपालक मैथिली साहित्यक स्वतन्त्र विवरण आवश्यक।

सब साहित्यक विकासक अपन स्वतन्त्र क्रम होइत छैक। अंग्रेजी साहित्य किंवा हिन्दी साहित्य किंवा बंगला साहित्य जकाँ मैथिली साहित्यक इतिहास ने अछि ने लिखल जाए सकैत अछि। तैंतालीस वर्ष पूर्व जे हम मैथिली साहित्यक इतिहास लिखल से तेहने, स्वतन्त्र, कारण, ताधरि साहित्यान्तरक इतिहास सँ हमर विचारधारा प्रभावित नहि भेल छल। हम तँ जे अपन साहित्य मे पाओल तकर एक गोट स्थूल रूपरेखा अङ्कित कएल। तैँतालिस वर्ष पूर्व मैथिली साहित्यक वर्त्तमान युगक प्रथम चरण बितलेटा छल। नवीन साहित्यक रचना आरम्भ नहि भेल छल। हमरहु विदेश मे मैथिली-साहित्यक विकासक ज्ञान नहि छल। नेपालक मैथिली-साहित्यक परिज्ञान तँ हमरा परुकाँ वर्ष भेल अछि जखन काठमाण्डुक वीर-पुस्तकालय एवं ओकर परिसर

मे मैथिलीक प्राचीन वैभव प्रत्यक्ष कएल। अतएव हमर ज्ञान अपूर्ण छल, विचारक सामर्थ्य अपरिपक्व छल, वाणी मे अभिव्यक्तिक क्षमता अत्यन्त सीमित छल। परन्तु साहित्यक विकासक जे चित्र तहिआ अङ्कित भेल से आइओ ओहने अछि। रूपरेखा ओहिना दृढ़ अछि ओ हम इएह मानैत छी जे मैथिली साहित्य, जाहि भाषाकेँ मैथिली कहबा मे ककरहु कोनो विप्रतिपत्ति नहि छैन्हि ताहि भाषा मे रचित साहित्यक दुइए गोट युग अछि, प्राचीन ओ नवीन ओ एहि मध्य मे विदेश मे मैथिली साहित्यक विकास—इएह भेल मैथिलीक साहित्यक इतिहास।

एहि प्रसङ्ग इहो बुझबाक थिक जे विदेश मे जे मैथिली साहित्यक रचना भेल से स्वतन्त्र रूप सँ होइत रहल। विद्यापतिक प्रभाव सर्वत्र प्रेरक रहल मुदा मिथिला सँ नवीन प्रेरणा ने ककरहु भेटलैन्हि—मिथिला मे नवीन किछु होएबो नहि कएल—ने विदेश मे मैथिली साहित्यक विकासक कोनो प्रभाव मिथिलाक साहित्यकार पर पड़ल। उदाहरणार्थ लगनी मिथिलामे प्रचलित एक गोट प्रसिद्ध गीत थिक जकर दू गोट रूप छल, साहित्यिक जे एम्हर दू सए वर्षसँ कतेक सत्कवि अपन रचनाक विषय बनओने छथि मुदा एकर दोसर रूप अछि लोक-गीत, जाँतपरक लगनी, जे स्त्रीगण श्रमक काज करबाक काल मन केँ दोसर दिशि लगएबाक हेतु गबैत छथि। नेपाल मे चतुर्भुज रायक रचित कए गोट जाँतपरक लगनीक स्वर मे गीत भेटल अछि जे मिथिला मे नहि भेटल छल। अतएव हम कहल अछि जे मैथिली साहित्यक इतिहास ताधरि पूर्ण नहि होएत जाधरि देशान्तर मे एकर साधनाक क्रमबद्ध चित्र उपस्थित नहि कएल जाएत।

अतएव हमरा एहि इतिहास सँ पूर्ण नहि तथापि कम सन्तोष नहि अछि ओ हमरा विश्वास अछि जे जकरा हेतु ई लिखल गेल ताहि समाज मे एकर समुचित आदर होएत। सब सँ विशेष उपादेय अथ च प्रामाणिक अंश एहि इतिहासक भेल अछि आधुनिक युगक इतिहास। एहि विषयक विशेषज्ञ विद्वान लेखक बड़ रोचक रीति सँ एकर विश्लेषण ओ विवेचन कएलैन्हि अछि। इतिहासकार मे जे तटस्थता चाही तकर नीक जकाँ पालन भेल अछि। सब सँ पैघ वस्तु तँ ई जे मिथिलाभाषा मे साहित्यक ई प्रथमे प्रामाणिक अथ च स्वतन्त्र इतिहास थिक ओ एहि मे आइ धरिक प्रगति ओ प्रवृत्तिक समावेश भए सकल अछि। देखबाक अछि जे सुधी समाज मे एकर केहन सम्मान होइत अछि।

(डॉ. दुर्गानाथझा 'श्रीश' लिखित मैथिली साहित्यक इतिहासक आमुख, 1968)

प्राचीन मैथिली साहित्यक रूपरेखा

मैथिलीक साहित्याकाश मे विद्यापति सत्ये तीव्र तिग्मांशुक सदृश देदीप्यमान छथि जनिक प्रखर काव्य-प्रतिभाक तेज मे अन्यान्य हुनक पूर्ववर्ती, समकालीन, कतहु-कतहु तँ परवर्ती सेहो, कविलोकनिक कृति ग्रह-नक्षत्र-तारा जकाँ विलीन भए गेल। तेँ बहुत दिन धरि इएह बुझल जाइत छल जे मैथिली-साहित्यक आदि-प्रवर्त्तक विद्यापति थिकाह। वर्णरत्नाकरक खण्ड सभ जखन भेटल ओ प्रकाशित भेल तखन कविशेखराचार्य ज्योतिरीश्वर विद्यापतिक पितामह-भ्राता कहाए मैथिली-साहित्यक आदि प्रवर्त्तकक रूप मे प्रतिष्ठित भेलाह। बहुत दिन धरि हुनक परिचय भ्रमहि मे भोतिआइत रहल। भाग्य सँ हमरा हुनक परिचय पञ्जी मे भेटि गेल जाहि आधार पर आब सिद्ध अछि जे ज्योतिरीश्वर ठाकुर, पालीमूलक अबरझट्टा शाखा मे सम्भूत, विद्यापतिक प्रपितामह धीरेश्वरक समकालीन, महाराज हरिसिंहदेवक आश्रित, तेरहम शक शताब्दीक आदि मे, विद्यापति सँ गोटेक सए वर्ष पूर्व प्रादुर्भूत भेल छलाह। परन्तु हुनक वर्णरत्नाकरक पर्यालोचना सँ जँ किछु स्पष्ट प्रतीत होइत अछि तँ इएह जे मैथिली साहित्यक आदि ग्रन्थ ओ नहि भए सकैत अछि, ज्योतिरीश्वर एकर आदि प्रवर्त्तक नहि थिकाह। एहि साहित्यक प्रभात भलहिँ विद्यापतिक उदय सँ भेल हो, एकर अरुणोदय भलहिँ वर्णरत्नाकरक निबन्ध कैँ कही, परन्तु ताहिसँ पूर्वहुँ एहि साहित्यक एक गोट दीर्घकालव्यापी युग छल जकरा हमरा लोकनि विस्मृतिक अन्धकार मे डूबल रातिक आख्या दए सकैत छिऐक। परन्तु एहू राति मे छोट-पैघ अनेक ज्योतिष्मान् नक्षत्र उदित होइत रहलाह अछि जनिक क्षीण आलोक ओहि अन्धकार कैँ चीरि-चीरि हमरा लोकनिकैँ उपलब्ध होइत अछि। ओहि विस्मृत युगक किछु क्षीण रश्मि कैँ ताकि-ताकि कैँ चीन्हब ओ चीन्हि-चीन्हि मैथिली साहित्यक जिज्ञासु प्रेमी कैँ चिन्हाएब हमरा एतए लक्ष्य अछि। प्राचीन मैथिली साहित्य सँ एतए हमरा ज्योतिरीश्वर सँ पूर्वक मैथिली-साहित्य अभिप्रेत अछि।

साहित्यक शरीर थिक भाषा। संवेगात्मक अनुभूति, जकरा साहित्य-शास्त्र मे रसक आख्या कहल जाइत अछि, भाषाक माध्यम सँ अभिव्यक्त होइत अछि ओ तेँ कोनहु साहित्यक इतिहास ओहि भाषाक इतिहास सँ संश्लिष्ट रहैत अछि जाहि भाषा

मे ओ साहित्य उपनिबद्ध रहैत अछि। परन्तु भाषाक स्वरूप स्थिर नहि रहैत अछि। विश्वक इतिहास मे संस्कृते टा एहन भाषा अछि जे भगवान पाणिनि द्वारा 'संस्कृत' भए तेना प्रतिष्ठित भेल अछि जे अद्यापि अपन स्वरूप सब ठाम सब समय मे एक रूपक स्थिर रखने अछि। तकर कारण ई भेल जे संस्कृत नामक जे भाषा पाणिनि द्वारा सुसंस्कृत भेल से एहि रूप मे कतहु बाजल नहि जाइत छल। ओ वर्ग-विशेषक भाषा छल, शिष्टक भाषा, द्विजातिक भाषा, पण्डितक भाषा। जनसाधारणक जँ ओ भाषा रहैत तँ ओहू मे समय-भेदेँ वा देश-भेदेँ भेद होइतहिँ रहैत। अन्यान्य भाषा मात्रमे, जे वस्तुतः भाषा रहल अछि अर्थात् जनसाधारण द्वारा बाजल जाइत रहल अछि, ई परिलक्षित होइत अछि जे कालभेदेँ ओ देशभेदेँ ओहिमे थोड़ बहुत परिवर्त्तन होइत रहल अछि! मैथिली साहित्य सँ मिथिला देश मे रचित साहित्य, किंवा मिथिला देशक वासीक रचित साहित्य नहि, किन्तु मिथिला देश मे बाजल जाइत भाषा मे उपनिबद्ध साहित्य बुझल जाइत अछि ओ से भाषा तँ आइ-काल्हि जाहि रूप मे व्यवहृत अछि तेहन पूर्व समय मे नहि छल। विद्यापतिक भाषा आजुक मिथिलाभाषा सँ कतेक भिन्न छल, वर्णरत्नाकरक भाषा ताहू सँ भिन्न छल, परन्तु मिथिलाभाषा ओ सब थिक, कारण, तत्तत् समय मे मिथिलादेश मे जे भाषा व्यवहार मे छल तकर ओ लिखित रूप थिक। एखनहु मुजफ्फरपुर- चम्पारन दिशुक भाषा अथवा भागलपुर-मुङ्गेर दिशुक भाषा दड़िभङ्गा-सहरसाक भाषा सँ कतोक अंशमे भिन्न अछि ओ तेँ कतेको जन ओकर नामकरण पर्यन्त कएल अछि 'बज्जिका' ओ 'अङ्गिका'। परन्तु ओ सब मूलतः मिथिलाक भाषा थिक, मिथिलाक तत्तत् अञ्चल मे व्यवहृत भाषा थिक, ओ जे भेद भेटैत अछि से थिक देशभेदमूलक। कालभेदेँ अथवा देशभेदेँ जे भाषाक स्वरूप मे भेद होइत अछि सएह थिक भाषा-विज्ञानक विषय। भाषा होइत अछि विकासोन्मुख, ओकर स्वरूप स्थिर नहि रहए पबैत अछि। परन्तु तेँ भाषाक मूल स्वरूप मे संदेहक अवकाश नहि रहैत अछि जँ ओहिमे कालभेदें अथवा देशभेदें भेद भाषा-विज्ञानक नियमक अनुकूल हो। देशविशेषक मिथिलाभाषा लिखित रूपमे नहि भटैत अछि परन्तु कालविशेषक मिथिलाभाषा बड़ प्राचीन कालसँ लिखित रूपमे आबि रहल अछि। एकर वर्त्तमान स्वरूप जाहि स्थिति सब होइत एखन विकसित रूपमे व्यवहृत अछि से भाषा-विज्ञानक विषय थिक। एतय जिज्ञास्य अछि वर्णरत्नाकर सँ पूर्व मिथिलाभाषाक स्वरूप।

भारतीय भाषाक पूर्व समय मे केहन स्वरूप छल तकर सुब सँ प्राचीन वर्णन ओ विश्लेषण हमरा महाकवि वाल्मीकिक आदि-काव्य मे भेटैत अछि। प्रसङ्ग अछि अशोक-वाटिकामे सीता-हनुमानक संलाप। जखन हनुमान अपना केँ सीताक समक्ष पबैत छथि तखन हुनका वितर्क होइत छैन्हि जे हिनका कोन भाषा मे टोकिऐन्हि; ओ निश्चय करैत छथि जे–

वाचं चोदाहरिष्यामि मानुषीमिह संस्कृताम् ॥
यदि वाचं प्रदास्यामि द्विजातिरिव संस्कृताम्।
रावणं मन्यमाना सा सीता भीता भविष्यति।
वानरस्य विशेषेण कथं स्यादभिभाषणम् ॥
अवश्यमेव वक्तव्यं मानुषं वाक्यमर्थवत्।
(सुन्दरकाण्ड, सर्ग 10, श्लोक 17-19)

हनुमानजी विचारलैन्हि जे जँ हम संकृत मे बजैत छी तँ संस्कृत तँ केवल द्विजाति बजैत छथि, वानर भए हम संस्कृत बाजब तँ सीता बुझतीह जे ई ब्राह्मणकुल मे उत्पन्न विश्रवाक पुत्र रावण थिक, वानरक रूप धए कैं आएल अछि, डरि जइतीह। तँ मानुषी भाषा, मुदा संस्कृत, बाजी। अवश्ये प्रशस्त अर्थसँ युक्त वाक्य, मुदा मानुषी भाषा मे, सएह बजबाक चाही।

हमरा लोकनि तँ महर्षि वाल्मीकि कैं त्रेतायुगहिक मानैत छिऐन्हि, परन्तु यदि हुनका कलियुगहिक राम-कथाकार मानि ली तथापि हुनक स्वारस्य स्पष्ट अछि जे ताहि समयमे दू गोट भाषा देश मे प्रचलित छल, संस्कृत जे एखनहु ओही नाम सँ अभिहित अछि, परिचित अछि, ओ मानुष जकरा हमरा लोकनि लोक-भाषा कहैत छिऐक। संस्कृत केवल द्विजाति बजैत छलाह परन्तु मानुषी भाषा सब बजैत छल, द्विजाति ओ ताहि सँ भिन्नो, जनसाधारण। एहि मानुषी भाषाक सेहो दू गोट रूप छल, 'संस्कृत' जकर अर्थ तिलक-नामक सुप्रसिद्ध टीकामे अछि 'व्याकरणसंस्कारवती' अर्थात् संस्कृत भेल ओ जकर संस्कार भेल होइक ओ से संस्कार तिलकक अनुसार व्याकरणक संस्कार थिक। गोविन्दराज नामक दोसर टीकाकार एकर अर्थ करैत छथि 'प्रयोगसौष्ठवलक्षणसंस्कारयुक्ता।' अर्थात् हुनक विचारें संस्कारक लक्षण थिक प्रयोग सौष्ठव। ऊपरक अन्तिम पंक्ति क 'अर्थवत् वाक्यं' तकरो स्वारस्य इहए प्रतीत होइत अछि। 'अर्थवत्' मे मतुप प्रत्यय प्राशस्त्य अर्थ मे अछि ओ ओकर अर्थ भेल प्रशस्त अर्थ सँ युक्त। अतएव हनुमानक ई निर्णय जे प्रयोग मे सुष्ठु एवं प्रशस्त अर्थ सँ युक्त मानुषी भाषा बाजी इएह द्योतित करैत अछि जे मानुषी भाषाक ताधरि ततबा विकास भए गेल छल जे ओकरो संस्कृत ओ असंस्कृत दू गोट रूप छल, साहित्यिक ओ प्राकृत। एहू मानुषी भाषाक व्याकरण छल जाहि सँ भाषाक साधुता निर्णीत होइते छल, अपशब्दक प्रयोग नहि होइत छल।

से 'संस्कृत' मानुषी भाषा कोन छल जाहि मे हनुमानजी सीता सँ वार्त्तालाप कएल? रामचन्द्र सँ हनुमान संस्कृत मे वार्त्तालाप करथि तथा हुनक भाषाक प्रशंसा रामचन्द्र मुक्तकण्ठ सँ कएने छथि। वस्तुतः हनुमानक भाषाक प्रशंसा भाषाक गुणक विस्तृत ओ चमत्कारक वर्णन अछि जे मनन करबाक योग्य अछि। आनहु ठाम आदिकवि हनुमान कैं बड़ पैघ भाषाविद् कहलनि अछि। संस्कृतक अतिरिक्त ओ

आनो-आनो मानुषी भाषा जनैत छलाह, परन्तु गोविन्दराज कहैत छथि जे हनुमान कोसल-जनपदक भाषामे वार्तालाप कएल, कारण दैत छथि 'तस्या एव देवीपरिचितत्वात्" । कोसल जनपदक भाषा सीताक सासुरक भाषा छल ओ तेँ ओहि भाषा सँ सीता अवश्ये परिचित छलीह। परन्तु गोविन्दराज जे 'एव' कहि ई सूचित करैत छथि जे सीता ओएहटा भाषा जनैत छलीह से असङ्गत। सीता विदेह जनपदक कन्या छलीह ओ नैहरक भाषा जे हुनक मातृभाषा छल ताहिसँ ओ परिचित नहि छलील से कोना कह जाय। तख्रन कोसल-नरेशक दूत हनुमान गेल छलाह तेँ ओ अपन प्रभुक मातृभाषामें बाजल होथि से सङ्गत परन्तु इहो तँ ओहने सङ्गत जे अनेक भाषाविद् हनुमान जखन वितर्क कए, विचारि कैं, अपन बजबाक भाषाक निर्णय कएने छलाह, तखन ओ सीताक मातृभाषा मे हुनका सँ वार्त्तालाप कएने होथि।

परन्तु एहि सँ विशेष अन्तरक संभावना नहि। ताहि दिन भारतीय जनपद सबहिक भाषा मे बड़ विशेष अन्तर नहि छल, व्याकरणक नियमादि तँ प्रायः सबमे समाने जकाँ छल। अन्तर छल उच्चारण मे ओ कतिपय शब्द मे जे जनपद-विशेष मे व्यवहृत छल। ताहू मे 'संस्कृत' जे मानुषी भाषा छल से समीपस्थ अनेक जनपदहु मे प्रायः सदृशे छल। कोसल ओ विदेह दूनू जनपद एकहि, ठाम छल, वेदहिक समय सँ सदानीरा एहि दूनू जनपद कैं पृथक् करैत छल। विदेह कैं मगधक अपेक्षया बड़ विशेष घनिष्ट सम्बन्ध छल कोसलसँ, ओ से अत्यन्त प्राचीन काल सँ, तथा राम तथा सीताक विवाह ओही प्राचीन सम्बन्धक एक गोट ज्वलन्त दृष्टान्त बुझबाक थिक। तैं ई अनुमान कएल जाए सकैत अछि जे कोसल-जनपदक भाषा तथा विदेह-जनपदक भाषा दूहूक 'संस्कृत' स्वरूप यदि एक नहि तँ अत्यन्त सदृश छल। तखन इहो कहब अत्युक्ति नहि होएत जे अशोक-वाटिका मे सीता-हनुमानक वार्त्तालाप जँ विदेह-जनपदक संस्कृत मानुषी भाषा मे नहि तँ तकर अत्यन्त सदृश कोसल जनपदक संस्कृत मानुषी भाषा मे भेल छल। खेद अछि जे एहि संवादक वर्णन महर्षि वाल्मीकि शब्दशः, आनुपूर्वी, नहि कएल अछि, ओकर अनुवाद संस्कृत भाषा मे कए कैं देल अछि। नहि तँ मैथिली-साहित्यक आदितम स्वरूप हमरा लोकनि कैं एही संवाद मे भेटैत।

परन्तु जे प्राचीन साहित्य उपलब्ध अछि ताहि मे विदेह जनपदक संस्कृत मानुषी भाषा अथवा ओकर अत्यन्त सदृश भाषाक आदितम स्वरूप हमरा लोकनिकैं भेटैत अछि बुद्धवचन मे ओ महावीर-वचनमे। गौतम बुद्ध कोसल-जनपदक छलाह तथा हुनक मातृभाषा ओहि जनपदक भाषा छल। कोसलक शाक्य ओ विदेहक लिच्छवी कैं घनिष्ठ सन्बन्ध छल, बुद्धक कार्यक्षेत्र मुख्यतः मगध मे छल परन्तु कोसल ओ विदेहमे हुनक प्रभाव कम नहि छल। महावंशक अनुसार बुद्धक अत्यन्त प्रिय ओ अन्तिम समय धरि सङ्ग रहनिहार शिष्य, आनन्द, विदेहक ब्राह्मणकुल मे उत्पन्न छलाह। विनयपिटकक चुल्लवग्गमे कथा अछि जे जखन कतोक जन सम्यक्सम्बुद्ध भगवान गौतमक ओतए प्रस्ताव कएलथिन्ह जे अपन वचन ओ छान्दस भाषा मे

(केवल बुद्धहिक वचन मे नहि प्रत्युत पाणिनिअहुक अष्टाध्यायी मे ई छान्दस भाषा ओ भाषा छल जकरा हमरा लोकनि संस्कृत कहैत छिऐक) उपनिबद्ध कए लेथि, कारण, भिन्न-भिन्न लोक हुनक वचन कैं भिन्न-भिन्न भाषा मे बाजि दूषित करैत अछि तँ बुद्ध हुनका लोकनि कैं खिसिअएलथिन्ह ओ अनुज्ञा देलथिन्ह जे हुनक वचन स्वकीय भाषा मे प्रख्यापित कएल जाए। स्वकीय भाषा सँ बुद्धक शिष्यलोकनिक अपन-अपन भाषा सेहो बुझल जाए सकैत अछि परन्तु से अर्थ प्रसङ्ग मे समीचीन नहि बैसैत अछि ओ बौद्ध सम्प्रदाय मे एकर अर्थ बुद्धक अपन भाषा बुझल जाइत अछि तथा बुद्धघोष अपन प्रसिद्ध अट्ठकथा मे एकर सएह अर्थ कएने छथि। बुद्धवचन जाहि भाषा मे उपलब्ध अछि से एमहर आबि पाली कहबैत अछि तथा एहि सए वर्ष मे कतोक महापण्डितगण एहि भाषाक प्रसङ्ग नाना प्रकारक मत प्रकाशित कएने छथि। एहि सभक निष्कर्ष इएह होइत अछि जे पाली कोनहु जनपदक भाषा नहि छल। ओ एक गोट कृत्रिम भाषा छल, विशुद्ध साहित्यिक भाषा, जकर निर्माण जाहि-जाहि जनपद मे भगवान् बुद्धक कार्य-क्षेत्र छलैन्हि ताहि सबहिक भाषाक समन्वय सँ भेल छल जे कोनहु जनपदक भाषा सँ आनुपूर्वी मिलैत नहि छल परन्तु जाहि मे ओहि सब जनपदीय भाषाक किछु-किछु अंश छल। कालक्रमैं इएह कृत्रिम भाषा बौद्धधर्मक भाषा भए एशिया महाद्वीपक सुदूर भाग धरि पसरि गेल। डॉक्टर सुनीतिकुमार चटर्जीक मत छैन्हि जे मूल बुद्ध-वचन पाली मे नहि छल, ओ छल मगधजनपदक भाषा मे, जकरा बुद्धघोष अपन अट्ठकथा मे मागधी कहल परन्तु जे मागधी नामक प्राकृत सँ भिन्न छल, बहुत प्राचीन छल। चटर्जी महाशयक विचारैं बुद्ध-वचनक पाली-भाषा मे निबन्धन बहुत दिनुक बाद, सम्राट् अशोकक समय मे, भेल। अशोक-कालीन जनपदीय भाषा सबहिक स्वरूप हमरालोकनि कैं तत्तत् जनपदक अशोक-स्तम्भ-लेख सब सँ प्राप्त होइत अछि, ओ जैं एहि सब जनपदीय भाषा सँ पाली भिन्न अछि तें ई अनुमान बलघती भए जाइत अछि जे पाली कोनहु जनपदक भाषा नहि थिक। सम्भव थिक एहि मे कोसल-जनपदीय भाषाक प्रधानता हो, भए सकैत अछि एहिमे मगध-जनपदीय भाषाक प्रधानता हो, परन्तु किछु हो, विदेह-जनपदीय भाषासँ ई विशेष भिन्न नहि छल होएत, विदेह-जनपदीय भाषाक सेहो किछु अंश एहि मे अवश्य छल होएत। बुद्धक जीवनकाल मे, ओ तकर पश्चातहुँ, हुनक धर्मक प्रसार कोनहु जनपदसँ कम विदेह-जनपद मे नहि भेल, वैशाली ओ कपिलवस्तु ओ वारंवार अबइत जाइत रहलाह; लिच्छवी लोकनि सामूहिक रूपैं हुनक अनुगमन कएने छलाह; वैदेह मुनि आनन्द हुनक परोक्ष भेलाक पर धर्मक सङ्गीति कएलैन्हि ओ प्रायः चालीस वर्ष धरि संघक सञ्चालन कएलैन्हि। ई कथमपि सङ्गत नहि प्रतीत होइत अछि जे भगवान् अपना वचन मे एहि जनपदक भाषा कैं समुचित सम्मान नहि कएने होथि।

तथापि शाक्यमुनि कोसलक छलाह, हुनक मातृभाषा प्राचीन अवधी छल,

कोसल जनपदक भाषा। परन्तु जैनधर्मक प्रमुख प्रवर्त्तक महावीर तँ वैदेह छलाह ओ हुनक मातृभाषा विदेह-जन पदकभाषा, मिथिलाभाषा, छल। बुद्धहि जकाँ महावीर सेहो अपन उपदेश जनपदीय भाषा मे कएल। छान्दस भाषा, जकरा हमरालोकनि आब संस्कृत कहैत छिऐक वैदिक द्विजातिक भाषा छल, जनपदीय भाषा नहि, ओ जँ एहि दुहू धर्मसंस्थापक कें अपन-अपन धर्मक प्रचार वैदिक धर्मक विरुद्ध जनतामे कर्त्तव्य छलैन्हि तेँ ओ लोकनि वैदिक धर्मक भाषा कें त्यागि विशुद्ध जनपदीय भाषा मे से कएल। जहिना बुद्ध-वचनक भाषा पाली कहाए प्रख्यात अछि तहिना जैनक आदि-ग्रन्थ सबहिक भाषा 'अर्धमागधी' कहबैत अछि। पालीक सृष्टि जँ अशोकक समय मे भेल अछि तखन अर्धमागधी पाली सँ प्राचीन सिद्ध होएत, कारण, महावीरक मूलवचन एही अर्धमागधी मे अछि। बुद्धघोषक कथा जँ सत्य ओ मूल बुद्धवचन जँ मागधी छल, जकरे परिष्कृत रूप पाली भेल हो, तखन अर्धमागधी नाम अन्वर्थक प्रतीत होइत अछि। बुद्धक मूल वचनक भाषा 'मागधी', जकरा हम कोसल जनपदक भाषा परन्तु मगध मे 'संस्कृत' मानैत छी; ओ महावीरक मूल वचनक भाषा, विदेह जनपदक भाषा, मागधी सँ बहुत किछु मिलैत परन्तु भिन्न, तेँ अर्धमागधी। कोसल, मगध, ओ विदेह तीनू जनपद परस्पर सन्निहित छल ओ तीनूक भाषा मे भेदक अछैतहुँ साम्य स्वाभाविक। तेँ भाषातत्त्वविद् लोकनि जे कहथु, इतिहासक दृष्टि सँ इएह सङ्गत प्रतीत होइत अछि जे वैदेह महावीरक मातृभाषा अर्धमागधी छल, विदेह-जनपदीय भाषा अर्धमागधी नाम सँ प्रख्यात भेल, मैथिलीक प्राचीनतम स्वरूप हमरा लोकनि कें महावीरक मूलवचन अर्धमागधी मे भेटैत अछि।

परन्तु मूल बुद्ध-वचनक मागधी, प्रचलित बुद्धवचनक पाली, एवं महावीर-वचनक अर्धमागधी सब छल ओएह भाषा जकरा वाल्मीकि 'संस्कृत मानुषी भाषा' कहने छथि। ई दूहू धर्मप्रवर्त्तक आओर तँ जे कएलैन्हि, भारतीय भाषाक विकासक दिशा मे अमूल्य ओ अमर कीर्त्ति कए गेलाह। जनपदीय भाषा कें प्रयोग-सौष्ठवक संस्कार देब ओ प्रयोग-सौष्ठवक हेतु व्याकरणादिक नियम–सब किछु हुनकहि लोकनिक 'बहुजनहिताय बहुजनसुखाय'-नीतिक परिणाम भेल। बौद्ध ओ जैन धर्मक ग्रन्थरत्न मे जनपदीय भाषा साहित्यिक स्वरूप प्राप्त कएल। परन्तु जे भाषाक विकासक धर्म थिकैक, साहित्यिक भाषाक स्वरूप स्थिर होइत गेल मुदा जनपदीय भाषा, यथार्थ लोकभाषा, व्याकरणादिक नियम के छोड़ैत आगाँ बढ़ैत गेल। मूल बुद्ध-वचनक मागधी बुद्धवचनहि मे रहि गेल, पाली बौद्ध धर्मक साहित्यिक भाषा भए संसार भरि मे पसरि गेल, अर्ध-मागधी जैन लोकनिक धार्मिक भाषा भए रहि गेल ,मुदा जनपदीय भाषा परिस्थितिक नवीनता प्रयुक्त क्रमशः नव-नव प्रभाव सँ, विकार कही अथवा विकास कही, तकरा ग्रहण करैत, नव-नव शब्द लैत, नव शैली मे, नव रीति सँ, नवीन रूप धारण करैत आधुनिक भाषाक दिशामे अग्रसर होइत गेल। विकासक एहि क्रम मे कोनहु समय मे यदि जनपदीय भाषा विशेष समृद्ध भेल, विशिष्ट साहित्यिक रचना

सँ प्रसिद्धि पाओल, ओकर व्याकरणादिक निर्माण भेल तँ ओ संस्कृत भेल ओ तखन ओहि भाषाक तत्कालीन स्वरूप 'संस्कृत' भए ओहि रूप मे रूपायित रहल। परन्तु तेँ ई कहब जे एना जनपदीय भाषा स्वरूपायित भए गेल से असङ्गत होएत। एक तँ जनपदीय भाषाक विकासक गति कहिओ अवरुद्ध नहि रहल अछि, दोसर, साहित्यिक स्वरूप प्रयोग-सौष्ठव एवं व्याकरणादि संस्कार सँ युक्त होएत किन्तु साधारण लोकभाषा मे संस्कार नहि रहने ओकर लोक-भेदेँ अथवा देश-भेदें भिन्न भिन्न रूप होएब अनिवार्य अछि। अशोकक समयक मगध-कोसल-जनपदक भाषाक 'संस्कृत' रूप पाली अद्यापि ओही रूप मे अछि, मागधी प्राकृत मूल बुद्ध-वचनक मागधी सँ बहुत दूर हटि नाटकादि मे रूपायित भेल ओ एखनहु ओकर स्वरूप स्थिर अछि, परन्तु मगध-जनपदक भाषा किंवा कोसल-जनपदक भाषा क्रमशः विकसित होइत गेल ओ सम्प्रति मगही ओ अवधी कहाए प्रसिद्ध अछि। तहिना विदेह-जनपदक भाषा सेहो विकासक दिशा मे बढ़ैत गेल। महावीरक मूल-वचनक भाषा अर्धमागधी जैनधर्मक साहित्यिक भाषाक रूप मे स्वरूपायित रहल परन्तु ओ जैन धर्मक सङ्ग बहराए देश भरि मे पसरि गेल। लोक क्रमशः बिसरि गेल जे ओ विदेह-जनपदक भाषा थिक, तथा ओ जैनधर्मक भाषाक प्रसिद्धि पाबि परिचित अछि।

विदेह-जनपदक भाषाक विकासक की क्रम भेल तकर केवल अनुमान कए सकैत छी, विदेह-जनपदक कहि लोकभाषाक स्वरूप कोनहु साहित्यिक रचना मे रूपायित उपलब्ध नहि होइत अछि। द्विजलोकनि जे आदि मे छान्दस भाषा कैँ धएल से संस्कृतक रूप मे वैदिक धर्मक अनुयायी द्विजातिक साहित्यिक भाषा भए गेल ओ वर्त्तमान धरि यथाकथंचित अनुवर्त्तमान अछि। संस्कृतक प्रभाव ततेक व्यापक भए गेल, प्रयोगक सुष्ठुता एवं व्याकरणादिक नियमन सँ ओकर स्वरूप ततेक स्थिर भए गेल जे ओ समस्त आर्यावर्त्त ओ सुदूर दक्षिण धरि एक रूप मे पसरि गेल। जनपदीय भाषा सब जनपदभेदेँ भिन्न-भिन्न छल परन्तु संस्कृत तँ देश भरि मे, आर्यावर्त्तहिमे नहि प्रत्युत दक्षिणापथहु मे, आर्यजातिक सङ्ग, वैदिक धर्मक सङ्ग, शास्त्रीय विद्याक सङ्ग, प्रसृत होइत गेल । जाहि लेखक कैँ ई अभिलाषा होइन्ह जे हमर कृतिक प्रचार हो– तथा एहि अभिलाष सँ रहित के लेखक होएताह–ओ संस्कृतहिमे लिखथि। आदिमे संस्कृत छाड़ि केवल पाली ओ अर्धमागधी एहन भाषा भेल जकर प्रचार क्रमशः बौद्ध ओ जैन धर्मक सङ्ग भेल छल। भाषाक विकासक क्रम इएह अछि जे जखन कोनहु समय मे कोनहु देशक भाषा मे साहित्यक रचना होअए लागल ओ व्याकरणादिक नियम बनल तँ ओहो भाषा 'संस्कृत' भए जाइत अछि मुदा जनभाषा असंस्कृत रूप मे विकासक दिशामे आगाँ बढ़ि जाइत अछि। जे संस्कृत भेल से लिखल जाए सकैत अछि, पढ़ल भए सकैत अछि, मुदा जनभाषाक स्वरूप तादृश नहि होइत अछि। तहिना पाली ओ अर्धमागधी जेना संस्कृत छल तेहने भए गेल ओ जनपदीय भाषा सँ दूर भए गेल । भेद एतबए जे पाली ओ अर्धमागधी तत्तत् धर्मक अनुयायी मात्रक

अध्ययन वा प्रयोगक भाषा रहल किन्तु संस्कृत सब पढ़ि सकैत छल, लीखि सकैत छल। पश्चात् तँ बौद्ध ओ जैन लोकनि सेहो संस्कृतहिक प्रयोग करए लगलाह; हँ, ओ लोकनि ब्राह्मणक भाषा संस्कृत सँ भेद जनएबाक हेतु शुद्धता पर ओतेक ध्यान नहि देथि। बौद्धक महायान सम्प्रदाय, जकर विकास बुद्धक प्रधान कार्यक्षेत्र सँ प्रारम्भ भेल तकर साहित्यिक भाषा एही रूपक व्याकरणक बन्धन सँ मुक्त संस्कृत भए गेल। जनपदक भाषा कैँ जे महत्त्व बुद्ध ओ महावीर देने छलाह से क्रमशः लुप्त होइत गेल। एकर एक गोट कारण इहो भेल जे पूर्व मे जनपदीय भाषा सबहि मे परस्पर ओतेक भेद नहि छल मुदा जँ-जँ समय बितल गेल, जनसंख्या बढ़ल गेल, बहार सँ भिन्न-भिन्न प्रकारक प्रभाव बढ़ैत गेल तँ-तँ तत्तत् देशभेदेँ लोकभाषा सबहिक विकास ताहि रूपेँ होइत गेल जे ओहि सब मे परस्पर भेद बढ़ैत गेल ओ केवल आर्यावर्त्त मे कए गोट भाषा भए गेल। एहना स्थिति मे समस्त भारतवर्षक एक गोट भाषा जे सब ठाम प्रचलित हो, जकर स्वरूप स्थिर हो जाहि सँ ओकरा सब लीखि सकए, सब बूझि सकए, सब बाजि सकए से भए गेल संस्कृत। तें संस्कृत भारतवर्षक साहित्यिक भाषा भए गेल। ई स्थिति आइ सँ दू अढ़ाइ सए वर्ष पूर्व धरि, अङरेजक समय धरि, अनुवर्त्तमान छल।

परन्तु एक दृष्टि सँ संस्कृत यदि व्यापक होइत गेल तँ दोसर दृष्टि सँ ओहि मे संकोच सेहो कम नहि होइत गेल। संस्कृतक स्वरूप स्थिर छल ओ ओकर विकासक क्रम सर्वथा अवरुद्ध छल, मुदा लोकभाषा तँ क्रम क्रम आगाँ बढ़ैत गेल। लोकभाषाक जतेक विकास होइत गेल संस्कृत ततेक लोकभाषासँ दूर होइत गेल। आदि कविक समयमे जे संस्कृत द्विजातिक भाषा छल से क्रमशः ब्राह्मण मात्रक भाषा भए रहल, अथवा ई कहू जे जे केओ ओकर अध्ययन करथि, पण्डित होथि तनिक मात्र साहित्यिक भाषा भए कैँ रहल। जनपदीय भाषा जनपदक सबहुँक भाषा छल मुदा संस्कृत जे केओ विद्वान् होथि तनिक मात्र, विशेषतः ब्राह्मणक, भाषा भए गेल। एवंक्रमेँ संस्कृत जनजीवन सँ दूर हटि एकवर्गीय भए गेल, ओ केवल एक वर्ग मे, पण्डितवर्ग मात्र मे सीमित भए रहल, परन्तु से भए गेल ओ, भारतवर्षक समस्तक, ओकर कोनहु एक भूभागक नहि। भूभागभेदेँ भिन्न-भिन्न भए गेल जनपदीय भाषा जकरा ओहि भूभागक समस्त जनता, ब्राह्मण सँ चाण्डाल धरि, पुरुष ओ स्त्री, आबालवृद्ध, जानए।

विदेह-जनपदक भाषा मे महावीरक पश्चात् साहित्यिक रचनाक अभाव आश्चर्यजनक अछि। मागधी एवं शौरसेनी, गौड़ी एवं महाराष्ट्री प्राकृतक रूप मे अनेक ग्रन्थ रूपायित भेटैत अछि ओ नाटक मे स्त्रीगण ओ नीच पात्रक भाषा तँ प्राकृते रहैत आएल अछि। परन्तु मिथिलाक भाषाक की स्वरूप छल से कोनहु साहित्यिक रचना मे नहि उपलब्ध अछि। आत्माभिव्यक्तिक भावना, जे सब साहित्यक जड़ि थिक, से तँ एतहुक लोक कैँ अवश्य छलैक ओ ई भूभाग तँ सब

दिन सँ विद्याक आगार रहैत आएल अछि। एतए ग्रन्थक रचना नहि भेल से नहि परन्तु ओ सब ग्रन्थ संसकृत मे अछिधर्मविषयक अथवा शास्त्रविषयक, सब महत्त्वपूर्ण, ओ से सब ब्राह्मणक निर्मित। लोकभाषा मे जनमनोरंजनार्थ काव्यनाटकादि कोनो ग्रन्थ नहि अछि। एकर दू गोट कारण भए सकैत अछि। प्रथम कारण तँ छल लिखबाक कठिनता। पूर्व मे ततबे वस्तु लिखल जाइत छल जे अत्यन्त आवश्यक होइत छल, अतिशय महत्त्वपूर्ण होइत छल। दोसर कारण छल एहि भूभागमे पैघ राजाक अभाव। कर्णाट क्षत्रियक राज्य जे एतए एगारहम शकशताब्दीक अन्त मे स्थापित भेल तहिआ सँ पूर्व मिथिला मे अपन केओ राजा छलाह से इतिहास मे नहि भेटैत अछि, ओ मैथिल कालिदासमिश्र पाटलिपुत्रक चन्द्रगुप्त विक्रमादित्यक आश्रित भए हुनकहि सङ्ग पाटलिपुत्रसँ साकेत ओ तत्पश्चात् हुनकहि सङ उज्जयिनी गेलाह। लोकसाहित्यक रचना सब दिन राजाश्रिते होइत आएल अछि ओ तकरा अभाव मे, राजनीतिक स्वतन्त्रता सँ रहित, मिथिलाकेँ यदि अपन भाषा मे रचित किछु नहि छैक तँ से कोनो आश्चर्यक बात नहि। भारत-साम्राज्यक केन्द्र मगधक भाषा नाटक मे प्रतिष्ठित भेल तकर कारण जे नाटकक विकास मगध-सम्राटक आश्रय मे विशेष भेल। सातवाहनक आश्रय मे गाथासप्तशती एवं वृहत्कथाक निर्माण वा संग्रह भेल ओ तेँ महाराष्ट्री एवं पैशाची प्राकृतक स्वरूप प्रसिद्धि प्राप्त कएल। मिथिलहु मे कर्नाट राजवंशक स्थापना होइतहिँ देशी भाषाक महत्त्व बढ़ि गेल ओ जाधरि मिथिलामे मैथिलक आधिपत्य छल मैथिली उन्नतिक पथ पर पूर्ण अग्रसर होइत गेल। अङरेजक शासन काल मे मिथिला पुनः दबि गेल ओ तेँ हमर भाषा केँ जे कठिनता भेलैक एवं विरोध सहए पड़लैक से ककरहुसँ अविदित नहि अछि। तेँ ई स्पष्ट अछि जे राजनीतिक स्वतन्त्रताक अभावमे मिथिलाक भाषा साहित्यिक दृष्टिएँ उपेक्षित रहल।

परन्तु तेँ ई नहि बुझबाक थिक जे मिथिलाक लोक आत्माभिव्यक्तिक दिशा मे मूक बैसल रहल। आश्चर्य तँ ई जे राजाश्रय नहिओ छलैक, स्वतन्त्रता अपहृत रहलैक, सुदृढ़ शासनक बराबरि अभाव रहलैक, एवं बहुधा तेँ अराजकता सएह छलैक, तथापि मिथिलाक लोक अपन जनपदीय भाषा केँ ताहि रूपेँ सुरक्षित राखल, सुसंस्कृत कए राखल, जे अवसर होइतहिँ एहिमे साहित्यिक रचना होअए लागल। एतेक दिन साहित्यिक रचना नहि भए सकल होउक–ओ से नहि भेलैक एहि कारणें नहि जे एतएक लोक साहित्यिक नहि छल, अथवा साहित्यक महत्त्व नहि बुझैत छल, अथवा एहि भाषा मे आत्माभिव्यक्तिक योग्यता नहि छलैक प्रत्युत एहि कारणेँ जे मैथिल कलाकार केँ जतए आश्रय भेटैन्हि, पोषण होइन्ह, ततए एहि भाषाक प्रचार नहि छलैक–परन्तु भाषाक विकासक गति कहिओ अवरुद्ध नहि छल। जे रचना भेल से मौखिक रूप मे प्रसृत होइत रहल, ओकरा लिपिबद्ध कए सुरक्षित करबाक आयास असाध्य नहि तँ दुस्साध्य अवश्य छल। परन्तु भाषा मे भावाभिव्यक्तिक क्षमता क्रमशः

संचित होइत रहल। विद्वानक ई देश, भाषाक पाटव तँ एतए प्रचुर छल परन्तु तकर प्रयोग होइत छल संस्कृत मे। तथापि भाषाक पाटव एके वस्तु थिक; संस्कृत मे वाक्पटुता भेलहिं से पटुता व्यवहारहुक भाषा मे अवश्यम्भावी। ओ तें भाषा मे जे सब गुण अपेक्षित छैक यथा श्लेष, लक्षणा अथवा व्यञ्जना सँ अर्थोपलब्धि, भिन्न-भिन्न पदक समभिव्याहार मे एकहु शब्दक अनेक अर्थ मे शक्तिग्रह, केवल मुखसुखावहे नहि अपितु श्रुतिसुखावहो शब्दक चयन, निर्माण ओ प्रयोगबाहुल्य इत्यादि, से सब मिथिलाभाषा मे प्रचुरतया परिलक्षित होइत अछि। ई सब गुण सहसा नहि भए सकैत अछि, विशेषतः व्यञ्जनावृत्ति सँ पदविशेष मे शक्तिग्रह विनु दीर्घ साहचर्यँ सम्भव नहि, तदर्थ कालक अपेक्षा छैक। भाषा मे प्रयोगसौष्ठव एवं व्याकरणक नियमन इत्यादि देखि प्रतीत होइत अछि जे सुदीर्घकालहि सँ एहि भाषाक संस्कार होइत छल जकर परिणाम-स्वरूप एहि मे उन्नत भाषाक गुण सब अबैत गेलैक जे एखनहु एहि मे छैक। भाषा तँ छल ई एतए समस्त जन-समुदायक, परन्तु विद्या, आचार एवं संस्कार आदि कारणेँ सामाजिक सत्ता मे परस्पर भेद ततेक स्पष्ट ओ अधिक छल जे तकर प्रभाव एतएक लोकभाषा पर बड़ व्यापक दृश्य होइत अछि, तथा आदर ओ अनादरक विवक्षा सँ केवल सर्वनामहिमे नहि, क्रियापदसमेतहुमे जे भेद मिथिलाभाषा मे अछि से प्रायः थोड़ भाषा मे भेटत। एहि मे उच्चवर्गीय जनसमुदाय जे समाजक नेतृत्व करैत छलाह से सब प्रायः संस्कृतभाषाक विज्ञ; ओ लोकनि स्वभावतः जनपदीय भाषाक सेहो संस्कृते रूपक प्रयोग करैत छलाह। अन्य लोक जँ से नहि कए सकैत छल तँ तकरा अपन हीनता मानैत छल ओ भाषाक जे संस्कृत स्वरूप छलैक तकर श्रेष्ठता स्वीकार करैत छल। भाषाक संस्कृत ओ असंस्कृत दुहू रूपक चालि तेँ एतए बड़ निकट काल धरि वर्त्तमान छल ओ दक्षिण भागलपुर अथवा पश्चिम चम्पारण प्रभृतिक लोक आधुनिक समय धरि जाहि रूपेँ अपन भाषा घर मे बजैत छल तेना दश लोक मध्य मे, विशेषतः मध्य मिथिलाक शिष्ट समाजक समक्ष, बजबा मे जेना हीनताक बोध करैत छल। हालहि मे एकर प्रतिक्रिया-स्वरूप लोक मे भाषा-विषयक एक गोट स्वच्छन्दता आबि गेल अछि, जाहि सँ भाषाक संस्कृत, ओ असंस्कृत रूप, जकर अस्तित्व आदिकवि वाल्मीकिहिक समय सँ आबि रहल अछि ओ जे सब जनपदीय भाषाक स्वभावसिद्ध धर्म थिकैक, तकर उपेक्षा, अवहेलना समेत कहि सकैत छी, दृष्टिगोचर भए रहल अछि। परन्तु यदि एहि भाषाक अतीतक अनुसन्धान करब तँ स्पष्ट होएत जे मिथिलाभाषाक एक गोट सुसंस्कृत स्वरूप सब दिन छलैक जकरा महाभाष्यकार पतञ्जलिक शब्द मे 'शिष्टक भाषा' कहि सकैत छी जकर प्रयोग साधारणतया मिथिलाक केन्द्र मे ओ अन्यत्रहु शिष्टवर्ग मे होइत रहल। परन्तु तेँ असंस्कृत रूप नहि छलैक से नहि कहि सकैत छी ओ एही असंस्कृत रूप सँ प्रभावित होइत भाषाक स्वरूप मे परिवर्त्तन होइत रहल। सम्प्रति भाषाक असंस्कृत रूप केँ 'बोली' ओ संस्कृत रूप केँ 'भाषा' क संज्ञा देल जाइत अछि।

मिथिला-जनपदक भाषा सुदीर्घ काल सँ विकासक क्रम मे उन्नतिक दिशा मे अग्रसर अछि तकर पुष्टि एतएक स्वतन्त्र लिपिक प्राचीनता एवं प्रचार सँ सेहो होइत अछि। एहि लिपिक मिथिलाक्षर नाम नवीन थिक; एकर आदि नाम, ओ तेँ यथार्थ नाम, थिक तिरहुता। एही नाम सँ एकर विकासक कालहुक सूचना भए जाइत अछि। एहि जनपदक तीरभुक्ति नाम गुप्तसाम्राज्यकालक थिक, कारण, गुप्तलोकनि अपन राज्यक विभाग कैँ भुक्ति कहथि। तीरभुक्तिक विकृत रूप थिक तिरहुति। गुप्तलिपि सँ विकास कैँ पओने प्राच्यदेशक ई लिपि गुप्तोत्तरकाल मे तिरहुताक नाम सँ प्रसिद्ध भेल। सातम ईशवीय शताब्दीक आदित्यसेनक शिलालेख भागलपुर जिलाक मन्दार मे पाओल गेल ओ ई एहि लिपिक प्राचीनतम स्वरूप उपलब्ध अछि। ईशाक एगारहम शताब्दी पर्यन्त पश्चिम मे गया धरि ई लिपि प्रचलित छल जकर प्रमाण गयाक अनेक शिलालेख वर्त्तमान अछि। भारतक पूर्वाञ्चलक सब लिपिक, यथा-बङला, असमिया, उड़िया ओ अंशतः नेबारीक समता एहि सब जनपदक भाषाक समता सेहो संसूचित करैत अछि, मिथिलाक सङ्ग एहि सबहिक सांस्कृतिक एकरूपताक सूचना दैत अछि।

तेँ ई कहब असङ्गत नहि होएत जे साहित्यिक रचना सेहो एहि जनपदीय भाषा मे बराबरि होइत आएल अछि; से यदि उपलब्ध नहि अछि तँ ताहि सँ ओकर अभाव मानब उचित नहि होएत। अनुपलब्धि अभावक प्रमाण नहि मानल जाए सकैत अछि। अनुपलब्धिक समाधान अन्यथा करए पड़त। एहि अनुपलब्धिक प्रथम कारण भए सकैत अछि लिखबाक कठिनता। पूर्व समय मे लिखब बहुधा असाध्य नहि तँ दुस्साध्य अवश्य छल। वैदिक साहित्यक 'श्रुति' संज्ञा इएह द्योतित करैत अछि जे ओ मौखिक रूप मे अभ्यास कएल जाइत छल, ग्रन्थक रूप मे पठित नहि होइत छल। जखन लिखब आवश्यक भेलैक तखनहु सूत्ररूपेँ लिखबाक परिपाटी चलल जाहि मे थोड़ लिखए पड़ए। बौद्ध जैनादि साहित्यहुक रचना आरम्भ मे मौखिके भेल छल। तेँ एहि भाषा मे सेहो जे रचना पूर्वकाल मे भेल से सबटा लिखले गेल से नहि, अधिकांश रचना मौखिक रूपहि मे भेल होएत। कतेक रचना तँ एहनो व्यक्तिक द्वारा भेल होएत जे लिखए जनितहुँ नहि छलाह होएत। लिखल तँ ओएह वस्तु जाइत छल जे आवश्यक होइत छल, जकर प्रचार देश-देशान्तर मे अभिप्रेत होइत छल। जनपदीयभाषाक रचना तँ जनपदहि धरि प्रचरित होइत ओ ताहि हेतु लिखबाक श्रम के उठबितए, ओतेक आयास के करितए? विद्यापतिहुक लिखल तँ भागवते उपलब्ध होइत अछि, एको गोट गीत हुनक अपन लिखल कहाँ भेटल अछि ओ हमर तँ विश्वास अछि जे ओ एको गोट गीत प्रायः लिखलैन्हि नहि, रचिकैँ ककरहु सिखाए देलैन्हि अथवा स्वयं गाबि कैँ सुनाए देलैन्हि जे लोक सीखि लेलक। प्रतिलिपि सेहो पैघे ग्रन्थक, विशेषतः संस्कृतक, होइत छल। मैथिली ग्रन्थक प्रतिलिपि केहन लोक करैत छल तकर दृष्टान्त नेपाल मे प्राप्त कीर्त्तिपताका पुस्तक अछि अथवा कलकत्ताक

संस्कृत कालेज मे भूपरिक्रमाक पुस्तक अछि जाहि मे चारिओ गोट अक्षर शुद्ध लिखल नहि अछि। ई तँ विद्यापति वा हुनक परवर्ती कालक समाचार अछि। ओहि सँ हजार वर्ष पूर्व की स्थिति छल होएत तकर अनुमान केओ कए सकैत छी।

दोसर, एतएक जलवायु तेहन अछि जे कोनो पुस्तक बहुत दिन धरि रहि नहि सकैत अछि। पूर्व मे पुस्तक लिखल जाइत छल तालपत्र पर ओ मिथिला मे हजारो वर्षक कोनो तालपत्र उपलब्ध नहि अछि। मिथिला भाषाक जे कोनो प्राचीन पुस्तक प्राप्त भेल अछि से सब नेपाल सँ। मिथिला मे एक प्रति मात्र खण्डित वर्णरत्नाकर उपलब्ध भेल ओ विद्यापतिक संस्कृत सँ भिन्न ग्रन्थ नहि भेटैत अछि। लिखनावली जेना लुप्त भए गेल ओ कीर्त्तिपताकाक तीनि गोट पात मात्र हमरा उपलब्ध अछि। तेँ सम्भव थिक जे प्राचीन लेख जँ कोनहु ग्रन्थक छलो तँ से नष्ट भए गेल, ओ आब उपलब्ध नहि अछि।

अतएव निश्चित रूप सँ एहि जनपदक भाषामे रचित कहि कोनो कृति उपलब्ध नहिओ अछि तथापि भाषाक विकास तथा एहि जनपद मे विद्याक व्ययसाय केँ दृष्टि मे राखि ई कल्पना असङ्गत नहि प्रतीत होइत अछि जे एहि जनपदक भाषाक संस्कृत रूप आदि अहि सँ अनुवर्त्तमान अछि ओ ताहि भाषा मे साहित्यिक रचना सेहो अवश्ये भेल होएत। तकर कोन प्रकार छल होएतैक, कोन-कोन जातिक साहित्यक एतए सृष्टि भेल होएत, तकर अनुमान किछु तँ मानव जातिक स्वभावज प्रवृत्ति सँ कए सकैत छी, किछु अन्यान्य जनपदक भाषासाहित्यक उपलब्ध कृति सँ कए सकैत छी, ओ किछु परवर्त्ती साहित्यकारक रचना मे पूर्वक कृतिक उल्लेख सँ सेहो कए सकैत छी, परन्तु सब सँ विशेष तँ ओहि परम्परा सँ ओकर कल्पना कए सकैत छी जाहि परम्पराक अनुकूल रचना एतए अविच्छिन्न रूपसँ होइत आएल अछि। हम ई मानैत छी जे ई हमर काल्पनिक चित्र थिक परन्तु कल्पना निराधार नहि अछि ओ कतहु-कतहु जे कोनहु कृतिक परिचय साक्षात् वा परम्परया उपलब्ध अछि ताहि सँ एहि चित्रक सामञ्जस्य कल्पनाक चित्रण केँ प्रामाणिकता प्रदान कए हृदयकेँ बलिष्ठ करैत अछि, विश्वास उत्पन्न करैत अछि।

मानव जातिक भावाभिव्यक्तिक प्रथम साधन होइत अछि सङ्गीत तथा कर्णसुखद सङ्गीत सँ ओकर चित्त केँ शान्ति भेटैत छैक। सङ्गीतक प्रभाव तँ ज्ञानविहीन पशु-पक्षी समेत केँ मुग्ध कए दैत अछि ओ हरिन केँ गीतरसलम्पट कहल गेल अछि। अबोध नेना केँ माए वा धाए गीत गाबि-गाबि सुनबैत अछि। विश्व मे जतए देखब भाषाभिव्यक्ति सब सँ पूर्व गीत द्वारा भेल अछि, सर्वप्रथम सर्वत्र सङ्गीतमूलक काव्यक सृष्टि भेल अछि। ओ कविताक पश्चात् स्थान अछि कथाक। नेना केँ बोध होइतहिँ कथा सुनबाक उत्सुकता होइत छैक। तहिना मानव-जातिक विकासक आरम्भहि सँ कथाक प्रति औत्सुक्य परिलक्षित होइत अछि। इएह दू गोट साधन प्रारम्भ भावाभिव्यक्तिक हेतु सर्वत्र दृश्य होइत अछि जाहि मे बहुधा दुनू मीलि कए प्रबन्ध काव्यक स्वरूप

धारण कए लैत अछि जे अनेक ठाम महाकाव्य कहबैत अछि, भारतवर्षहु मे रामायण ओ महाभारत एवं अन्यान्य गाथा सब एकरे दृष्टान्त थिक। मिथिलाक जनपद-भाषा मे इएह दुहू प्रकारक साहित्यिक रचना आरम्भ मे लोकानुरञ्जनार्थ भेल होएत। भारतवर्षक अन्यान्यो जनपदीयभाषाक साहित्य एही दू रूप मे उपलब्ध होइत अछि। गाथासप्तशती ओ बृहत्कथा एही कथाक पुष्टि करैत अछि ओ जातकक कथा सब सँ यदि बौद्धधर्मक सम्बन्ध हटाए दिऐक तँ ओ देश मे प्रचलित कथासाहित्यक प्रायः सर्वप्रथम संग्रह सिद्ध होएत। बृहत्कथा सेहो ओही कथाक साहित्यिक स्वरूप प्रदर्शित करैत अछि जे देश मे प्रचरित छल ओ जाहि परम्पराक अनुसरण मे मिथिला मे आधुनिक समय धरि कथाक प्रचार छल। ई कथा सब मौखिक रूपेँ कथाकार सँ लोक सिखैत छल; नव-नव कथाकार नव-नव कथाक सृष्टि करैत रहैत छलाह, अथवा पुराणहुक कथा केँ नव कथाकार अपन व्युत्पत्ति सँ पल्लवित करैत रहैत छलाह। भेद एतवए जे बौद्ध कथाकार लोकनि ओहि कथासमूह मे बुद्धक सम्बन्ध जोड़ि जातक-कथाक स्वरूप देल; गुणाढ्य ओही कथा सब केँ काव्यक शैली पर अलंकृत कए रचल। परन्तु मूलतः ई सब देश मे लोकविषय प्रसृत कथाक भणडार सँ संगृहीत छल। एहि प्रकारक भण्डार एहू जनपद मे आरम्भहि सँ छल होएत ओ से छल इोएत एहि जनपदक भाषा मे, अथवा ई कहू जे एतएक लोकविषय कहल जाइत छल होएत एतएक जनपद-भाषा मे। तहिना जतेक पर्व अछि अथवा पाबनि होइत अछि सब मे ओकर कथाक चालि एहि जातिक साहित्यक परम्परा सूचित करैत अछि; कारण, कथा सब तत्तत् पर्व वा पाबनिक अभिन्न अङ्ग बुझल जाइत अछि जाहि बिना ओ पर्व वा पावनि सम्पन्न नहि होएत। कोनहु पाबनिक कथा केँ लए यदि ओकर साहित्यिक मूल्याङ्कन करब तँ पता लागत जे कथाक सबटा गुण ओहि मे छैक ओ यदि सब पाबनिक प्रचलित कथाक संग्रह कएल जाए तँ ओ हमरा लोकनिक साहित्यक एक गोट निधि भए जाएत। एहिमे जे पाबनि केवल मिथिला मे नहि, अनेक जनपद मे प्रचलित छल तकर कथा कोनहु जनपद-विशेषक भाषा मे नहि, प्रत्युत सब जनपद मे प्रचलित भाषा, संस्कृत मे, अछि, यथा—शिवरात्रि वा कृष्णाष्टमी *परन्तु जे पावनि एही जनपद मे प्रचलित छल अथवा आन जनपदसँ किछु नवीनताक सङ्ग प्रस्तुत छल तकर कथा एही जनपदक भाषा मे अछि, यथा मधुश्रावणी, सपता-विपता।*

एहि कथा सबहिक भाषा आधुनिक प्रतीत होइत अछि, परन्तु एहि प्रसङ्ग ध्यान देबाक विषय थिक जे ई सब मौखिक रूपेँ परन्तु परम्परया आबि रहल अछि; प्रत्येक पुश्तिक लोक एकरा अपनासँ पूर्व पुश्तिक लोक सँ सिखैत आएल अछि, ओ एहना स्थिति मे जे स्वाभाविक थिकैक, प्रत्येक पुश्ति मे एकर भाषा मे किछु ने किछु परिवर्त्तन होइत आएल अछि। एक वा दुइ पुश्ति मे ई अन्तर परिलक्षित नहि होएत परन्तु अधिक दिनुक अन्तर भेला पर प्रत्यक्ष भए जाएत जे कालभेदेँ एकहि कथा

मे भाषा कतेक भिन्न भए जाइत अछि। जाहि व्यक्ति कैँ नित्य देखैत छिऐक तकर स्वरूप मे दैनिक अन्तर लक्षित नहि होइत अछि परन्तु जाहि व्यक्ति कैँ अधिक दिन पर देखिऔक तकरा स्वरूप मे यदि अन्तर होइक तँ से लोक लगले लक्षित कए लैत अछि। एक गोट चिन्हार शिशु कैँ यदि बीस वर्षक उत्तर युवक देखबैक तँ ओकरा चीन्हि सकबैक? परन्तु जे ओही शिशु कैँ बीस वर्ष धरि नित्य देखैत छैक तकरा हेतु ओहि शिशु कैँ चिन्हबा मे की कोनो विलम्ब भए सकैत छैक? इएह पर्व अछि भाषाक सम्बन्ध मे। जहिना मनुष्य, तहिना भाषा सेहो, प्रतिदिन परिवर्त्तनशील थिक। जे कथा वा फकड़ा वा गीत आइ सहस्र वर्ष सँ मौखिक रूपेँ आबि रहल अछि तकर सहस्र वर्ष पूर्वक रूप ओ आजुक रूपमे ओहिना अन्तर परिलक्षित होएत जेना एक शिशुक ओ ओकर युवावस्थाक रूप मे होइत अछि। परन्तु ओहि कथा, फकड़ा अथवा गीतक स्वरूप यदि प्रत्येक पुश्तिक उपलब्ध होइत तँ स्पष्ट होइत जे प्रत्येक पुश्ति मे ओहि मे कतेक सूक्ष्म अन्तर होइत अएलैक अछि जकरा तत्काल लक्षित करब कठिन होएत। परन्तु ओएह सूक्ष्म अन्तर सब अनेक पुश्ति धरि होइत-होइत अन्त मे एतेक स्थूल भए जाइत अछि जे दुहू कैँ एक कहब कठिन भए जाइत अछि। हमरा विश्वास अछि जे जे कथा सब मिथिला- जनपदक भाषा मे परम्परया आबि रहल अछि तकर वर्त्तमान स्वरूप पूर्वक विकसित रूप मात्र थिक। छओ सए वर्ष पूर्व वर्णरत्नाकरक रचना भेल परन्तु ओकर भाषा, जे ताहि समयक प्रचलित भाषाक संस्कृत स्वरूप थिक, ओहि रचना मे स्वरूपायित भए स्थिर रहल परन्तु भाषाक विकास अबाध गति सँ चलैत रहल जकर फलस्वरूप वर्णरत्नाकरक भाषा एखनुक भाषा सँ एतेक भिन्न प्रतीत होइत अछि; परन्तु डाकक वचन, लोरिकक गीत, उपनयनक गीत अथवा मधुश्रावणीक कथा जे सम्प्रति उपलब्ध अछि तकर भाषाक वर्त्तमान स्वरूप ओकर विकसित रूप थिक ओ से विकास प्रत्येक पुश्ति मे होइत आएल अछि। एहि सबहिक प्रचार केवल मौखिक रूपेँ होइत रहल तेँ कोनहु कालक ओकर भाषाक स्वरूप उपलब्ध नहि अछि। परन्तु आइ जँ लोरिकक गीतक ओ स्वरूप उपलब्ध होइत जे ज्योतिरीश्वरक समय मे छल तँ देखि सकितहुँ जे ओहि गीतक भाषाक तखनुक स्वरूप ओ एखनुक स्वरूप मे कतेक अन्तर अछि—ओतबे अन्तर अछि जतेक वर्णरत्नाकरक भाषा ओ एखनुक भाषामे अछि। श्रीतन्त्रनाथबाबू स्वदेश मे कीर्त्तिलताक प्रथम पल्लव कैँ आधुनिक मैथिली मे रूपान्तरित कए प्रकाशित करओने छथि जाहि सँ हमर एहि उक्तिक पुष्टि होइत अछि, जे हमर एहि कल्पनाक आधार अछि, जे हमर जनपदीय भाषाक परिवर्त्तनशीलताक विलक्षण दृष्टान्त थिक।

परन्तु निश्चित रूप सँ एतबए कहल जाए सकैत अछि जे मिथिला-जनपदक भाषा मे कथाक परम्परा सुदीर्घकाल सँ आबि रहल अछि। कोन कथा कतेक दिनक थिक, अथवा कोन काल मे कोन कथा प्रचलित छल इत्यादि किछु कहब कठिने नहि, असम्भव अछि। पाबनिओ सबहिक मूल तँ बुझल नहि अछि। आब तँ पुरान कथाक

चालिओ उठल जाइत अछि परन्तु जातक मे जे कथा सब अछि अथवा कथासरित्सागर मे कथा सबहिक जे रूप सुरक्षित अछि ताही प्रकारक कथा सब एतहु प्रचलित छल होएत से कल्पना कए सकैत छी। दू गोट कथा श्रीतन्त्रनाथबाबू 'योगक इआर' ओ 'जिबितहिँ स्वर्ग' क नाम सँ लीखि प्रकाशित करओने छथि जाहि सँ ओहि परम्पराक दिग्दर्शन भए सकैत अछिं। वर्णरत्नाकर मे चतुःषष्ठि कलाक वर्णन मे कथाकौशलक उल्लेख ओही परम्परा केँ प्रमाणित करैत अछि।

ओ जे कथासाहित्यक प्रसङ्ग कहल अछि से ओहूसँ कत बड़ विशेष सङ्गीतक प्रसङ्ग उपलब्ध होइत अछि। ओना तँ समस्त आर्यावर्त्तक सामाजिक जीवन मे सङ्गीतक बड़ उच्च स्थान अछि, नृत्य ओ गीत प्रायः प्रत्येक उत्सवक हेतु आवश्यक कहल अछि, परन्तु मिथिलाक जनजीवन तँ सङ्गीतमय अछि। मृत्यु छोड़ि जनजीवनक कोनो घटना नहि अछि जाहि हेतु उपयुक्त गीत नहि हो, ओकर उपयुक्त भास नहि हो। प्रत्येक पर्व ओ पाबनिक अपन-अपना भासक भिन्न-भिन्न गीत अछि। प्रत्येक समयक उपयुक्त अपन भिन्ने गीत अछि। कतेक प्रकारक गीतक प्रचार अछि तकर अनुसन्धान ओ संग्रह एखन पर्यन्त नहि भए सकल अछि, आब तँ बहुतो लुप्त भेल जाइत अछि। कतेक प्रकारक भास अछि तकर तँ आब केवल कल्पना कए सकैत छी, कारण, ओकर संग्रह तँ आओरो श्रमसाध्य अछि, व्ययसाध्य अछि। परन्तु मिथिलाक जनजीवन सँ जे जन परिचित छथि से सबहुँ मुक्तकण्ठ सँ स्वीकार करताह जे मिथिलाक सामाजिक जीवन मे, जनजीवन मे सङ्गीत एक गोट एहन अभिन्न अप्रङ्ग अछि जाहि बिना ओहि जीवनक कल्पना समेत नहि कए सकैत छी। ई सङ्गीत पुरुषहुक हेतु अछि परन्तु एहि सङ्गीतक मुख्य संरक्षिका रहैत आइलि छथि महिलागण। तावतैब सिद्ध अछि जे ई सङ्गीत लोकभाषाक मध्य छल जेना ओ एखनहु अछि। संस्कृत मे राग-ताल लयाश्रित गीतकाव्यक रचना आइ सँ सहस्रावधि वर्ष पूर्व जयदेव गीतगोविन्द मे कएल। परन्तु जयदेव एहि गीतक रचना मे देश मे प्रसृत गीतकाव्य सँ प्रभावित भेल छलाह, ओकरे अनुकरण कए ओ संस्कृत मे गीत रचल। एकर प्रमाण सहजयानक सिद्ध लोकनिक रचना मे उपलब्ध अछि जकर प्रकाशन चर्यापदक नाम सँ भेल अछि। ओहि मे रागादिक नाम ओहिना उपलब्ध होइत अछि जेना गीतगोविन्द मे अछि; ओ जयदेव जे भनिताक व्यवहार चलाओल, जे विद्यापतिक समय सँ लए मैथिली गीतक एक प्रमुख अङ्ग भए गेल, तकरो मूल ओही सिद्ध लोकनिक चर्यापद मे उपलब्ध अछि। चर्यापदक गीत नेपाल मे भेटि गेल, ओ सब नष्ट होएबासँ बाँचि गेल, मुदा ओही सँ अनुमान कए सकैत छी जे जयदेव सँ पूर्वक युग मे कोन प्रकारक गीत होइत छल, कोन रीतिएँ गीतक रचना होइत छल। अतएव लोकभाषा मे गीतक परम्परा सुदीर्घ काल सँ जे एहि जनपद मे, समीपवर्ती जनपद सब मे, छल तकर पुष्टि जयदेवहिक एहि नवीन कृति सँ होइत अछि जे संस्कृतक हेतु नवीन छल परन्तु लोकभाषामे ततबा प्राचीन छल, ततबा लोकप्रिय छल, ततबा

प्रभावोत्पादक छल जे संस्कृत समेत मे ओकर अनुकरण भेल।

एहि प्रसङ्ग ई विषय स्मरणीय थिक जे आदि अवस्था मे सङ्गीत ओ कविता एकहि रूप मे रहैत आएल अछि। विश्वक सब साहित्य मे ई कथा परिलक्षित होइत अछि। वेदक गान होइत छल ओ पछाति वेदक ओ ऋचासब जे विशेष गानोपयोगी सिद्ध भेल सामवेदक रूपमे संगृहीत कएल गेल। वाल्मीकि एक गोट नव छन्दक सृष्टि कएल जे श्लोक कहाओल ओ ओहि छन्द मे उपनिबद्ध रामकथा गाओल जाइत छल जकर प्रथम गाता छलाह लव ओ कुश। संस्कृत मे नव-नव छन्दक सृष्टि संगीतहिक दृष्टिसँ भेल अछि। नाटक मे श्लोक सङ्गीतक काज करैत छल ओ पश्चात् मिथिलामे गीतक लोकप्रिय सिद्ध भेला उत्तर श्लोकक सङ्ग-सङ्ग गीतक व्यवहार प्रारम्भ भेल जे लोकभाषा मे रचित होअए लागल। कविता ओ सङ्गीतक पृथकत्व पश्चात् भेल अछि। मिथिला मे तँ कवीश्वरक समय धरि कविता ओ सङ्गीत एके छल। कविताक छन्द ओ गीतक राग एहि नाम सँ प्रसिद्ध छल अथवा ई कहू जे गीतक रागहिक नाम कविताक छन्दहुक नाम छल। अतएव प्राक्ज्योतिरीश्वर-युगक सङ्गीत-समृद्धि ओकर काव्य-समृद्धिक ज्ञापक थिक। यदि ओ गीत सब उपलब्ध नहि अछि तँ तकर कारण ओएह जे कथाक प्रसङ्ग मे कहि आएल छी। विद्यापतिक प्रतिभाक प्राखर्य मे ओ सब बहुतो लुप्त भए गेल; बहुतो भाषाक अंश मे रूपान्तरित होइत अद्यपर्यन्त यत्रकुत्र प्रसृत होएत, हमरा लोकनि भाषामे परिवर्त्तनक कारणेँ चीन्हि नहि सकैत छिऐक। परन्तु जे कथा हमरा प्रतिपाद्य अछि, मिथिलाक जनपद-भाषा मे संगीतक परम्परा अत्यन्त प्राचीन काल सँ आबि रहल अछि, मिथिलाक जनजीवनक एक गोट अभिन्न अङ्ग रहलैक अछि ओकर सङ्गीत, मिथिलाक संस्कृति गीतमय अछि, ओ एही गीत सबहिक द्वारा मैथिल जातिक भावाभिव्यक्ति आदिअहि सँ होइत आएल अछि। जहिना विद्यापतिक पश्चात् तहिना ओहि सँ पूर्वहुँ मिथिलाक देशी साहित्य गीतमय छल।

एकर पुष्टि वर्णरत्नाकर सँ सेहो विलक्षण जकाँ होइत अछि। ओ ग्रन्थ सम्पूर्ण तँ उपलब्ध नहि अछि परन्तु जतबा ओ प्रकाश मे आएल अछि ताहि मे एक गोट विषय जकर वर्णन आन कोनहु विषयक वर्णन सँ अधिक अछि, अधिक ठाम अछि, अधिक विन्यास ओ अधिक विस्तार सँ अछि से थिक सङ्गीत। नृत्य, वादन ओ गीत—ई तीनू जाहि विस्तार सँ वर्णित अछि ताहि विस्तार सँ आओर किछु नहि। सम्पूर्ण छठम कल्लोल मे मल्लयुद्ध वर्णना छाड़ि केवल एही तीनि वस्तुक वर्णन अछि। चतुःपष्ठि कलावर्णना मे गण आरम्भे होइत अछि नृत्य, गीत ओ वादित्र सँ। छठम कल्लोल मे नृत्यक साधारण वर्णन कए ज्योतिरीश्वर पुरुषनृत्य ओ स्त्रीनृत्यक वर्णन प्रेरणानृत्य ओ पात्रनृत्य कहि कएल अछि। विद्यावन्त, जकरा लौकिक भाषा मे विदाञोत कहल अछि, दुइ विदञोतनीक सङ्ग गान ओ वादनपूर्वक जे नृत्य करथि तकर बड़े विन्यस्त वर्णन अछि। हमरा जनैत एही नाचक परम्परा कैँ पछाति आबि

किरतञि नाम देल गेल ओ जकरा वर्णरत्नाकर मे विद्यावन्त वा विदाञोत कहल अछि सएह आगाँ जाए नायक कहाओल। नृत्यक प्रसङ्ग विस्तार बड़े चमत्कारिक अछि। दशो स्थायीभावक अनुयायी, तैंतीसो व्यभिचारीभावक आश्रय, आठो सात्त्विक भावक मिलापक, आठो स्थानक शिष्येँ पात्रक प्रवेश वर्णित अछि जाहि मे पात्र होथि बारहो दृष्टिक अभिनेता, बत्तीसो चारीक साभ्यास, छबो भङ्गक व्युत्पन्न, चारू तङ्गक कुशल, बत्तीस कुलक तत्त्वज्ञ, छवो नृत्यक कुशल। ओ पुनि अठारहो प्रबन्ध नाचि रेखानृत्य करथि जाहि मे तेरह प्रकारक मथाकम्प, छत्तीस प्रकारक दृष्टिकम्प, हस्तकम्प, दश प्रकारक बाहु-नृत्य, छओ प्रकारक चालकनृत्य, चौसठि हस्तकर्म इत्यादि हो।

बाजाक प्रसङ्ग पन्द्रह प्रभेद नगरवर्णना मे अछि; मुरजक बारह प्रकार वर्णित अछि, वीणाक सत्ताइस भेद गनाओल अछि; प्रयाणक-वर्णन मे चौदह प्रकारक बाजाक नाम अछि।

गीतक प्रसङ्ग वर्णित अछि जे सातो स्वरेँ संयुक्त, सातो गमक सँ सम्पूर्ण, अठारहो जाति सँ अलंकृत, बाइसो श्रुति सँ सम्पूर्ण, एकैसो मूर्च्छना सँ अलंकृत बीसो गेयधर्मसँ संयुक्त, सातो गायन सँ परित्यक्त एवं चौदहो गीतदोष सँ परित्यक्त अनेक प्रबन्ध गीत, अनेक गीत-प्रपञ्च, अनेक रागक गायन हो। एहि सभ मे संख्यामात्र हम एतए देल अछि, नाम सब विस्तारक भय सँ छोड़ि देल अछि। नगर-वर्णन मे अनेक प्रकारक गीतक वर्णन अछि जाहि मे डफिला, लोरि, बिरहा, चाँचड़ि, चउपइ, लगनी ओ लोरिक नाच एखन पर्यन्त सुनलाँ जाइत अछि। अत्यन्त खेदक विषय थिक जे वर्णरत्नाकरक जे तालपत्रक पुस्तक उपलब्ध भेल ताहि मे एगारहम ओ बारहम पद्य त्रुटित छैक ओ दसम पत्रक अन्त मे इएह वर्णन अपूर्ण रहि गेल अछि।

नृत्य गीत ओ वादित्र अर्थात् सङ्गीतक एहि विन्यस्त एवं विस्तृत वर्णन सँ स्पष्ट अछि जे ताहि समय मे एहि कलाक एतए केहन प्रचार छल। सङ्गीत विषय मे कर्णाट लोकनि आचार्य छलाह ओ मिथिला मे कर्णाट राजकुलक संस्थापक नान्यदेव एकर विशेष ज्ञाता छलाह। तेँ सम्भव थिक जे कर्णाटक राजत्वकाल मे, शाके 1019 सँ, एहि प्रसङ्ग विशेष अनुशीलन भेल हो । परञ्च जाहि विन्यास सँ ओ विस्तार सँ सङ्गीतक सर्वाङ्गीण विकासक चित्र ज्योतिरीश्वर अङ्कित कएने छथि ताहि सँ स्पष्ट अछि जे नृत्य, गीत ओ वादित्रक शास्त्रीय अध्ययन, अभ्यास ओ अनुशीलन एतए बड़ प्राचीन कालहि सँ होइत आएल छल। एकर प्रमाण हमरा लोकनि कैँ बौद्धगान मे भेटैत अछि। वर्णरत्नाकर मे छेआलीस गोट रागक नाम गनाए ज्योतिरीश्वर ओकरा अन्त नहि कए देल अछि प्रत्युत अन्त मे 'आदि' जोड़ि सूचित कए देल अछि जे एहि सँ भिन्नो रागक प्रचार छल। एहि छेआलीस मे पन्द्रह गोट अर्थात् पटमञ्जरी, गौड़ (वर्णरत्नाकर मे अछि गौल), गुर्जरी (वर्णरत्नाकर मे गुञ्जरी), देवकरी, देसाख, भैरवी, कामोद, धनछी, रामकरी, बराड़ी, सबरी, बलाड्डि (वर्णरत्नाकर मे वलार), मलारी, मानसी, ओ बङ्गाल— एतेक रागक गीत चर्याचर्य-विनिश्चय मे

उपलब्ध होइत अछि परन्तु चर्याचर्यविनिश्चयमे जतेक रागक गीत अछि से सब वर्णरत्नाकरमे परिगणित अछि ओ गीतगोविन्द मे चौबीसो गीत जाहि एगारह गोट रागक नामेँ उल्लिखित अछि ताहि मे एक गोट विभास छाड़ि आओर सब वर्णरत्नाकर मे गनाओल अछि। वर्णरत्नाकर मे एहि सब सँ भिन्नो अनेक रागक नाम अछि परन्तु तकर गीत ने चर्यविनिश्चय मे अछि ने गीतगोविन्द मे। एहि प्रसङ्ग स्मरण रहए जे चर्याचर्यविनिश्चय मे जे पचास गोट गीत अछि से सब सहजयानक सिद्धान्तक , जकरा हमरा लोकनि तन्त्रमार्गक अविकासावस्था कहि सकैत छी, तकरे टा गीत थिक ओ से एतबे तँ रचित नहि भेल होएत। एक गोट संग्रह मे जे पचास गोट गीत लिखल छल से भाग्य सँ हमरा लोकनि केँ उपलब्ध भए गेल, नष्ट होएबा सँ बाँचि गेल। एही विषयक आओर कतेक गीत छल से केजानए? ओ एतबहि टा विषय लए केँ गीतक रचना भेल होएत सेहो तँ नहि कहि सकैत छी। अनुपलब्धि तँ अभावक प्रमाण नहि थिक! वर्णरत्नाकर मे जखन, एतेक रागक नाम दए ज्योतिरीश्वर अन्तमे 'आदि' कहि वर्णन समाप्त कएल अछि तखन तँ स्पष्ट अछि जे एतेक राग तँ ताहि दिन प्रचलित अवश्ये छल, एहि सँ भिन्नो कतोक रागक प्रचार छल होएत जे विस्मरण वशात् वा जानल नहि रहने ज्योतिरीश्वर गनाए नहि सकलाह। एहि मे कतोक राग शास्त्रीय अछि, कतोक देशी अछि, ओ कतोक मिश्र। एहि प्रसङ्ग विशेष विचार सङ्गीतक विषय भए जाएत ओ से सङ्गीतक आचार्ये कए सकैत छथि। परञ्च ई कथा तँ स्पष्ट अछि जे एतेक रागक विकास मे समय थोड़ नहि लागल होएत! कर्णाटक छत्रच्छाया मे सङ्गीतक विशेष विकास ओ प्रचार भेल छल से अवश्य परन्तु एहि राग सबहिक प्रयोग तँ सहजिआ सिद्ध लोकनि सेहो कएने छथि तेँ एहि रागाश्रित सङ्गीतक परम्परा वर्णरत्नाकर सँ कतोक सए वर्ष पूर्वहि सँ मानए पड़त। एगारहम शक शताब्दी मे एहि सङ्गीतक ततबा प्रचार भए गेल छल, ततेक विकास भए गेल छल, जे जयदेव एकर प्रयोग प्रथमहि प्रथम संस्कृत मे कएल। एहि सब कारणेँ ई कल्पना पूर्ण सङ्गत प्रतीत होइत अछि जे मिथिला ओ मिथिलाक सन्निहित जनपद मे सङ्गीतक शास्त्रीय पद्धति सँ अध्ययन, अनुशीलन ओ अभ्यास बड़ प्राचीन समय सँ आबि रहल अछि। सङ्गीतक आधार भेल गीत, ओ से गीत जनपदीय भाषा मे रचित होइत छल, जकर प्रमाण बौद्धगान। अतएव गीत-रचनाक परम्परागत सङ्गीतहु सँ प्राचीन नहि तँ समकालीन तँ अवश्ये मानए पड़त।

राग सँ भिन्न दू गोट आओर वस्तु वर्णरत्नाकर मे वर्णित अछि जकर प्रयोग सङ्गीत मे होइत छल ओ जाहि सँ साहित्यक स्वरूपहुक सूचना भेटैत अछि। छठम कल्लोल मे गीतदोषक वर्णन कए, ज्योतिरीश्वर गोट बीसेक नाम गनाए, तखन पुनः 'प्रभृति' जोड़ि, अनेक प्रबन्ध-गीतक उल्लेख करैत छथि। ई नाम सब परिचित नहि अछि; केवल दू गोट नाम, गद्य ओ दण्डक, बुझल होइत अछि ओ झुमुला प्रायः झुमुराक नाम सँ प्रसिद्ध अछि। तदुत्तर पुनि गोट पन्द्रहेक प्रकारक

गीतप्रपञ्चक वर्णन कए कहैत छथि जे से बोलहि नहि पारिअइ", जे कहल नहि जाए। एहि प्रपञ्च मे एको गोट नाम परिचित नहि अछि। प्रबन्धगीत ओ गीतप्रपञ्च सङ्गीतक वस्तु थिक; सङ्गीत शास्त्रमे एहि सबहिक वर्णन अछि; ओ तैं एकर परिचय सङ्गीत-शास्त्री दए सकैत छथि। परन्तु एतबा धरि तँ एहि सँ स्पष्ट अछि जे आगाँ जाए जे गोट छेआलिसेक रागक उल्लेख अछि तकर गान मे जाति, श्रुति, ओ मूर्च्छना इत्यादिक सङ्ग प्रबन्धगीत ओ गीतप्रपञ्च सेहो होइत छल, ओ जैं एहि सङ्गीतक आधार गीत देशीभाषा मे छल तैं एकर प्रबन्ध अथवा प्रपञ्च तकरो आश्रय ओएह देशीभाषा होइत छल तकर कल्पना करब असङ्गत नहि होएत। आधुनिक समयमे आबि तँ नव नव सङ्गीतक ताहि रूपक व्यापक प्रभाव सर्वत्र पसरि गेल अछि जे प्राचीन वस्तुक लोप भेल जाइत अछि ओ प्राचीनो वस्तु नव नाम सँ परिचित होइत अछि, परन्तु गद्य ओ दएडक एहि दू प्रकारक प्रबन्धगीतक जे उल्लेख ज्योतिरीश्वर कएने छथि ताहि मे गद्य तँ गीत मे बुझल नहि होइत अछि मुदा दण्डकक प्रबन्धन तँ एखनहु धरि कए जातिक गीत मे भेटैत अछि। कहबाक अभिप्राय जे गीत मे गद्य ओ दण्डक समावेश होइत छल ओ तहिना आनो आनो प्रबन्धक समावेश होइत छल तकर कल्पना करब सुगम अछि। अतएव ई सब प्रभेद सङ्गीतक सङ्ग सङ्ग साहित्यिक समृद्धिक सूचक थिक।

ई तँ भेल ओ सङ्गीत जकरा शास्त्रीय कहब, जकर नियमन शास्त्रीय पद्धति सँ हो। एहि सँ भिन्नो गीतक चर्चा वर्णरत्नाकर मे भेटैत अछि। प्रथमहि कल्लोल मे नगर-वर्णना मे ज्योतिरीश्वर पन्द्रह गोट बाजाक नाम गनाए ई सब 'बजाबइतैं' पन्द्रह गोट नाम कहैत छथि जे भिन्न भिन्न प्रकारक लोक-गीत बुझना जाइत अछि। सोड़हम नामक प्रथम अक्षर 'जि' सँ दशम पत्रक अन्त भए जाइत अछि ओ एगारहम पत्र त्रुटित अछि तैं वर्णन अपूर्ण रहि गेल अछि। परन्तु ओहि पन्द्रह गोट नाम मे कम सँ कम पाँच गोट नाम चिन्हार लगैत अछि, बिरहा चउपइ, चाञ्चलि जकरा आब चाँचड़ि कहैत छिऐक, लोरिक नाचो, नगनी जे प्रायः लगनी थिक। ई सब तँ एखन पर्यन्त उपलब्ध अछि। आइ सँ पचास वर्ष पूर्व म.म. परमेश्वर झा अपन सीमन्तिनी-आख्यायिका मे बरिआतक वर्णन करैत शास्त्रीय सङ्गीतक चर्चा कए लिखैत छथि जे गाछी पोखरि दिश कहार बेगार प्रभृति नीच वर्ग दोसरहि तरहेँ विनोद करए लागल अर्थात सीता-स्वयंवर, प्रभावतीहरण, रम्भाभिसार एहि विषय सभक गमैआ भासक गीत सँ आरम्भ कए बिरहा चाँचरि पर्यन्त गाबए लागल।" वर्णरत्नाकर सँ सीमन्तिनी-आख्यायिका धरि कम सँ कम बिरहा ओ चाँचरिक परम्परा तँ अविच्छिन्न अछि ओ सीता-स्वयंवरादि विषय सभक प्रसङ्ग के कहि सकैत अछि जे वर्णत्नाकरक पन्द्रह जे प्रभेद परिगणित अछि ताहि मे ई सब वा एतादृशे आन विषय नहि अछि, अथवा जे अंश त्रुटित अछि ताहि मे ई सब नहि हो। गमैआ भासक ई सब गीत छोट लोक मे प्रचलित छल ई कथा सीमन्तिनी-आख्यायिका सँ स्पष्ट अछि।

के कहि सकैत अछि जे एहि प्रकारक लोकगीतक जे परम्परा आइ छओ सए वर्ष सँ अबैत अछि ओ वर्णरत्नाकरहु सँ छह सए वर्ष पूर्व सँ नहि छल? लोरिकक गीत ओ नाच तँ एखनहु होइत अछि; लगनी आइ धरि स्त्रीगण जाँत पिसबाक श्रम कैँ दूर करबाक हेतु जाँतक हाथर चलबैत गबैत छथि; चौपाइ तँ एमहर आबि आओर प्रसिद्धि पओलक अछि ओ एखनहु भास लगाए गाओल जाइत अछि। प्राचीन साहित्यिक परम्पराक एहन प्रामाणिक वर्णनक मध्यहि मे एहि ग्रन्थक ई त्रुटि अत्यन्त खेदक विषय थिक परन्तु पन्द्रह गोट प्रभेदक उल्लेख अछि जाहि मे पाँच गोट एखन धरि चिन्हार अछि इहो कम सन्तोषक विषय नहि थिक। विरहा, चाँचड़ि, लोरिकक नाच, लगनी, चउपाइक रचना वर्णरत्नाकरक समय मे छल एतबा तँ प्रमाणित भए जाइत अछि। शेष दश गोट प्रभेद उलोरि (ई प्रायः लोरि थिक जे विद्यापति, गाबहु हे सखि लोरि झूमरि मदन अराधए जाउ" मे कहने छथि), बेलि अथवा बेरि एकर चर्चा अनुपदहिँ करब, विरह देइ मन्त्रणा, भिषना, सिरिआ देशइ, ठमरण, चेङ्गा, मएना ओ बढ़नी तथा डाफिला (जे सम्प्रति एक गोट बाजाक नाम थिक जे बाँसुरीक सङ्ग बजाओल जाइत अछि) एहि दश प्रभेदक परिचय उपलब्ध नहि अछि परन्तु ई सब अन्यान्य वस्तुक व्यवहारक बलसँ तत्तद् नाम सँ प्रसिद्ध लोक-गीतक भेद थिक ई मानबामे कोनो सन्देह नहि रहैत अछि।

ओही नगर-वर्णनक अन्त मे अछि—तदनन्तर वेणि (जे पूर्वक सूचीक बेलि थिक, ल ओ ण क समता सँ कोनहु एकठाम अशुद्ध लिखल अछि) विरहा, हुलुक, चुटुकुल, प्रतिगीत, वाद्य, ताल तथा नृत्य कैँ छोड़ि प्रथम पाँचो शाब्दिक प्रतीत होइत अछि। एहि मे बेलि वा वेणि तथा विरहा तँ तोकगीतक प्रभेदमे पूर्वहु आएल अछि; शेष हुलुक, चुटुकुल एवं प्रतिगीत नवीन अछि। चुटुकुल तँ प्रायः एखन जकरा चुटकुला कहैत छिऐक सएह थिक। एकर आशय भेल छोट मनोरञ्जनक गप्प वा फकड़ा। प्रतिगीत तँ प्रतीत होइत अछि गीतमे उत्तर-प्रत्युत्तर, जेना सम्प्रति जटा-जटिनक खेड़ि मे होइत अछि जे एक गीत मे जटाक उक्ति रहत जकरा एक जेड़ि गाओत ओ तखन जटिनक उक्ति गीत दोसर जेड़ि। कहबाक आशय जे एहि पाँच प्रकारक खेड़ि मे आधार शाब्दिक अवश्य छलैक ओ तावतैव सिद्ध अछि जे एकर रचना होइत छल, एहि सबहिक प्रचार व्यापक रूपैँ छल जे मौखिक रूपैँ उत्तरोत्तर अबैत छल, ओ आब यद्यपि ई सब अनचिन्हार लगैत अछि, परन्तु एक समय छल जखन लोक विषय साहित्यमूलक मनोरञ्जनक ई सब प्रसिद्ध साधन छल।

वर्णरत्नाकर सम्पूर्ण उपलब्ध नहि अछि; जेहो अंश उपलब्ध अछि ताहि मे ततेक लेखाशुद्धि अछि जे बहुत स्थल मे संदेह अनिवार्य भए जाइत अछि; ताहि पर सँ ततेक प्राचीन ई ग्रन्थ अछि जे बहुतो वर्णित वस्तु कैँ लुप्त भेल बहुत दिन भए गेल ओ तेँ अधिकांश वस्तु अनचिन्हार भए गेल अछि। परन्तु तैयो जतबे बुझबाक योग्य होइत अछि ताहि आधार पर जे विचार हम एतए उपस्थित कएल अछि ताहि

सँ ई कथा स्पष्ट अछि जे मिथिलाक भाषामे जे ताहि दिन अवहट्ट कहबैत छल, साहित्यिक रचनाक परम्परा ओहू दिन पुरान छल, व्यवस्थित छल, व्यापक रूप सँ प्रचलित छल, लोकप्रिय छल। विशेष रूपसँ पद्यक प्रचार छल जे तत्कालीन सङ्गीतक आधार छल परन्तु गद्यक सेहो रचना होइत छल जे गाओलो जाइत छल ओ कथा मे व्यवहृत होइत छल। वर्णरत्नाकरक रचना ताहू सँ इएह सिद्ध होइत अछि। विश्वक साहित्यिक विकासक क्रम मे सर्वत्र इएह देखना जाइत अछि जे साहित्यिक रचना मे गद्य सँ पूर्व पद्यक विकास होइत अछि ओ वर्णरत्नाकरक सदृश प्रौढ़ गद्यक ग्रन्थ स्वतः प्रमाण अछि जे ताधरि मिथिलाक भाषा मे साहित्यिक अभिव्यक्तिक सामर्थ्य पूर्ण रूपेँ भए गेल छल। दोसर, सब ग्रन्थक कोनो उद्देश्य होइत छैक; सब ग्रन्थक अधिकारी होइत अछि जकरा हेतु ओहि ग्रन्थक निर्माण होइत अछि। वर्णरत्नाकरक उद्देश्य वर्णनक चमत्कार-प्रदर्शन छल तथा ओकर निर्माण भेल छल भाषाक कवि लोकनिक हेतु, भाट लोकनिक हेतु, कथक लोकनिक हेतु; कहबाक तात्पर्य जे जे केओ साहित्यिक रचना मे संलग्न छलाह वा संलग्न होअए चाहैत छलाह तनिका लोकनि कैँ वर्णनक चमत्कारक मार्गप्रदर्शनक हेतु एहि ग्रन्थक रचना ज्योतिरीश्वर कएल। ई छोड़ि आओर कोन उद्देश्य एहि रूपक आकर ग्रन्थक हेतु भए सकैत अछि, कारण, एहि मे जनताक मनोरञ्जनक सामग्री नहि अछि, साहित्यकार लोकनिक उपकारक सामग्री संकलित अछि। एहि सँ मिथिलाक जनपद मे मिथिलाक भाषा मे साहित्यिक रचनाक एक गोट सुदीर्घकालीन परम्पराक जे कल्पना कएल अछि तकरे पुष्टि होइत अछि।

परन्तु एहि प्रसङ्ग ई कथा स्मरण रहए जे ई रचना सब साधारण जन-हित होइत छल। एकर रसास्वादन एहि भाषाक सब भाषी करैत छल सेहो सत्य, परन्तु पण्डितवर्गक मनोरञ्जनक साहित्य छल मुख्यतः संस्कृत। जे जन संस्कृत सँ अनभिज्ञ छल अथवा संस्कृत मे साहित्यक मर्म नहि बूझि सकैत छल तकर साहित्यिक मनोरञ्जनक साधन इएह कथा, गीत, चुटकुला इत्यादि छल। अतएव ई सब मौखिक रूपेँ प्रचार मे छल; एकरा सबहिक लेखनक प्रयोजने नहि छल, कारण, जकरा हेतु ई छल तकरा मे साक्षरता अत्यन्त विरल छल। तँहि ई सब क्रमशः लुप्तो होइत गेल। गाथासप्तशती अथवा बृहत्कथा किंवा जातक जकाँ ई सब संगृहीत ओ लिपिबद्ध नहि भेल तकर कारण स्पष्ट अछि। एतए ने सातवाहन जकाँ केओ साहित्यिकक पोषक छलाह ने धार्मिक प्रचार लक्ष्य छल। से जँ भेल अथवा जाहि काल मे भेल ताहि काल मे एतहु किछु- किछु संग्रह अवश्य भेल ओ से सब उपलब्धो अछि जकर चर्चा अनुपदे करैत छी। वास्तव मे अवहट्ट भाषाक साहित्य एतान्मात्रे उपलब्ध अछि यद्यपि इहो कथा सत्य जे ओहि भाषा कैँ विशुद्ध मिथिला-जनपदक भाषा कहब ओतेक स्पष्ट ओ निर्विवाद नहि अछि, कारण, ओहि समय मे मिथिलाक भाषा-स्वरूप ओना स्थिर नहि भेल छल। ओ भाषा ज्योतिरीश्वरक भाषा जकाँ मैथिली नहि परन्तु

मैथिलीक प्राग्रूप छल जाहिमे कतोक लक्षण भेटैत अछि जे आब मैथिलीमे नहि, बङ्गला मे, असमिआ मे, ओड़िया मे, वा हिन्दी मे भेटैत अछि। हमरा लोकनि ओकरा तैओ मैथिली अबहट्ट अथवा मैथिलीक प्राग्रूप मानैत छी, कारण ओहि मे सब सँ अधिक लक्षण मैथिलीक अछि; ओकर सबसँ अधिक समता मैथिली सँ अछि, ओकर छाया जतेक सदृश मैथिली मे होइत अछि ततेक आन आधुनिक भाषा मे नहि।

एहि प्रसङ्ग सबसँ पूर्व हम कालिदासक एक गोट दोहा उपस्थित करैत छी। विक्रमोर्वशीय-त्रोटकक चतुर्थ अङ्क गीतिनाट्य थिक ओ ओहि मे जे नृत्य अछि से अपभ्रंशक गीतक सङ्ग अछि। ओहि मे पावसक वर्णन मे एक गोट दोहा अछि—

मइँ जाणिअ मिअलोअणि णिसिअरु कोइ हरेइ।
जाव णु णवतड़िसामलि धाराहरु बरिसेइ ॥

एकर मैथिली-छाया देखू —

मोञे जानिअ मृगलोचनी निशिचर कोइ हरेइ।
जाब न नवतड़ि श्यामली धाराधर बरिसेइ ॥

एहि मे 'मइँ' जकरा हिन्दी मे 'मैं' कहब मैथिलीक उच्चारणक अनुकूल अछि। हलन्त शब्दक अन्तिम हलूक लोप कए 'जाब' ओ 'तड़ि' 'यावत्' ओ 'तड़ित्' थिक ओ से मैथिल सम्प्रदायक अनुकूल अछि। 'जानिअ', 'हरेइ', 'बरिसेइ' तीनू क्रियापद शुद्ध मैथिलीक थिक।

दोसर दृष्टान्त हम प्राकृत पिङ्गलसँ दैत छी। धवल नामक वर्णवृत्तक उदाहरण मे जे कविता अछि से थिक—

तरुण तरणि तबइ धरणि , पवण बह खरा।
लग णहि जल बड़ मरुथल जनजिवण हरा ॥
दिसइ चलइ हिअअ डुलइ हम इकलि बहू।
घर णहि पिअ सुणहि पहिअ मन इछइ कहू।

एकर मैथिली-छाया देखू—

तरुण तरणि तबइ धरणि पवन बह खरा।
लग नहि जल बड़ मरु-थल जनजीवन-हरा ॥
दिशो चलइ हिअअ डोलइ इम एकलि बहू।
घर नहि पिअ सुनिअ पथिक मन इछइ कहू ॥

एहि मे क्रियापद प्रायः सब मैथिलीक अनुरूप अछि, केवल 'इछइ' क प्रयोग आब ऊठल अछि तथा 'सुनहि' क सङ्ग 'कहू' नहि बैसैत अछि। तबइ, खरा, लग, बड़, डुलइ, बहू, घर, कहू विशुद्ध मैथिली थिक। केवल 'इकलि' बङ्गला मे होइत अछि। सब सँ विशेष एहि मे 'हम' रूप अछि। एहि पद्य कैँ मैथिली नहि तँ की

कहब ? एहि प्रकारसँ प्राकृतपैङ्गलम् प्रभृत प्राकृत ओ अपभ्रंशक संग्रह-काव्यक यदि अध्ययन कएल जाए तँ बहुत रास एहन रचना भेटत जे मैथिलीक प्राग्रूप प्रतीत होएत। एहि हेतु बड़ कठिन परिश्रमक अपेक्षा छैक ओ ताहू सँ अधिक अपेक्षा छैक भाषा-विज्ञान सँ स्फीत दृष्टिक। एहि दिशि कार्य प्रारम्भो नहि भेल अछि।

मिथिला-जनपदक प्राचीन भाषा मे, मैथिली अवहट्ट मैथिलीक प्राग्रूप भाषा मे, जे रचना सबसँ अधिक उपलब्ध भेल अछि से थिक सहजपन्थी सिद्ध लोकनिक कृति जे नेपाल मे भेटल अछि, आठम-नवम शताब्दी मे एहि मार्गक विकास भेल ओ एमहर आबि जे तन्त्र कहाए मिथिलाक जन-जीवन मे मिझराए गेल से एही सहज मार्गक परिष्कृत रूप थिक। आसाम, बङ्गाल ओ नेपालक सङ्ग सङ्ग मिथिला तन्त्रक एक गोट प्रमुख केन्द्र रहैत आएल अछि। लोक विषय प्रचारक दृष्टि सँ एहि मार्गक सिद्ध लोकनि अपन मतक प्रचार देशी भाषा मे कएल ओ वर्णरत्नाकर मे चौरासी सिद्धक नाम परिगणित अछि ताहि मे ओहि सब सिद्धक नाम अछि जनिक कृति उपलब्ध भेल अछि। हिनका लोकनि कैं तिब्बत सँ सम्पर्क छलैन्हि ओ तन्त्र मे जे चीनाचार कहल जाइत अछि तकर अभिप्राय इएह जे तत्तद् विषय मे तिब्बतक प्रभाव सँ एतएक क्रियाकलाप नियमित होइत अछि। कामरूप एहि मार्गक विकासक प्रधान केन्द्र छल। एमहर विक्रमशिला विश्वविद्यालय ओकर प्रचारक केन्द्र छल। विक्रमशिला उजड़ि गेल किन्तु ओकर भग्नावशेष आब भागलपुरक निकट मे बहराए रहल अछि। एही विक्रमशिला मे कामरूपक मार्गे तिब्बत धरि एहि सिद्ध लोकनिक क्षेत्र छल। अतएव तिब्बत मे सेहो एहि सिद्ध लोकनिक बहुत रास रचना भेटल अछि जे अधिकांश तिब्बतक भाषा मे अनुवाद अछि परन्तु कतेको मूलभाषा मे सेहो अछि जे मिथिलाक्षर मे लिखल अछि। नेपाल मे जे अंश सुरक्षित अछि से म. म. हरप्रसाद शास्त्री प्रकाशित कराओल; तिब्बत मे जे भेटि सकल तकर प्रकाशन महापण्डित राहुल सांकृत्यायनजी कराओल। एहि प्रसङ्ग ने ऐकमत्य अछि ने ऐकमत्य भए सकैत अछि जे एकर भाषा कोन थिक। आठम नवम शताब्दीक ई भाषा भारतक पूर्वाञ्चलक देशीभाषा छल जकरा भाषाविज्ञान मे अपभ्रंश कहल जाइत अछि । मिथिला मे व्यवहृत अपभ्रंश कैं ज्योतिरीश्वर ओ विद्यापति समेत अवहट्‌ट कहैत छथि परन्तु ई बुझल नहि होइत अछि जे अवहट्‌ट केवल मिथिलाहिक देशीभाषा कहबैत छल अथवा एहि अञ्चलक सब भाषा एही नामसँ अभिहित छल। एतबा निश्चय जे एहि भाषा सब मे ताहि दिन बड़ विशेष अन्तर नहि छल ओ जेना एहि अञ्चलक सब लिपि मूलतः एके लिपि थिक तहिना एहि अञ्चलक सब जनपदक भाषा मूलतः एके अपभ्रंश छल अथवा परस्पर अत्यन्त सदृश छल इहो कल्पना सर्वथा असङ्गत नहि प्रतीत होइत अछि। मूलभूत ओहि अपभ्रंश भाषाक कतोक लक्षण आधुनिक कोनो एक भाषा मे तँ अन्यान्य लक्षण अपर भाषा मे लक्षित होइत अछि। तहिना सिद्ध लोकनिक रचनामे एहि अञ्चलक सब भाषाक किछु ने किछु लक्षण लक्षित होइत अछि। फलतः सब भाषाभाषी इएह कहैत

छाथे जे ई बौद्धगान ओ दोहा हमरहि भाषाक प्राचीन साहित्य थिक। एकर निर्णय होएब कठिन अछि ओ से कए सकैत छथि भाषातत्त्वविद। हम भाषातत्त्वक विशेषज्ञ नहि छी ओ तैं एहि प्रसङ्ग अधिकारकपूर्वक किछु कहब हमरा हेतु कठिन अछि परन्तु ऐतिहासिकक दृष्टि सँ विचार कएला सँ हमरा स्पष्ट प्रतीत होइत अछि जे सब सिद्धक कृति एक रूपैं तँ नहि परन्तु न्यूनाधिक रूपें यदि मिथिला-जनपदक भाषा मे नहि तँ ओकर अत्यन्त सदृश भाषा मे अवश्य अछि।

सहजयानक सिद्ध लोकनिक ई कृति जे बौद्धगान ओ दोहा नामेँ प्रसिद्ध अछि एक गोटाक रचना नहि थिक। एहि मे अधिकांश रचना सरहपादक थिक परन्तु आओरो कतोक सिद्धक कतोक रचना अछि। ज्योतिरीश्वर चौरासी गोट सिद्धक नाम गनओने छथि ओ इहो कहब असङ्गत नहि होएत जे ओहि चौरासिओ सिद्धक रचना छल होएतैन्हि। परन्तु केओ सिद्ध जे देशीभाषा मे रचना कएल से भाषा की तँ हुनक अपन भाषा छल होएत अथवा ओहि क्षेत्रक भाषा छल होएत जतए ओहि सिद्धक कार्यक्षेत्र छल, जतए ओ अपन मार्गक प्रचार करए चाहैत छलाह। ई सिद्ध लोकनि कोन जनपदक छलाह से बुझल नहि होइत अछि। एक तँ ताहि दिन देशभेदेँ व्यक्तिक परिचय नहि होइत छल; दोसर, ई सिद्ध लोकनि एक प्रकारेँ संन्यासी होइत छलाह ओ एहि मार्ग मे प्रवेश करितहिँ अपन नाम नव राखि लैत छलाह। तेँ के सिद्ध कोन जनपदक छलाह, कोन भाषा बजैत छलाह, से बुझब असम्भव अछि। परन्तु कार्यक्षेत्र छल हिनका लोकनिक केन्द्रित मुख्यतः विक्रमशिला मे। ई स्थान गङ्गाक ओहि पार, मिथिलाक सीमा सँ बहिर्भूत, अवश्य छल। परन्तु बड़ प्राचीन समय सँ ई भाग मिथिलाक सांस्कृतिक क्षेत्र मे पड़ैत अछि, ओ एखनहु केवल भागलपुरे टा नहि, सन्ताल-परगन्ना पर्यन्त मे मिथिलाक संस्कृति मान्य अछि, मिथिलाभाषा बाजल जाइत अछि। मिथिलाक्षरक प्राचीनतम लेख हमरा लोकनिकेँ सातम शताब्दीक आदित्यसेनक शिलालेखमे भेटैत अछि जे मन्दारमे उपलब्ध भेल ओ आब देवघरमे अछि। तिब्बतमे एकर लेख मिथिलाक्षर मे अछि से राहुलजी लिखैत छथि; नेपालमे लेख कोन लिपिमे अछि से म. म. हरप्रसाद शास्त्री नहि लिखैत छथि परन्तु प्राचीन बंगला लिपि तँ तिरहुता लिपिक ततेक सदृश छल जे दूनूमे भेद लक्षित करब असम्भव जकाँ अछि। भाषाक दृष्टिसँ, जे कथा हम पहिनहु कहल अछि, सब सिद्धक रचना समान नहि छैन्हि परन्तु दोहाकोषसँ सरहक किछु पद एतए उद्धृत करैत छी जे विशुद्ध मैथिली प्रतीत होइत अछि।

(1) कज्जे विरहिअ हुअवह होमेँ
अक्खि डहाविअ कडुएँ धूमें ॥

(2) घरही बइसी दीआ जाली।
कोणहिँ बइसी घण्टा चाली ॥

(3) किन्तह तित्थ तपोवण जाइ।
मोक्ख कि लब्भइ पाणी ह्नाइ ॥

(4) पण्डिअ सअल सत्थ वक्खाणइ।
देइहिँ बुद्ध बसन्त ण जाणइ ॥
अवणागमण ण तेण विखण्डिअ।
तोवि णिलज्ज भणइ हउ पण्डिअ ॥

(5) मन्तह मन्ते स्सन्ति ण होइ।
पड़िल भित्ति कि उट्ठिअ होइ ॥
तरुफल दरिसणे णउ अग्घाइ।
बेज्ज देक्खि कि रोग पलाइ ॥

तहिना चर्यापदक गीत सँ किछु पंक्ति एतए दैत छी जे ध्यान सँ द्रष्टव्य थिक।

(1) सरहपादक–

काअ णावड़ि खाँटि मण केडुआल।
सद्‌गुरुवअणे धर पतबाल ॥
चीअ थिर करि धरहु रे नाइ।
आन उपाये पार न जाइ ॥ (गीत 38)
नाद न विन्दु न रवि शशिमण्डल
चिअराअ सहाबे मूकल।
उजु रे उजु छाड़ि मा लेहु रे वंक।
निअरि बोहि मा जाहु रे लंक ॥32॥
अपणे रचि रचि भवनिर्वाणा।
मिछेँ लोअ बन्धाबए अपणा ॥
अम्हे ण जाणाहु अचिन्त जोइ।
जाम मरण भव कइसण होइ ॥22॥

भुसुकपादक–

निसि अन्धारी मूसा अचारा।
अमिअ भखअ मूसा करअ अहारा।
मार रे जोइआ मूसा पवणा।
जेण तूटअ अवणागवणा ॥21॥
...हाक पड़अ चौदीस।
अपणा मांसेँ हरिणा वैरी।

खनह न छाड़अ भुसुक अहेरी ॥
तिन न छुपइ हरिणा पिबइ नपाणी।
हरिणा हरिणीर निलअ न जाणी ॥9॥

कान्हूपादक–

जे जे आइला ते ते गेला।
अवणागवणे कान्हू विमन भइला ॥
हेरि से काहि निअरि जिन बट्टइ।
भणइ कान्हू मो हिअहि न पइसइ ॥7॥
मन तरु पाञ्च इन्दि तसु साहा।
आसा बहल पात फल बाहा ॥
वरगुरुवअणे कुठारे छिजअ।
कान्ह भणइ तरु पुण न उइजअ ॥
सुण तरुवर गअण कुठार।
छेबह सो तरु मूल न डाल ॥45॥

एहि उद्धरण सबहिक तँ आधुनिक मैथिली मे रूपान्तर करब सुगम अछि परन्तु एहि सँ भिन्नो बौद्धगान ओ दोहा मे सर्वत्र अनेक नाम अछि जकर प्रयोग मैथिली मे होइत अछि, अनेक धातु अछि जकर अर्थ मिथिलाभाषा मे भेटैत अछि, सर्वनाम ओ अव्यय मिथिला भाषाक सदृश अछि, सबसँ अधिक धातुक रूप सब मिथिलाभाषाक अनुरूप अछि। प्रयोजन अछि एहि संग्रहक प्रत्येक पदक भाषा विज्ञानक दृष्टिसँ विचार करबाक, ओ से कएला उत्तर हमर अनुमान अछि जे आधा सँ अधिक पद, विशेषतः क्रियापद, एहन भेटत जे एहि सहस्र वर्ष सँ मिथिला-भाषा मे आबि रहल अछि। हम वारंवार कहल अछि जे पूर्व मे एक अञ्चलक भाषा सबहुँक मध्य परस्पर ओतेक अन्तर नहि छलैक जतेक आइ छैक, ओ तँ एक सहस्र वर्ष सँ प्राचीन एहि सिद्ध लोकनिक साहित्यिक भाषा मे ओहन पद, रूप वा लक्षण भेटब अस्वाभाविक नहि जे मैथिली मे नहि, भाषान्तर मे भेटैत अछि। दोसर, सब सिद्धक भाषा समान रूप सँ मिथिलाक जनपदीय भाषाक सदृश नहि अछि, सरहपादक भाषा सबसँ विशेष मैथिली सन अछि तँ कृष्णवज्र अथवा चाटिल्लक थोड़, यद्यपि सादृश्य न्यूनाधिक रूपेँ सब मे अछि। रचना सबहिक भेल अछि मिथिलाक सांस्कृतिक क्षेत्र मे जकर बड़का प्रमाण मिथिलाक्षर मे एकर लेख जे राहुलजी कहैत छथि, ओ तँ क्षेत्रीय भाषाक प्रभाव अनिवार्य, परन्तु केओ सिद्ध यदि मिथिला-जनपदक छलाह तखन हुनक रचना मिथिला-जनपदक भाषा मे होएव स्वाभाविक ओ ताहि मे यदि भाषान्तरक लक्षण अछि तँ तकर समाधान प्रचारार्थ भाषान्तर-क्षेत्रक प्रभाव मानब। तथापि ई केवल कल्पना थिक। कल्पना साधार अछि, निराधार नहि, परन्तु तैओ

दृढ़तासँ ई कहब जे इएह तत्कालीन मिथिलाक भाषा छल से तखने सम्भव होइत जँ कोनहु सिद्ध कैं हमरा लोकनि मैथिल चीन्हि सकितहुँ अथवा मिथिला-जनपदक भाषा कहि तत्कालीन भाषाक-स्वरूप उपलब्ध रहैत। तेँ केवल भाषाक आधार पर एकरा मैथिलीक तत्कालीन स्वरूप कहब निर्विवाद नहि अछि, परन्तु एहि मे कोनो विवाद नहि जे ई मैथिलीक प्राग्रूप थिक जाहि सँ एहि अञ्चलक सब भाषा तत्तद्देशभेदेँ भिन्न रूपेँ विकसित भेल अछि।

परन्तु सहजपन्थी सिद्धलोकनिक रचना मे जे सांस्कृतिक पृष्ठभूमि अङ्कित अछि तकरा हमरा लोकनि विशेष दृढ़ता सँ मिथिला-जनपदीय कहि सकैत छी। सरहपाद कहैत छथि,

सिद्धिरत्थु मइ पढ़मे पढ़िअउ।
मण्ड पिबन्तेँ विसरअ एमइउ ॥

मिथिला मे अक्षरारम्भ एखनहु एही चारि अक्षरसँ होइत अछि—सिद्धिरस्तु; केवल एक गोट यन्त्र जकरा आँजी कहैत छिऐक पहिने लिखाए तखन ई चारू अक्षर लिखाओल जाइत अछि। बहुत अन्वेषण कएलहु उत्तर पता नहि लागल अछि जे मिथिला छाड़ि अन्यत्र कतहु अक्षरारम्भक ई क्रम अनुवर्तमान अछि। तहिना मिथिला मे एखन धरि लोकक विश्वास छैक जे माँड़ पीला सँ मेधाशक्तिक ह्रास होइत अछि, लोक पढ़ल वस्तु बिसरि जाइत अछि। सरहपादक एहि दूहू पाँती मे जे सांस्कृतिक चित्र अङ्कित अछि से मिथिलाक थिक। तहिना कुक्कुरीपादक एकटा पद अछि—

दिवसइ बहुड़ी कागड़ेँ भाअ।
राति भइले कामरु जाअ ॥

एखनहु मिथिला मे एकटा कहबी प्रसिद्ध अछि जे 'दिन कैं धनी कागेँ डेराथि, राति भेलैं कामरु जाथि।' एके कहबी थिक जे कुक्कुरीपाद अपना गीत मे गओने छथि ओ जे आइ धरि मिथिला मे प्रचलित अछि। कहबीक ई आनुपूर्व्य सिद्ध करैत अछि जे कुक्कुरीपाद मिथिलाक विचारसरणि ओ वाग्धारा सँ परिचित छलाह। एहू दृष्टि सँ बौद्धगान ओ दोहाक सूक्ष्म अध्ययनक प्रयोजन अछि, परन्तु जैं हेतु विषय अछि रहस्यमय, भाषा अछि अत्यन्त प्राचीन, ओ सम्पादित भेल अछि ई अन्य अन्य भाषाक भाषी द्वारा जे लोकनि एकरा अपन अपन भाषाक प्राचीन स्वरूप बुझैत रहलाह, तेँ एकर अध्ययन अत्यन्त सुगम नहि अछि।

परन्तु सहजपन्थी सिद्ध लोकनिक रचनाक ई भाषा मिथिलाक भाषा छल तकर एक गोट प्रबल प्रमाण ई अछि जे मिथिलाक एहि प्राच्य अपभ्रंश भाषा मे, जकरा ज्योतिरीश्वर अवहट्ट कहैत छथि, रचनाक परम्परा अन्यत्रहुँ उपलब्ध होइत अछि। बौद्धगान ओ दोहा सँ भिन्नो एक प्रकारक रचना प्रचुरतया उपलब्ध होइत अछि जे एही अवहट्ट भाषा मे रचित अछि ओ जे मिथिलहिटा मे भेटैत अछि। ई थिक ग्रामीण जन-जीवन सँ सम्बद्ध यात्रा, कृषि, शकुन प्रभृति व्यावहारिक ज्योतिष-विषयक। अत्यन्त प्राचीन कालहि

सँ एहि विषय सब पर अवहट्ट भाषाक वचन सब प्रचुरतया प्रचलित अछि, तथा एखनहु धरि ग्रामीण जनताक मध्य, विशेषतः कृषक समाज मध्य, एहि वचन सबहिक बड़ आदर अछि। एहि मे सब सँ विशेष प्रसिद्ध छथि डाक। ओना तँ डाकक वचनक समस्त उत्तर भारतवर्ष मे प्रचार अछि, ओ भिन्न जनपद मे हुनक नाम भिन्न कहल जाइत अछि, यथा–डाक, घाघ, भड्डरी इत्यादि, ओ सब जनपद मे वचनक भाषा तत्तत् जनपदक भाषा अछि। मिथिलहु मे एखन जे डाकक वचन सुनल जाइत अछि से बहुत अंशमे आधुनिक मैथिली अछि, पुरान अवहट्ट मे नहि। परन्तु मिथिला मे बड़ प्राचीन काल सँ डाकक वचन सब लिखल भेटैत अछि। कतहु नामोल्लेखपूर्वक यथा–अथ सिद्धयोगविचारे डाकः", अथ सुखरात्रिविचारे डाकः" इत्यादि, ओ कतहु कतहु केवल तथा च भाषा" एतबए कहि वचन उद्धृत अछि। एहि प्रसङ्ग हमर भित्र, ताहि समयक दड़िभंगा-राजक संस्कृत लाइब्रेरीक पण्डित श्री जीवानन्द ठाकुरजी 'मैथिल डाक' नामक एक गोट पोथी लिखने छथि, जकर प्रकाशन मैथिली-साहित्य-परिषद सँ भेल अछि ओ 'डाक के सम्बन्ध मे किछु और वातें' शीर्षकक एक गोट प्रामाणिक निबन्ध तेरहम अखिल-भारत-प्राच्य-विद्या-महासम्मेलनक नागपुर अधिवेशन मे हिन्दी विभाग सँ पढ़ने छथि जे ओकर निबन्ध-माला मे प्रकाशित अछि। तीन सए चारि सए वर्ष पुरान अनेको तालपत्रक लेख मे डाकक वचन उल्लिखित भेटैत अछि। विद्यापति ठाकुरक बालक मुद्राहस्तक हरपति ठाकुरक एक गोट ग्रन्थ अछि व्यवहार-दीपक जे अद्यापि अप्रकाशित अछि। एहि मे डाकक अनेक वचन प्रमाण रूपें उद्धृत अछि। यथा, राशिस्वभावाविचार मे–

मेष मीन तिअ दण्डा दीस।
ता उप्परि दिअ पल अठतीस ॥
वृष कुम्भा चौदण्डा मान।
पल एगारह भृगु तिस मान ॥ इत्यादि

महाराज शुभङ्करठाकुर अपन तिथिद्वैधनिर्णय मे सुखरात्रिक प्रसङ्ग डाकक वचन उद्धृत करैत छथि जे–

स्वाती दीआ जँ बरए विसखा खेलए गाय।
अवसओ नरवर जुज्झए अन्न महग्घा जाय ॥

ओ से केवल डाकहिक नहि। सप्तरत्नाकरकार चण्डेश्वरठाकुर अपन ज्योतिष-सम्बन्धी ग्रन्थ 'कृत्यचिन्तामणि' मे क्षपणक-जातक, भृगुसंहिता ओ कापालिक-जातक सब सँ प्रमाण-रूपेँ वचन सब उद्धृत कएने छथि जकर भाषा विशुद्ध अवहट्ट थिक, यथा–

अस्सिन रवि सोमह चित्ती। पूवाषाढ़ महीसुत युत्ती ॥
होइ जइछह सरना मङ्गो। सवाती होइ बेहप्पइ अङ्गो ॥ इत्यादि।

हरिसिंहदेवक सान्धिविग्रहिक चण्डेश्वर ठाकुरक सदृश महापण्डित अथवा ओहि सँ डेढ़ दू सए वर्ष नवीन हरपति ठाकुर अपन संस्कृतक ग्रन्थ मे प्रमाण-रूपेँ

भाषाक वचन उद्धृत करथि ई थोड़ आश्चर्यक विषय नहि थिक, ओ एही सँ ओहि सबहिक महत्त्व सूचित होइत अछि। निश्चय ओ वचन सब ताबत धरि ततबा प्रचलित भए गेल छल, ओकर सत्यता ताहि रूपेँ सिद्ध भए गेल छल, ओकर प्रसिद्धि ताहि व्यापकता सँ प्रसृत छल, जे तेरहम शक शताब्दी धरि ओकर आर्षत्व सर्वमान्य छल, ओ चण्डेकेश्वरहुकेँ जखन तत्तत् विषयक प्रमाणक प्रयोजन भेलैन्हि तँ सब सँ उपयुक्त हुनका इएह सब भेटलैन्हि। ओना डाक समस्त आर्यावर्त्त मे प्रसिद्ध छथि, परन्तु मिथिला छोड़ि अन्य कोनहु जनपद मे शास्त्रीय ग्रन्थ मे हुनक वचन प्रमाण-रूपेँ उद्धृत अछि से सुनल नहि थिक। क्षपणक जातक, कापालिक जातक प्रभृति ग्रन्थ सबहिक नामो सुनल नहि थिक ओ उपलब्ध तँ ओ सब आब बहुतो दिन सँ नहि अछि, परन्तु कृत्यचिन्तामणिक सदृश विशिष्ट ग्रन्थ मे प्रमाणत्वेन उद्धृत एहि सबहिक वचन केवल ओहि ग्रन्थ सबहिटा केँ अमर नहि कएने अछि, केवल ओहि ग्रन्थ सबहिक विषयहिटा केँ सूचित नहि करैत अछि, अपितु मैथिलीक प्राग्रूप, अवहट्ट भाषाक दृष्टान्त उपस्थित कए एहि भाषा मे साहित्यिक रचनाक परम्परा केँ सेहो प्रमाणित करैत अछि। सब सँ चमत्कारक विषय अछि जे कृत्यचिन्तामणि मे एहि ग्रन्थ सबहिक जे वचन उद्धृत अछि से केवल अबहट्टहि टा मे नहि, संस्कृतहु मे अछि,ओ तखन शंका होइत अछि जे ई अबहट्ट रचना तत्तत ग्रन्थकारकथिकैन्हि अथवा अवहट्टक वचन सब अन्यत्र सँ उद्धृत कएने छथि। एहि पोथी सबहिक नाम सँ सन्देह होइत अछि जे क्षपणक, कापालिक अथवा भृगु ओही वर्गक सिद्ध लोकनि ने होथि जाहि वर्गक सिद्धक रचना बौद्धगान ओ दोहा थिक। भुसुकक गीत मे हिनक नामक सङ्ग सङ्ग राउत विशेषण अछि ओ राउत उपाधि मिथिला मे सम्प्रति कतोक सए वर्ष सँ गोआरक थिक। मिथिला मे प्रवाद अछि जे डाक गोआरक कन्या मे उत्पन्न वराहमिहिरक बालक छलाह ओ से यदि सत्य तँ डाक गुप्तोत्तरकालीन भेलाह ओ गोआर प्रभृति जातिक साहित्य-सेवा अत्यन्त प्राचीन काल सँ सिद्ध होइत अछि। डाकक वचन सम्प्रति जाहि रूप मे प्रचलित अछि ताहि सँ ओकर भाषाक एतेक प्राचीनता लक्षित नहि होइत अछि, परन्तु एहि प्रसङ्ग मे ई स्मरण रखबाक थिक जे पुश्ति-पुश्ति मौखिक रूपेँ अबैत- अबैत एकर भाषा विकृत होइत गेल अछि ओ यदि एकर लेखो अछि तँ ओहि लेखक स्वरूप लेखनकाल मे ओ जाहि रूपेँ जानल छल तकर रूप थिक, ओ रूप नहि जाहि रूप मे डाक ओकरा रचने छलाह। डाकक अनेक वचन मे नामक सङ्ग सङ्ग गोआर वा अहीर शब्द विशेषण रूपेँ प्रयुक्त भेल अछि, यथा–डाक गोआर वा डाक अहीर। सहजपन्थी सिद्ध लोकनि कोन जातिक छलाह से तँ ज्ञात नहि अछि, केवल भुसुक अपना केँ राउत कहैत छथि। परन्तु एतबा निश्चय जे ओहि सिद्ध लोकनि मे ब्राह्मण थोड़ व्यक्ति छलाह, विशेषतः ई सिद्ध लोकनि ब्राह्मणेतर छलाह। ई यदि सत्य तँ मिथिला-जनभाषाक-साहित्यक आरम्भ मुख्यतः ब्राह्मणेतर व्यक्तिक द्वारहि भेल अछि। ब्राह्मण लोकनि ब्राह्मणत्वक गौरव

सँ संस्कृतेतर भाषा मे रचना ताहि दिन प्रायः नहिए करैत छलाह। अतएव एमहर आबि जे प्रवाद कतिधा सुनलाँ मे अबैत अछि जे मैथिली ब्राह्मण लोकनिक भाषा थिक, एकर साहित्य ब्राह्मणक साहित्य थिक से ऐतिहासिक दृष्टि सँ कतेक असत्य से सबहुँ सहृदय व्यक्ति बूझि सकैत छथि। अवहट्टक रूप मे एहि भाषाक जे कोनो रचना उपलब्ध अछि से सब मुख्यतः पण्डितक रचना नहि, ब्राह्मणक रचना नहि, साधारण जनसमाजक साहित्य थिक, यथार्थ अर्थ मे लोक-साहित्य थिक जकर रचना प्रायः डाक गोआर अथवा भुसुक राउत सदृश ब्राह्मणेतर जातिक कएल थिक।

डाकक वचन अथवा कृत्यचिन्तामणि मे उद्‌धृत अवहट्ट भाषाक वचन मिथिलाक जनपदक भाषा मे अछि तकर प्रबल प्रमाण इएह जे केवल मिथिलहिक पण्डित लोकनि एहि वचन सब कैं प्रमाणरूपैँ उद्‌धृत कएने छथि, आन कोनहु जनपदक पण्डितवर्ग मे एकर जेना प्रचारे नहि छल, ओ विशेष प्रसिद्ध भेलाक कारणैँ डाकक प्रचार समस्त आर्यावर्तमे भेल परन्तु ओतहु हुनक प्रसिद्धि ग्रामीण जनता मध्य भेल, पण्डितवर्ग मे नहि, ओ तैँ डाकक भाषा तत्तत् जनपदक भाषाक प्रभाव सँ तत्तत् भाषाक सदृश भए गेल, ओकर मौलिक रूप नष्ट भए गेल। आन आन व्यक्तिक रचना जे ओतेक प्रसिद्ध नहि भेल से मिथिलाक अञ्चल सँ बहार प्रसृत नहि भेल। मिथिलहु मे एहि वचन सबहिक प्रामाणिकता एहि रूपैँ सिद्ध होएबा मे, जाहि सँ बड़का बड़का पण्डित ओकरा अपन अपन ग्रन्थ मे उद्‌धृत करथि, कतेक समय लागल होएत तकर अनुमान सुगमतया कएल जाए सकैत अछि। तें डाक प्रभृतिक वचन भाषाक दृष्टि सँ ओही कालक रचना प्रतीत होइत अछि जाहि काल मे सहजपन्थी सिद्धलोकनि जनता मध्य अपन मतक प्रचारार्थ जनताक भाषा मे गीत ओ दोहा रचैत छलाह। दुहूक भाषा समाने अछि ओ से थिक जनपदीय भाषा जकरा अपभ्रंश कहब ओ जैँ मिथिला-जनपदक भाषा अबहट्ठ कहबैत छल तैँ ओकरा अवहट्ट रचना कहबा मे क्षति नहि बुझना जाइत अछि।

ओ एहि अवहट्ट भाषा मे रचनाक परम्परा मिथिला मे बहुत पछाति धरि छल। विद्यापतिक कम सँ कम तीनि गोट गीत एही भाषामे अछि, हुनक कीर्त्तिलता ओ कीर्त्ति-पताका दुहू एही भाषा मे अछि। एकरहि ओ संस्कृत सँ भिन्न 'देसिल वयना' कहैत छथि, इएह मिथिला-जनपदक भाषा कम सँ कम ज्योतिरीश्वरक समय सँ अवहट्ट नामैँ अभिहित होइत छल, चिन्हल जाइत छल, परिचित छल। एहिमे कोनो संदेह नहि जे विद्यापतिक अवहट्ट ओ बौद्धगान ओ दोहाक अवहट्टमे अथवा डाकक अवहट्ट मे अन्तर अछि। विद्यापतिक अवहट्टमे भाषान्तरक प्रभाव अछि जेना कतोक पैघो पैघो प्राकृतक ग्रन्थ मे भिन्न भिन्न प्राकृतक सङ्कर अछि। विद्यापतिक अवहट्ट मे तैँ कृत्रिमता अछि, नवीनता अछि जे मातृभाषाक रचना मे नहि होएबाक चाही। परन्तु एहि प्रसङ्ग विचारणीय थिक जे ई अबहट्ट मिथिला-जनपदक 'देसिल वयना' रहओ मुदा विद्यापतिक युगक 'देसिल वयना' ओ नहि छल। ओ छल विद्यापतिक

पूर्व युगक 'देसिल वयना'। 'देसिल वयना' ओ वाणी भेल, ओ लोकभाषा भेल, जे ओहि जनपदक साधारण जनता बाजए तथा विद्यापतिक समय धरि मिथिला-जनपदक भाषाक स्रोत अवहट्टक स्थिति सँ बहुत दूर आगाँ बढ़ि गेल छल। वर्णरत्नाकरक भाषा समेत विद्यापतिक युगक लोक-भाषा सँ, देसिल वयना सँ, प्राचीन अछि, परन्तु कीर्त्तिलताक अवहट्ट कतोक अंश मे वणरत्नाकरहुक भाषा सँ पुरान अछि। विद्यापतिक युगक 'देसिल वयना' हुनक शत शत गीत मे प्रयुक्त उपलब्ध अछि ओ ताहि समक्ष कीर्त्तिलताक भाषा कतेक प्राचीन अछि से प्रत्यक्ष देखि सकैत छी। तखन विद्यापति अवहट्ट कैं अपन 'देसिल वयना' कहि ओहिमे जे कीर्त्तिलताक रचना कएलैन्हि से स्पष्ट ओकरा मिथिला-जनपदक प्राचीन भाषा बूझि; अपन 'देसिल वयनाक' स्वरूप ओ तकरा लेलैन्हि जे डाकक रचना मे, सहजपन्थी सिद्ध लोकनिक रचना मे, मिथिला-जनपदक प्राचीन साहित्यिक रचना मे रूपायित छल। वर्णरत्नाकरहुक भाषा कैं जनु ओ नवीने बुझलैन्हि ओ अपन रचनाक भाषा कैं निर्णय करबा मे ओ ज्योतिरीश्वरहु सँ पाछाँ चल गेलाह। परन्तु ओ तँ हुनक बजबाक भाषा छल नहि; ओहि भाषा मे रचना करबाक हेतु हुनका ओतबे आयास करए पड़लैन्हि जतबा कोनहु प्राकृतभाषा मे काव्य करबा मे करए पड़ितैन्हि ओ तथापि ओहि मे ओ सौष्ठव, ओ रोचकता, ओ स्वाभाविकता नहि आबि सकल जाहि कारणेँ 'देसिल वयना' 'सब जन मिट्ठा' होइत अछि। फलतः कीर्त्तिलता लोकप्रिय नहि भेल। विद्यापति देखलैन्हि जे जहिना 'पाउअ रसको मम्म न जानहि' तहिना इहो अवहट्ट भए गेल अछि जकर रसक मर्म सब केओ नहि बूझि सकैत अछि। अतएव ओ अवहट्ट छोड़ि यथार्थ जे हुनक देसिल वयना छल, हुनक मातृ-भाषा छल, मिथिला-जनपदक लोक-भाषा छल ताहि मे अपन अनेकानेक गीत रचलैन्हि जे वस्तुतः 'सब जन मिट्ठा' भेल, ब्राह्मण सँ अन्त्यज धरि, राजा सँ रङ्क धरि, पुरुष ओ स्त्री सब कैं समान रूपेँ आनन्ददायक भेल। तथापि जे किछु रचना पश्चातहुँ अवहट्टमे ओ कएल से ओहिना जेना संस्कृतहु मे ओ रचना कएल, ओहने-ओहने विषय पर अथवा अवसर पर जकर गौरव हुनका दृष्टि मे लोकानुरञ्जनक साधन लोक-भाषा द्वारा व्यक्त नहि होइत, यथा शिवसिंहक राज सिंहासनाधिरोहण, शिवसिंहक विजय, शिवसिंहक कीर्त्तिपताका इत्यादि। परन्तु सब जन मिट्ठा देसिल वयना कहि अवहट्ट मे हुनक रचना ओहि परम्पराक द्योतक थिक जे तहिआ सँ प्रायः सहस्रवर्ष पूर्व कालिदासक विक्रमोर्वशीय गीतरूपें आरम्भ भए गुप्तकाल ओ गुप्तोत्तर-काल मे मिथिला-जनपद मे लोकानुरञ्जनक साहित्य मे अनुवर्तमान छल, जे सहजपन्थी सिद्ध लोकनिक गान ओ दोहा मे सुरक्षित अछि, ~~डाकक ओ तत्सदृशे अन्यान्य~~ महाजनक लोकोपयोगी कृति मे यथाकथञ्चित आइ धरि वर्त्तमान अछि। गुप्तोत्तरकाल मे मगध सँ पूर्व अञ्चलक भाषा प्राच्य अपभ्रंश नामेँ अभिहित होइत छल तथा जनपदभेदेँ ओहि मे थोड़ बहुत भेद होइत गेल हो मुदा मूलतः ओहि सब जनपदक भाषा एकहि रूपक छल जेना ओहि सब जनपदक लिपि

एकहि रूपक छल। आठम शक शताब्दी धरि मिथिला-जनपदक भाषा अबहट्ट कहबए लागल जे ज्योतिरीश्वरक समय धरि ओही नामेँ परिचित छल। ज्योतिरीश्वरक भाषा हुनक गद्य मे रूपायित अछि जकरा हमरालोकनि मैथिलीक आदिस्वरूप कहि सकैत छी परन्तु अवहट्ट मे रचनाक परिपाटी ज्योतिरीश्वर सँ सए वर्ष पछाति विद्यापतिक समय धरि अनुवर्त्तमान छल। एहि परम्परा मे साहित्यिक रचना कहिओ नहि छूटल ओ सबटा नहि भेटैत अछि, सब युगक साहित्यक स्वरूप उपलब्ध नहि होइत अछि, परन्तु जएह किछु उपलब्ध होइत अछि सएह एक सुदीर्घ पथ परक स्मृतिचिह्न जकाँ हमरालोकनि केँ अपन प्राचीन साहित्यिक परम्पराक दिग्दर्शन कराए आनन्द, गौरव ओ उत्साह प्रदान कए नवयुगक हेतु पथप्रदर्शन करैत अछि।

इएह थिक मोटामोटी प्राचीन मैथिली-साहित्यक रूप-रेखा। मैथिली रूपायित भेल ज्योतिरीश्वरक कृति वर्णरत्नाकर मे ओ ई चित्र ताहि सँ पूर्वहिक थिक। अतएव प्राचीन मैथिली-साहित्यक क्षीण रश्मि केँ चिह्नबामे ओ चीह्नि चीह्नि अङ्कित करबा मे दृष्टि चाही भारतीय-भाषा-विज्ञानक विशेषज्ञक* ओ जे हम नहि छी। हम तँ एक गोट ऐतिहासिकक दृष्टि सँ अपन प्राचीन साहित्यक केवल पर्यालोचना कएल अछि !

हमरा विश्वास अछि जे ई जे रूप-रेखा हम स्थूल रूपेँ अङ्कित करबाक आयास मात्र कएल अछि तकर सूक्ष्म रूपेँ विवेचना कए केओ भाषातत्त्वविद् एहि मे रङ्ग भरि चित्र केँ दर्शनीय बनाए सकैत छथि जाहि सँ मैथिली-साहित्यक परम्परा मिथिला-देशवासीक जातीय परम्पराक अनुरूप सिद्ध होएत। तावत् हम मिथिलाक इतिहासक जे परम्परा बूझि सकलहुँ अछि ताहि आधार पर इएह कहि सकैत छी जे—

(1) आदिअहि सँ मिथिला-जनपदक एक गोट अपन भाषा छल जे पूर्व मे द्विजाति सँ भिन्न लोक बजैत छल। क्रमशः द्विजाति सेहो ई भाषा बाजए लगलाह।

(2) वाल्मीकि सँ पूर्वहुँ जनपदीय भाषाक प्रायोग-सौष्ठव ध्येय रहैत छल तथा व्याकरणक संस्कार होइत छल।

(3) एहि जनपदक भाषाक प्रचीनतम स्वरूप महावीरक मूलवचनमे भेटत मुदा बुद्धहुक मूलवचन ओहि सँ अधिक भिन्न नहि छल।

(4) अपभ्रंश काल सँ पूर्वक साहित्यिक रचना अनचिन्हार भए गेल अछि, अपभ्रंश काल सँ मिथिला मे साहित्यिक परम्परा अविच्छिन्न रूपेँ आबि रहल अछि परञ्च से अछि विशेष अनुसन्धान-सापेक्ष।

(5) प्राच्य अपभ्रंश अञ्चलक तत्कालीन स्वरूप छल; मिथिलाक अपभ्रंश भाषा पछाति अवहट्ट कहबए लागल।

(6) एहि भाषा मे जे रचना भेल से सब जनभाषाक हेतु ओ एकर प्रचार पण्डित सँ भिन्न जनता मे भेल ओ वर्णरत्नाकर सँ पूर्व प्रायः एहि मे रचना सेहो

पण्डित सँ भिन्ने लोक करथि।

(7) एहि भाषाक साहित्य तेँ मौखिक रूपेँ प्रचलित होइत रहल। राजाक आश्रय नहि रहलेँ कोनो पैघ ग्रन्थक निर्माण नहि भेल। कर्णाट राजवंशक छत्रच्छाया मे एहि भाषा मे तदृश साहित्यिक रचना प्रारम्भ भेल।

(8) वर्णरत्नाकर सँ प्राचीन निम्नलिखित कोटिक रचना भेल होएत–

(अ) जनमनोरञ्जनक

(क) गीत–व्यावहारिक, सामयिक, भक्तिक, नृत्यक मुक्तक।

(ख) वीरगाथा–भाट, दशजुधी प्रभृतिक रचना।

(ग) तत्तत् जातिक वीर लोकनिक गाथा।

(घ) तत्तत् जातिक देवता लोकनिक आराधनाक।

(ङ.) प्रबन्ध-काव्य, गद्य मे वा पद्य मे।

(च) कथा–गद्य मे, पाबनि सबहिक तथा प्रमोदार्थ।

(आ) जनजीवनक उपकारी

(क) कृषि, यात्रा, शकुन प्रभृतिक।

(ख) धर्मोपदेशक।

(ग) धर्मप्रचारक।

(घ) भजन।

(प्रबन्ध-संग्रह, 1963)

---

* *हमर मित्र भाषातत्त्वक विशेषज्ञ भारतीय भाषा-विज्ञानक पण्डित श्री सुभद्रझा जी अपन मिथिलाभाषाक इतिहास, Formation of Maithili Language मे बौद्धगान ओ दोहाक पर्यालोचना कएने छथि से द्रष्टव्य।*

ज्योतिरीश्वर

नव्य भारतीय भाषा-साहित्यक इतिहास मे ज्योतिरीश्वरक स्थान अत्युच्च अछि, हुनक प्रतिष्ठा अप्रतिम अछि। मैथिलीक जे कोनो ग्रन्थ उपलब्ध अछि ताहि मे हुनक वर्णरत्नाकर प्राचीनतम अछि आ वर्णरत्नाकर विशुद्ध मैथिलीक ग्रन्थ थिक, एकर रचयिता मैथिल छलाह, एकर भाषा मैथिली भाषा थिक ताहि प्रसङ्ग ककरहु कनेको आपत्ति नहि छैन्हि, ऐकमत्य अछि। स्वसम्पादित वर्णरत्नाकरक भूमिका मे भारतीय भाषा-तत्त्वक विश्वविश्रुत आचार्य डाक्टर श्री सुनीतिकुमार चटर्जी मुक्तकण्ठ सँ स्वीकार कएने छथि जे नव्य भारतीय भाषा-साहित्य मे वर्णरत्नाकरक सदृश प्राचीन ग्रन्थ नहि अछि अयच जकरा प्रसङ्ग विवादक कोनो अवकाश नहि होइक एहन बड़ विरल ग्रन्थ अछि। तथा विलक्षणता ई जे ई ग्रन्थरत्न गद्यमे अछि। भाषाक यथार्थ स्वरूप जेना गद्यमे स्फुट होइत अछि तेना पद्यमे नहि भए सकैत अछि ओ ताहि गद्यक एतेक प्राचीन स्वरूप कम सँ कम उत्तर भारतक सबहुँ भाषा मध्य केवल मैथिली कैं उपलब्ध छैक।

परन्तु अत्यन्त खेदक विषय थिक जे ज्योतिरीश्वरक सदृश भाषा-साहित्यक इतिहास मे 'नवयुगक प्रवर्त्तक, भाषा-साहित्यक उन्नायक मे अग्रणीक परिचय एखन पर्यन्त भोतिआइत रहए, कोन युग मे हुनक प्रादुर्भाव भेल ताहि प्रसङ्ग एक मत नहि हो। युगक प्रसङ्ग वर्णरत्नाकरक सम्पादकद्वय, डाक्टर सुनीति कुमार चटर्जी ओ पण्डित बबुआ मिश्र, अपन अपन भिन्न भूमिका मे भिन्न भिन्न मत प्रकट कएल

अछि। ज्योतिरीश्वर के छलाह ताहि प्रसङ्ग एखन पर्यन्त भ्रम पसरले अछि। महापण्डित नगेन्द्रनाथ गुप्त विद्यापति-पदावलीक भूमिका मे लीखि गेलाह जे मिथिला मे प्रसृत प्रवाद अछि जे वर्णरत्नाकरकार ज्योतिरीश्वर विद्यापतिक पितामहभ्राता छलाह। प्रयागक हिन्दुस्तानी पत्र मे महामहोपाध्याय डा. श्रीउमेश मिश्र मैथिली-साहित्य शीर्षक जे प्रबन्ध प्रकाशित कराओल तथा पण्डित बबुआ मिश्र जे वर्णरत्नाकरक भूमिका लिखने छथि ताहि मे कतहु एहि प्रसङ्ग कोनो चर्चे नहि अछि। मैथिली-साहित्यक इतिहास मे डा. श्रीजयकान्त मिश्र एहि प्रवादक प्रसङ्ग सन्देह प्रकट कएने छथि मुदा ताहि सँ आगाँ बिनु परिचयेँ जेना होएबाक चाही कतेक खण्डन-मण्डन कएल अछि। मुदा यावत् एहि प्रवादक प्रमाणपुरस्स्र खण्डन नहि भेल अछि तावत् महापण्डितक प्रचारित प्रवाद सएह मान्य बुझल जाए रहल अछि। ज्ञात नहि अछि जे मिथिला मे पहिले पहिल के एहि कथाक उत्थान कएलैन्हि, जे क्रमशः प्रवादक रूप मे सर्वत्र पसरि गेल परन्तु ओ जे केओ छल होथु, कथा धरि ई थिक नितान्त भ्रमात्मक, निर्मूल। एहि निबन्ध मे हमरा ज्योतिरीश्वरक परिचय प्रतिपाद्य अछि।

आश्चर्य तँ ई जे ज्योतिरीश्वर अपना ग्रन्थ सब मे अपन ओ अपन वंशक प्रचुर परिचय देने छथि जे परिचय हुनक परवर्त्ती अनेको कवि ओ लेखक नहि देल अछि। विद्यापति हुनका सँ प्रायः एक सए वर्ष पछाति भेलाह मुदा विद्यापति अपन एतेक ग्रन्थ मे कतहु ने अपन परिचय देल अछि, ने अपन पूर्वजक, ने अपन वंशक। तथापि हमरा लोकनि विद्यापतिक यावतो परिचय उपलब्ध कए लेल अछि। ज्योतिरीश्वर केवल अपन नामेटा नहि, अपन उपाधि, अपन पिता ओ पितामहक नाम, तथा अपन मूलग्रामक नाम, सब किछु दए देल अछि। हँ, अपन. आश्रयक जे नाम ओ देल अछि से भिन्न भिन्न लेख- पुस्तक मे भिन्न-भिन्न अछि ओ तेँ हुनक कालक प्रसङ्ग मतभेद भए गेल अछि; मुदा यदि हुनक यथार्थ परिचय भेटि जाए तँ ताहि परिचयक आधार पर हुनक समयहुक निर्धारण भए जाएत, कोन युग मे हिनक प्रादुर्भाव भेल से मोटामोटी बुझल भए जाएत।

ज्येतिरीश्वरक दू गोट ग्रन्थ संस्कृत मे प्रचुरतया उपलब्ध अछि, एक गोट काम शास्त्रक, पञ्चसायक, ओ दोसर धूर्तसागम प्रहसन। एहि दुहू मे ई अपन पूर्ण नाम ज्योतिरीश्वर ओ उपधि कविशेखर तथा आचार्य कहैत छथि मुदा बहुधा ओ अपन उल्लेख केवल अपन उपधि कविशेखर मात्रसँ करैत छथि। वर्णरत्नाकरहु मे प्रत्येक अध्यायक अन्त मे, जकरा कल्लोल कहल अछि, ओ अपन सम्पूर्ण नाम, उपाधि समेत, दैत छथि तथापि ग्रन्थक अन्त मे श्लोक मे ओ अपना केँ केवल कविशेखर कहैत छथि। स्पष्ट अछि जे हिनक नाम छल ज्योतिरीश्वर, कौलिक उपाधि छल छिनक ठाकुर, मुदा लोकमे ई कविशेखर कहाए प्रसिद्ध छलाह जे उपाधि प्रायः हिनका तत्कालीन मिथिलेशक द्वारा प्रदत्त छल। आचार्य प्रायः हिनक वृत्ति सूचित करैत अछि ओ शिक्षक यद्यपि साधारणतया उपाध्याय कहबैत छथि तथापि एहि वृत्ति मे वैशिष्ट्य

सूचनार्थ प्रायः ई आचार्य कहाओल। मुदा ई उपाधि मैथिल मे असाधारण अछि, यद्यपि पञ्जी मे बहुतो विशिष्ट व्यक्ति एहू उपाधि सँ विभूषित भेटैत छथि।

धूर्तसमागम-प्रहसनक प्रस्तावना मे ज्योतिरीश्वर अपना कैं रामेश्वरक पौत्र ओ पवित्रकीर्ति धीरेश्वरक पुत्र कहैत छथि। कौलिक ठाकुरक सङ्ग हिनक पिताक नाम धीरेश्वरक कारणैं भ्रम सँ लोक हिनका विद्यापतिक पितामह-भ्राता कहए लागल। सर्वविदित अछि जे विद्यापतिक प्रपितामह छलाह महावार्त्तिक नैबन्धिक धीरेश्वर ठाकुर जनिक दू जेठ वैमात्रेय भए वीरेश्वर ओ गणेश्वर महाराज हरिसिंह देवक सान्धिविग्रहिक छलाह । विद्यापति पुरुषपरीक्षा मे अलस-कथा मे वीरेश्वरक ओ सुबुद्धि-कथामे गणेश्वरक कथा कहने छथि। ज्योतिरीश्वर ठाकुर धीरेश्वर ठाकुरक बालक छलाह तैं भ्रम भए गेल जे ई धीरेश्वर विद्यापतिक प्रपितामह महावार्त्तिक नैबन्धिक छलाह ओ तखन ज्योतिरीश्वर विद्यापतिक पितामह जयदत्तक भाए भेलथिन्ह। मुदा ई सर्वथा असङ्गत, कारण, महावार्त्तिक नैबन्धिक धीरेश्वर छलाह देवादित्यक बालक ओ ज्योतिरीश्वरक पिता धीरेश्वर छलाह रामेश्वरक बालक।

एही प्रस्तावना-वाक्य मे ज्योतिरीश्वर अपना कैं 'महाशासनश्रेणी-शिखर-भ्रामतपल्ली-जन्मभूमिना' कहैत छथि। एहि पदक आशय प्रायः ककरहु स्पष्ट नहि भेलैन्हि मुदा हमरा तँ एहि सँ स्पष्ट प्रतीत होइत अछि जे कतोक जे गाम पञ्जीप्रबन्धन मे मूल-ग्राम कहाए प्रसिद्ध भेल तकरहि ज्योतिरीश्वर महाशासन कहैत छथि, कारण, नवीन सामाजिक संघटन मे एही मूलग्रामक आधार पर सद्ब्राह्मणक वर्गीकरण भेल ओ एही मूलग्रामक आधार पर वैवाहिक-सम्बन्धादि सकल सामाजिक कृत्यक शासन आरम्भ भेल। ओ ताहि मूलग्राम सबहिँ मध्य सर्वोच्च जे मूल बुझल गेल ताहि मे एक गोट अछि पाली, जकर संस्कृत रूप थिक पल्ली। एखनहु पाली मधुबनी सबडिवीजनक बेनीपट्टी थानान्तर्गत विद्यापतिक जन्म स्थान विसपी सँ कोस दुइएक वायव्य कोण मे अवस्थित समृद्धिशाली गाम अछि। शाके 1248 मे जखन पञ्जीक प्रबन्धन भेल तखन सकल मैथिल ब्राह्मणक वर्गीकरण ओहि गामक नाम पर भेल जाहि गाम मे तत्तत् कुलक आदि ज्ञात निवास बुझल भए सकल। वत्सगोत्रीय एक बड़ विशाल कुलक मूलग्राम इएह पाली भेल जे पञ्जी–प्रबन्धकाल मे दूरहु दूर बसैत छलाह मुदा अपन परिचय दैत दैत अन्त मे अपन कुलक आदि ज्ञात निवास स्थान पाली कहल।

मिथिलामे पञ्जी-व्यवस्था एतेक पुरान अछि तथा कम सँ कम मैथिल ब्राह्मण ओ मैथिल कायस्थक जातीय जीवन मे एखनहु धरि पञ्जी-व्यवस्थाक एतेक व्यापक प्रभाव अछि परन्तु लोक-विषय पञ्जीक प्रसङ्ग ततेक अनभिज्ञता अछि ओ तन्मूलक ततेक भ्रान्ति पसरल अछि जे ताहि प्रसङ्ग दू गोट कथा स्पष्ट कए देब एतए अप्रासङ्गिक नहि होएत। तकर कारण ई जे डा. श्री जयकान्त मिश्र ओ पण्डित बबुआजी मिश्र दूहू गोटए ज्योतिरीश्वरक व्यक्तित्व ओ समयक प्रसङ्गक विचार करबा मे पञ्जीक सम्बन्ध मे एही अनभिज्ञतामूलक भ्रम कएने छथि। प्रथमतः पञ्जी

परिचयक संग्रह थिक जे शाके 1248 मे व्यवस्थित कए कतोक प्रतिष्ठित विद्वान् कैं दए देल गेल जे लोकनि पञ्जीकार कहाओल तथा तहिआ सँ सकल सद्ब्राह्मणक सब वैवाहिक सम्बन्ध पञ्जी मे सन्निविष्ट होइत आएल अछि। परन्तु एहि सँ ई बुझब भ्रम होएत जे पञ्जी मे केवल शाके 1248 मात्रसँ परिचय भेटत। जाहि समय मे परिचय प्रथमहि प्रथम संगृहीत भेल तहिआ जे व्यक्ति अपन जतबा परिचय जनैत छलाह से ततबा परिचय देल ओ साधरणतया छओ पुरुषक परिचय तँ प्रत्येक सद्ब्राह्मण जनितहिँ छलाह। शास्त्रानुसार सपिण्डत्व सात पुरुष धरि रहैत अछि ओ सपण्डित्वक विचार केवल विवाहहि मे नहि अपितु श्राद्ध, अशौच, दाय प्रभृति अनेको प्रसङ्ग मे आवश्यक होइत अछि। अतएव पञ्जी-प्रबन्धकाल सँ छओ पुरुष ऊपर धरिक परिचय तँ प्रायः सकल सद्ब्राह्मणक संगृहीत अछि। वस्तुतः जाहि व्यक्तिक अथवा जाहि कुलक जतेक विस्तृत परिचय भेटल ओ ताहि परिचयक आधार पर जाहि व्यक्तिक अथवा जाहि कुलक क्रिया जतेक विशुद्ध, नीक, शास्त्रानुकूल बुझल गेल, ओहि व्यक्तिक अथवा ओहि कुलक प्रतिष्ठा, सामाजिक सत्ता, प्रतिपत्ति ततेक विशेष मान्य भेल। पाली-मूलक परिचय सत्ये बड़ विस्तार सँ संगृहीत अछि ओ पञ्जी-प्रबन्धकाल सँ कम सँ कम बारह-तेरह पुरुष ऊपर धरि एहि मूलक परिचय उपलब्ध अछि। इएह कारण भेल जे पाली मूल सर्वोच्च मूल मे परिगणित अछि। महाशासन-श्रेणी-शिखरभ्रामत्पल्ली इत्यादि सँ हमरा एही कथाक सङ्केत भेटैत अछि।

दोसर कथा ई अछि जे एहि छओ सए वर्ष सँ सकल सद्ब्राह्मणक परिचय सङ्कलित होइत होइत पञ्जीक साहित्य अत्यन्त विशाल भए गेल अछि तथा समस्त पञ्जी कतहु एकठाम नहि भेटि सकैत अछि। पञ्जीकार लोकनिक सङ्ग मे पठन-पाठनक हेतु जतबा अंश आवश्यक छैक ताहि सँ भिन्न ओतबे व्यक्ति अथवा कुलक परिचय भेटत जतबाक काज ओहि पञ्जीकार द्वारा भेल करैत अछि। कारण, पँजिआड़ी एम्हर आबि वृत्ति भए गेल अछि ओ तेँ पञ्जीकार लोकनि पाँजि कैं अपन जीविकाक साधन बूझि ओकरा अपनहि लोकनिक मध्य रखने रहैत छथि, प्रकाशमे नहि अनैत छथि। पाँजि लिखलो जाइत अछि एक गोट पारिभाषिक शैली मे जकर अवगति सब कैं सुलभ नहि छैक। एही कारण सँ पञ्जीक प्रसङ्ग शिक्षितो समुदाय मे एतेक अनभिज्ञता अछि।

अपन प्रभु दिवंगत मिथिलेशक अनुकम्पा सँ हमरा हेतु पाँजिक पोथी दुर्लभ नहि रहल ओ गत बीस वर्ष मे हम सब प्रकारक पञ्जी-साहित्यक सङ्कलन कए हजार दुइएक पात पाँजिक पोथी संगृहीत कएल अछि। हम मानैत छी जे ई हमर संग्रह विशाल पञ्जी-साहित्यक एक गोट क्षुद्र अंश मात्र अछि ओ एहि आधार पर अपन परिचय प्राप्त नहि भए सकैत अछि। परन्तु पञ्जीक सब प्रकारक ग्रन्थ प्राप्त कए ओकर अध्ययन ओ अनुशीलन सँ वस्तु धरि ई हमरा हेतु अपरिचित नहि रहल अछि। जतबा अंश हमरा उपलब्ध भेल अछि ताहि सँ सब समस्याक समाधान नहि

हो परन्तु बहुत समस्याक समाधान भए जाइत अछि। कम सँ कम ज्योतिरीश्वरक उल्लेख हमरा भेटि गेल अछि ओ से भेटल अछि पाली-मूलक ओहि शाखा मे जकर नाम छैक अबरझट्टा ओ जकर कौलिक उपाधि थिकैक ठाकुर। पाली-मूल बड़ विशाल अछि ओ सए गोट सँ अधिक एहिमे शाखा छैक। पूर्व मे चिन्तामणिकार परमगुरु वाचस्पतिमिश्र ओ अपर मे महामहोपाध्याय डा. सर गङ्गानाथ झा एही मूलक छलाह। जतबा पाँजि हमरा उपलब्ध अछि ताहि आधार पर हम एहि मूलक अबरझट्टा शाखाक यावतो परिचय नहि दए सकैत छी ने ज्योतिरीश्वरहिक सर्वाङ्गीण परिचय दए सकैत छी, परन्तु आइ काल्हि जे पाँजिक पठन ओ पाठनक परिपाटी छैक ताहि मे आरम्भहि मे ज्योतिरीश्वरक उल्लेख अछि जे कोनहु पाँजिक पोथी मे भेटि सकैत अछि, केओ पञ्जीकार ताकिकेँ नहि कहि सकैत छथि। नवीन पोथी मे हिनक सम्पूर्ण नाम नहि उल्लिखित अछि, बहुत ठाम केवल कविशेखर मात्र भेटत, बहुत ठाम कविशेखरज्योतिस्, मुदा प्राचीन पोथी मे सम्पूर्ण नाम कविशेखर ज्योतिरीश्वर लिखल भेटत।

आइकाल्हि पञ्जीक साधारण पोथी, जे पँजिआड़ लोकनि पढ़ैत छथि, मिथिलेशक खण्डबला-कुल सँ प्रारम्भ होइत अछि। ओहि मे मिथिलाराज्योपार्जक म.म. महेश ठाकुरक जेठ भाए, उदयनाचार्यक 'आत्मतत्त्वविवेक'क सुप्रसिद्ध टीका जलदक कर्त्ता, विश्रुत नैयायिक म.म. मेघ प्रसिद्ध भगीरथ ठाकुरक पौत्र धर्मपति ठाकुरक विवाहक प्रकरण मे ज्योतिरीश्वरक उल्लेख अछि। धर्मपति ठाकुरक विवाह छल बुधबारय डुमरा म.म. रघुनाथ झाक कन्या मे, रघुनाथक विवाह छल सरिसबए जोँकी गौरीनाथ मिश्रक कन्या मे, गौरीनाथक मातृमातामह छलाह बेलओचे बुद्धिकर जे दण्डविवेककार वर्धमान उपाध्यायक भातिज छलाह; बुद्धिकरक विवाह छल उजतिबार सुन्दरक कन्या मे; सुन्दरक विवाह छल एकमा-खण्डवला-मूलक वीर ठाकुरक पौत्री मे तथा वीर ठाकुरक विवाह छल ज्योतिरीश्वरक दौहित्री-पुत्री मे। एना धर्मपति ठाकुरक पत्नी, जनिक नाम रामा छल, ज्योतिरीश्वर सँ बारहम ठाम पड़ैत छथिन्ह।

ज्योतिरीश्वरक एक गोट कन्या मात्रक उल्लेख भेटल अछि परन्तु ओहि कन्याक विवाह ओ तनिक सन्तानक सम्बन्ध-परम्पराक आधार पर ज्योतिरीश्वरक समयक निर्धारण सुगम अछि। ज्योतिरीश्वरक कन्याक विवाह छल गंगौर-मूलक शिवनाथझा सँ। ई शिवनाथ छलाह महामहोपाध्याय हरिनाथ उपाध्यायक पौत्र। एहि हरिनाथक विवाह अनधिकार मे छल, पितामहिक सन्तान मे, साक्षाते पितिऔत भाइक दौहित्री मे, तथा पञ्जीक जे व्यवस्था कएल गेल तकर एक गोट मूल कारण इएह अनधिकार विवाह कहल जाइत अछि। हरिनाथक सदृश विद्वान् सद्ब्राह्मण एना अनधिकार मे विवाह कए लेल एहि सँ समाज मे तेहन विक्षोभ मेल जे विवाहक हेतु अधिकारक निर्णय करब व्यक्ति सँ लए कैँ राजा कैँ दए देल गेल। कहल जाइत अछि जे ई हरिनाथ प्रसिद्ध धर्मशात्रक ग्रन्थ 'स्मृतिसार' क रचयिता छलाह। परन्तु

एहि प्रसङ्ग स्मरण रहए जे स्मृतिसारक प्रायश्चित्त-प्रकरण मे हरिनाथ जे वधक परिभाषा देने छथि तकरहि परिष्कार कए गङ्गेश अपन तत्त्वचिन्तामणिक विधिवाद-प्रकरण मे हिंसाक परिभाषाक प्रसङ्ग मे उद्धृत कए ओकर खण्डन कएलँ छथि। अतएव गङ्गेश सँ प्राचीन भेलाह स्मृतिसारकार, ओ हरिनाथक पौत्रक विवाह छल ज्योतिरीश्वर क कन्यामे। एतावना गंगौरय हरिनाथ ज्योतिरीश्वर सँ कम सँ कम एक पुरुष प्राचीन छलाह परन्तु ई सिद्ध नहि होइत अछि जे स्मृतिसारकार हरिनाथ ओएह छलाह जनिक विवाह अनधिकार भेल छल ओ जनिक पौत्र कविशेखरक जमाए छलथिन्ह।

शिवनाथ कैं ज्योतिरीश्वरक कन्या मे जे कन्या भेल तनिक विवाह संकोना-मूलक रुचि शर्मा सँ छल। ई रुचि मिश्र छलाह धर्माधिकरणिक हरिहरमिश्रक पौत्र ओ हरिहरमिश्रक मत तत्कालीन प्रायः प्रत्येक निबन्धकार उद्धृत करैत छथि, स्मृतिसारहु मे उद्धृत अछि। एहि धर्माधिकरणिक कैं तीन विवाह ओ तेसर विवाहक सबसँ छोट बालक हरिशर्मा कैं तीन बालक जाहि मे राममिश्र सब सँ जेठ छलाह ओ रुचिमिश्र सब सँ छोट। एहि मे रामक विवाह छल पबौली-मूलक मेढ़ू झाक कन्या मे, बिसैबार महासान्धिविग्रहिक वीरेश्वरक दोहित्री मे। महाराज हरिसिंहदेवक सान्धिविग्रहिक वीरेश्वर 'ख्यातस्त्रैलोक्यसंसदि' छलाह जनिक अवदात चरित्रक चित्रण हुनक आत्मज सप्तरत्नाकरकार चण्डेश्वर कएने छथि। वाग्वतीक तट पर ई वीरेश्वर शाके 1236 मे तुलापुरुषदान कएने छलाह। एहि सँ स्पष्ट अछि जे वीरेश्वरक दौहित्री सँ मे जनिक विवाह छल तनिक छोट भाइ विवाह छल ज्योतिरीश्वर दौहित्री मे। एतावता वीरेश्वर ओ ज्योतिरीश्वर समकालीन छलाह। ओ वीरेश्वरक समय जखन निश्चत अछि तखन ज्योतिरीश्वरक समय निश्चित भए गेल। ओ महाराज हरिसिंहदेवहिक सभाक रत्न छलाह।

ई सम्बन्ध ततेक स्पष्ट अछि, प्रामाणिक अछि, भ्रम सँ रहित अछि जे ज्योतिरीश्वरक व्यक्तित्व अथवा समय सब कथूक निर्णयार्थ ई पर्याप्त भेल। तथापि ज्योतिरीश्वरक सन्तानपरम्पराक दू गोट सम्बन्ध आओर प्रदर्शित करबाक लोभ रोकि नहि सकैत छी। ज्योतिरीश्वरक जाहि दौहित्रीक विवाह छल रुचिमिश्र सँ तनिक एक गोट कन्याक विवाह छल खरोड़य-मूलक एकमा शाखाक वीरठाकुर सँ। एहि वीरठाकुरक पितामह छलाह बलभद्र ठाकुर ओ से बलभद्र छलाह दौहित्र छादन मूलक वर्धमानक। हमरा पोथी मे वर्धमान 'महामहोपाध्याय उपायकारक' एतबे कहल छथि। छादन-मूलक म. म. वर्धमान अपना कैं 'न्यायम्भोजपतङ्ग' 'मीमांसापारदृश्वा' गङ्गेश्वरक पुत्र कहैत छथि तथा हुनक रचित ग्रन्थ सब 'प्रकाश' कहबैत अछि। अतएव निश्चय नहि होइत छल जे छादन-मूलक म.म. उपायकारक वर्धमान जनिक दौहित्रक पौत्रक विवाह ज्योतिरीश्वरक दौहित्रीपुत्री मे छल से छादनमूलक तत्त्वचिन्तामणिकार गङ्गेश उपाध्यायहिक पुत्र प्रकाशकार वर्धमान थिकाह वा अन्य। एमहर प्रयागक सर गङ्गानाथ झा रिसर्च इन्स्टीच्यूटक पत्रिका मे (खण्ड 5, भाग 1, पत्र 15-16) स्वर्गीय दिनेशन्द्र भट्टाचार्य एक

गोट प्राचीन तालपत्रक आधार पर गङ्गेशात्मज वर्धमानक कृति कैँ 'उपाय' प्रदर्शित कएल अछि जाहि सँ हमर सन्देह निवृत्त भए गेल। एहि सम्बन्धक आधार पर आब कहि सकैत छी जे वर्धमानक दौहित्रक पौत्रक विवाह ज्योतिरीश्वरक दौहित्रीपुत्री मे छल ओ तैँ वर्धमान ज्योतिरीश्वर सँ एक पुरुष प्राचीन भेलाह। तखन वर्धमानक पिता गङ्गेश हुनका सँ दू पुरुष प्राचीन सिद्ध होइत छथि और तखन स्मृतिसारकार हरिनाथ सेहो ज्योतिरीश्वर सँ कम सँ कम दू पुरुष प्राचीन सिद्ध होइत छथि। ओना तँ स्मृतिसारक मतक खण्डन तत्त्वचिन्तामणिकार कएने छथि तैँ स्मृतिसारकार प्राचीन भेलाह गङ्गेशसँ, परग्घ गंगौरय हरिनाथ पौत्रक दौहित्रीक विवाह छल गङ्गेशक पौत्रीक प्रपौत्र सँ, तैँ मोटामोटी गङ्गेश प्राचीन भेलाह हरिनाथ सँ। अतएव यदि स्मृतिसारकार हरिनाथ कैँ गंगौरय हरिनाथ मानी तखन इएह सम्भव थिक जे दूहू समानकालीन छल होथि, एहि सँ बेशी नहि कहि सकैत छी। परन्तु तखन ज्योतिरीश्वर सँ दूहू जन कम सँ कम दू पुरुष प्राचीन छलाह, शतावधि वर्ष पूर्व भेल होएताह। तखन ई प्रवाद जे हरिनाथक अनधिकार विवाह पञ्जी-प्रबन्धक मूल कारण भेल एतबए दूर धरि सत्य जे एहि सँ समाजक नेता लोकनिक आँखि खूजल; ई जे कहल जाइत अछि जे हरिनाथ पञ्जी-प्रबन्धकाल मे वर्त्तमान छलाह से असम्भव। से तखनहि सत्य भए सकैत अछि जँ गंगौरय हरिनाथ ओ स्मृतिसारकार हरिनाथ एक व्यक्ति नहि छल होथि।

दोसर, कविशेखरक जे दौहित्री संकोना-मूलक रुचिमिश्र सँ विवाहिता छलीह तनिक एक गोट कन्याक विवाह तँ खरोड़य वीरठाकुर सँ छल जकर उल्लेख पूर्वहिँ कएल अछि; रुचि मिश्रक अपर कन्याक विवाह बलिआस-मूलक चान्दो-शाखाक पूरेझा सँ छल। पूरेझाक एक गोट कन्याक विवाह छल कौशिक-गोत्रक निकुतिबार विद्यापतिठाकुर सँ। निकुतिबारक ई शाखा, जे हरिसिंहपुरक शाखा कहाए प्रसिद्ध अछि, ताहि दिन एक गोट विशिष्ट कुल छल ओ तीन पुरुष धरि ओइनिबार राजकुलक अनायत्त सम्बन्धेँ राजकीय उपाधि 'पुष्पभट्ट', फुलहट, सँ विभूषित छल। एहि निकुतिबार विद्यापति ठाकुरक पिउसि सँ महाराज गणेश्वरक विवाह छल। एहि विद्यापतिठाकुरक दू गोट कन्या, पूरेझाक दौहित्री, रुचिमिश्रक दौहित्रीपुत्री ओइनिबार राजकुल मे विवाहिता छलीह,—जेठि महादेवी रतना महाराज शिवसिंहक तेसरि स्त्री छलीह, ओ छोटि महादेवी हृदयवती महाराज धीरसिहंक जेठि स्त्री छलीह। एहि प्रकारेँ ज्योतिरीश्वरक दौहित्रीक दौहित्रीक दू गोट कन्या ओइनिबार राजकुलक महारानी छलीह। एहू सम्बन्धक आधार पर ज्योतिरीश्वरक जीवनकाल महाराज शिवसिंहक समय सँ शतावधि वर्ष पूर्व सिद्ध होइत अछि ओ निश्चय कविशेखराचार्य महाराज हरिसिंहदेवक सभाक रत्न छलाह।

× × ×

परन्तु ज्योतिरीश्वरक जे तीनि गोट ग्रन्थ उपलब्ध अछि ताहि मे केवल एक गोट

घूर्तसमागम-प्रहसन मे हरिसिंहदेवक उल्लेख अछि। पञ्चसायक मे प्रस्तावनाक श्लोक यथापि हरिसिंहदेवक नाम नहि अछि तथा वर्णरत्नाकर जतबा उपलब्ध अछि ततबामे हरिसिंहदेवक अथवा अन्य कोनहु राजाक उल्लेख नहि अछि। धूर्तसमागमक प्रस्तावनाक दू गोट श्लोक जाहि मे हरिसिंहदेवक कीर्त्तन अछि, वर्णरत्नाकरक भूमिका मे श्री सुनीति बाबू उद्धृत कएने छथि परन्तु ओहि श्लोक सँ जे ध्वनित होइत अछि तकरा श्रीसुनीति बाबू प्रकाश नहि कएल अछि। एहि मे प्रथम श्लोक मे कार्णटचूड़ामणि श्रीहरिसिंहदेव नृपतिक प्रतापक वर्णन अछि, 'निर्जितसुरत्राणत्रसद्वाहिनी'क उल्लेख अछि तथा 'अस्ति'—पदैँ हुनक 'अस्तित्व' कहल अछि। परञ्च दोसर श्लोक अछि—

तस्योद्दण्डभुजप्रतापदहनज्वाला निरस्ता यदा
राज्ञः सर्वगुणानुरागपदवीविद्योतनाचार्यकः इत्यादि।

एक आशय स्पष्ट अछि जे ओहि राजाक उद्दण्डभुजप्रताप-रूपी अग्निक ज्वाला जखन मिझाए गेल तखन ओहि राजा कैँ जाहि सब गुण मे अनुराग छलैन्हि तकरा प्रकाश करबाक विषय 'आचार्य' इत्यादि। स्पष्ट अछि जे जखन धूर्तसमागमक रचना भेल तखन हरिसिंहदेव छलाह, परन्तु हुनक प्रतापक अस्त भए गेल छल। हरिसिंहदेवक जन्म भेल छल 1216 शाके मे, 'शाके श्रीहरिसिंहदेवनृपतेर्भूपार्कतुल्ये जनिः' ओ 'बाणाब्धिवाहुशशिसम्मित शाकवर्षे' अर्थात 1245 शाकेक पौषशुदि दशमी मङ्गल कैँ 'दुर्दैवदर्शितपथा' हरिसिंहदेव नेपालगिरिदुर्गक आश्रयण कएल, मिथिला त्यागि नेपाल पड़ाए गेलाह, तथा ओतए अपन राज्यक स्थापना कएल। स्मरण रहए जे शाके 1245 अर्थात 1323 ईस्वी मे ग्यासुद्दीन तुगलक प्रथमहि तिरहुतिक विजय कएल ओ तकर कारण भेल होएत हरिसिंहदेवक उद्दण्डभुजप्रताप, जकर दर्ष मे ओ सुलतानक कोनहु वाहिनी कैँ निर्जित कएने छलाह। परन्तु ग्यासुद्दीन सँ पराजित भेलहु पर, उद्दण्डभुजप्रतापदहनज्वालाक मिझाएलहु उत्तर हरिसिंहदेवक प्रभुता नष्ट नहि भेल, ओ तिरहुति त्यागि अवश्य देल किन्तु नेपला मे नवीन राज्यक स्थापना कएल जे कमसँ कम तीन पुरुष धरि निश्चय छल। तें धूर्तसमागमक प्रस्तावनाक दोसर श्लोकक आशय हमरा एहन प्रतीत होइत अछि जे मुसलमान सँ वैर मोल लए, सुलतानक सेना कैँ पराजित कए, अन्त मे जखन महारागज हरिसिंहदेव केवल उनतीस वर्षक वयसमे मिथिला त्यागि पड़ाए गेलाह ओ नेपाल मे राज्य करैत हिन्दू राजा ओ प्रजा सबहिक पूज्य छलाहे, तखन अर्थात् शाके 1245 पश्चात हरिसिंहदेव कैँ जाहि-जाहि विषय मे अनुराग रहैन्हि यथा-प्रहसन, कामशास्त्र, गीतक्रम इत्यादि ताहि सब कैँ ज्योतिरीश्वर अपना ग्रन्थ मे विद्योतित कएलैन्हि। धूर्तसमागम ताही समयक रचना थिक, शेष दूहू ग्रन्थ तकर पश्चात रचित भेल। एहि प्रसङ्ग मे इहो स्मरण रहए जे हरिसिंहदेव मैथिल जातिक अत्यन्त प्रिय नरेश छलाह ओ हुनक राजत्वकाल मे आरम्भ मैथिलब्राह्मणदिक पञ्जप्रबन्धन यद्यपि हरिसिंहदेवक पलायनक तीनि वर्ष पश्चात शाके 1248 मे सम्पन्न भेल ओ ताहि समय मे ओ मिथिलेश नहि

छलाह, तथापि ओहि प्रबन्धनक नाम ओही नरेशक नाम पर हरिसिंहदेवी राखल गेल। ओइनिवारक हाथ मे मिथिलाक राज्य किछु दिनक पश्चात् आल, 1353 ई. मे फिरोजशाह तुगलक कामेश्वर ठाकुर कें मिथिलाक राजा बनाओल, तीस वर्ष धरि मिथिला मे अराजकता छल। एही अराजकताक युग मे, मुदा जखन हरिसिंहदेवक स्मृति नवीने छल, ज्योतिरीश्वर अपन ग्रन्थ सबहिक रचना कएल। यदि ओइनिबारक राजत्वकाल मे से कएने रहितथि तँ जेना सप्तरत्नाकरकार चण्डेश्वर अपन राजनीतिरत्नाकर मे कामेश्वरक कनिष्ठ पुत्र भवेश्वरक कीर्त्तन कएने छथि तहिना ओहो कोनहु राजाक कीर्त्तन अवश्य कएने रहितथि। तें हमरा तँ स्पष्ट प्रतीत होइत अछि जे एही तीस वर्षक मध्य मे, अर्थात् 1323 सँ 1353 ई.क मध्यमे, हरिसिंहदेवक गिरिदुर्गा श्रयणक पश्चात्हिं, प्राय 1330 ई. प्रान्त मे, ज्योतिरीश्वर सर्वप्रथम धूर्तसमागम, तखन पञ्जसायक, ओ सब सँ पछाति वर्णरत्नाकरक रचना कएल। अपना कें ज्योतिरीश्वर हरिसिंहदेवक 'सर्वानुरागपद्वीविद्योतनाचार्य' कहैत छथि अर्थात् राजाक सब अनुरागक विषय कें विद्योतित करबा मे पटु, निष्णात, आचार्य, तें ई कहब असङ्गत नहिं होएत जे ज्योतिरीश्वर हरिसिंहदेवक अन्तरङ्ग मित्र, विश्वस्त पार्षद, प्रतिभावान् कवि, बहुविज्ञ पण्डित, प्रायः समवयस्क सचिव छलाह, ओ एही पद सँ हुनक 'आचार्यत्व' सेहो द्योतित होइत अछि। तखन ज्योतिरीश्वरक जन्मकाल शाके 1210 मे मानब उचित ओ प्रायः पचास वर्षक वयस मे, 1340 ई.क प्रान्त मे, वर्णरत्नाकरक रचना कएल, हमरा से पूर्ण सङ्गत जँचैत अछि।

ज्योतिरीश्वरक केवल तीनि गोट ग्रन्थ उपलब्ध अछि जाहि मे एक गोट प्रहसन थिक जे अश्लील अछि, दोसर कामशास्त्रीय। दुहू युवावस्थाक कृति ओ एको गोट एहन नहि जाहि सँ हुनक कविशेखर उपाधि चरितार्थ हो। मुदा हरिसिंहदेवक 'उदण्डभुजप्रतापदहनज्वाला' जखन निरस्त भए गेल छल तखनु यदि हुनक तीनू रचना थिक तँ हिनक कविशेखर उपाधि ककरा सँ प्रदत्त छल ओ से कोन उत्कर्षें ? जाहि रूपें ज्योतिरीश्वर अपना कें केवल कविशेखर कहि प्रथित करैत छथि ताहि सँ तँ स्पष्ट अछि जे ई उपाधि हिनका साधारण नहि छल, अवश्ये राजाक देल छल, हरिसिंहदेवक सदृश गुणानुरागी विद्याप्रेमी रसिक कलाभिज्ञ राजाक प्रदत्त छल, ओ तखन तँ हिनक कृतिओ कोनो तादृश अवश्य छल होएत जकर उत्कर्ष सँ हिनका कविशेखर कहल गेल हो। स्मरण रहए जे मिथिला मे कविक हेतु सब सँ विशिष्ट उपाधि कविशेखर थिक। विद्यापतिठाकुर सेहो कविशेखर कहाबथि मुदा कविशेखर कहाए प्रसिद्ध छलाह ज्योतिरीश्वर, तें ओ अपना कें 'नव कविशेखर' कहथि। पश्चातहुँ भञ्जनझा कविशेखर कहाबथि ओ आइओ काल्हि श्री बदरीनाथ झा कविशेखर कहल जाइत छथि। अतएव एहि विशिष्ट उपाधिक परम्परा प्रायः ज्योतिरीश्वरहिक समय सँ प्रारम्भ भेल, पहिल कविशेखर प्रायः ज्योतिरीश्वर भेलाह, ओ तें ई कल्पना असङ्गत नहि जे एहि विशेष सम्मानक योग्य हुनक कृतिओ अवश्य

छल होएत ओ से संस्कृत मे छल होएत। वर्णरत्नाकरक कारणें तँ ई उपाधि नहिए भेटल होएत, कारण, एक तँ वर्णरत्नाकर सँ जे बहुविज्ञता संसूचित होइत अछि ताहि सँ ओकर रचयिता कैं पूर्ण प्रौढ़ होएब निश्चय, युवावस्थाक रचना ओ भए नहि सकैत अछि; दोसर वर्णरत्नाकरक ई महत्त्व तँ एमहर आबि मैथिली-जगत मे भेल अछि, संस्कृतक प्रकर्षक युग मे भाषा-साहित्यक उत्कर्षें ककरहु पहिले पहिल कविशेखर उपाधि देल जाएत तकर कोन सम्भव; ओ सब सँ पैघ तँ जे वर्णरत्नाकर कविताबद्ध नहि अछि जकर रचयिता कैं कविशेखर कहल जाए। वस्तुतः धूर्तसमागमक प्रस्तावना मे ज्योतिरीश्वर जें अपन प्रशंसा-वाक्य लिखने छथि तथा पञ्चसायक मे जे ओ अपन योग्यताक सूचना देने छथि तकरा दृष्टि मे रखैत केओ कोना कहि सकैत छथि जे ज्योतिरीश्वरक एतबे कृति छलैन्हि! हमरा तँ निश्चय प्रतीत होइत अछि जे ज्योतिरीश्वरक आओर रचना अवश्य छल, प्रबन्धरूप मे नहि तँ मुक्तकहिक रूप मे हुनक कविता प्रचुर छल, से सब लुप्त भए गेल ओ सम्प्रति हुनक एकमात्र कृति, वर्णरत्नाकर, हुनक शुभ्र कीर्तिक पताका दिगदिगन्त मे फहराए रहल अछि, ज्योतिरीश्वर आइ केवल मिथिलहिकिटा नहि, समस्त उत्तर भारतक नव्यभारतीय भाषासाहित्यक क्षेत्र मे नवयुगप्रवर्त्तकक रूप मे सत्ये कविशेखर भए पूजित छथि।

(बिहार रिसर्च सोसाइटीक जर्नल भाग 3-4, 1951 मे प्रकाशित निबन्ध—रूपान्तरित, परिष्कृत, ओ परिवर्धित। निबन्धमाला, 1963)

ज्योतिरीश्वर ठाकुर : जीवनी ओ कृतित्व

संस्कृत साहित्यक इतिहास मे ज्योतिरीश्वरक नाम पञ्चसायक ओ धूर्त्तसमागमक रचयिताक रूप मे बहुत दिनसँ प्रसिद्ध छल परन्तु मैथिलीक क्षेत्र मे हिनक कृति जे प्रायः समस्त उत्तरभारतक हेतु अभिनव अछि एमहर आबि प्रसिद्धि पओलक ओ हिनक वर्णरत्नाकरक प्रकाशन आइ सँ चालीस वर्ष पूर्व भेल। ई ग्रन्थ गद्य मे अछि ओ से गद्य थिक आइ सँ छओ सए वर्ष सँ अधिक दिनक। ग्रन्थ अपूर्ण अछि, अन्तिम पात सतहत्तरिम थिक मुदा पात अछि साठिए गोट, ओ ताहि पर सँ लेख अत्यन्त अशुद्ध अछि। एक तँ लेखाशुद्धि सएह बहुत अछि, ताहि पर सँ पदच्छेदक दोष अछि। तेँ ग्रन्थक अध्ययन दुरूह काज अछि ओ हमरा जनैत एकर अध्ययन उचित रीति सँ नहि भए सकल अछि, भैओ नहि सकैत अछि। एहना स्थिति मे ज्योतिरीश्वरक प्रसङ्ग जतेक तथ्य बुझल अछि वा बुझल भए सकैत अछि ताहि सँ अधिक भ्रमे अछि। यथा ज्योतिरीश्वर अपना केँ धीरेश्वरक बालक कहने छथि ओ हिनक कौलिक उपाधि ठाकुर छल। तेँ केओ महानुभाव, प्रायः कवीश्वर स्वयं, हिनका बिसैबार महावार्तिक-नैबन्धिक धीरेश्वर ठाकुरक बेटा मानि हिनका विद्यापति ठाकुरक पितामह-भ्राता कहए लगलाह। एमहर आबि आइ सँ पन्द्रह वर्ष पूर्व हम हिनका वत्सगोत्रीय पालीमूलक धीरेश्वरक बालक देखाए हिनक परिचय प्रकाशित कराओल तथापि अनेको ठाम एखन पर्यन्त हिनक प्रसङ्ग ओ भ्रम देखिए रहल छी।

ज्योतिरीश्वर ठाकुर 'कविशेखराचार्य' कहबैत छथि; अपनहुँ ई अपना केँ कविशेखर ओ आचार्य कहैत छथि। स्पष्ट अछि जे कविशेखर हिनका उपाधि छल, प्रायः राजप्रदत्त, ओ आचार्यत्व हिनक रचनाक वैशिष्ट्यमे छल। छलाह ई वत्सगोत्रीय अबरझट्टा पाली-मूलक सद्ब्राह्मण ओ अबरझट्टाक पलिबार ठाकुर कहबैत छलाह। हिनक पुमपत्यक पता नहि लगैत अछि मुदा हिनका एक टा कन्या छलथिन्ह जनिक कन्याक विवाह जनिका सँ छलैन्हि तनिक जेठ भाइक विवाह बिसैबार वीरेश्वर ठाकुरक दौहित्र, चण्डेश्वर ठाकुरक भागिन सँ छलैन्हि अर्थात् वीरेश्वर ओ ज्योतिरीश्वर दूहूक दौहित्रीक विवाह संकोना मूलक हरिमिश्रक दू बालक राजमिश्र ओ रुचिमिश्र सँ छल। वीरेश्वर सप्तरत्नाकरकार चण्डेश्वरक पिता छन्दोगदशकर्म-पद्धतिकार

'ख्यातस्त्रैलोक्यसंसदि,' महासान्धिविग्रहिक छलाह जे शाके 1236 मे वाग्वतीक तट पर तुलापुरुष दान कएने छलाह। अतएव हमरा जनैत ज्योतिरीश्वर ठाकुर विद्यापतिक प्रपितामहक समकालीन परन्तु प्रायः वयसैँ छोट छलाह ओ तैँ हम हुनक जन्मकाल शाके 1210 मे मानैत छी, हरिसिंहदेव सँ किछुए, पाँच-छओ वर्ष, जेठ।

ज्योतिरीश्वरक तीनि गोट रचना उपलब्ध अछि; पञ्चसायक जे कामशास्त्रक एक गोट छोट ग्रन्थ थिक; धूर्तसमागम प्रहसन जे नामहि सँ अपन विषयक परिचय दैत अछि ओ जाहि मे वर्णन ठाम-ठाम एतेक अश्लील अछि जे ओकरा की कहब से नहि कहि। वर्णरत्नाकर हुनक तेसर कृति थिक जाहि सँ हुनक पाण्डित्य नहि, बहुविज्ञता स्पष्ट होइत अछि। ओना तँ पञ्चसायकक प्रस्तावना मे ई अपना केँ कामतन्त्रक विशेषज्ञ कहैत छथि तथा धूर्तसमागमक प्रस्तावना मे अपना केँ अभिनव भरत, विविध भाषाक पारङ्गत, बड़का मीमांसक कहैत छथि; परञ्च हिनक रचना जे उपलब्ध अछि ताहि सँ हिनक कामशास्त्रीय ज्ञान ओ भाषाविषयक विद्वत्ता मात्र स्पष्ट होइत अछि। अभिनव भरत कहएबाक योग्य हिनक कोनो कृति नहि अछि; कविशेखर ई कोन गुणेँ कहाओल? धूर्तसमागम मे हुनक रचित कहि कतोक मैथिलीक गीत प्रकाशित भेल अछि परन्तु ओहि सँ ने हिनक अभिनव-भरतत्व किंवा कविशेखरत्व पुष्ट होएत। ओ कोनहु साधारण कविक जोड़त थिक। तथा भाषाक कवित्वेँ कविशेखर उपाधि देल नहि गेल होएत। एहि हेतु हुनक रचित संस्कृत मे विलक्षण कविता भेल होएत से महाकाव्य हो व मुक्तके, परन्तु से सब लुप्त अछि।

धूर्त्तसमागमक प्रस्तावना मे ज्योतिरीश्वर टू गोट श्लोक देल अछि जकर ऐतिहासिक महत्त्व अछि। सुलतानक सेना केँ परास्त कए हरिसिंहदेव विलक्षण प्रताप अर्जित कएल अवश्य परन्तु शीघ्रहिँ हुनक 'उद्दण्डभु जप्रतापदहनज्वला' जखन मिझाए गेल तखन जाहि जाहि वस्तु मे हुनका अनुराग छल तकर विद्योतन कविशेखर कएल जाहि उपक्रम मे ओ ई प्रहसन रचल। इतिहास कहैत अछि जे शाके 1245 मे हरिसिंहदेव—तखन हुनक वयस केवल 29 वर्ष छल—तुगलकक सेना सँ परास्त भए नेपाल चल गेलाह। अतएव धूर्तसमागम किंवा वर्णरत्नाकरक रचना तकर पश्चात् भेल ओ तैँ ओहि मे कोनहु राजाक स्तुति नहि अछि तैँ ओकर रचना ओइनबारक राजत्वकाल सँ पूर्वहि भेल। अतएव 1323—1353 ई.क मध्यक ई रचना थिक। एहि सँ इहो द्योतित होइत अछि जे ज्योतिरीश्वर महाराज हरिसिंहदेवक वयस्य छलाह ओ हुनके पसिन्दक ग्रन्थक प्रणयन कएल।

ज्योतिरीश्वरक सब सँ अमर कीर्त्ति आब वर्णरत्नाकर मानल जाएत, कारण, एतेक प्राचीन गद्यक ग्रन्थ कोनहु दोसर भारतीय भाषा मे प्रायः तकनहु नहि भेटत। एकर नाम वर्णन-रत्नाकर नहि वर्णरत्नाकर थिक, कारण एहि मे वर्णन नहि, वर्णनक क्रम अछि। ई ग्रन्थ सम्पूर्ण उपलब्ध नहि अछि ओ जे अछि सेहो अत्यन्त अशुद्ध अछि। तथापि एहि मे तीन प्रकारक शैली दृष्टि-गोचर होइत अछि। अधिकांश तँ

सूची मात्र अछि यथा—छोट जातिक नाम, मधुरक नाम, पुराणक नाम इत्यादि कए सए वस्तुक नाम गनाओल अछि। एहि मे साहित्यिकता किछु नहि अछि। हँ, भाषाक दृष्टि सँ एहि सूची सबहिक महत्त्व अछि ओ सामाजिक जीवनक दर्पण थिक परन्तु ओ नाम सब अधिकांश अनचिन्हार भए गेल अछि। यदि गद्य-रचनाक परम्परा रहैत तँ ओहि नाम सबहिक पुनः पुनः चर्चा सँ ओकर विकासक क्रम बूझल होइत अथवा वस्तुक परिचय होइत परन्तु सेहो नहि अछि ओ तैँ एहि सूची सबहिक पूर्ण लाभ नहि भए रहल अछि। एक जन विद्वान सुनैत छी एहि विषय पर शोध कएल अछि मुदा ओकर फल तँ ग्रन्थ प्रकाशित भेलहि उत्तर बुझबाक योग्य होएत।

दोसर वस्तु अछि एहि मे कवि-समय-प्रसिद्धि अर्थात् संस्कृतक कविलोकनि जेना कोनहु वस्तुक वर्णन करैत छलाह तकरहि ई भाषा मे उपनिबद्ध कएल। हँ, बहुत ठाम ई नवो उपमाक योजना कएल अछि जे विशेष आकर्षक प्रतीत होइत अछि।

तेसर अछि विशुद्ध काव्य जाहि मे ज्योतिरीश्वरक कल्पनाक प्रतिफलन भेटैत अछि। ई अंश बहुत नहि अछि परन्तु जएह अछि सएह संवेदनशील, रागात्मकता सँ परिपूर्ण उत्तम काव्यक श्रेणी मे परिगणित होएबाक योग्य।

परन्तु सब सँ चमत्कारक अछि हिनक भाषाक सौष्ठव। गद्यक लय जे कहल जाइत छैक से एहि मे सर्वत्र भेटैत अछि। केवल जतए सूची देल अछि ताहू ठाम पदलालित्य अपूर्व अछि। एकरहि दृष्टि मे राखि अमरनाथ बाबूक उद्‌गार छल जे वर्णरत्नाकर पढ़वा मे कादम्बरी पढ़बाक सन आनन्द भेटैत अछि। एतेक लालित्य गद्य मे ई सन्निविष्ट कएल एतावतैव अनुमेय थिक जे मैथिली केँ तावत् धरि अभिव्यञ्जनाक कतबा सामर्थ्य भए गेल छलैक।

परन्तु हमरा हेतु वर्णरत्नाकर मे सब सँ महत्त्वक अछि तत्कालीन साहित्याराधनाक चित्र, नृत्यगीतादि, रागतालादि, वाद्ययंत्रादि, भाट आदिक वर्णन तँ अछिए, ताहि सङ्ग अनेक प्रसङ्ग मे साहित्याराधनाक कोनहु अङ्ग केँ ई अवसर-अनवसर वर्णन करबा सँ नहि चुकलाह अछि। एहि मे मैथिलीक कतबा अंश छल से ई नहि कहल मुदा एतेक प्रौढ़ गद्य लिखल अछि ओ समाजमे एतेक प्रकारेँ साहित्यक प्रचार छल तखन मैथिली मे साहित्यरचना नहि होइत छल से कोना कहब? लोरिकक नाच, लगनीक गीत, एतेक रागक गान—सब सँ मैथिली साहित्यक समृद्धि द्योतित होइत अछि। नाचक जे ई वर्णन कएल अछि से विशुद्ध किरतनिञा नटुआ मे भेटैत अछि।

हम ई नहि मानैत छी जे ज्योतिरीश्वर सर्वत्र प्रतीयमान चित्र देल अछि, बहुत ठाम सम्भाव्य सेहो अछि ओ अधिक आदर्श चित्रण अछि परन्तु सब अछि सामाजिक पृष्ठभूमि मे जाहि सँ कविशेखर स्वयं परिचित छलाह। हँ, एतबा अवश्य जे ई नगरहि धरि रहलाह, देहात नहि गेलाह। श्मशान ओ आखेटक, समुद्र ओ वन धरिक वर्णन अछि मुदा गामक नहि मुदा ग्राम्यत्व तँ संस्कृत साहित्य मे दोष अछि।

एहि सब केँ दृष्टि मे राखि श्री सुनीति बाबूक कथा सर्वथा सुसङ्गत प्रतीत होइत

अछि जे वर्णरत्नाकर तत्कालीन भाट, दसौन्धी, कथाकार प्रभृति जे कविता रचि रचि सुनाए सुनाए साधारण जनताक मनोरञ्जन करैत छल तकर उपयोगी वर्णन-क्रम कैं संगृहीत कए एहि ग्रन्थक रचना कएल। वर्णरत्नाकर काव्य नहि, कविक उपयोगी ग्रन्थ थिक। एहि सँ ज्योतिरीश्वर कवि नहि, कविक कवि सिद्ध होइत छथि। ई कविशेखर एहि ग्रन्थक प्रणयनैं नहि कहाओल। जाहि कविताक प्रसादैं ई कविशेखर कहाओल से एखन पर्यन्त नहि भेटल अछि।

(आकाशवाणी पटना, 16-11-66, विविध प्रबन्ध, 1970)

मैथिली प्राचीन गीत

एहि काव्य-संग्रहक इतिहास छैक। वर्ष दुइएक भेल होएतैक, बिहार राज्यक सकल विश्वविद्यालयक परीक्षा-सबहिक निमित्त बिहार स्टेट युनिवर्सिटी कमीशन एक गोट आदर्श पाठ्यक्रम निर्धारित करओने छल ओ मैथिली-विषयक पाठ्यक्रम निर्धारित करबाक निमित्त बिहार युनिवर्सिटी सँ एक गोटे हमहि पठाओल गेल रही। ओतए कार्य सम्पन्न कए कमीशनक आफिस मे गप्पक क्रम मे कमीशनक विद्वान मंत्री, मैथिलीक परम भक्त, हमर मित्रवर डाक्टर श्री ताराभूषण मुखर्जी मैथिली-कविताक प्रशंसा करैत ओहि मे अपन रुचि जनबैत हमरा लोकनि सँ, विशेषतः हमरा सँ, अनुरोध कएल जे मैथिली-कविताक एक गोट एहन संग्रह होएबाक चाही जाहि सँ एहि भाषा मे काव्याराधनाक चित्र स्फुट हो, जे केवल परीक्षाक हेतु उपयोगी हो ततबे नहि प्रत्युत अन्य-भाषाभाषी लोक सेहो यदि मैथिली-कविताक रसिक होथि तँ हुनकहु सब प्रकारक कविता ओहि मे एकत्र संगृहीत भेटैन्हि। ओना तँ एहि सँ पूर्वहुँ हम तीनि गोट कविताक संग्रह कएने छी परन्तु ओ सब विश्वविद्यालय परीक्षा सबहिक उपयोगी छोट-छोट कविताक छोट-छोट संग्रह थिक तथा ओहि सँ मैथिली मे काव्याराधनाक चित्र स्फुट नहि होइत अछि। तैं हम एहि व्यापक संग्रहक आयोजन मे प्रवृत्त भेलहुँ। आकर ग्रन्थक अभाव मे नीक कविता बीछब अत्यन्त श्रमसाध्य भेल ओ हमर सहकर्मी लोकनि पूर्ण दत्तचित्त भए सहायता नहि करितथि तँ एहन सुन्दर संग्रह एतेक शीघ्र भए सकैत ताहि मे सन्देह। विद्यापति यदि अपन गीतक रचना महाराज भोगीश्वरक राज्यकाल मे आरम्भ कएल तँ तकरा छओ सए वर्ष भेल। एतेक दीर्घ अवधिक, विद्यापति सँ लए आजुक उदीयमान कवि धरिक, रचना संग्रह कएलहुँ अछि ओ एहि मे सन्देह नहि जे कवि बहुत छूटि गेलाह अछि, परन्तु काव्य-शिल्प अथवा रचनाशैली जँ कोनो छूटि गेल अछि तँ से एहि हेतु जे ओ रचना हमरा भेटि नहि सकल, नहि तँ लक्ष्य हमर इएह रहल अछि जे सब प्रकारक रचनाक समावेश भए जाए ओ से नहि भेल से नहि कहि सकैत छी। संग्रह हम मुख्यतया अपना रुचि सँ कएलहुँ अछि तैं सब कविता सबकें नीके लगतैन्हि से प्रायः सम्भव नहि। परन्तु से तँ संग्रह मात्रक दोष थिक। परन्तु संग्रह जखन भए गेल तखन एकर गुण-दोषक विवेचना सुधी समाज करताह। यदि हुनका

लोकनिक विवेक-दृष्टि मे ई संग्रह व्यापक प्रतीत भेल तँ हमर श्रम सफल भए गेल।

परन्तु संग्रह तँ भए गेल बड़ विशाल। प्रायः सवा सए कविक सए चारिएक रचना संगृहीत भेल अछि। विद्यापतिक सब जातिक मिलाए सए सँ अधिक गीत अछि; गोविन्ददासक छब्बीस गोट। नवीन कवि लोकनि मे कतोकक पाँच-पाँच गोट रचना लेल अछि। एतेक विशाल ग्रन्थ कैं छपबाक साहस करताह, एहि मे अपेक्षित द्रव्य लगाए एकरा प्रकाशित करताह, तेहन मैथिलीक केओ प्रकाशक नहि छथि। तैं मित्र लोकनिक विचार सँ, विशेषतः अपन मित्रवर डाक्टर श्री शैलेद्रमोहन झाजीक परामर्श सँ एकरा तीनि खण्ड मे विभक्त कए एक खण्ड एक प्रकाशक कैं छापए देल। खण्डक विभाजन शिल्पक आधार पर कएल अछि। प्रथम खण्ड मे विद्यापति ओ हुनक सम्प्रदायक गीत अछि तकर नाम भेल प्राचीन गीत। द्वितीय खण्ड मे कथा-काव्य अछि जाहि मे महाकाव्य सबहि सँ एवं रामायण आ महाभारत सँ एक एक गोट अंश लेल अछि। तृतीय खण्ड मे कवीश्वर सँ लए आइ धरिक नवीन शिल्पक रचना अछि। कए गोटएक रचना तीनू खण्ड मे अछि; दू खण्ड मे तँ अनेकक, परन्तु देखल जाएत जे शिल्प भिन्न अछि।

परन्तु रचनाक सङ्ग एहि संग्रह मे जे विशेष अछि से थिक ओहि रचना-सबहिक सम्यक् रसास्वादनक मार्गक सङ्केतन। द्वितीय ओ तृतीय खण्ड मे प्रत्येक कविक रचना-विषय, भाव, भाषा, शिल्प ओ शैलीक दिग्दर्शन कराए देल अछि ओ ठाम ठाम कविता-विशेषहुक प्रसङ्ग अपन दृष्टिकोण इङ्गित कए देल अछि। ई सब बड़ संक्षिप्त अछि, केवल सङ्केत मात्र, ओ सेहो हमर अपन रुचिक अनुकूल। हम तँ बुझैत छी जे समालोचना मे रुचिक बड़ महत्त्व छैक आ यथार्थ समालोचनो ओएह थिक जे रुचिक परिष्कार कए सकए। काव्य थिक कला ओ कलाक वैशिष्ट्य छैक ओकर निष्पादनक शिल्प मे, निष्पत्तिक गुण-दोष गौण थिक। कविक कृतिक शिल्प मे पैसि ओकरा चिन्हब थिक 'भावकत्व' ओ तकरा सहानुभूतिक सङ्गहि अभिव्यक्त करब, पाठक कैं चिन्हाएब, थिक समालोचना। आयास हमर सएह रहल अछि मुदा भेल की तकर विवेचन सहृदय पाठक-गण करताह। मैथिली मे समालोचनाक पद्धति स्थिर नहि भेल अछि, ओकर मार्ग प्रशस्त नहि होअए पाओलक अछि। हमर एहि प्रयत्न सँ यदि ताहि दिशि किछुओ प्रगति भेल तँ हम अपना कैं कृतार्थ बुझब।

× × ×

एहि क्रम मे प्रथम खण्ड, प्रस्तुत प्राचीन गीत खण्ड मे, बड़ विशेष विन्यास करए पड़ल। तकर कारण भेलाह अछि हमर चारिम पुत्र, श्री दुर्गानाथ। विद्यापतिक प्रतिभा-विश्लेषण ओ हुनक सम्प्रदायक गीतकाव्यक क्रमशः विकासक रूपरेखा अङ्कित कएल जाए से हुनक अनुरोध भेल ओ तें विद्यापतिक सम्प्रदाय गीतकैं पाँच प्रकरण में बाँटि, ओकर विकासक क्रम प्रत्येक प्रकरणक आरम्भ मे जोड़ि देल अछि।

एहि सँ गीत-काव्यक प्रगति कोन दिशि रहलैक अछि, ओकर शिल्प मे की विशेष होइत गेलैक, ओकर मान्यता मे की अन्तर होइत रहलैक, ओकर उपलब्धि की भेलैक इत्यादि। ऐतिहासिक पृष्ठभूमि मे दृष्टान्त-स्वरूप उपस्थापित गीतसब विशेष प्रकाश प्रदान कए सकत से आशा कएल जाए सकैत अछि। हुनकहि अनुरोध सँ एहि मे गीतक व्यंग्यार्थ-बोधिनी टिप्पणी सेहो देल अछि जे मैथिली-कविताक क्षेत्र मे सर्वथा अभिनव प्रयास थिक। कहबाक प्रयोजन नहि जे विद्यापति किंवा गोविन्ददास कविता रचल संस्कृत-साहित्य-शास्त्रक रीति सँ ओ तेँ ओकर मर्म सेहो ओही शास्त्रक रीति सँ अवगन्तव्य होएत। टिप्पणी मे केवल ओहि मर्महि कैँ उद्‌घाटित करबाक आयास कएल अछि। वस्तुतः संस्कृतक साहित्य मे व्याख्या मे समालोचना अन्तर्भूत रहैत अछि ओ ताहि दृष्टिएँ एहि टिप्पणी सब मे तत्तत् गीतक समालोचनक बीज सेहो निहित अछि। गोविन्ददासक गीत तँ सहजहि दुरूह अछि, पाण्डित्य सँ पूर्ण अछि। ओकर मर्म, अलङ्कार-योजना, प्रकरण एवं स्फुटार्थ इत्यादि व्याख्या प्रस्तुत कए देल अछि हमर मित्रवर सरसकवि ईशनाथ झाजी। गोविन्ददासक गीतक अध्ययन जाहि पाण्डित्य ओ पूर्णता सँ ओ कएने छथि से एही टिप्पणी सँ प्रतीत होएत। हमर श्रमकैँ एना बाँटि एहन सुन्दर टीका ओ लीखि देल अछि तदर्थ हुनका धन्यवाद की दिऔन्हि? ओ तँ हमर प्रत्येक साहित्यिक काज मे हमर अनन्य परामर्शदाता ओ सहायक रहितहिँ अएलाह अछि ओ जे किछु कएल अछि अपन कर्त्तव्य बूझि, सौहार्द्र सँ। आनहु ठाम ओ हमर अनेकानेक शङ्काक सुन्दर समाधान करैत रहलाह अछि आ ताहि मे हमर सहकर्मी मित्रप्रवर लोकनि श्री सुमनजी, डाक्टर श्री शैलेन्द्रमोहन झाजी, श्री नवीनचन्द्रजी, ओ श्री रामदेव जीक विचार ओ साहाय्यक सेहो हम विशेष रूप सँ आभारी छी। आ अन्त मे हम अपन कृतज्ञता ज्ञापित करैत छी डाक्टर श्री दुर्गानाथ झा श्रीशजीक प्रति। एमहर प्रत्येक साहित्यिक काज मे हमर सहायक रहैत अएलाह अछि। हिनका हम धन्यवाद की दिऔन्हि। हमरा द्दढ़ विश्वास अछि जे ई टिप्पणी आगाँक हेतु मार्ग-प्रदर्शनक काज करत, मैथिली-गीतक मर्म बुझबाक रीति, ओकर अर्थप्रकाशनक पद्धति कैँ प्रदर्शित कए, ओहि गीत सबहिक समुचित रसास्वादन मे सहायक सिद्ध होएत। खेद अछि जे विस्तारक भय सँ बहुत विषय सूत्ररूपैँ इङ्गितमात्र कए देल अछि, पारिभाषिक शब्दक प्रयोग कए वक्तव्य संक्षिप्त करए पड़ल, ओ, तेँ सम्भव थिक जे ई विशेष संस्कृताह बूझि पड़ए। परन्तु एहि साहित्यक मर्म बुझबाक हेतु ताहि बिनु उपाय नहि, मुदा संस्कृत साहित्य-शास्त्रक मौलिक सिद्धान्त सँ जे जन अवगत छथि तनिका हेतु ई कोनो कठिन नहि प्रतीत होएतैन्हि, विशेषतः ईशनाथ झाक कएल गोविन्ददासक गीतक टिप्पणी जे अपेक्षया विस्तृत अछि, विशेष स्फुट अछि। तथापि एकर साफल्य सुधी-समाजक विवेक पर अवलम्बित अछि। हुनका लोकनि सँ हमर एकेटा अनुरोध जे मधुलिह इव मधुविन्दून् विरलानपि भजत गुणलेशान्।"

एकर प्रकाशनक भार सेहो मुख्यतः श्री दुर्गानाथहिक उद्योग सँ निबहल।

हुनकहि उत्साह, कार्यशीलता ओ तत्परता सँ हमर कनिष्ठ भ्राता श्री रविनाथ झा एम. ए. सहकारिताक आधार पर एकगोट प्रकाशन-संस्थाक योजना कएल अछि, अनन्त प्रकाशन, तथा ओही संस्थाक द्वारा ई संग्रह, प्रथम कृति, प्रकाशित भेल अछि। यदि मैथिलीक प्रेमी जनता एहि संग्रहक उचित सम्मान कएलक तँ एहि अनन्त प्रकाशन कें विशेष उत्साह होएतैक ओ आशा कएल जाए सकैत अछि जे भविष्य मे एहि द्वारा मैथिलीक आओरो सत्साहित्यक प्रकाशन हो।

प्रथम बेरिक छपल पोथी समाप्त भेलाक पर एकर पुनर्मुद्रण होइत अछि। एहि मे पूर्वक अशुद्ध छपल अंशक सुधार भेल अछि मुदा कतोक आन त्रुटि रहि गेल। एकटा गीत नव जोड़ल अछि। आओर कोनो परिवर्त्तन नहि कएल अछि।

आशा अछि इहो पूर्ववत्, लोक कें पसिन्द होएतैन्ह। इति–

(भूमिका, प्राचीन-गीत, तिला संक्रान्ति, शाके 1889)

विद्यापति ठाकुर

विद्यापति ओइनिवार महाराज-लोकनिक दरबार मे राजपण्डित छलाह। बिसपी गामक दानपत्र मे हुनका 'अभिनव जयदेव' कहल अछि तथा ओ 'कविकण्ठहार' कहाबथि। एही दूहू उपाधि सँ हुनक कवित्वक आदर्श ओ कृतित्वक साफल्य सूचित होइत अछि। हुनक काव्य-प्रतिभाक विश्लेषण कएला सँ अवगत होएत जे–

(1) विद्यापति जन-साहित्यक निर्माण कएल, मानव-हृदयक मूलभूत वासना केँ, नैसर्गिक भाव ओ भावावेश केँ अत्यन्त सूक्ष्मता सँ यथावत् चित्रण कएल।

(2) रागतालयाश्रित कोमलकान्त पदावलीक रचना कएल जाहि मे प्रसाद, लालित्य ओ माधुर्य उपर्युपरि अछि।

(3) संस्कृत-काव्यक रीतिक भाषा-साहित्य मे अत्यन्त मनोहर अथच सफल प्रयोग कएल।

विद्यापतिक भाषा-गीतक वर्गीकरण एहि रूपेँ कए सकैत छी–

(1) शृङ्गारक गीत जाहि मे

(अ) कृष्णक गोपी लोकनिक सङ्ग, विशेषतः राधाक सङ्ग, प्रणय-लीलाक वर्णन अछि, तथा–

(आ) नर ओ नारीक सहज आकर्षणमूलक प्रेम ओ विलासक विविध भाव ओ अवस्थाक स्वाभाविक चित्रण अछि।

(2) भक्तिक गीत जाहि मे–

(अ) शिव-विषयक नचारी सुप्रसिद्ध अछि।

(आ) शक्ति, गङ्गा, ओ विष्णुक स्तुति अछि; ओ

(इ) शान्तिक पद अछि।

(3) व्यवहारक गीत जाहि मे–

(अ) भिन्न-भिन्न समयक अनुकूल गीत अछि तथा फागु, चैत, बरहमासा, पावस इत्यादि।

(आ) भिन्न-भिन्न अवसरक उपयुक्त गीत अछि यथा योग, उचिती, कुमार, कोवर इत्यादि।

(4) कूटक गीत अछि जकर साहित्यिक महत्त्व अत्यल्प अछि, केवल विनोदक सामग्री थिक।

विद्यापतिक प्रतिभा जहिना बाह्य जगतक सौन्दर्यक चित्रण मे निखरैत अछि तहिना अन्तर्जगतहुक चित्रण मे। प्रायः सर्वत्र वाच्यार्थ सँ व्यंग्यार्थ विशेष रमणीय अछि। अलङ्कारक सन्निवेश अत्यन्त स्वाभाविक अछि, कृत्रिमताक भान नहि होइत अछि, उत्प्रेक्षाक प्रयोग मे विद्यापति बेजोड़ छथि। सम्भोगक वर्णन मे जँ भावोल्लास प्रचुर अछि तँ वियोगक वर्णन मे भावगाम्भीर्य। प्रकृतिक वर्णन विशेषतः ऋतुवर्णन साधारणतया उद्दीपनक रूप मे अछि, केवल वसन्तक वर्णन आलम्बनक रूप मे सेहो अछि जाहिमे ऋतुक मानवीकरण अत्यन्त आह्लादजनक प्रतीत होइत अछि। भक्तिक गीतमे रौद्र, भयानक, हास्य ओ शान्त रसक बड़ मनोरम सन्निवेश अछि। नचारीमे शिवक रौद्र रूप, दैन्य दशा आदि सब किछु लौकिक दृष्टिएँ वर्णित अछि जकरा जनैत, बुझैत, ओ देखैत गौरीक ओहीशिवक हेतु तपस्या हुनक अलौकिकता एवं आदर्श सतीत्व द्योतित करैत अछि। वस्तुतः कालिदास जे कथा कुमारसम्भव मे बटुरूप धएने स्वयं शिवक मुह सँ गौरीक स्थिरता जँचबाक हेतु कहबओने छथि तकरहि विद्यापति अपन शत-शत नचारी मे विभिन्न भङ्गिमा सँ भिन्न-भिन्न रसक पुट दए दए कहने छथि आ तहिआ सँ तँ ओकर परिपाटिए चलि गेल जकर दृष्टान्त पुनः चन्दाझाक शत शत नचारी मे भेटैत अछि। विद्यापतिक व्यवहारक गीतक एखन धरि ने प्रामाणिक संग्रह भेल अछि ने ओकर अध्ययने, परन्तु जे किछु प्रामाणिक सामग्री उपलब्ध भेल अछि ताहि सँ ओकर विलक्षणता स्फुट अछि।

विद्यापतिक कविताक छन्द तत्तत् रागहि कैं बुझबाक थिक से लोचन अपन रागतरङ्गिणी मे कहि गेल छथि। अतएव विद्यापतिक छन्दो-विन्यासक अध्ययनक हेतु विद्यापतिक गीतक रागक अध्ययन अनिवार्य अछि ओ ताहि निमित्त एकर ऐतिहासिक पर्यालोचना सेहो आवश्यक। एहि दिशि एखन सबटा कार्य पड़ले अछि।

विद्यापतिक गीतक भाषा ताहि समय मे मिथिलादेश मे बाजल जाइत 'भाषा,' यथार्थतः 'देसिल बयना' थिक से कीर्त्तिलताक भाषाक सङ्ग तथा अबहट्ट गीतक भाषाक सङ्ग ओकर तुलना कएला सँ स्पष्ट भए जाइत अछि। अबहट्ट 'देसिल बयना' थिक परन्तु विद्यापति सँ पूर्वक युगक, वर्णरत्नाकरहु सँ पूर्वक युगक, मिथिला देशक ओ 'बयना' जे तावत् धरि साहित्यिक अभिव्यक्तिक माध्यम प्रतिष्ठित भए गेल छल। प्राकृत पिङ्गलहु मे एही रूपक भाषाक दृष्टान्त भेटैत अछि। जन-भाषा कैं प्रथमहिँ विद्यापति साहित्यक गौरव प्रदान कएल। तथापि विद्यापतिकैं जखन गम्भीर विषय पर गीत रचबाक भेल, जनताक हेतु नहि किन्तु सुसंस्कृत समाजक हेतु, तँ ओ अबहट्टहि मे लिखल।

विद्यापतिक भाषाक दू गोट स्तर गीतहु मे लक्षित होइत अछि, एक ग्रामीण, दोसर नागर। प्रथम कतोक नचारीमे ओ अन्यो हास्यरसक गीत मे भेटत।

विद्यापतिक भाषा प्रसाद-गुण सँ ओतप्रोत अछि। जे कठिनता भेटैत अछि से बहुधा लेखकक प्रमादेँ, अशुद्धिजन्य आ प्राचीनताक कारणेँ सेहो कतोक शब्द लुप्त भए गेल आ कतोक शब्दक अर्थ बदलि गेल अछि, कतोक वाक्य संघटनाक रीति बदलि गेल अछि, व्याकरणक नियम बदलि गेल अछि।

विद्यापतिक गीत मुक्तकक उत्कृष्ट दृष्टान्त थिक। ओना तँ रसक सम्यक् परिपाकक हेतु विभाव, अनुभाव ओ सञ्चारी भावक संयोग आवश्यक ओ से सब सम्भव होइत छैक प्रबन्धकाव्य मे अथवा नाटकमे जाहि मे विभावादि-योजनाक प्रक्रियाडम्बरक अवकाश रहैत अछि। मुक्तकक छोट ओ सीमित परिधि मे से आडम्बर सर्वथा सम्भव नहि होइत अछि। विद्यापतिक कतोक गीत मे केवल नायिकाक स्वरूप-वर्णन अछि, कतोक मे कोनहु उद्दीपन मात्रक विन्यास अछि, कोनहु मे संचारी भाव मात्रक चित्रण अछि। परन्तु ई कविक चमत्कार थिक, ओ से चमत्कार प्रायः प्रत्येक नीक मुक्तक मे रहैत अछि, जे ओहि मे रस योजनाक पृथक्-पृथक् तत्त्व ततेक शक्तिशाली रहैत अछि जे एक तत्त्व सँ अन्यान्य तत्त्वक समाक्षेप भए जाइत अछि ओ रसक आप्लावन आरम्भ भए जाइत अछि। जे कथा आचार्य आनन्दवर्धन अपन ध्वन्यालोक मे, अमरुकक मुक्तकक प्रसङ्गमे कहि सकैत छी सएह विद्यापतिहुक गीतक प्रसङ्ग मे कहने छथि जे अमरुकस्य कवेर्मुक्तकाः शृङ्गाररसस्यन्दिनः प्रबन्धायमाना प्रसिद्धा एव" अर्थात् एहि मुक्तक सबहु सँ शृंगारमन्दाकिनी ओहिना स्पन्दित होइत अछि जेना प्रबन्धकाव्यसँ मुदा तैओ विद्यापतिक गीतक यदि शास्त्रीय विवेचना कएल जाएत तँ प्रतीत होएत जे ओहि मे बहुधा स्थायी-भाव रसक स्थिति धरि नहि पहुँचैत अछि, बहुत ठाम ओ भावहिक स्थिति मे रहि जाइत अछि ओ भावोदय, भावसन्धि इत्यादिक दृष्टान्त जेहन सुन्दर जकाँ विद्यापतिक गीत मे भेटत वा तज्जातीय अन्यहु मुक्तक मे भेटत तेहन तकलहुँ उत्तर विरल। इएह कारण भेल जे मैथिलीक कविलोकनि मुक्तक लीखि ओकरा नाटक मे सन्निविष्ट कएल करथि, कारण, तखन ओ मुक्तक स्वतन्त्ररूपें रसस्यन्दो नहिओ हो तँ नाटकक मध्यवर्ती भेला सँ रसयोजनाक सकल तत्त्वक विन्यास सँ रसक आप्लावन कए सकए।

ओना तँ विद्यापतिक रचनाक आदर्श जयदेवक गीतगोविन्द छलैन्हि मुदा गीतगोविन्दक गीतक सङ्ग विद्यापतिक गीतक तुलना कएला सँ स्पष्ट प्रतीत होएत जे जयदेवक गीत मे भावक चित्रण सँ नायकक महिमा द्योतित होइत अछि, नायकक चरित्रगत उत्कर्ष प्रदर्शित होइत अछि मुदा विद्यापतिक गीत मे प्रायः सबटा भावक चित्रण नायिकाक वर्णनात्मक अछि, ओहि सँ नारीक उत्कर्ष प्रकट होइत अछि। विद्यापतिक गीत मे तें नारीक विविध मनोभावक अपूर्व चित्रण भेटत। स्वयं विद्यापति कहने छथि, नारि मनोरथ अभिमत शत शत सहस निरूप।"

ओ प्रकृतिक चित्रणक सङ्ग मानवक मनोभावक सामञ्जस्य विद्यापतिक

काव्य-शिल्पक विलक्षणता थिक ओ ई गुण संस्कृत-काव्यहु मे भेटत परञ्च विद्यापति ओकरा भाषा-काव्य मे ताहि रूपेँ अङ्कित कएल जे मैथिली-काव्य मे ओ काव्य-कलाक एक गोट अभिन्न अङ्ग भए गेल।

विद्यापतिक गीतक संग्रह थोड़ मे करब बड़ कठिन अछि। हजार सँ अधिक गीत सँ एक सए मात्र बीछब सुगम नहि अछि कारण जे बहुतो गीत उत्तम काव्य अछि। हम ई संग्रह अपना रुचिएँ कएल अछि तथा उत्कट शृङ्गारक गीत नहि बीछल। तथापि अनेकानेक उत्तम गीत छूटि गेल।

गीत जाहि संग्रह सँ लेल अछि तकर निर्देश नीचा मे कए देल अछि।

(प्राचीन-गीत, पुनर्मुद्रण, 1968)

विद्यापतिक अनुसरण

ओना तँ विद्यापितक काव्य-प्रतिभा, भाषा-लालित्य एवं रचना-कौशल ततेक चमत्कारक छल जे हुनक प्रतिभाक प्रखर रश्मि मे आन कविलोकनिक कृति दिनुक तारा जकाँ क्रमशः विलीन होइत गेल, परन्तु विद्यापतिक नवीन शिल्प-शैली ततेक लोकप्रिय भेल जे तहिआ सँ अद्यपर्यन्त कोनहु समय मे हुनक अनुसरण नहि होइत रहल अछि से नहि कहि सकैत छी। शङ्करमिश्रक सदृश नैयायिक चिन्तक समेत तर्काभ्यास-मरिश्रान्तश्रान्तिविश्रान्ति" हेतुएँ मुक्तक काव्यक रचना करैत छलाह जकर संग्रह हुनक असाधारण काव्यप्रतिभाक परिचायक उपलब्ध अछि। परन्तु कवि होइत अछि यशक लोभी ओ संस्कृतक काव्य बुझनिहारक संख्या दिनानुदिन ह्रासोन्मुख एवं भाषा-काव्यक प्रचार क्रमशः वृद्धयुन्मुख होइत गेल, तें बड़को बड़को पण्डित भाषा-गीतक रचना कए कए केवल स्वान्तः सुख मात्रेटा लाभ नहि करए लगलाह प्रत्युत कवि-यशक सेहो लाभ कएल। दोसर, मिथिलाक जन-जीवन सङ्गीतमय छल ओ व्यवहारहुक हेतु गीतक रचना होइत रहब आवश्यक रहल अछि। तेँ रसमज्जरीकार भानुदत्त अथवा वर्षाकृत्यकार रुद्रधर पर्यन्त गीत रचल; आओर की विष्णुपुरीक सदृश संन्यासी सेहो बाँकी नहि रहलाह। हमर तँ धारणा अछि जे विद्यापतिक परवर्ती युग मे समस्त मिथिला विद्यापतिक ओ हुनके शैली पर अन्यान्य कविगण द्वारा रचित गीत सँ मुखरित भए उठल।

विद्यापति तँ संस्कृत साहित्य-शास्त्रक रीतिक अनुसार भाषा मे मुक्तक काव्यक रचना कएल ओ से कएल ओ रागक आधार पर। हुनक जे गीत अधिक मर्मस्पर्शी भेल, रोचक भेल, लोकप्रिय भेल तकर अनुकरण विशेष रूप सँ होअए लागल। पश्चात् ओ एक स्वतन्त्र जातिक गीत भए गेल। यथा विद्यापतिक अनेक गीत मे खण्डिता नायिकाक प्रसादन अछि। ओ सब विशेष लोकप्रिय भेल ओ तज्जातीय गीत पछाति 'मान' कहाए प्रसिद्ध भए गेल ओ शतशः मानक गीत मैथिली मे लिखल गेल अछि। एहिना विद्यापतिक गीत जे समष्टि रूपेँ 'तिरहुति' नामेँ विख्यात भेल क्रमशः भिन्न-भिन्न विषय ओ भासक भेद सँ भिन्न-भिन्न नामेँ परिगणित होअए लागल ओ एना बटगमनी, मान, उचिती, योग, सोहर, फागु, मलार,

चौमासा, चैत, लगनी, गोआलरी इत्यादि गीतक विकास भेल। एहि सबक 'भास' अपन-अपन भिन्न, बहुधा ओही भास पर सब रचित जाहि भास पर विद्यापति अपन लोकप्रिय गीत रचल। एकहु जातिक गीत यदि विद्यापति एक सँ अधिक भासक रचल तथा ओ प्रचार मे आएल तँ ओहि जातिक ओतेक भासक गीत चलि गेल। एहि रूपेँ भासक भेद मैथिली गीत-साहित्यक प्रधान विलक्षणता अछि जकर आदि हमरा लोकनि केँ प्रायः सबठाम विद्यापतिक गीत मे भेटत।

ओ ई कथा भासहिक विषय मे कहब से नहि। विषय, भाव, भाषा, शैली—जाही दृष्टि सँ विचार करब विद्यापतिक रचनाक प्रभाव उन्नैसम शताब्दीक अन्त धरि ओहिना भेटत ओ एखनहु जे केओ पुरान चालिक गीत रचैत छथि बहुधा विद्यापतिक अनुकरण करैत छथि। दृष्टान्त मे, ओही भासक गीत केँ देखी तँ प्रतीत होएत जे विद्यापति अपना भासक गीत मे कए ठाम रात्रिशेषक वर्णन कएल अछि, भरि राति मानिनीक प्रसादन कए थाकि नायक अरुणोदयक समय निराश भए अपन मनोभाव व्यक्त कएल अछि। विद्यापतिक एहि जातिक गीत मे आनहु कालक वर्णन अछि परञ्च जतेक मर्मस्पर्शी ई भोरुक गीत अछि तेहन आन नहि भेल ओ तेँ विद्यापतिक परवर्ती कविलोकनि भोरुक समय मानापनोदनक समय मानि गीत रचल। अतएव मानक गीत प्रभात-वर्णन गीत भए गेल, मानक गीतक भास प्रभातीक भए गेल। विद्यापतिक अनुकरणक ई परम्परा एतेक दृढ़ भए गेल जे हुनक परवर्ती कविलोकनिक रचना मे भनिताक पद मात्र द्योतित करैत अछि जे ई गीत अमुकक रचल थिक, भनिता जँ हटाए दिऐक तँ ई कहब बहुधा असम्भव भए जाएत जे कोन गीत ककर थिक। तेँ अनेक गीत मे लोक प्रमादवशतः अन्त मे भनइ विद्यापति जोड़ि देल करैत आएल अछि ओ बहुधा ई कहब कठिन अछि जे विद्यापतिक कहाए जे गीत प्रसिद्ध अछि से हुनके थिक वा कोनहु अन्य कविक। विद्यापतिक कोनहु गीतक संग्रहमे एहि रूपेँ अन्यान्य कविक रचना अवश्ये सन्निविष्ट अछि ओ बहुधा ओकरा चीन्हब कठिन अछि।

उन्नैसम शताब्दीक अन्त धरि इएह स्थिति रहल। मध्य-मध्य मे मैथिली कविताक कए गोट स्रोत अवश्य नव प्रवाहित भेल ओ तकरा सबहिक चर्चा क्रमशः आगाँ अछि, परन्तु मुख्य स्रोत छल ओएह जे विद्यापति प्रवाहित कएल। ओहि स्रोतक आंशिक उपादेयता तँ एखनहु व्यवहारक हेतु छैके ओ तेँ ओ स्रोत सुखाएल नहि अछि परन्तु कवीश्वर जे नवीनता आनल ओ भुवनजी जकरा प्रतिष्ठित कएल ताहि सँ विद्यापतिक सम्प्रदाय गौण भए गेल अछि।

परन्तु विद्यापतिक अनुसरण-कर्त्ता लोकनिक कृति बहुधा लुप्त भए गेल अछि अथवा लुप्त भए रहल अछि। किछु दिन पूर्व धरि प्रायः प्रत्येक प्रतिष्ठित शिक्षित परिवार मे गीतक पोथी रहैत छल जाहि सँ ललना लोकनि गीत सिखैत छलीह ओ नव गीत जोड़ल जाइत रहैत छल। से पोथी सब आब क्रमशः लुप्त भेल जाइत अछि।

केवल रागतरंगिणी मे, नेपालक तालपत्रक पोथी मे जे विद्यापतिक गीतक संग्रह अछि ताहि मे, ओ रामभद्रपुरहुक पोथी मे थोड़ेक गीत उपलब्ध अछि जे अठारहम शताब्दी सँ पूर्वक थिक। थोड़ेक गीत कवीश्वर चन्दा झाक पोथी सबमे सेहो अछि ओ एकैस गोट गीत ग्रिअरसन 1884क एसिआटिक सोसाइटीक जर्नल मे प्रकाशित करओने छथि। एकरो सबहिक पाठ बहुधा भ्रष्ट अछि, पण्डित वा बुझनुक व्यक्तिक लिखल तँ गीत प्रायः नहिए भेटैत अछि जकर पाठ परिशुद्ध हो। ई दोष विद्यापतिहुक गीत मे अछिए। एक तँ लोकक कण्ठ सँ गीत लिखल गेल। दोसर, लिखनिहार बहुधा मर्म-ज्ञाता नहि। तेँ प्रथम प्रमादक सन्देह ओतहि जे गीत शुद्ध ओ जनैत छलाह वा नहि, दोसर प्रमाद लेखकक, तेसर प्रमाद ओहि व्यक्तिक जे पूर्वक लिखल गीत केँ पढ़लैन्हि। तेँ पाठक झंझटि बहुतो गीतमे अछि। तथापि एतए यत्न कएल गेल अछि जे ओहने गीत संगृहीत करी जाहिमे से झंझटि नहि हो यद्यपि दू-चारि ठाम तैओ तेहन पाठ अछिए जकर अर्थ स्पष्ट नहि होइत अछि। सबटा गीत तँ एतए नहिए देल अछि, ओतबे देल अछि जाहि मे काव्यगत वा भास-गत वैशिष्ट्य हो। ई केवल ओहि परम्परा केँ स्फुट करैत अछि जकरा 'विद्यापतिक सम्प्रदाय' कहि सकैत छी।

एहि चारि-पाँच सए वर्ष मे सहस्रो गीत लिखल गेल होएत, शतशः कवि लिखने होएताह। उपलब्ध अछि परिगणिते। बहुतो तँ तत्तत् गीतक जननिहारक सङ्गे चल गेल। बहुतो एखनहु संग्रह सब मे यत्र-तत्र हो से सम्भव। कवि लोकनि सेहो बहुधा अनचिन्हार छथि। केवल गीतक भनिता सँ की परिचय भेटत? तथापि जनिका प्रसङ्ग जे किछु ज्ञात अछि वा अनुमान कए सकैत छी से सब कथा परिशिष्ट मे देब। तेँ एतए जे क्रम अछि तकरहु कालक अनुसार नहि बुझब। वस्तुतः क्रम मे किछु नियामक नहि अछि। जखन कविक परिचय उपलब्ध नहि अछि तखन हुनक कालक अनुमानो कोन आधार पर कए सकब? एहि सँ केवल एतबेटा स्पष्ट होएत जे विद्यापतिक रचना-शैलीक अनुसरण करैत जे कविलोकनि मैथिलीमे गीत रचैत गेलाह से कोन रूपक छल ओ विद्यापतिक गीतक सङ्ग तुलना कए बूझि सकैत छी जे ई अनुसरण कतेक दूर धरि विशुद्ध अनुकरण छल।

गोविन्ददास झा

विद्यापतिक परवर्त्ती मैथिलीक कवि-लोकनि मे सब सँ विशिष्ट स्थान छैन्हि गोविन्ददासझाक। हुनक रचना विद्यापतिहिक जकाँ प्रचुर छैन्हि ओ विद्यापति केँ अपन काव्य-गुरु मानितहुँ ओ विद्यापतिक अन्ध अनुकरण नहि कएलैन्हि प्रत्युत मैथिली गीत-काव्य मे कतोक नवीनता अनलैन्हि जाहि कारणेँ हुनक व्यक्तित्व स्फुट छैन्हि, हुनक गीत आन कोनहु कविक गीत मे मिझरएबाक योग्य नहि छैन्हि। मिथिला मे हिनक गीत लोकप्रिय नहि भेल परन्तु बङ्गाल मे हिनक प्रचार ओ प्रतिष्ठा विद्यापति ओ चण्डीदासहिक सदृश छैन्हि।

गोविन्ददास अपन काव्य-गुरु विद्यापति केँ मानल ओ रचना कएल ओहो विद्यापतिक अनुसरण करैत, जनभाषा मे-रागताललयाश्रित गीत मे, परन्तु विद्यापति जकाँ ने ई विविध विषयक रचना कएल ने शृङ्गारहुक काव्यमे विशुद्ध शृङ्गाररसक परिपुष्टि कएल। हिनक कविताक विषय थिकाह राधा ओ कृष्ण ओ राधा-कृष्णक प्रणय-लीला अथवा ई कहू जे बृन्दावन ओ गोकुल मे गोपी सबहिक सङ्ग कृष्णक प्रेम-लीला जाहि मे सब सँ विशिष्ट स्थान छैन्हि राधा केँ। सामग्री सबटा शृङ्गारक अछि परन्तु अपना केँ एहि अलौकिक प्रणय-लीलाक साक्षी मानि गोविन्ददास अपन भक्त हृदयक परिचय दैत छथि, अपना केँ भगवच्चरणारविन्द 'नखमणिनिछनि' कहि अपन कविताक लक्ष्य जनाए दैत छथि। अतएव हिनक कविता मे जे रस अछि तकरा ने शुद्ध शृङ्गार कहि सकैत छी ने भक्ति। तहिँ अमरनाथ बाबू हिनक गीतावलीक नामकरण कएल शृङ्गार-भजन। चैतन्यदेवक वैष्णव सम्प्रदाय मे एहि भक्ति केँ मधुर-भाव कहल जाइत अछि ओ तेँ गोविन्ददासक काव्य मे रस मानैत छी बङ्गालक वैष्णव-सम्प्रदायक प्रशस्त मधुररस।

गोवन्ददासक काव्य सर्वथा उत्तम काव्य अछि। रसक परिपाक, ध्वनिक प्राचुर्य, व्यंग्यक प्रधानता, अलङ्कारक विन्यास ओ ताहि सङ्ग सङ्ग पदक लालित्य एवं श्रुतिमाधुर्य हिनक काव्यमे अपरिमेय अछि किन्तु प्रसाद गुणक सर्वथा अभाव हिनक गीतक अर्थ केँ दुरूह बनऔने अछि। तेँ स्पष्ट प्रतीत होइत अछि जे प्रतिभा हिनका मे अद्‌भुत छल, कल्पना-शक्ति हिनक अत्यन्त सूक्ष्म परन्तु अतिशय प्रौढ़ ओ दृढ़

छल, साहित्य-शास्त्र एवं वैष्णव-काव्य यथा-भागवत, हिनका हृदयङ्गम छल— एक शब्द मे कहि सकैत छी जे हिनका मे पाण्डित्य पूर्ण छल परन्तु भाव कैँ व्यक्त करबाक हेतु सुबोध शब्दक सहज प्रवाह जे अभ्यास सँ लभ्य थिक तकर हिनका मे जेना अभाव छल। हिनक गीतक अर्थ लगएबा मे बड़ आयास लगैत छैक। रूपक-योजना मे ई बेजोड़ छथि।

गोविन्ददासक समय हमरा हिसाबेँ 1580 ई. सँ 1640 ई. धरि छल। एहि युग मे नवद्वीप नव्यन्यायक व्यवसायक हेतु सर्व प्रसिद्ध छल ओ चैतन्य-महाप्रभुक अनुयायी लोकनिक कीर्त्तन-ध्वनि सँ मुखरित छल। गोविन्ददास न्यायशास्त्रक परिष्कारक हेतु नवद्वीप गेलाह आ ओतए कीर्त्तनक हेतु विद्यापतिक भाषा मे पदक रचना कएल ई हमर अनुमान थिक। से मानलासँ गोविन्ददासक रचना मे वैष्णव-कविक सदृश मधुर-रसक समावेश, श्रुतिमाधुर्य आदि गेयधर्मिताक प्रधानता एवं नैयायिकक तीक्ष्ण अथवा कठोर कल्पना-शक्ति एवं शास्त्रीय पाण्डित्य सब कथूक समाधान भए जाइत अछि। तहिँ गोविन्ददासक कविताक प्रचार बङ्गाल मे विशेष भेल, मिथिला मे नहि भेल। मिथिला मे भक्तिक गीतक स्वरूप आन रङ्गक छल तथा गोविन्ददासक अनुसरण केओ नहि कएल। विद्यापतिक अनुसरण करितहुँ गोविन्ददास अपन गीत मे एक गोट नवीन भावधारा प्रवाहित कएल जे मिथिलाक हेतु अभिनव छल, मुदा बङ्गालक वैष्णव-सम्प्रदायक अनुकूल छल ओ गोविन्ददासक गीत मे भागवत एवं आनो वैष्णव-साहित्य यथा उज्वल-नीलमणि, विदग्ध माघव आदिक छाया स्पष्ट देखबा मे अबैत अछि। एहि प्रसङ्ग अपन विचार, युक्ति ओ प्रमाणक सङ्ग हम अपन प्रबन्ध मे विशद रूपेँ उपस्थित कएने छी जे हमर प्रबन्ध संग्रह मे द्रष्टव्य।

विद्यापतिक अनुसरण कए बङ्गालक वैष्णव-गीत-काव्य अपूर्व श्रीवृद्धि प्राप्त कएल ओ विद्यापतिक भाषाक अनुकरण सँ ब्रजबूलीक सृष्टि भेल जे बङ्गाल-वैष्णव-सम्प्रदायक गीतक भाषा भए गेल। परन्तु गोविन्ददासक भाषा अन्यान्य बङ्गाल-वैष्णव-कविलोकनिक गीतक भाषा जकाँ विद्यापतिक गीतक भाषाक अनुकरण नहि थिक प्रत्युत ओएह थिक। दोसर, बङ्गालक वैष्णव-कविलोकनि महाप्रभु चैतन्यहुक वर्णन एवं स्तुति कएने छथि। गोविन्ददास से नहि कएल, ओ कृष्णलीला छोड़ि आन वस्तुक वर्णन नहि कएल, राधा एवं कृष्ण छोड़ि आनक ने रूप-वर्णन कएल अछि ने वन्दना। एतबा भेद हिनका चैतन्यक अन्य अनुयायी कवि सँ स्पष्ट अछि। तेँ हिनका बङ्गाली कवि नहि कहि सकैत छी। छलाह ई मैथिल, लिखल मिथिला-भाषा मे, आदर्श छलथिन्ह हिनका विद्यापति, परन्तु लिखल ई चैतन्यक सम्प्रदायक अनुकूल भाव-धारा कैँ लए; नवद्वीपक वैष्णव-समाजक हेतु, कीर्त्तनक पद।

नाटकक गीत

मिथिला मे संस्कृत ओ प्राकृत मे लिखल नाटक मे मिथिला-भाषाक गीत देबाक चालि बड़ पुरान अछि। वस्तुतः एहिठाम एना त्रैभाषिक नाटकक परम्परा अत्यन्त प्राचीन थिक जे प्रायः भारतहिक कोन कथा, कोनहु देश मे नहि भेटत। बहुत दिन धरि एहि रूपक नाटकक प्रथम लेखक पारिजात हरण-कर्त्ता उमापति बुझल जाइत छलाह परन्तु गोरक्ष-विजय नाटक उपलब्ध भेलाक पर ओ अभिनव-जयदेव विद्यापतिक कृति सिद्ध भेल ओ तहिआसँ एहि त्रैभाषिक नाटकक परम्परा तीनि सए वर्ष आओर प्राचीन प्रमाणित भए गेल। एमहर धूर्त्त-समागमहुक एक गोट प्रति प्राप्त भेल अछि जाहि मे मिथिला-भाषाक गीत अछि। यदि ई गीत सब धूर्त्त-समागमक रचयिता ज्योतिरीश्वरक रचना थिक तखन तँ ओ परम्परा एक सए वर्ष आओर पूर्व चल जाइत अछि, ओकर आरम्भ चौदहम शताब्दीक प्रथम चरण मानए पड़त, वर्णरत्नाकरहु सँ पूर्व। परन्तु धूर्त्तसमागमक ई गीत सब धूर्त्त-समागमकार ज्योतिरीश्वरहिक रचित थिक से ओना निश्चित रूपेँ प्रमाणित नहि भेल अछि जेना गोरक्षविजयक गीत अभिनव जयदेवक, परन्तु एहि अभिनव प्रयोगक आरम्भ यदि विद्यापति सएह कएल तथापि ई बड़ प्राचीन भेल ओ जेना भाषा मे गीतक रचना कए विद्यापति भारतीय भाषा-साहित्यमे एक गोट नव युग आनल, तहिना भाषा-नाटकहुक क्षेत्र मे विद्यापतिक कृति भारतीय भाषा-साहित्यक हेतु एक गोट सर्वथा अभिनव वस्तु भेल। ओ विद्यापतिक समय सँ एहि त्रैभाषिक नाटकक परम्परासँ जेना अविच्छिन्न रूपेँ चल अबैत अछि। आब तँ हम कहि सकैत छी जे शिवसिंहक अमात्य अमृतकर भैरवसिंहक समय धरि 'सागरिका ओ वत्सराज' क प्रेम-प्रसङ्ग लए ओ मोरंग-महीपति जगनारायणक आश्रित कवि भीषम 'उर्वशी ओ पुरूरवा'क प्रेम-प्रसङ्ग लए नाटकक रचना कएने छलाह जे नाटक तँ उपलब्ध नहि भेल अछि परन्तु ओकर गीत सब प्रसिद्ध अछि। ताहि दिन एहि नाटक सबहिक अभिनय कोना होइत छल से तँ एखन पर्यन्त हमरा निश्चित नहि भए सकल अछि परन्तु 1700 ई. क प्रांत मे किरतनिञा नाचक प्रचार भेला उत्तर एहि प्रकारक नाटक सबहिक गीत-नृत्य ओ सब करैत छल से निश्चय ओ तकरा पश्चातक बहुतो नाटक एही दृष्टि सँ रचित भेल जकर महत्त्व

ओकर नाटकीयतामे ओतेक नहि अछि जतेक ओकर गीत सबहि मे जकर नृत्य-अभिनय किरतनिञा करैत छल।

संसकृत नाटक मे भाषाक गीत कोना आएल से कहब एखन आब कठिन अछि। नाटकमे संङ्गीत सब समय मे सब देश मे देखैत छी ओ संस्कृतक पुरान नाटक मे से श्लोकसँ सिद्ध होइत छल। मिथिला मे सङ्गीतक विकास पूर्वहुँ छल परन्तु कार्णाट लोकनिक छत्रच्छाया मे ओकर बड़ अभ्युन्नति भेलैक। तथा श्लोक सँ जे संङ्गीतक प्रयोजन सिद्ध होइत छल ताहि सँ नवीन, ताहि सँ विशेष हृदयग्राही सङ्गीत भाषागीतक द्वारा उपलभ्य भए गेलैक। श्लोक पुरान भए गेल। ओही कारणेँ विद्यापति भाषा मे गीत रचल तथा ओ एतेक लोकप्रिय भेल। तँहि प्रायः नाटक मे सङ्गीतक निवेश विद्यापति केवल संस्कृतक श्लोकक द्वारा नहि कए भाषा-गीतक द्वारा कएल, कारण, भाषागीत ओहुना लोकप्रिय छल तथा नाटक सँ पृथको लोक केँ रुचिकर छलैक।

एहि प्रसङ्ग इहो स्मरण रहए जे मिथिला-भाषाक गीत मुक्तक काव्य छल ओ एखनहु अछि। लोक-भाषा मे मुक्तक-काव्यक परिपाटी बड़ प्राचीन काल सँ अछि ओ प्राकृत एवं अपभ्रंश मे मुक्तक-काव्यक परम्परा बड़ सुदृढ़ छल। एहि मुक्तकक प्रसङ्ग किछु चर्चा हम विद्यापतिक गीतक सम्बन्ध मे कएने छी। मुक्तक मे रसक परिपाक ओतेक सुगम नहि छैक, कारण, रसक अवबोध व्यञ्जना-वृत्तिसँ मानल गेल अछि ओ व्यञ्जना-वृत्तिक हेतु वक्ता एवं बोधव्यक सङ्ग-सङ्ग प्रसङ्ग वा प्रकरण सेहो कहल गेल छैक। प्रसङ्ग वा प्रकरणक बोध मुक्तक मे कठिन होइत छैक। प्रबन्ध-काव्य मे अथवा नाटक मे से सुलभ छैक। तेँ कोनहु गीतक आशय वा चमत्कार ओकरा मुक्तक मानि बुझला सँ विशेष प्रभावशाली होइत छैक ओकरा प्रकरणक मध्य मे राखि। तेँ हम बुझैत छी जे अपन गीतक चमत्कार देखएबाक हेतु कवि-लोकनि गीत के मुक्तकक स्वरूप नहि दए ओकरा नाटक मे लिखए लगलाह जाहि सँ ओकर वक्ता, बोद्धा ओ प्रकरण विशेष स्फुट होअए ओ तखन ओकर तात्पर्यक बोध सुलभ हो। नाटकक कोनहु गीत केँ मुक्तक जकाँ पढ़ि जतबा आनन्द होएत ताहि सँ बेसी ओकरा नाटकक प्रकरण मे पढ़ला सँ। अतएव हमर धारणा अछि जे पूर्व मे जे हो पश्चात् आबि मुक्तक-गीत केँ नाटकक मध्य मे रखबाक इएह प्रधान कारण भेल। तँहि विद्यापतिक गीत जे गोरक्षविजय मे अछि से मुक्तक जकाँ नहि चलल परन्तु उमापति अथवा नन्दीपतिक गीत सब जे लोकप्रिय भेल से प्रायः सबटा नाटकहिक थिक। हम तँ एतेक धरि मानैत छी ई गीत सब मुक्तक जकाँ रचित भेल ओ पश्चात् तत्तत् प्रकरणक मध्य मे नाटक मे सन्निविष्ट कए देल गेल। एमहर आबिकेँ तँ किरतनिञा सब एहि नाटकहिक गीत सब केँ गाओल करैत छल तथा ओ नाटकक गीत थिक तकर प्रयोजन एतबए रहैक जे ओ गीत के ककरा कोन अवसर मे कोन आशय सँ कहने छैक से स्पष्ट होअए।

तेँ नाटकक गीत साधारण मुक्तक-गीत सँ चमत्कार मे भिन्न अछि आ से जानि एतए किछु नाटकक बड़ प्रसिद्ध आ विलक्षण गीत सब उपस्थित कएल अछि। उमापति सँ पूर्वक गीत जानि कैँ नहि लेल, कारण ओहि सबमे प्रसङ्गक उपादान बड़ विशेष छैक। गीत ओतबे लेल अछि जे मुक्तक-रूपहुँ उत्तम काव्य अछि परन्तु वक्ता, बोद्धा, प्रकरण इत्यादि बुझि कैँ देखला उत्तर कतेक विशेष चमत्कारक सिद्ध होइत अछि से सहृदय कैँ स्फुट हो।

एहि प्रसङ्ग विचारक अवकाश बड़ विशेष छैक ओ तेँ बहुतो नाटक कैँ छोड़ए पड़ल, बहुतो नीक नीक गीत नहि देल अछि। जे देल अछि से केवल दृष्टान्त स्वरूप एतबहु सँ हमरा जे विषय प्रतिपाद्य अछि से प्रायः लक्षित भए जाएत।

एकहि कविक नाटक-मध्यवर्ती गीत ओ मुक्तक-गीत एकहि ठाम एतहि दए देल अछि, कारण, से नहि कएला सँ एकहि कविक रचना दू ठाम चल जाइत। एकर सूचना गीतान्त मे निर्दिष्ट मूलकैँ देखला सँ स्पष्ट भए जाएत।

नवयुगक पुरना गीत

मैथिली-कविताक क्षेत्र मे नव-युगक आरम्भ ओ विकास, ओकर लक्षण ओ वैशिष्ट्य, ओकर मान्यता ओ उपलब्धि इत्यादि विषयक विचार तथा एहि युगक प्रतिनिधि रचना इत्यादि सब किछु एहि संग्रहक तेसर खण्ड मे उपस्थित कए रहल छी ओ तेँ ओहि प्रसङ्ग एतए एतबए कहब पर्याप्त होएत जे परम्परागत रागताल छोड़ि नवयुग मे कविता क्रमशः छन्द ओ लय, तथा आब तँ शुद्ध लय, पर आधरित भए गेल, शृङ्गार ओ भक्ति इएह जे दू गोट कविताक विषय छल से नहि रहल प्रत्युत आब जीवनक प्रत्येक भाव ओ भावना कविताक विषय भए गेल, कविता रचबाक जे परम्परागत रीति वास्तविकता सँ दूर कृत्रिम भए गेल छल से वातावरणक सापेक्षता, स्वानुभूतिक अभिव्यक्ति, संघर्षक ध्वनि सँ जीवनक वास्तविक प्रतिबिम्बन करए लागल, भाषा जे संस्कृत-बहुल ओ अलंकार सँ लादल भए गेल छल से जनभाषाक रूप ग्रहण कए स्वच्छन्द बहए लागल। परन्तु एहि प्रसङ्ग ई नहि बिसरबाक थिक जे पुरान ओ नव सापेक्ष शब्द थिक तथा पुरान ओ नव व्यक्ति नहि होइत अछि, ओ होइत अछि व्यक्तिक विचार, ओकर भावना, ओकर दृष्टि। तेँ नवहु कवि मे पुरान चालि भेटत, पुरानहु कवि मे नव भावना भेटत। परन्तु समष्टि रूपेँ नवयुगक कविता एहि भाव, विषय, भाषा ओ शिल्प मे चीन्हल भए सकैत अछि । एहि नवयुगक सूत्रपात कएल कवीश्वर ओ एकरा प्रतिष्ठित कएल भुवनजी। कवीश्वर गीतक मोह नहि छोड़ि सकलाह, हुनक अधिकांश रचना गीत मे अछि, यद्यपि आन अंश मे ओ पुरान चालिकेँ सर्वथा त्यागि देल। हुनक समसामयिक वा परवर्त्ती कविगण हुनकहि जकाँ बहुधा गीते लिखल यद्यपि विषय वा भाव नवीन छल। स्वर्गीय महामहोपाध्याय डा. सर गङ्गानाथ झा अपन जीवन पर दृष्टिपात करैत सन्तोष किंवा असन्तोष गीतहि मे व्यक्त कएल ओ से 'साम्ब सदाशिव' केँ निवेदन कएल। भुवनजीक क्रान्तिक स्वर विनतीक गीत मे सूनि पड़ैत अछि। एहि शताब्दीक प्रथम चरण धरि गीत ओ छन्द प्रायः समान रूपहिँ प्रशस्त छल अथवा ई कहू जे प्रशस्त राग-ताल-लयाश्रित गीते छल, राग-ताल सँ मुक्त छन्द जे मान्यताक दिशि अग्रसर भए रहल छल, नवीन चालि बुझल जाइत छल, अनुकरणात्मक छल। भुवनजी ओकरा प्रतिष्ठित कएल,

प्रशस्त कएल ओ तहिआ सँ राग-ताल-लयाश्रित गीत पुरान भए गेल, कविता सङ्गीत सँ सर्वथा पृथक् भए गेल, कविताक स्वरूप छन्दोबद्ध मान्य भए गेल।

तेँ कहि सकैत छी जे विद्यापति-सम्प्रदायक अन्तिम महाकवि हर्षनाथ छलाह, कवीश्वरसँ नवयुगक आरम्भ होइत अछि, भुवनजी धरि संक्रान्तिक युग छल जाहिमे नव आ पुरान दूहू रीति चलैत रहल परञ्च पुरान क्रमशः गौण होइत गेल आ नवीन प्रधान भए गेल। परन्तु तेँ ई कहब सङ्गत नहि होएत जे विद्यापतिक शैली लुप्त भए गेल। एखनहुँ धरि ओहि शैली पर रचना होइत अछि, कारण, गीत-द्वारा मनोभावक अभिव्यक्ति मानव-स्वभावक सहज प्रवृत्ति थिक ओ आब तँ दिन दिन ओ रीति जतेक पुरान भेल जाइत अछि ततेक ओकर प्रयोग नव बुझल जाइत अछि। श्री आरसी प्रसाद सिंहक गीत एहने प्रयोग कहल जाएत। तथापि ओहि शैलीक गीतकेँ निम्नांकित वर्ग मे बाँटि सकैत छी।

1. प्राचीनताक पक्षपाती कविगणक कृति—एहन रचना श्री कविशेखरजी क, ईशनाथ झाक, श्री तन्त्रनाथ झाक कहल जाएत।
2. व्यवहारक हेतु गीत-रचना—जेना एहि समयक कतोक महिलागण कए रहलीह अछि जे सर्वथा श्लाघनीय थिक।
3. देवताक वन्दना मे रचल गीत—जे वन्दना प्रायः एहि समयक गीतक सब सँ प्रधान विषय रहि गेल अछि, यद्यपि देवताक स्थान मे आब देशहुक वन्दना पूर्ण प्रचलित भए गेल अछि।

परन्तु प्राचीन गीत एहि नवयुग मे कोन-कोन उद्देश्य सँ कोन-कोन शैली पर लिखल गेल अछि तकर दृष्टान्त स्वर्गीय गङ्गानाथ बाबू तीनू भाइक रचना मे स्पष्ट अछि। विन्ध्यनाथ बाबू समदाउनिक रचना कएल, द्विरागमक अवसर पर गाओल जएबाक हेतु, मुदा ओहि मे केहन सुन्दर उपदेश भरल अछि जे कन्याकेँ सासुर विदा करबाक काल गुरुजन केँ देबाक चाहिऐन्हि वा दैत छथि, ओहि मे पारिवारिक जीवनक व्यावहारिक अनुभव भरल अछि, केवल भास अछि समदाउनिक। गणनाथ बाबू कवि छलाह, भक्त-कवि ओ अपन हृदयक भाव व्यक्त करैत छथि जे गीत छाड़ि आन माध्यम सँ रचना करब हुनका हेतु सम्भवे नहि छल। गङ्गानाथ बाबू अपन जीवनक साफल्य पर सन्तोष प्रकट करैत तात्कालिक विघ्नक शान्त्यर्थ पार्वती-परमेश्वरक वन्दना करैत छथि। वैयक्तिक भावनाक एहन अभिव्यक्ति नवीन पद्यक विषय थिक परन्तु ओ प्राचीनताक केवल पक्षपाती छलाह ततबे नहि, ओही वातावरण मे हुनक काव्यप्रतिभाक विकास भेल छल। इएह विषय स्वर्गीय राजर्षि मिथिलेशहुक प्रसङ्ग सत्य अछि।

परन्तु स्मरण रहए जे नवयुगक एहि पुरना गीत सब मे गीतक पदक सङ्गहिँ ओकर भास सेहो समान रूपहि महत्त्वक अछि। खेदक विषय थिक जे मिथिलाक जे अपन सङ्गीतक सरणि छलैक से छाड़ि लोक नव मार्ग धएने जाइत अछि तथा गजल

मे देवताक वन्दना तथा गोसाउनिक गीत बहुधा सुनबा मे अबैत अछि। पूर्वहिँ एकर उल्लेख कएल अछि जे मिथिला मे गीतक भेद केवल विषय-वस्तु वा वर्णन-शैली सँ नहि अपितु ओकर भासहु सँ द्योतित होइत अछि तथा एकहु जातिक गीतक अनेक भास ओकर अनेक भेद जनबैत अछि। परन्तु नव नव प्रकारक विदेशी गीतक भास हमर प्राचीन सङ्गीत-पद्धति कें हटओने जाइत रहल। पुरुष-समाज मे तँ मुसलमानी सङ्गीत पहिनहि हमर अपन सङ्गीत कें दाबि देलक ओ विद्यापतिक गीतक भास प्रसिद्ध गबैआक मुँहें ओहि राग-तान पर सुनबामे अबैत अछि जकरा शास्त्रीय सङ्गीत कहैत छिऐक। भाग्य सँ हमरा लोकनिक सङ्गीतक रक्षा करैत आइलि छलीह अछि ललनागण परन्तु एमहर आबि ओहू समाज मे अपन पुरान भासक चालि उठल जाइत अछि ओ सिनेमाक नव तर्ज पर डहकनक गीत अथवा मगहीक भास पर सोहर साधारण भए गेल अछि। अतएव नव गीतकारगण पुरान भास कें मन पाड़बाक निमित्त जे नवगीत रचैत छथि तकर बड़ विशेष महत्त्व छैक ओ ताहि दृष्टिएँ ई नवगीत सब श्लाघनीय थिक। जानि नहि एहि सँ हमर प्राचीन परम्पराक कतेक रक्षा होएत परञ्च शुभलक्षण इएह देखबा मे अबैत अछि जे आब महिला लोकनि अपन रचना प्रकाशित करबए लागि गेलीह अछि ओ तकर यदि प्रचार हो तँ सम्भवतः पुरान भास सब पुनरुज्जीवित हो। वस्तुतः सङ्गीत सँ काव्य पृथक् भेलासँ सङ्गीत पछुआए गेल ओ कविता आगाँ बढ़ि गेल। आब आवश्यक भए गेल अछि जे सङ्गीतक पुनः प्रतिष्ठापन हो जाहि सँ मिथिलाक ई सांस्कृतिक वैशिष्ट्य नष्ट होएबा सँ बाँचि जाए।

(मैथिली प्राचीन-गीत, 1965)

मैथिली कथा-काव्य

मैथिली मे कथा-काव्यक ई प्रथमे संग्रह थिक। एहि मे एकैस गोट कविक रचना संगृहीत अछि जाहि मे आठ गोट अपनहि मे पूर्ण अछि, शेष सोड़ह गोट पैघ पैघ काव्यक अंश मात्र थिक जे दृष्टान्त-स्वरूप एतए उद्‌धृत कएल गेल अछि। इच्छा छल जे एहि संग्रह कैँ आओर व्यापक बनाबी, ओ तदर्थ यत्नो कम नहि कएल, परन्तु एहि सँ अधिक व्यापक एहि संग्रह कैँ नहि बनाए सकलहुँ तकर खेद अछि। मुदा जाहि उद्‌देश्यसँ ई संग्रह कएल गेल अछि तकर पूर्त्ति एहू सँ भए जाए से सम्भव ओ तैँ सुधी-समाजक समक्ष एहि संग्रह कैँ उपस्थित करैत सन्तोषक अनुभव कए रहल छी।

एतए ई कहि देब आवश्यक जे ई कथा-काव्य हमर काव्य-संग्रहक दोसर खण्ड थिक। काव्य-संग्रहक योजना तीनि खण्ड मे सम्पूर्ण होएत तथा तीनू खण्ड प्रकाशित भेला उत्तर ई कथा स्पष्ट भए जाएत जे मैथिली मे काव्य-साधना कोना आइ छओ सए वर्ष सँ अविच्छिन्न रूपैँ चल आबि रहल अछि तथा इएह साहित्यक एकटा अङ्ग अछि जाहि मे मैथिली-साहित्य कोनहु अन्य साहित्यक पाछाँ नहि अछि।

ओना तैँ एहि खण्डक आरम्भ हम विद्यापतिक कीर्त्तिपताकाक एक गोट अंश सँ कएल अछि तथा एक गोट अंश अठारहम शताब्दीक अन्तिम चरणक तथा दोसर उन्नैसम शताब्दीक द्वितीय चरणक रचना सेहो देल अछि, परन्तु मुख्यतः ई कवीश्वरक रामायण सँ प्रारम्भ होइत अछि जकर रचना आइ सँ ठीक अठहत्तरि वर्ष पूर्व भेल छल। एहि अठहत्तरि वर्ष मे एहि दिशा मे अविच्छिन्न रूपैँ काज होइत रहल अछि ओ प्रकाशनक सुविधा नहिओ अछि तथापि एतेक रास एहन सुन्दर सुन्दर काव्यक सृष्टि भेल अछि ताही सँ एकर उपादेयता सिद्ध अछि।

मैथिली मे काव्य-रचनाक परम्परा लोकानुरञ्जनक भावना सँ प्रारम्भ भेल छल ओ तैँ ओ लोकभाषा मे रचित भेल। एहि काव्य-साधनाक माध्यम गीत भेल, कारण, गीत मे मनुष्य जातिक भावाभिव्यक्तिक क्रम सहज थिकैक आ सब देश मे एकर प्रयोग एहि रूप मे भेल अछि। मिथिला मे एकर विशेष कारण भेल कार्णाट-लोकनिक सङ्गीत-प्रियता। एही सङ्गीतमय वातावरण मे विश्वक अद्‌भुत गीतकार विद्यापति

अपन मधुर गीतक रचना कएल तथा मिथिलाक जातीय जीवन गीतमय बनाए देल।

परन्तु लोकानुरञ्जनक माध्यम जेहने गीत तेहने वा ताहूसँ विशेष व्यापक कथा-काव्य रहैत आएल अछि। मानवक हृद्गत भावक अभिव्यक्ति यदि लयबद्ध होइत अछि ओ तेँ ओकर माध्यम कविता वा गीत थिक तँ मानव-जातिक नैसर्गिक उत्सुकताक पूर्ति कथा द्वारा होइत आएल अछि ओ सभ्यताक आदि सँ मानव-जाति ज्ञानोदय भेला उत्तर कथाक दिशि प्रवृत्त देखना जाइत अछि। आरम्भ मे तेँ सब साहित्य मे कथाकाव्यक निर्माण होइत रहल अछि जाहिमे ओहि जातिक वीरगाथा अथवा पश्चात् प्रेमकथाक निबन्धन भेटत तथा इएह वीरगाथा ओ प्रेम-कथा सब कालक्रमैं एकत्र भेला उत्तर अथवा एकत्र कएला उत्तर तत्तत् जातिक आदि महाकाव्यक रूप मे प्रसिद्धि पओने अछि। एहिना होमरक इलिअड भेल, एहिना हमरा लोकनिक महाभारत भेल। होमरक महाकाव्यक अनुसार पश्चिम मे ओ वाल्मीकिक रामायणक अनुसार भारत मे महाकाव्यक लक्षण निर्धारित भेल ओ परवर्ती कवि लोकनि महाकविक यशक लोभ सँ जे काव्यक रचना कएल से परवर्ती कालक महाकाव्य कहाओल तथा एहि सबमे ओहि नियम सबहिक अक्षरशः पालन करबाक प्रवृत्ति दृश्य होएत जे आदि महाकाव्यक आधार पर साहित्य-शास्त्र मे लक्षित भेल छल। तेँ उत्तर-कालीन महाकाव्य मे जहिना भारतवर्षमे तहिना पश्चिमहु मे ओ स्वाभाविकता नहि भेटत जे आदि महाकाव्य मे भेटैत अछि, थोड़ वा बहुत कृत्रिमताक भान होएबे करत मुदा विषयक गम्भीरता ओ महत्ता, कवित्व-क्षेत्रक विशालता ओ प्राशस्त्य भाषाक ओज ओ सुष्ठुता, छन्दक वैविध्य ओ आकर्षण—उच्च काव्यक जे सब लक्षण थिकैक से सब ओहि मे स्वभावतः सन्निविष्ट भेटत। सब भाषा मे एहि जातिक महाकाव्यकेँ आदर प्राप्त छैक तथा केवल यौगिकहि अर्थ मे नहि, योगरूढ़ि अर्थहु मे महाकाव्यक रचना कवि-कर्मक चरम लक्ष्य मानल गेल अछि।

परन्तु मैथिली मे महाकाव्य एमहर आबि बड़ रचित भेल अछि। बहुत दिन धरि तँ मैथिलीकाव्यक आरम्भे विद्यापतिक गीत सँ मानल जाइत छल। मैथिली मे, मिथिला-देशक भाषा मे, एखनहु विद्यापति सँ पूर्व युगक काव्य-कृति उपलब्ध नहि अछि। एकर अर्थ ई नहि जे एहि सँ पूर्व एहि भाषा मे काव्यक, ताहू मे कथा-काव्यक, रचना भेले नहि छल। विद्यापति सँ एक सए वर्ष पूर्व ज्योतिरीश्वर ठाकुरक वर्णरत्नाकर मे तत्कालीन साहित्याराधनाक जे चित्र अङ्कित अछि से देखि के कहि सकैत अछि जे ताहि समय मे लोक-भाषा मे उपनिबद्ध कथा-काव्य नहि छल? नगर मे लोरि, विरहा, चउपइ, चाँचरि, नाच, लगनी इत्यादि होइत रहैत छल तथा एकरा सब केँ चिन्हबा मे भाङठ नहि होइत अछि, हँ, बहुतो वस्तुक नाम अछि जे लुप्त भए गेल अछि तथा से आब चिन्हबा मे नहि अबैत अछि। परन्तु आइसँ पचास साठि वर्ष पूर्व स्वर्गीय म.म. परमेश्वर झा अपन सीमन्तिनी-आख्यायिका मे बरिआतक वर्णनक प्रसङ्गमे कहैत छथि जे सीता-स्वयंवर, प्रभावती-हरण, रम्भाभिसार एहि विषय

सभक गमैआ भासक गीतसँ आरम्भ कए विरहा-चाँचड़ि पर्यन्त गाबए लागल।" जे विरहा चाँचड़ि चौदहम शताब्दी क आरम्भ मे नगर मे सुनल जाइत छल तकर गमैआ भास बीसम शताब्दी धरि श्रुतिगोचर होइत रहल। उपलब्ध नहि अछि से तँ सीता-स्वयंवर, प्रभावती-हरण, रम्भाभिसार, रुक्मिणी-हरण प्रभृति गमैआ भासक गीत सब सेहो लुप्त भए गेल अछि, ओ एखन तकनहु नहि भेटत कारण एकर भेल इएह जे एकरा 'गमैआ' भासक गीत कहि पण्डित-समाज उपेक्षित कए देल ओ तँ लोक-साहित्यक ई अपूर्व निधि कालक स्रोत मे पड़ि नष्ट भए गेल। 1804-05 मे बुकनन साहेब पुरैनिआक भ्रमण कए लीखि गेल छथि जे मनबोधक रचित भाषा-हरिवंश ओ दान-लीला समस्त देश मे प्रसृत छल। भाषा-हरिवंश तँ कृष्णजन्म कहाए खण्डित भेटैत अछि, परन्तु दान-लीला की भेल? कतहु लिखल भेटल अछि? अथवा सुनबा मे आएल अछि? परन्तु ई तँ कथा-काव्य छल होएत आ एहि कथा-काव्यक परम्परा मिथिला मे आइ सहस्राबधि वर्ष सँ छल जे लोकानुरञ्जनक साधन छल, मौखिक रूपेँ प्रसृत छल ओ जे पण्डित-समाज सँ उपेक्षित रहल तें सुरक्षित नहि रहि सकल, क्रमशः लुप्त होइत गेल।

मिथिलामे साहित्यक इतिहासक यदि पर्यालोचना करब तँ ज्ञात होएत जे एतए लेख्य वस्तु ओएह बुझल जाइत छल जकर अपेक्षा पण्डित-समाज केँ छलैन्ह ओ तँ प्राचीन लेख की तँ दर्शनादि-ग्रन्थक भेटत अथवा धर्मशास्त्र अथवा धर्ममूलक महाभारत-रामायण-पुराणादि तथा स्तव-स्तोत्रादिक अथवा साहित्यहुक जँ लेख्य भेल तँ से संस्कृतक, भाषाक वस्तु लेख्य बहुत एमहर धरि नहि बुझल जाइत छल। विद्यापतिक लिखल समस्त भागवतक पोथी तँ उपलब्ध अछि परन्तु एको गोट हुनक लिखल गीत नहि भेटैत अछि। लिखनावली समेत जेना सब लुप्त भए गेल। गीत तैओ मौखिक रूपेँ अबैत रहल, लोककण्ठ मे जीवित रहल, परन्तु कए गोट ओही रूप मे भेटैत अछि जाहि रूप मे विद्यापति ओकर रचना कएल ? बहुधा पुरानो लेख सब अर्धशिक्षित व्यक्तिक लिखल भेटैत अछि। वर्णरत्नाकरक पोथी जे एकमात्र उपलब्ध अछि नाना प्रकारक लेखाशुद्धि सँ भरल अछि तथा कीर्तिपताका कहि जे पुरान तालपत्र पर लिखल पोथी नेपाल मे भेटल अछि से कोन कार्यक अछि? एहना स्थिति मे पुरान कथा-काव्य जे मौखिक रूपें प्रचलित छल ओ जनताक मनोरञ्जनक सुन्दर साधन छल, जाहि मे काव्यगत गुण जे रसक वैशिष्ट्य थिक से ताहि मात्रामे छल जे भावुक नर ओ नारी केँ सहज आकर्षणक कारण होइत छल ओ जे नीक जकाँ सुरक्षित भेलेँ हमरा देशक जातीय-जीवनक वीरगाथा होइत से सब नष्ट भए गेल ओ अगत्या हमरा लोकनिकेँ अपन साहित्यक अध्ययनक क्रम मे आबि केवल ओहि गीत सबहक शरण लेअए पड़ैत अछि जे कोटि-कोटि कण्ठक हार भेल आएल अछि ओ तँ लुप्त होएबा सँ बाँचि गेल, यद्यपि ओहू गीत सब मे कतेक नष्ट भए गेल से के कहि सकैत अछि !

तेँ मैथिली-साहित्यक क्रमबद्ध रचना ताहि युग सँ उपलब्ध होअए लागल अछि जहिआसँ मुद्रणकलाक प्रचार भेल ओ मैथिलीक काव्य सब प्रकाशित होअए लागल। परन्तु एहू दिशि मैथिलीक स्थिति सन्तोषप्रद नहि अछि। एखनहु धरि मैथिलीक पाठकक संख्या ततबा नहि भेल अछि जकरा भरोसेँ कोनहु कृतिक प्रकाशन कएल जाए। अधिकांश पोथी एखनहु लेखहि मे पड़ल अछि। आश्चर्य इएह जे ताहू स्थिति मे एतेक कृति मुद्रित भए प्रकाशित भए सकल यद्यपि एहू मे कतोक प्रकाशकक संगहि रहि गेल अछि, ततबो नहि बिकाएल जे प्रकाशनक व्यय समेत ओसूल भए जाए। प्रतिभा देश मे एखनहु ओहिना अछि, साहित्यिक अभिरुचि कनेको कम नहि भेल अछि। पूर्व मे जँ भाट वा कथक वा कथाकार अपन कविता-पाठ सँ मनोरञ्जन करैत छल, लोकप्रिय छल, तँ आब कविलोकनि लोकप्रिय छथि, कविसम्मेलन जनताक मनोरञ्जनक अपूर्व साधन भेल अछि। तेँ एखनहु मिथिला मे सब सँ बेसी संख्या कविक अछि। कविताक परम्परा मैथिली मे ततेक पुरान अछि, जातीय जीवन मे ताहि रूप सँ संश्लिष्ट अछि ओ कवित्व प्रतिभाक एहिठाम जलवायु मे जेना बीज निहित होइक, इएहटा एकटा क्षेत्र अछि जाहि मे हमर साहित्य कोनहु साहित्यक समता कए सकैत अछि, कनेको पछुआएल नहि प्रतीत होइत अछि। परन्तु एही सङ्ग इहो कथा कहब आवश्यक जे आब राजा महाराजा नहि छथि, कवित्वक पोषणता जनताक उत्तरदायित्व भए गेल अछि, ओ मैथिली-पाठकक रुचि यदि यहि दिशि जाग्रत नहि होएत तँ ताहि सँ मैथिली-साहित्यक मार्ग मे बाधा होएत, एकर विकास, एकर समृद्धि अवरुद्ध भए जाएत।

ओ एही करणे पूर्वक प्रकाशितो बहुत रास काव्य उपलब्ध नहि भए सकल। विद्याक रूप मे मैथिली-साहित्यक व्यवसाय तँ एमहर आबि होअए लागल अछि ओ एखनहु धरि से स्थिति नहि प्राप्त भेल अछि जखन कोनहु कविक रचनाक यदि समष्टि रूपेँ अध्ययन करबाक हो तँ हुनक सबटा रचना सुलभतया उपलब्ध भए जाए। भुवनजो कैँ छाड़ि आन कोनहु कविक रचना सबटा सुलभतया उपलब्ध भए जाएत से नहि। तेँ प्राचीन बहुतो काव्य सुनलो थिक तँ बेरि पर तकला उत्तर नहि भेटत। तेँ एहि मे एहि शताब्दी क प्रथम चरण क रचना बड़ अल्प भेटत। परन्तु जएह किछु भेटल ताहू सँ ई कथा स्पष्ट भए जाएत जे एहि रूपेँ अबाध गतिसँ काव्याराधनाक परम्परा जे मिथिला मे आबि रहल अछि से विवेक सँ अध्येतव्य थिक, ओकर गतिविधि परिचेतव्य थिक, एहि रूपक संग्रह केवल ऐतिहासिक दृष्टिमात्र सँ नहि, सांस्कृतिक दृष्टि सँ सेहो उपादेय भए सकैत अछि।

कथा-काव्यक प्रसङ्ग ई कहि देब आवश्यक जे गीतिकाव्य सँ कथाकाव्यक शिल्प भिन्न छैक। कथाकाव्यमे प्रधानता छैक कथानक कैँ मुदा कवि अपन व्यक्तित्व कैँ कथा सँ कतबो असम्पृक्त राखए चाहथु संवेदनाक रागात्मक अभिव्यक्ति होइतहिँ कविक व्यक्तित्व हुनक कथा कैँ रञ्जित कैए देत, तथापि गीतिकाव्य मे कवि यदि

अपन स्वानुभूति कैँ प्रधानता दैत छथि तँ कथा-काव्य मे हुनक दृष्टि मुख्यतः कथानक दिशि रहैत छैन्हि! अतएव कथाकाव्य मे भाषा ओ भावक सन्निवेश साधारणतया सामान्य गीतिकाव्य सँ भिन्न होएबाक चाही। कथाक गति स्थिर नहि हो, कथानकक क्रमशः विकास हो, औत्सुक्य शिथिल नहि हो, आब की होइत छैक से जिज्ञासा बनल रहए—ई जे नीक कथानकक साधारण धर्म थिकैक से कथा-काव्यक निर्माता कैँ सतत ध्यान मे रखबाक थिकैन्हि। एही मापदण्ड सँ कथाकाव्यक उत्कर्षक मूल्याङ्कन कएल जाएत। काव्य साधारणतया चित्रमय होइत अछि, परन्तु कथाकाव्यक चित्रात्मकता एक गोट चित्रालय मे राखल भिन्न भिन्न चित्रक दृश्य सन नहि होएबाक चाही जाहि मे तत्तत् दृश्य स्थिर रहैत अछि; कथाकाव्यक चित्रात्मकता चित्रपट-परक फिल्मी चित्र जकाँ गतिशील होएबाक चाही। फलतः नाटकीय ताक बहुत रास अंश सेहो कथा-काव्य मे रहैत अछि। कथा-काव्य साधारणतया एक तटस्थ व्यक्तिक मुह सँ कहल रहैत अछि अथवा कथानकक कोनहु चरित-विशेषक मुह सँ, परन्तु नाटक मे प्रत्येक चरितक उक्ति अपन स्वतन्त्र होइत छैक ओ कवि अपना कैँ तत्तत् चरितक स्थान मे राखि रचना करैत छथि। एहन रचना भुवनजीक विरहिणी-व्रजाङ्गनाक अनुवाद थिक। नाटक मे तँ कविक तटस्थता पूर्ण रहबाक चाही, कथाकाव्य मे कखनहु कविक व्यक्तित्व कथाक मध्य मध्य मे व्यक्त होइए लगैत अछि जे कथाक दोष कहब। एहन दोष जनसीदनजीक विधवा-विलाप मे दृष्टिगोचर होअत। उषापरिणय तँ नाटकहिक अंश थिक, कथा-काव्य थिके नहि परन्तु कथाक गति ओहि मे छैक तैँ ओकरा देल; तैओ ओहि मे मध्य मध्य सँ बहुत अंश छोड़ि देल अछि यद्यपि पुनरुक्ति तैओ भेटबे करत।

एहि मे सन्निविष्ट चौबीस गोट उद्धरण मे केवल नओ गोट सम्पूर्ण रचना थिक, शेष पन्द्रह पैघ काव्यक अंश थिक जाहि मे विद्यापतिक रचना केवल दृष्टान्तक हेतु देल अछि। वस्तुतः ओहि मे कथा नहि अछि। शेष एगारह गाटेमे दू गोट रामायणक अंश थिक ओ एक गोट महाभारतक। शेष आठ गोट महाकाव्य सँ लेल अछि परन्तु ताहू मे किशोर कृष्ण योगरूढ़ अर्थ मे महाकाव्य हो, यौगिक अर्थ मे ओ महाकाव्य थिक नहि ओ रामायण तथा महाभारत यौगिक अर्थ मे महाकाव्य थिक, भलहिँ योगरूढ़ अर्थ मे ओकरा महाकाव्य नहि कहिऐक। महाकाव्य मे, विशेषतः संस्कृत महाकाव्यक शैलीपर रचित महाकाव्यमे, कथानकक स्थान गौण छैक, औत्सुक्य ओहि मे अत्यन्त शिथिल रहैत अछि, कारण, महाकाव्य 'ख्यातवृत्त' हो एहने लक्षण कए देल गेल अछि। ओकर उत्कर्ष वर्णनक चमत्कार मे रहैत अछि ओ कविकर्मक चरम उत्कर्ष महाकाव्य मे ओ सब वर्णन विन्यास सँ उपन्यस्तव्य थिक जे कवित्व-प्रतिभाक परिपक्वता प्रदर्शित करए। परन्तु एकर अर्थ ई नहि जे ओकर कथा मे गति नहि होइक। एकावली-परिणय अथवा अम्बचरित सदृश विशुद्ध महाकाव्य सँ जे अंश एतए देल अछि ताहिं मे देखब जे वर्णनक बाहुल्य अवश्य अछि,

वर्णनक विस्तारक समक्ष कथानक अथवा चरित्रचित्रणक गौणता अवश्य छैक, परन्तु तैओ जखन कथानकक अवसर आएल छैक तखन कथा मे गति रहैत छैक। हम मानैत छी जे ओ गति शिथिल अछि ओ वर्णनक विविधता मे कथाक सूत्र हेराएल जकाँ लगैत अछि परन्तु जतए कथा अछि ततए ओहि मे गति छैक, उत्सुकताक निवेश भए गेल छैक, जिज्ञासाक तृप्ति ओ ताहिसँ सन्तोष भेटैत अछि। सुभद्राहरण मे ओ गति बड़ मन्द छैक, ओकर चित्र लगैत अछि स्थिर जाहि मे जिज्ञासाक तृप्ति जँ होइतहुँ अछि तँ क्रियाक गति सँ नहि, अग्रिम चित्र मे ओहि क्रियाक निष्पत्ति सँ। कीचक-वध मुदा पाश्चात्य महाकाव्यक शैली पर निर्मित अछि ओ वर्णनक चमत्कार ओहू मे अछि परन्तु वर्णनक लक्ष्य ओहि मे भिन्न अछि। कीचकवधक वर्णन सँ अभिप्रेत अछि चरित्रक अङ्कन ओ से चरित्र-चित्रण एहि महाकाव्य मे प्रायः सबठाम वर्णनक माध्यमहि सँ निष्पन्न भेल अछि। एहि दृष्टि सँ कीचकवधक चारिम सर्ग प्रायः मैथिली काव्य मे एकाकी अछि, कारण, ओहि मे द्रौपदीक मनोभावक चित्रण सँ केवल हुनक अतीत जीवनक चित्रेटा नहि प्रत्युत हुनक आत्मबल ओ चरित्रगत दुर्बलता एवं नारी-स्वभावगत चाञ्चल्यहुक से आभास भेटैत अछि जे कोनहु कथा कैं उत्कृष्ट बनाए सकैत अछि। तहिना विरहिणी ब्रजाङ्गनाक अंश नाटकीयता सँ भरल अछि। कृष्णक विरह मे खिन्न गोपा लोकनिक चित्तक स्थिति, विषाद, औत्सुक्य, त्वरा प्रभृति मनोभावक— से चित्र अछि जे केवल कथा मे एना विन्यास सँ उपलब्ध नहि होइत। महाकाव्यक पाश्चात्य शैली मे इएह विशेष अछि जे ओहि मे चरित्र-चित्रण कैं प्रधानता देल जाइत अछि आ से चरित्र-चित्रण की तँ कथानकक निर्माण ओ उपन्यास सँ होइत अछि अथवा वर्णनक चमत्कार सँ। संस्कृत महाकाव्य मे तँ नायक किंवा नायिका निर्दिष्ट रहैत छथि, कथानक मे हुनक ओहि गुणक अनुरूप क्रियाक समावेश भेटत, चरित्रक विकासक अवसर ओहि मे नहि रहए पबैत अछि। परन्तु पाश्चात्य महाकाव्यक शैलीमे प्रसिद्धहु नायक वा नायिका मे से बात नहि अछि। ओहि मे नायक वा नाकिकाक भेद ओतेक नियंत्रित नहि रहैत अछि ओ तेँ कथानक मे तत्तत् चरित्रक निर्माणक स्वतन्त्रता कवि कैं रहैत छैन्हि। एहिरूपेँ चरित्रक प्रधानता ओतए रहैत अछि। एतवा अवश्य जे जहिना संस्कृत तहिना पाश्चात्यहु महाकाव्य मे चरित्र उदात्त रहए, नीच नहि हो तकर ध्यान राखए पड़ैत अछि। दुष्ट अथवा पापी रहैत अछि परञ्च नीच नहि, क्षुद्र नहि, प्रत्युत दुष्टता अथवा पापहुमे पैघ, उदात्त। तेँ महाकाव्य मे हास्य-रसक सर्वथा अभाव रहैत अछि। वातावरण गम्भीर एवं घटनाक्रम महत्त्वपूर्ण। ओ शृङ्गारक समावेश हो तथापि वीर-रस जेना महाकाव्य मे आवश्यक हो। स्मरण रहए जे मूलतः महाकाव्य वीरगाथा छल ओ जेँ प्राचीन समय मे वीररस ओ शृङ्गार बहुधा सङ्गहिँ रहैत छल—इएह दूनू रस मनुष्य जातिक मौलिक वासना थिक—तेँ महाकाव्य मे एहन क्रम प्रायः विश्वमे सर्वत्र उपलब्ध होइत अछि।

शेष आठ गोटमे केवल एक गोट मात्र शुद्ध खण्डकाव्य थिक, भारती। एहि मे एक गोट कथानक मात्रक संवेदनशील वर्णन अछि जाहि मे जातीय उत्कर्षक ख्यापन, नारी-जातिक गरिमा-ज्ञापन, दार्शनिक सिद्धान्तक रोचक भूमिका प्रभृति अनेको महाकाव्यक गुण विद्यमान अछि परन्तु वर्णनक ओतेक विस्तार तथापि अछि, कथानकक ओतेक गौणता नहि अछि ओ सबसँ अधिक कविक व्यक्तित्वक तटस्थता ओतेक स्फुट नहि अछि, नहि तँ एकरहु महाकाव्य कहितहुँ। एहि मे चित्रात्मकता बड़ मनोहर अछि ओ शब्दक चयन माधुर्य सँ ओतप्रोत अछि। किन्तु ताहि मे नवीन गीतकाव्य, जकरा अङ्गरेजीमे 'लिरिसिज्म' कहब, ततेक अछि ओ छन्द विषयक जे स्वछन्दता अछि जे महाकाव्यक गरिमा एहि मे नहि आबि सकल। शेष सब विशुद्ध कथा थिक, पद्यमय कथा, जाहि मे जानकी-परिणय, शारदा-विजय तथा सम्यक् सम्बोधि ऐतिहासिक वा पौराणिक थिक परन्तु आओर सब, टी-पार्टी, कोजागराक मखान, आदर्श प्रेम, विधवा-विलाप अथवा राष्ट्रनिर्माता सब आधुनिक शैली पर रचित लघुकथा थिक ओ लघुकथाक सब गुण एहि मे अछि। केवल आदर्श-प्रेम अङरेजीक 'बेएलेड' लोक-काव्य थिक जकर उपस्थापनक साक्षात् शैली, मध्यहि मे कथाक उत्थापनक रीति, भाषाक स्वच्छता ओ सरलता एवं साधारण लोक-जीवन मे प्रेमक महिमा इत्यादि विषय सहृदय संवेद्य अछि। एहि सब मे रसक विभिन्नता सेहो द्रष्टव्य थिक। एहि जातिक आओरो कतेक कथा-काव्य लिखल गेल अछि, एखनहु लिखल जाइत अछि, परन्तु किछु तँ विस्तारक भय सँ ओ किछु उपलब्धिक कठिनता सँ एहिठाम नहि सन्निविष्ट कए सकलहुँ। परन्तु ताहि सँ ई नहि बुझबाक थिक जे एहि सँ भिन्न काव्य कैँ हम नगण्य बुझलहुँ। हम तँ कम सँ कम तीनि गोट महाकविक अप्रकाशितहु रचना सँ अंश ग्रहण कएल अछि। हँ, एतबा अवश्य जे हमर उद्देश्य एहि संग्रह कैं व्यापक बनाएब ओतेक नहि जतेक प्रतिनिधि बनाएब रहल अछि तथा से प्रायः सबहुँ स्वीकार करताह जे मुख्य रूपे एहि दिशि जे भिन्न भिन्न प्रवृत्ति मैथिली-साहित्यक क्षेत्र मे उपलब्ध भेल अछि तकरा एहि संग्रह मे छोड़ल नहि गेल अछि, सब कैं सान्निविष्ट करबाक प्रयास कएल गेल अछि। तथापि यदि कोनो विशिष्ट रचना छूटि गेल तँ से हमर प्रमाद थिक ओ तदर्थ सुधीगण हमरा क्षमा करताह। नव प्रवृत्तिक नवीन रचनाक जँ सूचना होएत तँ अग्रिम संस्करण मे तकर समावेशक यत्न करब।

एहि संग्रहक योजना मे उत्साह, परामर्श ओ साहाय्य देनिहार हमर मित्रगण मे श्रीईशनाथझा ओ श्रीशैलेन्द्रमोहनझा (आब डाक्टर) प्रमुख छथि तैँ हिनका दुहू गोटाक प्रति आभार व्यक्त करब आवश्यक। जे लेखक लोकनि अपन-अपन रचना देल अछि, विशेषतः श्री मधुपजी श्री सुमनजी ओ श्री अमरजी, जे लोकनि बड़े सौहार्दसँ अपन अपन अप्रकाशित रचना दए अनुगृहीत कएल अछि, तनिका प्रति हम यथार्थ ऋणी छी। श्री दुर्गानाथ झा 'श्रीश' (आब डाक्टर) सम्प्रति हमर सब

साहित्यिक काज मे सहायक छथि, विचारक छथि, उत्साही छथि, तेँ हुनका प्रति कोन आभार प्रकट करू। हँ, हमरा ख्यापित करबाक अछि सन्तोष अपन कनिष्ठ पुत्र आयुष्मान् श्री विद्यानाथक उत्साहक, संलग्नताक ओ साहित्यिक अभिरुचिक। ई संग्रह ओकरे आग्रह सँ करए लगलहुँ, ओएह प्रेस-कापी बनओलक, ओ पोथी कोना नीक जकाँ छपत तदर्थ तत्पर छल।

एक गोट कथा आओर। प्रत्येक कविक संक्षिप्त परिचय देल अछि परञ्च से परिचय विशुद्ध साहित्यिक अछि तथा कोन कारणेँ हुनक इएह रचना ग्रहण कएल तकर निर्देश कए देल अछि। एहि सँ हमर आलोचनाक दृष्टि केहन अछि केवल तकरेटा निदर्शन नहि अपितु साधारण आलोचनाक मार्गक निर्देशन भए सकत से आशा करैत छी।

अन्त मे वक्तव्य जे कविवर श्री सीताराम झाक अम्बचरित सँ जे अंश उद्धृत कएल तकर मूलक प्रसङ्ग हम कहल अछि जे कोन पुराण मे ई कथा अछि से नहि कहि। परन्तु ई कथा आनुपूर्वीय अद्भुत रामायण मे अछि से पछाति मिलाएकेँ देखल अछि। इति

(भूमिका, कथा-काव्य 1965)

मैथिली नवीन-गीत

मैथिली-काव्य-संग्रहक एहि तृतीय ओ अन्तिम खण्ड कैं सुधी-समाजक समक्ष उपस्थित करैत आइ हमरा केवल सन्तोषे टा नहि, आनन्दो बड़ विशेष अछि। परुकाँ वर्ष शरदक आरम्भ मे हम एहि वृहद् संग्रहक योजना बनाओल। हमर उद्देश्य छल मैथिली कविताक कए गोट एहन व्यापक संग्रह करब जाहि मे विद्यापति सँ लए आजुक उदीयमान कवि धरिक भिन्न-भिन्न प्रकारक विशिष्ट रचनाक संकलन हो जाहि सँ मैथिली-कविताक विकासक रूपरेखा स्पष्ट रूप सँ अङ्कित भए सकए, मैथिली-काव्य-धाराक विभिन्न स्रोतक वास्तविक परिचय भए जाए, मैथिलीमे कवि-कर्मक जे विस्तार छैक, विविधता छैक, वैशिष्ट्य छैक, से सबहुँ जिज्ञासु पाठक कैं स्फुट हो। प्रकाशनक सौलभ्य कैं दृष्टि मे राखि एकर तीन गोट खण्ड कएल ओ तीनू खण्ड प्रायः सङ्गहिँ प्रेसमे प्रकाशनार्थ देलिऐक। दू खण्ड, प्राचीन गीत ओ कथा-काव्य, एहि वसन्त मे प्रकाशित भए गेल, एहि खण्डक प्रकाशन मे विलम्ब भेल तकर मुख्य कारण एकर विस्तार। परन्तु ग्रीष्मान्त होइत आइ इहो प्रकाशित भए रहल अछि अतएव हमर योजना आइ सम्पन्न भए गेल ओ तेँ हमरा अतिशय सन्तोष अछि मुदा आइ हमर पहिल कर्त्तव्य होइत अछि ओहि सुहृद् मित्र लोकनिक प्रति कृतज्ञताक ख्यापन जनिका लोकनिक उत्साह, परामर्श ओ सहयोग सँ ई बड़का काज हमरा सँ सम्पन्न भए सकल।

आ' एहि मे सन्देह नहि जे काज ई भेल अछि बड़ पैघ। सहस्रावधि पृष्ठक एकटा संग्रह साधारण कृति नहि भेल ओ मौथिलीक हेतु तँ ई पैघे टा नहि, सर्वथा अभिनव सेहो अछि। खण्ड-विभाजन तँ प्रकाशनक सुविधार्थ अछि, वस्तुतः थिक ई एकगोट ओ तीनू खण्ड एकत्र देखलहि उत्तर जाहि उद्देश्य सँ एकर सम्पादन भेल अछि से स्फुट होएत। नवीन योजनाक वृहत् संग्रहक ग्रन्थमे तँ पूर्णताक सम्भावना छैक नहि; त्रुटि तकनिहार कैं एहि मे त्रुटिक कोनो कमी नहि भेटतैन्हि, हम स्वयं एकर अनेकानेक त्रुटि देखि रहल छी। परन्तु जाहि पैघ उद्देश्य कैं दृष्टिमे राखि हम एकर सम्पादन कएल अछि तकर यदि आंशिको पूर्ति एहि संकलनसँ भेल अछि तँ हमर श्रम सफल भेल ओ त्रुटिक हमरा चिन्ता नहि अछि, ओकर निराकरण होइत

रहत। मुदा ई हम मुक्तकण्ठ सँ जनाए दैत छी जे एकर सफलताक सब श्रेय हमर सहयोगी मित्रलोकनिक थिकैन्हि, हँ, एकर त्रुटिक हेतु सबटा दोषक भागी हम छी, केवल हम।

एहि काव्य-संग्रहक प्रथम दुहू खण्डक प्रसङ्ग अपन वक्तव्य हम तत्तत् खण्डक भूमिका मे कहि आएल छी। एहू खण्डक प्रसङ्ग हमरा किछु विषय विशेष रूपेँ वक्तव्य अछि।

एहि खण्ड मे एकहत्तरि गोट कवि ओ छओ गोट कवयित्रीक दू सए पन्द्रह गोट कविता संकलित अछि। तथापि बहुतो नीक-नीक कविता जे हमरा देखल छल से समय पर भेटि नहि सकल ओ ताहि बिनु हमरा स्वयं ई संग्रह शून्य लगैत अछि। विशेषतः 1940 सँ पूर्वक रचना भेटब आब कठिन भए गेल अछि। एहि प्रसङ्ग हमरा एतबे एखन वक्तव्य जे हम अनुसन्धान मे लगले छी ओ आशा करैत छी जे अग्रिम जे एकर संस्करण होएतैक ताहि मे किछु आओर कविक रचना सन्निविष्ट कए सकब। परञ्च ई कथा हमरा निवेदनीय जे हमर लक्ष्य एहि मे कविता-रचनाक प्रवृत्ति कैँ अङ्कित करब अछि सब कविक रचना संगृहीत करब नहि। तैँ एक प्रवृत्तिक जँ अनेक कविता छैक ओ से सबटा नहि लए सकलहुँ तँ जे छूटि गेल से त्रुटि अवश्य थिक परञ्च हमरा उद्‌देश्यक पूर्त्ति मे ताहि सँ विशेष हानि नहि होइत अछि।

दोसर विषय अछि एहि मे संकलित कविताक प्रसङ्ग। ताहि प्रसङ्ग हमरा वक्तव्य जे ई हम शुद्ध अपना पसिन्द सँ बीछल अछि। ई हम नहि कहब जे सब कविक सबटा रचना हमरा समक्ष छल, परन्तु जे हमरा उपलब्ध भए सकल ताहि मे जे हमरा प्रवृत्ति-विशेषक प्रतीत भेल सएह हम ग्रहण कएल, एक गोट रचना तँ बिरले कविक अछि; कतोक कविक पाँचटा धरि कविता लेल अछि; तकरो कारण सएह। बहुतो कवि हमरा प्रति अत्यन्त सौजन्य प्रदर्शित कएल ओ अपन अप्रकाशितो रचना सब पठाए देल। हमरा एकर अत्यन्त सन्तोष अछि तथा एहि हेतु हम हुनका लोकनिक अत्यन्त आभारी छी। परन्तु ओहू मे हम बीछल अछि ओएह जे हमरा अपना पसिन्द भेल। एहि मध्य मे अनेको कविलोकनि सँ भेटो भेल अछि ओ सब केओ हमर बीछल अपन-अपन रचना सँ सन्तोषे प्रकट कएल। तैँ हमर चित्त किछु बलितो अछि जे पसिन्द केवल हमर अपन रुचिक वैचित्र्यमूलक नहि अछि, अकारण नहि अछि, तथापि यदि केओ कवि वा पाठक हमर पसिन्द कैँ संगत नहि बूझथि तँ ताहि मे हमर रुचिक दोष ओ से हमर सामर्थ्य सँ बाहरक वस्तु भेल।

तेसर विषय अछि एहि संग्रह मे सीरा ओ भाठाक प्रश्न कैँ लए, अर्थात् कोन कविक रचना पहिने अबैन्हि ओ कोन कविक पश्चात्। एहि प्रसङ्ग बड़ अव्यवस्था अछि, कारण, एकर निर्णय करबाक हमरा कोनो आधार नहि छल। वयसक अनुसार स्थानक निर्णय करी से प्रायः सर्वमान्य होएत परन्तु यदि केओ थोड़हि वयस सँ रचना करैत छथि तँ हुनक स्थान ओही वयसक दोसर कवि सँ पूर्व होएबाक चाही जे पछाति आबि कविता रचए लगलाह अछि। परन्तु मैथिलीक कविलोकनिक जन्म-तिथिओ

सुलभतया प्राप्य नहि अछि तथा इतिहासहु मे सबटा नहि भेटैत अछि। वैदेही समितिक 'परिचय पात' मे एहि दिशि स्तुत्य प्रयास अछि परन्तु हमरा हेतु ओहो अत्यन्त अपूर्ण सिद्ध भेल। तेँ हम सब कवि कैँ वैयक्तिक रूप सँ निवेदन कएलिऐन्हि, यद्यपि से हम किछु विलम्ब सँ कएल, जे ओ लोकनि अपन अपन जन्मतिथि, प्रथम प्रकाशित मैथिली कविताक विवरण तथा अपन स्थायी एवं वर्तमान पता हमरा पठाए देथि। हमरा अत्यन्त हर्ष अछि जे प्रायः पचास गोट कवि हमरा प्रति अत्यन्त सौहार्द देखाए जतबा जे स्मरण छलैन्हि हमरा पठाए देल अछि। ताहि सङ्ग सङ्ग इतिहास एवं परिचय-पातक विवरण कैँ लए हम एहि संग्रह मे जाहि सतहत्तरि गोट कविक रचना अछि तनिका प्रसङ्ग ई यावतो वृत्तान्त, जतबा धरि उपलब्ध भए सकल, सङ्कलित कए परिशिष्ट मे दए देल अछि ओ ताहिमे कविलोकनिक नाम अक्षरानुक्रमे राखि देल अछि। किछु व्यक्तिक उत्तर नहि आएल तकर खेद अछि ओ तनिक परिचय एहि मे शून्य छोड़ि देल अछि। परन्तु जतबा हम सङ्कलित कए सकलहुँ अछि तकर प्रामाणिकता मे संदेहक अवकाश नहि अछि। प्रायः सबटा कविक अपना हाथेँ लिखल हमरा सङ्ग अछि। तेँ आगाँक हेतु ई संग्रह अत्यन्त उपादेय होएत से निश्चय। सीरा-भाठाक निर्णय आब एही आधार पर हो से उचित। परंच एहि संग्रह मे तकर विचार हम नहि कए सकलहुँ, ई हमर त्रुटि कविलोकनि क्षमा करथि।

चारिम विषय थिक कविक प्रतिभाक विश्लेषणक प्रसङ्ग जे प्रत्येक कविक रचना सँ पूर्वहिँ हम दैत गेलहुँ अछि। वस्तुतः प्रत्येक कविक रचना मे जे विषय हमरा आकृष्ट कएलक अछि से हम एहिमे लिखल अछि ओ तदनुरूपें ओहि कविक रचना बीछि कैँ देल अछि जाहि सँ हमर कथा पुष्ट हो, कविक प्रतिभाक समुचित आस्वादन हो। हम अपन पूर्वहुक संग्रह सबमे एहि रूपक कवित्वक परिचय देल अछि यथा कविता-कुसुम मे, ओ तकर साधारणतया स्वागत भेल अछि। ताहि सँ उत्साहित भए हम एहू मे से कएल अछि। परन्तु पूर्वक संग्रह सब छोट छल, ई बड़ व्यापक भए गेल अछि ओ सतहत्तरि गोट कवि मे सड़सठि गोटे जीवित छथि, अधिकांश कैँ हम 'तरुण' कहबैन्हि। हमरा लोकनिक ओहिठाम बड़ प्राचीन कहबी छैक जे 'जीवित कवेराशयो न वर्णनीयः'। हम एहि प्राचीन वाक्यक उल्लंघन कए बड़ साहस कएल अछि ओ सशङ्क छी जे कदाचित् केओ कवि हमर आलोचना सँ असन्तुष्ट ने भए जाथि। परञ्च एहि प्रसङ्ग हम स्पष्ट कहि देअए चाहैत छी जे कविता तँ हम ओएह बीछल अछि जाहि मे हमरा कवित्व-प्रतिभाक दर्शन भेल अछि ओ तेँ नीक हमरा दृष्टिमे ई सब कविता अछिए। परन्तु तकर अर्थ ई नहि जे सब कवितामे सब गुण अछि। हमर उद्देश्य अछि कविता-रचनाक प्रवृत्ति कैँ अङ्कित करब ओ प्रत्येक कविक रचनाक सम्यक् रसास्वादनक मार्गक सङ्केतन करब। ठाम-ठाम कविता-विशेषहुक प्रसङ्ग अपन दृष्टिकोण हम इङ्गित कए देल अछि। परन्तु ई सब कएल अछि हम

अपन रुचिक अनुकूल। जे कथा हम आनहु ठाम कहने छी, हम तँ बुझैत छी जे समालोचना मे रुचिक बड़ महत्त्व छैक ओ यथार्थ समालोचना ओएह थिक जे रुचिक परिष्कार कए सकए। काव्य कला अवश्य थिक ओ कलाक वैशिष्ट्य छैक निष्पादनक शिल्प मे, निष्पत्तिक गुण-दोष गौण थिक। जखन ईश्वरहुक कृति दोष सँ शून्य नहि तखन मनुष्य जे स्वयं दोषक आकर थिक तकर कृति दोषसँ रहित कोना भए सकत? कविक कृतिक शिल्प मे पैसि ओकरा चीन्हब थिक 'भावकत्व' ओ तकरा सहानुभूतिक सङ्ग अभिव्यक्त करब, पाठक कैँ चिन्हाएब, इएह थिक समालोचना। आयास हमर एहूमे सएह रहल अछि। दोष देखाएब हमरा लक्ष्य नहि छल, कारण, दोष हमरा दृष्टि मे अत्यन्त गौण वस्तु थिक। महत्त्वक वस्तु थिक ओहि मे जे प्रतिभा छैक तकर दर्शन ओ तैँ सबमे सब प्रकारक प्रतिभा नहि सम्भव थिक जैँ ठाम-ठाम हम अभावहुक निर्देश कएल अछि परन्तु से दोष देखएबाक बुद्धि सँ नहि, प्रत्युत गुणक उत्कर्ष देखएबाक बुद्धि सँ। मैथिलीमे समालोचनाक पद्धति स्थिर नहि भेल अछि, ओकर मार्ग प्रशस्त नहि होअए पऔलक अछि। हमर एहि साहस सँ यदि ताहि दिशि किछुओ प्रगति भेल तँ हम ततबहि सँ अपना कैँ धन्य बुझब। इहो आवश्यक नहि जे सब हमर विचार सँ वा हमर दृष्टिकोणसँ सहमत होथि। कतेक ठाम प्रतिभाक बीज हमरा दृष्टिमे नहि आएल हो तथा दोसर 'भावक' ओही कविक कृति कैँ, ओही कविता कैँ, दोसर प्रकारेँ चीन्हथि, चिन्हाए सकथि। हमर सबटा कथा निर्भ्रान्त अछि सेहो कहबाक हम धृष्टता नहि करब। परन्तु एतबा हम अवश्य कहब जे हम सबठाम गुण कैँ स्वयं चिन्हबाक ओ पाठक कैँ सहानुभूतिक सङ्ग चिन्हएबाक यत्न कएल अछि, ओ ताहि सँ समालोचनाक एक गोट मार्ग प्रदर्शित कएल अछि। इएहटा मार्ग नहि छैक, ने इएह हम अभिमान करब जे हम सब किछु ठीके चिन्हल अछि। हम एतबए कहब जे हमरा ई बूझल अछि, हम ई बूझल अछि। अतएव एहि अंश कैँ कविलोकनि ओ सहृदय पाठकलोकनि कृपा कए ताहि दृष्टि सँ देखथि।

अन्त मे एहि खण्डक नामक प्रसङ्ग ओ ताहि क्रम मे संगृहीत रचनाक विषय ओ शिल्पक प्रसङ्ग सेहो किछु कहब आवश्यक अछि। एकर नाम हम राखल अछि नवीन गीत। एहि मे दूनू पद, नवीन ओ गीत, व्याख्या-सापेक्ष अछि।

एहि खण्ड मे हमरा मैथिली-काव्यधाराक वर्तमान जे प्रगति छैक तकर दिशा अङ्कित करबाक अछि, ओकर यथार्थ परिचय प्रस्तुत करबाक अछि। मैथिली-कविता मे वर्तमान धाराक प्रवर्त्तक कवीश्वर चन्दा झा थिकाह। हुनकहि रचना सँ हम नवयुगक आरम्भ मानैत छी। एहि मे सन्देह नहि जे नव-युगक प्रमुख लक्षण सब थोड़-बहुत कवीश्वर सँ पूर्वहुँ यत्र-तत्र लक्षित होइत अछि परन्तु से लक्षित होइत अछि ठाम-ठाम, गोटेक आधेक, एक गोट एक ठाम तँ दोसर दोसरा ठाम, ओ नवीनताक सङ्ग-सङ्ग पुरान चालि विशेष रूपेँ परिलक्षित होइत अछि। दोसर, कवीश्वरक समय धरि प्रशस्त छल पुराने रीति; नवीनता तावत् धरि प्रशस्त नहि भेल छल। अपन

व्यक्तित्वक गौरव सँ, अपन संकल्पक दृढ़ता सँ, ओ सबसँ बेसी कुचेष्टाक प्रति अपन उपेक्षा-भाव सँ नवीनता कैं प्रशस्त ओएह कएल ओ ई ऐतिहासिक सत्य थिक जे पण्डित दरबारी लोक हुनका कवीश्वर प्रशंसा मे नहि, कुचेष्टा मे कहए लागल छलैन्हि।

परन्तु नवीनताक लक्षण की? कवीश्वर कविताक क्षेत्र मे नवीनता की आनल ? आरम्भ मे नवीन ओ छल जे प्राचीन परिपाटीक अनुसरण नहि करए ओ तैं एकर लक्षण पहिने निषेधात्मक भेल ओ जखन नवीन परिपाटी स्थिर भेल तखन ओकर प्राशस्त्य सँ नवीनताक विध्यात्मक लक्षण निर्धारित भए सकल। कवीश्वरक सङ्गहि सङ्ग ओही दरबार मे म.म. हर्षनाथ झा रचना करैत छलाह ओ कविक सुयश हुनका बड़ विशेष छलैन्हि। विद्यापतिक सम्प्रदायक अन्तिम महाकवि ओएह थिकाह। कवीश्वरक कविताक सङ्ग जँ हर्षनाथक कविताक तुलनात्मक समीक्षा करब तँ नवीनताक परिचय पूर्णतः भेटि जाएत। हर्षनाथक सबटा कविता–

(1) रागताललयाश्रित गीत अछि।
(2) विषय की तँ शृंगार अछि अथवा देवता-विशेषक ध्यान अथवा स्तुति।
(3) भाषा अछि संस्कृत-बहुल जे लोक-भाषा सँ सर्वथा भिन्न अछि ओ ओहू वर्ग मे बाजल नहि जाइत छल जाहि वर्ग मे एहि कविताक आदर छल।
(4) विषय वा ओकर उपस्थापनक शैली मे प्राचीन परम्पराक अक्षरशः अनुसरण अछि जाहि मे स्वानुभूति अथवा स्वाभाविकताक गन्ध समेत नहि अछि, सबटा कृत्रिम, बनाओल, 'रचल' लगैत अछि।

ओ (5) कविता मे आकर्षण अछि लालित्यक, पदयोजनाक, अलङ्कारक सन्निवेशक, केवल विच्छित्तिक।

एवंक्रमैं शिल्प, विषय, भाव, भाषा ओ शैली सब दृष्टि सँ ई परम्परा जकरा विद्यापतिक परम्परा कहल अछि उन्नैसम शताब्दीक अन्तिम चरण अबैत अबैत जनजीवन सँ ततेक दूर भए गेल जे ओहि मे साहित्यक प्रथम लक्षण जे ओ जन-जीवनक प्रतिबिम्बन करए तकनहु नहि भेटत। विद्यापति जन-भाषाक माध्यम सँ जनमनोनुरञ्जनक मार्ग देखाओल, अभिनय-जयदेव कहाओल; जनजीवनक कलापूर्ण प्रतिबिम्बन कएल, देश ओ विदेश सर्वत्र जनसाहित्यक नव स्रोत बहाओल; मानवताक सुलभ अनुभूति कैं अद्भुत स्वाभाविकता सँ चित्रित कएल, कोटि-कोटि जनताक 'कण्ठहार' भए गेलाह। परन्तु पाँच सए वर्षक अवधि मे जीवनक क्रम बदलि गेल, लोकक भावना बदलि गेलैक। ओ संसार नहि रहल ने ओ लोक रहल। जहाँ धरि मानवताक मूल-भावनाक स्रोतक प्रश्न अछि, विद्यापतिक गीत सब दिन नूतन रहत, कारण, ओ मौलिक सत्य थिक, सब दिन सुन्दर रहत। परन्तु बीसम शताब्दीक जे अस्तव्यस्त जीवन अछि तकर प्रतिबिम्बन केवल ओही माध्यम सँ कोना सम्भव? एहि मे सन्देह नहि जे जाहि मधुर गीत द्वारा मानव आदिअहि सँ अपन हृदयक

भावावेश कैँ अभिव्यक्त करैत आएल अछि से एखनहु ओहिना अछि, सबदिन रहत। परन्तु तैँ ई मान जे केवल गीतद्वारहिं मानव-हृदयक सकल भावनाक अभिव्यक्ति भए सकत असङ्गत। ताहू मे जतबे विद्यापति कएल ततबे करैत रहब, जहिना विद्यापति कएल तहिना करब—जीवनक क्रमशः विकासक प्रतिबिम्बनमे शीघ्रहिँ अक्षम भए गेल। स्वाभाविकता ओहि मे नहि रहल; ओ अनुकरण मात्र रहि गेल, कृत्रिम भए गेल। सुन्दर रहबो कएल तथापि सम्पूर्ण सत्यक अभिव्यक्तिक हेतु अपर्याप्त भए गेल।

परन्तु कवीश्वरक रचना मे ओहि युगक छाया स्पष्ट अछि। ओ युग छल मैथिलक ह्रासक पराकाष्ठाक युग ओ महाराज लक्ष्मीश्वर सिंहक राजत्वकाल मे नवयुगक सूत्रपात भेल। एहि युगसन्धिक प्रतिनिधित्व करैत अछि कवीश्वरक रचना। भाव, भाषा, विषय, शिल्प सब दृष्टि सँ ओ नवयुगक हेतु रचना कएल जाहि मे देशदशाक वर्णनक सङ्ग सामाजिक अनाचार ओ दुराचारक चित्रण कविक व्यक्तित्व कैँ स्फुट करैत अछि। परन्तु तैओ कवीश्वर गीतक मोह नहि छोड़ि सकलाह ओ जकरा हमरा लोकनि चौपाइ कहैत छिऐक तकरहु ओ रामायण मे मिथिलासङ्गीतानुसारेण भिन्न-भिन्न रागक नाम देल।

कवीश्वरक पश्चात् 1930 ई. धरि मैथिली-कविताक ह्रासक युग छल। देशदशा ओ मातृभाषा—बस इएह दूटा जेना नव कविताक विषय हो। भुवनजी आबि नवीनता कैँ प्रतिष्ठित कएल ओ से कएल ओ बङ्गला ओ हिन्दी कविताक विकासक दिशा मे। दलितक पक्ष ग्रहण कए क्रान्तिक भावना जगाएब ओहि युगक चेतनाक प्रतिबिम्बन करैत अछि। मैथिली-साहित्य-परिषदक स्थापना ओ बिहारक विश्वविद्यालय मे मैथिलीक स्वीकृति मैथिलीक क्षेत्र मे नव स्फूर्ति, नव चेतना, नव उत्साह आनि देलक ओ तैँ 1937-38 अबैत-अबैत मैथिली-कविता नवीनताक दिशा मे द्रुतगति सँ अग्रसर होअए लागल। 1947 मे भारतक स्वतन्त्र भेला उत्तर नव उल्लास, नव आशा, नव भावना सर्वत्र व्याप्त भए गेल ओ मैथिली-कविता मे नवीनतम प्रवृत्ति सब विशेष रूपैँ परिलक्षित होअए लागल परन्तु शीघ्रहिँ राजनीतिक स्वतन्त्रताक सङ्ग-सङ्ग राजनीतिक कुटिलता, आर्थिक विषमता, ओ सङ्कटमय जीवनक अनुभव सँ नैराश्य, असन्तोष एवं औदास्यक स्वर क्रमशः प्रस्फुटित होअए लागल।

कहबाक तात्पर्य जे 1930 क पश्चात् मैथिली-कविता देशक राजनीतिक, आर्थिक, सामाजिक—प्रत्येक स्थितिक ताहि रूप सँ प्रतिबिम्बन करैत रहल अछि जे आब एहि कविता-धारा कैँ भारतीय कोनहु भाषाक कविता-धारा सँ गति मे, वा वेग मे, गम्भीरता मे वा व्यापकता मे पछुआएल नहि कहि सकैत छी।

एमहर किछु दिन सँ 'नऽव कविता' क रचना बड़ व्यापक रूपैँ आरम्भ भेल अछि। थिक ई हिन्दीक प्रभाव ओ हिन्दी समेत मे ई देशान्तर सँ आएल अछि। जहाँ धरि नव विशेषण, नव उपमा, नव उक्तिभंगिमाक प्रश्न अछि, ई प्रवृत्ति सर्वथा श्लाघ्य

अछि। परन्तु ठाम-ठाम नऽव कविता मे बिम्ब वा प्रतीक ततेक सूक्ष्म अथवा विप्रकृष्ट रहैत अछि जे साधारण पाठकक हेतु ओ दुरूह भए जाइत अछि। एहना स्थिति मे नऽव कविता ओहने सन लगैत अछि जेना विद्यापतिक कूटक पद सब हो। नव कविताक आचार्य लोकनिकैं ई दुरूहता पाठकक बुद्धिक दोषेँ प्रतीत होइत छैन्हि, परञ्च कविक रचना यदि पाठकक हेतु होइन्ह तखन तँ पाठकक बुद्धि कैं ध्यानमे राखिए कैं कविक रचना होएब उचित थिक। ई दोष पश्चिमहुक काव्य मे आबि गेल अछि ओ जे कविता सकल जनक मनोनुरञ्जनक साधन छल से क्रमशः वर्गीय भेल जाइत अछि, ओहन कविता बुझनिहारक संख्या दिनानुदिन कम भेल जाइत अछि। ई वस्तुत आब मैथिलीक क्षेत्र मे सेहो पूर्ण प्रतिष्ठित भए गेल अछि।

परन्तु जे कोनो प्रवृत्ति हो मैथिली कविताक क्षेत्र मे सब प्रकारक प्रवृत्ति दृश्य भए रहल अछि ओ ई एहि भाषाक महिमा थिक, एहि भाषा मे काव्याराधनाक सुदीर्घ परम्पराक प्रसाद थिक, मैथिलीक कविलोकनिक रचना-कौशल ओ नवीनतम प्रवृत्ति कैं आत्मसात् कए लेबाक क्षमता थिक जाहि कारणेँ कोनहु प्रकारक रचना, कोनहु शिल्पक कविता हमर काव्य-धारा मे सुन्दर जकाँ पचि जाइत अछि। पुरान सँ पुरान चालिक सङ्ग-सङ्ग नऽव सँ नऽव चालिक कविता हमर साहित्य मे रचल जाए रहल अछि परन्तु तैओ एतबा केओ विवेचक स्वीकार करताह जे कोनहु शिल्पक वा कोनहु शैलीक आधुनिक रचना मे एतबा धरि आधुनिकता अवश्य भेटत जे ओहि मे केवल युग-जीवन मात्रेटा नहि अपितु कविक अपनो व्यक्तित्व अवश्य प्रतिबिम्बत होइत अछि।

एहि संग्रह मे सङ्कलित कविता सब यद्यपि अधिकांश 1960 सँ पश्चात्क रचित थिक तथापि यदि परिशिष्ट मे देल प्रत्येक कविक प्रथम प्रकाशित मैथिली-कविताक तिथि कैं देखब तँ स्पष्ट होएत जे एहि मे बहुतो कवि बहुत दिन सँ रचना करैत छथि। वस्तुतः, 1930 सँ मैथिली-कविता मे जेना-जेना नव चेतना, नव प्रेरणा, नव भावना, नव जीवन आएल अछि तकर स्पष्ट चित्र ओहि परिशिष्ट सँ भेटत जे कोन रूपेँ 1930 सँ आरम्भ कए मैथिली-कविता-धाराक वेग क्रमशः गतिशील होइत 1960 धरि चरम उत्कर्ष पर पहुँचि गेल अछि। एकर एक गोट कारण, ओ प्रधान कारण, भेल अछि 'मिथिला-मिहिर'क नवीन प्रकाशन। एहि सँ पूर्व वैदेहीक द्वारेँ तरुण कविक एक प्रमुख दल कवित्वक क्षेत्र मे ख्याति प्राप्त कएने छलाह। 1960 धरि ओ लोकनि तरुण नहि रहलाह, प्रौढ़ भए गेल छलाह ओ तरुणक दल आओर बेसी संख्यामे अग्रसर भेलाह जाहि मे कतोक कवयित्री सेहो छथि। एतए इहो कहब अप्रासङ्गिक नहि होएत जे जाहि वेग सँ एवं जाहि संख्या मे एतए कविलोकनि अपन रचना-कौशल सँ मैथिली-काव्यक क्षेत्र मे उत्कर्ष आनि रहलाह अछि ताहि अनुपात मे मैथिली-कविताक आदर देश मे जनता सँ नहि भए रहल अछि ओ शिक्षितो लोक कैं मैथिलीक पोथी कीनिकैं पढ़बाक अभ्यास एखन पर्यन्त नहि

आएल अछि। कविलोकनि देशक दलित, उपेक्षित वर्गक करुण चित्र अंङ्कित करैत छथि परन्तु ओहि वर्गक कतेक लोक ओकर रस ग्रहण कए सकैत अछि वा करैत अछि? पूर्व मे काव्यक पोषण धनी-मानी-राजा महाराज करैत छलाह। आबक युग मे ओ पोषणता तँ लुप्ते भए गेल परन्तु जनता एखन धरि कविक पोषक नहि भए सकल अछि। प्रकाशनक कठिनता तँ मैथिली-कविलोकनिक समक्ष सब सँ प्रमुख छैन्हि ओ तें 'वैदेही' ओ पश्चात् क 'मिथिला-मिहिर'क सुव्यवस्थित प्रकाशनक सुविधा सँ कविलोकनि कैं नव उत्साह होएब उचिते। तथापि उपलब्ध होइत अछि एखनहु ओहने कविता जे प्रकाश मे आबि गेल अछि। कए गोट कविक समस्त रचना प्रकाशित अछि! जेहो प्रकाशित अछि से धनीमानी व्यक्तिक साहाय्य सँ अथवा स्कूल वा कालेज मे पाठ्यग्रन्थ भए जाएत ताहि कारणेँ। यदि मैथिलीभाषी शिक्षित समाज एहि दिशि साकांक्ष भए एहि प्रसङ्ग अपन कर्तव्य बूझि मैथिली कविताक उचित आदर करए तँ निश्चय मिथिलाभाषा मे कविताक धारा अद्‌भुत प्राशस्त्य प्राप्त कए लेत।

एहि संग्रह मे सङ्कलित कविता कैं हम 'गीत' कहल अछि तकर कारण इएह जे कविताक एकगोट सहज धर्म थिकैक सङ्गीतात्मकता। ओना रागताललयाश्रित गीत एखनहु लिखल जाइत अछि परन्तु ओ आब कविताक जे अनेक शिल्प छैक ताहि मे एकगोट मात्र रहि गेल अछि यद्यपि से एखनहु प्रमुख अछि। मायानन्दजी नऽव कविता द्वारेँ अमर रहताह वा गीतक द्वारेँ एकर निर्णय भविष्य करत परन्तु हमरा हेतु हुनक गीत मे जे आकर्षण अछि से आन कविता मे नहि। दीपिकाजी कैं हम एही द्वारेँ आधुनिक कालक उत्कृष्ट कलाकार मानैत छिऐन्हि। रामदेवजीक गीत मे हमरा जे चमत्कार भेटैत अछि से हुनक आन कविता मे नहि। केदारनाथ लाभजीक काव्य मे सङ्गीतात्मकता कैं हम हुनक शिल्पक उत्कर्ष मानैत छी। परन्तु एहि सङ्ग-सङ्ग मुक्तवृत्त जे आइ-काल्हि लिखल जाइत अछि, ओ नऽव कविताक जे प्रमुख लक्षण प्रतीत होइत अछि, तकर सङ्गति एहि सन्दर्भ मे कोना ?

रागताललयाश्रित गीतक चालि सबसँ पहिने मनबोध त्यागल, रत्नपाणि अपन उषाहरण मे सेहो रागताल सँ मुक्त छन्दक प्रयोग कएल। कवीश्वर मैथिली मे अनेकानेक छन्दक प्रयोग कएल; एतेक छन्दक प्रयोग मैथिली मे आन केओ कवि नहि कएने छथि, परन्तु जतए कतहु सम्भव भेलैन्हि ओ छन्दक सङ्ग-सङ्ग रागहुक नाम कहैत गेलाह ओ गीतहुक रचना ओ थोड़ नहि कएल। मुख्यतः भुवनजी कविता कैं गीत सँ पृथक् कएल ओ गीत कैं ओ कविताक एकगोट भेद बनाए राखल। एमहर छन्दक विषय मे अनेकानेक नव नव प्रयोग भेल अछि, भिन्न-भिन्न भाषाक कवितासँ छन्दक ग्रहण होइत रहल अछि। परन्तु एकगोट नियमक पालन जे छन्दक प्रधान लक्षण थिकैक सर्वत्र भेटत। यात्रीजी मुक्तवृत्त लिखए लगलाह जाहि मेँ छन्दक बन्धन तँ नहि छैक परन्तु लयक प्रधानता छैक ओ जे कथा ओ स्वयं कहल करैत

छथि, मुक्तवृत्तक सफल प्रयोग ओएह कए सकैत छथि जनिका छन्दक ज्ञान छैन्हि, लय कैं ग्रहण करबाक कान छैन्हि। खेदक विषय थिक जे आधुनिकताक तरङ्ग मे कतोक कवि एहि दिशि ध्यान नहि दए तेहन कविता लिखैत छथि जकरा मुक्तवृत्त सेहो नहि कहि सकैत छी, कारण ओ 'वृत्त' थिके नहि। नऽव कविता मे ई स्वच्छन्दता एतेक बढ़ि गेल अछि जे एहि जातिक कतोक कविताक प्रसङ्ग श्रीउमानाथ बाबूक उक्ति सर्वथा समीचीन जँचैत अछि जे कविता तँ ओ थिके नहि, ओकरा नीक गद्यो नहि कहि सकैत छी। लय कैं त्यागि देला सँ कविताक शिल्पहि पर आघात होइत छैक ओ लय से वस्तु थिकैक जे राग-ताल-वला गीत सँ लए आजुक मुक्तवृत्त, नीक मुक्तवृत्त, यथार्थ मुक्तवृत्त धरि सर्वत्र पाओल जाइत अछि। राग सँ छन्द होइत केवल लय पर आबि अँटकब कविताक शिल्पक विकास मानब ओ लय सएह सङ्गीतहुक बीज थिकैक। तेँ नवीन-गीत सँ हमर अभिप्राय ओहने कविता अछि जाहि मे कम सँ कम लय होइक। जाहि कविता मे लय नहि छैक से हमरा बुझैत कविता नहि कहल जाए सकैत अछि। प्रयत्न हम कएल अछि एहने नऽवो कविता ग्रहण करबाक जाहि मे लय छैक, कम वा बेसी ई भिन्न वस्तु भेल। तेँ जे कथा हम आरम्भहु मे कहल अछि, हमरा जनैत सङ्गीतात्मकता कविताक एक गोट प्रधान धर्म थिकैक ओ ताही अर्थ मे एहि खण्डक नाम नवीन-गीत बुझबाक थिक।

बहुत सचेष्ट रहितहुँ छापा मे कतोक विचित्र-विचित्र अशुद्धि रहि गेल से पाठक-गण क्षमा करथि।

अन्त मे हम कृतज्ञता-ज्ञापन करैत ओहि कविलोकनिक प्रति आभार प्रकट करैत छी जे लोकनि अत्यन्त उदारता सँ अपन-अपन अप्रकाशितो कविता हमरा पठाए देल। ई कथा साधारणतथा एहन कविताक अन्त मे सूचित कए देल अछि। आन कविता जतए सँ लेल अछि तकर पूर्ण विवरण दए देल अछि जाहि सँ ककरहु ओ तकबा मे श्रम नहि होइन्ह।

तखन हम अत्यन्त आभारी छी मित्रवर डा. श्री शैलेन्द्रमोहन जीक जे एहि आयोजन मे हमर बड़ सहायता कएल अछि। डा. श्री दुर्गानाथजी एम्हर हमर साहित्यिक-सहकर्मी जकाँ प्रत्येक साहित्यिक काज मे हमर प्रधान विचारक, मुख्य सहायक ओ प्रमुख उत्साहक रहलाह अछि। एहि खण्ड मे हुनक सहयोग आओर विशेष रहल अछि। एही विषयक ओ विशेष अध्ययन कएलैन्हि अछि ओ बिनु हुनक साहाय्यैं एकर परिचय-अंश अपूर्ण रहि जाइत, सङ्कलनो एहन सुन्दर नहि भए सकइत।

जे केओ छोटो संग्रह कएने छथि से अनुमान कए सकैत छथि जे एहि वृहत् योजना मे कतेक श्रम अपेक्षित छैक। कविता सब ताकब, मिलाए-मिलाए देखब, तखन लिखब—सब श्रमसाध्य। कम सँ कम छओ-सात सए कविता लिखाए तखन ओहि सँ ई 215 गोट कविता हम बीछल अछि। एहि मे शारीरिक श्रम जे लोकनि

कएलैन्हि अछि ताहि मे छथि हमर पुत्र-द्वय श्रीदुर्गानाथ, ओ श्रीविद्यानाथ। स्नातकोत्तर-विभागक हमर तीन जन मेधावी छात्र, श्री भोला, श्री रामचन्द्र ओ श्री जगदीश एहि मे आदि सँ सहर्ष अपन श्रमदान कए हमर जे सहायता कएल अछि ताहि हेतु हम कोन शब्दें सन्तोष प्रकटकरू। मैथिलीक भविष्य हिनकहि लोकनिक सक्रियता पर अवलम्बित छैक। हम हृदय सँ आशीर्वाद दैत छिऐन्हि जे ई तीनू जन एहि सँ जे प्रशिक्षण प्राप्त कएल अछि, प्रेरणा ग्रहण कएल अछि, रुचिक परिष्कार कए सकलाह अछि ताहि सँ आगाँ जाए सत्साहित्य कें चिन्हबा मे, ओकर निर्माण मे, ओकर प्रचार ओ प्रसार मे क्षमता प्राप्त करथि, दक्षता प्राप्त करथि, यशस्वी होथि। परन्तु भार एकर वहन कएल अछि हमरा सङ्ग अनुसन्धान-काजमे लागल श्रीवेदनाथजी एम.ए.। हुनक उत्साह, अध्यवसाय, सूझि ओ साहित्यिक रुचिक हम मुक्तकण्ठ सँ प्रशंसा करैत छी।

एकर प्रकाशनक श्रेय छैन्हि दड़िभङ्गाक ग्रन्थालय कें, ओहिमे उत्साह ओ व्यय श्री रमणेन्द्रनारायण चौधरीजी बी.ए.क तथा उद्योग ओ संलग्नता श्री मिहिरजीक। ई दूनू जन एहि साहित्यिक महानुष्ठान मे कर्त्तव्यबुद्धय तत्पर छलाह।

आशा अछि एकर अग्रिम संस्करण मे कवि-लोकनिक फोटोग्राफक ब्लाक सेहो दएसकब। एहि बेरि से संग्रह अबेर कें करए लगलहुँओ समय पर सबटा उपलब्ध नहि भए सकल।

परन्तु देखबाक अछि जे एकर स्वागत केहन होइत अछि। सुधी-समाज सँ निवेदन जे यदि केओ एहि प्रसङ्ग, एकर त्रुटिक निराकरणार्थ अथवा एकरा आओर उपादेय-सम्पादनार्थ, किछु सुझाब देताह तँ हम तकर पूर्ण आदर करब।

(भूमिका, मैथिली नवीन-गीत, गंगा-दशहरा 1965)

मैथिली में कृष्ण-काव्य

(1)

मैथिली भाषा के साहित्य में कृष्ण-काव्य की परम्परा अत्यन्त प्राचीन है। वस्तुतः मैथिली साहित्य का आरम्भ ही कृष्ण-काव्य से होता है। यह साहित्य कृष्णमय है। भारत के पूर्वाञ्चल की जितनी आधुनिक भाषाएँ हैं सबमे मैथिली ने ही सबसे पहले साहित्यिक प्रतिष्ठा प्राप्त की। इस अञ्चल की कोई भी भाषा नहीं है जिसका साहित्य किसी न किसी रूप में मैथिली साहित्य से अनुप्राणित न हुआ हो। समस्त आर्यावर्त्त की कोई भी भाषा ऐसी नहीं है जिसके साहित्य के विकास में मैथिली साहित्य का प्रभाव परिलक्षित न होता हो। यदि हम कहें कि उत्तर भारत के भाषा-साहित्य में कृष्ण-काव्य की परम्परा मैथिली साहित्य के ही प्रभाव से अनुप्राणित और विकसित हुई है तब भी कोई अत्युक्ति नहीं होगी। भाषा-साहित्य में कृष्ण-काव्य की धारा सबसे पहले मैथिली में ही वही। वहीं से इसकी धारा बहुधा उसी रूप में अन्य भाषा-साहित्यों में पहुँची। उसे समझने के लिए आवश्यक है कि हम पहले मैथिली साहित्य की प्राचीनता, उसके वैशिष्ट्य तथा उसके क्रम को जान लें।

(2)

विदेह भूमि, मिथिला या तीरभुक्ति—किसी भी नाम से इसे पुकारें या पहचानें, परन्तु गङ्गा और हिमवान्, कौशिकी और सदानीरा के मध्य का यह छोटा सा भू-भाग भारतवर्ष के इतिहास मे अपना एक स्वतन्त्र अस्तित्व रखता है। अंग्रेजों के शासनकाल में ही भारत के राजनीतिक मानचित्र से मिथिला का नाम मिट गया, पर भारत की संस्कृति को मिथिला की ऐसी देन है कि भारतीय जनजीवन में मैथिली का स्थान अक्षुण्ण रहा है। इसकी सीमा अभी भी वही है, जो शतपथ ब्राह्मण में वर्णित है। उपनिषदों की चिन्तन-धारा की उद्गमस्थली मिथिला है। सती-सीमन्तिनी सीता

की जन्मभूमि होने के कारण इसकी पवित्रता सर्वमान्य है। महाभारत इस भूमि की प्रशंसा से भरा पड़ा है, जैनों के प्रधान तीर्थङ्कर महावीर वैशाली में उत्पन्न मैथिल ब्राह्मण थे। महात्मा बुद्ध के कार्य-क्षेत्रों में राजगृह और श्रावस्ती के साथ वैशाली का नाम अमर है। बौद्ध और जैन साहित्य में मिथिला आर्यावर्त्त के षोड़श जनपदों में अन्यतम थी। समस्त उत्तर भारत मुसलमानों के हाथों चला गया; फिर भी कम से कम दो सौ वर्षों तक मिथिला में क्षत्रियों का राज्य रहा। कर्म के फल में अनासक्ति, धर्मबद्धता, स्वाध्याय संलग्नता, आचार की चारुता और सबसे बढ़ कर सामाजिक जीवन की सुदृढ़ता से मिथिला के वासी अनादिकाल से अपना वैशिष्ट्य सुरक्षित रखते आ रहे हैं। यह बात सत्य है कि मिथिला अपनी राजनीतिक स्वतंत्रता बार-बार खोती रही। सामाजिक स्वतंत्रता के समक्ष मिथिला ने अपनी राजनीतिक स्वतन्त्रता को कभी भी महत्व नहीं दिया। इसके फलस्वरूप मिथिला ने राजनीतिक स्वतन्त्रता के लिए कभी संघर्ष भी नहीं किया। महात्मा बुद्ध के महापरिनिर्वाण के कुछ ही दिनों के बाद मिथिला की स्वतन्त्रता को पितृघाती मगधराज अजातशत्रु ने छीन लिया और तब से लेकर कम से कम हर्षवर्धन के समय तक मिथिला मगध का अङ्ग बनी रही। चक्रवर्ती होने के लिए जितने राजा दिग्विजय को चले; सबने प्रायः मिथिला को विजित किया। हिमालय तक पहुँचना उनके लिए आवश्यक था और मिथिला ठीक उनके मार्ग में पड़ती थी। मिथिला ने कभी किसी तरह का विरोध नहीं किया। अपने सामाजिक सुसंघटन के द्वारा मैथिलों ने अपना जीवन-क्रम इस प्रकार का बना लिया था कि राजनीतिक परतन्त्रता से उनके दैनन्दिन जीवन पर कोई स्थायी प्रभाव नहीं पड़ा। शाके 1097 मे कर्णाट देश के एक कलाविद् पण्डित क्षत्रिय राजकुमार ने मिथिला में एक नये राज्य की नींव डाली और विदेशी होते हुए भी मिथिला के लोगों के साथ इस प्रकार मिलकर शासन करने लगे कि यहीं से मिथिला के इतिहास में नवयुग का सूत्रपात होता है। समस्त आर्यावर्त्त में मुसलमानों का शासन हो गया, मगर मिथिला ने कर्णाटों की छत्रछाया में दिल्ली या दिल्ली के सूबेदारों की प्रभुसत्ता स्वीकार करके भी अपनी सत्ता दृढ़ रखी। यह राजनीतिक स्वतन्त्रता न्यूनाधिक रूप से अङ्गरेजों के शासनकाल तक बनी रही, जिससे जातीय जीवन सुरक्षित रहा और कर्णाटों की सुव्यवस्था यत्किञ्चित विद्यमान रही।

कम से कम पन्द्रह सौ वर्षों तक मिथिला राजनीतिक स्वतन्त्रता से वंचित रही। वह मगध साम्राज्य का अङ्ग थी, फिर भी आश्चर्य है कि मैथिलों ने अपना स्वतन्त्र अस्तित्व अक्षुण्ण रखा और कम से कम सांस्कृतिक क्षेत्र में मिथिला की सत्ता स्वतन्त्र बनी रही। महात्मा बुद्ध के समय में यहाँ वृज्जियों का गणराज्य था जिसे अष्टकुल कहते थे। यह आठ जातियों का सम्मिलित संघ था जिनमें लिच्छवी, वैदेह प्रभृत्ति जातियाँ मिली हुई थीं। वृज्जियों का पतन होने पर भी लिच्छवियों का प्रताप आर्यावर्त्त मे बहुत दिनों तक देदीप्यमान रहा। यद्यपि आज लिच्छवियों का नाम

इतिहास में ही शेष है, पर वैदेहों अभी भी मैथिलों के रूप में पहचाने जा सकते हैं। इसका सबसे प्रमुख कारण था वैदेहों का सामाजिक सुसंघटन। इससे जातीय वैशिष्ट्य बराबर सुरक्षित रहा और उस जातीय संघटन में समयानुकूल सुधार उनकी स्वतन्त्रता को विकास की दिशा में अग्रसर करता रहा। राजनीतिक स्वतन्त्रता के अभाव में कम से कम कला और साहित्य के क्षेत्रों मे मैथिलों को संरक्षण नहीं मिला और मिथिला के कलाकार, कवि और साहित्यकार, जिनका एकमात्र अवलम्ब राजकीय संरक्षण रहा है, जीविका के लिए भटकते रहे। कला के अभिज्ञ और कलाकारों के पोषक कर्णाटों की छत्रछाया में ही मिथिला में एक नयी लहर आयी थी जो कम से कम चार सौ वर्षों तक मैथिली को उत्कर्ष के पथ पर आगे ले गयी। मैथिली साहित्य का यही उन्नयन काल है; जिसे आज हम मैथिली कहते हैं, उसमें साहित्य-सर्जना का आरम्भ इसी युग में होता है।

(3)

भारत की भाषाओं के सम्बन्ध में भाषाविज्ञानविशारदों के जो भी मत हों; आदिकवि वाल्मीकि के साक्ष्य पर मेरा तो विश्वास है कि यहाँ आरम्भ से ही कोई एक भाषा नहीं रही है, दो भाषाएँ यहाँ सदा से ही व्यवहार मे रही हैं। अशोकवाटिका में सीता को सामने पाकर हनुमान संशय में पड़ जाते हैं कि इनसे किस भाषा मे बोला जाय–

अहं ह्यतितनुश्चैव वानरश्च विशेषतः।
वाचं चोदाहरिष्यामि मानुषीमिह संस्कृताम् ॥
यदि वाचं प्रदास्यामि द्विजातिरिव संस्कृताम्।
रावणं मन्यमाना मां सीता भीता भविष्यति ॥
अवश्यमेव वक्तव्यं मानुषं वाक्यमर्थवत्
(सुन्दरकाण्ड–30/17-19)

स्पष्ट है कि त्रेता युग में ही नहीं, वाल्मीकि के समय में भी यहाँ दो भाषाएँ थीं : एक मानुषी और दूसरी द्विजातीय। दोनों के संस्कृत रूप थे– मानुषी भाषा भी संस्कृत होती थी और द्विजाति की भी भाषा संस्कृत होती थी। इसी से स्पष्ट है कि दोनों के असंस्कृत या प्राकृत रूप भी प्रचलित थे; तभी तो हनुमान की प्रशंसा करते हुए राम ने उसे 'संस्कारक्रमसम्पन्ना' कहा :

नूनं व्याकरणं कृत्स्नमनेन बहुधा श्रुतम्।
बहु व्याहरतानेन न किञ्चिदपभाषितम् ॥
(किष्किन्धाकाण्ड –3/29)

वाल्मीकि के शब्दों से ध्वनित होता है कि रावण की भाषा द्विजाति की भाषा थी; परन्तु हनुमान की भाषा द्विजाति की भाषा नहीं थी। द्विजेतर लोग भी द्विजाति

की भाषा सीख लेते थे और उसे बोल भी लेते थे यद्यपि उसमें 'अपभाषित' हुआ करते थे। राम को आश्चर्य होता है कि हनुमान द्विजाति की भाषा में बोल गए जो उनकी भाषा नहीं थी, फिर भी कहीं भी 'अपभाषित' नहीं हुआ। सीता से भी हनुमान ने मानुषी भाषा मे ही वार्त्तलाप किया यद्यपि वह मानुषी भाषा का असंस्कृत रूप नहीं संस्कृत रूप था। संस्कृत का अर्थ प्रसिद्ध टीका तिलक में 'व्याकरणसंस्कारवती' है और गोविन्दराज के अनुसार, 'प्रयोग सौष्ठवलक्षणसंस्कारयुक्ता' अर्थात् मानुषी भाषा के भी व्याकरण थे, उसे भी प्रयोग सौष्ठव प्राप्त था। द्विजाति की संस्कृतवाणी सर्वत्र एक थी परन्तु मानुषी भाषा जनपदभेद से भिन्न-भिन्न थी। टीकाकारों ने कहा है कि हनुमान ने इस अवसर पर जिस मानुषी भाषा का प्रयोग किया वह अवध जनपद की भाषा थी। मिथिला और अवध ये दोनों जनपद सटे हुए थे, इसलिये दोनों जनपदों की भाषाओं में बहुत अन्तर नहीं रहा होगा। हनुमान बहुभाषाविद् थे। यह भी सम्भव है कि उन्होंने सीताजी से उनकी अपनी भाषा मैथिली में ही बातें की हों। इतना तो तय है कि वह भाषा यदि मिथिला की न होकर, अवध की ही भाषा थी तब भी वह मिथिला की भाषा से बहुत मिलती-जुलती रही होगी।

वह भाषा जो भी रही हो, द्विजाति की भाषा से भिन्न थी जिस भाषा के 'संस्कृत' भी रूप थे और जिस भाषा को सीताजी-सी द्विजाति की कन्या और वधू आसानी से समझ और बोल सकती थी। मेरा अनुमान है कि 'मानुषी' भाषा ही 'जनपदीय' भाषा है और इसीलिए इसके प्रतियोगी होने से द्विजाति की भाषा 'देवभाषा' कहलाने लगी। इसी 'देवभाषा' का संस्कृत रूप पीछे संस्कृत नाम से प्रसिद्ध हुआ और मानुषी भाषा का ही संस्कृत रूप जनपद के भेद से भिन्न-भिन्न प्राकृतों के नाम से। भाषा का संस्कार होता है व्याकरण के नियमों और प्रयोग के सौष्ठव से। इसलिए उसका असंस्कृत रूप अनियमित होता है जिसके विचार का कोई आधार नहीं होता है। जनपदीय भाषाओं के संस्कृत रूप ही क्रमशः विकसित होते हुए द्विजातियों के परिवारों में भी व्यवहृत होने लगे। यही कारण है कि आचार्य भरत ने ही अपने नाट्यशास्त्र में स्त्रियों की भाषा और निम्न स्तर के द्विजातियों की भी भाषा प्राकृत मान ली। द्विजाति अल्पसंख्यक थे किन्तु समाज में उनका स्तर बहुत ऊँचा था; द्विजेतर बहुसंख्यक थे और उनकी भाषा पर द्विजातियों का प्रभाव व्यापक ही नहीं, गम्भीर भी था। जनपद-भाषाओं का संस्कार भी द्विजातियों की भाषा के प्रभाव से उन्ही के द्वारा हुआ होगा। यह तो अब मानी हुई बात है कि नाटकों, शिलालेखों और कविताओं में जो प्राकृत भाषा उपलब्ध होती है वह कृत्रिम भाषा है, प्राकृत के नियमों के अनुकूल संस्कृत की ही छाया है। इनका प्रयोग मुख्यतः द्विजातियों के द्वारा साहित्य-सर्जन में हुआ है। मूल प्राकृत भाषा, जो द्विजेतरों की भाषा का संस्कृत रूप थी, इस कृत्रिम प्राकृत साहित्यिक भाषा के समान होती हुई भी उससे भिन्न थी। उसे ही हम जनपद भाषा की जननी कह सकते हैं। द्विजातियों की संस्कृत भाषा के प्रभाव से दबी हुई भी यह मूल प्राकृत, जनपदीय भाषा, उससे भिन्न थी। दोनों

के विकासक्रम भिन्न थे। दोनों की साहित्यिक परम्परा भिन्न थी। ये दोनों प्रायः प्रागैतिहासिक युग से ही आर्यावर्त्त में साथ-साथ पनपती आयी हैं। वेद-विरोधी धर्मों के प्रवर्तक गौतम बुद्ध और महावीर ने भी द्विजातियों की भाषा छोड़ तत्तद् जनपदों की लोकभाषाओं मे ही अपने धर्मों का प्रचार किया। इससे भी उपर्युक्त बात की पुष्टि होती है। वस्तुतः बौद्ध और जैन धर्मो ने ही लोकभाषा के विकास का मार्ग प्रशस्त किया। बौद्धों की साहित्यिक भाषा–पाली–भले ही मागधी प्राकृत का संस्कृत रूप हो; परन्तु इसका निबन्धन तो अशोक प्रियदर्शी के समय में हुआ। महात्मा बुद्ध के मूल वचन की भाषा पाली थी, यह निश्चित रूप से कहा नहीं जा सकता है। जैनों की साहित्यिक भाषा अर्द्धमागधी मे, यदि महावीर के मूल वचन सुरक्षित हैं, तो वह भाषा मिथिला की तत्कालीन भाषा मानी जा सकती है, क्योंकि महावीर वैशाली के वैदेह थे। भाषाशास्त्रियों के जो भी मत हों, इतिहास की दृष्टि से तो यही बात सङ्गत लगती है। मगध तथा मिथिला के बीच मे गङ्गा ही तो है और दोनों की भाषाओं मे बहुत अधिक अन्तर भी नहीं है। प्रायः गंगा के उत्तर की भाषा मिथिला की तत्कालीन भाषा–अर्द्धमागधी, पूरी नहीं आधी मागधी, कहलायी। जैनों ने इस भाषा को प्रयोग सौष्ठव प्रदान कर इसे साहित्यिक गरिमा दी। अर्द्धमागधी सुसंस्कृत और व्यवस्थित होती हुई जैनों के साथ दूर-दूर देशों में फैलती गयी। संस्कृत भाषा का जो स्वभाव है, उसमें विकास का मार्ग अवरुद्ध हो गया। मिथिला जनपद की भाषा प्राकृतिक नियमों के अनुसार विकास के मार्ग पर आगे बढ़ती गयी। व्याकरण के नियमों से लोकभाषा क्रमशः संस्कृत होती गयी और लोक साहित्य में प्रयुक्त होती हुई विकास की दिशा में अग्रसर होती रही। द्विजातियों की भाषा लोकभाषा, जलवायु और भाषान्तर के सम्पर्क के प्रभाव से अपभ्रष्ट होती हुई लोकभाषा के ही मार्ग पर आती रही। अतः यह कहना प्रायः असङ्गत नहीं होगा कि साहित्यिक प्राकृत अथवा अपभ्रंश मुख्यतः द्विजातियों की ही भाषा थी जिन्हें हम लोकभाषा के अनुकूल संस्कृत की छाया कह सकते हैं। लोकभाषा का प्रयोग लोक-साहित्य में होता रहा और साहित्यिक प्राकृत का द्विजातियों द्वारा रचित काव्यों में। लोक-साहित्य के दृष्टान्त नहीं मिलते हैं परन्तु अनुपलब्धि तो अभाव का प्रमाण नहीं है। अशोक के शिलालेखों की भाषा तत्तद् प्रान्तों की तत्कालीन भाषा नहीं तो उनके अति समीप की भाषा मानी जा सकती है और उनके बीच का अन्तर जनपद भेद से भाषा के अन्तर का दृष्टान्त माना जा सकता है। मेरी तो धारणा यही है कि ये दो धाराएँ क्रमशः समीप होती हुई, मिलकर आधुनिक भारतीय भाषाओं के रूप में प्रतिष्ठित हुईं। कम से कम मैथिली के प्रसङ्ग में तो यह धारणा बहुत ही समीचीन लगती है। जो बात मैथिली के सम्बन्ध में सत्य है वही अन्यान्य भाषाओं के सम्बन्ध में भी सत्य हो सकती है। द्विजाति की भाषा का कितना भी प्रभाव क्यों न हो पर मैथिली संस्कृत-मूलक नहीं है, इसके अनेक प्रमाण और अनेक युक्तियाँ हैं।

(4)

वह भाषा जिसे मैथिली कहने में किसी को कोई विप्रतिपत्ति नहीं है उस भाषा में रचित सबसे प्राचीन ग्रन्थ कविशेखर ज्यातिरीश्वराचार्य का वर्णरत्नाकर है। यह ग्रन्थ अपूर्ण प्राप्त और प्रकाशित है। निश्चित रूप से तो कहा नहीं जा सकता है परन्तु मेरा अनुमान है कि इसकी रचना मिथिला में कार्णाट राजवंश के उच्छेद हो जाने के अव्यवहितोत्तर काल में ईशवीय 1330 और 1340 के मध्य में हुई है। ज्योतिरीश्वर अन्तिम कार्णाट राजा हरिसिंहदेव के सभापण्डित थे। यह ग्रन्थ गद्य में है और कोष की भाँति इसमें वर्णनीय वस्तुओं का वर्णन है। इसके मध्य-मध्य में साहित्यिक चमत्कार अवश्य है परन्तु समष्टि रूप से इसे काव्य नहीं कह सकते। सम्पूर्ण ग्रन्थ उपलब्ध नहीं है इसलिए यह कहना कठिन है कि इसकी रचना किस उद्देश्य से, किसके लिए हुई थी। अनुमान है कि उस समय के कथकों, कथाकारों और कवियों के लिए ज्यातिरीश्वर ने इस कोष-सदृश रत्नाकर का निर्माण किया जिससे उन्हें अपने वर्णनों को सजीव और चमत्कारी बनाने में सहायता मिले। स्पष्ट है कि उन दिनों कथक, कथाकार और कवि मैथिली में रचना करते और कथायें सुनाते थे। इस बात की पुष्टि होती है कि साहित्य-रचना की परम्परा उस समय तक सुदृढ़ हो गयी थी। साहित्य-सर्जना में पहले पद्य का विकास होता है और गद्य बहुत पीछे आता है। वर्णरत्नाकर का गद्य प्रौढ़ है। इसमें लक्षणा और व्यञ्जना का प्रयोग तथा वागधारा का विकास सूचित करता है कि तब तक मैथिली में अभिव्यक्ति-शक्ति पूर्ण समर्थ हो गयी थी। वर्णरत्नाकर के उपलब्ध अंशों में ग्रामीण जीवन का कोई चित्र नहीं है; केवल नागरिक जीवन के ही चित्र हैं। उन पर कामशास्त्र की छाप स्पष्ट प्रतीत होती है। उसमें तत्कालीन व तत्पूर्वयुगीन साहित्याराधना के चित्र बड़े ही महत्व के हैं। उसमें बिखरे सङ्गीत और नृत्य के वर्णनों से स्पष्ट प्रतीत होता है कि उन दिनों नागरिकों के मनोरञ्जन के लिए साहित्याराधना के विविध प्रकार थे। शास्त्रीय रागों से लेकर प्रबन्ध गीतों तक, लोरिक-नाच से लेकर विरहा और चाँचड़ि के गीतों तक नागरिक जीवन के मनोरञ्जन की साहित्यिक विधाओं के वर्णनें से ऐसा प्रतीत होता है कि केवल पद्य ही नहीं, गद्य के भी माध्यम से लोगों का मनोरंजन प्रतिभावान् कवि और कथाकारों का व्यवसाय था। लिखना उन दिनों इतना श्रमसाध्य था और साक्षरता इतनी विरल थी कि मनोरञ्जन की सामग्री को लिखने का विचार भी लोगों के मन में नहीं आया होगा। जिन द्विजातियों का व्यवसाय लिखना था वे अपनी भाषा संस्कृत छोड़ लोकभाषा में साहित्य लिखना सोच भी नहीं सकते थे। ज्योतिरीश्वर ने ही पण्डित ब्राह्मण होकर भी मैथिली में ग्रन्थ की रचना की और एक नये युग का सूत्रपात किया। उससे पहले प्रायः किसी पण्डित ब्राह्मण ने लोकभाषा में रचना कर

उसे अपने नाम से प्रसारित नहीं किया था, वे उसे पाप नहीं तो कलङ्क अवश्य ही मानते थे। कथाएँ तो यहाँ हाल तक कहने की वस्तु समझी जाती थी, लिखने या पढ़ने की नहीं और कथा-कथन-कौशल उन चौसठ कलाओं में परिगणित है जिनकी चर्चा कामशास्त्र में ही नहीं, यत्र-तत्र मिलती है। मिथिला में इनके न मिलने का एक कारण यह भी था कि ये कलाकार सदा राज्याश्रित रहते थे। मिथिला में तो अत्यन्त प्राचीन काल से लेकर शाके 1019 तक कोई राजा ही नहीं था जिससे मैथिली के साहित्यकार पोषित होते। फलतः यहाँ के कवि और कलाकार आश्रय की खोज में मिथिला के बाहर ही भ्रमण करते रहे। इसके बाबजूद यहाँ के भाषा साहित्य का स्रोत कभी सूखा नहीं। इसका प्रमाण वर्णरत्नाकर में सुरक्षित है। यह सच है कि यह साहित्य मौखिक रूप में ही प्रसृत होता रहा। जो ग्रन्थ धर्म से, ज्ञान अथवा किसी गुणग्राही राजा से सम्बद्ध थे, वही लिखे गये।

प्राक्-ज्योतिरीश्वर युग के मैथिली साहित्य के प्रसङ्ग में कुछ भी निश्चित रूप से कहने में एक कठिनाई भाषा की है। ज्योतिरीश्वर ने गद्य में वर्णरत्नाकर की रचना की। उसकी भाषा विशुद्ध मैथिली है। उसी युग या उससे पूर्व ही नहीं पश्चात् युग में भी पद्य रचना अपभ्रंश में होती थी। ज्योतिरीश्वर ने भी भाषाओं के नाम से तेरह भाषाओं का उल्लेख किया है जिनमें छः को उन्होंने भाषा कहा है और सात को उपभाषा। भाषाओं में वे संस्कृत, प्राकृत, अवहट्ठ, पैशाची, शौरसेनी, और मागधी और उपभाषाओं में शकारी, आभीरी, चाण्डाली, सावरी, द्राविड़ी, औत्कली तथा विजातियों का उल्लेख किया गया है। यह तो सम्भव नहीं है कि ज्योतिरीश्वर भाषाओं के नाम गिनाते समय उस भाषा का नाम देना भूल गये होंगे जिसमें वे स्वयं लिख रहे थे। वह भाषा अवहट्ठ थी, ज्योतिरीश्वर के प्रायः पचास वर्ष पश्चात् विद्यापति ने अपनी कीर्त्तिलता की भाषा को 'अवहट्ठ' कहा है और उसे वे 'देसिल बयना' कहते हैं। ज्योतिरीश्वर के समकालीन हरिब्रह्म नामक एक कवि ने मन्त्रिचण्डेश्वर की प्रशंसा में एक पद्य रचा था जो प्राकृत-पैङ्गल में छन्द के दृष्टान्त में उद्धृत है। इसकी भाषा वही है जिसमें विद्यापति ने कीर्त्तिलता रची। मेरा अनुमान है कि गुप्तोत्तरकाल में जिसे प्राच्य-अपभ्रंश की संज्ञा दी गयी वही बाद को अवहट्ठ नाम से भारत के इस पूर्वाञ्चल की भाषा कहलाने लगी। इस भाषा में केवल मैथिली ही नहीं, बङ्गाली और असमी के भी लक्षण दीखते हैं और यह मानना सुगम हो जाता है कि वह अवहट्ठ, मैथिली का प्राग्रूप था। वह बङ्गला और असमिया के प्राग्रूपों के अत्यन्त सदृश था क्योंकि ये सभी भाषाएँ प्राच्य अपभ्रंश के ही भेद थे। इस अवहट्ठ भाषा में सहजयान के सिद्धों के गीत उपलब्ध हैं जिनमें साधना के तत्व गीत-रूप में वर्णित हैं। उसी भाषा में डाक और अन्य कवियों की पंक्तियाँ भी मैथिली निबन्धों में उद्धृत मिलती हैं जिनमें ज्योतिष-शास्त्रीय ज्ञान और कृषि सम्बन्धी उपदेश निहित हैं। मैथिल निबन्धकारों ने अपने संस्कृत ग्रन्थों में इस वचनों को प्रमाण रूप में उदृधृत किया

है। इससे उन वचनों को आर्ष और आप्तवाक्य मानने में कोई सन्देह नहीं है। मैथिल निबन्धकारों ने ही उद्धृत किया है इसलिए मैं उन्हें मिथिला की ही कृति मानता हूँ। यही दो प्रकार के काव्य, अवहट्ठ में रचित मिलते हैं जिन्हें हम प्राक् ज्योतिरीश्वर युग की रचना कह सकते हैं। वे आधुनिक मैथिली में नहीं, मैथिली के प्राग्रूप में रचित हैं जिसमें अन्य आधुनिक भारतीय भाषाओं के भी लक्षण यत्र-तत्र मिलते हैं। प्राकृत पैङ्गल में कुछ मुक्तक अवहट्ठ के प्रतीत होते हैं। कालिदास के विक्रमोर्वशीय के अपभ्रंश के पद प्राच्य अपभ्रंश के हो सकते हैं। अपभ्रंश काव्यों में इस भाषा के दृष्टान्त मिल सकते हैं, पर उन दिशाओं में अनुसन्धान नहीं हुआ है और न कुछ निश्चित रूप से कहा जा सकता है। मिथिला में कोई राजा रहते तो सम्भव है उस युग की रचनाएँ उपलब्ध होती। मिथिला में तो मैथिलों को अपना समझने वाले राजा कर्णाट हुए और उन्हीं कर्णाटों की छत्रछाया में पोषित कविशेखर ज्योतिरीश्वर ने मैथिली में रचना की जो हमारे साहित्य का प्राचीनतम उपलब्ध ग्रन्थ है।

ज्योतिरीश्वर का कोई काव्यग्रन्थ उपलब्ध नहीं है। संस्कृत में उनका एक प्रहसन धूर्त्तसमागम और एक कामशास्त्रीय ग्रन्थ पञ्चसायक—दो ग्रन्थ मिलते हैं। मिथिला की भाषा में खण्डित वर्णरत्नाकर का उल्लेख किया जा चुका है। कविशेखर की उपाधि से परिचित ज्योतिरीश्वर ने कविता रची ही नहीं, ऐसा तो सङ्गत प्रतीत नहीं होता। मेरा विश्वास है कि उनकी कविताएँ अवश्य रही होंगी और वे सब प्रायः मुक्तक थीं जो उपलब्ध नहीं हैं।

वर्णरत्नाकर के रचनाकाल से कोई तीस वर्ष पश्चात्—ईस्वी 1350 के आसपास—मिथिला में विद्यापति का प्रादुर्भाव हुआ जो अभिनव-जयदेव और कविकण्ठहार कहलाये। 'रायनि मह रसमन्ता' 'सकल-कला-अवलम्ब' 'सकल अभिमत सिद्धिदायक' 'सिंह सम शिवसिंह भूपति' सदृश पोषक की छत्रच्छाया में उन्होंने मधुर सरस कविता की ऐसी धारा बहायी जो भाषा-साहित्य के लिए वस्तुतः सर्वथा अभिनव थी और समस्त उत्तर भारत उससे रसप्लावित हो गया। मैथिली का साहित्य उन्हीं की रचना से विकसित हुआ और विद्यापति की रचना-शैली से आर्यावर्त्त के इस भूभाग के सभी भाषा-साहित्य अनुप्राणित हुए। विद्यापति के आदर्श नायक थे श्रीकृष्ण; इसलिए मैथिली का सहित्य कृष्ण-काव्य से ही आरम्भ होता है। विद्यापति के गीतों के आलम्बन हैं श्रीकृष्ण, इसलिए उनकी शैली से प्रभावित इधर के सभी भाषा-साहित्य में कृष्ण-काव्य की परम्परा बह चली।

(5)

भारत के साहित्य में कृष्ण-काव्य की परम्परा अनादि काल से ही रही है। वेदों में भी कृष्ण की चर्चा है और महाभारत तो कृष्ण-काव्य ही है। कृष्ण-काव्य की दो धाराएँ

पृथक् रूप से बहती उत्तरकालीन पुराणों में आकर मिलती प्रतीत होती हैं। एक धारा के कृष्ण हैं : द्वारका के यदुवंशी, राजनीति के सञ्चालक, गीता के गायक, भागवत धर्म के प्रवर्त्तक; दूसरी धारा के कृष्ण हैं : बाल गोपाल, जो ब्रज के हैं, यमुना के तट पर जिनकी लीलाएँ अलौकिक रसिकता के रूप में घर-घर विख्यात हैं। यद्यपि दोनों एक ही महापुरुष के चरित हैं, उनकी रसिकता, आध्यात्मिकता की ही प्रतीक है, भक्ति के ही नाना स्वरूपों को दिखाने के लिए उन्होंने अवतार लिया है, तथापि कृष्ण के दोनों रूपों की काव्यधाराएँ इतनी भिन्न हैं कि उन्हें एक मानना कठिन है। कृष्ण के साथ राधा का नाम उसी प्रकार संश्लिष्ट हो गया है जैसे राम के साथ सीता का। परन्तु श्रीमद्भागवत पर्यन्त में राधा का उल्लेख नहीं है। मथुरा में कंस को लेकर श्रीकृष्ण के चरित की चर्चा है पर गोकुल में गोपियों के साथ प्रणयलीला का चित्रण संस्कृत काव्य में पीछे आया है। श्रीकृष्ण के परिणय की कथाएँ हैं पर वे सभी वीर-रसमूलक हैं। रुक्मिणी या सत्यभामा अथवा जामवती के हरण हुए थे। यमुना के तट पर कदम्ब के नीचे जो लीलाएँ श्रीकृष्ण के चरित के प्रसिद्ध अंश के रूप में सर्वत्र व्याप्त हैं उनकी चर्चा प्राचीन संस्कृत साहित्य में नहीं है। श्रीमद्भागवत अथवा ब्रह्मवैवर्त्तपुराण अथवा देवीभागवत—इन पुराणों में भी इन लीलाओं को आध्यात्मिक रूप देना प्रमाणित करता है कि ये कथाएँ मूलरूप में, विशुद्ध शृंगारिक रूप में, बहुत प्राचीन काल से ही प्रसृत थीं, परन्तु जब उनकी व्याख्या ईश्वर की लीला के रूप में उपस्थित करना आवश्यक हुआ तो पण्डित-भक्तजन ने उनकी ऐसी व्याख्या कर दी कि उनसे लौकिकता की भावना दूर हो जाय और उन्हें भक्ति का स्वरूप प्राप्त हो।

इन दोनों काव्यधाराओं में अन्तर इतना अधिक है, मौलिक और स्पष्ट है कि इन्हें भिन्न मानना ही सङ्गत लगता है। विद्वानों ने यदुवंशी कृष्ण को आर्य माना है और बाल कृष्ण को आभीरों का देवता। आभीर ही आजकल के अहीर हैं जिनकी वृत्ति मुख्यतः गोपालन है। आभीर अनार्य थे और उनकी ही देवी थी राधा जिन्हें वे शृङ्गार की मूर्ति मानते थे। भारत में जातियों, विश्वासों और मान्यताओं का समन्वय कोई नयी बात नहीं है। आभीरों को आर्य जातियों में मिश्रित करते समय उनके मान्य देवताओं की स्वीकृति स्वाभाविक है। यदि यह बात सच हो तो स्पष्ट है कि राधा को शक्तिस्वरूपा मानने में देर हुई ही होगी, पर तब तक लोककाव्यों में उनकी लीलाओं का वर्णन प्रसृत होता रहा होगा। तभी तो सम्भव है कि बालगोपाल की लीलाओं का वर्णन आर्यों की संस्कृत भाषा में न होकर लोकभाषाओं में हुआ। आभीरों में शृङ्गार की कविता प्रमुख थी इसलिए लोकभाषाओं में शृङ्गारप्रधान कविता रचना की परम्परा को उससे बल मिला, अथवा यों कहिए कि शृङ्गार रस के आलम्बन के रूप में कृष्ण और राधा जो आभीरों में मान्य थे वे ही अन्य लोककाव्यों में भी परिगृहीत हो गए। इसीलिए हमारे भाषा-साहित्य में कृष्ण और राधा की लीलाएँ शृङ्गार रस के प्रमुख

अङ्ग हैं और उनकी विशिष्टता लुप्त हो गयी। वे शृङ्गार रस के साधारण नायक और नायिका के रूप में परिचित और नर-नारी के प्रतीक माने गए। भाषाकाव्य में नायिका राधा हो, कोई गोपी हो या साधारण नारी हो, रसबोध में कोई अन्तर नहीं आता। बङ्गाल में नवीन वैष्णव धर्म के उदय होने पर जब मधुर रस की कल्पना की गयी तब शृङ्गार के आवरण में अन्तर्निहित भक्ति का भाव लक्षित होने लगा।

यह बात यहीं समाप्त नहीं होती। शृंगार रस की कविता संस्कृत साहित्य में बहुत पश्चात् की मिलती है। यह तो सम्भव नहीं है कि अतिप्राचीन काल में मानव-हृदय में रति-भाव नहीं था जिसकी अभिव्यक्ति में कविताएँ रची जातीं। संस्कृत के 'प्रकाण्ड विद्वान (खेद है कि अब वे इस लोक में नहीं रहे) डा. सुशील कुमार दे महाशय ने अपने ग्रन्थ 'प्राचीन भारतीय कामशास्त्र और शृंगार रस' (Ancient Indian Erotics and Erotic Literature) में सूक्ष्मता के साथ विचार कर यह दर्शाया है कि वैदिक काल में शृंगार की भावना लोक में पूर्णतया व्याप्त थी और स्थान-स्थान पर विशुद्ध शृंगार काव्य भी वेदों, बौद्ध-साहित्य, महाभारत और रामायण तथा पुराणों में मिलते हैं, परन्तु इन सभी ग्रन्थों के उद्देश्य थे—आध्यात्मिक, धार्मिक, नैतिक; इसलिए विशुद्ध शृङ्गार की कविताएँ उन ग्रन्थों में असङ्गत होतीं। संस्कृत के कवि और साहित्यकारों ने विशुद्ध आनन्द के लिए कविताएँ नहीं रचीं, वह काम उन लोगों ने मानुषी भाषा के कवियों के लिए छोड़ दिया। विशुद्ध मनोरञ्जन की भावना से प्रेरित होकर संस्कृत के कविगण भी प्राकृत या अपभ्रंश में रचना करते थे। लिखना इतना दुष्कर कर्म था कि धर्म अथवा ज्ञान के विषयों को छोड़कर शुद्ध मनोरञ्जन काव्य लिखने का विचार भी प्रायः किसी व्यक्ति के मन में नहीं आया होगा। वाल्मीकि की रामायण ही तो हमारा आदिकाव्य कही जाती है परन्तु उसमें भी शृङ्गार रस अङ्ग रूप में आया है।

वैदिक सभ्यता आरण्यक प्रधान थी और बौद्धों का साहित्य वैराग्यप्रधान। मेंरी तो ऐसी भी धारणा है कि वैदिक युग में भी उसी भाषा में शृङ्गार की कविता अवश्य ही रचित हुई होगी। वेद की ऋचाओं में उपमा एवं उत्प्रेक्षा में जो रति-मूलक चित्र यत्र-तत्र मिलते हैं उनसे भी इसकी पुष्टि होती है। शृङ्गार की भावना सात्त्विक नहीं राजस भाव से उठती है और संस्कृत साहित्य भी जब ब्राह्मणों के आश्रमों से निकल कर राजाओं के दरबार में पहुँचा तो कामशास्त्र के आधार पर शृङ्गार के चित्र अङ्कित होने लगे। संस्कृत में भी शुद्ध शृङ्गार मुक्तक काव्यों में ही मिलता है। कामशास्त्र नागरिक सभ्यता में विकसित हुआ। 'नागर' शब्द संस्कृत साहित्य में कामशास्त्रीय विचक्षणता और शृङ्गार की भावना के लिए रूढ़ हो गया है। मैं तो कभी-कभी सोचता हूँ कि वैदिक आरण्यकों के प्रतियोगी भाव से कामशास्त्रीय 'नागर' शब्द का प्रयोग बढ़ा। कहने का तात्पर्य यह कि शृङ्गार की कविताएँ पहले यदि रचित भी होती थीं तो वे लिखकर सुरक्षित नहीं रखी जाती थीं। उनका आदर लोगों के आनन्द और

कवियों के लिए स्वान्तःसुखाय था। राजाओं के दरबार में आने पर उनका महत्व बढ़ा और कवियों को वे भी 'यशसे' तथा 'अर्थकृते' होने लगीं, 'व्यवहार-विदे' भले ही आदि से ही थीं।

कृष्ण-काव्य की दूसरी धारा पर दृष्टिपात करने पर ये सभी बातें ठीक मिलती हैं। प्रतिष्ठानपुर में एक कला के मर्मज्ञ और बड़े पोषक राजा थे—सातवाहन या हाल। उनके ही प्रसाद से भारतीय साहित्य को अपनी-अपनी श्रेणी के प्राचीनतम दो संग्रह ग्रन्थ उपलब्ध हैं। एह है बृहत्कथा, जो विश्व में कथाओं का प्रायः पहला ही ऐसा विशाल सग्रह है और दूसरी है गाथासप्तशती, जो मुक्तक काव्यों का प्रथम संग्रह है। दोनों श्रृङ्गार रस के काव्य हैं और दोनों प्राकृत में हैं। स्मरण रहे कि कथा या मुक्तक कविता साहित्य के शुद्ध रूप हैं जिनका धर्म या ज्ञान से कोई सम्बन्ध नहीं है। वे विशुद्ध मनोरञ्जन की वस्तुएँ हैं। श्रृङ्गार और प्रेम की भी कथाएँ वेदों में हैं; सुभाषित ग्रन्थों में कितने ही संस्कृत के पद मिलते हैं जो गाथासप्तशती से पूर्व की ही रचना हो सकते हैं। महर्षि पतञ्जलि भी अपने महाभाष्य में कितने ही ऐसे वाक्यों को उदाहरण-स्वरूप उद्धृत करते हैं जो श्लोकों के पद प्रतीत होते हैं, इससे स्पष्ट होता है कि उससे पूर्व भी संस्कृत में नाटक और मुक्तक पदों की रचना होती थी। बृहत्कथा ऐसी असंख्य कथाओं में से चुनकर केवल प्रेम की ही कथाओं का संग्रह है और गाथासप्तशती के आरम्भ में तो स्पष्ट ही कहा है कि—

सत्त सताइं कइवच्छलेण कोडीअ मज्झ आरम्भि।
हालेण विरइआइं सालङ्काराणें गाहाणं ॥

अर्थात् 'कोटि गाथाओं में से सात सौ' अलङ्कारों से भरी हुई गाथाओं की रचना कविवत्सल हाल ने की। स्पष्ट है कि यह हाल की संग्रह-कृति है और कोटि न सही दस हजार गाथाओं में से चुनकर सात सौ ही संगृहीत की गयीं; तब भी इस काव्य की व्यापकता का प्रमाण मिलता है। अनेक कवियों की रचनाओं को इस प्रकार जीवित रखकर हाल ने उन कवियों के प्रति वत्सलता प्रकट की है। ये सभी प्राकृत में हैं। इस प्रसंग में गाथासप्तशती की दूसरी गाथा ध्यान देने योग्य है। उसमें कहा है कि अमिअं पाउअकव्वं (प्राकृत काव्य अमृत है), पढिउं सोउं अ जे ण जाणन्ति (उन्हें पढ़ना और सुनना जो नहीं जानते), कामरस तत्ततन्तिं कुणन्ति ते कहं ण लज्जन्ति (वे काम की शृंगार की तत्त्वचिन्ता करते हैं तो फिर उन्हें लज्जा क्यों नहीं आती)। बिना प्राकृत को जाने कामशास्त्र की, श्रृङ्गार की चिन्तना ही कैसे हो सकती है?

गाथासप्तशती में गोपाल कृष्ण की लीलाओं पर आधारित कम से कम चार मुक्तक मिलते हैं और यदुवंशी कृष्ण के सम्बन्ध में कोई भी कविता नहीं है। बाल गोपाल की लीलाएँ रतिमूलक थी और शृंगार-प्रधान इस संग्रह में उन मुक्तकों का मिलना ही उचित है—

मुहमारुएण तं कह्न गोरअं राहिआएँ अवणेन्तो।
एताणं वल्लवीणं अण्णणं नि गोरअं हरसि ॥89॥

गो-रज अर्थात् गौओं के पैरों की धूलि राधा के कपोलों पर छायी हुई है, उसे अपने मुख-मारुत से फूँक कर कृष्ण हटाते हैं। इससे राधा का कपोल-चुम्बन व्यञ्जित है। इस क्रिया से साथ की सभी गोपियों के गौरव का भी हरण कर लेते हैं। उनके सौभाग्य का खण्डन और गौरवहरण स्पष्ट सिद्ध हो जाता है। यहाँ प्राकृत के 'गौरअं' शब्द का चमत्कार लक्ष्य करने योग्य है जो संस्कृत रूपान्तर अथवा हिन्दी अनुवाद में नहीं लाया जा सकता है। गौरअ के तीन अर्थ हैं—गोरज, गौरव और गौरता। अपने सामने कृष्ण को रज फूँकने के ब्याज से राधा के कपोल का चुम्बन करते देख गोप-बालाओं का गौरव ही नष्ट नहीं होता प्रत्युत् चिन्ता और ईर्ष्या के कारण उनके मुख का रङ्ग पीला पड़ जाता है, गौरता नष्ट हो जाती है। इस गाथा में कान्ह और राधिका तो हैं ही; अन्य गोपियों का भी उल्लेख है और राधा सबों में अति विशिष्ट प्रेयसी थी। यह भी स्पष्ट है—

अज्जबि बालो दामोरो त्ति इअ जम्पिए जसोआए।
कह्न मुह पेसिअच्छं णिहुअं हसिअं व जबहूहिं ॥112॥

कान्ह की शिकायत की जाने पर यशोदा कहती है कि 'दामोदर तो अभी बालक है', जैसे मक्खन चुराने पर उसे दाम या रस्सी से बाँध दिया था उसी तरह अभी भी बाँधा जा सकता है, तब व्रज की वधुएँ कृष्ण के मुख की ओर देख, कृष्ण के साथ अपने अनेक प्रकार की सुरतक्रीड़ाओं के अनुभव और कृष्ण की काम कलाकुशलता को याद कर चुपचाप हँस पड़ीं। बाल कृष्ण की यही विदग्धता गीतगोविन्द के मङ्गल श्लोक में वर्णित है—

मेघैर्मेंदुरमम्बरं वनभुवः श्यामास्तमालद्रुमैः
नक्तं भीरुरयं त्वमेव तदिमं राधे गृहं प्रापय।
इत्यं नन्दनिदेशतश्चलितयोः प्रत्यध्वकुञ्जद्रुमं
राधामाधवयोर्जयन्ति यमुनाकूले रहः केलयः ॥

इसी भाव को लेकर हमारे अठारवीं सदी के कवि नन्दीपति ने अपनी 'कृष्णकेलि' वर्णन में यशोदा को उपालम्भ देती हुई व्रजरमणी के मुँह से कहलाया है—

जसोमति मोर उपरागे।
हरिक चरित मोहि बड़ मन्द लागे
जाइत जमुना-पथ आजे।
वन सँ बाहर। भेल। जुवराजे।
आँचर धएलन्हि मोरा।
काल्हुक जनमल नन्दकिशोरा।

... ...
कोर सुतल तोर कान्हे।
तें जनु बूझह हरि छथि नान्हे।
एतए करथि थनपाने।
ओतए कटै छथि तरुनक कान्हे।

कितनी पुरानी परम्परा है और कितने भाव रस को लेकर रससिद्ध कवियों ने सजाया है।

तीसरी गाथा उसी के समीप है—

णच्चण-सलाहण-णिहेण पास परिसंठिआ नि उणगोपी।
सरिसगोविआणें चुम्बइ कपोलपडिभागअं कह्णम् ॥114॥

कृष्ण पर अनुरक्त अन्य गोपियों के पास बैठी निपुण गोपी अपने ही समान, कृष्ण पर आसक्त गोपियों के नृत्य की प्रशंसा करने के बहाने उनके कपोलों पर प्रतिबिम्बित कृष्ण को चूम लेती है। इस प्रकार अन्य गोपियों से कृष्ण के प्रति अपने प्रणय भाव को छिपा लेती है। मगर कृष्ण के प्रति अपनी आसक्ति को व्यक्त कर देती है। इससे व्रजाङ्गनाओं की आसक्ति, कृष्ण की रसिकता, रास इत्यादि कृष्ण-काव्य के अनेक अङ्गों की परम्परा पुष्ट होती है—

अच्चासण्णविवाहे समं जसोआइ तरुणगोवीहिं।
बड्ढन्ते महुमहणे सम्बन्धा णिह्ण विज्जन्ति ॥655॥

बढ़ते हुए कृष्ण के विवाहयोग्य हो जाने पर तरुण गोपियाँ यशोदा से अपने सम्बन्धों को छिपाती हैं क्योंकि निकट सम्बन्ध के अभाव में ही विवाह की आशा हो सकती है। विवाह सम्बन्ध में भी जब इस प्रकार के सम्बन्धों की उपेक्षा कर अपना लक्ष्य सिद्ध किया जाता है तो प्रच्छन्न प्रणय में तो इन सम्बन्धों को तिलाञ्जलि देकर प्रणय सम्बन्ध जोड़ ही लेना चाहिए, ऐसा व्यङ्ग स्पष्ट है। इससे भी व्रजाङ्गनाओं के केलि-कल्प तक यशोदानन्दन कृष्ण थे, यह बात स्पष्ट होती है—

जइ भमसु भमसु कह्ण सोहग्गगव्विरो गोट्ठे।
महिलाणं दोसगुणे विचार अइउं जइ खमो सि ॥447॥

कोई गुणगर्विता गोपी कृष्ण को अपनी ओर अनाकृष्ट परन्तु दूसरी ऐसी गोपी के प्रति जिसे वह अपने समान गुणशालिनी नहीं समझती है, आसक्त देख कृष्ण को उपालम्भ देती है : हे कृष्ण! यदि उत्तम गुण वाली महिलाओं के गुणों और दोषों के विवेक में समर्थ हो, फिर भी अपने सौभाग्य पर गर्व करते हुए गोण्ठ में विचरते हो तो विचरो, तुम्हारा विचरण करना उचित ही है। गोण्ठ में विचरण करने से व्यञ्जित है : अभी तक तो तुम गँवार नायिकाओं में ही रहे हो, किसी गुणशालिनी नागरिका के अनुराग के आस्वाद से वञ्चित रहे हो फिर भी अपने सौभाग्य पर फूले फिरते हो। यदि मुझ जैसी गुणशालिनी की परख तुम्हें है तो आओ, तुम्हारा स्वागत

है; अन्यथा तुम्हारा सौभाग्यगर्व व्यर्थ है।

इसी भाव को अनेक भंगिमा के साथ विद्यापति ने अपने अनेक गीतों में सजाया है। एक स्वगुणगर्विता नागरी के मुँह से विद्यापति मुरारि को गाली सुनवाते हैं—

गाए चराबह गोकुल बास।
गोपक सङ्गे जन्हिक परिहास ॥
अपनहु गोप गरुअ की काज।
गुपुतें बोलसि मोहि बड़ि लाज ॥
दूती बोलसि कान्हु सञो केलि।
गोपवधू सञो जन्हिका मेंलि ॥
गामहिं बसलें बोलिअ गमार।
नगरहुँ नगर बोलिअ संसार ॥
वसथि बथान झाड़ि दुह गाए।
तन्हि की विलसव नागरि पाए ॥
आदि अन्त दुहु देलक गारि।
विद्यापति भन बुझथि मुरारि ॥

दूसरी नायिका कृष्ण की उपेक्षा को उनकी अरसिकता समझती है और उन्हें 'गँवार' गोप कहकर अपने को कोसती है।

कुटिल विलोक तन्त नहि जान।
मधुरहु बचनें देइ नहि कान ॥
मनसिज भंगे वचन मञे जेओ।
हृदय बुझाए बुझए नहि सेओ ॥
कि सखि करव कञोन परकार।
मिलल कन्त मोहि गोप गमार ॥
कपट गमने हमें लाउलि बेरि।
बाहुमूल-दरसन हँसि हेरि ॥
कुच युग वसन सम्भरि कहु देल।
तइअओ न मन तन्हिकर हरि भेल ॥

ये पाँच ही गाथाएँ गोपाल बाल कृष्ण की लीलाओं को चित्रित करती हैं; पर ये पाँच ही नहीं रही होंगी। इस प्रकार की और भी गाथाएँ अवश्य रही होंगी जो संगृहीत नहीं हुई। इन पाँचों से ही उन लीलाओं की कथा बहुत प्रचीन काल की सिद्ध हो जाती है। गोपयों में राधा की प्रमुखता, बाल कृष्ण की रसिकता, गोपियों की आसक्ति, रासलीला प्रभृति विषयों के साथ-साथ उस गोपाल कृष्ण के लिए दामोदर और मधुमथन विशेषणों का प्रयोग सिद्ध करता है कि संस्कृत में भले ही बालकृष्ण

की लीला पश्चात् गृहीत हुई, पर प्राकृत में यह कथा बहुत प्राचीन काल से ही कवियों को आकृष्ट करती आ रही है। गाथासप्तशती के संग्रह का यथार्थ काल क्या है यह तो निर्विवाद कहा नहीं जा सकता, परन्तु कई विद्वानों ने सातवाहन हाल को शक संवत् का प्रवर्त्तक माना है और यदि ईस्वी सन् की प्रथम शताब्दी में न सही तो उसके आसपास इसका संग्रह-काल होना समीचीन लगता है। इन गाथाओं में कृष्ण का चरित साधारण शृङ्गार के रूप में अङ्कित है। उसमें कोई भी आध्यात्मिक भाव निहित नहीं है। प्राकृत और अपभ्रंश के कवियों को कृष्ण-चरित शृङ्गार की सरस रचना के उपादान के रूप में मिलता रहा। इसी परम्परा में भाषा-साहित्यों में भी कृष्ण-चरित शृङ्गार की सामग्री बन गया। मध्य काल में भक्ति-धर्म के विकास से कृष्ण की लीला में आध्यात्मिकता का आरोप हुआ। पुराणों, विशेषतः श्रीमद्भागवत में उसकी मर्यादा चरम को छू गयी।

कृष्ण-भक्ति का सबसे प्रामाणिक एवं सर्वमान्य ग्रन्थ श्रीमद्भागवत समझा जाता है। उसमें कृष्ण की विलास-लीलाओं का विशद वर्णन है। उसमें उनकी ऐसी व्याख्या की गयी है और ऐसा रूप दे दिया गया है कि वे लीलाएँ भक्ति के ही स्वरूप हैं। भागवत में राधा को वह मान्यता नहीं दी गयी है जो गाथा-सप्तशती के कवि ने दी थी। संस्कृत के कवियों ने कृष्ण को शृङ्गार-रस के अधिष्ठातृ देवता माना है। उन्हें पूर्ण अवतार मानकर उनकी लीलाओं को जीवन की पूर्णता का द्योतक कहा है। संस्कृत से भिन्न भाषाओं के कवियों ने इस प्रकार की कोई चेष्टा नहीं की। चैतन्य देव के प्रादुर्भाव होने पर बङ्गाल में वैष्णव धर्म का जो प्रचार हुआ उसमें शृङ्गार के द्वारा भक्ति की साधना को मान्यता मिली। मधुर-रस की कल्पना की गयी। उसमें बङ्गाल के सहजिआ सम्प्रदाय का प्रभाव स्पष्ट लक्षित होता है। संस्कृत में सबसे पहले जयदेव ने अपने गीतगोविन्द में राधा और कृष्ण को शृङ्गार का आलम्बन मानकर अपने कोमलकान्त पदों की सृष्टि की और वे अमर हो गये। उन्होंने भी कहा है कि उनकी पदावली से विलास-कलाओं के कुतूहल शान्त होने के साथ-साथ हरिनाम का स्मरण तो हो ही जाएगा—यदि हरि स्मरणे सरसं मनः—मैथिली में विद्यापति ने जयदेव ही के पदचिह्नों का अनुसरण किया। उन्हीं के प्रभाव में विद्यापति ने रचना की और अभिनव-जयदेव कहलाकर सम्मानित हुए। इससे पहले के काव्य उपलब्ध नहीं हैं। इतना निश्चय है कि लोककाव्यों में राधा और कृष्ण देवता के रूप में नहीं, आदर्श नर और नारी के रूप में सबके हृदय में वास करते थे। चूँकि काम पुरुषार्थ का एक प्रमुख अङ्ग है, इसलिए काम-शास्त्रीय शिक्षा एवं शृङ्गार-भावना की परितृप्ति के लिए काव्यों की धारा में कृष्ण का रसमय चरित लोगों के कण्ठों में बहता ही चला आ रहा था।

भारत के इस पूर्वाञ्चल के साहित्य के विकास की जो रूपरेखा मैंने यहाँ दी है उससे यह कथा स्पष्ट है कि महाकवि जयदेव के समय में अर्थात् मुसलमानों के इस प्रान्त में आने के समय में यहाँ साहित्य की दो धाराएँ बहती थीं। दोनों में आदान

और प्रदान होता ही रहता था। एक धारा थी संस्कृत भाषामयी, संस्कृत साहित्यशास्त्र की रीतियों के अनुकूल, पण्डितों से सेवित और राजाओं से पोषित। शृङ्गार की कविताएँ यद्यपि उसमें भी थीं परन्तु वे कविताएँ क्रमशः लोकसाहित्य के प्रभाव से प्रमुखता पाती थीं। कृष्ण के चरित को लेकर शृङ्गार की रचनाएँ अवश्य ही लोकसाहित्य के प्रभाव में आयी थीं। दूसरी धारा थी लोकभाषामयी, लोकानुरञ्जन की भावना से निर्मित, बहुधा निरक्षर किन्तु व्युप्पन्न प्रतिभावान, अद्विजों से चरित और लोककण्ठ में विराजित। ये कविताएँ बहुधा रागताललयाश्रित गीत थे। कविता के सहज गुण उनमें रहते भी थे। संस्कृत साहित्य की रीतियों का पालन उनमें नहीं होने पाता था। जयदेव ने ही पहले पहल इन दोनों धाराओं को समन्वित करने की चेष्टा की । इसीलिए कुछ विद्वानों का कहना है कि गीतगोविन्द मूलतः लोक-भाषा में रचित हुआ था। अभी जो गीतगोविन्द का रूप प्राप्त है वह उस मूल काव्य का संस्कृत रूपान्तर है। जयदेव ने लोककाव्य के शिल्प को ग्रहण किया, पर रीति रखी उन्होंने संस्कृत साहित्य की। विषय लिया उन्होंने जनमानस में व्याप्त राधा-कृष्ण की विलास-लीला का, परन्तु भाषा रखी संस्कृत, गीतगोविन्द एक अभिनव काव्य हुआ और संस्कृत साहित्य में अमर हो गया। संस्कृत कविता जो अब तक विविध छन्दों में बँधी हुई आ रही थी और पुरानी हो गयी थी, राग-ताल और लय का आश्रय पाकर नवीन हो गयी और गीतगोविन्द से काव्य तथा सङ्गीत दोनों का आनन्द प्राप्य हो गया। इस दिशा में जयदेव भारत के इस पूर्वाञ्चल के कवियों के शिल्प से प्रभावित हुए। बौद्ध सिद्धाचार्यों के गीत जिन रागों में उपनिबद्ध हैं और जिन रागों की गणना ज्योतिरीश्वर ने वर्णरत्नाकर में की है उन्हीं में से ग्यारह रागों में गीतगोविन्द के चौबीस गीत उपनिबद्ध हैं। उसी तरह प्रत्येक गीत के अन्त में अपने नाम के साथ 'भणित' पद का प्रयोग जयदेव ने भाषा गीतकारों से लिया है। संस्कृत में इस 'भनिता' का दर्शन गीतगोविन्द में ही होता है। सिद्धाचार्यो के गीतों में यह भनिता सर्वत्र है। भाषाकाव्य के शिल्पों को संस्कृत काव्य रचना में प्रयुक्त करके जयदेव ने अब तक संस्कृत-विद्वानों से उपेक्षित लोककाव्य को गरिमा प्रदान की। संस्कृत काव्यपरम्परा की इतनी रक्षा जयदेव ने अवश्य की कि मुक्तक गीतों को भी उन्होंने इस क्रम से सजाया। गीतगोविन्द में राधा-कृष्ण की प्रणयलीला का पूर्ण चित्र उतरता है और गीतगोविन्द की गणना संस्कृत महाकाव्यों में होती है। गीत के आदि और अन्त में विविध छन्दों में रचित श्लोक गीतार्थ को गम्भीर करते हैं। उसमें सङ्गीत की मधुरता भर देते हैं।

जयदेव और विद्यापति में प्रायः दो सौ वर्षों का अन्तर है। इस बीच साहित्याराधना का क्या स्वरूप रहा, इसका परिचय कुछ-कुछ वर्णरत्नाकर ही में उपलब्ध होता है। इससे यही द्योतित होता है कि उन दिनों लोकानुरञ्जन में गीतों की ही प्रमुखता थी तथा भारत के इस भू-भाग में उसका प्रचुर प्रचार था। मेंरा तो

अपना विश्वास है कि मैथिली के साहित्याकाश में विद्यापति सचमुच तीव्र तिग्मांशु के सदृश देदीप्यमान हैं। उनकी प्रखर काव्य-प्रतिभा के तेज में उनके पूर्ववर्ती, समकालीन एवं कहीं-कहीं तो उनके परवर्ती कविगण की कृतियाँ भी ग्रह-नक्षत्र-तारा की भाँति विलीन हो गयीं। विद्यापित के गीतों का कोई प्रामाणिक सङ्कलन न है, न हो सकता है। विद्यापति तो अपने को 'कविकण्ठहार' कहते हैं और सदा लोगों के विशेषतः मिथिला की ललनाओं के कण्ठों में विराजते हैं। उनके पदों का सबसे पुराना सङ्कलन भी चार सौ वर्ष पुराना नहीं है। मिथिला देश में प्रवृत्ति ऐसी है कि किसी भी पद के अन्त में 'भनहि विद्यापति' जोड़ देते हैं। पुराने गीतों के भी सङ्कलन मुख्यतः लोककण्ठों से ही किए गए हैं। ऐसी स्थिति में कौन कह सकता है कि हजार से अधिक पद जो विद्यापति-रचित कहकर प्रसिद्ध हैं उनमें कितने उनके पूर्ववर्ती कवियों की रचनाएँ हैं? निश्चित रूप से इतना ही कहा जा सकता है कि वर्णरत्नाकर विद्यापति से अव्यवहित पूर्व युग की रचना है। 'प्राकृत पैङ्गलम्' में मिथिला देशीय अपभ्रंश के पद अवश्य हैं पर उन्हें पहचानना सुगम नहीं है। वे सभी मुख्यतः पण्डितों, भाटों, दसौंधियों और दरबारी कवियों की रचनाएँ हैं। उनमें राजा की प्रशंसा, देवता की स्तुति, नीति के पद और कहीं-कहीं शृङ्गार के पद भी मिलते हैं। तब भी—

अरे रे वाहहि कान्ह णाव छोड़ि उगमग कुगति ण देहि।
तई इथि णदिहि सँतार देइ जो चाहहि सो लेहि ॥

यमुना पार करने के लिए कृष्ण के प्रति किसी गोपी की उक्ति है। विद्यापति कहते हैं, कर धए करू मोहि पारे—देवहु मञ अवरूप हारे कन्हैया," इत्यादि—उसी तरह कृष्णलीला का सम्पूर्ण चित्र (मअणहरा छन्द के उदाहरण में)—

जिणि कंस विणासिअ कित्ति पआसिअ—
मुट्ठि अरट्ठि विणास करे, गिरि हत्थ धरे।
जमलज्जुण भंजिअ पथमर गंजिअ कालिअ—
कुल संहार करे, जस भुअण भरे।
चाणूर विहँडिअ णिअकुल मंडिअ राहामुह—
महुपाण करे, जिमि भमर वरे।
सो तुम्हु णरायण विप्पपराअण चित्तह चिन्तिअ—
देउ वरा, भअभीअहरा ॥

वर्णरत्नाकर तो सम्पूर्ण उपलब्ध नहीं है परन्तु उपलब्ध अंशों में नायिका वर्णन के प्रसङ्ग में केवल एक उत्प्रेक्षा वाक्य है—जनि एहि आलिङ्गए लागि एक कृष्ण चतुर्भुज भए गेलाह" अर्थात् इसी नायिका को अपनी भुजाओं में समेंटने के लिए मानो कृष्ण ने चार भुजाएँ धारण कर लीं। स्पष्ट है कि उन दिनों तक कृष्ण का देवत्व स्थिर हो गया था, उन्हें पूर्णता का अवतार सम्झा जाने लगा था; देवता के रूप में भी वे रसिक-शिरोमणि ही माने जाते थे।

विद्यापति ने अपना आदर्श जयदेव को ही माना। उन्होंने भी काव्यरचना की, दो धाराओं को समन्वित किया। विद्यापति एक बहुत बड़े राजनीति-चतुर पण्डितों के घर में उत्पन्न हुए थे और संस्कृत साहित्य के वातावरण में पले थे। कर्णाटों के आने से मिथिला में जो पुनर्जागरण का नया युग आरम्भ हुआ था उसकी पूर्णता इन्हीं की प्रतिभा में आ पहुँची थी। उन्हें मिथिला देशवासी समस्त जनसमुदाय को जाति और सामाजिक मान्यता के परे एकता के सूत्र में बाँधना था। संस्कृत भाषा उन दिनों समाज को दो भागों में बाँटती थी। संस्कृत तब तक केवल पण्डितों की भाषा रह गयी थी और सभी ब्राह्मण संस्कृत नहीं जानते थे। समाज में पण्डितों से भिन्न सभी जन और सभी नारियाँ संस्कृत से अनभिज्ञ थीं। सबको एकता के सूत्र में बाँधने के लिए विद्यापति ने लोकभाषा को पकड़ा। यथार्थ लोकभाषा जिसे ब्राह्मण से अन्त्यज तक, पुरुष और स्त्री सभी समझ सकें। उस भाषा में ऐसी कविता रची जिसने सद्यः सबको मुग्ध कर किया। आदर्श उनके जयदेव थे परन्तु जयदेव ने तो लोककाव्य के शिल्प को ही ग्रहण किया और जनमानस में प्रवहमान शृङ्गार की मूर्त्ति राधा-कृष्ण की प्रणय-लीला को अपने काव्य का विषय बनाया। विद्यापति को जयदेव से प्रेरणा अवश्य मिली परन्तु लोकानुरञ्जन की भावना से लोककाव्य की रचना की। रचने के लिए उन्हें अपने देश की ही परम्परा मिली जिसे जयदेव की चातुरी ने कोमल और कान्त बना दिया था। विद्यापति का शिल्प वही लोककाव्य का शिल्प गीत रहा। भाषा लोकभाषा रही। विषय उन्होंने भी शृङ्गार रखा क्योंकि शृङ्गार रसों का राजा है और उससे समस्त नर और नारी समान रूप से आनन्द ग्रहण कर सकते हैं। विद्यापति ने भक्ति के भी पद रचे पर वे सभी पद मुख्यतः शिवभक्ति के थे क्योंकि शिव की आराधना का अधिकार सबको है। अपने 'शैवसर्वस्वसार' में इस प्रसङ्ग के प्रामाणिक वचनों का विचार-वमर्श कर उन्होंने अपना मत इस प्रकार लिखा है—तदेतद्वाक्यजालपर्यालोचनया सर्ववर्णानां सर्ववर्णस्त्रीणां सर्वाश्रिमिणां च शिवपूजायामधिकारोऽवसीयते"। रीति विद्यापति ने रखी संस्कृत काव्य की। परिणाम यह हुआ कि विद्यापति की रचना में भी काव्य और सङ्गीत दोनों का माधुर्य था। भाषा को इन्होंने भी कोमल और कान्त बना दिया। उस भाषा के द्वारा संस्कृत कविता का यथार्थ आनन्द उन्होंने जनता को उपलब्ध कराया। मिथिला देश की भाषा को तो उन्होंने नया जीवन ही दिया। उनकी वास्तविक देन थी लोकभाषा को साहित्यिक प्रतिष्ठा देना। जयदेव ने लोकभाषा से प्रेरणा ग्रहण कर उसे गरिमा प्रदान की, परन्तु विद्यापति ने संस्कृत की रीति से लोकभाषा में रचना कर लोकभाषा को प्रतिष्ठा दी। समय की यही माँग थी। समय के अनुकूल कविता के रस को ग्रहण करने की उनकी रचना-चातुरी, उनका काव्य-कौशल, उनकी प्रतिभा ने मिथिला के ही लोगों के नहीं, जहाँ कहीं भी उनके गीत गए सभी देशों के लोगों के हृदय को मोह लिया। विद्यापति कवि कण्ठहार हो गए। सर्वत्र उनकी शैली का हृदय से स्वागत, अनुसरण और

अनुकरण हुआ। हम लोग विद्यापति को 'मैथिल कोकिल' कहते हैं क्योंकि उनकी कूक ने सचमुच भारत के इस अञ्चल के भाषा-साहित्य में वसन्त ला दिया।

फिर भी जयदेव और विद्यापति की शैलियों में इतना भेद तो अवश्य था कि जयदेव ने गीतगोविन्द को इस खूबी से सजाया था कि वह एक महाकाव्य हो जाय। इस महाकाव्य के नायक थे श्रीकृष्ण और नायिका थीं राधा। सभी गीत परस्पर संश्लिष्ट थे और जिन श्लोकों को उन्होंने गीतों के अन्त में रखा वे यद्यपि थे मुक्तक परन्तु प्रबन्धकाव्य के मध्य में आ जाने से उसी महाकाव्य के अङ्ग हो गए। विद्यापति के सभी गीत मुक्तक थे और उन गीतों में कोई कथा का सूत्र नहीं था। उनके पदों में भी नायक बहुधा कृष्ण हैं और नायिका गोपियाँ। उसमें प्रमुख थीं श्रीराधा। विद्यापति का उद्‌देश्य कृष्णचरित का चित्रण नहीं था। उनका उद्‌देश्य था शृङ्गार-रस की कविताओं की सर्जना। कृष्णचरित शृङ्गार से ओतप्रोत है अथवा यों कहिए कि उस लीला के जो अंश श्रृङ्गार से ओतप्रोत है उनको ग्रहण कर विद्यापति ने कृष्णचरित को जहाँ तक हो सका अपने गीतों में चित्रित किया। कृष्ण-लीला के प्रति उनकी दृष्टि वही थी जो गाथा-सप्तशती के कवियों की थी। वही लोककाव्य की परम्परा जिसमें कृष्ण, तृतीय पुरुषार्थ अर्थात् काम के आदर्श माने जाते थे।

(6)

विद्यापति की वह रचना जो संस्कृत और अवहट्ठ मिश्रित है और जिसे कीर्त्तिपताका कहकर मेरे मित्र डा. जयकान्त मिश्र जी ने प्रयाग से प्रकाशित कराया है; आरम्भ में शृङ्गार-रस से परिपूर्ण है। इसमें कृष्णचरित की जो भावना जनमानस में व्याप्त थी उसका बड़ा ही रोचक वर्णन है। उस प्रसङ्ग को उपस्थित करते हुए कवि कहते हैं–

सीताविश्लेषदुःखादिव रघुतनयो लब्ध कृष्णावतारः।
पूर्व कृष्णो यथाभूदरिकुलदमनः साम्प्रतं तादृशरुचम् ॥
तस्मात् भूपालमौले सुखमपि सुरतं तद्‌वदेवानुभूयाः।
संसारे भोगसारे स्फुरमवनिभुजां श्रीफलंवा किमन्यत् ॥

इसी पद्य की विवृत्ति में विद्यापति आगे गद्य में कहते हैं–रामेंण रामजन्मनि सीताविरहदावानलदग्धमानसेन तत्खेदापनोदाय कृष्णावतारेण गोपकुमारेणसानन्दसुन्दरी वृन्दसहस्रसाहित्यसमुपजातकुतुकेन कदाचिदनुकूलतां कदाचिच्छठतां कदाचिद्‌धृष्टतामालम्ब्य कृतकामक्रीड़ाभिलाषिणीभिश्चित व्रजसुन्दरीभिः कणक्वणितनूपुराखरमणीयमाधुर्यमनोहारिणीभिः परिणतशारदचन्द्रमुखीभिः पीनपयोधराक्रान्तगुरुनितम्बभारोद्वहनपरिश्रममन्दमन्थरगामिनीभिः

कामनीभिः कदाचित् स्वाधीनभार्तृकाया कदाचिदुत्कण्ठितायाः कदाचित् कलहान्तरितायाः कदाचिद् विप्रलब्धायाः कदाचिद् विरहिण्याः कदाचिदभिसारिकायाः कदाचिद् वासकसज्जायाः कदाचित् खण्डितायाः मण्डलानि गृहीत्वा स महाभागः क्रीड़ितः प्रीणितश्च।"

स्पष्ट है कि कवि ने इस विवृत्ति में स्पष्ट रूप से कह दिया है कि कृष्ण की विलास-लीला में नायक को अनुकूल, शठ एवं धृष्ट एवं नायिका को अवस्थागत भेद के अनुसार स्वाधीनभर्तृका प्रभृति आठों प्रकारों में अङ्कित कर वर्णन करना ही उनकी रीति थी। इन वर्णनों में कृष्ण का कृष्णत्व नहीं, नायकत्व है और राधा अथवा अन्य गोपी का विशिष्ट व्यक्तित्व नहीं, नायिकात्व मात्र अभिव्ययक्त होता है। तभी तो साधारणीकरण सम्भव है। पाश्चात्य साहित्याचार्य अरिस्टॉट्ल ने भी कहा है कि नाम रूप से विशिष्ट व्यक्तियों के माध्यम से सार्वभौमता की सिद्धि काव्य का लक्ष्य होता है। विद्यापति की रचना में कविता की अपूर्व सिद्धि यही है कि उससे देश और काल से निरपेक्ष रस का अवबोध होता है। उसमें मानव-हृदय के नैसर्गिक भाव, भावावेग और भावोल्लास हैं। पुरुष और नारी के सहज आकर्षण की अपूर्व अभिव्यक्ति है। जब तक मनुष्य मनुष्य है, इस नैसर्गिक आकर्षण के यथावत् चित्रण से उसका हृदय अवश्य ही अभिभूत होगा। कृष्ण और राधा आदर्श पुरुष और नारी के रूप में विलास-कला के आलम्बन मात्र हैं।

विद्यापति के शृङ्गार-रस की कविता में हमें तीन प्रकार के चित्र मिलते हैं : पहले- पहल म.म. हरप्रसाद शास्त्री ने इस बात की ओर ध्यान आकृष्ट किया कि विद्यापति के गीतों में आधे से अधिक में कृष्ण और राधा के नाम भी नहीं है; जैसे— सम्भोग के वर्णन में मुग्धा नायिका स्वयं अपनी सखी से कहती है—

वसन हरइतें लाज दुर गेल।
पिअक कलेवर अम्बर भेल ॥
अञोधे नअने निझावए दीव।
मुकुलहुँ कमलें भमर मधु पीव ॥
मनसिज तन्त कहओ मन लाये।
बड़ उनमतिआ अवसर पाये ॥
से सवे सुमरि मनहुँ काँ लाज ॥
जत सवे विपरित तन्हिकर काज।
हृदयक धाधसि धसमसि मोहि।
आओर कहिनी कि कहब तोहि ॥
सकलओ रस नहि अनुवद नारि।
विद्यापति कवि कहए विचारि ॥

शेष गीतों में कृष्ण और राधा के नाम हैं। कहीं दोनों के साथ और कहीं केवल

एक ही। जैसे सम्भोग के इस विलक्षण गीत में जिसमें रस-सिद्धि के सभी तत्व वर्तमान हैं—

सुरभि निकुञ्ज वेदि भल भेलि।
जनमगेंठि दुहु मानस मेलि ॥
कामदेवे करु कनेआदान।
विधि मधुपरक अधर मधुपान ॥
भल भेल राधे भेल निरवाह।
पानिगहन विधि बोध विवाह ॥
उरज ऐपन मुकुताहार।
नयने निवेदल बन्दनवार ॥
पीन पयोधर पुरहर भेल।
कर स झापन नवपल्लव देल ॥
भनइ विद्यापति रसमय रीति।
राधा-माधव उचित पिरीति ॥

इस गीत मे राधा-माधव नाममात्र हैं, विषयवस्तु किसी भी ऐसे पुरुष और नारी में चरितार्थ हो सकती है जिसने किसी निभृतनिकुञ्ज में गुप्त मिलन कर गान्धर्व विवाह सम्पन्न किया हो। ऐसे अनेक पद हैं। अधिकतर गीतों में केवल माधव, कन्हाई कान्ह इत्यादि पद अथवा राही, राधा, गोपी इत्यादि पद का ही प्रयोग मात्र है। जैसे इस विरहिणी के वर्णन में—

देखलि दूषलि रूषलि भूषलि सखी समेते।
फूजलि कँवरि न बाँध सामरि सुन्दरि अँवथँ एते ॥
माधव काजि विसरलि बाला।
ओ नवि नागरि गुनक आगरि भेलि निमालक माला ॥
ओ जे अभागलि देहरि लागलि पथ निहारए तोर।
निचल लोचन न सुन वचन ढरि ढरी खस नोत ॥
उससि उससि खखि-खसि पड़ै आलि आलिङ्गए धाए।
जाहि वे आधि पराधिन औषध ताहेरि कञोन उपाए ॥

सहज सौन्दर्य के इस विदग्ध वर्णन में केवल शब्द 'राही' मात्र इसे कृष्णकाव्य द्योतित करता है।

सहजें सुन्दरि राही।
कि करब अधिक पसाही ॥
ऊजर नयन नलिला।
काजरें न करू मलिना ॥
दूधक धोएल भमरा।

मसि बुड़ि जाएत समरा ॥
पीन पयोधर गोरा।
उलटल कनक कटोरा ॥
चान्दने धवल न करू।
हिमे झाँपि जाएत सुमेरू ॥

कितने गीत ऐसे हैं जिनमें केवल भनिता मात्र ही में कृष्ण का नाम है— हरि, मुरारि इत्यादि।

फिर भी सैकड़ों गीत कृष्णचरित पर आधारित हैं और उनमें कृष्ण-लीला के विभिन्न चित्र अङ्कित होते हैं। जैसे कृष्ण के उद्वेग के इस वर्णन में—

नन्दक नन्दन कदंबेरि तरुतरे धिरे-धिरे मुरली बोलाव।
समय सङ्केत निकेतन बइसल बेरि-बेरि बोलि पठाव ॥
सामरी तोरा लागि अनुखने विकल मुरारि।
यमुनाक तीरे उपवन उदवेगल फिरि फिरि ततहि निहारि ॥
गोरस बिकनि कैं अवइते जाइते जनि-जनि पुछ वनमारि। इत्यादि

निर्दय उपभोग से त्रस्त मुग्धा के इस निवेदन में—

चाणुरमरदन तुहुँ वनमारि।
सिरिस कुसुम दारूण कमलिनि नारि ॥
दुति बड़ दाहण साधल वाद।
करि करें सोंपल मालति माद ॥
नयनक अञ्जन निरञ्जन भेल।
मृगमद चन्दन घामे भिगि गेल ॥
विदग्ध माधव तोहे परनार।
अवला बलि दए न पुजह काम ॥ इत्यादि

सबसे अधिक हैं यमुना के तट पर गोपियों के साथ कृष्ण की रंगरेलियों के वर्णन। विद्यापति के ये गीत इतने लोकप्रिय हो गये कि मैथिली में इस जाति के गीत 'गोआलरी' नाम से प्रसिद्ध हो गये और विद्यापति के परवर्ती कवियों ने सैकड़ों ऐसे गीतों की रचना की।

किसी गोपी के रूपलावण्य से मुग्ध कृष्ण को उपदेश कि उनकी कामना कैसे पूरी हो सकती है :

मोरा मन मनमथे राखलि गोए।
बिसरए चाहिअ बिसरि न होए ॥
देखलि मोएँ कामिनि कहहि न जाए।
पुनु दरसन लागि रचिअ उपाए ॥
ललितलता सम तनु देखली।

विहि जनिं दसहुँ दिसाँ लिखली ॥
मित हे!
पीन पयोधर रुचि उजरी।
सिरिफले फलिलि कनक मजरी ॥
सम्भ्रम सकल सखीजन वारि।
प्रेम बुझओलन्हि पलटि निहारि ॥
भनइ विद्यापति अछ परकार।
जमुन तरणि तिर धर कडुहार ॥
तन्हि जाएब वीकैं तोहें लेव दान।
दरसें परसें पूरण पँचवान ॥

नाव पर कृष्ण उसे डरा कर वश में करना चाहते हैं तब गोपी की विवशता देखिए–

कुल गुन गौरव शील स्वभाव–
सेहे लए चढ़लिहुँ तोहरहि नाओ।
हमे अबला कत कहब अनेक–
आइति पड़लाँ बुझिअ विवेक ॥
हठ तेज माधव कर मोहि पार–
सब तह बड़ थिक परउपकार।
हमरा भेलि आवे तोहरि आस–
से न करिअ जे हो उपहास ॥
तोहें परपुरुष हमहु परनारि–
हृदय काँप तुअ रीति विचारि।
भल मन्द जानि करिअ परिनाम–
जस अपजस पए रह गए ठाम ॥
भनइ विद्यापति तोहें गुनमान–
हाथि महतें नव के नहि जान ॥

इस प्रसङ्ग में परवर्ती कवियों में दो महाकवियों की रचनाएँ देखने योग्य हैं, एक है सत्रहवी शताब्दी से पहले की भवानीनाथ की–

नाव डोलाव अहीरे–
जिवइते न पाओव तीरे–
खर नीरे लो।

खेव न लेअए मोले–
हसि-हसि कीदहु बोल–

जिस डोले लो।

कके बिके ऐलिहु आपे–
वेढिलहु मोहि बड़े सापे–
मोरे पापे लो।

करितहुँ पर उपहासे–
पड़लिहु तन्हि विधि फाँसे–
नहि आसे लो।

अन्त की दो पंक्तियों की भावना भवानीनाथ को विद्यापति से पृथक करती हैं। भवानीनाथ कहते हैं–

न बुझसि अबुझ गोआरी–
भजि रहु देव मुरारि–
नहि गारी लो।
भवानीनाथ हेन भाने–
नृप देव अत रस जाने–
नव कान्हे लो ॥

इसमें भी अहीर मुरारि को भगवान् का रूप माना है तब भी कवि अपने आश्रय नृप देव को 'नव कान्ह' कह ही देते हैं।

इसके करीब सौ वर्ष पश्चात् नन्दीपति ने अपनी कृष्णकेलिलीला में कृष्ण के बाल चरित को बड़ी खूबी से अङ्कित किया है। यह नाटक के रूप में है, परन्तु मुख्य आकर्षण है इसमें भी गीत। एक गीत देखिए, चीर-हरण के प्रसङ्ग का, गोपियों की उक्ति–

अम्वर धएल उतारि–
से लए कदमतरु चढ़ल मुरारि।
अमरन एक वरु लेहे–
हरि परिधान वसन मोर देहे।
सबहुँ सखी पट पाऊ–
हमरहि एतिखन किए विलामाऊ।
एत कौतुक किए तोंही–
कारन कओन कहहु हरि मोही।
किए तोहें पारह गारी–
हमे न तोहर हरि सरहोजि सारी।
हमहु बुझिञ तोर भावे–
से मन वासि करह हरि आवे।
इत्यादि।

विद्यापति ने अपने गीतों में मुख्यतः शृङ्गार-रस की धारा बहाई है, परन्तु उसमें उन्होंने बालकृष्ण की लीला को जहाँ तक हो सका आलम्बन बनाकर उस परम्परा को आगे बढ़ाया जो गाथासप्तशती-काल से ही जनमानस में व्याप्र थी। बीच-बीच में कृष्ण-भक्ति भी संसूचित हैं, विशेषतः भनिता के पद में जैसे--वन्दह नन्द-किशोरा" इत्यादि, परन्तु यह बात साधारणतया विरल है। विद्यापति तो बार-बार कह उठते हैं : सुरत रस रङ्ग संसार सारा"। जिन राजाओं व राजकुमारों के लिए उन्होंने रचना की उनके लिए यह संसार ही तो भोगसार था। इसकी सूचना कीर्तिपताका के उद्धृत पद मे मिलती है। इस प्रसङ्ग में विद्यापति के गीतों की भनिता ध्यान देने योग्य है। गीत के भावार्थ के प्रति कवि की अपनी क्या भावना थी, उसमें वर्णित घटना की उनके हृदय पर क्या प्रतिक्रिया हुई थी, इस बात को वे भनिता में बहुधा व्यक्त करते हैं। यही बात उनके परवर्ती महाकवि गोविन्ददास के गीतों में भी मिलती है।

विद्यापति के कृष्णविषयक गीतों की एक विशेषता यह भी है कि उन्होंने अपने संरक्षक मित्र राजा शिवसिंह को बार-बार 'नव कान्ह', 'एकादश अवतारा', 'कान्ह रूप सिरि शिवसिंह' इत्यादि पदों से वर्णित किया है। 'पुरुष परीक्षा' में विद्यापति ने शिवसिंह के रूप के वर्णन में कहा है—

लक्ष्मीपती सर्वलोकाभिरामौ चन्द्राननौ चारु पाथोदनीलौ।
द्वौ पुरुषो लक्षणैस्तैपेतौ नारायणो रूपनारायणो वा ॥

रूपनारायण शिवसिंह का विरुद था और लखिमा उनकी प्रेयसी महारानी थी। उनका वर्ण श्याम था। एक गीत में विद्यापति कहते हैं कि एक नायिका ने रात में कृष्ण को देखा और उनके रूप का वर्णन अपनी सखी से करने लगी। विद्यापति उस नायिका से कहते हैं कि तुम व्यर्थ कान्ह-कान्ह करती हो। तुमने कृष्ण को नहीं देखा। तुमने तो शिवसिंह को देखा।

नील कलेवर पीत वसन धर चन्दन तिलक धवला।
सामर मेघ सौदामिनि मण्डित तथिहिं उदिति शशिकला ॥
हरि-हरि अनतए जनु परचार-सपने मोज देखल नन्दकुमार ॥

विद्यापति कहते हैं—

भनइ विद्यापति अरे वर जउवति जानल सकल मरमे
शिवसिंहराय तोरा मन जागल कान्ह-कान्ह करसि भरमे ॥

एक दूसरा गीत भी है, अत्यन्त प्रसिद्ध, जिसमें एक युवती सन्ध्या के समय, यमुना के तीर पर, कदम्ब के नीचे, कान्ह से अकस्मात् भेंट हो जाने पर, उनकी रसिकता का वर्णन चुपचाप अपनी अन्तरङ्गिणी सखी से करती है—

मोहि भेटल कान्हू।
अनन्तए कहिनी कहह जनू ॥

भनिता मैं विद्यापति कहते हैं—

अरे रे जुवति बुझल जुगुति दोसर मधुर मधुपति
तोरे अनुमाने विद्यापति भाने रायशिवसिंह लखिमादेइ रमाने।

अर्थात् हे युवती! मै युक्ति समझ गयी। तुम्हारे वर्णन से मेरा अनुमान है कि वे दूसरे मधुपति शिवसिंह थे।

राजाश्रित कवियों के लिए ऐसा वर्णन करना आश्चर्य की बात नहीं है। इससे इतना तो अवश्य सिद्ध होता है कि कृष्ण को अवतार मानकर भी शृङ्गार के गीतों में वर्णन करते हुए विद्यापति उन्हें देव-देव कृष्ण नहीं; आदर्श रसिक शिरोमणि गोपाल बालकृष्ण मानते थे जिनके जीवन-क्रम से आध्यात्मिक भक्ति नहीं, मानवजीवन के तृतीय पुरुषार्थ काम की शिक्षा मिलती है।

(7)

इसी प्रसङ्ग में यह भी बड़े महत्व की बात है कि विद्यापति ने अपने गीतों की रचना देश की ललनाओं के लिए की। पहले ही इस बात का उल्लेख हो चुका है कि विद्यापति बड़े दूरदर्शी राजनीतिज्ञ और उदार विचार के महापुरुष थे। उनमे जागृति के युग के सभी लक्षण पूर्ण रूप से विद्यमान थे। उनकी पूर्ण चेष्टा थी कि स्त्रियों में शिक्षा का प्रचार हो। अपनी 'पुरुषपरीक्षा' के उपोद्घात में उन्होंने स्पष्ट लिखा है कि उस ग्रन्थ की रचना उन्होंने मुदे पौरस्त्रीणां मनसिजकलाकौतुक जुषां" की थी। उन्हीं मनसिजकलाकौतुक" वाली नारियों के लिए विद्यापति ने गीत रचे जिनमें आवश्यक काम-शिक्षा बड़े ही अनोखे ढङ्ग से दी गयी है।

प्रथमहि अलक तिलक लेव साजि।
चञ्चल लोचन काजरे आँजि ॥
जाएव वसने आङ्ग लेव गोए।
दूरहि रहव तें अरथित होए ॥
मोरे बोले सजनी रहब लजाए।
कुटिल नयने देव मदन जगाए ॥
झाँपव कुच दरसाओव कन्त।
दृढ़ कए बान्धव निविहुक अन्त ॥
मान कइए किछु दरशव भाव।
रस राखब तें पुन-पुन आव ॥
हमे कि सिखाउवि हे अओर से रङ्ग।
अपनहि गुरु भए कहत अनङ्ग ॥

वही शिक्षा नायक के लिए—

सुन-सुन सुन्दर कन्हाई।
तोहें सौंपल धनि राई ॥
कमलिनि कोमल कलेवर।
तुहुँ से भूखल मधुकर ॥
सहजे करबि मधुपान।
भूलह जनि पँचवान ॥
परबोधि पयोधर परशिह।
कुञ्जर जनि सरोरुह ॥
गनइते मोतिम हारा।
छले परशिह कुचभारा ॥
न बुझए रति रस रङ्ग।
खने अनुमति खने भङ्ग ॥
सिरिस कुसुम जिनि तनु।
गोरि सहवि फुल धनु ॥
इत्यादि

इस बात की पुष्टि विद्यापति के गीतों के अध्ययन से भी होती है। उनके गीतों में नारीहृदय के भाव और भावावेश, संवेग और उद्वेग जिस खूबी से वर्णित हैं वह आश्‍र्चजनक है। विद्यापति के गीत नारीभावना से ओतप्रोत हैं। वह भावना इतनी सूक्ष्म, सत्य, यथार्थ, विविध और स्पष्ट हैं कि कोई भी नारी उसमें अपने हृदय को साफ-साफ पहचान सकती है। वह उस पारखी के प्रति मुग्ध हुए बिना नहीं रह सकती जो उसके मन में बैठकर उसके हृदय को इस तरह अङ्कित कर सका हो। प्रसिद्ध अङ्गरेज विद्वान डब्ल्यू.बी. आर्चर ने "विद्यापति के प्रेम गीत" नामक संग्रह की भूमिका में विद्यापति और जयदेव के गीतों का तुलनात्मक अध्ययन प्रस्तुत कर इस बात की पुष्टि की है। जयदेव के गीतों में कृष्ण की रसिकता वर्णित है। उनकी नायिका मुग्ध होती है, बिलखती है, कृष्ण के सदृश नायक से मिलती है; पर विद्यापति के पदों में नायिका ही प्रधान है। नायक वैसी नायिकाओं से आकृष्ट होते हैं। स्वयं विद्यापति ने कहा कि नारिमनोरथ शत-शत अभिमत रहस निरूप विद्यापति कवि गाओल" अर्थात् नारियों के मन में जो सैकड़ों मनोरथ, भावनाएँ, इच्छाएँ उठती हैं जिन्हें वे किसी से कह भी नहीं सकती है, अपने हृदय में ही सँजोये रहती हैं उन्हीं का निरूपण कर, उन्हें जानकर और पहचान कर ही विद्यापति ने अपने गीतों में अभिव्यक्त किया है। इसलिए विद्यापति के गीतों का प्रचार मिथिला में ललनाओं के बीच सबसे अधिक हुआ। विश्‍व के इतिहास में शायद ही कोई दूसरा कवि है जिसकी रचानाएँ छः सौ वर्षों तक समाज की नारियों के कण्ठों में बसती हुई अमर हैं।"

इसका एक परिणाम यह हुआ कि यह सर्वथा अप्रत्याशित था। विद्यापति के युग में मिथिला दर्शनशास्त्रों (विशेषतः नव्यन्याय शास्त्र) के अध्ययन और उनकी गुत्थियों के परिष्कार के लिए समस्त आर्यावर्त में प्रसिद्ध थी। उस युग के एक विशिष्ट आचार्य के प्रसङ्ग में कहा गया है कि–

यस्यान्तेवासिभिः प्राज्ञैरासमुद्रं वसुन्धरा।
विद्याविनोदव्यसनव्यापारैकरसी कृता ॥

बङ्गाल से प्रतिभावान् पण्डितगण मिथिला आया करते थे। यहाँ शास्त्रों का अनुशीलन कर पाण्डित्य के प्रकर्ष को बङ्गाल ले जाते थे। नव्यन्याय का उत्कर्ष मिथिला ही से नवद्वीप गया। विद्यापति के अव्यवहित युग में वहीं, नवद्वीप में, चैतन्यदेव का उदय हुआ। उन्होंने भक्तिप्रधान वैष्णव धर्म का प्रचार कर जातीय जीवन में नये प्राण ला दिये। मिथिला से लौटकर पण्डितगणों ने ही नवद्वीप में विद्यापति के गीतों का प्रचार किया। चैतन्यदेव विद्यापति की रचना का परिचय पा सकें चैतन्यदेव के भक्ति-मार्ग में लौकिक प्रेम की ही वासना है। परकीया को प्रेम-भक्ति का प्रतीक माना गया है। जनमानस में रमी हुई बाल-कृष्ण की लीलाओं का आध्यात्मीकरण श्रीमद्भागवत से ही प्रतिष्ठित हुआ था। इसे जयदेव ने भी कण्ठतः स्वीकार किया। उसकी प्रशंसा चैतन्यदेव के भक्ति-मार्ग में देखी जाती है। यह बात सही है कि चैतन्यदेव के ऊपर बङ्गाल के सहजिया सम्प्रदाय का प्रभाव था। चैतन्यदेव तथा उनके सहचरगण अपने को व्रज की गोपियों का अवतार मानते थे। जिस तन्मयता से वे गोपियाँ कृष्ण से प्रेम करती थीं उसी तन्मयता से ये लोग भी अपने को नारी मानकर अपने प्रेमी भगवान् कृष्ण के चरणों में आत्मसमर्पण करते थे। विद्यापति के गीतों में नारी-हृदय का सूक्ष्म विश्लेषण था; प्रेयसी के भावों और भावावेशों का, संवेगों और उद्वेगों का सूक्ष्म अथच यथावत् चित्रण था; नारीहृदय के शत-शत रहस्य मनोरथों का निरूपण था। स्पष्ट है कि अपने भक्त-हृदय को नारी-हृदय बनाए हुए चैतन्यदेव और उनके सहचरों को विद्यापति के गीतों में वर्णित भावों में अपने ही हृदय के भाव मिलते थे। उन ललित पदों में अपने ही संवेगों और उद्वेगों का, अपने ही भावावेशों और भावोल्लासों का, अपने ही रहस्य मनोरथों का चित्र पाते थे। उससे उनके हृदय के तार झंकृत हो उठते थे। उन गीतों को गाकर वे आत्मसमपर्ण की भावना से विभोर हो उठते थे। उसी समय में बङ्गाल में महाकवि चण्डीदास ने भी ऐसे ही शृङ्गार के गीतों की रचना की। चण्डीदास विशुद्ध सहजिया थे और नर तथा नारी के सहज प्रेम में उन्हें भक्ति का स्वरूप दीखता था। चैतन्यदेव को चण्डीदास से भी अधिक मुग्ध करते थे विद्यापति क्योंकि इनके चित्र विशेष स्पष्ट और सत्य थे। वे अधिक ललित, कोमल एवं सङ्गीतमय थे। जब चैतन्यदेव स्वयं ही विद्यापति के गीतों से मुग्ध हो जाते थे तो उनके सहचरों और अनुचरों का पूछना ही क्या? फलतः विद्यापति वैष्णव महाजन हो गए। चैतन्य के महापण्डित शिष्यगणों

ने बड़ी ही विद्वत्ता से उस मधुर रस की कल्पना की जिसमें शृङ्गार के आवरण में भक्ति का भाव निहित है। चैतन्यदेव के भक्ति-मार्ग का प्रचार बढ़ता गया। उसके साथ-साथ विद्यापति के गीत बङ्गाल के वैष्णव धर्म के अङ्ग हो गये। उन वैष्णवों को यह मालूम नहीं था कि विद्यापति ने किस पृष्ठभूमि में, कैसे परिवेश में किस उद्देश्य से गीतों की रचना की। विद्यापति बङ्गाली समझे जाने लगे। विद्यापति की शैली ही गीत-रचना की शैली मान्य हो गयी। सबसे अद्भुत बात तो यह हुई कि विद्यापति के गीतों की भाषा ही बङ्गाली वैष्णव भक्त कवियों की रचना की भाषा हो गयी। बङ्गाल, असम, उड़ीसा और पश्चिम वृन्दावन तक चैतन्यदेव के अनुयायी भक्त-कवियों ने विद्यापति के भावों और शैली का ही नहीं; भाषा पर्यन्त का अनुकरण किया। विद्यापति की मैथिली भाषा का ठीक-ठीक अनुकरण तो वे लोग कर नहीं सके उस भाषा में अपनी भाषा को मिश्रित कर बङ्गाल में बङ्गला मिश्रित मैथिली, उड़ीसा में ओड़िआ मिश्रित मैथिली और असम में असमिया मिश्रित मैथिली में गीतों की रचना करने लगे। चूँकि इन गीतों में व्रजभूमि में कृष्ण-लीला का वर्णन था, इसलिए उस कृत्रिम भाषान्तर-मिश्रित मिथिला भाषा को व्रज की बोली, ब्रजबूली कहने लगे। यह चैतन्य सम्प्रदाय के भाषा-कवियों की साहित्यिक भाषा हो गयी। इस युग के महान् कवि—राज विश्वकवि रवीन्द्रनाथ ने भी अपनी आत्मकथा में लिखा है कि उन पर जिन महाकवियों का प्रभाव सबसे पहले पड़ा था उनमें विद्यापति प्रमुख थे। उन्हीं के शिल्प और शैली के अनुसरण में उन्होंने 'भानुसिंहेर पदावली' की रचना की थी। विद्यापति आज भी बङ्गाल में उनके जातीय कवि के रूप में मान्य हैं। यद्यपि लगभग पचास वर्षो से बङ्गालियों ने उन्हें बङ्गाली कहना छोड़ दिया है। उन्हें वे मैथिल मानने लगे हैं। शृङ्गार के गीतों को छोड़कर विद्यापति ने और भी गीतों की रचना की। वे सब गीत मिथिला में ही सीमित रहे। उनके शृङ्गार के गीत (जिनमें परम्परागत बाल कृष्ण की लीलाओं का वर्णन है) ही मिथिला से बाहर प्रसृत होते हुए भक्ति के पद माने जाने लगे। चैतन्य के सहचरों ने उनकी आध्यात्मिक व्याख्या कर दी। वे गीत शृङ्गार के पद नहीं रहे। कीर्तन के पद हो गए। उसी रूप में समस्त पूर्व भारत में विद्यापति के कृष्ण-काव्य ने भाषा-साहित्य को अनुप्राणित, प्रभावित और विकसित किया।

(8)

बङ्गाल से विद्यापति के गीतों का प्रचार वैष्णव समाज में हुआ और विश्वकवि रवीन्द्रनाथ के समय तक वह प्रभाव चलता रहा। बङ्गाल से बाहर भी विद्यापति के गीत प्रचार में आए। विद्यापति के समसामयिक जौनपुर के लक्खनसेनि ने विद्यापति की बड़ी प्रशंसा की है। उनके नचारी-पदों का उल्लेख किया है। अबुल फजल ने देशी सङ्गीत की चर्चा करते हुए अपने आईने अकबरी में विद्यापति के सङ्गीत का उल्लेख किया है। वे कहते

हैं कि इन नचारी पदों में उत्कृष्ट-शृंगार के वर्णन हैं। स्पष्ट है कि अबुल फजल ने विद्यापति के दोनों प्रकारों के गीतों को एक मान लिया है। नचारी शिव-भक्ति के गीत हैं और इन गीतों में मैथिल समाज की रीति और नीति वर्णित है। इन गीतों का प्रचार मिथिला से बाहर कहीं नहीं हो सका। मिथिला में नचारी विशिष्ट गीतों में अन्यतम है, अत्यन्त लोकप्रिय और सुप्रसिद्ध है। अबुल फजल विद्यापति के शृंगारिक गीतों को नचारी मानकर भ्रम में पड़ गए। यह बात तो स्पष्ट है कि दिल्ली तक विद्यापति के कवित्व का यश फैल गया। उनका प्रभाव देश और समाज की परिस्थिति के अनुसार भिन्न पड़ा। पश्चिम में विद्यापति के शिल्प का ही अधिक व्यापक अनुकरण हुआ। गीतों में काव्य-रचना की परम्परा, जो विद्यापति ने जयदेव के अनुकरण में आरम्भ की, उससे परवर्ती कविगण बहुत अधिक आकृष्ट हुए। मीराबाई और सूरदास ने गीतों की रचना का जो मार्ग अपनाया वह विद्यापति का मार्ग था। वे दोनों महाकवि भी कृष्ण-काव्य की ही परम्परा में आते हैं। उनमें भी शृंगार के शब्दों में भक्ति का भाव निहित है। इस प्रकार जिस भावभूमि में विद्यापति ने अपनी उर्वर प्रतिभा के प्रसाद से सङ्गीतमय काव्य की वाटिका सजायी उसका प्रभाव अन्यान्य प्रतिभावान् कवियों पर भी पड़ा। सभी अपनी-अपनी प्रतिभा के अनुरूप काव्यसर्जन की दिशा में अग्रसर हुए। इसीलिए तो विद्यापति मैथिल कोकिल कहे जाते हैं। उनकी कूक ने उत्तर भारत के भाषा-साहित्य में सचमुच वसन्त ला दिया।

विद्यापति के प्रभाव में बङ्गाल प्रायः सबसे अधिक आगे बढ़ा। वह प्रभाव ऐसा था जिसका दृष्टान्त अत्यन्त विरल है। बङ्गाल में तो उनकी भाषा का ही अनुकरण होने लगा। मिथिला की भाषा विद्यापति के युग से ही नेपाल की साहित्यिक भाषा हो गयी। अन्तिम कर्णाट मिथिलेश भागकर नेपाल ही गए। उन्हीं के वंशज नेपाल में राज्य करते रहे। इनका अन्त 1769 ई. में हुआ। तब तक नेपाल के भिन्न-भिन्न राजप्रासादों में मैथिली कविताएँ रचीं और गायी जाती रहीं। तराई में और भी छोटे-छोटे राज्य थे, यथा—मोरंग, मकमानी। इन राज्यों में भी साहित्य-सर्जना का काम बराबर जारी रहा। अभी भी नेपाल के पुस्तकालयों में पचासों भाषागीत संग्रह हैं। वे सभी गीत विद्यापति के सम्प्रदाय के हैं। शृंगारमय और बालकृष्ण की लीलाओं पर आधारित हैं। उनमें आध्यात्मिक भावना उतनी ही है। कृष्ण नाम का सङ्कीर्तन अनायास हो जाता है। नेपाल के मल्ल राजाओं में कितने स्वयं भी कवि थे, उनकी रचनाएँ भी विद्यमान हैं। खेद है कि वे सभी उपेक्षित पड़े हैं। हाल ही में मैने नेपाल से, साहित्य की प्रत्येक विधा के एक-एक ग्रन्थ की भाकृति (फोटोग्राफ) पटना विश्वविद्यालय के लिए उपलब्ध की है और वे चार हैं। मिथिला के गीत वहाँ सुरक्षित हैं। वे अब मिथिला में नहीं मिलते। नेपालियों की मैथिली रचना गीतों में संगृहीत हैं। ये संख्या में हजार के लगभग होंगे। मैथिली गद्य-पद्यमय नाटक है और मिथिला की अपनी परम्परा में संस्कृत-प्राकृत-मैथिली-मिश्र त्रैभाषिक नाटक है। इनमें गीत

तो सभी विद्यापति के अनुकरण हैं परन्तु नाटकों में कृष्णचरित की अन्यान्य घटनाएँ हैं, यथा—उषाहरण, कंसवध, पारिजातहरण, कुञ्जविहार इत्यादि। मैंने जो देखा है उससे यही धारणा बनती है कि मैथिली काव्य की जितनी सर्जना अठारहवीं सदी के मध्य तक नेपाल में हुई उतनी मिथिला में भी नहीं हुई। उस युग में नेपाल की साहित्यिक भाषा मैथिली थी, साहित्य सङ्गीतमय था और उन गीतों में बालकृष्ण की रसिकता का शृंगारमय वर्णन था।

मिथिला में विद्यापति की रचना का प्रभाव एक अन्य रीति से हुआ। विद्यापति ने तो लोकभाषा में लोकसाहित्य की रचना की। उनके कितने ही पद संस्कृत-तत्सम-बहुल आलङ्कारिक भाषा में उपनिबद्ध हैं पर अधिकतर उनकी भाषा तद्भव और देशज शब्दों से भरी है। उनके गीत सर्वत्र गाए जाते थे और इसीलिए उनकी उपाधि थी कविकण्ठहार, जिसका उन्होंने अपने पदों की भनिता में बार-बार प्रयोग किया है। विद्यापति का युग संस्कृत-पाण्डित्य के प्रकर्ष का युग था और पण्डितगण विद्यापति की इतनी लोकप्रियता से ईर्ष्या करते थे, उनकी भाषा-कविता के लिए उनका उपहास करते थे। लोकप्रियता की भावना बड़ी प्रबल होती है। समाज में विशेषतः स्त्री समाज में इन गीतों की प्रबल माँग थी। यहाँ जन्म से प्रत्येक शुभ कार्य या प्रमोद के अवसर के लिए पृथक-पृथक गीत हैं। उन गीतों के 'भास' भी ऐसे हैं कि उन्हें सुनकर ही समझ जाएँगे कि किस अवसर का यह गीत है। ये सभी विद्यापति के अवदान हैं। विद्यापति के जिस 'भास' के गीत विशेष लोकप्रिय हुए उसकी एक अपनी जाति बन गयी। इस प्रकार यमुना के घाट पर गोप-बधुओं को नाव से पार करने के प्रसङ्ग के गीत विशेष लोकप्रिय हुए। उनकी एक जाति हो गयी 'गोआलरी'। इसी प्रकार मान और अभिसार, वयस्सन्धि और सद्यःस्नाता, प्रथम मिलन के लिए केलिगृह जाती हुई मुग्धा के भावों के वर्णन के गीत—वटगमनी—ये सभी मैथिली गीत साहित्य की भिन्न-भिन्न जातियाँ हैं। कवियशः प्रार्थी पण्डितगण वैसे तो विद्यापति का उपहास करते थे पर स्वयं यदा-कदा विद्यापति की शैली का अनुसरण करते हुए गीत भी रच लिया करते थे। विद्यापति के ही समकालीन, शिवसिंह के दीवान अमृतकर, कायस्थ थे, उनके गीतों की प्रशंसा स्वयं विद्यापति ने की है। इसी प्रकार व्रतपद्धति और श्राद्धविवेक के रचयिता प्रसिद्ध नैबन्धिक रुद्रधर, रस-मञ्जरीकार भानुदत्त, कवि भीष्म—अनेक व्यक्ति उसी काल से विद्यापति का अनुसरण करने लगे। प्रसिद्ध वैष्णव संन्यासी विष्णुपुरी का पद देखिए—

प्रथम वयस जत उपजल नेह।
एक परान एक जनि देह ॥
तइसन पेम जदि बिसरह मोर।
काठहु चाहि कठिन हिअ तोर ॥
ए प्रभु ठाकुर न तेजह नारि।
तोंहि बिनु लागब कओन गोहारि ॥

सुपुरुष चिन्हए एहे 7परिनाम।
जइसन प्रथम तइसन अवसान ॥
टुटल पेम नहि लग एक ठाम।
विष्णुपुरी कह बुझसि विराम ॥

भानुदत्त का काव्य सौष्ठव देखिए—

कुमुदबन्धु मलीन भासा—
चारु चम्पक बन विकासा।
शुद्ध पञ्चम गाव कलरव—
मलयकण्ठी कुञ्ज रे ॥ इत्यादि।

ऐसे सैकड़ों कवि हैं। इनमें अधिकांश व्युत्पन्न पण्डित थे। उन्होंने गीतों की रचना की है। जैसा मैने कहा है, कितने ही गीतों की भनिता में विद्यापति का नाम जोड़ दिया गया है। प्रत्येक पुराने संग्रह के प्राप्त होने से कुछ गीतों के रचयिता पहचाने जाते हैं। विद्यापति की प्रखर काव्य-प्रतिभा और असाधारण लोकप्रियता में कितने गीत लुप्त होते गए हैं। विद्यापति को छोड़ और किसी कवि की रचना पृथक् नहीं मिलती है। पुराने संग्रहों में एक कवि के दो-चार पद ही उपलब्ध होते रहे हैं। एक ऐसा संग्रह है रागतरंगिणी जिसमें रागों के उदाहरण में 31 कवि के 98 गीत उद्धृत किये गये हैं। उनमें 50 विद्यापति के हैं। रागतरंगिणी का रचनाकाल सत्रहवीं शताब्दी का मध्य है। दूसरा भी संग्रह मैं अभी नेपाल से लाया हूँ। इनमें 146 गीत हैं। इनमें 64 विद्यापति के पद हैं। इनमें करीब चालीस पद बिलकुल नए हैं। यह संग्रह भी सत्रहवीं शताब्दी के मध्य का ही प्रतीत होता है यद्यपि इसमें लेखन-काल दिया हुआ नहीं है। तीन-चार प्राचीन संग्रह और मिले हैं। सभी तीन सौ वर्षों से अधिक के हैं पर वे संग्रह विद्यापति ही के गीतों के हैं। बीच-बीच में दो-चार अन्य कवियों की भी रचनाएँ हैं।

विद्यापति के समकालीन अथवा परवर्ती कवियों के प्रसङ्ग में यह बात साधारणतया कही जा सकती है कि वे लोग विद्यापति के भाव और शिल्प, भाषा और शैली का ही सर्वथा अनुकरण करते रहे। यह कहना बहुधा असम्भव है कि कौन गीत विद्यापति का है और कौन दूसरे कवि का। बङ्गाली कवियों ने भी ऐसा ही किया। वे लोग विशुद्ध मिथिला की भाषा में नहीं लिख सकें केवल भाषा के आधार पर उन लोगों की रचना पहचानी जा सकती है। मिथिला के कवि के प्रसङ्ग में यह बात भी नहीं है। केवल 'भनिता' ही ऐसी वस्तु है जिससे उन गीतों के रचयिता को पहचान सकते हैं; परन्तु विद्यापति के अनेक पद भनिता-विहीन हैं। नेपाल की पोथियों में जो विद्यापति के पद हैं उनमें लेखक भनिता के महत्व को प्रायः नहीं समझ पाए और अन्त में 'भनइ विद्यातीइत्यादि' लिख दिया। बहुत से पदों में भनिता नहीं है। उसके बाद संग्रहकर्ता ने यह लिख दिया है कि 'इदं विद्यापतेः'। जैसा कि ऊपर कहा जा चुका है, लोगों में ऐसी प्रवृत्ति सी हो गयी थी कि गीत के अन्त में नाम के बदले

कह देते थे 'भनइ विद्यापति'। भनिता को छोड़ शेष गीत देखकर या पढ़कर यह कहना सर्वथा असम्भव है कि कौन-सा गीत विद्यापति का हो सकता है। भाषा की प्राचीनता किंवा प्रसादगुण का प्राचुर्य विद्यापति के गीतों को अर्वाचीन कवियों की रचना से पृथक् करता है। यह निर्णय भी भ्रान्ति से मुक्त नहीं है। कठिन तो है ही। यह अनुसरण इस शताब्दी के आरम्भ तक उसी तरह चला आ रहा था। जैसे बङ्गाल में विद्यापति-शिल्प के अन्तिम कलाकार विश्वकवि रवीन्द्रनाथ हैं, उसी तरह मिथिला में भी उस शिल्प के अन्तिम कलाकार थे हर्षनाथ। यह अनुसरण केवल अनुसरण नहीं था, सर्वथा अनुकरण था। उसके बाद भी कई कवि हैं जो विद्यापति के ही चरण-चिह्नों का अनुसरण करते हैं। अभी भी कितने ही कवि उसी शैली में गीतों की रचना करते हैं। वह स्रोत एकदम सूख नहीं गया है। यों ऐसे कवि अब थोड़े हैं। विद्यापति में शृंगार की भावना प्रधान थी, भक्ति गौण, वह बात उलट गयी है। आज शृंगारमय वर्णन में भी भक्ति का ही भाव स्फुट होता है। हमारे आजकल के सर्वश्रेष्ठ महाकवि, जिन्हें कविशेखर की उपाधि है, पण्डित श्री बदरीनाथ झा जी अपने महाकाव्य 'एकावली-परिणय' की वन्दना में लिखते हैं—

राधा-पद-पङ्कज-नख मिअंक।
प्रतिबिम्बित जनिकर अलक अङ्क ॥
से विघ्न हरथु हरि एक बेरि।
हमरहु दिसि करुण कटाक्ष फेरि ॥

उन्हीं का एक गीत देखिए जिसमें श्रीकृष्ण के 'झूलन' का वर्णन है—

देखिअ युगल छवि अभिराम ॥
आज साजि समाज झूलए सुघर श्यामा-श्याम।
नवल नीरद अङ्क मिलि जनि दमक दामिनि दाम ॥
विमल यमुना-कूल राजित तरु कदम्ब ललाम।
लागु विकच विशाल शाखा बीच रेसम-दाम ॥
रतन जड़ित विराज नव हिण्डोल सुषमा धाम।
मानु शिल्पी कएल विधि तत सकल शिल्प विराम ॥
कुमुद मुदित मिलिन्द नन्दित उदित लखि हिमधाम।
व्रजवधू बनि चलल‍ि परवश त्वरित तजि धन धाम ॥
निरखि निरुपम रूप तेँ जनि होए छन-छन छाम।
त्यागि रुचि अभिमान अलि बलि जाए कत रति काम ॥
चरण कमल कृपावलम्बन पाबि पूरन काम।
सुकवि बदरीनाथ निरखए मुदित मन अविराम ॥

इस गीत की भाषा और इसकी भावभूमि दोनों विद्यापति की रचना से भिन्न हैं। विद्यापति की भाषा प्रसादगुण से ओतप्रोत है। तत्सम और तद्भव किंवा देशी

शब्दों के प्रयोग में विद्यापति सर्वदा विवेक से काम लेते हैं। विद्यापति जिसके लिए गीत की रचना करते थे ठीक उसी की भाषा का प्रयोग करते थे। एक गोपवधू की भाषा ठीक उसी के अनुरूप ठेठ मैथिली शब्दों से भरी है, प्रायः एक भी अपरिचित तत्सम शब्द नहीं है–

कउड़ि पठओले पाब नहि घोर।
घीव उधार माँग मति मोर।
वास न पावए माँग उपाति।
लोभक रासि पुरुष थिक जाति।
कि कहब आज कि कउतुक भेल।
अपदहि कान्हक गउख गेल।
अएले बइसए पाब पोआर।
से जक कहिनी पुछए विआर।
ओछाओन खरतरि पड़िआ चाह।
आओर कहब कत कत अहिरिन नाह ॥ इत्यादि

इसके साथ विद्यापति के कुछ अन्य पदों को भी देखिए। वयस्सन्धि के अन्तिम चरण पर पहुँची हुई बाला के वर्णन में–

कुच युग धरए कुम्भ थल कान्ति।
वॉक नखर-खत अंकुस भान्ति ॥
रोमावलि नग सुण्डक रूप।
पानि पिअए चल नाभी कूप ॥
देखह माधव कए निज साज।
बाला चललि जौवन-गजराज ॥
मदन महाउतें कएल पसाह।
लीलाञे नागर हेरए चाह ॥
पुनु लोचन पथ सीम न आउ।
सैसव राजा भीति पराउ ॥
इत्यादि।

अभिसार के प्रसङ्ग में पावस-निशा के इस वर्णन में–

निसि निसि अर भम, भीम भुजंगम, जलधर विजुरि उजोर।
तरुन तिमिर निसि, तइअओ चललि जसि, बड़ सखि साहस तोर ॥
सुन्दरि कओन पुरुष धन जे तोर हरल मन जासु लोभें चलु अभिसार।
आतर दुतर नरि, से कइसे जएवह तरि, आरति न करिये झाँप ॥
तोरा अछ पचसर, ते तोरा नहि डर, मोर हृदय वरु काँप।
इत्यादि।

सम्भोग-शृंगार के रतिवर्णन में जहाँ शब्दों की झंकार और उत्प्रेक्षा की माला भाषा को तत्समबहुल बना देती है फिर भी विद्यापति की भाषा में क्लिष्टता का दोष नहीं है। अलङ्कारों की छटा विद्यापति की उक्ति की विच्छिति में है। अलङ्कार-योजना का आयास प्रायः कहीं नहीं मिलता है। इस कारण उनमें वैसा विन्यास नहीं दीख पड़ता जैसा उनके परवर्ती पण्डित कवियों में।

विद्यापति का अनुकरण करनेवाले मुख्यतः पण्डित ही थे, जिनमें कवित्व प्रतिभा और व्युत्पत्ति थी। 'तर्काभ्यासपरिश्रान्तश्रान्तिविश्रान्तिहेतवे' बड़े-बड़े नैयायिक भी कविता की रचना करते थे और विद्यापति की लोकप्रियता से आकृष्ट होकर वे ही पण्डितगण विद्यापति का अनुकरण करते थे। ये पण्डितगण शास्त्रों में निष्णात् संस्कृत काव्य की रीति का अक्षरशः पालन करते थे और भाषा उनकी संस्कृत-बहुल थी। परिणाम यह हुआ कि मैथिली गीत जिसे लोकगीत के रूप में लोकभाषा में विद्यापति ने लोकप्रिय बनाया, विद्यापति के परवर्ती पण्डितों के हाथों में क्रमशः लोकजीवन से हटता गया। भाषा और शैली में इतना 'पण्डिताम' हो गया कि वे लोकगीत न रहकर, वर्गीय होते गये। हर्षनाथ का एक पद देखिए जिन्हें हम विद्यापति के अनुयायियों में अन्तिम महाकवि कह सकते हैं। प्रभात का वर्णन है—

धीवर-अंक मयङ्क-तरणि चढ़ि शशिकर-जाल पसार।
उडगन-मीन बझाए चलल जनि गगन पयोनिधि पार ॥
रविकर कलित तिमिर पट मोचन प्रकट अरुण तनु भास।
लाज पुरुव दिश मुनल कुमुद-दृश लखि कमलिनि करु हास ॥
मलय-पवन-कम्पित-तनु कमलिनि कोप-अरुण करि अङ्ग।
उपगत भ्रमरक करए निरादर कुमुदिनि-सङ्ग पिसङ्ग ॥
इत्यादि

इस गीत के पदों में क्रियापद मात्र मैथिली के रह गए हैं अन्यथा इनमे संस्कृत से भेद ही क्या है?

(9)

इस विस्तृत विवेचना से मेरा अभिप्राय केवल यही है कि विद्यापति के परवर्ती कवियों ने विद्यापति का ही अनुकरण किया। कृष्ण-काव्य की परम्परा वैसी ही रही जैसी विद्यापति ने चलायी। केवल शैली और भाषा क्रमशः 'पण्डिताम' होती गयी। यह क्रम इस शताब्दी के आरम्भ तक वैसा ही चला आया। नवीन युग में आकर वह पुरानी धारा बहुत ही क्षीण हो गयी। यद्यपि वह भी सूखी नहीं है, तथापि नवीन कविता में भी राधा-कृष्ण के लोकोत्तर शृंगारमय चरित संस्कृत के रूप में हमारे कवियों के मस्तिष्क में जमे हैं। प्रेमी और प्रेयसी के प्रतीक के रूप में कृष्ण और

राधा अभी भी प्रयुक्त होते हैं। हमारे एक नये कवि श्री यात्री जो हिन्दी जगत में भी नागार्जुन के नाम से प्रसिद्ध हैं, अपने एक व्यंग्यपूर्ण मुक्तक में अंकित करते हैं। 'आधुनिक राधिका' का चित्र–

गोर गहुमा कांति
देह नमछर आ सुरेवगर
मुँह कटगर, ठोर लाले लाल
वाब्ड हेअर वेश कपचल कृष्णकुन्तलजाल
भौंह वेश पिजौल
मर्मवेधी टाकु सन कजरएल आँखिक कोर
अनावृत्त मुक्तोदरी आवर्त्त दारुण नाभि
रङ्ल बीसो नखक उज्जर पीठ
हरित वसना आइकाल्हुक राधिका...
देवि स्कूटर वाहिनी घुरि आउ सन्ध्याकाल
कोनो होटल मध्य बाट तकैत छथि
बाँकेबिहारीलाल ॥

आधुनिक युग से पहले मैथिली साहित्य में तीन नयी प्रवृत्तियाँ मिलती हैं। ये तीनों कृष्ण-काव्य के ही विभिन्न रूप हैं। इनमें से एक भी पूर्ण सफल न होने पायी। उनका प्रसार न हो सका। साहित्य के स्रोत पर उनका स्थायी प्रभाव न होने पाया। वे सभी प्रवृत्तियाँ नूतन, कलापूर्ण और मनोहर थीं। वे स्थायी न हो सकीं। इसका कारण विद्यापति का ही प्रभाव मानना पड़ेगा। विद्यापति के गीत क्रमशः प्रशस्त होते गये और नवीन प्रयोग उन गीतों को दबा न सके।

पहली नवीनता गोविन्ददास की रचना में मिलती है। गोविन्ददास झा सोलहवीं शताब्दी के अन्तिम चरण में मैथिल पण्डितों के एक बड़े ही प्रतिष्ठित कुल में उत्पन्न हुए थे। उनके बारे में उनके छोटे भाई और शिष्य रामदास झा, जो स्वयं बहुत बड़े कवि थे, अपने एक नाटक में कहते हैं–

यस्मिन् गर्जति रोमदण्डकपटेनायत्नरत्नांकुरा
ना तन्वन्ति वपुर्विदूरखणयो विख्यात संख्यावताम्।
श्री गोविन्द धनेन तेन गुरुणा कारुण्यपुण्याम्भसा
सिक्तस्यामरशाखिनो नवरसं रामस्य रम्यं फलम् ॥

अर्थात्, जिस गोविन्द रूपी मेघ के गर्जन से प्रसिद्ध पण्डितों को भी रोमाञ्च हो जाता है, उन्हीं की कृपा से सिक्त राम का नव-रस फल यह नाटक है।

गोविन्ददास के लगभग चार सौ से अधिक गीत उपलब्ध हैं। ये बङ्गाल में विशेष प्रचलित हैं। मिथिला में उनका प्रचार बहुत कम हुआ है। बङ्गाल में विद्यापति

और चण्डीदास के पश्चात् गोविन्ददास का ही सबसे अधिक सम्मान है। वहाँ गोविन्ददास नाम के कई कवि हो गए हैं। उनमें से एक की रचना का वे लोग बहुत आदर करते हैं। वह रचना सर्वोत्कृष्ट है। उस सर्वोत्कृष्ट गोविन्ददास की भाषा विद्यापति की विशुद्ध मैथिली है, कृत्रिम भाषा ब्रजबूली में जो त्रुटियाँ दीखती हैं वे गोविन्ददास की भाषा में नहीं हैं। इससे बङ्गाली विद्वज्जन भी चकित हैं। उनका प्रचार वहाँ तीन सौ वर्षों से इतना अधिक है, उनके गीतों में बङ्गाल के वैष्णव सम्प्रदाय की ऐसी अमिट छाप है, महाप्रभु चैतन्य के महापण्डित शिष्यों द्वारा स्थापित मधुर रस का इतना सुन्दर परिपाक है, वैष्णव मण्डलियों में अनुष्ठित कीर्तन के उपयुक्त ऐसा मधुर स्वर-संयोग है कि वे लोग यह मानने के लिए अभी भी प्रस्तुत नहीं हैं कि विद्यापति की भाँति गोविन्ददास भी मैथिल थे और उनके गीतों की भाषा मिथिला की भाषा है, उनकी अनुकृति नहीं। यह बात सही है कि गोविन्ददास ने चैतन्यदेव की वन्दना के पद नहीं रचे, उनके सहचरों और शिष्यों की स्तुति नहीं की, पर इसको छोड़ कर शेष गीतों की भाव-भूमि वही है जो ब्रजबूली के अन्य कवियों की है। इन्होंने विद्यापति की वन्दना गुरु के रूप में की है। जाक गीत जग चीत चोराओल गोविन्द गोरि सरस रस गाने" कह कर उन्होंने विद्यापति की रचना का वैशिष्ट्य प्रदर्शित किया है। विद्यापति की शृङ्गार-रस धारा में इन्होंने भक्ति की ऐसी मनोहर भावना मिश्रित कर दी है कि विभावादि सकल तत्व शृंगार-रस के होते हुए भी साधारणीकरण के समय भक्ति का ही भाव जाग उठता है। कवि स्वयं उस लीला का साक्षी होकर मुग्ध होता है तथा पाठकों और श्रोताओं को भी उसी लीला का काल्पनिक प्रत्यक्षीकरण कराता है।

गोविन्ददास के कई संग्रह प्रकाशित हैं। बङ्गाल से प्राप्त पदों में सभी प्रकारों के गीत एकत्र मिलते हैं; मैथिली, ब्रजबूली और बङ्गला में रचित गीत। स्वर्गीय डा. अमरनाथ झा ने गोविन्ददास के लगभग तीन सौ पैंतीस गीतों का संग्रह 'शृंगार भजन गीतावली' के नाम से प्रकाशित किया है। इसे उन्होंने मिथिला में स्वर्गीय कवीश्वर चन्दा झा द्वारा संगृहीत गीतों के आधार पर सम्पादित किया है। उसकी प्रामाणिकता में कोई सन्देह नहीं है। फिर भी इसका समाधान नहीं होता कि मिथिला के कवि नवद्वीप की शैली कैसे अपना सके और मिथिला में नहीं बङ्गाल में कैसे प्रसिद्धि और प्रतिष्ठा पा सके। मेरा अनुमान है जिसे मैंने अनेक प्रमाणों द्वारा पुष्ट कर अपने प्रबन्ध-संग्रह में प्रकाशित किया है और गोविन्ददास सम्बन्धी अपने नवीन ग्रन्थ में विस्तार से प्रतिपादन करने जा रहा हूँ कि नवद्वीप में सोलहवीं शताब्दी के मध्य से जो नव्यन्याय का प्रकर्ष उठा उसी से आकृष्ट होकर तरुण गोविन्ददास वहाँ न्यायशास्त्र का अनुशीलन करने गए। उन्होंने मथुरानाथ तर्कवागीश अथवा जगदीश तर्कालंङ्कार के अन्तेवासी के रूप में वहाँ अध्ययन किया। उस समय नवद्वीप में दो ही ध्वनि सुनाई पड़ती थीं—न्यायशास्त्रीय चर्चा की ध्वनि और कीर्तन के पद की

ध्वनि। वहीं विद्यापति के देश के प्रतिभावान छात्र गोविन्ददास ने विद्यापति की भाषा में कीर्तन के लिए गीतों की रचना की। तभी तो गोविन्ददास के गीतों में शब्द की झङ्कार और नैयायिक की प्रखर और प्रौढ़ कल्पनाशक्ति का प्राचुर्य प्रत्यक्ष है। यदि यह बात सही है तो गोविन्ददास कवि हुए नवद्वीप के, परन्तु उनकी रचना हुई मिथिला की भाषा की। हम मैथिलों को उन पर गर्व है; मगर यह कह देना भी आवश्यक है कि उस मधुर-रस की भाव-भूमि पर मिथिला की भाषा में रचनाएँ गोविन्ददास ने अकेले ही की है।

गोविन्ददास ने अपने गीतों में केवल कृष्ण-राधा की विहारलीलाओं का ही वर्णन नहीं किया है, उन्होंने कृष्ण और राधा की पृथक् और युगल मूर्ति को भी नाना भङ्गिमा के साथ अङ्कित किया है, कृष्ण के रूप का वर्णन देखिए–

अभिनव नील जलद तनु ढर ढर–
पुच्छ मुकुट मणि साजनि रे।
काञ्चन वसन रतन नव अभरण–
नूपुर रुनु झुनु वाजन रे ॥
जय जय जग जन लोचन फाँद।
राधारमण वृन्दावन चाँद ॥
इत्यादि

(अथवा)

अरुणित चरण रणित मणिमंजिर–
आध पद चलनि रसाल।
कञ्चन वञ्चन वसन मनोरञ्जन–
वलित ललित वनमाल ॥
धनि धनि मदनमोहनियाँ।
अङ्गहि अङ्ग अनङ्ग तरङ्गिम–
रंगिम भंगिम नयन नचनियाँ ॥

(अथवा)

कुवलय नील रतन दलितांजन–
मेंघ पुञ्ज जनि वरण सुछाँद।
कुञ्चित केश खचित शिखि चन्द्रक–
अलक तिलक ललितानन चान्द ॥
आवत रे नव नागर श्याम।
भामिनि भाव विभावित अन्तर दिन–
रजनी नहि जानत आन ॥

इन गीतों की भनिता में गोविन्ददास कहते हैं–

गोविन्द दास चित नित-नित–
विहरत एहन मुरति गोपाल ॥
कत कत भगत मधुप आनन्दित–
वंचित गोविन्द दास।
गोविन्द दासक चित्त नित विहरए–
श्रीनागर वर तरुण तमाल ॥
तरुण अरुण रुचि पद-अरविन्द–
नखमनि निछनि दास गोविन्द ॥

राधा की मूर्त्ति का चित्र देखिए–

सुन्दरि राधा आवय रे बनि–
ब्रजरमणीगण मुकुटमणि।
कुञ्जर गामिनि मोतिम दामिनि–
श्याम निहारिनि चमकनि रे–
... ...
नव अनुरनागिनि निखिल सोहागिनि–
पञ्चमरागिनि रूपिनि रे।
रास विहारिनि हास विकासिनि–
गोविन्द दास जित मोहिनि रे ॥

अथवा

जय जय जय वृषभानु किशोरी।
गोरोचन रुचि चोरण गोरी ॥
मुरुतिसिङ्गारिनि रासबिहारिनि–
मणिमयभूषणभूषिता अङ्गी।
मधुरिम हासिनि रसमयभाषिणि–
दसनकिरणमणि मोतिम रङ्गी ॥
... ...
श्याम मनोहर मन्मथ कुञ्जर–
कुच कनकाचल विहरैत देखि।
नील निचोल झाँपि तँह बाँधल–
गोविन्द दास युगति नै उपेखि ॥

अथवा

जहँ जहँ निकसय तनु तनु जोति।
तहँ तहँ विजुरी चकमक होति ॥
जहँ जहँ अरुण चरण चल चलइ।

तहँ तहँ थल कमलक दल खलइ ॥
जहँ जहँ भंगुर भौंह विलोल।

तहँ तहँ उछलय जमुन हिलोल ॥
जहँ जहँ तरल विलोकन पठइ।
तहँ तहँ निल उतपल वन भरइ ॥
जहँ जहँ हेरिअ मधुरिम हास।
तहँ तहँ कुन्द कुसुम पर कास ॥
इत्यादि।

ऐसे गीतों के भी अन्त में गोविन्द दास कहते हैं—

मदन मुकुर जनु नखमणि दरपण—
निछनि गोविन्द दास ॥
नखचन्द्र छटा झलकै अनुपम।
हेरि गोविन्द दास ताहि परनाम ॥

युगल मूर्ति का चित्र देखिए—

ओ नव जलधर अङ्ग। इह थिर बिजुरि तरङ्ग ॥
ओ वर मरकत ठाम। इह काञ्चन दस वान ॥
राधा-माधव मेंलि। मुरति मदन रस केलि ॥
ओ तनु तरुण तमाल। इह हेम यूथि रसाल ॥
ओ नव पदुमिनि साज। इह मत मधुकर राज ॥
ओ मुख चान इजोर। इह दिठि लुबुध चकोर ॥
अरुण निअर पुनचन्द। गोविन्द दास रहु धन्ध ॥

व्रजवधुओं के साथ मिलकर रास-लीला अथवा होली के अवसर पर रङ्ग से खेलने के चित्र अनेक गीतों में अङ्कित हैं, यथा—

काञ्चन मणिगण जनु निरमाओल रमणी मण्डल माँझ।
माँझहि माँज महा मरकत सम श्रीश्यामल नटराज ॥
धन धन अपरुप रास विहार।
थिर बिजुरीसौं चञ्चल जलधर रस बरिसय अनिवार ॥
कत कत चान तिमिर पर विलसय तिमिरहि कत कत चाँद।
कनकलता इ तमालहु कत कत दुहू दुहू तन बाँध ॥
इत्यादि।

अथवा

वहल वारिद वरण वन्धुर विजुरि विलसति वास।
विकच बन्धुक वलित वारिज वदन विश्वविकास ॥

विहरत वृन्दावन बनमाली।
बेढ़ल व्रजवधु वृन्द विमोहित बोलत बलि बलिहारी ॥
इत्यादि

तथा

नटवर भङ्गि फागु रङ्गि नागर अभिनव नागरि सङ्ग।
ॠतुपति गीत चित उमतायल हेरि वृन्दावन रङ्ग ॥
फगुआ खेलत नवल किशोर।
राधारमण रमणि मन चोर ॥
सुन्दरिवृन्द करें कर मण्डित मण्डलि-मण्डलि माँझहि माँझ।
नाचत नारिगण धन परिरम्भन चुम्बल लुबुधल नटवरराज ॥
कान्ह परश रस अवस रमणि अंग अंग मिलि काँपि रहू।
पूरल सबहु मनोरथ मनोभव मोहल गोविन्द दास पहू ॥

इन कतिपय गीतों से भी स्पष्ट होगा कि भाषा की कोमलता और लालित्य गोविन्द दास के गीतों का प्रधान धर्म है। शब्दों का ऐसा विन्यासी कवि मैथिली में दूसरा नहीं हुआ। कीर्तन के लिए पदों की रचना में कवि ने शब्दों की झङ्कार पर पूरा ध्यान दिया। इस कारण अर्थ कहीं-कहीं दुरूह हो गया है। इसकी परवाह कवि ने नहीं की। जहाँ अलङ्कार की योजना और अर्थ का गाम्भीर्य अभिप्रेत था वहाँ भी गोविन्ददास की प्रतिभा वैसी ही निखरती है और शब्दों का चयन वहाँ भी वैसा ही ललित है।

गोविन्ददास की नायिका प्रेमपरवशता में आत्मसमर्पण की पूरी भावना लेकर आती है। उसकी उक्ति है—

जहँ पहु अरुण चरण चल जात।
तहँ तहँ धरणि होअओ मोर गात ॥
जे दरपण पहु निज मुख चाह।
मोर अङ्ग जोति होअओ तसु माँह ॥
जे सरोवर पिअ नित नित नाह।
मोर अङ्ग सलिल होअओ तसु माँह ॥
जे वीजन पहु विजइत गात।
मोर अङ्ग ताहि होअओ मृदु वात ॥
जहँ पहु भरमय जलधर श्याम।
मोर अङ्ग गगन होअओ तसु ठाम ॥
गोविन्ददास कह काञ्चन गोरि।
से मरकत तनु तोहि कि छोड़ि ॥

अपने को गोविन्ददास बार-बार भगवतलीला का साक्षी मानकर वर्णन करते

हैं मानो वे उस लीला को अपनी कल्पना की आँखों से प्रत्यक्ष कर उससे मुग्ध होते रहते हैं। गोविन्ददास प्रमाण, गोविन्ददास एक साखि, गोविन्ददास हेरि भेल भोर, लुबुधल गोविन्ददास प्रभृति पद इनके गीतों की भनिता में मिलते हैं। मान, अभिसार, विरह और प्रतीक्षा आदि विषयों की बात ही क्या, जहाँ रतिवर्णन है वहाँ भी गोविन्ददास अन्त में वर्णन को इस तरह मोड़ देते हैं कि रति का साधारणीकरण नहीं, भक्ति का भाव जाग उठता है, भगवान् के नाम, गुण और लीला का ही वर्णन तो भजन है और इसीलिए गोविन्ददास के दो भनिता के पद उनकी रचनाशैली को स्पष्ट कर देते हैं—

रसना-रोचन श्रवण विलास। रचय रुचिर पद गोविन्द दास ॥
विविध विदग्धि वचन विरचन विवश गोविन्द दास ॥

इससे स्पष्ट और क्या आत्म निवेदन हो सकता है।

स्व. डा. अमरनाथ झा ने गोविन्ददास के गीतों के अपने संग्रह को शृंगार-भजन नाम दिया। सम्भोग का एक वर्णन देखिए—

रति रस शरम श्याम हिय सूतलि शरद इन्दु मुखि वाला।
मरकत मदन कोटि जनु पूजल दय नव काञ्चन माला ॥
श्याम वदन पर वदन विराजय उर पर कुचयुग साजे।
कनक शम्भु जनि उलटि बैसाओल मदन महोमादधि माझे ॥
जोड़ल तन मन भुज भुजबन्धन अधरहि अधर निशान।
बेढ़ल मृणाल हेम नीलमणि जनु बाँधल भुज एक ठाम ॥
धन सौदामिनि दुकुलें दूकुल जनु दुहु जन एक पटवास।
चरण वेढ़िअ चारु अरुण सरोरुह मधुकर गोविन्द दास ॥

सम्भोग में परस्पर वेष्टित चरण कमल के भ्रमर हैं गोविन्ददास!

भक्तिप्रवणता, चित्रधर्मिता, आत्मसंयम, सौन्दर्यसाधना, रूपानुराग, नाटकीयता एवं आलङ्कारिकता—अनेक गुणों के प्राचुर्य से गोविन्ददास की रचना मैथिली साहित्य की अमूल्य निधि है। यह पूरा काव्य ही कृष्ण-काव्य है। यह केवल उस काव्य परम्परा का नहीं है जिसका स्रोत अति प्राचीन काल से आर्यावर्त में लोक-काव्य का उत्स रहा है और जिसकी प्रतिष्ठा मैथिली में विद्यापति ने की। गोविन्ददास ने आवरण तो शृङ्गार ही का रखा पर उसमें अन्तर्निहित थी भक्ति वी भावना।

(10)

दूसरी प्रवृत्ति जो विद्यापति के परवर्ती युग में प्रबल होती गयी और जिसमें कृष्ण-काव्य की एक नयी धारा बह चली वह थी नाटकों की रचना। समस्त उत्तरीय आधुनिक भारतीय भाषाओं में नाटकों की रचना सबसे पहले मिथिला की ही भाषा

में हुई। हाल ही में नेपाल में कविशेखर ज्योतिरीश्वर ठाकुर के संस्कृत प्रहसन 'धूर्त्त समागम' की एक खण्डित प्रति मिली है। इसका प्रकाशन भी मैथिली समिति प्रयाग से हुआ है इसमें कुछ संस्कृत श्लोकों का रूपान्तरण मैथिली गीतों में है। मुझे उन गीतों की प्रामाणिकता पर पूर्ण सन्देह है। वे गीत ऐसे नहीं हैं जिनके रचयिता को कविशेखर कहा जाय। मेंरा अनुमान है कि ये गीत पीछे किसी कवि ने उसमें जोड़ दिये हैं। विद्यापतिका 'गोरक्षविजय' नाटक निश्चय ही उन्हीं महाकवि की कृति है। इसमें शिवसिंह का कीर्तन है और महाकवि ने अपने लिए उन दोनों उपाधियों 'अभिनव जयदेव' और 'कविकण्ठहार' का प्रयोग किया है, जो उन्हें जीवितावस्था में ही प्राप्त हुई थी और जो साभिप्राय है। इस नाटक की भी एक ही प्रति उपलब्ध हुई है जो खण्डित है पर उसी अवस्था में प्रयाग से ही प्रकाशित है।

यह बात तो अब प्रायः सभी मानते हैं कि आधुनिक भारतीय भाषाओं के प्रथम महाकवि मैथिल कोकिल हैं। उन्होंने ही भाषा-साहित्य में कृष्ण-काव्य की धारा बहाई। भाषा-साहित्य में नाटक-रचना की ओर भी प्रथम प्रयास विद्यापति ने ही किया था। पहले पहल मिथिला की ही भाषा में नाटक रचे गए। विद्यापति का पहला नाटक 'मणिमञ्जरी' संस्कृत में है जिसकी रचना उन्होंने किशोरावस्था में की थी। वह नाटक सफल नहीं हुआ। उसके प्रायः तीस वर्षों के बाद जब शिवसिंह राजा अभिसिक्त हुए, 1402 ई. के बाद, जब गीतकार के रूप में उनकी प्रतिष्ठा शिखर पर थी और मित्र राजा की छत्रच्छाया में वे अपनी दूरदर्शिता, प्रतिभा एवं अभ्रान्त आत्मविश्वास के साथ नवीनतम प्रयोग करने में समर्थ थे, उन्होंने 'गोरक्षविजय' की रचना की। इसमें उन्होंने लोकनृत्य के परिचित और प्रतिष्ठित गीतों का सन्निवेश किया।

संस्कृत के नाटक सदा से द्वैभाषिक रहे हैं। भरत के समय और पहले से ही उनमें संस्कृत और प्राकृत का प्रयोग होता रहा है। नाटक में नृत्य और सङ्गीत आवश्यक है। साधारणतया सङ्गीत का प्रयोजन श्लोकों से पूरा किया जाता था। इसके लिए छन्दों की विविधता अपनायी जाती रही थी। नृत्य संवलित गीतों के लिए संस्कृत कभी प्रयुक्त नहीं होती थी। विक्रमोर्वशीय में उसके लिए अपभ्रंश का प्रयोग हुआ है। 'रत्नावली' में तो नृत्य की प्रतिद्वन्द्विता रङ्गमञ्च पर ही प्रदर्शित है। कर्पूरमञ्जरी में बहुविध नृत्यों का प्रयोग वर्णित है। वर्णरत्नाकार में नृत्य और गीतों के विस्तृत वर्णन से यह बात स्पष्ट होती है कि उन दिनों में मनोरञ्जन के बड़े लोकप्रिय साधन थे। कविता के क्षेत्र में संस्कृत काव्य की रीति और भावों को लोकभाषा में उपनिबद्ध कर, अपनी सफलता से प्रोत्साहित होकर विद्यापति ने संस्कृत नाटकों में भी यह नया प्रयोग किया। उनमें उन्हीं लोकप्रिय गीतों को सजा विद्यापति ने एक ऐसा महत्वपूर्ण प्रयोग किया जिसकी सम्भावनाएँ बड़ी भव्य थीं। संस्कृत नाटकों को उन्होंने त्रैभाषिक बना दिया।

मैथिली साहित्य के इतिहासकार इन नये नाटकों को मैथिली कहते हैं। मैं ऐसा

नहीं मानता। मैं इन्हें संस्कृत नाटक ही कहता हूँ। संस्कृत नाटक द्वैभाषिक होते हैं। ये नाटक द्वैभाषिक हैं। संस्कृत और प्राकृत का प्रयोग इन नाटकों में भी पूर्ववत् होता रहा। मैथिली में नाटक लिखने की दिशा में विद्यापति ने केवल एक नया प्रयोग किया। एक कदम आगे उठाया पर मैथिली नाटक उन्होंने नहीं लिखा। दिशा वह सही थी, उसी दिशा में यदि कोई नाटककार और आगे बढ़ता और लोकनृत्य की भाँति समस्त वस्तु यदि मिथिला की भाषा में लिखता तो मैथिली नाटक हो जाता। 1900 ई. तक मिथिला में यही परिपाटी चलती रही। मिथिला में प्रथम मैथिली नाटक तो इस शताब्दी के आरम्भ में कविवर जीवन झा ने लिखा। मैथिली में नाटक लिखे गये। विद्यापति के अव्यवहित परवर्ती युग में असम और नेपाल में। नेपाल के मैथिली नाटक तो अभी तक अन्धकार में पड़े हैं पर असम के नाटक अङ्किया नाट के रूप में असमीय साहित्य की अमूल्य निधि है। सभी भारतीय भाषाओं में सबसे पहला और पुराना नाटक नेपाल में हो या असम में, लिखा गया मिथिला की भाषा में।

विद्यापति ने दूसरे नाटक की रचना नहीं की। कम से कम उनके किसी दूसरे नाटक का नाम नहीं सुना गया। मेरा अनुमान है कि उनका कवित्वकाल उनके मित्र राजा शिवसिंह के जीवन के साथ ही समाप्त हो गया था। उनके समकालीन तथा उनके परवर्ती कवियों ने उन्हीं की रीति का अनुसरण करते हुए नाटकों की रचना की। अभी तक वे नाटक तो नहीं मिले हैं पर उन नाटकों के गीत प्राचीन संग्रहों में मिलते हैं। इससे प्रतीत होता है कि पन्द्रहवीं शताब्दी के चतुर्थ चरण में शिवसिंह के तरुण मन्त्री कायस्थ अमृतकर ने भैरव सिंह के नाम से सागरिका और वत्सराज की कथा को लेकर एक नाटक की रचना की थी। सोलहवीं शताब्दी के मोरङ्ग नरेश जगनारायण के आश्रित कवि भीष्म ने पुरूरवा और उर्वशी के प्रेम प्रसङ्ग को लेकर एवं गोविन्द ठाकुर ने 'नलचरित' नाम के नाटक रचे थे। ये नाटक सब विस्मृति के गर्भ में पड़े हैं। अठारवीं शताब्दी के मध्य में मिथिला में पुनः साहित्यिक जागरण हुआ और तब से 1900 ई. तक प्रायः प्रत्येक प्रतिभावान् कवि ने नाटक की रचना की। नाटक सभी कृष्णचरित के लिखे गये पर अधिकांश नाटक राजनीतिज्ञ कृष्ण से सम्बद्ध हैं। कुछ थोड़े बालकृष्ण से। उमापति ने पारिजातहरण, देवानन्द, रत्नपाणि और हर्षनाथ ने उषाहरण, रमापति ने रुक्मिणीहरण रचे; पर रामदास ने आनन्दविजय और नन्दीपति ने कृष्ण-केलि लीला की रचना की, ये सभी नाटक विद्यापति की भाँति त्रैभाषिक हैं। आनन्दविजय में वृषभानुसुता राधा से कृष्ण के विवाह का वर्णन है और कृष्ण-केलि लीला में बालकृष्ण के जन्म से लेकर कंस-वध पर्यन्त की कथा वर्णित है। इन सभी नाटकों में नायिका स्वकीया है। रामदास ने तो राधा को भी अनूठा चित्रित किया है। केवल नन्दीपति ने गोपियों को चित्रित किया है। उमापति की नायिका सत्यभामा है, रमापति की रुक्मिणी, उषाहरण का नाम ही विषय को स्पष्ट करता है। यह कवियों का बड़ा ही प्रिय विषय था। कहना नहीं होगा कि इन डेढ़

सौ वर्षों में मिथिला में केवल नाटक ही लिखे गये और इन सभी नाटकों में कृष्ण का चरित धीर-ललित है।

इस प्रसङ्ग में ज्ञातव्य है कि विद्यापति के सभी गीत मुक्तक हैं और मुक्तक की संक्षिप्त परिधि में रस का परिपाक कठिन है। जो बात आचार्य आनन्दवर्धन ने अमरुक के प्रसङ्ग में कही है, वही हम विद्यापति के प्रसङ्ग में भी कह सकते हैं। उनके गीतों में रस का एक ही तत्व इतना शक्तिशाली होता है कि अन्यान्य तत्वों का समाक्षेप हो जाता है और रस का आप्लावन आरम्भ हो जाता है। उनका एक-एक गीत प्रबन्ध-काव्य की ही भाँति शृंगार-रस सम्बन्धी हुआ करता है। विद्यापति के सभी गीत ऐसे नहीं हैं। उनके परवर्ती कवियों के लिए तो यह एक समस्या हो गयी कि मुक्तक में रस का सम्यक् परिपाक कैसे होगा? नाटक में यह सुगम है क्योंकि वहाँ वक्ता, बोद्धव्य प्रकरण इत्यादि के स्पष्ट होने से व्यञ्जना का व्यापार सीधा-सीधा होता है। इससे रस का अवबोध होता है। विद्यापति ने तो लोकनृत्य को साहित्यिक मान्यता प्रदान करने के लिए अपने नाटकों में मैथिली गीतों का प्रयोग किया पर उनके परवर्ती कवियों के हाथों यह प्रयोग रससिद्धि का कारण बन गया। इसी रूप में कवि-पण्डित मुख्य उमापति ने 'पारिजातहरण' की रचना की और यही पारिजातहरण पण्डितों की भाषा-साहित्य-सर्जना का आदर्श हो गया। इन नाटकों के गीतों को देखने से ऐसा प्रतीत होता है कि ये पण्डित कवि पहले मान, अभिसार, नखशिख, ऋतुवर्णन, विरह, सम्भोग प्रभृति प्रसङ्गों को लेकर मुक्तक गीत रच लेते थे और उन्हें अवसर के अनुकूल अपने नाटकों में सजा देते थे। गोरक्षविजय किंवा सागरिका-वत्सराज सम्बन्धी नाटकों के गीतों से साधारणतया यह समझना सुगम है कि ये गीत कहाँ के हैं, पर पश्चात्कालीन नाटकों में यह असम्भव है। उन्हें मुक्तक कहने में कोई तारतम्य नहीं हो सकता। देखिए पारिजातहरण में सत्यभामा का विषाद—

कि कहब माधव तनिक विशेषे।
अपनहु तनु धनि पाव कलेशे ॥
अपनुक आनन आरसि हेरी।
चानक भरम काँप कत बेरी ॥
भरमहु निअ कर उर पर आनी।
परसें तरस सरसीरुह जानी ॥
चिकुर निकर निअ नयन निहारी।
जलधर जाल जानि हिअ हारी ॥
अपन वचन पिकरव अनुमाने।
हरि हरि तेहु परि तेजए पराने ॥

सत्यभामा के विरह का वर्णन सखी कृष्ण से कर रही है। मुक्तक के रूप में भी इस विरहवर्णन का रसास्वादन हो सकता है। विरह का वर्णन होकर भी यह गीत

नायिका के रूपलावण्य को ध्वनित करता है। स्वरूपगर्विता सत्यभामा यह जानकर कि मुझे छोड़ पारिजात का यह फूल रुक्मिणी को दे दिया है, अपनी रूप-सम्पत्ति को व्यर्थ समझती है। यही व्यंग्यार्थ 'अपनहु तनु धनि पाव कलेशे' से अभिव्यक्त है। यह व्यंग्यार्थ तो बिना वक्ता और प्रकरण को जाने बिना व्यक्त नहीं हो सकता है। मुक्तक के रूप में रहने पर भी यह गीत उत्तम काव्य अवश्य होता, पर नाटक में उस गीत का चमत्कार सहृदय संवेद्य है, वैसे ही पारिजातहरण में सत्यभामा के विरह वर्णन में—

प्रथममंहि, ओ रे, कुसुम रचित एक तल पहु।
अलपहु, विरहबे आकुल छल पहु ॥
तनि बिनु, ओ रे, नयन बरसि जलधर सन।
की परसन, कति खन देत विहि दरशन ॥
उपवन, ओ रे, पिक पञ्चम कर जनु सोर।
की अनुसर, मार मदन धनि धनु सर ॥
इत्यादि।

आनन्द विजय में राधा का विरह वर्णन—

कि कहब, ओ रे, ताहेरि कहिनि पुछिअ जनु।
तुअ विनु, वासि कुसुम सनि वर तनु ॥
चानन, ओ रे, चउगुन चउँकि चउँकि रह।
धनि कह, कओने देह देल हुतबह ॥
विरचल, ओ रे, शीतल शयन नलिनि दए।
धन कए, परसहिं करए भसम-मय ॥
तुअ गुन ओ रे, गवइतें मुरुछि महीतल।
अविरल, भासलि फिरए नयन जल ॥
इत्यादि।

और रुक्मिणी-परिणय में रुक्मिणी का विरहवर्णन—

पुरुवहिं, ओ रे, सखिमुखि परिजन मुखे सुनि।
आ की, तुअ गुन अनुखने नेह उपज दुन ॥
विधिवसें, ओ रे, वदन इन्दु तुअ देखि धनि।
आ की, भेलि जनि प्रेम पयोनिधि निगमनि ॥
अकमिते, ओ रे, कोकिल पञ्चम-कल धुनि।
आ की, सेहे सुनि पुन-पुन मुरुछ तुसह गुनि ॥
इत्यादि।

ये तीनों गीत एक से छन्द हैं और स्वर भी प्रायः एक ही हैं। एक गीत दूसरे नाटक में उसी अवसर पर रख देने से कोई भी क्षति नहीं होगी। प्रवेशक गीतों को छोड़कर

शेष सभी गीत इसी प्रकार के हैं। अन्तर इतना ही है कि उत्तरकालीन नाटक की भाषा विशेष 'पण्डिताम' और शैली अधिक आलङ्कारिक होती गयी। स्पष्ट है कि इस युग में मिथिला भाषा का साहित्य लोकसाहित्य की श्रेणी से निकलकर पण्डितों का साहित्य हो चला था। पण्डितों ने कृष्णचरित की भिन्न-भिन्न घटनाओं को अपने नाटकों में चित्रित किया। वह चरित गोपाल कृष्ण का नहीं द्वारकाधीश कृष्ण का था और इन नाटकों में किसी की नायिका परकिया नहीं थी। केवल नन्दीपति ने ही गोपाल कृष्ण की लीलाओं का वर्णन प्रस्तुत किया। वे लोकसाहित्य के निकट थे। नन्दीपति की गोआलरियाँ प्रसिद्ध हैं और इनकी भाषा भी जनभाषा से अधिक मिलती हैं।

मेरी तो यही धारणा है कि विद्यापति ने तत्कालीन साहित्य की दोनों धाराओं के समन्वय के जिस मार्ग को अपनाया उनके परवर्ती पण्डित कविगण उसी मार्ग को अन्ध-भक्ति से पकड़े रहे। उन्होंने जनमानस में व्याप्त कृष्ण को छोड़ शास्त्रीय मर्यादा से युक्त राजनीतिकुशल कृष्ण को अपने काव्यों का आलम्बन बनाया। विद्यापति की प्रवृत्ति को उन लोगों ने नहीं पहचाना, इसलिए उस दिशा में जो सम्भावनाएँ थीं उस ओर उनकी दृष्टि नहीं गयी। संस्कृत नाटक जो द्वैभाषिक थे उन्हें त्रैभाषिक अवश्य बनाया गया। मनोरञ्जन के लिए गीतों का प्रयोग अवश्य आकर्षक हुआ परन्तु मिथिला में उन्नीसवीं सदी के अन्त तक एक भी नाटक विशुद्ध मैथिली भाषा में नहीं लिखा गया।

जो विकास पण्डितों के प्रभाव के प्राबल्य के कारण मिथिला में नहीं हो सका वही उस प्रभाव से मुक्त असम और नेपाल में हुआ। विद्यापति युग में सम्भवतः मिथिला में ही नाटकीय अभिनय के लिए रङ्गमञ्च था। उसके बाद नृत्य और अभिनय क्रमशः हेय होते गए और नागरता की परिधि सीमित होती गयी। उमापति के युग में साहित्य के पुनर्जागरण के युग में एक नये नृत्य का प्रचार हुआ जो प्राचीन परम्परा पर आधारित था। इसे 'किरतनिञा' नाच कहते हैं। यहाँ अभिनय इससे अधिक आगे नहीं गया। इसी के अनुरूप यहाँ ऐसे नाटक भी रचे गये जिनके गीत नृत्य में अभिनीत हों। विद्यापति के देहान्त के सौ वर्षों के भीतर ही असम में शङ्करदेव का प्रादुर्भाव हुआ (समय 1449-1568)। इन्होंने कृष्ण-भक्ति के प्रचार के लिए रङ्गमञ्च की व्यवस्था की और कृष्णचरित को रङ्गमञ्च पर दिखा कर लोगों में मनोरंजन के साथ-साथ भक्ति का भी प्रचार किया। शंकरदेव ने मिथिला का भ्रमण कर नाटक को अपने प्रचार का साधन बनाया। बङ्गाल के वैष्णव महाजन की तरह वे भी विद्यापति की कृति से आकृष्ट हुए। बङ्गाल में विद्यापति के गीत कीर्तन का रूप धारण कर लोगों को मुग्ध करते रहे। शङ्करदेव ने मिथिला के नाटकों से प्रेरणा ग्रहण कर विशुद्ध लोकभाषा में नाटकों की रचना कर उन्हें रङ्गमञ्च पर प्रदर्शित किया। बङ्गाली वैष्णवों की भाँति शङ्करदेव ने भी विद्यापति की ही भाषा ग्रहण की। उनके नाटकों की भाषा मैथिली है। बीच-बीच में असमिया भाषा का भी प्रभाव

परिलक्षित होता है। शङ्करदेव के शिष्य माधवदेव और उनके शिष्य गोपालदेव उसी परम्परा का अनुसरण करते रहे। भाषा क्रमशः मैथिली से दूर होती गयी। शङ्करदेव के छः नाटक उपलब्ध हैं जिनमें कालियदमन, केलिगोपाल, पत्नीप्रसाद, पारिजातहरण और रुक्मिणीहरण—पाँच कृष्णचरित पर आधारित हैं। माधवदेव के सभी नाटक, अर्जुनभञ्जन, भूमिलेटोवा, भोजनव्यवहार, भूषणहेरोआ, चोरधरा, रासझुमरा प्रभृति सभी कृष्ण की बाल्यलीला पर आधारित हैं और उनकी आलौकिक महिमा को द्योतित करते हैं। गोपालदेव का नाटक जन्मयात्रा कृष्ण-जन्म की कथा पर आधारित है। असम के ये नाटक 'अङ्कियानाट' कहलाते हैं।

इस अङ्कियानाटों में दृश्य और अभिनय प्रधान हैं। शब्दों से अधिक महत्व अभिनय का है। शब्द भी रागताल-लयाश्रित गीत ही हैं। बीच-बीच में गद्य का भी प्रयोग है। आदि से अन्त तक सूत्रधार रङ्गमञ्च पर रहता है। दृश्यों, परिस्थितियों, भावों और वस्तुओं को गद्य में समझाता रहता है। सभी उक्तियों के अन्त में 'हरि बोल, हरि बोल' कहकर भगवद्भजन, कीर्तन और स्मरण करता रहता है। देखिए रुक्मिणीहरण में—

सूत्रधार—समस्त वृत्तान्त शुनि कहो लीलावती सखी रुक्मिणीत कहल।

लीलावती—सखि तोहाक मनोरथ सिद्धि भेल। श्री कृष्णत विवाह दिते निश्चय कयल, स्वरूप जानल।

सूत्रधार—ताहे शुनि रुक्मिणी आनन्दे यैचे नाचये लागल, अये लोक ता देखह, शुनह, निरन्तरे हरि बोल, हरि बोल।

रुक्मिणी—राग श्रीगान्धार

एक सखि सुदिन भ्योरि।
नाचे मेंचन सखि सङ्गे रङ्गे गौरी ॥
परम पुरुष पिउ भेल मुरारि।
जनम सफल सखि अबहु हमारि ॥
नाहि मोहि सम सौभागिनी सइ।
रुक्मिणी रङ्ग कृष्ण किङ्कर कहइ ॥
इत्यादि।

सभी उपलब्ध अङ्कियानाट प्रकाशित हैं इसलिए अधिक उद्धरण देने की आवश्यकता नहीं है। माधवदेव के अर्जुनभञ्जन से एक दूसरा उद्धरण देता हूँ जिसमें गद्य की प्रचुरता है और भाषा यद्यपि बङ्गला मिश्रित है, फिर भी मैथिली का आधार सुस्पष्ट है। शैली वही है—

यशोदा—आहे गोपी सब! तोरा कैचन दधि मथन करह! ओहि दधिक कल से पुरुबक समाने लवणु कैचे नाहि पाबत। तोरा सबक गावे कि बल नाहि! अवहेला करिये दधि मथिये सब लवणु टुटावल। तुहु सब

आन कृत्य करह। आजु हामु आपुने दधि मथन करब। यदि अधिक लवणु पाञो तबे तोरा सबक ये जानो ता करब।

सूत्रधार—ओहि बुलि यशोदा दिव्य वस्त्र अलङ्कार परिधान करिये मालती आदि नाना सुरभि कुसुमें केश वेश वर्णिये नवीन कुंकुमे कुचयुग मण्डिये कज्जले नयन दुहु रञ्जिये कर्पूर ताम्बूल भुञ्जिये यैचे दधि मथिते लागल ताहे देखह शुनह; निरन्तरे हरि बोल, हरि।

गीत वराड़ी

मथन मथे यशोमति माइ।
हरि गुण गावत वयने मिलाइ ॥
कङ्कण हार कुण्डले गण्ड लोले।
चरण माझे मणि मञ्जिर रोले ॥
मनोहर क्षोम वसन परिधाने।
कम्पये कुचयुग रज्जु सन्धाने ॥
ऊचल खोपा कुसुमें रञ्जित केश।
कज्जले नयन उज्जवल करु वेश ॥
आगहि निज तनयक पेखि।
रूप बिनावत नयने निरेखि ॥

विशुद्ध लोकभाषा में रचित ये अङ्कियानाट—उत्तर भारतीय भाषा में कृष्णकाव्य की अमूल्य निधि हैं। कृष्ण-भक्ति के प्रचार में भाषा-साहित्य की अमर कृति है। असम के साहित्य के तो युग-प्रवर्तक ही हैं। ये सभी नाट विद्यापति के अनुसरण में उन्हीं की भाषा मैथिली भाषा में लिखे गए हैं।

नेपाल में भी बीसों नाटक मिथिला की ही भाषा में लिखे गये। विद्यापति के जीवनकाल में ही काठमाण्डू की उपत्यका में भक्तिपुर (जो आजकल भात गाँव कहा जाता है) नेपाल की समृद्ध राजधानी थी। वहाँ मल्ल राजाओं का आधिपत्य था। ये मल्ल राजा पश्चिम मिथिला से गये थे। वे अपने साथ मिथिला की भाषा और विद्यापति का साहित्य साथ ले गये थे। क्रमशः उन लोगों की कई शाखाएँ हो गईं। ये भक्तिपुर, काण्ठमाण्डू, ललितपुर और कान्तिपुर में बस गईं। इन सभी दरबारों में मिथिला के कवि और पण्डितगण प्रमुख थे। उदार पोषक राजाओं की छत्रच्छाया में वे गीत और नाटक रचते थे। इसके अतिरिक्त पूर्वी नेपाल में मोरङ्ग, सप्तरी प्रभृति अनेक छोटे-छोटे राज्य थे जहाँ मैथिली का ही साहित्य सम्मानित था। 1769 ई. में मल्लराज्य का उच्छेद हुआ और इस दीर्घ परम्परा का सहसा अन्त हो गया। हजारों गीत और बीसों नाटक अभी नेपाल के संग्रहालयों में सुरक्षित पड़े हैं। उनका अन्वेषण भी अभी तक पूरा नहीं हो पाया है। कुछ दिन पहले चार ऐसे नाटकों का प्रकाशन 'नेपाले बाङ्गला नाटक' नाम से हुआ था। काशीनाथ कृत विद्याविलाप, कृष्णदेव कृत

महाभारत, गणेश कृत रामविजय और धनपति कृत माधवानल-कामकन्दला—ये सभी नाटक नेपाली मिश्रित मैथिली भाषा में हैं। इनमें बङ्गला का भी कुछ प्रभाव परिलक्षित होता है। वस्तुतः ये सभी नाटक उन राजाओं के नाम से रचित हैं जिनकी छत्रच्छाया में उनकी रचना हुई थी। गीत में कवि का भी नाम कम से कम नाटक के आरम्भ में दे दिया गया है। ये नाटक गीतमय हैं। गद्य अभी तक नहीं मिला है। इन सभी नाटकों की खोज नहीं हुई है।

अभी तक ऐसा समझा जाता था कि विद्यापति के प्रभाव से मल्ल राजाओं के दरबार में नेपाली साहित्य का विकास हुआ था। हाल ही में पटना युनिवर्सिटी की ओर से मैंने काठमाण्डू जाकर वहाँ की साहित्यिक निधि देखी है। मैं वहाँ से प्रत्येक प्रकार की साहित्यिक रचना की एक एक प्रति भाकृति लाया हूँ—मिथिला में रचित मैथिली गीत का संग्रह, नेपाल में रचित मैथिली गीत का संग्रह, मैथिली नाटक और मिथिला के त्रैभाषिक नाटक जो नेपाल में रचित हैं। मैने जो देखा है उससे मुझे दृढ़ विश्वास हो गया है कि नेपाल में विद्यापति के प्रभाव से साहित्यिक विकास हुआ है, यह कहना पूर्ण सत्य नहीं है। नेपाल में मैथिली ही साहित्यिक भाषा थी और विद्यापति के अव्यवहित उत्तर युग में ही वहाँ उसकी एक परम्परा बन गई। इस पर विद्यापति का प्रभाव तो अवश्य है; पर है यह स्वतन्त्र। कम से कम नाटक के क्षेत्र में नेपाल ने अपनी एक रीति ही स्थिर कर ली। ये नाटक गीतमय है। इनमें कृष्णचरित की अनेक घटनाओं को अभिनय के रूप में दिखाया गया है। उषाहरण, कुञ्ज-विहार, कालियदमन, प्रभृति अनेक कृष्ण-चरित सम्बन्धी नाटक उपलब्ध हैं। ये नाटक मनोरञ्जन के लिए लिखे गये हैं। अङ्कियानाट की भाँति ये प्रचार के उद्देश्य से रचित नहीं हैं। अन्त में हरि बोल, हरि बोल का उद्घोष भी नहीं है। नाटक के अभिनय के लिए नेपाल में रङ्गमञ्च था। उसी रङ्गमञ्च के अनुरूप इन नाटकों की रचना हुई है। ये नाटक मिथिला के नाटक से उतने ही भिन्न हैं जितने कि असम के नाटकों से। इन नाटकों की भाषा और रीति के दृष्टान्त में विद्याविलाप का यह उद्धरण देखिए—

विद्यादि पैसार—

विद्योक्ति— चलु रे खेलि-खेलि उपवन सजनी।
ततय करब गय केलि विलास।
दूर जायत ताहा मनक उदास ॥

जलक्रीड़ा—वनक्रीड़ा

राग बसन्त

साजनि सरोवर खेलायव रङ्गे।
मत्त मराल, विहार कमल जल, देखयित भेल उलास।
चारु चकइ, चकवा दुहु तीरहि, करय केलि बिलास ॥

जाही जूही फूल, सितरुचि विकसित, तोड़ब सब मिलि आज।
विश्वलक्ष्मिप्रिय भूपतीन्द्र नृप गावय रणजित राज ॥

इत्यादि

इस भाषा को मैथिली नहीं तो क्या कहेंगे? इसी भाषा में नेपाल में नाटकों की ही नहीं शत-शत गीतों की भी रचना हुई।

इस सम्बन्ध में एक बड़ी ही रोचक बात है। नेपाल में पण्डित की मर्यादा के पालक विश्रुत मैथिल पण्डित वंशमणि झा ने अपने आश्रयदाता राजा प्रताप मल्ल के प्रमोदार्थ दो नाटकों की रचना की : मुदितकुवलयाश्व और गीत-दिगम्बर। ये दोनों नाटक मिथिला के नाटक की भाँति त्रैभाषिक हैं। संस्कृत -प्राकृतमय और मैथिली गीतों से संवलित हैं। स्पष्ट है कि इन नाटकों का उद्देश्य अभिनय नहीं वरन परम्परा की रक्षा था। लोकानुरंजन की भावना से मिथिला भाषा मे और पाडित्य की मर्यादा को ध्यान मे रखकर संस्कृत में नाटक रचे गये। इनमें मिथिला की रीति का अनुसरण किया गया। यह अन्तर मिथिला में नाटक की दिशा को घोषित करता है। इसीलिए तो मेरी धारणा है कि ये नाटक मैथिली के नहीं हैं। ये संस्कृत के त्रैभाषिक नाटक हैं। मिथिला में नाटक रचना के विषय में नया प्रयोग तो अवश्य किया गया पर वह प्रयोग अधूरा रहा। मैथिली में नाटक रचे गये असम और नेपाल में और असम में तो प्रायः सभी नाटक कृष्ण-विषयक थे जबकि नेपाल में अधिकांश नाटक कृष्ण के चरित पर आधारित थे।

(11)

विद्यापति के परवर्ती युग में अठारहवीं शताब्दी के उत्तरार्द्ध में एक तीसरी प्रवृत्ति देखने में आती है। वह है प्रबन्ध-काव्यों के द्वारा कृष्ण के चरित का चित्रण और कीर्तन। अभी तक मैथिली साहित्य गीतमय था और ये गीत मुक्तक के रूप में पण्डितों के द्वारा रचित होते थे। इधर कुछ दिनों से, सत्रहवीं शताब्दी के मध्य से इन गीतों में रससिद्धि सुगम हो, संस्कृत के साहित्यशास्त्र की रीतियों का पालन होता रहे, मैथिली काव्य को साहित्यिक आभिजात्य सम्प्राप्त हो सके इसलिए उन गीतों का प्रयोग रीतिबद्ध नाटकों में होने लगा। उमापति ने अपने पारिजातहरण के अन्त में तो इन नाटकों के उद्‌देश्य को स्पष्ट करते हुए लिखा कि आशूद्रान्तं कवीनां भ्रमतु भगवती भारती भंगिभेदैः" अर्थात् इन नाटकों से समाज के शूद्र पर्यन्त भगवती सरस्वती का विलास, कविता का चमत्कार, चमकता रहे। संस्कृत-नाटक से यह नहीं हो सकता इसलिए 'भङ्गि-भेदैः'—भङ्गिमा के भेद से, दूसरे चमत्कार से, भाषा-गीतों के प्रयोग से उसे सुसम्पादित किया गया। फिर भी ये गीत लोकगीत की सहजता और सरलता प्राप्त न कर सके। मैथिली साहित्य भाव, भाषा, शिल्प और शैली सभी प्रकार से वर्गीय होता गया, लोकजीवन से दूर होता गया, विशुद्ध 'पण्डिताम' होता गया।

इसी की प्रतिक्रिया में मनबोध ने कृष्ण-जन्म की रचना की। चौदहवीं शताब्दी से मैथिली-साहित्य गीतमय था और गीत शृंगार-रसप्रधान था। गोविन्ददास भक्ति की भावना से प्रेरित थे और नाटकों में प्रसङ्गानुसार गीतों का समावेश हुआ। सभी गीत शृंगार-रस के ही थे। इधर गोस्वामी तुलसीदास जी के रामचिरतमानस का प्रचार व्यापक हो गया था। उन्हीं को आदर्श मानकर केवल चौपाई छन्द में मनबोध ने अपने काव्य कृष्ण-जन्म की रचना की। यह श्रीमद्भागवत के आधार पर मैथिली में कृष्ण-चरित का वर्णनात्मक काव्य था। मैथिली कविता जो अब तक मुक्तक थी; प्रबन्धकाव्य के रूप में पहले-पहल इसी कृष्णजन्म में रचित हुई। इसमें शृंगार का वह स्थान न रहा। यह तो भक्ति का काव्य था। इसका प्रयोजन था : कृष्ण-चरित का जनता में प्रचार। इसकी भाषा ठेठ मैथिली है। इसमें तद्भव एवं देशी शब्दों का ही प्रयोग किया गया है। जो शब्द तत्सम रूप में भी प्रचलित हैं, उसे भी तद्भव बना दिया गया है, देखिए कृष्ण-जन्म का कालियदमन प्रकरण—

कदमक तरु चढ़ि भड़कछ मारि।
आँखि मूनि दुहु कुदल मुरारि ॥
बाहु बजारि कएल बड़ दाप।
तकर सवद सुनि दौड़त साप ॥
परवत सन फनि कर फुफुकार।
एकसर नहि सङ्ग कुल परिवार ॥
परम तेजाएल आएल जूमि।
घेरि लेलक घड़िएक घुमि घूमि ॥
सधलक गए पुनि बन्धलक गात।
कएलक अजगुत धएलक दाँत ॥
जमुनाह्रद भेल चापश्चाप।
पानि सुझए नहि सापहि साप ॥

× × ×

हलधर काँ मति अति अगुताएल।
हरि देखि आँखि रुधिर भरि आएल ॥
महिमा कहल चेताउनि देल।
बानी अपन तखन हरि धएल ॥
छान्ह बान्ह सभ फोएल बलहि।
परम विरुद्ध जुद्ध भेल जलहि ॥
मानुख भए कत पौरुख करथु।
सए गोट फनि पुनु कए गोट धरथु ॥
जिति कहुँ मझिलहि फनि हरि ठाढ़।

कए देल पएर वज्र सम गाढ़ ॥
देखि हरखित भेल नन्द सभृत्य।
घड़िएक कएलन्हि ओहिना नृत्य ॥
करितहिं नाच एहन कए मलल।
फनि सँ सोनित फन-फन चलल ॥
सोनित सरित तुरत बहि गेली।
अमुना छुटलि सरस्वति भेली ॥
—इत्यादि।

इस उद्धरण से स्पष्ट है कि विषय, भाव, भाषा, शिल्प और शैली जिस दृष्टि से देखिए इस 'कृष्ण-जन्म' ने मैथिली साहित्य में एक नयी कविता की धारा बहायी। यह विद्यापति-सम्प्रदाय से विपरीत और उसी की प्रतिक्रिया में लिखी गयी थी। इसका शिल्प विद्यापति का नहीं; गोस्वामी तुलसीदास का है। केवल चौपाई में ही होने से इसमें विविधता नहीं आने पायी और एकरूपता के कारण इसमें मनोरमता की हीनता लक्षित होती है।

इस प्रसङ्ग में यह भी कहना असङ्गत नहीं होगा कि लोक-साहित्य में प्रबन्ध काव्य अथवा कथा-काव्य की परम्परा मैथिली भाषा में नयी नहीं थी। वैसे तो विद्यापति ने भी कीर्तिलता और कीर्तिपताका, कथा-काव्यों की रचना की और दोनों में भाषा उन्होंने संस्कृत नहीं रखी। कीर्तिलता में विद्यापति ने कहा कि सक्क अंवानी वुहअन भावइ"—संस्कृत तो पण्डितों को पसन्द आती है; पाउअ रसको मम्म न पावइ"— प्राकृत में रस का कर्म नहीं मिलता; इसलिए उन्होंने 'सब जन मिट्ठा" देसिल बयना में अपने काव्य की रचना की। यह देसिल बयना विद्यापति के देश की भाषा तो अवश्य थी। इसी भाषा में प्राकृत पैङ्गलम् में कविताएँ मिलती हैं। यह मिथिला की पुरानी भाषा थी, यह अपभ्रंश या उसके उत्तरकाल की भाषा थी। इसी भाषा में प्राकृत पैङ्गलम् में कविताएँ मिलती है। यह मिथिला की पुरानी भाषा थी, यह अपभ्रंश या उसके उत्तकाल की भाषा थी। ज्योतिरीश्वर से भी पहले की इस भाषा को प्रयोग सौष्ठव से साहित्यिक मान्यता प्राप्त हो चुकी थी। यह बोली नहीं जाती थी, पढ़ने और सीखने की भाषा थी। विद्यापति ने देखा कि 'सब जन मिट्ठा देसिल वयना' वह नहीं थी। इसलिए अपने गीतों में उन्होंने उस युग में जनता में बोली जाने वाली मिथिला की भाषा का प्रयोग किया, प्रबन्ध काव्य अथवा कथा-काव्य, वीरगाथा अथवा लोक-महाकाव्य मिथिला की भाषा में कोई नयी वस्तु नहीं थी। बहुत प्राचीन काल से ही लोक-साहित्य में इस प्रकार के काव्य विख्यात थे। वर्णरत्नाकर में लोरिक की भाषा का उल्लेख है। ग्रियरसन ने सलहेस के काव्य का एक अंश प्राप्त कर प्रकाशित किया था। वस्तुतः मिथिला की द्विजेतर जातियों में विशेषतः अस्पृश्य जातियों में अपने-अपने वीरों की गाथा आरम्भ से ही चली आ रही है। दुसाधों के सलहेस, खतवैओं के दीना-भद्री

इस प्रकार कोई नौ-दश जातियों के वीरों की गाथाएँ थीं अभी भी उपलब्ध हैं। उन जातियों के लोग इनकी देवता की तरह पूजा करते हैं। इन उपजातियों में साक्षरता अभी हाल तक विरल थी। ये गाथाएँ मौखिक रूप से सीखी, सिखायी जाती थीं। आज इनकी भाषा आधुनिक प्रतीत होती है परन्तु मौखिक रूप से आते-आते प्रति पुश्त इन कथाओं में भाषा का परिष्कार होता गया है। भाषा के आधार पर उनके काल का निर्धारण करना उचित नहीं होगा।

द्विजातियों में भी जो संस्कृत नहीं जानते थे विशेषतः स्त्रियों के लिए कितने ही काव्य थे जो गेय थे। इनमें कथाएँ होती थी। रुक्मिणी स्वयंवर और सुदामाचरित, रम्भाभिसार की चर्चा बूढ़े लोगों में सुनी जाती है। ये सभी मौखिक रूप में प्रसृत थीं। किसी पण्डित ने इन्हें लिखकर सुरक्षित रखने की बात नहीं सोची। फलतः ये सभी कालक्रम में नष्ट होती गयीं और आज 'कृष्ण-जन्म' को छोड़ और कोई दूसरा कथा-काव्य हमें उपलब्ध नहीं हैं।

'कृष्ण-जन्म' अधूरा ही प्राप्त है। महाकाव्य के सभी गुण इसमें विद्यमान हैं। यह विस्तृत नहीं है। कथाकाव्य में आवश्यक है कि कथा में गति हो और कृष्ण-जन्म की वर्णन- शैली में वह बड़ा ही चमत्कारक है। उन्नीसवीं शताब्दी के प्रारम्भिक वर्षो में बुकनन बिहार के दक्षिणी भागों का भ्रमण-वृत्तान्त छोड़ गया है। पूर्णिमा के वर्णन में मनबोध की कृतियों का बड़ा ही विशद वर्णन है। बुकनन कहता है कि उन दिनों मनबोध से विशेष लोकप्रिय दूसरा भाषा कवि नहीं था। मनबोध का भक्ति काव्य था, कृष्ण-जन्म और श्रृंगार काव्य था दानलीला। दानलीला गोपाल कृष्ण की लीलाओं का वर्णन है। यह लीला वे यमुना के घाट पर गोप बन्धुओं के साथ किया करते थे। मुक्तक होने से उसे 'गोआलरी' कहते हैं; परन्तु प्रबन्ध-काव्य के रूप में उसे ही दानलीला कहेंगे। उसी तरह चीरहरण, कालियदमन, प्रभृति प्रसङ्गों को लेकर भी काव्यों की रचना होती रही है। खेद की बात है कि अन्य काव्यों को पूछे कौन, इतना प्रसिद्ध 'दानलीला काव्य' भी लुप्त हो गया। आज तक कहीं भी लिखित रूप में उपलब्ध नहीं है। मौखिक रूप में कहीं हो भी तो उस दिशा में अभी तक कोई अन्वेषण नहीं हो सका है। कृष्ण-जन्म की, अर्धशिक्षित नारियों के हाथों लिखी, दो-एक प्रतियाँ भाग्य से मिल गयीं और ग्रियरसन ने उसे 1882 ई. में बङ्गाल एसिआटिक सोसाइटी के जर्नल में प्रकाशित किया। मैथिली की पहली साहित्यिक रचना जो इस प्रकार सुसम्पादित होकर पूर्णतः प्रकाश में आयी यही कृष्ण-जन्म है। इसके कई संस्करण हुए हैं और पहले जिसे 'भाषाहरिवंश' कहा जाता था वही अब 'कृष्ण-जन्म' कहा जाता है।

मेरा अनुमान है कि मनबोध ने मैथिली काव्य को फिर एक बार जन-जीवन के समीप लाने का बड़ा ही स्तुस्य प्रयास किया। उन्होंने लोक-गाथा की शैली पर गोस्वामी तुलसीदास जी की रीति का अनुसरण करते हुए हरिवंश की कथा लिख डाली। पण्डित समाज में हरिवंश अत्यन्त समादृत था और अभी भी है। उसी हरिवंश

को मैथिली में लिखकर उन्होंने समाज का बड़ा ही उपकार किया। पण्डित समाज ने मनबोध की शैली का आदर नहीं किया। यदि उचित सत्कार होता तो मनबोध ने निश्चय ही पूरे हरिवंश का मैथिली रूपान्तर कर दिया होता। वे ऐसा नहीं सकें 'कृष्ण-जन्म' के दस ही अध्याय पूरे मिलते हैं। सम्भव है विद्वत्समाज की अवहेलना अथवा उपहास से खिन्न हो उन्होंने उसे अधूरा ही छोड़ दिया। पूर्ण होने से वह महाकाव्य हो जाता। 'कृष्ण-जन्म' महाकाव्य नहीं है। दानलीला भी एक छोटा-सा कथाकाव्य रहा होगा। फिर भी मैथिली साहित्य के इतिहास में मनबोध अमर हैं। कृष्ण-काव्य को एक नयी दिशा देने का श्रेय उन्हीं को है। जिस प्रकार चौदहवीं से लेकर सत्रहवीं शताब्दी तक मैथिली के श्रृंगार गीतों में कृष्णलीला वर्णित होती रही उसी प्रकार अठारवीं शताब्दी में कृष्ण-चरित की कथाएँ मैथिली साहित्य में रचित होती रहीं। इसका अर्थ यह नहीं कि गीतों की रचना तब तक रुक गयी थी। विद्यापति की शैली अब भी लोकप्रिय थी यद्यपि पण्डितगण उन गीतों को नाटक के भीतर ही समाविष्ट करते थे।

(12)

इसी बीच एक नये प्रकार का गीत मैथिली कविता में दीख पड़ता है। यह है सोहर। पुत्रजन्म के अवसर पर गाये जाने वाले ये गीत कब से प्रचलित हुए यह कहना कठिन है। जन्म के उपलक्ष्य में गाये जाने के लिए गीत तो रहे ही होंगे। ऐसा प्रतीत होता है कि 'सोहर' मगध से आया, बहुत दिनों तक ये गीत लोककाव्य के ही रूप में प्रचलित रहे। अठारहवीं शताब्दी में सोहर को साहित्यिक मान्यता मिली। प्रतिष्ठित कविगण इसकी रचना करने लगे। 'सोहर' विशुद्ध कृष्ण-काव्य है और कृष्ण-जन्म का विविध भङ्गिमा से वर्णन इसकी विशेषता है। भादव की अंधेरी रात, मूसलाधार वर्षा, भरी हुई यमुना, बन्दीगृह की निस्तब्धता— वर्णन के उसमें सभी प्रसङ्ग हैं। जन्म के उत्सव पर पमरिये नाच-नाच कर इनाम माँगने आते हैं। वे भी कृष्ण और कंस की कथा गाते हैं। राम-जन्म के भी सोहर हैं पर वे बाद के हैं। सोहर मूलतः कृष्ण-जन्म का वर्णन है। इसके इतने भेद हैं; इतने भिन्न-भिन्न छन्दों में ये निर्मित हैं, इतने भिन्न स्वरों में ये गाये जाते हैं कि मैथिली लोककाव्य का ही नहीं, अब तो मैथिली गीत-काव्य का यह एक प्रमुख भेद गिना जाता है। कृष्ण-जन्म के रचयिता मनबोध का एक सोहर देखिए—

धन धन जननि यशोमति,
धन तोहि सब कछु रे। ललना
धन्य गोकुल धन नन्द,
जहाँ हरि अवतरु रे ॥

अवतरल सुनि सुनि सकल–
सुरमुनि नन्द आवि आनन्दिआँ।
नट भट्ट लागल ठट्ठ अति–
संघट्ट मागध वन्दिआँ ॥
बिलहल नन्द आनन्दित–
सञ्चित जत धन रे। ललना
हय गज हीर जमाहिर–
आओर कहव कत रे ॥
इत्यादि।

कवि लाल का यह सोहर देखिए–

हरि यदुनाथ यशोमति अङ्कमँ लाओल रे। ललना
जनि पथ पड़ल परसमनि निर्धन पाओल रे ॥
धन पाय निर्धन मगन मन–
आनन्द उर न समाय यो।
कहु हर्ष अति गन्धर्व मिलि–
अवतरल यदुकुलराय यो ॥
इत्यादि

विद्यापति-परम्परा के अन्तिम महाकवि हर्षनाथ का यह सोहर देखिए–

अविरल जलधर गरजत घनरस वरिसत रे।
दादुल संकुल रभसत दामिनि चमकत रे ॥
तड़ित चमकत जलद गरजत–
करत दादुल सोर यो।
तिमिर-संकुल करत आकुल–
निशिभ भादव घोर यो ॥
अवतरु देवकिनन्दन जन सुखचन्दन रे।
सुरनरमुनिकृतवन्दन कंसनिकंदन रे ॥
अवतरल यदुकुलकमल दिनकर–
सकल जन सुख कन्द ओ।
नन्द नयन चकोर सम्मद–
पुरन शारद चन्द ओ ॥
अमल कमल दल गञ्जन लोचन खञ्जन रे।
त्रिभुवन आपद भञ्जन जग अनुरञ्जन रे ॥
इत्यादि

मिथिला में एक प्रकार का गीतकाव्य जो बहुत पहले से ही लोगों को अनुरञ्जन के साथ ही साथ उपदेश प्रदान करता आ रहा है सन्त-साहित्य है। वैसे तो सन्तों की जाति पृथक् होती है, जन्म की जाति उनकी छूट जाती है और भाषा-विषय में भी सन्तगण भौगोलिक सीमा नहीं मानते। बौद्धगान के रचयिता सिद्धगण भी सन्त ही थे। विद्यापति के परवर्ती युग में संन्यासी विष्णुपुरी हमारे विशिष्ट कवि थे। इधर वैष्णव सम्प्रदाय के जो सन्त हुए हैं ये बहुधा राम और कृष्ण के भजनों की रचना करते रहे हैं। इन वैष्णव सन्तों के आदर्श थे : महात्मा सूरदास और गोस्वामी तुलसीदास। मिथिला में तुलसी से अधिक प्रचार और प्रभाव रहा है सूरदास का। सूरदास कृष्ण-चरित के कवि थे। सूरदास के अनेक पद हमारे घरों में अभी भी गाये जाते हैं। स्पष्ट है कि सूर और तुलसी के प्रभाव से मिथिला में व्रजभाषा और अवधी का प्रचार होता रहा है। 1700 से 1900 ई तक यहाँ व्रजभाषा की सेवा विशेष रीति से होती रही हैं। वैष्णव सन्तों की भाषा व्रजभाषा-मिश्रित मैथिली रही। वह भाषा ही अनूठी हो चली जिसे सन्त-भाषा कह सकते हैं। इस भाषा का दृष्टान्त देखिए। इस गीत में गोपी के विरह का वर्णन है—

सखि तेजल श्याम कोन बतिआ।
जानि नै परए पुछए मैं काको सेवो चरन अधरतिआ ॥
हरिकी गीति प्रीति अरु शोभा विसरे न एक पलछतिआ।
मैं मतिहीन बूझि नहिं पड़ले ओरक मैं सोझमतिआ ॥
मैं कुलवन्ति सुनहु जन साहेब ओ तौ अहीरक जतिआ ॥

दो ऐसे सन्त महाकवि हो गये हैं जिनकी रचना व्रजभाषा और सन्त-भाषा में होते हुए भी विशुद्ध मैथिली में उपलब्ध हैं। ये थे सन्त साहेब रामदास जो मध्य अठारहवीं शताब्दी में थे और दूसरे गोसाञि लक्ष्मीनाथजी, जिनका देहावसान 85 वर्ष की आयु में 1872 में हुआ। दोनों सिद्ध पुरुष थे और दोनों के गीत मिथिला में बड़े ही लोकप्रिय हुए। साहेब रामदास के विरह के पद बड़े ही हृदयस्पर्शी हैं। लक्ष्मीनाथ गोसाञि के वात्सल्य के पद जगह-जगह पर सूरदास के ही सदृश चमत्कारिक है। सन्त भाषा में साहेब राम का एक विरह का पद ऊपर उद्धृत हो चुका है। मैथिली में उनका एक पद देखिए—

प्रीतम प्रीति तेजि गेल मधुवन—
निश दिन नैन झझाए।
जौं जनितहुँ तौं सङ्गहि जैतहुँ—
सुतितहुँ हृदय लगाए ॥
कओन बैरिनि विलमाओल मधुवन—
ओए मोर भेल दुखदाए।

अब ओए बहुरि कबहुँ नहि अओता—
मधुवन रहल लोभाए ॥
प्रीति करए तेहि मानए प्रीतम—
साहेब कह ठहराए ॥

लक्ष्मीनाथ गोसाञि का एक पद देखिए। इसमें शिशु कृष्ण के अचानक रोने पर यशोदा चिन्तित हो जाती है—

आजु रे ललना गति कहलो ने जाइ
ई दुख ककरा कहब गे माइ ॥
दिन भरि आएल छथि नीकहि खेलाइ
साँझ पड़ैत देल कननी लगाइ ॥
कोर नहि सूतथि सेज ने सोहाइ
कोन पापिन देल कननी लगाइ ॥
सूतलि छलौं लए हृदय लगाइ
कानि उठल छथि चौंकि डेराइ ॥
नन्द महर सौं कहू गे बुझाइ
कतहु सौं अनता तेल पेराइ ॥
तेलक नाम सुनि हँसि मुसुकाइ
हम लेव चान खेलौना गे माइ ॥
सुनि हर्षित भेल यशोदा माइ
दर्पण में देल चान देखाइ ॥
लक्ष्मीपति चरणन बलि जाए
भक्त हेतु कत रूप देखाए ॥

आधुनिक युग मैथिली साहित्य में करीब सौ वर्ष बाद आया। आधुनिकता की दृष्टि से मैथिली साहित्य अन्य समृद्ध भाषा साहित्यों से करीब सौ वर्ष पिछड़ा हुआ है। 1880 ई. से 1930 ई. तक की अवधि में जब अन्य भाषा-साहित्य विकास की ओर द्रुत गति से बढ़ रहे थे, मैथिली साहित्य सङ्घर्ष में लगा हुआ किसी तरह अपनी प्राचीन परम्परा की रक्षा कर रहा था। फलतः गद्य की दिशा में वह बहुत पीछे है। इस बीच हमारे कविगण नये मार्ग खोजने में व्यग्र थे। मैथिली में प्रथम प्रबन्ध-काव्य, योगरूढ़ि अर्थ में न सही, यौगिक अर्थ में ही महाकाव्य कहलाने के योग्य हैं और जिसकी रचना से इस भाषा के विकास में बड़ा ही बल मिला वह है कवीश्वर चन्दा झा का रामायण।

इस युग में भी मैथिली साहित्य कृष्ण-काव्य को भूल नहीं सका है। यह बात सच है कि कृष्ण का वह प्राचीन रूप जो शृंगार का अधिदेवता था, आधुनिक काल में नहीं रह पाया है। वह रूप विद्यापति की परम्परा के साथ ही समाप्त हो गया।

अब कृष्ण का पौराणिक, राजनीतिज्ञ और अवतार रूप प्रमुख हो गया। हमारे प्रथम प्रगतिवादी कवि भुवनेश्वर सिंह 'भुवन' ने विरहिणी व्रजाङ्गना की रचना की पर यह बङ्गला के माइकेल मधुसूदन दत्त के काव्य का अनुवाद है। यद्यपि अनुवाद में कोई अवगुण नहीं है, काव्य मौलिक प्रतीत होता है। मैथिली का प्रथम रीतिमत महाकाव्य सुभद्राहरण है जिसकी रचना से उसके विख्यात लेखक मुंशी रघुनन्दनदासजी को मैथिली साहित्य परिषद ने 'साहित्यरत्नाकर' की उपाधि दी। हमारे सबसे लोकप्रिय कवि काशीकान्त मिश्र जी मधुप ने 'राधाविरह' नामक एक विशाल महाकाव्य की रचना की है जिसमें 22 सर्ग हैं। इसमें देवी भागवत में वर्णित राधा को महामाया शक्ति के रूप में चित्रित किया गया है। हमारे दूसरे मूर्धन्य कवि श्री सुरेन्द्र झा सुमन ने 'कृष्णावतरण' नाम के एक खण्ड-काव्य की रचना की हैं। उसका सर्ग सम्पूर्ण छप्पय छन्द में है। इसमें प्रकृति के वर्णन के साथ-साथ कृष्ण के अवतरण की भूमिका अपूर्व चमत्कारपूर्ण है। कुछ पद देखिए–

पावस ऋतु छल जमल जलद ऋतु उमड़ल ओहिना।
कंसक शासन पावि असुरगण धमकल जहिना ॥
कादवमय छल मास भादवक कलुषित सब थल।
जनजीवन मथुराक बीच छल यद्वत् दलमल ॥
कालिन्दी धारा उपटि व्रजमण्डल पर व्याप्त छल ।
शूरसेन जनपद ऊपर असुर दबदबा व्याप्त छल ॥

× × ×

तिमिर-निकर-विच जेना सुधाकर शुचि-रुचि उगइछ।
कोमल रश्मिराशि सँ कैरव विकसित करइछ ॥
असुरक उत्पातक मध्यहि श्रीहरि अवतरइछ।
विमल चरित सँ सुरसज्जन कैं प्रमुदित करइछ ॥
गगन-शशी सकलङ्क छथि रजनी मात्रक गात्र सजि।
ब्रजक चान अकलङ्क पुनि निस दिन अगजग रुचि अरजि ॥

पराधीनता के अन्तिम दिनों की विवशता में निर्मित इस काव्य में, बन्दीगृह में कृष्ण का अवतरण पराधीनता की बेड़ी में जकड़ी हुई भारतमाता के प्रतीक के रूप में चित्रित है। यही इस महाकाव्य की आधुनिकता है।

अब महाकाव्य और खण्डकाव्य ही में कृष्ण-चरित चित्रित हो रहा है। मुक्तक के क्षेत्र में नयी कविता की लहर हमें किस ओर ले जाती है, इसे अभी कोई नहीं समझ रहा है। यह तो अभिव्यञ्जनावाद का युग है और प्रगतिवाद एवं प्रयोगवाद हमारे नये कवियों को मुग्ध किये हुए हैं। इस प्रवृत्ति के साथ कृष्ण-काव्य का सामञ्जस्य नहीं है।

कृष्ण-चरित को हमारे नये कवि किस रूप में अङ्कित कर रहे हैं इसका दृष्टान्त श्री यात्रीजी की कविता 'आधुनिक राधा' मैंने पहले ही उद्धृत की है। अब तो कृष्ण-चरित का भिन्न-भिन्न पहलुओं का प्रतीक के रूप में चित्रण मात्र हमारे नये कवियों का उद्देश्य रह गया है। फिर भी सरस काव्य का स्रोत सूख नहीं गया। जब हमारे कवि सरस काव्य की रचना करते हैं तो कृष्ण की लीला बरबस उन्हें स्मरण हो आती है। हमारे वयोवृद्ध कविवर सीताराम झा का एक कवित्त देखिए—

घोर घन-सोर सुनि मोर-मन मोद भेल
मोर मन मोद नहि आबए आइ सखि हे।
पावन-पवन सङ्ग सावनक रङ्ग लखि
आब न भवन मन भावए आइ सखि हे।
भादवक जल भेल कादव सुपथ गेल
यादव-किशोर तजि सुधि आइ सखि हे।
पावस-बहादुरक दादुरक रव दुख
हा दुर करब कोन बुधि आइ सखि हे।

लोकभाषा में लोकगीतों के स्वरों पर लोक-साहित्य के विषयों को लेकर कविता रचने की रीति मिथिला में अभी भी अनुवर्तमान है। विद्यापति ने यही किया और भाषा-काव्य की एक नयी धारा बहायी। मध्य युग में सोहर और समदाउनि, लगनी और मलार, होरी और रास—अनेक प्रकार के गीतों ने इसी प्रकार साहित्यिक मर्यादा प्राप्त की । अभी भी हमारे एक वयोवृद्ध कवि हैं, श्रीयुत भवप्रीतानन्द जी महाराज अस्सी वर्ष से अधिक वयस के, देवघर में प्रसिद्ध ज्योतिर्लिङ्ग वैद्यनाथ के प्रधान अर्चक पण्डा, सरदार पण्डा। आज पचास वर्षो से जिला दुमका और आसपास देहातों में प्रसृत और प्रसिद्ध वहीं के वाद्यों पर गाये जानेवाले झूमर और खेड़ा नाम के गीतों के स्वरों में वे अद्भुत काव्यों की रचना कर रहे हैं। वे वहीं की भाषा में रचित हैं। यह भाषा मिथिला के पूर्वाञ्चल की भाषा है। उसमें एक नवीनता है, एक मिठास है, एक सहजता है जो मैथिली के साहित्यिक रूप से कुछ भिन्न है। यह लोकभाषा का विशुद्ध रूप है। मेरा तो अनुमान है कि विद्यापति ने गाबहु हे सखि लोरि झूमरि मदन अराधने जाउ" पद में जिस झूमरि की चर्चा की है वही मध्य मिथिला में विकृत होते हुए रूपान्तरित हो गया है। वही मिथिला के इस उपान्त में उसी रूप में अभी जीवित है। भवप्रीतानन्द अपर विद्यापति की भाँति उसे ही ग्रहण कर उसमें साहित्यिक रचना कर रहे हैं। वैसे तो इनके हजारों गीत हैं जिनमें कृष्ण-चरित के प्रसङ्गों का विस्तृत वर्णन है यथा रुक्मिणी-हरण। मैंने इन गीतों का पूरा अध्ययन किया है। कवि के अपने ही कलाकारों के द्वारा उनके गायनों को सुना है। मेरा विश्वास है कि चौदहवीं शताब्दी के अन्त की ओर विद्यापति के पदों ने ऐसी ही नवीनता से लोगों को मोह लिया होगा। मैं भवप्रीतानन्द जी को अपर-विद्यापति मानता हूँ। इनके दो मुक्तक देखिए—

वँसुरिया, वँसुरिया, तान में जोर लैं कइसे वाण॥
वाँसके वँसुरिया तों नहि आँखि कान।
वँसुरिया, तइओ कइसे अचुक निसान ॥
छिन लैं मदन सें कि भेटलो दान।
वँसुरिया, जही फुलवाणें इ गुमान ॥
सबदें मिलाय तीरा करे वरिषान।
वँसुरिया, लेलैं कते अबला परान ॥
सबद बरहम मिलावे कृष्ण भगवान।
वँसुरिया, भवप्रीता के हरि पदे ध्यान ॥

तथा—

कोइलिआ कोइलिआ एहाँ काहे राती करे सोर।
एहाँ जे विधुरा वाला बहावए नोर ॥

मथुरा में बोलें जहाँ कलिआ किसोर।
कोइलिआ कुबजी से करए किलोर ॥
केलि कुञ्जें वासा बाँधि करिहें अनोर।
कोइलिआ, जहाँ बंसी टेरे मनचोर ॥
लेलें जाहीं मोरा-भौंरा-मलय झिकोर।
कोइलिआ, भवप्रीता युगल भावें भोर ॥

पदों की कोमलता, स्वर की मधुरता और ध्वनि की विशिष्टता देखिए। ये अभिनव मनोरञ्जन ही नहीं प्रदान करते हैं अपितु इनमें उत्तम काव्य की मर्यादा भी है। यह कृष्ण-काव्य का ही नवीनीकरण है।

आधुनिक मैथिली साहित्य में भी कृष्ण-काव्य की परम्परा अनुवर्तमान है। अन्तर इतना ही है कि बालकृष्ण की अलौकिक लीला अब भक्ति से देखी जाती है। नयी कविता में रस की अपेक्षा नहीं रहती है, इसलिए उसमें कृष्णचरित सङ्गत नहीं बैठता। प्रबन्ध-काव्य में रामचरित से अब भी कृष्णचरित अधिक लोकप्रिय है। लोकगीतों में राधा और कृष्ण प्रेमी और प्रेयसी के प्रतीक हैं। सभी कामनियाँ अपने हृदयङ्गम प्रेमी को अपना कान्ह, कन्हैया श्याम अथवा मोहन समझती हैं, पुकारती हैं और सभी कामी अपनी हृदयेश्वरी को राधा अथवा राही। हमारे संस्कार में शृंगार के अधिदेवता कृष्ण अभी भी विद्यमान हैं। जनमानस में उनका वही रूप अभी भी विराजमान है।

कविता ही वह क्षेत्र है जिसमें हम अपनी प्राचीन मर्यादा को अभी भी यथाकथंचित सुरक्षित रख सके हैं। साहित्य की अन्य विधाओं में हम अभी भी बहुत पिछड़े हैं। गत पन्द्रह-बीस वर्षों में मैथिली में लघु-कथा का अच्छा विकास हुआ है। हमारे कुछ कथाकार

देश की किसी भी भाषा के कथाकार की समता कर सकते हैं। उपन्यास में हम बहुत पीछे हैं। नाटक के क्षेत्र में हमारे एक तरुण विद्वान् कवि डा. श्री दुर्गानाथ झा 'श्रीश' ने पद्य रूपक का एक नया प्रयोग किया है। यह कृष्ण-चरित पर आधारित है। 'पुरुषार्थ' नामक इस नाटक में स्यमन्तक मणि का उपाख्यान अपूर्व नाटकीयता से प्रदर्शित हुआ है। जामवती के प्रणय को कृष्ण के पुरुषार्थ का प्रेरक दिखलाकर एक नया दृष्टिकोण उपस्थित किया गया है। देखिए–

यदि नहि रहितए ओतए प्रेरणा–
ऋक्षराज दुहिताक अपार।
निश्चय डुबितए हमर जीवनक–
नाओ ओहि युद्धक मँझधार ॥
जागल जे अज्ञात देश में अभिनव–
प्रेमक तडित् तरङ्ग।
बढ़ल तहिसँ साहस-पौरुषओ–
कत गुन उत्साह-उमङ्ग ॥
नृप तनुजाक सखी सँ जखनहि–
पओलहुँ हम रत्नक सन्धान।
हटल कलङ्कक घटा हृदयसँ दृप्त–
भेलहुँ झट सूर्य समान ॥
जड़ ओ चेतनशील मणिक हित–
लगा देलहुँ हम अन्तिम शक्ति।
कोनो विषय दुस्साध्य होअए नहि –
यदि हो अन्तस्तल में भक्ति ॥

इसमें कृष्ण-चरित की मूलभूत श्रृंगारिकता भूली नहीं है। रसिकशिरोमणि वीर कृष्ण के दर्शन और आलाप से जामवती किस प्रकार मोहित हो जाती है, इसे कवि ने बड़ी विलक्षणता से चित्रित किया है। इसका नवीन छन्द नये गीत का दृष्टान्त उपस्थित करता है–

केओ आबि पिआ गेल श्यामरूप-हाला।
हाए! जेना जगा गेल अन्तरमें ज्वाला ॥
अङ्ग-अङ्ग बहा गेल उष्ण-रक्त-धारा।
बन्दी उर बना गेल प्रणयक दृढ़ कारा ॥
जीवन वन में वसन्त करए लागल क्रीड़ा।
जागल अज्ञात भाव मधुर मधुर पीड़ा ॥
चिता बनत विरहक वा स्वयंवरक माला।
तरुण आबि पिआ गेल श्यामरूप-हाला ॥

(15)

यही है मैथिली में कृष्ण-काव्य का विवरण। यहाँ जनमानस में बालकृष्ण की विलास-लीला कहाँ से आ बसी, कैसे आई, कव आई–इन सब बातों को जानने का कोई उपाय नहीं है। विद्यापति ने इस लोक-भावना को साहित्यिक मान्यता प्रदान कर एक ऐसी धारा बहायी जिसमें समस्त उत्तर भारत का साहित्य आप्लावित हो उठा। कृष्णलीला की संरचना, अलौकिकता एवं विविधता हमारे संस्कार में जम गयी है। सामाजिक वातावरण एवं वैयक्तिक प्रतिभा के भेद से इस लीला के विभिन्न अंश विभिन्न समय में प्रेरणा का स्रोत रहा है। भिन्न-भिन्न शिल्प और शैली में अङ्कित हुआ है। वस्तु वही रही है भेद केवल भंगिमा में हुआ है। जनमानस को आकृष्ट करने के लिए जनमानस में रमा हुआ संस्कार ही सक्षम हो सकता है, इसलिए आज भी हमारा लोककाव्य कृष्ण-राधा को भूलकर लोकप्रिय नहीं हो सका है। इसीलिए तो मैंने आरम्भ में ही कहा था कि मैथिली का काव्य कृष्णमय है। कृष्ण-काव्य से ही इसका आरम्भ हुआ है। मैथिली के कृष्ण-काव्य से उत्तर भारत के प्रायः सभी भाषा-साहित्य अनुप्राणित, प्रेरित और प्रभावित हुए हैं।

(भारतीय भाषाओं में कृष्ण-काव्य,
प्रकाशक–मध्यप्रदेश शासन
साहित्य, परिषद्, भोपाल, 1968)

गोविन्ददास झा

मैथिली-साहित्यक इतिहास मे जे कतोक समस्या अछि जकर समुचित समाधान केवल मैथिली-साहित्यहिक टा गौरव-ख्यापनक हेतु नहि अपितु इतिहासक सत्यक सबहुँ जिज्ञासु व्यक्तिक सन्तोषार्थ आवश्यक अछि, ओहि मे सब सँ जटिल अछि गोविन्ददासझाक व्यक्तित्वक प्रश्न। हमरा लोकनि मानैत अएलहुँ अछि, एखनहु बुझैत छी, जे गोविन्ददासझा रैआम ग्रामक वासी छलाह तथा कात्यायनगोत्रक कुजौली-मूलक भखरौली-शाखाक श्रोत्रिय ब्राह्मण छलाह। हुनक प्रपितामह महामहोपाध्याए शुचिकर उपाध्याय मिथिलाराज्योपार्जक महामहोपाध्याय महेशठाकुरक विद्यागुरु ओ सम्बन्धेँ मौसा छलथिन्ह। गोविन्ददासझा स्वयं महामहोपाध्याय छलाह ओ अपन छोट भाइ रामदासझाक विद्या-गुरु छलाह, जे सरस रामक उपनाम सँ मिथिलेश महाराज सुन्दरठाकुरक प्रीत्यर्थ 'आनन्द विजय' नामक मैथिली-गीतमिश्रित संस्कृत-नाटकक रचना कएने छथि, महामहोपाध्याय छलाह। सरस रामक शब्द मे गोविन्ददासझाक गर्जन सँ सभ वादी चुप भए जाथि जाहि सँ सूचित होइत अछि जे ई बड़का शास्त्रार्थी नैयायिक छलाह। कवीश्वर चन्दाझा हिनक काव्यकृतिक नाम 'कृष्णलीला' कहैत छथि। हिनका दू गोट विवाह छल ओ यद्यपि हिनका पुमपत्य नहि छलैन्हि मुदा हिनक एक गोट कन्याक विवाह महाराज महेशठाकुरक प्रपौत्र, महाराज शुभङ्करठाकुरक पौत्र, रामठाकुरक बालक, रघुनाथ ठाकुर सँ छल। हिनक समय अनुमानतः 1570 सँ 1640 ईस्वीय धरि मानैत छी। गोविन्ददासझाक सब सँ जेठ भाए, गंगादासझा कवि छलाह तथा हुनक दू गोट काव्य गङ्गाभक्ति ओ गङ्गाविलासक उल्लेख कवीश्वर चन्दाझा कएने छथि मुदा ने ओ दूहू काव्य ने आने कोनो हुनक रचना उपलब्ध अछि। गोविन्ददासझाक अव्यवहित छोट भाए हरिदासझा सेहो कवि छलाह तथा हुनक एक गोट गीत रागतरङ्गिणीमे भेटैत अछि।

परन्तु ई जे परिचय देल अछि से की ओही गोविन्दादसझाक थिक जे बङ्गालक वैष्णव महाकवि मे अग्रगण्य छथि ओ जनिक गीतक एक गोट संग्रह एमहर 'गोविन्दगीतावली'क नाम सँ श्रीमथुराप्रसादजी दीक्षित प्रकाशित कराओल अछि ओ दोसर संग्रह शृंगार भजनावलीक नाम सँ स्वर्गीय अमरनाथ बाबू सम्पादित कए हमर

साहित्य पत्र मे छपाओल। दीक्षितजी अपन संग्रहक आधार अथवा मूलक प्रसङ्ग किछु नहि कहल अछि; अमरनाथ बाबू अपन संग्रह कवीश्वर चन्दाझाक हाथक लिखल संग्रह सँ अपना हाथेँ उतारि कैँ प्रकाशित कराओल अछि। कवीश्वरक संग्रहक आधार की से ओ कतहु सूचित नहि कएने छथि परञ्च कवीश्वरक परिचय जनिका ककरहु छैन्हि सबहुँ एकस्वर सँ स्वीकार करताह जे ओ तँ मिथिलाभूमि कैँ छाड़ि अन्यत्र सँ संग्रह नहि कएने होएताह, सबटा गीत हुनका मिथिलहि मे भेटल होएतैन्हि। अपन रामायणक अन्त मे कवीश्वर जे मैथिल कविक सूची देने छथि ताहि मे गोविन्ददासझाक काव्यकृतिक नाम कृष्णलीला लिखल अछि। ओ कृष्णलीला इएह गीतावली थिक अथवा एहि सँ भिन्न ओहि नामक दोसरो ग्रन्थ हुनका उपलब्ध भेल छलैन्हि अथवा जानल छलैन्हि तकर कोनो उल्लेख कतहु नहि भेटल अछि। एहि गीतावलीक विषयवस्तु कैँ देखि सम्भव इएह बूझि पड़ैत अछि जे एही गीतावली कैँ ओ कृष्णलीला कहने छथि। मुदा कवीश्वर कैँ ई गीतावली भलहि मिथिलहि मे भेटल होइन्ह किन्तु एमहर मिथिलादेश मे कवीश्वरक संग्रह सँ अन्यत्र गोविन्ददासक गीत कतहु नहि भेटैत अछि। कए सए कविक गीत मिथिला मे प्रचलित अछि परन्तु गोविन्ददासक एहि गीत सब मे एको गोट गीत कतहु नहि भेटल अछि। मिथिलाक गायक-समाज मे, विशेषतः स्त्रीगण मध्य, हजारो गीत प्रचलित अछि परन्तु गोविन्ददासक गीतक प्रचार जेना मिथिला मे कतहु नहि हो। ओमहर, बङ्गालक वैष्णव-समाज मे गोविन्ददासक पद बड़ प्रसिद्ध अछि ओ विद्यापति एवं चण्डीदासक पश्चात् ओतए गोविन्ददासहिक यश प्रसृत अछि। बङ्गालक कीर्त्तनमण्डली सब मे हिनक पद अत्यन्त प्रसिद्ध अछि, बड़ लोकप्रिय अछि, तथा कीर्त्तनक गायक लोकनि जे हिनक पद गबैत छथि से अत्यन्त मधुर, ललित, अत्यन्त सरस होइत अछि। मिथिला मे प्राचीन गीतक संग्रह तँ प्रकाशित बड़ थोड़ अछि परन्तु प्रायः प्रत्येक नीक परिवार मे एक गोट गीतक पोथी रहैत आएल अछि जाहि मे पुरान-पुरान गीत सब स्त्रीगण कैँ सिखबाक हेतु लिखल रहैत अछि। हम स्वयं कए गोट एहन-एहन पुरान गीतक पोथी देखल अछि परन्तु गोविन्ददासक एको गोट गीत हमरा कतहु उपलब्ध नहि भेल अछि। सत्रहम शताब्दी मे लोचन अपन रागतरङ्गिणी मे बहुतो कविक गीत राग सबहिक उदाहरण मे उद्धृत कएने छथि परन्तु गोविन्ददासक गीत ओहू मे नहि अछि। गोविन्दक गीत भेटैत अछि, परन्तु ई नाम तँ बड़ प्रसिद्ध अछि। नलचरित-कर्ता गोविन्दठाकुर, काव्यप्रदीपकर्ता गोविन्दठाकुर, सोदरपुरिए गोविन्दमिश्र प्रभृति एहि नामक अनेकों कवि भय गेल छथि ओ गोविन्द-भनिताबला गीत सब ओहि मे ककरो भए सकैत अछि। जेना रामदासझा गीत मे अपन उपनाम राम लिखैत छथि तथा ओहि मे विशेषण जोड़ि दैत छथिन्ह सरस, तेना गोविन्ददास अपना कैँ गोविन्द लिखैत छलाह तकर कोनो प्रमाण नहि अछि प्रत्युत एहि गीतावली मे सर्वत्र दास-सुक्ते गोविन्दक उल्लेख अछि। ओमहर बङ्गाल मे एहि तीनि सए वर्ष मे कोनो

प्राचीन गीतक संग्रह नहि भेल अछि जाहि मे गोविन्ददासक पद प्रचुरतया नहि भेटए। फलतः बङ्गाली लोकनि गोविन्ददास केँ बङ्गाली मानैत छथि, हुनका वैष्णव महाजन बुझैत छथि, हुनक भाषा केँ ब्रजबूली कहैत छथि, हुनका मैथिल नहि स्वीकार करैत छथि।

परन्तु भाषा एहि गीतावलीक थिक विशुद्ध मैथिली। ई कथा आब निर्विवाद सिद्ध भए गेल अछि जे चैतन्य-सम्प्रदायक वैष्णव लोकनिक साहित्यिक भाषा जे ब्रजबूलीक नाम सँ परिचित अछि से केवल मैथिलीक अनुकरण मे एक गोट कृत्रिम भाषा थिक। विद्यापतिक गीतक तेहन प्रभाव चैतन्यदेव ओ हुनक शिष्य लोकनि पर भेल जे ओ लोकनि विद्यापतिक अनुकरण मे गीतक रचना करए लगलाह जाहि मे विद्यापतिक भाव, रीति, शैली ओ छन्द आदिहिक टा अनुकरण नहि कएल गेल। से तँ विश्वक साहित्य मे अनेको ठाम देखल गेल अछि, प्रसिद्ध वस्तु थिक। ओ लोकनि तँ विद्यापतिक भाषा समेतक अनुकरण कएल, तेहन मधुर, ललित, सरस विद्यापतिक पद छल। ओ एना भाषान्तरक अनुकरण असाधारण वस्तु भेल जकर दृष्टान्त इएह पर्याप्त होएत जे विश्वकवि रवीन्द्रनाथ ठाकुर पर्यन्त अपन पहिल कवि-कर्म विद्यापतिहिक गीत सँ अनुप्राणित भए, हुनकहि शैली पर, हुनकहि भाषाक अनुकरण मे कएल। परन्तु अनुकरण अनुकरणे थिक। अन्यभाषा-भाषी कतहु भाषान्तर केँ विनु सिखलेँ शुद्ध जकाँ प्रयोग कए सकए? फल भेल जे भाषान्तरभाषी कवि लोकनि जखन विद्यापतिक अनुकरण मे मैथिली मे रचना करए लगलाह तखन हुनक अपन जे भाषा छलैन्हि से विद्यापतिक भाषा मैथिलीक सङ्ग मिझराए गेलैन्हि ओ हुनक गीतक भाषा एक गोट अपूर्व भाषा भए गेल जकरा ने शुद्ध मैथिली कहि सकैत छी ने भाषान्तर, दुहूक सम्मिश्रण सँ एक गोट कृत्रिम भाषा भए गेल। चैतन्यदेवक वैष्णव धर्म क्रमशः समस्त उत्तर भारत मे पसरैत गेल। आसामक वैष्णव कवि तँ केवल गीतहिटा मे नहि, नाटकहु मे मैथिलीक अनुकरण कएल ओ ताहि सब मे मैथिलीक सङ्ग-सङ्ग असमिआ भाषा मिझराए गेल। तहिना उड़ीसाक कवि लोकनि जे गीत रचलैन्हि ताहिमे ओड़िआ भाषा मिश्रित भए गेल। ओ बङ्गाली वैष्णव कविलोकनिक गीतक भाषा बङ्गलामिश्रित मैथिली भए गेल। एहि सब गीत मे एक अंश, ओ से अंश प्रचुर अछि, मैथिली रहल, विशुद्ध मैथिली नहि परन्तु मैथिलीक अनुकरण मात्र जकरा हमरा लोकनि अशुद्ध मैथिली कहब; ओ एक अंश रहल तत्तद् भाषाक। क्रमशः लोक ई बिसरि गेल जे ई भाषा मैथिलीक अनुकरण मात्र थिक। परन्तु भाषा तँ ओ छल तत्तद् देशक भाषा सँ भिन्न, अभिनव; ओ जेँ एहि सब गीत मे ब्रजभूमि मे कृष्णक लीलाक वर्णन अछि तेँ ई मिश्रित भाषा ब्रज बूलीक नाम सँ अभिहित होअए लागल। विद्यापतिक भाषाक अनुकरण सँ एहि कृत्रिम भाषाक सृष्टि भेल ई कथा विस्मृत भए गेल। परन्तु कतबओ अनुकरण कएल गेल तथापि भाषा एनमेन विद्यापतिक भाषाक सदृश तँ भेल नहि। इएह कृत्रिम भाषा, अशुद्ध

मिथिलाक भाषा, भाषान्तरक सङ्ग मिश्रित मिथिला-भाषा, बंगालक वैष्णव सम्प्रदायक साहित्यिक भाषा भए गेल। परन्तु गोविन्ददासक भाषा मे कृत्रिमताक कनेको भान नहि होइत अछि। एकरा विद्यापतिक भाषाक अनुकरण नहि, विद्यापतिक भाषा मैथिली सएह मानए पड़त ओ जे उचित थिक। विद्यापतिक भाषा मे जे कतोक प्राचीनताक लक्षण सब अछि से सब गोविन्ददासक भाषा मे नहि अछि। स्वयं बङ्गाली विद्वान लोकनि गोविन्ददासक प्रसङ्ग स्वीकार करैत छथि जे हिनक भाषा एनमेन विद्यापतिक भाषाक अत्यन्त सदृश अछि। परन्तु स्मरण रहए जे अनुकरण कोनहुना कएल जाएत तँ ओ अनुकरणे रहत, ओहि मे कृत्रिमता अवश्ये आबि जाएत। शतावधि वा ताहू सँ अधिक वैष्णव लोकनि ब्रजबूली मे कविता कएने छथि परन्तु ई चमत्कार ओहि ब्रजबूलीक कविगण मध्य केवल गोविन्ददासक भाषा मे भेटत एहि मे बङ्गलाक प्रभाव प्रायः नहि सन अछि। ओना तँ बङ्गीय-साहित्य-परिषद् सँ प्रकाशित वैष्णव महाजन-पदावलीक गोविन्दगीतावली मे किछु एहन पाठभेद भेटैत अछि जाहि मे बङ्गलाक प्रभाव परिलक्षित होइत अछि जेना दीक्षितजीक गाविन्द-गीतावली मे, हिन्दीक। परन्तु श्रृङ्गारभजनमे, कवीश्वरक संगृहीत पदावली मे, तकर कोनो प्रभाव नहि अछि। भाषा हिनक विशुद्ध मैथिली थिक, मैथिलीक अनुकरण एकरा कथमपि नहि कहि सकैत छी।

मुदा गोविन्ददासक गीतक भाव-धारा मैथिल परम्पराक अनुसरण नहि करैत अछि। विद्यापति सँ लए कें हर्षनाथ धरि मैथिली-गीतक जे परम्परा अछि ताहि मे जे गीत भक्तिक थिक से छोड़ि शेष सब गीत श्रृङ्गारक थिक। विद्यापतिक गीतमे अधिक मे तँ राधाकृष्णक नामो नहि अछि तथा जाहिमे नाम अछिओ ताहि मे कृष्ण श्रृङ्गाररसक अधिष्ठातृ देवता-स्वरूप छथि, परमात्माक रूप मे नहि छथि ओ तँ ओहि गीत सबकें भक्तिक उद्रेक नहि, श्रृङ्गारक अभिव्यक्ति कहैत अएलहुँ अछि, बुझैत अएलहुँ अछि। विद्यापतिक रचित भक्तिहुक गीत अछि यथा—नचारी, गङ्गाक, गोसाञुनिक; हुनक रचित शान्त-रसक गीत सब अछि, हुनक रचित विष्णुपद सेहो अछि! परन्तु एहि गीतसबहिक शैली ओहि जातिक गीतक शैली सँ सर्वथा भिन्न अछि जाहि मे राधाकृष्णक केलि-लीलाक वर्णन अछि जकरा चैतन्यमहाप्रभु ओ हुनक शिष्य लोकनि मधुररसक काव्य मानैत आएल छथि, परन्तु जकरा हमरा लोकनि विशुद्ध श्रृङ्गारसक गीत मानैत आएल छी। मिथिला मे विद्यापतिक अनुकरण एहि शताब्दीक प्रारम्भ धरि होइत आएल ओ एहि सम्प्रदायक अन्तिम महाकवि छलाह हर्षनाथझा। एहि सम्प्रदाय मे सए सँ कम कवि नहि होएताह ओ हुनका लोकनिक रचल हजारो गीत उपलब्ध अछि परन्तु ओहि गीतसँ कहिओ ककरहु भक्तिक भावना नहि भेलैक अछि। कविलोकनि ओकरा श्रृङ्गाररस बूझिकें रचल; लोक ओकरा श्रृङ्गाररसक गीत बुझलक ओ बुझैत अछि, परन्तु गोविन्ददासक गीत एहि सब सँ भिन्न अछि। गोविन्ददासक गीत सर्वथा भक्तिमूलक प्रतीत होइत अछि ओ श्रृङ्गार

एहि मे केवल आवरणक काज करैत अछि। एक तँ बिनु राधाकृष्णक नामक प्रायः हुनक एकोटा गीत नहि अछि। राधाक आत्मसमर्पणक भावना ऐहिक नहि पारमार्थिक प्रतीत होइत अछि। हुनक कृष्ण 'कुलवति युवति बरत भय भञ्जन' थिकथिन्ह। बहुतो गीत तँ शुद्ध भजन थिक। विद्यापतिक नख शिख-वर्णन ओ गोविन्ददासक स्वरूप-वर्णनक परस्पर तुलना कएला उत्तर दूहूक भावक भेद स्पष्ट भए जाइत अछि। गोविन्ददास विशुद्ध ओहि मधुर-रसक कविता रचल जकर प्रचार चैतन्यदेवक सम्प्रदाय मे विद्यापतिक अनुकरण मे भेल। तँहि तँ साहित्यसम्राट् अमरनाथ बाबू गोविन्ददासझाक 'गीतावली'क नामकरण 'शृङ्गार-भजन' कएल।

एहि प्रसङ्ग विद्यापति ओ गोविन्ददासक गीत सबहिक भनिता सेहो भेद जनबैत अछि। गीत मे भनिता संस्कृत मे तँ जयदेव चलओलैन्हि, परन्तु भाषा-कवि लोकनि बहुत दिन पूर्वहि सँ एकर प्रयोग करैत आएल छथि ओ सहजपन्थी सिद्धलोकनिक चर्यापदहु मे भनिताक पद भेटैत अछि। एमहर आबि कैँ तँ भनिताक प्रयोग एकटा व्यवहार भए गेल अछि तथा एकर प्रयोग कविक अपन नाम, उपाधि ओ ठाम-ठाम कविक आश्रयक नामोल्लेख मात्र मे पर्यवसित होइत गेल अछि; परन्तु विद्यापतिक गीत मे भनिता बहुधा सार्थक रहैत अछि ओ गोविन्ददासक गीत मे तँ प्रायः सर्वत्र भनिता सार्थक अछि। भनिता मे कवि बहुधा अपन उक्ति व्यक्त करैत छथि। गीत ककरो उक्ति हो—नायकक, नायिकाक अथवा सखीक—परन्तु भनिताक पद गीतक भावक प्रति कविक अपन हृदयक उद्‌गार-स्वरूप रहैत अछि। विद्यापति भनिता मे बराबरि ई जनबैत रहैत छथि जे हुनक गीत शृङ्गार-रसक काव्य थिक, 'रस सिङ्गार सरस कवि गाओल' इत्यादि। विद्यापतिक अन्तरात्मा जेना मनक उमंग मे गाबि उठैत अछि, सुरत रसरङ्ग संसार-सारा। शिवसिह कैँ अपर कामदेव, अभिनव कुसुम-सायक अथवा शृङ्गार-रसक अधिष्ठातृ देवता कृष्णकैँ 'एकादश अवतारा' प्रभृति कहि अनेक प्रकार सँ अपन कविताक उद्‌बोधनक संकेत करैत रहैत छथि। परन्तु गोविन्ददासक गीतक भनिता मे से नहि भेटैत अछि। हुनक कोनहु भनितामे शृङ्गार-रसक नामो नहि अछि। अपना कैँ ओ भगवानक 'नखमणि निछान' कहैत छथि तथा 'गोविन्ददास हृदय मणि मन्दिर अविचल मुरति त्रिभङ्ग' कहि अपन भक्त हृदयक परिचय दैत छथि। ओ बारम्बार नाना प्रकारैँ नाना शब्दैँ अपना कैँ भगवल्लीलाक साक्षी मात्र मानैत छथि। 'गोविन्ददास प्रमाण', 'गोविन्ददास एक साखि', 'गोविन्ददास हेरि भेल भोर', 'लुबुधल गोविन्ददास', 'मुगुधल गोविन्ददास', 'आनन्द निरखै गोविन्ददास', 'हेरदूत आनन्द गोविन्ददास; 'गोविन्ददास हृदय अवधारल' प्रभृति उक्ति सबसँ स्पष्ट होइत अछि जे ओ अपना कैँ कृष्णक केलिलीलाक द्रष्टा कहैत छथि ओ ओहि लीलाकैँ मानसिक प्रत्यक्ष कए कए ओकर सङ्कीर्तन करैत छथि, ओ अपना कैँ धन्य बुझैत छथि। 'गोविन्ददास गुण गाय', 'गोविन्ददास प्रशंस', 'गोविन्ददास भरम दुरि गेल' इत्यादि शब्दैं ओ अपन कविताक

स्रोतक परिचय दैत छथि, अपन मनोभाव व्यक्त करैत छथि। स्पष्ट अछि जे कीर्तन जे थिक भगवानक नाम, गुण ओ लीलाक वर्णन, गोविन्ददासझाक कविता मे सएह टा अछि। कवीश्वर जे हिनक काव्यकृति कैँ कृष्णलीला कहल अछि ताहू सँ इएह कथा पुष्ट होइत अछि। एहि सबमे शृङ्गार रस अङ्ग थिक, स्थायीभाव अछि भक्ति ओ कतहु-कतहु तँ रसहुक निवेश अङ्गरूपें स्पष्ट होइत अछि। शृंङ्गारहुमे उत्कष्ट शृङ्गार कतहु नहि अछि ओ जेहो शृंङ्गारक वर्णन अछि ताहू सँ पाठक कैँ शृङ्गारक उद्‌बोधन नहि होइत अछि, कारण ई सब वर्णित अछि भगवानक, मनुष्यक नहि, ओ तें साधारणीकरण जे रसक धर्म थिकैक से एहि मे नहि होअए पबैत अछि। ई बङ्गालक वैष्णव सम्प्रदायक रीति थिकैक यद्यपि एकर प्रथम प्रयोग हमरा लोकनि कैँ श्रीमद्‌भागवतक दशम स्कन्ध मे भेटैत अछि। एहि रूपक शृङ्गार रसक नाम वैष्णव-साहित्य मे 'मधुररस' कहल अछि। मिथिलाक जे प्राचीन परम्परा थिकैक जकर आरम्भे हमरा लोकनि कैँ विद्यापतिक गीत मे भेटैत अछि से गोविन्ददासक कविता मे नहि भेटैत अछि प्रत्युत बङ्गाली लोकनि जे रस विद्यापति समेतक कवितामे पबैत छथि से गोविन्ददासक कविता मे प्रचुरतया भेटैत अछि, सएहटा भेटैत अछि।

एहि सङ्ग-सङ्ग गोविन्ददासक गीतक भाषा सेहो किछु विचित्र अछि! एहि मे कोनो सन्देह नहि जे ई भाषा थिक विशुद्ध मैथिली, विद्यापतिक गीतक भाषा; ओ विद्यापति सँ जतबा ओ नवीन छथि ततबा भाषा मे सेहो आधुनिकता अछि। परन्तु गोविन्ददासक गीतक अर्थ ठाम-ठाम दुरूह अछि, कष्टसाध्य तँ प्रायः सर्वत्र अछि। काव्य मे जकरा प्रसाद गुण कहैत छिऐक से हिनक काव्य मे एकदम नहि रहैत अछि। अर्थक ई दुरूहता कए कारणें अछि, यथा—तद्‌भव शब्दक प्रचुरतया प्रयोग करब जाहि मे कतोक शब्द सर्वथा अभिनव रूपैँ तद्‌भव बनाओल गेल अछि; अर्थबोधक हेतु आवश्यक पद यथा क्रियापद, तकरा छोड़ि देब; एकहि गीत मे कए व्यक्तिक उक्ति देब जाहि मे कोन अंश वा कतबा अंश ककर उक्ति तकर कोनो संकेत नहि रहब; भगवल्लीलाक घटना-विशेष अथवा स्थिति-विशेषक वर्णन जे जनसाधारण कैँ बुझल नहि रहब; अपनहि सँ अर्थक अनुरूप ध्वनिक शब्द बनाए ओकर प्रयोग करब इत्यादि। एहि कारणैँ गोविन्ददासक गीतक रसास्वादन ओहि प्रकारैँ नहि भए पबैत अछि जेना आन कविक गीतक रसास्वादन होइत अछि। वस्तुतः अर्थक वैमल्य गोविन्ददास कैँ जेना लक्ष्ये नहि रहैन्हि। ई कहब तँ परम अयुक्त होएत जे गोविन्ददासक गीत मे उत्तम काव्य नहि छैन्हि, ध्वनिक प्रधानता जे उत्तम काव्यक लक्षण थिक से गोविन्ददासक गीत मे बड़ विन्याससँ सन्निविष्ट अछि; अलङ्कारक चमत्कार जेहन गोविन्ददासक गीत मे अछि तेहन विद्यापति समेत मे नहि भेटैत अछि। विद्यापतिक कतेक गीत अवश्ये अपूर्व अछि। परन्तु गोविन्ददासक गीतक जँ अध्ययन करब, ओकर अर्थानुसन्धान करब, तँ प्रतीत होएत जेना ई सब वस्तु ओहि मे गौण रहए, मुख्य वस्तु गोविन्ददासक गीत मे लक्ष्य रहैन्हि जेना शब्दक

विन्यास। गीत होइत अछि गाओल जएबाक हेतु ओ गीतक धर्म थिक श्रुतिमाधुर्य, कानक तृप्ति। गोविन्ददासक गीत मे पदक विन्यास शब्दक अर्थहिटा कैँ दृष्टि मे राखि कैँ नहि कएल गेल अछि, प्रत्युत शब्दक जे ध्वनि कान मे पड़त, कर्णगोचर होएत, तकरहु दृष्टि मे राखि कएल गेल अछि। फलतः गोविन्ददासक सब गीत कर्णसुखावह अछि, अत्यन्त मधुर अछि, बिनु अर्थक अनुसन्धान कएनहु केवल सुनलहिटा सँ मन कैँ मुग्ध कए दैत अछि। तेँ श्रुतिमाधुर्यक हेतु जँ गोविन्ददास कैँ शब्द कैँ तोड़हु पड़लैन्हि, अर्थबोधक निमित्त आवश्यक पदक समावेश नहिओ भए सकलैन्हि, अपनहि शब्द कैँ बनबहु पड़लैन्हि, अप्रसिद्ध शब्दक प्रयोग करहु पड़लैन्हि, तथापि ओ अर्थक विमलताक निमित्त श्रुतिमाधुर्य कैँ नहि त्यागल। श्रुति-माधुर्यक हेतु प्रसाद गुणक परित्याग करबा मे हुनका कोनो आपत्ति नहि बूझि पड़लैन्हि! स्पष्ट अछि जे गोविन्ददास अपन गीतक रचना कीर्तनमण्डली मे गाओल जएबाक हेतु कएल, काव्य जकाँ पढ़ल जएबाक निमित्त ओ गीत नहि रचल। तेँ शब्दक आडम्बर मे, विन्यास मे, चमत्कार मे अर्थ अधिक ठाम ओझराए गेल छैन्हि। दृष्टान्तक हेतु ओहि गीत सब कैँ देखि सकैत छी जाहि मे प्रायः प्रत्येक पद एकहि वर्ण सँ आरम्भ भेल अछि। काव्यक दृष्टिसँ ई नेनपन सन लगैत अछि। एकहि वर्णसँ आरम्भ कए पदक विन्यास कएला सँ समस्त गीत मे अर्थक निर्वाह करब असम्भव सन अछि। परन्तु आश्चर्य तँ ई जे कठिन तँ अवश्ये अछि, दुरूह समेत अछि परन्तु कष्ट कए कैँ, माथ दुखाए कैँ, जखन गोविन्ददासक गीतक अर्थ लगाएब तखन ओ अर्थ एहन सुन्दर प्रतीत होएत जे मन मुग्ध भए जाएत। तँहि तँ जे कथा प्रसिद्ध टीकाकार मल्लिनाथ महाकवि भारविक प्रसङ्ग कहल अछि सएह कथा हमरा गोविन्ददासहुक प्रसङ्ग समीचीन जँचैत अछि जे गोविन्ददासक गीत नारिकेरक फलक सदृश अछि जकर मधुर रसक आस्वादनक हेतु नारिकेरक खोइँचा कैँ कष्ट सँ छोड़बए पड़त, ओकर फल कैँ फोड़ए पड़त। एहि मे सन्देह नहि जे अर्थक दुरूहता भारवि ओ गोविन्ददास मे दू कारणेँ अछि; भारवि मे अर्थक गौरव अछि, व्यंग्यक गम्भीरता अछि; गोविन्ददास मे शब्दक विन्यास अछि, शब्दक आडम्बर मे अर्थक प्रसादगुण विलीन अछि। विचारला उत्तर एहन सन प्रतीत होइत अछि जे ई गीत सब अपरिपक्वावस्थाक रचना हो जखन कवि कैँ प्रतिभा तँ पूर्ण छलैन्हि परन्तु रचनाक अभ्यास ओहन परिपक्व नहि भेल छलैन्हि। अतएव गोविन्ददासक गीतक पदविन्यास हम किछु विचित्र कहल अछि ओ शब्दालङ्कारक प्राचुर्य ओ प्राशस्त्य सँ स्पष्ट बूझि पड़ैत अछि जे ओ गीत मे गेयधर्मिता कैँ प्रमुखता दए ओकरा श्रुतिमधुर बनाओल, हुनक सब गीत कीर्तन-मण्डली मे झालि ओ मृदङ्गक सङ्ग गाओल जएबाक हेतु रचल गेल।

एहि संक्षिप्त विवरण सँ गोविन्ददासक प्रसङ्ग परस्पर-विरुद्ध प्रमाणपुञ्जक प्रतिपादन होइत अछि। मिथिला मे गोविन्ददासझा नामक महाकवि प्रसिद्ध छथि

परन्तु हुनक गीतक प्रचार बङ्गाल मे अछि। भाषा हुनक मिथिलाक भाषा थिक परन्तु हुनक गीत मिथिलाक परम्पराक नहि, बङ्गालक वैष्णव सम्प्रदायक जे परम्परा छैक तकर अनुसरण करैत अछि। हुनक गीत मे आवरण अछि शृङ्गारक परन्तु थिक ओ कीर्तन। फलतः गोविन्ददास केँ बङ्गाली लोकनि बङ्गाली कहैत छथि तथा हुनक सब परिचय बङ्गालहिमे दैत छथि। परन्तु बङ्गाल मे एक-दू नहि, छओ गोट कवि गोविन्ददास नामक भए गेल छथि ओ ई कहब बङ्गालिओ विद्वानक हेतु कठिन अछि जे कोन गीत कोन गोविन्ददासक थिक। परन्तु एक गोट गोविन्ददास केँ ओहो लोकनि सब सँ विशिष्ट मानैत छथि जनिक भाषा अन्य गोविन्ददासक भाषा सँ भिन्न अछि ओ से विद्यापतिक भाषाक एतेक अनुरूप कोना भेल तकर आश्चर्य हुनकहु लोकनि केँ कम नहि छैन्हि। अतएव स्पष्ट अछि जे अन्यान्य गोविन्ददास जनिक भाषा विद्यापतिक भाषाक अनुकरण ब्रजबूली थिक जे सब बङ्गाली थिकाह परन्तु जे गोविन्ददास विशुद्ध मैथिली मे रचल से मैथिल थिकाह। परन्तु ई हमरा लोकनिक विश्वास थिक ओ एतबहि सँ तँ ई कथा सिद्ध नहि होइत अछि जे गोविन्ददास जनिक मधुर-रसक पद बङ्गाल मे एतेक प्रचलित अछि से मैथिल थिकाह।

एहि प्रसङ्ग ई स्मरण रहए जे आइ सँ साठि-सत्तरि वर्ष पूर्व विद्यापति समेत बङ्गाली लोकनिक दृष्टि मे बङ्गाली बुझल जाइत छलाह ओ गोविन्ददासहि जकाँ हुनको सब परिचय बङ्गालहि मे देल जाइत छल। जहिना गोविन्ददासक पद बङ्गाल मे आदृत अछि तहिना वा ताहू सँ बेसी विद्यापतिक पद ओतए भक्ति ओ श्रद्धा सँ समादृत छल ओ अछि, कारण, स्वयं चैतन्य महाप्रभु विद्यापतिक पद गाबि-गाबि आनन्द-विभोर होथि। परन्तु विद्यापतिक गीत गोविन्ददासक गीत जकाँ मिथिला मे कहिओ अप्रसिद्ध नहि भेल, प्रत्युत समस्त मिथिला मे लाखहु कण्ठसँ 'भनहि विद्यापति' सब दिन गुञ्जित होइत रहल। तथापि एमहर सए डेढ़ सए वर्ष सँ बङ्गाली लोकनि विद्यापति मैथिल छलाह से बिसरि गेलाह ओ हुनका बङ्गाली कहए लगलाह। समय आएल ओ स्वयं बङ्गाली लोकनि, सत्यक जिज्ञासु बङ्गाली मनीषी लोकनि, स्वीकार कएलैन्हि जे विद्यापति मैथिल छलाह; प्रमाण सँ सिद्ध कए ई भ्रम दूर कए देलैन्हि जे विद्यापति बङ्गाली छलाह। एहि मे बड़का सहायक भेल मिथिला मे विद्यापतिक गीतक प्रचुर प्रचार ओ विद्यापतिक हाथक लिखल भागवतक पोथी। गोविन्ददासक ने कोनो हस्तलेख उपलब्ध अछि ने हुनक गीतक कोनो प्राचीन संग्रहे भेटैत अछि। एहना स्थिति मे यावत् पर्यन्त गोविन्ददासक गीतक बङ्गाल मे एहि रूपक व्यापक प्रचार एवं हुनक गीत मे वैष्णव सम्प्रदायक कीर्तनक परम्पराक अनुसृतिक समीचीन एवं युक्तियुक्त समाधान नहि देल जाए तावत् पर्यन्त जँ बङ्गाली लोकनि गोविन्ददास केँ बङ्गाली मानैत छथि, हुनका मैथिल स्वीकार नहि करैत छथि, तँ एहि मे आश्चर्य कोन? मैथिली-साहित्यक क्षेत्र मे ई एक गोट जटिल प्रश्न अछि; इएह थिक गोविन्ददासक व्यक्तित्वक समस्या। एकर समाधान प्रत्येक

मैथिली-साहित्य-सेवीक हेतु अनुसन्धानक विषय थिक।

परन्तु खेदक विषय थिक जे एहि दिशा मे मैथिलाक दिशि सँ कोनो काज एखन धरि नहि भेल अछि, कोनो अनुसन्धान नहि भेल आछि जाहिसँ गोविन्ददासझाक व्यक्तित्वक निर्धारण भए सकए, एहि गीत सबहिक रचयिता गोविन्ददास मैथिल प्रमाणित होथि। गोविन्ददासक गीतक अध्ययन भेल अछि परन्तु प्रश्न तँ अछि हुनक व्यक्तित्वक, तथा गीतक अध्ययन ओ व्यक्तित्वक परिचय दू भिन्न वस्तु भेल। ई कथा सर्वमान्य अछि जे प्रत्येक कृतिक पाछाँ मे एक गोट कर्ता रहैत अछि, प्रत्येक काव्यक पाछाँ मे एक गोट मानव कवि रहैत छथि तथा कविक व्यक्तित्वक परिचय भए गेला सँ हुनक काव्यकृति बुझब सुगम भए जाइत अछि। परन्तु केवल काव्यकृतिक आधार पर व्यक्तित्वक कल्पना भ्रम सँ शून्य नहि भए सकैत अछि। व्यक्ति होइत अछि देश, काल ओ समाजक अनुरूप, तीनूक प्रभाव सँ युक्त। अतएव कोनहु कविक व्यक्तित्वक परिचय हेतु ओहि कविक देश ओ कालक परिचय प्राप्त कए लेब आवश्यक, ओहि समाजक परिचय आवश्यक जकरा निमित्त कविक कृति भेल। से नहि कए केवल काव्यक आधार पर व्यक्तित्वक कल्पना करब कतेक भ्रमाह भए सकैत अछि तकर ज्वलन्त दृष्टान्त विद्यापति ठाकुर छथि। अतएव गोविन्ददासक व्यक्तित्वक परिचय हेतु हुनक देश, काल ओ समाजक परिचय प्राप्त करब आवश्यक ओ तखन द्रष्टव्य जे हुनक काव्यकृति तदनुकूल होइत अछि वा नहि। महाकवि जे छथि से नवयुगक स्रष्टा कहल जाइत छथि, परन्तु भविष्यक हेतु नवयुगक स्रष्टा होइतहुँ ओ प्राचीनताक संस्कार लेने अपना युगक सृष्टि होइत छथि। एहि दृष्टि सँ जखन विचार करब तखन कविक व्यक्तित्वक यथार्थ परिचय होएत ओ व्यक्तिक परिचय भए गेला उत्तर ओहि व्यक्तिक कृतिक विचार समीचीन ओ सुसङ्गत होएत।

(2)

हम पूर्वहुँ कहि आएल छी जे हमरा लोकनि जाहि गोविन्ददासझा कैं महाकवि जनैत छिऐन्हि ओ कुजौली महाकुल-सम्भूत महामहोपाध्याय शुचिकर झाक प्रपौत्र, महोपाध्याय शिवदासझाक पौत्र, महोपाध्याय कृष्णदासझाक द्वितीय बालक छलाह। म.म. शुचि अपना समयक प्रसिद्धतम नैयायिक छलाह ओ हुनकहिसँ महामहोपाध्याय महेशठाकुर न्यायशास्त्र पढ़ने छलाह। म म. महेशठाकुरक जेठ भाए म.म. भगीरथठाकुर जे मेघठाकुरक नाम सँ प्रसिद्ध छथि ओ कुसुमाञ्जलि पर जलद नामक सुप्रसिद्ध टीकाक रचना कएल, महामहोपाध्याय पक्षधरमिश्रक शिष्य छलाह परन्तु जखन महेशठाकुर अध्ययनक योग्य भेलाह, तावत् पक्षधरक देहान्त भए गेल छल ओ सम्बन्धेँ कैं मौसा शुचि उपाध्याय सँ महेशठाकुर पढ़ल। एतावतैव शुचि उपाध्यायक वैदुष्यक अनुमान कए सकैत छी, कारण, महेशठाकुर केवल मिथिलाराज्यक उपार्जनेटा नहि कएल, ओ नैयायिको अपूर्व छलाह ओ पक्षधरक आलोक पर जे टीका दर्पण कहिओ लिखल से

नव्यन्यायक निकष बुझल जाइत अछि। शुचि उपाध्यायक पुत्र ओ पौत्र सब नैयायिक छलाह ओ हुनक प्रपौत्र चारू भाइ नैयायिक छलाह। गोविन्ददासक आओर सब भाइ साहित्यिक सेहो रहथि। जेठ गङ्गादास ओ छोट हरिदास एवं रामदास सभक काव्यकृतिक उल्लेख भेटैत अछि, गङ्गादासक कृति तँ उपलब्ध नहि होइत अछि परन्तु हरिदासक गीत रागततरङ्गिणी मे अछि ओ रामदासक आनन्दविजय नाटक मे प्रकाशित अछि। गोविन्ददास नैयायिकक वंश मे प्रादुर्भूत नैयायिक छलाह ओ मैथिली-साहित्यक सेवा हुनका समय मे हिनक परिवारक सब कएल। प्रायः ओही समय मे रागतरङ्गिणीकार लोचन सेहो हिनकहि गाम मे, रैजाम मे, साहित्यिक रचना कएल ओ से लोचन हिनकहि बाप कृष्णदासक पितिऔत भाए यदुनाथक दौहित्र छलाह, गोविन्ददास कैं सम्बन्धेँ भागिन छलथिन्ह।

गोविन्ददासक काल प्रायः निर्णीत अछि। हिनक कन्याक विवाह महाराज महेशठाकुरक प्रपौत्र, महाराज शुभङ्करठाकुरक पौत्र, रामठाकुरक बालक रघुनाथठाकुर सँ छल आओर हिनक बहिनिक विवाह महाराज शुभङ्करठाकुरक जेठ बालक महाराज पुरुषोत्तमठाकुर सँ छल। हिनक छोट भाए महामहोपाध्याय रामदासझा अपन 'आनन्दविजय' नाटिका मे मिथिलाविलासिनीक हृदयमन्दिरक सुन्दरनरेश कैं उपहारीकृत कएने छथि तथा गोविन्ददासझा कैं ओ 'श्रीगोविन्दघनेन तेन गुरुणा' इत्यादि शब्देँ गुरु कहने छथि। महाराज सुन्दरठाकुरक राजत्वकाल 1636 सँ 1652 ई. अछि ओ तेँ स्पष्ट अछि जे 1636 ईश्वीयक प्रान्त मे गोविन्ददासझा अवश्य जीवित छलाह, परन्तु वृद्ध छलाह अतः हिनक काल सोलहम शताब्दीक अन्तिम चरण सँ सत्रहम शताब्दीक चारिम दशक धरि मानब सर्वथा सङ्गत अछि। गोविन्ददासझाक जे परिचय हमरा लोकनि कैं उपलब्ध अछि ताहि सब सँ इएह हिनक जीवन-काल सिद्ध होइत अछि।

मिथिलाक सांस्कृतिक इतिहासक पर्यालोचना सँ अवगत होइत अछि जे सोलहम शताब्दीक अन्त धरि मिथिलाक सांस्कृतिक गौरव ह्रासोन्मुख भए रहल छल। कर्णाट क्षत्रिय लोकनिक राजत्वकाल मे मिथिला जाहि गरिमा कैं प्राप्त कएल, ओ जकर परिणामस्वरूप ओइनिवार-वंशक राजत्वकाल मिथिलाक सांस्कृतिक इतिहास मे स्वर्णयुग छल, ओहि गरिमाक अन्त सोलहम शताब्दीक अन्त धरि सब दिशि परिलक्षित होइत अछि। ई गौरव मिथिल हिभूमि कैं अछि जे जखन समस्त आर्यावर्त्त विदेशी ओ विधर्मी मुसलमान विजेतागण सँ विजित भए गेल छल तैओ, प्रायः दू सए वर्ष धरि, मिथिला मे क्षत्रियक राज्य रहल ओ मैथिल लोकनि एहि युग मे अपन सामाजिक संघटन एहि दूरदर्शिता एवं कुशलता सँ कए लेल जे 1324 ई मे जखन हरिसिहदेव कैं परास्त भए मिथिला कैं त्यागए पड़लैन्हि तथापि मिथिला मुसलमानक शासन मे नहि आएल प्रत्युत आधिपत्य मुसलमानक छलो तथापि शासन रहल ब्राह्मणक, ओइनिवार-वंशक। एहि नवीन संघटन मे विद्याक व्यवसाय ओ चरित्रक

चारुता कैँ से महत्त्व देल गेल जे मिथिला विद्याक केन्द्र भए गेल ओ आर्यावर्त्तक एहि पूर्वोत्तर भूभाग मे सांस्कृतिक नेतृत्व करए लागल। जाहि महापुरुष लोकनिक जन्मभूमि होएबाक गौरवेँ मिथिलाक मुख अद्यपि उज्ज्वल अछि से लोकनि प्रायः सबहुँ एही युग मे प्रादुर्भूत भेल छलाह। नव्यन्यायक प्रवर्त्तक परमगुरु गङ्गेश, हुनक सुपुत्र वर्धमान, सप्तरत्नाकरकार चण्डेश्वर, सन्मिश्र शङ्कर, पक्षधर, वाचस्पति, जगद्धर, विद्यापति– सबहुँ एही युग मे अवतार लए मिथिला कैँ गौरव प्रदान कएल। शङ्करमिश्र अपन पिता अयाची भवनाथ मिश्रक प्रसङ्ग जे कहने छथि जे–

यस्यान्तेवासिभिः प्राज्ञैरासमुद्रं वसुन्धरा।
विद्याविनोदव्यसनव्यापारैकपरा कृता॥
गौरीदिगम्बरप्रहसनमे

तथा अपन वैशेषिकसूत्रोपस्कारक प्रसङ्ग जे हुनक उक्ति अछि–

श्लाघास्पदं यद्यपि नेतरेषामियं कृतिः स्यादुपहासयोग्या।
तथापि शिष्यैर्गुरुगौरवेण परस्सहस्रैः समुपासनीया॥

एही सँ स्पष्ट अछि जे ताहि दिन मिथिलाक विद्यावैभव कोन रूपक छल। भवनाथक शिष्य लोकनि 'आसमुद्र' व्याप्त छलाह; शङ्करमिश्र कैँ सहस्रक हिसाबेँ शिष्यक गौरव। ओइनवार महाराज भैरवसिंहक राजत्वकाल मे एहि वैभवक उत्कर्ष चरम छल जखन हुनक कएल जरहटिआ पोखरिक याग मे निमन्त्रित पण्डित मे केवल मीमांसक चौदह सए सुनल जाइत अछि। एही समय मे शङ्करमिश्र, पक्षधर मिश्र, जगद्धर झा, रुचिपति झा, गोविन्द ठाकुर प्रभृति विद्वन्मूर्धन्य वर्त्तमान छलाह ओ विद्यापति ठाकुरक देहान्त भेलेटा छल। देश-देश सँ छात्रगण जे अपन-अपन विद्याक परिष्कारक निमित्त मिथिला आनथि ताहि मे बङ्गाल, उड़ीसा ओ आसामक विद्यार्थी लोकनि विशेष छलाह। एहि पूर्वाञ्चल सँ मिथिला कैँ सांस्कृतिक सम्बन्ध बहुत दिन पूर्वहु सँ छल, कारण, तन्त्रक प्राधान्य एहि समस्त भूभाग कैँ सांस्कृतिक एक सूत्र मे बन्हने छल। भाषा ओ लिपिक साम्य सेहो एहि भूभाग कैँ विशेष। बङ्गाल आदिक पण्डित लोकनि जखन विद्या पढ़ि-पढ़ि एतए सँ जाथि तँ ओ लोकनि केवल शास्त्रीय ज्ञानेटा नहि लेने जाथि अपितु विद्यापतिक सुमधुर गीत सेहो अपना कण्ठ मे लेने जाथि। इएह भेल विद्यापतिक गीतक बङ्गालमे एहन व्यापक प्रचारक कारण। विद्यापतिक गीत सूनि-सूनि स्वयं चैतन्यदेव मुग्ध भए जाथि, गाबि-गाबि आनन्दविभोर भए जाथि। हुनका एहि गीत मे अद्भुत आध्यात्मिकता भासित होइन्ह। स्त्री ओ पुरुषक प्रेम कैँ, विशेषतः परकीयाक प्रेम कैँ, ओ परमात्माक भक्तिक प्रतीक बुझथि। परन्तु गीत तँ ई सब छल शृङ्गारक ओ शृङ्गारक माध्यमसँ भक्तिक एहि कल्पनाकैँ सिद्ध करबाक उद्देश्यसँ बङ्गालक वैष्णव-समाज मे एक गोट नवीन रसक कल्पना कएल गेल जाहि मे स्थायीभाव हो भक्ति परन्तु ओकर माध्यम हो शृङ्गार अर्थात् शृङ्गार केवल अङ्ग हो, अङ्गी हो भक्ति। चैतन्यदेवक महापण्डित ओ महाकवि शिष्य लोकनि

सनातन, रूप ओ जीव, सबहुँक, शास्त्रीय रीतिएँ एहि मधुर रसक प्रतिपादन कएल : जे क्रमशः विद्यापतिक अनुकरण मे हुनकहि शैली पर हुनकहि भाषा मे गीतक रचना होअए लागल। वस्तुतः बङ्गाल, आसाम ओ उत्कल मे भाषासाहित्यक विकास मे मैथिली गीत-काव्यक अपूर्व प्रभाव अछि। कालक्रमेँ जखन मिथिला सँ सम्पर्क क्षीण भए गेल ओ चैतन्यक नव सम्प्रदायक प्रभाव मिथिला मे नहि होअए पओलक तखन ओहि भाग सबहिक लोक विद्यापतिक मैथिलत्व बिसरि गेल। विद्यापति केँ ओ लोकनि बङ्गाली बुझए लगलाह, विद्यापतिक भाषाक अनुकरण केँ ओ लोकनि तत्तद्भाषाक सङ्ग मिश्रित मैथिली बिसरि गेलाह, ओकरा नाम देल ब्रजबूली।

परन्तु पक्षधर मिश्रक सङ्गहि जेना मिथिलाक विद्याविभवक अस्त भए गेल। एकर अभिप्राय ई नहि जे मिथिला मे तकर पश्चात् विद्वान नहि भेलाह, अथवा मिथिला सँ विद्याक व्यवसाय ऊठि गेल, अथवा मिथिला मे विद्याक प्रति आदर ओ श्रद्धा नहि रहल। एकर आशय केवल एतबए जे जेना गङ्गेशक समय सँ लए पक्षधरक समय धरि मिथिला विद्याक केन्द्र छल, जतए सँ शास्त्रीय आलोक लए-लए समस्त आर्यावर्त मे वैदुष्यक प्रसार होइत छल, तेना ओ नहि रहल। प्रवाद अछि जे नवद्वीप सँ एक जन कनाह पण्डित रघुनाथ नामक मिथिला अएलाह पक्षधर मिश्र सँ न्यायशास्त्र पढ़ए, परन्तु बुद्धिक तीक्ष्णता, तर्कक प्रौढ़ता ओ शास्त्रीय विवेचनाक सूक्ष्मता मे ओ पक्षधर केँ परास्त कए देल ओ शास्त्रार्थ मे विजय प्राप्त कए शिरोमणिक उपाधि सँ विभूषित घूरि केँ नवद्वीप गेलाह। रघुनाथ शिरोमणि गङ्गेशक न्यायशास्त्र केँ तर्कक चरम उत्कर्ष पर आनि देल। पक्षधर मिश्र अपन आलोक नामक टीका मे गङ्गेशक चिन्तामणिक अद्भुत विवेचना कएल जे न्यायशास्त्रक उत्कर्ष बुझल जाइत छल परन्तु शिरोमणि जे चिन्तामणि पर दीधिति लिखल ताहि मे ओ पक्षधरक तर्कक दोष केँ ताकि-ताकि उद्घाटित कएल ओ अपन सूक्ष्मातिसूक्ष्म तर्क सँ ओहि सबहिक खण्डन कए चिन्तामणिक आशय केँ से रूप देल जे चिन्तामणि-दीधिति तहिआ सँ समस्त भारतवर्ष मे नव्यन्यायक चरम सिद्धान्तक रूप मे परिगृहीत होइत आएल अछि। आलोक लुप्त भए गेल, दीधिति न्यायशास्त्रक आकर ग्रन्थ भए गेल। शिरोमणि नवद्वीप केँ नव्यन्यायक केन्द्र बनाए देल ओ हुनक शिष्यपरम्परा मे एक सँ एक दुर्धर्ष विद्वन्मूर्धन्य होइत गेलाह जे अपन कृति सबसँ केवल दीधितिहिक सिद्धान्त केँ स्पष्ट नहि करैत गेलाह प्रत्युत न्यायशास्त्र केँ सब विद्याक शीर्षस्थानीय बनाए देल। शिरोमणिक कृति 1500 ईस्वीय धरि सम्पन्न भए गेल छल ओ सए वर्षक भीतरहिँ नवद्वीप विद्याक अद्वितीय आगार भए गेल। शिरोमणिक शिष्य परम्परा मे तीनि जन महापण्डित सर्वोपरि विख्यात भेलाह—मथुरानाथ (1550-1590 धरि) जनिक सब ग्रन्थक प्रतिलिपि करबा मे कहल जाइत अछि जे महाभारतक प्रतिलिपि करबा सँ तीनि बार समय लागत; जगदीश (1550-1610) जनिका समयमे कहल जाइत अछि नवद्वीप मे चारि हजार विद्यार्थी न्यायशास्त्र पढ़ैत

छलाह ओ साढ़े पाँच सए नैयायिक अध्यापक छलाह, ओ गदाधर (1604 सँ 1709 धरि) जनिका समय मे नवद्वीपक ख्याति-प्रतिपत्ति चरम सीमा पर प्राप्त भेल ओ अनुमान-खण्डक सूक्ष्मातिसूक्ष्म विचारप्रणाली भारतवर्ष मे यावतो विद्वत्समाज कैं अभिभूत कए देलक। न्यायशास्त्रक विवेचनाक पद्धति सब शास्त्र मे चलि गेल, व्याकरण ओ साहित्य समेतक विचार बिनु अनुमान-खण्डक बोलिएँ नहि हो। फलतः बिनु न्यायशास्त्रक अवगति भेलैं पण्डित होएब असम्भव भए गेल, पण्डित जकाँ विचार करब सम्भव नहि रहल। परन्तु न्यायशास्त्रक अवगतिक हेतु अनिवार्य रहल दीधितिक अध्ययन ओ ताहि सङ्ग-सङ्ग माथुरी, जागदीशी ओ गादाधरीक। एहि तीनू महानैयायिकक ग्रन्थ पढ़ि-पढ़ि आइ चारि सए वर्ष सँ लोक नैयायिक होइत आएल अछि, शास्त्रीय विचारक क्षमता प्राप्त करैत आएल अछि।

एही समयमे चैतन्य महाप्रभुक प्रादुर्भाव सँ नवद्वीपक महिमा आओर व्यापक भए उठल। महाप्रभु शिरोमणिक सहाध्यायी छलाह सेहो कहल जाइत अछि। हुनक ऐहिक लीलाक समय थिक 1486 सँ 1534 ईस्वीय धरि। भक्तिक स्रोत भारतीय संस्कृति मे ओना तँ बड़ पुरान थिक ओ श्रीमद्भागवत ओकर स्वरूपाधायक कहल जाइत अछि जाहि मे राधा ओ कृष्णक प्रेमलीला भक्तजनक आह्लादक सामग्री रहल अछि, परन्तु चैतन्य तँ कृष्ण-भक्तिक एक गोट नव स्रोत नवद्वीप मे बहाए देल जे क्रमशः पसरैत-पसरैत वृन्दावन धरि पहुँचि गेल। चैतन्य संस्कृत कैं छोड़ि भारतीय भाषाक गीत द्वारा जनमन कैं मोहि लेल ओ ताहिमे विद्यापतिक गीत हुनका बड़ सहायक भेल। जन-साधारण मे प्रचारार्थ एहि सँ विशेष उपादेय आओर की होइत? परन्तु विद्यापति-प्रभृतिक शृङ्गारक गीत मे आध्यात्मिक अभिप्राय बुझब जनसाधारणक हेतु सुगम नहि छल। ताहि हेतु मधुर-रसक कल्पना कएल गेल ओ चैतन्यदेवक कवि-पण्डित शिष्य लोकनि विशेषतः सनातन गोस्वामी (1484 सँ 1558 इस्वी), रूप गोस्वामी (1486 सँ 1534 ई.) ओ हुनक भातिज जीव गोस्वामी संस्कृत मे काव्यहिक टा रचना कए एहि मधुर-रसक धारेटा नहि बहाओल अपितु शास्त्रीय परिपाटी सँ मधुर-रसक युक्तियुक्त ओ तर्कपूर्ण प्रतिपादन सेहो कएल जाहि सँ ओ प्रमाणपुष्ट हो, सिद्ध हो। महाप्रभुक सहचर नित्यानन्द लोकविषयक भगवन्नामकीर्तनक परिपाटी चलाओल जाहि सँ सम्पूर्ण नवद्वीप गुञ्जित भए उठल। चैतन्यक एहि नवीन वैष्णव-धर्मक अभिन्न अङ्ग भए गेल कीर्तन। जतए कतहु एहि धर्मक प्रचार भेल ततहि कीर्तनक सेहो प्रचार भेल। बङ्गाल मे, आसाम मे, उत्कल मे, सर्वत्र भगवन्नामकीर्तनक सङ्ग-सङ्ग कीर्तनक पद प्रचलित भए गेल। अनेकानेक कविगण कीर्तनक पद रचए लगलाह जाहि सब मे विद्यापतिक रचना शैलीक अनुकरण छल, विद्यापतिहिक भाषाक अनुकरण मे सब गीत रचल गेल। समस्त पूर्वोत्तर भारत गीतमय भए गेल, भाषा-साहित्यक अपूर्व समृद्धि जागि उठल। सोड़हम शताब्दीक अन्त धरि नवद्वीप मे न्यायशास्त्रीय चर्चाक ध्वनि ओ कीर्तनक पदक ध्वनि इएह

सर्वत्र सुनल जाए। एही समृद्धि कैँ दृष्टि मे राखि बङलाक प्रसिद्ध कवि भारतचन्द्र नवद्वीप कैँ 'भारतीर राजधानी क्षितिजेर प्रदीप' कहने छथि ओ से प्रशंसोक्ति नहि, यथार्थ वस्तु-स्थितिक वर्णन थिक।

एमहर मिथिला मे विद्याक ओ प्रकर्ष नहि रहल। पक्षधरक परोक्ष होइतहिँ मिथिलाक स्थान लए लेलक नवद्वीप। मिथिला मे बहुतो महापण्डित होइत रहलाह, परन्तु एक तँ मिथिला मे एकाङ्गी विद्याक कहिओ व्यवसाय भेल नहि, केवल न्यायशास्त्रहिक अनुशीलन छल नहि, दोसर नवद्वीपक प्रवर्धमान प्रकर्ष; मिथिला मे क्रमशः विद्याक ह्रास होअए लागल। पक्षधरक शिष्य लोकनि अनेक छलाह, बड़ विशिष्ट विद्वान् यथा भगीरथ ठाकुर जनिका मेघठाकुर कहि पण्डित-समाज चिन्हैत छैन्हि अथवा मिथिलाराज्योपार्जक महाराज महेशठाकुर जनिक दर्पण नामक टीका पक्षधरक आलोक कैँ सुव्यक्त कएल। परन्तु नवद्वीपक महिमा मे ई सब डूबि गेल। शिरोमणि अपन दीधिति मे बराबरि एतबे यत्न कएने छथि जे पक्षधरक आलोकमे दोष प्रमाणित करी। मिथिला मे तहिअहि सँ पक्षधरक युक्ति कैँ युक्त सिद्ध करबाक चेष्टा होइत रहल। वासुदेव, रुचिदत्त, खाँतर, माधव अनेको विद्वान एकर यत्न कएल। मधुसूदन ठाकुर तँ आलोकक तर्क मे प्रदर्शित कण्टक कैँ दूर करबाक सङ्कल्प कए अनेक कण्टकोद्धारक रचना कएल जाहिमे दीधिति मे देल गेल दोषक ओ मण्डन कएल। 1700 इस्वीक अन्त मे मिथिलाक विद्यावैभवक अन्तिम विभूति गोकुलनाथ दीधितिक सकल सिद्धान्त कैँ युक्ति सँ खण्डन करैत शिरोमणिक मानक अपनयन करबाक उद्देश्य सँ 'सिद्धान्ततत्त्व' नामक ग्रन्थक रचना कएल। परन्तु ई सब ग्रन्थ जहिना लिखल गेल तहिना रहि गेल। दर्पण समेत आइ धरि प्रकाश मे नहि आएल अछि, कण्टकोद्धार सब पुस्तकालय मात्र मे सुरक्षित अछि, सिद्धान्ततत्त्व सम्पूर्ण उपलब्ध नहि अछि। परन्तु दीधिति तथा न्यायशास्त्रीय माथुरी, जागदीशी ओ गादाधरी लाखक संख्या मे प्रकाशित भए समस्त विश्व कैँ शास्त्रीय विवेचनाक प्रकार प्रदर्शित कए रहल अछि। वस्तुतः मैथिल नैयायिकक विचार-सरणि एवं तार्किक युक्तिक अध्ययन समेत नहि होअए पऔलक।

मिथिलाक एही ह्रासोन्मुख युग मे गोविन्ददासझा प्रादुर्भूत भेलाह। सोड़हम शताब्दीक अन्तिम चरण मे हुनक जन्म एक बड़ प्रतिष्ठित नैयायिक महाकुल मे भेल। पक्षधरमिश्रक मान-मर्दन सँ समस्त मैथिल-समाज, विशेषतः पण्डितसमाज, क्षुब्ध ओ सामर्ष छल। तखन मधुसूदन अपन कण्टकोद्धारक रचना कए स्मर्तव्य भए गेल छलाह। महेशठाकुर मिथिलाराज्यक उपार्जन कए पण्डितक सम्मान मे धौत-परीक्षाक व्यवस्था कए अन्त मे काशी चल गेलाह। तेजस्वी नैयायिक मिथिला सँ ऊठि गेल छलाह से तँ कहब असङ्गत होएत परन्तु नवद्वीपक प्रवर्धमान तेजस्विताक समक्ष मिथिलाक तेज मलिन भेल जाइत छल। गोविन्ददासझा कुलक्रमागत न्यायशास्त्रक अध्ययन आरम्भ कएल आ एहि उच्च्व अभिलाषा कैँ लए आरम्भ कएल जे मैथिलक

मान राखि सकी। परन्तु ताहि हेतु तँ नवद्वीपक प्रतिभाक परिज्ञान आवश्यक छल, कारण, बिनु तकर साक्षात् परिचय प्राप्त कएने ओकर प्रतिस्पर्धाक क्षमता कोना होइत! अतएव नव्यन्याय मे उत्कर्ष ओ व्युत्पत्तिक समाधानार्थ गोविन्ददासझा निश्चय नवद्वीप जाए ओतहि शास्त्रीय विवेचनाक परिष्कार कएल। जे आचार्य लोकनि मैथिलक मानमर्दनक सङ्कल्प लए एतेक ख्याति पऔने छलाह तनिक तर्क, युक्ति, प्रतिभा, व्युत्पत्ति, अध्यापन-शैली ओ पाण्डित्य-प्रकर्षक परिज्ञानक हेतु एहिसँ विशेष उपयुक्त ओ प्रशस्त मार्ग आओर भए की सकैत छल? तेँ हमर अनुमान अछि जे मिथिला सँ जे पणिडत लोकनि मण्डली बनाए नवद्वीप जाए नव्यन्यायक अध्ययन सम्पन्न करए लगलाह ताहि मे जँ सर्वप्रथम गोविन्ददासझा नहि छलाह तँ प्रारम्भहिक कोनहु मण्डली मे ओ अवश्य छलाह तथा प्रतिभा मे निश्चय ओ सबसँ विशिष्ट छलाह। सोड़हम शताब्दीक अन्तिम दशक मे 1590 सँ 1600 ई. क मध्य मे जखन गोविन्ददासझा बीस-पचीस वर्षक नवयुवक छलाह तखन ओ देश मे न्यायशास्त्रक अध्ययन सम्पन्न कए नवद्वीप गेलाह। जगद्गुरु मथुरानाथ सँ ओ विद्याग्रहण कए सकलाह अथवा नहि से तँ नहि कहि सकैत छी। जइतहिँ ओ जगद्गुरुक अन्तेवासी भए सकल होएताह से तँ ओतेक सम्भव नहि प्रतीत होइत अछि। परन्तु जगदीश तर्कालंकारक अन्तेवासी ओ अवश्य भए गेल होएताह; हुनकहि सँ न्यायशास्त्र पढ़ि ओ नैयायिक भए देश आपस भेल होएताह।

नवद्वीप मे ताहि दिन विद्यापतिक पद कीर्तनक मण्डली सब मे सब पदक शीर्षस्थानीय छल; विद्यापति स्वयं चैतन्यदेव केँ मुग्ध कएने छलाह। ओही विद्यापतिक देशक प्रतिभावान् पण्डित, विद्यापतिहिक भाषाक भाषी कोन सन्देह जे शीघ्रहिँ गोविन्ददासझा कीर्तनमण्डली सब मे सम्मान सँ आहूत होअए लगलाह, सम्मिलित होअए लगलाह। हुनक स्वर मधुर छल, सङ्गीतक हुनका परिचय छल, प्रायः अभ्यासो छल, कम सँ कम 'रसना-रोचन' 'श्रवणरसायन' पद-रचनाक प्रतिभा हुनका जन्मसिद्ध छल। मैथिली मे कविता-रचनाक परम्परा हुनका परिचित छल। नवद्वीपक वैष्णव युग मे मैथिल युवक सम्मान सँ आहूत होइत गेलाह। क्रमशः ओ पद सब रचि रचि कीर्तनक मण्डली सब केँ गएबाक हेतु देब आरम्भ कएल ओ तेहन रुचिर हुनक गीत भेल, एहन श्रुतिमधुर जे यावत् गोविन्ददासझा नवद्वीप मे रहलाह, स्वान्तःसुखाय सँ अधिक वैष्णवजनमनोञ्जनार्थ पदक रचना करैत रहलाह। एही युवक छात्र गोविन्ददासझाक ई सब पद थिक जकर रचना ओ पाठावस्था मे, नवद्वीप मे नवद्वीपक विशिष्ट कीर्तनमण्डली सबहिक हेतु, नवद्वीपक वैष्णव-सम्प्रदायक अनुरूप शैली मे कएल परन्तु भाषा छल हुनक अपन, मिथिलाक, विद्यापतिक अपन, विद्यापतिक अनुकरण नहि जकरा पाछाँ आबि 'ब्रजबूली' संज्ञा देल गेल।

ई अनुमान शुद्ध काल्पनिक नहि थिक, यद्यपि कल्पना कएनहु हमरा एहि मे कोनो क्षति नहि सुझैत अछि, कारण, एहि सँ समस्याक सबटा समाधान भए

जाइत अछि। परन्तु हमरा दू गोट सङ्केत एहन उपलब्ध अछि जाहि सँ एहि रूपक कल्पना करबाक निर्देश भेटैत अछि, जे एहि अनुमान मे हमरा सहायक होइत अछि। प्रथमतः आनन्दविजयनाटक मे हिनक सबसँ छोट भाए महामहोपाध्याय रामदासझाक उक्ति जे—

यस्मिन् गर्जति रोमदण्डकपटेनायत्नरत्नाङ्कुरा
नातन्वन्ति वपुर्विदूरखणयो विख्यातसंख्यावताम्।
श्री गोविन्दघनेन तेन गुरुणा कारुण्यपुण्याम्भिसा।
सिक्तस्यामरशाखिनो नवरसं रामस्य रम्यं फलम् ॥

गोविन्ददासक कृपा सँ सरस राम ई नाटक रचल परन्तु एहि गोविन्ददासक गर्जन सूनि प्रख्यात संख्यावान लोकनि कें रोमाञ्च भए जाइन्ह। स्पष्ट अछि जे एहि प्रशंसोक्ति सँ गोविन्ददासक व्यक्तित्वक प्रसङ्गक दू गोट महत्ता सूचित होइत अछि, एक तँ रामदासक कवित्व हुनक भाइक प्रसादात्। एतावतैव गोविन्ददासक कवित्व-प्रतिभा ख्यापित होइत अछि। दोसर, गोविन्ददासक गर्जन सँ प्रकाण्ड पण्डित लोकनि कें रोमाञ्च होएब। ई गर्जन निश्चय न्यायशास्त्रीय वादक चित्र उपस्थित करैत अछि, नैयायिकहिक बोली कें पण्डितक गर्जन कहि सकैत छी। जाहि युग मे गोविन्ददासझाक प्रादुर्भाव भेल तहिमे बिनु दीधितिकार शिरोमणि ओ हुनक परवर्त्ती नवद्वीपक महारथी लोकनिक तर्क, युक्ति, ओ वाद-शैलीक अनुसरण कएने केओ वादी पण्डित 'प्रख्यात-संख्यावान्' लोकनि कें रोमाञ्च कराए देथि ई समीचीन कथा नहि प्रतीत होइत अछि। मिथिलाक जे प्राचीन शास्त्रार्थ-परिपाटी छल अथवा तर्कक प्रकार छल से तँ शिरोमणि सँ परास्त भए गेल छल; स्वयं पक्षधर तँ शिरोमणिक तर्क सँ पराजित भए गेल छलाह। नवद्वीप न्यायशास्त्रीय विचारक प्रागल्भ्य मे समस्त भारतवर्षक दिग्विजय कए लेने छल। तेहना स्थिति मे गोविन्ददासझाक हेतु वा ककरहु हेतु 'वादि-मत्तेभ-सिंह'क गौरव ताधरि कोना सङ्गत होएत जाधरि हुनका मे शिरोमणिक सम्प्रदायक प्राशस्त्य, कौशल ओ ओजस्विताक कल्पना नहि कएल जाए। अतएव हमरा तँ रामदासझाक उक्तिसँ स्पष्ट प्रतीत होइत अछि जे गोविन्ददासझा नवद्वीप मे दीधितिकारक सम्प्रदाय मे अन्तेवासी भए न्यायशास्त्रक अनुशीलन कएने छलाह, प्रशिक्षण प्राप्त कएने छलाह, ओ काव्यक क्षेत्रमे कृतित्वक प्रतिष्ठा सेहो प्राप्त कएने छलाह। शुष्क कठोर तर्कक अभ्यासक सङ्ग-सङ्ग सुकुमार काव्यक कोमल कल्पना मैथिल विद्वन्मूर्धन्य लोकनिक हेतु अभिनव वस्तु नहि थिक। शङ्करमिश्र अपन उज्झट श्लोकक संग्रह रसार्णवक प्रसङ्ग कहने छथि जे ई ओहि श्लोकसबहिक संग्रह थिक जकर रचना हम 'तर्काभ्यासपरिश्रान्तस्वान्तविश्रान्तिहेतवे' कएल। तथा प्रसन्नराघवकार जयदेव जँ तर्ककर्कशविचारचातुरीक संग कोमलकान्तपदावलीक रचनाक प्रसङ्ग दृष्टान्त दैत छथि जे

यैः कान्ताकुचमण्डले कररुहाः सानन्दमारोपिता-
स्तैः किं मत्तकरीन्द्रकुम्भदलने नारोपरणीयाः शराः ॥"

द्वितीयतः, नवद्वीप जाए न्यायशास्त्रक अध्ययन सम्पन्न करबाक जे परम्परा मिथिला मे आइ शतावधि वर्ष धरि अनुवर्त्तमान छल ताहू सँ हमरा एहि कल्पनाक निर्देश भेटल अछि। मिथिला सँ पण्डितलोकनि एमहर दुइए ठाम अध्ययनार्थ जाइत छलाह, काशी ओ नवद्वीप ओ न्यायक परिष्कारक हेतु यदि कतहु अन्यत्र जाथि तँ नवद्वीपहिँ। विदेश केओ एकसर नहि जाथि, चारि-पाँच जन मीलि कैँ जाथि ओ अन्तिम मैथिल नैयायिक जे नवद्वीप जाए न्यायशास्त्रक सम्पूर्ण अध्ययन कए आएल छलाह ओ छलाह स्वर्गीय पण्डित नीलाम्बरझा जनिक भागिन छलाह महामहोपाध्याय बालकृष्णमिश्र जे न्यायशास्त्र आरम्भे मे हुनकहि सँ पढ़ल। नीलाम्बरझा आइ सँ सत्तरि-पचहत्तरि वर्ष पूर्व नवद्वीप गेल छलाह। ई परिपाटी कहिआ चलल से तँ ज्ञात नहि अछि परन्तु जे कथा हम पूर्वहिँ कहि आएल छी एकर आरम्भ सोड़हम शताब्दीक अन्त धरि भेल होएत ई सर्वथा सङ्गत बूझि पड़ैत अछि। शिरोमणिक प्रदर्शित पक्षधरक दोष कैँ सद्युक्ति द्वारा समुत्सारणक उद्योग किछु दिन धरि मिथिला मे अवश्य भेल परन्तु एहि विषय पर अद्यपर्यन्त कोनो अनुसन्धान नहि भेल अछि जे एहि कण्टकोद्धार-कार्य मे मैथिल नैयायिक कतेक दूर धरि सफल भेंलाह। गोकुलनाथ अन्तिम मैथिल महापण्डित छलाह जे अपन सिद्धान्ततत्त्व एही दृष्टि सँ रचल जे दीधतिक तर्क कैँ खण्डन कए पक्षधरक मर्यादा कैँ पुनः स्थापित करी। परन्तु कालक दोष कही, अथवा प्रतिभाक ह्रास, मिथिलाक तेज दिनानुदिन मलिन होइत गेल ओ 1700 इस्वीक पश्चात् तँ मिथिलाक न्यायशास्त्र सर्वथा लुप्त भए गेल। परन्तु ई स्थिति सहसा तँ भेल नहि होएत। विद्याक अर्जनक हेतु लोक, विशेषतः प्रतिभावान छात्र, ओतहि जाएत जतए अध्यापन सर्वोत्कृष्ट होएत ओ से यश मथुरानाथहिक समय सँ नवीद्वीप कैँ प्राप्त भेल जाहि कारणैँ मथुरानाथकैँ जगद्गुरुक आख्या देल जाइत अछि। तँहि हमर अनुमान अछि जे जगद्गुरुक यश कैँ सूनि गोविन्ददासझा 1590क प्रान्तमे नवद्वीप गेलाह ओ ओतहि ओ अपन गीतावलीक रचना कएल।

(3)

यदि ई कथा सत्य तँ गोविन्ददासक समस्याक समाधान सुगम भए जाइत अछि ओ सब दृष्टिएँ विचार कएला सँ एकरा छोड़ि दोसर कोनो समाधानो नहि भेटैत अछि जाहि सँ परस्पर-विरुद्ध प्रमाणपुञ्जक सामञ्जस्य भए सकए। देश, काल ओ समाजक जे चित्र हम उपस्थित कएल अछि से ऐतिहासिक तथ्य थिक, ओ ताहि सङ्ग एहि कल्पना कैँ अथवा एहि अनुमान कैँ कोनो विरोध नहि होइत अछि, प्रत्युत गोविन्ददासक रचनाक स्वरूप, शैली एवं प्रचार सब कथूक सङ्गति एही ऐतिहासक पृष्ठभमि मे युक्तियुक्त प्रतीत होइत अछि।

गोविन्ददासक भाषाक प्रसङ्ग ई छोड़ि दोसर कथा सङ्गते नहि होइत अछि जे ई मैथिलक कृति थिक, मिथिलाभाषा-भाषीक कृति थिक। मैथिलेतर कतबओ अनुकरण करताह तथापि एहि रूपेँ विशुद्ध भाषा नहि लीखि सकलाह। कतेक मैथिलेतर कविगण विद्यापतिक भाषाक अनुकरण कएल अछि परन्तु केओ मिथिलाभाषा नहि लीखि सकलाह, सबमे कृत्रिमताक स्पष्ट चिह्न उपलब्ध होइत अछि जोहि कारणेँ एकगोट भाषान्तरक, ब्रजबूलीक, कल्पना करए पड़ल। गोविन्ददासक भनिता सँ युक्त कतेको गीत ब्रजबूली मे अछि ओ बङ्गला-साहित्यक इतिहास मे अनेक कवि एहि नामक भेटैत छथि, छओ गोट गोविन्ददास बङ्गाल मे भेलाह अछि। हुनका लोकनिक गीतक भाषाक आधार पर ई कहब सुगम अछि ओ सङ्गत अछि जे ब्रजबूलीक सबटा गीत बङ्गाली गोविन्ददासक थिक परन्तु मिथिला भाषाक गीत मैथिल गाविन्ददासक थिक! एक जन बङ्गाली कवि मैथिल जकाँ मिथिलाभाषा मे गीतक रचना कएल ताहि सँ विशेष सङ्गत तँ ई मानब अवश्ये होएत जे मैथिल गोविन्ददास एहि गीत सबहिक रचना नवद्वीप मे कएल, जखन अन्य प्रकारेँ हुनक नवद्वीप मे अध्ययनक निमित्त ओहि युग मे रहब युक्तियुक्त होइत अछि जाहि युग मे नवद्वीप न्यायशास्त्रीय विद्या ओ चैतन्यमहाप्रभुक वैष्णवधर्मक चरम उत्कर्ष पर छल।

ओ एहि सब गीतक रचना भेल कीर्त्तनमण्डली मे झालि ओ मृदङ्गक सङ्ग गाओल जएबाक हेतु तेँ गेयधर्मक प्रधानता पूर्ण सङ्गत। अर्थक विमलता सँ विशेष शब्दक झङ्कार पर ध्यान देल गेल अछि, श्रुतिमाधुर्यक हेतु शब्दालङ्कारक प्रचुर प्रयोग भेल अछि। कोनहु दोसर मैथिल कविक गीत मे एहि रूपेँ शब्दक ध्वनि पर एतेक ध्यान नहि देल गेल अछि; जतेक कीर्तनहुक पद सँ हम परिचित छी हमरा तँ ब्रजबूलीहुक अन्यान्य कविक रचना मे शब्दक ई झङ्कार नहि भेटैत अछि। अतएव ई कल्पना करब पूर्ण सङ्गत प्रतीत होइत अछि जे गोविन्दास एहि पद सबहिक रचना साधारण काव्यक दृष्टि सँ नहि, साधारण गीतजकाँ गाओल जयबाक हेतु नहि, प्रत्युत कीर्तन मे गाओल जएबाक हेतु कएल। अर्थक विमलता पर तँ तखन ने ध्यान देल जाइत जखन एकर लक्ष्य होइत कविताक रसास्वादन। साधारण गीत ओ कीर्तनक गीत मे भेद होइत अछि, ओ गोविन्ददासक गीत कीर्तनक हेतु रचल गेल से एहि सबहिक स्वरूपे कहैत अछि।

गोविन्ददासक काव्यगत जे दोष लक्षित होइत अछि से ओही जातिक दोष थिक जे एकगोट छात्रक पाठावस्थाक रचना मे होएब स्वाभाविक, विशेषतः जखन ओहि छात्र कैँ रचनाक उद्देश्य कविक ख्याति नहि हो किन्तु समाज-विशेषक अनुरञ्जन, जाहि समाजक हेतु ओ तदनुकूल गीतक रचना करए। गोविन्ददासक काव्यक दोष हुनक प्रतिभाक नहि थिक, गोविन्ददासक प्रायः सब गीत विद्यापतिक कतोक गीत सँ उच्च कोटिक अछि। ओ दोष हुनक व्यत्पत्तिक नहि थिक, शब्दक

एहन विन्यासी कविक व्युत्पत्तिमे दोषक चर्चा कोन? ओ दोष थिक हुनक अपरिपक्व काव्यकौशलक, अभ्यासक अभावक, नैयायिकक कठोर परन्तु सूक्ष्म कल्पना-शक्तिक। प्रसादगुणक अभाव हिनक गीत मे शब्दक आडम्बर ओ ध्वनिक झङ्कारक कारणेँ अछि परन्तु से आडम्बर ओ झङ्कार तँ तखन चमकैत जखन ताहि सङ्ग-सङ्ग अर्थक निर्मलता सेहो रहैत। परन्तु अर्थक प्रति गौणताक भाव सूचित करैत अछि जे कविता मे भाषाभिव्यक्तिक माध्यम जे थिक शब्द ताहि पर हुनका पूर्ण अधिकार नहि छल, ओ ओहि रचनाक उद्देश्यक पूर्त्ति हुनका ओकर गेयधर्मिता मात्र मे पूर्ण भए जाइन्ह, जाहि सँ आगाँ जेना हुनका लक्ष्ये नहि हो। नेनपनक अनेक लक्षण हिनक प्रशस्तहु पद मे स्पष्ट अछि। समस्त गीत मे एकहि वर्ण सँ आरम्भ पदक समावेश करबाक चेष्टा नेनपन नहि तँ की थिक? चित्रकाव्यक स्थान साहित्यशास्त्र मे गौण अछि ओ एहि एक-वर्णक बहुल प्रयोग अनुप्रासक सीमा केँ लाँघि गीत केँ चित्र-काव्यत्व प्रदान करैत अछि। विद्यापतिक एक-एक गीत मे नव-नव कल्पनाक समावेश अपूर्व चमत्कारक अछि, परन्तु गोविन्ददासक समस्त गीत मे एक गोट कल्पनाक साङ्गोपाङ्ग चित्रण हुनक कल्पनाक प्रौढ़ता, ओकर सूक्ष्मता, ओकर दृढ़ताक प्रमाण थिक तथा ई कल्पना नैयायिकक मस्तिष्कक धर्म थिक। आशयक गाम्भीर्य, ध्वनिक सूक्ष्मता, व्यंग्यक दूरत्व सेहो प्रायः अधिक ठाम हिनका गीत मे अर्थक दुरूहताक कारण अछि; से सब नैयायिकक सूक्ष्म विवेचनाक अभ्यासक परिणाम कहल जाए सकैत अछि। यदि गोविन्ददासझा मे काव्यकलाक परिपक्वता रहैत, जँ ओ आर्थिक निर्मलता केँ लक्ष्य बनाए प्रसाद गुणक दिशि सचेष्ट होइतथि, यदि ओ अर्थबोधक निमित्त आवश्यक पदक समावेश कए अपन गीत केँ सुबोध बनएबाक यत्न करितथि तँ प्रतिभा हुनक तेहन तीव्र छल, व्यत्पत्ति तेहन चमत्कारक छल, कल्पना हुनक तेहन सूक्ष्म छल, शब्दक ओ तेहन विन्यासी छलाह, ओ श्रुतिमाधुर्यक ओ ततेक प्रिय छलाह जे ओहन गीतकार भारतीय भाषा मे प्रायः तकलहु नहि भेटैत। परञ्च ओ तँ 'रसना-रोचन श्रवण-रसायन' कीर्तनक पदक रचना मण्डील सबहिक अनुरञ्जनार्थ करैत रहलाह। कवित्वक यश हुनका हेतु गौण छल, ओ तँ नैयायिकक ख्यातिक भूखल छलाह। नवद्वीप सँ फिरला उत्तर ओ कविता रचबो कएलैन्हि की नहि ताहि मे सन्देह; हमरा जनैत तँ ओ नहिए रचलैन्हि।

इएह कारण थिक जे गोविन्ददासक समस्त रचना मधुररसक थिक, जाहि मधुर-रसक कल्पना चैतन्यक विद्वान् शिष्य लोकनि, विशेषतः रूपगोस्वामी, कएलैन्हि। एहि मधुर-रस मे शृङ्गार आवरण मात्र रहैत अछि; ओहि शृङ्गार मे अन्तर्निहित रहैत अछि आध्यात्मिकता। मिथिला मे एकर कहिओ प्रचार नहि भेल परन्तु नवद्वीपक वैष्णवसमाज मे इएह प्रधान रस छल। गोविन्ददास एहि विषयक अध्ययन कएने छलाह। उज्ज्वलनीलमणि, विदग्धमाधव प्रभृति रूपगोस्वामीक कृतिक, जीवगोस्वामीक कृतिक, सनातनगोस्वामीक कृतिक, ओ ताहि सङ्ग-सङ्ग श्रीमद्भागवतक हिनका पूर्ण

अनुशीलन छलैन्हि। हिनक कविताक विशेष अध्ययन कएने ताकि-ताकि कैँ बहार कएल जाए सकैत अछि जे कोन रूपेँ गोविन्ददासक गीत मे संस्कृतक वैष्णवकवि लोकनिक छाया अछि। अनेक गीत तँ सोझे अनुवाद थिक। छाया तँ विद्यापतिहुक गीत मे बराबरि भेटैत रहैत अछि परन्तु से शृंगारक गीतक—अमरुशतकक, आर्यासप्तशतीक, गाथासप्त शतीक, शृङ्गारतिलकक, ओ ठाम-ठाम गीतगोविन्दक, परन्तु अनुवाद विद्यापति कतहु नहि कएल अछि। गोविन्ददासझाक प्रसिद्ध गीत (शृङ्गारभजनक प्रथम भाग गीत संख्या-49) "कहाँ नख चिन्ह चिन्हल तोहेँ सुन्दरि" इत्यादि जे विभासरागक कन्दर्प ताल मे अछि से थिक उज्ज्वल नीलमणिक एहि श्लोकक अनुवाद—

नखाङ्का न श्यामे घनघुसृणरेखाततिरियं।
न लक्षाम्भः क्रूरे परिचिनुगिरेर्गैरिकमिदम्।
धियं धत्से चित्रं हत मृगमदेप्यञ्जनतया
तरुण्यास्ते दृष्टिः किमिव विपरीतस्थितिरभूत् ॥

एहिना शृङ्गारभजनक द्वितीय भागक 53म गीत जे धनाश्रीराग मे 'अछि सजनि मरण मानिय बड़ भागि" इत्यादि से रूपगोस्वामीक विदग्ध-माधवक एहि श्लोकक अनुवाद थिक :—

एकस्य श्रुतमेव लुम्पति मतिं कृष्णेति नामाक्षरं
सान्द्रोन्मादपरम्परामुपनयत्यन्यस्य वंशीकलः।
एष स्निग्धघनद्युतिर्मनसि मे लग्नः सकृद्वीक्षणात्
कष्टं धिक् पुरुषत्रये रतिरभून्मन्ये मृतिः श्रेयसे ॥

शृङ्गारभजनक प्रथम भागक गीत संख्या-15, सूहबरागक 'सजनि कि कहब राहिक सोहागि' इत्यादि रूपगोस्वामीक श्लोकक अनुवाद थिक :—

संकेतीकृतकोकिलादिनिनदं कंसद्विषः कुर्वतो
द्वारोन्मोचनलोलशंखवलयकाणं मुहुःशृण्वतः।
केयं केयमिति प्रगल्भजरतीवाक्येन दूनात्मनो
राधाप्राङ्गणकोणकोलिविटपिक्रोड़े गता शर्वरी ॥

गोविन्ददासझाक जे फागुक गीत सब अछि से समेत श्रीमद्भागवतक छाया थिक। केवल हुनक बरहमासा टा एहन गीत अछि जाहि मे विशुद्ध शृङ्गार भेटैत अछि; ने ओहि मे राधा वा कृष्णक नाम अछि ने आध्यात्मिकताक आभास अछि। आओर गीत सब मे जँ राधाकृष्णक नाम कतहु नहिओ अछि तथापि आत्मसमर्पणक भावना ततेक अछि जे ओहि मे आध्यात्मिकताक आरोप सुगम भए जाइत अछि, विशेषतः जखन ओहि भावक अन्यान्य पद मे मधुर-रसक अभिव्यञ्जन भेटैत अछि। अतएव वैष्णव साहित्य-शास्त्रक अनुसरण, वैष्णव-साहित्यक प्रभाव ओ वैष्णव कविक भाषानुवाद एहि कल्पना कैँ दृढ़ करैत अछि जे छात्र गोविन्ददासक ई कृति थिक। प्रौढ़ पाण्डित्य

प्राप्त कए केओ एहि रूपेँ प्रसिद्ध पदक अनुवाद नहि करत; कवित्वक यशक हेतु एना नहि कए सकैत अछि, ओ यदि करबो करत तँ यशस्वी नहि भए सकैत अछि। परन्तु जाहि स्थिति मे, जाहि उद्देश्य सँ, जाहि समाजक हेतु एहि गीतावलीक रचनाक कल्पना कएल अछि ताहिमे ई सब असङ्गत नहि प्रतीत होइत अछि प्रत्युत इएह पूर्ण सङ्गत जँचैत अछि।

ओ तँहि गोविन्ददासझाक गीतक प्रचार मिथिलामे नहि भेल। वस्तुतः मिथिलाक परम्परा मे ई मधुर-रस परिचित नहि छल तेँ रसिक-समाज मे एकर आस्वादन कोना होइत ओ साधारण जनक हेतु ई गीत सब ततेक दुरूह छल जे ओहि समाज मे एकर प्रचारक आशा करबे व्यर्थ। ई सब तँ रचित भेल वैष्णव-जनक हेतु, चैतन्यानुयायी वैष्णव-समाजक हेतु, ओ ताहू समाज मे कीर्तनमण्डली मे गाओल जएबाक हेतु। परन्तु ई एक गोट ऐतिहासिक तथ्य थिक जे बङ्गालक कोन-कोन मे चैतन्यक धर्म पसरि गेल, दूर वृन्दावन धरि एकर प्रचार होइत गेल, किन्तु मिथिला मे चैतन्यक धर्मक कोनो प्रभाव नहि पड़ल। मैथिलक मानमर्दनक सङ्कल्प कए शिरोमणि जे साफल्य लाभ कएल ताहि सँ नवद्वीपक महिमा बढ़ल अवश्य, ओ मिथिलाक तेज मलिन भए गेल, परन्तु मैथिल पण्डित-समाज एहि सँ सब दिन क्षुब्ध रहल ओ विद्योपार्जनक हेतु मैथिललोकनि नवद्वीप जाथि तैओ बङ्गालक सङ्ग सांस्कृतिक सम्बन्ध दिनानुदिन छूटए लागल। गोविन्ददासझा अपन पद कीर्तनमण्डली केँ देथि ओ तेँ ओतहि ओकर प्रचार होइत गेल। मिथिलामे यदि ओहि पदसबहिक प्रतिलिपि अएबो कएल तँ ओ जतहि गेल ततहि पड़ल रहल। एतए ने वैष्णव समाज छल, ने कीर्तनक मण्डली छल, ने मधुर-रसक परिचय छल। इएह कारण थिक जे गोविन्ददासक रचना प्रचुरतया बङ्गाल मे प्रचरित होइत गेल ओ मिथिलामे एकर कोनो प्रचार नहि भए सकल। स्वयं हिनक भागिन लोचन हिनकहि गाम रैआममे पढ़ि केँ पण्डित भेलाह ओ प्रायः हिनक परोक्ष भेलाक पर जे रागतरङ्गिणीमे मिथिला मे ख्यातगीत केँ उदाहरण दए दए राग-रागिनीक परिचय लिखल ताहि मे हिनक भाए हरिदासक एकटा गीत अछि परन्तु गोविन्ददासक कोनो गीत नहि अछि। स्पष्ट अछि जे गोविन्ददासक गीत मिथिलाक ख्यात गीत नहि छल ओ तेँ एकर दृष्टान्त देब लोचनक सङ्कल्पक विरुद्ध छल।

परन्तु मैथिल छात्र गोविन्ददासझाक ई सब रचना थिक जे ई कथा बङ्गाल मे विस्मृत भए गेल एहि मे कोनो आश्चर्य नहि। गोविन्ददास बङ्गालक लोकप्रिय कीर्तन-पद-कार भेलाह एहि मे कोनो सन्देह नहि। तेँ क्रमशः मिथिलाक सांस्कृतिक सम्बन्धक विच्छिन्न भेलाक पर लोक केँ एकरा बिसरि जाएब जे ई कीर्तनपदकार मिथिलाक छलाह पूर्ण स्वाभाविक छल। ओ लोकनि जखन विद्यापति समेत केँ मैथिल नहि मानि सकैत रहलाह जे अपन गीत मिथिला मे रचल तँ गोविन्ददासक परिचय बिसरि जएबा मे आश्चर्यक अवकाश कतए, कारण, गोविन्ददास तँ नवद्वीपहि मे

गीत रचल। अनेको कवि ओतए गोविन्ददास नामक भेलाह ओ ताहि मे अन्यतमक सङ्ग एहि गीतकार कैँ एक बूझि ओ लोकनि हिनक ओहि रूपक परिचय देल। भाषाक दृष्टि सँ विचार कएलैँ मैथिल गोविन्ददासक पृथकत्व स्पष्ट भए जाइत अछि ओ से गोविन्ददास इएह छलाह जनिक परिचय एतए देल अछि, ई मिथिलाक परम्परागत विश्वास निर्मूल नहि।

परन्तु सङ्गहि सङ्ग एहूमे सन्देह नहि जे गोविन्ददासझाक गीत मधुररसक काव्य थिक, वैष्णव कीर्तनसमाजक हेतु रचित भेल, ओ एकर प्रचार बङ्गाल मे भेल। साहित्य मे देश-भेदक प्रभाव नहि होइत अछि। मिथिलाक कवि मैथिली मे कविता रचि बङ्गाली समाज कैँ देल जतए ओकर आस्वादन भेल, आदर भेल, प्रचार भेल, तैँ ओ कवि अवश्य बङ्गालक कवि भेलाह। स्वयं विद्यापति तँ बङ्गालक कवि भेलाह कारण हुनको कविताक आस्वादन, आदर ओ प्रचार बङ्गाल मे भेल। मिथिलाक ई गौरव थिक ओ हमरालोकनिकैँ गोविन्ददासझाकैँ बङ्गालक लोकप्रिय महाकवि स्वीकार करबामे क्षति नहि, गौरवक अनुभव करबाक चाही। हमरा लोकनि कैँ एतबए प्रतिपाद्य जे गोविन्ददासझा मिथिला-भाषा मे कविता रचल ओ तकर प्रमाण हुनक रचना विद्यमान अछि। तैँ ऐतिहासिक तथ्यक आधार पर गोविन्ददासझाक व्यक्तित्वक जे चित्र एतए उपस्थित कएल अछि ताहि सँ परस्पर-विरुद्ध प्रमाणपुञ्जक सामञ्जस्य जँ सुधी-समाज समीचीन बुझथि तँ एहि पुरान समस्याक समाधान भए जाइत अछि।

(प्रबन्ध-संग्रह, 1963)

महामहोपाध्याय गोविन्ददासझाक डीह

गत ज्येष्ठ शुदि अष्टमी रवि कैं (17 जून 1945) मध्य-सोतिपुराक अतिप्राचीन ओ सुप्रसिद्ध लोहना गाम मे श्रीमहेश्वरलता विद्यालयक सन्निहित श्रीभगवतीक मन्दिर पर महामहोपाध्याय महाकवि गोविन्ददासझाक पुण्य स्मृति मे प्रान्तीय नवयुवक वर्ग द्वारा बड़ उत्साह ओ समारोह सँ संयोजित एक गोट विराट् सभा कुमार श्रीगङ्गानदसिंह साहेबक अध्यक्षता मे आशातीत सफलता सँ सम्पन्न भेल। ओही स्थान मे महाकविक स्मृति मे एक गोट पुस्तकालयहुक स्थापना भेल अछि जकरो उद्घाटन ओही दिन श्रीमान् कुमार साहेबहिक हाथैं भेल। सभाक प्रधान संयोजक जे अपना लोकनिक उद्देश्य ओहि दिन सभा मे सभ कैं सुनाओल ताहि सँ विदित भेल जे एहि सभाक ओहि दिन श्रीमान् कुमारसाहेबक विशिष्ट सभापतित्वमे केवल श्रीगणेश भेल अछि; सभा ई स्थायी रहत तथा मास मे एक बेरि सम्मिलित भेल करत जाहि मे मिथिला ओ मैथिलीक प्रसङ्ग विविध चर्चाक सङ्ग-सङ्ग महाकविक जीवनक प्रसङ्ग, हुनक अनुपम कृतिक प्रसङ्ग, हुनक काव्यकलाक लोकोत्तर चमत्कारक प्रसङ्ग अनुसन्धान भेल करत। एहि सदुद्देश्यक हेतु एहि सभाक नवयुवक संयोजक-वर्गक जतेक प्रशंसा कएल जाए थोड़े होएत।

मैथिली साहित्यक इतिहास मे ई एक गोट रहस्य अछि जकर समीचीन समाधान करए पड़त ओ हमरा तँ पूर्ण भरोस अछि जे एहि सभाक द्वारा एकर समाधान अवश्य भए जाएत जे स्वदेश सँ सुदूर बङ्गालक कोन-कोन मे महाकवि गोविन्ददासझाक रचनाक एतेक प्रचार भेल, परन्तु अपन देश मिथिला मे हिनक काव्य लोकप्रिय नहि भए सकल। एही कारणैं तँ बङ्गाली लोकनि अद्यपर्यन्त गोविन्ददासझाक मैथिलत्व स्वीकार नहि करैत छथि। परन्तु मिथिला मे हिनक कृति लुप्ते भए गेल से नहि कहि सकैत छी। कवीश्वर चन्दाझा तँ मिथिलहि सँ ओ सभ गीत संगृहीत कएलैन्हि जे शृंगारभजन-गीतावलीक नाम सँ 'साहित्यपत्र' मे श्रीअमरनाथवाबू प्रकाशित करओलैन्हि अछि। एतबा अवश्य जे अभिनव जयदेवक तँ कथे कोन, अन्यान्यो अनेक कविक रचनाक, जे हिनक काव्यक समक्ष सर्वथा तुच्छ अछि, जाहि रूपैं मिथिलाक घर घर मे प्रचार भेल ताहि रूपैं हिनक उत्तमो काव्यक

नहि भेल। हिनका प्रसङ्ग ताँहिँ लोक केँ बुझलो बड़ कम छैक। सर्वप्रथम कवीश्वर चन्दाझा हिनका प्रसङ्ग अनुसन्धान मे प्रवृत्त भेल छलाह ओ हिनक काव्यहिकटा ओ संग्रह नहि कएलैन्हि, अपितु हिनक परिचयहुक ओ पता लगओलैन्हि जे हुनकहि शब्द मे शृङ्गारभजन गीतावलीक भूमिका मे उल्लिखित अछि। किन्तु हिनक हस्तलेख अद्यापि एकओ गोट उपलब्ध नहि भेल अछि। हिनक समयहुक प्रसङ्ग कोनो प्रामाणिक लेख नहि भेटैत अछि। तथापि हिनक समयक निर्णय जे कवीश्वर कएने छथि अथवा हमरा लोकनि करैत छी से केवल हिनक परिवारक सम्बन्ध-परम्पराक आधार पर अनुमान सँ। हिनक जीवन सँ सम्बद्ध कोनो तिथि-विशेष बुझल नहि अछि तथापि कोनहु दिन हिनक स्मृति मनाओल जाए तेँ उक्त तिथि केँ लोहना मध्य एहि सभाक सूत्रपात भेल अछि। एहि सँ ई कथमपि बुझबाक नहि थीक जे जेठ शुदि अष्टमी गोविन्ददासक जीवन सँ सम्बद्ध एक विशेष तिथि थीक। यावत तदृश कोनो तिथि-विशेष ज्ञात नहि भेल अछि तावत कोनहु दिन महाकविक स्मृति मे सम्मिलित भए हुनका अपन श्रद्धांजलि अर्पण करी से सर्वथा उचित।

परन्तु ई स्थान जतए एहि सभाक स्थापना भेल अछि एमहर किछु दिन सँ महाकवि गोविन्ददासझाक जन्मस्थान कहल जाए लागल अछि। कवीश्वर चन्दाझा एहि प्रसङ्ग किछु नहि कहैत छथि परन्तु ओ जे हिनक वंशक परिचय देलैन्ह ताही आधार पर प्रायः एहि प्रवादक प्रसार भेल अछि। जहाँ धरि हमरा अवगत अछि सबसँ पूर्व श्रीमथुराप्रसादजी दीक्षित अपन 'गोविन्दगीतावली'क भूमिकामध्य महाकविक जन्मस्थान होएबाक श्रेय लोहना गाम केँ देलैन्हि। महामहोपाध्याय डा. श्रीउमेशमिश्र अपन 'विद्याकरसाहस्री' क भूमिका मे महामहोपाध्याय महाकवि रामदासझा केँ लोहना गामक वासी कहैत छथि। एहू सभाक संयोजक लोकनि प्रायः सएह बूझि लोहना मे एहि मन्दिर केँ हुनक जन्मस्थल मानि एतहि ई सभा स्थापति करैत गेलाह अछि। यदि ई प्रवाद सत्य थीक, यदि ई मन्दिर सत्ये महाकवि गोविन्ददासझाक डीह पर अवस्थित अछि, तँ ई बड़ विशिष्ट वस्तु भेल तथा ताहि सँ एहि सभाक महत्त्व बड़ बढ़ि गेल। परन्तु विचारणीय थीक जे की सत्ये ई महाकविक जन्मस्थान थीक?

ई मन्दिर जतए एहि गोविन्द स्मृति-सभाक स्थापना भेल अछि स्वर्गीय मिथिलेश अपन मातामहक डीह पर स्थापित कएने छथि। स्वर्गीय मिथिलेशक मातामह छलथिन्ह टेकनाथ प्रसिद्ध टेकीझा जे वैयाकरण शोभनाथझाक पुत्र, मेधाकरझाक पौत्र, महोमहापाध्याय चन्द्रशेखर प्रसिद्ध चानझाक प्रपौत्र ओ कवि गङ्गादासक वृद्धप्रपौत्र छलाह। महाकवि गोविन्ददासझा चारि भाइ छलाह; सभसँ जेट 'गङ्गाभक्ति' ओ 'अङ्गविलास' क रचयिता कवि गङ्गादासझा, ताहि सँ छोट महाकवि गोविन्ददासझा जनिका पञ्जी मे महामहोपाध्याय कहल अछि, तेसर हरिदासझा ओ सबसँ छोट 'आनन्दविजयनाटिका' क रचयिता महाकवि रामदासझा जनिकहु पञ्जी मे महामहोपाध्यायक उपाधि भेटैत अछि। गोविन्ददासझा ओ रामदासझा केँ पुमपत्य

नहि। अतएव हुनक जेठ सोदरक सन्तान-वर्गक डीह केँ एहि वंशक डीह मानि प्रायः ई प्रवाद पसरल अछि जे टीकानाथझाक जे डीह थिकैन्हि सएह हुनक वृद्धप्रपितामह चारू भाइक डीह छलैन्हि ओ तेँ ई स्थान गोविन्ददासझाक जन्मस्थान भेल।

परन्तु कवि गङ्गादासझाक वंशधरक ई डीह थिकैन्हि एतावतैव ई सिद्ध नहि होइत अछि जे ई कवि गङ्गादासझा चारू भाइक जन्मस्थान थीक। ताहि हेतु तँ ई ने प्रमाणित करए पड़त जे ई हुनका लोकनिक बाप कृष्णदासझाक डीह थिकैन्हि। एक भाइक वंशधरक डीह भेलहिँ यदि ई सबहु भाइक डीह हो तँ हुनके तेसर भाइ हरिदासझाक अतिवृद्ध प्रपौत्र लोकनि बाबू बलदेवझा, श्री श्रीदिवाकरझा प्रभृति सरिसब ग्राम मे विद्यामान छथि। हिनकहि लोकनिक सरिसबक डीह किएक ने महाकवि चारू भाइक जन्मस्थान कहल जाए?

महाकवि चारू सोदर मध्य दुइए भाइकेँ पुमपत्य, से दूठाम बसैत छथि। एहना स्थिति मे सम्भव थीक जे हरिदास झाक सन्तान लोकनि लोहना सँ सरिसब गेल होथि। तखन लोहना हिनका चारू भाइक डीह भए सकैत अछि। अथवा गङ्गादासझाक सन्तान सएह सरिसब सँ लोहना गेल होथि; तखन सरिसबे हिनका लोकनिक डीह मानए पड़त। परञ्च इहो तँ सम्भव थीक जे तेसरहि ठामसँ गङ्गादासझाक सन्तान लोहना गेल होथि ओ हरिदासझाक सरिसब। तेहना स्थिति मे हिनका चारू भाइक डीह कोनो तेसरे स्थान होएत। दृष्टान्त मे गङ्गादासझाक सन्तानहि केँ लिअ, जाहि मे एक गोट शाखा 'बिट्ठू' मे बसैत छथि। कवि गङ्गादासझाक एक गोट प्रपौत्र, वैयाकरण शोभनाथझाक छोट भाए, विश्वनाथझाक विवाह छलैन्ह 'बिट्ठू' महाराज माधव सिंह बहादुरक सभ सँ छोट माम महोदार रमादत्तझाक कन्या मे ओ तेँ विश्वनाथ झाक बालक धरानाथझा अपना मातृक 'बिट्ठू' जाए बसलाह; से ओ लोहना सँ गेलाह सेहो बुझल होइत अछि। एहि सँ एतबा धरि प्रमाणित होइत अछि जे वैयाकरण शोभनाथझा दूहू भाइ लोहनाक वासी छलाह।

किन्तु सरिसब कुजौलिबारक प्राचीन वासस्थान नहि थिकैन्हि। एकर ने कोनो प्रमाण भेटैत अछि ने ई सुनले थीक जे सरिसब सँ उपटिकए कुजौलिबार लोकनि लोहना जाए बसलाह। परन्तु लोहनासँ उपटिकेँ आबि ई लोकनि सरिसब जाए बसलाह सेहो सरिसबक कुजौलिबार लोकनि नहि मानैत छथि। हुनका लोकनि केँ परम्परया इएह सुनल छैन्हि जे चारि पाँच पुरुष सँ ओ लोकनि सरिसबहि मध्य छथि तथा हरिदासझाक प्रपौत्र अमृतकरझा तँ निश्चय सरिसबहिक वासी छलाह; प्रायः हुनक पिता सिद्धिकर झा किंवा पितामह हिमकर झा सएह सरिसब अएलाह ओ से अएलाह रैञाम सँ।

एहि प्रसङ्ग अनुसन्धान कएला सँ ज्ञात भेल अछि जे रैञाम मे सत्ये कुजौलिबार लोकनिक डीह अद्यपर्यन्त विद्यमान अछि जे 'मेधाकर झाक डीह' कहबैत अछि ओ ओतहि एक गोट पुरान पोखरि सेहो अछि जे 'मेधाकरझाक पोखरि' कहाए

प्रसिद्ध अछि। ई कथा हमरा बिट्ठूक श्रीनित्यनाथझा सँ ज्ञात भेल अछि। श्रीनित्यनाथ बाबू परिचितेटा नीक नहि छथि, प्राचीन विषयक ज्ञाता सेहो नीक छथि ओ एहि पताक हेतु हम हृदय सँ हुनक आभारी छिऐन्हि। अतएव हमरा तँ इएह बूझि पड़ैत अछि जे ई मेधाकरझा जनिक डीह ओ पोखरि अद्यापि रैञाम मे विद्यमान अछि, कवि गङ्गादासझाक पौत्र थिकाह ओ तखन प्रमाणित भए जाइत अछि जे लोहनाक कुजौलिबारक प्राचीन वासस्थान लोहना मे नहि, रैञाम मे छल, ओ ताहि सँ सरिसबक कुजौलिबार लोकनिक ऐतिह्य जे हुनका लोकनिक पूर्वज रैञाम सँ सरिसब आएल छलाह समूलक सिद्ध भए जाइत अछि।

एहि प्रसङ्ग विचारणीय थीक जे अपन पूर्वजक डीह कैं त्यागि दोसरा गाम मे जाए कैं बसब यद्यपि असाधारण विषय नहि थीक तथापि एहना परिस्थिति मे लोक ओतहि जाए कैं बसैत अछि जतए कोनो लागि रहैत छैक; बिनु लागिएँ कतहु जाए कए बसि जाएब असाधारण बुझल जाएत ओ तकर दृष्टान्तो यदि भेटत तँ बड़ विरल। कुजौलिबारक प्राचीन निवासस्थान रैञाम छल ओ ओतहि सँ ओ लोकनि लोहना तथा सरिसब अबैत गेलाह, ई कथा पुष्ट रूपैं प्रमाणित तखनहि होएत जँ हमरा लोकनि जेना बिट्ठूक कजौलिबारक प्रसङ्ग कहल अछि तहिना कहि सकी जे कवि गङ्गादासक सन्तान मे के लोहना अएलाह ओ से कोन लागिएँ तथा हरिदासझाक सन्तान मे के सरिसब अएलाह ओ से कोन लागिएँ। प्राचीन डीह किएक त्यागलैन्हि तकर अनेक कारण भए सकैत अछि ओ अनुमानसँ यदि सेहो कहि सकी तँ उत्तम, नहि तँ कम सँ कम नव स्थान के अएलाह ओ से कोन लागिएँ एतबओ कहला सँ पूर्व मे निवासस्थान अन्यत्र छल होएत एतबा धरि तँ प्रमाणित भए जाइत अछि।

रेञामक डीह मेधाकरझाक नाम सँ ज्ञात अछि एहि सँ सिद्ध होइत अछि जे ओएह एहि वशंक अन्तिम व्यक्ति छलाह जे ओहि डीह कैं त्यागलैन्हि तथा नव ठाम जाए कए बसलाह। लोहना रैञामक समीप मे अछि ओ कवि गङ्गादासझाक सन्तान कैं लोहना सँ स्पष्ट लागि भेटैत अछि। कवि गङ्गादासझाक विवाह छलैन्हि माण्डरसिहौलि-मूलक वैदिक सदुपाध्याय विश्वम्भरझाक पौत्री, यदुपति झाक कन्या, महामहोपाध्याय कुलपतिझाक बहिनि मे ओ यदुपति झाक निवास लोहनहि छलैन्हि की नहि से तँ निश्चित रूपैं बुझल नहि होइत अछि परन्तु म.म. कुलपतिझाक बालक मेधापतिझा निश्चय लोहनहिमे बसैत छलाह। हुनक सन्तति वर्ग अद्यापि लोहना मे छथिन्ह; हुनक वृद्धप्रपौत्र श्रीटेकपतिझा सम्प्रति विद्यमान छथि। ततबे नहि, मेधापतिझाक कन्या मे विवाह छलैन्हि करमहाबेहट-मूलक भर्तृहरिनिर्वेद ओ सुभाषितकार महामहोध्याय हरिहरझाक छोट भाए ज्योतितिर्विद् सदुपाध्याय नीलकण्ठ झाक पौत्र महामहोपाध्याय हरिहरझाक बालक, महामहोपाध्याय इन्द्रपतिझाक ओ तनिक बालक महामहो.मुनि प्रसिद्ध कृष्णपतिझा एवं पौत्र रमनूझा लोहनहि मे बसैत छलाह। मुनिझाक कन्या मे माण्डर-रजौरा-मूलक घनानन्द झाक बालक रूपनाथझाक

विवाह छलैन्हि। एहू रूपनाथझाक सन्तान अद्यापि लोहनहि मध्य छथि। मेधाकरझाक बाप महोपाध्याय चन्द्रशेखर प्रसिद्ध चानझा कैँ मेधापतिझा ममिऔत भाए छलथिन्ह ओ जेना हुनक दौहित्रक दौहित्र किंवा दौहित्र लोकनि आबि हुनक आश्रय मे बसि गेलथिन्ह तहिना सम्भव थीक ओ अपना पिसिऔत भाए महोपाध्याय चानझा तनिकहु अपनहि घरक लगमे आश्रय देल। हमरहु पूर्ण सङ्गत बुझना जाइत अछि जे कवि गङ्गादासझाक बालक महोपाध्याय चानझा स्वयं अपन मातृक अथवा हुनक यदि परोक्ष भए गेल छल तँ मेधाकरझा सएह अपन पितृ-मातृक आबि बसल छलाह। परन्तु यदि चानझा लोहना आएल छलाह तँ अपन अन्तिम समय मे जखन हुनक बालक मेधाकरझा सेहो योग्यतापन्न भए गेल छलाह अन्यथा रैञामक डीह 'मेधाकरझाक डीह' नहि कहबितए।

हरिदासझाक अपन विवाह तँ महाराज शुभङ्करठाकुरक दौहित्री-पुत्री मे छलैन्हि परन्तु हुनक एकमात्र पुत्र हिमकरझाक विवाह छलैन्हि सरिसब, पलिबाड़-महिसी मूलक कमलनयनझाक कन्या मे एही कमलनयनझाक अतिवृद्धप्रपौत्र स्वर्गीय म.म. डाक्टर सर गङ्गानाथझा ओ बाबू श्रीवैद्यनाथझा छथि। पञ्जी-प्रबन्ध-काल सँ पलिबाड़क ई डेरा महिसीक बासी छलाह परन्तु महाराज शुभङ्करठाकुरकैँ मिथिलेश भेलाक पर जे सोतिपुरामे सामाजिक द्वन्द्व उठल जकरा सम्प्रति 'गोलेशी' कहबैक ताहि समय मे एहि पलिबाड़ वंशमे एक जन महापुरुष छलाह जनिक नाम छल अच्युतझा परन्तु जे घोँघँ झा कहाए प्रसिद्ध छलाह। ई जन्मना ओ कर्मणा सर्वथा बड़ पैघ लोक छलाह, समाज मे हिनका बड़ प्रतिपत्ति छलैन्हि तथा महाराजक पक्षग्रहण कए ई अपन दू गोट कन्याक विवाह महाराजक पुत्र एवं पौत्र सँ कराओल तथा अपनहु पाँचम विवाह महाराजक कन्या मे कएल। हिनक दू गोट विवाह सरिसब छल, एक एक गोट महामहोपाध्याय सन्मिश्र शङ्करक प्रपौत्री, महोपाध्याय गोविन्दमिश्रक पौत्री, लक्ष्मणमिश्रक कन्या मे ओ अपर ओही महोपाध्याय गोविन्द मिश्रक प्रपौत्री, महामहोपाध्याय सन्मिश्र परशुरामक पौत्री, महामहोपाध्याय कृष्णनन्दमिश्रक कन्या मे। सुदूर महिसी सँ सोतिपुराक द्वन्द्व मे अपन प्रभाव सँ महाराजक पक्ष सबल करबा मे कठिनता देखि ई ओतए सँ आबि अपन सासुर सरिसब मे बसि गेलाह तथा सन्मिश्र शङ्करक डीह सँ थोड़े पश्चिम हिनक डीह अद्यापि वर्तमान अछि, यद्यपि हिनक वंशधर लोकनि क्रमशः आओर पूर्व जाए पाहीटोल मध्य बसि गेल छथिन्ह। एही घोँघँ झाक बालक, लक्ष्मणमिश्रक दौहित्र, छलाह कमलनयनझा जनिक कन्या मं हरिदासझाक एकमात्र पुत्र हिमकरझाक विवाह छल ओ अधिक सम्भव ओएह हिमकर झा अथवा हुनक बालक सिद्धिकरझा रैञाम सँ उपटि कैँ आबि सरिसब मध्य बसलाह तथा घोँघँ झाक जे डीह अछि ताहि सँ सन्निहित अग्निकोण मे अपन बास स्थिर कएल जतए अद्यापि हुनक सन्तानक एक गोट शाखा बसल छथि।

महाकवि गोविन्दासझाक चारू भाइ क सन्तानवर्ग कैँ विचारि कए देखला उत्तर

हिनका लोकनिक रैआम-परित्यागक कारण सेहो अनुमान कएल जाए सकैत अछि। गोविन्ददासझा दू विवाह कएल, पुमपत्य एकहु मध्य नहि भेलैन्हि। एकगोट कन्या मात्र भेलथिन्ह सेहो असन्ततिकेँ विधवा भए गेलथिन्ह। म.म. रामदासझा तनिकहु पुमपत्य नहि। हरिदासझा कैँ एकगोट पुत्र। कविगङ्गादास कैँ चारि गोट पुत्र जाहि मे दू गोटए असन्ततिकेँ मरि गेलथिन्ह। सबसँ छोट लक्ष्मीधरझा अनेक विवाह करैत करैत बिकाए गेलथिन्ह, ओ एकगोट पुत्र, धीरझा, यद्यपि जाति मे रहलथिन्ह परन्तु आओर सन्तान हुनक यत्रकुत्र भए गेलथिन्ह। सुदूर मध्यप्रान्तक रायपुर मध्य लक्ष्मीधरझाक बालक, राय, आनन्द, छलथिन्ह जनिक सन्तान प्रायः एखनहु ओतए छथि। महोपाध्याय चन्द्रशेखर प्रसिद्ध चानझा दू विवाह कएल, प्रथम पक्षक दू बालक बिनु सन्ततिकेँ मरि गेलथिन्ह। ततबए नहि, हिनका लोकनिक पितामहकेँ जे वैमात्रेय भाए लोकनि रहथिन्ह तनिकहु लोकनिक दू वा तीनि पुरुषक पश्चात् वंशक लोप होइत देखैत छी। अतएव चानझाकेँ एक बालक मेधाकरझा ओ हरिदासझाकेँ एक बालक हिमकरझा– इएह दूहू गोटए जखन अवशिष्ट रहल होइथिन्ह तखन चानझा ओ हिमकरझा दुहू पितिऔत कोनहु विशेष विघ्न अथवा विघ्न-परम्परा सँ वंशच्छेदक भयेँ त्रस्त रैआम त्यागैत गेलाह, चानझा अपन मातृक लोहना गेलाह, हिमकरझा अपन सासुर सरिसब गेलाह।

एतए ई कहब आवश्यक जे महाकवि चारु भाइ मे वयसक बड़ अन्तर रहैन्हि। सबसँ छोट म. म. रामदासझा अपन 'आनन्द-विजय'मे म. म. गोविन्ददासझा कैँ अपन गुरु कहैत छथि। कवि गङ्गादासझा ओ हरिदासझाकेँ वयसमे कतबा भेद छलैन्हि से एही सँ अनुमान कए सकैत छी जे कवि गङ्गादासझाक श्वशुर यदुपतिझाक वैमात्रेय बहीनि मे महाराज शुभङ्करठाकुरक विवाह छल ओ ओही महाराज शुभङ्करठाकुरक अपर विवाह मे जे कन्या छलथिन्ह ताहि कन्याक दोहित्री मे हरिदासझाक विवाह छल। अतएव कवि गङ्गादासझाक बालक चानझा ओ हरिदासझाक बालक हिमकरझा मे वयसक बड़ भेद छल होएत। हमरा तँ एहने प्रतिभासित होइत अछि जे ई लोकनि सङ्गहि रैआम त्यागल। यदि चानझा जीवित छलाह तँ वृद्ध, अथवा यदि हुनक परोक्ष भए गेल छल तँ मेधाकरझा, लोहना अएलाह, ओ हिमकरझा सरिसब। डीह तथापि मेधाकरेझाक कहबैत रहल तकर हेतु, प्रायः ई जे परिवार मे जेठ ओएह छलाह ओ डीह जेठहिक कहबैत छैक।

एहि दृष्टिएँ विचार कएलासँ तँ ई सिद्धवत् प्रतीत होइत अछि जे लोहना कवि गङ्गादासझाक बालक आएल होथुन्ह अथवा पौत्र, एवं सरिसब हरिदासझाक बालक आएल होथुन्ह किंवा पौत्र, कवि गङ्गादासझा ओ हरिदासझा रैआमहि मध्य छलाह। तखन तँ इहो मानए पड़त जे रैआमहि मध्य हिनका चारू भाइक बास छल, रैआमहि मध्य हिनका लोकनिक पैतृक डीह छल, रैआमहि मध्य हिनका चारू भाइक जन्म भेल छल ओ तेँ महामहोपाध्याय कवि गोविन्ददासझाक डीह होएबाक श्रेय लोहना कैँ नहि थीक,

ओ श्रेय रैत्राम कैं होएबाक चाही।

परन्तु मूल तँ हिनका लोकनिक थीक कुजौलिवार-भखरौली। पञ्जीक अनुसार सूपनझाक सन्तति भखरौली-वासी छलाह। सूपनझाक बालक छलाह शुभङ्करझा, पौत्र छलाह महामहोपाध्याय शुचिकरझा जे शुचिउपाध्यायक नामैं मिथिला-राज्योपार्जक म. म. महाराज महेशठाकुरक गुरु कहाए प्रख्यात छथि, 'आनन्दविजय'मे म. म. महाकवि रामदास झा ओ श्रीराजगरङ्गिणी मे महामहोपाध्याय लोचन झा जकरा विश्रुत कए गेल छथि। म. म. शुचिउपाध्यायक प्रपौत्र छलाह महाकवि गोविन्ददासझा चारू भाइ। आब सूपन झाक बालक शुभङ्करझाक बास छल भखरौली जकर प्रमाण पञ्जी ओ शुभङ्करझाक प्रपौत्र कृष्णदासझा, महाकवि लोकनिक बापक, वास छल रैत्राम मध्य, से एखनहि देखल अछि। अतएव ई देखबाक थीक जे हिनका लोकनि मे भखरौली सँ रैत्राम के अएलाह ओ से यदि लागि देखाए कहि सकी तँ महाकवि गोविन्ददासझाक डीह रैत्राम छल ई कथा प्रचुरतया प्रमाणित भए जाएत।

एहि प्रसङ्ग ई कथा स्मरण रखबाक थीक जे हरिसिंहदेवी व्यवस्था स्थिर भेलाक पर मिथिला मे इएह व्यवहार प्रचलित भए गेल जे कतोक अंश मे हाल धरि अनुवर्त्तमान छल ओ कतहु कतहु अछिओ जे यदि केओ महाकुलसम्भूत व्यक्ति अत्यन्त नीच विवाह कहैत छलाह जे समाज सँ अनुमोदित नहि होइत छल तँ ओ व्यक्ति विवाह कए घूरि अपन पैत्रिक नहि जाइत छलाह, सासुरहि मध्य रहि जाइत छलाह तथा धर्म्मशास्त्र मे जाति-भ्रष्टक हेतु जे आदेश अछि तदनुरूपे व्यवहार हुनका सङ्ग कएल जाइत छल, पैतृक सम्पत्ति मे हुनका कोनो अंश नहि देल जाइत छल। कुजौलिबारक वंश आदिअहिसँ बड़ उच्च छल ओ एखन पर्यन्त अछि। ई ओहि परिगणित वंश मे अछि जे पञ्जी-प्रबन्धक परिणामस्वरूप श्रेणी-विभाग मे सर्वोच्च 'श्रोत्रिय' कहाओल। ताहि काल मे एहि वंश मे सूपनझाक पिता वंशवर्द्धनझा वर्त्तमान छलाह तथा हुनक सब सम्बन्ध उच्चहि ठाम देखैत छी। वंशवर्द्धनझा कैं अनेक बालक जाहि मे सब सँ उच्च रहलाह सूपनझाक सन्तति जकरहि सूचित करबाक हेतु ई लोकनि अपन डेरा पृथक् कए लेल ओ अपन वासस्थान भखरौलीक नाम पर अपन शाखाक नाम धए अपना कैं 'कुजौलिबार-भखरौली' कहए लगलाह। सूपनझाक कन्या मे महामहोपाध्याय सन्मिश्र शङ्करक विवाह छलैन्हि। किन्तु सूपनझा कैं आठगोट बालक; सात गोटएक सन्तति तँ अपन-अपन क्रियाक अनुसार मध्यम, अधम ओ अति-अधम श्रेणी कैं प्राप्त होइत गेलाह, केवल शुभङ्करझाक सन्तान अपन मर्यादाक रक्षा करैत रहलाह ओ कुजौलिबार-भखरौली डेरा मध्य हुनके टा शाखा अद्यापि सोतिमध्य अवशिष्ट रहल अछि।

एहि शुभङ्करझाक विवाह छलैन्हि खौआड़ए-मुराजपुर-मूलक महोपाध्याय रघुपतिझाक पौत्री, शूभे प्रसिद्ध शुभङ्कर झाक कन्या मे महोपाध्याय रघुपतिझाक कन्या मे अयाची दूबेमिश्रक विवाह छलैन्हि अतएव खौआड़ए शूभेझा शङ्करमिश्र कैं माम

छलथिन्ह, हुनक कन्या कुजौलिवार शुभङ्करझाक स्त्री, हुनक ममिऔति बहीनि। अपन विवाह छलैन्हि शङ्कर मिश्र कैं एहि शुभङ्करझाक वैमात्रेय बहीनिमे, अतएव कुजौलिबार शुभङ्करझा शङ्करमिश्रकैं सार ओ मातृकक सम्बन्ध सँ बहिनो छलथिन्ह।

कुजौलिवार शुभङ्करझाक श्वशुर, खौआड़ए शूभेझाक विवाह छलैन्हि अयाची दूबेमिश्रक पित्ती महामहोपाध्याय रघुनाथ मिश्रक कन्या मे। शूभेझासँ एक कन्या, कमला, जनिक विवाह कुजौलिबार शुभङ्करझा सँ जातिमे, परन्तु एक गोट जे हुनक बालक छलथिन्ह से नीच विवाह कए बिकाए गेलथिन्ह। अतएव पूर्ण सम्भव जे शूभेझाक सबटा स्वत्व हुनक दौहित्र लोकनि, कुजौलिबार शुभङ्करझाक बालक, म. म. शुचिउपाध्याय सबहुँ भाइ कैं प्राप्त भेल हो।

ततबहि नहि; शुचिउपाध्यायक मातृमातामह म. म. रघुनाथ मिश्र कैं तीन विवाह ताहि मे तेसर जे सबसँ पैघ हनुकर विवाह छलैन्हि ताहि मे हुनका एक कन्या जीवा, ओ एक बालक जोर मिश्र। जीवाक विवाह खौआड़ए शूभेझा सँ जातिमे, जनिक कन्या कमलाक बालक शुचिउपाध्याय प्रभृति छलाह, परन्तु जोरमिश्र छोट विवाह कए कए बिकाए गेलाह ओ अपना पैत्रिक सँ हटि बिठौली जाए बसलाह जाहि नाम सँ हुनक सन्तति-वर्गक एक गोट पृथक् डेरा भए गेल जे सोदरपुए बिठौली कहाए न्यून श्रेणी मध्य परिगणित होअए लागल। अतएव म. म. रघुनाथमिश्रक एहि विवाहक सन्तान मध्य ने हुनक बालक जाति मध्य रहलाह ने हुनक दौहित्र; केवल हुनक दौहित्री, कमल, क विवाह जाति मध्य भेलैन्हि, अतएव ओही कमलाक पुत्र लोकनि शुचिउपाध्याय सबहुँ भाइ, सम्भव थीक, केवल अपन मात्रिकहिकटा नहि, मातृमात्रिकहुक सबटा स्वत्व पाओल। म. म. रघुनाथ मिश्र रैञामक वासी छलाह; सोदरपुरिए रैञाम शाखाक बीजीपुरुष इएह थिकाह ओ तखन तँ स्पष्ट भए जाइत अछि जे महाकुल-सम्भूत शुचिउपाध्याय सबहु भाइ अपन मात्रिकक द्वारैं अपन मातृमात्रक, रैञाम, अपन मातृमातामह म. म. रघुनाथमिश्रक डीहपर वा तत्सन्निहितहिँ अपन पैत्रक भखरौलीसँ आबि बसलाह।

एह रूपैं देखैत छी जे कुजौलिबार सूपन झा भखरौली मध्य बसैत छलाह; हुनक पौत्र शुचिउपाध्याय रैञाम गेलाह; ओ रैञाम सँ हुनक वृद्ध प्रपौत्र किंवा अतिवृद्धप्रपौत्र लोकनि लोहना ओ सरिसब अबैत गेलाह।

यदि ई अनुमान सत्य तँ महामहोपाध्याय महाकवि गोविन्ददासझाक डीह लोहना मे नहि रैञाम मध्य छल।

परन्तु एहि प्रसङ्ग इहो कहि देब आवश्यक जे ई केवल अनुमान थीक, निश्चित रूपैं किछु कहब कठिन अछि। पद-पद पर एहि मे 'प्रायः' ओ 'सम्भव' लागल अछि तथा कोनो आश्चर्य नहि जे आओर अन्वेषण कएला सँ आने कथा कोनो तेहन बुझल भए जाए जाहि सँ एहि सब अनुमानक भित्तिए खसि पड़ए। हम तँ एतए जे किछु विचार कएल अछि से महाकविक प्रसङ्ग कोन रूपैं अनुसन्धान

कर्त्तव्य थीक तकर एक गोट प्रकार मात्र थीक। एहि मे देखबाक थीक जे जाहि सरणिक अनुसरण कए हम कतोक सिद्धान्त पर पहुँचलहुँ अछि से सरणि शुद्ध अछि की नहि ओ तखन जाहि सिद्धान्त सबहिक बलेँ हम एहि निष्कर्ष केँ बहार कएल अछि से सब प्रत्येक केँ विचारणीय थीक। तखनहि एकर सत्यता सिद्ध भए सकैत अछि। अनेक महाकुलक एहि मे चर्चा आएल अछि ओ यदि ओहि कुल सबहिक व्यक्ति लोकनि अपन अपन प्राचीन इतिहासक अन्वेषण करथि तँ आओर कतेक कथा बुझल भए सकैत अछि। अतएव सोतिपुराक उत्साही नवयुवकगण सँ हमर अनुरोध जे जँ ओ लोकनि यथार्थतः गोविन्द-स्मृति-सभा स्थापित कएलैन्हि अछि ओ एहि सँ किछु काज कए देखएबाक छैन्हि तँ आन आन विषयक सङ्ग-सङ्ग हुनका लोकनि केँ उचित थिकैन्हि जे हमर जे विचारधारा एतए उपस्थापित अछि तकरा जाँचथि ओ जाँचिकेँ देखथि जे महाकवि म. म. गोविन्ददासझाक डीह सत्ये लोहनहि छल अथवा से श्रेय रैञाम केँ उचित थिकैक।

(वैदेही, जून, 1953)

गोविन्ददासझाकृत
शृङ्गार-भजन गीतावली

प्रस्तुत गीतावली साहित्यपत्र मे छपल तथा आदि सँ दुहू वर्ष जे आठ गोट अंक साहित्यपत्रक बहार भेल सब मे क्रमशः प्रकाशित भए सम्पूर्ण प्रकाशित भए गेल। साहित्यपत्र बड़ अल्पायु भेल, दुइओ वर्ष नीक जकाँ नहि चलि सकल, परन्तु हमरा एहि विषयक पूर्ण सन्तोषेटा नहि गौरवो अछि जे एहि पत्र सँ मातृभाषाक जएह किछु सेवा भए सकल से सब स्थायी सेवा भेल। केवल प्रस्तुतो ग्रन्थ रत्नटा प्रकाशित कए साहित्यपत्र अपना केँ कृतकृत्य बुझैत, मिथिलाभाषाक इतिहास मे एकर नाम अमर रहितैक, ओहि मे तँ एकरा लगाए नओ गोट सुन्दर पोथी सम्पूर्ण छपि गेल।

एहि ग्रन्थरत्नक प्रसङ्ग तीन गोट बड़े महत्त्वक विषय अछि। सर्वप्रथम ई गीतावली स्वनामधान्य डाक्टर श्री अमरनाथ झा अपन हाथेँ लीखि साहित्यपत्र मे प्रकाशित करओने छथि। 1939 इस्वीक 29 सितम्बर केँ श्रीअमरनाथ बाबू एहि संग्रहक अन्तिम अंश पठबैत हमरा लिखने छलाह जे "1936 इस्वी मे हम एहि गीतावली केँ उतारए लगलहुँ ओ एहि सँ हमरा बड़ आनन्द भेल। हमरा भरोस अछि जे पुस्तकाकार मे प्रकाशित भेला उत्तर एहि सँ कतेको पाठकगण आनन्दित होइत रहताह।" श्री अमरनाथबाबूक सदृश विश्वसाहित्यक विलक्षण वेत्ता, सत्साहित्यक मार्मिक परीक्षक अथच कार्यासक्त व्यक्ति स्वान्तःसुखाय एही गीतावली केँ लिखलैन्हि तथा कहैत छथि जे एहि सँ सकल जनक मनोनुरञ्जन होएत– एहि सँ पैथ साहित्यक कोनहु ग्रन्थक आओर की महत्त्व भए सकैत छैक? भाग्य सँ ओ श्रीमदमरनाथबाबूक लिखल 'गीतावली' हमरा सङ्ग सुरक्षित अछि तथा साहित्यपत्रक विषादपूर्ण स्मृतिस्वरूप यावज्जीव हमरा सङ्ग श्रद्धा ओ स्नेह सँ सुरक्षित रहत।

दोसर महत्त्व एहि गीतावलीक अछि ओहि आधारक जकरा देखि श्रीमदमरनाथबाबू एकरा लिखलैन्हि ओ से अछि स्वर्गीय कवीश्वर चन्दाझाक लिखल। मैथिलीक जगत मे स्वर्गीय कवीश्वरक नाम हुनक रामायणक हेतु सर्वविदित अछिए तथा जाधरि एहि भाषाक अस्तित्व ताधरि श्रद्धापूर्वक पूजित होइत रहत, किन्तु मिथिला-मैथिल-मैथिलीक

पुरातत्त्व-विषयहुक स्वर्गीय कवीश्वरक सदृश वेत्ता एमहर आन केओ नहि भेल तथा जएह दसटा हुनक कथा सब छिट-फुट टिप्पणी जकाँ यत्रकुत्र उपलब्ध अछि ततबहु सँ ई स्पष्ट होइत अछि जे एहि प्रसङ्ग ओ कतेक कथा जनैत रहथि। सर्वप्रथम जष्टिस शारदाचरणमित्रक सङ्ग पश्चात् स्वर्गीय नगेन्द्रनाथगुप्तक सङ्ग भए विद्यापतिक गीतक संग्रह मे इएह कवीश्वर समस्त मिथिलाक पर्यटन कएने छलाह तथा ओही उमक्रम मे गोविन्ददासहुक गीतसब संगृहीत होअए लागल छल। एकरे एक प्रति प्रायः बङ्गाल गेल जाहि मे आओरो आओरो बङ्गलाक गोविन्ददास-भनिताक गीतसब मिलाए शुद्धो गीतक बङ्गला स्वरूप बनाए बङ्गालक संस्करण सभ भेल। एकरे एक प्रति दड़िभङ्गा राजकीय लाइब्रेरी मे सेहो छल जकरे किछु अंश (प्रायः दू तृतीयांश) अन्यान्य गोविन्ददास-भनिताक पद सब मिलाए—विशेषतः प्रायः बङ्गला संस्करण सँ लए किन्तु सब पदक रूप किछु ने किछु संस्कृतक व्याजेँ विकृत कए लहेरियासराएक विद्यापति प्रेस सँ प्रकाशित भेल। मूल जे लेख कवीश्वर अपन पोथी मे लिखने जाथि से सब ओही पुरना पोथी मे लिखल अछिए तथा ओही पुरना पोथी सँ जाहीक्रमेँ कवीश्वरक लेख छैन्हि शुद्ध ताही स्वरूप मे ताही क्रमेँ उतारि श्रीमदमरनाथबाबू एहि गीतावली केँ छपओलैन्हि अछि। एतावता प्रस्तुत ग्रन्थरत्न शुद्ध मिथिलहिटा मे प्रचलित गीत सबहिक संग्रह थीक, एक विशिष्ट मैथिल अन्वेषण सँ उपलब्ध भेल अछि तथा एक गोट प्रथितयशा मैथिलद्वारा सङ्कलित भए प्रकाशित भेल अछि। निश्चय जे सौभाग्य कविकोकिल केँ आइ धरि नहि भए सकल से पुण्यश्लोक गोविन्ददासझा केँ भेल।

तृतीय महत्त्व एहि संग्रहक अछि ओहि महापुरुषक जनिक कीर्तिवल्लीस्वरूप ई गीत सब आइ तीन सए वर्ष सँ कामरूप सँ वृन्दावन धरि ओ पुरुषोत्तमक्षेत्र सँ वराहक्षेत्र धरि भक्ति ओ उल्लास सँ आदृत अछि। ओही पुरना पोथीमे संग्रहक संग संग कवीश्वर चन्दाझा ओहि गोविन्ददासक परिचय सेहो लिखैत छथि जनिक ई रचना थीक। एहिठाम हम हुनक लेखक प्रतिलिपि दैत छी।

"शुचिकरझा— एपुत्रः शिवदासझा एपुत्रः कृष्णदासझा एपुत्राः कवि गङ्गादास गोविन्ददास हरिदास रामदासाः गङ्गादासस्य पुत्रः चानशर्म्मा चन्द्रशेखरोपनामा एपुत्रः मेधाकरशर्म्मा एपुत्रः शोभनाथशर्म्मा एपुत्रौ टेकनाथशर्म्मा धुरपीशर्म्मा च। टेकनाथशर्म्मणो दौहित्रः महाराज लक्ष्मीश्वर सिंहः।"

गोविन्ददासक कनिष्ठ भ्राता रामदासझा 'आनन्दविजय नाटक'क रचयिता। गङ्गादासझाक रचित 'गङ्गाभक्ति' ओ 'गङ्गाविलास'

सन् 1033 साल शाके 1549 राजा सुन्दरठाकुरक राज्यकालमे कात्यायन गोत्र—कुजौलीवार—श्रोत्रिय छलाह।"

परिचय तँ एतबहु सँ स्पष्ट अछि। एहि मे केवल एतबए विशेष जे एहि महापुरुषक प्रपितामह म.म. शुचिकरझा मिथिलाराज्योपार्ज्जक महामहोपाध्याय महाराज

महेश ठाकुरक विद्यागुरु छलाह ई कथा सर्वविदित अछि। समयक प्रसङ्ग कवीश्वरक लेख सर्वथा प्रामाणिक अछि तथा मैथिल ब्राह्मणक पञ्जीसँ एकर पोषक दू तीनटा प्रमाण एतए उद्धृत करैत छी। महाकविक एकगोट बहीनिक विवाह म.म. महाराज महेशठाकुरक पौत्र, महाराज सुन्दरठाकुरक सबसँ जेठ वैमात्रेय भाए महाराज पुरुषोत्तमठाकुर सँ छलैन्हि। दोसर बहीनिक विवाह ओही म.म. महाराज महेशठाकुरक जेठ भाए म. म. दामोदरठाकुरक पौत्र मुरारि ठाकुर सँ छलैन्हि। छोट भाए म.म. रामदासझाक विवाह ओहि मुरारि ठाकुरक सबसँ जेठ भाए हृषीकेश ठाकुरक पौत्री म.म. परशुराम ठाकुरक कन्या सँ छलैन्हि तथा महाकविक एकमात्र सन्तान—एकगोट कन्या—क विवाह म.म. महाराज महेश ठाकुरक प्रपौत्र महाराज सुन्दर ठाकुरक जेठ सोदर भाए रामठाकुरक बालक रघुनाथठाकुर सँ छलैन्हि। एहि सब सम्बन्ध सँ स्पष्ट अछि जे निश्चय ई महाकवि महाराज सुन्दरठाकुरक राजत्व काल मे हुनके सभापण्डित छलाह। महाराज सुन्दरठाकुरक नाम सँ म.म. रामदासझा जे 'आनन्द विजय' नामक नाटकक रचना कएने छथि तकर प्रस्तावनामे ओ कुजौली-कुल-नन्दन 'गोविन्द' कैं अपन गुरु कहैत छथि जे हमरा लोकनिक महाकवि 'गोविन्ददास' थिकाह। महाराज सुन्दरठाकुरक बालक महाराज महिनाथठाकुर ओ महाराज नरपति ठाकुरक समय मे रचित रागतरङ्गिणी नामक सङ्गीतक ग्रन्थ मे महाकवि लोचन अपन पूर्ववर्त्ती बीसो कविक रचना दृष्टान्तस्वरूप उद्धृत कएने छथि किन्तु ताहि मे गोविन्ददासक एकोटा पद नहि अछि। एहू सँ प्रत्यक्ष अछि जे ताधरि गोविन्ददासझाक रचना ततबा प्राचीन नहि भेल छल जे दृष्टान्तस्वरूप ओ सब कोनो प्रामाणिक ग्रन्थ मे उद्धृत होइत।

तथापि अनेको बङ्गाली विद्वान् अद्यपर्यन्त गोविन्ददासझा कैं बङ्गाली प्रमाणित करैत आएल छथि, हुनक सबटा परिचय बङ्गालहि सँ दैत अबैत छथि, तथा गोविन्ददासो मैथिले छलाह ई सुनितहिँ जेना क्षोभ ओ विषादसँ उत्तेजित भए उठैत छथि। भए सकैत अछि बङ्गालहु मे एक नहि अनेक वैष्णव महाकवि गोविन्ददास नामक भेल होथि ओ बङ्गला-संस्करण मे तेँ निश्चय कए कोटिक, उत्तम मध्यम एवं अधम सब प्रकारक, पद सब गोविन्दास-भनिताक भेटैत अछि, परन्तु ई कहिओ सम्भव भए सकैत अछि जे कवीश्वर चन्दाझा जाहि गोविन्दासक गीतसब संगृहीत कएलैन्हि से बङ्गालक, बङ्गलाक कवि छलाह? मैथिल कवि लोकनिक गीत बङ्गाल मे प्रचलित छल ओ अद्यावधि अछि ई तँ सब मानैत छथि, किन्तु एकओ गोट शुद्ध बङ्गलाक पद मिथिला मे प्रचलित केओ जनैत छी? तखन परिचय, से कविकोकिलहुक जे सर्वाङ्गीण परिचय ओ लोकनि दैत छलाह जकरा आब ओएह लोकनि स्वयं भ्रमात्मक मानैत छथि, ताहीसँ गोविन्ददासहुक परिचयक प्रामाणिकता सन्दिग्धाह अछि एवं एहि गीतावलीक प्रकाशित भेला सँ ई कथा निर्विवाद सिद्ध भए जएबाक चाही जे जाहि गोविन्ददासक रचना एहि संग्रह मे प्रकाशित भेल अछि ओ

गोविन्ददास बङ्गाली वैष्णव नहि किन्तु मिथिलाक श्रोत्रियकुलभूषण, मिथिलाराज्यक अनायत्त सम्बन्धी, अथच मिथिलेशक आश्रित भक्त कवि छलाह। स्वर्गीय नगेन्द्रनाथगुप्त तँ यथासाध्य अन्वेषण कए एही सिद्धान्त कैं मान्य बुझैत छलाह।

इएह महाकवि गोविन्ददासझा, जनिका पञ्जी मे महामहोपाध्याय कहल अछि, थिकाह तथा हिनके रचना एहि संग्रह मे प्रकाशित भेल अछि। दू वर्ष मे सम्पूर्ण भेल ओ तैं एकरा दू भाग करए पड़ल तथा दूहू भागक भिन्न-भिन्न अक्षरानुक्रमैं गीतक प्रथम पंक्तिक सूची सेहो एहि सङ्ग देल अछि। एहि गीत सबहिक गुणदोषक विशद विवेचना एहि ठाम करब व्यर्थ बुझैत छी—ओ तँ एक गोट स्वतन्त्र विषय थीक—किन्तु ओकरो ततबा दिग्दर्शन कराए देब आवश्यक जाहि सँ एहि विलक्षण गीत सबहिक यथार्थ रसास्वादन मे उपकार हो।

एहि मे कोनो सन्देह नहि जे महाकवि गोविन्ददासझाक सब गीत अभिनव-जयदेव विद्यापतिक कतोक गीत सँ उच्च कोटिक अछि, ललित अछि, श्रुतिमधुर अछि, विशेष विच्छित्ति सँ परिपूर्ण अछि किन्तु विद्यापतिक काव्यक रसास्वादन कए जे केओ रसचञ्चरीक गोविन्ददासक कविताक अनुशीलन करताह तनिका एहि मे सब सँ पहिने जे वैशिष्ट्य बोध होएतैन्हि से थीक एकर अर्थक गूढ़ता। विद्यापतिक रचना मे जे भाषाक स्वाभाविकता, पदक सरलता एवं अर्थक स्वच्छता भेटैत अछि—जकरा संस्कृत मे प्रसादगुण कहैत छिऐक—से गुण गोविन्ददास मे नहि अछि। विश्रुत टीकाकार मल्लिनाथ जे कथा महाकवि भारविक प्रसङ्ग कहने छथि हमरा तँ गोविन्ददासहुक प्रसङ्ग तकरे उद्‌बोध होइत अछि तथा हिनक पद निश्चये 'नारिकेलफलसम्मित' अछि। ओकर यथार्थ रसास्वादन करबाक हेतु ओहि पद कैं फोड़ए पड़त—अर्थानुसन्धान बहुधा श्रमसापेक्ष अछि, अनेक ठाम शब्द मे जेना अर्थ हेराएल रहए तेना बोध होएत—परन्तु जखन अर्थ लागत, भाव बूझल होएत, कविक आशय स्पष्ट होएत तखन अन्तर्निहित रसक आस्वाद होएत ओ तखन बिनु मुग्ध भेलैं नहि रहि सकब। इएह कारण भेल जे गोविन्ददासक कविता कहिओ लोकप्रिय नहि भेल तथा मिथिला मे तँ हिनक गीतक प्रचारो एक प्रकारैं ऊठि जकाँ गेल।

गोविन्ददास गीतक मुख्य गुण जेना श्रुतिमाधुर्य मानैत छलाह। गीत होइत अछि गाओल जएबाक हेतु तथा केओ गबैत अछि जे लोक सुनए। सुनबा मे नीक भेल तखन यदि अर्थ दुरूहो रहल तँ गीत तँ उत्तमे भेल, ओकर काव्यत्व मे यथाकथञ्चित हानिक सम्भावना। एहि दृष्टि सँ गोविन्ददासक गीत सब यथार्थ उपर्युपरि अछि ओ निश्चय एही गुणक प्रसादात् बङ्गालक वैष्णव सम्प्रदायक कीर्त्तनमे गोविन्ददासक पद सब एतेक आदृत भेल। शब्दक एहन विन्यासी कवि मिथिला भाषा मे दोसर नहि भेल तथा पद कैं ललित, श्रुतिमधुर, अर्थानुग्राही एवं समता संयुक्त बनएबा मे यदि शब्द कैं तोड़हु पड़लैन्हि, ओकर स्वरूप विकृतो करए पड़लैन्हि, अर्थ दूरिओ भए गेलैन्हि तथा अपन हृदयक भाव झाँपलो भए गेलैन्हि

तथापि गोविन्ददास अर्थक प्रसादक हेतु शब्दक विन्यास नहि दूरि कएलैन्हि। एकओ पंक्ति हिनक रचना नहि भेटत जाहि मे ई शब्दक चमत्कार पूर्णमात्रा मे नहि अछि तथा एक बेरि एहि गुण सँ परिचित भए गेला उत्तर कोनो पद सुनलहि सँ बुझबाक योग्य भए जाएत जे ई गोविन्ददासझाक थिकैन्हि।

तँ गोविन्ददासझाक काव्यमे भावक वैशद्य नहि अछि, अर्थक विच्छित्ति नहि, अछि, अथवा रसक परिपाक नहि अछि से नहि, हँ विद्यापति जकाँ हिनक कल्पना ओतेक तीव्र नहि छल जे एक गीत मे अनेक चित्र समक्ष राखि देताह, नव नव उत्प्रेक्षा, नव-नव उपमा, नव नव भाव सँ मुग्ध करैत रहताह। ई तँ जाहि चित्र कैँ धरताह तकर साङ्गोपाङ्ग वर्णन कए छोड़ताह एक गीत मे एक भाव कैँ पुष्ट करताह, आशय कैँ बिनु सर्वांशें परिपूर्ण कएने समाप्त नहि करताह। एहू हेतु हिनक पद किछु दुरूह भए गेल छैन्हि परञ्च रसक समुचित परिपाक सर्वत्र सन्निविष्ट अछि जे सहृदय-संवेद्यक सङ्ग-सङ्ग अर्थसापेक्षो अछि।

गोविन्ददासक गीत कविकोकिलक गीत जकाँ उत्कट शृङ्गारक नहि अछि। हिनक काव्य शृङ्गारपरक होइतहुँ समष्टि रूपैँ भक्तिक भाव अभिव्यक्त करैत अछि। विद्यापति जकाँ हिनकहु अपन गीतक भनिता देखार कए दैत छैन्हि। शृङ्गार मे लीन भए जखन विद्यापतिठाकुर बाजि उठैत छथि 'सुरत रसरङ्ग संसार सारा' तखन हमरा लोकनि हुनक हृदय कैँ जेना चीन्हि जाइत छिऐन्हि किन्तु गोविन्ददासझा सर्वत्र अपना कैँ ओहि मधुरलीलाक साक्षीमात्र मानैत रहैत छथि, 'अरुणहृदय' अपना 'यदुकुलजलनिधिचन्द' क 'नखमणि निछनि' कहैत अपन भक्त हृदयक यथार्थ परिचय दैत छथि। तँहि एहि संग्रहक नाम 'शृङ्गारभजन' ओ एतावता ई प्रतिपाद्य जे पञ्चदेवोपासक भेऔ कैँ हिनक इष्टदेव निश्चय ओएह युगलमूर्त्ति राधाकृष्ण छलथिन्ह जनिक मधुर लीलाक ई एहि गीत सबमे वर्णन कएने छथि। प्रायः इएह संग्रह ओ 'कृष्णलीला' थीक जे 'गोविन्दास' क रचित कहि परम्परया श्रुत अछि।

अन्त मे पुस्तकाकार प्रकाशित होएबा मे अत्यधिक विलम्बक हेतु पुनः पुनः क्षमाप्रार्थी होइत हम एहि भूमिका कैँ समाप्त करैत छी तथा सहृदय पाठक वर्ग सँ निवेदन करैत छिऐन्हि जे—

स्वादयन्तु रसगर्भनिर्भरं सारमस्य रसिका यथेप्सितम् ॥

(भूमिका, महाकवि गोविन्ददाझाकृत शृङ्गार-भजन गीतावली,
सङ्कलयिता—पण्डित श्रीअमरनाथझा, साहित्य-पत्र,
वर्ष-2, अङ्क-4, फाल्गुनी पूर्णिमा, सं. 2000)

कवि पण्डितमुख्य उमापति

मैथिली साहित्य परिषद्क जे अधिवेशन बरहगोड़िआ मध्य भेल छल ताहि मे एक गोट प्रस्ताव बड़े महत्त्वक बड़ उत्साह सँ स्वीकृत भेल जे पारिजातहरण-कार महामहोपाध्याय पण्डितमुख्य उमापति झाक डीह-रक्षाक कोनो प्रबन्ध कोइलख मध्य कएल जाए। तहिआ सँ परिषदक सङ्ग सम्बन्धक विरलताक कारणेँ हमरा ज्ञात नहि जे एहि प्रस्ताव कैँ कार्य मे परिणत करबाक कोनो चेष्टा कएल गेल अथवा नहि। परन्तु ई कार्य बड़ आवश्यक अछि तथा कोइलख सदृश मिथिलाक केन्द्र-स्थान मे यदि ई भए जाए तँ ओहि गामहिक टाक गौरव नहि अपितु मैथिल-संस्कृतिक प्रकारान्तर सँ ओ पुनः एक गोट प्रमुख केन्द्र भए जाएत। एहि प्रस्ताव कैँ परिषद्क मध्य ओही प्रान्तक पण्डित-वर्ग आनल ओ एहि हेतु आनल जे परम्परया-श्रुत इएह अछि जे उमापति झा कोइलख गामक वासी छलाह। एहिना परम्पराश्रुत छल जे गोविन्ददास लोहना गामक वासी छलाह ओ लोहना मे हुनक स्मृति-रक्षार्थ एक साहित्य-सभाक संयोजनो भेल छल। परन्तु हमहि युक्ति एवं प्रमाण सँ सिद्ध कए देल अछि जे गोविन्ददासझा लोहनाक वासी नहि छलाह, रैआमक वासी छलाह। उमापतिहुक परम्परया श्रुत कथाक बल पर निर्णय करबा सँ पूर्व हमरा ई नितान्त आवश्यक प्रतीत होइत अछि जे प्रसङ्ग प्रमाणक संग्रह कए पहिलैँ ई निश्चित कए ली जे की सत्ये उमापति कोइलखक वासी छलाह। से कथा निर्णीत भए सकैत अछि परिचयक आधार पर ओ अत्यन्त खेदक विषय थिक जे उमापतिक कोनो परिचय उपलब्ध नहि होइत अछि। पञ्जी साहित्यक आधार पर जे सामग्री हमरा उपलब्ध अछि ताहि सँ ई महामहोपाध्याय अर्वाचीन थिकाह। अतएव हमरा लग एकर अनुसन्धान करबाक सामग्री नहि अछि अन्यथा हम ई भार स्वयं उठबितहुँ। अगत्या ई विषय कोइलख ओ तत्समीपस्थ गामक विद्वत्समाजक समक्ष राखए पड़ैत अछि तथा विशेषतः ओहि विद्वत्वर्गक ध्यान एहि दिशि आकृष्ट करए पड़ैत अछि जे लोकनि बरहगोड़िया मे एहि प्रस्तावक उद्‌बोधक छलाह।

हिनका प्रसङ्ग परम्परया इएह ज्ञात थिक जे ई कोइलख गामक 'पबौली' नामक महाकुलसम्भूत मैथिल ब्राह्मण छलाह। अनुपदहिँ हम ई देखएबाक यत्न करब जे

हिनका मुइना बहुत दिन नहि भेल अछि। हिनका यदि पुमपत्य होथिन्ह तँ से प्रपौत्रक प्रपौत्र होएताह। एखनो कोइलख मे पबौली मूलक अनेको प्रतिष्ठित घर अछि तथा यदि एहि गामक गण्यमान्य व्यक्ति लोकनि द्वारा अन्वेषण कएल जाय तँ हिनक परिचय भेटि जाए से सम्भव। परन्तु यदि से नहि भेटत तखन एहि परम्परयाश्रुत परिचय कैँ प्रवाद छाड़ि आओर की कहब? परम्परयाश्रुत परिचय प्रवादे होइत अछि से हमरा अभिप्रेत नहि अछि, केवल प्रवादहु कैँ हम अनेक स्थल मे प्रमाण द्वारा सिद्ध कएल अछि। परन्तु परम्परायाश्रुत प्रवादो होइत अछि जकर मूल अन्वेषण कएला उत्तर ओ अन्यथा सिद्ध भए जाइत अछि। ज्योतिराश्वर कैँ विद्यापतिक पितामह-भ्राता होएब, गङ्गाभक्तितरङ्गिणीकार कैँ विद्यापतिक पिता बुझब अथवा गोविन्ददास झा कैँ लोहनाक वासी कहब एहने असङ्गत प्रवादक दृष्टान्त देल जाए सकैत अछि। अतएव उमापतिक प्रसङ्ग प्रसृत प्रवादक तथ्य अन्वेषण आवश्यक अछि ओ से अन्वेषण हुनक स्मृति-रक्षाक प्रथम उद्देश्य होएबाक चाही।

वस्तुतः उमापतिक व्यक्तित्व एवं कालक निर्णय मैथिली साहित्यक इतिहासक एक गोट जटिल समस्या भेल अछि। एक दिशि अछि मिथिलाक विद्वान्मण्डल मे प्रसृत हिनक परिचय जे स्वर्गीय चेतनाथ बाबू अपन 'पारिजातहरण' संस्करणक भूमिका (पृ. 11) मे लिखलैँ छथि ओ दोसर दिशि अछि महामना ग्रिअरसन साहेबक सिद्धान्त जकर प्रतिपादन ओ बिहार उड़ीसा रिसर्च सोसाइटिक जर्नलक तेसर भागक प्रथम अङ्क मे देलैँ छथि तथा जकर अनुमोदन प्रयागक हिन्दुस्तानी पत्रिकाक पाँचम भागक दोसर अङ्क मे म.म.डा. श्री उमेश मिश्र कएलैँ छथि। एहि मे कालक प्रसङ्ग मिथिला मे प्रस्तुत प्रवादे सत्य थिक ओ द्वितीय पक्ष असङ्गत सिद्ध होइत अछि तकर प्रतिपादन हम अनुपदहिँ करब परन्तु हिनक व्यक्तिवक निर्णय बिनु परिचय उपलब्ध भेलैँ नहि भए सकत ओ से भेला उत्तर हिनक काल निर्णयहु मध्य पुष्टिक साधन भेटत। अतएव हम उमापतिक प्रसङ्ग उपलब्ध समस्त सामग्रीक एतए दिग्दर्शन करएबा सँ पूर्व हिनक परिचयक अन्वेषणक हेतु कोइलख ओ तत्समीपवर्ती गाम सबहिक वासी विद्वन्मणडल सँ अनुरोध कएल अछि जाहि सँ एहि समस्याक समुचित समाधान भए जाएत।

महामहोपाध्याय कवि-पण्डित-मुख्य उमापति उपाध्याय हमर साहित्य-गगनक एक गोट ज्योतिष्मान् नक्षत्र थिकाह ओ हुनक एक गोट मात्र कृति 'पारिजातहरण' नाटक आइ कम-सँ-कम दू सए वर्ष सँ हमर समाजक रसिक समुदाय कैँ कत आह्लाद प्रदान करैत आएल अछि। एहि नाटकक रचना ई यवन-धन-च्छेदन-कराल-करवाल हिन्दूपति हरिहरदेवक आदेश सँ कएल ओ तनिक गुणकीर्तनक सङ्गहि सङ्ग ई 'मैथिलेश' हुक वन्दना कएलैँ छथि। नाटकक मध्य मे प्रत्येक गीतक भनिता मे हरिहरदेव नहि केवल हिन्दू-पति तथा हुनक सङ्ग जगमाता देवी श्री माहेश्वरी देवी प्रायः हुनक दुहू प्रेयसीक उल्लेख करैत छथि। प्रस्तावना मे ई अपना

कैं 'उपाध्याय' कहैत छथि आओर कए गोट गीतक भनिता मे 'गुरु'। अपनो नामक सङ्ग 'सुमति' ई विशेषण प्रायः हिनक सब गीत मे भेटत। पारिजातहरणमे अपना प्रसङ्ग अथवा अपन आश्रयभूत हिन्दूपतिक प्रसङ्ग एतवए कथा ई कहैत छथि। एही आधार पर महामना ग्रिअरसन साहेब हिनका विद्यापतिअहु सँ प्राचीन मानि लेल ओ हिन्दूपति हरिहरदेव सँ मिथिलाक अन्तिम क्षत्रिय राजा कर्णाटकुलकैरवचन्द्र हरिसिंहदेव बूझि गेल। कोनहु विषय मे अपन मत स्थिर कए लेब तखन ओकर पक्ष मे साधक युक्ति ताकब बड़ सुलभ छैक ओ एहने युक्त्याभास सबसँ म.म.डा. श्रीउमेशामिश्र अपन प्रबन्धमे ग्रिअरसन साहेबक समर्थन कएल अछि। स्वर्गीय चेतनाथ बाबू हिनका म.म. गोकुलनाथ उपाध्याय एवं म.म. रामदास झाक समानकालीन परञ्च दूहू सँ वृद्ध सत्रहम शक-शताब्दक अन्त धरि वर्तमान कहलैं छथि तथा इहो सुनल थिक जे नेपालक सप्तरी परगन्नाक मकमानी राज्य सँ सेहो ई प्रतिपालित छलाह। मकमानी पातिसाह कहि एक गोट म.म. चतुर्भुज रायक उल्लेख पञ्जी मे भेटल अछि तथा ई चतुर्भुज छलाह मिथिलाराज्योपार्जक म.म. महेश ठाकुरक अग्रशिष्य बलिआसए महामहोपाध्याय पण्डित-राय रघुननदन झाक बालक। परन्तु हरिहरदेव अथवा हिन्दूपति नामक केओ राजा जनिका प्रसङ्ग यवन-वनच्छेदन- कराल-करवाल प्रयुक्त भए सकए ने मिथिला मे भेटैत छथि ने मकमानी मे ओ तैं उमापतिक समस्या सोझराइत नहि छल। ग्रिअरसनक मतक कतबओ पुष्टि म.म. डा. श्री उमेश मिश्र कएल तथापि मिथिलाक केओ लोक ताहि सँ प्रभावित नहि भेल, एतेक प्राचीन हुनक रचना ककरहु प्रतीत नहि भेलैक।

हमरो लोकनि अत्यन्त आभारी छी सुहृद्वर डाक्टर श्रीजयकान्त मिश्र जीक जनिक मैथिली साहित्य मध्य अनुराग वंशानुगत छैन्ह ओ जनिक तद्विषयक अनुसन्धानप्रवणता हुनक 'मैथिली साहित्यक इतिहास' क रूप मे विद्वत्समाजक समक्ष उपस्थित अछि। इतिहास-प्रणयन सँ पूर्वहुँ नागपुरक प्राच्य विद्या महासम्मेलनक अवसर पर ओ उमापतिक आश्रयभूत हिन्दूपतिक परिचय प्रबन्धक रूप मे पाठ कए सकल उपस्थित विद्वन्मण्डल कैं मुग्ध कएलैं छलाह। इतिहासहुँ मे ओ हिन्दूपतिक परिचय दए उमापतिक समयक निर्णय कए देल अछि। वस्तुतः ई हिन्दूपति बुन्देलखण्डक सुप्रसिद्ध पन्ना राज्यक चारिम राजा छलाह। मिथिलाक अपर कवि-पण्डित दुर्गादत्त जनिक रचित दुर्गासप्तशती क भाषानुवादक उल्लेख कवीश्वर चन्दा झा अपनक रामायणक अन्त मे कएलैं छथि एही पन्ना-नरेश हिन्दूपतिक आश्रित छलाह। स्वरचित वृत्तमुक्तावली नामक छन्दोग्रस्थक (मिथिलास्थ लेख ग्रन्थसूची जिल्द-2 पृष्ठ 19-20) उपोद्घात मे ई एहि नरेशक वंशावली देलैं छथि जे इतिहास सँ पूर्णरूपेण मिलैत अछि (इम्पीरिअल गजेटिअर नवीन संस्करण, जिल्द- 19 पृष्ठ-401)। तदनुसार बुन्देलाधिप छत्रसालक बालक हृदय साह पन्नाराज्यकसंस्थापक भेलाह ओ तनिक बालक सभासिंहक द्वितीय पुत्र ई हिन्दूपति छलाह। हिनक नाम

हरिहरदेव छलैन्हि वा नहि से ने इतिहास मे अछि ने दुर्गादत्त वृत्तमुक्तावली मे कहैत छथि। से यदि हिनक नाम छलैन्हि तैओ प्रसिद्ध छलाह ई हिन्दूपतिक नाम सँ जे हमरा जनैत हिनक उपाधि मात्र छलैन्हि यथार्थ नाम नहि ओ पारिजातहरणहु मे प्रस्तावना वाक्य छाड़ि अन्यत्र कतहु हिनक नामतः उल्लेख नहि अछि सर्वत्र उपाधि : उल्लेख अछि। इतिहास सँ ज्ञात होइत अछि जे छत्रसालक मृत्यु 1732 ई. मे भेल ओ तदुपरान्त हृदयसाह सात वर्ष, सभासिंह तेरह वर्ष, हिन्दूपति 1758 ई. सँ लए उन्नैस वर्ष 1777 ई. धरि राज्य कए अपने द्वितीय पुत्र अनिरुद्धसिंह कैँ राज्य दए स्वर्गीय भेलाह। एतावता हिन्दूपति कैँ जँ पन्ना-नरेश मानी तँ पारिजातहरण नाटकक रचना-काल 1758 ई.क पश्चात् स्थिर होइत अछि।

ओ पारिजातहरणकारक आश्रयभूत हिन्दूपति कैँ पन्ना-नरेश मानबा मे आपत्ति तँ कोनो नहिए अछि, ओकर साधक एक नहि अनेक युक्ति विद्यमान अछि। सर्वप्रथम, पारिजाहरणहि मे मङ्गल गीतक उपरान्त जे हिन्दूपतिक आशीर्वाद मे नान्दी श्लोक अछि ताहि सङ्ग तदुत्तरक मैथिलेशक स्तुतिवाक्य देखैत छी तँ स्पष्ट भए जाइत अछि जे 'तेन श्रीधरणीधरेण हरिणा हिन्दूपति : पाल्यताम्' एहि सँ हिन्दूपतिक प्रति शुभकामना प्रकट कए उमापति 'पातु वो मैथिलेश' कहि स्पष्ट कए दैत छथि जे जाहि दर्शकगणक हेतु एहि नाटकक ओ रचना कएल से मैथिलेशक प्रजा छलाह। हमरा तँ एहने अनुमान होइत अछि जे एकरे रचना ओ मिथिला मे कएल ओ एहि सँ भरोस कएल जे एकरा लए ओ पुनः पन्ना जाए हिन्दूपति कैँ समर्पण करताह। नाटकक रचनाक उद्देश्य तँ निश्चय मिथिला भाषाभाषीक मनोरञ्जन छल आ तैं अपन कृतिक दर्शक, श्रोता अथवा पाठकक पालक मिथिलेशक स्तुति आवश्यक। सेहो ओ मिथिलेश पदे नहि कए मैथिलेश पदैं कएल अछि से ध्यान देबाक विषय थिक। परन्तु अपने ओ आशीर्वाद देल अछि हिन्दूपति कैँ जनिका सँ ओ पालित छलाह आ दू गोट गीत मे अपना प्रसङ्ग 'गुरु' शब्दक विशेषण रूपे प्रयोग सँ हमरा एहने भासित होइत अछि जे छत्रसालक सन्तान वर्ग मे पन्ना राज-वंशक ई उमापति उपाध्याय गुरु छलाह। तैं प्रति वर्ष नहिओ तँ दोसरा वर्ष ई पन्ना जाइत छलाह ओ हिन्दूपतिक राज्याधिरोहणक उपरान्त अपन आशीर्वाद देबाक हेतु जएबाक उपक्रम मे एहि नाटकक रचना कए ओ सङ्ग लेने गेलाह जे नवीन महाराज कैँ उपहार दिऐन्हि।

(मिथिला मिहिर, 9 मइ,1953 इ.)

कृष्णजन्मक प्रसङ्ग

मनबोधक कृष्णजन्म मैथिली-साहित्यक एक गोट अनुपम रत्न अछि ओ मिथिलाभाषाक इतिहास मे एकर बड़ विशिष्ट ओ महत्त्वपूर्ण स्थान छैक। मैथिली-साहित्यक ई प्रथम ग्रन्थ थीक जे प्रकाशित भेल ओ से सम्पादन कएलैन्हि मैथिलीक स्वतन्त्र सत्ताक प्रख्यापक , विश्वविदित भाषातत्त्वविद्, महामना ग्रिअर्सन साहेब। ओ संस्करण बङ्गालक एसिआटिक सोसाइटीक जर्नल मे सन् 1882 ईशवीय मे छपल अछि। तदुपरान्त एकर एक गोट संस्करण दड़िभङ्गाक यूनियन प्रेस सँ सेहो प्रकाशित भेल जकर सम्पादन लालगञ्जक श्रोत्रिय पण्डित धरेश्वर झा कएलैनिह। एमहर आबि लहेरियासराएक विद्यापति प्रेस सँ महामहोपाध्याय डाक्टर श्री उमेश मिश्रक सम्पादकत्व मे एहि ग्रन्थक बड़ सुन्दर ओ पाठभेदादिक विस्तृत विचार सँ सम्पन्न तथा ग्रन्थकारक परिचय एवं भाषाक वैशिष्ट्य प्रभृति अनेको उपादेय विषय सँ पूर्ण भूमिका सँ सम्बलित संस्करण प्रकाशित भेल। ई ग्रन्थ आदिअहि सँ विश्वविद्यालय सबहु मे मैथिलीक पाठ्यग्रन्थ निर्वाचित भेल अछि ओ तेँ सम्प्रति एकर कोनहु संस्करणक पोथी उपलब्ध नहि भए रहल अछि। अतएव दड़िभङ्गाक 'स्वदेश' कार्यालयक व्यवस्थापक छात्र लोकनिक सुविधार्थ एहि ग्रन्थक एक गोट सुलभ संस्करण प्रकाशित कए रहलाह अछि जाहि मे पाठ-भेदादि गहन विषयक विचार छाड़ि केवल विशुद्ध मूलमात्रहिक प्रकाशन भेल अछि। आशा अछि जे जनिका लोकनिक हेतु ई संस्करण कएल गेल अछि से एहि सँ उपकृत होएताह ओ तखनहि एकर प्रकाशकक श्रम सफल होएतैन्हि।

एहि ग्रन्थक नाम ओ विस्तार दूहू विवादास्पद अछि। महामना ग्रिअर्सन एकर नाम 'हरिवंश' कहने छथि ओ आन सब संस्करण मे एकर नाम 'कृष्णजन्म' अछि। विस्तारहुक विषय मे केवल श्री महामहोपाध्याय जिउक संस्करण मे अठारह गोट अध्याय अछि; शेष दूहू संस्करण मे केवल दश अध्याय अछि। काव्यक विषयक आलोचना कएला सँ स्पष्ट होएत जे एहि मे भगवान् कृष्णक लीलाक वर्णन अछि। केवल कृष्णक जन्महिक कथा एहि मे नहि अछि। समस्त कृष्णावतारहुक वर्णन अठारहहु अध्याय मे समाप्त नहि भेल अछि। प्रत्युत दश अध्याय धरि जे कथाक क्रम

अछि से क्रम तकर उपरान्त नहि अछि। एगारहम अध्याय सँ भाषा सेहो गड़बड़ लगैत अछि ओ कतेक ठाम हिन्दीक पद सब सेहो अछि। अतएव दश अध्यायक पश्चातक अंश मे प्रामाण्य-ग्रन्थ सन्दिग्ध अछि ओ हमरा दृष्टिएँ कविक ई ग्रन्थ सम्पूर्ण नहि भेलैन्हि। हुनका अभिप्रेत छलैन्हि 'कृष्णावतार'क लीलाक वर्णन ओ दश अध्याय धरि कृष्णक बाल-लीला समाप्त भए जाइत छैन्हि। तकर पश्चात् जँ कविक रचना थीको तँ विशुद्ध पाठ नहि भेटैत अछि ओ अठारहो अध्याय मे ताहि दृष्टि सँ ग्रन्थ अपूर्ण बूझि पड़ैत अछि। वस्तुत : जे चमत्कार आदितः दश अध्याय मे छैक से तकर पश्चात् नहि अछि ओ तँ हमर धारणा इएह अछि जे एहि ग्रन्थक विशुद्ध पाठ दशे अध्यायक उपलब्ध होइत अछि।

तहिना एहि ग्रन्थक रचयिताक प्रसङ्ग सेहो कोनो निश्चय नहि होइत अछि। ग्रिअर्सन साहेब एहि ग्रन्थ केँ भोलनापरपर्यायक मनबोध झाक रचित कहैत छथि जे बढ़िआमवासी पवौली-मूलक चानझाक बालक छलाह तथा जनिका नाम पर पुबारिपार मे बड़ प्रतिष्ठित पाँजि अछि। हुनक उक्ति छैन्हि जे हिनक सन्तान स्वर्गीय मिथिलेश पड़ैत छलाह परन्तु से कथा सर्वथा अलीक। भोलझा केँ पक्ष 'भाषाकवि' कहल भेटैत अछि परन्तु स्वर्गीय मिथिलेश हुनक सन्तान नहि छलथिन्ह। हँ, मधुबनीक बड़ा तरफक बाबूसाहेब लोकनि हुनक सन्तान थिकथिन्ह।

श्री महामहोपाध्याय जिउकेँ ग्रन्थकारक प्रसङ्ग कोनो निश्चय नहि भेलैन्हि। हुनका हिसाबेँ ई थीक रचना 'पलिबाड़-जगदौली'-मूलक ज्योतिषी सोनमनिझाक बालक ज्योतिर्विद् मनबोधझाक जनिक छोट भाए ज्योतिर्विद् भैअनझाक वृद्ध प्रपौत्री दड़िभङ्गाक श्री3 बड़ी राजमाता थिकीह। प्रवाद अछि जे कृष्णजन्म-कर्ता मनबोधझा ज्योतिषी छलाह ओ से पलिबाड़ए मनबोध झा ज्योतिर्विद् कहल छथि। एहि सँ अधिक कोनो प्रमाण नहि अछि जे कृष्णजन्म-कर्त्ता एहि सोनमनिझाक बालक केँ मानी। हमरा तँ एक जन आओर मनबोधझा ज्योतिर्विद् भेटैत छथि 'नरोनए मलिछाम' मूलमे जे जटेशझाक बालक छलाह ओ एहि जटेशझाक सन्तान श्री5मिथिलेश सेहो थिकाह, परन्तु ततबहि सँ निर्णय कए लेब जे इएह एहि ग्रन्थक रचयिता थिकाह, असन्दिग्ध नहि होएत।

यूनियन प्रेसक संस्करण मे ई काव्य 'भोलनझा'-रचित कहल गेल अछि। भोलनझाक अपन नाम मनबोध छलैन्हि से पञ्जी मे नहि भेटैत अछि ओ तँ यावत् यूनियन प्रेसक संस्करण नहि देखल छल तावत् महामना ग्रिअर्सन साहेबक देल परिचयक विषय मे पूर्ण सन्देह होइत छल, परन्तु आब तँ कथा निर्विवाद सन बुझना जाइत अछि। श्री महामहोपाध्याय जिउ सेहो कहैत छथि जे भोलनापरपर्यायक मनबोध कृष्णजन्म-कर्त्ता थिकाह, सेहो मत अछि। अतएव यावत् पर्यन्त एकर विरुद्ध प्रमाण नहि भेटल अछि ई मानि लेब उचित बुझना जाइत अछि जे कृष्णजन्म-कर्त्ता मनबोधझा ओएह थिकाह जे पञ्जी मे 'भाषा-कवि' भोलन कहल छथि। हिनक

परिचय देखला सँ बूझि पड़ैत अछि जे पितृपक्ष मे तँ नहि किन्तु हिनक मातृपक्ष मे मिथिलाभाषाक सेवाभाव ओ कवित्वक प्रतिभा पूर्णरूपेँ विद्यमान छलैन्हि। ई छलाह दौहित्र 'सङ्कराढ़ी-परहट'-मूलक महामहोपाध्याय रैआझाक जे 'कवीन्द्र' रघुनाथ झाक बालक ओ 'रुक्मिणी-स्वयंवर' नामक प्रसिद्ध मैथिली नाटकक रचयिता महामहोपाध्याय रमापति उपाध्यायक दौहित्र छलाह। म.म. रैआझाक वैमात्रेय म. म. देवानन्द झाक रचित एक गोट नाटक 'उषाहरण' अछि सेहो प्रसिद्ध अछि। एहि रैआझाक अपर वैमात्रेय भाए भवानन्दझाक दू गोट कन्याक विवाह मिथिलेश महाराज महिनाथ ठाकुर ओ तनिक अनुज मिथिलेश महाराज नरपति ठाकुर सँ छलैन्हि। अतएव रैआझाक दौहित्र 'भाषा-कवि' भोलन प्रसिद्ध मनबोध झा मिथिलेश महाराज राघव सिंह बहादुरक कनिष्ठ समसामयिक छलाह होएत ओ महामना ग्रिअर्सन साहेब लिखैत छथि जे हुनक देहान्त सन. 1788 ईस्वी मे भेल से जँ सत्य तँ निश्चय भोलनझा बड़ वृद्ध भए देहत्याग कएल।

× × ×

मैथिली साहित्य मे कृष्णजन्मक महत्त्व अछि ओहि नव साहित्यिक धाराक हेतु जकरा ई प्रवाहित कएलक। ओना तँ मिथिलीभाषा मे सत्साहित्यक परम्परा आइ सहस्रावधि वर्ष सँ निरवच्छिन्न रूपेँ चल आबि रहल अछि तथा आरम्भ मे ई सकल साधारणक हेतु तदुपयुक्ते भाषा मे रचित होइत छल, परन्तु अभिनव जयदेव विद्यापति ठाकुरक रचना ताहि रूपेँ लोकप्रिय अथच चमत्कारक भेल जे ताहि सँ पूर्वक सबटा काव्य क्रमशः विस्मृत ओ लुप्त भए गेल ओ तहिआ सँ मैथिली साहित्यक एकमात्र आदर्श ओएह विद्यापति ठाकुरक रचना भए गेल। ओ छल पण्डितक भाषा मे संस्कृत साहित्य सँ अनुप्राणित शृङ्गाररस प्रधान गीतमय ओ एहि शताब्दीक आदि धरि ओही आदर्श कैँ समक्ष मे राखि कवि लोकनि अपन-अपन रचना करैत छलाह। मनबोध प्रथम कवि छलाह जे अपन कृष्णजन्म मे विशुद्ध लोकभाषा मे शृङ्गाररस सँ शून्य भक्तिरसमय एक छन्द मे जे राग-ताल प्रभृति गीतक विषय सँ रहित अछि अपन एक गोट नूतन शैली मे काव्यक रचना कएलन्हि। ई छन्द आब चौपाइ कहल जाइत अछि ओ आइ सँ सहस्र वर्ष पूर्वहुक बौद्धगान मे एहि छन्दक प्रयोग भेटैत अछि परन्तु ताहि दिन ई रागहिक भेद बुझल जाइत छल ओ एकर नाम चौपाइ से नवीन थिक। एहू कृष्णजन्म मे एकर नाम चौपाइ नहि भेटल अछि परन्तु एक छन्द मे समस्त लिखल महाकाव्य शैलीपर रचित ई मैथिलीक प्रथमे ग्रन्थ थीक ओ महाकाव्यक सबटा लक्षण नहिओ घटैत अछि तथापि हम एकरा मैथिलीक प्रथम महाकाव्य सएह कहब। एही रसक, एही छन्द कैँ प्रधानता दए, एहिना लोकभाषा मे, आगाँ आबि कवीश्वर चन्दाझा अपन रामायणक रचना कएलैन्हि जे सम्प्रति मिथिलाभाषाक प्रायः सबसँ अधिक लोकप्रिय ग्रन्थ अछि परन्तु ताहि सँ पूर्व इएह कृष्णजन्म एहि भाषाक सबसँ

विशेष रोचक ओ प्रचलित काव्य छल जे गाम-गामे आबालवृद्धवनिता सब प्रेम सँ पढ़ैत छल, राग लगाए लगाए गबैत छल, कण्ठस्थ कए कए रखने छल। विद्यापतिक रचना-शैली कैँ छोड़ि एक गोट नवीन काव्य-रचनाक शैलीक प्रवर्त्तक होएबाक कारणेँ एहि कृष्णजन्मक मैथिली-साहित्य मे बड़ विशिष्ट स्थान छैक ओ काव्यगुणहु मे ई ग्रन्थ तेहन मधुर ललित, प्रसाद गुण सँ परिपूर्ण, सरल ओ रोचक भाषा मे निर्मित भेल अछि जे उचिते एकर एतेक प्रचार ओ सम्मान होइत आएल अछि।

कृष्ण-लीलाक कथा तँ ओना संस्कृत ओ अन्यान्यो भारतीय भाषा साहित्य मे अनेकानेक अछि परन्तु एहि कृष्णजन्मक कथा मुख्यतः श्रीमद्‌भागवतक दशम स्कन्ध ओ हरिवंश सँ लेल गेल अछि। परन्तु हमरा दृष्टि मे एहि मे कथाक ओतेक चमत्कार नहि अछि। ई काव्य मुख्यतः वर्णनात्मक ओ एहिमे सबटा चमत्कार ओहि वर्णनहि सब मे अछि। कथा मे वार्त्तालाप मुख्य अंश होइत अछि ओ से एहि मे ने ततेक अछि ने जे अछि से एतेक रोचक अछि। वर्णन सब अवश्य सजीव अछि जे तदुपयुक्त भाषा मे उपनिबद्ध वर्णित विषयक चित्र आँखिक समक्ष उपस्थित कए दैत अछि। भाषा से एकर विशुद्ध मिथिलाभाषा अछि ओ अनेको संस्कृतक तत्सम शब्द कैँ तद्भव बनाए प्रयोग कएल अछि जे पण्डित समाज मे अशुद्ध बुझल जाएत परन्तु जकर प्रयोग साधारण लोक ओहिना करैत अछि। परन्तु तैँ काव्यक गुण लालित्य किंवा प्रसाद एहि मे नहि अछि से के कहत? काव्यक शोभा बढ़बैत अछि अलङ्कार से केहन चमत्कारक उपमा ओ उत्प्रेक्षा सब एहिमे अछि से जे एकर अनुशीलन करताह से स्वयं बूझि लेताह। प्रसङ्गक अनुकूल शब्दक विन्यास एकर एक गोट विलक्षणता छैक जकर प्रभाव पाठक पर सबसँ शीघ्र पड़ैत छैक। ओ पाठ मे रोचकता आनि दैत छैक। बीच-बीच मे कहबी सबहिक प्रयोग एकरा स्वाभाविकता प्रदान करैत छैक। संस्कृतबहुल पण्डितक भाषा मे लिखल काव्यक रसास्वादन एक तँ सब नहि कए सकैत अछि ओ जेहो कए सकैत छथि तनिका ओहि मे जे आनन्द होइत छैन्हि से संस्कृत साहित्यक रसपरिपाक द्वारहिँ। विशुद्ध अपन भाषा मे लिखन काव्य रसास्वादन मे एक गोट आत्मीयताक भान होअए लगैत छैक ओ काव्यक रसास्वादन मे एक गोट आत्मीयताक भान होअए छैक ओ काव्यक आनन्दक सङ्ग-सङ्ग ई अपन भाषा मे लिखल अछि, जेना बजैत छी तहिना ई काव्य प्रचलित भाषा मे उपनिबद्ध अछि, तकर विशेष आनन्द अनुभव मे आबए लगैत छैक। प्रत्येक भाषा मे व्यंग्य ओ ध्वनिक अपन-अपन भिन्न प्रकार होइत छैक; से सब लोक-भाषा मे रचित काव्य मे सुलभतया बोध होअए लगैत छैक। कहबाक तात्पर्य जे मातृभाषामे लिखल काव्यमे एक गोट विलक्षण चमत्कार होइत छैक जकर प्रभाव हृदय कैँ बड़ शीघ्र ओ बड़े प्रबलता सँ ग्रहण कए लैत छैक। ओ से जे काव्य जतेक अधिक प्रचलित भाषा मे लिखल जाएत ताहिमे ततेक बेसी होएतैक। अतएव ओकर प्रभाव बेसी व्यक्ति पर पड़ैत छैक ओ ओकर रसास्वादन अधिक व्यक्ति कए सकैत अछि। इएह थिकैक

एहि कृष्णजन्मक लोकप्रियताक रहस्य ओ प्रायः सब काव्यक लोकप्रियता एही कारणेँ भेल करैत छैक। काव्य धरि उत्तम होएबाक चाही ओ ताहि मे जे कवि जेहन सरल भाषा ओ सरस भावक प्रयोग करताह तनिक काव्य ततेक व्यापकरूपेँ रोचक होएतैन्हि, ततेक अधिक व्यक्तिक हृदयाह्लादन करत, ततेक दूर धरि ओकर आकर्षणक क्षेत्र होएतैक। मनबोध एहि अंश मे प्रायः कवीश्वर चन्दाझा केँ छाड़ि सबसँ बेसी चमत्कार देखाए गेल छथि ओ उचिते हुनक काव्य एतेक दिन सँ एतेक व्यक्तिकेँ सत्काव्यक रसास्वादन कराए रहल अछि ओ आशा अछि जे जाधरि मिथिलाभाषाक काव्यक रसास्वादन होइत रहत ई कृष्णजन्म एही रूपेँ समादृत रहत।

अन्त मे 'स्वदेश' कार्यालयक व्यवस्थापकक अनुग्रहक हमरा बड़ सन्तोष अछि जे ओ एहि विलक्षण काव्यक पुनः संस्करणक आयोजन सम्पन्न कएलैन्हि। सफलता निर्भर करैत अछि ओहि वर्गक दयादृष्टि पर जनिका हेतु ई आयोजन कएल गेल अछि ओ से जँ मातृभाषाक भविष्य सेवक छात्रगण एहि सँ मिथिलाभाषाक सौष्ठव, मधुरता ओ रचना चमत्कार सँ आनन्द लाभ कएल एवं प्रभावित भेलाह तँ ई सब श्रम सफल बुझब इति।

दड़िभङ्गा, राज लाइब्रेरी,
कृष्णाष्टमी, 1356 साल
(भूमिका, कृष्णजन्म,
सम्पादक—पं. श्री रमानाथ झा,
मैथिली मन्दिर, दरभंगा)

कवीश्वर चन्दाझा

मैथिली-साहित्यक क्षेत्र मे कवीश्वर चन्दाझा बड़ उत्कृष्ट ओ यशस्वी कविक रूप मे सुप्रसिद्ध छथि। अपन रामायणक रचना कए ओ अमर भए गेल छथि, ओ जाधरि एहि भाषाक अस्तित्व अछि, मिथिलाक सद्म सद्ममे आबालवृद्धवनिता हिनक रामायणक ललित पद गाबि गाबि हिनक यशःशरीर मे जरामरणक भय नहि आबए देत। परन्तु हिनक कृति केवल रामायण मात्र नहि अछि। विद्यापतिक 'पुरुषपरीक्षा'क गद्य-पद्यमय अनुवाद कए ई प्रकाशित करओने छथि; हिनक चारि गोट कविता-संग्रह वाताह्वान, गीत-सप्तशती, गीतिसुधा ओ लक्ष्मीश्वरविलास प्रकाशित अछि। हिनक रचित महेशबानीक संग्रह प्रयाग सँ स्वर्गीय डा. अमरनाथ झा प्रकाशित करओने छथि तथा आओरो महेशबानी तथा अन्यान्य छोट-छोट कविताक संग्रह चन्द्रपद्यावलीक नाम सँ राजपण्डित श्रीबलदेव मिश्र प्रकाशित करओने छथि। पचाढ़ी स्थानक संस्थापक महन्थ साहेबरामदासक कविताक संग्रह ई स्वयं सम्पादित कए प्रकाशित कएने छथि। मैथिली-साहित्यक क्षेत्र मे सबसँ प्रचुर कृति विद्यापतिक कहल जाइत अछि, परन्तु कवीश्वरक कृति हुनकहु सँ कत अधिक प्रचुर अछि ओ केवल प्रचुरतहिक दृष्टि सँ देखलहु उत्तर प्रतीत होएत जे मैथिली-जगत मे कवीश्वर कैं केहन प्रमुख स्थान प्राप्य थिकैन्हि।

परन्तु अत्यन्त खेदक विषय थिक जे कवीश्वरक प्रसङ्ग हमरा लोकनिक ज्ञान कतेक सीमित अछि, हुनक कार्यक महत्त्व हमरा लोकनि कतेक थोड़ जनैत छी, हुनक कृतिक गौरवसँ हमरा लोकनि कतेक अनभिज्ञ छी। रामायणक तीनि गोट संस्करण बहार भए चुकल अछि परञ्च एहि रामायणहुक वैशिष्ट्यक प्रसङ्ग ओहि मे कोनहु मे किछुओ उल्लेख नहि अछि। काशी सँ ज्योतिषी श्रीबलदेव मिश्र कविवर चन्दा झा नामक एक गोट महत्त्वपूर्ण समीक्षाक ग्रन्थ लीखि प्रकाशित करओलैं छथि परन्तु ओहू मे साधारण—अत्यन्त साधारण—गपसप छाड़ि कोनो मार्मिक विषय नहि अछि, कवीश्वरक जीवनक कोनो चित्र नहि अछि, रामायणक रचना ओ कोन आदर्श कैं समक्ष राखि कएलैन्हि तकर चर्चो नहि अछि, अन्यान्य रचनाक उल्लेखो बड़ विरल अछि। डा. श्रीजयकान्त मिश्र अपन मैथिली-साहित्यक इतिहासमे अनेक ठाम

कवीश्वरक रचनाक चर्चा कएल अछि ओ गत शताब्दीक अन्तिम भाग कैँ ओ कवीश्वरक युग कहि महत्त्वक निर्देश मात्र कएल अछि, परन्तु हिनक ओहि महत्त्वक ओहो दिग्दर्शन मात्रो नहि कराए सकलाह जाहि कारणैँ ओहि युग कैँ ओ कवीश्वरक युग कहल अछि। मिथिलाक पुरातत्त्वक प्रसङ्ग हिनक कएल काजक तँ ओ चर्चो नहि कएलैन्हि अछि। सबसँ आश्चर्य तँ ई जे हिनक जन्म ओ निधनक तिथिसमेत ओहो नहि दए सकलाह अछि जाहि मे आश्चर्यक कारण इएह जे अपन जन्मक तिथि धरि तँ कवीश्वर स्वयं अपन रचित वाताह्वानक अन्त मे दए गेल छथि जे–

शकाब्दे रामेशाननमुनिनिशानायकमिते
तपोऽच्छे सप्तम्यामधिगुरुदिनं चन्द्रकवितुः जनुः
इत्यादि

अर्थात् शाके 1753 माघशुदि सप्तमी बृहस्पति कैँ, तदनुसार 20 जनवरी 1831 ई. कैँ, चन्द्रकविक जन्म भेल छल। वस्तुतः कवीश्वरक रामायणक एकमात्र यथार्थ समीक्षा, जाहि सँ केवल कवीश्वरक प्रतिभा ओ हुनक रामायणक महत्त्व नहि प्रख्यापित होइत परन्तु जे हमरा साहित्यक समीक्षाक एक गोट नव मार्ग प्रदर्शित करैत ओ हमर समीक्षा साहित्यक एक गोट अभिनव वस्तु होइत, हमर मित्र श्री श्रीकृष्ण मिश्रजी स्वदेश मे आरम्भ कएने छलाह परन्तु दू अङ्क मे ओकर पूर्वरूपमात्र देखलाँ मे आएल, तत्पश्चात् स्वदेशक सङ्गहिँ ओहो पुनि दर्शनपथ सँ विलीन भए गेल ओ नहि जानि श्रीश्रीकृष्ण बाबू ओकरा कहिआ धरि समाप्त कए प्रकाश मे अनैत छथि। एम्हर आबि डा. श्रीललितेश्वरझा हिन्दी मे कवीश्वरक काव्यप्रतिभाक बड़ सुन्दर विश्लेषणात्मक निबन्ध लिखलैन्हि अछि परन्तु मौलिक अनुसन्धान ओहू मे परिमिते अछि।

तथापि कवीश्वरक रामायण देश मे प्रसिद्ध अछि ओ हुनक कवित्व-ख्याति प्रसृत अछि। एतए मुख्यतः हमरा कवीश्वरक काव्यप्रतिभा विवेचनीय नहि अछि यद्यपि अनुपदहिँ ओकरो चर्चा करबे करब ओ देखाएब जे एहू दिशामे कवीश्वरक सेवा कोन रूपैँ स्तुत्य अछि, अनुकरणीय अछि। एतए हमरा मुख्यतः देखएबाक अछि जे मिथिला, मैथिल ओ मैथिलीक प्रसङ्ग अपन दीर्घ जीवनकाल मे कवीश्वर कोन रूपैँ एकसर बराबरि अनुसन्धान करैत रहलाह ओ से कार्य ओ कोन-कोन मार्गें कएल जकरे अनुगमन सँ ओ कार्य एखनहु फलद सिद्ध भए सकैत अछि।

सुधी-समाज कैँ ई कथा विदिते अछि जे कहबाक प्रायः हमरा प्रयोजन नहि अछि जे अनुसन्धानक काज–पुरातत्त्वक अनुसन्धानक काज–एक गोट व्यसन थिकैक ओ एक बेरि एहि मे पड़ला उत्तर ओ एकर रसक आस्वादन भेला उत्तर पुनि एहि सँ मुक्ति भेटब कठिन। छोट छोट विषय जकरा आन लोक तुच्छ बुझत एक गोट यथार्थ अनुसन्धानीक हेतु अपूर्व महत्त्वक भए जाइत अछि ओ तकर समाधानक हेतु ओकर चित्त व्याकुल रहैत छैक, समयक महत्व जेना ओकरा हेतु नगण्य भए

जाइत छैक। हँ, तखन अनुसन्धानक मार्ग मे पूर्णताक आशा करबे असङ्गत। कोनहु प्रसङ्गमे यावतो विषयक समुचित समाधान कैए कैं सिद्धान्त ख्यापित करब दोष थिक। ज्ञानक मार्ग कतहु अवरुद्ध नहि छैक, सबटा समाधान भेले ताकए से आवश्यक नहि छैक। अनुसन्धानक मार्ग प्रदर्शित भए गेला सँ अन्यो व्यक्ति ओहि मार्गक अनुसरण कए कतेक भ्रमक निराकरण कए सकत, कतेक नव नव समाधान देत, अनुसन्धानक कार्य विकासोन्मुख रहत, नव नव व्यक्ति कैं उत्साह होएत—इत्यादि विषय अनुसन्धान-कार्यक हेतु मूल सिद्धान्त जकाँ बुझबाक थिक। एहि हेतु आवश्यक छैक जे अनुसन्धानी व्यक्ति कैं से साधन प्राप्त रहैक जाहि द्वारा ओ अपन अनुसन्धानक फल समय समय पर प्रकाशित करओने जाए। हमरा लोकनि कैं से साधन एखनहु नहि अछि, आइसँ साठि सत्तरि वर्ष पूर्व तँ से ककरहु मनःपथहु मे नहि आएल छलैक।

परन्तु छलाह धरि कवीश्वर अनुसन्धानक एहने व्यसनी। पूर्वक समाचार तँ हमरा निश्चित रूप सँ विदित नहि अछि परन्तु महाराज लक्ष्मीश्वरसिंह बहादुरक सभा मे जखन ओ अएलाह तखनुक समाचार हमरा अनेको बेरि अपन मातुल स्वर्गीय म.म. डा. सर गङ्गानाथझाक मुह सँ सुनल थिक जे कोन रूपैं कवीश्वरक जीवन केवल मिथिला, मैथिल ओ मैथिलीक प्रसंग अनुसन्धान करैत, एकरे चर्चा करैत, एकरे भावना करैत बितए। हुनक जीवनक जेना कोनो दोसर लक्ष्ये नहि रहैन्हि। मनोविनोदक हेतु, स्वान्तःसुखाए, ओ कविता रचथि, सेहो अपन आराध्यदेव शिवजीक वन्दना मे, अथवा देशक विकराल दशापर, ओ शेष समय ओ केवल पुरातत्त्वक अन्वेषण कार्य मे, एकरे चिन्तना मे, एकरे भावना मे बितबथि। आओर की, नेओत पूरए जाथि ओ सुनथिन्ह जे अमुकक घर मे प्राचीन पोथी छैक तँ बाट सँ फराको रहैक तथापि ओतए जाए पोथी देखि ओकर सूची बनाए राखि लेथि, कोनहु प्राचीन मन्दिरक नाम सुनथिन्ह तँ ओतए जाए देवताक दर्शन कए चारू दिशि ताकए लागथि जे किछु प्राचीन वस्तु तँ ने ओतए छैक। मिथिलाक पुरातत्त्वक विषय तँ ताहि दिन परम्परया श्रुते छल, लिखित तँ एमहर आबि कैं किछु भेल अछि परन्तु से श्रुत विषयक जङ्गम भण्डार कवीश्वर छलाह ओ ताहि प्रसङ्ग हिनक संलग्नता, मनःप्रवेश ओ ऊहिक भूरि भूरि प्रशंसा हमरा अपना मामक मुह सँ अनेको बेरि सुनल थिक।

परन्तु अत्यन्त खेदक विषय थिक जे से भण्डार कवीश्वर, अधिकतया, अपना सङ्गहि लेने चल गेलाह। हम कहल अछि अधिकतया, कारण, किछुओ ओ लीखि नहि गेलाह से बात नहि अछि, कम सँ कम नव नव जे विषय हुनका उपलब्ध होइन्ह से ओ अपन नोट-बही मे लिखने जाथि; अपना ऊहि सँ जे विषय ओ बहार करथि सेहो अपना बही मे लीखि लेथि; ग्रन्थाकारहु ओ कए गोट विषय लिखब आरम्भ कएल जे प्रायः नवीन विषयक उपलब्धिक भरोसैं अथवा कोनहु शङ्काक दुरूह भेला सँ अपूर्ण रहि गेल। सेहो सब खिष्टा रूप मे बही मे अवश्ये लिखल होएत। परन्तु

प्रकाशित धरि ओ बड़ थोड़ विषय कए सकलाह। रामायण मे ओ महाराज महेशठाकुरक मैथिली गीत ओ सँएतालीस गोट मैथिलीक कविक नाम मात्र दए सकलाह; पुरुषपरीक्षा मे टिप्पणीक रूप मे ओ दश-पाँच गोट अपूर्व कथा लीखि गेलाह जे अन्यथा जानल नहि थिक, साहेबरामदासक गीतक संग्रहक सङ्ग-सङ्ग ओ पचाड़ी स्थानक इतिहास दए गेलाह। विद्यापतिक रचनाक संग्रह समस्त मिथिला घूमि घूमि जे ओ कएल ताहि मे गीत अंश स्वर्गीय नगेन्द्रनाथगुप्त महाशय प्रकाशित कराओल; गोविन्ददासझाक गीतक जे संग्रह कएल से एमहर आबि अमरनाथ बाबू शृङ्गार-भजन-गीतावलीक नाम सँ प्रकाशित कराओल। हँ, विद्यापतिक हाथक लिखल भागवतक पोथी धरिक पता इएह लगाओल, ओकरा ताकि कैँ बहार कराओल जे भाग्य सँ दड़िभङ्गा राजकीय पुस्तकालय मध्य, आब संस्कृतविश्वविद्यालय मध्य, सुरक्षित अछि। प्रकाश-रूप मे कवीश्वरक कएल पुरातत्त्वक अनुसन्धान एतबए उपलब्ध अछि। ई थोड़ नहि से अवश्य, परन्तु हिनक एतबए कृति नहि छैन्हि ओ हमरा स्वयं जे हिनक कतोक लेख हस्तगत भेल अछि, हिनका प्रसङ्ग कतोक लिखल भेटल अछि, तथा हिनक उपलब्ध लेखक आधार पर हिनक कएल अनुसन्धानक विभिन्नता ओ विशालताक जे अनुमान करैत छी ताहि सँ स्पष्ट होइत अछि जे कवीश्वरक कार्यक्षेत्र कतेक विस्तीर्ण छल, हिनक प्रतिभा केहन सर्वतोमुखी छल।

एहि प्रसङ्ग इहो कहब अप्रासङ्गिक नहि होएत जे कवीश्वरक प्रादुर्भाव समुचित समय मे नहि भेल। महाराज लक्ष्मीश्वर सिंह बहादुरक सदृश उदाराशय प्रभु भेटलथिन्ह से हिनक सौभाग्य अवश्य ओ हुनके उदार गुणग्राहिता सँ समुत्साहित भए ई अपना कैँ एहि रूपैँ एहि कार्य मे संलग्न राखि सकलाह। परन्तु महाराज बहादुर बहुत दिन धरि राज्य नहि कएलैन्हि; ताहू मे पश्चात् हुनक स्वास्थ्य ततेक अधलाह भए गेलैन्हि जे क्रमशः उत्साह क्षीण होअए लगलैन्हि। रहबो करथि राजधानी मध्य ओ थोड़ काल ओ सार्वजनिक कार्यक संकुलता मे थोड़ समय बचाए सकथि जखन साहित्यिक चर्चा हो। अतएव कवीश्वर आरम्भ तँ कएल बड़ उत्साह सँ ओ अनुसन्धानक फलक रसास्वाद कए ओहि मे संलग्न रहलाह भरि जन्म, परन्तु हुनका तादृश केओ पोषक नहि भेटल, सहायक नहि केओ भेल, समर्थक थोड़ लोक भेल, हुनक कार्यक रस बुझनिहारो बड़ विरल भेल। कवीश्वरहिक कार्य सँ मुग्ध भए, हुनकहिसँ प्रोत्साहन पाबि, एहि शताब्दीक आरम्भमे एतए दड़िभङ्गा मे एक गोट मिथिलानुसन्धान-समितिक सेहो स्थापना भेल छल जकर प्राण छलाह स्वर्गीय चेतनाथ झा प्रसिद्ध कृष्णजी बाबू ओ मन्त्री छलाह स्वर्गीय बाबू केशी मिश्र। एकर प्रमुख सदस्य छलाह स्वर्गीय वक्शी जी, गणनाथ बाबू, मुंशी रघुनन्दनदास, ओ बाबू तुलापतिसिंह साहेब। इहो लोकनि थोड़ काज नहि कएल, परन्तु युगे ओ तेहन छल जे शिक्षितो समाज सँ हिनका लोकनि कैँ प्रोत्साहन नहि भेटल जकर फलस्वरूप इहो समिति पश्चात् भग्न भए गेल ओ पाछाँ तँ ई लोकनि अपनहु एकरा 'मुर्दाक्लब'

कहए लगलाह, कारण, हिनका लोकनिक संलग्नता पुरान वस्तुक दिश छल, जीवनक संघर्षसँ ई लोकनि दूर रहैत छलाह। यदि कवीश्वर ततबा पूर्व प्रादुर्भूत भेल रहितथि जे महाराज लक्ष्मीश्वरसिंह बहादुरक राजत्वकालक आदिभागहि मे हिनक अनुसन्धानक फल प्रकाशनीय रहैत अथवा यदि महाराज बहादुरहिँ कैँ से स्वास्थ्य, अवकाश, ओ अभिनिवेश रहितैन्हि तँ निश्चय ओहन उदाराशय ओ गुणग्राही प्रभुक ओतए हिनक कार्यक उचित सम्मान होइत, हिनका सहायता भेटैत, प्रोत्साहन होइत, ओ मिथिलाक स्वरूप आइ दोसर रङ्गक रहैत, कम सँ कम मैथिलीक स्वीकृति तँ ताही दिन भए गेल रहैत ओ जेना हिन्दी हमरा लोकनिक ऊपर मे लादि देल गेल से धरि तँ नहिए होइत। अथवा यदि कवीश्वर पचासो वर्ष पछाति प्रादुर्भूत होइतथि तँ निश्चय शिक्षाक प्रसार सँ हिनक काजक गुण बुझनिहार बेशी लोक होइत, जनताक दिशि सँ हिनक काजक समर्थन होइत, हिनक यश एना क्षुण्य नहि होअए पबितए। परन्तु से तँ भेल नहि। कवीश्वर एकाकी अपन काज करैत रहलाह ओ बड़ थोड़ लोक जे हिनका सँ घनिष्ठ सम्बन्ध मे छल, हिनक आप्त छल, सएह टा हिनक कार्यक मर्म बूझि सकल, हिनका प्रोत्साहन दैत रहल। ओना तँ विशुद्ध अनुसन्धानक मर्म बुझनिहार एखनहु विरले अछि, ताहि दिन तँ सहजहिँ गनले गूथल छल।

ओना तँ कवीश्वरक नाम, यश ओ हुनक रामायणक पद सब जहिअहि सँ ज्ञान भेल तहिअहि सँ सुनैत आएल छी। कवीश्वर कैँ हमरा मातृक सँ बड़ घनिष्ठ सम्पर्क। ओहि युगक प्रायः बहुतो पैघ पण्डित कैँ से सम्बन्ध, यथा—म.म. जयदेवमिश्र, म. म. रज्जेमिश्र, कवीश्वर चन्दाझा, कारण, हमर मातृमातृक गन्धबारि ड्यौढ़ी सँ बहुतो पण्डित कैँ पाठावस्थहि सँ जीविका भेटैन्हि तेँ कवीश्वर सँ हमरा माम लोकनि कैँ आत्मीयता। रामायणक बहुतो पद तेँ हमरा अबोधावस्थहि सँ अपना माइक मुह सँ सुनल। तथापि कवीश्वरक एहि दिशामे कृतित्वक प्रथम आभास हमरा हिनक रचित महेशबानी-संग्रहक भूमिका मे भेटल जाहि मे हमर माम स्वर्गीय डाक्टर (पछाति सर) गङ्गानाथझा लिखैत छथि—

जाही दिन मिथिलाभूषण कविवर चन्दाझाक मृत्युक समाचार पाओल ताही दिन हम अपन पूज्यपाद ज्येष्ठ भ्राता स्वर्गीय विन्ध्यनाथ बाबूक ओतए प्रार्थनापत्र पठाओल जे कवीश्वरक गीत ओ मिथिला तथा मैथिल ब्राह्मणक पुरावृत्तक प्रसङ्ग जे उक्त कवीश्वर बहुत लिखने छलाह तकर संग्रह कराए जाहि सँ ओ सब प्रकाश भए जाए से करैक चाही। हमरा भाइक पत्रोत्तर आएल जे चन्दाझाक लिखल जे किछु छलन्हि से सब पोथा श्रीमिथिलेशक आज्ञानुसार म.म. पण्डित परमेश्वरझाक 'जिम्मा' कएल गेलैन्हि अछि ओ छपएबाक प्रबन्ध करएबाक आज्ञा भेटलैन्हि अछि। ताही दिन सँ एकर बाट तकैत छी। मिथिला-पुरातत्त्वक विषय कदाचित मिथिलातत्त्वविमर्श-रूपेँ प्रकाशित भेल हो ई सम्भव परन्तु गीतावलीक एखन धरि कतहु पता नहि।"

ई कथा 1921 क थिक। मिथिलातत्त्वविमर्श पूर्व मे प्रकाशित होअए लागल

छल अवश्य, परञ्च समग्र तँ इएह चौदह-पन्द्रह वर्ष भेलैक अछि छपल अछि। म. म. मुकुन्दझा वक्शीक इतिहास प्रकाशित भए गेलाक पर मिथिलातत्त्वविमर्शक महत्त्व हमरा हेतु थोड़ रहि गेल अछि। हमरा विश्वास अछि जे यदि एकर निर्माण कवीश्वरक अनुसन्धानक आधार पर भेल तँ से कवीश्वरक खिष्टाबही सँ, ओकर टिप्पणी-सबहिक सङ्कलन मात्र कए कैँ। पूर्णरूप सँ पल्लवित कए कवीश्वर एकरा लिखने नहि छलाह। परन्तु जेहो, कवीश्वरक 'पोथा' सब की भेल से पता नहि। हुनक गीतावलीक प्रकाशन राजप्रेस सँ एमहर आबि चन्द्रपद्यावलीक नाम सँ भेल अछि परञ्च ओकरो आधार, कवीश्वरक पोथा, कतहु दष्टिपथ मे नहि आएल अछि। बूझि पड़ैत अछि जे जतहि हुनक 'पोथा' पड़ल ततहि ओ पड़ले रहि गेल। एकर फल ई भेल जे कवीश्वरक यश तँ बिलाइए लागल, समाजक ज्ञानवृद्धिक एक गोट विलक्षण साधन लुप्त भए गेल। एहि 'पोथा' सबमे रङ्ग-विरङ्गक वस्तु सङ्गहि सङ्ग भेटत। इतिहास, साहित्य, परिचय, विचार सब कथूक सम्मिश्रण हिनक अपन रचनाक सङ्ग सङ्ग तेनाकेँ मिझराएल छैन्हि जे सब कें फराक कए प्रकाश कएला उत्तर ओहि सँ अनेक विलक्षण वस्तुक अवगति भए जाएत। मिथिलाक इतिहासक ई एक गोट अत्यन्त दुःखद घटना थिक जे कवीश्वरक ई 'पोथा' सब एहन अनुसन्धानी व्यक्तिक हाथ मे नहि पड़ल जे एहि मे निहित रत्नक सञ्चय करबाक श्रम करितए।

आब बारह वर्ष सँ ऊपर भेलैक, 1950 क गप थिक, जे कवीश्वरक अपन हाथक लिखल रामायण पोथी एवं अन्यान्यो अनेक रचना ओ लेख देश ओ विदेश सँ संगृहीत कए जखन हम एक दिन स्वर्गीय स्वनामधन्य अमरनाथबाबू कैँ कहलिऐन्हि तँ ओ बड़े उत्सुकता एवं सन्तोषसँ हमर काजक विवरण सुनलैन्हि आ कहलैन्हि जे कवीश्वरक दू किंवा तीनि गोट पोथा हुनकहु सङ्ग छैन्हि जाहि सँ गोविन्ददासक पद सब कैँ तँ उतारि कए ओ शृङ्गार-भजन छपाओल परन्तु ओहि मे आओरो अनेक विषय छैक जकर सङ्कलन कएला सँ मिथिलाक पुरातत्त्वक कतोक रहस्य उद्घाटित भए जाएत ओ से ओ ताकि कैँ हमरा पठाए देताह। अमरनाथबाबू अनेक कार्य मे अतिव्यस्त रहथि ओ आब तँ एहि लोकमे ओ छथिओ नहि। हम एकरा अपन अकर्मण्यता बुझैत छी जे ओ पोथा सब हमरा बुतेँ लेल नहि भेल। परन्तु तावत् हमर साहित्य-गुरु कविशेखर श्रीबदरीनाथझाजी सएह हमरा कवीश्वरक लिखल दू गोट खिष्टावही देल—इएह डा. झाक शब्द मे आब बुझैत छी जे 'पोथा' भेल—जे कतोक दिन सँ हुनका सङ्ग छलैन्हि ओ कतए सँ प्राप्त भेलैन्हि से हुनकहु स्मरण नहि छलैन्हि। एहि मे एकटा मे विद्यापतिक सए डेढ़ेक गीत कवीश्वरक अपना हाथेँ लिखल अछि जाहि मे शतावधि, विशेषतः नचारी ओ कूट, एखन पर्यन्त अप्रकाशित अछि। सब सँ महत्त्वक विषय एहि संग्रह मे ई अछि जे ठाम-ठाम एहि मे कवीश्वर टिप्पणी लीखि देने छथिन्ह जे आब पुनः केओ नहि कहि सकैत अछि, तथा कूटक गीत सबहिक अर्थ लगएबाक सङ्केत अछि। टिप्पणीक एक गोट दृष्टान्त

पर्याप्त होएत। मानक प्रसिद्ध गीत 'अरुण पुरुष दिशि बहल सगर निशि'—इत्यादि विद्यापतिक गीतक संग्रह मे देखि अनेक बेरि मन मे होइत छल जे नगेन्द्रनाथ गुप्तजी एकरा भ्रम सँ विद्यापतिक रचना मानल अछि, ई गीत तँ पारिजातहरण मे अछि, उमापतिक थिकैन्हि। कवीश्वर ई गीत विद्यापतिक भनिताक सङ्ग अपना बही मे लीखि नीचा मे टिप्पणी करैत छथि—

ई गीत म.म. उमापतिझाक कृत पारिजातहरण नाटक मे उदाहृत अछि परञ्च शाके 1310 क लेख तालीपत्र मे देखल ताहिसौँ निश्चित भेल जे कवि विद्यापतिक थिक।"

खेद जे कोन तालीपत्रक लेख मे ई भेटलैन्हि से कवीश्वर नहि देलैन्हि परन्तु तैओ एहि टिप्पणीक कतेक महत्त्व भेल से हम एतए नहि कहए लागब, मैथिली-साहित्यक वेत्ता कैँ से कहबाक प्रयोजन नहि अछि। दोसर जिल्द मे रङ्ग-विरङ्गक विषय भरल अछि, अपन खरचओटा सँ लए रचना धरि तथा अनेक ऐतिहासिक व्यवस्था ओ छोट-छोट वार्त्ता एहि मे यत्र-तत्र भरल अछि। एहि सँ एक गोट मात्र दृष्टान्त एतए देब पर्याप्त होएत। 1891 इस्वीक 30 दिसम्बर कैँ कवीश्वर एक मासक फुरसति लए गाम दिशि गेलाह ओ सोनवर्षाक राजासाहेबक ओहिठाम सँ पाता छलैन्हि से नेओत पूरए गेलाह। भरि मासक डाइरी कवीश्वर एहि बहीमे लिखलैँ छथि जे समस्त पढ़बाक योग्य अछि परन्तु हम ओकर 28 जनवरी 1892 भाघ 14 बृहस्पति दिनुक खेल एतए उद्धृत करैत छी—

सोनबरिसासौं श्रीमन्महाराजाज्ञासौं सवारी भेटल। गाजीपन्ना आबी, श्रीचण्डीमाताक दर्शन करी, प्रस्तर एक चौकठि जे पुरान बड़क गाछ मठ बनैक समय काटल गेल छल ताहि तर उखड़ल जाहि खम्भा मे लेख तिरहुता अक्षर मे—

श्रीमन्माहेश्वरीवरलब्ध-समस्तप्रक्रियाविराजमान-युद्धेशवंशकुमुदानन्दचन्द्र-राजश्रीमत्सर्वसिंहदेवारि विजयी। ल.सं. 200 कतेक छल।"

एहि यात्रा मे कतए-कतए वर्ष भरिक पाताक नेओत पूरल, कतए की बिदाइ भेल, कतए कोन शास्त्रीय चर्चा भेल, कतए कोन कोन तालीपत्रक पोथी देखल, सोनवर्षा मे केहन-केहन रस्य भोजन भेटल इत्यादि विषयक सङ्ग ई एक गोट शिलालेखक उल्लेख कतेक महत्त्वपूर्ण अछि से कहबाक प्रयोजन नहि। एहिना कतेक वस्तु एहि पोथा मे भरल अछि। अनुमान कए सकैत छी जे कवीश्वरक सबटा पोथाक संग्रह कए सबटामे जे छीटफूट विषय उल्लिखित अछि सबहिक वर्गीकरण कए सबटा क्रमबद्ध लिखल जाए तँ से कोन रूपक वस्तु होएत, मिथिला-मैथिल-मैथिलीक पुरातत्त्वक कतेक अन्धकार ताहि सँ दूर भए सकत, कवीश्वरक यश कतेक निर्मल भए देशक अज्ञान-तिमिर कैँ बिलाए सकत!

प्रथम मैथिलीक क्षेत्र कैँ लिअ। कवीश्वरक अपन रचनाक उल्लेख पूर्वहिँ कएल गेल अछि परन्तु से केवल प्रकाशितक। हुनक कए गोट ग्रन्थ अप्रकाशितो

सुनल थिक यथा– अहल्याचरित नाटक। कहल जाइत अछि जे प्रारम्भावस्था मे मिथिला-मिहिर मे ई नाटक छपए लागल छल परन्तु हम आयासो कएल अछि तथापि से कतहु देखि नहि सकलहुँ। यदि ओ एकर रचना कएल तँ ओकर लेख कतहु अवश्य होएत सम्पूर्ण नहिओ होएत तथापि अपूर्णे ओ कोनहु पोथामे अवश्य होयत। आशा तँ इएह कएल जाए सकैत अछि जे म.म. परमेश्वरझाक जिम्मा जे पोथा सब कएल गेलैन्हि से राजलाइब्रेरी मे हो परन्तु ओतए पचीस वर्षक अवधि मे हमरा कवीश्वरक दू गोट व्यवस्था-पत्र छाड़ि आओर किछु नहि देखलाँ मे आएल। अतएव एहि नाटकक कोनो पता नहि लगैत अछि। तहिना राजावलीक नाम सेहो सुनलाँ मे आएल अछि। जँ एहि मे मिथिलाक राजालोकनिक वर्णन अछि तखन तँ ई मिथिलाक इतिहास भेल। कवीश्वरक एक गोट पोथा मे हमरा 'मिथिलेतिहास'क प्रारम्भ भेटैत अछि जाहि मे मङ्गलाचरणक पश्चात्क श्लोक मे अछि–

सकलगुणनिवासं तीरभुक्तीतिहासं
लिखति सुकृतकर्मा मैथिलश्चन्द्रशर्मा ॥

तथा चौपाइ सँ आरम्भ कए महाराज जनकक पदवीक हेतु तथा जनक-शब्दार्थक विवेचना मात्र, मुदा से अंश गद्य मे अछि। एहि सँ भान होइत अछि जे एकर रचना चम्पूक रीति सँ ओ करितथि। जँ ओ एहि विषय मे आओर लिखल तँ से कोनहु आन पोथा मे होएत। परन्तु एहि विषयक लेख मिथिलातत्त्वविमर्श मे आबि गेल हो तँ कोनो आश्चर्य नहि। पुनः सुनैत छी जे कवीश्वर मैथिल-ब्राह्मणक मूलग्रामक वर्णनात्मक निबन्ध लिखने छलाह। मूलग्रामक कहि केँ तँ नहि परन्तु मिथिलाक गामसबहिक परिचय अक्षराक्रमे हिन्दी मे लिखल तीन पत्र मात्र हमरा एक गोट 'पोथा' मे बीचमे राखल भेटल अछि जाहि मे पत्रसंख्या 13-14-15 अछि ओ इजोत, इजरा बसौली, इजरा कन्दर्प, उमगाम, उफरौली, उसथुआ, ऊटी ऋगा, एहु, एकमा, बभनगामा, एकमीघाट, वागमती नदी, एकहर, ओ ओइनी, बस इएह बारह गोट गामक परिचय अछि। छीटफूट गामक प्रसङ्ग लेख अन्यत्रहु भेटल अछि परन्तु क्रमबद्ध इएह तीनि गोट पात भेटल अछि जाहि मे भाषा हिन्दी ध्यान देबाक थिक। तहिना मैथिलीक छन्दोविषयक कवीश्वर विशेषज्ञ छलाह। एहि प्रसङ्ग आगाँ चर्चा करैत छी परन्तु ग्रन्थ एहू प्रसङ्ग कोनो देखलाँ मे नहि आएल अछि।

कवीश्वरक रचना, फुटकर गीत, कवित्त, कुण्डलिया प्रभृति अनेको एखन धरि प्रकाशित नहि भेल अछि। जे 'पोथा' प्रकाश मे नहि आएल ताहि मध्यक लिखल रचना पड़ले रहि गेल। हमर 'पोथा' मे तत्समयक देश-दशाक बड़ विलक्षण चित्रण भेटैतएिसिकि अछि। सर्वे सेट्लमेटक समयक हिनक दू गोट कुण्डलिया, हमरा जनैत अप्रकाशित, एतए देखल जाए–

घर घर चिन्ता अन्नको कौन सुनै दुख कान।
ता पै बन्दोवस्त नव भयो चहत भगवान ॥

भयो चहत भगवान अमीनी टिट्ठी ऐहें।
जमीदार ओ कृषक लोग निर्धन है जैहें ॥
भनत चन्द्र आनन्द कहाँ जिव काँपत थरथर।
भजन भाव को छोड़ नापकी चरचा घर-घर ॥

पटु पटवारी धरमधुज तहसिलदार अमीन।
सत्यधर्मव्रत जगत को इनको दया अधीन ॥
इनको दया अधीन तीन वञ्चक नहि होता।
कहीं न लेता घूस स्वामि को स्वत्व न खोता ॥
भनत चन्द्र यह सुखी सदा परवित्त विहारी।
कपट न कागत लिखत होत जो पटु पटवारी ॥

एहि दूहू कुण्डलियाक भाषा मिथिलाक हिन्दी थिक। एहिना पुरुषपरीक्षाक भूमिका हिन्दी मे अछि, रामायणहु मे किछु अंश एही हिन्दी मे कवीश्वर लिखए लागल रहथि। एकर कारण स्पष्ट अछि। कवीश्वरक रचनाकाल धरि अर्थात् महाराज लक्ष्मीश्वरसिंहक राजत्वकाल मे हिन्दी एतएक भाषा निर्धारित कए देल गेल छल। हिन्दी एतए केहन छल तकर प्रमाण हिनके गद्य ओ पद्य अछि परन्तु व्यापकरूपेँ अपन रचनाक प्रचार हो तदर्थ कवीश्वर केँ हिन्दीक शरण लेअए पड़ल। कोर्ट्स आफ वार्ड्सहिक समय मे राजदड़िभङ्गाक व्यावहारिक भाषा हिन्दी भए गेल छल। महाराजकुमार बाबू गुणेश्वरसिंह साहेब जे शुभङ्करपुर मे विशाल मन्दिर बनबाओल तकर शिला-लेख हिन्दी मे अछि। ब्रजभाषाक प्रचार राज-दरबार मे पूर्ण छल ओ जे नहिओ जनैत छल सेहो एहि भाषा मे बजबाक हेतु बाध्य होइत छल। भाषाक क्षेत्र मे हमरा लोकनिक दुर्दशाक आरम्भे हिनकहि समय सँ होइत अछि ओ जे कथा हम पूर्वहुँ कहि आएल छी महाराज लक्ष्मीश्वरसिंह बहादुरक समय सँ पूर्वक शतावधि वर्ष मिथिलाक संस्कृतिक हेतु ह्रासक युग छल। हिनके भाषा एहि कथनक ज्वलन्त उदाहरण थिक जे मिथिलाक भाषा हिन्दी कहब कतेक न्याय्य भेल ओ एखनहु थिक।

ई तँ भेल हिनक अपन रचना। प्राचीन मैथिली-साहित्यक ई केहन ज्ञाता छलाह ओ ताहि क्षेत्र मे हिनक अनुसन्धान कोन रूपक स्तुत्य छल तकर आभास निम्नांकित उद्धरण सँ होएत जे स्वर्गीय नगेन्द्रनाथगुप्तजी अपन विद्यापति-पदावलीक भूमिका मे लिखैत छथि—

"किन्तु यिनि सकलेर अपेक्षा आमार कृतज्ञता-भाजन, याँहार सहायता ना पाइले एइ ग्रन्थ प्रकाश करा असम्भव हइत, तिनि इहलोक त्याग करिया गियाछेन। स्वर्गीय कवीश्वर चण्डाझा (चन्द्रकवि) विद्यापतिर पदावली सम्बन्धे अद्वितीय तत्त्वविद् एवं अर्थपारदर्शी ओ मिथिला-भाषाय स्वयं सुकवि छिलेन। यखन आमि पदावलीर सम्पादन आरम्भ करि तखन जाँहार वयस 75 वत्सर तथापि तिनि असीम उत्साहेर

सहित एइ कार्यें योगदान करेन। पदावली संग्रह करा, कठिन शब्दादिर अर्थ प्रभृति सकलइ तिनि करेन। विद्यापतिर भाषाय तिनि आमार शिक्षागुरु।"

नगेन्द्रनाथ गुप्तहु सँ पूर्व स्वर्गीय शारदाचरणमित्र महाशयक सङ्ग कवीश्वर घुमल छलाह, विद्यापतिक पद एकत्र कएने छलाह, ओ विद्यापतिक अपना हाथेँ लिखल भागवतक पोथी मित्रमहाशय केँ देखाए हुनक सन्देह दूर कए देने छलाह जे विद्यापति मैथिल छलाह अथवा बङ्गाली! तथापि विद्यापतिक कतेको पद एखनहु कवीश्वरक पोथा मे भेटल अछि जे अद्यापि प्रकाशित नहि अछि। परन्तु से केवल विद्यापतिहिक टा कहाँ? गोविन्ददासझाक गीतक प्रथम सङ्कलयिता इएह थिकाह, महन्थ साहेबरामदासक रचनाक संगृहीता इएह थिकाह से कथा हम पूर्वहिँ कहि आएल छी। पुनि, विद्यापतिक पदावलिहिक टा नहि, विद्यापतिक प्रायः समस्त रचना हिनका उपलब्ध भए गेल छल। लिखनावलीक प्रकाशन जे स्वर्गीय म.म. डा. गङ्गानाथझा एतए सँ कराओल ताहि मे हिनके हाथ छल। विद्यापतिक कीर्तिलता नेपाल सँ आनि म.म. हरप्रसादशास्त्री जे बङ्गला मे प्रथमहि छपाओल ताहि सँ बीस वर्ष पूर्वहि 8 फरवरी 1905 ई. केँ कलकत्ता मे कवीश्वर ओकरा अपना हाथेँ लीखि महामना ग्रिअर्सनसाहेब केँ देल जे सम्प्रति इण्डिआ आफिसक लाइब्रेरी मे अछि ओ जे देखला उत्तर कीर्तिलताक प्रकाशित संस्करण सब तुच्छ बूझि पड़ैत अछि। हँ, कीर्तिपताकाक पता हिनका नहि छल ने गोरक्षविजय नाटकक ओ ज्योतिरीश्वर ठाकुरक वर्णरत्नाकरक सेहो दर्शन नहि भेल छल यद्यपि एहू प्रसङ्ग एतबा हिनका ज्ञात छल जे हुनक एक गोट गद्यग्रन्थ खण्डित रूप मे कतहु अछि। लोचनक रागतरङ्गिणीक प्रतिलिपि ई अपना हाथेँ शाके 1810 पौषकृष्ण पञ्चमी सोम केँ ठाढ़ी मे कएने छलाह जे पुस्तक हमरा एखन पर्यन्त हस्तगत नहि भेल अछि परन्तु ओकर प्रतिलिपि बाबू श्रीगङ्गापतिसिंह साहेबक कएल हमरा सङ्ग अछि ओ जकर उपयोग पटना विश्वविद्यालय सँ जे रागतरङ्गिगी प्रकाशित भए रहल अछि ताहि मे कएल गेल अछि। रामायणक अन्त मे जे सँएतालीस गोट मिथिलाभाषाक कविक नाम उल्लिखित अछि ताहि मे बहुतोक तँ कृतिक नाम समेत देल अछि ओ ताहि मे कए जनक परिचय ठाम ठाम हिनक लिखल देखि पूर्ण विश्वास होइत अछि जे ई प्रायः ओहि सब महापुरुषक परिचय जनैत छलाह ओ सबहिक रचना देखने छलाह, नहि तँ ई नाम सब ओ कोना दितथि। हमरा लोकनि एखनहु ओहि मे कतोकक कोनो पता नहि जनैत छी। डा. श्रीजयकान्तमिश्रजीक इतिहास मे ओहि सूचीक कए जनक कोनो परिचय अथवा उल्लेख समेत नहि अछि। एतावतैव सिद्ध अछि जे वर्णरत्नाकर, कीर्तिपताका ओ गोरक्षविजयक किछु विशेष परिचय छाड़ि कवीश्वरक समय सँ अद्यपर्यन्त मैथिलीसाहित्यक इतिहासक अनुसन्धान मध्य कोनो प्रगति नहि भेल अछि। एहि पचास-साठि वर्ष मे हमरा लोकनि एहि दिशा मे किछुओ नव काज नहि कएल अछि प्रत्युत कवीश्वर जे किछु बिनु लिखलेँ चल गेलाह से ज्ञान नष्टे भए

गेल। खेद एतबए जे मैथिलीक प्राचीन साहित्य जे हिनका उपलब्ध छल से ई प्रकाशित नहि कए सकलाह! परन्तु लिखलो हिनक की सब अछि से सब टा कहाँ जनैत छी? तथापि जएह प्रकाशित अछि अथवा उपलब्ध अछि ततबहु सँ ई कहबा मे कनेको तारतम्य नहि होइत अछि जे मैथिली साहित्यक ज्ञाता एहि शताब्दी मे कवीश्वर सँ पैघ दोसर नहि भेल अछि; मैथिली-साहित्यक अनुसन्धान कार्य आइ धरि हिनका सँ अधिक दोसर नहि कए सकल अछि; मैथिली-साहित्यक विकासक मार्ग मे हिनका सँ अग्रसर आइ धरि दोसर नहि रहल अछि।

दोसर विषय अछि मैथिलीक छन्द, जकर ज्ञाता, जकर तत्त्वक वेत्ता एमहर कवीश्वर सँ पैघ दोसर नहि भेल अछि। केवल रामायण मे ओ गीत कैं छोड़ि गोट अस्सिएक छन्दक प्रयोग कएलैं छथि जाहि मे संस्कृत ओ प्राकृत दूह सँ रङ्ग विरङ्गक छन्द सबहिक दृष्टान्त सङ्कलित अछि। हिन्दी-साहित्य मे कवि केशवदास अपन रामचन्द्रिका मे छन्दक विन्यास देखओलैं छथि परन्तु कवीश्वरक विन्यास हुनकासँ विशेष हृद्य अछि। केशवदास बड़ शीघ्रतासँ छन्दक परिवर्त्तन करैत छथि जेना हुनका इएह प्रदर्शित करब इष्ट रहैन्हि जे हम छन्दक कतेक प्रभेद जनैत छी। कवीश्वर अपन रामायण मे मुख्यतः चौपाइक प्रयोग कएलैं छथि परन्तु मध्य मध्य मे स्वरभेदक उद्देश्य सँ आन छन्दक प्रयोग कए ओ अपन पाण्डित्य एहि रूपैं प्रदर्शित कएल अछि जाहि मे कृत्रिमताक भान नहि होइत अछि मुदा सङ्गहि सङ्ग एहि विषय मे हुनक कौशल ओ उत्कर्ष सेहो स्पष्ट भए जाइत अछि। एहि विषय मे हिनक पाण्डित्यक प्रकर्ष देखि ई सर्वथा सङ्गत बूझि पड़ैत अछि जे ई मैथिलीक छन्दो-विषयक कोनो निबन्ध सेहो लिखने होथि ओ से यदि उपलब्ध होइत तँ ताहि सँ मिथिला-भाषाक छन्दहिक टा नहि अपितु मैथिल सङ्गीतहुक प्रसङ्ग बहुत रास रहस्य प्रकट भए जाइत। मैथिलीक हेतु ई बड़ महत्त्वपूर्ण विषय अछि ओ केवल रामायणहिक छन्दक आधार पर यदि मैथिली छन्दक मूलतः अध्ययन कएल जाए तँ से एक गोट बड़ विशिष्ट वस्तु होएत। रामायण मे अनेको ठाम छन्दक उल्लेखक सङ्ग सङ्ग भेटैत अछि, मैथिली-सङ्गीतानुसारेण, लोचनशर्ममतानुसारेण, ओ तखन रागक नाम सएह छन्दहुक नाम देल अछि। यथा, चौपाइक नामान्तर मे मैथिल रागक एहि पन्द्रह गोट नामसँ छन्दक सेहो नाम कहल अछि—पर्वतीय बराड़ी छन्द, केदार केदारीय, श्रीमालव, सरसासावरी, द्राविड़्यासावरी, शुद्ध मलारीय, शंकूकनाटीय, मिथिलागौड़मालव, धनछी, शाम्भवी, देवकामोद, मंगलराजविजय, धनछी पञ्चस्वरा, योगिआ मालव, कामेदनाट, ओ जयकरी। तहिना हरिपद कैं श्रीछन्द, नेपाल वराड़ीय, देवराजविजय, प्रियतमा मालव ओ वसन्त ई पाँच गोट नामान्तर अछि। दोबय कैं शुद्ध कोडारी, रूपक घनाक्षरी कैं कानरा राजविजय एवं रूपमालाकैं केदारमालवीय सेहो कहल अछि। मिथिला मे सङ्गीतक परम्परा अपन भिन्ने छल, स्वतन्त्र छल ओ से आइ छओ सए वर्ष सँ आबि रहल छल। एमहर कतोक दिन सँ से परम्परा टूटि गेल अछि। लोचनक रागतङ्गिणी

ओ रागसर्वस्व एहि प्रसङ्गक प्रायः अन्तिमे ग्रन्थ थिक। रागक आनो ग्रन्थ नेपाल मे अछि जकर अध्ययन सँ सम्भव थिक जे मैथिल संगीतशास्त्रक उद्धार भए सकए। एहिमे कोनो सन्देह नहि जे कवीश्वर रागतरङ्गिणीक तत्त्व कँे जनैत छलाह ओ तद्द्वारा मैथिल सङ्गीत-शास्त्रक मर्मक वेत्ता छलाह। हुनक लेख सँ इएह प्रकट होइत अछि जे मैथिली गीतक छन्दक रीति सङ्गीतक अनुसार छल, रागहिक नामसँ छन्दहुक परिचय भए जाइत छल। परन्तु एकहि छन्द मे पन्द्रह पन्द्रह गोट रागक समावेश कोना होइत अछि ओ तखन ओकर छन्दहुक पन्द्रह पन्द्रह गोट नाम कोन कार्यक ई विषय समाधेय भए जाइत अछि। सङ्गीतक हम वेत्ता नहि छी अतएव एहि प्रसङ्ग किछु कहब अनधिकार चेष्टा होएत। मिथिलाक जे प्राचीन सङ्गीत-परम्परा छल से प्रायः नष्ट भए गेल ओ तकर पुनरुद्धार कार्य मे जँ केओ तत्पर होएताह तँ हमरा दृढ़ विश्वास अछि जे हुनका केवल रामायणहिटा सँ नहि अपितु कवीश्वरक आनहु आन रचना मे निर्देशित राग ओ छन्दक उल्लेख सँ ओ तकर विवेचना सँ बड़ उपकार होएतैन्हि।

एवं कवीरश्रक यथार्थ प्रतिभा ओ कठोर कर्मठता सब सँ विशेष मैथिलीक साहित्यहिक क्षेत्र मे द्योतित होइत अछि, कारण, हिनक समस्त कार्यक-जातक प्रत्यक्ष फल एही क्षेत्र मे सबसँ विशेष परिलक्षित होइत अछि। परन्तु हिनक अनुसन्धानक क्षेत्र एतबहि धरि सीमित नहि छल। मैथिलक इतिहासक, ओकर पुरावृत्तक, सेहो ई पूर्णरूपेण अनुसन्धान करैत रहलाह तथा महामहोपाधयाय डा. गङ्गानाथझाजीक जे उक्ति हम आदिअहि मे उद्धृत कएल अछि ताहि सँ स्पष्ट अछि जे मैथिल ब्राह्मणक पुरावृत्तक प्रसङ्ग ई बहुत लिखने छलाह। इहो परम्परया श्रुत अछि जे मैथिलब्राह्मणक मूलग्रामक विचारात्मक निबन्धजकरा मैथिल ब्राह्मणक इतिहास सेहो कहि सकैत छी कवीश्वर लिखने छलाह। मिथिलाक गामक परिचय-विषयक हिनक लेखक तीनि गोट पात जे हमरा उपलब्ध भेल अछि तकर चर्चा हम पूर्वहिँ कएल अछि। ताहि सँ भिन्न एहि प्रसङ्ग विशेष किछु प्रकाश मे नहि आएल अछि। रामायण मे कवि लोकनिक उल्लेख परिचयक सङ्ग नहि अछि। केवल पुरुषपरीक्षाक अनुवाद मे टिप्पणीक रूप मे किछु परिचय भेटैत अछि परञ्च ताहि सँ ई दृढ़ भए जाइत अछि जे मैथिल ब्राह्मणक इतिहासक अनुसन्धान मे ई ताहि मार्गक अवलम्बन कएलैं छलाह जाही द्वारा ओकर यथार्थ अनुसन्धान भए सकैत अछि। से थिक मैथिल ब्राह्मण पञ्जी। एहि छओ सए वर्ष मे मैथिल ब्राह्मणक परिचय मूलग्रामहि सँ देल जाइत अछि ओ एमहर हमरा केवल कवीश्वरहिक लेख मे ई भेटल अछि जे परिचय मे मूलग्रामक उल्लेख अवश्य रहैत अछि। उदाहरणार्थ, गोसञि साहेब-रामदास सँ लए महन्थ वंशीदास धरि पचाढ़ी स्थानक छओ गोट महन्थक परिचय प्रकाशित अछि। पुरुषपरीक्षा मे इन्द्रजालविद्यकथा मे सिम्बलिवनक परिचय मे देल बलिराजगढ़ ओ ताहि सङ्ग हरिअम्बकुलक भिन्न भिन्न शाखा एवं तत्तद्कुलोद्भ महापुरुषक वर्णनक थोड़, मे

हिनक एहि विषयक ज्ञान-भण्डारक निदर्शनस्वरूप बुझबाक थिक। हिनक एक गोट पोथा मे एहि प्रसङ्ग कदू गोट बड़ अद्भुत कथा भेटल अछि। प्रथमतः ई 'सुकविचरितामृत' नाम सँ प्राचीन मैथिल कवि लोकनिक परिचय लिखए लागल रहथि, कतेक लिखलैन्हि से तँ सब पोथा भेटलहि उत्तर बुझल भए सकैत अछि। हमरा पोथा मे नलचरित-नाटककर्त्ता गोविन्दक परिचय लिखल अछि। आगाँ प्रायः दोसर पोथा मे लिखल भेटए। परिचय मे 'दिघबे' मूलक परिचय मे ई लिखैत छथि—

ई वंश दीर्घघोष, दीर्घोदय, दिघबै ब्राह्मण मैथिल छलाह। शाण्डिल्य गोत्र। पटना राजधानी छल ताहि समय मे दीघबाड़ा मे साग्निक ब्राह्मण छलाह जे गंगातटक उत्तर शालग्रामीक पश्चिम प्रदेश ओ सरयूक पूर्व भाग मे अछि, जे देश अद्यापि छपरा—सारनि विख्यात अछि। तात्पर्य, छपरा नाम षट्परा, षट्कर्मकर्त्ता लोकनिक निवास भूमि। सारनि शब्दार्थ—अरणि खदिरकाष्ठ-रचित अग्नि उत्पन्नार्थ वस्तु से सहित देश। ताहि ठाम अम्बिका भगवती अधिष्ठात्री अद्यापि छथि ओ अत्युच्च दुर्गाकार दीर्घबाड़—अग्निहोत्र स्थान।"

तहिना वररुचिक परिचयक प्रसङ्ग मे ई लिखैत छथि जे विक्रमादित्यक दायाद भर-क्षत्रिय मिथिला मे आएल ओ कलिगाम मे (जे गाम दड़िभङ्गा सँ कोस तीनिएक पश्चिम अछि) ओकर केन्द्र छल। बौद्धक आक्रमण सँ कलिगाम छोड़ि ओ सब पूब दिशि पड़ाएल ओ जाहि तप्पा अथवा परगन्ना मे पसरि गेल तकर नाम भेल 'भरोड़ा' ओ मिथिला मे जाहि जाहि गाममे ओकर निवास भेल तकर नाममे 'भर' लागल यथा भराठी, भरौली, भड़ोड़ा, भौर, भौड़ा, भराम, भरथुआ, भरहो इत्यादि। एहि रूपेँ गामक व्युत्पत्ति कए कए तत्तत् स्थानक प्राचीन इतिहासक ऊहि करब, हिनक वैशिष्ट्य अद्भुत छल।

एहि प्रसङ्गक एक गोट आओर लेख जे हमरा भेटल अछि से अपूर्व महत्त्वक अछि। भामतीकार वाचस्पति मिश्र दार्शनिक—जनिका वृद्ध वाचस्पति कहैत छिऐन्हि—मैथिल छलाह से सब मानैत छी परन्तु पञ्जीप्रबन्ध सँ बहुत प्राचीन थिकाह तेँ ने हुनक अपन परिचय भेटैत अछि ने हुनक आश्रय महाराज नृगक कोनो पता अछि। हिनका प्रसङ्ग कवीश्वरक लेख एक गोट पोथा मे एहि रूपेँ 'बड़गाम' गामक परिचयक क्रम मे भेटल अछि—

कपरौती प्रगन्ना निशङ्कपुरकूड़ा-श्रीचण्डीदेवी सँ डेढ़ कोस पूर्वभाग"

बड़गाम

कुण्डलिया

बरसम बरइठ बसनही बेलइठ ओ बड़गाम।
बलिया बड़िवन बथनहा श्रीवाचस्पतिधाम ॥
श्री वाचस्पतिधाम पाठशाला अगद्वारी।
निकट बोआरि बुधाम नाम यह गाम है भारी ॥

गुप्तनृपति को राजकाज यज्ञादिम सत्तम।
भनत चन्द्र नृगभूप भये कलि मे श्रीवर-सम ॥

अगद्वारी एक बहुत उच्च डीह मौजे बड़गाम सँ उत्तर ऐशान कोन बसनही सौं नैर्ऋत कोन मे अछि। पूरा कोस नहि होएत। किंवदन्ती अछि जे वृद्ध वाचस्पतिक पाठशाला थिक। ओ वाचस्पति राजा नृगक समय छलाह जे राजा गुप्तवैद्यवंशी छलाह। ओ प्राचीन मिथिला मे जतए अग्निहोत्री लोक रहथि ताहि ठामक नाम 'बाट' यहन यथा क्रथबाड़, सिंहबाड़, वसुबाड़ इत्यादि। तथा मङ्कुबाड़। इहो डीह चिह्नित अद्यापि अछि, यद्यपि सह्याद्रि खण्ड मे राजा मङ्कुक कथा अछि से क्षत्री लोकक, मिथिला-देशान्तर्गत नहि अछि।"

एहि लेख मे कुण्डलियाक भाषा हिन्दी दृष्टव्य। स्पष्ट अछि जे कवीश्वर गाम सबहिक परिचय एहिना कुण्डलिया मे लिखए चाहैत छलाह जाहि मे नाना मैथिल मनीषीक परिचय ख्यापित करितथि। एकर प्रचार कैं व्यापक बनएबाक हेतु एकर भाषा ओ हिन्दी राखल। कतेक एहन परिचय ई लिखलैन्हि से बुझल नहि होइत अछि। स्थानक परिचयक हे तुई तत्प्रान्तीय ग्रामावलीक उल्लेख करैत छथि जाहि सँ स्पष्ट अछि जे ई ओ सब गाम अपना आँखिएँ देखने छलाह नहि तँ एहन परिचय नहि दए सकितथि। गामक नामक व्युत्पत्तिक प्रसङ्ग हिनक ऊहि यथा 'बाड़' कैं 'बाट' सँ मिलाएब ओ तकरा अग्निहोत्रीक वासस्थान कहब चमत्करक छल। परञ्च एहि सङ्ग अप्रसाङ्गिक विषय कैं जोड़ि देबाक अभ्यास कैं हमरा लोकनि दोष कहब, कारण 'बाट' बला कोनो विषय एतए उपस्थित नहि छल। मुदा एहि रूपक परिचयक सङ्कलन करब, किंवदन्ती कैं एना पड़िकैं ताकब ओ तकर एहि रूपैं स्थाननिर्देश करब साधारण अनुसन्धानक काज नहि थिक! खेद जे एकर सङ्कलन नहि भए सकल अछि, प्रायः आब भैओ नहि सकत। एहिना महाराज शिवसिंहक मन्त्री सुप्रसिद्ध कायस्थकुलभूषण कवि अमृतकरक परिचय कवीश्वर दैत छथि–

"अमृतकर नामक मैथिल कायस्थ राजा शिवसिंहक मन्त्री छलाह जे चनौर अमरावती जिला दड़िभङ्गाक निवासी छलाह जनिक निवासस्थान अमीडीहसौँ अद्यापि विख्यात अछि। उक्त डीह महादेइ पोषरिसौँ निकटहि पश्चिम अछि। महादेवीपोषरि तौँ मनीगाछीसौँ दक्षिण पर्वताकार भीड़सौँ दृश्य अछि।"

परन्तु एहि सङ्ग इहो कहि देब आवश्यक अछि जे परिचय मे कवीश्वर अनेक ठाम भ्रम सेहो कएल अछि ओ एहि दिशा मे सर्वप्रथम अनुसन्धानकर्त्ताक हेतु से कोनो आश्चर्यक विषय नहि। एकर प्रधान कारण ई छल जे पञ्जीक आधार पर मैथिल मनीषीक परिचय संग्रह आरम्भ तँ ओ कएल परञ्च पञ्जीक विशाल साहित्यक कोनो अंश हुनका उपलब्ध नहि भए सकल ओ तैं ओ ताहि साहित्यक स्वयं अनुशीलन कए परिचयक संग्रह नहि कए सकलाह। केवल पञ्जीकारक मुह सँ सूनि तखन ओ एहि रूपैं एतेक परिचय देल हमरा तँ इएह आश्चर्य प्रतीत होइत अछि। एहि प्रसङ्ग एक

गोट दृष्टान्त पर्याप्त होएत। नलचरित्रनाटककार कैं ई सोदरपुरमूलक कहैत छथि से भ्रम थिकैन्हि। गोविन्दठाकुर अपन मूल नहि कहलैं छथि परञ्च अपन प्रपितामह धरिक नाम कहलैं छथि ओ पञ्जीमे हमरा हुनक परिचय भेटि गेल अछि जे डा. श्रीजयकान्तमिश्रजीक इतिहास मे उद्धृत अछि। सोदरपुर-मूल बड़ प्रसिद्ध अछि ओ से थिक सिंहाश्रम मूलक शाखा। कवीश्वर कहैत छथि जे सिंहाश्रम प्रतिसरामूलक शाखा थिक ओ प्रतिसरा दीर्घघोषक, जाहि वंशक एक उज्ज्वल मणि वररुचिमिश्र छलाह। ई चारू मूल, सोदरपुर, सिंहाश्रम, प्रतिसरा ओ दीर्घघोष, शाण्डिल्यगोत्र थिक ओ तैं चारू मूलतः एकहि कुलक शाखा हो ताहि मे कोनो विरोध नहि भए सकैत अछि। एहि कुल मे एक जन महापुरुष हलायुध भेल छथि ओ हलायुध सोदरमूलक बीजी पुरुष पञ्जीमे कथित छथि। कवीश्वर स्वयं ई कथा नहि कहलैं छथि; हमरा हुनक लिखल एहि प्रसङ्गक व्यवस्थापत्र सेहो उपलब्ध भेल अछि ओ बारम्बार हुनक पोथा सबमे एहि विषयक चर्चा भेटल अछि; परन्तु कवीश्वरक एहि परिचयक आधार पर सोदरपुरमूलक बीजी पुरुष हलायुधके ब्राह्मणसर्वस्वकार हलायुध कहब असङ्गत। कवीश्वर जाहि हलायुधक परिचय दैत छथि से छलाह शाण्डिल्यगोत्र ओ ब्राह्मणसर्वस्वकार ओही ग्रन्थक उपोद्घात मे अपना कैं वत्स्यगोत्र कहैत छथि। अतएव केवल नामक साम्यसँ व्यक्तित्वक निर्धारण भ्रमाह भए जाइत अछि। एकर सबसँ पैघ दृष्टान्त विद्यापति छथि। मिथिला मे एहि नामक अनेक व्यक्ति भए गेल छथि ओ तीनि गोट विद्यापतिक तँ रचना समेत उपलब्ध अछि। स्वयं महाराज शिवसिंहक दरबारमे दू गोट विद्यापतिठाकुर छलाह, एक विसैवार विद्यापतिठाकुर महाकवि, दोसर निकुतिवार विद्यापतिठाकुर, महाराजक श्वशुर।

परन्तु एहि भ्रम सबसँ कवीश्वरक अनुसन्धानक महत्त्व कनेको न्यून नहि होइत अछि! के मनुष्य भ्रम नहि करैत अछि? अनुसन्धानक क्षेत्र मे पूर्वगामी कार्यकर्त्ताक भ्रम सर्वथा क्षन्तव्ये होइत अछि, परवर्त्ती कार्यकर्त्ताक ई कर्त्तव्य होइत अछि जे पूर्वक भ्रमकैं शोधित करी। हमरा एतबए प्रतिपाद्य अछि जे मैथिल ब्राह्मणक पुरातत्त्वक प्रसङ्ग कवीश्वर अन्त धरि अनुसन्धान करैत रहलाह मुदा से कतहु क्रमबद्ध प्रकाशित नहि भए सकल तैं एहि विषयक हुनक ख्याति दिनानुदिन लुप्त भए रहल अछि। यदि हुनक पोथा सबसँ ताकि ताकि एहि विषयक हुनक सबटा लेख एकत्र कएल जाए तँ नहि क्रमबद्ध तथापि अग्रिमक अनुसन्धित्सुक हेतु ओ बड़े विलक्षण मार्गप्रदर्शक सिद्ध होएत।

परन्तु कवीश्वरक ओ ख्याति जे काल बितलहु उत्तर कम नहि भेल अछि ओ प्रायः जाधरि मिथिलाभाषा रहत ह्रास दिशि नहि होएत ओ थिक हिनक कवित्वक ख्याति। मैथिली मे एतेक कविता दोसर नहि केओ रचलक। हिनक रामायण हिनका अमर कए देलक। परन्तु हिनक कविता मैथिलीक कविताक प्राचीन परम्परा कैं छोड़ि एक गोट नव मार्गक अनुसरण कएलक ओ तैं हिनका मैथिलीक कविताक क्षेत्रमे नवयुगक स्रष्टा कहब कनेको अत्युक्ति नहि। परन्तु लोक कैं से मानबा मे विलम्ब

भेलैक ओ आरम्भ मे जे हिनका कवीश्वर कहए लागल से उपहासक दृष्टि सँ। मिथिला-भाषामे कवीश्वर भाट केँ कहल जाइत छल ओ हिनका कवीश्वर कहबाक तात्पर्य छलैक जे ई कविता नहि रचैत छथि, फकड़ा बनबैत छथि। कविवर हर्षनाथझाक कविताक सङ्ग हिनक कविताक तुलना करब तँ स्पष्ट होएत जे विद्यापतिक सम्प्रदायक अन्तिम महाकवि हर्षनाथझा अपन कविताक भाषाकेँ ततेक संस्कृत-निष्ठ बनाए लेल जे ओ एकवर्गीय भए गेल, केवल पण्डितक बोधगम्य भए रहल। कवीश्वर अपन कविताक भाषा केँ जनसाधारणक भाषा राखल जे काज किछु किछु मनबोध कएने छलाह परन्तु पूर्ण नहि कए सकलाह। वस्तुतः मिथिलाभाषाक साहित्य जन-साहित्यक रूप मे चलल ओ जन-साहित्यहिक रूप मे ओकर प्रसार ओ प्रचार होएत। वर्गीय बनओने ई भाषा ह्रासोन्मुख भए जाएत। वस्तुतः कवीश्वरक पद्यक भाषा गद्यक भाषा सँ भिन्न प्रकारक किञ्चितो नहि अछि। 1905 ई. मे मैथिल-हितसाधनक नाम सँ मैथिली मासिक पत्रक प्रकाशनक आयोजन जखन जयपुर मे होइत छल तखन कवीश्वर केँ सहयोग-याचनाक एक गोट पत्र ओतएसँ पण्डित चन्द्रदत्तझा लिखलेँ छलथिन्ह। तकर उत्तर कवीश्वर 15 जनवरी केँ कविता मे देल। एहि मे भाषाक चमत्कार द्रष्टव्य–

लिखल जाय मिथिला इतिहास–नहि हो तहि मे शिथिल प्रयास।
विषय विशेष हमहु लिखि देब–स्वप्नहु एक टका नहि लेब।
गुणरत्नाकर थिक जयपूर–आग्रह ग्रह नहि एको क्रूर।
पण्डित सभ्यक नियत निवास–बहुत पड़त नहि अनकर आस।
पत्र बहुत जन हर्षित लेत–नियमित मूल्य पूर्व दए देत।
मासिक मिथिला पत्र प्रचार–मैथिल भाषें विहित विचार।
सभ तकइत अछि पत्रक बाट–पौषक दिवस रहल अछि खाँट।
नमस्कार लिखइत छथि चन्द –सत्वर लिखब कुशल आनन्द ॥

इएह थिक हिनक कविताक भाषाक दृष्टान्त ओ हिनक जे कविता देखब सबमे, रामायण मे, गीत-कवित्त मे, पुरुषरीक्षाक अनुवाद मे, भजन मे, शान्तिपद में, देशदशावर्णन मे, महेशवानी मे, नचारी मे सर्वत्र इएह भेटत। एहि मे कतहु कतहु नीरसता अवश्य आबि जाइत छैक, पद शुष्क सन प्रतीत होइत छैक, परञ्च से तँ पण्डिताम जे भाषा संस्कृत-बहुल ताहू मे कतहु-कतहु कृत्रिमताक बोध होअहि लगैत छैक। प्रशंसनीय तँ थिक हिनक कविता मे भाषाक सरलता, स्वच्छता, कोमलता ओ तखन फेर व्यंग्यार्थ ध्वनि आदिक चमत्कार। एकरा फकड़ा कहू परञ्च एहन फकड़ो लिखबाक प्रतिभा होइत छैक ओ से कवित्व-प्रतिभा कवीश्वर केँ प्रचुर मात्रा मे छल।

तहिना प्रचीन परम्पराक अनुसार शृङ्गारक कविता सेहो कवीश्वर बड़ थोड़ लिखलैन्हि। गीतिसुधा मात्र मे किछु तिरहुति ओ नायिका सबहिक वर्णन अछि नहि तँ हिनक रामायण मे शृङ्गार रसक सर्वथा अभाव अछि ओ अन्यान्यो जे सहस्रावधि

हिनक पद अछि ताहि मे गनले गूथल शृङ्गारक पद होएत। जेहो शृङ्गारक कविता ई लिखल ताहिमे बड़ झाँपल कथा अछि, उत्कट शृङ्गारक कविता तँ हिनक एखन पर्यन्त दृष्टिगोचर नहि भेल अछि। उदाहरणार्थ संयोगक–

अषाढ़ मे नवीन मेघ-नीलिमा निहारि,
वृथाभिमान सौख्य-हानि चित्त मे विचारि।
लती जकाँ लपट्टि जाउ कन्त गाछ डारि,
परस्पराभिलाष पूर होउ धन्य नारि ॥

अथवा वासकसज्जा, यथा–

अटारि की अहाँक की अहाँक ई पलङ्ग,
प्राणनाथसौँ विरोध प्रीतिपुञ्ज-भङ्ग।
की अहाँक ज्ञान की युवत्व जोर अङ्ग,
शीघ्र गर्व सर्व हारि कन्त अङ्ग सङ्ग ॥

अथवा सौन्दर्यगर्विता गुप्ता, यथा–

मदान्ध भृङ्ग हाथसौ हटाय नै हटैछ,
सुगन्धि-पूर दूरसौँ शरीरमे सटैछ।
मुखारविन्द-भ्रान्ति ओठ आबि कैँ चटैछ,
वृथा कलङ्क अङ्क मोर लोकमे पटैछ ॥

एतबहुसँ ई कथा तँ स्पष्ट भए जाइत अछि जे विद्यापतिक समय सँ कविताक जे एक गोट परम्परा, एके गोट परम्परा आबि रहल छल, तकरा छोड़ि कवीश्वर कविताक रचना मे एक गोट नवीनता आनल जकरा हम आत्माभिव्यक्तिमूलक कहब, स्वानुभूति-प्रकाशन कहब। की शृङ्गारक गीत हो की भगवतीक, गङ्गाक गीत हो वा नचारी, विद्यापति जहिना कहि गेलाह तहिना कहबाक रीति इएह छोड़ल। आदि मे, यथा– विद्यापति कैँ, एहि मे अपन हृदयक उद्‌गार, भावनाक उद्रेक, अनुभूतिक अभिव्यक्ति छलैन्हि, किएक तँ, तावत ई मार्ग हुनका हेतु नवीन छल, परञ्च क्रम क्रम ई मार्ग ततेक पुरान भए गेल जे कविता कविक भावक अभिव्यक्ति नहि रहल, कविता रचबाक जे परम्परागत शैली छल तकर अनुसरण मात्र रहि नितान्त कृत्रिम भए गेल। फलतः पुरान कवि लोकनिक कविता सब एकहि रङ्गक लगैत अछि भाव मे, भाषा मे, कल्पना मे, चमत्कारमे। कवीश्वर से मार्ग त्यागि अपन हृदयक यथार्थ उद्‌गार प्रकाश करए लगलाह। देश-दशाक वर्णन मे चौमासाक भास पर हिनक रचनाक चमत्कार अछि–

भदइ सुखाएल धान दहाय
गरिब किसान कि करत उपाय
कोना दिन काटत
जिउत कि खाय

बालबचा मिलि करु हाय-हाय
हृदय जनु फाटत ॥1॥
बाँधल छहर ऊँचकै आरि
राति दिना सभ धयल कोदारि
सारि छल उपजल
लेल संहारि
निर्दय कमला किदहुँ विचारि
हारि हिय बैसल ॥2॥
समटु समटु जल कमला माय
करु जनु एहन देवि अन्याय
असह दुख होइछ,
आस लगाय
कैलहुँ खरच करजकै खाय
विकल जन होइछ ॥3॥
बड़ रौदी छल बरिसल पानि
मघ असरेश कयल नहि हानि
चलल छल धन्धा।
कह कवि 'चन्द'
अपन बुतै की होयत काज
समय भेल मन्दा ॥4॥

तहिना हिनक शान्तिक पदमे शार्दूलविक्रीड़ित छन्द मे

जे जे वस्तु कमाय हाय धयले नै सङ्ग जाएत से ।
मानू सत्य कथा व्यथा परिहरू क्यो आबि खाएत से ॥
छी छी भोग वियोग योग्य गृहिणी आने लोभायत से।
ई जे देह सनेहसौँ भरल छी की घूरि आएत से ॥

अथवा—

देह जरातुर भेल विधि अतिक्रूर भेल
मनोरथ दूर भेल दिवस कटैत छी।
कञ्चुकित साप सन रहित प्रताप सन
पराचीन चाप सन लोकसौँ हटैत छी।
एकटा नै दाँत मुख भोजन मे कोन सुख
पाहुन समान भुष सेजमे सटैत छी।
'चन्द्र' भन रामचन्द्रप्रेयसी भरोस तोर
भोर उठि बैसि नाम प्रेमसौँ रटैत छी ॥

हिनक शत-शत पद की वैराग्यक, की भक्तिक, एहिना हिनक मनोगत भाव कैं, यथार्थ अनुभूत सुख किंवा दुःख कैं व्यक्त करैत अछि ओ ई नवीनता हिनका नवयुगक स्रष्टा बनबैत अछि। परन्तु छन्दक विषय मे ई पुराने चालि राखल। अधिकांश पद हिनक गीते अछि, किछु कवित्त अछि ओ ताहि सँ भिन्न संस्कृतक छन्दक बड़ चमत्कारक प्रयोग अछि। नवयुग मे जे छन्दक प्रसङ्ग नवीनता देखि पड़ैत अछि से टा हिनका मे ओतेक नहि बढ़ि सकल। कविता ओ सङ्गीतक परम्परागत सम्मिश्रण हिनकहु मध्य प्रबल रहल ओ ई तँ चौपाइ समेत कैं रागतालक संज्ञा दए ताही नामक छन्द ओकर नाम देल।

ओ मुक्तक कैं छोड़ि प्रबन्ध-काव्यक रचना मिथिला-भाषा मे इएह कएल। हिनक रामायण मैथिलीक प्रथम महाकाव्य थिक ओ योगरूढ़ि अर्थ मे नहि तँ यौगिक अर्थ मे तँ निश्चये से कहाओत। हिनका सँ पूर्व मनबोध प्रसिद्ध भाषा-कवि भोलनझा कृष्णजन्मक कथा प्रबन्ध-रूपैं महाकाव्य जकाँ लिखए लगलाह परन्तु ओ बड़ छोट भेल, छुछुन लगैत अछि ओ सर्वत्र एकहि छन्द मे रहबाक कारणैं लगले नीरस लागए लगैत अछि। परन्तु शृङ्गार-रसक पुरान परम्परा कैं छोड़ि वात्सल्य-रसक, ओ किछु-किछु वीररसक, काव्य जन-भाषा मे लीखि ओ मैथिली-काव्य कैं पुनः जनसाहित्यक रूप देल। परन्तु मनबोध प्रसिद्धो तत्सम शब्दक तद्भव रूप मे प्रयोग कए भाषा कैं ततेक प्राकृत बनाओल जे ओ ठाम ठाम कृत्रिम भए गेल अछि ओ नीरस लगैत अछि। कवीश्वर ओही शैलीक अवलम्बन कएल परन्तु भाषाक स्वरूप ओ विकृत नहि कएल। शिष्ट जन जहिना बजैत छथि कवीश्वर तहिना कवितो लिखल। तैं हिनक कविता मे ने कतहु भाषाक कृत्रिमताक भान होइत अछि, ने अर्थक कठिनताक बोध होइत अछि; भाषा ने पण्डितामे अधिक अछि ने अपशब्दिते, स्वाभाविक अछि।

रामायणक प्रसङ्ग किछुओ समालोचना एहि छोट निबन्ध मे नहि भए सकैत अछि परन्तु एतबा धरि सूचित कए देब आवश्यक जे कवीश्वर अपन रामायणक रचना अध्यात्म-रामायणक आधार पर कएल ओ से मूल सँ ततेक अधिक मिलैत अछि जे एकरा अधिकांशतः अध्यात्म-रामायणक अनुवादो कही तँ दोष नहि। बहुत स्थल अछि जाहि ठाम कवीश्वरक वर्णन मौलिक अछि ओ से अंश अद्भुत अछि, सब दृष्टिएँ अपूर्व अछि;— यथा मिथिलावर्णन, लक्ष्मण-परशुराम संवाद, लङ्का-दाह-वर्णन, रावण-अङ्गद संवाद इत्यादि। परन्तु जतए मूलक अनुसरण अनुवाद जकाँ अछि ततए कृत्रिमताक भान होअए लगैत अछि, अर्थ ओझराए लगैत अछि, उक्ति मे विच्छित्तिक उत्कर्ष नहि भेटैत अछि। अध्यात्म रामायण पुराण जकाँ अछि, काव्य नहि थिक, ओ तैं ओहि आधार पर लिखल रामायणमे काव्यत्वक आशा कोना करू। तखन उत्तम काव्य ई ओतहि ओतहि अछि जतए कवीश्वर मूल कैं त्यागि अपन प्रतिभा सँ मौलिक प्रतिपादन कएल अछि। कवीश्वर रामचन्द्र भगवानक अवतार छथि, सीता लक्ष्मी-स्वरूपा थिकीह। रामक वृत्तान्त भगवल्लीला जकाँ स्वरचित वर्णित अछि, काव्यक गुण जे

साधारणीकरण थिकैक से एहिमे नहि घटैत अछि। वाल्मीकि मे ई विषय नहि अछि ओ तेँ वाल्मीकिक रामायण काव्य थिक। काव्यक उद्देश्य जे 'रामवत् प्रवर्त्तितव्यं' ई कोना चरितार्थ होएत जँ राम ईश्वर छलाह। ईश्वर जकाँ मनुष्यक आचरण कोना भए सकैत अछि? तँहि तँ संस्कृत-साहित्य-शास्त्र मे ईश्वर-विषया रति, रस नहि, भाव कहबैत अछि।

परन्तु काव्यत्व मे जे हानि अछि, भक्ति मे से लाभ भए जाइत अछि। रामायण भक्ति-काव्य थिक, भक्तिक उद्रेक थिक, पाठक कैँ भक्तिक उद्बोधन दैत अछि। ईश्वरक नाम गुण ओ लीलाक कीर्तन एहि ग्रन्थक विषय थिक जाहि सँ सीता-रामक महिमा ख्यापित हो। काव्यक जे गुण थिकैक आनन्द से कवीश्वरक रामायण मे ओतेक नहि भेटत, एकर लक्ष्य थिक परमार्थ-साधन। से एहन सरल ओ सरस रीतिएँ गोस्वामी तुलसीदास जकाँ गेय पद मे रचि कवीश्वर मिथिलाभाषाभाषी जनता कैँ श्रेयसाधनक एक गोट एहन विलक्षण, एहन चमत्कारक, एहन मनोरञ्जक कृति दए गेलाह अछि जकर महिमा अनन्त अछि। जेना वाल्मीकि रामचरितक कीर्तनक प्रसादेँ आदिकविक ख्याति पाबि अमर छथि, महात्मा तुलसीदासजी समस्त आर्यावर्त मे घर-घर श्रद्धा ओ भक्ति सँ पूजित भए अमर भए गेल छथि, तहिना कवीश्वर जानकीक जन्मभूमि एहि मिथिला देश मे अमर रहताह। हृदय छल हुनक भक्ति सँ ओतप्रोत, जीवनक तुमुल संघर्ष मे अवलम्ब छल हुनका एक गोट मात्र, भगवद्विषय अटल ओ अनन्त भक्ति। कवीश्वर किछु योगाभ्यास सेहो करथि ओ योगी जकाँ स्थित-प्रज्ञ भए भगवद्भजन मे अपन जीवनयापन कएल। हुनक शत शत भक्तिक गीत कवित्त इएह द्योतित करैत अछि जे स्वान्तःसुखाय ओ जन्म भरि भगवद्भजन मे कविता रचैत रहलाह। ओही पुण्यक प्रसादेँ हुनका सँ एहन रामायण रचित भेल जे हुनक स्थिर भक्तिक परिचायक अछि ओ लोकविषय भक्तिक प्रचार कए हुनक यशःशरीर मे जरामरणज भय कैँ नहि आबए देत। कोनो आश्चर्य नहि जे लोकप्रियतामे हुनक आओर सब कृति कैँ दबाए ई रामायण हुनक अक्षय यशक एक मात्र स्तम्भ रहि गेल अछि। चन्दाझाक नामक सङ्ग सङ्ग रामायणक सहसा उद्घोष हिनक महत्त्वक ज्ञापक थिक।

कवीश्वर कैँ अमरत्व प्रदान करबाक हेतु रामायण पर्याप्त हो, लोकप्रियता मे कवीश्वरक रामायण विद्यापतिक गीतक सदृश बुझल जाओ, मैथिलीक प्रचार मे रामायणक महिमा अपरिमित हो, परन्तु मैथिली-साहित्यक इतिहास मे कवीश्वरक मिथिला, मैथिल ओ मैथिलीक पुरावृत्तक अनुसन्धान-कार्य कनेको कम महत्त्वक नहि अछि ओ से ख्याति हिनक अमर रहए, ई प्रत्येक सत्य-जिज्ञासुक कर्त्तव्य थिक।

(प्रबन्ध-संग्रह, 1963)

कवीश्वर

कवीश्वरक प्रादुर्भाव समुचित समय मे नहि भेल। महाराज लक्ष्मीश्वर सिंहक सदृश उदार प्रभु भेटलथिन्ह से सौभाग्य अवश्य ओ हुनके उदारता सँ समुत्साहित भए ई अपना केँ एहि रूपेँ एहि कार्य मे संलग्न कए सकलाह। परन्तु महाराज लक्ष्मीश्वर सिंह बहुत दिन राज्य नहि कएल; ताहू मे पश्चात् हुनक स्वास्थ्य ततेक अधलाह भए गेलैन्हि जे क्रमशः उत्साह क्षीण होअए लगलैन्हि। रहबो करथि ओ राजधानी मध्य थोड़काल ओ सार्वजनिक कार्यक संकुलता मे थोड़ समय बचाए सकथि जाहि मे साहित्य-वर्चादि विषय दिशि ध्यान देथि। अतएव कवीश्वर आरम्भ तँ कएल बड़ उत्साह सँ ओ रसास्वाद कए ओहि दिशि संलग्न रहलाह भरि जन्म, परन्तु हुनका पोषक नहि केओ भेल। कवीश्वरहिक कार्य सँ मुग्ध भए एतए एहि शताब्दक आरम्भ मे एक गोट मिथिलानुसन्धान समितिक सेहो स्थापना भेल छल जकर प्राण छलाह स्वर्गीय चेतनाथझा प्रसिद्ध कृष्णजी बाबू ओ जकर मन्त्री छलाह स्वर्गीय केशी मिश्र। एकर प्रमुख सदस्य छलाह स्वर्गीय म. म. वक्शीजी, गणनाथबाबू, मुंशी रघुनन्दनदास; बाबू तुलापतिसिंह प्रभृति। इहो लोकनि थोड़ काज नहि कएल परन्तु शिक्षितो समाज सँ हिनकहु लोकनि केँ प्रोत्साहन नहि भेटल जकर फलस्वरूप इहो समिति पश्चात् भग्न भए गेल ओ पाछाँ तँ ई लोकनि अपनहु एकरा 'मुर्दा-क्लब' कहए लगलाह कारण हिनका लोकनिक संलग्नता पुरातत्त्वक दिशि छल; जीवनक संघर्ष सँ ई लोकनि दूर रहैत छलाह। यदि कवीश्वर ततबा पूर्व प्रादुर्भूत भेल रहितथि जे महाराज लक्ष्मीश्वरसिंहक राज्यक पूर्वभाग धरि हिनक अनुसन्धानक फल प्रकाशनीय रहैत तँ महाराजबहादुरक सदृश उदाराशयक पोषक पाबि हिनक कार्यक सम्मान होइत, मिथिलाक स्वरूप आइ दोसर रङ्गक रहैत, कम सँ कम मैथिली धरिक स्वीकृति तँ ताही दिन भए गेल रहैत ओ जेना हिन्दी हमरा लोकनिक ऊपर मे लादि देल गेल से धरि नहि होइत। अथवा यदि कवीश्वर पचास वर्ष पछाति प्रादुर्भूत होइतथि तँ निश्चय जनताक दिशि सँ हिनक काजक समर्थन होइत, एहि रूपेँ हिनक यश क्षुण्ण नहि होअए पबितए, शिक्षाक प्रचार सँ हिनक काजक गुण बुझनिहार अनेकानेक लोक होइत। परन्तु से तँ भेल नहि। कवीश्वर एकाकी अपन काज करैत रहलाह ओ

बड़ थोड़ लोक जे हिनका सँ घनिष्ठ सम्पर्क मे छल, हिनक आप्त छल, सएहटा हिनक कार्यक मर्म बूझि सकल, हिनका प्रोत्साहन दैत रहल। यथार्थ अनुसन्धानक मर्म बुझनिहार ताहि दिन बड़ विरल छल।

वस्तुतः कवीश्वरक एहि मार्ग मे कएल काजक प्रथम आभास हमरा हिनक रचित महेशबानीक संग्रहक भूमिका मे भेटल जाहि मे स्वर्गीय डा. गङ्गानाथझा लिखैत छथि– जाही दिन मिथिलाभूषण कविवर चन्दझाक मृत्युक समाचार पाओल ताही दिन अपन पूज्यपाद ज्येष्ठ भ्राता स्व. विन्ध्यनाथ बाबूक ओतए प्रार्थनापत्र पठाओल जे कवीश्वरक गीत ओ मिथिलाक तथा मैथिल ब्राह्मणक पुरावृत्तक प्रसङ्ग जे उक्त कवीश्वर बहुत लिखने छलाह तकर संग्रह कराए जाहि सँ ओ सब प्रकाश भए जाए से करैक चाही।...हमरा भाइक पत्रोत्तर आएल जे चन्दाझाक लिखल जे किछु छलन्हि से सब पोथा श्रीमिथिलेशक आज्ञानुसार म.म. पण्डित परमेश्वरझाक 'जिम्मा' कएल गेलैन्हि अछि ओ छपएबाक प्रबन्ध करएबाक आज्ञा भेटलैन्हि अछि। ताही दिन सँ एकर बाट तकैत छी। मिथिला-पुरातत्त्वक विषय मे कदाचित् मिथिला-तत्त्वविमर्श रूपेँ प्रकाशित भेल हो ई सम्भव परन्तु गीतावलीक एखन धरि कतहु पता नहि।" ई कथा 1921 क थिक। मिथिला-तत्त्व-विमर्श पूर्व मे प्रकाशित होअए लागल छल अवश्य परञ्च समग्र तँ इएह दश वर्ष भेलैक अछि छपल अछि। म.म. मुकुन्दझा वख्शीक इतिहास प्रकाशित भए गेलाक पर एहि मिथिलातत्त्वविमर्शक महत्त्व हमरा हेतु दश-पाँच गोट नवीन कथा मात्रक हेतु रहि गेल अछि ओ हमरा विश्वास अछि जे यदि एकर निर्माण कवीश्वरक अनुसन्धानक आधार पर भेल तँ से कवीश्वरक खिष्टाबही सँ ओकर टिप्पणी सबहिक सङ्कलन मात्र कए कैँ। पूर्ण रूप सँ कवीश्वर एकरा लिखने नहि छलाह। परन्तु जे हो, कवीश्वरक पोथा की भेल से जानि नहि। हुनक गीतावलीक प्रकाशन राजप्रेस सँ एमहर आबि चन्द्रपद्यावलीक नाम सँ भेल अछि परञ्च ओकरो आधार, कवीश्वरक पोथा, कतहु दृष्टिपथ मे नहि आएल अछि। बूझि पड़ैत अछि जे जतहि हुनक पोथा पड़ल ततहि ओ पड़ल रहि गेल। एकर फल ई भेल जे कवीश्वरक यश तँ बिलाइए लागल, समाजक ज्ञानवृद्धिक एक गोट विलक्षण साधन लुप्त भए गेल। कवीश्वरक पोथाक किछु उपलब्धि एमहर आबि हमरहु भेल अछि जकर चर्चा हम अनुपदीहैँ करब। हमरा दृढ़ विश्वास अछि जे हिनक सब पोथा मे रङ्ग-विरङ्गक वस्तु सङ्गहि सङ्ग होएतैन्हि। इतिहास, साहित्य, परिचय, विचार, सब कथूक सम्मिश्रण हिनक अपन रचनाक संग-संग तेनाकेँ मिझराएल होएतैन्हि जे सब कैँ फराक कए प्रकाश कएला उत्तर ओहि सँ विलक्षण वस्तुक अवगति भए जाएत। मिथिलाक इतिहासक ई एक गोट अत्यन्त दुःखमय घटना थिक जे कवीश्वरक ई पोथा सब एहन अनुसन्धानी व्यक्तिक हाथ मे नहि पड़ल जे एहि मे डूबि कैँ एहि मे निहित रत्नक सञ्चय करबाक श्रम करितए।

एमहर दू वर्ष भेल अछि कवीश्वरक अपन हस्तलिखित रामायणक पोथी एवं

अन्यान्यो रचना ओ लेख देश एवं विदेश सँ संगृहीत कए जखन हम एकदिन सबटा वृत्तान्त श्रीमदमरनाथ बाबू कैं कहलिऐन्हि तँ ओ बड़ उत्सुकता ओ सन्तोषसँ हमर काजक विवरण सुनलैन्हि ओ कहलैन्हि जे कवीश्वरक दू किंवा तीनि गोट पोथी हुनकहु सङ्ग छैन्हि जाहि सँ गोविन्ददासझाक पद सब कैं ओ उतारि शृङ्गार भजन छपाओल, परन्तु ओहिमे आओरो अनेक विषय छैक जकर सङ्कलन कएला सँ मिथिलाक पुरातत्त्वक कतोक रहस्य उद्घाटित भए जाएत ओ से ओ ताकि कैं हमरा पठाए देताह। अनेक आवश्यक काज मे अतिव्यस्त रहबाक कारणेँ ओ हमरा एखन धरि से पठाए नहि सकलाह अछि ओ हम तँ एकरा अपन अकर्मणयता बुझैत छी जे अद्यापि हमरा बुतेँ ओ सब लेल नहि भेल अछि। परन्तु तावत् हमर साहित्यगुरु कविशेखर पं. श्री बदरीनाथझा सएह हमरा कवीश्वरक लिखल दू गोट खिष्टाबही, इएह डा. झाक शब्द मे आब बुझैत छी जे पोथा भेल, देल जे कतोक दिन सँ हुनका सङ्ग छलैन्हि ओ कतए सँ अथवा कोना हुनका सङ्ग अएलैन्हि से हुनकहु स्मरण नहि छैन्हि। एहि मे एकटा मे विद्यापतिक सए डेढ़ेक गीत कवीश्वरक अपना हाथेँ लिखल अछि जाहि मे कतोक एखन धरि अप्रकाशिते अछि। सबसँ महत्त्वक विषय एहि संग्रहक ई अछि जे ठाम-ठाम एहि मे कवीश्वरक टिप्पणी अछि जे पुनि दोसर नहि कहि सकत ओ कूटक गीत सबहिक अर्थ लगएबाक सङ्केत से अछि। टिप्पणीक एकगोट दृष्टान्त मात्र पर्याप्त होएत। भानक प्रसिद्ध गीत, अरुण पुरुष दिशि बहलि सागर निशि गगन मलिन भेल चन्दा, मुन्दि गेल कुमुदिनि तैओ तोहरि धनि मून्दल मुख-अरविन्दा" इत्यादि विद्यापतिक संग्रह मे देखि अनेक बेरि मनमे होइत छल जे नगेन्द्रनाथगुप्तजी एकरा भ्रम सँ विद्यापितक रचना मानल अछि! इएह गीत उमापतिक पारिजातहरण नाटकहु मे अछि ओ अन्त मे भनिता मे उमापतिक नाम अछि। कवीश्वर ई गीत विद्यापतिक भनिताक सङ्ग अपना बही मे लीखि नीचा मे टिप्पणी करैत छथि—ई गीत म.म. उमापतिझाक कृत पारिजातहरण नाटक मे उद्धृत अछि परञ्च शाके 1310 क लेख तालीपत्र मे देखल ताहि सौं निश्चित भेल जे कवि विद्यापतिक थीक।" एहि टिप्पणीक कतेक महत्त्व छैक से हम एतए नहि कहए लागब, मैथिली-साहित्यक इतिहासक वेत्ता कैं से कहबाक प्रयोजन नहि छैक। दोसर जिल्द मे रङ्ग विरङ्गक विषय भरल अछि, अपन खरचओटा सँ लए रचना धरि तथा अनेक ऐतिहासिक व्यवस्था ओ छोट-छोट वार्त्ता एहि मे यत्र-तत्र भरल अछि। एहि सँ एक गोट मात्र दृष्टान्त एतए देब पर्याप्त होएत। 1891 ई. क 30 दिसम्बर कैं कवीश्वर एक मासक फुरसति लए गाम दिशि गेलाह ओ सोनबरिसाक राजासाहेबक ओतए सँ पाता छलैन्हि, से नेओत पूरए गेलाह। भरि मासक डायरी कवीश्वर एहि बही मे लिखलैं छथि जे समस्त पढ़बाक योग्य अछि। परन्तु हम ओकर 28 जनवरी 1892, माघ 14 बृहस्पति दिनुक लेख एतए उद्धृत करैत छी—

सोनबरिसा सौँ श्रीमन्महाराजाज्ञासोँ सवारी भेटल। गाजीपन्ना आबी। श्री

चण्डीमाता दर्शन करी। प्रस्तर एक चौकठि जे पुरान बरक गाछ मठ बनैक समय काटल गेल छल ताहि तर उखरल जाहि खम्भा मे लेख तिरहुता अक्षरमे

श्री मन्माहेश्वरी-वर-लब्ध-समस्त-प्रक्रिया-विराजमान-
युद्धेशवंशकुमुदानन्दचन्द्र-राजश्रीमत्सर्वसिंहदेवारिविजयी।
ल.सं. 200 कतेक छल।"

एहि यात्रा मे कतए-कतए वर्ष भरिक पाताक नेओत पूरल, कतए की बिदाइ भेल, कतए कोन शास्त्रीय चर्चा भेल, कतए कोन-कोन तालीपत्रक पोथी देखल, सोनबरिसा मे केहन-केहन रम्य भोजन भेटल इत्यादि विषयव सङ्ग ई एक गोट शिलालेखक उल्लेख कतेक महत्त्वपूर्ण अछि से प्रायः हमरा कहए नहि पड़त। एहिना कतेक वस्तु एहि पोथा मे भरल अछि। आब अनुमान करैत गेल जाओ जे कवीश्वरक सबटा पोथाक संग्रह कए सबटा मे जे सब छिट-फूट विषय उल्लिखित अछि सबहिक वर्गीकरण कए सबटा क्रमबद्ध लिखल जाए तँ से कोन रूपक वस्तु होएत, मिथिला, मैथिल, मैथिलीक पुरातत्त्वक कतेक अन्धकार ताहि सँ दूर भए सकत, कवीश्वरक यश कतेक निर्मल भए देशक अज्ञान-तिमिर कैँ बिलाए सकत।

(मैथिली गद्य-संग्रह, तृतीय भाग, 1966)

कविवर चन्दाझा

मैथिली साहित्यक क्षेत्र मे कवीश्वर चन्दा झा एक जन उत्कृष्ट ओ यशस्वी कविक रूप मे परिचित छथि। अपन रामायणक रचना कए ओ अमर भऽ गेल छथि ओ जाधरि एहि भाषाक अस्तित्व रहत, ता धरि मिथिलाक सद्म-सद्म मे आबाल-बृद्ध-वनिता हिनक ललित पदक गान कए कए हिनक यशःशरीर मे जरामरणक भए नहि आबए देत।

परन्तु हिनक कृति रामायणे टा नहि अछि। विद्यापतिक पुरुष परीक्षाक गद्य-पद्यमय अनुवाद, वाताह्वान, गीतसप्तशती, गीतिसुधा, ओ लक्ष्मीश्वर विलास हिनक रचित प्रकाशित अछि। हिनक महेशवानीक संग्रह प्रयाग सँ डा. अमरनाथ झा ओ अन्यान्यो कविताक संग्रह दड़िभङ्गाक राज प्रेस सँ प्रकाशित अछि। पचाढ़ी स्थानक संस्थापक महन्थ साहेबराम दासक गीतावली ई सम्पादित कए छपओने छथि। अतएव केवल परिमाणहुक दृष्टि सँ एहि साहित्यक क्षेत्र मे कवीश्वरक स्थान सबसँ प्रमुख उचित प्राप्त छन्हि।

परन्तु कवीश्वरक कृतिक ओ अंश जे लोक कैं बिसरल जाए रहल छैक से थिक हिनक प्राचीन मैथिली साहित्य, ओ मिथिलाक पुरातत्त्व विषयक अनुसन्धान। पूर्व मे जस्टिस शारदाचरण मित्र ओ पश्चात् नगेन्द्रनाथ गुप्त कैं विद्यापतिक रचनाक संग्रह मे ई साहाय्य कएल से सर्वथा स्तुत्य अछि ओ तैओ हिनक संग्रह मे कतेको विद्यापतिक गीत भेटैत अछि जे अद्यापि कतहु प्रकाशित नहि अछि। गोविन्ददास झाक रचना शृंगार-भजनावली जे श्रीमदमरनाथ झा प्रकाशित कराओल से हिनक संग्रहक आधार पर हिनकहि लेख सँ। रामायणक अन्त मे म.म. महाराज महेश ठाकुरक गीत ओ सँएतालीस गोट कविक नामावली, पुरुषपरीक्षाक अनुवाद मे टिप्पणीक रूप मे देल दश-पाँच गोट अपूर्व कथा, साहेबरामक गीतावलीक भूमिका मे पचाढ़ीक इतिहास इत्यादि हिनक अनुसन्धानक द्योतक मात्र थीक। वस्तुतः वर्णरत्नाकरक प्रकाशन ओ कीर्तिपताकाक किछु विशेष परिचय छोड़ि एहि पचास वर्ष मे मैथिली साहित्य प्रसङ्गक अनुसन्धानक क्षेत्र मे कोनो प्रगति नहि भेल अछि सभटा कवीश्वर कए गेल छथि। प्रत्युत जे ओ लीखि नहि गेलाह से धरि लुप्त भए गेल।

हम जनैत छी जे कीर्तिलता नेपाल सँ म.म. हरप्रसाद शास्त्री प्रकाशित कराओल परन्तु ताहि सँ बीस वर्ष पूर्व कवीश्वर समस्त कर्तिलताक पोथी अपना हाथ सँ आठ फरवरी 1908 कैं कलकत्ता मे लीखि महामना ग्रियर्सन साहेब कैं देल जे सम्प्रति इण्डिया आफिसक लाइब्रेरी मे अछि। समस्त रागतरङ्गिणीक पोथी ई आइ सँ चौंसठि वर्ष पूर्व शाके 1810 क पौष कृष्ण पंचमी सोमकैं ठाढ़ी मे लिखल जकर प्रतिलिपि हमरा सङ्ग अछि। मैथिली छन्दक एहन मर्मज्ञ पण्डित एमहर दोसर नहि भेल ओ केवल रामायण मे प्रयुक्त छन्दक विवेचना सँ ओ ताहि सङ्ग सङ्ग देल नामक सामञ्जस्य सँ केवल मैथिली छन्द-शास्त्रहिकटा नहि मैथिल सङ्गीतशास्त्रहुक तत्त्वालोचन भए जाएत एहि मे कोनो सन्देह नहि।

मिथिला पुरातत्त्वक प्रसङ्ग कवीश्वरक लिखल बहुत किछु अद्यपर्यन्त अप्रकाशिते अछि तथा हिनक बही सबहिक अन्वेषण कए-कए संग्रह कएला उत्तर एहि विषयक हिनक काजक पर्यालोचना भए सकत। मिथिलाक परम्परया श्रुत इतिहासक ई अपूर्व ज्ञाता छलाह तथा तकर पुष्टि अन्यान्य प्रमाण सँ करैत छलाह। गामक नामक व्युत्पत्ति कए ओहि सँ प्राचीन इतिहासक ऊहि, पञ्जी साहित्यक आधार पर परिचयक सङ्कलन, मिथिलाक प्राचीन स्थानक पर्यवेक्षण ओ ताहि सँ प्राचीन इतिहासक विवरण इत्यादि हिनक कार्यक अनेक प्रकार छल।

खेद एतवय, जे स्वयं कवीश्वर जनैत छलाह अथवा जे अन्वेषण कए जानि सकल छलाह से सबटा क्रमबद्ध लीखि नहि गेलाह ओ ताहू सँ खेदक विषय ई जे कवीश्वरक लिखल सबटा बही कोनहु तादृश अनुसन्धानी व्यक्तिक हाथ नहि पड़ल जे ओहि मे डूबि ओतय निहित रत्नक सञ्चय करैत। परन्तु से बही सबटा नष्ट नहि भेल अछि, क्रमशः प्रकाश मे आबि रहल अछि ओ आशा अछि जे अचिरहिं कवीश्वरक कृतिक एक गोट विस्तार समालोचना प्रकाशित हो, जाहि सँ मिथिला-पुरातत्त्वानुसन्धान क्षेत्र मे कवीश्वरक कएल सेवाक साधारणो ज्ञान नवयुवक अनुसन्धानापेक्षी युवक समुदाय कैं भए जाइक।

(डॉ. शैलेन्द्र मोहन झा सम्पादित गद्यश्री सँ, 1969)

रमेश्वर-चरित रामायण

स्वर्गीय लालदासक निर्मल काव्य-सरिताक रसास्वादन बहुत दिनसँ करैत छलहुँ, हुनक चण्डी-चरित जे सप्तशती-स्तोत्रक सुन्दर पद्यबद्ध अनुवाद अछि से बहुत दिनसँ पढ़ि-पढ़ि आनन्दक अनुभव करैत छलहुँ, हुनक रचित रामायण अछि, से पुनि सात नहि आठ काण्ड मे, सेहो कथा बहुत दिन सँ सुनैत छलहुँ परन्तु आइ ओहि रामायण कैं एहन सुन्दर रूप सँ मुद्रित ओ प्रकाशित देखि आनन्दक सीमा नहि अछि। ई हमर मिथिलाभाषाक एकगोट अनुपम गौरव थिक जे एहि मध्य एक नहि दू-दू गोट रामायण रचित भेल अछि ओ कवीश्वर चन्दाझाक रामायणक सङ्ग-सङ्ग कविवर लालदासजीक रामायणक जे केओ पाठ कएने होएताह अथवा करताह तनिका ई स्पष्ट भए जएतैन्हि जे लालदासक रामायण पुनरुक्ति जकाँ नीरस नहि अछि। एक तँ मर्यादा-पुरुषोत्तम रामचन्द्रक चरित अपनहि काव्य थिक, केओ ओकरा प्रसङ्ग किछु लिखताह तँ से रोचक भैए जएतैन्हि। मुदा कविवर लालदासजी तँ अपना रामयण मे जाहि दृष्टिकोण सँ कथाक उपन्यास कएल अछि से सर्वथा अभिनव अछि ओ कवीश्वरक रचना-शैली सँ सर्वथा भिन्न अछि। हमरा लोकनिक असीम धन्यवादक पात्र थिकाह कविवरक पौत्र श्री प्रभुनारायणदासजी जे एतेक आयास सँ केवल अपन पितामहहिक कीर्ति कैं जाज्वल्यमान नहि कएल अछि अपितु मैथिली-साहित्य-भण्डार मे एक गोट एहन तेजोमय रत्न देल अछि जकर आलोक सँ हमर साहित्य अधिकाधिक प्रकाशमान रहत।

रामायणक ई नाम देखि पूर्व एहने भासित भेल जे कविवर अपन प्रभु स्वर्गीय राजर्षि महाराजाधिराज रमेश्वरसिंह बहादुरक स्मृति-रक्षार्थ एकर ई नामकरण कएल, कारण आजन्म कविवर ओही राजर्षिक सेवा मे निरत रहलाह ओ प्राक्तन संस्कारक प्रसाद सँ हुनका मे जे प्रतिभाक बीज छलैन्हि से ओही महापुरुषक सेवा ओ सहवास मे अंकुरित ओ पल्लवित भेल। ओकरे फलस्वरूप थिक ई रामायणक उपहार। परन्तु ग्रन्थक अवलोकन सँ आब प्रतीत होइत अछि जे से यदि कवि कैं अभिप्रेतो छलैन्हि तँ ओ बड़ कौशल सँ 'रमेश्वर' मे श्लेष आनि देल अछि जाहि सँ पाठक कैं केवल ओएहटा आशय प्रतीत नहि हो। एहि कविवरक रामचन्द्र केवल अपनहि महि मेँ

मर्यादा-पुरुषोत्तम नहि भेलाह। हुनक महिमा केँ एतेक श्लाघनीय कएल अछि हुनका अपन शक्तिक संयोग; हुनक लोकोत्तर चमत्कारक कारण भेल अछि हुनक 'रमेश्वरत्व'—हुनक लक्ष्मीक स्वामित्व। सीताक स्वामी भैए केँ राम एहन अवतार-पुरुष भए सकलाह ओ महिमा मे राम सँ सीता घाटि नहि, बढ़लि छलीह। लक्ष्मी-स्वरूपा सीता केँ जे गरिमा एहि रामायण मे कविवर देल अछि तकरहि द्योतित करैत अछि एकर ई नाम, 'रमेश्वर-चरित'। लक्ष्मीक वन्दना सँ ग्रन्थक आरम्भ, आनहु काण्डक आरम्भ मे (यथा अरण्य-काण्ड, किष्किन्धा-काण्ड इत्यादि) पूर्व सीताक वन्दना ओ ततः पर रामक स्तुति, बीच-बीचहु मे सीताक तेजक स्तुति एही कथा केँ पुष्ट करैत अछि। आदिअहिमे कविक अभिलाषा अछि जे—

सीता चरित ललित अनुमानि, राम कथा भल कहब बखानि,
पुनः कवि कहैत छथि।
शक्तिमान जग शक्तिक योग शक्ति-विमुख शव सन सभ लोग॥
मूल प्रकृति लक्ष्मी जनिक सीता रूप प्रधान।
तनिक नाम जपि पाब नर दुहु लोकक कल्याण ॥

एवंरूप सँ बिनु सीताक तेजेँ रामचन्द्रकेँ शक्तिए नहि भए सकैत अछि ओ कविक दृष्टि मे ओ पुरुष नहि, शव मात्र बुझल जाथि। किष्किन्धा-काण्डक आरम्भ मे सीताक स्वरूप-वर्णन कवि करैत छथि—

जे लक्ष्मी नित सुकृतिक धाम। श्रीरूपेँ कर सुख विश्राम ॥
पण्डितजनक हृदय पुनि जाय। बुद्धि स्वरूपेँ बसथि सदाय ॥
सज्जन जन-मन श्रद्धा देह। लज्जारूप कुलीनक गेह ॥
दुष्कृत जनक भवन पुनि वास। दारिद्र्या रूपा सुखनाश ॥
सएह थिकथि सीता अवतार। इत्यादि।

सप्तशती चण्डी-पाठ जे करैत छथि तनिका ई पढ़ि स्मरण भए अओतैन्हि—
या श्रीः स्वयं सुकृतिनां भवनेष्वलक्ष्मीः पापात्मनां कृतधियां हृदयेषु बुद्धिः
श्रद्धा सतां कुलजनप्रभवस्य लज्जा तां त्वां नता स्म...इत्यादि।

एहि रूपेँ शक्तिप्रधान रामावतारक कीर्त्तन अभिनव वस्तु थिक; एना भए शाक्त सम्प्रदायक कल्पनाक अनुकूल दृष्टि सँ रामायणक रचना हमरा जनैत ई प्रथमे थिक।

एकर दृष्टान्त कतेक देब। अपने कविवर शाक्त छलाह, प्रायः महालक्ष्मीक उपासक। अथवा महालक्ष्मीक आराधना कविवर केँ इष्ट छलैन्हि। तँहि महाकाली ओ महासरस्वती दूहू केँ छोड़ि महालक्ष्मी-रूपा जगदम्बाक गुण-कीर्तिनक उद्देश्य सँ कवि लक्ष्मीपति-रमेश्वर, रामचन्द्रक चरित्रक कीर्तन एहि रामायण मे कएल अछि। एहि दृष्टि सँ ई वस्तु एतादृश सब रामायण सँ भिन्न अछि तथा एक गोट नव कल्पना केँ साकार कएल अछि।

एतबहु सँ ई कथा स्पष्ट भए गेल होएत जे कविवर लालदासजी कैं एहि रामायणक निर्माण मे भावक उद्रेक भेल अछि भक्ति सँ ओ ई रामायण भक्ति-प्रधान कृति थिक। साहित्य-शास्त्र मे भक्ति—रस नहि, भाव कहल अछि, ओ रसक समक्ष भावक स्थान गौण छैक। से उचितो। साहित्य जीवनक प्रतिबिम्ब होएबाक चाही। साहित्य एहन हो जाहि सँ मनुष्य अपना कैं चीन्हि सकए। रामायणक काव्यत्व साहित्यकार सिद्ध कएने छथि जे एहि सँ ई उपदेश भेटैछ जे रामादि जकाँ वृत्ति करी, रावणादि जकाँ नहि। परन्तु से राम जकाँ वृत्ति करब तखनहि सम्भव होएत जखन रामक चित्रण मनुष्य जकाँ होएत। यदि रामक चित्र मनुष्यक सदृश नहि भेल, देवता जकाँ भेल; लोकोत्तर भेल तखन तँ मनुष्य कैं ओहि सँ कोन उपदेश भेटत? अतएव कोनहु काव्य मे चरित्र मनुष्यहिक भेटैत अछि। अलौकिक चरित्र हो से सम्भव परञ्च चरित्र रहत लोकक। रामायण तँहि आदिकाव्य कहल जाइत अछि। वाल्मीकि रामक चरित मर्यादापुरुषोत्तमक रूप मे चित्रित कएल अछि परञ्च वाल्मीकि कतहु राम कैं ईश्वर नहि कहल अछि। कम सँ कम अयोध्याकाण्ड सँ प्रारम्भ कए लङ्काकाण्डक अन्त धरि राम मे ईश्वरत्वक आरोप कतहु नहि भेटैत अछि। इएह कारण थिक जे वाल्मीकि-रामायण लोकोत्तर चमत्कारक काव्य बुझल जाइत अछि ओ भारतवर्ष मे काव्यक एहन उच्च आदर्श वाल्मीकिक स्थापित थिक। परन्तु ओहि सँ आगाँ भाषा आदिक कथा कोन, संस्कृत मे अध्यात्म-रामायण भक्तिक से रस प्रवाहित कएल जे ओ काव्य नहि रहल। रामचरितमानस मे महात्मा तुलसीदासजी राम कैं ईश्वर मानल ओ तदनुसार रामचरित कैं हुनक लीलाक रूप दए वर्णन कएल। कवीश्वर चन्दा झा सेहो सएह कएल अछि। एक गोट दृष्टान्त पर्याप्त होएत। सीताहरणक बेरि मे अध्यात्म-रामायण, रामचरितमानस ओ चन्दाझाक रामायण सर्वत्र इएह भेटैत अछि जे रामक आज्ञा सँ सीता अपना माया कैं अपन रूप दए ओतए आश्रम मे छोड़ि देल ओ स्वयं वर्ष दिन अग्नि मे समाइलि रहलीह ने पुनि लङ्का मे अग्निपरीक्षाक बेरि मे बहरइलीह। एहि वर्णन मे भक्तिक जे भाव हो, रसक पुष्टि नहि होइत अछि, कारण, तखन रामक सबटा विलाप कृत्रिम बूझि पड़ैत अछि, ओहि मे करुणाक भाव नहि रहैत अछि। कविवर लालदास एहि अंश मे प्रायः सब सँ आगाँ बढ़ि गेल छथि। प्रत्येक घटना-चक्र कैं ओ ईश्वरक लीलाक रूपमे चित्रण कए मानव-जीवनक प्रतिबिम्बन एकदम दूरि कए देल अछि। दृष्टान्तक हेतु आरण्य-काण्डक अन्तिम अंश देखू। लक्ष्मणाक मोहकैं नाश करबाक निमित्त रामचन्द्र अपन लीला हुनका वाल्मीकिसँ सुनबाए दैत छथिन्हः

लेल लखन काँ निकट बजाए। कहल वचन रघुपति मुसुकाए
ओ आश्रम जे देखल जाए। थिक वाल्मीकिक कुटी सुहाए
रामायण मुनि धयल बनाए। पोथी सहित लाउ बजबाए
अछि हमरा आवश्यक काज। बुझब करब तखनो किछु काज

सुनितँहि मुनिकाँ लक्ष्मण धाए। लएला पोथी सहित बजाए
कहल राम सन्निधि बैसाए। रामायण जे धएल बनाए
कएल चरित हम तेहि अनुसार। वन आगमन विरह विस्तार
कि करिअ आगु से दिअ सुनाए। किष्किन्धादिकाण्ड समुदाय
करब चरित तेहि विधि मुनिराज। वचन अमोघ अहाँक निर्व्याज

आब देखू जे एहना स्थिति मे रामायणक कथा मे कोन रोचकता रहि जाइत अछि। सम्पूर्ण रामक चरित पूर्वहि सँ कल्पित अछि, कल्पिते नहि, वाल्मीकिक रामायण मे वर्णित अछि। रामक ई कथा जे आगाँ कथा सुनाए दिअ तदनुसार हम काज करी अत्यन्त कृत्रिम बूझि पड़ैत अछि ओ एहन प्रतीत होइत अछि जे वाल्मीकिक रामायण केँ आदर्श मानि रामक चरित भेल अर्थात् ई लोकनि जेना नाटकक पात्र रहथि ओ रामायणक कथा केँ संसारक रङ्गमञ्च पर खेलाइत रहथि।

अतएव कविवरक ई उक्ति जे—

तेहि चरितक अवलम्बन पाबि। कविगण कतेक कहल गुण गाबि
हमहु कएल मन मे अभिलाष। हो परन्तु कहइत बड़ धाख
आदि कवीन्द्रक सुधासमुद्र। कथा हमर कृत सरिता क्षुद्र
तेहि समुद्र सँ भरि-भरि नीर। पूरित करब सरित गम्भीर

सर्वथा समीचीन नहि जँचैत अछि। एतबा निश्चय जे कविवर स्वयं आगाँ कहैत छथि जे—

आदिकविक आशय कतोक, आशय विविध पुरान
कतहु तन्त्रमत सँ करत, 'लाल' राम-गुण गान

ओ से सर्वथा सत्य। परन्तु वाल्मीकिक अनुसार एहि मे केवल कथाक उपन्यास अछि, एहि सँ अधिक नहि कहि सकैत छी। वाल्मिीकिक जे दृष्टि अपन रामायण मे छैन्हि से दृष्टि एहि सब मे कतहु नहि अछि ई कथा पूर्वहि कहि आएल छी। दोसर, रामायणक कथाक आरम्भहि मे कविवर लालदास भरद्वाज सँ वाल्मीकि केँ प्रश्न कराए कथाक उपोद्घात कएल अछि। इहो वाल्मीकिक रीति सँ भिन्न अछि। वाल्मीकिक शिष्य भरद्वाज छलथिन्ह, वाल्मीकि रामायण मे एतबए अछि। आनहु ठाम देखल अछि तँ मिलैत एतबे अछि जे कथा सब मुख्यतः वाल्मीकिक थिक; परन्तु तँ केवल ओकरे अनुसरण कएल गेल अछि से कहब कठिन अछि। कवीश्वर चन्दाझाक रामायण-प्रसङ्ग निर्विवाद कहि देब जे ओकर रचना शुद्ध अध्यात्म-रामायणक आधार पर भेल अछि ओ पाँच-सात स्थल मात्र एहन भेटत जाहिठाम कवीश्वर अपन कल्पना सँ अध्यात्म मे सङ्केतित कथा केँ पूर्ण रूप सँ पल्लवित कए अपन रामायण मे अभिनव वस्तुक वर्णन आनि देल अछि यथा— लङ्काकाण्ड मे रावण ओ अङ्गदक संवाद। तेना कविवर लालदासक प्रसङ्ग मे नहि कहि सकब। एतबा अवश्य जे सब सँ अधिक ओ आदिकाव्यहिक कथाक स्रोत धएने छथि। सीताक स्वयंवर सँ पूर्व परशुरामक

मिथिला आएब ओ सीता सँ विवाह करबाक इच्छा प्रकट करब वाल्मीकिक नहि थिक। एक गोट दृष्टान्त एतए आओर दैत छी। चित्रकूट सँ भरतक फिरला उत्तर आदिकाव्य मे वृत्तान्त अछि जे ऋषिलोकनि राक्षसक उत्पातक समाचार रामचन्द्र कैं कहल, ओ भरत सेहो एतए देखि गेलाह अछि तैं आओर लोक ने आबए; ई विचारि रामचन्द्र ओतएसँ विदा भए दण्डकारण्य मे प्रवेश करैत छथि जाहि बाट मे अत्रिक आश्रममे सीता कैं अनसूया सँ भैंट भेल। लालदासक रामायण मे ई दूनू समाचार अछि परन्तु मध्य मे रामचन्द्र ओ सीताक सम्भोगक वर्णन सर्वथा अभिनव वस्तु भेटैत अछि; इन्द्रक बालक जयन्तक वायस बनि उत्पात करब जकर चर्चा सीता आदिकाव्य मे हनुमानक सङ्ग वार्त्तालापमे कएल—तकर वर्णन एहीठाम रमेश्वर-चरित मे अछि; ओ तखन नारद कैं सब देवतालोकनि रामकैं अगुतएबाक हेतु पठबैत छथि जे समय बीतल जाइत अछि, रावण एखन धरि मारल नहि गेल अछि। अन्तिम पुष्कर-काण्ड तँ सहजहिँ आदिकाव्यक नहिए थिक। एवंरूप सँ विचारि इएह कथा सङ्गत जँचैत अछि जे कविवर लालदास आदिकाव्यक अनुसरण तँ अवश्य कएल परन्तु से केवल घटनाक सङ्कलन मे। अपना कैं ओ ओहि मे बद्ध नहि कए लेल। दृष्टि हुनक भक्तक छल ओ रहि-रहि स्तुतिक वाक्य हुनक भक्त-हृदयक उद्‌गार, जेना बिसरए नहि देअए जे हमरा लोकनि भगवल्लीलाक रसास्वाद कए रहल छी, मानव-चरितक वर्णन ई नहि थिक।

रमेश्वर-चरित मे कविवरक स्वदेशप्रेम ओ स्वभाषाप्रेम यत्र-तत्र प्रस्फुटित होइत अछि। आरम्भमे हुनक उक्ति जे—

श्रेयस्कर सुरलोक मे जैं विधि विष्णुक धाम।
तेहि विधि मिथिला मर्त्य मे पावन सुख विश्राम ॥

हुनक स्वदेशप्रेमक द्योतक थिक परञ्च से एकहि ठाम नहि। बाल-काण्डक उत्तर अंश मे ई प्रेम पद-पद सँ बहराइत अछि। विशेषतः महादेवक मुखसँ मिथिलाक माहात्म्यक वर्णन बड़ चमत्कारक अछि—

निज भाषा जननी निज देश। स्वर्गहु सँ जानथि जन वेश
तैं हम कहब कथा तेहि रीति। नहि विद्या-कविता-गुण-गीति
मिथिलाभाषा मधु माधुर्य। शेष शारदा कह प्राचुर्य
देश-विदेशक कएल विचार। लक्ष्मी जतए लेल अवतार
नाम जानकी पड़ल जनीकि। बजली मिथिलाभाषा नीकि
कोमल वाणी अमृत समान। तकर भाव-रस क्यो-क्यो जान
पुण्यदेश मे भाषा नीकि। मिथिला सभक शिरोमणि थीकि
तेहि भाषा मे करब सुबन्ध।...

एहि रूपक उद्‌गार हिनक हृदयक भावुकता स्पष्ट देखाए दैत अछि। मिथिलाक व्यवहारक वर्णन एहि मे सर्वथा मौलिक अछि। विवाहोत्तर उत्सव वर्णन मे—

मैथिल बिपटा लगबय ताल। कहए कृपण बड़ अवध भुआल।
चारि बेरि खैतहुँ जे भोज। पबितहुँ दान होइत नहि ओज।
खर्चक डरेँ अवध-महराज। कएल एकहि बेरि चारू काज।
अपने लेता चारि दहेज। याचक नर्त्तक पुरलक भेज।
यद्यपि अवध दूरि अधिकाइ। लए जएताह बटोरि विदाइ।
सुनि चतुराइ अवध-महराज। देथि दान सभ गुणी समाज ॥
बैसथि भोजन करए नरेश। डहकन गाब नारिगण बेश ॥
सुनि समधिनि मुख सँ प्रिय गारि। हँसथि खाथि पुनि बुझथि विचारि ॥
एहि विधि अति प्रसन्न अवधेश। बड़ प्रिय लगइन्हि मिथिला देश ॥

तहिना 'हास्यकलामय निपुण सुधीर' नगरक नागरी सबहिक सङ्ग 'वचन-विनोद'क वर्णन सर्वथा मौलिक अछि ओ कथा केँ बड़ रोचक बनाए देलक अछि। सबसँ हमरा अधिक रुचिकर एहि मे मिथिला-देशीय व्यवहारक विशद वर्णन बुझना गेल अछि। कवीश्वर चन्दाझाक रामायण मे एकर अभाव खटकैत अछि।

काव्यक दृष्टि सँ रमेश्वर चरित रामायण मे सब रसक प्राचुर्य अछि। ओना तँ एहि मे प्रधान भक्ति अछि ओ स्थायी भाव मे शान्ति सएह प्रमुख प्रतीत होइत अछि, परन्तु मध्य-मध्यमे आओर सभ रस अङ्ग रूप सँ सन्निविष्ट अछि। कथारम्भ सँ पूर्व कविवर स्वयं नवो रसक स्थल जनाए गेल छथि। तथा सम्भोगक वर्णन जे रामायणक कथा मे एहिरूपेँ किछु असङ्गतो प्रतीत होइत अछि पूर्वहुँ देखाए आएल छी। वस्तुतः शृङ्गार रसक एहि मे यत्र-तत्र प्रचुरतया समावेश कतहु-कतहु खूब सङ्गत नहि जँचैत अछि। शृङ्गी जे अप्सरा सबहिक वर्णन अपना बाप केँ कहैत छथि (बालः पृ. 18); मिथिलाक नारी शोभावर्णन (बाल : पृ. 22); सीताक वयस्सन्धिक वर्णन (बाल : पृ. 25); अहल्याक चरित (बाल : पृ. 40-41); सीता-रामक प्रथम परस्पर अवलोकन (बालः पृ. 49-52) इत्यादि अनेको स्थल अछि जतए संस्कृत काव्यरीतिक अनुसरण करैत कविवर सुन्दर शृङ्गार रसक स्रोत बहाए देल अछि। पुनि मध्य-मध्य मे राम ओ सीताक अवतारक कथा सेहो कहैत रहैत छथि। दूनूक एहि रूपेँ सम्मिश्रण जे कथा बारम्बार कहल अछि खूब सुन्दर नहि रुचैत अछि परन्तु एतबा अवश्य जे कवीश्वर चन्दा झा जाहि रूप सँ शृङ्गार रसक कविता मे सिद्धहस्त नहि देखि पड़ैत छथि तेना ई नहि छथि। पुनि किष्किन्धा-काण्डक ऋतुवर्णन बड़ उच्चकोटिक काव्य अछि। एक ठाम एतेक वर्णनक वैशद्य निश्चय एकरा महाकाव्यक श्रेणी मे लए अबैत अछि। वस्तुवर्णनक चमत्कार एहि मे बड़ विशेष अछि। हम एतए दू गोट उद्धरण हिनक वर्णनचातुरीक दृष्टान्त मे उपस्थित करैत छी—

रावण केँ भेल बड़ गोट आनि। तमकि धएल धनुषा दुहु पाणि
दुइ-दुइ भुज सँ से बेरि-बेरि। धनुष धरथि पुन-पुन कर फेरि
अन्त लगाओल बीसो हाथ। श्रम कए धएल सुदृढ़ दशमाथ

किञ्चित् उठल धनुष एक भाग। किन्तु भूमि नहि कएलक त्याग
रावण व्यस्त कान्ह आरोपि। उनइस भुजसँ धएल सकोपि
एक भुज सँ झुकि धनुषक डोरि। महिसँ उठबए लागल जोर
धनुष भार नहि सहि सकलाह। चुकल चरण भट दए खसलाह
सभ नृपतिक अध्यक्ष मे खसला भट लङ्केश
नीचा दशमुख उपर धनु बाढ़ल बहुत कलेश
खसल मुकुट टूटल वर हार। धोती खुजल न रहल सम्भार
पड़ल सभामे हाहाकार। भेल ठहक्का हँसी अभार
लुटि-लुटि मुकुट हँसए सभ बाल। ताली बजबए लगबए ताल
खसला खसला रावण वीर। तीनि लोक विजयी नहि थीर
पड़ल उपर मे शङ्कर चाप। चापल गेल गेल सभ दाप
खसल उपरमे धनु विस्तार। चलल रुधिर दश फुटल कपार
गिरिसम धनुतर दाबल गेल। मुत्र पुरीष वस्त्र मे भेल

वर्णन एतबे नहि, बड़कीटा अछि ओ वर्णन मे हास्य-रसक पुट स्पष्ट अछि।
पुनः शूर्पणखाक वृत्तान्तक उपक्रम मे थोड़ेक वर्णन देखू—

सुनि हर्षित लक्ष्मण लग गेलि। मनक मनोरथ सभ कहि देलि
सुनु सुन्दर वर नवलकिशोर। गोर सुभग देखि मन मोर भोर
अँहिसँ हम स्वामिक सुख लेब। अहुकाँ हम बड़-बड़ सुख देब
उठु-उठु लखन अहीँ मोर कान्त। निकटहि चलु एहि कुञ्ज एकान्त
राम देल सम्मति अवलम्ब। वृथा लखन जनु करिअ विलम्ब
एहि विधि कहल कतेक सप्रीति। नहि मानल लज्जा नहि भीति
कामविवश नहि कालक ज्ञान। चितचञ्चल नहि बज'क ठेकान

सूर्पणखा मन अति उल्लास। कहल रामकाँ वचन प्रकाश
अविवाहित तेँ मानल खेद। करु मन थीर कहै छी भेद
प्रगट विवाह बुझब अधलाह। भेल मनहि मन दुहुक विवाह
नयन नयन जेहिखन मिलि गेल। रीति विवाह हसौ बड़ (?) भेल
की विवाह जँ प्रीति न रहए। प्रीति प्रबल परिणय सँ कहए।
हम कन्या हमही सरिआत। अपने वर छी बनहि बरिआत।
पुरहित पण्डित छथि कन्दर्प। सम्मोहन शर पोथी अर्प
कति आभरणेँ अङ्ग विराज। किङ्किणि कङ्कण बाजन बाज
नकबेसरि नर्तक बुझि लेब। नूपुर गायक बड़ सुख देव
नयन अधर कर जंघा चरण। करता सौजन भोजन भरण
से सभ थिकथि कुटुम्ब विशेष। सुख सम्मान करक थिक वेश

गान्धर्व-विवाह प्रस्ताव केहन चमत्कारक अछि ओ सूर्पणखाक आतुरता मे हास्यरस कोन रूप सँ अन्तर्निहित अछि से स्वयं बूझि सकैत छी।

भाषाक प्रसङ्ग जे उद्धरण सब ऊपर देल अछि ततबहु सँ स्पष्ट भए गेल होएत जे कविवर एहि रामायण मे ताही भाषाक व्यवहार कएल अछि जे साधारण लोक बजैत अछि। संस्कृत शब्दक बहिष्कार तँ असम्भवे अछि, परन्तु ताहू मे जहाँ धरि भए सकलैन्हि अछि तत्सम रूप मे नहि तद्भव रूपमे प्रयोग कएल अछि। तेँ ठाम-ठाम शब्द सब बेशी तोड़ल बूझि पड़ैत अछि; ठाम-ठाम एहनो शब्दक प्रयोग देखैत छी जे खूब प्रचलित नहि अछि (हसौँ बड़' शब्द हमरा नहि कतहु भेटल छल), वाक्य-विन्यास मे ठाम-ठाम प्रसाद गुण ओझराए गेल अछि ओ तेँ एहि सब दृष्टिसँ भाषामे ओ प्रवाह नहि देखैत छी जे कवीश्वर चन्दाझाक रामायणमे अछि। वर्णनमे चमत्कार अवश्य अछि परन्तु कथोपकथनमे ओ स्वाभाविकता नहि अछि, ओ सजीवता नहि अछि, जे वस्तु केँ रोचक बनाए देत। शृङ्गार ओ शान्त दूनू रसक विन्यास मे विशेष आकर्षण बूझि पड़ैत अछि, परन्तु हास्य-रसक कविता मे ओ चमत्कार नहि अछि ओ हास्यहुक बोध अर्थ सँ होइत अछि, शब्द मे कोनो तादृश चमत्कार नहि अछि जाहि सँ पढ़ि केँ हँसी लागि जाए। वस्तुतः प्राक्कथन मे श्रीमदमरनाथबाबू जे कवीश्वर चन्दाझाक रामायण ओ कविवर लालदासजीक रामायण सँ एकहि प्रसङ्गक एक-एक गोट उद्धरण देल अछि ताहि सँ दूहूक भाषा-विषयक अन्तर स्पष्ट भए जाइत अछि। कवीश्वरक भाषा अछि अधिक प्राञ्जल, अधिक सजीव, अधिक स्वाभाविक, सरल, स्पष्ट ओ प्रसाद गुण सँ भरल, लौकिक कहबी सँ पुष्ट, परन्तु रमेश्वर-चरितक भाषा अछि भाव-प्रधान, प्रवाह सँ विहीन, ओतेक ललित नहि, ओतेक मर्मस्पर्शी नहि, ओतेक रोचक नहि। तेँ कवीश्वरक रामायण पढ़ैत-पढ़ैत मन अकछाएत नहि परन्तु रमेश्वर-चरित पढ़बामे मन अकछाए जाइत अछि, पढ़बामे एकटा भारक अनुभव होअए लगैत अछि। परन्तु बीच-बीच मे जे सोरठा सभ कविवर देल अछि से शान्तरसक उत्तम दृष्टान्त, हृदय केँ लगले छूबि बिला जाइत अछि। एतए हम ओकर किछु दृष्टान्त उपस्थित करैत छी।

भजि ले सीताराम मन-विहङ्ग तन-विटप पर।
नहि खेबा नहि दान अनायास भव-सिन्धु तर ॥
नहि भेटत भल नीर, मन-मराल मरुदेश मे
चलु क्षीरोदधि तीर, करइत कमला-हरि-भजन ॥
सुन मन-मूढ़-मराल, जावत छह भवजलधि मे।
तावत मुक्ता लाल, सीतारामक चरित पढु ॥
बझला जँ मन-मीन, अति दुस्सह भव-जाल मे
मन जनु करह मलीन, जलप्रवाह श्रीपद् सुमरि ॥

चितचातक जनु चिन्तु, गलि जाएत करका कलिक।
सिआराम-पद चिन्त, स्वाती जल निर्मल सुखद ॥
इत्यादि।

अन्त मे पुनि कविवरक एहि अद्‌भुत कीर्तिक हेतु हुनक भूरि-भूरि प्रशंसा बिनु कएने ई समीक्षा समाप्त नहि कए सकैत छी। भक्ति ओ कविता, शान्तरस ओ शृङ्गाररस दूहूक एहि मे विलक्षण सम्मिश्रण अछि ओ दूहूक ई सम्न्वय केहन भेल ताहि प्रसङ्ग समीक्षकक सम्मति मे भेद भए सकैत अछि परन्तु एहि प्रसङ्ग तँ ककरहु मतभेदक सम्भव नहि जे भक्तिक भाव सँ जेहने ई रामायण ओत-प्रोत अछि तहिना शृङ्गार-प्रधान काव्यहुक चमत्कारिता एहि मे भरल अछि। रोचकता एहिमे ओतेक नहि अछि, भाषा मे से लालित्य नहि अछि, परन्तु आयासहुँ जे केओ एकर पाठ करताह तनिका भगवद्‌जनक गुण ओ काव्यक आनन्द दूहू प्राप्त होएतैन्हि। विशेषतः शाक्तजनक हेतु ई अनुपम ग्रन्थ अछि ओ ठाम-ठाम पर सीताक स्तुति सत्ये प्राचीन स्तव जकाँ हृदय कैं द्रवित कए दैत अछि। देश मे एकर आदर नहि होएत तकर हमरा अणुमात्रो सन्देह नहि अछि। हमर मित्र प्रोफेसर श्रीराधाकृष्ण चौधरी कैं भय छैन्हि जे 'सङ्कीर्ण मैथिल समाज' आन रामायण दिशि ध्यान देत वा नहि। परन्तु हम तँ कहब जे गुणग्राहकता मे मैथिल समाज ने कहिओ सङ्कीर्ण भेल ने आइओ अछि ओ जेँ ई रामायण गुण सँ भरल अछि तेँ सहृदय जनक ध्यान एहि दिशि अवश्य जाएत।

(वैदेही, फरवरी, 1955)

पुरान नाटकक किछु मैथिली गीत

एमहर किछु दिन सँ मैथिलीक पुरान गीतक अनुसन्धान ओ अध्ययन मे लागल छी, ओ एहि क्रम मे कतोक एहन गीत भेटल अछि जे पूर्वापर-सन्दर्भ सँ मुक्त स्वतन्त्र गीत नहि भए सकैत अछि, जकरा मुक्तक काव्यक श्रेणीमे नहि राखि सकैत छी। तहिना कतोक गीत एहनो भेटल अछि जे बहुत दिन सँ बुझल अछि परन्तु विचारला उत्तर, गम्भीरतापूर्वक अर्थानुसन्धानक आयास कएला उत्तर, स्पष्ट प्रतीत होइत अछि जे ओकरा पूर्वापर-सन्दर्भ सँ जेना सम्बन्ध रहैक, ओकरा स्वतन्त्र गीत मानला सँ, मुक्तक काव्य बुझला सँ, ओकर अर्थ स्पष्ट नहि होइत अछि।

मुक्तकक प्रसङ्ग आचार्य अभिनवगुप्तक उक्ति अछि—मुक्तमन्येनालिङ्गितं तस्य संज्ञायां कन्। तेन स्वतन्त्रतया परिसमाप्त-निराकांक्षार्थमपि प्रबन्धमध्यवर्ति न मुक्तकमित्युमुच्यते।" अर्थात् पद्यान्तरक सम्बन्ध सँ मुक्त अर्थात् जाहि पद्यक अर्थ बुझबाक निमित्त पूर्व वा परक पद्यक अपेक्षा नहि हो से मुक्तक थिक। मुदा स्वतन्त्र रूपेँ समाप्त यदि कोनो पद्य अन्य पद्यक आकांक्षा नहिओ रखैत हो परन्तु प्रबन्धक मध्य मे अछि तँ ओ प्रबन्ध काव्यक अङ्ग भेल, मुक्तक नहि भेल। एतावता इएह भेल जे मुक्तक केवल अर्थहि मे अन्य पद्यक अपेक्षा नहि रखैत अछि सएहटा नहि, सन्दर्भहु मे ओ सर्वथा मुक्त हो, स्वतन्त्र हो, पद्यान्तर सँ आलङ्गित अर्थात् लपेटल नहि हो। तेँ नाटकहुक मध्यमे जे गीत अछि से मुक्तक नहि भेल, कारण, सन्दर्भ मे ओहो पूर्वापरक अपेक्षा रखितहिँ अछि।

मैथिलीक गीत सब प्रायः मुक्तक थिक; विद्यापतिक गीत शुद्ध मुक्तक थिक ओ मैथिलीक गीत सब जे मिथिलाक संस्कृत नाटक सबहिक मध्य मे सन्निविष्ट अछि सेहो सब बहुधा मुक्तक सदृश प्रतीत होइत अछि। तँहि तँ हमर धारणा अछि जे एहि गीत सबहिक रचना मुख्यतः मुक्तकक रूप मे भेल अछि ओ तखन नाटक सबमे उचित अवसर पर ओकर निवेश कए देल गेल अछि। एहि मे सन्देह नहि जे मुक्तक मे रस-योजनाक पृथक् तत्त्व ततेक शक्तिशाली रहैत अछि जे एकहु सँ अन्यक समाक्षेप भए जाइत अछि ओ रसक आप्लावन होअए लगैत अछि, परन्तु रसक सम्यक् परिपाकक हेतु विभावादियोजनाक जे प्रक्रियाडम्बर रहैत अछि से

प्रबन्ध ओ नाटकहि मे नीक जकाँ होइत अछि। तेँ मुक्तक मे बहुधा 'भाव'हि धरिक परिपाक भेल करैत अछि, ओ 'रस'क स्थिति धरि नहि पहुँचए पबैत अछि। एही कथा केँ दृष्टि मे राखि आनन्दवर्धन कहल अछि—'मुक्तकेषु प्रबन्धेष्विव रसबन्धाभिनिवेशिनो कवयो दृश्यन्ते। यथा ह्यमरुकस्य कवेर्मुक्तकाः श्रृंगाररस स्यन्दिनः प्रबन्धायमाना प्रसिद्धा एव।' तथापि नाटकक कोनहु गीत केँ मुक्तक जकाँ देखला उत्तर ओहि मे सरसता भेटत, परन्तु नाटकक उचित सन्दर्भ मे पूर्वापरक सङ्गति मे जे चमत्कार भेटत से मुक्तक मे नहि भेटत। विद्यापतिक वा ओहि सम्प्रदायक अन्यान्यो कविक मुक्तक एहि सँ भिन्न अछि ओ तेँ मुक्तकक रसपरिपाकक प्रक्रिया प्रबन्धकाव्य वा नाटकक प्रक्रिया सँ भिन्न चमत्कारक अवबोध करबैत अछि।

परन्तु ई सब शास्त्रीय विचार ताहि प्रसङ्ग जतए कोनो गीत शुद्ध मुक्तक जकाँ रहए। जे गीत नाटकक सन्दर्भ सँ साक्षात् सम्बन्ध रखैत अछि तकर रसास्वादनक हेतु मुक्तक सँ भिन्न प्रक्रिया चाही। एतए हमरा तेहने किछु पद्य उपस्थितव्य अछि।

सब सँ पहिने हम अमृतकरक ओ पद्य उपस्थित करैत छी जे नेपालक तालपत्रक पोथी मे विद्यापति-गीतक सङ्ग उपलब्ध अछि। डा. श्री सुभद्रझाक संग्रहमे ई गीत प्रथम परिशिष्टक दशम थिक; राष्ट्रभाषा-परिषदक संस्करण मे ई गीत 'क' परिशिष्टक एगारहम थिक; मित्र ओ मजुमदारक संस्करण मे गीत 'ग' परिशिष्टक दशम थिक। गीत अछि—

दह दिस भमि-भमि लोचन धाब।
तेसरि दोसरि कतहु न आब ॥
लगहि अछलि धनि विहि हरि लेल।
तलितलता सागरिका भेलि ॥
हरि-हरि विरहे छुइल बछराज।
इत्यादि ॥

स्पष्ट अछि जे एहि गीत मे सागरिकाक विरह मे वत्सराजक वर्णन अछि ओ जेँ एकरा सन्दर्भ सँ सम्बन्ध छैक तेँ एहि गीतक ने अर्थ ठीक बैसैत अछि ने मुक्तक जकाँ देखला उत्तर एकर चमत्कार स्फुट होइत अछि। वत्सराज उदयन ओ सागरिकाक कथा रत्नावली नाटिकामे अछि। हमरा विश्वास अछि जे अमृतकरक कोनो नाटक छल वत्सराज-सागरिकाक प्रेम-प्रसङ्ग लए जाहि सँ ई गीत लेल गेल अछि।

एक गोट दोसर गीत भेटल अछि प्राचीन गीतक एकगोट लेख-पोथी मे, भीषमक, 'प्रभावती-पति जगनारायण' जनिका रागतरङ्गिणीक एक गोट गीत मे मोरङ्ग-महिपति सेहो कहल अछि, तनिका नामक भनिता मे कीर्तन कए। गीत अछि—

सागरिका सरसिजमुखी।
केदलिहि गृह छलि वारि सखी।

एठमहि छलि कतएदहुँ गेलि।
तडितलता सागरिका भेलि।
सङ्गहि खेलइतहुँ जहि-जहि ठाम।
तोरितहुँ फूल भमिए भमि गाम।
सागरिका कोने लेल हरी।
पुनु कइसे देखब नयन भरी ॥
इत्यादि।

एहि मे वत्सराजक नाम नहि अछि परन्तु सागरिकाक नाम एहू मे अछि, एहू मे पूर्वहिक गीत जकाँ सागरिकाक हरणक कारणे नायकक विरहवर्णन अछि ओ ताहि सङ्ग कदली-गृहक उल्लेख रत्नावलीक कथा कैँ मन पाड़ि दैत अछि। परन्तु एहि मे सबसँ आश्चर्यक पद अछि चारिम जे अमृतकरक गीतक ठीक चरिमे पद थिक। भीषम कविक पूर्ण परिचय उपलब्ध नहि अछि परन्तु ओ मोरङ्गक राजाक आश्रित छलाह ओ अमृतकरक सँ अवश्य नवीन थिकाह। अमृकरक गीत मे भैरवसिंहक नाम अछि। अतएव सम्भव थिक जे भीषम सेहो वत्सराज ओ सागरिकाक प्रेमप्रसङ्ग लए नाटक रचल जाहि मे अमृतकरक पद की जानि कैँ अथवा ओहिना स्मृतिवशात् लीखि देल।

एही कवि भीषमक दू गोट गीत रागतरङ्गिणी मे अछि जे हमरा जनैत कोनहु सन्दर्भक अपेक्षा रखैत अछि, स्वतन्त्र गीत नहि थिक, ओ जँ प्रबन्धकाव्य गीतमय जानल नहि थिक तैँ हमर अनुमान अछि जे इहो दुनू कोनहु नाटकहिक थिक। एहि मे पहिल गीत अछि 'पहड़िआ बराड़ी' रागक दृष्टान्त मे 'हरिहर प्रणमिए' भीषमक भणित, प्रभावती-पति जग नारायणक नाम सँ युक्त जकर आरम्भ अछि—

देख-देख आइ। सरगक सरबस उरवसि जाइ।

एहि मे नायिकाक रूपलावण्यक वर्णन अछि ओ से नायिका स्वर्गक सर्वस्व उर्वशी थिकीह जनिक प्रवेश-गीत ई थिक। एहि गीत मे 'उरवसि' कैँ लाक्षणिक मानि उर्वशीक सदृश रूपवती कोनो नायिकाक अर्थ करितहुँ ओ एहि गीत कैँ मुक्तक मानि लितहुँ परन्तु एही रागतरङ्गिणी मे आगाँ जाए 'मलारी केदार' रागक दृष्टान्त मे एहिना 'हरिहर' कैँ 'साखि धरि' कवि भीषम-भणित गीत अछि जाहि मे ओही प्रभावतीक पति जगनारायणक नाम अछि ओ ताहि सङ्ग हुनका कहल अछि 'मोरङ्ग महिपति'। गीत मे अछि नायिकाक विरहक वर्णन—

हरि-हरि मोरि उरबसि की भेली।
जोहइत धाबञो कतहु न पाबञो
मुरछि खसञो कत बेरी ॥
गिरि नरि तरुअर कोकिल भमर-वर
हरिन हाथि हिमधामा।
सबक परञो पैञा सबे भेल निरदय

केओ न कहए तसु नामा ॥
मधुर-मधुर धुनि नुपुर-रव सुनि
भमञो तरङ्गिनी तीरे।
मोरे करमैं कलहंस-नाद भेल
नयन विमुञ्चञो नीरे ॥

एहि वर्णन सँ विक्रमोर्वशीयक कथा-वस्तु ओ वर्णन-विन्यास स्मरण भए अबैत अछि ओ ताहि सन्दर्भ मे एहि वर्णनक चमत्कार स्फुट होइत अछि। केवल मुक्तक मानला सँ एहि मे वर्णनक रसास्वाद नहि भेटत। ओ एकहि कविक एकहि राजाक हेतु निर्मित दू गोट गीत मे एकहि नायिकाक वर्णन, एक गोट मे ओकर रूपलावण्य ओ दोसर मे ओकर विरहक, स्पष्ट अछि जे ई दूनू गीत कोनहु एक कृतिक मध्यक थिक ओ से कृति कोनो प्रबन्धकाव्य नहि, नाटक थिक। अतएव हम तँ बुझैत छी जे कवि भीषमक रचित पुरूरवा ओ उर्वशीक प्रेम-कथा लए कोनो नाटक छल जाहि मे कालिदासक विक्रमोर्वशीयक छाया छल।

एक गोट आओर गीत भेटल अछि प्राचीन गीतक लेख पोथी मे। ई गीत 'रुद्रनाथ'क रचित थिक। प्रायः एही रुद्रनाथक एक गोट गीत मिथिलागीत-संग्रहहु मे अछि जाहि मे विद्यापतिक भनिता दए ग्रिअरसन ओकरा विद्यापति-गीतक संग्रह मे प्रकाशित कएने छथि, मैथिली क्रेष्टोमेथी मे एसिआटिक सोसाइटीक जर्नल 1881 ई. क अतिरिक्त अङ्क मे, तथा इएह गीत मित्र मजुमदारक संस्करण मे विद्यापतिक गीत संख्या 897 देखैत छी यद्यपि मजुमदार साहेबक मिथिला-गीत-संग्रह मे ई रुद्रनाथ-कृत प्रकाशित अछि से सूचित कए देने छथि। एहि रुद्रनाथक परिचय नहि उपलब्ध अछि, परन्तु नव जे गीत भेटल अछि से शुद्ध नाटकक गीत थिक, कारण, ओकर लेख एहि रूपैं अछि—

अथ कंसक प्रवेश गीत

वध हेतु कंस कएल परवेश।
नवनहु तह चल चरण विशेष।
वसन शरीर न रह ततकाल।
उपगल निअर देवकि कंसकाल ॥
कन्या पुरुष एको नहि हेतु।
आठम गर्भ हमर जिवकेतु ॥
भागिनि दुलहि आनि दिअ मोहि।
वधिए शिलातल पालब तोहि ॥
रुद्रनाथ कवि निरनय भाष।
भगिनी कंस अतुल अभिलाष ॥

एहि सँ नाटकक ई गीत थिक ओ से नाटक कृष्णक जन्म विषयक थिक से तँ स्पष्ट अछि, परन्तु ने नाटकक नाम अछि ने एहि संग्रह मे एहि नाटकक दोसर कोनो गीते अछि।

परन्तु अत्यन्त आश्चर्य जे ई सब नाटक जँ छल तँ एना भए लुप्त भए गेल जे आब ओकर नामहुक अनुमान नहि कए सकैत छी! ओ यदि ई नाटक सब छल तँ कम सँ कम अमृतकर ओ कवि भीषमक नाटक उमापति सँ प्राचीन छेल। एहना स्थिति मे मैथिली-साहित्यक इतिहासहिक रूपरेखा बदलए पड़त। एहि सब विषयक प्रसङ्ग अपन विचार-धारा पुनि दोसर बेरि उपस्थित करब। तावत् सुधी समाज सँ अनुरोध जे एहि ख्यात गीत सबमे ओ नवहु गीत मे जे नाटक मध्यवर्त्तिता हम एतए लक्षित कएल अछि तकरा जाँचथि ओ यदि किछु नव युक्ति अथवा आशय सुझैन्हि तँ से सूचित कए अनुगृहीत करथि। मैथिली साहित्यक रसिक एवं तत्सम्बन्धी अनुसन्धान कार्य मे संलग्न महाशयलोकनि सँ अनुरोध जे एहि नाटक सबहिक प्रसङ्ग यदि ककरहु कोनो पता होइन्ह तँ से सूचित कए मैथिली-साहित्यक नवीन इतिहास-निर्माणकार्य मे मार्ग प्रशस्त करथि।

(मिथिला-मिहिर, 29.9.1964, विविध प्रबन्ध, 1970)

मैथिली-काव्यमे रस ओ अलङ्कार

मैथिली-साहित्य मे रस ओ अलङ्कारक विचार ओना तँ बड़ सुगम अछि, कहि देनहि पर्याप्त होएत जे ओ संस्कृतक अनुरूप अछि, परन्तु ऐतिहासिक दृष्टिकोण सँ किंवा क्रमबद्धरूप सँ यदि एकर विचार करब तँ स्पष्ट प्रतीत होएत जे ई वस्तु ओतेक सुगम नहि अछि। रस ओ अलङ्कारक कल्पना संस्कृत-साहित्यशास्त्रक विषय थिक ओ ई सत्य जे मैथिली साहित्यक विकास संस्कृत-साहित्यक प्रभाव सँ भेल मुदा इहो ओतबे सत्य जे मैथिली भाषा संस्कृतक विरोध मे विकसित भेल। वस्तुतः मैथिलीक साहित्य दू विरोधी तत्त्वक सङ्घर्ष सँ उत्पन्न भेल अछि। प्रागैतिहासिक कालहि सँ मिथिला संस्कृत भाषा ओ संस्कृत विद्याक एक गोट प्रधान केन्द्र रहैत आएल अछि, परन्तु लोकभाषा मे साहित्य सर्जनाक परम्परा सेहो मिथिला मे बड़ प्राचीन थिक। आब तँ ई कथा निर्विवाद अछि जे बौद्ध-जैन प्रभृति वेदविरोधी धर्महिक प्रभाव मे एतए लोकभाषाक विकास भेल ओ गुप्तोत्तरकालीन सिद्ध लोकनिक रचना जे मैथिलीक प्राग्रूप मे उपलब्ध होइत अछि ओ सब संस्कृत जनिक भाषा छलैन्हि तनिक विरोधमे रचित भेल ओ तेँ संस्कृत सँ भिन्न लोकभाषा मे उपनिबद्ध अछि। अतएव बहुत दिन धरि मैथिली मे जे रचना भेल से संस्कृतक प्रभाव सँ मुक्त रहल, प्रायः संस्कृतज्ञक कृति नहि छल, अथवा संस्कृत जे नहि जनैत छलाह किंवा संस्कृत मे जनिका श्रद्धा नहि छलैन्हि तनिके हेतु ओकर सर्जन भेल। तेँ ताहि रचना मे संस्कृत-साहित्यशास्त्रक रस वा अलङ्कारक विधिवत् उपन्यास तकबे व्यर्थ।

ज्योतिरीश्वर ठाकुर प्रायः प्रथम पण्डित छलाह जे मैथिली कें अपन वर्णनक भाषा बनाओल, तेँ मैथिली साहित्यक आरम्भ हुनकहि सँ मानल जाइत अछि। अपना भाषा कें ओ प्रतिष्ठा देल से अवश्य परन्तु वर्णरत्नाकार कोन रूपक रचना थिक, कोन उद्देश्यसँ, ककरा हेतु निर्मित भेल, इत्यादि विषय खूब स्पष्ट नहि होइत अछि, कारण, ओ अत्यन्त अपूर्ण अछि, बड़ प्राचीन भाषा छैक, ओ से अति अशुद्ध छपल अछि। ठाम-ठाम ओ सुन्दर काव्य जकाँ रमणीय अछि मुदा ठाम-ठाम तँ कोष जकाँ नाम-संग्रह मात्र अछि ओ कतिपय वर्णन यथा द्यूत, किंवा वन, किंवा प्रस्थान इत्यादि कें की मनमे राखि वर्णन कएल गेल अछि से कहब कठिन। मुदा एतबा निश्चय

जे ओकर रचना संस्कृतज्ञ व्यक्तिक हेतु नहि कएल गेल छल। जे अंश ओहि मे काव्य छैक ताहू मे रसक परिपाकक तँ अवकाशे नहि छैक, अलङ्कार जे उक्तिक विच्छित्ति थिक ताहू मे उत्प्रेक्षा ओ स्वभावोक्ति ओ ठाम-ठाम अतिशयोक्ति प्रायः एतबे ध्यान आकृष्ट करैत अछि।

विद्यापति मैथिली-काव्य केँ प्राण देल, ओकर एक गोट परम्परा चलाओल, ओकरा आस्वाद्य बनाओल। हुनक प्रतिभा सबसँ विशेष एही मे निखरैत अछि जे ओ संस्कृत काव्यक आनन्द मैथिलीक रचना द्वारा उपलब्ध कराओल, परन्तु रचना कएल ओ मुक्तकक, ओ मुक्तकक संक्षिप्त परिधि मे रसक सम्यक् परिपाक सम्भव नहि छैक। अधिकांश गीतमे विद्यापतिक काव्य भावहि धरि रहि जाइत अछि, विभाव किंवा अनुभाव अथवा सञ्चारी भावमात्रक चित्रण धरि, ओ आस्वाद्य यद्यपि ओहो थिके तथापि शास्त्रीय दृष्टि सँ ओकरा रस नहि कहब। हँ, ठाम-ठाम एहनो गीत भेटैत अछि जाहि मे रसक सब तत्त्व छैक ओ ओकरा शास्त्रीय दृष्टिअहु सँ सर्वथा उत्तम काव्य कहब परन्तु से बड़ विरल अछि। तखन जे कथा अभिनवगुप्त अमरुकक प्रसङ्ग कहने छथि, गोटेको तत्त्व विद्यापतिक अनेको गीत मे ततेक सशक्त अछि जे अन्यान्य तत्त्वक आक्षेप सुलभ होइत अछि ओ तेँ रसक सम्यक् परिपाक मानि लैत छी। अलङ्कार तँ उक्तिक भङ्गिमा थिक, कहबाक विच्छित्ति, ओ से विद्यापतिक प्रायः प्रत्येक पदमे प्रचुरतया भेटत परन्तु तेँ कहब जे विद्यापतिक अपन कविता मे अलङ्कारक योजना कोनहु क्रम सँ, आयास-पुरस्सर, कएल अछि से नहि, प्रत्युत अनेक ठाम क्रम-भङ्ग अछि, अनेक ठाम कोनहु अंलकारक सम्पूर्ण लक्षण नहि मिलैत अछि, अनेक ठाम कोन अलङ्कार होएतैक से सन्देहास्पद अछि। ततेक तीव्र, चञ्चल, ओ कोमल हुनक कल्पना छल जे अलङ्कारक विन्यास मे जे स्थिरता चाही से हुनका हेतु अशक्य छल। अलङ्कारक योजना मे गोविन्ददासज्ञा प्रायः मैथिलीक सर्वोत्कृष्ट कवि छथि। नैयायिकक सूक्ष्म माँजल बुद्धि, कल्पनाक ओ चरम प्रकर्ष प्रदर्शित कएने छथि। विद्यापति यदि उत्प्रेक्षाक मालामे माधुर्यक सङ्ग-सङ्ग रङ्ग ओ रूपक सौन्दर्य भरि दैत छथि, तँ गोविन्ददास रूपकक योजना मे दूगोट चित्र एकहि ठाम तेना केँ राखि दैत छथि जे चित्रमयता मे केओ हुनका अतिशयित नहि कए सकत। ओ से रूपकहिटा मे नहि, श्लेषक जेहन प्रयोग, जाहि विच्छित्तिक सङ्ग, ओ कएल अछि से भाषा-साहित्यक हेतु स्पृहणीय अछि।

विद्यापति मैथिली मे गीत-रचना केँ प्रशस्त कएल। पण्डितलोकनि यद्यपि हुनक उपहासे कएल मुदा हुनक रचनाक लोकप्रियता सँ एहि दिशि प्रवृत्त सेहो होइत गेलाह ओ तहिआ सँ लए आइ सँ साठि-सत्तरि वर्ष पूर्व धरि पण्डिते लोकनि मैथिली साहित्य केँ जीवित राखल। मुदा ओ लोकनि विद्यापतिक शैलीक अनुसरणेटा नहि, हुनक सर्वथा अनुकरण कएल ओ विषय, भाव, रीति ओ भाषा सब दृष्टि सँ हुनका लोकनिक कृति विद्यापतिक कृतिक सदृशे छल। अन्तर एतबेटा भेल जे विद्यापति

शुद्ध मुक्तक रचल, परवर्त्ती पण्डित-कवि लोकनि ओहि मे रसक परिपाकक अक्षमता देखि शास्त्रीय मर्यादाक रक्षाक हेतु मुक्तक गीत कें नाटक मे समाविष्ट करए लगलाह जाहिमे रसक पुष्टि सबसँ विशेष होइत छैक। अलङ्कारक योजना धरि ओ लोकनि बड़ विन्याससँ करए लगलाह जे क्रमशः लक्षण-क्रान्त होइत-होइत हर्षनाथ झा मे आबि ततेक कृत्रिम भए गेल जे मैथिली कविता वर्गीय भए गेल, विशुद्ध पण्डिताम, ओ केवल संस्कृतज्ञटा ओहि सँ रस-ग्रहण कए सकताह, ओकरा बूझि सकताह। कवीश्वर चन्दाझा मैथिली-साहित्य कें नव दिशा प्रदान कएल, ओकरा जन-साहित्यक रूप देल, परन्तु पण्डिताम हुनको रचना मे कम नहि अछि ओ शृंगार रसक जे कतिपय पद्य ओ रचल से ओही पुरान रीतिक, अतिशय कृत्रिम, केवल गीत मे नहि, छन्द मे। वस्तुतः कविताक क्षेत्र मे आधुनिकताक प्रतिष्ठा भुवनजी कएल, स्वाभाविक, स्वानुभूतिपूर्ण, सहज ओ सरल; तथा गद्य क्षेत्रमे श्री हरिमोहन बाबू। स्मरण रहए जे मैथिली-साहित्यक विकास लोकानुरञ्जनक उदेश्य सँ भेल, गीतक रूप मे; ओ तँ रस किंवा अलङ्कारक विन्यासक ओहि मे अवकाशे नहि छल। हिन्दी साहित्य मे जकरा रीतिकाव्य कहल जाइत छैक जाहि मे रस-अलङ्कारक क्रमबद्ध विन्यास भेटैत अछि तेहन मैथिली-साहित्य मे कोनो आयास नहि भेल। प्रबन्धकाव्य तँ अति आधुनिक काल मे रचित होअए लागल अछि ओ एकावली-परिणय किंवा सुभद्राहरण, अम्बचरित किंवा कीचकवध प्रभृति महाकाव्य मे रस-अलङ्कारक पूर्ण विन्यास अछि; विशेषतः एकावली-परिणय मे तँ अलंकारक ततेक प्राचुर्य अछि जे मुख्य-मुख्य अलंकारक दृष्टान्त अन्यत्र ताकहु नहि पड़त। ओहि सबकें कष्ट कल्पना किंवा अस्वाभाविक कहब से नहि, अधिकांश ठाम जे विच्छित्ति छैक से अत्यन्त सहज, स्वाभाविक, रुचिर, चमत्कारक। एमहर आबि जे नवीन कविता लिखल जाए लागल अछि ताहि मे तँ रस-अलङ्कारक उपेक्षा कएल गेल अछि। परन्तु कविताक आत्मा जँ रस थिकैक तँ नवीन सँ नवीन कविता मे सेहो रसक स्थिति अवश्य छैक। रस थिक आस्वाद्य ओ कविता जँ आस्वाद्य नहि भेल तँ ओ कविते नहि थिक। हँ, एतबा अवश्य जे नव कवि लोकनि रस-सिद्धान्त सँ पूर्ण परिचित नहि रहैत छथि तथा जँ परिचित छथिओ तथापि ओकर विधिवत् विन्यास नहि करैत छथि। अलङ्कार तँ नवीनतम प्रयोगवादहुमे प्रचुरतया भेटत विशेषतः नव नव रूपक-योजना सएह तँ प्रयोगवादक रहस्य थिक। तें कहि सकैत छी जे मैथिली साहित्यमे रस-अलंकार कवित्वक स्वतन्त्र विषय नहि बुझल गेल। हँ, प्राचीनमे गोविन्ददास ओ नवीनमे कविशेखर—बस दुइए गोटए अलंकारक योजनामे अपन प्रतिभा देखाओल ओ विद्यापति रसक विशेषतः शृंगार रसक विविध भावक आस्वादनक अपूर्व सामग्री दए गेलाह जाहिसँ मैथिली चिरकाल पर्यन्त कविताक अपूर्व आनन्द प्रदान करैत रहत।

(अकाशवाणी, 31-8-1966, विविध प्रबन्ध, 1970)

मैथिली-काव्यमे निर्गुण भावना

मिथिलाक संस्कृति सँ जे केओ परिचित छथि सबहुँ स्वीकार करताह जे एकगोट वस्तु जे मिथिला मे जड़ि नहि पकड़ि सकल ओ थिक निर्गुण भावना। एतएक संस्कृतिक मूल मे अनासक्ति अवश्य छैक ओ हमरा लोकनिक जातीय बहुत रास दुर्गुण एही अनासक्तिमूलक थिक, परन्तु मिथिला सब दिन सँ कर्मयोगक भूमि रहैत आएल अछि। हम तँ इएह मानैत छी जे श्रीमद्‌भगवद्‌गीता मे जाहि अनासक्त कर्मयोगक उपदेश अछि, जकर आदर्श मिथिलेश जनक कहल गेल छथि, से जीवनक एकगोट क्रम छल जकरा हम भागवत-धर्म कहि सकैत छी। मिथिला एहि धर्मक केन्द्र छल, मगध एकर विरोधी छल, तकर आभास हमरा लोकनि कैं शिशुपालक चरितसँ भेटैत अछि। शिशुपाल भागवत धर्मक विरोध कएल, कृष्ण कैं पूजब स्वीकार नहि कएल, जकर परिणाम हुनका अपन प्राण दए भोगए पड़ल।

भगवद्‌गीता मे कर्मयोगक सङ्ग भक्तिक समन्वय ओकरा भारतीय जीवनक आधार बनाए देलक, ओकरा जीवन-दर्शनक पूर्णता प्रदान कएलक। कर्मयोग, ज्ञानयोग, अथवा अनासक्ति दर्शनक विषय थिक, उपनिषदहु मे ओ सब यत्र-तत्र प्रतिपादित अछि। परन्तु भक्तिक विषय व्यावहारिक जीवनक हेतु सम्बल थिक ओ एकरा धएने मानव एहि जीवनक सागर कैं यथाकथञ्चित् सन्तोष ओ विश्वासक सङ्ग पार कए सकैत अछि। भक्तिक महिमा अपरम्पार अछि। ज्ञानाग्निः सर्वकर्माणि भस्मसात् कुरुते—ज्ञानक विषय थिक, दर्शनक विचार, वेदान्तक जड़ि परन्तु भगवान् सब ज्ञानक कथा बुझाए अन्त मे अपन सखा अर्जुन कैं उपदेश इएह देल जे मामेकं शरणं व्रज। मिथिलाक संस्कृति मे भक्तिक तत्त्व अत्यन्त प्राचीनकाल सँ प्रबल अछि। संन्यास प्रधान बौद्धधर्महु कैं लोकप्रिय एवं गृहस्थक उपास्य बनएबाक उद्देश्य सँ ओहि मे भक्तिक समावेश कएल गेल ओ महायान जे भारत मे प्रसृत भए रहल ओ जकर प्रभाव समस्त हिन्दूजीवन, विशेषतः मिथिलाक जनजीवन, पर अमिटरूपैं अङ्कित अछि ताहि मे भक्तिक बड़ विशिष्ट स्थान छैक। मूर्त्तिक भावना बौद्ध धर्मक महारानक देनथिक, प्रथम-प्रथम मूर्ति भगवान् बुद्धहिक निर्मित भेल, ओ संन्यास-धर्म सँ प्रारम्भ भए बौद्धधर्म कोना मूर्त्तिपूजक भए गेल ई भारतीय संस्कृतिक बड़ रोचक अध्याय थिक।

साहित्य समाजक दर्पण थिक। समाजक हृद्गत भावकें, हर्ण ओ विषादकें, आदर्श ओ अभिलाषा कैं, उल्लास ओ नैराश्य कैं यथार्थताक सङ्ग सुन्दर शब्दें, सुन्दर रीतिएँ, सुन्दर चमत्कार सँ व्यक्त करबे साहित्य थिक। अपन हृद्गत भाव कैं तेना व्यक्त करथि जे पाठक वा श्रोता ओही भाव सँ आप्लावित भए जाथि इएह थिक साहित्यक प्रेषणीयता। मैथिली साहित्य आदिअहि सँ कवितामय रहल अछि। कविताक स्रोत जहाँ धरि हमरा लोकनि कैं प्रमाण उपलब्ध होइत अछि बौद्ध सिद्ध लोकनि प्रवर्त्तित कएल। हुनका लोकनि बहुधा आध्यात्मिक स्तर पर अपन भाव व्यक्त कएल ओ हुनका लोकनिक उद्देश्य छलैन्हि जनता मध्य ओहि मतक प्रचार। एहि सबमे यत्र-तत्र निर्गुण भावनाक ध्वनि सुनबा मे अबैत अछि परन्तु एक तँ ई सब साम्प्रदायिक थिक, दोसर ई सब विशुद्ध मैथिलीक रचना नहि थिक, प्राक्मैथिली रूपक साहित्य थिक। वस्तुतः मैथिली कविताक आरम्भ महाकवि विद्यापतिक गीत सँ होइत अछि ओ विद्यापतिक सम्प्रदाय छल पञ्चदेवोपासक, हुनक उपास्यदेव छलथिन्ह शिव, ओ वर्णन कएने छथि अपन शत-शत गीत मे ओ राधा-कृष्णक विलास-लीलाक। तहिआसँ अद्यपर्यन्त एही जातिक गीत बराबरि रचल जाइत रहल अछि, एहि कविताक स्रोत आइ धरि अबाध गति सँ बहि रहल अछि, ने एकर गति मन्द भेल अछि, ने भावक गम्भीरता कम भेल अछि।

स्मरण रहए जे निर्गुण भावना आध्यात्मिक भावना सँ अनुप्राणित रहैत अछि। एकर बीज थिक वेदान्तक तत्त्व ओ तैं गृहत्यागी संन्यासी सएह निर्गुण भावनाक प्रचारक रहलाह अछि। मिथिला अध्यात्म विद्याक जन्मभूमि भैओ कैं संन्यास मार्गक पक्षपाती नहि रहल। एतए तँ सबदिन कर्मयोगक एकच्छत्र राज्य रहल। एतए अनुशीलन भेल मीमांसाक ओ प्रचार भेल एहिठाम सँ ज्ञान-कर्म समुच्चय वादक। शुकदेवक संन्यासग्रहण इतिहासक एक गोट बड़े रोचक ओ उपदेशप्रद अध्याय थिक।

ई तँ भेल बौद्धिक क्षेत्र मे भक्तिक माहात्म्य। साहित्यहुक क्षेत्र मे भक्तिक माहात्म्य ओहने प्रबल अछि। रति, हास, क्रोध, उत्साह ओ करुणा जकाँ भक्ति सेहो मौलिक भाव मे अन्यतम थिक ओ जीवनक रहस्य सँ विस्मित मानव सृष्टिक आदि सँ एक गोट अदृश्य शक्तिक कल्पना कए ओकरा प्रति विनीत ओ नतमस्तक रहैत आएल अछि। एकर मूल मे रहैत अछि भय, विस्मय ओ आशा किंवा अभिलाषा। ओहि अदृश्य शक्ति कैं सर्वस्व समर्पित कए ओहि शक्ति कैं अपन सुख किंवा दुःखक दायित्व दए ओकरहि बल पर जीवन चक्र-परिचालन मे अग्रसर भए मानव सब दिन प्रवृत्ति-मार्ग पर दृढ़ रहैत आएल अछि। हम मानैत छी जे वर्तमान युग मे जखन विज्ञानक अपरिमित विकास ओ उपलब्धि सँ मानव कैं आत्म-सन्तोष ओ आत्मविश्वासक प्राचुर्य प्रबल भए गेल छैक तथापि जीवनक रहस्य एखनहु मानव कैं विस्मित कए रहल अछि, जन्म ओ मृत्युक समस्या एखनहु असमाधेय अछि,

अव्यवहित पर क्षणमे भावी घटनाक अज्ञानता प्रभृति अनेक वस्तु अछि जाहि कारणेँ एक अदृश्य शक्तिक कल्पना एखनहु करहि पड़ैत अछि, ओहि शक्ति कैँ आधिभौतिक मानू, आधिदैविक मानू अथवा आध्यात्मिक मानू। ओकरहि उपनिषद्मे अणोरणीयान् कहल अछि, महतो महीयान्।

हमरा लोकनि आरम्भहि सँ एहि शक्ति कैँ सगुण मानैत आएल छी। शक्ति स्वभावतः गुणक धर्म थिक—जखन अदृश्य शक्ति कैँ सर्वसामर्थ्यवान मानैत छी तखन ओहि सामर्थ्यक कारण गुण कैँ होएब आवश्यक। भगवान् गीता मे तीनू गुणक विकास सँ सृष्टिक विकास कहने छथि तथा कोनहु शक्तिक भक्ति सँ, फलप्राप्तिक मोह सँ रहित उपासना सँ, जीवनक सार्थकता कहने छथि। अतएव मिथिला मे अत्यन्त प्राचीन काल सँ नाना देव, नाना योनि, नाना तेज, विभूतिक भक्ति राग ओ द्वेष सँ शून्य रहैत आयल अछि। भक्तिक विषय मे सहिष्णुता हमरा लोकनिक संस्कृतिक महत्ता थिक। बाप वैष्णव, माए शाक्त ओ बेटा शैव एखनहु देखल जाइत अछि। ओ एहि भेदक अन्तर्निहित वस्तु भक्ति एक थिक, भक्तिक विषय मे गुणक भेदक कल्पना सँ नानात्व स्वाभाविक। संन्यास हमरा लोकनिक संस्कृति मे काल-वर्ज्य मानल गेल अछि, समाज मे संन्यासी गर्हित बुझल जाइत रहलाह अछि। तेँ कबीरदास वा हुनक सदृश अन्यान्य निर्गुणोपासक सन्तक प्रभाव एतए शिष्ट समाज सँ भिन्न लोक पर पड़ल। शिष्ट समाजक सन्त लोकनि यथा—साहेबराम किंवा लक्ष्मीनाथ गोसाँइ समेत निर्गुणक नहि, सगुणहिक उपासक रहलाह। दोसर, निर्गुण भावनाक प्रचार एम्हर कबीरहिक प्रभाव सँ भेल ओ तेँ एहि जातिक अधिकांश रचना कबीर ओ हुनक शिष्य लोकनिक भाषा सँ अत्यधिक प्रभावित अछि। ओना हमर मित्र डाक्टर श्री सुभद्रझा बहुत रास निर्गुण गीत सभक संग्रह देहातक कबीरपन्थी साधु लोकनिक मुह सँ कएने छथि परन्तु ओकर कोनो संग्रह हमरा दृष्टिपथ मे नहि आएल अछि। हम तँ इएह बुझैत छी जे मैथिलीक शिष्ट साहित्य मे भक्तिक प्राचुर्य रहितहुँ निर्गुण भावनाक जेना सर्वथा अभाव सएह अछि।

(आकाशवाणी, पटना, 10-7-1966, विविध प्रबन्ध, 1970)

फागु

मैथिली-साहित्यक विकासक जे केओ व्यक्ति अनुशीलन कएने छथि तनिका ई कथा स्पष्ट प्रतीत भेल होएतैन्हि जे ई साहित्य आरम्भ मे गीतप्रधान छल ओ एकर प्रचार मुख्यतः स्त्रीगण मध्य छल। हमरा लोकनिक संस्कृतिक ई एक गोट वैशिष्ट्य अछि जे जन्म सँ लए द्विरागमन धरि जतेक शुभ कार्य छैक सबहिक हेतु भिन्न-भिन्न गीत अछि जकर स्वर ओ लय भिन्न छैक जे तत्तत् समय मे स्त्रीगण लोकनि सङ्ग मीलि गबैत छथि। तहिना वर्ष भरि मे जतेक पाबनि होइत छैक तकर गीत सब पृथके अछि। केवल विवाहहिक अवसर पर जतेक विधि होइत छैक ताहि सबहिक हेतु भिन्न-भिन्न गीत होइत अछि। एहि व्यावहारिक गीत सबहिक परम्परा जेना अनादि काल सँ चल अबैत हो ओ महाकवि विद्यापति ठाकुरक रचना तँ जेना एहि श्रेणीक गीतक प्राण हो । एखनहु सब गीतक अन्त मे 'भनहि विद्यापति' जोड़ि देबाक अभ्यास अशिक्षित स्त्रीगण समुदाय मे दुर्निवार अछि, परन्तु यथार्थ विद्यापतिहिक रचित व्यावहारिक गीत सब अछि तकर निदर्शन प्राचीन तालपत्र पर प्रायः चारि सए वर्षक लिखल 'योग' क विलक्षण गीत हम 'गङ्गानाथझा अनुसन्धान-भवन'क पत्रिका मध्य प्रकाशित कएने छी।

एहि व्यावहारिक गीतहिक समान एक श्रेणीक आओर गीत अछि जकरा हम सामयिक गीत कहब। ई सब अपन-अपन विशेष समय मे गाओल जाइत अछि ओ ई पुरुषो गबैत छथि परन्तु प्रचार एकरो स्त्रीगण समाज मध्य प्रचुर अछि। आमक समय मे मचकी पर चौमासा अथवा बरहमासा, वर्षाक समय मे मलार, चैतक मास मे चैत ओ वसन्त मे फगुआ एही श्रेणीक गीत थिक।

माघ शुदि पञ्चमी कें जकर शास्त्रीय नाम श्रीपञ्चमी थिक ओ जकरा वसन्त-पश्चमी सेहो कहैत छिऐक, वसन्त-ऋतुक प्रारम्भ होइत अछि ओ फाल्गुनी पूर्णिमाक राति होलिका-दाहक उपरान्त वसन्त-ऋतुक अन्त बुझल जाइत अछि। इएह डेढ़ मासक समय वसन्त थिक ओ एही मध्य मे फगुआ अथवा होली गएबाक चालि अछि। सामयिक जे कोनो गीत अछि सबमे एहि जातिक गीत विशेष प्रचलित अछि ओ एकर राग ओ तान, एकर विषय, एकर मनोमोहकता सबकिछु विलक्षणे होइत अछि।

परन्तु मैथिली साहित्य मे एहि जातिक गीतक विकास कोना भेल अछि ?

महाकवि विद्यापति ठाकुर वसन्त-वर्णन मे कतोक एहन गीत लीखि गेल छथि जे प्रायः आन कोनहु साहित्य मे नहि अछि। वसन्तक जन्म, वसन्त रायक चुमाओन, ऋतुराजक विजय, वसन्तक विवाह, शीत-वसन्त-विवाद प्रभृति अनेक रूप सँ वसन्तक चमत्कारपूर्ण वर्णन हुनक काव्यकलाक एक गोट वैशिष्ट्य अछि। श्रीपञ्चमी केँ वसन्तक जन्मक वर्णन कए ओ हमरा लोकनिक व्यावहारिक परम्परा केँ परिपुष्ट कएने छथि परन्तु हुनक रचना में होरी किंवा फागु शब्दक प्रयोग नहि भेटल अछि। विद्यापतिक ओ गीत, जे हमरा हिसाबेँ हुनक प्रथम रचना थिक, जकर भनिता मे ओ राजा भोगीश्वरक नाम देलेँ छथि, वसन्तहिक थिक। परन्तु ओहि मे, एहि समयमे जखन

चउदिस चम्पा मौलि फूलिल
चान इजोरिया राति

छैक तखन, कवि कहैत छथि "गाबहु हे सखि लोरि झूमरि"। एहि सँ स्पष्ट अछि जे एहि समय मे गएबाक गीतक नाम लोरि ओ झूमरि छल। आगहुँ आबि गोविन्ददासझाक गीत मे सेहो भेटैत अछि जे एहि समय मे

मदनमोहन देखि मातल मनसिज
युवति-यूथ-शत गाबति झूमरि।

एतावता हमरा एहने भान होइत अछि जे फगुआ किंवा होरी—ई एहि समय मे गएबाक योग्य गीतक नाम नवीन थिक। विद्यापतिक समय मे एहि समयक गीत-विशेषक नाम छल लोरि ओ झूमरि, ओ लोरि-नामक गीत तँ काल-क्रम मे लुप्त भए गेल परन्तु गोविन्ददासझाक समय धरि वसन्तक समय मे झूमरि गएबाक जे चालि नहि तँ से अन्ततः परम्परया श्रुत धरि अवश्य छल।

गोविन्ददासझाक समय मे फागु ओ होरीक प्रचार भए गेल छल, परन्तु हुनक काव्य मे 'फागु' गीतक अर्थ मे नहि, किन्तु क्रीड़ाक हेतु बनाओल, प्रायः घोरल, रङ्गक अर्थ मे प्रयुक्त भेटैत अछि। होली तँ हुनक कतोक गीतक रागक स्थान मे वसन्तक सङ्ग प्रयुक्त देखैत छी, परन्तु से तँ संग्रह कर्त्ताक देल नाम भए सकैत अछि। किन्तु गीतक पदहु मे

दूरहि दूर गेलि गाबति होरी।

एहि सँ ई नहि स्पष्ट होइत अछि जे होरी की गीतहिक नाम थिक? एक गोट दोसर गीत मे गोविन्ददास कहैत छथि—

एत जौँ रोषबि काञ्चन गोरी।
गोविन्ददास पुनि गाएब होरी।

एतए होरी वसन्तक गीतक अर्थ मे सार्थक नहि अछि किन्तु उपहासक हेतु गारि पढ़बाक अर्थ मे प्रयुक्त बूझि पड़ैत अछि। 'होरी गाएब' ओ 'होरी गबैत' दुहू गारि पढ़ब ओर गारि पढ़ैत ई अर्थ दए सकैत अछि ओ फगुआक अवसर पर गारि

सँ युक्त गीत किंवा फकड़ा पढ़बाक व्यवहारो अछि। मिथिला भाषामे 'होरिआएब' गारि पढ़बाक अर्थ मे होरी सँ नाम-धातु कए निष्पन्न प्रचलिते अछि। अतएव फागु किंवा होरी गोविन्ददासझाक समय धरि प्रयोग मे आबिओ गेल छल तथापि वसन्तक गीत-विशेषक अर्थ मे ओकर प्रयोग नहि होअए लागल छल, हम सएह बुझैत छी। ई प्रयोग ताहू सँ नवीन थिक।

एहि गीत सबहिक विषयक प्रसङ्ग मे विद्यापति ओ गोविन्ददासझाक रचनाक तुलनात्मक विचार सँ फगुआ-निमित्तिक प्रचलित व्यवहारक क्रमिक विकासक स्पष्ट आभास भेटैत अछि। ओना तँ वसन्तक वर्णन उद्दीपनक रूप मे एहि दुहू कविक अनेक गीत मे अछि परन्तु शुद्ध कए ऋतुहिकटा वर्णन सेहो हिनका दुहू गोटाक रचना मे भेटैत अछि। फाल्गुनी पूर्णिमा कैं दोलोत्सव ओ रास तँ बड़ प्राचीन थिक ओ तैं रासक रङ्ग-विरङ्गक चमत्कारपूर्ण गीत सब हिनका लोकनिक रचित अछिए, परन्तु एहि सबमे वृन्दावनक कालिन्दी-पुलिन कुञ्जवन शोभन"हिक चित्रण अछि ओ ओतहिक नित नित नव नव खेलन" ओ मधुर रस गान"क वर्णन अछि। ताहि सँ अतिरिक्त विद्यापति ठाकुरक एक गोट गीत मे भेटैत अछि जे एक बूढ़ि बारि" सबहुँ स्त्रीगण–

विविध भाँति कएलन्हि सिङ्गार
पहिरल पटोर गृम झूल हार
केओ अगर चन्दन घसि भर कटोर
ककरहु खोइँछा करपुर तमोर
केओ कुंकुम मरदाब आङ
इत्यादि।

एहि मे "कुंकुम मरदाब आङ" मात्र सूचित करैत अछि रङ्गक्रीड़ा, परन्तु से सुखाएल रङ्ग सँ। देह मे रङ्ग सटि जाइक तैं चानन सेहो फेकल जाइक सेहो एहि गीत सँ ध्वनित होइत अछि, नहि तँ नाच ओ गान– एतबए एहि ऋतुक उत्सव मे हिनक वर्णन अछि। ओहि गानहु मे अश्लीलता हो से हिनक रचना मे नहि अछि।

परन्तु हरगौरी-पदावली मे दू गोट गीत अछि जाहि मे खेले लखमी भवानी रितु वसन्त" इत्यादि मे लक्ष्मी ओ भवानीक वार्त्तालाप अछि ओ एक-दोसराक स्वामीक निन्दा करैत छथि। परन्तु ई विद्यापतिक रचना थिक ताहि मे पूर्ण सन्देह, कारण भनिता मे भन जयदेव हरिहरक दास" अछि, ओ विद्यापतिक गीतमे 'अभिनव जयदेव' सर्वत्र सएह भेटैत अछि, केवल जयदेव ने हिनक नाम छल ने उपाधि। दोसर गीत "काञ्चन झोरि सिन्दुर भरलि" अछि जाहि मे "इसर खेलइ फागु" पद भेटैत अछि। अतएव फागु शब्दक प्रयोग सेहो एहि मे अछि। एहि मे महादेव ओ विष्णु सस्त्रीक फागु खेलाइत छथि तकर वर्णन अछि। महादेव भस्म लए ओ नारायण सिन्दूर सँ खेलाइत अछि। ओहि मे एक गोट पद अछि,

इसर भसमे भरु नारायण पीत वसन बोरि

जकर इहो अर्थ कए सकैत छी जे भस्म भिजाए कैँ देल, नहि तँ बोरल कोना जाइत ? एहू गीत मे विद्यापतिक रचनाक सौष्ठव, प्रसाद एवं मधुरिमा नहि लक्षित होइत अछि ओ ने नगेन्द्रनाथगुप्तजी एकर मूलहिक कोनो उल्लेख कएने छथि। परन्तु जँ ई सत्ये विद्यापतिक रचित थिक तँ फागु-खेड़ि ओ ओकर खेलएबाक प्रकार दुहू एहि सँ प्रमाणित होइत अछि।

गोविन्ददासझाक गीत सबमे एहि उत्सवक तेहन सजीव चित्रण देखैत छी जे सर्वथा आधुनिक प्रतीत होइत अछि। नाचक ओ गानक तँ सर्वत्र वर्णन अछिए, ताहि पर सँ सिन्दूरक्रीड़ा ओ हास-परिहास तथा विनोदहुक बड़ चमत्कारक वर्णन अछि।

चोआ चन्दन परिमल कुंकुम फागु-रङ्ग सब अङ्ग भरि"

आगु फागु दए नागरि-नयान
अवसर नागर चुम्बए वयान"

नटवर भङ्ग फागु रंगि नागर अभिनव नागरि सङ्ग ऋतुपति गीत चित्त उमताएल"

हँसि-हँसि सुन्दरि मन्मथ रङ्गे
फागु लए ढारए नागर अङ्गे"

फागु देल हरि लोचन जोर
मून्दल धनि दुहु नयन चकोर"
फगुआ खेलत नवल किशोर"

इत्यादि पद स्पष्ट रूपसँ जनबैत अछि जे ताहू दिन सुखाएल ओ घोरल दुहू प्रकारक रङ्गसँ क्रीड़ा करब फागु खेलाएब छल। एहि गीत सबमे गोपी सबहिक सङ्ग कृष्णक विनोदहुक बड़ सुन्दर वर्णन अछि। सबसँ बेसी तँ

घनतर तालि भेलि भल बोल।
हो हो होरि तुमुल उतरोल ॥"

पद सँ स्पष्ट अछि जे थपड़ी बजाए "होरी! होरी!" घोल करब जे एखनहु होइत अछि ताहू समय मे होइत छल। अतएव एहि श्रेणीक गीत होरी किंवा फगुआ नहिओ कहाबओ तथापि होलीक पर्वक हेतु उचित जे विनोद अथवा क्रीड़ा सम्प्रति प्रचलित अछि, से सब गोविन्ददासझाक समय धरि प्रचार मे आबि गेल छल।

परन्तु अत्यन्त खेदक विषय थिक जे एखन जे फागु किंवा होलीक गीत समाज मे प्रचलित अछि ताहि मे मिथिला-भाषाक बड़ थोड़ गीत भेटैत अछि। अधिकतः ब्रजभाषा ओ हिन्दीक गीत सएह पुरुष ओ स्त्रीगण सब समाज मे गाओल जाइत अछि। यद्यपि ई दुरवस्था होलिएटाक नहि अछि, आनहु-आनहु श्रेणीक गीत मे विदेशीय भाषाक गीतहिक प्राचुर्य देखैत छी ओ अपन प्राचीन सङ्गीत-कलाक

दिनानुदिन जेना लोप भेल जाइत हो परन्तु होलीक सदृश आनन्दक पर्वक हेतु अपना भाषाक गीत लोकप्रिय नहि हो ई नितान्त खेदक विषय थिक, विशेषतः जखन पूर्व मे एहन एहन सुन्दर गीत सब छल। एहि हेतु मिथिलाक शिक्षित समाज जो मैथिलीक कवि लोकनि सबहुँ कैं विचार करब उचित थिक।

(मिथिलामिहिरक होलिकाङ्क सँ, परिष्कृत रूप मे निबन्धमाला सँ, 1963)

Bhavapritanand Sangeet
or
A New Lyric Note in Maithili Poetry

Vidyapati of Mithila is, indeed, the first great poet of the mediaeval time who set the fashion of composing literary songs in the spoken language of the land. It was his sweet warblings that brought in the veritable spring in the vernacular poetry of Northern India. There were two streams of poetry running side by side even at that time. The one was the Sanskrit poetry cultivated by the pandits and patronised by the high and the noble. The other was folk-poetry composed in the native tongue mostly narrative or in songs. The poets of this folk-literature were generally not quite educated but possessed poetic talents and they were patronised by the common men and women. The practice of giving the poet's name in the final line called Bhanitā was there in the folk-poetry.

Jayadeva was the first great poet of Sanskrit who adopted the technique of folk-poetry in his Gita Govinda. Vidyapati follwed him and expressed the contents of Sanskrit poetry in the language actually spoken in the land in the form of songs. This is why Vidyapati was called Abhinava-Jayadeva. He made the delight which is there in Sanskrit poetry available to the common man not conversant with Sanskrit. To me the greatest contribution of Vidyapati towards the development of vernnacular literature of this part of the country lies in the fact that he could infuse the poetic delight available only in Sanskrit into the new class of vernacular poetry which combined poetry with melody with such a consummate skill that it could please both the ears and the mind of his audience. This process of adopting the folk forms for literary compositions has been the way, more or less, of all-literatures and Maithili which had only folk-literature at first, was the first among all the languages in North Eastern India to achieve the literary status by adopting the ways of Sanskrit poetry. If we look into the history of any one of the popular forms of mediaeval Maithili poetry, SOHAR or SAMADĀUNI, MALĀR or LAGANĪ, RĀSA or HORĪ, CAUMĀSĀ or BĀRAHAMĀSĀ etc. we shall find that they had all been floating in the country-side among the common men and women from where some gifted poet took it and rendered it into a literary composition which caught at once the fancy of all lovers of poetry by its very novelty. These folk-songs have lost much of their freshness and naivete, homeliness and perspicuity in course of this transformation but they have added to our lyric variety and luxuriance.e

This process has not, however, come to close. Even at the present time there is a consistent effort to give literary grace and refinement to a very popular form of folk-poetry prevalent in Santhal-Pargans round about Deoghar by a very gifted poet and musician Shri Bhavapritanandji Ojha. He is the Head Prist of the shrine of Vaidyanath at Deoghar and is held in high esteem all over the Hindu world not only for his poetic talents but for his exemplary character and pious life. Poetry has been his hobby since he was a young man fifty years ago and though he writes in Bengali also, the major portion of his poetry is couched in the dialect of Maithili spoken on the South of the Ganges in the districts of Bhagalpur, Monghyr and Santhal Parganas, Bhavapritanadji's lyrics have won him the award for folk-poetry from the Government of India but in the state of Bihar he has mostly been ignored because his language is not Hindi and people of Mithila did not know till very recently what was being done on the Eastern outskirts of Mithila in one of the most prominent dialects of Maithili. Naturally therefore the lyrics of Bhavapritanand are known only round about Deoghar and they have not yet received that attention and celebrity which they deserve so richly by their intrinsic worth.

Quite early Bhavapritanandji was delighted by two different types of folk-poetry sung to the accompaniment of native instruments namely JHOOMAR and GHAIRĀ. Jhoomar is accompanied with MĀNAR and GHAIRĀ with DAMPHĀ. He took these tunes and composed songs in his native dialect like all Jhoomars and Ghairā s, but with literary grace, on important topics from the sublime to the ridiculous so that they are elegant in thought and diction, though folk in tune and dialactical in expression. He trained up a band of devoted artists to sing them in chorus and there is now a school of artists in Deoghar and around who give excellent performance of this music. In fact, on that side of the Ganges, Bhavaprita-

Sangeet has become perhaps the most popular form of musical performance.

Bhavapritanand has written thousands of these Jhoomars and Ghairas, both as lyrics and as narrative poems. He has told the story of Rama's Banishment. Elopement of Rukmini etc in a series of GHAIRAS and JHOOMARS so that they plase the ears while they describe he whole episodes with full of feelings. What imparts special elegance to the music is the naturalness of the language in which the thoughts and feeling have so artistically been woven. The tunes are purely folk without any attempt to bring in classical grace there and they are therefore so refreshing, because so new to the ears sophisticated with the hybrid tunes heard all around.

Of the two types Jhoomar and Ghaira, the Jhoomar is still prevalent in central Mithila or even beyond. It has however a long history behind it. Vidyapati says in one of his songs--

गाबहु हे सखि लोरि झूमरि मदन अराधनेँ जाउ।"

Even in Varnaratnakāra there is mentioned Jhoomura or Jhoomulā which seems to have been the popular name a century before Vidyapati. The tune of a Jhoomari in central Mithila to-day is different from the tune prevalent in the eastern region of Mithila but it is similar more or less to the Bhojpuri Jhoomara. To me it appears that the tune of a Jhoomari in central Mithila has been influenced by the tune of Bhojpuri but the genuine Maithili tune has been preserved in the outskirts of Mithila. It is fact that Maithili culture has from the earliest times been influenced by the cultures on the West while it has influenced the cultures on the East. The language spoken in Champaran or Western Muzaffarpur is greatly influenced by Bhojpuri while Maithili has influenced the dialects spoken across the Ganges and the Kosi. We observe this in the use of the personal pronouns of all the three persons. The old forms of the pronouns of the 1st, 2nd and 3rd persons as used by Vidyapati, हमे, तोहेँ and हुनि are preserved in the eastern region, in Bhagalpur, Monghyr and Santhal Perganas and have been replaced in Central Mithila by the more sophisticated forms हम, अहाँ and तोँ, specially of the 2nd person which has come to have four forms, अपने, अहाँ, तोँ – both honorific and non-honorific. I am therefore inclined to believe that in the Jhoomari of the eastern region we may have the old indigenous Maithili tunes and if so, it requires to be studied and investigated. Maithili music which was so widely cultivated is dying out for want of proper appreciation and any revival of the indigenous forms should be welcomed and encouraged. These songs are always sung in chorus, never solo, and this is characteristic of Maithili Music. This confirms the hypothesis that these Jhoomaris are typically Maithili. Fortunately, our old and respected poet, Bhavapritanandji has done a signal sercive to Maithili by resusciating the old Jhoomari and it is indeed a treat to hear the performance of these songs by the band of trained and devoted artistes of Deoghar.

And the lyrics of Bhavapritanand have wonderful literary grace and elegance. In fact in his hands the eastern dialect of Mithili has attained literary expression and Bhavapritanandji is the greatest among the great artists of estern Maithili to have lent grace and elegance to that dialect which was till the other day a local patois. Here are given below three lyrics of Bhavapritanand, one Ghairā and two Jhoomaris and they will prove what I have tried to show above that this new lyricism in Maithili is of great significance and show conclusively that new experiments on old lines, which fact is a sign of cultural and literary renaissance, are still being carried on and if properly understood and appreciated they may lend a literary grace to our eastern dialect which will without doubt be a matter of great pride and glory to Maithili. The new experiments of Vidyapati must have given the same sensational delight to the people of Mithila of the 14th century as the new lyricism of Bhavapritanand ji gives to us and in that sense we can be perfectly justified in calling Bhavapricanandji 'Abhinava-Vidyapati' as Vidyapati was called 'Abhinava Jayadeva'.

1—सङ्गीत—घैरा। वादन—डम्फा।

गणेश-वन्दना

प्रथमें जे बन्दौं शिवनन्दन हो गणपति गुणाधार।
गजपति वदन त्रिलोचन, गौरी-सुत ब्रह्म-अवतार।
तरुण अरुण तन सुन्दर हो सिन्दुरसँ उजिआर।
चारि हाथें दन्त पाशांकुश कलश जे वारुणी आधार।
लाल पटम्बर पहिरन हो गले रतनक हार।
कपारें जे दुतिआ के चन्दा मटुक शिरें मुषिक सवार।
विघ्ननाशक श्रीविनायक हो शिरें सिन्दुरा विस्तार।
भवप्रीता वन्दे चरण प्रभु करु दुख विपद निवार ॥

2—सङ्गीत—झूमरि। वादन—मानर

कोयलिया

कोयलिया कोयलिया एहाँ काहे राती करे सोर।
एहाँ जे विधुरा बाला बहाबए लोर।

मथुरा मे बोलें जहाँ कालिया किशोर।
कोयलिया, कुबजी सँ करए किलोर।
केलिकुञ्जँ वासा बाँधि करिहँ अनोर।
कोयलिया जहाँ बंसी टेरए मनचोर।
लँ जाही मोरा–भौँरा–मलय झिकोर।
कोयलिया, भवप्रीता युगलभावेँ भोर ॥

3–सङ्गीत–झूमरि। वादन–मानर

बँसुरिया

बँसुरिया बँसुरिया तान मे जोरलँ कइसँ वाण।
बाँस के बँसुरिया तोँ नाहि आँखि कान!
बँसुरिया, तइओ कइसें अचुक निसान ॥
छिनलँ मदन सँ कि भेटलो दान।
बँसुरिया, जही फुलबाणँ इ गुमान ॥
सबदँ मिलाय तीरा करे वरिषान।
बँसुरिया, लेलँ कते अबला परान ॥
सबद ब्रह्म मिलावय कृष्ण भगवान।
बँसुरिया, भवप्रीता कँ हरि-पदे ध्यान ॥

(Dr. Umesh Mishra Commemoration Volume of Ganganath Jha Research Institute, Allahabad, 1968)

किरतनिञा

एमहर किछु दिन सँ मैथिली साहित्यक प्रसङ्ग जे कतोक भ्रमाह कथाक प्रसार भए गेल अछि ताहि मे, हमरा जनैत, सबसँ भ्रमाह कथा मैथिलीक नाटकक प्रसङ्ग अछि जकरा 'किरतनिञा नाटक'क आख्या देल गेल अछि। आब तँ किरतनिञा लुप्त भए गेल मुदा हम किरतनिञाक नाच देखने छी, एक बेरि नहि, अनेक बेरि, ओ नीक जेकाँ देखने छी तथा हमरा विश्वास अछि जे हमरहि जेकाँ जे केओ एहि किरतनिञा सँ साक्षात् परिचित छथि सबहुँ निस्सङ्कोच स्वीकार करताह जे किरतनिञा 'नटुआ' होइत छल, 'नटकिया' नहि, तथा किरतनिञाक गरोहि प्रसिद्ध छल, एक गोट हमर मातृमातृक गन्धबारिक, जे हमर मातृक स्वर्गीय म.म. डाक्टर सर गङ्गानाथझाक विशाल परिवारक छोटो-छोट शुभ कार्य मे अवितहिँटा छल। दोसर, हाटीक जकर अन्तिम नायक, बबुजन नायक, एहि नाचहिक टा नहि अपितु मैथिल सङ्गीतहुक आचार्य बुझल जाइत छल। इएह हाटीक गरोहि सब दड़िभङ्गा मे, अन्यान्यो बबुआना मे एवं सोतिपुरा मे अन्यत्रहु गेल करैत छल। पारिजातहरण ओ गौरीस्वयंवर जे दूनू नाटक कहल जाइत अछि, ई सब करैत छल से हमरा देखल थिक ओ जखन एहि दूनू नाटक केँ पढ़ल तखन बुझबाक योग्य भेल जे ओ सब की करैत छल। आन आन नाटक यथा आनन्दविजय अथवा रुक्मिणीस्वयंवर, तँ कहिओ सुनलो नहि थिक जे किरतनिञा सब करैत छल। वस्तुतः किरतनिञा तँ नाच जानल छल, किरतनिञा नाटक कहिओ सुनल नहि थिक। नाटक ओ नाच भिन्न वस्तु थिक। एहि अप्रसिद्ध कथाक उत्थापक थिकाह हमर मित्रवर डाक्टर श्रीजयकान्त बाबू। अपने ओ बेचारे कहिओ किरतनिञा देखने नहि तखन दू-चारि व्यक्तिक मुँह सँ सूनि ई अभिनव सृष्टि कएल। यदि ई हुनक 'थीसिसे' धरि सीमित रहि जइतए तँ दोसर बात छल, परन्तु आब तँ ओ ई कथा अपन सम्पादित रुक्मिणीस्वयंवरक भूमिका मे सेहो दोहराओल अछि। यदि ओहि नाटकक विषय-वस्तुक ओ किञ्चितो विचार करितथि तँ जतबओ किरतनिञाक हुनका परिचय छैन्हि ततबहु सँ ओ देखि सकैत छलाह जे रुक्मिणी स्वयंवरक अभिनय करबाक ने किरतनिञा नटुआ केँ कहिओ योग्यता छलैक, ने साधन। किरतनिञा नाटकक कल्पना सर्वथा निराधार ओ इतिहासक दृष्टि

सँ असङ्गत। हम एतए किरतनिञाक गरोहिक संक्षिप्त परिचय दए ओकर नाचक आँखि देखल रीतिक वर्णन दैत छी ओ तखन जे नाटक सब प्रसिद्ध किरतनिञा नाटक कहल गेल अछि तकर विश्लेषण कए ई देखाएब जे ई नाटक सब किरतनिञा कहिओ खेलाइत नहि छल, खेलाए सकितहि नहि छल, ने नाटकक सबहिक रचना किरतनिञा द्वारा अभिनयक दृष्टि सँ भेल छल।

किरतनिञाक गरोहि मे सब मिलाए छओ गोटे रहैत छल, वेशी नहि आ ओ सब अछोप रहैत छल। मिथिला मे नाच वृत्ति अछोपक छलैक ओ हमरा लोकनिक संस्कृति मे 'नाचब' एखनहु 'गारि' बुझल जाइत अछि। एहि छओ मे तीन गोटए गायक रहैत छल। प्रधान गायक, जे पुरुषक वेशमे रहैत छल मुदा घघरा पहिरने, नायक कहबैत छल ओ ओकरे मण्डली कहबैत छलैक। सब गीत उठबैत छल ओएह गायक, शेष दू गोट गायक, स्त्रीक वेश मे, नायकक दूहू दिशि ठाढ़ भए सब गीतमे नायकक सङ्ग दैत छलैक। ई दूहू एक नायिकाक ओ दोसर सखीक भाव देखबैत छल। ओ नायक तँ सहजहिँ नायकक अभिनय करैत छल। सब गीत तीनू सङ्गहि गबैत छल। मैथिली सङ्गीतक इएह रीति थिकैक। मैथिल सङ्गीत मे सब गीत 'सहगान' होइत अछि, 'कोरस'। एखनहु जतए कतहु 'नारदीक' मण्डली अछि इएह देखब जे गीत उठाओत एक गोटए, गीतक भास ओएह नियमित करत ओ सङ्ग देतैक ओकर जे केओ मण्डली मे रहत सब। स्त्रीगण जे एखनहु मिथिला मे शुद्ध प्राचीन परम्पराक रक्षा करैत आइलि छथि एहिना गबैत छथि, किरतनिञा नटुआ तहिना तीनि गोटे सङ्ग मीलि गबैत छल। परन्तु गबैत छल तीनू नाचि-नाचि, आङ्गिक अभिनय करैत, भाव देखाए-देखाए ओ जेँ मैथिलीक शृङ्गारक प्रायः सभ गीत मे नायक-नायिका ओ सखी एही तीनू मे ककरो मनोभावक विश्लेषण रहैत अछि तेँ एहि नृत्य अभिनय हेतु तीनि गोट मात्र नर्त्तक पर्याप्त छल। एहि सँ ई नहि बुझबाक थिक जे नायकक उक्ति नायक गबैत छल, नायिकाक एक स्त्री वेशधारी ओ सखीक दोसर। यदि से होइत तखन ई गीति-नाट्य होइत। परन्तु से नहि होइत छल। गबैत छल सब केओ सब गीत सङ्गहि मीलिकेँ, केवल भाव देखएबा मे नायक-नायिका किंवा सखी प्रधान भए आगाँ अभिनय करैत छल। अतएव एहि अभिनयपूर्ण सङ्गीत केँ गीत-नृत्य कहि सकैत छी। स्मरण रहए जे जखन नाच आरम्भ होइत छल तखन सँ अन्त धरि सम्पूर्ण मण्डली एकत्र रहैत छल, एक वेष मे, एक भूषा मे। ने प्रवेश होइत छल, ने निष्क्रमण।

शेष तीनि जन मे एक जन मृदङ्ग बजबैत छल तथा एक जन झालि अथवा मञ्जीरा। इएह दू टा वाद्य रहैत छल। नारदी सङ्गीत मण्डली मे सेहो इएह दू टा वाद्य रहैत अछि। एहि मे झालि वा मञ्जीरा तँ गरोहिक भरिआ बजबैत छल जे नटुआ रहितहुँ ने छल, रहैत छल अनारी। गरोहिक समस्त उपकरण, लत्ता-कपड़ा, साज सामग्री पाक-पात्र प्रभृति सब सामान दू गोट बाँसक झप्पामे अँटि जाइत छल ओ से ऊघिकेँ

लए जएबाक हेतु गरोहि मे एकटा भरिआ रहैत छल। छठम व्यक्ति होइत छल मण्डलीक विदूषक, विपटा। एहि शब्दक व्युत्पत्ति नहि भेटैत अछि, वर्णरत्नाकर मे ई शब्द नहि अछि परन्तु मिथिला भाषा मे ई शब्द बड़ व्यापक अछि ओ किरतनिञा नाचक देखाउसि सँ आनो-आनो नाच मे आवश्यक छल। दू गीतक बीच मे गायक सब कें सुस्तएबाक अवसर होइक तँ गीत समाप्त होइतहिँ बिपटा हाथमे पातर बाँसक एक पोरक झरनी हाथमे लेने फानिकें आगाँ अबैत छल ओ रङ्गविरङ्गक फकड़ा सब भास लगाए गबैत, कखनहु मिरदङिआक सङ्ग हास-परिहास करैत दर्शक वृन्द कें मनोरञ्जन दैत छल। बिपटाक हेतु किछु लिखित अथवा निर्धारित नहि रहैत छल।

ओ सबटा अपनहि फुड़बैत छल ओ फकड़ा सब खूब सिखने रहैत छल, ककरहु सँ बनबाए अथवा स्वयं बनाए से नहि जानल थिक। गोटेक-गोटेक बिपटा तँ अत्यन्त गुणी होइत छल, खूब करगर फकड़ा सब जनैत छल, खूब चमत्कार सँ व्यङ्गवाक्य सब बजैत छल, खूब फुड़ैत छलैक, खूब हँसबैत छल। हँ, अश्लील अथवा वीभत्स कथा किछु नहि कहैत छल यद्यपि ओकर सब कथा हास्य-रस सँ ओत-प्रोत रहैत छल। अत्यन्त खेदक विषयक थिक जे ई फकड़ा सब अथवा विपटाक हास्यक कथा सब लुप्त भए गेल ओ आब यत्नो कएला उत्तर ओकर संग्रह नहि भए सकैत अछि नहि तँ ई संग्रह हास्य-रसक साहित्य मे विश्वक कोनहु साहित्य सँ न्यून नहि सिद्ध होइत। ई फकड़ा सब ओहिना लुप्त भए गेल जेना हमरा लोकनिक खीसा। मैथिलीक गद्यक एहन सुन्दर दृष्टान्त, कथा साहित्यक एहन सुन्दर निदर्शन केवल हमरा लोकनिक अनास्था सँ सदाक हेतु नष्ट भए गेल। इएह विपटा पारिजातहरण ओ गौरीस्वयंवर मे 'नारद' कहबैत छल परन्तु ओतहु ओ नाटक मे नारदक हेतु जे वाक्य सब अछि से नहि बाजए, ओ वाक्य सभ तँ प्राकृत मे छैक जे विपटा बाजिए नहि सकैत छल। जाहि राति पारिजातहरण अथवा गौरी स्वयंवरक गीति-नृत्य होइत छल ओहू राति विपटाक खेड़ि ओहने होइत छल जेना आन राति। नारद कहओनहि ई कहब जे ओ नारदक अभिनय करैत छल से असङ्गत होएत।

किरतनिञा नटुआ दू गोट नाटकक अभिनय करैत छल, पारिजातहरण ओ गौरी स्वयंवर ओ ई दूहू अभिनय हमरा सम्पूर्ण अपना आँखिक देखल थिक। तेसर ने कहिओ देखल अछि, ने गुरुजनहुक मुख सँ सुनल थिक। तेसर यदि कोनो खेलाएल जाइत तँ से हर्षनाथझाक उषाहरण होइत जे बरहगोड़िआक बाबू साहेब रघुनन्दन जीक नाम सँ रचित छल अथवा माधवानन्द जे महाराज लक्ष्मीश्वरसिंहक नाम सँ निर्मित छल, परन्तु ई नाटक सब कहिओ खेलाएल नहि गेल। परन्तु एहू पारिजातहरण अथवा गौरी स्वयंवरक अभिनय की होइत छल? नाटक तँ नहिएँ खेलाएल जाइत छल, केवल ओहि रातुक गीति-नृत्य ओहि नाटक पर आधारित रहैत छल, ओहि राति सबटा गीत एक क्रम सँ ओही नाटकक गाओल जाइत छल। नायक मात्र के मङ्गलश्लोक अभ्यास रहैक, मङ्गलाचरणक प्रयोजन, जे नैयायिकक भाषा मे मङ्गलवाद कहबैत अछि, तकर किछु

खाढ़ी ओ सिखने रहैत छल तथा प्रस्तावनाक ओ वाक्य जाहि मे नाटककारक परिचय अछि से किछु-किछु नायक केँ अभ्यास रहैत छलैक। बस, अभिनय प्रारम्भ होइतहि मङ्गलश्लोक सस्वर पाठ कए नायक बड़े टोपटहङ्कार सँ मङ्गलवादक विचार किछु खाढ़ी धरि सुनाए मङ्गल-गीत गबैत छल जाहि मे दूनू स्त्री भेषधारी गायक ओकर सङ्ग दैक। तदुपरान्त प्रसतावनाक वाक्य जेना अशुद्ध फुशुद्ध अभ्यास रहैक पढ़ि गीत-नृत्य आरम्भ होइत छल ओ एक दिस सँ सबटा गीत आदि सँ अन्त धरि नाचि नाचि गबैत जाइत छल। ऐरावत ओ गरुड़ जे बनैत छल से हम देखने छी परन्तु से की? बाँसक बाती केँ मोरि जौड़ सँ बान्हि गाँजक सूँढ़ बनाए कम्बल सँ झाँपि देलकैक ओ भरिया ओहि मे ताहि हेतु छोड़ल भूर मे पैसि ओकरा लेने कुदैत रहए मुदा से ततबा काल जतबा काल 'ऐरावत असवार पुरन्दर' गीत गाओल जाए। बीचक ने कोनो वार्तालाप कएल जाए, ने कोनहु श्लोकक पाठ होइक। आन व्यक्तिक कोन कथा, नायक समेत केँ से योग्यता नहि रहैक जे संस्कृत किंवा प्राकृत बाजि सकैत। ओ से सुनबितैक ककरा? दर्शक मे पण्डित व्यक्ति तँ गनले गूथल रहैत छलाह, रहैत छलीह स्त्रीगण ओ गामक साधारण जनता जकरा गीत मे रस छलैक, नाच सँ प्रेम छलैक, विपटाक खेड़ि मे मनोरञ्जन भेटैक। पारिजातहरण जेँ पढ़ने छी तँ कहि सकैत छी एहि खेड़ि केँ ओकर अभिनय कहब?

अभिनयक दृष्टि सँ किरतनिञा पारिजातहरण सँ नीक जकाँ गौरीस्वयंवर खेलाइत छल। पारिजातहरण मे वार्तालाप पर्याप्त छैक, संस्कृत मे श्लोक अनेक छैक जे सबटा किरतनिञा छोड़िए दैत छल। गौरीस्वयंवर मे वार्तालाप बड़ विरल अछि, दू-तीन ठाम मात्र जे छोड़नहुँ नाटकक कथावस्तु मे कोनो विशेष त्रुटि नहि होइत, ई नाटक सम्पूर्ण गीतमय अछि ओ सबटा गीत गओने समस्त नाटक भए जाइत अछि। मुदा नाटक तँ तखन ने कहल जाइत जखन महादेवक उक्ति नायक गबैत, गौरीक एक गोट स्त्री भेषधारी गायक ओ मेनाक दोसर। परन्तु से तँ सबटा सब केओ सङ्गहि मीलि गाबए। दोसर, एहि नाटक मे सबटा गीत नाटकीय पात्रहिक उक्ति नहि अछि; कए गोट गीत तँ ग्रीक 'कोरस' जकाँ अन्य पुरुषक उक्ति भासित होइत अछि। ई तँ नाटकक रीति नहि थिक। ओ तँहि किरतनिञा एकर अभिनय नीक जकाँ करैत छल, कारण, अभिनय तँ भेल नाचि-नाचि गीत गाएब, भाव देखाए-देखाए गीत सब गाएब ओ जेँ सबटा गीत शिव-विवाहक छल तथा गीतहि मे सबटा कथा सेहो कहल भए जाइत अछि तेँ प्रायः विवाहक अवसर पर गोटेक राति गौरी स्वयंवर कएले जाए। हम मानि सकैत छी जे कवि लाल प्रायः किरतनिञा केँ दृष्टि मे राखि एहि नाटकक रचना कएल परन्तु नाटकक एकर नामेटा अछि, वस्तु नाटकक नहि अछि तथा स्वयं कवि लाल एकर प्रस्तावनाक शेष मे 'नर्त्तनारम्भ' करए कहैत छथि, नाच आरम्भ करए कहैत छथि, नाटक नहि। मुदा तैओ एक-दू ठाम एहू मे ततबा पात्रक समावेश कएल गेल अछि जे किरतनिञाक हेतु एकत्र करब असम्भव छल।

तथापि यदि एकरा नाटक कही तँ एकरहिटा किरतनिञा नाटकक आख्या देल जाए सकैत अछि। आओर जे नाटक सब अछि जाहि मे हम पारिजातहरण समेत कैँ रखैत छी, तकरा तँ किरतनिञा नाटक कहबे निराधार, प्रमाणविरुद्ध।

नाटक काव्यक एक गोट विशेष भेद थिक ओ पौर्वात्य ओ पाश्चात्य सब साहित्य शास्त्र मे एकर बड़ विस्तृत विचार अछि। नाटक दृश्यकाव्य कहबैत अछि कारण एकर प्रदर्शन मञ्च पर नट-नटी द्वारा होइत अछि। परन्तु सूक्ष्म विचार जाए दिअ, नाटकक जे स्थूल लक्षण थिकैक तकरहु दृष्टि मे राखि यदि एहि तथाकथित किरतनिञा (नाटक) सबहिक विचार करब तँ प्रायः स्पष्ट भए जाए जे किरतनिञा कैँ जे साधन छलैक, जे योग्यता छलैक, जे सामग्री छलैक तहि सँ एहि नाटक सबहिक अभिनय नहि भए सकैत अछि। नाटक मे नर ओ नारी नाटकीय पात्र कथावस्तु उपस्थित करैत अछि। पारिजातहरणकैँ लिअ। एहिमे पात्रक प्रवेश छैक ओ निष्क्रमण। एकहि बेरि मञ्च पर श्रीकृष्ण ओ नारद, रुक्मिणी ओ हुनक सखी एवं सत्यभामा ओ हुनक सखी तथा दौवारिक एतेक पात्रक उपस्थिति अछि। किरतनिञा कैँ एतेक लोक कतए सँ अबितैक? एहि सब नाटक मे कथोपकथन संस्कृत ओ प्राकृत मे अछि किरतनिञाक मण्डली से कोना बाजि सकैत ओ बुझितैक के? वेष ओ भूषा सब केओ एकहि रङ्गक रखैत छल ओ ताहि वेषभूषा मे एके व्यक्ति एक राति श्रीकृष्ण तँ दोसर राति श्रीशिवक भूमिका धारण करैत? यदि एहि नाटक सबहिक रचना किरतनिञा द्वारा अभिनय दृष्टिसँ होइत तँ नाटककार किरतनिञाक साधन कैँ दृष्टिमे राखि अपन नाटक रचितथि। नाटकक अभिनय मे बड़ विशेष साधन अपेक्षित छैक जे साधन कहिओ किरतनिञा कैँ नहि छलैक। ओ तँ नटुआ छल, नाच करैत छल। ई तँ एतेक स्पष्ट अछि, प्रत्यक्ष अछि जे केओ एहि नाटक सब कैँ एको बेरि पढ़ताह ओ किरतनिञा गरोहिक जे परिचय उपलब्ध अछि तकर विचार करताह तँ स्वयं ई स्वीकार करताह जे एहि नाटक सबहिक अभिनय कम सँ कम किरतनिञा धरि तँ नहिए कए सकैत छल।

किरतनिञा शब्दहु सँ सएह प्रतीत होइत अछि। किरतनिञा शब्द भजनिञा जकाँ ओहि व्यक्ति वा व्यक्तिक समूहक हेतु व्यवहृत होइत अछि जे कीर्तन प्रभेदक गीत गाबए जेना भजनिञा भजनप्रभेदक। बङ्गाल मे चैतन्योत्तरकाल मे विद्यापतिक गीत कीर्त्तन कहाओल जे ओ एहुखन कहबैत अछि। बङ्गाल ओ मिथिलाक सांस्कृतिक सम्बन्धक ऐतिहासिक पर्यालोचना करब तँ पता लागत जे जेना शिरोमणिक समय धरि बङ्गाल सँ पण्डित लोकनि अपन शास्त्रविज्ञानक परिष्कारक हेतु मिथिला अबैत छलाह तहिना शिरोमणिक शतावधिवर्षक मध्यहि मिथिलाक पण्डित लोकनि अपन शास्त्रीय ज्ञानक परिष्कार, विशेषतः न्यायशास्त्रक विशेष अध्ययनक हेतु नवद्वीप जाए लगलाह जे परम्परा आइ सँ सत्तरि-अस्सी वर्ष पूर्व धरि अनुवर्त्तमान छल। बङ्गाली पण्डित लोकनिक बङ्गाल मे प्रचलित विद्यापति सङ्गीतक

रीति कें मिथिला आनल। कीर्त्तनक मण्डली मे मृदङ्ग ओ झालिक सङ्ग विद्यापतिक गीत गाओल जाइत छल। ई पण्डित लोकनि स्वयं तँ नाचवृत्ति नहि करितथि, मिथिलाक संस्कृतिए तादृश नहि अछि। तेँ ओ लोकनि नटुआ सब कें ओ रीति सिखाओल ओ तेँ ओकरा 'किरतनिञा' कहल। परन्तु बङ्गाल सँ ओ लोकनि केवल नाम लेल ओ सङ्गीतक प्रकार। तैओ नटुएटा किरतनिञा कहाओल, गीत कें हमरा लोकनि कीर्त्तन नहि कहल। गीत अपन देशी नाम मान, बटगमनी, लगनी, फागु प्रभृति सएह कहबैत रहल ओ सङ्गीत मैथिल परम्पराक अनुकूल रहल, कीर्त्तनक भास हमरा लोकनि ग्रहण नहि कएल। एहि नाचक प्रचार ईशवीय 1700 क प्रान्तमे भेल होएत जे पारिजातहरणकार कवि-पण्डितमुख्य उमापति उपाध्यायक समय थिक, महाकवि गोविन्ददासझाक पश्चात्। डा. श्री जयकान्तबाबू कतहु किरतनिञा नाटकक लक्षण तँ नहि देल अछि, परन्तु हुनक विचार एहन सन प्रतीत होइत अछि जे संस्कृत-प्राकृत मे जे नाटक सब मैथिल कवि पण्डित लोकनि रचले छथि जाहि मे गीत मिथिलाभाषा मे अछि से किरतनिञा नाटक भेल कारण ओ गीत सब किरतनिञा नटुआ गबैत छल। परन्तु एहि रूपक नाटकक रचना ईशवीय 1700 सँ बहुत पूर्वहि सँ आबि रहल अछि। अभिनव-जयदेव विद्यापतिठाकुरक 'गोरक्षविजय' तथा महामहोपाध्याय गोविन्दठाकुरक नलचरित ईशवीय 1700 सँ कतेक पूर्वक थिक ओ मिथिलाभाषा मे गीत ओहू सबमे अछि। वंशमणिझाक नाटक जे नेपाल मे मल्लवंशीय राजा लोकनिक दरबार मे रचल गेल ताहू मे गीतअंश मिथिलाभाषा मे अछि। ताहि समय मे तँ किरतनिञाक नामो नहि छल। परवर्ती कवि लोकनि तँ प्राचीन परम्पराक अनुसार नाटक रचलैन्हि, किरतनिञा सँ ओकरा कोनो सम्बन्ध नहि छलैक। तखन किरतनिञा नाटकक कल्पना इतिहासक दृष्टि सँ सेहो प्रमाण-विरुद्ध प्रमाणित होइत अछि।

अतएव जाहि कोनहु दृष्टि सँ विचार करब किरतनिञा नाटक अप्रसिद्ध थिक। हमर तँ वैयक्तिक सिद्धान्त इएह अछि जे ई सब नाटक मैथिलीक नाटक थिक नहि। मिथिला मे नाटकक अभिनयक परम्परा नहि अछि, मिथिला मे नाटकक रङ्गमञ्च सएह नहि कहिओ रहल अछि। मैथिलीक प्रथम नाटक कविवर जीवनझा लिखल जकर अभिनय नहि भेल। प्रथम मैथिली नाटक जकर अभिनय भेल ओ खूब भेल से छल साहित्य रत्नाकर मुंशी रघुनन्दनदासक मिथिला-नाटक। एहि प्रसङ्ग हम अपन विचार पुनः अवसर पाबि दोसर लेख मे उपस्थित करब। एखन हमरा एतबे प्रतिपाद्य जे हमर मित्रवर डा. श्री जयकान्त बाबू जे किरतनिञा नाटकक सृष्टि कएल से सर्वथा काल्पनिक थिक, वास्तविक नहि, किरतनिञा नटुआ नाच करैत छल, नाटक नहि करैत छल।

(अभिव्यञ्जना, अङ्क 2, सित.-अक्टूबर, 1962)

मैथिली-नाटक

(1)

विगत पचीस वर्ष सँ मिथिलाक इतिहास, संस्कृति ओ साहित्याराधनाक अध्ययन ओ अनुसन्धानक क्रम मे एक गोट कथा जे हमरा दिनानुदिन दृढ़ भेल गेल अछि से थिक मिथिला मे नाटकक परम्पराक अभाव। नाटक काव्यक एक भेद थिक जकर समुचित रसास्वादन सूनिकए अथवा पढ़िकए नहि, किन्तु देखिकए होइत अछि। अतएव नाटकक शास्त्रोक्त लक्षण सँ लक्षित कोनहु काव्यक रचना मात्रहि सँ हम ओहि नाटक कैं सफल कृति नहि बुझब। नाटकक सफलताक हेतु कवि-कर्म सँ भिन्नो अनेक वस्तुक प्रयोजन अछि यथा—नट ओ नटी, रङ्गभूमि, नेपथ्य ओ यवनिका, उपकरणादि तथा प्रेक्षकवृन्द। तैं 'नाटकक परम्परा' सँ हमर आशय अछि 'नाटकक अभिनयक परम्परा'। हम ई नहि कहैत छी जे मिथिला मे नाटक लिखले नहि गेल, से के कहि सकैत अछि? हमर अभिप्राय अछि जे मिथिला मे नाटकक अभिनय होइत छल तकर कोनो प्रमाण हमरा लोकनि कैं नहि भेटैत अछि। तहिना मैथिली-नाटकसँ हमर आशय मिथिला मे रचित नाटक नहि अछि, ने मिथिलाक कविक रचित नाटक; हम तँ मैथिली-नाटकसँ बुझैत छी ओ नाटक जे मिथिलाक जनभाषा मे रचित हो, मैथिली मे हो। एहन नाटक हमरा एहि बीसम शताब्दी सँ पूर्वक नहि भेटैत अछि मुदा से जँ भेटबो करैत तँ हम ओकर नाटकीयता ताधरि स्वीकार नहि करितहुँ जाधरि ओकर सफल अभिनयक प्रमाण हमरा नहि भेटैत।

साहित्यशास्त्र मे नाटक कैं 'दृश्य काव्य' कहल गेल अछि ओ ओकर प्रदर्शन अभिनय कहबैत अछि। मनुष्य अनुकरण-प्रिय होइत अछि ओ एही अनुकरण-प्रियता सँ नाटकक सृष्टि भेल अछि। अवस्थाक अनुकरण कए पदार्थ कैं अभिमुख आनब" अभिनय थिक। अभिनय होइत अछि नाटकीय पात्रक, नट ओ नटीक द्वारा। ओकर चारि गोट भेद कहल गेल अछि—(1) आङ्गिक अर्थात् नाटकीय पात्रक सदृश अङ्गादिक चेष्टा कएल जाए; (2) वाचिक अर्थात् नाटकीय पात्रक सदृश वचन बाजल जाए; (3) आहार्य अर्थात् नाटकीय पात्रक अनुरूप वेश-रचनादि कएल जाए; (4)

सात्त्विक अर्थात् नाटकीय पात्र कैं अवस्था-विशेषमे जेना कम्पस्वेदादि होएबाक चाही तहिना नट ओ नटी प्रदर्शित करए। कहबाक अभिप्राय जे कवि जाहि रूपैं कोनहु पात्रक चेष्टा, वचन, वेशभूषा एवं सात्त्विक भावादिक निर्देश नाटक मे कएने छथि, ताहि पात्रक भूमिका धारण कए, नट ओ नटी ओहने वेशभूषादि मे रङ्गमञ्च पर ताही रूपैं चेष्टा करथि, बाजथि, भाव देखाबथि तँ से ओहि पात्रक अभिनय भेल। यदि केओ नट राजाक भूमिका धए रङ्गमञ्च पर आएल अछि तँ ओ राजाक सदृश वेष ओ भूषा धारण कए राजाक सदृश चेष्टा करत, राजा जकाँ बाजत, राजा जकाँ सात्त्विक भाव देखाओत, जाहि सँ सामाजिक अर्थात् प्रेक्षकगण ओतबा काल ओकरा राजा बुझत ओ ओकरा राजा बूझि अवस्थानुसार हर्ष-शोकादिक अभिनय सँ स्वयं हर्ष-शोकादिक अनुभव करत। ओ जैं एहिमे नट ओ नटी तत्तत् पात्रक रूप ग्रहण करैत अछि, भूमिका धारण करैत अछि, अपना कैं ओ बनाए लैत अछि ओ सएह अपना कैं देखबैत अछि, तैं नाटक कैं 'रूपक' सेहो कहल गेल अछि।

पुनः नाटक मे सबटा कथा पात्रहिक मुह सँ कहाओल जाइत अछि। अन्यपुरुष कैं अर्थात् नाटकीय पात्र सँ भिन्न व्यक्ति कैं एहि मे किछु कहबाक अवसर नहि रहैत अछि। ग्रीसक नाटकमे 'कोरस' कहि मध्य मध्य मे गीत गाओल जाइत छल अथवा कथावस्तुक सूचना रहैत छल; संस्कृत नाटक मे एहि वस्तुक सर्वथा अभाव अछि। ओना तँ ग्रीसहुक नाटक मे 'कोरस' क गणना पात्रहि मे होइत अछि परन्तु संस्कृत मे तथा यूरोपीय भाषा मे नाटकीय इतिवृत्तिक उपस्थापन केवल कथोपकथन द्वारहिँ होइत अछि। ई कथन वार्त्तालाप हो, स्वगत हो, जनान्तिक हो, अपवारित हो, परन्तु कथावस्तु कैं उपस्थित करबाक नाटक मे एक मात्र साधन होइत अछि कथोपकथन। तैं नाटक मे मुख्य वस्तु थिक कथोपकथन जाहि बिना नाटक भैए नहि सकैत अछि। मूक अभिनय होइत अछि परन्तु ओकरा नाटक नहि कहल जाइत अछि। तैं वाचिक अभिनय नाटकक शरीर थिक जाहि बेत्रेक ओकर स्थितिए नहि भए सकैत अछि।

नाटकक अभिनय श्रम-साध्य ओ तैं व्ययसाध्य सेहो होइत अछि। केवल नाटक लिखनहिटा सँ ओकर अभिनय सम्पन्न नहि भए सकत। नाटकक लेख तँ अभिनयक आधार मात्र भेल। एहि हेतु जतेक पात्र अछि ततेक नट ओ नटीक प्रयोजन अछि ओ यदि स्त्रीगण मञ्चपर नहि जाथि तँ पुरुषहि कैं स्त्रीक सदृश वेशभूषादि रचि जाए पड़तैन्हि। एको नट यदि दू वा तीनि पात्रक अभिनय करत तँ तदर्थ ओकरा तत्तत् पात्रक अनुरूप वेशभूषादि धारण करए पड़त, अन्यथा सामाजिक अर्थात् दर्शकगण कैं ओकरा चिह्नबा मे भ्रम होएतैन्हि। वाचिक अभिनय करबाक हेतु प्रत्येक नट कें ओहि पात्रक वाच्यांश कण्ठस्थ चाही जकर भूमिका ओ ग्रहण करत ओ से कण्ठस्थ कएनहि तँ अभिनय सफल नहि भए सकत। ओहि वाच्यांशक अर्थहुक ओकरा ज्ञान होइक जे तदनुरूप आङ्गिक अभिनय कए सकए, अवस्थानुरूप

भाव प्रदर्शित कए सात्त्विक अभिनय कए सकए। एहि सबहिक हेतु प्रत्येक नट ओ नटी केँ पूर्ण अभ्यासक अपेक्षा छैक। पात्रक प्रवेश होइत अछि ओ निष्क्रमण। मध्य मध्य मे गीत ओ नृत्य सेहो आवश्यक छैक जाहि सँ सामाजिक केँ मनोरञ्जन होइक। रङ्गभूमि, यवनिका ओ नेपथ्य, तथा प्रेक्षकक हेतु स्थान प्रभृति अनेक विषय अछि जकर प्रबन्ध सबठाम सुगम नहि अछि। ग्रीस मे तीस हजार प्रेक्षकक हेतु स्थान बनाए रङ्गभूमिक निर्माण कएल गेल छल। यूरोपीय देश मे नाटकक भिन्न-भिन्न आलये अछि। ओ तखन पात्र सबहिक हेतु वस्त्राभरणादि तथा अन्यान्य उपकरणक संघटन चाही। अतएव सूत्रधार कही, स्थापक कही, प्रबन्धक कही, मनेजर कही, प्रत्येक मण्डलीक हेतु आवश्यक अछि, कारण, केहनो सुन्दर नाटक अछि, कतबओ पटु नट ओ नटी अछि, परन्तु यदि उपकरणक अभाव हो, प्रबन्ध नीक नहि हो तँ अभिनय सफल नहि होएत। नाटकक अभिनयक सफलताक हेतु अपेक्षित एहि भिन्न-भिन्न साधन केँ दृष्टि मे राखि श्रीहर्ष अपन सुप्रसिद्ध नाटिका, रत्नावलीक प्रस्तावना मे सूत्रधारक मुहसँ कहओने छथि—

श्रीहर्षो निपुणः कविः परिषदप्येषा गुणग्राहिणी
लोके हारि च वत्सराजचरितं नाट्येषु दक्षा वयम्।
इत्यादि।

परन्तु नाटकक सम्यक् रसास्वादनक हेतु ओकर अभिनय आवश्यक छैक। यदि अवस्थानुसार-रूप जे चतुर्विध अभिनय कहल अछि ताहि सँ नाटकक प्रदर्शन नहि भेल तखन तँ ओहि मे दृश्यत्व नहि भेल ओ तखन ओहि मे नाटकत्व सएह नहि घटित भेल। अभिनय वस्तुतः अत्यन्त प्रभावोत्पादक होइत अछि ओ रसक परिपाकक जे प्रक्रिया वा प्रकार अलङ्कार-शास्त्र मे वर्णित अछि से जाहि रूपेँ नाटकक अभिनयमे होइत अछि तेना आन जातिक काव्य मे नहि। तँहि तँ कहल गेल अछि जे 'काव्येषु नाटकं रस्यम्।' परञ्च अभिनय-रहित नाटक श्रव्य काव्य भेल अथवा पाठ्य। ताहि सँ वाचिक अभिनयक यथाकथञ्चित आभास भेटए परन्तु आङ्गिक अभिनय, आहार्य अभिनय, किंवा सात्त्विक अभिनयक तँ केवल कल्पना करए पड़त। केवल अभिनयक कौशल सँ नाटकक एहन महत्त्व छैक ओ भरत सँ लए धनञ्जय धरि नाट्यशास्त्र अथवा दशविध रूपकक तेहन विशद अथ च सूक्ष्म विचार अछि जेहन काव्यक कोनहु अन्य भेदक कम सँ कम संस्कृत-साहित्य मे नहि अछि। एहि सबहिक लक्ष्य एक गोट मात्र छैक, अभिनयक कौशल, ओकर चारुता। तेँ बिनु अभिनयेँ नाटक ओहने अपूर्ण, ओहने नीरस, ओहने शुष्क प्रतीत होएत जेहन स्वर बिनु सङ्गीत अथवा वर्ण विनु चित्र। प्रत्येक नाटकक प्रस्तावना मे अभिनयहिक सङ्कल्प रहैत अछि। तेँ हम आदिअहि मे कहल अछि जे नाटकक परम्परा सँ हमरा अभिप्रेत अछि नाटक जे दृश्यकाव्य थिक तकर परम्परा, नाटकक अभिनयक परम्परा, ओ ताहि परम्पराक मिथिला मे अभाव देखलाँ जाइत अछि।

साहित्य थिक जीवनक प्रतिबिम्ब। जहिना जातीय जीवनक बाह्य विकास इतिहास मे चित्रित रहैत अछि, तहिना ओहि जीवनक आभ्यन्तरीण विकासक चित्रण साहित्य मे निहित रहैत अछि। यदनुरूप जातीय जीवन रहत तदनुरूप ओहि जातिक साहित्यक निर्माण होएत। जातीय आदर्श ओ आकांक्षा, उत्साह ओ उद्योग, संस्कार ओ विचार, सुख ओ दुःख, साध्य ओ साधना— एही सबसँ अनुप्राणित तँ ओहि जातिक साहित्य होइत अछि। ओना कहाबए हेतु तँ साहित्य होइत अछि व्यक्तिक अनुभूति, ओकर संवेदनाक अभिव्यक्ति; परन्तु व्यक्ति थिक समष्टिक अङ्ग, ओ वैयक्तिक जीवन सदैव सामाजिक जीवन सँ नियमित, नियन्त्रित, निर्धारित रहैत अछि। मिथिलाक जातीय जीवन तँ अत्यन्त पुरातन कालहि सँ, इतिहासक आदिअहि सँ, विलक्षण रहैत आएल अछि ओ सम्प्रति एकर सबसँ विशेष वैलक्षण्य इएह प्रतीत होइत अछि जे हमरा लोकनिक जातीय जीवनक वर्त्तमान जे परम्परा अछि से एक निश्चित युग सँ आबि रहल अछि, जाहि युग मे विदेशी ओ विधर्मी मुसलमान विजेतागणक आतङ्क सँ हमरा लोकनिक पूर्वज अपन जीवनक नवीन संघटन कएल, जीवन कैं नव नव मान्यता प्रदान कएल, सांस्कृतिक जीवनक एक गोट अभिनव रूपरेखा प्रस्तुत कएल तथा ओही आदर्श पर धर्म ओ कर्म, आचार ओ विचार, विधि ओ व्यवहार, सब कथूक नवीन नियमन कएल जे यथाकथञ्चित् एखन पर्यन्त अनुवर्त्तमान अछि, कतोक अंश मे लुप्तो भेल जाइत अछि तथापि एखन पर्यन्त चिन्हल जाए सकैत अछि। कार्णाट क्षत्रिय लोकनिक राजत्वकालक अन्तिम समय सँ लए ओइनिवार राजकुलक मध्यकाल धरि, तेरहम शकशताब्दीक आदि सँ लए चौदहम शक शदाब्दीक अन्त धरि—ई दू सए वर्षक अवधि मिथिलाक इतिहास मे, ओकर सामाजिक ओ सांस्कृतिक जीवनक क्रम मे, अभिनव स्वर्ण-युग थिक। एही युग मे मिथिलाक ओहि बहुविध विभूतिक प्रादुर्भाव भेल जकर शुभ्र यश दिगूदिगन्त मे प्रसृत अछि, जकर गौरव सँ हमरा लोकनि एखनहु धरि किछुओ आत्माभिमानक अनुभव करैत छी, जकरहि प्रसादात् हमरा लोकनि एखन पर्यन्त जीवित छी। एहि युग सँ पूर्वक सबटा कथा जेना हमरा लोकनि बिसरि गेलहुँ ओ जेहो किछु मन पड़ैत अछि से त्रेता-द्वापरादि युगान्तरक कथा जकाँ, पुराणक रूप मे। मैथिलत्वक परिचायक एखनहु जे किछु बचल अछि से बस एही युगक सम्पादित थिक, एकरे देल थिक। हमरा लोकनिक वर्त्तमान सांस्कृतिक जीवनक सूत्रपात एही युग मे भेल अछि, हमरा लोकनिक जातीय जीवनक नवीन परम्परा एतहि सँ प्रारम्भ होइत अछि; वस्तुतः वर्त्तमान मिथिलाक इतिहास एही युग सँ प्रारम्भ होइत अछि।

भाग्य सँ हमरा लोकनि कैं एहि स्वर्ण-युगक सुप्रभातक एक महा-जनक कृति उपलब्ध अछि जकर महत्त्व केवल हमरहि लोकनिक हेतु नहि, अपितु समस्त पूर्वोत्तर

भारतवर्षक हेतु अपरिमेय अछि। अन्तिम कार्णाट महाराज हरिसिंहदेवक आश्रित कविशेखर ज्योतिरीश्वर ठाकुरक वर्णारत्नाकर एक गोट अपूर्व ग्रन्थरत्न अछि। गद्यमे निर्मित ई रत्नाकर मैथिलीक प्रथम ग्रन्थ थिक ओ मिथिलाक ई गौरव थिक जे एहि सँ केवल मिथिलहिक तात्कालिक जातीय जीवनक विलक्षण परिचय नहि भेटैत अछि प्रत्युत भारतक एहि अञ्चलहिक जातीय जीवनक ई चित्र थिक। सम्पूर्ण वर्णरत्नाकर तँ उपलब्ध नहि भेल अछि; जे प्रकाशित अछि से ओकर खण्डित रूप थिक; परन्तु जतबा वर्णरत्नाकर प्रकाशित अछि ताहि मे नाटकक अभिनयक कोनो वर्णन नहि अछि। कविशेखर नाटक सँ अथवा नाटकक अभिनय सँ परिचत नहि छलाह से नहि कहि सकैत छी। हुनक रचित 'धूर्तसमागम' नामक संस्कृत मे एक गोट बड़ चमत्कारक प्रहसन प्रचुरतया उपलब्ध अछि तथा हालहि मे ओकर दोसरो रूप प्रकाशित भेल अछि जाहि मे मध्य मध्य मे संस्कृत श्लोकक रूपान्तर मैथिली मे गीतो सब अछि। यदि मिथिला मे ताहि दिन नाटकक अभिनयक चालि रहैत, नाटकक अभिनय होइत रहैत, नाटकक रङ्गमञ्च रहैत तँ एहन सुन्दर वस्तुक वर्णन ज्योतिरीश्वर छोड़ि दितथि? एकर षष्ठ कल्लोलमे एतत्सजातीय विषयवर्गक वर्णन अछि। भाटक वर्णनसँ ई कल्लोल आरम्भ होइत अछि ओ आगाँ जाए विद्यावन्तक वर्णन सँ गानक वर्णन प्रारम्भ होइत अछि। 'विद्यावन्त' जकर अपभ्रंश रूप 'विदोञोत' देल अछि दुइ चित्रिणी-जाति नायिकाक सङ्ग आस्थानमे प्रवेश कए, 'यन्त्रक गायन' भेला उत्तर, सातो स्वर सँ संयुक्त, सातो 'गमक' सँ सम्पूर्ण, अठारहो 'जाति' सँ अलंकृत सँ, बाइसो 'श्रुति' सँ सम्पूर्ण, एकैसो 'मूर्छना' सँ अलंकृत, 'गेयधर्म' सँ संयुक्त, चौदहो, 'गीतदोष' सँ परित्यक्त, प्रबन्धगीत, गीतप्रपञ्च रागादि 'गायन' करैत छथि। एहि वर्णनक विदाञोतक सङ्ग दुइ संवाहिका नायिकाक प्रवेश" हमरा लोकनिकेँ किरतनिञा नाच मे भेटैत अछि जाहि मे नायकक सङ्ग दुइ गोट स्त्रीवेशधारी नर्तक मीलि गीत गबैत अछि ओ नाच करैत अछि।

तदुत्तर नृत्यवर्णन आरम्भ होइत अछि। एतए नेपथ्यक रचना, रङ्गभूमिक स्थापन, वाद्यभाण्डक विचरण, नटीक शृङ्गार प्रभृति कए, वादकक हाथमे वाद्य दए, दशगुण सम्पन्न मुरजि अर्थात् मिरदङ्गिआक वर्णन अछि। ओ बारहो मुरज वाद्य ठाकैत अछि; कंशताल सँ तालक मेल होइत अछि। तखन शिष्य पात्रक प्रवेश अछि जे बारहो दृष्टिक' अभिनेता, बत्तीसो चारी' क साभ्यास, छवो भङ्ग' क व्युत्पन्न, वत्तीसो कुल' क तत्त्वज्ञ, ओ षड्विध नृत्यक कुशल अछि तथा अनेक गुणविशिष्ट नृत्य करैत अछि। तदनन्तर पात्रनृत्य-वर्णना' अछि जाहि मे पात्र थिक सर्वकलाकुशल लता-जाति नायिका; अठारहो प्रबन्ध' नाचि ओ रेखानृत्य' करैत अछि। तेरह प्रकारक कथा-कम्प' छत्तीस प्रकारक दृष्टिकम्प', हस्तकम्प', दश प्रकारक बाहु-नृत्य', छओ प्रकारक चानक नृत्य', चौंसठि 'हस्तकर्म', पाँच प्रकारेँ 'हृदय प्रदर्शन' कए सोलह गुणविशिष्ट नृत्य करैत अछि। पुरुषक नृत्य प्रेरणानृत्य कहि वर्णित अछि।

एतेक विन्यास सँ नृत्यक वर्णन कए, रङ्गभूमि, नेपथ्य, नटी ओ पात्र सबहिक चर्चा कए, ज्योतिरीश्वर नाटकक अभिनयक कतहु उल्लेखो नहि कएल, एहि सँ ओहि वस्तुक अभाव सूचित होइत अछि। ई कल्लोल सम्पूर्ण उपलब्ध अछि, त्रुटित नहि अछि। मध्य मे मल्लयुद्धवर्णन सेहो आबि गेल अछि। आनहु ठाम यथा नगरवर्णन मे, राज्यवर्णन मे, अथवा नायक-वर्णन मे, वा नायिका-वर्णन मे किंवा चतःषष्ठिकलावर्णन मे अनेकधा गीतनृत्य ओ वादित्र प्रभृति अनेको कलाक समावेश अछि, मनोविनोदक अनेको साधनक विन्यस्त वर्णन अछि; चतुःषष्ठिकला मे स्त्रीभूमिका अर्थात् स्त्रीक वेष बनाएब समेत अछि— तथापि नाटकक अभिनयक कतहु चर्चा नहि अछि। कविशेखर स्वयं प्रहसन लिखल किन्तु एहि प्रहसन केँ पढ़ि कल्पनो नहि कए सकैत छी जे एहन अश्लील नाटकक रङ्गमञ्च पर प्रदर्शन भेल होएत, ओकर अभिनय भए सकल होएत, ओकर कोनो सङ्केतो नहि अछि। द्यूत सँ लए श्मशान धरिक एतेक विस्तृत वर्णन दए नाटकक अभिनयक कतहु चर्चा नहि कएल अछि, नृत्यक एहन साङ्गोपाङ्ग वर्णन अछि, गीतक एहन मार्मिक चित्रण अछि, मुरज ओ वीणा प्रभृति वाद्यभाण्ड ओ वाद्ययन्त्रक एहन विशद वर्णन अछि। नाटकीय कतिपय साधन यथा—नेपथ्य, रङ्गभूमि, नटी प्रभृतिक जे वर्णन अछि से सबटा गीत ओ नृत्यक प्रसङ्ग। नाटकक अभिनयक कतहु उल्लेख नहि भेटल अछि। एहि सँ हमरा तँ स्पष्ट प्रतीत होइत अछि जे नाटक ओ नाटकक भेद तथा ओकर साधन ओ उपकरण प्रभृति वस्तुक मार्मिक ज्ञाता भैओ केँ कविशेखर जे नाटकक अभिनयक वर्णन नहि कएल तकर एकमात्र कारण इएह जे ई वस्तु ताहि दिन मिथिला मे नहि छल, एकर परम्पराक एतए अभाव छल।

एहि मे कोनो सन्देह नहि जे संस्कृत नाट्यशास्त्र मे नृत्य नाटकक एक गोट अभिन्न अङ्ग थिक परन्तु नाटक ओ नृत्य एके नहि थिक। दुहूक प्रक्रिया मे अन्तर छैक। नाटक मे चारू प्रकारक अभिनय आवश्यक छैक ओ कथोपकथन सेहो रहबाक चाही। कतोक नाटक मे गोटेक अङ्क नृत्यप्रधान होइत अछि यथा भवभूतिक उत्तररामचरित मे छाया नामक तेसर अङ्क अथवा कालिदासक विक्रमोर्वशीय मे चारिम अङ्क। वर्णरत्नाकर सँ सए वर्ष पछाति विद्यापति अपन पुरुष-परीक्षा मे नृत्यविद्य-कथा मे नाटकक वर्णन कएने छथि। ओहिमे गन्धर्व नामक नटक कथा अछि जे जिद्द पर भवभूतिक उत्तररामचरितक छाया नामक अङ्कक अभिनय करए लागल। रामक भूमिका धारण कए ओ नृत्य आरम्भ कएलक ओ सीताक स्पर्श नहि पाबि जे पृथिवी पर खसल से खसले रहि गेल, पुनि उठल नहि, प्राणवियोग भए गेलैक। एहि कथा मे अभिनय अछि, ओ से अछि नृत्यात्मक, परन्तु ओ अङ्के अछि नृत्यात्मक। सबं नाटक एहने नहि होइत अछि। दोसर, इहो कथा मिथिलाक नहि गौड़देशक थिक, गन्धर्व छल लक्ष्मणसेनक दरबारक नट। एहू सँ इएह सूचित होइत अछि जे नाटकक अभिनयक परम्परा भारत मे अवश्य छल ओ ताहि मे नृत्यक प्रयोग विशेष रूप सँ होइत छल परन्तु मिथिला मे एहि अभिनय परम्परा छल से एहि सँ सूचित नहि होइत अछि।

(3)

परन्तु हम पूर्वहुँ सूचित कएने छी जे वर्णरत्नाकर समस्त उपलब्ध नहि भेल अछि ओ तँ सम्भव थिक जे अभिनयक वर्णन ओहि अंश मे हो जे एहि मे त्रुटित अछि, एखन पर्यन्त जे अनुपलब्ध अछि। अथवा अनुपलब्धि किंवा अनुल्लेखहिटा सँ ओकर अभाव तँ सिद्ध नहि होइत अछि। परन्तु यदि नाटकक अभिनय-परम्परा ताहि दिन छल तँ ओकर लोप किएक भेल, कोना भेल? नाटकक रचनाक परम्परा तँ एतए बराबरि अनुवर्त्तमान अछि। पुरुषपरीक्षा मे नाटकक बड़ उत्कट प्रशंसा अछि। धूर्तसमागमक रचना यदि 1300 इस्वी मे मानि ली ओ पारिजातहरणक 1700 मे तँ एहि चारि सए वर्षक मध्य मे कतेको नाटकक रचना भेटत। अभिनव-जयदेवक गोरक्षविजय, मुरारिमिश्रक अनर्घराघव, पीयूषवर्ष जयदेवक प्रसन्नराघव, शङ्करमिश्रक गौरीदिगम्बर, गोविन्दठाकुरक नलचरित, रामदासझाक आनन्दविजय, देवानन्दझाक उषाहरण, कृष्णदत्तझाक पुरञ्जनचरित, श्रीकृष्णमिश्रक प्रबोधन्द्रोदय, रमापतिझाक रुक्मिणीहरण, गोकुलनाथझाक अमृतोदय अनेको विशिष्ट नाटक एतए रचित भेल अछि यद्यपि हम केवल मुख्य-मुख्य किछु नाटकक नाम गनाओल अछि। परन्तु नाटकक अभिनय होइत छल वा भेल अछि तकर ने कतहु चर्चा अछि ने अभिनयक कतहु उल्लेख अछि जाहि सँ हमर अभिप्राय अछि नाटकीय मण्डली, रङ्गभूमि, अभिनयक हेतु आवश्यक सामग्री, तदर्थ शिक्षाक प्रबन्ध इत्यादि। अभिनयक हेतु ततबा साधन अपेक्षित छैक जे कतहु जँ ई सब रहैत तँ कोनहु रजबाड़ा मे, राज-दरबार मे। मिथिलेशक दरबार तँ महाराज हरिसिंहदेवहिक समय सँ आबि रहल अछि ओ मिथिलेश-पदक लोप तँ महाराजाधिराज कमेश्वर सिंह बहादुरक देहावसान पर भेल अछि। तावत् दड़िभङ्गा-नरेश कैँ राजनीतिक क्षेत्र मे जे कोनो सत्ताक ह्रास भेल हो परन्तु मिथिलाक सांस्कृतिक क्षेत्र पर हुनक सत्ता पूर्ववत् छल। मध्य मध्य मे पश्चिम, बेतियाक पूब मे पसराहा, सौरिआ, फड़किआक, ओ पछाति बनैलीक राज्य छल। ई तँ पैघ पैघ राज्यक नाम कहल अछि। छोट छोट राज्य सभ मिथिला मे अनेक छल जे समय समय पर बड़ प्रसिद्धि प्राप्त कएने छल, यथा—नरहनि, सोनबरसा, मधुवन, भगवानपुर ओ दड़िभङ्गा राज्यक बबुआन सब। कलाक ओ कलाकारक पोषण सब दिन एही राजा लोकनि सँ होइत आएल अछि। एही राजा लोकनिक आश्रय मे काव्यक रचना भेल, गीत ओ नृत्यक विकास ओ प्रचार भेल। परन्तु कोनहु रजबाड़ा मे नाटकक मण्डली छल से अद्यापि सुनल नहि अछि, कतहु एकर उल्लेखो नहि भेटल अछि। नाटकक अभिनयक यदि परम्परा रहैत, नाटकक मण्डली कतहु रहैत तँ ई तँ तेहन वस्तु नहि थिक जे सहसा लुप्त भए जाइत? उदाहरणार्थ दड़िभङ्गा राज्य कैँ लिअ। एतए नाटकक अभिनय हमरहि लोकनिक ज्ञान मे आइ सँ चालीस-पँएतालीस वर्ष पूर्व होअए लागल। प्रथम मैथिल नाटक-कम्पनी छल श्रीपुरक उमाकान्तक ओ

से पारसीष्टेजक अनुकरण मात्र, ओ सबटा नाटक हिन्दी मे होइत छल। स्वर्गीय राजर्षि महाराज रमेश्वर सिंह बहादुर मिथिलाभाषा मे दू-चारि नाटकक रचना करबाए ओकर अभिनय कराओल परन्तु ओ सब धार्मिक नाटक छल, शक्तिक उपासनाक प्रसङ्ग लए निर्मित भेल छल, ओ सेहो दरबारहि मध्य खेलाएल जाइत छल। विशुद्ध मैथिली-नाटकक अभिनय कोनहु व्यवसायी मण्डलीक द्वारा केवल मैथिला नाटकक भेल जकर रचना हमरा लोकनिक साहित्यरत्नाकर स्वर्गीय मुंशी रघुनन्दन दास एही पारसी-स्टेजक हेतु वर्ष चालिसेक भेल होएत कएलैन्हि। एहन एहन नाटकक मण्डली एमहर आबि देश मे अनेक भेल अछि, रहल अछि, मुदा सब पश्चिमक देखाउसि मे, सब हिन्दीक नाटक, ताहू मे उर्दू-मिश्रित हिन्दीक नाटक खेलाइत रहल अछि। केवल मिथिलाभाषा मे नाटक खेलाएत एहन मण्डली आइ धरि मिथिला मे नहि भेल अछि। व्यवसायक दृष्टि सँ नहि, मनोरञ्जनक दृष्टि सँ नवयुवकक कतेको मण्डली एमहर आबि यत्र तत्र मैथिलिओ नाटक सब खेलाइत रहल अछि परन्तु एहि मे स्थायित्व नहि छैक ने तदनुरूप मैथिली मे नाटके भेटैत अछि। उमाकान्तक नाटक मण्डली सँ पूर्व, ओ बेरि बेरि पर पछातिअहुँ, दड़िभङ्गा राज मे ओ आनो-आनो बबुआना मे रासलीला होइत छल मुदा ओ रास ब्रजक मण्डली सब करैत छल ब्रजभाषा मे, ओ ब्रज सँ अबैत छल। एही ब्रजक मण्डलीक हेतु स्वर्गीय हर्षनाथ झा राधाकृष्णमिलन नामक रासलीला ब्रजभाषा मे लिखल जे बारम्बार शुभङ्करपुर मे खेलाएल गेल। देश मे यत्र तत्र रामलीलाक चालि छल जे रामचरितमानसक आधार पर देहात मे वा शहरहु मध्य भेल करए ओ ठाम ठाम एखनहु होइत अछि, परन्तु इहो पश्चिमहिक देखाउसि छल ओ सर्वत्र हिन्दी मे होइत छल, एखनहु होइत अछि। एही रामलीला कैँ दृष्टि मे राखि रत्नपाणि झा अपन उषाहरणक रचना कएलैन्हि परन्तु ओ नहि चलल। मिथिला मे यदि कोनो अपन स्वतन्त्र परम्परा रहैत, संस्कृतक किंवा मैथिलीक नाटकक अभिनयक पूर्वापर सँ रीति रहैत तँ ओकर कोनो चिह्न तँ अवशिष्ट रहैत परञ्च तकर हमरा जनैत कोनो प्रमाण नहि भेटैत अछि।

(4)

किछु दिन भेलैक अछि जे हमर श्रद्धेय मित्र डाक्टर श्रीजयकान्त मिश्रजी मैथिली-नाटकक प्रसङ्ग एक गोट नव कथाक उत्थान कएल अछि। मैथिली-साहित्यक इतिहासक अनुसन्धानक क्रम मे हुनका किरतनिञाक पता लगलैन्हि जे मिथिलाक प्राचीन परम्पराक अनुसार नाच करैत छल, गान करैत छल। हुनका इहो ज्ञात भेलैन्हि जे उमापतिक 'पारिजातहरण' ओ लालकविक 'गौरीस्वयंवर' ई दुहू नाटक किरतनिञा खेलाइत छल। किरतनिञा हुनका स्वयं देखल नहि, नाटक की खेलाइत छल से तँ सहजहिँ नहि। ओ मानि लेल जे अत्यन्त प्राचीन काल सँ मिथिला मे जे नाटक

सबहिक रचना होइत आएल अछि, जाहि मे संस्कृत-नाटक जकाँ भाषा अछि संस्कृत ओ प्राकृत मुदा मध्य मध्य मे मैथिली मे गीत अछि जे गीत सब किरतनिञा गबैत छल—ताहि नाटक सबहिक अभिनय किरतनिञा करैत छल तथा ओहि सबहिंक रचने भेल किरतनिञाक अभिनयक उद्‌देश्य सँ। एना सुनल कथाक आधार पर अपन कल्पनाक बलेँ ओ 'किरतनिञा' नाटकक अभिनव सृष्टि कएल, किरतनिञाक गरोहि केँ नाटकक मण्डली मानि लेल; मैथिली-गीतमिश्रित संस्कृत-नाटक केँ मैथिलीक नाटक कहए लगलाह। ई कहि जे एहि नाटक सबहिक अभिनय बराबरि किरतनिञा करैत छल ओ एही अभिनयक हेतु एहि नाटक सबहिक रचने भेल, मिथिला मे किरतनिञा-नाटकक परम्परा स्थापित कएल। हुनका सँ किछु पूर्वहुँ स्वर्गीय भुवनजी सेहो अपन सम्पादित आनन्दविजय नाटिकाक भूमिका मे एही प्रकारक विचार व्यक्त कएने छलाह परन्तु श्रीजयकान्तबाबू किरतनिञा नाटकक परम्परा केँ वड़ यत्न सँ बड़े विस्तार सँ उपस्थित कएल। हुनक इतिहास मे सबसँ मौलिक इएह अंश भेल ओ तहिआ सँ एहि वस्तुक प्रसार बढ़ए लागल। हालहि मे ओ जे 'रुक्मिणी-स्वयंवर' प्रभृति कतेको नाटकक सम्पादन कएल अछि ताहि सबमे, विशेषतः रुक्मिणी-स्वयंवरक विस्तृत भूमिका मे, ओ अपन इतिहासक एहि अध्याय केँ आओर विन्यास सँ दोहरओलैन्हि अछि। फलतः पटना विश्वविद्यालयक हिन्दी-विभागक प्राध्यापक श्रीकृष्णनन्दन पीयूष जे 1961 मे दिल्ली सँ उमापतिक पारिजातहरणक समीक्षा, मूल, ओ भाषानुवादक सङ्ग संस्करण प्रकाशित कराओल अछि तकर प्रस्तावना मे श्रीजयकान्त बाबूक स्थापित किरतनिञा-नाटकक बड़ रोचक वर्णन देल अछि ओ ओकर भूमिका मे काशी हिन्दू-विश्वविद्यालयक हिन्दीविभागक अध्यक्ष डा. श्रीवासुदेवशरण अग्रवालजी सेहो एहि कथा केँ दोहराओल अछि।

परञ्च वस्तुस्थिति यथार्थतः किछु भिन्ने अछि ओ अत्यन्त खेदक विषय थिक जे ई एकगोट प्रवाद जकाँ पसरि गेल अछि, पसरल जाइत अछि, जाहि सँ सत्य कथा कल्पनाक बोझ सँ दबल जाइत अछि। एतए हम किरतनिञाक यथार्थ परिचय उपस्थित करैत छी, किरतनिञाक अभिनयक आँखि देखल समाचार कहैत छी, तथाकथित किरतनिञा-नाटक सबहिक विश्लेषण कए श्रीजयकान्तबाबूक मतक त्रुटि प्रदर्शित करबाक यत्न करैत छी ओ हमरा पूर्ण विश्वास अछि जे एहि सँ ई कथा सिद्ध भए जाएत जे किरतनिञा नाटकक अभिनय नहि करैत छल तथा किरतनिञा नाटकक जे आख्या देल जाइत अछि से निर्मूल, शुद्ध कए कपोल-कल्पित।

(5)

किरतनिञा नटुआक गरोहिक नाम छल जे विशुद्ध मैथिल परम्पराक नाच करैत छल, विशुद्ध मैथिल रीति सँ मैथिलीक गीतक गान करैत छल। आब तँ किरतनिञा प्रायः

लुप्त भए गेल किन्तु हम स्वयं किरतनिञाक नाच देखने छी एक बेरि नहि, अनेक बेरि, नीक जकाँ देखने छी। एखनहु बहुत जन छथि जे एहि नाच कैं हमरहि जकाँ देखने छथि। सब दिन इएह जानल थिक जे किरतनिञा नटुआक गरोहि छल, नटकिञाक मण्डली नहि; किरतनिञाक अभिनय नाच कहबैत छल, नाटक नहि। हमरा ज्ञान मे दू जोड़ किरतनिञाक गरोहि प्रसिद्ध छल; एक गोट हमर मातृमात्रिक गन्धवारिक, जकर स्थापना हमर मातृमातामह महाराजकुमार बाबू वासुदेव सिंहक डेउढ़ी गन्धवारि मे स्थिर भेला पर ईशवीय 1850 क प्रान्त मे भेल होएत। हमर मात्रिक पाहीटोल मे स्वर्गीय महामहोपाध्याय सर सङ्गानाथ झाक बृहत् परिवार मे छोटहु सँ छोट शुभकार्य मे गन्धबारिक किरतनिञा अबितहिँ टा छल ओ स्वर्गीय डा. झाक जेठ भाए स्वर्गीय गणनाथ बाबू किरतनिञा नाचक मर्मज्ञ ज्ञाता छलाह, स्वयं कवि छलाह ओ बड़ उल्लास सँ ई नाच देखथि। तेँ अत्यन्त शैशव सँ, जहिअहि सँ ज्ञान अछि तहिअहिसँ, किरतनिञा नाच देखबाक अवसर भेटल अछि। दोसर गरोहि छल हाटीक, बड़ पुरान, जकर अन्तिम नायक, बबुजन नायक, एहि नाचहिकटा नहि अपितु मैथिल-सङ्गीतहुक आचार्य बुझल जाइत छल। दड़भङ्गा राज मे इएह किरतनिञा अबैत छल ओ हमरा ज्ञान मे इन्द्रपूजा मे जे अबैत छल से कोजागरा सम्पन्न कए कैं जाइत छल। पारिजातहरण ओ गौरीस्वयंवर जे दुहू नाटक कहल जाइत अछि जे किरतनिञा खेलाइत छल से दुहू हमरा नीक जकाँ देखल अछि परन्तु से देखल ताहि दिन जाहि दिन ई नाटक सब पढ़ल नहि छल। जखन एहि नाटक सब कैं पढ़ल ओ किरतनिञाक खेड़ि कैं मन पाड़ल तखन बुझबाक योग्य भेल जे ओ सब की करैत छल। वस्तुतः किरतनिञा कैं ने से योग्यता रहैक ओ ने से साधन रहैक जे संस्कृत-प्राकृत मे लिखल एहि नाटक सबहिक ओ अभिनय करैत। अन्यान्य नाटक सब जकरा किरतनिञा-नाटकक आख्या देल गेल अछि यथा आनन्दविजय अथवा रुक्मिणी-स्वयंवर तकर अभिनय तँ ने कहिओ देखल थिक ने गुरुजनहिक मुह सँ सुनल थिक।

किरतनिञाक गरोहि मे सब मिलाए नओ सँ एगारह धरि जन रहैत छल, ने नओ सँ कम, ने एगारह सँ बेशी। ओ सब अछोप रहैत छल, ताहू मे विशेषतः चमार। मिथिला मे नृत्य ओ वाद्य चमारक वृत्ति छलैक अछि। मिथिलाक संस्कृतिमे नाचब एखनहु गारि बुझल जाइत अछि। एहि नओ मे केवल तीनि गायक रहैत छल। प्रधान गायक जे वर्णरत्नाकरक शब्द मे "गायन, साभ्यास, वादीतालज्ञ, मानकुशल, सुबेष, प्रगल्भ, विभूति लबले, घाघर कछने, कछनी पहिरने", "चतुःसमे अङ्गराग कएने सफर उच्च पाढ़ि समेत तारामण्डलक निसह पछेओर एक दोबर कई उण्ड उपर कई चलओले", माथ पर पाग पहिरने, हाथ मे बाँसुरीक आकारक रङ्गीन फुलहरा लेने रहैत छल पुरुषक वेष मे रहैत छल ओ नायक कहबैत छल। गरोहि नायकहिक कहबैक। सब गीत उठबैत छल ओएह नायक। शेष दू गोट नायक स्त्री वेषमे नायकक दुहू

दिशि भए ठाढ़ सब गीतमे नायकक सङ्ग दैत छलैक। जहिना वर्णरत्नाकर मे विद्यावन्तक वर्णन मे 'विदञोतिनी दुइ' 'जइसे प्रयागक्षेत्र सरस्वती कैं गङ्गायमुना संवाहिका हो तइसे ता विदाञोत कैं दुअओ संवाहिका' कहल अछि तहिना ई दुहू स्त्रीवेषधारी गायक रहैत छल। एहि दुहू मे एक नायिकाक अभिनय करैत कर छल दोसर सखीक। नायक तँ सहजहिं नायकक भाव देखाबए। बेरेक तेसरो स्त्रीवेषधारी गायक सङ्ग रहैक मुदा ओ तेसर प्रशिक्षणक हेतु सङ्ग रहैत छल। सब गीत तीनू अथवा यदि नवसिखुआ सेहो सङ्ग रहैक तँ चारू सङ्गहिँ गबैत छल। मैथिल-सङ्गीतक इएह रीति थिकैक ओ वर्णरत्ना 'संवाहिका' सँ सेहो सएह सूचित होइत अछि। मैथिल-सङ्गीत मे सब गीत 'सहगान' होइत अछि, 'कोरस'। एखनहु जतए कतहु नारदीय" सङ्गीतक मण्डली अछि ततए इएह देखब जे गीत उठाओत एक गोटए, गीतक भास ओएह नियमित करत, मुदा सङ्ग देतैक ओकर जे केओ मण्डली मे रहत सब; स्त्रीगण जे सम्प्रति हमरा लोकनिक सङ्गीतक शुद्ध प्राचीन परम्पराक रक्षा करैत आइलि छथि एहिना गबैत छथि; किरतनिञा नटुआ तहिना कम सँ कम तीनि गोटे सङ्ग मीलि गबैत छल। परन्तु गबैत छल तीनू नाचि-नाचि, आङ्गिक अभिनय करैत, भाव देखाए, जेना वर्णनरत्नाकर मे अछि प्रबन्धनृत्य, रेखानृत्य, बाहुनृत्य, नाचकनृत्य?, मथाकम्प, दृष्टिकम्प, हस्तकम्प, हस्तकर्म, हृदयप्रदर्शन प्रभृति सोड़ह गुणसम्पन्न नृत्य करैत। मैथिलीक शृङ्गारक प्रायः सब गीत मे नायक, नायिका किंवा सखी, एही तीनू मे ककरो मनोभावक संसूचन रहैत अछि तैं एहि नृत्यक अभिनयक हेतु तीनि गोट मात्र नर्तक पर्याप्त छल। एहिसँ ई नहि बुझबाक थिक जे नायकक उक्ति नायक गबैत छल, नायिकाक एक जन स्त्री-वेषधारी ओ सखीक दोसर। यदि से होइत तखन ई रासलीला जकाँ गीति-नाट्य होइत। परन्तु से ई नहि होइत छल। एहि मे गबैत छल सब केओ सब गीत सङ्गहिँ; भावो देखबैत छल थोड़-बहुत सब एके रङ्ग; केवल जकर उक्ति गीत रहैत छल से नायक, नायिका वा सखी प्रधान भए आगाँ आबि विस्तारसँ अभिनय करैत छल, यावतो भाव देखबैत छल। अतएव एहि अभिनवपूर्ण सङ्गीतकैं गीत-नृत्य कहि सकैत छी। स्मरण रहए जे जखन नाच आरम्भ होइत छल तखन सँ अन्त धरि सम्पूर्ण मण्डली एकत्र रहैत छल, एक वेष मे, एक भूषा मे वेषभूषा सेहो सब राति प्रायः समाने रहैत छल। विशेष विशेष अवसर पर नायक पाग पर चानीक मुकुट सेहो पहीरि लैत छल परन्तु से सब नायक कैं नहि होइक। एहने विशिष्ट नायककैं कोनहु राजा वा पैघ लोकसँ मुकुट इनाममे भेटैत। मुदा वेषभूषाक आडम्बर तँ नायक ओ दुहू स्त्रीवेषधारी नर्तक मात्रके रहैक अथवा यदि तेसरो रहैक तँ तकरहु। शेष जन तँ अपन साधारण वेश मे रहए। पात्रक ने प्रवेश होइक ने निष्क्रमण।

एहि तीनि वा चारि गायक सँ भिन्न तीन गोट बजनिआँ रहैत छल, एक मृदङ्ग बजबैत छल ओ दू गोटए झालि। किरतनिञा मे इएह दूटा वाद्य रहैत छल। नारदीय सङ्गीत मे सेहो इएह दूटा वाद्य रहैत अछि। बङ्गालहुक कीर्त्तन मे इएह दूटा वाद्य रहैत

अछि। वर्णरत्नाकर मे सेहो मुरज ओ कंशताल इएह दूटा वाद्य कहल अछि तथा मुरजक बारह भेद ओ मुरजि अर्थात् मृदङ्गिआक दश गोट गुण गनाओल अछि। गरोहिक समस्त उपकरण लत्ता-कपड़ा, साज-सामान, पाकपात्र-जलपात्र प्रभृति आवश्यक वस्तुजात जे बाँसक बड़का झप्पा मे रहैत छलैक से लेने दू गोट भरिआ गरोहिक सङ्ग रहैत छल तथा कए बेरि एहि सँ भिन्न एक गोट भनसिआ सेहो रहैत छल। परन्तु भरिआ किंवा भनसिआ गरोहिक सङ्ग अवश्य रहए किन्तु नाच मे नहि रहए। नाच मे तीन बजनिआँ ओ तीनि वा चारि गबैआ इएह छ वा सात गोटए रहैत छल।

तखन गरोहि मे रहैत छल एक व्यक्ति आओर, मण्डलीक विदूषक, जकरा बिपटा कहैक। एहि शब्दक व्युत्पत्ति नहि भेटैत अछि यद्यपि मिथिला भाषा मे ई शब्द बड़ व्यापक अछि ओ किरतनिञाक देखाउसि सँ आनो-आनो नाच मे विपटा आवश्यक बुझल जाइत छल। वर्णरत्नाकरमे ई शब्द नहि अछि अथवा एकर सजातीय एतदर्थक दोसर कोनो शब्द अछि वा नहि से बुझल नहि होइत अछि। दू गीतक मध्यमे गायक सब कैं सुस्तएबाक अवसर होइक तेँ गीत समाप्त होइतहिं बिपटा पातर बाँसक एक पोरक झरनी हाथ मे लेने फानिकैं आगाँ अबैत छल ओ रङ्गविरङ्गक फकड़ा सब भास लगाए लगाए गबैत, कहुखन मिरदङिआक सङ्ग हास-परिहास करैत, कहुखन उपहासात्मक अभिनय करैत कहुखन जातिविशेषक, कहुखन व्यवसाय-विशेषक, कहुखन गाम-विशेषक उपहास करैत, कहुखन सामयिक कोनहु प्रसंग-विशेषक व्यंग्यात्मक कुचेष्टा करैत, दर्शकगणक मनोरञ्जन करए। बिपटाक हेतु किछु लिखित अथवा निर्धारित नहि रहैत छल। ओ सब किछु स्वयं फुरबैत छल ओ फकड़ा सब खूब सिखने रहैत छल, ककरहु सँ बनबाएकैं अथवा स्वयं बनाएकैं से जानल नहि थिक परन्तु स्वयं बनाए-बनाए जोड़ैत जाइत छल से निश्चय। अभिनय मे, अज्ञ पुरोहित ब्राह्मणक, गुड़गुड़ी पिबैत मीयाँक, सासुर जएबाक काल घोना करैत कनियाँक, ताहि दिन नव आएल रहैक बैण्डबाजा जकरा अङरेजी-बाजा कहैत छियैक तकर, ओ हजामक अभिनय एखनहु धरि स्मरण अछि। हजामक उपहास तँ धूर्त्तसमागसहु मे ज्योतिरीश्वर कएने छथि परञ्च ओ अत्यन्त अश्लील। बिपटा अश्लील वा वीभत्स कथा किछु नहि बाजए, कारण, दर्शकगण मे स्त्रीगण सेहो रहबे करथि, मुदा ओकर सब कथा हस्य-रस सँ ओतप्रोत होइक। गोटेक गोटेक बिपटा तँ सत्ये अत्यन्त गुणी होइत छल, खूब कटगर फकड़ा सब जानए, खूब चमत्कारसँ व्यंग्य सब बाजए, खूब फुरैक, खूब फकड़ा जोड़ए, खूब हँसबैत रहए। अत्यन्त खेदक विषय थिक जे ई फकड़ा सब अथवा बिपटाक हास्यक कथा सब कुकाव्य, सब उपहासक प्रसङ्ग सब किछु लुप्त भए गेल ओ आब तँ यत्नो कएला उत्तर ओकर संग्रह नहि भए सकैत अछि। नहि तँ ई संग्रह हास्य-रसक एहन विलक्षण साहित्य होइत जकर जोड़ा थोड़ ठाम भेटैत ओ जाहि प्रसादात् हमरा लोकनिक साहित्य एहू अंश मे विश्वक कोनहु साहित्य सँ न्यून नहि रहैत। मैथिलीसाहित्यक बहुतो वस्तु एहिना

मौखिक विषय रहलैं क्रमशः लुप्त भए गेल। भाषा-साहित्य लिखबाक विषय बुझले नहि जाए ओ साक्षरताक क्षेत्र अत्यन्त सीमित छल। कतेक कुकाव्य सुनल थिक जे आब अङरेजीक उत्तमो सेटाएर (Satire) सँ चमत्कारक प्रतीत होइत अछि। परन्तु बिपटाक फकड़ा सब ओहिना लुप्त भए गेल जेना कुकाव्य सब अथवा हमरा लोकनिक पुरना खीसा सब। मैथिली-गद्यक एहन सुन्दर, सरस ओ सरल दृष्टान्त, कथा-साहित्यक एहन सुन्दर निदर्शन, केवल हमरा लोकनिक अनास्था सँ, आलस्य सँ, उपेक्षासँ, सदाक हेतु नष्ट भए गेल।

इएह बिपटा पारिजातहरण मे ओ गौरीस्वयंवर मे नारद कहाबए, परन्तु ओतहु ओ नाटक मे नारदक हेतु जे वाक्य सब अछि से नहि बाजए; ओ सब तँ संस्कृत मे छैक ओ बिपटा संस्कृत बाजिए नहि सकैत छल। जाहि राति पारिजातहरण किंवा गौरी स्वयंवर होइक ओहू राति बिपटाक खेड़ि ओहने होइत छल जेहन आन राति। केवल प्रसङ्गानुसर बिपटा नारदक उक्ति कतहु कतहु अपनहि भाषा मे स्वयं जोड़ि बाजए। हँ, वादक वा मिरदङ्गिआ ओहि राति ओकरा 'अओ नारद' कहि सम्बोधन करैक परन्तु नारद कहओनहि मानि लेब जे ओ नारदक अभिनय करैत छल अयुक्त होएत। ताहि हेतु तँ देखबाक थिक जे नारदक अभिनय विशेषतः वाचिक अभिनय, करबाक योग्यता वा क्षमता बिपटा कैं रहैक?

किरतनिञाक गरोहि मे नायक अवश्य गुणी रहैत छल; ओ सङ्गीतक, मिथिलाक सङ्गीतक, आचार्य रहैत छल ओ नृत्य-विषय कुशल। ओना एकर शिक्षण तँ व्यावसायिक रहैक, एक नायक कए गोटा कैं सिखाबए, परन्तु प्रतिभासम्पन्न जे रहए से रसिक पण्डित सँ सीखए, विशेषतः गीतक भाव, ओ कतोक नायक किछु किछु संस्कृत सेहो सीखि लेने रहए। ओकर सङ्ग देनिहार जे दुहू गायक रहैक सेहो सङ्गीत-विशारद हो, नृत्य-कुशल, ओ ओएह आगाँ जाए कैं नायक हो। साक्षर प्रायः एहने एक आध नायक वा गायक रहए। बस, इएह तीनू गोटए जे किछु गीत वा नृत्यक विषय मे जानए! मिरदङिआ केवल अपन मृदङ्गक वादन मे कुशल रहए। झलिबज्जा कैं योग्यताक कोनो प्रयोजने नहि रहैक। बिपटा जे पुरान रहए से तँ किछु सिखनहु रहए परन्तु जे नव रहए तकरा मे शिक्षाक सर्वथा अभावे कहबाक चाही। फकड़ा जानए, फुरैक, प्रगल्भ हो। शास्त्र सँ कोनो प्रयोजने नहि रहैक। हँ, गोटेक गोटेक बिपटा जे अधिक दिन कोनहु गरोहि मे रहि गेल, सिखबाक इच्छुक भेल, से अवश्य पण्डित ओ रसिकक समाज मे जाए जाए भिन्न भिन्न प्रकारक फकड़ा बनबाए सीखल करए, हँसीक गप्प सब बूझल करए, काकु, श्लेष वा व्यंग्यक मर्म जानि लेल करए। मुदा ओकर सब आयास हास्य-रसक पुष्टिक उद्देश्य सँ भेल करैक। इएह तँ भेल किरतनिञाक गरोहि। आब केओ जिज्ञासु व्यक्ति विचार कए सकैत छी जे एहन मण्डलीक द्वारा संस्कृत प्राकृतक नाटकक अभिनय भए सकैत छैक ?

(6)

आरम्भहि मे हम नाटकक अभिनय केहन कर्म छैक से कहल अछि, वाचिक अभिनयक हेतु ओहि भाषाक ज्ञान अपेक्षित छैक जाहि भाषा मे नाटक रचित अछि; आहार्य अभिनयक हेतु भिन्न भिन्न साधनक अपेक्षा छैक; आङ्गिक ओ सात्त्विक अभिनय बिनु पूर्ण अभ्यासैँ सम्भव नहि छैक। ताहि परसँ रङ्गमञ्च, यवनिका प्रभृति उपकरणक झंझटि। किरतनिञा कैँ की साधन रहैक, कतेक योग्यता रहैक, कतबा क्षमता रहैक से हम एखनहि कहि अएलहुँ अछि। एहि दुहू विषय कैँ दृष्टि मे राखि कोनहु तथाकथित किरतनिञा-नाटक कैँ पढ़ल जाए तँ स्वतः स्पष्ट भए जाएत जे किरतनिञासँ एहि नाटकक अभिनयक आशा करब व्यर्थ। भरिआ समेत मिलाए नओ गोटए तँ गरोहि मे लोक भेल, जाहि मे अभिनय कएनिहार भेल केवल तीनि वा चारि व्यक्ति; बिपटहु कैँ मिलाए ली तँ अधिक सँ अधिक पाँच। पाँच गोट नट-नटी सँ कोन नाटक अभिनय भए सकत? एक बेरि मञ्च पर जतबा पात्र एकत्र होइत छथि कम सँ कम ततबो नट-नटीक होएब परमावश्यक। वेषभूषा नाटकोचित केवल तीनि-चारि गोटा कैँ रहैक, बिपटा तँ ओहिना रहए। तथापि ओएह नायक एक ठाम कृष्ण ओ दोसर ठाम ओही वेष मे, ओही भूषा मे, शिव कोना होइत? एहि मे ने प्रवेश होइक ने निष्क्रमण, तखन नाटक कोना होइत? वाचिक अभिनव ई नटुआ सब कोना करैत? सब नाटकक भाषा तँ संस्कृत ओ प्राकृत। ओ से करैत ककरा निमित्त?

रुक्मिणी-परिणय नाटक कैँ देखल जाए। एहि मे एगारह गोट प्रधान पात्र अछि जाहि मे चारि गोट स्त्री-पात्र। जतए कतहु रुक्मिणीक प्रवेश अछि, हुनका सङ्ग हुनक दुहू सखी सुदक्षिणा ओ सुशोभना छथि ओ दुहू वार्त्तालाप मे भाग लैत छथि। ठाम-ठाम ताहि सङ्ग रुक्मिणीक माए सेहो अबैत छथिन्ह। एकर अभिनय करत ततेक लोक किरतनिञा कैँ रहैक कहाँ? एहि मे आधा सँ अधिक संस्कृत-प्राकृत अछि। पएँतालीस गोट श्लोक अछि; पाँच- छ पाँतीक संस्कृत वा प्राकृतक गद्य अनेक ठाम अछि। मैथिली मे चौँसठि गोट गीत अछि। एक राति मे एकर अभिनय सम्भव छैक? पारिजातहरण अपेक्षया छोट अछि परन्तु ओहू मे एकैस गोट गीत अछि, उन्नैस गोट श्लोक संस्कृत मे अछि ओ आधा तँ ओहूमे संस्कृत ओ प्राकृत अछि। एहि नाटक सबहिक सम्यक् अभिनयक हेतु संस्कृत बजबाक क्षमता धरि आवश्यक परन्तु से अभिनय ककरा हेतु होइत? किरतनिञाक दर्शक तँ भेल किछु रसिक जन जाहि मे किछु संस्कृतज्ञो होथि, स्त्रीगण ओ ग्रामीण लोक जकरा गीत मे रस रहैक, नाच सँ प्रेम छलैक, विपटाक खेड़ि मे मनोरञ्जन भेटैक। हमरा तँ पूर्ण सन्देह अछि जे मिथिला मे कहिओ जनता कैँ संस्कृतक नाटक बुझबाक क्षमता छलैक वा नहि, तथा एमहर तीनि चारि सए वर्ष सँ संस्कृत बुझनिहार लोक द्विजातिक कोन कथा ब्राह्मणहु

मे परिमिते छलाह। संस्कृत-प्राकृत नाटक जे होइतहुँ छल तँ राज-सभा मे, कचित् पण्डित-सभा मे, ओ ताहि हेतु किरतनिञा, जकर वृत्ति छलैक नाचब, एतेक व्यय सँ साधनक संग्रह कए, एतेक श्रम सँ नाटक कैँ प्रस्तुत कए, खेलाइत से सर्वथा असङ्गत प्रतीत होइत अछि। अतएव ई कहब जे मैथिली-गीत-मिश्रित संस्कृत-प्राकृतक नाटक जे मैथिल पण्डित लोकनि रचलैन्हि तकर किरतनिञा अभिनय करैत छल युक्तिसङ्गत नहि प्रतीत होइत अछि ओ एही किरतनिञाक अभिनय कैँ दृष्टि मे राखि एकरा सभक रचना भेल ई बुझब तँ सर्वथा असङ्गत। एहि प्रसङ्ग पारिजातहरणक भरतवाक्यक अन्तिम चरण 'आशूद्रान्तं कवीनां भ्रमतु भगवती भारती भङ्गिभेदैः' हमरा अत्यन्त मार्मिक प्रतीत होइत अछि। संस्कृतक अनधिकारी शूद्रधरि कविक वाणी मैथिली-गीतरूपहिँ प्रचारित भए सकैत छल; सएह होइत रहए इएह 'भङ्गिभेदैः' पदक आशय बुझैत छी ओ ताहि दृष्टि सँ उमापति एहि पद मे वस्तुस्थितिक दिशि सङ्केत कएल अछि जकर विचार हम अनुपदहिँ कए रहल छी।

मुदा एहि मे कोनो सन्देह नहि जे परिजातहरण एवं गौरीस्वयंवरक खेड़ि किरतनिञा करैत छल। एही दू गोट नाटकक तथाकथित अभिनय ओ सब करए ओ से दुहू हमरा सम्पूर्ण अपन आँखिक देखल थिक। किन्तु तेसर ने कहिओ देखल ने कोनो गुरुजनहिक मुह सँ सुनलहुँ अछि। तेसर जँ कोनो नाटक खेलाएल जाइत तँ एहि जातिक नाटकक अन्तिम रचियता छलाह पण्डितप्रवर हर्षनाथझा जे महाराज लक्ष्मीश्वरसिंहक दरबारक रत्न छलाह ओ हुनके प्रीत्यर्थ अपन उषाहरण रचल, ओही महाराजक पितिऔत भाए बरहगोड़िआक बाबू एकरदेश्वरसिंहक प्रीत्यर्थ अपन नवीन रूपक माधवानन्द रचल; हुनके नाटक खेलाएल जाइत। परन्तु पण्डितप्रवरक पुत्र पण्डित श्रीऋद्धिनाथझा जीवित छथि तथा कहि सकैत छथि जे एहि दुहू मे कोनहु नाटकक अभिनय कहिओ नहि भेल। ओएह पण्डितप्रवर ओही महाराजक पिता बाबू गुणेश्वरसिंह साहेबक आदेश सँ व्रजभाषा मे राधाकृष्णमिलन नामक रासलीलाक रचना कएल जे मुद्रित अछि; एकर अभिनय व्रजक रासमण्डली शुभङ्करपुरक विशाल मन्दिर पर कतेक बेरि कएलक। उषाहरण ओ माधवानन्दक गीत सब अत्यन्त सरस अछि, बड़ लोकप्रिय भेल, किरतनिञा सब खूब गाबए, प्रायः नित्य गाबए; परन्तु अभिनय ओहि नाटक सबहिक कहिओ भेल से जानल नहि थिक।

परन्तु एहू पारिजातहरण ओ गौरीस्वयंवरक अभिनय की हो से तँ तखन बुझल जखन वयस्क भेला उत्तर ओहि नाटक सबकैँ पढ़ल। वस्तुतः नाटकक अभिनय नहि होइत छल, सम्पूर्ण नाटक जेना ओ लिखल अछि तेना नहि खेलाएल जाइत छल; केवल ओहि रातुक गीत-नृत्य ओहि नाटक पर आधारित रहैत छल; ओहि राति सबटा गीत एक क्रम सँ ओही नाटकक गाओल जाइत छल। नायक मात्र कैँ मङ्गल-श्लोक अभ्यास रहैक; मङ्गलाचरणक प्रयोजन जे नैयायिकक भाषा मे मङ्गलवाद कहबैत अछि तकर विचारक किछु खाढ़ी ओ सिखने रहैत छल; तथा प्रस्तावनाक ओ वाक्य जाहि

मे नाटककारक परिचय अछि से नायककेँ थोड़ बहुत अभ्यास रहैक। जाहि नायक केँ एतबा अभ्यास रहैक, सीखल रहैक, तथा नाटकक सबटा गीत एक क्रम सँ राग-तालक सङ्ग गाबए अबैक सएहटा एतबो अभिनयक साहस करए। बस, अभिनय प्रारम्भ होइतहिँ मङ्गल-श्लोक सस्वर पाठ कए नायक बड़ टोपटहङ्कार सँ मङ्गलवादक विचारक जे अंश ओकरा अभ्यास रहैक सुनाए मङ्गलगीत गाबए जाहि मे दुहू स्त्री-वेषधारी गायक ओकर सङ्ग दैक। तदुत्तर प्रस्तावनाक वाक्य जेना अशुद्ध फशुद्ध अभ्यास रहैक पढ़ि कए गीत-नृत्य आरम्भ करए, एक दिशि सँ सबटा गीत आदि सँ अन्त धरि नाचि नाचि गबैत जाए। सबटा गीत उठाबए नायक, ओ गीत नायकक उक्ति रहौक, नायिकाक, वा सखीक, ओ ओकर सङ्ग शेष दुहू गायक दैत जाइक। ऐरावत ओ गरुड़ जे बनैत छल से हम देखने छी, बनितहुँ देखने छी। बाँसक बाती केँ मोड़ि जौड़सँ बान्हि गाँजक सूँढ़ बनाए कारी कम्बलसँ झाँपि देलकैक ओ भरिआ ओहि मे ताहि हेतु छोड़ल भूर मे पैसि ओकरा लेने कुदैत रहए। तहिना उज्जर कम्बल सँ झाँपि गरुड़ बनाबए परन्तु ई सब कतबा काल, जतबा काल 'ऐरावत असबार पुरन्दर' इत्यादि गीत गाओल जाए। पारिजातहरण मे बीच बीच मे प्रचुर कथोपकथन अछि ओ हास्य-रस तँ ओही कथोपकथन मे अछि। ओहि राति बिपटा नारद कहाबए, परन्तु नारदक उक्ति जे वाक्य अछि से तँ संस्कृत मे अछि, से तँ ओकरा बाजि होइक नहि। हँ, पटु जँ बिपटा रहए तँ ओहि वार्त्तालापक सारांश ओ अपना शब्द मे किछु किछु बाजए मुदा परिहास मुख्यतः ओहू राति आनहि राति जकाँ हो। पारिजातहरण मे एतेक रास श्लोक संस्कृत मे अछि ताहि मे ककरो पाठ नहि हो। हँ, दर्शक-मण्डल मे गण्यमान्य पण्डित रसिक जन केँ देखि बबुजन नायक केँ 'अरुण पुरुव दिशि' इत्यादि गीतक प्रति पदक अर्थक जे श्लोक सब अछि तकरा गबैत हम सुनने छी, परन्तु साधारणतया ओ संस्कृत केँ छोड़िए दैक। आरम्भहिमे एकहि बेरि मञ्च पर कृष्ण, रुक्मिणी ओ हुनक सखी मित्रसेना, सत्यभामा ओ हुनक सखी सुमुखी, नारद ओ दौवारिक एकत्र होइत छथि। चारि गोट स्त्री पात्र किरतनिञा केँ कहाँ रहैक जे एकर अभिनय करैत? गीत सेहो रुक्मिणी, सत्यभामा ओ सुमुखी तीनूक अछि। यदि सत्ये अभिनय होइत तँ ई तीनि गीत तीनि गोटए गबैत मुदा तीनि गोट स्त्री पात्र तँ साधारणतया किरतनिञा केँ रहैक नहि। सब गीत तँ सब सङ्गहिँ गाबए।

तथापि एतबा कौशल पारिजातहरण मे अवश्य अछि जे केवल गीतहुसँ एहि नाटकक समस्त कथा-वस्तु बुझल भए जाइत अछि। केवल एहि मे हास्य-रस संस्कृत-प्राकृत मे अछि ओ गीत मे तकर पुष्टि नहि होअए पबैत अछि। अन्यथा एकर रचना एहि रूपेँ भेल अछि जे गीत-नृत्य सँ एहि नाटकक प्रयोजन सिद्ध भए जाए। कवीश्वर चन्दाझाक अनुसार किरतनिञा नाचक विकास मे, ओकर प्रचार मे उमापतिक पूर्ण योगदान अछि। से कथा हम विस्तार सँ अपन उमापति-प्रसङ्ग निबन्ध मे कहल अछि। एतए एतबे कहब पर्याप्त होएत जे किरतनिञा नाचक प्रचार

उमापतिहिक युग मे आरम्भ भेल छल; पारिजातहरणक रचना ओ निश्चय किरतनिञा गीतनृत्य कैं दृष्टि मे राखि कएल। पण्डित-समाजक अनुरोधैं ओ संस्कृत-प्राकृत त्यागि नहि सकलाह मुदा समस्त जनता एकर आनन्द लए सकए तैं ओ गीतक एहि चतुरता सँ विन्यास कएल। सएह हुनक भरतवाक्यक अन्तिम चरणक स्वारस्य कम सँ कम हमरा व्यक्त होइत अछि। एहिमे गीतो ततबे अछि जतबा एक राति मे गाओल भए जाए ओ हमरा खूब स्मरण अछि जे पारिजातहरणक खेड़ि मे छओ घण्टा समय लगैक। मुदा तैओ पारिजातहरण जे केओ पढ़ने छी से कहि सकैत छी जे एहि गीतनृत्य कैं की नाटकक अभिनय कहब। जे कथा हम पूर्वहुँ कहि आएल छी, पारिजातहरण मे हास्यरस शृङ्गारहि जकाँ एक गोट प्रधान अङ्ग अछि परन्तु गीत-नृत्य मे तँ ओ एकदम छूटिए जाइक जकर पूर्ति बिपटा अपन हास-परिहासक कथा सँ करए परन्तु नाटकक अभिनय धरि तँ से नहिए भेल!

अभिनयक दृष्टि सँ पारिजातहरण सँ बहुत नीक जकाँ गौरी-स्वयंवर खेलाएल जाए। पारिजातहरण मे संस्कृतक अंश, वार्त्तालाप ओ श्लोक दुहू, प्रचुर अछि— अन्य नाटक यथा रुक्मिणीपरिणय जकाँ ओहूमे नहि अछि— तथापि पर्याप्त अछि ओ एक गोट अङ्ग हास्य-रस तँ सबटा संस्कृतहि मे अछि। गौरीस्वयंवर मे वार्त्तालाप बड़ विरल अछि, दू तीनि ठाम मात्र, जे छोड़नहु नाटकक कथावस्तु मे कोनो विशेष त्रुटि नहि होएत। ई नाटक सम्पूर्ण गीतमय अछि ओ सबटा गीत गओला उत्तर नाटक सम्पूर्ण भए जाइत अछि। मुदा तैओ नाटक तँ तखन ने कहल जाइत जँ महादेवक उक्ति नायक गबैत, पार्वतीक एक स्त्री-वेषधारी गायक ओ मेनाक दोसर। अथवा नट-नटीक वेशभूषा मे किछुओ पात्रक सादृश्य रहैत। परन्तु से तँ हो नहि। ओएह वेषभूषा रहैक जे सबदिन ओ राखए ओ सबटा गीत सब सङ्गहिं मीलि गाबए। दोसर, एहि नाटिका मे सबटा गीत नाटकीय पात्रहिक उक्ति नहि अछि; कए गोट गीत तँ ग्रीक कोरस जकाँ अन्यपुरुषक उक्ति थिक। ई तँ नाटकक रीति नहि थिकैक। ओ तँहि किरतनिञा एकर अभिनय नीक जकाँ करए, कारण, अभिनय भेल किरतनिञाक आङ्गिक मात्र तथा किछु सात्त्विक, नाचि नाचि गाएब, भाव देखाए देखाए गीत सब गाएब ओ जँ सबटा गीत शिव-विवाहक अछि तथा गीतहिमे सबटा कथा सेहो कहल भए जाइत अछि, तैं विवाहक अवसर पर गोटेक राति गौरी-स्वयंवर अवश्य भेल करए। हम मानि सकैत छी जे कविलाल प्रायः किरतनिञा कैं दृष्टि मे राखि एहि नाटकक रचना कएल परन्तु नाटक ई नामहिटा सँ अछि। विषय कैं उपस्थापित करबाक शैली नाटकक नहि थिक तथा स्वयं कविलाल एकर प्रस्तावनाक अन्त मे 'नर्त्तनारम्भ' करए कहैत छथि, नाच आरम्भ करए कहैत छथि, नाटक नहि, अभिनय नहि। तथापि एहू मे दू तीनि ठाम कथोपकथन अछिए तथा प्रायः दू ठाम ततबा पात्रक समावेश भैए गेल अछि जे किरतनिञाक हेतु जुटाएब सम्भव नहि छल। यदि एकरा नाटक कही तँ हमरा दृष्टिएँ एकहिटा यथाकथञ्चित किरतनिञा-नाटकक

आख्या देल जाए सकैत अछि। आओर जे नाटक सब अछि—श्रीजयकान्त बाबूक इतिहास मे उन्नैस गोट किरतनिञा-नाटक-कारक नाम अछि— तकरा तँ किरतनिञा नाटक कहबे निराधार, प्रमाण-विरुद्ध।

दू गोट नाटक हम देखल अछि जे किरतनिञाक हेतु रचल गेल। एहि दूनू मे संस्कृतक छूति नहि अछि, वार्त्तालाप नहि अछि, केवल गीत अछि, एक गोट थिक स्वर्गीय विश्वनाथझाक 'उषाहरण' ओ दोसर थिक शिवदत्तक 'पारिजातहरण'। एहि मे कोनो प्रकाशित नहि अछि। प्रथमक लेख सरसकवि श्रीईशनाथझाक सङ्ग अछि दोसरक लालगञ्जनिवासी श्री हरिनाथझाक संग अछि। परन्तु एकरा सबकेँ नाटक कहबे अयुक्त। ई सब तँ नृत्योपयोगी प्रबन्ध-गीत थिक। परन्तु किरतनिञा तँ करए सएह, गीत-नृत्य, ओ तेँ ओकरा हेतु लिखल गेल वस्तुओ तँ सएह होएत। नाटक ने ओकरए, ने ओकरा हेतु कोनो नाटक लिखल गेल, ने जे नाटक लिखल गेल से ओ कए सकैत छल।

(7)

किरतनिञा नामहु सँ हमर मतक पुष्टि होइत अछि। वर्णरत्नाकरमे ई शब्द नहि अछि मुदा नाचक ओहि मे साङ्गोपाङ्ग वर्णन अछि तथा किरतनिञाक नायकक सदृश नृत्यक प्रधान कैँ ओतए विद्यावन्त कहल अछि। तथापि व्युत्पत्तिक बल सँ किरतनिञा शब्दक आशय स्पष्ट भए जाइत अछि। भजनिञा जकाँ ई शब्द ओहि व्यक्ति वा व्यक्तिसमूहक हेतु व्यवहृत होइत अछि जे कीर्तनप्रभेदक गीत गाबए जेना भजनञिा भजन-प्रभेदक।

भगवानक, गुण, ओ लीलाक वर्णन कीर्तन थिक ओ से कीर्तन ओना तँ बड़ प्राचीन वस्तु थिक तथा नवधा भक्ति मे बड़ प्राचीन समय सँ परिगणित अछि। परन्तु गौराङ्ग महाप्रभु चैतन्यदेव एकरा नव रूप देल। विद्यापति, चण्डीदास प्रभृति पूर्वक कविक गीत महाप्रभु नाचि-नाचि गाबथि ओ एकरहि ओ कीर्तन कहल। चैतन्योत्तर कालमे नवद्वीप कोन रूपेँ संगहिँ संग कीर्तन ओ नव्यन्यायक हेतु प्रसिद्ध भए गेल ओ तकर प्रभाव मिथिला पर कोन रूपेँ पड़ल तकर वर्णन हम अपन गोविन्ददासझाक प्रसङ्ग निबन्ध मे कएने छी। हमरा विश्वास अछि जे जहिना एहि सँ पूर्वक युग मे बङ्गाली विद्यार्थी लोकनि मिथिला सँ विद्यापतिक गीत सीखि सीखि बङ्गाल आपस जाए ओतए ब्रजबूलीक सृष्टि कएल तहिना एहि युग मे मिथिलाक विद्यार्थी लोकनि नवद्वीप सँ कीर्तन सीखि सीखि स्वदेश प्रत्यावृत्त भए किरतनिञा नाचक चालि चलाओल। मिथिलाक संस्कृतिक मे ओ लोकनि स्वयं तँ नाचब वृत्ति ग्रहण नहि कएल, परन्तु नटुआ कैँ सिखाओल तथा ओहि नटुआ कैँ किरतनिञा नाम देल। रागतरङ्गिणी मे लोचन जे कायस्थसूनु जयन्तक प्रसङ्ग लिखने छथि ताहि सँ स्पष्ट

होइत अछि जे एहि सँ पूर्वक युग मे मिथिला मे विद्यापतिक गीतक गान मात्र होइत छल, नाच नहि। बङ्गाल मे विद्यापतिक गीत नाचि कए गाओल जाए तथा से कीर्तन कहाबए। मिथिला मे गानक स्वतन्त्र परिपाटी छल, नाचक सेहो परिपाटी छल। नवद्वीपक कीर्तनक अनुकरण मे दुहू मिश्रित कए देल गेल। परञ्च एहि अनुकरण मे ओ लोकनि अपन प्राचीन परिपाटी कें नहि त्यागल। नवद्वीप मे कीर्तनक स्वर ओ ताल भिन्न छैक ओ सब गीत कीर्तन कहबैत अछि वा कीर्तनक पद। मिथिला मे अपन स्वतन्त्र गान-पद्धति छल, गीतक राग ओ ताल, स्वर ओ भास सब पूर्वहि सँ आबि रहल छल। नवीन नाचहु मे सब पूर्ववत् रहल; गीतक नाम सेहो मान ओ बटगमनी, लगनी ओ मलार प्रभृति पूर्ववते रहल। केवल ओहि नाचक नाम, एहि गीत-नृत्यक नाम धरि, पड़ि गेल किरतनिञा। पूर्वहि जकाँ आबहुँ वाद्य रहल ओएह टूटा मृदङ्ग ओ झालि। जनसाधारणक मनोरञ्जनक निमित्त बिपटाक समावेश कए देल गेल जकर ने कोनो चर्चा ने प्रसङ्ग सएह नवद्वीपक कीर्तन मे छल। वस्तुतः नवद्वीपक कीर्तन भक्तिमूलक छल परन्तु मिथिला मे किरतनिञा आदिअहि सँ मनोरञ्जनक हेतु भेल ओ किरतनिञा भक्तिहुक गीत गाबए परन्तु सेहो मैथिल पद्धति सँ। विद्यापतिक गीतक जे अर्थ नवद्वीप मे लगाओल जाए से अर्थ तँ मिथिला मे कहिओ लगाओल गेल नहि। एहि रूपेँ एहि गीत-नृत्यक प्रचार भेल जे क्रमशः मिथिलाक अपन स्वतन्त्र नाचक रूप मे कम सँ कम अढ़ाइ सए वर्ष धरि देशक रसिक-समाज मे अत्यन्त लोकप्रिय रहल। हमर अनुमान अछि जे गोविन्ददासझाक नवद्वीप सँ फिरला उत्तर सत्रहम शताब्दीक आदि मे एकर प्रचार आरम्भ भेल होएत। कवीश्वर चन्दाझा लिखैत छथि जे उमापित मकमानीक राजाक आश्रय मे एहि नाच कें प्रचारित कएल। तँ एकर समय मोटामोटी 1650 ई. मानल जाए सकैत अछि, किरतनिञा-नाचक सृष्टि सत्रहम शताब्दीक द्वितीय चरण मे भेल होएत।

परन्तु जाहि जातिक नाटक कें किरतनिञा-नाटकक आख्या देल जाइत अछि तकर परम्परा तँ 1650 ई. सँ बहुत पूर्वहि सँ मिथिला मे आबि रहल अछि। किरतनिञा-नाटकक लक्षण तँ कतहु कहल नहि गेल अछि परन्तु किरतनिञ्चा-नाटकक प्रसङ्ग जे किछु एमहर लिखल गेल अछि तकर आशय हमरा एहने सन प्रतीत होइत अछि जे मैथिल पण्डित-कवि लोकनि जे संस्कृत मे नव नव नाटक लिखलैन्हि जाहि मे मध्य मध्य मे मैथिली-गीत अछि सएह भेल किरतनिञा नाटक, कारण, किरतनिञा नटुआ एहि गीत सब कें गबैत छल। हालहि मे ज्योतिरीश्वर ठाकुरक धूर्त्तसमागम प्रहसनक एक गोट सन्स्करण प्रकाशित भेल अछि जाहि मे संस्कृतक श्लोकक अर्थ लए कें मैथिली मे गीत सब अछि; परन्तु एकरा यदि छोड़िओ दी तथापि विद्यापतिक गोरक्षविजय, गोविन्द ठाकुरक नलचरित ओ वंशमणिझाक ओ सब नाटक जकर रचना नेपालक मल्ल राजा लोकनिक प्रीत्यर्थ भेल ओ जे एखनहु नेपाल मे भेटैत अछि से सब किरतनिञा-नाटकक श्रेणी मे आबि जाएत। परन्तु ताहि समय मे तँ

किरतनिञाक नामो नहि छल तखन ओ किरतनिञा-नाटक कोना भेल? मुख्यतः गौरीस्वयंवर ओ यथाकथञ्चित पारिजातहरणक गीतनृत्य किरतनिञा नटुआ करैत छल, तकरा अभिनय मानि ली ओ एतत्सजातीय मैथिली-गीत-मिश्रित संस्कृत नाटक कैं किरतनिञा नाटकक आख्या दए दी, एकरा प्रचार छाड़ि आओर की कहि सकैत छी? मैथिली मे गीत दए दए संस्कृत नाटकक रचनाक परम्परा मिथिला मे बड़ प्राचीन थिक ओ हमरा जनैत विद्यापति ठाकुरहिक चलाओल थिक। ई चालि बड़ लोकप्रिय भेल, कारण, नाटकक तँ अभिनय होइक नहि जे ओकर प्रचार होइत परन्तु गीतक गान तँ होइक ओ पछाति गीत-नृत्य सेहो होइक, ताहि द्वारा एहि गीत सबहिक प्रचार सुगम छल। तखन केवल नटुआक हेतु गीत लिखबा मे पण्डित-कवि लोकनि कैं एना हीनताक बोध होइन्ह तैं ओ लोकनि लिखथि संस्कृत मे नाटक ओ ताहि मे मिश्रित कए देथि मैथिलीक गीत। एहि परम्पराक अनुसरण उन्नैसम शताब्दीक अन्त धरि, पण्डितप्रवर हर्षनाथ झा धरि, मैथिल पण्डित-कवि लोकनि करैत अएलाह। अतएव जाहि दृष्टि सँ विचार करब किरतनिञा-नाटकक कल्पना प्रमाण-विरुद्ध सिद्ध होएत। वस्तुतः किरतनिञाक नाच कैं नाटकक अभिनय कहबे उचित नहि थिक।

(8)

किरतनिञा नाटकक कल्पना उपलब्ध प्रमाणक ततेक विरुद्ध अछि ओ से तेना स्पष्ट अछि जे ओहि मे ककरहु विप्रतिपत्ति होएतैन्हि तकर हमरा सन्देहो नहि अछि। परञ्च हमरा एतए विचारणीय किरतनिञा-नाटक नहि अछि। हमरा जिज्ञास्य अछि मिथिला मे नाटकक परम्परा ओ ताहि प्रसङ्ग मैथिल पण्डित-कवि लोकनिक रचित जे मैथिली-गीतमिश्रित संस्कृत-प्राकृतक नाटक अछि, जकरा एमहर आबि किरतनिञा-नाटकक आख्या देल गेल अछि, तकरा की बुझबाक चाही एकरा मैथिलीक नाटक कहबाक हमरा युक्ति नहि भेटैत अछि। हमरा दृष्टिएँ तँ ई संस्कृतक नाटक थिक। एहि प्रसङ्ग सबसँ पूर्व ई विचारणीय थिक जे नाटकमे मुख्य वस्तु की थिक? नाटक थिक दृश्यकाव्य ओ सब काव्य जकाँ नाटकहु मे कथा-वस्तु रहैत अछि। से कथा नाटक मे परस्पर कथोपकथन द्वारा एवं पात्रक क्रिया द्वारा प्रदर्शित होइत अछि। क्रिया मे तँ भाषाक प्रयोजन नहि छैक परन्तु कथोपकथन—से कथोपकथन संवाद हो, आत्मगत हो, जनान्तिक हो अथवा अपवारित हो—कोनहु रूप मे हो, परन्तु होएत कोनहु भाषाक द्वारा अतएव अमुक नाटक कोन भाषाक थिक एकर निर्णायक ओहि नाटकक कथोपकथनक भाषा थिक। उचित तँ इएह ने थिक जे जाहि भाषा मे नाटकक मुख्य वस्तु उपनिबद्ध हो, जाहि भाषा द्वारा नाटकीय कथावस्तु उपस्थापित हो सएह ओहि नाटकक भाषा बुझल जाए। संस्कृत नाटकमे दू गोट भाषाक प्रयोग तँ आदिअहि सँ देखलाँ मे अबैत अछि; एखन धरि एहन नाटक

नहि भेटल अछि जाहि मे केवल संस्कृत हो। यदि से भेटत तँ भरत-प्रभृति आचार्यक मतें ओ विशुद्ध नाटक, सर्वलक्षणोपेत नाटक नहि कहाओत। परन्तु प्राकृत रहनहि कोनहु नाटक कैँ प्राकृतक नाटक कहाँ कएल जाइत अछि? यदि से नहि तँ मध्य-मध्य मे गीत मात्र मैथिली मे रहने कोनहु नाटक कैँ मैथिली-नाटक कोना कहब जखन संस्कृत-नाटकक लक्षणक अनुरूप संस्कृत ओ प्राकृत एहू मे अछि। कालिदासक विक्रमोर्वशीय मे संस्कृत ओ प्राकृत तँ अछिए, चारिम अङ्क मे एहि दुहू सँ भिन्न अपभ्रंश सेहो अछि परन्तु तें की विक्रमोर्वशीय अपभ्रंशक नाटक कहल जाइत अछि अथवा से कहब सङ्गत होएत? गौरीस्वयंवर कैँ छोड़ि प्रायः एतत्सजातीय कोनो दोसर नाटक नहि अछि जाहि मे संस्कृतक अंश आधा सँ थोड़ हो। कतोक मे मैथिलीक 'अंश तँ तृतीयांश' मात्र अछि। परन्तु गीत कतबओ रहओ, ओ से नाटकक मुख्य वस्तु नहि थिक। पारिजातहरण मे ई कौशल अवश्य अछि जे गीतहि सँ कथा-वस्तुक परिचय भए जाइत अछि परन्तु से केवल परिचय; हास्यरसक जे ओहि मे अंश अछि, जे ओकर एक गोट प्रधान अङ्ग थिकैक, से गीत भाग सँ व्यक्त नहिए होइत अछि। आओर आओर नाटक सबमे यथा आनन्दविजय किंवा रुक्मिणीपरिणय अथवा उषाहरण ताहि मे गीतक अंश हटाइओ दिऐक तँ ओतेक हृद्य तँ नाटक नहि रहए पाओत परन्तु नाटकक कथावस्तुमे कोनो विशेष हानि नहि होएत। उदाहरणार्थ एहि जातिक सबसँ पुरान नाटक कैँ देखल जाए। ज्योतिरीश्वरक 'धूर्त्तसमागम' प्रहसन आइ धरि संस्कृतक नाटक बुझल जाइत छल जेना शङ्करमिश्रक गौरीदिगम्बर प्रहसन। हालहिमे धूर्त्तसमागमक एक गोट संस्करण प्रकाशित भेल अछि जाहि मे मध्य मध्य मे गोट बीसेक गीत मैथिली मे अछि, नव नहि किन्तु संस्कृतमे जे श्लोक अछि ताही अर्थपरक। यदि एहि सब गीत कैँ हटाए दिऐक तँ नाटकक स्वरूप ओएह रहैत अछि जे एतेक दिन उपलब्ध छल। आब ओहि किछु गीतक भेटलहि सँ ई प्रहसन संस्कृतक प्रहसन छूटि गेल, मैथिलीक प्रहसन भए गेल? ई कहब हमरा जनैत आग्रह मात्र थिक। मैथिली नाटकक परम्परा कैँ छओ सए वर्ष सँ प्राचीन सिद्ध करबाक लोभ सँ से भलहिँ कएल जाओ परन्तु ई ऐतिहासिक सत्य थिक नहि, प्रचार मात्र भेल। सत्य तँ थिक ई जे एहि सँ हमर भाषा-साहित्य मे संगीतक परम्परा, गीत-रचनाक परम्परा, छओसए वर्षसँ पुरान प्रमाणित होइत अछि, नाटकक नहि। नाटकक परम्परा हमरा ओहि ठाम अछिए नहि।

मुदा तखन प्रश्न रहैत अछि जे संस्कृत नाटक मे मैथिलीक गीत देबाक प्रयोजन कोन तथा ई कहाँ धरि युक्तियुक्त? एहि प्रसङ्ग हम पूर्वहुँ सङ्केत कएने छी, पुनः कहब, जे नाटक मनोरञ्जनक साधन थिक, एकर उद्देश्य थिकैक आनन्द प्रदान करब। तदर्थ सब नाटक मे नृत्य ओ गीत रहैत अछि। नाटकीय वस्तु सँ गीत कैँ थोड़ सम्बन्ध रहैत अछि; ओ तँ मनोरञ्जनार्थ मध्यमे सन्निविष्ट रहैत अछि। ई वस्तु संस्कृतहि मे अछि से नहि, पाश्चात्य देशहुक नाटकमे ई भेटैत अछि। संस्कृत

मे तँ प्रायः सब नाटकमे प्रस्तावनाक मध्यहिमे नटी एकटा गान करितहिँ अछि। अभिज्ञानशाकुन्तल मे से गीत प्राकृत मे ग्रीष्मसमयक वर्णन अछि। वस्तुतः संस्कृत नाटक मे श्लोक सङ्गीतहिक हेतु देल जाए लागल जखन श्लोकक गान होइत छल, ओकर पाठ नहि। जयदेव संस्कृतक प्रथम महाकवि भेलाह जे देशी भाषा मे प्रचलित रागताललयाश्रित गीतक अनुकरण सँ पूर्वक श्लोक केँ तदुपयुक्त नहि बूझि संस्कृत मे रागताललयाश्रित गीतक रचना कएलैन्हि। अतएव स्पष्ट अछि जे मैथिल कविलोकनि से सङ्गीत संस्कृत मे नहि दए मैथिली मे देब आरम्भ कए देल। मैथिली मे सङ्गीतक परम्परा पूर्वहिसँ छल ओ से लोक-प्रिय छल। केओ मैथिल कवि एहि उद्‌देश्य सँ तँ नाटक रचलैन्हि नहि जे ओकर अभिनय होएत। ओ लोकनि तँ नाटक रचथि काव्य जकाँ, नाटक-विषय अपन पाण्डित्यप्रदर्शनार्थ, ओकरा पढ़बाक हेतु। यदि अभिनयो होइत तँ से बुझनिहार केवल संस्कृतज्ञ धरि होइतथि, ओकर प्रचार केवल ओही वर्ग मे सीमित रहैत। परन्तु प्रचारक अभिलाषा तँ सब लेखककेँ रहैत छैक, स्वाभाविक थिकैक। नाटकक जँ प्रचारो होएत तँ केवल पण्डित-समाज धरि किन्तु गीत जँ नीक भेल तँ आशूद्रान्त, स्त्रीगण ओ पुरुष, समस्त देश मे ओकर प्रचार होएत, आदर होएत, तेँ ओ लोकनि मैथिली मे गीत लिखथि। पारिजातहरणक भरतवाक्यक अन्तिम चरण सँ उमापतिक इएह आशय ध्वनित होइत अछि। ज्योतिरीश्वर सँ हर्षनाथ धरि बराबरि इएह क्रम रहल। जेना स्त्रीपात्र अथवा नीच पात्रक भाषा नाटक मे प्राकृत, तहिना गीतक भाषा मैथिली। दू गोट भाषाक प्रयोग जखन होइतहिँ अछि तखन तीन गोट भाषाक किएक नहि? मिथिलाक ओहि स्वर्णयुगक पण्डितगण केँ से साहस रहैन्हि, आत्मबल रहैन्हि, विश्वास रहैन्हि जे नव वस्तु चलाए ली। यदि पथि विपथे वा वर्त्तयामः स पन्थाः" कहनिहार ओ मनीषिगण संस्कृत-नाटकमे ई नवीन कए देल, दू गोट भाषाक स्थान मे तीनि गोट भाषा चलाए देल। इतिहास साक्षी अछि जे कर देब स्वीकार कए दिल्लीक तुगलक सम्राट सँ जखन मिथिलाक राज्य ओइनिवार ठाकुर लोकनि प्राप्त कएल तखन हुनका समक्ष इएह प्रश्न छल जे हमरा देश-राजा स्वीकार करत की नहि, कारण, कर देलेँ तँ राजत्वक हानि होइत अछि ओ अनभिषिक्त तँ राजा नहि हो तथा ब्राह्मण भए ओ लोकनि राज्याभिषेक कोना लितथि। एहना स्थिति मे सिद्धकामेश्वरक कनिष्ठ पुत्र राजा भवेश्वर ताहि समय मे वृद्ध रत्नाकरकार चण्डेश्वर केँ बजाए हुनका सँ राजनीति-रत्नाकरक रचना कराओल जाहि मे चण्डेश्वर व्यवस्था देल जे राजा दू प्रकारक होथि, अकर ओ सकर, तथा कर देलहि टासँ राजत्वक हानि नहि हो। ओ इहो व्यवस्था देल जे अभिषेक राजाक हेतु आवश्यक नहि छैक तें ब्राह्मण किंवा शूद्र केओ राजा भाए सकैत छथि। चण्डेश्वरक एहि व्यवस्था पर ओइनिवारक राज्य सुस्थिर भेल तथा ओ लोकनि सर्वमान्य भेलाह। तहिना ताहि समय मे यदि केओ मैथिल पण्डित नाट्‌यशास्त्र पर ग्रन्थ लिखितथि तँ ओ निश्चय ई व्यवस्था कए देने रहितथि जे नाटक मे गीतक

भाषा देशी हो यदि ओहि देशी भाषा मे गीतक परम्परा रहैक। परन्तु लक्षण-ग्रन्थ मे नहिओ अछि तथापि वस्तुस्थिति सँ सएह सिद्ध होइत अछि ओ लक्षण सेहो दृष्टान्तहि सँ बनैत अछि। एहि मैथिल संस्कृत-नाटक सबहिक अभिनय तँ देखल नहि थिक, सुनलो नहि थिक, परञ्च एहि नाटक सबहिक गीत सब गोटेक तँ एतेक प्रसिद्ध अछि जे प्रायः सर्वत्र गाओल जाइत अछि ओ किरतनिञा तँ प्रायः सब नाटकक गीत गाबि गाबि नाच करए। गोविन्द ओ देवानन्द, उमापति ओ सरस-राम, रमापति ओ नन्दीपति, भानुनाथ ओ हर्षनाथ—हिनका लोकनिक ख्याति कथाक आधार पर, कोन बल पर? ओही नाटक सबहिक गीत सब पर ने। आ' ओ गीत सब की थिक? मान, बटगमनी, स्वरूपवर्णन, तिरहुति, चुमाओनक, परिछनिक, गोआलरी, ऋतुवर्णन इत्यादि जकरा नाटकीय वस्तु सँ कोनो सम्बन्ध नहि, कोनो गीत कोनहु नाटक मे गाओल जाए सकैत अछि। एहि प्रसङ्ग इहो कहब असङ्गत नहि होएत जे कवि पहिने गीत रचि लैत छलाह तखन नाटक लिखैत छलाह जाहि मे ओहि गीत सबहिक क्रमशः समावेश कए दैत छलाह। गीतक प्रचार छल स्त्रीगण-समाज मे, गायक मे, नटुआमे, किछु पण्डित रसिक जन, परन्तु ताहि मे नाटक कतेक गोटा कैं बोधगम्य होइत। अतएव गीतक अस्तित्व नाटकसँ पृथक् मानि लेब, नाटकहु मे गीतक पृथकत्व मानि लेब, विशेष युक्तियुक्त होएत। जेना संस्कृत नाटक मे भाषा दू गोट प्रयुक्त होइत अछि तहिना मानि ली जे मिथिलाक कतोक संस्कृत-नाटक मे तीनि गोट भाषाक प्रयोग होइत अछि। ओ तखन एहि नाटक सबकैं किरतनिञा-नाटक नहि कहि मैथिल संस्कृत-नाटक कहब विशेष सङ्गत होएत, कारण, ई सब मैथिलीक नाटक नहि थिक, संस्कृतक नाटक थिक।

लोकभाषा मे नाटकक रचना भेल आसाममे, अङ्किया नाट; ओ नोपाल मे जे 'नेपाले बाङ्गाला नाटक' कहि प्रकाशित अछि। ओतए रङ्गमञ्च छल, अभिनय-परम्परा छल, अभिनय साधन कैं दृष्टि मे राखि नाटक रचल गेल, ओकर अभिनय भेल। मिथिला मे ने रङ्गमञ्च छल, ने नाटकक अभिनयक परम्परा छल, ने नाटकक अभिनय होइत छल, ने अभिनय कैं दृष्टि मे राखि नाटकक रचना भेल। गीत गानक वस्तु थिक जे नाटक सँ पृथकहुँ गाओल जाए सकैत अछि ओ एहि गीत सबहिक रचना सत्ये नाटक सँ पृथक् गाओल जएबाक हेतु भेल।

आसाम ओ नेपालक रचना छोड़ि मैथिली नाटकक रचना सर्वप्रथम कविवर जीवनझा कएल ओ हुनक नाटक मैथिली साहित्यक हेतु नव वस्तु भेल। परन्तु ओहू नाटकक अभिनय नहि कतहु सुनल थिक। मैथिली मे प्रथम नाटक जकर अभिनय भेल, ओ खूब लोकप्रिय भेल, से थिक साहित्यरत्नाकर मुंशी रघुनन्दनदासजीक मिथिला नाटक। ताधरि मिथिला मे जकरा पारसी ष्टेज कहैत छिऐक तकर पूर्ण प्रचार भए गेल छल ओ मिथिला मे कए गोट नाटकक मण्डली बनि गेल छल। ओही मण्डली सब कैं दृष्टि मे राखि, ओही ष्टेजक हेतु, मुंशीजी अपन नाटक रचलैन्हि।

(9)

अतः मिथिलाक त्रैभाषिक नाटक, संस्कृत-प्राकृत-मैथिली नाटक कैँ हमरा विचारेँ मैथिली नाटक कहब आग्रह मात्र थिक, शुद्ध प्रचार थिक। एहि सँ मैथिली नाटकक पुरान परम्पराक खण्डन भए जाइत अछि ओ तेँ सम्भव थिक जे हमर विचार कतोक मैथिली साहित्यक प्रेमी कैँ मैथिलीक विरोधी प्रतिभासित होइन्ह, कारण, एहि सँ हमरा साहित्यिक गौरव मे, ओ गौरव मिथ्ये गौरव किएक नहि हो, किछु हीनता बूझि पड़त। परन्तु हम जाहि कथाक एतए प्रतिपादन कएल अछि से निष्पक्ष भए विचारणीय थिक। इतिहास मे सत्यक महत्त्व अपरिमेय छैक ओ सत्यक समक्ष हानि वा लाभक हिसाब नहि हो। तथा किछु गनल गूथल कृति कैँ छोड़ि अधिकांश ई नाटक सब एहन अछिओ नहि जकरा अपनओने नाटकक क्षेत्र मे हमरा साहित्य कैँ गौरव होएत। एहि नाटक सबमे जे वस्तु सत्ये हमर थिक से थिक गीत ओ से सबटा गीत प्रत्येकमे उत्तम अछि जाहि सँ कोनहु साहित्य कैँ गौरव होएत। हमरा जनैत एहि नाटक सबहिक यथार्थ स्वरूप स्वीकार कए लेने हानि होइत अछि बहुत रास काचक; हमर जे हीरा अछि से हमरे रहैत अछि। अतएव हम तँ बुझैत छी जे आग्रह कैँ छोड़ि यदि सत्य कैँ मानि लैत छी तथापि हमरा लोकनिक साहित्यक उत्कर्ष मे कोनो विशेष हानि नहि होइत अछि, कारण, हमरा साहित्यक सङ्गीतक परम्परा अक्षुण्णे धरि नहि रहैत अछि प्रत्युत ओ आओर पुष्ट भए जाइत अछि। विश्वक साहित्य मे तथाकथित मैथिली-नाटक नगण्य अछि किन्तु मैथिली गीतकाव्य विश्वक कोनहु साहित्यक गीतकाव्य सँ न्यून नहि अछि। ई गौरव छोट नहि भेल ओ तेहन भेल जाहि मे कोनहु सन्देहक अवकाश नहि अछि, किएक तँ ओ सत्य थिक।

(प्रबन्ध संग्रह, 1963)

मैथिली नाटकक प्रसङ्ग

मैथिली साहित्य मे नाटकक परम्परा बड़ प्राचीन अछि ओ जे कथा हम श्रीआदित्यनाथ झा अभिनन्दन-ग्रन्थ मे विशद रूपेँ प्रतिपादित कएने छी। समस्त आधुनिक भारतीय भाषा- साहित्य मे नाटकक रचना सबसँ पूर्व मैथिली मे भेल तथा तकर श्रेय हमरा जनैत विद्यापति कैँ छैन्हि। एहि मे सन्देह नहि जे विद्यापति समस्त नाटक मिथिलाभाषा मे नहि रचल; ओ केवल गीत-मात्र मिथिलाभाषा मे रचि नाटक मे सन्निविष्टि कएल; गीत छाड़ि आओर सब किछु संस्कृत नाटक जकाँ संस्कृत ओ प्राकृत मे रहए देल। एहि रीतिक आरम्भे हमरा जनैत कालिदास अपन विक्रमोर्वशीय मे कएल जाहि मे नृत्य-गीत चारिम अङ्क मे अपभ्रंश मे अछि ओ से अपभ्रंश थिक प्राच्य अपभ्रंश जाहि सँ मैथिलीक उद्भव मानल जाइत अछि अथवा ई कहू जे तत्कालीन मिथिला देशीय अप्रभंशक साहित्यिक रूप थिक। विद्यापतिक प्रतिभा बड़ मौलिक छल; नवजागरणक युगक विशेषता थिकैक जे नवीन प्रयोग कएल जाए, साहित्य ओ कलाक क्षेत्र मे पुरान परिपाटी मे समयक अनुकूल किछु नवीनता आनल जाए। प्राचीन नाटकक क्षेत्र मे एतबा विशेष कए विद्यापति विरत भए गेलाह। यदि विद्यापतिक प्रदर्शित मार्गक अनुसरण करैत हुनक परवर्ती साहित्यकार लोकनि नाटकक विकास मे सचेष्ट रहितथि तँ मैथिली साहित्यक रूप दोसर रहैत परन्तु से भेल नहि। विद्यापतिक परोक्ष भेलाक पर मिथिला मे सांस्कृतिक ह्रासक युग आबि गेल ओ साहित्यक रचना बराबरि होइत रहल किन्तु नवीनता कतहु दृष्टिगोचर नहि होइत अछि। विद्यापतिक समसामयिक अमृतकर ओं परवर्ती भीष्म, गजसिंह ओ गोविन्द ठाकुरक नाटकक गीत उपलब्ध अछि तथा ई लोकनि ओइनिवार युगक थिकाह। तदुत्तर अठारहम शताब्दीक आरम्भ मे उमापति, सरस राम, रमापति प्रभृति पुनः नाटक लिखए लगलाह। परन्तु आश्चर्य जे ई लोकनि सबहुँ विद्यापति सँ आगाँ एको डेग नहि बढ़लाह; केवल विद्यापतिक अनुसरण कहू अथवा उचित होएत जे अनुकरण कही, ततबे करैत रहि गेलाह। विद्यापतिक सम्प्रदायक जहिना कविताक क्षेत्र मे तहिना नाटकहुक क्षेत्र मे एहि शताब्दीक आदि मे आबि अवसान भेल। कविता मे जेना कवीश्वर चन्दाझा तहिना

नाटकक क्षेत्रमे कविवर जीवन झा ओहि पुरना सम्प्रदाय कैं त्यागि नवीन प्रयोग कएल, आधुनिक युगक सूत्रपात कएल।

परन्तु ई कथा मिथिलाक थिक। मैथिलीक साहित्य केवल मिथिलहिटा मे विकसित संवर्धित नहि रहल। समस्त पूर्वोत्तर भारत मिथिलाक साहित्य-साधना सँ प्रभावित भेल। ताहि मे बङ्गाल ओ उत्कलमे मैथिली साहित्यक प्रभाव मात्र परिलक्षित होइत अछि; ताहि सँ अधिक आसाम मे भेल जतए शङ्करदेव ओ हुनक शिष्य माधवदेव धरि मिथिलाक भाषा समेत कैं अपनाए लेल ओ जे स्वाभाविक छल ओहि मे असमिआक प्रभाव अवश्य पड़ल मुदा भाषा रहल मिथिलाक भाषा, विद्यापतिक भाषा। अतएव ओहि साहित्य कैं हमरा लोकनि मैथिलीक साहित्य कहब। मुदा आसामहु सँ विशेष नेपालक भातगाँव मे मल्लराजा लोकनिक दरबार मे मैथिलीक विशुद्ध रूप साहित्यिक भाषाक रूप मे परिगृहीत रहल। एकर कारण भेल जे ओहि दरबार सबमे मैथिली साहित्यकार लोकनि आश्रित छलाह। ओइनिवार वंशक अन्तिम समयहि सँ मिथिला सँ पण्डित लोकनि नेपाल जाए जाए आश्रय पबैत रहलाह ओ मिथिला मे खण्डवला राजकुलक सुन्दर ठाकुरक समय मे आबि साहित्यकार लोकनि सत्कार पाबए लगलाह। अतएव अठारहम शताब्दीक मध्य धरि नेपाल मे रचित सबटा कृति मिथिलाक भाषा मे अछि ओ मैथिलीक साहित्य थिक। अतः विद्यापतिक काव्य प्रतिभा सँ उद्‌बोधन पाबि उत्तर भारतक एहि अञ्चल मे जे साहित्यक अक्षय स्रोत प्रवाहित भेल ताहि मे बङ्गाल मे ब्रजबूलीक सृष्टि भेल जकर प्रभाव उत्कलक साहित्य पर सेहो पड़ल, परन्तु नेपाल मे बहुत दिन धरि, प्रायः तीन सए वर्ष धरि, ओ आसाम मे किछु दिन धरि, प्रायः पचास वर्ष धरि, मिथिलाक भाषा साहित्यिक भाषा रहल ओ से साहित्य मिथिलाक साहित्य नहि रहओ मुदा ओ मैथिलीक साहित्य तँ अवश्य थिक। खेदक विषय थिक जे ई कथा एखन पर्यन्त एहि दृष्टि सँ देखल नहि जाए रहल अछि ओ मैथिली साहित्यक इतिहास मे मिथिलाञ्चल सँ बाहरक मैथिली साहित्य ताहि रूप मे वर्णित नहि भेल अछि। अस्तु।

मैथिली नाटकक विकस मे जे वस्तु मिथिला मे नहि भए सकल से नेपाल ओ आसाम मे भेल। ई सब नाटक विशुद्ध मिथिला भाषा मे रचित भेल तथा मध्य-मध्य मे संस्कृतक किछु श्लोक ओहू मे भेटल मुदा समस्त नाटक गीत ओ वार्तालापक गद्य सब किछु मिथिला भाषा मे अछि। वर्णरत्नाकरक पश्चात् मैथिली गद्यक दश-पाँचटा वाक्य कीर्त्तिलता मे विद्यापति देने छथि किन्तु से संस्कृत-बहुल भाषा मे अत्यन्त पण्डिताम अछि। आसामक नाटक मे ओ ताहू सँ विशेष नेपालक नाटक मे जे गद्य अछि, से अपूर्व स्वाभाविकतासँ संयुक्त विशुद्ध लोकभाषाक दृष्टान्त उपलब्ध होइत अछि। गीतहुमे विद्यापतिक रीतिक सर्वथा पालन करितहुँ नेपालक मैथिल कविलोकनि नव प्रयोग करैत रहलाह। विद्यापति नचारी लिखल शिव विषयक तथा से प्रयोग अद्यापि मिथिलामे ओहिना अनुवर्त्तमान अछि परन्तु नेपालक मैथिल कविलोकनि

नचारी सँ गीतक एक गोट प्रभेद मात्र मानि गणेशक नचारी, सूर्यक नचारी, विष्णुक नचारी एवंरूपेँ गीत रचैत गेलाह। अतएव ई कहब पूर्ण सङ्गत जे नाटकक विषय मे जे नवीनताक प्रयोग विद्यापति अपन गोरक्ष विजय नाटक मे कएल से पूर्ण भेल जाए कैँ आसाम मे सोड़हम शताब्दीक उत्तरार्ध मे ओ नेपाल मे सत्रहम शताब्दीक आरम्भ मे।

एकर कारण ई जे आसाम ओ नेपाल मे नाटकक अभिनयक परम्परा छल जे मिथिला मे नहि छल। अति प्राचीन काल मे जे स्थिति रहल हो परन्तु ओइनिवारक समय मे जे नाटकक अभिनय होइत छल से राजदरबार मे। जनता मध्य गीत-नाटय सँ तकर निर्वाह होइत रहल। ओइनवारोत्तर काल मे सांस्कृतिक ह्रासक युग मे मिथिला मे नाटक लुप्त भए गेल। अठारहम शताब्दी सँ किरतनिञा नटुआ अभिनय करए लागल मुदा ओहि अभिनयमे प्रमुखता रहैक सङ्गीत कैँ। एकर अर्थ ई नहि जे मिथिला मे नाटकक रचना नहि होइत रहल। वस्तुतः नाटकक दू भेद विश्वक सब साहित्य मे लक्षित करब–नाटक जे अभिनयक हेतु रचित होइत अछि, जकर अभिनय होइत अछि तथा दोसर जे नाटक साहित्यिक भेल, काव्य जकाँ पढ़ल जएबाक हेतु रचित भेल। काव्येषु नाटकं रम्यम् प्राचीन कहबी छैक ओ काव्यक रूप मे नाटकक रचना बराबरि होइत आएल अछि। ई नाटक सब सहृदय संवेद्य होएबाक चाही; एहि मे सामाजिकक बोधक विचार नहि आवश्यक छैक। परन्तु जे नाटक अभिनजक हेतु होएत तकरा ओहि समाजक हेतु बुद्धिगम्य बनबए पड़त जाहि समाजक हेतु ओकर रचना कएल जाइत अछि। मिथिला मे जे नाटक लिखल गेल कोनहु मे जनताक अनुरञ्जन लक्ष्य नहि छल; ओ सब वर्गविशेषक हेतु रचल गेल तथा गीत मात्र लोक मे प्रचरित रहल। आसाम मे नाटक धर्मप्रचारक साधन बनाए लेल गेल ओ वैष्णव धर्मक प्रचार नाटकक द्वारा सुलभ रीतिएँ होइत रहल। तैँ असमिआक ई सब नाटक राम ओ कृष्ण हिनके दूनू गोटिक लीला सँ सम्बद्ध लोकभाषा मे सरल रीति सँ लिखल गेल जकर अभिनय हो, लोक देखए, सुनए, शिक्षा ग्रहण करए। नेपाल मे नाटक मनोरञ्जनक साधन छल, दरबार मे अभिनय हो, भातगाँव मे एखन पर्यन्त ओ मञ्च विद्यमान अछि जतए नाटकक अभिनय भेल करए ओ तैँ ओ नाटक सब एहन सरल लोकभाषा मे लिखल गेल जे सबकेँ बुझबाक योग्य होइक, सब सुगमतया ओकर रस ग्रहण कए सकए। ओतहु जे नाटक काव्य जकाँ निर्मित भेल से मिथिलाहक नाटक जकाँ त्रैभाषिक अछि यथा वंशमणि झाक नाटक सब। मुदा अभिनयक हेतु मिथिला भाषा मे रचित अनेक कविक अनेकानेक नाटक एखनहु काठमाण्डूक पुस्तकालय मे सुरक्षित अछि।

अतएव विद्यापति नाटक मे मिथिला भाषाक समावेश आरम्भ कएल अवश्य परन्तु मैथिली नाटक मिथिला मे आधुनिक युगमे आबि कविवर जीवन झा रचलैन्हि।

विशुद्ध मैथिलीक नाटक आसाम मे शङ्करदेव तथा नेपाल मे मल्लराजा लोकनिक दरबार मे सोड़हम शताब्दीक उत्तरकाल मे रचित भेल तथा ओकरा मिथिलाक नहि मुदा मैथिलीक नाटक कहबा मे कोन सन्देह? उत्तर भारतक कोनहु भाषा-साहित्य मे एतेक पुरान कोनो नाटक नहि अछि। इति।

(मैथिली प्रकाश, वर्ष-4, अङ्क-1, मइ 1971)

मैथिली मे नाटक

आधुनिक भाषाओं में इतिहास की पर्यालोचना से यह बात स्पष्ट प्रतीत हो जाती है कि कम से कम आर्यावर्त्त के पूर्वीय अञ्चल में भाषा-काव्य की नयी धारा मिथिला भाषा में चली और विद्यापतिक की सरस-कोमल-कान्त-पदावली ने संस्कृत काव्य के आनन्द को लोकभाषा के माध्यम से संस्कृतानभिज्ञ जनता को सुलभ रीति से प्राप्य करा दिया कि परवर्ती युग में काव्याराधना की वह एक प्रशस्त पद्धति हो गई तथा बङ्गाल, असम, नेपाल की तो बात ही क्या, सूर, तुलसी और मीरा भी उससे प्रभावित हुए बिना नहीं रहे। विद्यापति की प्रतिभा अत्युत्कृष्ट कोटि की थी और वह बहुमुखी थी। वे बड़े ही दूरदर्शी थे। उन्होंने समय की नाड़ी की गति को पहचाना। उन्होंने केवल अपने युग की ही आवश्यकताओं को नहीं परखा, उन्होंने आगे की भी सम्भावनाएँ देखीं और महापण्डितों के कुल में उत्पन्न, एक विशिष्ट पण्डित होकर भी भाषा में काव्य-रचना करने के कारण उन्हें अपने समाज का उपहास सहना पड़ा, पर लोक-कल्याण की बुद्धि से उन्होंने जो कुछ किया बड़ा ही समयानुकूल हुआ और उसी के कारण आज विद्यापति का नाम अमर है।

परन्तु अभी तक कविता के ही क्षेत्र में विद्यापति का यह अमर कृतित्व समझा जाता रहा है। उनकी समस्त कृतियों का सम्यक् रूप से अभी तक मूल्याङ्कन नहीं हो सका है। वस्तुतः उनकी कृतियों का पूरा आदर भी नहीं है और विद्यापति के रचित सभी ग्रन्थ भी सुलभतया प्राप्त नहीं होते हैं। उनकी बहुत-सी कृतियों की प्रति—खण्डित और नष्टप्राय—नेपाल से मिली है तथा इनमें एक है 'गोरक्षविजय' नाम का नाटक जिसे हम आधुनिक भारतीय भाषाओं में नाटक की दिशा में प्रथम प्रयत्न कह सकते हैं।

विद्यापति मानते थे कि कीर्त्तिवल्ली को पसरने के लिए मञ्च, जिसे मैथिली में मचान कहते है, बाँधने में अक्षरों के खम्भे बनाने पड़ते है और अत्यन्त किशोरावस्था से ही उन्होंने अक्षरों के खम्भे बाँधना आरम्भ किया। उनके प्रथम दो 'भूपरिक्रमा' और 'मणिमञ्जरी' नाटिका हैं, जिन्हें उन्होंने अत्यन्त किशोरावस्था में ही लिखा और ये दोनों संस्कृत में हैं जैसा होना चाहिए। यह नाटिका उत्कृष्ट नहीं

उतरी और इसका प्रचार भी नहीं हुआ जिसके कारण लोग बहुत दिनों तक इसका नाम भी नहीं जानते थे। अपने गीतों के लिए जब उन्हें 'अभिनव-जयदेव' की उपाधि मिली और शिवसिंह सिंहासनारूढ़ हुए उन्होंने 'गोरक्षविजय' की रचना की। इसमें शिवसिंह के नाम का कीर्त्तन तो है ही, अपने लिए विद्यापति ने उन दोनों प्रशस्त उपाधियों का भी प्रयोग किया है, 'अभिनव जयदेव' और 'कवि-कण्ठहार' जो दोनों उनके जीवन-काल ही में उन्हें मिली थीं और साभिप्राय भी हैं।

'गोरक्षविजय' नाटक की एक ही प्रति नेपाल में उपलब्ध हुई और वह भी बुरी तरह खण्डित है। उसी के आधार पर इसका प्रकाशन प्रयाग से डॉ. जयकान्त मिश्र के सम्पादकत्व में हुआ है। इस पुस्तक के आधार पर इस नाटक का पूर्णतः अध्ययन तो सम्भव नहीं है, पर इतना स्पष्ट है कि इसकी रचना एक ऐसी शैली में हुई थी जो सर्वथा नवीन थी और जिसके अनुसरण से मिथिला, असम और नेपाल में नाटक-रचना की एक नयी परम्परा चली, जो बहुत दिनों तक लोगों के मनोरंजन और शिक्षा का प्रधान साधन बनी रही। यह बात तो सभी जानते हैं कि संस्कृत के नाटक भरत के समय के पूर्व से ही द्वैभाषिक हैं, संस्कृत और प्राकृत दोनों का प्रयोग सभी संस्कृत नाटकों मै पाया जाता है। 'गोरक्षविजय' मे भी इन दोनों भाषाओं का प्रयोग तो है ही, पर इसमें गद्य और श्लोकों के साथ-साथ गीत भी हैं और ये गीत मिथिला की भाषा में हैं। यह विद्यापति की प्रतिभा का प्रसाद है, उनकी प्रौढ़ता और उनके आत्मविश्वास का परिणाम है कि संस्कृत के द्वैभाषिक नाटकों में मैथिली के गीतों का सन्निवेश कर उन्हें त्रैभाषिक बना दिया और भाषा में नाटक-रचना के मार्ग को सीधा बना दिया। मैथिली के इतिहासकार इन नाटकों को 'मैथिली-नाटक' कहते हैं। मैं उनसे सहमत नहीं हूँ। मैं इन नाटकों को मैथिली का नाटक नहीं कहता, क्योंकि सभी संस्कृत नाटकों के समान इनमें भी संस्कृत और प्राकृत हैं और वार्तालाप, जो नाटक का प्रमुख अंग है, इनमें भी वैसा ही संस्कृत-प्राकृतमय है। मैथिली मे नाटक मिथिला मे तो कई सौ वर्षों के बाद लिखे गए इस बीसवीं शताब्दी के आरम्भ में; विद्यापति ने जिस मार्ग को प्रशस्त किया उसका अनुसरण करते हुए और आगे बढ़कर मैथिली मे नाटक तो लिखे गए ही असम में और नेपाल में भी लिखे गए। पर इतना तो अवश्य मानना पड़ेगा कि मिथिला भाषा के गीतों का समावेश करके विद्यापति ने एक बड़ा महत्त्वपूर्ण प्रयोग किया और लोक-साहित्य के नृत्य-गीतों को अपने नाटक मे लेकर उन्होंने इन्हें साहित्यिक गरिमा प्रदान की।

बुद्ध के निर्वाण प्राप्त करने के समय से पूर्व से ही ईसा की ग्यारहवीं शताब्दी के अन्तिम दिनों तक राजा से विहीन और विद्यानुरक्त ब्राह्मण पण्डितों की भूमि इस मिथिला में कभी रङ्गमञ्च था या नहीं इसमें मुझे पूरा सन्देह है और इसलिए नाटकों का अभिनय यहाँ कभी होता था यह कहा नहीं जा सकता। पर ज्योतिरीश्वर ने अपने 'वर्णरत्नाकर' में जो तत्कालीन साहित्याराधना का चित्र आँका है उसमें नृत्य-गीतों

बड़ा ही विशद वर्णन है और ये नृत्य अभिनयपूर्ण हुआ करते थे। इसमें एक पुरुष नर्तक और दो नर्तकियाँ होती थीं और चूँकि मैथिली सङ्गीत आदि से ही सहगान के रूप मे रहा है; अतः ये तीनों मिलकर गाते थे। विद्यापति के गीत इसी को ध्यान में रखकर रचे गए हैं। उन गीतों में नायक, नायिका और सखी—ये ही तीन चरित हैं। ये नृत्य नाटकीय अवश्य होते थे, पर उन्हें नाटक नही का जा सकता।

मिथिला में जनजीवन से सम्बद्ध कुछ गीत-नृत्य थे जिनमें कम से कम एक का अभिनय अभी भी होता है और जिनमें नाटक के बीज निहित हैं। यह नृत्य केवल स्त्रियाँ ही करती हैं। और तो अब तक लुप्त हो गए हैं, पर यह नृत्य अभी भी जीवित है जिसे जटा-जटिन का 'खेल' कहते हैं और यह 'खेल' उसी अर्थ में प्रयुक्त होता है जिस अर्थ में नाटक के अभिनय को भी खेल कहते हैं। इस खेल मे स्त्रियाँ दो दलों में बँट जाती हैं और एक दल पुरुषों का स्वाँग रचकर जटा का दल होता है और दूसरा दल जटिन का। इस प्रकार दोनों दलों के बीच गीतों द्वारा उत्तर-प्रत्युत्तर हुआ करता है और ये गीत अनेक भाषाओं में गाए जाते हैं। ये ही प्रायः 'प्रतिगीत' हैं जिनका उल्लेख ज्योतिरीश्वर ठाकुर ने अपने 'वर्णरत्नाकर' में किया है। अभी भी दो अवसरों पर यह नाच हुआ करता है। एक तो विवाह के अनन्तर जिस रात वर वधू को लेकर अपने घर आता है उस रात या यदि दिन मे आए तो उसके अव्यवहित पूर्व रात। इस अवसर के नाच को 'डोमकछ' कहते हैं। दूसरा अवसर इस नाच का होता है वर्षा ऋतु में, जब पानी नहीं बरसने से लोग व्याकुल रहते हैं और अनावृष्टि के आतंक से डर जाते हैं; रात को स्त्रियाँ यह नाच खेलतीं , इन्द्र महाराज को पुकार-पुकार कर नाच का आरम्भ करती हैं और खेल के अन्त में ऊखल में मेढक को पानी के साथ डाल मूसल से उसे कूटती हैं। 'वर्णरत्नाकर' में नृत्यों के और भी प्रकार वर्णित हैं', पर वे सब लुप्त हो गए हैं और इसलिए अब उन्हें पहचानना कठिन हो गया है। इन लोक-नृत्यों के गीतों को संस्कृत के रीतिशुद्ध नाटकों में प्रयोग कर विद्यापति ने वही समन्वय स्थापित करना चाहा जिसकी प्रतिष्ठा उन्होंने कविता के क्षेत्र मे की थी।

संस्कृत नाटक में इन गीतों के प्रयोग से मनोरञ्जन का एक बड़ा महत्त्वपूर्ण साधन मिल गया जिसकी सम्भावनाएँ आगे जाकर पूर्ण हुईं। नाटकों में नृत्य ओ सङ्गीत आदि से ही आवश्यक समझे जाते हैं। अपने 'विक्रमोर्वशीय' नाटक में कालिदास ने इसके लिए अपभ्रंश का ही प्रयोग किया है, क्योंकि नृत्य के साथ सङ्गीत संस्कृतेतर भाषा में ही प्रसिद्ध था। 'कर्पूरमञ्जरी' में तो कई प्रकार के नृत्यों का चित्रमय वर्णन मिलता है और 'रत्नावली' में तो नृत्य की प्रतिद्वन्द्विता रङ्गमञ्च पर प्रदर्शित है। फिर भी संस्कृत नाटकों में सङ्गीत की पूर्ति साधारणतया श्लोकों से ही की जाती थी और संस्कृत के भिन्न-भिन्न छन्दों का प्रयोग सङ्गीत की विविधता की दृष्टि से किया जाता रहा है। जयदेव ने जब संस्कृत में भी रागताल-लयाश्रित गीतों

की रचना की तो श्लोकों से सङ्गीत के प्रयोजन की सिद्धि फीकी पड़ गई। पढ़ने के लिए हो तो दूसरी बात है, पर यदि नाटक अभिनय के लिए हो तो उसमें उन्हीं गीतों का समावेश उचित है जिनकी लोकप्रियता पूर्ण प्रसृत थी और लोकानुरञ्जन की भावना से विद्यापति ने वैसा ही किया।

विद्यापति ने 'गोरक्षविजय' की रचना प्रायः अपने कवि-जीवन कें अवसान में की थी और दूसरे भी किसी नाटक की रचना की यह तो मालूम नहीं होता है। पर उसी युग के अमृतकर, जो विद्यापति के समकालीन तो अवश्य थे, पर नवीन थे, महाराज भैरवसिंह के समय में सागरिका और वत्सराज के प्रसङ्ग को लेकर तथा मोरङ्ग के नरेश जगनारायण के समय में कवि भीष्म ने पुरूरवा और उर्वशी के प्रसङ्ग को लेकर नाटक की रचना की, जो उपलब्ध नहीं है और न उनका उल्लेख ही कहीं मिला है, पर इन दोनों नाटकों के गीत प्राचीन संग्रहों में मिलते हैं। अतएव मेरा अनुमान है कि विद्यापति ने जो प्रयोग किया उसकी परम्परा चल गई और एक-दो ही नहीं, कई नाटक इस रीति के रचित हुए, पर वे सभी लुप्त हो गए हैं और जैसा आगे कहने जा रहा हूँ उनके गीत यदि उपलब्ध भी हैं तो यह जानना कठिन है कि ये नाटक के गीत हैं अथवा मुक्तक।

मैंने अन्यत्र यह दिखलाने का प्रयत्न किया है कि विद्यापति के जीवन के पश्चात् ही मिथिला में सांस्कृतिक ह्रास आरम्भ हो गया और कम से कम भाषा-साहित्य के क्षेत्र में पण्डितों ने विद्यापतिक की रीति को ग्रहण तो कर लिया, पर उसे विकास की ओर न ले जाकर क्रमशः उसे वर्गीय बनाते गए। विद्यापति ने जो गीत रचे वे सभी मुक्तक थे और मुक्तक की सीमित परिधि मे रसपरिपाक कठिन होता है। पर जो कथा आचार्य आनन्दवर्द्धन ने अमरुक के प्रसङ्ग में कही है वही हम विद्यापति के प्रसङ्ग में भी कह सकते हैं कि उनके गीतों में रस का एक भी तत्त्व इतना शक्तिशाली होता है कि अन्यान्य तत्त्वों का समाक्षेप हो जाता है और रस का आप्लावन आरम्भ हो जाता है। इसलिए उनका एक-एक गीत प्रबन्ध-काव्य की ही भाँति शृंगार रसस्पन्दी हुआ करता है। पर विद्यापति के भी सभी गीत ऐसे नहीं हैं। और उनके परवर्ती कवियों के लिए यह एक समस्या हो गई कि मुक्तक में रस का सम्यक् परिपाक कैसे होगा? नाटक में यह करना परम सुगम है, क्योंकि वहाँ वक्ता, बोधव्य, प्रकरण इत्यादि के स्पष्ट रहने से व्यञ्जना का व्यापार सीधा होता है जिससे रस का अवबोध होता है। अतएव विद्यापति ने तो लोक-नृत्य को साहित्यिक मान्यता प्रदान करने के लिए अपने नाटकों में मैथिली गीतों का प्रयोग प्रारम्भ किया, पर उनके परवर्ती कवियों के हाथों में यह प्रयोग रससिद्धि के कारण बन गए। इसी रूप मे कवि पण्डितमुख्य उमापति ने अठारहवीं शताब्दी के अन्त में आकर फिर उसी त्रैभाषिक नाटक की पुनः रचना की और उनका 'पारिजाहरण' पण्डितों के लिए साहित्य-सृजन का आदर्श हो गया। उसी 'पारिजातहरण' के अनुसरण से रामदासझा

का 'आनन्द विजय', रमापति का 'रुक्मिणी-स्वयंवर', देवानन्द और हर्षनाथ के 'उषाहरण', भानुनाथ का 'प्रभावती-परिचय' और नेपाल के वंशमणि के 'कुवलयाश्वचरित' तथा 'गीतदिगम्बर' प्रभृति नाटक रचे गए। इन नाटकों के गीतों को देखने से ऐसा प्रतीत होता है कि ये पण्डित कवि पहले मान, अभिसार, नखशिख, ऋतुवर्णन, विरह, सम्भोग प्रभृति प्रसङ्गों को लेकर मुक्तक गीत रच लेते थे और उन्हें अवसर के अनुकूल अपने नाटकों में सजा देते थे। 'गोरक्षविजय' किंवा 'सागरिका-वत्सराज' सम्बन्धी नाटकों की भाँति इन पश्चात्-कालीन नाटकों में साधारणतया गीतों से यह कहना कठिन है कि ये गीत किस नाटक के हो सकते हैं और उन्हें मुक्तक कहने मे कोई तारतम्य नहीं हो सकता। सभी गीत एक-से हैं और यदि कोई अन्तर है तो यही कि ज्यों-ज्यों काल समीप आता जाता है इन गीतों की भाषा अधिक पण्डिताऊ होती गई है और शैली विशेष आलङ्कारिक। एक नाटक का गीत, जैसे मान, किसी दूसरे नाटक में उसी अवसर के लिए वैसा ही उपयुक्त जँचता है। कहने का तात्पर्य है कि विद्यापति ने जिस मार्ग को ग्रहण किया उनके परवर्ती कविगण उसी मार्ग को अन्धभक्ति से पकड़े रहे। विद्यापति की प्रवृत्ति को वे लोग पहचान नहीं सके और इसलिए उस दिशा मे और जो सम्भावनाएँ थीं उस ओर उन लोगों की दृष्टि नहीं गई। संस्कृत नाटक जो द्वैभाषिक थे, उनमें मिथिला भाषा में गीतों को रचकर, निवेश कराकर, उन्हें त्रैभाषिक तो अवश्य बना दिया गया, मनोरञ्जन के लिए गीतों का प्रयोग आकर्षक अवश्य हुआ, पर शुद्ध मिथिला की भाषा मे नाटक नहीं रचे गए।

परन्तु जो विकास मिथिला में नहीं हो सका वह नेपाल और असम में हुआ। विद्यापति के जीवनकाल ही में नेपाल का शासन मल्ल राजाओं के हाथों मे आया और ये मल्लगण पश्चिमी मिथिला के थे। इन राजाओं की सभा में मिथिला के ही पण्डितगण प्रमुख थे और 1769 ई. तक जब मल्लों का राज्य उठ गया, नेपाल के दरबारों में मैथिली ही साहित्य की भाषा थी। सहस्रों की संख्या में विद्यापति के अनुसरण मे रचे गीत अभी भी वहाँ सुरक्षित हैं और दर्जनों नाटक मिलते हैं। नेपाल में अभिनय के लिए रङ्गमञ्च था और नाटक केवल गीतमय होते थे। खेद की बात है कि 1769 के बाद वह परम्परा उठ गई ओर लोग इन पुराने गीतों और नाटकों को भूल गए। मैथिली साहित्य की यह अनुपम निधि है और क्रमशः जब ये सभी नाटक प्रकाश में आएँगे तो प्रतीत होगा कि विद्यापति ने नाटकों में जो मैथिली गीतों का प्रयोग किया उससे प्रेरणा ग्रहण कर नेपाल में गीतमय नाटकों की रचना हुई जो बहुधा शुद्ध मैथिली में है। पर कहीं-कहीं भाषान्तर तथा बङ्गला का भी प्रभाव परिलक्षित होता है।

असम में विद्यापतिक के सौ वर्षों के भीतर ही शङ्करदेव, उनके प्रमुख शिष्य माधवदेव तथा गोपालदेव ने बीसियों नाटक लिखे जिनका उद्देश्य कृष्णभक्ति का प्रचार था। ये सभी नाटक मैथिली भाषा, विद्यापति की भाषा में, रचित हैं। किन्तु

उस पर असमिया का ही नहीं, कहीं-कहीं बङ्गला का भी प्रभाव है। ये सभी नाटक प्रकाशित हैं और असम के विद्वानों को यह एक समस्या प्रतीत होती है कि इन नाटकों मे मैथिली का प्रयोग क्यों हुआ है। कारण स्पष्ट है। शङ्करदेव ने मिथिला की यात्रा कर के लौटकर इन नाटकों की रचना की थी और मिथिला में उन्होंने विद्यापति और उनके साथियों के नाटकों को देखा था। विद्यापति के नये प्रयोग की सम्भावनाओं को देखकर उन्होंने कृष्णभक्ति के प्रचार में नाटकों को अपना मनोरञ्जक साधन बनाया। इन नाटकों में सूत्रधार आदि से अन्त तक रङ्गमञ्च पर रहता है और दृश्यों को गद्य में समझाता रहता है, पर पात्र बहुधा गीत में बोलते हैं, कही-कहीं गद्य में भी। शङ्करदेव के 'रुक्मिणीहरण' से उद्धृत इस अंश को देखिए—

सूत्रधार—
तदन्तर राजनन्दिनी रुक्मिणी सखी सब सहिते कर्पूर
ताम्बूल भोजन कय एक सखीक हाते धरिये कहो
कृष्ण दरशन निमित्ते परम आकुल चित्ते लीलागति
करिये राजसभा समीप पावल, ता देखह सुनह।
गीत—
चान्दमुखी पेखिते मधाई
चललि लीला गति भुवन भुलाई ॥
कनक किङ्किनि ध्वनि झलके मञ्जिर मणि
दोले हृदये हेममाला।
चञ्चल लोचन मन हेरय रमणि धन हरि वयन
वरवाला ॥
सखि सब सङ्गे खेले यैचन नक्षत्र मेले मुचान्द
चान्दक कला सोहे
रूप रुक्मिणी केरि राजसमाजे हेरि परल सवहि
मन मोहे ॥

इस तरह स्पष्ट है कि अठारहवीं सदी तक आधुनिक भारतीय भाषाओं मे नाटक की रचना मिथिला की भाषा मे ही होती रही, भले ही वे नेपाल वा असम मे रचे गए हों और इन सभी नाटकककारों ने प्रेरणा प्राप्त की विद्यापति के 'गोरक्षविजय' नाटक से जिसमे भाषा-गीत का सर्वप्रथम प्रयोग संस्कृत के नाटक मे हुआ था।

(डॉ. आदित्यनाथ झा अभिनन्दन-ग्रन्थ, संस्कृति, 1969)

मैथिली गद्यक प्रसङ्ग

मैथिली-साहित्यक ई एक गोट अत्यन्त महत्त्वपूर्ण वैशिष्ट्य थिक जे जाहि भाषा कैं मिथिलाभाषा कहबा मे ककरहु कोनो विप्रतिपत्ति नहि छैन्हि ताहि भाषा मे रचित सबसँ प्राचीन ग्रन्थ जे उपलब्ध होइत अछि से गद्य मे अछि। ओ तखन पुनः मैथिलीक साहित्य गद्यक अंश मे एतेक पछुआएल अछि जे ई एक गोट जटिल समस्या भए जाइत अछि। वर्णरत्नाकर, जकर रचनाकाल हमरा हिसाबैं 1350 ई. सँ किछु पूर्वहिँ थिक, गद्य मे लिखल अछि ओ तहिआ सँ प्रायः ई. 1900 धरि मैथिली गद्यक कोनो ग्रन्थ उपलब्ध नहि होइत अछि। ई कोना भेल, एकर रहस्य की छैक, इत्यादि प्रश्न जेना मैथिली-साहित्यक इतिहासकार लोकनि समेत कैं असमाधेय रहि गेल छैन्हि। हमरा जनैत एहि प्रश्नक प्रसङ्ग उचित रीति सँ विचार समेत नहि केओ कएलैन्हि अछि, अनुसन्धानक तँ कथे कोन। ओ एहि रहस्यक उद्‌घाटन सँ केवल मैथिली-साहित्यक रूपरेखा मात्र स्फुट अङ्कित नहि होएत प्रत्युत मिथिलाक सांस्कृतिक उत्थान ओ पतनहुक दिग्दर्शन भए सकत।

विश्वक जाही साहित्यक इतिहास कैं देखब सर्वत्र इएह नियम परिलक्षित होएत जे साहित्यक दिशा मे सर्वप्रथम पद्यक आविर्भाव भेल अछि, गद्य पश्चात् अबैत अछि, बहुत पश्चात्। ई नियम मानव स्वभावक सर्वथा अनुकूल अछि। गद्य थिक विचारक अभिव्यक्ति, बौद्धिक विकासक परिणाम, सांस्कृतिक उन्नतिक परिचायक ! पद्य मानव-हृदयक अभिव्यक्ति थिक, हृदयक उद्‌गार, भावावेश मे अन्तस्तल सँ सद्यःनिःसृत वाणीक प्रवाह। मनुष्यक कोन कथा पशु ओ पक्षी समेत भावक अतिरेक मे, हर्षक उल्लास मे अथवा शोकक उत्ताप मे, जे ध्वनि करैत अछि से लयबद्ध। अबोध शिशुक कानब लयबद्ध होइत अछि। अतएव भावाभिव्यक्तिक जे माध्यम थिकैक शब्द, ताहि पर जखन चेतन मनुष्य कैं अधिकार भए जाइत छैक तखन ओकर हृदयक जे हर्ष वा विषाद, क्रोध वा उत्ताप, उत्साह किंवा घृणा, कहबाक तात्पर्य जे कोनहु भावक अतिरेक सँ, जखन हृदयक उद्रेक होइत छैक तँ से लयबद्ध; तैं आरम्भक स्थिति मे बहुत दिन धरि नैसर्गिक भावक जे स्रोत वाणीक माध्यम सँ निःसृत होइत छैक से ओहि भाषाक आदिकाव्य कहल जाइत छैक। ओ पद्यमय रहैत

छैक तथा पद्यक द्वारा अभ्यासवशतः जखन आत्माभिव्यक्तिक साधन पर मनुष्य अधिकार प्राप्त कए लैत अछि, आ ओहि भाषा कैँ अभिव्यक्तिक सामर्थ्य भए जाइत छैक तखन मनुष्य अपन विचारहुक अभिव्यक्ति शब्द-द्वारा साहित्यिक रूप सँ करए लगैत अछि, ओकरा लिखए लगैत अछि। एहि सँ ई नहि बुझबाक थिक जे तावत् पर्यन्त ओकरा विचार करबाक शक्ति नहि रहैत छैक; शक्ति अवश्य रहैत छैक, वाणी-द्वारा विचार व्यक्त सेहो ओ करैत अछि, परन्तु मौखिक रूपेँ, समक्ष जे व्यक्ति रहतैक तकरा सङ्ग साक्षात् तथा ओहि मे ओहि गुण सबक समावेश नहि आबए पबैत छैक जे साहित्यक नित्य अचल धर्म कहाए प्रसिद्ध अछि। साधारण उक्ति मे ओ साहित्यिक उक्ति मे भेद छैक; यावत् उक्ति मे आनन्ददायकता नहि अओतैक, ओहि मे रसक समावेश नहि होएतैक, तावत् ओ काव्य नहि कहाओत। तेँ वर्णरत्नाकर गद्य मे अछि एतावतैव सिद्ध अछि जे ओहि सँ पूर्व मैथिली मे पद्य-रचनाक परम्परा सुदीर्घ काल सँ छल, भाषा मे से प्रौढ़ता आबि गेल छल जाहि सँ ज्योतिरीश्वर ठाकुर अपन ग्रन्थक रचना गद्य मे कएल । ओ से जखन गद्यमे ओ कएल तखन ओकर परम्परा किएक नहि भेल? हुनक अनुकरण लोक किएक नहि कएलक? ई प्रकर्ष हुनकहि धरि किएक सीमित रहि गेल? अथवा एना कहू जे ई विलक्षण रीति जे ओ चलाओल से उच्छिन्न किएक भेल?

भाषाक विकासक जे क्रम छैक ताहि सँ जे केओ परिचित छथि तथा मिथिलाक साहित्याराधनाक प्राचीन इतिहासक जनिका अवगति छैन्हि ओ ई नहि कहताह जे ज्योतिरीश्वर मैथिलीक प्रथम साहित्यकार थिकाह। ज्योतिरीश्वर सँ पूर्वहुँ मिथिलाक अपन भाषा छल, प्रागैतिहासिक कालहि सँ छल, परन्तु मैथिली कहि जाहि भाषा कैँ हमरा लोकनि आइ चिन्हैत छिऐक ताहि मे लिखल प्राचीनतम उपलब्ध ग्रन्थ अवश्ये वर्णरत्नाकर थिक। ओहि सँ पूर्व मिथिलाभाषाक स्वरूप किछु दोसर रङ्गक छल जकर दृष्टान्त पद्य मे डाक, सिद्ध-लोकनिक रचना, प्राकृतपिङ्गल मे दृष्टान्त रूप सँ उपस्थापित अपभ्रंशक पद सब, ओ हम तँ मानैत छी जे कीर्तिलता पर्यन्त मे भेटैत अछि। ज्योतिरीश्वरक महत्त्व हमरा हेतु केवल एही मे नहि अछि जे ओ अपन मातृभाषा मे वर्णरत्नाकर रचल, हमरा जनैत तँ हुनक सबसँ पैघ महत्त्व एहि मे अछि जे ओ प्रथम पण्डित थिकाह जे संस्कृतक माध्यम कैँ छोड़ि लोकभाषा कैँ अपन रचनाक भाषाक मर्यादा देल। कारण, मैथिली-साहित्य दू परस्परविरोधी तत्त्वक संघर्ष सँ विकसित भेल अछि, द्विजातिक भाषा ओ मानुषी भाषा जकर प्रतियोगी होएबाक कारणेँ द्विजातिक भाषा पश्चात् देवभाषा कहबए लागल। मुदा वाल्मीकि स्पष्ट शब्दमे कहैत छथि जे एहि दुहू भाषाक दू गोट रूप छल—असंस्कृत ओ संस्कृत। द्विजातिक भाषा सेहो असंस्कृत होइत छल ओ मानुषी भाषा सेहो संस्कृत होइत छल। भाषाक संस्कार थिकैक व्याकरणक नियमक पालन (तिलकक मतेँ) अथवा प्रयोग-सौष्ठव (गोविन्दराजक मतेँ)। मानुषी भाषा जकरा आब लोक-भाषा कहैत छिऐक सेहो

संस्कृत रूप मे, द्विजातिक संस्कृत भाषा, जकर रूढ़ि नाम संस्कृत भए भेल, तकरा सङ्ग-सङ्ग चलैत छल ई वाल्मीकिक उक्ति सँ स्पष्ट अछि। एमहर गौतमबुद्ध ओ महावीर वेद-विरोधी दुहू धर्मक प्रचारक क्रम मे अपन उपदेशक प्रतिपादन मे लोकभाषाक प्रयोग आरम्भ कएल। वस्तुतः लोकभाषाक विकास मे एहि वेद-विरोधी दुहू धर्मक योगदान बड़ महत्त्वपूर्ण मानए पड़त। अतएव स्पष्ट अछि जे बुद्धक समयहि सँ केवल मिथिलहिकटा नहि मिथिला, मगध, कोशल प्रभृति एहि सब जनपदक भाषाक विकास वैदिक धर्मक विराध मे अथवा द्विजातिक विरोध मे भेल। संस्कृतक प्रचार क्रमशः कम होअए लागल ओ लोकभाषाक क्षेत्र विस्तृत, परन्तु लोकभाषा जनपद-भेदें अनेक छल ओ संस्कृत एक। तें जननिहारक संख्या कम होइत गेलैक तथापि संस्कृत क्रमशः दूर-दूर पसरए लागल ओ केवल भारतहिक कोन कथा, जतए-जतए भारतीय गेलाह सबठाम संस्कृत प्रचलित होइत गेल। एकर परिणाम ई भेलैक जे बुद्धक निर्वाणक हजार वर्षक मध्यहिं बौद्ध पण्डित लोकनि सेहो लोकभाषा छोड़ि सन्स्कृत कैँ ग्रहण कए लेल। लोकभाषा जनताक भाषा मात्र रहल, यद्यपि इहो मानए पड़त जे द्विजाति पण्डित लोकनि सेहो लोकभाषा सँ अपरिचित नहि छलाह। नाट्याचार्य भरत तँ ब्राह्मणक स्त्री अथवा मूर्ख ब्राह्मणक भाषा संस्कृतसँ भिन्न मानल अछि ओ अनुमान कए सकैत छी जे अपना घर मे साधारणतया बजबाक भाषा तँ पण्डितो लोकनि कैँ लोकभाषे छल होएत। विदुषी स्त्री कैँ छोड़ि संस्कृत बजनिहारि स्त्री कम-सँ-कम भरतक समय मे परिगणिते छलीह। अतएव ई कल्पना अत्यन्त सुगम अछि जे दैनिक व्यवहारक भाषा, लोक-भाषा, आइ सँ दू हजार वर्ष पूर्व स्थिर भए गेल छल। परन्तु एही सङ्ग इहो स्मरण रखबाक थिक जे लोकभाषाक प्रति धार्मिक विरोध-भावना पण्डित ब्राह्मण कैँ नहि बिसरलैन्हि। विचारक अभिव्यक्ति ओ लोकनि संस्कृतहि मे करथि, धार्मिक सब आचार संस्कृतहि मे करथि, अध्ययन-अध्यापन संस्कृतहि मे करथि; लोकभाषा कैँ तिरस्कारक दृष्टि सँ देखथि। एतेक धरि जे धार्मिक आचरणक मध्य मे संस्कृत सँ भिन्न भाषाक प्रयोग सर्वथा वर्जित राखथि। सुसंस्कृत परिवार मे तँ दू भाषा एतए बड़ प्राचीन कालसँ अबैत अछि। शब्दक विन्यास, अर्थक चमत्कार, ध्वनिक सूक्ष्मता, उक्तिक विच्छित्ति, भाषाक जे कोनो गुण थिकैक से संस्कृतमे मर्यादित, पण्डित-लोकनि कैँ सहज छलैन्हि ओ तैँ जखन घर मे अपन स्त्रीक सङ्ग, दासक सङ्ग, ककरहु सङ्ग संस्कृत सँ भिन्न लोकभाषा मे ओ वार्त्तालाप करथि तखन ओ भाषाक संस्कार हुनक सहसा विस्मृत भए जाइन्हि से कोना सम्भव ओ ओएह सब गुण हुनकहि लोकनिक द्वारा लोक-भाषा मे सेहो प्रयुक्त होअए लागल। इएह कारण थिक जे मिथिला-भाषाक साहित्यिक प्रयोग होअए लागल ताहि सँ पूर्वहिं ओहि मे भाव कैँ वा विचार कैँ सूक्ष्मताक सङ्ग अभिव्यक्त करबाक सामर्थ्य भए गेल छलैक। वर्णरत्नाकर मे जे व्यंग्य अथवा विच्छित्ति भाषाक प्रौढ़ताक दृष्टान्त देल जाइत अछि तकर इएह समाधान थिक ओ ई सामर्थ्य प्रयोगक सौष्ठवहिं सम्भव छैक।

इएह स्थिति हमरा लोकनि विद्यापतिक गीतक भाषामे सेहो पबैत छी। विद्यापतिक गीतक भाषा जकरा हमरा लोकनि विशुद्ध मैथिली कहैत छिऐक, वर्णरत्नाकरक भाषाक अत्यन्त सदृश अछि; ओहि सँ किछु नवीन— एतबए अन्तर लक्षित होइत अछि। कहल जाइत अछि जे वर्णरत्नाकर मे तत्समे शब्दक प्राचुर्य अछि परन्तु से विद्यापतिहुक अनेको गीत मे अछिए। तद्भव शब्दक प्राचुर्य सेहो दूनू मे भेटैत अछि ओ ई भाषाक विकासक दिशा मे एक डेग आगाँ भेल। परन्तु यदि विद्यापतिक गीतक भाषाक विश्लेषण करब तँ प्रतीत होएत जे विद्यापतिक गीतहुक जे मिथिलाभाषा अछि से दू श्रेणीक—एक तत्सम-बहुल, पण्डिताम, जे बहुधा शृङ्गारक, विशेषतः सम्भोग, वर्णनक उल्लास मे प्रयुक्त भेल अछि, ओ दोसर ओहि सँ निम्न कोटिक भाषा जाहि मे संस्कृत तद्भवक प्राचुर्य तँ भेटितहिँ अछि जे देशी शब्दक प्रचुर प्रयोग अछि ओ जाहि मे प्रसिद्ध लोकोक्तिक बाहुल्य ठाम-ठाम चकित कए दैत अछि। ई लोकोक्ति सब यथा—'मानिक पड़ल कु-वानिक हाथ; 'गुञ्जा रतन करए असमतूल', 'नीर खीर दुहु करए समान', 'वानर कण्ठ कि मोतिमहार', 'वानर मुँह की सोभय पान', 'वास न पाबए माँग उपाति', 'सेवक कहिनी पुछए बिआर', 'लोभक राशि पुरुष थिक जाति', 'भाँड़ छुइल नहि भरले पेट', 'गेल दिन पुनु पलटि न आब', 'हाथक कांगन आरसी काज', 'कूप न आबए पथिकक पास', 'सब तह से बड़ जाहि विवेक', 'से सम्पति जे परहित लागि' इत्यादि कोनहु एक दिन मे प्रसिद्धि नहि प्राप्त कएने होएत जाहि सँ तत्तत् प्रसङ्ग मध्य महाकवि ओकर प्रयोग कएल। एहि सभ उक्ति मे जे अर्थ-सम्पत्ति छैक से भाषाक विकासक द्योतक थिक। विद्यापति तँ एहि रूपक शतशः लोकोक्तिक प्रयोग कएने छथि; सिद्धाचार्य लोकनिक गीत समेतमे एहन लोकोक्ति भेटैत अछि जे मिथिला मे अद्यावधि प्रचलित अछि।

अतएव ई समस्या समावधेय भए जाइत अछि जे एहि रूपक विकास पाबिओ कैं मिथिला-भाषा गद्यक रूप मे किएक व्यवहृत नहि होइत रहल? स्वयं विद्यापति कीर्त्तिलता मे दस-पाँच टा वाक्य छोड़ि गद्य कहाँ लिखल? 'रूसलि विभूति पलटाए आनलि' विशुद्ध मिथिला भाषाक वाक्य भेल जकर लक्षणा-मूलक ध्वनि स्पष्ट अछि। परन्तु एही सङ्ग—'प्रबल शत्रुबल संघट्ट सम्मिलन संमर्द संजात पदाघात तरल तर तरङ्ग खुर क्षुण्ण वसुन्धरा धूलि सम्भार घनान्धकार श्याम समर निशाभिसारिका प्राय जयलक्ष्मी कर ग्रहण करेओ।'—एकर समन्वय कोना भेल?

एहि प्रसङ्ग स्मरण रहए जे विद्यापति एकमात्र लोकानुरञ्जनक भावना सँ प्रेरित भए अपन गीतक रचना कएल ओ जेहन व्यक्ति अथवा समाजक हेतु विद्यापति अपन गीतक रचना कएल तेहन व्यक्ति अथवा समाजक अनुरूप ओहि गीतक भाषा कैं राखल। हुनक अनकों गीतक रचनाक प्रथम लक्ष्य छलैन्हि स्त्रीगण-मध्य प्रचार ओ विद्यापति अपन गीत मे 'नारि मनोरथ शतशत अभिमत रहस निरूप' जे स्त्री-जातिक मनोभावक विश्लेषण कए अङ्कित कएने छथि, से ओतबहि मे हुनक

प्रतिभा सीमित छलैन्हि सेहो कहब असङ्गत। हम तँ मानैत छी जे ओ स्त्रीगणक हेतु गीत रचलैहि तेँ स्त्री-स्वभावक वर्णन कएलैन्हि, स्त्री-समाजमे हुनक गीत प्रचलित भेल ओ आइधरि जे विद्यापति अमर छथि से स्त्री-जातिक मधुर कण्ठ मे। एहि सँ भिन्न विद्यापति केँ जखन किछु लिखबाक भेलैन्हि से संस्कृतहि मे लिखलैन्हि। दानवाक्यावली सन ग्रन्थ अथवा वर्षकृत्य, जे मिथिला भाषा मे लिखल गेला उत्तर निश्चय विशेष उपकारक होइत, विद्यापति समेत ओहिना लिखलैन्हि जेना केओ पण्डित लिखैत अएलाह अछि। तथापि गीत-मात्र संस्कृत सँ भिन्न भाषा मे लिखलैन्हि ततबहु सँ हुनका पण्डित-समाजक दिशि सँ जे उपहास भेलैन्हि, जे कुचेष्टा सह्य करए पड़लैन्हि, तकर एकगोट दृष्टान्त परमगुरु वाचस्पति मिश्रक पौत्र म.म. केशव मिश्रक 'द्वैत-परिशिष्ट' मे भेटैत अछि जे विद्यापतिक मत केँ पण्डितक मत मानब समेत स्वीकार नहि करैत छथि। अतएव विद्यापति समेत जखन संस्कृतक मोह नहि त्यागि सकलाह तखन आनक कथा कोन! सामाजिक ओ राजनीतिक विषय मे विद्यापति अपन समय सँ बहुत आगाँ छलाह, भाषा केँ ओ सामाजिक एकताक सूत्र चीन्हल, ओ सामाजिक एकताक भावना केँ पुष्ट करबाक नितित्त लोकभाषा केँ अपनाओल जे मिथिला-देशवासी, मिथिला-भाषा-भाषी सबहुँ अपना केँ एक बुझथि; ब्राह्मण वा अन्त्यज, राजा वा रङ्क, पुरुष वा नारी सब ओहि सँ समान रूपें रसग्रहण करथि। परन्तु ओहो एहि भाषाक प्रतिष्ठा मनोरञ्जन अथवा बेसी सँ बेसी स्त्री-शिक्षाधरि सीमित राखल। लिखनावली समेत मे साधारण सँ साधारण जे चिट्ठी अथवा कोनहु प्रकारक व्यवस्थाक आदर्श ओ लिखल से संस्कृत-भाषा मे, लोक-भाषा मे नहि।

एहि प्रसङ्ग इहो स्मरण रहए जे साक्षरता ताहि दिन विरल छल। साधाणतया ब्राह्मण ओ मसिजीवी कायस्थ मात्र अक्षर जनैत छलाह। साधारण लोक निरक्षर छल यद्यपि बुद्धिक तीक्ष्णता, साहित्यिक अभिरुचि इत्यादि गुण ओहू समाजमे छल। लिखबाक साधन ततेक दुर्लभ छलैक जे जे जन पढ़ैत छलाह सेहो सर्वथा लिखैत नहि छलाह। एक सए वर्ष पूर्व धरि मिथिला मे एहन पण्डितक कथा सुनल जाइत अछि जनिका ग्रन्थ कण्ठस्थ रहैन्हि, लिखए जँ जनितहुँ रहथि तँ ओकर अभ्यास नहि रहन्हि। जाहि पर लिखताह से ताड़क पात आयास सँ बनबए पड़ैन्हि, मसि बनबए पड़ैन्हि तेँ सभक आयास इएह रहैन्हि जे लिखी ततबए जे अत्यन्त आवश्यक रहए। धर्म-सम्बन्धी ग्रन्थ, शास्त्र-सम्बन्धी ग्रन्थ एहने-एहने पोथी लिखल जाए; काव्य, नाटक ओहने लिखल जाए जे बड़ विशिष्ट हो, बड़ प्रसिद्धि प्राप्त करए। विद्यापतिक लेख जे उपलब्ध होइत अछि से थिक भागवतक पोथी। हुनक संस्कृतहुक जे रचना अछि तकर पोथी बड़ विरल भेटैत अछि। हमर तँ अनुमान अछि जे विद्यापति अपन गीत सेहो प्रायः लिखलैन्हि नहि, रचि केँ आरम्भ मे गाबि अथवा पढ़ि-पढ़ि लोक केँ सिखाए देथिन्ह ओ पश्चात् तँ शिवसिंह जयत केँ नियुक्ते कए देलथिन्ह जे

विद्यापतिक गीत कैँ सीखि गाबथि। फलतः विद्यापतिक जे गीत भेटैत अछि से बहुधा अर्द्धशिक्षित लोकक लिखल, ततेक अशुद्ध जे आब ओकर उद्धार समेत ठाम-ठाम असम्भव सन प्रतीत होइत अछि। हुनक कीर्त्तिपताका अथवा भू-परिक्रमाक जे पोथी अछि से ततेक अशुद्ध जे अकार्यक प्रतीत होइत अछि। कारण स्पष्ट अछि जे ओकर लेखक ई नहि बुझथिन्ह जे की लिखैत छी। एहना स्थिति मे गद्यक विषय केओ लिखितथि तकर सम्भव कोन?

उदाहरणार्थ दू गोट मात्र विषय देखल जाए। कथा मिथिला मे बड़ प्राचीन वस्तु थिक। वर्णरत्नाकर समेत मे 'कथा-कौशल' एक गोट कला परिगणित अछि। एखनहु धरि मिथिला मे कथा जननिहार लोक छथि जनिक कथा राति कैँ लोक सुनैत अछि ओ एक कथा कए-कए राति मे समाप्त होइत अछि। परन्तु कथा एतए कहबाक वस्तु बुझल जाइत रहल, लिखबाक नहि, ओ हमर तँ अनुमान अछि जे एहि रूपैँ कथाकार लोकनिक सङ्ग मैथिलीक सहस्रो कथा लुप्त भए गेल। एको गोट कथा आइधरि ककरहु लिखल नहि भेटल आ ई कथा सब जनैत के छलाह? साधाणतः अशिक्षित लोक जनिका लिखए नहि अबैत छलैन्हि परन्तु कथा सीखथि, व्युत्पन्न कथाकार ओहि मे जोड़ैत जाथि। भाग्य सँ दू गोट एहन छोट-छोट पुरान कथा श्री तन्त्रनाथ बाबू लीखि कैँ प्रकाशित करओने छथि। गद्यक एहि सँ सुन्दर आओर कोन सहित्य होइत परन्तु ई साहित्य उपेक्षित होइत-होइत नष्ट भए गेल।

दोसर थिक लोक-काव्य। मिथिला मे लोक-काव्यक कोन कथा लोक-महाकाव्य समेत छल। म.म. परमेश्वर झा अपन 'सीमन्तिनी-आख्यायिका' मे 'रुक्मिणी-स्वयंवर, रम्भाभिसार सँ लए विरहा चाँचरि' धरिक उल्लेख कएने छथि ओ कहैत छथि जे कहार-बेगार सब ई गीत सब 'गमैया' भास मे गाबए। इएह 'गमैया भास' मैथिलीक हेतु बड़का अभिशाप भेल। पण्डित-लोकनि जनिका हाथमे विद्या छलैन्हि एकरा उपेक्षित राखल। अठारह सए इस्वीक लगले बाद बुकनन साहेब पुरैनिञाक भ्रमणक क्रम मे मनबोधक शृङ्गार-रसक 'दानलीला' क उल्लेख कएने छथि आ ओ कहैत छथि जे ताहि दिन ई काव्य ओ मनबोधक दोसर काव्य, भागवत, सभसँ लोकाप्रिय काव्य छल। परन्तु भागवतक कथा तँ 'कृष्णजन्म' कहाए, अंशतः उपलब्धो होइत अछि मुदा 'दानलीला' लुप्त भए गेल। एहिना सलहेस, आल्हा-ऊदल प्रभृति कतेक बड़का-बड़का काव्य जे छोट जातिक वीरगाथा छल तत्तत् जातिमे मौखिक रूपैँ यत्रतत्र एखन पर्यन्त उपलब्ध होइत अछि, परन्तु लेख एकोटाक कहाँ भेटैत अछि? अतएव ई बूझब अत्यन्त सुलभ अछि जे लोक-साहित्यक परम्परा मिथिला मे छल तँ बड़ प्राचीन समय सँ, ज्योतिरीश्वर पर्यन्त ओकर उल्लेख कएने छथि, परन्तु ओ सब मौखिक रूपैँ प्रसृत होइत छल ओ जे अनका नहि सिखाए सकलाह से अपनहि सङ्ग लेने चल गेलाह। लिखल किछु नहि भेल, यद्यपि प्रयोग-सौष्ठव-जन्य संस्कार दिन-दिन होइत रहल।

विद्यापति जे गौरव लोकभाषा कैँ देअए चाहल से ओ अपनहु पूर्णतः ओकरा

नहि दए सकलाह। पण्डित-समाजक प्रभाव सँ ओ मुक्त नहि छलाह। सम्भव थिक शिवसिंह हुनक उदार नीतिक समर्थक छल होथि, सम्भव थिक रानी लोकनिक पोषणता हुनका प्राप्त छल। तेँ शिवसिंहक छत्रच्छाया मे ओ भाषाक विषय मे ओ आनहु प्रकारेँ उदार नीतिक अवलम्बन कएल। परन्तु शिवसिंहक परोक्ष भेला उत्तर हुनका ओहो नहि रहल। परन्तु एतबो साहित्यिकता लोकभाषा केँ विद्यापतिए देल। ओ महापुरुष छलाह, राजनीतिक मर्मकेँ जनैत छलाह, केवल भाषाहिक अंश मे नहि, जीवनक प्रत्येक अंश मे हुनक दृष्टि बहुत दूर ओ सूक्ष्म छल, नीति हुनक उदार छल। अपना समयसँ ओ बहुत आगाँ छलाह तेँ संस्कृतक सङ्ग-सङ्ग लोकभाषाकेँ साहित्यिक अभिव्यक्तिक साधन बनाओल, मनोरञ्जनहिक हेतु, मुदा एतबो ओ बहुत कएल। समस्त आर्यावर्त मे विशुद्ध लोकभाषा केँ साहित्यिक मान्यता कए गोट कवि देने छलाह ओ विद्यापति जखन अपन गीतक रचना लोकभाषा मे कएल तखन अन्यान्य लोकभाषा मे काव्यरचनाक जे परम्परा आरम्भ भेल सएह थिक भारतीय लोकभाषाक साहित्यक आरम्भ। परन्तु मिथिला मे विद्यापतिक पश्चात् सांस्कृतिक उत्कर्षक ह्रास होअए लागल। जाहि उदारता सँ विद्यापति जीवन दिशि देखैत छलाह तकर यदि रक्षा होइत रहैत तँ मिथिलाक इतिहास आइ दोसर रूपक रहैत। परन्तु पण्डित लोकनिक प्रभाव, जाहिसँ विद्यापति अपनहु बाँचल नहि छलाह, क्रमशः प्रबल होइत गेल ओ लोकभाषाक मर्यादा ओतबहि धरि सीमित रहल जतए धरि विद्यापति ओकरा राखि गेल छलाह। विद्यापतिक गीतक प्रचार छल स्त्रीगण मध्य, कतोक भक्तजन ओ किछु रसिकगण मध्य, परन्तु वस्तु ओ तेहन लोकप्रिय भेल जे जे केओ पण्डित व्युत्पन्न होथि से समय-समय पर दस-पाँच गोट गीतक रचना कए अपना केँ प्रसिद्ध करबाक लोभ रोकि नहि सकथि ओ तहिआ सँ उन्नैसम शताब्दीक अन्त धरि बूझू जे इएह क्रम रहल। सब ओतबे कएल जे विद्यापति कए गेल छलाह। विषय, भाव, भाषा, शिल्प कोनहु अंश मे कोनो नवीनता नहि आएल प्रत्युत भाषा ओ शिल्प क्रमशः पण्डिताम होइत गेल। विद्यापति जे लोक-साहित्यक रूप मे मैथिली-काव्यकधार बहाओल से वर्गीय होइत गेल, जनजीवन सँ हटैत गेल ओ बीसम शताब्दीक आरम्भ मे जखन मैथिली-साहित्यक पुनरुद्धारक दिशा मे प्रथम-प्रथम आयास होअए लागल तखन कहल जाए लागल जे मैथिली मैथिल ब्राह्मण ओ कर्णकायस्थ मात्रक भाषा थिक। कहबाक अभिप्राय जे विद्यापतिक परवर्त्ती कवि लोकनि केवल विद्यापतिक अनुसरण कएलन्हि, जे बहुधा अनुकरण मात्र भए गेल। ई कथा कोनो मिथिला मात्रक प्रसङ्ग भेल छल से नहि; बङ्गाल मे जे विद्यपतिक अनुकरण भेल ताहि मे तँ विद्यापतिक भाषा समेतक बङ्गाली लोकनिक द्वारा अनुकरण छल। बङ्गला-मिश्रित मैथिलीक एक गोट एहन सङ्कर भाषाक सृष्टि भए गेल जे भए गेल तँ बङ्गाल-वैष्णव-सम्प्रदायक साहित्यिक भाषा परन्तु से ने रहल विद्यापतिक भाषा आ ने बङ्गला। ओ तँ जाहि-जाहि प्रान्तमे चैतन्य-धर्मक प्रचारक

क्रममे काव्य-रचना होइत गेल ताहि-ताहि प्रान्तक भाषाक सङ्ग मिश्रित होइत गेल ओ पश्चात् ब्रजबुलिक नाम सँ प्रसिद्धि पओलक। ई विद्यापतिक प्रतिभाक उत्कर्ष थिक। मिथिला-भाषाभाषी कैँ एकर गौरव उचित थिकैक जे विश्वकवि रवीन्द्रनाथ ठाकुर विद्यापतिक रचना सँ उद्‌बोधन प्राप्त कए काव्य-रचना प्रारम्भ कएने छलाह ओ यदि कही जे विद्यापतिक युग 'भानुसिंहेर पदावली' मे आबि समाप्त भेल तँ कोनो अत्युक्ति नहि।

विद्यापतिक पश्चात् उन्नैसम शताब्दीक अन्त धरि केवल तीन गोट नवीनता कहि सकैत छी जे मैथिली पद्य-साहित्य मे आएल ओ एको गोटए गद्यक दिशि किञ्चितो आगाँ नहि बढ़लाह। गोविन्ददास विद्यापतिक अनुसरण कएल परन्तु हुनक कविताक विषय ओ भाव बङ्गालक वैष्णव-सम्प्रदाय सँ अनुप्राणित छैन्हि। चैतन्यक स्तुति ओ नहि कएने छथि तथा भाषा विशुद्ध मैथिली छैन्हि, अन्यथा, हुनक कविता मे ओ बङ्गाली वैष्णव महाकवि लोकनिक रचना मे तात्त्विक भेद किछु नहि अछि। मिथिला मे गोविन्ददासक अनुसरण नहि भेल परन्तु हुनक गीत जे काव्यगुण मे विद्यापतिक रचना सँ कतेक ठाम उत्कृष्ट छैन्हि, हमरा लोकनिक साहित्य मे एक गोट अपूर्व वस्तु अछि। दोसर, यत्न होइत रहल जे कविता कैँ जनजीवनक निकट आनी ओ अनेकानेक लोककाव्य जे बहुधा मौखिक रूपैँ प्रचलित होइत छल तकर साहित्यिक रूप देबाक आयास भेल। एकर दृष्टान्त मनबोधक रचना कैँ कहि सकैत छी। विषय, भाव, भाषा, शिल्प सब अंश मे मनबोध एकगोट नवीनता आनल, परन्तु ओहो कविताबद्ध। 'कृष्णजन्म' गोस्वामी तुलसीदासक 'रामचरित-मानस' सँ प्रभावित अछि परन्तु पण्डित-वर्गक प्रभाव सँ एहू जातिक कविता प्रशस्त नहि होअए पओलक। उन्नैसम शताब्दीक अन्त धरि आबि कवीश्वर चन्दाझा ओकरा प्रशस्त बनाओल परन्तु सेहो हुनक प्रतिभाक प्रसाद छल ओ किछु समयक प्रभाव, मुदा पण्डित-वर्गक ओहो उपहासास्पद रहबे कएलाह।

परन्तु सबसँ विशेष महत्त्वक जे विषय विद्यापतिक परवर्त्ती काल मे मैथिली-साहित्यक क्षेत्र मे परिलक्षित होइत अछि से थिक नाटकक प्रचार। विद्यापतिक गीतक लोकप्रियता ओ प्रचार सँ ओहो पण्डित लोकनि प्रभावित होइत रहलाह जे लोकनि संस्कृत सँ भिन्न भाषा मे साहित्याराधना कैँ हेय बुझैत छलाह। गीतक प्रचार सँ समाज मे, विशेषतः स्त्रीगण समाज मे, नव-नव भासक, नव-नव विषयक, भिन्न-भिन्न अवसरक उपयुक्त गीतहुक प्रयोजन होइत रहलैक ओ पण्डितो लोकनि एहि हेतु उत्सुक रहलाह जे भाषा मे रचना कए कवि-यश कैँ प्राप्त करी, ओ तेँ विद्यापतिक समय सँ लए अद्यपर्यन्त, कहि सकैत छी, गीत-रचनाक परम्परा बराबरि आबि रहल अछि। ओ गीत सब ओही तीन जातिक होइत रहल जकर प्रचार विद्यापति कएल— शृंगारक गीत, भक्तिक गीत ओ व्यवहारक गीत। परन्तु साहित्य-शास्त्रक विधिवत् अध्ययन कएने पण्डित लोकनि कैँ ई बोध भेलैन्हि जे विद्यापति जकाँ केवल मुक्तक काव्यक रचना कएने कविता मे रसक परिपाक ओतेक

चारुता सँ नहि सम्भव अछि जतेक प्रबन्ध-काव्य मे ओही गीत कें प्रविष्ट कराए देला सँ सम्भव भए सकैत अछि। ओमहर विद्यापति सेहो कम सँ कम एक गोट एहन नाटक रचने छलाह जे संस्कृतक नाटक जकाँ केवल दुइ गोट भाषामे नहि, प्रत्युत तीन गोट भाषा मे छल ओ साधारणतया संस्कृत-साहित्य-शास्त्र मे नाटकक जे लक्षण छैक ताहि सँ सम्पन्न छल। विद्यापति समेत गोरक्ष-विजय मे केवल गीतहिटा के मैथिली भाषा मे रचल, नाटकक वार्त्तालाप ओहो संस्कृत-नाट्य-शास्त्रक नियमानुकूल संस्कृत ओ प्राकृतहि मे लिखल। ई स्पष्ट प्रमाण भेल जे मिथिलाक कवि लोकनि कें लोकभाषाक प्रति केहन दृष्टि छलैन्हि। देशी भाषा कें सहित्यिक मान्यता देल परन्तु से गीतमात्रमे, अन्यत्र साहित्यिक भाषा ओएह मान्य थिक जे पूर्वापर सँ रहि आएल अछि। ई भावना जखन विद्यापति सदृश दूर-दृष्टि महापुरुष समेत कें रहलैन्हि तखन हुनक परवर्त्ती कवि लोकनि ओहि सँ आगाँ जइतथि तकर संभावना कोन? मुदा एहन नाटकक परम्परा विद्यापतिहिक समय सँ मिथिला मे अछि तकर प्रचुर प्रमाण भेटैत अछि। ओइनिवार युगक भीष्म कविक एक गोट नाटक पुरूरवा ओ उवर्शीक चरित्र कें लए रचित भेल तकर प्रमाण रागतरङ्गिणी मे उद्धृत गीत सँ होइत अछि। दिघबे गोविन्द ठाकुर रचित 'नलचरित' ओही युगक थिक। एमहर उमापति सँ लए हर्षनाथझा धरि कतेको नाटक मिथिला मे रचित भेल जाहि मे गद्यक समावेश सम्भवे टा नहि उचितो छल, मुदा कतहु दृष्टिगोचर नहि होइत अछि। मिथिला सँ बाहर लोकभाषाक मान्यता जोर पकड़लक। आसाम मे जे नाटक रचल गेल से विशुद्ध लोकभाषा मे ओ शङ्करदेवक सदृश महापुरुष पर्यन्त ओहि लोकभाषाक रूप मे आसामक लोक-भाषा कें नहि, विद्यापतिक गीतक भाषा कें, मिथिलाक लोक-भाषा कें, साहित्यिक मान्यता देल ई बड़ महत्त्वक विषय थिक। मिथिला मे मैथिल लोकनि गीतहि धरि सीमित राखि जकरा अपन रचनाक माध्यम बनाओल अन्यत्र तकरा मान्यता सम्पूर्ण रूपें भेटल। ई विषयान्तर भेल जे अङ्किया-नाटक गद्य मे असमिआक प्रभाव अछि ओ से नहि रहैत तखनहि आश्चर्यक विषय होइत, परन्तु भाषा थिक ओ मिथिलाक ताहि मे कोनो सन्देह नहि। तहिना नेपाल मे जे नाटक रचित भेल से बहुधा मिथिलाक भाषा मे, ओहिना ओहि ठामक भाषा सँ प्रभावित, परन्तु मूलतः विद्यापतिक गीतक भाषा सँ मिलैत तथा से पद्यहिटा मे नहि किन्तु गद्यहु मे। परन्तु बड़े महत्त्वक विषय थिक ओ मैथिली-गद्यक इतिहास मे समीक्षकक दृष्टि खुजि जाइत अछि जखन देखैत छी जे ओही नेपाल दरबार मे मैथिल पण्डितक गौरव सँ युक्त वंशमणिझा जे अपन नाटक रचैत छथि से ओही जातिक जकर रचना विद्यापति कएल, त्रैभाषिक, जाहि मे केवल गीत मैथिली मे अछि ओ वार्त्तालाप संस्कृत ओ प्राकृत मे। आन-आन कवि ओहीठाम मैथिली गद्य ओ पद्य मे लिखैत छथि परन्तु वंशमणिझा परम्परा कें धयने छथि। इएह गतानुगतिकता मैथिली-गद्यक मार्ग मे एकमात्र प्रतिबन्धक रहल।

संस्कृत मे गद्यक स्थान पद्यहि जकाँ अछि। संस्कृत-साहित्य मे काव्य गद्य मे वा पद्य मे वा पद्य ओ गद्य दुहूमे हो इएह नियम अछि। परन्तु संस्कृत भाषा मे पद्यक स्थान कतेक व्यापक अछि से एही सँ स्पष्ट भए जाइत अछि जे आयुर्वेद–किंवा ज्योतिष पर्यन्त संस्कृत मे श्लोकबद्धे भेटैत अछि। गणितक प्रश्न समेत जाहि ठाम पद्यमे छैक ताहि ठाम गद्य तँ दण्डी किंवा वाणभट्ट किंवा। सुबन्धुक सदृश जे महाकवि होएताह सएह ने लिखताह। तँहि तँ संस्कृत मे कहबी छैक 'गद्यं कवीनां निकषं वदन्ति'। गद्य कैं लयबद्ध, रोचक, सरस ओ सालङ्कारिक बनाएब पद्यहु सँ कठिन छैक, कारण, पद्य मे लय स्वाभाविक थिकैक परन्तु गद्य मे ओकर समावेश बड़ विशेष श्रमसाध्य, बड़ अधिक व्युत्पतिलभ्य होएतैक। एहन जाहि पण्डित-समाजक सन्स्कार छैन्हि तनिका लोकनिक द्वारा गद्यक विकास लोकभाषा मे कल्पनाक बहिर्भूत मानए पड़त । चौदहम शताब्दी सँ उन्नैसम शताब्दी धरि शास्त्र छोड़ि केवल साहित्यक दृष्टि सँ रचित गद्य मे संस्कृतक ग्रन्थ मैथिल पण्डितक उपलब्ध नहि होइत अछि ओ शास्त्रक ग्रन्थ तँ पण्डित-लोकनि आइयो काल्हि संस्कृतहि मे लिखैत छथि, भाषा मे लिखल शास्त्रीय ग्रन्थ एखनहु बड़ विरल अछि। एहना स्थिति मे गद्य मे साहित्यिक रचना होइत तकर कोन सम्भव? ई कथा कोनो मैथिल पण्डितहिक प्रसङ्ग कहब से नहि, आर्यावर्त्तक कोनहु भाषा मे गद्य-साहित्यक विकासक क्रम इएह रहल अछि। जे दू चारिटा गद्य मे लिखल पुरान ग्रन्थ भेटैत अछि से अपवाद स्वरूप ओ तकरो सम्मान एम्हरहि आबि होअए लागल अछि, तत्तत् काल मे ओहो ग्रन्थ सभ उपेक्षिते रहल। ताहि समक्ष तँ विद्यापतिक जे दश-पाँचटा वाक्य गद्य मे कीर्त्तिलता अथवा कीर्त्तिपताका मे उपलब्ध होइत अछि सएह बहुत।

संस्कृत-साहित्याराधनाक परम्परा एहि रूपक छल तँ ओहि आदर्श पर भाषा मे लिखनिहार प्रायः सबहुँ पद्य मे लिखल। गद्यक विचार जतए कतहु भेल अछि से अङ्गरेजी-साहित्यक प्रभावसँ, अङ्गरेजी-साहित्यसँ परिचित व्यक्तिक द्वारा। मिथिलाक ई दुर्भाग्य रहलैक जे अङ्गरेजी शिक्षाक प्रसार एतए बड़ बिलम्ब सँ भेलैक। मैथिल-संस्कृतिक इतिहासक दिशि दृष्टिपात कएला सँ पता लागत जे उन्नैसम शताब्दीक मध्यभाग मे जखन अङ्गरेजक शासन समस्त भारतवर्ष मे सुदृढ़ भए गेल छल, मिथिला प्राचीनताक लीख पकड़ने युग चेतना सँ असम्पृष्ट ओहिना जीवनयापन करैत जाए रहल छल जेना पूर्वापर सँ होइत अबैत छल, अत्यन्त अनुदार भए गेल छल। 1760 ई. मे तत्कालीन मिथिलेश महाराज महेश्वरसिंह दू गोट अबोध शिशु कैं छोड़ि स्वर्गीय भए गेलाह ओ भाग्य सँ दुहू भावी मिथिलेश 'कोर्ट ऑफ वार्ड्स'क अधीन कए लेल गेलाह। हुनका दुहू गोटा कैं अङ्गरेजी शिक्षा देल गेलैन्हि। महाराज लक्ष्मीश्वर सिंह 1767 ई मे गद्दी पर बैसलाह। तखन ओ अङ्गरेजी शिक्षा दिशि मैथिल-शिशु कैं लगाओल ओ ई कथा सर्वविदित अछि जे मैथिल मे सर्वप्रथम जे 'ग्रेजुएट' भेलाह से छलाह बाबू विन्ध्यनाथझा; ओ 1887 ई. मे बी. ए. पास कएल।

अतएव अङ्गरेजी शिक्षाक प्रभाव मिथिलाक संस्कृति पर ताहि दिन आबि पड़ए लागल जखन बङ्गला, मराठी, गुजराती प्रभृति अङ्गरेजीक प्रभावसँ बहुत आगाँ बढ़ि गेल छल तथा हिन्दी उत्तर भारतक एहि भाग मे प्रमुखता प्राप्त करए लागि गेल छल।

महाराज लक्ष्मीश्वर सिंह बहादुर राष्ट्रीय भावना सँ ओतप्रोत छलाह। कांग्रेसक स्थापना मे ओ आरम्भिक स्थिति मे ओकर पोषण मे हिनक सेवा सर्वविदित अछि। महाराज लक्ष्मीश्वर सिंह तैं, कांग्रेस नीतिक अनुकूल राष्ट्रीय एकताक निमित्त हिन्दी कैं ग्रहण कएल। हुनका दरबार मे संस्कृत, हिन्दी ओ मैथिली तीनूक सम्मान प्रायः समान रूप सँ छल। एहि मे कोनो सन्देह नहि जे मैथिलीक उन्नतिक हेतु ओ सचेष्ट रहलाह; नरहनि सँ बजबाए पण्डित चन्दाझा कैं अपना दरबार मे राखल, पूर्वक परम्पराक अनुकूल मैथिली-रचना कैं प्रोत्साहन देल; सर्वप्रथम मैथिलीक ग्रन्थ कैं छपबाओल; हुनक सेवा एहि दिशा मे बहुविध छल। मैथिली मे नवयुगक आरम्भ हुनकहि समय सँ मानल जाइत अछि। एहि दिशि जे पुनर्जागरण भेल अछि तकर प्रथम लक्षण हिनके पोषणताक प्रसादात्, परन्तु राष्ट्रीय भावनाक स्रोत मे मैथिलीक स्थान जे अद्यपर्यन्त गौण अछि ताहि हेतु उत्तरदायी महाराज लक्ष्मीश्वर सिंह। अपन राज मे ओ हिन्दी कैं स्थान देल, मैथिली केवल पारिवारिक, अधिक सँ अधिक सामाजिक, क्षेत्र मे सीमित रहि गेल। हुनक 'प्राइवेट ऑफिस' समेतक भाषा हिन्दी भए गेल। सबसँ पैघ जे आघात हुनका द्वारा मैथिली कैं भेल से ई जे दड़िभङ्गा मे ओ हिन्दीक प्रेस चलबाए मैथिली कैं देवनागर मे छपबाओल, मिथिलाक्षर कें आगाँ नहि कएल, ओकर काँटा नहि बनबाओल। तावत् पर्यन्त हिन्दीक प्रेस बम्बइ, काशी ओ पटना मे स्थापित भए गेल छल, दड़िभङ्गहु मे हिन्दीक छापाखाना भेला सँ मिथिलाक्षरक उपेक्षा होअए लागल। ओ मिथिलेश छलाह, हुनक प्रभाव तत्कालीन अङ्गरेज सरकारक ओहि ठाम बड़ विशेष छल, ताहि दिनुक भारतक ई भू-भाग जे बङ्गाल कहबैत छल ओ जकर राजधानी कलकत्ता छलैक ताहि मे हुनक सदृश प्रभावशाली दोसर केओ व्यक्ति नहि छल। यदि ओ चाहितथि तँ मैथिली कैं एहि दिशुक राजकायेक भाषा स्वीकार कराए लितथि, स्कूल मे मैथिलीक शिक्षा, मैथिलीक माध्यम सँ शिक्षाक प्रबन्ध कराए सकैत छलाह। अबेर भए गेल छलैक ताहि मे सन्देह नहि; परन्तु जे काज 1937-87 ई. मे महाराजाधिराज कामेश्वर सिंह कएल से ओ पचास-पचपन वर्ष पूर्व 1880-81 ई. मे गद्दीनसीन भेलाक उत्तर कए सकैत छलाह ओ एहि पचास-पचपन वर्ष मे मिथिलाक रूप बदलि गेल रहैत। मिथिलाक्षर कैं तँ हुनक नीति सँ से धक्का लगलैक जे ओ क्रमशः नीचा दिशि जाइत सम्प्रति गर्त्त मे चल गेल अछि। ई सत्य जे महाराज लक्ष्मीश्वर सिंहक भाषा-सम्बन्धी नीति राष्ट्रीय एकताक दिशा मे अत्यन्त सशक्त सहायक सिद्ध भेल। बिहार जे आइ हिन्दी-भाषी प्रान्त कहल जाइत अछि तकर एकमात्र कारण जे हमरा लोकनि अपन लिपि छोड़ि देल। परन्तु मैथिली कैं एहि सँ जे अभिघात भेल सेहो स्पष्ट अछि। राष्ट्रभाषाक वेदी

पर मैथिलीक बलिदान जे अद्यपर्यन्त सरकारक नीति रहैत आएल अछि तकर सूत्रपात महाराज लक्ष्मीश्वर सिंह कएल। महाराज मैथिलीक उपेक्षा नहि कएल, ओ उदारता देखाओल, ओ भारत मे राष्ट्रीय एकताक भावना सँ त्याग कएल परन्तु परिणाम भेल एकर उनटल। हिन्दी सामाज्यवादी लोकनि एहि उदारता कें हमरा लोकनिक अज्ञानता बुझल, हमर त्याग कें हमर दुर्बलता मानि लेल। एकर केहन दुष्परिणाम भए रहल अछि तकर एकगोट ज्वलन्त दृष्टान्त इएह जे कलकत्ताक 'नेशल लाइब्रेरी' से जे देवनागरी मे छापल मैथिलीक पोथी जाइत अछि से देवनागरमे छपल रहलाक कारणें' हिन्दी मे परिगणित भए जाइत अछि ओ मैथिलीक पोथी 'नेशनल लाइब्रेरी' मे प्रायः कतहु नहि भेटत।

एकर प्रत्यक्ष फल ई भेल जे महाराज लक्ष्मीश्वर सिंहक समय मे दड़िभङ्गा राजक देशी भाषा, तेँ मिथिलाक प्रधान भाषा हिन्दी भए गेल, मैथिली जेना केवल पारिवारिक अथवा अधिक सँ अधिक सामाजिक क्षेत्र मे सीमित रहल। चन्दाझा समेत अपन पुरुषपरीक्षाक भूमिका हिन्दी मे लिखल, मध्य-मध्य मे सबटा टिप्पणी हिन्दी मे लिखल। मैथिल केहन हिन्दी लिखैत छलाह तकर दृष्टान्त चन्दाझाक ओएह भूमिका परन्तु प्रवृत्ति इएह छल ओ तें विचारक जे कोनो वस्तु लिखल जाइत छल से हिन्दी मे। दोसर, अङ्गरेजी शिक्षाक प्रभाव सँ भारतीय भाषा सभक उन्नति भेलैक अछि परन्तु अङ्गरेजी शिक्षा वा संस्कृतो शिक्षामे मैथिलीक स्थान नहि रहलाक कारणें अंगरेजी-शिक्षा-सम्पन्न मैथिल विद्वान् मैथिलीक उपेक्षे नहि, विरोध करए लगलाह। स्मरण होइत जे 1925 ई. मे जखन मैथिलीक मान्यताक प्रश्न सबसँ पहिने पटना युनिवर्सिटी मे आनल गेल तँ एकर विरोधी दलक नेता छलाह विद्वन्मूर्द्धन्य प्रो. राधाकृष्णझा; हिन्दी मे सर्वप्रथम अर्थशास्त्रक ग्रन्थ ओएह लिखने छलाह। फलतः मैथिलीक समर्थक रहि गेलाह संस्कृतक पण्डित जे मैथिलीक इतिहास कें देखला सँ सर्वथा अद्भुत प्रतीत होएत। अङ्गरेजीक विद्वान् लोकनि मैथिली मे तँ एमहर आबि 1920 ई. क बाद लिखए लगलाह अछि ओ एहि रूपक पहिल ग्रन्थ हरिमोहन बाबूक 'कन्यादान' थिक। तखन यदि मैथिलीक गद्य पछुआए गेल तँ आश्चर्य कोन!

अतएव मैथिली साहित्यक विकासक इएह क्रम रहल अछि जे आदि मे विद्वज्जन सँ तिरस्कृत मैथिली क्रमशः ओही विद्वज्जनक आश्रित होइत-होइत पण्डिताम भए गेल, जकरा वर्गीय कहब, ओ जेँ संस्कृत मे गद्यक प्रसङ्ग साहित्यकारक धारणा भिन्न छलैन्हि, एखनहुँ भिन्न छैन्हि, तँ मैथिली मे साहित्यक रूप मे एक तँ गद्य भेल नहि, ओ जखन होअहु लागल तँ संस्कृतक शैलीक अनुरूप, संस्कृतक गद्य जकाँ। ज्योतिरीश्वरक पश्चात् मैथिली गद्य मे लिखलैन्हि कवीश्वरक चन्दा झा। एहि मध्य मे चिट्ठी-पत्री, व्यवस्था, तमस्सुक सनसन किछु वस्तु भेटल अछि, नीक जकाँ अन्वेषण कएला उत्तर भेटबो करत, परन्तु आश्चर्य ई जे विद्यापति जे 'लिखनावली' मे व्यावहारिक लेखक आदर्श दए गेलाह तदनुकूले बहुतो बही-खाता ऋणादान-पत्र

ओ कतोक रङ्गक व्यवस्था बहुधा संस्कृतहि मे भेटैत अछि। मैथिली मे जे भेटैत अछि से एहन लोकक लिखल जे संस्कृत नहि जनैत छलाह ओ तेँ जनिका अर्द्धशिक्षित कहब, साक्षर मात्र कहब, तेँ ओहिमे साहित्यिकताक आशा करबे व्यर्थ। चिट्ठी सब जे भेटैत अछि ताहू मे जे पण्डित कें लिखथि से बहुधा संस्कृत मे तथापि केवल एहन-एहन चिट्ठी जे पण्डित अपण्डित कें लिखने छथि ताहि मे साहित्यिकता भेटैत अछि। अपण्डित जे, पण्डित कें लिखने छथि भाषाक दृष्टि सँ सभ सँ उपादेय इएह चिट्ठी सभ अछि। ताहि मे ओहन ध्वनिक प्रयोग रहैत अछि जाहि सँ एतबेटा बुझबाक योग्य होइत अछि जे भाषाक विकासक जे लक्षण थिकैक लक्षणा व्यञ्जानाक उतरोत्तर चमत्कार, भावक अभिव्यक्तिक चमत्कारक सामर्थ्य, से मैथिली मे अव्याहत रूप सँ होइत रहल अछि। चन्दा झा जखन मैथिली लिखथि तखन संस्कृतक जेना ओ अनुक्षण अनुवाद करैत रहथि, एहन सन क्रम लगैत अछि जे भावक उदय होइन्हि हुनका संस्कृत मे जकरा ओ मैथिलीक रूप मे लिखथि। संस्कृत ओ मिथिला-भाषा दूनू दू भाषा थिकओ दुनूक वाक्यरचना दू प्रकारक होइत छैक ई कथा जेना ई लोकनि बिसरि जाथि। पुरुष-परीक्षाक गद्य ओ पद्यक अनुवाद तहिँ विचित्र सन लगैत अछि, ओ तेहने विचित्र लगैत अछि मिथिलामोदक प्रारम्भिक अङ्क सबमे क्रमशः प्रकाशित पण्डित, पश्चात् महामहोपाध्याय, मुरलीधर झाक कएल हितोपदेशक अनुवाद। गद्यक भाषा ओ पद्यक भाषा एके थिक, जे वाकूछटा पद्य मे शोभाधायक होइत अछि सएह गद्यहु मे, तथा साहित्यिक होएबाक हेतु भाषा कें साधाारण व्यवहारक भाषा सँ विशेष चमत्कारक बनाएब, संस्कृत भाषाक पण्डित लेखक लोकनिक ई मौलिक सिद्धान्त जेना आदि स्थिति मे मैथिली-गद्य कें नितान्त पण्डिताम बनबैत रहल ओ ताहि समयक जे दृष्टान्त सब एही संग्रह मे संगृहीत भेटत से व्यवहारक मैथिली भाषा सँ कतेक भिन्न अछि से केओ देखि सकैत छी ओ ताही सँ अनुमान कएल जाए सकैत अछि जे पण्डित समाज सँ भिन्न साधारण मैथिल जनता, कम सँ कम ब्राह्मणेतर लोक, एहि भाषा कें कोना अपन भाषा बुझैत? एकरे परिणाम भेल जे अङ्गरेजी-शिक्षा-सम्पन्न व्यक्ति पर्यन्त एहि भाषासँ विमुख रहए लगलाह। विशुद्ध मैथिली कें पण्डित लोकनि ग्राम्य कहथि। बाप आ बेटा ई दूटा जे मैथिलीक प्रायः सबसँ अधिक प्रचलित शब्द थिक तकर प्रयोग मैथिली-साहित्य मे पहिले पहिल कहिआ भेल ई अनुसन्धेय अछि, परन्तु, पण्डित लोकनि एखनहुँ धरि प्रायः पिता-पुत्र सएह लिखताह,बाप ओ बेटा कें ग्राम्य कहि दूषित करताह। मैथिली, जहिना पद्य तहिना गद्यो, एहू वर्त्तमान युगक आदि अवस्था मे वर्गीय रहल, पण्डिताम छल।

तेँ कवीश्वर जँ गद्य लिखहु लगलाह तथापि हुनक गद्य मैथिली कें लोकप्रिय बनएबा मे सफल नहि भेल। महाराज लक्ष्मीश्वर सिंहक दरबार मे आओरो-आओरो लोक मैथिलीक दिशि साकांक्ष भेलाह परन्तु जे कथा हम पूर्वहु कहि आएल छी महाराज लक्ष्मीश्वर सिंहक नीति सर्वथा मैथिलीक संवर्द्धक नहि छल। दरबार मे

ब्रजभाषाक बड़ सम्मान छल। हिन्दीक हित कामना सर्वोपरि छल ओ सङ्ग-सङ्ग मैथिली केँ सेहो मान्यता छलैक ताहि मे सन्देह नहि, परन्तु जे मुख्यता ओकरा होएबाक चाही से नहि छलैक। एहि सँ बेसी खेदक विषय की होएत जे महाराज लक्ष्मीश्वर सिंह बहादुरक सभसँ जेठ पित्ती बाबू गुणेश्वर सिंह, जे ताहि दिन मैथिल जातिक धार्मिक ओ सांस्कृतिक नेता छलाह, शुभंकरपुर मे बागमतीक तट पर अपन नवनिर्मित राधाकृष्णक मन्दिर मे जे शिलालेख खोदबाओल से ब्रजभाषा, हिन्दी मे अछि, ने संस्कृतमे, ने मैथिलीमे, ओ अक्षर देवनागर अछि।

परन्तु मैथिली गद्य केँ यथार्थ विकासक अवसर भेटलैक पत्र सब सँ। बङ्गालक तँ कथा कोन, हिन्दिअहु मे तावत् पत्र-पत्रिका बहराए लागल छल ओ एहि शताब्दीक प्रथम दशक मे ओही देखाउसिमे मैथिली पत्रकारिताक आरम्भ होइत अछि। ध्यान देबाक वस्तु थिक जे मिथिलाभाषा मे प्रथम पत्र 1904 ई. मे मिथिलासँ सुदूर अजमेर सँ 'मैथिल-हित-साधन' नामक बहराएल जे अत्यन्त अल्पायु भेल ओ अग्रिम वर्ष 1906 ई. मे काशी मे एकगोट विद्वज्जन समिति संघटित भेल जाहि द्वारा सञ्चालित 'मिथिला-मोद' बहराए लागल। 'मिथिला-मिहिर' दड़िभङ्गा सँ तकरा दू वर्षक पश्चात् 1908 ई. मे प्रकाशित होअए लागल जाहि सँ स्पष्ट होइत अछि जे मैथिली मे पत्रकारिता क उदय मिथिलाञ्चल सँ बाहर भेल ओ जे कथा हम अनुपदहिँ कहब मिथिला-मिहिरक स्थापना प्रत्यक्ष रूपसँ नहि तँ अप्रत्यक्ष रूपसँ मिथिला-मोदक प्रतिक्रिया मे भेल। मिथिलाञ्चल सँ बाहरसँ ई दूनू पत्र प्रवर्त्तित भेल, तेँ ई दूहू पत्र हिन्दी पत्रकारिताक प्रभाव सँ अनुप्राणित छल। मैथिलीक ई दौर्भाग्य जे महाराज लक्ष्मीश्वर सिंहक समय मे मैथिलीक नव जागरणक आरम्भहि मे, मिथलाक्षर लुप्त भए गेल, हिन्दीक प्रभाव बढ़ि गेल छल, ओ मिथिला सँ दूर मैथिली पत्रकारिताक आरम्भ होइतहिँ मैथिली भाषाक प्रसङ्ग से व्यामोह भेल जाहिसँ मिथिला-भाषाक स्वरूप एखन धरि स्थिर नहि होअए पओलक।

मिथिला-भाषा कोनो नव भाषा नहि छल, ओकर लिखबाक रीति बहुत दिन सँ चल अबैत छलैक परन्तु जहिना लिपि पृथक् रहला सँ चारू दिशि पसरैत देवनागरी लिपिक प्रचार मे बाधा जानि राष्ट्रीय एकताक भावना सँ मिथिलाक्षरक छापाखाना नहि कए दरभंगा ओ मधबुनी मे देवनागरी छापाखाना स्थापित कएल गेल तहिना मिथिलाभाषा केँ हिन्दीभाषाक अत्यन्त समीप आनि मिथिलाभाषा केँ एकटा नव स्वरूप 'मिथिला-मोद' देल। ई विषय आब सब केँ ज्ञात होएत जे मैथिली मे जे 'ऐ' ओ 'औ'क उच्चारण अछि से हिन्दी मे नहि अछि। हिन्दी मे ओ दूहू स्वर 'अए' ओ 'अओ' बाजल जाइत अछि। मैथिली मे आ, ई, ऊ, ए, ऐ, ओ, औ जतेक दीर्घ स्वर अछि सभक उच्चारण लघु सेहो होइत अछि ओ ई मैथिली भाषाक विलक्षणता थिक जे प्राकृत ओ अपभ्रंशहिक युग सँ आबि रहल अछि। एहि विलक्षणता केँ हटाए हिन्दीक सदृश मैथिलीक ध्वनि केँ लए जाए मिथिला-मोद मैथिलीक उपकार नहि

कएल। मिथिला-मोदक पहिले अङ्क देखि ताहि दिन केवल वैयाकरण-केशरी, पश्चात् महामहोपाध्याय, परमेश्वरझा एहि प्रसङ्ग एकगोट चिट्ठी मोद-परिवार केँ लिखल जे मोदक दोसर अङ्क मे प्रकाशित भेल। वैयाकरण केशरीजी, एक तँ वैयाकरण, दोसर मैथिलीक मर्मज्ञ ज्ञाता, तेसर मिथिलेशक दरबारक प्रधान पण्डित, ओ ज्योतिषी पश्चात् महामहोपाध्याय, मुरलीधरझा केँ मोदक भाषाक एहि नवीनताक विरोध मे पत्र लिखल ओ अपन विचार देल जे एहन मार्मिक विषय मे दस जन मिलि तखन किछु निर्णय करी। मोदक ओ सबटा अङ्क हमरा नहि भेटल अछि तेँ ई कहब हमरा लेल असम्भव अछि जे एकर उत्तर वैयाकरण-केशरीजी केँ की अएलैन्हि परन्तु मोद ओहिना लिखैत रहल। एतबा मोदक प्रशंसा अवश्य करब जे ओ भाषाक एकरूपताक कट्टर पक्षपाती छल ओ यावत् पर्यन्त मोद बहराइत रहल– मोद बहुत दिन धरि बहराइत रहल– मोदक भाषा-शैली ओएह रहलैक। केओ कोनहुना लिखि केँ पठबथिन्ह मोद मे ओ मोदहिक शैली मे छपैक। मोदक एकटा परिवार छलैक जे परिवार दिनादुदिन बढ़ैत गेलैक, भाषाक विकासक दिशामे एहि परिवारक योगदान बड़ महत्त्वपूर्ण भेलैक। मैथिली गद्यक विकास जतबा मिथिला मोदक माध्यम सँ भेलैक ततबा आन कोनहु एक माध्यम सँ नहि भए सकलैक ओ मैथिली गद्यक इतिहास मे मिथिला मोदक सेवा सदा स्तुत्य रहत। परन्तु एही सङ्ग इहो निश्चय जे मैथिली लिखबाक रीति मे जे मैथिलीक लेखकगण मे एखन पर्यन्त द्वैधभाव छैन्हि तकर वीजारोपण मोदक कएल थिक। ई नहि कहि सकैत छी जे मोद केँ मैथिलीक किछु अहित करबाक छलैन्हि, ओहि मे किछु द्वैध उपस्थित करबाक छलैन्हि, परन्तु एतबा निश्चय जे मिथिलाभाषाक मर्म ओ लोकनि नहि बूझए लगलाह, ओ हिन्दीक प्रभावमे आबि मैथिलीक उच्चारण-शैली हिन्दीक अत्यन्त सदृश बनाए देल। यदि एकर विरोध नहि होइत, ओ चलि जाइत, तँ कालक्रमेँ हिन्दी मैथिली केँ गीड़ि जाइत जे कतोक अंश मे गिड़नहि अछि। परन्तु एकर विरोध भेल। मिथिला-मिहिर जखन चलए लागल तखन ओकर लेखनशैली पुरान मैथिली-लेखनक पण्डिताम शैली राखल गेल जे प्रायः 1932-33 ई. धरि चलल। तकर पश्चात् मिथिला मिहिरो क्रमशः चुपचाप मिथिला मोदक शैली पूर्ण रूप सँ नहि तँ आंशिक रूपेँ अपनाए लेलक। तावत महावैयाकरण दीनबन्धु झाक व्याकरण बनि गेल छल, मैथिली-साहित्य-परिषदक स्थापना भए गेल छल, ओ ओकर घोँघरडिहा अधिवेशनक सभापतिक पदसँ 'मोद'क चिरपरिचित लेखक मैथिलीक बड़का उन्नायक डाक्टर (पश्चात् महामहोपाध्याय सेहो) उमेश मिश्र अपन भाषण मे मैथिलीक स्वरूपक प्रामाणिक परिचय उपस्थिति कएलैन्हि। मुजफ्फरपुर मे श्री भोलालाल दास शैली-निर्धारणक हेतु एक गोट समितिक आयोजन कएल। श्री सुभद्र झा मिथिला-भाषाक वैज्ञानिक अध्ययन करए लगलाह ओ 1937-38 ई. मे जखन हम साहित्य-पत्र प्रकाशित कएल ताहि दिन मैथिलीक तीन गोट लेखनशैली छल–एक 'मोद'क; दोसर प्राचीन पण्डिताम; ओ

तेसर म.म. उमेश मिश्रक समर्थित, व्याकरणक-अनुकूल, भाषा-विज्ञानक दृष्टि सँ परिशुद्ध, मैथिल-जन-भाषाक उच्चारणक सदृश, जकरा हम ग्रहण कएल, ओ अपने पण्डिताम शैली मे लिखितहुँ जकरा महावैयाकरण जी विशुद्ध कहल ओ मानल। वर्णरत्नाकर जे छपल ताहि मे ओकर लेखनशैली तथा रागतरङ्गिणीक लेखनशैली एखनहु प्रत्यक्ष अछि। रागतरङ्गिणी मे तँ हिन्दीक 'है' समेत 'हए' लिखल अछि। तहिआ सँ ई विषय वैयक्तिक भए गेल अछि तें एकवाक्यताक सम्भावना नहि ओ जेना 1906 ई मे म.म. परमेश्वर झाक आयास विफल भेल, 'मोद'क संग एकवाक्यताक सम्भावना नहि रहल, तहिना 1937 ई. मे 'मोद'क शैलीक सङ्ग प्राचीन परम्पराक सामञ्जस्य सम्भव नहि भेल। पण्डिताम जे शैली हम कहल अछि जकर सब सँ प्रमुख दृष्टान्त कवीश्वर चन्दा झाक लेखमे भेटैत अछि—ओ 'करैत' कैँ 'करयित' लिखथि ओ तहिना स्व. म.म. बालकृष्णमिश्रजी सेहो लिखथि। ताहि सङ्ग हमरा लोकनिक शैली कैँ तात्विक भेद नहि अछि परन्तु 'मोद'क शैली मैथिली-भाषा-विज्ञानक दृष्टि सँ अभिनव वस्तु थिक, ई प्रायः आब सब मानैत छथि। एहि सँ मैथिली-गद्यक विकास मे गतिरोध नहि भेलैक से नहि, किछु कटुता सेहो भेलैक, परन्तु ई कथा प्रायः सब मानए लगलाह अछि जे भाषाक स्वरूप मे एकरूपता रहए तथा भाषाक विभिन्नता पृथक् वस्तु थिक परन्तु कोनहु प्रभेदक भाषा हो ओहि मे एकरूपता रहनहि भाषाक साहित्यिकता सिद्ध होएत।

इएह भेल मैथिलीक गद्यक विकासक क्रम। एहि विवरण कैँ हम ओतए धरि आनल अछि जाहिठाम हम स्वयं मैथिलीक क्षेत्र मे प्रवेश कएल। 1937-38 ई. मैथिलीक इतिहास मे कतोक दृष्टिएँ महत्त्वपूर्ण अछि ओ ताहि मे एक गोट दृष्टि मैथिलीक गद्यक स्वरूप-निर्धारण सेहो अछि। ओना तँ एहि संग्रह मे हम कवीश्वर चन्दा झासँ प्रायः सब श्रेणीक प्रामाणिक गद्यक संग्रह कएल अछि ओ जानिकैँ जनिक लेख जेहने उपलब्ध भेल तेहने राखल। ई हमर अभ्यासक अनुकूल क्रिया नहि भेल। हमं तँ जहिआ सँ मैथिलीक क्षेत्रमे अएलहुँ अपन लेख हो वा आनक लेख हो सबकैँ अपन जे लिखबाक रीति स्थिर कएल ताहि मे प्रकाशित करबैत आएल छी। अतएव एहि संग्रहमे भाषाक रूपक विविधता कतोक व्यक्तिकैँ खटकलैन्हि ओ हमर कतिपय आत्मीय मित्रगण दिशि सँ हमरा उलहनो सूनए पड़ल जे हम अपन रीति त्यागि देल। परन्तु जे कथा हम एकर प्रथम संस्करणक भूमिका मे कहने छी 'ई संग्रह थिक मैथिली पढ़निहार उच्चकक्षाक छात्रक निमित्त; मिथिलाभाषाक भविष्य हुनकहि लोकनिक हाथ मे छैन्हि। अपन भाषाक स्वरूप-निर्धारण करबा मे हुनकहु लोकनि कैँ स्वच्छन्दता किएक नहि देल जाए; तें एहि संग्रह मे लिखबाक एकरूपता नहि अछि प्रत्युत बहुरूपता अछि, एके पद भिन्न-भिन्न लेख मे भिन्न-भिन्न प्रकारें लिखल भेटत, कतहु तँ एकहु लेख मे एक ध्वनिक हेतु भिन्न-भिन्न वर्ण भेटत। तें एहि संग्रह मे मैथिलीक रूपक एतेक भेद प्रदर्शित अछि, तकर एकमात्र हेतु ई जे

लोक देखथु जे मैथिली मे एखनहुँ लिखबाक केहन अव्यवस्था अछि।'

ई संग्रह 1959 ई. मे प्रकाशित भेल। एहि आठ वर्ष मे मैथिली गद्यक विकास थोड़ नहि भेल अछि, कम सँ कम कथा-साहित्य मे मैथिली-गद्य प्रौढ़ता प्राप्त कएने जाइत अछि। परन्तु 1959 ई. धरिक प्रायः सब श्रेणीक रचना एहि मे संगृहीत अछि ओ भाषाक दृष्टि सँ एकरा मैथिली गद्यक प्रतिनिधि मानबा मे प्रायः ककरहु तारतम्य नहि होएत। हँ, आञ्चलीय मैथिलीक लेख एहि मे नहि अछि परन्तु आञ्चलीय मैथिलीमे लेख 1959 धरि कोनो तेहन दृष्टि मे अएलो नहि छल। एमहर आबि मैथिलीक भिन्न-भिन्न बोली बजनिहार लोकनि यत्र तत्र साहस करए लगलाह अछि जाहि मे सबसँ विशेष रूपेँ उल्लेखनीय छथि देवघर-दुमका अञ्चलक मातृभाषा-प्रेमी साहित्यकार लोकनि। भरोस अछि जे केवल देवघर-दुमका मात्रहिक नहि, पुरैनिञा जिला, भागलपुर जिला, मुङ्गेर जिला, बेगूसराय-खगड़िया मण्डल, दड़िभङ्गा जिलाक दक्षिण भागक समस्तीपुर, हाजीपुर, पश्चिम सीतामढ़ी, मुजफ्फरपुर, बेतिआ ओ सब सँ विशेष नेपाल तराइक विद्वद्जन जखन अपन बोली मे लिखए लगताह तखन मैथिलीक गद्य सुप्रतिष्ठित होएत। केन्द्रीय मैथिली पर्यन्त मे जँ ओ लोकनि अपन मातृ-भाषाक गौरव बूझि अपन बजबाक रीति केँ यथासम्भव रक्षा करैत लिखथि तँ मैथिली-भाषाक स्वरूप व्यापक भए जाएत, अभिव्यक्तिक जे सामर्थ्य मैथिली मे एखनहु पर्याप्त छैक तकरा भिन्न-भिन्न प्रान्तक वाग्धारा सँ नवीन स्फूर्ति भेटतैक ओ तखनहिँ मैथिलीक गद्य आधुनिक भारतीय भाषान्तर सब जकाँ शिष्ट लोक-भाषाक मर्यादा प्राप्त करत।

एहि प्रसङ्ग स्मरण रहए जे भाषाक एकरूपताक कट्टर पक्षपाती होइतहुँ हम भाषाक विभेद स्वीकार करबा मे कनेको सङ्कुचित नहि होइत छी। भाषाक विभेद एक वस्तु थिक, ओकर एकरूपता भिन्न वस्तु थिक। सब विभेद मे एकरूपता रहए तखनहि भाषाक विकास होएत। मैथिलीक प्रान्त-विशेषक एक गोट विभेद केँ सब पर लादि देलेँ ओकर विकास स्वच्छन्द नहि भए सकैत अछि। मैथिली-गद्यक विकास मे ई सिद्धान्त हमरा जनैत एखन सबसँ विशेष रूप सँ मनन करबाक थिक।

× × ×

एतेक दूर धरि जाहि गद्यक प्रसङ्ग हम कहैत रहलहुँ अछि तथा जाहि गद्यक दृष्टान्त स्वरूप एहि ग्रन्थ मे लेखक संग्रह अछि से थिक साहित्यिक गद्य। पद्य सँ गद्य मे बड़का भेद ई छैक जे पद्य समाज मे दैनन्दिन व्यवहार मे प्रयुक्त नहि होइत अछि, से प्रयुक्त होइत अछि गद्य। परन्तु दैनन्दिन व्यवहारक भाषा मे ओ गुण नहि रहैत अछि जाहि सँ ओकरा साहित्य कहि सकी। आन अर्थ नहिओ ली तथापि केवल व्युत्पत्तिलब्ध अर्थहु सँ एतबा तँ स्पष्ट अछि जे शब्द-अर्थ दूहू सँ समान रीतिएँ आह्लादजनक रूप एक क्रिया मे अन्वय रहब साहित्य थिक ओ तहिँ संस्कृत-साहित्यक

परम्परा मे गद्य किंवा पद्यक कोनो भेद नहि कएल गेलैक। दैनन्दिन व्यवहारक भाषा मे आह्लाद-जनकत्व आनब सुगम नहि छैक प्रत्युत छन्दक बन्धन सँ मुक्त गद्य कविक कल्पनाक विलासक हेतु उन्मुक्त रहैत अछि। तहिँ तँ संस्कृत मे गद्य-काव्यक आदर्श बाणभट्टक कादम्बरी भेल। परन्तु मैथिली गद्य जकर आरम्भ आधुनिक युग मे भेल अछि से आदि मे संस्कृतक आदर्श सँ उद्‌बोधित अवश्य छल किन्तु एकर विकास भेलैक पाश्चात्य भाषा-साहित्यक गद्यक आदर्श सँ। एहि मे दैनन्दिन व्यवहारक भाषाक स्वच्छता, सरलता, ओ स्पष्टता रहैक ओ तखन रहैक ओहि मे आह्लादजनकत्व जे ओकरा साहित्यक मर्यादा प्रदान करैक। अतएव गद्यक हेतु ओ दशो शब्दगुण ओ अर्थगुण विचारणीय भए जाइत अछि जे दण्डी धरि संस्कृत अलङ्कार-शास्त्र मे मान्य रहैत आएल छल। एहि प्रसङ्ग हम आगाँ कहि रहल छी, सम्प्रति हमरा गद्य मे ओहि तीनू तत्त्वक विवेचना आवश्यक प्रतीत होइत अछि जाहि तीनू तत्त्व केँ दृष्टि मे राखि गद्यक गुण-दोषक परिचय प्राप्त कएल जाए सकैत अछि। ओ तीनू तत्त्व थिकैक गद्य मे बुद्धितत्त्व, भावतत्त्व ओ सौन्दर्यतत्त्व।

एहि तत्त्व सबहिक विवरण सँ पूर्व ई कहि देब आवश्यक जे भाषाक क्रमबद्ध अध्ययन मे अध्ययनक क्रम होइत छैक सबसँ पहिने वर्णक विचार जाहि मे स्वर ओ व्यञ्जन दूहूक विन्यास विचारणीय थिक। संस्कृत-साहित्य मे स्वर केँ रीतिक महत्त्व देल गेल छैक, अनुप्रास व्यञ्जनहि धरि सीमित छैक। परन्तु मैथिली मे स्वर-साम्य सेहो पाश्चात्य भाषा जकाँ विचारक विषय थिक। लघु-स्वरक बहुलता भाषा मे गति, मुदा दीर्घ स्वरक बहुलता ओहि मे श्लथता आनि दैत अछि। तेँ गद्य वा पद्य मे प्रवाह देखबाक निमित्त स्वर-विन्यास विचारणीय थिक। तखन भेल शब्द, जकर अर्थ अभिधा, लक्षणा ओ व्यञ्जना सँ लब्ध तीन प्रकारक होइत छैक; शब्दक परस्पर समभिव्यवहार जकर खेड़ि मैथिली मे बड़ छैक। एक गोट धातु 'लागब'क सङ्ग कमसँ कम पचास गोट भिन्न अर्थक द्योतन होइत रहैत छैक। तखन भेल वाक्य। वाक्य योजना आइ-काल्हि पाश्चात्य साहित्यक प्रभाव सँ किछु नवीन महत्त्व प्राप्त कए लेलक अछि ओ जकरा अङ्गरेजी मे Paragraph कहैत छिऐक गद्य मे बड़ महत्वपूर्ण वस्तु थिकैक। ऊपर जे तीनू तत्त्वक चर्चा कएल अछि तकर व्याप्ति वर्णसँ लए Paragraph धरि छैक ओ साहित्यिक मर्यादा प्राप्त करबाक हेतु गद्य केँ सर्वतोभावेन स्वच्छ, सरल, स्पष्ट, ओ आह्लादजनक होएब आवश्यक।

भाषा मे बुद्धि-तत्त्वक अन्तर्गत विचारणीय थिक जे उचित शब्दक प्रयोग उचित स्थान मे भेल छैक कि नहि। एहि मे कतहु ठेठ तद्‌भव शब्दक बहुलता, रूढ़ोक्ति अथवा वाक्‌छटा सँ पूर्ण पद-योजना, संस्कृत-निष्ठ आलङ्कारिक पद-विन्यास, ओ आब विदेशी प्रचलित शब्दक प्रयोग इत्यादि भेद सँ भाषा मे भिन्न-भिन्न प्रकारक प्रभावोत्पादकता अबैत अछि। तहिना वाक्य-सङ्घटनामे उचित शब्दक एहि रूपक प्रयोग जाहि सँ अर्थक अभिव्यक्ति मे विलम्ब नहि हो तथा औचित्य अथवा सङ्गति

जाहि सँ वर्ण्य विषय ओ वर्णन-शैली दूहू मे सामञ्जस्य रहए इत्यादि बुद्धितत्त्वक विलास थिक। भावतत्त्वक अन्तर्गत थिक भाषा मे अर्थ-व्यञ्जकता, ओकर प्रभावोत्पादकता, ओहि सामर्थ्यक आधान जाहि सँ लेखकक केवल विचारहिक अभिव्यक्ति नहि होइत रहए प्रत्युत लेखकक हृद्गत भाव सेहो अभिव्यक्त हो, जाहि भाव किंवा आवेग सँ प्रेरित भए लेखक लिखल अछि सएह भाव किंवा आवेग पाठक ओ श्रोता किंवा दर्शक कैं अनुभूत होइन्हि, वर्ण्य विषय कैं जाहि रूपैं लेखक अङ्कित करए चाहलैन्हि ताही रूपैं ओ पाठक, श्रोता किंवा दर्शक कैं उपस्थित होइन्हि। कहबाक तात्पर्य जे मस्तिष्ककैं नहि, हृदयकैं स्पर्श करबाक सामर्थ्य शब्द मे निहित रहए ई भेल भावतत्त्व। सौन्दर्य-तत्त्व थिक भाषाक लय; ओ गुण जे बिनु अर्थ बुझनहु, केवल ध्वनिमात्र सँ, आह्लादक हो तथा ध्वनिक ताहि रूपक विन्यास रहए जे प्रसङ्गक सर्वथा अनुकूल हो, हृदय द्रवित भए जाए, ओहि मे दीप्ति हो; जाहि सँ ध्वनि-सामर्थ्यहि सँ हृदय द्रवित किंवा उद्दीपित भए सकए अथवा शब्दक विन्यास एहि रूपक हो जे जेना पेट्रोल सँ भीजल स्थान मे एक ठाम अग्नि-संयोग होइतहिँ समस्त आगि व्याप्त भए जाइत अछि तहिना अर्थ अपन समष्टि मे सम्पूर्ण हृदय कैं एकहि बेरि प्रभावित कए लेअए। साहित्यशास्त्र मे जे माधुर्य, ओज ओ प्रसाद गुण कहल जाइत अछि सएह थिक भाषाक सौन्दर्यतत्त्व।

एही प्रसङ्ग स्मरण रखबाक थिक जे सरलता, स्पष्टता, स्वच्छता, प्रभावोत्पादकता, शिष्टता ओ लयात्मकता इएह छओ गोट गुण गद्य कैं साहित्यिक मर्यादा दैत अछि। ओना तँ रीति ओ शैली दुहू सँ भाषाक विन्यासक बोध होइत अछि परन्तु दुहू मे एतबा भेद अवश्य अछि जे रीति थिक काव्य-रचनाक ढङ्ग ओ रीतिक परिचय रचनाक समष्टि सँ उपलब्ध भए सकैत अछि। शैली थिक भावात्मक अभिव्यक्तिक प्रणाली अर्थात् ओ साधन जे वाणीक अभिव्यक्ति मे अभिनव तथा समर्थ शक्तिक सञ्चार कए सकए। अतएव साहित्य-शास्त्र मे भाषाक स्वरूपात्मक विवेचना रीति, शब्द-शक्ति, गुण एवं दोष—एहि सब प्रसङ्गक सङ्ग-सङ्ग रीतिक पोषक गुणक रूप मे तथा रसक सहायक गुणक रूप मे भेल अछि।

साहित्यशास्त्र मे रसक सहायक तीन गोट गुण गनाओल अछि, माधुर्य ओज ओ प्रसाद, जाहि मे प्रथम दू प्रधानतया शब्द-मूलक थिक ओ प्रसाद शब्द ओ अर्थ दूहूसँ सम्बद्ध रहैत अछि। रीतिक पोषक गुण दश गोट कहल अछि—(1) श्लेष, जकरा भरत स्वभाव-स्पष्ट मुदा विचारगहन कहल अछि, दण्डी शिथिलतारहित पदबन्ध कहल अछि, वामन अनेक पदक एक पदवत् भाव कहल अछि, तथा एही श्लेष गुण के केओ-केओ मसृणत्व सेहो कहैत छथि जकर आशय भेल चिक्कन। (2) प्रसाद भरतक अनुसार सुख शब्दार्थ-संयोग अर्थात् शब्दहिसँ अर्थक प्रतीति भए जाए से गुण थिक। दण्डीक अनुसार प्रसिद्धार्थक पदक प्रयोग सँ शब्दहि सँ अर्थक प्रतीति भए जाए तथा श्रुतिमात्रहिँ अर्थ प्रत्यय हो ई मम्मटक परिभाषा थिक। (3) पदयोजना

मे अवैषम्य अर्थात् जाही रूपेँ आरम्भ हो ताही रूपेँ उपसंहार सेहो रहए तँ तकरा दण्डी समता कहैत छथि। पदयोजना अर्थात् बन्ध मृदु कहबैत अछि जँ प्रयुक्त स्वर बहुलतया ह्रस्व रहए, व्यञ्जन बहुधा वर्गक अन्त्याक्षर तथा दन्त्य रहए तथा समासक प्रयोग नहिए रहए। स्फुट बन्ध मे दीर्घ स्वर, ओष्ठ्य वर्ण, तथा ऊष्म व्यञ्जनक प्रधानता रहए ओ समासक बहुलता। दूनूक मिश्रण सँ बन्ध मध्यम थिक तथा एही तीनू बन्धक अविषमता समता कहबैत अछि। (4) माधुर्य कैँ ओना तँ मम्मट आह्लादकत्व मानल अछि, विश्वनाथ चित्तद्रवीभावमय आह्लाद कहल अछि, परन्तु दण्डी ओकरा रसव्यञ्जक-वर्णरचनाशालित्व वा रसव्यञ्जकार्थशालित्व मानैत छथि ओ भरत बारम्बार सुनलहु उत्तर जे रोचक प्रतीत हो तकरा मधुर कहैत छथि। दण्डी श्रुत्यनुप्रासमे माधुर्य कैँ विशेष मानैत छथि कारण श्रुत्यनुप्रास कर्ण-सुखावह होइत अछि। (5) सुकुमारता मम्मटक मतेँ श्रुतिकटुत्व दोषक अभाव मात्र थिक मुदा भरत सुखप्रयुक्त शब्द सुश्लिष्ट सन्धि, ओ सुकुमाराक्षरक प्रयोग सँ सुकुमारता मानैत छथि। सर्वकोमल बन्ध ओ शिथिल पदयोजना, दण्डी एहन सुकुमारता कैँ दोष मानैत छथि ओ निष्ठुर वर्णक प्रयोग नहि रहए ततबहि मे सुकुमारता कैँ सीमित राखल अछि। (6) अर्थव्यक्ति अर्थात् बिना कोनहुँ बाधाक अर्थक उपस्थिति अर्थव्यक्ति थिक। दण्डी एकरा अर्थक अनेकत्व कहलैन्हि अछि। शब्दगत अर्थव्यक्ति तखन होएत जखन प्रत्युक्त पदक एहन अन्वय हो जे अर्थक प्रतीत झट दए भए जाए तँ ई रसपोषक प्रसाद गुणक अन्तर्गत थिक, परन्तु अर्थगत अर्थव्यक्ति वर्णनीय वस्तुक क्रिया ओ रूपक असाधारण वर्णन थिक जे स्वभावोक्ति अलङ्कारक प्रमुख धर्म कहल जाइत अछि। (7) उदारता कैँ दण्डी चमत्कारक पोषक कहैत छथि। हुनका मतेँ उत्कर्षवान गुण, महिमाक अतिशय, ओ श्लाध्य विशेषण सँ युक्त पदविन्यास रहला सँ रचना मे उदारता अबैत अछि। वामन एकरा शब्दगुण मानलैन्हि अछि तथा विकट अक्षरक प्रयोग मे एहि गुणक स्थिति कहैत छथि, मुदा भोज एकरा अर्थगुण मानि एकर सत्ता उत्कर्ष मे मानैत छथि। (8) चित्तक विस्तार-रूप दीप्ति जाहि सँ हो से ओज गुण थिक। गद्यक जीवन ओज थिक ई प्रायः सब भारतीय आचार्यक मत अछि। वामन ओज कैँ शब्द ओ अर्थ दुहू मे मानैत छथि। शब्दगत ओजक लक्षण ओ कहैत छथि गाढ़बन्धत्व ओ अर्थगत ओजक लक्षण कहैत छथि अर्थक प्रौढ़ि। ओना तँ दण्डी समासक बहुलता इएह लक्षण करैत छथि, परन्तु मैथिली मे समासक बहुलता तँ सम्भव नहि छैक तखन ओजक दोसर लक्षण जे दण्डी कहैत छथि जे गुरुवर्णक बहुलता अथवा लघुवर्णक बहुलता ओज अनैत अछि ई द्रष्टव्य थिक। (9) कान्ति थिक ग्राम्यत्वदोषाभाव। लोकप्रसिद्ध वस्तुक त्याग बिनु कएने जे सर्वलोकप्रिय हो तकरा दण्डी कान्ति कहैत छथि। वामन नव प्रतिभा-प्रकर्ष कैँ कान्ति कहैत छथि ओ हिनके अनुसरण करैत पण्डितराज अविदग्ध जनक प्रयोगक परिहार कए अद्भुत शोभारूप पदक प्रयोग कैँ उज्वलता कहैत छथि ओ उज्ज्वलता सएह कान्ति थिक।

(10) समाधि कैं दण्डी काव्य-सर्वस्व कहैत छथि। अप्रस्तुत वस्तुक धर्म कैं प्रस्तुत वस्तु पर आरोपित करब इएह थिक समाधिक लक्षण। अतएव ई मुख्यतः अर्थगुण भेल परन्तु वामन आदि आचार्य आरोह ओ अवरोह रूप क्रम कैं सेहो समाधि कहलैन्हि अछि जे शब्दगत धर्म थिक। अतएव शब्दगत हो किंवा अर्थगत समाधि उभयथा काव्यक सर्वस्व जे मानल गेल अछि से सर्वथा सङ्गत।

ई जे दशो गुण एहि ठाम गनाओल अछि से कतोकक मतेँ शब्द ओ अर्थ दूहू मे मान्य ओ तदनुसार गुणक संख्या बीस भेल। परन्तु गुण जँ रसक उपकारक मानल जाए तखन तँ मम्मट जे चित्तक द्रवीभाव; दीप्तिभाव ओ व्याप्तिभावक आधार पर तिनिए टा गुण मानल अछि माधुर्य, ओज, ओ प्रसाद, से पूर्ण वैज्ञानिक ओ सङ्गत। परन्तु एहिठाम हमरा गुणसँ रसक उपकारक गुण अभिप्रेत नहि, हमरा अभिप्रेत अछि भाषागत धर्मक विवेचन ओ ताहि दृष्टिएँ ई दशो मान्य, कारण, एही दशो मे ओहो तीनू तत्त्व अन्तर्भूत अछि जाहि तीनू तत्त्व कैं हम पूर्वहि कहि आएल छी बुद्धितत्त्व, भावतत्त्व, ओ सौन्दर्यतत्व। परन्तु एहि प्रसङ्ग इहो ज्ञातव्य जे कतोक आचार्य एहू दश गुण मे श्लेष, समता, सुकुमारता ओ ओज कैं शब्दक गुण मानैत छथि, प्रसाद, अर्थव्यक्ति, उदारता ओ कान्ति तथा समाधि एहि पाँचो कैं अर्थक गुण मानैत छथि ओ शेष माधुर्य कैं शब्द ओ अर्थ दूहूक गुण मानैत छथि, कारण, मधुरता शब्द मे तँ रहितहिँ अछि सङ्ग-सङ्ग चितद्रवीभावमय आह्लाद-युक्त अर्थक अपेक्षा रखैत अछि ओ तेँ ओकरा अर्थगुण से हो मानब सङ्गत।

एतेक विवेचना कएलहुँ पर निष्कर्ष इएह बहराइत अछि जे भाषाक प्रयोजन जँ अनका प्रभावित करब थिक तँ एकर गुण-दोषक विवेचनाक सिद्धान्त होएबाक चाही (1) जाहि समाजक हेतु लिखल अछि तकर बोधगम्य लेख भेल कि नहि, दुर्बोध तँ ने रहि गेल, (2) जाहि रूपक प्रभाव लेखक कैं अभिप्रेत छैन्हि सएह प्रभाव उत्पन्न भेल कि नहि, (3) लेख मे अशिष्टता वा अश्लीलता तँ ने आएल, (4) लेख अत्यन्त हल्लुक तँ ने भए गेल जे केओ लिखि सकैत अछि, (5) जाहि विषयक निरूपण कएल अछि तकर प्रकृतिक अनुकूल लेख भेल कि नहि ओ (6) संवाद मे संवादकर्त्ताक प्रकृतिक अनुकूल योग्यता, स्वाभाविकता, आवश्यकता, तथा सङ्गति भाषा मे छैक कि नहि। एहि रूपेँ विचार कएला उत्तर शैली चारि प्रकारक प्रतीत होएत (1) अलङ्करण शैली जाहि मे कल्पना तत्त्वक विलास विशेष चमत्कारक हो (2) लाक्षणिक शैली जाहि मे कहबाक ढङ्ग अद्भुत हो (3) समर्थनात्मक शैली जाहि मे प्रत्येक कथा तर्क ओ युक्ति सँ समर्थित ओ पुष्ट रहए तथा (4) प्रतीकात्मक शैली जाहि मे अप्रस्तुत-विधान प्रमुख हो।

ई विवेचना साधारणतया भाषाक साहित्यिकताक प्रसङ्ग कएल अछि ओ तेँ ई गद्य ओ पद्य दुहू मे समान रूप सँ चरितार्थ होएत। गद्य मे विशेष एतबए द्रष्टव्य थिक जे भाषा सरल, स्वच्छ ओ स्पष्ट भेल कि नहि। सरलता सँ तात्पर्य अछि प्रचलित

शब्दक व्यवहार, स्वच्छता सँ तात्पर्य थिक अभिधार्थक मुख्यता, ओ स्पष्टता सँ तात्पर्य थिक अन्वयक स्वाभाविकता। ई तीनू रहल तँ गद्य नीक भेल परन्तु यदि ओहि गद्य कैँ साहित्यिक मर्यादा अभिप्रेत अछि तँ ओ प्रभावशाली अवश्य हो ओ प्रभावोत्पादकता अनबाक हेतु पुनः ओही सब धर्मक शरण लेअए पड़त जकर विवरण हम ऊपर देल अछि।

× × ×

संक्षेप मे मैथिली-गद्यक विकासक क्रमक दिग्दर्शन कराए गद्य कैँ साहित्यिक मर्यादा जे गुण सब दैत छैक तकरो किछु विवरण देल अछि। मैथिली मे गद्य एखन बड़ थोड़ दिन सँ साहित्यिक रूप धारण कएलक अछि ओ ताहि सङ्ग स्वच्छन्दताक से युग आबि गेल छैक जाहिमे सब अपनहि कैँ प्रमाण मानए लागल अछि। गद्यक तेँ जे रूप सब यदा-कदा देखैत छी ताहि सँ बेसी निराशा होइत अछि जे एना स्वच्छन्दचारिता सँ मैथिली मे प्रौढ़ गद्य केहन भए सकत। पद्य सँ गद्य लिखब कठिन छैक, कारण पद्य मे लयात्मकता स्वाभाविक थिकैक। The other harmony of prose—गद्यक भिन्न लयबद्धता। जे अङ्गरेजी गद्य कैँ विश्ववन्द्य कएने अछि से बिनु सिखने सम्भव नहि छैक। हमर नवीन छात्र लोकनि जे भविष्य मे मैथिली कैँ प्रतिष्ठा दए सकैत छथि भाषाक गुण बुझथि, साहित्यिक गद्य कैँ चीन्हथि, गुण चीन्हि अपन भाषा मे ओहि गुण सब कैँ आनथि ओ सबसँ विशेष ई जे नीक-अधलाह गद्यक विवेचना सँ नीक गद्य कैँ प्रोत्साहन देथि, अधलाहक परिहार करथि—एही उद्‌देश्य सँ ई निबन्ध एहि गद्य संग्रह मे भूमिकाक रूप मे जोड़ि देल अछि। यदि हमर छात्रलोकनि एकरा गम्भीरतापूर्वक पढ़थि तँ हमर श्रम सफल तँ जे होएत, मैथिली गद्यक नवयुग अत्यन्त प्रशस्त भए सकत।

एहि निबन्ध कैँ तत्पर भए लिखाओल अछि हमर श्लाघ्य सहकर्मा श्रीनवीनचन्द्रमिश्रजी तथा लिखबा मे साहाय्य कएल अछि दूगोट प्रतिभावान शिष्य, श्रीजगदीशमिश्र एम.ए. ओ श्रीमिहिरकुमारठाकुर। धन्यवाद की देबैन्हि, हिनका लोकनिकैँ साहित्यिक अभिरुचि ओ जिज्ञासाक प्रवृत्ति जाग्रत रहैन्हि सएह कामना। इति।

(मैथिली गद्य संग्रह, तृतीय भाग, नवीन संस्करण, 1966 इ.)

मैथिली गद्य ओ गद्य-साहित्य

एहि महासम्मेलनक अधिकारि-वर्गक, विशेषतः श्रीसुधाकान्तबाबूक, कृपा थिक जे हमरा सदृश व्यक्ति कैं एतेक सम्मान सँ एतए बजाओल अछि। अपने लोकनि सन-सन गण्यमान्य विद्वान, रससिद्ध साहित्यकार, एवं कर्मठ नेता लोकनिसँ हमरा ई निवेदन करब आवश्यक नहि बुझि पड़ैत अछि जे हम मैथिलीक विद्वान् नहि छी। अध्ययन कएल अङ्गरेजी साहित्यक, अनुशीलन कएल संस्कृतक, आत्मतोषक हेतु अनुसन्धान करैत रहलहुँ मिथिलाक संस्कृतिक। मैथिली मे प्रवेश भेल जिज्ञासुक रूप मे ओ से केवल एहि कारणेँ जे मिथिलाक प्रसङ्ग किछु लिखब तँ से मैथिलीमे मुदा मैथिलीमे जँ किछु लिखब तँ से कोना लिखब। एखनहु तीस-तीस चालीस-चालीस पात लेख संगमे सुरक्षित रखने छी जे क्रमशः स्वर्गीय म. म. डा.सर गङ्गानाथ झा, स्व. म.डा. उमेशमिश्र ओ स्व. महावैयाकरण पं. दीनबन्धु झा सँ शुद्ध करओने छलहुँ जे बूझि सकी जे मैथिली कोना लिखल जएतैक; ओकर स्वरूप चीन्हि सकी। कारण, हम ई नहि मानैत छी जे जँ मैथिली हमर मातृभाषा थिक, हम मैथिली अहोरात्र बजैत रहैत छी, तँ जे लिखब, जेना लिखब, सएह साहित्यिक मैथिली होएत। जे कहैत छथि जे जहिना बजैत छी, तहिना लिखब, तँ मैथिलीक स्वरूप अनन्त भए जाएत। हमरा ई विश्वास दृढ़ अछि जे मैथिली कैं जँ राजनीतिक मान्यता प्राप्त होएतैक, तँ ताहि सँ पूर्व एकरा साहित्यिक मान्यता प्राप्त करबए पड़त ओ साहित्यिक मान्यता कोन मैथिली कैं प्राप्त होएतैक जँ मैथिलीक कोनो एक गोट स्वरूप स्थिर नहि रहतैक! अतएव आइ तीस वर्ष सँ अधिक दिन सँ यदि मैथिलीक क्षेत्र मे किछु कएल अछि तँ इएह एकटा काज जे मैथिली लिखब सीखल अछि तथा अपने जँ नहि कए सकलहुँ तँ दश जने उत्साही नवयुवक विद्वान कैं उत्साह जगाए, जिज्ञासु बनाए, मैथिली साहित्यक भिन्न-भिन्न विषय मे कृतित्वक सङ्ग अधिकार प्राप्त कराए देल अछि जे दिनानुदिन एहि साहित्यक सर्वाङ्गीण विकासक मार्ग प्रशस्त करैत रहताह। हँ; एकटा विषय अवश्य जे सीखल गद्य लिखब ओ लिखैत रहलहुँ अछि केवल गद्य; एकओ पाँती कविता नहि रचल अछि; तँ गद्यक एहि विभाग मे जँ हमरा बजाओल अछि तँ से सर्वथा उपयुक्त। हमरा सन छुच्छ गद्य लिखनिहार गनल-गूथल व्यक्ति

भेटताह। अतः एहि सम्मानक हेतु हमर कृतज्ञता स्वीकार हो।

भाषाक प्रकृति गद्य मे निहित रहैत छैक। गद्य थिकैक भाषाक नैसर्गिक रूप, यथार्थ विशुद्ध स्वरूप। ओना संसारक कोनहु भाषा केँ देखबैक तँ सर्वत्र इएह देखबा मे आओत जे पहिने पद्य-साहित्य भेलैक ओ गद्य-साहित्य सब ठाम पछाति भेल छैक, मुदा से विषय थिकैक साहित्यक, जाहिमे आवश्यक छैक मनोरंजकता, किछु चिरस्थायिता किछु उपदेशात्मकता। भावनाक अतिरेक मे वाणी लयबद्ध निःसृत होइत छैक ओ लय जँ नियमबद्ध भेलैक तँ से भेल छन्द। परन्तु लय केँ नियमबद्ध करबा मे भाषा मे बिकार आबि जाइत छैक, ओकर प्राकृतिक स्वरूप नष्ट भए जाइत छैक, ओ भाषा यथार्थ भाषा सँ दूर भए जाइत छैक। अठारहम शताब्दीक अन्त मे इङ्गलैण्ड मे वड्सवर्थ ओ कोलरिज मीलि जे आन्दोलन चलओलैन्हि जे कविताक भाषा तथा बजबाक भाषा मे भेद नहि हो अर्थात् जहिना बजैत छी तहिना कविता रचब, सेहो हुनके दुहू गोटाक कविता मे सर्वथा व्यभिचरित भए गेल। कतबओ यत्न कएलैन्हि तथापि भावनाक अतिरेक मे जे हुनका लोकनिक वाणी कविताक रूप मे अद्यापि विश्वविश्रुत अछि, से ओ भाषा नहि थिक जे ओ लोकनि बजैत छलाह। ओ जे भाषा बजैत छलाह ताहिमे आयासपूर्वक जे कविता ओ लोकनि रचलैन्हि से कविता कविताक गुण सँ रहित साधारणहु सँ न्यून कोटिक मानल जाइत अछि। एम्हरहु कविवर श्रीसीतारामझा किंवा श्री यात्री जीक जे कविता रस-सिद्ध बूझल जाइत अछि तकर भाषा हुनके साधारण बजबाक भाषा सँ भिन्न अछि। कहबाक तात्पर्य जे ई कथा सिद्धान्त रूपेँ स्वीकार्य हो जे गद्य ओ पद्यक भाषा एके रहए परन्तु यदि गद्य ओ पद्यक भेद मानल जाए तँ व्यवहारक दशामे दुहूक भाषा एक नहि भए सकैत अछि। पद्यक भाषा मे विकार कृत्रिमताक हो अथवा आयास-साध्यताक हो, रहबे करतैक। कारण पद्य मे लयक अनुरूप छन्दक नियम पालनीय होएत तथा जँ ओ पद्य काव्य भेल तँ भावक संवेग साधारण उक्ति सँ किछु विशेष चमत्कार अवश्य आनि देत। तँहि तँ कवि लोकनि निरंकुश कहल जाइत छथि।

मुदा गद्य मे से नहि सम्भव छैक। ओना काव्य पद्य-पद्य दुहू मे होइत छैक ओ काव्यक रूप मे जे गद्य होएत ताहि मे रागात्मकता, उक्तिक विच्छित्ति, ध्वनिक अपेक्षा इत्यादि पद्यहि जकाँ सामने रहत तथापि लयक अनुरोध अथवा छन्दक नियम ओतए अपेक्षित नहि होइत छैक ओ ततबा दूर धरि भाषाक स्वरूप नैसर्गिक रहि सकैत छैक। कतोक लेखक गद्यहु मे लयक समावेश करैत छथि ओ तखन हुनक रचना बड़ उत्कृष्ट बुझल जाइत छैन्हि। संस्कृत मे तँ गद्यं कवीनां निकषं वदन्ति" कहल अछि ओ से एही हेतुक जे छन्दक बन्धन सँ मूल भाषाक स्वरूप मे बिना केनहु विकार केँ अनने रचना केँ लयात्मक करब, श्रुति-मधुर बनाएब, साधारण व्युत्पत्ति नहि थिक। अङ्गरेजी मे सेहो ई वस्तु स्वीकार कएल गेल अछि। ओहू ठाम 'The other harmony of Prose' प्रशंसित होइत रहल अछि। अतएव एहू सँ ओएह कथा

सिद्ध होइत अछि, पुष्ट होइत अछि जे गद्य थिकैक भाषाक नैसर्गिक रूप ओ ताहि रूप कैं बिनु विकृत कएने ओकरा लययुक्त बनाएब संवेगक ओतेक तीव्रताक अपेक्षा भाषा रखैत जतेक भाषा पर अधिकारक ओ तैं भाषा कैं चिन्हबाक हेतु एक मात्र साधन छैक ओहि भाषा मे लिखल गद्य।

परन्तु गद्य थिकैक यौगिक अर्थ मे भाषा अर्थात् जे बाजल जाए, ओ भाषा जे भरि दिन हमरा लोकनि बजैत रहैत छी। ओकर स्परूप भेटत कतए? लिखल जाइत अछि साहित्य जाहि मे ओ सब गुण अपेक्षित छैक जाहि कारणैं ओ काव्य कहाओत। ओकर मुख्य निःसृति पद्यहिक माध्यम सँ अनायास होइत छैक तखन विशेष आयास कए गद्य मे साहित्य रचब साहित्याराधनाक विकसितावस्थाक द्योतक थिक। तैं गद्य तहिअहि सँ व्यवहृत होइत आएल अछि जहिआसँ हमरा लोकनि बजैत छी। ओकर आरम्भ भाषाक उत्पत्तिहिक सङ्ग मानए पड़त। परन्तु साहित्यक रूप मे गद्य तँ प्रायः सब भाषा मे इतिहासक घटनाक रूप मे जानल होइत अछि, कतेक पछाति आबि कए भेल अछि।

अतएव भाषाक विशुद्ध स्वरूप जखन गद्य मे रूपायित भेल तखन भाषाक स्वरूप कैं जनबाक हेतु गद्यक अनुशीलन करए पड़त ओ जैं हमर प्रवेश मैथिली-साहित्य मे मिथिला भाषा सिखबाक हेतु भेल तैं आदि सँ हम केवल मैथिली-गद्यक क्षेत्र मे सक्रिय रहलहुँ अछि। चालीस वर्ष भेलैक अध्ययन कैं विधिवत् सम्पन्न कए जखन वास्तविक गृहस्थ भेलहुँ तँ अङ्गरेजी-साहित्यक परिशीलन सँ परिष्कृत समीक्षा-बुद्धि ओ संस्कृतक सरसता सँ ओतप्रोत भावना लेने जीवनक आरम्भकालीन उत्साह सँ प्रेरित भए अपन देशक प्राचीन संस्कृति, अपन भाषाक मधुर साहित्यक दिशि बढ़लहुँ मुदा आरम्भहि मे भाषाक स्वरूप कैं चिह्नबा मे ओझराए गेलहुँ। ओहि समय मे मिथिलाक भाषाक तीन गोट स्वरूप दृष्टि मे आएल।

प्रथम स्वरूप कवीश्वर चन्दा झाक पुरुष-परीक्षाक गद्यमय अनुवाद मे भेटल जाहि स्वरूपक अनुसरण म. म. परमेश्वर झा, म. म. बालकृष्ण मिश्र, महावैयाकरण दीनबन्धु झा समेत, अपन लेखमे करैत छलाह जे 'करैत' कैं 'करयित' लिखथि। स्पष्ट छल जे पदक आरम्भक 'य' कैं मैथिल सम्प्रदायानुसार 'ज' कहितहुँ पदक मध्य मे 'य' कैं ओ लोकनि जेना 'यजुः प्रातिशाख्य' मे छैक स्वर सङ्गे संश्लिष्ट मानथि ओ जेना अङ्गरेजी मे W ओ Y Seme Vowel (सेमी-भॉवेल) कहल जाइत छैक तहिना 'य' ओ 'व' कैं ओ लोकनि 'सेमी-भावेल' वत् व्यवहार करथि।

दोसर स्वरूप भेटल 'मिथिला मोद' मे म. म. मुरलीधरझाक चलाओल। एहि मे 'ऐ' तथा 'औ' कैं हिन्दी जकाँ 'अए' तथा 'अओ' मानल भेटल, मैथिली जकाँ 'अए' ओ 'अओर' नहिं। देखल जे एहि वर्ण विन्यासक विरोध मे मोदक दोसरहि अङ्क मे म. म. परमेश्वरझा एक गोट पत्र छपओने छथि। ओ मोदक प्रतिष्ठापक म. म. मुरलीधरझा सँ अनुरोध कएने छथिन्ह जे एहन मार्मिक भेद चलएबा सँ पूर्व उचित

थिक जे एहि विषय पर विचार-विमर्श कएल जाए। वस्तु ई अमैथिली थिक। ई मतमेद किएक भेल, कोना भेल इत्यादि-विषय 'मिथिला-मोद' सँ बुझबाक योग्य नहि भए सकल। परन्तु एतबा देखल जे मोद अपन मत कैँ दृढ़ता सँ पकड़ने रहल ओ अन्त धरि ओकर रक्षा करैत रहल। एकर लगले पश्चात् 'मिथिला मिहिर' क उदय भेल ओ मिहिरक भाषाक स्वरूप मोद सँ भिन्न ओएह प्रचरित भेल जे कवीश्वर चन्दा झाक भाषाक स्वरूप छलैन्हि, जेना म. म. परमेश्वर झा लिखैत रहथि। सम्भव थिक जे मिहिरक स्थापना मे मोदक भाषाक स्वरूपक विरोध एक गोट प्रेरक कारण भेल हो। कारण, एमहर आबि जखन तत्कालीन मैथिल पण्डित लोकनिक लेख सब ताकि-ताकि पढ़लहुँ तँ देखल जे स्वयं महाराजाधिराज रामेश्वर सिंह बहादुर ओहिना लिखथि जेना कवीश्वर अथवा वैयाकरण केशरीओ। बहुत दिन धरि ओहि स्वरूपक रक्षा कए मिहिर ओहि महाराजाधिराजक परोक्ष भेला उत्तर क्रमशः घुसकैत-घुसकैत मिथिला-मोदक स्वरूपक समीप होअए लागत छल।

तेसर स्वरूप हमरा समक्ष छल म. म. डा. उमेश मिश्रक अभिशंसित जकरा ओ बड़ पाण्डित्यपूर्ण रीति सँ घोघरडिहाक मैथिली-साहित्य-परिषदक सभापतिक आसन सँ विवृत कएने छलाह। एकर प्रभाव ततेक बेसी भेल जे साहित्य परिषद् आगाँ आबि अपन मुजफ्फरपुरक अधिवेशन मे शैली-निर्धारणसमितिक आयोजन कएलक ओ मैथिलीक स्वरूप केहन हो, ई विवादास्पद भए गेल। इएह समय छल जखन हम दड़िभङ्गा अएलहुँ, जखन मैथिली कैँ विश्वविद्यालय सँ मान्यता भेटैक ताहि हेतु आन्दोलन जोर पकड़ए लागल छल, जखन मैथिली साहित्य परिषद् साहित्य-निर्माण-कार्य मे सक्रिय छल, कहबाक तात्पर्य जे जखन मैथिलीक नव-युगक आरम्भ भए रहल छल।

हमरा ई स्वीकार करैत केवल खेद नहि, लज्जा सेहो भए रहल अछि जे एहि तीस-पैँतीस वर्ष मे मैथिलीक स्वरूप स्थिर नहि भए सकल अछि, प्रत्युत आओरो विशृंखलित भेल गेल अछि ओ स्वतन्त्रताक एहि युग मे जखन स्वतन्त्रता कैँ लोक बुझि रहल अछि स्वच्छन्दता अथवा अच्छृंखलता; तखन के ककर कथा मानत, के ककरा किछु कहतैक? एहू मतभेदक आरम्भ मे हमर किछु नेता लोकनि बड़ गम्भीर भए-भए उद्घोष करए लगलाह की करबैक, एखन जे जहिना लिखैत छथि तहिना लिखए दिऔन्ह। कालक्रमे अपनहि स्वरूप स्थिर भए जएतैक।" ई कथा कतेक असत्य सिद्ध भेल, से एहि तीस वर्षक साहित्य मे प्रयुक्त भाषा सँ केओ पाठक स्वयं बुझि सकैत छथि। मुदा एक दिसि कहबैक, जे हमर भाषा छओ सए वर्ष पुरान साहित्य सँ समृद्ध अछि ओ दोसर दिसि कहबैक जे हमर भाषाक स्वरूप एखन पर्यन्त स्थिर नहि भेल अछि, ई तँ केओ निष्पक्ष विद्वान् स्वीकार नहि करत। ई कथा तँ नेता सएहटा कहि सकैत छथि। हम स्वयं भाषाक स्वरूपक जिज्ञासा मे थोड़ श्रम नहि कएल वा कए रहल छी। गण्यमान्य पण्डित लोकनि सँ परामर्श कएल। भाषा-तत्त्वक

विचक्षण अपन मित्र श्रीसुभद्र बाबू सँ ध्वनि-शास्त्रक आधार पर भाषाक स्वरूपक परिचय बूझल। महावैयाकरण पं. दीनबन्धु बाबूक मिथिला-भाषा-विद्योतनक प्रकाशनक सबटा आयोजन अपन सुहृद् स्वर्गीय ईशनाथ बाबू सँ कराए ओकरा परिषद् सँ प्रकाशित कराओल, तीन-चारि सए वर्ष पुरान लिखल सब ताकि-ताकि भाषाक स्वरूपक अनुसन्धान करैत रहलहुँ अछि। वर्णरत्नाकरक भाषा देखि सन्देह दूर भए गेल ओ लोचनक रागतरङ्गिणीक पोथी मे हिन्दीक जे प्रसिद्ध क्रियापद छैक 'है' तकरा मैथिलीक उच्चारणक नियम सँ 'हए' लिखल देखि अपन भाषाक स्वरूपक परम्परा स्पष्ट सूझि पड़ए लागल ओ एकरूपता आनि लिखए लगलहुँ जे एखन पर्यन्त लीखि रहल छी। ककरहु ओतए प्रचार नहि करए गेलहुँ अछि। परन्तु बहुतो विद्वान् ओकरा ग्रहण कएलैन्हि, कए रहल छथि। आओर की? स्वयं महावैयाकरण दीनबन्धु बाबू प्राचीनताक पक्षपाती भैओ कए हमर परिगृहीत रूप केँ अनुमोदित कएल तथा अपना व्याकरण मे एक गोट सूत्र जोड़ि ओकर साधुता मान्य कए देल। परन्तु हम जे कएल, से कोनो नव सृष्टि नहि कएल। हमरा तँ पथप्रदर्शक भेल म.म. उमेश मिश्रक घोघड़डिहाक भाषण तथा हुनक लेखक आदर्श। हँ; हुनक जे विचार छलैन्हि, से मैथिलीक परम्पराक अनुकूल; से हम अपन अनुसन्धानक क्रम मे अनुभव कएल ओ तेँ हुनक विचार केँ श्रद्धासँ स्वीकार कएल। जतेक दूर धरि ओ जाए कहैत छलाह, ततेक दूर धरि हम नहि जाए सकलहुँ; नहि गेलहुँ। कारण हमरा अन्तःकणर मे सब मतक मध्य सामञ्जस्य आनब अमीष्ट छल। परन्तु से सामञ्जस्य अनबा मे हम ओतबए दूर धरि जाएब पसिन्द कएल अथवा उचित बूझल जतबा दूर धरि गेला सँ हमर परम्पराक उच्छेद नहि होइत अछि, मैथिलीक उच्चारण शैली अपन स्वतन्त्रता केँ नष्ट नहि कए दैत अछि, अपनहि लेख सँ, अपनहि लेख केँ, हमरा लोकनि हिन्दीक अति समीप लए जाए ओकरा हिन्दीक बोलीक लाञ्छन सँ दूषित होएबाक अवसर नहि दैत छिऐक मैथिली जगतक वातावरण सँ जे जन अभिज्ञ छथि से जनैत छथि जे एकरा हमर शैली कहि कतोक जन एहि विषय मे वैयक्तिक भावना उठबैत रहलाह अछि। हम एहि विषय मे बराबरि चुप रहलहुँ अछि। कारण हम जनैत छी जे हम अपन भाषाक स्वरूप बड़-बड़ पैघ लोक सँ सीखल अछि ओ एहि विषय मे वैयक्तिक भावना केँ उठाएब संकुचित मनोभावना थिक। आइओ जे हम ई प्रसङ्ग उठाओल अछि, से केवल एही विश्वास सँ जे एतए विवेकशील विद्वानक सम्मेलन अछि ओ जखन अपने लोकनि हमरा नीक जकाँ चिन्हैत गद्यक एहि विभाग मे बजाओल अछि तखन एहि विषयक किछु चर्चा बिना कएने मैथिलीक गद्यक क्षेत्र मे अपन किछुओ विचार हम कोना नहि कहू। मैथिली भाषाक विकासक मार्ग मे मैथिली गद्यक स्वरूपक अनियम, ई बहुरूपता, सबसँ पैघ प्रतिबन्धक भए रहल अछि ओ अमैथिल लोक मैथिली सिखबा मे बड़ विशेष कठिनताक अनुभव कए रहल अछि।

एहि प्रसङ्ग एक गोट कथाक दिशि हम अपने लोकनिक दृष्टि विशेष रूपें आकृष्ट करब। मैथिली ततेक पुरान भाषा अछि ओ ततेक दूर धरि व्याप्त अछि से एहि भाषाक रूप देश-भेदें भिन्न-भिन्न प्रतीत होइत रहल अछि। किछु दिन पूर्व धरि मैथिली साहित्यक क्षेत्र मे प्रायः सर्वत्र, ओ कतहु-कतहु तँ एखन धरि ई बुझल जाइत रहल अछि जे मैथिली ओ भाषा थिक जे पञ्च-कोशी मिथिला मे बाजल जाइत अछि ओ बेतिआक मैथिली, पुरैनिञाँक मैथिली, देवघरक मैथिली, पलामूक मैथिली, भागलपुरक मैथिली, नेपाल तराइक मैथिली ओ गङ्गा कातक मैथिली, सब भ्रष्ट मैथिली थिक, सबहिक अवहेलना होइत आएल, साहित्यिक मान्यता ककरहु नहि देल गेल। किछु दिन पूर्व हम 'मैथिलीक वर्त्तमान समस्या' कहि एक गोट छोट पुस्तिकाक रूप मे एहि कथा कैं बड़े विस्तार सँ प्रतिपादित कएने छी जे एहि सँ विशेष साङ्घातिक दोसर कोनो हमरा लोकनिक भाषा-नीति नहि भए सकैत अछि जे कहबाक बेरि हमरा लोकनि मैथिली भाषाभाषी जन-समुदायक संख्या दू कोटि सँ अधिक कहैत रहिऐक ओ क्रियाक बेरि मे कम सँ कम डेढ़ कोटि जन-समुदायक भाषा कैं भ्रष्ट मैथिली कहि तिरस्कृत कए दिऐक। तखन यदि ओ डेढ़ कोटि जनता मैथिलीक गौरव अनुभव नहि करैत अछि, तँ ताहि मे ककर दोष? हम तँ बुझैत छी जे मैथिली-भाषाक ई सब विभाषा थिक ओ प्रत्येकक अभ्युत्थान सँ मैथिलीक गौरव बढ़त। भाषाक एकरूपताक एकान्त उपासक भए मैथिलीक एतेक विभाषाक समर्थक होएबामे हमरा कनेको असंङ्गति नहि बुझना जाइत अछि। भाषाक स्वरूप एक वस्तु भेल, भाषाक रूप कहू अथवा भेद कहू दोसर वस्तु। सब रूपक स्वरूप मे हम एकरूपता चाहब। मुदा तें एक रूपक स्वरूप कैं दोसर रूपक भाषा पर लादि ओकरा नष्ट करब हमरा ने उचित बुझना जाइत अछि ने श्रेयस्कर। एकर अर्थ ई नहि जे भाषाक साहित्यिक रूपक महत्त्व हम नहि मानैत छी। परन्तु हम इहो जनैत छी जे भाषाक साहित्यिक रूप ओहि भाषा मे रचित साहित्यक गरिमा सँ, ओकर उत्कर्ष सँ, ओकर लोकप्रियता सँ होइत छैक। एखन मधुबनी सब-डिवीजनक भाषा साधारणतया साहित्यिक मैथिलीक रूप मे स्वीकृत होइत अछि। परन्तु तकर ई नहि तात्पर्य जे ई भाषा सर्वशुद्ध अछि। बहुत अंश मे सहरसाक भाषा, पुरैनियाँक भाषा, देवघरक भाषा मैथिलीक प्राचीन रूपक रक्षा करैत अछि। हमरा लोकनि मधुबनी सबडवीजन मे ओकरा त्यागि देने छी, मैथिली सँ भिन्न भाषाक प्रभाव सँ विचलित भए गेल छी। एकर ज्वलन्त दृष्टान्त तीनू पुरुषक सर्वनामक रूप अछि। मैथिलीमे एहि तीनू पुरुषक सर्वनामक प्राचीन रूप छल 'हमें,' 'तोहे' ओ 'हुनि'। ई तीनू रूप मधुबनी सब-डिवीजन सँ उठि गेल अछि ओ एखन धरि पूर्वी मैथिली मे प्रचलित अछि। मुदा मधुबनी सब-डिवीजन भाषा जे साहित्यिक मान्यता प्रात कएलक तकर कारण ई जे विद्यापति मधुबनी सब-डिवीजनक छलाह, चन्दा झा मधुबनी सब-डिवीजनक छलाह, म.म. मुरलीधर झा मधुबनी तब-डिवीजनक छलाह, डा. गङ्गानाथझा मधुबनी

सब-डिवीजनक छलाह, महावैयाकरण दीनबन्धुझा मधुबनी सब-डिवीजनक छलाह, लालदास मधुबनी सब-डिवीजनक छलाह, भोला लालदास मधुबनी सब-डिवीजनक थिकाह। कतेक नाम गनाउ, मैथिली साहित्य मे जनिक-जनिक नाम छैन्हि ताहि मे प्रायः अस्सी प्रतिशत मुधवनी सब-डिवीजन अथवा ओकर सन्निहित भूभागक वासी छलाह। आइ यदि प्रेमचन्द सन केओ प्रतिभाशाली व्यक्ति बेतिआक बोली मे उपन्यास लिखथि, शरच्चन्द्र सन-सन असाधारण लेखक भागलपुरक बोली मे उपन्यास लिखथि, तँ निर्विवाद ओ सब बोली स्वतः साहित्यिक मान्यता प्राप्त कए लेत। परन्तु से तँ जखन ओहि बोली सबकेँ अवसर देबैक तखन ने! भ्रष्ट मैथिली कहि यदि पहिनहि हम ओकरा लाञ्छित कए दैत छिऐक तँ ओहि बोलीक बजनिहारक उत्साह कें हम ठामहि नष्ट कए दैत छियैक। एक रूपेँ कतेक प्रतिभा केँ हमरा लोकनि तिरस्कृत करैत अएलहुँ अछि जकर परिणाम ई होइत आएल अछि जे ओ सब मैथिली केँ छोड़ि भाषान्तर केँ ग्रहण कए लैत अछि। हम तँ देवघरक बोली मे लिखल कथा केँ अपन 'कथा-संग्रह' मे संकलित कए ओकरा साहित्यिक मान्यता देलिऐक अछि जे बिहार विश्वविद्यालयक प्रत्येक स्नातक केँ अनिवार्य रूपेँ पढ़ए पड़ैत दैन्हि। स्वर्गीय भवप्रीतानन्दजीक गीतावली केँ हम मैथिलीक गीत-काव्यक एक गोट अभिनव धारा कहि सम्मान करैत अएलहुँ अछि। परन्तु ई केवल हमरा कएने नहि होएत, ककरहु एक गोटाक कएने नहि होएत, एहि हेतु मैथिली-भाषाभाषी समस्त जन-समुदायक, शिक्षित जन-समुदायक हार्दिक सहयोग चाही ओ यावत् पर्यन्त अपन भाषा-सम्बन्धी दृष्टिकोण मे इमरालोकनि मूलतः परिवर्तन नहि आनब, उदार नहि बनब, तँ जनतंत्रक एहि युग मे अल्पसंख्यक आभिजात्य कोनो सामर्थ्य नहि कए सकैत अछि। सब विभाषा के समान आदर सँ उन्नति करए दिऐक तँ जेना अङ्गक पुष्टि सँ अङ्गी पुष्ट होइत छैक तहिना मैथिली दिनानुदिन पुष्ट होइत जाएत, दू कोटि जनता केँ मैथिलीक गौरव होएतैक, मैथिली दू कोटि जनताक भाषा सिद्ध होएत ओ तखन मैथिलीक कोन अधिकार छैक जाहि सँ ओ वंचित राखल जाए सकत। भए सकैत अछि जे ई विचारधारा प्रस्तुत सन्दर्भमे अप्रासंगिक बूझि पड़ए, परन्तु गद्य भाषाक यथार्थ स्वरूप थिकैक ओ ताहि प्रसङ्ग एहि महासम्मेलनक समक्ष अपन विचार उपस्थित करबाक लोभक हम संवरण नहि कए सकैत छी, अपने लोकनिक समक्ष उपस्थित करबाक साहस कएल अछि।

मैथिली-साहित्यक इतिहास मे एक गोट ई घटना विचित्र प्रतिभासित होइत अछि, जकर समीचीन व्याख्या कतहु दृष्टिगोचर नहि होइत अछि, जे मैथिलीक सबसँ प्राचीन उपलब्ध ग्रन्थ गद्यक अछि, ज्योतिरीश्वर ठाकुरक 'वर्णरत्नाकर', आ, तकर पश्चात् गद्यक धार जेना सहसा अवरुद्ध भए जाइक ओ वर्णरत्नाकरक पश्चात् जे मैथिली गद्यक साहित्यिक स्वरूप भेटैत अछि से थिक कवीश्वर चन्दा झाक पुरुषपरीक्षाक अनुवाद 1882 ई. क। एहि दुहूमे साढ़े पाँच सए वर्षक व्यवधान छैक। ताहू पर

वर्णरत्नाकरक गद्य कें देखैत पुरुष-परीक्षाक अनुवादक गद्य असाहित्यिक प्रतीत होइत अछि, नव सिखुआक लेख जकाँ; संस्कृत वाक्य-रचनाक अनुसार मैथिलीक वाक्यक सङ्घटन, संस्कृतक जेना आँखि मूँदि अनुकरण हो, ई कथा जेना बिसरि गेल हो जे मैथिली संस्कृत नहि थिकैक, दुनूक वाक्यक विन्यास दू रङ्गक होइत छैक। ई विषय कवीश्वरहुँ सँ विशेष म.म. मुरलीधर झाक हितोपदेशक अनुवाद मे दृष्टिगोचर होइत अछि जे मिथिला-मोदक प्रारम्भिक वर्ष मे धारावाहिक रूपेँ प्रकाशित होइत छल। कवीश्वरक अपन गद्यलेख बहुत नहि भेटैत अछि; परन्तु मुरलीधर झाक गद्य तँ साहित्यिक दृष्टि सँ बेजोड़ होइन्हि। तखन हितोपदेशक अनुवाद एहन कृत्रिम शैली मे जे ओ कएलन्हि ताहि सँ तँ इएह कथा पुष्ट होइत अछि जे संस्कृतक अनुवादमे ओ लोकनि संस्कृतक जे वाक्य-रचनाक शैली छलैक तकरहि मैथिली मे चलबए चाहल जे एतेक अस्वाभाविक छलैक जे चलि नहि सकल ओ ई सब रचना मैथिली-गद्यक एक गोट शैली-विषयक दृष्टान्त मात्र भए नहि रहि गेल अछि।

एहि प्रसङ्ग पहिल विचित्रता ई जे विश्वक सब साहित्यक विकासक क्रम मे इएह देखैत छी जे पहिने पद्य साहित्यक रचना होइत छैक ओ गद्य पछाति लिखल जाइत अछि। ताहू मे प्रारम्भिक अवस्थाक गद्य ओतेक मसृण; चिक्कन नहि रहैत छैक ओ जे कथा हम आरम्भहिमे कहल अछि, काव्यक गुण जकरा दण्डी कहैत छथिन्ह 'समता' से कालान्तरेँ होइत छैक, जखन भाषा मे अभिव्यक्तिक सामर्थ्य प्रौढ़ भेल जाइत छैक। वर्णरत्नकरक गद्य एना ऊभड़-खाभड़ नहि छैक। ठाम-ठाम तँ ओहि मे से 'समता' छैक जे अमरनाथ बाबू कैँ ओ अंश सब कादम्बरीक गद्य जकाँ मधुर लगैन्हि। जाहि अंश मे ज्योतिरीश्वर केवल नामक फिरिस्त दैत गेलथिन्ह अछि, ताहू मे काव्यक आन गुण नहि तँ समता छैके आ' टूटा नाम कैँ एकठाम रखबाक बहुधा अनुप्रास कारण भेटत। की कारण थिकैक जे मैथिली मे सबसँ प्राचीन ग्रन्थ एतेक प्रौढ़ गद्यक भैटत अछि मुदा तकर पश्चात् जेना गद्य बहिष्कृत भए गेल रहए, एतेक बहिष्कृत जे साढ़े पाँच सए वर्ष बाद जखन कवीश्वर चन्दा झा गद्य कैँ साहित्यक रूप देल, तँ ओ समता नहि आएल, गद्य ऊभड़-खाभड़ भए गेल जेना नवसिखुआक लेख रहए। ई मैथिली-गद्य साहित्यक दोसर विचित्रता थिक। ई तँ नहि कहि सकैत छी जे ज्योतिरीश्वरक पश्चात् गद्य लुप्त भए गेल। गद्य तँ थिक भाषाक स्वाभाविक स्वरूप ओ जँ भाषा छल तँ गद्य छल। दैनिक व्यवहार मे तँ लोक गद्यहिक प्रयोग करैत छल। ज्योतिरीश्वर सँ सए वर्षक मध्यहि विद्यापति रचना करए लगलाह। हुनक पद्य मे भाषाक परिमार्जित रूप भेटैत अछि। लोकोक्ति अथवा कहबी जे भाषाक विकासक निर्भ्रान्त मापदण्ड थिक विद्यापतिक गीत पे भरल पड़ल अछि। तइओ कीर्तिलता मे जे दश-पाँच पंक्ति गद्यक भेटैत अछि से वर्णरत्नाकरक गद्य सँ सर्वथा भिन्न, विद्यापतिक गीतहुक भाषाक शैली सँ सर्वथा भिन्न। विद्यापतिक गीतक भाषा कैँ जनैत केओ ई स्वीकार नहि करब जे कीर्तिलताक गद्य विद्यापतिकालीन

मैथिली-भाषाक स्वाभाविक रूप थिक अर्थात् विद्यापति जे बजैत छलाह से एहने भाषा। एहि गद्य पर संस्कृतक प्रभाव जेना लादल हो।

अतएव हम तँ मानैत छी जे वर्णरत्नाकर हमरा लोकनिक सब सँ प्राचीन साहित्यिक ग्रन्थ भलहि बूझल जाए; ओ मैथिली गद्य क सबसँ प्राचीन कृति नहि थिक। ओ तँ मैथिलीक साहित्यक पूर्ण विकसितावस्थाक रचना थिक। ओहि सँ प्राचीन ग्रन्थ उपलब्ध नहि अछि तेँ ई तँ नहि मानल जाए सकैत अछि जे रचना नहि भेल। अनुपलब्धि तँ अभावक द्योतक नहि थिक। स्वयं वर्णरत्नाकरक अनुशीलन सँ तत्कालीन साहित्याराधनाक तेहन विशद चित्र ततेक स्पष्ट रूप सँ निखरैत अछि जे ओही आधार पर हमरा लोकनि कहि सकैत छी जे मैथिली भाषा ताहि समय धरि पूर्ण प्रौढ़ भए गेल छल। लक्षणा ओ व्यञ्जनाक विलास भाषाक अभिव्यक्ति सामर्थ्यकेँ अद्‌भुत प्रकर्ष प्रदान कएने छल। हँ, एतबा अवश्य जे मैथिली-साहित्यक धारा संस्कृत-साहित्यक धाराक समानान्तर बहैत छलैक ओ ई श्रेय विद्यापति कैँ छैन्हि जे ओ एहि दुहू धाराक एक गोट समन्वित रूपक आविष्कार कए ओकर प्रचार कएल। ओहि सँ पूर्व मैथिली-धाराक प्रवर्तक, संवर्द्धक, पोषक ओ प्रचारक समाजक ओ वर्ग छलाह जे संस्कृत सँ अनभिज्ञ छलाह; संस्कृत सँ जे अनभिज्ञ छल से धर्मबुद्ध्या या देव-वाणीक उपासक छल। हमरा कहए नहि पड़त जे साक्षरता समाज मे बड़ विरल छलैक ओ समाजक ओ वर्ग जाहि मे मैथिली-धारा प्रवहमान छलैक ताहि मे साक्षरता प्रायः शून्य छलैक। एमहर आबि भलहिँ मैथिली कैँ ब्राह्मण ओ कायस्थक भाषा कहि संकुचित करबाक प्रयास हो; परन्तु ई वस्तुस्थितिक अनभिज्ञता थिक। मैथिली-साहित्य कैँ ब्राह्मणेतरक तँ नहि कहब, मुदा ई पण्डितेतर वर्गक साहित्य छल ताहि मे सन्देह नहि। ज्योतिरीश्वर पहिल ब्राह्मण पण्डित छलाह जे अपना नाम सँ संस्कृत छोड़ि मिथिलाभाषा मे रचना कएल। तेँ मैथिली साहित्य जे निरक्षर कवि, कथाकार, नट ओ नटी द्वारा सृष्ट होइत रहल, प्रचलित होइत रहल तकरा लीखत के? आइ सँ छओ सए वर्षक स्थितिक अनुमान कए बूझि सकैत छी जे लिखब ताहि दिन केहन दुष्कर कर्म छल ओ के लेखक एहन होएत जे शास्त्र-पुराण कैँ छोड़ि लोक-भाषाक काव्य कैँ, लोक-गाथा कैँ, लोक-कथा कैँ, लोक-नाटक कैँ लिखत। एक समय छल जखन गुणाढ्य कैँ वृहत्कथाक सुननिहार नहि भेटलैन्हि किएक तँ ओ पैशाची मे लिखल छल तेँ ओ विषण्ण भए जङ्गल मे बैसि हरिण सब कैँ अपन काव्य सुनाए अपन लेख कैँ धधकैत आगि मे दए-दए डाहैत रहलाह। हुनका तँ अपन शापक मुक्ति उद्देश्य छलैन्हि। मैथिलीमे यदि केओ लिखबो करितए तँ ओकर पढ़निहार वा सुननिहार के पण्डित होइतैक। हाल धरि हजारो कथा मिथिला मे प्रसृत छल जकरा समाज मे खिस्सा कहैक, सब मौखिक। एखनहु दश-बारह गोट लोक-गाथा कतहु-कतहु प्रसृत अछि जाहि मे पाण्डित्य नहि, कवित्व छैक, महाकाव्यक सब लक्षण सँ परिपूर्ण; छन्दोबद्ध नहि, लयपूर्ण। कहिआसँ ई सब अबैत अछि, के जनैत अछि! लोरिकक

नाच ज्योतिरीश्वरक समय नगर मे ठाम-ठाम होइत रहए। बिरहा ओ चाँचरि, लगनी ओ चौपाइ ज्योतिरीश्वर सुनैत छलाह। के कहत जे ज्योतिरीश्वर सँ पूर्व मिथिला-भाषाक विकास नहि छलैक, मैथिली मे गद्य-साहित्यक सर्जन नहि होइत छल?

अतएव ज्योतिरीश्वरक वर्णरत्नाकर सँ पूर्व मैथिली-साहित्यक परम्परा सुदृढ़ भए गेल छल। केवल मैथिलीक पद्ये टा नहि, गद्यो प्रौढ़ भए गेल छल। ताहि मे वर्णरत्नाकरक प्रमाण असन्दिग्ध ओ निर्भ्रान्त मानए पड़त, हँ, तखन जे कथा हम बारंबार कहैत आएल छी, लिखैत रहलहुँ अछि, मैथिली-साहित्यकाशमे मार्तण्डक प्रखर तेज जकाँ विद्यापतिक प्रखर प्रतिभा मे आन सब साहित्यकारक कृति दिनक तरेगन जकाँ बिलाए गेल।

ततबए नहि, विद्यापति संस्कृत-काव्य-धारा ओ लोक-काव्य-धारा दुहूक समन्वित रूप कैं ग्रहण कए संस्कृत-काव्यक आनन्द संस्कृतानभिज्ञ जनता कैं सुलभ रीतिएँ राग-ताल-लयाश्रित मधुर गीतक माध्यम सँ उपलब्ध कराओल से सत्य, परन्तु से साहित्यक विकासक दृष्टि सँ नहि कएल गेल, राजनीतिक कारण सँ, भाषाक सूत्र मे समस्त मिथिला-भाषाभाषी जनसमुदाय कैं एक ठाम बान्हि मैथिल जातीयताक बीजारोपण करबाक उद्‌दश्य सँ, नारी-समाज मे सङ्गीतक सङ्ग-सङ्ग काम-शास्त्रीय शिक्षाक साधन जुटएबाक उद्‌देश्यसँ, व्यवहार-विषयक अलिखित नियमादिक स्वरूप-निरूपण कए ओकरा सुदृढ़ बनएबाक उद्देश्य सँ इत्यादि। कारण, हदय सँ विद्यापति संस्कृतक-कट्टर पक्षपाती छलाह ओ गीत छोड़ि आओर किछुओ मिथिलाभाषा मे नहि लिखल। 'पुरुष-परीक्षा' जकर रचना ओ कएल 'नूतनधी शिशुक मोदार्थ' से तँ ओ संस्कृतक कतेक विशेष सुन्दर जकाँ मिथिलाभाषा मे लिखि सकैत छलाह। परन्तु कुल क्रमागत जे संस्कार तत्कालीन समाजक परिवेश मे हुनका अन्तःकरण मे सुदृढ़ छल से के हटाए सकैत ओ अपन जीवनक अन्तिम तीस वर्ष तँ निरन्तर ओ केवल संस्कृतिहिटा मे लिखैत रहलाह। विद्यापतिक सदृश उदात्त ओ उदार विचारक दूरदर्शी जन-नेताक जखन ई हाल तखन साधारण साहित्यकारक प्रसङ्ग मे की कहल जाओ। एतबओ जे ओ कए सकलाह से शिवसिंहक प्रेरणा सँ, हुनकहि बल पर, तथापि वाचस्पति मिश्रक पौत्र हुनका 'अतिलुब्ध नगर-याचक' कहि मृदु किन्तु मार्मिक व्यंग्य करबा सँ तँ नहि चुकलाह। ओहो जे संस्कृत-मैथिली-काव्य-धाराक समन्वित रूप ओ जन-भाषाक गीतमे बहाओल सेहो हुनक परवर्ती युग मे क्रमशः वर्गीय होइत गेल ओ जन-साहित्यक रूप छोड़ि विशुद्ध पण्डिताम भए गेल। आइ सँ पचास वर्ष पूर्व म.म. परमेश्वर झा रुक्मिणीहरण, 'सीता-स्वयंवर ओ विरहा-चाचरि इत्यादि कैं गमैआ भासक गीत कहि 'सहीस, फीलमान, बहलमान, कहार ओ बेगारक गोलमे गाओल जाइत छल', ई कहि तिरस्कृत करैत रहलाह। हजारक संख्या मे जे कथा सब समस्त मिथिला देश मे प्रसृत छल से एकओटा प्रायः पागधारी नहि सुनबैत छलाह। ओकर प्रचारक ओएह गमैआ लोक छल। संस्कृत साहित्य मे वात्सायनक

समय सँ जे नागर ओ ग्राम्य गुण-दोषक पर्याय मे रूढ़ भए गेल छल तकरे ई परिणाम कही अथवा चरम स्वरूप कही। एहना स्थिति मे जे वस्तु संस्कृत मे नहि छलैक तकरा मैथिली मे कहबाक आशा करब, सेहो पण्डित वर्ग सँ, असम्भव ओ संस्कृत मे गद्य तँ कवित्वक निकष छलैक। जाहि भाषा मे आयुर्वेद, ज्योतिष आओर की अङ्कगणितक प्रश्न सब सेहो पद्यबद्धे लिखल जाइक ताहि भाषाक भाषीक हेतु गद्य-साहित्यक रचना असम्भव छल ओ जाधरि ई मनोवृत्ति रहल ताधरि गद्यमे साहित्यक रचनाक अवसर कतए अबितैक, अवकाश कतए छलैक, हम पुनः स्मरण कराएब जे तँ ई कहब जे गद्य मे साहित्यक विविध विधाक वर्णन नहि होइत छलैक से नहि, परन्तु से होइत रहलैक समाजक ओहि वर्गक हेतु ओही वर्गक विशिष्ट प्रतिभावान कलाकार सबहिक द्वारा जे निरक्षर छल, जकर रचना मौखिक रूपेँ प्रसृत होइत रहलैक ओ जे क्रमशः ओकर ज्ञाताक सङ्गहि लुप्त होइत गेलैक जँ अपन गुण ककरहु सिखाए नहि गेल। एखनहु जतबा ई साहित्य बाँचल अछि से थोड़ नहि अछि। हालहि मे इण्डियन-नेशनक श्री दीनानाथ बाबू बड़ यत्न सँ तीनगोट एहन कथाक संग्रह प्रकाशित कराओल अछि 'एगो रहथि राजा'। ओ जिला-जिला, भिन्न-भिन्न सब-डिवीजन, भिन्न-भिन्न सांस्कृतिक केन्द्र सबसँ आओर कथाक संग्रह कराए रहलाह अछि जकरा प्रसङ्ग ई नहि कहि सकैत छी जे एकर रचना कहिआ भेल। कतोकक बीज हजारो वर्ष पूर्व जाए सकैत अछि। किछु वर्ष भेलैक श्रीतन्त्रनाथ बाबू ओही प्राचीन कथाक शैली पर दू गोट नवीन कथा प्रकाशित कराओल 'जीबितहिँ स्वर्ग' ओ 'योगक इयार' जे विषय वस्तुएटा मे नहि, कथा-शिल्पहुक दृष्टि सँ एन-मेन आदर्शक अनुरूप छल। अतएव मैथिली मे गद्य-अभाव छल वा अछि ई कोना कहब। हँ, ई हमरालोकनिक अकर्मण्यता थिक जे एतेक विशाल ओ एहन समृद्ध साहित्यकेँ हमरा लोकनि गाम-गाम बसैत मुदा फुसिए 'नागर' होएबाक मिथ्या अभिमान सँ नष्ट कए देल। हमरा तँ नहि आशा अछि जे अवशिष्टो जे किछु बचाओल जाए सकैत अछि से संगृहीत होएत अथवा संग्रह तँ थोड़-बहुत कए गोटो कएनहुँ छथि ओ संग्रह प्रकाश मे आबि सकत। कारण मैथिलीक प्रकाशन जे अवस्था छैक ताहि मे कम सँ कम हमरा तँ ई आशा नहि होइत अछि जे मैथिली-साहित्य पुरान हो अथवा नव जनताक ओ पोषणता प्राप्त कए सकैत अछि जाहि बल पर कोनहु प्रकाशनक व्यवस्था सफल भए सकैत अछि। किछु उत्साही व्यक्ति अधिक सँ अधिक एतबए कए सकैत छथि जे साहित्यक स्रोत सुखाए नहि देताह, मैथिली साहित्य केँ जीवित राखि सकताह। साहित्य केँ समृद्ध करब कम सँ कम मिथिला-भाषाभाषी शिक्षित समुदायक साहाय्य, ओ आरम्भ मे किछु स्वार्थ त्यागक, अपेक्षा रखैत अछि।

आधुनिक काल मे मैथिलीक गद्य-साहित्यक विकासक प्रसङ्ग किछु विशेष कहब महासम्मेलन मे हमरा आवश्यक नहि प्रतीत होइत अछि। ई युग थिकैक गद्यक

जाहि मे भावनाक प्रमुखता नहि रहैक; बुद्धिक विलास रहैक। परन्तु आश्चर्य जे मैथिली मे एखनहु गद्यकार सँ अधिक कविए भेटताह। जे गद्य लिखिओ सकैत छथि सेहो कविते रचताह। कारण स्पष्ट अछि। कविता रचने कम सँ कम कविसम्मेलनसँ तँ आह्वान होइत छैन्हि आ यदि सस्वर पढ़ि सकलाह तँ मञ्च पर वाह-वाही सेहो होइत छैन्हि। गद्य लिखने तँ ओकर प्रकाशनक व्यवस्था करब तथा प्रकाशन भए गेलहु उत्तर पोथी लए ओकरा बेचने फीरु; नहि तँ प्रकाशनक व्यय समेत नहि ऊपर होएत। कहल जाइत अछि जनताक मनोनुकूल साहित्यक निर्माण नहि होइत अछि; तखन कोनो कृति जनता मे लोकप्रिय कोना होएत। परन्तु जनता जखन पोथी पढ़बे नहि करत, अपन रुचि लेखक कैं जनाए सकबे नहि करत, तँ साहित्यकार कोना बुझथिन्ह जे जनता कैं की रुचि छैक। तीन वर्ष साहित्य-अकादमी क पुरस्कार मैथिलीक पोथी कैं भेटलैक अछि जाहि मे दूगोट गद्यक ग्रथ कैं। कोना कहि सकैत छिऐक मैथिली मे मौलिक रचना सत्साहित्यक प्रतिष्ठा पएबाक योग्य नहि होइत अछि। एहि बीस वर्ष मे मैथिली मे कम सँ कम लघु-कथाक तेहन सुन्दर विकास भेल अछि जे एहि अंश मे मैथिली कोनहु भाषा-साहित्यक सङ्ग पूरि सकैत अछि। अनेक शास्त्रक अनेक ग्रन्थ देखल अछि बेजोड़, मौलिक' कोनहु साहित्य कैं गौरव देनिहार; परन्तु प्रकाशन कोना होएत ओ यदि प्रकाशित नहि भेल तँ ओकर मूल्य के बूझत? उपन्यास गद्य-साहित्यक एक गोट प्रमुख विधा थिकैक; परन्तु मैथिली मे जकरा उपन्यास कहैत छिऐक से प्रायः एकोगोट नहि भेटत कारण स्पष्ट अछि। उपन्यास मे जीवनक व्यापक चित्र चाही ओ व्यापक चित्र तावत पर्यन्त कठिन छैक यावत् मुख्य कथानकक सङ्ग एक वा दू गोट गौण कथानक सम्मिलित नहि रहतैक। उन्नैसम शताब्दी मे जखन इङ्गलैण्ड मे उपन्यास उत्कर्षक चरम पर छलैक तखन इएह कहल जाइक जे तीन जिल्द सँ छोट कोनहु उपन्यास भेलैक अछि। मैथिली मे की स्थिति छैक तकर एक गोट दृष्टान्त देब पर्याप्त होएत। हालहि मे एक गोट उपन्यास ओकर लब्धप्रतिष्ठ लेखक बड़े उल्लास सँ हमरा पठओलैन्हि ओ आग्रह कएलैन्हि जे हम अपन सम्मति अवश्य लिखिऐन्हि। हम एक बेरि पोथी पढ़लः नहि बुझलिऐक। दोसर बेरि पढ़ल; नहि बुझलिऐक। तखन लेखक कैं लिखलऐन्हि जे की विषय थिकैक जे उपन्यासक कथानक बुझबामे नहि अबैत अछि। लेखक महोदय अत्यन्त विनीत शब्दें लिखलैन्हि जे से सत्य थिकैक। प्रकाशक कैं मूल पोथी बड़कीटा बुझि पड़लैन्हि। ओतेक टाका लगएबाक नहि छलैन्हि। तें ओ बीच सँ पाण्डुलिपिक एक सए पात छाँटि लेलथिन्ह। आब विचार कएल जाओ जे जाहि साहित्य मे साहित्यकार प्रकाशकक हुकूम पर पोथीक पृष्ठसंख्याक निरूपण करत ताहि मे रचनात्मक मौलिक कृतिक आशा कोना कएल जाएत। एहि मे ककर दोष?

परिणामतः मैथिली गद्यक भविष्य हमरा बड़ अन्धकारमय प्रतीत होइत अछि। सम्भव थिक ई हमर वयसक दोष हो। भए सकैत अछि ई मैथिलक जे जातीय दोष

थिक परस्पर विरोध ताहि सँ समूहात्मक कोनो आयासक विफलता देखि देखि हो। परन्तु मैथिली गद्यक व्यापक प्रचारक अभाव मे हिन्दीक उत्तरोत्तर प्रवर्द्धमान प्रभाव हमरा लोकनिक भाषा कैँ गिड़ने जाए रहल अछि। मैथिली-लिपि नष्ट भए गेल। नागर-लिपि देवनागर ओकरा गीड़ि गेल। नव-नव प्रकाशित पोथी सबहिक भाषा ओ ताहू सँ अधिक पटनाक आकाशवाणीक मैथिलीभाषा बुझि नहि पड़ैत अछि जे मैथिली हो। जाहि मार्ग पर हमर नव कलाकार लोकनि जाए रहलाह अछि ताहि सँ ई भय हृदय कैँ आक्रान्त कएने जाए रहल अछि जे अपनहि करनी सँ हमरा लोकनि अपना भाषा कैँ हिन्दीक एक गोट बोली, से विशिष्ट बोली हो, मुदा ओकरे बोली सिद्ध करैत जाए रहल छी। उच्चारण तँ अमैथिल भइए गेल अछि जे ओकरे फलस्वरूप लेखो ओहने भेल जाए रहल अछि। तेँ समष्टि रूपेँ लेखा-जोखा कएला उत्तर कम सँ कम हमरा इएह बुझि पड़ैत अछि जे विकासक दिशा मे हमर भाषा, हमर गद्य-साहित्य, जतबा दूर आगाँ जाइत अछि ताहि सँ बेसी भाषाक वैशिष्ट्य दिनानुदिन ह्रास सँ पाछाँ भेल जाए रहल अछि। ई वस्तु दोसर थिक जे राष्ट्रीय एकता किंवा विश्व-बन्धुत्वक एहि नव युग मे भाषागत भेद दूर हो। सब एक भए जाइ। ई बड़ सुन्दर नीति अछि। परन्तु तखन मिथिला-मैथिल-मैथिलीक नाम लए-लए आक्रोशक की प्रयोजन?

परन्तु आशाक एक गोट मात्र क्षीण रेखा बराबरि हृदय कैँ आश्वस्त करैत रहैत अछि जे ततेक प्राचीन हमर गद्य-साहित्य अछि, ततेक प्रौढ़ ई भाषा अछि, ततेक बिहाड़ि-झाँट ओ पाथर सँ उबरैत ई भाषा एखन धरि अपन साहित्यिक गरिमा यथाकथञ्चित् धएने अछि, सबसँ बेसी तेहन विश्ववन्द्य जगज्जननीक नाम पर हमर भाषाक नाम अछि जे ई लुप्त नहि होएत। गनले-गूथल होथि; किन्तु किछु व्यक्ति एखनहु मैथिलीक उपासक छथि जे विशुद्ध साहित्यिक गद्यक निर्माणकार्य कए रहल छथि। शिक्षित समाज मे जागृति हो ओ लोकनि एहि दिशि साकांक्ष होथि, हमर गद्यसाहित्य पल्लवित-पुष्पित हो। जगदम्बाक इच्छा। परन्तु एखनो जे स्थिति अछि ताहि मे कतिपय उत्साही कर्मठ नेता लोकनिक, जाहि मे अग्रगण्य एही महासम्मेलनक संयोजक महोदय एकसरे नहि सपरिवार संलग्न छथि, सँ हमर भाषा मरए नहि पाओत एकर साहित्यक स्रोत सुखाए नहि पाओत। एही क्षीण आशा कैँ लए आइ अपने लोकनि समक्ष विनीत भए अपन हृद्गत किछु भावधारा उपस्थित कएल अछि। शुभकामना बुझी; एके टा अछि जे हमर नवीन साहित्यकार लोकनि मैथिली मे गद्य लिखबा सँ पूर्व मैथिली-भाषा लिखए सीखि लेथि। ई धारणा सर्वथा भ्रान्त थिक जे अपन भाषा मे साहित्य सर्जन करबाक हेतु ओहि भाषाक व्यवसाय करब, ओकरा सीखब आवश्यक नहि छैक।

(काशीक प्रथम अखिल भारतीय मैथिली महासम्मेलनक
मैथिली गद्य विभागक अध्यक्षीय भाषण)

पुरान लिखा

प्राक्कथन

वर्ष दशेक भेल जे मिथिला-भाषा लिखबाक सबसँ उपयुक्त अथच विशुद्ध 'शैली'क निर्णयक उपक्रम मे हम अनेको ठाम पुरान 'लिखा' क अन्वेषण कएने छलहुँ ओ कतेकक तँ संग्रह सेहो कएल। म.म. डाक्टर श्रीउमेशमिश्रक प्रदर्शित पथ पर, महावैयाकरण पण्डित श्रीदीनबन्धुझाक विचार, सम्मति ओ आदेश सँ जाहि शैलीक हम परिग्रहण कएने छलहुँ, सएह शैली एहू लिखा सबहि सँ क्रमशः पुष्ट ओ बलित होइत गेल ओ पछाति हमर परम मित्र डाक्टर श्रीसुभद्र झा जखन आधुनिक भाषा-विज्ञानक रीति सँ ओहि शैलीक सर्वतोभावेन समर्थन कएल तखन तँ हमर निश्चय आओर दृढ़तर भए गेल। सएह थीक हमर 'एक गोट शैली' जाहि मे दू वर्ष धरि हम साहित्य-पत्रक सम्पादन कएल। आब त तेहन-तेहन विशिष्ट व्यक्ति लोकनि ओकर समर्थन कएलैन्हि अछि ओ ततेक लेखक लोकनि, विशेषतः नवीन भविष्णु लेखक लोकनि, ओकर अनुसरण करए लागि गेल छथि जे हमरा तँ पूर्ण विश्वास अछि जे विशुद्ध मिथिला-भाषा लिखबाक जे परम्परा पूर्व सँ आबि रहल अछि सएह बहुत दिन धरिक हेतु अक्षुण्ण रहि जाएत।

हमर विचार छल जे एहि लिखाक संग्रह कैं उपयुक्त टिप्पणीक सङ्ग साहित्य पत्रमे प्रकाशित करी परन्तु दुर्योग सँ साहित्य-पत्रक असामयिक अवसान हमरा हेतु ततेक कष्टमय ओ अनुत्साहकर भेल जे बहुत दिन धरि एहि दिशि सँ चित्त हटले रहल ओ संग्रहक काज तँ समाप्त भेल अछिए।

एहि मध्य मे एहि संग्रहक सदुपयोग डाक्टर श्रीसुभद्र झा 'मिथिला-भाषाक उत्पत्ति ओ विकास' नामक अपन 'डाक्टरेट' क ग्रन्थ मे तथा हमर परम मित्र पण्डितप्रवर श्रीजयकान्त मिश्र अपन मैथिली-साहित्यक इतिहासक अनुसन्धानक प्रसङ्ग मे सेहो कएलैन्हि मुदा श्रीमान् अमरनाथ बाबूक आदेश बराबरि होइत रहल जे एकरा प्रकाशित करू। एमहर आबि प्रेसक असुविधा देखि तँ हुनक एतेक दूर धरि आज्ञा भेल जे अन्यत्र नहि भए सकए तँ मिथिलामिहिरहु मध्य अवश्य प्रकाशित

कराए दिऔक। अनेक कारण सँ 'मिहिर' मध्य एकरा प्रकाशित करबा मे हमरा कतोक तारतम्य होइतहि छल तावत् एहि नवीन पत्रक आयोजनक समाचार बुझल ओ एकर सञ्चालकक हम परम कृतज्ञ छी जे एहि संग्रह कैं प्रकाशित करब सहर्ष स्वीकार कएल अछि। आब जखन ई प्रकाशित होअए लागल अछि तखन नव असुसन्धान ओ पुनः संग्रहहुक काज आगाँ बढ़ि सकत से भरोस करैत छी। उत्तम तँ होइत जे एहि सब लिखाक फोटो सेहो सङ्गहि प्रकाशित होइत परन्तु से एखन सम्भव नहि अछि, मुदा ई सूचित कए देब सन्तोषप्रद होएत जे दड़िभङ्गा-राज सँ सम्बद्ध एहि मे जे लिखा सब अछि ताहि सबहिक फोटो राज दिशि सँ करबाए लेल गेल अछि।

टिप्पणीमे लिखाक वर्णनक सङ्ग-सङ्ग ओ कतए भेटल तकर सूचना अछि ओ जे जकरा लिखल ओ यदि कोनहु व्यक्तिक प्रसङ्ग तँ तनिक सबहुँक परिचय जतबा उपलब्ध भए सकल से दय देल अछि। ताहि सँ एकर ऐतिहासिको किछु महत्त्व भए जाएत। भाषाक प्रसङ्ग सेहो संक्षिप्त टिप्पणी अछि तथा पुरान शब्दक दिशि ध्यान आकृष्ट कराओल गेल अछि। जतए आवश्यक प्रतीत भेल अछि विषयहुक स्पष्टीकरण हो से यत्न कएल अछि। माननीय मिथिलेश लोकनिक जे 'लिखा' सब अछि ताहि मे दहिना भाग टेढ़ कए दू पाँती मे दश गोट अक्षर—प्रति पाती मे पाँच-पाँच गोट, 'समाचार लि' 'खा सँ जानब'—अपना हाथैँ लीखि 'हस्ताक्षर' कए देल गेल अछि। से हस्ताक्षर एखन पर्यन्त हमरा महाराज माधवसिंह बहादुर सँ लए अद्यपर्यन्तक सबहुँ मिथिलेशक उपलब्ध भए गेल अछि। मोहरक स्थान मे अपना हाथ सँ 'माछ' क चित्र बनाए 'माही' कए देबाक परिपाटी एहि राजकुल मे आदि सँ आबि रहल अछि सेहो जे कोनो एहि मे सनद अछि ताहि सबमे भेटैत अछि। पंक्तिक शेष मे = सङ्केत देल अछि। आशा अछि ई संग्रह रोचक ओ उपकारक प्रतीत होएत ओ एकर महत्त्व बूझि जनिका घर मे पुरान-पुरान कागज होएतैन्हि से ओकरा नीक जकाँ ताकि एहन-एहन लिखा की तँ हमरा पठाए देताह जे हम ओकर विचार कए टिप्पणीक सङ्ग ओकरा प्रकाशित कराए देबैन्हि अथवा ओ अपनहि ओकर परिचय इत्यादि दए ओकरा प्रकाशित कराए देताह।

(1)

दू सए अट्ठाइस वर्षक, नओ पाँती सुन्दर तिरहुता मे कागत पर काएथक लिखल राजकीय 'माही' सँ युक्त ई लिखा नवटोल निवासी सरसकवि श्रीईशनाथ झाक सौहार्दसँ प्राप्त भेल। कागतक अन्तिम अंश गलि रहल छैक तथापि अक्षर एकओ गोट लुप्त नहि भेल अछि। एकर फोटो राज-लाइबेरी मे अछि।

ई लिखा कोनहु राजकीय अमलाक नामेँ अछि तथा जनिक स्त्रीक प्रसङ्ग ई

लिखल गेल अछि से पशुपति झा, सदुपाध्याय, नरओन-सुल्हनी मूलक सोति सदुपाध्याय रघुनन्दन झाक जेठ बालक महाराज शुभङ्कर ठाकुरक दौहित्र छलाह अतएव महाराज राघव सिंह बहादुरकैं ओ बापक साक्षाते पिसिऔत भाए छलथिन। एही सदुपाध्याय रघुनन्दन झाक छोट भाए हरिनन्दन झाक, जनिको विवाह महाराज शुभङ्कर ठाकुरक कन्या मे छलैन्हि, सन्तान, हुनक वृद्धप्रपौत्रक प्रपौत्र, हमर परम मित्र श्रीसरसकविजिउ थिकाह।

सदु॰ पशुपति झा असन्ततिके स्वर्गीय भेलाह अतएव हुनक स्त्री सन्ततिहीना विधवा छलीह होएत ओ तनिके प्रसङ्ग मिथिलेशक ई लिखा जारी भेल छल।

स्वस्ति महाराज श्रीराघवसिंह देवदेवानां=सदासमरविजियिनां कर्त्तव्यचतुर श्रीमधुसू=दनदास महत्सु शुभाशी आगाँ पशु=पति झाक स्त्री कहल जे खनुगाम छओ बि=गहा भूम हमे ओजह पाए आइलि छि=अ से जे हुनका अमल भए आए=लछ से भूम आबहु अमल करती=ह ताहि मोजाहिम जनु होइअ=इति सन 1127 साल भाद्र शुदि 5 रोज।

[टिप्पणी—मिथिलेशक ई प्रशस्ति तथा राजकीय ब्राह्मणेतर अमलाक 'कर्त्तव्य चतुर' ई प्रशस्ति द्रष्टव्य। खनुगाम—एहि गामक पता नहि लागल अछि। भूम—ई रूप द्रष्टव्य—अनेक ठाम ई रूप देखैत छी। हमे, छिअ, आएलछ, होइछ—सब प्राचीन रूप। ओजह— फारसी शब्द। अमल—फारसी, अधिकार अर्थ मे प्रसिद्धे अछि। ताहि मोजाहिम—'ताहि' क प्रयोग द्रष्टव्य। 'मोजाहिम' फारसीक बड़ प्रसिद्ध छल— अनेक ठाम प्रयोग देखैत छी यद्यपि आब एकर प्रयोग ऊठि गेल अछि। एकर अर्थ थीक 'हस्तक्षेप' ओ 'मोजाहिम जनु होइतअ' तकर अर्थ भेल 'हस्तक्षेप जनु करिअ।']

(2)

दू सए पाँचम वर्ष, तिरहुता मे एगारह पाँती मे कागत पर काएथक लिखल, मिथिलेश महाराज नरेन्द्र सिंहक हस्ताक्षर सँ युक्त, ई 'लिखा', उजान-निवासी महोपाध्याय (नैयायिक) श्रीदुर्गाधर झाक सौहार्दसँ प्राप्त भेल। एकर एक दिशि प्रति पाँतीक अन्तिम अक्षर लुप्त-प्राय छैक।

ई जनिक नामे लिखल अछि से 'निधि उपाध्याय' उजानक स्वर्गीय बदरीनाथ उपाध्यायक प्रपितामह मड़रए-शिहौलि-मूलक सोति छलाह, जनिका प्रसङ्ग लिखल गेल छैन्हि से 'हिराइझा' महामहोपाध्याय, उजानहिक वासी मड़रए-शिहौलिमूलक सोतिए छलाह तथा हिनक वृद्धप्रपौत्र लोकनि सम्प्रति लालगञ्ज मे बसैत छथिन्ह जाहि मे पण्डित श्रीश्यामानन्दझा प्रसद्धि छथि। डोमानदीक पता नहि लगैत अछि जे कोन नदी एहि नाम सँ ख्यात छल, यद्यपि उजान मे कए गोट पुरान छारनि सब

नदी कहाए ख्यात अछि।

स्वस्ति परम शुप्रतिष्ठ श्रीनिधि=उपाध्या महाशयेषु महा=राज श्रीनरेन्द्र सिंहस्य नमस्का=राः कुशल ञ्च आगाँ डो=मा नदी श्रीहिराइझाकाँ ब्र=ह्मोत्तर छइन्हि मल्लाह कैं =ञेहाँ दुष्ख देइ छिअइ॰ तक=र हक कओन॰ ओहि नदी अओ मल्लाहसँ मोजाहिम जनु होइ=अ॰ फेरि नालिस नहि आबए जे=ठ शुदि 6 रोज सन 1151 साल।

टि॰—'सु' क स्थानमे 'शु' तालव्य लेखाशुद्धि—केवल 'उपाध्या' द्रष्टव्य—'छइन्हि'— 'छैन्हि'—'ऐ' क उच्चारण 'अइ' सएह थीक। 'ञेहाँ' प्राचीन रूप क्रमशः 'ञहाँ'—अहाँ। 'देह'—'दइ'—'दइत'—'दैत'। हक—फारसी शब्द थीक, तहिना 'नालिस' मुदा 'स' दन्त्य। मोजाहिम—हस्तक्षेप करब अर्थ मे पूर्व बड़ प्रयुक्त होइत छल। कओन, अओ, आबए—द्रष्टव्य'। होइअ प्राचीन, आब केवल 'होइ')

(3)

'माही' कएल आठ पाँती सुन्दर तिरहुता मे सुस्पष्ट लिखल, दू सए वर्षक ई लिखा उजानक स्वर्गीय पण्डित पद्मनाथ झाक सौहार्दसँ प्राप्त भेल।

ई जनिक नाम सँ लिखल अछि से गङ्गादत्तझा, महामहोपाध्याय, उजानक 'करमहए रुचौलि' मूलक सोति छलाह तथा जाहि रामेश्वर झाक एहि मे चर्चा अछि तनिक जेठ बालक छलाह। रामेश्वर झा, महामहोपाध्याय, सुप्रसिद्ध महामहोपाध्याय गोकुलनाथ उपाध्यायक अग्रशिष्य छलाह तथा सुनैत छी जे 'सिद्ध' छलाह। म.म. गङ्गादत्तझाक वृद्धप्रपौत्र श्रीविजयदत्त झा सम्प्रति ओहि डी पैत्रिक डीह पर वृद्धिमान वर्त्तमान छथि तथा म.म. गङ्गादत्त झाक छोट भाए म.म. सुबोध प्रसिद्ध भवानीदत्त झाक वृद्धप्रपौत्र स्वर्गीय प. पद्मनाथ झा छलाह।

जाहि 'दुलारचन्द दास' क एहि लिखा मे उल्लेख अछि तनिक प्रसङ्ग संस्कृत मे लिखल एकगोट पुरान बही-खाताक लेख सँ ज्ञात होइत अछि जे शाके 1667 मे जखन दिल्ली मे 'महासुरत्राण श्री श्री श्रीमन्महमद शाह' शासन करैत छलाह तखन 'तत्प्रसादा-सादित बङ्गादि सूबात्रयारूढ़, छलाह श्री श्रीमदलीबरदीषाण, ओ तनिक 'सम्मान-समारूढ़-विहार-सूबापद' छलाह श्री श्री जयनुद्दीन अहमदषाण, हुनक सेनाध्यक्ष छलाह दुलारचन्द दास। मिथिलामहीमण्डलक पालक छलाह तहि समय मे महाराज नरेन्द्र सिंह।

अतएव शाके 1667 मे दुलारचन्ददास बिहारक सूबेदारक सेनाध्यक्ष छलाह। सिद्ध रामेश्वर झा कैं ओ कहिआ ब्रह्मोत्तर देल से तँ ज्ञात नहि होइत अछि परन्तु शाके 1670 (सन् 1155 साल) मे महाराज नरेन्द्र सिंह ओहि सेनाध्यक्षक द्वारा बाप कैं देल ब्रह्मोत्तर कैं जेठ बेटाक नाम सँ स्वीकार कए दैत छथिन्ह। एहि सँ स्पष्ट होइछ

जे शाके 1670 क आषाढ़ वदि त्रयोदशी सँ पूर्व ओहि वर्ष अथवा आओर किछु पूर्वहिँ सिद्ध रामेश्वर झाक देहान्त भेल हो परन्तु तखन रामेश्वरझाक नाम सँ पूर्व 'श्री' कोना? ई तेँ जीवितहिं व्यक्तिक नाम मे लगएबाक सम्प्रदाय मिथिला मध्य प्रचलित अछि।

जे हो दड़िभङ्गा-राज्यक पूर्वक प्रतिपत्ति बुझबाक हेतु ई लिखा बड़ महत्त्वपूर्ण अछि। मिथिला मे केओ ककरहु ब्रह्मोत्तर देथुन्ह परन्तु यावत् पर्यन्त मिथिलेश ओहि दान कैँ स्वीकार नहि करथि तावत् ओ दान कार्यगत नहि होइत छल। बाप केँ देल ब्रह्मोत्तर बापक परोक्ष भेलापर बेटा के भेटओ ताहू हेतु मिथिलेशक आज्ञाक प्रयोजन होइत छल जकरा सम्प्रति दाखिल खारिज कहैत छिऐक।

स्वस्ति परमसुप्रतिष्ठ श्रीगङ्गादत्तझा महाशये षु=महाराज श्रीनरेन्द्र सिंहस्य नमस्कार आगाँ–परगन्ना बछौर मध्य बगौलिपट्टी दुलारच=न्द दास श्री रामेश्वर झा कैँ ब्रह्मोत्तर देल–श्री हु देलैन्हि तें माफीक हम–हुँ अहाँ कैँ देल खातिर जमा सँ तरदुद करू=उतपन्न भोग्य कएल करू, आखाढ़ बदि 13 रो=ज सन् 1155 साल।

(नमस्कार पद विभक्ति सँ शून्य संस्कृत नहि भाषा भेल। पूर्वक एहन लेख मे संस्कृत ओ भाषाक एना खिञ्चड़ि खूब भेटैछ। 'श्री' ओ 'हु' क मध्य मे स्थान रिक्त अछि जतए कोनहु गुरु लोकक नाम दातव्य छलैन्हि। से नाम ऊपरमे देल रहैछ। एहू मे किछु ऊपर मे लिखल छैक परन्तु से स्पष्ट नहि होइछ, लगैत अछि जेना 'नीका' रहैक। 'नीका' क तात्पर्य नहि लगैत अछि।

तेँ फीक–फारसी-अर्थ भेल 'तदनुसार' खातिर जमा-फारसी-'दिलजमइ' अर्थ मे अर्थात् 'निश्शङ्क भए' बड़ प्रयुक्त होइत छल।

तरदुद–फारसी–एखनहु प्रयुक्त होइत अछि।

उतपन्न–'उत्पन्न' क विकृत रूप।

(4)

दू सए दश वर्षक सुन्दर तिरहुता मे लिखल ई कर्तृत्वनामा नव टोलक सरसकवि श्रीईशनाथ झाक सौहार्द सँ प्राप्त भेल।

जनिका नामें ई कर्तृत्वनामा लिखल अछि से कुलपति झा 'सरसकवि' क उपाधि सँ विख्यात, 'नरओन-सुल्हनी' मूलक सोति प्रायः नडुआड़ गामक वासी, महिपाणिझाक बालक छलाह जे मिथिलेश महाराज शुभङ्कर ठाकुरक दौहित्र रहथि। एहि सरस-कवि कुलपतिझाक अतिवृद्ध प्रपौत्र थिकाह हमर मित्र श्री सरसकविजिउ। नवटोल आबि बसलाह कुलपति झाक बालक दयानाथझा, श्रीसरस-कवि जिउक वृद्ध प्रपितामह।

कुलपति झा कैं जे कर्त्तापुत्र कएल से मधुरवाणी देवी छलीह मिथिलेश महाराज नरपति ठाकुरक कन्या, महाराज शुभङ्कर ठाकुरक प्रपौत्री, ओ महाराज राघवसिंह बहादुरक बहीनि तेँ कुलपति झा कैं बापक ममिऔत भाइक बेटी भेला कारणेँ बहीनि छलथिन्ह। विवाह छलैन्हि हुनक ओही 'नरओन सुल्हनी' कुल मे महिपाणि झाक साक्षाते पितिऔत भाए हरिजीवझा सँ ओ तेँ ओ कुलपति झा कैं पितिआइनि छलथिन्ह। एही दोमाङि सम्बन्धक कारणेँ असन्ततिका मधुरवाणी दाइ कुलपतिझा कैं कर्त्ता-पुत्र बनाओल।

ई कर्तृत्वनामा 'मोकाम दड़िभङ्गा' मे लिखल गेल से ध्यान देबाक विषय थीक। खण्डबला-राजकुलक जे दड़िभङ्गा राजधानी थीक से महाराज माधवसिंह बहादुरक समय सँ, ओ ई कर्तृत्वनामा महाराज माधवसिंह बहादुरक गद्दीनशीन होएबा सँ चालीस वर्ष पूर्वहिक लेख थीक।

एहि मे मधुरवाणी दाइक मोहर स्पष्ट अछि तथा एहि मध्यक भूमि अपन अंश अद्यपर्यन्त श्री सरस-कवि जिउकाँ भोग मे छैन्हि।

स्वस्ति ॥ कल्याण कोटि निलय चिरजीवी श्री कुलपति झा म=हो दयेषु श्रीमधुरवाणी देव्याः शुभाशी निंवेदनञ्च=आगाँ जेहाकैं कर्त्ता कएल ताहि भूम देलछ बिग=हा पचास—50)

मौजे बिहारीपट्टी मौजे लोहना प्रः आलापुर बिः 25) प्रः लोआम बिगहा 18)
मौजे पारा प्रः पीरा
रुछ बिगहा-7) —50)

एहि भूम जे उत्पन्न होअ से लेल करब इति स=न 1145 साल आखाढ़ शुदि 13 रोज सोम मो= काम दड़िभङ्गा—

कल्याण...ओ महोदय—प्रशस्ति न्यून सम्बन्धिक प्रति प्रयुक्त होइत अछि से द्रष्टव्य।

'भूम' रूप द्रष्टव्य। तहिना 'देलछ' 'ताहि भूम देलछ' प्राचीन—सम्प्रति कहब 'ताहि हेतु भूमि देल अछि'—उत्पपन्नक स्थान मे लेखाशुद्धि—आखाढ़ मे वर्गीय 'ख' लेखाशुद्धि। दड़िभङ्गा—एहि शब्दक रूप देखू।]

(5)

दू सए अट्ठाइस वर्ष पुरान नागर अक्षर मे 'माही' कएल ई लिखा श्रीसरसकविजिउकै सौहार्द्द सँ प्राप्त भेल। ई कोनहु राजकीय कर्मचारीक नाम सँ लिखल अछि जकर नाम मे कोनो प्रशस्ति नहि अछि। जनिका प्रसङ्ग ई लिखल गेल छल ताहि पुशपति झाक स्त्रीक परिचय पहिले लिखा मे देल अछि। ई दूहू लिखा एकहि वर्षक थिक।

महाराज श्रीमाधवसिंह देवदेवानां सदा=समर विजइनां श्रीटुनाइके आसीख एतए कुशल ओतए=क समाचार लिखब आगा मौजे कुसमौलि पसु=पतिझाक स्त्री के...जमीन देल बिगहा दस 10)=से हमहु देल छइन्हि तोहे जमीन नापि दिहह=जे तरदूद तलास हेाइन्हि प्रः आसीन सूदि=12 रोज स. 1127 साल।

एहि मे 'विजइनां' मे 'यि'क स्थान मे 'इ' तथा तालव्य 'श' क स्थान मे सर्वत्र 'दन्त्य स' अछि जे मिथिलाभाषाक वैशिष्ट्य थिक ओ आनुनासिक कतहु नहि अछि। ई द्रष्टव्य थीक।

चारिम पंक्ति मे रिक्त स्थान मे कोनहु गुरुजनक नाम अभिप्रेत छैन्हि तथा ऊपर मे चढ़ाओल अछि 'दादा' ताहि सँ आगाँ प्रायः 'जिउ' फाटल छैक। अतएव ई भूमि महाराज नरपति ठाकुर अपन पिसिऔत भाइक स्त्री कैँ प्रायः बालविधवा भेला पर देल जकरहि महाराज राघवसिंह जारी रखबाक हुकुम दैत छथि=

['जमीन' फारसी, आन मे 'भूम' अछि। 'देल छइन्हि' प्राचीन रूप। आब कहब 'देलिऐन्हि'। तोहे—प्राचीन; निरनुनासिक द्रष्टव्य आब कहब 'तोँ'। 'दिहह' एखनहु व्यवहृत होइत अछि परन्तु तृतीय पंक्तिक 'लिखब' सँ सामञ्जस्य नहि होइत अछि। 'होइन्हि', 'एतए'—'ओतए' द्रष्टव्य। 'प्रः' प्रायः मलमास छलैक तेँ प्रथम आश्विन]

(6)

दू सए पाँच वर्षक सुन्दर तिरहुता मे शुद्ध लिखल मिथिलेशक हस्ताक्षर सँ युक्त ई लिखा महोपाध्याय श्रीदुर्गाधरझाक सौहार्द सँ प्राप्त भेल।

जनिक नामेँ ई लिखल अछि से म.म. महीधरझा उजान गामक वासी म.म. हरीश्वरझाक बालक 'मड़रए-शिहौलि'-मूलक सोति छलाह तथा हिनक वृद्ध प्रपौत्र हमर मित्रवर श्रीनैयायिकजिउ थिकाह। ई छलाह दौहित्र उजानक वासी 'सोदरपुर कन्हौली' मूलक लक्ष्मीपति झाक, जनिक पौत्र सुकवि कृष्णदत्त झा 'गीतगोपीपति' प्रभृति अनेक काव्य ग्रन्थक रचयिता सँ विख्यात छथि ओ एही लागि सँ म.म. महीधर झा अपनहि वा हिनक पिता सएह उजान अएलाह तथा तहिआ सँ हिनक घर उजान मे पाण्डित्यक एक गोट केन्द्र भेल अछि। महीधरझाक नाम सँ सोतिमे एक गोट प्रतिष्ठित पाँजि सेहो अछि। हिनक दू गोट छोट भाए, हिराइझा ओ जुड़ाओनझा, सेहो महामहोपाध्याय छलथिन्ह तथा एही हिराइझाक प्रसङ्ग दोसर लिखा जे प्रकाशित भेल अछि से जारी भेल छल।

स्वस्ति तर्क्काटवीसञ्चरणप्रञ्चानन कविताकुमुद्वतीकेलिनान=महोपाध्याय श्रीमहीधर झा महाशयेषु महाराज श्री=विष्णुसिंहस्य नमस्काराः कुशलञ्च मौजे मदना बछौर=मध्यँ जेहाँक अछ तकर उत्पन्न होअ से अनाए लेब=खर्च करब माघ बदि 5

चन्द्रे सन् 1150 साल।

एहि लिखाक प्रशस्ति बड़े चमत्कारक अछि तथा अन्यत्र कतहु दृष्ट नहि भेल अछि। एतावतैव सिद्ध होइछ जे ई प्रशस्ति केवल व्यवहारार्थ नहि किन्तु पण्डितजिउक योग्यता ओ सम्मानक द्योतनार्थ अछि। एहि मे तर्क ओ कविता दूहू विषयक हुनक प्रतिभाक प्रशंसा कएल अछि। मिथिलेश सँ एहि रूपैं सम्बोधित होइत छथि ताहि सँ अनुमान कए सकैत छी जे पण्डितजिउक विद्या-वैभव कोन रूपक छल, केहन हुनक ख्याति ओ सम्मान छल।

[अछ—प्राचीन रूप बहुत दिन धरि छल ओ आबहुँ भागलपुर प्रान्त दिशि व्यवहृत होइत अछि। 'अनाए' रूप द्रष्टव्य=मध्यँमे 'ध्यँ'क अनुनासिक रूप द्रष्टव्य। तकर उत्पन्न-प्राचीन प्रयोग। आब एना नहि लिखब।]

(स्वदेश, अङ्क 2, 3, 4, 1948)

समालोचना

या दुग्धापि न दुग्धेव कविदोग्धृभिरन्वहम्।
हृदि नः सन्निधत्तां सा सूक्तिधेनुः सरस्वती॥
जयन्ति ते सुकृतिनो रससिद्धाः कवीश्वराः।
नास्ति येषां यशःकाये जरामरणजं भयम्॥

सबसँ पूर्व हम अपना कैं धन्यवाद दैत छी जे आइ एतेक विशिष्ट विद्वज्जनक समक्ष हम एहि सम्मानक आसन पर समासीन कएल गेल छी। अपना मे यदि एहि सम्मानक अपेक्षित योग्यताक आभासो पबितहुँ तँ अपने लोकनिक विवेक कैं धन्यवाद दितहुँ। ई सम्मान तँ थिक अपने लोकनिक कृपा, श्री कृष्णकान्तबाबूक अनुग्रह। तकर आभार हम मानैत छी।

'समालोचना' शब्दक व्युत्पत्तिक विचार कएला उत्तर देखैत छी जे ई 'लोच्' धातु सँ निष्पन्न भेल अछि तथा भाषातत्त्वविद् एहि धातु कैं 'रुच्' धातु सँ सम्बद्ध कहैत छथि। 'सम्'ओ 'आ' दू उपसर्ग सँ विशिष्ट 'लोचन'-कर्म समालोचना भेल। 'सम्' उपसर्गक तात्पर्य अछि 'सम्यक् रूपें' ओ 'आ'क तात्पर्य अछि 'समन्तात्', चारू दिशि सँ। तेँ 'चारूदिशि सँ नीक जकाँ देखब' इएह भेल फलितार्थ समालोचना-कर्मक, ओ ई कर्म जेँ साहित्यिक रचना प्रसङ्ग रूढ़ भए गेल अछि तेँ 'कोनहु साहित्यिक रचना कैं सम्यक् रूपें सब दृष्टि सँ विचार करब' ई एहि कर्मक आशय भेल। लोचन-कर्म बिनु लोचनेन्द्रिय सम्भव नहि ओ 'सर्वस्य लोचनं शास्त्रं' ई लोकोक्ति बड़ पुरान अछि तेँ जाहि सँ लोकक भावना, विचार किंवा क्रिया शासित हो एतादृश शास्त्रक दृष्टि होएब समालोचक प्रथम धर्म। एही कथा कैं प्रायः उदयनाचार्य अपन आत्मतत्त्वविवेकक अन्त मे स्फुट कएल अछि—

नास्य श्लाघामकलितगुणः पोषयन् प्रतीये नः
कोन्धैश्चित्रस्तुतिशतविधौ शिल्पिनः स्यात्प्रकर्षः।
निन्दामेव प्रथयतु जनः किन्तु दोषान्निरूप्य
प्रेक्षास्तँथ्यस्खलितकथनं प्रीणयेदेव भूयः॥

पुनश्च, से 'लोचन' कर्म हो सम्यक् रूपें ओ तदर्थ तत्तद्विषयक विशेष ज्ञान

अपेक्षित। यथा, काव्यक समीक्षा मे काव्यत्वक, तँ नाटकक समीक्षा मे नाटकत्वक विशेष वैदुष्य आवश्यक। समालोच्य विषयक औचित्य बिनु तत्त्वतः बुझलैँ ओकर सम्यक्तया दर्शन कोना सम्भव अछि? 'सम्यक्ताक' एक दोसरो प्रकार परिलक्षित होइत अछि। 'लोच्' धातु ओ 'रुच्' धातुक सम्बन्ध सँ ई ज्ञापित होइत अछि जे समालोचनाकर्म मे 'रुचिक प्रसादन' सेहो अर्थ सन्निविष्ट अछि ओ ई कर्म सम्यक् रूपेँ तखनहि सम्भव होएत जखन समालोच्य वस्तु मे समालोचक केँ रुचि होइन्ह। जे वस्तु जकरा पसिन्द नहि छैक से तकर समालोचना नहि कए सकत; जकरा काव्यक माधुर्य-ग्राहक काने नहि छैक से काव्यक समीक्षा की करत? अतएव समालोचना स्वरुचिक अनुकूले वस्तुक भए सकैत अछि अथवा ई कहू जे समालोचना मे रुचिक अनुकूलता चाही।

ओ से 'समीक्षा' हो आ-समन्तात देखि, कोनहु एक दृष्टि सँ नहि। ओकर सर्वथा समीक्षण कएलहि उत्तर ओ समालोचना होएत। ई 'आ' उपसर्ग बड़ व्यापक अछि ओ तेँ समालोचना कर्म दुर्वह। रचना शब्द ओ अर्थक संयोग होइत अछि; शब्द मे माधुर्य, लालित्य, ओज एवं अन्यान्य चमत्कार; अर्थक तीनि भेद वाच्य, लक्ष्य ओ व्यंग्य; तकरा सबहिक विच्छित्ति; तखन तात्पर्य ओ प्रबन्धगत रसक परिपाक,--कतेक दृष्टि सँ ओकर समीक्षा कर्त्तव्य होइत अछि। परन्तु ततबे नहि; कवि होइत छथि अपना देशक, अपना कालक, एक व्यक्ति, ओ तेँ देश, काल, ओ पात्रक भेद सँ रचना मे वैशिष्ट्य अबैत अछि। साहित्य मे मानव-जीवनक प्रतिबिम्बन होइत अछि ओ ताहि प्रतिबिम्बन केँ कोना बूझि सकब जँ जीवनक परिचय नहि हो। हम मानैत छी जे अमर काव्य ओएह होइत अछि जाहि मे देश, काल वा पात्रक—भेदभाव रसक व्यञ्जकता मे, ओकर ग्राहकता मे, किंवा ओकर परिपाक मे बाधक नहि हो परन्तु व्यापकता रहैत अछि कविक सूक्ति मे। यदि कवि तादृश अनुभवक अभिव्यक्ति करथि जकर सम्बन्ध मानवता सँ छैक ओ तेँ जकर भावकक क्षेत्र वर्गविशेष मे सीमित नहि छैक, तथा से अभिव्यक्ति एहन शब्द मे करथि जकर चमत्कार सकलसहृदय-संवेद्य छैक, ओ तेँ जकर ग्राहकक क्षेत्र वर्ग-विशेष मे सङ्कुचित नहि छैक, तँ ओहि काव्यगत रसक भावक ओ ग्राहक मानव जातिमात्र होएत, कोनहु देशविशेष मे ओ कालविशेष मे सीमित नहि भए ओ विश्व-साहित्य थिक। परन्तु तैओ ई तँ मानहि पड़त जे कवि अपन अनुभूति मात्र व्यक्त करताह ओ हुनक अपन व्यक्तित्व देश ओ काल सँ परिच्छिन्न एक आत्मा-विशेष थिक। जहिना विश्व मे केओ दू व्यक्ति बाह्य स्वरूप अथवा आन्तरिक स्वभाव मे सर्वथा समान नहि अछि तहिना इहो तँ कहि सकैत छी जे देश किंवा कालक भेद सँ रहित समस्त मानवजातिक समष्टि मे कतोक साधारण धर्म छैक जाहि कारणेँ ओ सब मानव कहबैत अछि। मानवताक चित्रण करितहुँ कवि अपन व्यक्तित्वक परित्याग नहि करैत अछि; ओकर अनुभूतिक आधार होइत छैक ओकर अपन व्यक्तित्व, ओकर

अपन समाज, काल ओ परिस्थिति। कविकर्मक समन्तात् समीक्षाक हेतु तँ एहि सबहिक ज्ञान आवश्यक छैक; अन्यथा जीवनक प्रतिबिम्बन सत्य भेलैक वा नहि एकर जाँच कोना भए सकत? ओना तँ साहित्यिक प्रतिबिम्बनहु सँ मूलजीवनक चित्रक कल्पना करितहिँ छी, परन्तु ई प्रक्रिया उलटल प्रतीत होइत अछि। प्रतिबिम्बनक त्रुटि सँ जीवनक अयथार्थ कल्पना भए जएबाक आशङ्का वर्त्तमाने रहत। समालोचना तँ ओ थिक जाहि मध्य जीवनक याथातथ्यक अवगति सँ प्रतिबिम्बक चारुता निर्णीत भए सकए। तखनहि ओ वास्तविक समालोचना कहाओत।

परन्तु हम जाहि समालोचनाक व्युत्पत्यर्थक विचार कए रहल छी से होइत अछि साहित्यिक तथा साहित्य थिक 'परस्परसापेक्ष जे तुल्यरूप तकर एकक्रियान्वयित्व'। शब्द ओ अर्थ परस्पर सापेक्ष अछि तथा तुल्यरूप अछि; यदि अभिव्यञ्जनरूप क्रिया मे दूहूक अन्वय होइक तँ ओ साहित्य भेल। व्यावहारिक अर्थ मे चारु शब्द ओ रमणीय अर्थक द्वारा रसक अभिव्यञ्जन यथार्थ साहित्य थिक। एकर बीज कहल गेल अछि शक्ति, 'लोक-काव्य शास्त्राद्यवेक्षण'-जन्य निपुणता एवं 'काव्यज्ञशिक्षालभ्य' अभ्यास। एहिमे मुख्य वस्तु अछि, शक्ति जे कवित्वबीजरूप संस्कार-विशेष थिक ओ चेष्टा कएलहु प्राप्त नहि भए सकैत अछि। शक्तिक प्रसार वा व्यापार होइत अछि प्रतिभा ओ से व्युत्पत्तिक द्वारा। प्रज्ञा जे नवनवोन्मेखशालिनी हो सेथिक प्रतिभा ओ व्युत्पत्ति सद् सद्विवेक थिक। अतएव साहित्यिक कलाकार यत्न सँ अपना कें व्युत्पन्न बनाए सकैत छथि, अभ्याससँ अपन प्रतिभाकेँ माँजि सकैत छथि, परन्तु कवित्व शक्ति किंवा प्रतिभा प्राक्तन संस्कारहिक प्रसादात् सम्भव होएतैन्हि। ततवा दूर धरि कवि कें, साहित्यिक कलाकार कें मानए पड़त नैसर्गिक, प्रकृत्या। अव्युत्पत्ति-कृत दोष शक्तिक बलेँ झाँपल भए सकैत अछि परन्तु अप्रतिभाकृत दोष लगले व्यक्त भए जाइत अछि ओ विनु शक्तिएँ की तँ कविकर्म भैए नहि सकैत अछि, कदाच होएबो करत तँ केवल उपहासक भाजन होएत।

परन्तु जहिना ई कारयित्री प्रतिभा कविकर्मक हेतु आवश्यक तहिना भावयित्री प्रतिभा सेहो अछि समालोचना कर्मक हेतु। परन्तु ई दूहू प्रतिभा दू रङ्गक अछि; कारयित्री प्रतिभाक सङ्ग-सङ्ग भावयित्री प्रतिभा रहिओ सकैत अछि ओ से रहला उत्तर कविकर्म दोष सँ शून्य भए सकैत अछि, परन्तु भावयित्री प्रतिभा स्वतन्त्र थिक ओ जे व्यक्ति कहिओ कोनहु प्रकारक कविकर्म नहि कएल अछि सेहो उत्तम समालोचक भए सकैत छथि। एतावता स्पष्ट अछि जे कारयित्री प्रतिभा 'शक्ति' थिक ओ कविकर्म एकगोट 'कला' थिक। विश्व मे जे केओ महाकवि भेल छथि हुनक कृति कोनहु नियम सँ सर्वथा परिच्छिन्न नहि भेटत प्रत्युत हुनकहि कृतिक आधार पर कल्पित नियमादि तत्तद्विषयक शास्त्ररूपेँ व्यवहृत होइत आएल अछि। किन्तु भावयित्री प्रतिभा 'शास्त्र' थिक; ओहि हेतु पूर्ण अध्ययनक अपेक्षा छैक ओ मुख्यतः ओहि कवि लोकनिक क्रमबद्ध ओ नियमानुकूल अध्ययन आवश्यक छैक जाहि

आधार पर ओहि शास्त्रक निर्माण भेल छैक। कोनहु देशक साहित्य कैं देखब तँ इएह क्रम देखि पड़त। समालोचनाक आधारे तँ भेल कविकर्म ओ जाधरि कविकर्म प्रचुरतया उपलब्ध नहि होएत ताधरि ओहि विषयक आलोचनाक पद्धति कोना भए सकत? एही सङ्ग इहो कथा स्मरण रखबाक थिक जे कवि अपना युगक 'सृष्टि' होइत छथि; अपन देश, काल ओ समाजक अनुकूल कविकर्म करैत छथि, ओ तेँ बहुधा परम्परागत नियमानुकूले कविकर्ममे प्रवृत्त होइत छथि परन्तु जे कवि यथार्थ उत्कृष्ट होइत छथि, जे अपना कृतिक हेतु विश्व मे अमर रहैत छथि, से युगक 'स्रष्टा' होइत छथि ओ कविकर्म मे से नूतनता अनैत छथि जे बहुधा परम्परा सँ भिन्न होइत अछि, कतोक अंश मे विरुद्धो होइत अछि, ओ तेँ पूर्वक आलोचनापद्धति सँ हुनक कृतिक समीक्षा समीचीन नहि होइत अछि। अतएव एहन युगप्रवर्त्तक कविक आलोचनापद्धतिओ नवीन होइत अछि, पूर्वक आलोचनापद्धति मे नवीन आदर्शक अनुकूल परिवर्त्तन, परिवर्धन किंवा विशदीकरण आवश्यक भए जाइत अछि। समालोचना ओएह रहत, ओहि मे तात्त्विक परिवर्त्तन आवश्यक नहि छैक, ओ तँ प्रायः सब काल मे ओ सब देश मे समाने होइत आएल अछि। भेद होइत छैक ओकर पद्धति मे, ओकर आदर्श मे, ओकर नियमन मे ओ निदर्शनमे। कहबाक अभिप्राय जे मौलिक ओ स्वच्छन्द कविकर्मक आदर्श कैं आधार बनाए समालोचना-शास्त्रक विकास भेल छैक ओ होइत रहतैक ओ तेँ एहि शास्त्र कैं सतत अपेक्षा रहबे करतैक जे कविकर्मक स्रोत अविच्छिन्न गति सँ चलैत रहैक जकर पर्यवेक्षण, अनुशीलन एवं मनन सँ एहि शास्त्रक क्रमिक विकास भए सकैक।

एतावता इएह निष्कर्ष होइत अछि जे वस्तुतः जे समालोचना कर्म थिक से भावयित्री प्रतिभा मात्रहि सँ नहि भए सकैत अछि, एतदर्थ शास्त्रीय ज्ञान सेहो आवश्यक, ओ तेँ ई कर्म अत्यन्त कठिन अछि ओ महत्त्वपूर्ण अछि। पौर्वस्त्य साहित्य मे ई शब्दो नवीने थिक यद्यपि वस्तु ई नव नहि थिक ओ जे कथा हम पूर्वहुँ कहल अछि 'कवि' कर्मक सङ्गहि सङ्ग 'भावन' कर्म सेहो एतहि नहि, सर्वत्र, उदित भेल होएत। आश्चर्य जे समालोचना सँ साधारणतया 'दोषाविष्करण' इएह अर्थ एतए बुझल जाइत अछि ओ पाश्चात्य देशहु मे बहुत दिन धरि बुझल जाइत छल परन्तु वस्तुतः ई ने हमर अपन प्राचीन साहित्य मे अछि ने पाश्चात्य साहित्य मे छैक। संस्कृत साहित्य मे भावकक तीन गोट श्रेणी कहल अछि, विवेकी, मत्सरी ओ तत्त्वाभिनिवेशी। विवेकी तँ ओ थिकाह जनिक भावयित्री प्रतिभा एतेक तीव्र छैन्हि जे जेना हंस नीर-क्षीर-विवेचन मे पटु होइत अछि तहिना ओ काव्यगत गुण ओ दोषक विवेचन केवल अपन प्रतिभाक बलें अनायास कए लैत छथि। मत्सरी मे विवेचन शक्ति रहैत छैन्हि परन्तु स्वभावतः परोत्कर्षासहिष्णु ओ गुणक अवगूहन कए दोषहिकटा प्रकाशन करताह। तत्त्वाभिनिवेशी कलाक मर्म कैं जनबाक आयास करैत छथि, दोष ओ गुण सब कैं विचारि ओ वस्तुक यथार्थ महत्त्व किंवा मूल्यक निर्धारण

करबा मे सचेष्ट रहैत छथि। एहि मे मत्सरी कैं दृष्टि मे राखि सुबन्धुक उक्ति छैन्हि जे–

विध्वस्तपरगुणानां भवति खलानामतीव मलिनत्वम्।
अन्तरितशशिरुचामपि सलिलमुचां मलिनिमाभ्यधिकः॥

ई मत्सरता दू प्रकारक होइत अछि। एक तँ परगुणक अवगूहन, जकर वर्णन एहि पद्य मे कएल गेल अछि। दोसर प्रकारक मत्सरता होइत अछि जे केवल दोष सूझए, गुण सुझबे नहि करए, जकर वर्णन सुबन्धुहिक शब्द मे अछि–

अतिमलिने कर्त्तव्ये भवति खलानामतीवनिपुणा धीः।
तिमिरे हि कौशिकानां रूपं प्रतिपद्यते दृष्टिः॥

एहि मे दोसर स्वभावक धर्म थिक जे माछी जकाँ ई केवल घावहिटा पर बैसि रहताह। एहि हेतु व्यक्ति कैं दोष देब व्यर्थ, कारण, स्वभाव दुस्त्यज होइत अछि, दोष देखएबहु मे हिनका दोषक भावना नहि रहैत छैन्हि। भयङ्कर तँ थिकाह ओ समालोचक जे परोत्कर्षासहिष्णुता सँ आनक कृति मे केवल दोषहिटाक उद्घाटन करैत छथि, गुण कैं जनितहुँ ओकरा की तँ प्रकाशे नहि करताह अथवा प्रकाश करबो करताह तँ दोष बनाए, दोष देखाए, ओकरा उत्कर्ष नहि अपकर्ष बनाए। गुण किंवा दोष बहुधा व्यक्तिक रुचि सँ निर्धारित होइत अछि ओ एके वस्तु रूचिभेदैं ककरहु रुचिकर तँ अनका अप्रिय लागि सकैत अछि। समालोचक कैं अपन व्यक्तिगत राग ओ द्वेष हटाएब आवश्यक, कारण, राग ओ द्वेष सँ विवेक-शक्ति आवृत भए वस्तुक यथार्थ स्वरूपक परिचय नहि होअए दैत छैक। अतएव ओ गुण जे समालोचक कैं सभसँ विशेष आवश्यक छैन्हि से थिक सहानुभूति। कोनहु कृतिक विचार करबा मे हमर अपन वैयक्तिक दृष्टिमात्र पर्याप्त नहि भए सकैत अछि; हमर अपन रुचिमात्र ओकर गुणदोषक निर्णायक नहि भए सकैत अछि। हमरा तँ चाही जे ओहि कृतिक कारयिताक दृष्टि सँ ओहि कृति कैं देखी, अपना कैं ओहि कारयिताक सदृश परिस्थिति मे, मानसिक स्थिति मे, लए जाइ तखन ओकर विचार करी। एहि विश्व मे जखन कोनो व्यक्तिए पूर्ण नहि अछि तखन व्यक्तिक कोनो कृति सर्वथा पूर्ण भेटत तकर प्रत्याशा कोन? के मनुष्य दोष सँ शून्य अछि ओ कोन साहित्यिक रचना दोषसँ अस्पृष्ट भेटत? परन्तु जहिना मनुष्यक, तहिना साहित्यिक कृतिहुक, महत्त्व ओकरा मे दोषक सर्वथा अभाव सँ नहि निर्णेतव्य थिक अपितु ओहि मे गुणक बाहुल्य, प्रचुरता एवं प्राशस्त्य सँ बुझबाक थिक। नीर-क्षीर विवेचन पटु हंस जकाँ यथार्थ समालोचक दोष-गुण सब वस्तुक विचार कए दोष कैं त्यागि केवल ओकर गुणक प्रकाशन करताह। हमरा संस्कृत साहित्य मे इएह पथ प्रशस्त कएल गेल अछि ओ भट्ट नारायण उचिते अपन समालोचक सँ निवेदन कएल अछि–

मधुलिह इव मधुविन्दून् विरलानपि भजत गुणलेशान्।

जेना मधुकर मधुक लेशमात्रहु कैं ताकि-ताकि ओकर आस्वादन सँ तृप्ति

पाबथु। तँहि तँ हंस सरस्वतीक वाहन भेल अछि ओ सरस्वती प्रसाद-लब्ध-सुधी-समाज कैं हंसक गुण ने ग्रहणीय थिक, माछीक गुण तँ नहि।

वर्तमान समयक अङ्रेजीक सब सँ प्रतिष्ठित कवि ओ गम्भीर समालोचक टी. एस. इलिअट साहेबक अनुसार साहित्य ओ समालोचना मे अविनाभाव सम्बन्ध छैक। कोनहु कृतिक अध्ययनक सङ्गहि सङ्ग हमरा मन मे ओहि प्रसङ्ग कतोक भाव तरङ्गित होइत रहैत अछि, कोनहु कविताक पाठकाल मे कोनहु रसक अनुभूति हमरा अन्तःकरण मे होइतहिँ रहैत अछि। एहना अवसर मे हमरा लोकनि अनुभव करब जे एहि कृति सबमे सबसँ आकर्षक हमरा लोकनि कैं प्रतीत होइत अछि ओकर नवीनता, ओ वस्तु जे पूर्वक रचना मे एहि रूपैं अभिव्यक्त नहि छल। परन्तु कोनो कविकर्म सर्वथा अभिनव तँ नहि होएत। आदिकाव्य सँ लए अद्यपर्यन्तक जे कोनो रचना उपलब्ध अछि ताहि समष्टि मे आजुक रचना सन्निविष्ट भए ओकर अङ्ग भए जाएत ओ तखन पूर्वापरक साधर्म्य ओ वैधर्म्यक परिशीलन सँ ओकर वास्तविक महत्त्व निर्धारित भए सकत, ओकर समुचित स्थान निर्णीत भए सकत। एहि रूपैं पूर्वापरक समन्वय आवश्यक। पूर्व जँ पर सँ रूपान्तरित होइत अछि तँ पर सेहो पूर्व सँ अनुशासित होइत अछि तथा एहि परस्पर सम्बन्धक अभाव मे साहित्यक मार्ग प्रशस्त नहि अपितु अवरुद्ध भए जाएत।

पुनश्च, समालोचना की तँ शास्त्रीय पद्धति सँ होएत अथवा स्वरुचि सँ। स्वरुचिक कोनो स्वरूप भैए नहि सकैत अछि। जएह मन होएत, जे-जे पसिन्द करी तकरहि पसिन्द करब ओ से जाही कारणैं मन होएत जे पसिन्द करी ताही कारणैं पसिन्द करब। एहन स्वच्छन्दता सँ समालोचना कर्मक सम्पादन नहि भए सकैत अछि। कवि-कर्मक परम्परा कैं स्वीकार करैत समालोचना कर्मक स्वच्छन्दता स्वीकार नहि कए सकब, कारण; जे कवि स्रष्टाक रूप मे अपन कृति रचि कैं उपस्थित करैत छथि सेहो तँ रचनाक प्रति क्षण मे समालोचनाक दृष्टि सँ अपन कृति कैं जँचितहिं रहैत छथि ओ हुनका समक्ष आदर्श तँ रहैत छैन्हि ओएह पूर्वसूरिक रचित कृति। यदि साहित्यिक क्षेत्र मे पूर्वापरक समन्वय प्रशस्त मार्ग थिक तँ समालोचनाक पद्धति शास्त्रीय मानहि पड़त, कारण, पूर्वापर कवि-कृतिहिक आधार पर तँ समालोचनाक कोनो पद्धति निर्धारित होएत। प्राचीन सँ नवीन कैं उद्‌बोधन ओ नवीन सँ प्राचीन कैं स्वरूपान्तर प्राप्त होइतहिँ अएलैक अछि।

साहित्यक लक्ष्य सब ठाम सत्य शिव ओ सुन्दरक अभिव्यक्ति मानल गेल अछि ओ साहित्यक क्षेत्रमे एहि तीनू मे कोनो भेद नहि छैक। जँ साहित्य वस्तुतः सुन्दर अछि तँ ओ शिव होएत ओ अवश्ये सत्य होएत। सत्य तँ एक गोट मात्र होइत अछि तखन समालोचना मे भेदक कारण कोन? सत्य दू रूप मे तँ देखल नहि जाए सकैत अछि। ओकर तँ एकमात्र रूप उचित। तैओ जे भेद दृश्य होइत अछि से थिक समालोचकक अहम्मन्यता। सब कैं रुचि मे भेद होइत छैक, प्रत्येक व्यक्ति कैं अपन

पसिन्दक भेद होइत छैक, यदि भेद-भावक सर्वथा निराकरण कए एकमात्र सत्य कैँ ताकि ओकर ख्यापन कएल जाए तखन ओहि समालोचकक अहम्मन्यताक पुष्टि कहाँ भेल? अहम्मन्यताक पुष्टि तँ होएत भेदक ख्यापन मे, अपन रुचिक विज्ञापन मे, उक्तिक विशेषण मे। सत्समालोचक जे होएताह से सतत इएह चेष्टा करताह जे भेद-भाव कैँ दूर कए अन्यान्य सहकर्माक सङ्ग विचार ओ भावक सामञ्जस्य स्थापित कए कृतिक तत्त्व ज्ञापित करी, सत्यक अनुसन्धान मे अपन योगदान करी, समालोचना-कर्मक मार्ग प्रशस्त करी।

तेँ इलिअट साहेबक मतेँ समालोचना-कर्म मे दुइएटा कार्य छैक—एक तँ टीका ओ व्याख्या द्वारा साहित्यिक कृतिक आशय कैँ स्फुट करब, ओ दोसर, ओहि स्फुटीकरण सँ ओहि कृति-गत प्राशस्त्य कैँ ख्यापित कए ध्यान कैँ अनावश्यक ओ आनुषङ्गिक विषयसँ हटाए आवश्यक ओ मुख्य विषय दिशि आकृष्ट करब जाहि सँ पाठकक रुचिक सम्यक्तया परिष्कार भए सकए। कतोक समालोचक कृतिक तात्पर्य एना वर्णित करैत छथि, जेना ओकर तात्पर्य हुनकहिटा ज्ञात होइन्ह, ज्ञात भेल होइन्ह। सब तँ अपना मनैँ सत्यहिक ख्यापन करैत छथि ओ एक गोटे जँ वास्तविक सत्य ख्यापित करैत छथि तँ दश गोटए सत्यक नाम सँ अपन व्यक्तिगत भावना किंवा विचारक प्रचार करैत छथि। जिज्ञासु व्यक्ति की करत? कृतिक ओ की आशय बुझत ओ ओकर आह्लादकत्व, ओकर वैलक्षण्य, ओकर प्राशस्त्य कोना जानि सकत? अतएव प्रेय जे हो, श्रेय तँ ओएह समालोचना थिक जे समालोच्य कृतिक प्रसङ्ग ज्ञातव्य विषयक उपस्थापन ओ विशदीकरण मात्र ओकर लक्ष्य हो। ग्रन्थ ओ ग्रन्थकार, तकर पुनि देश ओ काल, कृतिक वस्तु ओ अलङ्कार-विषयक कोनो कमी नहि छैक। ज्ञातव्य विषयक क्षेत्र विशाल छैक ओ अनेक छैक। कोनहु कृतिक रचना कोना भेल छैक, केहना परिस्थिति मे, ओ तकर प्रभाव ओहि कृति पर कतए कोन रूपैँ पड़ल छैक—कतेक विषय छैक जकरा कृति सँ सम्बन्ध छैक ओ ओहि कृतिक आशय ओ मर्मक तात्त्विक अवगतिक हेतु एहि सब वस्तुक ज्ञान अत्यन्त उपादेय छैक। एहि हेतु प्रयोजन छैक विद्वत्ताक, धैर्य ओ संयमक, एवं पक्षपातरहित जिज्ञासा-बुद्धिक, किन्तु अपन रुचिक अनुकूल केवल प्रशंसा वाक्य सँ अथवा केवल अपन सम्मतिक प्रकाशनसँ, अथवा केवल स्व-कल्पनोत्थित चित्रण सँ ने कृतिक प्रसङ्ग कोनहु ज्ञातव्य विषयक अवगतिक सम्भावना ओ ने रुचिक परिष्कारक प्रत्याशा। प्रत्युत तथाकथित समालोचनाक अधिकाधिक प्रकाशन सँ इएह दुष्परिणाम भए रहल अछि ओ होएत जे साधारणतः लोक कोनहु कृतिक प्रसङ्गहि मे अधिक पढ़ैत अछि कृति कैँ नहि पढ़ैत अछि, तथा एहिसँ रुचिक परिष्कार की होएत? होएत अछि पाठकक भावुकताक तिरोधान, भिन्न भिन्न मतक भारसँ भावनाशक्तिक क्रमिक ह्रास। तत्तद् मत सँ पाठकक भावना-शक्ति ततबा अनुरञ्जित भए जाइत छैन्हि जे अपन रुचिक परिचय हुनका अपनहु नहि रहए पबैत छैन्हि। एहन

समालोचनाक वैपुल्य सँ तँ श्रेय थिक ओहि प्रकाशक क्षीणो रेखा जाहि सँ समालोच्य कृतिक प्रसङ्ग अज्ञानान्धकार दूर भए पाठक कैं ओकर आशय ग्रहण मे वस्तुतः मार्गप्रदर्शन हो ओ तैं सदसद्विवेचन बुद्धिक जागरण सँ रुचिक सत्ये परिष्कार हो।

अतः ज्ञातव्य विषयक प्रतिपादन एवं विशदीकरण द्वारा कृतिक आशयक व्यक्तीकरण एवं रुचिक परिष्करण रूप सत्-समालोचना कर्मक साधन कहल गेल अछि दू गोट–विश्लेषण एवं तुलना। एही दू मानसिक वृत्तिक साधनसम्पत्ति सँ समालोचना-कर्मक यथार्थ चरितार्थता सम्भाव्य अछि। कोनहु कृतिक आवश्यक विश्लेषण कए ओकर बीज, ओकर चमत्कार, ओकर प्रकार ओ ओकर मात्रा सबहिक विश्लेषण कए, ओकर निरूपण एवं पूर्वापर कृतिक तुलनात्मक आलोचना सँ जे आशयक स्पष्टीकरण होएत ताहि मे व्यक्तिगत रुचिक वैचित्र्यक अवकाश नहि रहत ओ ताहि सँ पाठकक सुरुचि ताहि रूपें परिष्कृत भए जाएत जे अन्यान्यो कृतिक प्रसङ्ग ग्राहकताक विशदीकरण अनायास सम्पादित भए जाएत, साहित्यिक दृष्टि ततबा स्फीत भए जाएत जे आशयग्रहण मे ने भ्रान्तिक भय रहत ने वैयक्तिक मतप्रकाशनक अवकाश रहत।

एहि मे द्रष्टव्य थिक जे समालोचनाक एहि नवीनतम सिद्धान्त कैं हमरा लोकनिक अत्यन्त प्राचीन संस्कृत साहित्यक सरणिक सङ्ग कतेक साम्य अछि। संस्कृतक समालोचनाशास्त्र, रस एवं अलङ्कार, केवल विश्लेषण ओ तुलना पर अवलम्बित अछि ओ द्रष्टव्य थिक जे टीका वा व्याख्या द्वारा काव्यक आशयक स्पष्टीकरण मात्र हमरा लोकनिक ओहिठाम समालोचना बुझल जाइत रहल अछि; एहुखन बुझल जाइत अछि, जाहि मे वैयक्तिक रुचिक हेतु अवकाशे नहि रहैत अछि। तैं संस्कृत-साहित्य मे ओहि रूपक समालोचना कतहु नहि भेटत जाहि मे भावक केवल अपन मत प्रदर्शित कएल अछि ओ तात्त्विक आलोचना तकलहु उत्तर नहि भेटत। व्यक्तिगत राग किंवा द्वेष अथवा स्वमतक प्रचार इत्यादि विषयक ओहि मे समावेश भैए नहि सकैत अछि। यदि कोनहु टीकाकार कैं स्वमतक पुष्टि इष्ट होइत छैन्हि तँ सेहो ओ कृतिक शब्दहि सँ शास्त्रीय दृष्ट्या प्रकाशित करैत छथि, स्वकल्पनोत्थित चित्रण सँ विपर्यय कहाँ कए सकैत छथि?

हम मानैत छी जे संस्कृतक साहित्य अपूर्व होइतहुँ, कतोक अंश मे विशाल रहितहुँ, समष्टि रूप मे अपूर्ण अछि ओ वर्तमान युग मे भिन्न-भिन्न देशक भिन्न-भिन्न भाषाक जे सत्साहित्य उपलब्ध होइत अछि तकरा तुलना मे अनेक अंश मे अत्यन्त क्षीण अछि। एकगोट अंश जाहि प्रसङ्ग ई कथा सर्वसम्मत्या सत्य अछि ओ थिक इतिहास। ऐतिहासिक दृष्टि जेना एहि जाति कैं विकसिते नहि भेल ओ विशुद्ध इतिहासक अभाव संस्कृत साहित्यक बड़का त्रुटि बुझल जाइत अछि। फलतः समालोचनाहुक क्षेत्र मे ऐतिहासिकताक अभाव पद-पद पर परिलक्षित होइत अछि। हमरा ओहिठाम समालोचनाक उद्देश्य कृतिक आशयक स्पष्टीकरणे धरि सीमित रहि

जाइत अछि, कृतिक रचना ओ निर्माणक परिस्थिति इत्यादि विषय अथवा कृतिक रचयिताक प्रसङ्ग ज्ञातव्य विषय जाहि सँ कृतिक आशय स्पष्ट होएबामे सुगमता होएत–जकरा ऐतिहासिक समालोचना कहब–से हमरा ओहिठाम विकास नहि पओलक। एकर कारण नहि छैक से नहि। व्यक्तिक सम्बन्ध होइतहिँ व्यक्तिगत राग ओ द्वेष समालोचनाक निष्पक्ष दृष्टि कैँ दूषित कए देत तेँ संस्कृत-साहित्यक समालोचनाक आचार्य लोकनि केवल कृति कैँ महत्त्व देल, कृतिक कर्त्ता कैँ ओ लोकनि कृति सँ फराक राखल। हम मानैत छी जे ई एकगोट त्रुटि थिक। परन्तु इहो तँ सत्य थिक जे कृतिक रसास्वादन मे सर्वत्र कर्त्ताक परिचय आवश्यके नहि अछि। अस्तु, जाहि कोनहु करणेँ हो ऐतिहासिक समालोचना हमरा लोकनिक संस्कृत साहित्य मे नहि अछि परन्तु जे समालोचनाक पद्धति आइ एतए सहस्रावधि वर्ष सँ अधिक दिन सँ आबि रहल अछि से ओहि सुदृढ़ भित्ति पर आधारित अछि जाहि मे वैयक्तिक रुचि-भेदक अवकाश नहि छैक ओ तेँ ओ राग-द्वेष सँ असम्पृक्त विशुद्ध आशयक स्पष्टीकरण मात्र मध्य पर्यवसित अछि।

हमरा लोकनिक मिथिलाभाषाक साहित्य मे समालोचनाक बड़ अभाव अछि। ओना तँ यथार्थ समालोचना जे बौद्धिक व्यापार थिक कोनहु कृति सँ सर्वथा विरहित नहि रहि सकैत अछि। कोनहु कृति कैँ सुनला अथवा पढ़ला उत्तर भावुक पाठकक अन्तःकरण मे जे भावक उदय होइत अछि अथवा रसक सञ्चार होइत अछि सएह भेल समालोचनाक बीज। ओएह युक्तियुक्त ओ पल्लवित भए लिपिबद्ध भेला उत्तर समालोचना भेल। विद्यापति ठाकुरक गीत सब आइ छओ सए वर्ष सँ समस्त मिथिला मे जे भक्ति ओ आह्लाद सँ गाओल जाइत अछि से निरन्तर भावुकक मर्म कैँ छूबि छूबि। रागतरङ्गिरणी मे कवि लोचन जे विद्यापतिक 'ख्यात गीत' उद्धृत कएल सएह थिक प्रमाण जे ओ सब गीत समालोचनाक कसौटी पर विशुद्ध उतरल, भावकक अन्तःकरण कैँ आह्लाद प्रदान कए सकल। समालोचना मे आओर की चाही? अनेकानेक गीत देश मे वेद जकाँ अनादिरूपेँ व्यवहृत अछि; ओकर रचयिता के लोक सेहो नहि जनैत अछि परन्तु तेँ ओकर समुचित रसास्वादन मे प्रतिबन्धक कहाँ अछि। परन्तु तैओ ई मानए पड़त जे समालोचना-साहित्यक विकास हमरा ओहि ठाम नहि भेल अछि; ओकर आरम्भ बड़ विलम्ब सँ भेल अछि, एखन धरि ओ शैशव कैँ पार नहि कए सकल अछि।

तेँ ई कहब जे मिथिलाक साहित्य-क्षेत्र मे समालोचनात्मक रचनाक विकास नहि भेल से नहि। मैथिल विद्वान् लोकनि एहि क्षेत्र मे बड़ बड़ उत्कृष्ट कृति छोड़ि गेल छथि, परन्तु से सब समालोचना अछि संस्कृत-साहित्यक। कारयित्री किंवा भावयित्री कोनहु प्रतिभाक एतए अभाव नहि छल अछि; कारयित्री प्रतिभा बड़ प्राचीन समय सँ मिथिलाभाषाक द्वारहुँ प्रकाशित होइत आएल परन्तु भावयित्री प्रतिभा मुख्यतः संस्कृत साहित्यहिक प्रसङ्ग मे व्यापृत रहल। उपनिषद्सँ लए साधारण नाटक

पर्यन्तकअनेकानेक टीका मैथिलक लिखल विद्यमान अछि; रस ओ अलङ्कारक प्रसङ्ग कतोक ग्रन्थरत्न मैथिलक निर्मित संस्कृत-साहित्यक गौरव बुझल जाइत अछि। एकर कारण स्पष्ट अछि। मैथिल-विद्वन्मण्डलीक मध्य अध्ययन, परिशीलन ओ मननक वस्तु संस्कृतहिक साहित्य बुझल जाइत छल, बड़ अर्वाचीनकाल धरि बुझल जाइत रहल। समालोचना कर्मक बड़का साधन, वैदुष्य, संस्कृत-साहित्य मे पर्यवसित बुझल जाइत छल; पाण्डित्यक क्षेत्र ओएह साहित्य छल। अतएव पण्डित लोकनि अपन पाण्डित्यक उपयोग केवल संस्कृतहिक समालोचना मे करैत छलाह। परन्तु ओएह पण्डित लोकनि तँ अपन कारयित्री प्रतिभा अपन भाषा-साहित्यक विकासार्थ मिथिलाभाषा मे रचना कए प्रकाशित कएल। स्वर्गीय हर्षनाथझा मैथिली-साहित्यक एक गोट ज्योतिष्मान् नक्षत्र छथि परन्तु अपन भावयित्री प्रतिभाक प्रयोग तँ ओहो गीत-गोपीपति काव्यहिक टीकाक रचना मे कएल। एहि रूपेँ कारयित्री ओ भावयित्री दूहू प्रतिभाक क्षेत्र मिथिला मे बड़ अर्वाचीन समय धरि पृथक् रहल ओ एहि भेदक सम्यक् परिज्ञानक बिना मैथिली-साहित्यक यथार्थ परिचय नहि भए सकैत अछि।

मैथिली साहित्य हमरा लोकनिक अपन साहित्य थिक ओ एकर गौरव हमरा लोकनि केँ उचिते अछि, एहि मे चमत्कार ओ आह्लादकता दूहू बड़ उत्कृष्ट छैक परन्तु एक गोट कथा जे एकर इतिहास एवं समालोचना मध्य कतहु प्रतिपादित नहि भेटैत अछि ओ जाहि कारणेँ एहि विषय मे कतोक भ्रमात्मक कथा प्रचरित देखि क्षोभ सेहो होएत अछि से ई थिक जे मैथिली-साहित्य 'लोक साहित्य'क रूप मे विकसित भेल अछि ओ तेँ ई एकाङ्गी अछि। वर्णरत्नाकरक कथा नहि हो, ओकर महत्त्व भिन्न छैक, से छाड़ि कवीश्वरक काल धरि प्रायः पाँच सए वर्षक एहि साहित्य मे अछि केवल गीत, सेहो मुख्यतः दुइ रसक, शृङ्गार ओ भक्तिक, तथा एहि सबहिक उद्देश्य छल श्रुति प्रसादन सँ जन-मन-अनुरञ्जन। विद्यापति अपन गीतक रचना गएबाक हेतु कएल, पढ़बाक हेतु नहि, ओ तेँ ई केवल लोकसाहित्य छल, पण्डितक साहित्य नहि, सर्वत्र गाओल जाइत छल, साहित्य जकाँ ओकर मनन नहि होइत छल। ओ जे कथा विद्यापतिक प्रसङ्ग कहल अछि सएह सब कविक प्रसङ्ग सत्य अछि। कविशेखर श्री बदरीनाथझाक 'गीत-रत्नावली' हमर सहित्यक व्यापकता ओ त्रुटि दूहूक अपूर्व निदर्शन अछि। गीत हमरा लोकनिक जातीय जीवनक एक गोट प्रमुख अंश थिक, सामाजिक जीवनक एक गोट प्रधान अङ्ग थिक; ओ हमर साहित्य आदितः ओहि अंशक पूर्त्ति कएलक। बौद्धिक व्यापारक सामग्री रूपेँ ने ओकर रचना भेल ने कहिओ ताहि रूपेँ मनन कएल गेल। तथापि ई जे कहल गेल अछि जे—

गुणिनामपि निजरूपप्रतिपत्तिः परत एव सम्भवति।
स्वमहिमदर्शनमक्ष्णोर्मुकुरतले जायते यस्मात् ॥

से सर्वथा सत्य। ओहू रूप मे ओकर समालोचना होइतहिँ छल होएत परन्तु से जनसाधारण द्वारा, अनुरञ्जकताक दृष्टि सँ, रोचकताक दृष्टिसँ, ओ जे गीत जतेक

मर्मस्पर्शी भेल, जतेक रसक सञ्चार कए सकल, से ततेक ख्यात भेल, तकर प्रचार ततेक अधिक भेल, तकर अनुकरण ततेक अधिक परवर्त्ती कविलोकनिक द्वारा होइत गेल। भावकक कमी नहि छल परन्तु भावकताक प्रकार छल भिन्न ओ जे समालोचना सम्प्रति प्रचलित अछि वा जे समालोचना संस्कृत-साहित्यक पद्धति सँ उत्पन्न होइत अछि ताहि सबहिक ओ कहिओ पदार्थ बुझले नहि गेल। फलतः शास्त्रीय समालोचनाक हमरा ओहि ठाम उचिते अभाव अछि।

मैथिली-साहित्यक अध्ययन एमहर किछुए वर्ष सँ प्रारम्भ भेल अछि। हमरा लोकनि जीवनक दौड़ मे बड़ पछुआएल छी परन्तु तकर तँ आब प्रतिकारो नहि अछि। गत पचास वर्ष मे भाषा-साहित्यक बड़ विकास भेलैक अछि परन्तु एहि दीर्घकाल मे तँ हमरा लोकनि तेहन वातावरण मे छलहुँ जे मैथिली साहित्यक प्रसङ्ग ओ नैसर्गिक स्नेह क्रमिक संकुचित होइत गेल। आबहिँ पुनि जागरणक किछु-किछु लक्षण दृष्टिगोचर भए रहल अछि, परन्तु आब तँ पछुआएले ततेक छी जे साधारण गतिएँ साहित्यक ओ सब सम्पत्तिक सञ्चय, जाहि द्वारा हमरो साहित्य भाषान्तरक साहित्यक सङ्ग समता कए सकए, सुगम नहि अछि। गुण एतबए अछि जे अपूर्ण रहितहुँ हमर प्राचीन साहित्य अपूर्व अछि, भाषा मे सत्साहित्यक निर्माणार्थ अपेक्षित सब गुण विद्यमान अछि, ओ कोटिहु सँ अधिक कण्ठ सँ एहि भाषाक मधुरिमा व्याहृत होइत अछि। प्रतिभाक हमरा त्रुटि नहि अछि; साहित्यिक परम्परा हमरा ओहिठाम अक्षुण्ण अछि। हमरा तँ विश्वास अछि जे एहू भाषा-साहित्यक दशा चक्रनेमिक्रमेण घुमैत पुनि एकबेरि ऊपर होएबे करत।

अतएव एहि सम्मेलन कैँ, विशेषतः सम्मेलनक एहि विभाग कैँ, हम अपन भविष्यक शुभ प्रतीक बुझैत छी ओ एहि विभागक हेतु प्राप्त निबन्ध-निचय सँ हमरा बड़े हर्ष ओ सन्तोष भेल अछि। हम अत्यन्त विनीत भए ओहि सकल मातृभाषाप्रेमी विद्वद्वरेण्यक ओतए प्रत्येक कैँ अपन कृतज्ञता ख्यापित करैत छी जे हमरा अनुरोधेँ एहि विभागक हेतु एतेक श्रमसँ एहन-एहन प्रबन्ध लीखि पठाओल अछि। एतेक विशिष्ट समालोचकक अछैत हमरा अपन भविष्यक हेतु औदास्य किएक होए? हमरा अन्त मे वक्तव्य एतबे अछि जे समालोचनाक जे तात्पर्य हम एहिठाम कहि गेलहुँ अछि ताहि सँ स्पष्ट अछि जे ई एकगोट अत्यन्त दुर्वह कर्म थिक ओ एहि हेतु जे योग्यता, जे प्रतिभा, जे व्युत्पत्ति ओ जे पाण्डित्य अपेक्षित छैक तकरा दृष्टि मे राखि तखनहि एहि दुर्वह कर्म कैँ अपनाओल जाए। बिनु अधिकारेँ एहि मे प्रवृत्त भेला सँ उपहासास्पद भए जएबाक पूर्ण भय अछि ओ अधिकार होएत केवल कृतिहिक अनुशीलन सँ नहि, अपितु पौर्वस्त्य किंवा पाश्चात्य कोनहु समालोचनाशास्त्रक विधिवद् अध्ययन सँ। वर्तमान युगक अनुरूप सम्पन्न समालोचनाक निमित्त उचित तँ थिक जे एहि दूहू समालोचना पद्धतिक विधिवत् अनुशीलन कैए कैँ एहि दिशि प्रवृत्त होइ परन्तु से जँ सभ कैँ साध्य नहि हो तथापि कोनहु एक पद्धतिक, एक

शास्त्रक ज्ञान, व्यवस्थित ज्ञान, आवश्यक। यदि ऐतिहासिक समालोचना अभिप्रेत हो तखन तँ आओर विशेष आयास लागत। एक तँ हमरा लोकनि कैं अपन इतिहास साधारणहु रूपैं अवगत नहि अछि तखन व्यक्ति-विशेषक किंवा काल-विशेषक इतिहास तत्त्वतः बूझब कतेक अनुसन्धान-सापेक्ष होएत से सबहुँ बूझि सकैत छीं। अधलाह किंवा भ्रान्त समालोचना सँ रुचि भ्रष्ट भए जएबाक भ्रष्ट भय अछि। एहन समालोचनासँ नीक थिक जे समालोचना नहिएँ हो, कारण, तखन तँ पाठक जनताक अपने रुचि ओकर रसग्राहकता मे सहायक होएतैक। हम एलिअट साहेबक शब्द मे अपन एहि भाषण कैं अन्त करैत छी जाहि मे ओ समालोचनाक चरितार्थता व्यक्त करैत रहैत छथि–

The critic, one would suppose, if he is to justify his existence, should endeavour to discipline his personal prejudices and cranks-fares to which we are all subject–and compose his differences with as many of his fellows as possible, in the common pursuit of true judgment. (Functions of Criticism.)

(प्रथम अखिल भारतीय मैथिली लेखक सम्मेलनक समालोचना विभागक अध्यक्षीय भाषण, 1956, विविध प्रबन्ध, 1970)

आलोचना साहित्य

जयन्ति ते सुकृतिनो रससिद्धा कवीश्वराः।
नास्ति येषां यशःकाये जरामरणजं भयम ॥
कुर्वते स्वमुखेनैव बहुधान्यस्य खण्डनम्।
नमः पतनशीलाय मुसलाय खलाय च ॥

परिषदक आदरणीय कर्णधार लोकनि ओ मैथिली साहित्यक रसिक समवेत **सज्जन-गण!**

हम आइ अपना कैं कृतकृत्य मानैत छी जे परिषदक दिशि सँ हमरा ई प्रतिष्ठाक आसन देल गेल अछि। ई अपने लोकनिक अनुग्रह थिक ओ तैं केवल व्यवहारक रक्षार्थ नहि, अपितु कर्त्तव्य-बुद्ध्या, हृदय सँ हम अपने लोकनिक ओतए विनम्र भए एहि अनुग्रहक हेतु कृतज्ञता ज्ञापित करैत छी ओ जैं अपने लोकनिक अनुग्रह हमरा आइ प्राप्त अछि तैं अपन मनोभाव हम आइ निस्सङ्कोच निवेदन करब। कृपा कए सुनि धरि लेल जाए ओ यदि सर्वथा असङ्गते प्रतीत हो तँ हमर प्रलाप बूझि ओकरा बिसरि गेल जाए, उपेक्षित कए देल जाए। मन धरि मे नहि राखल जाए।

एहि प्रसङ्ग एतवा धरि हम अवश्य कहब जे साहित्यिकक गोष्ठी मे बजबाक हम अपना कैं अधिकारी बुझैत छी। पढ़ल साहित्य, ओ व्यवसाय करैत छी साहित्यिकक। अपन मातृभाषाक साहित्य मे नैसर्गिक स्नेह, ओ ताहि स्नेहक प्रेरणा सँ हम मैथिली-साहित्यक तुच्छे, मुदा सेवक अवश्य छी। लेखक होएबाक गौरव हमरा नहि हो मुदा साहित्यक सेवा करबाक सौभाग्य हमरा अवश्य अछि। ओ सेवाक प्रकार अनेक छैक। अपन नहि हो अनके, मौलिक नहि हो अनुवादे, सम्पूर्ण नहि हो संग्रहे—एहि साहित्य मे एक नहि अनेको कृति हमरा द्वारैं सम्पादित भेल अछि। आइ बीस-पचीस वर्ष सँ हम एहि वृत्ति मे लागल छी ओ आब तँ ई व्यसन जकाँ हमरा लागि गेल अछि। मैथिलीक साहित्य-भण्डार मे सञ्चित एहि नवयुगक निर्मित स्थायी सम्पत्तिक दिशि आँखि दैत छी तँ आनन्देटा नहि सन्तोषो होइत अछि जे हम अपने नहि लिखने होइ मुदा अनका सँ हम केहन-केहन सुन्दर ग्रन्थ लिखबाओल

अछि, कतेककेँ हम उत्साह दए दए लिखबाक प्रेरणा देल अछि, कतेक केँ हम लिखए सिखाओल अछि। एहि प्रकारक सेवाक महत्त्व नहि बुझल जाउक मुदा महानेटा सेवा सेवा थिक ई के कहत? जे जन अपन योग्यतानुसार हृदयसँ तत्पर भए सेवा मे संलग्न अछि तकर तुच्छो सेवा सुधीसमाज मे श्लाघनीय होइत अछि। हमरहु तँ ओही सेवाक प्रसादात् आइ अपने लोकनि ई प्रतिष्ठाक आसन देल अछि ओ तहिँ ने हमहु आइ अपन मनोगत भाव केँ निस्सङ्कोच व्यक्त करबाक एखन धृष्टता कए रहलहुँ अछि।

परिषदक वार्षिक अधिवेशनक अवसर पर समालोचनाक पृथक् विभाग जहाँ धरि हमरा स्मरण अछि ई प्रथमे थिक। तीन वर्ष पूर्व दड़िभङ्गा मे जे प्रथम अखिल भारतीय मैथिली साहित्य सम्मेलन भेल छल ताहि मध्य एकगोट विभाग 'समालोचना'क छल ओ ताहि ठाम हम संस्कृत ओ अङ्गरेजी दूहू साहित्य मे समालोचनाक की उद्देश्य छैक, की प्रयोजन छैक, ओ ताहि हेतु योग्यता की अपेक्षित छैक, इत्यादि कतेको विषयक एक गोट स्थूल चित्र उपस्थित कएने छलहुँ आ तकरा एतए दोहराए पिष्टपेषण करब हम निष्प्रयोजन बुझैत छी। मुदा ओतए हम जे विचार उपस्थित कएल से समालोचनाक यौगिक अर्थ केँ लए। मिथिला-भाषा मे अनेकानेक शब्दक प्रयोग यौगिक अर्थ मे नहि, योगरूढ़ अर्थ मे होइत अछि, जेना संस्कृतक तत्सम शब्दक उदाहरण जङ्घा, मात्सर्य, आवेश इत्यादि ओ मैथिलीक तद्भव वा देशी शब्दक उदाहरण, पनबट्टी, मटकूड़, चौमास इत्यादि। समालोचनाक अर्थ होइत अछि हमरा लोकनिक भाषा मे 'दोषाविष्करण'। परन्तु ई मत्सरता हमर प्राचीन संस्कृतिक अनुकूल नहि थिक ओ सब दिन हेय बुझल गेल अछि। हमरा लोकनिक प्राचीन साहित्य मे मत्सरी भेल 'खल' ओ खल सँ भय सबसँ विशेष सज्जन केँ छलैन्हि, काव्य मे खलक स्तुति मङ्गलाचरणक अङ्ग मानल जाइत छल। वाणभट्ट अपन कादम्बरीक आदि मे ओ सुबन्धु अपन वासवदत्ताक आदिमे खलक स्तुति बड़ चमँ समालोचनाक साधारणतया परिगृहीत अर्थ भेल 'खलत्व', दोषाविष्करण मात्र। एक समय छल जखन विलायत मे सेहो समालोचना एही अर्थ मे प्रयुक्त होइत छल ओ प्रसिद्ध अछि जे महाकवि कीट्स एडिनबर रिव्यू मे प्रकाशित अपन काव्यक समालोचनाक उत्ताप सँ मुइलाह। आब विलायतहु मे समालोचनाक रूप बदलि गेल अछि। समालोचना आब ओतहु व्यक्तिक पसिन्द वा नापसिन्दक वस्तु नहि रहल। समालोचना आब ओतहु एक गोट शास्त्र भए गेल अछि, एक गोट 'साइन्स' बुझल जाए लागल अछि तथा ओकर एकगोट अपन शैली भेल जाए रहल छैक। अङ्गरेजीक नव समालोचना ओएह बुझि सकत जे ओहि शास्त्रक क्रमबद्ध अध्ययन कएलक अछि। संस्कृत मे ई वस्तु बड़ प्राचीन थिक ओ साहित्य-शास्त्र वा अलङ्कार-शास्त्र भिन्ने अछि जकर अवगति नहि रहलेँ रस, गुण, ध्वनि, अलङ्कार इत्यादि विषयक परिचय नहि भए सकैत छैक। दोसर, अङ्गरेजीक साहित्य मे समालोचनाक तात्पर्य आब गुण वा दोषक आविष्करण नहि रहल अछि ने ओकर मूल्याङ्कन सएह

समालोचनाक उद्‌देश्य रहल अछि। समालोचनाक लक्ष्य भए गेल अछि कविक व्यक्तित्वक स्फुटीकरण जकर माध्यम हुनक काव्य भेल। जाहि रसक अनुभूति सँ आनन्दातिरेक मे कवि अपन काव्यक रचना कएल तकरा स्फुट कए पाठक कैँ बुझाए दी जे तत्काल ओहो ओहि रसक ओहने अनुभूति सँ आनन्दग्रहण कए सकथि—इएह भेल उत्तम समालोचनाक धर्म। अथवा ई कहू जे कविक जाग्रत एवं तीव्रतर अनुभूति धरि पहुँचबा मे पाठकक जिज्ञासा सँ जागरूक एवं तीव्र अनुभूति-शक्तिक जे सहायता करथि सएह समालोचक थिकाह। दोष वा गुण तँ आनुषङ्गिक धर्म थिक। देश ओ कालक भेद सँ एहि सबमे अन्तर होइत रहैत छैक। दोष सँ भरलो काव्य गुणक उत्कर्ष सँ प्रशंसित होइत अछि, गुण सँ युक्त रहलहि काव्य प्रशंसित नहि होएत जँ ओहि मे रसक उचित परिपाक नहि रहत। साहित्य मे तँ काव्यक आत्मा 'रस' सएह मानल गेल अछि। ध्वनिक जे महत्त्व संस्कृत साहित्य-शास्त्र मे एतेक अछि तकरो कारण इएह जे रसक अनुभूति ध्वनिक द्वारा होइत अछि। गुण-दोष तँ संस्कृत मे बड़ गौण मानल गेल अछि—गुण ओ भेल जे रसक परिपाकमे सहायक हो; दोष ओ भेल जे रसक अपकर्ष करए। तैं जकरा दोष कहल अछि सेहो जँ कोनहु स्थिति मे रसक उत्कर्षधायक हो, अपकर्षक नहि रहए, तँ ओ दोषो गुण भए जाइत अछि। हमरा ओहिठाम तँ काव्य-पुरुषक आत्मा रस कहल गेल अछि, अर्थ भेल ओकर अन्तःकरण, शब्द भेल ओकर शरीर, गुण भेल शौर्य-दाक्षिण्य, रूप-वर्ण इत्यादि मानसिक ना शारीरिक गुण, दोष भेल काणत्व खञ्जत्व शरीरक वा अन्तःकरणक दोष। अलङ्कारक एतेक विन्यास अछि, परन्तु अलङ्कार तँ विशेषाधायक थिक स्वरूपाधायक नहि। अलङ्कारक खेड़ि समय-समय पर पाश्चात्य साहित्यहुमे देखल गेल अछि ओ आधुनिक अङ्गरेजी साहित्य मे अलङ्कारक रङ्ग-विरङ्गक प्रयोग भए रहल अछि। संस्कृत साहित्यशास्त्रक एतेक दिन सँ एहि रूपेँ विकास भेल अछि परन्तु कतहु ओहि मे समालोचना शब्द नहि प्रयुक्त भेल अछि। जकरा एखन हम समालोचना कहैत छिऐक से संस्कृत साहित्य मे भावकत्व कहल गेल अछि। ओ अङ्गरेजी मे नाम तँ एखनहु ओएह पुरान अछि परन्तु ओकर धर्म आब ओतहु 'भावकत्व' भए गेल अछि। जहिना संस्कृत साहित्यक एक टा स्वतन्त्र शास्त्र भए गेल अछि तथा ओकर समुचित अवगतिक निमित्त शब्दशास्त्र ओ तर्कशास्त्रक ज्ञान अपेक्षित अछि, तहिना आब अङरेजिअहु साहित्य-शास्त्रक स्थिति भेल जाइत अछि ओ 'साइकोलोजी' सँ आब ओ एतेक सम्बद्ध भेल जाइत अछि जे हमरा सन-सन लोक जे आइ सँ तीस वर्ष पूर्व एहि साहित्यक रसानुभूति मे दीक्षित भेल छल तकरा हेतु अङरेजीक साहित्य आब नव वस्तु भेल जाइत अछि जकर समुचित रसास्वादन बिनु आयासेँ सम्भव नहि अछि। साहित्य ओतए जनताक मनोरञ्जनक वस्तु नहि रहल, ओ आब ओतहु विशेषज्ञक आनन्दक सामग्री भेल जाइत अछि। इएह स्थिति तँ संस्कृतहुक साहित्यक भेल।

हमर व्यक्तिगत विचार तँ ई अछि–जे कथा हम अनेक ठाम लिखनहु छी–जे जहिना मनुष्यक मूल्य ओकरा मे दोषक साहित्य मे नहि छैक प्रत्युत ओकरा मे गुणक मात्रा पर निर्भर करैत छैक तहिना मनुष्यक कृति, काव्यहुक मूल्य एहिमे नहि छैक जे ओहि मे दोष नहि छैक प्रत्युत ओकर मूल्य तँ बुझवाक चाही एहि सँ जे ओहि मे गुण कतेक छैक, कोन मात्रा मे छैक। पुरुषोत्तम तँ एकटा ईश्वरे बुझल जाइत छथि, आओर के पुरुष अछि जकरा मे दोष नँ की सब पुरुष हेय थिक? ओ भगवानक सृष्टि मे मनुष्यक जखन इएह स्थिति अछि तखन स्वयं दोषक आकर मनुष्यक कोनो कृति दोष सँ शून्य होएत तकर आशा कोना करब? तँहि तँ हमर संस्कृति मे सज्जनक गुण कहल गेल अछि जे दोषक उपेक्षा कए केवल गुणक ग्रहण करथि। इएह मन मे राखि वेणी-संहार मे भट्ट नारायण आग्रह कएने छथि, मधुलिह इव मधुविन्दून् विरलानपि भजत गुणलेशान्"। ओ तेँ आधुनिक युग मे समालोचना मे, सम्यक् आलोचना मे, ई देखब आवश्यक भए जाइत अछि जे काव्यक परीक्षण मे व्यक्तित्वक परिचय हो। प्रत्येक काव्यक पाँछा मे एक व्यक्ति होइत अछि, प्रत्येक काव्य एक सहृदयक हृदयक उद्‌गार होइत अछि। व्यक्ति होइत अछि समय, देश ओ समाज सँ निर्मित, परिच्छिन्न। आत्माक विभुत्व कैं मानितहुँ ई मानए पड़त जे ओ विभु आत्मा काल, देश ओ समाजक रङ्ग सँ रँगल कार्यक्षेत्र मे अवतीर्ण होइत अछि। अतएव मनुष्यक आचार ओ विचार, आकांक्षा ओ लालसा, हर्ष ओ विस्मय सब कथूक यथार्थ संवेदना तखनहि सम्भव अछि जखन ओकर व्यक्तित्वक परिचय होएत ओ व्यक्तित्व देश काल, समाज सँ परिच्छिन्न रहैत अछि। समालोचनाक ई ऐतिहासिक दृष्टिकोण हमरा ओहि ठाम नवीन थिक, परन्तु बिनु एहि दृष्टिकोणेँ विचार कएला उत्तर कोनहु काव्यक मर्म धरि पहुँचब कठिन। संस्कृत साहित्य मे ऐतिहासिक समालोचनाक अभाव अछि ओ से बड़का त्रुटि अछि, परन्तु ताहि सङ्ग इहो तँ सत्य जे आत्माभिव्यञ्जनक काव्य जकरा Lyrics कहैत छिऐक अथवा Essays अथवा उपन्यास आदि अंशक एहि मे सर्वथा अभाव अछि। मैथिलीक साहित्य मे एखन धरि ई दृष्टि नहि आएल अछि परन्तु तकर परिणामो तँ स्पष्टे अछि। विद्यापतिक काव्यक लक्ष्य ओ प्रयोजन कहाँ प्रख्यापित भए सकल अछि; गोविन्ददासक काव्यक स्वरूप कहाँ बुझल भए सकल अछि; चन्दाझा समेतक कृतिक सम्यक् विवेचना कहाँ भेल अछि? अतएव हम तँ कहब जे मैथिली-साहित्य मे समालोचना एखन आरम्भो नहि भेल अछि। समालोचक कैं ततेक अधिक योग्यता अपेक्षित छैन्हि जे विनु विशेषज्ञ भेनें ओ काव्य-गत गुण-दोषक भलहि निर्वचन कए लेथु मुदा कविक हृदय कैं स्पष्ट रूपैं चीन्हि सकब जाहि सँ हृदयक उद्‌गारक प्रेरणा ओ प्रकार कैं बूझि सकब साधारण सँ अधिक अध्ययन अनुशीलन ओ अध्यवसाय चाहैत अछि। परन्तु सबसँ अधिक तँ समालोचक कैं अपेक्षित छैन्हि तटस्थता! अपन व्यक्तिगत राग ओ द्वेष सँ प्रेरित भए केओ व्यक्ति समालोचना कए सकताह तकर कोन सम्भव? यथार्थ

समालोचना तँ कोनहु कृतिक विषयक प्रतिपादन ओ विशदीकरण सँ ओकर आशय पाठक कैँ बुझाए सकत। ताहि सँ सबसँ पैघ फल होइत अछि रुचिक परिष्कार। सत्य, शिव, ओ सुन्दर की थिक, कोना होएत, कथीमे रहत से जँ नहि देखाए सकलहुँ तँ समालोचक पाठक कैँ भोतिअबैत छथि, ओझरबैत छथि, हुनक सहायता नहि करैत छथि। साहित्यक क्षेत्र मे पक्षपात हेय बुझल जाए। अपन मित्रक कृति कैँ आकाश चढ़ाए देब, अपन विरोधीक कृति कैँ गर्हित देखाएब, साहित्यिक महापाप थिक। मैथिली-जगत मे सम्प्रति की स्थिति अछि से बजलैँ तँ काल्हि सँ बिहाड़ि उठि जाएत। हम एतबए कहब जे समालोचना मे जे प्रवृत्त होअए चाहथि से कृपा कए पहिने ओहि हेतु अपेक्षित योग्यता सम्पादन कए लेथि ओ ई कर्म तटस्थ भए करथि। शेक्सपिअर एकठाम कहने छथि जे जे व्यक्ति हमर धन चोराए लैत अछि से हमर किछु नहि लेलक, कारण, धन अस्थिर होइत अछि। आइ हमर थिक, काल्हि आनक भए जाएत, ओ जे लेलक तकर तँ ओहि सँ उपकार होएतैक। असल चोर तँ थिक ओ जे हमर नाम, हमर सुयश चोराए लैत अछि, कारण, हम तँ ओहि सँ वञ्चित भैए गेलहुँ परन्तु हमर नाम वा सुयश सँ चोर कैँ अपना तँ कोनो फल नहि होएतैक। ई मैथिलीक समालोचक-गण कैँ सतत स्मरण रखबाक चाहिऐन्हि। एहि सँ बेशी हम नहि बाजब।

अपन मातृभाषाक प्रसङ्ग हमरा लोकनिक मध्य एखन धरि कतेक अनभिज्ञता अछि तकर एकटा दृष्टान्त देखू। सब सुनैत आएल छी ओ अवसर अवसर पर सब बजैत छी जे मैथिली बड़ मधुर भाषा अछि, ओहने मधुर जेहन बङ्गला। परन्तु एहि प्रसङ्ग कतेक भ्रम अछि से देखल जाओ। कहल जाइत अछि, विद्यापति वीररसक कविता नहि लिखलैन्ह, केवल रजनी-सजनी लीखि-लीखि लोक कैँ स्त्रैण बनाओल, मौगिआह बनाए देल। कीर्तिलता वीररसक काव्य थिक मुदा ओतहु शृङ्गारहिक चमत्कार अछि। भाषा मे ओज नहि अछि। हालहि मे हमरा लोकनिक कवि-चूड़ामणि एक गोटा काव्य लिखल अछि, उद्‌बोधनात्मक। श्री मधुपजी कैँ हमरा प्रति अगाध स्नेह, हम हुनक प्रतिभाक प्रशंसक। हमरा जखन ओ अपन सद्यःप्रकाशित पोथी देअए गेलाह तँ दुइए चारि पाँती पढ़ि हमरा ई काव्य सर्वथा अभिनव प्रतीत भेल, शब्द ओ अर्थ मे सामञ्जस्य नहि भेटल, मधुपजीक काव्य मे जे प्रसाद भेटैत छल से हेराएल बूझि पड़ल। पुछला उत्तर मधुपजी कहल जे ई फरमाइश पर लिखल अछि वीर-रसक! हमरा लगले विद्यापति पर आरोपित लाञ्छना मन पड़ि आएल ओ हम ई गप्प मधुपजी कैँ कहि देलिऐन्हि। आब विचारल जाओ जे वीररस मे जाहि ओजगुणक प्रयोजन अछि ओहि ओजगुणक व्यञ्जक वर्ण भिन्न अछि। ओजक विरोधी गुण थिक माधुर्य ओ माधुर्यक व्यञ्जक वर्ण भिन्न अछि। ओना तँ साहित्यदर्पणहु मे ई सब परिगणित भेटत परन्तु रसगङ्गाधर मे एकर विशद विचार अछि। ट वर्ग छाड़ि वर्गक प्रथम ओ तृतीय वर्ण, अनुनासिक वर्ण, अन्तःस्थ वर्ण, असंयुक्त वर्ण इत्यादि माधुर्यक व्यञ्जक

थिक। ई कहब जे केवल संस्कृतहिटा मे अछि से नहि, चीनी केवल भारतहिटा मे मधुर होइत अछि से तँ नहि। अङरेजिअहु मे माधुर्य-व्यञ्जक वर्ण Liquid Consonant कहबैत अछि ओ जाहि वाक्य मे एहि वर्णक जतेक बहुलता रहत से ततेक मधुर कहाओत। आब मैथिलीक कोनहु वाक्य कें देखू तँ ज्ञात होएत जे एहि मे ओहि वर्णक बाहुल्य भेटत जे माधुर्यक व्यञ्जक थिक। संयुक्ताक्षर तँ संस्कृतानुरूप शब्दहि मे भेटैत अछि, विशुद्ध मैथिलीक शब्द बहुधा असंयुक्त रहैत अछि ओ भाषाक स्वरूपे तेहन अछि जे ओहि मे ट वर्ग छाड़ि वर्गक प्रथम, तृतीय ओ पञ्चम वर्ण ओ अन्तःस्थ एतबए व्यञ्जनक प्रयोग अधिकाधिक होएत ओ स्वर मे लघु। एहन भाषा मे ओजगुण कतए सँ आओत? कुसिआरक आमिल कोना होएत?

ओ समालोचना होएत कथीक? साहित्य तँ थिक परस्पर सापेक्ष ओ तुल्यरूप शब्द ओ अर्थ दुहूक अभिव्यञ्जन रूप क्रिया मे अन्वय। काव्यपुरुषक शरीर थिक शब्द। परन्तु हमरा अत्यन्त खेद अछि जे मिथिला-भाषाक एखन पर्यन्त स्वरूपो स्थिर नहि भए सकल अछि ओ अपनहि व्यवहार सँ हमरा लोकनि देखाए रहल छी जे मैथिली भाषाक मर्यादा नहि पाबि सकल अछि, एखन पर्यन्त बोली सएह अछि। भाषा विज्ञान मे भाषा ओ बोलीमे तात्त्विक भेद अछि ओ यदि हम अपन भाषा-मर्यादा स्वयं भङ्ग करब तँ दोष अनका कोना देबैक? मैथिली जगतक एक देश मे हम ऐहि हेतु बड़ 'बदनाम' छी, कतेक उपहास सुनल अछि, कतेक विरोध सहल अछि परन्तु हमरा दृढ़ विश्वास अछि जे मैथिली कें यदि वर्तमान भारतीय भाषा सबहिक समाज मे प्रतिष्ठित करएबाक अछि तँ ओकर स्वरूप स्थिर करए पड़त। एकहि पद कें अनेक प्रकार सँ लिखबाक चालि राखि ई कहब जे हमरो भाषा पुरान, साहित्यिक ओ व्यवस्थित अछि से कोना होएत? एखन मैथिली लिखबाक जे अव्यवस्था अछि से प्रायः हमरा कहए नहि पड़त। जए गोट लेखक तए रूपक भाषा। अधिकतया तँ एकहु लेख मे एकहि ध्वनिक हेतु भिन्न भिन्न वर्ण। क्षोभ होइत अछि तखन जखन सुनैत छी नेता लोकनिक मुह सँ जे एखन जे जहिना लिखैत छथि लिखए दिऔन्ह, कालक्रमें भाषाक स्वरूप स्वयं स्थिर भए जाएत। की एकर अर्थ ई नहि होइत अछि जे हमरा लोकनि एखन लिखब सिखहि लगलहुँ अछि, पूर्व सँ लिखबाक परम्परा हमरा लोकनि कें नहि अछि? की हमर नेता लोकनि एहि नीतिक घातक परिणाम कें विचारल अछि? एहि नीतिक दुष्परिणाम स्वरूप लिखबाक दिन दिन बढ़ैत अव्यवस्था कें की ओ लोकनि नहि देखैत छथि? हम ई नहि मानैत ही, ने वस्तुस्थिति सएह से अछि। मिथिला-भाषा आजुक भाषा नहि थिक जकर स्वरूप कालक्रमें स्थिर होएत। हम जनैत छी जे आइ छओ सए वर्ष सँ ई भाषा लिखल जाइत अछि ओ एकर लिखबाक एकटा परम्परा छलैक जे बहुत गोटा सँ एखनहु अनुगम्यमान छैक। ओ परम्परा एमहर आबि एहि पचास वर्ष मे हिन्दीक प्रभाव सँ भ्रष्ट भेल जाइत अछि।

हिन्दीक प्रभावसँ हमर लिपि नष्ट भेल। आब भाषाक स्वरूप नष्ट भेल जाइत अछि। हमरा लोकनि आँखि मूनि हिन्दीक प्रभाव मे पड़ल जाइत छी। समय बड़ दूर नहि अछि जखन हमरा लोकनि अपन भाषा हिन्दीक बोली जकाँ लिखि ओ बाजि ओकरा हिन्दीक बोली मानए लागब। परिषदक समक्ष एखन इएह सबसँ पैघ वस्तु छैक जाहि पर गम्भीरता सँ विचार कएल जाए। हम आइ बीस-बाइस वर्ष सँ अपील कए थाकि गेलहुँ ओ अपना जे परम्परया लिखबाक रीति देखि पड़ल से ग्रहण कएल। एहि प्रसङ्ग कहबाक बहुत अछि परन्तु कहि की फल? भाषा एक गोटाक थिकैक नहि ओ सब व्यक्ति सब रङ्ग लिखत तखन भाषा रहबे नहि करतैक। हम स्वागत करैत छी भागलपुर-मुङ्गेर मे अङ्गिका ओ मुजफ्फरपुर बेतिया मे वज्जिकाक आन्दोलन कैँ। हम आओर आह्लाद सँ स्वागत करब तराइ मे 'गिरिका'क। एतबए किएक? तिलयुगा सँ पूर्व पूवा, वाग्वती सँ पश्चिम पछिमाहा, करेह सँ दक्षिण दछिनाहा प्रभृति उपभाषा ओ बोली सब बढ़ओ। हम सबक हृदय सँ स्वागत करब, सब कैँ अपन बुझि, अपन कहि सम्मान करब, सब कैँ साहित्यिक मान्यता प्रदान करब। तखनहि प्रायः केन्द्रीय मैथिलीक स्वरूप स्थिर भए सकत। वास्तविकताक तिरोधान नहि भए सकैत अछि। अङ्गी तँ मैथिलिए रहत, आओर सब होएत अङ्ग। मुदा अङ्गहिक विकास सँ अङ्गीक विकास होइत छैक।

तँ हम कहल जे समालोचना एखन की होएत। साहित्यक पते नहि अछि। दस-पाँचटा काव्य किंवा दश-पाँचटा गल्प भाषा कैँ साहित्यिकता नहि दए सकत। ओ तकरो स्वरूप ठीक नहि। स्वतन्त्रता कैँ स्वच्छन्दता नहि होअए देल जाए। परिषदेटा ई कार्य कए सकैत अछि। भाषाक स्वरूप स्थिर हो, सत्साहित्यक निर्माण हो। समालोचनाक मार्ग स्वतः प्रशस्त भए जाएत। विश्व मे सर्वत्र इएह होइत आएल छैक। अतएव हमर इएह अनुरोध बुझी, आग्रह बुझी, अभ्यर्थना बुझी जे आबहु यदि जागरूक नहि होएब, सचेत नहि रहब, सचेष्ट नहि होएब तँ परिषद कैँ तोड़ि दी। तखन आयास व्यक्तिगत रहत। एतहि मधुबनी मे एकर जन्म भेल छल, एतहि एकर अन्त कए दी। परिषदक अछैत सामूहिक कार्य नहि हो ई ग्लानि थिक। विद्यापतिक गीतावली राष्ट्रभाषा परिषद सम्पादित करए; मैथिली साहित्य-परिषदक तखन काज कोन? समालोचनाक अवकाश कतए अछि?

मा मैथिली सब कैँ सन्मति देथुन्ह, सन्मार्ग देखबथुन्ह।

(मैथिली-साहित्य-परिषद, मधुबनी मे समालोचना विभागक अध्यक्षीय भाषण, 1959, प्रकाशित, वैदेही, मइ, 1960, विविध प्रबन्ध, 1970)

समीक्षा-वृत्ति

समीक्षा ओ साधु तात्त्विक प्रक्रिया थिक जाहि मे लोक कोनहु दर्शनीय वस्तु कैं देखबाक इच्छा करए, देखए ओ देखि कैं ओहि मे जे द्रष्टव्य होइक तकरा दोसरा कैं देखएबाक इच्छा करए, देखाबए।

काव्यक समीक्षा काव्यक सहजात थिक। ओना तँ मनुष्यक जहिअहि कण्ठ फुटलैक, ओ बाजए लागल, ओ केवल अपन मनक वृत्ति, अपन उल्लास किंवा व्यथामात्र व्यक्त करए। ओ अभिव्यक्ति आकस्मिक होइक, कखनहुँ दोसरहु कैं लक्ष्य कए; मुदा जखन मनुष्य अपन मनक अभिव्यक्तिकैं नाना प्रकारैं व्यक्त करए लागल, ओहि मे नव नव शैली भरि ओकरा सुन्दर, आकर्षक, ओ प्रभावशाली बनबए लागल तखन सुननिहार कतोक सँ मुग्ध होअए, कतोकसँ घृणा करए। एहीठाम समीक्षाक आरम्भ भेल आ जखन एहि अनुरक्ति किंवा विरक्तिक सङ्ग 'किएक' एहि प्रश्नक उत्तर प्रस्तुत कएल जाए लागल तखन समीक्षा-वृत्ति अपन वास्तविक रूप मे बढ़ए लागल।

संसार मे अनेक एहन पदार्थ अछि जे हमरा हेतु गुणकारी, लाभप्रद, मङ्गलमय, आह्लादजनक ओ मनोरञ्जक भए सकैत अछि मुदा से तखनहि जँ केओ ओकर वास्तविक सुन्दरता देखओनिहार हो। जँ कुशल परीक्षक नहि भेल तँ कतेक वास्तविक सुन्दर वस्तु वा सुन्दर रचना अनादृत भए जाएत, उपेक्षित रहि जाएत, तथा परीक्षकक प्रोत्साहन नहि भेटल तँ कलाकारक प्रतिभा, हुनक शक्ति, कुण्ठित भए जाइत अछि। ततवे नहि, बहुतो निरर्थक वस्तु वा रचना भ्रम सँ अथवा पक्षपात सँ सुन्दर एवं ग्राह्य बुझल जाए लगैत अछि, अनुचित आदर प्राप्त कए लैत अछि। एहि सँ अयोग्य कैं तँ प्रोत्साहन भेटैत अछि आ जनता कैं मूल्याङ्कनक एहन भ्रामक कसौटी भेटि जाइत अछि जे तद्द्वारा ओ अनुचित कैं उचित, अभव्य कैं भव्य, असुन्दर कैं सुन्दर एवं त्याज्य कैं ग्राह्य मानए लगैत अछि। एना संसार मे उचित परीक्षणक विवेक-विपर्यय भेला सँ जीवनक सब क्षेत्र मे अराजकता ओ अनैतिकता व्याप्त भए जाएत। तैं जनताक रुचि कैं परिष्कृत, व्यवस्थित, सन्तुलित अथवा विवेकशील बनएबाक निमित्त, बनओने रहबाक निमित्त, कोनहु वस्तु किंवा रचनाक ठीक-ठीक

परीक्षण ओ मूल्याङ्कन कएनिहार कुशल समीक्षकक होएब मानव समाजक सत्प्रवृत्तिक सुरक्षाक हेतु आवश्यके नहि, अनिवार्य सेहो अछि। एतबे नहि, जाधरि ठीक समीक्षा कएनिहार नहि रहत ताधरि कोनहु कलाकृतिक सौन्दर्यक कथा तँ दूर रहओ, लोक ओहि कलाकृति कैं किंवा ओकर भेद कैं चीन्हि समेत नहि सकत।

अतएव मनुष्यक जाहि वाणी सँ सम्पूर्ण विश्वक सब व्यवहार चलि रहल अछि, जाहि वाणीक आश्रय सँ सम्पूर्ण ज्ञान-विज्ञानक प्रसार भए रहल अछि, ओहि वाणी मे मनुष्य अभिनव कौशलक प्रयोग कए ओकरा आकर्षक बनएबाक निमित्त जे प्रयास कएलक अछि अर्थात् साहित्यक नाम सँ ओ जे वाक्सृष्टि कएलक अछि, ओकर उचित परीक्षणक निमित्त सेहो एक गोट शास्त्रक आवश्यकता छैक। इएह थिक ई समीक्षा, सम्यक् रूप सँ ईक्षण। इएह थिक ओ विद्या जाहि सँ साहित्यक उत्पत्ति, ओकर स्वरूप, तथा ओकर सभ अंग, उपांग, तत्त्व, गुण, दोष, प्रभाव, भेद आदिक पूर्ण ज्ञान प्राप्त भए सकैत अछि। एही शास्त्र कहू वा विद्या कहू, तकर आश्रय सँ साहित्यक विभिन्न तत्त्व ओ पक्षक निरीक्षण ओ परीक्षण कए ई सिद्ध कएल जाए सकैत अछि जे साहित्यक कोन स्वरूपक अध्ययन कोना कएल जाए, कोन प्रकारें ओकर आनन्द अथवा रस लेबाक चाही, कोना ओ किएक ककर ग्रहण करी, ककर परित्याग करी।

समीक्षा-वृत्ति मानव-जाति कैं स्वाभाविक थिकैक; एकर आधारभूत जे वृत्ति सब छैक से मानव-स्वभाव मे निहित छैक। सर्वप्रथम चयन-वृत्ति। छोटो-छोट नेना प्रेय ओ अप्रेय, रुचि ओ अरुचिक वृत्तिसँ सम्पन्न होइत अछि। प्रेय ओ श्रेय तथा अप्रेय ओ अश्रेय एकर भेद किंवा उचित कारण ओ नहि बुझैत अछि, नहि कहि सकत मुदा ई नीक लगैत अछि, ई नहि नीक लगैत अछि, एहि रूपक चयनवृत्ति ओकरहु सतत जाग्रत ओ सचेष्ट रहैत छैक। अपन मनक अनुकूल, अपना रुचिक वस्तु कैं बीछब, बीछिकैं ग्रहण करब, चयन-वृत्ति थिक ओ इएह चयन-वृत्ति समीक्षाक आधारभूत एकगोट प्रमुख वृत्ति थिक। दोसर थिक जिज्ञासा-वृत्ति। मनुष्यक स्वभाव थिकैक जे ओ प्रत्येक नवीन अज्ञात किंवा अद्भुत वस्तुक परिचय, उपभोग, प्रयोग ओ विवरण जनबाक हेतु समुत्सुक रहैत अछि। ई की थिकैक, एहन किएक छैक, एकर प्रयोजन की, एहि सँ की लाभ होएत इत्यादि प्रश्न एही कौतूहल सँ उत्पन्न होइत अछि ओ जाहि वृत्ति सँ ई कौतूहल उत्पन्न होइत अछि से थिक जिज्ञासा-वृत्ति। साहित्यक विषय मे एहि जिज्ञासा-वृत्ति सँ समीक्षाक उदय होइत अछि, ओकर विकास होइत रहल अछि। मानव स्वभावक तेसर वृत्ति जे समीक्षाक आधारभूत अछि से थिक अहं-वृत्ति। ई स्वाभाविक थिकैक जे सब कैं अपन वस्तु नीक लगैक, अपनासँ सम्बद्ध किंवा अपन प्रिय वस्तुक दोषाविष्करण प्रिय नहि होइक। लोक तँ अपन वस्तु कैं तत्सदृश आन वस्तु सँ नीक बुझैत अछि। एहि वृत्तिक व्यापार-स्वरूप ई आकांक्षा होइत छैक जे जकरा हम नीक, प्रिय ओ सुन्दर बुझैत छी तकरा आनो

नीक, प्रिय ओ सुन्दर बुझाए; हम जे कही से बस स्वीकार करए; हमर जे मत अछि वा हम जे कहैत छी सएह शुद्ध ओ सटीक। समीक्षाक मूल प्रेरणा-शक्ति इएह अहं-वृत्ति थिक। इएह तीनू वृत्ति कखनहु पृथक्-पृथक्, कखनहु परस्पर मीलि, समन्वित रूप सँ, कोनहु कला-कृतिक, विशेषतः साहित्यिक कृतिक, परीक्षणक हेतु सहृदय कैँ प्रेरित करैत अछि।

राजशेखर कहने छथि जे जहिना काव्यक कारण प्रतिभा थिकैक ओ साहित्यसर्जना मे कारण-भूत प्रतिभा 'कारयित्री' प्रतिभा थिक, तहिना काव्यकृतिक परीक्षणहुक हेतु प्रतिभा चाही जकरा ओ 'भावयित्री' प्रतिभा कहैत छथि। परन्तु जेना प्रतिभाक सङ्ग-सङ्ग व्युत्पत्ति ओ अभ्यास सत्साहित्यक कारण मानल जाइत अछि तहिना भावयित्री प्रतिभाक सङ्ग-सङ्ग कतोक आओर गुण अपेक्षित छैक जे समीक्षा कैँ शास्त्रीय मर्यादा प्रदान करैत अछि। समीक्षा क्रियाक हेतु सबसँ विशेष प्रयोजन छैक ओहि हेतु विशेष प्रकार सँ सन्नद्ध होएबाक अर्थात् सबसँ पहिने हुनका गम्भीर अध्ययन चाही। बिनु व्यापक अथ च गम्भीर अध्ययन कएने समीक्षाक क्रिया अनभिज्ञता देखाए समीक्षा कैँ उपहासास्पद बनाए देत। ताहि सङ्ग निष्पक्षता समीक्षाक आत्मा थिक। समीक्ष्य विषयक सङ्ग समीक्षकक सहानुभूति आवश्यक छैक मुदा से सहानुभूति रचना सँ हो, रचनाकारसँ नहि, ओ तैँ राग वा द्वेष सँ प्रेरित समीक्षा समीक्षा नहि थिक। तहिना सौन्दर्य-भावनाक संस्कार एक स्वतन्त्र वस्तु थिक जकरहि हम भावयित्री प्रतिभा कहल अछि ओ ताहि सङ्ग अभिव्यक्ति-कौशल सेहो ओही प्रतिभाक प्रसाद थिक। एहि कौशलक अन्तर्गत पाँच गोट विचार अबैत अछि—ओ जे कहैत छथि से स्पष्ट अछि, शुद्ध अछि, प्रभावशाली अछि, युक्तियुक्त अछि ओ समीक्षाक शैली सँ भिन्न नहि अछि। समीक्षाक संस्कार मे एहि पाँचो गुणक सत्ता आवश्यक।

कोनहु रचनाक समीक्षा मे मुख्यतः समीक्षकक व्यक्तिगत रुचि कारण होइत अछि परन्तु समीक्षाक आधार-भित्ति होइत अछि समाज द्वारा अनुभूत सौन्दर्य-विवेचनक परम्पराक अनुसार निर्मित ओ परिष्कृत रुचि। एहिमे प्रथम जखन अहं-प्रेरित होइत अछि तखन ओकरा निकृष्ट कहब मुदा यदि ओ परिष्कृत सौन्दर्य-भावना सँ प्रेरित हो तखन ओकरा उत्कृष्ट मानब। परिष्कृत सौन्दर्य-भावना एक तँ प्राचीन काल सँ सम्पूर्ण मानव समाज मे अथवा कोनहु क्षेत्र-विशेष मे बनैत बनैत रूढ़ भए गेल अछि; दोसर युग-विशेषक आचार- विचार किंवा संस्कारक आधार पर बनैत रहैत अछि। एहि मे रूढ़ जे वृत्ति होइत अछि सएह शास्त्रक रूप मे मान्य होइत अछि, जेना हमरा लोकनिक ओहिठाम रस, अलङ्कार आदिक दृष्टि सँ परीक्षण शास्त्रीय बूझल जाइत अछि। एकरा हमरा लोकनि शास्त्रीय अथवा रूढ़ तुला कहब। दोसर रुचि ओ थिक जे मानव समाजक सार्वभौम, सार्वदैशिक, ओ सार्वकालिक हित सँ प्रभावित होइत अछि ओ किछु तँ युग-विशेषक वृत्ति ओ आचार-विचारक अनुसार भावित होइत अछि। एकरा

हमरा लोकनि सामाजिक तुला कहब। एहि मे व्यापक रूप सँ इएह द्रष्टव्य होइत अछि जे अमुक रचना सम्पूर्ण मानव-समाजक दृष्टि सँ हितकर, सुखकर ओ आनन्दकर अछि वा नहि? एहि सँ ककरो अहित वा अकल्याण तँ ने होएत? परन्तु ताहू सँ विशेष रूपेँ एहि मे द्रष्टव्य होइत अछि जे ओहि युग-विशेषक रुचि-भावना तथा आचार ओ विचारक अनुकूल ओ रचना स्वस्थ साहित्यक अन्तर्गत आबि सकैत अछि वा नहि।

परन्तु समीक्षाक स्वरूप रूपायित होइत अछि ओहि प्रयोजन सँ जकरा दृष्टि मे राखि समीक्षावृत्ति मे केओ प्रवृत्त होइत अछि। बहुतो समीक्षा तँ अपन कृति कैँ बुझएबाक निमित्त, ओकर समर्थनक प्रयोजन सँ लिखल गेल अछि, लिखल जाइत अछि। एकर मूल मे रहैत अछि कोनहु कल्पनात्मक साहित्यक महत्त्व सिद्ध करब। परन्तु पूर्वहु समय मे ओ एमहर आबि मार्क्सवादी समीक्षाक बड़का प्रयोजन रहैत अछि लेखक कैँ पथ-प्रदर्शन करब तथा लोक-रुचिक परिष्कार करब। एकर तात्पर्य भेल जे समीक्षा मे ओ आदेश रहए जे लेखक ओकर अनुसरण करथि तथा जनता कोन वस्तु कैँ प्रिय ओ रुचिकर बूझि स्वीकार करए अर्थात् जनताक रुचि कैँ एहन परिष्कृत कए देल जाए जे समीक्षक जकरा श्रेष्ठ, सुन्दर, भव्य ओ रुचिकर बुझथि, जनता सेहो ओकरहि श्रेष्ठ, सुन्दर, भव्य ओ रुचिकर बुझए। समीक्षक एकटा नव रूप चलल अछि जकर एकमात्र प्रयोजन रहैत अछि 'अभिप्रशंसन'। परन्तु मुख्यतः दू गोट प्रयोजन एहन अछि जे प्रायः सर्वमान्य होएत ओ से थिक समीक्षा द्वारा लेखक ओ जनताक सेवा। कालिदासक सुप्रसिद्ध उक्ति जे आपरितोषाद् विदुषां न साधु मन्ये प्रयोगविज्ञानम्" समीक्षाक द्वारा लेखकहिक सेवा द्योतित करैत अछि। समीक्षाक कार्य इएह थिकैक जे समाज मे स्वस्थ रुचि उत्पन्न कए तथा साहित्यक श्लाघ्य परिपाटी स्थापित कए समाज कैँ समुन्नत करी, ओकर शील ओ सदाचार कैँ व्यवस्थित करी। जहिना कारयित्री प्रतिभा सँ लेखक लोक कैँ आनन्द प्रदान करबाक साधन दैत छथिन्ह, तहिना भावयित्री प्रतिभा सँ सम्पन्न समीक्षक रचनाक परीक्षण कए लेखक कैँ अपन उपलब्धिक मूल्याङ्कन कए दैत छथिन्ह ओ पाठक कैँ ओहि रचनाक गुणदोष सुझाए मार्गप्रदर्शकक कार्य कए दैत छथिन्ह।

अतएव कोनहु रचनाक सम्यक् रूप सँ दर्शन ओ परीक्षण कए दोसराकैँ ओकर गुण एवं दोषक विवरण देब, ओहि दिशि प्रवृत्त करब, ओहन रचना करबाक हेतु दोसरा कैँ प्रेरित करब, जनताक रुचि कैँ परिमार्जित करब, इएह सब भेल समीक्षाक प्रयोजन परन्तु से तखनहि सम्भव भए सकैत अछि जखन हम ओहि रचनाक उचित गुण-तत्त्व जानि ली, ओकर मूल्याङ्कन कए सकी। अतएव आवश्यक ई थिक जे मूल्याङ्कनक स्वरूप स्थिर हो, कोन मानदण्ड सँ कोनहु रचनाक परीक्षण कएल जाएत से स्पष्ट हो। कोनहु रचनाक गुण-तत्त्व वा मूल्य ओ विशेष नियोजन थिक जे ओहि मे उपस्थित भए ओकरा मूल्यवान्, महत्त्वपूर्ण, गुणान्वित कए कैँ ओकरा एहि योग्य

बनाए दैत अछि जे ओहि दिशि लोकक ध्यान विशेष रूप सँ आकृष्ट हो। लेखक द्वारा प्रयुक्त वा स्थापित इएह नियोजन गुण-तत्त्व थिक जे श्रोता, पाठक वा दर्शक कैं आदिसँ अन्त धरि ओहिमे संलग्न रखने रहैत अछि, मन ऊबए नहि दैत अछि। साहित्यक आनन्द ओहि मे अन्तर्हित सुन्दर, अद्‌भुत, ओ असाधारण वस्तु, व्यक्ति, कथा, किंवा भाषाक एहन नियोजन होइत अछि जे पाठक, श्रोता, किंवा दर्शक कौतूहल सँ ओहि मे तन्मय भए कतहु भाषा-शैली सँ, कतहु वर्ण्य विषय सँ, भावित होइत चल जाथि, तखन बुझबाक थिक जे ओहि मे गुण-तत्त्व विद्यमान अछि। मूलतः हम स्वतंत्र वृत्तिसँ गुण-तत्त्वक परीक्षण करी अथवा समाज द्वारा परम्परासिद्ध रूढ़ कसौटी सँ अन्वीक्षण करी, एतबा निश्चय जे हम जाहि गुणतत्त्व सँ भावित होएब ओ तीनिएटा होएत, सुन्दरता, अद्‌भुतता ओ असाधारणता। विभिन्न वर्ग वा व्यक्तिक बौद्धिक किंवा सांस्कृतिक योग्यता ओ परिस्थिति सँ ई गुणतत्त्व भिन्न भए सकैत अछि ओ तँहि ककरहु एक वस्तु पसिन्द होइत छैक, ककरहु दोसर। परन्तु सुन्दर, अद्‌भुत, एवं असाधारण होएबाक हेतु आवश्यक छैक जे ओहि मे हमरा प्रांशुलभ्यता बूझि पड़ए, ओ हमरा ततेक दूर बूझि पड़ए जे हम ओहि दिशि एकटक देखैत रहि जाइ, मुह सँ बहराए जाए जे अरे, की एहनो भए सकैत छैक!" यदि ई भावना नहि भेल ओ श्रोता, दर्शक वा पाठक कैं ओहन रचना करबाक शक्ति अछि ई होइक, तँ ओकरा ओहि सँ आनन्द नहि, ईर्ष्या होएतैक, ओ ओहि मे दोष ताकए लागत।

गुणतत्त्वक नियोजन अनेक प्रकारैं होइत छैक। गुण-तत्त्वक अस्तित्व कतहु तँ प्रस्थापित वा चयन कएल वस्तु, सामग्री वा विषयमे रहैत अछि; कतहु भाषा-शैली किंवा वर्णन शैलीमे रहैत अछि; कतहु रचना-कौशल अर्थात् विषय प्रस्तुत करबाक शैलीमे रहैत अछि। एहि तीनूसँ भिन्न एक गोट आओर परीक्षा छैक जे ग्राहक अर्थात् श्रोता, पाठक वा दर्शकक योग्यता एवं मर्यादाक अनुसार रचनामे औचित्यक कतेक दूर धरि रक्षा भेल छैक। एही चारि प्रकारेँ, चारिमे सँ सब अथवा किछु कैं लए, गुणतत्त्वक नियोजन होइत छैक। अतः गुण-तत्त्व कोन अंशमे नियोजित छैक से बूझि ओही दिशि गुण-तत्त्वक समीक्षण करबाक चाही। जाहि अंशमे गुणतत्त्व नहि छैक ताहिठाम बलपूर्वक गुणतत्त्वक अन्वेषण पाखण्ड-चेष्टा थिक। मूल्यांकनक मानदण्ड तँ होइत अछि वा भए सकैत अछि आनन्ददायकत्व अर्थात् रचनाकैं देखि, पढ़ि वा सुनि सोझे सोझ तत्काल आनन्द प्राप्त होइत अछि वा नहि; कलात्मकता अर्थात् रचना-कौशल ततबा अद्‌भुत असारधारण ओ आकर्षक छैक वा नहि जे ओहूसँ आनन्दक उपलब्धि हो; सांस्कृतिक प्रभावशीलता अर्थात् ओहिसँ समाज ओ संस्कृति पर महत्त्वपूर्ण प्रभाव पड़ैत अछि वा नहि; नैतिकता वा धार्मिकता अर्थात् ओहिसँ ग्राहकक नैतिकता वा धार्मिकताक विकास एवं अनैतिकता वा अधर्मिताक विनाश होइत अछि वा नहि; तथा व्यावहारिकता अर्थात् ओहि कृतिक द्वारा संसार मे

मानव-सम्बन्धक निर्वाहक उचित मार्ग प्रदर्शित होइत अछि वा नहि। समीक्षक अपन अपन दृष्टिसँ एहिमे कोनहु विशिष्ट मूल्यकेँ महत्त्व दैत रहलाह अछि वा दैत छथि मुदा गुणतत्त्वक कसौटी इएह थिक यद्यपि एहूमे सौन्दर्यवादी तत्त्व केवल प्रथममे, अधिक सँ अधिक दोसरहु धरिमे, प्राप्त भए सकैत अछि।

समीक्षा-वृत्तिक भिन्न-भिन्न प्रकार साहित्यशास्त्रीक मध्य मे प्रसिद्ध अछि—सबसँ निम्नकोटिक समीक्षक 'काकवृत्ती' कहबैत छथि जे कौआ जकाँ केवल कटु कथा कहैत छथि, जनिक दृष्टि केवल मल वा दोषहि पर जाइत अछि। एहि सँ उत्कृष्टतर थिकाह ओ जे सर्वदा अपने दलक रीति-नीति केँ श्रेष्ठतम मानैत छथि ओ दोसरा केँ अधलाह बूझि हुनका हानि पहुँचाए केवल अपन पोषण वा अपन दलक मतक स्वार्थपूर्ण पोषण करैत छथि। एहि प्रकारक समीक्षक 'कोकिला वृत्ती' थिकाह कारण कोकिल अपन गैल्हक करएबाक निमित्त कौआक अण्डा केँ खसाए दैत छैक। वर्गवादी अर्थात् वर्गविशेषक समर्थन मात्र जे समीक्षाक मुख्यलक्ष्य मानैत छथि से एही श्रेणीक थिकाह। तेसर श्रेणी थिक 'मधुकरवृत्ति' वलाक जे सब विकसित फूल पर बैसि-बैसि ओकर रस ग्रहण करैत छथि तथा दोसरा केँ पान करएबाक निमित्त ओहि रस सँ मधु बनबैत छथि। एहन समीक्षक गुणग्राहक गुणदर्शी अभिप्रशंसक होइत छथि जे सब रचना सँ केवल गुणे गुण बहार कए ओकरा सभक समक्ष एहि रूपेँ उपस्थित करैत छथि जे लोक ओहिसँ लाभान्वित हो तथा स्थापित वस्तु स्वयं अपना मे नवीन, सुन्दर, हितकर भए जाए। एकरहि दृष्टि मे राखि भट्टनारायणक उक्ति अछि जे 'मधुकर इव मधुविन्दून विरलानपि भजत गुणलेशान्'। परन्तु सबसँ उत्कृष्ट थिकाह 'हंसवृत्ती' जे निष्पक्ष निर्णायक भए सब प्रकारक पक्षपात सँ पृथक् रहि दूध केँ दूध ओ पानि केँ पानि बहार कए कहि दैत छथि, प्रत्येक रचनाक गुणदोष केँ अत्यन्त विशद ओ स्पष्ट रूप सँ व्यक्त कए लोकक सम्मुख उपस्थित कए दैत छथि, जाहि सँ लोक गुणक ग्रहण कए लेअए तथा अवगुण सँ सावधान भए ओकरा त्यागि देअए। समीक्षाक एही उच्च आदर्श केँ ध्यानमे राखि तँ हमरा लोकनि हंस केँ वैदुष्यक प्रतीक मानैत आएल छी ओ हंस केँ सरस्वतीक वाहन कहैत छिऐन्हि। ई चारू प्रकारक समीक्षक क्रमशः छिद्रान्वेषी वा निन्दक, पक्षभावित, अभिप्रशंसक ओ निर्णायक कहबैत छथि।

परन्तु समीक्षाक हेतु भावकता अर्थात् काव्यरुचि ओ सहृदयता रहब अत्यन्त आवश्यक थिक। भावक नहि रहलासँ अर्थात् काव्य मे रुचि नहि रहला सँ समीक्षा मे प्राण नहि रहत, कारण, जखन रुचिए नहि तखन अध्ययन ओ समीक्षण सारहीन होएत। सहृदयताक अभावमे समीक्षा निष्पक्षो होअए तथापि उचित तँ नहिए भए सकैत अछि, कारण, जाहि व्यक्ति केँ स्वयं कोनहु रचनाक रसग्रहण करबाक क्षमता नहि छैन्हि से दोसरा केँ ओकर रस कोना दए सकैत तथा छथि दोसरा केँ रस देबाक वृत्तिए तँ समीक्षाक वास्तविक भित्ति थिक। एहने सहृदयक समन्वित व्यक्तित्व केँ

‘रसिक’ कहल जाइत अछि। जे रसिक नहि छथि ओ सरस कृति कें बुझिए नहि सकैत छथि ओ जखन बुझबे नहि करथिन्ह तखन समीक्षा की करताह? तँहि तँ प्राचीन सूक्तिकार ब्रह्मा सँ निवेदन करैत छथि जे आओर जे शत शत ताप कपाड़ मे लिखबाक हो से लिखल जाए मुदा ‘अरसिकेषु कवित्वनिवेदनं शिरसि मा लिख मा लिख मा लिख’।

(विविध प्रबन्ध, 1970)

'प्रयास'क प्रसङ्ग

श्रीयुत रमाकरजीक गल्पगुच्छ 'प्रयास' देखल ओ बड़े आह्लाद सँ आद्यन्त पढ़ल। मैथिल समाज किंवा मैथिली जगतमे श्रीयुत रमाकरजी अपरिचित नहि छथि। ई नवयुवक छथि, महाकुल-सम्भूत छथि, लक्ष्मीक प्रियपात्र भए सरस्वतीक उपासक छथि। जाहि महापुरुषक ई सुयोग्य पुत्र थिकाह तनिको मातृभाषा-सेवा ककरहु अविदित नहि अछि। साङ्ख्यखद्योतिका, मनोविज्ञान प्रभृति अनेक दर्शन विषयक हिनक निबन्ध मिथिला-भाषाक साहित्य कैं दिनानुदिन अभिवृद्ध कए रहल अछि। एहन मातृभाषानुरागी मनीषी बाबू श्रीक्षेमधारी सिंह साहेबक सुपुत्र श्रीयुत रमाकरजी बड़ थोड़ दिन मे मैथिलीक पद्य एवं गद्य दुहूक सिद्धहस्त लेखकक ख्याति लाभ कए केवल अपन मातृभाषानुरागहिटाक परिचय नहि देलैन्हि अछि, ओ अपना कैं मैथिलीक भविष्णु सेवक प्रमाणित कएल अछि जनिका सँ बड़ पैघ पैघ आशा कएल जाए तथा ओ अपन कुलहुक मर्यादा अक्षुण्ण राखल अछि, ओकर गौरव बढ़ाओल अछि। एतदर्थ हिनक जतेक प्रशंसा कएल जाए थोड़े होएत। जगजननी जगदम्बा हिनका दीर्घायु करथुन्ह! जगन्माता मैथिली हिनका सुयश देथुन्ह! समाज हिनक मातृभाषानुरागक समुचित सम्मान करओ जाहि सँ उत्साहित भए ई दिनानुदिन मैथिली साहित्यक भण्डार कैं सर्वतोभावेन परिपूरित करैत अमर कीर्त्ति लाभ करथि।

प्रस्तुत संग्रहक गल्प सबहिक प्रसङ्ग प्रकाशक महाशय आदिअहि मे बड़ पैघ-पैघ मर्मज्ञ विद्वान् लोकनिक नाम लिखने छथि जनिका लोकनि सँ ई गल्प सभ प्रशंसित भेल अछि। एहना स्थिति मे एहि प्रसङ्ग हमर किछुओ कहब धृष्टते होएत परन्तु साहित्यक तुच्छे किन्तु उपासक, मैथिलीक क्षुद्रे किन्तु सेवक हमहु छी। ताहि दृष्टिएँ हम मुक्त कण्ठ सँ कहब जे श्रीयुत रमाकरजीक रचना मिथिलाभाषाक साहित्य मे एक गोट नवीन धारा प्रवाहित कएलक अछि। संग्रहक नाम थीक 'प्रयास' ओ ताहि सँ ध्वनि होइत अछि जे लेखक महोदय अपन कृति कैं पूर्ण नहि बुझैत छथि, एहिमे कलाक परिपक्वता नहि मानैत छथि, कथासाहित्यक सृष्टि मे एकरा प्रारम्भिक उद्योग मात्र कहैत छथि। ई बड़ पैघ शुभलक्षणक थीक ओ सूचित करैत अछि जे भविष्य मे हिनक लेखनी सँ आओरो विलक्षण कलापूर्ण चमत्कारक कथा

सबहिक सृजन होएत, परन्तु एहि गल्प गुच्छ कैं एना बूझब हुनक नम्रता थीक। हमरा जनैत 'प्रयास' पूर्ण सफल भेल अछि।

प्रकाशक महाशय कैं प्रस्तुत गल्प सभमे यत्र-कुत्रापि गम्भीरताक अभाव परिलक्षित होइत छैन्हि। हमरा तँ एहि गल्प सबहिक बड़का गुण गम्भीरते भेटैत अछि आ समष्टि रूपैं विचार कएला सँ ओकर मात्रा ततेक बेशी बूझि पड़ैत अछि जे ओ एक दृष्टिएँ दोषाधायक सेहो कहल जाए सकैत अछि। तकर प्रधान हेतु अछि हास्यरसक सर्वथा अभाव। कथा-साहित्यक मुख्य प्रयोजन थिकैक मनोरञ्जन ओ मनोरञ्जनक हेतु हास्यरस बड़ उपकारक होइत अछि। परन्तु तैं ई मानब जे कथा-साहित्यक सफलताक हेतु हास्यरस अनिवार्य, असङ्गत। बिनु हास्य-रसहुक मनोरञ्जन भए सकैत छैक तथा इहो कहि सकैत छी जे केवल मनोरञ्जने टा कथा-साहित्यक लक्ष्य नहि। कथा-साहित्य मे मुख्य वस्तु होइत अछि कथानक, परन्तु ताहि सङ्ग-सङ्ग चरित्रचित्रण, अनुकूल वातावरणक सृजन, मानवजीवनक प्रति भावक अभिव्यञ्जन इहो सब कथाक चमत्कार थीक। एहि सब दृष्टिएँ विचार कएला सँ स्पष्ट होइत अछि जे ई गल्प सब केवल मनोरञ्जनक हेतु नहि लिखल गेल अछि, एहि सँ लेखक महोदय कैं मानव-जीवनक भावमयचित्रण सएह अभिप्रेत छैन्हि तथा प्रत्येक गल्पक आरम्भ मे देल गेल नीतिवाक्य सभ एकरहि पुष्ट करैत अछि। वार्त्तालाप सँ अधिक वर्णन, नीतिक यत्र-तत्र प्रतिपादन, जीवनक उच्च आदर्शक स्थापन, सबकथू सँ एहि गल्प सबमे गम्भीरते अबैत अछि तथा इएह थीक ओ नवीन धारा जे श्रीयुत रमाकरजी मैथिलीक कथासाहित्य मे प्रवाहित कएल अछि।

परन्तु सबसँ पैघ गुण हमरा जनैत 'प्रयास' मे अछि शुद्ध भाषाक प्रयोग। लेखक महोदय कवि छथि तथा ठाम-ठाम एहि गल्प सबमे छन्दोविहीन कविताक रसास्वाद भेटैत अछि। कविक हृदय सौन्दर्यक उपासक होइत अछि तथा से एहि संग्रहक केवल भाषाहि मे नहि कथहु मे लक्षित होइत अछि। प्रकृतिक सौन्दर्यक पर्यवेक्षण मे कुशल लेखकक दृष्टि मानवजीवनहुक सौन्दर्यहि सँ मुग्ध अछि तथा एहि गल्प सबमे मानवजीवनक कोनो ने कोनो सौन्दर्यहिक चित्रण भेटैत अछि, ओकर नृशंसता, कटुता, नीचताक यदि चित्रण अछिओ तँ गौण। भाषा मे सौन्दर्य सर्वत्र सन्निविष्ट अछि तथा निश्चय ई गल्प सब शुद्ध मैथिलीक आदर्श रूपैं गृहीत होएत। शैलीक प्रसङ्ग विभिन्न-रूपता अनेक ठाम अछि ओ ताहि प्रसङ्ग हम प्रकाशक महाशयक सङ्ग एकमत नहि भए सकैत छी जे ओकरा सबकैं वैकल्पिक रूप दय क्षम्य बुझब। एक रङ्कक रूप सब ठाम एक रूपैं लिखल जाए हम तकर पक्षपाती छी ओ ताहि मे विकल्प नहि भए सकैत अछि। तखन जेना 'शय्या' कैं 'सज्जा' अथवा 'आकृष्ट' कैं 'आकर्षित' ठाम-ठाम छपि गेल अछि तेना जकाँ प्रूफक भ्रम मानबाक हेतु हम प्रस्तुत छी जे क्षम्ये नहि बहुधा अनिवार्य जकाँ भए जाइत छैक। आशा अछि आगाँ प्रूफक संशोधन आओर दृढ़ता सँ कएल जाएत तथा शैलीक प्रसङ्ग श्रीयुत

रमाकरजी मार्गस्थ छथि। लिखबाक आओर अभ्यास भेला सँ एकरूपता आबिए जएतैन्हि। हँ, चन्द्रबिन्दुक प्रयोग बड़ बेशी कएल गेल अछि, एतेक प्रयोग नहिए करब नीक।

अन्त मे हमरा श्रीयुत रमाकरजी सँ निवेदनीय जे एमहर किछु दिन सँ मिथिलाभाषा मे जे कथा-साहित्यक निर्माण ओ प्रचार भेल अछि से देखैत (ओ सङ्गहि-सङ्ग मिथिला-भाषाक सत्साहित्यक जे शिक्षितो समाज सँ उपेक्षा भेल अछि तकर अनुभव करैत) हमरा नहि विश्वास होइत अछि जे 'प्रयास' क ताहि रूपक प्रचार होएत। नाच मे बिपटा जेना मनोरञ्जन करैत अछि अथवा नाटक मे जे काज 'फार्स' करैत अछि से मनोरञ्जकता अथवा लोक-प्रियता नाच वा नाटकक गम्भीर अंश कैँ नहि प्राप्त होइत छैक। तेँ केवल बिपटैकटा नाच अथवा केवल 'फार्से' कथमपि उपादेय नहि। तद्वते 'प्रयासो' गम्भीर साहित्य थीक, एकर गुणग्राही यथार्थ जे साहित्यिक छथि सएह होएताह। दोसर, साधारणतया लोक उपहास सँ मनोरञ्जन करैत अछि अतएव उपहासात्मक कथा सबहिक समक्ष 'प्रयास' कतोक कैँ नीरस उचिते बुझि पड़तैन्हि। तँहु सम्भव थीक एकर प्रचार ओतेक व्यापक नहि हो। परन्तु ताहि सँ श्रीयुत बाबू साहेब हतोत्साह नहि होथि। ओ तँ सत्साहित्यक निर्माण कएलैन्हि अछि तथा बिपटाक उपहास सँ अपन कृतिक तुलना नहिए करथि सएह नीक। इति।

(मिथिला मिहिर, 8 दिसम्बर 1945)

'पारो'क प्रसङ्ग

पण्डित श्रीवैद्यनाथ मिश्र 'यात्री'क नवीन उपन्यास आयल। बहुत दिन सँ सुनैत छलहुँ जे श्रीयात्रीजी मिथिलाक ग्रामीण जीवनक चित्रण मे संलग्न छथि। पद्य मे कैक गोट हुनक से चित्रण देखनहुँ छलहुँ, अतएव उपन्यासक रूप मे हुनक एहि रचना केँ उत्सुकता सँ पढ़ल ओ पढ़ि एहि प्रसङ्ग अपन किछु विचारो व्यक्त करबाक इच्छा छल परन्तु ता' आर्यावर्त ओ मिथिला मिहिर मे समालोचना सब देखि तारतम्य होअए लागल जे एहि प्रसङ्ग हमर लेखक की अर्थ लगाओल जाएत। परन्तु साहित्यक विकासक इच्छुक भए चुपचाप बैसि रहब असम्भव अछि तैँ हम अपन उद्‌गार प्रकट करैत छी। सम्भव थिक एहि सँ शिक्षित समाज में जे भ्रम पसरि गेल अछि से किछु दूर हो तथा श्रीयात्रीजी आगाँक हेतु सतर्क होथि।

साहित्यक समालोचनाक प्रसङ्ग हमर सिद्धान्त अछि जे जेना मनुष्यक तहिना साहित्यक ग्रन्थहुक मूल्य अंकन करबा मे केवल दोषेटा नहि देखबाक थिक। जेना दोषसँ शून्य केओ मनुष्य नहि भेटत तेहिना सर्वथा निर्दुष्ट साहित्यो भेटब असम्भव। कोनहु ग्रन्थक मूल्यक निर्णय करबाक थिक ओकर गुण सँ, ओ से 'पारो' मे एहन अनेक गुण अछि जाहि सँ यात्रीजीक विलक्षण प्रतिभा स्पष्ट प्रतिभाषित होइत अछि। ग्रामीण समाजक एहन सुन्दर वास्तविक चित्र ने आदर्श ने अतिरंजित, वर्णन ओ वार्तालाप सब सजीव ओ प्राकृतिक तथा अनुकूल वातावरणक सृजन, तदुपयुक्त शुद्ध ग्रामीण विशुद्ध भाषाक प्रयोग, ने ककरो उपहास ने दूषित दृष्टिकोण सँ लिखल, वस्तुतः सत्साहित्यक एहि मे सबटा कारणता विद्यमान अछि तथा मधुश्रावणी राति दुर्घटनाक यदि एतेक स्पष्ट वर्णन नहि रहैत तँ हमरा जनैत कोनो अश्लीलतो तेहेन नहि अछि जाहि कारणेँ ई सर्वथा निन्दनीय बुझल जाय।

तथापि 'पारो'क मूलकथहि मे एकगोट एहन दोष अछि जाहि कारणैँ चारू दिशि सँ एकर समालोचना कटुए आबि रहल अछि। केवल श्रीसुमनजी अपन समालोचना मे किछु सहानुभूति देखाओल अछि। वस्तुतः केहनो सुन्दर भोजनक

पदार्थ रहओ किन्तु ओहि मे एक विन्दु यदि अभक्ष्य वस्तु पड़ि जाओ तँ ओ पदार्थ अभक्ष्य भए जाइत अछि तहिना 'पारो'क कथानकक मूलभीत्ति 'विरजू' ओ 'पारो'क अवैध प्रेम एकर दूषणताक बीज बुझल जाइत अछि, कहल जाइत अछि, जे एहि रूपेँ पिसियौत बहीनि ओ ममियौत भाए मे प्रेम देखायब सम्पूर्ण कथानक कैँ अमेध्य ओ अस्पृश्य बनाए देलक अछि। परन्तु विचारणीय थिक जे की ई सत्ये एतेक अमेध्य थिक अनुचित थिक ताहि मे कोनो विप्रतिपत्ति नहि, ई यदि नहि रहैत तँ निश्चय ई ग्रन्थ अद्‌भुत होइत, परन्तु एहि प्रेम प्रदर्शनहिटा सँ की ई उपन्यास अस्पृश्य भए गेल अछि?

एहि प्रसङ्ग ई जानि लेब आवश्यक जे साहित्य केवल सुधारक सामग्री नहि थिक, ई तँ एक गोट कला थिक ओ कला केवल कलाहुक हेतु होइत अछि तथा उपन्यास साहित्यक मर्मज्ञ लोकनि कहताह जे एतादृश उपन्यास विशेष सम्मान्य होइत अछि। श्रीयात्रीजी सुधारक नहि छथि, सुधारबुद्धया हुनक ई रचना नहि छैन्हि। कलाकार छथि तथा हुनक कलाक रूप एहि उपन्यास मे छैन्हि। दू परस्पर सम्बन्धी व्यक्तिक बीच मे प्रेमक जे बीज छैन्हि तदात्मक मनोभाव कैँ क्रमशः परिस्फुट कए वर्णन करब। ई प्रेम साधारण स्नेह सँ बढ़ि वासना भए गेल छैन्हि से सत्य, परन्तु दू व्यक्ति सँ भिन्न तेसर ककरहु एकर आभासो नहि छैक ओ एहू दुहू व्यक्तिक मनहि मे ई अछि, मर्यादाक अतिक्रमण कतहु नहि भेल अछि, क्रिया मे ई कतहु उच्छृंखल नहि भेल अछि। ई प्रेम अवैध थिक, अनुचित थिक, गर्हणीय थिक, परन्तु मन पर जखन अधिकार नहि भेल ओ दुहूक मन मे जखन एकर उदय भए गेल तखन यथार्थवादी, वास्तविकताक चित्रकार, लेखक कोन रूपेँ मर्यादाक सङ्ग ओकर निर्वाह करबैत ओकर विषम फल देखाओल अछि से हमरा जनैत उचितेटा नहि चमत्कारक भेल अछि। समाजक हित-बुद्धया एहन प्रेम कैँ मनहु मध्य प्रश्रय देब अनुचित थिक, साहित्य मे ओकर चित्रण करब अवांछनीय, परन्तु कलाक दृष्टि सँ तावतैव ओहि मे कोनो हानि हमरा नहि सुझैत अछि। हँ, एहि प्रेमक परिणामस्वरूप यदि कोनो क्रिया घटित वर्णित होइत तखन दोसर कथा छल, केवल मानसिक भावमात्र अङ्कित कएनहिटा ई अस्पृश्य बुझल जाए ई हमरा जनैत बड़ बेशी भेल।

हँ, माधुश्रावणी रातिक दुर्घटनाक चित्रण व्यर्थ अछि, निष्प्रयोजन अछि, अश्लील अछि, अवांछनीय अछि ओ कलाहुक दृष्टिसँ ओहि मे कोनो सार्थकता नहि भेटैत अछि। 'चौधरीजी'क पशुत्व आओर अनेक प्रकारेँ प्रदर्शित भए सकैत छल।

तखन, भाषा ओ शैलीक प्रसङ्ग, से शैलीक एकरूपता नहि छैन्हि तथा भाषा एहन विशुद्ध मिथिलाभाषा भैयोकेँ मध्य-मध्य मे 'सामने' (सोझाक स्थान मे) अथवा 'थोड़े देर बाद' (कनिए कालक बादक स्थान मे) सदृश हिन्दी शब्दजाल कोना पसरि गेल छैन्हि से आश्चर्य लगैत अछि। आगाँ चलि श्रीयात्रीजी शैली ओ भाषा एहू प्रसङ्ग यदि सतर्क रहताह तँ निश्चय हिनक रचना ग्रामीण भाषाक आदर्श होएत। परन्तु ध्यान रखबाक थिक जे

ग्रामीण होइत-होइत ग्राम्य ने भए जाइ।

तहिना हिनक रचना मे वक्रोक्तिक बड़ प्रयोग अछि। वक्रोक्ति कतोकक मतेँ काव्यक जीवन थिक ओ चमत्कारक अलङ्कार तँ सब मानैत छथि। परन्तु ओकर अतिशय प्रयोग भेलेँ ओहि मे विच्छित्ति नहि रहए पबैत छैक। एहि प्रयोग मे सतर्कता चाही नहि तँ दुरुपयुक्त भेलेँ, गुण दोष मे परिणत भए जाएत।

(मिथिला मिहिर, 3 अगस्त, 1946)

पवित्राक प्रसङ्ग

मैथिलीक साहित्य गद्यक अंश मे ततेक पछुआएल अछि जे गद्य मे जएह किछु लिखल जाइत अछि हम ताही सँ सन्तुष्ट भए जाइत छी। एमहर आबि गद्यक दिशा मे किछु प्रगति अवश्य भेल अछि, भए रहल अछि, तथापि एखनहु गद्य सँ उत्कृष्टतर हमरा लोकनिक पद्य-साहित्य अछि ओ केवल संख्यहु मे गद्य लेखक सँ अधिक कवि देखलाँ मे अबैत छथि। हमरा जनैत एकर एक गोट कारण, आधुनिक कालमे, थिक प्रकाशनक असुविधा। गद्यमे जाहि दिशा मे एहि पन्द्रह-बीस वर्षमे सबसँ विशेष प्रगति भेल अछि से थिक 'लघु-कथा' ओ तेँ भेल अछि प्रायः एही कारणेँ जे ओ 'लघु' होइत अछि ओ तेँ ओकर प्रकाशन अपेक्षया सुगम अछि। केओ लेखक ई नहि पसिन्न करैत छथि जे पोथी लीखि रखने रही, प्रकाशक कैँ तकने फिरी, प्रेसबलाक दरबार कएने घुमी जे हमर पोथी छापि दिअ। कतेक दिन पर परुकाँ वर्ष दू गोट उपन्यास मैथिली मे पुस्तकाकार प्रकाशित भेल, 'पृथ्वीपुत्र' ओ 'भोरुकबा' परञ्च ओहो दूनू पहिने धारावाहिक रूपेँ मिथिला-मिहिर मे प्रकाशित भए चुकल छल ओ तैओ कम सँ कम पृथ्वीपुत्रक हेतु जे आयास करए पड़ल से हमरा अनुभूत अछि ओ विश्वविद्यालयक परीक्षाक हेतु यदि ओ पाठ्य निर्धारित नहि होइत तँ जाहि व्यवस्था पर ओकर प्रकाशनक गप्प चलैत छल से हमरा धरि स्वीकार नहि होइत। तैओ 'पृथ्वीपुत्र' ओ 'भोरुकबा' कोनहु मे हमरा से व्यापकता नहि भेटैत अछि जे एक गोट उपन्यास मे अपेक्षित अछि। परन्तु ताहि व्यापकताक सङ्ग लिखल गेल उपन्यासक प्रकाशक कतए भेटत, ओकर ग्राहक के होएत? मैथिलीक पोथी कीनि कैँ पढ़बाक अभ्यास एखन धरि कतहु दृश्य नहि भए रहल अछि। जाहि पोथी कैँ विश्वविद्यालय सहस्रक संख्या मे छात्रक हेतु पाठ्य निर्धारित करैत अछि, तकरो ग्राहक सएक संख्यामे गनल जाए सकैत छथि। तेँ प्रकाशकहुक कोन दोष देब? पोथीक प्रकाशनहुक व्यय यदि ऊपर नहि होएतन्हि तँ कतबओ साहित्य-सेवी प्रकाशक रहताह तथापि ओ एक गोट पोथी प्रकाशित कए सकताह? मैथिली-साहित्यक प्रगति मे हमरा जनैत इएह सबसँ पैघ प्रतिबन्धक अछि, इएह एखन सबसँ जटिल समस्या थिक जकर समाधान मैथिली भाषी शिक्षित समाजक प्रथम कर्त्तव्य होएबाक चाही।

तेँ श्रीयोगानन्दबाबूक एहि उपन्यासक हम हृदय सँ स्वागत करैत छी। श्री योगानन्दबाबू मैथिलीक चिर-परिचित ओ लब्धप्रतिष्ठ कथाकार छथि। हिनक 'भलमानुष' ओ 'मुनिक मतिभ्रम' बड़ ख्याति पओलक। भलमानुसक विषय-वस्तु पुरान भए गेल ओ आजुक युग मे ओकर सार्थकता दिनानुदिन क्षीण भेल जाए रहल अछि, तथापि मैथिली-साहित्यक इतिहास मे ओकर अपन एक गोट स्थान छैक जे सुरक्षित छैक। तेँ हुनक ई दोसर उपन्यास 'पवित्राक स्वागत स्वाभाविक। उपन्यासक व्यापकता एहू मे नहि अछि, जीवनक विविधताक चित्र एहू मे नहि भेटैत अछि, ठाम-ठाम तँ ई अत्यन्त छुछुन लगैत अछि ओ विचारला उत्तर ई पैघ कथा सएह प्रतीत होइत अछि, उपन्यास नहि। उपन्यास मे साधारणतया मुख्य कथानकक सङ्ग आनुषङ्गिक कथानकक होएब सेहो आवश्यके जकाँ प्रतीत होइत अछि, कारण, तखनहि घटना-चक्रक घात ओ प्रतिघात सँ जीवनक व्यापकता एवं विविधता ओहि मे आबि सकैत अछि। अन्विति तँ लघु-कथाक धर्म थिक। मुदा ताहि हेतु तँ उपन्यासकार केँ अभिव्यक्तिक स्वातन्त्र्यमे कोनहु प्रकारक प्रतिरोध नहि रहबाक चाही। परन्तु श्री योगानन्दबाबू स्वयं हमरा लिखलैन्हि अछि जे प्रकाशनक सुविधार्थ ओ अपन मूल उपन्यास केँ काटि-छाँटि केँ बनाओल अछि जे तावतहुँ ओ प्रकाशक केँ ग्राह्य होइन्ह। एहना स्थिति मे केओ कथाकार कलापूर्ण रीति सँ उपन्यास कोना लिखताह? मैथिली साहित्य-सेवी लोकनि केँ एखन बहुत दिन धरि प्रकाशकक 'मरजी' पर लिखए पड़तैन्हि ओ यावत् पर्यन्त से स्थिति रहत तावत पूर्ण आकार ओ प्रकारक उपन्यास केओ कोना प्रकाशित कए सकताह, शास्त्रीय विवेचनाक ग्रन्थ कोना छपि सकत, एहन कोनो ग्रन्थ कोना लिखल भए सकत जाहि मे लेखक केँ अपन भाव ओ विचार केँ स्वच्छन्दता सँ अभिव्यक्त करबाक पूर्ण अवसर होइन्ह? कविता, लघु-कथा ओ नाटक प्रभृति वस्तु छोटो भए सकैत अछि ओ से सब तँ कोनहुना छपितहुँ अछि, परन्तु छोटे-छोट मनोरञ्जनक पोथी मात्र सँ साहित्यक कतेक श्रीवृद्धि होएत?

परन्तु तैओ श्री योगानन्दबाबू कथाकार छथि ओ कथाकारक नैसर्गिक प्रतिभा एहू उपन्यास मे खूब निखरलैन्हि अछि। कथा मे गति अछि, उत्सुकता कतहु क्षीण नहि होअए पओलक अछि, भाषा मे प्रवाह अछि, सरलता अछि, स्वच्छता अछि, स्वाभाविकता अछि, वर्णन प्रभावोत्पादक अछि, चरित्र-निर्माणक प्रक्रिया विशेषतः उदासीन द्वारा प्रमुख पात्रक चरित्र-विवेचन सुरुचिपूर्ण अछि, वातावरण सुसङ्गत अछि, हास्य-रसक संतुलित समावेश अछि, सबसँ विशेष तँ कथा कहबाक शैली पूर्ण रोचक भेल अछि। विषय-वस्तु छैक एहि मे बाल-विधवाक समस्या जे केवल मैथिलेटा नहि, समस्त हिन्दू जातिक एक गोट पुरान, अत्यन्त पुरान समस्या थिक। समाजक ई एक गोट अभिशाप थिक ओ एहि मे कोनो सन्देह नहि जे से अभिशाप एहि उपन्यास मे बड़ वास्तविकता सँ अङ्कित अछि, बहुत अंशधरि कटु सत्य अछि। परन्तु एहि

समस्याक समाधान जटिल छैक ओ जाहि सामाजिक परिवेश मे कथानक राखल गेल अछि ताहि मे ओकर समाधान सुलभ नहि छैक। एहन सन लगैत अछि जे भावुक कथाकार कैं स्वयं एकर समाधानक प्रसङ्ग भावना ओ विचार मे द्वन्द्व होइन्ह, दृष्टि स्फीत नहि होइन्ह अथवा निश्चय मे तारतम्य होइन्ह। तँहि तँ एकर अन्त एहिरूपे रहस्यमय छोड़ि देल गेल अछि। पवित्राक निर्मम हत्या, पवित्राक माइक नैराश्यमूलक अन्त, तथा नैतिकताक यथाकथंचित् रक्षार्थ टेङरलालक ऊपर वज्रपात, सब सएह सूचित करैत अछि मुदा त्यागमूर्तिक कतहु पता नहि! उत्सुकता चरम कैं छूलक आ कथा समेटि लेल गेल। समस्याक समाधान नहि भए सकल!

कथानकक सबसँ दुर्बल अंश एहि मे हमरा प्रतीत होइत अछि त्यागमूर्ति ओ पवित्राक अवैध सङ्गम। त्रासदीक हेतु अन्दर्द्वन्द्व, आन्तरिक संघर्ष, आवश्यक ओ से संघर्ष एहिमे अत्यन्त सबल शब्द मे अङ्कित अछि परन्तु क्षणिक भावावेश मे नैतिकताक त्याग ओ वासनाक तृप्ति ओहि एंघर्षकैं निष्प्रयोजक सिद्ध कए दैत अछि। विवाह तँ विधि थिक, असल वस्तु थिक देह-समर्पण। क्रम एहन सन लगैत अछि जेना पवित्रा विवाह कैं महत्त्व देअए, गुप्त सङ्गम कैं सह्य बुझए। तखन पवित्रा ओ वेश्या मे अन्तर की? सहजताक आधार पर भावनाक बल सँ एतेक यंत्ले निर्मित भवन जेना वासनाक बाढ़ि मे दहाए जाए ओ त्यागमूर्त्ति एवं पवित्रा दूनू नाम अन्त मे व्यंग्यात्मक सिद्ध भए जाइत अछि।

अतएव आशा छल श्री योगानन्दबाबू सँ एहि सँ सबल उपन्यासक परन्तु से आशा आब दोसर बेरि पूर्ण भए सकत। ई उपन्यास तथापि मैथिलीक साहित्य मे उचित स्थान प्राप्त करए, विज्ञ पाठकसमाज एकर रस ग्रहण करथि, नवीन लेखक एकर गुण सँ प्रेरणा ओ दोष सँ चेतना प्राप्त करथि इएह हमर शुभाशंसा। इति

(भूमिका, जानकी-नवमी, 1966)

पृथ्वीपुत्रक प्रसङ्ग

मैथिली मे एमहर किछु दिनसँ सबसँ विशेष प्रगति जाहि अंशमे देखि रहल छी से थिक कथा-साहित्य ओ ताही क्षेत्रमे श्री ललितजी ताहि रूपक प्रसिद्धि प्राप्त क' लेल अछि जे हुनक एहि कृति कैं कोनहु प्रकारक भूमिकाक प्रयोजन नहि छैक, ताहू मे ई 'पृथ्वीपुत्र' धारावाहिक रूपैं मिथिला-मिहिर मे प्रकाशित भ' नीक जेकाँ चिन्हार भ' चुकल अछि। पुस्तक रूपैं एकर प्रकाशन पाठकक सुविधार्थ कयल जा रहल अछि ओ जैं एहि मे प्रेरक एक जन हमहूँ छलहुं तैं एहि प्रसङ्ग दू शब्द कहब हमरा हेतु आवश्यक भ' गेल अछि।

कथा कहब वा लिखब एक गोट कला थिक जकरा हमरा लोकनि 'लूड़ि' कहबैक जे सिखला उत्तर परिमार्जित तँ अवश्य होयतैक, परन्तु जे लोक कैं रहैत छैक, सिखने अबैत नहि छैक। कथाकार लोक होइत अछि, बनैत नहि अछि, बनि सकैत नहि अछि। एकर प्रतिभा जन्मजात होइत छैक। प्रतिभाक बीज कैं व्युत्पत्तिक अनुकूल स्थिति मे अभ्यासक जल सँ सिँचलहि उत्तर ओहि सँ फलक आशा। श्री ललितजी मे ई सब अछि ओ सबसँ विशेष ओ जनैत छथि ओ मानैत छथि जे ओ कथाकार थिकाह। मैथिलीक एहि नवयुग मे ओ कथाकार रूप मे अवतीर्ण भेल छथि ओ उत्तरदायित्वपूर्ण भावना सँ प्रेरित भ' साहित्य-सर्जन मे संलग्न छथि। मैथिली मे कथा-साहित्यक विकास मे हिनक योगदान इतिहासकार लिखताह, परन्तु हमरा सन-सन बहुतो व्यक्ति छथि जे हिनके कथा पढ़ि-पढ़ि मैथिली-कथा-साहित्यक प्रति रुचि उत्पन्न कयल अछि।

कथा साहित्यक अध्ययन ओ अनुशीलन सँ एक गोट कथा जे हमरा संस्कार जकाँ दृढ़ भ'गेल अछि ओ थिक ई जे कथा साहित्यक जे कोनो रूप हो, उपन्यास हो वा लघुकथा हो, कथा मात्रक मूलभूत वस्तु थिक कथानक, घटनाचक्र। हम मानैत छी जे घटना शून्य मे नहि घटतैक, घटना घटतैक कोनहु परिवेश मे, परिस्थिति-विशेष मे, व्यक्ति-विशेष मे ओ घटनाक विकास होयतैक वर्णनक द्वारा अथवा कथोपकथनक द्वारा। घटनाक क्रम ओ ओकर परिणाम इत्यादि सँ जीवनक प्रति जे दृष्टि लेखक कैं छनि सेहो कथानक सँ अवश्ये द्योतित भ' जायत। एवंक्रमे चरित्र, परिवेश,

परिस्थिति इत्यादि सब वस्तु कथाक उपादान थिक ओ न्यूनाधिक रूपेँ एहि सब वस्तुक स्थिति सब कथा मे रहितहिँ छैक ओ कथा-विशेष मे एहि सँ वस्तु-विशेषक प्रधानता रहि सकैत छैक। परन्तु कथाक प्राण थिक कथानक ओ शेष सब वस्तु कथानकहिक अङ्ग रूपेँ प्रस्फुटित हो, घटनाक्रमहिँ सँ बहराय तँ ओही कथा केँ हम उच्च कोटिक कथा मानब। अङ्गीक सौन्दर्य छैक अङ्गक सौन्दर्य मे परन्तु अङ्गक विन्यास मे सन्तुलन हो। सुन्दर सँ सुन्दर अङ्ग-विशेषक सन्तुलनहीन विन्यास हो तँ अङ्गी सुन्दर नहि रहत ई विषय सभक अनुभवसिद्ध अछि।

कथा कहबाक प्रकार अनेक अछि, अनेक भ' सकैत अछि। सबमे गुण छैक, सबमे दोष छैक। परन्तु कोनहु रीति सँ कथा कहल जाय, ओहि मे गतिशीलता हो, घटनाचक्रक क्रमिक विकास हो, जिज्ञासा उत्तरोत्तर बढ़ैत जाय, औत्सुक्य प्रबलतर होइत जाय। यदि साध्य पर ध्यान अछि ओ सिद्धिक दिस गति अछि तँ साधनक हेतु हमरा चिन्ता नहि अछि। कोनहु साधन सँ साध्य एके अछि। परन्तु साधनक पाछाँ पड़ि साध्य केँ बिसरि जायब अथवा ओकरा गौण करब कलाक अपकर्ष थिक ओ ताहि कथा केँ हम नीक नहि कहब।

कला जीवनक अनुकृति कहल जाइत अछि। ओ सबसँ विशेष जीवनक अनुकृति कथा थिक। एहि मे अमूर्त जगतक चित्रण होइत अछि ओ से चित्र की तँ प्रतीयमान होयत किंवा सम्भाव्य अथवा आदर्श। परन्तु कोनहु स्थिति मे ओहि जीवन सँ परिचय आवश्यक जकर कल्पना ल' कथाकार अपन संसार बसबैत छथि। जीवन ओ जीवनक क्रमक यदि वास्तविक परिचय हो तथा ओकरा सत्यताक सङ्ग अभिव्यक्त करबाक भाषा मे क्षमता हो तँ कथाकारक सफलता निश्चित अछि।

एहि 'पृथ्वीपुत्र' मे हमरा इएह गुण भेटैत अछि। एहि मे कथानक अछि जाहि मे गति छैक, कथहि सँ चरित्रक चारुता चित्रित अछि, कथा मे औत्सुक्य अछि जे क्रमशः बढ़ल अछि ओ कतहु क्षीण नहि होअ' पऔलक अछि। कथानकक मूलतत्त्व जे थिकैक सङ्घर्ष से वाह्य आभ्यन्तर दूनू प्रकारक कथहि सँ स्फुट भ' जाइत अछि। कहबाक तात्पर्य जे कथानकक सबटा गुण हमरा एहि मे प्रचुर मात्रा मे भेटैत अछि। जाहि ठामक ई कथा अछि, जाहि समाजक ई कथा अछि, जाहि प्रकारक व्यक्तिक ई कथा अछि, जाहि परिवेश मे ई कथा घटित-वर्णित अछि ओ जाहि परिस्थिति मे ई कथा घटल अछि सब केँ जेना श्री ललितजी समीप सँ देखने छथि, चिन्हने छथि, ओकर मर्म एवं तत्त्व केँ अपन अन्तश्चक्षु सँ प्रत्यक्ष कयने छथि ओ तेँ एहि उपन्यास मे जीवनक ओ चित्र उतरल अछि जे सत्य पर आधारित अछि, सत्य अछि आ जैँ अमूर्त जगतक चित्र अछि तेँ इतिहासक सत्य सँ भव्यतर अछि, सुन्दर अछि।

एहि मे हमरा हेतु आकर्षणक दोसर विषय थिक औचित्यक रक्षा। 'पृथ्वीपुत्र' मे जाहि अमूर्त जगतक चित्रण अछि से ने सम्भाव्य थिक ने आदर्श। ओ थिक

प्रतीयमान ओ हम श्री ललितजीक संयमशीलता सँ मुग्ध छी जे ओ कतहु मर्यादाक अतिक्रमण नहि कयल अछि औचित्यक त्याग नहि कयल अछि। अवैध प्रेमक प्रसङ्ग मे कोनो संयम शिथिल भेला सँ कथानक अमर्यादित भ' जाइत, परन्तु श्री ललितजी अवैध प्रेमक प्रसङ्ग कैँ वैधहु प्रेम सँ भव्यतर चित्रित क' मानव-स्वभावक सहज शालीनता कैँ स्फुट क' देल अछि। एहि अंश कैँ आदर्श सेहो कहि सकैत छी परन्तु प्रतीयमान परिवेश मे ओकरहु प्रतीयमान देखा। श्री ललितजी केवल सत्य ओ सुन्दरेक टा नहि, शिवहुक कल्पना साकार देखाओल अछि।

ओ जीवनक समस्या दिस श्री ललितजी एहिमे जे दृष्टि अङ्कित कयल अछि से ततेक स्वस्थ अछि, भव्य अछि, सत्य पर अवलम्बित अछि जे एहि सँ हमहिटा आकृष्ट भेल छी से नहि, जे केओ एकर गम्भीरतापूर्वक विचार करताह, बिनु आकृष्ट भेलैँ नहि रहि सकैत छथि। समस्त 'पृथ्वीपुत्र' मे एक गोट कथा जे सबसँ विशेष स्फुटताक सङ्ग प्रदर्शित भेल अछि से थिक–जिबैत रहब पहिने जरूरी छैक संसार मे तखन लोक-लाज। नीक-बेजाय।" कर्त्तव्याकर्तव्य बुद्धि थिकैक, जीवनक ममता सहजात प्रवृत्ति ओ एहि सहजात प्रवृत्ति कैँ प्रधानता द' श्री ललितजी एहि उपन्यास मे मानवस्वभावक नैसर्गिक प्रवृत्ति ओ भावना कैँ जे प्रधानता देल अछि से हुनक स्वस्थ दृष्टिकोणक द्योतक थिक। जीवनक भावना कैँ व्यापक बनाय एहि उपन्यासक समस्त घटना-चक्र एहि तथ्यक अन्तर्भूत भ' जाइत अछि। एहि द्वारे ई उपन्यास कोनहु वर्गविशेष अथवा समाज-विशेषक नहि, प्रत्युत मानव जातिक मूलभूत भावना ओ वासनाक चित्र उपस्थित करैत अछि। अतएव एक दृष्टि मात्र सँ नहि, अनेक दृष्टि सँ श्री ललितजीक 'पृथ्वीपुत्र' हमरा अङ्गरेजीक विश्वविश्रुत कथाकार टामस हार्डीक उपन्यास मन पाड़ि दैत अछि।

परन्तु 'पृथ्वीपुत्र'मे त्रुटि नहि छैक से नहि। सबसँ विशेष तँ ई उपन्यास हमरा अत्यन्त छुछुन लगैत अछि। उपन्यास मे जे व्यापकता चाही से एहि मे नहि भेटैत अछि। उपन्यास मे मुख्य कथानकक सङ्ग-सङ्ग एको गोट गौण कथानकक होयब आवश्यक। से एहि मे नहि अछि। बिजली ओ कलपूक प्रेम-प्रसङ्ग जे उपन्यासक आरम्भ मे मुख्य कथानक प्रतीत होइत अछि क्रमशः गौण होइत गेल अछि ओ अन्त मे ओकर आदर्श रूप अङ्कित क' ओकरा समेटि लेल गेल अछि। पटुआक खेती कयनिहार श्रमिक समाजक चित्र तँ बड़ वास्तविक भेल, परन्तु ओहि समाजक विनोद अथवा मनोरञ्जन इत्यादि सामाजिक जीवनक चित्र अङ्कित नहि भेल। सबसँ बेसी खटकैत अछि एहि मे विशुद्ध हास्य-रसक क्षीणता। ग्रामीण जीवन मे हास्य-रसक बड़ विशेष स्थान छैक ओ तकर समावेश नहि भ' सकल अछि से नीक नहि लगैत अछि।

मुदा जे नहि भेल से नहि भेल। विचार करब ओकर जे अछि। ओ से ई उपन्यास बड़ सुन्दर भेल अछि। त्रुटि कत 'नहि अछि आ त्रुटि तकनिहारकैँ से कत'

नहि भेटत? परन्तु त्रुटिक रहनहि कोनो वस्तुक, विशेषतः कलाक वस्तुक, महत्त्व कम नहि होइत अछि। देखबाक थिक जे उपन्यासक जे उद्देश्य थिकैक मनोरञ्जन ओ ताहि सङ्ग-सङ्ग अमूर्त जगतक यथार्थ चित्रण से एहि मे पूर्णताक सङ्ग सम्पन्न भ' सकल अछि। इएह कारण थिक जे हम एहि उपन्यास केँ पुस्तकाकार प्रकाशनक आग्रह क' छपबाओल। आशा नहि, विश्वास अछि जे कथा-साहित्यक प्रेमी जन-समुदाय एकर समुचित स्वागत करत, एहि सँ रसग्रहण क' आनन्दक प्राप्ति करत। ताही सँ विज्ञ ओ उत्साही कलाकार केँ साहित्यसेवाक पुरस्कार होयतनि।

(भूमिका, 'पृथ्वीपुत्र', 27.7.1965)

‘दूध-फूल’ क प्रसङ्ग

मैथिली मे एमहर दू वर्ष सँ प्रकाशनक गति जाहि रूप सँ मन्द छल, से देखैत कहियो हमरा धरि ई आशा नहि छल जे 1967 क पुरस्कार मैथिली केँ प्राप्त भए सकतैक। परन्तु गत 23 दिसम्बर केँ मद्रासक बैसक मे निश्चय भए गेलैक जे एहि वर्ष मैथिली मे कोनो पुस्तक पुरस्कारक योग्य नहि बूझल गेल। अतएव मद्रास सँ उदास आपस भेला उत्तर ई जानि बड़ सन्तोष भेल जे श्री यात्रीजीक नवीन कविता संग्रह ‘पत्रहीन नग्न गाछ’ ओ श्री उमानाथ बाबूक ‘इन्द्रधनुष’ प्रकाशित भए गेल। एही मध्य मे श्री रमानन्द रेणु अपन सद्यःप्रकाशित उपन्यास ‘दूध-फूल’ स्वयं आबि दए गेलाह जकरा देखितहि चित्त प्रफुल्लित भए गेल। बड़े उत्साह सँ ओकरा पढ़ि गेलहुँ ओ जे कथा स्वाभाविक थिकैक। हम हृष्ट छी ओ कामना करैत छी जे यदि समाज रेणुजीक प्रतिभाक समुचित आदर करत तँ ताहि सँ उत्साहित भए एहू सँ नीक-नीक सर्वाङ्ग-सुन्दर रचना सँ मैथिली साहित्यक यथार्थ श्रीवृद्धि करैत रहताह।

रेणुजी मैथिली साहित्यक चिरपरिचित सेवक छथि तथा हिनक अनेको गीत, कविता ओ कथा रुचि सँ पढ़ल अछि। हिनक प्रतिभा सँ हम पूर्ण प्रभावित छी। सबसँ पैघ गुण जे हमरा हिनक प्रतिभाक दिशि आकृष्ट करैत अछि से थिक हिनका मे दम्भक अभाव जे नवतूरक लेखक मध्य ताहि मात्रा मे बढ़ि रहल अछि जे हुनका लोकनिक कृतिक प्रसङ्ग किछुओ सत्य लिखबाक साहस करब हमरा सन पुरान चालिक लोकक हेतु कठिन भए जाइत अछि। नवीन लेखक लोकनि बहुधा अपन रचनाक भूमिका अपनहि लीखि घोषित कए दैत छथि जे जे व्यक्ति ओहि रचनाक प्रशंसा नहि करताह से बूझू मूर्ख छथि, हुनक भावुकता मरि गेल छैन्हि। तथापि प्रायः प्रत्येक नवीन लेखककँ हमरा पर एतेक कृपा रहैत छैन्हि जे रचना प्रकाशित होइतहिँ एक प्रति हमरा अवश्य पठाए दैत छथि ओ सम्मति पठएबाक अनुरोध सेहो करतहिँ छथि। ओना तँ हमर सिद्धान्त अछि जे, मधुलिह इव मधुविन्दू न विरला निपि भजत गुणलेशान्, ओ तेँ सब पोथी तेँ हम पूर्ण सहानुभूतिक सङ्ग अवश्य पढ़ैत छी। परन्तु इहो संस्कार हमरा हृदय मे दृढ़ जमल अछि जे कोनो कृति दोष सँ सर्वथा मुक्त भैए

नहि सकैत अछि। स्वयं भगवानक कृति जखन दोष सँ भरल छैन्हि तखन स्वयं दोषाकर मनुक्ख क कृति दोष सँ शून्य कोना भए सकत? अतएव लेखकक मनोभाव, हुनक दृष्टि, हुनक शिल्प-विधान, हुनक रचनाशैली कैँ बुझबाक यथासाध्य आयास कए हम प्रत्येक कृतिक गुण लेशहुक आस्वादन करबाक प्रयत्न अवश्य करैत छी, परन्तु तैँ त्रुटि दिशि आँखि मूनि लेब हम अनुचित बुझैत छी। रचनाक त्रुटि हम मानैत छी, ओहि असफलता कैँ जे प्रत्येक लेखक मन मे राखि रचनामे पालन नहि कए सकैत छथि ओ तैँ हम त्रुटि देखबैत छी से त्रुटि कैँ उद्‌घाटित करबाक उद्देश्य सँ नहि प्रत्युत् लेखक कैँ अपन असफलता दृष्टि मे आनि देबाक उद्देश्य सँ जाहि सँ दोसर रचना मे लेखक कम सँ कम ओहि दिशि सम्हरि जाथि। एहि हेतु यदि केओ लेखक असन्तुष्टे होएताह तँ ओ हमर उपहास करताह तथा दोसर रचना हमरा नहि पठओताह आओर की कए सकैत छथि? मुदा तैँ हम प्रत्येक कृति कैँ विश्व मे सब सँ नीके, सर्वगुण सम्पन्ने कोना कहिऔन्हि? भाग्य सँ रेणुजी कैँ से दम्भ नहि छैन्हि ओ तैँ हिनक रचनाक सम्यक् रूपें आ समन्तात् 'लोचन' निर्विकार भए करबा मे हमरा सङ्कोच नहि अछि।

'दूध-फूल' एकटा उपन्यास थिक, जाहि मे दड़िभङ्गा मण्डलक उत्तर भागक एक असहाय विधवा धनुकाइनिक आदर्श जीवनक फलस्वरूप ओकर एकमात्र बेटा रम सरनाक चरित्रक विकास प्रदर्शित अछि। रमसरना अपना गाम सँ बहराए, जाइत-जाइत पटना धरि पहुँचि जाइत अछि ओ ओतए ओकरा वैराग्य जन-जीवन सँ दूर लए जाइत छैक। भरि उपन्यास मे ओकर जीवनक नाना अनुभूति बड़ यथार्थताक सङ्ग वर्णित अछि, परन्तु कर्मठ बाप ओ चरित्रवती माइक संयुक्त प्रभाव सँ रमसरना सत् ओ असत् दूनू मे विवेक सँ असत् कैँ त्यागि सन्मार्ग पर बढ़ैत जाइत अछि। अतएव उपन्यास मे चित्रण अछि रमसरनाक अनुभूतिक, किन्तु ओकर जीवनक क्रम कैँ नियमित करैत अछि ओकर माए सकलीक व्यक्तित्व। उपन्यास आरम्भ होइत अछि सकलीक चरित्र सँ ओ अन्त सेहो होइत अछि सकलीक भावुकता सँ। तैँ एकरा हम बुझैत छी सकलीप्रधान कथा ओ रमसरना सेहो सकलीक जीवन प्रयोगक सफलता-सूचक प्रतीत होइत अछि। 'दूध-फूल' हमरा बुझैत षष्ठी तत्पुरुष थिक जाहि मे सकलीक व्यक्तित्व दूधक सदृश शुभ्र ओ स्वस्थ, रमासरनाक सदृश महाप्राण पुत्र कैँ फूल जकाँ विकसित करैत अछि। उपन्यास मे सकली मध्य-मध्य मे छूटि जाइत अछि, घटनाक क्रम मे रमसरना विशेष स्थान आकृष्ट करैत अछि। से कथाकारक प्रवृत्ति थिक। आ अन्त दिशि ओ किछु अगुताए जकाँ सेहो गेलाह अछि। यदि रमसरनाक चरित-चित्रण मे सकली झाँपलि जकाँ नहि भए जाइति ओ दूहू माइ-पूतक चरित समान रूप सँ सन्तुलित प्रस्तुत रहैत तँ उपन्यासक वस्तुगत चमत्कार आओर विशेष स्फुट होइत।

कौलिक संस्कार ओ ओपरिवेशक प्रभाव सँ मानवक जीवन प्रस्फुटित होइत

अछि। ई जे मानव-जीवन-तत्त्वक नवीन सिद्धान्त अछि तकर ई उपन्यास सुन्दर निदर्शन अछि।

एहि उपन्यास मे चरित कैं प्रधानता छैक अवश्य मुदा तैं एहि मे कथानक कैं महत्त्व नहि छैक, से नहि; प्रत्युत् घटनाचक्रहिक द्वारा चरितक चित्रण भेल अछि। कथा-साहित्यक जे नवीन रूप एम्हर किछु दिन सँ देखबा मे आबि रहल अछि से थिक कथा-साहित्य मे कथानकक क्षीणता। बाह्य क्रियाक चित्रण छोड़ि लेखक एक-एक विशेष क्षणक चित्तक चित्रण कए, मनक विश्लेषण कए ओहि व्यक्ति चरित अङ्कित करैत छथि। हम मानैत छी जे मानसिक व्यापारक एना अङ्कन चरित्र-चित्रणक एक गोट विलक्षण शैली थिक ओ सब दिन एकर व्यवहार होइत रहल अछि। परन्तु तैं ओही मनोविश्लेषण टाकैं धए कथा लीखि जायब ओ कथानकक विकास दिशि आँखि मूनि लेब, ओकरा महत्त्व नहि देब, हमरा कहिओ सङ्गत नहि जँचल अछि। कथा कहबाक ई प्रक्रिया एक गोट अलङ्कार थिक, मुदा अलङ्कारहि टाक प्रयोग तँ अलङ्कारक शोभा नष्ट भए जाइत छैक। रेणुजीक उपन्यास मे मनोविश्लेषण अछि, पूर्ण अछि; मुदा ओएह टा नहि अछि ओ तैं कथानक कैं महत्त्व रहए पओलकैक अछि।

रामसरन कैं अपना गाम सँ लए पटना धरि भिन्न-भिन्न लोकक सङ्ग भिन्न-भिन्न काज मे लगाए ओकर जीवनक्रमक विकास ओ तत्तद् व्यक्तिक चरित्रक अङ्कन इएह उपन्यासक मुख्य कथानक अछि। ई वस्तु भिन्न थिक जे रामसरन कैं सब ठाम नीकहि लोकक सङ्ग भेलैक, परन्तु ताहि मे ओकर अपने स्वभाव प्रधान कारण। एना एहि उपन्यास मे भिन्न-भिन्न घटना कैं अन्विति प्रदान करबाक निमित्त केवल रामसरन मात्र अछि। अन्त मे कथानकक परिणति रोचकता कैं उत्कर्ष प्रदान करैत अछि अवश्य, मुदा ततए जाए रामसरन स्वयं गौण भए जाइत अछि। केवल कथानक श्लथ अछि तैं ततेक हानि नहि होइत मुदा माय ओ बेटा, सकली ओ रामसरन दूनू कैं सङ्ग-सङ्ग लए चलबा मे जेना कथाकार सफल नहि भेल होथि। मध्य मे रामसरनक चरित अछि तँ सकली गौण, अन्त मे रामसरन निष्क्रिय तँ सकलीक प्रमुखता। हमरा दृष्टि मे कथानकक त्रुटि एही मे अछि जे दू गोट चरितक प्रधानता अछि जाहि दूनू मे सन्तुलन नहि भए सकल अछि। जेना हम पूर्वहि कहल अछि, कथा आदि सँ अन्त धरि सकलीक चरितक उद्घाटक अछि, मुदा तखन समस्त उपन्यास मे रामसरन कैं एतेक प्रमुखता अन्वितिक बाधक भऽ जाइत अछि। हमरा जनैत अन्त दिशि रामसरन कैं कथाकार एकदम छोड़ि देलथिन्ह, ओकरा मुँह सँ एको शब्द नहि कहाए सकलाह। तैं ई हम कहल जे अगुताए गेलाह। यद्यपि इहो कहि सकैत छी जे दूनूक सामञ्जस्य ओ स्थापित नहि कए सकलाह।

रेणुजी नवतूरक लेखक छथि ओ सबसँ पूर्व हम हिनक कविता सँ प्रभावित भेलहुँ। कालिदासक उक्ति जे 'पुराणमिन्थेव न साधु सर्वं' हम मानैत छी, मुदा पुरान

भेलहि कोनो कृति दूरि भए गेल, नव जातिक रचना मात्र साधु हम सेहो नही मानैत छी। नवीन सँ नवीन प्रवृत्ति कैँ अङ्गीकार कए ई अपना कैँ ओहि प्रवृत्तिक दास नहि बनाए लेल अछि ओ नवीनताक उद्वेग मे प्रचीनताक परित्याग हिनक रचनाक वैशिष्ट्य नहि थिक। इहो उपन्यास नव युगक उपज थिक ओ नव युगक प्रवृत्ति जे थिकैक तात्कालिक मनोभावनाक विश्लेषण से एहि मे प्रचुर मात्रा मे भेटैत अछि।

कथा मे लेखकक दृष्टि उदात्त अछि। यौन भावना सँ एना मुक्त उपन्यास एहि युगक हेतु अभिनव वस्तु थिक। कोनहु 'वाद' क गन्धो नहि अछि। नैतिकताक उत्कर्ष बड़ उपदेशप्रद भेल अछि। हँ, जीवनक उज्ज्वल अंश मात्र कहल गेल अछि, हीनताक पक्ष दू तीन ठाम मात्र इङ्गित अछि— ताड़ी पीअब अथवा टाकाक लोभ मे पड़ि जाएब। एतेक चरित्र मे समस्तीपुरक मुंशीजी मात्र इर्ष्यालु भेटलाह। एहन शुद्ध ओ नैतिक समाज आदर्श बुझल जायत, यथार्थ नहि। यथार्थताक हेतु इजोत ओ अन्हार दूहूक समन्वय चाही, से नहि अछि।

हमरा खटकैत अछि सब सँ बेसी एहि मे हास्यक अभाव। कथा साहित्य मे हास्य तरकारीक नोन थिक। ई कोनो आवश्यक नहि जे हास्य रहले टा ताकए, मुदा हास्य रहला सँ कथाविशेष रोचक होइत अछि। वस्तुतः हास्य थिक व्यक्तिगत वा घटनागत वैषम्यक चित्रण तथा चरित-प्रधान एहि उपन्यास मे हास्यप्रद चरितक समावेश पूर्ण सम्भव छल। तथापि हास्यक हेतु जे किछु चरित्रगत विचित्रता अंकित अछि से बड़ क्षीण।

एवंरूपैँ चरित आदर्श ओ दृष्टि नैतिक रहितहुँ एहि उपन्यासक भाषा विशुद्ध लोकभाषा अछि ओ हमरा आश्चर्य होइत अछि जे रेणुजी केहन कौशल सँ एहि भाषा कैँ लिपिबद्ध कए सकलाह अछि जाहि मे सामान्यतया एकरूपता अछि, रूपक शुद्धता अछि, चरितक अनुकूल स्वाभाविकता अछि। हमरा विश्वास अछि जे कथासाहित्य मे वातावरणक अनुकूल भांषाक स्वाभाविकता होएब आवश्यक थिकैक, परन्तु स्वाभाविकताक अर्थ स्वच्छन्दता नहि थिकैक। ओ कतेक नवकथा सबमे जे भाषाक स्वरूप देखैत छी, ताहि सँ आतङ्क होइत अछि जे भाषाक स्वरूप कोन दिशि जाए रहल अछि। साहित्य सर्जना सँ भाषाक रक्षा करबाक अछि की नाश? तैँ रेणुजीक भाषागत चमत्कार हमरा बड़ आकृष्ट कएलक अछि। परन्तु ई चमत्कार आओर प्रभावोत्पादक होयत यदि सर्वत्र एकहि भाषाक प्रयोग नहि रहैत।

ई उपन्यास यदि उत्तमपुरुष मे कहल रहैत तँ से कदाच समीचीन होइत, परन्तु कथा कहैत छथि कथाकार ओ कथाकार कथाक चरित सबसँ भिन्न छथि, भिन्न स्तरक छथि। सकली ओ रामसरनक भाषा ओ कथाकारक भाषा एक नहि भए सकैत छैन्हि। चरितहु मे गृहस्थ, मुंशीजी, गोलाबला आ जज साहेब सब एक स्तरक नहि छथि। की विलक्षण होइत यदि रेणुजी सभक हेतु भाषाक स्वरूप ततद् पात्रक सामाजिक स्तरक अनुकूल रचितथि। ततेक भेद यदि नहिओ रहैत, तथापि जतए

कथाकार बजैत छथि तकर भाषा जतए कोनो चरित बजैत अछि तकर भाषा सँ भिन्न होएब आवश्यक। एहि रूपक प्रयोग हम आइ सँ तीस वर्ष पूर्व श्री कुमार साहेबक 'अगिलही' मे करओने छलहुँ। यदि ओ उपन्यास सम्पूर्ण होइत तँ कए दृष्टि सँ ओ मैथिली साहित्य मे एक नव आदर्श उपस्थित करैत। परन्तु से भेल नहि। रेणुजीक एहि उपन्यास सँ प्रतीत होइत अछि जे हिनका मे भाषागत कौशल पूर्ण छैन्हि। यदि रेणुजी चाहथि तँ एहि रूपक प्रयोग कए सकैत छथि।

रेणुजी नवतूरक साहित्यकार छथि, नवयुवक छथि, नव प्रयोग मे दक्ष दथि, कोनहु नवीन साहित्यकार सँ पछुआयल नहि छथि; परन्तु तेँ अपन प्राचीनताक उच्छेद कए, प्राचीनता केँ सर्वथा त्यागि ई नवीन नहि बनए चाहैत छथि। वस्तुतः प्राचीन केँ त्यागि केओ सर्वथा नवक सर्जना नहि कए सकैत छथि, कम-सँ-कम साहित्यक क्षेत्र मे। तखन प्राचीनता क जे उच्छेद करैत छथि वा तकर दाबी करैत छथि से छोड़ैत छथि अपन प्राचीनता केँ मुदा ग्रहण करैत छथि आनक। हमरा विश्वास अछि जे एहन अनुकरणात्मक नवीनता कोनहु क्षेत्र मे कहिओ स्थायी नहि भेल अछि। रेणुजीक नवीनता अपन परम्पराक क्रम मे नव प्रयोगक रूप मे अछि। ई हिनका मे हमरा विशेष प्रतीत होइत अछि ओ तेँ हमरा भरोस अछि आ तकरे हम कामना सेहो करैत छी जे हिनक कृति मैथिलीक साहित्यक क्षेत्र मे स्थायी हो, ई अमरत्व प्राप्त करथि।

(मैथिली समीक्षा-2, 1974)

विडम्बनाक प्रसङ्ग

श्री व्यासजीक एहि गप्प-संग्रह कैं सुधी-समाजक समक्ष उपस्थित करैत आइ हमरा अत्यन्त आह्लाद अछि। मैथिली साहित्यक वर्त्तमान गतिविधि सँ जे केओ परिचित छथि तनिका प्रायः श्री व्यासजीक परिचय नहि देअए पड़त। अधिक व्यक्ति तँ हिनक नाम, श्री उपेन्द्रनाथ झा, सँ ओतेक परिचित नहि छथि जतेक हिनक एहि उपनाम, 'व्यास' सँ। ढङ्गा-हरिपुरक निवासी ई राजनगर स्कूल सँ प्रवेशिका परीक्षा प्रतिष्ठाक सङ्ग उत्तीर्ण भए पटनामध्य विज्ञानक शिक्षा ग्रहण कएल ओ ताहू मे "इञ्जिनिअरिङ' क ओ एमहर वर्ष चारिएक सँ मानभूमि जिलाक 'सिन्द्री' नामक स्थान मे जे विशाल 'कारखाना' सरकारक दिशि सँ बनि रहल छैक तकरे निर्माण-कार्य मे संलग्न छथि। परन्तु अपन मातृभाषाक प्रति जे हिनक नैसर्गिक स्नेह ओ तकर साहित्यक अभिवृद्धिक हेतु जे हिनक निश्छल सेवाभाव तकर निदर्शन हिनक मित्रवर्ग कैं हिनक पाठावस्थहि सँ छैन्हि तथा ई ओहि गनल-गूथल कतिपय व्यक्ति मे सँ एक छथि जे अपन किछुओ समय मिथिला-भाषाक सत्साहित्यक निर्माण-कार्य मे नियमतः लगबितहिँ टा छथि।

श्री व्यासजी मिथिला-भाषाक एक गोट विशिष्ट कवि ओ कथाकारक ख्याति पाबि चुकल छथि। परन्तु पहिने ई कवि भेलाह किंवा कथाकार से हिनक अन्तरङ्ग मित्र छाड़ि आन नहि जनैत छथि। प्रकाशित धरि भेल छैन्हि पहिने हिनक 'गप्प', मिथिला-मिहिर मध्य, नाम सँ नहि किन्तु उपनाम सँ; अपना नाम सँ सबसँ पूर्व हिनक एक गोट कविता, 'विद्यापतिक मृत्यु' शीर्षक, 1945 मे पटनाक 'प्रबुद्ध मैथिल समाज' सँ प्रकाशित 'मैथिली नवीन साहित्य' मे छपल छल। एहि मे ई अङ्गरेजी मे जकरा 'ब्लैंङ्कवर्स' कहैत छैक ताहि अमित्राक्षर छन्दक प्रयोग कएल जकर सूत्रपात श्री तन्त्रनाथ बाबू 'मैथिली साहित्य पत्र' मे प्रकाशित अपन 'कीचक वध' नामक महाकाव्य मे कएने छलाह। मैथिलीक प्रचलित छन्द सब मे अन्त्यानुप्रास अर्थात् तुक कैं अनिवार्य देखि ओ एहि तुक कैं अपन भाव एवं कल्पनाक स्वच्छन्द गति मे बाधक जानि ई ओकरा त्यागि श्री तन्त्रनाथ बाबूक शैली कैं अपनाओल। एही अमित्राक्षर छन्द मे ई एक गोट खण्डकाव्यहुक रचना बहुत दिन भेल आरम्भ कएल जे गत वर्ष

समाप्त भए 'सन्यासी' नाम सँ प्रयाग मे मुद्रित भए प्रकाशित भेल अछि। एहि सँ अतिरिक्त 'भारती-विजय' ओ 'मानभूमि' शीर्षक हिनक दू गोट बड़े मार्मिक कविता प्रकाशित भेल अछि जाहि मे ई 'मुक्तवन्ध' छन्दक नीक-नीक नवीन प्रयोग कएल अछि।

हृदय सँ कवि होइतहुँ श्री व्यासजी छथि धरि 'भावना-प्रधान' कवि। हिनक कविता वर्णनात्मक होइत अछि जाहि मे सृष्टिक बाह्य सौन्दर्यक वर्णन सँ विशेष चमत्कारक होइत अछि अन्तर्जगतक सौन्दर्यक वर्णन। प्रकृतिक चित्रण सँ विशेष ई मानव-हृदयक विश्लेषण मे पटु छथि। जीवनक मधुरिमा सँ विशेष ओकर गरिमा हिनका आकृष्ट करैत अछि, कल्पना अछि हिनक प्रौढ़, ओतेक चञ्चल नहि। शब्द मे हिनक ओज रहैत अछि, माधुर्य ओतेक नहि। भावनाक तरङ्ग अएला उत्तर हिनक कविता-स्रोत प्रवाहित होइत अछि, केवल सृष्टिक सौन्दर्यहि टा सँ नहि। अपन भावनाक सुव्यक्त अभिव्यञ्जनक आगाँ मे लालित्य अथवा प्रसादक हिनका अपेक्षा नहि रहैत छैन्हि। भाषा होइत अछि हिनक संस्कृत-बहुल, जाहि बिनु एहि भाषा सब मे अङ्गरेजीक 'ब्लेङ्क-वर्स' नहि चलि सकैत अछि। ताहि पर सँ छन्दक नूतनता, जाहि मे अन्त्यानुप्रासक अभाव ओ वर्ण तथा मात्राक विन्यास कैं नव-नव क्रम रहैत अछि जकरा प्राचीन लोकनि अनियम सेहो कहैत छथि। एहि सब कारणें हिनक कविता साधारणतया गम्भीर होइत अछि, ओतेक सरस नहि, श्रुतिमधुर नहि, जकरा क्लिष्टो रहने दोष नहि। फलतः हिनक कविताक रसास्वादन किछु श्रमसाध्य छैक ओ साधारण व्यक्तिक कोन कथा, शिक्षितो, व्यक्ति लोकनि ओकर मर्म बुझबा मे भ्रम करैत छथि जकर ज्वलन्त दृष्टान्त हालहि मे बम्बई सँ प्रकाशित पी.ई.एन. संस्थाक पत्र मे बहराएल हिनक 'संयासी' समालोचना अछि। वस्तुतः हिनक कविता सूनि वा पढ़ि चित्त प्रफुल्लित भए सकैत अछि, परन्तु हृदय मुग्ध भए जाएत से नहि। अतएव ई लोकप्रिय कवि नहि छथि। हम मानैत छी जे ई हिनक कविताक दोष थीक परन्तु जनमनोरञ्जन हिनक कविताक उद्देश्यो नहि छैन्हि। सम्भव थीक जे रचना-नैपुण्य प्राप्त कए कालक्रमे ई लोकप्रिय कवितहुक रचना करथि, सिद्धहस्त भए नवीन सँ प्राचीन परिपाटी धरथि, अथवा लोकहिक रुचि एहि नवीन शैलीक दिशी आकृष्ट हो; परन्तु वर्तमान समयमे, लोकक रुचिक वर्त्तमान अवस्थामे, श्री व्यासजीक जाहि रूपक कविता होइत छैन्हि से लोकप्रिय नहि भए सकैत अछि।

परन्तु कथाकार ई दोसर रूपक छथि। हिनक गप्प सब बहुत दिन सँ मिथिला-मिहिर मध्य प्रकाशित होइत आएल अछि ओ आरम्भहि सँ हिनक गप्पक शैली लोक कैं रुचिकर होइत आएल छैक। 1946 मे हिनक एक गोट उपन्यास 'कुमार' नामक प्रकाशित भेल जकरा पढ़ि एहि प्रसङ्ग जे केओ अधिकारी छथि सबहुँक इएह उद्‌गार प्रकट भेल छल जे मिथिला-भाषा मे अद्यपर्यन्त जे कोनो उपन्यास बहराएल अछि ई सबसँ विशेष उपादेय भेल अछि। परन्तु कला-कौशलक

दृष्टि सँ ई उपन्यास दोष सँ शून्य नहि अछि ओ ओकर कथाकहिक भित्ति हमरा जनैत सबल नहि अछि। ओना तँ उपन्यासक वैशिष्ट्यक कारण होइत छैक ओहि मे चरित्रक चित्रण, अनुकूल वातावरणक सर्जन, कथापेकथनक वास्तविकता, जीवनक प्रति लेखकक अपन दृष्टिक अभिव्यञ्जन प्रभृति अनेक, परन्तु कथानक थिकैक ओकर प्रधान अङ्ग। उपन्यास मे जीवनक एक गोट व्यापक चित्र रहैत अछि तेँ ओहि मे अनेक कथाक समावेश रहैत अछि, परन्तु कथा अनेको अछि तैओ ओहि मे एक गोट प्रधान कथानक रहैत अछि जकरे पोषण अन्यान्य सब कथा कैँ करबाक चाही, जे अङ्गी बूझल जाए ओ अन्यान्य सब कथा ओकर अङ्ग रूपेँ बोध हो। यदि कोनहु कथा सँ प्रधान कथानकक पुष्टि नहि भेल, अथवा ओकर विस्तारे अधिक भए गेल तँ से उपन्यासक भित्ति कैँ अबल कए दैत अछि, ओकर निर्माण-कलाक दोष थीक। 'कुमार' मे एहिरूपक कएगोट त्रुटि देखलाँ जाइत अछि– फुलवाड़ी किंवा 'ग्राम-पंचायत' क गप्प आदि मे आएल अछि परञ्च पुनि कतहु ओहि प्रसङ्ग किछु नहि सुनल! 'मैथिल-निवास' क एतेक साङ्गोपाङ्ग वर्णनक कोन उपकारिता? 'त्रिलोकचन झा' ओ 'सुशील' क गप्प जे अन्त मे अछि ताहि सँ प्रधान कथानकक कोन पुष्टि? परन्तु एहि दोष सबहिक अछैतहुँ 'कुमार' एक गोट आदर्श रचना भेल अछि। आदर्श चरितक एहि मे चित्रण अछि; समाजक चित्र वास्तविक ओ सङ्गहि सङ्ग उपहास किंवा अतिशयोक्ति सँ शून्य अछि; सभसँ बेशी लेखकक दृष्टि तेहन ने कोमल छैन्हि जे समस्त उपन्यास मे समाजक तत्तत् अंशक बड़े चमत्कारक अथच अनुकूल चित्र अङ्कित भेल अछि। भाषा यदि परिशुद्ध तथा ठाम-ठाम कवि-हृदयक सौन्दर्योद्‌गार–सत्साहित्यक सबटा कारणता एहि मे विद्यमान अछि। पन्द्रहम अध्यायक अन्त मे 'त्रयोदशीक क्षीण चन्द्रमा' क दर्शन सँ उद्‌भूत हिनक हृदयक उद्‌गार हिनक कविहृदयक परिचय दैत अछि।

कलाक दृष्टि सँ हमरा जनैत श्री व्यासजीक सब सँ निर्दुष्ट रचना होइत अछि हिनक 'गप्प'। हम पूर्वहु कहि आएल छी जे हिनक 'गप्प' मिथिला-मिहिर मे बहुत दिन सँ प्रकाशित होइत आएल अछि परन्तु से सब 'व्यास' 'अव्यक्त' किंवा 'प्रवासी' क उपनाम सँ। अपना नाम सँ ई एखन पर्यन्त एकओ गोट गप्प नहि छपओलैन्हि अछि। प्रस्तुत संग्रह हिनक 'गप्प-साहित्य'क प्रथम उपहार थीक ओ एही मे ई प्रकट भए 'गप्प'-कारक रूप मे सुधी-समाजक समक्ष उपस्थित भए रहलाह अछि।

मिथिला-भाषाक साहित्य मे 'गप्प' किंवा 'उपन्यास' क अंश बड़ पछुआएल अछि ओ एम्हरहि किछु दिन सँ लेखक लोकनिक प्रवृत्ति एहि दिशि दृश्य भए रहल अछि जकर प्रधान कारण भेल अछि अन्यान्य साहित्यक प्रभाव। मैथिल जाति गप्पक कतेक प्रिय होइत छथि से प्रायः कहए नहि पड़त। अन्न ओ वस्त्रहिक सदृश गप्प सेहो एहि जातिक जीवनक एक गोट आवश्यक अङ्ग थीक। परन्तु मैथिल गप्प कैँ कहबाक ओ सुनबाक विषय बुझैत आएल छथि, लिखबाक किंवा पढ़बाक नहि।

मिथिलाक गाम-गाम मे चौखड़ी सभ पर, साँझ-प्रात जे गप्पक खरिहान चलैत रहैत अछि अथवा राति कैं भोजनोत्तर सुतबा सँ पूर्व जे कथा किंवा खिस्साक स्रोत गाम-गामक दालान पर अथवा श्रीमान् लोकनिक शयनागारक कक्ष मे प्रवाहित होइत रहैत अछि, ताहि सब कैं यदि लिपिबद्ध कएल जाए तँ निश्चय ओहि मे कतोक एहन गप्प ओ कथाक संग्रह भए जाएत जे उच्च कोटिक साहित्य होएत। एहि मे गप्प तँ साधारणता स्वानुभूत कोनहु घटनाक वर्णन होइत अछि अथवा परम्परया सुनल कोनहु घटनाक वर्णन ओ एहि मे रचनाक अवकाश नहि रहैत अछि। तैओ यदि वक्ता ओहि सत्यो गप्प मे रोचकता किंवा प्रभावोत्पादकताक कारणेँ कल्पनाक प्रयोग करथि तँ गप्प मे से गुण तँ आओत परन्तु तखन ओ यथार्थ वर्णन नहि, कल्पित कथा भए जाएत ओ तँहि गप्प कैं साधारतया लोक पूर्ण विश्वासक दृष्टि सँ नहि देखैत अछि ओ 'गप्पी' सँ कल्पित कथाक वक्ता बुझल जाइत अछि। परन्तु 'कथा' किंवा 'खिस्सा' अवश्ये रचित होइत अछि। यद्यपि ई कहब असम्भव अछि जे एहि कथा सबहिक रचयिता कैं? वेदहि जकाँ ई कथा सब अनादिकाल सँ जेना श्रुत हो ओ तेँ एहि कथा सबहि मे पुरान समयक घटना, पुरान वातावरणक वर्णन, पुरान विश्वास वा संस्कारक सम्मिश्रण रहैत अछि। एहि रूपक कथाक संग्रह श्रीतन्त्रनाथ बाबू आरम्भ कएलैन्हि अछि जे प्रकाश मे अएला उत्तर भाषाक चमत्कार, मनोरञ्जन किंवा नीति-निदर्शन सब दृष्टि सँ सत्साहित्यक स्थायी सम्पत्ति होएत।

मुदा एमहर जे किछु दिन सँ मिथिला-भाषा मध्य लेखक लोकनि कथा-साहित्यक रचना करए लागल छथि से सब ओहि पुरान खिस्साक सूत्र धए नहि, किन्तु गप्पक रूप मे अपना बीतल अथवा अनका बीतल किन्तु सुनल वा जानल घटना लए कैं, यद्यपि ई घटना सब कल्पिते रहैत अछि ओ ततबा धरि एकरा खिस्सा सँ साम्य अवश्य छैक। तेँ एहि 'गप्प-कार' लोकनि कैं 'गप्पी' कही तँहु कोनो अत्युक्ति नहि। घटना-विशेषक कल्पना कए-कए ई लोकनि गप्प रचैत छथि जाहि मे कतोक मे तँ ई लोकनि स्वयं सम्मिलित भए जाइत छथि ओ तखन स्वानुभूतिक गप्प छोड़ैत छथि, कतोक मे आनक गप्प कहैत छथि जेना सबटा हिनका देखल वा सुनल, अन्ततः जानल धरि अवश्य होइन्ह। साहित्यक दृष्टि सँ एहि मे चमत्कार तखन अबैत छैक जखन ई कल्पित गप्प सब यथार्थ गप्प सन भासित हो तथा एकरा कहबा मे विच्छित्ति रहैक। वस्तुतः सबकैं गप्प कहहु नहि अबैत छैक। कतोकक गप्प कहबा मे तेहन चमत्कार रहैत छैक जे सुनैत मन अकच्छ नहि होएत ओ कतोकक गप्प भारी बूझि पड़त जे सुनैत मन लगले थाकि जाएत। साधारणतया गप्प नीक लिखताह ओएह जे गप्प कहबो करताह रोचकता सँ। वस्तु भेल ई घटनाक आनुपूर्वी वर्णन ओ मध्य मध्य मे लेखकक अपन विचार वा टिप्पणी। आलङ्कारिक भाषाक प्रयोग, बड़ बड़ विस्तृत वर्णन, लेखकक अपन विचारक बाहुल्य, भाषाक कृत्रिमता अथवा कथोपकथनक अस्वाभाविकता—ई सब गप्पक दोष थीक कारण गप्प से ई सब लोक

कहाँ कहैत अछि। यथार्थ कला छैक कृत्रिमताक अवगूहन मे; गप्प बनाए कैं कहैत छी से यदि नुकाए सकलहुँ तखनहि गप्प कलाक दृष्टि सँ उत्तम कहाओत।

साहित्यशास्त्रक समीक्षक लोकनि कहैत छथि जे 'गद्य-काव्य' क एक गोट प्रधान अङ्ग थीक 'कथा-साहित्य' ओ ताही कथा-साहित्यक एक भेद थीक 'गप्प' ओ दोसर थीक 'उपन्यास'। एहि दूहूक विकास विशेष रूप सँ पाश्चात्य देश सबहिक साहित्य मे भेल छैक ओ पश्चिमहिक प्रणाली पर भारतीय देशभाषा सबहुँ मध्य एकर प्रसार भए रहल अछि। कथा-साहित्य थीक "मनुष्यक वास्तविक जीवनक काल्पनिक चित्रण" अर्थात् एहि मे "मानव जीवनक आनुषङ्गिक कथा कल्पनाक रङ्ग मे रङि कैं गद्य मे व्यक्त" कएल जाइत अछि। तैं उपन्यास ओ गद्य दूहूक आधार ओ प्रणाली प्रायः एके अछि तथापि विकासावस्था मे एहि दूहूक सत्ता विभिन्न बुझल जाइत अछि। ई भेद केवल आकारहि टाक नहि अछि यद्यपि से बड़का भेद अछिए, परन्तु दूहूक रूप ओ रङ्गहु मे भेद अछि। उपन्यास मे मानवजीवनक एक गोट व्यापक ओ समय-सापेक्ष चित्र रहैत अछि; गप्पक मे ओहि जीवनक एक गोट दृश्य मात्रक चित्र अङ्कित रहैत अछि। उपन्यासक घटना ओ परिस्थिति-चक्र जटिल एवं सघन होइत अछि; गप्प मे ओकरा सरल होएब उचित। पात्र वा चरित्रक संख्या गप्प मे थोड़ होएबाक चाही; उपन्यास मे जतबा धरि निर्वाह कए सकी ततेक। गप्प निर्माण होइत अछि एक गोट प्रसङ्ग लए, तथा स्वाभाविक कथानकक तन्तु मध्य ओहि कथाक लक्ष्य जेना लपेटल रहैत अछि। एक गोट छोट रचना मे वर्णन ओ चित्रणक नैसर्गिक सामञ्जस्य ओ से पुनि कथाक लक्ष्य कैं स्पष्टतः प्रकट करैत हो, शिथिल व्यापारक योजना सँ नहि भए सकैत अछि; ताहि हेतु चाही 'ध्वनिगर्भित पुष्ट ओ वेगवती' शैली। एहि मे कथानकक योजना तेहन हो जे कोनो भाव, विचार वा समस्या ध्वनित भए उपस्थित हो, ऊपर सँ लादल नहि बोध हो। नाटक जकाँ कथोपकथनहि द्वारा मन्तव्यक प्रकाशन, परिस्थितिक चित्रण अथवा विषयक अभिव्यञ्जन कएला उत्तर गप्प मे प्रभावशालिता भए सकैत छैक। वस्तु-वर्णन द्वारा ई सब कएलैं विस्तार अधिक भए जाएत; कथोपकथन द्वारा एहि मे एक गोट अद्‌भुत चमत्कार उत्पन्न होइत अछि ओ पाठक स्वतः ओहि सँ अपन निष्कर्ष बहार कए लए सकैत छथि। गप्पक हेतु घटनाक महत्त्व चरित्रक महत्त्व सँ न्यून छैक। ओहि हेतु चाही शुद्ध ओ स्पष्ट अभिव्यक्तिक प्रवृत्ति। विस्तृत वर्णनक शक्तिक एहि हेतु प्रयोजन नहि छैक; एहि हेतु आवश्यक छैक व्यञ्जनाक शक्ति ओ एहन रचना मे नैपुण्य जाहि मे एकओ गोट वाक्य अनावश्यक वा व्यर्थ नहि हो। आधुनिक साहित्य-शास्त्र मे सैद्धान्तिक 'गप्प' काव्यक जे कतिपय उपकरण एतए देखाओल अछि ताहि सँ स्पष्ट भए जाएत जे मूलतः एक होइतहुँ 'गप्प' ओ 'उपन्यास' भिन्न वस्तु थीक। दुहूक विषय भिन्न छैक, रचना-प्रणाली भिन्न छैक, प्रभाव भिन्न छैक। दूहूक हेतु भिन्न-भिन्न प्रतिभा अपेक्षित छैक ओ विश्व-साहित्य मे कतोक महापुरुष एहनो छथि जे उपन्यास ओ

गप्प दुहूक रचना मे एक रूपेँ सिद्धहस्त छथि, दूहू क्षेत्र मे समान रूपेँ यश प्राप्त कएने छथि, तथापि साधारणतया ई कहब अत्युक्ति नहि होएत जे प्रत्येक कथाकारक प्रतिभा एवं प्रवृत्ति सँ लक्षित भए जाएत जे हिनक रचना-नैपुण्य कोन दिशि विशेष यशस्कर होएत।

एहि रूप सँ विचार कएला उत्तर हमरा स्पष्ट प्रतिभासित होइत अछि, साहित्यालोचननिपुण सुधी समाज केँ की होएतैन्हि से नहि कहि, जे श्री व्यासजीक प्रतिभा विशेष रूप सँ 'गप्प' काव्य मे निखरैत अछि। हिनका सँ जे केओ परिचित छथि, जे केओ हिनका सङ्ग गप्प कएने छथि, सबहुँ स्वीकार करताह जे गप्प करबाक हिनका से एक गोट अद्‌भुत छटा छैन्हि जाहि सँ हिनक व्यक्तिगत वैशिष्ट्य अभिव्यक्त होइत रहैत अछि। अपन हृद्‌गत भाव केँ प्रच्छन्न राखि हिनका गप्प करए नहि अबैत छैन्हि। हिनक गप्प सँ हिनक स्वभाव, हिनक आचार, हिनक संस्कार, सब कथूक जेना अभिव्यञ्जन होइत रहए। हृदय केँ खोलि केँ ई गप्प करताह। तेहने हिनक लिखलो गप्प सब छैन्हि। हिनक रचित गप्प मे यदि हिनक नाम नहिओ रहतन्हि तथापि हिनका सँ जे केओ नीक जकाँ परिचित छथि से बूझि जएताह जे ई हिनक रचना थीक। एनमेन कहबहिक अनुरूप गप्प लिखबाक ई क्षमता हिनक कला-कौशल थीक। इएह स्वाभाविकता हिनक आत्माभिव्यजनक सङ्ग मीलि हिनक रचना केँ रोचक ओ विलक्षण बनाए दैत अछि ओ विषय किछु रहौक हिनक गप्पमात्र सुपाठ्य होइत अछि, पाठकक चित्त केँ बिनु आकृष्ट कएने नहि रहि सकैत अछि।

प्रस्तुत संग्रह मे सात गोट गप्प अछि जकर रचना 1944 सँ 1946 धरि भेल छैक ओ जाहि मे प्रथम केँ छाड़ि आओर सब मिथिला-मिहिर मे समय-समय पर प्रकाशित भेल अछि। एहि मे चारि गोट अर्थात् दोसर ओ अन्तिम तीनू उत्तम पुरुष मे कहल अछि अर्थात् एहि सबमे लेखक स्वानुभूत घटनाक वर्णन कएलेँ छथि ओ 'वाग्‌दान' छोड़ि आओर तीनू मे ओ अपनहि बीतल गप्प कहैत छथि। केवल 'वाग्दान' मे ओ श्रोता ओ ज्ञाता मात्र छथि यद्यपि ओहू मे ओहि श्रवण ओ ज्ञानक परिणाम-स्वरूप अपन हृदयक भाव व्यक्त कएनहि छथि। शेष तीनि गोट गप्प अन्य पुरुष मे कहल अछि अर्थात् अनका बीतल घटनाक वर्णन अछि। कथा सबटा कल्पितो हो तथापि कहबाक छटा तेहन चमत्कारक अछि, भाषा तेहन प्राकृतिक अछि, परिस्थितिक वर्णन तेहन स्वाभाविक अछि ओ चरित्रक चित्रण तेहन सहानुभूतिपूर्ण अतएव अनुकूल अछि जे ई सबटा सत्ये गप्प सन प्रतीत होइत अछि। ताहू मे प्रथम श्रेणीक जे चारू टा गप्प अछि ताहि मे वक्ताक स्वभाव ओ संस्कार मे लेखकक अपन स्वभाव ओ संस्कारक ततेक साम्य भेटैत अछि जे सन्देह होइत अछि जे ई सब प्रायः सत्ये लेखक केँ अपनहि घटल घटनाक साहित्यिक वर्णन तँ ने थीक। ओना तँ हिनक आनहु आनहु कथा मे कए गोट चरित्र अछि जाहि मे हिनक अपन स्वभावक किछु किछु चिह्न लक्षित होइत अछि परन्तु एहि चारू गप्पक 'हम' तँ जेना स्वयं व्यासजी,

अपनहि, रहथि। तखभ गप्प सत्य थीक अथवा कल्पित तकर प्रमाण ओ अपनहिटा भए सकैत छथि। लिखैत धरि छथि ई सत्यो गप्प ओ हालहि मे ई एक गोट गप्प 'एकादशी-माहात्म्य' नामक लिखलैन्हि अछि जाहि प्रसङ्ग ई हमरा स्वयं कहने छथि जे ई गप्प कल्पित नहि, सत्ये, हमर ई अपनहि बीतल, थीक।

एहि गप्प सबहिक कला-कौशलक विश्लेषणक कए दोषक अथवा गुणहिक विशद समीक्षा करबाक हमरा जनैत ई स्थान नहि थीक। सुधी-समाजक समक्ष जखन ई संग्रह उपस्थित भए रहल अछि तखन तकर विचार ओएह लोकनि करथि से उचित। पूर्वहिँ ओकर विवेचना कए हुनका लोकनिक विवेक कैँ प्रभावित करब एकर समुचित रसास्वादनमे वाधक होएत। तथापि एक दू गोट एहन विषय छैक जकर बिनु उल्लेख कएने हमरा स्वयं सन्तोष नहि होएत ओ ई बूझि जे ताहिसँ एकर समुचित रसास्वादनमे बाधा नहि पड़त तकर चर्चा करैत छी।

श्री व्यासजीक रचना मे, केवल एहि गप्पहि सबमे नहि प्रत्युत प्रत्येक रचना मे—ओ काव्य हो वा उपन्यास—सबसँ महत्त्वक जे विषय हमरा आकृष्ट करैत अछि, से थीक हिनक 'मैथिलत्व'। मध्यवित्त मैथिल परिवारक एहन सुन्दर चित्र, वास्तविक, स्वाभाविक, सुरुचिपूर्ण, हमरा लोकनिक साहित्य मे आओर केओ दोसर कलाकार अङ्कित नहि कएने छथि। अपना कैँ मैथिल कहैत हिनका सङ्कोच नहि होइत छैन्हि, ने अपन समाजक उपहास वा कुचेष्टा कए अन्य समाज मे प्रतिष्ठा लाभ करबहिक हिनका अभिलाषा छैन्हि। मैथिलक जे प्राचीन संस्कृति छैक तकर हिनका गौरव छैन्हि ओ नवीन शिक्षा पाबि एहि नवीनताक आवेश मे ओ ताहि गौरव कैँ नगण्य नहि बुझए लागल छथि। परन्तु कालक्रमेँ अपना समाज मे जे त्रुटि सब आबि गेल अछि, ताहि दिशि आँखि मूनि केवल प्राचीनताक पक्षपात करब सेहो हिनक उद्देश्य नहि छैन्हि, प्रत्युत वर्तमान समय मे, नवीन परिस्थितिक मध्य मे, अपना समाज मे जे सुधार आवश्यक छैक तकरो महत्त्व ई नीक जकाँ बुझैत छथि। प्राचीनताक पथ धएलेँ जीवनक तुमुल संघर्ष मे जाहि साधन सँ समाज अपन प्राचीन महत्त्व अक्षुण्ण राखि सकत ताहि पर हिनक चित्रण अछि ओ ताहि मे प्राचीन ओ नवीनक से सामञ्जस्य अछि जे हिनक भावुक हृदयक परिचय दए दैत अछि। मुदा जेँ चित्रण अछि हिनक यथार्थ, स्वाभाविक, आतिशयोक्ति किंवा अतिरञ्जन सँ शून्य, तेँ हिनका सुधारवादी नहि आदर्शवादी कहि सकैत छी। केवल त्रुटिमात्र कैँ अतिरञ्जित कए कए ओकरा उपहासास्पद बनाएब हिनक रचनाप्रणाली नहि छैन्हि। समाजक उपहास किंवा कुचेष्टाक हेतु घटनामे अतिशयोक्ति अथवा चरित्र-चित्रण मे अतिरञ्जन हिनक रचनामे कतहु नहि भेटत। केवल दुष्ट चरित्रक चित्रण ई करए नहि जनैत छथि, आदर्श चरित्रक चित्रण हिनक स्वाभाविक होइत छैन्हि। पुरुषक चित्र मे कतहु कतहु दूषणता भेटबो करए परन्तु हिनक चित्रित स्त्री-गण सर्वथा शुद्ध ओ निर्दुष्ट छथि। दुष्टहुक चरित्र मे ई गुण देखाए ओकरा मानव बनाए दैत छथि। नर-पिशाचक

चित्र हिनक रचना मे कतहु नहि भेटत। तेँ हिनक गप्प दुःखान्त सेहो नहि होइत अछि। मानव-जीवन एकान्त सुखमय तँ नहिए अछि; तेहन जँ ई चित्रण करितथि तँ से वास्तविक चित्रण नहि होइत। हिनक चित्रण मे दुःखहुक समावेश अछि परन्तु से दुःख सुखक मध्यवर्ती भेलैँ सह्य करबाक योग्य अछि। ताहि सँ जीवन दुःखमय थीक लेखकक ई स्वर प्रकट नहि होइत अछि किन्तु एहि जीवन मे दुःखजाल सँ मुक्त भए सुखक भोग कए सकैत छी सएह द्योतित होइत अछि।

दोसर वैशिष्ट्य जे हिनक रचना मे हमरा विशेष आकर्षणक कारण अछि से थीक हिनक भाषाक विशुद्धता। हमरा ई मानब मे कनेको सङ्कोच नहि होइत अछि जे हम भाषाक शुद्धताक बड़ पक्षपाती छी ओ हमर भाषाक शुद्धता मे ओकर लेखन-शैलीक शुद्धता ओ एकरूपता सेहो अन्तर्गत अछि। हम बुझैत छी जे मिथिला भाषा कें यदि देशक अन्यान्य भाषाक सदृश उच्च आसन पर आसीन करबाक अछि तँ ओहि मे एकरूपता आनब आवश्यक। श्री व्यासजी एक गोट शैली मे लिखैत छथि ओ विशुद्ध मिथिला भाषा मे लिखैत छथि जाहिमे भाषान्तरहुक शब्द मैथिलीक रूप मे आनि तखन प्रयुक्त भेल अछि, एहि सँ हमरा बड़ हर्ष ओ सन्तोष अछि।

अन्त मे हमरा वक्तव्य जे हम श्री व्यासजीक रचनाक बड़ा पुरान ओ पैघ प्रशंसक छी। आदिअहि सँ हिनक प्रत्येक रचना हमरा मुग्ध करैत आएल अछि ओ श्री व्यासजी कें सेहो हमरा पर ततबा विश्वास छैन्हि जे प्रत्येक रचना ई पहिने हमरा पठाए देखाए लैत छथि तखन प्रकाशित करैत छथि। अतएव हिनका प्रति ओ हिनक रचनाक प्रति हमरा एक गोट आत्मबुद्धि अछि जहि कारणेँ हिनक कोनहु रचनाक समालोचना हम आइ धरि नहि प्रकाशित कएने छी। परन्तु हिनक ई संग्रह हमरा दृष्टि मे सबसँ चमत्कारक, सबसँ कला-पूर्ण, सबसँ विशेष उपादेय छैन्हि। हिनक 'रूसल जमाए' शीर्षक गप्प प्रकाशित भेला उत्तर मिथिला मिहिर मे ताही दिन हम अपन हृदयक उद्‌गार प्रकट कएने छलहुँ जे मैथिली-साहित्य मे एहि सँ सुन्दर गप्प दोसर नहि लिखल गेल अछि। परन्तु तेँ हम ई नहि कहब जे हिनक रचना मे कोनो दोष नहि छैन्हि। मुदा जहिना मनुष्यक प्रसङ्ग मे तहिना पुस्तकहुक प्रसङ्ग मे यथार्थ मूल्यक अङ्कन दोषक अस्तित्व वा अभाव सँ नहि होइत अछि। दोष सँ शून्य मनुष्य वा ग्रन्थ कतए भेटत? ओकर यथार्थ मूल्य अङ्कित करबाक थीक ओकर गुणक बाहुल्य सँ, प्राचुर्य सँ, गुरुत्व सँ। ओ से हमरा पूर्ण विश्वास अछि जे एहि गप्प-संग्रह मे सुधी-समाज कें ततबा आ तेहन गुण भेटतैन्हि जाहि सँ एकर पूर्ण समादर होएत तखनहि नवयुवक लेखक कें प्रोत्साहन भेटतैन्हि जे अपन बहुविध साहित्य-सेवा सँ मातृभाषाक भण्डार कें भरथि। इति।

(भूमिका, विडम्बना, 1359 साल)

ललका पागक प्रसङ्ग

राजकमलजीक देहान्त सँ जे विषादक आघात भेल छल से शान्तो नहि भेल छल तावतहिँ अगस्तक 31 तारीखक लिखल बन्धुवर श्रीयात्रीजीक एकटा पत्र भेटल–राजकमल चौधरीक मैथिली रचना सामग्रीक प्रकाशन आवश्यक। मुदा ताहू सँ पूर्व तकर सङ्कलन करए पड़तइन, से केओ होथु। राजकमल चौधरीक पत्नी शशिकान्ता चौधरी कैँ पुस्तकाकार प्रकाशित भेला उत्तर ई सामग्री किछु लाभ अवश्य करबा देतइन। अपने लग राजकमल चौधरी केर कविता सभहक शीर्षक सूची अवश्य होएत। गल्पो सभक शी.सू. होएत। अछि की नहि? हमरा अन्दाजेँ चारिटा गल्पसङ्कलन, दूटा कविता संग्रह आ एकटा फुटकर (निबन्ध, अपूर्ण रचना, पत्रावली आदि) एवं प्रकारेँ गोड़ पाँचेक पोथी तइआर कएल जा सकइ छइन। आ कि ने?" हम एहि विचारक हृदय सँ अनुमोदन कए अपन सहयोगक आश्वासन दैत लगले उत्तर पठाए देलिऐन्हि मुदा सन्देह छल जे प्रकाशनक भार के वहन करतैन्हि ओ तेँ सङ्कलन ध्यान मे छलो तथापि व्यग्रता नहि छल। तावत् 2 नवम्बर 1967 कैँ सिन्द्रीक इन्स्टीच्यूटक रसायनशास्त्रक प्राध्यापक श्रीयुत विश्वम्भरझाजी एकटा पत्र लिखलैन्हि जे "हर्षक विषय जे वी. आइ. टी. सिन्द्रीक मैथिलीभाषी छात्र-समुदाय ई निर्णय कएलनि अछि जे स्वर्गीय राजकमल चौधरीजीक नीक नीक कथाक प्रायः 100 पृष्ठक एकटा पोथी 67 क अन्त धरि छपाबी। कथा प्रकाशित-अप्रकाशित दूनू भ सकैछ। अथवा जँ आदिकथा सन उपन्यास होनि त सेहो प्रकाशित कराओल जा सकैछ। अपने सँ विनम्र निवेदन जे उचित मार्ग प्रदर्शन कए कृतार्थ करी" इत्यादि।

हम हिनकहु लगले उत्तर दए देलिऐन्हि जाहि मे श्रीयात्रीजीक विचारक उल्लेख कए सर्वतोभावेन सहयोग ओ यथासाध्य साहाय्यक आश्वासन देलिऐन्हि मुदा पुनः तीन मास धरि किछु वार्त्ता नहि भेल। गत होलीक अवकाश मे सिन्द्री इन्स्टीच्यूटक छात्र, हमर कनिष्ठ बालक श्रीविद्यानाथ जे अएलाह से एहि योजनाक सकल भार नेने अएलाह ओ दड़िभङ्गहि मे छपाएब तदर्थ कथाक संग्रह करब, पाण्डुलिपि बनाएब इत्यादि सकल कृत्य सम्पन्न करबाक ओयाजन मे लागि गेलाह। कथाक चयन ओ भूमिका लिखबाक भार हमरा रहल।

सिन्द्री मे परिषदक अधिवेशन अप्रैलक आदि मे भावी ओ ताहि दिन पुस्तक प्रस्तुत रहल ताकए अतएव पद पद पर शीघ्रता कए ई प्रकाशित भए सकल। तकर श्रेय सबटा परिषदक उत्साही ओ कर्मठ कार्यकर्त्तागण कैँ।

एहि संग्रहक प्रसङ्ग दू गोट कथा निवेदनीय। राजकमलजीक गोट चौंतीसेक कथा हमरा लग मे अछि, सब मिथिलादर्शन, वैदेही ओ मिथिलामिहिर मे प्रकाशित। तकला उत्तर दू-चारि गोट आओर भेटि सकैत अछि से हमरा कहल गेल अछि। किछु कथा हुनक अप्रकाशितो छैन्हि से सुनला मे आएल अछि। एहि संग्रहक हेतु एक सए पृष्ठ मात्र उपलब्ध अतएव कथाक चयन मे पूर्ण संयम करए पड़ल अछि। राजकमलक सम्पूर्ण कथा संग्रह पाँच सए पृष्ठ सँ कम नहि, बेसिए होएतैन्हि से स्मरण राखल जाए।

दोसर कथा ई जे राजकमलक कतोक कथा विवादक विषय बनि गेल छल। मैथिलीसाहित्यक इतिहासक वेत्ताजन जनैत छथि जे हुनक 'हाथीक दाँत' जे मिथिलादर्शन मे 1960 क फरवरी मे प्रकाशित भेल छल, 'ननदि-भाउजि' जे वैदेही मे 1960 क जून मे प्रकाशित भेल छल, 'तथा सुरमा सगुन विचारै ना' जे मिथिला मिहिर मे 1965 क 9 मइक अङ्क मे प्रकाशित भेल छल, सबकैँ पसिन्द नहि भेलैन्हि तथा राजकमलक मित्र ओ प्रशंसकगण सेहो ओकर विरोध कएल। आब जखन राजकमलक परोक्ष भए गेल ओहि कथा सबहिक जे अंश लोक कैँ पसिन्द नहि भेलैन्हि सेहो कथाकारक व्यक्तित्वक अभिन्न अङ्ग भए गेल ओ राजकमलक कथा-कथन-कौशलक विचार मे त्याज्य नहि भए सकैत अछि। मुदा एहि संग्रह मे ओहि सँ कोनो कथा नहि लेल अछि, कारण, एक सए पृष्ठक हेतु हुनक कथाक कमी नहि अछि, तखन विवादग्रस्त कथा कैँ प्रकाशित कए पुरान विवाद कैँ पुनः नव किएक बनाएब ?

तेसर बात भाषाक प्रसङ्ग। राजकमलजीक भाषा बड़ सहज, सरल ओ सरस होइन्ह मुदा भाषाक एकरूपता दिशि हुनक ध्यान पछाति आएल। आरम्भ मे हुनक भाषा केवल सहज रहैन्हि, परिष्कृत नहि ओ साहित्यिक भाषा परिष्कृत होएबाक चाही। अतएव मिथिलादर्शन किंवा वैदेही मे जे हुनक कथा छपल अछि तकर स्वरूप ठाम-ठाम विचित्र अछि। मिथिलामिहिर मे ओ परिनिष्ठित लगैत अछि मुदा से स्वरूप हुनक अपन अभिमत छलैन्हि अथवा मिहिरक नीतिक अनुकूल से हमरा निश्चय नहि होइत अछि। एहि संग्रह मे भाषाक परिष्कारक चेष्टा कएल अछि मुदा अपन जे हमर रीति अछि से हम राजकमलजी पर लादि नहि देलिऐन्हि, कारण, ओ एहि लोक मे आब नहि छथि। मोटामोटी हुनक कथा जाहि भाषा मे मिहिर मे प्रकाशित अछि सएह रहए देल कारण ओ हुनक अन्तिम समयक रचना थिक ओ हम जनैत छी जे ओ हृदय सँ ओकर समर्थक नहि छलाह परन्तु ओकर विरोधो नहि कएल। आशा अछि, विशेषज्ञजन हमर एहि नीति कैँ बुझताह ओ प्रायः समर्थनो करताह।

एहि संग्रह मे राजकमलजीक सात गोट कथा सङ्कलित अछि ओ तकर विन्यास ओकर प्रकाशनक क्रम सँ कएल अछि जाहिसँ हुनक कलाक विकासक क्रम स्फुट होअए। अपन साहित्यिक जीवनक प्रसङ्ग मे राजकमलजी हमरा लिखने छलाह जे 'शशि-उर्वशी' हुनक पहिल रचना 1954 मे रचित वैदेही मे प्रकाशित अछि तथा जन्मतिथि 13.12.1929। ई कथा ओ हमर नवीन गीतक आयोजनक अवसर पर लिखने छलाह। सम्भव थिक 'शशि-उर्वशी' हुनक पहिल कविता हो। 'शशि-उर्वशी' वैदेही मे जुलाइ 1955 मे प्रकाशित भेल छल, ओहि सँ पूर्व फरवरी 1955 मे हुनक दोसर कविता 'पटनिआँ टट्टूक प्रति' प्रकाशित भेल छल। सम्भव थिक रचना पहिने 'शशि-उर्वशी' क भेल हो। परञ्च 1954 क अक्टूबर मे वैदेही मे हुनक लघुकथा 'अपराजिता' एवं 1955 क मइ में वैदेही मे हुनक दोसर लघुकथा 'अन्धकार' छपल छल। तेँ लगैत अछि जेना राजकमलजी साहित्यिक जीवन मे कथाकारक रूप मे अवतीर्ण भेल छलाह, कवि ओ तकर पश्चात् भेलाह। राजकमलजीक कृति कैँ देखैत हमरा अपना इएह प्रतीत होइत अछि जे हुनक प्रतिभा लघुकथाक क्षेत्र मे विशेष चमत्कारक छल। मैथिली जगत् मे ओ 'स्वरगन्धा' प्रकाशित कराए ओकर भूमिकामे नवीन-कविताक प्रसङ्ग मे अपन विचार प्रकट कए देने छलाह तथा अन्तिम समय धरि कवितामे नवीन रूपक प्रयोग करैत रहलाह। मध्य मध्य मे लघुकथा सेहो ओ लिखितहिँ रहलाह। मैथिली मे हुनक एक गोट उपन्यास आन्दोलन हुनक निधनक पश्चात् आखर मे बहराएल अछि मुदा हिन्दी जगतमे ओ उपन्यासकारक रूप मे विख्यात छलाह। 10.3.67 कैँ मृत्यु सँ मात्र तीनि मास पूर्व ओ हमरा लिखने छलाह, "मैथिली मे अपना गामक विषय मे एकटा उपन्यास लिखबाक प्रयास मे हम लागल छी। पुस्तक तैयार होइते हम अपनेक सेवा मे पठाएब। एकटा अपन कथा सभक संग्रह सेहो प्रकाशित करबाक हमरा इच्छा अछि। मैथिली मे एकटा कविता-संग्रह दू-तीन मासक उपरान्त हम स्वयं प्रकाशित करब ई विचार अछि।" उपन्यास कदाचित् अपूर्ण हुनक फाइल मे हो परन्तु कथा ओ कविताक संग्रह हुनका मनहि मे रहि गेल। एतबा धरि निश्चय जे मैथिली मे ओ कविता, कथा ओ उपन्यास तीनू विधाक रचनामे संलग्न छलाह। हमर अपन विश्वास अछि जे ई तीनू विधा तीन प्रकारक प्रतिभा चाहैत छैक ओ कारयित्री प्रतिभा भेनहि सब प्रकारक प्रतिभा अपेक्षित छैक औ केओ कए सकताह से सम्भव नहि। लधु-कथा ओ उपन्यास एहू दूनू मे दू प्रकारक रचना बहुत लेखक दूनू लिखलैन्हि अछि मुदा यश कोनहु एकहिटा मे पाबि सकलाह। राजकमल मे प्रतिभा छलैन्हि मुदा से कोन विधा मे स्फुट भए सकलैन्हि ई विचारक समय आबि गेल ओ जे कथा हम पूर्वहिँ कहल अछि हमरा मतेँ ओ कथाकार छलाह, कथाक कहए अबैन्हि ओ कथाक लघु परिधि मे अपना कैँ संयत राखि ओ कतोक बड़ उत्तम कथा छोड़ि गेलाह।

राजकमलक प्रतिभा मे तेज छल, ओ भरि जन्म प्रयोग करैत रहि गेलाह।

कविता मे हुनक नव प्रयोग हम सफल नहि मानैत छिऐन्हि कारण कविता मे ओ प्रयोग कैँ मुख्यता दैत रहलाह, कवितावस्तु हुनका सम्हार मे नहि रहैन्हि। हमर विश्वास अछि जे अपन भावक उत्तेजना मे राजकमल केवल प्रयोग करैत रहि गेलाह ओ से अभव्यक विरोध मे परन्तु प्रयोग तँ वस्तुक उपस्थापनक नव रीति थिकैक। केवल रीति कैँ प्रमुखता देब आ वस्तु कैँ रीतिक अनुकूल उपस्थित करब कलाक प्रदर्शन थिक, कला नहि थिक। सम्भव थिक जे समय पर भावक सामञ्जस्य पाबि राजकमलजीक प्रतिभा भव्य होइत परन्तु से भावी नहि छल। 1966 क 15 अगस्त कैँ अस्पताल सँ मुक्ति पाबि राजकमल लिखने छलाह–"शरीरक स्थिति नहि कहब मुदा मोन आब नीरोग अछि। तापहीन संयमित जीवन बितैबाक इच्छा भेल अछि। ताराक सिनेह आ अपनेक आशीर्वाद भेटैत रहत त हमर मनुष्य जीवन सार्थक हैत। वयसक छत्तीस वर्ष धरि अन्हारहि मे उबडुब करैत रहि गेलहुँ..."। यदि ई इच्छा पूर्ण होइतैन्हि तँ राजकमल ने अल्पायु होइतथि ने अन्हारहि मे उबडुब करैत रहितथि। परन्तु मास छवेक बाद 1967 क 10 मार्च कैँ ओ लिखैत छथि–"साधना-मार्ग मे हम त्रिशंकु जकाँ टाङल छी। रस्ता नहि भेटइत अछि। मोन एकाग्र नहि होइत अछि। कुण्डलिनीक गिरह सब कोना टूटत? हम बुड्ड पतित छी उद्धार होएब संभव नहि लगैत अछि। चमत्कार– शक्ति प्राप्त करबाक इच्छा नहि अछि,– केवल मोन कैँ एक ठाम बान्हि लेबाक अभिलाषा रखैत छी। से कोनो तरहेँ नहि होइत अछि।" एही एकाग्रताक अभाव मे राजकमलक कृति मे कोनहु विषय मे आस्था, विचारक दृढ़ता, कलाक परिपक्वता अथवा साहित्यिक रचना मे एकतानता नहि भए सकल। इजोत कैँ ओ दूर सँ चीन्हल, इजोतमे जएबाक कामना हृदय मे प्रबल भेल मुदा सङ्कल्पक शिथिलता, मनक चञ्चल आवेग, वासनाक लौल्य हुनका ओहि दिशि बढ़ए नहि देलक। हुनक काव्यसर्जन मे जीवनक मौलिक स्पन्दन तँ अछि मुदा आलोक मय नहि, भावसंवेदनक तीव्र बौद्धिक विपथगामिता सँ ऊपर नहि उठि सकलाह ओ केवल जड़गत रूढ़िक विरुद्ध विद्रोह करैत छथि मुदा लोकजीवनमे मङ्गलक भावना हुनक काव्य मे नहि आएल। अन्हारहि मे बौआइत क्षणिक भोगक तरङ्गमे उबडुब करैत ओ जीवन शेष कए देल। वस्तुतः राजकमलक अवसान मानवताक अपूरणीय क्षति मानल जाएत। एहन प्रतिभाक ई अन्त जीवन मे संयम ओ नैतिकताक महत्त्व सिद्ध करैत अछि। हुनक अपने शब्द मे 'तापहीन संयमित' जीवन मे राजकमलक प्रतिभाक नैसर्गिक रूप स्फुट भए सकैत।

1965 ई. मे हम मैथिलीक लघुकथाक एक गोट सङ्कलन प्रकाशित कराओल। तकर कारण भेल जे एमहर 1950 सँ मैथिली साहित्य मे जाहि विधाक सबसँ विशेष प्रगति भेल अछि से थिक लघुकथा, मुदा 1965 धरि मैथिली लघुकथाक कोनो एहन संग्रह नहि छल जाहि सँ ओहि प्रगतिक चित्र स्पष्ट हो। ओहि मध्य हम राजकमलक एक गोट कथा लेने छिऐन्हि, 'पनिडुब्बी' ओ तैँ ओहि पोथीक एक प्रति राजकमलजी

कैं पठाए देल। 14 जून 1965 कैं ओ लिखैत छथि 'संग्रह मे लेखक आ कथा सभक संचयन बड़ु सुन्दर आ Representative भेल अछि। अभाव एक्केटा—समकालीन मैथिली कथा साहित्यक विषय मे अपनेक द्वारा एकटा विस्तृत भूमिका। अगिला संस्करण मे ई भूमिका अवश्य देल जाय ई हमर अनुरोध"। राजकमलक अनुरोध मानबाक समय उपस्थित नहि भेल अछि कारण प्रथमो संस्करणक पोथी पड़ले अछि ओ दोसर संस्करण हम कए सकब वा नहि से नहि जानि, परन्तु एहि संग्रह मे समसामायिक कथाक प्रसङ्ग किछु लिखब आवश्यक अछि कारण राजकमलक कथा समसामयिक कथाक शीर्षस्थानीय अछि। विस्तृत भूमिका लिखबाक हेतु एतए स्थान नहि अछि। यदि दोसर संग्रह प्रकाशित करब तँ लिखब। कथामात्रक सम्बन्ध मे ओ लघु हो वा बृहत्, कथा कहाबए वा उपन्यास, हम सोझ बात बुझैत छिऐक जे ओहि मे कथानक होइक ओ कथानक रोचक हो तेँ कथानक मे संघर्ष होएब आवश्यक। कथा मे कथानकक अतिरिक्त चरित्र, वातावरण, कथोपकथन, भाषाशैली ओ जीवनक प्रति लेखकक दृष्टि भिन्न भिन्न तत्त्व छैक। कथानक तथा चरित्र मे कोन मुख्य कोन गौण एहि प्रसङ्ग आइ दू हजार वर्ष सँ विवाद अछि तथा एकर निर्णय भावकक अपन दृष्टि पर निर्भर। आब एमहर आबि मैथिलीक कथा मे वातावरणक समस्या उठल छल परन्तु हम तँ बुझैत छी जे वातावरणक सृष्टि कथानक अनुकूल हो तथा ओही कथा मे वातावरण अनुकूल होएत जाहि मे कथानकक उत्तमरूपेँ उपस्थापित रहत, कथा सुसंघटित रहत। ओ से वातावरणहिक प्रसङ्ग नहि कथाक जतेक तत्त्व छैक से सब कथानकक सङ्ग सङ्ग अभिन्न रूपेँ समन्वित रहए। कोनहु कथा मे एक तत्त्व कैं प्रमुखता रहौक, परन्तु कथा यदि कथा थिक तँ ओहि मे सब तत्व रहबे करतैक। देखबाक थिक जे से सब कथानकक सङ्गहिँ स्फुट होइत जाइक। कथानक थिकैक घटनाचक्र, से कोनहु व्यक्ति कैं होएतैक, ओकर परिवेश मे; कथानक बढ़तैक कथोपकथन सँ तथा भाषाक औचित्य आवश्यक। कथानकक प्रति लेखकक केहन दृष्टिकोण छैन्हि ताहि सँ नियमित रहत। अतएव कथाक कौशल कला थिक ओ नीक अधलाह कथा कहबाक शैली पर निर्भर अछि।

कथानकक मौलिक तत्त्व थिकैक संघर्ष ओ से संघर्ष बाह्य हो वा आभ्यन्तरीण। एमहर आबि बाह्य संघर्ष सँ विशेष महत्त्व देल जाए लागल आभ्यन्तरीण संघर्ष कैं ओ इएह रीति बढ़ैत बढ़ैत घटनाचक्रहु मे चलि गेल ओ आजुक कथामे घटना समेत मनहिमे घटैत अछि। मानसिक व्यापार सब कथा मे भेटैत अछि परन्तु ओ कथा कौशलक अलङ्कार थिक। अलकारहिँ सँ कथाकैं भरि देब ई नव प्रयोग थिक ओ एहि मे ओएह कृत्रिमता भासित होइत अछि जे उत्तरकालीन संस्कृत काव्य मे लक्षित होइत अछि। राजकमलजीक पनिडुब्बी एहि प्रयोगक चरम दृष्टान्त थिक तथा साँझक गाछहु मे इएह प्रयोग अछि। लघुकथा जीवनक व्यापक चित्र नहि थिक, ई तँ जीवनक एक खण्ड मात्रक अङ्कन होइत अछि परन्तु नवीन प्रयोग मे से खण्ड एक क्षणमात्रहि

मे सीमित भए जाइत अछि। राजकमल सभ प्रकारक प्रयोग कएल मुदा प्रयोग तँ रीतिक नवीनता थिक ओ केवल रीतिमात्रक उत्कर्ष कैँ मुख्यता देब प्राचीन रीतिवादक नवीनीकरण कहाओत। राजकमल कम सँ कम कथाक क्षेत्र मे प्रयोग कैँ से मुख्यता नहि देल यद्यपि ओहि प्रयोग कैँ ओ कतहु बिसरलाह नहि ओ तैँ हमरा दृष्टि मे राजकमलक कथा सबसँ विशेष कलापूर्ण भए सकल, सबसँ विशेष स्थायी रहत। हमरा विश्वास अछि जे कवि राजकमल कैँ लोक बिसरि जाएत मुदा कथाकार राजकमल मैथिली साहित्य क्षेत्र मे अमर रहताह।

राजकमलक कथा मे सभसँ पैघ विशेषता ई अछि जे सब कथा मे राजकमल स्वयं रहितहिँ छथि। सिगरेट सँ लए यौन आकर्षण धरि, राजकमलक जीवनसँ जे परिचित छथि से कहि सकताह, प्रत्येक कथा मे राजकमलक चारित्रिक वैशिष्ट्य कोनहु ने कोनहु रूप मे अवश्य भेटत। ई सत्य जे राजकमल यौन-सम्बन्धसँ आगाँ नहि बढ़ि सकलाह ओ यौन सम्बन्धक विविध रूप कैँ, वैध ओ अवैध सब कथूकैँ विषय बनाए ओ कथा रचलैन्हि जाहि मे 'ननदि भाउजि' चरम कैँ पहुँचल अछि। पढ़बा मे ओ रोमाञ्चकारी अद्‌भुत ककरहु-ककरहु अश्लील समेत प्रतीत हो, परन्तु थिक ओ ओहि सम्बन्धक एक गोट रूप मात्र। असाधारण तँ राजकमलक सब यौन सम्बन्ध छैन्हि, यथा—पहिले कथा ललका पाग अथवा घड़ी मुदा ननदि-भाउजि असाधारणता मे विचित्र अछि।

एहि संग्रहमे स्थानक स्वल्पताक कारणे बड़ थोड़ कथा दए सकलहुँ। उत्तम उत्तम कथा छूटि गेल। तकर कारण जे एतए हम राजकमलक कलाक विकास कैँ दृष्टि मे राखि सङ्कलन कएल अछि। एकर अनुशीलन सँ केवल राजकमलहिक कलाक विकासक दिशा नहि अपितु मैथिली मे लघुकथाक विकासक दिशा सेहो बुझल भए सकत।

राजकमलक प्रशंसकक कमी नहि छैन्हि। केओ हुनक कारयित्री प्रतिभा सँ प्रभावित छथि, केओ हुनक जीवनक स्वच्छन्दचारितासँ प्रभावित छथि, केओ हुनक स्वभावक मधुरता सँ प्रभावित छथि, केओ हुनक जीवनक दुखद अन्त सँ प्रभावित छथि। सबहिक ई कर्त्तव्य थिक जे राजकमलक समस्त रचनाक एकत्र प्रकाशन भए जाए जे हुनक कृतिक विधिवत् अध्ययन भए सकए। तैँ एहि संग्रहक अन्त मे हम राजकमलक जे कोनो कथा हमरा उपलब्ध भए सकल अछि तकर प्रकाशन-स्थान ओ तिथिक सङ्ग सूची दए देल अछि। यदि ककरहु एहि सँ भिन्न कथा देखल होइन्ह अथवा बुझल होइन्ह तँ से हमरा सूचित करबाक कृपा करथि जे ई सूची पूर्ण भए सकए। अप्रकाशित कथाक हेतु दोसर प्रबन्ध करए पड़त।

(भूमिका, ललका पाग, चैत्री पूर्णिमा, 1890 शाके)

मैथिली कथामे वातावरणक प्रश्न

अभिव्यञ्नाक सम्पादकक अनुरोध अछि जे 'मैथिली कथा मे वातावरणक प्रश्न' पर हम अपन विचार लिखिऐन्हि। प्रश्न विचित्र अछि ओ सम्पादकीय मे यदि एकर विवेचना नहि रहैत तँ हमरा ई समस्या बुझलो नहि होइत। कथासाहित्यक मर्म जतबा हमरा ज्ञात अछि ताहि मे वातावरणक कोनो समस्या नहि छैक, वातावरण तँ पात्र ओ कथावस्तुक अनुकूल होइत अछि, होएबाक चाही। हमरा जनैत मुख्य समस्या अछि मैथिली कथा मे 'मैथिलीक', यदि पेरिस अथवा न्यूयार्कक सांस्कृतिक पृष्ठभूमि मे मैथिली मे कथा लिखल जाए, मैथिल नर ओ नारीक कथा लिखल जाए तँ समस्या उपस्थित होएत, केवल ततबे नहि प्रत्युत ओ समस्या असमाधेय रहत।

मिथिला मे कथा नव वस्तु नहि थिक, परन्तु मिथिला मे कथा कहल जाइत छलै ओ सुनल जाइत छलैक, लिखल नहि जाइत छलैक ओ पढ़ल नहि जाइत छलैक। एखनहु देश मे दश-पाँच व्यक्ति कुशल कथाकार अवश्य होएताह जे राति कैं जखन सब खाए- पीबि कैं सुतबाक उपक्रम करैत अछि तखन कथा कहब प्रारम्भ करताह ओ बड़ चमत्कार सँ विलक्षण भाषा मे खूब उच्च स्वरैं कथा कहताह। परन्तु एहि सब कथा मे विधि ओ विधाता रहैत छथि जकर मर्म सब नहि बुझैत अछि। एहि जातिक कथा हमर साहित्यक गौरव होइत जँ ओकर संग्रह भए सकैत। एकर दृष्टान्त-स्वरूप नमूना जकाँ, दू गोट कथा 'जिवतहिं स्वर्ग' ओ 'योगक इआरक' नाम सँ हमर छोट भाए श्री तन्त्रनाथ बाबू लीखि कैं प्रकाशित करओने छथि। ओ से केवल मिथिलहिटा मे नहि, हमरा लोकनिक संस्कृत साहित्य मे सेंहो कथाक बड़ महत्त्व अछि। प्रायः प्रत्येक पावनि ओ पर्वक कथा होइत अछि। विश्वक साहित्य मे कथाक प्रथम संग्रह प्राकृत मे गुणाढ्य कएल जकर नाम ओ राखल वृहत्कथा। ओहि आधार पर हितोपदेश, पञ्चतन्त्र, बेतालपचीसी प्रभृति अनेको कथाक प्रसिद्ध संग्रह अछि।

परन्तु सम्पादकजी जाहि कथा कैं दृष्टि मे राखि ई प्रश्न उपस्थित कएल अछि से प्रायः एहि जातिक कथा नहि थिक। एखन जे कथा मैथिली मे लिखल जाए लागल अछि से थोड़-बहुत यूरोपीय कथाक, विशेषतः अङरेजीक कथाक, अधिकतर ओहि कथाक अनुकरण मे भारतीय अन्य भाषा मे लिखल जाइत कथाक, एहि

जातिक कथा पश्चिमहु मे नवीने थिक; अमेरिका मे एकर आविर्भाव भेल ओ ई.ए.पो. एकर जन्मदाता कहल जाइत छथि। वृत्या अङरेजी-साहित्यक अध्यापन करैत अङरेजी साहित्यक छात्र लोकनिकैं एतबे बुझबैत रहैत छिऐन्हि जे एहि जातिक कथा लिखबा मे असाधारण कौशलक अपेक्षा छैक; नाटकहि जकाँ कथा लिखब दुष्कर कर्म थिक। मुदा मैथिलीमे तँ जहिना कवि फड़लाह अछि तहिना कथाकार। कविता लिखब तँ आब परम सुगम भए गेल अछि कारण प्रसिद्धो कविलोकनि आब छन्दक झंझटि नहि उठबै छथि तथा जँ छन्द रहितहुँ छैन्हि तँ उपजातिए। परन्तु आइ काल्हुक कथाकार मे कतेक कैं कथाक मर्मो धरि बुझल छैन्ह ताहि मे हमरा सन्देह अछि ओ अधिकांश कथा जे लिखल जाइत अछि से जँ नहिए लिखल जाइत तँ नीक, कारण व्यर्थ लेखक कैं श्रम, मुद्रणक व्यय ओ जे दश-पाँचटा पाठक होइत छथि तनिक समय नष्ट। अतः हम तँ बुझैत छी जे ई समस्या हुनकहि हेतु छैन्हि जे कथाक मर्म नहि जनैत छथि, जनिका जीवनक यथार्थ परिचय नहि रहैत छैन्हि, जे केवल आनक अनुकरण करैत छथि ओ तें अनुकार्य कथाक अनुकूल वातावरण कैं मिथिलाक पृष्ठभूमि सुसंगत नहि कर एकैत छथि। हम नाम नहि लेब परन्तु हम मैथिली मे कथा पढ़ल अछि जे कथाक मर्म कैं सुन्दर जकाँ उद्धारित कए विशुद्ध देहाती जीवनक चित्रण प्रस्तुत करैत अछि। साहित्य होइत अछि जीवनक अनुकरण ओ ताहि हेतु अपेक्षित छैक जीवनक परिचय। जीवन शहरहु मे अछि, देहातहु मे।

पुनि मैथिली मे केवल मैथिलेटाक कथा हो सेहो तँ आवश्यक नहि। ओ यदि सएह हो तथापि मैथिल तँ शहरहु मे छथि ओ देहातहु मे। परन्तु मैथिलीक कथा तँ मैथिलक जीवनक अनुकरण-मूलक हो। मैथिलक पारिवारिक जीवन अथवा सामाजिक जीवन अथवा सांस्कृतिक जीवन भिन्न-भिन्न होइत छैक। यदि से भेद हटाए दी तखन मैथिल जीवनक चित्रण नहि भेल। परन्तु कथा लिखब मैथिल ब्राह्मण परिवारक आ' कथावस्तु रहत कोर्टशिप अथवा लवमएरेज अथवा डाइवोर्स तखन तँ एक नहि अनेक समस्या उपस्थित होइत रहत। कथा मे मुख्यता पात्र कैं छैक अथवा कथावस्तु कैं ई विवाद पश्चिम मे बहुतो दिन सँ अछि परन्तु पात्रक निश्चय भए गेल ओ कथावस्तु स्थिर भए गेल तखन वातावरण तदनुकूल बनाएब हमरा जनैत बड़ कठिन नहि अछि। आवश्यक छैक मनुष्यक परिचय। देहातहुमे कटुता ओ मधुरिमा, दुःख ओ सुख, वैयर्थ्य किंवा सम्फल्यक परिचय। ऐहातहुमे सुख छैक ओ दुःख छैक, शहरहु मे दुख छैक ओ सुख छैक। मनुष्य देहातहु मे रहैत अछि ओ शहरहु मे। ई तँ कोनो समस्या नहि भेल। समस्या अछि दृष्टिक ततेक स्फीत होएब जे जीवनक रहस्यक अनुभव कए सकी, व्यक्तिक साधारण धर्म ओ विशेष गुण बूझि सकी। से यदि थोड़ो भेल तखन की कहबाक अछि तकर यदि स्पष्ट ध्यान रहत तखन संयमपूर्वक अपन उद्देश्य कैं चरितार्थ करबाक निमित्त यथार्थ नर ओ नारीक चित्रण कए जीवनक सत्य अङ्कित करब भेल कथाकारक कार्य ओ तदनुरूप वातावरणक सृष्टि स्वतः भए जाएत। ओ समस्या नहि होएत। अतएव हमर तँ विचार जे कथा लिखबा सँ पूर्व कथाकार कथासाहित्यक मर्म कैं बुझबाक यत्न करथि।

(अभिव्यंजना-3 नवम्बर-दिसम्बर, 1962)

इजोतक प्रसङ्ग

(समीक्षाप्रधान मासिक पत्र)

जकर पहिल दीप गत वसन्त पञ्चमी कैं प्रकाशित भेल अछि, मैथिलीक पत्रकारिताक क्षेत्र मे एक गोट नव आयास थिक ओ तैं एहि सँ पूर्व जे पत्र सब बहराए-बहराए अकालहि बन्द होइत गेल अछि सबकैं सहसा मन पाड़ैत अछि। एकरो सम्पादक हमरा लोकनिक सम्पादकजी श्रीसुरेन्द्रजी छथि। 'मिथिलामिहिर' ओ 'स्वदेश'—दूहूक अनुभव सँ सम्भव थिक सम्पादकजी 'इजोत' कैं किछुओ स्थायी बनाए सकथि। विषयक प्रसङ्ग किछु कहब व्यर्थ, जखन श्रीसुमनजी स्वयं सम्पादक छथि तखन विषयक संचय तँ नीक होएबे करत, तकर तँ विश्वास अछिए। भय अछि जे इहो असफल पत्रक संख्या मे एकक वृद्धि ने कए देअए। दोसर, समीक्षा-प्रधान ई पत्र कतेक धरि दलबन्दी सँ दूर रहत से नहि जानि। मैथिली मे समीक्षाक युग नहि आएल अछि। उचित समीक्षाक ने सामग्री अछि ने लोक मे सुनबाक सहिष्णुता अछि। तखन फूसि प्रशंसाक ढेरि लगाएब अथवा वैयक्तिक मतभेदक कारणैं दोसरा कैं दूरि करब—एहन समीक्षा सँ बिनु समीक्षहिक साहित्यक विकास हो से श्रेयस्कर। रुचिक परिष्कार समीक्षाक प्रधान उद्देश्य होइछ परन्तु जँ से समीक्षा समीचीन नहि भेल तखन तँ रुचिक परिष्कारक बदला मे भ्रष्टे भए जएबाक आशंका। आशा अछि इजोत प्रकाशन समिति एहि विषय पर पुनः विचार कए एहि पत्र कैं विशुद्ध 'कहानी' क पत्र बनाओल। जाहि सँ नव-नव लेखक के प्रकाशनक किछु सुविधा होएतैन्हि ओ एकर किछु प्रचारो होएत। विषयक समीक्षा तँ ओही डरैं नहि करैत छी जे सुनबाक सहिष्णुता कतेक कैं छैन्हि, नहि तँ अधिकारिओ लेखक लोकनिक लेखमे बहुतो विषय समीक्ष्य लक्षित होइत अछि। यदि सहिष्णुताक किछुओ लक्षण देखलाँमे आओत तँ आगाँ कोनहु विषयक समीक्षा उपस्थित करब। तावत एखन एतबए वक्तव्य जे 'शिवास्ते पन्थानः सन्तु'।

(वैदेही, अप्रैल, 1960)

Impact of Lenin on Maithili Literature

The Maithili literary contemporary of Lenin (1870-1924) was Ganganatha Jha (1871-1941), learned, human, a Brahman of the ancient stock, derived from Vatsa, a seer of the Rigveda. Lenin was at the height of his power when Ganganatha, head of the University at Allahabad, had the height of his career.

Lenin and Ganganatha were both essayists. Lenin wrote mostly on politics and Ganganatha on philosophy. Lenin died too early in power to know literary personalities in neighbouring India. Ganganatha must have known Lenin who, after his successful October revolution of 1917, became a household word throughout the world.

Lenin's impact on Indian politics was immediate and profound. Soon after the October revolution in Russia was founded the Communist Party of India which organised Indian workers in the factory in the way of Bolshevika of Russia. The Indian National Congress under the Leadersirip of Mahatma Gandhi was also at its height. Indian communists, therefore, could not make much headway with the people. Gandhi's aim was to achieve Indian freedom without bloodshed. That made great difference between the way of Gandhi and that of Lenin. Indian Communists and later, soclialists accepted India's principle of power to the proletariat but avoided use of arms in their struggle.

In the lifetime of Lenin the politics which had impact on Indian literature was Gandhi's. Even this politics had little impact on Maithili literature of the day.

Politics in Mithila, like politics in other parts of India, had on it the impact of Lenin. But Maithili literature kept aloof from the new winds blowing over India and the world. Ganganatha's essays on the Vedanta and other philosophical topics were all a story of the old world which had its problems galore but was far removed from the new realities. Lal Das (1856-1916) and Raghunandan Das (1861-1946) composed their Maithili Ramayana and poems on the Devi and other puranic stories all in the style of Vidyapati. Ganganatha's illustrious son Amarnatha (1897-1955) and his student Umesha Mishra (1896-1968) both continued his tradition.

In 1931 was founded the Maithili Sahitya Parisad, an auxiliary of the Maithil Mahasabha. The Maharajadhiraj of Darbhanga was the permanent President of the Mahasabha while the Parisad was annually presided over by Ganganatha, Amaranatha, Umesh and others. Maithil politics and literature led by the Mahasabha and the Parisad were both in the aristocratic tradition, kingship and loyality, economic conditions of poverty and affluence, exploitation of the poor by the rich, faith in God, resignation to fate, acceptance of misery as result of evil deeds, prayer for relief from misery, etc. The Maithili Sahitya Parisad made great headway with Bholalal Das, Ramanatha Jha and Tantranatha Jha, both of these nephews of Gangantha Jha, as its directors. Ramanath's 'Sahitya Patra' established itself as a great mark in both Maithili prose and verse.

In early thirties Lenin's Russian revolution made its impact on Maithil politics which was led by the Indian National Congress. Communists and socialists inspired by Russia and Lenin all worked on the Congress programme, Communists mainly among the industrial workers and Socialists among peasants. Maithili was little thought of in the Congress and its Communist and Socialist elements.

Raghunandan Das's son Narendranath, a congressman, pursued his literary interests in Maithili on the Parisad Platform. The Communists and Socialists were younger people and had developed no literary interests. Some of them loved their Maithili language and literature and satisfied their literary taste in the company of traditional litterateurs in the 'Sahitya Parisad'. In their own political organisation, the Congress and Communists and Socialists used, like their colleagues of the western provinces, Hindi for mass contact and English for organisational work.

In middle forties, a number of young Maithil intellectuals led by Sachinatha, Ramanatha's younger brother at Patna, formed their 'Prabudhdha Maithil Samaj' which published writings inspired with new ideas. These ideas, of course, were more in the British nationalist tradition of the Fabian Bernard Shaw and logician Bertrand Russel than in the socialist tradition of Marx, Engels and Lenin.

After independence the Leninist-Marxist-socialist element, about two decades old in Maithil politics, dominant so far in literature, assorted itself here. The Leninist idea of nationality and national language came to the fore. A new movement was set afoot by socialists for the recognition of Maithili as a national language of India. Those socialists, in 1952, started their weekly journal 'Mithila' for propagation of their Leninist politics. Most of the writers in the journal were, however, conservatives who in the true Maithil catholic spirit adjusted to the new wind.

The brahmanic catholic spirit was not without disadvantage to Leninism in Mithila. The Leninist idea of 'to each according to his needs and from each according to his capacity' has been long in practice in brahmanism, its Varnashramdharma, order of the varna and ashrama. This old order has been based on division of labour and, in spite of transgressions, kept Indian society on its feet through thousands of years. In Leninism, conservative Maithils in politics as well as in literature did not find themselves face to face with a strange, dangerous world. They found in it something of their own ancient elements, the idea of all in one, of all together, in harmony, without conflict, bound for journey to a common, prosperous, happy life. The Socialists had easy time with their conservative fellowmen. But their Leninism suffered in the process. Its humanism was submerged in the universalism of branhmanic Vedanta. Upendra Acharya of the 'Indian National' even referred to Maithil Leninism as Sanatana Socialism'.

Indian Socialists who knew Marxism and had no Vedanta felt their western philosophy and programme of social order was a new, unprecedented panacea for world evils. They ran about raising their new slogans for power to the proletariat, land to the tillers, bread for the hungry, belief for the sick and destitute India had lived up to these slogans since the days of the Vedas. Thousands of years ago Jaina and Buddha of the land of Mithila itself had raised their slogan of relief to the miserable. They also felt that the brahman and the Veda were no good for their day. Theyrejected them and showed new ways of their own. People for a time went massively with the new leaders but their zeal soon faded. The Vedas and the Brahman again came up to stand by them as of old and lead them through a long, circuitous, painful path of existence in true brotherhood. Long after Jina and Buddha came Nanak, Dadu, Ramananda, Kabir and Chaitanya to pull down once more the ancient vedic, brahmanic edifice and raise in its place their new mansion of Bhakti, free from the fetters of varna and ashrama. They were, however, forestalled, generations before them, by Sankar Mishra (1450) who in his commentary Upaskara on the Vaishesika Sutra of Kanada has commended death for the rich who denied food to the poor and hungry.

The Vedic brahmanism stood the test again, allowed healthy

innovations in its order and carried society along the peaceful ancient way.

The first impact on Lenin of Maithili literature was felt in the writings of Bhuvanesvara Singh 'Bhuvana'. Championing the cause of the exploited and down-trodden, he almost shrieked for revolution and called impatiently for bloodshed. It was Bhuvanaji who modernised Maithili poetry completely in form as well as content, divorced poetry from music and gave expression to personal feelings which paved the way for neo-lyricism in Maithili poetry. Bhuvanaji indeed wrote what he sincerely felt, so much so that he invoked even gods and goddesses to bring about revolution and satisfy themselves with the blood of the oppressors.

Bhuvanaji influenced the subsequent course of Maithili poetry but his successors, Ishanath and Surendra 'Suman', for example, were not as sincerely Leninist as Bhuvana but adopted Leninist ideas in some of their lyrical outbursts, more to gain applause as champions of the exploited. This has been since then a mark of progressivism in Maithili literature, a fashion for the writers to claim in order to gain popularity. Raghavacharya among the living however is the only poet who is out and out an apostle of revolution and there is hardly a poem of his in which swords are not brandishing and blood reeking.

The aristocratic element in Brahmanism, however, would always disturb the balance. As in the days of the Moghuls and the British, so in the new freedom it insisted on its old privileges which the socialist Leninist group inspired with the Vedantic universalism would tenaciously resist. The 'Mithila' group of Leninist socialists of early fifties went down but their inspiration lived on. Yatri, Vaidyanatha Mishra, has been the most representative Leninist poet and story writer of the era. Yatri was born in a poor Brahman family and early left home for satisfaction of his thirst for learning. He came in contact with Rahul Sankrityayan and the Communist Party, travelled widely over India and the neighbouring world and confirmed himself in Leninist socialism. Many poets today in Mithila write, of course, of poverty. But Yatri alone does it in full consciousness of Lenin's ideal of a classless society. Yatri's infuence in Mithila and on Maithili literature has not been commensurate with Leninism in Maithil politics. That has been so because Yatri has lived on the soil and among his people but rarely. The output of his literary work also has been greater in Hindi than in Maithili. But the recognition of his art on that account has not been less than any other writer's. He is hailed always as one of the best litterateurs of Mithila by not only the progressive section but also by those who go as conservatives.

Leninism in Maithili literature does not come directly to the people whose education has been poor. In literature and even in politics the people in their ignorance cannot go to the roots of the spectacle. They go by fruits. In the poems and stories of Yatri they find themselves in love with their own picture, a sad state but hopeful. Yatri's temper is spreading fast and may soon be the most potent element in the new Maithili literature.

Many conservatives, Yatri's contemporaries, have also written of poverty and low state of their people. Their songs are mostly like the 'Song of the Shirt', Kashikant Mishra's 'Ghasal Athanni', a powerful little poem which could rend the heart of the hardest man. Radhakrisha has not had the strength of Kashikant's pathos but his satire on corrupt government has been remarkable. Chandranath Mishra's satire has been even more powerful than Radhakrisna's. Kashikant, Chandranath, Radhakrishna and other writers have greatly helped Yatri's movement for literature of the leninist ideal.

Yatri's own Brahmanic background has been a handicap to his Leninism. His faith in Lenin has not been as strong as Mayakovsky's. Yatri has failed to announce with Mayakovsky that 'Lenin is Life' or that 'Lenin is not dead', 'Lenin shall never die', 'Lenin lives on'. But the limitation of his Leninist vitality has been a boon in disguise. A burning zeal for Lenin led Mayakovsky to an early and painful end. The poet's zeal proved fatal. Yatri's Brahmanism has weakened his Leninism but given it and his career longevity valued by his compatriots.

The Communist Party of India in Mithila has now entered the literary and cultural life of the land with its programme of Leninism. Its insistence on social economy and its equilitarian base appeal to the people and bring them in crowds for acquisition of their bread as well as for enjoyment of the new poetry.

(Sahitya Akademi, New Delhi, Symposium on 23-24 August, 1970, Lenin and Indian Literature. **Unpublished.**)

MAITHILI : NEEDS POPULAR PATRONAGE

Among the modern Indian languages, Maithili is the latest to have been recognised by Sahitya Akademi. To be accorded a place of honour among the literary languages of modern India is not a small achievement. But it must be clearly understood that what Sahitya Akademi has accorded to it is only a recognition of its literary status. Politically, however, it is still unrecognised. It has still to find a place in the 8th schedule of the Constitution of India. That alone can give Maithili an equality of status and opportunity with the other languages.

Most unfortunately, Maithili still labours under disablities that stand in the way of its growth and development. In its own home state of Bihar, it stands in a strange predicament. Of the three indigenous languages spoken in Bihar proper, Maithili is the only one which has on unbroken literary tradition extending over more than six centuries, if not more, and Bihar should be proud of it. But the State of Bihar still prides itself on being a Hindi-speaking State and neglects Maithili like anything, if not actually suppresses it. The Government of Bihar has a Rashtrabhasa Parisad which is doing invaluable service to the cause of Hindi language and literature but it does not do anything for Maithili which is literally starved. Maithili has been recognised as a medium of instruction at the primary stage but the Government does not publish any book in Maithili as it does in other languages, with the result that Maithili-speaking children are deprived of the privilege of learning through their mother-tongue. All the universities of the state have recognised Maithili and at least in the two universities of Patna and Bihar Maithili is taught up to the M.A. standard. Yet there is no place for Maithili in the competitive examinations held by the State Public Service Commission.

For Maithili literature has always flourished under state patronage. Though cultivated as a vehicle of refined expression as far back as the post-Gupta period, to which is ascribed the emergence of Maithili script also, Maithili could not produce anything of permanent literary value until the benevolent Karnatas established an independent state of Mithila at the close of the 11th century and extended their patronage to arts and literature. It was the liberal patronage of Shiva Simgha that could produce Vidyapati. There was Kavishwara Chanda Jha under Maharaja Lakshmishwar Simgha. The history of Maithili literature is the history of literary patronage and wherever that was available poetry flourished. This is the reason why Maithili literature is by far and large poetical in form and courtly in nature. It is one-sided and lacks that width and variety which popular support alone can inspire into it. Even now much of Maithili literature that is available has seen the light through the munificence of rich and noble men or institutions and is distributed mostly free.

Popular patronage of literature has still to grow in Maithili. People of Mithila, even among the educated classes, have still to learn that Maithili books too should be paid for. At present there is no publisher who would take up the publication of Maithili books as a business. Only those books are published which can be precribed as text books for the various school and university examinations and whatever is published is submitted for inclusion in the curriculum. But even there a book prescribed for thousands is sold in hundreds only. Most of the students even now do by borrowing. It is generally said, and is indeed a fact, that books of wide popular appeal are very rare in Maithili, but writers of genius cannot be expected to spend their time and energy in writing really good books unless they are assured a good reception. We cannot expect our literature to grow if only the literature of popular entertainment is produced. There is, thus, a vicious circle which has to be broken and here the state patronage can help. Time has come for producing new kinds of literature that would create a taste for reading Maithili books, refine the taste of the Maithili reading public. Just at present a popular writer like Prof. Harimohan Jha has almost given up writing because his books have a very poor market and a progressive and talented writer like Yatri writes mostly in Hindi because his Hindi books are paying. Publication of books, therefore, is the most baffling question in the field of maithili literature. Only such books are generally published as do not involve much cost, and as poetry, short story and drama are the kinds of books that can be published at a small cost, only such books see the light of day.

But even under these depressing conditions Maithili literature has progressed appreciably during recent years and is still progressing steadily. Poetry is the one form of literature for which the ground in Maithili seems really fertile. For long literature in Maithili was synonymous with poetry and even now there are more poets than prose-writers chiefly because the poets have still the forum of 'Kavi Sammelanas', i.e., poets' gatherings, where they recite their poems and win applause. During recent years Maithili poetry has broken new grounds and there are all types of poetical compositions produced continually from the most classical to the ultra-modern free verse. Surprisingly enough, Maithili has proved itself admirably suitable for all these types and both the old and the new types are being produced which has given rise to a controversy that is agitating the minds of all lovers of Maithili poetry. During the year under review four poets of repute have published collections of their poems in book form. Surendra Jha 'Suman', who writes in old form but sometimes with new contents, has published two little collections of his poems : *Katha-Yuthika* (the bunch of tales) and *Kavi-Navatika* (ninety verses on poets). In the first are collected 16 little legendary tales told in verse with the moral purpose clearly expressed. In the second 'Suman' has collected a verse or two in praise of ninety old poets, of Sanskrit, Hindi, Maithili, etc. Two of our young poets Mayanand and Somadeva, have published collections of their poems. Mayanand, who has been a hero of many Kavisammelanas, has collected sixty of his poems, 47 in new style and 13 in old, and he has called the collection *Dishantara* (the other direction). Beginning as a writer of sweet lyrical songs, he has come to discard metre altogether and is now regarded as a champion of the new school. This Collection alone is sufficient to show which way the wind of Maithili poetry is blowing. Somadeva has collected in his *Kaladhwani* (the voice of times) forty-four poems, all of the new type, mostly in free verse which is indistinguishable from prose. He has an introduction appended to it in which he has propounded his theory which he calls 'Sahajatavada', i.e., naturalism, meaning thereby that these poems are realistic pictures of the poet's moods and feelings in the peculiar conditions of modern Maithili society between 1960 and 1964. Somadeva claims that he is the first poet to attempt new poetry in Maithili and the only poet who has not done anything other than new poetry.

A really new trend, however, has been noticed in the collection of 33 songs that Rabindranath Thakur has published under the title Jahina chhi Tahina (just as you are). Beginning as a lyricist for the first Maithili film, Rabindra has grasped the spirit of true folk songs. Like the true nursery rhymes his poems sometimes appear to have no sense or relevance but there is always a meaning hidden in them.

There has appeared during the year under review a collection of 48 poems, most of which were recited in the Kavi-Sammelana on the occasion of the 2nd All India Maithili Writers' Conference at Darbhanga. The collection is called *Vijayashankha* (the trumpet of victory) as they are all patriotic poems composed by most of our poets of repute in the background of the recent Chinese aggression against India.

But the most notable publication of the year is the anthology of Maithili verse, *Maithili Kavya Sangraha*, in three volumes, edited by Ramanath Jha. It is the first anthology of Maithili verse representing all types of and trends in Maithili poetry from Vidyapati to the present day. The first volume contains songs of Vidyapati and his followers, the second represents the epic and narrative works, and the third is a collection of modern songs and lyrics. Apart from the poems, each volume contains a lengthy introduction. It may also be noted that Upendra Nath Jha 'Vyasa' has translated *Srimad-Bhagavad-Gita* into excellent Maithili.

Next to poetry, it is in the field of short stories that Maithili has made remarkable progress during recent years.But here also most of the stories are scattered in different Literary Journals. Seven collections of short stories have appeared during the year under review, though most of them are old stories published already in the literary journals.They are : *Smriti* (memory) by Ramanath Mishra, *Mom Ka Nak* (nose of wax) by Rupakant Thakur, Ek Adi Ek Ant (one beginning one end) by Raj Mohan Jha , *Ek Khira Tin Fank* (one cucumber : three parts) by Ramadeva Jha and Thehiael *Mon Shital Chhahari* (tired mind : cool shade) by Gauri Mishra. Eleven short stories of Harimohan Jha, though not his best ones, have been collected together under the title *Ekadashi,* and all the short stories of Kumar Ganganand Singh written about twenty -five years ago have been published (*Agilahi*). Each of these writers has his own technique and in these collections really good stories are placed together with indifferent ones and they cannot be said to represent the best in Maithili short stories. The most laudable effort in this direction has been made again by Ramanath Jha,who has selected one typical story each from eighteen front -rank short story writers, mostly of this decade, in a collection called Katha -*Sangraha*. Though only two of these stories have been published here for the first time, this volume represents the best that Maithili has achieved in this field.The collection is also notable for the inclusion of a short story in a eastern dialect of the language to which literary recognition has been given for the first time by Ramanath Jha.

Two remarkable short novels have come out during the year *Prithwiputra* (the son of mother earth), a story of the jute-growing area of Saharsa -Purnea by Lalitesha Mishra; and *Bhorukaba* (the morning star), a story of the sugar-cane-growing area of Darbhanga by Dhirendra. Lalit,who has already established his reputation as a skilful short-story writer, has begun well with this first novel .

There have also been quite a large number of plays published during 1965 but not even one of them can be called a drama in any proper sense of the term.They are all stories told through dialogues and even the play on the life of Vidyapati called *Kanthahara* by such a veteran writer like Manipadma does not fulfil the technical conditions of a drama. As there is no stage in Mithila, play -writing can at best remain a literary effort.

But what is published is only a small fraction of what has been written but not yet printed.As many as six manuscripts on such subjects as the origin and development of Maithili language, Alamkara Sastra, the different 'Vadas' in Sanskrit poetics, Upanisad ,Vedanta, even a Kosha of Maithili words derived from Sanskrit ,etc., all by experts in their own fields, are lying ready for the press with the writer of this survey.The publication of such and other works depends on the availability of necessary funds.

(Indian Literature, Sahitya Akademi, V.IX ,1966)

MAITHILI : A UNIQUE YEAR

The year 1966 was unique in more respects than one for Maithili and will be remembered for long in the history of Maithili literature. It was in early 1966 that Maithili was accorded recognition by the Sahitya Akademi, the highest National Academy of Letters, as a major literary language of India. It was for the year 1966 that the Akademi award was given for the first time to the best Maithili book. It was thus a year of pride and rejoicing for all the people speaking Maithili, specially for the workers in the field of Maithili literature who have seen in this recognition a long-delayed justice done to their language,which has in past contributed so richly to the varied heritage of Indian literature.

Lovers of the Indian literary heritage look forward ardently to the day when Maithili will receive its due measure of justice and the Indian Parliament will recognise its legitimate national importance by including it in the Eighth Schedule of the Indian Constitution and the State of Bihar will accord it the status of a full-fledged regional language.

Such recognition of Maithili, long overdue at the all India and State levels, is what is urgently needed to overcome the hurdles in the way of better and ampler publication and distribution of Maithili literature. For want of adequate incentives the publication of Maithili books has not proved an attractive proposition for business interests and there is hardly any publisher or distributor who is willing to undertake it.Up to now philanthropic individuals or public and charitable institutions have met the cost of publication of select books or else the writers themselves have got their work published at their own cost. But time has come when individual efforts to publish a book here and there cannot meet the situation.There are a large number of writers who have written very useful and excellent books which are lying mostly in manuscript. It is indeed a tragedy that more of them are not inclined to write for want of facilities of publication.

Lovers of Maithili literature have therefore come to realise thate while individual efforts are welcome and must be encouraged, much more is needed to meet the demand of the age by way of organised efforts on business lines to take up the work of publishing and distributing standard works of Maithili literature. This may be done on co-opertive basis by setting up a writers' co-operative or there may be concerns of limited liability for which shares may be floated. If books published are made easily available,there are enough educated readers in Maithili to make their publication worthwhile. There is scope for a number of such organisations provided the work of distribution is done efficiently and books are selected judiciously and brought within easy reach of all lovers of Maithili. At present even if one is eager to buy Maithili books,there is no one agency through which books published at diffrent places can be procured. One has to hunt for each book separately. But if publishing houses are organised and run efficiently, the problems both of bringing out books and distributing them quickly would be solved.Many such schemes are being discussed and even resources as are readily available,it will be an event of far-reaching consequences.

Unfortunately, the conditions in Bihar during 1966 were far from propitious.There was political uncertainty during the year in view of the impending elections in early 1967 and there was unrest everywhere. Floods at first and then a complete failure of the monsoon created conditions bordering on famine. All these combined to make normal life hard.There are only a few presses in the Maithili speaking region and they were busy most part of the year printing electoral rolls and had no time to take any other job in hand.For all these reasons the year was bleak in literary output and there was hardly a book of outstanding merit published during the year.There have been symposia and seminars, meeting and celebrations; there have been plans and schemes drawn up and discussed. But more stress has been given to wresting from unwilling hands in the Government of Bihar what is Maithili's due 'than to creative activities in the literary field.A sense of frustration seems to have overtaken the workers in Maithili field at the general apathy.

All the same,those who care for the language will not easily give up their enthusiasm,whatever its general lack everywhere else. Most encouraging has been the willingness of many scholars to spend two years,after obtaining the M.A.degree, in higher research. Ever since Maithili was accepted as the language of university theses, a number of scholars have started working on the various aspects and problems of Maithili Literature. Four such theses in Maithili were completed during the year under review for Bihar University, and four more are nearing completion. They are all in Maithili and the subjects dealt with are 'Trends in Modern Maithili Poetry', 'Kavishwara Chanda Jha : The Man and His Work', 'Historical Background of Maithili Literature', 'A critical Study of Maithili Novels', and so on.

These theses almost begin a new chapter in the history of Maithili literature. The post-graduate department in Maithili in the C.M. College at Darbhanga has been developed into a centre of research in the various aspects of Maithili life and Maithili literature. The full benefits of this research would be availabe only when these theses are published and can stimulate thought and enlarge the scope of our knowledge by reaching the scholarly world. But the problem of publication is there, and even the University has not so for been able to publish them.

About a dozen manuscripts were brought duing 1966 to the writer of the present survey in the hope that he would be able to arrange their publication. Some of them are really standard works of lasting merit one of them being on the origin and development of Maithili Language written in Maithili by Pandit Govind Jha. They must all wait for the time when the public demand or state patronage can make their publication feasible. There may be other works also, not known to the present writer. Writers of talent. both in the creative and critical fields, have been encouraged by the Sahitya Akademi Award to bring forth the best they are capable of. The full result of this new wave of enthusiasm can, however, be assessd only during the coming years.

Two books, both translations, published during 1966, deserve a wide appreciation. One of them is the Maithili translation of Jayadeva's *Gitagovinda* done by Pandit *Kumudanath* Mishra. Here the verses have been rendered in the same Raga and metre as the original and are indeed very sweetly phrased. One cannot claim that the translation has maintained the diction, the suggestiveness, the emblishments or the melody of Jayadeva, but the translator has spared no pains to reproduce not only the melody, but even the sweetness and the spirit of the original. The second work is the famous *Rubaiyat* of Omar Khayyam in the English edition by Fitzgerald. Here also the translator, Sri Upendranath Jha, popularly known as Vyasaji, has rendered the verses in the same metre as in English. It makes very pleasant reading and it is, indeed, the genius of Vyasaji that he has reproduced in Maithili not only the sense but also the spirit of the original. There are translations of Omar Khayyam in many Indian languages, and the Maithili version of this work of world-wide fame can stand along any other translation. For Maithili literature it is as good as an original work. It might be mentioned here that in 1956 Vyasaji had published his translation of *Shrimad Bhagavad Gita* which in a unique work is as much as here also Vyasaji has maintained the spirit of that uncommon work in a language wonderfully simple. To have takenup Omar Khayyam after Gita and completed them both so successfully speaks much for Vyasaji's scholarship. He has, likewise, brought out his translation of Sarat Chandra Chatterjee's famous Bengali novel Bammuner Meyo (The daughter of a Brahman) which he had translated many years ago. By profession an engineer and holding the onerous post of a Superintending Engineer, Vyasaji is an indefatigable writer in Maithili and publishes all his works at his own cost. There is hardly any other writer in Maithili who is so regular in his literatry activity and whose facile pen can produce poetry and prose with equal excellence.

Another Publication worth noticing here is a book of poems, *Kavayo Vadanti* (the poets speak) by Nachiketa from Calcutta. The poems, in free verse, are what has come to be known as New Poetry. It is, however, New Poetry with a difference. New Poetry is born of a sense of frustration with the current conditions of life and is therefore full of sarcasm and bitterness against what is. It does not respect old values, nor believes in tradition. *Kavayo Vadanti has*, however, taken inspiration from *Kothopanisad* and though it is enigmatic and hard to follow at times, like all other New poetry, it is not anti-traditional. The book is elegantly printed and got-up and there is, perhaps, no other book in Maithili so well produced.

There have also been published during the year some novels, short stories, dramas, and poems, but they are mostly of the popular kind, what we may call topical literature. Only one of them deserves special notice. A number of short stories on Puranic themes have been written by Mm. Dr. Umesh Mishra and published in *Batuka*, a children's monthly of Allahabad. They are all excellently done, specially the Panchatantra, designed for the benefit and use of children. The themes are all classical and, therefore, suited to the children for whom they are written; only the language is somewhat stiff for them, though it too has the classical grace and loftiness. From what has been said above, it would be fair to that 1966 has on the whole been barren in the output of creative Maithili literature. On the other hand, it has also been a year of great stir and hope.

(Indian Literature, Sahitya Akademi, 1967)

मैथिली साहित्य-पत्र

मिथिला भाषा मे आइ धरि जे कोनो पत्र वा पत्रिका प्रकाशित भेल अछि ताहि सबहिक स्थति कैँ जनैत एकगोट नवीन पत्र लए शिक्षित समाजक समक्ष उपस्थित होइत सङ्कोच भए रहल अछि। अतएव सबसँ पहिने हमर इएह वक्तव्य जे ई 'साहित्यपत्र' 'नाममात्रहिक पत्र' थीक तथा पत्र जेकाँ केवल वर्ष मे चारि बेरि नियत समय पर प्रकाशित होएत। वस्तुतः एहि पत्रक उद्देश्य मैथिलीक स्थायी साहित्यक भण्डार कैँ यथासाध्य पूर्ण करब अछि। एहिमे केवल पुस्तकहिकटा क्रमशः धारावाहिक रूपैँ प्रकाशन होएत। सामयिक निबन्धादि विषयक समावेश एहि पत्र मे नहि होएत।

मिथिला-भाषा भाषी मातृभाषाप्रेमी कोनहु श्रीमान् अथवा विद्वान कैँ ई कथा अविदित नहि अछि जे मिथिलाभाषा मे समयोचित ग्रन्थ सबहिक कोन रूपक अभाव अछि। हमर भाषाक साहित्य समस्त उत्तर भारतवर्ष मे कोनहु भाषाक साहित्य सँ कम प्राचीन नहि अछि; बिहार-प्रान्तीय भाषा सबहु मे केवल मैथिलिअहि कैँ अपन साहित्यक गौरव छैक। किन्तु एखन की स्थिति देखि रहल छी? आन कविक तँ कथे कोन, स्वयं महाकवि विद्यापतिठाकुरक रचनाक जकरा हमरा लोकनि मिथिला भाषाक प्राण कहि सकैत छी, अद्यपर्यन्त एको गोट मैथिल संस्करण नहि अछि। एहि भाषाक अनेको ग्रन्थ-रत्न एखनहु पर्यन्त 'कोठीक गोड़ातर, ढाकी मे कोठी पर, धरनि पर पेटार मे', पड़ल की तँ दिबाड़ नहि तँ अग्निदेवक भक्ष्य भए रहल अछि। हमरा लोकनि कैँ गौरव अछि जे 'वर्णरत्नाकर' समस्त उत्तर भारतक सबहु भाषामध्य सभ सँ प्राचीन गद्यक ग्रन्थ मैथिलिअहि मे अछि किन्तु कएगोट नवीन गद्यक ग्रन्थ तकलहु उत्तर भेटत? एतेक दिन सँ हमरा लोकनि कतेक प्रयास कए रहलहुँ अछि जे प्रान्तीय विश्वविद्यालय मे मैथिली कैँ स्थान भेटओ किन्तु जाहि कलकत्ता ओ काशी विश्वविद्यालयमे मैथिली कैँ स्थान अछिओ ताहूठाम वारम्बार ई दोष देखाओल जाइत अछि जे 'अहाँ लोकनिक भाषा मे ग्रन्थ कहाँ अछि जे पाठय-पुस्तकक आवश्यको परिवर्त्तन भए सकत।'

एहुखन पर्यन्त मिथिला पर सरस्वतीक अकृपा नहि भेल अछि। मिथिला मे

लेखक लोकनिक कमी नहि अछि। तथापि मातृभाषाक सेवाक दिसि लेखक लोकनि अग्रसर किएक नहि होइत अछि? एहि प्रसङ्ग ई कथा स्मरण रखबाक थीक जे प्राचीन समय मे जाहि दिन मुद्रणकलाक आविष्कार अथवा एतेक प्रचार नहि भेल छल, लेखक लोकनि राजा- महाराजक आश्रित भए हुनकहि लोकनिक संरक्षणतामे ग्रन्थक रचना करैत छलाह। किन्तु आइकाल्हुक समय मे लेखक लोकनिक यथार्थ पोषक होइत अछि जनता, शिक्षित समाज। जाधरि मिथिलाभाषाभाषी लिखल-पढ़ल व्यक्तिक अभिरुचि एहि दिसि नहि होएतैन्हि, लेखक-लोकनि कथमपि नव नव ग्रन्थक निर्माणक हेतु प्रोत्साहित नहि होएताह। किन्तु सङ्गहि सङ्ग इहो मानए पड़त जे जाधरि नीक नीक पुस्तक लिखबाए ओकर पूर्ण रूपेँ प्रचार कराए शिक्षित समाजक रुचि जाग्रत नहि कएल जाएत, ताधरि ई आशा करब अपना मन केँ परतारब थीक जे अन्यान्य भाषाक सुन्दर-सुन्दर पुस्तक केँ छोड़ि केओ एहि बुद्धिएँ मैथिलीक पुस्तक कीनत वा पढ़त जे एहि सँ मातृभाषाक सेवा होएत। एहि अन्योन्याश्रय दोष केँ हटएबाक निमित्त जनताविषय मिथिला भाषाक प्रति अभिरुचि जाग्रत करबाक निमित्त भिन्न-भिन्न रुचिक अनुकूल अनेको ग्रन्थ सङ्गहि लए क्रमशः प्रकाशित करबाक हेतु ई 'पत्र' आरम्भ कएल जाइत अछि। प्राचीन साहित्यक अन्वेषण कराएब, विश्वक बीछल बीछल पोथी सभक अनुवाद कराएब, नवीन रीति सँ नव-नव पुस्तकक निर्माण कराएब, इएह हमरा लोकनिक लक्ष्य अछि।

प्रथम वर्ष हमरा लोकनि छओ गोट पुस्तक लए आरम्भ कएल अछि ओ वर्षाभ्यन्तरहिँ ई छओ गोट पुस्तक समाप्त भए जाएत। छपबाक क्रम ई रहत जे प्रत्येक अङ्क मे सभ पोथी फरमहिक हिसाब सँ छपत ओ सभ पुस्तकक पृष्ठ संख्या पृथक रहत। एक गोट पोथी समाप्त भए गेला सँ सभ अङ्कमे सँ ओहि पोथीक अंश बहारकए बन्हाए लेला सँ ओ पोथी सम्पूर्ण भए जाएत। एवं क्रमैँ वर्षोपरान्त छओ गोट पोथी सम्पूर्ण छपि जाएत। आशा तँ इएह करैत छी जे तखन हमरा लोकनि प्रत्येक पुस्तकक हेतु मुखपत्र, भूमिका ओ टिप्पणी (जकर प्रयोजन बहुतो केँ कतोक ठाम--विशेषतः उपन्यास मे बूझि पड़त) सेहो सभ छपबाए सभ पुस्तक केँ सर्वांशेँ सम्पूर्ण बनाए लेब किन्तु से 'पत्रक' प्रचार पर निर्भर करैत अछि, शिक्षित समाजक उत्साह पर अवलम्बित अछि।

ई जे छबो गोट पुस्तक प्रकाशित कए रहलहुँ अछि ताहि प्रसङ्ग किछु कहब आवश्यक। एहि मे एक गोट मैथिलीक प्राचीन साहित्यक अनुपम रत्न थीक। महाकवि गोविन्ददासझाक गीतावली अद्यपर्यन्त कोनहु मैथिल लेखक आधार पर प्रकाशित नहि भेल अछि। से गीतावली श्रीमान् अमरनाथ बाबूक सदृश साहित्यरसिक सङ्कलन कए एहि पत्र मे प्रकाशित करबाक हेतु देलैन्हि अछि, हम एतबहि सँ अपना लोकनि केँ गौरवान्वित ओ एहि पत्र केँ सौभाग्यवान बुझैत छी। आओर दुइगोट ग्रन्थ विश्वविख्यात ग्रन्थरत्न सबहिक अनुवाद थीक। एक तँ महाकवि कालिदासक

प्रसिद्ध शकुन्तलाक, दोसर अङ्गरेजीक सुप्रसिद्ध लेखक आलिव्हर गोल्डस्मिथ (Oliver Goldsmith) क विलक्षण उपन्यास (The Vicar of Wakefield) क। उदयन-कथा कथासरित्सागरक आधार पर लिखल अछि। शेष दुहूकाव्य मे 'कीचक-बध' एकगोट अभिनव वस्तु अछि। एकर रचना अङ्गरेजी महाकाव्यक रीति सँ अमित्राक्षर छन्द (Blank Verse) मे भए रहल अछि। एहि सभ पुस्तक हेतु महाकवि कालिदासक नीतिक अनुसरण करैत हम कतोक यथार्थ 'विदुषाम्' परितोषसूचक सम्मति पत्रक अन्त मे उदधृत करैत छी। किन्तु सभक मनोनुकूल भेल की नहि तकर प्रमाण तँ प्रचारहि सँ होएत।

तथापि एहि प्रसङ्ग एतबा कहि देब हम आवश्यक बुझैत छी जे ई प्रथमे वर्ष थीक। श्रृंगारभजन छोड़ि एको गोट पुस्तक लिखल नहि छल। सभ पुस्तक सभठाम अथवा सभ अंश मे एके रङ्ग सुन्दर नहि अछि। हम स्वयं अपन त्रुटि सभ देखि रहलहुँ अछि। परन्तु दोष रहनहि कोनो पुस्तक अकर्मण्य नहि कहल जाए सकैत अछि। देखबाक एतबए थीक जे पुस्तक सभ मे रोचकता अछि की नहि? भाषा शुद्ध मिथिलाक भाषा थीक की नहि? पुस्तकसभ साहित्यक स्थायी सम्पत्ति होएत की नहि? तथा साहित्यरसिक प्रत्येक व्यक्तिसँ हमर इएह प्रार्थना जे जनिका एहिमे जे कोनो त्रुटि वा दोष बुझना जाइन्हि ओ कृपा कए से हमरा सूचित कए देथि जाहि सँ अग्रिमक हेतु हम विशेष सतर्क रहब। एतबा निश्चय जे शिक्षित मण्डली सँ जँ प्रचार ओ विचार दुहू सँ हमरा लोकनि कँ सहयोग प्रदान होएत तँ क्रम-क्रम दोषक निराकरण होइत जाएत ओ एहि पत्र सँ देशक, जातिक ओ भाषाक जे उपकार होएत से अद्यावधि कोनो पत्र सँ नहि भेल अछि।

एक गोट विषय आओर अछि। एखन ई परिस्थिति देखैत छी जे सामान्य सँ सामान्य शब्द अथवा पद लिखबाक प्रकार प्रत्येक लेखकक हेतु अपन भिन्ने छैन्हि। ततबए नहि, एकहि लेख मे अनेक रूप भेटैत अछि। जखन हमरा लोकनिक ई मनोरथ अछि जे हमरो भाषा देश मे अन्य समृद्ध भाषाजकाँ आदृत होअओ तखन भाषाक एकगोट रूप स्थिर करए पड़त। अतएव हमरा लोकनि शुद्ध मिथिलाक कतोक विशिष्ट विद्वानक सम्मति बूझि, एहि प्रसङ्ग लिखल लेख आदि कैं पढ़ि, जहाँ धरि भए सकल प्राचीन लिखा सभ कैं देखि, व्याकरणक अनुरोध रखैत, शिष्टजनक उच्चारणक अत्यन्त सदृश शब्द ओ पदक एकगोट रूप स्थिर कएल अछि यदनुसारहिँ एहि पत्र मे सभ पोथी छपल अछि तथा छपत। कतोक रूप वैकल्पिक अछि तथापि प्रयास इएह कएल अछि जे सभ ग्रन्थ मे एक स्वरूपक रूप हो। केवल श्रृंगारभजन मे हम कोनो हस्तक्षेप नहि कएल अछि; ओ जहिना हमरा प्राप्त भेल तहिना छपाओल अछि। अन्यत्र यदि रूप मे भेद भेल अछि तँ से प्रमाद थीक तथा तकर सूचना पाबि हम कृतार्थ होएब। केवल व ओ ब क भेद शुद्ध रूपे प्रदर्शित नहि भए सकल। ओहि मे हमर सिद्धान्त इएह अछि जे मिथिलाभाषा मे सर्वत्र 'ब' थीक केवल संस्कृतक जे तत्सम शब्द अछि ताहि मे

संस्कृतक अनुसार थीक। किन्तु एहि अंश मे एहि बेरि अधिक अशुद्धि रहि गेल। अन्यत्रहु कतोक ठाम काँटाक हेतु अथवा रूप स्थिर नहि भेलाक कारणेँ किंवा प्रमाद सँ त्रुटि रहि गेल। ताहि हेतु हम क्षमाप्रार्थी छी। 'पत्र' दर्शनीय हो, सुलभतया बुद्धिगम्य हो तेँ विरामक प्रयोग, शब्दहिक संग विभक्ति देब इत्यादि सभटा आयास कएल अछि, किन्तु एहू अंश मे कहाँ धरि सफल भेलहुँ अछि तकर निर्णय पण्डिते लोकनि सँ होएत।

किन्तु एहि रूप सबहिक स्थिरता हमरा लोकनि कोनो आग्रह सँ नहि कएल अछि। हमरालोकनि जे किछु एखन स्थिर कएल अछि सभटा एहि वर्षक हेतु। मिथिला भाषाक पण्डित-मण्डली सँ हमर इएह सानुरोध विज्ञप्ति अछि जे एहि रूप सबहि मे जनिका किछुओ वैमत्य होइन्हि ओ कृपा कए अपन सम्मति युक्ति ओ प्रमाणक सङ्ग हमरा लीखि पठाबथि। हुनक सम्मतिक हमरा लोकनि आदरपूर्वक विचार करब तथा एहि हेतु हुनक कृतज्ञ होएब। एहिना भाषाक स्वरूप स्थिर भए सकैत अछि। एहि रीतिएँ हमरा लोकनि ने केवल मैथिलीक साहित्यक भाण्डारहिटा केँ यथासाध्य पूर्ण करबाक आयासमे अग्रसर भेल छी, किन्तु सङ्गहि सङ्ग भाषाक स्वरूपहुक स्थिरता हो तदर्थ मार्ग बनाए रहल छी। यदि श्री जगज्जननी जानकीक कृपा रहल ओ शिक्षित समाज सँ उत्साह भेटल तँ पूर्ण विश्वास अछि जे हमरा लोकनिक मैथिली-साहित्य क्षेत्र मे ई अभूतपूर्व आयास अवश्य सफल होएत।

अन्त मे हम एहि पत्रक सञ्चालक मण्डलकेँ हृदय सँ धन्यवाद दैत छिऐन्हि जनिकहि लोकनिक कृपा सँ ई 'पत्र' आइ प्रकाशित भए रहल अछि। हुनकहु लोकनि सँ विशेष धन्यवादक पात्र थिकाह ओ लोकनि जे ई सभ ग्रन्थ एहि पत्र मे प्रकाशित होएबाक हेतु बिनु किछु लोभहिँ केवल मातृभाषाक सेवाक बुद्धि सँ लिखैत छथि। विशेषतः धन्यवादार्ह थिकाह पण्डित श्री दीनानाथझा ओ श्री तन्त्रनाथझा जे दुहू गोटए प्रूफसंशोधन मे हमर अत्यन्त सहायता कएलैन्हि अछि। अन्त मे हम राजप्रेसक अध्यक्ष श्रीयुत विभूति भूषण मुखर्जीक ओतए अपन कृतज्ञता प्रकाश करैत छी। बड़ थोड़ समय मे एहन सुन्दर छपाइ बिनु हुनक हार्दिक मनोयोगेँ दड़िभङ्गा मे होएब असम्भव छल।

(मैथिली साहित्य-पत्र, सम्पादकीय वक्तव्य, वर्ष-1 अंक-1, 1346 साल)

मैथिली पद्य-संग्रह

श्री5मन्मिथिलेशक सदुद्योग सँ पटना विश्वविद्यालय मध्य मैथिलीक स्वीकृति भए गेलाक पर पाठ्यग्रन्थक निर्माण ओ प्रकाशनक भार मैथिली साहित्य परिषद् कें भेल ओ तें साहित्य परिषद् निर्णय कएलक जे इण्टरमीडिएट परीक्षाक हेतु मिथिला भाषाक प्राचीन एवं अर्वाचीन सबहुँ कवि लोकनिक काव्यक एक गोट सुन्दर अथच समीचीन संग्रह प्रस्तुत कएल जाए। एहि सङ्ग्रहक निमित्त यद्यपि एक छोट कमीटी बनाए देल गेल, परन्तु मुख्यतया एकर भार हमरहि रहल। इएह ओ संग्रह थीक। एकरा हम अपनहु सर्वांशें सुन्दर नहि बुझैत छी; एहि रूपक प्रथम आयास भेलाक कारणें आदर्शो हमरा नहि किछु भेटल। तथापि आशा करैत छी जे यदर्थ एहि संग्रहक निर्माण कराओल गेल तकर पूर्ति एहि सँ होएत।

कोनहु रूपक संग्रह करब कठिन कार्य होइत अछि; विशेषतः यदि सामग्रीक प्राचुर्य हो तखन तँ सहजहिँ ई कार्य आओरो कठिन भए जाइत अछि। मिथिला भाषा मे पद्यक प्राचुर्य अछि। अप्रकाशितक तँ कथे नहि, प्रकाशितो जतबा काव्य उपलब्ध अछि सेहो बहुत अछि। एहि मे सब कविक दुइओ चारि गोट रचनाक यदि समावेश करए लागब तँ संग्रह बड़कीटा भए जाएत। अतएव कतोक प्राचीन कविक रचना छोड़ि देअए पड़ल। जनिक रचनाक समोवश कएल अछि ताहूमे हुनक सबसँ सुन्दर ओ सर सरचनाक समावेश भेल की नहि एहि प्रसङ्ग ऐकमत्य नहि सम्भव।

ई तँ भेल प्राचीन कविलोकनिक प्रसङ्ग। जीवित कवि लोकनिक रचनाक संग्रह ताहू सँ कठिन अछि। मिथिला भाषा मे कतेक कवि रचना कए रहल छथि इहो बुझब कठिन। यदि बुझलो अछि तँ उपलब्ध कोना होएत? एवं क्रमेण एहि अंश मे तँ ई संग्रह विशेषतः त्रुटिपूर्ण अछि। परञ्च एहि सँ ई नहि बुझबाक थीक जे जनिक रचनाक समावेश एहिमे नहि भेल तनिक रचनाकें हम एतद्योग्य नहि बुझैत छिऐन्हि, हुनक काव्य उत्तम काव्य नहि छैन्हि। सबसँ कठिन समस्या तँ उपलब्धिक छल ओ मैथिलीक पत्र-पत्रिकादि मे जहाँ धरि किछु भेटल ताही सँ सन्तोष करए पड़ल।

परञ्च तथापि एतबा हमर चेष्टा छल जे जहाँ धरि किछु रचना उपलब्ध हो

ताहि मे सँ एतदुपयुक्त बीछि एहि संग्रहमे सब प्रकारक कविताक समावेश करी। सफल कतेक भएलहुँ तकर निर्णायक तँ जे लोकनि विज्ञ छथि सएह लोकनि कए सकैत छथि।

एहि प्रसङ्ग एक गोट विषय हमरा वक्तव्य। मिथिला भाषा मे प्राचीन जे काव्य अछि से की तँ शृङ्गार अथवा भक्ति। एहि सँ अतिरिक्त व्यावहारिक गीत सब छोड़ि अन्य प्रकारक अन्यान्य रसक रचना बड़ विरल भेटैत अछि। परन्तु ई संग्रह जाहि उद्देश्य सँ कएल गेल अछि ताहि हेतु उत्कट शृङ्गारक रचना सर्वथा असमीचीन होएत। अतएव ओहि सब केँ छोड़हि पड़ल। तेँ एहि संग्रह मे अनेको सुप्रसिद्ध गीत सब नहि भेटत तथा भक्तिक गीतक संख्या किछु बेसी। शृङ्गारसक समावेशे नहि करब से तँ असम्भव छल तथापि हमर चेष्टा इएह रहल अछि जे एहि मे एहन गीत नहि पड़ि जाए जकरा पढ़एबा मे शिक्षक केँ असौकर्य होइन्ह। भक्तिक गीत बेसी पड़ि गेल तकरा हम दोष नहि बुझैत छी। हमरा लोकनिक साहित्यक ई प्रधान अङ्ग थीक ओ विद्यार्थी लोकनि केँ ई सिखहि चाहिऐन्हि।

एहि संग्रहमे जाहि-जाहि कविक रचनाक सङ्कलन भेल अछि तनिका लोकनिक संक्षित परिचय सेहो दए देलिऐन्हि अछि। हमरा लोकनिक साहित्य मे इतिहास अथवा जीवन-चरितक अभावे जकाँ अछि। एहना स्थिति मे ई परिचय सब कहाँ धरि शुद्ध अथवा पूर्ण भेल तकरो निर्णय विज्ञे लोकनि कए सकैत छथि। हम केवल एतबए आयास कएल अछि जे जनिका प्रसङ्ग जे कथा बुझल भए सकल से संक्षिप्त मे लीखि देल अछि। यदि कोनो परिचय अशुद्ध अछि अथवा कोनो ज्ञातव्य विषय छूटि गेल तँ तदर्थ हम अपन अनभिज्ञताजन्य त्रुटिक सम्मार्जनार्थ क्षमाप्रार्थी छी।

एहि संग्रहसँ सबसँ पैघ उपकार ई होएत जे हमरालोकनिक भाषामे काव्यक रचना छओ सए वर्ष सँ अविच्छिन्न रूपेँ होइत आएल अछि ई कथा स्पष्ट भए जाएत। विद्यापतिठाकुरक उपरान्त महाराज महेशठाकुर सँ पूर्वक कोनो रचना एहि मे नहि देखि ई नहि बुझबाक थीक जे एहि मध्य मे कोनो रचना नहि भेल। महाकवि लोचनक रागतरङ्गिणी मे ताहि समय धरिक तएँतीस गोट कविक रचना उदाहरण रूपेँ देल अछि। लोचन झा महाराज सुन्दरठाकुरक दरबार मे रहैत छलाह जनिक समय 1051 साल सँ 1096 साल धरि बुझल अछि। परन्तु ई हमरा लोकनिक आलस्य ओ औदास्यक फल थीक जे एहि कवि लोकनिक रचना प्रचुरतया उपलब्ध नहि होइत अछि तथा रागतरङ्गिणी मे जे दृष्टान्त रूपेँ एक टूटा गीत उद्धृत अछि ततबहिसँ सन्तोष करए पड़ैत अछि। ओहि समयक कतोक काव्य नेपाल चल गेल; कतोक बङ्गाल चल गेल, जेहो किछु देशहु मे अछि से सब अन्वेषक ओ प्रकाशकक अभावसँ दिनानुदिन नष्ट भए रहल अछि। आब जखन प्रान्तीय विश्वविद्यालय मे मैथिली स्वीकृत भए गेल ओ उच्चशिक्षाकांक्षी नवयुवक समाज केँ अपन प्राचीन साहित्यक अध्ययन करबाक अवसर होएतैन्हि तखन ई आशा होइत अछि जे एहि

सँ यदि हुनका लोकनि कें मातृभाषक प्रति प्रेम जाग्रत होइन्हि तँ ताहि सँ उत्साहित भए ओ लोकनि अन्वेषण मे लागि जाथि। मैथिलीक उद्धारक सएह टा उपाय अछि।

द्वितीय विषय जे एहि संग्रहसँ स्पष्ट होएत ई अछि जे मिथिला भाषाक सबटा प्राचीन रचना प्रायः श्रीमन्मिथिलेश लोकनिक छत्रच्छाया मे होइत आएल अछि। पूर्व सयय मे कवि लोकनिक पोषक श्रीमाने लोकनि होइत छलाह। ओ लोकनि तँ एखनहु छथिए परन्तु आब समय बदलबो कएल अछि। आब मुद्रणकलाक प्रचार सँ तथा विद्याक प्रसार सँ साहित्यक यथार्थ पोषक साधारण शिक्षित समाज थीक। परन्तु हमरा समाज मे एखन धरि अपन भाषाक साहित्यक प्रति तादृश अभिरुचि जाग्रत भेल नहि देखैत छी जकर फल ई प्रत्यक्ष अछि जे मिथिलाभाषा मे एकओ गोट पत्र वा पत्रिका स्थिर रूपेँ नहि चलैत अछि; नीक नीक ग्रन्थक रचना नहि भए रहल अछि; अनेको कवि तथा अन्यान्यो लेखक लोकनिक रचना अमुद्रिते पड़ल अछि; तथा एहि सँ उत्साहहीन भए प्रतिभासम्पन्नो लेखक लोकनि मैथिली मे रचना करबा सँ विमुख रहैत छथि। एकरो उपाय नवयुवक समाजक हाथ मे अछि। समाज मे जाहि सँ मैथिलीक ग्रन्थ पढ़बाक रुचि हो, ओ तदुपयुक्त ग्रन्थ सबहिक निर्माण हो ई सबटा हुनके लोकनिक कार्य थिकैन्हि। यदि शिक्षित समाज एहि दिसि अग्रसर नहि होएताह तँ मिथिलाभाषाक पुनरुद्धारक कोनो आशा नहि देखना जाइत अछि। केवल श्रीमाने लोकनिक भरोसेँ रहब एहि युगमे कथमपि सिद्धिप्रद नहि भए सकैत अछि।

एहि संग्रहक एक गोट आओर विलक्षणता जे प्रायः बहुतो कें खटकत एहि मे गीतकाव्यक प्रचुरता अछि। वस्तुतः हमरा लोकनिक प्राचीन साहित्य गीतमय अछि। विद्यापति ठाकुरक कीर्तिलताक पश्चात् मनबोधक कृष्णजन्मे पहिल काव्य थीक जे गीत नहि थीक ओ अद्यपर्यन्त प्राचीन परिपाटीक अनुसरण करैत जे केओ कवि रचना करैत छथि से गीतहि मे। मैथिल समाज मे सङ्गीतक जे स्थान अछि से विचारलासँ ई कथा उचिते बूझि पड़ैत अछि तथा एकर खेद होइत अछि जे एहि सङ्गीत विद्याक समाज मे दिनानुदिन ह्रास भए रहल अछि परन्तु लोप एखन पर्यन्त नहि भेल अछि। एहुखन समाज मे कोनो एहन अवसर नहि होइत अछि जकर उपयुक्त गीत नहि अछि। यदि साहित्य समाजक प्रयोजनक पूर्ति करैत अछि, समाजक हृदयगत भावक द्योतक थीक तँ ई कोन चित्र जे हमरा लोकनिक साहित्य हमरा लोकनिक समाजहि जकाँ गीतिमय अछि। परन्तु वर्त्तमान समय मे अन्यान्य भाषा-साहित्यक अनुकरण सँ नाना प्रकारक कविता रचित भए रहल अछि तथा मैथिलीक साहित्य परिषद मन्त्रीजी अध्यापक श्रीतन्त्रनाथझाक रचना एकर ज्वलन्त दृष्टान्त थीक जे कोन रूपेँ हमरहुलोकनिक साहित्यमे नव नव छन्द मे नव-नव आदर्श सँ नव-नव प्रकारक कविताक सृष्टि भए रहल अछि।

एहिठाम हम ओहि सबहुँ कवि लोकनिक प्रति अपन कृतज्ञता प्रकाशित करैत छी जनिका लोकनिक रचनाक एहि मे समावेश भेल छैन्हि। एहि मे कतोक व्यक्ति

तँ बड़े सौहार्द सँ स्वयं हमरा अपन अपन रचना दए गेल छथि, परन्तु कतेको व्यक्तिक प्रकाशितो रचना सँ हम अंश अंश एहि मे संगृहीत कएल अछि। उचित छल जे सबहुँक अनुमति प्राप्त कए तखन ई संग्रह हम प्रकाशित करितहुँ परञ्च से नहि भए सकल तकर कारण समयक अल्पता। अतएव एहिठाम हम सबहुँ केँ धन्यवाद दैत अपन त्रुटिपूरणार्थ निवेदन सेहो करैत छिऐन्हि।

अन्त मे एहि संग्रहक त्रुटि सबहिक हेतु क्षमायाचना करैत हम कुमार श्रीगङ्गानन्दहसिंहजी केँ धन्यवाद दैत छिऐन्हि जनिक परामर्श सँ हमरा एहि संग्रहक सङ्कलन मे बड़ उपकार भेल अछि। आओर हमर भूरि भूरि धन्यवादक भाजन थिकाह 'मिथिला मिहिर'क सम्पादक प. श्रीसुरेन्द्रझाजी जे एहि संग्रह मे तथा परिचय लिखबा मे हमरा बड़ सहायता कएलैन्हि अछि। बिनु हुनक हार्दिक सहयोगेँ ओ सहायतेँ ई संग्रह एहि रूपक कथमपि नहि भए सकैत।

(1941 इ.)

कविता-कुसुम

कविता-कुसुमक ई सञ्चय केवल एहि उद्देश्य सँ नहि कएल गेल अछि जे एकरा विश्वविद्यालयक पाठ्यक्रम मे स्थान होइक, यद्यपि सेहो एक गोट उद्देश्य अछिए। वर्ष पन्द्रहेक भेल होएत जे मैथिलीक प्रथमहि बिहारक तत्कालीन विश्वविद्यालय, पटनामे भाषासाहित्यक रूप मे स्वीकृत भेला उत्तर विश्वविद्यालयक प्रथम कक्षा 'इन्टरमीडिएट' परीक्षाक हेतु एक गोट पद्य-संग्रहक प्रयोजन भेल छल ओ से भार यद्यपि छलैक साहित्य-परिषद केँ, परन्तु उठबए पड़ल से हमरहि, हमहि पद्य-संग्रह नामक मैथिलीक मुक्तक कविताक सङ्कलन कएल जे पटना ओ आब तँ पटना ओ बिहार दूहू विश्वविद्यालय मे अद्यावधि पाठ्यरूप सँ परिगृहीत होइत आएल अछि। सम्प्रति ओ पुस्तक दुष्प्राप्य भए गेल अछि ओ आब जखन ओहि संग्रह केँ देखैत छी तँ ओकर त्रुटि अपनहि सूझए लगैत अछि। एक तँ प्रारम्भिक कक्षाक हेतु प्राचीन गीतक ओ प्रधानता पूर्ण उपयुक्त नहि भेल, दोसर नवीन कविताक प्रसङ्ग तँ आँखिए खूजि जाइत अछि जे एतबहि दिन मे हमर भाषा-साहित्य मे कविताक स्रोत केहन वेगसँ कतेक दिशामे प्रवाहित भए गेल अछि। ओहि पद्य-संग्रहक त्रुटिक परिमार्जनार्थ ई नवीन संग्रह सङ्कलित कएल अछि ओ आशा अछि जे बहुत अंशमे ई पूर्वक अपेक्षा विशेष आकर्षक ओ विशेष उपादेय प्रतीत होएत।

विश्वविद्यालयीय छात्रक हेतु भाषा-साहित्यक पाठ्य-क्रम मे एक कविक रचना सँ विशेष उपादेय बुझल जाइत अछि अनेक कविक रचनाक संग्रह ओ से उचिते। एक कविक रचना, कतबओ उत्कृष्ट रहओ, एक गोट मात्र शैलीक निदर्शन होएत, ओहि मे मुख्यतः एक गोट मात्र रस रहत, एक दृष्टिकोण सँ लिखल एक गोट विषयक वर्णन होएत। परन्तु छात्र लोकनि केँ चाहिऐन्हि भिन्न-भिन्न शैलीक दृष्टान्त, भिन्न-भिन्न रसक कविता, भिन्न-भिन्न दृष्टिकोणक परिचय, भिन्न-भिन्न विषयक वर्णन। 'रुचीनां वैचित्यात्' ककरा कोन रुचिकर लागत से के जानए, ओ साहित्य-शास्त्रक अध्ययन जखन दृष्टान्तहि पर अवलम्बित अछि तखन तँ शास्त्रीय विवेचनाक हेतु सेहो भिन्न-भिन्न रङ्गक कविताक परिशीलन आवश्यक, कारण, तखनहि तँ हुनकालोकनिक रुचिक परिष्कार भए सकतैन्हि ओ कविताक प्रसङ्ग

सद्बुद्धि सेहो प्रस्फुटित भए जएतैन्हि। सएह दृष्टिमे राखि एकरा जहाँ धरि व्यापक बनाए सकलहुँ, कएल ओ प्राचीन सँ अधिक महत्त्व देल नवीनकेँ। प्राचीन कवितामे विषयक भेद ओतेक नहि अछि, विषयक उपस्थापनक भेद अवश्य अछि तथा जे कथा हम पद्यसंग्रहक भूमिका मे कहल अछि, हमरा लोकनिक प्राचीन साहित्य मे मुख्यतः शृङ्गार ओ भक्ति—एहि दू जातिक गीतक प्राचुर्य अछि। नवीन युग मे आबि से दोष हटि गेल अछि। आजुक कविताक विषय प्रकारक दृष्टि सँ अनन्त बूझि पड़ैत अछि तथा ओहि प्रकारक बाहुल्यक किछु दिग्दर्शन एहि संग्रह सँ भए जाएत से आशा करैत छी।

परन्तु एहू सँ पैघ जे उद्देश्य हमरा एहि संग्रहक सङ्कलनमे बराबरि अनुप्रेरित कएलक अछि से केवल छात्रहिक उपयोगक नहि, प्रत्युत मैथिली-साहित्य सम्प्रति जाहि स्थिति केँ प्राप्त कएलक अछि ताहि मध्य प्रायः सबहुँ मैथिली-साहित्य-रसिकक उपयोगक सिद्ध भए सकैत अछि। ओ थिक मैथिली-साहित्य मे कविताक वर्त्तमान प्रगति ओ तकर ज्ञान केवल भाषा-साहित्य छात्र वर्गहि केँ नहि, मैथिली-साहित्यक जे केओ क्रमबद्ध अध्ययन करए चाहताह—सब केँ समान रूप सँ उपादेय प्रतीत होएतैन्हि। एखनहु कतेक जन छथि जे कहैत छथि जे मिथिला भाषा मे मुख्यतः विद्यापति महाकवि भेल छथि, बुझैत छथि जे एहि साहित्य मे शृंङ्गार, भक्ति ओ व्यवहार—एतावन्मात्र विषयक कविता अछि ओ सेहो गीत मे। एहि मे तँ आब ककरहु सन्देह नहि छैन्हि जे उत्तर भारत मे सबसँ पूर्व हमरहि भाषा मे साहित्यक निर्माण कार्य आरम्भ भेल ओ विद्यापतिक रचना सँ अनुप्राणित भए एमहर गीत-काव्यक जे परम्परा चलल तकरा अन्तर्गत मीराबाइ सँ लए सूरदास, विश्वकवि रवीन्द्रनाथ पर्यन्त अनेक महाकवि भिन्न-भिन्न भाषा मे रचना करैत आएल छथि। द्रष्टव्य ई थिक जे कोन उद्देश्य सँ, कोन आदर्श केँ समक्ष राखि, मिथिला भाषा मे साहित्य-सर्जन आरम्भ भेल छल ओ वर्तमान समय मे ओकर की रूप अछि, कोन रूपक कविता रचल जाइत अछि। एहिरूपेँ पूर्वापरक पर्यालोचनासँ एहि भाषा-साहित्यक कविताधाराक उद्गम ओ विकासक किछु परिचय भए जाएत, एकर लक्ष्य ओ गतिक किछु परिज्ञान भए सकत। वर्त्तमान काल मे आबि ओहि धाराक कए गोट स्रोत अछि ओ तकरा सबहिक दिशा कोन छैक से बुझल भए जाएत।

मैथिली-साहित्यक आरम्भ अन्धकार मे विलीन अछि, विशेषतः एहि मे कविताक उद्गम तँ आओर दुरधिगम अछि। साहित्य थिक जीवनक प्रतिविम्ब आ जाहि जीवनक प्रतिविम्बन एहि साहित्य मे होइत आएल अछि तकर प्राचीन इतिहासक पर्यालोचन सँ इएह प्रतीत होइत अछि जे लिच्छवी प्रभृति भिन्न-भिन्न जातिक जे संघ मिथिला मे बुद्ध सँ प्राचीन समयहि सँ व्याप्त छल बौद्ध युगमे आबि निश्चय बुद्धक नीति, जे लोक केँ लोकभाषहिँ उपदेश देल जाए, तकर पालन करैत छल होएत। सबसँ प्राचीन जे एहि भाषाक कविता उपलब्ध होइत अछि से थिक बौद्ध

सिद्ध लोकनिक गान ओ दोहा। ओकर परिशील सँ स्पष्ट प्रतीत होइत अछि जे जाहू समय मे मैथिली, बङला प्रभृति देश-भाषाक जननी प्राच्य-अपभ्रंश छल, ताहू समय मे बौद्ध धर्मक तत्कालीन सिद्धान्त जकरा बज्रयान कहैत छैक ओ जे तन्त्रक प्राथमिक रूप मे विकसित भेल छल, तकर प्रचार लोकमे सिद्ध लोकनि एहि लोकभाषा, प्राच्य-अपभ्रंश, द्वारा करैत छलाह। तहिना लोकोपयोगी ज्यातिषक तत्त्व किंवा कृषि-सम्बन्धी आवश्यक ज्ञान अथवा जीवनोपयोगी नीतिक सिद्धान्त सब डाक प्रभृति महापुरुष लोकनि ओही अपभ्रंश भाषा मे रचल जे ताहि समय से लोकभाषा छल। अपभ्रंश सँ विकसित भए जखन मिथिलाभाषा अपन स्वरूप धए रहल छल ताहू समय मे, शकक चौदहम शताब्दी मे, विद्यापतिठाकुर ओहि अपभ्रंश मे कविता रचब आरम्भ कएल, ओकरहि ओ अवहट्ट नाम देल ओ 'देसिल बयना' कहि सम्मानित कएल! परन्तु चौदहहम शताब्द मे वास्तविक लोकभाषा 'देसिल बयना' ओ छल नहि। दू-चारि सए वर्ष पूर्व ओ एतएक लोकभाषा छल किन्तु ताहि समय धरि लोकभाषा विशेष विकास केँ प्राप्त कए लेने छल। फलतः अपन कीर्तिलता ओ कीर्तिपताका इएह दूटा ग्रन्थ ओ एहि अवहट्टमे रचल। तकरा लोकप्रिय नहि होइत देखि ओ ओकरा त्यागि वास्तविक लोकभाषा मे गीतक रचना आरम्भ कएल। से तेहन अद्‌भुत भेल जे समस्त आर्यावर्तमे कविताक एक गोट नव शैली 'एक गोट नव आदर्श' उपस्थित कए देलक। इएह थिक रहस्य एहि भाषाक कविता साहित्यक। लोकसाहित्यक रूप मे एकर उदय भेल अछि, लोकसाहित्यक रूपमे एकर विकास होइत आएल अछि। ओ तेँ एकर भाषा सेहो लोक-भाषा सएह रहल अछि। जाधरि ई लोक-भाषाक अवलम्बन कएने लोक-साहित्य रहल अछि, ताधरि एकर प्रचार ओ प्रसार अप्रतिहत रहल। परन्तु जखनहि एकर भाषा लोकभाषा केँ छोड़ि वर्गविशेषक भाषा भेल, ई लोकसाहित्य सँ हटि वर्गीय साहित्य भए गेल, तखनहि एहि मे ह्रास परिलक्षित होइत अछि, कारण, तखन एकर प्रभाव ओ प्रचार वर्ग-विशेष मे संकुचित भए व्यापकता केँ त्यागि देलक। एवं रूपेँ एहि साहित्यक उत्कर्षक भिन्न-भिन्न युग होइत रहल अछि। कोनहु युगमे एकर व्यापकता बढ़ैत रहल, कोनहु युग मे एकर प्रचार संकुचित भए गेल। परन्तु एकर कारणक जँ विश्लेषण कएल जाए तँ स्पष्ट भए जाएत जे जीवनक परिस्थितिक भेद सँ जे जीवनक विभिन्नता छैक, तदनुरूप जखन एहि भाषा-साहित्यक शैली, विषय किंवा आदर्श मे अनुकूल परिवर्त्तन होइत रहल अछि तखनहि एहिमे प्रभावोत्पादकता रहलैक, तखनहि ई यथार्थ लोकसाहित्य रहल, ओ तेँ तखनहि एहि साहित्यमे नव जीवन, नवीन चेतना, नूतन प्रेरणा अएलैक। वस्तुतः सब भाषासाहित्यक इएह विकास-क्रम रहलैक अछि ओ हमरहु लोकनिक साहित्य मे एही क्रम सँ विकास भेला उत्तर एहि मे जीवक प्रतिविम्बन सुरक्षित रहत, एहि मे साहित्यक अविनाभाव धर्म रहि सकत, ई जीवित साहित्य कहाओत।

एहि सिद्धान्त केँ दृष्टि मे राखि एहि संग्रहक सङ्कलन कएल अछि। तँहि एहि मे प्राचीन कवि सँ विशेष महत्त्व देल अछि नवीन कविगण केँ। प्राचीन कवि मे ओही पाँच गोट कविक रचना देल अछि जे केवल कवि नहि, 'कविक कवि' छलाह ओ जनिक कृति कविता-क्षेत्र मे किछु विशिष्टता आनल, शैली, विषय किंवा आदर्शक दृष्टि सँ नूतनता प्रदर्शित कएल। नवीनो कवि मे बहुत रास विशिष्ट कविक रचना नहि देल अछि तकरो कारण सएह। एक तँ कोनहु संग्रहमे व्यापकता आनब कठिन अछि परन्तु से संग्रह यदि एक निर्दिष्ट लक्ष्य सँ कएल गेल अछि तखन तँ सहजहिँ ओहि मे आन अंशक अपूर्णता अवश्यम्भावी। अतएव ई कहि देब हम परम आवश्यक बुझैत छी जे जाहि कोनहु कविवरक रचना एहि मे नहि अछि तनिका हम उपेक्षा-बुद्धिएँ नहि छोड़ल अछि, हुनक कविताकेँ हम हेय नहि बुझल अछि, हम तँ ओही कविता सबहिक संग्रह कएल अछि जाहि मे हम किछु वैशिष्ट्य पाओल। ताहू वैशिष्ट्य सँ तँ हमर अपनहि रुचिक परिचय व्यक्त होएत। तथा सब कविताक संक्षिप्त परिचय मे हम ओहि गतिक दिग्दर्शन करएबाक यत्न कएल अछि जे ओहि कविक रचना मे हमरा प्रतीत भेल अछि। एहि भूमिकाक सङ्ग ओहि परिचय सबहिक सङ्गति कए मैथिली साहित्य मे कविताक वर्त्तमान प्रगतिक अवगति नीक जकाँ भए जाएत से आशा करैत छी।

(1956)

कथा-संग्रह

मैथिली मे एमहर किछु दिन सँ लघु-कथाक क्षेत्र मे बड़ प्रगति भेल अछि। सएह देखएबाक हेतु एहि मे विविध शिल्पक थोड़ेक कथाक संग्रह कएल अछि। किछु कथा पुरान शिल्पक सेहो अछि जाहि सँ प्रगतिक क्रम स्फुट होएत। बहुत रास नीक नीक कथा छुटि गेल; बहुत नीक नीक नव कथाकारक रचना छोड़ि देअए पड़ल। तकर कारण स्थानक सङ्कीर्णता। एहि सँ बेसी एहि संग्रहक प्रसङ्ग एखन नहि कहब। हमरा प्रतीक्षा करबाक अछि एहि सङ्कलन सँ पाठकक प्रतिक्रियाक। से देखि दोसर संस्करण मे अपन वक्तव्य यदि प्रयोजन होएत तँ देब।

हँ, अन्तिम कथा मिथिलाक पूर्वाञ्चल, सन्ताल परगन्नाक विभाषा मे लिखल अछि। अङ्गिकाक नामेँ एक गोट नव भाषाक कल्पना सँ एकरा मैथिलीक विभाषाक रूपेँ मान्यता देब श्रेयस्कर थिक से हमर विचार। सुधीगण एकरा ताहि दृष्टि सँ देखथि।

एहि सङ्कलनक हेतु उत्साहित कएल अछि हमरा हमर चारिम पुत्र श्री दुर्गानाथ ओ हमर दौहित्र श्री प्रभाकर। एकर सङ्कलन मे हमरा सहायता कएल अछि, आयुष्मान् श्रीललित, श्रीहंसराज, डा. श्रीदुर्गानाथ झा श्रीश ओ डा. श्री शैलेन्द्रमोहन झा जी। प्रकाशनक हेतु धन्यवादार्ह थिकाह अनन्त प्रकाशनक श्रीरविनाथ, श्री भोगनाथ ओ श्री इन्द्रनाथ।

(होली, 1965)

प्रबन्ध-संग्रह

प्रस्तुत प्रबन्ध-पञ्चक प्रथम श्यामनन्दनसहाय-व्याख्यानमालाक रूपमे ग्रथित भेल। बिहार विश्वविद्यालयक वाइस-चान्सलर स्वर्गीय श्यामनन्दन सहायक स्मृति मे दड़िभङ्गास्थ वैदेही-समितिक दिशि सँ प्रवर्तित व्याख्यान-मालाकेँ आरम्भ करबाक भार केँ हम वैदेही-समितिक सौहार्द मानैत छी, विशेषतः ई ओहि समितिक कर्मठ मन्त्री मित्रवर श्रीकृष्णाकान्त बाबूक कृपा थिक। विद्याक व्यवसाय, अनुसन्धान मे अभिरुचि, ओ मातृभाषाक सेवा हिनका कौलिक गुण थिकैन्हि ओ हम हिनक सेवाभाव सँ ततेक विमुग्ध छी जे जहिआ जे कोनो हिनक अनुरोध भेल अछि हम ओकरा सहर्ष स्वीकार कएल अछि ओ यथाशक्ति पालन करबाक चेष्टा कएल अछि। ओही अनुरोधक पालन सँ एहि प्रबन्ध-पञ्चकक संग्रह।

हमरा विषय की योग्यता बूझि वैदेही-समितिक सुधी सदस्यगण हमरा ई भार देलैन्हि से तँ ओएह लोकनि जानथि। अपना विषय हम इएह जनैत छी जे आइ अट्ठाइस वर्ष सँ अपन प्रभुवर दिवङ्गत मिथिलेश दरभङ्गा-नरेशक कृपाभाजन भए हम हुनक विशाल ओ भव्य पुस्तकालय मध्य केवल मिथिला-मैथिल-मैथिलीक प्रसङ्गक अध्ययन ओ अनुसन्धान करैत अएलहुँ अछि ओ एमहर आबि जीविकार्थ वृत्त्यन्तर ग्रहणो कएल तथापि कर्म एखनहु हमर ओएह अछि। एतेक दिनुक अध्यवसायक फलस्वरूप हमरा मिथिला-मैथिल ओ मैथिलीक भिन्न-भिन्न समस्याक प्रसङ्ग एक गोट मत दृढ़ भए गेल अछि।

अतएव जखन श्रीकृष्णकान्त बाबूक अनुरोध भेल जे एहि मालाक हेतु पाँच गोट गवेषणापूर्ण व्याख्यान चाही तँ हम ओएह विषय सब बीछल जे स्पष्ट नहि अछि अथवा जाहि प्रसङ्ग मतभेद अछि। एहि सँ ओहि सब विषय पर एकमत भए जाएत तकर ने हमरा आशा अछि ने अपन मत मान्य कराएब हमर लक्ष्य अछि। हम तँ केवल तत्तद्विषयक हमरा जे प्रमाण भेटल अछि अथवा युक्ति सूझल अछि तकर प्रतिपादन कए अपन मतमात्र एतए उपस्थित कएल अछि। सुधी-समाज सँ हमर सानुनय विज्ञप्ति जे ओ एहि प्रबन्ध सब मे केवल जे प्रमाण वा तर्क हम उपस्थित कएल अछि तकर स्थिर भाव सँ विचार करथि। विषय सबटा अछि महत्त्वपूर्ण ओ

विचार-सरणि नवीन अछि। युक्ति अछि मौलिक एवं प्रमाण गवेषणापूर्ण। तेँ द्रष्टव्य ओ मननीय थिक युक्ति ओ प्रमाण। निष्कर्ष हमर अपन थिक ओ यदि केओ हमरा विचार सँ सहमत नहि होथि तँ तकरा ओ हमर अपन विचार मानि लेथि; परन्तु युक्ति ओ प्रमाण मे जँ दोष हो तँ से हमर त्रुटि थिक ओ से यदि हमरा सुझाए देल जाएत तँ हम तकरा अनुग्रहे टा नहि मानब प्रत्युत ओकर सम्मार्जनहुक चेष्टा करब।

प्रबन्धक रूप मे प्रकाशित करबा मे व्याख्यानक स्वरूप मे यत्र-तत्र परिवर्तन भेल अछि से स्वाभाविक। वस्तु थिक ई मैथिली साहित्यक इतिहासक पाँच गोट अध्याय। एहन- एहन तीनि-चारि गोट खण्ड आओर प्रकाशित कएला उत्तर मैथिली-साहित्यक इतिहास सम्पन्न भए जाएत ओ एखन सङ्कल्प इएह अछि जे वर्ष मे दू खण्ड प्रकाशित कए दू वर्ष मे ई काज सम्पन्न करब। होएत की से तँ मा मैथिलीक कृपा पर निर्भर करैत अछि।

जेहन मनोरथ छल तेहन ई पोथी छपल नहि। कतोक त्रुटि काँटाक दोषेँ रहि गेल; ब ओ व क भेदक रक्षा नहि भए सकल; कतोक अशुद्धि रहि गेल जे किछु आओर सावधान रहला सँ नहि रहैत। तकर खेद अछि। तदर्थ क्षमायाचने टा उपाय।

अन्त मे सज्जनगण सँ निवेदन एतबए जे–

मधुलिह इव मधुविन्दून्, विरलानपि भजत गुणलेशान् ॥ इति

(सलौनी पूर्णिमा, 1371 साल)

मृच्छकटिक

(अनुवादक : ईशनाथ झा)

मिथिलाभाषाभाषी मातृभाषाप्रेमी सुधी-समाजक समक्ष आइ संस्कृत साहित्यक अनुपम रत्न मृच्छकटिक नाटकक एहि अनुवाद केँ उपस्थित करैत हमरा अत्यधिक सन्तोषक अनुभव भए रहल अछि। ओना अनुवादक महिमा लोक नहि बूझओ ओ मौलिक ग्रन्थक सोझाँ एकरा गौण मानओ परन्तु युग युग सँ काव्यरसिक जनक जाहि सँ मनोरञ्जन होइत आएल अछि ओ देशक किंवा विदेशक सकल काव्यमर्मज्ञ जन सँ जकर गुणोत्कर्ष मुक्तकण्ठ सँ प्रशंसित होइत रहल अछि; तादृश रत्नक अनुवाद यदि मैथिलीक भण्डारक अनुपम निधि नहि बुझल जाए तँ से हमरा लोकनिक केवल अनभिज्ञतहिक नहि, रुचिहुक भ्रष्टताक द्योतक होएत। कोनहु भाषा-साहित्य मे प्राचीन ग्रन्थरत्नक अनुवादक हेतु बड़ विशिष्ट स्थान छैक ओ मौलिक ग्रन्थक काज एहि सँ नहि हो परन्तु तेँ एहि सँ लोक केँ मनोरञ्जन नहि होएत, नवीन लेखक केँ नव मार्गक प्रदर्शन नहि भए सकत, किंवा भाषा-साहित्यक भण्डार मे ई अनुपम निधि नहि होएत, ई तँ केओ नहि कहि सकताह। कोनहु भाषा-साहित्यक इतिहास केँ देखब तँ ई सत्य जकाँ स्पष्ट दृश्य होएत जे प्रत्येक भाषा-साहित्यक नव युगक प्रभात मे भाषान्तरक ग्रन्थकारक अनुवाद ओहि भाषा-साहित्य केँ एक गोट नवीन प्रेरणा प्रदान करैत अछि, ओ संस्कृत साहित्य तँ हमरा लोकनिक भाषा-साहित्यक जननी-स्वरूप अछि। ओकर निधि सँ यदि हम अपन गौरव नहि बढ़ाएब तँ से हमरालोकनिक अकर्मणयता होएत! अतएव अपन परम मित्र सरसकवि श्री ईशनाथझाक हम भूरि-भूरि अभिनन्दन करैत छिऐन्हि जे हमरहि प्रेरणा सँ ओ एहन दुष्कर काज आइ सम्पन्न कए केवल अपन कीर्तिहिक टा एक गोट बल्ली नहि लगाओल अछि, अपितु अपन नैसर्गिक प्रतिभाक उपहार-स्वरूप हमर भाषा-साहित्य मे एक एहन अनुपम दल रत्न देल अछि जकर चमत्कारसँ अधिकाधिक लोकक मनोरञ्जन होएत, अधिकाधिक रसिक केँ काव्यक रसास्वादन होएत, अधिकाधिक नवीन लेखक केँ अग्रिम कार्यक सम्पादनक हेतु नव प्रेरणा भेटत। कालिदासक

अभिज्ञान-शाकुन्तलक अनुवाद जे सरसकविजी हमरा अनुरोध सँ हमरहि कए देल ताहि सँ प्रेरणा पाबि श्रीगोविन्दझाजी कालिदासक मालविकाग्निमित्र ओ भासक स्वप्नवासदत्त तथा डाक्टर श्री राजकुमार मिश्रजी भवभूतिक उत्तररामचरितक अनुवाद कएल जाहि मे भासक स्वप्नवासवदत्त छाड़ि आओर दूहू मुद्रित भए गेल अछि। के कहि सकैत अछि जे एहि मृच्छकटिक सँ प्रेरणा पाबि के के हमरा लोकनि कैँ कोन-कोन नाटकरत्नक अनुवाद दैत छथि? हमरा एखनहु मनोरथ अछिए जे विशाखदत्तक मुद्राराक्षस, भवभूतिक मालतीमाधव, भट्टनारायणक वेणी संहार, ओ राजेशखरक कर्पूर मञ्जरीक एहने सरस ओ प्रामाणिक अनुवाद मिथिलाभाषा मे भए जाइत। मैथिली-साहित्यक नवयुगक हेतु संस्कृत नाट्य-साहित्यक एहि नवरत्नक अनुवाद बड़े शुभ लक्षण होएत।

× × ×

संस्कृसाहित्य मे शूद्रककृत मृच्छकटिकक की स्थान छैक से संस्कृत साहित्यक रसिक, संस्कृतसाहित्यक इतिहासक वेत्ता, किंवा भारतीय नाट्यकलाक अभिज्ञ जन कैँ प्रायः कहए नहि पड़त। ओना तँ ई नाटक ककर निर्मित थिक ओ से कहिआ, ताहि प्रसङ्ग बड़का मतभेद अछि। कतेक गोटे कहैत छथि जे राजेशखर जाहि शूद्रकक कथा कैँ रचनिहार 'सौमिल' क उल्लेख कएने छथि तथा जनिका पुराण-नाटककार कहि कालिदास अपन मालविकाग्निमित्र मे अमर कए गेल छथि सएह थिकाह मृच्छकटिकक रचयिता ओ एकरा ओ अपन आश्रयदाता राजा शूद्रकक नाम सँ प्रख्यात कएल। से जँ आन्ध्रभृत्य राजवंशक संस्थापक छलाह तखन एकर रचनाकाल ईशवीय दोसर-तेसर शताब्द भेल। केओ-केओ एकरा भासकृत चारुदत्तक उपवृंहित रूप कहि एकरहु भासहिक रचित कहैत छथि जे भास जातिक धावक छलाह, धोबि छलाह, ओ एकर समय ईशवीय सातम शताब्दक पूर्वार्ध मानैत छथि। केओ-केओ एकरा दण्डीक रचित कहैत छथि ओ एकर समय ईशवीय छठम शताब्द मानैत छथि। जए गोट आचार्य तए गोट मत, ओ संस्कृत-साहित्यक इतिहास मे मृच्छकटिककार ओ मृच्छकटिकक रचना-काल एक गोट जटिल समस्या अछि जकर समुचित समाधान होएबो सम्भव नहि बूझि पड़ैत अछि।

परन्तु जहिना एकर रचयिता ओ रचना-कालक प्रसङ्ग मे मतैक्यक कोनो सम्भावनो नहि अछि तहिना मृच्छकटिक नाटकक विलक्षणता, एकर वैशिष्ट्य, एकर महत्त्वक प्रसङ्ग ककरहु मतभेद नहि अछि।

'मृच्छकटिक' नाटकक ओ भेद थिक जकरा 'प्रकरण' कहैत छैक ओ से होइत अछि कविक कल्पित कथा। मृच्छकटिक मे दू गोट कथाक सम्मिश्रण अछि; वसन्तसेना ओ चारुदत्तक अनुरागक कथा, ओ दोसर राज्यक्रान्तिक कथा, जाहि मे कतोक समालोचक कोनहु तत्कालीन क्रान्तिक चित्रण देखैत छथि। उज्जयिनीक

राजा चण्डमहरासेनक दू बालक गोपालक ओ पालक छलाह जाहि मे गोपालकक बेटा छलाह आर्यक। तेँ गोपाल दारकसँ गौआरक बेटा नहि, गोपालक बालक, ई अर्थ करी, सेहो कतोकक कथ्य छैन्हि। परन्तु जे हो, एहि दूनू कथा मे कोनहु केँ हमरा लोकनिक नाटककार कतहु अन्यत्र सँ नहि लेल अछि। ओना तँ एहि रूपक कथा दशकुमारचरित ओ विशेष कए कथा-सरित्सागर मे अनेक अछि ओ चारिम अङ्क मे वसन्तसेनाक गृहक जे विस्तृत वर्णन अछि से कथासरित्सागरक मदनमालाक आवासक वर्णनक छाया प्रतीत होइत अछि; परन्तु नाटकीय कथावस्तु ख्यात नहि, सर्वथा कविकल्पित थिक। तकरहि पुष्ट करैत अछि एकर नाम सेहो। नाटकक नाम प्रायः कोनहु चरित्रक नाम पर रहैत अछि यथा—मुद्राराक्षस, अथवा कोनहु केन्द्रीभूत घटनाक स्मारक होइत अछि यथा वेणीसंहार। 'माटिक खेलओनाक गाड़ी' एहि नाटक मे एक गोट साधारण घटनाक द्योतक थिक परन्तु ओकर परिणाम कहन विकट भेल से तँ नाटक पढ़लहि उत्तर स्पष्ट होएत। वसन्तसेना जाहि सोनाक गहना सँ छाड़लि नाटकक आरम्भ मे दृश्य होइत छथि, ओ सब गहना सभ पाँचम अङ्क धरि चारुदत्त ओ वसन्तसेनाक अनुराग केँ पुष्ट करैत अछि ओ नाटकक अन्त मे आबि चारुदत्तक जीवनहिक अन्त करए लगैत अछि। एहि दूनू स्थिति केँ जोड़ैत अछि 'माटिक शकट' 'मृच्छकट' ओ तेँ एकर ई नाम 'मृच्छकटिक' सर्वथा प्रौढ़ कल्पनाक द्योतक थिक।

परन्तु ई मौलिकता केवल विषयहिक प्रसङ्ग नहि अछि, विषयक उपन्यासहुक प्रसङ्ग एहि नाटक मे संस्कृतक अन्यान्य नाटक सँ भेद भेटैत अछि। संस्कृतक नाट्य-साहित्य एक निर्दिष्ट रीति पर रचित होइत आएल अछि ओ तेँ अधिक मे बहुत रास विषय समाने भेटैत अछि, ओकर उपन्यासहुक क्रम समाने भेटैत अछि। मृच्छकटिक ताहि दृष्टि सँ सर्वथा भिन्न अछि। नाटक मे होइत अछि कथावस्तु, चरित्र, वार्त्तालाप ओ वातावरणक सृष्टि। एहि सब दृष्टि सँ ई नाटक सर्वथा अभिनव अछि। सबसँ पूर्व कथावस्तु केँ देखू। अङ्कक क्रम सँ नाटकक कथावस्तु एतए देल जाइत अछि।

नाटकक कथावस्तु

चारुदत्त नामक एक जन 'द्विज सार्थवाह' ओ वसन्तसेना नामक एक जनि 'गणिका'—उज्जयिनी नगरी मे बसैत परस्पर प्रेम-पाश मे बद्ध छथि। ताहू मे चारुदत्त सँ विशेष वसन्तसेना सएह अनुरक्ता छथि। उज्जयिनीक राजा पालकक सार, संस्थानक, जे केवल तालव्ये श बजैत छथि तेँ लोक शकार कहैत छैन्हि, वसन्तसेनाक रूपमाधुरी सँ आकृष्ट भए धनक प्रभाव सँ हुनका वशमे अनबाक लिप्सा कएने, एक दिन सन्ध्याकाल अपन अनुचरगणक सङ्ग हुनक अनुसरण करैत छथि। चैत्र कृष्ण षष्टी वा सप्तमी थिक। वसन्तसेना राजमार्ग पर एकसरि पड़ाइलि जाइत छथि। समस्त अन्धकार

छैक। शकारक मुँह सँ सहसा ई सूनि जे चारुदत्तक गृह ओही ठाम बाम भाग मे छैक, वसन्तसेना चुपचाप ओहि घर मे चलि गेलीह जखन चारुदत्तक मित्र, मैत्रेय, ओ दासी, रदनिका, सन्ध्याकालीन बलि लए बहार होइत छथि। वसन्तसेना अपन सभटा सोनक आभरण चारुदत्तक सङ्ग राखि दैत छथि, कारण, हुनका चारुदत्त कैं विश्वास जनएबाक छैन्हि ओ पुनर्मिलनक अवसर बनएबाक छैन्हि यद्यपि व्यक्त रूप सँ ओ कारण इएह कहैत छथि जे एही हेतु चोर-चण्डाल सभ हमरा पाछाँ लागल अछि। चारुदत्त स्वयं वसन्तसेनाक सङ्ग भए हुनका अपन घर पहुँचाए अबैत छथि। (1)

दोसरा दिन प्रातःकाल दू गोट घटना घटैत अछि। संवाहक नामक एक जन मालिश कए देनिहार पूर्व मे चारुदत्तक नोकर छल मुदा पछाति ओ जूआ मे परकि बड़का जुआरी भए गेल अछि। जूआ मे ओ दश अशरफी हारल से ओसूल करबाक हेतु सभिक (जूआक सरदार) ओकरा पकड़लक मुदा ओ पड़ाएल पड़ाएल वसन्तसेनाक घर मे आबि नुकाएल। वसन्तसेना ओकर हारल दसो अशरफी सभिककैं दए ओकरा ऋणमुक्त करैत छथि, परन्तु संवाहक ओहीठाम निश्चय कए लैत अछि जे हम आब केश कटाए बौद्ध संन्यासी भए जाएब। दोसर, वसन्तसेनाक बदमसबा हाथी खूजिकए एक गोट बौद्ध न्यासीक वध करबा पर छल परन्तु वसन्तसेनाक नोकर कर्णपूरक ओकरा बचाए लेल। ताहि पर ओकर बाहबाही तँ जे भेलैक से भेबे कएलैक चारुदत्त अपन सुन्दर तौनी ओकरा इनाममे दए देलथिन्ह। से गप्प कर्णपूरक स्वयं आबि वसन्तसेनाकैं कहैत अछि। वसन्तसेना चारुदत्तक उदारतापर आओर मोहित भए जाइत छथि ओ अपन गहना दए ओ तौनी कर्णपूरकसँ लए लैत छथि। (2)

प्रायः पन्द्रह दिनक पश्चात् चैत्र शुल्क षष्ठी वा सप्तमी कैं चारुदत्त सङ्गीत-समारोहसँ अबेर कैं फिरैत छथि। जखन सब सूति रहैत अछि, चन्द्रमा डूबि जाइत छथि, तखन एकटा चोर आबि हुनका घरमे सेन्ह कटैत अछि। ओ चोर थिक शर्विलक नामक ब्राह्मण। ओकरा वसन्तसेनाक चेटी मदनिका सँ प्रेम छैक परन्तु अपन प्रेम कैं ओ चरितार्थ कए सकैत अछि मदनिका कैं वसन्तसेना सँ कीनि। तदर्थ ओकरा धन चाही। तँहि ओ पैघ घर देखि चारुदत्तक कोठा मे सेन्ह दए अन्दर जाइत अछि परन्तु दरिद्र चारुदत्तक घर मे ओकरा किछु नहि भेटैत छैक, तथा ओ निराश भए फिरए चाहैत अछि। तावत् मैत्रेय बिसनाइत छथि ओ स्वप्नहि मे गहनाक बासन चरुदत्तकैं देबाक हेतु बढ़बैत छथि जे शर्विलक लए बहराए जाइत अछि। जाग भेला उत्तर चारुदत्त विषादैं मूर्च्छित भए खसैत छथि जे न्यासरूपैं राखल गणिकाक धन चोर चोराए लेलक से के पतिआएत, सब कैं इएह सन्देह होएतैक जे दरिद्र चारुदत्त ओ न्यास कैं पचाए गेलथिन्ह, मुदा हुनक स्त्री धूता अपन रत्नावली नामक रत्नक माला, जकरा मैत्रेय चारू समुद्रक कौंढ़ कहैत छथि, चारुदत्त कैं दैत छथि जे वसन्तसेना कैं ई कहि पठाए दिऔन्हि जे हुनक सोनक सबटा गहना हम जूआ मे हारि गेलहुँ। (3)

ओकर प्रात (तेसरा दिन) अपराह्न मे रत्नावली गहनाक कन्तोड़ी लेने मदनिकाक

ओतए पहुँचैत छथि परन्तु मदनिका केँ सबटा शर्विलककेँ कहए पड़ैत छैन्हि जे ओ ई गहना कतए ओ किएक चोराओल। गहना पहिनहि सँ चीन्हल छलैन्हि। तखन ओ शर्विलक केँ कहैत छथि जे ई सबटा गहना अहाँ, चारुदत्त केँ डरेँ नहि तँ, वसन्तसेना केँ दए अबिऔन्हि जे चारुदत्त ई सब अहाँकेँ आपस पगए देल अछि। वसन्तसेना सबटा गप्प चुपचाप सुनैत छलीह। हुनका बड़ सन्तोष भेल। शर्विलक जखन गहनाक कन्तोड़ी आपस करए गेलाह अछि तखन ओ गहना तँ लए लेल मुदा मदनिका केँ मुक्त कए शर्विलक केँ दान दए देल। अपन प्रेयसीक सङ्ग शर्विलक विदा भेलाह ओ बाट मे सुनल जे आर्यक नामक गोपाल-दारक, गोआरक बेटा, राजा होएत एहन कोनहु महात्माक कहला पर विश्वास कए पालक राजा डेराए गेलाह आओर ओकरा गोअरगामा सँ मङबाए कठोर कारागार मे बान्हि राखल अछि। आर्यक शर्विलकक मित्र छलाह ओ तेँ मदनिका केँ अपन कोनहु मित्रक ओहिठाम पठबाए शर्विलक विदा भए गेलाह जे आर्यक केँ कोनहुना छोड़ाएब। तावत् मैत्रेय रत्नावली लए वसन्तसेनाक ओहिठाम पहुँचलाह। वसन्तसेना चुपचाप ओ माला लए लेल ओ मनहि मन कहल जे “मज्जर झड़िओ गेला पर आमक गाछसँ मकरन्दकण खसैछ”। पुनि आर्य चारुदत्त केँ संवाद कहाए पठाओल जे साँझखन हमहु हुनक भेट करए अबैत छिऐन्हि। (4)

ओहि साँझ केँ असमय मे मेघ उमड़ि आएल अछि, परन्तु ओही विकल समय मे वसन्तसेना जाइत छथि चारुदत्तक ओहिठाम ओ राति ओतहि रहि जाइत अछि। (5)

ओकर प्रात वसन्तसेना नगरक बाहर उद्यान जइतीह; ओतहि चारुदत्त सेहो जएताह; दूहू गोटए बनविहार करैत जएताह; तकर उद्योग होइत अछि। तावत् वसन्तसेना चारुदत्तक पठाओल रत्नावली धूता केँ पठाए दैत छथिन्ह किन्तु धूता से स्वीकार नहि करैत छथि। एतबहि मे रदनिका चारुदत्तक बेटा रोहसेन केँ परतारैत अबैत अछि। रोहसेन कनैत छथि जे पड़ोसिआक बेटा केँ जेहने सोनाक गाड़ी छैक तेहने सोनाक गाड़ी हमहु लेब। रदनिका हुनका माटिक गाड़ी—मृच्छकटिक—दैत अछि परन्तु ताहि सँ ओ सन्तुष्ट नहि होइत छथि। वसन्तसेना ई देखि अपन सबटा गहना हुनका दए दैत छथि जे एहि सँ अहाँ सोनाक गाड़ी बनबाए लिअ गए। तावत बड़दक गाड़ी फाटक पर लागल अछि से संवाद वसन्तसेना केँ देल गेल। एमहर गाड़ी परक ओछाओन छूटि गेल तेँ चारुदत्तक बहलमान गाड़ी लए झटपट से आनए चल गेल। तावत् राजाक सार शकारक बहलमान हुनक गाड़ी सेहो ओही उद्यान लेने जाइत छल। दोसर गाड़ी ओहीठाम फँसि गेल छलैक; शकारक बहलमान, स्थावरक, अपन गाड़ी चारुदत्तक फाटक पर लगाए, गेल दोसरा गाड़ीक पहिआ मे कान्ह लगाए घुमबए। तावत् वसन्तसेना अइलीह; हुनका भेल से इएह थिक चारुदत्तक गाड़ी हुनका लए जएबा लए लागल, ओही राजाक सारक गाड़ी पर चढ़ि गेलीह ओ उद्यान

केँ विदा भए गेलीह। ओमहर तावत् आर्यक जहलमे बेड़ी काटि जहलक हाकिम केँ मारि पड़ाएल अबैत चारुदत्तक फाटकक समीप विछाओन लए फिरल अबैत चारुदत्तक बड़दक गाड़ीमे चुपहि चाप बैसि गेलाह ओ वर्धमानक बहलमान बेड़ीक शब्द केँ नूपुरक शब्द बूझि अपना जनैत वसन्तसेना केँ लेने उद्यानक घाट धएल। तावत् एमहर सौँसे नगर घोल ऊठि गेल। राजाक दू गोट कोतबाल निरीक्षणक हेतु बहरएलाह। ओहार लागल चारुदत्तक गाड़ीक जाँच होएत। एक गोटे भीतर गेलाह; आर्यक हुनक पाएर पकड़ि प्राणक भिक्षा माङि लेल। ओ बहरएलाह मुदा हुनक मुखमुद्रा सँ दोसरा केँ सन्देह भेल परन्तु से हुनका ओ ताकए नहि देल, बल सँ झगड़ा कए हुनका विदा कए देल ओ गाड़ी केँ उद्यानक दिशि शीघ्रता सँ पठाए अपनहु प्राण बँचएबाक हेतु पड़एलाह ओ जाए केँ क्रान्तिकारीक दल मे मीलि गेलाह। (6)

चारुदत्त ओ मैत्रेय उद्यान मे वसन्तसेनाक बाट तकैत छथि। गाड़ी पहुँचैत अछि, मुदा ओहि मे छथि आर्यक, पाएरमे टूटल बेड़ी लगले। चारुदत्त हुनका अभय दान दए अखण्ड मित्रता जोड़ैत छथि ओ हुनक बेड़ी खोलबाए, ओकरा कूप मे फेँकबाए, हुनका ओही गाड़ी पर अपन प्रच्छन्न स्थान अएबाक हेतु पठाए, स्वयं ओतए सँ झटपट निकलि जाइत छथि। (7)

ओमहर राजाक सार शकार उद्यान मे गाड़ीक बाटाबाटी तकैत छथि। पहुँचल मुदा ओहि सँ उतरलीह वसन्तसेना। शकारक कामाग्नि पुनि प्रज्वलित भए गेल, मुदा अपमानक क्रोध, चारुदत्तक आहिठाम सँ प्रायः आइलि छथि ई बहलमान सँ बूझि, आओर धधकि उठल। ओ अपन अनुचर विट ओ बहलमान स्थावरक केँ नाना प्रकारेँ लोभबैरत छथि जे वसन्तसेना केँ मारि दे परन्तु केओ एहन पाप-वृत्ति करबा लेल तैयार नहि होइत अछि। तखन विट केँ अपन कामासक्ति जनाए ओतए सँ पठाए, ओ स्थावरक केँ मारि ओतए सँ बैलाए शकार पहिने वसन्तसेना केँ प्रेम करबाक हेतु कहैत छथि परन्तु वसन्तसेना स्पष्ट कहि दैत छथि जे "आमक गाछ केँ सेबि की आब पलाशक गाछ केँ सेबब।" ताहि पर खिसियाए ओ हुनका कण्ठ दाबि अपना जनैत जान सँ मारि बसात सँ ढेरिआओल सुखाएल पात सँ झाँपि देल। विट ओ स्थावरक पुनि अबैत छथि परन्तु विट केँ तँ शकार धरकबैत अछि जे हम तोहरे नाम लगाए देबहु। विट पड़ाए जाइत छथि। स्थावरक केँ ओ पाएर। मे बेड़ी लगाए अपना कोठा पर एक कोठली मे बन्द कए रखैत छथि ओ स्वयं निश्चय करैत छथि जे वसन्तसेनाक हत्याक अभियोग चारुदत्त पर लगाए जे ओएह दरिद्र धनक लोभ सँ ई हत्या कएल, ओकरा फँसाबी। एमहर संवाहक जे बौद्ध भिक्षु भए गेल छल, अपन चीवर खींचि ओकरा सुखबए आएल तँ गाछ पर टङने वानरक उपद्रव ओ भूमि पर पसारने माटि लगबाक डर, तेँ गोलिआओले ओहि सुखएल पातक ढेरी पर सुखाए देल जाहि तर मे वसन्तसेना छलीह। भाग्य सँ ओ मुइल नहि छलीह, चीवरक पानि

पड़लें ओ पहिने सगबगाए लगलीह, पछाति हाथ बहराएल। संवाहक हुनका ओहि सँ बहार कए चीन्हल ओ पूर्वक कथा मन पाड़ि हुनक पूर्ण सेवासुश्रूषा कए लगहि मे बौद्ध मठ छलैक ततए हुनका विश्रामक हेतु लए गेल। (8)

ओकरा प्रात शकार कचहरी जाए नालिस कए देल वसन्तसेना कें केओ कुपूत धनक लोभ सँ नगरक बाहर फुलबाड़ी मे कण्ठ जाँति मारि देलक; ओकरा शरीर मे एकोटा गहना नहि छैक। वसन्तसेनाक माए बजाओल गेलीह। ओ कहल जे राति वसन्तसेना चारुदत्तक ओहिठाम छलीह। तखन चारुदत्त बजाओल जाइत छथि। ओ तावत् वसन्तसेनाक सबटा गहना, जे पूर्व दिन ओ रोहसेन कें दए गेल रहथिन्ह, लएकें मैत्रेयकें दए आपस कए आबए कहने रहथिन्ह। कचहरीक तलबी पाबि ओ ओतए पहुँचलाह तँ वसन्तसेनाक हत्या भए गेल ओ तकर अभियोग हमरहि पर अछि ई सूनि बेचारे विषाद ओ क्षोभ सँ विमूढ़ भए गेलाह। अपमानित सेनानायक आबि गवाही देल जे चारुदत्तक गाड़ी

पर चढ़ि कए वसन्तसेना उद्यान गेलि छलीह। तावत् मैत्रेय सेहो ई बूझि जे चारुदत्तक कचहरी सँ तलबी आएल छैन्हि वसन्तसेनाक ओतए नहि जाए सोझे कचहरी अबैत छथि। सङ्ग मे सबटा गहना ओहिना छैन्हि। कचहरी मे वस्तु-स्थिति बूझि ओ तमताए कें शकार सँ मारामारी करबा पर भए जाइत छथि ओ ताही मे हुनक गहनाक पोटरी नीचा खसि पड़ैत अछि। ई आब चारुदत्तक विरुद्ध मे बड़का प्रमाण भए गेल। चारुदत्त मनहि मन विचारि जे जखन वसन्तसेने नहि रहलीह तखन हुनक विरह मे हमर जीवनक कोनो प्रयोजन नहि, अपन निर्दोषिताक कोनो प्रमाण नहि देल, प्रत्युत गछि लेल जे ई गहना सब हमरहि घरसँ आनल ग़ेल अछि। अपन निर्दोषिताक प्रमाण देलें हुनका आर्यकक रहस्य कहए पड़ैत। न्यायाधीश चारुदत्त कें दोषी ठहराय राजा कें कहाए पठाओल जे ब्राह्मण कें फाँसी नहि हो, हिनक निर्वासन हो, परन्तु राजाक आज्ञा भेल जें तुच्छ धनक कारणें जें वसन्तसेना मारि देलि गेलि तें ओहि अभियुक्तक गरदनि मे ओएह गहना सब बान्हि डिगडिगिआ पिटबैत दक्षिण श्मशान मे लए जाए ओकरा सूली दए देल जाए। निरपराध चारुदत्त प्राणदण्ड अङ्गीकार कए लेल। (9)

ओही दिन अपरान्ह मे चरुदत्त कें चाण्डाल सब बन्हने श्मशान लेने जाइत अछि ओ बाट मे डिगडिगिआ पिटैत जाइत अछि। लोकक धरोहरि लागल अछि। मैत्रेय रोहसेन कें लेने अबैत छथि ओ चारुदत्त कें बेटा सँ भेँट भए जाइत अछि। डिगडिगिआ सूनि, ओ चाण्डाल सभक घोषणासँ विषय बूझि, स्थावरक अपना कें रोकि नहि सकल। ओ बेड़ी काटि कोठा पर सँ कूदि आएल ओ सब कें कहए लागल जे मारल तँ अछि वसन्तसेना कें हमर मालिक राजाक सार, गाड़ीक बदलाबदलीसँ हमहि वसन्तसेना कें उद्यान लए गेल छलहुँ। परन्तु ओकर बात के पतिआइत अछि? शकार ओकरा चोरिक कारणें मारलिऐक से पीठ पर दाग देखाए

फुसिआह कहि ओतए सँ बैलाए देल। चारुदत्त सूली पर चढ़ाओल जएताह। तावत् बौद्ध भिक्षु संवाहकक सङ्ग वसन्तसेनाक ओतए धड़फड़ाइलि पहुँचैत छथि। ओ स्वस्थ भए नगर अबैत छलीह तावत् बाट मे घोषणा सुनल। चारुदत्त बचि गेलाह। राजा केँ खबरि देल गेल। चारुदत्तकेँ मुक्त होएबाक आज्ञा भेटि गेल। शकार चोटहि ओतए सँ पड़ाए गेल। तावत् शर्विलक दौड़ल आएल। ओ समाचार सुनाओल जे राजा पालक मरि गेलाह ओ आर्यक राजा भेलाह। चारुदत्त केँ ओ अपन राज्यक एक अंश दए राजा बनाओल। धूता अग्निप्रवेश करैत छलीह सेहो अइलीह। संस्थानक चारुदत्तक पाएर पर खसल तेँ चारुदत्तक ओकरहु "उपहार-हत" कए क्षमा कए देल। स्थावरक दासत्वसँ मुक्त कए देल गेल, चाण्डालके सरदारी भेटलैक, बौद्ध भिक्षु संवाहक मठक अध्यक्ष बनाए देल गेल ओ वसन्तसेना राजा आर्यकक आज्ञा सँ चारुदत्तक विवाहिता वधू भए गेलीह। सब आनन्द भए गेल। (10)

× × ×

एहिसँ त्पष्ट भए जाएत जे एहि नाटकमे दू गोट कथा बड़े कौशल सँ सम्मिश्रित अछि, वसन्तसेना ओ चारुदत्तक अनुरागक कथा ओ उज्जयिनीमे राज्यक्रान्तिक कथा। तेँ ई नाटक भैओ गेल अछि बड़ पैघ। भासक चारुदत्तमे क्रान्तिक कथा नहि अछि, एहिमे से आनि देलासँ कथा-वस्तु जटिल भए गेल अछि परन्तु दूदू तेनाकेँ मीलि गेल अछि जे स्वाभाविकतामे कोनो हानि नहि होइत अछि ओ नाटक जाहि रूपसँ अन्त भेल से बिनु राज्य-क्रान्ति भेलेँ सम्भव नहि होइत। बड़ होइत तँ चारुदत्तकेँ प्राणदण्डसँ मुक्ति भए जइतैन्हि परन्तु ताहिसँ आगाँ तँ नहि किछु भए सकैत। तथा से दूनू केहन कौशलसँ मिश्रित अछि। क्रान्तिकारी दलक नेता थिकाह शर्विलक; ओ गहना चोराए तथा मदनिका केँ दासत्वसँ मुक्त कए अपन वधू बनाए मुख्य कथा-वस्तुसँ मीलि गेल छथि। चारुदत्तक शकट पर आर्यक अपन प्राण-रक्षा करैत छथि तथा केवल आर्यकक रहस्य ने उद्घाटित भए जाए तेँ चारुदत्त कचहरी मे गुम रहि जाइत छथि, अपन प्राण सङ्कटमे दए आर्यककेँ प्रच्छन्न रखैत छथि। कहल जाइत अछि जे प्रथम अङ्कक अन्तसँ पाँचम अङ्क धरि मुख्य कथाक प्रगति अवरुद्ध रहैत अछि ओ ई अंश एक गोट प्रहसन मात्र अछि। परन्तु ई कहब जे एहिसँ कथाक प्रगति नहि होइत अछि युक्तियुक्त नहि। वसन्तसेनाक अनुराग एहि अङ्क सबहिक घटना सँ कोन रूपेँ उत्तरोत्तर बढ़ैत गेल अछि, चारुदत्तक महत्तासँ कोन रूपेँ ओ कामासक्ता गणिका अधिकाधिक गुणविमुग्धा भए आकृष्ट भेल जाइत छथि से सहृदय-संवेद्य अछि। तँहि तँ वसन्तसेना अभिसारमे स्वयं जाइत छथि जे अन्यथा स्वाभाविक नहि बुझि पड़ैत, वसन्तसेनाकेँ सामान्य गणिकाक रूप मे प्रदर्शित करैत; जेना एखन ओ एक गोट कुलस्त्री जकाँ चित्रित भए सकलीह से नहि होइतथि। हँ, एतबा अवश्य जे ठाम ठाम वर्णन बड़ विस्तृत भए गेल अछि। वसन्तसेनाक घरक

एहन वर्णन अथवा वर्षा ऋतुक एतेक विस्तृत वर्णन सर्वथा समीचीन नहि प्रतीत होइत अछि विशेषतः वर्षा-वर्णनमे पुनरुक्ति कतेक अछि। परन्तु एहि प्रसङ्ग कहल जाइत अछि जे एहि मध्य प्रक्षिप्तो श्लोक कतेक अछि। परन्तु तैओ, कोनो अंश व्यर्थ विस्तृत भए गेल तेँ कथा-वस्तुकेँ दुष्ट नहि कहि सकैत छी। कथा-वस्तुमे तँ तेहन विन्यास अछि जे नाटककारक कौशल पर क्षुब्ध होअए पड़ैत अछि। गणिका भए वसन्तसेना एना अनुरक्ता भए जाइति एकटा सएह आश्चर्यक घटना थिक ओ कुलस्त्री सँ कनेको मित्र ओकर व्यवहार नहि जँतैत अछि। नाटकमे एतेक चरित्रक समावेश अछि परन्तु से कोन रूपक! नैष्ठिक ब्राह्मणसँ चाण्डाल धरि, चोरसँ जुआरी धरि, समाजक सब वर्गसँ चरित्र लेल गेल अछि ओ सब केहन स्वाभाविक, केहन स्वाभाविकताक सङ्ग बजैत अछि। सभक चरित्रसे किछु किछु दोष देखाए स्वाभाविकता केहन सजीव बनाए देल गेल अछि! घटना कतेक अछि ओ से कतेक शीघ्रतासँ घटैत अछि, विशेषतः उत्तरार्धमे, ओ संस्कृत नाटकक एकटा बड़का दोष जे एहि मे घटना बड़ विरल होइत छैक एहिमे नहि रहए पाओल अछि। छोट-छोट घटना अथवा वस्तुक केहन पैघ-पैघ परिणाम भेल प्रदर्शित अछि। जूर्णवृद्धक पठाओल तौनी चारुदत्त इनाम मे कर्णपूरक केँ दए दैत छथि, से तौनी वसन्तसेना सोनाक गहना दए ओकरा सँ लए लैत छथि। वसन्तसेना संवाहक केँ जुआरीक सरदार सँ अपन कङ्ना दए छोड़ाए दैत छथिन्ह। ओएह संवाहक बौद्ध भिक्षु भए अन्त मे वसन्तसेनाक प्राणरक्षक होइत अछि। छठम अङ्क मे दूनू कोतबालक झगड़ा आर्यककेँ बचाए दैत अछि परन्तु ओहीमे अपमानित कोतवाल कचहरी मे चारुदत्तक विरुद्ध गवाही दैत अछि जे जाहि गाड़ी पर वसन्तसेना उद्यान गेलि छलीह से चारुदत्तक छल। वर्षा सँ गाछ खसल जाहि तर एक टा स्त्री मरि गेलि, ओही मुरदाकेँ गिदड़-कुकुर नोचि नोचि खाए रहल अछि से गवाही देला सँ चारुदत्तक अपराध जे ओ वसन्तसेना कैँ मारल प्रमाणित होइत अछि।

घटनाक एहिरूपेँ उपन्यास जाहि सँ उत्सुकता ओ कौतूहल बढ़ैत जाए ओ तखन ओकर अन्यथा परिणमन नाटककार केँ सफल कथाकार सिद्ध करैत अछि। छठम अंकमे, चमार कोतबालक मुँहसँ आर्य-आर्याक भ्रमे नौआ कोतवालक सन्देह जागि जाइत अछि ओ क्षणेक एहन प्रतिभासित होइत अछि जे आर्यक पकड़ल गेलाह मुदा लगले चमार कोतबालक कर्णाट-कलह, बलझगड़ा, बिगड़ैत बात केँ सम्हारि लैत अछि।

नवम अङ्क मे किछु काल धरि तँ एकर प्रमाणे नहि भेटैत अछि जे वसन्तसेना उद्यान गेलि छलीह वा ओ मारलि गेलीह अथवा हुनक मारबाक कारण की भए सकैत अछि परन्तु तावत् चमार कोतबाल आबि इजहार दैत अछि तथा मैत्रेय धड़फड़ाएल आबि संस्थानक सङ्ग मारामारी करए लगैत छथि ओ एहि मे हुनका काँखतर सँ गहनाक पोटरी खसिकए चारुदत्तक दोष केँ प्रमाणित कए दैत अछि। तहिना

स्त्रीहत्याक अभियोग लगला पर चारुदत्त कोनाकए अपन निर्दोषिताक प्रमाण दैत छथि ओ आर्यकक अपहरणक रहस्य ने व्यक्त भए जाइत अछि–से कौतूहल आर्य चारुदत्तक मौनता सँ निवृत्त होइत हुनक महत्ता केँ परिपुष्ट करैत अछि। दशम अङ्क मे स्थानकक बहलमान स्थावरक सहसा श्मशान भूमि मे आबि रहस्यक उद्‌घाटन कए दैत अछि ओ क्षणेक एहन प्रतिभासित होइत अछि जे आब चारुदत्त प्रायः बाचि गेलाह परन्तु शकार कोन रूपेँ बात केँ उलटाए स्थावरका केँ फुसियाह बनाए दैत छथि। एतावता मानए पड़त जे विशाखदत्तक मुद्राराक्षस केँ छोड़ि प्रायः आन कोनो नाटक संस्कृत मे नहि अछि जाहि मे घटनाक एहन कौशलपूर्ण उपन्यास हो तथा एहि अंश मे मृच्छकटिक विश्वसाहित्यक कोनहु नाटक सँ तुलना मे दबि नहि सकैत अछि।

सब समीक्षकक दृष्टि मे मृच्छकटिक मे तीनि गोट विलक्षणता अछि जाहि प्रसादात् एकर महत्त्व विश्व-साहित्यक रत्न सबहि मे कनेको न्यून नहि अछि। ओ तीनू थिक (1) घटनाक विन्यास ओ बहुरूपता (2) चरित्रचित्रण मे कुशल कलाक कमनीयता ओ (3) हास्य-रसक वैशिष्ट्य।

घटनाक विन्यासक प्रसङ्ग एखनहि बहुत किछु कहि आएल छी। एकटा विषय 'गहना' केँ लिअ। वसन्तसेनाक प्रथम दर्शन जखन होइत अछि तखन ई गहना हुनक देह मे अछि। शकार कहैत अछि। "झनकबैत गहनाकेँ" झनझन किए पड़ाइ लए जान।" अपन विश्वास जनएबाक हेतु ओ भेँटक पुनः अवसर पएबाक हेतु वसन्तसेना सबटा गहना उतारि चारुदत्तक ओहिठाम राखि जाइत छथि। ओएह गहना शर्विलक चोराए लए जाए मदनिकाक दोस्त विमुक्ति सम्पादित करैत अछि। ओ गहना सब लेने वसन्तसेनाक ओतए जाइत छथि ओ सोनाक गाड़ीक हेतु कनैत रोहसेनकेँ क्षमा करैत पुनि चारुदत्त ओही गहना केँ आपस करबाक हेतु मैत्रैयकेँ दए कए मदनसेनाक ओहिठाम पठबैत छथि। शरीरमे गहनाक स्थान सबटा रिक्त अछि से शकार देखनहि छल; अतएव गहनहिक लोभ सँ दरिद्र चारुदत्त वसन्तसेनाक हत्या कएल ई अभियोग अनैत अछि ओ मैत्रेयक काँखसँ ओएह पोटरी खसिकेँ चारुदत्तकेँ न्यायाधीशक दृष्टिमे स्त्रीघातक प्रमाणित कए दैत अछि। एहि मे कतहु कोनो कृत्रिमता नहि अछि ओ एहि रूपक घटना-चक्रक विन्यास सँ कथावस्तुक पुष्टि सर्वथा आश्चर्यजनक प्रतीत होइत अछि। घटनाक ओ परिस्थितिक बहुरूपताक प्रसङ्ग दसो अङ्कक नाममात्रक पर्यालोचन पर्याप्त होएत। राति केँ लम्पट सब एक गोट गणिका केँ कोना दिक्क करैत अछि, जुआरी केँ कोना कलह ओ मारि होइत अछि, सेन्ह काटि चोरि कोना होइत अछि, बहलमान ओ कोतबाल सब कैँ कोना झगड़ा होइत अछि, कचहरी मे न्याय कोना होइत अछि, चाण्डाल सब कोना सूली चढ़एबा लेल अपराधी केँ लए जाइत अछि–कतेक गनाएब, समस्त नाटक रङ्ग-विरङ्गक कथा सँ भरल अछि, सब रसक सम्यक् पुष्टि स्थल-स्थल पर होइत रहैत

अछि ओ उत्तम सँ उत्तम एवं अधम सँ अधम कोनहु रूपक घटना किंवा परिस्थिति एहि मे नहि भेटत से नहि। एकहि बेरिमे मञ्च पर रङ्ग-विरङ्गक कथा होइत रहैत अछि, मन कोनहु दिशि सँ विरक्त भए जाएत तकर सम्भावना नहि।

चरित्रक चित्रण एहि मे केहन सजीव अछि ओ कतेक स्वाभाविक से थोड़मे कहब असम्भव। एक जन पाश्चात्य समीक्षकक उक्ति छैन्हि जे संस्कृतक अन्यान्य नाटक मे जे चरित्र अछि से भारतीय, हिन्दू। मृच्छकटिकक चरित्र मानव-चरित्र थिक जे विश्वक कोनहु भाग मे एही रूपक भेटत। हम ई तँ नहि कहब जे मृच्छकटिकक चरित्र मे भारतीयता नहि अछि परन्तु एतबा अवश्य जे मानव-चरित्र मे जे दोष ओ गुणक सम्मिश्रण, स्वभावक विभिन्नता, आचार ओ विचारक वैषम्य, लक्ष्य मे भेद, साधन-सम्पत्ति मे विचित्रता अछि—मानव-चरित्र मे जे कतोक नैसर्गिक गुण वा दोष अछि जे देश ओ काल सँ प्रभावित नहि होइत अछि ताहि सबहिक जेहन कलापूर्ण चित्रण मृच्छकटिक मे अछि तेहन विश्व-साहित्यक थोड़ नाटक मे भेटत।

एहि प्रकरणाक अन्तमे हम एहि मध्य वर्णित सब चारित्रक सूची देब ओ तकर गुण दोष सेहो संक्षेप मे देखाएब परन्तु से चरित्र एहि मे अछि कतेक। पचीस गोट पुरुष ओ छओ गोट स्त्री मञ्च पर अबैत अछि ओ एकर तँ सूत्रधार ओ नटी सेहो आन नाटक जकाँ केवल विषय-प्रवेश कराए नहि चल जाइत छथि तथा तीनि-चारि व्यक्तिक चर्चा होइत अछि, दर्शन नहि होइत अछि। से बस समाजक सब वर्ग सँ लेल गेल अछि, नैष्ठिक ब्राह्मणसँ लए चाण्डाल धरि, न्यायाधीससँ लए स्त्रीवधी लम्पट धरि, ब्राह्मण चोर ओ जुआरी बौद्ध, कुलस्त्री सँ लए गणिका धरि—चरित्रक ई सम्पत्ति अन्यत्र कतए भेटत? ओ से सब आदर्श चरित्र नहि अछि, भेद केवल प्रकारहिक नहि अछि; प्रत्युत सब चरित्र मे व्यक्तित्व अछि, सबहिक स्वभावमे भेद अछि, सबमे अन्तर अछि जाहिसँ एकक भ्रम दोसरा मे नहि भए सकत। सब सँ अधिक तँ गुणक सङ्ग सङ्ग दोषक प्रदर्शन सँ प्रत्येक चरित्र जीवनक अनुच्छाया भए गेल अछि, जीवनक सजीव चित्र उपस्थित करैत अछि, जीवनक यथार्थ प्रतिविम्ब थिक जे साहित्यक चरम सत्य थिक।

तहिना हास्य-रसक जतेक धनिक ई नाटक अछि ततेक प्रायः प्रहसनो सब नहि। वस्तुतः दोसर अङ्क सँ पाँचम धरि तँ मुख्यतः ई प्रहसने जकाँ लगैत अछि। संस्कृत नाटक मे हास्यरस भेटैत अछि विदूषक सँ। एहि मे एहने दू-चारि गोट चरित्र छोड़ि केओ बाँकी नहि छथि जनिक कथा-वार्त्ता, क्रिया अथवा परिस्थिति सँ हँसी नहि लागए। विकट सँ विकट परिस्थिति मे यथा चारुदत्तक श्मशान-गमनक दृश्यमे, चाण्डालक ओ शकारक हास्यपूर्ण कथा ओ क्रिया; पाँचम अङ्क मे मैत्रेय ओ कुम्भीलकक गप्प ओ क्रिया जाहि मे विशुद्ध प्रहसन जकाँ हास्य अछि; आठम अङ्क मे वा आनहु ठाम विट ओ शकारक वार्त्तालाप मे उपहासपूर्ण हास्यक योजना एवं बीच-बीच मे हास्य सँ ओत-प्रोत उपमा सब—विश्व मे कोन नाटक मे एहन सुन्दर,

एहन स्वाभाविक, एहन हृदयावर्जक हास्यक सम्पत्ति भेटत। देखू उपमाक चमत्कार–

(1) जेना दहीक छाल्ही पर परिकलि बिलाड़ि अपन सुर बदलि लैत अछि...(1.41.3)

(2) साँझक सिसकैत बसात सँ ई दीप तँ महिखा पर जाइत छागरक कोँढ़ जकाँ फुरफुरा रहल अछि (1.43.1)

(3) अपने अदृष्ट सन टेढ़ एहि ठेङा प्रहार सँ तोहर माथ केँ सुखाएल बाँस जेकाँ थकुचि देबौक। (1.42.)

दृष्टान्त देव असम्भव अछि। फ्रान्सक विश्व-विख्यात नाटक सबहिक हास्य अथवा सत्रहम शताब्दीक अङरेजी साहित्यक हास्य, अथवा शेक्सपिअरक नाटकक बहुमुखी हास्य जकाँ मृच्छकटिकक हास्य अनायास चित्त केँ आह्लादित कए दैत अछि ओ जकरा अङरेजी मे 'विट' (Wit) कहैत छैक तथा जकरा हम उपयुक्त शब्दक अभावमे 'सूक्ष्मोक्ति' कहब जाहि मे असमान मे समानता देखाय, शब्दक बल सँ नवीन कथा सुझाए, छनेक विस्मित कए, अधर पर मन्द मुसुकान, अथवा सादृश्यक विरूपतासँ हृदयक आवरण केँ हटाए अट्टहास, अनायास आबि जाइत अछि–ताहि दूहू दृष्टि सँ मृच्छकटिक हमर साहित्यक अमूल्य निधि अछि ओ एकर पद पद पढ़बहिक योग्य नहि, पढ़ि पढ़ि कविक रचना-कौशल, प्रत्युत्पन्नमतिकता, तत्काल स्फूर्त्ति, दृष्टिक तीक्ष्णता ओ शब्दक समृद्धि पर मुग्ध भेलेँ बिना रहब असम्भव। ई हास्य केवल श्लेष पर अवलम्बित नहि अछि यद्यपि सेहो पर्याप्त अछि यथा कुम्मीलक ओ मैत्रेयक संवाद मे 'पदकेँ उनटाउ' प्रकरण मे, अथवा खएबाक विन्यासक वर्णन पर निर्भर नहि अछि, अथवा पौराणिक कथाक उनटापनटी मे सीमित नहि अछि। शब्दगत हास्यक अतिरिक्त चरित्रगत विरूपता ओ तज्जन्य हास्य, चेष्टागत विरूपता ओ तज्जन्य हास्य, परिस्थितिगत विह्वलता ओ तज्जन्य हास्य–सब दृष्टि सँ, सब रङ्गक, विभिन्न मूलक, विभिन्न प्रकारक, विभिन्न अनुभावक, विभिन्न रूपक हास्य सँ मृच्छकटिक ओतप्रोत अछि। केवल हास्यरसहिक प्रकार ओ समृद्धिक दृष्टि सँ मृच्छकटिक उत्कर्षक पराकाष्ठा-सम्प्राप्त साहित्यक एक गोट अनुपम ओ विलक्षण रत्न अछि, युग-युग सँ बुझल जाइत अछि।

ओ तखन एहि मे समाजक चित्र केहन सुन्दर अङ्कित अछि। केवल सिल्वन लेवी साहेब एहि मे वर्णित समाज केँ काल्पनिक कहलैन्हि अछि, नहि तँ आओर सब समीक्षक एहि सँ समाजक एक-एक अङ्ग केँ ताकि-ताकि तत्कालीन देशक राजनीति ओ समाजक जीवनक सुन्दर चित्र प्रस्तुत कएने छथि। उज्जयिनीक केहन समृद्ध स्थिति छल, जाति-व्यवस्था कोन रूपक छल परन्तु व्यवसाय जाति पर निर्भर नहि छल ओ ब्राह्मण गणिकहु सँ विवाह कए सकैत छल कायस्थ लोकनिनिदाक पात्र बुझल जाइत छलाह, वैदिक ओ बौद्ध दूहू धर्म संग संग अनुष्ठित होइत छल, राजा साधारणतया अत्याचारी बुझल जाइत छलाह परन्तु अत्याचारक परिणाम क्रान्ति होइत छल जाहि मे अत्याचारी कैँ प्राण गमबए पड़ए, दासताक व्यवस्था पसरल छल ओ

दास केँ मुक्ति मूल्य दए, स्वामीक अनुग्रह सँ, एवं राजाक आज्ञा ताहू सँ होइत छल; लोकरक्षाक प्रबन्ध नहि छल मुदा राति केँ सड़क पर इजोतक प्रबन्ध छल; न्यायक की प्रकार छल ओ यावत् पर्यन्त अपराध प्रमाणित नहि हो अभियुक्त निर्दोष बुझल जाए तथा न्यायाधीशक निर्णय राजाक ओतए आज्ञाक हेतु प्रेषित होइत छल; सूली देवाक की व्यवस्था छलैक इत्यादि-इत्यादि अनेको विषय अछि जकर आभास एहि नाटकक कथावस्तु सँ, घटनाचक्र सँ, वार्त्तालाप सँ ओ कथा-वार्त्ता सँ भेटैत अछि। समाजक एहन सजीव चित्र सँ सामाजिक परिस्थितिक आभास भेटब कोनो चित्र नहि ओ ताहू दृष्टि सँ एहि नाटकक बड़ पैघ महत्त्व अछि। कोनहुना मृच्छकटिक आइ सँ चौदह सए वर्ष पन्द्रह सए वर्ष पूर्वक रचना तँ अवश्ये थिक ओ एतेक दिनुक एतेक सूक्ष्म विवरण जाहि स्वाभाविक रीति सँ एहि नाटक मे वर्णित अछि ताहि सँ विशेष प्रामाणिक दोसर वर्णन भेटत कतए? ई जे कथा हम पूर्वहुँ कहल अछि केवल विशाखदत्तक मुद्राराक्षस टा एहि सब दृष्टि सँ मृच्छकटिकक समता पाबि सकैत अछि, दोसर कोनो नाटक एहि रूपेँ समाजक प्रतिबिम्ब ओ तेँ ऐतिहासिक ओ सांस्कृतिक महत्त्वक हमरा साहित्य मे नहि अछि।

× × ×

तादृश ग्रन्थरत्नक अनुवाद हमर प्रिय मित्र श्रीसरसकविजी एहन मनोरम कएल अछि ताहि सँ हमरा हर्ष ओ गौरव दूहूक उल्लास अछि। ओना तँ अनुवाद, साहित्यिक अनुवाद, सुगम काज नहि अछि ओ जे कथा महामहोपाध्याय बालकृष्णमिश्र हिनक शाकुन्तलनाटक अनुवादक भूमिका मे कहने छथि, संस्कृतक श्लेष अथवा ध्वनि आदिक निर्वाह संस्कृतभिन्न भाषामे होएब संभव नहि आछि। संस्कृत एहन भाषा अछि जे भाषान्तरमे संस्कृतक रोचकता कोना आओत, ओतेक अलङ्कारक विन्यास कोना भए सकत? ताहू पर, एहि नाटक मे हास्य ओ सूक्ष्म उक्ति सब शब्दमूलक अछि, तकर निर्वाह आन भाषा मे कोना होएत। दृष्टान्तक हेतु देखू– प्रथमहि अङ्कमे शकारक उक्ति अछि (अनुवाद पृष्ठ 24, पंक्ति अठारह) जकर अनुवाद अछि 'पण्डितजी चल गेलाह परन्तु मूलमे अछि 'गङेक्खु भावे अभावम्' अथवा "गतःखलु भावोऽभावम्"। एहि मे "भाव" "अभाव" मे श्लेषमूलक हास्य अछि जकर गन्धो अनुवादमे नहि आएल, नहि आबि सकैत छल। दोसर एहिमे समाजक निम्न वर्णक उक्ति सबमे रङ्ग-विरङ्गक शैली अछि, प्राकृतहिक विन्यास एहि नाटक मे सब प्रकारक अछि। मिथिला-भाषा मे कतबो प्रयास कएल गेल अछि तैओ ओ उक्ति वैचित्र्य नहि आबि सकल अछि, ओतेक प्रकारक शैली नहि भए सकल। प्रयास कएल गेल अछि तकर दृष्टान्त एक नहि अनेक अछि, यथा–

ई चोरक धरुबी कुलनाशिनि, नचनिहारि, मछखौकी थिक इत्यादि (अङ्क-1, पद्य-53)

जहिना-जहिना मेघक टिकरी झहरि-झहरि बरिसैए इत्यादि (अङ्क-5, पद्य-10)

सदिखन शिला हाथमे राखह-पुरुष सभक नित दाढ़ी काटह इत्यादि (अङ्क-6, पद्य-22)

बाप ढाक डिगडिगिआ माए–ढोल थिकौक तोहर पुनि भाए इत्यादि (अङ्क-6, पद्य-23)

सुनू ऐ दाँतक कटगरि नारि इत्यादि (अङ्क-8, पद्य-31)

हम राजाक दुलरुआ सार (अङ्क-9, पद्य-2) इत्यादि

परन्तु पद्यांश मे बारम्बार एहनो-एहनो पद आबि गेल अछि जे ओहि व्यक्तिक हेतु स्वाभाविक नहि भेल, यथा–प्रथम अङ्कक 29 पद्य मे 'कर्षण' ओ 'अग्रगण्य', 31 पद्य मे 'माल्यगन्धहिँ' 'लक्षित', आठम अङ्कक दशम पद्य मे 'दुर्दर्श', 'नितान्त परितप्त', 'सन्तप्त'– कतेक दृष्टान्त देल जाए सकैत अछि जे सर्वथा अनन्वित लगैत अछि। तहिना मृच्छकटिक मे कतोक एहन पदक प्रयोग अछि जे तत्तद्देशी शब्द थिक, प्राकृत मे प्रयुक्त भेल अछि परन्तु जकर अर्थ निश्चित रूप सँ निर्णीत नहि अछि। वस्तुतः एहि मे एक गोट भाषा नहिए अछि। संस्कृत सँ भिन्न प्राकृतक कतेक भेद प्रयोग मे आएल अछि ओ ताहि सबहिक विशुद्ध अनुवाद कोना भए सकत? एहन-एहन बहुतो दोष देखबा मे अबैत अछि जाहि कारणेँ मूलक विलक्षणता अनुवाद मे नहि आएल अछि परन्तु से तँ अनुवाद मे आशा करबो असङ्गत। देखबाक ई थिक जे मूलक तत्त्व अनुवाद मे आएल अछि वा नहि ओ से जे केओ एकरा मूल सँ मिलाए केँ देखताह तनिका ई कथा स्पष्ट भए जएतैन्हि जे कोन रूप सँ एहि मे मूलक भाव आबि गेल अछि। शब्दगत चमत्कार यदि नहि अछि तँ तकर उपायो नहि अछि। पद्यक पद्य मे अनुवाद नीक तँ थिक परन्तु एहि मे तँ पद्य ठाम-ठाम अछि फकड़ा ओ से फकड़ा कविजी खूब जोड़लैन्हि अछि; सबठाम फकड़ा नहि जोड़ि गद्यांश मे ओ भाव व्यक्त करितथि तँ कविजी एकरा आओर रोचक बनाए सकितथि। मुदा गद्यांशमे स्वाभाविकता पर्याप्त अछि। दोसर अनुवादक गुण ई चाही जे अनुवाद पढ़ि आशय बुझल भए जाए, मूलक अनुसन्धान अनुवाद बुझबाक हेतु नहि करए पड़ए। अधिकांश ठाम अनुवाद स्पष्ट अछि, आशय केँ व्यक्त करैत अछि, मूल केँ ताकए नहि पड़ैत अछि।

परन्तु अनुवाद वा कोनहु पोथीक मूल्यक अङ्कन ओकर दोष-राहित्य सँ नहि, ओकर गुण-बाहुल्य सँ होइत अछि ओ ताहि दृष्टि सँ देखला उत्तर स्पष्ट प्रतीत होएत जे ई अनुवाद अत्यन्त प्रामाणिक, अत्यन्त रोचक, अत्यन्त स्वाभाविक भेल अछि। कविजीक अनुवाद शकुन्तलाक सेहो अछि परन्तु ओहि सँ ई अनुवाद कत बड़ विशेष चमत्कारक भेल अछि, विशेषतः गद्यांश मे ओ फकड़ा सभ मे। आब तँ ई सुधी-समाजक हाथ मे अछि ओ एकर गुण-दोषक विवेचन ओएह लोकनि कए सकताह। हमरा तँ श्रीसरसकविजीक सङ्ग तेहन आत्मीयता अछि ओ एहि अनुवाद

मे प्रेरक भेलेँ एकरा प्रति से आत्मबुद्धि अछि जे अपन दोष जकाँ एकर दोष हमरा नहि सुझैत हो परन्तु तैओ हम एतबा अवश्य कहब जे मूलग्रन्थक महत्त्व ओ एहि अनुवादक प्राशस्त्य पर्याप्त कारण बुझल जाएत जाहि हेतुएँ मातृभाषाप्रेमी मिथिला-भाषाभाषी सुधी-समाज एहि अनुवाद केँ अपन दृष्टिपात सँ पूत कए अनुवादकक श्रम केँ सफल करथि, इत्यलं विज्ञेषु।

(भूमिका, 1955)

उषाहरण

साहित्यपत्रक दोसरहि वर्षक आयोजनमे ई अज्ञात पूर्व ग्रन्थरत्न प्रकाशित भए सकल एकर हमरा यथार्थे बड़ हर्ष ओ गौरव अछि। मिथिलाभाषाक साहित्यक जे वेत्ता छथि से सबहुँ जनैत अथि जे एहि भाषामे आइसँ कमसँ कम सात सए वर्ष पूर्व सँ अविच्छिन्नरूपेँ रचना होइत आएल अछि। कोनो समय एहन नहि भेल अछि जखन श्रीमन्मिथिलेशलोकनिक छत्रच्छायामे दुइओ चारि व्यक्ति एहि भाषामे रचना महि करैत अएलाह अछि। परन्तु उपलब्ध सँ परिगणिते पोथी होइत अछि। कतोक रत्न नेपाल चल गेल; कतोक बंगलामे मीलि गेल ओ जेहो किछु देशमे अछि सेहो सब तत्तस्थानमे पड़ल अछि तथा कतोक तँ नष्ट भए गेल होएत ओ जेहो बाँचल अछि सेहो सब अन्वेषक ओ प्रकाशकक अभावसँ सड़ि रहल अछि। अतएव जखन हमरालोकनि एहि "साहित्यपत्र"क आयोजन कएल तखन एकर प्रधान उद्देश्य इएह राखल जे एहन एहन प्राचीन पोथी सबहिक अन्वेषण कराए कराए प्रकाशित करब।

एही प्रसङ्ग अनुसन्धान करैत एहि "साहित्यपत्र"क आयोजनमे हम अनन्यसहायक परम मित्रवर श्रीयुत दीनानाथबाबू एम.ए. अपनहि गाम नवटोलसँ-तिरहुतामे लिखल तएँतीस दोहराक एक गोट जीर्ण पोथी अनलैन्हि। अन्तिम पत्र नहि छलैक अतएव कतेक दिनक ई लेख थीक इत्यादि विषय बुझल नहि भए सकल तथा आदि अन्त दुहूमे संस्कृत रहनहु थोड़े देखलासँ स्पष्ट भए गेल जे ई मुख्यतः मिथिलाभाषाक ग्रन्थ थीक। सम्पूर्ण पढ़ि गेलासँ प्रतीत भेल जे मुख्य कथावस्तु समस्त अछि; जे अंश खण्डित अछि ताहिमे केवल देवतालोकनिसँ कएल गेल श्रीकृष्णक स्तुति होएतैन्हि ओ सेहो संस्कृतमे; अतएव स्थिर करैत गेलहुँ जे एकर प्रतिलिपि कराय अपूर्णो अछि तथापि एकरा प्रकाशित करब। एकर प्रतिलिपि श्रीदीनाबाबू स्वयं कएलैन्हि।

प्रतिलिपि करवाक काल देखना गेल जे ई पोथी कए गोटाक अक्षरमे लिखल अछि तथा एक रूपक अक्षरमे लिखल तँ बहुधा शुद्ध अछि जे अन्य दू तीन अक्षरमे लिखल विशेष भ्रमाह तथा संस्कृत भागमे नातिशुद्ध अछि। मिथिलाभाषा अंश मे जए गोट लेखक तए रूपक लिखबाक प्रणाली जकर नामकरण साहित्यपरिपद् "शैली"

कएने अछि। अतएव पूर्ण-शुद्धरूपें एकर प्रकाशन तखनहि सम्भव जँ एकओ दू गोट आओर ई पोथी भेटितए जाहि सबकें मिलाए एक शुद्ध स्वरूप स्थिर करितहुँ। परञ्च तकर सम्भव कोन? केओ एहि पोथीक नाम समेत नहि जनैत छलाह अछि। अतः संस्कृतभाग ठाम ठाम कविशेखर प० श्री बदरीनाथझासँ देखाए ओ भाषा अपनहि लोकनि साहित्यपत्रक "शैली" मे बान्हि एकरा प्रकाशित कए रहलहुँ अछि।। परञ्च एतबा धरि कहि देब आवश्यक बुझैत छी जी से छाड़ि आओर एहिमे कोनो परिवर्तन नहि कएल गेल अछि; यदनुरूप लेख उपलब्ध भेल अछि तदनुरूपे एकर प्रकाशन भेल अछि।

भाग्यसँ एहि ग्रन्थक रचचिताक परिचय एहि पोथिअहिसँ भए जाइत अछि। प्रस्तावनामे पेचदेवताक स्तुति कए श्रीमन्मिथिकलेशक स्तुति करैत कवि धर्म्मावतार वेदान्तसिद्धान्तगृहीतसार महाराज रुद्रसिंह बहादुरक परोक्ष भए गेल ई सूचित करैत हुनक पुत्र नृपतिलक बैकुण्ठवासी महाराज महेश्वरसिंह बहादुरकें "उदितकालः" कहि लिखैत छथि जे "हुनकहि आज्ञासँ एहि नाटिकाक रचना करैत छी"। एवं द्वितीय ओ तृतीय प्रकारणक अन्तमे अपन परिचयमे लिखैत छथि "गंगौलीसं जीवेश्वरात्मज रत्नपाणिशर्म विरचितायाम्" इत्यादि। एहि परिचयसँ सिद्ध होइत अछि जे एहि नाटिकाक रचयिता ओएह प्रसिद्ध महाकवि रत्नापाणिझा थिकाह जनिक दसो महाविद्याक गीत संस्कृत ओ भाषा दुहूमे सर्वत्र प्रसिद्ध अछि जाहि सबमे महाराज रुदसिंह बहादुरक शुभकामना कएल छैन्हि। एहि महाकविक पौत्र सर्वतन्त्रस्वतन्त्र स्वर्गीय धर्मदत्त प्रसद्धि बच्चाझा पण्डितक अवतार छलाह ओ प्रपौत्र पण्डित श्रीजगदीशझा नवानीमे ओही महाकविक डीह पर वृद्धिमान वर्त्तमान छथि। एहीसँ इहो स्पष्ट अछि जे एहि नाटिकाक रचना वैकुण्ठवासी महाराज महेश्वरसिंह बहादुरक राजत्वकालक आदिअहिमे भेल जकरा प्रायः एक सए वर्ष भेल होएतैक।

महाकविक जीवन-चरितक विषयमे विशेष किछु अवगत नहि होइत अछि। इतिहास वा जीवनचरित प्रभृतिक प्रसङ्ग हमरालोकनिके केहन अनास्था अछि तकर ई ज्वलन्त दृष्टान्त थीक। रत्नपाणिझाकाँ भेलाँ एकसए वर्ष भेल होएतैन्हि। हिनक प्रपौत्र एखन वर्त्तमान छथिन्ह। हिनका वंशमे सभ पण्डिते होइत आएल छथिन्ह। तथापि एतबओ बुझल नहि होइत अछि जे हिनक जन्म वा मृत्यु कोन साल भेलैन्हि? ई कोन शाल ओ से ककरासँ पढ़ने छलाह? एतबए ज्ञात भेल अछि जे महाकविक पिता जीवेश्वरझा पहिने कोसीक कातक एक परसा गामक वासी छलाह ओ ओतएसँ उपटिकें आबि नवानीमे बसलाह। एतहि महाकविक जन्म भेलैन्हि। ई सात भाइ छलाह, सातो पण्डित। ई शास्त्रार्थ विषयमे बड़ पटु छलाह। पूर्वमे सरस्वतीक कृपापात्र भए पछाति ई लक्ष्मी तनिको कृपाभाजन भेलाह तथा महाराज रुदसिंह बहादुरक सभापण्डित रहि हुनक विश्वासपात्र भए पूर्ण वित्तोपार्जन कएलैन्हि, पूर्ण स्थिति वित्तक सञ्चय कएलैन्हि। हिनक दरवाजापर दू गोट हाथी छलैन्हि।

हिनक रचित सोलह गोट संस्कृत-ग्रन्थक पता लगैत अछि जाहिमे अधिकांश धर्मशास्त्र ओ कर्मकाण्ड विषयक छैन्हि तथा एक गोट "नाड़ी विज्ञान" नामक आयुर्वेदहुक। एहिमे केवल एकोद्दिष्टसारिणी ओ प्रशस्तिमाला इएह दू गोट मुद्रित छैन्हि; शेष चौदहगोट अमुद्रिते छैन्हि।

किन्तु रत्नपाणिझाक कीर्ति हुनक रचित गीतसबहिक हेतु छैन्हि। ई दसो महाविद्याक ध्यान लए लए एक एक गोट संस्कृतमे ओ एक एक गोट मिथिलाभाषामे गीत रचने छथि। ई सभ ओ एकगोट महासरस्वतीक कहि दुर्गाक–सब मिलाए एकैस गोट हिनक गीत स्वर्गीय बाबू ललितेश्वरसिंह साहेब प्रसिद्ध झोटहू बाबूक द्वारा सम्पादित ओ प्रकाशित "मैथिलभक्तिप्रकाश" नामक संग्रहमे मुद्रित अछि। एहिसँ भिन्न एक गोट आद्याक, एक गोट ताराक, एक गोट दुर्गाक, चारि गोट गंगाक तथा एक गोट विष्णुपद–सब मिलाए आठ गोट हिनक रचित मिथिलाभाषाक गीत हिनक प्रपौत्र प. श्रीजगदीशझासँ प्राप्त भेल अछि। एवं कमेँ हिनक उनतीस गोट गीत हमरा उपलब्ध भेल अछि। एहिमे अधिकमे महाराज रुद्रसिंह बहादुरक शुभकामना कएल गेल अछि। केवल एक गोट गीतमे महाराज छत्रसिंह बहादुरक नाम भेटैत अछि। हिनक रचित "कृत्यसागर" नामक आचार विषयक ग्रन्थ जे अमुद्रित छैन्हि महाराज छत्रसिंह बहादुरकेँ समर्पित छैन्हि अतएव स्पष्ट अछि जे ई महाराज छत्रसिंह बहादुरहिक समयमे राजमे आएल छलाह तथा महाराज महेश्वरसिंह बहादुरक आज्ञासँ सँ एहि नाटिकाहिक रचना कएलैन्हि अतएव हिनक कवित्वक समय अनुमानतः १२४० सालसँ १२६० साल धरि प्रमाणित होइत अछि ओ हिनक काल सम्भव थीक १२१० सालसँ १२६५ साल धरि।

एहि नाटिकाक कथा "हरिवंश"सँ लेले गेल अछि। ओकर विष्णुपर्वक ११५म अध्यायसँ १२८म अध्याय धरि ई कथा विस्तृतरूपेँ वर्णित अछि। मिथिलाभाषामे तँ ई कथा अत्यन्त प्रसिद्ध अछि। सुनल थीक जे एक गोट "उषाहरण" नामक नाटिका कवि देवानन्दक रचित अछि परञ्च ओ पोथी हमरा उपलब्ध नहि भेल अछि। महामहोपध्याय पण्डित हर्षनाथझाक रचित एहि नामक नाटिका तँ प्रसिद्ध अछि तथा मुद्रितो अछि। प्रस्तुत नाटिका एहि विषयक तेसर नाटिका थीक।

परञ्च ई नाटिका कतोक अंशमे विलक्षण अछि। संस्कृत नाट्याशात्रक अनुसार विचार कएलासँ एहिमे अनेक दोष भेटत। प्रस्तावना प्रायः नहिए अछि। प्राकृतक चर्चा नहि अछि। वार्तालाप संस्कृतमे अछि परञ्च अनेको ठाम ओही वस्तुक गीतहुमे उपपादन कएल गेल अछि। कहबाक हेतु चारिगोट प्रकरण अछि परञ्च आधासँ अधिक प्रथमहि प्रकरणमे समाप्त भए गेल अछि। एहि सङ्ग जखन प० हर्षनाथझाक "उषाहरण"क तुलना करैत छी तँ कथाक विस्तारमे, वर्णनक वैशद्यमे, भाषाक अंशमे, ई नाटिका अवश्य उत्तम प्रतीत होइत अछि परञ्च प० हर्षनाथझाक उषाहरणमे नाटिकाक जे सब गुण होएबाक चाही से सब भेटैत अछि। प०

हर्षनाथझाक गीतमे जे रचना-नैपुण्य ओ शृङ्गराक भाव भेटैत अछि से एहि नाटिकामे नहि। निश्चय जँ रत्नपाणिझा नाटकक स्वरूपमे नहि, कथानकक स्वरूपमे एकरा लिखितथि तँ बड़ उत्तम होइत। नाटकमे तटस्थक उक्ति कतहु दृष्ट नहि होइत अछि परञ्च एहिमे से अनेको ठाम अछि। मूल हरिवंशक संग तुलना कएलासँ स्पष्ट बूझि पड़ैत अछि जे महाकवि ओहि कथाकेँ नीक जेकाँ अनुसरण करैत एकर रचना कएने छथि जकर दृष्टान्त "ज्वरयुद्ध"क वर्णन अछि। संस्कृतहुमे गीत ओ स्तोत्रादि प्रचुररूपेँ एहिमे अछि।

मिथिलाभाषाक दृष्टिसँ विचार कएला उत्तर ई नाटिका अपूर्व प्रतीत होइत अछि। नाटकक जे गुण चाहि से रहौक की नहि, भाषाक ई विलक्षण काव्य अछि। महाकवि रत्नपाणिझा शृङ्गाररसक रचनामे ओतेकं निपुण नहि छलाह से हम मानैत छी परन्तु भक्तिक रचना हिनक विलक्षण छैन्हि ओ हमरा तँ एहू नाटिकामे प्रधान रस "शान्ति" अथवा "भक्तिए" भेटैत अछि। वर्णन सब हिनक अपूर्व छैन्हि। भाषा प. हर्षनाथझाजेकां संस्कृत-बहुल नहि परञ्च साधारण किन्तु संगहिसंग प्राजल ओ भाव सर्वत्र विशद। संस्कृतभागमे अनुप्रास ओ यमकक चमत्कार अपूर्व अछि। हास्यरसक अभावे अछि परञ्च जाहि रसक एहिमे प्रधानता अछि ताहि सङ्ग हास्यक मेल नहि होइत। मिथिलाभाषाक नाटकसभमे नारद बिदूषक जेकाँ रहैत छथि परञ्च एहि नाटिकामे नारद छथिओ परञ्च से शुद्ध देवर्षि, हास्यरसक कोनो चेष्टा हुनकामे नहि अछि।

एतावता ई नाटिका अपना ढंगक मैथिलीमे विलक्षणे अछि ओ आशा अछि ई मैथिलीप्रेमीकेँ आनन्ददायक सिद्ध होएत जाहिसँ साहित्यपत्र अपनाकेँ कृतकृत्य बुझत। विशेष कहब व्यर्थ होएत। पोथी पाठकक हाथहिमे अछि।

एहि भूमिका लिखबामे हमरा महाकविक प्रपौत्र प० श्री जगदीशझासँ सहायता भेटल अछि तदर्थ हम हुनक कृतज्ञ छी। इत्यलं।

(भूमिका, उषाहरण नाटिका, साहित्य पत्र,
जूडशीतल, १३४६ साल)

मैथिली साहित्यक इतिहास

(प्रो. कृष्णकान्त मिश्र)

भाषाक उत्कर्ष थिकैक भाषा केँ बजनिहारक मनोभाव केँ व्यक्त करबाक सामर्थ्य; ओ भाषाक समृद्धि थिकैक ओहि भाषा मे रचित एहन-एहन कृतिक प्राचुर्य जाहि मे ओहि भाषा केँ बजनिहारक जीवन प्रतिबिम्बित रहैक। जतेक दीर्घकाल-व्यापी जीवनक प्रतिबिम्ब ओहि भाषा मे उपलब्ध होएत ततेक समृद्ध ओ भाषा बुझल जाएत।

समस्त उत्तर भारत मे जतेक भाषा सम्प्रति बाजल जाइत अछि ताहि मे सबसँ दयनीय स्थिति अछि मिथिला भाषाक। उत्कर्ष मे ई कोनहु भाषा सँ न्यून नहि अछि तथा व्यंग्यक जतबा सामर्थ्य एहि मे अछि सँ ततबा थोड़ भाषा मे भेटत। भिन्न-भिन्न पदक समभिव्याहार मे एकहि पदसँ कोना भिन्न-भिन्न अर्थक अभिव्यक्ति होइत अछि तथा वक्ताक स्वर-भेदहुँ कोना भावक भेद व्यक्त भए जाइत अछि, इत्यादि विषय एहि भाषाक जे केओ तात्त्विक रूप सँ अध्ययन कएने छथि अथवा करताह सएह कहि सकताह। साहित्यक प्रसङ्ग एतबे कहब पर्याप्त होएत जे आइ सँ साठि-सत्तरि वर्ष पूर्व यदि भारतक सबहुँ भाषा-साहित्यक गणना कएल जाइत तँ निस्सन्देह हमरा लोकनिक भाषा-साहित्य परिमाण किंवा उत्कर्ष कोनहु दृष्टिएँ कोनहु भाषा-साहित्य सँ घाटि नहि होइत एहन समृद्धि ई भाषा, एहन उत्कृष्ट, जकर क्षेत्र इतिहास मे विद्याक हेतु विख्यात अछि, तकर सम्प्रति स्थिति ई अछि जे एकर अपन लिपि लुप्त भेल जाइत अछि, प्राचीन साहित्यिक-परम्पराक स्रोत शुष्कप्रायः अछि; दू कोटि बजनिहारक बीच एको गोट पत्र नीक जकाँ नहि चलैत अछि, वर्ष मे दुइओ सए पुस्तक लिखल नहि जाइत अछि ओ जेहो केओ पोथी लीखि प्रकाशित करबैत छथि तनिक पोथी बिकाइत नहि छैन्हि। विश्वविद्यालय एवं राजकीय सरकारक शिक्षा-विभाग द्वारा स्वीकृत भैओ केँ एकर पठन-पाठनक व्यवस्था दृढ़ नहि भेल अछि। सबसँ अधिक खेदक विषय तँ ई जे स्वतन्त्र भारतक संविधान मे जे कतोक भाषा एतद्देशीय भाषा कहि परिगणित भेल अछि ताहि मे एकर नाम नहि अछि। जाहि भाषा द्वारा भारतवर्ष मे आइ सँ छओ-सात सए वर्ष पूर्व भाषा-साहित्यक सर्जनक मार्ग प्रदर्शित भेल ओ जाहि सँ उद्‌बोधन पाबि कत-कत भाषा नव-नव साहित्य रचि विश्ववन्द्य भए गेल,

सएह भाषा, अपन जीवितावस्थहि मे, दू कोटि सँ अधिक जनता द्वारा एखनहु बाजल जाइत, देश मे भाषाक श्रेणी मे नहि राखल गेल, तँ से दयाक पात्र नहि तँ की भए सकैत अछि ?

एकर कारण नहि छैक से बात नहि। एकर एकमात्र कारण छैक, मिथिला-भाषाभाषी जनता मध्य अपन भाषाक प्रति उदासीनता ओ तेँ एहि प्रसङ्ग उपेक्षाक भाव। से यदि नहि रहैत तँ एहि जनतन्त्रक युगमे ककर दर्प थिकैक जे दू कोटि जनताक भाषा कें अपन अधिकार सँ वञ्चित राखि सकए! मुदा ई उदासीनता किएक छैक तकरो कारण स्पष्ट अछि। जाहि समय मे अङरेजक शासन एहि भूभाग मे प्रचलित भेल, धर्मप्राण मिथिला विदेशी ओ विधर्मी नवीन शासक-वर्ग सँ दूरहि रहब पसिन्द कएलक, फलतः अङरेजी शिक्षा मिथिला मे बड़ पश्चात् प्रारम्भ भेल। एहि सँ गुण तँ ई अवश्य भेल जे हमरा लोकनि अपन प्राचीन संस्कृत कें जाहि रूपेँ अक्षुण्ण राखि सकलहुँ ताहि रूपेँ भारतक अन्य कोनो प्रान्त नहि राखि सकल ओ एहुखन संस्कृत-विघाक अध्ययन ओ अनुशीलन जाहि रूपेँ मिथिला होइत मे ताहि रूपेँ भारतक आन कोनहु प्रान्त मे नहि होइत अछि। परन्तु सङ्गहि सङ्ग इहो मानए पड़त जे अङरेजी शिक्षा सँ जे लाभ भेलैक ताहि सँ हमरा लोकनि वञ्चित रहि गेलहुँ। अङरेजी शिक्षा सँ बड़का लाभ ई भेलैक जे ओकर साहित्य, ओकर विज्ञान, ओकर प्रणाली सँ अनुप्राणित भए भारतवर्षक भिन्न-भिन्न भाषा-साहित्य एक नवीन उत्साह सँ साहित्य-सर्जनक दिशि अग्रसर भेल। छापाखानाक प्रचार सँ भिन्न-भिन्न लिपि मे पोथी छापल जाए लागल। राजनैतिक प्रगति सँ समाचारपत्रक प्रति लोकक रुचि जागल ओ ताहि सँ भाषाक विकास मे अत्यधिक साहाय्य पहुँचल। हमरा लोकनि एहि दौड़ि मे ठाढ़े रहि गेलहुँ ओ जखन बढ़हु लगलहुँ तँ बड़ पछुआएल रहि गेलहुँ। शासक विदेशी, हमर संस्कृति, हमर भाषा, हमर महत्त्व की जानए गेल? फलतः जे मुँहगर छल, अगुआएल, तकर मान भेलैक, हमरा लोकनि पछुलगुआ रहि गेलहुँ? अनादि काल सँ मिथिलाक स्वतन्त्र राज्य बिहारक अङ्ग भए गेल। दिल्ली ओ मेरठक भाषा खड़ी-बोली हमरा लोकनि कें मातृभाषाक स्थानमे कण्ठ मे लटकाए देल गेल। हमरा लोकनिक स्वतन्त्र अस्तित्व लुप्त भए गेल। सांस्कृतिक दासता केहन होइत छैक तकर ज्वलन्त दृष्टान्त अछि कवीश्वर चन्दाझाक पुरुष परीक्षाक अनुवाद मे देल गेल भूमिका जे हिन्दी मे अछि कारण ताहि समय हिन्दी हमरा लोकनिक गरदनि मे लटकाए देल गेल छल परन्तु हमरा लोकनि केहन हिन्दी-बजनिहार छी तकरो दृष्टान्त ओएह भूमिका अछि।

एमहर किछु दिन सँ मिथिला मे जागृतिक शुभ लक्षण देखि पड़ैत अछि। अपन भाषाक प्रति स्नेह पुनः जागि रहल अछि। परन्तु एतेक दिनुक भाषाक दासता मे जकड़ल कतोक जन एखनहु एहि प्रसङ्ग उदासीने छथि तथा कतोक जन अपन भाषा-साहित्यक अनभिज्ञता सँ एकर उत्कर्षक प्रसङ्ग सन्दिहान देखि पड़ैत छथि। भाषाक विकास तखनहि सम्भव जखन एकर बजनिहार सब कें एकरा हेतु हार्दिक

स्नेह होइक ओ तदर्थ आवश्यक अछि जे आदि काल सँ आइ धरिक एहि भाषा-साहित्य-स्रोत केँ स्पष्ट रूपेँ सकल साधारण केँ बोधगम्य होएबाक योग्य भाषा मे वर्णित कए लोकक अनभिज्ञता दूर कए देल जाइक। एहि रूपक एक गोट प्रामाणिक ग्रन्थक प्रयोजन प्रायः सब भाषा केँ होइत छैक, विशेषतः मिथिला भाषा केँ एखन ओ प्रयोजन सबसँ अधिक छैक। एहि सँ भाषा-साहित्यक विकासक क्रम मात्र प्रदर्शित नहि होएत, अपितु हमर भाषा-साहित्यक प्राचीनता, प्रवाह ओ प्रकर्ष सकल साधारण केँ स्पष्ट भए जाएत।

किछु दिन भेल जे अविश्रान्त श्रम कए हमर मित्र डाक्टर श्री जयकान्त मिश्रजी मिथिलाभाषा-साहित्यक एकगोट क्रमबद्ध इतिहासक प्रणयन कएल जाहि सँ हमरा लोकनि केँ अतीव गौरव प्राप्त भेल। परन्तु ओ ग्रन्थ अङरेजी मे अछि ओ देशक भिन्न-भिन्न भाग एवं विदेश मे यद्यपि ओहि ग्रन्थसँ हमरा लोकनिक भाषा ओ भाषा-साहित्य केँ कम सम्मान प्राप्त नहि भेल अछि परन्तु साधारण मैथिल जनता मध्य एहन ग्रन्थसँ जे उपकार अपेक्षित अछि से नहि भए सकल अछि। तहिना हमर अभिन्न मित्र डाक्टर श्रीसुभद्रझा मिथिलाभाषाक उत्पत्ति ओ विकास पर एक गोट प्रामाणिक ग्रन्थ-रत्न लिखल अछि जाहि सँ आब केओ भाषातत्त्वविद् ई कहबाक दुस्साहस नहि कए सकताह जे मिथिला-भाषा स्वतन्त्र भाषा नहि थिक अथवा भाषान्तरक एक गोट 'बोली' मात्र थिक। परन्तु ओ दोष एहू मे अछि जे ई अङरेजी मे अछि ओ भाषाशास्त्रक जे केओ विशेषज्ञ छथि तनिकहिटा ई ग्रन्थ बोधगम्य भए सकैत छैन्हि।

एहि ग्रन्थ सबहिक महत्त्व नहि छैक से नहि। भारतवर्षक भिन्न-भिन्न भागक विद्वान् लोकनिक ध्यान एहि सब सँ अवश्य आकृष्ट भेल अछि, हुनका लोकनिक दृष्टि एहि सबसँ अवश्य स्फीत भेल अछि। परन्तु एहि जनतन्त्रक युग मे प्रयोजन अछि मिथिला भाषा भाषी जनता मध्य प्रचारक जाहि सँ हुनका लोकनिमे युग-युगक अज्ञानान्धकार दूर भए सकए ओ एहि प्रकाश मे ओ लोकनि अपन यथार्थ स्थिति कैँ देखि उद्धारक मार्ग सेहो ताकि सकथि। अपन भविष्य-निर्माण एखन जनताक अपना हाथ मे अछि ओ यदि मिथिला-भाषाभाषी दू कोटि जनता आइ आँखि खोलि अपन परवशता देखए ओ तकर उद्धारक सङ्कल्प करए तँ जे कथा हम पूर्वहि कहल अछि जे नहि संसारमे ककर दर्प थिकैक जे हमर भाषा कैँ दबाए राखत, कोन बल एहन छैक जे हमरा अपन जन्मसिद्ध अधिकार सँ वञ्चित राखि सकए। एहि दृष्टि सँ प्रस्तुत ग्रन्थक महत्त्वक वर्णन नहि भए सकैत अछि। एमहर अनेक वर्ष सँ सङ्ग रहैत हम श्रीकृष्णाकान्त बाबूक गुण सँ मुग्ध छी। वंशानुगत जे मातृभाषाप्रेम हिनका छैन्हि ताहिसँ भिन्न सतत केवल एकरेटा चिन्तन जे कोन रूपैँ मातृभाषाक सेवा सफल होएत, कोना कैँ एकर हित-साधन करी, की कएलैँ देश मे मातृभाषाक प्रति लोकक रुचि जाग्रत भए सकत, हिनक वैशिष्ट्य छैन्हि। मैथिलीक एकमात्र पत्र 'वैदेही' हिनक सदुद्योग, हिनक

त्याग ओ हिनक अविश्रान्त श्रमक फल थिक। वैदेही समितिक स्थापना, वैदेही प्रकाशन सँ सुन्दर-सुन्दर छोट-छोट पुस्तकक प्रकाशन इत्यादि हिनक सेवाक जे प्रशंसा करब सब थोड़े होएत। ओएह हमर मित्र श्रीकृष्णकान्तबाबू आइ मिथिला भाषाक इतिहास मैथिली मे लीखि प्रकाशित कराए रहलाह अछि ओ एहि सँ मिथिला-भाषाभाषी जनता मे अपना भाषाक प्रति जे अवगति सम्भावित अछि ताहि सँ विशेष देश मे नवीन जागृतिक दोसर उपाय दृष्टिगोचर नहि होइत अछि। एकर विलक्षणता तँ ई अछि जे एहि मे केवल साहित्यिक विकासहिकटा चित्रण नहि अछि अपितु भाषाक उत्पत्ति ओ विकास, ओकर व्यापकता, तथा लिपि प्रभृति भिन्न-भिन्न अङ्गक वर्णन करैत साहित्यिक समालोचनाहुक मार्ग प्रदर्शित अछि जाहि सँ एहि भाषा-साहित्यक गुण-गौरव सँ पाठकगण परिचित भए अपन रुचिहुक परिष्कार कए सकताह। सम्प्रति मैथिली-साहित्यक जे स्थिति अछि ताहि मध्य एहि रूपक ग्रन्थ सँ विशेष उपादेय दोसर ग्रन्थक कल्पनो नहि कए सकैत छी। एहि रूपक ग्रन्थरत्नक रचना कए ओकरा प्रकाश मे आनि श्रीकृष्णकान्त बाबू एकगोट अमर कीर्त्तिक काज कएल अछि ओ तदर्थ हुनका भूरि-भूरि धन्यवाद देब समस्त मिथिला-भाषाभाषी मातृभाषा-प्रेमीक कर्त्तव्य थिकैन्हि।

इतिहासक प्रसङ्ग हम निस्सङ्कोच कहब जे एहि मे विषयक सञ्चय ओ तकर उपस्थापन दूहू साधारण जनता केँ दृष्टि राखि कएल गेल अछि ओ तेँ एकर भाषा-शैली सेहो अत्यन्त सरल ओ सुष्ठु अछि। मैथिली साहित्यक इतिहासक किछु अध्ययन ओ अनुशीलन हमरहु अछि ओ तेँ यद्यपि एहि ग्रन्थ मे हमरा श्रीजयकान्त बाबूक अङरेजीमे लिखित इतिहास सँ विशेष विषय अथवा विषयक प्रसङ्ग आदि नहि भेटल अछि परन्तु तेँ एकर महत्त्व कम नहि बुझबाक थिक। इतिहास ई पहिल नहि, दोसर ग्रन्थ थिक, पहिल थिक श्रीजयकान्त बाबूक, ओ जे दोष अथवा त्रुटि पहिल प्रयास मे क्षम्य थिक से दोसर मे ओहि रूपेँ क्षम्य नहि बुझल जाएत। अतएव एहि मे बहुत ठाम विषय छूटल बूझि पड़ैत अछि, बहुत ठाम उचित ठाम जोर नहि दए अनुचित ठाम जोर भेटैत अछि, समालोचना विषय मे सेहो मतभेद अछि जे स्वाभाविक थिकैक। परन्तु एहि सबकेँ हम नगण्य बुझैत छी। एकर एकमात्र उद्देश्य अछि मिथिला-भाषाभाषी साधारण जनताक समक्ष अपन भाषा-साहित्यक एकगोट क्रमबद्ध चित्र उपस्थित करब ओ ठाम-ठाम ओहि चित्रक गरिमा ख्यापित करब। से काज ई वस्तुतः प्रथमे थिक ओ तकर सम्पादन बड़ सुन्दर भेल अछि ताहि मे ककरहु कोनहु विप्रतिपत्तिक सम्भावना नहि भए सकैत अछि। भाषामे जे कतहु-कतहु शैथिल्य परिलक्षित होइत अछि तकरो कारण ओएह थिक, एकरा लोकप्रिय बनएबाक उद्देश्य ओ तदर्थ यत्न। परन्तु एहि त्रुटि सबहिक परिमार्जन होइत रहत। चित्र प्रस्तुत भए प्रकाश मे आबि गेल अछि। लेखक अपन उत्साह, श्रम ओ त्यागक परिचय दए देल। आब मिथिला भाषाभाषी मातृभाषाप्रेमी शिक्षित समुदायक कर्त्तव्य थिक जे एहि ग्रन्थ केँ लए, एकर गुण-दोषक विवेचन करथि ओ

से हमर मित्रवर श्रीकृष्णकान्त बाबू केँ जनाए देथि जाहि सँ हुनका एकर त्रुटिक परिमार्जन, विषयक स्फुटीकरण, भाषाक संशोधन इत्यादि आवश्यक जे काज होइक ताहि दिशि उत्साह ओ प्रवृत्ति होइन्ह। हमरा पूर्ण विश्वास अछि जे सुधी-समाज मे एकर समुचित सम्मान अवश्य होएत ओ एकर लेखक महोदय केँ मातृभाषाक सेवाक चरम फल, अक्षय कीर्त्ति, अवश्य प्राप्त होएतैन्हि।

(भूमिका, 1955)

निबन्ध-चन्द्रिका

(बाबू क्षेमधारी सिंह)

निबन्धचन्द्रिका आइ प्रकाशित भए गेल, मुदा एकरा पढ़बाक जे केओ श्रम करताह तनिका ई कथा नीक जकाँ हृदयङ्गम भए जएतैन्हि जे एखनहु धरि मैथिली साहित्यक क्षेत्र मे प्रतिभाक की मोल अछि, कोना लेखक एखनहु मुद्रकक हाथ मे पुतरी बनल रहैत छथि। एहन गम्भीर चिन्तन, एतेक गहन अनुभूति, एहि रूपक विशाल पाण्डित्य—से एतादृश मनीषीमूर्धन्यक तौलल शब्द मे—भाषान्तर मे एहन ग्रन्थरत्नक प्रकाशन कतेक उल्लास सँ होइत, केहन सुन्दर टाइप रहैत, केहन विलक्षण कागज रहैत, केहन आकर्षक साजसज्जा रहैत। टाका पूर्ण दैओकेँ एहन सुन्दर मुद्रण केवल मैथिलीक लेखकक दुर्भाग्य मे छैन्हि। हमरा लोकनि एतबहि सँ सन्तुष्ट छी जेना तेना ई छपि गेल ओ दिवङ्गत बाबू साहेबक कीर्त्ति केँ अमर राखत, विद्यापतिक शब्द मे हुनक कीर्त्तिवल्ली केँ पसरबाक हेतु सुदृढ़ मचानक काज करत।

दरभंगा राजकुलक अलङ्कार, मधुबनीक नामी बाबू साहेब, श्रीकर साहेब विद्याक व्यसन ओ साहित्यक अनुरागक हेतु बहुत दिन धरि अमर रहताह। हमरा पर हिनका अतीव स्नेह ओ कृपा। ओना सम्बन्धो छल; हिनक मात्रिक हमरहि ओहि ठाम, हिनक मातामह हमरा पितामहक पितिऔत भाए ओ हमर पिताक आचार्य गुरु। हमर मातृ मात्रिक हिनका ओहिठाम, हमर मातृमातामह हिनक पितामहक पितिऔत भाए। परन्तु आइ सँ अड़तालीस वर्ष पूर्व जखन हम मधुबनी पढ़ए गेलहुँ तखन ओतए हिनक अङरेजी साहित्यक ज्ञानक सुयश प्रसृत छल ओ ताहि सङ्ग सङ्ग हिनक संस्कृत-साहित्यक अनुरागक गाथा सर्वत्र चर्चाक विषय छल। हमरहु हृदय मे ताहू दिन एहि दूनू साहित्यक अनुरागक अंकुर छल ओ तेँ हम हिनका दिशि आकृष्ट भेलहुँ; तथा ई प्रयाग मे जे हमर माम महामहोपाध्याय डा. गङ्गानाथ झाक भक्त शिष्य रहल छलाह तकरा गौरव बुझथि, तेँ अपन गुरुक भागिन केँ, जकरा ताहि दिन मधुबनी मे भविष्णु छात्र कहल करैक तकरा, अपन स्नेहवारि सँ सींचए लगलाह जे ताहि दिन बड़का गौरव बूझि पड़ए ओ आइ मधुर स्मृतिक रूप मे

सन्तोषक आधार अछि। पश्चात् भाग्यक विडम्बना मे पड़ि बड़े बौअएलहुँ, तथा केवल अपन अन्तरात्माक तुष्टिक हेतु विद्याक व्यसन मे पड़ि जे साहित्य मे अनुराग जीवित राखल, अनुसन्धान मे प्रवृत्त भेलहुँ, लिखब सिखए लगहुँ, ताहि मे हिनक स्नेहवारि सँ कहिओ वञ्चित नहि भेलहुँ। सब दिन हिनका सँ प्रोत्साहन ओ संवर्धना प्राप्त होइत रहल। मधुबनी जाइ ओ हिनक दर्शन नहि करिऐन्हि तकरा ई मन राखथि ओ अपना से प्रत्यवाय बोध होइत रहए। अतएव हिनक कृति सँ हम बहुत दिन सँ परिचित मात्र नहि, मुग्ध सेहो छी। हमहि हिनक सांख्यखद्योतिका आनि परिषद सँ प्रकाशित कराओल। एक संग्रहक हेतु हिनक चन्द्रमा परक लेख माङि आनल तँ दोसरक हेतु 'जड़ प्रकृतिक स्वभाव'। खेद रहि गेल जे मनोविज्ञानपर हिनक रचना हिनक जीवितावस्था मे प्रकाशित कराए नहि सकलहुँ ओ से हमर अयोग्यता थिक। निबन्धचन्द्रिका प्रकाशित देखबाक हेतु बड़ लालायित छलहुँ। आइ ओहि लालसाक पूर्त्ति सँ मात्र सन्तोष अछि। आनन्द किंवा उल्लास एको रत्ती नहि अछि, कारण, एकर मुद्रण एहि ग्रन्थक किंवा एकर लेखकक महत्त्वक अनुरूप नहि अछि। ई हमर साहित्यिक दीनताक द्योतक थिक।

बाबू साहेबक ई निबन्ध सब हिनक परिपक्व पाण्डित्य अथच जीवनक विशाल अनुभवक देन थिक। एहि मे केवल बुद्धिक विलास नहि, ज्ञानक कण-कण सञ्चित भेटत। मुदा हमरा आकृष्ट करैत अछि सबसँ विशेष हिनक भाषा। चारू कात मैथिलीक लेख मे जे भाषाक भ्रष्टता देखैत रहैत छी ताहि सँ क्षुब्ध छी, ओ विश्वास दृढ़ भेल जाइत अछि जे स्वच्छन्दताक एहि प्रवाह मे ई पुरान भाषा डूबि जाइत तँ एहन-एहन ग्रन्थ प्रकाश मे आबि ओकर स्वरूपक, जँ प्रचार नहि तँ, कम सँ कम रक्षा नहि करैक।

संस्कृत मे निबन्ध शब्द शास्त्रक एक भेद थिक जाहि मे लेखक प्राचीन प्रमाणक आधारपर विषय-विशेषक प्रसङ्ग अपन विचार प्रकट करैत छथि। एगारहम शताब्दी सँ सोङहम शताब्दी धरि निबन्धहिक युग छल ओ सहस्त्रो निबन्ध प्रकाशित ओ अप्रकाशित ओहि युगक पाण्डित्यक निदर्शनस्वरूप विद्यमान अछि। एहू निबन्ध सबमे 'मैथिली वर्णोद्धार' किवा 'पाश्चात्यदर्शन-विचार' ओही जातिक निबन्ध थिक जाहि मे प्रमाण कें समक्ष राखि लेखक अपन विचार व्यक्त करैत छथि।

परन्तु एहि मे अधिकांश निबन्ध अङरेजी साहित्यक Essay थिक। अङरेजी साहित्य मे ई एक विलक्षण विधा थिक जे पश्चिमहुक अन्य साहित्यमे एतेक ने प्रसिद्ध अछि ने विकसित। अङरेजीक निबन्ध मे सबसँ प्रमुख विषय छैक ओकर संक्षिप्तता। निबन्ध मे विचारक पूर्णता अपेक्षित नहि छैक ओ ने ओहि प्रसङ्ग यावतो वस्तुक प्रतिपादन। ई संक्षिप्त हो मुदा से एहि हेतु नहि जे ओहिमे विषयक दरिद्रता छैक परन्तु एहि हेतु जे विषय लेखक कें हृदयङ्गत छैन्हि ओ तें ओ थोड़ मे बहुत रास वस्तु कहि सकैत छथि, मुख्य ओ गौणक विवेचना कए अपन दृष्टिकोणक

अनुकूल ततबे कथा कहथि जाहि सँ ओहि विषयक प्रसङ्ग लेखकक विचार प्रभावोत्पादक ढंग सँ कहल भए जाए। निबन्धक दोसर धर्म थिक ओकर अनौपचारिकता। एकरा मानसिक आलाप कहि सकैत छी। जेना केओ अपन अन्तरङ्ग मित्र सँ गप्प करैत अछि, तहिना निबन्धमे लेखक अपन पाठकक संग गप्प करैत प्रतीत होथि। अतएव एकर क्रम किंवा प्रतिपादन शैली रीतिमत हो अथवा नियमबद्ध हो से आवश्यक नहि। फलतः निबन्ध मे लेखकक केवल व्यक्तित्व परिस्फुट रहैत अछि ओ रहबाक चाही, कारण, ओही व्यक्तित्वक स्फुटता पर निबन्धक गौरव निर्भर रहैत अछि।

एहि निबन्धचन्द्रिका मे तीनि प्रकारक निबन्ध अछि। कतोक संस्कृत निबन्ध जकाँ केवल शास्त्रीय थिक यथा–पाश्चात्य दर्शन किंवा मैथिली वर्णोद्धार। एहि प्रसङ्ग एहन प्रतीत होइत अछि जे एहिमे प्रतिपादन जँ आओर सरल रहैत तँ नीक होइत। एखन एहि निबन्ध सबसँ ओएह रसास्वादन कए सकताह जनिका ओहि विषयक साधारणो ज्ञान छैन्हि। परन्तु विषय सब ई तेहन अछि जे सबकेँ एकर अवगति नहि सम्भव। लेखक महाशय केँ मुदा ई विषय सब हृदयङ्गम छलैन्हि ओ तेँ ओ एकर कठिनताक अनुभव नहि कएल ओ केवल ओतबे विषयक प्रतिपादन कएल जाहि सँ ओकर मर्म ख्यापित हो। दोसर प्रकारक निबन्ध अछि नीति-सम्बन्धी ओ अधिकांश सएह अछि। संशय, दया ओ औदार्य, आशा, आत्मनिग्रह, सन्तोष, समयक मूल्य, गृहशासन, पितृभक्ति, कार्यशील लोकक शिक्षा, मधुर भाषण, सेवक, उद्यम, शान्ति, श्रमक रस एवं कर्मत्याग–ई सब जीवन-नीति सँ सम्बद्ध अछि ओ हमरा जनैत एही सब निबन्ध मे लेखकक व्यक्तित्व परिस्फुट होइत अछि। एहि सब विषय मे दर्शनिक विचार, कतहु-कतहु वैज्ञानिक विचार, सेहो अबैत रहैत अछि; से तँ लेखकक हृदय मे भीजल दर्शनतत्त्वक प्रभाव थिक; मुदा मूलतः एहि सबमे जीवनक कटु ओ मधुर अनुभव निहित अछि। जीवन मे ऐश्वर्य ओ दीनता, हर्ष ओ शोक, अभ्युदय ओ अवसाद, सफलता ओ नैराश्य, आनन्द ओ विषाद–सब कथूक अनुभव करैत; सबकेँ सन्तुलित रखैत, जीवन-पथपर दृढ़ता सँ पएर रखने, प्रेय ओ श्रेय दूहूक विवेक सँ रक्षा करैत, कर्त्तव्यक पालन सँ कहिओ विरत नहि भेलाह; जीवनक सबसँ पैघ अभिशाप शारीरिक अस्वास्थ्य प्रयुक खञ्ज रहलाह, मुदा जीवनकक्रम मे ने विरक्ति देखाओल ने कटुता, बौद्धिक व्यवसाय किंवा जीवनक मधुरता कहिओ नहि विसरलाह, वैषम्यक स्थितिअहु मे साम्य रखने रहलाह। अतएव हिनक जीवन सफलताक दृष्टि सँ आदर्श कहल जाएत। एहन महापुरुषक अनुभूति सँ भरल ई निबन्ध सब पठनीय थिक, मननीय थिक, माननीय थिक। गीताक वचन किंवा दार्शनिक युक्ति सँ सम्पुष्टि हमरा ओतेक महत्त्वपूर्ण नहि लगैत अछि जतेक हिनक लौकिकता, व्यावहारिकता, जीवनदर्शनक साक्षात् अनुभव। तँहि तँ हम

कहल अछि जे एहि मे बुद्धिक विलास तेँ छैके, ज्ञानक कण-कण सञ्चित अछि। छोट-छोट बात जे व्यवहार-दशा मे बड़ पैघ-पैघ फलक कारण भए जाइत अछि तकर की सुन्दर प्रतिपादन भेटत! कहबाक तात्पर्य जे जीवन-पथक निर्लिप्त द्रष्टा जकाँ लोकयात्रा केँ देखैत रहल छथि ओ जे अनुभव कएलैन्हि, देखलैन्हि, बुझलैन्हि तकरा स्वच्छता सँ स्वान्तःसुखाय तँ अवश्य मुदा वस्तुतः बहुजनहिताय लीखि गेल छथि तकर उपादेयता बहुत दिन धरि रहतैक ओ एकर अध्ययन सँ जीवन-नीतिक प्रसङ्ग बड़ सुन्दर अथच सरल शिक्षा भेटतैक। हमरा तँ एहन बोध होइत अछि जे एहि सब निबन्धकेँ पृथक् प्रकाशित कएल जाइत ओ पोथीक नाम रहैत जीवन-नीति।

तेसर प्रकारक दश गोट निबन्ध अछि जे विशुद्ध दार्शनिक थिक, दर्शन ओ विज्ञान, द्वन्द्व, पञ्चतत्त्व, ससीम-असीम, 'कर्त्ता, कर्म ओ ईश्वर', जड़ा प्रकृतिक स्वभाव, शक्ति, स्मृति, 'बौद्ध ओ जैन' तथा 'शैवदर्शन'। एहि मे केवल दार्शनिक मतक प्रतिपादन नहि, मौलिक विचारक समावेश अछि ओ दर्शनक सङ्ग भौतिक विज्ञानक सामञ्जस्य एकर विशिष्टता कहब। समस्त जीवनदर्शनक पठन, मनन ओ निदिध्यासन सँ जे सिद्धान्त हिनका संस्कार जकाँ अन्तःकरण मे बद्धमूल भए गेल छलैन्हि ताहि मे सबसँ प्रमुख छल एक गोट अदृश्य अलौकिक आनन्दमयी शक्तिक प्रति आस्था, विश्वास, भक्ति ओ प्रवणता तथा हिनक जे विचार वा उद्‌गार भेटैत अछि सबमे ओहि प्रवणताक परिचय हिनक व्यक्तित्वक अभिन्न अङ्ग प्रतीत होएत।

ओ एहि निबन्ध सबहिक भाषा सर्वथा विषयक अनुकूल अतएव लेखकक व्यक्तित्वक अनुरूप अछि। जेना जेना निबन्धक स्वरूप मे अन्तर, तेना तेना भाषाक शैली सेहो भिन्न। गृहशासनक भाषा दर्शन ओ विज्ञानक भाषा सँ भिन्न अछि जेँ दूनूक प्रतिपादनक स्वरूपे भिन्न अछि। परन्तु सब स्थिति मे सहजता हिनक भाषाक धर्म कहब। जेँ हिनक अन्तःकरण दार्शनिक भावना सँ ओतप्रोत छल ओ चिन्तनक सरणि छल दर्शनमूलक, तेँ हिनक भाषा संस्कृत-बहुल होएब स्वाभाविक। तथापि किछु एहन वैलक्षण्य भेटैत अछि जे हिनक भाषा केँ लगले चिन्हार कए देत यथा, वाक्यमे शब्दक स्थानपरिवर्त्तन विशेषतः कर्म केँ क्रियापदक पश्चात् लिखैत-लिखैत मध्यमे गोटेक अपरिचित तत्सम शब्दक प्रयोग—चन्द्रमाक प्रसङ्ग लिखैत 'युवजानि' दम्पतिक विशेषण-रूप मे, गृहशासनमे 'भ्रान्तिपुञ्जोद्‌बोधक' इत्यादि। परन्तु मोटामोटी इएह कहब जे हिनक शैली छल समर्थनात्मक जाहि मे प्रत्येक कथा तर्क ओ युक्ति सँ समर्थित ओ पुष्ट रहैत अछि। हँ, बीच-बीच मे प्रतीकात्मक शैली भाषाक एकरूपता केँ दूर करैत भाषा मे चमत्कार आनि दैत अछि। मुदा सरल हिनक भाषा नहि होइत अछि, अर्थक गूढ़ता किंवा व्यंग्य सूक्ष्मता आशय केँ लगले स्फुट नहि होअए दैत अछि। परन्तु अछि धरि हिनक गद्य परिमार्जित, परिष्कृत, निर्मल; ओ

लोकप्रिय हिनक निबन्ध नहि भए सकैत अछि, साधारण लोक हिनका सँ गप्पो नहि कए सकैत छल! किन्तु मैथिली साहित्यक इतिहास मे एहि निबन्धचन्द्रिकाक स्थान सुरक्षित रहत ओ बहुत दिन धरि श्रीकर साहेबक गद्य मैथिली भाषाक एक गोट दार्शनिक शैलीक निदर्शन रूप मे सम्मानित रहत ताहि मे कोनो सन्देह नहि। इति।

कार्त्तिकी पूर्णिमा, 1968

अलङ्कार-सागर

(महावैयाकरण दीनबन्धु झा)

मैथिली मे अलङ्कार-विषयक एहन मौलिक अथच गम्भीर अध्ययन सुधी-समाजक समक्ष उपस्थित करैत आइ हमरा हार्दिक सन्तोष अछि। अत्यन्त खेदक विषय थिक जे ई अपूर्ण रहि गेल ओ एकरा प्रकाशित करबा मे एतेक विलम्ब भेल। परन्तु अपूर्णो ई अपूर्व अछि ओ विलम्बहु सँ प्रकाशित भए सकल इहो सन्तोषहिक विषय थिक। मैथिली-ग्रन्थक प्रकाशनक असुविधाकेँ जनैत एहि रूपक शास्त्रीय विचारक ग्रन्थरत्नक प्रकाशन एहि साहित्यक इतिहास मे महत्त्वपूर्ण बुझल जाएत। आशा अछि एकर समुचित सम्मान होएत।

एहि ग्रन्थक एक गोट इतिहास छैक। ई ग्रन्थ हमहि लिखबाओल अथवा ई कहू जे ई ग्रन्थ पूज्यपाद महावैयाकरणजी हमरहि निमित्त लिखलैन्हि। 1953 ई. क वर्षाऋतुक समाचार थिक। महावैयाकरणजी मिथिला विद्यापीठ मे छलाह; राजक पुरना अस्तबलक पश्चिम दिशि हुनक डेरा छलैन्हि। हमहु विद्यापीठ मे पण्डित-छात्रलोकनि केँ अङ्गरेजी पढ़बए साँझ केँ जाइ ओ प्रायः नित्य जएबाक काल वा अएबाक काल हुनक दर्शन करैत जाइ आबी। मिथिला भाषाकोषक भूमिका छपि गेल छल, ताही प्रसङ्ग गप्पक क्रम मे एक दिन हम हुनका ओतए निवेदन कएलिऐन्हि जे अपने व्याकरण ओ कोष तँ देल, अलङ्कारक सेहो एकटा ग्रन्थ लीखि दितहुँ तेँ भाषाशास्त्रक सर्वाङ्गीण विचार हमरा लोकनि केँ अपनहिक रचित चिरकाल धरि सम्पत्ति रहि जाइत। ओ हमर अनुरोध मानि लेल; अलङ्कारक प्रसङ्ग विचार बहुत सूक्ष्म भए सकैत छैक से बुझाए देलैन्हि, परन्तु हमर अनुरोध छल जे सूक्ष्म सँ सूक्ष्म विचार कएल जाए, तैयो सकल साधारण ओहि सँ वस्तु बूझि सकथि। पदार्थक परिचय प्राप्त कए सकथि से अवश्य कर्त्तव्य।

किछु दिनक बाद महावैयाकरणजी एक दिन हमरा बजबए पठओलैन्हि ओ कहलैन्हि जे "सुनू तँ अहाँक 'फरमाइश' जे हम लिखए लगलहुँ अछि" ओ उपमाक विचार जे प्रायः समाप्त होइत छल, तीनू कक्षा सुनबए लगलाह। हम तँ मन्त्रमुग्ध जकाँ सुनैत रहलहुँ। प्रथम कक्षा मे अलङ्कारक सामान्य लक्षण, मध्यम कक्षा मे ओकर विवेचना ओ उत्तर कक्षा मे सूक्ष्मशः ओकर परिष्कार ओ ताहि सङ्ग सङ्ग नाना प्रकारक आनुषङ्गिक विषयक प्रतिपादन,

हमरा तँ एहन सुन्दर ग्रन्थक कल्पनो नहि छल। हमरा तृप्त देखि महावैयाकरणजी केँ बड़ सन्तोष भेलैन्हि ओ तहिआ सँ जखन-जखन एक गोट प्रकरण समाप्त होइन्ह ओ हमरा सुनाए, हमरा सन्तुष्ट कए तखन आगाँ लिखथि। वर्षेक ई क्रम चलैत रहल, निर्मल वैदुष्यक दुर्भाग्य सँ 1954 क बड़ा दिनक छुट्टी मे महावैयाकरण जी गाम गेलाह, ओतए दुखित पड़लाह ओ अग्रिम जनवरीक 26 तारीख केँ हुनक देहान्त भए गेल। मिथिला मे संस्कृत विद्याक अन्तिम स्तम्भ टूटि गेल। मैथिलीक एकान्त उपासक चल गेलाह। पश्चात् हुनक द्वितीय बालक श्री गोविन्दजी एकर प्रतिलिपि कए हमरा दए गेलाह। हुनक सब बालक केँ ई विषय अवगत छलैन्हि जे एकर रचना ओ हमरा निमित्त करैत छलाह। देखल तँ पता लागल जे अट्ठाइसम अलङ्कार अनुप्रासक प्रसङ्ग पूर्ण नहि भेल छल तावतहिँ पण्डितजी स्मर्त्तव्य भए गेलाह। सादृश्यमूलके अलङ्कार धरि ओ प्रायः सम्पूर्ण कए सकलाह, ताहू मे उत्प्रेक्षा रहिए गेल। परिमाणक दृष्टिएँ प्रायः चतुर्थांश, विषयक दृष्टिएँ भए सकैत अछि तृतीयांश ओ लीखि सकलाह, तीन अंश शेषे रहि गेल। एमहर आबि महावैयाकरणजीक ज्येष्ठ पुत्र श्री जीवनाथ बाबू प्रस्तावो कएलैन्हि जे यदि विचार हो तँ एही विचार-सरणिक अनुसरण कए हमहि एकरा पूर्ण कए दी ओ कादम्बरी जकाँ पिता-पुत्र दूहूक कृतिक रूप मे ई प्रकाशित हो, परन्तु हम एकरा ओहिना राखब पसिन्द कएल, अपूर्णे ई महावैयाकरणजीक अभ्रान्त शास्त्रीय प्रतिभाक परिचायक रहओ सएह पसिन्द कएल। इएह थिक ई 'अलङ्कार-सागर' जकर नामकरण समेत महावैयाकरणजी स्वयं कए गेल छथि।

तकरा 12 वर्ष सँ ऊपर भेल ओ एतेक दिन सँ हम प्रायः सतत सचेष्ट रहलहुँ जे ई प्रकाश मे आबि जाए। कए गोट प्रकाशकक 'खुशामद' कएलहुँ, कए गोट श्रीमानूक 'दरबार' कएहुँ। हम एकरा अपन अयोग्यता मानैत छी जे आइ धरि ई हमरा सँ छपाओल नहि भए सकल परन्तु एकर प्रकाशन हम अपन दायित्व बुझैत रहलहुँ अछि ओ आइ जे ई प्रकाश मे आबि रहल अछि ताहि सँ हमरा ओहने स्वास्थ्य ओ संतोषक अनुभव भए रहल अछि जेना पुरान ऋण सधाए कोनहु सज्जन केँ होइत छैन्हि। एहन ग्रन्थरत्नक जेहन मुद्रण होएबाक चाही, जाहि साज सँ एकर प्रकाशन उचित थिक से एखनहु नहि भेल, हमरा स्वयं एहि सँ सन्तोष नहि अछि परन्तु मैथिली मे प्रकाशनक असुविधा केँ देखैत ओ एतेक विफल आयासक अनन्तर एकर प्रकाशनक भार लए ग्रन्थालयक श्री रमेन्द्रनारायण चौधरीजी एकरा छपाए देलैन्हि, हम ततबहु सँ कृतकृत्य छी। हमरा पूर्ण भय अछि जे मैथिली भाषाभाषी शिक्षितो समाज एहि ग्रन्थरत्नक उचित सत्कार करत की नहि, एहि पोथीक बिकरी नहि होअए, लोक चाहत जे मङनी मे भेटि जाओ, ओ श्री चौधरीजी केँ एकर प्रकाशनक व्यय ऊपर होएबा मे कतेको वर्ष लागि जाइन्ह। परन्तु ई सब जनैत ओ जे एकरा प्रकाशित कराओल अछि से मैथिलीक सेवा कएलन्हि अछि अवश्य, परन्तु वस्तुतः

ओ हमरा धर्मक ऋण सँ उन्मुक्त कएलैन्हि अछि। हम हुनक एतदर्थ भूरि-भूरि प्रशंसा करैत छिऐन्हि, हुनक आभार हृदय सँ स्वीकार करैत छिऐन्हि।

× × ×

अलङ्कार थिक उक्तिक विच्छित्ति ओ साहित्यकारक कल्पनाशक्ति सबसँ विशेष एही मे स्फुट होइत अछि। इएह उक्ति-विच्छित्ति काव्यक वाणी केँ साधारण वाणी सँ पृथक् करैत अछि ओ से ततेक स्पष्ट अछि जे कतेको आचार्य तँ उक्तिक भङ्गिमा केँ सएह काव्यक जीवन मानल अछि। परन्तु उक्ति-विच्छित्तिक होएब एक वस्तु थिक, ओकरा बुझब भिन्न वस्तु थिक। कारयित्री प्रतिभा ओ भावयित्री प्रतिभा भिन्न-भिन्न वस्तु थिक। भावयित्री प्रतिभा शास्त्रीय होइत अछि, ओहि हेतु विशेष श्रम ओ श्रमसँ अर्जित ज्ञान अपेक्षित छैक। सम्प्रति विद्याक जे ह्रास भए रहल अछि ओ मैथिली-साहित्य-क्षेत्रमे रचनाक स्तर जे नीच भेल जाए रहल अछि ताहि सँ चिन्ता होइत अछि से हमरा लोकनिक भविष्य की होएत। तकर प्रतीकार एहने-एहने ग्रन्थक रचना ओ प्रकाशन भए सकैत अछि जाहि मे निर्भ्रान्त शास्त्रीय विचार सरल सँ सरल रीतिएँ बुझाओल रहए। परन्तु कतबो सरल होएत, थिक तँ ई शास्त्रे ओ कोनो शास्त्र हो ओहि मे विषयक गम्भीरता, विचारक जटिलता एवं भेदक सूक्ष्मता रहबे करत। फलतः शास्त्रीय ग्रन्थ कठिन होइत अछि औ से कठिनता एहि अलङ्कार सागरहुमे बोध होएत। ई मनन करबाक वस्तु थिक। परन्तु तीनि कक्षा मे बाँटि महावैयाकरणजी एकरा सबहिक हेतु उपादेय बनाए देल अछि। जनिका जतबे बुझबाक शक्ति छैन्हि से एहि सँ ततबे विषय ग्रहण करताह ओ अलङ्कारक विषय तँ सहजहिँ, साहित्यहुक प्रसङ्ग अनेक विषय अवगत कए लेताह। एहि ग्रन्थ मे आधिकारिक-भेदेँ विषयक उपस्थापन मे विशेष अछि ओ ताहि दृष्टिएँ ई मिथिलाभाषाक बड़का गौरव थिक।

दोसर विषय एहि ग्रन्थ मे विभिन्न आचार्यक मतक संग्रह थिक। मुख्यतः एहि मे मम्मट, विश्वनाथ, जयदेव ओ जगन्नाथ क मतक संग्रह भेटत परन्तु विचारक क्रम मे अन्यान्यो आचार्यक मतक उल्लेख होइत रहल अछि। ओना साधारणतया महावैयाकरणजी काव्यप्रकाशक मतक समर्थक प्रतीत होएताह, परन्तु काव्यप्रकाश वस्तुतः संस्कृत साहित्य शास्त्रक सबसँ प्रामाणिक ग्रन्थ थिक ओ मम्मटक मत सत्ये समर्थनीय होइत अछि। परन्तु तेँ आन आचार्यक मतक उपेक्षा नहि भेटत। यथा अतिशयोक्तिक प्रसङ्ग मम्मट ओ विश्वनाथ दूहूक मत स्थापित कए महावैयाकरणजी मम्मटक मतक जे युक्तियुक्तता सिद्ध कएलैन्ह अछि से यथार्थ मननीय थिक।

तेसर विषय एहि प्रसङ्ग ई विशेष अछि जे एहि ग्रन्थ मे महावैयाकरणजी विशुद्ध अलंकारवादी छथि। ई संस्कृत शास्त्रहिक नियम थिकैक जे जे ग्रन्थकर्त्ता जाहि विषयक रचना करताह ताहिमे ओ सर्वथा सर्वतोभावेन ओही शास्त्रक समर्थक भए जएताह। वाचस्पतिमिश्र छओ दर्शन पर ग्रन्थ लिखल ओ जाहि शास्त्रक ग्रन्थ

देखब प्रतीत होएत जे ओ ओही शास्त्रक सर्वतोभावेन समर्थक छथि। परन्तु अलङ्कारक प्रसङ्ग अनुभव पर बल दए महावैयाकरणजी एहि वस्तु केँ स्पष्ट कए देल अछि जे अलङ्कारक विषय अनुभवक भेद सँ भिन्न-भिन्न रूपेँ देखल जाए सकैत अछि। अतएव कोनहु स्थलमे इएह अलङ्कार थिक ई कहब आग्रह थिक। अलङ्कारक मूल थिक विच्छित्ति ओ से जाहि विच्छित्ति केँ प्रमुखता दिऐक, जाहि दृष्टि सँ ओकरा देखिऐक ताहि रूपक अलङ्कार ओकरा मानि सकैत छिऐक। वस्तुतः अलङ्कारक प्रसङ्ग इएह सबसँ मुख्य विषय ज्ञातव्य थिकैक ओ एहि विषय केँ महावैयाकरणजी नाना भङ्गिमा सँ स्पष्ट कए देलैन्हि अछि।

परन्तु जे कथा हम आरम्भहि मे कहलेँ छी जे ग्रन्थ ई अपूर्ण रहि गेल। केवल सत्ताइस गोट अलङ्कारक विचार महावैयाकरणजी कएल, एहू सत्ताइस मे आधा सँ अधिक अप्रसिद्ध अलङ्कार थिक, प्रसिद्ध गोट आठेक मात्र अछि। अट्ठाइसम, अनुप्रास, समाप्त नहि कए सकलाह। यदि ओ एकरा सम्पूर्ण कए सकितथि तखन एकर महत्त्व की होइतैक तकर कल्पनो करब कठिन नहि अछि। मिथिलाभाषा विद्योतन, मिथिलाभाषाक धातुपाठ ओ मिथिलाभाषाक कोष तथा ओकर भूमिका मे महावैयाकरणजी अपन शास्त्रीय संस्कार तथा मिथिलाभाषाक ज्ञानक परिचय देलेँ छथि, एहि अलङ्कारसागर मे हुनक शास्त्रीय संस्कारक परिपक्वता पूर्णरूपेण परिलक्षित होइत अछि; ई ओ कृति थिक जकर भावना ओ रचना करैत ओ शरीरत्याग कएल। तँहि हम एकरा एहने अपूर्णावस्था मे प्रकाशित कराओल अछि। हमरा तँ आशा नहि अछि जे केओ व्यक्ति एहि रूपेँ एहि शैली पर शेष अलङ्कार विचार लिखि सकैत छथि, तखन भविष्य केओ कहि नहि सकैत अछि। यदि ई प्रकाशित भए जाएत ओ एकर शैलीक अध्ययन कए केओ एकरा पूर्ण करबाक साहस ओ उत्साह करताह तँ ओ मैथिली जगत् मे अमर भए जएताह।

परन्तु मुद्रण एहि पोथीक बड़ अधलाह भेल से खेद अछि। कतेक मात्रा टुटल अछि; कतेक ठाम अक्षर उखरलैक नहि ओ सबसँ बेसी, प्रूफ ततेक भ्रमाह रहैत छलैक जे ओकरा बुझब कठिन होइत छल ओ तेँ अशुद्धि सेहो अनेक रहि गेल। परन्तु जाहि स्थिति मे एकर प्रकाशन भए रहल अछि तकर विवरण हम आरम्भहि मे दए देलेँ छी। हमरा तँ अत्यन्त सन्तोष अछि जे ई पोथी एहनो छपल। हम अपन दायित्व केँ जेना तेना पार लगाओल। आब जखन ई छपि गेल तखन सुधी-जनक हाथ ई जएबे करत। लेख मे हमरा संग पड़ल जे ई नष्ट होएबा पर छल से तँ हटल।

महावैयाकरणजी केँ हमरा प्रति असीम स्नेह छलैन्हि। हुनका सँ हमरा कतेक प्रकारक सम्बन्ध। हमर मातामहीक मात्रिक हुनके ओहिठाम छल तथा हुनक पिताक मात्रिक हमरा ओहिठाम। हमरा पिताक ओ समवयस्क ओ जहिआ सँ ज्ञान भेल, पाठावस्था मे जखन- कखनहु भेँट होइत छल संस्कृत साहित्य पढ़बाक उत्साह दैत रहलाह, प्रत्येक नव उपलब्धिक हेतु प्रोत्साहन दैत रहलाह, तथा मैथिलीक क्षेत्र मे

प्रवेश कराए ततेक उपदेश दैत रहलाह जे आइ जँ मैथिली लिखए अबैत अछि तँ से हुनके सदुपदेशक प्रसादात्। विद्याक अभिरुचि, आत्मविश्वास, बजबा-विषयक संयम, लिखबाक अभ्यास ओ ताहि मे यश-अपयशक प्रसङ्ग उदासीनताक भाव—साहित्यिक जीवन मे जे ई कतोक गुण किछु भेल से जाहि-जाहि महापुरुषक आदर्श ओ उपदेश सँ ताहि मे प्रमुख छलाह महावैयाकरणजी। मैथिली कोना लिखब एहि प्रसङ्ग कतेक आदेश हुनका सँ पओने छी। एक दिन पुछला उत्तर जे जेना बजैत छी तहिना किएक ने लिखी, महावैयाकरणजी कहने छलाह जे 'जँ बजबे अशुद्ध करैत रही, तेँ पहिने शुद्ध-शुद्ध बाजब तँ सीखू।' एखनहु धरि कतेको पृष्ठ लेख संग मे अछि जे महावैयाकरणजी लाल मोसि सँ शुद्ध कए देलेँ छलाह। ओही सत्सङ्ग ओ सदुपदेशक बल पर तँ गौरव अछि जे हमर भाषा शुद्ध होइत अछि। ओ सबसँ विशेष हमरहि निवेदन पर, जकरा ओ हमर 'फरमाइश' कहथि हमरहि हेतु एहि 'अलङ्कार सागर'क निर्माण। अतएव एक तँ अपन गुरुजनक कृति थिक तकर ममत्व, दोसर, हमरहि हेतु ई लिखल गेल तकर ममत्व, तेसर गम्भीर एवं निर्भ्रान्त शास्त्रीय विचारक ग्रन्थ थिक तकर ममत्व, एहि ग्रन्थ मे अनेक ममत्व। खेद कहू, विषाद कहू एतबे अछि जे एहन विचारपूर्ण ग्रन्थ केँ मनोयोग दए पढ़निहार कए गोटे होएताह, परन्तु जे मनोयोग दए पढ़ताह से एहि विषयमे अपन दृष्टि माँजि लेताह ताही आशा सँ एकरा सुधीसमाजक समक्ष उपस्थित करैत छी।

एहि हेतु धन्यवाद हम दुइए जनकेँ देबैन्हि। ग्रन्थालयक श्री चौधरीजी जे वस्तुतः हमरा ऋण सँ मुक्त कएलैन्हि अछि हुनका, ओ आयुष्मान् श्री गोविन्दजी केँ जे अपन पिताक एहि कृति केँ वर्ष दशेक भेल होएतैक सम्पूर्ण उतारि हमरा पठाए देलैन्हि ओ अपन पिताक संक्षिप्त जीवन-वृत्तान्त सेहो लीखि पठाए देलैन्हि जे एहि सङ्ग मुद्रित अछि।

(गुरुपूर्णिमा, 1967 ई.)

नरोत्तम

(तेजनाथ झा)

मिथिला-भाषाक साहित्योद्यान मे गद्यप्रसूनक विरलता सम्प्रति साहित्य-चञ्चरीक लोकनिकाँ मनस्तापक कारण भेल अछि। वस्तुतः ई युग गद्यहिक थिकैका भाषान्तर सबहु मध्य रङ्ग-विरङ्गक ग्रन्थक अछैत मिथिलाक पाठक जनता मध्य अपना भाषाक पोथीक प्रति रुचि उत्पन्न होइक तकर एकमात्र उपाय बूझि पड़ैत अछि नीक-नीक, सुरुचिपूर्ण कथा-साहित्यक निर्माण ओ प्रकाशन। जीवनक तुमुल संघर्ष मे व्यापृत जनता केँ प्रयोजन छैक वास्तविक मनोविनोदक; ओ से सामग्री जँ हमरा लोकनि अपना भाषा द्वारा उपलभ्य कराए सकी तँ तखनहिटा लोकक रुचि एहि पछुआएल भाषा-साहित्यक दिशि आकृष्ट भए सकैत अछि। एहने एक गोट सामग्री हमरा प्रस्तुत कथा-काव्य मध्य भेटल अछि ओ तेँ हम बड़ आह्लाद सँ एकरा सुधीसमाजक समक्ष उपस्थि करैत छी!

मिथिला भाषाभाषी सुधीसमाज केँ एहि कथा-काव्यकार पण्डित श्रीतेजनाथझाक परिचय देबाक प्रयोजन नहि अछि। मातृभाषाक प्रति हिनक नैसर्गिक स्नेह ओ तकर साहित्यक अभिवृध्यर्थ हिनक सक्रिय सेवाभाव सबकेँ नीक जकाँ अवगते अछि। एहि कथा-काव्यक प्रकाशन सँ केवल ओहि सेवाभावहिक टा निदर्शन नहि होइत अछि, अपितु हिनक कवि-हृदयहुक परिचय भए जाइत अछि ओ हमरा तँ पूर्ण विश्वास अछि जे साहित्य-रसिकसमाज मे एहि काव्यक पूर्ण आदर होएत जाहि सँ हिनक सुयश चिरदिन पर्यन्त मैथिली-साहित्यक क्षेत्र मे अक्षुण्ण रहए।

हमरा हेतु एहि कथा-काव्य मे सबसँ विशेष आकर्षणक हेतु भेल अछि एहि मध्य प्राचीनता ओ नवीनताक अपूर्व सम्मिश्रण, ऐतिह्य ओ मौलिकताक चमत्कारक सामञ्जस्य। एकर कथावस्तु लेखकक कल्पनाक सृष्टि नहि थिक, बड़ प्राचीन थिक। संस्कृतक सुप्रसिद्ध ग्रन्थ-रत्न कथासरित्सागरक अठारहम तरङ्ग मे वत्सराज उदयनक कहल ई विदूषक-कथा थीक। कथासरित्सागर सेहो मौलिक ग्रन्थ नहि थीक। पैशाची प्राकृत मे गुणाढ्यक निर्मित वृहत्कथाक संक्षिप्त संस्कृत रूपान्तर महाकवि सोमदेवभट्ट कथासरित्सागर कहि प्रख्यापित कएल। मूल वृहत्कथा आब उपलब्ध नहि अछि परन्तु हितोपदेश, पञ्चतन्त्र,

बेतालपचीसी प्रभृति भारतवर्षक अनुपम कथासाहित्य ओही वृहत्कथाक मूल सँ उद्‌गत भए दिग्दिगन्त अपन सौरभ प्रदान कएलक अछि; इत्यादि कथा संस्कृत-साहित्यक इतिहासक थीक। कहबाक तात्पर्य जे एहि काव्य मे जे कथा कहल अछि से आइ दू सहस्र वर्ष सँ हमरा लोकनि कैं मनोविनोदक सङ्ग-सङ्ग समुचित नीति-शिक्षा दैत आएल अछि ओ तैं एहि जाँचल, पुरान वस्तु कैं अपना भाषा मध्य उपनिबद्ध कए लेखक प्राचीन भारतीय संस्कृतिक प्रति अपन सहज पक्षपात प्रदर्शित कएल अछि, संस्कृत-साहित्यक प्राचीन परम्पराक रक्षा करैत पाठकक दृष्टि ओहि दिश आकृष्ट कएल अछि जकर महत्त्व स्वाधीनताक एहि नवयुगक सुप्रभात मे बड़ विशेष अछि।

परन्तु तैं एकरा कथासरित्सागरक अनुवाद नहि बुझबाक चाही। एहि मे केवल कथा-वस्तु पुरान अछि, कथासरित्सागरक अछि। ओ कथा कहल गेल अछि स्वतन्त्र रूप सँ, सर्वथा मौलिक ढङ्ग सँ तथा कथासरित्सारक तीन सए चालीस गोट श्लोक मे वर्णित ई कथा कोना कैं एहि एकासी पृष्ठक पोथी मे कहल गेल अछि से देखला उत्तर एकर वैशिष्ट्य कोनहु साहित्यालोचक कैं स्वयं प्रतिभासित भए जाएत। दृष्टान्तक हेतु हम केवल दुइ गोट स्थल एतए उपस्थित करैत छी। एहि पोथीक समस्त चारिम अध्याय बुझी तँ मौलिके थीक। कथासरित्सागरक साढ़े सात गोट श्लोकमे वर्णित प्रसंगकैं लेखक केहन चतुरतासँ, कतेक चमत्कारसँ एक गोट अध्याय बनाओल अछि जाहि मे भद्रा ओ नरोत्तमक संलाप कतेक सरस, कतेक स्वाभाविक, कतेक मधुर अछि; कोन रूपैं देवयोनिक तुलना साम्राज्यवादीक सङ्ग कए एक गोट नवीन कल्पनाक चित्र खीचल अछि—इत्यादि विषय लेखकक रचना-शैली कैं परिस्फुटित करैत अछि। तहिना छठम अध्यायक अन्त दिशि पौण्ड्रवर्धनक राजकुमारीक अनिर्वचनीय लावण्य ओ उद्दाम यौवनक वर्णन मे उपवनक भ्रान्ति केहन चमत्कारक अछि। कथा सारित्सागर मे ई प्रसङ्ग एक गोट श्लोकमात्रमे वर्णित अछि।

तत्रापश्यन्नृपसुतां तां यौवनमदोद्‌घताम्।
लतामनुञ्चितस्फीतपुष्पभारनतामिव ॥

बस, एही श्लोकक उत्तरार्ध मे देल उत्प्रेक्षासँ उद्‌बोधन प्राप्त कए कवि-लेखक कतेक विच्छित्ति सँ भ्रान्तिमान् अलङ्कारक माला गाँथल अछि जाहि मे कल्पनाक प्रौढ़ता ओ व्यंग्यक मधुरता एतादृश अनेको प्राचीन रचनासब कैं स्मरण करबैत चित्त कैं प्रसन्न कए दैत अछि।

तखन एकर दोसर वैशिष्ट्य, जे हमरा पूर्ण विश्वास अछि, बहुतो केँ आकृष्ट करत से थीक एहि मे प्रदर्शित लेखकक कवित्व। कथा-साहित्य होइतहुँ ई काव्य थीक तथा तकर द्योतन तँ स्वयं लेखक एकरा कथा-काव्य कहि कए देल अछि। पद्यबद्ध भेलहिँ काव्य हो से कोनो नियम नहि थीक। पद्य किंवा गद्य रचनाक शैली

थीक। काव्य तँ ओ थीक जाहि मे सत्काव्यक सबटा कारण विद्यमान हो, ओ कथामूलक होइतहुँ, गद्यमय रहितहुँ, एहि मे रस, गुण ओ अलङ्कारक से विन्यास अछि जे एकरा उत्तम काव्य कहबा मे ककरहु कोनो विप्रतिपत्ति नहि होएत। आधुनिक कथासाहित्य मे अलङ्कारादिक विशेष प्रदर्शन दोष बुझल जाइत अछि परन्तु ई तँ कथासरित्सागर केँ आदर्श मानि लिखल गेल अछि ओ लेखक केँ ओकर रचना-शैली ततेक हृदयङ्गम भए गेल छैन्हि जे कथासरित्सागर सँ परिचित व्यक्ति केँ भ्रम भए जाएत जे विषय केँ उपास्थित करबाक रीति, अलंकारक प्राचुर्य, नीतिक निदर्शन प्रभृति सब दृष्टि सँ ई कथासरित्सागरक अनुवाद ने हो। परन्तु, जे कथा हम कहि आएल छी, केवल कथा-वस्तुए एहिमे कथासरित्सागरक अछि, कथा कहबाक शैली कथासरित्सागरक अछि, परन्तु ओ थीक सबटा मौलिक, लेखकक अपन कल्पनाक सृष्टि। कथासरित्सागर सँ मिलाए कए देखला उत्तर से कथा स्वयं सिद्ध भए जाएत। एहिरूपेँ सोमदेवभट्ट ओ हुनका द्वारा गुणाढ्यक अनुकरण करब ओ से एतेक चमत्कार सँ की साधारण कवित्वक विषय थीक? ओ से अनुकरण मिथिला-भाषा मध्य कए लेखक निश्चय एहि भाषा केँ गौरव प्रदान कएल अछि, एहि भाषाक साहित्य केँ समृद्ध कएल अछि।

एहि प्रसङ्ग इहो कथा स्मरण रखबाक थीक जे कलाक उद्देश्य केवल कलाक कौशलक प्रदर्शन थीक ई जाहि ने सिद्धान्त हमरा लोकनि पाश्चात्य साहित्य सँ ग्रहण कएल अछि से हमर प्राचीन संस्कृति नहि थीक। 'कान्तासम्मितया उपदेश'—प्रदान हमर साहित्य-शास्त्र मे काव्यक एक गोट प्रधान उद्देश्य कहल गेल अछि। कथासरित्सागर मे से कथा सर्वत्र दृष्टिगोचर होएत ओ बहुतो कथाक आरम्भ ओ अवसान दूहू ठाम ओहि कथाक सारभूत उपदेश कहि देल जाइत अछि। एहू मे तदनुरूपे ठाम-ठाम नीति-कथाक समावेश असङ्गत नहि बूझि पड़ैत अछि ओ से सब, विशेषतः अध्यायक आरम्भ मे देल विवेचन जँ मौलिक अछि तँ ओ विशेष उपादेय बुझि पड़ैत अछि ओ लेखकक अपन दृष्टि जीवन का विभिन्न समस्या सब दिशि कोन रूपक अछि तकरा द्योतित करैत अछि तखन एहि कथाक सारभूत उपदेश तँ कथासरित्सागरहिक शब्द मे ग्रन्थक आदि ओ अन्त मे दए देल गेल अछि। मानव-जीवनक जे रथ अछि तकर दूनू पहिआ दैव ओ पुरुषकार थीक ई जे हमर भारतीय संस्कृतिक मूलभूत सिद्धान्त अछि तकरे ई कथा पोषण करैत अछि ओ से प्रदर्शित भेल अछि कतेक स्वाभाविकता सँ, केहन रोचकता सँ!

परन्तु तँ एहि मे कोनो दोष नहि अछि हम सेहो नहि कहब। कोन मनुष्य मे अथवा कोन पोथी मे दोष नहि भेटत? परन्तु जेना मनुष्यक तहिना पोथिअहुक यथार्थ मूल्य ओकर गुणक परिमाण ओ प्रचुरता सँ अङ्कित करबाक चाही, दोषक दृष्टि सँ

से कर्तव्य नहि थीक। हमरा जनैत एहि पोथी मे गुण ततेक अछि ओ ताहि परिमाण मे अछि जे सब दोषक अछैतहुँ ई पोथी मनोविनोदक सङ्ग-सङ्ग शिक्षाक एक गोट बड़ सुन्दर सामग्री भेल अछि। सुधी-समाज मे एकर समुचित आदर हो, जनता मे एकर प्रचार हो, इएह हमर आन्तरिक आशंसा, कारण जे तखनहि हमरा समाजक नवीन लेखक लोकनि केँ अपन मातृभाषाक सेवा करबाक प्रोत्साहन भेटतैन्हि। इति।

(मेष संक्रान्ति, 1359 साल)

भूतक छाया

(अनुवादक : प्रो. दामोदर झा)

प्रस्तुत नाटक उत्तर यूरोपक महान् साहित्यकार इबसनक अमर कृति 'घोष्ट्स' क अनुवाद थिक। मूल ग्रन्थ नारवेक भाषा मे अछि तकर अङरेजीमे जे अनुवाद अछि तकर ई अनुवाद थिक। एकर महत्त्व तेँ काव्यत्व मे ओतेक नहि जतेक नाटकीयता मे छैक। नाटकक क्षेत्र मे इबसन नव-युगक सूत्रपात कएलैन्हि ओ तेँ वर्त्तमान नाटक केँ बुझबाक हेतु इबसनक कृतिक अध्ययन आवश्यक। मैथिलीक साहित्य नाटकक अंश मे दरिद्र अछि, एखनहु जाहि गति सँ कविता वा कथाक विकास भए रहल अछि ताहि समक्ष नाटक बड़ उपेक्षित बूझि पड़ैत अछि। यदि इबसनक एहि कृति सँ नाटकक शैली मे विकासक दिशा परिचित भए सकल तँ एकर अनुवाद ओ प्रकाशन सार्थक बुझबाक थिक।

साहित्यक विकास मे अनुवादक बड़ विशेष महत्त्व छैक। भिन्न भिन्न देश, काल ओ समाजक प्रतिभा ओ कला कैँ चिन्हला उत्तर नव चेतना, नवीन प्रेरणा, काव्यसर्जनक नूतन दिशा सुझैत छैक। विशेषतः नाटकक क्षेत्र मे पाश्चात्य साहित्यक अवदान बड़ श्रेष्ठ अछि, आधुनिक भारतीय भाषा सबमे नाटकक विकास अपन प्राचीन पद्धति सँ नहि, पाश्चात्य नाटकक प्रभाव सँ भेल अछि। ताहि दृष्टि सँ इबसनक एहि अनुवादक महत्त्व बड़ विशेष अछि।

हमर मित्र श्री दामोदरबाबू अङरेजीक मार्मिक विद्वान छथि। पाश्चात्य नाट्यकलाक हिनक अध्ययन ओ अनुशीलन बड़ व्यापक अछि। दृष्टि हिनक अत्यन्त स्फीत अछि ओ उपस्थापनक शैली सरल ओ स्वाभाविक, अतएव हुनक सदृश अधिकारी विद्वानक अनुवादक प्रसङ्ग हमरा किछु कहबाक प्रयोजन नहि। हमरा सन्तोष इएह अछि जे श्री दामोदरबाबू दिनानुदिन मैथिली-साहित्यक अभिवृद्धिक दिशा मे प्रयत्नशील छथि ओ तेँ हिनका सँ हमरा लोकनि बड़ विशेष आशा रखैत छी। एहि नाटकक स्वागत हो, एकर प्रचार हो, एकर सम्मान हो जाहि सँ आनो-आनो विद्वान प्रेरणा ओ प्रोत्साहन पाबथि।

एहि नाटकक आरम्भ मे पाश्चात्य नाट्यकलाक सिंहावलोकन, इबसनक नाट्यकलाक वैशिष्ट्य ओ एहि नाटकक महत्त्वक प्रसङ्ग जे निबन्ध अछि से केवल एहि नाटकहिक रसास्वादन मे सहायक होएत से नहि, ई स्वतन्त्र रूपहुँ उपादेय अछि ओ मैथिलीक पाठकक हेतु सर्वथा अभिनव अछि, अत्यन्त उपकारक सिद्ध होएत।

धन्यवादक पात्र थिकाह ग्रन्थालयक श्री रमेन्द्रनारायण चौधरीजी जे एकर प्रकाशनक व्यवस्था कए साहित्यक बड़का उपकार कएल अछि। इति।

(18.6.1965)

रसेलस

(अनुवादक : श्री दीनानाथ झा)

अत्यन्त हर्ष ओ सन्तोषक विषय थिक जे अङरेजी साहित्यक सुप्रसिद्ध महारथी डाक्टर जानसनक अमर कृति 'एबिसीनिआक राजकुमार—रसेलस' क ई मिथिला भाषा मध्य अनुवाद आइ प्रकाशित भए हमर साहित्यक अमूल्य निधि भए रहल अछि। ई अनुवाद आइ सँ प्रायः बीस वर्ष पूर्व सम्पन्न भेल ओ से भेल हमर 'साहित्यपत्र' क हेतु। ओहि 'पत्र' क प्रथमहि वर्षक आयोजन मे गोल्डस्मिथक सुप्रसिद्ध उपन्यास 'वेकफिल्डक पादरी' क सफल अनुवाद सँ सन्तुष्ट भए ओकर अनुवाद-कर्त्ता श्रीदीनानाथ बाबू केँ स्वर्गीय अमरनाथ बाबूक आदेश भेल जे अङरेजीक दोसर उपन्यास एही रसेलसक अनुवाद करू। इहो अनुवाद हुनक दृष्टिपात सँ पवित्र भेल परन्तु 'साहित्यपत्र' क अवसान द्वितीय वर्षान्तहि मे भए गेला सँ ई अनुवाद एहि पन्द्रह बीस वर्ष धरि हमरहि सङ्ग पड़ल रहल। आइ एकर प्रकाशन सँ अनुवादकर्त्ता श्री दीनानाथ बाबूक श्रम सफल भेल ओ हमर विषाद दूर भेल परन्तु दुहू गोटा केँ ई खेद रहिए गेल जे जाहि साहित्य-मर्मज्ञ मनीषी-मूर्धन्यक आदेश सँ हुनक मनोनुकूल ई अनुवाद कएल गेल से महापुरुष आइ एहि लोक मे नहि रहलाह। अस्मदादिकेँ तेँ आब एतबहि सँ सन्तोष करए पड़त जे हुनक आदिष्ट कृति सँ मातृभाषाक साहित्य आइ समृद्ध भेल ओ एहि ग्रन्थरत्नक अनुवाद जे विश्वक प्रायः समस्त समृद्ध भाषा मे साहित्यक स्थायी सम्पत्ति भेल अछि से आइ हरमहु भाषा मे अनूदित भए चिर दिन पर्यन्त शिक्षा ओ मनोरञ्जनक एक गोट विशिष्ट साधन भेल रहत।

एतदर्थ भूरि-भूरि धन्यवादक पात्र थिकाह राघोपुर ड्यौढ़ीक बाबू श्री कृष्णनन्दन सिंह साहेब। मैथिली-साहित्यक वर्तमान गतिविधि सँ जे केओ परिचित छथि सबहुँ केँ विदित छैन्हि जे श्रीमान् बाबू साहेब अपन पूज्यपाद पिताक स्मृति मे जे प्रचुर धन दए ट्रष्ट कएने छथि ताहि सँ कोन रूपक रचनात्मक कार्य भए रहल अछि। मैथिली मे प्रकाशित उत्कृष्ट ग्रन्थ केँ पुरस्कार देब ओ विशिष्ट ग्रन्थक निर्माण कराए

प्रकाशित करब एहि ट्रष्टक प्रथम उद्देश्य अछि ओ एतदन्तर्गत महावैयाकरण पण्डित दीनबन्धुझाक व्याकरण ओ कोष, वैयाकरण-केसरी म.म. परमेश्वर झाक मिथिला-तत्त्व-विमर्श, साहित्यरत्नाकर मुंशी रुघनन्दनदासक सुभद्राहरण महाकाव्य, कवि-चूड़ामणि श्री मधुपजीक शतदल, कविवर श्री आरसीजीक शेफालिका प्रभृति अनेको ग्रन्थरत्न पुरस्कृत किंवा प्रकाशित भेल अछि। दोसर उद्देश्य एहि ट्रष्टक अछि मिथिलाक संस्कृतिक सम्बन्ध मे व्याख्यान मालाक व्यवस्था, ओ तकर आरम्भ स्वर्गीय अमरनाथ बाबू कएने छथि ओ दोसर व्याख्यानमाला पटना हाइ-कोर्टक भूतपूर्व चीफजष्टिस श्रीमान् लक्ष्मीकान्त झा जी द्वारा प्रदत्त होअए जाए रहल अछि। मिथिलाक्षरक प्रचारार्थ ई ट्रष्ट हालहि मे जे ओकर वर्णमाला छपाए प्रचार मे आनल अछि तकर जतेक प्रशंसा कएल जाए से थोड़े होएत। ओही ट्रष्ट सँ एहू अनुवादक प्रकाशन भए रहल अछि ओ हमरहि प्रोत्साहन सँ हमरहि साहित्यपत्रक निमित्त अनूदित ई ग्रन्थ जे आइ धरि पड़ले छल तकर प्रकाशन आइ श्रीमान् बाबू साहेबक सहृदयता एवं उदारताक फलस्वरूप भए सकल तदर्थ हमर अशेष धन्यवादक पात्र थिकाह श्रीमान् बाबू साहेब।

एहि अनुवादक मूल ग्रन्थक रचना आइ सँ ठीक दू सए वर्ष पूर्व 1759 मे भेल छल। एकर रचयिता जानसन, जे डाक्टर जानसनक नाम सँ अमर छथि, एक जन प्रसिद्ध कवि छलाह, पत्रकार छलाह, समालोचक छलाह, औपन्यासिक छलाह, नाटककार छलाह, कोषकार छलाह परन्तु सबसँ पैघ छलाह ओ साहित्य एवं कलाक अनन्य भक्त, उपासक, साहित्यिकक शुभचिन्तक, निरीह लेखकक उदार पोषक, ओ साहित्य एवं कला विषयक सुरुचिक बड़का उन्नायक। वस्तुतः अपना समय मे ओ अङरेजी साहित्याकाश मे केन्द्रीभूत मार्तण्ड जकाँ जाज्वल्यमान छलाह ओ अठारहम शताब्दीक मध्य मे प्रायः पचास वर्ष धरि लण्डनक साहित्य-जगत मे हिनक से प्रतिपत्ति छल, हिनक वाणी मे से प्रभाव छल जे पुनि आइ धरि प्रायः अन्य ककरहु प्राप्त नहि भेल अछि।

ई ग्रन्थरत्न उपन्यासक रूप मे लिखल अछि परन्तु जेना आन-आन उपन्यास मे भेल करैत छैक एहि मे कथावस्तुक रोचकता नहि प्रशस्त अछि, किन्तु प्रशस्त अछि वर्णनक चमत्कार ओ विचारक प्राचुर्य ओ वैशिष्ट्य। जीवनक एकमात्र उद्देश्य भेल सुखक प्राप्ति, से कोन स्थिति मे, कोन अवस्था मे, कोन परिस्थिति मे प्राप्त भए सकैत अछि एकरे एहिमे विमर्श अछि। जीवनक नाना स्थिति, नाना अवस्था, नाना परिस्थिति, नाना व्यवस्थाक वर्णन कए ओकर गुण ओ दोषक सम्यक् आलोचना कए डाक्टर जानसन इएह प्रदर्शित कएल अछि जे मानव-जीवन निस्सार थिक, एहि मे ऐहिक सुखक अभिलाषा मृगतृष्णा मात्र थिक, यथार्थ सुख कतहु प्राप्य नहि अछि। दूरक ढोल सोहाओन होइत अछि तेँ जेहो अवस्था फराकसँ शान्ति ओ सुख सँ सम्पन्न प्रतिभासित होइत अछि सएह समीप सँ देखला उत्तर, गम्भीरता सँ पर्यवेक्षण

कएला उत्तर, युक्तिपूर्ण दृष्टि सँ विचारला उत्तर समाने रूप सँ दुःखमय प्रतीत होएत। जीवन मे सन्तोष नहि अछि, शान्ति नहि अछि, सुख नहि अछि—इएह एहि ग्रन्थ मे प्रतिपादित अछि। मुदा एतेक विचार-विमर्शक फलस्वरूप लेखक यदि अन्त मे किछु सिद्धान्त पर्यवसित कएने रहितथि तँ ग्रन्थक महत्त्व बड़ विशेष भए जाइत, कारण, तखन मानव-जीवनक लक्ष्यपूर्त्तिक दिशा मे लेखकक विचारसरणि किछु दिग्दर्शन कराए सकितए परन्तु एहि ग्रन्थ मे पर्यवसान किछु नहि अछि; सब कथूक दोषोद्घाटन सँ निषेध मात्र भेटत। समष्टिक भावना सँ जँ किछु पर्यवसित होइत अछि तँ से ई जे ऐहिक सुखक लिप्सा व्यर्थ; संसार मायाक खेड़ि थिक; शाश्वत ओ चिरन्तन सत्य मे सुखक अभिलाषा कदाचित् सार्थक हो परन्तु से छाड़ि आओर सब किछु मिथ्या। अतएव जीवनक प्रति एहि लेखकक दृष्टिकोण मे भारतीय दृष्टिकोण सँ बहुत सामञ्जस्य अछि ओ हमरालोकनि केँ एकर रसग्राहकता रोचक प्रतीत होएत। अन्यथा एहि ग्रन्थक सबटा उपादेयता अछि वर्णन चमत्कार मे, विचारक वैविध्य मे, तर्कक युक्तियुक्तता मे।

कहल जाइत अछि जे 1759 ई. क आरम्भ मे लेखकक माइक मृत्यु भेल छल ओ तत्सम्बन्धी व्ययक भार सँ व्याकुल लेखक प्रायः सप्ताह भरि सन्ध्याकाल केँ एहि ग्रन्थ केँ लीखि गेलाह ओ जँ जँ लिखल होइन्ह छपबाक हेतु प्रेस पठाओल करथि। एहि सँ बहुत पूर्वहिँ ओ एक गोट खण्डकाव्यक रचना कएने छलाह जकर नाम थिकैक 'बैनीटी आफ ह्युमन विशेज'—मानव अभिलाषाक असारता। ओहू मे कवि इएह देखओने छथि जे मानव जाति सुखक लिप्सा सँ नाना प्रकारक आकांक्षा करैत रहैत अछि परन्तु यथार्थ सुख मानव जाति केँ कोनहु स्थिति मे प्राप्त नहि होइत छैक। ओही काव्यक प्रतिपादित विषय केँ उपन्यासक रूप दए, भिन्न-भिन्न अवस्थाक सूक्ष्म ओ समीचीन वर्णनक चमत्कार सँ पुष्ट कए, कथोपकथनक द्वारा, युक्तियुक्त ओ तर्कपूर्ण विचार द्वारा विस्तार-पूर्वक भावुक लेखक सुखक मरीचिका अद्भुत ढङ्ग सँ एहि मे सजाओल अछि।

एहि अनुवादक प्रामाणिकता किंवा रोचकताक प्रसङ्ग किछु कहबाक हमरा अधिकार नहि अछि कारण एकर उत्तरदायित्व लेखक सँ कम हमरा नहि अछि। हँ, एतबा हम पुनः कहब जे ई अनुवाद स्वर्गीय अमरनाथ बाबूक दृष्टि सँ पवित्रीकृत अछि। डाक्टर जानसनक भाषा-शैली गुरु ओ गहन कहल जाइत अछि ओ ओकरा बुझबाक निमित्त तीक्ष्ण बुद्धिक सङ्ग-सङ्ग धैर्यहुक अपेक्षा छैक। विचार-विमर्श सँ संकुल, एहन भाषा मे लिखल एहि ग्रन्थक अनुवाद एतेक स्वाभाविक ओ रोचक भए सकल ई संयोगक बात थिक। परन्तु एकर साफल्यक निर्माण सुधी-समाजक हाथ मे अछि। अनुवादकर्त्ताक अधिकार केवल अनुवादकर्महि धरि सीमित छलैन्हि, अनुवादक सफलताक विषय मे हमरा लोकनि केँ कोनो अधिकार नहि अछि। मुदा हम जे एकरा बारम्बार पढ़ल अछि ताहि सँ हमरा केवल आशा नहि, विश्वासो अछि

जे जहिना श्रीदीनानाथ बाबूक पूर्वक अनुवाद वेकफिल्डक पादरी विशुद्ध मैथिली गद्यक एक गोट उत्कृष्ट आदर्शक रूप मे सुधी-समाज मे समादृत भेल तहिना इहो अवश्ये होएत।

अन्त मे हम श्रीदीनानाथ बाबू केँ एहन सफल अनुवादक हेतु धन्यवाद दैत छिऐन्हि ओ हमरहि हेतु कएल श्रम एतेक दिन पर आइ प्रकाश मे अबैत अछि ताहि हेतु क्षमायाचना करैत छिऐन्हि। इति।

(विजयादशमी, 1880 शकाब्द)

लघु विद्योतन

(श्री गोविन्दझा)

पन्द्रह वर्ष सँ ऊपर भेल जे हमरालोकनि मैथिली-साहित्य-परिषद् द्वारा मिथिला-भाषा-विद्योतन प्रकाशित कराओल। तीस वर्ष अश्रान्त परिश्रम कए महावैयाकरण पण्डित दीनबन्धु झा जी एकरा सम्पन्न कएल ओ ई कतेक वैज्ञानिक अछि, कतेक पूर्ण अछि, केहन प्रामाणिक अछि से कहबाक हमरा प्रयोजन नहि। से एहि सङ्ग मुद्रित दू गोट सम्मति सँ स्पष्ट भए जाएत जे विश्वविख्यात दू जन भारतीय भाषा-तत्त्वक आचार्य, कलकत्ताक डाक्टर सुनीति कुमार चटर्जी ओ लण्डनक डाक्टर आर.एल. टर्नर महावैयाकरण जी कैं मिथिला-भाषा-विद्योतनक प्रसङ्ग लिखने छलथिन्ह।

परन्तु विद्योतन सूत्र-रूपेँ लिखल अछि ओ तेँ साधारण जन केँ, विशेषतः मिथिलाभाषा-सिखनिहार छात्रलोकनि केँ, ओ ततेक उपयोगी सिद्ध नहि भेल। अतएव हमरहि अनुरोधेँ स्वर्गीय महावैयाकरणजीक सुपुत्र श्रीगोविन्दजी विद्योतनक सरल ओ संक्षिप्त रूपेँ एहि लघु विद्योतन केँ प्रस्तुत कएलैन्हि अछि। एहि मे विद्योतनहिक क्रम अछि, रूप अछि, विषय अछि; केवल विषयकेँ उपस्थित कएल गेल अछि सरल रीति सँ।

मैथिली-साहित्यक क्षेत्र मे श्रीगोविन्दजी अनचिन्हार व्यक्ति नहि छथि। ई कवि छथि, नाटककार छथि, कथाकार छथि, प्रौढ़ गद्यक लेखक छथि परन्तु थिकाह ई वैयाकरण ओ संस्कृत व्याकरणक पण्डित भए ई आधुनिक भारतीय भाषाक विशेष अध्ययन कएल अछि ओ कए रहल छथि। एहि लघु विद्योतन मे ई कोनो नव कथा तँ नहि कहल छथि, केवल अपन पूज्य पितृचरणक अनुगमन कएल अछि, परन्तु से कथा केहन सरल रीति सँ सोझ भाषा मे थोड़ शब्दमे कहलैन्हि अछि से देखबाक थिक।

हमरा पूर्ण विश्वास अछि जे ई लघु विद्योतन चिरदिन पर्यन्त मिथिला भाषाक प्रामाणिक व्याकरणक रूप मे हमर छात्र लोकनि केँ भाषाक साधुताक मार्गप्रदर्शक रहत। ओ एहि सँ विषयक अवगति कए विशेष रुचि रखनिहार उच्च कक्षाक छात्र लोकनि विद्योतनक प्रकाशनक जिज्ञासु होइत रहताह।

हमर अशेष धन्यवाद दरभंगा प्रेस लिमिटेडक श्रीयदुदत्तझा काँ जे एहि पोथी केँ एहन सुन्दर ओ एतेक शुद्ध छपाए देल। श्रीगोविन्दजी काँ धन्यवाद की देबैन्हि; ओ तँ अपन पूज्य पितृचरणहिक सेवा कएलैन्हि अछि जे हुनक धर्म थिकैन्हि।

(चैत्री पूर्णिमा, 1370 साल)

बौद्धगानमे तान्त्रिक सिद्धान्त

(श्रीजयधारी सिंह)

विगत पाँच वर्ष मे हमर निरीक्षण ओ निदेशन मे जे पाँच गोट शोधग्रन्थ प्रस्तुत भए बिहार विश्वविद्यालयक पी-एच.डी. क विशिष्ट उपाधिक हेतु स्वीकृत भेल अछि ताहि मे प्रथमे थिक जे प्रकाश मे आबि विद्वज्जनक समक्ष जाए रहल अछि। शोध-ग्रन्थ ओ थिक जे ज्ञानक परिधिक विस्तार करए। तीनि सए पृष्ठक पोथी लीखि अपन निदेशक मिलाए तीन गोट विशिष्ट विद्वान् सँ ओकर अनुमोदन कराए ओकरा स्वीकृत कराए लेब ओ डिगरी पाबि जाएब—एतबहि सँ हम ने ज्ञानक परिधिक विस्तार मानैत छी ने शोध-ग्रन्थक चरितार्थता। प्रकाशित भेलें उत्तर ग्रन्थ अधिकारी विद्वान् द्वारा अनुमोदित भए सकैत अछि एवं जिज्ञासु व्यक्ति कें ज्ञानक विकासक नवीन दिशा भेटि सकैत अछि। प्रस्तुत ग्रन्थ प्रकाशित भए गेल ओ देशक विद्वन्मूर्धन्य पद्मविभूषण सर्वतन्त्रसार्वभौम महामहोपाध्याय पण्डितराज श्री गोपीनाथ कविराज जी एकर श्लाघा कएल अछि, ज्ञानक नवीन दिशा मे एकरा निर्देशक मानल अछि—एहि सँ पैघ अनुमोदन सम्प्रति दोसर नहि भए सकैत अछि। एकर प्रामाणिकता सिद्ध भए गेल ओ जिज्ञासु व्यक्ति आब ज्ञानक ओहि ओहि नवीन दिशा मे अग्रसर होथु जकर एहि मे निर्देशन भेल छैक। एहि सँ एहि ग्रन्थहिक टा उत्कर्ष नहि ख्यापित होइत अछि अपितु हमरो निर्देशकत्वक मान्यता सिद्ध भेल अछि। ताही सन्तोष ओ विश्वास सँ हम आइ एकरा मिथिलाक संस्कृतिक अनुरागी विद्वत्समाजक ओतए अभिप्रशंसित ओ अग्रसारित करैत छी।

एहि शोधग्रन्थ मे विचार अछि तन्त्रशास्त्रक, मुदा वस्तु थिक ई मैथिलीक। ओना तँ ज्ञान अखण्ड थिक ओ शास्त्रीय ज्ञान कें विषय-विशेषक सीमा मे बान्हि राखब पण्डितक काज नहि थिक। मुदा तन्त्रक एकटा सनातन केन्द्र मिथिला रहैत आएल अछि तथा मिथिलाक सांस्कृतिक जीवनक अन्तर मे तन्त्रक रहस्य निहित छैक। एहि ग्रन्थक आधारभूत गीत मैथिलीक अमूल्य निधि थिक। तैं मिथिलाक सांस्कृतिक जीवन सँ घनिष्ठ रूपें सम्बद्ध, प्राचीनतम मैथिलीकाव्यक अवलम्बन कए मैथिली मे लिखल

ई ग्रन्थ मैथिलीसाहित्यक वस्तु थिक, एहि मे सन्देहक अवकाश कोन?

एहि शोधग्रन्थक कृती डाक्टर श्रीजयधारी सिंह साहेब केवल मैथिली साहित्यकटा विशेषज्ञ नहि छथि, तन्त्रशास्त्रहुक अधिकारी विद्वान् छथि। आन शास्त्र सँ तन्त्रशास्त्र मे ई विशेष छैक जे तन्त्रमे पाण्डित्यक हेतु तन्त्रक रहस्यक ज्ञाने टा अपेक्षित नहि छैक; ओहि हेतु ज्ञानक अनुरूप क्रियाक सम्पादन चाही। तन्त्र साधनाक एकटा सरणि थिकैक, जीवनक एकटा क्रम। तन्त्रक तँ प्रथम सिद्धान्त थिकैक जे एहि मे प्रवेश पएबाक हेतु अधिकारी चाही। साधनाक रीति केँ बूझि लेनहि से अधिकार नहि भए सकैत अछि; ओहि हेतु साधना करए पड़ैत छैक, साधक होअए पड़तैक। श्रीजयधारी बाबू सएह छथि। दरभंगा-राजकुलक मधुबनी शाखाक ई एक गोट रत्न थिकाह। एमहर डेढ़ सए वर्ष सँ अधिक दिन सँ मधुबनीक डेउढ़ी मिथिलाक संस्कृतिक हेतु प्रकाशक पुञ्ज जकाँ रहल अछि। जाहि महापुरुषक ई आत्मज थिकाह से स्वर्गीय बाबू क्षेमधारी सिंह साहेब केवल सरस्वतीक सेवा मे, शब्दब्रह्मक साधना मे, अपन जीवन बिताओल। एखनहु हिनक पितृव्य स्वनामधन्य बाबू श्रीचन्द्रधारी सिंह साहेब तन्त्रक निर्भ्रान्त पारंगत वर्धमान विद्यमान छथि। एहन महाकुलमे सम्भूत श्रीजयधारी बाबू तन्त्रक बहुतो रहस्य, साधनाक बहुतो प्रक्रिया, उपासनाक विशिष्ट विशिट पद्धति इत्यादि अनायास अवगत कएने छथि ओ संस्काररूप सँ अन्तःकरण मे निहित तन्त्रमार्गक अनुरागक बीज केँ अपन पितृ-पितृव्य-चरणक सहवास मे अंकुरित-पल्लवित करैत विशाल अध्ययन ओ अनुशीलन सँ, चिन्तन ओ मनन सँ, पुष्पित कए लेने छथि जे ई एहि रहस्य किन्तु आध्यात्मिक दृष्टि सँ परम अभ्यर्हित सिद्धिक मार्गक विशेषज्ञ भए गेल छथि।

एहि शोधग्रन्थ मे श्रीजयधारी बाबू आइ सँ हजार वर्ष पूर्वक सिद्ध लोकनिक गीतक विषय-वस्तुक विश्लेषणात्मक अध्ययन प्रस्तुत कएने छथि। एहि गीतसब मे सिद्ध लोकनि अपन अपन सिद्धान्त ओ साधनाक मार्ग केँ रूपक बान्हि बान्हि रहस्य तथ्य सबकेँ अभिव्यक्त कएने छथि जे लोक-विषय, साधारण-लोकविषय, ओकर प्रचार हो। एखन ई सिद्धान्त सब अथवा मार्ग बौद्ध बुझल जाइत रहल अछि, बज्रयान अथवा सहजयानक सम्प्रदायक, ओ तेँ एहि गीतसंग्रहक नाम बौद्धगान। श्रीजयधारी बाबू एहि ग्रन्थ मे एहि बौद्धगानक विषय केँ बौद्ध ओ शैव-शाक्त दूहू तन्त्रक सिद्धान्त ओ मान्यताक दृष्टि सँ तुलनात्मक अध्ययन कए ई प्रमाणित कएल अछि जे ई सिद्ध लोकनि कोनहु सम्प्रदाय-विशेषक प्रचारक नहि छलाह, ओ लोकनि तँ सिद्धिक प्रेप्सु साधक मात्र छलाह तथा हिनका लोकनिक सिद्धान्त किंवा सरणि बहुधा शैव-शाक्त तन्त्रक अनुकूल अछि। जतए कतहु बौद्ध-तन्त्र मे वर्णित विषय-वस्तु भेटैत अछि ततहु भेद केवल नाम-मात्र मे अछि, वस्तु ओ शैव-शाक्त सम्प्रदाय ताहू मे ओहिना अछि। ओ लोकनि कोनहु मार्ग मे अपना केँ बान्हि नहि

रखने छलाह; ओ लोकनि तँ जगतक कल्याणक भावना सँ प्रेरित भए अपन अनुभूत सरणिक प्रचार करैत रहलाह; गुरुक प्रसाद सँ रहस्य बूझि अपन साधना सँ प्रत्यक्ष कए सिद्धिक सुगम सरणि केँ प्रशस्त करैत रहलाह। परन्तु जाहि रहस्य केँ ओ लोकनि प्रत्यक्ष कएल, जाहि सरणिकेँ ओ लोकनि प्रशस्त कएल, से बौद्ध-सम्प्रदायक अपन वस्तु नहि छल; ओ छल शैव-शाक्त सम्प्रदायक वस्तु, जकरा बौद्ध आचार्य लोकनि ग्रहण कए नव नाम दए, कतहु कतहु अपन अनुभव सँ ओकर परिष्कार कए कए प्रचार कएल।

अतएव श्री जयधारी बाबू ई कथा स्पष्ट शब्देँ कहलैन्हि नहि अछि—ई विषय हुनक शोधविषय सँ बहिर्भूत छल—परन्तु हुनक अध्ययन ओ अनुसन्धानक दिशा इङ्गित करैत अछि, जे कथा एहि शोधग्रन्थ मे प्रमाणित सेहो भेल अछि, जे निगम जकाँ आगम सेहो हमरा लोकनिक ओहि ठाम अनादिकालहि सँ साधनाक एकटा मार्ग प्रशस्त रहल अछि। वेद-विरोधी बौद्ध साधकगण वैदिक मार्ग केँ छोड़ि आगमक मार्ग केँ धएल तथा ओही आधार पर अपन साधनाक अनुभव सँ ओकरा परिष्कृत करैत पुरान वस्तु कैं नव नाम सँ चिन्हबैत सिद्धिक सरणि स्थिर करैत रहलाह। बौद्ध तन्त्र कोनो नव वस्तु नहि थिक, ओकर आधार-शिला रहलैक अछि प्राचीन आगम-शास्त्र। एहि सत्य केँ प्रमाणित करबाक हेतु बौद्धगानसँ भिन्नो साहित्यक अध्ययन, अनुसन्धान ओ अनुशीलनक प्रयोजन छैक, ई शोधग्रन्थ ओकर भूमिका मात्र भेल। हमरा बड़ सन्तोष अछि, पूर्ण भरोस अछि जे महामनीषी श्री कविराजजीक सदृश विद्यासागर जेँ हिनक विचार-पद्धति केँ श्लाघित कएलथिन्ह अछि तेँ श्री जयधारी बाबू आब निस्सङ्कोच अपन अध्ययन ओ अनुसन्धानक क्षेत्रकेँ विस्तृत करैत रहताह तथा बौद्ध साधना-पद्धतिपर आगम-शास्त्रक मौलिक प्रभावकेँ उद्घाटित कए भारतीय संस्कृतिक इतिहास मे एक गोट नव अध्याय जोड़ि सकताह।

× × ×

हम एकरा परम गौरवक विषय मानैत छी जे एहन महत्त्वपूर्ण अथच वास्तविक शोधग्रन्थ हमरहि निदेशन मे सम्पन्न भेल। तन्त्रक मार्ग हमरा देखल अवश्य, परन्तु ओकर साधना हमरा पार नहि लागल। तैं श्री जयधारी बाबू कैं हमरा सँ वैषयिक निदेशन नहि भेटलैन्हि; से ओ अपन विशाल अध्ययन सँ स्वयं सम्पन्न कएलैन्हि। हम हुनका एतबे सहायता कए सकलिऐन्हि जे अपन शोधविषयक प्रसङ्ग जे सामग्री ओ अधिकाधिक मात्रा मे संग्रह करैत गेलाह ताहि मे हम विषयक उपयुक्त मात्र सामग्री हुनका देखबैत रहलिऐन्हि ओ से कोना सबसँ विशेष प्रभावोत्पादक रीतिएँ उपस्थापित कएल जाए ताहि प्रसङ्ग परामर्श दैत रहलिऐन्हि। ततेक विस्तृत ओ गम्भीर हिनक अध्ययन छैन्हि, तेहन निरन्तर हिनक चिन्तन रहलैन्हि अछि, ततेक दीर्घकाल सँ हिनक मनन अबैत रहलैन्हि अछि जे हम हिनका शास्त्रीय निदेशन की देतिऐन्हि?

अन्त मे एक गोट कथा निवेदनीय। आब दश वर्ष सँ ऊपर भेलैक, हिनक पूज्यपाद पिता जिबितहिँ छलथिन्ह ओ हम हुनक परम कृपापात्र। गप्पक प्रसङ्ग हम श्री जयधारी बाबू कैँ अपना पिताक समक्षमे विचार रूपैँ कहलिऐन्हि जे यावत् अपनेक पिताजी वर्त्तमान छथि अपने तन्त्रक विषय पर अनुसन्धान कएल जाओ, कारण, एहन उपयुक्त गुरु हिनक परोक्ष भेला पर अपने कैँ केओ नहि भेटताह। अपन पिता सँ ई उपदेश ग्रहण करैत रहलाह, ज्ञान सिखैत रहलाह, परन्तु हुनक जीवितावस्था मे ई शोधकार्य प्रारम्भ नहि कए सकलाह। मुदा जखन ई आरम्भ कएलैन्हि तखन हमरहि अपन गुरु मानि ओ गुरुक प्रति जे भक्ति ओ आदर तन्त्र मे वर्णित छैक तकर पालन करैत अपन कार्य कैँ सम्पन्न कएलैन्हि तथा पूर्ण सफलता प्राप्त कएलैन्हि। डी. लिट्. क हेतु दोसर शोधकार्य कैँ प्रारम्भ करबा सँ पूर्व एहि ग्रन्थ कैँ प्रकाशित कराए विद्वत्समाज सँ एकर अनुमोदन कराए लिअ सेहो विचार ई हमरे मानल। हमरा आशे टा नहि, पूर्ण विश्वास अछि जे एहि शोधग्रन्थक महत्त्व समस्त विद्वत्समाज मानत ओ श्रीजयधारी बाबू अक्षय यश कैँ प्राप्त करताह। इति।

(शिवरात्रि, 1969)

कुमुदप्रभा

(कुमुदनाथ मिश्र)

जहिया हम साहित्यपत्र चलाओल ओ ताहि द्वारा मैथिली मे स्थायी साहित्यक निर्माण ओ प्रकाशनक एक गोट सुन्दर अथच सरल मार्ग देखाओल, तहिअहि सँ साहित्यसम्राट् स्वर्गीय अमरनाथ बाबूक बारम्बार 'फरमाइश' होइत रहल जे मैथिली मे तीन गोट ग्रन्थक रचना कराए प्रकाशनक व्यवस्था हो, अङरेजी मे फिट्जेरल्डक ओमर खैयामक रुबाइ सभक मैथिली पक्ष मे अनुवाद; संस्कृत मे जयदेवक गीतगोविन्दक मैथिली पक्ष मे अनुवाद; ओ एक गोट सङ्गीत रूपक जाहि मे सम्पूर्ण नाटक गीतमय हो जकरा अङरेजी मे ओपेरा कहैत छैक। साहित्यपत्रक जे गति भेल से आब इतिहास थिक ओ हमरा ओहि सँ विषादो कम नहि भेल मुदा हम तैओ बराबरि यत्न पर छलहुँ जे ई तीनू काज हो तथा हम एकरा अपन अयोग्यता मानैत छी जे अमरनाथ बाबूक जिवैत एहि मे एकहु गोटक पूर्ति हम नहि कराए सकलहुँ, तथापि हमर मित्रवर मैथिलीक सुप्रसिद्ध सेवक श्रीयुत उपेन्द्रनाथ झा व्यासजीक ओमर खैयामक अनुवाद गत वर्ष प्रकाशित भए ओहि महापुरुषक पुण्यस्मृति मे समर्पित भए गेल। एही मध्य मे गत ग्रीष्म मे हमर सुहृद्बन्धु पण्डित श्री कुमुदनाथ मिश्रजी 'कुमुद' एक दिन अपन अनूदित गीतगोविन्दक पाण्डुलिपि हमरा लग राखि गेलाह जे हम ओकरा देखिऐक, एहि अनुवाद केँ पढ़ि हम मुग्ध भए गेलहुँ ओ अपन मनोभाव पटनाक आकाशवाणी सँ 29 जून 66 केँ प्रसारितो कएल। एहि सँ प्रायः समुत्साहित भए पण्डितजी एकरा अपनहि व्यय सँ प्रकाशित करबाक साहस कएल अछि। ओ पोथी आइ सुधी समाजक हाथ मे अछि। पोथी जेहन सुन्दर अछि तेहन एकर छपाइ सफाइ नहि भेल; अपना व्यय सँ पण्डितजी एकरा प्रकाशित कराओल सेहो हमरा पसिन्द नहि। जनैत छी, पण्डितजीक पोथी सबटा मङनी मे चलि जएतैन्हि। ओ यदि एकर प्रकाशनक व्ययो धरि हिनका ऊपर भए जाइन्ह तँ हमरा आश्चर्य होएत। मैथिलीक पोथीक विशेषतः संस्कृतमूलक पोथीक प्रति शिक्षित समाजक ताही रूपक उदासीनता अछि। तथापि पण्डितजी एहि कार्यक हेतु जे उत्साह कएल अछि ओ

त्याग कएल अछि तदर्थ ओ समस्त मिथिलाभाषाभाषी जनसमुदायक धन्यवादार्ह थिकाह। आइ यदि अमरनाथ बाबू जीवित रहितथि! आब ई ग्रन्थ हमरा हेतु हुनक पुण्य-स्मृति मे एक गोट पुष्पाञ्जलि थिक।

एहि अनुवादक गुण-दोषक विवेचनाक ई स्थान नहि थिक। दोष तकनिहार केँ कोनो कृति दोषशून्य नहि भेटि सकैत छैन्हि। परन्तु जेना मनुष्यक तहिना ग्रन्थहुक महत्त्वक निरूपण ओकर दोष-राहित्यसँ नहि प्रत्युत गुणक बाहुल्य ओ वैशिष्ट्य सँ होइत छैक। अनुवाद वस्तुए आयासपूर्ण होइत अछि, कतबओ स्वाभाविक बनाएब तथापि भाषान्तरक कृत्रिमता रहबे करत। विशेषतः संस्कृतक अनुवाद भाषा मे होएब कठिन छैक। संस्कृत मे समासक बड़ खेड़ि छैक, संस्कृत बड़ समृद्ध भाषा थिक ओ एकार्थक अनेक धातु छैक संस्कृत मे श्लेषक बड़ अवकाश छैक। मिथिला भाषा मे ई सब नहि छैक। ठाम ठाम तत्सम शब्द वा पदक प्राचुर्य सँ भाषा अतिशय पण्डिताम भए जाइत छैक जाहि सँ साधारण पाठक घबड़ाए लगैत छथि। ई सब असाध्य छैक जकर प्रतीकार एक जन पण्डितक कएल अनुवाद मे कठिने नहि हम तँ कहब असम्भव छैक। तथापि एहि अनुवाद मे भाषाक सरलता ओ स्वच्छता एकरा पूर्ण स्वाभाविक बनाए देलक अछि।

हमरा एहि अनुवाद मे जे वस्तु सबसँ विशेष आकृष्ट कएलक अछि से थिक एकर छन्दोविन्यास। सब गीत ओही राग ओ ताल मे निबद्ध अछि जाहि राग ओ ताल मे जयदेव ओहि गीत केँ रचल। गीतगोविन्दक काव्यगुण सँ कम चमत्कारक ओकर सङ्गीतगुण नहि अछि ओ से वस्तु एहि मे यथावत सुरक्षित अछि। श्लोकहुक अनुवाद मे मूलहिक छन्दक रक्षा कएल गेल अछि ओ मैथिली मे दीर्घान्त पदक विरलता सँ पादान्त मे लघु केँ गुरुवत् विन्यास ठाम ठाम कोनादन लगैत अछि परन्तु से तँ सब वार्णिक छन्द मे अपरिहार्य जकाँ अछि ओ पूर्वक कवि लोकनि तेँ पादान्त मे पद केँ विकृत कए दीर्घ कए देथि। दोसर, एहि मे मूल पक्षक भाव विलक्षण रूपेँ सुरक्षित अछि, अनुवाद सँ पदक लालित्य मे, लयक प्रवाह मे, भाषाक कोमलता मे जे हानि भेल हो, तथा सेहो हानि बड़ अल्प अछि, आयासहिँ लक्षित भए सकत। मुदा अर्थक रक्षा पूर्णतः भेल अछि, भाव यथावत् सुरक्षित अछि, रसक परिपाक मूलहि जकाँ शुद्ध ओ स्पष्ट अछि। गीतगोविन्द संस्कृत साहित्यक अनुपम ग्रन्थ थिक।

विश्वहुक साहित्य मे एकर जोड़ा तकनहु नहि भेटत। ओकर भावपक्ष ओहने मर्मस्पर्शी अछि जेहन ओकर कलापक्ष चमत्कारक। सर्वतोभावेन मूलक विशिष्टताक रक्षा करैत विशुद्ध मिथिला भाषा मे अनुवाद सत्ये हमर साहित्यक श्रीवृद्धि करत। वस्तुतः एहि अनुवाद केँ पढ़ि एकर रसास्वादन कए आब बुझैत छिऐक जे अमरनाथ बाबू एकर अनुवादक फरमाइश किएक कएने छलाह। निश्चय, अनुवादो एहने हुनका अभिप्रेत छलैन्हि।

एहि अनुवादक प्रसङ्ग सम्भव थिक, कहल जाए जे ई बड़ कठिन भेल। जे जन संस्कृत नहि जनैत छथि तनिका एकर रसास्वादन सम्यक् नहि होएतैहि, एकरा बुझबाक हेतु मूलक ज्ञान आवश्यक। एहि मे पहिल दूनू आक्षेप अंशतः सत्य। गीतगोविन्द कतबओ मधुर रहओ अछि धरि कठिन ओ एकर कठिनता छैक व्यंग्यक सूक्ष्मता मे। अनुवाद जेँ सत्य भेल अछि तेँ ओ कठिनता एहू मे होएब स्वाभाविकेँ ताहि दृष्टिएँ विद्यापतिक गीत सब केहन कठिन काव्य अछि से जे ओकर विधिवत् अध्ययन कएने छथि, सएह जनैत छथि। संस्कृतमूलक एहि काव्यक संस्कृतज्ञ पण्डित द्वारा अनुवाद संस्कृतक ज्ञानक अपेक्षा रखैत हो इहो कोनो दोष नहि थिक। वस्तुतः संस्कृतक किछु ज्ञान तेँ मिथिलाभाषा मात्र किएक प्रायः सब भारतीय भाषाक साहित्य केँ बुझबाक हेतु आवश्यक छैक। यदि संस्कृत सँ भाषासाहित्य एकदम हटि जाए तँ से हमरा लोकनिक सांस्कृतिक ह्रास थिक ओ हमरा सन सन लोक केँ ओ कहिओ प्रिय नहि होएत। हमरा तँ विश्वास अछि जे जे केओ एहि अनुवाद केँ मन लगाए पढ़ताह तनिका संस्कृतक सरस साहित्यक आनन्द स्वतः उपलब्ध होएतैन्हि। हँ, तेसर आक्षेप जँ सत्य होइत तँ से दोष कहबैत, हमहुँ ओकरा दोष मानितहुँ परन्तु जेना मूल मे अछि तहिना प्रत्येक सर्गक आदि मे प्रसङ्ग स्पष्ट रहने, एहि अनुवाद केँ बुझबा मे मूलक अनुसन्धानक अपेक्षा नहि छैक। प्रसादगुण सँ विभूषित ई अनुवाद-चर्वणा सँ सब आस्वादित भए सकत ई हमरा विश्वास अछि। परन्तु यदि भावक थाह नहिओ लागए तथापि कर्णसुख ओ तद्द्वारा चित्तक आप्लावन तँ निश्चिते अछि। हम तँ असंस्कृतज्ञक मुहेँ गीतगोविन्दक ललित गीतक गान सँ असंस्कृतज्ञ श्रोता केँ मुग्ध होइत देखने छिऐक, सब केओ देखने होएबैक।

हम हृदय सँ श्री कुमुदबाबूक एहि कृति केँ सुधी समाजक समक्ष प्रशंसित करैत छी ओ हमरा पूर्ण विश्वास अछि जे मैथिली प्रेमी शिक्षित समाज गम्भीरता सँ एकरा पढ़ताह, एकर रसास्वादन करताह, एहि सँ ओ आनन्द लाभ करताह, जे आयी सहस्रावधि वर्ष सँ लाख लाख जनता केँ जयदेवक कोमलकान्तपदावलीसँ उपलब्ध छलैक। ई कृति मूलहिं जकाँ अमरत्व प्राप्त करओ इएह हमर शुभाशंसा।

(माघी पूर्णिमा, 1374 साल)

शास्त्रीय निबन्ध

(श्री जगदीश मिश्र)

ओना तँ कोनहुँ पोथीक हेतु, विशेषतः मैथिलीक, भूमिका आवश्यक बुझल जाए लागल अछि परन्तु एहि संग्रहक भूमिकाक सत्ये प्रयोजन छैक ओ से अगत्या हमरहि लिखब कर्त्तव्य भए गेल अछि। एहि निबन्ध सभक लिखबा मे हमरे प्रेरणा छल ओ पश्चात् मिथिला-मिहिर मे प्रकाशित हो सेहो हमरे विचार भेल। जहिआ सँ चन्द्रधारी मिथिला महाविद्यालय मे मैथिलीक स्नातकोत्तर कक्षाक अध्यापन प्रारम्भ भेल हम छात्र लोकनि केँ एही सभ विषय पर वा एहने-एहने शास्त्रीय विषय सभ पर निबन्ध लिखए कहैत रहलिऐन्हि अछि। के लिखैत छथि, के नहि लिखैत छथि तकर विशेष अपेक्षा हमरा नहि रहैत अछि, कारण, हमरा भवभूतिक ई कथा दृढ़ अछि जे–

वितरति गुरुः विद्या प्राज्ञे यथैव तथा जड़े
न च खलु तयोर्ज्ञाने शक्ति करोम्यपहन्ति वा।

1964-66 ई. क छात्रवर्ग मे एहि निबन्धक लेखक जे हमर छात्र छलाह तनिका छोड़ि आओर केओ छात्र हमर कथाक हृदय सँ पालन कएलैन्हि कि नहि से हमरा नहि बुझल। ओहि सत्र मे हम साहित्य-शास्त्र नहि पढ़बैत छलिऐक; से भार लेने छलाह हमर मित्र स्वर्गीय ईशनाथ बाबू। एहि मे सँ किछु निबन्ध हमरहु ताहू दिन देखल मुदा अधिकांश देखल छलन्हि हुनकहि। आइ यदि ओ रहितथि तँ ई भूमिका हुनकहि लिखबाक होइतैन्हि मुदा हुनक परोक्ष मे हमरा ई भार उठबए पड़ल अछि। अन्तिम दुहू छोड़ि आओर सभ निबन्ध ओही दुहू वर्षक लिखल थिकैन्हि ओ एहिमे सँ तेरहा टा क्रमशः हमहि हिनका मिथिला-मिहिर मे प्रकाशित करएबाक उत्साह देलिऐन्हि जे सुधी पाठकक समक्ष ई विचारधारा उपस्थित कएल जाए जाहि सँ एकर साधुता, उपादेयता, रोचकता इत्यादि वस्तुक जाँच भए जाए। ओ जेँ दू चारि नहि, तेरह गोट ओहि मे मासे मासे प्रकाशित होइत रहल तेँ इहो स्पष्ट भए गेल जे ओहि जाँच मे ई निबन्ध सब खरा उतरल। आइ ओएह निबन्ध सभ पुस्तकाकार प्रकाशित कराए लेखक महोदय केवल अपन कृतित्वहिटा केँ ख्यापित नहि कए

रहलाह अछि; मैथिली-स्नातकोत्तर-विभागक छात्रलोकनि केँ परम उपकारक केवल समिग्रिएटा नहि अपितु एक बड़ पैघ आदर्शो उपस्थित कए रहलाह अछि, तथा मैथिली साहित्य मे एक गोट एहन संग्रह दए रहलाह अछि जकर अभाव प्रत्येक शिक्षक ओ विद्यार्थी केँ खटकैत छल, जकर अभाव मे सभकेँ कतेक आयास कए कए अवगति प्राप्त करए पड़ैत छल।

एहि निबन्ध सबहिक प्रसङ्ग तीन चारि गोट कथा बूझि लेब आवश्यक। प्रथमतः ई सभ शास्त्रीय निबन्ध थिक, शास्त्रक आधार पर लिखल गेल अछि; से केवल भारतीये साहित्य-शास्त्रक मात्र नहि अपितु पाश्चात्य-साहित्य-शास्त्रक मूर्द्धन्य आचार्य सभक विचार ओ सिद्धान्त सँ अनुप्राणित अछि। अतएव एहि मे मौलिकता ताकब व्यर्थ। शास्त्र थिक जे शासन करए ओ शासनक नियम कम सँ कम ओहि शास्त्रक जिज्ञासुक हेतु मान्य होइत छैक। तथापि एहि निबन्ध सबमे यत्र तत्र ओहि सिद्धान्त सबहिक प्रसङ्ग ऊहापोह भेटत। किन्तु मुख्यतः ई सभ निबन्ध तत्तत् विषयक विवरण, स्पष्टीकरण, विशदीकरण मात्र थिक। लेखकक दृष्टि शास्त्रक मर्यादा सँ नियन्त्रित अछि ओ तैं प्राचीन विचारधाराक अनुयायी, स्वच्छन्दतावादी नहि, उच्छृङ्खल तँ नहिए।

परन्तु थिक ई एक गोट सुबोध विद्यार्थीक लिखल जे जिज्ञासु भए अभिप्रेत विषयक चयन कएलक अछि ओ जतेक दूर धरि जतए जे किछु भेटलैक अछि तकरा बुझाएकैँ लिखलक अछि। तैं सब ठाम विषयक पूर्ण परिष्कृति नहि हो, अभिव्यक्ति वैज्ञानिक रूपैँ परिनिष्ठित नहि हो, विचार एकाङ्गी हो, शैली अनुकरणात्मक हो परन्तु तैं निबन्धक महत्त्व कम नहि बुझबाक थिक। अनुभवसिद्ध पण्डितक सूक्ष्मता, सुस्पष्टता अथवा भ्रान्तिशून्यता से एहि मे ताकब व्यर्थ। देखबाक ई थिक जे एक गोट जिज्ञासु विद्यार्थी अपन शास्त्र कैँ कतेक दूर धरि बुझलक अछि ओ से कोन रीतिएँ बुझाए सकल अछि। यदि ताहि मे ओ सफल भेल अछि तँ पण्डित-समाजक कर्तव्य थिक जे एकर सम्मान करए ओ जँ भ्रान्ति भेटैक तँ से लेखकक दृष्टि मे आनि विद्याक विकासक मार्ग कैँ प्रशस्त करए। एहि मे कोनो सन्देह नहि जे लेखक आब छात्र नहि छथि, यशस्वी अध्यापक भए अध्यापन कए रहल छथि किन्तु जाहि विषय सबहिक विचार एहि संग्रह मे भेटत तकर विमर्श हुनकहु ओतबहि दिन रहलैन्हि जतबा दिन एहि निबन्ध सभक रचना होइत रहल। आशा कएल जाए सकैत अछि जे उचित सत्कार भेला उत्तर कर्मठ ओ विद्वान् लेखक अपन अध्ययनक क्षेत्र विस्तृत करथि, विचार कैँ परिष्कृत करथि, अभिव्यक्ति केँ आओरो सूक्ष्म बनाबथि, शैली आओर सुस्पष्ट करथि।

भाषा हिनक बड़ परिमार्जित छैन्हि ई कहबाक प्रयोजन नहि। हँ, प्रेसक लीला मे कतोक एहन पद छपि गेल छैन्हि जे पण्डित लोकनि स्वयं बूझि जएताह।

निबन्ध सभ समक्षहि मे अछि। विशेष किछु कहबाक हमरा नहि अछि। एतबे कहि हम अपन सन्तोष व्यक्त करब जे मैथिली-विभागक छात्र शास्त्रीय विषय पर

अपन पढ़ल विषय केँ स्वतन्त्र रूपेँ लीखि जएताह तकर ई प्रथमे दृष्टान्त थिक ओ हमर छात्र से कएलैन्हि अछि तकर हमरा पूर्ण गौरव अछि। एहि आठ वर्ष मे एको गोट एहन छात्र भेलाह आ' एहन एहन सुन्दर शास्त्रीय निबन्धक प्रकाशन भए सकल ई छोट उपलब्धि नहि थिक। आब देखबाक अछि जे विद्वत्समाज एकरा कोन रूपेँ ग्रहण करैत छथि। इति।

(28-6-1970)

मेधेश्वरी गीताञ्जलि

(मेधेश्वरी देवी)

हमरा लोकनिक जातीय जीवन सङ्गीतमय अछि। जन्म सँ आरम्भ कए जीवन भरि जतेक शुभ अवसर होइत अछि सभक निमित्त भिन्न भिन्न गीत अछि ओ प्रत्येक गीतक हेतु स्वतन्त्र भास अछि। ओना तँ एकहु जातिक गीतक हेतु अनेक भास अछि तथापि ओहिमे एकटा साम्य छैक जे सूनि गीतक पाँती बिनु बुझनहि ई बुझबाक योग्य भए जाइत अछि जे ई गीत कोन निमित्तक छैक। कमसँ कम आइ छओ सए वर्ष सँ सङ्गीतक ई परम्परा आबि रहल अछि ओ एहि गीत सबहिक रचयिता के से बहुधा ज्ञात नहि अछि परन्तु एहि मे सन्देह नहि जे एहि मे अधिकांश गीत हमरा लोकनिक महिलागणक रचित थिक। ई गीत सब साहित्यिक नहि होइत अछि यद्यपि ओहो ठाम ठाम रहितहिँ अछि। एहि गीत सबहिक विलक्षणता छैक स्वर-संयोगमे, एकर भासक वैशिष्ट्यमे तथा विषय-वस्तु रहैत छैक एहि मे तत्तद् व्यवहारक वर्णन अथवा चित्रण जाहि व्यवहारक निमित्त ओ गीत छैक। बहुधा एहि मे छन्दक त्रुटि बुझना जाएत परन्तु पढ़बाक हेतु तँ ई छैक नहि जे छन्दक भङ्ग वा यतिक दोष दत्यादि दोषक मूल्य होइत; ई सभ तँ छैक गएबाक हेतु ओ गीत मे लय ने टूटए एतबे एहि मे देखल जाइत छैक।

मिथिला मे भिन्न भिन्न प्रान्तमे सङ्गीतक भिन्न भिन्न परम्परा छैक ओ जेना व्यवहारहु मे परम्परा भेद परिलक्षित होइत अछि तहिना स्वरहु मे ओ तदनुसार गीतहुक परम्परा मे। मुदा कोइलख किंवा मङ्गरौनी, जमसम किंवा अन्धराठाढ़ी इत्यादि भेद सँ यदा कदा भेद भेटैत अछि। एहिना एकर एक गोट प्रान्त थिक सोतिपुरा। प्रस्तुत गीत संग्रह सोतिपुरा मे प्रचलित भास पर तत्रस्थ व्यवहारक निमित्त रचित गीतक संग्रह थिक।

श्रीमती मेधेश्वरीदेवी एक प्रतिष्ठित कुलक कन्या थिकीह। नवटोल काव्य-रचना ओ सङ्गीत-साधनाक हेतु प्रसिद्ध अछि। श्रीमेधेश्वरीजीक कोमल कण्ठ सङ्गीत-साधना मे पूर्ण ख्याति लाभ कएने अछि। तहिना एक गोट उच्च ओ सुसम्पन्न कुलक ई

वधू थिकीह तथा अपनहु भरल-पूरल परिवारक गृहिणी पद केँ प्राप्त कएने छथि। जीवनक सौख्य आ सम्पत्ति-सम्पन्न हिनक नैसर्गिक प्रतिभा जीवनक मधुरिमा सँ पूर्ण विकास पओने अछि। व्यवहारक पूर्ण अभिज्ञ ई तत्तद् व्यवहारक निमित्त अपन कोमल स्वरसंयोग मे पदविन्यास कए अनेको गीत रचने छथि जाहि मे कतोक आइ प्रकाश मे आबि रहल अछि। एहि मे हिनका साहित्यिक छटा लक्ष्य नहि छैन्हि; एहि मे छन्दक पूर्णता नहि भेटत। एहि मे भेटत सोतिपुरा मे प्रचलित भासक विशुद्धि, एहिमे भेटत सोतिपुरामे प्रचलित व्यवहारक वर्णन। वन्दनाक पद सेहो ई पर्याप्त रचने छथि जाहि मे भावुक नारी-हृदयक कोमल उद्‌गार भक्तिक रस मे निश्छल ओ हृदयस्पर्शी भेल अछि। हमरा सबसँ विशेष आकृष्ट कएलक अछि एहिमे अपन प्राचीन परम्पराक रक्षा। एमहर किछु दिनसँ विदेशी भासमे अपन व्यवहारक गीत, सिनेमाक धुन पर डहकन, मगहीक भास पर सोहर जेना अपन पुरना चालि बिसरल जाइत हो। श्री मेधेश्वरी जी से नहि कएल अछि। ई प्राचीन परम्पराक रक्षा कएलैन्हि अछि ओ अपन रचना केँ प्रकाशित कराए ई समाजक कन्यागणक हेतु उपादेय वस्तु देल अछि जकर अनुशीलन सँ हमरा लोकनिक प्राचीन परम्परा सुरक्षित रहि सकत।

एहि हेतु हम श्रीमेधेश्वरीजीक अभिनन्दन करैत छिऐन्हि ओ हिनक रचनाक प्रचार होइन्हि, सम्मान होइन्ह, हिनका ख्याति होइन्ह से हमर कामना ओ तकर हमरा पूर्ण भरोस अछि। इति।

(फगुआ 1374 साल)

सन्त परीक्षा

(डॉ. ललितेश्वर झा)

प्रस्तुत नाटक मिथिलाक इतिहासक एकगोट रोचक किन्तु गौरवमय अध्याय पर आधारित अछि। सन्त साहेबरामदासजी मिथिलाक ओहि विभूति मे गनल जाइत छथि जे भक्तिक मार्ग सँ सिद्धि प्राप्त कएने छलाह ओ महाराज राघवसिंह खण्डवला-राजकुलक ऊर्ज्जिततम मिथिलेश छलाह। एही दूहू महापुरुषक जीवनक घटनाक एक गोट रोचक प्रसङ्ग लए ई नाटक निर्मित भेल अछि। मैथिली मे ऐतिहमासिक नाटक आङुरहिपर गनबाक योग्य अछि। ओहुना मैथिलीक साहित्य केँ हम नाटकक अंश मे दरिद्र मानैत आएल छी। ताहि दृष्टिएँ ई प्रयास सत्ये स्तुत्य अछि।

परन्तु एहि नाटक मे मानव-स्वभाव सँ विशेष महत्त्व भए गेल अछि ऐतिहासिक घटना-चक्र-केँ, से नहि चाही। कथानक मे अन्वितिक रक्षा नहि भए सकल, दू गोट घटना समान महत्त्वक वर्णित भेल अछि। दूनू मे सन्त ओ मिथिलेशक सम्बन्ध छैन्हि से सत्य, परन्तु दू गोट कथा स्पष्ट अछि। तहिना एहि मे हास्य-रसक सर्वथा अभाव अछि जाहि कारणेँ मनोरञ्जनक साधन प्रचुर नहि भेटैत अछि।

परन्तु त्रुटिक कारणे नाटकक महत्त्व कम नहि बुझबाक थिक। भाषा बड़ स्वाभाविक ओ ताहि सङ्ग परिमार्जित सेहो अछि। हम एहि नाटकक हृदय सँ स्वागत करैत सुधी समाजक समक्ष एकरा स्वागतक हेतु अनुरोध करैत छी। इति।

(1965 इ.)

मैथिलीमे व्यवहारक गीत

(डॉ. लोकनाथ मिश्र)

मिथिलाक व्यवहारक ई प्रथमे वर्णनात्मक ग्रन्थ थिक। एहि सँ पूर्व स्वर्गीय भेषनाथ झाक व्यवहार विज्ञान प्रकाशित भेल छल, परन्तु ओकर क्रम कथात्मक छल ओ विषय मे धर्म, संस्कृति ओ सामाजिकता ताहि रूपेँ सम्मिश्रित छल जे ओहि सँ व्यवहारक पौराणिक व्याख्या उपलब्ध भए सकैत अछि, मुदा ओकर विवरण क्रमबद्ध नहि भेटैत अछि। दोसर, मैथिली मे व्यवहारक गीतक प्रामाणिक संग्रह अद्यपर्यन्त नहि भेल छल ओ तेँ ओकर साहित्यिकता एखन पर्यन्त अनिर्णीत रहल अछि अथवा ई कहू जे ओकर साहित्यिक अध्ययन एखन पर्यन्त प्रारम्भे नहि भेल अछि।

अतएव मिथिलाक सांस्कृतिक, सामाजिक एवं साहित्यिक विवरण प्रस्तुत करबाक हेतु आवश्यक अछि जे मिथिला मे व्यवहारक इतिवृत्तात्मक क्रमबद्ध संग्रह कएल जाए, कारण, कोनो अध्ययन प्रामाणिक आधारहि पर भए सकैत अछि। मुदा मिथिला बड़काटा देश अछि, समाजक भिन्न-भिन्न स्तर अछि, ओ भिन्न-भिन्न समाजक प्रभाव सँ मिथिलाक व्यवहार एकहु वर्ग मे भिन्न-भिन्न खण्ड मे एकरूपक नहि अछि, तेँ मिथिलाक व्यवहार बुझबाक हेतु भिन्न-भिन्न अञ्चलक, विवेचनात्मक अध्ययन कए व्यवहारक रूपरेखा प्रस्तुत कएल जाए सकैत अछि। केवल दरभंगा जिला मे ओकर कम सँ कम पाँच गोट अञ्चल कए सकैत छी ओ तखन सहर्षा, पूर्व मुजफ्फरपुर, उत्तर मुङ्गेर, भागलपुर, दुमका प्रभृति अञ्चल केँ देखए पड़त।

तहिना व्यवहारहुक गीतक प्रसङ्ग। मिथिलाक व्यवहार मे गीतक प्रमुखता सर्वोपरि अछि तथा ई आइ सात सय वर्ष सँ अधिक दिन सँ आबि रहल अछि। परन्तु ओहि साहित्य केँ लोक बिसरल जाइत अछि। सब गीतक अन्त मे भनइ विद्यापति जोड़ि देबाक प्रवृत्ति सँ ई बुझब असम्भव जकाँ प्रतीत होइत अछि जे एहिमे प्रामाणिक रूपसँ प्राचीन कोन? मौखिक रूप सँ सीखल आ गाओल जाइत एहि गीत सबहिक भाषा मौलिक नहि रहए पओलक अछि। अतएव एहू दिशा मे प्रथम कार्य अछि अञ्चल-अञ्चल सँ गीतक संग्रह करब ओ सब अञ्चल मे व्यवहृत गीतक संग्रह भए

गेलहि उत्तर विचार कएल जाए सकैत अछि जे एहि मे कतेक प्रामाणिकता, कतेक प्राचीनता। यथा—कोनो गीत यदि सब अञ्चल मे व्यवहृत अछि तँ ओकर लोकप्रियता एवं तेँ प्रामाणिकता अवश्य विशेष मानए पड़त।

मिथिलाक सामाजिक इतिहासक अध्ययन, अनुसन्धान एवं अनुशीलनक क्रम मे ई सब कथा बहुत दिन सँ मन मे छल। वस्तुतः एहि रूपक आञ्चलिक संग्रह आधुनिक समाज-शास्त्रक एक गोट प्रमुख अङ्ग भए गेल छैक तथा दिल्लीक समाजशास्त्र प्रतिष्ठान ओ राँचीक प्रतिष्ठान सेहो भिन्न-भिन्न क्षेत्र मे काज प्रारम्भ कएने अछि। मिथिला मे बाहर सँ केओ काज करए आओत तकर एखन सम्भव कोन ओ हमरा साधन नहि जे दस-पाँच मण्डली सँ क्षेत्र क्षेत्र पठाए ई काज करबितहुँ। अतएव सिंहबाड़क कुलीन उत्साही नवयुवक विद्वान् श्रीयुतलोकनाथजी जखन हमरा सँ शोध-विषयक परामर्श करए अएलाह तँ अपन समस्त योजना हिनका सुनाए देलिऐन्हि ओ इहो तत्क्षण पूर्ण दृढ़ता एवं विश्वास सँ ई काज करब स्वीकार कए लेलैन्हि। सएह थिक ई ग्रन्थ जे बिहार विश्वविद्यालय ओतए पी-एच.डी. डिग्रीक हेतु समर्पित भेल ओ राँचीक विश्रुत समाजशास्त्र-विचक्षण डा. ललिता प्रसाद विद्यार्थी एवं मैथिलीक धुरन्धर विद्वान डा. सुभद्र झा शास्त्री द्वारा अभिशंसित भए ओहि डिग्रीक हेतु स्वीकृत भेल अछि।

एहि मे सिंहवाड़ केँ केन्द्र मानि ओहि प्रान्तक व्यवहारक सङ्कलन ओ व्यवहारक गीतक संग्रह कएल गेल अछि। दरभङ्गा जिलाक पश्चिम भागक ई क्षेत्र प्रमुख सांस्कृतिक केन्द्र थिक ओ से आइ सहस्रावधि वर्ष सँ रहैत आएल अछि। अतएव एहि क्षेत्रक व्यवहार मे आभिजात्य छैक, प्रामाणिकता छैक। हमरा पूर्ण विश्वास अछि जे ई ग्रन्थ केवल एही क्षेत्रक हेतु नहि, अन्यान्यो क्षेत्रक हेतु एक गोट एहन संग्रह होएत जाहि सँ समाजक व्यवहारक जीवन सुन्दर जकाँ प्रतिविम्बित होएत।

डा. श्री लोकनाथ मिश्र एहि शोध-प्रबन्धन केँ प्रकाशित कएल तदर्थ ओ धन्यवादार्ह थिकाह। एहि पाँच वर्षक अभ्यन्तर हमरा सङ्ग काज कए नओ जन विद्वान् कृतित्व प्राप्त कएल अछि, पीएच. डी. एवं डी. लिट्क डिग्री उपलब्ध कएल अछि, परन्तु ई दोसरे प्रबन्ध थिक जे प्रकाश मे आएल अछि। अनुसन्धानक उद्देश्य थिकैक ज्ञानक परिधिक विस्तार ओ से डिग्री प्राप्त कए लेनहि पूर्ण नहि होएत। तीन जन परीक्षक ओकरा अभिशंसित कएल ततबहि सँ ज्ञानक विस्तार नहि भेल; ज्ञानक परिधिक विस्तार भेल शोधप्रबन्ध केँ प्रकाश मे आनि विद्वत्समाजक समक्ष उपस्थित कएला सँ, अधिकारी व्यक्ति केँ सुलभतया प्राप्त करओला सँ ताहि अर्थ मे श्री लोकनाथजी यथार्थ रूप मे ज्ञानक परिधिक विस्तार कएल अछि ओ तेँ धन्यवादार्ह थिकाह।

अन्त मे वक्तव्य जे अनुसन्धानक कृतित्व डिग्री प्राप्त करबा मे नहि छैक;

डिग्री तँ प्रमाणपत्र थिकैक जे अनुसन्धानक क्षमता हिनका मे छैन्हि। क्षमता राखि ओकर उपयोग नहि कएल तँ कृतित्व नाम मात्रक भेल। ज्ञानक सीमा अनन्त छैक ओ क्षमता पाबि ओहि सीमा केँ बढ़एबाक चेष्टा करैत रहब यथार्थ कृतित्व थिक। हमर शुभकामना जे श्री लोकनाथजी डाक्टरेट पाबि कृतकृत्य भए बैसि नहि रहताह, प्रत्युत एहि क्षेत्र मे जाहि उत्साह ओ संलग्नता सँ ई काज करैत रहलाह अछि, तकरा दृढ़ राखि आओर आओर वस्तु सबहि केँ संग्रह कए कए अपन अपन क्षेत्र, अपन जाति ओ अपन भाषाक गौरव ख्यापित करैत रहताह। इति।

(1970)

पार्वती-परिणय

(प्रो. परमानन्द झा)

महाकवि बाणभट्टकृत 'पार्वती-परिणय' नाटकक ई मैथिली रूपान्तर अनुवादकक सौहार्द सँ हमरा प्रकाशित होएबा सँ पूर्वहिँ देखबाक अवसर भेल ओ पढ़ि बड़े आह्लादित भेलहुँ। प्रो. श्री परमानन्द झा जी संस्कृतक प्राध्यापक छथि। ओ मैथिलीक लब्धप्रतिष्ठ विद्वान् छथि। अतएव एहि अनुवादक प्रामाणिकताक प्रसङ्ग हमरा किछु वक्तव्ये नहि भए सकैत अछि। हमरा आह्लाद भेल अछि ई देखि जे ई स्वाभाविक कतेक अछि ओ रोचक सेहो कम नहि अछि। अनुवादकक ई प्रथमे कृति थिकैन्हि। एकर देश मे आदर हो जाहि सँ परमानन्द बाबू केँ एहि क्षेत्र मे आओरो सुन्दर कार्य करबाक उत्साह होइन्ह इएह हमर शुभाशंसा।

(1956)

आर्त्तनाद

(ललितेश्वरी देवी)

श्रीमती ललितेश्वरी देवीक कविता-संग्रहक कतोक पद्य प्रकाशन सँ पूर्वहुँ सुनल छल; प्रकाशनोत्तर एहि संग्रह केँ आद्यन्त पढ़ल अछि। मिथिलाक नारीसमाज मे कविताक प्रतिभा सब दिन प्रचुर मात्रा मे रहैत आएल, एहू युग मे अनेको कवयित्रीक रचना सुनल अछि, प्रकाशित पढ़ल अछि। मुदा ओहि मे प्रायः अधिकांश गीतक रूप मे अछि। श्रीमती ललितेश्वरी देवीक रचना सबसँ मौलिक अछि कारण ई गीत तँ रचबे कएलैन्हि अछि मुदा आत्माभिव्यञ्जना-मूलक हृदयक भाव केँ छन्दोबद्ध कए से चमत्कार प्रदान कएल अछि जे हिनका सामान्य गीतकर्त्रीक श्रेणी सँ ऊपर उठाए यथार्थ कवयित्रीक प्रतिष्ठा दैत अछि। विधिवत् शिक्षा अल्प पओलैन्हि; अभ्यास सेहो बड़ विशेष नहि छैन्हि कारण ई हिनक प्रथमे रचनासंग्रह थिक मुदा तैओ भाषाक स्वच्छता ओ प्रवाह, लयक मधुरता, रसक परिपाक तथा उक्तिक विच्छित्ति सँ हिनक रचना ततेक सहज, सरस ओ आकर्षक भेल अछि जे हिनका मे प्रतिभा ओ व्युत्पत्तिक सुन्दर संयोग नैसर्गिक मानए पड़त। प्रतिभा कतहु संवर्धनीय थिक; एक गृहिणी नारी मे तँ ओ सर्वथा सम्माननीय थिक। पूर्ण आशा अछि जे हिनक प्रतिभाक उचित आदर होएत; एहि संग्रहक समुचित प्रचार ओ प्रसार होएत; एहि युगक कवयित्रीक समुचित श्रेणी मे हिनक यश अग्रणीक रूप मे ख्यात होएत।

(1970)

भक्ति-भावना

(श्रीमती श्यामा देवी)

मानव-हृदय मे जे कतोक भावना नैसर्गिकी थिकैक, ताहि मे प्रायः सबसँ उदात्त थिक भक्तिक भावना। भारतवर्षहिटा मे नहि, विश्व मे जतए कतहु जीवन-दर्शनक चिन्तन भेलैक अछि, सर्वत्र भक्तिक विकास दृष्टिगोचर होएत। सुखानुशयी राग थिक प्रीति ओ एहि सँ पैघ प्रीतिक विषय दोसर नहि अछि अथवा ई कहू जे दोसर प्रीतिक विषय अछिए नहि, एहन बुद्धिपूर्विका चित्तवृत्ति भक्ति कहल जाएत, एकरहि दार्शनिक शब्द मे कहब परा अनुरक्ति।

अभिमत वस्तु मे अभिलाषा थिक राग ओ तकर मूल प्रयोजन थिक सुख। परन्तु जाहि वस्तु मे जतेक राग होएत ओकर अन्त भेला सँ ततेक शोक होएत ओ जैं संसार मे जतेक विषय छैक सभक अन्त छैक तैं रागक परिणाम शोक अवश्यम्भावी छैक। तँहि तँ संसार कैं दुःखालय कहल गेल अछि। तँहि तँ महात्मा लोकनि राग सँ दूर रहए कहैत छथि, विरागी होएबाक उपदेश दैत छथि! परन्तु संसारावस्था मे रहिओकैं रागक परिणामजन्य शोक भोगए नहि पड़ए तकर उपाय एकेटा छैक, ओहि परमेश्वर मे परा अनुरक्ति जनिक अवसान कहिओ भए नहि सकैत छैन्हि ओ तैं हुनक विषय मे अनुराग कएने कहिओ दुःख नहि भए सकैत अछि। एहि कथा कैं गोकुलनाथ अपन शिवस्तुति मे बड़ ललित शब्द मे कहने छथि–

प्रसरति विषयेषु येषु रागः
परिणमते विरतेषु तेषु शोकः।
त्वयि रुचिरुचिता नितान्तकान्ते
रुचिपरिपाकशुचाभगोचरोऽसि ॥

भक्तिक आओर कतेक स्वरूप छैक, यथा मातृभक्ति, पितृभक्ति, गुरुभक्ति इत्यादि, परन्तु ई सब सावसान छैक। अमूर्त्त विषय मे अनुरक्ति एहि सबसँ विशेष चिरस्थायिनी भए सकैत अछि यथा देशभक्ति। अमूर्त्तहु मे सबसँ विशेष नित्य ओ शाश्वत अवाङ्मनोगोचर थिकाह परमेश्वर, ओ संसारक जतेक धर्म छैक सबमे ओही

परमेश्वर-विषयक परा अनुरक्ति प्रतिपादित अछि, कारण, मुक्ति एही सँ लभ्य अछि।

ओना तँ सब धर्म मे भक्तिक महिमा वर्णित अछि ओ भक्त-हृदयक अभिव्यक्ति रूप मे भक्तिक उद्रेक सेहो अनेक भेटत, परन्तु भारतवर्ष मे अनादि काल सँ भक्तिक स्वरूप तत्त्वदर्शी महात्मा लोकनिक चिन्तनक विषय रहैत आएल अछि ओ भक्तिक विकास एक गोट स्वतन्त्र दर्शनक रूप मे उपलब्ध अछि। हमरा लोकनिक ओहि ठाम मुक्तिक साधनक रूप मे ज्ञान ओ कर्मक सङ्ग सङ्ग भक्तिक महत्त्व समान रूपहिँ सिद्ध कएल गेल अछि। नारद ओ शाण्डिल्यक सदृश महर्षि लोकनि भक्तिक तत्त्व केँ युक्ति ओ प्रमाण सँ पुष्ट कए लोककल्याणार्थ कहि गेल छथि, परन्तु सबसँ विशेष तँ स्वयं भगवान् गीतामे भक्तिक स्वरूप, प्रयोजन एवं उपादेयताक ताहि कौशल ओ दृढ़ता सँ निरूपण कएने छथि जे विश्वक कोनहु साहित्य मे प्रायः नहि भेटत। 'मामेकं शरणं व्रज'—अपन सखाक प्रति भगवानक ई आदेश भक्तिदर्शनक चरम सत्य थिक।

परन्तु भक्तिक तत्त्व किंवा सिद्धान्त इत्यादि जे दर्शनक विषय थिक तकर अवगतिमात्र सँ भक्ति चरितार्थ नहि भए सकैत अछि। ई सब बुझबाक वस्तु थिक ओ एकर सम्बन्ध मस्तिष्क सँ छैक। भक्ति थिक वस्तुतः हृदयक उद्रेक, भावुकजनक चित्तवृत्तिविशेष ओ ताहि हेतु दर्शनक ज्ञान आवश्यक नहि छैक। सृष्टिक आदिकाल सँ भक्त लोकनिक हार्दिक उद्‌गार, भक्तिक विशाल साहित्य, कतेकक हेतु मुक्तिक सोपानक काज कएलक अछि, कतेक केँ उद्धारक मार्ग देखओलक अछि तथा आनन्द तँ ई साहित्य प्रायः सकल सहृदय व्यक्ति केँ दैत आएल अछि। विश्वक काव्यकानन मे दुइएटा विषय सर्वत्र भेटैत रहत, शृङ्गार ओ भक्ति, वीररसहुक स्थान एहि दूनूक पश्चातहिँ अछि, मैथिली मे तँ जे काव्य भेटैत अछि से की शृङ्गारक अथवा भक्तिक। तँहि तँ प्रायः दूनूक सम्मिश्रणसँ मधुर रसक कल्पना कएल गेल, जे भागवत धर्म मे अन्तर्व्याप्त प्रतीत होइत अछि।

प्रस्तुत ग्रन्थरत्न मैथिली-साहित्यक हेतु सर्वथा अभिनव अछि। एहि मे भक्तिदर्शन ओ भक्तियोगक तत्त्व किंवा प्रयोजन, आवश्यकता किंवा महत्ता तँ सरल, सुबोध ओ स्पष्ट रीतिएँ प्रतिपादित अछिए, सङ्गहिँ सङ्ग भक्तिक जे उद्‌गार एहि मे विविध भङ्गिमा सँ सन्निविष्ट अछि से एकरा अपूर्व काव्यत्व प्रदान करैत अछि। संसारक जाल मे निबद्ध जेना स्वच्छन्द जीवनक हेतु आक्रोश करए, निविड़ अन्धकार मे पड़ल जेना दूर मे प्रकाशक क्षीण रेखा कैँ देखि ओहि आलोक मे जएबाक हेतु विह्वल होअए, त्रिविध ताप सँ उत्तप्त जेना शीतलताक आभास पाबि ओतए पहुँचबाक हेतु विकल होअए, तेहने विकलता-विह्वलता-आक्रोश सँ ओतप्रोत भक्तहृदयक उद्‌गार एहि मे से चमत्कार दैत अछि जे केओ भावुक व्यक्ति एहिसँ अस्पृष्ट नहि रहि सकैत छथि। सहृदयमात्रक हृत्तन्त्री कैँ झंकृत करबाक एहि मे सरसता छैक। मध्य-मध्य मे रागताललयाश्रित गीत एकर एकरूपताक थकनी सँ जेना दूर करैत हो, संस्कृतक बीछल बीछल श्लोक जेना

भावावेश मे उधिआइत चित्त कैं ठहरि कैं श्लोकक रसक सम्यक् आस्वादन करबाक अवसर देबाक हेतु विश्रामस्थलक काज करैत हो।

ओ ई थिक कृति चन्द्रनगर ड्यौढ़ीक अधिस्वामिनी श्रीमती श्यामा बहुआसिनिक। महाकुलसम्भूता ई थिकीह गृहलक्ष्मी बाबू श्रीचन्द्रधारीसिंह साहेबक, जे हमरा लोकनिक एहि कलुषमय युग मे प्राचीन राजर्षिक स्मरण करबैत छथि। नारीक हृदय स्वभावतः भावुक होइत अछि; संस्कारवशात् नारी केँ परमेश्वरक रूप मे स्वामीक प्रति भक्ति रहितहिँ छैक ओ भावुक हृदय मे से लौकिक भक्ति सत्सङ्गति पाबि परमार्थ-चिन्तन दिशि प्रवृत्त करए एहि मे कोन आश्चर्य? बृहदारण्यक मे मैत्रेयीक प्रसङ्ग कहल अछि जे ओ अपन अनूचानतम पतिदेव केँ मनक बात निवेदन कएने छलीह "येनाहं नामृता स्यां किमहं तेन कुर्याम्"। एहि 'भक्तिभावना' केँ बारम्बार पढ़ि हमरा मनमे होइत अछि जे परिवार, विभव ओ सौभाग्य, सब सम्पत्तिक मध्य मे हमरालोकनिक राजर्षि बाबूसाहेबक मैत्रैयी-कल्पा ई धर्मपत्नी ओही अमृतत्वक एषणा सँ जेना प्रेरित भेल होथि, अपन पतिदेवक उपदेशामृत सँ एहि रूपक परा अनुरक्तिक साधनाक सोपान पर अग्रसर होइत होथि। हिनक भक्त हृदयक उद्गारस्वरूप कतोक गीतक संग्रह सहृदयक हृदय केँ अतीव आनन्द प्रदान कए रहल अछि। ई हिनक 'भक्तिभावना' सरस काव्यक आनन्द ओ परमार्थसाधनक आलोक प्रदान करत, ई हमरा पूर्ण विश्वास अछि। निश्चय, श्रीमती बहुआसिनि साहेब प्राचीन मैथिल नारीक आदर्शस्वरूपा लोककल्याणक मार्ग प्रशस्त कए रहलीह अछि। जाहि सत्कुलक ई सुलक्षणा कन्या थिकीह तकरा समाज मे चरित्र-चारुताक सुयश छैक, वैदुष्यक ख्याति छैक, जाहि महाकुलक ई लक्ष्मी थिकीह तकरा समाजक नेतृत्व प्राप्त छैक, ओकर हितसाधनक भार छैक। आशा नहि, विश्वास अछि जे उभय-कुलमर्यादाक अनुरूप अपन प्रतिभाक वैभव सँ श्रीमती बहुआसिनि साहेब एहन एहन अनुपम कृति समाजकेँ दए जइतीह-जाहिसँ प्रेय ओ श्रेयक प्राप्ति निश्चित छैक।

मिथिला मे नारीसमाज सब दिन सँ मातृभाषा केँ अपन कण्ठ मे जोगओने जीवित रखने रहल अछि। आब विदुषी लोकनि मातृभाषाक बहुविध सेवा मे आगाँ आबि रहलीह अछि। 'कीर्त्तिरक्षर-सम्बद्धा' हमरा लोकनिक ओहिठाम पुरान कहबी छैक। श्रीमती बहुआसिनि साहेब एहि अक्षर-सम्बद्धा कीर्त्ति सँ अमृतत्व प्राप्त करथि, विद्वत्समाज हिनक वैदुष्य-प्रतिपादन-पटुता एवं लोकहितैषणाक समादर करथि, मिथिलाक नारीसमाज हिनक परा अनुरक्ति सँ जीवन-दर्शन सीखथि, देशमे अपन पतिदेवक सङ्ग सङ्ग हिनको सुयश प्रसृत होइत रहए, चिर दिन पर्यन्त ई युगलदम्पति स्वस्थ, सबल ओ आनन्द रहथि, इएह थिक हमर हार्दिक शुभाशंसा। इति।

(आषाढ़ी नवरात्र पञ्चमी, 1375 साल)

नक्षत्र

श्रीयुत रामचरित्र पाण्डेय जी क कवितासंग्रह प्रकाशित देखि बड़ हर्ष अछि। ओना तँ हिनक कविता एमहर कए ठाम सूनल अछि ओ अपन मुहेँ हिनक कविता सूनि सूनि हमहि टा नहि, सकल श्रोतागण मुग्ध भेलैं बिना नहि रहि सकैत छथि। परन्तु कविता सुनबा मे ओ कविता पढ़बामे बड़ अन्तर छैक। कविता सूनि माधुर्य ओ लालित्य गुण सँ श्रोता ततेक परितृप्त भए जाइत छथि जे काव्यगत अन्य गुणदोषादि विवेचनक अवकाशे हुनका नहि रहैत छैन्हि। तैं काव्यगत ध्वनि, व्यंग्य किंवा कल्पनाक कमनीयता प्रभृति गुणक यथावद् आस्वादन कविता पढ़लहि उत्तर नीक होइत छैक। श्री पाण्डेय जीक कविता पढ़ि पढ़ि हम आनन्दविभोर भेल छी ओ हमरा तँ एकर प्रकाशन सँ एक गोट गौरवक प्रतीति होइत अछि। हम निस्सङ्कोच कहि सकैत छी जे मैथिलीक साहित्याकाश मे आइ एक गोट बड़ विशिष्ट ज्योतिष्मान् नक्षत्रक उदय भेल अछि जाहि सँ मिथिला चिरदिन पर्यन्त ज्योतित रहत। वस्तुतः श्री मधुपजी ओ श्री वर्मा जीक सङ्ग ओ पाण्डेय जी बहेड़ा कैं मैथिलीक एक गोट पावन तीर्थ बनाए देल अछि ओ मैथिली साहित्यक वर्तमान जे विकास-क्रम छैक ताहि मे बहेड़ाक स्तुत्य सेवा अमर कीर्त्ति भए रहल अछि। ओहि स्तुत्य सेवाक परिचायक इहो कृति थीक ओ हमर पूर्ण विश्वास अछि जे इहो कृति देश मे उल्लास ओ आदरक सङ्ग सम्मानित होएत। एतए हम एतबए कहि देब पर्याप्त बुझैत छी जे सिद्धान्तवादी रहितहुँ पाण्डेयजी कैं एक गोट कविक हृदय छैन्हि ओ जगतक सौन्दर्यक पर्यवेक्षण तथा ललित ओ मधुर शब्द मे ओकर अभिव्यञ्जनाक जे हिनका मे अपूर्व क्षमता छैन्हि ताहि सँ ई वर्तमान कविमण्डलीमे मूर्धन्य स्थान पाबि गेलाह। मा मैथिली हिनका नव नव उद्‌बोधन, उत्साह ओ सुयश देथुन्ह। इति।

(रामचरित्र पाण्डेय 'अणु' रचित काव्यसंग्रह 'नक्षत्र' मे प्रकाशित, 1956)

मिथिलाभाषा-विद्योतन

(प्रथम संस्करणक प्रकाशकीय वक्तव्य)

अत्यन्त हर्षक विषय थीक जे महावैयाकरण श्रीदीनबन्धुझा-विरचित मिथिलाभाषाविद्योतन नामक मिथिलाभाषाक ई व्याकरण आइ सम्पूर्ण छपि विद्वन्मण्डलीक समक्ष उपस्थित अछि। एकर प्रकाशन मनीगाछीक अधिवेशन सँ पूर्वहिँ आरम्भ भेल छल परन्तु युद्धकालीन अव्यवस्थाप्रयुक्त अत्यधिक विलम्ब भेल। तदर्थ परिषद् वयोवृद्ध लेखक एवं उत्सुक विद्वत्समाजक ओतए क्षमाप्रार्थी अछि।

एहि व्याकरणक महत्त्वक प्रसङ्ग थोड़ मे किछुओ लिखब व्यर्थ होएत परन्तु एतबा तैओ बिनु कहने नहि रहि सकैत छी जे एहि रूपक साङ्गोपाङ्ग अथच प्रामाणिक व्याकरण भारतीय कोनहु आधुनिक भाषा मे नहि अछि तथा जाहि रूपेँ अभिनव जयदेव विद्यापति ठाकुरक गीतसब हमरा लोकनिक भाषाक एतेक दिन धरि प्राण छल, आब निश्चय ई व्याकरण तहिना मिथिलाभाषाक गौरव बढ़ाओत। श्रीमहावैयाकरणक रचित कोष सेहो यन्त्रस्थ अछि तथा ओकर प्रकाशन सँ भाषाक एक गोट बड़का त्रुटि हँटि जाएत, हमरा लोकनिक भाषा सर्वविध उपकरण सँ संयुक्त भए जाएत।

एहि व्याकरण मे धातुपाठ नहि भए सकल। ओहिना एकर प्रकाशन मे अत्यधिक विलम्ब भेल ओ धातुपाठक हेतु आओर प्रतीक्षा करब असह्य प्रतीत होअए लागल। अतएव अवशिष्ट अंश परिशिष्ट रूपेँ समय सुभ्यस्त भेला सँ शीघ्रहिँ उपस्थित करब।

एहि पुस्तक केँ श्रीमहावैयाकरणजी सँ आनि परिषद् केँ देबाक श्रेय सरसकवि श्रीईशनाथ झा केँ छैन्हि तथा एकर प्रकाशनक सबटा व्यय मुख्यतः डाक्टर श्रीअमरनाथझा, बाबू श्रीसत्यानन्द कुमर ओ मनीगाछीक परिषद्‌क अधिवेशनक स्वागत-समिति दलैन्हि अछि। यद्यपि ओ लोकनि केओ हमर धन्यवादक हेतु ई दान नहि कएलैन्हि अछि, केवल अपन मातृभाषाक समुन्नत्यर्थक अपन कर्त्तव्य बूझि ई दान कएल तथापि हमर कर्त्तव्य थीक जे हम सबहु केँ भूरि-भूरि धन्यवाद दिऐन्हि।

(वसन्त पञ्चमी, 1343 साल)

टिप्पणी ओ कवि-परिचय

भाषा-गीत संग्रह

1. अभिञकर
2. कविराज-नव कविराज
3. कविशेखर
4. कंसनारायण
5. काशीनाथ
6. गजसिंह
7. गोपीनाथ
8. गोविन्द
9. चतुर्भुज
10. दशावधान ठाकुर
11. भगीरथ
12. भरत
14. भिखारी मिश्र
13. भवेश
15. भीष्म
16. मलदेव नृप
17. रामनाथ
18. लक्ष्मीनाथ
19. विद्यापति
20. वीरनारायण
21. शंकर
22. सदानन्द
23. सिद्धि-नरसिंह
24. सिंह नृपति-नृपसिंह-सिंह भूपति
25. कवि कौमुदी
26. यशोधर
27. विष्णुपरी

(1) अभिञकर अथवा अमृतकर

मैथिलीक बड़ विशिष्ट ओ परिचित कवि–कायस्थकुल-भूषण। हिनक गीत रागतरङ्गिणी मे भीमपलाशीक दृष्टान्त, रामभद्रपुरक पोथीमे दू गोट 68 ओ 82, नेपालक तालपत्रक पोथी मे दू गोट 175 ओ 176, तथा एहि संग्रह मे दू गोट, 87 ओ 93 एवं प्रकारें सात गोट उपलब्ध अछि। रागतरङ्गिणी मे ई शिवसिंह-लखिमाक उल्लेख कएने छथि; रामभद्रपुरक पोथी मे भैरवसिंह-जसमाक, जे जसमा हुनक तृतीय पत्नी छलथिन्ह। अतएव ई विद्यापतिक समकालीन परन्तु हुनका सँ नवीन छलाह।

परन्तु जे कथा प्रसिद्ध नहि अछि ओ जकर सूचना हम मिथिला-मिहिर मे देलें छी (29 नवम्बर 1964), अमृतकर नाटककार छलाह, कारण, नेपाल तालपत्रक गीत 'दश दिश भूमि-भूमि' सागरिका ओ वत्सराजक प्रेमविषयक नाटकक थिक। एहि संग्रहक दूहू गीत ओही नाटकक थिक, एक गोट मे वासवदत्ताक नामो अछि। अतएव रत्नावली नाटिकाक कथा लए ई नाटक लिखने छलाह से स्पष्ट अछि। नाटक लुप्त अछि परन्तु से इएह टा नहि। विद्यापतिक परवर्ती उमापति सँ पूर्व केवल गोविन्दक नल चरितक नाम जानल छल।

नाटक धरि ई भैरवसिंहक नाम सँ नहि अछि। गीत 93 क भनिता मे अछि– 'कृष्णचरण बुझ गुनक निधाने'। ई कृष्णचरण के? ई बुझबाक कोनो साधन नहि अछि, जाधरि नाटक नहि उपलब्ध होइत अछि। आश्चर्य जे चतुर्भुजक गीत (133) मे सेहो अछि– "कृष्णचरण गुनसागर त्रिभुवन आगर रे।"

(2) कविराज ओ नव-कविराज

ई नाम नहि थिक, उपाधि ओ एहि उपाधिक भनिताबला तीनिटा गीत एहि संग्रह मे अछि जाहि मे एक गोट (82) "भिखारी मिश्र कविराजस्य" गीतक अन्त मे लेखकक टिप्पणी अछि। गीत 75 मे कविराज गुणक निधान "असमतिदेवि-पति" क कीर्त्तन करैत छथि मुदा से के से नहि अछि। तेसर संख्या 115 अपूर्व महेशवानी थिक ओ भनिता मे "यशोदादेवि मधुसूदन-नन्द" नव-कविराजक उल्लेख अछि। एहि मे एकोटा परिचय भेटबाक योग्य नहि अछि। पाँजि मे अनेक व्यक्ति कैं कविराजक उपाधि सँ युक्त देखैत छिऐन्हि, कविराज गोपीनाथ, कविराज भवानीनाथ, कविराज रमानन्द, कविराज अनन्त, कविराज शुभङ्कर इत्यादि, मुदा एहि मे ककर रचना एहि मे संगृहीत अछि, एक गोटाक वा दू गोटाक, सेहो नहि कहि सकैत छी। भिखारी मिश्रक सेहो परिचय नहि भेटल अछि। सम्भव थिक, नव-कविराज भिखारी मिश्र सँ भिन्न होथि।

(3) कविशेखर

इहो उपाधि थिक ओ एहि संग्रह मे दू गोट भनिताक गीत अछि। गीत मे पञ्चगौड़ेश्वर नसिर साहक नाम अछि। रागतरङ्गिणी मे कविशेखरक एकटा गीत

अछि 'आनन लोनुअ' इत्यादि जाहि मे नसरद साहक नाम अछि मुदा लोचनक टिप्पणी अछि "इति विद्यापतेः"। एहि संग्रहक गीत 56 भनिता-विहीन अछि मुदा ओएह गीत रागतरङ्गिणी ओ गुप्तक संस्करणमे सेहो अछि; रागरङ्गिणीमे "नव-कविशेखर" यशोधरक भनिता सँ युक्त मुदा गुप्तमे "नव-कविशेखर" विद्यापतिक। दूनू मे मुदा साह हुसेनक नाम अछि।

श्रीविमानबिहारी मजुमदार 'कविशेखर'– भनिताक गीत विद्यापतिक नहि मानैत छथि यद्यपि लोचन रागतरङ्गिणी मे विद्यापति केँ "पण्डितवर कविशेखर" कहैत छथि। बङ्गालक नबाब हुसेन साह 1489 सँ 1520 धरि ओ हुनक बालक नसरद साह 1521 सँ 1533 धरि राज्य कएल तेँ विद्यापतिसँ पर कालक छलाह। अतएव ई गीतकार "कविशेखर" विद्यापति सँ भिन्न थिकाह; विद्यापतिक हेतु ई विशेषण यौगिक अर्थ मे प्रयुक्त अछि।

पञ्जी मे ज्योतिरीश्वर सँ लए कविशेखर अनेक भेटैत छथि, पनिचोभमूलक नैयायिक शतञ्जीव, सरिसबय अनन्दू, बलिआसय चन्द्रनाथ सरिसबय भञ्जन इत्यादि मुदा ई लोकनि सब ओइनिवार-युग सँ नवीन थिकाह।

पञ्जी मे एक जन विशिष्ट व्यक्ति भटैत छथि यशोधर नामक, पालीमूलक महिन्द्रबाल शाखा मे, मुदा "कविशेखर" उपाधि सँ रहित। हुनक समय इएह थिक। नैयायिक नाथूझाक बालक छलाह नैयायिक यशोधर, दोसर बालक छलथिन्ह धर्माधिकरणिक नरसिंह। यशोधरक बालक प्राणधर महा धनाढय छलाह, महामहत्तक। एहि नैयायिक यशोधरक श्वशुर छलथिन्ह दरिहरय महेश, जनिक बापक वैमात्रेय बहिनि तँ विवाह छल नरओनय दिनकरक। दिनकरक दौहित्र छलाह ओइनिवार राजा रामभद्र जनिक बालक कंसनारायण छलाह। अतएव यशोधर 1489 सँ 1533 धरि अवश्य छलाह ओ कविशेखर नाम सँ बङ्गालक नवावसबहिक दरबार मे रचना करैत छल होथि से कोनो आश्चर्य नहि।

मुदा इहो सम्भव जे ई सब रचना भिन्न-भिन्न व्यक्तिक हो। केवल उपाधि सँ परिचय निश्चित नहि भए सकैत अछि।

(4) कंसनारायण

अन्तिम ओइनिवार राजा लक्ष्मीनाथक विरुद छल कंसनारायण। अनेक कवि हिनक आश्रय मे गीतक रचना कएल। सम्भव थिक ई स्वयं गीतरचना कएने होथि अथवा केओ कवि रचना कए, भनितामे हुनके नाम दए देने होथि मुदा थिकाह ई ओएह राजा से सर्वथा सङ्गत प्रतीत होइत अछि।

हिनक एक गोट गीत (41) एहि संग्रहमे अछि, एक गोट (55) नेपालतालपत्रक पोथी मे अछि ओ दू गोट रागतरङ्गिणीमे अछि। नेपालमे एक गोट कंसनृपति भनिताक गीत (41) सेहो एही राजाक हो से सम्भव। केवल रागतरङ्गिणीक वियोगि कोडारक गीत "देइपति' साए -साए पिआ केँ कह विनती" मे भनिता मे

“कंसनारायण-सोरमक विशेषण मे “नसिर भूपति” ओ ‘नसिरसाह सुरताने क उल्लेख सन्देह उत्पन्न करैत अछि। कंसनारायणक स्त्री सोरमदेवी छलथिन्ह, बङ्गालक नबाव नसरत साहक समय मे ई छलाह ई सत्य मुदा हिनका “नसिरा-भूपति” विशेषण किएक ओ स्वयं राजा भए बङ्गालक नबाबक नामें ई पद किएक रचल? लसं 394 अर्थात् 1503 ई. मे ई राजा छलाह से भगीरथपुरक शिलालेख सँ स्पष्ट अछि। देखू जेबीआर एस (1955)। एहि प्रसङ्ग गीत 42 क टिप्पणी सेहो द्रष्टव्य।

(5) काशीनाथ

हिनक एक गोट मात्र गीत एतए उंपलब्ध अछि, अन्यत्र कतहु नहि। एहि मे भनिता मे कंसनारायणक नाम अछि। काशीनाथक कोनो परिचय उपलब्ध नहि अछि। नेपाले वाला नाटक मे काशीनाथक विद्याविलाप नाटक प्रकाशित अछि। हमर अनुमान अछि जे ई काशीनाथ पूर्व मे कंसनारायणक दरबार मे छलाह ओ ओइनिवारक राज्य उच्छिन्न भेलाक पर भातगाम (नेपाल) क दरवार चलि गेल होथि। विद्याविलाप सोलहम शताब्दीक प्रथम चरणक शेष मे। कंसनारायणक पश्चातहिं तँ मैथिल पण्डित लोकनिक बेसी बौआए लागल छलाह से ध्यान मे रहए।

(6) गजसिंह

गजसिंहक तीन गोट गीत उपलब्ध अछि, एक गोट (65) एहि संग्रह मे ओ दू गोट रागतरङ्गिणी मे। गीतक टिप्पणी मे हम कहल अछि जे ई तीनू गीत प्रायः नाटकक थिक ओ कोन नाटक से तँ बुझल नहिं होइत अछि मुदा सम्भव थिक जे एकहि नाटकक हो। कुमार गजसिंह भनिताक एकटा आओर गीत रागतरङ्गिणी मे अछि, पहड़िआ केदारक दृष्टान्त मे।

ई गजसिंह के छलाह से कहब असम्भव अछि, कारण, ई ब्राह्मण नहि छलाह, केओ राजा छलाह जनिक नाम पर गीत रचल अछि। चम्पारन-बेतियाक एकटा राजा गजसिंह छलाह जनिका महिनाथठाकुर सँ युद्ध भेल छल ओ तेँ महिनाथ ठाकुरक जेठ पित्ती पुरुषोत्तम ठाकुरक समय मे गजसिंह युवा छल होथि, कुमार छल होथि, ओ प्रायः मिथिलेश पुरुषोत्तम ठाकुरक कीर्तन करैत रचना कएने होथि अथवा हुनक आश्रित कविए हुनक नामक सङ्ग मिथिलेश पुरुषोतमक नाम दए देने होथि। परन्तु हुनक स्त्रीक नाम जसमति नहि, रुक्मिणी छल। महिनाथ ठाकुरक समयक यदि ओ रहितथि तँ लोचन किंवा सरस राम किंवा उमापति हुनक नाटक कोना बिसरितथि? तेँ सम्भव थिक ई ओइनिवार राजा पुरुषोत्तमदेवक समयक थिकाह, पुरुषोत्तम जे कंसनारायणक पिता रामभद्रक वैमात्रेय भाए छलथिन्ह। पुरुषोत्तम केँ चारि गोट विवाह मुदा हुनक सब स्त्रीक नाम बुझल नहि अछि, नहि तँ ओहि नाम सँ किछु निर्णय कए सकितहुँ!

(7) गोपीनाथ

हिनक एक गोट गीत मात्र (84) उपलब्ध अछि, बड़ विलक्षण। ई नरपति लक्ष्मीनारायणक कीर्त्तन कहैत छथि। से नरपति की तँ मोरङ्ग राज्यक प्रतिष्ठापक थिकाह अथवा जे कथा श्रीजयकान्तबाबू अपन इतिहास मे कहैत छथि, ई विहार-नगरीक राजा होथि जनिक पौत्री रूपमती नेपालक राजा प्रतापमल्ल सँ विवाहिता छलीह। मोरङ्गक प्रतिष्ठापक लक्ष्मीनारायण बड़ प्राचीन भेलाह तेँ हमर अनुमान जे ई विहारनगरीक आश्रित छलाह। कूचविहारक राजा सेहो लक्ष्मीनारायण छलाह 1595 ई. मे से विश्वकोष कहैत अछि।

छलाह ई दरिहरय, दिघिआक वासी, कविराजक उपाधि सँ युक्त। ई बीदूक बालक छलाह ओ बीदूक पितिऔत भाए सोने (भिट्ठोक वासी) क विवाह छल बेहट-वासी करमहय शम्भुझाक कन्या मे। शम्भुक जेठ भाए बाछेझाक पौत्री छलीह सोरमा, कंसनारायणक स्त्री, जनिका कवि गोविन्द अपन गीतमे अमर कए गेल छथि, तेँ गोपीनाथ ओइनिवार कंसनारायण सँ नवीन मुदा ओही युगक, सोड़हम शताब्दीक पूर्वार्धक छलाह।

(8) गोविन्द

ओना तँ गोविन्द बड़ प्रसिद्ध नाम अछि ओ कोनो कुल नहि अछि जाहि मे ई नाम प्रायः प्रत्येक समय मे एक-दू गोट नहि भेटत; कवि गोविन्द सेहो अनेक भए सकैत छथि। परन्तु एहि संग्रहक कवि गोविन्द केँ चीन्हब ओतेक कठिन नहि अछि।

एहि संग्रहमे गोविन्दक बारह गोट गीत (12, 51, 55, 57, 71, 75, 97, 103, 110, 125, 136, 146) अछि शृङ्गारक, आ एक गोट महेशवानी परिशिष्ट मे अछि। ताहि मे दू गोट (57-75) रागतरङ्गिणीमे सेहो अछि। ओहि बारह मे पाँचगोटक (57,75,103,110,146) भनिता मे कंसनारायण ओ हुनक पत्नी सोरमाक नाम अछि; दू गोट मे (55,146) कंसनारायण केँ 'नृप' कहल अछि; एक गोट मे (51) सोरम देवी-पति लक्ष्मीनाथ अछि; दू गोट मे (125,136) कंसनारायणक विशेषण, "वीरवर" अछि जाहि प्रसङ्गकगीत संख्या 125 क टीका द्रष्टव्य; दू गोटक भनिता मे (71,97) केवल गोविन्द अछि, हुनक आश्रयक नाम नहि अछि, दू गोट मे (51,57) गोविन्द अपना केँ मन्त्री कहैत छथि; एक गोट मे (12) कमला-रमण वासुदेव नरेशक नाम अछि।

हमरा जनैत ई गोविन्द अन्तिम ओइनिवार महाराज लक्ष्मीनाथ कंसनारायणक मन्त्री छलाह। लक्ष्मीनाथक विरुद छल कंसनारायण ओ हिनक प्रथमा स्त्रीक नाम छल सोरमा जे बेहट-वासी करमहय भानुझाक कन्या छलीह। भानुक प्रपौत्र छलाह म.म. हरिहर उपाध्याय जनिक सुभाषित ग्रन्थ विख्यात अछि। कंसनारायण सोड़हम

शताब्दीक आरम्भ मे छलाह। सएह गोविन्दक समय थिक।

एहि गोविन्द केँ हम नल-चरितक-नाटक-कर्त्ता गोविन्दठाकुर सएह मानैत छी। तकर कारण जे नलचरितक नाटककार गोविन्द ओइनिवार राजकुल सँ घनिष्ठ रूपेँ सम्बद्ध छलाह। 1350 ई. मे शाण्डिल्य-गोत्रीय दीघी कुल मे दू भाइ छलाह स्थिति ओ जान, स्थिति छलाह पार्णागारिक ओ जान धर्माधिकरणिक, ओइनिवार राजकुलक आरम्भ मे, दूनू राजकीय-पदस्थ। स्थितिक बालक लक्ष्मणक विवाह भेल महाराज गोपेश्वरक कन्यामे ओ तनिक बालक उदयी कीर्त्तिसिंहक सोदरापुत्र छलाह। पार्णागिरिकक प्रतिष्ठत पद जे स्थितिठाकुर केँ छल से हुनक पुत्र लक्ष्मणठाकुर ओ पौत्र उदयीठाकुर केँ सेहो रहल। उदयीक पौत्र छलाह रविकर, पञ्जी मे सप्रक्रिय कहल छथि, ओ रविकरक पुत्र छलाह गोविन्द, पंजीमे महामहोपाध्याय ओ कविक उपाधि सँ युक्त। स्थितिक छोट भाए जानठाकुरक एक गोट बालकक विवाह भेल महाराज भवेश्वरक पौत्री, हरसिंहक कन्या मे ओ दोसरक भवेश्वरक जेठ भाए कुसुमेश्वरक पौत्री, राजा रत्नेश्वरक कन्या मे। जान ठाकुरक सन्तान सम्प्रति सिंघवारक दिघबएलोकनि, पछाति चौधरीक उपाधि प्राप्त कएला उत्तर, चौधरी ठाकुरलोकनि, थिकाह। अतएव ई गोविन्दठाकुर अन्तिम ओइनिवार राजा कंसनाराणक मन्त्री छल होथि से पूर्ण सङ्गत।

जगज्ज्योतिर्म्मल्लक हरगौरी विवाह नाटक मे गोविन्दक एकटा महेशवानी अछि जाहि मे महादेव-पार्वतीक जूआ खेलएबाक वर्णन अछि। वस्तुतः मैथिल ब्राह्मणक विवाह मे जूआ खेलाएब एकटा विधि छैक ओ ताही व्यवहारक ई गीत थिक तथा एहि नाटकहु मे ताही प्रसङ्ग मे एकर निवेश छैक। तहिना प्राचीन संग्रह सँ गोविन्दक रचल दू गोट महेशवानी हम अपन सङ्कलन प्राचीनगीत मे सेहो देने छिऐक। ई तीनू गीत एही गोविन्दठाकुरक होइन्ह से पूर्ण सम्भव।

गोविन्दठाकुर नाटककार छलाह से प्रसिद्ध अछि। नलचरित मे स्थितिठाकुर सँ लए अपना चारू भाइ धरिक उल्लेख ई कएने छथि। विद्यापतिक प्रवर्त्तित त्रैभाषिक नाटकक परम्परा मे अमृतकर, भीष्म ओ गजसिंहक सङ्ग-सङ्ग गोविन्दहुक कृतित्व अछि—एखन धरि उपलब्ध सामग्रीक आधार पर इएह कहि सकैत छी।

गोविन्दक गीत मे कंसनारायण ओ लक्ष्मीनाथ दूनू नाम अछि ओहिना जेना विद्यापतिक गीत मे रूपनारायण ओ शिवसिंह दूनू।

एक गोट मात्र गीत मे (12) गोविन्द कमला-रमण वासुदेव नरेशक कीर्त्तन करैत छथि। ई वासुदेव ओइनिवार वंशक केओ नहि थिकाह। हमर अनुमान अछि जे ई ओएह "मिथिलभूमीमौलिमाणिक्यभूत" "नृपरविकरदेवानन्दन" वासुदेव थिकाह जनिक स्तुति म.म. गोण्ढ़ि शर्मा अपन शूद्राचारविवेक मे कएने छथि (देखू-जायसवालक मिथिलाहस्तलेखसूची भाग-1 पृष्ठ-453 ओ बनारस ओरिएन्टल कान्फरेन्सक विवरण मे शरयन्त्र पर हमर लेख)। ई गोण्ढ़ि मिश्र अपन प्रसङ्ग लिखैत छथि

'योऽजैगीन्नूपरामभद्रसदसि प्रख्यातसंख्यावतः'। रामभद्रक बालक कंसनारायण छलाह अतएव पश्चात् जे कंसनारायणक मन्त्री भेलाह से गोविन्द रामभद्रक सभा मे शास्त्रार्थक विजेता गोविन्द शर्माक आश्रय वासुदेवक दरबार गेल होथि ई कोनो असङ्गत नहि।

(9) चतुर्भुज

हिनक चौदह गोट गीत हमरा उपलब्ध अछि—एगारह गोट एहि संग्रह मे, एक गोट रागतरङ्गिणी मे, एक गोट हरगौरीविवाह नाटक मे, ओ एक गोट 1884 ई. मे एसिआटिक सोसाइटीक जर्नलमे ग्रिअरसन प्रकाशित करओने छलाह। एहि पोथी मे हिनक एगारह गोट गीत अछि। एहि मे एक गोट बङ्ला भाषा मे अछि ओ एक गोट जाँत परक लगनी थिक। ओना हिनक गीत अत्यन्त पण्डिताम होइत अछि मुदा ग्रिअरसनक देल गीत नवोढ़ाक मनोविश्लेषणक अपूर्व सरल ओ सरस चित्रण अछि।

चतुर्भुज अपना नामक सङ्ग चतुर विशेषणक प्रयोग करैत छथि जे यमकक काज करैत अछि मुदा साभिप्राय अछि।

चतुर्भुज केँ हम पणिडतराय रघुनन्दनक दोसर विवाहक जेठ पुत्र चतुर्भुजराय मानैत छिऐन्हि, अभिनव-पण्डित राय शङ्करक वैमात्रेय भाए। शङ्करराय अवनिपालनायक मानसिंहक कीर्त्तन करैत छथि जे मानसिंह, जयपुर-नरेश, मुगल सम्राट्क प्रतिनिधि भए राजमहल (सन्ताल परगन्ना) मे 1589 सँ 1604 धरि छलाह। इएह समय चतुर्भुजहुक होएत। पञ्जी मे हिनका महामहोपाध्याय एवं एक गोट अद्‌भुत उपाधि भेटैत अछि, माकमानी-पातसाह जकर आशय भेल जे माकमानी मे हिनक बड़ प्रतिष्ठा छल, बड़ सम्मान छल, बड़ प्रतिपत्ति छल। तँहि ई अपना केँ चतुर सेहो कहैत छथि। राजमहल सँ सम्बन्ध रहला कारणेँ ई बङ्गाल सँ सेहो सम्बद्ध छलाह ओ तेँ बङ्ला मे सेहो गीत रचल।

परन्तु लगनी मे जे ई कृष्णचरण गुणसागरक कीर्त्तन करैत छथि से के छलाह से बुझबाक साधन नहि अछि। सम्भव थिक ई कविक केओ मित्र छलथिन्ह जनिक विनोदार्थ चतुर्भुज एहन सुन्दर लगनी रचलैन्हि।

(10) दशावधान ठाकुर

दशावधान नाम नहि उपाधि थिक। जे व्यक्ति एकहि सङ्ग दस गोट काज कए सकए से दशावधान भेल। पञ्जी मे कम सँ कम तीन व्यक्ति हमरा एहि उपाधिक भेटलाह अछि—(1) कटका-सोदरपुर-मूल मे हरपतिक बालक मुदा ओ मिश्र कहबैत छल होएताह, (2) गढ़-माण्डर-मूल मे रुचिपतिक बालक नरपति जे दशावधान कहाबथि। हिनक मातृमातामह छलथिन्ह रैयामवासी सोदरपुरिअय गङ्गापति बालक नरपति जे दशावधान कहाबथि। हिनक मातृमातामह छलथिन्ह रैयामवासी सोदरपुरिअय गङ्गापति

मिश्र ओ गङ्गापतिक वैमात्रेय भाए थालूक कन्या मे पद्मसिंहक विवाह छल। अतएव ई पद्मसिह सँ दू पुरुष नवीन 1500 ई. मे छल होथि मुदा ई मड़रए ठाकुर कहबथि की नहि से नहि जानि। तेसर दशावधान छलाह बहेराढ़ी मूलक प्रज्ञाकरक बालक। प्रज्ञाकरक पितामह बराहक जेठ भाए विरखुक कन्या उमा सँ शिवसिंहक पाँचम विवाह छल अतएव इहो 1500 ई. सँ पूर्व नहि छल होएताह। बराहक विवाह छल रुद्रक पिउसि मे जाहि रुद्रक दौहित्र म.म. महाराज महेशठाकुर छलाह। अतएव महेशठाकुरक समकालीन मुदा हुनका सँ ई जेठ छल होथि। ई लोकनि ठाकुर कहबैत छलाह से निश्चय। तेँ हमरा जनैत इएह तेसर दशावधान ठाकुर एहि संग्रहक गीतकार होथि। मुदा एक ठाम (16,99) ठक्कुरस्य एकवचनान्त ओ दोसरा ठाम (116) ठक्कुराणां बहुवचनान्त सन्देह उत्पन्न करैत अछि।

गीत 34 मे दशावधान 'बङ्ग-पुरन्दर' चान्द रायक कीर्त्तन करैत छथि। विश्वकोष मे दू गोट चान्दराय भेटैत छथि। 1587 विक्रमपुरक राजा छलाह केदार रायक जेठ भाए। हिनक स्थापित शिवमन्दिर मे शाके 1587 उल्लिखित अछि से भेल ई. 1665। एतेक नवीन तँ दूनू मे कोनो दशावधान नहि थिकाह। दोसर चान्दराय राजमहलक एक जन बहुसम्पत्तिशाली जमिन्दार छलाह जे धनाढ्य भैओकए उच्चरित्र ओ दस्युदलाधिपति रहथि। पश्चात् नरोत्तम ठाकुरक शिष्य भए परम बैष्णव भए गेलाह से भक्तमाल मे वर्णित अछि। नरोत्तमठाकुरक जन्म शाके 1453-54 मे भेल छल तेँ ई चान्दराय सोलहम शताब्दीक मध्य मे छल होथि। द्रष्टव्य जे दशावधानक गीत सब रूप-वर्णन थिक ताहू मे तीनि गोट सम्भुत्काक ओ एक गोट पसाहनिक।

बहुवचनान्त दशावधानक गीत रागतरङ्गिणी मे आलम साहक नामेँ अछि। यदि ई आलमसाह सैयद होथि तँ पन्द्रहम शताब्दीक मध्यक समय एहि दूनू दशावधानक हेतु बड़ पुरान भेल। हम तँ बुझैत छी जे ई आलम साह थिकाह हाजीपुरक शासक मखदूम आलम जे 1536 ई. मे शासन करैत छलाह।

परन्तु ई सब अन्दाज थिक। निश्चित रूपेँ किछु कहब कठिन अछि।

(11) भगीरथ

हिनक एक गोट मात्र गीत (119) भेटल अछि ओ से सकल-याचक-गति मानसिंहक नामसँ। सोलहम शताब्दीक अन्त मे ई राजमहल मे मानसिंह दरबार गेल होथि से सम्भव।

(12) भरत

शृंङ्गारक विलक्षण गीतक (46) ई कवि के छलाह तथा के ई हरषू मिश्र जनिका ई एहि मे अमर कए गेलाह से नहि कहि। ई नाम सब अन्यत्र नहि भेटल अछि।

(13) भवेश

हिनक एक गोट विलक्षण महेशवानी (120) मात्र उपलब्ध अछि, एही संग्रह मे, जाहि मे गुणीश्वरक पुत्र दामोदरक कीर्त्तन अछि जनिक स्त्रीक नाम ह्रीमती छलैन्हि। भाषा-कवि भेवश माण्डर कुल मे भेल छथि मुदा से अठारहम शताब्दीक मध्य मे, तिनक गीत कविशेखरजी गीतरत्नावली मे देने छथि। ई केओ प्राचीन भवेश थिकाह, कारण महेशवानी मे शृङ्गारक विषय देलें छथि।

(14) भिखारी मिश्र

कविराजक ई गीत (85) बड़ प्रसिद्ध अछि मुदा पूर्व मे ई विद्यापतिक कहाए प्रसिद्ध छल। काव्य-गुण एहि मे अवश्य छैक, अभिनव विषय, मुदा हिनक परिचय नहि उपलब्ध अछि।

(15) भीष्म

हिनक तीनि गोट गीत उपलब्ध अछि, तीनू रागतरङ्गिणी मे ओ एहि संग्रह मे जे गीत अछि (113) सेहो रागतरङ्गिणी मे अछिए। ई मोरङ्ग-नरेश जगनारायणक आश्रित छलाह, दू गोट गीत हुनके नाम सँ रचल जे दूनू उर्वशी-विषयक कोनहु नाटकक थिक; तेसर सेहो जगनारायणक पिता नरनारायणक नाम सँ अछि। कंसनारायणसँ प्राचीने होएताह।

(16) मल्लदेव नृप

हिनक एक गोट गीत (117) एहि संग्रह मे अछि। थिकाह ई केओ मल्ल राजा नेपालक, परन्तु से के से बुझबाक उपाय नहि अछि। की हिनक आओर रचना भेटए वा कोनहु संग्रह मे ई नामे आओर भेटए तखनहि से सम्भव।

(17) रामनाथ

हिनक एकगोट मात्र गीत (78) एहि संग्रह मे अछि ओ सएह टा हिनक गीत भेटैत अछि। एहि मे ई 'सोरमा-रमण' क कीर्त्तन करैत छथि मुदा से के, कंसनारायण वा अन्य केओ, से नहि कहि। बलिआस मूलक सिमरी शाखा मे रघुझाक बालक नैयायिक रामनाथ ओ कविशेखर चन्द्रनाथ दू भाइ छलाह। पण्डितराय रघुनन्दनक प्रपितामह ओ रामनाथक पितामह दूनू सोदर तेँ पण्डितराय सँ ई एक पुरुष प्राचीन भेलाह। अतएव कंसनारायणक समय मे ई छल होथि से पूर्ण सङ्गत।

(18) लक्ष्मीनाथ

ई कंसनारायण थिकाह। हिनक एहि नाम सँ दू गोट गीत (36,104) एहि संग्रह मे

अछि, एकटा नेपाल तालपत्रसँ श्री सुभद्रबाबू प्रकाशित करओने छथि ओ एक गोट झा-रिसर्च-जर्नल मे हमहि प्रकाशित करओने छी।

(19) विद्यापति

एहि संग्रह मे विद्यापतिक सतहत्तरि गोट गीत अछि। अड़सठि गोट भाषागीत-संग्रह सँ, दू गोट आन तालपत्र सँ, ओ सात गोट हरगौरी-विवाहनाटक सँ, महेशवानी। ताहि मे गीत-संग्रहक सँएतीस गोट, तालपत्रक दूनू, ओ एकटा महेशवानी-सब मिलाए चालीस गोट प्रकाशित छल, सँएतीस गोट गीत सर्वथा नवीन अछि।

भाषा-गीत-संग्रहक बत्तीस गोट गीतमे (1, 17, 18, 27, 28, 30, 38, 39, 40, 42, 44, 52, 59, 61, 63, 64, 66, 67, 74, 79, 82, 83, 88, 89, 94, 95, 101, 109, 111, 128, 141, 142) भनिताक पद पूर्ण अछि जाहि मे छओ गोट मे (30, 52, 79, 82, 128, 142) शिवसिंहक सङ्ग लखिमाक सेहो नाम अछि, छओ गोटमे (17, 18, 28, 74, 109, 141) केवल शिवसिंहक नाम अछि, एक गोट मात्र मे (27) देवसिंह हाँसिनिकं नाम अछि; बाइस गोट गीत मे (3, 4, 13, 14, 15, 25, 29, 31, 32, 37, 42, 48, 54, 58, 60, 62, 70, 72, 76, 96, 102, 129) भनइ विद्यापति इत्यादि अथवा केवल विद्यापति लीखि भनिताक पद छोड़ि देल गेल अछि। छओ गोट गीत मे (90, 91, 100, 107, 108, 135) लेखक अन्त मे टिप्पणी दए देने छथिन्ह जे 'विद्यापतेः'। आठ गोट गीत (33, 45, 68, 77, 80, 105, 126, 130) अनामक अछि मुदा अन्यत्र सँ यथा-रागतरङ्गिणी, गुप्त इत्यादि सँ बुझल होइत अछि जे ई सब विद्यापतिक थिक। एक गोट गीत मे (17) केवल अभिनव जयदेव अछि ओ एक गीत मे (142) कविकण्ठहार अछि मुदा शिवसिंहक नाम दूनू मे अछि, एकमे लखिमाक सङ्ग। चौबीस गोट गीत अनामक अछि मुदा ताहि मे आठ गोट अन्यत्र सँ बुझल होइत अछि जे विद्यापतिक थिक, एकटा कुमुदीक, शेष पन्द्रह गोट गीत (7, 8, 35, 47, 49, 86, 87, 92, 108, 114, 131, 134, 137, 139, 140) अज्ञात-कर्तृक अछि, नहि जानि जे एहूमे कोनो गीत विद्यापतिक रचना अछि वा नहिं। आन तालपत्रबला दूनू गीत भनिता-युक्त अछि जाहि मे दोसरमे विद्यापतिक सङ्ग रमापतिक उल्लेख सन्देह उत्पन्न करैत अछि। महेशवानी मे भनिता-युक्त तँ सब गीत अछिए, एक गोट मात्र मे (154) चन्दलदेइपति वैद्यनाथक नाम अछि। तीनिगोट मे शिवसिंहक नाम अछि जाहि मे दू गोट 150, 153, मे हुनक शुभकामना अछि।

एहि संग्रहक अठारह गोट गीत ओ एकटा महेशवानी रागतरङ्गिणी मे सेहो अछि ताहि मे विद्यापतिक दश गोट (3, 42, 43, 45, 68, 70, 76, 95, 105, 142), गोविन्दक दू गोट (57, 75), दशावधानक एक गोट (116), भीष्मक एक गोट (113) ओ नृपसिंहक एक गोट (50)—सब मिलाए पन्द्रह गोट समाने अछि। गीत 6 एतए

अनामक अछि, रागतरङ्गिणी मे कवि कुमुदीक कहल अछि, गीत 31 एतए विद्यापतिक कहल अछि मुदा रागतरङ्गिणी मे कंसनारायणक कहल अछि; गीत 56 एतए अनामक अछि, गुप्तमे विद्यापतिक, मुदा रागतरङ्गिणी मे यशोधरक कहल अछि। तहिना दू गोट आओर गीत मे भेद भेटैत अछि– गीत 85 सर्वत्र विद्यापतिक कहल अछि मुदा एहि संग्रह मे स्पष्ट टिप्पणी अछि जे "भिखारी मिश्र राजस्य"। गीत 121 गुप्त मे ओ नेपालक तालपत्र मे विद्यापतिक कहल अछि मुदा एहि मे ओ सिंह नृपतिक थिक।

अनामक गीत मे हम अन्यत्र सँ नाम स्वीकार कएल अछि ओ गुप्तसँ प्रामाणिक रागतरङ्गिणी किंवा एहि संग्रह कैं मानल अछि, परन्तु एक गोट गीत मे (31) जे रागतरङ्गिणी मे कंसनारायणक कहल अछि मुदा एहि संग्रह मे अन्त मे भनइ विद्यापति इत्यादि कहि विद्यापतिक, ताहि प्रसङ्ग संशयालु छी जे ओकरा कंसनारायणक मानी अथवा विद्यापतिक। एहि संग्रह मे प्रामाणिकता हम एकरहि देल अछि मुदा एतबा निश्चय जे विद्यापतिक गीतक प्रसङ्ग मे भ्रम जे आनक रचना कैं विद्यापतिक कहब–आजुक नहि थिक, आइ सँ तीन सए वर्ष पूर्वहुँ ओ भ्रम विशेषज्ञहु विषय एहिना पसरल छल।

(20) वीरनारायण

हिनक एक गोट मात्र गीत (53) सेहो एही संग्रह मे उपलब्ध भेल अछि। ई निश्चय ओएह कवि थिकाह जे त्रैलोक्यमल्लक आश्रित (1572-1586) विद्याविलाप नाटक रचलैन्हि। भनिता एहि गीतक अपूर्ण अछि नहि तँ प्रायः राजाक नाम भेटैत।

(21) शङ्कर

हिनक एक गोट मात्र गीत (120), सेहो संस्कृत मे, एही संग्रह मे उपलब्ध भेल अछि। थिकाह ई सुकवि-पण्डितराज रघुनन्दनक बालक। मानसिंहक शुभकामना प्रकट करैत छथि। तेँ ई हुनक राज्यकाल 1589 सँ 1604 क मध्य राजमहल मे रचित भेल होएत।

(22) सदानन्द

हिनक एक गोट गीत (106) एहि संग्रह मे अछि, एक गोट दुर्गाक स्तुति रागतरङ्गिणी मे अछि तथा दू गोट महेशवानी हर-गौरी-विवाह नाटक मे अछि। भनिता मे ई ककरो नाम नहि देने छथि। हिनक कोनो परिचय नहि भेटैत अछि ओ तैं हिनक समयहुक प्रसङ्ग किछु नहि कहि सकैत छी। सत्रहम शताब्दी सँ नवीन नहि थिका एतबे निश्चय।

(23) सिद्धि नरसिंह

ललितपुरक राजा प्रसिद्ध छथि। हिनक राज्यकाल 1620-1657 ज्ञात अछि। हिनक गीत एही संग्रह मे भेटैत अछि, सात गोट।

(24) सिंह नृपति-नृपसिंह सिंह भूपति

एहि तीनू नामसँ गीत भेटैत अछि। नृपसिंहक एकटा गीत (50) एहि संग्रह मे अछि जे रागतरङ्गिणी मे सेहो अछि। सिंहनृपतिक चारिगोट गीत एहि संग्रहमे एकहि ठाम (121 सँ 124) अछि जाहि मे एक गोट नेपालहुक तालपत्र मे विद्यापतिक भनिता सँ युक्त देल अछि। अन्यत्र सिंह नृपतिक गीत नहि भेटल अछि। रागतरङ्गिणी मे सिंह भूपतिक दू गोट गीत अछि।

ई तीनू नाम नहि थिक, उपनाम बुझना जाइत अछि, ओ तेँ कोनो साधन नहि अछि जे हिनका लोकनि केँ चीन्हि सकी। सम्भव थिक तीनू एके व्यक्ति होथि जे सिंह नृपति ओ नृप सिंह बूझि पड़ैत छथि मुदा इहो सम्भव थिक तीनू तीन व्यक्ति होथि वा दू व्यक्ति होथि। अनुमान करब निरर्थक। यावत् पर्यन्त कोनो निश्चित प्रमाण नहि भेटैत अछि तावत् एहि तीनू केँ उपनामे मानी। परन्तु एतबा पूर्ण सम्भव प्रतीत होइत अछि जे सिंह नृपति धरि अवश्य नेपालक कोनो राजा थिकाह। एकर निर्णय भए सकैत अछि, नेपालक राजा लोकनिक अनेकानेक गीतावली छैन्हि से प्रकाश मे अएला उत्तर जे ओहि मे एहि भनिताक तँ ने गीत अछि। गीत सबमे भनिता मे आनक नाम नहि अछि तहुँ सन्देह होइत अछि जे ई सब राजाक रचना तँ ने थिक। परन्तु नेपालक मल्लराजा लोकनि तँ सिंह नहि कहाबथि।

(25) कवि कुमुदी

भनिता-विहीन गीत मे गीत संख्या 6 रागतरङ्गिणी मे अछि ओ गुप्तक संग्रह मे सेहो। रागतरङ्गिणी मे ओ कवि कुमुदीक कहल अछि मुदा गुप्तक संग्रहक भनिता मे विद्यापतिक नाम अछि। ने हिनक दोसर गीत भेटल अछि ने हिनक कोनो परिचय कतहु भेटल अछि।

(26) यशोधर

नव कविशेखरक प्रसङ्ग 'कविशेखर' मे द्रष्टव्य।

(27) विष्णुपुरी

एहि संग्रह मे हिनक गीत नहि अछि। मुदा हर-गौरी-विवाह नाटक मे हिनक गीत ओ महेशवानी अछि बड़ सुन्दर। तरौनीक वासी करमहय, हिनक नाम छल रामपति जे संन्यास लए विष्णुपुरी कहाओल। गौड़ीय वैष्णव समाज मे हिनक बड़ यश अछि। वैष्णव भैओ कए, ई शृंङ्गारक पद रचल ओ महेशवानी, ई हिनक उदारता थिक। हिनक समय हम पन्द्रहम शताब्दी मानैत छी, विद्यापतिक परवर्त्ती युग मे (देखू, पटना युनिवर्सिटी जर्नल, वर्ष, अङ्क 2, जनवरी 1945)।

मैथिली प्राचीन गीत

103 **अमृतकर**क गीत। प्राकृत रूप अमिञकर। ई बलाइनि मूलक करण-कायस्थ शिवसिंहक मन्त्री छलाह से कहल जाइत अछि। भैरवसिंहक नामे गीत उपलबध अछि। तेँ यदि विद्यापतिक समकालीन तँ ओ हुनका सँ वयस मे नवीन। ई गीत नायकक उक्ति थिक सुन्दरी कामिनीक प्रशंसा मे जे तोहर सुन्दर आँखि देखि लोभ नहि मानल जाइत अछि। मुह उत्फुल्ल कमल, देखनिहार नागरक आँखि भ्रमर, कमलक मधुपान करए (उत्प्रेक्षा)। गाल पर केसरिआ गुलाबी रङ्ग, अधरक समक्ष चन्द्रमा क्षीण (उपमा) अर्थात् अधरक स्वाद सँ चन्द्रिकाक अमृत नीरस। सुधाकर साभिप्राय। जे नहि बुझए से नीक, जे बुझए से कामवासना सँ सीदित हो तेँ ओकरा सँ अधलाह (अतिशयोक्ति), छाती मे लेप, ऊपर मे मुक्ताहार से केहन लागए जेना कामदेव कुचयुगरूपी चकोर केँ बझाए पाश मे धएने होथि वा एकठाम रखने होथि। (रूपक ओ उत्प्रेक्षा)

104. सखीक शिक्षा सुमुखी सयानी सँ जे मुग्धा अछि परन्तु युवती ओ कामविकारक परवश, जकरा विश्रब्ध नवोढ़ा कहब। अवसर छैक प्रथम मिलन। सखी कहैत छैक, रस केँ नुकओने रहब, कारण, मङला सँ इच्छाक पूर्त्ति नहि होइत छैक तेँ अहाँ नहि माङब प्रेमक भिक्षा। पहिने महग भए दृष्टिपात करब ओ से कटाक्ष रूपेँ, आड़ीदीठि। बड़ याचना करथि तखन लाज छोड़ब ओ तखन कामदेव उत्सुकता देखाए काज आगाँ साहि देताह, किछु कहए नहि पड़ैत ने हुनकहि कहए पड़तैन्ह। सखी जखन लए जाइत रहथि तेँ अङ्ग मोड़ि रहब ओ विरहक बोली बाजि, नहि-नहि कहि, अनका पतिआएब। ध्वनि जे हृदय मे तेँ होइतहिं रहत जे जाइ। स्नेह केँ नुकओने रहब, प्रकाश नहि करब परन्तु अवधान कएने रहब, जे स्नेह देखाबथि तकर फल लए ली, छूटि ने जाए। मानक शिक्षा। एहि सँ प्रियतम दोसर प्राण जकाँ मानताह। परन्तु ई शिक्षा कतेक काज आबए? बात तँ बड़ सुन्दर परन्तु से हृदय अपन अधीन रहए तखन ने, हृदय जँ कामक अधीन रहए तखन के एहन सुन्दरी युवती, चतुरा, कलाभिज्ञा अछि जे एहि उपदेश केँ सुनिओ कए एकरा धएने रहि सकैत अछि, एकर पालन कए सकैत अछि?

105. सखीक उक्ति नायक सँ, विश्रलब्धा नायिकाक प्रसङ्गमे जे विरह मे खिन्न अछि, नायक प्रेम देखाए मिलन नहि दैत छैक। बेचारी कामावस्था मे पड़लि अछि। सखी कहैत छैक, कामदेवक शर सज्जित छैन्हि अर्थात् कामक उत्ताप मे पड़लि अछि से समाचार सूनि तों समाद पठबैत छहक जे आइ अबैत छी आ जाइत नहि छहक से अपन वचनहुक निर्वाह नहि करैत छह (प्रेमक तँ नहिए करैत छह से ध्वनि) आ त्यागि देबहक से लोभ सेहो नहि छोड़ल होइत छह तेँ लोभी जकाँ ओकरा किएक सतबैत छहक? प्रयसी केँ प्रेम जनाए पुनि कपट कएने की फल? सुपुरुष सँ सब आशा रखैत अछि नीकक, चान्द चकोरीक पिआस हरण करैत छथि (दृष्टान्त)। मुदा ओकर उत्तापक की कहबहु? जेना गरम बसात सँ फूल मोलाए जाइत अछि तहिना ओ अछि (अतिशयोक्ति वा उत्प्रेक्षा)। अधरक उपमा की दिअहु? मूंगा सन लाल अधर जेना एकहिँ ठाम, सहसा, एकहि बेरि, मन्द पड़ि गेल हो, सुखाएल जाइत हो (स्तोक सँ धोएल)। पूर्णयौवना बेचारी विरह मे अनुरक्ता दूरि भए रहल अछि। विधि अधलाह समयक विचार नहि करैत छथि ओ फुलाएल मालती वासि भेल जाइत अछि। ध्वनि जे विरह मे ओकर रस विकसित नहि होइतैक से नहि। (अप्रस्तुतप्रशंसा ओ काव्यलिङ्ग)। नायिका अनुरक्ता अछि ओ कामदशा मे कपट सँ, छल सँ जे कौतुक अर्थात् उत्सुकता होइत छैक से एहि गीतक मर्म ई ध्वनि भनिताक। प्रथम दू पंक्तिक इहो अर्थ कए सकैत छी जे नायिकाक कामदशा सूनि समाद पठएबहक जे आइ अबैत छी। परन्तु तखन "वचनहु नहि निरवाहे" क ई अर्थ करए पड़त जे पूर्वहुँ वचन दए ओ तकर पालन नहि कएने छल ओ तखन पुनः आइ समाद पठओने कतेक आश्वास से सहृदयसंवेद्य।

106. **भानुदत्त** रसमञ्जरीकार प्रसिद्ध कविराज थिकाह हम सएह बुझैत छी, कारण, एहि गीत मे चन्द्रसिंहक कीर्त्तन अछि जे भैरवसिंहक वैमात्रेय छलाह तथा जनिका नाम पर विवादचन्द्रक रचना कएल मिसरू मिश्र जे एहि कविराजक सार छलाह। भाषा पण्डिताम ओ आलङ्कारिक तहुँ कविराजक रचना सम्भव। मुदा हिनक इएह टा गीत सेहो नेपाल मे उपलब्ध भेल अछि। पाठ नातिस्पष्ट। समय 1475-1540। परिचय हमर निबन्ध पटना युनिवर्सिटी जर्नल भाग-3, खण्ड 1-2 मे द्रष्टव्य। नायिका परकीया। राति भरि रमण कए भोर जाए चाहैत अछि, नायक तैओ आँचर धएने छैक। ताहि पर ओकर उक्ति। भोरक वर्णन, चन्द्रमाक तेज मलिन, चम्पाक वन विकसित, प्रातः भोर होइत फूल फुलाए; कुञ्ज मे कोकिलादि कलकण्ठीक शुद्ध पञ्चम स्वर मे कलरव गान। कलयकण्ठीमे "य" मात्रापूर्त्ति हेतु। द्वन्द्रकारक शब्द चकबा-चकइक जे भोर होइत विरहक अन्तक प्रतीक्षा मे करए; ताम्रचूड़ अर्थात् मुरगा रात्रि शेष हाक दए सूचित करए। सुन्दर चित्र। एमहर राति भरि रमण करैत नायक चुम्बन सँ ओकर आँखिक काजर जेना धो देने होथि, अमृत सँ जेना ऊजर कए देने होथिन्ह (उत्प्रेक्षा), छाती परक मोतीक हार दूटि गेल छैक, मालती-मालाक सबटा फूल

झड़ि गेल छैक। सबटा निर्दय उपभोगक लक्षण। तेँ ओकर उक्ति जे आबहु अहाँक मनोरथ कामदेव पूर्ति नहि कएल अछि की? आब छोड़, घर जाए दिअ यावत बाट मे लोक चलए नहि लागत छैक नहि तँ देखि लेत। अहाँ केँ लोकहुक डर नहि होइत अछि की? "तो परानी दे मेरानी" एकर अर्थ नहि बुझबाक योग्य होइत अछि, की तँ लिखबा मे कोनो भ्रम छैक जकर ऊहि नहि होइत अछि अथवा ई दूनू शब्द आब लुप्त भए गेल अछि।

107. **गजसिंहक** परिचय नहि भेटैत अछि। एकटा गीत मे ओ नृप पुरुषोत्तमक कीर्त्तन करैत छथि तँ दोसर मे कुमार श्री गजसिंहक नाम अछि आ से भनिता थिक 'गुनमय कवि' क। एहि गीत मे 'गुनमय' पद दू ठाम अछि ओ हमर अनुमान अछि जे दोसर गुनमय की तँ नाम थिक अथवा भ्रम सँ कविक नामक स्थान मे लिखल गेल। सिंहान्त नाम राजकुल सूचित करैत अछि ओ 'कुमार श्री' विशेषण तकर पुष्टि करैत अछि। तखन राजकुलक गजसिंह, कुमर यजसिह, कोन नृप पुरुषोत्तमक कीर्त्तन करैत अछि? पुरुषोत्तम छलाह भैरवसिंहक बालक सन्मिश्र शङ्करक समकालीन। गजसिंह बेतियाक राजा सेहो छलाह जनिका सङ्ग महिनाथ ठाकुर कैं युद्ध भेल छल! भाषा ओ भास दुहू सँ हमरा प्रतीत होइत अछि जे ई गज सिंह बेतियाक राजा ने होथि जे लोचन सँ प्राचीन मुदा समकालीन छलाह ओ पुरुषोत्तम ठाकुरक मित्र छलथिन्ह होएत, समवयस्क। अपूर्व विधि-निर्माण, सौन्दर्यक महिमा सँ। युगल-शैल-सिम सँ स्तनक ऊपर सीमा; हिमकर सँ मुख अह्लादजनक; एक कमलसँ मुख-लावण्य; दुइ जोति सँ दुनू नेत्र; सिन्दूर मे लोटाएल फुल मधुरी फूल सँ अधर; गजमोति सँ दाँत, विपरीत कनकन केदलि सँ वर्ण ओ जाँघ, थल-कमल सँ चरण ध्वनि। एकहि मुँह मे पहिने चन्द्रमा आ खन कमलक आरोप भिन्न-भिन्न गुणक कारणेँ सम्भव। अतिशयोक्ति।

108. एहि गीतक करुण भास द्रष्टव्य। प्रथम पंक्ति मे "ओ रे" तथा दोसर पंक्ति मे 'की' भासक हेतु। अर्थानुसन्धान मे ओकरा हटाए देबैक। विरहिणीक करुण विनती। विरहिणी मध्य प्रोषितपतिका। पुरुषजातिक हृदय निर्दय से अनुभव सँ बुझल। स्नेह बिसरि गेलाह वा परनायिकाक वश मे छथि। शंकाक भाव। परन्तु हमरो आयु लए जीवथु। स्वीया धीरा।

109. **विष्णुपुरी** संन्यासी, तरौनीक वासी, मूल नाम रमापति, समय 1425-1500। परिचयक हेतु हमर निबन्ध पटना युनिवर्सिटी जर्नल भाग-1, खण्ड-2 मे द्रष्टव्य (1945)। नायक कैं अपन पुरानि प्रेयसीक विनती। युवावस्था मे तेहन स्नेह छल जे एक प्राण एक देह जेना रहए मुदा से बिसरि गेलहुँ। काठहुँ सँ कठिन अहाँक हृदय भेल। प्रभु ठाकुर स्वामीक द्योतक। चाहि अव्यय तुलनाक अर्थ मे। ओहारि, आब गोहारि कहबैक। सुपुरुषक लक्षण समानरूपता आदि ओ अन्त दूहूक समय। टूटल प्रेम जोड़ल नहि जाए तेँ हमरा बिसरलहुँ तँ प्रेमक विराम बुझबाक थिक, अहाँक प्रेम क्षणिक छल से ध्वनि।

110. कवि **भीषम** रचनाक प्रसङ्ग हमर लेख मिथिला-मिहिरक 29 नवम्बर 1964 क अङ्क द्रष्टव्य। परिचय हिनक नहि भेटैत अछि परन्तु भाष सँ विद्यापतिक अव्यवहित उत्तर कालक प्रतीत होइत छथि। स्वर्गक सर्वस्व, रूपलावण्य मे, उर्वशीक प्रवेश-गीत। रूपवर्णन। सहस्र चन्द्रमाक सार एकरा कहब तैओ एकर मुँहक परतर नहि पाओत। व्यतिरेक। नयनक उपमा मनहुँ मे नहि अबैत अछि तेहन सुन्दर छैक ताकब, सेहो विविध, नाना अवस्था मे। अनन्वय। अग्रिम दू पाँती मे एकर दाँतक वर्णन। मजलासँ श्वेत परन्तु अन्त मे रक्तिमाक आभा लेने, जेना नीक-नीक माणिक्यक अरुणिम आभा लेने श्वेत गजमुक्ता हो। प्रतीयमान उत्प्रेक्षा, वा अतिशयोक्ति एवं अनन्वय। पुनः त्रिवली, ताहि सँ सटल ऊपर झुलैत हारावली ओ ताहि सँ घेरले कुच विल्वप्रमाण। रूपक-योजनासँ तकरा काँच करची मे लागल फाँस झुलैत, ताहि सँ बेल केँ नमएबाक जेना प्रयास कामदेव करैत होथि। उत्प्रेक्षा। अदभुत कल्पना, सर्वथा नवीन चित्र। मुदा नबाए भैलेन्हि नहि। कुचक पीवरता, कठोरता, युवत्वक चिन्ह। ऊरुक उपमा हाथीक शुण्ड नहि पाबि सकैत अछि ताहि लाजेँ ओकरा समेटि नुकबैत अछि जे हाथीक स्वभाव थिकैक। व्यतिरेक।

111. **कविरत्नक** परिचय सन्दिग्ध। की तँ ई उपाधि थिक ओ एहि उपाधिक कए गोट कवि भए गेल छथि। अथवा ई नाम थिक। उमापतिक पितामह कविरत्न कहल छथि, पूर्ण नाम छलैन्ह रत्नपति। समय धरि 1656 सँ पूर्वक। अर्धनारीश्वरक ध्यान। चित्रमय। क्रम अछि पूर्व महादेव-भागक वर्णन तखन पार्वती-भागक मुदा से क्रम पाछाँ टूटि जाइत अछि। नवल तनु शिवक, गोर पार्वतीक। कुच महादेवक सहज, गौरीक कटोरा जकाँ। महादेव केँ हाड़क माल, पार्वती केँ गजमुक्ता। पार्वतीक देह चन्दन-चर्चित, महादेवक भस्म-भूषित। पार्वती चैतन्य स्वरूपा, शिव मत्त। पार्वतीक परिधान पटोर, शिवक गज चर्म, कृत्तिवासा। शिवक मस्तक पर चन्द्रमा, पार्वती केँ सिन्दूर, महादेव विरुप, पार्वतीक रूप मोहक। विधाताक ई सृष्टि जे एक शरीर केँ दू रूप मे बँटने छथि।

112. कवि **रतनाई** वा रतनाञो हमरा जनैत कविरत्नक अपभ्रंश थिक। ई के से नहि कहि सकैत छी, परन्तु हिनक आश्रय देवलदेविक पति खण्डा लखनचन्द। एहि राजाक सेहो परिचय नहि प्राप्त अछि। अग्रिम गीत चण्डी-स्तुति लखनचन्द राय अर्थात् राजाक थिक। समय एहि दुनूक 1650 सँ पूर्व कारण, रागतरङ्गिगीमे उद्‌धृत अछि। नायिकाक मुखश्रीक वर्णन। शरीरक वर्ण स्नेह सन, मुख कमल सन। दमनालत्ती सन दूबरि ताहि मे मञ्जरीक रूप मे जेना चन्द्रमा ऊगल होथि। रूपकातिशयोक्ति। तकर पश्चात् चारि पाँती मे सन्देहक वर्णन। केओ कहए जे मुख मे आँखि जेना भमरा चलैत हो, केओ कहए जे चकोर चलैत हो। दूनू आँखिक विषय मे सन्देह। दू गोट केश-जाल मे झाँपल मुँहक प्रसङ्ग सन्देह यथा सेवार सँ झाँपल कमल, अथवा मेघ सँ झाँपल चन्द्रमा। परन्तु सब ई कहए जे संसार मे ओहन मुह

सन दोसर नहि। अनन्वय। परन्तु कविक उक्ति जे भलहि चन्द्रमाक संग उपमा करू परन्तु चन्द्रमा कें ग्रहण शङ्का ओ कालिमाक कलङ्क से एहि मुँह कें ने ग्रहरणक शङ्का, ने कालिमाक कलङ्क। व्यतिरेक। लखनचन्द ओ देवलदेवी मदन ओ रति।

113. चण्डिकाक स्तुति। रौद्र, भयानक ओ वीभत्स। दुःखक हरण तथा अभय-वरक प्रार्थना। कट-कट दाँतक शब्द, लह-लह जिह्वाक स्वरूप, खप्पा मे रुधिर भरथि; हेर जोह खोह=देखबु, ताकब क्रोध कए, तुरिए=तुरित, लगले; सरि=बराबरि। अर्थात् ताकि-ताकि देखि क्रोध सँ शत्रु कें समान रूपें मुँह मे लए लिधिर पान करथि। भयानक रूप।

114. **गोविन्द** के से नहि कहि, परन्तु एहि दूनू महेशवानीक रचयिता 'गोविन्द' प्रायः एके व्यक्ति थिकाह। नाम ई बड़ प्रसिद्ध ओ तीन गोट पैघ कवि एहि नामक जानल छथि। 'नलोदय नाटक' क रचयिता दिघबे मूलक म.म. गोविन्द ठाकुर, 'काव्यप्रदीपकार' घुसोतय गोविन्द ठाकुर ओ म.म. शङ्करमिश्रक बालक सोदरपुरिअय गोविन्द मिश्र। ई पहिल दूनू 'ठाकुर' मे सँ केओ छलाह अथवा एही नामक केओ आन। परञ्च सुन्दर महेशवानी हिनक अछि। वात्सल्य सँ पुष्ट करुण रस। गौरीक माइक उक्ति शिव कैं उन्मत्त जमाइक रूप मे आएल देखि, 5-7 काव्यलिङ्ग तहिना 8-10 काव्यलिङ्ग। भास द्रष्टव्य। कलित=युक्त, उरग=साप।

115. भक्तिक भाव। विनतीक पद। अनुप्रासक छटा। नैराश्य, वैकल्य ओ दैन्य। हर जे दुःख हरथि, शङ्कर जे शुभ करथि, किङ्कर=दास, शङ्कर=टेढ़। जेना गरीबक मनोरथ व्यर्थ तहिना हमरो मनोरथ जे धन होएत चलि गेल। उपमा। सारथ=सार्थ, सफल। पदारथ=पदार्थ चारि पदार्थ, धर्म अर्थ काम मोक्ष। अकारथ=अकार्यक विफल। शिव बिसरि गेलाह तकर कारण, तें हमर दान पराभव कें प्राप्त भेल, फलद नहि भेल, की विभवे नहि छल दान की करितहुँ, की हमर कर्मे छोट। विष्णुक सेवा नहि कएल, शिवक आशा मे छलहुँ से एक आत्मा दू प्रभुक सेवा कोना करितहुँ। दृष्टान्त। परम उपहास होइत। काव्यलिङ्ग। जगत इच्छल=इच्छा सँ जगत कें रचल। भक्तिवत्सल=भक्तक प्रति दयायुक्त। आब आन गति नहि, काँपय चरण अन्तक भय सँ। हृदयक वेदन।

116. **भवानीनाथक** परिचय उपलब्ध नहि। एक गोट एहि नामक कवि उदयनपुर जलिवाल मूल मे भेटैत छथि परन्तु कहि नहि की ओएह ई थिकाह। भनिता से नव-कान्ह नृपदेवक नाम, सेहो अपरिचित। रागतरङ्गिणी मे उद्धृत तें 1650 सँ प्राचीन। गोआलरी ओहि जातिक गीत थिक जाहि मे दूध-दही बेचए जाइत गोपीक सङ्ग यमुनाक तट पर कृष्णक प्रणयलीलाक वर्णन हो। इएह कथा काव्य होएत तँ दानलीला कहाओत परन्तु परिस्थिति-विशेष अथवा मनःस्थिति-विशेषक उक्ति-रूपें रहत तँ गोआलरी। एहि गीत मे एकसरि गोपीक मनःस्थितिक वर्णन अछि जकर सखी सब नदी पार कए गेलि अछि तथा जकरा पार करैत काल कृष्ण

खेबाक रूप मे प्रणयक याचना करैत छथिन्ह ओ से स्वीकार नहि कएला पर नाव कें डोलाए ओकरा डेराबैत छथिन्ह। अहर=गोआल। खर नीरे=यमुनाक जल मे तेज वेग छैक; भयानक छैक। खेब=खेबा, नदी पार करबाक पारिश्रमिक। मोल=मूल्य, द्रव्य मे, हँसि-हँसि=प्रणययाचना; हँसि-हँसि किछु कहैत। छिकेहि=कें=छिक्कहिं तें अशुभक आशंका। सापसँ कृष्णक कुटिलता व्यङ्ग्य, 7-8 आन यदि एहि स्थिति मे पड़ैत तँ हम हँसी करितिऐक से हम स्वयं विधाताक फाँस मे पड़लहुँ। कविक उक्ति मुरारिक भजन करू, भोग करू, एकरा खारि अर्थात् अपयश जनु बुझी। अबला गोपीक मनःस्थितिक स्वाभाविक वर्णन। एकर भास द्रष्टव्य।

117. **यशोधर**, कविशेखर वा नव कविशेखर—हुसेन साहक नाम सँ कविता रचल। हुसेन साह बङ्गालक नबाब 1493 सँ 1519। एही समय मे महिन्द्रबाल शाखाक पलिवार मूल मे एकटा यशोधर कवि छलाह। हिनक गीत अवश्य उत्कृष्ट अछि। हुसेन साहक नाम सँ कविशेखरक कए गोट गीत अछि, एहि मे कविशेखरक नाम यशोधर सेहो अछि। विरहिणीक समाद अपन पुरान प्रेमीक प्रति, समदिआ भ्रमर-वर। विरहक तत्व यदि कामदेव बुझितथि अर्थात् कामक वश भए यदि अहाँ कें विरहक मर्म बूझि पड़ितए तँ हमरा किछु जनएबाक प्रयोजन नहि होइत। परन्तु से अछि नहि। की अहाँ कें कामवेदना नहि अछि? अथवा विरहक अनुभव नहि अछि तें हम मन पाड़ि दैत छी जे अहाँक हमर प्रेम कोनहु समय मे कतेक दूर धरि बढ़ल चढ़ल छल से स्मरण करब मुदा आब से एना पर-रमणीक प्रेम मे भुलल छी, हमरा बिसरल छी, से काम-कला मे हम घाटि छी, कम छी, हमरा मे कोन त्रुटि भेटल अछि? नायिका कें अपन रूप ओ यौवन, गुण ओ गौरव। व्यङ्ग्य। साधुजनक तुलना सुमेरु सँ देल जाइत अछि; अचल होथि; दुनू कें धन महिमा। से यदि लोभ सँ, एतए पर रमणीक लोभ सँ, अपन ठाम छोड़थि, विचलित होथि, तँ के पुनि गौरव कें ग्रहण करत। दीपक अलङ्कार। पुरुषक हृदय ओ बल दुनूक स्वभाव थिकैक गतिशील, परन्तु प्रेम ओ बाँध सँ दुनू स्थिर रहैत अछि। से यदि स्थिर नहि रहए, सहस्र धार भए बहए, सहस्र रमणी पर लोभाए, तखन ऊँच-नीच मार्गक विचार हटि ने जाए। ध्वनि जे जेना बाँध टुटला पर पानि ऊँच-नीच सब ठाम पसरि जाइत अछि तहिना पुरुष यदि प्रेमक अनुबन्ध छोड़ए तँ सुनामक विचार छूटि ने जाइ। पुनः दीपक, यथासंख्य। पृथिवी मे दुइए गोटए, तेसर नहि, ओ दुनू हुसेनसाह ओ मालति सनक जे प्रायः हुनक प्रेयसीक नाम। नायिका धीरा, मध्या।

118. **कंसनारायण** ओइनिवार वंशीय अन्तिम राजा छलाह परन्तु एहि नामक आओरो राजा भए गेल छथि। अग्रिम गीत मे हुनका नसिरा-भूपति कहल अछि। नेपाल मे सुनैत छी कंसनारायण पदावली कहि गीत-संग्रह अछि। कमलमुखीक रूपश्रीक वर्णन। ओहि रूप सँ नायकक हृदय परवश भए गेल, कामक उदय। प्रथम पद उत्प्रेक्षा। कमलमुखी—उपमा। भौंह कें धनुष बनाए आगाँ कए तीक्ष्ण कटाक्ष कें

कामक शर चलओलक जे लगला सँ मदन जागरूक। रूपक। सर्वत्र एंहि प्रसङ्ग इएह सुनी जे काम शर सँ विद्ध हो नागर जे बुझए; कामक मर्म जे नहि बुझए, से गमार उबरि जाए। ई कौतुक, मदनक कौतुक। विभावना वा विशेषोक्ति।

119. एहि मे कवि थिकाह सोरम देवी-पति कंसनारायण नसिराक राजा तथा सुमुखिक समाद सुलतान सँ समदल अछि, सुलतान नसिरा साह केँ जाहिसँ हम बङ्गालक नबाब नशरत साह बुझैत छी, 1519-1531 समय। सुमुखी बिरहिणीक विनती। वसन्त उद्दीपक समय एतए विपरीत तेँ ओतहि रहथु। व्यंग्य जे बिरहक उत्ताप सँ ओ मरणासन्न अछि तेँ आबथु। चानन सँ विष, दुस्सह, शशि सँ अग्निक वर्षा–इएह सब विपरीत, प्रमाद। विषमालंकार। के विश्वास करत? अओताह तँ निवेदन करब जँ जिवैत रहब। ध्वनि जे एहि वसन्त पिनाँद हमर प्राण अन्त भए जाएत।

120. **जीवनाथक** परिचय प्राप्त नहि अछि। भनिता मे मेधादेवीपति रूपनारायणमे प्रायः मोरङ्गक राजा थिकाह। समथधरि 1650 सँ पूर्व। कृष्णक स्वरूप वर्णन। गोपी हाट पर मधुरिपु केँ देखलक। ककर उपमा देअओ हुनक मुँहक; शारद चन्द्र अथवा कमल ओहि मुखक नेछाओन। प्रतीप अलङ्कार। भौंह बङ्क कए अधर थाहि ओ लोचन दिशि तकलैन्हि तँ गोपीक अङ्ग-अङ्ग मे कामदेव अपन स्थान कए लेल, कामपरवश भेल नेत्र। हुनका रसिक सूनि दर्शनक लोभ सँ ओ अपन शशिमुख ओमहर देखल तँ ओ परवश भए गेलि। दूधक कलश बिसरि गेल।

121. **धीरेश्वर**–हिनको परिचय उपलब्ध नहि। हिनक गीतक भनिता मे मेनका-देविपति नरनारायणक नाम अछि। इहो मोरङ्गक राजा छलाह। रूपनारायणक पौत्र, जगनारायणक पिता। रूपवती युवतीक दर्शन मात्र भेल, नरनारायणक रस-पान नहि कए सकलहुँ। पूर्वरागक विप्रलम्भ। नायकक विरह।

122. **सिंह भूपति**–हिनको परिचय उपलब्ध नहि। नामो विचित्र यद्यपि भूपति नामक कवि दरिहरा कुल मे भेटैत छथि। मुग्धा नवोढ़ाक स्वभावक वर्णन। 2–उत्प्रेक्षा। 3–सम्मुख नहि हो। 4–मन्मथ मन खोलि देल ओ दहो दिश भेल बूलए। 5–रेशमी वस्त्र सँ सौंसे देह कसिकए झँपने। 6–हाथ सँ छुबैत जेना प्राण त्यागए लागए। 7–कञ्चुकी, चोली, कसिकए देह मे बन्हने–चुम्बन मे अत्यन्त निरोध। अर्थान्तरन्यास। अनुप्रासक विलक्षण छटा।

123. **चतुरानन**–परिचय उपलब्ध नहि। समय 1650 सँ पूर्व। जयमङ्गलाक स्तुति। रौद्र रस सँ पुष्ट भक्तिभाव।

124. **लक्ष्मीनाथ**–परिचय उपलब्ध नहि। समय 1650 सँ पूर्व। प्राङ्-मुग्धा नवोढ़ाक उक्ति। एखन दूरहि सँ सेवा रहओ, सङ्गम नहि। 2. हम तपस्या सँ अहाँक वरु वरण करब अर्थात् सङ्गम कामना सँ तपस्या करब। ध्वनि जे एकाग्रता सँ युवत्व-प्राप्तिक हेतु तत्पर रहब। 3. फूलक कोंढ़ी मे मधु व्यक्त नहि रहैत

छैक=अप्रस्तुतप्रशंसा। 4. अहाँक कामक वेग के सहि सकत, हम तँ कोमल तनु नारी छी। 5. आइति=वंश अथवा शक्य। वश करबाक जँ हठ करब तँ सङ्गम तँ हमर शक्य होएत नहि, पार नहि लागत। 5. बदरि=वैरक फल–स्तनक मुकुलावस्थाक उपमा बदरी सँ देल जाइत छैक परञ्च एखन तँ ओ कहैत अछि जे ओहो बदरी काँच अछि; उपभोगक्षम नहि; एहि सँ कोन फल होएत, की आनन्द भेटत? 7-8 एखन हमर अमृतसन वचनमात्रक उपभोग करू; आन दिन, समय बितला उत्तर, आर्ति, व्यग्रताक पूर्ति कए देब। भनितामे यदुनदनसँ विनती जे सेवा तँ कलियुग मे नित्य विधेय से सेवा एखन वचन सँ, पश्चात् केलिविलास सँ। सुन्दर उक्ति। अपनहु कहए "अमिअ वचन"। परन्तु एहन प्राङमुग्धा, कोरि कुसुम, एहन सरस कथा, एतेक वक्रोक्ति सँ, कहि सकैत अछि से चिन्तनीय। सयानी सखीक उक्ति मानला सँ विशेष स्वाभाविक होइत परञ्च चारिम पाँतीक "हमे" तखन नहि बैसत।

125. **सदानन्द**–परिचय उपलब्ध नहि। समय 1650 सँ पूर्व। दुर्गाक ध्यान ओ स्तुति। महिमा वर्णन। अद्भुत रूप, अनन्त महिमा, भक्तिक भाव। सिधि=सिद्धि। भुक्ति मुक्ति=भोग ओ मोक्ष, ऐहिक ओ पारलौकिक। विरञ्चि=ब्रह्मा, विभावसु=अग्नि। मरकतमनि जनि नील, उत्प्रेक्षा। शशिशेखर-अनुसारी=चन्द्रमा ललाट मे अवस्थित। घनघन, रनरन अर्थानुसारी। पञ्चानन=सिंह, दाहिनि=दक्षिण, अनुकूल। महेश-विमोही=शिव कें विमुग्ध कएनिहारि। जग-जोही=संसार मे ताकि ओ शरण धएल जे बिनु दुःखें प्रेय ओ श्रेय दुहू देथि। काव्यलिङ्ग। अनुप्रास।

126. **धरणीधरक** परिचय अज्ञात। समय 1650 सँ पूर्व। वसन्तक वर्णन, उद्दीपनक रूप मे विरहिणीक हेतु वसन्तक उत्ताप वर्ण्य विषय। नागरी-सङ्गम सुखक हेतु। नव-नव पात नव-नव रङ्गक ओ स्वतः फुलाएल फूल। साद=शब्द करए अथवा नाद। वसन्तक समय उन्मत्त कएनिहार थिक, कामक उद्दीपक ओ एहि ऋतुमे काम दारुण होइत अछि परन्तु हमर विरहिणीक, कन्त निकारुण, निःकारुण्य, निर्दय, जे नहि आबथि। देखू विद्यापति–"अबै अनङ्ग हे सरीरी देखिअ"। मत्तमधुकरक रव तथा मालतीक मधु सञ्चित (विद्यापति– माधविकारस पिबहि न पारए।) अनत=अन्यत्र, प्रवास मे। उदन्त=खबरि। हमहिटा दुर्भाग्य सँ एहि ऋतुक विलाससुख सँ बञ्चित। अति भार हार=हार भेल भार। मदनक शराघात चन्द्रमा सूर्य जकाँ उत्ताप पूर्वक पापक कारणें जे सन्ताप अछि से मनक कामावस्था जनैत अछि। मान=कामदेव। धाधि=शारीरिक पीड़ा। भनिता मे आश्वासन तें विप्रलम्भ शृंगार। काव्यलिङ्ग।

127. **मधुसूदन**–परिचय अज्ञात, समय 1650 पूर्व। विरहिणी नायिका स्वीया मध्या। विरहक उत्ताप मे संशयमे पड़लि। ओही सन्देहक वर्णन। मनोभावनाक विलक्षण चित्रण। अर्थ स्पष्ट।

128. **चतुर्भुज** अपना कें चतुर कहैत छथि। संस्कृत मे एहि कविक कृति अछि परन्तु ओएह ई थिकाह तकर प्रमाण नहि। समय 1650 सँ पूर्व। वाग्विदग्धा

कामिनी साँझक समय अतिथि केँ कहैत अछि, पति परदेश मे छैक, कौशल सँ ओ राति ओकरा रहबाक निमन्त्रण दैत अछि, ओ गुप्त रतिक सङ्केत करैत अछि। भाग्य सँ साँझ केँ हमरा देखि क्लेश हो, दया हो। परन्तु की करू, बरू अहाँ अन्यत्र जाउ कारण घर हमरा एकेटा अछि। तेँ ध्वनि जे राति जँ रहब स्वीकार करी, हमर क्लेश देखि, तँ एकहि घर मे सूतए पड़त। कौशल सँ सयानि रमणी अपन अभिमतक इष्ट-पूर्त्ति करैत अछि। अर्थान्तरयास।

129. नव अनुरागक अद्‌भुत चित्रण। मनोभावक सूक्ष्म अथच सहज ओ स्वाभाविक वर्णन। नायिका मुग्धा नवोढ़ा परन्तु ज्ञातयौवना, अनुरागवती यद्यपि समधिकंलज्जावती। प्रथम परिचय, स्नेह अंकुरित परन्तु लाज सँ दाबल। रतिक जे छओ गोट उत्तरोत्तर विकासावस्था मानल गेल अछि ताहि मे प्रेमक पश्चात् जे मान तकर भाव। नव वयस, नव अनुराग, नब परिचय परन्तु रस जागल, प्रथमावत्तीर्णमदना। जे मन मे छैक सङ्गम, रति, विलाल, से केओ बजैत नहिं अछि, दूनू गौरव रखने अछि, नहि जानि एना कतेक दिन बितत। एके काज दुनूक मन मे छैक, केलि, परन्तु दुनूक बीच बाधक छैक लाज। अपन अभिमत हृदय मे जतेक नुकओने अछि ओकर आँखि ततेक व्यक्त कए दैत छैक। एकरहि 'हाव' कहब! प्रेम पुरान नहि हो तेँ समय बितनहु सङ्गम मे त्रुटिक सम्भावना नहि। अर्थान्तरन्यास। अन्तर्जगतक सौन्दर्य सँ ओतप्रोत। भाषा एतेक सरल, अलङ्कार सँ शून्य, परन्तु रस सँ भरल।

130. **महाराज महेश ठाकुर**, दड़िभङ्गा-राज्यक संस्थापक, विश्रुत 'नैयायिक, भक्त', कवि। समय 1500 सँ 1565 प्रायः। ताराक वन्दना, ध्यान ओ स्तुति। भयानक सँ पुष्ट भक्ति। तुअ माया आदि-शक्ति सृष्टि कर्त्री। जेना नद-पानि वाला मेघ तेहन शरीरक कान्ति। उत्प्रेक्षा। पाएरक कान्ति कमलक सदृश। उत्प्रेक्षा। छुरित=पसरल। असि=तरुआरि। खर्व=भुट्टि। तरुण वरण, उषाकालीन आकाशक रक्तिमा लेने आँखि, सेहो विषम तीनि, उपमा। मुह मे दाँत विकराल।

131. महाराज महेशठाकुर त्रिकाल-सेवनक निमित्त गङ्गाक तीनि गोट गीत ललित, सारंग ओ कल्याण राग मे रचने छलाह ताहि मे ई दोसर थिक, मध्यान्हक। निर्वेद सँ पुष्टि भक्ति। अधम जानि उद्धार करू। हम पापक बटबार-बनिजार छी। केवल गङ्गातट अएलहुँ सएहटा सुकृत, पुण्य बेसाहल। रूपक। सीकर-निकर-परस=जलबिन्दु समूहक स्पर्श। मन केँ अनुताप देनिहार पाप। हमर जे उद्धार कएल से आधा मात्रक, केवल ऐहिक। पारलौकिक उद्धार करब तखन पूर्ण होएत, ताहि मे विलम्ब कोन अपराधेँ?

132. **महाराज महिनाथ ठाकुर** (1668-1690) म. म. महेश ठाकुरक प्रपौत्र छलाह, लोचनझाक आश्रय। कहल जाइत अछि जे अपन छोट भाए नरपतिठाकुर केँ युद्ध मे पठाए पछाति हुनक कल्याणक हेतु व्याकुल ओ अपन कुलदेवता; कालीक स्तुति एहि गीतक रचना सँ कएल? दक्षिणकालिकाक ध्यान गीत। भयानक सँ पुष्ट

भक्ति। भनिता सँ प्रसङ्गक ध्वनि ओ भक्ति स्पष्ट। घन पाँती सटल=दाँतक पाँती। जेना नव मेघक कान्ति। उत्प्रेक्षा। सृक्=जिह्वा।

133. **लोचन**—रागतरङ्गिणीकार-महिनाथठाकुरक सभाकवि। समय 1625-1665। दूतीक उक्ति गोपी सँ, कृष्णक अभिसारक निमित्त। इजोरिआ वसन्तक राति, वन फुलाएल, मलय-पवन (घमसार=चानन ओ तेँ चाननक उत्पत्ति स्थान मलय) मदनक घन अनेक पक्षीक शब्द (रूपक)। एहना उद्दीपक समय मे सखी कहैत अछि जे हे सजनी हरिक सङ्ग केलि केँ मन मे कए चलह। आइ हमरा मधुवन जाइत काल भेटल छलाह, प्रसन्न छलाह, हँसि-हँसि कहलैन्हि। हुनक स्वरूप कोटि-मदन-रुचि (उपमा)। रुचिर छथि। कलाक निधि छथि। तोहूँ कामदेवक स्त्री रति सनि सब प्रकारेँ छह। अनुरूप जोड़ा। तोहर प्रतीक्षा करैत छथुन्ह, सुनैत नहि छहक मधुर मुरलीध्वनि, तोहरहि बजबैत छथुन्ह। अपन समुचित पुण्यकेँ सब प्रकारेँ सफल करह गए, एहन रसिकशिरोमणि मुरलीधरक सङ्गम पुण्यहि सम्भव। एहि गीतक भास द्रष्टव्य।

134. विरहिणीक वर्णन। चित्रमय। नायिका स्वीया, मध्या धीरा। बिसमादलि—विसंवाद सँ। अन्यमनस्क। मरसिँ=मरमोसि, मर्म मे पीड़ित। ने सुख ने सम्भाषण, बाजब; मुँह मे प्रकाश नहि, विखिन्न। सोहागिनि=सौभाग्यवती तेँ स्वीया। कमलवदनी-मनि-मानिक सनि-उपमा। ऐहन पीड़ित बूझि शीघ्र जाए प्रबोधन करिऔक गए। मन-जानक=मन केँ जननिहार।

135. ताराक वन्दना। नत-सतत-शिवंकरि=जे भक्त नत अछि तकर सतत कल्याण कएनिहारि। परि-नरमुण्डक माला जे पहिरने छथि। रसन=जीह। फेरु=गीदर। बेदी विदित अछि, सब जनैत अछि, जे मणिमय अनेक विभूषण सँ मण्डित विभूषित जाहि मध्य वास। रत्नवेदीसिंहासनोपरिगता ध्वनि। जा धरि अहाँक सङ्गति नहि, मन मे अहाँक ध्यान नहि, एहन काल कोन अर्थात् व्यर्थ। असुरक रुधिर-रूपी मदिराक मद सँ मातलि। हास अमृत सन। उपमा। अहाँक अनुरूप जे स्वरूप से जानी नहि, ज्ञात नहि, तैओ अज्ञातस्वरूपा अवेद्याकार अहाँक गुण-गान करी।

136. **हरिदास** गोविन्ददास ओ रामदासक भाए परन्तु हुनका दुहूगोटाक गीत नहि हिनकेटा गीत कोना एहिमे सङ्कलित भेल? तैँ आश्चर्य नहि, ई हरिदास केओ आने होथि। नचारी-प्रसिद्ध गीत परन्तु भनिता मे गङ्गारामक तात्पर्य नहि बैसैत अछि। महादेव योगीक रूप मे गौरी लोभैँ हुनक अनुव्रजन करैत छथि। रङ्गे=विनोद मे जतए जतए गौरी खेलाए जाथि ततए-ततए घूमथि। सिंङ्गी मुँह सँ बजाओल जाए एहन बाजा ताहि मे ओ मधुर स्वर भरि बजाओल अर्थात मधुर-मधुर सिंगी बजाए डमरू बजाए-बजाए नाचल फिरथि। नित्य रसिक योगी आबथि ओ लोक कैँ पुछथि जे गौरी कैँ देखाए दिअ। गङ्गाराम, प्रायः गङ्गाक आराम अथवा निवासस्थान। प्रेमी महादेवक चित्र।

137. **साहेब रामदास** वैष्णव सन्त पचाढ़ी स्थानक संस्थापक। प्रसिद्ध कवि।

समय–हिनक पदावलीक लेखक 1953 साल, 1764 ई. तेँ अठारहम शताब्दीक पूर्वार्ध। कृष्णक विरह मे गोपीक विलाप। विप्रलम्भ शृंङ्गार परन्तु प्रेम अछि आध्यात्मिक ओ समस्त मे भक्तिक भाव। प्रसिद्ध गीत। जाहि-जाहि ठाम हरिक सिंहासन वा आसन, जतए-जतए हरिक स्मृति, ताहि-ताहि ठाम मन पाड़ि-पाड़ि दोषी लोकनि मूर्च्छित भए-भए खसथि। भनिता मे पुनर्मिलनक आश्वासन।

138. **भञ्जनझा** कविशेखर कहाबथि, महाराज राघवसिंहक आश्रित, तेँ अठारहम शताब्दीक प्रथम चरण। कलहान्तरिताक अनुताप। विरहवेदना मे स्वीया मध्यक मनोरथ जे जँ बुझितहुँ जे झगड़ा कएने, निठुर बोल कहने, प्रभु रुसि रहताह तँ ई सब करितहुँ। अनुरागक विलक्षण चित्रण। अन्तर्जगतक सौन्दर्य, मनोरञ्जनक सूक्ष्म अथच सुन्दर अङ्कन। अङ्कम=हृदय। वनदामिनि भए-रूपक ध्वनि। आङ-आङ गाढ़ आलिङ्गन अथवा आनन्द सँ अङ्ग मे नहि समैतहुँ। जटितहुँ=जेना रत्न जटित होइत अछि सोन मे, तहिना प्रेम शरीर मे जड़ितहुँ । अतनु=कामदेव। कल=विश्राम। तमोर=पान। निअमत=अपन विचार। अन्त मे आश्वासन तेँ विप्रलम्भ शृंङ्गार।

139. **चक्रपाणि**–प्रायः नवानीक रत्नपाणिझाक पूर्वज छलाह, महाराज राघवसिंहक आश्रित। शरद समय मे विरहिणीक विलाप। मध्या स्वीया। प्रेम मे लतिकाक आरोप तेँ रूपक साङ्ग। प्रेमक लत्ती, वचन-रूपी अमृतक सेक, कुसुमक माला-प्रेमक हार। कुसुम फुलल-रतिक चारिम अवस्था, स्नेह। रस सँ बासल=रस सँ ओत-प्रोत अथवा रस-वासल कुसुम सँ यौवन अभिप्रेत। अप्रस्तुत-प्रशंसा। अन्त मे मिलनक सङ्केत। अपूर्व कोमल पद। भास द्रष्टव्य जाहि मे करुणाक स्वर अछि।

140. **निधि**–उपनाम, प्रसिद्ध नाम "जोरखन झा"। लगनी हिनक अत्यन्त प्रसिद्ध अछि। नायिकाक रूप-वर्णन। शृंङ्गार-पसाहनि कएने गौर वर्ण, पातरि धनि। केशक पसाहनि जेना बिनु जलक मेघ कारी। उपमा। उत्प्रेक्षा जे केशपाश राहु जकाँ चन्द्रमाक सन मुँह केँ ग्रास करए चाहए, मुदा ग्रास करए नहि किएक तँ चन्द्रमा जकाँ मुँह मे कोनो दोष नहि। आँखि कमल सन (उपमा) वाणीक उपमा तीनि गोट सँ; कामक वेदना; नाक मे बेसर जेना कामदेव लटकल होथि (उत्प्रेक्षा)। भाषाक लालित्य।

167. **उमापति,** कोइलखक वासी दरिहरए अमरावती मूलक म.म. कविरत्नपतिझाक बालक। उपाधि–कवि-पण्डित-मुख्य। सुप्रसिद्ध गोकुलनाथक परीक्षा-गुरु। समय अनुमानतः 1620 सँ 1700। एहि गीत मे सत्यभामाक विरहक वर्णन अछि, सखी सुमुखीक उक्ति कृष्ण सँ, जखन नारदक देल पारिजातक फूल सत्यभामा केँ नहि दए रुक्मिणी केँ देला सँ सत्यभामा प्रणय-मान कएने छथि। एहिमे विरहक दुरूहता ओतेक नहि जतेक ईर्ष्या ओ दैन्यक। सत्यभामा केँ अपन सौन्दर्यक अभिमान जे पति ताहि सँ वश मे छथि। से रूपलावण्य केँ ओ आइ व्यर्थ बुझैत छथि ओ ईर्ष्या एवं दैन्यसँ खिन्न विरह मे ओ भ्रान्तिक अवस्था मे छथि।

चन्द्रमा, कमल, पिकरव ओ मेघजाल विरह मे उत्तापक होइत अछि से अपन मुँह, स्तन, वाणी ओ केशपाश मे ओहि प्रसिद्ध उपमान सबहिक भ्रान्ति सँ हुनका अपन शरीरहु सँ क्लेश असह्य छैन्हि। अहाँक आचरण सँ क्लेश, प्राकृतिक उद्दीपन सँ क्लेश, ताहि पर सँ अपनहु शरीर सँ क्लेश जकर निवारणो नहि भए सकैछ। ई 'धनिक' 'विशेष' अर्थात् रूपलावण्य। भ्रान्तिमान् ओ काव्यलिङ्गक सङ्कर। भाषा निर्मल। ध्वनिक अपूर्व चमत्कार।

168. मानक अत्यन्त प्रसिद्ध गीत। कवीश्वर कैं कतहु विद्यापतिक रचित लिखल भेटल छलैन्हि परन्तु अछि पारिजातहरण मे ओ सब सएह जनैत छी। भरि राति मानापनोदनक आयास कए थाकि कृष्णक उक्ति सत्यभामाक प्रति। हुनक रूपश्रीक-प्रशंसा ओ ताहि सँ कोमलाङ्गीक हृदयक कठोरता आश्चर्यकारक। तेँ समस्त मे विभावनाक योजना। सूर्योदय कारण सम्प्राप्त तथापि मुखकमलक विकासाभाव सँ विभावनाक सङ्ग रूपकक सङ्कर। समस्त शरीर फूल सन मुदा हृदय पाषाणवत् कठोर। आभूषण तँ भारवत् त्यक्त मुदा पहाड़सन मान त्याज्य नहि। अपूर्व व्यवहार। समस्त मे काव्यलिङ्ग। 'मानक अवधि विहाने' ई जेना एहि जातिक गीतक सिद्धान्त तेँ प्रायः अधिकांश ठाम प्रभात-वर्णन ओ भास प्रभातीक।

169. पहुक कथा सँ रोष कए रूसलि स्वीया अधीरा अनुनय समेत सँ बौंसलि नहि भेला उत्तर पहुक चल गेला पर विरह मे खिन्न पश्चात्ताप करैत अछि। परसमनि जनिक स्पर्श सँ सब मनोरथ, कामज मनोरथ, सिद्ध हो। 5-6 जँ ई जनितहुँ तँ भरि पाँजकए पकड़ि स्तनरूपी पर्वतक सन्धि मे बान्हि रखितहुँ। अपन यौवनक गर्व-ध्वनि। रूपक। एहि गीत केँ कतेक ठाम विद्यापतिक कहल अछि यथा—मित्र-मजुमदार नं. 469 परन्तु शैली शुद्ध उमापतिक थिक।

170. उमापतिक एकगोट मात्र उपलब्ध विष्णु पद। कृष्णक जन्म भेलाक उत्तर हुनक रूप कान्तिक वर्णन। अलौकिक रूप। चन्द्रमा हुनक मुँहक सदृश नहि। सरि=सदृश। आँखि देख नलिन मलिन हो ओ नलिनी वन जाए। व्यतिरेक सँ अनुप्राणित सविशयोक्ति। भिन्न-भिन्न स्वर्णक आभूषण श्याम शरीर मे जेना विश्वकर्मा इन्द्रनीलमणि मे सुवर्ण केँ भाँति-भाँति कसने होथि। उपमा गर्भ उत्प्रेक्षा। पुर=पुरस्सर, युक्त। शंखादिमे यथासंख्य। शशि आदिक वर्ण-साम्य सँ उत्प्रेक्षा। हृदय मे भृगुक पाएरक चिह्न सएह मणि सँ युक्त मुक्ताक माल आजानुलम्बित, जेना नील समुद्र मे श्वेतकमलक सङ्ग वकक विशाल पंक्ति हो। जुगत=युक्त। रूपक, उत्प्रेक्षा यथासंख्य। सागर सामर सित सरसिज रहैत तँ नीक कारण श्याम शरीरक वर्णमान्य सामर सागर सँ अभिप्रेत। अन्तिम पंक्ति मे कविक भक्तिभाव जे सब केँ त्यागि हिनकहि हृदय मे धारण करी।

171. **रामदासझा**-गोविन्ददासझाक छोट भाए ओ शिष्य; सरसरामक नाम सँ 'समधिगत समस्तप्रागल्भ्य' भए रचल एक गोट मात्र नाटक आनन्दविजय। तें प्रायः

उमापति सँ वय मे प्राचीनो तथापि पारिजातहरणक पश्चात् आनन्दविजयक रचना। नायिकाक रूपवर्णन। विदूषक माधव केँ राधाक रूपलावण्यक वर्णन करैत हुनका विषयप्रेम जगाए रहल अछि। राधाक चालि केँ नदीक रूपकता दए 'मिलत मुरारि पयोनिधि' सूचित करैत अछि जे कृष्ण सँ ओ मिलति। मानस भेलैक मीन से छैक जाहि तरङ्गिनि, नदी मे। साङ्ग रूपक। शेष मे नायिकाक भिन्न-भिन्न अङ्ग मे नदीक सम्बन्धीक रूपण। एहने गीत अछि गोविन्ददासझाक गीत संख्या 159 मानस-झष।

172. राधाक सखी विचक्षणाक उक्ति माधव सँ। राधाक विरहक वर्णन। प्रथम मे उपमा, दोसर मे अतिशयोक्ति सँ अनुप्राणित भ्रान्तिमान्, तेसर ओ चारिम मे अतिशयोक्ति। भास द्रष्टव्य। करुणा सँ पुष्ट शृंङ्गार।

173. **रमापतिझा**, पलिवाड़; सरिसबक वासी, महाराज नरेन्द्रसिंहक आश्रित, अठारहम शताब्दीक मध्य मे रुक्मिणी-परिणय नाटक रचल। रुक्मिणीक दू गोट सखीक उक्ति नारद सँ। परिजनक मुँह सँ कृष्णक गुण सुनि रुक्मिणीक पूर्वराग ओ स्वयंवरमे देखि तकर गाढ़ता। प्रेमपयोनिधि मे निमग्ना रुक्मिणीक विरहक वर्णन। अक्रमिते-आकस्मिक। कोकिलक कलरवसँ मुखरित, नलिनीदलक शरीरक स्पर्श सँ सुखाएब, विरहक उत्ताप जनबैत अछि। एकर भास द्रष्टव्य। सरस रागमे छल केवल 'ओरे' प्रथम पद मे, एहि मे दोसरहु मे 'ओकी' केवल स्वरक हेतु।

174. उचिती—कौतुकागार मे रुक्मिणी केँ कृष्णक समीप बैसाए सखीक निवेदन जे हिनका प्रति सुजनता राखब, 'न थिक परसमनि सुजन समान' जकरा सँ सब मनोरथ, कामज मनोरथ, पूर्ण हो तेँ विनती जे 'से प्रेम राखब जे दिन-दिन अधिक हो।' दृष्टान्त दए-दए एही कथाक पुष्टि। पाथरक खण्ड पर रेखा मेटाए परन्तु सुजनक प्रेम नहि मेटाए, चानन केँ घसलहु उत्तर केवल सुगन्धि भेटए; मलय पवन साँपक विष नहि, शीतलता करए; शिवक मस्तक पर वास ओ समुद्र सँ जन्म मुदा चन्द्रमा तैओ कैरवसन क्षुद्र फूलक बन्धु; समुद्र मथल गेलाह, लूटल गेलाह परन्तु मर्यादा नहि त्यागल। विलक्षण गीत।

175. पूर्वरागक मान—कौतुकागारमे कृष्णक अनुनय। उमापतिक प्रसिद्ध मानक गीत 'अरुण पुरुव दिशि' इत्यादिक छाया स्पष्ट। भोरक समय तेँ प्रभातीक भास, उषःकाल चन्द्रमा मलिन नक्षत्र क्रमशः बिलाइत; कमलवन प्रसन्न, मुदा तोहर कमलमुख मे विकास नहि। रूपक सँ अनुप्राणित विशेषोक्ति। अनुराग=लाली ओ प्रेम (श्लेष)। परसन=प्रसन्न। कोकिल बाजए, सूगा बाजए कारण तों चुप छह, तोहरा बजलेँ सब पराजित भए जाएत से ध्वनि। चन्द्रमा सँ मुँह, मृणाल सँ बाहु, अमिञ सँ हास, सरसीरुह सँ स्तन। सब कोमल। मन मुदा बज्रक बनसी, टेढ़, कुटिल। अनुमान नहि हो जे कोना।

176. **वंशमणि** झा—बेलओचए, नेपालक महाराज प्रतापमल्लक आश्रित, गीत-दिगम्बरक रचना कएल, सत्रहम शताब्दीक अन्तिम चरण मे ओही नाटकक

नान्दी गीत। अर्धनारीश्वरक ध्यान। आधा माथ—गौरी-भाग-माला, आधा-शिव-भाग-गङ्गा। क्रम भङ्ग। अलिक=ललाट, शिव भाग ललाट मे चन्द्रमा, गौरी भाग मे सिन्दुर-विन्दु।

177. **शिवदत्तक** परिचय उपलब्ध नहि होइत अछि। ई नाम ततेक प्रसिद्ध अछि जे कतेक व्यक्ति एहि नामक भए गेल छथि। गौरी-परिणय नाटक मे पार्वतीक ई उक्ति थिक जखन तपोवनमे शिवक हुनका दर्शन भेल अछि। शिवक स्वरूपक वर्णन। दर्शन सँ पूर्वराग। परन्तु प्रेम भक्तिमूलक। पार्वतीक सङ्कल्प। एहि गीतक भास द्रष्टव्य।

178. **कविलाल**, प्रायः मङ्गरौनीक पलिवाड़ छलाह, महाराज नरेन्द्र सिंहक समय मे, पारिजातहरण जकाँ अत्यन्त लोकप्रिय नाटक गौरी-परिणय रचल। पूर्व गीतवत् तपोवन मे तपोरत शिव केँ देखि पार्वतीक पूर्वराग प्रेमक दृढ़ता परन्तु भक्तिमूलक। अद्भुत रस सँ पुष्ट भक्ति ओ तन्मूलक प्रेम। पार्वतीक सङ्कल्प। भासो प्रायः ओहने।

179. **नन्दीपतिझा** प्रसिद्ध नाम बादरि। पवौलिवार—हिनक बाप म.म. कृष्णपति महाराज शुभङ्कर ठाकुरक दौहित्रीपुत्र ओ ई अपने भतृहरिर्वेदनाटककार म. म. हरिहरझाक दौहित्रीपुत्र-समय अठारहम शताब्दीक पूर्वाद्ध। ई गीत छपल कृष्ण केलिलीला मे नहि अछि। अपना केँ उपेक्षिता बुझैत मानिनी राधाक उक्ति। विनु गुण बुझलें अनादर करथि तथा चानन केँ नहि चीन्हि अण्डी रोपथि तकरा पर क्रोध की? अर्थात् अहाँ हमर गुण नहि बुझल। सगुण केँ निर्गुण कहल, पानि जे जीवन थिक तकरा जड़, जल, कहल (जड़=गतिशून्य अथवा मूर्ख तथा जल) करमी फूलक सराहना कएल तेँ की कमलक गुण लुप्त भेल? तुल्ययोगिताक विन्यास। स्थान-गुण सँ जे गुण प्रकाशित हो से अस्थान मे प्रकाशित नहि भेला सँ तिरस्करणीय नहि, पर्वतक कन्दरा मे अन्धकार रहैत अछि तेँ की सूर्य केँ तेजहीन कहब? जकर मन सरस हो तकरहि गुणक परिचय कराए सकैत छी, पशु, नेना ओ मूर्ख केँ से परिचय कोना होएत? आन्हर केँ अएना मे की सुझतैक? एना राधा कृष्ण केँ अरसिक, मूर्ख, गुणनभिज्ञ कहैत छथि। मध्या अधीरा। भाषा एकदम पण्डिताम नहि। वस्तुतः नन्दीपति भाषा मे ओ सहजता आनब आरम्भ कएल जकरा मनबोध प्रतिष्ठित कएल। परन्तु ठाम-ठाम नन्दीपति पूर्ण पण्डिताम सेहो लिखैत छथि।

180. गोआलरी-प्रसिद्ध गीत, किशोर कृष्णक उपराग हुनका माए केँ दैत अछि। ई छपलो नाटक मे अछि। एकर भाषा द्रष्टव्य।

181. **रत्नपाणिझा**—प्रसिद्ध नाम बबैरआझा—नवानीक वासी स्वर्गीय पण्डितावतार बच्चा झाक पितामह। महाराज रुद्रसिंह सँ महाराज महेश्वरसिंहक समय धरि दड़िभङ्गा राजक आश्रित। हिनक दशो महाविद्याक ध्यानक गीत बड़ प्रसिद्ध अछि जाहि मे ई महालक्ष्मीक ध्यान-गीत। कमलायत=कमल सन आयत अर्थात् पैघ, घनरुचि=मेघ सन। चामीकर=सुवर्ण। पाटक चीर=रेशमी नूआ। चारि भुजावर अभय ओ दूमे कमल।

सिञ्चत करु=सिञ्चन करए।

182. **भानुनाथझा** दैवज्ञ महाराज महेश्वरसिंहक आश्रित। प्रभावतीक रूपवर्णन। चन्द्रमा केँ परिवेष-माँड़रि देल अथवा घेड़ि देल जे ओ एहि मुखक समक्ष तुच्छ (व्यतिरेक)। पाछाँ मे लटकल जुट्टी आगाँ मे सिन्दूर, उत्प्रेक्षा, जेना अन्हार केँ पाछु कए सूर्य उगथि। दशनवसन=अधर। ओठ, नाक, दाँत ओ आँखि क्रमशः मधुरी, तिल, कुन्द, कमल। रूपकातिशयोक्ति। सब एकहि समय एकहि ठाम तेँ अनरीति-काव्यलिङ्ग। सरस मृगा=बाहु। बाल-चकबा-युग=स्तनमुकुल। शैवल=रोमावली। गिरिवरी=नितम्व। वचनरूपी अमृत सँ सिञ्चित तेँ नष्ट नहि हो। अतिशयोक्ति-काव्यलिङ्ग। केहरि सदृश कटि। गज-कर-युग=दूहू जंधा। पल्लव=पाएर। पुण्यक प्रताप सँ एक दोसरा केँ खाए नहि। ओहिना, अतिशयोक्ति काव्यलिंग। एहिमे अलंकार-योजना कृत्रिम प्रतीत होइत अछि। चन्द्रमा केँ परिवेषक कथा छोड़ि किछु नवो नहि—सब पुरान चित्र।

184. **हर्षनाथझा**-महाराज लक्ष्मीश्वरसिंह बहादुरक सभापण्डित। उषाहरणक आरम्भहि मे प्रभाती, अलङ्कार सँ भरल। 3-4 चन्द्रमा नाओ, चन्द्रमाक कालिमा मलाह, चन्द्रिका जल, तरेगन माछ-जेना आकाशरूपी समुद्रमे माछ मारि मलाह जाइत हो। रूपक सँ अनुप्राणित उत्प्रेक्षा। सूर्यक किरण पूर्व-दिक्-कामिनीक अन्धकाररूपी वस्त्र केँ हटाए अरुण शरीर केँ उघाड़ि देल तेँ पूर्वदिशा लजाए कैँ कुमुद-रूपी आँखि मूनि लेल आ ताहि पर कमलिनी हँसि देल। रूपक सँ अनुप्राणित समासोक्ति। कुमदिनीक परागक रज सँ पीअर भ्रमर केँ आएल देखि ईर्ष्या सँ कषायिता कमलिनी क्रोध सँ लाल, पवनक कम्पन सँ जेना थरथर काँपैत, ओकरा निरादर करए, परस्त्री-सम्भोग-चिन्ह सँ नायक केँ लक्षित कए जेना नायिका। रूपक सँ अनुप्राणित समासोक्ति। भट्टी काव्यक प्रसिद्ध श्लोकक अनुवाद। युवती गति भरि अपन स्वामी केँ अपना लगा नहि पाबि अपरा स्त्री समीप मानि सौतिन केँ शाप दैत अछि ओ स्वामी गञ्जन सहि भिन्न-भिन्न फूसि बनाए-बनाए कहि अपन दोष केँ झँपबाक चेष्टा करैत अछि। स्वभावोक्ति। शयनकुशल अर्थात् राति नीक जकाँ निन्द भेल इत्यादि। उत्प्रेक्षा। भाषा विशुद्ध पण्डिताम।

185. अत्यन्त प्रसिद्ध सोहरक गीत, पद ओ छन्दबल, विशेष भासक। कृष्णक जन्मक वर्णन। भदवारि रातिक वर्णन, कृष्णक स्वरूपक वर्णन ओ गोकुल मे उत्साह ओ उत्सवक वर्णन। विशुद्ध व्यवहारक गीत परन्तु भाषा पण्डिताम, भाव आलङ्कारिक।

186. शरदक वर्णन मुदा शरद सँ विशेष सन्ध्याक। 3-4 सूर्यास्तक पश्चात् चन्द्रोदयक उत्प्रेक्षा पतिक परोक्षमे उपपतिक प्रवेशसँ। 5-6 चन्द्रिकाक डर सँ अन्हार सघन गाछक तर मे नीच भूमि मे, पर्वतक गुफा मे नुकाए रहला। रूपक। 7-8 दिनमे कमलिनी फुलाए, राति केँ कुमुदिनी। समासोक्ति ओ काव्यलिङ्ग। 9-10 भ्रमर नलिनी केँ छोड़ि कुमुदिनी पर जाए। अर्थान्तरन्यास। 11-12 वाल्मिकिक सुप्रसिद्ध

पद्यक अनुवाद, दर्शयन्ति शरन्नद्यः इत्यादि। काव्यलिङ्ग ओ उत्प्रेक्षा।

187. **कवीश्वर चन्दाझा**—नवयुगक प्रवर्तक। अपन हीनताक अनुभव कए शिवक शरण गहैत छथि। देशदशाक वर्णन व्यङ्ग्य सँ। भर्तृहरि सेहो न नटा न विटा न गायका इत्यादि रूपे अपन विरक्ति देखाओल अछि। ई तीनू महेशवानी थिक।

188. संसारक अनित्यता, जीवनक असारता, पापक भयसँ निर्वेद ओ कल्याणक एकमात्र प्रतीकार "चन्द्रतिलकपदरति"। कचकालिम=कारीकेश, रदपाँति=दाँतक पाँती, सुचित=स्थिर चित्तसँ, परेत=प्रेत; पापक परिणाम स्वरूप प्रेत बनि घुमैत रहब।

189. बटुरूप धए महादेव पार्वतीक स्नेह केँ जँचबाक निमित्त हुनका महादेवक निन्दा सुनऔलथिन्ह, तकर उत्तरमे पार्वतीक उक्ति। महेशवानी। दक्ष जनिक यज्ञ शिव ध्वंस कएल। जेना मेघ ओ बिजुरी जेना चन्द्रमा ओ इजोरिआ तहिना पति ओ स्त्री, पतिक बिना स्त्रीक स्यिति नहि। उपमा आर्थी लुप्ता। शिव हृदय मे अवस्थित सब किछु देखि रहल छथि। ब्रह्माक कमण्डलुमे जे जलरूप से शिवक जटा मे गेला सँ मन्दाकिनी भए गेलीह, ई थिक हुनका सँ स्वीकृत भेलाक फल।

190. **बाबू दुर्गादत्त सिंह** मधुबनीक बाबूसाहेब महाराजकुमार कीर्तिसिंहक दोसर बालक, बाबू श्री जगदीशनन्दनजीक पितामह, भक्त कवि ओ कविक पोषक, ताराक उपासक। एहि गीतक भास द्रष्टव्य।

191. **गोसाञिलक्ष्मीनाथजीक** देहान्त 85 वर्षक आयुमे 1872 ई. क 5 दिसम्बर केँ भेल। ई स्वनामधन्य योगी छलाह तथा हिनक अलौकिक शक्तिक कतेक गप्प अछि। ई वात्सल्य रस सँ पुष्ट भक्तिक विलक्षण गीत अछि। शिशुकृष्ण केँ कननी लागल तकर वर्णन।

192. महाराज कुमार **गोपीश्वरसिंह** महाराज रुद्रसिंहक कनिष्ठ पुत्र। दङिभङ्गा मे कवराघाट मे रहैत छलाह। बड़ पैघ सङ्गीतज्ञ छलाह ओ कवि सेहो। लगनीक ई गीत प्रसिद्ध अछि। पावस मे विरहक वर्णन। मनभाओन=मन केँ जे भावए, प्रेमी।

193. **विश्वनाथ झा**, नवटोलक बासी, श्री ईशनाथझाक जेठ पित्ती। मृत्युवर्ष 1905। सूर्यक ध्यान गीत। सूर्यक वन्दनाक प्रायः इएह टा एक गोट गीत भेटल अछि। एहि मे सूर्यक भिन्न-भिन्न नाम अछि दिनमणि, दिनराज, तेजपुञ्ज, ग्रहेश, विश्वचक्षु, प्रभाकर, मित्र। सूर्यक रथ मे एकेटा पहिया अछि से पुराण मे वर्णित अछि।

194. **म. म. कृष्णसिंह ठाकुर** (1848-1921) भौरक विश्रुत वैयाकरण। अपना समयक बढ़ पैघ पण्डित एवं नैष्टिक सच्छोत्रिय ब्राह्मण छलाह। महाराज रमेश्वरसिंहक पूर्ण सम्मान हिनका प्राप्त छल। संस्कृत मे हिनक अनेक रचना प्रकाशितो अछि। मैथिली मे भगवतीक वन्दनाक पद ई रचथि तकर एक गोट ई दृष्टान्त थिक। भुवनेश्वरीक ध्यानगीत। 5-6 चारू हाथ वाम ऊपर-नीचा ओ तखन दक्षिण ऊपर-नीचा। 7-8 भुवनेश्वरीक यन्त्रक वर्णन। भनिता द्रष्टव्य।

195. **महाराजाधिराज रमेश्वरसिंह** (1868-1928)। हिनक रचित तीनि गोट गीत उपलब्ध प्रछि, सब भक्तिक। राजनगर मे कमलाक धार सँ प्रवाहक सङ्कट देखि कमलाक आराधना कएला उत्तर संकट टरल देखि एहि गीतक रचना कएल से एहि गीतहु मे कहल अछि। भौर, भौड़ा ओ दड़िभङ्गा, खण्डवला राजकुलक राजधानी बराबरि कमलाक कात मे, ओ दड़िभङ्गा मे वागमतीक धार सँ कमला केँ हटल देखि स्व० मिथिलेश अपन राजधानी राजनगर लए गेलाह से एहि गीत मे कहल अछि। तेँ भक्तिक गीत तँ ई थिके परन्तु एकर ऐतिहासिक महत्त्व सेहो छैक। एकर रचना-तिथि ज्ञात नहि अछि परन्तु 1921 सँ पूर्वक थिक। गीत मे अपन अनुभूति, अपन व्यक्तिगत भावनाक अभिव्यक्ति जे कवीश्वर चलाओल तकर ई विलक्षण दृष्टान्त थिक।

196. **कविवर जीवनझा** मैथिली मे प्रथम नाटकक रचयिता; विशिष्ट कवि। समय 1856-1920। संकल्प कविक जीवनक नीति स्पष्ट ओ सरल रीतिसँ प्रदर्शित करैत अछि। धनद, कुबेर कैं नहि सेवल, शिव कैं, कारण, जीवनक लक्ष्य धन नहि, कल्याण थिक। कुसुम-विशिषर=कामदेवक तीक्ष्ण शर अर्थात् उत्ताप। परमुख=परकीया स्त्रीक मुँह। अन्तिम पद—हृदयमे पूर्ण मन्थन कए विचारल ओ स्थिर कएल जे संसारमे अपना सन आन केओ अपन हित नहि होइत अछि। स्त्री, पुत्र, पिता, माता केओ नहि। व्यक्तिवादक अपूर्व चित्र। अथवा महि-महि=संसार मध्य। एहि गीतक भास महेशवानीक थिक ओ रचना-शैली विलक्षण।

197. दू सखीक सङ्ग मचकी झुलैत सामवतीक गाओल गीत। सामवती कुमारि छथि, परन्तु पावस मे विरहिणीक उत्कण्ठा जनबैत गीत अछि। दामिनि-जमतनु=गौरवर्णा (लुप्तोपमा) पिअ अनुरागरूपी पटोर (रूपक), प्रेम सँ तन्मय भए। चाननक मचकी बनाए, कदमक डारि मे लगाओल जे पिअक कोर मे बैसि झूलब, सखी झुलाओति। पिअमुख निरखब जेना चकोर चन्द्रमा केँ, उपमा। परन्तु पिआ अएलाह नहि, तेँ कदम्ब केँ पुछैत अछि जे हमर पहु जे जीवन से कतए बिलमलाह? मोह सँ कदम्ब केँ जिज्ञासा। मुदा नाटक मे गाछ तर ठाढ़ गप्प सुनैत छथि। युक्त, वा भनिता सेहो।

198. **विन्ध्यनाथझा**—प्रथम मैथिल बी. ए. (1868-1913) व्यावहारिक गीत, कन्या केँ सासुर विदा करबाक कालक समदाउनि। एकर अपन विशेष भास। कालिदास जेना शाकुन्तला मे कण्वक मुँह सँ "शुश्रषस्व गुरून्" इत्यादि उपदेश देआओल, तहिना मैथिली मे विलक्षण शिक्षाप्रद ई समदाउनि जे पिता अपना कन्या केँ कहए। जीवनक अनुभव सँ व्यावहारिक शिक्षा। भाषा अत्यन्त सुबोध, सरल।

199. **गणनाथझा**—विध्यनाथ बाबूक छोट भाए ओ गङ्गानाथबाबूक जेठ (1880-1930)। भक्तक मनोरथ व्यक्त कएल अछि। सात्विक भावक चित्रण। 4. संसार केँ तन्मय देखब—भक्तिक पराकाष्ठा। हृदय मल-तन्त्रक प्रसिद्ध सिद्धान्त, पद्यक्रमे हृदय मे द्वादशदल कमल अनाहत। हृदयकमल विकसित होएत देवीक

चरणकमलक प्रकाशक प्रचार सँ। गुरुवर इत्यादि सँ अपन वैशिष्ट्य प्रदर्शित। सत्ये मरण काल मे हिनक गुरु हिनक समीप छलथिन्ह ओ गुरुक पाएर पर रखने ओ शरीर त्याग कएल। कुलक्रम इत्यादिसँ पलिवाड़क एहि आश्रयक उपास्य देवता तारा थिकथिन्ह। महिसीक उग्रतारा हिनके पूर्वजक उपास्य कुलदेवता थिकथिन्ह।

200. **म.म. डा. सर गङ्गानाथझा**–(1871-1941) हिनक रचित तीनि गोट गीत मात्र हमरा उपलब्ध अछि। एकर रचना-काल 1941 थिक जखन ई प्रयागक वाइस-चान्सलर नहि भेल छलाह। ई अपन जीवन पर दृष्टिपात कए ओकर साफत्य ओ वैफल्यक लेखा-जोखा करैत छथि तथा अपन भविष्य केँ अम्बाक सहित, सदाशिव, पार्वती-परमेश्वरक चरण मे अर्पित करैत छथि। प्रतिपद भेद इत्यादि सँ ओहि समय मे सरकार एवं सहकर्मी लोकनिक सङ्ग भेदजन्य विह्वलता ध्वनित अछि। भक्ति माए, बाप, गुरु, भ्राता प्रभृतिक हेतु। वस्तुतः भ्रातृप्रेम हिनक अलौकिक छल। एहन वैयक्तिक भावना सँ ओतप्रोत अन्तर्मुखी गीत मैथिली मे बड़ विरल अछि।

201. **आदिनाथ**-महरैलक वासी, नरोनए, समय प्रायः 1850-1900। देवीक स्तुति मे ई बहुत पद रचल। भक्तिक भावना। भाषा सरल। विनत। अपन हीनता-प्रदर्शन परन्तु साधनाक भरोस जे तुअ साधक इत्यादि सँ व्यक्त वरदानक याचना।

202. **यदुनाथझा**, मुरहोक वासी, मोदक उन्नायक। विशिष्ट कवि। लगनी मे दुर्गाक स्तुति कएल अछि। आत्म-समर्पण।

203. **छेदीझा**-इहो सहरसा प्रान्तक वासी, मोदक उन्नायक। नव युग मे देवताक स्थान मे स्वदेशक वन्दना प्रचलित भेल अछि। तकरो ई दृष्टान्त। भारतवर्षक ध्यान। हिमालय भाल, तुहिन त्रिपुण्ड, धारक हार, फूल-तृण-वृक्ष सँ सुन्दर, रत्नाकर। सूर्य-चन्द्र आँखि, गङ्गा खङ्ग, विन्ध्य ढाल, चरणतल मे सिन्धु। पक्षीक कलरव कीर्त्ति-गान।

204. **महात्मा सत्यनारायणझा** उजानक वासी, सकरड़िवार। हिनक पौत्री मे राजाबहादुर विश्वेश्वरसिंहक द्वितीय विवाह छल। 1860-1940। हिनक रचित शिवायन हिन्दी मे अछि। जगदम्बाक भक्तिक कामना। जननीक प्रति शिशुक भावना केँ जगदम्बाक प्रसङ्ग योजना। तेँ कामना जे 'इएह भाव निवहे'। भक्ति थिक प्रेम ओ प्रेम मे 'कर्म-कलाप दहे'। ई प्रेम तत्वक निरूपण, प्रेम मे विषय-रस विरस ओ असार, प्रेम मे सुख-दुख सब सह्य जेना पानि मे ठाढ़ व्यक्ति पर पानिक बुन्दक चोट नहि लागए।

205. **बाबू क्षेमधारीसिंह साहेब** प्रसिद्ध श्रीकर साहेब मधुबनीक बाबूसोहब। पण्डित भक्त। 1937 ई. क रचना। महेशवानी। अदभुत रस सँ पुष्ट भक्ति। वेष अशिव परन्तु मङ्गलकारक। शिवक पाएर पर विष्णुक मुकुट खसए, गौरी केँ मणिद्वीप मे वास देल, स्वयं श्मशान मे रहथि। नर कपाल हाथ मे, देह मे भस्म, विभूषण, नाग,

श्मशान मे वास। परन्तु लोकक शिवङ्कर। जीव ब्रह्मक अंश तेँ प्रार्थना जे अपन अंश बूझि अन्त मे अपना मे मिलाए मुक्ति देव।

206. **श्री ऋद्धिनाथझा**–कविवर हर्षनाथझाक बालक, स्वर्गीय अमरनाथ बाबूक माम थिकाह। पण्डित कवि। नुति=प्रणाम; वचन-नुति=स्तुति। प्रकृति-रूपा जगदम्बाक स्तुति। विधिक इच्छा सँ प्रकृति ओ पुरुष। प्रकृति सँ विकृति थिक जगत, नामरूपात्मक यथा माटि प्रकृति घटादि विकृति। स्वर्ण प्रकृति कुण्डलादि विकृति। घट फुटने प्रकृति माटि मे मीलि जाए, कुण्डल टुटने स्वर्ण। तेँ प्रकृति-स्वरूपा जननी केँ मनक उपहार समर्पित, कारण, शरीर त्यागला उत्तर ओही प्रकृति मे मीलब। सांख्य-दर्शनक भाव भक्तिक रूप मे।

207. **श्रीबदरीनाथझा**–मैथिलीक वयोवृद्ध सुप्रसिद्ध कविशेखर। झूलन साओनक इजोरिआ मे एकदशी सँ होइत अछि। तकर गीत। राधाकृष्णक झूलनक चित्र। विकल=फुलाएल। रेसम-दाम=रेशमीक डोरी। 7 मचकी तेहन सुन्दर छल जेना ओकर बनऔनिहार अपन कलाक ओही मे अन्त कए देने हो। उत्प्रेक्षा। मिलिन्द-भ्रमर। नन्दित-आनन्द। 10 कृष्णक अनुपम रूप देखि गोपीसब क्षण-क्षण काम सँ बीतलि जाइत। छाम-दुर्बल। रुचि-प्रतिमान=सौन्दर्यक गर्व। 11 कतेक गोपी कृष्णक अनुपम रूप सँ मुग्ध भए अपन सौन्दर्यक गर्व त्यागि, हे सखी! रतिक कामनासँ अपना केँ बलि जाए, उत्सर्ग करए, आत्मसमर्पण करए। कोमल शब्दक विन्यास द्रष्टव्य।

208. **बाबू भुवनेश्वरसिंह भुवन** (1942) मैथिली कविताक क्षेत्र मे नवयुगक प्रतिष्ठापक। एहि गीत मे मधुकर सँ अभिप्राय अछि गुणग्राही व्यक्तिक। दलितक पक्ष ग्रहण करब भुवनजीक स्वभाव छल सएह एहू गीत मे करुण-रसक आह्वान संसार मे अत्याचारक प्राबल्य सँ। एही अत्याचारक संवाद कृष्ण केँ सुनाउ गए जे धर्मसंस्थानार्थ ओ पुनि अवतार लेथि। प्रगतिवादक स्वर।

209. **ईशनाथझा**–मैथिलीक विश्रुत पण्डित ओ कवि। गङ्गाक विनती सरल सुबोध भाषा मे मधुर। गङ्गाक तट छोड़बाक कालक समदाउनिक भास पर तटवासक सुषमाक स्वच्छ शब्देँ अभिव्यक्ति तेँ भावक प्रबलता ओ परिणामतः भाषा वा अलङ्कारक विन्यास जे हिनक कविताक साधारण धर्म तकर गौणता। पद कोमल।

210. **श्रीतन्त्रनाथझा**–मैथिलीक प्रतिष्ठित सेवक ओ प्रसिद्ध कवि। गोसाउँनिक गीत अत्यन्त प्राचीन ओ सुप्रसिद्ध 'काली माता तोर नाम' क भास पर रचित ताराक ध्यानगीत। एमहर नव-नव भास पर गौसाउँनिक गीतक रचना देखि, ओकरा सूनि, ई प्राचीन भास पर अनेको एहन गीत रचल अछि। सएह एकर वैशिष्ट्य। मुकुन्द हिनक मातृकक नाम।

211. **श्री आरसी प्रसाद सिंह**-प्रसिद्ध कवि। प्राचीन शिल्पक अद्‌भुत गीत। रूपक-योजनाक सुन्दर दृष्टान्त। ताहि सँ अनुप्राणित काव्यलिङ्ग। रमणीक आँखि, मुँह,

मुस्कान, केश, मन, कण्ठ, जाँघ, डाँड़, अधर, नाक, भोँह, यौवन ओ शरीरक कान्ति मे क्रमशः चकोर, चन्द्रमा, बिजुरी, नागिनि, मयूर, चम्पा, कदली, सिंह, बिम्ब, शुक, व्याधाताँति, उपवन ओ चम्पाक आरोप। चकोर चन्द्रिकाक पान करैत अछि। मुदा बिजुरी सँ डरैत अछि। एहि कवि-प्रसिद्धि कैँ आरसी सजाओल अछि जे आँखिरूपी चकोर मुखरूपी चन्द्रिका कैँ भक्षण करैत परन्तु मुस्कानरूपी बिजुरी सँ डेराइत अछि। एहिना प्रत्येक पद मे पूर्व वाक्यक कारण अपर वाक्य देल अछि। मन समाजरूपी गज ओकर जंधा-रूप कदली कैँ तोड़ि दैत (सभक आकर्षण ओकरा प्रति ध्वनि)। मुदा डाँड़रूप सिंह सँ डेराइत अछि। एहिना सबमे ऊह्य।

212. **श्रीमती राजलक्ष्मीजी**-दड़िभङ्गा राज्यक बड़ी महारानी अधिरानी, कलाभिज्ञा, संगीत-निपुणा एवं भक्ति-प्रवणा। हिनक भजनमाला रङ्गविरङ्गक रचना सँ भरल अछि। एहि गीत मे महिषासुरमर्दिनीक महिमा वर्णित अछि। एकर आदिक पद 'गहि केँ पकड़ब' ओ अन्तक 'जोर' भक्तक आत्मबल सूचित करैत अछि। एहि गीतक भास द्रष्टव्य मुदा ई प्राचीन नहि अछि, नवीन अछि।

213. **श्रीनन्दिनीदेवी**—राजग्रामक श्रीरुचिनाथसिंहठाकुरक धर्मपत्नी। हिनको गीतसंग्रह प्रकाशित अछि ओ व्यवहारक गीतक सुन्दर सङ्कलन अछि। इहो गोसाउनिक गीत थिक, प्राचीन भास पर रचित अछि। मानसनिविड़ इत्यादि मे मनक घोर अन्धकार थिक अज्ञान ओ तज्जन्य पाप तकर समूह केँ नाश करबाक सामर्थ्य छैक जगदम्बाक चरणक कृपा केँ तेँ ओहिमे शशिबिम्बक आरोप।

214. **श्री मेधेश्वरीदेवी**—चनौरक श्रीवेदानन्दसिंहझाक धर्मपत्नी। व्यवहारक गीतक रचना कएल अछि जे प्रकाशित अछि। हिनक रचना मे आलङ्कारिता नहि, स्वाभाविकता अछि ओ प्राचीन गीतक भास पर नव-नव गीत साहित्यक दृष्टि सँ नहि, व्यवाहारिक दृष्टि सँ उपादेय अछि। रामचन्द्रक कोहबरक कीर्तन जाहि सँ वर्तमान रीतिक वर्णन।

कवि-परिचय

अभिनव-जयदेव विद्यापति ठाकुर

मैथिलकोकिल विद्यापति ठाकुर मिथिलाभाषाक प्राण थिकाह। हमरा लोकनिक भाषाक आदिकवि तँ ई थिकाहे, परन्तु उत्तर भारतवर्षक सबहु आधुनिक भाषाक ई महाकवि सर्वश्रेष्ठ प्रथम कवि थिकाह। बङ्गला साहित्य हिनकहि काव्य सँ अनुप्राणित भेल अछि। हिन्दीसाहित्यक तँ ताहि दिन नामो नहि छल। केवल चन्दबरदाईक काव्य हिनका सँ प्राचीन अछि परन्तु पृथ्वीराज-रासोक भाषा हिन्दीक कोनो पूर्वरूप भए सकैत अछि, हिन्दी नहि थीक।

हिनक जन्म मिथिलाक एक गोट अत्युच्च कुलमे भेल छलैन्हि। महासन्धिविग्रहिक कर्मादित्य, वीरेश्वर, गणेश्वर, चण्डेश्वर ओ कविशेखर ज्योतिरीश्वर प्रभृति हिनकहि कुल मे छलथिन्ह। जन्महि सँ ई ओइनवार वंशीय मैथिल महाराजलोकनिक आश्रित रहलाह तथा महाराज शिवसिंहक समवयस्क मित्र, प्रधान पार्षद एवं विश्वस्त अमात्य छलाह ओ अपन राज्याभिषेकक अवसर पर महाराज शिवसिंह कवि केँ अपन जन्मभूमि विस्पी गामक दानपत्र ओ 'अभिनव-जयदेव' क उपाधि समर्पित कएल। महाराज शिवसिंहक परोक्ष भेला पर बत्तीस वर्ष धरि विद्यापति ठाकुर क्रमशः महारानी विश्वासदेवी, महाराज नरसिंह एवं महाराज धीरसिंहक राजसभा मे प्रधान राजपण्डित छलाह। हिनक समय अनुमानतः लक्ष्मण संवत् 241 सँ 329 धरि सिद्ध होइत अछि।

यद्यपि विद्यापति ठाकुर अपन गीतसबहिक हेतु अमर छथि, किन्तु हिनक रचना संस्कृतहु मे अनेक अछि। हिनक रचना मुख्यतः तीन भाग मे विभक्त भए सकैत अछि। प्रथमतः, पुरुषार्थसम्बन्धी, जाहि मे संस्कृत मे पुरुषपरीक्षा एवं अवहट्ठ मे कीर्त्तिलता विशेषतः उल्लेखनीय अछि। द्वितीयतः, मिथिलाभाषा मे गीत। ओ तृतीयतः संस्कृत मे निबन्ध जाहि मे शैवसर्वस्वसार, दुर्गाभक्तितरङ्गिणी ओ विभागसार विशेष प्रसिद्ध अछि।

मिथिलाभाषा मे हिनक गीत मुख्यतया तीन श्रेणीक अछि। प्रथमतः भक्तिक

जाहि मे भगवतीक, गङ्गाक ओ सबसँ प्रसिद्ध महादेवक नचारीसब अछि जे सब सम्राट अकबरक समय मे दिल्ली शहरधरिमे गाओल जाइत छल। द्वितीयतः, महाकवि जयदेवक आदर्शपर शृंङ्गारकताललयाश्रित गीत सब अछि जकरा बङ्गाली ओ अन्यान्य विदेशीय पण्डित लोकनि वैष्णवक भजन कहैत छथि। अन्त मे, व्यवहारसम्बन्धी यथा—उपनयन, विवाहादि अवसर पर गएबा योग्य गीत सब अछि।

एहि संग्रह मे जे गीत सब अछि से सब स्वर्गीय नगेन्द्रनाथ गुप्तक इण्डियनप्रेसक संस्करण सँ लेल गेल अछि।

(मैथिली पद्य-संग्रह, 1941),

अभिनव-जयदेव

विद्यापति ठाकुर, राजपण्डित बिसैबार-कुल सम्भूत, विस्पी गामक वासी, प्रायः ईसाक 1350 मे जन्म लए 1440 मे बाजितपुरक समीप गङ्गा-तटपर देह-त्याग कएल। दीर्ध जीवन मे कम सँ कम सात जन ओइनवार महाराजक दरबार मे ई राजवल्लभ, राज-पण्डित एवं पार्षदक रूप मे छलाह। विशेष स्नेह-पात्र छलाह ई महाराज शिवसिंहक जनिक ई समवयस्क छलाह।

ओना तँ मैथिलीभाषा मे कविताक रचना हिनका सँ पूर्वहुँ होइत छल परन्तु ई हमर साहित्याकाश मे सूर्य जकाँ अपन रचनाक उत्कर्ष सँ आन सब कविक रचना केँ दिनक तरेगन जकाँ विलीन कए देल। हिनक 'अभिनव-जयदेव' उपाधि बड़ मार्मिक अछि, कारण, हिनक काव्यक आदर्श छलैन्हि जयदेवक गीतगोविन्द। इहो राग-ताल लयाश्रित गीतहिक रचना कएल जाहि मे अधिक मे नायक छलाह कृष्ण ओ रस छल शृङ्गार। हिनक रचित शान्त-रसहुक कविता अछि; महादेवक नचारी अछि, जे डमरू लए नाचि-नाचि भक्त लोकनि गबैत छथि ओ जाहि मे हास्य ओ अद्‌भुत रस प्रचुरतया भेटैत अछि; व्यवहारहुक गीत अछि यथा—योग, उचिती प्रभृति। वस्तुतः हिनक रचना, गीति-काव्य, लोकभाषा मे अछि जाहि मे प्रसाद गुण सबसँ आकर्षक अछि। अलङ्कार मे ई उत्प्रेक्षाक विन्यास मे बेजोड़ छथि। मैथिली-साहित्यक ई 'प्राण' थिकाह।

हिनक गीत केँ शीर्षक दए ओकर विषय स्पष्ट कए देल गेल अछि।

(कविता-कुसुम, 1956)

विद्यापति

कीर्त्तिपताकाक ई अंश केवल वर्णन शैलीक हेतु नहि, भाषाक हेतु सेहो द्रष्टव्य थिक। एहि मे जे मिथिलाभाषा अछि ताहि मे अवहट्ट ओ संस्कृतक मिश्रण सँ प्रतीत होइत अछि जे जन-साहित्यक रूप मे गीत जनभाषामे भलहिं लिखल जाइत छल परन्तु जनभाषा केँ ताधरि साहित्यिक मर्यादा प्राप्त नहि भेल छलैक ओ तेँ गम्भीर विषय पर लिखबाक काल जन-साहित्यक उन्नायक अभिनव-जयदेवहुँ केँ तत्तद्‌भाषाक

आश्रय लेअए पड़ल जे ताहि दिन साहित्यिक अभिव्यक्तिक माध्यमक रूप मे प्रतिष्ठा प्राप्त कए लेने छल।

कीर्त्तिपताका अद्यपर्यन्त अप्राप्त अछि। कीर्त्तिपताका कहि जे पोथी प्रकाशित भेल अछि से अकार्यक अछि। हमरा सङ्ग एहि ग्रन्थरत्नक तीनि गोट पात उपलब्ध अछि। ओही सँ ई छोट अंश एतए देल अछि।

नेपाल मे जे कीर्त्तिपताका कहि खण्डित पुस्तक अछि ताहू मे जेना दू गोट काव्य रहए—एक शृङ्गार रसक ओ दोसर वीर रसक। मङ्गलाचरण सेहो दू गोट अछि। एक मे जगतसिंहक वर्णन अछि दोसर मे शिवसिंहक। अन्तिम पत्र मे कीर्त्तिपताका कहल अछि तैं समस्त पोथी ओही नाम सँ विख्यात भए गेल अछि। हमरा सन्देह अछि जे समस्त पोथी जखन उपलब्ध होएत, जँ उपलब्ध होएत, तँ ओहि मे दू गोट काव्य भेटत। एक गोट प्रायः कवि भीष्मक कृति होएत, दोसर निश्चय विद्यापतिक।

(मैथिली कथाकाव्य, 1965)

महाकवि गोविन्ददास झा

मैथिली साहित्यक्षेत्र मे महाकवि गोविन्ददासझाक स्थान बड़ उच्च छैन्हि। विद्यापति ठाकुरहि जेकाँ हिनको गीत बङ्गाल मे बड़ प्रसिद्धि प्राप्त कएने अछि तथा कतोक बङ्गाली तँ एखनहु धरि हिनका मैथिल स्वीकार नहि करैत छथि। परञ्च हिनक गीतक संग्रह मिथिला मे भेल अछि तथा संग्रह प्रयाग विश्वविद्यालयक कुलपति श्रीमान् अमरनाथझा द्वारा 'साहित्य पत्र' मे 'शृङ्गारभजन' नाम सँ प्रकाशित भेल अछि।

ई महाकवि दड़िभङ्गा जिलाक लोहना ग्रामक कुजौलीवंशावतंस महामहोपाध्याय शुचिकरझाक प्रपौत्र छलाह। ई म.म. शुचिकर मिथिलाराज्योपार्जक म.म. महाराज महेशठाकुरक गुरु छलथिन्ह। महाकविक पिताक नाम कृष्णदासझा छलैन्हि तथा ई चारि भाए छलाह, यथा गङ्गादासझा, गोविन्ददासझा, हरिदासझा एवं रामदासझा। रामदासझा अपन 'आनन्द विजय नाटिका' मे हिनका अपन गुरु कहैत छथि। हिनक केवल गीतमात्र उपलब्ध होइत अछि परञ्च सुनल थीक जे ई 'कृष्णलीला' नामक एकगोट नाटको लिखने छलाह। महाकविक जेठ भाए गङ्गादासझाक वृद्धप्रपौत्र टेकनाथझाक दौहित्र स्वर्गीय मिथिलेश महाराजाधिराज रमेश्वरसिंह बहादुर छलाह।

हिनक समयक प्रसङ्ग एतबा सिद्ध अछि जे हिनक सब सँ छोट भाए रामदासझा अपन 'आनन्दविजयनाटिका' मिथिलेश महाराज सुन्दर ठाकुरक विनोदार्थ रचलैन्हि। अतएव महाकवि गोविन्ददसझा ओहि सँ किछु दिन पूर्व छल होएताह। हिनक गीत सबहिक भनिता सँ किछु स्पष्ट नहि होइत अछि। एतावता हिनक समय खिष्टाब्दीय सत्रहम शताब्दीक पूर्वार्द्ध अनुमानतः सिद्ध होइत अछि।

महाकवि गोविन्ददासझाक काव्य मे शब्दक विन्यास, भावक गाम्भीर्य ओ भाषाक लालित्य बड़ अछि, किन्तु विद्यापति जेकाँ हिनक रचना मे प्रसाद-गुण नहि भेटैत अछि। कतोक ठाम तँ हिनक पदक अर्थ लागब कठिन भए जाइत छैक कारण शब्द ओ लालित्यक हेतु पद केँ ई कतहु-कतहु बड़े ममोड़लथिन्ह अछि। किन्तु जखन अर्थ लागत तखन हिनक भावक वैशद्यहुक परिचय होएत। अतएव जे कथा मल्लिनाथ भारविक प्रसङ्गमे कहने छथि—गोविन्ददासक गीतसब नारिकेरफलक सदृश बुझबाक थीक। तँहि प्रायः हिनक रचनाक विशेष प्रसार मिथिला मे नहि देखल जाइत अछि।

(मैथिली पद्य-संग्रह 1941 ई.)

महाकवि गोविन्ददास झा

गोविन्ददास झा, कुजौलिवार-कुल सम्भूत, रैआम गामक वासी महामहोपाध्याय शुचिकर उपाध्यायक प्रपौत्र छलाह जे शुचि झा महाराज महेश ठाकुरक विद्या-गुरु छलाह। हिनक छोट भाए सरस राम, म.म. रामदासझा, हिनका सँ पढ़ने छलाह ओ अपन 'आनन्द विजय नाटिका' मे मिथिलेश महाराज सुन्दर ठाकुरक नाम-कीर्त्तन कएने छथि।

हिनका समय मे नव्य-न्यायक शास्त्रीय उत्कर्ष मिथिला सँ नवद्वीप चलि गेल ओ प्रायः गोविन्ददास झा न्याय-शास्त्रक अध्ययन निमित नवद्वीप मे छलाह। नवद्वीप चैतन्य महाप्रभुक लीला-क्षेत्र छल ओ ओतहि ई अपन गीतावलीक रचना कएल तेँ हिनक कविता मे मधुर रसक परिपाक अछि जाहि मे शृङ्गार-रस आवरण मात्र अछि, ओकर अन्तर मे निहित अछि भक्ति, से भक्ति हिनक गीतक भनिता सबसँ स्पष्ट भए जाइत अछि। ई पद सब गाओल जाइत छल झालि-मृदङ्गक सङ्ग कीर्त्तन मे ओ तेँ हिनक कवितामे शब्दाम्बर विशेष अछि, मधुर शब्दक विन्यास पर विशेष जोर अछि। शृङ्गारक बहुविध वर्णन, कल्पनाक उड़ान, भावक वैशद्य—प्रतिभाक सब अङ्ग हिनक काव्य मे भेटत, परन्तु भाषाक प्रसाद जे प्रौढ़तासँ सम्भव अछि ओ जाहि हेतु अभ्यास चाही तकर हिनका मे अभाव अछि। हमरा जनैत हिनक रचना अपरिपक्व पाठावस्थाक थिक ओ तँहि हिनक प्रचार सेहो बङ्गाल मे अछि। राधाकृष्ण-विषयक शृंङ्गारक गीतमे भक्तिक एतेक भावना सकल मैथिल कवि मे केवल हिनकेटा रचना मे एना भेटैत अछि।

परन्तु शब्दक विन्यासी एहन दोसर नहि भेल। श्रुतिमाधुर्य हिनक काव्यक प्रधान गुण अछि। कामावस्थाक विश्लेषण मे ई बड़ कुशल छलाह। प्रेमक परवशता मे नायिकाक आत्म-समर्पणक भावना ई बड़ भावुकता सँ चित्रल अछि। कोनहु चित्र केँ ई रूपित मात्र कए पाठकक कल्पना पर नहि छोड़ि देताह प्रत्युत ओकर साङ्गोपाङ्ग वर्णन कए अपन कल्पनाक गम्भीरता देखाए देताह।

हिनकहु गीत केँ शीर्षक दए ओकर विषय स्पष्ट कए देल गेल अछि।

(कविता-कुसुम, 1956)

महामहोपाध्याय महाराज महेशठाकुर

मिथिलाराज्योपार्जक महामहोपाध्याय महाराज महेशठाकुरक नाम सँ के मैथिल अपरिचित होएता? इएह महापुरुष अपन विद्याक बल सँ बादशाह अकरबर केँ मुग्ध कए तिरहुत सरकारक फरमान अनलैन्हि तथा तहिआ सँ मिथिलाक राज्य हिनकहि वंश मे विद्यमान अछि। ई न्यायशास्त्रक अप्रतिम पण्डित छलाह तथा हिनक कएल नव्यन्यायशास्त्रक प्रवर्त्तक गङ्गेशक न्यायचिन्तामणिक म.म. पक्षधरमिश्र रचित 'आलोक' क 'दर्पण' नामक टीका न्यायशास्त्रक उत्कर्ष बुझल जाइछ। ई संस्कृत मे अकरबक जीवनवृत्तान्त सेहो लिखने छलाह परन्तु ओकर जे प्रति इण्डिया आफिस लाइब्रेरी मे वर्त्तमान अछि–जकर फोटो राजदड़िभङ्गाक लाइब्रेरी मे जे अछि–अपूर्ण अछि। हिनक रचित मैथिलीभाषा मे केवल चारि गोट गीत उपलब्ध होइत अछि जाहि मे गङ्गाक तीनू गीत अत्यन्त प्रसिद्ध अछि। एहि गीतसबहिक रचनानैपुण्य देखि ई सम्भव नहि बुझना जाइत अछि जे ई केवल इएह चारिटा गीत रचलैन्हि परन्तु यावत् आओरो उपलब्ध नहि भेल अछि तावत् तँ एतबहि सँ हिनक मातृभाषाप्रेमक निदर्शन होएत।

हिनक समय अनुमानतः 918 साल सँ 982 साल धरि सिद्ध होइत अछि।

(मैथिली पद्य-संग्रह 1941)

महाकवि उमापति उपाध्याय

'पारिजातहरण' नाटककर्त्ता महामहोपाध्याय उमापति उपाध्याय मैथिली भाषाक प्रथम नाटककार थिकाह। एहि नाटकक प्रचार देश मे बड़ छल अछि तथा किरतनिञा नटुआसब केँ ई नाटक खेलाइत हम स्वयं देखने छी यद्यपि आब किरतनिञाक नाच उठले सन भए गेल अछि। मिथिला भाषाक नाटकक विलक्षणता इएह अछि जे एहि मे गद्य-पद्य इत्यादि सब संस्कृत ओ प्राकृत मे रहैत अछि; केवल मध्य-मध्य मे गीत सब मैथिली भाषा मे अछि। इएह क्रम उमापति अपन पारिजातहरण मे राखल ओ ताहिआ सँ म.म. हर्षनाथझाक समय धरि इएह क्रम रहल। केवल कविवर जीवनझा शुद्ध मैथिलीभाषा मे दूगोट नाटक रचलैन्हि।

म.म. उमापति उपाध्याय कोइलखगामक वासी छलाह तथा भपटिआही स्टेशन सँ उत्तर नेपाल मे जे सप्तरीप्रगन्ना अछि ताहि ठाम मकमानीस्थानक राजा हरिहरदेवक दरबार मे रहि ओही राजाक नामसँ पारिजातहरणक रचना कएलैन्हि। एही सप्तरीप्रगन्नाक राजा पुरादित्य ओहिठाम महाकवि विद्यापति अपन लिखनावली रचने छलाह। पारिजातहरणक प्रस्तावना मे ई 'हिन्दूपति हरिहरक' सङ्गहि सङ्ग "मैथिलेशहुक" स्तुति कएने छथि परन्तु ई 'मैथिलेश' के तकर परिचय नहि अछि। जनश्रुति इएह

अछि जकर उल्लेख स्वर्गीय प. चेतनाथझा पारिजातहरणक संस्करणक भूभिका मे कएने छथि–जे उमापतिझा फन्नावारवंशक पण्डितवर गोकुलनाथ उपाध्याय एवं कुजौलीसँ रामदासझाक समकालीन परञ्च दूहू सँ वृद्ध छलाह। एतावता हिनक समय सत्रहम शताब्दीक मध्य आपाततः सिद्ध होइत अछि। ओ ई महाकवि गोविन्ददासझाक समानकालीन बुझना जाइत छथि।

स्वर्गीय डाक्टर ग्रियर्सन साहेब 'हिन्दूपति हरिहरदेवक' नाम देखि एकर रचना कार्णाटवंशीय महाराज हरिसिंहदेवक समय मे सिद्ध करैत छथि परन्तु तखन तँ ई नाटक छसए वर्ष सँ अधिक दिनुक 'वर्णरत्नाकरकारक' क समकालीन विद्यापतिअहु सँ प्राचीन प्रमाणित होइत अछि। किन्तु भाषा ओ प्रसिद्ध जनश्रुति दूहू सँ ई कथा असङ्गत प्रतीत होइत अछि।

उमापति उपाध्यायक रचना सुन्दर भाव ओ ललित भाषा सँ भरल अछि तथा हिनक सब गीत देश मे सर्वत्र प्रसिद्ध अछि–आदिनाटककार भेलाक कारणें भाव, भाषा, छन्द ओ रचनाप्रणालीक प्रत्येक अंश मे परवर्त्ती नाटककारलोकनि हिनक अनुकरण कएने छथि।

(मैथिली पद्य-संग्रह, 1941)

कवि-पण्डित मुख्य उमापति

म.म. उमापति उपाध्यायक परिचय एखन पर्यन्त नीक जकाँ उपलब्ध नहि छल। ग्रियर्सन साहेब हिनका विद्यापतिअहु सँ पूर्वक कहल परन्तु से असमीचीन। स्वर्गीय चेतनाथ बाबू हिनका मङ्गरौनीक म.म. गोकुलनाथ उपाध्यायक समकालीन कहल से सर्वथा असङ्गत नहि! ई हिन्दूपति नाम सँ अपन सुप्रसिद्ध नाटक 'पारिजात हरण' रचने छथि। म.म. दुर्गादत्त सेहो हिन्दूपतिक नामसँ एक गोट छन्दोग्रन्थ लिखने छथि जाहि मे हिन्दूपति बुन्देलखण्डक महाराज छत्रसालक पौत्र छथि। एमहर उमापति-रचित छत्रमालक नाम सँ गीत भेटल अछि। तेँ हिनक समय धरि आब निर्णीत अछि, ईसाक अठारहम शताब्दीक आदि। ई कोइलखक वासी छलाह तथा दरिहरए अमरावती-मूलक म.म. रत्नपति झाक पुत्र छलाह। एतेक दिन हिनक 'पारिजातहरण' नाटक मात्र उपलब्ध छल परन्तु एमहर हिनक कतोक गीत सेहो भेटल अछि तथा हिनक एक गोट विष्णुपद एतए देल अछि। मिथिला मे किरतनिञा नटुआ सब हिनक पारिजातहरण खेलाइत छल ओ तेँ मैथिलीक नाटक सबमे पारिजातहरण सबसँ विख्यात अछि, परन्तु एकरा मैथिलीक सबसँ प्राचीन नाटक कहब भ्रम होएत।

उमापतिक नाटक बड़ चमत्कारक अछि। हिनक काव्य पाण्डित्यपूर्ण अछि, भाव ओ भाषा दूहू मे। लोकभाषा त्यागि पण्डितक भाषा हिनकहि काव्यसँ विशेषतः प्रयुक्त होअए लागल। ओ तेँ हिनक रचना लोकसाहित्यक रूप त्यागि वर्गीय होअए लागल। परन्तु ताहि श्रेणी मे हिनक रचना बड़ उत्कृष्ट अछि। कल्पनाक प्रौढ़ता, संस्कृत

साहित्यक कविसत्य प्रसिद्धिक एहि साहित्य मे एहन सुन्दर उपस्थापन, अलङ्कारक विन्यास एवं वर्णन-चातुरी हिनक रचनाक विशेष गुण सहृदय-संवेद्य अछि। रसिकजन मे हिनक समादर विद्यापतिक पश्चात् सबसँ विशेष होइत आएल अछि।

(कविता-कुसुम, 1956)

रामदास झा प्रसिद्ध 'सरसराम'

ई महाकवि गोविन्ददासझाक छोट भाए ओ हुनके शिष्य छलाह तथा मिथिलेश महाराज सुन्दरठाकुरक दरबार मे रहि हुनक विनोदार्थ 'आनन्दविजय' नामक नाटिका रचलैन्हि। (ई नाटिका प्रकाशित अछि।) अतएव हिनक समय सत्रहम शताब्दीक शेषधरि होएब प्रमाणित होइत अछि। सुनैत छी जे ई बड़ वृद्ध भए शरीरत्याग कएलैन्हि तथा महाराज राघवसिंहक समय धरि छलाह।

हिनक रचना यद्यपि महाकवि गोविन्ददासझाक सदृश प्रतिभासम्पन्न एवं भावोल्लास भरल नहि छैन्हि तथापि माधुर्य हिनकहु काव्य मे भरल अछि। खेद जे हिनक रचित केवल एक गोट नाटिकामात्र उपलब्ध होइत अछि।

(मैथिली पद्य-संग्रह, 1941)

महाराज महिनाथठाकुर

ई महाराज मिथिलाराज्योपार्जक महामहोपाध्याय महेश ठाकुरक प्रपौत्र तथा महाराज सुन्दरठाकुरक बालक छलाह तथा सन 1668 सँ 1690 धरि राज्य कएलैन्हि। हिनक छोट भाए जे हिनक परोक्ष भेलाक पर मिथिलाक सिंहासन पर बैसलाह नरपतिठाकुर छलथिन्ह। एक समय विजयक हेतु युद्ध करबाक निमित्त नरपतिठाकुर कें जाए पड़लैन्हि। एही मध्य मे अपन भाइक कुशलक हेतु भीत भेल म. महिनाथठाकुर अपन इष्टदेवी श्री 108 कङ्कालीक स्तुति मे एहि गीतक रचना कएलैन्हि। अत्यन्त खेदक विषय थीक जे हिनक इएह एकटा गीत उपलब्ध अछि परञ्च समस्त मिथिला मे ई गीत सर्वत्र प्रसिद्ध अछि।

(मैथिली पद्य-संग्रह, 1941)

रमापति झा

रुक्मिणी-स्वयंवर नाटककर्त्ता कवि रमापति पलिबाड़मूलक मैथिल-ब्राह्मण छलाह। हिनक प्रसङ्ग मे विशेष किछु बुझल नहि होइत अछि। सुनैत छी जे ई मध्यप्रान्त मे रहैत छलाह, किन्तु तत्कालीन मिथिलेश महाराज नरेन्द्र सिंहक अनुरोध सँ मिथिला अएलाह तथा 'मिथिलेशचरितम्' नामक ग्रन्थक रचना संस्कृतमे कएलैन्हि। एतहि ई 'रुक्मिणी-स्वयंवर' नाटकक रचना सेहो कएलैन्हि जकरा ई अपन आश्रय महाराज नरेन्द्र सिंहकेँ समर्पित कएलैन्हि। हिनक समय अठारहम शताब्दीक आदि प्रतीत होइत अछि।

(मैथिली पद्य-संग्रह 1941)

महाकवि मनबोध

'कृष्णजन्म' रचियता मनबोधक परिचय निश्चित रूपेँ बुझल नहि होइत अछि। डा. उमेश मिश्र अपन 'कृष्णजन्मक' संस्करणक भूमिका मे हिनक दू रङ्गक परिचय दैत छथि। एक तँ की ई पलिबाड़ जमदौली मूलक ओ मंगरौनी गामक वासी योग्य सोनमणिझाक बालक छलाह अथवा नहि तँ पगुलबाड़ बढ़िआममूलक जमसमवासी चानझाक बालक, श्रोत्रिय, छलाह। इहो सुनैत छी जे हिनक छोट भाए कवि लाल छलथिन्ह जे महाराज नरेन्द्रसिंहक नाम सँ कविताक रचना कए गेल छथि। एतावता हिनक समय अठारहम शताब्दीक आदे सिद्ध होइत अछि।

अपन ढङ्गक 'कृष्णजन्म' मैथिली मे प्रथमे काव्य थीक। भाषा सरल, प्रचलित एवं प्राञ्जल तथा छन्द मुख्यतः चौपाइ अछि ओ हिनक रचित आओरो अनेक गीत सब विशेषतः सोहर प्रसिद्ध अछि। ई पहिल कवि थिकाह जे पण्डितक भाषा छाड़ि सकल साधारणक भाषा मे महाकाव्यक रीति सँ कृष्णजन्मक रचना कएलैन्हि जकरा आगाँ कवीश्वर चन्दाझा अपन रामायण मे पुष्ट कएलैन्हि।

(मैथिली पद्य-संग्रह, 1941)

मनबोध

'कृष्णजन्म' कर्त्ता मनबोधक प्रसिद्ध नाम भोलन झा छलैन्हि तथा हिनक मृत्यु सन 1195 सालमे (1788 ई. मे) भेल इत्यादि कथा ग्रिअरसन साहेब आइसँ अस्सी वर्ष पूर्व लीखि गेल छथि (JASB 1882-84)। बुकनन जे 1810 ई. मे पुरैनिञाक भ्रमण कए ओकर वर्णन लीखि गेल छथि ताहि मे एहि काव्य के मिथिलाक सबसँ लोकप्रिय काव्य कहैत छथि।

एहि काव्यक मूल नाम भाषा हरिवंश प्रसिद्ध छल ओ सुनैत छी जे एहि मे समस्त हरिवंशक कथा छल परन्तु उपलब्ध अछि एहि काव्यक केवल एगारह गोट अध्याय, जरासन्धक युद्ध पर्यन्त। सम्भव थिक जे आगाँक अंश मौखिक रहला कारणेँ लुप्त भए गेल हो। बुकननक अनुसार मनबोधक दानलीला सेहो छल जे शृङ्गार रसक काव्य छल, परन्तु ओ लुप्त भए गेल।

विद्यापति जे जन-साहित्य जनभाषा मे गीतक रूप मे रचलैन्हि से कालक्रमेँ मिथिला मे क्रमशः वर्गीय होअए लागल, जनसाहित्य सँ दूर होइत पण्डितक साहित्य भए गेल। रचना शैली सेहो विद्यापतिक ततेक लोकप्रिय भेल जे भाषा-साहित्य मे ओएह टा शैली चलैत रहल। मनबोध सर्वप्रथम कवि भेलाह जे विद्यापतिक सम्प्रदाय के छोड़ि एकगोट नव ढङ्गक काव्य रचलैन्हि। भाव-भाषा-शिल्प ओ शैली सब दृष्टि सँ ओ मैथिलीक साहित्य मे नवीनता आनल। शृङ्गार कैँ छोड़ि भक्ति, गीत कैँ छोड़ि चौपाइ, भाषा सर्वथा लोक-भाषा ओ शैली मे कथाक वर्णन, मनबोधक एहि मे स्पष्टतः महात्मा तुलसीदासक रामायण सँ प्रभावित प्रतीत होइत छथि।

एकर भाषा विशेषतः द्रष्टव्य थिक। पण्डिताम भाषाक प्रतिक्रिया मे मनबोध ठेठ गमैआ भाषाक प्रयोग कएल ओ से ततेक गमैआ बनाए देल जे वृक्ष कें बिच्छ, वृत्तान्त कैं विरतान्त तृण कें त्रिण लिखए लगलाह जाहि सँ भाषा मे कृत्रिमताक भान होइत अछि।

परन्तु एहि काव्य मे वर्णनक चमत्कार होइतहुँ ओ ततेक स्वल्प अछि जे एकरा महाकाव्य नहि कहि सकैत छी। परन्तु कथानक बड़ रोचक रीति सँ कहल अछि, ओ कथा मे जे गतिशीलता चाहिऐक से एहि मे प्रचुरतया भेटैत अछि।

एहि अध्याय मे रासलीला असुर-दमन, नारदक कहला सँ कंसक द्वारा अक्रूर कें कृष्ण दुनू भाइ कें गोकुल सँ बजबए पठएबाक कथा वर्णित अछि।

(मैथिली कथा-काव्य, 1965)

नन्दीपतिझा

ई कवि नन्दीपति झा पगुलबाड़ वंशक ओ बढ़िआम गामक वासी छलाह। हिनक रचित 'कृष्णकेलिलीला' नामक नाटक उपलब्ध होइत अछि तथा हिनक लिखल फुटकरो गीत सब अनेको अछि। कृष्णकेलिलीलाक प्रस्तावना मे ई अपन परिचय दैत छथि जे ई कृष्णपतिझाक पुत्र रमापतिझाक पौत्र, रघुपतिझाक प्रपौत्र, सुधापतिझाक वृद्धप्रपौत्र ओ देवदत्तझाक अतिवृद्धप्रपौत्र छलाह। हिनक समय निश्चित रूपें बुझल नहि होइत अछि परञ्च अपन परिचय दैत ई कहैत छथि जे हिनक पितामह रितुपतिझा फन्नावार वंशीय म.म. गोकुलनाथझाक सतीर्थ्य छलथिन्ह। एहन जनश्रुति अछि जे ई महाराज माधव सिंहक समकालीन छलाह।

हिनक रचनाक वेश प्रचार अछि तथा हिनक भाषा मनबोधहिक जकाँ सरल ओ सर्वसाधारण कें बुझबाक योग्य अछि।

(मैथिली पद्य-संग्रह, 1941)

रत्नपाणि झा

कुजौली सँ रत्नपाणि झा नबानी गामक वासी छलाह तथा हिनके पौत्र सर्वतन्त्रस्वतन्त्र स्वनामधन्य धर्मदत्त प्रसिद्ध बच्चाझा पण्डितक अवतार छलाह। ई महाराज छत्रपति सिंहक समय सँ महाराज महेश्वर सिंहक समयधरि दड़िभङ्गा राजक पण्डित छलाह, किन्तु विशेषतः ई महाराज रुद्रसिंहक प्रियपात्र छलाह तथा हुनकहि नाम सँ दशो महाविद्याक एक-एक गोट संस्कृत ओ एक-एक गोट मैथिली मे गीतक रचना कएने छथि जे सब गीत अत्यन्त प्रसिद्ध अछि। महाराज महेश्वर सिंहक आदेश सँ ई 'उषाहरण' नामक एक गोट नाटको लिखने छलाह जे साहित्यपत्र मे प्रकाशित भए रहल अछि। हिनक रचना अत्यन्त सरल, भावपूर्ण अथच श्रुतिसुखद छैन्हि तथा अनुप्रासक प्रयोग मे ई बड़ सिद्धहस्त छलाह। संस्कृतहु मे हिनक विरचित अनेको ग्रन्थ छैन्हि।

(मैथिली पद्य-संग्रह, 1941)

रत्नपाणि

रत्नपाणिक प्रसिद्ध नाम छलैन्हि बबुरैआ झा। ई नवानीक वासी छलाह, सर्वतन्त्र-स्वतन्त्र महापण्डित बच्चाझाक पितामह। ई महाराज रुद्रसिंहहुक दरबार मे छलाह ओ महाराज महेश्वरसिंहक समय धरि दड़िभङ्गा राजक आश्रित रहलाह तेँ हिनक समय उन्नैसम शताब्दीक पूर्वार्ध मानब। हिनक लिखल दशो महाविद्याक ध्यानक गीत संस्कृत ओ मैथिली दूहू मे बड़ प्रसिद्ध भेल।

हिनक उषाहरण नाटिका हमर साहित्य-पत्र मे प्रकाशित भेल छल। ओना तँ संस्कृत नाटकक रीति पर उषाहरण नामक दू गोट नाटिका प्रसिद्ध अछि, एक गोट सत्रहम शताब्दीक अन्तक देवानन्द कृत ओ दोसर उन्नैसम शताब्दीक अन्तक हर्षनाथ-कृत, परन्तु रत्नपाणिक उषाहरण एहि दूनू सँ रचनाशैली मे भिन्न अछि। नाटक मे कथानक वार्तालाप सँ बुझल होइत छैक ओ क्रिया मञ्चपर कएल जाइत छैक, ओकर वर्णन अछि ओ से नाना छन्द मे। चौपाइ, दोहा इत्यादि तँ अछिए जे मध्य-मध्य मे एहि मे गीत सब सेहो अछि ओ वार्तालाप ठाम-ठाम संस्कृत मे देल अछि। परन्तु ताही अर्थक पुनि मैथिली मे पद्यो अछि। तेँ पुनरुक्ति एहि मे अनेक ठाम अछि; एकहि घटनाक दू-दू बेरि दू छन्द मे वर्णन अछि। ततबा एहि मे कथा-काव्यक दृष्टि सँ त्रुटि अछि। तेँ एकरा ने नाटके कहि सकैत छी ने कथा-काव्ये। ई दूहूक मिश्रण थिक। हमर अनुमान अछि जे रामचरितमानसक जेना राम-लीला अभिनय होइत छल तकरहि दृष्टि मे राखि ओही रूपक अभिनयक हेतु एकर रचना कएल गेल।

परन्तु नाटक सँ नीक भेल ई कथा-काव्य ओ से कथा बड़ सरल रीति सँ एहि मे वर्णित अछि। विषय अछि शृङ्गारक परन्तु शृङ्गारक रचना मे रत्नपाणि ओतेक सफल नहि भेल छथि। मुख्य रस एहि काव्य मे अछि वीर।

भाषा अछि स्वच्छ; सरल परन्तु मनबोध जकाँ गमैआ नहि। कथा मे गति अछि ओ मनबोध मे जे एकरूपता दोष परिलक्षित होइत अछि, से छन्दक विविधता सँ एहि मे नहि आबए पओलक। तथापि शुद्ध पण्डिताम भाषा कहब सेहो नहि। शिष्टजनक बजबाक जे भाषा होएबाक चाही सएह अछि। अलङ्कारादिक प्रयोग बड़ संयत रूपेँ अछि परन्तु तैओ सरसता नहि अछि से नहि कहि सकब।

एहि मे कथा हरिवंशक अनुरूप अछि। उषाक वरदान, स्वप्न मे अनिरुद्धक सङ्ग समागम, उषाक विषाद, चित्रलेखाक चित्रलेखन, अनिरुद्ध केँ चीन्हब, उषाक विरह, चित्रलेखाक प्रस्थान, नारद सँ भेट, तामसी विद्याक प्रभाव सँ अनिरुद्धक समीप जाएब ओ हुनका लए उषाक ओतए आनि उषाक मनोरथक पूर्त्ति तथा दूहूक गन्धर्व विवाह, इएह कथा एहि अंश मे अछि।

(मैथिली कथा-काव्य, 1965)

दैवज्ञ भानुनाथझा

दैवज्ञ भानुनाथ प्रसिद्ध भाना झा खौआल मूलक पिलखबाड़ गामक वासी नन्दनझाक पुत्र ओ प्रसिद्ध नैयायिक बबुअनझाक जेठ छलाह। ई महाराज महेश्वरसिंहक दरबार मे प्रसिद्ध ज्योतिषी ओ सभासद रहि प्रभावतीहरण नाटकक रचना कएलैन्हि तथा महाराज लक्ष्मीश्वर सिंह बहादुरक समय धरि राजहि मे छलाह। खेदक विषय थीक जे नाटक केँ छाड़ि हिनक आन कोनो कृति उपलब्ध नहि अछि।

(मैथिली पद्य-संग्रह, 1941)

प. हर्षनाथझा

सकराढ़ी सँ पण्डित हर्षनाथझा उजानक वासी श्रोत्रिय छलाह तथा महाराज लक्ष्मीश्वरसिंह बहादुरक सभाक एक रत्न छलाह। अपना समयमे हिनक यश मुख्यतया हिनक पाण्डित्यक हेतु छलैन्हि परञ्च ई सङ्गहि सङ्ग मिथिलाभाषाहुक सेवा कएने छथि जाहि हेतु ई अमर छथि ओ अमर रहताह। हिनक रचित उषाहरण ओ माधवानन्द दू गोट नाटक मुद्रित छैन्हि तथा एक गोट रासलीला राधाकृष्णमिलन ब्रजभाषा मे सेहो ई रचने छथि। एहि सँ अतिरिक्त फुटकरो अनेक गीत छैन्हि। हिनक जन्म सन् 1251 साल मे छलैन्हि ओ मृत्यु 1305 साल मे भेलैन्हि।

प. हर्षनाथझा विद्यापति ओ उमापतिक सम्प्रदायक अन्तिम महाकवि थिकाह। हिनक रचना पाण्डित्य सँ भरल नाटक सब संस्कृत मे प्राकृतयुक्त छैन्हि। हिनक परवर्त्ती नाटककारलोकनि शुद्ध मैथिली मे नाटक लिखने छथि। हिनक रचना मे महाकाव्यक सब लक्षण भेटैत अछि, शब्दक विन्यास, पदक लालित्य, भावक उल्लास ओ अर्थक गाम्भीर्य।

(मैथिली पद्य-संग्रह, 1941)

कविवर हर्षनाथझा

म.म. हर्षनाथझा, शारदापुर गामक वासी, स्वर्गीय लक्ष्मीश्वर सिंह बहादुरक सभाक रत्न छलाह ओ जेहने शास्त्रीय चर्चाक हेतु ई प्रसिद्ध छलाह तेहने धर्मशास्त्रक ओ कर्मकाण्डक विवेचन मे। अपन समयक ई सबसँ प्रतिष्ठित कवि छलाह। हिनक दू गोट नाटक 'उषाहरण' ओ 'माधवानन्द' तथा कतिपय स्फुट गीत हिनक दौहित्र स्वर्गीय डा. अमरनाथ झा प्रकाशित करऔने छथि।

विद्यापतिक सम्प्रदायक ई अन्तिम महाकवि थिकाह। भाषा संस्कृत-बहुल अछि। उमापति सँ भाषा पाण्डित्यपूर्ण होअए लागल से हिनका रचना मे आबि चरम पर पहुँचि गेल। संस्कृत साहित्यक सरणिक अनुसरण करैत ई सबटा रचना कएल ओ तेँ पण्डितवर्ग ओ रसिकमण्डली मे हिनक पूर्ण समादर भेल; परन्तु लोकसाहित्य सँ हिनक रचना बहुत दूर भए गेल। विषयहु मे ई पूर्वक कवि-लोकनिक छाया लए रचना कएल परन्तु भाषाक सौष्ठव, अलङ्कारक बाहुल्य, कल्पनाक प्रौढ़ता, भावक

वैशद्य, सत्काव्यक सबटा गुण हिनक रचना मे प्रचुरतया भेटैत अछि।

(कविता-कुसुम, 1956)

कवीश्वर चन्दाझा

कवीश्वर मिथिलाभाषाक 'व्यास' थिकाह। मिथिलाभाषा मे रामायणक रचना कए ई अपन मातृभाषाक जे उपकार कएलैन्हि तकर वर्णन नहि हो। विद्यापतिठाकुरक पुरुषपरीक्षाक गद्य-पद्य-मय अनुवाद, शतशः महेशवानी ओ अनेको गीत-कवित्त प्रभृति नाना छन्द मे हिनक रचना मैथिलीक भण्डार केँ यथार्थ परिपूर्ण कए देने अछि। मिथिलापुरातत्व विषयहुक ई दुर्धर्ष पण्डित छलाह तथा हिनकहि लेखक आधार पर म.म. परमेश्वर झा 'मिथिलातत्त्वविमर्श' क निर्माण कएने छलाह।

कवीश्वर पिण्डारुच गामक वासी छलाह। हिनक जन्म 1830 ई. तथा मृत्यु 1907 ई. मे भेलैन्हि। ई पूर्व मे नरहनि राज्यक आश्रित छलाह; पश्चात् महाराज लक्ष्मीश्वरसिंह बहादुरक सभाक साहित्याध्यक्ष अछि। भेलाह ओ महाराजाधिराज रमेश्वरसिंह बहादुर धरिक दरबार में छलाह। एतहि हिनक सबटा रचना भेलैन्हि।

कवीश्वरक रचनाक गुण-प्रर्दशन करब एहि छोट परिचय मे असम्भव धरिक दरबार मे सर्वसाधारणक बुझबाक योग्य सरल एवं प्रचलित भाषा मे सबटा रचना अछि तथा विद्यापतिक तँ कथे नहि हो किन्तु हुनक पश्चात् कवीश्वरहिक रचना मैथिलीक साहित्य केँ लोकप्रिय बनओलक। संस्कृत ओ हिन्दीअहु मे काव्य कएने छथि। भाग्य सँ हिनक सबटा कृति मुद्रित भए प्रकाशित छैन्हि। रामायणक तँ कए गोट संस्करण भेल अछि। हिनक महेशवानी-संग्रह श्रीमान् अमरनाथझा द्वारा संस्कृत भए इण्डियन प्रेस प्रयागसँ मुद्रित भेल अछि तथा रामायणक अतिरिक्त अन्य जे कोनो हिनक रचना छैन्हि सबटा 'चन्द्रपद्यावली' नाम सँ दड़िभङ्गा राज प्रेस सँ प्रकाशित भेल अछि।

(मैथिली पद्य-संग्रह, 1941)

कवि चन्द्र

कवीश्वर चन्दाझा, पिण्डारुच गामक वासी, (1830 ई. सँ 1907 धरि) हमर साहित्याकाश मे यथार्थ चन्द्रमा जकाँ आनन्द ओ शीतलताक मूर्त्ति छथि। रामायणक रचना कए ई अपना केँ अमर कए लेल। विद्यापतिक पश्चात् मैथिली मे हिनके यश अछि ओ मैथिली केँ लोकप्रिय बनएबामे हिनक योगदान ककरहु सँ न्यून नहि अछि।

कवीश्वर मैथिली-जगत मे नव-युगक प्रवर्त्तक थिकाह। मैथिली मे जे रचना संस्कृत-बहुल होइत चरम पर पहुँचि गेल छल ओ तेँ ई साहित्य जे लोक-साहित्यसँ दूर होइत-होइत वर्गीय भए गेल छल तकरा ई तोड़ल, लोकभाषा मे रचना कए मैथिली केँ पुनः लोकसाहित्य बनाओल। विषयहु मे ई पूर्वक परिपाटी त्यागल। शृङ्गार रसक कविता

हिनक बड़ विरल अछि। ई मुख्यतः सीता-रामक विवाह सम्बन्धी अथवा महादेवक नचारी किंवा महेशवानी रचल जाहि मे भक्त-हृदयक उद्‌गार अछि। धर्म-कर्मक ह्राससँ विपद्‌ग्रस्त देशक दशाक वर्णन कविताबद्ध हिनक बड़ रोचक अछि। मानव-जीवनक नीचताक चित्रण सेहो ई बड़ यथार्थ कएल अछि। अतएव हिनक कविता की तँ भक्तिक पद अछि अथवा शान्तिक आ ठाम-ठाम हास्यहुक पुट विशेष मार्मिक अछि। परन्तु छन्द विषय मे निष्णात भैओकेँ ई प्रायः सबटा पद गीतरूपहि लिखल अछि ओ ततबा हिनका मे प्राचीनताक छाप अछिए। ई जे लिखल अछि से अपन अनुभवक वस्तु, बड़ भावुकता सँ ओ एहि अंश मे ई प्राचीन कृत्रिमता केँ हटाए कविता केँ स्वाभाविक बनाओल। रामायण सँ भिन्न हिनक स्फुट कविताक संग्रह, चन्द्रपद्यावली, प्रकाशित अछि तथा ई कतिपय गीत ओही सँ उद्‌धृत भेल अछि।

(कविता-कुसुम, 1956)

कवीश्वर चन्दाझा

मैथिली-साहित्यक क्षेत्रमे कवीश्वर युगप्रवर्त्तकक रूप मे अमर छथि। विद्यापतिक सम्प्रदाय हिनका समय मे जन-साहित्य सँ एतेक दूर भए गेल छल जे मैथिली-कविता पण्डितक रचनाक वस्तु छल। कवीश्वर एकरा जन-साहित्यक रूप देल, रामक कथा, रामायण, लीखि एक बेरि पुनः मैथिली-कविता केँ लोक-साहित्यक मर्यादा देल। शृङ्गार केँ छोड़ि भक्तिक रचना करब, गीत मे रुचि होइतहुँ साधाणतया पाठ्य छन्द मे कविता लिखब, भाषा स्वच्छ, सरल ओ स्पष्ट लिखब जकरा जनभाषा कहब इत्यादि विषय ई मनबोधहि जकाँ कएल, परन्तु मनबोधक रचना बड़ स्वल्प भेल ओ महाकाव्यक प्रतिष्ठा नहि पाबि सकल। रत्नपाणि जेना डेराइत-डेराइत अपन रचना केँ नाटिकाक रूप देल। कवीश्वर तेहन सुन्दर विषय बीछल जे मैथिलीशरणक शब्दमे "स्वयं ही काव्य है" रामायणसँ पैघ काव्यक वस्तुए की भए सकैत अछि!

अपन रामायणक आधार कवीश्वर अध्यात्म रामायण केँ बनाओल, कारण, एहि मे भक्तिक प्राधान्य अछि जे हुनका अभिप्रेत छलैन्हि। अधिक ठाम तेँ हिनक रामायण अध्यात्म रामायणक शुद्ध अनुवाद प्रतीत होएत, परन्तु ठाम-ठाम कवीश्वर जे अंश मौलिक देल अछि यथा मिथिलाक प्रसङ्ग, लङ्कादहन, रावण-अङ्गदसंवाद इत्यादि तकर चमत्कार विलक्षण अछि ओ एहि सबमे हास्यक पुट, ध्वनिक चमत्कार, भाषाक सरसता, छन्दक विन्यास बड़ हृदयाह्लादक अछि। एहने अंश एतए देल अछि।

युद्ध सँ पूर्व शान्ति द्वारा युद्धक कारण केँ हटएबाक चाही ई नीति थिक, एकरहि साम कहैत छैक, तेँ विभीषण जखन रावण केँ बुझाए थाकि गेलाह ओ उचित परामर्श देलेँ ओ तिरस्कृत भए गेलाह तखन युद्ध केँ अवश्यम्भावी जानि ओ रामक शरण मे अएलाह ओ मन्दोदरी भरि राति रावण केँ बुझाओल। प्रातःकाल आब

युद्धक आरम्भ होएत परन्तु ताहि सँ पूर्व राम एक बेरि पुनः शान्तिक चेष्टा कएल ओ अङ्गद केँ दूत बनाए शान्तिक सन्देश लए रावणक ओतए पठाओल। अङ्गद केँ देखि लङ्का मे आतङ्क, रावण ओ अङ्गदक संवाद, अङ्गदक हाथ पृथ्वी पर पटकला सँ रावणक मुकुटक खसब ओ से झपटि केँ रामक शिविर दिशि फेकब ओ राक्षस सब केँ अपन पाएर घुसकएबाक असमर्थता मे रावणक स्वयं तदर्थ उठला उत्तर अङ्गदक उक्ति जे राम सँ विरोध कएने "ककर-ककर नहि धरबह पएर" तथा अङ्गदक प्रत्यागमनोत्तर मन्दोदरीक विषाद—इएह एहि अंश मे कथा अछि, परन्तु एकर चमत्कार अछि रावण ओ अङ्गदक उत्तर-प्रत्युत्तर मध्य। ई अंश कवीश्वरक सर्वथा मौलिक कृति थिक।

(मैथिली कथा-काव्य, 1965)

कवीश्वर चन्दाझा

कवीश्वरक प्रतिभा हुनक स्वानुभूतिक अभिव्यक्ति आ भाषाक सरल स्वाभाविकता सँ निखरैत अछि। देशक दुरवस्था, धर्मक हानि, समयक महार्घता, जीवनक असारता प्रभृति विषयक प्रति अपन मनोभाव अपन अनुभव सँ ई लिखल तेँ हिनक कविता मे एक गोट अद्‌भुत प्रभावोत्पादकता लक्षित होइत अछि। देवाताक वन्दना समेत मे ई पुरान चालि नहि धएने रहलाह प्रत्युत अपन मनक भाव केँ नव रीति सँ व्यक्त कएल। शृङ्गारक कविता ई लिखबे थोड़ कएल, परन्तु जे लिखल से सब नवीन रीति सँ तथा ओहि मे एक गोट नव स्वर सूनि पड़ैत अछि।

ताहि समय धरि मिथिला मे गीतहिक विशेष प्रचार छल ओ गीतक छन्द ओकर रागहिक नाम पर चलैत छलैक। कवीश्वर एहि शास्त्रक मर्मज्ञ पण्डित छलाह तेँ छन्दटाक विषय मे ई पुराने चालि धएने रहलाह। अधिकांश ई गीते लिखल ओ रामायण मे तँ चौपाइ समेत केँ नाना रागक नाम सँ परिचिति कराओल। गीत सँ अतिरिक्त आन छन्दक जे ई प्रयोग कएल से सब पुरान, की संस्कृतक अथवा प्राकृतक।

भाषा हिनक सरल ओ स्वाभाविक अछि, परन्तु सरस नहि। स्वाभाविकताक हानि सेहो भेटत मुदा से छन्दक अनुरोध सँ। परन्तु सरसताक अभाव सँ जे हानि अछि, तकर पूर्ति हिनक स्वानुभतिक यथावत् वर्णन सँ होइत अछि। तँहि तँ हिनक कुचेष्टा भेल करए जे ई कविता नहि, फकड़ा रचैत छथि। हिनक कविता पढ़ि केओ नहि कहि सकैत अछि जे ई कवित्वक उड़ान मे सत्य कँ त्यागि अतिशयोक्ति अथवा अतिरञ्जन कएल अछि। तँ सत्य मे जे एकटा प्रभाव उत्पन्न करबाक सामर्थ्य होइत छैक से हिनक कविता मे सर्वत्र भेटत। इएह थिक कवीश्वरक प्रतिभाक रहस्य।

(नवीन-गीत, 1965)

कवि लालदास

कविवर लालदास खड़ौआ गामक वासी, प्रतिष्ठित कायस्थकुल-सम्भूत छलाह ओ आजन्म मिथिलेश महाराजाधिराज रमेश्वर सिंहक सेवा मे राजनगर मध्य रहलाह। हिनक समय 1856 सँ 1920 थिक। हिनक रचित कतोक ग्रन्थ पूर्वहु प्रकाशित छल जाहि मे पद्य मे चण्डी-चरित ओ गणेशखण्ड ओ गद्य मे स्त्रीधर्मशिक्षा बड़ प्रसिद्ध भेल। हिनक सबसँ पैघ कृति रामायण निर्मित तँ भेल आइ सँ प्रायः पचास वर्ष पूर्व परन्तु प्रकाश मे आएल अछि हाल मे, केवल दश वर्ष पूर्व, 1955 मे।

ई रामायण कतोक दृष्टिएँ अपूर्व अछि। एकहि युग मे रचित ई दोसर रामायण थिक, प्रथम कवीश्वरक रामायण छल जकर छाया एहि रामायण मे अनेक ठाम भेटत। पुनः एहि रामायण मे आन रामायण जकाँ केवल सातेटा काण्ड नहि, आठ गोट काण्ड अछि, आठम पुष्कर-काण्ड मे, शक्ति चरित्रक वर्णन अछि। वस्तुतः एहि रामायण मे रामक महिमा तँ वर्णिते अछि परन्तु से महिमा हुनका सीतास्वरूपा शक्तिक स्वामित्व सँ एहन सन ध्वनित होइत अछि। एकर नामहुक सएह सार्थकता—एहि मे रामचरित नहि, रमाक स्वामी, रमेश्वरक चरित अछि, यद्यपि रमेश्वरसँ कविक जे प्रभु महाराजाधिराज मिथिलेश तनिक नामकीर्त्तन श्लेष रूप सँ अछि। ई एहि ठामक पुरान चालि थिक।

ई रामायण भक्ति सँ ओतप्रोत अछि ओ से भक्ति मिथिलाक सम्प्रदायानुकूल कोनहु एक रूपक प्रति नहि, विष्णु, शिव ओ शक्ति तीनू रूपक। ताहूमे रामक भक्ति प्रधान की शक्तिक से कहब कठिन अछि। व्यंग्य सँ शक्तिहिक प्रधानता कविक अभिप्रेत प्रतीत होइत अछि। तेँ एहि रामायण मे आन रामायण जकाँ भक्तिक अन्विति, एकतानता, नहि होअए पबैत अछि। तहिना भक्तिप्रधान होइतहुँ, शृङ्गारक जे विन्यास एहि मे भेटैत अछि से ठाम-ठाम असङ्गत लगैत अछि। अछि धरि एहि मे शृङ्गारक सर्वाङ्गीण वर्णन।

कथाक उपन्यास एहि मे वाल्मीकिक सदृश अछि परन्तु न्यूनाधिक्य पर्याप्त भेटत ओ शक्तिक चरित-वर्णन मे अनेक रूपक कथा अनेक ठाम सँ सङ्कलित अछि।

भाषा हिनक अछि सरल, स्वच्छ, स्पष्ट, परन्तु अत्यन्त सरस। ने पण्डिताम ने गमैआ। शिष्ट लोकनिक बजबाक भाषा परन्तु कवित्वपूर्ण। कवीश्वरक भाषा सँ हिनक भाषा विशेष साहित्यिक अछि, परन्तु कवीश्वरक भाषामे जे प्रवाह छैन्हि से हिनक भाषा मे नहि अछि।

एहि अंश मे मिथिलाक वर्णन, राम दुहू भाइक पुष्पवाटिका जाएब, गिरिजापूजनार्थ सीताक ततए आगमन, दूहूक साक्षात्कार, पूर्वराग, रामक विरह, गिरिजाक पूजन, रामक परमेश्वर रूपक वर्णन ओ हुनक कएल गुरुक परिचर्या, इजोरिआ रातिक वर्णन, रामक विरह-वर्णन—एतबा कथा अछि।

(मैथिली कथा-काव्य, 1965)

कविवर जीवनझा

कविवर जीवनझा यज्वालयमूलक हरिपुरबा (समस्तीपुरक समीप) गामक वासी छलाह। हिनक वास पूर्व माण्डर मे छलैन्हि। ई काशिराज महाराज प्रभुनारायणसिंहक द्वारपण्डित छलाह तथा ओतए ई उन्नैस गोट साहित्यक ग्रन्थक रचना कएलैन्हि जाहि मे सामवतीपुनर्जन्म नाटक, नर्मदासागरसट्टक ओ सुन्दर-संयोग मिथिला भाषा मे छैन्हि; शेष सब संस्कृतमे। काशी सँ जे मिथिला-मोद प्रकाशित होअए लागल ताहि मे हिनक पूर्ण सहयोग छलैन्हि तथा हिनक अनेको रचना फुटकर गीत सब ओ समस्यापूर्त्ति समय-समय पर 'मोद' मे बहराइत छल। शुद्ध मैथिलीभाषा मे नाटकक रचना सबसँ पहिने इएह कविवर कएलैन्हि। हिनक भाषा सरल अथच परिमार्जित ओ कविता ललित एवं भावपूर्ण छैन्हि। एतावता मैथिली साहित्यक इतिहास मे कविवर जीवनझाक बड़ उच्च स्थान छैन्हि ओ जाधरि एहि भाषाक अस्तित्व रहत ताधरि ई कविवर अमर रहताह।

(मैथिली पद्य-संग्रह, 1941)

भक्तशिरोमणि गणनाथझा

भक्तशिरोमणि गणनाथ झा महामहोपाध्याय डाक्टर सर गङ्गानाथ झाक जेठ भाए पाहीटोल निवासी श्रोत्रिय छलाह। ई ज्योतिष ओ तन्त्रशास्त्रक अद्वितीय पण्डित छलाह तथा मिथिलाभाषा मे अनेको रचना कएने छथि जाहि मे पूर्व तँ शृङ्गारक किन्तु पश्चात् सब भक्तिक उद्गार छैन्हि। अन्तिम समय ई काशीवास करैत बितओलैन्हि तथा ई कोन रूपक भक्त साधक छलाह तकर परिचय एहि सँ होएत जे प्राणत्याग करबाक समय हिनक एकटा हाथ श्रीजगदम्बाक मूर्त्तिक पाएर पर ओ दोसर अपन गुरुक पाएर पर छलैन्हि। एहि संग्रहमे जे गीत सब अछि ताहि सँ हिनक भक्तिक भाव पूर्णरूपेण प्रकट होइत अछि ओ एहि सबमे जे इच्छा ई प्रकट कएने छथि, जे वरदान मँगने छथि से कोना अक्षरशः सत्य भेल छैन्हि से हिनक मृत्युक जे प्रकार कहल अछि ताहि सँ व्यक्त होइत अछि। हिनक रचनाक किछु अंश हिनक छोट भाए डा. सर गङ्गानाथ झा द्वारा संगृहीत भए प्रकाशित अछि।

(मैथिली पद्य-संग्रह, 1941)

पण्डित जनार्दनझा

ठाढ़ी गामक वासी विलक्षण पण्डित छलाह। किछु दिन विक्षिप्त छलाह पुनि नेपाल मे अध्यापन कएल ओ पछाति गामहि मे अध्यापन करैत प्रायः सत्तरि वर्षक वयस मे 1945 ई. मे प्राणत्याग कएल।

जानकी-परिणय एकेटा हिनक रचना उपलब्ध अछि। एकर प्रकाशन मिथिला-मोद मे 1910 ई. मे भेल छल।

ई खण्ड-काव्य एहि प्रकारक प्रायः प्रथमे काव्य थिक। बड़ सरल, स्वच्छ ओ स्पष्ट भाषा मे बड़ सुन्दर जकाँ एहि मे सीताक जन्म सँ विवाह पर्यन्तक कथा संक्षेप मे वर्णित अछि। सीताक रूपक वर्णन ओ रातुक वर्णन मे कवित्व-प्रतिभा स्फुट अछि। प्रथम-कृति-जन्य किछु अपरिपक्वता एहि मे अवश्य अछि परन्तु खेद जे पण्डितजी इएह टा काव्य लिखलैन्हि। समस्त काव्य एकहि चौपाइ छन्द मे लिखल अछि। ठाम-ठाम फारसी शब्दक प्रयोग द्रष्टव्य थिक। मिथिलाक व्यवहारक चित्रण बड़ स्वाभाविक अछि। सबसँ चमत्कारक एकर अन्त अछि।

(मैथिली कथा-काव्य, 1965)

मुंशी श्रीरघुनन्दन दास

श्रीमुंशीजी मैथिलीक वयोवृद्ध सेवक छथि। ई सखबाड़ गामक करणकायस्थक एक अत्युच्च एवं प्रतिष्ठित कुलक अवतंस छथि ओ बहुत दिन सँ मैथिली मे काव्यनाटकादिक रचना करैत आएल छथि। हिनक रचित 'मिथिलादुर्दशा' नाटक अत्यन्त रोचक एवं प्रसिद्ध अछि आ बारम्बार स्टेज पर खेलाएल गेल अछि। भवभूतिक प्रसिद्ध उत्तररामचरित नाटकक सेहो ई गद्यपद्यमय अनुवाद कएने छथि जकर किछु अंश मिथिलामोद मे प्रकाशित भेल छल परञ्च समस्त अद्यावधि प्रकाशित नहिए भेल अछि। एमहर आबि श्रीमुंशीजी मैथिली मे 'सुभद्राहरण' नामक एक गोट मौलिक महाकाव्यक तेरह सर्ग मे रचना कएलैन्हि अछि जाहि मे सँ दू गोट वर्णन एहिठाम उद्धृत कएल गेल अछि। अभाग्यवशतः ई महाकाव्य एखन पर्य्यन्त अमुद्रिते अछि। श्रीमुंशीजीक आओरो अनेक रचना बेरि-बेरि पर पत्र-पत्रिका सबमे प्रकाशित होइत आएल अछि।

(मैथिली पद्य-संग्रह, 1941)

साहित्य-रत्नाकर

मुंशी रघुनन्दन दास

कायस्थक महाकुलक कमल मुंशीजी शिवसिंहक मन्त्री अमित्रकरक वंशज छलाह ओ मैथिलीक वर्त्तमान युगक प्राचीनतम सेवक मे अन्यतम छलाह। साहित्य-परिषदक दिशि सँ दड़िभङ्गा अधिवेशनक सभापति स्वनामधन्य अमरनाथबाबू हिनका 'साहित्य-रत्नाकर' क विशिष्ट उपाधिसँ सम्मानित कएल। हिनक देहान्त पचासी वर्षक वयस मे 1946 ई. मे भेल। मैथिलीक पहिल नाटक जकर अभिनय खूब होइत रहल हिनके रचित 'मिथिला नाटक' छल ओ प्रकाशित यद्यपि पछाति भेल मुदा रचल इएह सबसँ पहिल मैथिलीक महाकाव्य, सुभद्राहरण।

सुभद्राहरण महाभारतक प्रसिद्ध कथा थिक ओ एही ख्यातवृत्त केँ लए संस्कृत महाकाव्यक रीति सँ मुंशीजी एहि ग्रन्थरत्नक रचना कएल। परन्तु केवल घटनामात्र नहि, कथानकक क्रम सेहो एहि मे महाभारतहिक अनुकूल अछि। एहि महाकाव्यक मुख्य घटना अछि अर्जुनक प्रवास, ओही घटनाकेँ लए महाकाव्यक आरम्भ होइत

अछि ओ हुनक प्रत्यावर्तन सँ एकर अन्त होइत अछि। सुभद्राहरण ओही प्रवासक अन्तिम समय मे घटित भेल आ एहू महाकाव्यमे केवल अन्तिम चारि सर्ग मे ओ कथा वर्णित अछि। सुभद्राहरण सँ पूर्व एहि मकाकाव्य मे अर्जुनक दू गोट विवाहक वर्णन अछि। जाहि मे प्रथम गान्धर्व एहि सन्दर्भ मे भेटत।

परन्तु मुंशीजी केवल कथानक ओ कथानकक क्रम बस एतावन्मात्र महाभारत सँ लेल, वर्णन मुंशीजीक सर्वथा मौलिक अछि ओ महाकाव्य जकाँ विस्तार सँ कएल अछि। वर्णनक शैली पुरान त अछिए नवो चित्र अनेक ठाम बड़ मनोमोहक अछि।

भाषाक दृष्टि सँ एहि मे मध्यकालीन ब्रजभाषाक काव्यक प्रभाव स्पष्ट अछि। छन्दक अनुरोध केँ विकृत करब, तद्भव शब्दक प्रचुरता, भाषान्तरक शब्दक प्रयोग ओ ताहि सङ्ग-सङ्ग संस्कृतक अप्रसिद्ध शब्दहुक प्रयोग एहि मे विशेष भेटत। तेँ भाषा मे स्वाभाविकताक कमी अछि। कृत्रिमता प्रायः सर्वत्र भेटत, लालित्य ओतेक नहि अछि ओ अर्थ दुरूह नहि अछि परन्तु तेँ प्रसाद गुण अछि सेहो नहि कहि सकैत छी। परन्तु उक्ति मे विच्छित्ति सर्वत्र अछि ओ तेँ एहि महाकाव्य मे चमत्कार-चारुता पूर्णरूप सँ सहृदयाह्लादक अछि।

एहि सन्दर्भमे अर्जुनक यात्राक क्रममे सन्ध्या-वर्णन, प्रातःकाल गङ्गातीर-प्राप्ति, ओतए यज्ञ करब, स्नानार्थ गङ्गा मे प्रवेश, नाग-कन्या उलूपी द्वारा हुनक हरण, उलूपीक आत्मसमर्पण, विषाद, गङ्गास्तुति प्रातःकाल, अर्जुन-उलूपीक वियोग, उलूपीक वरदान, अर्जुनक पुनः यात्राक आरम्भ—एतबा विषय वर्णित अछि।

(मैथिली कथा-काव्य, 1965)

यदुनाथझा 'यदुवर'

एहि नामक दू गोट 'उपनाम' उपलब्ध होइत अछि, यदुनाथझा 'यदुवर' आ यदुनाथझा 'मुरहो'। मुरहो गामक नाम थिक तेँ प्रायः एकहि व्यक्तिक ई दुहू परिचय थिक। प्रस्तुत कविता 'यदुवर'क थिक। 'मुरहो'क यदुनाथझाक कविता-गीत सब मिथिला-मोद मे भेटैत अछि।

हिनक कविता देश-दशा विषयक अछि। मिथिलाक अधोगति ओ मैथिलीक तिरस्कार—इएह दू गोट विषय ताहि दिन कविताक विषय होइत छल। इहो लिखल। ई सब कविता पूर्वक उत्कर्ष ओ साम्प्रतिक अपकर्ष जनाए उद्बोधन प्रदान करैत अछि।

(नवीन-गीत, 1965)

छेदीझा 'मैथिल मधुप'

ओहि युगक ई प्रसिद्ध कवि छलाह ओ इहो ओहने कविता लिखल जाहि सँ अवनतिक दिशि जाइत समाज केँ उद्बोधन प्राप्त हो। मैथिलीक दुरवस्था सँ खिन्न भए इहो अपन मातृभाषाक महत्त्व दिशि समाजक ध्यान आकृष्ट कएल।

(नवीन-गीत, 1965)

पुलकित लालदास 'मधुर'

ओहि युगक सुप्रसिद्ध लेखक, गद्य ओ पद्य दुहूक। हिनको कविता मिथिला ओ मैथिली विषयक होइत छल तथा उद्‌बोधनात्मक। प्रस्तुत कविता मे मिथिला देशक वन्दना अछि, शैली संस्कृत-बहुल, भक्ति सँ ओतप्रोत। मैथिली कविता केँ वर्त्तमान स्थिति धरि पहुँचएबामे हिनक प्रयास स्तुत्य अछि।

(नवीन-गीत, 1965)

अच्युतानन्ददत्त

आधुनिक युगक प्रारम्भावस्थाक प्रसिद्ध कवि। हिनक रघुवंशक अनुवाद बड़ प्रसिद्धि लाभ कएल।

विद्यापतिक गुण-गान मे ई प्रायः प्रथम रचना थिक। विद्यापतिस्मृति-पर्व चलले छल तखनुका ई रचना थिक। एहि मे मैथिलीक आंशिक स्वीकृति सँ संतोष प्रकट कएल गेल अछि ओ पूर्ण मान्यताक अनुरोध अछि। मातृभाषाक दैन्य सँ कविक हृदय करुणार्द्र अछि से कविता सँ स्पष्ट अछि। (नवीन-गीत, 1965)

श्रीयुत अच्युतानन्द दत्त

भलुआही (भागलपुर) निवासी श्रीअच्युतानन्ददत्त गद्य-पद्य दूहू मे सिद्धहस्त छथि। हिनक निबन्ध अत्यन्त सुपाठ्य होइछ। मैथिलीक पद्य-भण्डार भरबामे हिनक योगदान विशाल अछि। महाभारत सन ग्रन्थक ई पद्य-बद्ध अनुवाद कए चुकल छथि। हिनक रघुवंशक अनुवाद तँ पूर्ण प्रचलिते अछि। हिनक प्रौढ़ता गद्य-पद्य दुहू विभाग मे व्यक्त अछि।

(मैथिली पद्य-संग्रह, 1941)

कविशेखर पण्डित श्रीबदरीनाथ झा

श्री कविशेखरजी मिथिलाक सुप्रसिद्ध सरिसब ग्रामक निवासी श्रोत्रिय थिकाह तथा मुजफ्फरपुर धर्मसमाज संस्कृत महाविद्यालय मे साहित्यक प्रधानाध्यापक छथि। संस्कृत साहित्यशास्त्रक हिनक रचित अनेको ग्रन्थ प्रकाशित छैन्हि तथा संस्कृतहि मे राधापरिणय नामक महाकाव्य ओ अन्योक्तिसाहस्री प्रभृति काव्य सेहो प्रकाशित छैन्हि। मैथिली साहित्य परिषद्‌क अनुरोध सँ ई मैथिलिअहु मे एकगोट अपूर्व महाकाव्यक रचना कएलैन्हि अछि जे साहित्यपत्र मे प्रकाशित भए रहल अछि। एहि मे कोनो सन्देह नहि जे ई एकावलीपरिणय महाकाव्य मैथिलीक एकगोट अद्‌भुत रत्न होएत तथा यदि एकरा मैथिलीक 'माघ' कही तथापि कनेको अत्युक्ति नहि होएत। ई दूहू वर्णन ओहि महाकाव्य सँ लेल गेल अछि। जगदम्बा श्रीकविशेखरजी कैँ दीर्घायु करथुन्ह जाहि सँ ई दिनानुदिन आओरो मातृभाषाक सेवा कए सकथि।

(मैथिली पद्य-संग्रह, 1941)

कविशेखर श्री बदरीनाथझा

सरिसब गामक वासी पण्डित श्री बदरीनाथझा मुजफ्फरपुरक धर्मसमाज संस्कृत कालेजक भूतपूर्व साहित्याध्यापक संस्कृत मे राधापरिणय अन्योक्तिसाहस्त्री प्रभृति अनेक काव्य-ग्रन्थक रचयिता, ध्वन्यालोक प्रभृति साहित्यक कतोक मार्मिक ग्रन्थक टीकाकार, मैथिलीमे एकावली-परिणय महाकाव्यक रचना कँए समाजमे "कविशेखर"क यथार्थ उपाधिसँ सुप्रसिद्ध छथि। एहि भाषामे इएह महाकाव्य सबसँ पूर्व प्रकाशित भेल ओ एकरा पढ़ि लोक संस्कृत महाकाव्यक आनन्द पबैत अछि। एहिमे कथाक चमत्कार थोड़ा, विशेष चमत्कार वर्णनहिक अछि तथा ओहि सँ एक गोट वर्णन मात्रक कतिपय अंश एतए उद्धृत अछि जाहि सँ हिनक रचनाशैलीक परिचय भए जाएत। संस्कृत साहित्यक अध्ययन ओ अध्यापनसँ सुसंस्कृत हिनक प्रतिभा ओही पद्धतिसँ परिस्फुट अछि जाहिमे रस, ध्वनि, अलङ्कार सबहिक विन्यास तँ तत्सम अछिए, भाषा सेहो संस्कृतबहुल अछि परन्तु ताहिमे हिनक चमत्कार अछि सौष्ठव ओ प्रौढ़ता। एतेक गोट महाकाव्यमे एहने गनल दू-चारि गोट शब्द भेटत जकर विकृत रूप ई देल अछि अन्यथा विशुद्ध भाषाक प्रयोगमे छन्दक सबटा निर्वाहि सँ साधारण परिपक्वता प्रदर्शित नहि करैत अछि। एतेक विषयक एहन साङ्गोपाङ्ग वर्णन एकत्र एही मे भेटत। कोनहु अलङ्कारक दृष्टान्त तकबामे एहिसँ बाहर जएबाक काज नहि। संस्कृत मे काव्यक चरम उत्कर्ष महाकाव्य मे प्रदर्शित भेटैत अछि, ताही उत्कर्ष केँ अपना भाषा मे प्रदर्शित कए मैथिलीक एक गोट अभावक पूर्त्ति कएल। तहिँ ई मैथिलीक 'माघ' कहबैत छथि।

(कविता-कुसुम, 1956)

कविशेखर श्री बदरीनाथ झा

संस्कृत साहित्य-शास्त्रक सफल अध्यापक, अनेकानेक संस्कृत-साहित्यक ग्रन्थक प्रणेता ओ सुप्रसिद्ध कवि, मैथिली मे 'एकावली-परिणय' महाकाव्य लिखि अमर भए गेल छथि। देवीभागवत सँ एकावलीक कथा लए ई संस्कृत महाकाव्यक रीतिसँ एकर रचना कएल जाहिसँ संस्कृत महाकाव्यक अजस्र आनन्द प्राप्त होइत अछि। वर्णनक विशदता, अर्थक गम्भीरता, पदक लालित्य ओ उक्तिक विच्छित्ति एहि मकाकाव्यक विलक्षणता स्फुट अछि ओ तेँ एकर समुचित रसास्वादनक हेतु संस्कृतक किछु अवगति आवश्यक परन्तु से रहने एहि महाकाव्यसँ ओएह आनन्द भेटत जे संस्कृत मे 'माघ' क काव्य पढ़ला सँ भेटैत अछि। कहल जाइत अछि जे एहि मे कथाक गति अवरुद्ध अछि परन्तु कथा सँ यदि इतिवृत्ति से बुझी तखन तँ संस्कृत महाकाव्यहि मे अवरुद्‌ध। भेटत ओना। प्रस्तुत सन्दर्भ मे कथाक गति सुस्पष्ट अछि ओ सङ्गहि सङ्ग वर्णनक चमत्कार एकरा विशेष महत्त्व प्रदान करैत अछि।

भाषा एकर विशुद्ध पण्डिताम अछि मुदा स्वाभाविकताक हानि अत्यन्त विरल

भेटत। हँ, अलङ्कारक एहि मे बड़ प्राचुर्य अछि ओ प्रसाद गुण मे यदि हानिओ अछि तँ माधुर्य सँ ई ओतप्रोत अछि।

एहि सर्ग मे एकावलीक सखी यशोमती अपन सखी एकावलीक अपहरणक वृत्तान्त कहैत अछि। गङ्गाक कात मे एकावली केँ ओ कनैत भेटलि ओ कनबाक कारण पुछला पर ओ कहलक जे कोना हुनक सखी केँ कमलक स्नेह छलैन्हि ओ तेँ ओ कमलक वन मे केलि करैत कालकेतु नामक दैत्य सँ अपहृत भेलीह कोना, ओ हुनका पछुअओने गेलि ओ ब्राह्मणक देल मन्त्रक जपला सँ स्वप्न मे भगवतीक दर्शन पाबि हुनका सँ कहलि गेलि जे गङ्गाक कात मे एकवीर अहाँ केँ भेटताह जनिका सँ अहाँक सखीक उद्धार होएत। हुनकहि ताकए ओ पाताल सँ आइलि अछि, ओ नहि भेटैत छथिन्ह तेँ कानि रहलि अछि। ई कहि ओ एकवीर केँ अपन परिचय पुछैत छैन्हि।

(मैथिलीक कथा-काव्य, 1965)

पण्डित जनार्दन झा 'जनसीदन'

स्वर्गीय जनसीदनजी मैथिलीक वर्त्तमान युगक प्राचीनतम सेवक मे छलाह ओ बहुविध सेवा सँ मातृभाषाक भण्डार केँ पूर्ण कएल। हिनक नीतिपद्यावली बड़ प्रसिद्धि पओलक तथा द्विरागमनरहस्य नामक उपन्यास मिथिला-मिहिर मे क्रमशः प्रकाशित अपना ढंगक बेजोड़ कृति अछि। हिनक सबसँ बहुमूल्य सेवा ई अछि जे ई अपन सुपुत्र स्वनामधन्य श्री हरिमोहन झाजीकाँ अपन मातृभाषाक अनुराग ओ साहित्यिक प्रवृत्ति दए गेल छथि।

मैथिलीक वर्त्तमान युगक आदिक प्रवृत्ति छल नीति एवं देश-दशा तथा समाज-सुधार सम्बन्धी पद्यक रचना दिशि ओ तेँ जनसीदनजी ई पद्यकथा यद्यपि लिखल एमहर आबि परञ्च एहू मे एक गोट विधवाक करुण कथा अछि जाहि सँ समाज केँ एहि समस्याक दिशि ध्यान आकृष्ट होइक। कथा अत्यन्त स्वाभाविक रीति सँ कहल गेल अछि ओ अत्यन्त साधारण अछि जकर अनुभव प्रायः प्रत्येक व्यक्ति केँ होएत। परन्तु एहि कथा सँ समाजक विशेषतः वर्त्तमान समाजक कतेक दुर्गुण दिशि ध्यान बिनु आकृष्ट भेलेँ नहि रहि सकत।

सबसँ विलक्षण हिनक भाषा अछि जाहि मे कोनो आडम्बर नहि अछि, कोनो अलङ्कार नहि अछि, विशुद्ध बजबाक भाषा अछि परन्तु तेँ हृदयक भाव ओ भावना केँ अभिव्यक्त करबाक सामर्थ्य नहि छैक से नहि कहि सकैत छी। वस्तुतः एहनहि भाषा मे कथाकाव्य मे प्रभावोत्पादकता विशेष होइत छैक।

(मैथिली कथा-काव्य, 1965)

कविवर श्री सीतारामझा

वर्त्तमान युग मे मैथिली-कविता केँ लोकप्रिय बनएबा मे सबसँ विशेष योगदान

चौगामाक ज्योतिषीजी श्रीसीतारामझाजी कएल अछि। कम सँ कम पचास वर्ष सँ ई कविता करैत आएल छथि आ एहू वयस मे हिनक काव्य-प्रतिभा पूर्ववत् पूर्वहु सँ अधिक प्रखर प्रतीत होइत अछि।

ज्योतिषीजी आशुकवि छथि। हिनक वाणी जेना कविताबद्ध बहराए। पहिने ई देश-दशा ओ नीतिक पद खूब रचल जाहि मे भाषाक सरलता, स्वच्छता, स्पष्टता अत्यन्त स्वाभाविक रहैत आएल अछि। हास्य-व्यङ्ग्यक रचना मे ज्योतिषीजी बेजोड़ छथि तथा शब्दक चयन हिनक तेहन विलक्षण होइत अछि जे हिनक रचना मन मुग्ध कएने बिना नहि रहि सकैत अछि। वर्णनक चतुरता हिनक अद्‌भुत होइत अछि ओ आब तेँ ई शृङ्गार रसहुक कविता लिखल करैत छथि।

कविता रचए लगलाह कविजी एहि युगक सबहुँ कवि सँ पूर्व परन्तु जँ जँ कविताक रचना-शैली विकसित होइत गेल अछि इहो नव-नव शैली मे रचना करए लागल छथि। तेँ हिनक कविताक काल यद्यपि भुवनजी सँ पूर्वहि सँ मानल जाएत तथापि हिनक उत्कृष्ट रचना भुवनजीक पश्चात् कालक थिक ओ तँहि हम वर्त्तमान युगक प्रवर्त्तक भुवनजी केँ मानैत छी, ज्योतिषीजी केँ नहि। परन्तु ठेठ मैथिली-भाषाक ठाठ जेहन ज्योतिषीजीक रचना मे भेटैत अछि तेहन प्रायः आन कोनहु कविक रचना मे नहि भेटैत अछि।

(नवीन-गीत, 1965)

कविवर श्रीसीताराम झा

चौगामा-(दरभङ्गा) निवासी कविवर पण्डित श्रीसीतारामझा कोन मैथिलीभाषी केँ परिचित नहि छथि? मैथिलीक वर्त्तमान कवि मे ई सभसँ लोक-प्रिय मानल जाइत छथि। ठेठ मैथिलीक चमत्कार एवं शैलीक आकर्षण हिनका मे अपूर्व अछि। जतए हिनक ज्योतिष शास्त्रक 40 क लगभग ग्रन्थ लिखित, सम्पादित एवं व्याख्यान प्रकाशित अछि ततए दर्जन सँ कम नहि मैथिलीक छोट-पैघ कविता-पुस्तक मुद्रित अछि। हिनक कविता रोचकताक विषय मे स्वयं प्रमाण अछि।

(मैथिली पद्य-संग्रह, 1941)

कविवर श्रीसीताराम झा

चौगामा-वासी श्री सीताराम झा हमरालोकनिक जीवित कवि मे सबसँ वयोवृद्ध, सबसँ यशस्वी, सबसँ प्रतिष्ठित छथि। थिकाह ई ज्योतिषी ओ काशी मे अध्यापन करैत छथि तथा ज्योतिषशास्त्रहुक कतेको ग्रन्थक निर्माण कएने छथि। मैथिली मे कविताक रचना ई कम सँ कम पचास वर्ष सँ करैत आएल छथि तथा हिनक रचना कतेक प्रकाशितो भेल अछि। हिनक अम्बचरित महाकाव्य प्रकाशित अछि परन्तु हिनक स्फुट कविताक कोनो नीक संग्रह प्रकाशित नहि भेल अछि।

श्रीज्योतिषीजी आशुकवि छथि। एतेक शीघ्र एहन चमत्कारक रचना प्रायः

दोसर केओ नहि करैत छथि। चमत्कार हिनक अछि लोक-भाषाक प्रयोग, ओ ठेठ मैथिली भाषाक ठाठ हिनक रचना मे भेटैत अछि। एहि अंश मे कवीश्वर सँ अधिक हिनक रचना स्वाभाविक होइत अछि। सामयिक प्रसङ्ग लए ओकर उपहासात्मक समालोचना हिनक अत्यन्त रोचक होइत अछि, परन्तु एहन रोचकता समयक बितलैं कतेक रहत से नहि कहि। तथापि वर्त्तमान कालक एकगोट सजीव चित्र हिनक कविता मे सुरक्षित रहत। कविता मे हास्य-रस, से बहुधा शब्दमूलक, हिनक वैशिष्ट्य अछि।

(कविता-कुसुम, 1956)

कविवर आचार्य श्री सीताराम झा

कविवर आइ चालीस-पचासवर्ष सँ 'निज-जननी-वानीक पद-सेवा' मे लागल छथि ओ मैथिली केँ लोकप्रिय बनएबा मे हिनका सँ विशेष चिन्ता वर्त्तमान युग मे आन ककरहु नहि छैन्हि। आरम्भ कएल कविता ई नीति ओ देश-दशाक वर्णन सँ परन्तु छथि ई आशुकवि ओ हिनक रचनाक गणना थोड़ मे होएब असम्भव। एखनहु ई खूब लिखैत छथि ओ व्यङ्गयहास्यक रचना हिनक बड़ मर्मस्पर्शी होइत अछि।

2013 विक्रम संवत् मे ई, 'अम्बचरित' नामक पन्द्रह सर्ग मे महाकाव्य लिखल जाहि मे जानकीक चरितक वर्णन अछि। ओही महाकाव्य सँ जानकीक जन्मक कथा एहि ठाम प्रस्तुत अछि। एहि महाकाव्य मे कथा रामायण सँ नहि, पुराण सँ लेल गेल अछि यद्यपि मूल-कथा रामायणहिक थिक। सीता मन्दोदरीक कुक्षि सँ उत्पन्न भेलीह ई कथा एहि मे वर्णित अछि जे जैन साहित्य मे (जैन पद्मपुराण मे) अछि, एमहर कोन पुराण मे अछि से नहि कहि।

परन्तु पुराणक कथा केँ नवीनतम रूप दए वर्णन करब कविवरक प्रतिभा थिक। 'अमृतक सीसी' केवल कविवर कहबाक साहस कए सकैत छथि। तहि तँ ई एतेक लोकप्रिय कवि छथि।

कविवरक प्रतिभा सब सँ बेसी निखरैत अछि हिनक भाषा मे। एहन सरल, सुबोध ओ विशुद्ध भाषा स्वाभाविक रीतिसँ दोसर प्रायः नहि लीखि सकैत छथि ओ शब्दक चयन हिनक तेहन चमत्कारिक होइत अछि जे भिन्न-भिन्न शब्दालङ्कारक विन्यास अनायास भेल जाइत छथि। मुदा एहि महाकाव्य मे वाक्य सभ एक पद्य सँ दोसरहु पद्य मे चल जाइत अछि। कथा रोचक, कथा कहबाक शैली रोचक, ओ भाषा रोचक, हिनक महाकाव्य अत्यन्त रोचक अछि तथा कथा मे जे गतिशीलता चाही से हिनक रचना मे स्वभावतः अछि। वस्तुतः 'अम्बचरित' मैथिली महाकाव्य मे केवल वस्तु-विन्यासहिक दृष्टिसँ नहि अपितु शैली ओ भाषा ताहू दृष्टि सँ सर्वथा अभिनव अछि।

एहि मे कथा अछि—तपोवनक वर्णन, रावणक अत्याचार, तपस्वीक शोणित पाचिकए लेब, गृत्समद मुनिक पत्नीक आग्रह सँ घैलमे अभिषिक्त दूध राखब जे पीलासँ लक्ष्मी कन्या जन्म लेथि, ओही घैल मे तपस्वीक शेणित लए मन्दोदरी केँ

ई कहि देब जे एहि मे विष छैक, रावणक विरहमे मन्दोदरीक ओहि घैलक दूध पीब, प्रोषितभर्तृका केँ गर्भ, चमैनि सङ्ग लए मिथिला जाए गर्भपात कराए ओकरा रुधिर सँ सींचि गाड़ि देब, भूमि केँ शुद्ध करबाक निमित्त जनकक हर जोतब, हरक फार सँ गाड़लि कन्याक उखरब, देववाणी ओ कन्या केँ अपन पुत्री मानि सीता नाम राखि रानी केँ देब—इएह विस्तारसँ वर्णित अछि।

(मैथिली कथा-काव्य, 1965)

राजपण्डित श्रीबलदेव मिश्र

ढंगाहरिपुर ग्रामनिवासी पण्डित श्रीबलदेवमिश्र दरभङ्गा राजकीय संस्कृत पुस्तकालयक अध्यक्ष ओ राजक प्रधान पण्डित छथि। ई एक व्युत्पन्न पण्डित, प्रौढ़ वक्ता ओ निविष्ट लेखक छथि तथा समय समय पर भक्तिक उद्‌गार मे गीतहुक रचना कैरत रहैत छथि जाहिमे सँ किछु एहिठाम उद्धृत कएल अछि। मिथिलाभाषाक ई परम भक्त छथि तथा हिनक सदुद्योग सँ मैथिली कैं अनेकानेक उपकार भेल छैक ओ होएबाक आशा छैक।

(मैथिली पद्य-संग्रह, 1941)

श्रीयुत भोलालालदास

श्रीयुत भोलालालदासक नाम सँ के मैथिली-हितैषी अपरिचित होएताह? हिनकहि प्रयत्नेँ मैथिली साहित्य परिषद् सुदृढ़ भेल ओ एहि वर्ष धरि इएह परिषदक मन्त्री छलाह। ई करण कायस्थकुलोद्‌भव ओकील छथि किन्तु हिनक प्रवृत्तिसाहित्यक दिसि छैन्हि। मैथिलीक हेतु ई की-की नहि कएने छथि? हिनक लेख ओ कविता समय-समय पर बराबरि प्रकाशित होइत रहैत अछि। यद्यपि आब ई कविता नहि रचैत छथि ओ मुख्यतः गद्यहि मे लिखैत रहैत छथि—तथापि जे किछु कविता कए चुकल छथि ओकर स्थायी महत्त्व छैक।

(मैथिली पद्य-संग्रह, 1941)

कुमार श्री गङ्गानन्द सिंह

श्रीमान् कुमार साहेब बड़ प्रौढ़ गद्यक लेखक प्रसिद्ध छथि। परन्तु ई कवितो रचलैन्हि से प्रायः बहुतो केँ ज्ञात नहि होएतैन्हि। 1950 अप्रैल मे मैथिल महासभाक उनचालिसम अधिवेशनक अवसर पर बौंसी मे आयोजित कवि-सम्मेलनक अध्यक्ष पद सँ पठित हिनक अभिभाषण मुक्तवृत्त पद्य मे भेल जकरा ओही वर्ष अगस्तमे अखिल भारतीय रेडियो द्वारा ई प्रसारित कएल। तकरे एक गोट अंश एतए देल अछि।

एहि मे कविताक स्रोत वर्तमान युगमे कोना सुखाएल जाए रहल अछि तकर बड़ भावपूर्ण चित्रण अछि। वस्तुतः श्री कुमार साहेबक कविहृदय एहि मे रसनिस्यन्दन करैत अछि जेना शब्द पर हिनक सहज अधिकार हो। एहि मुक्तवृत्तमे छन्द नहि, प्रवाह देखबाक थिक ओ एमहर आबि तँ ई आब खूब चलि गेल अछि परञ्च आइसँ पन्द्रह वर्ष पूर्व ई नवीन प्रयोग छल।

(नवीन-गीत, 1965)

बाबू भुवनेश्वरसिंह 'भुवन'

स्वाभाविक सरल परन्तु सरस भाषा मे, रागताल सँ मुक्त किन्तु कोमल ओ ललित लय सँ मधुर, विविध छन्द मे, अपन हृदयगत भावना एवं संवेदनशील स्वानुभूतिक रागात्मक अभिव्यक्ति भुवनजीक काव्यकला थिक। दलित हृदयक आक्रोश हिनक कविता मे क्रान्तिक स्वर भरि दैत अछि। कुलक्रमागत शाक्त भुवनजी अपन एकमात्र अवलम्ब जगदम्बा केँ मानैत रहलाह परन्तु हिनक वन्दनाक पद वेदनाक स्वर सँ मुखरित अछि। वस्तुतः भुवनजीक कविता हुनक जीवनक आशा ओ वेदना, विषाद ओ उल्लास, आदर्श ओ अभिलाषाक प्रतिबिम्बन करैत अछि। तँहि तँ भुवनजी मैथिलीकविता मे आधुनिकताक प्रतिष्ठापक मानल जाइत छथि, प्रगतिवादक प्रवर्त्तक।

आवाहन थिक शारदीय नवरात्रक अवसर पर मा दुर्गाक, परन्तु से कतेक स्वाभाविकता सँ कएल अछि, अपन कन्या ओ भातिज, दुहू नेना केँ जयकारक हेतु सङ्ग करैत भुवनजी वस्तुतः अपन हृदयोद्‌गार कविताबद्ध कएल। आओरो एहने कविता एतए देल अछि जाहि मे विषय पुरान थिक परन्तु रीति अछि नवीन, भावना अछि दलितक, उपेक्षितक; किन्तु भाव अछि अपन प्राचीन गौरवक, आत्म-बलमे विश्वासक; हृदय अछि निर्भीकक; ओ तेँ स्वर अछि क्रान्तिक। भाषा केहन सहज ओ स्वाभाविक अछि से द्रष्टव्य।

(नवीन-गीत, 1965)

बाबू श्रीभुवनेश्वर सिंह भुवन

ई बाबू साहेब महाराजकुमार बाबू गुणेश्वर सिंहक प्रपौत्र ओ आनन्दपुरक बाबू ललितेश्वर सिंह प्रसिद्ध झोटहू बाबूक पौत्र थिकाह तथा सम्प्रति मुजफ्फरपुर मे रहैत छथि। बहुत दिन सँ ई मिथिलाभाषा मे काव्यरचना कए रहल छथि। हिन्दिअहुक ई विशिष्ट कवि छथि। हिनक रचना मैथिलीक पत्रिका सब मे बराबरि प्रकाशित होइत रहैत अछि तथा ओहि सबहिक एक गोट संग्रह 'आषाढ़' नामक पुस्तिका मे प्रकाशित भेल अछि। श्रीयुत भुवनजी सँ मैथिली केँ बड़ भरोस छैक ओ आशा करैत छी जे भुवनजीक लेखनी मातृभाषाक भण्डार केँ सब तरहेँ परिपूर्ण करैत रहत।

(मैथिली पद्य-संग्रह, 1941)

बाबू भुवनेश्वर सिंह 'भुवन'

दड़िभङ्गा राजकुलक आनन्दपुर ड्योढ़ीक स्वर्गीय झोटहूबाबूक पौत्र बाबू भुवनेश्वर सिंहजी 'भुवन' अद्‌भुत प्रतिमाशाली साहित्य-प्रेमी ओ नैसर्गिक कवि छलाह तथा 'विभूति' चलाए अपना केँ प्रसिद्ध कएल। खेद जे अत्यन्त अल्प वयस मे हिनक स्वर्गवास भए गेल। हमरा साहित्य मे नवीनता इएह आनल। प्रगतिवादक इएह प्रवर्त्तक थिकाह। कविता केँ गीत सँ हटाए आन छन्दमे रचब तथा कविताक विषय स्वानुभूतिकेँ बनाएब हिनक नवीनता थिक। ताहू मे दलितक पक्ष ग्रहण कए

स्वार्थलोलुप शोषक समाजक नृशंसताक चित्रण करब हिनक प्रगतिवाद थिक। भाषाक विषय मे सेहो ई प्राचीन परिपाटीक अनुसरण आवश्यक नहि बुझल ओ हिन्दीक कविताक प्रभाव मे आबि कतोक नव रूप, नव शब्द, नव शैली सेहो ग्रहण कएल जे कतोक जनसँ एखनहुँ अनुगम्यमान अछिए। वसन्तहिक वर्णन मे श्री कविशेखरजीक प्राचीन रीतिक रचनाक सङ्ग हिनक नवीन शैलीक रचनाक तुलना कएला सँ मैथिली-काव्य-क्षेत्र मे हिनक कृतिक महत्त्व स्पष्ट भए जाएत। जतए श्रीकविशेखरजीक कविता मे पण्डित्यक प्रकर्ष, कल्पनाक प्रौढ़ता, भाषाक सौष्ठव, वर्णनक वैशिष्ट्य रहितहुँ कृत्रिमताक भान होइत अछि ततए भुवनजीक कविता मे स्वानुभूतिक मधुर सहृदयता ओ सरसताक एक गोट नव आस्वाद उपस्थित करैत अछि। जीवनक संघर्ष मे दलितक पक्ष ग्रहण करैत कविक आत्माभिव्यञ्जन मे करुणा अछि। एहि सब दृष्टि सँ देखला उत्तर निस्सङ्कोच कहि सकैत छी जे भुवनजी मैथिली-काव्य-जगत मे युगस्रष्टाक रूप मे अएलाह ओ जएह किछु लिखल ताही सँ अमर रहताह।

(कविता-कुसुम, 1956)

साहित्यसरोज बाबू भुवनेश्वर सिंह 'भुवन'

मैथिलीकविताक क्षेत्र मे नवयुगक प्रवर्त्तन तँ कएल कवीश्वर परन्तु ओकरा प्रतिष्ठित कएल भुवनजी। अपन अल्प जीवन-काल मे ओ मुक्तक केँ मैथिली कविता मे नवीन रूप देल, राग-ताल-लयाश्रित गीत छोड़ि विशुद्ध कविता लिखए लगलाह, स्वानुभूतिक अभिव्यक्ति केँ कविताक प्रथम लक्ष्य बनाओल, दलितक पक्ष ग्रहण कए क्रान्तिक स्वर उठाओल। प्रबन्ध-काव्य अथवा कथा-काव्य ओ नहि लिखि सकलाह।

परन्तु भुवनजी केँ एकरो श्रेय छैन्हि जे ओ बङ्गला तथा बङ्गलाक द्वारा अङ्गरेजी कविता सँ प्रेरणा ग्रहण कएल। तावत्धरि मैथिली-कविता केवल संस्कृत काव्यक अनुसरण करैत छल, ओ क्वचित् ब्रजभाषा वा हिन्दीक। भुवनजी अपन जीवनक अन्तिम दिन मे बङ्गलाक अमर कवि माइकेल मधुसूदन दत्तक विरहिणी ब्रजाङ्गनाक अनुवाद कएल। एहि काव्य मे माइकेल अङ्गरेजीक "ड्रामाटिक पोएट्री" नाटकीय कविताक शैली पर ब्रजक गोपी सबहिक विरहक भावना व्यक्त कएने छथि। वस्तु तँ ई बड़ पुरान थिक परन्तु माइकेल ओकरा अभिनव रूप मे लिखल ओ बाह्य प्रकृतिक चित्रणक सङ्ग विरहिणीक मानसिक विषाद ओ दैन्यक सामञ्जस्य एहिमे अद्भुत चमत्कार आनि देने अछि। वस्तुतः एहिमे भिन्न-भिन्न अंश मे प्रकृतिक भिन्न-भिन्न चित्र अछि ओ ताही चित्र सँ उत्थित गोपीक विरह भावना, विषाद ओ दीनता, आकुलता ओ उद्वेग, ताहि रूपेँ उपस्थापित अछि जे भारतीय कविता मे ओ एक गोट अपूर्व वस्तु अछि।

भुवनजीक अनुवाद अद्‌भुत अछि। एहि मे अनुवादक कोनो दोष नहि आबए पओलक अछि, ई सर्वथा मौलिक प्रतीत होइत अछि ओ मुक्तक थिक नहि। एहि मे कवि गोपीक भिन्न-भिन्न मनोवस्थाक चित्रण कएने छथि। साक्षात्‌ नहि, ओही विरहिणीक उक्ति द्वारा। तेँ मौलिक नहिओ थिक, शुद्ध कथा-काव्य नहिओ थिक, तथापि एकरा एहि ठाम प्रस्तुत कएल अछि।

(मैथिली कथा-काव्य, 1965)

श्रीईशनाथ झा

आधुनिक कवि-गण मध्य श्री ईशनाथ झाक यश हिनक कोमल ललित एवं मधुर गीति-काव्यक हेतु प्रसृत अछि ओ बहुत दिन भेल हिनक मित्रमण्डली हिनका सरस-कवि कहए लगलाह जे हिनक बहुविध रचनाक सरसतासँ चरितार्थ अछि। हिनक कविता मे सङ्गीतक पुट बड़ मधुर रहैत अछि, तथा शैली अछि हिनक आलङ्कारिक। ओना तँ समय-समय पर सब वादक कविता ई रचलैन्हि अछि, छायावाद, प्रगतिवाद इत्यादि, परन्तु कोनहु वादक परिधि मे हिनका बान्हब सङ्गत नहि होएत। ई रचना करैत छथि स्वान्तःसुखाय तथा आदर्श छथिन्ह हिनक अपन पूर्वक कवि। संस्कृत साहित्य-शास्त्रक प्रभाव हिनका पर बड़ विशेष अछि। अपन 'परिचय' मे ई अपन कवित्वक आदर्श विद्यापति सँ हर्षनाथ धरि कैँ प्रदर्शित कएल अछि श्लेष-द्वारा। कालिदासक उक्ति जे मेघ अचेतन थिक ई बहुविध विचार सँ खण्डित कएल अछि तथा मेघक महिमा जनाओल अछि जाहि मे विज्ञान ओ परम्परा दूहूक सम्मिश्रण रोचकताक बीज थिक। सामयिकी स्वतन्त्रताक नवयुगक प्रभातक भावना अभिव्यक्त करैत अछि। साँझ मे छायावादक स्वर प्रतीत होइत अछि, परन्तु थिक ई ओहि भावुक कविक हृदयोद्‌गार जे अपन जीवनक साँझ समीप देखि रहल छथि।

(नवीन-गीत, 1965)

पं. श्री ईशनाथ झा

ई पण्तितजी नबटोलगामनिवासी श्रोत्रिय नवयुवक ओ मैथिलीक उदीयमान कवि छथि। संस्कृत ओ हिन्दीसाहित्यक ई विज्ञ सङ्गीतक आचार्य छथि। कालिदासक शाकुन्तल नाटकक मैथिली गद्य ओ पद्य मे हिनक कएल अनुवाद साहित्यपत्र मे प्रकाशित भेल अछि, तथा ओही पत्र मे हिनक रचित मौलिक सामाजिक नाटक 'चीनीक लड्डू' सेहो प्रकाशित भए रहल अछि। किछु दिन सँ ई मैथिलीक फुटकर पद्यक रचना कए रहलाह अछि जे सर्वथा अभिनव ओ विलक्षण अछि। ओहि संग्रह मे सँ ई तीनू पद्य लेल गेल अछि। हिनक रचना मे शब्दक लालित्य, अर्थक गाम्भीर्य तथा श्रुति-माधुर्य भरल रहैत छैन्हि। हिनक रचना सँ मैथिली साहित्यक अभाव सर्वथा दूर भए जाएत इएह आशा करैत छी।

(मैथिली पद्य-संग्रह, 1941)

सरसकवि ईशनाथ झा

चन्द्रधारी मिथिला कालेजक मैथिलीक प्राध्यापक ईशनाथ झा नवटोलक वासी यशस्वी कवि छलाह तथा हिनक 'माला' मैथिलीक काव्यक क्षेत्र मे एक गोट बड़ प्रतिष्ठित स्थान प्राप्त कएने अछि। कवि सँ पूर्व छलाह ई सङ्गीतक मर्मज्ञ आचार्य। तेँ हिनक कविता सङ्गीतक माधुर्य सँ ओतप्रोत रहल अछि ओ तदनुकूल शब्दचयन, छन्दक विन्यास, विषयक उपस्थापन आदि सँ ओ माधुर्य कतहु-कतहु अतिशय भए गेल अछि। पढ़बहु सँ मधुर लगैत छल हिनक कविता सुनबामे, ओ से यदि ई स्वयं सस्वर पढ़ि सुनाबथि तखन तँ श्रोता-गण ततबा परितृप्त भए जाइत छल जे हिनक रचना मे आयास, कृत्रिमता किंवा लोकप्रसादनक प्रेरणा इत्यादि कोनो दोष हुनका दृष्टि मे नहि आबए पबैन्हि तँहि हिनक मित्रलोकनि हिनका सरसकविक उपाधि देलेँ छलथिन्ह ओ से सर्वथा समीचीन। प्राचीन रीतिक पक्षपाती ई कखनहु भिन्न-भिन्न 'वाद' क रचना सेहो कएल परन्तु एहि सब आयास मे हिनक रचनाक महत्त्व नहि स्फुट होइत अछि। से होइत अछि हिनक स्वानुभूतिक अभिव्यञ्जक कविता मे, ओ ताहि मे सङ्गीतक माधुर्य ओ कविताक रस–दूहूक सामञ्जस्य हिनक रचनाक वैशिष्ट्य थिक।

(कविता-कुसुम, 1956)

श्री ईशनाथ झा

मैथिलीक कवि मे श्री ईशनाथ झाक नाम सरस ओ मधुर मुक्तकक हेतु अग्रण्य अछि। एमहर किछु दिन सँ ई महाभारतक कथा कैँ पद्यबद्ध लीखि रहलाह अछि। मैथिली मे रामायण दू गोट अछि परन्तु महाभारत लिखबाक उद्योग आइ चालीस-पचास वर्ष होइत आएल अछि तैओ आइ धरि ककरहु ओ लिखबाक साहस नहि भेल। कविजी अपन लेखनी उठाए बहुत रास लीखि गेलाह अछि मुदा तैओ ओकरा समाप्त होएबा मे एखन विलम्ब अछि। प्रयास भए रहल अछि जे ओकरा खण्डशः प्रकाश मे आनल जाए ओ ओकर प्रथम खण्ड तखन शीघ्रहि प्रकाशित भए जाएत। प्रस्तुत उद्धरण ओकर आदिक सुप्रसिद्ध कथा थिक, देतव्रत भीष्मक जन्मक कथा, जाहि प्रसङ्ग शान्तनु ओ गङ्गाक परिणयक क्रम मे गङ्गाक रूप-वर्णन एहि मे विशेषतः द्रष्टव्य थिक।

प्रस्तुत अंश सँ स्पष्ट भए जाएत, जे कविजी केहन सरल भाषा मे महाभारतक कथा लीखि रहलाह अछि जकर रसास्वादन साधारणो लोक पूर्णतया कए सकत। परन्तु ठाम-ठाम कविजी अपन पाण्डित्य दबाएकेँ राखि नहि सकलाह अछि ओ कथा महाकाव्यक शैली धए अति उच्च स्तर पर पहुँचि गेल अछि। एहि अंश मे गङ्गाक रूपवर्णन कोनहु महाकाव्यक नख-शिख-वर्णन सँ न्यून नहि अछि परन्तु भाषा तैओ अत्यन्त सरल अछि, सुबोध अछि, स्पष्ट अछि। अलङ्कारक योजना एहन चमत्कारिक अछि परन्तु की स्वाभाविकता सँ ओकर निवेश कएल अछि, केहन सोझ पाँती सब

अछि। कथा ओ वर्णन दूहूक समन्वय एहि महाभारतक वैशिष्ट्य होएत ओ प्रतीक्षा अछि ओहि दिनक जखन ई कार्य सम्पन्न भए जाएत ओ कविजी मैथिली-साहित्यक क्षेत्र मे महाभारत-काव्यकारक रूपमे अमरत्व प्राप्त कए लेताह। तावत् एकर अप्रकाशितहु अंश केँ एतए प्रकाशित करबाक लोभ रोकि नहि सकलहुँ ओ से अनुमति दए कविजी जे सौहार्द प्रदर्शित कएल अछि तदर्थ मैथिली-कविताक रसिक समाज हिनक ऋणी अछि।

(मैथिली कथा-काव्य, 1965)

श्री जयनारायण मल्लिक

मैथिलीक नवीन-गीत काव्यक क्षेत्र मे नवीन भाव ओ नूतन भाषाक सामञ्जस्य जे कविगण कएल तकर अग्रिम पंक्ति मे मल्लिकजीक नाम लेल जाए सकैत अछि। 'गीताञ्जलि' क प्रकाशनक पश्चात् हिन्दी-काव्य मे छायावादक सङ्ग-सङ्ग जे रहस्यवादक नवीन धारा प्रवाहित भेल, ताहि सँ मैथिली मे साक्षात् रूपेँ इएह सर्वाधिक प्रभावित बूझि पड़ैत छथि, तेँ तदनुकूले हिनक रचना मे अर्थक दुरूहता किन्तु कोमल ओ मधुर शब्द-विन्यास द्रष्टव्य अछि। अङ्गरेजी-शिक्षा-स्नात मल्लिकजी प्रेमिकाक प्रणयानुभतिक प्रतीक लए रहस्य-भावना केँ अभिव्यक्त कएने छथि जाहि मध्य परिमार्जनक अभाव बूझि पड़ैत अछि। एहि प्रकारक रहस्यवादी कविताक रचना करबा मे मल्लिकजी प्रायः मैथिलीक एकमात्र कवि छथि। प्रकृतिक चित्रण ई बड़ सूक्ष्मता सँ करैत छथि परञ्च ताहू मे एक गोट रहस्यक स्वर रहैत अछि जे स्पष्ट नहि होइत अछि।

(नवीन-गीत, 1965)

श्रीमहावीरझा 'वीर'

मैथिली मे अङ्गरेजी ढङ्गक गीत-काव्य जकरा 'लिरिक' कहबैक, तकर जे आन्दोलन आरम्भ भेल ताहि मे 'वीर'जीक योगदान स्मरणीय अछि। यद्यपि ई संस्कृत-शिक्षास्नात पण्डित छलाह किन्तु हिनका मे नवयुगीन प्रवृत्ति केँ ग्रहण करबाक संवेदना प्रचुर छल। तेँ हिनक कविता मे पाण्डित्य नहि प्रत्युत आत्मानुभतिपूर्ण स्वाभाविकताक दर्शन होइत अछि। "भोर" मे ई प्रकृति पर मानव-स्वभावक क्रिया ओ व्यापारक स्वाभाविक चित्राङ्कन कएल अछि। "कोइलसँ" एक गोट श्रेष्ठ सम्बोधि-गीति थिक जाहि मे युगीन यथार्थता सँ साक्षात्कार करबाक सफल चेष्टा अछि। 'गीत' मे आत्माभिव्यक्ति अछि। एहि प्रकारेँ हिनक कविता मे नवीन गीत-काव्यक सभ प्रमुख प्रवृत्तिक दर्शन होइत अछि।

(नवीन-गीत, 1965)

श्रीवल्लभ झा

इहो संस्कृतक पण्डित छलाह तथा हिनक रचना मे संस्कृत-काव्यप्रणलीक अलङ्कारपूर्ण कल्पनाक गुरुताक दर्शन होइत अछि, परन्तु हिनक पाण्डित्यपूर्ण आलङ्कारिक अभिव्यक्ति मे अनुभूतिक जेना अभाव हो। शब्दानुप्रास द्वारा अनुगुञ्जित हिनक

शब्द-योजना मे निहित अछि अर्थालङ्कारनिष्ठ उक्ति-वक्रता मुदा से अछि हिन्दीक छायावादी कविता द्वारा आकण्ठ प्रभावित, ओहने मधुर ओ ललित शब्द-विन्यास आ कौतूहलक भाव सँ पूर्ण। 'आराध्यक प्रति' मे अव्यक्तक प्रति आत्मसमर्पणक भाव अछि। एहि प्रकारेँ हिनक रचना मे प्राचीनता सँ अनुप्राणित नवीन दृष्टिक उन्मेष भेटैत अछि।

(नवीन-गीत, 1965)

प. श्री वल्लभ झा

ई हाटी गामक निवासी श्रोत्रिय छलाह तथा संस्कृत व्याकरण ओ साहित्यशास्त्रक पण्डित। ई मैथिलीभाषा मे बड़ सुन्दर कविता करैत छलाह तथा श्रीहर्षक रत्नावली नाटिकाक अनुवाद सेहो करैत छलाह, परन्तु खेद जे अत्यन्त अल्पवयसहि मे हिनक देहान्त भए गेल।

(मैथिली पद्य-संग्रह, 1941)

पण्डित श्रीबदरीनाथठाकुर

सर्वसीभा ग्रामनिवासी प. श्री बदरीनाथ ठाकुर साहित्यक आचार्य छथि तथा लोहना महेश्वरलता विद्यालय मे साहित्यक अध्यापक छथि। ई संस्कृत ओ मैथिली दुहू मे काव्यक रचना करैत छथि यद्यपि हिनक सबटा रचना एखन पर्यन्त अमुद्रिते छैन्हि। ई मैथिली भाषा मे 'मिथिला ओ मैथिल' नामक एक गोट वर्णनात्मक खण्डकाव्यक रचना कएलैन्हि अछि जाहि मे सँ किछु पद्य एहि ठाम उद्धृत करैत छी।

(मैथिली पद्य-संग्रह, 1941),

श्री यात्री

प्रगतिवादी कवि यात्रीजीक नाम मैथिली-साहित्य मे नवनूतन प्रयोगक पर्याय भए गेल अछि, की भाव मे, की छन्द मे, की शिल्प मे। ओ साम्यवादक साहित्यिक विवेचन ठेठ मैथिली भाषा मे, बन्धनहीन छन्द मे, कएल, से हिनक काव्यक वैशिष्ट्य अवश्य थिक, किन्तु यदि आओर मूल रूपेँ हिनक काव्य-प्रवृत्तिक विश्लेषण कएल जाए तँ हिनक कविताक ओ स्थल अत्यन्त उत्कर्षपूर्ण प्रतीत होइत अछि जाहि ठाम ओ अपन 'वाद' क प्रचारकक व्यक्तित्व केँ त्यागि अकृत्रिम भावेँ अपन रागात्मक अनुभूतिक अभिव्यक्ति करैत छथि। वस्तुतः यात्रीजीक ओहने चित्तवृत्तिक द्योतक रचना हुनक सर्वश्रेष्ठ रचना थिक। एहन रचना मे हुनक आत्मपक्ष नीक जकाँ स्पष्ट होइत अछि–विषय खाहे देशप्रेमक हो वा प्रकृतिचित्रणक। 'भावना' ओ 'सिनुरिआ आम' तकर प्रतिनिधित्व करैत अछि। यात्रीजीक कविताक दोसर मूल-गुण थिक व्यंग्य। प्रगतिवादी अथवा आनो सामयिक समस्या पर आधारित हिनक रचना मे व्यंग्ये प्राण होइत अछि आओर से होइत अछि भिन्न-भिन्न प्रकारक आ मार्मिक। आधुनिकाक आलोचनाक हेतु रचित 'आधुनिक राधा' एवं चीन-युद्धक पृष्ठभूमि पर

लिखित 'देखल सपना मे' दूनू मे यात्रीजीक व्यंगयक स्वरूप वेश स्पष्ट भेल अछि। आधुनिक युग-सन्धिक मार्मिक चित्र 'आन्हर जिन्दगी' उपस्थित करैत अछि।

(नवीन-गीत, 1965)

श्री यात्रीजी

तरौनी गामक वासी श्रीवैद्यनाथ मिश्र अपना नाम सँ विशेष अपन उपनामहि सँ ख्यात छथि। हिन्दी जगतमे ई 'नागार्जुन' क नाम सँ सुप्रसिद्ध छथि तथा 'यात्री' उपनाम हिनक अन्वर्थ अछि, कारण सत्ये, ई देश ओ विदेश खूब घूमल छथि। मैथिलीक बड़का उन्नायक हिनक कवि-हृदयक उद्‌गार मैथिली-काव्य-जगत मे एक गोट नवयुग उपस्थित कए देलक अछि तथा जाहि प्रगतिवादक स्वल्प आरम्भ भुवनजी कएल तकरे पुष्टि हम श्रीयात्रीजीक रचना मे पबैत छी। सिद्धान्त सँ साम्यवादक पक्षपाती हिनक कविता ओहि सिद्धान्त सँ अनुप्राणित अछि ओ ताहि सङ्ग अपन मातृभूमिक नैसर्गिक प्रेम हिनक रचना मे बड़ विशेष महत्त्व ओ सङ्ग-सङ्ग रोचकता आनि दैत अछि। छन्दक विषय मे प्राचीन बन्धन सँ अपना कैं मुक्त रखैत ई कतेक नव प्रयोग कएल अछि जाहि मे 'प्रवाह' मुख्य वस्तु अछि। भाषा पर हिनका अपूर्व अधिकार अछि। संस्कृतक शब्द सँ विशेष रोचक बनबैत अछि हिनक कविता कैं ओ शब्द सब जे देहातहि मे प्रयुक्त होइत अछि परन्तु जे शुद्ध मैथिलीक शब्द थिक। देश-दशाक उपहासात्मक चित्रण मे हिनक व्यङ्ग्य बड़ मार्मिक होइत अछि तथा सब 'वाद'क अछैतहुँ, हिनक कवि-हृदय प्रणयक भाव सँ केहन तरंगित होइत अछि तकर उत्कृष्ट दृष्टान्त हिनक रचना 'हिमगिरिक उत्सङ्ग' मे अछि। वस्तुतः श्रीयात्रीजी स्वभावक कवि छथि ओ ठेठ भाषा मे सुन्दर, सरस, मर्मच्छेदी कविताक अबाध प्रवाह हिनक प्रतिभाक वैशिष्ट्य थिक।

(कविता-कुसुम, 1956)

श्रीजयनारायण झा 'विनीत'

विनीतजीक नाम मैथिली-कविता मे जागरण-गीत ओ उद्‌बोधन सम्बन्धी रचनाक कविक रूप मे विख्यात भेल जे 'भारती' पत्रिका मे छपए। पाछाँ जे हिनक रचना उपलब्ध अछि ताहू मे सामयिक समस्या कैं ग्रहण कए तकर ई रागात्मक अभिव्यक्ति कएल। किन्तु युगक छायावादी प्रवृत्ति सँ ई सर्वथा असंपृक नहि छथि। तकर दृष्टान्त अछि 'आकुल प्राण' शीर्षक कविता जाहिमे नवीन-गीत-काव्यक प्रवृत्तिक दर्शन होइत अछि, किन्तु विनीतजी आइओ सामयिकता सँ अतीत नहि भेल छथि, प्रत्युत आब सामयिक भावना रागात्मकताक स्थान पर बौद्धिकता कैं ग्रहण कए लेलक अछि। हिनक बड़ कम रचना प्राप्य अछि।

(नवीन-गीत, 1965)

श्रीजीवनाथ झा

मैथिली-कविताक क्षेत्रमे चिर-परिचित पण्डित श्रीजीवनाथ झाक रचना मे युगानुकूल

भाव-प्रवृत्तिक प्रभाव परिलक्षित होइत अछि अवश्य, किन्तु एहि प्रभाव सँ हिनक मूल-व्यक्तित्व कहिओ विघटित नहि भेल। हिनक मूल-व्यक्तित्व थिक पण्डितक आओर तेँ पृष्ठभूमि मे पाण्डित्यक आयास रहबाक्त कारणेँ हिनक काव्य-कृति पाठकक भावात्मकता केँ स्पर्श करबा मे असमर्थ रहैत अछि। अलङ्कार-योजना द्वारा भावाभिव्यक्ति मे चमत्कार उत्पन्न करब हिनक कविताक मुख्य लक्ष्य रहैत अछि, शुद्ध अनुभूतिक प्रायः अभाव रहैत अछि। भाषा-प्रयोगहु मे ई वाचकत्वक पक्षपाती बूझि पड़ैत छथि। हिनक शब्द-योजना मे सहजात मार्दवक अभाव रहैत अछि, किन्तु एमहर 'वासन्ती' आदि किछु रचना मे ओ सुललित कोमलकान्त-पदावलीक सफल प्रयोग कएल अछि जे हिनक भाषाक विकासक द्योतक थिक। परञ्च हिनक पाण्डित्यक व्यक्तित्व आबहु हिनक प्रत्येक रचनाक मूल मे अछिए, 'मेघ-गीत' सन रचना मे से समय-समय पर विशेष स्फुट भए जाइत अछि।

(नवीन-गीत, 1965)

पण्डित श्री जीवनाथझा

विद्याभूषण पण्डित श्री जीवनाथ झा इसहपुर गामक निवासी श्रोत्रिय नवयुवक छथि, नेपालराजकीय जनकपुरधामक संस्कृतविद्यालय मे साहित्यक अध्यापक छथि। ई मैथिली मे कविताक रचना करैत छथि तहिना गद्यहु मे अवसर अवसर पर लिखैत रहैत छथि। हिनक रचना विशेष रूपेँ अद्यावधि प्रकाशित नहि भेल छैन्हि। परञ्च हिनक कविता चमत्कार सँ भरल रहैत छैन्हि। आशा अछि हिनक सेवा सँ मैथिलीक साहित्य दिनानुदिन परिपूर्ण होइत रहत।

(मैथिली पद्य-संग्रह, 1941)

पण्डित श्री जीवनाथ झा

मैथिलीक सुपरिचित सेवक श्री जीवनाथ झा व्युत्पन्न पण्डित छथि। एहि महाकाव्यक रचना 'अम्बचरित'हिक सदृश 2012-13 संवत् मे सम्पन्न भेल।

रामायणक कथा लए संस्कृतक महाकाव्यक शैली पर रावण-वधक रचना भेल अछि परन्तु लक्षणयुक्त होइतहुँ एहि मे महाकाव्यक गुरुता लक्षित नहि होइत अछि। कथाकाव्य ई बड़ सुन्दर अछि ओ नीक होइत जे महाकाव्यक बन्धन छोड़ि केवल सुन्दर कथाकाव्यहि जकाँ एकर रचना होइत। भाषा हिनक पण्डिताम अछि, परन्तु मध्य-मध्य मे छन्दक अनुरोधेँ भाषान्तर शब्द अथवा संस्कृतहिक अपरिचित शब्दक प्रयोग खटकल करैत अछि। उपमा आदि ठाम-ठाम ततेक नव अछि ओ भाषा मे सेहो ठाम-ठाम ताहि रूपक लघुता आबि गेल अछि जे महाकाव्यक गरिमा रहए नहि पबैत अछि। प्रस्तुत वर्णन मे अद्भुत रसक किछु विन्यास अछि परन्तु ओकरा ताहि रूपेँ संक्षिप्त कए देल गेल अछि जे ओहि रसक परिपाक नहि होअए पबैत अछि ओ जे अद्भुत रसक दृष्टान्त होइत से हास्य मे परिणत भए रहि जाइत अछि।

(मैथिली कथा-काव्य, 1965)

श्री आरसी प्रसाद सिंह

भाव ओ भाषाक सरलता ओ सहजताक दृष्टिएँ मैथिली मे आरसीक नाम अग्रगण्य अछि। ई नवीन ओ प्राचीन सब विषय पर रचना कएने छथि, नव-पुरान सब शिल्प कें ग्रहण कएने छथि। यदि एक दिसि देश-दशा-सम्बन्धी सामयिक चित्रक यथार्थ अङ्कन कएने छथि तँ दोसर दिसि नवीन-नवीन प्रयोगहु सँ पश्चात्पाद नहि छथि। किन्तु हिनक ओहन रचना सर्वाधिक महत्वक अछि जाहि मध्य हिनक आत्मा अनुगुञ्जित होइत अछि। हिनक आत्मा थिक सहजात गीतकारक, जन्मजात प्रकृति-प्रेमीक, सत्-शिव-सुन्दरक प्रति असीम सहानुभूति सँ भरल समाज-सापेक्ष मानवक। तें हिनक सभ प्रकारक रचना मे गीतकारक स्वर-माधुर्यक सङ्ग-सङ्ग आत्माभिव्यक्तिक तल्लीनताक सेहो दर्शन होइत अछि। हिन्दी-काव्य-क्षेत्र मे ई 'कलापी' क द्वारा यशस्वी भेलाह, मैथिली मे सेहो हिनक प्रतिभा ताहि दिसि विशेष प्रतिफलित होइत अछि, साक्षी अछि 'मेघ लग छै' एवं 'वर्षागम' शीर्षक कविता। 'माटिक दीप' जरओनिहार आरसी मे मिथिलाक माटिक सङ्ग कतेक स्नेह छैन्हि से 'कोन चानक तों चकोरी' एवं 'माङ' शीर्षक कविता सँ स्पष्ट परिलक्षित होइत अछि।

(नवीन-गीत, 1965)

श्रीयुत आरसी प्रसाद सिंह

एरौत (दड़िभङ्गा) निवासी श्री आरसीप्रसादसिंह हिन्दीक सेहो प्रसिद्ध एवं लोकप्रिय कवि छथि। हिनक कविता मे माधुर्य अत्यन्त आह्लादकारी रहैछ। मैथिली मे जे किछु स्फुट रचना ई कएने छथि ओकरहु स्थायी महत्व छैक तथा एहि भाषा मे एक नवीनता आनि देने छथि। एतए प्रकाशित कविता हुनक रचना-चातुरीक जीवित चित्र कहल जाएत।

(मैथिली पद्य-संग्रह, 1941)

श्री आरसी प्रसाद सिंह

वसन्तक पूर्णिमा-रातिक ज्योत्स्ना कें देखि कौआ दुइए पहर राति मे प्रातक भ्रम सँ बाजल एहि सन्दर्भ मे कवि अपन भावुकता प्रकट कएल अछि। प्राकृतिक सौन्दर्यक चित्रण मे आत्मानुभूतिक संयोग एकर वैलक्षण्य थिक। भाषा-माधुर्य ओ प्रसाद-गुण सँ सम्पन्न तँ नव कविताक सहज धर्म थिक।

(कविता-कुसुम, 1956)

श्री काशीकान्त मिश्र 'मधुप'

पं. श्री काशीकान्त मिश्र 'मधुप'क नाम मैथिलीक श्रेष्ठ कवि सब मे अग्रगण्य अछि। ई सब रङ्गक रचना कएने छथि,—एक दिसि उत्तान शृङ्गारक तँ दोसर दिसि

प्रगतिशील ओ करुण-रसक। किन्तु मधुपजीक महत्त्व एहि हेतुएँ नहि अछि, प्रत्युत हुनक काव्यक महत्त्व निहित अछि भाव-विन्यासक विशिष्ट अभिव्यक्ति-भङ्गिमा मे, भावानुभूतिक विलक्षण उपस्थापन मे, जे स्थान-स्थान पर कृत्रिम भेनहु सर्वथा मौलिक एवं अद्वितीय अछि। हिनक कविता मे कल्पनाक प्रौढ़ता एवं वर्णनक वैशद्यक स्थिति रहितहुँ सबसँ पहिने ध्यान जाइत अछि—ओहि मे प्रयुक्त शब्दालङ्कारक झङ्कार दिसि। मधुपजी यमक ओ वक्रोक्तिक नियोजन मे मैथिली-साहित्य मध्य अद्वितीय छथि। हिनकामे एहि प्रकारक आलङ्कारिक प्रवृत्ति एतेक प्रबल छैन्हि जे आत्माभिव्यक्तिमूलक रचनहु मे तकर प्रयोग करितहिं छथि, भनहि ताहि सँ आत्मनिष्ठ रागात्मक रसानुभूति मे हानि होइत हो, भाषाक प्रसादत्व नष्ट होइत हो, ओहि मे कृत्रिमता आ दुरूहता अबैत हो। मधुपजी कैँ गीत-रचना मे प्रकृष्टता प्राप्त छैन्हि, किन्तु हिनक गीतक लोकप्रियता भाव-भाषाक सरलता आ स्वाभाविकता पर आधारित नहि अछि, लोकप्रियताक कारण थिक ओकर सङ्गीतात्मक एवं चित्रात्मक होएब। ई नव-नव लय, नव-नव 'तर्ज' पर रचना करैत रहैत छथि जे हिनक रचना मे अन्तर्भूत कृत्रिम भाव-विन्यासक आवरणक कार्य करैत अछि, दोष कैँ झाँपि लैत अछि। सङ्कलित रचना सबहु सँ एहि विषयक समुचित सम्पुष्टि होइत अछि। अन्योक्ति-योजना मे ई बेजोड़ प्रतीत होइत छथि एवं हिनक कविता मे अन्तर्निहित कारुण्यक स्वर बड़ हृदयस्पर्शी होइत अछि।

(नवीन-गीत, 1965)

कविचूड़ामणि श्री काशीकान्त 'मधुप'

बहेड़ा हाई स्कूलक हेडपण्डित, मैथिलीक सबसँ यशस्वी कवि छथि ओ अपना नाम सँ विशेष ई अपन उपनाम 'मधुप' सँ प्रसिद्ध छथि। हिनक तीनि गोट कविताक संग्रह 'त्रिवेणी' पर हिनका भारत-सरकार सँ पुरस्कार भेटल अछि। साहित्य परिषद हिनका कवि 'चूड़ामणि'क उपाधि सँ अलंकृत कएने अछि। हिनक उत्साहक फल थिक जे ई, वर्माजी ओ पाण्डेयजी-तीनू गोटे मीलि बहेड़ा कैँ मैथिली-कविताक एक गोट विशिष्ट केन्द्र बनाए देल अछि।

श्री मधुपजी स्वभावतः कवि छथि। कविताक रचना हिनक स्वभाव भए गेल अछि ओ आब तँ एकरा हिनक व्यवसाय कही तैओ अत्युक्ति नहि। सहजात कवित्वक प्रतिभा कैँ ई अभ्यास सँ पुष्ट कए ततेक रचना कएल अछि जे वर्त्तमान कविमण्डलीक केवल परिमाणहु मे सबसँ उत्कृष्ट हिनक कृति बुझल जाएत। संस्कृत-साहित्य शास्त्रक रीतिक ओ नवीन प्रगतिवादक ई सब रङ्गक कविता लिखल अछि ओ स्वानुभव सँ मानव-जीवनक विषमताक चित्र लए जे नव पर ई नव कविता सब लिखल अछि वा लिखैत छथि से बहुधा प्रगतिशील आ करुण रस सँ ओतप्रोत। कल्पनाक प्रौढ़ता ओ वर्णनक वैशिष्ट्य हिनक चमत्कार अछि। संस्कृत-बहुल भाषाक

प्रयोग मे जेहने ई कुशल छथि तेहने कुशल छथि ई लोक-भाषाक प्रयोग मे आ आदिअहि सँ हिनक रचना अत्यन्त लोकप्रिय रहल अछि। जकर एक गोट कारण इहो अछि जे नव-नव लय, नव-नव तर्ज पर रचना करैत छथि ओ कविता पाठ बड़ मधुर करैत छथि। लोकानुरञ्जनक भावना सँ कखनहु हिनका संयम छूटि जाइत छैन्हि, चित्रमे अतिरञ्जन भए जाएत छैन्हि, भाषामे वैषम्य आबि जाइत छैन्हि, परन्तु प्रतिभाशाली कुशल कलाकार धरि ई निश्चय छथि, कवि-कर्म उत्साह आ तत्परता सँ करैत छथि एवं मैथिली कविता केँ लोकप्रिय बनाएबा मे वर्त्तमान जे केओ कवि छथि सबसँ अधिक प्रायः हिनके सेवा छैन्हि। शब्दहुक ई बड़ विन्यासी छथि तथा हिनकहु कविता मे माधुर्य-गुण बड़ हृदयग्राही होइत अछि।

(कविता-कुसुम, 1956)

कवि चूड़ामणि श्री काशीकान्त मिश्र 'मधुप'

मैथिलीक कवि मे मधुपजी निरसन्देह सबसँ यशस्वी, सबसँ लोकप्रिय कवि छथि। केवल परिमाण मे सेहो ई प्रायः सबसँ अधिक लिखने छथि। कोनो कवि सम्मेलन बिनु हिनक कविता-पाठेँ सफल नहि कहाओत। इहो आशुकवि छथि ओ बहुधा हिनक पत्रो कविताबद्ध भेल रहैत अछि। हिनक अनेक कथाकाव्य प्रसिद्ध अछि यथा—घसल अठन्नी, तथा एखन ई 'राधाविरह' नामक महाकाव्य लीखि रहल छथि जकर चारिम सर्गक किछु अंश हमरा एतए प्रकाशनार्थ दए अपन सौहार्द प्रदर्शित कएल अछि।

मधुपजीक कविता मे शब्दक सुकुमारता, लयक माधुर्य ओ वर्णनक चमत्कार बड़ हृदयग्राही होइत अछि। करुण-रसक योजना मे ई बड़ सफल कलाकार छथि। कल्पना हिनक अत्यन्त कोमल अछि ओ अलङ्कार मे अनुप्रास ओ यमकक योजना सँ हिनक कविता एतेक वर्णसुखावह होइत अछि जे श्रोतागण मन्त्रमुग्ध भए जाइत छथि।

हिनक कथा-काव्य मे सर्वत्र करुण-रस भेटत, दलितक दुर्दशाक वर्णन सँ तथा कथाक गतिसँ विशेष चमत्कारक प्रतीत होएत वर्णन। अतएव मधुपजी केँ हम हृदय सँ गीतकार मानैत छी ओ हिनक पद्य-कथा मे सेहो रोचकता अछि ओही गुणावली सँ जाहि सँ हिनक गीतिकाव्य रोचक भेल करैत अछि।

कोजागराक मखानमे ओहि अस्पृश्य व्यक्तिक करुणा दण्डक वर्णन अछि जे कोजागराक साँझ मखानक लोभेँ ब्राह्मणक वर्गमे सम्मिलित भेल। परन्तु एकर चमत्कार अछि शारद-पूर्णिमारातिक वर्णनमे।

राधा-विरहक ई अंश राधाक विरहमे व्याकुल कृष्णक कएल भुवनेश्वरीक स्तुति थिक जाहि मे कृष्ण समाजक सब वर्गक स्त्री जातिक रूपमे भुवनेश्वरीक वर्णन कएल अछि। सर्ग बहुत पैध अछि; हम ओहि सँ किछुए पद्य लेल अछि। तथापि आरम्भक पद्य ओ अन्तिम आठ गोट पद्य कथाक सन्दर्भ केँ स्पष्ट करैत अछि।

स्मरण रहए जे मिथिलाक विश्रुत पण्डित शिरोमणि गोकुलनाथ उपाध्याय अपन शिवस्तुति मे एहिना शिव कैं तेली, कुम्हार इत्यादि रूपैं वर्णन कएने छथि। मधुपजी प्रायः ओही सँ उद्‌बोधन लए गोट पँएतीसेक जातिक स्त्रीगणक रूप मे महामाया कैं अङ्कित कएल अछि।

राधा-विरहक एहि अंशक प्रास्ताविक परिचय कविहिक पद्यबद्ध शब्दमे देल अछि जे विशेषतः द्रष्टव्य।

(मैथिली कथा-काव्य, 1965)

श्री काञ्चीनाथ झा 'किरण'

श्री 'किरण'जीक स्थान मैथिलीक प्रगतिशील कवि सभ मे अग्रगण्य अछि। हिनक काव्यक प्रेरणा मिथिलाक ग्राम-जीवन थिक जकरा ओ तदनुरूप भाषा-शैलीमे व्यक्त करब अपन कवि-कर्म बुझैत छथि। हिनक रचना मे ने तँ कवि-कल्पनाक चमत्कारपूर्ण उत्कर्ष भेटत आओर ने अभिव्यक्ति-शिल्पक पाण्डित्यपूर्ण प्रकर्ष, किन्तु जहाँ धरि लोक-जीवनक भाव-भूमिक यथार्थ अभिव्यक्तिक प्रश्न अछि, ताहि मे ई बेजोड़ छथि। हिनक एहि प्रकारक रचना मे लोक-जीवनक अन्तः ओ बहिः— दूनू प्रकारक चित्रण भेल अछि। 'अगहनक भोर' एवं 'एक चित्र' किरणजी कें एही काव्य-प्रवृत्तिक दृष्टान्त थिक। किरणजी कें अन्य सामाजिक मर्यादाक समान धर्महुक प्रति आस्था नहि छैन्हि। हिंनक विचारें धर्मादिक स्थापन 'बलवान मानव' अपन स्वार्थ-सिद्धिक हेतु कएल अछि। एहि प्रकारक विद्रोहपूर्ण भावाभिव्यक्तिक हेतु किरणजी व्यंग्यक आश्रय लैत छथि। 'माटिक महादेव' तकरे उदाहरण थिक। किरणजी अपन कविता मे गाममे सामान्य रूपें व्यवहृत भाषाक प्रयोग कएने छथि, तें ओ तत्सम शब्दक व्यवहार यथासाध्य अल्प कएल अछि।

(नवीन-गीत, 1965)

पण्डित श्री हरिमोहन झा

दर्शनशास्त्रक आचार्य पण्डित श्री हरिमोहनझाजी अपन हास्य-रसक कथा सबहिक हेतु देशभरि मे सुप्रसिद्ध छथि ओ से कथा सब मुख्यतः गद्य मे अछि किन्तु पद्यहु मे हिनक रचना ओहने रोचक, ओहने विलक्षण, ओहने लोकप्रिय होइत अछि। हिनक कथा मे ठाम-ठाम अतिरञ्जन रहैत अछि, ठाम-ठाम उपहास रहैत अछि, ठाम-ठाम अश्लीलता सेहो चलि अबैत अछि, परन्तु ई टी-पार्टी ताहि सब दोष सँ मुक्त, शुद्ध हास्य-रसक रचना अछि ओ एहि मे यदि किछु उपहासक ध्वनि अछिओ तँ ओ एहि नवीन सभ्यताक जाहि मे टी-पार्टी कैं एतेक महत्त्व देल जाइत अछि। विशुद्ध बजबाक भाषा अछि जाहि मे ने कोनो कृत्रिमता अछि, ने अलङ्करणक चेष्टा अछि, परन्तु तैओ भाषा मे अद्‌भुत प्रवाह अछि ओ हास्यरसक सम्यक् पुष्टिक हेतु जेहन भाषा आवश्यक अछि ताही रूपक भाषा अछि। वस्तुतः आचार्यजीक कथाकाव्य मैथिली-साहित्य मे एक गोट अनुपम कृति

अछि। खेद एतबए जे आचार्यजी बहुधा गद्यहि मे लिखैत छथि, पद्य मे हिनक कथा परिगणिते अछि।

(मैथिली कथा-काव्य, 1965)

श्री तन्त्रनाथ झा

श्री तन्त्रनाथझा मैथिली-काव्य-साहित्य मे एक विलक्षण कविक रूप मे प्रतिष्ठित छथि। हिनक कविताक मुख्य गुण थिक नवीनता। हिनक एहि नवीनतामे प्रयोग रहितहुँ 'वाद'क सङ्कीर्णता कतहु नहि रहैत अछि, कारण, ओ नवीनताक स्वीकार परम्पराक विद्रोहक हेतु नहि, विकासक हेतु करैत छथि। हिनक काव्यप्रेरणाक मूल-उत्स थिक पश्चात्य-साहित्य जकरा ओ अपन मौलिक कविक प्रतिभा सँ परिमार्जित कएल अछि। ई मैथिलीक सर्वश्रेष्ठ उपहास-काव्यक जकरा अङ्गरेजी मे सेटाएर (Satire) कहैत छैक मानल जाइत छथि। 'धनछूहा' हिनक उपहास-काव्य थिक जाहि मे प्राचीन अन्योक्ति नूतन प्रयोग व्यंग्यक चमत्कार सँ अद्‌भुत प्रतीत होइत अछि। 'प्रयाणालाप' हिनक अत्यन्त नवीन रचना थिक जाहि मध्य कविक अनुभव ओ अनुभूतिक बड़ मार्मिक अभिव्यक्ति भेल अछि। मानव-जीवनक कटु-मधु यथार्थाङ्कनक दृष्टिएँ ओ तकर अनुकूल तीव्र-मन्द-काव्य-प्रवाहक दृष्टिएँ ई रचना केवल हुनकहि कविता मध्य अद्वितीय नहि, प्रत्युत मैथिलीक अन्य कविता मध्यहु अद्वितीय भेल अछि। अङ्गरेजीमे जे 'ओड' (Ode) कहाए प्रसिद्ध अछि तकर प्रयोग ई बड़ सफलता सँ कएल अछि तथा ई पढ़ि सहसा 'ग्रे' (Gray) क विख्यात 'ओड' (On The Distart Prospect Of Etion College) स्मरण भए अबैत अछि।

(नवीन-गीत, 1965)

प्रोफेसर श्रीतन्त्रनाथ झा

पण्डित श्रीतन्त्रनाथझा मिथिलाकालेजक अर्थशास्त्रक अध्यापक ओ मैथिली-साहित्य-परिषद्‌क मन्त्री छथि। मिथिलाभाषाक ई भविष्णु कवि छथि। साहित्यपत्र मे ई कीचकवध नामक एक गोट महाकाव्य अमित्राक्षर छन्द Blank Verse मे आरम्भ कएने छथि बङ्गला मे माइकेल मधुसूदनदत्तक मेघनादवध जेकाँ मिथिलाभाषा मे काव्यक एक नव धारा प्रवाहित करत। तहिना अग्रेजीक Sonnet क अनुकण मे ई चतुर्दशपदी कविता सेहो रचैत छथि। हिनक कविता सर्वथा नवीन होइत अछि ओ आशा अछि जे हिनक लेखनीसँ मैथिलीक साहित्य दिनानुदिन परिवर्धित होइत रहत।

(मैथिली पद्य-संग्रह, 1941)

श्री तन्त्रनाथ झा

श्री तन्त्रनाथ झा, मिथिला कालेजक अर्थशास्त्रक प्राध्यापक मैथिली-साहित्य-परिषपद्‌क भूतपूर्व मन्त्री, मैथिली-साहित्यक बड़का उन्नायक छथि। हिनक एकाङ्की, नाटक,

कथा, समालोचना प्रभृति बहुविध सेवासँ मैथिलीक अभावक पूर्ति होइत रहल अछि। परन्तु मैथिली-कविताक क्षेत्र मे हिनक सेवा अछि अङ्गरेजी-साहित्य रीतिक अनुसरण सँ। अङ्गरेजीक 'ब्लैङ्कवर्स' (अमित्राक्षर छन्द)क प्रयोग पहिले-पहिल इएह अपन "कीचक वध" महाकाव्य मे कएल जे संस्कृत साहित्यक महाकाव्यक पद्धति सँ नहि, अङ्गरेजीक एपिक पद्धति सँ निर्मित भेल अछि। अङ्गरेजीक सोनेट, बैलेड प्रभृति कतेक रूपक कविता ई मैथिली भाषा मे रचल अछि। भाषा पर हिनक पूर्ण अधिकार अछि ओ संस्कृत-बहुल-भाषाक प्रयोग सँ यदि कीचक वध क्लिष्ट अछि तँ हिनक कथात्मक कविता सब ठेठ मैथिली चमत्कार सँ अत्यन्त लोकप्रिय अछि। मधुर हास्यक कविता ई सुनाओल करैत छथि। एहि मे उद्धृत "वर्षाघोष" प्राचीन अन्योक्तिक नूतन प्रयोग व्यङ्गयक चममत्कार सँ, अङ्गरेजी मे जकरा "सेटाएर" कहैत छैक उपहासात्मक काव्य, तकर उत्कृष्ट दृष्टान्त अछि। तहिना ई गीत एक गोट अभिसारिकाक मनोभावक विश्लेषण मात्र अछि जे बड़ पुरान विषय थिक परन्तु तकर शैली एहि मे केहन नवीन अछि, विच्छित्ति प्रकार कतेक नूतन अछि! कविता करितहिँ छथि ई स्वान्तःसुखाय ओ तेँ बड़ विरल परन्तु मिथिलाभाषा मे एक नव शैलीक प्रयोगेँ ई अपन कृति केँ विलक्षण अवश्ये सिद्ध कए देल अछि।

(कविता-कुसुम, 1956)

श्री तन्त्रनाथ झा

पाश्चात्य-साहित्य सँ प्रेरणा ग्रहण कएल प्रथमहि भुवनजी, परन्तु से ओ बङ्गला एवं हिन्दीक माध्यम सँ लेल, साक्षात् अङ्गरेजी साहित्यसँ प्रेरणा लए मैथिलीमे ओकर सफल प्रयोग कएल प्रथमहिँ श्री तन्त्रनाथ बाबू। अङ्गरेजीक महाकाव्यक शैली पर ओ मैथिली मे एक गोट छोट महाकाव्य लिखए लगलाह, प्रायः मैथिलीक प्रथम महाकाव्य, यद्यपि ओ कोनहुना पूर्ण एमहर आबिकए भेल। एहि महाकाव्य केँ ई अमित्राक्षर छन्द मे रचल, जकरा अङ्गरेजी मे 'ब्लैङ्क वर्स' कहैत छिऐक ओ एहिमे माइकेल मधुसूदन दत्तक मेघनाद-वधक प्रभाव स्पष्ट अछि परन्तु अछि ई सर्वथा मौलिक। एहि मे कथाक रीति सर्वथा अभिनव अछि, सैरन्ध्रीक मनःकथाक चित्रण कए पूर्वक कथा उपन्यास, सैरन्ध्रीक आन्तरिक संघर्ष ओ अन्त मे हुनक आत्मबलक विजय प्रस्तुत जे सर्ग अछि ताहि मे मनोविश्लेषणात्मक पद्धतिक जे प्रयोग अछि से मैथिली-साहित्यक हेतु सर्वथा अभिनव वस्तु अछि। भाषा हिनक संस्कृत-बहुल अछि परन्तु से बिनु भेलेँ अमित्राक्षर छन्द मे ततबा ध्वनि नहि भए सकैत जाहि सँ पद पूर्ण हो। परन्तु विशुद्ध बजबाक भाषाक प्रयोग सेहो हिनक बड़े चमत्कारिक ओ प्रभावोत्पादक होइत अछि, तथा दोसर जे कथा-काव्य एतए उद्धृत अछि ताहि मे सएह भेटत। ई अङ्गरेजीक एक गोट प्रसिद्ध लोक-कथा-काव्य, बैलेड (Ballad) क अनुवाद थिक जे गोल्डस्मिथक रचित "विकार आफ वेकफिल्ड" मे अछि। एक तँ

विलायतक कथा, सेहो अङ्गरेजी सँ अनूदित कए ई अपना रचना-कौशलक उत्कर्ष देखाए देल अछि। तथा अङ्गरेजीक लोक-कथा-काव्यक लक्षण ओ चमत्कार सँ जे जन परिचित छथि से कहि सकताह जे ओकर सहज धर्म एहि अनुवाद मे कोन रूपेँ सुरक्षित अछि। वस्तुतः तन्त्रनाथ बाबूक रचना मैथिलीक काव्यक्षेत्र केँ अतिशय विस्तृत कए देलक अछि ओ कथा-काव्य सँ भिन्नो स्वानुभूतिक कविता हिनक अमर कृति अछि। एहि सबमे ई अङ्गरेजीक उत्कृष्ट काव्यक मूल तत्त्व ओ रचना-शैलीक मैथिली मे साक्षात् प्रयोग कएल करैत छथि, मुदा, चमत्कारक ई जे भाव, भाषा, सांस्कृतिक पृष्ठभूमि, इत्यादि विषय मे ई अपन भारतीय परम्पराक कट्टर अनुयायी छथि। ई समन्वय हिनक असाधारण प्रतिभाक परिचायक थिक। मैथिलीक माइकेल यदि हिनका कही तँ कनेको अत्युक्ति नहि।

(मैथिली कथा-काव्य, 1965)

श्री उपेन्द्र ठाकुर 'मोहन'

श्री उपेन्द्रठाकुर 'मोहन'क नाम ओहि कवि सभक सङ्ग अग्रगण्य अछि जे मैथिली काव्य-धारामे नवीन गीत-गरिमाक प्रतिष्ठापन कएल। मोहनजी 'फुलडाली' मे मुख्यतः शृंगारिक कविताक सङ्कलन कएने छलाह, किन्तु हिनक कविताक विषयवस्तु शृंगारिकेटा नहि रहल अछि। ई विभिन्न वस्तु, विभिन्न भाव लए कविता लिखने छथि। एक दिसि यदि समाजिक वैषम्य, दलित-पीड़ितक दीनता-विपन्नताक चित्रण कएल तँ दोसर दिसि समाज मे नवोद्भूत ओजस्वी चेतनाक सेहो चित्रण कएल। एहन रचना मुख्यतः बोधनात्मक अछि जाहि मध्य वर्णन भेल अछि युग-जीवनक तडित्तेजपूर्ण जागरण-भावनाक। 'युवक-वीर' एवं 'नवयुग' ताही प्रकारक रचना थिक। जाहि-जाहि कविता मे आत्मानुभूतिक वैयक्तिक चित्रण भेल अछि, ताहि ठाम मोहनजी जीवन मे निहित शाश्वत नैराश्य एवं करुणाक चित्रण कएल अछि। किन्तु 'मुरली' शीर्षक कविता मे कवि रहस्यात्मक मधुर व्यञ्जना कएने छथि जाहि मे वर्णन तँ अछि रास-लीलाक किन्तु जाहि मे आत्मा-परमात्माक मधुर ओ रहस्य-सम्बन्धक स्थापन भेल अछि। भाषा-शिल्प-शैलीक दृष्टिएँ मोहनजीक कविता मे गीत-काव्यक-माधुर्य एवं प्रसादक दर्शन होइत अछि। उद्बोधनमूलक रचना मे ओजगुणक सम्यक पुट सेहो अछि।

(नवीन-गीत, 1965)

श्रीयुत उपेन्द्र ठाकुर 'मोहन'

चतरिया (दड़िभङ्गा) निवासी पण्डित उपेन्द्रठाकुर 'मोहन' मैथिलीक नवीन कवि मे सुविदित छथि। हिनक पद संस्कृतशब्द—बहुल एवं बड़ मधुर अछि। शब्द-योजना एवं भावप्रवणता दूहू हिनका मे एक रङ्ग अछि। करुण रसक पुट हिनक कविता मे अधिकतः पाओल जाइछ।

(मैथिली पद्य-संग्रह, 1941)

श्री उपेन्द्र ठाकुर 'मोहन'

आत्मानुभूतिमूलक कविता मे जीवनक कटु अनुभवक निर्वेदजन्य अभिव्यक्ति अछि जाहि मे निराशाक भावक सङ्गहि आस्तिकताक आश्वासन कविक व्यक्तिगत वैशिष्टयक द्योतक थिक।

(कविता-कुसुम, 1956)

श्री सुरेन्द्र झा 'सुमन'

श्री सुमनजीक स्थान मैथिलीक नवीन काव्य-धारा मे अन्यतम अछि। 'प्रतिपदा'क भूमिकामे ई अपना कैं प्राचीनता एवं नवीनताक सङ्गम पर स्थित बुझैत छथि। किन्तु हमरा विचारैं ई प्राचीन अधिक छथि, नवीन कम। हँ, आधुनिक सोलहो आना छथि। हिनक आधुनिकता थिक प्राचीनताक 'नवीनीकरण'। चमत्कारपूर्ण सूक्ष्म कल्पना सँ निबद्ध हिनक प्रत्येक रचना मे उक्ति-वक्रता भेटैत अछि, किछु नव बात उत्पन्न करबाक क्षमता भेटैत अछि। 'रमणीयार्थप्रतिपादन' करब हिनक कवि-कर्मक मूल उद्देश्य थिक आओर एहि रमणीयार्थ-प्रतिपादन करबाक हेतु ई सादृश्यमूलक आरोपक बेश सुन्दर योजना करैत छथि, तथाकथित प्रगतिवादी कवितहु मे हिनक विषय-क्षेत्र व्यापक अछि, प्रायः कोनो वाद-प्रवाद नहि छूटल होएत जाहि आधार पर ई रचना नहि कएने होथि। किन्तु सभ प्रकारक रचना मे हिनक वर्णनक उपर्युक्त प्रवृत्तिअहिक प्रबलता प्रमुख अछि। वर्णनक एही पाण्डित्यपूर्ण उत्कर्षक कारणैं हिनक रचना सर्वसाधारण हेतु दुरूह अछि। भाषा हिनक तत्सम-बहुल, ओ उक्तिक पाण्डित्यपूर्ण वक्रता हिनका सर्वसाधारणक कवि नहि बनए दैत अछि। किन्तु हिनक कविताक जे पाण्डित्यपूर्ण मार्मिकता अछि, से हिनकहिटा मे अछि। तैं श्री यात्रीजी ओ श्री तन्त्रनाथबाबूक सङ्ग हिनकहु हम मैथिलीक आधुनिक कवि मध्य बृहत्त्रयी मे परिगणित करैत छी। नवीन गीत काव्यक प्रतिनिधि कवि होइतहुँ सुमनजीक रचना मे साक्षात् आत्मविज्ञापनक अभाव अछि। 'जन्मदिवस' तकर अपवाद मात्र थिक। एमहर किछु मुक्तकक ई रचना कएल अछि जाहि मे संस्कृतकाव्यक सरसता एवं बिहारीक अर्थगर्भिता भरि देल अछि तथा हृदय कैं 'तुरत' स्पर्श करबाक उर्दूक क्षमता सेहो समन्वित कए देल अछि। 'नारी-वर्णना' एवं 'ऋतु-वर्णना' हिनक अप्रकाशित एही प्रकारक मुक्तक काव्यक किछु अंश थिक। 'सरिता-कविता' कविक आरोपमूलक कल्पनाक साक्षी थिक एवं 'दायित्व' कविक आध्यात्मिक सत्ताक प्रति अर्चनामूलक अनुभूतिपूर्ण कृतज्ञता-ज्ञापन। एहिठाम सङ्कलित कविता सिद्ध कए देत जे सुमनजीक वास्तविक महत्त्व काव्य-धाराक कोनो 'वादक' वृत्तक अन्तर्गत नहि अछि प्रत्युत कविताक ओहि भाव-भूमि पर प्रतिष्ठित अछि जाहि हेतु कवि युगातीत कहल जाइत छथि!

(नवीन-गीत, 1965)

पं. श्रीसुरेन्द्र झा 'सुमन'

साहित्याचार्य पण्डित श्रीसुरेन्द्र झा बल्लीपुरग्रामक निवासी हिन्दी ओ मैथिलीक सिद्धहस्त कवि ओ लेखक 'मिथिलामिहिर'क सम्पादक छथि तथा हिनक सम्पादकत्व मे 'मिहिर' कतबा उन्नति कएलक अछि से प्रायः ककरहु अविदित नहि। ओना तँ सम्पादकक कठिन कार्यभार सँ रचना करबाक हिनका पूर्ण अवसर नहि होइत छैन्हि तथापि मैथिली-भाषाक ई बड़ प्रेमी छथि तथा समय-समय पर काव्यहुक रचना करितहिं रहैत छथि। ई दूहू पद्य हिनक रचना-नैपुणयक निदर्शन स्वरूप अद्धृत कएल अछि।

(मैथिली पद्य-संग्रह, 1941)

श्री सुमनजी

श्रीसुरेन्द्र झा 'सुमन' मिथिला कालेजक मैथिलीक प्राध्यापक मिथिला-मिहिरक भूतपूर्व सम्पादक, मैथिलीक बड़ यशस्वी कवि, प्रशस्त लेखक छथि। संस्कृत साहित्यक मार्मिक विद्वान् हिनक कविता मे संस्कृत काव्यक सबटा गुण प्रचुर मात्रामे भेटैत अछि। वस्तुतः कल्पनाक प्रौढ़ता, दृढ़ता एवं गम्भीरताक हेतु ई बेजोड़ छथि ओ अपन 'साओन-भादव' मे तकर चमत्कारक अतिशय कएल अछि। रचना होइत अछि हिनक भावात्मक ओ भाषा संस्कृत बहुल तेँ हिनकामे प्रसादगुण नहि रहैत अछि ओ तेँ हिनक कविता लोकप्रिय नहि होइत अछि, परन्तु ई कविक 'कवि' थिकाह। हिनक कविताक रसास्वादनक हेतु एकगोट कविक हृदय चाही। एमहर प्रगतिवादी कविता सेहो लिखए लगलाह अछि, परन्तु ताहिमे स्वानुभूतिसँ विशेष भावना मूल रहलेँ ओ ओहन चमत्कारक, ओ स्वाभाविक, ओतेक हृदयस्पर्शी नहि होइत अछि यद्यपि रोचकता, ग्राहकता किंवा रमणीयता मे हिनक प्रतिभा ओहू मे कम नहि निखरल अछि। हिनका कवितामे स्वर्गीय ईशनाथझाक मधुरता नहि छैन्हि, श्रीमधुप जीक कल्पनाक कमनीयता नहि छैन्हि, परन्तु कवित्वक प्रतिभाक परिपक्वता, उक्तिक प्रौढ़ता, कल्पनाक दृढ़ता एवं विच्छित्ति विन्यास मे ई जेहन श्लाघनीय छथि तेहन बड़ विरल कवि भेटताह। भर्तृहरिक सुप्रसिद्ध उक्ति 'विवेकभ्रष्टानां' भति... शतमुखः" तकर उत्तर अपन गङ्गास्तुति मे जेहन ई देल अछि, तेहन एहि हजार-डेढ़ हजार वर्ष मे केओ कवि नहि देने छलाह।

(कविता-कुसुम, 1956)

श्री सुरेन्द्र झा 'सुमन'

श्री सुमनजीक कविता सँ के तृप्त ओ मुग्ध नहि अछि। परन्तु हिनक कथा-काव्य एखन धरि प्रकाश मे नहि आएल अछि। अत्यन्त सौहार्द सँ ई अपन दू गोट महाकाव्यक एक-एक गोट अंश एतए प्रकाशनार्थ दए मैथिली-कविताक रसिक समाज केँ जे आनन्दक अवसर देल अछि तदर्थ सबहुँ हिनक ऋणी अछि।

प्रथम उद्धरण हिनक 'कृष्णावतरण' महाकाव्यक दू गोट अंश थिक। प्रथम अंश मे प्रकृतिक वर्णनक सङ्ग-सङ्ग कृष्णक अवतरणक भूमिका अपूर्व चमत्करिक भेल अछि। दोसर मे, समयक वर्णनमे भिन्न-भिन्न रसक समावेश अद्‌भुत चमत्कार आनि दैत अछि। पंक्ति पंक्ति सँ हिनक पाण्डित्य, कल्पनाक प्रौढ़ता ओ भाषाक सरल प्रवाह द्योतित होइत अछि।

दोसर उद्धहरण थिक हिनक 'दत्तवती' महाकाव्यक आरम्भक एक छोट अंश जाहि मे बाल्य-कालक स्वाभाविक वर्णन अपूर्व अछि। मैथिली मे शैशव-वर्णन बड़ विरल अछि, ओ ई वर्णन एकावली-परिणयक शैशव-वर्णनक सङ्ग तुलना करबाक योग्य अछि।

शीघ्रहिं हिनक ई दूहू महाकाव्य सम्पूर्ण भए प्रकाश मे आबए जे एहन वा एहू सँ विशेष चमत्कारक काव्यक रसास्वादन भए सकए ओ मैथिली-काव्यक उपवन अपूर्व आमोद सँ सुरभित हो।

(मैथिली कथा-काव्य, 1965)

श्री काशीनाथ ठाकुर 'कलेश'

कलेशजी मैथिली-काव्य-क्षेत्र मे ओहि कविसभ मध्य अग्रगण्य छथि जे प्राचीन होइतहुँ नवीन गीत-काव्यक स्पन्दन केँ बड़ उदारताक सङ्ग ग्रहण कएल। हिनक रचनाक विषय-वस्तु मुख्यतः प्रकृति अछि जकरा ओ संस्कृत-वर्णन-प्रणालीक आलङ्कारिक इतिवृत्तान्तकताक प्रभावक अन्तर्भूत कविताबद्ध कएने छथि किन्तु गीत-शिल्प अछि अधिकांश नवीन। वस्तुतः कलेशजीक गीतरचना मे प्रमुख रूपेँ एतबेटा नवीनता अछि, किन्तु हिनक कविताक सफलता थिक मधुर, कोमल ओ सरल आनुप्रासिक शब्द-संयोजन। स्थान-स्थान पर कलेशजी युगक यथार्थ-चित्रण-प्रणाली सँ सेहो प्रभावित बूझि पड़ैत छथि। 'ग्रीष्म-गीत' एही दृष्टि सँ अध्येतव्य थिक। 'मधु-गीत' मे कोमल भाव एवं तदनुरूप मधुर ओ प्रसाद-गुण-सम्पन्न शब्द-विन्यासक वैशिष्ट्य कविक प्रतिभा केँ नीक जकाँ स्पष्ट करैत अछि।

(नवीन-गीत, 1965)

पण्डित श्रीवेदानन्द झा

कोइलख (मधुवनी) वासी पं. वेदानन्द झा मैथिलीक सुकवि छथि। हिनक मैथिलीक एक अलङ्कार ग्रन्थ 'मिथिलामिहिर' से प्रकाशित भए चुकल अछि। हिनक कविता मधुर ओ चमत्कारक होइछ।

(मैथिली पद्य-संग्रह, 1941)

पण्डित श्रीकाशीनाथझा

धर्मपुर (दरभङ्गा) ग्रामवासी साहित्योपाध्याय पण्डित श्रीकाशीनाथझा मिथिलाभाषा मे लब्ध-दरभङ्गा-राजकीय-धौतप्रतिष्ठ ओ मैथिलीक व्युत्पन्न कवि ओ लेखक छथि। ई

अनेको काव्य, नाटक ओ उपन्यास लिखने छथि जे सब अमुद्रिते छैन्हि। एहिठाम उद्धृत तीनू कविता हिनक रचनाक दृष्टान्तस्वरूप देल गेल अछि।

(मैथिली पद्य-संग्रह, 1941)

श्री श्रीकृष्ण मिश्र

श्री श्रीकृष्ण मिश्र मैथिलीक प्रौढ़ कवि छथि जे प्रायः अपन काव्यक रचना कविक ख्यातिक हेतु नहि, स्वान्तःसुखाय करैत छथि। श्री श्रीकृष्ण मिश्र अङ्गरेजी साहित्यक अनुभवी विद्वान् छथि ओ संस्कृतक अध्ययन-अनुशीलन मे हिनक आत्मा बेस रमैत छैन्हि। तेँ हिनक कविताक रचना अङ्गरेजी एवं संस्कृतक समन्वित प्रभाव मे होइत छथि। हिनक कविताक विषय होइत अछि देशी। अपन सामाजिक-सांस्कृतिक भाव-विचार अपन अनुभव-अनुभूतिक चित्रण करब हिनक काव्य-सर्जनाक उद्देश्य थिक, किन्तु से करैत छथि पाश्चात्य रीति सँ तेँ हिनक रचना अद्भुत सन लगैत अछि, साधारण पाठकक रागात्मकता केँ स्पर्श करबा मे अक्षम सिद्ध होइत अछि। एही कारणेँ ई लोकप्रिय नहि भए सकलाह अछि। हिनक लोकप्रियताक मार्ग मे हिनक बौद्धिकता सेहो बाधक अछि। बौद्धिकताक आधिक्यक कारणेँ हिनक शब्द-संयोजना मे सरलता-सरसता एवं छन्द-प्रवाह मे गतिशीलता नहि आबि पबैत अछि ओ भाव रहैत अछि बड़ गूढ़। वस्तुतः श्री श्रीकृष्ण मिश्र आनन्दानुभूतिक नहि, विचाराभिव्यक्तिक कवि छथि, तेँ हिनक रचना मुख्यतः अध्ययन-अनुशीलनक वस्तु थिक। सङ्कलित रचना कविक उपर्युक्त विशेषतहि केँ स्फुट करैत अछि।

(नवीन-गीत, 1965)

डाक्टर श्रीरमानाथझा

डा. श्रीरमानाथ झा मैथिलीक अज्ञात कवि छथि जे अपन छात्र-जीवनहिसँ स्वान्तःसुखाय नवीन ढङ्गक काव्य-रचना करैत छथि। छथि ई अङ्गरेजी साहित्यक मनीषी विद्वान्। हिनक काव्य-रचनाक मूल उत्स थिक अङ्गरेजी-साहित्यक आधुनिक कविता जकर अनुसरणहि मे प्रायः प्रयोगवादी रचना आधुनिक भारतीय भाषा मध्यहु बेश प्रचलित भेल अछि। एहने एकटा कविता हमरा ई पठओने छलाह 'कविता-कुसुम' क सङ्कलन-काल मे, किन्तु विलम्ब सँ पहुँचबाक कारणेँ से ओहि मे नहि जाए सकल छल। एहि प्रकारेँ मैथिली-काव्यक्षेत्र के प्रयोगवादक सबसँ प्राचीन कवि इएह सिद्ध होइत छथि। हिनक कविताक भावाभिव्यक्तिक प्रणाली आधुनिक थिक जाहि मे प्रतीक शैलीक व्यंग्यपूर्ण प्रयोग भेल अछि। एहन कविताक अर्थ बहार करब कठिन होइत अछि तेँ हम परिशिष्ट-मध्य सङ्कलित रचनाक आशय दए देल अछि हिनकहि शब्द मे किन्तु डाक्टर साहेबक रचना मे स्पष्टता अछि, प्राञ्जल रोचकता अछि, नवीन-भाव केँ हुनक कल्पनाशील शब्द-शिल्प सरसतापूर्वक व्यञ्जित करैत अछि।

(नवीन-गीत, 1965)

श्री व्रजकिशोर वर्मा

श्री व्रजकिशोर वर्माक कवित्व ग्राम्य-लोकजीवन सँ अनुरञ्जित अछि—वर्माजी मिथिला मे विकीर्ण जन-काव्यक विशेष अध्ययन अनुशीलन कएल अछि आओर ताही प्रभाव सँ हिनक प्रायः प्रत्येक कविताक छन्द-प्रवाह लोक-काव्य मे अनुगुञ्जित स्वरक आरोह—अवरोहसँ अनुप्राणित अछि। अपन रचना मे ई प्रमुख रूपेँ चित्रण कएल अछि लोक-जीवनक सौन्दर्य ओ अवसादक, आशा ओ निराशाक, सुख ओ दुःखक जाहिसँ एक दिशि यदि मिथिलाक उपेक्षित जन-जीवनक प्रति श्रद्धा ओ अनुरागक सङ्गहि आकर्षणक भाव जगैत अछि तँ दोसर दिसि वस्तु-स्थतिक विषमता सँ चित्त करुणा सँ आर्द्र सेहो भए उठैत अछि। 'तखन कोनो कहब-सुनब नइ मानब' शीर्णक रचना कविक इएह मूल काव्य-प्रवृत्तिक द्योतन करैत अछि। वर्माजी केँ मिथिलाक अतीत सँ कम प्रेम नहि छैन्हि, विद्यापति तँ जेना हुनक हृदय मे रमल छथिन्ह। किन्तु ई अतीतक नहि, वर्तमानक कवि छथि। अतीतक परिवेश मे वर्तमानक विषम चित्रण हिनक कविता मध्य बड़ मार्मिक भए उठैत अछि। 'कवि-कोकिल सँ भेंट' शीर्षक रचना मे कवि एहि भाव-चित्रण-प्रवृत्तिक नीक जकाँ स्फुटन कएल अछि। चीनी आक्रमणक पृष्ठभूमि मे रचित 'तखन कोन सोनाकेर मोल' यद्यपि सामयिक रचना थिक किन्तु एहि रचना मे सेहो कविक भावांकन-प्रणाली अतीतहि सँ अनुप्राणित अछि। एहि हेतु ओ ऐतिहासिक पात्रक उपयोग कएल अछि प्रतीकक रूप मे, वर्तमानक चित्रण केँ अत्यन्त प्रेरणाप्रद बनएबाक हेतु। सङ्कलित रचना सभ मे शिवसिंह-लखिमा, राधा-कृष्ण, प्रताप भामाशाह, दधीचि आदि शब्दक प्रयोग एही दृष्टि सँ कएने छथि। किन्तु हिनक रचना मे जतबा लोक-जीवनक स्पन्दन अछि ततबा साहित्यिक सौष्ठव नहि, कतहु-कतहु तँ छन्द टूटल सन प्रतीत होइछ, भाषा मे सेहो कतहु कतहु परिमार्जनक अभाव बूझि पड़ैछ परञ्च ताहि सँ हिनक काव्योत्कर्ष मे विघटन नहि होइत अछि, प्रत्युत हिनक स्वाभाविक वैशिष्ट्यहिक प्रकाशन होइत अछि।

(नवीन-गीत 1965)

डॉ. श्री व्रजकिशोर वर्मा

श्री व्रजकिशोर वर्मा, डाक्टर, वहेड़ाक कर्मठ जन-सेवा-संलग्न ओ युवक साहित्यरसिक भावुक लेखक छथि। हिनक बहुमुखी प्रतिभा मैथिलीक भण्डारक पूर्तिमे बराबरि सेवा करैत अछि। ई हृदयसँ प्रगतिवादी छथि ओ वर्णनक वैशद्य हिनक प्रतिभाक सबसँ पैघ गुण अछि—गद्य हो वा पद्य, भावुकता हिनक शब्दमे कूटि-कूटि केँ भरल रहैत अछि। हिनक कविता मे प्रवाह अछि, सृष्टिक सौन्दर्यक दिशि दृष्टि अछि, भावक प्रधानता अछि परन्तु सङ्गहि सङ्ग आदर्श ओ वस्तुस्थितिक जे विषमता ई देखैत छथि तकर करुण-ध्वनि हिनक कविता सँ गुँजैत रहैत अछि। कौसरक सुन्दर दृश्य (कौसर

बहेड़ाक समीपवर्ती एक गोट विशाल चओर थिक) ओ एतए अर्ध-नग्न नारीक आहार संग्रहार्थ विचरणक चित्र अथच आदर्शक उच्चता सङ्ग जीवनक वास्तविक अपूर्णताक परिज्ञान सँ महत्त्वाकांक्षी मानव हृदयक विषादक गीत-नाद मए प्रवाह—हिनक कवित्व-प्रतिभाक दूहू उत्कृष्ट दृष्टान्त अछि।

(कविता-कुसुम, 1956)

श्री बुद्धिधारीसिंह 'रमाकर'

बाबू श्री बुद्धिधारी सिंह 'रमाकर' क रचना मे अन्तर्जगतक चित्रण अधिक होइत अछि; जतए कतहु बहिर्जगतक चित्रण करबाक आयास करितहुँ छथि ताहू ठाम अति-भावात्मकताक कारणे ँ से अस्पष्ट भेल रहि जाइत अछि। अन्तरङ्ग पक्षक दुरूहता स्वभावसिद्ध थिक आओर एहि अन्तरङ्ग-पक्षक प्रधानताक कारणे ँ रमाकरजीक रचना दुरूह होइत अछि। ई मुख्यतः दार्शनिक कवि छथि, हिनक आत्मानुभूतिक अभिव्यक्ति सेहो दार्शनिक भाषा-शैलीक माध्यमहि निष्पन्न होइत अछि। हिनक रचनाक मूल मे रहैत अछि पाण्डित्यपूर्ण रहस्य-भावना, रागात्मकता सँ विच्छिन्न। तेँ हिनक रचनाक अर्थ विशेष अनुशीलनसाध्य अछि। हिनक भाषा संस्कृतनिष्ठ होइत छैन्हि एवं छन्द-प्रवाह परिमार्जित। अपना ढंगक रचना प्रायः इएहटा करैत छथि आओर ताही हेतु मैथिली-साहित्य मध्य प्रसिद्ध छथि। वस्तुतः रमाकरजी गम्भीर पाण्डित्यक कवि छथि।

(नवीन-गीत, 1965)

बाबू श्री बुद्धिधारी सिंह

बाबू श्री बुद्धिधारी सिंह, प्रसिद्ध रमाकरजी, बाबू साहेब, मधुबनीक रामकृष्ण कालेजक मैथिलीक प्राध्यापक मैथिलीक ख्यातनाम लेखक छथि तथा हिनक कथा, निबन्ध, समालोचना ओ कविता सब गम्भीर ओ पाण्डित्यपूर्ण होइत अछि। कवि छथि ई भावुक, कविता रचैत छथि भावात्मक, तेँ हिनका मे प्रसादगुण नहि अबैत अछि ओ बहुधा क्लिष्ट होइत अछि, परन्तु विषयक उपस्थापनक शैली, बह्यसँ अधिक अन्तर्जगतक सौन्दर्यक प्रति पक्षपात ओ प्राचीन रीतिक परिपालन हिनक कविताक वैशिष्ट्य अछि। तँहि हिनक रचना मे वर्णनक ओतेक चमत्कार नहि भेटत, मानवचरित्रक विश्लेषण अधिक चमत्कारक होइत अछि। 'अमर बाबू' मे हिनक प्रतिभा खूब निखरैत अछि। एहू उद्धरण मे भिखारि ओ कृषिका ताही दृष्टि सँ द्रष्टव्य थिक।

(कविता-कुसुम, 1956)

श्री रामचरित्र पाण्डेय 'अणु'

'नक्षत्र'क कवि श्री रामचरित्र पाण्डेय 'अणु' मैथिलीक प्रगतिशील कवि मे अग्रणी मानल जाइत छथि, किन्तु हिनक प्रगतिशीलता व्यंग्य पर आधारित अन्तर्मुखी होइत अछि आओर व्यंग्य होइत अछि बौद्धिक तेँ हिनक रचना मे सरसताक मात्रा अल्प रहैत छैन्हि। ई यदि

एक दिशि छन्द-तुक सँ युक्त गीत-काव्यक रचना कएने छथि तँ दोसर दिशि मुक्तक वृत्त स्वच्छन्द मुक्तकोक। एहि दूनू प्रकारक रचना मे अणुजी नवीन दृष्टिक स्पष्ट रूपेँ परिचय देने छथि। ई मार्क्सवाद केँ स्वीकार कए सामाजिक विषमताक चित्रण बड़ मार्मिक कएल अछि। आओर एहन चित्रण मुख्यतः ओ कएल अछि प्रतीक-शैली मे जे दुरूह होइतहुँ अपन लक्ष्य केँ स्पष्ट-रूपेँ व्यक्त करबा मे सर्वत्र समर्थ भेल अछि। 'अधिकारी' कविक एही प्रकारक रचना थिक। किन्तु 'देवोत्थान' एवं 'बं' 'वैद्यनाथ' शीर्षक रचना कविक अभिनव काव्य-प्रवृत्तिक द्योतक थिक। मार्क्सवादी प्रगतिशीलताक पश्चात् धार्मिकताक ई उपायन अवश्य कविक पश्चात्पद ग्रहण करबाक भ्रम उत्पन्न कए सकैछ, किन्तु थिक ई प्रकृत-पथ, कारण, मिथिलाक जनजीवन धार्मिकता सँ असम्पृक्त रहि अपन गरिमा केँ सुरक्षित नहि राखि सकैछ। अणुजीक प्रत्येक रचना अत्यन्त गम्भीर होइत अछि आओर एही कारणेँ कविकेँ ओहन लोकप्रियता नहि प्राप्त भए सकल छैन्हि जकर ओ अधिकारी छथि।

(नवीन-गीत, 1965)

श्री रामचरित्र पाण्डेय 'अणु'

श्री रामचरित्र पाण्डेय बहेड़ा हाई स्कूलक हेडमास्टर, मैथलीक प्रगतिवादी ओ भावुक कवि छथि। अपन रचना मे ई कतेको नवीन प्रयोग कएल अछि, शब्दचित्र हिनक बड़ मार्मिक ओ रोचक होइत अछि आ मार्क्सवादक सिद्धान्त केँ मिथिलाक पृष्ठभूमि मे भावमय शब्द मे अभिव्यञ्जन हिनक कृतिक विलक्षणता अछि। परन्तु विशेष भावात्मक ओ सिद्धान्तक रहस्य सँ उद्बुद्ध हिनक कविता मे एखन धरि लोकप्रियताक अभाव देखि पड़ैत अछि। वर्माजीक कविता जकाँ हिनको कविताक रसास्वादनक हेतु बौद्धिक विकास अपेक्षित अछि, सरसताक मात्रा विशेष चाही। भाषा पर हिनकहु नीक अधिकार अछि, छन्दक नियन्त्रण सँ अधिक ध्यान रहैत अछि हिनका लय मे, शब्दक प्रवाह मे परन्तु भाव मे ओझराए हिनक दृष्टि सृष्टिक सौन्दर्य सँ आनन्द ग्रहण करब नहि बिसरैत अछि। वस्तुतः श्रीपाण्डेयजीक कवि-हृदय सँ मैथिलीक काव्यक्षेत्र मे आओर अधिक लोकप्रिय कृतिक आशा छैक।

(कविता-कुसुम, 1956)

श्री गोविन्द झा

मैथिली-काव्य-साहित्य मे श्री गोविन्दझाक नाम प्राञ्जल भाषा-शैली, सुस्पष्ट वस्तु-विन्यास, एवं नवयुग-प्रवृत्ति-ग्राहिणी स्पन्दनशील सूक्ष्म कल्पनाक दृष्टि सँ अग्रगण्य अछि। ई जे किछु लिखल अछि से अनुभव कएलाक पश्चात् अपन अनुभूतिक प्रेरणा सँ, जाहि मे नहि तँ पाण्डित्यप्रदर्शक प्रवृत्ति अछि आओर ने चमत्कार-प्रदर्शनक। विषयक उपस्थापन मे भावानुकूल माधुर्य एवं ओकर सामञ्जस्य एतेक सहजता सँ ई करैत छथि जाहि मे भाषाक प्रसाद कतहु विघटित नहि होइत अछि आओर ने शब्दक मर्यादित स्वरूपहि मे कोनो बाधा उपस्थित होइत अछि। ई प्रगतिशील छथि, युगीन समस्याक ग्रहणक हेतु, प्रयोगशील छथि भावाभिव्यक्तिक

नव-नूतन उक्ति-भङ्गिमाक हेतु। वस्तुतः हिनक रचना मे प्रगतिशीलता एवं प्रयोगशीलताक मणिकाञ्चन संयोग एतेक स्वाभाविक रूपेँ भेल अछि, जे मैथिल काव्य-परम्पराक प्रतिक्रिया मे नहि, विकास मे संघटित भेल प्रतीत होइत अछि। 'आलोक' शीर्षक कविता मे कवि आध्यात्मिक रहस्यक प्रति जिज्ञासा-भाव केँ प्रकट कएल अछि। तँ 'ब्रह्म ओ ब्रह्मा' मे युग-प्रवृत्तिक परिवेश मे कर्मक महत्त्वक प्रतिपादन कएल अछि। 'प्रभाती' सँ सुषुप्त केँ जागरणक सन्देश देल अछि तेँ 'अन्न देवता' मे व्यंग्यपूर्ण नवीन रीतिएँ प्रगतिशील समस्या दिसि ध्यान आकृष्ट कराओल अछि। वस्तुतः गोविन्दजी बहुविध प्रवृत्तिक कवि छथि आओर जे किछु लिखल अछि से अपन साहित्यक गौरवक वस्तु सिद्ध भए रहल अछि।

(नवीन-गीत, 1965)

श्री गोविन्द झा

श्री गोविन्दझा, इसहपुरक वासी, संस्कृतक सुन्दर पण्डित, सम्प्रति विहार सेक्रेटेरिएट मे अनुवाद विभाग मे काज करैत छथि। मैथिलीक प्रतिभाशाली कवि ई पाठावस्थहि सँ छथि, हिनक कतेक कविता प्रकाशित भेल अछि। छन्दःशास्त्रक ई विशेष अध्ययन कएने छथि ओ भिन्न-भिन्न छन्दक प्रयोगमे सिद्धहस्त छथि। कल्पनाक लालित्य, भाषाक सौष्ठव, भावक मधुरिमा, काव्यक सब गुण हिनक रचना मे उपलब्ध होइत अछि। विद्यापतिक पद्य सबसँ पद केँ लए-लए विद्यापति पर हिनक कविता एक गोट अभिनव वस्तु अछि।

(कविता-कुसुम, 1956)

श्री उपेन्द्रनाथ झा 'व्यास'

श्री उपेन्द्रनाथ झा 'व्यास' स्वानुभूतिक कवि छथि। हिनक रचनामे स्वानुभूतिक दू मुख्य रूप प्रस्फुटित भेल अछि—दीन-हीनक दुर्भाग्यक प्रति सहानुभूति एवं प्राकृतिक सौन्दर्यक प्रति रागात्मक संवेदना। कोनहु-कोनहु रचना मे तँ हिनक स्वानुभूतिक उभय रूप एकत्र बिम्बित-प्रतिबिम्बित भेल अछि, 'शिशिर-मेघ' तकर दृष्टान्त थिक। एहि रचनाक आधार पर इहो पूर्ण रूपेँ स्पष्ट अछि जे दीन-हीनक प्रति हिनक उत्कट सहानुभूति प्राकृतिक सौन्दर्यक आकर्षण केँ प्रतिच्छायित कए लैत अछि। एहि दृष्टिएँ व्यासजी, शत-प्रतिशत प्रगतिवादी कवि छथि। किन्तु हरद्वार शीर्षक रचना मे ई शुद्ध प्रकृति-कविक रूपहु मे वेश स्फुट छथि। व्यासजीक प्रत्येक रचनामे भावुकताक मात्रा बड़ अधिक रहैत अछि। वस्तुतः व्यासजी भावक नहि, भावुकताक कवि छथि। भाषा-शैली मे ई प्राचीन रीतिक पक्षपाती छथि—भाषा संस्कृतनिष्ठ, कल्पनाक भावाभिव्यक्ति प्राञ्जल एवं मधुर होइत छैन्हि। व्यासजी लिखैत छथि स्वान्तःसुखाय, बड़ अल्प, किन्तु जएह किछु लिखल अछि ताही सँ मैथिली-काव्य-साहित्य मे अपन स्थान सुरक्षित कए लेने छथि। एम्हर ओ अनुवाद दिसि सेहो आकृष्ट भेलाह

अछि। गीताक अनुवाद प्रकाशित भए चुकल छैन्हि, उमरखैय्यामक रुबाइयातक सेहो अनुवाद कएल अछि जाहि सँ किछु अंश एहि ठाम सङ्कलित अछि।

(नवीन-गोत, 1965)

श्री उपेन्द्रनाथ झा 'व्यास'

श्री उपेन्द्रनाथझा, इञ्जिनियर, मैथिली साहित्यक चिर-सेवक अपन उपनाम 'व्यास'क नाम सँ विख्यात छथि। हिनक उपन्यास प्रकाशित अछि, गल्पक संग्रह प्रकाशित अछि, 'संन्यासी' नामक कविता प्रकाशित अछि। हिनकहु कविता मे भावक प्रधानता रहैछ ओ ताहि भाव धरि पहुँचबा मे बौद्धिक-विकास अपेक्षित अछि। तेँ लोकप्रिय कवि नहि छथि, प्रसाद गुणक अभाव हिनकहु कविता मे रसावबोध मे बाधक होइत अछि। परन्तु हिनक 'भावभूमि' कविता वर्त्तमान युगक अनुरूप एक अभिनव वस्तु भेल अछि, जाहि मे एहि दू-भागक यथार्थ वर्णन मे पूँजीपतिक विलासिता ओ मजदूरक दुर्दशाक चित्रण एक गोट एहन विरोध उपस्थित करैत अछि जाहि सँ प्रगतिवादक ध्वनि अभिव्यक्त होइत अछि। ओना व्यासजी केवल छन्द विषयहिटा मे प्रगतिवादी छथि, कविताक रीति, भाषाक परिशुद्धि, कल्पनाक विकास, रसक परिपाक—सब दृष्टि सँ ई प्राचीनताक पक्षपाती छथि। भावभूमि कविता मे हिनक विज्ञानक ज्ञान कविताक रूप मे अभिव्यक्त भए एक नूतनता उपस्थित करैत अछि। ओ आशावादिता जे व्यासजीक सहज गुण छैन्हि, एहू कविता मे विषमताक चित्रणक सङ्ग हिनक व्यक्तित्वक सुन्दर परिचय दए दैत अछि। वस्तुतः व्यासजी केवल स्वानुभूतिक विषय लए कविता करैत छथि ओ एहि अंश मे अङ्गरेजी कविताक बड़ सुन्दर द्योतन हिनक रचना मे भेल अछि।

(कविता-कुसुम, 1956)

श्री उपेन्द्रनाथझा

व्यवसाय सँ इन्जिनियर, श्री उपेन्द्र बाबू मैथिली-साहित्यक क्षेत्र मे 'व्यासजी'क नाम सँ चिर-परिचित छथि। हिनक कथा, उपन्यास, निबन्ध ओ कविता सब किछु हमर साहित्यक गौरव अछि। परन्तु छथि ई हृदय सँ कवि। 'संन्यासी' हिनक प्रकाशित अछि। इहो मिथिलाक लोकप्रसिद्ध विदुषीक पद्यात्मक गौरव-गाथा 'स्वदेश' मे प्रकाशित भेल ओ पुस्तकाकारहुँ 1358 साल मे बहार भेल।

एहि मे कथा अछि शङ्कराचार्य ओ मण्डन मिश्रक शास्त्रार्थक जाहि मे मध्यस्था छलीह मण्डन मिश्रक विदुषी धर्मपत्नी। मण्डन मिश्र परास्त भेलाह ओ व्यवस्थानुसार हुनका शङ्कराचार्यक शिष्यत्व स्वीकर्त्तव्य छलैन्हि मुदा मध्यस्था शारदा अपन पतिक पराजय तावत् स्वीकार नहि कएल यावत् हुनक अर्धाङ्गिनी ओ स्वयं पराजित नहि होथि। तेँ दोसर तोर शास्त्रार्थ आरम्भ भेल, शारदा ओ शङ्कराचार्य मध्य, जाहि क्रम मे शारदा हुनका कामशास्त्रक गूढ़ प्रश्न पूछि चुप्प कए देल। बाल ब्रह्मचारी शङ्कर कामशास्त्रक विषय की जानए गेलाह परन्तु सृष्टि-चालनक जे प्रक्रिया छैक ताहि हेतु

कामशास्त्रीय ज्ञान आवश्यक ओ तेँ शङ्कराचार्य एक वर्षक समय लए योगसँ पर-काय प्रवेश कए कामशास्त्रक ज्ञान प्राप्त कए अएलाह इत्यादि विषय परम्परया श्रुत अछि। एहि मे शारदाक विजय मात्र वर्णित अछि ओ शङ्कराचार्य समय माङि चलि जाइत छथि।

(मैथिली कथा-काव्य, 1965)

डॉ. श्री जयमन्त मिश्र

डा. श्री जयमन्त मिश्रक नाम मैथिली साहित्य मध्य प्रतिभाशाली कविक रूप मे परिगणित होइत अछि। ई संस्कृत साहित्यक मर्मज्ञ विद्वान छथि तेँ हिनक मैथिली रचना मे संस्कृत काव्यक प्राचीन रीतिक अनुसरण भेटैत अछि। हिनक रचना क्लिष्ट होइत अछि आओर तकर कारण थिक प्रायः हिनक कविक व्यक्तित्व मे विद्वत्ताक गाम्भीर्य। हिनक कविता मे वस्तुनिष्ठताक प्राधान्य रहैत अछि, आत्मनिष्ठ भावना जाहि ठाम रहितहुँ अछि ताहि ठाम अप्रस्फुटित। किन्तु शब्द-चयन हिनक होइत छैन्हि ललित एवं कल्पना कोमल। ई प्राचीन विषय केँ नवीन शैली मे उपस्थित कए तकरा विशेष रोचक बनबैत छथि, इएह थिक हिनक कविताक मुख्य विशेषता। एहि ठाम 'कविते' शीर्षक मे डाक्टर साहेब कविताक उद्‌गम ओ विकासक रहस्योद्‌घाटन बड़ रोचक शैलीमे कएलैन्हि अछि, 'नभ आङनमे मेघ खेलाइछ' प्राचीन रीतिक आलङ्कारिक प्रकृति-वर्णन थिक, 'छी हम दोषक भागी' मे कविक आत्मभावनाक यत्किचित् अभिव्यक्ति भेल अछि।

(नवीन-गीत, 1965)

डॉ. श्री जयमन्त मिश्र

श्री जयमन्त मिश्र, लङ्गट सिंह कालेजक संस्कृतक प्राध्यापक, मैथिलीक उदीयमान कवि छथि ओ ताहू मे प्राचीन रीतिक अनुसरण करैत पुरान छन्द मे प्राचीन विषय पर हिनक रचना एहि प्रगतिवादक युग मे विशेष श्लाघनीय अछि। हिनका मे कवित्वक प्रतिभा छैन्हि, शब्दचयन मे लालित्य पर ध्यान रहैत छैन्हि, कल्पनाक कोमलता छैन्हि, ओ प्राचीन विषय कैँ नव रीति सँ, नव शैलीमे उपस्थित कए कविता विशेष रोचक रचैत छथि। भावात्मक कविता सेहो हिनक कतोक अछि, परन्तु ताहि सब मे क्लिष्टता रसास्वादन मे बाधक भए जाइत अछि, प्रसाद गुणक अभाव खटकैत अछि। 'शिशिर सँ' हिनक प्रतिभाक निदर्शन स्वरूप उपस्थित कएल अछि जाहि मे विषय प्राचीन परन्तु शैली नवीन, विशेष सौष्ठव ओ रोचकता, स्फुट अछि।

(कविता-कुसुम, 1956)

श्रीसुधांशु शेखर चौधरी

'मिथिला-मिहिर'क सम्पादक श्रीसुधांशु ' शेखर' चौधरी मैथिलीक प्रौढ़ कवि छथि। आरम्भ मे ई हिन्दीक सुप्रसिद्ध कवि बच्चनक 'निशा-निमन्त्रण' आदि गीत सँ बड़

प्रभावित भए हिन्दी-मैथिली मे ताही ढङ्गक गीतक रचना कएल जे 'मिहिर' क '45-46' क अङ्क सभ मे प्रकाशित भेल। किन्तु शीघ्रे ओ एहि प्रभाव सँ मुक्त भए गेलाह एवं अपन स्वतन्त्र प्रतिभाक परिचय देल। ई युग-भावनाक स्पन्दनशील कवि छथि आओर जे किछु लिखैत छथि ताहि मे भाव-विन्यास स्पष्ट, अभिव्यक्ति-प्रणाली सरल एवं भाषाशैली परिमार्जित होइत छैन्हि। कविता हिनक प्रकाशित छैन्हि बड़ अल्प आओर जे प्रकाशित छैन्हि ताहि सँ हिनक वैयक्तिक वैशिष्ट्यक स्पष्ट आभास नहि भेटैत अछि। एहि ठाम सङ्कलित कवितासब मे 'गीत', 'प्रभाव' मे लिखल रहलहु सन्ताँ सरस-सरल अछि, आजुक युग मे प्रयोगवादी रचना थिक जाहि मे एहि युगक संसारक वीभत्स चित्रण भेल अछि एवं 'तीन चित्र' मे बाढ़िक प्रस्तुत-वर्णनक प्रतीक लए संसार मे भौतिकताक एवं ईर्ष्या-द्वेषादिक आधिक्यक वर्णन बड़ यथार्थ भेल अछि। वस्तुतः 'तीन चित्र' कविता भावाभिव्यक्ति शैलीक दृष्टिएँ ओ अभिव्यक्त भाव-वस्तुक दृष्टिएँ सेहो शेखरजी कैँ मैथिलीक श्रेष्ठ कविक रूप मे प्रतिष्ठित कए दैत अछि।

(नवीन-गीत, 1965)

श्री चन्द्रनाथ मिश्र 'अमर'

श्री चन्द्रनाथ मिश्र 'अमर' मैथिलीक सुप्रसिद्ध लोकप्रिय कवि छथि। ई मधुर हास्य एवं व्यंग्यक हेतु अग्रगण्य छथि, किन्तु एमहर प्रकृति-वर्णन सँ सम्बद्ध अनुभूतिपूर्ण किछु गीति-मुक्तकक सेहो रचना कएल अछि जे 'ऋतु-प्रिया' मे सङ्कलित भेल अछि। 'अगहन' ओ 'पूस' ताहीसँ उद्धृत अछि। एतदतिरिक्त अन्य विषयहु पर ई गम्भीर रचना करए लगलाह अछि। 'सुधिक ड़िलकोर' मे कवि मातृ-स्नेहक बड़ सरस एवं हृदयग्राही वर्णन कएल अछि जे स्वाभाविकताक कारण सहजहिं हृदय केँ स्पन्दित करबा मे समर्थ होइत अछि। एहन रचनासभा मे कविक शब्द-योजना मधुर, मृदुल एवं प्रसादगुण-समन्वित अछि जे अभिव्यंजित भावक सर्वथा अनुकूल अछि, ओ सर्वत्र वृत्युनुप्रासक छटा सेहो दर्शनीय अछि। किन्तु आबहु अमरजीक प्रतिभा हास्य-व्यंग्य मे जतेक निखरैत अछि ततेक अन्यत्र नहि। प्रकृति सम्बन्धी कविताक मध्यहु 'पूस' शीर्षक रचना मे अमरजीक वास्तविक प्रतिभा स्फुट भए उठल अछि आओर यत्र-तत्र वक्रोक्तिमूलक हास्य-व्यंग्यक अपूर्ण योजना भेल अछि। अमरजी अपन परिमार्जित एवं प्रौढ़ हास्य-व्यंग्य-योजना द्वारा सामाजिक विषमताक बड़ मार्मिक चित्र खींचैत छथि जे हँसएबाक सङ्ग-सङ्ग प्रभावित सेहो करैत अछि। 'युग-चक्र' कविक विख्यात कृति थिक जे हास्य-व्यंग्यक अपूर्व निदर्शन तँ अछिए सङ्गहि ओहि मे युग-जीवनक प्रति कविक दृष्टि सेहो स्पष्ट भेल अछि। यद्यपि अमरजीक स्थायी यशक आधार हास्य-व्यंग्यमूलक रचना सभ अवश्य थिक, किन्तु अन्य प्रकारक रचना हिनक काव्य-प्रवृत्तिक नित-नूतन विकासक सूचना दैत अछि।

(नवीन-गीत, 1965)

श्री चन्द्रनाथ मिश्र 'अमर'

श्री चन्द्रनाथ मिश्र, लहेरियासरायक सरस्वती स्कूलक हेडपण्डित, अपन उपनाम अमरजीक आख्या सँ सर्वत्र सुप्रसिद्ध छथि। मैथिली काव्यक क्षेत्र मे हिनक सेवा श्लाघनीय अछि। मधुरहास्य ओ ताहि सङ्ग व्यंग्यक हेतु ई एहि समय मे सबसँ प्रसिद्ध कवि छथि ओ ताहि सङ्ग ठेठ भाषाक प्रयोग हिनका बड़ लोकप्रिय बनाए देलक अछि। गम्भीरो विषय पर हिनक कविता रोचक होइत अछि। वस्तुतः देशदशाक विषमता केँ ई जाहि व्यङ्ग्यक सङ्ग प्रदर्शित कएल अछि से कविवर श्रीसीतारामझाजीक रचना समेत मे नहि भेटैत अछि।

(कविता-कुसुम, 1956)

श्री चन्द्रनाथ मिश्र 'अमर'

मैथिलीक लोकप्रिय कवि मे अमरजी एखन अग्रिम पंक्ति मे प्रायः प्रमुख छथि। हिनक बहुविध रचना बहुत दिनसँ लोकविषय प्रसिद्धि पाबि चुकल अछि ओ कए गोट संग्रह सेहो प्रकाशित भेल अछि। परन्तु हिनक प्रतिभा निखरैत अछि हास्यव्यङ्ग्यक रचना मे, हिनक भाषा मे मर्मस्पर्श करबाक एक गोट अद्भुत चमत्कार छैन्हि ओ देश-दशाक विषमताक नानाविध चित्रण कए ई लोक केँ हँसाए-हँसाए छोड़ैत छथि। परन्तु हिनक हास्यक अन्तर मे बड़ करुण चित्र अङ्कित रहैत अछि। ठेठ भाषाक प्रयोग हिनक एहि जातिक कविताक विलक्षणता थिक ओ एहि अंश मे ई ज्योतिषी श्री सीताराम झा जी समेत केँ ठाम-ठाम पछुआए दैत छथि।

प्रस्तुत कविता जे ई अत्यन्त सहृदयता सँ हमरहि हेतु लीखि देलैन्हि अछि वर्त्तमान स्थितिक बड़ सुन्दर चित्र उपस्थित करैत अछि। व्यवसाय सँ उच्च माध्यमिक विद्यालयक शिक्षक, ई एहि ठाम एक गोट बी.ए. शिक्षकक कथा लिखलैन्हि अछि जे कहबैत छथि तँ राष्ट्र-निर्माता किन्तु जनिक जीवन अभाव सँ ग्रस्त रहैत छैन्हि ओ तेँ आदर्शक सबटा स्वप्न दैनिक दीनता मे विलुप्त भए जाइत छैन्हि। एहन-एहन असन्तुष्ट दीन राट्र-निर्माता सँ केहन राष्ट्रक निर्माण भए सकत से एहि कथाक व्यङ्ग्य थिक से द्रष्टव्य।

(मैथिली कथा-काव्य, 1965)

श्री राघवाचार्य

श्री राघवाचार्य मैथिली-काव्यक क्षेत्र मे वीररसक कविक रूप मे सुप्रसिद्ध छथि। मैथिली-साहित्य मध्य वीररसक मुक्तक-काव्य-रचनाक अभाव रहैत आएल अछि, राघवाचार्य राघवाचार्य एहि अभावक यत्किंचित पूर्ति करबाक यथासाध्य यत्न कएने छथि। वीररसक स्थायी-भाव होइत अछि उत्साह, हिनक उत्साहक विषय थिक मिथिलाक जन-जीवनक अधोगति केँ दूर करब। हिनक अनुसार मिथिलाक अधोगतिक मूल-कारण थिक एकरा उचित राजनीतिक सत्ता प्राप्त नहि होएब,

मिथिला केँ एक पृथक प्रान्तक रूप मे स्वीकृति नहि भेटब। तेँ एहि अधिकारप्राप्तिक हेतु क्रान्तिक उद्‌बोधन देब हिनक रचनाक उद्देश्य बूझि पड़ैत अछि। तेँ कतहु तँ अपन रचनामे ई मिथिलाक विभिन्न जाति मध्य एकमात्र जाति मैथिलक भावना जाग्रत हो ताहि ऐक्यक सन्देश दैत छथि, तँ कतहु मिथिलाक आर्थिक पराभवक वर्णन कए उत्साहकेँ उद्दीप्त करबाक चेष्टा करैत छथि। एहि प्रकारेँ हिनक प्रत्येक रचनाक मूल मे राजनीतिक क्रान्ति-भावना भेटैत अछि। ई वीररसक अनुकूल कठोर एवं ओजस्वी शब्द केँ संघटित कएने छथि, किन्तु एहि हेतु भाषाक स्वरूप यत्र-तत्र परिनिष्ठित नहि रहि पओल अछि, यत्र-यत्र यतिभंगक दोष सेहो भेटैत अछि। किन्तु भाषागत यत्किंचित दोष रहितहुँ राघवाचार्यजी वीररसक कविता कए मैथिली कविताक एक अङ्गक पूर्ति करबाक निस्सन्देह स्तुत्य प्रयास कएल अछि।

(नवीन-गीत, 1965)

श्री मथुरानन्द चौधरी 'माथुर'

श्रीमथुरानन्द चौधरी 'माथुर' 'कृषक' एवं 'कानन-कन्या' क विख्यात कविक रूप मे मैथिली-साहित्य मध्य सुपरिचित छथि, परन्तु छथि ई स्वाभाविक-गीत-काव्यकार। की भावानुभूतिक कोमलसरस व्यञ्जना, की शब्द-योजनाक स्निग्ध मार्दव ओ माधुर्य, दुनू दृष्टिएँ हिनक प्रबन्ध-काव्यहु मध्य गीत-तत्त्वेक प्रधानता अछि। हिनक रचना स्पष्ट ओ प्राञ्जल होइत अछि तथा अर्थ बुझबाक हेतु आयासक अपेक्षा नहि पड़ैत अछि। हिनक कविता तँ रहैत अछि दार्शनिक। कतहु-कतहु मानव-जीवनक आर्थिक विषमता-विवशताक चित्रण सेहो बड़ मार्मिक कएल अछि, उदाहरणार्थ 'मनुज' शीर्षक कविता प्रस्तुत कएल जाए सकैत अछि। 'कुम्हारक चाक' पर स्वर्गीय मैथिलीशरण गुप्तक 'मङ्गल-घट' शीर्षक कविताक उत्कट प्रभाव दृष्टि-गोचर होइत अछि। किन्तु एहि प्रभाव कैँ ओ अपन प्रतिभा द्वारा नवीन कए पल्लवित कएल अछि। 'चिन्तन' मे कवि जीवनक दुःख-सुखक कारणक अन्वेषण करबाक प्रयास कएल अछि। 'मनुज' एवं 'चिन्तन' शीर्षक रचना मे छन्द-विषयक प्रगतिशीलता सेहो लक्षित होइत अछि।

(नवीन-गीत, 1965)

डा. श्री शैलेन्द्रमोहन झा

डा. श्री शैलेन्द्रमोहन झा कविक रूप मे ख्यात नहि छथि, किन्तु वस्तुतः हिनक व्यक्तित्व कवित्वहिक रस सँ श्लथ अछि। डाक्टर साहेबक गद्य-कृतिक—कथा, उपन्यास एवं निबन्धक—वैशिष्ट्ये थिक सहजात भावुकताक कवित्व-पूर्ण व्यज्जना। एहि दृष्टिएँ हिनक गद्यक स्थल-स्थल पर सुन्दर 'काव्य' भेटैत अछि। ई कविता बड़ कम लिखने छथि, किन्तु जे किछु लिखने छथि ताहिमे अनुभूतिपूर्ण रागात्मकताक स्वाभाविक उद्‌घाटनक दृष्टिएँ कोमल कैशोर भावनाक बड़ यथार्थ एवं आह्लादक निष्पत्ति प्रस्तुत भेल अछि। एहू ठाम 'मुक्त कुन्तला' शीर्षक रचना मे यदि शृंगारिक

सौन्दर्यक भावनाक वर्णन अछि तँ 'प्रकृति-सुन्दरी' मे प्रकृतिक कोमल एवं सुन्दर रूपराशिक अकृत्रिम शब्दांकन अछि। कविता मे निबद्ध सुकोमल भावनाक अनुकूल शब्द-योजना मध्य लालित्य, माधुर्य एवं प्रसादक पूर्ण निर्वाह भेल अछि।

(नवीन-गीत, 1965)

श्री राधाकृष्णझा 'बहेड़'

श्री राधाकृष्ण झा मैथिलीक अग्रगण्य हास्य-व्यंग्यकार कवि ओ सुन्दर कथाकारक रूप मे प्रतिष्ठित छथि। हिनक रचनामे हास्य सँ व्यङ्ग्यक मात्रा अधिक रहैत अछि, किन्तु व्यङ्गोक्तिक रीति सरस, आह्लादक एवं हास्यप्रद होइत अछि। हिनक व्यङ्ग्यक विषय होइत अछि सामयिक राजनीतिक एवं सामाजिक वातावरण-देशक घोर दरिद्रताक परिवेश मे पन्द्रह अगस्तक उत्सव-समारोहक व्यर्थता, नेता लोकनिक विषम वचन-व्यापारक विरूपता, दुःखी जनगणक आन्दोलन केँ अवरुद्ध करबाक हेतु शक्तिधर सरकारक प्रतारणपूर्ण वक्रता आदि। हिनक रचना केँ विशेष चमत्कारक बनबैत अछि हिनक भाषा-शैली। ई पटुताक सङ्ग मिथिलाक ग्राम्य जीवन मे प्रयुक्त शब्दावलीक प्रयोग करैत छथि जाहि सँ हिनक रचना मे अद्‌भुत स्वाभाविक प्रवाहक समावेश भए जाइत अछि। भाषा-प्रयोगक एहि विलक्षणताक कारणेँ ग्राम्य-जीवन ओ प्रकृतिक हिनक चित्र बड़ यथार्थ अङ्कित भेल अछि। 'गइबारक साँझ' तकर दृष्टान्त थिक। वस्तुतः बहेड़जीक नाम ग्राम्य-जीवनक चित्रकार एवं सामाजिक- राजनीतिक विरूपताक व्यङ्ग्यकारक रूप मे आदरक सङ्ग लेल जाए सकैत अछि।

(नवीन-गीत, 1965)

श्री जयधारी सिंह 'प्रभाकर'

श्री 'रमाकर'जीक अनुज बाबू श्री जयधारी सिंह 'प्रभाकर'क उपनामे ख्यात छथि। ई बड़ थोड़ कविता करैत छथि आओर जे करैत छथि से रमाकरजीक शैलीक—अत्यन्त भावात्मक एवं आयासपूर्ण। अपन अग्रजक रचनहि जकाँ हिनकर कविता सेहो दुरूह ओ गम्भीर होइत छैन्हि किन्तु भाषा होइत छैन्हि परिमार्जित, परिनिष्ठित, संस्कृतनिष्ठ एवं माधुर्य-व्यञ्जक। 'जलविहीन मीन', शीर्षक रचना अन्योक्ति-मूलक थिक जाहि मध्य मानव-जीवनक यातना-विवशताक चित्रण भेल अछि। 'ब्रजक काकली' मे कृष्ण ओ कृष्णक लीला-भूमिक अभिनन्दन अभिप्रेत बूझि पड़ैत अछि।

(नवीन-गीत, 1965)

श्री गङ्गाधर मिश्र

पं. श्री गङ्गाधर मिश्र बहुतो समय सँ जीबूक उपनामे ख्यात भए काव्य-साधना करइत आबि रहल छथि। हिनक रचना मे अभ्यास-जनित प्रौढ़ता ओ सुलभताक दर्शन होइत अछि। प्रकृतिवर्णन होइत अछि हिनक बड़ स्वाभाविक। एहन वर्णन मे ओ उपमा उत्प्रेक्षादिक प्रयोग करैत छथि, सङ्गहि मिथिलाक स्थानीय छविक शब्दाङ्कन कए ओहि

मे अपूर्व माधुर्यक समावेश कए दैत छथि। शब्द-विन्यास संस्कृतनिष्ठ होइतहुँ कतहु कृत्रिम नहि होइत अछि, सर्वत्र प्रसाद ओ माधुर्यक संयोग रहैत अछि।

(नवीन-गीत, 1965)

श्री गोपालजी झा 'गोपेश'

कविता मध्य मार्मिक व्यङ्ग्य-प्रयोग मे श्री गोपालजी झा 'गोपेश' केँ विशेष दक्षता प्राप्त छन्हि। सामाजिक एवं साहित्यिक नवीनताक पक्षपाती होइतहुँ तकर विसङ्गतिक ओ घोर विरोधी बूझि पड़ैत छथि। 'प्रयोगवादी दृष्टिकोण' मे कवि प्रयोगवादी मनोभावक असङ्गति पर व्यङ्ग्य करैत छथि, तहिना 'युगधर्म' एवं 'उपलब्धि' मे नवयुग एवं तकर आचरणादिक विषमता पर आघात करैत छथि। गोपेशजीक भाषा-शैली प्रगतिशील अछि—मुक्तवृत्त छन्द, सर्वप्रचलित शब्दसमूह एवं प्रसाद गुण सँ युक्त शिल्प-प्रयोग। गोपेशजीक रचना मध्य वस्तुमे ओ अभिव्यक्ति मे सेहो मौलिकताक अभाव प्रतीत होइत अछि। तेँ एक रचनाक पश्चात दोसर रचना ओतेक अनुरञ्जित नहि करैत अछि तथापि जाहि प्रकारक रचना ओ करैत छथि से अपन हास्यपूर्ण उक्ति-भङ्गिमाक कारणें पर्याप्त मनोरञ्जन करैत अछि।

(नवीन-गीत, 1965)

श्री गोपालजी झा 'गोपेश'

श्री गोपालजी झा एम.ए. 'गोपेश' बिहार सेक्रेटेरिएट मे अनुवाद विभाग मे काज करैत छथि। ओ मैथिलीक उदीयमान कवि छथि। हिनक शब्द-चित्र बड़ मार्मिक होइत अछि। वर्णन हिनक बड़ रोचक होइत अछि। कल्पना हिनक बड़ कोमल अछि। कवित्वक बीज हिनक प्रतिभा मे अवश्य अछि। व्यङ्गक विन्यास मे सेहो ई कुशल बुझना जाइत छथि, परन्तु शब्दचित्र मे बहुधा मार्मिकता हेराएल रहैत अछि।

(कविता-कुसुम, 1956)

डॉ. श्री दुर्गानाथ झा 'श्रीश'

डा. श्री दुर्गानाथ झा 'श्रीश' मैथिलीक सुप्रसिद्ध कवि छथि परन्तु ई लोकानुरञ्जनक कवि नहि, भावनाक कवि छथि, जनिक प्रतिभा वर्ण्य विषयक अन्तर्निहित धर्म केँ सरल किन्तु सरस रीतिएँ संवेदनाक सङ्ग स्फुट कए पाठक केँ रागात्मक आह्लाद प्रदान करबा मे पूर्णतया सफल होइत अछि। हिन्दी साहित्यक पण्डित ओ मैथिलीकाव्य-धाराक विशेषज्ञ हिनका मे कविताक नवीनतम प्रवृत्ति ग्रहण करबाक अवसर ओ क्षमता सेहो छैन्हि, किन्तु ई कोनहु वादक परिधि मे नहि छथि प्रत्युत हिनक कविताक प्रेरक शक्ति होइत छैन्हि आत्माभिव्यक्तिक एषणा तथा बाह्य जगत किंवा अन्तर्जगत, प्राकृतिक सौन्दर्य किंवा जीवनक रहस्य, जाही विषय पर ई रचना करैत छथि सर्वत्र हिनक चिन्तना ओ भावनाक तत्त्व प्रधान भए जाइत अछि। भाषा हिनक होइत अछि मृदुल ओ परिमार्जित तथा छन्दक विषय मे ई परम्पराक अनुसरण

करैत छथि मुदा ताहि मे केहन कौशल सँ नवीनताक समावेश कए लैत छथि तकर निदर्शन एतए 'मेघ ओ चन्द्रमा' मे देखबाक थिक। हमरा हेतु हिनक कविता मे सबसँ चमत्कारक वस्तु अछि औचित्यक पालन ओ ताहि हेतु जे संयम अपेक्षित छैक तकर दृष्टान्त हिनक प्रत्येक रचना प्रस्तुत करैत अछि। 'मेघ ओ चन्द्रमा' मे प्रकृतिक चित्रण सँ मानव-जीवनक हेतु विचारक सामग्री भेटैत अछि। 'विफल विजय' मानवजीवन मे मस्तिष्क ओ हृदयक निरन्तर संघर्षक रागात्मक चित्रण अछि जाहि सँ जीवनक शाश्वत सत्य दिशि स्पष्ट सङ्केत अछि। 'करू मन्थन' विभ्रान्त मानवक हेतु कर्त्तव्य-पथक निर्देश करैत अछि। 'अनागत काल सँ' एक गोट भावुक कविक हृदयोद्गार थिक जे अपना केँ संसारक गति सँ क्षुब्ध देखि रहल अछि। वस्तुतः श्री श्रीशजी मानव-जीवनक कवि छथि जे युगक विषमता सँ अनास्था, नैराश्य किंवा औदास्यक आश्रयण नहि करैत छथि प्रत्युत चिन्तना ओ भावना सँ अपन पाएर पृथ्वी पर स्थिर देखए चाहैत छथि। तेँ हिनक कविता मे ओ गुण नहि भेटत जे हिनका लोकप्रिय बनाओत प्रत्युत ओ गुण भेटत तथा से पूर्णरूपें भेटत जाहि प्रसादात् कवि चिरन्तन जीवन-तत्त्वक युगक अनुरूप व्याख्याता होइत छथि।

(नवीन-गीत, 1965)

डॉ. श्री दुर्गानाथ झा 'श्रीश'

श्री दुर्गानाथ झा 'श्रीश' दड़िभङ्गाक मिथिला कालेजक प्राध्यापक मैथिलीक उदीयमान कवि छथि। हिनक रचना भावुकता भरल रहैत अछि, कल्पना हिनक प्रौढ़ अछि, शब्दक विन्यास सुन्दर होइत अछि। प्रवृत्ति हिनको प्रगतिवाद दिशि अछि।

(कविता-कुसुम, 1956)

श्री दुर्गानाथ झा 'श्रीश'

मैथिली-कविताक क्षेत्र मे श्रीशजी अपन बहुविध रचना सँ पूर्ण यश प्राप्त कएल अछि तथा एमहर आबि ई कथाकाव्यक बड़ सुन्दर संग्रह महामत्स्य ओ मनु नाम सँ प्रकाशित कराओल अछि जाहि मे हमरा लोकनिक चिरपरिचित पौराणिक कथा सबकेँ पद्यबद्ध कए ई मैथिलीक पाठकक समक्ष राखल अछि। प्रस्तुत कथा-काव्य ओही रूपक कथा थिक मुदा ई सिद्धार्थक, बुद्धत्व प्राप्त करबा सँ पूर्वक थिक। मैथिली मे बुद्धक कथा प्रायः नहिए जकाँ अछि ओ तेँ श्रीशजीक ई रचना बड़ उपादेय अछि। बुद्धक जीवन कविताक हेतु विशाल क्षेत्र प्रस्तुत करैत अछि ओ तेँ ई प्रयोग श्लाघनीय थिक।

त्यागक मूर्त्ति बुद्धक जीवनक एक गोट छोट कथा केँ लए केँ रचित ई काव्य-कथाक दृष्टि सँ अत्यन्त उपदेशपूर्ण अछि। एहि मे गतिशीलता ओतेक नहि अछि परन्तु भावनाक संवेदनशील अभिव्यक्ति अछि तथा भाषा सरल ओ सुबोध अछि।

(कथा-काव्य, 1965)

श्री आद्यानाथझा 'निरंकुश'

पण्डित श्री आद्यानाथ झा मैथिलीक प्रौढ़ नवयुवक कवि मे अग्रगण्य छथि। एमहर हिनक रचना अल्प संख्या मे प्रकाशित होइत अछि, किन्तु जतबा ई लीखि चुकल छथि ताहू सँ सुकविक रूप मे हिनक नाम सुरक्षित रहत। हिनका विशेष दक्षता प्राप्त छैन्हि अन्योक्तिमूलक उपहास काव्य-रचना मे आओर एहि क्षेत्र मे सफलताक दृष्टिएँ श्री यात्री एवं प्रो. श्री तन्त्रनाथ झाक पश्चात् हिनके नाम उल्लेखनीय अछि। प्रथम मे कवि प्रत्येक ग्राम मे रहनिहार ओहन पैघ लोकक उपहासात्मक वर्णन कएलन्हि अछि जे गाम केँ अपन प्रपञ्च-प्रभाव सँ पैरैत रहैत छथि। 'ब्रह्मक थान' सेहो प्रतीक थिक ग्राम्य-जीवनक आस्तिक शोषणक। निरंकुशजी नवीन गीतक सेहो सफल रचनाकार छथि, 'आह्वान' शीर्षक कविता तकर दृष्टान्त थिक। एहि रचनाक कोमल-कान्त मधुर शब्द-योजना द्रष्टव्य थिक जाहि मे विद्यापतिक प्रति श्रद्धाञ्जलि व्यक्त कएल गेल अछि।

(नवीन-गीत, 1965)

श्री भवनाथ झा

प. श्री भवनाथझा मैथिलीक लब्ध-प्रतिष्ठ गीतकार छथि। हिनक कविताक वस्तु-प्रतिपादन प्राचीन रीतिक होइत अछि। एहि ठाम सङ्कलित कविताक विषय प्रकृति-विषयक अछि—'वसन्त' ओ 'भादव'। किन्तु कवि तकर स्वानुभूतिमूलक भावात्मक वर्णन नहि, चमत्कारमूलक आलङ्कारिक वर्णन कएल अछि। छन्द-प्रयोगक दृष्टिएँ हिनक गीत-शिल्प नवीन अछि, शब्द-विन्यास सेहो कोमल ओ मधुर किन्तु छन्द-प्रवाहक निर्वाहक हेतु स्थान-स्थान पर शब्दक प्रयोग विकृत भेटैत अछि।

(नवीन-गीत, 1965)

श्री रामकृष्णझा 'किसुन'

'आत्मनेपद'क ख्यातनामा लेखक श्री रामकृष्णझा 'किसुन' मैथिलीक प्रौढ़ कवि छथि जे मैथिली-काव्यक नवीनतम प्रवृत्ति केँ आत्मसात् करबा मे ककरहु सँ पाछाँ नहि रहैत छथि। इएह प्रगतिशीलता हिनक काव्य-प्रवृत्तिक विकासक विशेषता थिक। ई एमहर प्रयोगवादी वा नऽव कविताक रचना दिसि विशेष प्रवृत्त भेल छथि आओर ताहि मे युग-जीवनक कुण्ठा एवं अनास्थाक चित्रण कएने छथि वैयक्तिक ओ नवीन बिम्ब तथा प्रतीक ग्रहण कए। 'स्मृति', 'चौरचनक चान, तथा 'नव वर्षक चारि प्रतिक्रिया' तेहने रचना थिक। किन्तु 'नव वर्षक चारि प्रतिक्रिया' केँ छोड़ि अन्य रचना आत्मानुभूतिक व्यञ्जनाक दृष्टिएँ नवीन गीतक श्रेणी मे सेहो परिगणित भए सकैत अछि। भाषा पर कविक अधिकार सर्वत्र परिलक्षित होइत अछि जे मुख्यतः संस्कृतनिष्ठ होइतहुँ कविक अन्तर्मुखी भावना कैं अभिव्यक्त करबामे प्रायः समर्थ होइत अछि। उत्कट प्रयोगवादी रचना मे नवीन अभिव्यञ्जनाक चमत्कार उत्पन्न करबाक हेतु अङ्गरेजी हिन्दी आदि शब्द एवं सामयिक जीवन

सँ सम्बद्ध उपादानक प्रस्तुत रूपमे ग्रहण कएने छथि। किसुनजीक अधिकांश रचना मे विषय ओ भावक बौद्धिक प्रतिपादन कविताक प्राण रागात्मकता पर आवरण सन दैत प्रतीत होइत अछि। तेँ जाहि रचना मे ओ बौद्धिकता कैँ त्यागि विशुद्ध भावाभिव्यक्तिक भूमि पर अवतरित होइत अछि से शुद्ध कवित्वक दृष्टिएँ हिनक उत्कृष्ट रचना होइत अछि। 'वसन्त' शीर्षक कविता हिनक तेहने रचना थिक जाहि मध्य भावानुभूतिक रागात्मक स्वाभाविकता तथा भाषा-शिल्पक सुलभ, सरस ओ मधुर गतिशीलता हृदय कैँ मुग्ध कए दैत अछि।

(नवीन-गीत, 1965)

श्री रामकृष्ण झा 'किसुन'

वृत्या अध्यापक। ई एमहर आबि प्रयोगवादी कविताक हेतु प्रसिद्ध छथि परन्तु एहि कविता मे ई कल्पनाक प्रति कविक आभार प्रदर्शन सरस आ मधुर भाषा मे कएल अछि। कविक हृदय मे काव्यक शतदल जे प्रस्फुटित होइत अछि से केवल कल्पनाक प्रसाद सँ ओ तकर अभिव्यक्ति एहिमे विलक्षण जकाँ अनुभूतिपूर्ण भाव-विन्याससँ भेल अछि। किसुनजीक उत्कृष्ट कवित्व एहने रचना मे स्फुट होइत अछि। हिनक आधुनिक कविताक संग्रह 'आत्मनेपद'क नाम सँ प्रकाशित अछि।

(कविता-कुसुम, 1956)

श्री केदारनाथ लाभ

श्री केदारनाथ लाभ मैथिलीक प्रतिभाशाली ओ यशस्वी नवयुवक कवि छथि तथा नवीन गीत-काव्य एवं प्रबन्ध-काव्य दुनूक क्षेत्र मे अपन मौलिक रचना-शक्तिक परिचय देलैन्हि अछि। किन्तु कोनहु प्रकारक रचना किएक ने हो, हिनक शब्द-साधना संगीतात्मक अछि जाहि मध्य लालित्य, माधुर्य एवं प्रसाद मनकेँ मोहि लैत अछि। हिनक गीत मे भाव-पक्षक अपेक्षा गतिशील आनुप्रासिक शब्द-योजना वेशी चमत्कारक भेल छैन्हि, कतहु-कतहु से उत्तम ध्वन्यर्थ-व्यञ्जनाक दृष्टान्त उपस्थित कए दैत अछि। ई अधिकांश रचना सूक्ष्म प्रणयानुभूतिमूलक कएने छथि जाहि मध्य प्रेमक अलौकिक आकर्षण समर्पण एवं विवशताक चित्रण बड़ स्वाभाविक रीतिए भेल अछि। 'सानेट' 'आइ भरि' एवं 'अनुनय' शीर्षक रचना एहने थिक। 'अये विभामयि' मे आध्यात्मिक शक्तिक प्रति अभिनन्दन एवं कृपा-निवेदनक भाव स्पष्ट अछि। मैथिली मे अङ्गरेजीक 'सानेट' शिल्पक प्रयोगक दृष्टिएँ प्रो. श्री तन्त्रनाथझाक पश्चात् श्री व्यासजी ओ श्री लाभजी सएह स्मरण अबैत छथि।

(नवीन-गीत, 1965)

श्री केदारनाथ लाभ

हिनक दू गोट प्रबन्धकाव्य प्रकाशित भेल अछि, लखिमारानी ओ भारती। प्रस्तुत अंश हिनक दोसर कृति भारती सँ उद्धृत अछि। एहि काव्य मे शङ्कराचार्य ओ मण्डन मिश्रक शास्त्रार्थक वर्णन अछि ओ मण्डन मिश्रक पराजय भेला उत्तर हुनक विदुषी

धर्म-पत्नी भारतीक शास्त्रार्थ ओ विजय। परन्तु विषय मात्र पुरान थिक, वस्तु सबटा नव, काल्पनिक। मिथिलाक उत्कर्ष एहिमे डेग डेग पर वर्णित अछि। प्रस्तुत अंश मे शरदक वर्णन अछि जाहि समय मे शंकर मिथिला मे मण्डनक गाम पहुँचलाह ओ कूप पर पनिभरनीसँ मण्डनक घरक जिज्ञासा कएलैन्हि। ई समस्त अंश हिनक कल्पनाक सृष्टि थिक।

लाभजीक कविता भाव-प्रधान होइत अछि ओ वर्णनक चमत्कार हिनक रचनाक वैशिष्ट्य थिक जाहि सँ हिनक कविता बहुधा चित्रमय भेल करैत अछि। बाह्य जगतक सौन्दर्य-वर्णन मे हिनक प्रतिभा खूब निखरैत अछि, भाषा पर हिनका बेस अधिकार छैन्हि ओ कविता होइत अछि हिनक लयप्रधान। परन्तु हिन्दीक प्रभाव सँ हिनक मिथिलाभाषा ठामठाम अनचिन्हार लगैत अछि ओ लय सेहो कतहु कतहु अवरुद्ध जकाँ भासित होइत अछि। कथाकाव्य मे जे गतिशीलता चाही से एहिमे नहि भेटत, प्रत्युत एहूमे भावक प्रधानता अछि तथा वर्णनक वैशद्य। मुदा कोमल-पद-विन्यास, शृङ्गारक यत्र तत्र योजना, श्रुति माधुर्य ओ पुरानहु भाव-वस्तु कें नव शिल्पक योजना सँ सजाएब हिनक कविता कें बड़ हृदयाह्लादक बनाए दैत अछि।

(मैथिली कथा-काव्य, 1965)

श्री जगदीपनारायण 'दीपक'

'आरती'क यशस्वी सुकवि श्री जगदीपनारायण 'दीपक' मैथिलीक श्रेष्ठ नवीन-गीत-काव्यकार मध्य अग्रगण्य छथि। हिनक गीतक विषय होइत अछि भिन्न-भिन्न प्रकारक, किन्तु कोनहु प्रकारक विषय किएक नहि हो, सभमे कविक अनुभूतिक पक्ष एतेक स्वाभाविक रूपें अनुव्यञ्जित होइत अछि जे हृदय कें मुग्ध कए लैत अछि। हिनक रचनाक शब्द-विन्यास मधुर होइत अछि, किन्तु हिनक गीतक मुख्य आकर्षणक केन्द्र शब्द-शिल्प नहि, भावानुभूतिक विलक्षण माधुर्य थिक। आध्यात्मिक रचना मध्य दार्शनिकताक स्थान पर श्रद्धा ओ विश्वासक सङ्ग जीवन-संघर्षक प्रति आसक्तिक भाव भेटैत अछि। प्रकृति-सम्बन्धी रचनामध्य स्थानीय अनुरंजकता, चित्रमयता, सङ्ग-सङ्ग प्रगतिशील यथार्थताक दर्शन होइत अछि। नारीक शक्ति, सामर्थ्य एवं सौन्दर्यक चित्रण करबामे दीपकजी मैथिलीक सर्वश्रेष्ठ कवि कहल जा सकैत छथि। दीपकजीक कविताक सामान्य विशेषता थिक अनुभूतिपूर्ण कल्पनाक सूक्ष्मता एवं तदनुरूप उक्ति-वक्रता। हिनक भावनाक आधार जिज्ञासामूलक चिन्तना होइत अछि, किन्तु एहि चिन्तनामे बौद्धिकताक ओतबे अंश रहैत अछि, जतबा, रागात्मक प्रभावके परिपुष्ट करबाक हेतु आवश्यक होइत अछि। गीत-शिल्प होइत अछि हिनक नवीन एवं भाषा प्रसाद ओ माधुर्य गुणसँ युक्त, स्फीत।

(नवीन-गीत, 1965)

श्री जगदीप नारायण चौधरी 'दीपक'

पटनाक बिहार बैंकक कर्मचारी दीपकजी आधुनिक गीत-काव्यकारमे प्रायः सबसँ उत्कृष्ट छथि। एहि कविताक भाव तँ शीर्षकहि सँ स्पष्ट अछि ओ हिनक कवि-हृदयक भावुकताक ई सुन्दर अभिव्यक्ति थिक। गीतक एहिमे सब गुण अछि। ई रस-कवि छथि तथा भाषा बड़ ललित ओ मधुर लिखैत छथि।

(कविता-कुसुम, 1956)

श्री अनन्तबिहारी लाल दास 'इन्दु'

श्री इन्दु मैथिलीक सफल नवीन-गीत-काव्यकार छथि जनिकामे यदि रस-स्निग्ध प्रकृत कविक भावुक हृदय प्राप्त छैन्हि तँ प्रौढ़ शब्द-शिल्प-साधना सेहो छैन्हि। हिनक रचना मध्य सर्वाधिक आकृष्ट करैत अछि सङ्गीतात्मक गतिशीलता एवं आनुप्रासिक शब्द-संघटन जे अत्यन्त स्वाभाविक रीतिएँ संयोजित भए अभिव्यक्त भाव केँ अपरिभित मार्दव ओ माधुर्य प्रदान करैत अछि। 'दुइ गोट मधुगीत' विद्यापति-काव्य-परम्परा क भाव ओ शिल्पक नूतन प्रयोग थिक जे बड़ आह्लादक भेल अछि।

(नवीन-गीत, 1965)

श्री मायानन्द मिश्र

श्री मायानन्द मिश्र मैथिलीक सुप्रसिद्ध कवि छथि जे अपन बहुमुखी प्रतिभा द्वारा मैथिली-साहित्यक बहुविध सेवा कए रहल छथि। किन्तु हिनक ख्याति भेल नवीन गीत लए जाहिमे ओ कल्पना, लालित्य एवं भाषाक माधुर्यक सरस मणिकाञ्चन-संयोग कए देखओने छथि। सन् 1960 ई. मे 'अभिव्यञ्जना'क प्रकाशनक पश्चात् ई गीत-रचनासँ अंशतः विमुख भए प्रयोगवादी वा नऽव काव्य-रचना दिसि प्रवृत्त भेलाह। नवीन उपमा, नवीन विशेषण, नवीन प्रतीकक योजना अर्थात् नवीन भावाभिव्यञ्जना हिनक नवीन कविताक विशेषता थिक जे एहि ठाम सङ्कलित 'चारिटा नवीन काव्य' एवं 'विवशता' शीर्षक कविता सँ स्पष्ट होएत। किन्तु एतबा होइतहुँ आबहु हिनक कवि-व्यक्तित्व प्रमुख रूपें भावुक गीतकाव्यकारेक व्यक्तित्व थिक जे हुनक नवीन काव्यहु मध्य शब्द-विन्यासक मधुरता एवं वैयक्तिक अनुभूतिक मसृणताक दृष्टिएँ स्फुट भए उठैत अछि। 'प्रणय-पत्रिका' एवं 'छवि-दर्शन'क मूल मे निहित सौन्दर्य ओ शृंङ्गारक सहजात भावना कविक हृदयक वास्तविक स्वरूप केँ उद्घाटित कए दैत अछि।

(नवीन-गीत, 1965)

श्री मायानन्द मिश्र

श्री मायानन्द मिश्र अपन कवित्व-प्रतिभासँ मैथिलीक प्रतिष्ठित कवि मे परिगणित होइत छथि। हिनक ई दूहू कविता प्रकृतिक सुन्दर चित्र अछि जाहिमे कविक स्फीत दृष्टिक परिचय होइत अछि, हिनक कल्पनाक लालित्य द्योतित अछि, हिनक भाषाक

मधुरिमा चित्त कें आह्लादित करैत अछि। इहो गीत लिखैत छथि ताहि सँ एहि गीत-काव्यक पुरान आकर्षण व्यक्त होइत अछि।

(कविता-कुसुम, 1956)

श्री गौरीशंकर 'सोमदेव'

श्री सोमदेव आरम्भहिसँ भावक क्षेत्र मे प्रगतिशील एवं अभिव्यक्तिक क्षेत्र मे प्रयोगशील रहलाह अछि। अतः हिनक रचना मध्य प्रगति एवं प्रयोगक जेहन नीर-क्षीर-संयोग भेटैत अछि तेहन अन्यत्र दुर्लभ अछि। हिनक कविता मे आत्मनिष्ठ तत्त्वक अपेक्षा वस्तुनिष्ठ तत्त्वक प्रधानता अछि तैं भावभिव्यञ्जन भावुकतापूर्ण नहि, बौद्धिकतापूर्ण भेल अछि। ई बौद्धिक वस्तु-प्रतिपादन कएल अछि व्यंग्यवक्रोक्ति शैली मे जे मार्मिक प्रभाव उत्पन्न तँ अवश्य करैत अछि, परन्तु स्थान-स्थान पर अपरिचित अप्रस्तुतक प्रयोगक कारणें दुरूहताक सेहो जन्म दए दैत अछि। भाषा-प्रयोग सेहो कतहु कतहु मैथिली-भाषाक प्रकृतिक विरुद्ध भेटैत अछि जे अर्थ-ग्रहण मे बाधा पहुँचबैत अछि। किन्तु दुरूहताक ई प्रवृत्ति क्रमशः हटल जाइत छैन्हि, भाषा-शैली सेहो प्राञ्जल ओ स्फीत भेल जाइत छैन्हि। मूल-रूपसँ मैथिलेतर भाषा-भाषी भइओ के ई जतबा अधिकार मैथिली-भाषा पर कए लेने छथि से स्तुत्य अछि एवं से कविक भाव-विषयक प्रतिपादन एवं भाषा-शैलीक परिमार्जनक प्रौढ़ताक द्योतक थिक। एहि ठाम सङ्कलित कविता सभ कविक उपर्युक्त काव्य-प्रवृत्तिक नीक जकाँ ज्ञापन करैत अछि।

(नवीन-गीत, 1965)

श्री सोमदेव

पूर्णनाम गौरीशङ्कर—वृत्या सेहो साहित्यकार छथि। कवि मे ई प्रकृत्या प्रयोगवादी थिकाह ओ भाव तथा वस्तु सब दृष्टिएँ हिनक कविता प्रयोगवादक उत्कृष्ट उदाहरण होइत अछि। एहि कविता मे ई मनुष्यक जीवन कें मशीनक सङ्ग रूपक देलैन्हि अछि। दूहू मे सभ वस्तु तँ समान अछि किन्तु मशीनक पुर्जा पृथक् होइत अछि पुनि जोड़ल जाइत अछि, किन्तु मनुष्य पुनि जोड़ल नहि जाए सकैत अछि। इएह एहि मे व्यङ्ग्य अछि जाहिसँ मानव-जीवनक महत्ता एहू मशीनक युगमे स्फुट अछि।

(कविता-कुसुम, 1956)

श्री राजकमल चौधरी

श्री राजकमल चौधरी मैथिली-प्रयोगवादी-काव्यधाराक प्रथम व्याख्याता छथि, कारण, सर्वप्रथम ओएह अपन काव्य-सङ्कलन 'स्वरगन्धा' मे मैथिली-कविताक नवीनतम प्रवृत्तिक व्याख्या प्रस्तुत करबाक चेष्टा कएल। राजकमलजीक कविताक शब्द-शब्द मे नवीनता झलकैत रहैत अछि, जेहने भाव-वस्तु मे, तेहने अभिव्यक्ति-शैली मे। ई अपन रचना मे पौराणिक पात्रक नवीन प्रतीकक हेतु बड़ मार्मिक प्रयोग करैत छथि जाहि सँ भावाभिव्यक्ति मे विलक्षण व्यंग्यक समावेश भए जाइत अछि। 'शयनकक्षक

नारी' ताही दृष्टिएँ चमत्कारक अछि। 'कोनो विस्मृताक प्रति' एवं 'परकीया नायिकाक प्रति' मे प्रयोगवादी कविक शृङ्गार-भावनाक वास्तविक स्वरूप स्पष्ट होइत अछि। 'समय : एकटा आन्हर साप' मे कवि समयक अव्यक्त गतिशील वक्रताक वर्णन कएल अछि रूपक-चित्रण द्वारा जे प्रभाव-पूर्ण भेल अछि नवीन अप्रस्तुत-योजनाक कारणें। वस्तुतः राजकमलजी प्रयोगवादी कविएटा नहि प्रत्युत स्वयं नव-नूतन प्रयोगक मूर्त्त प्रतीक सेहो थिकाह।

(नवीन-गीत, 1965)

श्री राजकमल चौधरी

हिनक नाम मैथिली कविता मे नवीन प्रयोगवादक प्रतिष्ठापकक रूप मे नहि तँ ओकर प्रथम व्याख्याताक रूप मे अमर रहतैन्हि। हिनक स्वर-गन्धाक भूमिका एहि दृष्टिएँ स्मरणीय। 'देश अहीं केर थीक'—मूलतः उद्‌बोधनात्मक अछि। मिथिलाक प्रति प्रेमभावना एहिमे स्पष्ट अछि मुदा ओकर गुण एवं दोष, उत्कर्ष एवं अपकर्षक व्यङ्ग्यपूर्ण वर्णन एकर वस्तु थिक। एही व्यङ्ग्या मे एकर विलक्षणता अछि तथा ई प्रयोगवादी व्यङ्ग्यक स्वरूपकेँ स्पष्ट करैत अछि।

(कविता-कुसुम, 1956)

श्री प्रवासी साहित्यालङ्कार

तरुणकवि श्री प्रवासी साहित्यालङ्कार अपन कोमल कल्पना वैभव एवं मधुर शब्द-विन्यासक हेतु मैथिली-साहित्य मध्य प्रख्यात भए गेल छथि। ई प्रकृति-वर्णन स्वाभाविक तन्मयताक सङ्ग करैत छथि जाहि मध्य आयास नहि, आवेगक दर्शन होइत अछि। हिनक प्रकृति-वर्णनक विशेषता थिक प्रकृति केँ चेतन ओ संवेदन-शील स्वरूप प्रदान करब, ओकर सुन्दर ओ सुदिव्य बहुविध मूर्त्त चित्र प्रस्तुत करब। एहि ठाम सङ्कलित रचनहु मध्य कविक सएह विशेषता स्फुटित भेल अछि।

(मैथिली नवीन-गीत, 1965)

श्रीधीरेश्वर झा 'धीरेन्द्र'

श्री धीरेन्द्रजी मूल-प्रतिभा ओ रुचि दुनू दृष्टिएँ अपनाकेँ कवि नहि, कथाकार बुझैत छथि। किन्तु कविता सेहो हिनक भावपूर्ण होइत अछि जाहिमे मैथिली-कविताक नवीनतम प्रवृत्तिक नीक जकाँ अभिव्यञ्जना भेल अछि। हिनक कविता मे युग-चेतना व्यंग्यक माध्यमसँ व्यक्त भए साहित्य ओ समाजक यथार्थ चित्राङ्कन करैत अछि एवं स्वर्ण-भविष्यकेँ सेहो इङ्गित करैत अछि। 'कविता : तीन प्रयोग' एवं 'महाभक्त' तकर दृष्टान्त थिक। वस्तुतः एहन रचनामे चित्रित वस्तु समाजक 'प्रतीक' थिक जकरा ओ प्राञ्जल भाषा-शैलीमे अङ्कित कएने छथि। 'नव वर्ष : चीनी हमलाक पृष्ठभूमि' मे कवि रूपकक प्रयोग कएने छथि आओर कविताक भाव पराजित राष्ट्रक आशावादी दृष्टिकेँ प्रस्फुटित करैत अछि। धीरेन्द्रजी प्रयोगवादी वा नवीन काव्यकारक परिधि मे सएह

अबैत छथि, किन्तु हिनक कविता प्रयोगवादी कविताक सामान्य प्रवृति—दुरूहतासँ, पूर्ण रूपैं बाँचल अछि, कविता मे निबद्ध भावार्थ-स्थापनक हेतु किंचितो आयासक आवश्यकता नहि पड़ैत अछि। किन्तु हिनक कविता मे ध्वनिक ओहि सूक्ष्म कौशलक दर्शन नहि होअए लागल अछि जे उत्तम-काव्यमे अपेक्षित होइत अछि, प्रत्युत हिनक रचनाक भावाभिव्यक्तिमे एखन धरि इतिवृतात्मक स्थूलताक दर्शन सएह होइत अछि।

(मैथिली नवीन-गीत, 1965)

श्री श्रीमन्त पाठक

राष्ट्रिय स्वयं-सेवक दलक कर्मठ नेता श्री श्रीमन्त पाठक भावनाक क्षेत्रमे विशुद्ध सौन्दर्य रसिक कवि छथि। हिनक रचनामध्य ग्राम्य जीवनक माधुर्य एवं प्रकृतिक सरस उल्लासक बड़ सुन्दर चित्र भेटैत अछि। हिनक वर्णनमे इतिवृत्तात्मकता तँ अवश्य रहैत अछि, किन्तु तकरा कवि शब्द-संयोजनाक लालित्य एवं छन्द-प्रवाह मे संगीतात्मकताक समन्वय द्वारा बड़ आह्लादक बनाए दैत छथि। 'प्रभात गीत' एवं 'नर्तित तन-मन उमङ्ग' एही दृष्टिएँ अध्येतव्य थिक। 'पावस गीत' मे कवि अपन सूक्ष्म कल्पना-शक्तिक सेहो परिचय देने छथि।

(मैथिली नवीन-गीत, 1965)

स्व. विनोदानन्द झा 'बीनू'

स्व. विनोदानन्द झा 'बीनू' भविष्णु कविक रूपमे अवतरित भेलाह, किन्तु अल्पायु भेलाह। बड़ थोड़ समय मे जतबा ओ लिखल से थोड़ नहि अछि आओर ताहीसँ हुनक प्रतिभाक प्रखरताक अनुमान कएल भए सकैत अछि। हुनक भाषा-शैली पूर्ण परिमार्जित नहि भए सकल छल, परञ्च प्रत्येक रचनामे हुनक मौलिक कवित्व-शक्तिक दर्शन होइत अछि। 'इत्यलम्' मे हुनक कविता सभक सङ्कलन भेल अछि जाहिसँ एहिठाम एकटा 'गीत' एवं एकटा प्रयोगवादी रीतिक प्रकृति-वर्णन 'अल्हड़ इजोरिया' संगृहीत अछि।

(मैथिली नवीन-गीत, 1965)

श्री रामदेव झा

श्री रामदेव झा मैथिलीक उदीयमान साहित्यकार छथि। मुख्य रूपे ई कथाकार छथि किन्तु कविता सेहो हिनक परिमार्जित होइत अछि। ई किछु सुन्दर गीतक रचना एलैन्हि अछि जाहि मध्य प्रकृति एवं नारी-सौन्दर्यक अनुभूतिपूर्ण वर्णन भेल अछि, कतहु-कतहु नवयुगक सेहो अभिनन्दन भेल अछि। 'नवयुगकेर चुमान' एवं 'गीत' एही दृष्टिएँ द्रष्टव्य थिक। 'भारत-जननी' हिनक उत्कृष्ट रचना थिक जाहि मे भावुक कवि किशोर-भावनाक शाद्वल-भूमिकैँ पार कए यथार्थक ठोस भूमि पर अग्रसर होइत प्रतीत होइत छथि। भाव ओ चिन्तनक क्षेत्र मे हम श्रीरामदेवजी सँ क्रमिक अधिक प्रौढ़ताक आशा करैत छी।

(मैथिली नवीन-गीत, 1965)

श्री रामकिशोर झा 'विभाकर'

श्री रामकिशोर झा भावानुभूतिक क्षेत्रमे जीवनक करुणा एवं सौन्दर्यक भावुक कवि छथि, 'भूखल उर' एहि तथ्यक साक्षी थिक। हिनक अधिकांश रचना विद्यार्थी अवस्थहिक प्रकाशित अछि, ओ एमहर हिनक थोड़ रचना प्रकाशित भेटल अछि तथापि हिनक एकटा कविता मात्र एहि ठाम हिनक कवित्वप्रतिभाक परिचयार्थ अछि।

(मैथिली नवीन-गीत, 1965)

स्व. हरिनाथ झा

म.म. डा. सर गङ्गानाथझाक पौत्र स्व. विभूतिनाथ झाक पुत्र हरिनाथ मैथिलीक उदीयमान कवि छलाह जे मात्र 25 वर्षक अवस्थामे दिवंगत भए गेलाह। हिनकामे कवित्वक सहजात प्रतिभा छल आओर तेँ ई जे किछु लिखल ताहिमे जेहने अद्‌भुत भाषा-शैलीक परिमार्जन भेटैत अछि, तेहने भावाभिव्यक्तिकँ-प्रणालीक प्रौढ़ता। ई नवीन रीतिक प्रयोगवादी रचना बड़ सुन्दर कएल जे बहुतो लब्ध-प्रतिष्ठ प्रयोगवादी कविक रचना सँ अधिक विलक्षण, अधिक मार्मिक बूझि पड़ैत अछि। अपन कविता मे ई रूप-सौन्दर्यक जेहन अनुभूतिपूर्ण सजीव चित्र थोड़ शब्द मे अङ्कित कएने छथि से अन्यत्र दुर्लभ अछि। हिनक कविता मे युग-जीवनक अनास्थाक चित्रण सेहो भेल, 'मुर्दा सत्य' तकर दृष्टान्त थिक। 'किछु अनुभूति'मे क्षणजीवी अनुभूतिक जेहन यथार्थ शब्दांकन कएने छथि से प्रेरणा ओ प्रयोग दुनू दृष्टिसँ मैथिली-साहित्य मे बेजोड़ अछि। आब जखन ई दिवंगत भए गेलाह तखन हिनक सम्पूर्ण काव्य-कृतिक एकत्र सङ्कलन यथाशीघ्र होएब अत्यन्त आवश्यक प्रतीत होइत अछि।

(मैथिली नवीन-गीत, 1965)

श्री मन्त्रनाथ झा 'हंसराज'

श्री मन्त्रनाथ झा मैथिलीमे 'हंसराज'क उपनामे विख्यात छथि। ई नवीनतम काव्य-धाराक लब्धप्रतिष्ठ कविलोकनि मध्य गण्यमान्य छथि, किन्तु कवितासँ अधिक मार्मिक हमरा प्रतीत होइत अछि हिनका कथा। हिनक रचना मे आधुनिक वैज्ञानिक उत्कर्षक ध्वंसक उपयोगक प्रति विरोध-भावनाक चित्रण बड़ सुन्दर जकाँ भेल अछि, 'चानक अभियान' मे इएह व्यंग्य निहित अछि। हंसराजजीक शब्द-शिल्प यथार्थवादी प्रवृत्तिक अनुरूप स्वाभाविक ओ सरल होइत अछि। 'निद्रारूपेण संस्थिता' मे जीवनक विषमता, विशेषतः सभ्यताक विकासक सङ्ग बढ़ैत विषमताक चित्र बड़ भावुकतासँ अङ्कित अछि।

(मैथिली नवीन-गीत, 1965)

श्री वीरेन्द्र

श्री वीरेन्द्रक कवितासँ हिनक भविष्णुताक परिचय भेटैत अछि। हिनक प्रकृति-वर्णन रोचक होइत अछि। ई नवीन रीतिक कविता मे विशेष सफल भेल छथि, एना हिनक नवीन गीत सेहो सरल होइत छन्हि। हिनक भाषा परिमार्जित एवं अभिव्यक्ति प्रौढ़

होइत छैन्हि। 'उठलै अछि घन जोर रे' मे कवि वर्षाक शोभाक प्राकृतिक वर्णन कएल अछि। 'चान' मे कवि चानक चोरक सङ्ग रूपक कए सुन्दर कल्पना कएने छथि जाहि मे प्रचुर नवीनता देखना जाइत अछि।

(मैथिली नवीन-गीत, 1965)

श्री रमानाथ मिश्र 'मिहिर'

श्री रमानाथ मिश्र 'मिहिर' मैथिलीक तरुण कवि छथि जे साहित्यकार सँ अधिक सफल कर्मठ साहित्य-सेवी छथि। हिनक कविता मे मिथिलाक वैभव एवं समसामयिक आर्थिक वैषम्यक चित्रण रहैत अछि। एहि ठाम संगृहीत 'अगहन' एवं 'गृहस्थ' मे ताही प्रवृत्तिक प्रस्फुटन भेल अछि। गत दस वर्ष सँ 'अगहन' पर अगणित रचना भेल अछि, ताही संदर्भमे मिहिरजीक 'अगहन' शीर्षक रचना द्रष्टव्य थिक।

(मैथिली नवीन-गीत, 1965)

श्री रामानन्द 'रेणु'

श्री रामानन्द 'रेणु' मैथिलीक उदीयमान तरुण कवि छथि जे अपन नवीन-गीत-रचना द्वारा मैथिली-काव्य-प्रेमीक ध्यान आकृष्ट करबा मे समर्थ भए सकलाह अछि। हिनक कविता मे कोमल कल्पना एवं मधुर-ललित आनुप्रासिक शब्द-योजनाक बड़ सुन्दर समन्वय भेटैत अछि। 'आँचर भीजल'मे 'भीजल' शब्दक प्रयोग बड़ प्रभावपूर्ण भेल अछि। एमहर ई बौद्धिक प्रयोगवादी रचना दिसि सेहो प्रवृत्त भेलाह अछि, 'व्यक्ति' तेहने रचना थिक। किन्तु हमरा जनैत रेणुजी गीत-रचना द्वारा सएह यशस्वी रहताह, 'वाद'क रचना हुनक व्यक्तित्वक परिधिमे नहि अबैत अछि।

(मैथिली नवीन-गीत, 1965)

श्री किशलय 'विद्यालङ्कार'

श्री किशलय मैथिलीक गीतकारक रूपमे ख्यात छथि। अपन कवितामे कवि प्रकृतिक वर्णनक सङ्ग रहस्यात्मक सत्ताक प्रति सेहो जिज्ञासा व्यक्त करैत छथि। हिनक शब्द-विन्यास मधुर एवं संगीतात्मक होइत अछि। एहि ठाम संगृहीत रचना कविक वैशिष्ट्यकेँ नीक जकाँ उद्घाटित करैत अछि।

(मैथिली नवीन-गीत, 1965)

श्री विश्वनाथ झा 'विषपायी'

श्री विश्वनाथ झा 'विषपायी' कविवर श्री सीताराम झाक आत्मज थिकाह जे अपन पिताक समान मैथिली-काव्य-रचना द्वारा प्रतिष्ठा अर्जित कए रहलाह अछि। विषपायीजीक रचना नवीन-गीत-काव्य थिक जाहि मध्य प्राचीन संस्कृत-साहित्यक कल्पनोत्कर्ष रहैत अछि तँ नवीन भावाभिव्यञ्जना सेहो रहैत अछि, किन्तु से रहैत अछि अधिकांश वस्तुनिष्ठ। एखन धरि हिनक कविताक मौलिक प्रवृत्ति पूर्ण रूपेँ स्फुटित नहि भए पाओल अछि, किन्तु जएह लिखल अछि ताही सँ भविष्णु कविक

रूपेँ ई परिगणित होअए लगलाह अछि।

(मैथिली नवीन-गीत, 1965)

पोद्दार श्री रामावतार 'अरुण'

पोद्दार रामावतार 'अरुण' राष्ट्रभाषाक यशस्वी कवि छथि जे अपन गीत एवं प्रबन्ध-रचना द्वारा हिन्दी-काव्य-क्षेत्रमे यशस्वी छथि। मुदा ई मैथिल छथि एवं हिनक कर्म-क्षेत्र सेहो मिथिला-समस्तीपुर-सएह छैन्हि। तेँ ई अपन हिन्दी-रचनहु मे मिथिला मैथिली प्रेमक बड़ उत्तम अभिव्यञ्जन कएने छथि। हिन्दी मे ई 'विद्यापति' पर एकटा महाकाव्यक रचना कए स्व. मिथिलेश द्वारा तकर उद्घाटन करबओने छलाह। एमहर ई. 60 ई. क पश्चात मैथिली मे कविता सेहो लिखए लगलाह अछि ताहीसँ दुइटा एहि ठाम संगृहीत अछि जाहि मध्य कविक प्रौढ़ काव्य-साधनाक परिचय मात्र भेटैत अछि। हम आशा करैत छी जे अरुणजी मे अपन मातृभाषाक प्रति सेहो क्रमिक अनुराग बढ़तैन्हि एवं अपन वास्तविक साहित्यिक कर्त्तव्यकेँ चिन्हताह। हिनक हिन्दी काव्य 'अशोक-पुत्र'क भाषानुवाद श्री केदारनाथ लाभ द्वारा मैथिलीमे प्रस्तुत भए चुकल अछि।

(मैथिली नवीन-गीत, 1965)

श्री शिवशंकर मिश्र 'नृसिंहन्'

श्री शिवशंकर मिश्र मैथिलीक उदीयमान सेवक छथि जे मेधैँ सफल यन्त्र-विद्या-विशारद एवं हृदये भावुक कवि छथि। मैथिली मे हिनक कविता एवं कथा प्रचुर मात्रा मे प्रकाशित भेल अछि, किन्तु हमरा हिनक कथासँ बेशी नीक कविता लगैत अछि जाहि मध्य भाव-विचारक प्रौढ़ तत्वक सङ्ग-सङ्ग भाषा-शैलीक सौष्ठवक सेहो दर्शन होइत अछि। 'भोतिआएल बटोही' मे कवि मानव द्वारा विज्ञानक दुरुपयोगक चर्चा कएल अछि जे नूतन ओ सामयिक विषय थिक। 'नववर्षक अभिनन्दन'क भाव कविताक शीर्षकहिसँ स्पष्ट अछि जाहि मध्य एतद् विषयक अङ्गरेजी कविताक प्रभाव बूझि पड़ैत अछि। मैथिली-कविता ओ साहित्यकेँ नृसिंहन् जी सँ बड़ विशेष आशा छैक।

(मैथिली नवीन, गीत, 1965)

श्री मधुकर गङ्गाधर

श्री मधुकर गंगाधर हिन्दीक प्रसिद्ध उदीयमान कथाकारक रूपमे प्रख्यात भेल छथि। किन्तु नवीन प्रयोगवादी कविता लिखबाक सेहो हिनकामे प्रतिभा छैन्हि। 'दियासलाइ' शीर्षक कविता 1960 ई. क 'अभिव्यञ्जनाक' प्रथम अङ्क मे छपल छल। तहिआसँ दू एक बेर 'मिथिला-मिहिर' मे सेहो किछु-किछु छपल अछि। हिन्दी क्षेत्र मे सुप्रतिष्ठित साहित्यकारक अपन मातृभाषा मैथिलीक प्रति क्रमिक बढ़ैत कर्त्तव्य-भावक हम अभिनन्दन करैत छी।

(मैथिली नवीन-गीत, 1965)

श्री ताराकान्त प्रकाश

श्री ताराकान्त प्रकाश मैथिलीक नवीनतम काव्य-धाराक प्रौढ़ मुदा नव कवि छथि। नवीन कविताक प्रमुख विशेषता निहित रहैत अछि व्यंग्यसँ युक्त प्रतीक-योजनामे, वस्तुक अभिनव उपस्थापन मे। परन्तु ओहि प्रतीककेँ बुझब जे कविताक आशय स्पष्ट हो बहुधा दुरूह रहैत अछि। एहि ठाम सङ्कलित रचनहुमे सएह वैशिष्ट्य द्रष्टव्य अछि।

(मैथिली नवीन-गीत, 1965)

श्री लोकपति सिंह

श्री लोकपति सिंह मैथिलीक प्रतिभाशाली तरुण कवि छथि जे लिखैत छथि कम, किन्तु जे लिखैत छथि ताहि मध्य भावाभिव्यञ्जनक परिमार्जन स्पष्ट परिलक्षित होइत अछि। शब्द-योजना मे लालित्य एवं आनुप्रासिकता हिनक मुख्य गुण बुझना जाइत अछि। 'स्वर्णिम स्मृति'मे चतुर्दशवर्षीया नवोढ़ाक प्रथम पति-समागमक अनुभूतिपूर्ण चित्रण भेल अछि, 'शरत-सुन्दरी'मे सेहो शृङ्गारिकते मुख्य-गुण बुझना जाइत अछि।

(मैथिली नवीन-गीत, 1965)

श्री इन्द्रनाथ झा

श्री इन्द्रनाथ झा ललित ओ मधुर गीत-काव्य-रचनाक हेतु नवीन पीढ़ीक उदीयमान कविलोकनि मध्य प्रसिद्ध छथि। ई अपन 'खेतमे धान छै' शीर्षक कवितासँ कतेक कवि-सम्मेलनक श्रोताकेँ मुग्ध कए प्रसिद्धि अर्जित कएने छथि। हिनक रचनाक प्रमुख विशेषता थिक सङ्गीतात्मक प्रवाह। गत दस वर्षसँ अगहन पर अत्यधिक रचना भेल अछि, ताहि सन्दर्भ मे 'खेत मे धान छै' सेहो उल्लेखनीय थिक। 'गीत'मे कवि 'मेघदूत'क प्रसङ्गकेँ प्रयोग कए वर्षा-ऋतुक सुन्दर वर्णन कएने छथि। वस्तुतः इन्द्रनाथजी भावक कवि छथि तेँ 'वाद सँ' असम्पृक्त छथि। व्यक्तित्व भावात्मक अछि तेँ भावुकताक व्यञ्जना सएह हिनक रचनाक प्रमुख गुण थिक।

(मैथिली नवीन-गीत, 1965)

श्री रघुपति राघव

श्री रघुपति राघव मैथिलीक नवोदित कवि छथि जनिकामे प्रतिभाक प्रकाश अन्तर्निहित अछि। हिनक रचनामे शब्दार्थक बड़ सन्तुलित सम्बन्ध स्थापित देखैत छी। 'छवि-मिलन' मे आनुप्रासिक ध्वन्यर्थव्यञ्जना द्वारा मधुर ओ सरस भावक अभिव्यक्ति भेल अछि। 'पावस-प्रसङ्ग' मे सेहो कविक स्वतन्त्र कल्पना-शक्तिक परिचय भेटैत अछि।

(मैथिली नवीन-गीत, 1965)

श्री धूमकेतु

प्रोफेसर श्री धूमकेतु उदीयमान प्रतिभाशाली साहित्यकारक रूपमे ख्यात भए रहलाह अछि—कथा ओ कविता दुहू क्षेत्रमे। हिनक कविता पूर्ण मौलिक भाव-चित्रण प्रस्तुत

करैत अछि। विषयकेँ प्रभावपूर्ण रीतिसँ प्रस्तुत करब हिनक कविताक प्रमुख विशेषता थिक जकर केन्द्रमे निहित रहैत अछि युग-चेतना, ई विशेषता हिनक प्रकृति-विषयक रचनहु मध्य स्पष्ट रहैत अछि। एहि ठाम सङ्कलित 'मुदा' एवं 'प्रवंचना' शीर्षक ताही दृष्टिएँ अध्येतव्य थिक। किन्तु धूमकेतुजीकेँ जेहन सफलता कथा-लेखन मे भेटलैन्हि अछि, तेहन कविता मे एखन धरि नहि। हम एहि ठाम एहि विषयक चर्चा करब हिनक साहित्य-सर्जनाक प्रकृत दिशाक निर्देशनक हेतु आवश्यक बुझैत छी।

(मैथिली नवीन-गीत, 1965)

श्री रवीन्द्रनाथ ठाकुर

श्री रवीन्द्रनाथ ठाकुर मैथिलीक तरुण कविमे अत्यन्त लोकप्रिय प्रसिद्ध भए गेलाह अछि ओ मैथिली चलचित्रक गीतकारक रूपमे हिनक यश बड़ वेगसँ पसरि रहल अछि। हिनका मे कवित्वक प्रतिभा छैन्हि, नवीनतम प्रवृत्ति ग्रहण करबाक क्षमता छैन्हि, शब्दमे मृदुता ओ उक्ति मे भंगिमा छैन्हि, लयमे प्रवाह ओ स्वर मे मधुरता छैन्हि। सिनेमा-जगतक लोकप्रिय गीत यथा कब्बाली, युगल-गान इत्यादिकेँ ई अद्‌भुत् रीतिएँ मैथिलीमे प्रयोग कए मैथिलीक प्रचारमे स्तुत्य कार्य कए रहलाह अछि जे आइसँ तीस वर्ष पूर्व कवि-चूड़ामणि श्री मधुपजी कएने छलाह। लोक-गीतक भास पर साहित्यिक रचना जेना श्री वर्माजी करैत छथि हिनक बड़ चमत्कारक होइत अछि। बाल-कविता सेहो ई बड़ सुन्दर रचल अछि।

(मैथिली नवीन-गीत, 1965)

श्रीमती श्यामा देवी

श्रीमती श्यामा देवी मैथिलीक लब्धप्रतिष्ठ कवयित्री छथि जनिक एकटा काव्य-सङ्कलन 'कामना'क नामसँ प्रकाशित भए चुकल अछि। हिनक रचनामे यदि प्रकृतिक सजीव चित्रण भेल अछि तँ जीवनक दुःखक वर्णनक सङ्ग सुखक प्रति सेहो आस्था व्यक्त कएल गेल अछि। 'पावस' मे पावसक वर्णनक सङ्ग-सङ्ग पावस-ऋतु मध्य वियोगिनीक मनोदशाक सेहो चित्रण भेल अछि जाहिमे वस्तु तँ प्राचीन अछि किन्तु भावाभिव्यञ्जना-प्रणाली नवीन। 'सान्त्वना' मे कवयित्रीक आशावादी दृष्टि स्फुटित भेल अछि। वस्तुतः श्री श्यामादेवीक कविता भाव-लोकक सुरभित कुसुम थिक।

(मैथिली नवीन-गीत, 1965)

श्री प्रभा झा

श्रीमती प्रभा झाक रचनामे हुनक कवित्व-प्रतिभाक दर्शन होइत अछि—जेहने भाषाक परिमार्जनमे तेहने भाव-विन्यासमे। 'हम ओ अहाँ'मे रहस्यवादी भावनाक प्रतिपादन भेल अछि तँ 'आशामे' मानव-जीवनक हेतु आशाक महत्व-स्थापन भेल अछि।

मैथिली-साहित्य बालिका-कर्वायित्री श्री प्रभासँ महत्वपूर्ण सेवाक आशा रखैत अछि।

(मैथिली नवीन-गीत, 1965)

श्री शान्तिकुमारी 'सुमन'

श्रीमती शान्तिकुमारी 'सुमन'क रचना भाव-विन्यास एवं शब्द-शिल्पक दृष्टिएँ नवीन गीत-काव्यक सुन्दर उदाहरण अछि। कविता मे छन्द-प्रवाह कतहु-कतहु अवरुद्ध अवश्य भए जाइत छन्हि, किन्तु भावक लालित्य एवं भाषा-शैलीक मार्दव ओ माधुर्य ओहि दोष पर आवरण दए देबाक चेष्टा करैत अछि। सुमनजीमे एखन जेना अभ्यासक अभाव होइन्ह किन्तु प्रतिभा अवश्य छैन्हि जे क्रमिक अभ्यास द्वारा परिपुष्ट होइत जाएत।

(मैथिली नवीन-गीत, 1965)

श्री सुभद्राकुमारी पाथ्या

श्री सुभद्राकुमारी पाथ्या मैथिलीक उदीयमान कवयित्री थिकीह जनिक रचनामे एखन धरि छन्द-विषयक परिमार्जन तँ नहि आएल अछि, किन्तु जाहि मे प्रतिभाक दर्शन अवश्य होइत अछि। ई प्राचीन ओ नवीन दुहू प्रकारक गीतक रचना कएने छथि जाहिमे नारी-हृदयक कोमल भावुकताक आभास भेटैत अछि। नवीन-काव्य धारा मे कवयित्रीक प्रारम्भिक प्रयासक दृष्टिएँ एहि ठामक सङ्कलित रचना सुन्दर कहल जाए सकैत अछि।

(मैथिली नवीन-गीत, 1965)

श्री शेफालिका वर्मा

श्री शेफालिका वर्माक कवितामे नारी-हृदयक नीक उद्‌घाटन भेल अछि। हिनक कविता होइत अछि भावात्मक आत्माभिव्यक्तिमूलक आओर से छायात्मक शैलीमे। हिनक शब्द-योजना उपनिबद्ध भावहि जकाँ कोमल ओ मधुर होइत छैन्हि, किन्तु छन्द-विषयक परिमार्जनक हिनकहुमे अभाव बुझना जाइत अछि। हम आशा करैत छी जे क्रमिक अभ्याससँ एहि प्रकारक दोषसँ हिनक कविता मुक्त भए जाएत आओर ई मैथिली काव्य-साहित्यमे क्रमिक महत्वपूर्ण स्थान बनएबामे समर्थ भए सकतीह।

(मैथिली नवीन-गीत, 1965)

❑❑❑

आचार्य रमानाथ झा रचनावली-5

आचार्य रमानाथ झा रचनावली-5

संस्कृत रचना

संकलन-सम्पादन

मोहन भारद्वाज

वाणी प्रकाशन

वाणी प्रकाशन
ज्ञान के विविध आयामों के प्रकाशक

वाणी प्रकाशन का 'लोगो' विख्यात चित्रकार मक़बूल फ़िदा हुसेन की कूची से

वाणी प्रकाशन, 4695, 21-ए, दरियागंज, नयी दिल्ली-110002
वाणी प्रकाशन, अशोक राजपथ (पटना कॉलेज के सामने), पटना (बिहार)

AACHARYA RAMANATH JHA RACHNAWALI-5

by Aacharya Ramanath Jha

Edited by Mohan Bhardwaj

Complete work of Ramanath Jha

ISBN : 978-93-5000-210-0

सी.आई.आई.एल. के सहयोग से प्रकाशित

आवरण : छवि झा

प्रथम संस्करण

मूल्य : 5000/-

वाणी प्रकाशन
फोन : 0091#11#23273167, 23275710
फैक्स : 0091#11#23275710
वेबसाइट : www.vaniprakashan.in
ई-मेल : vaniprakashan@gmail.com
vani_prakashan@yahoo.com

आर.टेक ऑफसेट प्रिंटर्स द्वारा दिल्ली-110095 में मुद्रित

The 'Rachnavali' is dedicated to Late Durganath Jha (1946-2005), son of Acharya Ramanath Jha, whose painstaking efforts have made its publication possible

अनुक्रम

प्राक्कथन

रमानाथ झा अपन संक्षिप्त जीवन-वृत्त मे लिखने छथि–'मिथिलेशक इच्छा जे पोथीक सम्पादन करी, परन्तु ताहिमे बड़ विघ्न। संस्कृत पुस्तकालय पृथक् ओ संस्कृत लेखपोथी भेटबामे पछाति बाधा। यदि सुविधा रहैत तँ मिथिलेशक इच्छाक पूर्त्ति करितहुँ, परन्तु से भेल नहि। पछाति मिथिलेश सँ विशेष अनुमति लेअए पड़ल ओ तखन हरिहरसुभाषित ओ अभिज्ञानशकुन्तलक सम्पादन कए सकलहुँ। तन्त्रक तीन गोट पोथी पछाति प्रकाशमे आएल।'

एहन पाँच गोट सम्पादित पुस्तकक भूमिका रचनावलीक एहि अन्तिम खंड मे सम्मिलित अछि। संस्कृत मे लिखित ई पाँचो कृति प्रथम प्रकाशन थिक। एक वा एकाधिक हस्तलेख एवं जर्जर पांडुलिपिक आधार पर पाठ-निर्धारण करैत आचार्य रमानाथ झा एकरा प्रकाशन योग्य बनौलनि अछि। हस्तलेख कत' सँ, कोन रूप मे उपलब्ध भेलनि, लिपिकार के छलाह, रचनाकार के छथि आदि सूचनाक संग कृतिक स्वरूप ओ महत्वक पूर्ण विवरण भूमिका मे देल गेल अछि।

मणिमञ्जरी नाटिका विद्यापतिक कृति-कोशक नव उपलब्धि थिक, मुदा एकर भूमिका रचनावलीक प्रथम खण्ड मे सम्मिलित अछि। यद्यपि एहि नाटिका केँ महाकवि विद्यापतिक रचना मानबा मे रमानाथ झा केँ तारतम्य छनि, तथापि ओ एकरा 'विद्यापतिक कीर्त्तिवल्ली केँ पसरबाक हेतु मचानक एक गोट नव खाम्ह' मानि लेलनि अछि। एहि प्रसंग हुनक तर्क-वितर्क, ऊहापोह केँ जनबाक लेल हिनक भूमिका एकमात्र आधार अछि।

रमानाथ झाक तन्त्र विषयक तीन गोट सम्पादित पोथी उपलब्ध भेल तकर भूमिका संकलित अछि। **मन्त्रकौकुदी** एवं **तन्त्रकौमुदी** महामहोपाध्याय तर्कपंचानन देवनाथ ठाकुरक कृति थिक। सप्तकौमुदीकार देवनाथ ठाकुर आगमशास्त्रक अध्ययन अपन पिता प. गोविन्द ठाकुर सँ कयलनि। **तारिणी-पारिजात** मे ताराक उपासनाक पद्धति अछि। कहबाक प्रयोजन नहि जे मिथिला तन्त्रशास्त्रक गढ़ थिक। मिथिलाक धर्मोपासना मे, संस्कृतिक परिचिति मे तन्त्रक महती भूमिका अछि। एहि पृष्ठभूमि मे रमानाथ झाक तन्त्र-विषयक आधार-ग्रन्थक सम्पादन स्वतः महत्वपूर्ण भ' जाइत

अछि। भूमिका विषय-प्रवेश मे सुविधा प्रदान करैत अछि।

कालिदासकृत अभिज्ञान-शाकुन्तलम् विश्वप्रसिद्ध नाटक अछि। भारतक विभिन्न क्षेत्र मे एहि नाटकक विभिन्न पाठ प्रचलित अछि। बंगाल मे जे पाठ चलैत अछि से कश्मीर मे नहि। पश्चिमी भारतक अध्येता कें कृतिक जे रूप भेटैत छैक से दक्षिणी भारतक पाठक कें नहि। मिथिला मे आइ जाहि संस्करणक प्रचलन अछि से पश्चिमी भारतक, राघव भट्टक, पाठ अछि। किन्तु, **अभिज्ञान शाकुन्तलक** मैथिल पाठ सेहो छल। रमानाथ झाक अनुसार सत्रहम शताब्दीक पूर्वार्द्ध धरि मिथिला मे मैथिल-पाठक पठन-पाठन होइत छल, मुदा तकरा बाद राघवभट्ट वला पोथी व्यवहार मे आबि गेल। रमानाथ झा कें मैथिल पाठवला पोथीक दूटा हस्तलिखित प्रति प्राप्त भेलनि। पहिल छल कोइलख गामक कृष्णदेव द्वारा लिखित प्रति आ दोसर छल लालगंजक पंडित शिवेश्वर झाक निजी संग्रह वला प्रति। रमानाथ झा एहि दुनू पाठक गहन अध्ययन कयलनि, पिशेल द्वारा सम्पादित बंगाल पाठवला प्रकाशित पुस्तक सँ ओकरा मिलौलनि आ तखन जे पाण्डुलिपि तैयार कयलनि सैह थिक **अभिज्ञानशकुन्तलं**। संयोगवश रमानाथ झा कें एहिनाटकक मैथिल पाठ पर आधारित दूटा भाष्य सेहो उपलब्ध भ' गेलनि। भाष्यकार छलाह शंकर तथा नरहरि। एहि दुनू व्याख्याक संग रमानाथ झा द्वारा सम्पादित अभिज्ञानशकुन्तलंक विशेषता अछि एकर मैथिल-पाठ। कालिदासक एहि विख्यात कृतिक मैथिल-पाठ अध्येता कें उपलब्ध भेलैक से वस्तुतः एकटा महत्वपूर्ण अवदान थिक। एहिठाम उल्लेखनीय अछि जे कालिदासक कृतिक पाठ-निर्धारण लेल साहित्य अकादेमी, नई दिल्ली द्वारा गठित सम्पादक-मंडल अभिज्ञानशाकुन्तलक एकटा मान्य पाठ निर्धारित कयलक अछि जाहि मे मैथिल–पाठ केँ ध्यान मे नहि राखल गेल अछि।

सूक्तिमुक्तावली अथवा **हरिहर** सुभाषित चमत्कारपूर्ण उपदेशात्मक मुक्तक श्लोक-संग्रह थिक। एकर रचयिता छथि महामहोपाध्याय हरिहर उपाध्याय। हिनक जन्म सोलहम शताब्दीक अन्तिम दशक मे भेल छल। हिनक सुभाषितक काव्यात्मक सौन्दर्य तँ हृदयस्पर्शी अछिए, सत्रहम शतीक मिथिलाक सामाजिक-सांस्कृतिक स्थितिक ज्ञान सेहो ओहि माध्यम सँ होइत अछि। रमानाथ झा जतेक कृतिक सम्पादन कयलनि अछि सभक उद्देश्य अछि मिथिलाक सारस्वत प्रतिभा आ सांस्कृतिक उत्कर्षक ज्ञापन। कृतिक मैथिल पाठ आ ओकर मैथिल विशिष्टताक प्रकाशन सँ मैथिलेतर सारस्वत समाज मे मैथिल मनीषा प्रतिष्ठित भेल अछि।

एहि दृष्टिकोण सँ रमानाथ झा द्वारा सम्पादित **पुरुष-परीक्षा** सर्वाधिक महत्वपूर्ण अछि। रमानाथ झा जहिया एहि कृतिक सम्पादन कयलनि तहिया धरि अनेक विद्वान द्वारा सम्पादित-अनूदित एकर अनेक संस्करण प्रकाशित भ' चुकल छल। कवीश्वर चन्दा झा द्वारा मैथिली गद्य-पद्य मे तथा जार्ज अब्राहम ग्रियर्सन द्वारा अंग्रेजी मे **(टेस्ट ऑफ ए मैन)** भेल एकर अनुवाद बेस प्रसिद्ध छल। रमानाथ झा

एहि दुनू पोथीक गहन अनुशीलन तँ करबे कयलनि, छौ गोट हस्तलिखित पाण्डुलिपिक निरीक्षण-परीक्षण सेहो कयलनि। स्वाभाविक अछि जे हिनका द्वारा सम्पादित संस्करणक पाठ परिमार्जित एवं प्रामाणिक होयत। हिनक संस्करण मे मूल पाठक संग चन्दाझाक गद्य-पद्यमय अनुवादो संकलित अछि। चन्दा झाक अनुवादक गद्य मैथिली गद्यक प्रारम्भिक रूप छल, तेँ रमानाथ झा सेहो पुरुष-परीक्षाक अनुवाद कयलनि। रमानाथ झा द्वारा सम्पादित पुस्तक मे दुनू अनुवाद अछि। रचनावलीक एहि खंड मे रमानाथ झाक अनुवाद देल जा रहल अछि। ई अनुवाद पुरुष-परीक्षा कैं बुझबाक लेल तँ सहजेँ, मैथिली-गद्यक विकास-क्रम कैं जनबाक लेल सेहो उपयोगी अछि। रमानाथ झा पुरुष-परीक्षाक किछु कथाक अंग्रेजी अनुवाद कयने छथि, ओकरो एहि खंड मे संकलित कयल गेल अछि।

रमानाथ झा मैथिलीक रचनाकारक रूप मे विख्यात छथि। मैथिली भाषा-साहित्यक क्षेत्र मे हिनक अतुलनीय अवदान छनि। किन्तु, हिनक कृतित्व बहुआयामी अछि। ओकरा मैथिलीक लक्ष्मण-रेखा मे सीमित करब हिनक महत्ताक अपलाप होयत। रचनावलीक प्रस्तुत खंड संस्कृत मे लिखित रचना सँ सम्बन्धित रमानाथ झाक लेखनक संग्रह अछि। एकर अध्ययन सँ ज्ञात होइत अछि जे रमानाथ झा संस्कृत भाषाक विज्ञ छलाह, विषयक वैदुष्य छलनि। संस्कृतक साहित्य सँ शास्त्र धरिक मर्मज्ञ, तन्त्रशास्त्रक विशेषज्ञ। यैह कारण थिक जे ई संस्कृत-ग्रंथक ग्रंथिल ग्रंथि कैं एहि प्रकारेँ सोझरयबा मे सफलता प्राप्त कयलनि।

रचनावलीक लेल रचनाक संकलन मे सहयोगी मित्र-बन्धुक प्रति हम आभारी छी। एहि मे जे त्रुटि अछि तदर्थ क्षमाप्रार्थी।

– मोहन भारद्वाज

शिवपुरी, पटना
20 मइ, 2006

रामस्य चरितम्

कौशल्यानन्दनो रामस्सर्वैरस्माभिस्सनातनधर्मावलम्बिभिस्सर्वैश्च हिन्दूभिर्भारतीयैश्च विष्णोरवताररूपेणेश्वरस्यांशतया पूज्यते। किन्तु महर्षिणा बाल्मीकिना स्वकीये रामायणे रामो नररूपेण वर्णितो न तु विष्णोरवताररूपेण। नरेष्वयमुत्तमो नरोत्तमो नररूपेणैव मानवोचितलीलां निर्वहन्नादर्शचरितं निदर्शयामास। स हि

रक्षिता जीवलोकस्य स्वजनस्य च रक्षिता।
रक्षिता स्वस्य वृत्तस्य धर्मस्य च परन्तपः॥
मर्यादानां च लोकस्य कर्ता कारयिता च सः।
साधूनामुपकारज्ञः प्रचारज्ञश्च कर्मणाम्॥

(सुन्दरकांड अ. 35 श्लोक 10-12)

यस्मिन्न चलते धर्मो यो धर्मान्नातिवर्तते

(युद्ध 28।19)

इति पुरुषोत्तमो रामचन्द्रो मर्यादापुरुषोत्तमतया प्रथितस्तथा रामवत् प्रवर्तितव्यमिति सर्वैरेव साधुभिर्बहुमान्यते रामराज्यमादर्शराज्यमिति चाधुनापि सम्मन्यते।

किन्तु रामस्य चरितं किं सर्वथा दोषशून्यमासीत्? 'मर्यादानां कर्ता कारयिता' 'यो धर्मान्नातिवर्तते' किं सर्वास्ववस्थासु धर्मविहितमेवाचरणं कृतवान् यल्लोकैस्सर्वदा सर्वथा चानुकरणीयम? महाकविर्भवभूतिरुत्तररामचरिते स्वकीये नाटके वने वसतः प्राचेतसान्तेवासिनः सीताकुमारस्य लवस्य मुखेन लक्ष्मणसूनुं चन्द्रकेतुमधिक्षिपन्नखिललोकण्टकस्य रावणस्य हन्तू रघुपतेश्चरिते दोषान् प्रदर्शयति :

वृद्धास्ते न विचारणीयचरितास्तिष्ठन्तु किं वर्ण्यते
सुन्दस्त्रीदमनेऽप्यखण्डयशसो लोके महान्तो हि ते।
यानि त्रीण्यपराङ्मुखान्यपि पदान्यासन् खरायोधने
यद्वा कौशलमिन्द्रसूनुनिधने तत्राप्यभिज्ञो जनः॥

(अंक 5, श्लोक 35)

अत्र त्रयोऽधिक्षेपाः प्रस्तुताः। प्रथमस्तु जम्भपुत्रस्य सुन्दस्य भार्यायास्ताडकाया

वधमधिकृत्य आक्षेपो नारीवधरूपं बीभत्सं कर्म कृतवतोऽपि रामस्य यशो न मलिनीभूतमिति। स च लोके पूज्यत एवेति सोत्प्रासोक्तिः। वस्तुतस्तु बाल्मीकिरपि विषयममुमाशङ्क्य विश्वामित्रमुखेनाधर्मनिरतानां स्त्रीणां हननं प्रजारक्षणकारणात् कर्तव्यमेवेति प्रतिपादितम्।

न हि ते स्त्रीवधकृते घृणा कार्या नरोत्तम।
चातुर्वर्ण्यहितार्थाय जहि दुष्टपराक्रमाम् ॥
पावनं वा सदोषं वा कर्तव्यं रक्षता सता।
राज्यभारनियुक्तानामेष धर्मः सनातनः ॥

(बालका. 25.17-19)

तथा च पृथिवीं हन्तुमिच्छन्तीं विरोचनसुतां मन्थरां शक्रोऽभ्यसूदयत् विष्णुना च अनिन्द्रं लोकमिच्छन्ती पतिव्रता भृगुपत्नी काव्यमाता निषूदितेति दृष्टान्तद्वयं निदर्शितम्। किन्तु स्त्रीवधः सदोष इति च स्पष्टमुक्तं तच्च प्रजारक्षणकारणात् राज्यभारनियुक्तानां प्रथमो धर्मः। इत्थं प्रथमोऽयमाक्षेपः समाहितः पराहतश्च।

द्वितीयस्त्वाक्षेपः खरायोधनप्रसङ्गकः। यदा तु रामो जातस्वेदो रोषाद्रक्तान्क्तलोचनो बाणानां सहस्रेण खरं निर्बिभेद, तदा

विह्वलः स कृतो बाणैः खरो रामेण संयुगे।
मत्तो रुधिरगन्धेन तमेवाभ्यद्रवद् द्रुतम् ॥
तमापतन्तं संरब्धं कृतोस्त्रो रुधिराप्लुतम्।
अपासर्पद् द्वित्रिपदं किञ्चित् त्वरितविक्रमः ॥

(अरण्यका. 30. 22-23)

अत्रापराङ्मुखस्यापि द्वित्रिपदान्यपसर्पणं शौर्यस्यापकर्षणम्। अस्मिन् विषये रामस्यापसर्पणं समर्थयन् तेन च शौर्यहानिर्नाशङ्कङ्क्येति प्रतिपादयन् रामायणस्य सुप्रसिद्धटीकाकारो गोविन्दराजः–"यद्यपि किञ्चिदपसर्पणं शूरस्यायुक्तं तथापि "सर्वतो बलवती ह्यन्यथानुपपत्ति" रिति न्यायेनापसर्पणं बिना तत्संहारहेत्वलाभादपसर्पणं न दोष इति व्याचक्षते। तिलकस्तु "बाणक्षेपावकाशो यथा न भवति तथोपर्यापतन्तं खरं दृष्ट्स्वा अत्यासत्तौ धनुर्व्यापारो न स्यादिति स्वशरीरे तद्रुधिरपातभिया च द्वित्रिपदानि त्वरितपदन्यासो बाणं संदधदेव पृष्ठतोपासर्पतेति। अत्रापि शूरस्यापसर्पणमयुक्तमिति स्वीकृत्यान्यथानुपपत्तिन्यायेन टीकाकारैस्तत् समर्थितम्।

तृतीस्त्वाक्षेपो बालिवधप्रसङ्गे छलप्रयोगमधिकृत्य विशेषतश्चिन्तनीयः। प्रथमे युद्धे बालिसुग्रीवयोरन्योन्यसादृश्यात् कः सुग्रीवः कश्च बालीति रामो नावगन्तुमशक्नोत् रूपसादृश्याच्च विमूढो बालिवधार्थं शरं नोदसृजत्। प्रहारैर्जर्जरीकृतः सुग्रीवश्च बालिनाभिद्रुतः पलायितः। अतः प्रत्ययार्थं गिरितटे जातां कुसुमाकुलां गजपुष्पीमुत्पाट्य लक्ष्मणेन सुग्रीवस्य कण्ठे कारयित्वा पुनस्तं युद्धाय प्रैषयत्। ततः

सर्वे ते त्वरितं गत्वा किष्किन्धां बालिपालिताम्।
वृक्षैरात्मानमावृत्य व्यतिष्ठन् गहने वने ॥

(किष्कि. 14.1)

सुग्रीवप्रियकामार्थमयोध्याधिपतेः पुत्रौ प्राप्तौ स्तस्तयोर्ज्येष्ठो रणकर्कशो

रामः परबलामर्दी युगान्ताग्निरिवोत्थितः।
निवासवृक्षः साधूनामापन्नानां परा गतिः ॥
आर्तानां संश्रयश्चैव यशसश्चैकभाजनम्।

(किष्कि. 15.19-20)

तव भ्रातुः सहायस्तेन सह ते विरोधो न युक्त इति तारया निवार्यमाणोऽपि बाली

न च कार्यो विषादस्ते राघवं प्रति मत्कृते।
धर्मज्ञश्च कृतज्ञश्च कथं पापं करिष्यति ॥

(किष्किन्धा 16.5)

इति तामाश्वास्य नगराद् योद्धुं निर्ययौ। रामस्तु युद्ध्यमानयोस्तयोर्बालिसुग्रीवयोः

हीयमानमथापश्यत् सुग्रीवं वानरेश्वम्।
प्रेक्षमाणं दिशश्चैव राघवं च मुहुर्मुहुः ॥

(किष्किन्धा 16.31)

तथा सुग्रीवमार्त्तं दृष्ट्वा प्रच्छन्न एव धनुषि शरं संधाय मुक्तवान्। अभिहतो बाली निकृत्तपादप इव सहसा भूमौ निपपात, रामश्च तं पतितं दृष्ट्वा लक्ष्मणानुगतस्तत्समक्षमुपासर्पत्। तं दृष्ट्वा वाष्पसंरुद्धकण्ठो बाली 'अब्रवीत् प्रश्रितं वाक्यं परुषं धर्मसंहितम्' तथाधिक्षेपोऽयं सर्वथा मार्मिकः प्रभावोत्पादकश्च। एते खलु बालि-वचने मुख्या आक्षेपाः

पराङ्मुखवधं कृत्वा को नु प्राप्तस्त्वया गुणः।
यदहं युद्धसंरब्धः शरेणोरसि ताडितः ॥

(किष्किन्धा 17.15)

पार्थिवानां गुणा राजन् दण्डश्चाप्यपराधिषु।
तान् गुणान् संप्रधार्याहमग्र्यं चाभिजनं तव ॥
तारया प्रतिषिद्धोऽपि सुग्रीवेण समागतः।
न मामन्येन संरब्धं प्रमत्तं योद्धुमर्हति ॥
इति मे बुद्धिरुत्पन्ना बभूवादर्शने तव।

(किष्किन्धा 17.18.20)

न च त्वामवजानेऽहं कस्मान्मां हंस्यकिल्विषम्।
फलमूलाशनं नित्यं वानरं वनगोचरम् ॥
मामिहाप्रतियुद्ध्यन्तमन्येन च समागतम्।

(तत्रैव 17.23-24)

वयं वनचरा राम मृगा मूलफलाशनाः।
एषा प्रकृतिरस्माकं पुरुषस्त्वं नरेश्वरः ॥

अत्र कस्ते वने लोभो मदीयेषु फलेषु वा।
राजवृत्तिरसंकीर्णा न नृपाः कामवृत्तयः ॥

(तत्रैव 17.28-31)

चर्म चास्थि च मे राजन्न स्पृशन्ति मनीषिणः।
अभक्ष्याणि च मांसानि सोऽहं पञ्चनखो हतः ॥

(तत्रैव 17.38-39)

एवं बहुशः परुषमधिक्षिप्तो रामो बालिनमुपदिशति। इयं "सशैलवनकानना" भूमिरिक्ष्वाकूणां तां च धर्मात्मा भरतः पालयति। तस्य च धर्मकृतादेशा वयं कृत्स्नां वसुधां चरामो धर्मविभ्रष्टं च भरताज्ञां पुरस्कृत्य यथाविधि निगृह्णीमः। त्वन्तु संक्लिष्टधर्मा यतः—

ज्येष्ठो भ्राता पिता चैव यश्च विद्यां प्रयच्छति।
त्रयस्ते पितरो ज्ञेया धर्मे वर्त्मनि वर्तिनः ॥
यवीयानात्मनः पुत्रः शिष्यश्चापिगुणोदितः।
पुत्रवत्ते त्रयश्चिन्त्या धर्मश्चेदत्र कारणम् ॥

(किष्किन्धा 18.13-14)

तदेतत्कारणं पश्य यदर्थं त्वं मया हतः।
भ्रातुर्वर्तसि भार्यायां त्यक्त्वा धर्मं सनातनम् ॥
भ्रातृभार्याविमर्शेऽस्मिन् दण्डोऽयं प्रतिपादितः।
औरसीं भगिनीं वापि भार्यां वाप्यनुजस्य यः ॥
प्रचरेत नरः कामात्तस्य दण्डो वधः स्मृतः।

(तत्रैव श्लोकाः 25-26)

अपरं च कारणं विवृणोति रामः।

सुग्रीवेण च मे सख्यं लक्ष्मणेन यथा तथा।
दारराज्यनिमित्तश्च निःश्रेयसि रतः स मे ॥
प्रतिज्ञा च मया दत्ता तदा पावकसन्निधौ।
प्रतिज्ञाय कथं शक्यं मद्विधेनानवेक्षितुम् ॥

(तत्रैव 18.26-28)

अग्रे चाप्यपरं कारणं भूयः स्पष्टीकरोति येन प्रच्छन्न एव स बालिनमवधीदिति धारणा मूलं बध्नाति।

वागुराभिश्च पाशैश्च कूटैश्च विविधैर्नराः।
प्रतिच्छन्नाश्च दृश्याश्च गृह्णन्ति सुबहून् मृगान् ॥
यान्ति राजर्षयश्चात्र मृगयां धर्मकोविदाः।
अयुद्ध्यन् प्रतियुद्ध्यन् वा यस्माच्छाखामृगो ह्यसि ॥

(तत्रैव 18.28-42)

अत्रेदं विचारणीयम्। अनुजस्त्रीगमनाभियोगो मनुष्य एव संगच्छते। एतत्तु लोकवृत्तं न खलु शाखामृगवृत्तम्। मनुष्याधिकारस्य निषेधादिशास्त्रस्य कथं तिर्यक्षु शाखामृगेषु वा प्रवृत्तिः? न नु तिर्यग्योनेश्शाखामृगस्यापि वासवसूनोर्बालिनो राजादिव्यवहारदर्शनेन मनुष्यवद्व्यवहारदर्शनेन च मनुष्य-तुल्यज्ञानवत्त्वादस्त्येवायं दोष इति वाच्यम्, शाखामृगत्वेन प्रच्छन्नेनापि रामेण तस्य वधार्हत्वकथनात्? बाली वासवसूनुर्वानराणां राजा, कथं तर्हि प्रच्छन्नेनापि रामेण स मृगवत् वध्यः? आहोस्वित् बाली शाखामृगः, कथं तर्हि मनुष्यवदनुजपत्नीगमनाभियोगेन महापातकी? बालिवधानन्तरं स्वयं रामेण बालिनः काञ्चनी दिव्या माला तस्य भार्या तारा तस्य च कपिराज्यं सुग्रीवे प्रतिपादितानि।

एतां च मालां तारां च कपिराज्यं च शाश्वतम्।
सुग्रीवो बालिनं हत्वा रामेण प्रतिपादितः ॥

(युद्धकांडे 28.32-33)

अतएव बालिसुग्रीवादिषु भ्रातृभार्यागमनं न तथा दोषावहं प्रतिभाति यथा धर्मरक्षणाय रामस्तथाविधं बालिनं छलेन हन्यात्। यत् सुग्रीवे पश्चात् न दोषावहं कथं तत् बालिनि पूर्वं तथेति सर्वथा चिन्त्यम्। तथापि शुद्धे शत्रुणा संरब्धं बालिनं रामो वृक्षैरात्मानमावृत्य प्रच्छन्न एव निजघान। उपरि दत्तेषु त्रिषु कारणेषु प्रथमं तृतीयञ्च परस्परविरुद्धे प्रतिभातः। द्वितीयन्तु कारणं बालिनि निरपराधित्वमुदासीनत्वं वा निवारयति। सुग्रीवो रामस्य सखा, बाली च तस्य शत्रुरतो बाली रामस्यापि शत्रुरपराधी। तस्य वधं प्रतिज्ञाय तत्पूरणमवश्य कर्तव्यमासीत्। किन्तु सम्मुखयुद्धे वधो न चेष्टितः। तत्र का क्षतिरासीत्! छलप्रयोगस्य किं प्रयोजनम्! अतएव बालिनो गर्वोक्तिः—

दृश्यमानस्तु युद्ध्येथा मया यदि नृपात्मज।
अद्य वैवस्वतं देवं पश्येस्त्वं निहतो मया ॥

(कि. 17.47)

न सर्वथा सारहीनं विकत्थनमिदं प्रतिभाति।

त्वत्तोऽहं वधमाकाङ्क्षन् वार्यमाणोऽपि तारया।
सुग्रीवेण सह भ्रात्रा द्वन्द्वयुद्धमुपागतः ॥

(कि. 18.58-59)

इति बालिनोऽन्तिमं वाक्यं विषयान्तरं द्योतयति। तेन छलप्रयोगो न समर्थ्यते। साध्यसाधनयोरन्तरमत्र विवेचनीयं भवति। आदर्शचरिते साध्यस्यैव साधुत्वं न पर्याप्तम्। तत्र साधनस्यापि साधुतापेक्ष्यते। भवतु बालिवधरूपं साध्यं सुष्ठु किन्तु तद्वधसाधने छलप्रयोगो न रोचते मह्यम्। भवभूतिमपि तन्न तथा सुष्ठु प्रत्यभात्।

अत एवोपाख्यानमेतत् भृशं पर्यालोच्यापि चेतः सन्देहेन बलवदाक्रान्तं भवति, किं नु खलु रामचन्द्रो बालिवधविषये कामवृत्तिरासीन्न तु राजवृत्तिः। अन्यथा छलेन

तस्य वधोऽसमर्थनीयः। सुग्रीवाय कृता प्रतिश्रुतिः सर्वथा पूरणीयासीत्। किंतु सम्मुखायोधने तस्य हननं न सुकरम्। सीतान्वेषणार्थं कपिराज्ये सुग्रीवस्य प्रतिष्ठापनमावश्यकमविलम्बेन च करणीयमासीत्। सीताविरहजेन शोकेन भृशमुत्तप्तोभ रामो विलम्बसहने सर्वथाऽसमर्थः। अतः कामवशादेव रामचन्द्रश्छलप्रयोगेनापि बालिनं हत्वा सुग्रीवमुद्धर्तुं येते। बालिवधस्यौचित्यसमर्थने दत्तास्तर्काः दुर्बलाः परस्परं विरुद्धाश्च न सन्तोषमावहन्ति। किन्तु दोषेणानेन रामस्य नरत्वं पुष्टं भवति। दोषाणामाकरे नरे दोषाः सन्त्येव। नरोत्तमे रामे गुणसन्निपाते सत्यपि स्वल्पो दोषो नास्वाभाविकः आलोचनीयश्च। तस्मात् भवभूतेराक्षेपो न मृषा न चामूल इति।

(**मिथिला विद्यापीठ**, दरभंगा, बुलेटिन IV-VI सी., सित. 1968-सित. 1790)

तारिणीपारिजात : भूमिका

मैथिलब्राह्मणाः प्रायः सर्वे शाक्ताः। तेषु प्रतिपरिवारं कापि शक्तिः कुलदेवता-रूपेण नियतमुपास्यते। भिन्नतां गते प्रबृद्धे परिवारे सर्वैरपि तैर्भिन्नैः परिवारैः कौलिकक्रमेण मुख्यगृहे विधिवत् स्थापिता वंशानुक्रमागता सैव कुलदेवता पूज्यते। तथा च तान्त्रिकी दीक्षा मैथिलब्राह्मणानां कृते उपनयनादिसंस्कारवद् विशेषाधायिका। यथोपनयनं बिना ब्राह्मणकृत्येषु नाधिकारो जायते, तथैव तान्त्रिकीं दीक्षां बिना गृहस्थाश्रमप्रवेशाय विवाहस्याधिकारो नानुमन्यते। सा च दीक्षा कस्या अपि देवताया मुख्यतया कस्या अपि महाविद्याया गृह्यते। सा देवतेष्ट देवतात्वेन तैरुपास्यते। इत्थं कुलदेवतेष्टदेवता च सर्वेषामपि मैथिलब्राह्मणानां प्रायः शक्तिरेव भवतीति सर्वथात्र तथ्यमेव वर्णयत्यभियुक्तोक्तिरियम्—"सर्वे शाक्ता द्विजाः प्रोक्ताः" इति।

तत्र बहवो मैथिलब्राह्मणास्तारादेव्या उपासकाः। बहुषु कुलेषु तारादेवी कौलिकरूपेणेष्टदेवतात्वेन समुपास्यते। तद्वंश्याः सर्वे तस्या एव दीक्षां गृह्णन्ति तामेव चोपासते। अन्ये च केचन महोच्चकुलाः सन्ति ये कुलदेवतात्वेनेष्ट, देवतात्वेन चोभयथापि तारादेवीमेव समुपासते।

अस्यास्तु विद्याया महाचीनक्रमेणैवोपास्यतया मिथिलायां सद्ब्राह्मणवंशेषु महाचीनक्रमस्येदृशः प्रभाव इयांश्च प्रसारः प्रायः सहस्रवर्षेभ्यौ नार्वाचीनः। कथं नु खलु बौद्धधर्माङ्गभूतमहायानसम्प्रदायक्रमो महाचीनादागतो न्याय-मीमांसाक्षेत्रे स्मार्त्तप्रधानायां मिथिलायां महद्भिः सद्भिर्ब्राहणैरुपास्यत्वेन बाहुल्येन परिगृहीत इति चित्रीयते चित्तम्। अत्र च सहर्षाजिलान्तर्गतप्राचीनमाहिष्मती-नगरे पुरा मण्डनमिश्रपादैरध्युषिते सम्प्रति महिसीति विख्याते ग्रामे श्रीमदुग्रतारायाः पीठं वर्त्तते, यस्य सिद्धिपीठतया प्रसिद्धिरद्यापि सर्वैराद्रियते।

अस्याश्च तारादेव्याः सपर्यापद्धतिर्विस्तृता संक्षिप्ता च कतिधोपलभ्यते गुरुक्रमेण च तत्तत्कुलेषु साधकैरनुगम्यते। किन्तु प्रकाशं नायाता कापि प्रामाणिकी पद्धतिः। मैथिलतान्त्रिकप्रवराः श्रीमन्नृसिंहठक्कुरपादा वस्तुतो नामानु रुपमर्णवमिव 'ताराभक्तिसुधार्णव' नामकमाकरग्रन्थमेकं प्रमाणरूपेण प्रणीतवन्तः। स च सुधार्णवस्तान्त्रिकग्रन्थमालायामागमानुसंधानसमितितः प्रकाशितः। प्रमाणग्रन्थश्चैष प्रयोगं

नानुवदति किञ्चापूर्णोऽशुद्धिबहुलश्च नातिप्रयोजकः साधारणोपासकानां कृते नोपकारकः।

अयं तु 'तारिणीपारिजातः' नातिविस्तीर्णो नातिसंक्षिप्तश्च सर्वैरेव गुरुसम्प्रदायैः समानतया समाद्रियते। अत्र च क्रमो न केवलं वामवार्गानुसारी। अतःस्मार्त्तानामपि तारादेव्या उपासकानां साधकानां कृतेऽयं सर्वथा संमान्यः संग्रहणीयश्च। प्रमाणमप्यत्रोपलभ्यते, किंतु प्रधानतः प्रयोगात्मक एवायं पारिजातः। तेन स्वल्पविद्योऽपि जनः स्वल्पेनैवायासेनामुमाधृत्योपासितुं शक्नोति।

इतः प्राक् सप्तदशे वर्षे गुरुचरणानां दर्शनकाननपञ्चाननानां महामहोपाध्याय बालकृष्णमिश्रपादानां साहाय्येन चाहं ग्रन्थमेनं संस्कर्तुमाराब्धवान् सम्पादिवांश्च प्रकाशनाय। किन्तु बहुशो यतमानोऽप्यहं न कमपि प्रकाशकमेतावल्कालपर्यन्त प्राप्तवान्! अधुना श्रीमत्तारादेव्याः करुणाकटाक्षेण वाराणसेय-संस्कृत-विश्वविद्यालस्य कुलपतिमहोदयानां कुलक्रमेण श्रीमदुग्रताराया उपासाकानां श्रीमदादित्यनाथझाशर्मणामनुग्रहातिरेकेण पारिजात एष प्रकाश्यते। आशासे च बहवस्तारादेव्या उपासका अस्य प्रकाशनेन चिरेप्सितप्रामाणिक सपर्यापद्धतिमुपलभ्य साधनायां यतिष्यन्त इति।

अस्य संस्करणे मया तिस्रो मातृका आधारत्वेन गृहीताः दरभङ्गाजिलान्तर्गतो जानग्रामवास्तव्यानां मद्बन्धुवराणां सम्प्रति स्वर्गतानां पद्मनाथझाशर्मणामिदानीं तत्र प्रथमा मातृका दरभङ्गा-राजकीये पुस्तकालये संगृहीता सुरक्षिता षट्षष्टिपत्रेषु सम्पूर्णा निविडैः स्पष्टैः शुद्धैश्च मिथिलाक्षरैर्लिखिता लेखनकालादिरहिता। अत्र प्रमाणभागो बहुधा परित्यक्तो बहुषु स्थलेषु संक्षिप्तश्च। इयं मातृका मया 'प' इति सङ्केतिता।

द्वितीया मातृका मया स्वग्राम एव मन्मित्रवराणां नैयायिकप्रवराणां श्रीदुर्गाधरझा शर्मणां सौहार्देन पाठनिर्णयार्थं प्राप्ता। स्पष्टैर्मिथिलाक्षरैर्लिखिता शुद्धा 'प' सदृश्येव प्रमाणभागैर्बहुधा रहितापि सम्पूर्णा सर्वथैव मया प्रमाणत्वेन परिगृहीता। इयं च 'दु' इति संङ्केतिता।

तृतीया मातृका दरभङ्गा-जिलान्तर्गतसुप्रसिद्धमङरौनीग्रामवास्तव्यानां स्वर्गतानां साधकप्रवराणामुमाकान्तशर्मणां सकाशात् प्राप्ता। इयं च मातृका मणिद्वीपनिवासिभिर्मम मातुलचरणैः सिद्धैर्गणनाथझाशर्मभिः संशोधितातीव प्रामाणिकी विस्तीर्णा च। अत्र प्रमाणवचनान्यपि साकल्येन संगृहीतानि कतिपयेषु स्थलेषु च विवादविमर्शोऽपि निर्दिष्टः। इयं च मया 'उ' इति संङ्केतिता। स्वर्गतेषु तेषूमाकान्तशर्मसु कुत्रास्ति विलक्षणेयं मातृकेति न जाने। किन्तु तया सह संवादितः पाठो मम पुस्तके सर्वत्र निर्दिष्टोऽस्ति यमाधृत्याहमत्र पाठं निर्णीतवान्।

मातृकात्रयादस्माद्भिन्ना चतुर्थी मातृकेका आदौ खण्डिता वाराणसेय-संस्कृत-विश्वविद्यालयस्य सरस्वतीभवनात् प्राप्ता। चतुस्त्रिंशत्पत्रात्मिकायामस्यां मातृकायां पत्रसंख्या 1 तः प्रारभ्यते, किन्तु आरम्भोऽत्रान्तर्यागप्रकरणस्य मध्यात्। अन्तं यावत् सम्पूर्णा मिथिलाक्षरैर्लिखिता परिशुद्धा च मातृकेयं प्रथममातृकया 'प' सङ्केतितया सह सर्वथा संवदति एतयापि संस्करणस्यास्य प्रामाण्यं दृढ़ीभवति।

मुख्यपाठोऽत्र 'प' 'दु' मातृकानुसारी। केवलं भूतशुद्धेः प्रकार उभयत्र भिन्नः। वस्तुतः सादृश्ये सत्यपि शब्दत आकारतश्च भेदः। तत्र 'दु' मातृकागतः प्रकारो विस्तृतः 'प' मातृकागतश्च संक्षिप्तः। अत्र संस्करणे 'दु' मातृकागतः पाठः [] कोष्ठान्त- र्गतः सूक्ष्माक्षरैर्दत्तः। मूलभूतः पाठः 'प' मातृकानुसार्येव। अन्यथा 'प'-'दु'-मातृकयोर्न कोऽपि वस्तुतो भेदः। 'उ'-मातृकायां च प्रमाणवचनानि बहुशोऽधिकानि। यथा यन्त्रलेखनप्रकरणे, अर्धस्थापनप्रकरणे, वालिदानप्रकरणे च प्रमाणवचनानि नानातन्त्रेभ्यः संकलय्य दत्तानि व्याख्यातानि च। तथा च रुद्रयामलोक्त षोढान्यासस्तारकादिन्यासो यन्त्रलेखनप्रकरणे पीठन्यासप्रसङ्गकविचारविमर्शः कलशस्थापनप्रसङ्गः पीठपूजाप्रसङ्गश्चैते सर्वथाधिकाः। एते सर्वे कोष्ठे सूक्ष्माक्षरैर्दत्ताः। अन्यत्रापि 'उ' मातृकानुसारी अधिकः पाठो वाक्यरूपो वाक्यांशरूपो वा कोष्ठान्तर्गत एव सूक्ष्माक्षरैर्मुद्रितः। इत्थं महता यत्नेन सम्पादितमिदं संस्करणं विद्वद्भिः साधकैश्च मान्यं समादृतं भवेदिति श्रीमत्तारिणीदेवीं प्रार्थये।

'श्रीविद्वदुपाध्यायपण्डितरचितस्तारिणीपारिजातः' इति ग्रन्थान्ते पुष्पिकायां सर्वासु मातृकासूपलभ्यते। कस्तावदयं विद्वदुपाध्यायः पण्डितः इति न ज्ञायते। ग्रन्थान्ते श्लोकषट्कं चापि सर्वासु मातृकासूपलभ्यते। तत्रोक्तमस्ति-'पारिजातानन्दनाथस्य मैथिलस्य द्विजन्मनः कृते तद्गुरुणा प्रकाशितोऽयं पारिजातः पारिजातानन्दस्यानन्ददायी भवत्विति।' किञ्चोक्तमस्ति तत्रैवाग्रिमे श्लोके कान्यकुब्जदेशीयः शुकदेवनामधेयो विख्यातः (प्रायः द्विजन्मा एव) तारापूजामन्दारमिदं कृतवानिति। कर्तृत्वमत्र शिक्षादानेन प्रकाशनमित्ययनुमीयते। प्रायः शुकदेव एव गुरुः स्वशिष्याय पारिजातानन्दनाथाय शिक्षादानेन ग्रन्थमेनं प्रकाशितवान्। किन्तु ग्रन्थोऽयं विद्वदुपाध्यायपण्डितरचित इति पुष्पिकावाक्यादनुमानं सुलभं यद् विद्वदुपाध्याय एव पारिजातानन्दनाथः, तस्यैवेदं प्रायः कौलं नाम। ततएव हि ग्रन्थस्यापि नाम पारिजात इति, गुरुः शुकदेवः सिद्धसाधकस्तन्त्रशास्त्रे पण्डितो विषयाभिज्ञो ग्रन्थरचनाविषयोऽपरिचितः। शिष्यश्च पण्डितो गुरु-मुखाद्रहस्यमगवत्य पद्धतिमिमां विचरितवान्। अथवा गुरोर्नाम केवलं तस्य महत्त्वख्यापनाय, ग्रन्थरचनायां न तस्य योगः। शिक्षादानेन रहस्यकथनमात्रमेव तस्य प्रकाशकत्वम्।

विद्वदुपाध्यायस्स्य समयप्रसङ्गेऽपि न किञ्चिज्ज्ञायते। अत्र तन्त्रसारकृतां नृसिंहठक्कुराणां चौल्लेखेन ताभ्यामयमर्वाचीन इति स्पष्टम्। अतः सप्तदशशकशताब्यामयं प्रादुरभूदिति ममानुमानम्।

ग्रन्थान्तस्थतृतीये श्लोके गहरवारकुलकमलिनीसूर्यस्यः विक्रमादित्यस्य राज्ञः कीर्त्तनम्। श्लोकस्यास्य चतुर्थश्चरणो नातिस्पष्टः अत्र प्रायो विक्रमादित्यपालितस्य राज्यस्य नाम वर्तते। अत्र 'क्षितिकं तिथिमपि पाति' इति पठयते। चिन्त्योऽयं चरणः। गहरवार इति राजपुत्राणां प्रसिद्धो वंशः। राज्यस्य नाम विना केवलं गहरवारकुलसम्भूतो विक्रमादित्य इत्येतावतैवास्य राज्ञः परिचयो न केवलमनुसन्धानापेक्षो दुर्लभश्चापि।

किन्तु विपुलसुखफलोऽयमानन्ददायी च तारिणीपारिजातः कस्मिन्नपि राज्ये केनापि राज्ञा राजन्वति कस्मिन्नपि राज्ये केनापि रचितस्तारादेव्याः पूजापद्धतिं प्रकाशयन् वस्तुतोऽद्य प्रकाशमायाति। अनेन सर्वे ताराविद्योपासकाः सत्फलं प्राप्नुवन्तु, अस्माकमायुष्मन्तः कुलपतिमहोदयाश्चिराय। देव्या आराधनापद्धतिप्रकाशकत्वेनाहमपि कियतः फलस्य भागी भवेयमिति ग्रन्थमेनं भवसङ्कटतारिण्यै तस्यै महासरस्वतीरूपायै तारायै सश्रद्धं समर्पयामीति।

(वाराणसेय संस्कृत विश्वविद्यालय, वाराणसी, 1964)

मन्त्रकौमुदी : भूमिका

विदितमस्तु सुधियामागमशास्त्ररसिकानां साधकानां च यदेतत् ग्रन्थरत्नं प्रथममेवाधुना प्रकाशं नीयते। नैतत् संग्रहो न वा टीका किन्तु मौलिक एष ग्रन्थो मन्त्रशास्त्रमधिकृत्य निर्मितः पद्यबद्धः सर्वथाऽभिनवो न केवलं ग्रन्थकर्त्तुरेव गौरवं पाण्डित्यं च प्रकटीकरोति, अपितु मध्ययुगीयमैथिलपण्डितानां वैदुष्यप्रकर्षं सर्वतोमुखीं प्रतिभां च निदर्शयति।

ग्रन्थस्यास्य संस्करणमिदं मातृकाद्वयमाश्रित्य कृतवानस्मि। प्रथमा षण्णवतितालपत्रात्मिका तिरहुताक्षरैर्लिखिताद्यन्तसहिता दरभंगाराजकीयपुस्तकालये (अधुना दरभंगास्थ-श्रीकामेश्वरसिंह-संस्कृतविश्वविद्यालस्य पुस्तकालये) सुरक्षिता। इयं च द्विचत्वारिंशदधिक-चतुश्शततमे लक्ष्मणसेनीयसंवत्सरे फाल्गुनशुक्लाष्टभ्यां रवौ "खजुरा" ग्रामे श्रीमहोभट्टाचार्य-माधव-महाशयानामाज्ञया श्रीरघुनाथेन लिखितेति मातृकान्ते पुष्पिकायामुपलभ्यते। किन्तु मातृकेयं नातिस्पष्टाक्षरा, लेखाशुद्धिप्रचुरा, केनचिदन्येन च स्थाने स्थाने संशोधिता, क्वचिच्च सूक्ष्मटिप्पण्यापि संवलिता, मध्ये मध्ये च लेखकप्रमादादादर्शपुस्तकदोषाद्वा श्लोकार्धेन श्लोकेन श्लोकयुग्मेन वा रहिता। तथाप्यस्मिन् संस्करणे मया मुख्यत्वेनेयमेव मातृका परिगृहीता। अत्रेयं मातृका "क" इति संज्ञया संकेतिता।

अपरा च मातृका दरभंगाजिलान्तर्गतोजानग्रामवासिनां मम मित्रवराणां श्रीप्रेमधरझाशर्मणां संग्रहे वर्त्तमाना तालपत्र एव तिरहुताक्षरैलिखिता संपूर्णा किन्तु मसीमालिन्यान्नातिसुपठा। अत्राप्यन्ते पुष्पिकायां षट्त्रिंशदधिकचतुश्शततमे लक्ष्मणसेनीयसंवत्सरे ज्यैष्ठ-कृष्णाष्टम्यां चन्द्रे श्रीरघु...लिखितैषेत्युपलभ्यते किन्तु लेखकस्य नामार्धमेवोपलभ्यते। उत्तरार्द्धं तु मसीमालिन्यान्नष्टम्। प्रथममातृकातः षड्वर्षमात्रं पूर्वं लिखितेयं मातृकापि किं प्रथममातृकालेखकेनैव रघुनाथेन लिखिता न वेति न जाने। इयमपि मातृका प्रथममातृकावल्लेखा-शुद्धिप्रचुरा न केनापि संशोधिता। किन्तु ये केचन श्लोकाः प्रथममातृकायां त्रुटितास्तेऽस्यां मातृकाया-मुपलभ्यन्ते।

अस्य ग्रन्थस्यान्तिमे श्लोके ग्रन्थस्यास्य रचनाकालः "अब्दे लक्ष्मणसेनस्य वियच्छून्याब्धिलक्षिते। अकरोत् कौमुदीमेतां देवनाथः" इत्युपलभ्यते। लक्ष्मणसेनीयचतुश्शततमे

संवत्सरे निर्मितस्यास्य ग्रन्थस्य द्वाचत्वारिंशद्वर्षाभ्यन्तर एव प्रतिलिपिकृते संस्करणस्यास्याधारभूते द्वे अपि मातृके। उभे अपि प्रायः ग्रन्थकर्त्तुर्जीवनकाल एव लिखिते इत्यनुमीयते।

किन्तु एकापि मातृका नातिशुद्धा, द्वितीया च नष्टाक्षरा नातिसुपठा। विषयश्चात्र रहस्यो दुरूहः। भाषा चात्र संकेतमयी। अतएव द्वाभ्यामपि मातृकाभ्यां पाठनिर्णये बहुधाहमक्षमो यथादृष्टमेव पाठं निर्णेतुं शक्नुयाम्। अतएवादावेवागमशास्त्रपण्डितान् विदुषो विज्ञापयामि यदेतत् ग्रन्थरत्नं प्रकाशं नीयमानमपि संशोधनमपेक्षते। आशासे चेदं समवलोक्य विद्वांसो मातृकान्तरमुपलभ्य स्वयं वा समूह्यास्य समीचीनं संशोधनं विधास्यन्ति।

मन्त्रकौमुदीकारो देवनाथो "जगत्यामत्यादरेण विदितः" "विदिताखिलतन्त्रसारः" "तर्काटवीसरणिसंभ्रमसाहसिक्यपञ्चाननः"। अयं रविकरठक्कुरस्य वृद्धप्रपौत्रः, बुद्धिकरठक्कुरस्य प्रपौत्रः, केशवठक्कुरस्य पौत्रः, गोविन्दठक्कुरस्याष्टसु पुत्रेषु पञ्चमः। रविकरठक्कुरः "सकलागमज्ञः" बिसपीमहाकुलसंभूतस्य बिसपीग्रामवासिनो महावार्त्तिकनैबन्धिकस्य धीरेश्वर-ठक्कुरस्य दौहित्रः। अस्यैव धीरेश्वरस्य प्रपौत्रो मैथिलकविकोकिलोऽभिनवजयदेवो विद्यापतिठक्कुरः। धीरेश्वरस्य दौहित्रो रविकरो महाराजहरिसिंहदेवस्य समये चतुर्दशशकशताब्द्या आदावेव प्रादुरभूदिति स्पष्टम्। मिथिलायां प्रचलितः पञ्जीहप्रबन्धो महाराजहरिसिंहदेवकारितः। अस्यां पञ्ज्यां सकलमैथिलब्राह्मणानां पितृपितामहादिनामनिवासस्थान-प्रभृतिसाङ्गोपाङ्गपरिचयात्मकानि "समूहलेख्यानि" संगृहीतानि वर्तन्ते। प्रत्येकं कुलं च प्राचीनतमज्ञातनिवासग्रामनाम्ना समाख्यातम्। पञ्जीप्रबन्धकालिकस्य रविकरस्य परिचयः षट्पुरुषावधिकः प्राप्तः। रविकरस्यातिवृद्धप्रपितामहो वासुदेवः, स च घुसोत-ग्रामवासी। अयं ग्रामो मुजफ्फरपुरनगरस्य निकट एवाधुनापि वर्तते। तद्ग्रामनाम्ना तस्य कुलस्य "मूलँ" "घुसोत" इति ख्यातम्। तस्य कुलस्य च बीजी पुरुषः वासुदेवः। तत्कुलजाः "घुसोतय" इति कथ्यन्ते। पञ्जीप्रबन्धोत्तरकाले प्रतिकुलं विभिन्नाः शाखा जाताः। ताश्च तत्कालिकनिवासग्रामनामभिः समाख्याताः। यो यस्य ग्रामस्य वासी तस्य तद्ग्रामनाम्नैव शाखा ख्याता। रविकरस्य पुत्रो बुद्धिकरो "नगबाड़" इति ग्रामस्य वासी। नगबाड़नामकः कोऽपि ग्रामो न ज्ञायते। दरभङ्गामण्डलस्योत्तरे भागे नगबास-नामको ग्रामो वर्त्तते। न जाने नगबाड़ एव कालक्रमेण नगबास इति नाम्ना प्रसिद्धः! घुसोत-मूलस्य नगबाड़-शाखाया बीजी पुरुषो बुद्धिकरस्तस्य च सन्ततिः "घुसोतय नगबाड़" इति समाख्ययाधुनापि परिचीयते। रविकरस्य कनिष्ठः पुत्रो बुद्धिकरो नगबाड़-वासी ज्येष्ठः पुत्रो रतिकान्तः पचहीति प्रसिद्धग्रामस्य वासी। रतिकान्तस्य प्रपौत्रस्य पौत्री महामहोपाध्यायगदाधरठक्कुरस्य पुत्रो नरसिंहठक्कुर आगमाचार्यस्ताराभक्तिसुधार्णव इति तन्त्रग्रन्थस्य नरसिंह-मनीषेति काव्यप्रकाशटीकायाश्च प्रणेता स्वनाम्ना ख्यातः। नरसिंहो रविकरात्सप्तमो देवनाथश्च पञ्चमः। उभाविमौ घुसौतकुलावतंसौ मैथिलागमाचार्येषु वरिष्ठौ।

रविकरस्यायं घुसोत-वंशः पाण्डित्यप्रकर्षे मिथिलायां सुविश्रुतः। रविकरादारभ्य शतावधिवर्षपूर्वपर्यन्तं एतद्वंश्यानां पाण्डित्यप्रकर्षोऽक्षुण्णः। रविकरः पञ्ज्यां महो पाध्याय इत्युपाधिना विभूषितः। पञ्ज्यां महोपाध्यायो नैयायिकानामुपाधिः। अतो रविकरो नैयायिकः! कौमुदीकारस्तं सकलागमज्ञः इति वर्णयति। तदा प्रभृत्येवास्मिन् वंशे न्यायशास्त्रस्य व्यवसायः प्रारब्धः साधना चागमशास्त्रोक्ताऽङ्गीकृतेति प्रतीयते।

रविकरस्य पुत्रो बुद्धिकरस्तस्य तु पुत्रः केशवः। द्वाविमौ महोपाध्यायौ नैयायिकौ। केशबस्य पञ्चसु पुत्रेषु प्रसिद्धतमः पण्डितमूर्धन्यो गोविन्दठक्कुरः सिद्धः। मन्त्रकौमुद्यां देवनाथस्तं "मीमांसागुरु" "वेंदान्तसिद्धान्त-वाचस्पतिः" "सकलतन्त्रसरोजभास्वान्" न्यायशास्त्रे "आचार्योऽपि (उदयनाचार्योऽपि) विचार्यते यदवधिर्नैयायिको वा न वा" इति प्रशंसयन् "अखण्डमण्डलयशश्चन्द्रं" तं "भुवने विदितश्चकास्ती" ति वर्णयति। प्रसिद्धोऽयं गोविन्दठक्कुरस्य काव्यप्रदीपस्यान्तिमः श्लोकः, "दीपिकाद्वितयं कन्ये प्रदीपद्वितयं सुतौ। स्वमतौ सम्यगुत्पाद्य गोविन्दः शर्म विन्दती"ति। प्रथमः प्रदीपः काव्यप्रदीपः काव्यप्रकाशस्य विशिष्टा छाया टीका प्रकाशितः साहित्यशास्त्रिणां चमत्कारमावहति। द्वितीयः प्रदीपः पूजा-प्रदीपोद्यापि प्रकाशं न नीतः। प्रथमा दीपिकोदाहरणदीपिका खण्डश उपलभ्यते। द्वितीया दीपिका नष्टा यतस्तस्या नामापि न ज्ञातम्। पूजाप्रदीपो भवानन्दरायकारितः। भवानन्दरायः प्राय उत्कलदेशीयमहाराजस्य प्रतापरुद्रस्य सामन्तः। भवानन्दरायस्य पुत्रो रामानन्दरायश्चैतन्यमहाप्रभोस्सखानुचरश्चासीदिति श्रूयते।

गोविन्दठक्कुरस्यानुजः श्रीहर्षः। तमेवोद्दिश्य काव्यप्रदीपान्ते गोविन्दठक्कुरस्योद्गारः

ज्येष्ठे सर्वगुणैःकनीयसि वयोमात्रेण पात्रे धियां
गात्रेण स्मरगर्वखर्वणपरे निष्ठाप्रतिष्ठाश्रये।
श्रीहर्षे त्रिदिवं गते मयि मनोहीने च कः शोधये
दत्राशुद्धिमहो महत्सु विधिना भारोऽयमारोपितः।

इति तस्य वैदुष्यमहिमानं द्योतयति। गोविन्दठबकुरस्य वैमात्रेयाग्रजो रुचिकरः कविरिति गोविन्दठक्कुरस्यैवोक्तिः। कवेः रुचिकरस्य प्रपौत्रस्य प्रपौत्रो वैयाकरणमूर्धन्यो गोपालठक्कुरः प्रायः सप्ततिवर्षाणि प्राक् पञ्चत्वं प्राप्तः। गोपालठक्कुरस्याग्रजकस्यामृतकेशठक्कुरस्य दौहित्रौ मम पिता, अपुत्रस्य गोपालठक्कुरस्य कर्त्ता पुत्रो नियुक्तस्तस्य सम्पत्तेरुत्तराधिकारी सम्प्रति वयं तेषामेव "घुसोतयानां" निवासस्थाने निवसन्तस्तेषामेव च सम्पत्तिं भुंजन्तस्तिष्ठामः।

सिद्धगोविन्दो "भाण्डर" महाकुलस्य "रजौरा" शाखा-संभूतां दूषड़िझा-इति प्रसिद्धस्य वाचस्पतिशर्मणः कनिष्ठां कन्यां शोभानाम्नीमुपयेमे। माण्डराणाभियं राजौराशाखा वेदुष्येणाचारेण क्रियागौरवेण च मैथिलब्राह्मणानां मूर्धन्या। वाचस्पतेः पितेन्द्रपतिशर्मा महामहोपाध्यायस्तस्य चाग्रजो महामहोपाध्यायः शिवपतिशर्मा। न्यायचिन्तामणेर्या प्रभानाम्नी टीका शिरोमणिभिरपि लक्षिता तस्याः प्रणेता नैयायिकमूर्धन्यो यज्ञपत्युपाध्यायो

महामहोपाध्यायशिवपतेः पुत्रः। नैयायिकानां महाकुले जातायामस्यां कन्यायां शोभायां महामहोपाध्यायशिवपतेः पुत्रः। नैयायिकमूर्धन्यस्य सिद्धस्य गोविन्दठक्कुरस्याष्टौ पुत्रा जाताः! अष्टावपि ते पंडिता नैयायिकाः। तस्य द्वितीयः पुत्रो विद्यापतिठक्कुरः। तेन प्रणीतस्तन्त्रग्रन्थः "आगमद्वैतनिर्णयः"[1] कलकत्तानगरे उपलभ्यते। तत्र मङ्गलानन्तरं ग्रन्थकारः "गोविन्दचरणौ नत्वा" इत्यादिना स्वपितरं प्रणम्य ग्रन्थमारभते। मध्ये "इत्यस्मत्सम्प्रदायः" "इत्यस्माकं पैत्रिकः पन्थाः" इति च कथयति। श्रूयते आगमशब्दस्य व्याख्याने वाचस्पतिरस्यैवागमद्वैतनिर्णयस्य विवेचनमुद्धृतवानस्ति। यद्ययं वाचस्पतिः स्मार्त्तवाचस्पतिमिश्रस्सप्तचिन्तामणिकारस्तदा गोविन्दसूनुर्विद्यापतिस्तस्य समान कालिकोऽपि ततोर्वाचीन एव। आश्चर्यमेतत् वृद्धतरो वाचस्पतिर्नवीनस्य विद्यापतेवर्चनं कथमुद्धृतवान्। गोविन्दस्य कनिष्ठः पुत्रो जनार्दनो महामहोपाध्यायः। तेन लिखितः गोविन्दकृतपूजाप्रदीपो मयोपलब्धः। तेन निर्मितस्तु न कोपि ग्रन्थः श्रूयते।

गोविन्दठक्कुरस्य सप्तमः पुत्रो मधुसूदनः! प्रसिद्धतमेषु मैथिलनैयायिकेषु मधुसूदनो वरेण्यः। पक्षधरापरनामकजयदेवकृते चिन्तामण्यालोके यानि कण्टकानि बङ्गीयनैयायिकप्रवरैश्शिरोमणिभिर्दूषितानि तेषां समाधानविधाने तत्कालिकानां तदुत्तरकालिकानां च मैथिलनैयायिकानां प्रथमः सङ्कल्पः। मधुसूदनस्तत्पूर्त्या आलोककण्टकोद्धारनामकं ग्रन्थं प्रणीतवान्। पश्चादपि गोकुलनाथोपाध्यायस्तदेव संकलय्य तत्त्वसमीक्षेति नामकं ग्रन्थं प्रणीतवान्। किन्तु कालक्रमेण शिरोमणेरेव न्यायग्रन्थाः मिथिलायामपि प्रचलिताः। मैथिलनैयायिकानां ग्रन्थाः क्रमशः लुप्ता एव। चिन्तामण्यालोकोऽपि संपूर्णो न प्रकाशितः। मिथिलाराज्योपार्जकस्य महामहोपाध्याय महाराजस्य महेशठक्कुरस्यापि दर्पणोऽधुनैव खण्डशः प्रकाशं नीतः। मधुसूदनस्य माधवस्य गोकुलनाथस्य वा न्यायग्रन्था अद्यापि न प्रकाशिताः। मैथिलनैयायिका अपि केवलं शिरोमणेर्ग्रन्थान् तेषां जागदीशीं माथुरीं वा टीकामधीयते। अस्यां दिशायां गोविन्दसूनोर्मधुसूदनस्यालोककण्टकोद्धारः प्रथमः प्रयासः।

सिद्धगोविन्दस्य पञ्चमः पुत्रो देवनाथः कौमुदीकारः। चण्डेश्वरस्य सप्तरत्नाकरवत् वाचस्पतेश्च सप्तचिन्तामणिवद् देवनाथोऽपि सप्त कौमुदींनिर्मितवा न्। किन्तु नायं वाचस्पतिवच्चण्डेश्वरवद् वा शुद्धः स्मार्त्तो न वा स्वाग्रजमधुसूदनवच्छुद्धो नैयायिकः। मीमांसामधिकृत्यानेन निर्मिताऽधिकरणकौमुदी अंशतः प्रकाशिता। मीमांसाया अधिकरणानां स्मृतिभ्य एव दृष्टान्तानां प्रदानादयं ग्रन्थः सर्वथाऽभिनवः। द्वितीया कौमुदीयमेव मन्त्रकौमुदी। एतद्‌भिन्नास्तन्त्रकौमुदी, काव्यकौमुदी, कालकौमुदी, श्राद्धकौमुदी, यात्राकौमुदी, स्मृतिकौमुदीति पञ्च षड्वा श्रूयन्ते। तन्त्रकौमुदी संपूर्णोपलभ्यते। काव्यकौमुद्यपि अंशतः प्राप्यते। स्वपितृनिर्मितकाव्यप्रदीपस्य दूषकानभिलक्ष्य काव्यकौमुद्यां देवनाथस्य गर्वोक्तिः प्रसिद्धा तस्य पितृभक्तिं च दर्शयति—

1. प्रयागस्था गङ्गानाथझाविद्यापीठपत्रिकायां षष्ठे भागे तृतीयखंडे (मई-1949) पृष्ठे-241।

य एष कुरुते मनो विपदि गौरवीणां गिरां
स वामन इवाम्बरे हरिणलाञ्छनं वाञ्छति।
लिलेखिषति सिंहिकारमणकेसरं फेरुवत्
पतङ्ग इव पावकं नृहरिशावकं धावति ॥

अत्र गौरवीणामित्यनेन गुरुसम्बन्धिनीतां पितृचरणानां गोविन्दठक्कुराणां काव्यप्रदीपस्थोक्तीनामिति ध्वनिर्लक्ष्यते। अन्याः कौमुदयो न मया दृष्टाः। इत्थं देवनाथो मीमांसायां साहित्ये स्मृतौ ज्यौतिषे तन्त्रशास्त्रे च सममेव व्युत्पन्नोऽपूर्वां सर्वतोमुखीं प्रतिभां प्रदर्शयति। न्यायशास्त्रस्यापि कोऽपि ग्रन्थोऽनेन निर्मितो न वेति न ज्ञायते किन्तु नैयायिकानां तर्कः सर्वासु कौमुदीषु समान एव लक्ष्यत इति।

(**मिथिला विद्यापीठ**, दरभंगा, 1960)

तन्त्रकौमुदी : भूमिका

तर्कपञ्चाननस्यागमाचार्यस्य देवनाथठक्कुरस्य सप्तसु कौमुदीषु द्वे मन्त्रकौमुदी तन्त्रकौमुदी च तन्त्रशास्त्रीये। तयोः प्रथमा मन्त्रकौमुदी मिथिलाविद्यापीठ-ग्रन्थमालायां प्राचीनाचार्यग्रन्थावलीषु अष्टमं पुष्पं मयैव सम्पादिता प्रकाशमानीता। अपरा च तन्त्रकौमुदी तस्यामेव ग्रन्थमालायामद्य प्रकाशमानीयते। विद्यापीठनिदेशक-महोदयानां डाक्टर श्रीशीतांशुशेखर-वागचीशर्मणामेवानुकम्पया ग्रन्थस्यास्य प्रकाशनं सम्भवमभूदिति तेषामतीवानुग्रहं ज्ञापयामि।

ग्रन्थस्यास्य प्रकाशनार्थं चतस्रो मातृका मयोपलब्धाः, सर्वा अपि तालपत्रेषु लिखिताः प्राचीनाः, किन्तु तासां तिस्रः खण्डिताः। आद्या एकत्रिंशत्तमं पत्रमारभ्यैकषष्ट्यधिकशततमं पत्रं यावदाद्यन्तहीना प्रतिपत्रं शतशः कीटविद्धा नातिशुद्धा किन्तु सुपठा। मध्येऽप्यत्र कतिचित् पत्राणि नष्टानि। द्वितीया च मातृका तथैव अष्टाविंशतितमपत्रादारभ्य चत्वारिंशदधिकैकशततमं पत्रं यावदादावन्ते च खण्डिता नातिशुद्धा किन्तु स्पष्टाक्षरा। तृतीयाऽर्धदग्धा किन्तु शुद्धा आदितो नवाधिकशततमं पत्रं यावत्, अतएव अर्धं नष्टात् खण्डिताऽपूर्णा। बहुषु स्थलेषु सर्वाभ्योपि मातृकाभ्यः पाठनिर्णये उपकृतो मुख्यत एकामेव मातृकामवलम्ब्य समस्तं ग्रन्थमेनं प्रकाशमानीतवानस्मि। सा च मातृका सम्पूर्णा एकचत्वारिंशदधिकशतपत्रात्मिका नातिशुद्धा किन्तु संशोधिता स्थाने स्थाने टिप्पणीभिः संवलिता शाके 1607 पौषकृष्णचतुर्थ्यां शुक्रे सझुआग्रामे श्रीपतिमिश्रेण स्वार्थं लिखिता सुपठा। मध्ये मध्ये च कतिचिदक्षराणि अत्रापि कीटभक्षितानि। मातृकेयं दरभंगाराजकीयपुस्तकालये विक्रयार्थमानीता किन्तु पुस्तकस्यास्यान्तिमपत्रे बहिःपृष्ठे श्रीबदरीनाथशर्मणः श्रोत्रियस्येदं पुस्तकमिति लेखात् अस्य स्वामी ज्ञातः। श्रोत्रियो बदरीनाथझाशर्मा सुपरिचितः पण्डितः प्रसिद्धश्चागमाचार्यो ममैव पितामहभ्राता मत्पितुपुश्चाचार्यः शताधिकवर्षं पूर्वमुजानग्रामे वसतिस्म। वर्त्तते चास्यैवागमाचार्यस्य पण्डितप्रवरस्य दौहित्रः श्रीमच्चन्द्रधारीसिंहमहोदयाः। अपुत्रस्यास्य पण्डितस्य पुस्तकमिदं केनाप्यानीय विक्रयार्थं प्रदत्तमिति स्पष्टम्। ततश्च पुस्तकस्यास्य महत्त्वमपि प्रथितं यतोऽनेनैव पण्डितेन पुस्तकमिदं संशोधितं टिप्पणीभिः समलङ्कृतं च। सर्वाश्च ताष्टिप्पण्यः "क"

मातृकायामिति संकेतिता अस्मिन् ग्रन्थे प्रकाशितास्तत्तद्स्थलेषु विषयं स्पष्टीकुर्वन्ति। अतिरहस्यात्मकोयं ग्रन्थ आगमाचार्यैः प्रणीतोऽपरेणागमाचार्येणाधीतः संशोधितः टिप्पणीभिः संवलितश्चेति अस्य प्रामाणिकत्वं सुस्पष्टं सुधीभिः संभाव्यम्।

ग्रन्थस्यास्य प्रणेता देवनाथठक्कुरो "गोविन्दपञ्चमसुतो विदितो जगत्यामत्यादरेण विदिताखिलतन्त्रसारः" तर्कपञ्चाननः। मन्त्रकौमुद्यामेवास्य परिचयो मया समुपन्यस्तः। वत्सगोत्रीये घुसोतमहाकुले तस्य नगबाडशाखाया मुत्पन्नोऽयं महापण्डितः रविकरठक्कुरस्य वृद्धप्रपौत्रः बुद्धिकरठक्कुरस्य प्रपौत्रः केशवठक्कुरस्य पौत्रः काव्यप्रदीप पूजाप्रदीपप्रभृतिग्रन्थानां प्रणेतुर्महामहोपाध्यायस्य गोविन्दठक्कुरस्य पञ्चमः पुत्रः। अस्यैवानुजो मधुसूदनठक्कुरः आलोककण्टकोद्धारकर्त्ता विश्रुतो नैयायिकः। मिथिलायां सप्तकौमुदीकाररूपेणास्य ख्यातिः। आगमाचार्यश्चायं प्रसिद्धः। किन्तु तर्काटवीसरणिसम्भ्रमसाहसिक्योयं पञ्चाननः सुप्रसिद्धो नैयायिकः चिन्तामण्यालोकस्य परिशिष्टनामकं कमपि टीकाग्रन्थं निरमादिति दिनेशचन्द्रभट्टाचार्यमहाशयेन स्वकीये मिथिलायां नव्यन्यायशास्त्रस्येतिहासनामके ग्रन्थे उल्लिखितमस्ति। महानयं घुसोतानां वंशो विश्रुतनैयायिकानामागमाचार्याणञ्च। देवनाथोऽपि स्वपितुरेव सकलमागमसिद्धान्तं सरहस्यं यत्नादादराच्चाध्यैष्टेति मन्त्रकौमुद्यां वर्णितम्।

मन्त्रकौमुद्यां तस्य रचनाकालो दत्तः "अब्दे लक्ष्मणसेनस्य वियच्छून्याब्धिलक्षिते। अकरोत्कौमुदीमेतां देवनाथो जगद्धितामिति।" ल.सं. 400तमः ख्रिष्टाब्दो 1509 तमः। दिनेशचन्द्रभट्टाचार्यमहाशयस्य मातृकायां तन्त्रकौमुद्यां रचनाकालः शाके 1486तमः दत्तः सच संवत्सरः ख्रिष्टाब्दीयो वत्सरः 1564तमः। मन्त्रकौमुदी-तन्त्रकौमुद्योश्च रचनाकालयोरन्तरं पञ्चपञ्चाशत् वर्षाणि; एका यदि कैशोरे रचिता तर्हि द्वितीया वार्धक्ये। वस्तुतस्तु तन्त्रकौमुदी कमतेश्वरस्य मल्लदेव इति प्रसिद्धस्य नरनारायणस्य क्षितिपतेराज्ञया निर्मिता। नरनारायणो मल्लदेवः कूचविहारराजस्य संस्थापकस्य विश्वसिंहस्य पुत्रः। स च विश्वसिंहः कामरूपं मुसलमानैर्विध्वस्तं पुनरुद्धृतवान्, कामाख्यापीठस्योद्धारं च कृतवानिति प्रसिद्धम्। कामरूपोद्धारकालः ख्रिष्टाब्दात् 1498 तमतः 1508 तमं यावत्, विश्वसिंहस्य मृत्युकालश्च ख्रिष्टाब्दः 1528 तमः। तन्त्रकौमुद्या अन्तिमे श्लोके देवनाथन्योक्तिः "देवोऽसौ कमतेश्वरक्षितिपतिस्तं देवनाथं चिरात् संस्थाप्य स्वयमादरेण विदधे विद्वन्मुदे कौमुदीमिति"। 1528 तमे ख्रिष्टाब्दे सिंहासनारूढ़ो मल्लदेवः चिरादेनं देवनाथं संस्थाप्य कौमुदीं विदधे इति ख्रिष्टाब्दात् 1528 तमतः पश्चात् 1564 तमतः प्रागेव तन्त्रकौमुदी रचितेति पूर्णतः सम्भवति। तन्त्रकौमुद्यां मन्त्रकौमुद्या उल्लेखो वारंवारमापतति प्रमाणकौमुद्या अपि। अतः संभाव्यते तन्त्रकौमुदी तर्कपञ्चाननागमाचार्यस्य देवनाथस्य समधिगतसमस्तप्रागल्भ्यस्य रचना। तस्मिन् काले स प्रायोशीतिवर्षदेशीयो वृद्धः।

तन्त्रकौमुदी कामरूपे रचिता। अत्र तन्त्रगुप्तानां मन्त्राणां विधिः प्रवर्णितः। के च मन्त्रा आशुफलदाः कथं च तेषामुपासना विधेया केन विधिना तेषां सिद्धिः

भविता इत्यादयो विषया अत्र सप्रमाणं संगृहीताः। सर्वत्र काम्यकर्मणामेव प्राधान्यमुपदर्शितम्। मारण-मोहन-वशीकरणाकर्षण-स्तम्भनोच्चाटनादीनां बहवः प्रयोगा वर्णिताः। अत्यन्तरहस्यमेतत्सर्वं वहुधाऽलौकिकं प्रतिभाति। प्रयोगा अपि विचित्राः वर्णनेनापि भयमुत्पादयन्ति। किन्तु मध्ययुगे मन्त्राणां सिद्धिरेवाभ्यर्हिता। सिद्धेश्च फलमलौकिकसामर्थ्यासादनमासीत्। एवंविधानां प्रयोगणां केन्द्रं कामरूपम्। सिद्धानां महात्मनामनेका विचित्राः कथाः श्रूयन्ते। ग्रन्थेऽस्मिन् त एव प्रयोगाः विस्तरेण वर्णिताः। मन्त्राणां साधनकर्म दुष्करं, किन्तु यादृशी फलश्रुतिः तया बहवोऽत्र प्रयागाः स्वल्पेनाप्यायासेन महत्या च श्रद्धया साध्याः प्रतिभान्ति। उक्तं च मञ्जुघोषपटले—"श्रद्धया जायते सिद्धिरिहलोके परत्र च। श्रद्धाहीने न देवेशि सिद्धिर्जन्मशतैर्भवेत्।" प्रधानमत्र तत्त्ववोधः स च सम्यगुपासनेन प्राप्तव्यः। तत्त्वबोधात् स्वेच्छाविरचितमपि वर्त्म फलदायकमिति सिद्धान्तितम्। सिद्धिमार्गप्रदर्शकमिदं ग्रन्थरत्नं सरहस्यमुपन्यस्तं साधनासरणिं प्रस्तौति। ज्योतिश्शास्त्रवत् वैद्यकशास्त्रवच्च आगमशास्त्रमपि प्रत्यक्षफलसाक्षिकमिति विद्यापतिठक्कुरेणापि पुरुषपरीक्षायां स्वीकृतम्। एतदेवास्य ग्रन्थस्य महत्त्वम्। तत्रापि त्रिपुरसुन्दरीमहादेव्या उपासनाविधिरत्र प्राधान्येनोपन्यस्तः पुरश्चरणकर्मणो विधिः होमस्य च विधिः विस्तरेण वर्णितः पद्धतिरिच व्यवहारदशायामुपकारकः सेत्स्यतीति। उपासनाप्रधानोऽयं ग्रन्थः साधकानां हिताय निर्मितः प्रकाशमानीतः साधकानुपकरोत्विति आशासे।

अक्षराशुद्धिरत्र प्रभूता तदर्थं क्षमां याचे। इति

(**मिथिला विद्यापीठ**, दरभंगा, 1969)

अभिज्ञानशकुन्तलं : भूमिका

विश्वसाहित्यस्यानुपमं रत्नं कालिदासकृतमभिज्ञानशकुन्तलं नाम नाटकम्। रूपकस्यास्य वङ्ग-पश्चिम-दक्षिणादिदेशभेदेन पाठा अपि भिन्ना एवोपलभ्यन्ते। विद्यावैदुष्यविश्रुतायां मिथिलायामपि रूपकस्यास्य स्वतन्त्र एव पाठः परंपरयाधीयते स्म। किन्तु मुद्रणकलाश्रयाभावेन स पाठः संप्रति प्रचलितेन राघवभट्टपरिगृहीतपाठेन विस्मारितः। तदुद्धारं चिकीर्षुभिरस्माभिर्दरभङ्गा-राजकीय-पुस्तकालये रूपकस्यास्य मिथिलापाठानुसारिणीं मातृकां प्राप्य अन्या अपि मातृका अनुसंहिताः। दरभङ्गामण्डलान्तर्ग-लाल गञ्ज-ग्रामनिवासिनां सदुपाध्यायानां शिवेश्वरशर्मणां सौहार्दातिरेकेण एका अपरा मातृका लब्धा। किन्तु यादव् वयं तां परीक्ष्य परावर्तयितुं, तत्संग्रहस्थां द्वितीयां मातृकां ग्रहीतुं च गताः, तावत् सदुपाध्यायमहाशया मृत्युशय्यां गता आसन्, तदासन्न एव काले च ते स्वर्गं प्रयाताः। तेषां पुत्राः पंडिताः सजातीया बान्धवाः सुहृदोऽपि बहुना यत्नेनानुरुद्धा अपि द्वितीयां मातृकां द्रष्टुमपि दातुं नानुगृहीतवन्तः। अस्माभिः परीक्षितपूर्वायाः प्रथमाया मातृकायाः प्रतिकृतिमपि (फोटो) कारयितुं नैव स्वीकृतवन्तः। अत एव तृतीयां मातृकां प्रति निराशा वयं द्वे एव मातृके आधृत्य अमुं पाठं संस्कृतवन्तः।

अस्य च प्रथमा टीका रसचन्द्रिका। तस्याः सूक्ष्मा प्रतिकृतिः (microfilm माइक्रोफिल्म) आक्सफोर्डतः समानीता मिथिलाविद्यापीठस्थयन्त्रसाहाय्येन पठिता। प्रतिकृतिश्च दरभङ्गाराजपुस्तकालये सुरक्षिता अस्ति। अपरा च तस्या मातृका कलकत्तास्थवङ्गीयसाहित्यपरिषदि विद्यासागरसंग्रहस्था अस्मत्सुहृद्वरैः संप्रति स्वर्गतैः दिनेशचन्द्रभट्टाचार्यमहाशयैरानीय दत्ता। द्वितीया च टीका टिप्पणीरूपा दरभङ्गाराजकीयपुस्तकालयस्था।

एतेषां सर्वेषां सम्यक्परीक्षणेन रूपकस्यास्य स्वतन्त्रः पाठः प्राप्तः येन सह प्राक्प्रकाशितानां सर्वेषां संस्करणानां मध्ये पिशेलमहोदयानां वङ्गीयपाठानुगसंस्करणस्य अधिकतमं साम्यं प्रतिभाति। किंतु तेनापि सह बहुषु स्थलेषु भेदः अस्य पाठस्य वैलक्षण्यं द्योतयति। अत एवास्य प्रकाशनेन विद्याभूमौ मिथिलायां प्रचलितस्य परंपरयाधीतस्यानुशीलितस्य च पाठस्य प्रकाशनं भवेदिति वयमाशास्महे। एतदेव खेदजनकं यदस्य अन्या मातृका नोपलब्धा विशेषतः टीकयोरपि सुन्दरतरा मातृका न प्राप्ता।

किन्त्वेतावतापि विदुषां दृष्टिः कालिदासकृतेरस्या मैथिलपाठं प्रति आकृष्येतेति निश्चितम्।

तालपत्रमातृकाद्वयमवलम्ब्येदं संस्करणं प्रस्तूयते। तत्र प्रथमा 'A' संकेतिता अष्टपञ्चाशदधिकपञ्चशततमे लक्ष्मणाब्दे, केनचिद् बहेराढ़ीमूलसंभवेन कोइलखग्रामवासिना लिपिकलाकुशलेन विदुषा लिखिता दरभा-राजकीय-पुस्तकालये समासादिता, त्रिविधसकारविषयकभ्रान्तिं यत्र तत्र मात्रादिभ्रान्तिं च विहाय प्रायः शुद्धा, पञ्चषष्टिपत्रैः पूर्णाऽपि प्रथमपत्ररहिता। अत्र मातृकायां संस्कृते प्राकृते च समानानुपूर्वीका एव 'अङ्गलीयक'-शब्दः 'शारङ्गरव'–'सारद्वतादि'-शब्दाश्च लिखिताः।

अपरा मातृका 'B'–संकेतिता दरभंगामण्डलान्तर्गत-लालगञ्जग्रामनिवासि-स्वर्गीयशिवेश्वरशर्मणां सकाशादुपलब्धा संप्रति तत्पुत्रहस्तगता, केनचिद् विदुषा स्वार्थं लिखिता लिपिकालनिर्देशशून्यापि स्वरूपेणैव प्रथममातृकायाः प्राचीनत्वेन प्रतीयमाना यत्र तत्र त्रुटिस्थाने संयोजिताक्षरत्वेन पश्चात् संशोधितेति विज्ञायमाना बहुत्र . । मातृकातो भिन्ना च। पाठभेदश्चानयोर्मातृ कयोष्टिप्पणके प्रदर्शित एव।

सर्वेषु प्रकृतरूपकसंस्करणेषु पिशेलमहोदयसंपादितसंस्करणमेव विशेषतो मैथिलपाठमनुसरतीति स्वीकृतपूर्वम्। बहुषु स्थलेषु तेनापि संस्करणेन सहास्य संस्करणस्य पाठभेदोऽस्ति, किंतु ते सर्वे पाठभेदा नात्र प्रदर्शिताः। पाठनिर्द्धारणे पिशेलगृहीताः पाठा अस्माकं सहायका आसन् इति स्वीक्रियते। अस्य संस्करणस्य तदीयसंस्करणस्य च परस्परं भेदप्रदर्शनाय एतावदेव पर्याप्तं यत् पिशेलमहोदयैरङ्गीकृतेषु पद्येष्वेकमेव तृतीयाङ्कस्य एकादशं पद्यमस्मिन् संस्करणे नास्ति। अत्रस्थानि चत्वारि पद्यानि–चतुर्थाङ्कस्योनविंशं त्रयोविंशं च, पञ्चमाङ्कस्य षड्विंशं सप्तमाङ्कस्य पञ्चत्रिंशं चेति तदीयसंस्करणे न सन्ति। पञ्चमाङ्कस्योनविंशं च पद्यं सदपि तैः पद्यरूपेण न संख्यातम्। एवं कृत्वाऽत्र संस्करणे तदीयसंस्करणाच्चत्वारि पद्यान्यधिकानीति। तदीयसंस्करणे पद्यसंख्या एकविंशत्यधिकशतद्वयमेकं चासंख्यातम्, अत्र संस्करणे च पञ्चविंशत्यधिकशतद्वयं पद्यानामस्ति।

अस्मिन् संस्करणे मूलपाठनिर्द्धारणेऽयं निमयोऽङ्गीकृतो यत् व्याख्याद्वयेना नङ्गीकृतोऽपि पाठो यदि मातृकाद्वयेन संवदति तर्हि स एव स्वीकृतः व्याख्याऽनुगतश्च पाठष्टिप्पणके प्रदर्शितः। मातृकयोर्विसंवादे च व्याख्याद्वयस्वीकृतः पाठो गृहीतः तदतिरिक्तश्च पाठष्टिप्णके दत्तः। यत्र च मातृकाद्वयविसंवादो व्याख्याद्वयेन न निर्णीतस्तत्र पिशेलमहोदयस्वीकृत एव पाठो निर्द्धारित इति।

मातृकयोः संस्कृते प्राकृते चानुस्वारस्य व्यञ्जनेन सह संधिः संस्कृते रेफात् परस्य यरो द्वित्वमित्यादिः प्राचीना मैथिलसंप्रदायानुरोधिनी वर्णलेखनशैली दृश्यते, किंतु सा संप्रति मुद्रणे कष्टकारिणीति परित्यक्ता। किंचोभयोरपि मातृकयोः समानतया 'क्खु' 'ज्जेव' इत्येवं संयुक्तसवर्ण-व्यञ्जनेन पदारम्भो दृश्यते, किंतु सा रीतिरस्माभिः परित्यक्ता पिशेलमहोदयशैली चानुगता।

रूपकस्यास्य टीकाद्वयमत्र संस्करणे निवेशितम्। तत्र प्रथमा रसचन्द्रिकानाम्नी महोपाध्यायशङ्करकृता। अस्या द्वे मातृके उपलब्धे। प्रथमा ओक्सफोर्डस्थ-वोडलिअन-

पुस्तकालयस्था यस्याः सूक्ष्मा प्रतिकृतिः ततः प्राप्ता संप्रति दरभङ्गाराजकीयपुस्तकालये वर्तते। अस्य पत्राणि अष्टषष्टिः, लिपिश्च वङ्गाक्षरैः। टीकेयं पूर्णा, किन्तु षष्ठाङ्कस्य द्वादशश्लोकादारभ्यान्तं यावत् अतिसंक्षिप्ता। मातृका चेयमत्यशुद्धा। द्वितीया च कलकत्तास्थवङ्गीयसाहित्यपरिषदो विद्यासागरसंग्रहे वर्तते, अस्माभिश्च निजसुहृदां संप्रति स्मर्तव्यानां दिनेशचन्द्रभट्टाचार्यमहोदयानां सौहार्देनाधिगता। एकपञ्चाशत्पत्रेषु षष्ठाङ्कस्य द्वादशश्लोकपर्यन्तं समाप्ता चेयं वङ्गाक्षरैर्लिखिता प्रथममातृकेवाशुद्धिबहुला। इयं तत्र समाप्यते यतः प्रथमा मातृका संक्षिप्ता, तथा प्रथमद्वितीययोरङ्कयोश्चातिसंक्षिप्ता ग्रन्थारम्भीयमङ्गलश्लोकादिरहिता च वर्तते। द्वयोर्लेखनशैली अशुद्धिश्च तथा एकरूपा यथा तर्क्यते द्वयमप्येकैनैव लेखकेन लिखितमिति। प्रथमा षष्ठाङ्कतः द्वितीया चारम्भादेव समयाभावेन संक्षिप्यालेखि। अस्याश्च टीकाया अशुद्धिबाहुल्येन संदिग्धः पाठो बहुषु स्थलेषु ऊहेनैव निर्णीतोऽनेकत्रानिर्णीतश्च। क्वचित्क्वचित् रसचन्द्रिका पिशेलमहोदयसंमतपाठमनुसरति। वस्तुतः वोडलिअन-पुस्तकालयस्था रसचन्द्रिकाया इयं मातृका पिशेलमहोदयैरपि स्वसंस्करणार्थं परीक्षिता अंशतः प्रयुक्तापि किंतु नेयं टीका प्रकृतरूपकस्य बङ्गीयपाठानुगेति निश्चित्योपेक्षिता। रसचन्द्रिका च मैथिलपाठानुगा, रूपकस्यास्य तादृशी मातृका च तैर्नाधिगतेति स्थितौ तेषां परीक्षिकया दृष्टचा निरधारि यदियं वङ्गीयपाठाद्भिन्नपाठानुसारिणीति। प्रकृतसंस्करणे च मैथिलपाठ एव प्रकाशित इति तदनुगामिन्या रसचन्द्रिकायाः संनिवेशोऽस्माभिरकारि।

रसचन्द्रिकाकारः शङ्करो बलिआसकुलसंभूतः। बलिआस इति काश्यपगोत्राणां मैथिलब्राह्मणानामुच्चं मूलम्। रसचन्द्रिकायाः प्रस्तावनायां श्लोकचतुष्टयेन टीकाकारस्य परिचयः इत्थमुपलभ्यते। तथाहि-स जयधरस्य प्रपौत्रः रुद्रस्य पौत्रः, वासुदेवस्य पुत्र इति। वासुदेवश्च "लोकेऽभिधानविदितो भुवि" इति वर्णितः। पाठ एष नातिसुन्दरः। अनुमीयते 'लोके' इत्यस्य स्थाने 'नोने' इति पाठ आसीत्। लेखकस्तु मैथिलाक्षरे नलयोरतिभेदाभावात् 'नोने' इति पदं 'लोने' इति 'लोले' इति वा पठितवान। 'लोने' इति 'लोले' इति वा पदमिहार्थशून्यमिति तत्स्थाने 'लोके' इति कल्पितवान्। अग्रे 'भुवि' इत्यनेन पौनरुक्त्यं च लक्ष्यते। वस्तुतः रुद्रस्य पुत्रः शङ्करस्य च पिता मैथिलब्राह्मणपञ्ज्यां 'नोने' इति पठितः। अतः 'नोनेऽभिधानविदितो भुवि वासुदेवः' इति युक्तम्। तस्य पुत्रः शङ्करः बलिआसमूलस्य बिठौलीशाखायां संभूतः। शङ्करस्य प्रपितामहो जयधरः पञ्ज्यां महामहोपाध्याय-'माधू' इति कथितः यथा तस्य पौत्रो वासुदेवो 'नोने' इति ख्यातः।

म.म. माधूकस्य प्रथमप्रस्थितौ ज्येष्ठः पुत्रो रुद्रः अलयीकुलसंभूतस्य महामहोपाध्यायरामेश्वरस्य दौहित्रः। म.म. रामेश्वरस्य पुत्रो महामहोपाध्यायलक्ष्मीश्वरः ओइनिवार-कुलसंभूतस्य मिथिलेशस्य देवसिंहस्य सोदरां 'कुमरिनोनो' इति ख्यातां राजकन्यामुपयेमे। अस्य लक्ष्मीधरस्य भागिनेयो रुद्रस्तस्य च पौत्रः शङ्करः। म.म. माधूकस्य द्वितीयप्रस्थितौ द्वितीयः पुत्रो नारायणः तस्य च शाखा 'माण्डर' इति ख्याता। नारायणस्य वृद्धप्रपौत्रो रघुनन्दनो मिथिलाराज्योपार्जकस्य महामहोपाध्याय

महाराजमहेशठक्कुरस्याग्रशिष्यः 'पंडितराय' इत्युपाधिना विभूषितः। तस्य च कालः ईशवीयषोडशशतकस्य मध्यम्। शङ्करः पंडितरायस्य सपिण्डः, बीजीपुरुषभूतस्य म.म. माधूकस्य प्रपौत्रः, पंडितरायश्च तस्य प्रपौत्रस्य पौत्रः। इत्थं रसचन्द्रिकाकारः पंडितरायात् पुरुषद्वयप्राचीनः प्रायः ईश्वीयपञ्चदशशताब्दस्य शेषभागे वर्धमानो वर्तमानश्च आसीदिति अनुमीयते। स्वयं च शङ्करः जालएकुलसंभूतस्य लक्ष्मीकरस्य कन्यामुपयेमे। लक्ष्मीकरपितामहस्य महोपाध्यायरतिधरस्य भगिनी महादेवी 'हासिनी' महाराजस्य शिवसिंहस्य माता कविकोकिलेन म.म. विद्यापतिना स्वपदेषु कीर्तिता। अनेनापि संबन्धेनास्य रसचन्द्रिकाकारस्य स एव समय इति निश्चीयते।

अस्मिन् संस्करणे रसचन्द्रिकायाः संनिवेशो मैथिलपाठनिर्द्धारणार्थमेव न तु मूलस्यार्थद्योतनार्थं यद्यपि तदपि प्रयोजनं स्वतः सिध्यत्येव। तं च पाठं रसचन्द्रिका प्रायः सर्वत्रानुसरति। क्वचित् पाठभेदोऽप्यत्र निर्दिष्टः। 'वैदेशिकपुस्तकेषु' 'दाक्षिणात्य पुस्तकेष्वेव' इत्थं पाठभेदान्निर्दिशन् रसचन्द्रिकाकारः शङ्करः रूपकस्यास्यार्थादिविषयेष्वेव न किंतु पाठविषयेऽपि कृतश्रमो निष्णातश्चासीदिति ज्ञायते। प्रमाणरूपेणोद्धृतानां वाक्यानां बाहुल्यमस्य बहुश्रुतत्वं ख्यापयति। खेदोऽयमेव यदस्याः टीकायाः संपूर्णा शुद्धा च मातृका नोपलब्धेति।

द्वितीया च टीका अतिसंक्षिप्ता टीकाकारेणापि टिप्पणीत्यभिहिता दरभङ्गाराजकीयपुस्तकालयस्य एकामेव मातृकामाधृत्य प्रकाश्यते। एकाशीतिपत्रैः संपूर्णेयं प्रथमपत्रेण रहिता अतिजीर्णा आदावन्ते च भग्नबहुपत्रा किंतु विशेषतः शुद्धा अतिप्राचीना च। यद्यप्यस्या रचनाकालो लेखनकालो वा नोपलभ्यते, किंतु ग्रन्थान्ते रक्षितानां पत्राणामेकतमे ल.स. 485 आषाढ़-कृष्णाष्टम्यां सोमे लिखितमेकं निस्तारपत्रं वर्तते। अतोऽनुमीयते अस्या लेखनकालः ततः पूर्वमेव। अस्याः टीकाया आधारभूतः पाठः सर्वथा मैथिलसंप्रदायानुसारी। मैथिलपाठ-पिशेलसंस्करणपाठयोः भेदे सति इयं टिप्पणी सर्वथा मैथिलपाठमनुसरति। बहुस्थलेषु अत्रापि पाठभेदः प्रदर्शितः, अनेकत्र सर्वथा नवीनाः पाठा व्याख्याताः। अत्र रूपकनायकस्याभिधानमपि भिन्नम्। राघवभट्टमहोदयैः पौरवो राजा दुष्यन्त इति कथ्यते। मैथिलपाठानुगासु च मातृकासु दुष्मन्त इति अभिवीयते। अस्यां च टिप्पण्यां दुष्वन्त इति। एतन्नाम्नः साधिका युक्तीरपि प्रदर्शयति।

अयं च टिप्पणीकारः नरहरिः माण्डरकुलोद्भव इति अस्याः टिप्पण्याः पञ्चमाङ्कान्ते षष्ठाङ्कान्ते च दृश्यते। माण्डर इति मैथिलब्राह्मणानां प्रतिष्ठितं मूलं काश्यपगोत्रम्। एतदधिकोऽस्य टिप्पणीकारस्य कोऽपि परिचयो न प्राप्यते। पञ्ज्यां तु माण्डरकुले द्वौ नरहरी उपलभ्येते। प्रथमः माण्डर-मूलस्य रजौराशाखासंभूतः महामहोपाध्याययज्ञपतेः पुत्रः, यस्य यज्ञपतेः प्रभानाम्नी तत्त्वचिन्तामणेः विश्रुता टीका शिरोमणिना दीधितौ उद्धृता। अयं च नरहरिः नैयायिकः महामहोपाध्यायः प्रत्यक्षदूषणोद्धारनाम्नो न्यायग्रन्थस्य प्रणेता, यः खलु एजलिङ्गमहोदयैः इंडिया-आफिसलाइब्रेरीसूच्यां 645 तमे पृष्ठे वर्णितः। परन्तु नैयायिकोऽयं टीका अपि प्रणीतवान् इत्यत्र प्रमाणं नोपलभ्यते। अपरश्च नरहरिः

माण्डरमूलस्य कोइलखशाखासंभूतः मिश्र इत्युपाह्वः 'नरपतिजयचर्या' इत्याख्यस्य स्वरोदयग्रन्थस्य टीकाकारः। एतद्ग्रन्थे नरहरिः पितरं नरसिंहं पितामहं नागेशं च प्रशंसति, आत्मानं च श्रीभैरवेन्द्रपदपङ्कजोत्थकीर्तिरिति वर्णयित्वा कथयति—

तस्यात्मजो नरहरिस्तत एव बुद्ध्वा व्याख्यामिमां सकलशिष्यजनानुबन्धात्।
नैयायिकः समकरोत् विषमार्थसार्थ नानारसेषु कुतुकी मिथिलावनीस्थः॥

एतेन ओइनवारमहाराजभैरवसिंहस्य सभापण्डितौ नैयायिकोऽयं नरहरिः प्राय इमां टिप्पणीं प्रणीतवान् इत्यनुमीयते। यद्येवं तदास्या रचनाकालः चतुर्दशशतशकाब्दस्य मध्ये एव। एवं च इयं सर्वासूपलब्धासु मातृकासु टीकासु च प्राचीनतमा। अस्य नरहरेः पितृव्यः प्रसिद्धो धर्मनिबन्धकारः महामहोपाध्यायावसथिकः श्रीदत्तः अस्य च मातामहः सुरगणमूलसंभूतो रसधरः, यस्य ज्येष्ठो भ्राता नागेश्वरः। नागेश्वरस्य च पुत्रो विश्रुतटीकाकारो धर्माधिकरणिकमहामहोपाध्यायो जगद्धरः।

एवंभूते अस्य संस्करणस्य मूलभूते मातृके, अत्र संनिवेशितं टीकाद्वयं च। नैतद्दोषशून्यम्, किंतु सदोषेणाप्यनेन संस्करणेन इदं प्रमाणितं भवति यत् अभिज्ञानशकुन्तलस्य मिथिलायां स्वतन्त्र एव पाठ आसीदिति।

तैरभुक्तीयाः स्वभावाद् गुणगर्विणो भवन्तीति प्रवादः। किंतु स्वीयां परंपरां विस्मृत्य कुतोऽस्य प्रवादस्य सार्थकता? पूर्वजानां विदुषां वैशिष्ट्यमाधुनिकाः तैरभुक्ता न केवलं विस्मृतवन्तोऽपि तु तेषां पूर्वजानां तानि तानि विशिष्टानि कृतानि गोपयित्वा आत्मानं पंडितम्मन्या विद्वत्समाजे सर्वथा अवधीरणामेवार्हन्ति। आशास्महे अनेन संस्करणेन मिथिलायां प्रचलितः अधुना विस्मृतः स्वतन्त्रः पाठो मैथिलपंडितानामुद्‌बोधको भविष्यतीति।

अस्य प्रकाशनस्य कृते मिथिलाविद्यापीठप्राचार्याणां श्रीमतां वैद्योपाह्व-परशुराम-शर्मणामनुग्रहं ख्यापयामः, सुहृदां मिथिलाविद्यापीठप्राध्यापक महोदयानां श्रीमतामनन्त-लालठक्कुराणां श्रीमतां रामचन्द्रशर्मणां चोपकारं ज्ञापयामः, तथा च श्रीमतां धीरानन्दशर्मणां श्रीमतां विश्वम्भरशर्मणां च साहाय्यं प्रथयामः। विशेषतो वयं स्वप्रभूणां श्री५मतां मिथिलेश-महाराजाधिराजकामेश्वरसिंहबहादुराणामनुगृहीताः येऽस्याः क्षुद्रकृतेः समर्पणं स्वीकृतवन्तः। तेषामेव पुस्तकालये तानेव सेवमाना वयं विगतद्वादशाब्देषु संस्करणमिमं सम्पादितवन्तस्तेषामेव करकमलयोः समर्पयन्तः महाकविकालिदास शब्दैरेव ज्ञापयामः—

सिध्यन्ति कर्मसु महत्स्वपि यन्नियोज्याः
संभावनागुणमवेहि तमीश्वराणाम्। इति।

(**मिथिला विद्यापीठ**, दरभंगा, 1957)

Abhijnana–Sakuntalam : Introduction

This new edition of Abhijñãna–Sakuntalam, which two Commentaries, both by Maithili Scholars and unpublished heretofore has been undertaken with the sole purpose of presenting to all lovers of Sanskrit literature the version of this immortal drama of Kãlidãas as prevalent in Mithilã till about the middle of the 17th Century, but which was almost supplanted by the version commented upon by Rãghava Bhatta and which has now been forgotten even in Mithilã. It has taken me about 12 years to bring it out, and, therefore, it has a history behind it. Before, therefore, I describe the materials on which it is based and some of its chief peculiarities, I crave the indulgence of the scholars for giving a purely personal account of the origin and progress of this edition.

It was in 1945, when old Mss. of Mithilã were acquired very liberally for the Darbhangã Rãj Library, that my friend and neighbour the late Pandit Kãshinath Jhã brought a bundle of old palm-leaf Mss. from the village of Koilakha to offer for sale to the Darbhangã Rãj Library. Among the many manuscripts that were there in the bundle, there was one which attracted me by its fine calligraphy. It was a copy of the Abhijñãna-Sãkuntalam which was complete except for the first leaf which was missing. The Manuscript was purchased. On closer scrutiny, however, it was found to differ materially from the drama which we had read as Abhijñãna–Sãkuntalam and which was commented upon by Rãghava Bhatta. On pursuing the matter further, I found that of all the published editions of the work, it was Pischel's edition of the Bengali Recension which this manuscript followed, but it differed quite frequently from Pischel's text also. This led me to suppose that like so many other recensions of this work, there was a Maithil recension too, and that this manuscript represented the Maithil recension.

I was on the look-out for more manuscripts of the work for the purpose of collation when I found two old palm-leaf Mss. of the work noticed in the Catalogue of Mithilã Mss. both in the possession of Paṇḍit Śiveśvara Jhâ of Lãlagañja of my neighbourhood. He was a most enlightened Pandit, and when I went to him, he most gandly made over one manuscript to me, and promised to give me the other too when I had done with the first. I collated the text of the Raj Library manuscript with this one very carefully, and when I went to him to return this manuscript and take the second, I was sorry to find the Paṇḍit very seriously ill and soon after he expired. His sons are people of another sort, and all my efforts since then have failed to persuade them to give me the second manuscript for the purpose of collation. When this book was being printed and it was considered desirable to insert the photographic copy of one page of this manuscript also in the text, these gentlemen did not condescend to let me have the manuscript even photographed, though this manuscript was carefully collated with the Râj Library manuscript years ago.

Of the two manuscripts in the passession of the late Paṇḍit Śiveśvara Jhã, era one he made over to me, and with which this work has been collated is undated. The other manuscript which is dated the year 469 of the Laksmana Sen ear has not been available to me. I was, however, surprised to find that inspite of divergences which are all minor, the readings of the two Mss. were almost alike. All these divergences have been faithfully given in the foot-notes here from which it will be noticed that they are seldom material. This corfirmed me in my view that this was, indeed, the version of this drama which had been prevalent in Mithilã and which therefore, can very well be called the Maithili Recension of the work.

While I was still trying to procure the second Lãlagañja manuscript, my attention was drawn to a comentary of this drama by a Maithil Scholar,Śaṅkara, the manuscript of which was in the Bodleian Library at Oxford. In fact, it was Pischel's edition of the Bengali Recension published by Trubner and Co. In 1877 which makes a mention of this commentary on page VIII of its introduction and states that this is not a commentary of the Bengali Recension. It is a manuscript No. 254B, called Wilson 40, noticed by Aufrecht in his Cat. Cod. Oxon. Here, in the introductory verses, the author gives the name of his family as Banitãsa, which I saw at once, was a mistake for Baliãsa which is one of the most respectable among the families of Malthil Brahmanas. Through the assistance of my esteemed friend, Dr. Subhadra Jhã of Banaras Sanskrit College Sarasvati Bhavana, I got for the Raj Library, a micro-film copy of this commentay. When the Mithilâ research Institute at Darbhanga got a projector to read the micro-film, I made out a transcript of this commentary and I was delighted to find that though towards the end this commentary supported the readings of Pischel's edition, it was for the first five Acts or so faithfully adhering to the text as preserved in the palm-leaf Mss. in Maithil script.

This manuscript is, however, so full of mistakes that for some time I was feeling hopeless of being able to make a readable presentation of this. It was only last year, however, that my esteemed friends, the late Prof. Dineshachandra Bhaṭṭachâryya of Calcutta, brought to my notice the existence of another manuscript of this commentary in the Vidyãsãgara collection of the VaṅgĪya Sâhitya Parisad of Calcutta, and it was through his kindness that this manuscript could be available to me. This Vidyâsâgar manuscript is no better than the Bodleian manuscript in correctness, but with the help of these two Mss. I have been able to make out a readable version of the commentary which is presented here. I am, however, very sorry that my friend, Prof. Bhattacharyyà, is no longer in the land of the living and he could not see this work published. But I cannot express adequately my sense of deep gratitude for all that he did to encourage me and help me to go on with my plan which today is going to see the light of day.

In the meantime, there was procured for the the Râj Library another old palm-leaf Ms., almost complete, which is a short commentary on this work by another Maithil scholar, Narahari, belonging to another respectable family of the Maithil Brâhmaṇa called Mâṇḍara, who was a courtier of the Oinabãra king Bhairava Singha of Mithilã. This commentary also follows the readings of our text quite faithfully, and in cases of divergence in the readings of the two Mss. of the text, whereas Śaṅkara's commentary leans towards of the Koilakha manuscript, Narahari's commentary does to the Lālagañja manuscript.

Before going to the Press, I was happy to consult very minutely tow more Mithila Mss. of the drama, both in the possession of my friend and colleague, Prof. Upendra Jha of C.M. College, Darbhanga. Both of them are paper Mss. in Maithil characters. One of them is dated Saka year 1785 and written in many hands, is complete in 61 folios with Sanskrit equivalents of Prakrit passages. The other which is undated is complete in 65 folios and appears almost of the same age, if not still later. Both these modern Mss. written about one hundred years ago, are faithful reproductions of the text as commented upon by Rāghava Bhaṭṭa. Even the name of the play in both these Mss. is Abhijñāna-Śākuntalam and not Abhijñāna-Sakuntalam as the play has been called in the old Mss. This has confirmed me in my view that there was a traditional version of the play prevalent in Mithialã, which was totally superseded by the western version during the priod of our decadence during the 19th century.

I am going presently to describe the peculiarities of the Maithil version of the drama, and the special features of each one of these Mss. both of the Text and the two commentaries, but this work is designed to prove conclusively that though the version of the Abhijñāna-Śakuntalam presented here resembles the Bengali Recension to very great extent, there are divergences noticeable uniformly in all these Mss. to posit that there was recension of the drama prevalent in Mithilā which had died out, but which, I feel, should be brought to the notice of the students of Kālidāsa. This is the only reason, the sole reason, of my undertaking the work; and if I have succeeded even partially to do this, I shall deem my labour amply rewarded.

The text of this edition of the Abhijñāna-Śakuntalam has thus, been based upon two manuscripts.

(1) The Darbhangā Rāj Library Ms., herein called A, which was procured from the village of Koilakha in the district of Darbhanga where it was copied on the 5th day of the dark half of the month of Chaitra, which was a Friday in the L. Sam. year 558 by one KṛiṢṇadeva of the family BaherārhĪ which is a well-known family of Mathil Brāhmanas. Koilakha has been famous throughout Mithilā for its fine style of calligraphy and the most important thing about this Ms. is its very fine writing. It was, thus, written by a Paṇḍita and not by a professional scribe, and therefore, it is quite free from the errors of a scribe. Only here and there we come across confusion regarding the right use of the three Śa's and such other minor orthographical inaccuracies as श्राद्धा and वृत्तं for श्रद्धा and वित्तं in verse 29 of the 7th Act. It is complete in 55 folios but the first leaf is missing. There are five lines on each page with about 72 letters in each line. It is written quite intelligently and thought it has been revised and corrected by another hand, it is nowhere obscure except where the text is left blank e.g. in the 7th Act, p.140 II. 15-17 where the text is blanked after °शंसि up to सेविस्सं. Throughout the play, the word अङ्गुलीयक. has been used both in Sanskrit and Prākrit, and the two disciples of Kaṇva are named शार्ङ्गरव and सारद्वत. The saddest thing about this manuscript is the absence of its first leaf and the manuscript is incomplete to that extent.

(2) The second manuscript of this work, which has been called B herein, was in the possession of the late Pandit Śiveśvara Jhā of the village Lālagañja in the district of Darbhanga and is now is the possession of his sons. This is not dated, though is complete from the beginning to the end, very correctly and very legibly written, not by a scribe but, probably, by a Pandit for himself. From the style of writing and its general appearance it seems to have been copied earlier than the first manuscript. The leaves are worn out at places and the ink is fading fast so that at many places the letters are effaced. It has very carefully been revised and many letters that were left

out by mistake by the first scribe have been added either at the top or the bottom. This manuscript is noticed in the 2nd volume of Catalogue of Mithilā Mss. as No. 6 of Drama Section, and is complete in 70 folios with 5 lines on each page and 72 letters in each lines, 13" by 2" in size. The most remarkable thing about this Ms. is the name of the dramatist, styled a Miśra, Miśra Kālidāsa, which is given here at the end.

The divergences of reading between these two Mss. have all been carefully given in the foot-notes, and it will appear that most of these divergences are mainly with respect to stage-directions, terms of address, and such other points that are not very material. In many cases, the divergences are due to the differences in reading which have been made clear by the commentaries. But the most glaring difference in the readings of the two Mss. is the first verse of the 6th Act which is in Prakrit. Here the text of the second Ms., B. tallies with that of Pischel's edition, but the two commentaries follow the reading of the first Ms., A. This peculiarity of Ms. B. is noticeable at other places also, namely, in cases of divergence the readings of B follow generally the version of Pischel's e.g in the first speech of Raja after verse 25 of Act I (P. 19 II. 6-7), the second sentence किंतु...मे मनः is only in Ms. A & not in Ms. B, but it has been retained because it is commented upon by both Sankara and Narahari.

As started before, this Maithila version of the drama is very much akin to the Bengali Recension edited by Pischel, and though the reading of Pischel have not been shown in the foot-notes, the text of this edition has been prepared with an eye on Pischel's edition.

In choosing the reading for the text, a uniform principle has been followed throughout. Wherever the two Mss. of the text agree, it has been accepted even if the commentaries do not follow it, and in such cases attempts have been made to give the reading of the commentaries in the foot note. If both the commentaries agree. If, however, there is a divergence in the readings of the two Mss., the one which is followed by the commentaries has been accepted, and the other shown in the foot-note. Where, however, the two Mss. disagree in their readings and it is not clear which of them is followed by the commentaries, as in the Sanskrit passages where many words are omitted in the commentaries, or in the Prakrit passages where only the Sanskrit equivalents are given without indicating what the exact Prakrita forms have been used, that reading has been accepted which agrees with the reading of Pischel's edition. One example will suffice to make this point clear. In the third foot of the verse 18 of the 3rd Act. Ms. A has rosb while B has दावइ, and both the commentaries have तपति as the Sanskrit equivalent without indicating as to which of the two forms they follow. In this case, therefore, the reading of Ms. B, namely दावइ has been accepted because that is the reading in Pischels edition also. But in the fourth foot of the next verse 19 of the 3rd Act, our Mss. read तथेह while Pischel reads तथाहि, and there Pischel has been ignored and the heading of the Mss. A & B has been accepted as the reading of the Maithili version, specially as in this case this is followed by the two commentaries also. Very rarely, however, a reading has been discarded where both the Mss. A & B agree, and this has been done where the reading was corrupt obviously, as on P 56. I. 17 where बहूए of the Mss. is not accurate, or on P. 70. I. 10 ,where निःक्रान्तः in the singular number is not correct, or on P.74. I. 2 where evogw is obviously a mistake for मिअबहू. Similarly in the first speech of the VidūṢaka in the 2nd Act, the interjection हीमाणहे has been omitted by both the Mss., but because interjections and stage-directions have very often been ignored in these Mss., it has been retained there because it is followed by both the commentaries with the quotation from Bharata in both. Except for some half a dozen cases, therefore, where the common readings of both the Mss. have been ignored, there is nowhere a departure from the general rule that where both the Mss. agree, the reading should be taken as genuine.

In orthography too, the two Mss. have certain common features both in Sanskrit and Prakrit passages. In sanskrit, there is always a संधि of the अनुस्वार with the following consonant if it is of any one of the five वर्ग's. This is a common way of writing in Mithilā. Similarly, the doubling of the consonant with a रेफ before it, is a common feature of Maithila writing. Both these orthographic peculiarities of the Maithils have been ignored in this edition in order to bring it in line with the modern trend in Sanskrit writing. Similarly in the Prakrit passages both the Mss. have invariably used क्खु and ज्जेव beginning with-double consonant. In this edition, this has not not been followed in each case, but the system of Pischel has been generally followed. In the foot-notes these orthographical changes or obvious mistakes in spelling have not been shown.

It is neither possible nor profitable to indicate here the divergences of this edition from Pischel's edition. Nevertheless, the material differences between the two Recension are here indicated :—

Act - I

In the प्रास्तावना, on P. I. Pischel omits रसभाव...साहसाङ्कस्य, though B omits साहसाङ्कस्य only. On p. 19. the second sentence in the speech of Rājā, किं तु...मे मनः is missing in Pischel.

Act -II

On p. 29, II 6-7 the speech of दौवारिक is missing in Pichel.

On the same page the speech of Vidūṣaka in II, 11-13 finds place in Pischel after the verse No. 5

The Sentence मूर्ख...नन्दन्ते In the speech of Rājā before verse 14 on p. 33 is different in Pischel.

The verse 17 on p. 36 is materially different in Pischel.

Act -III

The edition omits four speeches after verse 10 in Pischel, one of Priyaṃvadā one of Anusūyā, one of the Raja including verse II, and one of Śakuntalā.

The sentence एतद्वस्थापित मां सुखयति on p. 44, I. II is missing in Pischel.

Pischel has the speech of Priyamvadā on p. 46, I. 19 differently without the first sentence.

Pischel has the speech of Śakuntalā हिअअ...पडिवज्जसि after verse 20, संदष्ट°, and not before it.

Pischel omits the speech of Anusūyā पिअंवदे...पिअसहिं with the stage-direction on p. 48 II 3-

Between II. 7 and 10 on p. 48 there are only two short speeches here but Pischel has five speeches, three of Rājā and two of Priyaṃvadā. Śankarā follows Pischel and Narahari too, but the speech अस्सम...धम्मो of Priyaṃvadā in Pischel is attributed there to Anusūyā.

Pischel has one speech more to Priyaṃvadā between lines 8 and 9 on p. 49 which is there is Śankarā also but not in Narahari.

Act -IV.

Pischel omits the last sentence of Anūsuyā's first speech on p. 60 I, 4 , एत्तिकं etc.

Pischel omits हत्थिणाउरं on I. 6 on the same page and Narahari too omits it.

Pischel attributes all the three sentences in II. 11-12 on P. 61 to Priyaṃvadā of which the second sentence is here of Anusūyā.

The four verse describing morning on p. 64-65 are put differently by Pischel, and Śankarā follows him, Narahari, however, follows the order given here.

Pischel omits the prose sentence between verses 3 and 4 on p. 64.

The speech of Priyaṃvād on P. 6619 ण सुणण°...वाआए is quite different in Pischel.

The names of the two disciples of Kanva are different in the Mss. A reads Śārṅgarava and Śāradvata; B reads Śāṅgarava and Śāradvata; while Pischel reads Śārṅgarava and Śāradvata.

The speech of Hārita, the Rṣi-Kumāra, in II, 8-9 on p.70 is slightly different in Pischel and put there before the speech of Anusuya five line above.

For शान्तोऽनुकूलपवनश्च in verse 13, Pischel reads शान्तानुकूलपवनश्च and B follows Pischel.

Pischel omits two speeches on II. 11-16 on P. 75, one of Śakuntalā and the other of Priyaṃvadā which is the verse 19 in Prakrita.

Pischel ends of the speech of Kaṇva on 77 II 5-12 with the verse 22 and omits the rest including verse 23.

Act - V.

Verse 5 is different in Pischel.

The second sentence in the speech of Vidūṣaka in II 6-7 on P. 83 in different Pischel; B is much like Pischel.

The name of the Purohit is Somadatta here but Pischel calls him Somarāta.

For समया° in 9 on p. 87, Pischel reads समवाया°

The second line of the verse 17 in Prakrit spoken by Gautamī is different in Pischel.

Śakuntalā's speech in I.3 on p. 88 is different in Pischel. Śankarā's reading is different. Our reading is supported by Narahari.

Verse 19 is not taken as a verse by Pischel.

Śakuntalā's speech in II. 16-19 on p. 92 including the verse No. 26 in Prakrit is not there in Pischel.

Act -VI.

The second line of the first verse is different in Pischel. B tallies mostly with Pischel but both Śankarā and Narahari follow A.

Between lines 6 and 7 on p. 99 there is one more speech of Dhivaraka in Pischel.

The second sentence in the last speech of the Praveśaka to the 6th Act in worded indifferently in Pischel.

The long speech of Miśrakeśī on P. 101 is briefer in Pischel.

Pischel omits रइए in verse 2 of the 6th Act,

The speech of the Ist chetī in II. 16-17 on P. 101 and II. 1-2 on P. 102

is broken in Pischel in three speeches with one speech more of the 2nd chetī.

Between line 13 and 14 on P. 107 there is one speech more in Pischel attributed to Miśrakeśī.

The first sentence in the speech of Rājā in I. 14 On P. 108. is omitted by Pischel.

The third line of the verse II is different in Pischel.

The second line of the verse 12 is different in Pischel but that reading is supported by B.

The speech of Vidūṣaka in II. 11-13 on p. 112 is different in A and B but B tallies with Pischel.

The speech of Miśrakeśī in I. 7 on p. 113 is omitted in Pischel.

The speech of Misrakesi in II. 10-11 on p. 113 is different is Pischal.

The long speech of Vidūṣaka at the bottom of the same page is entirely different in Pischel which tallies mostly with the reading followed by Śankarā but Narahari follows the reading of this recension.

Pischel omits the interjection ही.ही भोः in the speech of Vidūsāka in I. 10. On p. 115.

Between 11.7 and 8 on p. 116 there are two more speeches in Pischel, one of Rājā and one of Miśrakeśī.

Pischel omits the second sentence in the speech of Rājā and the first sentence in the speech of Miśrakeśī on 11.9-10 on p. 116. Sankara follows Pischel.

The speech of Vidūṣaka in 1.12 on. p 117 is different in the two Mss. and Pischel. The reading here is that of A which tallies with that of Narahari.

Pischel omits the speech of Miśrakeśī at the bottom of p.117.

Pischel call Lipikarī as Chaturikā but she is called here Medhāvinī.

Pischel attributes verse 29 to Rājā but is attributed here to Kañchukī.

Pischel calls the Prāsāda as मेघच्छन्न but here it is called मेघच्छन्द ।

The speech of Vidūṣaka in I. 15 ū 16 on p. 123 is different in Pischel.

The speech of vidūṣaka in 1.8 on p. 125 is different in Pischel.

The second line of verse 35 is different in Pischel.

Act VII

The first verse of this Act is worded differently in Pischel. The fourth verse also is different in Pischel but it is followed by B also. Second half of verse 6 is also different in Pischel. Verse 8 also is worded differently in Pischel.

The second speech in Nepathya in 1. 3 on P. 132 is different in Pischel but that tallies with B.

The speech in II. 11-12 on p. 132 is different in Pischel.
Verse 15 is begun differently in Pischel.
The speech of Tāpasī in II. 6-7 on p. 135 is different in pischel.
The speech in II. 2-3 on p. 137. is briefer in Pischel.
The speech in II. 6-7 on p. 137 is quite different in Pischel.
The speech of Mārīcha in II. 17-20 on p. 143 is different in Pischel.
The first half of the verse 32 is different in Pischel.
B alone has one small speech of Śakuntalā after 1.16 on page 145.
Pischel omits verse 35.

The second and the 4th lines of the last verse are different in Pischel.

××× ×××

These are but the most important differences between this edition and Pischel. Mere verbal differences have not been noted because they are rather too many for being noted in this Introduction. For example, Pischel uses तुह for second person possessive, whereas the Maithili Manuscripts have तव only.

From the details given above it would appear that one verse which Pischel has is missing from this, the verse 11 of the 3rd Act. Pischel omits, however, four verses that there are in the Maithilī Mss., namely, verses 19 and 23 of the 4th Act, verse 26 of the 5th Act and verse 35 of the 7th Act. And verse 19 of the 5th Act is there in Pischel also but it is not taken there as a verse and not numbered so. Thus, there are 4 verses in the Maithillī Recension more than pischel. There are 221 verses in Pischel and one more in the 5th Act which is not numbered, but in this edition there are 225 verses in all. Pischel omits four verse that are here and there is one verse there which is missing here.

The mere verbal differences, too, are not always insignificant though they have not been noted. For example, in verse I of the 2nd Act, Pischel has रतिमुभयप्रार्थना...whereas this edition reads रतिरुभयप्रार्थनां...Śaṅkara follows Pischel but notes the other reading too as a variant. Sometimes where we note a variant in the readings of the two Mss. themselves, it appears that these are but two variant readings which have been noted by the commentators. In I.17 on p. 7 there is अनवद्यां in B but this is omitted in A. Śaṅkara notes that in some Mss. there is अनवद्यां as an adjective to दुहितरम्. Similarly in the following speech of Rājā in reply to Tāpasa, A reads विदितभक्तिः but B reads °भक्तिं and Narahari notes both the reading and explains them both. It would, thus appear that in many cases where our two manuscripts differ in their readings, they give but the variant readings of the text. But apart from these differences in reading which were prevalent in Mithilā there are evidence in the commentary of Sankarā which go to show that to him, at least, different recensions of the text of Abhijṅāna-Śakuntalam were known. On p 260, I. 19 Śaṅkara notes in his Rasachandrikā a reading which was available to him in two foreign Mss. (वैदेशिकपुस्तकद्वये is the exact term used by him.) Similarly, at the bottom of p. 276 of the Rasachandrikā, Śaṅkara notes that the verse No. 15 of the 6th Act was available only in southern Mss. (दाक्षिणात्यपुस्तकेष्वेव is the exact term used by him.) All this, therefore, is sufficient to show that the scholars of Mithila who studied Abhijnāna-Sakuntalam were not without a sense of textual criticism. Our commentators had all the variants before them and they accepted those readings that appeared to them not only indigenous but also genuine. Looked at from this point of view the importance of these two commentaries of the drama is very great indeed. They are important in themselves as throwing light on the proper understanding of the drama in a purely critical sense; but they are more so as throwing a flood of light on the text of the drama as it was known here and as it was studied here by the generations of Pandits.

The first commentary, Rasachandrikā, has been based on two Mss. The first, of the Bodleian Library, Oxford, of which there is a micro-film copy in the Darbhanga Raj Library, is apprently complete in 68 folios written on papers in Bengali script with 10 lines on a page and 64 letters in line. It is, however, complete only in the sense that it begins with the introductory verses and ends with the concluding ones, but it is only apparent. The portion of this commentary from तदसुलभस्थानभ्रंशशोचनीयं in the speech of राजा just before the verse 12 of the 6th Act almost up to the end is so brief,-abridged is rather the appropriate word, that it does not appear to be a continuation of the commentary as we have it before. At the end of the 6th Act there is no concluding verse as we have at the end of each other Act, or even at the end of the 7th Act and it is called there a विवरण only. Again and again, in course of this abridged portion there are view of Śankarā quoted, e.g. on verses 21 and 34 of the 6th Act, and verses 6, 8, 13, 15, and 17, of the 7th Act, and also twice in the prose portion before verse 15, and once before verse 21 of the 7th Act. That Śankarā is quoted is itself a proof conclusive that is not by Śankarā himself, and it does not stand to reason to suppose that the Śankarā quoted is some one else than the commentator himself. It is much more reasonable to believe that this portion is an abridgement from the original commentary by a Scribe, who had, perhaps, not time to make a complete copy of the manuscript which he was transcribing. From verse 12 of the 6th Act up to the verse 23 of the

7th, the commentary give only the Sanskrit equivalents, of the Prakrit passages, and simple paraphrases here and there, with very little of critical matter of which there is an abundance in the earlier portion. After verse 23 of the 7th Act, it appears to be fuller again up to the end where we have not only the concluding verse, with the name of the Act as we have at the end of each Act, but also three more verses in praise of the commentary with the customary apology for any short-coming there. But the most remarkable thing about this man script is its corrupt reading, which is so full of mistakes that all the efforts and Ingenuity spend over it have not been able to solve many obscurities which have been left in the text with a question mark to indicate them. This, however, is not peculiar to this Ms. Only; the others Ms. also of this commentary is equally corrupt, and therefore, before examining the nature, extent and possible reasons of the currupt nature of the text of this commentary, it may be desirable to describe the other manuscript.

The second manuscript of this commentary belongs to the Vidyāsāgara collection of the Vaṅgīya Sāhitya Pariṣad. It is in Bengali Characters the yellow paper, 17 inches by 5½ inches, with ten lines on each page and about 64 letters in each line. It begins without the introductory verses and continues up to the middle of the reverse of folio 5, where it stops abruptly in the middle of the verse 18 of the 2nd Act, the last words being उभयानुरोधः क्रियतां तत्राह कृत्योर्भिन्नदेशत्वात् य----. On the next page it takes up the 3rd Act, but begins, again abruptly with ....ण विघ्रव्यपोहस्तत्राह, धनुषि वाणसंधाने का कथा etc. in the middle of the Ist verse. The paging also ends there with the number 15, and thereafter, in the 2nd part of the manuscript, the serial number of the folios is indicated at the lower corner on the left hand from 1 to 63. The Ms., thus, consists of 15 plus 36 folios, divided into two parts, both written by the same scribe, and ends abruptly again in the middle of the obvese of folio 36 while explaining the prose sentence before verse 12 of the 6th Act, the last being असुलभं दुर्लभं यत् स्थानं तस्या एवाङ्गरूपं तस्मात् भोः भ्रंशः स्खलनं तेन शोच- This particular spot where this Ms. ends abruptly is remarkable, because it is exactly from here that the first Ms. also is abridged, but where as the first Ms. continues it, though in abridged form, to the very end with the concluding verse etc..., this second Ms. stops there.

The most remarkable thing about this manuscript, however, is the abridged from of the commentary in the first part of Ms., that is, up to the close of the 2nd Act. It omits the introductory verses altogether and in the text of the commentary, also it omits almost all the quotations with which this commentary abounds and all the critical notes, but goes on barely with the paraphrase of the text mostly verses, and the Sanskrit equivalents of the Prakrit passages. The text of the commentary as far as it goes tallies exactly with the text of the Ist Ms.; only portions are omitted, sometimes to the extent of lines altogether. In the second part of the Ms., however, the text of this Ms. is excactly as it is in the Ist Ms. As both the parts are written by one and the same scribe, it cannot be supposed that it was written by two persons, one of whom went on omitting the portion he considered superfluous, while the other made an exact copy of what was there. That the same scribe should have done so is not without reason. Similarly the first part ends abruptly towards the close of the 2nd Act, almost in the middle of a sentences; and the second part opens equally abruptly in the middle of a word. And then the most mysterious feature of these two Mss. is the exact spot where both the Mss. stop, one stopping there alogether and the other continuing it is an abridged from to the end. It cannot be supposed that Śankara did not complete his commentary because in first Ms. there are the concluding verses there. That Śankara himself is quoted again and again is again mysterious because it cannot be supposed that it was some other Śankara whose views are quoted there and there is no meaning in quoting one's views in one's own work.

Equally remarkable, again, is the fact about the Mss. or Rasachandrikā, that both of them are alike in the corrupt nature of the text. Both of them are in Bengali characters and the style of writing, too, they are so very much alike that they seem to have been transcribed by one and the same person. The mistakes, too, are almost the same and from their very nature it would appears that the scribe did not know the Maithili script in which, perhaps, the original copy was written. There are given below two short extracts from the Mss. as they are both alike, to show the kind of mistake there are given below two short extracts from the Mss. as they are; one of them is from the text of the commentary itself and the other from a quotation :

For II. 22-24 on p. 208 of Rasachandrikā the Mss, have, without any punctuation of course, कथमिदमवगम्यते अन्यथा नयत्येवं तदा मद्विधानां वियोगिनां त्वमेवमुपलयमानप्रकारेण कथमुष्णः अतितप्तः कीदृशः भस्मीभूतोऽपि सन यश्चित्तसमयभस्मत्वापन्नो भवति etc.

For the verse of Bharata quoted in II. 8-9 on p. 209, the Mss. have
हर्षणः प्रहसनश्चैव मोहनो मूर्च्छने तथा।
विरूषणश्च कामस्य शराः etc

With such a currput text to depend upon, it can be seen easily what a great ingenuity it would require to reconstruct the text in any readable form. The other manuscript has been only partially helpful, firstly because the second Ms. have been very brief in the Ist part of incomplete after verse 12 of the 6th Act, and secondly, because both the Mss. have the same mistakes, and at all doubtful places both the Mss. are equally defective. It cannot be said, therefore, how far this commentary has been correctly presented. Many obscurities have been left unresolved and even those that have been improved upon the presented in a readable form that one cannot be sure about it. If, therefore, the text of this commentary appears at times halting and not quite lucid, it might be due to the defective reading of the Mss. and the commentator must not be blamed therefore.

There is one thing more about the commentary which is remarkable. From the 12th verse of the 6th Act onward up to the 23rd of the 7th Act where the commentary is very brief, and appears, therefore, to have been drastically abridged, this follows the readings of Pischel to a degree which is not usual in the earlier part of the work. Take for example, the long speech of Vidūsaka just before verse 18 of the 6th Act. Manuscripts differ greatly in the reading of this speech in Prakrit but Sankara is nearest to the reading given by the Pischel, while Narahari follows the reading preserved in the two manuscripts.

All this leads to but one conclusion that both these Mss. of the Rasachandrikā–the Wilson Ms. of the Bodleian as well as the Viāyāsagara Ms. of the Vagiya Sahitya Pariṣad—were, perphaps, copied by the same scribe, they are so very much alike in the size, style and calligraphy, or at least from the same Ms., perhaps, in Bengali. Professional as the scribe probably was, he made copies according as he was, perhaps, paid for, or, as there was times at his disposal. The sameness of the errors cannot otherwise be explained, but it is still a mystery why both the copies should stop only with the 12th verse of the 6th Act.

But even as it is, this commentary is, indeed, of inestimable value for the reconstruction of the Mithili recension of this drama. Pischel, who consulted this commentary for his own edition of the Bengali recension and has referred to it towards the end where he has collected चन्द्रशेखरस्य प्राकृतच्छाया पाठान्तराणि च, noted this on page VIII of the Introduction to his 1877 edition, "Śankara can hardly be called a commentator of the Bengali recension. His readings are generally quite modern and not supported by the best Bengali Mss." Pischel is perfectly correct when the asserts that Sankara does not follows the Bengali Recension, and is a pity that Maithili Ms s. of the drama were not available to him on account of which he calls his readings modern. Now that those Mss. are available and brought out, it is clear that Maithili Mss. are as old as, if not older than, the Benghali Mss. on which Pischel's edition has been based. In fact, Pischel has admitted, though only indirectly, the existence of Maithili Recension of this drama, which has been different from the Bengali Recension, and he did not posit it direct and openly simply because the Mss. of Maithil origin were not available to him. That he could assert even this on the basis of an imperfect and corrupt manuscript in Bengali script, like the one in the Bodleian, bespeaks the critical acumen of that great savant of Sanskrit studies.

In the introductory verses and the concluding verse at the end of each Act, Śankara has given us facts about himself on the basis of which his identity and age can be safely determined. He says that he was the son of Vāsudeva and Bhānumati and that his teacher was Govinda. His grand-father and great grand-father were Rudra and Jayadhara respectively and that he belonged to the family of Baliāsa. This is more than sufficient to fix his identity with the help of the Panjis of Maithil Brahmanas, which record their genealogies divided into different families belonging to different Gotras. But unfortunately the scribe of the Bodleian manuscript has made a blunder in the third line of the verse 5 which has obscured the identity of Śankara beyond recognition. The Bod. Ms. reads लोकेऽभिधानविदितो भुवि वासुदेवो...which means, "Vasudeva known by name among people on the earth." This line is not worthy of any scholar, first, because there is an unnecessary repitition in लोके and भुवि, and secondly, because there is no sense in saying that "he was known by name." In the Paijñs, there is mentioned a scholar, Śankara, designated a Mahopādhyāya, who belonged to the Bithaulī branch of Baliāsa family belonging to Kās'yapa Gotra, but he is the son of None, though the grandson of Rudra. It is now clear that his नोने has been mistaken by the scribe as लोके by the similarity of नो and लो in Maithili. Because the scribe did not understand the significance of नोने, Which is a meaningless common name in Mithila even now, he "improved" it by giving लोके for नोने. With "None" substituted for "Loke" in the line, the sence is very well expresed. "Vasudeva who was known upon the earth by the name None." It means, therefore, that Śankara's father was named "Vasudeva" though he was known as "None". This makes his identification easy. In the Pañjīs, likewise, Śankara's grandfather is called Mm. Mādhū, a most famous name in the family of the Baliāsa. Śankara calls him. "Jayandhara" and it appears that Mādhū is but an alias by which he was commonly known, though his real name was Jayadhara. Thus his genealogy is like this :–Mahāmahopādhyāya Jayadhara alias Mādhū, his son Rudra, his son Vāsudeva alias None, his son, by Bhānumatī, Mahopādhyāya Śankara of the family of Baliāsa of Kāśyapa Gotra, resident of the Village of Bithaulī by which name his branch of the Baliāsa family was known.

As already stated, Mm. Jayadhara alias Mādhū was a most important personage in the family of Baliāsa, and he was most highly connected. He has two wives and his sons by both the wives migrated to two different villages, thus giving rise to two different branches of the family His first wife was the daughter of Mm. Rāmeśvara of Alayī family, by whom he had two sons, Rudara and Śambhu, who went over to Bithauli. This Rāmeśvara of Alayī family was a very important man and his son Mm. Laksmīdhara was married to Kūmari Nono who was the sister of Deva Singh, father of Śiva Singh of the Oinabāra family. By his second wife Mm. Mādhū had two sons, Harihara and Nārāyana, who went over to Māṇdara. The third son of Nārāyana was Mahanū whose great grand son was the famous disciple of Mm. Mahārāja Maheśa Thākur, Raghuandana by name, who was bestowed the title of Paṇḍitaraya when his preceptor was bestowed the Raj of Mithilā by Emperor Akbar in 1556 Śankarś is thus fourth in decent from Mm. Mādhū in the senior branch while Paṇḍitarāya is sixth in descent in a junior branch. Śankara must have been, therefore, about two generations senior to Paṇḍitarāya, if not more, and we can, therefore, safely place him during the last quarter of the 15the century and the Ist quarter of the 16th, round about the year 1500 A.D. Śanka himself was married to the daughter of one Laksmīkar of the Jalaya family and Lakmīskāra's grand-father was Mahopādhyāya Raidhara whose sister, Mahādevī Hāsini, was the mother of Mahararaja Siva Singh (Circa. 1350-1405). This also gives almost the same age during which Śankara must have flourished, Circa 1500.

It is not proposed to expatiate on the merits of this commentary, not because this commentary has no merits to expatiate upon, but because this commentary has been included here specially for the light it throws on the textual genuineness of the Maithili Recension of this drama as presented here. Now that the commentary is printed and published, it is for the scholars to study it and find out what merits it may have, but there is one feature of this commentary which cannot be passed over, and that is the wealth of quotations that it contains. Besides the Koṣas, of which Amara has been quoted by name about 90 times, and Nānārtha-Koṣa Dharanī Ratnakoaṣa, Viśva-koṣa, Śasvatakoṣa. Medini-Koṣa and Hārāvalī, there are the following classical works quoted-Manusmṛti, Smṛti, Bharata, Bhaviṣyapurāna.Viṣṇupurāṇa, Bharata, Bhoja & Daṇḍī. As many as 136 quotations are anonymous though many of them are from Bharata. Among the authors or works quoted sparingly, the following are worth mentioning and many of them are unknown to the modern world, (the figures within brackets indicating the numbers of page where they occur)–

Adbhutasāgar (175), Uttaracarita (163), Kanthābharaṇa (182), Kavikanṭhāharā (254, 228, 188, 238) Kāvyamīmaṃsā (166) Daśarūpaka (166, 166), Dhātuvastu (159) Nāṭyas, ekhara (246) Pāñcajanye Harimiśra (160) Prajāpati (166) Bādarāyana (164) Bhāndī (233) Bhāravi (163, 249), Bhṛgu (189), Raṅgas'ekhara (159), Vāmadeva (159), Vikramāditya (210 Vaidyaka(193), Jyotis (239) Śātakarni (159) Sanyāsi Kavīsvara (158) & Subandhu (164).

The second commentary called Abhijñāna-Śakuntala Tippaṇī by Narahari is based on a single manuscript on palm leaf, now in the Darbhanga Raj Library. It is complete in 81 folios with 6 lines on each page and about 64 letters in each line. It is written not by a profession scribe, but by three different hands, though at the end the scribe given his own name, Buddhikara, who is perhaps, the scribe of the last portion of the work. the Ms. is very old in appearance, the first leaf is missing and the next two leaves and the last four are very much worn out and dilapidated. The ink at many places is fading. On account of all these reasons, it has not been possible to reproduce the entire commentary and at many places blank spaces have been left to show that the text is not available there. But is is very correct and there are only a few words which have not been properly read, partly because the style of writing is old and uncommon, and partly because the writing is not always clear. And because the text has been prepared on only one Ms. any lacuna in it has had to be left as it is. The Ms. is not dated but one of the protective leaves kept at the end contains a document, a Nistarapatra, dated Monday, Asadha Krisna Astami of the L. Sam. years 485 which corresponds to 1604 A.D. The manuscript must have been written before that date, much before that. From the general style of writing it can be said that this commentary was written perhaps during the same period as the Ms. B of the text, some time during the second half of the 16th century.

But this is not exactly a commentary on the drama. The author does not call it a Tika, but he call it only a Tippani, a gloss.Even a casual glance over a page will show at once that it is very brief; many verses are passed over entirely, many more are just touched, and there are only a few verses on which Narahari dwells at any length. Most of the prose passages in Sanskrit are silently passed over, It is only the Prakrit passage which have all been rendered into Sanskrit, but here also the exact Prakrit padas are not available, and therefore, one can have only an idea of the general drift of a passage and cannot be sure about any reading.

Nevertheless, Narahari follows a version of this drama which is presented here as the Maithili Recension of the work. Śankara sometimes follows the version of Pischel's edition specially during the later scenes, but Narahari seldom follows Pischel where Pischel differs from the Maithila recension. At times Narahari gives a reading which is altogether new. For example, the first sentences in the speech of Priyaṃvadā in 1.5 p. 63 is altogether new in Narahari, which is different from the two readings given in the two Mss., both of which have been commented upon by Śankara. Similarly, the second sentence in the speech of Anusūya in 1.6 on p.67 is quite new in Narahari. The very name of the heroe of the drama is different here from what is the other Mss. The two Mss. of the text and Śankara call him Duṣmanta, but Narahari not only call him Duṣvanta but give reasons on p. 304 11, 12-16 for calling him so, rather than Dusmanta. From all evidences, it would, therefore, appear the Narahari follows a version of Maithili Recension older, perhaps, than any other, in rather a much more conservative fashion without the least regard for or the influence of other recensions.

It is not, however, possible to say with certainty who this Narahari was and when he flourished. Because the begining of this commentary is not availabe, we miss the Introductory verses, if there were any, but twice at the end of the Acts (at the end of the 5th and the 6th Acts) Narahari calls himself माण्डर ग्रामीण i.e, he belonged to the family owing its origin to the village of माण्डर which is one of the most respectable families of Maithila Brāhmanas. But in the Pañjis we find two Naraharis, both belonging to the Māṇḍara family, though to its different branches, and both illustrious scholars of very high repute. One of them, belonging to the Rajaurā branch, was styled a Mahāmahopādhyāya and was the son of Mm, Yajñapati, the famous Naiyāyika who wrote the commentary Prabhā on the Chintāmani of Gangesa, which has been quoted by Śiromani in his famous Dīdhiti. This Narahari was also a Naiyāyika and his work, Pratyakṣadūṣaṇoddhara, is noticed by Eggeling on p. 645 of his catalogue of the Mss. in the India office Library. There is nothing, however, to show that he commented upon any literary work.

The other Narahari, styled a Mahopādhyāya and called a Miśra, belonged to the Koilakha branch of the family, and was the author of a commentary on Svarodaya called Narapati-Jaya-Caryā which is noticed as Ms No. 432 on p. 522 of Vol. III (Jyotiṣa) of the catalogue of the Mithila

Mss. and of which there is an excellent Ms. In the Darbhanga Raj Library also. In the introductory verses there he give us a decription of his father and grand-father, Narasiṃha and Nāgeśa in the most Eulogistic terms. Of himself he says :—

तस्यात्मजो नरहरिस्तत एवं बुद्ध्वा
व्याख्यामिमां सकलशिष्यजनानुबंधान् ।
नैयायिकाः समकरोत विषमार्थसार्थं
नानागुणेषु कुतुकी मिथिलावनीस्थः ॥

In the last concluding verse he speaks of himself as श्रीभैरवेन्द्रपदपङ्कजसेवनोत्थकीर्तिः, which shows that he was a Pandit at the court of Bhairava Simgha of Oinabāra family, a king who ruled over Mithila during the second half on the 15th century. From all this it appears that this Narahari might have been the author of this commentary, though one cannot be sure of it, unless another Ms. of this Tippani is available where he might tell his father's name also and that Narasimha. But of the two Naraharis it is this one who seems of more probable to have been the author of this Tippani. If he is our author then this commentary must have been written towards the close of the 15th century. If is so, it gives us the oldest version of the Abhijñāna-Śakuntalam, even older than any available to Pischel.

This Narahari was very highly connected. The eldest brother of his father was Śrīdatta, styled Ávasathika Mahāmahopādhyāya, who was the famous writer on Smṛti, whose views are still held in the highest esteem in Mithilia, specially in matters of Ácāra, particularly Śraddha. Narahari's mother was the daughter of one Rasadhara of the Suragana family. This Rasadhara's elder brother was Nāgeśvara, whose son was the famous Jagaddhara, called Dharmādhikaranika Mahāmahopādhyāya, the author of commentaries on many literāry works like Mālatīmādhava, Gītagovinda, Vāsavadattā and Sarasvatīkaṇṭhābharana etc. Jagaddhara was, thus, the maternal uncle of Narahari or more properly, the first cousin of Narahari's mother.

· Such are the Mss. and the commentaries on the basis of which this edition has been prepared. I am conscious of the shortcomings of this edition; in fact, no one can be more conscious of them than myself. I would have liked to consult more Mss. of the text of the drama, specially the one which I saw at Lalaganja but which I could not utilise inspite of my best efforts. A third reliable manuscript would have been an invaluable source to decide the readings, specially as it is dated and in older than the oldest Bengali Ms. available to Pischel. The commentaries, too are not flawless, and I have already confessed that at many places the readings given are mere conjectures. But even as it is, it is expected to provide to the lovers of Sanskrit literature, specially the students of Kālidāsa, a version of the drama which was prevalent in this part of the country. Mithila has been a land noted for its scholarship and conservatism. During the period of decadence we neglected our indigenous version and completely forgot. It is but a sign of that very decadence that even now our so called Pandits keep the old treasures of their cultural heritage concealed and hidden from the world of scholars with the result that most of them are perishing daily and with them is lost for every our national heritage. We feel proud of our past, but what is that pride worth if the works on which that pride is based are lost. Even now we can hope a renaissance of our cultural eminence if we but bring to light all that our forefathers kept preserved and achieved with so much industry and interest. The publication of this work may open their eyes as to the possibility of rehabilitating our lost heritage, and if it is achieve I will deem my labour of the last twelve years amply rewarded.

For the mistakes that have remained uncorrected in the proofs I am indeed very sorry, and though they are not many, they could have been avoided.

Before closing, however, I must thank Dr. P.L. Vaidya, the Director of Mithila Institute, who has evinced such a keen interest in the work and has included this among the publications of the institute. He was been kind enough to write a foreword to this work, and I cannot express adequately how deeply I feel obliged and delighted at the words with which he has introduced this work to the world of scholars. My friends Dr. B.R Sharma and Prof. A.L. Thakur, both of the Institute, have greatly helped me at the different stages of this work and to them I have to offer my thanks. Pandit Dhiranand Misra Sharma of the Institute and Pandit Viśvambhar Jha, the Research scholar of the Patna University, have greatly helped me in reading the Mss. and correcting the proofs for which I thank them most sincerely.

But I am most deeply indebted to the Mahārājādhirāj Bahadur of Darbhanga who has permitted me to dedicate this work to him and thus associate this humble contribution to the cause of Sanskrit scholarship with his illustrious name. It was in his magnificent Library under his liberal patronage that I worked upon this work during the last twelve years and it is in the fitness of thing, that I should dedicate this work to him.

[Mithila Institute of Post-Graduate Studies & Research in Sanskrit Learning, Darbhanga 1957]

Suktimuktavali : Introduction

The work presented here was first published in 1890 as the 86th volume of the *Kavyamala,* series; a second edition was issued in 1910. But the text as published, is far from being perfect. In many place the reading is corrupt and therefore, obscure, at places the verses are mutilated and above all, there are many verses missing in the printed text, the most important of which are the concluding two verses which from the *Kaviprashasti* of the work. There is no introductory matter, and it is not possible to say anything either about the source on which that edition was based or about the author of the book. It appears that the *Kavyamala* edition was published from a single manuscript and that an imperfect one.

The absence of the two concluding verse, in which the poet has furnished us with his personal history, detracts greatly from the value of the *Kavyamala* edition and it is no woder that ignorance still prevails about the author although his work was published more than half a century ago. Aufrecht in his *Catalogus catalogarum* does not say anything about him though he has recorded a *Subhashita as* the work of *Harihara*. In his History of Classical Sanskrit Literature, *Mr. M. Krisnamachariar* has not a word to say either about this work or about the author. In a recent issue of the *Kalyana,* the well-known, Hindi monthly of Gorakhpur (volume XVIII, part VII, Page 934 for May, 1944) It has been claimed that *Harihara,* the author of *Bhartriharinirvedanataka* as well as of this *Subhashita* was a resident of the Deccan, And what is surprising, even so well informed a scholar as Mm. Dr. Umesha Mishra states in the introduction to his edition of *Vidyakarasahasrakam* (published in 1943 as the second volume of the Allahabad University Sanskrit series) that the *Subhashitavali* of *Harihara* is still unpublished.

I was led to undertake an edition of this work by the clear statement of the *Mahamahopadhyaya* and it was only when my work was far advanced that I chanced to see the printed text of this book in the *Kavyamala* series. On comparing it, however, with the manuscripts available to me, I was convinced that there was still need for a critical edition based on the best and most reliable manuscripts. It might be of value to lovers of Sanskrit language and literature; and a full and authentic account of the author and his time would dispel all doubts about his identity and age. This is my justification for bringing out a new edition of this exquisite work. I hope that by its publication, new light will be thrown on the social history of *Mithila* of the 16th century and on the ideas of the age.

This edition has been based on the following four manuscripts besides the printed text the *Kavynamala* series.

The first of them, on which it has been mainly based, called by me मा hereafter, was in the possession of *Pandita Madhava Jha of Ujan* (Darbhanga) but has since been acquired for the Darbhanga Raj Library. it is on plam-leaves, 49 in number, 14 inches long by 1¾ inches broad, with five lines on each page and about 55 letters in a line. Except for the ink which is not sparkling, the manuscript is in an excellent condition. It is complete but as many as 21 verses including the last two ones are found added in the margin by some other scribe and they are not quite legible, partly because of the fading ink and partly because of the damage to the ends of the leaves. The post-colophon remark shows that the transcription of this manuscript was completed by one *Abhirama, a Karana (Kayastha)* by caste, in the village of Mahisari on Wednesday, the 12th day of the dark half of *Ashvina* in the year 544 of the *Lakshmana Sen* Era prevalent in Mithila which corresponds to the Saka year 1575 equivalent to 1653 A.D.The text of the manuscript is not quite correct; it abounds to errors mostly visual and transcriptional; and though it has been revised at least twice and many errors have been corrected, still there are many mistakes which, is that extent, mar its value and reliability.

The second codex which, too, has been in the Darbhanga Raj Library, and will be called by me पा hereafter, is or palm-leaves, 57 in number, of which 6 leaves numbering 39 to 44, are missing and some 6 others are brokern. The leaves are 12 inches by 1¼ inches with four or five line on each page and about 70 letters in a line. Except for the missing leaves, the manuscript is complete and all the verses even those that are added in the margin in the first manuscript, are found here in the body of the text. It is written very legibly in very bright ink but is in a very dilapidated condition, rotten and thoroughly worm-eaten, with innumerable holes in each leaf, so much so that many letter are completely eaten up. Like the first, this too bounds in mistakes, though not so numerous, of the same visual and transcriptional king and this too has been revised as a result of which some of these errors stands corrected. The post-colophon remark shown this to have been copied by one *Krishnadasa, a Karana (Kayastha)* by caste, in the village of *Digaondha* on Sunday, the 3rd day of the dark half of *Chaitra* in the year 556 of the *Lakshmana Sen* Era, i.e. only twelve years after the first. It may be interesting to note here that on palm-leaves of the same size and in the handwriting of the same scribe, there is, in the Darbhanga Raj Library, a manuscript equally rotten and worm-eaten of *Bharitharinirvedanataka,* another famous work of the same author, *Harihara.*

The third copy, called by me प, is an incomplete paper manuscript belonging to the late *Pandita Padmanatha Jha of Ujan* and contains only 14 folios, 12 inches by 4 inches, with 11 or 12 lines on each page and about 66 letters in a line. It breaks off after the 30th verse of the 9th chapter. It is not, therefore, possible to say when it was copied but it appears to be about 20 years old. it is written fairly legibly though not quite correctly and from the nature of errors it is quite clear that the scribe did not understand all that he was copying. Nevertheless, the manuscript has been of great help to me in solving many puzzles that have been created by the two palm-leaf manuscripts.

The last one, called by me ग is only a fragment and contains only five folios from No. 27 to 31 beginning from the 61st verse of the 8th chapter up to the 8th of the 10th. It belongs to *Babu Ganesha Jha of Ujan* and is writen very legibly in bold and clear hand fairly correctly most probably by a *Pandita.* These five folios were found by me in bundle of old papers and in spite of my best effort no sixth could be found.

It will thus appear that the bulk of this edition, up to the 42nd, verse of the 9th chapter after which the codex रा misses six leaves, has been prepared from three manuscripts मा, रा and प or ग; 31 verses from the 61st of the 8th chapter to the 30th of the 9th from four manuscripts मा, रा, प and ग; 17 verses from the 42nd of the 19th chapter up to 8th of the 10th, and the last two chapters from two manuscripts मा and ग or रा; thus there are only 48 verses of the 10th chapter after the 8th verse that have been based on a single manuscript namely the first one.

And then, there has been the printed text of the *Kavyamala* series which, though imperfect and full of blemishes, still preserves the genuine readings in many cases where all other manuscripts have erred. This has been fully utilised by me and has been of very great help to me in arriving at the correct readings and deciding many disputed ones.

In choosing the readings for the text of this edition I have not confined myself rigidly to any one of the different readings presented by these codices but have adopted what appeared to me to be correct and most appropriate. All the different readings, nevertheless, have been given by me in foot-notes with the siglum of each codex after them so that this edition will be found to contain the readings of all the text available to me including those of the *Kavyamala* edition with line notation का after them. The reader will have thus all the different readings before him and will be free to choose the best for himself if the one adopted by me does not appeal to him.

A comparison of the text of the different codices reveals certain affinities among them. The two palm-leaf manuscripts, for example, copied almost in the same decade, within 12 years of each other, by *Karana Kayasthas,* who have been professional scribes of manuscripts in *Mithila,* are wonderfully alike not only in their readings but also in their mistakes. It would have been, therefore, reasonable to suppose that both of them were transcribed from the same archetype; but the fact that one of them has as many as 21 verses added to it later on in the margin while the other has all of them in the body of the text, seems to preclude such supposition. As they are, it appears that one of them was originally transcribed from an imperfect copy with its text still fluid, whereas the other was transcribed from a copy the text of which was finally fixed. The sameness of the mistakes (specially where the meaning of the text is not quite easy to grasp) remains nevertheless, a mystery and howsoever much we may attribute them to the carelessness and ignorance of the scribes, still the fact that both of them should fall into exactly the same mistakes cannot thus be explained away.

The codex प contains all the verses, as far as it goes, in the very body of the text without any late addition, but from the abundance of errors it is obvious that it was capied more carelessly by a still more ignorant scribe. The errors here are not, however, exactly the same as in the two palm-leaf manuscripts. It contains some variant readings also which in some cases tally with those of the *Kavyamala* edition. It appears therefore; that this is a careless copy of a copy that was itself a careless transcription from some orignal and follows perhaps a different tradition.

The last codex ग is too small a fragment to form the basis of any generalisation though it contains the most correct readings in most cases. It misses, however, one verse that is missing from the *Kavyamala* edition also, the 50th verse of the 9th chapter, which is added later on in the margin in the code मा.

The *Kavyamala* edition, as has been noticed already, misses as many as 28 verses but in only 4 out of the 12 chapters into which the book is divided. They are verses Nos. 10, 15, 24, 25, 35, and 36 of the 5 th chapter; Nos. 23, 24, 40 and 50 of the 9th chapter; Nos. 8, 21, 22, 25, 28, 32, 33, 36, 48, 51, 57, 58 and 78 of the 11th chapter; and Nos. 22, 30, 69, 76 and 77 (the last two being the *Kaviprashasti* at the end) of the 12th chapter. Except eight out of these 28 verses, namely 40 of the Nos. 23, 24 and 9th chapter and Nos. 21, 51, 57, 58, and 78 of the 11th, all the other twenty verse are added in the margine in the codex मा but is also present in *Kavyamala* edition. Thus in the printed text, there are 627 verses in all while in the codex मा or ग the number of verses is 655.

It is interesting to note here that on page 164 of the 5th Volume of his famous *Notices, R. L, Mitra* describes a manuscript of this work, Manscript No. 1851. From the last lines given there which is the second half of the concluding verse, it is clears that it contans the *Kaviprashasti* but the extent of this codex is given there to be only 629 verses. Leaving aside the *Kaviprashasti*, the number of verses in this codex also is the same as in the *Kavyamala* edition. It appears that this codex also follows the version of the *Kavyamala* to which perhaps the *Kaviprashasti* was addedlater on but the other additions were not.

In the *Kaviprashasti* at the end, *Harihab* a states that it took him long to complete the work; चिरेण चीर्ण्णा are his exact words. It is not unreasonable, therefore, to suppose that the text of this work was fluid for a long time and even when the text of the other eight chapters was finally fixed, these four chapters, namely the 5th, the 9th, the 11th and the 12th continued growing, receiving additions every now and then. I can almost visualise the author sending his autograph copy, imperfect though he might call it, into circulation among the admiring friends and pupils, and then at times making additions to it whenever a new idea struck him, jotting them down in the margin of his copy. I can, likewise, picture some among those admirers charmed by its excellence wishing eagerly to have a copy of it, imperfect though it might be, and in their eagerness employing a speedily copying scribe to transcribe it quickly. Such hurried transcription of the imperfect version might be the orignial of the *Kavyamala edition,* the examplar of the manuscription noticed by *R.L. Mitra* and the original form of the codex मा, the last one revised and completed later from a perfect copy, probably from the autograph copy itself, the second one receiving only the *Kaviprashasti* at some later date because it described the author, and the first one remaining as imperfect as it was originally taken down.

On the evidence of all these differing version, three stages of the text of this work can very well be presumed. The earliest one was the text reproduced in the *Kavyamala* edition which is evidently the shortest and wanting even in the *Kaviprashasti.* The second stage is preserved in the original version of the codes मा where we have eight more verses but as many as twently verses including the *Kaviprashasti* are still wanting. And finally we have the text of codex रा and probably of प also, as far as it is available, where the text seems to have been finally fixed. The 50th verse of the 9th chapter seems to have been the latest addition made by the author, added perhaps after the exemplar of the codex ग was transcribed, very possibly even after the *Kaviprashasti* was inserted in the text. Viewed in this light it would appear that the codex मा was transcribed from the autograph copy of the work while the author was still alive and was compled later on possibly after the passing away of the author, by adding the new verses in the margin as in the autograph copy, and that the codex रा was transcribed twelve years later from the same autograph copy after the author had passed away, taking down all the verses in their proper order as finally fixed by him. This explain the similarity between the two palm-leaf Mss. which copied within 12 years of each other are so very much alike not only in their readings but also in their mistakes. This finds support from the fact that at a later date not only this *Subhashita* but also another work of the same author, *Bhartrharinirvedantataka,* was transcribed by the same *Karana Krisnadasa.* If this be the fact, the date of the passing away of the author would be some time after the transcription of codes मा but before that of the codex रा i.e. between the years 1653 and 1665 A.D. This is excatly the age in which the author flourished which as I shall show later, can be deduced from the details of his birth and family connections.

THE AUTHOR

It appears from *Kaviprashasti* that this work was designated *Sukti-muktavali* by the author, but it is known as *Hariharasubhashita.* It is by this name that it has been called at the end of each chapter and in the final colophon, not only in the printed edition of the *Kavyamala* Series where the *Kaviprashasti* is missing but in other Mss. also which do contain the *Kaviprashasti,* The title is obviously after the author's name. There is, thus, no doubt, about the fact that *Harihara* was the author of this *Subhashita.*

But *Harihara* is a very common name and there are as many as 24 *Hariharas,* (whose works are known to exist) mentioned by *Aufrechi*. Our author, however, call himself a son of *Lakshmi* and *Raghava* in the 74th verse of the 12th chapter (71st in the *Kavgamala* edition) and then he proceeds with fuller details about himself and his family in the *Kaviprashasti* at the end. It is interesting to note here that both the verses of this *Kaviprashsti* are found but with slight variations to suit the context in the prologue of *Prbhavatiparinayanataka*, another work of the same author. They are thus very valuable from the point of view of the author's personal history. Full of similies and containing a pun, they may be translated in simple English :–

"Like the sun rising from the mountain in the East, the pious twice-bron *Raghava*, taking birth from *Hrishikesha,* shone in the great family of *Divakara*. *Lakshmi* was born to a Maithila with his soul pure with learning. From them two were born, two sons as renowned in their family as *Kusha* and *Lava.*

By the elder of the two, *Harihara*, "this garland of the pearls of good saying", *Suktimuktavali,* full of all novel excellences, was prepared after a long time, for the sake of his younger brother. *Shri Nilakantha* (who is) the ornaments of the neck of the poets."

It follows from this that *Harihara* and his younger brother *Nilakantha* were sons of *Raghava* and *Lakshmi; Raghava* was the son of *Hrishikesha,* or the respectable family of *Divakara*, and *Lakshmi* was the daughter of a renowned Maithila scholar. But *Raghava,* it is well known, was the names of the *Rama* of celebrated solar dynasty, the dynasty of *Divakar,* and he had two sons, *Kusha* and *Lava,* from a Maithila wife, *sita.* Working, therefore, upon this double signification of the term *"Raghava"*, the poet has, in this verse, drawn out the simile suggestive of comparison of his own family with the famous family of the *Suryavamsis,* his father compared with *Rama,* his mother with *Janaki* and himself and his brother with *Kusha* and *Lava*. To suggest even by implication a comparison between his father and *Rama* who is regarded by all Hindus as an incarnation of God, was, to say the least of it, a great presumption on his part unless, of course, his father was noted for his piety. Anyway, his comparison clearly bring out before us the greatness of the family to which he belonged and the respect with which his father along with himself and his brother were looked upon.

Lest the statement that his mother was the daughter of a Maithila scholar should imply that his father was a non Maithila like *Rama,* the poet uses a pun on the term दिवाकर महावंशे in the second line of the first verse.

Take away "दिवा" from this compound and construe it with the first part of the sentence and the whole sentence would mean–"As the sun rising from the mountain in the East shines *during day,* the pious twice-born *Raghava,* having taken his birth from *Hrishikesha,* shone in the family of the *Karamahas.* This family of the *Karamahas* is, indeed, one of the highest among the *Maithila Brahmanas,* and by means of this pun it is intended by the author to convey that he belonged to that family. This is the meaning read into these two verses both by *Mm. Mukund Jha Baksi* in the introduction to his edition of *Bhartrinirvearidantaka* and by *Kavishekhara Badari Natha Jha* (in his paper on *Maithila Panditas of Yore in the Mithilanka of the Mithila-Mithira of Darbhanga*). From all this it follows that our author, *Harihara,* was a *Maithila* born in one of the highest and most respectable families of the *Maithila Brahmanas.* Indeed, in face of the clear statement of the author in two of his works, *Subhashita* and the *Prabhavatiparinayanataka* in excatly the same words, it is impossible to hold otherswise.

This is, moreover, supported by the *Panjis.* The *Panjis* are the consolidated genealogies of all the important families of *Maithila Brahmanas* collected by *Maharaja Harisinhadeva,* the last of the *Karnata* kings of *Mithila,* in the Saka year 1248, with a view of ensuring that no *Maithila Brahmana* may marry within the prohibited degreses of relationship. Since then *Panjis* have grown into an institution kept and maintained up-to-date by a class of Panditas called *panjikaras,* who have to certify before a marriage is finally settled that the parties are not prohibited by relationship to marry. These panjis not only corroborate in every detail what *Harihara* tells us about his family and parentage but they furnish us also with fresh facts about the history of the family and its connections which reveal the high standing of the family, and on the basis of which it becomes easy to determine, within short limits, the age in which the author must have flourished.

When the *Panjis* were first promulgated in the *Saka* year 1248; there was one *Gangeshvara* in the family of the *Karamahas.* He was one of the thirteen who were declared by reason of their pure image, learning and exemplary character, the highest among the *Maithila Brahmanas,* known then forth as *Shrotriyas,* by which name their descendants are still called, provided they have not degenerated by marrying too low and thus lost their position. This *Ganaygeshvarsa* had seven sons and as a result perhaps of the new social order brought into being by the promulgation of the *Panjis* which classified all Maithila Brahramnas *into three grades* according to their birth, accomplishments, and character, all the seven sons of *Gangeshvara* migrated to different parts of the country and settled down in different villages, giving rise there by to different branches of the parent family, each denoted by adding the name of the village newly adopted to the name of the parent family, *Karamaha.* One of the sons of *Gangeshvara* was *Shrivatsa* and he settled down in the village of *Behat,* still a flourishing village in which the Railway Station *Jhanjharpur on the Oudh Tirhuth Railway* is situated some 25 miles east of *Darbhanga.* Though the main branch of his decendants has, in course of time, migrated some five miles westward to the village *Bittho,* they are still known as belonging to the family of *"Karamaha Behat".*

One of the sons of *Shrivatsa* is popularly called *"Bachhe"* but in one of the old *Panji Mss.* (in the possession of *Panjikara Modananda Jha of shivanagara* in the district of Purnea) his name is said to have been *"DIVAKARA"* called *Bachhe.* It is this *Divakara* in whose high family *Raghava,* his great-grandson, is described as shining by our author, *Harihara ? Divakara,* called *Bachhe,* was married to the daughter of *Lakhu Thakur* of the *Khandavala* family. This Lakhu was the younger, brother of *Shripati,* called *Dube Thakur* one of whose sons *Harapati* was married to the daughter of *Maharaja Dhira Singha, Hridayanarayana* of *Mithila* (1400–1460) and another *Chandrapati* called *Chaeliten Thakur* was the father of *Mm. Maharaja Mahesha Thakur* (1510–1580), the founder of the present Darbhanga Raj.

Bachhe had two sons, *Manu* and *Bhabe.* Of them the younger, *Bhabe,* was married to the daugher of the renowned scholar and auther, *Mahamahopadhyaya San-Mishra Shankara* (1385–1450) of the family of *Sodarpur,* resident of *Sarisab,* while the elder, *Manu,* was the father of *Hrishikesha,* popularly known as *Harakhu.* This *Hrishikesha* had three wives; by his first wife he had a son, *Raghava,* and a daughter who was married to *Harikesha* of the *Sodarpura* family resident of *Dhaoli,* who was the grandson of *Sandal,* whose sister was married to *Maharaja Shiva Singha Rupanarayana* (1352–1407) immortalised by *Vidyapati* in his songs.

Raghava bears the title of *"Sadu"* (सदु) in the *Panjis* which is an abbreviated form *"Sadupadhyaya".* Like its cognate forms *Sanmishra* or *Satthakkura* this is a compound formed by joining *"Sad"* (सद्) meaning "the good" to the ordinary family title. Thus there is, *Sadupadhyaya* for those who are *Upadhyayas, Sanmishra* for the *Mishras. Satthakkur* for the *Thakurs.* It follows, therefore, that the ordinary title of the family was *Upadhyaya* of which the modern form is *"Jha",* and that though *Raghava Jha* was not a renowned scholar to merit the coveted title of *Mahamahopadhyaya* or even a *Mahopadhyaya,* he was widely respected in his days for the character, abilities and piety, As marks of respect he was called *Raghava Jha,* the good, which is denoted in the *Panjis* by the *"Sadu"* (सदु) ।

Raghava Jha, the good, had two wives. By the first wife, who was the daughter of *Madhusudana* popularly called *Madhu Jha* of the *Sodarpur Kanhouli* family he had four sons, *Babu, Banai, Birai* and *Babi* and two daughters, *Devasena* and *Kumari. Devasena,* perhaps the eldest of all was married to *Mm. Anirudha Jha* of Mandar *Sihauli* family. There is a verse attributed to him in the *Vidyakarasahasrakam* (No. 799) which show him to have been contemporary of *Raja Mana Singh,* the famous courtier of Emperore *Akbar;* while there are two verses (Nos. 110-111) in the *Kavindra-Chandrodaya* which prove that during the reign of the Emperor *Shahjehan* he was at *Banaras,* most probably son *Harihara* and *Nilakantha,* and a daughter named *Bahula* whose only duaghter was married to *Mm. Yadunatha* of the *Kajilabar Bhakharauli* family. This *Yadunatha* was the grandson of *Mm. Suchi* (1500–1560). The teacher of *Mm. Maharaja Mahesha Thakur* and his maternal grand-father was the son of the great *Vachaspati Mishra* the famous Smirti writer of *Mithila.* The daughter's son of *Yadunatha* was *Mm. Lochana* the author of *Ragatarangini,* composed during the reign of *Maharaj Narapati Thakar* (1650-1700). A copy of *Naisadhiyacharitam* transcribed by *Mm. Lochana in saka* Year 1603 is still preserved in the Darbhanga Raj Library.

The second wife *Raghava Jha,* the good, called, *Lakshmi,* was the daughter of *Rameshvara* of the *Sodarpur Dhaoli* family and is styled as *Mahamahopadhyaya* in the *Panjis.* He is the *"Vidyavadatama Maithila"* to whom *Harihara* describes his mother to have been born. To this *Rameshvara,* most probably, there is reference in the 22nd verse of the 2nd chapter of this *Subhashita* where it is stated that inspite of all his philosophical attainments, his fame rested cheifly on his poetical compossition. Indeed, *Harihara* inherited scholarship, including the peotic gifts, from the mother's side.

Mm. Harihara had two wives. His first wife was named *Bachhana.* She was the daughter of *Bhavaninatha Jha* of the *Sodarpur Kanhuli* family–the same family in which his father, *Raghava Jha,* has first married. By this wife he had a son and at least one daugher who was married to *Baladevas Jha of Mandar Sihauli* Family. This *Baladeva* was the son of *Mahipati* by the daugher of *Mm.Sadananda,* the son of *Mm. Mudhusudan Thakur,* the author of the various *Kantakodharas*, and grandson of *vaidika Vishvambhara* by daugter of *Mm. Damodara Thakur,* the elder brother

Mm. Maharaja Mahesha Thakur. His only son *Krishnan was a Naiyayika* who had a son named *Dharmananda,* who was a poet. *Dharamananda's son Rudradata* died without a child and thus after three generations, the direct male line of *Harihara's* descendant became extinct. The second wife of *Harihara* was the daughter of *Bhatta Jha* of the *Mandara pataluka* family. The sister of *the Bhatta Jha* was married to son of *Mm. Bhagiratha,* popularly called *Megha Thakur,* the eldest brother of *Mm Mahesha Thakur,* and author of the celebrated commentary *Jalada* on the *Kusumanjali* of *Udayanacharya.* This second wife of *Harihara* had no issue.

Nilakantha, his brother, who is described by *Harihara as Kavikantha-vibhushana* or ornament for the neck of the poets, and to whom both this *subhashita* and the dreams *Prabhavatiparinaya* are dedicated (by which is meant that they were compiled for his sake), is styled a *Jyotirvid* in all the *panjis* but over and above that he is called in some *Panji Mss.* a *Mahamahpadhyaya* while in others he is termed a *Sadupadhyaya.* It is clear, therefore, that he was not a mere astrologer but an all round scholar, highly respected for his learning and scholarship, though he had specialised in astrology and possessed poetic talents also. Two of his works, both on astrology, have been noticed in the third volume of the Descriptive Catalogue of the Manuscritps in *Mithila;* they are *"Janmapaddhati"* No. 74 and *"Jatakapaddhati".* No. 89. He was married to Apuchha who was the younger sister, of *Bachhana Harihara's* first wife. He had two sons and two daughters. One of his daughers was married to the same Baladeva to whose Harihara's duaghter was married, and therefore, the marriage must have taken place after the death of his first wife, *Harihara's* daughter. His second daughter was married to Shripati Mishra of the Sodarapur Hati family whose mother was the daughter of *Shikhe Mishra* of *Hariamba Balirajpur* family by the daughter of *Mm. Maharaja Mahesha Thakur.* The two sons of *Nilakaantha* were Kulapati and *Mm. Jyotirvid Ruchi Pati, Ruchipati's son Mm. Indrapati* was the author of *Mimansa palvala,* manuscript of which No. 1959, dated the Saka Year 1967 has been described by R. L. Mitra in the 5th volume of his Notices. The son if *Indrapati,* also was *a Maha Mhopadhyaya* Krishnapati by name, who had a son and a grandson but this grandson of Krishnapati, named *Jhalahana Jha,* died without a child some fifty years ago and with him therefore the direct mate line of *Nilakantha's descendants* also became extinct after five generations.

No direct male descendants of *Raghava Jha,* the good, by his second wife have thus survived but as long as they lived, they all inhabited the village of *Bittho,* where the desendants of *Raghava Jha,* by his first wife have always resided and are still flourishing *Raghava Jha* was fifth in descent from Shrivatsa, who founded the Behal branch of the Karamaha family, where he must have been living with his sons, and though we do not know who migrate from there to *bittho* and under what circumstances, it is clear that it must have been either *Raghava Jha* himself or some one among his three ancestors. Anyway, it is clear that our author *Mm Harihara Jha* was a resident of the village of Bittho.

Such was the family history of *Mm, Harihara Upadhyaya.* Since the days of the *Panjiprabandha,* more than 600 years ago up to the present times, this family has maintained the leadership of the social hierarchy of the *Maithila Brahmanas* and few families can boast of such an unbroken record. I have omitted much in the foregoing account that can be gleaned from the *Panjis* about the position of the family and its high connections; nevertheless, I have described, I hope, sufficiently in detail the history of the family, so that for each generation there has been shown the relationship of at least one such name that can be recognised at once without any shadow of doubt. On the basis of these synchronisms, it may not be difficult, as I have already stated, to determine within short limits the age in which *Mahamahopadhyaya Harihara* must have flourished.

HIS AGE

It has been said above that in saka years 1248 when the *Panjis* were first promulgated there was *Gangeshvara* in the family of he *Karamahas* and he was then perhaps a young man, say of forty. Just at present his fourteenth descendant, Babu Mukund Jha, is in his ruit manhood. Thus, there have elapsed 14 generation in this family during these 622 years. Each generation covers therefore, a period of about 44 years. *Mm. Harihara* was seventh in descent from *Gangeshvara* and therefore, it follows, roughly that in the Saka year 1556. *Mm Harihara* was, say, about 40 years of age. The date of his birth thus, falls during the closing decade of the 16th century. This is the conclusion which we arrive at from a consideration of other factors also.

It has been said that a daughter of *Raghava Jha Kumari,* was married to *Purushottaima Jha who was* married previously to the daughter of Agnihotrika *Vish-ambhara Thakur. Raghava Jha* must have been therefore. a contemportary, though a younger one, of Vishvambhara Thakur. This Vishvambhara was eldest son of Mm Damodara Thakur who was the elder brother of *Mm. Maharaja Mahesha Thakur. Mm. Mahesh Thakur,* it is almost settled, was born in about 1510 A.D.. The birth of his elder brother, *Damodara,* can therefore, be assigned to the year 1500 and that of his son *Vishvambhara* to the year 1535 or thereabout. *Raghava Jha,* therefore, might have been born in or about 1540 A.D.

Two of the sons of *Raghava Jha's* daughter, *Kumari,* were married to the daughters of *Maharaja Shubhankara Thakur* who was born in 1571 A.D. ascended the throne of Mithila in 1584 A.D., and died in 1620 A.D. Maharaja *Purushotama Thakur,* eldest son of *Maharaja Shubhankara Thakur,* married the daughter of *Babu Jha,* the eldest son *Raghava Jha.* From these synchronisms it is obvious that *Raghava Jha* was almost a generation older than *Maharaja Shubhankara Thakur.* It is not unreasonable, therefore, to suppose him about 30 years-older than Maharaja *Shubhankara Thakur.*

But both-*Babu Jha and Kumari* were born, to the first wife of *Raghava Jha by whom he had four sons and two daughters while* Harihara *and his younger* brother and sister were the children of his second wife. It can, therefore, be safely assumed that *Raghava Jha* married a second time after the death of his first wife, Supposing he married his first wife at the age of thirty and that she lived with him at least for 20 years, in course of which six chidren were born to her, it follows that he married the second wife, say, at the age of 50 and thus the birth of the first child to his second wife could have taken place, say about the year 1595. This is, therefore, the approximate year of *Mm. Harihara's* birth.

Moreover, the second daughter of *Harihara's* younger brother *Nilakantha* was married to *Shripati Mishra* who was the daughter's son of Shikhe Mishra This Shikhe Mishra was twice married, both times to the daugher of *Mm. Maharaja Mahesha Thakur.* "His first wife,' *Helana,* was the first child of her father and after her death, *Shikha Mishra* married again the daughter of the same *Maharaja, Manika,* by name who was a child of his old age. Supposing she was born in 1560 when the Maharaja was fifty years of age, the birth of a son to her daughter can safely be assigned to the years 1610 or thereabout, specially as this daughter was her sixth child. *Nilakantha's daughter* was the second wife of this *shripati* and supposing *Nilakantha* to have been born in or about 1600, the marriage of his second daughter could well have taken place, say, in the year 1650 when *Shripati* was forty years of age. Anyway, this proves *Nilakanta* to have been two generation later than *Mm Mahesha Thakur* and thus the period of 1595–1600 assigned to the birth of *Mm. Harihara* and *Nilakantha* is not unreasonable.

From a consideration of other synchronisms also described above, the same conclusion can be deduced and I think it futile to pursue them all. Assuming, therefore, that *Harihara* wa born during the last decade of the 16th century and that he lived up to an age of say sixty-sixty five, we come to the conclusion that he died sometime during the years 1655–1660 and this is exactly the conclusion to which the evidence of the two palm-leaf *Mss. or* this *Shubhashita* leads us. It can, therefore, be taken as almost settled that *mm. Harihara* flourished *in the* first half of the 17th century.

In view of what has been discussed above, it is very much to be regretted how scholars, have erred about the age of *Harihara.* In his History of Sanskrit Drama, A.B. Keith assigns the composition of *Bhartriharinirveda* to the end of the 15th century when even *Raghava, Harihara's* father, was not born. As he does not give any evidence on the strength of which he came to this conclussion nothing can be said about it except that is inacccurate *Mm. Mukunda Jha Baksi* in introduction in his edition of the same *Nataka*, places him in about 1650 Saka year i.e. the first half of the eighteenth century and relies for this on a tradition that *Harihara* was contemporary of the great *Mm. Gokulanatha Upadhyaya* with whose cousin *Madana Upadhyaya, Harihara* had a discussion about which even a verse is quoted. Both *Kavishekhara Badarinatha Jha* in his paper published in the *Mithilanka* of the *Mithila-Mihira* of Darbhanga and *Mm. Dr. Unesha Mishra* in introduction to his edition of *Vidyakarasahaskaram* rely perhaps on the same tradition and assign him to the 18th century. In view of the fact, however, that the Mss. of this *subhashita* are available which were copied in the third quarter of the 17th century, the tradition making him a contemporary of *Gokulanatha* who was a *contemporary* of *Maharaja Raghava Singh of* Mithila and *Raja Fatehc Shah of Garhawala* must be pronounced inaccurate and may be explained as referring to some other *Harihara* of which name there have been so many scholars in *Mithila.*

About the personal history of *Mm. Harihara* not much is known that is authentic. That he was a resident of the village of *Bittho* is quite certain. In all the *Panjis* he is styled a *Mahamahopadhyaya* by which term is meant, according to the definition given in the *Panjis* themeslves, a scholar who was a master of all the schools of philosophy as distinguished from a mere *Naiyayika* who is called in the *Panjis* a *Mahopadhyaya* or a *Mimamsaka* who is termed a *Mishra.* But we do not know for certain who the *guru* of *Mm. Harihara* was. We know, however, that he was the son by the second wife of his father, who married her in his old age and most probably died while *Harihara* and his brother were still very young. It is quite reasonable therefore, to suppose that both the brothers were entrusted loving care of their maternal grand-father who was a scholar of great renown, a *Mahamahopadhyaya,* to whom *Harihara* makes feeling references. Very possibly, therefore, it was under him that both of them turned out to be great scholars, the elder one specialising in

Philosophy and the younger in Astrology, but both of them imbibing the poetical talents of their grand-father for which *Harihara* praises him in preference even to his philosophical attainments.

It may be interesting to note here that *Harihara* and his brother changed the very atomosphere of their home of *Bittho* which became, thereafter, an important seat of learning. Their sons and grand-sons were all scholars of repute and even their step-brother's sons became imbued with a love of learning. More than anything else, it was poetry that was cultivated there and the *Panjis* record a numbers of poets among the descendants of *Raghava Jha* the good, the credit for which must go to *Harihara* who should be regarded as the founder of the school.

There is, however, one thing about the scholarly attainment of our author which is worthy of note. In this *Subhashita* there are many forms which contravene panini's rules of grammer and are therefore, irregular such for example are (i) the disregard of एकशेष नायकनायिकयां: in XI-I and समासांतविधि in काननपथा in X to ; (ii) the use of आशीलिङ्ग in भूयात् in XI-76 and of शतृ with the root ईक्ष् in XII-22; and (iii) the forms कुलीनस्त्रियः for कुलीनस्त्रियो; in X-54 कृन्तन for कर्त्तन in XII-49, आस for असीत or बभूव in, XI-65 and प्रोष्यत्पतिका for प्रवत्स्यत्पतिकाin the 10th chapter, though the last form, has been so used even by *Kaviraja Mahamahopadhyaya. Bhanudutta* in his famous Rasamarjari. One is, therefore, irresistibly drawn to the conclusion that *Mm. Harihara* was not a grammarian but he was a philosopher by learning and poet by instinct.

HIS WORKS

Besides the *subhashita* there is only one work that can be said without any shadow of doubt to have been his compostion, and that is the *Prabhavatiparinayanataka* which is still unpublished and a Ms. of which (No. 2395) has been described by *R.L Mitra* on Page 159 of the 7th volume of his Notices and also by *Dr. K.P. Jayasaval* on page 88 of the 2nd Volume of the Descriptive catalogue of Mss. in Mithila, though without the verses of the prologues. This contains in the prologue (reproduced by *R. L. Mitra*) the very two verses that are the closing verses of this *Subhashita* with only this difference that in the Drama the 3rd line of the second verse begins with *"Govind-Sunu"* which indicates that the drama deal with the life of *Pradyumna,* the son of Krishna. There is still another drama, attributed to him, *Bharicharimerveda,* which, has been twice printed, first from Bombay and then with a Sanskrit commentary and Hindi translation from Banaras and is very famous. But there is no indication in this work to prove conclusively that it is by the same *Harihara* who was the son of *Raghava.* Tradition, however, avers this to have been the work of the author of the *Subhashita* and is supported by the fact that we have in the Darbhanga Raj Library Palmleaf Manuscript of this drama along with that of the *Subhashita* writer by the same scribe on leaves of the same size which go unmistakably to show that both of them were transcribed together. It can, therefore, be taken for granted that this also is from this pen.

Mm Mukand Jha Bakshi in the introduction to his edition of the *Bhartriharinirveda* states that there is also a smriti work of his called *Dvaitnirnaya Aufecht* also notes a *Harihara* on Dharmes who, he says as quoted by Vechaspati Misra in his *Dvaitnirnaya* and by *Kamalakara* in *Nirnayasindhu.* It is quite possible that that works on *Dvaitanirnaya* as stated by *Mm Mukund Jha.* But the very fact of his being quoted by Vachaspati rules it out that he was the son of *Raghava Jha* because we have already seen that the daughter's daughter of *Raghava* was married to the son of the grand-daughter of *Vachaspati,* who, therefore, must have been older than even *Raghava Jha, Harihara's* father by more than one generation. As stated repeatedly, there have been so many scholars of this name even in Mithila. There is actually one *Harihara* said to have been the *Dharmadhyaksha* (Chief Judge) at least 200 years before *Vachaspati.* There are other *Hariharas* also, many of them styled *Mahamahopadhyaya* and most of them preceded the great *Vachaspati. Harihara,* on Dharma, must have been therefore, an earlier *Harihara.* The statement of *Kavishekhara Badarinatha Jha,* likewise, that *Harihara* wrote a commentary called *Muktavali* on a work of *Devanatha Thakur* is clearly by mistake as the verses he quotes are just the closing verses of this very *subhashita,* which I have already stated, was designed by the author to have been called, *"Suktimuktavali."* As regards the different works noted under *Harihara* by *Aufrechi* or verses quoted under this name in the different *Subhashita* works, nothing can be said definitely. Some of them may have been the compostion of our author but unless there is something to prove conclusively that they are by the same *Harihara,* who was the son of *Raghava,* we must not take them to be his and must be content with what is conclusiely proved to have been his composition.

There are thus only three work—all *Kavyas*—on which the fame of our author rests and rests securely. Extolling the virtues of *Kavya* in the second chapter of this *Subhashita. Harihara* states that "a hundred different branches of learning may all be very charming but the fame resting on *Kavya stands* unimpeded." No work of Rameshvara has unfortunately survived for us to judge what kind of *Kavya* he composed or how unimpeded frame he achieved for that *Kavya* that *Harihara* cites as an example of his statement. But what he says about Remeshvara, whom by the way, I identify with his maternal grand-father, has been proved in his own case. The distinguished title of *Mahamahopadhyaya* leads us to believe that he was indeed a *"Nipita Darshana-Grama"*–"had drunk deep at the fountains of the different branches of Philosophy", but it is as poet *par excellence* that he is remembered. The fame resting on his *Kavyas* is literally unimpeded and there is no doubt whatsover that he will live down to posterity only as a great poet.

THE PRESENT WORK.

Whether we call the present work as the *Suktimuktavali,* by which name the author designates it is the closing verse, or simply as the *Subhashita* it has been more commonly known and called in the colophon at the end of each chapter, it has to be admitted that the author designed it to be what is called in *Sanskrita* Literature a *Subhashita work.* A *sukti, Sadukti or Subhashita* literally means "good saying" but in Sanskrit Literature it is used in a special sense. A *Subhashita* in Sanksirt Literature, is a single verse, I should rather say, a single stanza, descreptive or didactic but complete in itself, expressing a single idea, devotional, ethical or erotic, in a witty or epigrammatic way. It is, thus, of the *Muktaka* type of poetry. Among Sanskrit scholar, *Subhashitas* have been very popular and that for two reasons. Free from all the restraints of a formal-*Kavya* for which a sustained effort is necessary to maintain its high level, a *Subhashita* can be composed at any moment immediately an idea strikes the mind; and secondly, it can be easily remembered and can be cited equally easily with great effect on any appropriate occasion. Thus there has hardly been a Sanskrit scholar with any taste and aptitude for poetry who has not composed a few of these *Subhashitas.* But the greatest misfortune with these *Subhashitas* has been that they were not put down in black and white by the authors themselves, but have all been transmitted from mouth to mouth. Efforts have been made by scholars from very early times to gather into anthologies as many of these floating verses as they knew or could collect. There is quite a good number of these anthologies, most of them in print also. Still it must be conceded that what these anthologies preserve cannot be more than a mere fraction of what must have been composed all over India. Nevertheless, they do preserve quite a large number, which too would have otherwise perished and thus keep the names of all those authors alive, whose only known works are the verses. These constitute the *Subhashita* literature.

When we look into the many *Subhashita* anthologies as we find that there are certain broad features characterising this type of literature. A *Subhashita* work is a collection of verses by different authors. There are the *Gatha* and *Arya Saptashatis* the various shatakas *Bhamini-Vilasa* and many other collections of *Muktaka* poetry from which verses are very often quoted in the different *Subhashita* works, but none of these works itself is called a *Subhashita* simply because they are all by one and the same poet. Secondly, the verses in a *Subhashita* works are never of one and the same *Rasa* and though any of the *Rasas* may preponderate in the collection, there must be verses of the other *Rasas* also to entitle the collection to be called a *Subhashita.* We have, for instance, the *Padyavali* of *Rupa Gosvami* which contains verses, like a true *Subhashita* or different authors but it is not called a *Subhashita* because all the verses in this collection are devotional and no other *Rasa* is represented in it. Thirdly, and this follows naturally from what has been described above, a *Subhashita* work has no unity of structure underlying it, the chapters or verses have no connection among them and the parts are not related to the whole as the sequence. The only plan on which it is based is to collect verses on a single subject together under one-head, and these head are not knit together howsoever loosely, nor have verses even under the same head any link connecting them.

Viewed in this light the present work appears to be unique in its kind. Though the verses here are of all the different *Rasas* on different subjects, devotional, ethical and erotic, yet they are all by one and the same author. *Harihara* himself. They are arranged under different chapters which like a true *Subhashita* do not appear on first sight to have any link connecting them but on a closer analysis it becomes evident that there is an inherent unity underlying the whole work which is not a mere collection of *Subhashita* verses composed at random without any connection among them, but has a definite purpose behind the whole plan. In order to make the plan with the purpose behind it clear, let me give a brief analysis of the context.

The first chapter which is called *"Benedictory"* is of the *'Subhashita'* type and invokes the blessings of the different gods and goddesses of the Hindu pantheon including the ten incarnations of *Vishnu* and the eight terns of *Shiva.*

The second chapter called *"Training of the child'* opens with the praises of *Kavya* and the great *Kavis* of Sanskrit Literature. It, then, passes on to the virtues of good wife and the pleasures of having a son. But the birth of a son by itself is not the great desideratum, says *Harihara;* he must be properly trained in learning and discipline. The rest of the chapter is addressed to the father on the necessity and methods of training a child.

The third chapter is called *"The Friendly Advice"* and is addressed to the young student. It praises learing and discipline, characterises the evil men whose company the stripling youth is advised to avoid and the good men whose society he is encouraged to cultivate; and is full of such other wholesome precepts as may conduce to make his career successful and life happy.

It is, however, the fourth chapter that reveals at once the central theme of the work and is called "*Living away from home*". It opens with the statement that wealth alone makes the life of a person successful here on earth and praises; therefore, riches and deprecates poverty. But to be truly enjoyable that wealth, says *Harihara,* must be earned by one's own efforts which must be in true keeping with the dignity of the caste to which he belongs. The only dignified way in which a *Brahamana* can get riches is to recieve them in gifts, and therefore, he must make efforts to find out a liberal patron and please him. With this end in view he should leave home and move about in foreign lands. Travelling, then, is praised and its risks and pleasures are described. The rest of the chapter contains practical hints to guide him at every step from his leaving home till he is presented to a king by some one among his favorite courtier whom he must please before he makes an attempt to approach the king.

In order to please him the king must be praised and the whole of the 5th chapter, called the *"Eulogy of the king'* contain verses in different metres, most of them long ones, all in the praise of the king with which he should address the king as occasion arises.

The sixth chatper is called *"Waiting upon the king"* and is full of practical advice to guide him as long as he remains at the court, attending upon the king. It concludes with the essence of all the advice that "one should wait upon a king who is capable of giving riches and every effort must be made to please him by *Shastric* discussions, dissertation of religious truths, disquisition on moral maxims, or by sweet poems suitable to the occasions that present themselves."

The seventh chapter called *"Political"* is an elaborate dissertation on political truths likely to help him in dealing with the king and the court.

The eight chapter is called the *"Description of the Times."* It opens with the statement that the king is often pleased with a fine description of the season or of the day and one should, therefore, try to please him with such descriptions. Then follow the description of the six seasons, the sun-rise, the sun-set, the darkness of the night, the rising of the moon, and the start-lit sky, all in different meters.

The ninth chapter is devoed wholy to erotics. If opens with the statement that the rich have a natural predilection for erotics and therefore, in the court of the king such verses should be recited. Then follow erotics verses in different metres.

The tenth chapter is in continuation of the ninth and describes the various types of Nayakas and Nayakas so very important in Sanskrit erotics and also rhetorics.

The eleventh chapter, called *"Miscellaneous"*, contains all sorts of verses in different metres on subject devotional, moral or erotic on the true *Subhashita* pattern. These verses are introduced for being recited in the court of the king with a view to win the good will of the courtiers.

The twelfth chapter, which is the last, reverts to the central theme and guides the *Pandita* back to his home with whatever gift he should have received. If he is not satisfied with the king, he is advised to seek the patronage of another; if his ambition is not filfilled in one trip, he is counselled to undertake another; but staying out for long at one time is not recommended. Then follows a long discourse on the right use of riches to show how best to utilise the wealth thus earned, After a few more hints about the way in which the rest of his life should be spent, the chapter concludes with the exaltation of the contemplative life leading to self-realisation through the practice of mental equipoise (so very eloquently propounded in the *Bhagavadgita*) after which he is advised to strive. This is the highest truth, says *Harihara,* and after this the chapter has been named.

Even from the brief analysis it must be evident that though cast in the form of a *Subhashita,* this work has been planned as a complete whole with a definite purpose, namely, to serve as a practical guide to the *Brahamana Pandita.* For evey period of his life from infancy up to his old age there has been chalked out the right course of conduct which evidently was sanctioned by usage; for every stage of his life a set of instruction has been offered which have obviously for their basis the experience of the successive generation of *Panditas.* The greater portion of the book however, deals with the journeying of the *Pandita* in search of a liberal patron and the various ways of pleasing him. From the moment of *Pandiata* Leaves his home till he returns to it, there is practically no step for which *Harihara* has no guidance to offer. There can hardly be an occasion in his journeys abroad or during his sojourn at the court of a king for which Harihara has not given his advice for regulating his behaviour. So detailed, indeed, are these instructions that one feels that the main purpose of compiling this work was to provide a hand-book of practical guidance for the benefit of such adventurous and ambitious *Panditas.* We can very aptly characterize this book as the *perant Pandita's Vade mecum.*

Apart, therefore, from its poetical excellences, the work has an historical interest which is unique feature of this book. It portrays in vivid manner the social life of the *Brahmanas of Mithila* during the 16th and 17th centuries, presents an ideal picture of the life of a *Maithila Pandita* of those days, and throws a flood of light on the ideals of the age. Indeed, there is no work in Sanskrit which rejects so vividly, yet so faithfully, the contemporary life of *Maithila* Society. This can however, be seen in the clearest perspective in the light of the historical background and let us, therefore, have a peep at the conditions prevailing in *Mithila* during the centuries preceding the composition of this small though unique work.

HISTORICAL BACKGROUND

It is well known that *Mithila was the last Hindu kingdom in the whole of* Aryavarta to fall a prey to the devastating inroads, of the Mohammadon conquerors. For more than a century after the whole of northern India had passed into the hands of the Mohammadon rulers, she was secure under the Karnatka Kshatriyas who had been ruling here since the close of the eleventh century and was thus, free from the desecration and sacrilege of a Mohammadon invasion. Even after the sack of *Sakuri,* the then capital of *Mihila* by the army, of *Ghyasuddin Tughlak.* and light of *Maharj Harisimhadeva* northward towards the Nepal hills *Mithila* was but temporarily under Mohammadon rule. The leaders of *Maithila* Society headed by *Bhogishwara Thakura* the eldest son of *Siddha Kameshvar Thakura* who was the purohita of the Karantka Kshatriyas managed to approach Emperor *Ferozeshah Tughalak,* who was immensely pleased with them and, in the words of *Vidyapati Thakura* recorded in his historical poem, *Kirtilata honoured them by calling their leader, 'Bhogisha Raya his friend whom he placed on the throne of Mithila as an ally. After the downfall of the Kshtriaya* rule, *Mithila* thus passed into the hands of the native *Brahmanas.*

Already under the *Karnata Kshatriyas*, Mithila was surging with a great intellectual fervour. Secure in the peace and prosperity under the protection and patronage of the benign *Karnatas, Mithila* produced some of the greatest celebrities in the annals of Indian scholarship whose contributions to Hindu Philosophy and Hindu Jurisprudence have not only made them immortal for all times but have at the same time shed a lustre on the fair name of Mithila. Such, for instance, were *Udayana*, Gangesha, Varddhamana. *Lakshmidhara* and, *Chandeshavara* among many others. They were all the products of the *Karnata*, period of *Mithila's* history.

But early in the 14th century it became apparent to the leaders of *Maithila* society that they could not put off a Mohammadon conquest of the land for long. They saw that with the Mohammadons all around as the ruling race, it was impossible to escape from constant contact with them. In order, therefore, to keep unsullied their ancient culture, maintain untarnished the pristine purity of their race and above all to keep undiminished the brilliant glow of their intellectual luminosity they put their heads together to think out a plan how best to ward off the evil, looming large before them. They decided therefore to put their own house in order, and with that end in view, to re-organise the society thoroughly and radically on such firm foundation that no contact with the Mohammadons not even their conquest of the land, might influence their course of life, and materially affect their society and religon. This was the social organization, named after *Maharaja Harisimhadeva,* the crowning act of which was the *Panji-prabandha*, which was finally promulgated in the year 1248 of the *Sake* Era.

This new social reconstruction constitutes an important landmark in the history of *Mithila*. It was primarily a measure of social re-organisation designed to conserve the purity of the Maithla race and to uphold the distinctive characteristics of *Maithila* culture, but it set up such new standards of social values that in effect it revolutionised the entire outlook of society and shaped the future destiny of *Mithila* in such manner and to such an extent that even the 20th century is not yet free from its influences. The reason of this is quite obvious, The leaders of society who had a hand in the shaping of this measure were the same who obtained the *Raj* of *Tirhut* for one of themselves and quite naturally, therefore, the ideals with which in view this measure was effected, received, under the *Shrotriya* rules of *Mithila*, a tremendous fillip and the measure itself got so strongly stabalised that it has weathered, in course of six hundred years .and more, all the storms that have blown over *Mithila* without its root being shaken, much less uprooted.

It has already been stated that under this new measure of social reorganisation the same importance was given to the cultivation of learning as to purity of lineage and piety of behaviour for a position in society. One's birth, however, is never in one control and piety of behaviour is too personal a matter to admit of an effective test. The most practical plank, therefore on the new platform was the cultivation of learning which is evidently in one's own hand and which can very well be judged by the society at large, *Mithila,* moreover, had been since times immemorial a land dedicated to learning. The tradition of glorious scholarship was still unbroken. To this a strong impetus was given by this new measure. With society so well organised and political freedom conferred by the Emperor of Delhi which was later on supported by the *Shirky Nawabs of Jaunpur* who been on the weakering of the imperial power of Delhi, the paramount rulers of the region to the east of the Imperial city, *Mithila* under her native *Brahmana* rulers embarked upon an age of unbroken peace and plenty that led to intense intellectual activity which was the distinctive characteristic of the new regime. Never was *Mithila* barren of intellectual luminaries, and cultivation of learning was never neglected here but under the new regime it began to be cultivated with unprecedented zeal and devotion. In fact, it came to be regarded as the only honourable profession for a *Brahmana* to pursue if he had to retain his position in society, to neglect which would entail a loss of social status, but to excel in which would raise him and his family in the estimation of society. No wonder, therefore, that on an invitation issued by *Maharaja Bhairava Simha Harinarayana* during the latter part of the 15th century there was an assemblage of *Panditas* from all over *Mithila* among whom there were as many as 1,400 *Mimamsakas* only, and a little earlier, the great *Shankara Mishra* in his mature work. *Upaskara*, on the *Vaishesika Sutras*, claims more than. a thousand pupils for himself alone. Truly has the late. *Dr. K. P. Jayaswal* said that " in the 15th century *Mithila* under the *Shrotriya Brahmans* became the centre of Sanskrit learning in the East of India," and that "in the 16th century Mithila emerges as the acknowledged head both secular, and religious of all the regions to the north (east) of, the river Sarayu" (introduction to *Mithila Mss.* Volume I.pp. VIII) This was indeed the golden age of *Maithila Scholarship* !

It is quite true that learning was then cultivated as a part of the *Brahmana's* duty and not as a means to an end as now. Nevertheless, it must be admitted that the question of livelihood must have been as keen then as now. How did all those *Panditas* Maintain themselves ? What was the means of their livelihood ? It is interesting to note in this connection that there was one very important thing that has no place in the new social order and that was wealth. Not that there were no rich *Brahmanas* among the high class *Maithilas* even at that time, but wealth was considered of no consequence whatsoever in estimating the social status of a *Brahamana.* Birth accomplishments and character were the only factors which decided that issue and if a *Brahmana* had them, he was given a high position in society even if he was poor, but without them he was relegated to an inferior place and no amount of riches could help him to attain the privileged position. *Brahamnas,* it is well-known, have at no time attached great importance to riches and under the new scheme of things also the same *traditional dignity of contented poverty* was brought to the forefront once again and emphasized with new zeal. The ideal of perfection among the *Maithila Brahmanas* under the new order, the perfect *Shoratriya* in the reorganized society, has been *Mm. Bhavanatha Mishra* of *Sarisaba,* who is reputed to have never accepted even a gift, much less asked for it, as mark of respect for which he came to be known as *Ayachi* by which name he is remembered with reverence by posterity.

This was, however, the ideal of perfection beyond the reach of an ordinary individual. Riches might not have had any value in the eyes of the society; they might not have enhanced one social status; but riches have, at all times, been attractive and tempting for ordinary mortals, and placed manifold advantages in the hands of the possessors, thereof. It is, therefore, too much to expect that all these *Panditas* were fired with the same lofty idealism as *Ayachi Bhavanatha,* who spurned all riches and was content to live the simple life of a *Shrotriya* in the old *Rishi-way.* He has been unique during all these centuries, and there has not been another to equal him in this idealistic contentment. Among the rest there must have been persons with varying degrees of contentment, but it can safely be assumed that there were many *Panditas*, not only among the rank and life but even among the high class *Brahmanas,* for whom material prosperity had an attraction. On the subject of the right use of riches, *Harihara* has in this very work (XII-25) cited the example of *Vateshvara,* the maternal grand-father of the self-same *Ayachi* and of one the highest among the Maithila Brahamanas, who was renowned not only for his learning but riches also.

It is, thus, clear that possession of riches by itself was not banned by the society, much depended on the way in which the riches are acquired. The Hindu *Shastras* have laid down in great detail the professions that each *Varna* ought to follow. For a *Brahmana* there are certain professions that are prohibited out-right, while others are neither prohibited nor approved, and there are only a few which are openly recommended. Following faithfully these distinctions between one profession and another, the society adjudged the position of a *Maithila Brahmana* and only those were given the high places who followed the approved professions. This was one of the chief criteria–indeed the most practical one–in deciding the piety of behaviour which was one of the three ingredients necessary for a privileged position in society under the new social organization.

We know that there are six,—only six,—professions approved for a *Brahmana* and among them there are only three that can bring any riches, namely, teaching, officiating as a priest in a regular *Yajna,* and receiving them in gift. Teaching was the one profession and was most widely followed throughout *Mithila* but teaching for remuneration is strictly prohibited and was not practised any where in India, much less in *Mithila,* till very recently. *Yajnas* too had fallen into disuse during the period of Buddhist ascendancy and what little remained of it was appropriated mostly by *Vaidikas,* the Vedic scholars, *Paurohitya,* i.e. ordinary priesthood was remunerative, and though it was not considered as fully approved a profession as *Yajana* or officiating as a priest in a *Yajna,* it was followed very, widely; but this also was technical in the sense that they alone could follow the profession of a *Paurohitya,* who had made a special study of the ritualistic literature and specilised in it. There was left, thus, only one way of acquiring riches which was approved by the *Shastras* for a *Brahmana* and that was receiving them in gift. This too, has been, however, hedged with many conditions. One has to decide before he accepts a gift if the maker of the gift is a proper person from whom the gift ought to be accepted, and this is why a puritan like *Ayachi* had made it a rule of his life not to accept any gift whatsoever. Nevertheless, it was an approved ways of acquiring riches, and the only one which a *Brahmana* could follow conscientiously without violating the injunctions of the *Shastras* and suffering the opprobrium of society. Indeed, this *Dana* or gift became as popular in post-*Harisinghadeva Mithila* as *Yajnas* has been in pre-Buddhist India, and the numeroust reatises written upon the subject bear testimony in the fact that this was the main source of income for all the *Brahmanas* and the only means of acquiring riches for the mere conscientious and orthodox among them.

It can be readily seen that for the offering of these *Danas* to be made to them, the *Panditas* had to move about. Stay–at–home scholars could not expect to receive any gifts though the more renowned among them did sometimes receive them even at their homes. Generally, the *Panditas* were moving about, and till about a hundred years ago, it was a practice among the *Maithila Panditas* to move out once a year and return home with riches sufficient to leave them free to devote themselves to the cultivation of learning throughout the year. But this was obviously for those whose only ambition in life was to keep body and soul together. The more ambitious among them, for whom material prosperity had an attraction, moved about more extensively in search of liberal patron. The more ambitious a *Pandita,* the longer he stayed out and the farther he went. In fact, the one great concern of the life of such ambitious *Panditas* was to find out a liberal patron who would satisfy their ambition.

The *Shrotriya* rulers of *Mithila* were great patrons of scholars and so were the rich persons among the *Maithilas* themselves, who could afford to be generous. But it was impossible for them to satisfy the ambition of all these *Panditas.* The more ambitious among them were, therefore, going out even earlier, but by the end of the 15th century when the *Oinabara* dynasty of the *Brahmana* rulers of *Mithila* began to decay, (which about the years 1530 finally fell before the onslaught of the Mohammadon Nawab of Bengal, the *Panditas of Mithila* were deprived of their native patronage and all of them for whom material prosperity had any attraction, went out for adventure and undertook perilous journeys to distant lands on the look-out of a liberal patron. The reputation of the *Maithila* scholars had spread far and wide. In his comical *drama, Gauridigambara Prahasana, the great Shankara Mishra* claims for his father, *Ayachi Bhavanatha*, a band of scholar pupils, who were spread all over *Aryavarta* from one sea to the other trading, as he says, in the wares of knowledge. Brilliant and witty, of erudite learning and exemplary character, these *Panditas* were respected wherever they went, and though most of them came back home, laden with riches sufficient to last them through their lives, or grants of land which their descendants still enjoy, some of them settled down permanently in those far off regions. There are, thus, colonies of *Maithila Brahmanas* all over India, in Bengal and Assam, in the Central Provinces and Rajputana in distant Kashmir also, not to mention the United Provinces and Nepal; and if a history of all these colonies is compiled, it will be found that each one of them was founded by some, adventurous and ambitious *Pandita* who could please some prince and thus receive from him a lavish gift, perhaps the very Guruship of the royal family, content with which he gave up all idea of returning home and settled down there.

It is beyond the scope of this introduction to describe even cursorily the exploits of all these *Panditas*. To do full justice to the subject, much patient and laborious research is requires, which will form a glorious chapter when a comprehensive history of *Mithila* is written. Let me give here a few typical instances just to illustrate what has been described above. There was the renowned *Govinda Thakur*, author of the famous *Kavyapradipa*, who had as his patron one *Bhavananda Raya*, whom some scholars identify with the founder of *Krishnanagar Raj of Bengal*, though I have grave doubts about it. Whoever he might have been, the descendants of the eldest son of this *Govinda Thakur* are settled in the district of Dinajpur in

Bengal and are in a flourishing state. There was *Kaviraja Bhanudatta,* author of *Rasamanjari,* etc, who was the great-grandson of *Ayachi Bhavanatha* himself. He toured extensively in Central India attending the courts of and eulogising *Raja Sangram Shah of Garha Mandila,* the *Baghela* prince *virabhana* of *Bandogarh* the then capital of the state now known as *Rewa, King Nizam Shah of Ahmadnagar, King Krishnadeva Raya of Vijaynagar,* and lastly the famous *Sher Shah. Gangananda* called *Kavindra,* who was the son of the daughter of *Kaviraja Bhanudatta's on* went as far as *Bikaner* and composed a work, which he called *Karnabhushana* after the name of his patron king *Karna of* Bikaner. The renowned *Mm. Gokulanatha Upadhyaya,* with his brother *Mm Jayannatha*, secured patronage of king, *Fateha Shah of Garwal*. Towards the end of the 18th century there was the famous *Bhavaninatha,* popularly known as *Sachala Mishra* who went to distant Poona to the court of the then *Peshwa, Madhava Rao Narayan,* from whom he received the grant of two villages in the district of *Jubbulpore,* still in possession of his descendants, and is reputed to have won along with this grant "the high honour of having his *Palki* carried by the *Peshva* on his own shoulder, an honour which was reserved only for the very select *Pandits,* which was very rarely bestowed". But the most noteworthy of all in the instance of the founder of the present Darbhanga Raj, *Mm. Maharaja Mahesha Thakur.* His elder brother *Mm. Damodar Thakur* was the *Purohita* of king *Sangram Shah of Garha Mandla* and his descendants were settled for many generations in the city of *Mahishmati,* recorded by one of his descendants *Mm Premanidhi* in his "*Dharmadharmapabodhini Mm. Mahesha* was at first a courtier of *Rani Durgawati, the* daughter-in law of *Raja Sangram Shah.* From there he went to Delhi and secured the grant of the Raj øf Tirhut from *Emperor Akbar,* who was pleased with his vast learning and scholarship and bestowed upon him, the Raj ruled for so long by learned *Brahmanas*. No other instance is available in the history of India, where learning has so signally been rewarded where a Pandita has won by dint of his scholarship what others win by the prowess of their arms. It is indeed, to the credit of the holy land of *Mithila* where *Bhudevas* have been *Bhupal* for more than 600 years to have shown to the world that cultivation of leaning can rear fruits in peace as sweet and everlasting as any war can win with all its attending inhumanities.

Such was the state of society that has so graphically been pictured this unique work by *Harihara,* which was composed for the guidance of ambitious and adventurous *Panditas.* The search for a liberal patron must have been very keen during those days as the finding of an employment is keen now-a-days for graduate leaving a university—the one great problem before them, and though I have mentioned here only half a dozen names at randon, there have been thousands of scholars, who made their living on the charity of the rich. The maintenance of learned men was, during those days, a responsibility of the rich men in society, and nourished under their munificence, the scholars of *Mithila* devoted themselves exclusively to the cultivation of learning, which reached its zenith during the hundred years before *Harihara's* time. The brightest product of the age, the one indeed in whom the entire spirit of the age was symbolised, was the great *Mm. Mahajara Mahesha Thakur.*

In one respect, however, *Mm. Harihara* deviates from the high ideals of the *Maithila* society, and that is about the possession of riches. Himself a *Shroriya Mm. Harihara* writes his work from the point of view of persons who were born in families possessing कुल, शील, श्रुत and आचार (Chapter II, verse 29), meaning in one word *Shrotriyas.* Again and again, he stresses the importance of such a high birth. That the only means of acquiring riches for such a high born-learned *Maithila Brahmana* was by receiving them in gift has been made clear in the tenth verse of the fourth chapter. But about the possession of riches, *Harihara* presents advanced views. He states categorically that riches alone make the life of a man successful here on earth. This gives an importance to riches which seems somewhat for a society that idealized contented poverty and we can therefore, say with some plausibility that what *Harihara* state here was not the general view of the society but his personal opinion or at best, the opinion of that section of society for whom he composed the work, namely, the ambitious and adventurous *Panditas* for whom, riches indeed, constituted a major, if not the major, success in life.

But it must be conceded that the general view of the society also had undergone considerable change in this respect during the three centuries that had elapsed since it has been newly re-organised. As days passed, the fervour with which the high ideals set up before the society were cherished gradually waned Materialism was gaining ground, and under its influence the puritanic indifference with which wealth was formerly looked upon was giving place to love of riches which is innate in man. To illustrate this liberal trend in the outlook of the society, I cannot do better than cite two well-known facts.

In the middle of the 14th century when the sons of *siddha Kameshvara Thakur* accepted the Raj of Tirhut, they gradually fell from grace in the eyes of the society and though their family was one of the highest among the *Maithilas,* every high born *Maithila,* thereafter, shunned matrimonial alliances with them till at last the Oinabars, so they were called, sank down deep in the social hierarchy. Towards the close of the 16th century, however, the same Raj of Tirhut was acquired by *Mm. Maharaja Mahesha Thakur,* who was a *Shrotriya of the Khandabala* family, but this family did not suffer any diminution in social status on account of the acceptance of the Raj. On the contrary these *Khandabala* received an added lustre on account of the new acquisition and every high family felt itself honoured by having a matrimonial alliance with them till by the end of the 18th century the leadership of the entire *Maithila* society was entrusted to the then *Mithilesha,* who has since then been dispensing social status on the entire community of *Maithila Brahmanas* as the Head of the Society. *Bhanudatta* great-grand son of that ideal of perfection among all *Maithila Brahmanas,* the perfect *Shrotriya Ayachi Bhavanatha,* it has already been stated, went from one court to another, eulogising the princes, Hindus and Mohammedons alike, seeking their patronage and we know that he did not lost his status in society on that account but continued a *Shrotriya* that he was born. These two cases will suffice to indicate that riches were not looked upon with indifferences during the age in which *Harihara* flourished and for which he composed this work; they were rather, considered of great consequence even by the high born and learned *Maithilas* provided they were properly got and it is this growing materialism that had come to stay in the *Maithila* Society, which has been reflected by *Mm. Harihara* so very faithfully in this work.

* * *

Another fact of some historical importance with this *Subhashita* is the little details about the lives of certain distinguished *Maithilas* cited by *Mm. Harihara* as illustrations of some of his statement in the second and the last chapters. They must have been well-known during his time so as to serve as examples but to us, these are empty names and we cannot satisfactorily identify them. Still I have identified two of them, *Rameshvara* (II-22) with the author's maternal grand-father and *Vateshavara* (XII-24) with the maternal grand-father of *Ayachi Bhavanatha,* because these are famous names. There is, however, one name, *Mahadeva Thakur,* (XII-6) whom I identify with the eldest brother of *Mm. Maharaja Mahesha Thakur.* He was a *Mahamahopadhyaya* like his three younger brothers, and was popularly known as *Thegha Thakur.* Nothing however, was known about him and the mystery has been solved by the statement, of *Mm.Harihara* (XII-26) that he left home with the vow that he would return only with a lac of rupees but he did not return at all probably because his vow was never fulfilled. *Harihara* (XII-14) may likewise be the famous author of *Smritisara* but one cannot be sure about it as with other names. Nevertheless, petty though these details are and the names sometimes unidentified, they have an historical interest which may throw light on many a dark corner of *Mithila's* unexplored history.

POETICAL EXCELLENCES

The historical element in this *Subshashita* is not, however, of primary importance. It is altogether a new thing and an attempt has been made for the first time by me to read this into it. Quite independent of this historical interest, the work has been popular among lovers of Sanskrit poetry. Published more than half a century ago, it has passed through a second edition, and with all the imperfections of the published text it has afforded pleasure to quite a large number of learned readers. But it is as a piece of poetical composition that this work has been received so long, and has been read with, delight solely for its poetical excellences. These excellences are, however, manifest and have been recognized and appreciated by all the connoisseurs of poetical art. I need not, therefore, dwell upon them at any great length, but shall content myself with indicating briefly, without going into details, some of those characteristic features of the poetry of this *Subhashita* which appear to me to constitute its excellences.

For a proper appreciation of the poetry of this *Subhashita* it is, however, profitable to note that there are two distinct kinds of poetry in this work, which will be apparent even from the brief analysis of the contents of the work given above. We know from the last verse of this *Subhashita* that this was composed by *Mm. Harihara* for the sake of his younger brother and the whole work is, thus, addressed to him, and through him, to the wider circle of ambitious *Pandita.* Naturally, therefore, the poet assumes the role of a confidential adviser of superior or wisdom and knowledge with more varied experience of life, and as such pours forth with great confidence his counsels of perfection in the most persuasive manner to the younger generation of *Panditas* just on the threshold of life. There are thus six chapters (excluding the opening one which is purely benedictory and has not therefore, to do anything with the general plan of the work) where the poet speaks directly to his reader. Each one of these chapters has verses in a single metre short and simple, *Anustubh* in two and *Arya* in four. The poetry of these chapters is natural, direct perspicuous, and didactic. The other five chapters contain verses, in different metres mostly long and involved ones, given as specimens of the kinds of verses that the *Panditas* should recite before the king on suitable occasions with a view to winning his favour. The poetry of these chapters is highly imaginative and ornate but ostentatious and therefore, artificial. This work is, thus a delightful blend of both these types of poetry, belonging to two different planes and while the second displays the poetical craftsmanship of our poet, it is through the first that the originality of his poetical talents really shines forth.

But the one quality, which runs throughout the entire work is the mellifluous rhythm of its verses. It is sweet melodiousness that characterises the poetry of this *Subhashita.* This is effected by the frequent use of apt alliterations and clever chimes, which are so very charming to the ears. There is hardly a verse in this *Subhashita* which is devoid of the embellishment. In order to make this possible it is essential that the words used should be carefully selected so as to give not only the appropriate sense but the proper sound also, and naturally, therefore, in a work abounding so much with alliterations and chimes, the diction is apt to become uncommon laboured and even obscure. But so very dexterous is our poet and so complete is the mastery over Sanskrit vocabulary, that he manipulates all these alliterations and chimes without sacrificing the perspicuity and naturalness of his compositions. There are words and forms in this *Subhashita* also, which are not quite common and have apparently been selected for the sake of sound only but they are few and far between and our author never allows the effectiveness of the sense of the verses to suffer though he is sometimes led away by his partiality for the sound of the words. Even where no alliteration is intended our poet generally chooses words, that are soft and sweet, but at the same time, clear and not quite uncommon. This sweetness of diction, therefore, is an outstanding merit of the poetry of this *Subhashita* and as this is achieved without any loss to lucidity, propriety, force, or suggestiveness of the sense, it becomes an artistic feature that impart such an uncommon excellence to the poetry of this work.

The didactic portion of this work is, moreover, original in conception and brilliant in execution. We have already seen how this work has been planned with a purpose behind it, and such a work, which contains only advice, instructions and guidance is apt to become dull, insipid and monotonous. But so very sincere is our poet in his purpose, so very much persuasive in tone, so full of confidence about the perfection of his counsels, that his discourse is uniformly lively and interesting and his words have an irresistible appeal. His method of approach is sympathetic and helpful; his manner of presentation is direct and unpretentious; and the examples and illustrations which enliven the discourse, are so very much pointed and apposite that they are quite telling in their effects, and give to his words a force which never fails to strike and impress. Even when he deals with the most minute and common-place details, he is not boring. The wealth of details is rather, a distinctive feature of this portion of the work, and they throw sidelight on the state of society in such a manner that the picture becomes vivid and attractive. The style, above all, is suited eminently for the purpose. It is simple and natural and though it is not devoid of poetic embellishments, they are manipulated so very subtly and unostentatiously that they help to render the language elegant and refined without making it showy or pedantic. All these combine to give to his portion of the work a freshness and brilliance which is hard to meet with in a work of this kind, imparts to it a grace and charm, which is exceptionally rare work and renders this work unique of its kind.

The other king of poetry of this *Subhashita,* which I choose to call *"Courtly"* is by its very nature gaudy and ostentatious. We have already that these verses are introduced here to serve as specimens of the kinds of verse that a *Pandita* should recite in the court of a king which must display, therefore, the learning and skill of the *Pandita* so as to impress the king with his attainments and abilities. Designed, therefore, as models of perfection for the younger *Panditas* to copy and emulate, these verses make a great display of the erudite learning and poetical craftsmanship of our author and are, at the same time, wonderfully faltless and excellent according to all canons of Sanskrit poetics. But the topics of these verses are just a few, Eulogy of a king, or the description of the seasons and the time, erotic verses of different aspects, and the description of the *Nayikas* in particular, are subjects well-known in Sanskrit literature; they are almost stereotyped and the literature upon them is vast indeed. It is, therefore, too much to expect that *Harihara* would says something new or original about them. They show, on the otherhand, quite unmistakably the influence of older literature on the subject, and to name only one, the influence of *Rasaparijat of Kaviraja Bhanudatta* is seen clearly over this *Subhashita* while the whole of its tenth chapter is greatly indebted to and largely modelled upon the famous *Rasamanjari* of the same *Kaviraja.* But even when the ideas or imageries are the same as developed by older poets, the manner in which he presents them, and the language in which he puts them, are all his own, and therefore, though he has to say very little that is absolutely new, the way in which he says those things is novel, indeed. In one respect, he is, however, quite original. No other poet has played upon the names of the different signs of the Zodiac in the same way *as Harihara* has done in his description of the six seasons.

But what it lacks in originality has been much more than

recompensed by the boldness of conception, flights of imagination, richness and perfection of embellishments appositeness of style and diction and the variety of metres with the result that the production is a Brilliant work of art, sweet and charming skillfully excuted and lavishly decorated, a new work altogether though on old subjects. Just for these reasons, this portion lacks in that freshness and spontaneity which characterise the didactic portion of it, and there is a tinge of artificiality descernible throughout though the verses in smaller metres even in this portion have much of that naturalness and grace which we miss so sadly in others. In points of polish and elegance, in what is called finish, the work is, however, uniformly splendid, and with so few blemishes and so many excellences, this work is, indeed, rare even in the vast field of Sanskrit literature.

Let me recall in this connection the words of late *Dr. R. L. Mitra* thrown casually in the midst of his notice of the Manuscript of this work (Notices Vol. V.P.. 164. No. 1851). Very very rarely, indeed, does the learned Doctor express any opinion about the literary merit of the works noticed by him, but so very charmed was he by the excellences of this work that he goes out of his way in noticing this unique work and in one short sentence gives the quintessence of all critical appreciations of this *Subhashita.* The last word, indeed, on the subject. Let me, therefore, close this in the words of the late *Dr. R.L. Mitra* himself that "*the poems of this Subhashita are of high merit.*"

Such is this exquisite work, small though unique, which I place before the lovers of Sanskrit language and literature in the hope that published in its complete form from some of the oldest and most reliable Mss. the text of this edition will be found much more perfect and genuine and will, therefore, be read with better appreciation and greater delight. Long and detailed, indeed, has this introduction been, but if it is found to have fixed with any precision the identity and age of our authors, and rendered any help in the better understanding of the work by throwing fresh light, however feeble, on the condition of the society for which work was composed, and ideals of the age which have been enshrined for ever herein, I shall deem my labour amply repaid.

In the end I must offer my thanks to *Mm Dr. Umesha Mishra,* whose statement as stated at the very outset led me to undertake this work. But if this undertaking has been successful that success is due to the constant advice and helpful suggestions of *Kavishekhara Pandata Badarinatha Jha,* lately of the Dharmasamaja Sanskrit College Muzaffarpur and his worthy disciple, *Pandita Surendra Jha Suman,* the Editor of the

Mithilamihira of Darbhanga. But for their cordial assistance and encouragement, this would never have been what it is.

I must also acknowledge here the deep sense of my gratitude to *Pandita Girindramohan Mishra,* the Assistant Manager of Darbhanga Raj, who has been kind enough to go through the entire work in manuscript and charmed by its excellences, arranged for its publication. And for its publication in such an excellent form, I must thank *Pandita Upendra Acharaya,* the manager of the "*Indian Nation*" of Pana, and his assistants, *Pandita Dineshwar Jha and Pandita Kali Kant Jha.* The proofs have been looked into by my friend *Dr. Subhadra Jha Shastri* but he is too close a friend of mine to require any thanks for that.

I only regret that for want of proper diacritic marks this portion could not be made as perfect as I had liked it to be, but there was no help for that and I must apologise for the difficulty and confusion that may result for want of them.

Darbhanaga RAMANATHA JHA
Raj Library.
31-10-48.

P.S

Since going to the Press I have come across another Manuscript of this work in the possession of *Mahavaiyakarana Pandita Shri Dinabandhu Jha of Sarisaba Mahavidyalaya.* This is a paper manuscript, excellently written but incomplete both in the beginning and at the end. It opens on the 16th folio with the middle of the second verse of the 4th chapter and ends on the 68th with 34th of the last chapter. It is, however, written fairly correctly and except for the mistakes in putting the *Visargas* properly and the right use of . ण it is without doubt as useful as the fragment of the Ms. ण. It is very important to note that this manuscript contains all the verses that are found in Mss. म and ग, even the 50th verse of the 9th chapter, except only one the 30th verse of the last chapter. I have noted down the readings of this manuscript also under the sign द and it will be seen how very useful the find of this Ms. has been to decide the most suitable readings of the text. I only regret that the manuscript is incomplete so that it could not help me throughout the whole work, and it cannot be gathered who wrote this and when.

(Indian Nation Press, Patna 1949)

Tales From Vidyapati

In the city of Chandratapa there lived a king, Paravara by name. He was very much respected among the kings of his own time and lived a happy and prosperous life. He had a daughter, called Padmavati. She was beautiful in each limb and was endowed with every auspicious quality. When she was ripe for marriage the king was filled with anxiety as to how he should find a suitable husband for her. He must be equal to her in quality and must belong to a family equal to his in status. However great a man may be, he has to find out a suitable boy for his daughter, if he has one, and in finding him out he has always the misgiving if his offer would be acceptable to the boy or his guardians.

The king thought that in matters like this it is always desirable to consult others also. In carrying out any desired object a man should not act merely on his own opinion. Even a wise man sometimes makes mistakes. He went, therefore, to a holy man, Subuddhi by name. He was noted for his wisdom and saintliness. He told the holy man that he had to give his daughter in marriage, and requested him to advise him as to the person to whom he should give her.

The saint replied that he should marry her to a man. The king was surprised at the answer. He did not know; how it was possible to give her to one who was not a man. The saint, thent explained himself. He said that what he meant was that in this world there are many men who are men only in shape. He must avoid choosing such a man-shape and have care to choose a real man. The holy man went on to say that it is very easy to find a being tn the shape of a man but a real man is rare. The king, then asked how he could recognise a real man. The holy man said that the hero the intelligent and the skilled adept are each real men. Others are men shapes only mere brutes only without tails.

The saint explained further that a hero has valour, discretion and energy, and went on to cite the examples of Harischandra as the hero-generous, Shibi as the hero–compassionte, Arjun as the hero-valorous and so on, but the king said that all these were men of the former ages when conditions were different. They could not serve as example for the present age. The holy man, then, narrated the stories concerning only men of our own times, and thus explained by means of these narratives how the hero, the intelligent and the skilled adept can be recognised, who alone are men properly so called.

The Hero Truthful

In the city of Hastinapur, now called Delhi, there reigned a Moslem Sultan, Mohammad by name. He ruled over the land from sea to sea but he was a tyrant. There was a Kafir Raja who could not endure his tyrany. He collected a vast army and proceeded towards Delhi to attack him. The Sultan was fully prepared for this. He came out of the city with an equally vast army which consisted of many thousands of the best horses and many more of the valiant riders. A fierce battle ensued and it so happened that the Sultan's troops turned tail like a troop of elephants terrified before a lion.

The Sultan was greatly dismayed. Addressing his generals, he cried.

"Oh Champions of my army ! Is there no one among you, valiant enough, who can by the might of his arm bring to stand, even for a short time, my troops routed as they are by the enemy ?"

There were two Rajput champions in the Sultan's army. They were Narasingh, the Karnata and Chachika, the Chauhan. When they heard the appeal of the Sultan, they shouted out.

"Look, Oh Sultan, at your troops running away wildly in terror of the foe. Who can stop it now like water falling down and down ? To us, however, please give some time. We are going forward and with our sword-blades we shall head up piles of the heads of soldiers of your enemy. Please come there after a while and then see what we two are able to do."

The Sultan was immensely pleased at this assurance of the two noble Rajputs of his army. He praised their valour and said.

"Bravo. Princes, bravo ! Who else but you two can dare such a deed."

Narasingh turned his horse round with Chachika behind him. Urging it on with his whiplashes he thrust his way quite unexpectedly into the army of the Kafir Raja. Cutting all that stood in his way by his sword-blade he made his way deep into the enemy's ranks. There he saw the Kafir Raja whom he recognised by the white umbrella held above his head. He was haughty in his victory. Narasingh lost no time. No sooner he saw him that he shot a deadly arrow which pierced the Kafir Raja to the heart. He fell down lifeless on the ground. Chachika was just behind Narasingh. As quickly as the flash of lightning he moved forward. Just as the body of the Kafir Raja fell to the ground, Chachika smote his head off turned back instantly, and with the speed of lightning carried the head off. Coming to the Sultan, he laid the head before him.

The Sultan was beside himself with joy as he recognised the head. He asked with great curiosity as to who had done this valiant deed. Chachika said,

"Sir, it was done by one as valiant as Arjuna. Narasingh killed the Kafir Raja and I who followed him closely cut off his head as he fell lifeless on the ground."

The Sultan asked anxiously, "And where is Narasingh ?"

Chachika replied, 'I cannot say that. When last I saw him he was alone. Surrounded by a vast crowd of enemy's, soldiers, all eager to avenge their leader's death, he was being attacked from all sides."

The Sultan started at once to find out Narasingh. He saw that the tide of the battle had turned. Bereft of their leader, the enemy's troops had lost heart and were running away in great confusion. The Sultan's soldiers were pursuing them, killing them mercilessly.

The Sultan cried aloud, "Ho, my men Why are you wasting your time and energy in pursuing these runaway soldiers? Tell me, instead, where is that lion in the form of a man, Narasingh. He has killed the Kafir Raja and saved my kingdom. Find him out, all of you"

They found him where he had given the fight. He was laying on the ground, his body pierced with many arrows and pouring forth a thousand streams of blood He was senseless from his wounds. The Sultan leapt down from his horse and taking Narasingh into his arms he asked him if he was alive and would survive. Narasingh asked faintly if the Sultan was aware of what he had done. The Sultan replied,

"Known is it all to me. Chachika has told me how by you the enemy was slain."

Narasingh heaved a sigh of relief and said, "I will, then, survive. The tree of my labour has, indeed, borne its fruit. He knows it all for whose welfare I undertook and fulfilled my arduous task."

The Sultan took all care to cure Narasingh of his wounds. He was nursed very carefully and attended to by the best surgeons that were available. No pains were spared to provide him with the best remedies. He looked personally after him. In due course his wounds healed up and disappeared and Narasingh was his former self again. Then the Sultan held a Durbar to bestow upon him publicly the highest honour with large gifts. On the occasion of their presentation Narasingh addressed the Sultan,

"Oh Lord ! Giving battle is the duty that runs in the blood of every Rajput what unwanted deed have I done that this honour is being shown to me? If honour must be shown, then let it be shown to Chachika. It was he who brought to you the head of the foe, and in his love for truth, extolled me before you. When it was he who was bringing the foeman's head as proof of his death, who could have guessed that it was I that killed him? Therefore it is to him that honour should first be given,"

Chachika cried out, "Do not say so. Narasingh. How could I take the fruit of your valour and pass a life supported on the leavings of another ?

Narasingh replied, 'Well done, Hero truthful, this is very well said."

As the Sultan listened to their mutual conversation he was filled with satisfaction and he honoured both of these two valiant heroes each with an equal award.

The Miser

In the city of Mathura there lived a merchant who was very prosperous but he was an out-and-out miser. The only aim of his life was to amass wealth. To spend any thing on any body, even on his own self, was galling to him. He loved money and nothing else. He had a family, his wife and children, but he did not love them because to him they were all a source of expenses. To take a coin out of his purse was like the taking out of his heart. He sincerely believed that a man is blessed if he is solitary because then he can give his entire love to that which he owns. It is in money only that the whole house-hold has its root. The only tie that binds a family together is money. He considered, therefore, everything else as non-friend. The only friend that never fails, that helps in time of need, and that brings honour and respect to a man is riches.

Once the rains failed, the earth was parched and there was no prospect of any harvest whatsoever. There were clear signs of an approaching famine. The merchant was very anxious like all the rest. He thought that in the coming famine all his wealth would be eaten up by his wife and children, and his heart would break at its disappearance. He made up his mind that even before the famine actually appeared, he should hide all his money in such a way that he could keep it secret from every one. He sold out everything that he possessed he took out all his money and exchanged it for gold coins. These he tied up in a bundle which he always kept concealed next to his skin.

Thus even before there was famine, the miser and his family had to face starvation and before long his children, and then his wife died of hunger. He himself had only a few gasps of breath left but he thought that he must not spend for himself what he did not do to save even his wife and children. People who knew him thought him worse than a brute because even a brute cares for its own life. Here was. however, a man who had the means to live but he was starving to death so that he might have all his money unspent. They scoffed at him, even hated him. As the miser felt that he was approaching death nearer and nearer, he was seized with another anxiety. So long as he was alive he had the gold with him but when he would die, it would fall into the hands of some body else. The very idea of his wealth passing on to some one else was unbearable to him. He left, therefore, his native place and decided to go to the Ganges to put an end to his life by drowning with all his gold with him tied round his neck.

When he reached the bank of the Ganges, he went at once to a boat-man and told him, 'Brother boat-man, I find this life of mine very difficult to live. My wife and children are all dead and I wish very much to get rid of my life. I cannot put an end to it myself. Can you help me by plunging me into the Ganges and drowning me ? If you do that I will give you a gold mohur as reward."

The boat-man agreed to do so if he gave him the coin. The miser, thereupon, took out the bundle of gold coins. Taking out one, he tied up the rest again and fastened the bundle round his neck. But looking at the coin, he could not part with it. He implored the boatman that the gold of the coin was so pure that he could not let it go out of his hand. Could not he drown him just as an act of charity ?

The boat-man had seen the bundle and his heart was filled with cupidity. He agreed to do as the miser wished him to do out of compassion for him. He took him on his boat to the midstream and there he plunged him into the river, but just as he was drowning the boat-man managed to snatch the bundle of gold off his neck. The miser died in anguish, and the boatman was happy.

The Four Lazybones

In the land of Mithila there lived a scholar statesman, Vireshvara by name. He was kindhearted and generous by nature. Out of compassion for the unfortunate and destitute persons he built an alms-house and arranged there for free meals to be given to all men who desired them.

But there are, at every time, some lazybones who cannot endure to do anything even though driven by the fire of a hungry belly. Some such lazybones flocked to Vireshvara's alms-house. Just as the only refuge of wives is a husband and of children, a mother, so the only refuge in this world for a lazybones is some man compassionate like Vireshvara. The news of Vireshvara's alms-house spread far and wide. When they heard that lazybones got what they wanted at these free meals, they came there in large number. Later on, when they "saw the comfortable condition of the lazybones, there came a number of swindlers putting on a show of sham laziness and began to take free meals there.

The officials in charge of the lazybones' alms- house saw that extravagant waste was being caused by these swindlers. The Minister had arranged these free meals for the lazybones only out of compassion, and knowing them to be incapable of effort, but people who were not lazybones at all were cheating and getting meals also. So they put their heads together and came to the conclusion.

This is our fault and we must put the lazybones people to a test."

Having so decided the superintendents set fire to the alms-house when the inmates were asleep and stood by to watch the outcome. As soon as the swindling rogues who were shamming laziness saw that the building was ablaze they rushed out of the place. A little while after, some men who were only moderately lazy also ran out. But there were four men genuine lazybones, who were sleeping even then; only they began talking to each other now.

One of them, whose face was covered by his clothes, asked, 'Hello, what is all this uproar about?"

The second one spoke without moving. "I suppose the house has caught fire."

The third one, hearing this said "If some one were to cover us with wet sheets !"

The fourth man could not endure this talk that disturbed him in his sleep. He said, 'Oh you jabberers ! How much do you go on talking. Cannot you be quiet and hold your tongues ?"

The fire had by then caught the entire house and the blazing building was likely to fall on them but they were still lying unconcerned. The superintendents, afraid lest they should all be burnt alive, caught them by the hair of their heads and pulled them forcibly out.

When this news reached Vireshvara he was greatly amused and arranged for a supply of still more comforts to these four lazybones who had passed out the test so creditably.

The Wise Man

Harisinhadeva was the last Kshatriya king of Northern India and he was, indeed, blessed in his ministers. They were scholar-statesmen, as good masters of philosophy as of statecraft and their fame had spread far and wide. The king was held in great esteem throughout the Indian continent not for the prowess of his arms but for the wisdom of his ministers The chairman of the council of his ministers was one Ganesvara who was reputed wiser by far than all the rest.

There was at the same time another Kshatriya king of great fame, Ramadeva by name, at Devagiri, now called Daulatabad in the state of Hyderabad. The reputation of the excellence of Ganesvara's wit reached Ramadeva and he wondered how it was possible for there to be such reports of a wisdom like what was heard about Ganesvara and inquisitively curious that he was he made up his mind to ascertain the truth or falsehood of what had come to his cars. He entered, therefore, into friendship with Harisinha and by the way of mutual courtesies , warm friendship sprang up between the two kings.

Some time afterwards, Ramadeva wrote a letter to Barisinha asking him to send him as a gift two men, one a man of learning and the other a fool. When Harisinha read the letter he reflected that he could not possibly neglect the request of a friend and he must comply with it, but he was greatly perplexed as to how he could do it. How could he choose a man of learning and a fool whom to send to Ramadeva?

While Harisinha was in this state of uncertainly, Ganesvara, the minister, happened to come to see him and finding the king in perplexity, he asked the king the cause of it. The king gave him the letter he had received from Ramadeva to read and said,

"I should feel ashamed if I did not carry out my friend's demand and I am perplexed as to who should be the man of learning and who the fool that I am to send."

Ganesvara smiled at the words of the king and said that none need be sent. The king was astonished at this advice of his wise minister that he should be guilty of refusing a friend's request.

Ganesvara said, "Your majesty, even without sending any one, your friend's request will be complied with. It is clear that Ramadeva is a mighty monarch and nothing can be unobtainable in the kingdom of Devagiri. Are there not countless learned men in his kingdom as also countless fools. What need can be possibly have for any such to be sent to him ? I therefore infer that His majesty is merely subtle and inquisitively curious and on the pretext of asking for two men of this description he is simply putting a test upon Your majesty's ministers, to see if I can or cannot distinguish between a fool and a learned man."

The king asked, "Then how had I best arrange matters ?" The minister said, "Your majesty had best write to the effect that 'no man of learning could be found in this kingdom as in His majesty's. It would be better to search for him at Varanasi or at some other holy place. The fruit of learning is only for one's own benefit. There is nothing to make a man of learning take his abode amidst the cares and distractions of this busy world. Such a man of learning would most likely be found absorbed in meditation in some lonely cave or other. As for the fool for whom you have asked, he is of course easy to find anywhere. Why should I send you such a thing of no value? But all the same, I write here the indication by which you will be able to recognise one :

A man, who has a pair of good hands and feet and is born to live a comfortable life that comes from a lucky fate but still gets nothing but censure from the world, is a fool. Also, a man, who has been granted human birth but fails to treasure up a store of pious deeds and earn a fair name, is a fool."

Such a letter was written to king Ramadeva. When he read it, he has completely satisfied and loudly praised the king of Mithila and his minister in the open court.

The Man of Talent

Once upon a time there was a king named Prithu who had a very beautiful and devoted wife, Sulochana by name. One day the king went a-hunting attended by a complete array of troops and the queen accompanied him to enjoy the spectacle of the chase. When their chariot reached the jungle, the men of the army scattered around in pursuit of the game and the king with the queen moved along till they reached the heart of the forest. There they were surprised to find a newly-born male-child lying, as he had been put to sleep, on a piece of cloth that was uncommonly bright and gorgeous. The king said to his wife.

"Look, dear, at this marvel. How is it possible to account for the presence of a babe in the midst of forest which is so full of ferocious beasts ?"

The queen got down from the chariot and looking at the child very closely, she said, "My Lord, this baby is as sweet to look at as the moon at its full. My heart melts in pity for it. If you give me your consent, I will take it up and cherish it with a mothers love."

The king was greatly displeased at this desire of the queen. He snubbed her and said, 'Your desire is sinful. How can you take this child of unknown birth to your bosom? He may be of the vilest caste. Unless you know for certain who he really is, it is sinful to adopt him as you say,"

The queen was not satisfied with this argument of her lord. She said, "No man is blamworthy merely for himself. It is the condition of a man that should be blamed and not the man himself. Every man is born pure and simple. He is high or low according to the condition in which he finds himself and acts accordingly. Who knows what fate the creator has written on his forehead ? Nor is such baby to be found except in some respectable caste. I am deeply moved by compassion and I cannot leave him unprotected to this way."

It is the nature of kings to find disobedience unbearable and of queens to become unruly in the intoxication of their wedded happiness.

So the queen clung to her resolve of taking up the baby and the king was equally determined not to allow her to do so. They quarrelled therefore and the king was greatly enraged. He thrust the queen out of the chariot and cried aloud to his attendants.

"Look at this woman who has taken fancy for the vile and lowly. Whoever follows this miserable woman or whomsoever she may follows, I will look upon him as my enemy and will have him beheaded."

He went along in his chariot with all his attendants and troops and returned to his home while the poor queen stayed in the lonely forest full of terror.

Now only she realised what she had done but it was now too late and she was determined not to forsake the baby. She said to herself that it was verily the fate that overtakes a woman who is the wife of a cruel husband. There was, however, nothing to lament for. She must now busy herself with the fruit of what she had already done. She took the baby to her bosom with the piece of the uncommonly fine cloth on which it was lying and then changed her own queenly appearance. She took away all the jewellery that adorned her body and tied them in a bundle to maintain herself and the baby by selling them. She then sullied her clothes with ashes from a place where the forest had been burnt down, With the baby in her arms, she set out haphazardly in a certain direction. By good luck she came upon a village of Brahmanas and chanced to meet a virtuous and compassionate Brahmana lady. She made a bow to her and said.

"My lady, I am the wife of a man who is poor and has taken a second wife. I am harassed by the enimity of my co-wife. I have this little baby to take care of, I pray you, let me pass my life under your roof and in your protection."

The Brahmana lady looked at her intently and said, "You are no poor man's wife, you are the wife of a king. Your ears seem to have lost their rings and your delicate arms their bangles, your bosom appears desolate for want of the necklace and your feet for the anklets. Each of your limbs betrays by these maimed charms that you have just put off your ornaments. Why do you tell me a lie?"

Sulochana caught hold of her feet and confided to her all that had happened to her. The Brahmana lady consoled her and with great respect kept her in her house.

The baby was given the name Visakha and nurtured with all care. In course of time he grew into a handsome young man, very intelligent and active. One day the boy Visakha asked Sulochana who his father was. Sulochana said that she did not know him. Visakha was greatly surprised. He said.

"You are my mother and even you do not know who my father is! Wherefore should I then live? When a son is born, the father finds joy. Who would have found joy because I was born a son to him ? A son offers libations at his father's funeral rites. For whom shall I offer such libations ?"

And so lamenting that his life was unfruitful and purposeless, Visakha in his great sorrow wept with a loud voice.

Sulochana saw that this intelligent lad was really distressed and was determined to put an end to his existence. She therefore revealed to him all the history of her finding him. She said, "Look young man this is the whole story and because I showed compassion to you, I have come to this miserable state."

Visakha was shocked to hear his own story. He said to Sulochana, 'Mother, so I and I alone am the cause of all thy misery. Heavy indeed is the debt of gratitude I owe you. I will not therefore abandon my life, worthless though it may be. I will live to repay that debt to you. Tell me, please, in what place you found me, I must go there and discover the place of my birth to ascertain my parentage."

Sulochana took him to the place where she had found the baby lying unprotected. Visakha with Sulochana wandered thereabout till he came upon a hermit settled in a pleasant spot close by a beautiful lake. Visakha approached him with a reverent salutation. Encouraged by his affectionate response, he told him his own story and requested him to help him in finding out his parentage. The old man said.

"If you could bring that old piece of sleeping mantle on which you were found lying, then I may be able to tell you who your parents are."

Sulochana had that piece safe in her possession. She fetched that piece of cloth and showed it to the holy man The holy man went into his house and brought out another piece of cloth which fitted exactly with the one Sulochana had brought. It was clear that both the pieces were parts of the same cloth.

The holy man felt ashamed and addressing Visakha he said, 'Listen my boy ! You are my son born of a celestial nymph who came to me to break my vow of celibacy. When you were born, she tore her mantle into two pieces. She gave one piece to me to serve as a token of recognition. In the other she wrapped you up and left you lying therein in the heart of the forest. She then went away to her home. You were found there in that condition by this good lady who is your foster-mother to whom you should be greatful for your life"

Visakha was full of joy on learning that he was the son of a nymph and a holy man. The holy man gave him his blessings and Visakha with

Sulochana accompanying him set forth straightway and arrived at king Prithu's capital. He lodged Sulochana there in disguise in somebody's house and presented himself before the king as a petitioner for employment. Of handsome and manly appearance, he impressed the king and was taken into service at once. Zealous in his services he pleased every one by the acuteness of his wit and general intelligence. He was soon promoted to the office of the chamber lain. By the importance of his position, by his acts of kindness and by his generous conduct he brought the whole population of the kingdom as well as the entire army under his influence. When he was convinced that he was secure in his position by the love people bore him, he went one day to Sulochana and addressed her saying.

"Mother, tell me now how I can accomplish your heart's desire."

The queen replied, 'My son, if you can, then bind the king in chains and bring him to me." Visakha replied that it was a mere child's play and that he would do it to give satisfaction to her.

Next day he took with him three men who were strong and reliable and full devoted to him, each with chains and a swords and entered the palace when the full council was being held. He addressed the assembly as follows,

"Listen, oh you councillors, all of you assembled here. I give you this notice and inform you that every one of you, with only one exception, is in league with me. One man alone is not on my side and he alone knows who he is. I hereby give him notice that if he move hand or foot, then he will be beheaded now and here. I am now about to enchain the king."

He then commanded the men with him who carried the chains to shackle the king, and made him descend from the thorne. Each of the councillors assembled there imagined that except himself all else were in league with Visakha, when not even one of them was so and therefore no one raised his hand or uttered a word of protest, Visakha became the king.

King Prithu was, then brought in chains before Sulochana. As she saw him, she was glad and addressed him, "Does your majesty recognise me ?'

Prithu was surprised to find himself before his queen whom he had thrust out of his chariot and replied,

Yes, I do, You are my queen."

Sulochana fell on his feet and then asked him, "Do you recognise this young man, Visakha.

The king said, "No I do not know Visakha except that he has been my devoted chamberain."

The queen said, "It is he about whom I told you almost twenty years ago that a man should not be blamed for himself but a man's condition should be blamed. It is that very babe for whom I had to incur your displeasure and suffer all these long years. He has attained manhood and he has enchained Your Majesty."

The queen then unchained the king and restored him to his throne. Visakha too, fell at his feet as if he were his own son. The king embraced both the queen and her foster-child. He took them both to the palace and made Visakha his heir-apparent.

It is said that this Visakha wrote the famous Sanskrit drama Mudrarakshasa which has survived to this day.

An Expet Musician

Harisinhadeva was a famous king of Mithila. He was himself a scholar and had talents for many arts, specially music and poetry. Quite a large number of renowned poets and musicians were happy under his kind patronage.

There reigned, at the same time, in the kingdom of Gorakhpur, a king named Udaya Sinha. He, too, was a patron of arts and rewarded liberally those artists who had talents.

When the kingdom of Harisinhadeva was destroyed and he left Mithila for ever, his court- musicians were left helpless and those among them who were adventurous moved about in search of new patrons. The chief among them, who was Kalanidhi by name, was attracted by the fame of the king of Gorakhpur and went there to try his luck.

Kalanidhi was given the opportunity of showing his art at its best while the king was engaged in his daily worship. He was so very much delighted by the performance of Kalanidhi, that he applauded him publicly in the presence of all his courtiers and rewarded him with gifts of gold.

The local singers were indignant over the praises and honours bestowed upon Kalanidhi, a foreigner. Burning with jealousy they came to the king and disparaging Kalanidhi said to the king.

"Your majesty ! The foreigner is a Kalanidhi only by name. He does not know a fragment of the art of singing. Why does Your majesy honour him so highly ? Want of discrimination is manifest in a king whether he shows no favour to men of merits or whether he shows favour to mere dunces."

The king replied, "The melody of Kalanidhi's voice flooded my heart with sweetness. How can you plead that he has no merit when it is opposed to my own experience ?"

Thereupon, they said that there should, then be a contest and he should himself decide between their mastery of the art and his.

The king called Kalanidhi and told him about the challenge thrown by the artists of Gorakhpur but Kalanidhi did not agree to enter into a contest. He said that he considered himself the only singer on this earth. He could sing before none except Harisinhadeva who was no more. They thought him arrogant in his reply but Kalanidhi said that he was not arrogant. He said only what the fact was If he would enter into a competition, who would be the judge to decide the quality of their performance. He declared that there were only two, the Lord Hara and Harisinha, to be skilled judges of the art of song. As Harisinha was no more, Lord Shiva, alone, could judge the issue.

The local musicians condemned this attitude of Kalanidhi, They thought that he was putting forth a condition which was impossible. It amounted to an outright rejection of the offer of arbitration and this should be declared as his defeat.

Kalanidhi was convinced of the cogency of their argument. He said that if it was so, he was ready to sing before any one they themselves should choose as the arbiter. The local musicians said.

"A man of our country may be looked upon as biased on our side. Let, therefore, the deer be the judges. They know music and understand it. They are beasts and not men, an therefore, they will not take sides."

Kalanidhi did not agree to this. He said that deer are beasts and cannot take sides but they are notorious for the wantonness of their taste. They would be attracted by any kind of sweet melody. If beasts were to be selected, he proposed that cows should be arbiters. By mutual consent, therefore, the condition of the contest was decided upon Let the cows that are thirsty and going to drink water be the arbiters. Whoever by the charm of his music would induce such cows to stop on the way and turn back to listen to the music would be deemed the superior artist.

It was arranged accordingly and when Kalanidhi began singing, the cows that had been kept thirsty for three days and were drinking water with great eagerness stopped at once, turned back their heads and ran at once to where Kalanidhi was singing and so long as he was singing they moved not an inch, Only when the performance was over. Did they go back once again to quench their thirst. When the others sang there was no effect whatsoever on the same cows that drank water unconcernedly.

Kalanidhi was, then, honoured with great applause and even the local artits of Gorakhpur acknowledged him a master of the art of singing.

The Hero Compassionate

In the old city of Delhi, by the side of the Yamuna, there was a very ruthless Moslem king Alauddin by names. He had a very able general, Mahima Sahi by name. The king had once some cause of anger against the general. The general, knowing the blood thirsty nature of his master when enraged, made up his mind not to put any trust in the wrathful king and flee to some safe place while he was still free to do so.

But the general was encumbered with a family and it was not possible for him to go to distant land. He could not desert the member of his family and abscond by himself. Of what worth is the life if to save it one has to desert his near and dear ones. He resolved, therefore to seek refuge with some hero who was reputed compassionate and who may be easily accessible. He thought and decided to approach Hammiradeo. the Rajput king of Mewar in Rajputana near by.

The general went straight to the king and addressed him. My Lord, I am in danger of my life. My master is ready to kill me. I have come, therefore, to you to seek shelter with you. If you can protect me, kindly give me your word of trusts If you cannot, kindly tell me so and I will go else where."

The king replied, "O Moslem, I give you my word. So long as I am alive not even Yama, the Lord of Death, can do you any harm if you have sought asylum with me, let alone this cruel Sultan. Live, therefore, carefree here with me." So Mahima Sahi put his trust in the Raja's promise and took up his abode in the fort of Ranastambha with his entire family, free from all anxiety. This news reached Alauddin in course of time and he was furiously enraged to learn that he was settled there against his displeasure. He marched in person at once with, a vast army to storm the fort and in a few days' time arrived at the, citadel's gate. The earth trembled with the stampede of his army of elephants, cavalry and infantry. The four quarters echoed and re-echoed the uproar of his drums. Torrents of arrows displayed to the beholders the floods of rain that were destined to fall on the day of the world's doom Hammrrira also had made his citadel impregnable. It was girdled on all sides with a deep moat. The battlements bristled with spiked pallisades. He, with his chosen warriors; darkened the heavens with the stream of their arrows.

On the conclusion of the first encounter, the Sultan sent a herald to Hammira with the following message. "O Raja Hammira ! The Exalted Moslem Emperor of Delhi command you to deliver up Mahima Sahi who has displeased him by his indiscreet action. If you do not do so, your citadel will be reduced to dust beneath the trampling of the hoofs of his cavalry and the wretched Mahima Sahi will be dispatched. to the abode of Death."

Hammira replied, "Oh herald ! Under the law of polity you are immune from punishment, and therefore, I ignore your affronts. The answer of this message I will give your master with the blade of my sword, not with words. Tell him that not even death, let alone the Moslem Emperor dare look askance at one who has sought asylum in the house of Hammira."

Alauddin was furiously enraged at this audacity of Hammira and he rose to assault the fort. The fort was impregnable and for full three years the imperial army laid the siege without compelling Hammira to yield. At length when half his army was destroyed without Hammira coming out for an open battle, Alauddin was making up his mind to return home Just then two wicked ministers of Hammira, seeing that Alauddin's assaults were slackening, came to him and told him.

"Oh Sultan, do not think of departure even for a moment. The fort is in the grip of famine. I tell you the secret, In a day or two the fort will fall and you will capture it.".

Alauddin rewarded both the traitors and tightened the blockade all the more, expecting the enemy to surrender at last, Hammira on the other hand recognised the desperateness of the situation. He called all his generals with their troops and addressed them thus, 'Oh you my valiant heroes! All of you know that owing to my compassion for one who sought asylum with me I have brought you all 'this fort and myself to this desperate situation. My army is only moderate in size and the enemy is superior by far in number and equipments. Still I decided to go forth and attack the enemy. I know the end and to which will lead us but there is no way left. If there be anyone a strategist among you, who thinks that this action is inexpedient, then let him go out of the 'city because we are going to court certain earth."

They replied "Oh Lord ! We admire your courage and beavery. It is far your compassion for the Moslem refugee that you are accepting death in battle. From your hand we have recived the reputation of valiant heroes How can we abandon you in this sad state and go forth for the coward's title ? We will show our worth against your enemy tomorrow. and thus accomplish your heart's desire. In the meantime let this Moslem refugee go out with safety else where he may find protection. So you will protect him who ought to be protected. It was but for his sake that this conflict has arisen."

Mahima Sahi who was present there spoke 'then with great deference. ' My Lord ! Why do you undertake this great risk to your men, the members of your family your kingdom and yourself for the sake of me a lonely foreigner ? I play you, please surrender me to the Emperor and thus save yourself and yours.

'Hammira said, "Do not say; so; oh you unlucky Muslim. Who will be such a fool that would abandon the everlasting glory when it can he achieved through this short lived mortal body I will lay, down my life before I surrender one whom I have given my word for safe asylum. But to you 1' put the suggestion that if you so desire I may have you conveyed to a place outside this fort where you may be secure."

Mahima Sahi replied, "Not by any means, oh my noble Lord, will I go to save myself, leaving you in the jaw of death. Let me be the first tomorrow to wield my sword against the foe's head show my worth. But let the women folk be conveyed outside."

The womenfolk said, "How can we stay behind when our lords, to protect a refugee, have accepted the battle and are going to celebrate the high festival of their pilgrimage to heaven. A creeper does not live when parted from the tree to which it clings, nor a woman can ever live parted from her husband. The 1ife-breath of woman follows the life-breath of her lord to whom she has given herself. So we, the wives of heroes, shall cast ourselves into the pit of fire before our lords go forth to lay down their lives."

Next morning the women inside the fort prepared a vast pit of burning fire into which they threw themselves and the heroes went forth to meet the enemy outside the gate. Valiant deeds did they perform with sword-play, felling the hostile cavalry, wounding the elephants, spreading terror as they deprived the infantry of their existence and set headless corpses dancing. Thus Hammira, adorning the surface of the earth with a flood of blood-streams and pierced himself with arrows in every limb, gave up the ghost while still on his horse and falling down upon the battle-field, went his way to the sun's orb where all heroes went their when they die fighting the enemy.

A Droll

In the city of Kanchi there was an upright king named Supratipa. It so happened that one night when four burglars had dug the wall of the house of a wealthy man they were caught at the very entrance of the hole by the city guards and they were brought in chains next morning to the king for orders. The duty of a king is to promote the good and destroy the wicked and so king Supratipa commanded the executioners to take the four house-breakers outside the city, and there, put them to death by impalement.

In obedience to the royal command the executioners impaled three of the burglars while the fourth one was considering within himself that no matter how near death may be, still a man should try, to devise some means of escape. If the device succeeds, he escapes but even if it does not succeed he cannot suffer any; greater harm than death when, therefore, his turn came, he spoke very respectfully to the executioners.

'Well, executioners. You have carried out the orders of the king and finished off three of us but do not kill me till you have brought me before the king. For I am, possessed of one very rare piece of knowledge which will be lost for ever along with me. It will be best to delay my death till I have told this to His Majesty so that it may remain in the world even when I am gone."

The executioners scoffed at him saying, "You sinful scoundrel ! You have been brought to the place of execution and now you wish to live. How can His Majesty take any note of a knowledge which you possess ?"

The thief replied, That is none of your look out. Can you dare to interfere in the king's affairs ? It is one of the greatest secrets that I know and if only the king is informed he would certainly desire to learnt Moreover, if the king comes to know of it through you, it will be a credit enough for you to win the king's favour."

The executioners were persuaded by the thief's earnestness and eager to win the king's favour, they reported the fact to him. The king was curious to know what the matter was and he sent for the thief. The king asked him "What is that piece of secret knowledge, you thief, which you say you possess ?"

The thief replied, "My Lord ! I know how to grow gold by proper cultivation."

The king asked, "How do you manage that' ? The thief said, "My Lord ! I make seeds of gold each the size of a grain of mustard and sow them in the ground. In about a month's time the seeds grow into trees, bearing flowers and all those flowers will be of pure gold. Each grainweight of Seeds will give a penny-weight of gold. My Lord can see this with his own eyes."

The king could not believe him easily, and asked, "Is it true ?"

The thief replied, "Who is there who can tell an untruth to your honour ? If my words do not prove true, your lordship will still be there to inflict any punishment on me and my life will come to an end."

So, the king consented, and asked the thief to make necessary arrangements. The thief had some gold refined by gold smith and broken into little bits, each the size of the grain of mustard. He, then, selected a piece of ground inside the palace by the side of the pleasure-pool and had it cleared and ploughed very finely. When everything was ready, he approached the king and said, "Your Majesty, the seeds and ground are all ready. A person may now be provided who will do the sowing."

The king said, "Why don't you do the sowing yourself ?"

The thief replied, "Alas ! lord, I have no warrant to sow gold. Had I that warrant, how could I be poor ? A thief, my lord, cannot do that. Gold can be sown only by one who has never committed any theft. Why should not Your Majesty do the sowing himself ?"

The king hesitated a moment and then said.

"No then I cannot. Once I filched my daddy's money to give a present to minstrels."

The thief said, "Then let the ministers do it ?

But they objected, saying, "We are public servants and how can we help being peculators ? We cannot do it if it has to be done by one as you have described."

The thief, then, said, "Let the Chief Justice do it then."

The Chief Justice nodded his head, and said that he too could not do it. Once when he was a child, he had cribbed some of his mother's sweetmeat.

Then the thief bowed low, and with folded hands told the king, "When everyone is a thief why am I alone to be executed ?"

When they heard this, all the courties laughed at the wit of the thief. The kings' wrath, too had been dissipated by the comicality of that fellow, and he said with a smile.

"O thief ? Neither shall you be killed. You are an evil-wit but you are, nevertheless a smart wit. You are very clever in jesting and you shall stand in attendance on me and make me laugh at your jokes."

The thief was, thus promoted on account of his comical wit to an attendant on the king.

The Contrite Prince

In the city of Kampila, there ruled a good and virtuous king, named Hemangada. When he died, his ministers placed his eldest son, Ratnangada on the throne. This prince was, however, weak by nature. As soon as he asceneded the throne he was made arrogant by the wealth he had inherited from his father, and was intoxicated with power that he had come to possess. He was young, and in youth, wealth and power run one's head. So the head of this young king turned completely. He seized the property of well-to do people, and carried off girls of good family. He often killed innocent people in his greed and became a tyrant, oppressing his subjects in all possible ways. People came to look upon him more as a robber than a king. But they could not even meditate mischief against him. If on account of his guilt they did so, they would themselves be guilty of the sin of treacherous rebellion. If, on the other hand, they bore with his cruelty, the end was destruction. They arranged for some holy men to come there, and instruct him in the path of righteousness.

The holy men went to the king and said that righteousness was the base of royal rule. What distinction is there between a common man and a king if the king does not pursue righteousness ? He was a king because he had practised virtue in a former birth and was enjoying an unvexed rule. He should practise virtue even in this birth and abstain from sin so that in life to come he should be happy.

The king asked, "But, please tell me what this virtue may be ?"

The holy men replied, "Virtue consists partly in negative, and partly in positive practice. The negative practice consists in abstaining from such sins as seizing others good, approaching others' wives etc, the positive practice consists in such acts as mercy, liberality, protecting subjects and so on. The fruit of all these is virtue."

The king asked, What is the result of all that ?"

The holy man said. "By virtue is accomplished the three objects of wordly existence, namely, righteousneses, worldly prosperity and sexual bliss."

The king asked, "What may be the proof there of ?

The holy men said, "The words of God are the proof there of."

The king could hear this no longer. He said, "Please do not tell me what you cannot prove, There is no God because I have never experienced Him? Has any one among you ever experienced him ? If He cannot be experienced, He cannot be said to exist. Do not cozen me with untrue word. If you do so again, you shall suffer punishment."

The holy men departed in silence and told every one in private that the king was an atheist that he did not believe in God, and that it was not possible to instruct him in the way of righteousness when he was determined in this insolence to go on the evil paths.

Then the ministers and the officers of the state put their heads together and in exasperation decided that as the king was unworthy of the high office, he should be deposed and his younger brother be installed in his stead on the king's throne. The subjects were as disaffected as the king's own men were desperate, and there was, therefore, no difficulty in removing him from the throne.

As soon as the new king assumed the royal power, Ratnangada fearing death at his brother's hand, fled to the forest. He was deserted by everybody, and there was no one to go with him except one girl, Lavangika, whom he loved more than his life and who could not forsake him in his misery. There he lived in the jungle by plundering the people of the locality. They spread therefore the report that his brother was coming in pursuit of him. This created such a terror in his heart that he fled from there and went to live with the girl in a mountain cave.

There he lived in utter destitution the life of a mean hunter. With a bow and arrows he went out and lived on the flesh of any animal whose life he was successful in taking. Many days passed in this way. Their garments were in rags when winter approached. They had only one blanket to protect both of them from the biting cold. The two had to be close together but the one blanket was not wide enough to cover both of them. When he left for hunting then she remained behind all alone with nothing to cover her and she was pinched by the freezing air.

At length one day, in her extreme misery, Lavangika told him, "Out upon you, you mean wretch. You were born the son of a king and through your own blunder you have gone to ruin. You have brought me along with yourself to this wild state. Would you ruin me too ? Please kill me or leave me. I cannot abide in this state. How can you endure this misery."

Ratnangada replied, "Have patience darling. There is a time for everything' and the cure of a man's misery comes at a fated hour. Tonight you would light a fire and keep off the misery of cold. I would go with the blanket to seek another, I assure you I will bring another blanket to give it to you."

So saying he went out into the city at the dead of night, He dug a hole in the wall of a rich man's house, To make his entrance easier he put down his own blanket just at the entrance, and went inside in search of another. At he was pulling a blanket off the sleeping man's body the man woke up and the thief, perceiving this, ran back out of the house. The man cried out loudly to his neighbours to seize and kill the thief and Ratnangada in terror ran off for fear of his life, abandoning his own blanket where he had put it at the entrance of the hole he had dug in the wall of the house.

When he had run off to a safe place, he stood to take rest completely exhausted and pierced with cold. He then realised his own state. He thought within himself, "I came to get the blanket and have lost the one I had. Who was it that has brought this about ? Nothing can be brought about except by the will and by the deliberate act of some doer. If this had been by my own will, I should have got another blanket when I have lost my own. There must be some one having the nature of a doer to plan and regulate and bring about things in the strongest ways in this universe. That doer is the God Almighty. It must be the one about whom the holy men had told me. Alas ! and woe is me. Through my folly till today never have I recongnised the creator of the universe !

Having thus been penitent for his past folly, Ratnagada took the girl whom he had left waiting in the cave and conducted her to the city. There he left her and himself turned a hermit to pass his days in devotion and meditation of God.

(Granthalaya Prakashan, Darbhanga, Third Edition, 1978)

पुरुष-परीक्षा

मैथिली-गद्य-अनुवाद

देवता-लोकनि जाहि ब्रह्माकेँ प्रणाम करैत छथिन्ह सेहो ब्रह्मा जनिका प्रणाम करैत छथि, देवता-लोकनि जाहि शशाङ्कशेखर शिवक अर्चना करैत छथिन्ह सेहो शिव जनिक अर्चना करैत छथि, देवता-लोकनि ध्यान कए जाहि विष्णुकेँ साक्षात् करैत छथि, सेहो विष्णु जनिक ध्यान करैत छथि—एहि रूपक जे आदिशक्ति तनिका हम नतमस्तक भए प्रणाम करैत छी ॥1॥

वीरलोकनिमे माननीय, सुधीलोकनिमे प्रधान, विद्वान्-लोकनिमे पहिलहि उल्लेख करबाक योग्य जे महाराज देवसिंहक पुत्र श्री शिवसिंह से चिरजीवी होथु ॥2॥

नवीन-बुद्धिबला नेना-लोकनिक नीतिपरिचयक सिद्धिक हेतु, काम-कलाक कौतुकबाली नागरिलोकनिक प्रमोदक हेतु, महाराज शिवसिंहक आदेशसँ कवि विद्यापति, शङ्कासँ रहित भए, शीघ्रतामे कथाक एहि प्रस्तावक रचना करैत छथि ॥3॥

नीतिक अनुरोधसँ, भाषाक गुणसँ, तथा कथारसहुक कौतूहलसँ वैदग्ध्यसँ-विशुद्ध-चित्त पण्डितो-लोकनि की हमर प्रबन्धकेँ नहि सुनताह? ॥4॥

एहि युक्तिसँ परीक्षण द्वारा पुरुषक परिचय होइत अछि, तेँ पुरुष-परीक्षा नामक ई कथा सभक मनक प्रिय थिक ॥5॥

चन्द्रातपा नामक नगरी मे पारावार नामक एक जन राजा छलाह जनिक पदकमल समुद्रपर्यन्तक सहस्रो भूपालक माथ परक मालाक रेणुसँ रङल रहए। हुनका पद्मावती नामक एकटा कन्या, प्रत्येक अवयबसँ सुन्दरी ओ सब शुभलक्षणसँ संपन्ना छलि। एहि कन्याक शैशव अन्त होइत देखि राजा पारावार हुनक योग्य ओ अपना कुलक अनुरूप वरक अनुसंधानमे व्यग्रचित्त भए गेलाह। कारण,

जकरा कन्या छैक से केहनो सज्जन हो, निष्क्रियतासँ मुह फेरने रहैत हो, न्यायक मार्गसँ संपत्तिक अर्जन कएने हो, बराबरि केवल पथ्य (अनुकूल) वस्तुक सेवन करैत हो, व्याधिसँ रहित हो, तैओ योग्य एवं अयोग्य वरक कथा उपस्थित कए अपन अभ्यर्थना अस्वीकृत भए जएबाक भय ओकर हृदय मे चिन्ता व्याप्त करैत अछि ॥6॥

तेँ की करबाक चाही ई सुबुद्धि नामक ऋषिसँ पूछल। कारण, अपन इच्छित कर्तव्यक विषयमे कतहु एकसर निर्णय नहि करबाक चाही; कारण बुद्धिमानहुकेँ भ्रमप्रभृति दोष भए जाइत छैन्हि ॥7॥

राजा पूछल—हे मुनि! हमरा ई पद्मावती नामक कन्या अछि। ककरा एकर वर करी से अपने विचारिकेँ कहल जाए। मुनि कहल—राजा! पुरुषकेँ वर करू।

राजा पूछल–हे मुनि! की जे पुरुष नहि अछि सेहो वर भए सकैत अछि? मुनि कहल–राजा! पृथिवी पर बहुतो पुरुष अछि ओ बहुतो पुरुषाभास अछि। से पुरुषाभासकेँ छोड़ि पुरुषकेँ वर करू हम से कहैत छी। किएक तँ

पुरुषाभास बहुत भेटताह मुदा से पुरुष भेटब कठिन; जे हम जे लक्षण सब कहैत छी; ताहि सबसँ संपन्न हो ॥8॥

से ई जे–ओएह पुरुष पुरुषार्थसँ संपन्न थिक जे वीर हो, जकरा बुद्धि होइक, जकरा विद्या होइक। ताहिसँ भिन्न सब केवल पुरुषाभास थिक, बिना नाङरिक पशु थिक ॥9॥

राजा पूछल–तँ वीर-आदिकेँ कोना चीन्हब? मुनि कहल–

शूरता, विवेक ओ उत्साहसँ विभूषित वीर थिकाह। अपन माए-बापकेँ अलंकृत करबाक हेतु ई कोनहु कुलमे जन्म लैत छथि ॥10॥

कृपणतासँ रहित होएब शूरता थिक। हित ओ अहितकेँ बुझबाक बुद्धि विवेक थिक। काज करबाक प्रवृत्ति उत्साह थिकाएही तीनूसँ वीर होइत अछि ॥11॥

से चारि प्रकारक होइत अछि। दानवीर, दयावीर, युद्धवीर ओ सत्यवीर। से जेना–

हरिश्चन्द्र दानवीर, राजा शिवि दयावीर, अर्जुन युद्धवीर ओ युधिष्ठिर सत्यवीर छलाह ॥12॥

राजा पूछल–हे मुनि! ओ लोकनि, आन युगक पुरुष, एहि कलियुगमे उपमाक योग्य नहि थिकाह। कारण,

कृतयुगमे उत्पन्न व्यक्तिक चरित्र कलियुगमे शिक्षाक हेतु नहि भए सकैत अछि। समय-जन्य भेदसँ दृष्टान्त क्रियामे नहि लागत। आब कलिकालमे उत्पन्न लोककेँ ने से बुद्धि छैक, ने शरीरमे से तेज छैक, ओ ने ताहि रूपक सत्ये छैक ॥13॥

अतएव कलिकालमे उत्पन्न पुरुषहिक कथा-सबसँ हमरा वीरकेँ चिन्हाओल जाओ। मुनि कहल–

सत्ययुग, त्रेतायुग ओ द्वापरयुगक राजवंशक कथा तँ पूर्वक कविलोकनि कहनहि छथि। हम कलियुगक कहैत छी ॥14॥

1

ताहिमे पहिलेँ दानवीरक कथा उपस्थित करैत छी। कारण,

दानवीरक नामक स्मरणसँ, हुनक नाम लेलासँ, ओकरा मन दए सुनलहुसँ सब ठाम शुभे होइत अछि ॥1॥

उज्जयिनी नामक राजधानी छल। ताहि ठाम विक्रमादित्य नामक राजा छलाह। एक दिन सिंहासन पर बैसल ओ कोनहु वैतालिकसँ पढ़ल जाइत एक गोट श्लोक सुनल।

जय हो दानवीर राजा बलाहक, जनिक स्तुति, संतुष्टचित्त भए ब्राह्मण-लोकनि,

अपन कामनाकेँ पाबि पाबि प्रसन्न-हृदय भए वन्दीलोकनि, अभिलाषाक सिद्धि पाबि नोकर सभ, अधीनताक आश्रयण करैत देश देशक राजा-लोकनि, कृतार्थ भए भए विद्वान्-लोकनि, ओ सुवर्णसँ पूजित भए भए सुन्दर योधा-लोकनि, नित्य, चारू दिशि, करैत रहैत छथि ॥2॥

एहि श्लोककेँ पढ़ैत वैतालिककेँ राजा पूछल—अरे रे वैतालिक! के थिकथुन्ह तोहर राजा बलाह? कोन दर्पें हुनक उत्कर्ष तोँ हमरा सोझाँ झारैत छह? वैतालिक कहल—देव! वैतालिकक तँ हमर वृत्तिए इएह थिक जे वीर-लोकनिक यश सब दिशि पसारैत रही। किएक तँ—

वैतालिक शूरलोकनिकेँ अपना शब्दसँ युद्धक हेतु सनकबैत अछि, मदसँ मत्तक आँखि खोलि दैत अछि, कायरसँ कुत्सितताकेँ हटबैत अछि, राजालोकनिक सोझहिँ हुनक विपक्षक प्रशंसा बजैत अछि। वैतालिक मरि बरु जाएत मुदा कृपणाता नहि करत ॥3॥

तँहि तँ शूरलोकनि हमरा धनसँ संतुष्ट करैत छथि आ' हम हुनका लोकनिक यशक अंकुरित वृक्षकेँ दिशि दिशि पल्लवित करैत छिऐन्हि। देवकेँ यदि से सुनलासँ अमर्ष हो तँ ओहिसँ अधिक अथवा ओही रूपक पौरुष देखाओल जाओ, एहि हेतु कोप किएक कएल जाइत अछि? राजा पूछल—की छैन्हि से पौरुष? वैतालिक कहल—देव! ओहि बलाह नामक राजाक द्वार पर सभ राति मन्त्री-लोकनि एक गोट सोनाक घर बनाए दैत छथिन्ह ओ सभ दिन ओ राजा ओहि घरकेँ काटि काटि सोन ब्राह्मण, गुणी, ओ दरिद्र लोककेँ बाँटि दैत छथिन्ह! हुनक दानसँ संतुष्ट भए भए ओ लोकनि सब केओ हुनक कीर्त्तिगाथा गबैत रहैत छथिन्ह। राजा पूछल—वैतालिक! तोँ सत्य कहैत कह? वैतालिक कहल—असत्य के कहैत अछि? यदि अपनेकेँ प्रतीति नहि हो तँ अपन गुप्तचर द्वारा एकर निरूपण कराए लेल जाए। राजा कहल—वैतालिक! यावत् एकर निरूपण करबैत छी, तावत् तोँ एही नगरमे रहह। यदि तोँ सत्य कहैत होएबह तँ तोहरपूजा हम रत्नसँ करबहु। ई कहि राजा वैतालिककेँ बाहर पठाए देल।

राजा अन्दर जाए एकान्तमे चिन्तए लगलाह—बलाहक चरित्र तँ बड़े आश्चर्यक अछि! अथवा विधाताक प्रपञ्चमे की संभव नहि भए सकैत अछि? तेँ जाएकेँ एहि कुतूहलकेँ देखी। ई विचारि राज्यक भार सचिवलोकनि पर राखि, अग्नि ओ कोकिल नामक दू वेतालकेँ बजाए, ओकरहि दुहुक कान्ह पर चढ़ि, बलाहक राजधानी गेलाह। ओहिठाम बड़का योधाक वेष धारण कए राजा बलाहक दर्शन कए कहल-देव! युद्धमे जकर सम केओ नहि अछि ताहि साहसाङ्क विक्रमादित्यक हम द्वाररक्षक थिकहुँ। अपनेक कीर्त्ति सूनि अपनेक सेवा करबाक उद्देश्यसँ आएल छी। ई कहि ओ राजाकेँ प्रणाम कएल। राजा कहल—अरे द्वारपाल! तोँ बड़ पैघ महीपालक द्वार-रक्षक थिकह तेँ हमरहु द्वारहि पर रहह।

तहिआसँ विक्रमादित्य द्वार पर रहैत परम अद्भुत ई देखथि जे प्रतिदिन सोनक घर बनि जाइत अछि आ' ओ सोन बाँटि देल जाइत अछि। तखन ओ चिन्तना करथि—सोनक घर एकरा कतएसँ अबैत छैक आ' हमरा किएक नहि होइत अछि? पुरुषक साध्य जे व्यापार छैक ताहिमे पुरुषकेँ उदास नहि होएबाक थिक। एकर कारण बुझबाक थिक। तखन ओ एकर कारण बुझबाक इच्छुक भेलाह।

एक दिन रातिक महानिशाभागमे नगरक सभ जन ओ राजाक परिजन जखन सूति रहल छल तखन विक्रमादित्य राजा बलाहकेँ देखैत छथि जे एकसरे प्रासादसँ बहराए नगरक बाहर भेल जाइत छथि। ई देखि ओ चुपचाप हुनकासँ अलक्षित हुनक पाछाँ पाछाँ बिदा भेलाह। बलाह नदी-तीरक अत्यन्त भयानक श्मशान-देशमे पहुँचलाह। ओ स्थान नचैत वेतालक पाएरक पटकनाइसँ, डेराइलि डाकिनीक डमरुक शब्दसँ, हजारो गीदड़ गिदड़नीक भूकबसँ, तथा उन्मत्त राक्षस सबहिक खेड़िसँ परम क्रूर लगैत छल, आ नर-कपाल तथा छाउड़-मिश्रित चिताक जराठीसँ विचित्रित छल। ओतए नदीमे स्नान कएला उत्तर भैरव पुरुष सब हुनका मनुष्यक चामक डोरीमे बान्हि धधकैत आगि पर अत्यन्त तप्त तैलसँ भरल कड़ाहमे फेकि देलक। ओ बलाह अत्यन्त वेदना-सहित बड़े कष्टसँ प्राण त्यागल। मरि गेला उत्तर तेलमे सुसिद्ध हुनक माँस भगवती चामुंडा प्रत्यक्षा भए खाएल ओ मांस खाए परम संतुष्टा भए भगवती हुनक अस्थिकेँ अमृतसँ सींचि हुनका पुनः ओहने जिआए देल। जिआओल बलाह पुनि ऊठि भगवतीकेँ प्रणाम कएल ओ वर माङल। बलाह कहल—भगवति! जे पुरुष दानी-रूपेँ प्रसिद्ध अछि तकरा हेतु याचक-जनक मनोरथ पूर्ण करबाक अशक्ति मरणहुसँ पैघ थिकैक। तँहि तँ हम मरणकेँ अङ्गीकार कए अर्थिजनक मनोरथकेँ पूर्ण करबाक कामनासँ भगवतीकेँ अपना मांससँ पूजल अछि, से हे माता हमर कामना पूर्ण कएल जाओ। देवी कहल—बलाह! भिनसरे तोहरा द्वार पर पूर्ववत् सोनक घर भए जएतहु। तखन देवीक वरकेँ पाबि कृतार्थ भए राजा बलाह फीरिकेँ अपन प्रासाद घूरि अएलाह।

ई सब देखि विक्रमादित्य चिन्तना कएल—सत्ये वैतालिक कहलक। बलाह दानवीर यथार्थे अछि जेँ दानक निमित्त नित्य प्राण उत्सर्ग कए धनक अर्जन करैत अछि। दयामयी भैओकेँ भगवती किएक नहि एकहि बेरि प्राण परित्याग करबाक साहससँ संतुष्टा भए एकरा कृतार्थ कए दैत छथिन्ह। आब होउक तँ दोसर राति, तखन ने जे उचित थिकैक से करब। ई विचारैत राजद्वार पर आबि अपन द्वारपालक अधिकार केँ विभूषित कएल।

दोसर राति सचिव ओ सामन्तलोकनिसँ घेरल बलाह यावत् एकान्तक अपेक्षा करितहिँ रहथि तावतहिँ प्रदोषहिक समयमे नगरक लोक सुतलो नहि छल तखनहि बिना ककरहु संग लेने विक्रमादित्य ओहि देश जाए ओतए नदीमे स्नान कए ओही जरैत तेलक कड़ाहमे कूदि पड़लाह। काँच माँसक संयोगसँ तप्त तेल कड़कड़एलैक।

से सूनि भगवती ओतए अइलीह, हुनक मांस खएलैन्हि, ओ हुनक अस्थिकेँ अमृतसँ सिंचलैन्हि। तखन जीविकेँ पुनि उठल विक्रमादित्यकेँ बलाहक भ्रमसँ यावत् भगवती वर दए अनुगृहीत करए चाहथि तावत् ओ पुनः कड़ाहमे धमसँ खसि पड़लाह। पुनि हुनक मांस भगवती खाएल। एहि रूपैँ पुनि पुनि जीविकेँ उठैत पुनि धमसँ कड़ाहमे खसैत हुनक सात्त्विक स्वभावसँ भगवती लक्षित कएल जे ई विक्रमादित्य थिकाह ओ हुनका कहल–अरे विक्रमादित्य! तोहरा पर तँ हम प्रसन्ने छिअहु तखन आठहु सिद्धिक लाभ कैओ केँ एतेक साहस कोन निमित्तेँ करैत छह? हम तँ ने ओकर मांससँ तृप्त होइत छी, ते तोहर मांससँ। हम तँ पुरुषक साहस परीक्षा करबाक निमित्त कृत्रिम भूख ओ कृत्रिम तृप्ति देखबैत छी। एखन हम तोहर साहससँ संतुष्ट छिअहु तेँ वर माङह।

ताहि पर विक्रमादित्य प्रणाम करए वर माङल। विक्रमादित्य कहल-देवि अहाँ जगन्माता भक्त-विषय वत्सला छी। बलाहक प्रति कृपाक भाव राखि हम अहाँक आराधना कएल अछि। तैँ मरणक साहस बिनु कएनहि प्रतिदिन बलाहक द्वारि पर सोनक घर भए जाउन्ह। भगवती कहल-बेस, सएह होएत। ई वर पाबि विक्रमादित्य अपना राज्य फीरि गेलाह। यथार्थ कहने रहैन्हि जे वैतालिक तकरा बजाए रत्न, घोड़ा, वस्त्र, ओ हाथी सभसँ ओकर पूजा कएल।

एमहर बलाह नगरक लोककेँ सुतला उत्तर निर्जन निशाभागमे जखन श्मशान देश पहुँचैत छथि तँ ओतए किछु नहि देखलैन्हि, केवल आकाशवाणी सुनल–रे बलाह! विक्रमादित्य तोहर खेदकेँ दूर कए देलथुन्ह। एहि कथाकेँ विचारिओकेँ ओकर अर्थक निर्धारण नहि कए सकलाह ओ प्रात याचकगणकेँ की देबैक एहि चिन्तासँ व्याकुल घूरिकेँ घर आबि पलंग पर पड़िओ रहलाह तैओ नीन्द नहि भेलैन्हि। बिनु करओट फेरनहि जागल बलाहकेँ प्रात द्वारपाल आबि जगाओल। तखन ओ आनहि दिन जकाँ द्वारि पर सोनक घर देखि कृतार्थ भए गेलाह। आब ओ प्रकरणक बलसँ आकाशवाणीक आशय बुझल जे विक्रमादित्यक प्रसादसँ हमरा पुनः मरणक आयासक अपेक्षाक बिनहि ई सिद्धि प्राप्त भेल अछि। बुझलो एहि अर्थकेँ हुनक सभामे वैतालिक आबि पुनरुक्त कएलक। तँहि तँ–

विक्रमकेसरी महाराज पुरुषक गणनामे सबसँ पहिनहि गणनीय छथि जनिक दया दानवीरहुक विषयमे कल्पलता जकाँ भेलैन्हि ॥4॥

इति दानवीरकथा ॥1॥

2

दयावीरक कथा

से जेना–

दयालु पुरुष, जे सब जन्तुक उपकार करथि से, श्रेष्ठ थिकाह! हुनक कीर्त्तिक वर्णनमात्रहुसँ कल्याण होइत छैक ॥1॥

यमुना नदीक तीर-पर योगिनीपुर नामक नगर अछि। ओतए अल्लावदीन नामक यवनराज छलाह। एक दिन ओ कोनहु कारणसँ महिमासाहि नामक सेनापति पर खिसिअएलाह। ओ यवन-सेनापति अपन प्रभुकेँ विशेष कुपित ओ प्राणक ग्राहक बूझि चिन्तए लागल-अमर्षसँ युक्त राजा विश्वासक पात्र नहि थिकाह। कारण–

राजा, दुष्ट, ओ साप कतहु विश्वासक योग्य नहि होइत अछि। कनेको तर्क नहि कए सकब मुदा संभ्रम (आदर) देखबितहुँ ओ सब नाश कए देत ॥2॥

तेँ एखन यावत् चीन्हल नहि गेल छी तावतहि एतएसँ कतहु जाए अपने प्राणक रक्षा करी, ई विचारि ओ सपरिवार ओतएसँ पड़ाए गेल। पड़ैतहुँ मुदा ओ चिन्तित छल जे परिवार संग लए दूर जाएब संभव नहि अछि आ' परिवारकेँ त्यागि पड़एवो उचित नहि।

अपन जीवनक हेतु जे परिवारकेँ त्यागि अत्यन्त दूर चल जाए, परलोक गेल (मुइल) लोकक सदृश तकर जीवनसँ कोन फल? ॥3॥

तेँ एतहि दयावीर हम्बीरदेवक आश्रयमे जाए रही, ई विचारि ओ यवन हम्बीरदेवक ओहिठाम जाए कहल–देव! बिनु अपराधहिँ प्राण लेबा पर उद्यत अपन मालिकक भयसँ हम अपनेक शरण आएल छी। यदि हमर रक्षा कए सकी तँ विश्वास देल जाओ। नहि तँ हम आन ठाम चल जाइ। राजा कहल–हे यवन! हमर शरणमे जखन तोँ अएलह तखन हमरा जिबैत यमो तोहरा पराभूत नहि कए सकैत छथुन्ह, यवन-राजक कथे कोन? तेँ अभय भए रहह। तखन ओ बेचारा यवनराजक सचिव निःशङ्क भए ओहि रणस्तम्भ नामक किलामे रहए लागल।

क्रमशः यवनराजकेँ ज्ञात भेल जे महिमासाहि ओतए अछि। अत्यन्त क्रुद्ध भए ओ हाथी, घोड़ा ओ पदातिक पदाघातसँ पृथिवीकेँ कँपबैत, डंकाक चोटसँ दिशासबकेँ शब्दायमान करैत, कतोक दिनेँ रास्ताकेँ लाँघि किलाक द्वार पर पहुँचि शरक वृष्टिसँ प्रलयकालिक मेघक वृष्टि देखाओल। हम्बीरदेवो अपन दुर्गक श्रीकेँ परिखाक गम्भीर मेखलासँ चारू दिशि घेरि, भालासँ प्राकारक शिखरकेँ दन्तुरित कए, पताकासँ द्वारक शोभाकेँ जगमगाए, प्रत्यञ्चाक आघातसँ कर्णकटु वाणक जालसँ गगनमण्डलकेँ अन्हार कए देल।

पहिल युद्ध भए गेला उत्तर यवनराज अपन दूत हम्बीरदेवक ओतए पठाओल।

दूत कहल–राजा हम्बीर! यवनाधिराज अपनेकेँ आदेश दैत छथि जे हमर अपथ्यकारी (द्रोही) महिमासाहिकेँ परित्यागि हमरा दए देल जाओ। यदि ओकरा नहि देब तँ काल्हि प्रात अपनेक दुर्ग घोड़ाक खुरक आघातसँ चूर्ण चूर्ण कए महिमासाहिक संगहि अपनहुकेँ यमपुरी पठाए देब। हम्बीरदेव कहल–रे दूत! तोँ अवध्य छेँ! तोरा हम की करिऔक? एकर उत्तर तोरा मालिककेँ तरुआरिक धारसँ देबौक, वचनसँ नहि। हमरा शरणमे जे आएल तकरा तँ यमराजो विपक्षदृष्टिसँ नहि देखि सकैत छथिन्ह, तोहर यवनराजक तँ कथे कोन?

एना गर्जित भए दूत जखन फीरि आएल तखन तँ यवनराज क्रोधसँ लड़बाक हेतु सन्नद्ध भए गेलाह। एहि तरहेँ तीनि वर्ष धरि दूहू दलमे युद्ध होइत रहल ओ प्रतिदिन दुहू दलक योधागण परस्पर संमुख भए घूरि आबए, प्रहार कएनिहार अपनहि हारि जाए, तथा मारए चाहनिहार अपनहि मारल जाए। पाछाँ यवनक सैन्यमे योधाक संख्या आधा बाँचल ओ किला दखल नहि भए सकल। तखन यवनराज घूरिकेँ अपना नगर फीरि जएबाक इच्छा कएल। हुनक उद्योगकेँ भग्न होइत देखि रायमल्ल ओ रामपाल नामक हम्बीरदेवक दू गोट सचिव, जे दुष्ट छल, आबिकेँ यवनराजक सङ्ग मीलि गेल। ओ दुहू कहल–यवनराज! अपने कतहु जनु गेल जाओ। दुर्गमे दुर्भिक्ष भए गेल अछि। हम दुहू गोटए दुर्गक मर्म जनैत छी। काल्हि वा परसू हम किला दखल करबाए देब। तखन ओहि दुहू सचिब केँ आगू कए यवनराज दुर्गक सब द्वारकेँ घेरि राखल।

एहि संकटकेँ देखि हम्बीरदेव अपन सैन्यकेँ कहल–रे रे जाजदेवप्रभृति योधागण! हमर बल भेल नापल, मुदा शरणमे आएलक प्रति करुणासँ हम बढ़ल-चढ़ल-बल-बला यवनराजनक संग लड़बे करब। ई थिक मुदा नीतिज्ञ-लोकनिक असंमत कर्म। तेँ तोँ–लोकनि सब केओ दुर्गसँ बहराए आन ठाम जाइत जाह। ओ-लोकनि कहल–अपने, निरपराध राजा, यवनक प्रति करुणा सँ मरण अङ्गीकार करैत छी। हमरालोकनि तँ अपनेसँ जीविकाक भोग करैत छी से एखन कोना स्वामी अपनेकेँ त्यागि कायर पुरुषक पदवीक अनुसरण करब गए? किंतु काल्हि प्रातःकाल अपनेक शत्रुकेँ मारि प्रभुक मनोरथ सिद्ध कए देब। हँ, एहि अभागल यवनकेँ आन ठाम पठाए देल जाओ। तखन रक्षणीयक रक्षा संभव होएत। एकरहि रक्षाक निमित्त तँ ई आरम्भ भेल अछि। यवन कहल–देव! एक विदेशी हमर रक्षाक हेतु पुत्र-कलत्रक संग संग अपने राज्यक विनाश किएक कएल जाएत? हमरा त्यागि देल जाओ। राजा कहल–रे यवन! से जनु कहह। किएक तँ–

नाश भेनिहार एहि भौतिक शरीरसँ चिरदिन पर्यन्त स्थायी यश यदि भेटनिहार हो तँ तकरा छोड़बाक हेतु के यत्न करत? ॥4॥

मुदा यदि मन होअहु तँ तोहरा हम भयसँ शून्य स्थानमे पठबाए दिअहु। यवन कहल–राजा! से नहि कहल जाओ। सबसँ पहिने हमरहि चाही जे शत्रुक

कपार पर चोट करी। मुदा स्त्रीगणलोकनिकेँ बहार कए देल जाउन्ह। स्त्रीगणलोकनि कहल–अएँ! हमरा लोकनिक स्वामी शरणमे आएलक रक्षाक निमित्त युद्धकेँ अङ्गीकार कए स्वर्गयात्राक महोत्सव मनबैत छथि तँ हमरा लोकनि एहि पृथिवीपर हुनकालोकनिक बिना कोना रहब? किएक तँ–

जेना वृक्ष बिनु लता नहि जीबि सकैत अछि, तहिना बिनु स्वामीक स्त्रीगणो नहि जीबथि। साध्वी स्त्रीक प्राण एहि संसारमे पति प्राणक अनुगामी होइत अछि ॥5॥

तेँ हमरहु-लोकनि वीर जनक स्त्रीक उपयुक्त अग्नि-प्रवेश करैत जाएब। एहि रूपेँ

महाराज हम्बीरदेव जखन आनक निमित्त अपन प्राण उत्सर्ग करैत रहथि तखन योधालोकनि युद्धकेँ अङ्गीकार कएल ओ स्त्रीलोकनि अग्निकेँ पसिन्द कएल ॥6॥

तखन प्रातः काल जखन युद्ध बजरल तखन हम्बीरदेव कवच पहिरि तैआर भए, घोड़ा पर चढ़ि, अपन योधागणक संग पराक्रम देखबैत, दुर्गसँ बहार भए, तरुआरिक धारक चोटसँ शत्रुपक्षक घोड़ाकेँ खसबैत, हाथीकेँ मारैत, पएदल सिपाहीकेँ खून करैत, भय पसारैत, कबन्धकेँ नचबैत, शोणितक धारक प्रवाहसँ पृथिवी-मंडलकेँ अलंकृत कए, शरसँ गाँथल सर्वाङ्ग शरीर भए, घोड़ाक पीठहि पर प्राण त्यागि, रणभूमिमे सम्मुख खसि पड़लाह ओ सूर्य मंडलकेँ भेदि हुनक आत्मा चल गेल।

ओहन ओहन उपमासँ-रहित प्रासाद, ओहन ओहन प्रसन्न स्त्री, धनसँ परिपूर्ण ओहन राज्य, ओहन ओहन हाथी ओ ओहन ओहन घोड़ा–ओहन ओहन एकोटा वस्तुकेँ लोक अनका कारणेँ त्याग करबामे समर्थ नहि होइत अछि; ताहि सबकेँ त्यागि हम्बीरदेव, हाए, युद्धमे मारल गेलाह ॥7॥

3

युद्धवीरक कथा

युद्धवीरक कथा सुनिकेँ कातरलोक शूर भए जाइत अछि, आलसीलोक काजुल भए जाइत अछि, ओ लोककेँ जय प्राप्त होइत छैक ॥1॥

मिथिलामे कार्णाटकुलसंभूत नान्यदेव नामक महाराजक पुत्र मल्लदेव नामक कुमार छलाह। स्वभावहिसँ ओ सिंह जकाँ पराक्रम-रसिक, मनहि मन सोचल–युवराजो भएकेँ हम अपन बापक उपार्जित राज्यमे सुखक अनुभव कए रहल छी से पौरुष नहि थिक। कारण–

कातर, शिशु ओ स्त्रीगण इएह लोकनि आनक आश्रयमे जिबैत छथि। सिंह

ओ सत्पुरुष—ई दूनू अपनहि दर्पसँ निर्वाह करैत अछि ॥2॥

अपन उपार्जित धन बिना भेलेँ पितृभक्तिओ सम्भव नहि होइत अछि। कहलो अछि जे—

जकर अर्जित खाइ ओ जकर यश सुनी, एहनहि पुत्रसँ बाप पुत्रवान् होइत छथि, हुनका कतबो पुत्र किएक नहि हो ॥3॥

तेँ कतहु जाए निज बाहुबलसँ पौरुषक अर्जन करी, ई विचारि कुमार कान्यकुब्ज नामक जनपद गेलाह। ओहिठाम एक गोट योधाक परिपाटीसँ जयचन्द्र नामक काशीश्वर महाराजक दर्शन कएल। ओ महाराज हुनक सत्कार कएल ओ अपन सहचर बनाए राखि लेल। हुनक सेवामे लागल कुमार क्रम क्रम अधिकाधिक सम्मानक भाजन होइत एक दिन अपना आदरमे किछु वैषम्यक अनुभव कएल। किएक तँ—

जाहि वस्तुमे गुण थोड़ो छैक परंतु यदि ओ दुर्लभ हो तँ राजालोनिकेँ ओहि वस्तुमे आदरक भाव होइत छैन्हि : जाहि वस्तुमे गुण अधिको छैक परंतु ओ यदि सुखसँ प्राप्त हो तँ ओहिमे निश्चिते हुनका अनादरक भाव रहैत छैन्हि ॥4॥

तखन ओ कुमार विचारए लगलाह—

तृष्णासँ भरल व्यक्तिक प्राण थिकैक धन, आगिक प्राण थिकैक जारन, कामी जनक प्राण थिकैक स्त्री, तथा मनस्वी जनक प्राण थिकैक मान ॥5॥

तखन ओ राजाकेँ कहल—देव! अपनेक प्रभु-धर्म सूनि हम एतए अएलहुँ। आब हम अन्यत्र जाइत छी। राजा पूछल—कुमार! अहाँक एहि उद्वेगक की कारण भेल अछि जे अहाँ अन्यत्र जाएब? मल्लदेव कहल—अपनेक आदर हमरा विषय क्रम क्रम शिथिल होइत जाएत, एहि आशङ्कासँ आब हम एहि ठामसँ अन्यत्र जाइत छी। राजा पूछल—ई अहाँ कोना बुझैत छिऐक? मल्लदेव कहल—जेँ हमरा सन सन ब्यक्तिक आदरक मूल तँ भेल शूरता ओ शूरता तँ केवल वाक्‌युद्धसँ जनाओल नहि जाए सकैत अछि। अस्त्रयुद्ध तँ अपनेक राज्यमे देखिए नहि पड़ैत अछि। राजा कहल—समुद्र-पर्यन्त करग्रहण कएनिहार हमरा संग युद्धमे लड़निहारे ने केओ अछि। तखन युद्ध ककरा संग होएत? कुमार कहल—देव! राज्यक फल थिकैक राजाकेँ विजय-सुख, बिना युद्धेँ विजय कोना होएत वा तकर सुख कतएसँ होएत? यदि अपनेकेँ मन हो तँ हम एतएसँ जाइत छी। हम जकरहि राज्यमे जाएब सएह अपनेक संग युद्धमे लड़निहार भए जाएत। राजा क्रोधसँ कहल—रे कुमार! तोँ के शि[illegible]एहन मूर्ख अभागल? कोन दर्पसँ एना बजैत छह? जाह, जतए जएबह। जतहि तोँ जएवह हम ओतहि (आक्रमण करबाक निमित्त) बिदा भए जाएब। कुमार कहल—इएह हम चललहुँ।

ओतएसँ कुमार चिक्कोर नामक राजाक राज्य मे पहुँचलाह। पश्चात् हुनका ओतए गेल बूझि काशीश्वर चतुरङ्गिणी सेना संग लए चिक्कोर अपन मन्त्रीलोकनिक संग विचार कएल जे महाराज काशीश्वर कुपित भए हमरहि उद्देश्यसँ आबि रहल छथि। तँ आब की कर्तव्य उचित थिक? मन्त्रीलोकनि कहल—देव! अपनेक बल

अछि परिमित, ओ छथि महाबल! तेँ हुनक संग युद्ध उचित नहि होएत। ने अपनेकेँ ततेक धन अछि जे बड़का-मन-बला ओहि राजासँ धन दए संधि कए लेब। तेँ उचित थिक जे कोनहु दुर्गक आश्रय ली। तखन पड़एबा पर उद्यत देखि चिक्कोरराजकेँ मल्लदेव कहल—राजा! अपने एना पड़ाइत किएक छी? अपनेक उद्देश्यसँ ने काशीश्वर कहिओ आएल छथि ने अगहुँ कहिओ अओताह। यदि अपनेकेँ विश्वास हो तँ हम हुनक अएबाक कारण कही। अपनेकेँ कोनो भय नहि। चिक्कोर पूछल—कोन थिकैक ओ कारण? मल्लदेव पूर्वक कथा हुनका कहि सुनाओल।

चिक्कोल पूछल—तखन उचित की? मल्लदेव कहल—जँ ओ हमरहि उद्देश्यें अबैत छथि तखन अपने नहि पड़ाएल जाए। किंतु एकसर हमरा हुनक अनेक योधाक संग युद्धक कौतुक देखल जाए। चिक्कोर कहल—ओहि महाराजक सेनाक अन्त नहि छैन्हि। तनिक संग एकसर अहाँक लड़ब उचित नहि। ई नीतिक विरुद्ध थिक। कुमार कहल—शूरताक कर्म आनक आमर्षकेँ नहि सहि सकैत अछि। चिक्कोर कहल—तँहि तँ बिनु विचारने जे कार्य करैत छथि तनिक आरम्भक अन्त विपत्तिमे होइत छन्हि। कुमार कहल—ई विवाद व्यर्थ।

जे काज हम अपने करब तकर फलो तँ हम अपनहि भोगब। अपनहि अपराधसँ जे विपत्तिमे पड़ैत अछि तकर विपत्तिक शोच के करए? ॥6॥

चिक्कोर कहल—

समान-वलक विषयमे युद्ध संगत थिक जतए विजयक सन्देह रहैत छैक। प्रबल शत्रुक बलमे, आगिमे पतङ्गक समान, के पड़ैत अछि? ॥7॥

कुमार कहल—

यशकेँ बढ़एबाक इच्छासँ जे युद्धमे मरण अङ्गीकार कएलक अछि तकरा हेतु ओहिसँ अधिक भयक स्थान, केहनो प्रबल शत्रुसँ, की भए सकैत छैक ? ॥8॥

आओर,

यशक कामनासँ युद्धमे मरणक इच्छा रखैत पुरुषक हेतु शत्रुक महत्त्वहिसँ यशक महत्त्व होइत छैक ॥9॥

आ'

प्राण बचएवाक हेतु जे जन संग्रामसँ पड़ाइत छथि, हुनकहु मृत्यु तँ अवश्ये होइत छैन्हि, तखन वेशी होइत छैन्हि केवल कार्पण्य ॥10॥

चिक्कोर कहल—कुमार! अहाँ छी महावीर, काशीश्वर छथि महाराज। तेँ अहाँ दूहू गोटाक युद्धक संघर्ष हमरा लोकनिक सुनबहुक शक्य नहि थिक, देखवाक कथे कोन? कुमार कहल—यदि अपनेकाँ युद्धक देखबो अभिमत नहि हो तँ अपने कोनहु तेहन ठाम जाए अमर भेल जाओ जतए यमदूतकेँ देखल नहि होइक। हम तँ लड़बे करब। मुदा तखन हमरा एक गोट हाथी दएकेँ गेल जाओ। हम तँ शून्यो अपनेक नगरक देख-रेख करबे करब। चिक्कोर कुमारक कथासँ ओहिना कए पड़ाए गेलाह।

ओकरा अगिला दिन प्रातः काल भेरीक शब्दसँ गगनमंडलकेँ भरैत, (पृथ्वीकेँ धारण कएनिहार) कूर्मक मर्मकेँ छुवैत घोड़ाक टापसँ पृथिवीकेँ डोलबैत, महाराज जयचन्द्र ओहि नगरक समीप पहुँचि गेलाह। मल्लदेव हुनका पहुँचल जानि कवच लगाए अस्त्र बाँधि हाथी पर चढ़ि आगाँ जाए राजाक सोझाँ भेलाह। राजा पूछल–के तोँ हाथी पर चढ़ल थिकह हओ! संधि करए आएल चिक्कोरक दूत थिकह अथवा युद्ध करए आएल मल्लदेव थिकह? मल्लदेव कहल–राजा! हम ने दूत थिकहुँ ने संधि करए आएल छी, किंतु हम थिकहुँ अपनेक प्रतिमल्ल मल्लदेव। राजा हँसिकेँ कहल–ठीक, हमर प्रतिमल्ल होएब तँ तोहर सिद्ध भेलह। तेँ आबह हमर अनुसरण करह। मल्लदेव कहल–अहीँ आबिकेँ हमर किएक ने असुसरण करैत छी? अहाँ एखन घोड़ा पर छी, हम हाथी पर छी। अहूँ अस्त्र धारण कएने छी, हमहु अस्त्र धारण कएने छी। तेँ एखन आब प्रहारक समयमे कथावार्त्ताक वैचित्र्य देखएबाक अवसर कहाँ अछि? राजाकेँ बड़ आश्चर्य भेल, ओ अपन सैनिक सबकेँ कहल–रे रे सैनिकसब! मल्लदेवकेँ जिबितहिँ पकड़िकेँ हमरा दैत जो। मल्लदेव सबकेँ संबोधन कए कहल–

हे हे आकाशचारी दिक्पाललोकनि, मुनिलोकनि, सिद्धलोकनि, देवतालोकनि! अपने लोकनिकेँ हम साक्षी रखैत छी। अपनेलोकनि तमासा देखैत जाउ। राक्षसलोकनि! मनुष्यक मांससँ तृप्त होइत जाउ। बीरक प्रति अनुरागक हेतु उत्सुक अप्सरागण सहसा आनन्द पबैत जाउ। रणभूमिमे बहुतक संग एकसर, हे इएह, श्रीमल्लदेव साहस पसारि रहल छथि ॥1॥

तखन चारू दिशिसँ पकड़ए अबैत शत्रुक योधागणकेँ मल्लदेव बाण-समूहसँ मारए लगलाह। हुनकासँ आहत अपन प्रिय योधागणकेँ भूमि पर खसैत देखि जयचन्द्र अपन सेनाके आदेश देल–रे रे वीरपुरुषगण! यदि मरणोन्मुख एहि योधाकेँ पकड़ि नहि सकैत छह तँ शरक वृष्टिसँ एकरा डुबाए दएह। तखन अपन स्वामीक एहि आज्ञाकेँ पाबि योधागण ओहि मल्लदेवकेँ एकहि बेरि धनुषक डोरीक आघातक शब्दसँ भयङ्कर शरक धारसँ भिजबए लगलाह। ताहि समयक कोनहु पहिलुका कविक श्लोक एहि अर्थक अछि जे

अस्सी वर्ष वयसक बूढ़ चिक्कोर पड़ाए गेलाह। सोड़ह वर्षक कार्णाट मुदा रणभूमिमे संमुख खसि पड़लाह ॥12॥

हुनका रणभूमिमे बहुत बाणक आघातसँ छिन्न-भिन्न-शरीर खसल देखि राजा पूछल–हे सत्त्विकक शिरोमणि! कर्णाटकुलक सुयशक बीजाङ्कुर! अहाँ जीउब कीने? मल्लदेव पूछल–हमरा दूहूमे जीतल के से तँ कहू। राजा कहल–तोँही जितलह। मल्लदेव कहल–तकर निर्णय कोना होएत? राजा कहल–

हमरा लोकनि बहुत गोटेक संग एकसर तोँ लड़ैत लड़ैत आहत भेलाह मुदा तैओ तोँ हमरा सबकेँ जितए चाहैत छह। तखन तोँ विजयी कोना नहि भेलह? ॥13॥

तखन राजाक एहि प्रशंसाक वचनसँ मल्लदेवक बाहुमूलमे रोमाञ्च भए आएल। ओ कहल—देव! आब हम जीउब। तकर पश्चात हुनक शूरतासँ सर्वथा संतुष्ट भए राजा जयचन्द्र ओहि कुमारक शरीरसँ शर सब बहार करवाए हुनका अपना ओहिठाम लए गेलाह ओ पुत्रवत् प्रेमसँ परिपालन कए घाओ छुटला उत्तर हुनक पूजा कएल ओ हुनका अपन प्रतिनिधि वनाओल। तँहि तँ

मल्लदेवक ओ शौर्य आ राजाक ओ विवेक ने भूत कालमे भेल छल ने भविष्यमे होएत ॥14॥

इति युद्धवीरक कथा ॥3॥

4

सत्यवीरक कथा

कलियुग मे काम-आदिसँ भरल फुसिआहो लोक सत्यवीरक कथा सूनिकेँ सब पापसँ मुक्त होइत अछि ॥1॥

पूर्व समयमे हस्तिनापुर नामक नगरमे महमन्द नामक यवनेश्वर भेल छलाह। समुद्रपर्यन्त पृथिवीमण्डलक हुनक शासनकालमे हुनक उत्कर्षकेँ काफरराज नहि सहि सकल आ हुनका पर आक्रमण करए संपूर्ण बलक-संग ओतए आबि पहुँचल। हुनका अबैत बूझि यवनेश्वर लाखो काम्बोज घोड़ा ओ तुरुष्क सवार संग लए नगरसँ बाहर भए हुनका संग युद्ध स्वीकार कएल। तखन दूहू दलमे संग्राम बजरि गेला उत्तर विशेष बलवान काफरराजक सैन्यसँ मारि खाए यवनयोधा रणसँ पराङ्मुख भए पड़ाए लागल। सिंहक डरसँ भीत हाथीक यूथ जकाँ अपन सैन्यकेँ पड़ाइत देखि यवनेश्वर बाजल—अरे रे हमर सेनाक योधा राजा ओ राजपुत्र-लोकनि! अहाँलोकनिक मध्यमे केओ एहन नहि छी जे संप्रति शत्रुक भयसँ भगैत हमर सैन्यकेँ अपना बाहुक बलसँ एको क्षण भरि रोकि सकैत छी यवनराजक ई कथा सूनि कर्णाटकुल-संभूत नरसिंहदेव नामक ओ चौहानकुल-संभूत चाचिकदेव नामक दू गोट राजकुमार कहल—राजा! नीचा मुहेँ खसैत जल जकाँ शत्रुक भयसँ भगैत अपनेक सैन्यकेँ बचओनिहार एखन आब के होअओ? मुदा क्षणेक घूरिकेँ यदि अपने देखल जाए तँ हमहि दूहू गोटए अपनेक शत्रुपक्षक मूड़ीकेँ तरुआरिक धारक चोटसँ परिचित कराए दी। यवनेश्वर कहल—वाह रे दूहू राजकुमार वाह! अहाँ दूहूकेँ छोड़ि आन के एहन कए सकैत अछि?

नरसिंहदेवक बाहुमूल रोमाञ्चसँ भरि गेल। वज्रपात सन चाबुकक चोटसँ घोड़ाकेँ दौड़ाए घूरिकेँ, ककरो अन्दाजो नहि भेलैक मुदा तावतहिँ, नरसिंहदेव

काफरराजक सेनामे पैसि गेलाह। पैसिकेँ श्वेतछत्रसँ चिन्हार विजयी योधा काफरराजकेँ अबैत देखि शल्यसँ हुनका हृदयमे चोट कएल। वज्रक सदृश हुनक शल्यक प्रहारसँ काफरराज निष्प्राण भूमि पर खसि पड़लाह। भूमि पर खसल हुनक शिरकेँ काटि चाचिकदेव यवनराजक सोझाँ लए पड़एलाह। यवनेश्वर पूछल– ई शिर ककर थिकैक? चाचिकदेव कहल–काफरराजक। यवनेश्वर पूछल–के एकरा मारलक? चाचिक कहैत अछि–पराक्रममे जकर तुलना पार्थसँ भए सकैत अछि ताहि नरसिंहदेवसँ ई मारल गेल। हुनक पाछाँ पाछाँ जाइत हम एकर मूड़ी काटि लेल। यवनेश्वर पूछल–नरसिंहदेव कतए छथि? चाचिक कहैत अछि–काफरराजक समीपवर्त्ती, अपन प्रभुक वधसँ परम क्रुद्ध, मंगोलक योधा-सबसँ एकसरे लड़ैत, अनेकसँ एकसरे चोट खाइत, हम हुनका देखल। कतए गेलाह वा एखन कतए छथि ई सभ तँ हम नहि जनैत छी।

तावत् यवनराज शत्रुक सैन्यकेँ नायकक मारल गेला पर पड़ाएल जाइत देखि परम हर्षित भेलाह। ओकरा सबकेँ खेहारैत अपन सेनाक योधा-सबकेँ ललकारिकेँ कहल–हओ हमर सैनिकलोकनि! पड़ाएल जाइत शत्रुक सैन्यकेँ की मारैत जाइत छह? एखन आब हमर राज्यक रक्षा कएनिहार, काफरराजक हेतु यम, मनुष्यरूपमे सिंहे बुझह, नरसिंहदेव कतए छथि से ताकिकेँ हमरा कहैत जाह।

तखन युद्धक्षेत्रक एक भागमे बहुत नाराचसँ शरीर छिन्न, सहस्रो ठामसँ शोणितक धार बहैत, फुलाएल पलाशक गाछ जकाँ, वेदनासँ मूर्छित नरसिंहदेवकेँ यवनराज देखल। घोड़ा-परसँ चट कूदिकेँ ओ पुछैत छथि-हे नरसिंहदेव! जीउब कीने? नरसिंहदेव पूछल–हम जे कएल से अहाँ बुझल? यवनेश्वर कहल–हँ, हम बुझल। चाचिकदेव हमरा कहल। अहाँ हमर शत्रुकेँ मारल। नरसिंहदेव कहल–तखन आब जीउब। किएक तँ–

जनिक हितक इच्छासँ हम दुष्कर कर्म अपना पर लेल से जखन ओकरा बुझल तखन हमर श्रमरूपी वृक्षक फल भए गेल ॥2॥

तखन हुनक शरीरसँ जड़ि धरि गड़ल नाराच सभकेँ बहार कए यवनराज ओहि राजकुमारकेँ नाना प्रकारक औषधिक प्रयोगसँ ओ संयमसँ थोड़बहि दिन मे घाओ छोड़ाए निके कएल। तखन सहस्रक संख्यामे घोड़ा, लाखक संख्यामे सुवर्ण, छत्र, चामर प्रभृतिसँ हुनक पूजा प्रारम्भ कएल गेल। ताहि समयमे नरसिंहदेव कहल–राजपुत्रक तँ युद्ध स्वभावसिद्ध धर्म थिक तखन हम की अद्भुत कएल जे हमर ई पूजा कएल जाइत अछि? यदि पूजे कर्तव्य हो तँ चाचिकदेवक पूजा कएल जाउन्ह जे शत्रुक मूड़ीकेँ आनि सत्य रक्षार्थ अपनेक सोझाँ हमर यशकेँ प्रकाशित कएल, अपन पौरुष ख्यात नहि कएल। नहि तँ मारबाक चिह्न, शत्रुक मूड़ी, ओएह आनल अछि ई देखि के बुझितए जे शत्रुकेँ हम मारल? अतएव प्रथम पूजा हिनक होउन्ह।

चाचिकदेव कहल–कुमार नरसिंह! से जनु कही। अहाँक पराक्रमक फल लए हम कोना आनक उच्छिष्टजीवी होउ। नरसिंहदेव कहल–वाह रे सत्यवीर! बाह वाह।

अहाँक एहि सत्यसँ सब कथूक विवेचना भए गेल। अहाँक इच्छा बड़ पैघ अछि; अहाँ पंडित छी; हे चाचिक! अहाँ सतीक पुत्र छी ॥3॥

तखन एहि दूहू राजकुमारक परस्पर आलाप सूनि यवनराजकेँ आओरो अधिक परितोष भेल तथा ओ दूहू राजकुमारक समाने सत्कार कएल।

इति सत्यवीरक कथा ॥4॥

आब एकर प्रतिकूल उदाहरणक कथा–

जेना

लोक संसारमे विवेक बिनु चोर, शौर्य बिनु कायर, तथा उत्साह बिनु अलस होइत अछि ॥1॥

5

प्रथम चोरक कथा

विवेकसँ जे दया दान इत्यादि होइत छैक ताहि सभसँ जे त्यागल अछि तकर शूरतो कुवृत्तिहिक कारण होइत छैक ॥2॥

से जेना–

बिना विवेकक शूरो जन, पुण्य करबामे समर्थो, अवश्ये पापे करत, जेना सरीसृप नामक चोर कएल ॥3॥

उज्जयिनीमे विक्रमादित्य नामक राजा छलाह। एक दिन ओ चोरक व्यापार देखबाक कौतुकसँ रङ्क वेष धए अपनहि नगरमे देवालयक समीप बैसि रहलाह। अन्हरिआ रातिक निशाभागमे ओहिठाम चारि गोट चोर एकत्र भए विचार कएलक जे अपना अपना घरसँ आनल अन्न एहिठाम खाए बलकेँ बढ़ाए तखन नगरमे प्रवेश करब। विक्रमादित्य कहल–अपन अपने ऐँठ हमरहि देय। चोर सभ वितर्क करैत पूछल–के तोँ थिकह हओ? राजा कहल–हम ही रङ्क, भूखेँ व्याकुल चलबामे असमर्थ, एतए पड़ल छी। चोर कहल–हूँ, दिनहुमे नगरक सड़क ठेकानबाक काल हमरा-लोकनि एकरा एतहि देखने छलहुँ। अएँ रौ रङ्क! एखन धरि तोँ एतहि पड़ल छेँ। राजा कहल–देवयात्रामे आएल लोकक उद्देश्यसँ भिक्षाक हेतु एतए आएल छलहुँ। आन ठाम कतए जाउ? भिक्षा मेटल नहि। भुखले पड़ल छी। चोर सब पूछल–अपन अपन ऐँठ जँ तोरा देबौक तँ तोँ हमरालोकनिक कोन काज कए देबेँ? राजा कहल–पैघ पैघ धनिकक घर देखाए देव। चोरिक वस्तु भार ऊधि देव। चोर सब कहल–बेस, रह। ऐँठ लए लिहेँ। तखन चोर सब जखन भोजन कए लेल तखन ओकरा सबहिक देल ऐँठ अन्न खपटामे लए बेतालसँ ओकरा हटबाए

राजा कहल—अहाँ लोकनिक कृपासँ आइ हम कृतार्थ छी।

तखन ओकरा सबमे मुख्य चोर सरीसृप कहल जे हम शाकुनिक शास्त्रमे श्रम कएने छी। गिदड़ सब की कहैत अछि हम से जनैत छी। आन सभ कहलकैक—बुझह तँ। सरीसृप कहल—सुनैत जाह। गिदड़ कहैत अछि जे तोरा सभक बीचमे चारि गोट चोर अछि आ' एक गोट राजा। ओ सभ कहलकैक—हमरा लोकनि चारू गोटए तँ एक दोसरासँ पुरान परिचिते छी। ई पाँचम रङ्क अछि, दिनहु देखने छलिऐक आ' एखनहु तँ सोझहिमे ऐँठ खएबे कएलक अछि। तखन राजाक शङ्का कोन?

दोसर चोर कहलक—हम रातिमे जकरा देखबैक दिनमे तकरा चीन्हि जएबैक। तेसर कहल—जकर घर पर हम हाथ देबैक तकरा घरक धन हम बूझि जएबैक। चारिम कहलक—सेन्ह देबाक स्थान मे जतबाटा रखा हम कए देबैक ततबाटा सेन्ह बिना आयासे भए जएतैक। राजा कहल—हमरा सोझामे केओ बान्हल नहि रहैत अछि।

एना अपनामे गप्प सप्प कए ओ पाँचो जन नगरमे प्रवेश कएल। पुरपतिक घरमे सेन्ह दए बहुत धन चोराए नगरसँ बहराए एकटा खाधि कोड़ि ओतए गाड़ि देल। चारू जन चोर सरोवरमे स्नान कए पुनि नगर जाए मदिरागृह चल जाइत गेल। राजा अपना महल गेलाह। पश्चात् सभामंडपमे सबकेँ जएबाक अवसर बनाए (आम दरबार लगाए) सिंहासन पर बैसि दंडनायककेँ बजाए कहल—अओ परलक्षक! अहाँ हमर आज्ञापाल छी ओ रातुक चरित्र किछु नहि जनैत छी? एखनहि जाउ। चारि गोट चोर पिचिंडिल नामक कलालक घर मे मद्य पिबैत अछि। ओकरा सभकेँ कड़ीसँ बान्हि तुरन्त आनू गए। दंडनायक प्रणाम कए चल गेलाह ओ ओहिना कए लएलाह।

राजा कहल—हओ संगी चोर-लोक! हमरा चिन्हैत छह? सरीसृप उत्तर देल—सरकार! हम तँ तखनहि चिन्हल मुदा हमर ई संगी सभ परम दुष्ट-गिदड़हुक कथाकेँ असत्य कए बुझलक। हम की करितहुँ? संगीक बातसँ भोतिआए गेलहुँ। किएक तँ

नीतिक जननिहार व्यक्ति एकसरे कार्य कए सुखी भए सकैत अछि। जखनहि बहुतक अपेक्षा कएलक तखन बुद्धि अपना स्थानसँ घुसकि जाइत छैक ॥4॥

आओर—

हे महाराज! विषय बुझलो रहौक, शूरो हो, पंडितो हो, काजमे कुशलो हो तथापि ओ अनेकक बुद्धिरूपी पाँकमे फँसि जाइत अछि ॥5॥

राजा कहल—अएँ हओ चोर! आनक उपदेश सुनल तेँ गलती भेल तों सएह सोचैत छह, अपन ज्ञानक दोषसँ भेल ई बात नहि सोचैत छह? चोर-सब कहल-हमरा लोकनिक अपन ज्ञानक दोषसँ कोन गलती भेल अछि? राजा कहल—तोहरा लोकनिक गलती तँ ई साफे छहु जे वीरक वृत्ति करबामे समर्थ भैओकेँ तोहरा लोकनि चोरि करैत छह। किएक तँ

जाहि शूरतासँ भूमंडलमे आन आन प्रभुता पबैत छथि, श्रीकेँ पाबि आनन्द

करैत छथि, पंडितक समाजमे चारू दिशि शुद्ध पुण्य यश लाभ करैत छथि, ओही स्तुतिक साधक महती शूरतासँ तोहरालोकनि संसारमे निन्दाक आस्पद–चोरक वृत्ति–धएने छह। हाए रे दुर्मति, एकर त्याग कठिन छैक ॥6॥

चोर सब कहल–देव! दुर्मति सएह एकर कारण थिक। राजा कहल–से जखन स्वीकार करैत छह तँ ओहि दुर्मतिकेँ त्यागैत किएक नहि छह? चोर सब कहल–देव! दरिद्रता ओकर त्याग करबामे प्रतिबन्धक अछि। किएक तँ–

हाय रे दरिद्रता हमरालोकनिसँ की नहि करबैत अछि-पापमे लगबैत अछि, दुःख भोगवैत अछि, चोरि करबैत अछि, शठता अनैत अछि, दीन कथा बजबैत अछि, हीन जनसँ मङबैत अछि ॥7॥

राजा कहल–अरे चोर–सब! तोहरालोकनिक दरिद्रता तँ तखनहि चल गेलहु जखन हमरा संग तोहरालोकनिक सखिभाव भेलहु। सखिभाव तँ समान दू व्यक्तिक मध्य संभव होइत अछि। तोहरालोकनिक सखा भए क्षणभरिक हेतु हम चोर भए गेल रही, हमर सखा भए तोहरालोकनि राजा किएक नहि भए जएबह? तेँ आगाँ जाए एहि दुर्मतिकेँ छोड़ने रहिहह। चोर-सब कहल–किएक नहि त्यागब? राजा कहल–एखन तँ हथकड़ी लागल छहु तेँ की नहि स्वीकार करबह? किएक तँ

दुष्ट जखन आनक वशमे पड़ैत अछि तखन जीहक टुरनी परसँ कोन दोष नहि त्यागैत अछि आ कोन गुण स्वीकार नहि करैत अछि? ॥8॥

अथवा यदि पुनि एहन दुर्वृत्ति करैत जएबह तखन पुनि एहनहि दशामे पहुँचाए देल जएबह–ई कहि पुरपतिक धन हुनका देआए राजा चोर–सबकेँ छोड़ाए देल। ओकरा सबमे सरीसृप नामक मुख्य चोरकेँ शल्मलिपुरक राजा बनाए देल ओ आन आन चोर सबकेँ सोन दए दए दरिद्रता दूर कए करुणा ओ कौतूहलसँ सबकेँ विदा कएल।

किछु दिनक उपरान्त राजा विचारल–सरीसृपकेँ जे हम राजा बनाओल से चोर राजाक पदकेँ पाबि आब की करैत अछि से बुझबाक चाही। कारण,

दुर्बलकेँ भारी भार, मन्दाग्निवलाकेँ गरिष्ठ भोजन, दुर्वुद्धिकेँ पैघ राज्य, परिणाममे सुखद कोना हो?॥9॥

तेँ ओ राजा सुचेतन नामक चोरकेँ राज्य पओने ओहि चोरक चरित्रकेँ बुझबाक हेतु पठाओल। चोर ओतए जाए सब समाचार बूझि घूड़ि आएल। राजा पूछल–सुचेतन! समाचार कहह। चोर कहल-देव! अपनेकाँ नीक लागत वा अधलाह से हम नहि विचारब, हम सत्य कहैत छी। चोरकेँ मिथ्या बाजब उचित नहि। किएक तँ–

जेना कनाह आँखिसँ जन्तु किछु नहि देखैत अछि तहिना फुसिआह चोरसँ राजा किछु नहि देखि सकैत छथि ॥10॥

तेँ हम जे ओकर चरित देखल अछि से कहैत छी, सुनल जाओ।

आनक अनिष्ट करबामे प्रवीण ओहि एक गोटा पर कृपा कए, राज्य दए, अपने बहुतकेँ विपत्ति देलिऐक ॥11॥

ओ तँ पूर्वहु दुर्वृत्ती छले, अपने ओकरा समर्थ बनाए देलिऐक। तखन दुर्वृत्ती समर्थ भए की नहि करओ?॥12॥

अपनेक आत्मा विशाल अछि ओ कृपासँ अपनेक चित्त द्रवित भेल तेँ अपने ओकर दुर्वृत्तिकेँ काटि देलिऐक परंतु ओकर स्वभावकेँ तँ नहि कटलिऐक ॥13॥

राज्यरूपी वृक्षक तीनिटा फल छैक-यश, पुण्य ओ सुख। ताहिमे ओकरा एकोटा नहि भेलैक। तखन राज्यक ओकरा प्रयोजने कोन? ॥14॥

ओ साधुक द्रव्य हरण करैत अछि, मनस्वीक मान हरण करैत अछि। अपन सौकर्यक लोभसँ दुरात्माकेँ की अकर्तव्य होइत छैक? ॥15॥

आनक स्त्रीक संग ओ रमण करैत अछि; अपन जीवनकेँ ओ स्थिर बुझैत अछि। कामक अस्त्रकेँ देखैत अछि मुदा यमक अस्त्रकेँ नहि देखैत अछि ॥16॥

ने ओ पापसँ दुःखित होइत अछि, ने अपकर्मसँ लजाइत अछि, ने आनक धनसँ तृप्त होइत अछि। घस्मरकेँ घृणा कतए? ॥17॥

बजैत अछि जे हम जाहि चोरक वृत्तिसँ राजा भेलहुँ अपन हितकारिणी ओहि वृत्तिकेँ कोन दोषेँ त्यागू? ॥18॥

दुर्वृत्तिसँ राज्य होइत छैक एहि आशयसँ ओहिमे लागल ओ अपनहि पक्ष ओ दृष्टान्त दूहू भेल दुर्वृत्तिकेँ नहि त्यागैत अछि ॥19॥

हाथीक घटासँ झाँपल सए सएटा स्त्रीसँ सेवित अछि तैओ ओहि दुरात्माक राज्य विवेक बिनु शोभैत नहि छैक ॥20॥

शिवहुक संपत्ति ओकरा अग्राह्म नहि छैक, ब्राह्मणो ओकरा हेतु अवध्य नहि छथि। चोरे जखन पृथिवीक शासन करैत अछि तखन मुनिओकेँ मान्यता नहि छैन्हि ॥21॥

अपन कएल कृत्यकेँ ओ अपनहि लोप कएने जाइत अछि। तृष्णासँ जकर चित्त आक्रान्त छैक तकरा अपना विषयमे स्थिरता कतएसँ अओतैक? ॥22॥

राजा कहल-सुचेतन! तोहर एहि वर्णनसँ ओहि दुरात्माक कुकृत्यकेँ जानि हम सत्ये दुःखित भए गेल छी। हम तँ बुझैत छी जे ई हमरो दुःकीर्त्ति थिक। चोर कहल—देव! दुःकीर्त्ति तँ केवल अपनहिक थिक किएक तँ चारू दिशि लोक बजैत अछि—

ई तँ साहसाङ्कक लज्जाक विषय थिक, चोरराजक तँ ई यश थिक जे एहि दूहूकेँ परस्पर मित्रताक भाव स्पष्ट भए गेलैन्हि।

छोटकेँ बढ़एबामे लागल पैघहुक महत्ता क्षीण होइत छैन्हि। मृगकेँ अपना अङ्क मे राखि चन्द्रमा कलङ्कित भेल छथि ॥23॥

राजा कहल—तखन आब की उचित थिक? चोर कहल— देव! जे महान् छथि

हुनका तँ अपयशक निवारण कर्तव्य थिकैन्हि। से एखन पर्यन्त सुगमतासँ हटाओल जाए सकैत अछि। लोकक मुहमे दुःकीर्त्ति जखन स्थान पाबि जाएत तखन ओकरा हटाएब कठिन भए जाएत।

तखन विक्रमादित्य वेष बदलि चोरक राज्यमे जाए चोरक वचनक परीक्षा कएल। पछाति चोरकेँ ओ राजा ओहि पदसँ उतारि पुनि पूर्वहिक अवस्थामे पहुँचाए ओकर वध कएल।

अपराधीक शत्रु, राजा विक्रमादित्य साधुक द्वेषी, ओहि चोरकेँ मारल जे नगर निरुपद्रव होअओ, लोक प्राचीन विषयक वेत्तामे गुणक कारणेँ गौरव राखओ, बनिआ सब आपदसँ मुक्त बाटमे स्वच्छन्द चलओ, धनिकलोकनि घर घरमे शान्तिक निन्द सुतथु, धर्मक उत्सव सर्वत्र जाग्रत होअओ॥25॥

6

भीरुक कथा

शूरतासँ विहीन पुरुष कायर कहबैत अछि। से जँ प्राणक कातर भेल तँ भीरु थिक, जँ धनक कातर भेल तँ कृपण थिक ॥1॥

जाहि ठाम नहि चाही ततहु आपत्तिक आशङ्का, अपना बलकेँ थोड़ बुझब, जे भयानक नहि अछि ततहु भयानकक भ्रम–भीरुकेँ सर्वत्र होइत छैक ॥2॥

गङ्गाक दक्षिणभागमे पारिभद्र नामक राजा छलाह। स्वभावतः भीरु ओ बापक उपार्जित राज्यमे मन्त्रीलोकनिसँ राजा बनाओल गेलाह। पश्चात् हुनक भीरुता देखि लगक राजा लोकनि हुनक भूमिक सीमाकेँ दबबए लगलाह। जँ जँ शत्रुलोकनि हुनक भूमिक सीमाकेँ दबबैत जाथिन्ह तँ तँ ओ ओहि भूभागकेँ त्यागने जाथि। किएक तँ,

जे शान्त प्रकृतिक राजा शूरत्वक प्रसङ्गमे शक्ति नहि देखबैत छथि ओ बिना युद्धेँ संधि करैत छथि से शत्रुसँ पराभव पबैत छथि ॥3॥

कारण–

शत्रु, चुगिलाह, रोग ई सब स्वभावतः अपकारी होइत अछि। यदि एहि सबहिक प्रतीकार नहि करब तँ डेग डेग पर ओ सब पराभव दैत रहत ॥4॥

क्रम क्रमसँ शत्रुक आक्रमण ओ राजाक भीरुता देखि मन्त्रीलोकनि कहल–देव अपनेक सहिष्णुतासँ शत्रुलोकनि भूमिकेँ दबओनहि जाइत छथि, बाकी जे अछि तकर रक्षाक निमित्तहु तँ शक्ति देखएबाक चाही! राजा कहल–कोन शक्ति देखाएब? मन्त्रीलोकनि कहल–युद्धसँ प्रभुताक शक्ति। राजा कहल–एखन संधिए कए लिअ, परुकाँ युद्ध करब। मन्त्री–लोकनि कहल–जे तहिआ करब से एखनहि किएक ने करैत छी? अवश्य जे

कर्त्तव्य भेल ताहिमे समय बिताएब व्यर्थ। राजा कहल–युद्ध भेलासँ कतेक हाथी, घोड़ा पएदल सेना सन्देहमे पड़ि जाइत अछि। मन्त्रीलोकनि कहल–यदि युद्ध नहि करब तखन सेनाक कोन प्रयोजन? युद्धहिमे तँ सेनाक प्रयोजन, यदि मरत तँ मरत। राजा कहल–युद्धमे तँ केवल सन्येटा नहि मरैत अछि, अपनहु मरबाक ने डर रहैत छैक। यदि दूहू सैन्यमे युद्ध भेला पर पहिल शर हमरहि हृदयमे लागए तखन स्वामिभक्त अहाँ-लोकनि की करैत जाएब? तँहि ने नीतिशास्त्रमे कहल छैक–

बुधिआरलोक अपन देशहुकेँ त्यागि समय खेपैत छथि; कारण, जे समय खेपि गेल से की नहि खेपि गेल ॥5॥

मन्त्रीलोकनि कहल–

जँ शक्ति नहि रहए, ओ जँ विपत्ति पड़ल रहए तखन तँ सत्य खेपब अवश्ये पथ्य थिक। परंतु जँ सामर्थ्य अछि तँ अपन कर्तव्यक विषयमे बुधिआरलोक एकोक्षण नहि सहि सकैत छथि ॥6॥

संप्रति अपने समर्थ छी। यदि एखन अपने शत्रुकेँ नहि दबाएब तँ प्रसर पाबि शत्रुएलोकनि अपनेकेँ दबाए देताह। राजा कहल–तँ युद्धमे लड़निहार हमर प्रतिनिधि ककरहु बनाए लिअ। मन्त्रीलोकनि कहल–

हे राजन्! अपनासँ अबलकेँ मारबाक हेतु ककरहु प्रतिनिधि बनाबी। जखन समान-बल-वलासँ युद्ध हो तखन तँ अपनहि तैआर होइ ॥7॥

किएक तँ–

आनक सुन्दरतासँ अपन सौभाग्य, आनक पराक्रमसँ अपन राज्य, ओ आनक बुद्धिसँ अपन विज्ञता केओ स्वीकार नहि करैत अछि ॥8॥

राजा कहल–अओ मन्त्रीलोकनि! किछु कहू, मुदा हमर मन युद्धक हेतु उत्साह नहि करैत अछि। यदि हमर हत्या करबए चाहैत छी तखन तँ हमरा लड़बाक हेतु पठबैत जाउ।

राजाक ई कथा सूनि सब मन्त्री ओतएसँ ऊठि बहार भए गेलाह ओ अपनामे गप करए लगलाह जे ई कुमार बापक अछैत पंडित सन ओ कार्यकुशल बूझि पड़ैत छल। बापक मुइला उत्तर भीरु देखि पड़ैत अछि। एकर राज्य कोना रहतैक?

यावत् धरि आनक अधीन छल तावत् केहन उद्भट देखि पड़ैत छल। प्रायः स्वतन्त्र भेलहि उत्तर लोक अपन स्वभावकेँ पबैत अछि ॥9॥

यावत् बापक कोड़मे छल तावत् तँ कार्य-कुशल बूझि पड़ैत छल। जएह माथ पर भार पड़लैक की एकर भीरुता स्फुट भए गेलैक ॥10॥

भीरुता पुरुषक बड़का दोष थिक। किएक तँ–

पहाड़क कन्दा मे नुकाएल हो, कोटि सेनाक बीचमे घेरल रहओ, सातो समुद्र पार भए चल जाओ, मुदा जे भीरु अछि से अपन भीरुता नहि छोड़ि सकैत अछि ॥11॥

तेँ एकर भीरुतासँ ई राज्य तँ दिन-दिन क्रम क्रम क्षीण भेल जाएत।

हमरासब की करी से चिन्तनीय थिक। किएक तँ,

जे दुष्ट अछि से तँ अपना दोषे अपनहिटा नाश होइत अछि। राजक दोषसँ समस्त प्रजा नाश होइत अछि ॥12॥

हमरालोकनि सपरिवार अपन धनक संग एतए रहैत छी! यदि एखन एहि स्वामीकेँ त्यागि दैत छी तँ लाज थिक ओ पाप से होएत। यदि त्याग नहि करैत छी तँ विनाश होइत अछि। तेँ एतए की करबाक चाही ताहि विषयमे बड़का संदेह उपस्थित अछि। संदेहक निर्णय कए सकी इएह तँ बुद्धिक फल थिक। तेँ ई राजा संधि करथु; समय बितओ। कारण जे–

ओहि विपत्तिक कोन डर जाहिमे क्षणहु भरिक विलम्ब हो? के जनैत अछि जे क्षण भरिक उपरान्त विधाता की घटना घटबैत छथि? ॥13॥

ई विचारि सब केओ अपना अपना घर जाइत गेलाह।

ओमहर ओ राजा पारिभद्र अपन भीरुताक दोषेँ क्रम क्रम शत्रुक आक्रमणासँ घेरल होइत, शत्रुक सैन्यक भेरीक शब्द सूनि, मन्त्रीलोकनिकाँ पूछल–की अओ-लोकनि! वैद्यक मतेँ भेरीक शब्द की भेदक होइत अछि? मन्त्रीलोकनि कहल–कुमार! भेरीक शब्द भेदक नहि होइत अछि; अपनेक भीरुता भेदक थिक। पछाति शत्रुक भेरीक शब्द सूनि दूरहिसँ पड़ाए गेलाह।

महत्त्व नुकएले रहल, पौरुष दूरहि रहल;बापक संचित जे राज्य छलैन्हि भीरु सेहो गमओलैन्हि ॥14॥

आओर,

केओ लोक भीरुक आश्रयमे नहि रहैत अछि। भीरुक हाथमे लक्ष्मी नहि बढ़ैत छथि। चुगिला सभ भीरुकेँ दबबैत रहैत अछि। स्त्रीगण भीरुकेँ हँसैत छथि। फूसि फूसि सैकड़ो तर्कसँ व्याकुल, शङ्काक समुद्रमे डुबल, भीरुक पुरुषत्व विधाता झाँपि देने रहैत छथिन्ह ओ स्त्रीत्व प्रकाशित नहि कएने रहैत छथिन्ह ॥15॥

इति भीरुकथा ॥6॥

7

कृपणक कथा

जे ने दान करैत अछि आ' ने भोग करैत अछि आ' धनकेँ प्राण जकाँ जोगाएकेँ रखने रहैत अछि, प्रातकेँ नाम लेबाक योग्य नहि रहबाक कारणेँ कृपण ककरा अप्रिय नहि होइत अछि? ॥1॥

मथुरामे गूढ़धन नामक एक जन वैश्य छल। ओ कला एवं वाणिज्यसँ धन खूब जमा कएलक मुदा छल परम कृपण। एकबेरि दुर्भिक्ष भेलैक। तखन ओ विचारलक जे एहि दुर्भिक्षमे तँ बेटा-स्त्री सब केओ हमर सबटा धन खाइए लेत। धनहिक शोकसँ हम मरि जाएब। से उचित नहि। किएक तँ

लक्ष्मीवान् पुरुष एकसर होइत अछि, धनमात्र ओकर बड़का मित्र थिकैक; कुटुम्ब तँ केवल धनमूलक थिक ॥2॥

तेँ भविष्यक चिन्ता करी। आन केओ नहि देखए तेहना ठाम धनकेँ नुकाए राखी। ई विचारि तहिना कएल। दुर्भिक्ष भेलैक; परिवारक सब केओ अन्न बिना मरि रहल छलैक तैओ ककरहु किछु नहि देलकैक। परिवारक लोकक प्राण कण्ठगत भेला उत्तर जखन ओ सब मङैक तखन ई (पद्य) कहैक–

कृपणक प्राण थिकैक धन, से हमरासँ मङैत छह, तखन प्राणे किएक नहि लए लैत छह, जाहिसँ धनक शोक तँ नहि होअए पाओत ॥3॥

तेँ ओकर बेटा-स्त्री सब अन्न बिना मरि गेलैक, अपनहु प्राणमात्र जखन बाँचल रहलैक तखन ओ विचारलक–

अपन अर्जित धन जे बेटा-स्त्री समेत केँ नहि देल सएह अपन प्राण-रक्षार्थ बिनु आकुल भेलेँ कोना भोग करब? ॥4॥

तेँ ओ अपनहु प्राणक रक्षार्थ धन खर्च नहि करए। सहि सहिकेँ दिन बितबैत ओ अत्यन्त दुर्बल भए गेल। से देखि ओहि नगरक निवासीलोक, दयालु पुरुष सब, केओ केओ ओकरा पुछलथिन्ह–अएँ हओ कृपण! की करबह एहि धनकेँ राखि जकरा अछैत अपन प्राण जाइत छह सेहो सहैत छह। अथवा इहो उचिते–

कमएबामे कष्ट, खर्च करबामे शोक-कृपणकेँ धनसँ कोनो सुख नहि होइत छैक, ने दानक सुख आ' ने भोगक सुख ॥5॥

जे धन ने उत्साहसँ दान कएल ने अपने मन भरि भोग कएल से धन संसारमे केवल दुःखक हेतु थिक अथवा जमा कएनिहारकेँ खेदक हेतु थिक ॥6॥

गूढ़धन कहल--औ नगरक वासी-लोकनि! किछु बाजू, मुदा हमरा प्राण दैओकेँ धनक खर्च स्वीकार नहि अछि। ओ लोकनि कहल-तखन तोहरा मुइला उत्तर तोहर धन की तँ राजा लए लेथुन्ह नहि तँ चोर लए जएतहु। गूढ़धन उत्तर देल–आन आन जे बुद्धिहीन होइत अछि तकरे धन आन लए लैत छैक। हम तँ अपन धन अपना गरदनिमे बान्हिकेँ मरब। ई कहि धनकेँ पोटरी बान्हि से लए गङ्गाक कात गेल मरए। ताहिठाम नाओवला मलाहकेँ बजाए कहलक–हओ भाइ नाओबाला! हमर ई कठोर प्राण हम मरहु चाहैत छी तैओ नहि छूटैत अछि। से तोँ परिवारक शोकसँ व्याकुल हमरा गङ्गामे डुबाएकेँ मारि दएह। ताहि उपकारक हेतु तोहरा हम सोनक एकटा खंड देबहु। नाओबला कहल–बेस, सोनक खंड दएह। तखन ओ सोनक खंड देबाक इच्छासँ बहार कए देखल मुदा देखिकेँ पुनि कहल–हओ भाइ नाओबला! सबटा सोन तँ आगिमे

डाहल शुद्ध अछि, अनका देबाक योग्य नहि अछि। तेँ पुण्य होएतह तँहि ओहिना मारि दएह। सोन देखि मलाहक लोभ सहजहि जागि गेलैक, ओ उत्तर देल-बेस, तँ सोनक खंड नहि दिहह। केवल पुण्यहिक हेतु तोहरा मारि दैत छिअहु। तखन ओकरा पानिमे डुबाए निष्प्राण कए ओकर सबटा सोन लए मलाह कृतार्थ भए गेल। श्लोक अछि–

जे ने ककरो उपकार करत ने कोनो भोग करत तेहन कृपणक हाथ जे संपत्ति गेल तकर परिणाम बड़ अधलाह होइत अछि हृदयमे ओहिसँ खेद होइत अछि, कोनो शुभ नहि होअए पबैत अछि, यशकेँ दूरि करैत अछि, मलिनता प्रकट करैत अछि ॥7॥

8

अलसक कथा

उद्योगक कारण थिकैक उत्साह से सब प्रकारक काजमे प्राणिमात्रक धर्म कहल जाइत अछि। से जकरा नहि रहैक से आलसी होइत अछि ॥1॥

जेना–मिथिलामे वीरेश्वर नामक मन्त्री छलाह। स्वभाहिसँ दानशील ओ परम कारुणिक छलाह तथा दुर्गतिमे पड़ल अनाथ सबकेँ प्रतिदिन इच्छा भोजन देआबथि। ताहि मध्य आलसी लोकहुकेँ अन्न वस्त्र देल जाइक। कारण,

जकर कोनो गति नहि ताहि मध्य सबसँ पहिने आलसीकेँ बुझबाक चाही जे पेटहुक अग्निक ज्वालासँ किछु करबाक क्षम नहि होइत अछि ॥2॥

अथवा आलस्य बड़का सुखक स्थान थिक। कारण,

जे लोक केवल आलस्यमात्रक वशमे अछि तकर निद्रासुखकेँ केवल पेटक अग्निक ज्वाला हरण कए सकैत अछि, नहि तँ ओकर मन कतहु रहैत छैक ओ अङ्ग कतहु, तथा ओकर आत्मा काज करबाक इच्छाक जे रस छैक तकरो श्रमकेँ नहि उठबैत अछि ॥3॥

तखन तँ आलसीपुरुषकेँ ओतए इष्ट लाभ होइत छैक ई सूनि सूनि बहुतो आलसीलोक ओतए जमा भए गेल। कारण जे,

सौकर्य सबहिक संहतिक स्थिरताक मूल थिक। सजातीयक सुखकेँ देखि के जन्तु ओतए नहि दौड़ैत अछि?॥4॥

पछाति आलसीलोकक सुख देखि धूर्त सब सेहो कृत्रिम आलस्यकेँ देखाए भोज खाए लागल। पछाति अलसशालामे द्रव्यक बहुत व्यय देखि ओतए नियुक्त पुरुष विचारल जे–अक्षम बूझि हमरालोकनिक स्वामी करुणा कए केवल आलसी सबकेँ वस्तु देअबैत छथिन्ह। से कपटसँ निरलस लोक सेहो लैत अछि। ई तँ हमरालोकनिक अनवधानता थिक। से हमरालोकनिक दोषसँ स्वामीक

धन व्यर्थ विनष्ट भए रहल छैन्हि तकर हमरा लोकनिकेँ प्रत्यवाय लागत। तेँ जँ भए सकए तँ आलसी पुरुष सबहिक परीक्षा करी। ई विचारि जखन सब आलसी निंद पड़ि गेल तखन अलसशालामे नियुक्त पुरुष ओतए आगि लगाए देखए लगलाह।

तखन घरमे लागल आगिकेँ धधकैत देखि सब धूर्त पहिनहि पड़ाए गेल। पछाति थोड़ आलसी सब सेहो पड़ाएल। चारि गोटए तैओ ओतहि पड़ल अपनामे गप्प करैत छल। एक गोटए मुह झँपनहि बाजल—अरे! ई कोलाहल कथीक थिक? दोसर कहल—प्रायः एहि घरमे आगि लागल अछि। तेसर कहल—केओ तेहन धर्मात्मा नहि अछि जे आवि भीजल नूआ अथवा खिनहरिसँ हमरालोकनि केँ झाँपि दितए। चारिम कहल—अरे फँचाड़िलोकनि! कतेक बजैत जाइत छी? चुप नहि रहि होइत अछि?

पछाति एहि चारू जनक परस्पर आलाप सूनि ओ आगिकेँ बढ़ैत हुनकालोकनिक ऊपर खसबा पर देखि ओतए नियुक्त पुरुषलोक वध लगबाक डरसँ चारू आलसीकेँ टीक पकड़ि पकड़ि घरसँ बहार कएल। तखन चारूकेँ देखि नियोगि-पुरुष बजलाह—

स्त्री लोकनिक एकमात्र गति हुनक पति होइत छथिन्ह। नेनाक एकमात्र गति ओकर माए होइत छैक। आलसी लोकक गति एहि संसारमे एक कारुणिककेँ छोड़ि आन केओ नहि होइत अछि ॥5॥

पछाति एहि चारू आलसी पुरुषकेँ मन्त्री पहिनहुसँ अधिक वस्तु देआओल करथि।

इति अलसकथा ॥8॥

एहि रूपेँ अन्वय ओ व्यतिरेकसँ वीरक लक्षण कहल ओ कथाक द्वारा दूहूक उदाहरण सेहो कहल ॥

इति
वीरपरिचायक
प्रथमपरिच्छेद
समाप्त।

दोसर परिच्छेद

आब राजा पारावार पुनि पूछल–हे मुनि! बीरक कथा तँ सुनल आब सुबुद्धिक कथा सुनए चाहैत छी। मुनि कहल–राजा! सुनल जाए।

जे युक्ति नहि जानल अछि सेहो जानल भए जाइत अछि, जे मार्ग नहि देखल अछि सेहो देखल भए जाइत अछि, सुबुद्धिक कथा सुनि मूर्खो पंडित भए जाइत अछि ॥1॥

जकर बुद्धि बड़ तेज होइक, मेधाक संग प्रतिभा रहैक तथा कुबुद्धि ओ अबुद्धि दूहूसँ पृथक जे हो से सुबुद्धि थिक ॥2॥

9

सप्रतिभक कथा

ताहि सबमे प्रथम सप्रतिभक कथा आरम्भ करैत छी।

कार्य उपस्थित भेला पर जकर बुद्धिमे स्फूर्त्ति होइक तथा ऊह रहैक ओ सप्रतिभ कहल जाइत अछि ॥3॥

पूर्व समयमे पृथु नामक राजा छलाह। एक समयमे ओ शिकार खेलएबाक कौतुहलसँ चतुरङ्गिणी सेना लए अपन प्रिया सुलोचनाक संग नगरसँ बहरएलाह। जंगल पहुँचि सैन्यकेँ शिकार झोरबाक हेतु चारूदिशि दौड़ाओल। अपने राजा एक गोट रथ पर चढ़ल घुमैत बीच जङ्गलमे एक गोट मनुष्यक बच्चाकेँ जे ओही क्षणमे जनमल हो, दिव्य वस्त्रक खंड पर पाड़ल देखल। देखिकेँ रानीकेँ कहल–प्रिय! देखू तँ ई आश्चर्य, सिंह बाघसँ भरल एहि जङ्गलमे कतएसँ ई मनुष्यक बालक आएल।

देवी कहल–देव! पूर्णिमाक चन्द्रमा जेकाँ नयनाभिराम एहि बालककेँ देखिकेँ हमर हृदय करुणासँ भीजि गेल अछि। यदि प्रभुक आज्ञा हो तँ एहि बालककेँ घर लए जाए पुत्रप्रेमसँ एकरा पोसी। राजा तमसाएकेँ बजलाह–हा

पापिनि! घृणाकेँ परित्याग करबाक साहस कएनिहारि! कोनाकेँ तों जकर माए ओ बापक पता नहि छैक ओ तेँ जकरा चांडाल समेत होएबाक संदेह छैक तकरा एकाएक अपना कोरामे लेबहक? रानी कहल—देव पुरुष निन्दनीय नहि होइत अछि। किएक तँ,

निन्दाक विषय होइत छैक पुरुषक दशा, पुरुष निन्दाक पात्र नहि होइत अछि। बेटाक गुणसँ नारी 'रत्नप्रसू' कहबैत अछि। नहि जानि जे ककरा कपारमे विधाताक लिखल की छैक? ॥4॥

पूजितकुलसँ अन्यत्र जन्मल व्यक्तिक कान्ति एहन नहि होइत छैक। तेँ करुणाक द्वारे एकरा परित्याग नहि कए सकैत छी। ई कहैत मना कएलहु उत्तर बालकके उठाए लेबाक आग्रह करैत सुलोचनाकेँ राजा बड़े खिसिअएलाह ओ अपमान कएल। स्वभावतः राजालोकनि आज्ञाक उल्लङ्घनकेँ नहि सहि सकैत छथि ओ रानी स्वभावतः अपन सौभाग्यक मदसँ गर्विता होइत छथि। ते अपनामे झगड़ा भए गेलन्हि। राजा खिसिआकेँ हुनका रथसँ उतारि देल ओ सैन्यकेँ आदेश देल जे जे केओ नीचमे अनुरागशालिनी एहि अभागलिक पाछाँ जाएत अथवा इएह जकरा पाछाँ जाएत तकर मस्तक हम शत्रुक मस्तक जकाँ काटि लेबैक। किएक तँ,

क्रोध पुरुषक ज्ञानकेँ लुप्त कए दैत छैक ओ तखन पुरुषसँ आत्महत्या, गृहत्याग, धनहानि, मित्रवध कोन पाप नहि करबैत अछि ॥5॥

पछाति समस्त सैन्यक संग राजा जखन नगर फीरि गेलाह तखन रानी ओहि निर्जन बीच वनमे अत्यन्त डेराइलि विचारए लगलीह जे निष्ठुर पुरुषक जे प्रेयसी होइत छथि तनिक दशाक इएह परिणाम होइत छैन्हि। अथवा आब एकर चिन्ते व्यर्थ। जे कएल तदनुसार व्यवहार करी। ई विचारि बिछाओल वस्त्रक खंडक सङ्ग ओहि बालककेँ देखि हुनका गोड़ लागि कहल—हे आर्ये! हम दरिद्रक वधू सौतिनिसँ सताओलि अहाँक शरणमे रहि जीबए चाहैत छी। ब्राह्मणी कहल—अहाँ दरिद्रक बहु नहि थिकहुँ, अहाँ रानी थिकहुँ। देखू,

अहाँक दूहू कानसँ कुण्डल बहार कएल गेल अछि, दूहू बाँहिक रत्नक चकुठा बहार कए लेल गेल अछि, हारक हटलासँ शोभाहीन स्तन अछि, पाएरमे नूपुर नहि अछि। लगले गहना सभक बहार भेलासँ कान्तिमे जे भेद भए गेल छैक ताहीसँ अहाँक अङ्ग सभ कहि रहल अछि जे हे शोभन-दाँतबाली! अहाँ कोनो दिव्यस्त्री थिकहुँ ॥6॥

तखन हुनकहि आश्रयमे रहि ओ नेनाकेँ पोसल। विधिवत् ओहि नेनाकेँ विशाख एहि नामसँ अलंकृत कएल।

हुनकासँ पोसल जाइत विशाख क्रमशः चेतन भए कौमार दशाकेँ प्राप्त भेलाह। तखन ओ महादेवीसँ पूछल—माए! हमर बापक की नाम थिक? रानी कहल—से तँ हमरा जानल नहि अछि। विशाख कहल—अहाँ हमर माए थिकहुँ। अहूँकेँ यदि हमर बापक नाम नहि जानल अछि तखन तँ हमर विशाख नाम सार्थक

अछि। बापकेँ बिनु जनलेँ की कए सकब अथवा किएक जीब। किएक तँ बेटा प्रशस्त भेला उत्तर बापकेँ आनन्द होइत छैक, हमरा प्रशस्त भेला उत्तर ककरा आनन्द होएतैक? बेटा प्रशस्त भेला उत्तर बापक तृप्ति करैत अछि, हम प्रशस्त भएकेँ ककरा तृप्त करब? तेँ हमर जीवन निष्फल थिक ई कहि विलाप करैत बड़े कष्टसँ ओ कंठ छोड़ि कानए लागल।

ओहि मनस्वी कुमारकेँ एना कनैत ओ मरबा पर उद्यत देखि रानी पूर्वक सबटा वृत्तान्त कहि सुनाओल। देवी कहल—हे पुत्र! इएह थिक ओ वृत्तान्त। अहींक विषयमे करुणा करबाक अपराधसँ हमर ई दुर्दशा अछि। विशाख कहल—कहू तँ, हमरहि कारणे अहाँक ई दुर्दशा अछि! तखन तँ अहाँकेँ हमरासँ बड़ प्रत्याशा होएत। तेँ त्याग करबाक योग्यो एहि प्राणकेँ हम नहि त्यागब। अहाँक प्रत्याशाकेँ पुरएवाक निमित्त जीब। कहू तँ, कोन प्रदेशमे हम अहाँकेँ भेटलहु? किएक तँ

बुझबाक जे कोनो विषय छैक सबमे देश ओ कालक अनुसार पहिलुक ओ पछातिक प्रकरणक परिज्ञान सँ पुरुषक तर्क पसरैत छैक ॥7॥

तेँ ओहि देश जाए देखी जे हमर जन्म कतएसँ भेल अछि। ओ रानी हुनका ओहि प्रदेश लए गेलीह। ओ ओतए सौँसे अरण्य बौएलाह। घुमैत घुमैत ओहिठाम एक गोट सरोवरक किनारमे सुखसँ आसन लगओने तपश्शील नामक मुनिक दर्शन भेलैन्हि। हुनक समीप जाए हुनका प्रणाम कए कहल—भगवन् प्रसन्न भेल जाओ। ऋषि पूछल—तोँ के थिकह? कोन प्रयोजनसँ एतए आएल छह? विशाख सबटा ओ वृत्तान्त हुनका कहि सुनाओल। ऋषि कहल—कुमार! यदि ओहि समयक ओछाओनक वस्त्रखंड तोहरा भेटहु तँ तोहर माए बापक परिचय भेटि सकैत छहु। तखन कुमार देवीक लगसँ आनि वस्त्रखंड हुनका देखाओल। मुनिओ ओकर आधा दोसर खंड अपना घरसँ आनि देखए देल। दूहू देखला उत्तर एकहि वस्त्रक दू खंड निश्चित भेल। तखन मुनि सलज्ज कहए लगलाह—सुनह कुमार! समाचार, हम तपस्या आरम्भ कएल। ओहि तपस्यासँ इन्द्र शङ्कासँ आकुलित भए जे ई हमरे इन्द्रक पद ने लए लेअए-तेँ हमर तपस्याक भङ्गक निमित्त तिलोत्तमा नामक विद्याधरीकेँ एतए पठाओल। ओकर शृङ्गारचेष्टासँ सदर्प भए कन्दर्प हमर हृदयकेँ वशीभूत कए लेलक। कारण,

कमलनयनीक काजरसँ कारी कटाक्ष जनिक चित्तकेँ गीड़ि लैत छन्हि से जन ने नीक उपदेश सुनताह ने हुनका डर होइत छैन्हि ने लाज होइत छैन्हि ॥8॥

हुनकहिसँ अहाँ हमर पुत्र भेलहुँ। हमर तपस्याक भङ्ग कए तिलोत्तमा कृतार्थ भए गेलीह; ओ अपन पहिरनाक नूआकेँ दू टूक कए चेन्हक हेतु ई आधा हमरा दए गेलीह ओ दोसर टूककेँ बिछाए ओहि पर अहाँकेँ सुताए दोसर नूआ पहीरि स्वर्ग चलि गेलीह। कुमार ई जानि जे हम देवकन्या ओ मुनिक पुत्र थिकहुँ, बड़ प्रसन्न भेलाह।

तखन मुनिक वरदान लए विशाख सुलोचनाक संग ओहि बाटेँ पृथु राजाक नगर पहुँचलाह। ओतए ककरो घरमे सुलोचनाकेँ वेष बदलि राखि अपने नोकरी तकबाक मुद्रा बनाए राजाक भेट कए हुनक सेवामे लागि गेलाह। अत्यन्त प्रतिभासँ सम्पन्न ओ सब धारामे चतुर विशाख क्रमशः पृथु राजाक प्रतीहार भए गेलाह। प्रतीहारक पद पर काज करैत ओ अपन प्रभावसँ, उपकारसँ ओ दानसँ राज्यक बड़का बड़का लड़क्का सभक गुट्टकेँ वशमे आनि सुलोचनाकेँ जाए कहल—माए! अपन मनोरथ कहू। अहाँक प्रिय की कए दिअ? देवी कहल—पुत्र! यदि भए सकए तँ राजा पृथुकेँ बेड़ी पहिराए बान्हि हमरा दए जाउ। विशाख कहल—ई काज तँ हमरा खेड़िमे साध्य अछि।

तखन प्रातः काल तीनि चारि अपना विषय अनुरक्त जनकेँ हाथमे बेड़ी लेने अपन संग कए अपने तरुआरि लए राजा पृथुक सभक सभाक अवसरमे (आम दरबारमे) सबकेँ संबोधन कए कहल—हे सभासद लोकनि! सबकेँ हम जनाए दैत छी अहाँ लोकनि सबहुक संग तँ हमरा मेल भेले अछि। अहाँलोकनिमे एके जनि छथि जनिकासँ हमरा मेल नहि भेल अछि से ओ अपनाकेँ चिन्हितहिँ छथि। यदि ओ हाथ पएर चलओताह तँ एही तरुआरिसँ हम तुरन्ते हुनका मारि देबैन्हि। एखन आब हम इएह राजाकेँ बन्हैत छिऐन्हि ई बजैत बेड़ी जनिक जनिक हाथमे छलैन्हि तनिक सबहुक द्वारा राजाकेँ बान्हि सिंहासनसँ उतारि देल। सभासदलोकनि अपनासँ भिन्न सबकेँ मेल भए गेल छैन्हि ई बूझि केओ अस्त्रादि नहि चलाओल। वस्तुतः ककरो मेल भेल छलैन्हि नहि। विशाख राजा भेलाह।

तकर पछाति राजा पृथुकेँ बेड़ीमे बान्हि सुलोचनाक आगाँ आनल। हुनका देखि परम प्रसन्न सुलोचना कहल—की देव! हमरा चिन्हैत छी? राजा कहल—अहाँकेँ चिन्हैत छी, हमर पत्नी थिकहुँ। सुलोचना पूछल—एहि विशाखकेँ अपने चिन्हैत छिऐन्हि? राजा कहल—विशाखकेँ नहि चिन्हैत हिऐन्हि। देवी कहल—जनिकहि प्रसङ्ग हम कहिओ कहने रही जे निन्दाक विषय होइत छैक पुरुषक दशा, पुरुष निन्दाक पात्र नहि होइत अछि। ओएह नेना थिकाह ई जे एतेक पौरुष पाओल अछि जे अहूँकेँ बान्हि लेल अछि। ई कहि रानी हुनक पाएर पर खसि पड़लीह ओ पुनि हुनकहि ओहि राज्यक राजा बनाओल। हुनकहि विषय पितृभक्ति देखबैत विशाख ओहि राज्यक युवराज भेलाह। कहल अछि जे,

बिनु सैन्येँ, बिनु धनेँ, बिनु स्नेहयुक्त बान्धवेँ जे जन केवल बुद्धिसँ राजाकेँ जीति हुनक पदकेँ प्राप्त कएल ओ अपन माए ओ बापक परिचय जनाओल से जन एहि संसारमे अपन प्रतिभाक बलेँ विख्यात विशाख मन्त्री भेलाह ॥9॥

हुनके कृति एहुखन पर्यन्त नीतिसर्वस्व मुद्राराक्षस नामक नाटक प्रचरित अछि। इहो किंवदन्ती अछि।

इति सप्रतिभ कथा ॥9॥

10

मेधावीक कथा

एक बेरि बाजू तँ बूझि जाथि, जे सुनथि से विसरथि नहि, जनिक बुद्धिमे धारण करबाक सामर्थ्य छैन्हि से एहिठाम मेधावी कहबैत छथि ॥1॥

गौड़ देशमे श्रीहर्ष नामक कविपंडित छलाह। ओ नलचरित नामक काव्य रचि विचारल जे—

रससँ भरल, मनकेँ ग्रहण कएनिहार, गुण ओ अलंकारसँ युक्त जे काव्य सएह कविकेँ यशक कारण होइत छैन्हि; एहिसँ भिन्न काव्यसँ हँसी मात्र होइत छैन्हि ॥2॥

आओर—सुवर्णक परीक्षा आगिमे होइत अछि, काव्यक परीक्षा काव्यकेँ जननिहारक सभामे होइत अछि। ओहि कविक काव्यसँ कोन प्रयोजन जकरा सज्जनगण नहि जानि सकलाह ॥3॥

तेँ ओहि काव्यकेँ लए पंडितमण्डलीक उद्देश्यसँ वाराणसी गेलाह। ओतए कोक नामक पंडितकेँ नीक जकाँ सुनाओल। कोक संसारक सुखसँ विमुख प्रतिक्षण समाधिमे रहथि। दोपहरिआकेँ जखन स्नान करए मणिकर्णिका जाथि तखन बाट बाट सुनथि। हुनक पाछाँ पाछाँ जाइत श्रीहर्ष सब दिन पढ़ने जाथि, कोनो उत्तर नहि पाबथि।

एक दिन श्रीहर्ष कहल—आर्य! बड़ श्रमसँ हम महाकाव्य रचल अछि। ओकरे परीक्षाक निमित्त विदग्ध बूझि अपना देशक थिकहुँ तकर वात्सल्यसँ बड़ी दूरसँ आएल छी। बाटेँ बाटेँ जाइत अपनेकेँ नीक अधलाहक विवेचनाक प्रत्याशासँ प्रतिदिन सुनबैत छी। अपने ने निन्दा करैत छी ने प्रशंसा। तेँ हमरा मने अपने काने नहि दैत छी। कोक कहल—आः कान कोना नहि दैत छी? किन्तु सम्पूर्ण सूनि शब्द ओ अर्थक ऊहापोहसँ संदर्भक शुद्धि बुझि तखन ने विशेष कहब। एहि वासनासँ किछु कहैत नहि छी। काव्य तँ हम कानमे लेल ओ मनमे धारण कएल। यदि अहाँकेँ विश्वास नहि हो तँ सूनू। ओ तखन मास भरिमे सुनल सब पद्य पढ़ि देल। ई सूनि श्रीहर्ष आनन्द ओ आश्चर्यसँ हुनक पाएर पर खसि पड़लाह। श्रीहर्ष कहल—हे कोक पंडित! अपनेक मेधाक महत्तासँ हम परितुष्ट छी। कोक पंडित, काव्यक गुणकेँ प्रस्तुत कए, दोषक समाधान कए, ओकर वैशिष्ट्यकेँ वर्णन कए, ओहि श्रीहर्ष कविराजकाँ प्रसन्न कए अपना घर आपस पठाओल। तेँ,

जे गुणक ज्ञाता छथि से वस्तुक दोषक अनादर कए केवल गुणकेँ बिछैत छथि। भ्रमर काँटोवला गाछक फूलक गन्धमात्र ग्रहण करैत अछि ॥4॥

इति मेधावीकथा ॥10॥

11

सुबुद्धिक कथा

जकरा मेधा छैक, प्रतिभा छैक ओ जकर बुद्धि अधिक श्रेष्ठ छैक तथा जे संदेहक विषयमे निर्णय करबाक क्षमता रखैत अछि से सुबुद्धि कहबैत अछि ॥1॥

मिथिलामे कर्णाटकुलसंभूत हरसिंहदेव नामक राजा छलाह। हुनक मन्त्री छलथिन्ह गुणेश्वर नामक जे साङ्ख्य-सिद्धान्तक पारंगत ओ दंडनीतिमे कुशल दलाह। हुनक सुबुद्धिताक नाना प्रकारक गप्प सूनि सूनि देवगिरिक वामदेव नामक राजाकेँ बड़ आश्चर्य होइन्ह। ओ विचारल—मर्त्यलोकवासीकेँ बृहस्पतिक सदृश मनीषा कोना सुनलामे अबैत अछि? बेस, एकर पता लगाबी। तत्पश्चात् ओ राजा हरसिंहदेवक संग मित्रता कएल।

अपन जे समान अछि से यदि क्रियामे स्थिर हो, शूर हो, कृतज्ञ हो, महात्मा हो, तँ ओकरा संग मित्रता उत्तरकालमे सुखद होइत छैक ॥2॥

आओर—जखन कोष नष्ट भए जाइत छैक, सैन्य मारल जाइत छैक, नोकर बिगड़ि जाइत छैक तखन कुलीनक संग कएल मैत्री पुरुषकेँ कल्पलता जकाँ (सभासिद्धिकेँ देनिहार) होइत छैक ॥3॥

तकर पश्चात् दूहू दिशक उपचारसँ जखन मैत्री सुदृढ़ भए गेलैन्हि तखन राजा वामदेव हरसिंहदेवके लिखिकेँ माङल जे संदेशमे हमरा दू पुरुष पठाओल जाए, एक जन पंडित ओ दोसर मूर्ख। ई देखि, लिखा पढ़ि, राजा विचारल—मित्रक बात तँ टारल नहि जाए। तेँ एतएसँ कोन पंडितकेँ ओ कोन मूर्खकेँ पठाबी। चिन्तासँ एना व्याकुल राजाकेँ देखि मन्त्रिराज पूछल—देव! एना चिन्तासँ व्याकुल किएक छी? राजा कहल—मित्रक प्रार्थनाक निर्वाह नहि होएब परम लज्जाक विषय होएत। तेँ कोन पंडितकेँ आओर कोन मूर्खकेँ ओतए पठएबाक चाही तकरे चिन्ता अछि। मन्त्रिराज कहल—ककरहु नहि पठएबाक काज। राजा कहि उठलाह—आः शान्त हो पाप! मित्रक प्रार्थनाकेँ भङ्ग करब?

मन्त्रिराज ताहि पर कहैत छथि—मित्रक प्रार्थनाक सिद्धिए होएतैन्हि। कारण, वामदेव महाराज छथि। हुनक ओहि देवगिरि राज्यमे कोन वस्तु दुर्लभ छैन्हि? कतेक पंडित, कतेक मूर्ख ओतए नहि होएताह? तेँ एतएसँ पठाओल पंडित तथा मूर्खसँ हुनका कोन प्रयोजन होएतैन्हि? तेँ हमर तर्क अछि जे ओ राजा अत्यन्त पंडित ओ कुतूहली छथि; ओ एहि रूपेँ दू गोट पुरुषक मङबाक लाथेँ अहाँक मंत्री, हमर, परीक्षा करैत छथि जे हम पण्डित तथा मूर्ख केँ चिन्हैत छिऐक वा नहि।

राजा पूछल—तखन की कर्तव्य? मन्त्री कहल—देव! हुनका ई उत्तर पठाओल जाइन्हि जे पंडित तँ ने एहि राज्यमे छथि ने अहीँक राज्यमे बूझि पड़ैत छथि। हुनक

अन्वेषण वाराणसी वा कोनहु आनहि पुण्य-क्षेत्रमे कराओल जाए। कारण, बुद्धिक फल थिकैक आत्माक हित, तेँ जे बुद्धिमान् छथि से एहि इन्द्रजालक सदृश संसारक व्यवहारमे किएक रहताह? बुद्धिमान् तँ कतहु निर्जन गिरिकन्दरा मध्य समाधिमे पड़ल होएताह। मूर्ख तँ सबठाम सुलभ तेँ एहन तुच्छ वस्तुकेँ पठओने कोन फल? तनिक चिन्ह धरि परिचयक हेतु लिखैत छी।

हाथ पाएर सबकेँ समाने होइत छैक, ओ वैभव सबकेँ दैवक अधीन छैक। तथापि जे लोकसँ निन्दा पबैत अछि सएह मूर्ख कहबैत अछि ॥4॥

तथा—मनुष्यक जन्म पाबिओकेँ जे पुण्यक संचय नहि कएल ओ शुद्ध यश नहि अर्जल सएह मूर्ख कहल जाइत अछि ॥5॥

राजा कहल—तखन सएह कएल जाओ। तखन राजा ओ मन्त्री दूहूक परामर्शसँ वामदेव राजाकेँ सएह उत्तर लिखल गेल। ताहि लिखाकेँ पाबि राजा वामदेव परम संतुष्ट भेलाह तथा सभासद लोकनिक बीचमे ओहि राजाक तथा ओहि मन्त्रीक बहुत तरहेँ स्तुति कएल। वाह रे राजा! जनिका एहन राजनीति-कल्लोलिनी-कर्णधार धर्मज्ञ मन्त्री।

ओहि समयक कोनहु कविक श्लोक—

जे गुणी गणेश्वरक गुणराशिक गणना करैत छथि से निश्चय समुद्रक जलकेँ धैल लए लए उपछैत छथि ॥6॥

लौकिक तथा वैदिक यावतो कार्यकलापमे यदि एहि रूपक विज्ञता नहि रहितैन्हि तँ हुनका चन्द्रमाक सदृश विमल यश कतएसँ (अबितैन्हि) ॥7॥

इति सुबुद्धिकथा ॥11॥

प्रत्युदाहरण

सुबुद्धिक विपरीत दू गोट होइत अछि, कुबुद्धि ओ अबुद्धि। से आब संक्षेपमे कथा द्वारा कहल जाइत अछि ॥1॥

ताहि दूहूमे प्रथम कुबुद्धिक कथा कहैत छी।

सएह बुद्धि जकर तेज होइक मुदा कुमार्गमे जाइक तँ ओ कुबुद्धि कहबैत अछि तथा पाप ओ अपयशक भाजन होइत अछि ॥2॥

कथाक द्वारा पुनःपुनः कुबुद्धिक परिचय कए लेबाक चाही ओ नीक जकाँ परिचय भेलासँ ओकर परित्याग फल होएत ॥3॥

ओ दू प्रकारक होइत अछि। कहल अछि जे

वञ्चक (ठक) ओ पिशुन (चुगिलाह) इएह दू प्रकारक कुबुद्धि होइत अछि। ई दूनू पापकर्म करैत अछि तथा छोट कुलमे जनम लैत अछि ॥4॥

12

वञ्चकक कथा

ताहिमे वञ्चक कहल जाइत अछि।

कूट कर्ममे निपुण, बजबा मे मधुर, मुदा क्रियामे दारुण, आनक धनकेँ हरण कएनिहार, वञ्चक (ठक्क) कहबैत अछि ॥5॥

गोदावरी नदीक तीरमे विशाला नामक नगरी छल। ततए समुद्रसेन नामक राजा छलाह। चन्द्रसेन नाम हुनक बालककेँ शुद्ध-हृदय देखि ओहि नगरक निवासी ठक्क बनिआँ विचारलक जे–

बाघक भक्ष्य होइत अछित हरिण, गरुड़क भक्ष्य होइत अछि साप, असाधुक भक्ष्य होइत छथि साधुजन, जेना बाजक भक्ष्य आन चिड़ै होइत अछि ॥6॥

से साधुप्रकृतिक ई राजकुमार छथि तेँ निश्चित हिनक धन हम सुखेँ लए सकैत छी। तेँ हिनक समीप जाइ। ई विचारि ओ बनिआँ ओहि राजकुमारक दरबार करए लागल। चिञ्चा (तेतरि) फलक समान दुर्जनक स्वभाव परिणाम विरसो होइत तत्काल सुरस होइत अछि। ताहि स्वभावसँ राजकुमारक दरबार करैत अपन सेवासँ हुनका वशमे लए अनलक। तखन ओ बनिआँ विचारलक जे कोनहु उपायसँ हिनका देशान्तर लए जाए हिनकहि द्वारा राजाक खजानाक सारभूत जे रत्न सब अछि से घीँची। तहिआसँ खानगी गप्पमे आ कौतुहलक गप्पेमे ओ सुनबामे सुन्दर सुन्दर देशान्तरक गप्प सब बारंबार कहल करए। ओहि कथा सबकेँ सुनबामे रसिक राजकुमारकेँ जानि बनिआँ एक दिन कहल–कुमार! सरकार युवराजो छी तैओ सब दिन सुलभे स्त्रीसबसँ तथा भोगले भोग्य-वस्तु सबसँ अपनेकाँ सुख कतए? सुख तँ देशान्तरमे भेटैत छैक जतए प्रतिदिन जे नहि देखल अछि से देखैत छी, जे नहि खएने छी से खाइत छी, जकर अनुभव नहि अछि तकर अनुभव होइत अछि। से जेना–

नदी सब जाहिमे कमल फुलाएल अछि, जङ्गल सब जतए सबदिन सुन्दर सुन्दर गाछ ओ लत्ती अछि, पहाड़ सब जकर मध्यभाग सोन ओ रत्नसँ चित्रित अछि, नगर सब जतए बड़ बड़ उच्च कोठा सब अछि, युवती सब जे नानाप्रकारक केलिमे चतुरा अछि, शूर सब जे घोर-घोर युद्धमे दक्ष अछि–कहूँ तँ केओ कोमल-बुद्धिबला लोक संसारमे ई सब वस्तु कोना देखत जँ भिन्न-भिन्न अनेक देश नहि जाएत? ॥7॥

चन्द्रसेन कहल–हे मित्र! हमरा तँ बड़ उत्कंठा अछि। कोना भिन्न-भिन्न देश देखब? बनिआँ कहल–कुमार! भारमे थोड़ मुदा मूल्यमे अधिक धनसँ देशान्तर देखब निबहैत छैक जँ मन स्थिर रहए। धन तँ राजकुमार अपनेकाँ अछिए। केवल अपने मन स्थिर कएल जाओ। कुमार कहल–मन स्थिर भेले अछि। ठक्क कहल–यदि ई

कार्य आनक कान धरि नहि पहुँचए, आनक तर्कक विषय नहि होअए, तँ काजक निर्वाह भए सकैत अछि। कुमार कहल—केओ एकर तर्को नहि कए सकैत अछि।

तखन एहि रूपें देशान्तर देखबाक अभिलाषासँ युक्त कुमारकें ओहि रूपक धनसँ युक्त शिकारक व्याजसँ लएकें ओ बनिआँ विदा भेल। किछु दूरसँ सैन्यकें फिराए नीक नीक घोड़ा पर सवार दूहू जन कोनहु दिशि बिदा भए गेलाह। तखन दूर यात्रासँ परिश्रान्त दूहूजन भूख ओ पिआससँ व्याकुल, कतहु जंगलमे जलाशयक समीप एक गोट बड़का गाछ देखल। ओहि गाछक छायामे दूहू जन घोड़ा परसँ उतरलाह। राजकुमार जलपान कए परमसुखी, छायाकें, पाबि घासक ओछाओन पर निन्द पड़ि गेलाह। हुनका सूतल देखि ओ ठक्क विचारलक जे हमरा जे काज अछि तकर इएह अवसर थिक तखन पाएर जँतबामे प्रवीण ओ दुष्ट जाँचल जे कुमार सूतल छथि वा नहि। हुनका गाढ़ निद्रामे देखि लत्तीसँ हुनका बाँधि देलक। तखन लत्तीसँ गात्र गात्र बान्हल हुनक छाती पर चढ़ि छूरी लए हुनक दूनू आँखि फोड़ि देलक। राजकुमार यावत् "बचाउ हे मित्र बचाउ" चिचिआथि तावत् तँ ई अपन काज कए सबटा धन ओ दूहू घोड़ा लएकें पड़ाए गेल। कुमार ओहि बनमे बपहारि काटिकें कानए लगलाह। एना कनैत, आँखिक वेदनासँ जोरसँ हाथ पाएर पटकैत हुनक बन्धन टूटि गेलैन्हि। अपने ओ थाकिकें निःसह निष्क्रिय भए भूमि पर खसि पड़लाह।

ओहि गाछ पर एकटा बूढ़ सूगा रहैत छल। ओकर दू गोट बेटा, बड़का बड़का सूगा, चलबा फिरबामे असमर्थ अपना बापकें प्रतिदिन आहार आनि आनि दैक। ओहि दिन ओ दूहू अपना बाप बुढ़वा सूगाकें भोजन कराए कहल—हओ बाबू! आइ हमरा दूहू गोटए नर्मदाक तीरमे बड़े अपूर्व ओ कष्टक विषय देखल अछि। बुढ़बा सूगा पूछल हओ बाउ! की से अपूर्व देखैत गेलह अथवा कोन कष्टक विषय देखैत गेलह? बड़का दूहू सूगा कहल जे—ओतए यूथिकापुर नगरमे नीलरथ नामक राजाकें एकेटा बेटा चित्ररथ नामक छैन्हि, आ' से आन्हर। वैद्यलोकनि सेवा करितहुँ छथिन्ह तथापि अन्धता नहि छुटैत छैन्हि। ताहिसँ राति मे बिनु दीपक घर जकाँ ओ राज्य बड़े कष्टक विषय देखलाँ गेल। बुढ़बा सूगा कहल—पुत्र! जकर चक्षु नष्ट भए गेल छैक चक्षुक बल अनबाक औषध छैक किंतु वैद्यलोकनि औषध नहि जनैत छथि। ओ दूनू पूछल—की छैक से औषध? बुढ़वा सूगा कहैत अछि-एही गाछक सुखाएल अथवा आर्द्र फूलसँ यदि आँजन कएल जाइक तँ जकर चक्षु नष्ट भए गेल छैक सेहो पुनि चक्षुष्मान् भए जाए।

ई सूनि कुमार विचारल—अरे! विधाता तँ अनुकूल बुझाइत छथि जे पक्षीक परस्पर आलापमे आँखिक औषधक प्रस्ताव भए गेल। औषधो तँ एतए सुलभे अछि। तें एहि गाछक फूलसँ तावत् आँखिमे आँजन करी। पछाति कुमार सएह कएल। तखन पहिल चोट आँजनसँ आँखिमे वेदना शान्त भए गेल। दोसर चोटसँ आँखिमे

पुतरी भए आएल। तेसर चोटसँ बढ़िआँ सूझए लागल। तखन अत्यन्त हर्षित कुमार विचारल जे–आब तँ छोटक संग मित्रतासँ उत्पन्न विपत्ति पार कएल। आगाँ आब की कर्त्तव्य? एहि दुर्दशामे जँ घर घूरि जाएब तँ आनक उपहासक पात्र होएब ओ अपन हीनता प्रकाशित होएत। हीनता मरणहुसँ निन्दित थिक। तेँ एहिठामसँ घर नहि जाएब। नीक तँ होएत जे गुण-बुझल एहि औषधकेँ लए यूथिकापुर जाइ, ओहि राजकुमार चित्ररथकेँ आँखि बनाए दिऐन्हि। ताहीसँ हुनक बाप नीलरथ हमर कामनाकेँ पूर्ण कए देताह।

ई विचारि औषध लए कुमार बाट पुछैत कतोक दिनेँ यूथिकापुर पहुँचलाह। ओतए नीलरथक भेँट कए हुनक पुत्र चित्ररथकेँ आँखि बनाए देल। प्रसन्न भए नीलरथ सब किछु पूछल। हुनक कथासँ, गुणसँ, स्वभावसँ हुनक कुलकेँ बूझि चित्ररथक छोट बहिनि चित्रसेना नामक अपन कन्याकेँ विवाहक विधिसँ अपन राज्यक चतुर्थ भाग समेत हुनका दए देल। तहिआसँ चन्द्रसेन अपन प्रिय चन्द्रमुखी चन्द्रसेनाक संग कण्टकसँ शून्य राज्यसुखक भोग करए लगलाह।

एक समयमे कोनहु उत्सवक अवसर पर चन्द्रसेन अपन श्वशुर नीलरथक आलय जाइत अकस्मात् बाटमे वञ्चक जे ओ बनिआँ तकरा अबैत देखल। देखितहिँ ओकरा हृदयसँ लगएबाक हेतु ओ घोड़ासँ उतरलाह। वञ्चक तँ हुनका चीन्हि "एतहु कतएसँ ओएह राजकुमार" ई सोचि पड़ाएल। पड़ाएल जाइत ओकरा कुमार पएदल सिपाहीसबकेँ पठाए पकड़ाए मङाओल ओ ओकरा छातीसँ लगाए पूछल–मित्र! कुशल? बनिआँ किछु नहि बाजल। मित्रकेँ पाबि प्रसन्न ओ कुमार राजभवन जाएब छोड़ि ओहि बनिआँक संग अपना घर आबि एकान्तमे बैसलाह।

कुमार पूछल–मित्र! समाचार कहू। ओहि प्रकारेँ धन पाबिओकेँ एहन दुरवस्थ किएक छी? बनिआँ कहल–अपना कर्मक फलक परिणामसँ। कुमार कहल–मित्र! ओहि कर्मकेँ बिसरि जाउ। कहू एहन दुर्बल किएक छी? बनिआँ कहल–बनिआँ स्वभावहिसँ लोभी। हम अपनेक ओहि धनसँ वाणिज्यक हेतु नाओ चढ़ि समुद्र पार गेलहुँ। ओतए हमर वाणिज्य कत गुण अधिक धनक भए गेल। ओतएसँ अबैत हमर नाओ तटक समीप आबि समुद्रमे डूबि गेल। धन तँ सबटा नष्टे भए गेल, अपने टा प्राण बचाए एतए आएल छी। आब अपराधी हमर प्राण अपने लए लेल जाओ। चन्द्रसेन कहल–मित्र! डरबाक काज नहि। तोँ हमर मित्र थिकह। सज्जनक मैत्री यावज्जीव पालनीय होइत अछि। धन नष्ट भेल तँ नष्ट होअओ। तकर चिन्ता जनु करह। ताहूसँ अधिक हम आओर धन तोहरा देबहु।

बनिआँ कहल–कुमार! अपन अपराधसँ कलुषित हमरा हृदयकेँ एकर प्रतीति नहि होइत अछि, कारण, अपनेक विषयमे तँ हमर कोनो व्यापार मित्रक सदृश भेल नहि। पहिलहिँ अपने हमरा पर कोना प्रसन्न भेलहुँ? चन्द्रसेन कहल–मित्र!

हमर अधीन तँ हमर अपने कर्म अछि। तोहर कर्मक हम के? किएक तँ—

अहाँ किछु करू, अहाँक कोनो मार्ग हो, किन्तु अहाँक मित्रताक वशीभूत मनसँ हम की नहि कएल? अपन लोकक संग संग बड़का राज्य त्यागल। तैओ हमर तँ अधिकार अपनहि कृत्यक विषयमे अछि, आनक कृत्यक मालिक तँ हम नहि छी ॥8॥

एहि पद्यकेँ सूनि ओहि वञ्चकक हृदय लज्जासँ फाटि गेलैक आ' ओ मरि गेल। कुमार ओकर मरणक दुःखसँ बड़े कनलाह। अपना स्वामीकेँ कनैत देखि चित्रसेना पूछल—नाथ! ई के थिकाह? कतएसँ अएलाह? मुइलाह किएक? करुणासँ पराधीन भए अहाँ एना किएक कनैत छी? चन्द्रसेन कहल—पहिने ई हमरा संग बड़ पैघ महत्ता कएने अछि, किएक तँ धन सबटा लैओ लेलक तथापि अपना हाथमे हमरा पाबिओकेँ जड़िसँ हमर विनाश नहि कए देलक। चित्रसेना कहल—से एकरासँ गलती भेलैक, जानिकेँ एना नहि कएलक। चन्द्रसेन कहल—तैओ ई पैघ अछिए जेँ एतए लज्जासँ अपन प्राण त्यागल। किएक तँ,

कतहु कतहु कुमार्गहुमे जाइत पुरुष श्रेष्ठ होइत अछि यदि ओ सलज्ज हो; कारण, अकुलीनक मनमे लज्जा नहि होइत छैक ॥9॥

कुमार तखन ओकर अन्तिम संस्कार ओ श्राद्ध इत्यादि और्ध्वदेहिक क्रिया ओकर सजातीय द्वारा कराए देल। तैओ ओ ठक्क अपन व्यापारक फल एहि लोकमे अयश ओ परलोकमे नरक पाओल।

इति वञ्चककथा ॥12॥

13

पिशुनक कथा

यथा—

जे उपकार करए तकरो द्वेष करी, निर्दोषहुक विषयमे अपवाद पसारी, अपराध कैओकेँ लज्जित नहि होइ,—एहने होइत अछि पिशुन जे संसार भरिक अप्रिय होइत अछि ॥1॥

कुसुमपुर नामक नगर छल। ततए मन्त्री राक्षसक निरीक्षकतामे चन्द्रगुप्त नामक राजा छलाह। ओहि राजासँ सौराज्यबला ओहि राज्यमे एक गोट ब्राह्मण-ब्राह्मणी रहथि। हुनका एकटा पुत्र भेल। बापक मुइला उत्तर ओकर पालनक सामर्थ्य नहि रहलासँ ओकरा ओकर माइओ छोड़ि देलकैक। ओहि अनाथ शिशुकेँ ओहिठामक निवासी सोमदत्त नामक बनिआँ बाटमे पड़ल देखल। ओकरा देखि दयासँ ओ

ओहि शिशुकेँ ओतएसँ अपना ओहिठाम आनि अपना धनसँ पोसल, ब्राह्मणक द्वारा संस्कार कराओल ओ कायस्थसँ पढ़बाओल। एक समयमे कायस्थक ओहिठाम ओकरा देखि केओ क्षपणक (बौद्ध साधु) एहिरूपेँ पद्यमे पढ़ने छलाह—छोट ब्राह्मणक कुलमे उत्पन्न, बनिआँक धनसँ पोसल, कायस्थसँ विद्याके पाबि (ई) क्षुद्रबुद्धि होएत ॥2॥

तहिआसँ सब केओ ओकरा क्षुद्रबुद्धिए कहैक। पछाति ओ बनिआँ प्रत्युपकारक वासनासँ ओहि ब्राह्मणकेँ राजाक समीपमे राखि आएल। यावत् धरि ओ अपन आराधनासँ राजाकेँ प्रसन्न करए तावत् धरि बनिआँ ओकर पोषण अपनहि धनसँ करैत रहल। पश्चात् जखन राजा प्रसन्न भेलथिन्ह ओ ब्राह्मणकेँ धन भेटलैन्हि तखन बनिआँ उदासीन भए गेल। बनिआँकेँ उदासीन देखि क्षुद्रबुद्धि कहल—पिताजी! आइ धरि अहाँ हमर भरण किएक कएल आ' आब किएक नहि करैत छी? बनिआँ कहल—सज्जन! आब तँ राजाक अनुग्रहसँ वैभवकेँ पाबि अहीँ बहुतक भरणमे समर्थ छी, तखन कोना बनिआँ हमरासँ अपन भरणक इच्छा रखैत छी? आब तँ अहीँ हमर पोषण करी से उचित। एना बकवाद भेला पर श्लोक—

बनिआँ प्रत्युपकारक इच्छुक छल, बाभन ओकर धनक लोभी छल। दूहूक इच्छाक पूर्त्ति नहि भेलैक तेँ दूहूकेँ अपनामे वैर भए गेलैक ॥3॥

पछाति क्षुद्रबुद्धि खिसिआएकेँ कहल—रे छोटका बनिआँ! तोँ की आँखि देखलेँ हेँ? आइधरि यदि तों हमर भरण करबे कएलेँ तखन तोँ आब हमर भरण किएक नहि करबेँ? की हमरा तोहर धन जानल नहि अछि आ' राजा की हमरा नहि पुछैत छथि? तेँ जँ हमरा नहि देबेँ तँ राजाकेँ देबहुन्ह। ओकरा कथासँ परम भयभीत ओ बनिआँ क्षुद्रबुद्धिक इच्छासँ किछु किछु धन दैत क्रमशः गरीब होइत गेल।

धनकेँ क्रमशः क्षीण होइत स्वामीकेँ चिन्तित देखि बनिआँक स्त्री पूछल—नाथ क्षुद्रबुद्धि बाभनकेँ अहाँ पोसिकेँ पैघ बनाओल। ओकरा वैभवो भेलैक मुदा ओ अहाँकेँ किछु नहि दैत अछि। ओ तँ अहीँ सँ लैत अछि। ओकरा धन किएक दैत छिऐक? बनिआँ कहल—प्रिये! ओ दुर्जन अछि। जँ ओकरा नहि देबैक तँ ओ राजाक ओहिठाम चुगली कए देत। ताही डरसँ दैत छिऐक। किएक तँ—

पिशाच, चुगिलाह ओ कुकुर-ई तीनू लोभसँ अत्यन्त आन्हर भेल करैत अछि। समय खेपबाक इच्छा हो तँ किछु किछु दए एहि तीनूक निवारण करी ॥4॥

बनिआँक बहु कहल—नाथ! ओ ब्राह्मण जँ चुगलाह छल तँ अहाँ ओकरा किएक पोसल? बनिआँ कहल—प्रिये! पहिने तँ चुगिलाह अछि से नहि चिन्हलिऐक। किएक तँ—

ई तँ विधाताक अपराध थिकैन्हि जे दुर्जनकेँ ओकर स्वभावक परिचायक कोनो कारी चेन्ह मुहमे नहि दैत छथिन्ह ॥5॥

आओर—दुर्जनक आकार गुप्त होइत छैक ओ ओकर परिचय होइत छैक

अपकारसँ। मुदा तखन तँ काज कए लेने ओकर परिचयसँ कोन फल? ॥6॥

बनिआँक बहु कहल—नाथ! परिचयक फल तँ इएह जे एखनहु ओकरा छोड़ी। बनिआँ कहल—जागल व्याधि कोना बिनु क्रमक छुटि सकैत अछि? तँहि ने ओकरा किछु किछु दए काल खेपिए रहल छी। बनिआँक बहु कहल—नाथ! एकर प्रतीकार तँ दान नहि थिक। कारण,

ने दानसँ, ने मानसँ ओ ने प्रेमसँ ओ प्रसन्न होएत। दुर्जन तँ बदलामे अपकारसँ पछाड़ल गेलहि उत्तर प्रसन्न होएत ॥7॥

पुनः—प्रेम करबैक तँ बुझत जे एकरा सामर्थ्य नहि छैक; किछु देबैक तँ फेर माङ्त; केवल बदलामे अपकार करबैक तखनहि दुर्जन मित्र जकाँ वशमे आओत ॥8॥

बनिआँ कहल—हमरा तँ कुटुम्ब अछि, हम तँ लज्जाक वशमे छी; ओ अछि निर्लज्ज। कोना ओ हमर शक्य पछाड़ल जाएत? ओकर पराभव तँ इएह भेलैक जे ओ हमरा लोकनिकेँ पराभव दैत अछि। बनिआँक बहु कहल—नाथ, ओकरा किछु किछु दए दए कतेक कालधरि तोषैत रहब? तेँ हमरा चित्तमे इएह उपाय प्रतिभासैत अछि जे ई कथा जाए राजाकेँ निवेदन करिऐन्हि। किएक तँ—

राजाक धन थिकैन्हि सेना, दुर्बुद्धिक धन थिकैक कुवृत्ति; दरिद्रक धन थिकैक दीनता; साधुक धन थिकैन्हि सत्य ॥9॥

तेँ यथार्थ निवेदन कएलासँ राजा सएह एकर प्रतीकार कए सकैत छथि। बनिआँ कहल—आः पाप शान्त हो। हमहु यदि राजाक ओहि ठाम चुगलिए करब तँ बराबरिए भए जाएत। ओ अपनहि व्यापारसँ विनष्ट भए जाएत। किएक तँ आब ओ राजाक मुहलगुआ भए मन्त्रीक चुगली करैत छैन्हि। बनिआँक बहु कहल—से किएक? बनिआँ कहल—मुह कुड़िआइत छैक तँहि। किएक तँ—

आनक प्रीतिकेँ देखि खलकेँ माथ दुखाए लगैत छैक। अपनहि आशयक दोषसँ ओ संसार भरिक द्वेषी होइत अछि ॥10॥

बनिआँक बहु पूछल—की चुगली करैत छैक? बनिआँ कहल—राजाकेँ कहैत छैन्हि—देव! मन्त्री राक्षस अहाँक अहित चाहैत छथि। तखन राजा कहैत छथिन्ह-विप्र! हमर गुरु आचार्य चाणक्य हमर ई राज्य, ओ हमरा अपना मन्त्री राक्षसक हाथमे बड़ विचारिकेँ समर्पित कए देल। जहिआ ओ हमर मन्त्रित्व स्वीकार कए हमर तरुआरि लेल तहिआसँ आचार्य चाणक्य हमरा प्रति निश्चिन्त भए गेलाह। तेँ आचार्य चाणक्य परिच्छिन्न वस्तुमे व्यभिचारक कोन शङ्का? किएक तँ,

नवो नन्दकेँ नाश कए पर्वतेश्वर केँ नीतिसँ मारल; हमरा विषय मे विषकन्या प्रभृति आपत्तिकेँ जानिकेँ निवारल; राज्यलक्ष्मी निश्चला हमरा मध्य स्थापित कएल; एहन जे हमर गुरु आचार्य चाणक्य तनिक कएल कर्ममे विकारक भ्रम एखन आब कतएसँ? ॥11॥

बनिआँक बहु कहल—वाह रे चन्द्रगुप्त वाह! पुरुषक गुणसँ अहाँ जन्महुक

पैघत्वकेँ जीतल। अहाँ सत्प्रभु (नीक मालिक) छी। मालिक यदि सर्वज्ञ हो तँ कान लग चुगिलाहक रहनहि की? तखन क्षुद्रबुद्धि की कएल? बनिआँ कहल—ओ निर्लज्ज एहिरूपक अभेद्य प्रेमक अछैतहुँ भेदक निमित्त दूटा पद्य पढ़ल।

जे राजा मोहमे पड़ि अपन कार्य स्वयं नहि देखैत छथि तनिक धन आन ओहिना भोग करैत छैन्हि जेना सूतल लोकक धन चोर भोग करैत अछि ॥12॥

तथा—सहस्रो आमात्य अछि, कोटि सेना घेड़लें अछि, तैओ अपन नीक राजा एकसरे अपनहि टा चाहैत छथि ॥13॥

आओर—बाट छोड़िकेँ चलैत सब लोकके नित्य मार्ग पर अनैत राजाकेँ सहज मित्र के भए सकैत अछि? सब कारणहिसँ हुनक बान्धव होइत अछि ॥14॥

इत्यादि बहुत प्रकारेँ चुगलीक कथा बजैत क्षुद्रबुद्धिकेँ चन्द्रगुप्त राजा नीच कए बुझल ओ ओकरा सुनाओल जे—

कार्यक भार तँ मन्त्री बहथि, राजा राज्यक सुख भोगथि। राजा जँ अपनहि भार बहथि तँ सुखक भोग के करथि? ॥15॥

तखन राजाक ओहिठाम अपन उद्यमकेँ भग्न देखि ओ मन्त्री राक्षसक समीप जाए कहल—मन्त्रिराज! चन्द्रगुप्त अपनेकेँ हितकारी नहि बुझैत छथि। बनिआँक बहु कहल—नाथ! तखन मन्त्री की बजलाह? बनिआँ कहल—ओहि दुर्जनक कथासँ वृषल राजाक विषयमे क्षण भरि हुनक हृदयमे संदेह भए गेलैन्हि। बनिआँक बहु कहल—मन्त्री लोकनि तँ कुटिल आशयक होइतहि छथि, खलहुक वचनसँ संदेह करैत छथि! नाथ! मुदा ई वार्ता गुप्त तँ रहतैक नहि। मन्त्री जखन वृत्तान्त बुझथिन्ह तखन क्षुद्रबुद्धिकेँ पोसने छिऐन्हि तेँ हेतु अहूँ पर अभियोग लागत। तेँ जे नहि आएल अछि तकर प्रतीकार पहिनहि कए लिअ। क्षुद्रबुद्धिसँ जे अपना पराभव भेल अछि से मन्त्रीकेँ कहि दिऔन्हि। ओहिसँ मन्त्री क्षुद्रबुद्धिकेँ अहाँक अपकारी बुझथुन्ह। एहि सब बातक परामर्श कए बनिआँ दूहू प्राणी संदेश लए अपने पराभव समाचार जाए मन्त्री राक्षसक ओतए निवेदन कएल।

राक्षसकेँ तँ क्षुद्रबुद्धिक प्रसङ्ग वितर्क भए गेल छलैन्हि। बनिआँक कथासँ परम संतुष्ट भए कहल—हे सोमदत्त! जेना तोँ क्षुदबुद्धिकेँ पोसलह से सब हम जनैत छी। तैओ जे तोहरे नहि भेलहु से कोना आनक हित होएत? तेँ राजाक अनीति, मूलहीन, हमरा कहैत अछि।

तखन ओहि बनिआँकेँ लेने मन्त्री जाए ओ वृत्तान्त राजाकेँ निवेदन कएल। राजा सेहो ओ सूनि क्षुद्रबुद्धिक कहल सबटा मन्त्रीकेँ कहि देल। तखन राजा ओ मन्त्री दूहू गोटए थपड़ी दए दए हँसैत कहल—अहो! देखू तँ दुर्जनक प्रवीणता जे हमरहु दूहू गोटाक मित्रतामे भेद करए चाहैत अछि। मन्त्री कहल—जे वापक तुल्य अपन पोषक सोमदत्तक अनिष्ट कएलक से की नहि कए सकैत अछि? एहि व्यापारसँ लक्षित होइत अछि जे ई अपना बापक जनमल नहि थिक। किएक तँ—

हीनकुलमे उत्पन्न लोक दुष्टबुद्धिक होइत अछि ओ कातर होइत अछि, किंतु एहि संसारमे उपकार कएनिहारक अपकार कएनिहार जारजसँ भिन्न नहि होइत अछि ॥16॥

राजा कहल—यदि एकर माए जिबैत होइक तँ एहि बातक पता लगएबाक चाही। बनिआँ कहल—राजा! एकर माए जिबैत छैक। तखन कुतूहल उत्पन्न भए गेल राजा अनका द्वारा ओकर माए ब्राह्मणीकेँ धनादिसँ सन्तुष्ट कए पुछबाओल। धनक लोभसँ आक्रान्त हृदय ओ सब किछु यथार्थ कहि देल जे-सत्ये जखन हमर स्वामी भिक्षुक भीखक निमित्त आनठाम गेल रहथि तखन अन्हरिआ रातिमे अपना घरमे एकसर युवती हमरा लग गामक चांडाल आएल। तकरे जनमल थिक ई क्षुद्रबुद्धि। ई सूनि राजा कहल जे उचित तर्कसँ निर्णय कएल वस्तुमे अन्यथाक सम्भावना कोन? सत्ये ई चांडालैक जनमल थिक। बनिआँ कहल—

मुह देखिलिऐक, बाजब सुनलिऐक, सुन्दरताक परीक्षा लेलिऐक। मुग्ध जेँ हमर चित्त तेँ हम तखन ई ककर जनमल थिक से टा नहि पुछलिऐक ॥17॥

राजा कहल—तकर फल पओलह। किएक तँ—

अङ्गुठा बराबरि छोट छीन मुदा फूसि गर्वसँ भरल क्षुद्रबुद्धिनामक एहि पापीसँ साधु जे तोँ से आकुल कएल गेलह ॥18॥

तखन राजा बनिआँकेँ धन दिआए शेष धन स्वयं लए क्षुद्रबुद्धिकेँ समुद्रक पार पठबाए देल। श्लोक छैक जे—

भ्रमहुसँ, अनवधानहुसँ, वा दैवयोगहुसँ सज्जनगणकेँ दुष्टजनक समाज नहि होउन्ह जकरासँ उत्पन्न पापकेँ बिसरबाक उपाय जखन प्राणक अन्त होएत तखनहि होएत ॥19॥

इति पिशुनकथा ॥13॥

अबुद्धिक कथा

सुबुद्धि पुरुष श्रेष्ठ थिक; कुबुद्धि पुरुष अधम थिक। बिनु बुद्धिक पुरुष; अबुद्धि, पशुक समान थिक। ओ ने उत्तम ने अधम थिक ॥1॥

आओर—भूख, निन्द, भय, तामस, अनवधानता, मैथुन, घृणा—ई सभ पशु ओ मनुष्यक साधारण धर्म थिक तेँ ई सब अबुद्धिऔ केँ होइतहिँ छैक ॥2॥

जन्म ओ संसर्गक भेदसँ अबुद्धि दू प्रकारक कहल अछि। ओ दूहू सब कर्म करत ओ लोकमे बर्वर कहाओत ॥3॥

बर्वरक कथा सूनि, कौतूहलसँ हँसैत, नेना सब ओकर चेष्टाकेँ हेय कएकेँ बुझैत अछि ॥4॥

14

अथ जन्मबर्वरक कथा

ताहि दूहू मे पहिलहिँ जन्मबर्वरक कथा प्रस्तुत करैत छी।

कौशाम्बी नामक नगरी छल। ताहिठाम देवधर नामक ज्योतिषी रहथि। हुनका बेटा भेलथिन्ह शान्तिधर नामक। ओ जन्मबर्वर, गुणी पुत्रक मनोरथसँ बाप कतबओ पढ़बथिन्ह तथापि, पदार्थकेँ नहि बुझथिन्ह। किएक तँ

बाप संतुष्ट भए बेटा सबकेँ सर्वस्व दए दैत छथि परंतु ओहो भाग्य ओ बुद्धि नहि दए सकैत छथि ॥5॥

तैओ इहलोक ओ परलोक दूहूक प्रत्याशाक अङ्कुर, सभ मनोरथक स्थान, ओएह एकटा हुनका पुत्र। तेँ ओ प्रतिक्षण आन सब काजसँ मुह फेरि, जेना हुनक छायावाही रहथि, हुनका पढ़बथि। तेँ बहुत दिनेँ बापक बड़का श्रमसँ ओ सूगा जकाँ शास्त्रक अभ्यास कए लेल। बेटाकेँ शास्त्र पढ़ाए ज्योतिषी विचारल जे एहि बेटाक गुणसँ राजाकेँ परिचित कराबी। कारण–

जे गुणी छथि से धनक आकांक्षासँ अपन गुण राजाकेँ निवेदन कए कृतकृत्य होइत छथि, जेना वेश्या अपनाकेँ अपन प्रेमीक ओतए निवेदन कए (कृतकृत्य) होइत अछि ॥6॥

तखन ओ ज्योतिषी अपना बेटाकेँ राजाक ओहिठाम लए गेलाह। हुनका आगाँ देखि राजा कहल–अओ देवधर ज्योतिषी! अहाँक बेटा की पढ़ने छथि? ज्योतिषी कहल–देव! ई ज्योतिष पढ़ने छथि, प्रश्नो जनैत छथि। से आइ अपनेसँ पुछल गेला पर यदि प्रश्न बुझताह तखनहि पढ़बाक फलक पात्र होएताह।

तदुपरान्त कुतूहलसँ ओ राजा सोनाक एकगोट औँठी मुट्ठी मे लए हुनका पूछल–कहू अओ ज्योतिषीक बेटा! कहू तँ हमरा मुट्ठीमे कोन वस्तु थिक? ज्योतिषीक बेटा कलम लए शास्त्रानुसार गणना करए लगलाह। गणनासँ बूझि कहल–देव! जीव नहि थिक ने मूल थिक किंतु धातुरूप वस्तु अपनेक मुट्ठीमे अछि। राजा कहल–बात मिलैत अछि। ज्योतिषी पुनि कहल–भारी द्रव्य अछि, बीचमे खाली अछि। राजा कहल–वाह रे ज्योतिषीक बेटा वाह वाह! खूब बुझल। कहू कहू।

तखन राजाक प्रशंसासँ धरफराए, बाहुमूलमे रोमाञ्चित भेल, लगले कहिऐन्हि तेँ गणना त्यागि, अपनहि ऊहिसँ कहल–पाथरक गोल जाँत अछि अपनेक मुट्ठीमे। राजा हँसिकेँ कहल–अओ ज्योतिषी! अहाँक बेटा शास्त्रमे तँ अभ्यास कएने छथि किन्तु छथि अबुद्धि। जतबा दूर धरि शास्त्रक अनुसार गणना कए ई कहल ततबा दूर धरि तँ सबटा मिलल। मुदा जे किछु ई अपना ऊहिसँ कहल अछि

से किछु नहि मिलल। आओीर की? अओ ज्योतिषीक बेटा! अहाँ जनितहिँ छी जे मनुष्यक मुट्ठीमे गोलका जाँत नहि अँटि सकैत अछि। तखन कहू तँ, एहन अव्याप्तिमूलक तर्क कोना अहाँक मनमे आएल? तेँ अवश्ये बुद्धिहीन छी। ई कहि राजा हुनक अवज्ञा कएल। तेँ

जन्म भरि गुरुक सन्निधिमे रहथु, समुद्रक कात धरि पृथिवी पर भ्रमण करैत रहथु, सब शास्त्र पढ़ि जाथु, चिन्तना करैत रहथु, मुदा जे बुद्धिविहीन छथि से कहिओ धीरता नहि पओताह ॥7॥

इति जन्मबर्वरकथा ॥4॥

15

अथ संसर्गबर्वरक कथा

बुद्धिमानो मनुष्य हीनक संसर्गसँ हीन होइत छथि। गाए बड़दक संसर्गसँ गोआर बूड़ि होइत अछि ॥1॥

जेना—

कहिओ गण्डकीक समीप मे कतहु प्रचुर घाससँ भरल बड़का परती छल। ततए गाएकेँ पोसि जीविका चलओनिहार बहुतो गोआर रहैत छल। ताहिमे एकटा गोआर शलभ नामक ओतहि जनमल, ओतहि बढ़ल, नगरक व्यवहारकेँ कहिओ देखलक नहि, ओहिना चेतन भेल। एक दिन ओकर बूढ़ि माएकेँ व्याधिसँ पीड़ित दुर्बल देखि बूढ़ गोआर सब ओकरा कहलक—रओ शलभ! तोर माए बूढ़ि छौक, तोंहीटा ओकर गति छहिन्ह, एहन दुब्बरि किएक छौक? एकरा किएक ने तकैक छहीक? वृद्धक शरीरक जुटब तँ पोसबहिक साध्य छैक। तेँ एकरा सावधान भए पोसहीक।

शलभ माइक स्नेहक परवश छल, पोसबाक अर्थ ओ गाइकेँ पोसब मात्रमे बुझने छल, पोसबाक परिपाटी ओ बथानहि टा मे देखने छल। तेँ गाइक नाङरिक रोइआँसँ चित्तिर-वित्तिर सोनक बाँटल डोरीसँ ओ अपन ओहि बूढ़ि माइकेँ गरदनिमे बान्हि करसीक आगि पजारि ओकर धूआँमे मुट्ठी घास लएकेँ ओकर पोषण करबामे लागि गेल ओ बेचारी ओकर बूढ़ि माए बड़का पराभव अनुभव करए लागलि, ओकर प्राण कंठगत होअए लगलैक, ओ जोरसँ आर्त्तनाद करैत चिचआए लागलि जे—बचबैत जाह हओ गोआर लोकनि! बचबैत जाह। तखन पड़ोसी गोआर सभ आबि बन्धनसँ ओकरा, छोड़ाए देलक ओ ओकरा बेटाक गञ्जन कएल। तेँ—

जकरा बुद्धि नहि छैक से आनक संग रहि खाइत अछि पिबैत अछि, जाइत अछि, कतहु रहैत अछि। जिबैत अछि ओ केवल जीवनक अदृष्टसँ ॥2॥

इति संसर्गबर्वरकथा ॥15॥

इति बुद्धिपरिचायक
द्वितीय परिच्छेद
समाप्त।

तेसर परिच्छेद

राजा पारावार पुनः पुछैत छथि–हे मुनि! सुबुद्धिक कथा तँ सुनल। आब सविद्यक कथा सुनए चाहैत छी। मुनि कहैत छथि जे,

सविद्यक कथा सूनि मन विद्या-विषय लगैत अछि, आ' जे विद्याक अभ्यासमे लागल छथि तनिकहु यश आ पुण्य होइत छैन्हि ॥1॥

विद्यासँ जे युक्त छथि से भेलाह सविद्य। से विद्या अछि चौदह गोट। ताहि सभ विद्यामध्य दू गोटक प्रधानता छैक, शस्त्रविद्या ओ शास्त्रविद्याक ॥2॥

विद्या थिक उत्तम धन, किएक तँ देलहु उत्तर ई घटैत नहि अछि। ने राजा, दायाद, अथवा चोर आदिसँ सएह ई लेल भए सकैत अछि ॥3॥

साहसक क्लेशसँ अर्जनक आयास कएनिहारहु पुरुषकेँ लक्ष्मी कतहु त्यागि सकैत छथि परंतु अभ्यास कएल विद्या कहिओ छोड़ि नहि सकैत अछि ॥4॥

ओकर मनुष्यत्व कोन फलक जकर बुद्धि निर्मल नहि भेल? आ' बुद्धिहुक ओकरा कोन फल जे विद्याक संचय नहि कएल? ॥5॥

जतए कतहु रहथु सविद्य पुरुष श्रेष्ठ थिकाह। ततहि ओ श्रीमान् भए जाइत छथि ओ राजालोकनिक पूजा प्राप्त करैत छथि ॥6॥

आसक्ति, अध्ययन, अभ्यास, ओ देवताक प्रसादसँ शक्ति–प्राचीन मुनिलोकनि एही चारूकेँ विद्याक उपाय कहने छथि ॥7॥

पामरक गाममे जतए पाँक हो, नगरमे जतए चुगिलाह हो, राज्यमे जतए राजा मूर्ख हो-तीनि ठाम सविद्य लोक खेद पबैत छथि ॥8॥

सविद्य चारि प्रकारक होइत छथि–शस्त्रविद्य, शास्त्रविद्य, लोकविद्य, ओ उपविद्य ॥9॥

16

शस्त्रविद्यक कथा

ततए आदिमे शस्त्रविद्यक कथा एतए प्रस्तुत करैत छी। किएक तँ;

स्वभावहिसँ शस्त्रविद्यासँ शास्त्रविद्या छोट थिक। शस्त्रसँ जखन राष्ट्र रक्षित रहैत अछि तखनहि शास्त्रचिन्ता भए सकैत अछि ॥1॥

से एहन—

जे समस्त शस्त्रमे अभ्यास कए तत्त्वक ज्ञातो छथि तनिका अस्त्र-व्यापारक पारंगतलोकनि शस्त्रविद्य कहैत छथि ॥2॥

धारा नामक राजधानी छल। ततए विवेकशर्माक पुत्र निर्विवेक नामक ब्राह्मण बसैत छलाह। ओ वेदक अध्ययनसँ पराङ्मुख, अपन आचार-विषय निरपेक्ष, व्याधलोकक सङ्गमे पड़ि शिकारक प्रेमी भए गेलाह। कहिओ एक दिन माइक कहलासँ मृग मारए बन नहि गेलाह। अपनहि आङनमे बैसल सोझाँमे देवमन्दिरक कोटरमे घुटकैत परबा सबकेँ देखि विचारए लगलाह जे एहि मन्दिर पर चढ़ि परबाक बच्चा सबकेँ खसाबी। किएक तँ—

जे कामुक छथि से स्त्रीक बिना, जे दुष्ट छथि से दुष्टताक बिना, जे हिंसक छथि से हिंसाक बिना कतहु सुख नहि पबैत छथि ॥3॥

तखन ओ ब्राह्मण परबाक बच्चाक लोभसँ मन्दिर पर चढ़ि कोटरमे हाथ दए ओहिमे स्थित सापकेँ फण पकड़ि परबाक बच्चाक भ्रमसँ घीँचल। कोटरसँ बहार कएल ओ साप हुनक बाहुकेँ लपटि लेलक ओ अत्यन्त भयभीत भए ओ विचारए लगलाह जे—सापकेँ बिना छोड़ने केवल एक हाथक अवलम्बसँ हम मन्दिर परसँ उतरि नहि सकैत दी। छौड़ैत छी तँ साप काटिए लेत। तेँ आब की करी? एहि रूपसँ संकटमे पड़ल ओ खूब जोरसँ चिचिआए लगलाह। बचबैत जाह, हे लोक-सब-ई ओ दुर्बुद्धि घोल कएलक। किएक तँ—

हुनक आर्त्तनाद सूनि लोक जमा भए गेल। पछाति ई गप्प सूनि राजा भोज देव सेहो ब्राह्मणक रक्षा करबाक उद्देश्यसँ ओतए अएलाह। तखन सब केओ विचार कएल तथापि एहन उपायक निर्धारण शीघ्रतासँ नहि कए सकैत गेलाह जाहिसँ ब्राह्मणक रक्षा भए सकए। ओहि अति-उच्च मेघमे भिड़ल मन्दिरक शिखरपर एक हाथक अवलम्बसँ लटकल ओ प्राण-संशयमे पड़ल ब्राह्मणकेँ देखि करुणासँ आर्द्र-हृदय राजा भोजदेव सबकेँ संबोधित कए कहल—अरे अरे लोकसब! की तोहरा लोकनिक बीचमे केओ अछि, जे एहि ब्राह्मणकेँ बचबैत अछि ओ एक लाख अशर्फी लैत अछि? जकर प्रयुक्तिसँ किंवा पराक्रमसँ ई ब्राह्मण कुशल कुशल एहि मन्दिर परसँ उतरताह तकरा हम निश्चय एक लाख अशर्फी देबैक।

ई सूनि सिंहल नामक केओ राजपूत जे धनुर्विद्यामे पंडित छल कहल—देव! ब्राह्मणक रक्षाक निमित्त कोनो पैघ प्रयुक्तिक काज नहि छैक। हम थोड़हि आयाससँ एहि ब्राह्मणकेँ उतारि दैत छी। ई ब्राह्मण मुदा तावत् सापसँ लपटल अपन बाहुकेँ तानिकेँ देखाबथु। ब्राह्मण से कएल। ओ राजपूत अपन धनुष चढ़ाए निशान कए नाराचचक्रसँ सापक मूड़ी तेनाकेँ काटि देलक जे काटल सापक धर नीचा भूमि पर खसि पड़ल।

ब्राह्मणक हाथमे कुशक पातक अग्रभागक समानो रेखा नहि भेल। पछाति हाथमे स्थित सापक फणकेँ फेकि स्वच्छन्दताकेँ पाबि ओ ब्राह्मण मन्दिर परसँ पहिलहि जकाँ उतरि गेलाह। ओहि राजपूतकेँ राजा भोजदेव गछल लाखो अशर्फी दए आओरो कपड़ा लत्ता इत्यादि बहुतो वस्तुसँ परितुष्ट कएल। श्लोक अछि जे–

ब्राह्मणक रक्षा कएल; लाख अशर्फी पाओल; राजासँ बाहु पुजाओल; विद्यासँ की नहि भेटैत अछि? ॥5॥

इति शस्त्रविद्यकथा ॥16॥

17

शास्त्रविद्यक कथा

तर्क ओ शास्त्र दूहूकेँ पढ़ि, अर्थ बूझि, जे ओकर पार धरि चल गेल छथि से, शस्त्रविद्यासँ प्रख्यात, शास्त्रविद्य कहबैत छथि ॥1॥

उज्जयिनी नगरीमे विक्रमादित्य राजा रहथि। एक दिन एक जन ब्राह्मण माथक दर्दसँ व्याकुल हुनक द्वार पर अएलाह। ब्राह्मण कहल–देव!

प्रजाक परिपालन–राजाकेँ ई व्रत कहिओ त्याग नहि करबाक थिक, विशेषतः दुर्गतिग्रस्त, व्याधिग्रस्त, ओ आर्त जे ब्राह्मण छथि तनिक।

तेँ दुर्गतिकेँ प्राप्त, व्याधिसँ ग्रस्त, ब्राह्मण, हमर रक्षा कएल जाए। ओहि ब्राह्मणकेँ ओना देखि करुणासँ आर्द्र हृदय की होएतैक ई जनबाक इच्छासँ राजा वराह नामक ज्योतिषीकेँ पूछल–अओ वराह! की ई ब्राह्मण जीताह? वराहमिहिर कहल–बिनु मद्यपान कएनहि नीरोग भए जएताह ओ पुरुषायु भरि जीताह। ई सूनि राजा विचारल–अहो! शास्त्र देखने (केवल अपन पढ़ल शास्त्र मात्रक ज्ञान रखनिहार) ई की बजैत छथि? जकर प्रसंग नहि छैक तकर निषेध कोना करैत छथि? ब्राह्मणकेँ मद्यपानक प्रसङ्ग कोना होएतैक? बेस, तँ देखी।

तखन राजा हरिश्चन्द्र नामक वैद्यकेँ बजाए आदेश देल-अएँ अओ! हिनक व्याधि की छैन्हि, तकर चिकित्सा की छैक? वैद्य कहल–देव! व्याधि थिकैन्हि ब्रह्मकीट। प्रतीकार ओकर छैक नहि। राजा कहल–व्याधिक औषध विधाता नहि बनाओल ई तँ संभव नहि। वैद्य कहल–देव! एहू व्याधिक औषध तँ छैके किन्तु ब्राह्मणकेँ देबाक योग्य नहि। राजा कहल–से कोन औषध थिकैक? वैद्य कहल–बह्मकीट हिनक माथमे गुद्दाकेँ काटि काटि खाइत छैन्हि। ताहीसँ ई वेदनासँ विह्वल छथि। ब्रह्मकीट ने आगिमे जरैत अछि, ने लोहसँ कटैत

अछि, ने पानिसँ गलैत अछि, केवल मद्यसँ ओ मरैत अछि। तेँ एकर औषध मदिरा मात्र छैक।

राजा दूहू कान छूबि बाजि उठलाह-पाप शान्त हो। ब्राह्मणकेँ मदिरा देव? वैद्य कहल—ताहि बिना ई ब्राह्मण नहि जीताह से निश्चय। राजा परम धार्मिक छलाह; आनक दुःखक प्रतीकारक इच्छुक छलाह; ओ शवरस्वामी नामक आचार्यकेँ, जे धर्मशास्त्रक ज्ञाता छलाह, बजाए पूछल—अएँ अओ! एतए की करबाक चाही? आचार्य कहल—अन्यथा यदि व्याधिक प्रतीकार असाध्य हो तखन मद्यपानमात्रसँ साध्य ब्राह्मणक रक्षामे यदि वैद्यकेँ निश्चित ज्ञान होइन्ह तँ प्राणरक्षाक अर्थी एहि ब्राह्मणकेँ मद्यपानहुसँ पातित्व नहि होएतैन्हि। वैद्य कहल—यदि ई ब्राह्मण आन उपायसँ जीबथि ओ मदिरापानसँ नहि जीबथि तँ पाप हमरा हो।

तखन राजा एहि दूहूकेँ अपन अपन शास्त्रक सिद्धान्तमे दृढ़ता सूनि ब्राह्मणकेँ मद्य पिबए कहल। ततए जखन मद्य आनल गेल तखन आकाशवाणी भेल—अरे शबर! साहस जनु करह। से अकनाए शबर-स्वामी बजलाह—पिबह, हओ ब्राह्मण, मद्य। ई बाग्देवता तँ वर्ण, पद ओ वाक्यक उपनय मात्रमे कुशला, धर्मक निष्कर्ष की जानए गेलीह? तकर पश्चात् शबरस्वामीक माथ पर फूलक वर्षा होअए लागल।

ओहि पुष्पवृष्टिसँ सभासद-सहित राजा श्रद्धालु भए शबरस्वामीक वचनमे आदर कए ब्राह्मणकेँ मद्य देआओल। ब्राह्मण तँ आजन्म मद्यकेँ अपेय बुझैत, पीवक हेतु उद्यतो, श्वाससँ गृहीत मद्यगन्धसँ अत्यन्त व्याकुल भए गेलाह। पछाति हुनका माथसँ मदिराक गन्धसँ पराभूत ब्रह्मकीट नाकक छिद्रसँ भूमि पर खसि पड़ल। खसल ओहि कीटकेँ राजा वैद्यक वचनक परीक्षाक कौतूहलसँ आगिमे देल। तखन आगिमे देला उत्तर जरल नहि, पानिमे देला उत्तर गलल नहि, लोहसँ कटला उत्तर कटल नहि। ओहि कीटकेँ मद्यमे देला उत्तर बिलाएल देखि सब आश्चर्यित भए गेलाह।

राजा कहल—अओ वैद्य! केहन अछि अहाँक शास्त्रक निश्चय जे अहाँ मद्यपानक विचार देल? व्याधि तँ मद्यक गन्धहिसँ दूर भए गेल। वैद्य कहल—देव! यदि गन्धक ग्रहणमात्र हम कहितहुँ तँ पानक आसङ्ग विना मदिराक गन्धग्रहणहिटासँ ब्राह्मक अन्तःपात नहि होइत। तेँ हम मद्यपानक विचार देल। राजा कहल—बाह रे वैद्य! वाह!! मन्त्री लोकनि कहल—देव! हरिश्चन्द्र ओ वराह दूहू जन ठीके कहल। दूहू गोटाक साक्षी अनुभवे भए गेल। शबरस्वामी तँ जे कहल तकर साक्षी देवमंडलीसँ कएल गेल जे पुष्टवृष्टि सएह भेल। तेँ ई तीनू जन अपन अपन शास्त्रक सिद्धान्तक ज्ञाता थिकाह—किएक तँ

धन्य छी महाराज अपने ओ धन्या थिकीह ई भगवती वसुन्धरा, धन्या थिकि ई नगरी, अपनेक ई सभा-सब गुणसँ युक्त सुकृती सबसँ देखल गेल-सेहो धन्या, जतए रोग ओ तकर औषध दूहूमे पंडित ई वैद्य छथि, यथार्थ कथा कहनिहार ई ज्योतिषी छथि, संदेहक निर्णय कएनिहार ई मीमांसक छथि ॥3॥

तखन राजाकेँ अहंकारसँ रोमाञ्च भए गेलैन्हि ओ चित्तमे अत्यन्त उत्साह संग ओहि तीनू शास्त्रविद्केँ सोन, घोड़ा हाथी ओ वस्त्रादिसँ पूजित कएल, ओ तीनू जन स्वायत्तसिद्धि राजाक उपकरण होइत गेलाह। ओहि ब्राह्मणकेँ सेहो व्याधिसँ रहित कए सुवर्ण दए अदरिद्र बनाए राजा अपना गृह पठाए देल।

इति शास्त्रविद्यक कथा ॥17॥

18

वेदविद्यक कथा

जे शिक्षा, व्याकरण, ज्योतिष, छन्द, कल्प आ' निरुक्ति एहि छबो अङ्ग सहित वेदकेँ जनैत छथि से वेदवित् थिकाह ॥1॥

अवन्ती नामक नगरी छल। ओतए प्रियश्रृङ्गार नामक राजा छलाह। एक दिन प्रासादक शिखर पर चढ़ल ओ ओहि नगरक निवासी प्रचुरधन नामक बनिआँक मालती नामक बेटीकेँ सरोवरमे स्नान कए जाइत देखल। ओकर सौन्दर्यकेँ निहारि कामदेवक शरक व्यापारसँ परिभूत ओ इच्छा करए लगलाह जे कोनाकेँ ई मृगक बच्चाक सन आँखिबाली घूरिकेँ हमरा दिसि ताकत? कहलो अछि जे–

नचैत भ्रूलता-बाला, बहराइत विहुँसी-बाला, लाजक विलास करैत, आँखिक कोरमे अत्यन्त व्यक्त छैक श्वेतिमा तथा कालिमा जाहिमे एहन एहि सुन्दर-टेढ़-भौँह-बालीक मुह जकरा देखबाक हेतु गरदनि टेढ़ होइत अछि तकरा हेतु स्वर्ग कतेक गोट, अमरते कोन पैघ तथा समुद्रक कात धरि राज्ये की? ॥2॥

पछाति राजा ओहि बनिआँक बहुक ओहिठाम अपन दूती पठाओल। दूती कहल–हे मालती! तोहर पुण्य बड़ पैघ छहु से हम बुझैत छी कारण जे सए सए सुन्दरीसँ सेवितो राजा तोहरा विषयमे अभिलाषा करैत छथुन्ह। तेँ चलह, कनिएँ, चलिकेँ एक छन राजाक कामनाकेँ पुराए अपन सौन्दर्य ओ समर्थाइकेँ सफल करह आ' सोन रत्न इत्यादिसँ कृतार्थ होअह। मालती कहल–दूती! पुनि एना जनु बाजह। हम शुद्धवंशमे जनमलि छी, साध्वी छी। अपना पतिसँ भिन्न आन पुरुषमे इच्छो करब सतीक धर्म नहि थिकैक। किएक तँ–

सुन्दर रहौक वा कुरूप, दरिद्र होउक वा राजा–सतीकेँ अपने स्वामी प्रिय होइत छैक, आन सब पुरुष ओकर बापक तुल्य थिकैक ॥3॥

तेँ हमरा हेतु पतिसँ भिन्न सब पुरुष बापक समान थिकाह। राजा तँ सत्ये पिता थिकाह। कारण–

माए ओ बाप तँ जन्म मात्र दैत छथिन्ह; राजा पोसैत छथिन्ह ओ रक्षा करैत छथिन्ह। तेँ प्रजाक हेतु माए बापहुसँ अधिक पूजनीय राजा थिकाह ॥4॥

दूती कहल—हए सुभाषिणी! तोहर स्वामी आन देशमे छथुन्ह। तोँ बापक ओहिठाम व्यर्थ अपन युवावस्थाकेँ बितबैत अभिलाषासँ भरल राजाक उपेक्षा करैत छहुन्ह। केहन छहु तोहर ई हठ? देखह—

हे बिहुँसैत कमल सन मुखबाली! आँखिक ओर तोहर, चञ्चल, निःशङ्क भए कानक दिशि दौड़ैत छहु; तोहर नितम्ब भारी भेल जाइत छहु तोहर ऊँच ऊँच दूनू स्तन एक दोसराक सीमाकेँ छुबैत छहु; एखनहु धरि यदि तोहरा कुलव्रतमे वैराग्य नहि भेल छहु तँ तखन कामदेवक सबटा श्रम व्यर्थ ने भए गेलैन्हि ॥5॥

कहह तँ, तोँ सती धर्मक पालन कोना कए सकबह? जोर जागल समर्थाइक बड़का उत्सवमे केओ नारि कामदेवक देल कष्ट कोनाकेँ सहति? विशेष कए ओ बेचारी जे स्वामीक विदेश रहलासँ विह्वल अछि ॥6॥

तोँ तँ एखन पतिक वियोगरूप बाघसँ धएल हरिणी जकाँ आओर की करबह? कामदेवकेँ बाणसँ भिन्न कएल तोहर हृदय, तोँ तँ ककरो पाछु धरबह। तेँ राजाक सएह पाछु धरह। मालती कहल—हए दूती! पुनि एना जनु बाजह, किएक तँ—

हजारमे एक नारि सती होइत अछि; सएमे एक जन शूर होइत अछि; लाखमे एक जन दाता होइत अछि; स्वभावहिसँ विश्वासक विशेष पात्र मित्र कोटिमे एको भेटब कठिन अछि ॥7॥

तेँ आन स्त्रीक समान बुझिकेँ तोँ हमरहु किएक एना उसकबैत छह? हमर हृदय काठसन कठोर अछि ओ तेँ तोहर कथासँ हमरामे स्नेह नहि आओत।

ओकर ई सब कथा दूतीक मुहेँ सूनि राजा ओकरा पर बिगड़ि शासक पुरुषक द्वारा ओकरा पर फूसि अपवाद लगबाए देल।

पछाति "ई आन पुरुष लग जाइत अछि" ई जानि कुटुम्बक लोक ओकरा त्यागि देलक। जखन ओकर पति विदेशसँ अएलैक तखन ओहो ओकरा त्यागि देलक। एना भमरासँ बिनु चीखल सौरभवाला मालती फूल जकाँ मालती मलिन भए गेलि। मुदा धर्म छलैक ओकरा एकमात्र शरण; छलि ओ अपराधसँ शून्य; तेँ परिवारकेँ कहि ओ माषकाकर्षण नामक दिव्य (शपथ) कएकेँ परिवादक समुद्रकेँ पार कए गेलि। मुदा, एना परीक्षामे ओ उत्तीर्ण भए गेलि से जानि राजाकेँ ओकरा पर भारी वैर भए गेलैन्हि आ' ओ जे वैदिक, वेदशर्मा नामक, धर्मक सामकेँ गओने छलाह तनिक निन्दा करए लगलाह। राजा कहल—अएँ अओ सामग! केहन अछि अहाँक सामक प्रभाव जे ई जे अछि कुलटा, जकर व्यभिचारकेँ प्रशासनकर्ता पुरुषलोकनि अपन आँखिसँ देखने छथिन्ह, सेहो जयक पात्र भेलि? वेदशर्मा कहल—राजा! ई व्यभिचारिणी नहि अछि। यदि ई व्यभिचारिणी रहैत तँ एकर पराजये होइतैक। किएक तँ—

जतए निर्णय कएनिहार अग्नि छलाह ओ धर्म-सामक गओनिहार हम छलहुँ ओतए जे शुद्ध अछि तकर हानि होएबाक कोन संभव ओ जे व्यभिचारी अछि तकर जय होएबाक कोन संभव? ॥8॥

राजा कहल—धिक्कार ओहि अग्निकेँ आ' धिक्कार सामक गओनिहार अहाँकेँ, जे ई व्यभिचारिणी, जकर दोष आँखिसँ देखल गेल छैक, जयक पात्र भेलि। यदि ई जय-भाजक हो तँ एही प्रतिज्ञा-वाक्यसँ एक गोट वेश्या सेहो दिव्य कएकेँ जय पाबि लेत। ई कहि ओ पापी राजा धर्ममे अश्रद्धा कए एकगोट वेश्याकेँ सतीक रूपसँ परीक्षाक निमित्त दिव्य करबए आरम्भ कराओल।

वेदशर्मा कहल—देव! यदि ई वेश्या गुटिकाकर्षण करए तँ ताहिमे अग्निकेँ परीक्षक करबाक काज नहि। किन्तु हम जे साम गाएब सएह परीक्षक होउक। से कएला उत्तर सामक, सामक गओनिहारक, ओ धर्मक, सभक परीक्षा कएल भए जाएत। ई कहि दोसरा दिन प्रातः काल ओ ब्राह्मण तामक पात्रमे जल कए अपन सोनक औँठीं धर्मसामसँ अभिमन्त्रित कए सूर्यक किरणसँ चुम्वित ओहि जलमे छोड़ि देल ओ कहल—हए वारविलासिनी! यदि तोँ साध्वी छह तँ हमर ई सोनक औँठी एहिमेसँ बहार तँ करह।

पछाति राजाक आदेशसँ परपुरुषक संगक प्रसङ्ग प्रतिज्ञा कए ओ बाजारू मौगी यावत् औँठीकेँ बहार करए हाथ दैत अछि तावत् ओहि मन्त्रक प्रभावसँ जलहिसँ पुरुषक एतेकटा आगिक धधरा उठल। ओहि वेश्याक हाथ झरकि गेलैक आ; ओ पड़ाइलि। सभासद लोकनि तँ आश्चर्यसँ "साधु" "साधु" (बाह बाह) करए लगलाह। राजाक मुह तँ लाजसँ कारी भए गैलैन्हि आ' शापक डरसँ ओ ब्राह्मणक पाएर पर खसि पड़लाह। ब्राह्मण तँ छलाह हृदयक शुद्ध ओ हुनक क्रोध लगले शान्त कएल भए सकैत छल तेँ ओ राजाक ओहि अपराधकेँ क्षमा कए देल। किएक तँ—

सभ विद्यामे उत्तम होइत अछि छबो अङ्गसँ समन्वित चारूवेद। सभ विद्वान्मे सबसँ पैघ थिकाह एहि संसारमे वैदिक ॥9॥

इति वेदविद्यकथा ॥18॥

19

लोकविद्य-कथा

बिनु विद्यहुक जे व्यक्ति लोककर्ममे दक्ष होथि से विद्वान्क सदृश फललाभ हेतुएँ लोकविद्य कहल जाइत छथि ॥1॥

कुसुमपुरमे नन्द नामक राजा छलाह। हुनक मन्त्री छलथिन्ह सकटार नामक कायस्थ। कोनहु अपराधक कारणेँ राजा हुनक सर्वस्व लएकेँ बेटा, स्त्री, सबहिक संग कारागारमे राखि देल। ओतहु हुनका सपरिवारक हेतु एक सरबा नापल नीमक सातु, प्रतिदिन भक्ष्य देल जाइन्ह। ई देखि सकटार अपन परिवारक लोककेँ कहल—एहि राजाक हृदय चांडालक सन छैक, बिनु अपराधहिँ हमरा लोकनिकेँ कष्ट दए प्राण लए रहल अछि। तेँ ई सरबा भरि सातु ओएह खाथु जे एहि वैरक बदला लेबामे समर्थ होथि। परिवारक सब लोक कहलक—आर्य! यदि अपने जीअब तँ परिवारक संहारसँ भेल एहि वैरक उचित बदला सम्भव। तेँ सकल परिवारक विचारसँ सकटार अपनहि ओ सातु खाए अपन जीवनक रक्षा कएल। हुनक परिवारक सब केओ मरि गेल।

एक दिन राजा नन्द लघुशङ्का निवृत्त करबाक घरसँ हँसैत बहरएलाह। हुनका हँसैत देखि विचक्षणा नामक दासी पनिभरनी जे ओहि काल ओतहि रहए हँसए लागलि। ओकरा हँसैत देखि राजा कहल—गए विचक्षणा! तोँ हँसैत किएक छेँ? विचक्षण कहल—जेँ सरकार हँसैत छिऐक। राजा पूछल—हम किएक हँसैत छी? विचक्षणा कहल— से तँ हमरा नहि बुझल अछि। राजा कहल—गए पापिनि! कपट करैत छेँ?

अपनहि कहलेँ जेँ सरकार हँसैत छिऐक तेँ हँसैत छी। तोँही फेर कहैत छेँ जे सरकारक हँसबाक से कारण हमरा नहि बुझल अछि। ई की? हमरहु सोझाँमे परस्पर-विरोधी कथा बजैत छेँ? जँ अपन नीक चाहैत छेँ तँ जलदी बाज हमर हँसबाक कारण। नहि तँ तोहर शास्ति करबौक।

राजाक कोपसँ डेराइलि विचक्षणा बाजलि—देव! लगले तँ कहि नहि सकैत छी; मुदा एक मासक भीतरमे कहब। एना अवधि पाबि विचक्षणा विचारल—ई विषय सुबुद्धिक परामर्शक विषय अछि। तेँ जाए कोनहु सुबुद्धिकेँ पूछी। सुबुद्धिमे प्रथम गणना सकटारक होइत छैन्हि। ओ तँ भाग्यक फेरमे कारागारमे छथि। तेँ हुनकहि जाएकेँ पुछिऐन्हि। ई विचारि ओतए गेलि।

ओहिठाम कारागारक दुःखसँ दुर्बल सकटारकेँ अपन पसिन्दक भोजन ओ पेय वस्तु सबसँ परितुष्ट कए विचक्षणा अपन वृत्तान्त कहल। सकटार उत्तर देल—गए विचक्षण! देश ओ समयक अनुसारेँ प्रकरणक यावत् ज्ञान नहि भेल अछि तावत् राजाक हँसबाक कारणक अन्दाज नहि कए सकैत छी। तेँ ओकर अवसर कह। विचक्षण अवसर कहलकैन्हि। सकटार कहल—तोँ कहैत छेँ जे मूत्रक प्रवाह देखि पीपरक गाछ पर आँखि पड़ला उत्तर राजाकेँ हँसी लगलैन्हि। तेँ पहिल देखल कोनो वस्तुक स्मरण हँसबाक कारण छल होएत, किएक तँ हुनक दृष्टि ओ मन दूहू तखन वृक्षमे लागत छल। वृक्षक धर्म स्वभावतः हासक निमित्त नहि भए सकैत अछि, किएक तँ वस्तुक विकृतिक दर्शनसँ हास उत्पन्न होइत अछि। तेँ राजा पीपरक

गाछमे की विकार देखलथिन्ह? ओ! बुझल। मूत्रक प्रवाहमे दहाइत पीपरक बीआकेँ एतेक छोट देखि ताहिसँ जनमल बड़ा विशाल गाछकेँ देखैत राजाक मनमे भेलैन्हि जे बाह रे विधाताक प्रपञ्चक वैकृत्य। कतए ई बीआ कतए ताहीसँ भेल ई बड़का वृक्ष? एही हेतु राजा हँसलाह। बेरि बेरि विचारि सकटार इएह निश्चय कएल ओ विचक्षणाकेँ कहल।

विचक्षणा इएह कथा राजा समक्ष जाए कहल। राजा बजलाह—विचक्षण! सत्ये कह, सकटार जिबितहिँ छथि? विचक्षण उत्तर देल—जी। राजा कहल—सकटारकेँ छोड़ि आन के एकर निर्धारण करबामे समर्थ भए सकैत अछि? वाह रे तर्क सकटारक। तखन ओहि तर्कसँ परितुष्ट राजा सकटारकेँ पुनः मङबाए सम्मानक पात्र कए राज्यकार्यमे मन्त्री राक्षसक अधीन दोसर स्थान देल। ओहि पदकेँ पाबि सकटार विचारल—देखू तँ एहि राजाक दुर्नीति! हमर समस्त परिवारकेँ मारि हमरहि मन्त्रीक पद पर रखलक अछि। जड़ि उपाड़ि पातमे जल दैत अछि। किएक तँ—

पहिने उत्कट वैर उत्पन्न कए पछाति जे मित्रताक इच्छा करैत छथि ओ यमपुरी जएबाक बाट तकैत छथि ॥2॥

अथवा हमरहि एहि दुष्टाशयक विषयमे मन कोना पतिआइत अछि? किएक तँ—

जकर वैरक क्रिया अन्त धरि पहुँचल देखल तकरहि विषयमे विश्वास कएनिहारकेँ तँ जेना मृत्यु माथ पर सुँघैत रहए ॥3॥

तेँ एखन आब की उचित थिक? पुरना वैर ओ एखनुका सौहार्दकेँ विचारि मनमे संदेह भए रहल अछि। की करबाक चाही? अथवा वैर सधएबहिक हेतु तँ तखनहु जीअब स्वीकार कएल जखन अपना आँखिक सोझाँ अपन बेटा आदि सबकेँ एहि दुष्टात्मा स्वामीसँ मारल जाइत देखल किएक तँ—

सर्वस्व गेले अछि, जाउन्ह राजाकेँ, हमरा सन लोककेँ तेँ कोनो ग्लानि नहि। लक्ष्मीक स्थिति छैन्हि चञ्चल तेँ हुनक चल गेलाक पर के पंडित सोच करताह? मुदा ओ बेटा सब जे सभामे बजबामे एतेक ढीठ छल, ओ स्त्रीगणलोकनि जनिका एतेक अनुराग छलैन्हि, ओ नाति सब, ओ नेना सब ओ सब—कखनहु मन सँ नहिं हँटैत अछि ॥4॥

तेँ वैर तँ अवश्य सधाबी; ताहूमे अपयशकेँ दूर करैत वैर सधावी इएह उचित होएत। ताहिसँ अधमक पदवी नहि पाएब। किएक तँ—

जे पुरुष पापसँ डरैत छथि सएह एहि पृथिवी पर उत्तम थिकाह। मनमे पाप छैन्हि तैओ जे जन अपयशसँ डेराइत छथि से मध्यम कहबैत छथि। परन्तु जनिका ने पातकसँ त्रास छैन्हि ने अपयशक लाज छैन्हि तनिक प्रज्ञावान् लोकनि अधमक उदाहरण दैत छथि। ओ सबठाम निन्दाक भाजन होइत छथि ॥5॥

ई सब विचार करितहिँ छलाह तावतहिँ एक दिन मन्त्री सकटार बगैचा देखबाक कौतूहलसँ घोड़ा पर टहलैत जाइत नगरसँ बाहर किछु दूर पर देखैत छथि

जे चाणक्य नामक एकटा ब्राह्मण कुशकें उपाड़ि उपाड़ि ओकरा जड़िमे तक्र दए रहल छथि। हुनका देखि सकटार पूछल—अओ बटुक! अहाँ के थिकहुँ? एतए की करैत छी? ब्राह्मण कहल—चाणक्य शर्मा हम ब्राह्मण थिकहुँ। साङ्गवेद पढ़ि एहि बाटें विवाहक प्रयोजनसँ जाइत छलहुँ। हमरा पाएरमे कुशक काँट घाओ कए देलक। ओहि घाओसँ विवाह रुकि गेल आ' हम अमर्षसँ ओही समय प्रतिज्ञा कएल जे एहि स्थलीक कुशकें निर्मूल करब। तखन वृक्षायुर्वेदक ज्ञानसँ इएह उपाय सुकर बुझल जे तक्रसँ कुशक नाश भए जाइत छैक। से कए प्रतिज्ञा पूर्ण करैत छी।

सकटार कहल—भाग्यसँ अहाँ वृक्षायुर्वेदक ज्ञान कएल नहि तँ प्रतिज्ञाक पूर्ति कोना होइत? चाणक्य कहल—यदि ई उपाय नहि होइत तँ हम अभिचार-कर्ममे सेहो प्रवीण छी। कुशक विनाशक कामनासँ तखन होमे करितहुँ। से सूनि सकटार विचारल—वाह रे एहि ब्राह्मणक अमर्ष! बाह रे एकर उपाय-प्रवीणता! यदि ई हमर वैरीक वैरी होइत तँ हम वैर सधएबाक काजमे विनु आयासहिँ कृतार्थ भए जैतहुँ। तें सकटार अपन सहायतासँ कुशकें उपटबाए हुनक जे इच्छा छलैन्हि से संपन्न कराए ब्राह्मणकें अपना ओहिठाम बजओने अएलाह।

पछाति पुरोहितक सङ्ग मेल कए राजाक पितृक्षयाहश्राद्धमे हुनका पात्ररूपें उपस्थित कराओल। सकटार विचारल—ई ब्राह्मण अविवाहित छथि, हिनक नह आ' दाँत कारी छैन्हि; तें ई पात्रक योग्य नहि छथि। विशेषतः हमर अधिकारक विरोधी मन्त्री राक्षस "ई हमर बजबाओल थिक" ई जानि निश्चये हिनक अपमान करत।

पछाति ओहिना राजा नन्द जखन श्राद्ध करए बैसलाह तखन पात्रक आसन पर ओहि ब्राह्मणकें बैसल देखि मन्त्री राक्षस कहल—देव! ई ब्राह्मण तँ पात्रक योग्य नहि छथि। ई कहि ओ तकर साधक स्मृतिक वचन सब पढ़ि देल। सकटार शूद्र थिकाह, मूर्ख छथि, कोना इहो काज इएह कए जानिकें राजाक धर्ममे बाधा दैत छथि? मन्त्री राक्षसक ई वचन सूनि राजा नन्द सामर्ष भेल दुर्दैवक प्रभावसँ पात्रक आसनसँ उतरबाए ब्राह्मण चाणक्यकें गञ्जनक संग संग निकलबाए देल। तखन चाणक्य ओना अपमानसँ क्रूद्ध भए नन्दक वधक प्रतिज्ञा कएल। ई जानि मन्त्री सकटार कृतकृत्य भए मरबाक निमित्त काशी चल गेलाह।

विचक्षणाकें बचाओल; चाणक्यक परीक्षा कएल; सकटार केबल अपना बुद्धिसँ बिनु ककरहु मारनहि वैर सधाओल ॥6॥

इति लोकविद्यक कथा ॥19॥

20

उभयविद्यक कथा

वेदक अभ्यास करितहुँ जनिक बुद्धि लौकिक विषयमे हीन नहि होइन्ह ओ जे वेद ओ लोक दूहूमे दक्ष होथि से उभयविद्य अथवा उभयपंडित थिकाह ॥1॥

जेना–

कुसुमपुरमे नन्द नामक राजा छलाह। पितृक्षयाहक दिन राजा श्राद्ध करताह, तेँ चाणक्यशर्मा नामक ब्राह्मणकेँ सचिवक दोषेँ पात्ररूपेँ बजाए खिसिआए देल। से जेना–

व्यर्थे राजा नन्द चाणक्यकेँ शत्रु बनाए लेल; अपना ज्ञानक दुर्बलतासँ बजाए कालसर्पकेँ खिसिआए देल ॥2॥

क्रूर चाणक्य प्रतिज्ञा कएल जे–

यावत् धरि राजा नन्दकेँ यमलोक नहि पठाएब, यावत् धरि हुनकहि सिंहासन पर वृषलकेँ राजा नहि बनाएब, यावत् धरि सुमन्त्री राक्षसकेँ हम हुनक अमात्य बनाए नहि आनब, तावत् धरि शान्त नहि भेल, हम खूजल एहि टीककेँ पुनः नहि बाँधब ॥3॥

एना प्रतिज्ञा कए चाणक्य चन्द्रगुप्त नामक राजवृषलकेँ द्वार पर देखि पूछल–हओ वृषल! यदि एहि राज्यमे राजा होएबाक इच्छा होअहु तँ हमरा पाछाँ चलह। ओहने शुभ अदृष्टसँ प्रेरित वृषल चाणक्यक पाछु धएल। वृषल चन्द्रगुप्तसँ अनुगम्यमान चाणक्य तपोवन गेलाह ओ आभिचारिक होमसँ सभ नन्दकेँ यमलोक पंठाए देल। आभिचारिक प्रयोगक प्रभावसँ नन्दसबकेँ नष्ट भेलाक पर चाणक्य विचारल जे-एकटा तँ हमर प्रतिज्ञा पूरल। तेँ आब वृषल चन्द्रगुप्तकेँ नन्दक सिंहासन पर राजा बनाए दोसर प्रतिज्ञाकेँ पुराबी। राजा तँ बिनु सेनाक संभवे नहि भए सकैत अछि। सेना थिक धनक अधीन। एखन तँ हमरा हाथमे धन नहि अछि। की करी?

तखन परामर्श कए पर्वतकेश्वर महाराजक ओतए जाए हुनका कहल–हे राजा पर्वतकेश्वर! एहि कुमार चन्द्रगुप्तकेँ हमरा कुसुमपुरक राजा बनएबाक अछि। तेँ अपने अपन सैन्यसँ सहायता कए आधा राज्य लेल जाओ। पर्वतकेश्वर नन्दक वधक विषयमे चाणक्यक अनुभव देखने छलाह तेँ हुनक उद्योगमे फलक सिद्धि होएत ताहि प्रसङ्ग हुनका विश्वास छलैन्हि। अतः अपन सकल बलक सङ्ग जाए कुसुमपुरमे वृषल चन्द्रगुप्तकेँ नन्दक स्थानमे राजा बनाओल।

चन्द्रगुप्त जखन राज्य पाबि गेलाह तखन राक्षसक पठाओल पुरुषक द्वारा आनिकेँ समर्पित कएलि सुन्दरीकेँ चन्द्रगुप्तक सोझाँमे नचैत काल ओकर घामक

जलकेँ पीबि छटपटाइत माछी सबकेँ देखि चाणक्य चीन्हि गेलाह जे ई विषकन्या थिक। तखन ओ विचारल जे एहि विषकन्याकेँ चन्द्रगुप्तक वधक हेतु राक्षस आनक द्वारा पठाओल अछि। तेँ एकरहिसँ आधा राज्यक लेनिहार पर्वतकेश्वरक बध होअए। पछाति ओहि विषकन्याकेँ ओही पुरुषक द्वारा पर्वतकेश्वरक ओतए पठबाए देल। ओकरा संग संभोगक लोभी बेचारे पर्वतकेश्वर मरि गेलाह, ओ चंद्रगुप्तक राज्य निष्कंटक जानि चाणक्य विचारल जे—ई हमर दोसर प्रतिज्ञा पूरल। तेँ आब मलयकेतु राजाक राज्यसँ राक्षसकेँ मङबाए चन्द्रगुप्तक मन्त्रित्व हुनकासँ गछबाए पूर्ण-प्रतिज्ञ होइ। ताहू हेतु तँ उपाय सब कएनहि हो। ओहि राक्षसक प्रिय मित्र चन्दनदास एतए छथिए। ओकरहि ओहिठाम राक्षसक परिवारक स्त्रीगणलोकनि छथिन्ह। ओतएसँ धर्मपटभारी पुरुष जे राक्षसक नामसँ अङ्कित औँठी आनि देलक अछि से राक्षसहिक हाथक थिक। ओहि औँठीसँ मोहर कए सकटदासक अक्षरमे लिखल लिखा मलयकेतुक सेवा करैत हमर सहाध्यायी मित्र भागुरायणक हाथमे पहुँचि गेल अछि। सकटदासकेँ जे हम अपमानसँ निकलबाए देल अछि से ओ राक्षसक पाछाँ लागल छथि। भद्रभट प्रभृति शूर हमर परम आप्त छथि तथा बेरि पर की करबाक चाही ताहि विषयमे कुशल छथि; धन दए हम सबकेँ परितुष्ट कएनहि छी। कृत्रिम विरोध कए कए ओ सब पड़ाए पड़ाए एखन मलयकेतुक विश्वासपात्र भेल छथिए। अवश्ये ओहि लिखासँ ओ पुरुषलोकनि एहन अवसरमे राक्षस ओ मलयकेतुक मित्रतामे भेद उत्पन्न करबे करताह। एना कारण-कलाप जखन संपन्न अछि तखन कार्यक सिद्धि सेहो संपन्नप्राये बुझबाक पाही। किएक तँ,

कारण-कलाप संपन्न भेलाक पर आगाँ काज सेहो संपन्न होइत अछि यदि विधाता, दुर्बल चेष्टासँ संयुक्त, प्रतिबन्धक नहि होथि ॥4॥

विधाता सेहो संप्रति अनुकूले बूझि पड़ैत छथि। किएक तँ नन्दवंशीय सब राजा मारल गेलाह; ई राज्य लेल भए गेल; आधा राज्यक हरनिहार विपक्षी सेहो हटाओल गेलाह; आब हमर प्रतिज्ञा, जे थोड़ बाँकी अछि, सेहो क्रमशः विधाता पुरएवे करताह सएह बूझि पड़ैत अछि ॥5॥

अथवा विधाताक चरित्रमे अनुगम कतए? समुद्रकेँ पार कए अएलहु उत्तर ककरो ककरो नाओ तट लग आबि डूबि जाइत छैक। ई अपन अधीनक वस्तु नहि थिक। तेँ एहिमे अनवधानता नहि करबाक चाही ई। बिचारि शार्ङ्गरव नामक शिष्यकेँ बजाए पुछल—वत्स! चन्द्रगुप्त पर आक्रमण करबाक हेतु मलयकेतु यात्रा कएने छथि तनिक की खबरि? शिष्य कहल—गुरु! ओतएसँ आएल जीवसिद्धि कहल अछि जे सकल बलसँ समेत मलयकेतु समीप आबि गेल छथि। मुदा मन्त्री राक्षसक अपमानक संग निस्सारणक प्रसंगसँ दू-तीनि दिनमे राजाकेँ विलम्ब भए गैलैन्हि अछि।

चाणक्य कहल—अएँ! मन्त्री राक्षसहुक अपमान! तकर की कारण भेलैक?

शिष्य कहल–राजचरित तँ गहन होइत छैक! कतहु कतहु निमित्तक अपेक्षा बिनहु क्रिया संभव होइत छैक। राक्षसक प्रसंग तँ कारण ई भेलैक जे सकटदासक हाथक लिखल राक्षसक हाथक औँठीसँ मोहर कएल लिखा राक्षसक नोकर शत्रुक ओहिठाम लेने जाइत छल से लिखा बाटमे पकड़ल गेलैक। चाणक्य कहल–तखन तँ उचिते अपमान भेलैन्हि। राजाक अनिष्ट कएनिहार तँ अवश्ये अपमान पाबथि। तँ अपमानसँ निकालल राक्षस एखन कतए छथि से लोक की बजैत अछि? शिष्य कहल–मानक भंग सँ दुखित कतहु वनमे होएताह।

चाणक्य कहल–वत्स, जाह। घातक पुरुषकेँ जाएकेँ कहक गए जे चन्द्रनदासकेँ शूल पर चढ़ाबए। चन्दनदासकेँ जाएकेँ कहुन्ह गए जे राक्षस जे कुसुमपुरक जितबाक समयमे अपना घरक लोककेँ तोहरा ओहिठाम राखि पड़एलाह तनिका लोकनिकेँ आनि दए दएह। शिष्य से कए पुनि आबि प्रणाम कए बाजल–गुरु! चन्दनदास, मित्रक विषयमे दयायुक्त, मरण अङ्गीकार करैत छथि किन्तु राक्षसक घरक लोककेँ नहि देताह। मुदा राक्षस अपनहि एहि वार्ताकेँ सूनि चन्दनदास बनिआँक प्राणक रक्षाक अनुरोधसँ वधस्थानमे आबि बजैत छथि जे आर्य चाणक्य हमर जे करताह से करथु, निरपराध वणिक्; हमरा निमित्त प्राणक उपेक्षा करबाक हेतु उद्यत, चन्दनदासकेँ छोड़ि देथुन्ह।

चाणक्य कहल–तखन हमर प्रतिज्ञा पूरि गेल। मन्त्री राक्षसकेँ कहुन्ह गए जे अपन मित्र चन्दनदासक प्राणक जँ अपनेकेँ रक्षा करबाक इच्छा रहए तँ राजा चन्द्रगुप्तक मन्त्रिता अङ्गीकार कए तरुआरि धरू। शिष्य कहल–गुरुजी! बेचारे राक्षस की करताह? एखन चन्दनदासक रक्षाक अनुरोधसँ पराधीन भए अङ्गीकार करबे करताह। कार्यक धारा रूपी पाशक बन्धन एहन होइत छैक जकरा लाँघि जाएब कठिन होइत छैक। किएक तँ–

भगवान् विष्णु वामन रूप अङ्गीकार कएल; रामचन्द्र वनवास कएल; समुद्र बाँधल गेलाह; जेना हाथी अङ्कुशक व्यापारसँ रोकल जाइत अछि तहिना, हा, पुरुष कार्यवश की की नहि करैत छथि? ॥6॥

तखन मन्त्री राक्षस चन्द्रगुप्तक मन्त्रित्व, इच्छा नहिओ छलैन्हि, तथापि स्वीकार कए तरुआरि ग्रहण कएल आ' चाणक्य राजा चन्द्रगुप्तक प्रसङ्ग निश्चिन्त भए गेलाह। से एना वेदाध्ययनक सामर्थ्यसँ नन्दकेँ मारि लौकिक कार्यमे दक्षतासँ चन्द्रगुप्तकेँ राजा ओ राक्षसकेँ हुनक मित्र बनाए पूर्णप्रतिज्ञ भए टीक बाँधि उत्साहसँ संयुक्त जतए जएबाक छलैन्हि ततए चल गेलाह। श्लोक अछि–

जनिक रोष नवो नन्दकेँ यमपुर पठाओल ओ जनिक तोष वृषलक हेतु विघ्नसँ रहित राज्यक देनिहार भेल, से विद्या ओ बुद्धिसँ समस्त भूखंडमे ख्यात, चाणक्य, साक्षात् विधाताक जेना प्रतिनिधि रहथि ताहि रूपेँ, ककरा जानल नहि छथिन्ह ?॥7॥

इति उभयविद्यकथा ॥20॥

21

उप-(चित्र) विद्यक कथा

तत्त्वज्ञलोकनि वेदप्रभृति विद्या चौदहेटा कहैत छथि। चित्र इन्द्रजाल नृत्य प्रभृति आओर सब उपविद्या थिक ॥1॥

पुरान समयमे शशि ओ मूलदेव नामक दू मित्र रहथि जे उपविद्यामे चतुर छलाह। अपन गुणक अभिमानसँ गर्वित ओ दूहू जन देशान्तर देखबाक कुतूहलसँ पृथिवीक देश देश घुमैत एक समय कोशला नगरीमे कौमुदी नामक रूप ओ यौवनसँ भरलि राजकुमारीकेँ योगिनीक मठसँ फिरलि अबैत देखल। हुनका देखितहिँ मूलदेव कामज्वरसँ पीड़ित भए गेलाह। हुनका ओहिरूपेँ कामशरक वेदनासँ मूर्छित देखि शशी विचारए लगलाह—

मित्रता दू देहीक एकता थिक जाहिमे दूहूक शरीरमात्र भिन्न हो। जकरा मित्रक सुख वा दुःख नहि होइक से कतहु मित्र हो? ॥2॥

से हमर प्राणसमान मित्र मूलदेव राजकुमारीक रूपसँ तेना मोहित भेल छथि जे हिनक जीवनमे संदेह अछि। तैँ हिनक प्राणरक्षाक निमित्त प्रतीकार करी। ई विचारि ओहि नगरमे रहनिहारि ओतहि ठाढ़ि मालिनिकेँ पूछल—हए मालिनि! के थिकि ई युवती? योगिनीमठ किएक जाइत अबैत अछि? मालिनि कहल—ई थिकीह राजकुमारी। राजा विवाह कराए योग्य वरकेँ देअए चाहैत छथिन्ह, मुदा ई कोनहु वरकेँ स्वीकारे नहि करैत छथिन्ह। किन्तु योगिनीक ओतए जाइत छथि, योगक अभ्यास करैत छथि, पुरुषक निन्दा करैत छथि। की हेतु छैक से बुझल नहि होइत छैक। शशी कहल—मालिनि! युवती भए पुरुषक इच्छा नहि करैत छथि ई तँ बड़े आश्चर्यक गप्प थिक। किएक तँ—

बाहरसँ वा मनहि मन, दिनकेँ वा रातिकेँ, सुतलि वा जागलि, मौगी युवा पुरुषक आकाँक्षा करितहिँ रहैत अछि, (ओकरा समीप) नहि जाइत अछि से परतन्त्राताक कारणेँ ॥3॥

तेँ हम स्त्रीक वेष धारण कए लैत छी आ' तोँ हमरा एहि कुमारीक सेवा धराए दएह। पछाति मूलदेवकेँ मालिनीक ओहिठाम राखि सब कलामे कुशल शशी स्त्रीक वेष धए शशिलेखा नाम धराए हुनक परिजन भए गेलाह। किछु दिनमे जखन घनिष्ठता भए गेलैन्हि तखन कुमारीकेँ पूछल—दाइजी! कामदेवक महोत्सव सन एहि युवावस्थामे अहाँकेँ संसारक सुखक एहन उपेक्षा किएक अछि? आ' पुरुषमे एतेक घृणा किएक अछि? राजकुमारी कहल—सखी शशिलेखा! ई कथा तोँ हमरा जनु पूछह। शशिलेखा कहल—लगमे रहनिहारि परिचारिका हम छी; हम

कोना नहि पूछब? किएक तँ–

स्नेहसँ भीजल अहाँक पिता अपनहु हृदयकेँ अपना शक्यमे नहि राखि सकैत छथि; भमरासँ जकर शोभा चीखल नहि गेलैक तेहन माला जकाँ अहाँकेँ सोझामे देखि अहाँक माता उत्साहसँ विहीन भए क्षणो भरि खेद नहि बिसरैत छथि। के एहन होएत जे अपन सन्तानक अनुचित प्रारब्ध कर्मक प्रसङ्ग दुःख नहि पाओत? ॥4॥

तेँ कोन कारणसँ अहाँ एहन प्रारंभ कएने छी से कहू? यदि प्रतीकार करबाक योग्य होएत तँ तकर प्रतीकार कएल जाएत। व्याधि बिनु बुझलेँ चिकित्सा कोना आरम्भ होएतैक? दुःखक यदि प्रतीकार नहिए होएतैक तँ मिलिकेँ दूहू गोटए सहब। किएक तँ–

दुःखक भार यदि एक गोटए उठाएब गछि लेअए तँ ओ भारी भए जाइत छैक। तेँ ओकरा हल्लुक करबाक हेतु मित्रलोकनिकेँ ओ कहि दिऐक ॥5॥

तेँ, अए सुवासिनी! कहू तँ, कोनहु पुरुषकेँ अहाँ नहि गछैत छिऐक तकर की कारण? कुमारी कहल–सखी शशिलेखा! तोँ हमर दोसर हृदय जकाँ सहज स्नेहसँ भरलि छह। तेँ तोहरा किएक नहि कहबहु। तखन सुनह कोनहु पुरुषकेँ हम किएक नहि गछैत छिऐक तकर कारण। पूर्व जन्ममे हम हरिणी छलहुँ। ढेर नव नव डाभक आँकुर रहैक एहन एहन भूमिमे चरैत रही। हमर स्वामी कृष्णसार हमरामे अनुरागसँ भरल हमरहि लगमे ओतहि रहथि। पछाति ओ स्थान मृगक बधक रसिक व्याधा सबसँ आबिकेँ जालसँ बेढ़ल भए गेल। तखन हमरा गर्भ पुष्ट छल ओ हम चलबामे असमर्थ रही तेँ हम स्वामीकेँ कहल–हओ मृग! तोँ फनबामे समर्थ छह। जाल फानि तोँ कतहु जाएकेँ जीबह गए। हमरा अनुरागमे बाँधल हमरा निमित्त तोँ प्राण जनु दएह। एखन आब हमर प्राणक रक्षा तोहर प्रतीकारक साध्य नहि छहु। ओ अभागल मुदा पड़एबामे समर्थ रहितहुँ नहि पड़ाएल; हमर अनुरागमे बाँधल ओतहि व्याध सबसँ मारल गेल। मुदा मरबाक बेरि हमरा दिशि तकैत एहि अर्थक श्लोक पढ़लक जे–

प्राणक अन्तहु धरि जे हमरा दुहू गोटाक प्रेमतन्तु नहि टूटल अछि से हमहिँ दूहू गोटए कामदेवक अस्त्रक व्यसनमे चतुर छी; हमरहि दूहू गोटाकेँ सत्य प्रेम अछि जे लगले उमा ओ शिवक प्रेमक सङ्ग तराजू पर चढि सकैत अछि; हमहि दूहू गोटए पैघ वंशमे उत्पन्न छी, ओ धर्मक शृङ्गार हमहि दूहू गोटए छी ॥6॥

हुनक परोक्ष भेलाक पर व्याधक शरसँ बेधल नहिओ भेलहुँ तथापि स्वामीक शोकसँ हृदय वेधलि हम मरि गेलहुँ। स्वामीक अति भक्तिसँ उत्पन्न पुण्यसँ हमरा जातिस्मरत्व (पूर्वजन्मक स्मरणशक्ति) अछि ओ राजकुमारी भए जनमलि छी। तेँ एहि जन्ममे हुनक ओहि ओहि गुणकेँ मन पाड़ैत, मुदा यत्न कएलहु उत्तर हुनका पबैत नहि, हम आन पुरुषकेँ देखहु नहि चाहैत छी, पसिन्द करबाक कथा कोन?

शशिलेखा कहल–दाइजी! ओ एखन कतए छथि से अहाँकेँ बुझल नहि

अछि की? कुमारी कहल–जातिस्मरत्वसँ पूर्वजन्मक वृत्तान्त तँ हमरा मन अछि मुदा ओ हमर प्राणेश्वर जतए छथि से हमरा जानल नहि अछि। एखन दोसर जन्ममे दोसर देहकेँ धारण कएने ओ हमरा कोना चिन्हबामे अओताह? से कहि ओ कानए लगलीह। शशिलेखा कहल-दाइजी! धैर्य धरू, धैर्य धरू। एकर प्रतीकार तँ दैबक अधीन अछि।

तखन स्त्रीवेषधारी शशी ई सबटा कथा जाए मूलदेवकेँ कहल ओ अपने पुनि आबि राजकुमारीक लगमे चल गेलाह। मूलदेव चित्रविद्यामे अभ्यास कएने छलाह तथा ओ कथा सूनि ओहि हरिणक समस्त वृत्तान्त चित्रफलकक एक भागमे लिखि ओकर दोसरा भागमे ओ अपन ओ राजकुमारीक चित्र लिखल। पछाति ओहि चित्रपटकेँ लेने राजाक ड्यौढ़ी पर आबि राजकुमारीकेँ देखाओल।

राजकुमारी ओकरा देखि अपन पूर्वजन्मक वृत्तान्तकेँ मन पाड़ि कानए लगलीह। हुनका कनैत देखि शशिलेखा कहल–दाइजी! अहाँ कनैत किएक छी? अरे पापी चित्रपट अननिहार धुर्त! की तोँ देखओलहुन्ह अछि जाहिसँ हमर मलिकाइनिक चित्त मे कष्ट भेलैन्हि अछि? राजकुमारी कहल–हे सखी! कठोर कथा हिनका जनु कहुन्ह। ने ई पापी छथि ने धूर्त। अहाँ पतिआउ जे इएह हमर प्राणनाथ थिकाह। शशिलेखा कहल-कोना चिन्हबैन्हि? कुमारी कहल–एही चित्रपटक वृत्तान्तसँ चीन्हि गेलिऐन्हि। शशिलेखा कहल–की केओ धूर्त एहि चित्रपटक वृत्तान्त नहि देखाए सकैत अछि? कुमारी कहल–जँ जनैत रहत तखन ने सकत। हमर पूर्वजन्मक वृत्तान्त धूर्त कोना जानत? शशिलेखा कहल–जँ अहाँ कतहु बाजलि होइ तँ जानि सकैत अछि की नहि? कुमारी कहल– हम तँ तोहरहिटा कहलिअहु अछि। शशिलेखा कहल–से तँ सखीकेँ कहल गोप्य अछि ओ प्रकाशित नहिए बुझू। मुदा हमरा छाड़ि आन केओ यदि नहि जनैत अछि तखन तँ अवश्ये ई अहाँक स्वामी थिकाह। ई निश्चयकए लगले मूलदेवक सत्कार भेल। पछाति सबटा कथा राजाकेँ निवेदन कए ओहि राजकुमारीक सङ्ग मूलदेवक विवाह भेल ओ पूर्ण जैतुक देल गेल। चित्रविद्यहिसँ मूलदेवक मनोरथ पूर्ण भए सकल। तेँ –

वेद ओ शास्त्रमे पंडित जनकेँ संसारमे जे सिद्धि महेश्वरक कृपासँ विद्यहुसँ नहि होइत छैन्हि सएह सिद्धि चित्र गीत कविता आदि कलाक वेत्ताकेँ उपविद्यासँ होइत छैन्हि ॥7॥

इति उप (चित्र) विद्याकथा ॥21॥

22

गीतविद्यक-कथा

गीतविद्यासँ जे जीवमात्रकेँ प्रमोदित करथि ओ गीतसँ यशक राशि अर्जित करथि से गीतविद्य कहल जाइत छथि ॥1॥

गोरखपुर राजधानीमे उदयसिंह नामक राजा भेल छलाह। ओ सब गुणक अनुरागी, विशेष ज्ञाता, ओ दानी छलाह तेँ सब गुणी हुनक आश्रयमे जाथि। एक समय कलानिधि नाम गबैआ तिरहुतिक राज्यसँ ओतए पहुँचलाह। राजा जखन पूजा करैत रहथि तखन ओ गीत गाबि सभास्थ सभ लोकक प्रशंसा पाओल ओ राजा हुनका सोन दए पूजित कएल। हुनक प्रशंसा सूनि ओ सत्कार देखि ओहि देशक गबैआ लोकनिकेँ बड़ तामस भेलैन्हि; हुनकासँ स्पर्धा करैत सब केओ हुनक निन्दा करए लगलाह। राजाकेँ कहल–देव! ई गबैआ विदेशी नाममात्रहिँ कलानिधि छथि। गीतक तँ कोनो कला नहि जनैत छथि। देव हिनका किएक एतेक पुरस्कार दैत छिऐन्हि?

गुणीक संग्रह नहि कएने जेना राजाक अविज्ञ होएब सिद्ध होइत अछि तहिना मूर्खक संग्रह कएलहु उत्तर होइत अछि ॥2॥

राजा कहल–अओ गबैआ लोकनि! हिनक गीतसँ तँ हमर हृदय अमृतसँ भीजल सन भए जाइत अछि। हम तँ तेँ हिनका पुरस्कार दैत छिऐन्हि। अहाँलोकनि अनुभवक विरुद्ध की बजैत छी जे ई गुणी नहि छथि? गबैआलोकनि कहल–तखन बीच सभामे देव हुनक ओ हमरा लोकनिक गीतकलाक विचार कएल जाओ। राजा कहल–अओ कलानिधि! दिऔन्ह अहाँ हिनका लोकनिक कथाक उत्तर। कलानिधि कहल–देव! ई तँ ने हमरा उत्तर देबाक अवसर थिक ने गएबहिक। किएक तँ–

हे राजा! जहिआ हरसिंहदेव सुननिहार छलाह तहिअहि हम गबैत छलहुँ। वसन्त बीति गेलाक पर कोकिलो मधुस्वरसँ पञ्चम तान पर नहि गबैत अछि ॥3॥

आओर,

स्वर्गक तत्त्वकथा तँ देवतालोकनि जनैत छथि किन्तु भूमि पर हमहि एक गोट एहन गबैआ छी जे कानमे अमृतरस चुबाए रहल अछि एहन स्वरसँ सुननिहार लोककेँ प्रसन्न करैत हो ॥4॥

गबैआ सब कहल–देव! हिनक गर्व बड़ पैघ छैन्हि से सरकार विचारल जाओ। राजा कहल–तिरहुतिआ स्वभावहिसँ गुणगर्वी होइत छथि। कलानिधि कहल–देव! हम गर्वी नहि छी; हम तँ यथार्थ कथा निवेदन कएल अछि। हम गाएब, अपनहुक गवैआ सब गओताह, तँ एहि दुनू गीतक विशेषक के विचार करताह किएक तँ–

महादेव वा हरसिंहदेव–इएह दू गोटए तँ गीतविद्याक वेत्ता छलाह। हरसिंहदेव

स्वर्ग चल गेलाह तखन तँ आब केवल महादेव गीतक वेत्ता रहलाह ॥5॥

जहिआ परमेश्वर साक्षात् आबि विचार करताह तहिआ हम आनक सङ्ग स्पर्धामे गान करब। गबैआ लोकनि कहैत गेलाह–देव! परमेश्वर भगवान् तँ दुर्लभ छथि; आन केओ मध्यस्थ हिनका स्वीकारे नहि छथिन्ह। तेँ मध्यस्थकेँ स्वीकार नहि करब कलानिधिक हारिक लक्षण बुझबाक चाही। कलानिधि कहल–यदि से हो तँ अपनहि लोकनि मध्यस्थ स्वीकार कएल जाओ। हम तनिकहि आगाँमे गाएब। गबैआलोकनि बजलाह–एहि देशक कोनहु मध्यस्थकेँ तँ अहाँ हमरालोकनिक पक्षपाती बुझब। तखन तँ गीतक वेत्ता हरिणे सब होइत अछि। ओ तँ पशु थिक। ककरो पक्षपाती नहि होएत। ओकरहि आगाँमे गबैत जाएब।

कलानिधि कहल–हरिण सब पशु तँ थिक (किन्तु) गीतरसक लम्पट (आसक्त) होइत अछि, जाही ताही गीतसँ आकृष्ट भए जाइत अछि। यदि पशुए मध्यस्थ स्वीकार हो तँ गाए मध्यस्थ होथु। एना दूहूक अनुमतिसँ गाए मध्यस्थ मानल गेल। राजाकेँ बड़े कौतूहल भेल। व्यवस्था ई भेल जे जनिक गीतसँ पानि पीबाक हेतु जाइत गाए जलाशयक निकटसँ पानि त्यागि गीतरसक लोभसँ फीरि जाए सएह गबैआ पूज्य होथि। पछाति तहिना विचार कएल गेलाक उत्तर कलानिधि जीतल ओ राजासँ पूजा प्राप्त कएल। श्लोक अछि–

एहि जीवलोकमे कान ओ हृदयसँ युक्त जीवित पशुअहुकेँ गीतविद्य परितुष्ट करैत छथि। जनिक विद्या पशुजनहुक परितोषमे समर्थ हो ताहिसँ ओहि विद्याक वेत्ताकेँ की परितोष नहि होएतैन्हि? ॥6॥

इति गीतविद्यकथा ॥22॥

23

नृत्यविद्यक कथा

गेय, अभिनेय ओ काव्य तथा तालगर्भित वाद्य ओ रस एहि सबहिक आश्रय थिक नृत्य। ताहिसँ शङ्कर तुष्ट होइत छथि ॥1॥

भरत कहने छथि–

एहि प्रसङ्ग सुनल थिक जे इन्द्रसँ प्रार्थना कएल गेलाक उत्तर ब्रह्मा चारू वेदसँ बहार कए पाँचम नाट्यवेदक सृष्टि कएल ॥2॥

ओहिमे पढ़बाक अंश-पाठ्य-ऋग्वेदसँ बहराएल; गएबाक अंश-गीत-सामवेदसँ; ओ अभिनयक अंश-अभिनेय-यजुर्वेदसँ; तथा रस अथर्ववेदसँ बहराएल अछि ॥3॥

से नृत्य दू प्रकारक अछि। भरतक कहल अछि–

स्त्रीनृत्यक नाम लास्य ओ पुरुषनृत्यक नाम थिक तांडव। लास्यसँ गौरीकेँ तोष होइत छैन्हि, ताण्डवसँ महेश्वरकेँ ॥4॥

भरतहिक कहल थिक जे–

नाटकमे जे नहि अछि एहन कोनो शास्त्र, शिल्प, विद्या, कला, ज्ञान वा योग नहि अछि।

तेँ शङ्करक प्रसादक कारण थिक अतएव एहिमे फल छैक; देखनिहारकेँ प्रीतिक कारण थिक तेँ दृष्ट फल छैक। एना नाट्यमे दृष्ट ओ अदृष्ट दूहू प्रकारक सुख छैक। भरत एहिना कहने छथि जे–

नाटक नामक विद्या विश्वक उपकार करबामे समर्थ भगवती थिक, किएक तँ ई धनी लोकक हेतु लीला, सुखी लोकक हेतु धैर्य, मदसँ मातल जनिक आत्मा छैन्ह तनिका हेतु शिक्षा, संसारक स्थिति एहने छैक ई देखाए योगीलोकनिक हेतु नाना प्रकारक वैराग्य, काव्यरसक जनिका प्रयोजन छैन्हि तनिका हेतु प्रेमक वस्तु, ओ कविलोकक हेतु नव नव कीर्ति थिक ॥6॥

गौड देशमे लक्ष्मणसेन नामक राजा भेल छलाह। हुनका उमापति (धर) नामक मन्त्री ओ गन्धर्व नामक नट छलथिन्ह। एक दिन राजाक दरवारमे ओ नट स्नान कए माथमे चाननक ठोप कएने पहुँचलाह। हुनका देखि मन्त्री हँसीमे कहलथिन्ह–अओ गन्धर्व! माथमे बिन्दु (ठोप) देखैत छी से की "नट" छी? गन्धर्व कहल–उमापतिधर! देखू, हमर कंठमे सेहो चाननक बिन्दु (ठोप) अछि तेँ "नटः" छी। राजा विहुँसि देलथिन्ह मुदा मन्त्री उमापतिधरकेँ तामस भेलैन्हि; कहए लगलथिन्ह–रे नीच नट! चारण! स्त्रीजीवि (बहु लएकेँ जीविका चलओनिहार)! एतेक ढीठ कथा कोना बाजि सकैत छेँ? तोरा जनैत तखन तँ हम उमापतिधर, बड़द भेलहुँ की?

नट कहल–अहूँ तँ कहल अछि जे जेना 'क'कार पर शिरोबिन्दु-अनुस्वार-देलासँ 'कं' होइत अछि तेना तोँ "नटं" छह। "नटं" ई शब्द कुपठित, मूर्ख ओ नपुंसक अर्थमे अछि। तकर उत्तर हम देल जे जेँ हम दूगोट बिन्दुबला विसर्गसँ भूषित छी तेँ "कः" जकाँ "नटः" सर्वज्ञ भेलहुँ। उमापति कहल–यदि सर्वज्ञ छह तँ भवभूति-रचित उत्तररामचरित नाटकक छाया नामक तेसर अङ्क पर आधारित रामक चेष्टित खेलाह तँ? नट कहल–खेलाएब। राजाकेँ सेहो कौतुक भेलैन्हि। हुनका मसीप्रभृति सब संभार देआए देल। पछाति खेलक अवसर भेलाक पर रामक भूमिकाक ग्रहण कए नृत्य आरम्भ भेल। नचैत नचैत सीताकेँ स्पर्श करबाक हेतु आतुर, स्पर्श नहि पाबि, भूमि पर खसि पड़लाह ओ खसलाक उत्तर रामक तादात्म्यसँ (हम राम थिकहुँ एहि भावनासँ) शरीरकेँ त्यागि मुक्त भए गेलाह। श्लोक अछि–

ओएह बड़का बड़का वटक गाछबला बड़का वन थिक; ओएह स्थली थिक; ओएह थिकीह ई सीता जे हमर हृदयकेँ छुबैत छथि; ओएह राम हम थिकहुँ। एहि प्रकारेँ नाचक आवेशमे अपन प्रियाक विरहसँ विलसैत रामक तादात्म्यसँ भरल ओ

नट मुनि जकाँ रामक सायुज्य प्राप्त कए लेल ॥7॥

इति नृत्यविद्यकथा ॥23॥

24

इन्द्रजालविद्यक कथा

जे वस्तु जेहन नहि अछि तकरा तेहन देखाएब इन्द्रजाल कहल जाइत अछि, ओ तकर वेत्ता ऐन्द्रजालिक भेलाह ॥1॥

सिम्बलिवनमे पक्षधर पंडित नामक ब्राह्मण छलाह। इन्द्रजाल विद्यामे पंडित ओ राजाकेँ निमन्त्रण देल। निमन्त्रण स्वीकार कए राजा आह्निककृत्य सम्पन्न कए, स्वभावसँ सुखी, भूखकेँ सहबामे असमर्थ, पाक भेलैक वा नहि तकर जिज्ञासा विना कएनहि, घोड़ा पर चढ़ि, दिनक पहिलहि पहरमे भोजन करए श्वशुरक ओहिठाम बिदा भए गेलाह। ई जानि राजदेव चिन्ता करए लगलाह जे जमाए राजा, परम मान्य, भोजन करए अबैत छथि। हमरा ओठिठाम पाक संपन्न भेल नहि अछि। तेँ की करी? हुनका ओना चिन्तासँ आकुल देखि पक्षधर पंडित कहल—अओ राजदेव! अहाँ डेराउ नहि। अहाँक लघुता नहि होअए पाओत। राजाकेँ बजबए हम जाइत छी। तखन तेहन तेहन कौतुक बाटमे देखबैत अएबैन्हि जे पाक संपन्न भेलहि पर ओ अहाँक ओहिठाम पहुँचताह।

पछाति पक्षधर पंडित से उपाय कएल जे राजा बाटमे दू गोट भेड़ाकेँ लड़ैत देखल। ओकर युद्ध समाप्त भेलाक पर राजा दू गोट पहलमानकेँ कुश्ती लड़ैत देखल। तखन एक गोट पानिक झरना देखल जाहिमे बकक लोलसँ खसल छोटका माछ सब उनटैत पुटनैत पड़ाएल जाइत बड़े चमत्कारक छल। पछाति कुकुर खेहारि रहल छैक एहन हरिण देखल। ई सब देखबाक कौतुकसँ राजाक ततबा काल बाटहिमे बितलैन्हि जतबामे राजदेवक ओहिठाम भात, दालि, तीमन, तरकारी सब किछु संपन्न भए गेलैन्हि। तखन हुनका बजाए लए जाए भोजन कराओल गेल। भेड़ाक लड़ाइ प्रभृति सब किछु हम फुसिए देखल ई जानि आश्चर्यसँ ओ राजा ओहि इन्द्रजालविज्ञ पक्षधरपंडितकेँ रत्नादिसँ पुरस्कृत कए पूजित कएल। श्लोको अछि—

राजा रत्न दैत छथिन्ह, पंडित लोकनि विस्मित भए भए देखैत छथिन्ह; ऐन्द्रजालिकक विद्यासँ के मोहित नहि होइत छथि? ॥2॥

इति इन्द्रजालविद्यकथा ॥24 ॥

25

पूजितविद्यक कथा

सदोष हो वा निर्दोष, यदि विज्ञभूपालसँ सम्मानित हो तँ ओ विद्या अपन वेत्ताक ऐश्वर्य तथा यशक कारण होइत अछि ॥1॥

धारापुरीमे भोजदेव नामक राजा छलाह। हुनक आगाँ आबि केओ कवि एकटा श्लोक पढ़ल। ई ओहि समयक कविक पद्य थिक—

हे राजा भोजदेव! अपनेक विशुद्ध कीर्तिक प्रतान चारूदिशि संसारमे पसरैत देरी सब समुद्र क्षीरसागर भए गेल; नाग सब वासुकि भए गेलाह; पहाड़ सब कैलाश भए गेल; स्वर्गक देवता सब शङ्कर भए गेलाह। मुदा हे महाराज! हमर स्त्रीक हाथक काचक गहना सब लगले मोती किएक नहि भेल? ॥2॥

ई सूनि राजा भोजदेव हुनक काव्यकलासँ परितुष्ट भए ओहि कविराजकेँ हुनक तौल भरि बड़का बड़का मोतीक दाना तराजू पर तौलिकेँ देल। ओहि तराजू भरि मोती पाबि कवि कृतार्थ भए गेलाह। धरित्रीमंडल पर भोजराजक ई कीर्त्ति आइओ गाओल जाइत अछि। किएक तँ—

जे विदग्ध नहि छथि तनिक राज्यहिँ की? जे दान नहि देल तनिक वैदग्ध्यहिँ की? ओ ओहि दानीक दानहिँ की जनिकासँ गुण पूजित नहि भेल? ॥3॥

कविक जे कला कल्पतरुकेँ जितबाक इच्छासँ कोटि कोटि सुवर्ण फड़ैत छल सएह कला उज्ज्वलकीर्तिक राशि, भोजदेवक, स्वर्ग गेलाक उत्तर पद पद पर श्रम मात्र देनिहार भए गेल अछि ॥4॥

इति पूजितविद्यकथा ॥25॥

विपरीत कथा सब

26

अवसन्नविद्यक कथा

राजाक विदग्ध नहि रहलाक कारणेँ जनिक विद्या दूरि भए जाइत छैन्हि हुनका विद्याक पारंगतलोकनि अवसन्नविद्य कहने छथि ॥1॥

गङ्गाक दक्षिण तट पर राढ़ा नामक पुरी छल। ओतए निरपेक्ष नामक राजा भेल

छलाह। एक समय सकल-कवि-कला-कलापे कुशल वाग्विलास नामक केओ कविराज अभाग्यवशतः राजा-शब्दसँ प्रतारित ओतए पहुँचलाह। ओहि राजाक प्रिय सचिवक ओतए जाए कहल—विचक्षण! हमरा राजाक दर्शन कराए देल जाओ। ओ कहल—अओ कवि! एहि राजाक दर्शनसँ कोन प्रयोजन सिद्ध होएत? अहाँ कवि छी, राजा अविज्ञ छथि। तेँ अहाँ दूनू गोटाकेँ सभालापसँ सुख नहि होएत, हम तँ सएह तर्क करैत छी।

ओहि राजाक धर्मक एक अङ्ग टूटल बुझबाक चाही जनिका राज्य अछैत ओकर भोगक हेतु विज्ञता नहि छैन्हि ॥2॥

कविराज कहल—मन्त्रिराज! अविज्ञो छथि तथापि राजा हमर कवितासँ निश्चय परितोष स्वीकार करताह। किएक तँ—

नाना रससँ भरल शब्द ओ अर्थक गुणसँ विभूषित वाक्-रूपी भगवती ककर हृदयकेँ नहि प्रसन्न करतीह जकरा कान छैक? ॥3॥

कथामे जे कान नहि दैत छथि से सुननिहार अपराधी थिकाह, परंतु सुननिहार यदि प्रसन्न नहि होथि तँ से कविक दोष थिक ॥4॥

कानसँ पीबाक योग्य अमृत-रूप वाणीसँ जे हर्ष नहि पाबथि ओ मनुष्य बड़दजकाँ केवल घासक मुट्ठासँ हर्ष पओताह ॥5॥

जे ने सुनथि, सुनिकेँ ने बुझथि, बुझिकेँ ने देथि ताहि व्यक्तिकेँ केओ कवि अपन काव्यसँ आराधि की करताह? ॥6॥

सचिव कहल—तँहि तँ कहैत छी जे अपने एहि राजाक भेँट नहि करिऔन्हि। कवि कहल—मन्त्रिराज! हमर कविता जनिका प्रसन्न नहि करत से अवश्ये अद्भुत पुरुष होएताह। तेँ भेँट करए चाहैत छिऐन्हि। पछाति सचिवक कतेक प्रयत्नसँ ओ निरपेक्ष राजा कविराजकेँ दर्शन देल। कवि राजाकेँ देखि एक पद्य पढ़ल जे—

हे मनुजदेव! अपनेक वीर शत्रु लोकनिसँ विवाह होएबाक कारणेँ जागल छैन्हि कामक उत्सव जनिका लोकनिक एहन अप्सरा लोकनि प्रख्यात खड्गरूप लता नव फूल जकाँ, युद्धरूपी समुद्रक फेनक सदृश निर्मल, अपनेक यशक स्तुति इन्द्रक स्वर्णपुरीक दोरुक्खा पर आबि आबि करैत छथि ॥7॥

राजा कहल—अओ मन्त्रीलोकनि! ई की चिड़ै सब जकाँ चुन-चुनाइत घोल जकाँ करैत वजैत छथि? मन्त्रीलोकनि कहल—देव! ई बड़का कवि छथि। देवक यशक वर्णन कए रहल छथि। तेँ हिनक पूजा कर्त्तव्य थिक। राजा कहल—हिनक पूजा किएक कर्त्तव्य? हिनक कवितासँ हमर धन बढ़त वा सैन्य? मन्त्रीलोकनि कहल—धन वा सैन्य सभक फल थिक यश से कविक वाणीसँ बढ़ैत अछि। किएक तँ—

कल्पक आरम्भसँ पूर्वहुँ जे जे राजा धनसँ कविलोकनिकेँ काव्यकलाक गौरवसँ आराधि आराधि एहि पृथिवी परसँ चल गेल छथि तनिका लोकनिक नाम सरस्वतीक परिणामावस्थामे एखन पर्यन्त गाओल जाइत अछि। ताहिसँ भिन्न के के

जनमि जनमि नहि मुइलाह, ओ घरसँ बाहर केओ हुनक नामो नहि जनलक? ॥8॥

जेना सुवर्णकेँ रखबाक स्थान होइत अछि पात्र, गाछकेँ उगबाक स्थान होइत अछि भूमि, तहिना यशक स्थापनक स्थान कविहिक वाणी होइत अछि ॥9॥

तेँ, हे राजा! सोन दए कविराजक पूजा करिऐन्हि से उचित थिक। राजा कहल–हमरा ओहि यशक प्रसारसँ कोनो प्रयोजन नहि अछि जाहि कारणेँ अर्थक व्यय करए पड़ए। अरे रे! एहिठाम ठाढ़ भेल सब (सिपाही सब) की तकैत जाइत छेँ? आनक चित्तकेँ चोरओनिहार हमर धनक लोभी एहि दुरात्माकेँ किएक नहि हटबैत जाइत छेँ? तखन राजाक आगाँमे ठाढ़ बेँतक लाठी हाथमे लेने सिपाही सब ओहि कविराजकेँ गरहत्था दए ओतएसँ बाहर निकालि देल। तखन कविराज पढ़ल–

घूमि घूमि गुरुक पाएरक जे सेवा कएल, निद्राक सुख त्यागि व्याकरणादि जे किछु पढ़ल, से सब आइ व्यर्थ भए गेल। राजा यदि मूर्ख भेलाह तखन तँ लक्ष्मीकेँ नीच जनमे अनुराग भए गेलैन्हि सएह बुझबाक चाही। हे सरस्वती! अहूँक आराधना कए यदि इएह दुर्गति हो तँ जाउ, अहूँ दूर जाउ ॥10॥

ई पढ़ैत बाहर आबि ओ कवि खिसिआए कवितासँ संन्यास लए लेल। मन्त्रीलोकनि सेहो बहराए ओहि सरस्वतीसँ संन्यास लेने कविराजकेँ खेदसँ कहल–अओ कविराज! ई अपने की कएल? एहि अविदग्ध राजाक चरित्रसँ अपन हानि कएल अछि।

हे प्रकृष्ट गुणावान्! आनक दोषसँ अपने कविता किएक त्यागल अछि–जे कविता रसक भीजल अलंकारसँ तथा उचित पदबन्धसँ गुणवती, पंडितक सभामे आनन्दक कारण, ओ देशान्तरमे सखी थिक। गुणवानहुक हृदय क्रोधक भूमि नहि होइत अछि से नहि ॥11॥

निरक्षरकेँ राजा देखि कदाचितो कविलोक विद्याकेँ हेय नहि बुझथि। कुलटाक गरामे मोतीक माला देखि की कुलाङ्गना कहिओ कुलटा भए जाइत अछि? ॥12॥

कवि कहल–एकर निन्दासँ कलुषित भए हम कवितासँ संन्यास लए लेल। मन्त्रीलोकनि कहल–हिनक निन्दासँ अपनेक की होएत?

जँ केओ अपन दुष्टतासँ अनिन्दनीयहुक निन्दा करैत छथि तँ ओ निन्दा ओही निन्दकक थिक। जे पैघ छथि से कतहु निन्दाक पात्र होथि ॥13॥

तखन ओ मन्त्रीलोकनि सुवर्ण लए लए ओहि कविराजक अभ्यर्चना कए हुनका घर पठाओल। मुदा तैओ कवितासँ संन्यास लेने ओहि कविराजक विद्या अवसन्ने भए गेल।

इति अवसन्नविद्यकथा ॥26॥

27

अविद्यक कथा

जे नेनामे विद्याक अभ्यास नहि कएल तनिक जन्मे निन्दित भए जाइत अछि। विद्यासँ विहीन यदि समुद्र पर्यन्तहुक राजा होथि तैओ कहओताह मूर्खे ॥1॥

मूर्खक श्री देखिकेँ के गुणसँ उदास होएत? श्री वा बलसँ युक्तो यदि मूर्ख छथि तँ हुनक यश कोना होएत? ॥2॥

तिरहुतमे रविधर नामक ब्राह्मण छलाह। ओ धनाढ्य छलाह मुदा छलाह मूर्ख ओ तेँ बजबाक अपटुताक कारणेँ सब हुनका हँसैन्हि, तकर हुनका बड़ दुःख होइन्हि। ओ बिचारल–

ओ मिथ्ये कहैत अछि जे मुहक शोभा पानसँ होइत छैक। पुरुषक मुखक शोभा केवल वाणीसँ होइत अछि ॥3॥

बिनु जनलेँ अशुद्ध बजलासँ सभामे मूर्खक हँसी होइत छैक मुदा ओहि अशुद्धक समाधान करबामे जँ आग्रह करी तखन तँ ओकर हँसी आओर अधिक होइत अछि ॥4॥

नेनपनमे विद्या नहि सीखल; समर्थ भेला पर यश नहि अरजल। ओ जनमिकेँ की कएल? केवल जननी क्लेश देनिहार भेलाह ॥5॥

तेँ आब वृद्ध हमर तँ विद्या पढ़व उपपन्न नहि होएत, कारण–

जाहि काजक जे काल थिकैक ताहि कालमे से काज जँ सिद्ध नहि भेल तखन ओ काज कहिओ सिद्ध नहि होएत ओ कर्ताकेँ भरि जन्म ओकर पश्चात्ताप रहबे करतैन्हि ॥6॥

तेँ पुत्रकेँ पढ़ाबी ई निर्धारि, पंडित द्वारा खूब धन खर्च कए ओ अपन पुत्र मनधरकेँ पढ़बए लगलाह। पछाति हुनक सहाध्यायीलोकनि मनधर ई अव्युत्पन्न नाम सूनि पढ़थिन्ह–

नाम जे धएल गेल छहु ताहिसँ तोहर बापक मूर्खता बुझल जाइत छहु। ताहि अपमानसँ अध्ययनमे आओरो यत्न करथि ॥7॥

तखन ओहि अपमानसँ पढ़बामे आओरो अधिक मन दए मनधर शास्त्रमे पारंगत भए गेलाह। पछाति शास्त्र पढ़िकेँ समाप्त कएने अपन पुत्रक गुणक दर्पसँ, राजासँ सम्मान भेटत एहि वासनासँ आ' पुत्रक सम्मान होएत एहि वासनासँ ओ ब्राह्मण पुत्रकेँ संग कए राजधानी गेलाह। ओतए राजाक दर्शन कएल। कुशल-प्रश्नक अनन्तर राजा हुनका पूछल–विप्र! समाचार कहू। विप्र कहल–“ज्ञानो नास्ति मेव”। ई सूनि राजाकेँ बिहुँसैत देखि सज्जनलोकनिक मूड़ी खसि पड़लैन्हि, खललोक खलखल हँसए लगलाह।

तखन मनधर कहल—अरे दुर्जनलोक! हमर बापकेँ हँसैत किएक जाइत छिऐन्हि? अभिप्राय बुझलिऐन्हि नहि तेँ सब केओ निग्रह पबैत गेलहुँ। हमर बाप राजाक प्रश्नक उत्तरमे शुद्ध कथा कहल—"नो ज्ञा नीति मेव-लक्ष्मीरिव" अर्थात् हमरा जहिना मा-लक्ष्मी नहि छथि तहिना ज्ञा-सरस्वती सेहो नहि छथि। एना थोड़ शब्दमे समाचार कहबा मे अपन असामर्थ्य ओ अपन दरिद्रता दूहू भिक्षाक अर्थी हमर पिता देखाओल। ई सूनि राजाकेँ बड़ परितोष भेल आ' ओ मनधर शर्मा ब्राह्मणक बड़का पूजा कएल ओ कहल—वाह रे मनधन! वाह अयुक्तकेँ अहाँ युक्त कए देखाओल। ओ एहि प्रकारेँ सब केओ मनोधरक पांडित्य ओ हुनक बापक मूर्खता निर्धारित करैत गेलाह। कहल अछि—

बेटा सम्मान पाओल तेँ बापक अयश दूर नहि होइत छैक। संसार मे लोक अपनहि गुणसँ पूजित होइत अछि ॥8॥

इति अविद्यकथा ॥27॥

28

खंडितविद्यक कथा

जे केओ एक देशकेँ जानि सर्वज्ञ छी ई प्रकाश करथि ओ खंडितविद्य कहबैत छथि ओ पंडित-गोष्ठीमे हुनका लोक हँसैत छैन्हि ॥1॥

गोरखपुर राजधानीमे उदयसिंह नामक राजा भेल छलाह। ओ शारदीयमहापूजाक महोत्सव आरम्भ कएल ओ तेँ श्रीदुर्गामहात्म्यपाठ करबाक निमित्त बहुत ब्राह्मणकेँ विद्याक परीक्षा लए लए वरण कएल। ताहिमे एक जन छलाह कुशशर्मा नामक ब्राह्मण जनिका उज्ज्वल तिलकसँ भूषित, बड़का दम्भ कएने, देखबामे सुन्दर, सूगा जकाँ कतोक अक्षरकेँ अभ्यास कए ओकर उच्चारणमे प्रगल्भ देखि, राजा वरण कएल। वरण स्वीकार कए ओ दुर्गामाहात्म्यक पाठ कएल जाहिमे स्वरमे च्युति छल, अक्षर आनक आने कहल, मात्रा रहित छल। अन्तमे ओ

"यदक्षरपरिभ्रष्टं मात्राहीनं च यद्भवेत्।
क्षन्तुमर्हसौ मे मातः कस्य वै निश्चलं मनः ॥2॥

एना क्षमापन-श्लोकहुकेँ ओहने अशुद्ध पढ़ल। ई सूनि शुभङ्करशर्मा राजाक पुरोहित कहल—अओ कुशशर्मा! इहो श्लोक कोना अशुद्धे पढ़ैत छी? "क्षन्तुमर्हसौ" नहि "क्षन्तुमर्हसि" ई पढ़ू। किएक तँ—

थोड़ अशुद्धिक समाधानमे "क्षन्तुमर्हसौ" पढ़ैत छी तखन सेहो अशुद्धे

उच्चारण कए, हे दुर्मति! की करब? ॥3॥

से सूनि सब ब्राह्मण हुनक निन्दा कएल ओ राजा अशक्यनिर्वाह कार्यमे संकल्प कएने हुनका अधार्मिक ओ मूर्ख निश्चय कएल। जेना–

जे वस्तु अभ्यास नहि अछि तकरा जनबाक मिथ्या उपन्यास कए प्रस्तावक समयमे अशुद्धि करैत निश्चय लोक खंडितगुण भए जाइत अछि। सभामे तकर निंदा ओकर मर्मकें छूबि तेहन खेद-जनक होइत अछि जेहन सर्वसाधारण मरणहु नहि होइत अछि ॥4॥

इति खंडितविद्यकथा ॥28॥

29

हासविद्यक कथा

हासक विद्यासँ जे विकृत अङ्ग, विकृत वचन, विकृत क्रिया द्वारा प्रभुक प्रिय हो से जन हासविद्य कहबैत अछि ॥1॥

काञ्ची नामक राजधानी छल। ततए सुप्रताप नामक राजा छलाह। ओतए एक समयमे कोनहु धनिकक धन चोरबैत चारि गोट चोर सेन्धक द्वार पर रखबारलोकसँ पकड़ल गेल ओ हथकड़ी लगाए राजाक ओतए उपस्थित कएल गेल। राजा घातक-पुरुषकें आज्ञा देल जे–रे घातक-पुरुष सब! लए जो एहि चारू चोरकें नगरसँ बाहर, शूली पर चढ़ाए एकरा मारि दे।

दंडनीतिक पंडितलोकनि राजधर्म एकरहि कहने छथि जाहिसँ साधुक संवर्धक हो तथा दुष्टक विमर्दन हो ॥2॥

तखन राजाक आज्ञासँ घातकपुरुष तीनि गोट चोरकें तँ शूली पर चढ़ओलक। चारिम विचारलक–

मरण अति-सन्निहित हो तथापि रक्षाक उपाय विधेय थिक। कारण, उपाय जँ सफल भेल तँ रक्षा भेल, निष्फल भेल तँ मरणसँ अधिक की होएत? ॥3॥

आओर, जे जन प्रतीकारक पाछु पड़ल अछि से व्याधिसँ पीड़ित रहओ वा राजासँ मारल जाइत रहओ, तथापि यमक द्वारहुसँ फीरि अबैत अछि ॥4॥

चोर कहल–हओ घातकपुरुष! तीनि गोट चोरकें तँ तोहरालोकनि राजाक आज्ञासँ मारलह। हमरा राजाक समीप लए जाह, तखन मारिहह। किएक तँ हम एकटा बड़का विद्या जनैत छी। हमरा मुइला उत्तर ओहि विद्याक अस्त भए जाएत। राजा ओ विद्या हमरासँ लए तखन हमरा मारथु। ताहिसँ ई विद्या मर्त्यलोकमे तँ रहत।

घातक सब कहल–रे चोर! पापीमे अधम! वधस्थानमे आनल गेल छह तैओ जीबए चाहैत छह। कोन विद्या जनैत छह? तोहर अधमक विद्या कोनाकें राजा ग्रहण

करथुन्ह? चोर कहल–रे घातक! की बजैत छह? राजाक काजमे बाधा देअए चाहैत छहुन्ह। यदि राजाकेँ विद्या जानल होएतैन्हि तँ ओ बड़का ई विद्या अवश्ये ग्रहण करताह। ओ एहि विद्याक समाचार कहनिहार तोहरालोकनिकेँ प्रसन्न होइथुन्ह।

तखन ओहि चोरक कहलासँ, स्वामीक कार्यक अनुरोधसँ ओ समाचार ओ सब जाएकेँ राजाकेँ कहल। राजाकेँ बड़ कौतूहल भेल। ओ चोरकेँ बजाए पूछल–रे चोर! कोन विद्या जनैत छेँ? चोर कहल–सोनक खेती जनैत छी। राजा कहल–ओकर परिपाटी की छैक? चोर कहल–सरिसबक एतेकटटा सोनक बीआ बनबाए भूमिमे बाओग कएल जाइत छैक। मास दिनमे सरसबहिक सन काँडरि होइत छैक। रत्ती भरिक बीआसँ तोला भरि भए जाइत छैक। से सरकार प्रत्यक्ष देखल आओ। राजा कहल–रे चोर! सत्य कहैत छेँ? चोर कहल–सरकारक सोझाँ ककर सामर्थ्य छैक जे असत्य बाजत? यदि हमर कथा नहि मिलत तँ मासक अन्तमे हमरो अन्ते भए जाएत। तखनहुँ तँ सरकार हमर दंड वा प्रसाद करबामे प्रभु रहबे करब। राजा कहल–बेस, तँ बाओग कर गए सोन।

तखन चोर सोन तपाए, सरिसब एतेकटटा बीआ बनबाए, राजाक ड्यौढ़ीक सरोवरक किनारमे भूमि साफ कराए, कहल–सरकार खेत ओ बीआ तैयार अछि। केओ बाओग कएनिहार देल जाओ। राजा कहल–तोँही किएक ने बाओग करैत छेँ? चोर कहल–यदि सोन बाओग करबाक अधिकार हमरा होइत तँ ई विद्या जनैत हम दुःखी रहितहुँ। मुदा चोरकेँ सोन बाओग करबाक अधिकार नहि छैक। जे कहिओ किछु नहि चोरओने रहथि से बाओग करथु। सरकार स्वयं किएक नहि बाओग कएल जाइत अछि? राजा कहल–हम तँ गबैआ सबकेँ देबाक हेतु दादाजीक धन चोरओने छिऐन्हि। चोर कहल–तखन मन्त्रीलोकनि बाओग करथु। मन्त्रीलोकनि कहल–हमरा लोकनि तँ राजाक नोकर छी, बिनु चोरि कएने कोना रहब? चोर कहल–तखन धर्माधिकारी बाओग करथु। धर्माध्यक्ष कहल–हमहु जखन नेना रही तखन माइक लड्डू चोरओने छिऐन्हि।

चोर कहल–अपने लोकनि सब चोरे छी तखन हमहीँटा एकसरे किएक मारल जाइ? चोरक ई कथा सूनि सभ सभासद हँसए लगलाह। राजाक क्रोध सेहो हास्यरससँ दूर भए गेलैन्हि। ओहो विहुँसिकेँ कहल–रे चोर! नहि मारल जएबेँ। हे मन्त्री लोकनि! कुबुद्धिओ ई चोर बुद्धिमान् अछि आ' हास्यरसमे प्रवीण अछि। तेँ ई हमरहि लगमे रहओ। समय समय पर हमरा हँसाओत खेलाओत। तखन ओ चोर राजाक अपना लगमे राखि लेल गेल।

चोरसँ नीच तँ केओ नहि होइत अछि, मुदा ओहो हासविद्याक प्रसादसँ मृत्युक पाशकेँ तोड़ि राजाक दरवारी भए गेल ॥5॥

इति हासविद्यकथा ॥29॥

विद्यासँ विहीन बीर, बीरतासँ विहीन सुबुद्धि, वीरता ओ सुबुद्धिसँ विहीन सविद्य-ई लोकनि पुरुषक लक्षणसँ युक्त नहि थिकाह ॥1॥

एकरा सभक प्रत्युदाहरण विस्तारक भयसँ नहि कहल। दिग्दर्शनमात्र कराए देल अछि। पंडित लोकनि विशेष स्वयं ऊह कए लेताह ॥2॥

बुद्धि, वीरत्व ओ विद्या-तीनूक समुदाय भेटब कठिन अछि। एहि समुदायक आश्रय तीनू लोकमे तीनिए गोट पुरुष छथि ॥3॥

दू पुरुष एहि सब लक्षणसँ युक्त छथि-नारायण ओ रूपनारायण-जे दूहू लक्ष्मीक पति छथि, सबलोकक हेतु सुन्दर छथि, चन्द्रमाक सदृश दूहूक मुह छैन्हि, ओ दूहू सुन्दर मेघक सदृश नीलवर्ण छथि ॥4॥

दुइएटा देव छथि-शिव ओ शिवसिंह देव—जे दूहू सब ठाम सभक ईश कहाए प्रसिद्ध छथि, दूहू वृषस्थित छथि—एक, वृष जे बड़द ओहि पर, दोसर, वृष जे धर्म ताहिमे, स्थित छथि; दूहू भूतिविभूषिताङ्ग छथि—एकक अङ्ग भूति जे विभूति ताहिसँ, दोसराक अङ्ग भूति जे ऐश्वर्य ताहिसँ—विभूषित छैन्हि; दूहू द्विजराजमौलि छथि-एकक माथपर द्विजराज अर्थात् चन्द्रमा छथिन्ह, दोसर द्विजराज अर्थात् पैघ पैघ ब्राह्मणक शिरोमुकुट छथि ॥5॥

इति तृतीय परिच्छेद
समाप्त

चतुर्थ परिच्छेद

राजा पारावार पुनः पूछल—भगवन् हे मुनि! अपनेक उपदेशमे कहल लक्षणासँ पुरुष तँ चीन्हल। आब ई जानए चाहैत छी जे पुरुष भेलेँ फल की होइत छैक। मुनि कहल—पुरुषत्वक फलनिर्देश तँ हम कएनहि छी, पुरुषक लक्षणमे जे श्लोक कहल तकर उत्तरार्धसँ जे "पुरुषः पुरुषार्थवान्"—जे पुरुष छथि से पुरुषार्थसँ युक्त होएताह। पुरुषार्थ चारि गोट अछि। से जेना—

पुरुषक लक्षण तँ कहल, आब ओकर फल धर्म, अर्थ, काम ओ मोक्ष ई चारूटा पुरुषार्थ कहैत छी ॥1॥

ताहि चारूक मध्यमे सबसँ विशेष पूजित भेलेँ प्रथम धर्मक प्रस्ताव करैत छी। से जेना—

दान, अध्ययन, याग इत्यादि विशेष विशेष कर्म वेदवाक्यक अनुसार कएल, अपन अभीष्टक दायक धर्म कहल जाइत अछि ॥2॥

केओ केओ ओहि कर्मसँ उत्पन्न अपूर्वकेँ धर्म कहैत छथि। राजा कहल—हमरा तँ ओही कर्मक आचरणमे संशय उत्पन्न अछि। "तेँ हमर संशयकेँ हटाए धर्मक प्रस्ताव अपने कएल जाओ। मुनि पूछल—कोन प्रकारक संशय अछि? राजा कहल—कतेक पाखंड छथि बौद्ध, चार्वाक प्रभृति; कतेक तीर्थिक (साम्प्रदायिक) छथि नैयायिक, भट्ट, प्रभाकर प्रभृति; ओ सब परस्पर मतक विरोधी, सबकेँ अपन अपन भिन्ने सिद्धान्त, सब बजन्ता, सब अपनहिं पक्षकेँ प्रमाणित करबामे क्षम। किएक तँ—

अपन अपन सिद्धान्तक समर्थनमे कतेक वक्ता छथि, ओ हुनकहि लोकनिक परस्पर मत-विरोधसँ धर्मक विषयमे संशय उत्पन्न भए जाइत अछि ॥3॥

आओर,

पाखंडलोक तँ आनक मतक खंडन करताह ओ अपन अपन मतक पुष्टि। जेँ ओ लोकनि वेदक द्वेषी छथि तेँ वेदक विद्वान् लोकनि हुनका लोकनिक द्वेषी छथि। एना परस्पर एक दोसरक द्वेषमे बजैत जे वाक्‌युद्ध चलैत अछि ताहि घोलमे

बुद्धिमानो लोकक बुद्धि भोतिआए जाइत अछि ओ कतहु तँ तपस्यहुमे श्रद्धा नहि रहैत छैन्हि ॥4॥

मुनि कहल—राजन्! एहि प्रकारक धर्मसंदेह अपने कोना मनमे अनैत छी? किन्तु विधाताक एहि प्रपंचमे जतए जन्म भेल अछि ताहि कुलक क्रमागत जे मार्ग अछि तकर अनुसरण करू। सएह अहाँक धर्म भेल। किएक तँ—

विधाता एकेटा छथि ओ संसारमे किछु एहन नहि अछि जे हुनक कएल नहि अछि। तेँ हुनक इच्छासँ अहूँ जाहि कुलमे अन्म लेल अछि ताहिमे जे कर्म देखल जाइत अछि से करू। ओहिसँ जँ प्रमाद होएत तँ से अपराध होएतैन्हि विधाताक, अहाँक तँ कहिओ ओ अपराध नहि बुझल जाएत ॥5॥

यथार्थ पूछी तँ वेदमार्गक अनुसरण कएनिहारक जे मार्ग छैन्हि से उज्ज्वल अछि ओ तर्कमे निष्णात छैन्हि जनिक बुद्धि एहन धीमान् लोकनि ओही मार्गसँ जाइत छथि ॥6॥

एहिमे साक्षी अछि ज्योतिःशास्त्र जे प्रदीप जकाँ दिनक मान अङ्कमे कहि दैत अछि, चन्द्रमा ओ सूर्यक ग्रहण जोड़िकेँ पहिलहि देखाए दैत अछि ॥7॥

एहिमे साक्षी अछि संदेहकेँ भेदन कएनिहार शस्त्र, आगमशास्त्र; जकर प्रत्यक्ष फलक साक्षी वश्य, आकर्षण आदि विद्या अछि ॥8॥

एहिमे साक्षी अछि अन्वय ओ व्यतिरेकसँ फलक उदय सद्यः देखओनिहार वैद्यकशास्त्र जकर वाक्यक अर्थ व्यवहार मे सर्वथा मिलैत अछि ॥9॥

एना वेदसँ बोधित जे धर्म अछि सएह समीचीन धर्म थिक। राजा कहल—मुनि! तीर्थिकलोकनिमध्य सेहो तँ अनेको प्रकारक मत-भेद अछि। केओ शिवकेँ, केओ विष्णुकेँ, केओ ब्रह्माकेँ आराध्य मानैत छथि। एहि सभमे हम अपन हृदय कनिका विषय अर्पित करी? हमरा इएह बड़का संदेह अछि। मुनि कहल—

केओ विष्णुकेँ प्रभु निवेदन करैत छथि तँ केओ गिरिजानाथकेँ ओ केओ ब्रह्माकेँ प्रभु कहैत छथि। परन्तु संसारमे ऐश्वर्य नाममात्रहिसँ भिन्न अछि। जखन तर्कसँ बुद्धिकेँ माँजि मुनिलोकनि इएह निर्णय कए लेने छथि जे एहि विश्वमे एके गोट ईश्वर छथि तखन ओहि ईश्वरक चिन्तनमे लागल अहाँक मनमे आन प्रकारक भावना कतएसँ आएल? ॥10॥

तेँ उपवास, व्रत, पूजा ध्यान आदिसँ ओहि ईश्वरक आराधना धर्म थिक।

ओ धर्म जे करए से थिक धार्मिक। तकर तीनि प्रकार अछि तात्त्विक, तामस ओ अनुशयी ॥11॥

30

तात्त्विकक कथा

ताहि मध्य प्रथम तात्त्विकक कथा प्रारम्भ करैत छी। से जेना–मिथिलामे बोधि नामक कायस्थ भेल छलाह। कायस्थकुलक मर्यादासँ राजाक नोकरी करितहुँ ओ ने प्राणीक हिंसा करथि, ने आनक सम्पत्ति लए लेथि, ने आनक स्त्रीक कामना करथि, केवल मालिकक देल वेतनसँ निर्वाह करथि। शूद्रक उचित आह्निक कर्म, अपन अर्जित वित्तक उचित दान, देश ओ कालक उचित ब्राह्मणक आराधना करैत शिवक पूजामे परायण अपन समय बितबथि। अन्तकाल समीप भेलाक उत्तर ओ ई पौराणिक पद्य सुनल जे–

परहिंसा, परद्रव्य ओ परस्त्रीसँ पराङ्मुख जे व्यक्ति छथि से कहिओ आबिकेँ हमरा पवित्र करताह–ई गङ्गा सेहो बजैत छथि ॥12॥

ई सूनि ओ विचारल जे आजन्म हम आनक हिंसा नहि कएल। आनक द्रव्य नहि लेल। ने आनक स्त्रीक अभिलाषा कएल। तेँ ओहि तीनू विशेषणसँ विशिष्ट तँ हमहुँ भेलहुँ। किएक तँ–

जे नहि करबाक चाही से हम दूरहिसँ त्यागल। जे कर्तव्य थिक ताहि विषय उग्रता नहि कएल। तत्त्वमे निष्ठा मनमे रखने संपूर्ण वयस बिताओल ॥13॥

तेँ भगवती गङ्गाक एहि वाक्यक हमहि परीक्षा करी। पछाति गङ्गाक उद्देश्य कए तीरसँ आध कोस बाट दूर रहलैन्हि ततहि अँटकि ओहि पौराणिक श्लोककेँ, आधा ओहने, आधा अपने बनाए, जोड़िकेँ पढ़ल जे

परहिंसा, परद्रव्य ओ परस्त्रीसँ पराङ्मुख हम इएह आबि गेल छी। से हे देवि गङ्गे! आउ, पवित्र होउ ॥14॥

तखन परितोषकेँ पाबि गङ्गा तरङ्गमालासँ तीरकेँ कटैत, काछु, माछ, गोहि, सोँस सह सह करैत, प्रवाहसँ दूनू तटक गाछ सब खसबैत, आबि मोतीक मालाक सदृश उज्ज्वल जलक धारसँ हुनका नहाए देल, ओ कायस्थ बोधि आयु पूर्ण भेलेँ विधाताक विधानसँ शरीरकेँ त्यागि स्वर्ग पहुँचाए देल गेलाह। एना भागीरथीक करुणाक परिणामसँ जकर चरित्रक परीक्षा भेल छैक एहन ओहि कायस्थक आइ धरि साधु लोकनि आश्चर्य-पूर्वक स्तुति करैत छथि। एहि अर्थक श्लोको अछि–

ई शरीर चल जाइत अछि, श्री चल जाइत छथि, सब बन्धु चल जाइत छथि, मुदा, संसारमे लोकक चर्चा रहि जाइत छैक, तेँ कीर्तिमात्र एतए स्थिर रहैत अछि ॥15॥

इति तात्त्विककथा ॥30॥

31

तामसक कथा

तत्क्षण स्फूर्ति भेला उत्तर साहससँ तपश्चरण कएनिहार जे व्यक्ति तमोगुणसँ युक्त होथि से तामस धार्मिक कहल जाथि ॥1॥

राढ़ा पुरीमे श्रीकंठ नामक ब्राह्मण भेल छलाह। ओ सकल शास्त्रकेँ पढ़ने, नीतिविद्यामे पंडित, सब कलामे कुशल, जन्मसँ अभ्यास कएल गुणक उपयोगार्थ सम्मान ओ ख्यातिक सभक उद्देश्य कए भिन्न भिन्न राजालोकनिक दर्शनक कौतूहलसँ देश-विदेश भ्रमण करैत छलाह। एना घुमैत घुमैत एक बेरि सूर्यग्रहणक समयमे गङ्गा-यमुनाक संगम पर देखैत छथि जे गोहिसँ पकड़लि एकटा गाए, प्राण जाए रहल अछि तेँ व्यग्र; परम कातर, पानिमे डूबि रहल अछि। ओकरा देखितहिँ हुनका अत्यन्त करुणा भए अएलैन्हि। ओ विचारल जे–

प्रयागसँ पैघ तीर्थ नहि अछि; सूर्यग्रहणसँ पैघ समय नहि भेटत; पर-प्राणक परित्राणसँ पैघ धर्म नहि अछि ॥2॥

से एखन सबटा सङ्गहि भेटैत अछि तेँ गोहिक मुहसँ गाइक रक्षा करी। किएक तँ–

एहि नश्वर शरीरसँ चिरकाल धरि स्थिर रहनिहार पुण्यक राशि जँ भेटए तँ के साधु एतेक सुलभतया भेटनिहार एहन पुण्यराशिकेँ उपेक्षा कए छोड़ि देत? ॥3॥

मुदा एहि विचारमे समय लगाएब से तँ नहि भए सकैत अछि। समय बीति गेलाक पर काज फल नहि दैत अछि, ओहिसँ केवल पश्चात्ताप होइत अछि। ई चिन्तैत ओ ब्राह्मण धम्मसँ पानिमे कूदि, धर्मश्रद्धासँ अपना प्राणकेँ तृण समान बुझैत, खनतीसँ गोहिक मुहमे मारल। खनतीक चोटसँ गोहि खिसिआए मनुष्यक मांसक लोभसँ आधा मुहमे देल गाइकेँ छोड़ि ब्राह्मणकेँ गीड़ि गेल। गाए गोहिक मुहसँ छूटलि जोरसँ पड़ाइलि ओ स्वच्छन्द भए सुखी भेलि। किएक तँ–

कतबो नीतिसँ समय-यापन करैत रहू तथापि अकस्मात् विपत्ति आबि जाइत छैक। ताहि विपत्तिसँ मुक्ति पाबि लोक ओहने आनन्दित होइत अछि जेना सिद्धि भेटल होइक ॥4॥

मुदा अपन प्राण बदलामे दए गाइक रक्षा कएल जे ओ ब्राह्मण तनिक माथ पर फूलक वर्षा होअए लागल ओ हुनका स्वर्गमे वास भेटल तथा हुनक यश आइओ धरि गाओल जाइत अछि।

अनेक काल प्रयाससँ जे पद प्राप्त भए सकैत छैक सएह पद अपन क्षिप्रकारितासँ साहसी लोक क्षणहिमे पाबि जाइत अछि ॥5॥

इति तामसकथा ॥31॥

32

अनुशयीक कथा

पाप कए पुनि अनुतापसँ पापसँ पराङ्मुख भए जे पछाति तप करथि से धार्मिक अनुशयी थिकाह ॥1॥

गङ्गाक किनारमे कम्पिला नामक नगरी अछि। ततए हेमाङ्गद नामक राजा छलाह। हुनक देहान्त भेलाक पर मन्त्रीलोकनि हुनक पुत्र रत्नाङ्गद नामक राजकुमारकेँ राजा बनाओल। ओ राज्यकेँ पाबि वापक देल धनक दर्पसँ एवं युवावस्थाक मदसँ अन्यायमे प्रवृत्त भए गेलाह। किएक तँ–

पुत्र यदि अपना सन भेल तखन तँ राज्य सीमाक भीतर रहैत अछि। यदि बेटा अपनासँ श्रेष्ठ भेल तँ राज्यो उन्नत होएत। मुदा यदि बेटा विरूप भेल तँ राज्यक नाशे बुझू ॥2॥

धन भेटल, युवावस्था उपस्थित भेल, ओ विद्या परीक्षित भए गेल, तँ ककरा मद नहि होइत छैक? ॥3॥

ओएह पुरुष श्रेष्ठ थिक ओ ज्ञानी पुरुषसँ ओएह पूजित होइत अछि जे धन, यौवन ओ विद्या एहि तीनूसँ गर्व नहि अङ्गीकार करैत अछि ॥4॥

आओर, धनमे जे गर्व जितलैन्हि ओ यौवनमे जे कामदेवकेँ जितलैन्हि से मनुष्य-विषय सिंह (श्रेष्ठ) एहि पृथिवी पर की नहि जितलैन्हि? ॥5॥

मुदा, नारी यदि कुलाचारसँ भ्रष्ट भेलि ओ राजा यदि धर्मसँ भ्रष्ट भेलाह तखन जेना हाथीक कड़ी तोड़ि देने की नहि भए सकैत अछि तहिना कोन पाप नहि होअए लगैत अछि? ॥6॥

तखन ओ राजा धनिकक धन ओ कुलीनक स्त्रीकेँ हरि हरि निरपराधहुक प्राण लए लए प्रजाकेँ पीड़ा देअए लगलाह। तखन ओ सब विचारए लागल जे ई राजा नहि थिक ई तँ डकैत छी। किएक तँ–

मदसँ आन्हर हाथी जेकाँ राजधर्मसँ हटल राजा जखन वेदक आज्ञाकेँ लाँघि देलक तखन एहिमे संशय कोन जे ओ डकैत थिक ॥7॥

आब जँ एहि अपराधक कारणेँ एकर द्रोह करैत छी तँ राजद्रोह-रूप पाप होइत अछि, यदि सहि जाइत छी तँ विनाश होइत अछि। तेँ एकरा मुनिलोकक द्वारा उपदेश देआबी। तखन मन्त्रीलोकनि मुनिलोककेँ बजाओल। ओ लोकनि कहल–

हे राजेन्द्र! धर्मक अर्जन कएल जाओ। राज्यक कारण धर्म थिक। आर सब केओ नर कहबैत अछि, अपने नरदेव किएक कहबैत छी? ॥8॥

पूर्वजन्ममे अपने बड़ पैघ पुण्य कएल तकरे फल एहि अकंटक राज्यकेँ

पाओल। तेँ एहू जन्ममे पापसँ निवृत्त भए पुण्य कएल जाओ। राजा कहल—पुण्य ककरा कहैत छैक? मुनिलोक कहल—देव! आनक द्रव्यकेँ बलसँ नहि लए लेब, आनक स्त्रीक लग नहि जाएब, आनक हिंसा आदिकेँ निवारण करब ई निवृत्तिरूप—ओ दया, दान, प्रजाक पालन, यज्ञ व्रत आदिक अनुष्ठान ई सब प्रवृत्तिरूप—जे कर्म सब वेदमे कहल अछि तकरे फल थिक पुण्य। राजा पूछल—तकर प्रमाण कोन? मुनिलोक कहल—प्रमाण वेद ओ तकर प्रणेता परमेश्वर। राजा कहल—परमेश्वर तँ छथिए नहि, हुनक प्रणीत वेद कतए? यदि रहितथि तँ भेटितथि। हमहुँ देखितिऐन्हि। नहि भेटैत छथि तखन तँ छथिए नहि। अहाँ लोकनि मुनि छी, मान्य थिकहुँ, हमरा अतथ्य कथा कहि कहि किएक परतारैत छी? जँ पुनि एना कहब तँ दंडक भागी होएब।

मुनि लोकनिकेँ डर भेलैन्हि, सब केओ बहार भए अपनामे कहल जे ई राजा नास्तिक अछि, सज्जनक उपदेशक ई पात्र नहि थिक। अथवा जे कुमार्ग धएलक तकर हित उपदेशक साध्य कोना भए सकतैक? तखन मुनिलोकनि तँ अपन अपन स्थान गेलाह। मन्त्रीलोकनि विचारल ओ योधालोकनि कहल जे ई अधलाह राजा कोनहु उपायसँ बैलाओल जाइत ओ एकर छोटका भाए राजा होइत। सब केओ तहिना कएल, तहिना भेल। कारण,

जकर मन्त्रीलोक विरक्त छैक तकर स्थिति राज्यमे कोना होएत। प्रजा विरक्त होइत राजाक आयु क्षीण भए जाइत अछि ॥9॥

पछाति राज्य जखन भाएकेँ भेटि गेलैन्हि तखन इएह भाए हमरा खून कए देत एहि डरसँ ओ पड़ाए तपोवन चल गेलाह। ओतए मन्त्रीलोकनि वा आनो परिजन सब हुनका त्यागि देने छल तथापि ओ लवङ्गिका नामक वेश्याकेँ नहि त्यागल। ओही वेश्याक सङ्ग तपोवनमे रहथि। तपस्वी लोकनि जे फल-मूल वनसँ आनथि सएह बलसँ छीनि छीनि खाथि। पछाति तोहर भाए तोरा मारै लए अबैत छथुन्ह ई सुनबाए ओकरा डेराए मुनिलोकनि ओकरा ओतहुसँ खेहारि देल।

एना एममात्र वेश्याक सङ्ग धनहीन परिजन-विहीन प्राणक डरेँ ओ पहाड़क गुफामे जाए नुकएलाह। ओतए सब वस्तुक तँ अभावे छलैन्हि, प्रतिदिन धनुष लए शरसँ मृगकेँ मारि आनथि ओ व्याध जकाँ मृगक माँस खाए जींबथि। एना परमकष्टसँ ओ दूहू गोटए किछु दिन काटल। तावत् हुनका लोकनिक वस्त्र फाटि गेल ओ जाड़-काल समीप आबि गेल। दूहू गोटाक बीचमे जाड़सँ रक्षाक उपाय एकगोट कम्बल मात्र छलैन्हि। एकहि ठाम दूहू गोटए सूतथि तँ ओएह कम्बल दूहूकेँ ओढ़ना होइन्हि। पुरुष जखन मृगक शिकारमे आनठाम जाथि तखन एक गोटएकेँ जाड़सँ ठिठुरए पड़ैन्हि।

एक दिन लवङ्गिका परम दुःखी भए कहल—धिक्कार थिक अहाँ पुरुषाधमकेँ! राजाक कुलमे जनम लए अपना ज्ञानक दोषेँ सीदित होइत छी आ' हमरहु एहि

जङ्गलमे आनि किएक सतबैत छी? तेँ हमर प्राण लए लिअ, नहि तँ त्यागि दिअ। दुःख सहबाक हमरा क्षमता नहि अछि। अहाँ शूर छी; कोना एहि दुःखक अनुभव कए रहल छी? देखू,

बिनु पलङ्गेँ निन्द नहि होइत छल, बिनु सबारिएँ चलैत नहि छलहुँ, पानसँ भरल मुँह बिनु कपूरे पूर्ण नहि होइत छल, बिनु मयूरक पाँखिक पंखेँ बसात प्रिय नहि लगैत छल; से अहाँ व्याधाक सदृश भए भूत जकाँ की ई सीदित भए रहल छी ॥10॥

रत्नाङ्गद कहल–प्रिय! माफ करू, माफ करू। लोककेँ विपत्तिक प्रतीकार अपना समयक सापेक्ष होइत छैक। तेँ उद्विग्न जनु होउ। आइ राति अहाँ आगि तापि जाड़क पराभवकेँ सहू। हम ई कम्बल लए दोसर कम्बलक हेतु कतहु जाइत छी। अहाँकेँ जल्दी हम दोसर कम्बल आनि दैत छी। एना प्रतिज्ञा कए कम्बल लए ओ नगर दिशि बिदा भेलाह। कोनहु ब्राह्मणक घरमे सेन्ह दए सेन्हक मुह पर ससरि सकी तेँ कम्बलकेँ सेन्हक मुह पर बिछाए दोसर कम्बलक प्रयोजनसँ घरमे प्रवेश कएल। यावत् ओ ब्राह्मणक कम्बल घीचैत छथि तावत् ब्राह्मणक निन्द टूटि गेलैन्हि! ब्राह्मणकेँ जागल बूझि चोर बहराए गेल।

एमहर ब्राह्मण जोरसँ घोल कएल–हओ लोकनि! चोरकेँ मारैत जाह। ओहि डरसँ चोर अपनो कम्बल ओतहि छोड़ि पड़ाएल अबैत, थाकल, जाड़सँ ठिठुरैत, किछु दूर पर ठाढ़ भए चिन्तना कएल–हाए! दोसर कम्बलक हेतु आएल छलहुँ से हम अपनो कम्बल हेरओने जाइत छी। से ई के कएलक? कर्त्ताक इच्छा ओ प्रयत्न-दूहू बिनु कोनो क्रिया संभव नहि होइत छैक। से ककर इच्छा ओ ककरा प्रयत्नसँ हमर कम्बल गेल? यदि हमरा इच्छेँ होइत तखन हमरा तँ कम्बलक लाभक इच्छा छल तेँ लाभ ने होइत? से ई विपरीत के कएलक? तेँ एहि संसारमे केओ अछि जकरा कर्त्ताक स्वभाव छैक। बूझि पड़ैत अछि जे सएह ईश्वर थिकाह। मुनिलोक हुनके अराधना करए कहैत छथि से बात आब बुझैत छिऐक। हाए! आइ धरि मोहसँ हम एहि संसारक कर्त्ता समेतकेँ नहि चिन्हैत छलिऐन्हि। किएक तँ–

आप्तक कथा नहि बुझलेँ, मद आदि मनक दोषसँ तीनू लोकक निर्माण कएनिहार परमेश्वर पर्यन्त बुझल नहि भेलाह ॥11॥

तखन आब की करी? अथवा–

वासनासँ जन्म-जन्म पापाचरण करैत मनुष्यकेँ जहिअहि धर्ममे बुद्धि होइक सएह ओकरा हेतु शुभ दिन भेल ॥12॥

आओर, दोषकेँ त्यागि मनुष्य जहिअहि धर्मक आराधना करैत अछि तहिअहिसँ ओंकरा स्वर्गक हेतु ओ शुभक हेतु कालक आरम्भ बुझबाक चाही ॥13॥

आओर, जेना रोगीक व्याधि औषधसँ हटि जाइत छैक तहिना मने पापीक पाप सेहो पुण्यसँ नष्ट भए जाइत छैक ॥14॥

तेँ आइसँ हम तपश्चर्यामे लागि जाएब ई निश्चय कए राजा वनमे बैसलि

गणिकाकेँ करुणासँ नगर आनि ओतए छोड़ि देल ओ अपने चिन्तना करए लगलाह–

जे दिन बीतल से तँ बीतिए गेल ओ कतबो यत्न करब तैओ पुनि घूड़िकेँ नहि आओत। बहुत दिन एखनहु अछि मुदा ओहो सभ बीति जाएत, कारण, कालकेँ अवधि कतए छैक? तेँ आइसँ आरम्भ कए चर ओ अचर सभक गुरु शिवजीक पदकमलमे चित्तकेँ भ्रमर बनाए तमोगुणकेँ रोकि आब जे शेष आयु अछि तकरा बिताएब ॥15॥

जन्म-मात्रसँ ने केओ लोक चोर होइत अछि ने साधु। अपन क्रियाक परिणाम-स्वरूप केओ चोर कहबैत अछि आ केओ साधु ॥16 ॥

एकर प्रत्युदाहरण जे दाम्भिक प्रभृति भेलाह तनिकमे पुरुष लक्षण नहि घटैत छैन्हि तेँ तनिकालोकनिक कथा नहि कहब। ओ लोकनि पुरुष नहि थिकाह, वञ्चक कहाए चीन्हल जाइत छथि। दू अङ्गसँ रहित प्रत्युदाहरण नहि संभव अछि॥

अर्थकथाक प्रारम्भ

धनिक तीनि प्रकारक होइत छथि, महेच्छ, मूढ ओ बह्वाश। एहि सबहिक लक्षणक अनुसार उदाहरणक कथा कहैत छी ॥1॥

33

महेच्छक कथा

न्यायसँ उपार्जित वित्तकेँ दान ओ भोगमे लगाबथि ओ पुण्य आ' यशक पात्र होथि से महेच्छ कहबैत छथि ॥2॥

पांडुपत्तनमे गौड़महीपतिक मन्त्री महाराजदेव नामक एक जन क्षत्रिय छलाह। ओ स्वामि-भक्तिसँ पवित्र अपन प्रभुक सम्मानक पात्र छलाह तथा 'छत्र'सँ युक्त नायकखाण ई उपाधि पओने छलाह। पछाति ओ सत्यराज कहाओल किएक तँ–

धर्म, अर्थ, काम ओ मोक्ष–चारूटा जे पुरुषार्थ छैक ताहिमे एहन कोनो नहि देखि पड़ैत अछि जे स्वामिभक्तिसँ सिद्ध नहि हो ॥3॥

ओ मन्त्री स्वभावहिसँ धर्मपरायण-धन कोना घटैत छैक, कोना स्थिर रहैत छैक ओ कोना बढ़ैत छैक इत्यादिक विचारसँ निष्पन्न धर्मक अविरुद्ध उपायसँ प्रचुर धन अरजल। धनक संचय कएला उत्तर ओ विचारल जे धन तँ अपनहि स्वतन्त्र एक गोट पुरुषार्थ थिक। श्रीमानू हम छी सेहो अभिमान अछिए। सर्वतोमुखी श्री अछिए। एहूसँ

अधिक धन अर्जन करबाक हेतु कार्यमे कुशल पुरुष सभ नियुक्ते छथि। किएक तँ—

जकरा ने आप्त लोक होइक ओ ने जे आप्तलोकमे विश्वास करैत हो ओ कार्यक भारक केवल भरिआ थिक, कार्यक फलक पात्र नहि थिक ॥4॥

ओ—धन संचित कए जे जन अपनाकेँ कृतकृत्य बुझथि तनिक निरुद्योगतासँ हुनक लक्ष्मी आगाँ नहि बढ़ैत छथिन्ह ॥5॥

ओ—जकरा कार्यमे कुशल ओ वशमे रहनिहार बहुत सहायक छैक तकरा धन-उपार्जनक योग्यता जेना मुट्ठीमे रहैक ॥6॥

मुदा—धन नहि थिक धन; धन थिक धन-अर्जन करबाक योग्यता। मनुष्यक धन घटिओ सकैत छैक मुदा योग्यता नहि घटैत छैक ॥7॥

तेँ हमरा तँ एखन सब किछु अछिए। धनक हेतु कोनो चिन्ता अछिए नहि। केवल धनक प्रयोजन चिन्तनीय अछि। कारण,

सेरभरि अन्न राजा खाइत छथि ओ सेरेभरि अन्न आनो लोक खाइत अछि। तखन राजाकेँ धनक पूर्णतासँ कोन फल ओ आनकेँ धन नहिए छैक ताहिसँ हानि कोन? ॥8॥

तेँ धन जखन लाभ कएल अछि तखन धनलाभक फलक पात्र होइ ई विचारि ओ माला, चानन, स्त्री, पान इत्यादि धर्मक अविरुद्ध सुखक अनुभव करैत, इष्टापूर्त (यज्ञ तथा पोखरि खुनाएब, मन्दिर बनवाएब इत्यादि) प्रभृतिसँ कीर्ति स्थापित करैत, तुलापुरुष इत्यादि महादानसँ पुण्यक संचय करैत, सोन दए दए कलाक गुणजनक सम्मान करैत, अत्यन्त विदग्धतासँ अपन युवावस्था बिताओल। युवावस्थाक अन्त भेलाक उत्तर विषयसँ विरक्ति भए गेलेँ व्रत उपवास प्रभृति शरीरक क्लेशसँ साध्यपुण्यक राशिक संचय कएल। सब दर्पक हरण कएनिहार बुढ़ारी वयस समीप भेलाक उत्तर शरीरमे रूप ओ बलक क्रमशः ह्रास ओ घरमे धनक ढेरि देखि विचारल जे—

हमरा मुइलाक उत्तर सबटा धन चल जाएत, सबटा कला चल जाएत, सबटा प्रभुशक्ति चल जाएत, सबटा देहक श्री चल जाएत। एना कतबओ दिन पर सकल वैभव जखन हमरा छोड़ि जएबे करत तखन तृष्णाकेँ जितबाक उत्सव करबाक हेतु हमहि सब कथूक त्याग किएक नहि कए दी? ॥9॥

तेँ सकल वैभवक त्याग कएलासँ तृष्णाक त्याग प्रकाशित होइत छैक ई विचारि हरिश्चन्द्रक देखाउसिमे ओ अपन सर्वस्व ब्राह्मणलोकनिकेँ दान दए, विक्रमादित्यक देखाउसिमे गङ्गा ओ सरयूक संगम पर अनशनक विधिसँ शरीर त्यागि देल। देवलोकसँ पूजित सत्यराज स्वर्ग चल गेलाह। श्लोको एहि अर्थक अछि जे—

जाधरि परार्ध नहि पुरल ताधरि धनक संचय कएल; जाधरि वैराग्य नहि भेल ताधरि कामदेवक खूब सेवा कएल; जाधरि याचकक मनोरथ नहि पुरलैक तथापि ओकर अर्चना कएल; एहिसँ विशेष पौरुष सज्जनक हेतु आओर की भए सकैत छैक? ॥10॥

दूरसँ दोआरि पर आएल याचक गणकेँ के धन नहि दैत छैक? एहन महेच्छ दाता

महाराजदेव सएह छलाह जे याचक गणक घरहि पर धन पठाए देल करथिन्ह ॥11॥

इति महेच्छकथा ॥33॥

34

मूढ़क कथा

धन होएत एहि वेगमे हाथक धन जे खर्च करए एहन जे धर्म, अर्थ ओ काम तीनूसँ विमुख, विद्यासँ विहीन, व्यक्ति सएह मूढ़ कहबैत अछि ॥1॥

अयोध्या नगरमे बसु नामक बनिआ छला; ओकर बेटा छलैक प्रचुरबसु नामक। बापक मुइला उत्तर बापक वैभवकेँ पाबि ओ बापक परिजन बूढ़लोक सबकेँ पूछल–अओ बूढ़लोकनि! कहैत तँ जाउ अहाँलोकनि जे हमर बाप कोन उपायसँ एतेक धन अरजि सकलाह। बूढ़लोक कहल–केवल वाणिज्यसँ। किएक तँ–

वृद्धक उपदेशसँ ज्ञान, राजाक सेवासँ प्रतिष्ठा, दानसँ यश ओ पुण्य आ' धन वाणिज्यसँ चाहू ॥2॥

प्रचुरवसु कहल–हुनक वाणिज्य कोन रूपक छल? बूढ़ लोक कहल–अओजी! अहाँक बाप गौड़मे वस्तु कीनि गज्जनमे बेचथि, गज्जनमे कीनि गौडआ बेचथि। जखन जे वस्तु सस्त रहैक तखन से जखन ओ महग होइक तखन बेचथि।

एक देशसँ दोसर देश लए जाए, एक समयमे कीनल वस्तु दोसर समयमे बेचलेँ; वस्तुक मूल्यमे बनिआँकेँ लाभ होइत छैक ॥3॥

आओर, जाहि नारीकेँ पतिमे भक्ति नहि छैक ओ जाहि पुरुषकेँ व्यवसाय नहि छैक से दूहू ओहिना बिलाए जाइत अछि जेना वर्षामे खसल पाथरक खंड ॥4॥

तेँ अहूँ व्यवसाय करू। विनु व्यवसायेँ लक्षेश्वरो जे पुरुष छथि तनिका लक्ष्मी त्यागि दैत छथिन्ह। तखन ओ बनिआँक बेटा विचारल–हमरा तँ एक कोटि टाका अछि ताहिसँ एक लाखक कीनल वस्तु देशान्तरमे लए जाए बेचला उत्तर चारि बड़ भए जाएत। तेँ धनक वृद्धि तँ होएबे करत, ताहि हेतु चिन्ता किएक करू? दशहि लाखसँ पुनि कोटि भए जाएत। तेँ दश लाखसँ अधिक जे टाका बाँचल अछि तकरा व्यय करैत युवावस्थाक सुखक भोग करी। किएक तँ–

धन तँ होइत छैक, चल जाइत छैक, पुनि पुनि होइत छैक। परन्तु युवावस्थाक वयस तँ चल गेलाक उत्तर पुनि घूरिकेँ नहि अबैत छैक ॥5॥

ई सूनि ओकर परिजन ओकर प्रशंसा करए लागल–वाह रे वणिक-पुत्र! बाप

अहाँक कृपण छलाह। धनक उपार्जनमे जे आयास छैक ततबेटा बूझि सकलाह। धनक भोग अहाँ करू। तखन ओकरा सभक कथासँ आओरो उत्तेजित भए ओ सब-किछु करबा पर भए गेल। कारण–

खर्च करबाक व्यसनमे ओकरे क्षति होइत छैक जकर धन खर्च होइत छैक। आन जे केओ ओकर भोग कएनिहार होइत अछि तकरा धनक खर्चक व्यथा किएक होएतैक? ॥6॥

आओर, यावतहिँ मालिकक धन लोककेँ परि लगैत छैक, ओ लोककेँ भोग होइत छैक, तावतहिँ मालिकक ओ सब प्रशंसा करैत अछि। धन क्षीण भेलाक उत्तर तँ सब हुनका त्यागिए दैत अछि ॥7॥

एहि परिणामकेँ बिनु विचारलहिँ ओ युवक माला, चानन, स्त्री प्रभृतिक उपयोगमे सबटा धन फूकि देलक। बाकी जे दश लाख छलैक ताहूमे पहिलुके विचारक क्रमसँ एक लाख मात्र राखि नओ लाख उड़ाए देलक। पाछाँ दशमो लाख खाए गेल। किएक तँ–

जाहि कूपमे जल अएबाक सोह नहि छैक ताहिसँ लोक जल बहार करैत रहौक तँ ओकर जल सधि जाइत छैक। तहिना जाहि घरमे व्यवसाय नहि रहौक ततए वैभव क्षीण भए जाइत छैक ॥8॥

तखन सब धन क्षय भए गेलाक उत्तर ओ बनिआँक बेटा सभ उपायमे असमर्थ अन्तमे अन्न बिनु मुइल।

बुद्धि ओ विचारसँ जे व्यक्ति हीन अछि से लक्षेशो भएकेँ पूर्वक सम्पत्तिक अनुसार अधिक खर्च करैत अन्तमे निर्धन भए धन विनु कोनहु अपायकेँ करबामे असमर्थ होइत अछि ॥9॥

35

बह्वाशक कथा

से जेना–

जे धनक लाभसँ तृप्त नहि भए आओरो लाभक लोभसँ बहुतमे आशा लगाबए से बह्वाश कहबैत अछि ॥1॥

विजयपुरमे कृतिकुशल नामक मालि छल। ओ माला गँथबामे निपुण छल, फूल बिछबामे पंडित छल, ओ एहिरूपेँ नागर जनक सेवा करैत नगरवासीक देल अधिको धनकेँ थोड़े बुझैत आओरो अधिक धनक आशासँ राजाक सेवा आरम्भ

कएल। राजाक सेवा करैत ओकर माला गँथबाक कौशल ओ अवसरमे फूल पहुँचएबासँ राजाकेँ प्रसन्न कए ओकरा बहुत धन जमा भेल। तथापि ओकर तृष्णा शान्त नहि भेल। तखन क्रमशः बढ़ैत अपन तृष्णासँ व्याकुल ओ विचारल जे–

यावत् धन भेल नहि अछि तावत् जँ उदासीनता हो, धन भेल तखन जँ सन्तोष भए गेल, अधिक जँ दान कएल अथवा सुखमे जँ आसक्ति भए गेल–तँ धनक वृद्धि नहि होएत ॥2॥

ई विचारि ओ कला, कृषि, वाणिज्य पशुपालन प्रभृति अनेको धनक उपाय सबमे धन लगाओल। अपने अपन वृत्ति धयने रहल। मुदा राजाक सेवा नहि त्यागब, अपनासँ भिन्न आन कोनहु व्यक्तिमे विश्वास नहि राखब, ओ सब किछु अपनहि करब, तेँ ओ व्याकुल भए गेल करए। जखन वाणिज्यकेँ देखए तखन खेती नहि होइक। जखन खेत करए लागए तखन कलाए बन्द भए जाइक। जखन कलामे लागए तखन पशुक पालन नहि होइक। एक दिशि लगला उत्तर आन सब दिशिसँ हटि जाए। एहना स्थितिमे सब किछु करबाक इच्छा करैत ओ किछु करबामे समर्थ नहि भेल ओ होइत होइत परम निष्क्रिय भए गेल। राजा तमसाएकेँ ओकर सबटा धन छीनि लेलथिन्ह। कारण,

जन्म भरि राजाक सेवा करू मुदा एक क्षणक अनवधानता भेला सन्ताँ यदि राजा प्राण नहि लेताह तँ शत्रु जकाँ धन धरि सबटा लइए लेताह ॥3॥

एना धनसँ हीन ओ मालि दरिद्र भए गेल ओ दारिद्र्यक दोषसँ दाबल भए गेल। किएक तँ–

दरिद्रकेँ पाँचटा दोष होइत छैक–भूख, जे नहि भेटि सकतै तकर लाभ करबाक इच्छा, वेसी बाजब, काकुसँ कथा बाजब, ओ प्रस्तावक अज्ञानता ॥4॥

पछाति ओ मालि दरिद्रो छल तथापि छल तँ पुरुषक लक्षणसँ युक्त। ओ पुनि अपना परिवारक भरण पोषणक निमित्त पौरुष आरम्भ कएल। एक समयमे डाली धरबाक निमित्त फूल लेने ओ राता-राती एक नगरसँ दोसर नगर जाइत बाटमे बड़का पाँतरमे देखैत अछि जे बड़का टटा सातटा माठ दू गोट पोखरिक मध्यमे ससरैत जाए रहल अछि। देखिकेँ ओ विचारलक–अरे! अचेतन ई माठ सब कोनाकेँ एक पोखरिसँ बहार भए दोसर पोखरिमे जाए रहल अछि। ई तँ बड़े अद्भुत बात थिक। प्रायः ई सब निधि-भांड थिक। निधि देवताक शक्तिसँ ससरैत अछि। तेँ एकरा सभक पूजा करी–ई सोचि ओ ओकरा सबहिक पूजा कएल।

तखन कतोक दिनक उपरान्त सब रातिकेँ एना पूजा कएलासँ परितुष्ट पहिल माठसँ दयासँ आर्द्र शब्द भेल–अरे दरिद्र! पाछाँ जे माठ अबैत अछि ताहिसँ तोँ सोन लए लिहेँ। एहिना पाछाँ पाछाँ अबैत आओरो पाँच गोट माठसँ सएह शब्द बहराएल। सातम माठक मुह नीक जकाँ खुजल छलैक। ओहिसँ शब्द भेलैक–रओ मालि! सोन लए ले। हमरा लोकनि सात गोटए देलिऔक अछि तेँ

केवल साते आँजुल लिहें, बेसी नहि। मालि बड़े हर्षसँ सातो आँजुर सोन लए अपन फुलतोड़ामे धएल। मुदा लोभक बेगमे आठमो आँजुर लेबाक हेतु माठमे दूहू हाथ देलक मुदा तावत् माठक मुह झट दए बन्द भए गेलैक आ ओ ससरए लागल। ओहि मालिक दूहू बाँहि चट उपड़ि गेलैक। दूहू बाँहि उपड़ि गेलासँ मालि ओतहि मरि गेल।

चारू दिशि दौड़ैत, परार्ध धरि धनक आकांक्षा करैत ओ जा धरि प्राण रहतैक ता धरि संतुष्ट नहि होएत, एहन बह्वाशकें शुभ कतए होएतैक?

इति बह्वाशकथा ॥35॥

36

सावधान कथा

से जेना,

अपन शौर्यसँ उपार्जित वित्तकें सावधान भए रक्षा करए ओएह सावधान कहल जाइत अछि ओ लक्ष्मी ओकरा कहिओ नहि त्यागैत छथिन्ह ॥1॥

जयन्ती नामक नगरी छल जतए एक राजा छलाह वीरपराक्रम नामक। अपना शौर्यसँ ओ प्रचुर वित्त उपार्जित कएने छलाह, नीतिमे परम निपुण छलाह। हुनका बहुत पुत्र छलथिन्ह। एना ओ परम कृतार्थ छलाह। एक दिन रातिकें घरमे सुखसँ सुतल ओ स्त्रीक कनबाक शब्द सुनल। पछाति हुनका नीक स्त्रीक क्रन्दनक शब्द बूझि पड़लैन्हि तें ओ बहरएलाह ओ कानबाक शब्दक अनुसरण करैत-करैत नगरक बाहर कतोक दूर पर सब अवयवसँ सुन्दरी, परम युवती, सब आभूषणसँ भरलि दिव्य वस्त्र पहिरने एक गोट स्त्रीकें आर्त्तनाद करैत देखल।

राजा पूछल—हे सुन्दरि! कोन दुःखसँ तों कनैत छह? सुन्दरी कहल—राजपुत्र! हम तोहरे लक्ष्मी छिअहु। एतेक दिन पर्यन्त शूर ओ नीतिमान् तोहर भुजलतामे छलहुँ अछि। आब आनठाम जाएब तें कनैत छी। राजा पूछल—तें कनैत किएक छी? लक्ष्मी कहल—तोहरे अनुरागसँ। राजा कहल—जँ अनुराग अछि तँ छोड़िकें जएवाक की हेतु अछि? लक्ष्मी कहल—तों नहि जनैत छह। हम थिकहुँ लक्ष्मी, प्रकृतिसँ चञ्चला, एक ठाम बहुत दिन रहए नहि चाहैत छी। किएक तँ—

शूर लोकसँ लक्ष्मी डेराइत छथि, कोमल प्रकृतिक लोकमे हुनका प्रेम नहि होइत छैन्हि, विद्वज्जन विषयमे हुनका विद्वेषक भाव रहैत छन्हि। एक ठाम बहुत दिन नहि रहतीह। लक्ष्मीक रहब वा जाएब दूनू बिनु कारणहिं होइत अछि ॥2॥

राजा विचारल—हमरासँ की अनुचित भेल अछि? बिनु अनुचित आचरणेँ लक्ष्मी तँ कोनहु पुरुषकेँ परित्यागैत नहि छथिन्ह। बेसी बेटा छथि से छोड़ि आन तँ कोनो दोष अपन नहि सुझैत अछि। किएक तँ—

राजा अपुत्र नहि होथि आ' बहुपुत्र सेहो नहि होथि। प्रायः राजाक बहुपुत्रता परिणाममे दुःखदे होइत अछि ॥3॥

आओर, भूमिक लोभसँ, यशक लोभसँ ओ धनक लोभसँ अभिमत वस्तुक अभिलाषी राजाक बेटा लोकनि परस्पर-विरोधी होइतहिँ छथि ॥4॥

राजा बजलाह—हे भगवति कमले! यदि अहाँकेँ जएबाक अछि तँ अहाँक इच्छामे प्रतिबन्ध करबाक ककरा सामर्थ्य होएतैक? जेहन इच्छा हो, गेल जाओ। मुदा हम एकटा वरक याचना करैत छी से कृपा कए हमरा दए गेल जाओ। लक्ष्मी कहल—जेँ हमरा आन ठाम जएबामे तोँ बाधा नहि कएलह तेँ माङह वर। आन जे इच्छा होहु से हम तोहरा देने जएबहु। राजा कहल—हमरा बेटा सबहिकेँ परस्परमे असहयोग कहिओ नहि होइन्हि। लक्ष्मी कहल—तखन तोहर कुलकेँ त्यागि हमर आन ठाम जाएब कोना भए सकत? किएक तँ—

जेना नदी नीच दिशि बहैत अछि तेना हमहुँ नीचगामिनी छी; चमकैत विद्युल्लता जकाँ हम अस्थिरा छी; संध्या जकाँ हमर राग क्षणभरि रहैत अछि; गुणवती वेश्या जकाँ हम सभक लग जाइत छी। एहनो भएकेँ हम नीतिमान् राजाक ओहने प्रिया छी जेना विष्णुक। ने बिनु नीतिमत्तासँ हम अबैत छी, ने कुलमे कलहक बिना हम जाइत छी ॥5॥

ई कहि लक्ष्मी हुनकहि घरमे चिर दिन धरि स्थिरा रहलीह।

इति सावधानकथा ॥36 ॥

कृपण आदि धनवानो रहथि तथापि पुरुषक लक्षणसँ युक्त नहि थिकाह ओ तेँ पूर्वहिँ प्रत्युदाहरणक कथामे कहल गेल छथि ॥

अथ कामकथा

से जेना—

पुरुष ओ स्त्रीमे रहनिहार जाहि रसक स्थायी भाव छैक रति से रस शृङ्गार कहबैत अछि ओ शृङ्गारसँ भेनिहार सुख थिक काम ॥1॥

त्रिवर्ग (धर्म, अर्थ ओ काम) मे सबसँ पैघ थिक काम जे धर्म ओ अर्थ एहि दूहूक फल थिक। ताहिमे जकरा आसक्ति होइक से पुरुष कामी कहबैत अछि ॥2॥

ओ पाँच प्रकारक अछि—पंडित लोकनि कामीजनक पाँच भेद कहैत छथि—अनुकूल, दक्षिण, विदग्ध, धूर्त ओ धस्मर ॥3॥

37

अनुकूलक कथा

ताहिमे सबसँ पहिने अनुकूल कहल जाइत अछि। से जेना–

जे अपना स्त्री विषय अनुरक्त हो तथा परस्त्रीसँ मुँह फेरने रहए एहन धर्मयुक्त शृङ्गारबला नायक अनुकूल कहल जाइत अछि ॥4॥

प्राचीन समयमे शूद्रक नामक राजा छलाह। हुनक पट्टरानी छलथिन्ह सुखालसा नामक। दूहूकेँ तारुण्यक भाव जखन जगलैन्हि तखन परस्पर प्रेमक प्रभावसँ दूहूक प्रेम ताहिरूपेँ बढ़ि गेलैन्हि जे राजा दोसर स्त्रीक कामना करबे नहि करथि। पट्टरानी तँ सहजहिँ पतिव्रता छलीह। कहल छैक जे–

युवक ओ युवतीकेँ जन्म जन्म एकमुखी प्रेम होउन्ह जे धर्ममय शृङ्गारसँ युक्त हो, जेना रामचन्द्र ओ सीताक छलैन्हि ॥5॥

भरत सेहो स्वकीया, परकीया ओ सामान्य वनिता–ई कहि कहने छथि जे–

संपत्तिमे, विपत्तिमे ओ मरणहुमे जे छूटए नहि एहि रूपक प्रेम अपना स्त्रीक प्रति जे पुण्यकर्मा छथि तनिकहि होइत छैन्हि ॥6॥

पछाति एहिरूपक प्रेमसँ कृतार्थ ओ राजा ओ रानी कोठा पर, फुलबाड़ीमे, सरोवरक कातमे, लताकुञ्ज सबमे, कामक कलामे दूहू कुशल, कामक तत्वसँ उद्बोधित, केलिक प्रकारसँ रमण करैत, समय सुखसँ बिताओल। एक दिन पहर राति बितला उत्तर बहुमूल्य ओछाओन पर सूतलि ओहि पट्टरानीकेँ गहुमन साप काटि लेलक। रानीकेँ साप कटलक तेँ परमशोकसँ व्याकुल राजा अपन सब शक्ति लगाए, अपन सर्वस्व खर्च कए, विषवैद्य द्वारा नीक नीक मन्त्र ओ औषधक प्रभावसँ हुनक प्राणक रक्षा कएल। मुदा प्राणरक्षा भैओ गेलैन्हि तथापि विषक उग्रतासँ रानीकेँ रूपक परिवर्तन भए गेलैन्हि। जेना–

भृङ्ग सन कारी केशबाली हुनक माथ केशसँ शून्य भए गेलैन्हि। सुन्दर चन्द्रमाक सदृश हुनक मुख फूलिकेँ भिन्न आकारक भए गेलैन्हि। भिनसरक कमलक सदृश आँखिबाली हुनक आँखि भीतर धँसि गेलैन्हि। अत्यन्त सुगन्धिसँ युक्त हुनका शरीरसँ सड़ल गन्ध बहाराए लगलैन्हि ॥7॥

एहन दुर्दशाकेँ ओ प्राप्त कएल तथापि राजा पूर्वक अनुरागसँ ओ हुनक पूर्वक सौन्दर्यक स्मरणसँ पूर्व अनुभूत कला-सबसँ हुनक व्याधिक प्रतीकारमे लागल हुनका छोड़थि नहि। ने भूखसँ खाथि, ने निन्दसँ सूतथि, ने पान खाथि, ने कर्पूर लेथि, ने मन्त्रीलोकसँ गप्प करथि, ने सेनाक निरीक्षण करथि, मोहसँ व्याकुल सतत केवल चित्रमे लिखल जकाँ रहथि।

राजाकेँ एना देखि मन्त्रीलोक कहल–देव! महारानी तँ दैवाधीन पड़लि छथि। मनुष्य की कए सकैत अछि? जकर प्रतीकार नहि छैक ताहि विषयक उपेक्षे करब श्रेष्ठ थिक। अपने महाराज समुद्र धरि पृथिवीक नाथ छी, अपने राज्यक चिन्ता किएक नहि कएल जाइत अछि? एकटा रानी छथि सेहो मुइलो सनि छथि। हुनका निमित्त अपनाकेँ देव एतेक दुःखित कएने छी से उचित नहि। यदि अपने जिबैत रहल गेल तँ हुनकहुसँ अधिक रूप यौवनवाली कतेक स्त्री की नहि भेटतीह? अनेक विवाह की संभव नहि छैक? तेँ विषाद करब व्यर्थ। पूर्वजन्मक पुण्यसँ कीनल जकाँ अपनेक दिन सुखक उपभोग बिना बींतए से उचित नहि थिक।

राजा कहल–अओ मन्त्री लोकनि! सुनैत जाउ। हमर जे ई धर्मपत्नी छथि से हमर धर्माचरणमे सहायिका, पाप ओ पुण्यक भागिनी, संसारक सुखक हेतु, प्राणक समान छथि। यावत् ई मुइलो सन जीबैत छथि तावत् हमरा मरबाक अधिकार नहि अछि (सूखपूर्वक?) जीवनक कथे कोन, कारण, हमरा मुइलेँ ई दुःखिनी होइतीह। ओ कोन प्रेम भेल जाहिमे (पूर्वक अनुरागक) विस्मरण हो? ओ कोन मित्रता भेल जाहिमे (परस्पर) दुःख ओ सुखक समानता नहि हो? ओ कोन दाम्पत्य भेल जाहिमे पूर्वक सब किछु स्मरण करबाक व्यापार नहि हो? तेँ हम राज्यक चिन्ता कोना करू? आन स्त्रीक अभिलाषा हमरा कोना होएत? पहिल विवाह विधाताक कराओल होइत अछि। करार दोसर स्त्रीक ग्रहण पुरुषक लज्जा-त्यागक साहस मात्र थिक। तेँ हम दोसर स्त्रीसँ विवाह निश्चिते नहि करब। ने हम हिनका बिनु जीबि सकैत छी।

जनिका हम कखनहु कतहु बिसरलिऐन्हि नहि, जनिका देखिकेँ हमर दूहू आँखि कहिओ तृप्त नहि भेल, जनिक अधरक पानसँ पवित्र कए हम अपना शरीरकेँ प्रशंसनीय बुझलहुँ, केलिक उत्सवमे जनिका हम इएह कहैत रहलिऐन्हि जे अहाँ हमर प्राणक समान छी, तनिका वियोगमे जँ हम जिबितहिँ रहबाक मन करी तँ की हम चांडालक काज नहि करब गए? ॥8॥

एहि प्रकारेँ बिनु ओहि पट्टरानित्रे राजाकेँ मरणे टा शरण छैन्हि ई जानि मन्त्रीलोकनि चिन्तना कएल जे एहि रानीक प्राणरक्षासँ राजाक रक्षा होएत। राजाक रक्षा भेलहिँ हमरालोकनि सनाथ रहब। तेँ सर्वथा यत्न करबाक चाही। ई विचारि सबहुँ मन्त्री विषवैद्य लोकनिकेँ बजबाए बजबाए प्रतीकार आरम्भ कराओल।

भाओ भेलाक उत्तर रानी विषज्ञान पाबि खेलाए लगलीह ओ बकए लगलीह–हओ राजा! तोहर शासनमे तोहरहि राज्यमे हमर स्वामी नाग पामरसँ मारल जाए! तँहि हम शोकसँ आर्ता विधवा ओहि पामरकेँ डसि वैरोद्धार करितहु। पछाति हम सोचल जे ई बेचारा पामर तँ राजाक सदृश हमर स्वामीक समान (शत्रु) नहि भेल। ओहि असमान (शत्रु)क वधसँ वैरक उद्धार कोना भेल? तेँ राजाकेँ अपन प्रियाक विरहक दुःख सहाए मारी इएह विचारि हम तोहर रानीकेँ डसलिअहु।

राजा कहल—हे नागिनि! एहिमे हमर कोन अपराध? नागिनि कहल—तोँही पृथिवीक शासन करैत छह तखनहि निरपराध हमर स्वामीक वध पामर कएल। राजा कहल—हे नागिनि! ई तँ हमरा जनलो नहि थिक। बिनु जानल अपराध तँ यमो क्षमा कए दैत छथिन्ह। तोँ तँ सहजहि पतिव्रता छह, दयावती छह। तेँ हमर प्रियाकेँ छोड़ि दएह। नागपत्नी कहल—हम एकरा छोड़ि देबैक यदि तोँ एकर प्राणक बदलामे अपन प्राण दए दएह। राजा कहल—वाह! बड़े हर्षक विषय! अवसर भेटल। हम अपन प्राण देब। ई कहैत दूहू बाँहि रोमाञ्चसँ भरल, छूरा लए अपन गरदनि कटबाक निमित्त छूरा गरदनिमे लगाओल, ओ आनन्दसँ बजलाह—होअओ प्रियाक प्रेमक बदला। प्रेमक बदला प्राणहिसँ ने हो। तावत् नागिनि बाजजि—हाँ हाँ! राजा! तोँ प्राण नहि दएह, प्राण जनु दएह। सत्पुरुषक हेतु उचित तोहर जे प्रियाक प्रति ई अनुराग छह ताहीसँ हम प्रियाकेँ छोड़ि देलिअहु। किएक तँ—

समुद्रपर्यन्त ई विशाल राज्य, एहन सुन्दर रूप, राजाक सुखकेँ भोगबा योग्य वयस—एक गोट तरुणी स्त्रीक हेतु, हे राजा, एतेक त्याग करबाक निमित्त उद्यत तोँ सत्ये विज्ञ प्रतीत होइत छह ॥9॥

अगिला जन्ममे तोहरहि दूहू गोटाक सन हमरहु अनुराग हो एही कामनासँ हमहुँ अपना स्वामीक पाछाँ जाएब। ई कहि ओ रानीकेँ छोड़ि देल। विषक दोष चल गेलाक उत्तर रानी तँ जेना मेघक आवरणसँ चन्द्रमाक कला होइत अछि तहिना पूर्वहुसँ अधिक सौन्दर्यवती भए गेलीह। राजा विपत्तिक सागरकेँ पार कए अत्यन्त उत्साहसँ हुनक बहुत दिन धरि राज्यक सुख भोग करैत रहलाह। एहि अर्थक श्लोको।

दुर्नीतिक कारणेँ भेल विपत्तिक समुद्रमे डूबि जेना विभूति पुनि ऊपर भेल हो तहिना रानी विरूपताकेँ त्यागि पुनः कान्ति पाबि राजाकेँ सुखक साधन भेलथिन्ह ॥10॥

इति अनुकूलकथा ॥37॥

38

दक्षिणक कथा

अपन स्त्रीक स्नेहसँ भीजल जे पुरुष, आनहु(स्त्री)मे चित्त रखने, अपना स्त्रीक गौरवकेँ नहि बिसरए से दक्षिण कहल जाइत अछि ॥1॥

गौड़देशमे लक्ष्मणसेन नामक राजा भेल छलाह। हुनक पट्टरानी छलथिन्ह रत्नप्रभा नामक। ताहिसँ भिन्न आओरो कतोक हुनका भोगिनी रहथिन्ह। ओ लोकनि पद्मिनी, चित्रिणी, श्यामलता, हंसिनी प्रभृति जनमहिसँ उत्तम उत्तम गुणबाली, स्वाधीनभर्त्तृका,

अभिसारिका, उत्कंठिता, विप्रलब्धा; खंडिता, वासकसज्जा, वियोगिनी-सबहिक भिन्न भिन्न अवस्थाक परिग्रहण कए कए परम चतुरा, ओहि दानी, अनुरागी, सुन्दर ओ विज्ञ राजाकेँ नागरोचित परिहास, मधुर कथा, कुटिल कटाक्ष, खूब कसि कसि आलिङ्गन, नाना प्रकारक केलिक बन्ध, स्नेहसँ भरल अधरक पान प्रभृतिसँ संभोगमे लागलि परमानन्दक पात्र करैत रहथिन्ह। मुदा ओ राजा ओहि तरुणी सभक संग एहिरूपेँ रमण करितहुँ अपन पट्टरानी रत्नप्रभाक प्रति से सद्भाव देखबथिन्ह जे ओ बुझथि जे राजाक प्रेयसी हमहि टा छी, हमरासँ भिन्न आओर सभ हुनक परिचारिका मात्र थिकीह।

एक समयमे ओहि राजाकेँ काशीश्वरक संग संधि टूटि गेलैन्हि ओ युद्धक अवसर प्राप्त भए गेल। अश्वपति काशीश्वर समयान्तरमे आक्रमण करताह गए अतएव अपन अनुकूल वर्षाकाल पाबि लक्ष्मणसेन अपन नौसेनाकेँ सुसज्जित कए काशीक हेतु यात्रा कए देल। किएक तँ–

देश ओ कालक विशेष(भेद)सँ चारि प्रकारक सेनाबला राजा होइत छथि। अपन अनुरूप देश ओ कालकेँ पाबि ओ बली होथि ॥2॥

विदा होएबाक काल रत्नप्रभा कहल–हे प्रभो! अहाँ तँ राजा छी। बहुत अहाँकेँ प्रिया छथि। अहाँ तँ सभ ठाम सुख भोगि सकैत छी। हम तँ स्त्री छी। अहीँटा हमर गति छी। अहाँ विदेशमे रहब तँ सुखरात्रिक पर्वक राति हम कोना खेपब? तेँ हमहुँ संगहिँ जाएब। राजा कहल–प्रिये! हमर गृहिणी तँ अहीँ टा छी। आओर स्त्री सब तँ फूल ओ पान जकाँ क्षणभरिक हेतु सुखक साधन मात्र छथि। तेँ जँ अहूँ हमरा संग चलब तँ ई घर आ' ई राज्य की होएत? अहाँ तँ हमर दोसर राज्यलक्ष्मी जकाँ छी। तेँ अहाँ मन्त्रीलोकनिक सुरक्षामे एतहि रहू। हमहि आबिकेँ सुखरात्रि पर्वमे अहाँक मनोरथ पुराए देब। देवी कहल–देव! यदि अहाँक ई कथा फूसि होएत तँ हम आगिमे धसि प्राण दए देब। राजा कहल–हमर कथा फूसि नहि होएत।

तखन नाओ सबहिक चामरसँ चन्द्रमंडलकेँ चुमैत, पतबारक खसलासँ वरुणालोककेँ घोँकैत, डङ्काक शब्दसँ तीनू भुवनकेँ डेरबैत चतुरङ्गिणी सेनाक संग राजा यात्रा कएल। ओ काशीकेँ विदा भेलाह। ओतए काशीमे काशीश्वरक दुर्गक चारू मेखलाकेँ नाओसँ घेरि मेघक समयकेँ युद्धक व्यसनमे बिताओल ओ युद्धमे जयक मनसूबामे जे व्यवस्था कए आएल रहथिन्ह से बिसरि गेलाह।

सुखरात्रिक महोत्सवक सन्ध्याकाल उपस्थित भेलाक उत्तर नगरक लोक ओ सैनिकलोकनिकेँ आचारक अनुसार लक्ष्मीपूजाक उपरान्त ऊक फेरैत देखि परिजनलोककेँ पूछल–अएँ सुखरात्रिपर्व आइए थिकैक? तखन तँ हम अपन व्यवस्थासँ विचलित भए गेलहुँ? देवी रत्नप्रभा तँ आगिमे धसि प्राण दए देतीह। आब हम की करब? कारण–

बड़का कुलमे उत्पन्न व्यक्ति जँ व्यवस्थासँ च्युत भेलाह तँ एहन कृतघ्न ओ

दुरात्मा ओ रखलैन्हि की? ॥3॥

केवल व्यवस्थाक भङ्ग सएह बड़का पाप भेल; ओ यदि स्त्रीक मृत्युक कारण हो तँ कथे कोन? तेँ मन्त्री-लोकनिकेँ पुछिऐन्हि। राजा पूछल–अओ मन्त्रीलोकनि! एहन एहन वृत्तान्त छैक से सुनैत जाउ। एखन आब की कर्तव्य उचित होएत?

मन्त्रीलोक कहल–देव! एहि हेतु खेद नहि कएल जाओ। राजाक शक्तिक हेतु की असाध्य छैक? वेसी बेसी इनाम दए परितुष्ट कएल नाविक सब आइए राति नाओ लए लक्ष्मणावती पहुँचाए देत। तेँ देव नाओसँ जाए अपन प्रतिज्ञाक पालन कएल जाओ। शत्रुक दुर्गक घेरामे तँ हमरा लोकनि सबहुँ रहबे ने करब।

तखन तहिना कएल गेल। समर्थ समर्थ हजारो नाविकसँ सुसज्जित नाओक रथ पर मनोरथक संग संग ओ लक्ष्मणसेन ओही रातिक चारिम पहरमे लक्ष्मणावती पहुँचि गेलाह ओ आगिमे प्रवेश करबाक हेतु उद्यता अपना प्रेयसीकेँ मरबासँ बचाए लेल। महाराजकेँ देखि, हुनक अनुरागक परीक्षा लए, रानीक मनोरथ पूर्ण भए गेलैन्हि; ओ सौभाग्यसँ फूलि गेलीह। श्लोको अछि–

जाहि प्रेममे आज्ञाक उल्लङ्घन नहि हो, विनयमे वैषम्य नहि आबए, पहिलहि जे सद्भाव उत्पन्न भेल से कम दिशि नहि भेल, दुःख किंवा सुखमे एक दोसराक समानतासँ जे वैभवक भोग कएल जाए–प्रेमी ओ प्रेमिकाक एहने प्रेम हर्षक हेतु होइत अछि; एहिसँ जे इतर प्रेम थिक से कन्दर्पक कारागार बुझबाक चाही ॥4॥

इति दक्षिणकथा ॥38॥

39

विदग्धक कथा

सुखक भोगमात्र जाहि पुरुषक लक्ष्य हो से विदग्ध थिकाह। ओ स्त्रीगणक प्रिय होइत छथि ओ तीनि प्रकारक छथि। स्त्रिओ निजा; परा, ओ सामान्या-तीनि प्रकारक मानल गेल छथि ॥1॥

भरत कहल अछि जे–

जनिक पाणिग्रहण कएल अछि ओ निजा थिकीह। इहलोकमे ओ सुख दैत छथि ओ परलोकमे स्वर्ग दिअबैत छथि–तेँ दुहू लोकक सहायिका थिकीह ॥2॥

केवल अपनहि स्त्रीक लग जएबाक जे व्रत छैक तकरा कामीलोक कष्ट बुझैत छथि। यावत् परस्त्रीक संग नहि भेल तावत् कामक सुख कहाँ भेल? ॥3॥

सामान्य-वनिता (सर्वसाधारणक स्त्री) वेश्या थिक। ओ केवल वित्त चाहैत

अछि। ओकरा ने निर्गुणमे द्वेष होइत छैक ने गुणीमे अनुराग ॥4॥

आओर, नागरजनकेँ अपना स्त्री विषय ईर्ष्याक अवसरे नहि होइत छैन्हि ओ परस्त्री विषय शङ्कासँ रहित भए (अपन स्त्री जकाँ) केलि नहि कए सकैत छथि। वेश्याक विषयमे ई दूहू नीक जकाँ होइत अछि तेँ कामदेवक सर्वस्व इएह भेलि छथि ॥5॥

भोजदेवक राजधानी छल धारा। ओतए दू गोट वेश्या रहैत छलि! एक गोटाक नाम छल केतकी, दोसराक जातकी। ओहिमे एक गोटाकेँ प्रेमी एक रातिक संभोगक हेतु एक लाख पुराण (चौअन्नां) देथिन्ह, दोसराकेँ केवल पाँच। एक दिन दूहूकेँ कोनहु कारणसँ झगड़ा भेलैक। ताहिमे केतकी कहल—गए पापिनी! पाँच पुराण लएकेँ कृतार्थ भेनिहारि! तोहूँ हमरा संगेँ बराबरी करबेँ? जातकी कहल—गए पापिनी! तोहरे हम जौआँ बहिनि थिकिऔक-एक रङ्ग गुण, एके वयस। तोँ कोना उत्तम भेलेँ आ हम कोना अधम भेलहुँ? लाख पुराण देब वा पाँच पुराण देब ई तँ प्रेमी लोकक वैदग्ध्यक अधीन भेल। ताहिमे हम की करबैक? वजबाक छौक तँ रूप वा यौवन, नाच वा गान, वा कामकलामे किछु बेसी बाज। देखा तँ हम कोना तोरासँ हीन छिऔक?

एना दूनू गोटए झगड़ा करैत विचार करएबाक निमित्त राजाक डेउढ़ी पर जाए राजाकेँ प्रणाम कए कहए लागलि। केतकी कहल—देव पाँच पुराण लेनिहारि ई कोना हमर बराबरी करति? जातकी कहल—देव! गुण, रूप, आ वयसमे सरकार हमर हीनताक विचार कएल जाओ। पाँच पुराण देबामे तँ दोष थिकैन्हि प्रेमी जनक आ' राजाक। राजा पूछल—राजाक की दोष छैन्हि? जातकी कहल—देव! पृथिवीक शासन सरकार करैत छी। तखन पुनि समान गुणमे फल विषम किएक?

राजा दूहूक गुण, रूप, वैदग्ध्य ओ वयस सब किछु जाँचि विचारल—बड़े आश्चर्यक ई विषय थिक। सब तरहेँ गुण समान ओ वयस समान, तखन फलमे वैषम्य कोना संभव छैक? तेँ ई निर्णय हमरा शक्तिएँ संभव नहि अछि। सुनैत छी जे राजा विक्रमादित्य बड़ विदग्ध छथि। तोँ दूहू गोटए हुनकहि ओतए जाह। ओएह एकर विचार करथु। ई कहि राजा भोज ओहि दूहू स्त्रीकेँ अपन शुद्ध पुरुषक संग राजा विक्रमादित्य ओहि ठाम पठबाए देल।

अपन शृङ्गार-मंडपमे राजा विक्रमादित्य एहि दूहूक गुण, रूप ओ वयसक परीक्षा कए कहल जे ई केतकी अपनाकेँ दुर्लभ देखबैत अछि तेँ लाख पवैतः अछि। जातकी लोभक आधिक्यसँ पाँचहिसँ सन्तुष्ट भए पुरुषकेँ सुलभ होइत अछि तेँ हजारो नहि पबैत अछि, लाखक कथे कोन। किएक तँ—

संभोग-क्रीड़ामे सब स्त्रीकेँ सामग्री तँ एके रङ्ग रहैत छैक मुदा तैओ केओ केओ जे सौभाग्य पबैत अछि से कामीकेँ ओ दुर्लभ होइत अछि तेँ ॥6॥

जातकी कहल—देव! हम तेहन मूर्ख नहि छी। कामक रहस्य हमहुँ जनैत छी। से ई थिक जे—

जाहि संभोगमे दूतीक टेढ़ वचन नहि कहल जाए, जाहिमे डेग डेग पर दुर्बलता नहि होइक, जाहिमे सफल भेलासँ खजाना भेटबाक सन भावना नहि हो, की एहन संभोगसँ नागर ओ नागरिकेँ सुख होइत छैन्हि?॥7॥

राजा कहल–तखन रमण कएनिहारक नाम नगरमे प्रकाश कए दैत हएबिन्ह॥ जातकी कहल–देव! पूर्वजन्मक पापहिसँ तँ कामपीड़ासँ आर्त पुरुष जनक शरण भए अनेक पुरुषक लग गेनिहारि वेश्या भएकेँ जन्म लेल अछि। कामदेवक बाणसँ पीड़ित पुरुषजन लाज त्यागि साहस कए हमरा संग संभोग करए अबैत छथि। से की प्रकाश कर्तव्य थिक? ई तँ अधलाह स्त्रीक काज थिक। राजा कहल–बेस, विशेष बुझबाक योग्य भए गेल। तोँ दूहू अपना अपना ओहिठाम जाह। हम राजा भोजदेवकेँ अपन निर्णयक स्वरूप लीखिकेँ पठाए देबैन्हि। ई कहि जहिना ओ दूहू वेश्या आइलि छलि तहिना पुनि आपस धारा नगरी पठबाए देल गेलि। अपने राजा विचारल–विशेष तँ बुझबामे कठिन लगैत अछि जाहि कारणेँ ई दूनू गुण, रूप ओ वयसमे समान भैऔकेँ ओकर जे फल भेल धनलाभ ताहिमे विषम अछि। अथवा–

जहिना कविता तहिना कामिनी सेहो, केओ कथहिमे रम्य होइत अछि, केओ वस्तुअहिमे, ओ केओ केओ कथा ओ वस्तु दूहूमे रम्य होइत अछि ॥8॥

बेस, तँ एकर निरूपण जाएकेँ करी। पछाति अग्नि ओ कोकिल दुहू बेतालक कन्धा पर चढ़ि भोजदेवक नगरी गेलाह। ओतए जाए पहिने दूहूक घरक प्रक्रियाक निरूपण कएल। एकक वस्त्र छल पाटक तँ दोसरक सूतक; एकक आभूषण सोनमे रत्न जड़ल छल तँ दोसरक केवल सोनक; एकक कोठाक ऊपर सोनक कलश छल तँ दोसरक ऊपर माटिक। इएह विशेष अधिक छल। परिपाटी दूहूक समाने छल ई देखि राजा विचारल–ई विशेष तँ धनक कारणेँ अछि; एहि सँ व्यक्तिक गुण वा दोषक निर्णय नहि भए सकैत अछि। ई विचित्रता धनक अनुरूप अछि। तेँ व्यक्तिक गुणक निरूपण करी गए। ई विचारि वेश्या-रसिकक स्वरूप धारण कए पहिने लाख दए केतकीक ओहिठाम गेलाह। ओकरा संग संभोग करैत परस्परक अनुभवसँ दूहूक हृदयमे प्रेम जागि गेल; तखन विक्रमादित्य मनहि मन कहल–

प्रेमीकेँ जे प्रेम सए कल्प धरि गप्प करितहुँ रहैत बुझल नहि भए सकैत अछि सएह सुन्दर-भौहँबाली ललनाक आधा आँखिक नचएबाक लीलासँ (कटाक्षसँ) एक क्षणमे बुझल भए जाइत छैन्हि ॥9॥

तखन सब कला-विषय चतुर विक्रमादित्य माथक दर्दक व्याज कए सहसा भूमि पर खसि पड़लाह। केतकी हुनका ओना देखि अभिप्रायसँ भरल कथा कहल–अरे रे नागर! ई की? विक्रमादित्य चैतन्य नहि कएल। एमहर हुनका प्रति अनुरागसँ केतकीक आँखिमे नोर भरि आएल; ओकर मुह सुखाए गेल; क्षण भरिमे जेना ओ सुखाएकेँ दुव्वरि भए गेलि। मूर्छाक व्याज कएने विक्रमादित्य कनखीसँ ओकरा ओना देखि मनमे सोचल–बड़ आश्चर्य जे–

वेश्याकेँ तँ धनमात्रमे रुचि होइत छैक। मुदा ई एक क्षण मात्र हमरा स्वीकार कएलक अछि किन्तु एतबहिमे अपन विवाहिता स्त्री जकाँ स्नेहसँ भीजि गेल अछि। केहन आश्चर्य! ॥10॥

पछाति कोनहुना चैतन्य पाबि विक्रमादित्य कहल—हा हम मुइलहुँ। शूर छी तैओ हमर मृत्यु ने युद्धक्षेत्रमे भेल ने कोनहु तीर्थमे। वेश्याक घरमे मरि रहल छी। केतकी पूछल—वल्लभ! एकर कोनो प्रतीकार नहि छैक? राजा कहल—प्रतीकार तँ छैक मुदा तोहर शक्तिक असाध्य छहु। केतकी कहल—की छैक प्रतीकार? विक्रमादित्य कहल—ई व्याधि बड़ असाध्य थिक। एहिसँ लोकक प्राण चल जाइत छैक। पहिनहु हमरा माथमे भेल छल मुदा गजमुक्ताक भाफसँ वैद्यलोकनि शान्त कएल। केतकी कहल—गुजमुक्ता हमरहु अछि। राजा कहल—ओ तँ तोहर सर्वस्व रत्न छहु। आगिमे धिपाए ओकरा कोना नष्ट करबह? सेहो एक गोट विदेशी हमर प्राणक रक्षाक हेतु। केतकी कहल—आः वल्लभ से जनु कही। क्षणे भरिक हेतु, मुदा भेल तँ छी हम अहाँक प्रिया। प्रियाकेँ प्राणो देब उचित थिकैक। अपन प्रेमीक प्राणक रक्षाक हेतु धन कोन वस्तु भेल?

तखन ओ घरसँ गजमुक्ताफल आनि जेना बैरक फड़ पकाओल जाइक तहिना पकाओल। एना पकाओल गजमुक्ताफलक गरम पोटरीसँ स्वेद पाबि विक्रमादित्य निकेँ भए गेलाह। केतकीक विषाद दूर भए गेल। तुखन ओ केतकी पूर्ववत् बिनु विषादहिँ पुनः केलिमे प्रवृत्त भए पान ओ कपूर दएकेँ राजाक सत्कार कएल। राजा विचारल—

देखू तँ, हमर हृदयक विषादसँ एकरा खेदक भार उठबए पड़लैक; हमर मुह प्रसन्न भेल तँ एकरहु हर्ष भेल देखि पड़ैत अछि। से ई नागरि अपन प्रेमीक सुख ओ दुःखकेँ अपन कए लैत अछि। तेँ जेना एकरा शरीरमे प्रेम झलकैत अछि ॥11॥

तखन अपन कामबासनाकेँ तृप्त कए बड़का भोर पूर्व दिशाकेँ लाल देखि विक्रमादित्य ओतएसँ बहराए गेलाह। ओ दिन कतहु बिताए साँझ खन पाँच पुराण दए जातकीक ओहिठाम गेलाह। ओतहु संभोग पाबि ओ देखल जे जातकीक हृदय काठ सन कठोर अछि। रमण करितहुँ ओ प्रेमसँ हीन अछि। तखन केलिक अवसरहिमे राजा ओकरा गरदनिसँ मोतीक माला खीचि लेल। डोरी टूटि गेलैक आ मोतीक दाना शय्या पर छिड़िआए गेलैक। से देखितहिँ जातकी केलिक उमंग बिसरि गेलि, मोतीक दाना बीछए लागलि, ओ रमण छोड़ि मोतीक दानाकेँ गोलिआए ओकरा गनए लागलि। एना गनिकेँ राखि जाधरि ओ पुनः हँसैत केलि करए आबए तावत् राजा ओतएसँ बहराए गेल छलाह। बहार भए ओ विचारल—

ई रस केहन बुझैत अछि से तँ रमणक काल वेगमे उमङ्गक अभावहिसँ बुझल; मन केहन पैघ छैक से तँ मोतीक दाना गनबहिसँ व्यक्त भए गेल; केलिक विधिमे अभिप्रायसँ रहित चेष्टासँ एकर प्रेम बुझल भए गेल। बूझि पड़ैत अछि जे विधाता एहि वेश्याक हृदय काठ सन कठिन बनाओल ॥12॥

अपन राजधानी जाए राजा विक्रमादित्य राजा भोजकेँ लीखिकेँ पठबाए देल जे केतकी उत्तमा स्त्री अछि; जातकी तँ केवल धनक लोभी वेश्या थिक। ओ केतकीकेँ एक हजार तोला गजमुक्ताफल पठबाए देल। एखनहु–

जेना सब कवितामे शब्द ओ अर्थ रहितहिँ छैक तहिना सब स्त्रीकेँ स्तन ओ केश रहबे करतैक। मुदा ओहि कविता सबमे ओ ओहि स्त्री सबमे केओ केओ कलावती होइत अछि। से जनैत छथि केवल राजा शिवसिंहदेव ॥13॥

इति विदग्धकथा ॥39॥

40

धूर्त्तक कथा

धूर्त्त केवल रमण करबाक हेतु कोनहु स्त्रीक लग जाइत अछि, कार्य भए गेलाक पर ओकरा विरक्ति भए जाइत छैक। धूर्त्त कोनहु स्त्रीक प्रिय नहि होइत अछि ने केओ स्त्री धूर्त्तक प्रिया होइत छैक ॥1॥

क्षण भरिक हेतु अनुरागसँ भरल धूर्त्तक मुँहक कौतुकसँ मोहित भए स्त्रीगण हँसैत छथि, ओकरा संग रमण करैत छथि, परन्तु ओकर विश्वास नहि करैत छथि ॥2॥

कुलटा स्त्री, अधलाह मित्र, अधलाह मालि, ओ धूर्त्त–एकरा सबहिक प्रीति विद्युल्लता जकाँ लगले झलकल आ' लगले बिलाए गेल ॥3॥

पाटलिपुत्र नामक नगर छल। ओतए खङ्गसर्वस्व नामक राजपूत बसैत छल। एक दिन ओ अपन युवती स्त्रीकेँ नैहरसँ अपना ओहिठाम (?) लेने जाइत छल; बाटमे एकटा पाँतरमे ओकरा शशि नामक धूर्त्त देखि गेल। ओहि धूर्त्तकेँ ओकरा स्त्री पर मन भेलैक ओतएसँ घूरि अपन प्रिय मित्र अभिन्न-हृदय मूलदेवकेँ आबि ओ कहल–मित्र मूलदेव! आइ एकटा रजपुतनीकेँ देखल अछि। मत्त-गज-गामिनी ओ अपन स्वामीक पाछाँ पाछाँ जाइत छलि। बड़ी दूरसँ अबैत अबैत थाकलि ओकर मुह घामक बिन्दुसँ भरल ओहने लगैत छल जेना मोतीक दानासँ चन्द्रमा पूजित भेल होथि।

ओकर शरीरक कान्ति तँ सोनकेँ मातु करैत अछि। ताहिमे नवयौवनक भारसँ अलसता भरल, गजराजक सदृश विलाससँ जाइत, ओकर चालि देखल। ओ जखन तकैत अछि तखन कामदेवक शरक व्यापारक लीलाक बलसँ आगाँ आगाँ तँ बूझि पड़ैत अछि जे क्षीरसमुद्रक तरङ्ग चलैत हो मुदा पाछाँ विष सन लगैत अछि ॥4॥

ताहि क्षणसँ लएकेँ हमरा मनमे ओकरासँ समागमक उत्कंठा भए गेल अछि

से, हे सब कलामे चतुर हमर मित्र! कहह कोन उपायसँ भए सकत। नहि तँ कामदेवक वाणक वेदनासँ विह्वल हम निश्चय प्राण त्यागि देब आ' तोँ अपन मित्रक विपत्ति अपना आँखिए देखबह। कहलो अछि जे—

एकक पश्चात् दोसर स्त्रीक पाछाँ पड़ल असन्तुष्ट धूर्त्तक कामवासना हजारो स्त्रीक संभोगसँ कहिओ कृतार्थ नहि होइत छैक ॥5॥

मूलदेव कहल—मित्र! चिन्ता जनु करह। उपाय होएतैक ने। कहह तँ जाहि बाटेँ ओ साँए-बहु राजपूत गेल अछि से बाट तोँ झटकारिकेँ जाह। ओही बाटमे किछु दूर पर निर्जन स्थान ताकि ओतए नूआसँ घेड़ि घर जकाँ बनाए अपने स्त्रीक वेष धए रहह गए। हमहु चल आबि रहल छी। शशी सएह कएलक। मूलदेव ओही लगमे बड़क गाछक छाहरिमे कृत्रिम चिन्ता कए मूड़ी गाड़ि बैसि रहल। पछाति थाकलि अपना प्रियाक थाकनि दूर करबाक अनुरोधसँ सुस्तेँ सुस्तेँ चलैत ओहो राजपूत अपन स्त्रीक संग ओतहि पहुँचल। बड़क छाहरिमे बैसि ओ मूलदेवकेँ चिन्तित देखि पूछल—अओ महाजन! कथीक उद्वेग अछि?

मूलदेव कहल—अपन उद्वेगक कथा बड़ लज्जाक विषय थिक। से मान्य अहाँक सोझाँ कोना बाजू। मुदा उपाय कोन अछि? यदि नहि बजैत छी तँ प्रतीकार कोना होएत? आनक विपत्तिक प्रतीकार कएनिहार तँ सज्जने होइत छथि। महान् व्यक्तिकेँ छोड़ि परोपकारक रसिक इतर नहि होइत छथि। राजपूत पूछल—एखन की कर्तव्य अछि? मूलदेव कहल—देखैत छिऐक ई नूआसँ बेड़? राजपूत कहल—हँ, नूआसँ घेड़ल कुटी तँ देखैत छिऐक। ओहिमे की छैक?

मूलदेव लाजेँ मूड़ी गाड़ि कहल—अओ दयालुमे मूर्धन्य! सुनल जाओ हमर वृत्तान्त। हमर स्त्री एखन गर्भवती छथि। हमरा घरमे स्नेहवाली केओ स्त्री नहि छथि। प्रसवक काज स्त्रीगणक ओतए रहने साध्य होइत छैक ई विचारि हम निश्चय कएल जे हिनका अपन नैहर दए अबिऐन्हि। ओतए जाए अपना माएक देखरेखमे प्रसव होउन्ह। ई विचारि हिनका नैहर लेने जाइत छलिऐन्हि मुदा दुर्भाग्यसँ एहि पाँतरमे, देखू, हिनका प्रसवक वेदना जोर भए गेल छैन्हि। ई कहैत ओ जोरसँ कनैत भूमि पर खसि पड़ल। ओकरा ओना देखि ओहि राजपूतकेँ करुणा भए अएलैन्हि। ओ कहल—अओ महाजन! अहाँकेँ कोनो भय नहि। हमर स्त्री ई जाएकेँ हुनका देखथिन्ह, उचित प्रतीकार करथिन्ह। स्त्रीक प्रसवक परिपाटी तँ स्त्रीए जनैत छथि। मूलदेव कहल—बेस। आ' अपना पतिक आज्ञासँ ओ राजपूत बहु नूआसँ घेड़ल कुटीमे प्रवेश कएल। धूर्त्त शशी एकान्तमे ओकरा पाबि जोरसँ भरि पाँजकेँ पकड़ि लेलक ओ केलि आरम्भ कए देलक। किएक तँ—

नारी तँ सतत पुरुषक संग समागमक कामना करितहिँ रहैत अछि। गौरी-शापक प्रभावसँ ओकरा केवल पुरुषक इच्छाक अपेक्षा रहैत छैक ॥6॥

ओ—कामक उद्रेकसँ पुरुष रमण करैत छथि, फेर विरोध करैत छथि; मुदा

स्त्रीगणकेँ विराम होइतहिँ नहि छैन्हि, किएक तँ हुनका काम आठबर बेसी होइत छैन्हि ॥7॥

एमहर मूलदेव राजपूतक संग रससँ भरल भरल गप्प सप्प करैत जोरसँ पद्य पढ़ए लागल जेना—

घामसँ भीजल मुह, खूब कसिकेँ दाबल स्तन, गद्गद् कोमल शब्द, लाजसँ रहित विहुँसी, झुनझुनाइत कमर-कस, अनेक मूनल आँखि—मदन छथिन्ह देवता जकर एहन जे एकान्तमे सुन्दर रति से युवक ओ युवतीकेँ मोद प्रदान करओ ॥8॥

एहि अर्थक पद्य कानमे पड़लासँ नूआ घेड़ल कुटीसँ अबैत बलया आदिक झंकार राजपूत नहि अकानि सकलाह ओ शशी, मन आओरो दोगुन भए गेलासँ, खूब रमण कएलक। मनोरथ पूरि गेलासँ ओ निर्माल्यक माला जकाँ रजपुतनीकाँ छोड़ि देल; ओहो पुनः नूआ पहिरि अपन केसकेँ समेटैत ओहि घेड़सँ मनहि मन विचारैत बहराइल—जे देखू तँ एहि दूहू धूर्त्तक कुटिलता! हँसैत ओकरा स्वामी राजपूत पूछल—प्रिये! कहू कहू, प्रसूतीकेँ बेटा भेलैक की बेटी? रजपुतनी तँ लाजसँ हँसैत मूड़ी गाड़ि लेल। मूलदेव कहल—राजपूत! एहिमे प्रश्नक कोन अपेक्षा? हँसिएसँ लक्षित होइत अछि जे बेटा भेल।

कूट उपायमे प्रवीण, हँसीक काज कएनिहार, धूर्त्तकेँ मनमे लेश मात्रो लाज नहि होइत छैक ॥9॥

तखन सब केओ अपना अपना स्थान गेल। एहि अर्थक श्लोको अछि।

ऊँच ऊँच स्तनक भारसँ मन्द गति, दूर बाटसँ आइलि, थाकलि, गुणवती, कामदेवक बनाओल सौन्दर्यक प्रतिमा जकाँ आनक बाला स्त्रीकेँ धूर्त्त दूतीक द्वारा अपना वशमे नहि करए लागल; मधुर मधुर खुशामदक कथा कहि कहि प्रसन्न नहि करए लागल; सोनक वस्तु दए दए ओकरा सन्तुष्ट नहि करए लागल; मुदा बातक बातमे अपने अद्भुत बुद्धिसँ ओकर भोग कए लेलक ॥10॥

41

घस्मरक कथा

शूर अछि, विद्वान् अछि, सुबुद्धि अछि, मुदा तैओ जे पुरुष स्त्रीक कटाक्षक जंजीरसँ बद्ध भए ओकर वशीभूत भए जाए से घस्मर भेल ॥1॥

गङ्गाक तीर पर कान्यकुब्ज नामक नगर अछि। ओतए काशीश्वर जयचन्द्र नामक राजा भेल छलाह। ओ दिग्विजय कएने छलाह, समुद्रक कात धरि कर-ग्रहण कए कृतार्थ छलाह। हुनका अपन पट्टरानी शुभदेवीमे जे प्रेम भेलैन्हि ताहि प्रेमक

परवश ओ शृंङ्गार रसमे डूबल राज्यक सुख भोगथि। किएक तँ–

पुरुषक मति ताबतहिँ नीतिमार्गक अनुसरण करैत अछि यावत् ओ मृगनयनीक कटाक्ष-क्षेपक लक्ष्य नहि भेल अछि ॥2॥

आओर–शास्त्रवेत्ता रहथु, धैर्यवान् रहथु, शुद्ध रहथु, संसारक स्पृहासँ रहित रहथु, मुदा स्त्रीक कटाक्षक संपर्क होइतहिँ के एहन छथि जे कामक दास नहि भए जाइत छथि ? ॥3॥

पछाति एक समयमे योगिनीपुर (दिल्ली) सँ चतुरङ्गिणी सेनाक संग यवनेश्वर सहाबदीन शाह जयचन्द्र पर आक्रमण कए देल। बारंबार युद्ध भेल जाहिमे दूहू दिशिक सेनाक संहार भेल ओ भूत वेतालक संग कबन्ध सभ नाचल, मुदा बारंबार यवनेश्वर हारिकेँ पड़एलाह। एहि प्रकार युद्धमे विजयी जयचन्द्रकेँ अहङ्कार भए गेल, पराजित राजेश्वर अपन मानक भङ्गसँ मलिन भए गेलाह, ओ तेँ दूहूमे परम वैर उत्पन्न भए गेल। तखन यवनेश्वर विचारल–ई राजा जयचन्द के बलसँ हराओल नहि भए सकैत अछि। तेँ जँ भए सकए तँ एहिमे बुद्धिक व्यापार करी। किएक तँ–

दुर्बल राजा युद्धमे बलवान् शत्रुसँ पराजित भए उत्तम-उत्तम दूत (निसृष्टार्थ) केँ पठाए शत्रुक सेनामे भेद उत्पन्न करथि ॥4॥

तेँ सबसँ पहिने शत्रुक बलक खबरि मङाबी। किएक तँ–

राजतन्त्र-सबमे वार्ताक बुझब प्रशस्त कहल जाइत अछि, किएक तँ वस्तु बुझल नहि रहत तखन मन्त्रक फल कतहु नहि होएत ॥5॥

तेँ जयचन्द्रक राज्यमे जूति ककर छैक से बुझक चाही। अप्रयोजकसँ मेल कएने अथवा झगड़े कएने कोन फल? ई चिन्ता करितहिँ छलाह ताबत् जाहि चरकेँ पठओने छलथिन्ह से आबि कहल–यवनेश्वर! एखन तँ जयचन्द्रक सेना विशाल छैन्हि, धन अनन्त छैन्हि, बुद्धि तीक्ष्ण छैन्हि, प्रजा अनुरक्त छैन्हि। यवनेश्वर पूछल–राज्यमे जूति ककर छैक? चर कहल–विद्याधर महथाक ओ रानी शुभदेवीक। यवनेश्वर पूछल–रानीक कथा राजा सुनैत छथिन्ह? यवनेश्वर कहल–सुनैत छथिन्ह, ओ टारैत सेहो नहि छथिन्ह। यवनेश्वर कहल–जखन स्त्रीक वशमे छथि तखन बेचारे हमरा हाथ लगलाह। आब कतए जएताह? तखन आब हुनक स्त्रीअहिकेँ वशमे आनी। हुनका हम सुखसँ वश कए सकैत छी। किएक तँ–

कल्लोल, वेग, भ्रम, विभ्रम इत्यादिसँ नदी ओ नारी-दूहूक स्वभाव समाने बुझबाक चाही। लैओ जएबैक तैओ ऊपर नहि जाइति मुदा बिनु आयासहिँ नीच दिशि दौड़ति ॥6॥

आओर–व्यामोहसँ भरलि, रससँ प्रगल्भा, काम ओ मोह दूहूक वास-भूमि, नारी जतबए देखतैक ततबहि धरि ओकर दृष्टि जएतैक, आनक बुद्धिक वशमे रहति, आ' ओकरा सनकाबी तँ ओ की नहि करति? ॥7॥

आओर—चमत्कारसँ भरल चित्र, गहना, नूआ, फल वा फूलमे नारीकेँ लोभ भेल करैत छैक ॥8॥

मुदा मन्त्री विद्याधरक अधिकार छैक। तेँ एहि कार्यमे आगाँ विघ्न देखि पड़ैत अछि। तथापि यत्न करी। असाध्य बुद्धिसँ काज सब छोड़ल नहि जाए सकैत अछि। विधाता सेहो परम अनुकूल बूझि पड़ैत छथि। किएक तँ—

नीतिज्ञ कार्यमे विधाताक, जूआक खेडिमे पाशाक, स्त्रीक सौभाग्यक विषयमे ओकर प्रेमीक—एहि सबहिक अनुकूल होएबाक प्रतीक्षा रहैत छैक ॥9॥

तदुपरान्त ई विचारि जे ब्राह्मणक प्रवेश सबठाम भए सकैत अछि ओ चारू वेदक पंडित सब भाषामे चतुर चतुर्भुज नामक ब्राह्मणकेँ बजाए कहल—चतुर्भुज! दश लाख धन अहाँ लिअ आ कान्यकुब्ज नगर जाउ। ओतए रहि हमर धनक खर्चसँ ओ अपन चातुर्यसँ शुभदेवीकेँ हमरा वशमे आनू गए। काज सिद्ध भए गेलासँ हम अहाँक मनोरथ पूरि देब। चतुर्भुज कहल—जेना प्रभुक आज्ञा अछि, तहिना हम करब गए। फलक सिद्धि तँ प्रभुहिक प्रतापसँ संभव भए सकैत अछि। मुदा एतेक अधिक धन ओतए लए कोना जाएब? यवनेश्वर कहल—एक एक लाख लए दश जन वणिक् दश लाख धन लए जाथु। वाणिज्यमे ओ बिकरीक लाथसँ ओतए अहाँक आज्ञाक पालन करैत रहथु भिक्षुकक चेष्टा कए, राजाक ड्योढ़ी पर जाए, हमर काज करू गए पछाति सबटा ओरिआओन ओहिना भए गेलाक पर ब्राह्मण ओहि नगर जाए राजा जयचन्द्रक दर्शन कएल। बेसीकाल गेलासँ परिचित भए गेलासँ राजा जखन देवार्चन करैत रहथि तखनकेँ ओ वेद पाठ करथि। क्रमशः ओ महादेवीक दर्शन सेहो कएल। महादेवी हुनक प्रियवादितासँ संतुष्ट भए नानाप्रकारक कथा पूछल करथिन्ह। ओहो सब दिन जाए जाए कहल करथि।

समयक्रमेँ परिचय भए गेला पर नीक अवसर देखि ब्राह्मण कहल—देवी! एहि धरामण्डल पर एक जनि अहीँ धन्य छी जेँ यवनेश्वर सहाबदीन अहाँक चर्चा कएल करैत छथि। देवी कहल—अएँ! हमरा ओ कोना जनैत छथि? ब्राह्मण कहल—देवी! अहाँकेँ जनैत छथि आ' अहाँक वैदग्ध्यकेँ जनैत छथि। एकटा आओर बात छैक मुदा से निवेदन करबामे डेराइत छी। रानी कहल—कोनो डर नहि। की बात थिकैक? कहू।

पछाति ओहि बातकेँ सुनबा लए हुनका उत्कंठिता जानि ब्राह्मण कहल—देवी! एक दिन बहुतो रत्नसँ जड़ल एक गोट उत्तम मुद्रिका यवनेश्वरकेँ भेटलैन्हि। ओ लए यवनराज कानए लगलाह जे ई मुद्रिका तँ विधाता हमरा देलैन्हि मुदा ओ प्रिया विधाता हमरा नहि देल जकरा ई वस्तु दितिऐक। से तँ देल जयचन्द्रकेँ शुभदेवी। वाह रे पुण्य जयचन्द्रक। से जँ अहाँकेँ तामस नहि हो तँ ओ मुद्रिका हम अहाँक ओतए अर्पण कए दी। देवी कहल—मुद्रिका देलासँ फल की? ब्राह्मण कहल—केवल योग्यक समागम, जेँ ई मुद्रिका केवल अपनहि आगुंरक पोरक योग्य अछि। ई कहि

मुद्रिका हुनका दए देल। मुद्रिका लेबाक काल शुभदेवीकेँ अत्यन्त संतुष्ट ओ आन केओ देखैत तँ ने अछि एहिमे सावधान देखि ब्राह्मण विचारल–वाह! सिद्धि भेटि गेल। परिश्रमक फल भेटल।

पछाति पुनः पुनः वस्तु सब दैत दैत स्नेह क्रमशः दृढ़ भेला उत्तर ब्राह्मण महारानीकेँ उपदेश देल–देवी! अहाँ एहि महाराजक पट्टरानी थिकिऐन्हि, प्रेमपात्र छिऐन्हि। अहाँक अछैत ने अहाँक बाप ने अहाँक भाइक एहि राज्यमे कोनो गणना होइत छैन्हि। केवल विद्याधर सब अधिकार लेने सम्पूर्ण राज्यलक्ष्मीक भोग करैत छथि। अहाँक सौभाग्यहिँ की? रानी कहल–हम की करबैक? ब्राह्मण कहल–राजा अहाँक वशमे छथि, अहाँक शक्य की नहि भए सकैत अछि? की करबैक से सुनू। राजमे आमदक जे कोनो स्थान छैक सब ठाम दोगुन दोगुन देय स्वीकार कराय अपन पक्षपाती अपना नैहरक लोककेँ अधिकारी बनाए दिअ। तीनि चारि आय-स्थानसँ दोबर दोबर धन पाबि राजाकेँ अहाँक बचनमे विश्वास भए जएतैन्हि। धन अहाँकेँ हम देब। यवनेश्वरक प्रसादसँ धनक कोन कमी? तखन धनक लाभसँ लुब्ध राजा बुझताह गए जे विद्याधर चोर अछि आ' हुनका सब अधिकारसँ हटाए देथिन्ह। तखन राज्यमे सब ठाम अहीँक अधिकार भए जाएत। धनमे अनुराग रखने राजालोकनिकेँ कार्यक अधिकारीक प्रयोजन इएह जे खजाना बढ़ैत जाए। तखन राज्य मुट्ठीमे आबि जाएत। तखन जे करबाक होएत से सुखसँ भए जाएत।

रानी ओहि ओहि काजमे ओना कएलासँ ओएह फल पाओल। तखन हुनका ब्राह्मणक कथामे प्रतीति भए गेल। राजाक सारलोकनि सब केओ जे पट्टरानीक पक्षपाती सएह सब केओ अधिकारीजन भए जाइत गेलाह। राजाकेँ मन्त्री विद्याधर सँ विश्वास ऊठि गेलैन्हि। एमहर रानी ओहि ब्राह्मणक कथासँ यवनेश्वरक अभिलाषिणी भए गेलीह। ई सब समाचार ब्राह्मणक पठाओल चरसँ बूझि यवनेश्वर अपनहु अपन सकल दल बल सहित राजधानीक लग आबि पहुँचलाह। राज्यमे परम अनर्थक बीज पड़ि गेल। विद्याधर जनितहुँ छलाह तथापि राजाकेँ नहि कहथिन्ह; यदि कहबो करथिन्ह तँ राजाकेँ प्रतीति नहि होइन्ह।

एमहर चतुर्भुजक काजक परीक्षा करए यवनेश्वर अपन परम विश्वासपात्र अलपासेनाव नामक यवनकेँ पठाओल। ओ भिक्षुकक वेष धए हाट पर भेड़ाकेँ नचबैत लड़बैत रहए; ओकरा राज-दरबारसँ फिरल अबैत मन्त्री विद्याधर देखल; ओ लक्षित कएल जे एतेक चाकर ललाटपट्ट, आँखिक कात एहन लाल, बड़का बड़का बाहु, महापुरुषक लक्षणासँ युक्त ई भिक्षुक नहि भए सकैत अछि, ई यवन थिक। भेड़ाक नाच देखब एहि लाथेँ ओकरा अपना ओहिठाम बजाएकेँ लए जाए एकर निश्चय करी।

पछाति सएह कएल। एकान्तमे ओकरा पूछल–अएँ हओ यवन! तोँ के थिकह? यवन कहल–हम भिखारि छी। विद्याधर कहल–हओ! एना जनु बाजह। सत्य कहह। डेराह जनु। साधुक संगमे डर कोन? हमरा आगाँमे मिथ्या बात ठहरि

नहि सकैत अछि। तोँ अलपासेनाव थिकह। यवन कहल–कोना बुझैत छी? मन्त्री विद्याधर चित्रफलक देखए देल। कहल–यवनक मन्त्री! एकरा देखह। तोहरा राज्यक सभ प्रधान कर्मचारी एतए लिखल छथुन्ह। एहिमे अपनहुकेँ देखह।

से देखि यवन निरुत्तर भए गेल। ओकरा बड़ आश्चर्य भेलैक, ओ कहल–वाह रे मन्त्रिराज! वाह। समय पर जे काज करबाक चाही ताहि विषयमे अहाँ सावधान छीहे। तैओ अहाँक स्वामी राजा जयचन्द्र राज्यच्युत भए रहल छथि? विद्याधर कहल–हमर कथा नहि सुनैत छथि। यवन कहल–तखन मूर्ख छथि। विद्याधर कहल–छथि तँ ओ सब कलामे चतुर, स्वामीक सब गुणसँ युक्त, मुदा स्त्रीक वशमे पड़ि गलती कए रहल छथि। यवन कहल–तखन तँ आओर मूर्ख भेलाह। स्वामीक प्रीति जखन आनमे भेल तखन मन्त्री की करताह? किएक तँ–

स्वामीकेँ विश्वास ऊठि गेलैक ओ विरोधी लोकक जूति भेलैक तखन तँ ओकरा हितक उपदेश देलासँ अपने अहितक शङ्का ॥10॥

तेँ यदि अहाँक मन हो तँ हम अहाँकेँ यवनराजक ओहि ठाम लए चली। अहाँकेँ ई राज्य देआए दी। विद्याधर दूनू कान मूनि कहल–पाप शान्त हो, मित्र! एहन कथा पुनि नहि बजिहह। परलोकक जकरा स्पृहा छैक से प्रभुक विपक्षक आश्रयण नहि करैत अछि, ने विपत्तिमे प्रभुकेँ त्यागैत अछि। ओ बरु अपन प्राणघात कए लेत। यवन कहल–मन्त्रिराज! अहाँ एखन हमरा शत्रुक पक्षक लोक बुझिओकेँ हमर अनिष्ट नहि कए रहल दी। एहि उपकारक बदला हम कोना चुकाएब? विद्याधर कहल–तोहर अनिष्टसँ जयचन्द्रक कोन हित होएतैन्हि? हम तोहर अनिष्ट नहि करबहु। तखन, उपकारक बदलौक उपाय छैक। किलाक घेड़ाक बेरिमे हम किलाक दछिनबरिआ फाटक पर रहब। पाँच सए सबार हमर अनुरक्त छथि। तनिक सङ्ग हम विरक्तो अपन प्रभुक भक्तिक उद्देश्यसँ युद्ध करब गए। यदि ओतए सुलतान हमरा संग साक्षात् युद्ध करथि तँ युद्धमे प्रतिपक्षीक महत्त्वसँ हम यशक महत्त्वकेँ पाबी।

ई गछि यवनमन्त्री तँ चल गेल। विद्याधर अपन वंशक रक्षा करबाक हेतु अपना बेटाकेँ दुर्गसँ बाहर पठाए देल। अपने अपन अनुरक्त पाँचो सए सवारक संग कवच लगाए हाथमे शस्त्र लए किलाकेँ घेड़बाक कालमे दछिनबरिआ फाटक पर शोभायमान छलाह। शत्रुक सैन्यक समक्ष भेला पर सुलतानकेँ अपना आगाँमे पाबि भगवान् सूर्यक समक्ष शत्रुक सैन्यमे प्रवेश कए तरुआरिक चोटसँ घोर युद्ध कएल, शत्रुपक्षक कतेक बड़का योद्धाकेँ मारि, बाणक घाओसँ विह्वल, फुलाएल पलाशक गाछ जकाँ शरीरकेँ त्यागि विद्याधर मन्त्रीक आत्मा सूर्यमण्डलकेँ भेदि चल गेल। हुनक शोणितक वन्दना शत्रुपक्षक सैन्य कएलक।

सुलतान किला लए लेल। राज्य हुनक अधीन भेल। खजाना हाथ लागल। योधा लोकनिक सत्कार भेल। मुदा राजा जयचन्द्र नहि भेटलथिन्ह। कतए गेलाह, की भेलाह, के हुनका मारलक इत्यादि किछु बुझल नहि भेलैन्हि। तखन सुलतान

रानीकें अनबाए हुनका पूछल—अएँ हए! तों जयचन्द्रक केहन स्त्री छलहुन्ह? ओ कहल—हुनक विवाहिता ओ प्रिया छलिऐन्हि। ताहि पर सुलतान कहल—अएँ हए पापिनि! स्वामीक द्रोह कएनिहारि! तों हुनक विवाहिता हुनक प्रेमक व्यवहारसँ सुख पबैत हुनक हित नहि भेलहुन्ह। हमर कोना होएबह ई कहि, ओकर शरीरकें खंड खंड काटि, चारूदिशि फेकबाए देल। ओ एहि अर्थक श्लोक पढ़ल—

नारी सुखक सामग्री थिक; ओकरामे प्रिया जेकाँ प्रेम उचित थिक। मुदा स्त्रीक वशमे होएब निषिद्ध थिक, किएक तँ स्त्रीक वशमे जे अछि से दुर्गति पबैत अछि।

इति घस्मर कथा ॥41॥

मोक्षकथाक प्रारम्भ

केओ केओ कहैत छथि जे नित्य ओ अत्यन्त सुखक उदय सएह मोक्ष थिक। केओ केओ कहैत छथि जे दुःखक अभाव सएह मोक्ष थिक। ओकर जनिका इच्छा रहैत छैन्हि से मुमुक्षु कहबैत छथि ॥1॥

काशीमे शरीर-त्यागसँ, आत्माक साक्षात्कारसँ, ओ त्रैलोक्यनाथक भक्तिसँ—हुनक जे ज्ञाता (साक्षात्कार करैत) छथि तनिका मोक्षक सिद्धि होइत छैन्हि ॥2॥

केओ केओ तत्त्वज्ञानहिकें मोक्ष कहैत छथि। काशीमे मृत्यु, शिवक भक्ति, एहि सबसँ तत्त्वज्ञान मानैत छथि। तत्त्वज्ञान द्वारा मोक्ष होइत अछि ई विशेष जनबाक थिक। तहिँ तत्त्वज्ञानीक कथा आरम्भ करैत छी। ओ तीन प्रकारक होइत छथि। जेना—

निर्बन्धी (विशेष आग्रहवान्), निस्पृह, ओ लब्धसिद्धि—मोक्षक इच्छुक-मुमुक्षु-इएह तीन प्रकारक होइत छथि। मोक्ष तँ एकेटा होइत अछि ॥3॥

42

निर्बन्धीक कथा

एषणा (अभिलाषा) सभक परित्यागसँ गुरुवाक्यक परिपालन कएलासँ तत्त्वज्ञानक विषयमे विशेष आग्रहसँ लगि पड़लासँ वैरागी, यति कहल जाइत छथि ॥4॥

द्वारकामे शुद्धाशय नामक ब्राह्मण छलाह। हुनका विवेकशर्मा नामक पुत्र भेलथिन्ह। ओ जन्मतः वाल्यावस्थहिसँ पूर्वजन्मक संस्कारसँ संसारक चरित्रकें अस्थिर बुझैत छलाह। किएक तँ—

गिद्धक बच्चा माँस खाइत अछि; हरिणक बच्चा घास चरैत अछि, मनुष्यक बच्चा पूर्वजन्मक संस्कारसँ दूध पिबैत अछि ॥5॥

पछाति विद्याक अभ्यास करैत हुनक शैशव बितल। युवा भेलहुँ उदास ओ जाएकेँ बापसँ तत्त्वज्ञानक याचना करैत पूछल—पिताजी! हम तत्त्वज्ञानक इच्छुक छी, कोनो तत्त्वज्ञानीक संग रहि पढ़ए चाहैत छी। गुरुक चरणक अनुग्रह नहि होएत तँ तत्त्वज्ञानक लाभ संभव नहि अछि। अहाँ हमर पिता छी, तत्त्वज्ञानी छी, शास्त्रमे अहाँक दृष्टि अछि। तेँ हम अहीँक संग रहि पढ़ब। किएक तँ—

घरहिमे विद्या रहए तँ विद्यार्थी दिशि दिशि किएक बौआथि, जड़हिमे फल भेटि जाए तँ के लोक गाछक फुनगी पर चढ़त गए ! ॥6॥

पिता कहल—पुत्र! अहाँ एखन युवा छी। तेँ एखन यौवनक जे सुख उचित थिकैक तकर अनुभव करू। गृहस्थाश्रम त्यागि वानप्रस्थ होएब गए। जे गाछ पर चढ़ए चाहैत अछि से की पहिलहिँ डारि पर चढ़ि जाइत अछि? पुत्र कहल—दादा! ततेक दिन जीवन रहत तकर जामिन के होएत? पिताजी! संसारक चरित्र जे देखि पड़ैत अछि से तँ बड़ गहन लगैत अछि। किएक तँ बेटा व्याधिसँ पीड़ित होइत अछि तथापि स्नेहसँ भरलो ओकर बाप ओकर वेदना बाँटि कहाँ लैत छैक? यमदूत प्रियाकेँ लेने जाइत रहैत छैक तथापि समर्थो ओकर स्वामी ओकरा कहाँ बचाए सकैत छथिन्ह? अपनहि पेटसँ जनमल बेटाक मनोरथ ओकर माए समेत नहि जनैत अछि। आओर की, व्याधिक विकारसँ युक्त अपन अङ्ग सेहो लोकक स्वाधीन नहि होइत छैक। तेँ केओ ककरो नहि थिकैक—इएह हमर बुद्धि निर्धारण कएल अछि ओ तेँ लौकिक व्यवहारमे हमर बुद्धि प्रवृत्त नहि भए रहल अछि। हम परम पुरुषार्थ सिद्ध करबाक इच्छुक छी।

अर्थ ओ काम पुरुषार्थ नहि थिक। धन सुखक हेतु नहि थिक। ऐश्वर्यवान् ओ दरिद्र दूहूकेँ समान रूपहिसँ सुखक संग-संग दुःख सेहो देखैत छिऐन्हि। प्राणरक्षाक बीज धन नहि थिक कारण जे कोटीश्वरहुक मृत्यु देखैत छिऐन्हि। धन तृप्तिक कारण नहि थिक किएक तँ लक्षेश्वरहुकेँ ओहिसँ अधिक धनक लिप्सा होइत छैन्हि ओ क्रमशः तृष्णा बढ़ले जाइत छैन्हि। बहुत समय धरि सेवैत रहू तथापि काम पुरुषकेँ कृतार्थ नहि करैत अछि। धर्मक सेहो फलक नाश भोगसँ होइत अछि तेँ ओहो पुरुषार्थक आभासे बुझना जाइत अछि। अन्तवान् स्वर्ग—प्रभृतिक सेहो अन्त होएबे करतैक। तेँ मोक्षमात्र पुरुषार्थ थिक। से कोना संपन्न होएत से पुत्रक प्रति करुणासँ भीजल जे अछि अहाँक हृदय से अहाँ हमरा बुझाएकेँ कहू।

पिता कहल—वाह रे पुत्र वाह! संसार अन्तमे बिरस होइत अछि ई अहाँ सत्ये बुझैत छी। यदि मोक्ष अहाँ मङैत छी तँ हम तकर उपाय कहैत छी। मुदा केवल उपायक ज्ञान-मात्र मोक्षक प्रयोजक नहि होइत अछि। यदि से होइत तँ हमहि मुक्त होइतहुँ। किएक तँ—

उपाय तँ थिक बाट, ओहि बाट पर चलनिहार दुर्लभ होइत अछि। बाट जनैत तँ सब छथि मुदा पबैत छथि ओएह जे ओहि बाट पर चलैत छथि ॥7॥

श्रुति कहैत अछि, "आत्माकेँ देखू, सुनू, मनन करू, निदिध्यासन करू, साक्षात करू।"

ओ से कहि ओकर उपाय कहैत अछि—

वेदक वाक्यसँ ओकरा सुनी, उपपत्तिसँ ओकर मनन करी, मनन कए ओकर सतत ध्यान करी—इएह ओकरा देखबाक उपाय थिकैक ॥8॥

एकर अर्थ भेल—ओहि आत्माकेँ वेदवाक्यसँ सुनी अर्थात् ओकरा अकानी; उपपत्ति अर्थात् युक्त्यादिसँ ओकर मनन करी। वेदवाक्यसँ जे बुझाओल अछि से उत्पन्न अछि वा नहि से अन्वय ओ व्यतिरेकसँ, साधर्म्य ओ वैधर्म्यबला तर्कसँ भरल अनुमानसँ मनन करबाक थिक, जनबाक थिक। ताहू प्रसङ्ग वेदमे कहल अछि जे "शब्दरूपी ब्रह्ममे जे निष्णात छथि सएह परब्रह्मकेँ प्राप्त होइत छथि।" "बूझिकेँ ओकर ध्यान सतत करी इएह साक्षात्कारक हेतु भए सकैत अछि।" पुनि पुनि आत्माक स्वरूपक चिन्ता करू। आत्माक स्वरूपक चिन्तना करैत जखन विषयसँ हटिकेँ मन निश्चल भए जाएत तखन आत्माक प्रत्यक्ष होएत—इएह थिक मुक्तिक उपाय। उपनिषत्मे कहल अछि—

मन दू प्रकारक कहल गेल अछि, शुद्ध ओ अशुद्ध। अशुद्ध थिक ओ जाहिमे किछु इच्छा-पूर्तिक कामना रहए, इच्छासँ एकदम हटल मन शुद्ध थिक ॥9॥

विषयक आसक्तिसँ रहित भेल मन, हृदयमे रोकल, जखन निर्मल भए जाइत अछि तखन मनक जे स्थिति रहैत अछि सएह थिक परम पद ॥10॥

विषयक संग मनक आसक्ति रोकब कठिन अछि, मनकेँ विषयक संपर्क नहि रहए तँ मुक्तिक बाट सुगम भए जाएत। किएक तँ—

धनक समूहरूपी मुहकेँ बओने तृष्णारूपी बाघिन जँ खाए नहि लेलक अछि, चोररूपी काम स्त्रीक आँखिरूपी बाणसँ जँ आहत नहि कएलक अछि, मोह नामक अन्धकार जँ इजोतकेँ झाँपि नहि देलक अछि, तँ मुक्तिक बाट पर चलनिहारकेँ ओतए पहुँचबामे एक दिनसँ अधिक चलए नहि पड़तैन्हि ॥11॥

तेँ यम, नियम, प्राणायाम, प्रत्याहार, ध्यान, धारणा, आसन, समाधिरूप आठहु अङ्गसँ संपन्न योग सेवन करैत आत्मदर्शन विषयमे लागिकेँ पड़ि जाउ' आग्रही भए जाउ, पुत्र कहल—गुरुक प्रसादसँ आइसँ हम लागिकेँ पड़ि गेलहुँ। पिता कहल—तखन फल पएबे करब। श्लोको एहि अर्थक अछि जे—

लागिकेँ पड़ि गेलासँ लोक समुद्र केँ पार कए जाइत अछि, जंगली हाथीकेँ बान्धि लैत अछि, विद्या सबहिक पार धरि चल जाइत अछि; ऊपरमे डोरी पर समेत बूलि लैत अछि। योग अभ्यासमे लागल जितेन्द्रियगण, शरीरक वायुकेँ क्रमशः जीति, कठिनतासँ दर्शन संभव छैक जाहि परम पदक तकरो साक्षात्कार, लागिकेँ पड़ि, कए लैत छथि ॥12॥

इति निर्बन्धिकथा ॥42॥

43

निःस्पृहक कथा

द्वेष आदि दोषसँ दूर, दया आदि गुण सँ युक्त, विषयादिसँ हटल जे मुनि छथि सएह निःस्पृह कहबैत छथि ॥1॥

वाराणसीमे वामन नामक परिव्राजक छलाह। ओ वेदकेँ पढ़ने, गुरुक वचनक परिपालनमे परायण, योगागममे लागिकेँ पड़ल, क्रमशः शरीरस्थ वायुकेँ जितने, अत्यन्त निर्वेदकेँ पओने, शत्रु ओ मित्र दूहू विषय समदृष्टि, ने लाभसँ हर्ष पाबथि, ने अलाभसँ विषाद पाबथि, ने सुखक स्पृहा राखथि, ने दुःखसँ उद्वेग पाबथि। एहि रूपक रागसँ मुक्त हुनका बूझि परम संतुष्ट भगवान् नारायण हुनका अपन बचन सुनाओल। ओहो भगवान् नारायणक वचन साक्षात् सूनि बड़ हर्षित भेलाह ओ तखन इच्छा कएल जे नारायणक दर्शन हो।

विप्र कहल—भगवन्नारायण! सब दिशि अपनेक आँखि अछि, सब दिशि अपनेक शिर अछि, सब दिशि अपनेक मुख अछि। अपने सबमे छी। भक्तक प्रति जाही वत्सलतासँ हमरा अपन वचन सुनाओल अछि ताही वत्सलतासँ हमरा अपन दर्शन सेहो देल जाए। श्री भगवान् कहल—मुनि वामन! तोहरा हम अपन दर्शन देबहु परन्तु अग्रिम जन्ममे, जखन तोहर मन विषयसँ शून्य होएतहु। परिव्राजक कहल—भगवन्, तीनू एषणाक परित्याग कए पवित्र हमरा कोन विषयक अभिलाषा? श्री भगवान् कहल—वत्स! इन्द्रियगणक विश्वास नहि। विषयक सम्यक् सान्निध्य सएह विकारक हेतु होइत छैक। विषयक सान्निध्य रहितहुँ जनिक मन विकृत नहि होइत छैन्हि तेहन संन्यासी एखन केवल कृष्णचैतन्य छथि। ओ एही जन्ममे हमर साक्षात्कार पाबिकेँ मुक्त होएताह। तोँहू जहिआ हुनके सन होएबह गए तहिआ तोहरहु हमर दर्शन होएतहु।

परिव्राजक विचारल—अएँ, तँ हमरहुसँ अधिक उदासीन पुरुष विद्यमान अछि! बेस, ओकरा जाएकेँ देखी। ई विचारि ओ दंडकरण्य गेलाह। ओतए ओ देखल जे आपदसँ शून्य, शान्त, मोसहुसँ रहित एकान्त महादेवक मठमे देवताक समीपमे समाधि लगओने ककरहुसँ किछु मङइत नहि, भिक्षुक बैसल छथि। ओ नगरमे प्रवेश नहि करैत छथि। हुनका ओहि रूपहुँ देखि, वामन हुनका अपनासँ पैघ नहि मानल। समीप जाए हुनका देखथि जे हिनक निर्विकारत्व कोन अंशमे कतेक छैन्हि। ओ विचारथि जे व्यक्तिक स्वभाव तँ विलम्बसँ निरूपित भए सकैत अछि तेँ एकरा तकैत रही।

एक दिन, सुखरात्रिपर्वक राति, ओहि नगरक राजा आन स्त्रीक संगमक रसिक अपना रानीकेँ छोड़ि चल गेलाह। रानी सती छलीह नहि, ओ आनसँ डाह करथि। क्रोधसँ जरैत ओ अपना सखीकेँ कहल—हे सखी! तोँ हमर प्राण समान

छह। सुनह। हमर स्वामी राजा थिकाह। अपने तँ ओ कामक उद्वेगमे वेदनाक अनुभव करैत छथि मुदा आनक ओएह वेदना नहि बुझैत छथिन्ह। आन स्त्रीक लग अएबाक कारणेँ, देखह, हमरा ठकिकेँ चल गेलाह अछि। हमरा जँ एहि सुखरात्रिपर्वक राति पुरुषक संभोग नहि भेल तँ हमर यौवन कोन काजक, एहि जीवनसँ कोन फल?

सखी कहल—देवी! अहाँक इच्छा हमरा एतेक दिन बुझल नहि भेल तेँ कोनहु पुरुषक ओतए एकर प्रस्तावना नहि कएल। एखन आब रातिमे, युवक लोकक संभोगक समयमे, हमरा एकान्तमे के भेटताह? एकान्त नहि भेटने ई प्रस्ताव कोना कएल होएत? हम एखन आब कतए जाउ? रातिकेँ घुमलासँ सबकेँ दुःशङ्का होमय लगैत छैक। अथवा के पुरुष विदग्ध अछि से कोना चिन्हब? आ' जे विदग्ध नहि अछि ताहि दुरात्मासँ की? तेँ एखन आब किछु नहि भए सकैत अछि। तैओ एकटा युवा पुरुषकेँ हम एकान्तमे बैसल देखने छिऐन्हि। ओ सत्पुरुषलक्षणसँ सम्पन्न बूझि पड़लाह अछि। मुदा ओ तँ संन्यासी थिकाह।

रानी कहल—अएँ, कतए छथि ओ? सखी कहल—महादेवक मठमे। देवी कहल—चलह। ततहि चली। सखी कहल-ओतए जाएब अप्रयोजक होएत। ओ युवा जितेन्द्रिय छथि, हुनका रसिकक सम्प्रदायमे कोना आनब गए? रानी कहल—ओ युवा छथि तखन रसिक कोना नहि होएताह? किएक तँ—

तीनू लोकमे महादेवकेँ छोड़ि आन केओ पुरुष देखलामे नहि अएलाह जे कामदेवक जयमे प्रवीण होथि। मुदा ओहो महादेव तँ अपन आधा शरीर पार्वतीकेँ दए गणेशक बाप होएबे कएलाह ॥2॥

सखी कहल—देवी! से तँ सत्ये कहैत छी। कामदेव तँ जिबितहिँ छथि। रातिकेँ एकान्तमे आइलि रमणी कोना छोड़लि भए सकैत अछि? तेँ आउ। चलू, ओतहि चली। मुदा ओ विदग्ध छथियो तथापि हम देखल जे हुनका कौपीनमात्र संपत्ति छैन्हि। तेँ हुनक परितोषक हेतु धन सेहो लए लेबाक चाही। दरिद्रकेँ मनोरथ तँ केवल धनक होइत छैन्हि। देवी कहल—बेस, से लए लएह। एना बहुतरास अशरफी रत्न आदि लए, फूल, चानन, पान इत्यादि जे उपकरण सब संभोग ओ शिवपूजा दूहूक हेतु प्रयोजक होइत अछि सेहो सब संग कए, संभोगक प्रयोजनसँ रानी शिवपूजाक लाथसँ अपन सखीक पाछाँ पाछाँ जाइत ओहिठाम पहुँचलीह। ओतए महादेवक मठमे एकान्तेमे सुन्दर युवा ओहि परिव्राजक कृष्णचैतन्यकेँ बैसल देखि ओ बड़े प्रसन्न भेलीह! पूजाक लाथसँ हुनक समीप जाए ओतए ओ शृङ्गारक चेष्टा कए कए अपनाकेँ प्रकाशित कएल। जेना—

मञ्जीरक ध्वनिसँ लक्षित अपन पाएरकेँ लीलासँ रखैत, पटकैत, लत्ती सन सन दूहू बाहुसँ बान्हल केशकेँ खोलैत आ पुनि लपेटैत, स्नेहसँ भरल कनखीसँ ताकि ताकि बिहुँसैत, जेना अमृत बहबैत रहथि तेना, ओ पातरि तरुणी मदनकेँ जगएबो कएलैन्हि तथापि मदन ओहि परिव्राजकक चित्तमे कोनो स्थान नहि पाबि सकलाह ॥3॥

सखी कहल—अहाँक शृङ्गारचेष्टासँ तँ ई मोहित नहि भेलाह तखन आब एतए की कर्तव्य उचित? आब हम खोलिकेँ कहैत छिऐन्हि। देवी कहल—कहुन्ह। सखी कहल—अओ संन्यासी! एकान्तमे आइलि छथि ई युवती; अहाँ हिनका किएक ने टोकैत छिऐन्हि? अभिमत विषयमे अपन अभिप्रायक प्रकाशन—नारीक एतबे कर्तव्य थिकैक। ताहिसँ आगाँ जे कला छैक ताहिमे तँ पुरुषक चतुरता सएह प्रमाण थिक। ई कहि अशरफी ओ सोन आदि हुनका सोझामे राखि देल। अपने ओ मन्दिरसँ बहराए गेलि।

ओहना एकान्तमे यतिक हृदयकेँ विकारसँ शून्य जानि ओ सखी पुनि मन्दिरमे प्रवेश कएल। सखी कहल—अएँ अओ पुरुष! अहाँक हृदयमे जँ कामक उद्वेग नहि अछि तँ स्त्रीक प्रति करुणाक भाव सेहो नहि अछि? देखू तँ, कामदेवक ज्वरसँ पीड़ित ई बेचारी अहाँक शरण आइलि। अहाँ एना एकर उपेक्षा किएक करैत छिऐक? यति कहल—अए सुभाषिणी! अहाँ की चाहैत छी? काठ पाथर सन कठिन हृदय हमरा समीप किएक आइलि छी? यदि कामिनी छी तँ आन पुरुषक ओतए जाउ आ' प्रयोजन सिद्ध करू गए। अपन धन लए जाउ। हम तँ यति छी। हमरा धनसँ की? अथवा स्त्री की? किएक तँ—

संसारक भोगकेँ जे त्यागि देलक ताहि यतिकेँ जँ धनैषणा रहबे कएल तँ ओकर यतिभाव कोन कार्यक? ओ तँ तृष्णाक पाँकमे गड़ले रहलाह ॥4॥

आओर—हमरा हेतु तँ सब धन माटिक ढेपक समान, सब स्त्री हमरा हेतु माइक समान, सब जन्तु मित्रक समान, हमरा कतहु आन बुद्धि नहि अछि ॥5॥

ई सबटा वृत्तान्त देखैत त्रिदंडी वामन आश्चर्यसँ भरि गेलाह ओ चिन्तना करए लगलाह—

सौन्दर्यक लत्ती सनि विलासक विषयमे विज्ञा ओ तारुण्य सँ संपन्न, मनोहरताक लक्ष्मी ई अपनहि अभिलाषासँ एकान्तमे आइलि, तकरा के एहन पंडित होएत जे उपेक्षा कए देत? ॥6॥

अथवा, सुखक पर्याप्त हेतु एहि मृगनयनीक संगमकेँ पाबिओकेँ छोड़ि, तपस्याक आओर की फल भए सकैत अछि? ॥7॥

तेँ हमहि एकरा लग जाइ ई विचारि यावत् ओ ओमहर ससरथि तावतहिँ भगवान् नारायणक वचन सुनलाँमे अएलैन्हि—वामन! ई की? हम तँ कहनहिँ छलहुँ जे "इन्द्रिय गणक विश्वास नहि कर्तव्य थिक।" ई सुनि वामनकेँ बड़ लाज भेल। ओ विचारल—तृष्णाक परित्याग कएला उत्तर ज्ञानो मोक्षक साधक थिक, ज्ञान ओ कर्मक समुच्चयमात्र नहि—ई एक-दंडीक मार्ग समीचीने थिक। एहि अर्थक श्लोक—

जा धरि हृदयमे चंचलता अछि, जा धरि धनक अभिलाषा अछि, जा धरि कुसुमशरक त्रास चित्तकेँ अछि, जा धरि सबमे समानरूपसँ हेतुहीन मैत्री नहि भेल अछि, ता धरि हाए! परम गहन एहि आत्माक संवित्ति नहि होइत अछि।

इति निःस्पृहकथा ॥43॥

44

लब्धसिद्धिक कथा

जेना—

उज्जयिनीमे भर्तृहरि, शक, और विक्रमादित्य नामक तीनि सहोदर राजकुमार छलाह। ताहिमे सबसँ जेठ राजकुमार भर्तृहरि पूर्वजन्मक पुण्यसँ दोषादिसँ रहित, पवित्र, शान्त, सकरुण ओ संसार विषयमे निःस्पृह छलाह। कालक क्रमेँ पिताक मुइला उत्तर ओ राज्य नहिओ चाहैत छलाह तथापि मन्त्री लोकनि अनुनय कए हुनका राजा बनाओल। ओहो ई विचारि जे "राजकुलमे जन्म भेल अछि, भाइमे सबसँ जेठ हमहिँ छी, तेँ न्यायतः राज्य हमरे थिक", राज्यकेँ धर्मक अनुरोधसँ व्रत जकाँ अङ्गीकार कएल, रागसँ नहि।

राज्यकेँ स्वीकार कए राजा, काजमे नियुक्त सचिवसबकेँ आदेश देल—अओ सचिवलोकनि! सुनैत जाउ। राजा राज्यक सुख भोग करथि; मुदा सुखक अनुभव तँ जकर पूर्वमे अनुभव नहि अछि ताहिसँ हो। तेँ हमरा भुक्तक भोग नहि कराएब। मन्त्री लोकनि सएह करैत छलाह ओ राजा भर्तृहरि, राजनीतिमे चतुर, शत्रुक निवारण करैत, विनयी बनबैत, प्रजाक परिपालन करैत, राज्यसुखक अनुभव करैत एक वर्ष समय सुखसँ बिताओल।

वर्षान्तमे मन्त्री-लोकनि कहल-देव! एक वर्षमे अपने राज्यक जे कोनो भोग्य वस्तु अनिषिद्ध छैक सबहिक भोग कए लेल। आबसँ पुनः ओएह सब वस्तु होएत गए। भुक्त-भोगक अपने निषेध कएने छिऐक। बिनु भोगल वस्तु तँ आब अपनेकाँ नहि रहल। तेँ राज्यक भोग आब कोना कराएब से आदेश भेटओ। राजा कहल—यदि भोग कएल वस्तुए पुनिभोग करब तखन तँ अनवस्था भए जाएत, कहिओ अन्ते नहि होएत। भोगसँ पुरुष कृतार्थ होएबे नहि करत। पहिलुक श्लोक अछि।

वर्ष भरि जे एक बेरि अपन इच्छाक पूर्त्ति कए लेल से सब किछु देखि गेलाह; तकर पश्चात् तँ पुनः संसारक आवृत्ति मात्र होएत ॥1॥

आओर—

भोग कएलहुँ जनिक भोगक इच्छा नहि पुरैत छैन्हि तनिका प्राणक संगहि अन्त भेनिहार जे ई रोग तृष्णा तकर निवारण ककर साध्य भए सकैत अछि? ॥2॥

तखन राजा परम विरक्त भए समस्त राज्य और राज्यसुखकेँ परित्यागि अपना भाइ शककेँ राज्यक राजा बनाए तपोवन जाए तपश्चर्यामे लागि गेलाह। प्रतिक्षण पद्मासन लगओने, सुषुम्ना-मार्गसँ मनकेँ अन्तर्मुख कएने, षट्चक्रक भेदन कए, गर्भस्थ जकाँ ब्राह्य-ज्ञानसँ शून्य, परमात्माक परिचयसँ, परम-आनन्दसँ सुन्दर समाधिमे डूबल रहथि। एक समयमे कोनहु कारणसँ समाधि टुटला उत्तर वृक्षक बल्कलक अपन कैथाकेँ फाटल देखि बाँसक सुइआसँ सीअए लगलाह।

हुनका ओना संज्ञासहित देखि अवकाश पाबि भगवान् नारायण हुनकासँ

अलंकृत ओहि कुटीक द्वार पर आबिकेँ कहल–अरे भर्तृहरि तोँ हमर भक्त, हम तोहरा पर प्रसन्न छिअहु। तेँ वर माङह। राजा कहल–

हे प्रभो हमरा सागरसँ संयुक्त एहि रत्नगर्भा पृथिवीक कामना नहि अछि, ने कल्पान्त धरि आयुक, ने स्वर्गक, ने स्वर्गक अप्सराक, ने हमरा इन्द्रहिक पदक कामना अछि। निष्काम की माङत? जे याचकता त्यागि देलक तकरा दान की? अपने, हे जगत्प्रभु! दाता छी, तँ जे अर्थी अछि तकर वांछाकेँ पूर्ण करिऔक गए ॥3॥

श्री भगवान् कहल–वत्स भर्तृहरि! तों सत्ये निष्काम छह। तथापि हम छी त्रैलोक्यनाथ ओ वांछित अर्थक दाता। हमर दानक आवेशक रक्षा करबाक निमित्त तोँ हमरासँ किछु माङि लएह। राजा कहल–प्रभुक आज्ञा टारबाक नहि थिक। हम इएह मङैत छी जे एखन कन्था सीबाक जे हमर इच्छा अछि ताहिमे सुइक छिद्रमे डोरी शीघ्र पैसि जाए। श्री भगवान् कहल–बाह रे वत्स! बाह रे तृष्णाक विजयमे वीर! बाह बाह। चलह, आबह, हमरे ज्योतिःस्वरूप शरीरमे आबिकेँ लीन भए जाह। तखन ओ राजा लगले सायुज्यरूपक मुक्तिकेँ पाबि सिद्धिक लाभ कए लेल। एहि अर्थक श्लोक अछि–

जतएसँ एहि भुवनक आविर्भाव होइत अछि ओ पुनि जतए जाए ई भुवन बिलाए जाइत अछि; जनिक विकार थिक जल, तेज, आकाश, पृथिवी ओ वायु; जनिकासँ आगाँ किछु नहि अछि, जनिकासँ आन किछु नहि अछि; तनिकहिसँ साक्षात्कारक स्थितिसँ भर्तृहरिक अन्तरात्मा परिचय पाबि गेल ॥4॥

इति लब्धसिद्धिकथा ॥44॥

इति चतुर्थ परिच्छेद समाप्त।

राज्यक सुख भोगि, दिशाक विजय कए, शत्रुकेँ युद्धमे मारि, यज्ञविधिसँ अग्निकेँ होम दए, धनसँ याचककेँ भरि, वाग्वती नदीक तट पर शिवक आगाँमे शरीरकेँ त्यागि, पवित्राभए, दू गोट स्त्रीसँ अलंकृत जनिक पितामह महाराज भवसिंहदेव, स्वर्ग गेलाह ॥1॥

सकुरी नगरमे सरोवरक बनओनिहार, सोन, हाथी, रथ आदिक दानमे पंडित, युद्धमे विजयी, जनिक पिता महाराज देवसिंह गुणक राशि भासमान छथि ॥2॥

जे गौडेश्वर ओ गज्जनेश्वरक युद्धक्षेत्रमे यशकेँ पाबि ओकरा दिग्वधू सबहिक छाती पर ओ केशमे कुन्दफूलक मालाक स्थानमे रखैत छथि-ताहि ब्राह्मणक प्रिय महाराज श्रीशिवसिंहदेवक आज्ञासँ विद्यापति एहि गेँठीबला दंडनीति-विषयक ग्रंथक रचना कएल ॥3॥

पुरुषपरीक्षा समाप्त

(मैथिली डेवलपमेंट फंड, पटना विश्वविद्यालय, पटना, 1960)

❑❑❑

आचार्य रमानाथ झा रचनावली-1

आचार्य रमानाथ झा रचनावली-1

विद्यापति

संकलन-सम्पादन

मोहन भारद्वाज

वाणी प्रकाशन

वाणी प्रकाशन
ज्ञान के विविध आयामों के प्रकाशक

वाणी प्रकाशन का 'लोगो' विख्यात चित्रकार मक़बूल फ़िदा हुसेन की कूची से

वाणी प्रकाशन, 4695, 21-ए, दरियागंज, नयी दिल्ली-110002
वाणी प्रकाशन, अशोक राजपथ (पटना कॉलेज के सामने), पटना (बिहार)

AACHARYA RAMANATH JHA RACHNAWALI - 1

by Aacharya Ramanath Jha

Edited by Mohan Bhardwaj

Complete work of Ramanath Jha

ISBN : 978-93-5000-210-0

सी.आई.आई.एल. के सहयोग से प्रकाशित

आवरण : छवि झा

प्रथम संस्करण

मूल्य : 5000/-

वाणी प्रकाशन

फोन : 0091#11#23273167, 23275710

फैक्स : 0091#11#23275710

वेबसाइट : www.vaniprakashan.in

ई-मेल : vaniprakashan@gmail.com

vani_prakashan@yahoo.com

आर.टेक ऑफसेट प्रिंटर्स द्वारा दिल्ली-110095 में मुद्रित

The 'Rachnavali' is dedicated to Late Durganath Jha (1946-2005), son of Acharya Ramanath Jha, whose painstaking efforts have made its publication possible

अनुक्रम

FORE WORD

Some of the best minds in Indian literary studies begin their journey from a close study of the western literature while keeping a close tab on the ancient Indian writing. Some do it with great effort, and some naturally. Pandit Ramanath Jha – whom I always regarded as a model of sorts, belonged to the latter category. Those who write and read only Maithili and keep their eyes and ears shut out from the outer world would not be able to appreciate his immense contribution to our understanding of literature. At the Sahitya Akademi, ever since Maithili gained recognition, he did what Sukumar Sen had done in the National Academy of Letters - by way of nurturing the growth and development of a nascent literature among the literary giants all around. The religiosity that one easily notices in his writings and their making was perhaps seeded in his father's devotional nature and his upbringing in that tradition. Although the family was deeply rooted in traditional learning, Ramanath Jha proceeded to learn English because he had before himself the model of Sir Ganganath Jha's family which had produced so many English-educated illustrious public figures. It may seem surprising to us that someone who would begin as a faculty teaching English literature would eventually occupy a professorial chair in Maithili in a prestigious institution. Armed with Sanskrit and English education, he entered into the field of Maithili in 1936, and made enormous contribution which could be seen in the five volumes we present to his readers and well-wishers.

Vidyapati was Ramanath Jha's favourite author and a topic on which he kept on working. In order to do that, he went on looking for evidences and that would be usually seen in archaeological and historical research. He had taken pains to perfect his tools of research as a literary historian. One of the best example was his study of family tree records known as '*Panjii*' in Mithila. His investigation into gathering and reading, scripting and analyzing rare manuscripts of old Maithili writings gave a new direction to this kind of research. But in the course of his work on various topics, one of his main concerns was to create a style-manual for the language and help evolve a standard written Maithili. His contribution towards professionalizing Maithili publication trade, or in running cultural organizations would ultimately benefit the world of Maithili literature. As teaching of Maithili spread from one to many universities, and at many levels, we needed text-books and carefully produced selections with appropriate notes. Ramanath Babu also showed his ability as a text-book producer at that time. His serious research is also exemplified by many of his in-depth analyses of various issues connected with Mithila and Maithili.

At the Central Institute of Indian Languages (CIIL), Mysore – we had set up a series of consultative committees after Maithili was recognized in the 8th Schedule of the Indian Constitution. The purpose was to decide what steps should be taken to provide the necessary push and encouragement from the Government of India institutions such as the CIIL. One of the decisions was to bring out the entire works of Professor Ramanath Jha. This was also thought that the works need to be read and evaluated and discussed among the people for whom he had written them, and hence the books must have a distribution that is different from the way typical books in and on linguistics are marketed by CIIL or other agencies. It was recognized that it would be best produced by a professional editor (for which one of Maithili's leading modern-day critic, Sri Mohan Bhardwaj was chosen) and printed impeccably and distribute appropriately by an agency such as Vani Prakashan. That's how the volumes were readied. We are happy to present them to the reading public, and I am particularly happy that this was complete at a time when I plan to leave the coveted institution and move over to a new responsibility. The editor (Mohan Bhardwaj) and the printer-co-publisher (Arun Maheshwari) deserve a special word of thanks. Dr. I.S.Borkar, Dr. K. Srinivasacharya and Sri Suman Jha from the family desrve a special mention for having constantly monitored this huge task.

– UDAYA NARAYANA SINGH
कपतमबजवतए ब्प्प्स
Mysore
June 10, 2009

रमानाथ झा

जन्म	:	21 सितम्बर, 1906
जन्मस्थान	:	धर्मपुर, उजान (दरभंगा)
पिता	:	तारानाथ झा
माता	:	कल्याणवती देवी (पाहीटोल निवासी तीर्थनाथ झा प्रसिद्ध धरानाथ झाक पुत्री)
पत्नी	:	ललितेश्वरी देवी (चनौर निवासी दीनबन्धु सिंह झाक पुत्री, 1920 ई. में विवाह)
निधन	:	9 दिसम्बर, 1971

शिक्षा

मिडिल	:	1919 ई. लक्ष्मीश्वर अकादमी, सरिसब (जिलास्तरीय छात्रवृत्ति प्राप्त)
मैट्रिकुलेशन	:	1924 ई. वाटसन स्कूल, मधुबनी (डिविजनल छात्रवृत्ति प्राप्त)
आइ. ए.	:	1926 ई. जी. बी. बी. (सम्प्रति लंगट सिंह) कालेज, मुजफ्फरपुर (राज्यस्तरीय छात्रवृत्ति प्राप्त)
बी. ए. (अंग्रेजी आनर्स)	:	1928 ई. पटना कालेज, पटना (विश्वविद्यालय स्तरपर दोसर स्थान प्राप्त)

एम. ए. (अंग्रेजी)	:	1930 ई. पटना विश्वविद्यालय, पटना (विश्वविद्यालय स्तरपर दोसर स्थान प्राप्त)
काव्यतीर्थ	:	1929 ई. कलकत्ता संस्कृत एसोसिएशन, कलकत्ता (प्रथम श्रेणी)
बी. एल.	:	1933 ई. पटना विश्वविद्यालय, पटना

जीविका

1930 सँ 1936	:	प्रधानाध्यापक, मधेपुर हाइस्कूल, मधेपुर
1936 सँ 1952	:	लाइब्रेरियन, राजलाइब्रेरी, दरभंगा (एहि पद पर अंशकालिक रूपे 1971 धरि रहलाह)
1952 सँ 1962	:	व्याख्याता, अंग्रेजी विभाग, चन्द्रधारी मिथिला कालेज, दरभंगा
1962 सँ 1970	:	अध्यक्ष, स्नातकोत्तर मैथिली विभाग, सी. एम. कालेज, दरभंगा
1970 सँ 1971	:	विश्वविद्यालय अनुदान आयोग, दिल्ली द्वारा चयनित रिसर्च प्रोफेसर, स्नातकोत्तर मैथिली विभाग, सी. एम. कालेज, दरभंगा
1956 सँ 1965	:	अंशकालीन अंग्रेजी व्याख्याता, मिथिला शोध संस्थान, दरभंगा

शैक्षणिक / साहित्यिक सम्मान

* विश्वविद्यालय सिनेट, सिण्डिकेट तथा एकेडेमिक काउन्सिलक सदस्य।
* साहित्य अकादेमी, नई दिल्ली द्वारा 1965 मे मैथिलीक मान्यता प्राप्तिक बाद ओकर प्रथम प्रतिनिधि (सदस्य)। 1967 मे पुनः निर्वाचित।
* तिरसठिम जन्म-दिवस पर (21 सितम्बर, 1968) अभिनन्दन-ग्रन्थ समर्पित।
* साहित्य अकादेमी, नई दिल्ली द्वारा हिनक व्यक्तित्व-कृतित्व पर विनिबन्ध प्रकाशित।
* हिनक कृती व्यक्तित्व पर अनेक शोधप्रबन्ध तथा समीक्षात्मक पुस्तकक लेखन-प्रकाशन
* मैथिली अकादमी, पटना द्वारा हिनक जन्म-दिन पर व्याख्यानमालाक आयोजन।

कृतित्व

(क) मौलिक पुस्तक

1. उदयन-कथा	1938
2. हरिश्चन्द्र-कथा	1941-42
(मिथिला मिहिर मे धारावाहिक प्रकाशित)	
3. अलयी-कुल-प्रकाश	1950
4. मिथिला-भाषा प्रकाश	1955
5. वररुचि-कथा	1962
6. मैथिल ब्राह्मणों की पञ्जी-व्यवस्था (हिन्दी)	1962
7. प्रबन्ध-संग्रह	1963
8. निबन्ध-माला	1963
9. अलङ्कार-प्रवेश	1965
10. मैथिलीक वर्त्तमान समस्या	1966
11. व्याकरण-प्रवेशिका	1967
12. सरिसबक महिमा	1968
13. विविध-प्रबन्ध	1970
14. विद्यापति (अंग्रेजी)	1972

(ख) सम्पादित पुस्तक

1. मैथिली पद्य-संग्रह	1941
2. सूक्तिमुक्तावली अथवा हरिहर-सुभाषित (संस्कृत-अंग्रेजी)	1949
3. मैथिली साहित्य-संग्रह	1949
4. मिथिला-भाषा रामायण (संग-सम्पादन)	1955
5. कविता-कुसुम	1956
6. अभिज्ञान-शकुन्तलम् (संस्कृत-अंग्रेजी)	1957
7. पुरुष-परीक्षा	1960
8. मैथिली गद्य-संग्रह (तृतीय भाग)	1960
9. मन्त्रकौमुदी (संस्कृत)	1961

10. तारिणी-पारिजात (संस्कृत) 1961
11. मैथिली काव्य-संग्रह 1965
(प्रथम भाग : प्राचीन गीत)
12. मैथिली काव्य-संग्रह 1965
(द्वितीय भाग : कथा-काव्य)
13. मैथिली काव्य-संग्रह 1965
(तृतीय भाग : नवीन गीत)
14. मैथिली कथा संग्रह 1965
15. अलङ्कार-सागर 1967
(दीनबन्धु झा लिखित)
16. मणिमञ्जरी नाटिका (संस्कृत-मैथिली) 1967
17. तन्त्रकौमुदी (संस्कृत) 1969
18. कीर्त्तिलता (अंग्रेजी-मैथिली) 1970
19. भाषा-गीत-संग्रह 1971

रमानाथ झा **'मैथिली साहित्य-पत्र'** नामक त्रैमासिक पत्रिकाक सम्पादक (1939-42) छलाह जाहि मे केवल पोथी छपैत छल।

(ग) अनुवाद

1. गुरु गोविन्द सिंह 1966
2. टेल्स फ्रौम विद्यापति (अंग्रेजी) 1967

पुस्तकाकार उक्त कृतिक अतिरिक्त रमानाथ झाक शताधिक स्फुट निबन्ध प्रकाशित-प्रसारित अछि जकर संकलन रचनावलीक विभिन्न खण्डमे कयल जायत।

मैथिली साहित्यक पुरोधा : रमानाथ झा

मिथिलाक भाषा, साहित्य ओ संस्कृतिक अध्ययन-अनुसन्धानमे एकान्त भावेँ समर्पित, मैथिली साहित्यक नव नूतन निर्माणक प्राणवन्त प्रेरणास्त्रोत एवं परम्परा ओ नवीनताक संगम-स्थल रमानाथझाक निधन 9 दिसम्बर 1971 केँ अकस्मात् भ' गेल तँ मिथिला एकहि बेर शून्यताक अनुभव करय लागल। गत चालीस वर्ष वा ताहूसँ अधिकसँ रमानाथ झा मैथिली साहित्यक अभिन्न अङ्ग भ' गेल छलाह। तेँ मैथिली जगतमे हुनक मृत्यु अकल्पनीय लागल छल। एहन विशाल छल रमानाथबाबूक व्यक्तित्व। एखनहुँ धरि हुनक मृत्युसँ जे अभाव भेल छल तकर पूर्ति सम्भव नहि भ' सकल अछि।

व्यक्तित्व-निर्माण : पारिवारिक ओ शैक्षणिक पृष्ठभूमि

रमानाथ झाक जन्म धर्मपुर (उजान, दरभंगा) क एक साधारण मध्यमवर्गीय श्रोत्रिय ब्राह्मण परिवारमे 21 सितम्बर 1906 ई. केँ भेल। माय-बापक आठ सन्तानमे सबसँ पैघ हुनक व्यक्तित्व परस्पर विरोधी जीवनदृष्टि ओ व्यवहार-प्रणालीक बीच अवतरित भेल छल। हिनक पिता स्व. तारानाथझा परम्परागत आचार-विचारक समर्थक छलथिन ओ नियमित रूपेँ वाल्मीकि रामायण, महाभारत, पुराणादिक पाठ कयल करथिन। फलस्वरूप रमानाथबाबूक चित्तवृत्ति पर ओहि पौराणिक परिवेशक छाप पड़ब स्वाभाविक, आओर इएह भेल हिनकामे संस्कृतभाषाक प्रति क्रमिक अधिक रुचि जगबाक कारण। पैत्रिकक एकान्त सनातनवादिताक विपरीत हिनक मातृक उदार प्रगतिशील विचारक ओ नवीन रीतिक अंगरेजी शिक्षाक पक्षपाती। तेँ मातृकक प्रभावेँ हिनकामे प्रगतिशील उदारताक समावेश होअय लागल। हिनक मातृक अंगरेजी शिक्षाक पक्षपाती तँ अवश्य छल तेँ धर्म-कर्मक विरोधी नहि छल। हिनक मातामह स्व. तीर्थनाथझा ओ म.म.डा. गंगानाथझा सहस्त्र जापी छलथिन तथा हिनक दोसर माम मैथिलीक सुप्रसिद्ध कवि गणनाथ झाक अधिकांश समय पूजा-पाठहिमे व्यतीत होइत छलनि। अपन मातृक ओ पैत्रिकक समन्वित प्रभावेँ हिनक चरित्रमे धार्मिक आचरण-पालनक जे निष्ठा उत्पन्न भेल, से आजीवन विद्यमान रहल ओ से हुनक व्यक्तित्वक अभिन्न अङ्ग बनि गेल। हुनक जींवनमे अचल दृढ़ता छल, जीवन-जगत ओ साहित्य-संस्कृति सम्बन्धी एकटा सुनिश्चित मान्यता छल आ तकर रक्षा करबाक जे

निर्भीकता छल, तकर श्रेय हुनक व्यक्तित्वक एही पक्षके ँ देल जाय सकैत अछि। मातृक-पैत्रिक दुहूक प्रभावेँ निर्मित हुनक व्यक्तित्वक विश्लेषण कयलासँ बूझि पड़ैत अछि जे हिनक व्यक्तित्वमे साहित्यिक ओ सांस्कृतिक दृष्टिकोणक निर्माण भेल छल हिनक मातृकक प्रभावेँ, व्यक्तिगत सात्विक जीवन-प्रद्धति छल हिनक पैत्रिकक, किन्तु धार्मिक ओ आध्यात्मिक आचरणमे पैत्रिक जो मातृक दुहुक समन्वित प्रभाव पड़ल छल।

एहि प्रकार पैत्रिक ओ मातृकक समन्वित प्रभाव-स्वरूपेँ रमानाथ झाक व्यक्तित्व परम्परा ओ आधुनिकताक संगम-स्थल भ' गेल। परन्तु हुनकामे चारित्रिक सरलता, सरसता, संवेदनशीलता, भावुकता, कलाप्रियता एवं मातृभाषा-प्रेमक जे गम्भीरता छल ओ जाहि कारणे अपन समाजमे विलक्षण व्यक्ति मानल जाइत छलाह—सुखमय जीवनक्रम, भ्रमणक प्रवृत्ति, पान खयबाक अभ्यास, गम्भीर सहिष्णुता, मैथिली गीतक गहन परिचय, मिथिलाक्षरक प्रति सहज स्नेह आदि ओ जे हुनक चरित्रक सहजात वैशिष्ट्य छल, से ओ अपन मातासँ ग्रहण कयल। एही कारणे जीवनक व्यावहारिक पक्षमे ओ कदाचित् स्खलितो भ' जाइत छलाह तँ मातासँ ग्रहण कयल ई गुण सब हुनका असामाजिक नहि ओअय दैत छल।

हुनक आरम्भिक शिक्षा गामहिपर नवीन रीतिक भेल—हिन्दी ओ गणितक, पश्चात् 1917 ई मे सरिसवक लक्ष्मीश्वर एकेडमीमे विधिवत नामांकन करबाओल। एहि प्रकार हुनक शिक्षाक मुख्य दिशा निर्धारित भ' गेल। हुनक पिता छलथिन धर्म-कर्मक समर्थक, संस्कृत शिक्षाक प्रबल पक्षपाती, तथापि ओ अंगरेजी शिक्षामे दीक्षित भेलाह, तकर कारण छल। अंगरेजी-शिक्षित हिनक माम डा. गंगानाथ झाक सुयश विद्वत्समाजमे नीक जकाँ प्रसरित भ' गेल छलनि, संगहिँ ओ उच्च-पदस्थ भ' अर्थार्जन सेहो प्रचुर मात्रामे क' रहल छलाह। हुनक बालकलोकनि—डा. भवनाथझा, डा. अमरनाथ झा, डा. आदित्यनाथझा प्रभृतिक शिक्षा अंगरेजी रीतिसँ भ' रहल छलनि। प्रायः एही कारणे, मातृकक प्रभाव-स्वरूपेँ, मामलोकनिक बिचारेँ अथवा मायक आग्रहेँ हिनकहु शिक्षा नवीन रीतिएँ देबाक निश्चय भेल हो। दोसर, हिनक परिवारक तत्कालीन आर्थिक स्थिति बड़ दयनीय छल, कमलाक बारम्बार बाढ़िसँ उपजा बन्द भ' गेल छलनि ओ परिवारक खर्च दिनानुदिन बढ़ि रहल छल। परिवारकेँ अर्थक प्रयोजन छलैक से 'अर्थकरी' विद्यहिसँ सम्भव छल। रमानाथझा नवीन रीतिक शिक्षाग्रहण मे अपूर्व मेधा ओ प्रतिभाक परिचय देल तथा मिड्लि इंगलिश ओ मैट्रिक परीक्षामे छात्रवृत्ति संग प्रथम श्रेणीमे उत्तीर्णता प्राप्त कयल। आइ.ए. परीक्षामे तदनुरूपे सफलता प्राप्त भेलनि—जी.बी.बी. काजलेजक 1926 ई.क परीक्षार्थी मे एक मात्र प्रथम श्रेणी तथा विश्वविद्यालयमे तृतीय स्थान। वी.ए. ओ एम. ए.क अध्ययन रमानाथबाबू कयल पटना कालेजमे क्रमशः अंगरेजी आनर्स ओ अंगरेजी साहित्य विषय लय। परन्तु दुहू परीक्षामे हिनका अपेक्षित सफलता प्राप्त नहि भेलनि—बी.ए. मे द्वितीय श्रेणीमे द्वितीय स्थान तथा एम.ए.मे द्वितीय श्रेणीमे प्रथम, 13 अंक मात्रसँ ओहि वर्ष कलीमुद्दीन अहमद साहेब एकमात्र प्रथम श्रेणी प्राप्त कयने छलाह।

बी.ए.ओ.एम.ए.क अंगरेजी परीक्षासबहिमे हिनका पूर्ण सफलता नहि भेटबाक कारण छल संस्कृत साहित्यक अध्ययनक हिनक अभिरुचि। तेँ ओ अंगरेजी शिक्षाक संग-संग स्वतन्त्र रूपेँ संस्कृत साहित्यहुक अध्ययन करैत रहलाह तथा संस्कृत साहित्यक प्रायः सब महत्वपूर्ण कृति सबहिक अध्ययन ओहि छात्रवस्थहिमे क' लेल। 1924 ई. मे यदि एक दिसि ओ मैट्रिक परीक्षामे अद्‌भुद सफलता प्राप्त कयल तँ दोसर दिसि संस्कृतक प्रथमा सेहो प्रथम श्रेणीमे पास कयल। एही प्रकारेँ 1926 ई. मे ओ बंगालसँ प्रथमा तथा मध्यमा एवं एम.ए. परीक्षासँ एक वर्ष पूर्व 1929 ई. मे काव्यतीर्थक परीक्षा प्रथम श्रेणीमे पास कयने छलाह। काव्यतीर्थमे तँ ओहि वर्ष जतेक छात्र प्रथम श्रेणीमे उत्तीर्ण भेल छलाह, ताहिमे हुनक स्थान पाँचम छल। एहीसँ अनुमान कयल जा सकैत अछि जे हिनकामे संस्कृत साहित्यक कतबा व्युत्पत्ति छल ओ जकर अध्ययनमे मनोयोग देबाक कारणे ओ अंगरेजी पाठ्‌य-क्रम दिसि सम्पूर्ण ध्यान नहि देल। एहिसँ हिनक भविष्यक जीवन-क्रम बदलि गेलनि अवश्य। तहिआ सरकारी नोकरी वा अंगरेजी-प्राध्यापक-पद नहि भेटवाक कारणे एकटा साधारण देहातक हाई स्कूल (मधेपुर, मधुबनी) मे अध्यापनवृत्ति करैत साढ़े पाँच वर्षक उत्कट निराशाक जीवन व्यतीत करय पड़लनि, मुदा ओहिसँ मिथिला भाषा साहित्यकेँ एकटा कर्मठ सेवक प्राप्त भेलैक; हुनक व्यक्तिगत उन्नतिक हानि तँ अवश्य भेल, मुदा मैथिली साहित्यकेँ उत्कर्ष करबाक एक गोट सशक्त साधन उपलब्ध भ' गेलैक। मधेपुर हाई स्कूल मे प्रधानाध्यापकक रूपमे बिताओल अपन ओहि साढ़े पाँच वर्षक अवधिमे ओ बालकक चरित्र-निर्माण एवं संस्थाकेँ विकसित करबाक जे व्यावहारिक प्रशिक्षण प्राप्त कयल, तकरा ओ मैथिली भाषा-साहित्यक रचनात्मक विकासमे लगाओल। स्वयं हुनक व्यक्तित्व एक जीवन्त संस्था भ' गेल। एहिप्रकारेँ विधिवत अँगरेजी साहित्यक अध्ययन क', संस्कृत साहित्यक कौलिक अवगति प्राप्त क' तथा साढ़े पाँच वर्ष धरि रचनात्मक निर्माणक व्यावहारिक अनुभव ल' ओ 1936 ई. मे दरभंगा राजलाइब्रेरियनक पद पर नियुक्त भेलाह। 1934 ई. क भूकम्पमे ध्वस्त एहि राज लाइब्रेरीकेँ नवका भवनमे क्रमबद्ध रीतिएँ सजयवाक छलैक एवं ई कार्य छलैक योग्यता, संलग्नता ओ परिश्रमक। एहि लाइब्रेरीक प्रथम लाइब्रेरियन छलाह डा. गंगानाथझा जे हिनक योग्यता ओ प्रतिभासँ परिचित छलाह तथा हुनकहि अनुशंसासेँ हिनक नियुक्ति हिनक जीवनक विलक्षण 'मोड़' सिद्ध भेल। ओ जेना अन्धकारसँ प्रकाशमे आयल होथि, कृत्रिम जीवनसँ वास्तविक जीवनमे प्रवेश कयने होथि, विगत जीवनक निराशा ओ कुण्ठा एकेबेर जेना बिला गेल होइनि, विद्या व्यवसाय ओ आत्मोन्नतिक मार्ग प्रशस्त भ' गेल होइनि, विधाताक पूर्व निर्द्धारित उद्देश्य जेना अवकाश पओने हो। हिनक जीवन-क्रम प्रकृतिस्थ भ' आशा, उत्साह ओ उल्सासक आलोकसँ ओतप्रोत भ' गेलनि जाहिसँ मैथिली भाषा ओ साहित्यटा लाभान्वित नहि भेल, देवभाषा सेहो गौरवान्वित भेल तथा मिथिलाक कतोक विस्मृत कृतित्वक सेहो रहस्योद्‌घाटन सम्भव भ' सकल।

रमानाथ झाक व्यक्तित्वमे अध्ययन-अनुशीलन क' नित नवीन ज्ञानक्षितिजक विस्तार करबाक जिज्ञासा जेना जन्मजात छलनि। एहि हेतु ओ लौकिक समृद्धिक प्रशस्त पथहुकेँ त्याग क' दैत छलाह। हिनक दरभंगा अबितहिँ सी.एम. कालेज खुजल तँ ओकर अंगरेजी प्राध्यापक-पद ग्रहण करबाक हिनकासँ बारम्बार आग्रह कयल गेल, परन्तु ओ स्वीकार नहि कयल। एक दिसि ज्ञानक अमृत-सागर लहराइत छल तँ दोसर दिसि आत्मोन्नतिक मार्ग प्रशस्त छल; एक दिसि राजलाइब्रेरी सजयबाक कर्तव्यबुद्धि छल तँ दोसर दिसि लौकिक उत्कर्षक द्वार खुजल छल आओर ओ कर्तव्य-बुद्धि ओ ज्ञान-साधनाक हेतु अर्थोन्नतिक दिशा ग्रहण नहि क' मिथिलेशहिक सरस्वती-सदनमे स्वाध्याय-संलग्न रहि गेलाह। वस्तुतः हुनक व्यक्तित्व तपःशील एक साधकक व्यक्तित्व छल, लौकिक पर्यावरणकेँ बिसरि एक केन्दाभिमुख ध्यानमग्न, ज्ञानालोकक अनुसन्धानमे निरत, साहित्य-समुद्रक मन्थन क' अमृत-घट बाहर करबामे दत्तचित्त, मैथिली भाषा-साहित्य केँ ठोस संरचनात्मक आधारपर प्रतिष्ठित करबामे प्रवृत्त। एहि प्रक्रियामे ओ कखनहुँ कखनहुँ एतेक चिन्ता-निमग्न भ' जाइत छलाह जे आगत सज्जनक प्रति सामान्य शिष्टाचार-पालनहुक सुधि नहि रहैत छलनि आओर साहित्यसाधनाक साधारण उपलब्धिओपर हुनक सम्पूर्ण व्यक्तित्व सौजन्यसँ ओतप्रोत भ' जाइत छल, वाणी ओ आकृतिसँ उल्लासक स्त्रोत प्रवाहित होमय लगैत छल।

मैथिली साहित्यक्षेत्र मे प्रवेश

संस्कृत ओ अंगरेजी सन समृद्ध भाषासाहित्यक अध्ययन-अनुशीलन मध्य भाषासाहित्य-सेवाक गम्भीर अभिरुचि हिनकामे हिनक मुजफ्फरपुरक अध्ययन-कालहिमे, 1924 ई.मे, जाग्रत भ' गेल छलनि ओ इहो श्रेय मुजफ्फरपुरहिकेँ छैक जे बारह वर्षक पश्चात् 1936 ई. क अन्तमे भुवनजी द्वारा आयोजित मैथिली-साहित्य-परिषद्क षष्ठ अधिवेशन हुनका हेतु एतेक प्रेरणाप्रद सिद्ध भेल जे सक्रिय रूपेँ ओ मैथिली साहित्योन्नतिक हेतु समर्पित भ' गेलाह। कोनहु प्रकारक व्यक्तित्वक अवतरण देश, काल ओ समाजक पर्यावरणक संयुक्त प्रभावसँ होइत अछि ओ रमानाथझा-क साहित्यिक व्यक्तित्वक प्रस्फुटन एही आधारपर भेल। समस्त भारतक विद्याकेन्द्रसबहिमे मैथिली-छात्र-मध्य जागरणक नव चेतना एहि शताब्दीक तृतीय दशक मध्यमे तरंगित भेल छल ओ ओही तरंगमे मुजफ्फरपुरमे मैथिली-छात्र-संघक स्थापना भेल जकर मन्त्री छलाह धमोराक श्री भुवनेश्वर झा। एहि समितिक सर्वोपरि समस्या छल पटना विश्वविद्यालयमे मातृभाषा-रूपेँ मिथिलाभाषाक स्वीकृति नहि होयब जाहि हेतु मैथिल छात्रमे क्षोभ व्याप्त छल। एहने परिस्थितिमे श्री भुवनेश्वर झाक कहलापर ओतहि ओ अपन 'मैथिली साहित्यक इतिहास' क रचना कयल जकर उपयोग डा. श्री जयकान्त मिश्र अपन इतिहासमे कयने छथि। एहि रचनाक उद्देश्य छल मैथिली साहित्यक समृद्ध परम्परासँ लोककेँ अवगत करायब। एतावता स्पष्ट अछि जे ओहि छात्रावस्थहुमे ओ मैथिली साहित्यक विकास-धारासँ परिचित छलाह एवं मैथिली

साहित्यानुराग हुनक व्यक्तित्वमे आरम्भहिमे जागि गेल छल। छात्रावस्थहिक हुनक मैथिली आन्दोलनक दोसर उल्लेखनीय कार्य थिक 'साइमन कमीशन'क पटना-आगमनक अवसरपर पटनाक 'मैथिल-छात्र-संघ' दिसिसँ समर्पित स्मार-पत्रक रचना। प्रायः एही स्मार-पत्रमे संगृहीत तथ्यक आधारपर एकटा निबन्ध 'बिहारमे मिथिलाभाषाक स्थान' लिखल जे 1928 ई मे 'मिथिला' पत्रिकामे प्रकाशित भेल, परन्तु तत्पश्चात् हुनक कोनो रचना 1937 ई.क पूर्व प्रकाशित नहि भेल यद्यपि एहि नओ वर्षक अवधिमे ओ मिथिलाभाषा लिखबाक अभ्यास करैत रहलाह, यथा शिक्षकक रूपमे कार्य करैत मधेपुरमे 'उज्जैनक राजकुमारी' लिखल, मुदा तकरा प्रकाशित नहि कयल। हुनक मान्यता छल जे लिखबासँ पूर्व लेखकके॑ लिखब सीखब आवश्यक। भाषाक शुद्धता एवं शैलीक एकरूपताक हेतु ओ लेखकक हेतु 'मेन्टल डिसिप्लिन' आवश्यक बुझैत छलाह। तेँ दरभंगा अयलहुँपर शुद्ध-शुद्ध मिथिलाभाषा सिखबासँ विरत नहि भेलाह, प्रत्युत दरभंगामे ऐतरेय ब्राह्मणक हरिश्चन्द्रोपाख्यानक अनुवाद ऋग्वेदक मन्त्रक संग क' ओकर संशोधन म.म.डा. गंगानाथ झासँ करबाओल। एहिना 'मैथिली साहित्य-पत्र'क हेतु 'उदयन-कथा'क प्रकाशनसँ पूर्व महावैयाकरण दीनबन्धु झासँ संशोधन करबाय लेल। रमानाथ झाक गद्यमे जे शुद्धि ओ परिमार्जन अछि, सरलता, स्वच्छता ओ स्पष्टता अछि, प्रवाह ओ लयात्मकता अछि, तकर रहस्य हुनक एही शुद्धिवादी भाषा-नीतिमे अछि। हुनक गद्यक ई गुण केवल हुनक कथात्मक गद्य रचना, यथा 'उदयन कथा' आ वररुचिकथा टामे नहि अछि, प्रत्युत हिनक समीक्षात्मक गद्य-रचनाहुमे अछि। ओ जे कोनहु मान्यताके॑ स्थापित करैत छलाह, ओ जे कोनहु नवीन तथ्यक उद्घाटन करैत छलाह, से खूब सोचि-विचारि, खूब चिन्तन-मनन क', शुद्ध-शुद्ध, जहिना गद्य-शैलीमे, तहिना विचार विवेचनहु मे ओ 'प्योरिस्ट' छलाह। वस्तुतः हुनक व्यक्तित्वे शुद्धि ओ परिमार्जनक प्रतीक छल।

विद्यापति-साहित्यक मर्मज्ञ रमानाथझा विद्यापति-साहित्य दिसि सर्वप्रथम आकृष्ट भेलाह 1930 ई. मे, अपन छात्र-जीवनक अन्तमे। एम.ए. परीक्षा दय गाम घुरय लगलाह तँ पटनासँ नगेन्द्रनाथ गुप्त सम्पादित 'विद्यापति-पदावली' कीनि संग अनलनि। तहिआसँ ओ आजीवन विद्यापति साहित्यक विविध पक्षक अध्ययन करैत रहलाह। वस्तुतः ई घटना हुनक अध्ययनक दिशहिके॑ बदलि देलक। 1935 ई. मे सर्वप्रथम ओ एक गोट निबन्ध लिखल विद्यापति-विषय पर मिथिलेश द्वारा उद्घोषित पारितोषिकक हेतु, मुदा एकरा ओ प्रकाशित नहि कयल। 1937 ई. मे भुवनेश्वर झाक संग मिलि डा. उमेश मिश्रक 'विद्यापति' पुस्तकक आलोचना हिन्दीक सुप्रसिद्ध पत्रिका 'विशाल-भारत' मे छपबाओल ओ तहिआसँ आजीवन विद्यापतिक प्रसंग विविध विषयपर अनेक लेख प्रकाशित कयल। विद्यापतिक गम्भीर अध्ययनसँ हुनका अनुभव होअय लगलनि जे विद्यापतिक वास्तविक अध्ययनक हेतु तत्कालीन सामाजिक परिस्थितिक परिज्ञान आवश्यक आओर ई परिज्ञान विशाल पञ्जी-साहित्यक अनुशीलनक बिना सम्भव नहि। एहि हेतु रमानाथ झा मैथिली साहित्यक विविध अंगके॑

पुष्ट करबाक योजनावद्ध कार्यक संग-संग मिथिलाक सामाजिक ओ सांस्कृतिक परम्पराक अध्ययन-अनुशीलनमे अपनाकेँ लीन क' देल। एहि अध्यवसायसँ हुनक दृष्टि आओर स्फीत होमय लागल, नैसर्गिक मेधा आओर प्रखर होमय लागल एवं हुनक विद्वत्तामे एहन गम्भीरताक समाहार भेल जे हुनक व्यक्तित्वकेँ अन्यतम स्थानपर प्रतिष्ठित क' देलक। हुनकामे तथ्यान्वेषणक जे अद्भुत प्रतिभा छल, सर्वथा मौलिक वस्तुस्थापनक जे विलक्षणता छल, अभिव्यक्तिक जे प्रौढ़ गतिशीलता छल; दोसर शब्दमे, हुनक व्यक्तित्वमे विद्वत्ता ओ व्युत्पत्तिक जे प्रगाढ़ता ओ प्रखरता छल, से हुनक जन्मजात प्रतिभाजन्य तँ छले, से हुनक विविध प्रकारक अनुसन्धान-अनुशीलनसँ परिष्कृत एवं अनवरत ज्ञान-साधनासँ परिमार्जित सेहो छल।

भाषाशैलीक व्यवस्थापन एवं साहित्यक निर्माण

'मैथिली-महासभा' सँ पृथक् सर्वथा स्वतन्त्र रूपेँ प्रथम बेर आयोजित 'मैथिली साहित्य परिषद्'क षष्ठ अधिवेशन एतय विशेष रूपेँ उल्लेखनीय जे रमानाथ झाक व्यक्तित्वमे अपन भाषा-साहित्यक प्रति दायित्व-बोधक तीव्र चेतना जगा देलक। ई अधिवेशन तीन-चारि अक्तूबर 1936 केँ मुजफ्फरपुरमे आयोजित भेल छल जकर सभापति रायबहादुर जयानन्द कुमर ओ स्वागताध्यक्ष बाबू भुवनेश्वर सिंह 'भुवन' भेल छलाह। कवि-सम्मेलन एवं शैली-निर्द्धारण-समितिक अध्यक्ष भेल छलाह कविवर सीताराम झा एवं डा. उमेश मिश्र। एहि अधिवेशनक कवि-सम्मेलन तँ अपूर्व भेल छल—सभापतिक प्रस्तावसँ लय धन्यवाद-ज्ञापन धरि छन्दोबद्ध भाषामे। कविशेखर बदरीनाथ झा विशिष्ट विद्वान लोकनिसँ उच्च कोटिक ग्रन्थ प्रणयनमूलक प्रस्ताव करैत ओतहि मिथिला-भाषामे एक गोट महाकाव्य लिखबाक घोषणा कयने छलाह। एहि अधिवेशनक एक गोट आओर विशिष्टता छल मैथिली-महासभा जकाँ एहिमे केवल मैथिल ब्राह्मण ओ कर्ण-कायस्थ मात्र नहि सम्मिलित भेल छलाह, प्रत्युत एहिमे मैथिली भाषी अन्यो लोक सम्मिलिते नहि भेल छलाह, उदार आर्थिक सहयोग देने छलाह। रमानाथ झा अपन अनुज तन्त्रनाथ झाक संग एहि सम्मेलनमे सम्मिल्लित भेलाह एवं अधिवेशनक उत्साहपूर्ण वातावरणक हुनकापर एतेक तीव्र प्रभाव पड़ल जे दरभंगा घुरबाकाल गाड़िअहिमे विचार-विमर्श करैत गेलाह जे मिथिलाभाषा ओ साहित्यक उन्नतिक तीन गोट काज—प्रथम, मानक लेखन-शैलीक निर्द्धारण, दोसर, पुस्तकक प्रणयन ओ तेसर, तकर प्रकाशनक सक्रिय उद्योग—अवश्य करबाक चाही। रमानाथ झा दरभंगा अबितहिँ एहि तीनू कार्यक उद्योगमे लागि गेलाह।

मानक-शैलीक निर्द्धारण

वर्तमान शताब्दीक तृतीय दशकमे मैथिली लेखन-शैलीक कोनो स्थिर साहित्यिक रूप नहि छल। विषमता तँ आबहु व्याप्ते अछि, मुदा ताहि समय आओरो विषम स्थिति छल।

रमानाथ झा पुस्तकक प्रणयन ओ तकर प्रकाशनक पूर्व मानक-शैलीक निर्द्धारण विशेष आवश्यक बुझल, कारण सब जीवित भाषां परिवर्तनशील आ बहुरूपी होइत अछि, परञ्च साहित्यमे तकर मानक रूपक प्रयोग उचित। अपन छात्रावस्थाक प्रथम रचना 'मैथिली साहित्यक इतिहास'मे ओ कवीश्वर चन्दा झाक शैली अपनओने छलाह, पश्चात् म. वै. दीनबन्धु झासँ गप्प भेलनि तँ एहि शैलीक हेतु हिनका खिसिअयलथिन ओ कहलथिन--पहिने बाजब सीखू, तखन लिखब। एहिसँ ओ आओरो भ्रममे पड़ि गेलाह। एहि भ्रमकेँ सर्वथाक हेतु समाप्त क' देबाक हेतु ओ पहिने विवादास्पद शब्दावलीक संग्रह कयल तथा प्रत्येकक लिखल जाइत वैकल्पिक रूपकेँ ओहि शब्द सबहिक सम्मुख लिखि एकटा सूची प्रस्तुत कयल। ओहि सूचीक प्रतिलिपि करबाय दस व्यक्ति पछबारिपार एवं दस व्यक्ति पुबारिपारक बूढ़ प्रतिष्ठितकेँ पठाय अपन-अपन विचार सूचित करबाक विज्ञप्ति रमानाथ झा कयल। एहि बूढ़ प्रतिष्ठित व्यक्तिमे छलाह म.म.डा. गंगानाथ झा, अमरनाथ झा, म.म. बालकृष्ण मिश्र, महा.वै. दीनबन्धु झा, कविशेखर बदरीनाथ झा, पं. बबुआजी मिश्र, पं. गंगाधर मिश्र, मुं. रघुनन्दन दास, म. म. मुकुन्द झा बख्शी, पं. जीवनाथ राय, डा. उमेश मिश्र प्रभृति। रमानाथ झाकेँ 20 टामे सोलहटा उत्तर पाप्त भेलनि ओ ओही उत्तरक आधारपर ओ मानक-शैलीक निर्द्धारण करय लगलाह।

रमानाथ झाक राज-लाइब्रेरीक अध्यक्ष-पदपर प्रतिष्ठित होइतहिँ दरभंगामे मिथिला-भाषानुरागी नव-शिक्षित नवयुवकलोकनिक वेश जुटान भेल छल, यथा डा. सुभद्र झा, तन्त्रनाथ झा, श्री दीनानाथ झा, श्री सुरेन्द्र झा 'सुमन' प्रभृति। ई लोकनि राजपुस्तकालयक नवनिर्मित भवनमे एकत्र होथि ओ मैथिली साहित्य-सेवाक विषयपर विचार-विमर्श करैत जाथि। एहि जुटानकेँ ओ लोकनि 'मुर्दाक्लब'क संज्ञा देने छलाह। एकर संचालनमे रमानाथ झाक मुख्य हाथ छल आओर ओएह एकर प्राण छलाह। महाराज रामेश्वर सिंहक समयमे तहिआक गण्यमान्य साहित्यकार-लोकनि, यथा पं. चेतनाथ झा, गणनाथ झा, मुं. रघुनन्दन दास, योगानन्द कुमर प्रभृति 'मुर्दाक्लव'क स्थापना क' मिथिला-भाषामे अनेक महत्वपूर्ण ग्रन्थक रचना कयने छलाह ओ सएह आदर्श रमानाथ झा ओ हुनक सहयोगी 'मुर्दाक्लब'क सदस्यलोकनिक छलनि।

बीछल-बीछल विद्वान सबहिक लेखन-शैलीक प्रसंग मत प्राप्त भेलापर रमानाथ झा अपन अनुज तन्त्रनाथ, श्री दीनानाथ झा ओ डा. सुभद्र झाक संग बैसि घंटा-घंटा तसखीस क' तथा तकरा मिथिलाभाषाक पुरना-पुरना लेखसँ मिला एकटा निश्चित मानक शैलीक निर्द्धारण कयल तथा 'मुर्दाक्लब'क सदस्यलोकनि निर्णय करैत गेलाह जे आन जँ प्रकारान्तरे लिखय तँ लिखओ, हमरालोकनि एहि निर्णीत शैलीक व्यवहार करब जे शब्द-लेखनमे एकरूपता रहय।

उपर्युक्त विवरणसँ स्पष्ट अछि जे रमानाथ झा मानक शैलीक निर्द्धारणमे कतबा उत्साह देखाओल, कतबा परिश्रम कयल, एहिमे हुनका कतेक अनुसन्धान करय पड़लनि

तथा ओ जे विधि अपनाओल से कतेक वैज्ञानिक छल। अतः एहि लेखन-शैलीक खूब समर्थन भेल। भोलालाल दास 'भारती'मे प्रशंसात्मक टिप्पणी प्रकाशित कयल। डा. उमेश मिश्र सेहो मैथिली-साहित्यिक-परिषद्क लेखक-सम्मेलनमे एकर समर्थन कयल, परन्तु संगहिँ एकरा हुनक वैयक्तिक शैलीक संज्ञा सेहो द' यद्यपि ओ एहि निर्द्धारणमे जाहि प्रविधिक अनुसरण कयने छलाह, से सर्वथा वैज्ञानिक छल, वैयक्तिक पूर्वाग्रहसँ मुक्त। हुनक नेतृत्वमे ई कार्य तैँ अवश्य भेल छल, मुदा एहिमे पं. दीनबन्धु झा सन विशिष्ट वैयाकरण ओ डा. सुभद्र झा सन निविष्ट भाषावैज्ञानिकक मुख्य हाथ छल। गोलैशी मैथिल जातिक चारित्रिक विशेषता थिक, तेँ एहिसँ मैथिलीक मानक शैलीमे अपेक्षित एकरूपता तँ नहि आयल, परन्तु अव्यवस्था बहुत अंश धरि दूर भ' गेल। तहिआसँ अधिकांश प्रतिष्ठित लेखक ओही शैलीमे लिखब आरम्भ कयल तथा आइयो ओही शैलीमे लिखैत छथि जे रमानाथ झाक शैली नामे प्रख्यात भेल छल। मानक शैली निर्द्धारणक एहि ऐतिहासिक विवरणसँ हुनक व्यक्तित्वक कतोक गुण स्वतः स्पष्ट भ' जाइत अछि।

पुस्तकक प्रणयन ओ प्रकाशन

मानक-शैली-निर्द्धारणक पश्चात् रमानाथ झा पुस्तक प्रणयन ओ तकर प्रकाशनक कार्यक्रम संग-संग बनबय लगलाह, कारण पुस्तकप्रणेताकेँ बिनु प्रकाशन सौलभ्येँ पुस्तक-प्रणयनमे अपेक्षित उत्साह नहि भ' सकैत छलनि। से दुहू कार्य विशेष श्रमसाध्य छल, कारण मानक-ग्रन्थक रचनाकारक तहिआ अभाव छल आओर जे प्रतिष्ठित विद्वान छलाहो, से मैथिलीमे लिखब गछैत नहि छलाह। मुद्रणार्थ द्रव्य-संचयक समस्या आओरो जटिल छल। परन्तु हुनक कृतसंकल्पी व्यक्तित्व एहि सब बाधाबन्धनक पहाड़केँ पार करैत गेल तथा दृढ़तापूर्वक मैथिली साहित्यक निर्माणक पथपर एकटा आलोकमय 'मीलक पाथर' स्थापित करबामे समर्थ भेल।

रमानाथ झा विचार-विमर्श क' एकटा पत्रिका प्रकाशित करबाक निश्चय कयल, परन्तु से कोन रूपक हो, ताहिमे मतैक्य नहि छल। एहि प्रसंग ओ डा. गंगानाथ झाकेँ लिखल तँ हुनकहि बिचारे हुनक Indian Thoughts जकाँ त्रैमासिक पत्र बहार करबाक तथा ओहिमे धारावाहिकरूपेँ पुस्तकसबहिक प्रकाशन करबाक निर्णय लेल। सभक बिचारेँ रमानाथ झा प्रस्तावित पत्रक नाम राखल 'मैथिली साहित्यपत्र'। तखन प्रकाशनार्थ पुस्तकक निर्माण दिसि ओ प्रवृत्त भेलाह तथा रचना-प्रतिभाकेँ चीन्हि-चीन्हि ओ 'मुर्दा-कलब' क सहयोगी सदस्यलोकनिकेँ भिन्न-भिन्न रूपक, मौलिक ओ अनूदित दुहू प्रकारक ग्रन्थ-रचनाक आदेश देल, संगहिँ प्रतिष्ठित विद्वानलोकनिसँ सेहो सम्पर्क स्थापित कयल। डा. अमरनाथ झा चन्दा झाक तिरहुतामे लिखल गोविन्द दासक 'गीतावली' केँ देवनागरीमे लिखि पठाय देलथिन जे 'श्रृंगार भजन गीतावली' नामे छपल। हुनक आग्रहेँ श्री तन्त्रनाथ झा नवीन शैलीमे 'कीचकवध' ओ कुमार गंगानन्द सिह 'अगिलही' लिखय लगलाह, श्री दीनाबाबू

गोल्डस्मिथक Vicar of Wakefield तँ ईशनाथ झा शकुन्तला नाटकक अनुवाद करय लगलाह। ओ स्वयं 'उदयनकथा' क रचना दिसि प्रवृत्त भेलाह तथा कविशेखर बदरीनाथ झासँ बारंबार तगादा क' एकावली-परिणयक प्रणयन करबय लगलाह। एहि प्रकार हुनक प्रेरणासँ ग्रन्थ-रचनाक एकटा तीव्र तरंग प्रवाहित भेल जकरा मैथिली साहित्यक इतिहासमे अभूतपूर्व कहल जा सकैत अछि।

'मैथिली साहित्य-पत्र' मे प्रकाशनार्थ पुस्तकक अभाव नहि रहल तँ रमानाथ झा पन्द्रह व्यक्तिसँ पचारस-पचास टाकाक चन्दा ल' मुद्रण-कार्यमे जुटि गेलाह। मुद्रणमे देबासँ पूर्व प्रत्यह राजपुस्तकालयमे सहयोगीसभक संग बैसि पुस्तकसभकेँ नीक जकाँ संशोधित क' लेथि, लेखन शैलीकेँ निर्णीत शैलीक अनुरूप बनाय लेथि। एतेक परिश्रमक पश्चात 1946 सालक आश्विनमे एकर प्रथम अंक प्रकाशित भेल तँ हुनक ओ हुनक सहयोगी लोकनिक उल्लासक सीमा नहि छल। 'मैथिली साहित्य-पत्र' दुइए वर्ष धरि प्रकाशित भ' सकल, तथापि एहि मध्य कविशेखरजीक 'एकावली-परिणय', रमानाथ झाक 'उदयनकथा', ईशनाथ झाक 'चीनीक लड्डू' ओ 'मैथिली शकुन्तला नाटक', श्री दीनाबाबूक 'वेकफिल्डक पादरी', गौराशंकर झाक 'भर्तृहरि निर्वेद' एवं ज्यो. बलदेव मिश्रक 'रामायणशिक्षा' सम्पूर्ण छपल। श्री दीनाबाबू द्वारा सम्पादित रत्नपाणिक 'उषाहरण नाटिका' एवं डा. अमरनाथ झा द्वारा सम्पादित गोविन्ददासक 'शृंगारभजन गीतावली' सेहो सम्पूर्ण भ' गेल। श्रीबदरीनाथ झाक? 'कीचक-वध, कुमार गंगानन्द सिहक 'अगिलही' ओ प. श्री दुर्गाधर झाक 'सांख्यशस्त्र' सम्पूर्ण नहि भ' सकल ता' सात्यिपत्रक प्रकाशन बन्द भ' गेल, किन्तु ओकर जतबहि अंश छपल सएह तहिआ मैथिली साहित्यक हेतु अद्भुत वस्तु भ' गेल छल। पाछाँ 'कीचकबध' सम्पूर्ण भ' पुस्तककार प्रकाशित भेल तथा 'साहित्यपत्र'हि हेतु श्री दीनाबाबू जे जौन्सनक प्रसिद्ध अंगरेजी उपन्यासक अनुवाद 'राजकुमार रसेलस' कयने छलाह, सेहो 'हरिनन्दनट्रस्ट' दिसिसँ प्रकाशित भेल।

उपर्युक्त पुस्तकक सूची प्रस्तुत करबाक तात्पर्य ई जे 'साहित्यपत्र' क अल्पकालमे रमानाथ झाक प्रेरणा-स्वरूप कतेक ओ कोन रूपक साहित्यक निर्माण भेल, तकर चित्र स्पष्ट भ' सकय। वस्तुतः कोनहुँ एक व्यक्तिक प्रेरणा-स्वरूप एतेक आओर सबटा स्थायी मूल्यक मानक मैथिली ग्रन्थक निर्माण ओ प्रकाशनक एहि इतिहासकेँ बेजोड़ कहल जा सकैत अछि। एहिसँ हुनक संरचनात्मक प्रतिभाक द्योतन तँ होइतहि अछि, हुनक व्यक्तित्वक विशालता सेहो सूचित होइत अछि।

मैथिलीक समृद्धिमे निरन्तर योगदान

'मैथिली साहित्य-पत्र' दुइ वर्ष मात्र प्रकाशित भ' सकल। एकर कारण भेल अर्थाभाव। सहयोगी लोकनिक जीविकार्थ व्यन्यत्र चल गेलासँ दोसर वर्षक चन्दा ओसूल नहि भेलनि ओ प्रेसक ऋण वेतनसँ कटबाय छओ मास धरि हुनका बिन वेतनहिक रहय पड़लनि। एहि

आर्थिक कष्टक हेतु हुनका कहिओ खेद नहि भेल, हुनका आजीवन खेद एहि विषयक रहि गेलनि जे पत्रक प्रकाशन बन्द भ' गेलनि। ई पत्र दुइओ-चारि वर्ष आओरो चलैत तँ मैथिली साहित्यक समृद्धिक दोसर स्वरूप भ' जाइत।

परन्तु 'मैथिली साहित्य-पत्र' क प्रकाशन-कालमे तगादा कय क' लिखयबाक जे रमानाथबाबूकेँ अभ्यास पड़ल से हुनक रचनात्मक व्यक्तित्वक अन्यतम विशेषता भ' गेलनि ओ एहिसँ साहित्यक बड़ उपकार भेल। ओ आजीवन नव-पुरान लेखकसबहिकेँ तगादा क' क' साहित्य-निर्माण दिस प्रवृत्त करैत रहलाह तथा एहि प्रकारेँ प्रोत्साहन दय मैथिली-लेखन दिसि लोककेँ उत्साहित करब अपन सर्वश्रेष्ठ साहित्यसेवा ओ उपलब्धि बुझैत छलाह एही प्रकारे साहित्य सेवा करैत ओ मैथिली साहित्यकेँ कतोक अमूल्य कृति प्रदान कयल। दीनबन्धु बाबू, श्री सुभद्र बाबू, कुमार गंगानन्द सिंह, ईशनाथ झा, तन्त्रनाथ झा, श्रीजीवा बाबू, श्री गोविन्द बाबू, श्री व्यासजी आदिसँ जनिक नाम अगणित अछि ओ कतेक वस्तु लिखाओल जे मैथिली साहित्यक अमूल्य सम्पत्ति सिद्ध भ' रहल अछि एतेक धरि जे तहिआ हिन्दीक प्रबल समर्थक वयोवृद्ध पण्डित श्री गिरीन्द्र मोहन मिश्र धरिसँ मैथिलीक लेख लिखाय लेल एवं पाछाँ तगादा कय क' हुनकासँ श्रेष्ठ संस्मरणात्मक पुस्तक 'किछु देखल किछु सुनल'क रचना करबाय लेल जे 'साहित्य-अकादमी' द्वारा पुरस्कृत भेल। एकर भूमिकामे श्री मिश्रजी मुक्तकण्ठेँ स्वीकार करैत छथि तथा श्री तन्त्रनाथ झा—अभिनन्दन-ग्रन्थक अपन लेखमे तकर रोचक वृतान्त प्रस्तुत करैत छथि—"हमहू मैथिलीमे लिखबाक जे यत्न कयल तकर सब श्रेय थिकनि रमानाथ बाबूके।.. 'गद्यसंग्रह' क हेतु हमरा आबिकेँ कहलनि—'किछु दिअ।' हम रमानाथ बाबूकेँ कहलियनि—'हम कोन विषयपर लिखू?' तँ ओ कहलनि—'अहाँ जे जनैत छी सएह लिखू। विषय की?' हम लेख देलियनि ओ छपओलनि, तखन हमरा लिखबाक प्रवृत्ति भेल।" एहिना ओ प्रसिद्ध नैयायिक पं. श्री दुर्गाधर झाकेँ सेहो मैथिली लेखन-दिसि प्रवृत्त कयल जकर विवरण ओ स्वयं श्री रमानाथ झा-अभिनन्दन ग्रन्थक अपन लेखमे देने छथि। एही प्रकारे ँआजीवन ओ अनेकानेक लेखकक निर्माण कयल। एहि प्रक्रियामे हुनक साहित्यिक गुरुत्व एतेक बढ़ि गेल जे कतोक उच्च कोटिक लेखक अपन रचना बिना हिनका देखओने प्रकाशित नहि करैत छलाह ओ कतोक प्रतिभाशाली श्रद्धालु लेखक हिनकासँ परामर्श ल' ल' प्रोत्साहित होइत छलाह, अपन लेखन-दिशाक निश्चय करैत छलाह। एहि प्रकार जाबत धरि ओ जीवित रहलाह, मैथिलीक रचनात्मक विकासमे एकसरे जतबा योगदान देल, से एकसर केओ विरल व्यक्ति देल अछि। हिनक साहित्यिक व्यक्तित्वक एही विलक्षणताकेँ लय क' प्रो. हरिमोहन झा हिनका व्यक्तिसँ अधिक एक संस्था मानल तथा हिन्दीक सुप्रसिद्ध कवि श्री जानकीवल्लभ शास्त्री सएह विचार व्यक्ति करैत लिखल—"उन्होंने मिथिला ओ मैथिली की अकेले ही जितनी सेवा की है, मानना होगा, वे व्यक्ति नहीं, संस्था हैं, एक प्रामाणिक संस्था।"[9]

पाठ्य-ग्रन्थक निर्माण

मैथिलीक अभाव-पूर्त्तिमे धैर्यपूर्वक रचनात्मक योगदान देब हुनक साहित्य-सेवाक मूल-मन्त्र छल। 'साहित्यपत्र' क पश्चात् एहि अभाव-पूर्त्तिक दिशामे हुनक मुख्य कार्य भेल पाठ्योपयोगी पोथीक निर्माण जे ओ स्वयं कयल अथवा अनकासँ करबाओल। संयोगसँ तकर अवसर हुनका भेटि गेलनि। 1961 ई. मे हिनक अनुज श्री तन्त्रनाथ झा 'मैथिली-साहित्य परिषद्' क मन्त्रिपदपर प्रतिष्ठित भेलाह एवं ओ अपन कार्यकेँ तीन भागमे बाँटि लेल—1. प्रचार, मुख्यतः विश्वविद्यालयमे स्वीकृतिक हेतु आन्दोलन 2. साहित्य-निर्माण एवं 3. प्रकाशन। प्रथम मुख्य भार ओ डा. सुभद्र झाकेँ देल एवं दोसर-तेसर कार्यक भार रमानाथ झा ल' लेल।

ताबत धरि स्व. मिथिलेशक प्रयाससँ मैट्रिकमे ऐच्छिक विषय मात्रक रूपमे मैथिलीकेँ स्वीकृति भेटल छलैक ओ पाठ्य ग्रन्थोपयुक्त मैथिली पोथीक अभावक सेहो अनुभव भ' चुकल छलैक। तेँ परिषद दिसिसँ रमानाथ झा एहि अभावक निराकरणमे विशेष अभिरुचि देखाओल तथा मैथिली कविताक अपन प्रथम संग्रह 1941 ई. मे प्रकाशित करबाय देल। तहिआ ने तँ मैथिलीक कोनो इतिहास प्रकाशित छल आ ने मैथिली साहित्यक विकास-क्रम बुझबाक कोनो आने साधन उपलब्ध छल। तेहना परिस्थितिमे हुनक 'पद्य-संग्रह' भावी इतिहासकारलोकनिक हेतु एकटा आदर्श स्थापित क' देलक। ई हुनके व्यक्तित्वक प्रसाद छल जे तन्त्रनाथ झाक परिषद्क मन्त्रित्व-कालमे आठ गोट महत्वपूर्ण पुस्तकक प्रकाशन सम्भव भेल ओ जेना-जेना ओही अवधिमे मैथिलीकेँ स्वीकृति भेटैत गेलैक तेना-तेना विभिन्न कक्षामे पाठ्यग्रन्थक अभावक पूर्त्ति ओ पुस्तकसब करबे कयलक, मैथिलीक महत्वपूर्ण साहित्यक रूपमे सेहो मान्य भेल।

पाठ्य ग्रन्थक हेतु हिनक दोसर संग्रह थिक 'मैथिली गद्य पद्य संग्रह', जकरा ओ मुख्य विषयक रूपमे मैट्रिक कक्षामे मैथिलीकेँ स्वीकृति भेटलापर 1947 ई. मे प्रकाशित कयल। एहिमे संकलित करबा हेतु विशेषतः अनेक आधुनिक गद्य-रचना ओ प्रतिष्ठित विद्वानसबसँ 'फरमाइस' ओ 'तगादा' द्वारा उपलब्ध क' एहि संग्रहमे पहिल बेर मैथिली गद्यक विकासक अद्यतन रूप-रेखा प्रस्तुत कयने छलाह। 1956 ई. मे 'कविता-कुसुम' नामसँ ओ एकटा प्रामाणिक पद्य-संग्रहक पुनः प्रकाशन कयल जे आइ. ए. क पाठ्य-क्रममे निर्धारित भेल छल। परन्तु हिनक विशेष उल्लेखनीय संग्रह थिक गद्य संग्रह (तृतीय भाग), प्राचीनगीत, नवीनगीत, कथाकाव्य ओ कथासंग्रह। एहि सभक संग्रह ओ केवल पाठ्यग्रन्थहिटाक हेतु नहि कयने छलाह, प्रत्युत एहि संग्रहसभक उद्देश्य व्यापक छल, मैथिली साहित्यक मुख्य-मुख्य धाराक प्रामाणिक विकास-प्रवृत्तिसँ मैथिली साहित्यक जिज्ञासु पाठककेँ अवगत करायब, मानक संग्रह-ग्रन्थक निर्माण करब आओर एहिमे हुनका पूर्ण सफलता भेटल छलनि। जखन मैथिली छात्रक संख्या थोड़ छल, ओ प्रकाशक मैथिली पाठ्य-

पुस्तकोधरिकेँ छापब कठिनतासँ गछैत छलाह, तखन रमानाथ झा अपन अनवरत प्रयाससँ प्रकाशनक मार्ग प्रशस्त कयने छलाह। पाछाँ छात्रक संख्या बढ़लासँ शुद्ध व्यावसायिक दृष्टिएँ अनेक संग्रह-ग्रन्थ बहार भेल अछि, परन्तु तुलनात्मक दृष्टिएँ विचारलासँ हुनक संग्रहक सम्मुख ओ सब केहन लगैत अछि, से वक्त नहि। ओ साहित्यक जाहि क्षेत्रकेँ लेल तकरा अपन प्रतिभा, सुरुचि ओ परिष्कृत बुद्धिसँ 'क्लासिकल' बनाय देल ओ से विषय हुनक संग्रह-ग्रन्थहुक प्रसंग सत्य अछि। वस्तुतः हुनक रचनात्मक व्यक्तित्वमे भावक ओ समालोचक दुहुक गुण उपरियुपरि छल ओ तेँ हुनक संग्रहग्रन्थ सबहिमे विलक्षण प्रकारक अभिनवता, क्रम ओ संगतिमे शास्त्रीयता तथा वैज्ञानिक अन्तर्दृष्टिक दर्शन होइत अछि।

समालोचकक विलक्षण प्रतिभा

रमानाथ झाक व्यक्तित्वमे भावक ओ समालोचकक गुण उपरियुपरि छल जे कोनहु प्रकारक साहित्यक सफल मूल्यांकन हेतु नितान्त आवश्यक थिक। हुनकामे रचनाक मूलभूत विलक्षणता एवं रचनात्मक प्रतिभाकेँ चिन्हबाक अद्भुत क्षमता छल तथा तकरा सूत्रवद्ध शैलीमे सशक्त रीतिएँ लिपिबद्ध करबाक जे हुनक रीति छल, से अत्यधिक प्रभावपूर्ण छल। प्राचीन मैथिली साहित्यक विकास-परम्परा ओ नवयुगक नवीनता दुहु ओ गम्भीर मर्मज्ञ छलाह जकर सन्दर्भमे ओ रचना ओ रचनाकारक मूल्यांकन निर्भीकतापूर्वक करैत छलाह। पाश्चात्य ओ संस्कृत साहित्यशास्त्रक हुनका गम्भीर अध्ययन छलनि जाहिसँ हुनक समालोचनामे अकाट्य प्रामाणिकताक समावेश भ' जाइत छल। समालोचक रूपमे हुनक विलक्षण प्रतिभाक दर्शन भेल सर्वप्रथम 'मैथिली साहित्य-पत्र' मे छपल पुस्तक सबहिक हुनक भूमिकामे, यथा, शृंगारभजन गीतावली' मे गोविन्ददासक प्रसंग, श्री दीनाबाबू द्वारा सम्पादित 'उषाहरण' मे रत्नपाणिक प्रसंग 'एकाव ली परिणय' मे कविशेखरजीक प्रसंग। एहि भूमिकासबमे ओ जाहि सूक्ष्मता संग ओहि कृति सबहिक वैशिष्ट्य ओ महत्त्वक विवेचन कयल, कृतिकारक प्रतिभाक विश्लेषण-मूल्यांकन ओ मैथिली साहित्यमे तनिक स्थानक निरूपण कयल, से मैथिलीक आलोचना-साहित्यमे क्रान्ति उपस्थित क' देलक। एही प्रकारक आलोचनाक परम्परामे मनबोधक 'कृष्णजन्म', व्यासजीक विडम्बना, ईशनाथ झाक मृच्छकटिक, ललितजीक पृथिवीपुत्र राजकमलक ललका पाग' क भूमिकाक उल्लेख सेहो कयल जा सकैत अछि जे पुस्तकक साधारण भूमिकाक विधि मात्रक पालन नहि करैत अछि, प्रत्युत तटस्थभावेँ आलोचनाक पूर्ण गरिमा ओ गम्भीरता संग, व्यक्तिगत राग-द्वेषसँ विरत, कृति ओ कृतिकारक निष्पक्ष अध्ययन प्रस्तुत करैत अछि, निर्भीक भावेँ प्रतिभाक विश्लेषण तथा स्थान निरूपण करैत अछि एवं एतबा दिन भेलहु उत्तर अकाट्य ओ प्रामाणिक अछि।

हिनक आलोचक-व्यक्तित्वक दोसर उदाहरण भेटैत अछि हिनका द्वारा संगृहीत मैथिली कविता ओ गद्यसंग्रहसबहिक भूमिका ओ संबद्ध सूत्रवद्ध टिप्पणीमे जे एखनहु धरि

'क्लासिकल' बनल अछि। रमानाथ झा जाहि रीतिक साहित्यक संग्रह कयने छथि तकर ऐतिहासिक परम्परा एवं विकास-प्रवृत्तिक अन्यन्त स्पष्ट रूपरेखा मौलिक विवेचानक संग ओकर भूमिकामे अंकित क' देने छथि एवं संगृहीत रचनाक गुणसब-क मूल-तन्तुकेँ पकड़ि तथा तकर थोड़ शब्दमे विश्लेषण प्रस्तुत करैत रचनाकारक प्रतिभाक मूल-वैशिष्टयकेँ निर्भीकताक संग रेखांकित क' देने छथि। एहि टिप्पणीमे प्रयुक्त हिनक सूत्रबद्ध कतोक वाक्य सूक्ति जकाँ प्रचलति भ' बराबरि उद्‌धृत कयल जाइत रहल अछि, यथा "ई (कविशेखरजी) मैथिलीक माघ कहबैत छथि, स्व. भुवनजीक कवितामे स्वानुभूतिक मधुर उपन्यास सहृदयता ओ सरसताक एक गोट नव आस्वाद उपस्थित करैत अछि।" "ई (सुमनजी) कविक कवि थिकाह। हिनक कविताक रसास्वादनक हेतु एक गोट कविक हृदय चाही", "एहि (विद्यापतिक) मुक्तक सबहुसँ शृंगारमन्दाकिनी ओहिना स्पन्दित होइत रहैत अछि जेना प्रबन्ध काव्यसँ" आदि। एहन-एहन वाक्यमे कतेक अर्थ-गाम्भीर्य अछि, व्याख्या सापेक्ष नहि। अपन आलोचनामे विन्दुमे सिन्धु भरबाक दृष्टिएँ मैथिली साहित्यमे ओ अद्वितीय कहल जा सकैत छथि।

आलोचना विषय मे रमानाथ झाक एक सुनिश्चित मान्यता छल, एकटा सुनिर्दिष्ट सिद्धान्त छल जे ओ अंगरेजी जो संस्कृत साहित्य-शास्त्रक अध्ययन-अनुशीलनक पश्चात् निर्द्धारित कयने छलाह। एहि विषयकेँ ओ कए बेर अपन भाषण आ लेख द्वारा स्पष्ट क' देने छलाह। हुनक मान्यताक एतय विस्तृत व्याख्या सम्भव नहि थिक, मुदा एतय एतबा और कहि देब आवश्यक जे विषयक वैज्ञानिक प्रतिपादन ओ विशदीकरणसँ कोनहु कृतिक आशय पाठककेँ पहुँचाय रुचिक परिष्कार करब ओ यथार्थ समालोचना बुझैत छलाह। मुदा ई ताबत धरि सम्भव नहि जाबत धरि अध्ययन, अनुशीलन ओ अनुसन्धान द्वारा समालोचक स्वयं अपन रुचिक परिष्कार नहि क' लेने हो। स्वयं रमानाथ झा आजीवन अपन रुचि-परिष्कारमे साधनानिमग्न रहलाह। जेना पहिनहुँ कहल जा चुकल अछि, हुनक साहित्यिक व्यक्तित्व निष्ठवान साधक व्यक्तित्व छल, तपस्वीक व्यक्तित्व छल। एही कारणे ओ निरन्तर सत्यक साधना करैत रहलाह आओर जाहि सत्यक ओ अनुसन्धान कयल, से हुनक धर्म भ' गेल। एहि हेतु हुनका 'शूली' पर चढ़यबाक वातावरण सेहो उपस्थित कयल गेल, किन्तु ताहिसँ ओ विचलित नहि भेलाह आओर अपन आस्था ओ मान्यतापर आजीवन दृढ़ रहलाह। हुनक व्यक्तित्वमे जे पौरुषेय गुण छल तकर आभास हुनक साहित्यिक अनुशीलनसँ कोनहु जिज्ञासु अध्येताकेँ भेटि सकत अछि।

अनुसन्धानशील व्यक्तित्व

यदि एक वाक्यमे रमानाथ झाक साहित्यिक व्यतित्वक प्रसंग मत व्यक्त कयल जाय तँ निश्शङ्क भावेँ कहल जा सकैत अछि जे हुनक व्यक्तितत्व अनुसन्धानशील साहित्यनिर्माताक व्यक्तित्व छल—मानक शैलीक एकरूपताक अनुसन्धान, रचनात्मक प्रतिभाक अनुसन्धान,

मैथिली साहित्यक विकासक क्षितिजक अनुसन्धान एवं हुनक आलोचनहुँमे अनुसन्धानहिक तत्त्व विशेष मात्रामे विद्यमान छल। तेँ हुनक आलोचना ऐतिहासिक परिप्रेक्ष्यमे निर्णयात्मक होइत छल, तथ्यपर आधारित, वस्तुपरक ओ तात्विक।

हिनक अनुसन्धानक कार्य 1936 ई. मे राज-लाइब्रेरीमे अबितहिँ आरम्भ भ' गेल छल जे आजीवन चलैत रहल। आरम्भभे हिनक अनुसन्धान चारि प्रकारक भेल–1. हस्तलेखक अध्ययन ओ तकर संग्रह 2. पाली-बौद्ध साहित्यक अध्ययन, 3. धर्मशास्त्र, ज्योतिष ओ तन्त्रक अनुशीलन तथा 4. पाँजिक अध्ययन, संग्रह ओ अनुसन्धान। परन्तु हस्तलिखित प्राचीन पोथीक संग्रह ओ अध्ययन तथा पाँजिक प्रसंग हिनक कार्य बेजोड़ अछि।

हस्तलिखित प्राचीन पोथीक संग्रह ओ अध्ययन

एहि क्षेत्रक अनुसन्धानक आरम्भमे ओ संस्कृतक दुर्लभ कृतिसबहिक, यथा 'श्री हरिहर सुभाषित', अभिज्ञानशाकुन्तलम्, 'पुरुषपरीक्षा', 'तारिणी पारिजात', 'मन्त्र-कौमुदी', 'स्मृति त्वामृत सारोद्धार', 'गीत गोपीपति', पूजा-प्रदीप', 'वर्षकृत्य' प्रभृतिक प्रेस-कापी बनाओल। एहिमे कतोक, यथा 'श्रीहरिहरसुभाषित', 'अभिज्ञानशाकुन्तलम्', 'पुरुष परीक्षा', 'मन्त्र-कौमुदी' प्रभृति हिनकहि द्वारा सम्पादित भ' प्रकाशित भ' चुकल अछि। एहि सबमे भूमिका ओ अँगरेजीमे लिखल जाहिमे हुनक गवेषणात्मक प्रतिभा ओ अनुसन्धान-अनुशीलनक प्रौढ़ताक दर्शन होइत अछि। एहि अनुसन्धानक क्रममे ओ विद्यापतिक समस्त रचनाकेँ ताकि-ताकि संग्रह कयल तथा विद्यापतिक समस्त रचना हुनका उपलब्ध छल। 'पुरुष परीक्षा' क अतिरिक्त विद्यापतिक 'मणिमंजरी' नामक संस्कृत नाटककें ओ सम्पादित क' प्रकाशितो कयल। परन्तु प्राचीन मैथिली हस्तलेख पोथीक अनुसन्धानक दृष्टिएँ पटना विश्वविद्यालय 'मैथिली-विकास-कोष' दिसिसँ 1967 ई. क ग्रीष्मावकाशमे काठमाण्डूक हिनक यात्रा अविस्मरणीय अछि। नेपालमे ओ प्राचीन पाण्डुलिपिक अपार भण्डारकेँ देखल, जकर विवरण 'मैथिली भाषागीत संग्रह' क भूमिकामे देने छथि, परन्तु सीमित अर्थ-साधनक कारणे ओ तीन गोट कृतिमात्रक प्रतिलिपि आनि सकलाह–146 गोट गीतक विलक्षण संग्रह, जगज्ज्योतिर्मल्लकृत 'गीतपंचाशिका' ओ 'कुंजविहार नाटक।' एहि मध्य गीत-संग्रहकेँ 'भाषा-गीत-संग्रह' नामे स्वयं सम्पादित क' प्रकाशित करबाय देल एवं 'गीतपंचाशिका' केँ हुनक निधनक पश्चात् हम सम्पादित क' छपबाय देल अछि तथा 'कुंजविहार नाटक'क देवनागरी प्रतिलिपिकेँ सुरक्षित रखने छी। उपर्युक्त हस्तलेख पोथीक अतिरिक्त जगज्ज्योतिर्मल्लक 'हरगौरी विवाह' नाटकक हिनक अनुसन्धान एतय उल्लेखनीय अछि जे ओ राइट साहेबक नेपालक इतिहासक परिशिष्टमे देल सूचीक आधारपर ओकर माइक्रोफिल्म चन्द्रधारी मिथिला महाविद्यालयक स्नातकोत्तर मैथिली विभागीय पुस्तकालय मध्य मंगाय राखल ओ जकरहि आधार पर डा. रामदेव झा सम्पादित क' ओकरा प्रकाशित करबाय देने छथि।

प्राचीन पाण्डुलिपिक एहि अनुसन्धानक अभियानमे डा. सुभद्र झा द्वारा मँगबाओल 1905 ई. मे कवीश्वर चन्दा झा द्वारा कयल 'कीर्तिलता'क देवनागरी पाण्डुलिपिक उल्लेख कयल जाय सकैत अछि जकरा ग्रियर्सन साहेब अपना संग ल' गेल छलाह ओ जे ब्रिटिश-म्यूजियममे सुरक्षित छल। एही पाण्डुलिपिक आधारपर 'कीर्तिलता'क सुन्दर संस्करण ओ पटना विश्वविद्यालय दिसिसँ प्रकाशित करबाय देलनि।

परन्तु हुनक अनुसन्धान कयल प्राचीन हस्तलेखपोथीक जतबा विवरण प्राप्त होइत अछि ततबहिटाक अनुसन्धान ओ नहि कयने छलाह। हुनका संगमे चन्दाझाक पोथी सब छल जाहिमे प्राचीन कवि सभक, यथा विद्यापति, गोविन्द दास, उमापति प्रभृतिक अनेक अप्रकाशित गीत संगृहीत छल, 'कीर्तिपताका'क हुनक कयल देवनागरी पाण्डुलिपि छल, अनेक त्रैभाषिक नाटकक हस्तलेख पोथी सेहो हुनका संगमे छल जकरा ओ प्रकाशित नहि क' सकलाह। अपन मृत्युक दुइ मास पूर्व, मिथिला मिहिरक 12 अक्टूबर अंक मे 'कीर्तिलताक प्रसंग' अपन लेखमे अपूर्ण 'कीर्तिपताका'क तीन गोट ताल पत्र पर लिखल आरम्भिक किछु अंशक उपलब्धिक सेहो सूचना देने छलाह जे कम महत्वपूर्ण नहि अछि। वस्तुतः हुनक निधन भेलासँ हुनक अनुसंधान कयल अनेक प्राचीन हस्तलेख-पोथी सब पुनः विलुप्त भ, गेल अछि आओर आब ओहि सभक प्रकाशन हुनक उत्तराधिकारी-लोकनिक विवेकपर निर्भर करैत अछि।

विद्यापति साहित्यक अनुसन्धान-अनुशीलन

रमानाथ झा अपन सबसँ पैघ कृतित्व विद्यापतिक व्यक्तित्वक निरूपण मानैत छलाह। 1935 ई. मे ओ अपन प्रथम निबन्ध लिखल स्व. मिथिलेश द्वारा घोषित पुरस्कारक हेतु ओ तहिआसँ विद्यापति ओ विद्यापतिक साहित्यक अनुसन्धानमूलक अनेक निबन्ध प्रकाशित कयल, यथा, 'विद्यापतिक वसन्त वर्णन', 'की विद्यापति वैष्णव छलाह?' विद्यापति ठाकुरक वंश, 'विसपी महात्म्य', 'मिथिलामे विद्यापति' आदि। एहिमे किछु निबन्ध हिनक 'निबन्धमाला' मे संगृहीत अछि, परन्तु सबसँ महत्वपूर्ण कहल जाय सकैत अछि हिनक विद्यापतिक पुरुषार्थ-साहित्यक अनुशीलन, यथा 'पुरुष-परीक्षा', 'भूपरिक्रमा' ओ 'कीर्तिलता'। विद्यापतिकृतिक अनुशीलनसँ ओ एहि सिद्धान्तकेँ घोषित कयल जे विद्यापतिक गीतसँ हुनक आंशिक परिचय भेटत, हुनक व्यक्तित्वक समस्त परिचयक हेतु हुनक अन्यान्य रचना विशेष उपयोगी तथा विद्यापति कतबो पैघ होथु, मुदा विद्यापति जे व्यक्ति छलाह, से कवि विद्यापतिसँ पैघ। एही दृष्टिएँ हिनक 'पुरुषपरीक्षा'क भूमिकाकेँ विद्यापति साहित्यक गवेषणाक क्षेत्रमे हुनक महत्वपूर्ण देन कहल जा सकैत अछि।

अपन अनुसन्धानक द्वारा रमानाथ झा विद्यापतिक प्रसंग कतोक भ्रान्तिक निराकरण तथा कतोक नवीन तथ्यक अनुसन्धान कयल, यथा विद्यापति नामक कतोक पण्डित ओ लेखक भ' गेलाह अछि तथा 'ठाकुर' उपाधि-समेत विद्यापति महाराज शिवसिंहक दरबारमे

रहथि जे महाकवि विद्यापति नहि छलाह, 'गंगाभक्तितरंगिणी'कार गणपति विद्यापतिक पिता नहि छलाह आ ने ज्योतिरीश्वर विद्यापतिक पितामह-भ्राता, आदि। एहि निराकरणक प्रसंग ओ कतोक प्रश्नचिह्न सेहो लगाय गेल छथि, यथा 'कीर्तिलता' ओ 'मणिमंजरी' महाकवि विद्यापतिक नहि, कोनो आन विद्यापतिक रचना थिक। किन्तु हुनक प्रश्नक समाधान आब कोनो आने जिज्ञासु अनुसन्धाता क' सकैत छथि।

विद्यापतिक एहि अनुसन्धान-अनुशीलनक प्रक्रियामे स्व. रमानाथ झा तत्कालीन सामाजिक ओ राजनीतिक परिस्थितिक अनुशीलन क' सिद्ध क' देल जे भाषाकेँ जातीय जीवनक सबसँ सुदृढ़ एकताक सूत्र बूझि ओ एहि भाषामे रचना कयल जे देशक समस्त जनता जनैत छल। अतः विद्यापतिक गीतक स्रोत राजनीति छल तथा हुनक अलौकिक प्रतिभाक प्रेरक हुनक जातीय कल्याण-भावना ओ देशभक्ति छल।

पाँजिक अनुसन्धान

विद्यापति-कालीन सामाजिक ओ सांस्कृतिक परिस्थितिक परिज्ञानक हेतु ओ पाँजिक अनुसन्धानकेँ आधार मानि लेल जकर साहित्य विशाल छलैक, परन्तु पँजिआड़लोकनि जकरा गुप्त रखैत आयल छलाह। 1940 ई.क अन्तमे, राजकुमार श्री जीवेश्वर सिंहक उपनयनक अवसर पर आयोजित धौत-परीक्षाक उपलक्ष्यमे रमानाथ झा रसाड़क श्री मोदानन्द झाक सम्पर्कमे अयलाह तथा पाँजिक अनुसन्धान दिस आकृष्ट भेलाह। स्व. मिथिलेशसँ अर्थसाहाय्यक स्वीकृति भेटलापर गुप्तरूपें अनेक प्रकारक पञ्जी, यथा मूल ओ शाखा-पंजीक संग्रह आरम्भ क' देल। श्री मोदानन्द झासँ पंजीक शास्त्रीय ज्ञान सेहो उपलब्ध क' लेल, मुदा तइयो कतोक रहस्य बुझब हिनका शेष रहिए गेलनि, जकर बिना पञ्जीक शास्त्रीय ज्ञान पूर्ण नहि कहल जा सकैत छलनि। अतः ओ मङरौनीक चिरंजीव झाकेँ एहि हेतु नियुक्त कयल तथा हुनकासँ 'दूषण पंजी' समेत उपलब्ध क' लेल। प. चिरंजीव झा हिनक पञ्जीक शास्त्रीय ज्ञानसँ प्रसन्न तँ अवश्य भेलाह, किन्तु कहल जे ई रहस्यसब पँजिआड़ेटाकेँ देबाक शपथ छैक आ केओ पँजिआड़ ताबत धरि नहि कहाय सकैत अछि जाबत धरि ओ एक गोट सम्पूर्ण पोथी अपन हाथें लिखि ने जाय। रमानाथ झा 1642 शकेक छओ सय पातसँ अधिकक शाखापञ्जीक पोथा तथा तीन सय शतक सोदरपुर मूलक मूल-पञ्जी—प्रायः हजार पात लिखि उक्त पँजिआड़केँ शपथ-मुक्त क' पञ्जीक सब रहस्यकेँ हुनकासँ बूझि लेल।

उपर्युक्त विवरणसँ सूचित होइत अछि जे ओ पञ्जीक ज्ञान प्राप्त करबाक हेतु कोन रूपक साधना कयल एवं एकरा ओ कतेक उच्च महत्त्व देल। एहूसँ अधिक महत्वक अछि अनुसन्धानमे एकर प्रयोगक दृष्टिएँ। स्व. रमानाथ झा पञ्जीक आधार पर ब्राह्मण जातिक इतिहास तथा सामाजिक सत्ताक ह्रास ओ उत्थानक प्रामाणिक समाजशास्त्रीय विवरण प्रस्तुत करय चाहैत छलाह ज़ेना हिनक 'अलयीकुल प्रकाश'मे अछि, संगहि उपाधिसभक विश्लेषण

ओ मैथिल ब्राह्मणक वासस्थानक इतिहासो लिखब हिनका अभिप्रेत छल जे साधनक अभावमे ओ नहि क' सकलाह। परन्तु पञ्जीक आधारपर ओ कतोक महापुरुषक प्रामाणिक परिचय उपलब्ध क' लेल, यथा ज्योतिरीश्वर, उमापति, गंगेश, वर्द्धमान, शंकर, पक्षधर, वाचस्पति आदिक। हुनक असामयिक निधनसँ एहि क्षेत्रक एकमात्र अप्रतिम वेत्ता, अद्वितीय मर्मज्ञ ओ गम्भीर अनुसन्धाताक सर्वथा अन्त भ' गेल।

अंगरेजीक प्राध्यापक, मैथिलीक रीडर

वस्तुतः पञ्जीसाहित्यक हुनक अनुसन्धानक कार्य जमिन्दारी उन्मूलनक पश्चात् अनायास बन्द भ' गेलनि। एतबहि नहि, हुनक साहित्य-साधनाक दिशामे सेहो परिवर्तन भ' गेल। राज-सेवाक भविष्य अन्धकारमय भेलासँ हुनका सन पुरान स्नातककेँ चन्द्रधारी मिथिला कालेजक सबसँ निम्न अंगरेजी प्राध्यापकक पद ग्रहण करय पड़लनि। यद्यपि स्व. मिथिलेशक कृपासँ राजलाइब्रेरीक पदकेँ छोड़य नहि पड़लनि, परन्तु विविध प्रकारक हिनक अनुसन्धानक कार्य छूटि गेलनि, तथापि लेखन-कार्य धरि ओ बराबरि करैत रहलाह। 1952 सँ 1962 ई. धरि अंगरेजी प्राध्यापकक रूपमे मुख्यतः कार्यरत रहितहुँ ओ 'दक्षिण पाटकीय एक ब्राह्मणवंश', 'भगीरथपुरक शिलालेख', 'समालोचना', 'रमेश्वर चरित रामायण', अखिल भारतीय मैथिली महासभा दिसिसँ राज्यपुनर्गठन-समितिकेँ समर्पित करबाक हेतु अंगरेजी ओ मैथिलीमे स्मारकपत्र आदि महत्वपूर्ण लेख लिखल जाहिमे हुनक अनुसन्धान-परिष्कृत गम्भीर ज्ञानक दिग्दर्शन होइत अछि।

1962 ई. मे मिथिलाकालेजमे मैथिलीक स्नातकोत्तर-विभागक स्थापना भेल तँ तत्कालीन कुलपति डा. प्यारेलाल श्रीवास्तव हिनक प्रकाशित पुस्तक ओ विद्वत्तासँ प्रभावित भ' हिनका ओहि विभागक अध्यक्ष पदपर नियुक्त क' लेल जाहि पदपर ओ सेवा-निवृत्तिक अन्त धरि रहलाह तथा 1965 ई. मे 'साहित्य-अकादेमी'मे मैथिलीक स्वीकृति भेटलापर ओकर कार्यकारिणीमे मैथिलीक प्रतिनिधि नियुक्त भेलाह जाहि रूपमे 1967 ई. मे पुनर्निर्वाचित भ' अन्त समय धरि रहलाह। वस्तुतः 1962 ई. सँ मृत्यु पर्यन्त, कुल मिलाय दस वर्षक अवधि हुनक मैथिली साहित्य अनुसन्धान-अनुशीलन ओ शोध-निर्देशन तथा सर्वांगीण मैथिली साहित्य-सेवाक दृष्टिएँ युग-युग धरि स्मरणीय रहत।

उच्चवर्गीय छात्रक हेतु साहित्य-निर्माण ओ मैथिली शोध-प्रबन्ध

मैथिली स्नातकोत्तर-विभागक अध्यक्ष-पद ग्रहण करितहिं—रमानाथ झा एकदिसि यदि उच्चवर्गीय छात्रक हेतु मैथिली साहित्यक परम्परा ओ विकासक नवीन रीतिएँ अध्ययन करय लगलाह तँ दोसर दिसि उच्चवर्गीययुक्त साहित्य निर्माण दिसि सेहो प्रवृत्त भेलाह। एही दृष्टिएँ 'अभिव्यंजना' (सहरसा 1962) मे प्रकाशित हिनक 'किर्तनिञा' प्रबन्धलेख विशेष उल्लेखनीय अछि जे 'प्रबन्ध-संग्रह' मे 'मैथिली नाटक' शीर्षकसँ संगृहीत अछि। एहि

प्रबन्ध-लेखमे श्री जयकान्त बाबूक इतिहासमे प्रतिपादित किरतनिआनाटकक धारणाकेँ खण्डित क' देल ओ कहल जे ई नाटक सब मैथिलीक नाटक नहि थिक, भनहि एहिमे मैथिली गीतक प्रयोग भेल अछि, कारण संस्कृत नाटकमे अपभ्रंश अथवा प्राकृतक प्रयोग भेलासँ जँ ओ अपभ्रंश अथवा प्राकृतक नाटक नहि कहबैत अछि तँ गीतक प्रयोग भेलहि सँ ओ नाटकसभ मैथिलीक नाटक कोना कहाय सकैत अछि, हुनक एहि स्थापनाक विरोध भेल, कारण मैथिली साहित्यक इतिहासक एक विपुल अंश एहिसँ विलुप्त भ' जाइत अछि, मुदा एहि प्रकारे'प्रबन्ध संग्रह' मे संकलित 'मैथिलीक आदि साहित्यक रूपरेखा'मे ओ प्रामाणिक रीतिएँ मैथिलीक आदि साहित्यक वस्तुस्थितिक सांगोपांग चित्र प्रस्तुतक, कतेक नव विषयकेँ प्रकाशमे आनल। नवीन तथ्य-प्रतिपादन दृष्टिएँ हुनक 'पुरान नाटकक किछु मैथिलीगीत', 'मैथिली संस्कृति-विभिन्न संस्कार ओ ओकर महत्व', 'विद्यापतिक तीन रूप', 'मैथिली काव्यमे निर्गुण भावना', 'Lay thoughts on the language of Vidyapati' 'Revaluation of Vidyapati' आदि लेख विशेष उल्लेखनीय अछि।

उच्च स्तरीय बी.ए. (आनर्स) ओ एम.ए. छात्रक हेतु उपयोगी ग्रन्थ-निर्माणक क्षेत्रमे हिनक एहि अवधि मे प्रकाशित कृति थिक 'प्रबन्ध-संग्रह', 'निबन्ध-माला', 'मैथिली अलंकार-प्रवेश', 'मैथिली काव्य संग्रह'—प्राचीन गीत, कथा काव्य ओ नवीन गीत, 'मिथिला भाषा गीत-संग्रह प्रभृति। अपन मैथिली गद्य संग्रह (तृतीय भाग)क भूमिकाक रूपमे ओ मैथिली गद्यक विकास ओ विशेषताक विस्तृत विवेचन एही कालावधिमे कयल। ग्रन्थ-निर्माणक दिशामे ओ पूर्ववत् अन्य लेखकहुकेँ प्रेरणा द' द' पुस्तकक प्रणयन करबाय प्रकाशनक व्यवस्था करैत छलाह। एहि पुस्तक सबहिमे म. वै. दीनबन्धु झाक 'अलंकार-सागर', पं. श्री गोविन्द झाक 'मैथिलीक उद्भव ओ विकास' ओ हमर मैथिली साहित्यक इतिहासक उल्लेख कयल जा सकैत अछि। एहि पुस्तक सबमे हुनक लिखल भूमिका ओहि-ओहि विषयमे हुनक परिमार्जित ज्ञानकेँ सूचित कैरत अछि। मैथिली भाषाक माध्यमसँ पीएच. डी. उपाधिक शोध-प्रबन्ध लिखबाक स्वीकृति हुनके प्रयाससँ प्राप्त भेलैक। अतः मैथिलीक स्वीकृतिक इतिहासमे एहि हेतु हिनक नाम चिर-स्मरणीय रहत। एहिसँ मैथिलीक छात्र तँ लाभान्वित भेलाह, संगहिँ एहि अंगक पुष्टि भेलासँ मैथिलीक आलोचना साहित्यक दिनानुदिन विकास भ' रहल अछि।

रमानाथ झाक कृतित्व विशाल ओ बहुपक्षीय अछि एवं एहि सँ हुनक व्यक्तित्वक महत्ताक ज्ञान होइत अछि। हुनक बहुपक्षीय गरिमामय व्यक्तित्वक सर्वांगीण परिचय एतय एहि छोट निबन्धमे सम्भव नहि। ओ गद्यकार छलाह, आलोचक छलाह, मिथिलाक समाज, संस्कृति ओ साहित्यक इतिहासवेत्ता छलाह, विद्यापति-साहित्यक विशेषज्ञ छलाह, पाँजिक मर्मज्ञ छलाह, लेखक-निर्माता छलाह, शोध-निर्देशक छलाह, मैथिलीक प्रतिनिधि छलाह एवं मैथिली साहित्यक सर्वांगीण विकासक पुरोधा छलाह। एक व्यक्तिमे विविध क्षेत्रीय ज्ञानक समन्वय विरल होइत अछि ओ इएह विरलता हिनक व्यक्तित्वक विलक्षणता छल। किन्तु

हुनक कयल कार्य कतहु पुस्तकाकार उपलब्ध नहि अछि। ओ अनेक रहस्यक उद्घाटन क' गेल छथि तथा कतेक रहस्यक संकेत मात्र दय छोड़ि गेल छथि जे हिनक 'पुरुष-परीक्षा', 'मणिमंजरी', 'कीर्तिलता', 'मिथिला भाषा-गीत-संग्रह', 'हरिहर सुभाषित' प्रभृतिक भूमिकाक पारायणसँ स्पष्ट भ' सकैत अछि। ताहि सूत्रकें पकड़ि यदि अग्रिम अनुसन्धानक मार्गकेँ प्रशस्त कयल जाय तँ मिथिला ओ मैथिलीक उन्नतिक कतोक सोपानकेँ सहजहिं पार कयल जा सकैत अछि एवं एहीसँ हुनक स्मृति-रक्षा सेहो भ' सकैत अछि।

–डॉ. दुर्गानाथ झा 'श्रीश'
(साभार : 'स्मृतिसन्ध्या',
मैथिली अकादमी, पटना)

रचनावलीक प्रसंग

आचार्य रमानाथ झाक प्रथम प्रकाशित रचना अछि 'मैथिल ओ मैथिली'। एकर प्रकाशन 'मिथिला'क पहिल वर्षक छठम अंक (1929 ई.) मे भेल छल। एहि सँ पूर्व एही पत्रिकाक प्रवेशांक मे प. श्री भुवनेश्वर झा एवं प. श्री रमानाथ झाक एकटा सम्मिलित रचना छपल रहय—बिहार मे मिथिला भाषाक स्थान। एहू सँ पहिने रमानाथ झा अपन मित्र भुवनेश्वर झाक प्रोत्साहन सँ मैथिली साहित्यक इतिहास लिखने रहथि। ई इतिहास मुजफ्फरपुरक मैथिल छात्र संघक हेतु तहिया लिखल गेल जहिया रमानाथ झा आइ.ए.क छात्र छलाह। आब ई नहि भेटैत अछि। आशय ई जे इतिहास अनुपलब्ध अछि आ तकरा बादक रचना अछि संयुक्त लेखन, तेँ 'मैथिल ओ मैथिली' केँ हुनक प्रथम कृति होयबाक श्रेय स्वतः भेटि जाइत छैक।

रमानाथ झाक अतिरिक्त मैथिली साहित्यक दूटा महारथी आओर छथि जनिक पहिल रचना 'मिथिला' मे छपल रहय। ओ छथि—हरिमोहन झा आ यात्री। रमानाथ झा, हरिमोहन झा आ यात्री एक्के वर्ष, एक्के पत्रिका मे आ छात्रावस्थे मे लेखन शुरु कयलनि सैह उल्लेखनीय नहि अछि। महत्वपूर्ण इहो अछि जे तीनू गोटेक पहिल रचनाक प्रयोजनो एक्के अछि—मिथिलाक उन्नति। 'मैथिल ओ मैथिली' मे रमानाथ झा कहैत छथि जे मिथिलाक विकास लेल मैथिलत्वक भावना आवश्यक अछि। यैह भावना सामाजिक एकता अनैत अछि। सामाजिक एकताक आधार पहिने धर्म होइत छल, आब भाषा होइत अछि। तेँ भाषिक संगठनक माध्यमे सँ सामाजिक एकता आबि सकैत अछि, मिथिलाक उन्नति भ' सकैत अछि। हरिमोहन झा सेहो मिथिलाक उन्नतिक कामना सँ 'सनातनी बाबा' आ 'कलियुगी सुधारक' लिखलनि। ई दुनू रचना व्यंग्य-कविता थिक। 'सनातनी बाबा' मे मिथिलाक तथाकथित सनातन मान्यता अर्थात् सामाजिक विकास मे बाधक विचारधारा पर प्रहार कयल गेल अछि। 'कलियुगी सुधारक' मे बाल-विवाह, काटर-प्रथा, छूआछूत तथा देशभक्तक छल-छद्म केँ लक्ष्य बनाओल गेल अछि। तहिना यात्री जे मुरलीधर झा केँ शोक-श्रद्धांजलि देलनि अछि ताहि मे हुनक अभावक दुख त' प्रकट होयबे कयल अछि, मिथिलाक अविकसित रहबाक व्यथा बेसी मुखर अछि। मुरलीधर झा आब नहि छथि—ई ध्यान अबिते यात्री केँ 'निज देश दशा' मन पड़ि जाइत छनि आ कोँढ़ फाट' लगैत छनि।

मुरलीधर झा अपन उपस्थिति सँ काशी केँ कतबो गौरवान्वित कयने होथु, मिथिला तँ तहिये खाली भ' गेल जहिया ओ देश छोड़ि देलनि। मुरलीधर-सन नाथ जैखन गेलाह काशी 'मिथिला, मैथिल, मैथिली तैखन भेल अनाथ'। तात्पर्य ई जे मिथिला केँ मुरलीधर झा सदृश पुत्र-रत्न केँ जन्म देबाक शक्ति छलैक, मुदा ओकर पालन-पोषण करबाक क्षमता नहि रहैक। यात्रीक दुःखक मूल कारण यैह थिक। एहि प्रकारेँ रमानाथ झा, हरिमोहन झा आ यात्रीक चिन्ता-धारा आ चिन्तन-प्रवाह एक्के दिशा मे आगाँ बढ़ैत अछि।

रमानाथ झाक यैह दृष्टिकोण हुनक रचना-संसारक मेरुदण्ड बनि गेल। 'मैथिल ओ मैथिली' नामक उक्त निबन्ध मे ओ स्पष्ट कहैत छथि—'भारतीय कहयबा सँ पूर्व मैथिल कहायब आवश्यक छैक'। एकर ई अर्थ नहि जे रमानाथ झा भारतीय कि वैश्विक भावना सँ प्रभावित नहि छलाह। संस्कृत आ अंगरेजी भाषा-साहित्यक विद्वान होयबाक कारणे ओ मिथिलाक भाषा-साहित्य केँ सेहो भारतीय आ वैश्विक परिप्रेक्ष्य मे देखैत रहथि। मिथिला-मैथिलीक विकासक आग्रही ओ एहि लेल छलाह जे हुनका संस्कृत आ अंग्रेजी भाषा-साहित्यक गुणवत्ता आ व्यापकता सँ गहन आत्मीयता रहनि। मैथिलीक प्रसंग सेहो हुनका एहने अपेक्षा छलनि। एहि दिशा मे ओ बहुत-किछु करबो कयलनि। हुनक अवदानक उल्लेख करैत हरिमोहन झाक कथन छनि जे 'रमानाथ बाबू व्यक्ति सँ अधिक एक संस्था छथि।' ई वक्तव्य हरिमोहन झा ओहिना नहि दैत छथि। ओ हुनक अवदानी कार्यक सांकेतिक विवरण दैत एहि निष्कर्ष पर पहुँचैत छथि। निश्चित रूप सँ ई उद्‌गार रमानाथ झाक बहुआयामी व्यक्तित्वक अभिनन्दन थिक। किन्तु, एहि क्रम मे हरिमोहन झा रमानाथ झाक कृती व्यक्तित्वक जाहि पक्ष केँ प्रथम स्थान दैत छथि से थिक मैथिलीक उन्नायक होयब।

यात्री सेहो यैह बात कहैत छथि, मुदा दोसर रूप मे। ओ कहैत छथि जे रमानाथ झा यशोधवल, सुकृतिचन्द्र तथा प्रथितसिद्‌ध छलाह। ओ मैथिली साहित्यक चिर-अतन्द्र उद्यानपाल रहथि। सारस्वत-सरक मराल रहथि। ई सभ रमानाथ झाक विशेषता थिक। विशेषता आओर अछि। मुदा यात्री रमानाथ झाक जाहि गुणक अभिनन्दन सभ सँ पहिने करैत छथि से थिक हुनक सन्तुलित विवेक। हमरा जनैत यात्री एहिठाम रमानाथ झाक साहित्यालोचन-कर्म दिस संकेत करैत छथि। रमानाथ झा मैथिलीक शिखर समालोचक छथि। समालोचक केँ नीर-क्षीर विवेचन-पटु हंस कहल गेलैक अछि। ई गुण ताधरि संभव नहि अछि जाधरि संतुलित विवेक नहि होयतैक। रमानाथ झा मे ई गुण छलनि आ तेँ ओ यात्रीएक दृष्टि मे नहि, सभक लेल समादरणीय छथि।

एहि मे सन्देह नहि जे रमानाथ झाक अक्षर-सेवा मे समालोचना कार्य सर्वोपरि अछि, मुदा हुनक सम्पूर्ण लेखन केँ समीक्षाक भण्डार मे राखि देब उचित नहि होयत। ओ समीक्षक तँ रहबे करथि, सम्पादक, अनुवादक, निबन्धकार, भाष्यकार, वैयाकरण आ भाषाशास्त्री सेहो रहथि। ओ कथा-लेखन कयलनि आ मैथिल ब्राह्मणक पञ्जी-व्यवस्था पर जमि क' लिखलनि। कहबाक अभिप्राय ई जे रमानाथ झाक रचना-संसार बड़ व्यापक अछि। ओ

गुणवत्ते मे नहि, मात्रा मे सेहो महत्त्वपूर्ण अछि। यैह कारण थिक जे हुनक रचनावलीक प्रकाशनक आवश्यकताक अनुभव व्यक्तिगत तथा संस्थाक स्तरपर बहुत दिन सँ कयल जा रहल छल। मैथिली अकादमी, पटना सेहो अपन स्थापनाकालहि सँ एहि रचनावलीक प्रकाशनक इच्छुक रहय। मुदा, इच्छा केँ कार्यरूप मे परिणत करब संभव नहि भेलैक। आठम अनुसूची मे मैथिलीक प्रवेशक बाद भारतीय भाषा संस्थान, मैसूर, विशेषतः ओकर निदेशक डॉ. उदय नारायण सिंह, द्वारा एहि कार्य मे अभिरुचि लेल गेल आ ओही संस्थाक सहभागिताक परिणाम थिक रमानाथ झा रचनावलीक प्रकाशन।

रचनावलीक प्रकाशन मे सभ सँ कठिन काज अछि रचनाक संग्रह। कठिनता तखन आओर बढ़ि जाइत अछि जखन रचना विभिन्न भाषा मे आ विभिन्न प्रदेशक संस्था लग अथवा पत्रिका मे छिड़िआयल रहय। रमानाथ झा मैथिल मनीषाक भारतीय रचनाकार छलाह। साहित्य अकादेमी मे मैथिलीक प्रथम प्रतिनिधि रहथि। देशक विभिन्न भाग मे हुनक भाषणक लिखित प्रति होयबाक सूचना भेटल तँ ओकर उपलब्धिक दिशा मे प्रयत्नशील भेलहुँ। बहुत भेटबो कयल। मुदा सभटा भेटिए गेल से कहब संभव नहि अछि। ई त' भेल मैथिली सँ इतर क्षेत्रक स्थिति। मैथिलीक पत्रिका मे प्रकाशित आलेखक संग्रह कम कष्टकर नहि अछि। एक तँ पत्रिका सभ दुर्लभ आ, दोसर, जनिका लग छनि तनिक एकाधिकारक अहंभाव। तथापि, मैथिलीक सुधी अध्येताक सहयोग हमरा पर्याप्त भेटल अछि।

रमानाथ झाक रचनाक जानकारीक लेल हमर आधार-ग्रन्थ रहल अछि—रमानाथ झा अभिनन्दन-ग्रन्थ तथा प्रो. अमरनाथ झा लिखित पुस्तक 'सारस्वत सर मे हे मराल'। डॉ. दुर्गानाथ झा 'श्रीश'क एकटा निबन्ध सेहो हमरा लेल उपयोगी भेल अछि। रमानाथ झाक व्यक्तित्व-कृतित्वक संक्षिप्त विवरण ओहिमे अछि। किन्तु, सभ सँ बेसी उपादेय भेल अछि रमानाथ झाक पुत्र दुर्गानाथझाक व्यक्तिगत संग्रह। अपना ओहिठामक सामग्री तँ सहजेँ, अनेक ठाम सँ रचना सभ एकत्र क' ओ हमरा उपलब्ध करौलनि अछि। भीमनाथ झा, विभूति आनन्द आ पशुपति नाथ झाक निजी पुस्तकागारक उपयोग हम खूबे कयलहुँ अछि। जीवेश्वर झा, राजमोहन झा, फूलचन्द्र मिश्र 'रमण', अशोक, प्रो. मनमोहन झा, रघुवीर मोची तथा महारुद्र झा ताकि-ताकि क' हमरा रचना सुलभ करौलनि अछि। एहेन कतोक बन्धु-बान्धवक सहयोग सँ रचनावली पूर्णता प्राप्त कयलक अछि।

रमानाथ झाक रचना-संसार बड़ विस्तृत अछि। विशालकाय आ बहुआयामी। रचनावली मे हुनक सम्पूर्ण रचना केँ पाँच खण्ड मे विभाजित कयल गेल अछि—

खण्ड	-	एक	:	विद्यापति
खण्ड	-	दू	:	मैथिली साहित्य
खण्ड	-	तीन	:	मिथिला ओ मैथिली
खण्ड	-	चारि	:	विविध
खण्ड	-	पाँच	:	संस्कृत-रचना

खण्डक विभाजन दू आधार पर कयल गेल अछि—विषय-वस्तु आ भाषा। पहिल खण्ड मे विद्यापति सँ सम्बन्धित रचना अछि। दोसर खण्ड मे विद्यापति सँ इतर मैथिली साहित्यक सम्बन्ध मे लिखित आलेख अछि। मिथिला आ मैथिलीक प्रसंग ओ जे लिखने छथि तकरा तेसर खण्ड मे राखल गेल अछि। चारिम खण्ड विविध रचनाक अछि। पहिल तीनू खण्ड मे असंकलित आ संस्कृत सँ भिन्न भाषा मे रचित कृति एहि मे रहत। जेना, उदयन कथा, वररुचि कथा, अनुवाद साहित्य आ अन्य स्फुट रचना। पाँचम खण्ड संस्कृत भाषा सँ सम्बद्ध कृतिक अछि। एहि रचना सभक विषय-वस्तु आ प्रकृति तँ भिन्न अछिए, ओ मात्रा मे एतेक अछि जे ओकर एकटा स्वतंत्र खण्ड करब उचित लागल। खण्ड-विभाजन मे 'रचना' सँ हमर तात्पर्य स्फुट निबन्ध तथा पुस्तक रूप मे प्रकाशित रचना—दुनू अछि। तेँ विद्यापति सँ सम्बद्ध निबन्ध आ पुस्तकाकार प्रकाशित 'मोनोग्राफ' एक्के खण्ड मे अछि। किन्तु, विषयानुसार खण्ड करबाक कारणे प्रबन्ध-संग्रह, निबन्ध-माला आदि संकलनक लेख केँ यथोचित खण्ड मे राखल गेल अछि। प्रत्येक रचनाक अन्त मे स्रोतक उल्लेख अछि।

रमानाथ झा मैथिलीक रचनाकार छलाह। विभिन्न भाषा मे लेखन कयलनि से फराक बात, मुदा साहित्यकार छलाह ओ मैथिलीक। तेँ प्रत्येक खण्ड मे रचनाक क्रम-निर्धारण करैत काल भाषा केँ आधार बनाओल गेल अछि, आ ताहि मे मैथिली केँ प्राथमिकता स्वतः भेटि गेलैक अछि। माने ई जे रचनाक भाषा-क्रम अछि—पहिने मैथिली, तखन हिन्दी आ तकरा बाद अंगरेजी।

रमनाथ झा सिद्धान्तवादी साहित्यकार छलाह। मैथिली-साहित्यक लेखन-शैली मे एकरूपताक प्रसंग हुनक आग्रह सर्वविदित अछि। भाषाक बोधगम्यता तथा सहज विकास लेल ओ एकरा आवश्यक बुझलनि। मुदा, से भ' नहि सकल। तथापि हुनक रचनाक लेखन-शैली मे सर्वत्र एकरूपता अछि। हुनक जे रचना जहिना प्रकाशित अछि, रचनावली मे तहिना राखल गेल अछि।

—सम्पादक

खण्ड–एक : विद्यापति

प्रस्तुत खण्ड अछि आचार्य रमानाथ झा लिखित विद्यापति सँ सम्बद्ध रचनाक। विद्यापति रमानाथ झाक सभ सँ प्रिय लेखक। मैथिलीक सर्वोत्कृष्ट साहित्यकार। तेँ रमानाथ झा विद्यापति पर जतेक लिखने छथि ततेक कोनो अन्य रचनाकार पर नहि। विद्यापति पर ओ जतेक लिखने छथि ततेक मैथिलीक, आ प्रायः कोनो भाषाक, कोनो एक रचनाकार नहि। यैह कारण अछि जे विद्यापतिक प्रसंग लिखित रमानाथ झाक सम्पूर्ण कृति केँ स्वतंत्र रूप मे, पहिले खण्ड मे, राखल गेल अछि।

विद्यापति पर रमानाथ झाक पहिल प्रकाशित निबन्ध अछि—महाकवि विद्यापति ठाकुरक हस्तलिखित भागवत। एकर प्रकाशन भोलालाल दास द्वारा सम्पादित 'भारती' पत्रिकाक मार्च, 1937 केर अंक मे भेल छल। विद्यापति-रचनावली मे एहि कृतिक अद्वितीय महत्व अछि। विद्यापतिक हाथक लिखल एकमात्र रचना यैह भागवत छल। विद्यापतिक हस्तलिपिक नमूना आ हुनक लेखनक सुन्दरताक ई अनमोल धरोहरि आब उपलब्ध नहि अछि। दरभंगा राज लाइब्रेरीक एहि गौरव-ग्रन्थक अध्ययन-अनुशीलन रमानाथ झा कयने छलाह। तकरे देन थिक हुनक उक्त निबन्ध। विद्यापति सँ सम्बन्धित रमानाथ झाक दोसर रचना अछि—डाक्टर उमेश मिश्रके विद्यापति ठाकुर। ई रमानाथ झा लिखित पहिल समीक्षा थिक। माने ई जे रमानाथ झाक प्रथम समीक्षा-लेखन विद्यापतिए विषयक अछि। ओना, एहि समीक्षाक संयुक्त लेखकक रूप मे भुवनेश्वर झाक नाम अछि, मुदा एकर तथ्यात्मकता एवं तार्किकता, भाषा एवं भंगिमा रमानाथ झाक परवर्ती समालोचना-लेखन सँ ततेक मिलैत-जुलैत अछि जे एकरा हुनके कृति मानब अनुचित नहि होयत। मूल पुस्तक हिन्दी मे छल, तेँ समीक्षा सेहो हिन्दीएक पाठक केँ सम्बोधित अछि। प्रकाशन-तिथिक सही सूचनाक अभाव मे एहि रचनाक उपलब्धि मे बड़ कठिनता भेल। पटना विश्वविद्यालयक पुस्तकालय, नेशनल लाइब्रेरी, कलकत्ता तथा अन्य संभावित स्थान पर जखन 'विशाल भारत' क अपेक्षित अंक (मार्च, 1938) नहि भेटल तखन निराश भ' गेल रही, मुदा शशिकर भारद्वाज तथा अरविन्द कुमार मिश्र (मुनिजी) दिल्लीक पुस्तकालय सभमे तकैत-तकैत अन्ततः एकरा उपराइए लेलनि।

विद्यापतिक प्रसंग रमानाथ झाक लेखन अनेक प्रकारक अछि। निबन्ध, समालोचना, आलोचनात्मक निबन्ध, भूमिका, सभा-सम्मेलन मे देल गेल लिखित भाषण, आकाशवाणी सँ पठित आलेख तथा पोथीरूप मे प्रकाशित कृति केँ रचनावली मे समेटब सरल अछि। किन्तु, 'कविता कुसुम' आ 'प्राचीन गीत' सदृश सम्पादित पुस्तक मे विद्यापति आ हुनक गीतक प्रसंग जे सारगर्भित टिप्पणी अछि से झंझट उत्पन्न क' देलक। विचार-विमर्शक बाद एकटा प्रक्रिया निर्धारित कयल गेल। उक्त दुनू पोथीक गीत-सूची मे गीतक संख्या देल अछि। गीत पर देल गेल टिप्पणी सेहो संख्या-क्रम सँ अछि। दुनू केँ एकठाम राखि देला पर दुनू मे तालमेल स्थापित कयल जा सकैत छल, मुदा एतबे सँ गीत चिन्हित नहि होइत। तेँ गीतक संख्या आ ओकर शीर्षक यथावत् रखैत गीतक पहिल पंक्ति सेहो पूर्णतः वा अंशतः द' देल गेल अछि। आब प्रसंगाधीन सभ गीत केँ उद्धृत कयनहु बिना पाठकक काज चाहला पर चलि जयतनि से आशा अछि। कहबाक प्रयोजन नहि जे विद्यापति-गीतक प्रसंग आचार्य रमानाथ झाक ई टिप्पणी छात्रेक लेल नहि, प्रत्येक जिज्ञासु पाठकक हेतु उपयोगी अछि।

रमानाथ झा विद्यापति-गीतक अनुशीलनक संग अनुसन्धान सेहो कयलनि। दरभंगा राज लाइब्रेरी मे हुनका प्राचीन तालपत्र सभ देखबाक अवसर भेटलनि। तालपत्र सभ विभिन्न विषय सँ सम्बद्ध छल। किछु संस्कृत पुस्तकक पाण्डुलिपि सेहो रहय। एकटा पाण्डुलिपिक तीनटा पात पर मैथिलीक सातटा गीत हुनका उपलब्ध भेलनि। एहि मे विद्यापतिक पाँचटा गीत छल। एहि पाँचो मे तीनटा गीत विभिन्न संकलन मे आबि चुकल छल, दूटा सर्वथा नव आ अप्रकाशित छल। सातो गीतक उपलब्धिक प्रसंग, गीत सभ केँ उद्धृत करैत, रमानाथ झा अंग्रेजी मे एक निबन्ध लिखलनि—सम अनपब्लिश्ड मैथिली सौंग्स। ई इलाहाबाद सँ प्रकाशित गंगानाथ झा रीसर्च इन्स्टीट्यूटक जर्नल मे 1945 मे छपल। एहि प्रकारेँ विद्यापतिक दूटा गीतक अनुसन्धान आ प्रथम प्रकाशन रमानाथ झा कयलनि। ई दुनू गीत ओ 'प्राचीन गीत' (गीत संख्या 30 आ 50) मे संकलित कयने छथि। रचनावलीक परिशिष्ट दू मे टिप्पणी सहित एकर मूल रूप अछि।

एहिना विद्यापतिक सैंतीस गोट गीत पहिले पहिल रमानाथ झा द्वारा सम्पादित 'भाषा-गीत-संग्रह' मे प्रकाशित भेल। पटना विश्वविद्यालय मैथिली-विकास-निधिक सहयोग सँ रमानाथ झा 1967 ई. मे काठमाण्डू गेलाह। ओहिठाम हुनका मैथिली गीतक एकटा संग्रह भेटलनि जाहि पर लिखल रहैक—भाषा-गीत-संग्रह। ओहि पाण्डुलिपिक फोटो-प्रति ओ अपना संग अनलनि आ ओकर सम्पादन कय 1969 ई. मे प्रकाशित करौलनि। नेपाल मे उपलब्ध 'भाषा-गीत-संग्रह' नामक पाण्डुलिपि मे तथा रमानाथ झा द्वारा सम्पादित 'भाषा-गीत-संग्रह' पुस्तक मे अन्तर अछि। नेपाल-वला मे विभिन्न कविक कुल 145 गीत छल, पटना विश्वविद्यालयवला मे कुल 160 गीत अछि। तकर कारण अछि। रमानाथ झा अपन संग्रह मे माधवानलकथाक दुनू कातक पात पर लिखल दूटा गीत तथा हर-गौरी-विवाह

नाटकक तेरहटा गीतकेँ सेहो संगृहीत क' लेलनि अछि। रमानाथ झाक 'भाषा-गीत-संग्रह' मे विद्यापतिक कुल सतहत्तरि गीत अछि—चालीस प्रकाशित आ सैंतीस अप्रकाशित। ई सैंतीसो गीत रमानाथ झाक उपलब्धि थिक। मैथिली साहित्य केँ हुनक अनुपम देन थिक। एहि सँ विद्यापतिक रचना-संसार व्यापक भेल अछि। मुदा, मन पाड़बाक अछि जे रमानाथ झा भाषा-गीत-संग्रह संपादित तँ कयलनि, पटना विश्वविद्यालय ओकरा पुस्तकाकार मुद्रितो कयलक, तथापि ओ पोथी बाजार मे नहि आयल। सार्वजनिक नहि भेल। परिणामतः रमानाथ झाक कीर्त्ति-प्रकाश केँ मेघ झाँपि देलक। रमानाथ झा रचनावलीक विद्यापति खण्ड ओहि कीर्त्ति-वैभव केँ अक्षुण्ण रखबाक सर्वाधिक उपयुक्त स्थान अछि। तेँ भाषा-गीत-संग्रहक भूमिका तँ एहि मे रखले गेल अछि; विद्यापतिक उक्त सैंतीसो गीत, टिप्पणी सहित, परिशिष्ट-एक मे देल गेल अछि। शेष अंश दोसर खण्ड मे रहत।

भाषा-गीत-संग्रहक अतिरिक्त रमानाथ झा द्वारा सम्पादित विद्यापतिक तीन पोथीक मुद्रण पटना विश्वविद्यालयक मैथिली डेवलपमेन्ट फन्ड सँ भेल। पुरुष परीक्षा, मणिमञ्जरी नाटिका तथा कीर्त्तिलता। भाषा-गीत-संग्रह जकाँ ईहो तीनू कृति छपले रहि गेल, बाजार मे नहि आयल। प्रकाशित नहि भेल। पटना विश्वविद्यालयक सहमति सँ उक्त चारू ग्रन्थक उपयोग रचनावली मे कयल जा रहल अछि। किछु विद्वानक मत छनि जे 'पुरुष परीक्षा' विद्यापतिक सर्वोत्तम पुस्तक थिक। तहिना किछु विद्वानक कथन अछि जे पटना विश्वविद्यालय सँ मुद्रित पुरुष परीक्षाक अंग्रेजी भूमिका रमानाथ झाक विद्यापति पर सर्वोत्कृष्ट आलेख अछि। रमानाथ झाक अनुसार विद्यापतिक महत्ता पुरुषार्थ केँ रेखांकित आ पौरुष केँ प्रतिष्ठित करबा मे निहित अछि। प्रायः यैह दृष्टिकोण छल जाहि आधार पर रमानाथ झा विद्यापति केँ कवि आ भक्तक अपेक्षा महापुरुष मानब बेसी उपयुक्त बुझैत छथि। पुरुष परीक्षाक महत्वपूर्ण भूमिका रचनावलीक एहि खण्ड मे संकलित अछि।

मणिमञ्जरी नाटिका प. विष्णुलाल झा शास्त्रीक खोज थिक। बाद मे ओ एकर पाण्डुलिपि पटना विश्वविद्यालय मे जमा क' देलनि। मुदा, दिल्ली मे आयोजित पुस्तक-प्रदर्शनी मे ई पाण्डुलिपि चोरि भ' गेल। संयोग छल जे रमानाथ झा केँ विश्वविद्यालय एकर सम्पादनक भार पूर्वहि देने रहनि आ ओ एकर प्रतिलिपि क' लेने रहथि। ओही प्रतिलिपिक आधार पर रमानाथ झा एकर सम्पादन कयलनि आ 1966 ई. मे ई पुस्तकाकार मुद्रित भेल। एहि कृतिक खण्डित पाठ सँ रमानाथ झा संतुष्ट नहि छलाह जे हुनक भूमिका मे स्पष्टतः उल्लिखित अछि।

रमानाथ झाक विदग्ध विद्वत्ता आ गहन चिन्तनक साक्ष्य 'पुरुष परीक्षाक' भूमिका तँ अछिए, कीर्त्तिलताक सम्पादन आ भूमिका-लेखन सेहो तद्वते अछि। रमानाथ झा द्वारा सम्पादित कीर्त्तिलता भाषाविज्ञान एवं मैथिल समाजक गहन अध्ययनक परिपाठ थिक। एतबे नहि, कीर्त्तिलताक भाषाक विवेचन-विश्लेषणक क्रम मे मैथिली भाषाक उत्पत्ति एवं विकासक प्रसंग रमानाथ झा जे अभिमत प्रकट कयलनि अछि से गंभीर विमर्शक अपेक्षा

रखैत अछि। कीर्त्तिलताक एहि पोथीक भूमिका अंग्रेजी मे अछि, भरिसक तेँ मैथिलीक पाठकक सुविधाक लेल रमानाथ झा कीर्त्तिलताक प्रसंग 'मिथिला मिहिर' क तीन अंक मे विशद निबन्ध लिखलनि। पोथीक भूमिका आ मैथिली निबन्ध–दुनू रचनावलीक एहि खण्ड मे अछि।

रमानाथ झाक विद्यापति विषयक सम्पूर्ण कर्तृत्व एहि खण्ड मे समाविष्ट करब संभव नहि भ' सकल अछि। निबन्ध, टिप्पणी, भूमिका आ साहित्य अकादेमी सँ प्रकाशित 'विद्यापति' नामक मोनोग्राफ यथावत् संकलित कयलाक बादो किछु छूटल अछि। जेना, कीर्त्तिलता आ मणिमञ्जरी नाटिकाक रमानाथझा द्वारा सम्पादित संस्करण तथा पुरुष परीक्षाक अनुवाद। एहि संभावना केँ सेहो नकारल नहि जा सकैत अछि जे हुनक विद्यापति सँ सम्बन्धित कोनो रचना एखन उपलब्ध नहि भेल हो आ एहि खण्डक प्रकाशनक बाद ओ भेटि जाय। एहन ज्ञात-अज्ञात रचना रचनावलीक चारिम खण्ड मे रहत। एहि सँ पाठकलोकनि केँ जे असुविधा हेतनि तदर्थ क्षमा याचित अछि। तखन, एकटा बात अवश्य कहब। रमानाथ झा रचनावलीक प्रस्तुत खण्ड आचार्य रमानाथ झा आ विद्यापति–दुनू केँ जनबा मे सहायक होयत से विश्वास अछि।

हम आभारी छी मैथिली अकादमी, पटनाक, विशेषतः ओकर तत्कालीन निदेशक रत्नेश्वर प्रसाद सिंह, सहायक निदेशक रघुवीर मोची तथा सहायक महारुद्र झाक, जनिक सत्प्रयास सँ रचनावलीक प्रकाशनक गति तेज भेल। एहि कार्य दिस हमरा उन्मुख करबाक श्रेय छनि रघुवीर आ महारुद्र केँ। ओ सभ विशेष धन्यवादक पात्र छथि। रमानाथ झाक पुत्र दुर्गानाथ झाक प्रति कृतज्ञता-ज्ञापनक लेल हमरा शब्द नहि भेटि रहल अछि। प्रस्तुत रचनावली हुनके सदाशयता एवं कर्मठताक प्रतिफल थिक। हुनके नहि, हुनक समस्त परिवार आ सर-सम्बन्धीक सहयोग हमरा मुक्तभाव सँ भेटल अछि। दुर्गानाथ झाक असामयिक निधन सँ हम हतोत्साह अवश्य भेलहुँ, मुदा हुनक इच्छा-आकांक्षा आइयो हमर सहकारी अछि।

बन्धुवर नचिकेताक सहृदयता आ तत्परता तँ स्वाभाविके थिक। मैथिली आ मैथिली साहित्यकारक प्रति हुनक आत्मिक सम्बन्ध सर्वविदित अछि। रचनावलीक सम्पादन-प्रकाशन मे हुनक सहभाव हमरा शक्ति देलक अछि। भारतीय भाषा संस्थान, मैसूर तथा वाणी प्रकाशन, दिल्लीक प्रति मैथिलीक प्रकाशन दिस अभिमुख होयबाक लेल आभार प्रकट करब हमर कर्त्तव्य थिक।

शिवपुरी, पटना **–मोहन भारद्वाज**
9 फरवरी, 2006

विद्यापति

सँएतीस वर्ष पूर्वक समाचार थिक, 1930 ई.क शरदमे अध्ययन समाप्त कए पटनासँ विदा होएबाक दिन नगेन्द्रनाथ गुप्तक सम्पादित इण्डिअन प्रेस, प्रयागसँ प्रकाशित विद्यापतिपदावली कीनि संग लेने अएलहुँ। तहिआसँ आइधरि जीवनक नाना रूप भेल; कतेक व्यवसाय कएल; कतेक संकल्प ओ विकल्प होइत रहल; परन्तु एक गोट वस्तु जे तहिआ आकृष्ट कएलक ओ आइ धरि नहि छूटल अछि से थिक विद्यापतिक अध्ययन, अनुशीलन ओ अनुसन्धान। स्वर्गीय मिथिलेश महाराजाधिराज कामेश्वरसिंह सदृश उदार प्रभुक सेवा करैत विद्यापतिक जे कोनो रचना कतहु उपलबध छैक प्राप्त कएल। कतेक नव वस्तु अपनहु ताकि बहार कएल। हुनक तीनि गोट ग्रन्थ मणिमञ्जरी नाटिका, पुरुषपरीक्षा ओ कीर्तिलताक सम्पादन कए ओकरा प्रकाशित कएल। कतेक गीत बीछि-बीछि छपाओल, कतेकक टीका कएल। अङरेजी साहित्यक विधिवत् अध्ययनसँ जे कथा हृदयमे जमि गेल छल, जे कविक व्यक्तित्व देश, काल ओ समाजक वातावरणमे प्रस्फुटित होइत छैक ताहि संस्कारवशात् विद्यापतिक समयक सामाजिक स्थितिक मौलिक अनुसन्धान ओ अध्ययन कएल। तथा ई कोनो अभिमानेँ नहि, केवल सत्य कथा टा कहैत छी जे विद्यापति-कालीन मैथिल-ब्राह्मण-समाजक प्रामाणिक (जकरा आइ काल्हि वैज्ञानिक कहबैक ताहि रीतिसँ) अध्ययन कएने संसारमे हमहि टा छी, दोसरा ककरहु प्रवृत्तिओ नहि देखैत छिऐक। आइए नेपाल जएबाक आयोजन कएने छी जे ओतए सुरक्षित मैथिल संस्कृतिक निधिमे देखी जे विद्यापतिक प्रसङ्ग किछु भेटैत अछि वा नहि। तदुत्तर साहित्य अकादमीक हेतु "भारतीय साहित्यक निर्माता" ग्रन्थमालाक हेतु विद्यापति पर एक गोट ग्रन्थ लीखिकेँ देबाक अछि जे सम्पन्न कए जीवनक एहि अध्यायक अन्त करए चाहैत छी।

मैथिली जगत्मे एहि सँएतीस वर्षमे कतेक प्रगति भेल अछि। मैथिली आइ भारतक प्रमुख साहित्यिक भाषाक रूपमे सम्मानित अछि, मैथिली भावनाक प्रतीकक रूपमे विद्यापति आइ सर्वत्र अभिवन्द्यमान छथि। विद्यापति-स्मृति-पर्व हमरालोकनिक जातीय पर्वक रूपमे, जतहि दश जन उत्साही मैथिल रहैत छथि, सर्वत्र अनुष्ठीयमान अछि। जाहि गतिसँ ई जागृति पसरि रहल अछि ताहिसँ भविष्यक बड़ मङ्गलमय कल्पना करैत छी। परन्तु हमरा एहन सन

बोध होइत अछि जे ई जागृति बहुलतया भावनात्मक भए रहल अछि, क्रियात्मक नहि होअए पओलक अछि। हमरालोकनि अपन स्वत्व ओ अधिकारक हेतु जतेक जागरूक छी ततेक कर्त्तव्यपालनक हेतु नहि। समय आबि गेल अछि जे हमरालोकनि अपन उदात्त भावनाकेँ क्रियात्मक रूप दिऐक, उत्साहकेँ सक्रिय करी, अधिकारक प्रसङ्ग सतत जागरूक रही, मुदा अपन कर्त्तव्यहुक ध्यान राखी। मिथिलाक शिक्षित समुदायसँ विशेषतः नवयुवक वर्गसँ आजुक एहि पावन अवसर पर एहि ऐतिहासिक भूमि पर हमर इएह एक गोट अनुरोध।

× × ×

विद्यापतिक प्रसङ्ग अपन दीर्घकालव्यापी अध्ययन अनुशीलन जो अनुसन्धानसँ एक गोट विषय हमरा हृदयङ्गम भए गेल। ओ ई थिक जे विद्यापतिक देशक, हुनक समाजक अध्ययन कए हमरालोकनि विद्यापतिक पुनर्मूल्याङ्कन करी, विद्यापतिकेँ चिन्हबाक प्रयास करी। यदि विद्यापतिकेँ हमरालोकनि चीन्हि नहि सकलिऐन्हि तँ हुनक आदर्शक परिचय की उपलब्ध करब ओ यदि हुनक जीवनक आदर्श नहि बूझि सकलिऐन्हि तखन हुनक स्मृतिक रक्षा कोना होएत, हुनक जीवनसँ प्रेरणा की ग्रहण करब, ओ सबसँ बेसी तँ ई जे हुनक काव्यहुक ओ रस कोना पाबि सकब जे रस महाकवि अपन कविता द्वारा उद्‌बोध करएबाक सत्प्रयास कएल?

विद्यापतिक तिरोधान भेला पाँच सए वर्षसँ अधिक समय भेल। ओ युग मिथिलाक इतिहासक स्वर्णयुग छल। परन्तु एतेक दिनमे मिथिला कतेक ह्रास ओ उत्थान देखलक ओ विद्यापतिक व्यक्तित्वक चारूकात तेहन कुहेस जकाँ पसरि गेल अछि जे हुनक मूर्ति स्पष्ट नहि दृश्य भए रहल अछि। ताहि हेतु ज्ञानालोकसँ कुहेस दूर करए पड़त। मिथिलामे एखनहु लोक कहैत अछि जे स्वयं महादेव हुनक दास भए सेवा करैत छलथिन्ह। ओ अन्तिम समय मे अपना तीर पर शरीर त्याग करबाक अवसर देबाक हेतु राताराती गङ्गाक धार उछलि हुनक आवासक निकट आबि गेलथिन्ह। गौड़ीय वैष्णव-समाज मे ओ वैष्णव महाजन बुझल जाइत छथि। ग्रिअरसन हुनक गीतमे निर्गुण ब्रह्मक उपासना देखल। एही सबहिक आधार पर विद्यापतिक प्रसङ्ग हमरालोकनिक समस्त विचारधारा चलि रहल अछि से प्रत्यक्ष अछि।

मिथिलामे विद्यापतिक आदर नहि भेल ई कथा कोना स्वीकार करब जखन मिथिलाक लक्ष-लक्ष नारी आइ धरि विद्यापतिकेँ अपन कण्ठहार बनओने छथि। परन्तु इहो धरि सत्ये जे मिथिलाक शिक्षित समाज विद्यापतिक समुचित आदर आइओ धरि नहि कएलक अछि। स्मृति-समारोह कएनहि महाकविक उचित आदर भेल से हम नहि मानैत छी। स्मृतिसमारोह जे करैत छी से विद्यापतिक गौरवसँ स्वयं गौरवान्वित होएबाक हेतु, विद्यापति हमर थिकाह से जनाए विद्यापतिक निर्मल यश हमर यश थिक एहि भावनासँ प्रेरित भए। विद्यापतिक स्मृतिरक्षा ताधरि नहि होएत जाधरि हुनक उच्च आदर्श प्रख्यापित नहि होएत, जाधरि विद्यापतिक व्यक्तित्वक परिचय प्राप्त नहि होएत, जाधरि हुनका हमरालोकनि स्वयं नहि चीन्हि सकलियैन्हि, स्वयं चीन्हि अनका नहि चिन्हाए सकबैन्हि। ताहि दिशि कोनो प्रगति

नहि देखि रहल छी। इण्डिअन नेशनक श्री दीनानाथ झा एहि दिशामे प्रथम प्रयास कए रहल छथि। प्रयासक आयोजनमे लागल छथि, जे मिथिलाक मूर्धन्य मनीषी सबहिसँ विद्यापतिक पुनः मूल्याङ्कन कराबी ओ एकर आरम्भ परमादरणीय डॉ. श्री आदित्यनाथ बाबू कए रहलाह अछि। हमर तँ विश्वास अछि जे मिथिलाक यदि शिक्षित समाजकेँ ई विषय हृदयङ्गम भए जाए तँ देश मध्य आत्मपरिचय एवं आत्मसम्मानक भावना नव जागरणक सूत्रपात कए सकैत अछि।

संस्कृतिकेँ छाड़ि लोकभाषा मध्य साहित्याराधना करबाक अपराधेँ विद्यापति अपना समयक ओ तत्परवर्त्तीकालक पण्डितसमाज द्वारा उपेक्षिते टा नहि, तिरस्कृतो होइत रहलाह ओ परमगुरु वाचस्पतिमिश्रक पौत्र म. म. केशव मिश्र हुनका अतिलुब्ध नगरयाचक कहि हुनक मतकेँ पण्डितक मत समेत स्वीकार नहि कएल। एमहर आबि विद्यापतिक काव्यक रीति तँ पण्डित लोकनि स्वीकार कएलैन्हि, ओ गीत रचल करथि मुदा विद्यापतिक कविताक केओ पण्डित अध्ययन कएल, ओकर अनुशीलन कएल से सुनल नहि थिक। विद्यापति मिथिलाक नारी जगतमे, शिवभक्तक मध्यमे अथवा किछु रसिक जनक मण्डलीमे जीवित रहलाह।

ओमहर विद्यापतिक युगमे मिथिला ओ बङ्गालक सम्पर्क घनिष्ठ छल ओ बङ्गालसँ जे लोकनि मिथिला आबथि विशेषतः नव्य न्याय पढ़ए, से जखन एतएसँ जाथि तँ विद्याक सङ्ग-सङ्ग विद्यापतिक मधुर गीत सेहो कण्ठमे लेने जाथि। नवद्वीप मे जखन चैतन्यदेवक प्रादुर्भाव भेल तखन विद्यापतिक गीतक ओतए पूर्ण प्रचार छल। चैतन्यदेव ओ हुनक सहचर लोकनि अपनाकेँ कृष्णावतारक हुनक प्रिय गोपीलोकनिक अवतार मानथि ओ ताही भावसँ कृष्णक भक्ति करथि। विद्यापति अपन गीतमे नारी हृदयक अद्भुत विश्लेषण कएने छथि, "नारि मनोरथ शत शत अभिमत रहत निरूप" हुनक अपने उक्ति अछि। कोन आश्चर्य जे विद्यापतिक एहि यथार्थ चित्रणसँ अपनाकेँ कृष्णक प्रेयसी नारीक अवतार भरल गीत मानैत चैतन्यदेवक परम प्रिय भजन भए गेल ओ हुनक शिष्यगण एही परकीया-प्रेमकेँ ईश्वर-भक्तिक प्रतीक मानि मधुर-रसक परिकल्पना कएल जे आगाँ जाए वैष्णव-साहित्यक आधार-शिला भए गेल। विद्यापति वैष्णव महाजन मानल जाए लगलाह।

आइसँ सए वर्ष पूर्व स्थिति एहन छल जे बंगालक शिक्षितो समाज विद्यापतिकेँ बंगाली मानथि। ओ लोकनि विद्यापतिक अध्ययन ओ अनुशीलन करथि ओ विद्यापतिक प्रसङ्ग यावतो परिचय बंगालहिमे पाबिओ गेलाह। आधार छलैन्हि हुनका लोकनिकेँ ओ पदावली जे वैष्णव समाजमे प्रचलित छल जाहिमे प्रायः सर्वत्र परकीयाक प्रेमक विषय अछि। मैथिल लोकनिकेँ ई खबरिओ नहि जे विद्यापति बंगाली मानल जाइत छथि। एहि शताब्दीक आरम्भमे तत्त्वबुभुत्सु बंगाली लोकनि स्वयं अपन भ्रम जानल ओ क्रमशः ओएह लोकनि इहो सिद्ध कएल जे विद्यापति बंगाली नहि मैथिल छलाह। कवीश्वर एहि कार्यमे पूर्ण योगदान देल मुदा ओहू युगमे प्रायः ओ एकाकी एहि दिशि संलग्न रहलाह जाहि कारणे

पण्डित समाजमे एहि निमित्त हुनको उपहासे होइत रहल।

एही मध्यमे ग्रिअरसनक ध्यान सेहो विद्यापतिक गीत दिशि आकृष्ट भेल। गीतक माधुर्यसँ ओ मुग्ध छलाह। परन्तु छलाह ओ एहन समाजक जाहिठाम चुम्बन शब्द पर्यन्त शिष्ट समाजमे अवाच्य बुझल जाइक, ओ विपरीत रतिक चित्रणक की महत्त्व बुझितथिन्ह। ओ बुझलथिन्ह जे जेना बाइबुलक भजनमे शृङ्गारक भाषा प्रयुक्त छैक अथवा कबीरक गीतमे छैक तहिना विद्यापति सेहो लिखने छथि। ओ ई नहि देखलथिन्ह जे विद्यापतिक राधा वा गोपीक नायिका मात्रकेँ मिलनक उद्वेग नहि छैक प्रत्युत कृष्ण वा नायक सेहो मिलनक हेतु ओहने उद्विग्न चित्रित छथि। निर्गुण ब्रह्मके ँ उद्वेग कोना होएतैन्हि? बाइबुलहुमे भक्तिहिक हृदयमे प्रेयसीक कल्पना छैक; ईश्वरकेँ भक्तसँ मिलनक उत्कण्ठा नहि छैन्हि। परन्तु ग्रिअरसन विद्यापतिकेँ कबिरहा मानि लेल।

मिथिलामे विद्यापतिक अध्ययन एमहर पचास वर्षक मध्यमे आरम्भ भेल परन्तु तावत् मिथिलासँ बाहर विद्यापतिक अध्ययन विशेष प्रगति कए लेने छल। खेदक विषय थिक जे तखन जे विद्यापतिक अध्ययन आरम्भ भेल से ओहि विद्यापतिक नहि जे मिथिलामे उत्पन्न भेल छलाह वा शिवसिंहक महाराज-पण्डित छलाह परन्तु ओहि विद्यापतिक जे वैष्णवसमाजमे वैष्णवमहाजन मानल जाइत छलाह तथा ग्रिअरसन जनिका कबिरहा कहने छलाह। विद्यापति जे फेरिकेँ मिथिला अएलाह, मैथिल बुझल जाए लगलाह से ओ विद्यापति नहि रहलाह जनिक एक प्रकारक रचना मिथिलासँ बङ्गाल गेल छल; आब जे विद्यापति हमरालोकनिकेँ भेटलाह से बंगालक रङ्गमे रङल, मधुर-रसक कवि। एखन धरि जे मैथिल लोकनिक द्वारा विद्यापतिक प्रसङ्ग लेख पढ़ैत छी सबमे ओएह भाव, ओएह विचार-धारा दृष्टिमे अबैत अछि। जतए कतहु विद्यापतिक संगीत सुनैत छी सर्वत्र ओही जातिक गीत। मिथिलामे विद्यापति सबदिन नचारीक हेतु प्रसिद्ध छलाह, स्त्रीगण समाजमे व्यवहारक गीतक हेतु अमर छथि, परन्तु नचारी किंवा महेशवानी, योग किंवा उचिती, एहन गीत ने विद्यापतिक सुनबामे अबैत अछि ने एहन रचनाक केओ विचारक लेखक विवेचना करैत छथि। वैष्णवपदावलीक संग्रहमे नचारी एकोटा नहि अछि, ग्रिअरसन एकोटा नचारी नहि उद्धृत कएल; स्वयं नगेन्द्रनाथ गुप्तक संग्रहमे नचारीक स्थान गौण अछि। ओएह मैथिलो लोकनि करैत रहलाह अछि।

हमरा विद्यापतिक तीन गोट रूप भेटैत अछि; विद्यापति कवि छलाह परन्तु ताहिसँ पैघ भक्त छलाह ओ ताहूसँ पैघ महापुरुष छलाह। ओहिमे केवल एक रूप, कविक, विचार करब, सेहो एकहि रसक, शृङ्गारक, ताहूमे एकहि प्रभेदक, परकीयाक प्रेमक, विद्यापतिक कवित्त्वप्रतिभा प्रख्यापित करबाक हेतु पर्याप्त हो, परन्तु विद्यापतिक व्यक्तित्वक परिचयक हेतु अपूर्ण रहत ई प्रायः कहबाक प्रयोजन नहि। दोसर इहो कथा स्पष्ट अछि जे विद्यापतिक शृङ्गारक गीत एक निर्दिष्ट लक्ष्यकेँ आगाँ राखि रचल गेल छल, नारीक प्रेमक अङ्कन तथा एहि जातिक गीत कविक तात्कालिक मनोदशा पर आधारित रहैत अछि। ओहिसँ कवित्वक

जे परिचय हो, कविक परिचय नहि भए सकैत अछि।

अमैथिल विद्वान्‌क हेतु ई विषय क्षम्य भए अकैत अछि। चैतन्यदेवकें विद्यापतिसँ नहि, अपन भक्तिसँ प्रयोजन छलैन्हि; ग्रिअरसनकें विद्यापतिकालीन विचारधारा बुझबाक साधन नहि छलैन्हि। हमरालोकनि तँ ओही देशक थिकहुँ, ओही समाजक थिकहुँ जाहिमे विद्यापतिक प्रादुर्भाव भेल। हमरालोकनि यदि आनक विचारधारासँ प्रभावित भए अपन विचार प्रकट करी तँ से कतेक दूर धरि उचित होएत से विचारणीय थिक। अपन परिचयक प्रति उपेक्षा ततेक गम्भीर अछि जे हमर शिक्षितो समाज मिथिलाक इतिहासक रूपरेखा पर्यन्तसँ अनभिज्ञ छथि। ओ यावत् पर्यन्त विद्यापतिकालीन मिथिलाक परिचय नहि होएत, विद्यापतिक परिवारक ओहि समाजमे की स्थान छलैन्हि, की कृतित्व छलैन्हि इत्यादि विषयक अवगति नहि होएत, विद्यापतिक जीवनक आदर्शक आधारक कल्पना नहि होएत ताधरि विद्यापतिक व्यक्तित्वक पूर्ण परिचय सम्भव नहि अछि। ताहि दिशि नवयुवको लोकनिकें साकांक्ष नहि देखैत छी। स्वतन्त्र कल्पना ओ विचारक प्रगति संतोषप्रद नहि प्रतीत होइत अछि। सर्वत्र गतानुगतिकता मात्र दृश्य भए रहल अछि। विद्यापतिक प्रति प्रथमे जे हमरालोकनिक कर्तव्य थिक तकर उपेक्षा देखि रहल छी।

हम तँ मानैत छी यावत् पर्यन्त विद्यापति-कालीन मिथिलाक चित्र स्पष्ट नहि होइत अछि ओ विद्यापतिक समस्त कृतिक मौलिक अध्ययन नहि होइत अछि ताधरि विद्यापतिकें चीन्हब कठिन अछि। एखनहु कतेक अधिकारी व्यक्ति समेत छथि जे विद्यापतिक सबटा रचना नहि देखने छथि ओ तैओ विद्यापति पर पोथी लीखि लैत छथि। ओहि पोथीसँ विद्यापतिक कोन रूपक चित्र स्फुट होएत से प्रत्येक विवेकशील व्यक्तिकें विचारणीय थिक। तँहि हम कहल जे मिथिलाक शिक्षित समाज विद्यापतिक आइ धरि उपेक्षे करैत आएल अछि। जाहि प्रगतिसँ विद्यापतिक प्रति हमरालोकनि अपन ऋण स्वीकार करैत जाए रहल छी ताहि समक्ष विद्यापतिक प्रति समुचित कर्त्तव्यक पालन नगण्य अछि। समय आबि गेल अछि जे हमरालोकनि अपना हेतु विद्यापतिकें चिन्हबाक चेष्टा करी ओ आजुक एहि पुण्यभूमि पर आयोजित एहि समारोहमे हमर इएह अनुरोध बुझी, प्रार्थना बुझी, आग्रह बुझी।

(अध्यक्षीय भाषण, विद्यापति-स्मृति-पर्व, विसपी, 1967)

युगपुरुष विद्यापति

काव्यजगतमे विद्यापतिक महिमा अवर्णनीय अछि, अनुपम अछि। आइसँ छओ सए वर्ष पूर्व हुनक प्रादुर्भाव मध्यमिथिलाक एक गोट महापण्डितक वंशमे भेल जनिका लोकनिक चारुचरितक प्रभावसँ मिथिलाक जीवन अद्यापि नियमित अछि। हुनका उपजीव्य भेटलथिन्ह अपन बाल-सखा शिवइ सिंह जनिकहिटा मिथिलाक लोक हृदयसँ राजा कहलक। हुनकहि प्रमोदार्थ ओ गीत रचए लगलाह, नव रीतिसँ, नव तान ओ नव भासक, शृङ्गार रससँ ओतप्रोत, ओहि भाषामे जे ओ स्वयं बजैत छलाह, जे मिथिलाक सकल नर-नारी बजैत छल। काव्यकलारसज्ञ हुनका अभिनव जयदेव कहलक; जनता हुनका कविकण्ठहार कहए लागल। शत शत शिवगीतमे ओ महादेवकेँ कतेक उपालम्भ सुनाओल, कतेक निन्दा कएल जे ठाम ठाम तीक्ष्णतामे कुमारसम्भवक बटुक निन्दोक्तिकेँ समेत मातु करैत अछि ओ एहि द्वारा ओ गार्हस्थ्य जीवनक आनुपूर्वी चित्र आँकल, गौरीक सन गृहिणीक अभिशापक लौकिक व्याख्या प्रस्तुत कएल। व्यवहारक गीतमे ओ तत्कालीन मिथिलाक सामाजिक चित्र प्रस्तुत कएल, सकल नर ओ नारीक हृदयमे सामाजिक चेतनाकेँ छापि गेलाह जे अद्यापि नहि मेटाएल अछि। ओ चमत्कार ई जे विद्यापतिक रचनामे काव्यक प्रतिभा तथा संगीतक स्वरलहरीक अपूर्व सम्मिश्रण अछि जे प्रसाद ओ माधुर्य दूहूसँ ओतप्रोत अछि ओ तेँ सर्वथा आनन्दक एकगोट अक्षय स्रोत भेल अछि। कोन आश्चर्य जे सम्पूर्ण जनजीवनक ई सुमधुर व्याख्या जएह पढ़ैत अछि, जएह सुनैत अछि तकरहि मुग्ध करैत रहल अछि। वस्तुतः विद्यापति हमरालोकनिक काव्यक उपवनमे ओ कोकिल सिद्ध भेलाह जनिक काकली केवल मिथिलहिटामे नहि, समस्त उत्तर भारतक भाषाक्षेत्रमे वसन्त आनि देल।

परन्तु विद्यापति कविए टा कहाँ छलाह; वृत्या ओ कवि छलाहो नहि। तेहन विशिष्ट कुलमे हुनक प्रादुर्भाव भेल छल, तेहन वातावरणमे ओ पालित ओ पोषित भेल छलाह जतएक माटि ओ पानिमे विद्याक उत्कर्ष ओ राजनीतिक गहनता तथा जटिलता सानल छल, वसातक सङ्ग उधिआइत छल। जे कथा आन व्यक्ति उपयुक्त गुरु भेटला उत्तर तत्पर भेलहिँ कष्टसँ सीखि सकैत छल, बूझि सकैत छल, से विद्यापति शैशवावस्थहिसँ राजनीति-कल्लोलिनी कर्णधार अपन गुरुजनक मुहसँ, विश्रुत विद्वदग्रणी लोकनिक सहवाससँ

अनायास अवगत करए लागल होएताह। किशोरावस्थासँ लए अपन सुदीर्घ जीवनक अन्तिम दिन धरि ओ मिथिलाक राजसभाक खानदानी दरवारी रहलाह। जनिका प्रसङ्ग एखनहु प्रवाद सुनल जाइत अछि जे जनिक तुलनामे आओर सब राजा 'छोकड़ा' ताहि शिवइ सिंहक ओ बालसखा, अन्तरङ्ग मित्र, विश्वस्त सेवक, अनुरक्त सचिव तथा महाराज-पण्डित छलाह; अन्तिम संग्रामक निमित्त प्रस्थान करबासँ पूर्व ओ अपन छओ गोट स्त्रीकेँ हुनकहि जिम्मा राखि गेल छलाह। मिथिलाक सकल नर ओ नारी इएह मानैत आबि रहल अछि जे महादेव हुनक भक्तिक अधीन भए उगना नाम धराए हुनक चाकर भेल छलथिन्ह तथा गंगाक तटपर प्राण त्यागी तेँ यात्रामे चलल अन्तिम राति धारसँ किछु दूर विश्राम करैत हुनका मुक्ति देबाक निमित्त गंगा अपन धार छोड़ि हिनक आवासक निकट आबि बहए लागल छलथिन्ह। एहन अलौकिक छल हिनक व्यक्तित्व, एहन अनुपम छल हिनक प्रतिपत्ति, एहन अप्रतिम छल हिनक प्रतिभा।

विद्यापति जनैत छलाह जे कीर्त्तिरक्षरसम्बद्धा ओ अपन हृद्गतभाव जे हिनक जीवनक दिशाकेँ नियमित कएने रहल ई स्पष्ट लिखैत छथि,

तिहुअन खेत्तहिं काञ्जि तसु कित्तिवल्लि पसरेइ।
अख्खर खम्भारम्भ जञो मञ्चावान्धि न देइ॥

अत्यन्त किशोरावस्थहिसँ ई अपन कीर्तिवल्लिकेँ पसरबाक हेतु अक्षरक खाम्ह गाड़ि गाड़ि मचान बान्धए लगलाह जे जीवनक अन्तिम समय धरि चलैत रहल। लिखबाक जेना हिनका व्यसन छलैन्हि ओ रजाबनौलीक प्रवासमे आओर नहि किछु तँ पओने छओ सए बेस पैघ पैघ ताड़क पात पर ई समस्त भागवत उतारि गेलाह। गीतकेँ छोड़ि दी तैओ हिनक रचना एक व्यस्त जीवनक हेतु पर्याप्त अछि। दश गोट हिनक रचित ग्रन्थ रत्न उपलब्ध अछि जाहिमे पाँच गोट हिनक जीवनक अन्तिम बीस वर्षक कृति थिक, प्रायः सत्तरिसँ नव्वे वर्षक वार्धक्यमे संकलित जाहिमे एक एक पोथीमे सए सए उद्धरण अछि धर्म, पुराण, आगम ओ इतिहाससँ। कल्पना करबाक विषय थिक जे ताहि दिनुक समयमे जखन पोथी तड़िपत पर हाथहिटासँ लिखल उपलब्ध छलैक एतेक उद्धरण ई कोना दए सकलाह? केहन छल हिनक लोकोत्तर मेधा, कतेक छल हिनका लिखबासँ प्रेम, केहन छल हिनक व्यावहारिक प्रज्ञा ओ केहन चमत्कारक छल हिनक विषयचयन?

अतएव विद्यापतिक कविक रूपसँ कत बड़ विशिष्ट छल हिनक व्यक्तित्वक स्वरूप जे अपन प्रतिभाक प्रसादसँ लोक आ शास्त्र दूहू विषयमे समान कृतित्व प्राप्त कएल, समान रूपसँ लोकोत्तर चमत्कार प्रदर्शित कएल ओ चिरकालक हेतु अमर छथि। वस्तुतः ओ जाही वस्तुकेँ छूबल तकरहि उत्कृष्टतर बनाए छोड़ल। ई छल हुनक प्रतिभाक विशिष्टता, प्राक्तन संस्कारक असाधारणता, व्यक्तित्वक प्रभाव। परन्तु ओ युगे एहन छल जखन मिथिला प्रतिभाक विकासक हेतु अत्यन्त उर्वर छल। विद्यापतिकेँ सबसँ प्रतिविशिष्टि मानि लिऐन्हि

से भए सकैत अछि मुदा विद्यापतिक अतिरिक्तो एक दू नहि, अनेको महापुरुष ओहि युगमे एतए प्रादुर्भूत भेल छलाह जनिक गुणगरिमासँ मिथिला एखन धरि गौरवान्वित अछि। ओना तँ बारहम शताब्दीक आरम्भहिसँ मिथिलामे सांस्कृतिक उत्थान होअए लागल मुदा ओकर उत्कर्ष विद्यापतिक जीवनकालमे चरम पर परिलक्षित होइत अछि ओ विद्यापतिक परोक्ष होइतहि जेना ओकर ह्रास होअए लागल। विद्यापतिक युग मिथिलाक इतिहासमे स्वर्णयुग सिद्ध भेल।

मिथिलामे नवयुगक सूत्रपात शाके 1019 मे मानल जाइत अछि जखन कर्णाटकुल चूड़ामणि नान्यदेव सिमराओमे अपन राज्यक शिलान्यास कएल। ताहिसँ पूर्व पौराणिक युगक कथा नहि हो, कलियुगमे मिथिलाक स्वतन्त्र राजा कहियो नहि भेल छलाह। कौटिल्यक अर्थशास्त्रसँ अवगत होइत अछि जे जनकक वंशधरकेँ कोनहु राजाक हेतु गर्हित अपराध कन्या पर बलात्कारक कारणे राज्यसँ च्युत कए एतए विदेहक गण-राज्य स्थापित भए गेल जे क्रमशः लिच्छवीलोकनिक सङ्ग मिलि वृज्जिक संघराज्यक स्थापना कएल। इतिहासमे एहि संघक बड़ा नाम अछि कारण महात्मा बुद्ध अपन संघक निर्माण वृज्जिसंघक आदर्श पर कएने छलाह। जैनधर्मक प्रवर्त्तक महावीर वैदेह छलाह, वैदेहीपुत्र, मगधक सम्राट अजातशत्रु वैदेहीपुत्र छलाह। इएह अजातशत्रु वृज्जिसंघक उच्छेद कए मिथिलाकेँ मगधक अधीन कएल। पन्द्रह सए वर्षसँ अधिक दिन धरि मिथिलाक राजनीतिक स्वतन्त्रता अपहृत रहल। कतेक दिग्विजयी राजा मिथिलाक विजयक गौरव अपन अपन प्रशस्तिमे लिपिबद्ध कराए गेल छथि। मिथिला कहिओ युद्ध नहि कएल; राजनीतिक स्वतन्त्रताकेँ महत्त्व नहि देल; अपन आचार ओ विचार जीवनक क्रम ओ विचारक धारा स्वतन्त्र राखल। मुदा राजनीतिक स्वतन्त्रता नहि रहलेँ शान्ति ओ समृद्धि नहि रहए ओ शान्ति एवं समृद्धिसँ जे कलाक विकास चाही से होअए नहि पाओल। सन्तोष ओ त्याग—एही दूनू गुणक बलसँ मैथिललोकनि धर्मबुध्द्या विद्याक व्यवसाय करथि ओ नीरस जीवन बितबैत अपन अस्तित्व धरि बचबैत रहलाह। अतएव शाके 1019 मे जखन सुदूर कर्णाटक वीर ओ पण्डित नान्यदेव मिथिलामे राज्य स्थापित कएल तँ मिथिलाक लोक हुनका पूर्ण स्वागत कए राखल ओ आत्मसमर्पण कए देल। कार्णाट राजालोकनि विदेशी होइतहुँ मिथिलाकेँ अपन बूझि शासन करए लगलाह ओ पन्द्रह सए वर्षक अराजकतासँ थाकल मैथिल जाति अपन राजा ओ अपन राज्य पाबि स्वतन्त्र ओ स्वच्छन्द भए विकासक पथ पर अग्रसर होअए लागल। नव जागरण जेना समस्त देशमे नवीन स्फूर्ति आनि देलक। लक्ष्मीधरक कल्पतरु सामाजिक जीवनक नवीन रूपरेखा अङ्कित कएलक जकर प्रभावसँ समस्त देशमे निबन्धक युग कए सए वर्ष धरि व्याप्त रहल। गङ्गेशक नव्यन्याय समस्त देशमे शास्त्रीय विचारकेँ एक गोट नव दिशा प्रदान कएलक। ई युग छल जखन विधर्मी मुसलमान भारतवर्षक विजय कए रहल छल ओ समस्त आर्यावर्त्त मुसलमानक शासनमे आबिओ गेल तथापि मिथिलामे कार्णाटक छत्रच्छायामे अपन राज्य रहल। विद्यापतिक प्रादुर्भावसँ तीस चालीस वर्ष पूर्व मुसलमान

मिथिलाक स्वतन्त्र राज्यकेँ अपन शासनमे लए लेल परन्तु एतए ओकर शासन चलि नहि सकलैक ओ जे मिथिला एतेक दिन क्षत्रियक शासनमे छल से आब विशुद्ध मिथिलाक एक गोट ब्राह्मणक हाथमे दए देल गेल यद्यपि ओ मुसलमानक अधीनता स्वीकार कए लेल, मुसलमान बादशाहकेँ कर देब स्वीकार कए लेल। ओइनिवारक राज्यकाल मिथिलाक इतिहासमे स्वर्णयुग कहल जाइत अछि जखन समस्त पूर्वोत्तर भारतक नेतृत्व मिथिला करैत रहल। 1200 ई.क प्रान्तमे जे नवजागरण मिथिलाक भूमि पर, नव स्फूर्ति ओ नव प्रेरणा अनलक से बहुत दिन धरि प्रवर्धमान रहल। वस्तुतः विद्यापतिक परोक्ष भेलाक अव्यवहित उत्तर कालमे भैरव सिंहक समयमे मिथिलाक उत्कर्ष चरम पर छल ओ पक्षधर मिश्रक शिरोमणि रघुनाथसँ शास्त्रार्थमे पराजय मिथिलाक गौरव सूर्यक मध्याह्नोत्तर पतनोन्मुखता द्‌योतित करैत अछि।

ओ विद्यापति एहि नव जागरणक सबसँ विशिष्ट प्रतिभालए प्रादुर्भूत भेल छलाह। मेधाक लोकोत्तर चमत्कारिता, कल्पनाक अद्‌भुत विलास, जीवनक प्रति घोर आस्था, कर्त्तव्यक प्रति अश्रान्त जागरुकता, ई सब तँ हिनक जीवनक प्रत्येक अंशमे लक्षित करितहिँ छी मुदा विद्यापतिक प्रतिभाक बहुमुखिता एकर स्पष्ट प्रमाण अछि। मानवजीवनक उद्‌देश्य जे विद्यापति अपन पुरुष-परीक्षामे प्रतिपादित कएल अछि से थिक तँ हमरालोकनिक संस्कृतिक सनातन मान्यता मुदा विद्यापति जाहि रूपमे ओकर निदर्शन कयल अछि ओ ताहूसँ बेसी जाहि रूपमे ओकर पालन अपना जीवनमे कएल अछि ताहिसँ स्पष्ट अछि जे भारतीय आर्य संस्कृतिमे जीवनक मूल्याङ्कन जाहि सनातन मापदण्डसँ होइत आएल अछि-तकरहि ओ नव युगमे नव परिस्थितिमे पुनरूद्धोषित कएल, पुनरूज्जीवित कएल, नवीन मान्यता प्रदान कएल। स्मरण रहए जे मिथिलामे जातीय जीवन, जन जीवन, सामाजिक जीवनक रूपरेखा जे विद्यापतिक युगमे नियमित भेल छल से सनातन होइतहुँ नवीन युगक अनुकूल छल, एतेक अनुकूल छल जे ओ केवल मिथिलहिमे नहि, समस्त आर्यावर्त्तमे आदरसँ समादृत रहल ओ पूर्वोत्तर भारतमे तँ मैथिलक नेतृत्व सर्वमान्य रहल। आइ धरि हमर जीवन ओही भित्ति पर यथाकथञ्चित् अवलम्वित अछि ओ परिस्थितिमे अन्तरसँ ओहिमे समयानुकूल संशोधन, परिवर्त्तन ओ परिवर्द्धन नहि भेल अछि तहिँ समाज अस्तव्यस्त अछि तथा वैयक्तिक रूपसँ मैथिल लोकनि उन्नतिक शिखर पर क्रमशः पहुँचैत रहलाह अछि अवश्य परन्तु समष्टि रूपसँ मैथिल जाति पछुआएल, छिन्न भिन्न ओ नगण्य भेल अछि।

विद्यापतिक युगमे समाजक पुनः संघटनक जे क्रमबद्ध योजना बनि कार्यरूपमे परिणत कएल गेल जाहि प्रसादात् कमसँ कम तीन सए वर्ष धरि (1300-1600) ई समाज सुदृढ़ रहल एवं मुसलमान सदृश विधर्मी ओ विजाती विजेताक शासनमे अपन स्वरूपकेँ बचओने रहि सकल, ताहि संघटनक सबसँ महत्त्वपूर्ण, सबसँ विशेष स्थायी, सबसँ विशेष दूरदर्शितासँ पूर्ण घटना छल लोकभाषाक महत्त्व स्थापित करब, लोकभाषाक स्वरूप निर्धारित करब, लोकभाषाक घर घरमे प्रचार करब, ओहि लोकभाषाक जे आपामर जनता

ताहि दिन बजैत छल, बुझैत छल, जाहिमे मिथिला देशक वासी सकल नर ओ नारी, ब्राह्मणसँ अन्त्यज धरि, राजासँ रङ्क धरि, विद्वानसँ मूर्ख धरि समान रूपसँ आबद्ध भए सकैत छलाह, जाहि बलेँ समाजक सब वर्गमे एकत्व स्थापित भए सकैत छल, जकरा कारणेँ समस्त मिथिलावासी अपनाकेँ एक बूझि सकैत छलाह। ई विद्यापतिक प्रतिभाक प्रसाद छल, हुनक दूरदर्शिताक फल जाहिसँ मैथिलक जातीय जीवनक अभ्युदय होइत जँ विद्यापतिक दूरदर्शी नीतिक सर्वथा पालन होइत परन्तु से भेल नहि। विद्यापतिक परवर्ती युगमे जनभाषाक महत्त्व कमैत गेल ओ जनसाहित्य क्रमशः वर्गीय होइत गेल जकर परिणाम भेल जे गत शताब्दी धरि अबैत अबैत मैथिली साहित्य ब्राह्मण ओ कायस्थ मात्रक साहित्य बुझल जाए लागल। विद्यापतिक दूरदर्शिता तँ एहीसँ सुस्पष्ट अछि जे छओ सए वर्ष पश्चात् एहि शताब्दीक प्रथम चरणक अन्त दिशि प्रथम महायुद्धक अनन्तर विश्वमे ई कथा सिद्धान्त रूपसँ मान्य भेल जे जातीय जीवनक आधार भाषा थिक ओ भारतवर्षमे स्वातन्त्र्योत्तर कालमे भाषाधार प्रान्तक निर्माण दिशि ध्यान गेल। एखनहु जे हमरालोकनि मैथिल जातिक गप्प करैत छी किंवा मिथिलाक निवासीमे जातीयताक किछुओ चेतना अछि तँ तकर श्रेय विद्यापतिकेँ, जे मिथिलाक जनभाषाकेँ स्वरूपायित कएल। आबहु जँ मैथिलत्वक रक्षा भए सकैत अछि तँ मिथिलाक भाषाकेँ एकटा स्वरूप दए जकरा समस्त मिथिला देशवासी अपन भाषा बुझए, जकर गौरव सबकेँ होइक, जकर विकासक हेतु, सम्मानक हेतु, पूर्णताक हेतु समस्त मिथिला निवासी कृतसंकल्प हो, किछुओ स्वार्थत्याग करए, थोड़ो सेवा करैत रहबाक सतत सचेष्ट रहए।

दोसर कथा अछि विद्याक प्रसङ्ग। मिथिला सब दिनसँ विद्याक व्यवसायमे संलग्न ओ विद्यापतिक युगमे समाजक पुनः संगठन भेल ताहिमे सामाजिक सत्ताक उपचयक निमित्त जातिक विशुद्धि ओ आचारक चारुताक संग संग विद्याक व्यवसायकेँ मान्यता देल गेल जकर परिणामस्वरूप विद्यापतिक युगमे मिथिलामे प्रकाण्ड पाण्डित्यक खानि छल; विद्यापति स्वयं एकगोट एहन महाकुलमे जन्म लेने छलाह जाहिमे पाण्डित्यक प्रकर्ष प्रख्यात छल, विद्‌याक उपासनासँ राजनीतिक अधिकार पओने छलाह; मुदा विद्यापति विद्याकेँ उचितसँ अधिक महत्त्व नहि देल। पुरुषक लक्षणमे पहिने वीरत्व, तखन सुबुद्धि ओ अन्तमे विद्याके राखि विद्यापति विद्याकेँ व्यापक रूपमे ग्रहण कएल अछि, विद्‌याक चौदह भेदक कथा कहि विद्यापति ओहिमे शास्त्र ओ शस्त्र एही दू विद्‌याकेँ मुख्यता दैत छथि मुदा ताहूमे कहैत छथि जे स्वभावहिसँ शास्त्रविद्या शस्त्रविद्‌यासँ छोट थिक कारण शस्त्रसँ जखन राष्ट्र सुरक्षित रहत तखनहि ने शास्त्रक चिन्ता चलि सकत। स्मरण रहए जे चीनी आक्रमणक पश्चात् भारतवर्षमे अस्त्रशिक्षा प्रत्येक स्नातकक हेतु आवश्यक प्रतीत भेल। विद्‌यापतिक मतकेँ जँ मान्यता प्रदान कएल जाइत तँ मिथिलहिक किएक, भारतवर्षहुक इतिहास दोसर रूपक रहैत। एतेक दूरदर्शी राजनीतिज्ञ छलाह विद्‌यापति, एतेक प्रबुद्ध, एतेक प्रगतिवादी तथापि जे लोक हुनका स्त्रैण कहैत छथि, सामन्तवादी से अपन अनभिज्ञता प्रदर्शित करैत छथि। पुरुषार्थक एहन एकान्त समर्थक, जातीयता कहू अथवा राष्ट्रीयता तकर मूलतत्त्वकेँ

हृदयङ्गम कएने, सबसँ सुन्दर रीतिएँ, समयानुकूल मार्गक अवलम्बन कए ओकरा कार्यमे परिणत करबामे दक्ष; भारतवर्षमे थोड़ कवि एहन भेल छथि। विद्यापति केवल मैथिली भाषाक नहि, मैथिल राष्ट्रीयताक सेहो व्युत्पत्यर्थमे पिता थिकाह।

विद्यापतिक प्रबुद्ध चेतना, समाजक कल्याण भावना एवं प्रखर दूरदर्शिता हुनक स्त्री-शिक्षा सम्बन्धी नीतिसँ आओर सुस्पष्ट होइत अछि। ई तँ आब सर्वमान्य अछि जे कोनहु समाजक सांस्कृतिक अवस्थाक मापदण्ड होइत अछि ओहि समाजमे स्त्रीक स्थान। विद्यापति-युगक महत्त्व ओहि युगमे स्त्रीगणक महत्तासँ, हुनकालोकनिक समाजमे जे उच्च स्थान छल ताहिसँ जाँचल जाए सकैत अछि। उदाहरणार्थ, स्त्रीधनक प्रसङ्ग मैथिल निबन्धकार लोकनि जे उदारता प्रदर्शित कएने छथि से भारतवर्षक आन कोनहु समाजमे नहि भेटत ओ ई निबन्धकार लोकनि विद्यापति-युगक देदीप्यमान विभूति छलाह। ओइनिवार वंशक महारानी लोकनि अनेकानेक कृतिमे अमर छथि। विश्वास देवी, धीरमती, लखिमा, अनुमति—अनेक नाम विद्यापति, वाचस्पति, मिसरू प्रभृति महापण्डितक ग्रन्थमे 'कारयित्री' क रूपमे वर्णित अछि। बङ्गालक सहजिया सम्प्रदायक भ्रमसँ शिवसिंहक पट्टराज्ञी लखिमा पर जे आरोप लगाओल जाए, मिथिलाक परम्परामे ओ परम विदुषी कवयित्री बुझल जाइत छथि। चण्डेश्वरक पत्नीक नाम सेहो प्रायः लखिमा छलैन्हि आ ओहो विदुषी छलीह। विद्यापतिक पुत्रवधू चन्द्रकला कवयित्री छलीह ओ रागतरङ्गिणीमे जे गीत लोचन उद्धृत कएल अछि से भ्रम हो, चन्द्रकलाक नहि होइन्हि, हुनक नामो चन्द्रकला नहि होइन्हि, मुदा विद्यापतिक पुतोहु गीत रचने छलीह, विदुषी छलीह, ई कथा लोचनकेँ ज्ञान छलैन्हि एहिमे विप्रतिपत्ति कोन? विश्वासदेवीकेँ विद्यापति "पत्युः सिंहासनस्था" कहैत छथि; भगीरथपुरक शिलालेखमे भैरवसिंहक पुतोहु रानी अनुमतिके "किञ्चोच्चैर्विनयाच्च वशतांनीता यया वान्धवाः" लखिमा शिवसिंहक हेतु पर्णनरदाहमे सती भेलीह परन्तु सती होएब नारीक उत्कर्ष छल असाधारण धर्म नहि। एहन नारी समाजक समुचित शिक्षाक निमित्त विद्यापति "पुरुष-परीक्षा" रचल "मुदे पौरस्त्रीणां" नागरी लोकनि संस्कृत सीखि सकथि तदुपयुक्त भाषामे, सरल ओ स्वच्छ संस्कृतमे, रोचक कथा सबसँ युक्त। ततबे नहि, विद्यापति ओहीठाम पौर-स्त्रीक विशेषणमे कहैत छथि—"मनसिज-कला-कौतुक जुषाम्" अर्थात् जाहि नागरी लोकनिकेँ काम-कला-विलासमे कुतुहल रहैत छैन्हि। एहि पदक व्यञ्जनामे हमरा विद्यापतिक समस्त कविताक उद्देश्य स्पष्ट भेटि जाइत अछि, पुरुष परीक्षाहिक काम-कथा अथवा आनहु प्रसङ्गक शृङ्गार-रसक कथाक नहि, प्रत्युत विद्यापतिक ओहि शतशः मैथिली गीतक जाहि प्रसादात् हुनक यश सर्वत्र धवलित अछि। सब प्रगतिशील युगमे काम-शिक्षा समाजक हेतु कल्याणकर मानल गेल अछि ओ हमर संस्कृतिमे तँ कामक स्थान जीवनक उद्देश्यमे धर्म ओ अर्थहिक सदृश अछि। जीवनक पूर्णताक हेतु कामक तृप्ति आवश्यक। तेँ ओकर उपेक्षा जीवनक पूर्णतामे बाधक होएत। विद्यापतिसँ एक सए वर्ष पूर्वहिँ कविशेखर ज्योतिरीश्वर संस्कृतमे पञ्चसायक लिखल परन्तु ताहिसँ केवल संस्कृतज्ञ उपकृत

भए सकैत छलाह। काव्य "व्यवहार विदे" थिक ओ तेँ काव्यक द्वारा काम-शिक्षा भारतीय काव्य-परम्परामे प्रशस्त अछि। महाकाव्यमे तँ रतिवर्णन आवश्यक मानल गेल अछि। वीर-रस-प्रधान महाकाव्यहुमे, किरातार्जुनीय अथवा शिशुपालवध समेतमे, एक एक सर्ग विशुद्ध रति-वर्णन अछि, कामशास्त्रक आधार पर तथा एहि परम्पराक आरम्भ कालिदास अपन कुमारसम्भवहिमे कएल, कारण, रघुवंशमे रतिवर्णनक सर्ग नहि अछि ने आदिकाव्य रामायणहिमे से अछि। हम तँ मानैत छी जे जनभाषामे शृङ्गारक गीतक रचना कए; कामशास्त्रक आधार पर; ओहि विषयक भिन्न-भिन्न अङ्गक सरल ओ सुबोध भाषामे वर्णन कए कए विद्यापति ओहि समाजक हेतु कामशास्त्रीय शिक्षाक प्रचार कएल, जाहि समाजकेँ संस्कृतक अभिज्ञता नहि छलैक ओ मिथिलामे नारी-समाजमे संस्कृतक अभिज्ञता बड़ विरल नहि तँ परिमित, अत्यन्त सीमित छलैक। से छाड़ि ओहि उत्कट शृङ्गारक गीतरचनाक की उद्देश्य भए सकैत छैक जाहिमे सखी-शिक्षा, प्रथम मिलन, विपरीत रति, मान ओ भिन्न-भिन्न अभिसारक गीत अबैत अछि। जेना संस्कारक गीत ओहि ओहि संस्कारक इतिकर्त्तव्यताक अवगति करबैत आएल अछि ओ नारी-समाजमे व्यवहार-विषय पटुता प्रदान करैत आएल अछि तहिना शृङ्गार-विषयक गीत यौन-सम्बन्धक भिन्न-भिन्न अंगक इतिकर्त्तव्यताक अवगति करबैत आएल अछि, नारी-समाजमे रति-विषयक पटुताक पाठ दैत आएल अछि। विद्यापति ई सब रचना मुख्यतः नारी-समाजक हेतु कएल, नारी-समाजमे ई गीत सब आह्लादसँ प्रचरित होइत रहल, नारी समाजक कण्ठमे आइ धरि अमर रहल अछि। ई गीत-सब पुरुष-समाजकेँ "स्त्रैण" बनएबाक हेतु नहिं रचल गेल प्रत्युत नारीकेँ नागरी, सु नागरी बनएबाक लक्ष्य राखि रचल गेल "नागरिपन किछु कहबो चाहोँ कहलहु बुझए सआनी" ओ विद्यापति कहैत छथि जे सुपहुकेँ "नागरी सुरत सुख अमिअ भेला"। इएह सुपुरुष ओ नागरिक अनन्त प्रेम-प्रसङ्ग विद्यापतिक गीतक विषय-वस्तु थिक। एही नागरीकेँ पुरुष-परीक्षाक आदिमे मनसिजकलाकौतुकजुषां कहल गेल अछि जकर शिक्षाक हेतु ओहि ग्रन्थक निर्माण भेल।

अतएव समाजक सुसंघटनाकेँ सामूहिक जीवनक आधार मानैत, जनकल्याणक हितक एकान्त कामना करैत, तदनुरूप जीवनक पथ प्रशस्त करैत, विद्यापति मैथिल जातीयताक सूत्रपात करैत अपन सुदीर्घ जीवन बिताओल परन्तु आरम्भहिसँ ओ चरित्रबल पर जोर दैत रहलाह, चरित्रबलहिसँ पुरुष पुरुष कहएबाक योग्य होइत अछि अन्यथा पुरुषाकार मात्र, पुच्छविहीन पशुमात्र थिक एकर उद्घोष करैत रहलाह। समाजमे यदि सब व्यक्ति अपन अपन चरित्रबलकेँ रखने पुरुष भेल तँ समाजक अभ्युदय स्वतः प्राप्त भए गेल ओ वस्तुतः पुरुष-परीक्षाक अनेकानेक कथासँ एही कथाक पुष्टि होइत अछि। गीतहुमे विद्यापतिक पुरुष नागरीक कामना करैत अछि, नागरी सुपुरुषक। जीवनक साफल्य ओ मानथि ओकर पूर्णतामे ओ तेँ केवल धर्म पर जोर नहि दैत छथि; अर्थ ओ कामकेँ ओ जीवनक पूर्णता ओ तेँ ओकर साफल्यक हेतु आवश्यक बुझैत छथि। हँ, धर्मक विषयमे

हुनक दृष्टिकोण उदार अछि; धर्मकें ओ जीवनक व्यवस्थित क्रम मानैत छथि तें अर्थ किंवा कामहु विषयक धर्म विरुद्ध आचरणकें प्रशंसित करैत रहैत छथि। परन्तु आश्चर्य लगैत अछि जखन देखैत छी जे पद पद पर विद्यापतिक युगमे समयानुकूल मान्यताक विधान होइत रहल, नव नव मान्यतासँ समाजमे नव जीवनक क्रमक प्रचार होइत अछि मुदा ओकरा पूर्वक क्रमसँ उच्छिन्न कए नहि, पूर्वक क्रमकें आधार बनाए, जाहिसँ परम्परामे कोनो आघात नहि होइत अछि अथ च नियमन एहन उपयुक्त होइत अछि जे लोककें ओकर पालनमे ने असौकर्य, ने ओकर पालनमे प्राचीन परम्परासँ विच्छेद, ने पूर्वजक प्रति अनास्था, ने भावीक प्रगतिक मार्गमे अवरोध। कोन आश्चर्य जे आइ धरि ओ मर्यादा यथाकथञ्चित् अनुवर्त्तमान अछि ओ मैथिल जे मैथिल चीन्हल जाइत छथि से सब ओही लक्षणसँ जाहि लक्षणक नियमन विद्यापति युगक महामनीषीगण कए गेल छथि।

इएह छल ओ स्वर्ण-युग जाहिमे विद्यापति प्रादुर्भूत भेलाह ओ अपन प्रतिभासँ ओकरा अमर बनाए गेलाह। अत्यन्त खेदक विषय थिक जे हमरालोकनि अपन इतिहास बिसरि गेल छी, ओकर अवगति प्राप्त करबासँ विमुख छी। अपन इतिहासक उपेक्षा ओहि जातिक सांस्कृतिक ह्रास द्योतित करैत अछि। इएह कारण थिक जे व्यक्तिगत रूपसँ हमरालोकनि उन्नतिक शिखर पर पहुँचितहुँ छी तथापि समष्टि रूपें, सामाजिक दृष्टिसँ, जातीय भावनामे हमरा लोकनि नगण्य छी। यदि हमरालोकनि अपन अतीतक दिशि साकांक्ष होएब, पाछाँ ताकब तँ आश्चर्य होएत जे शाके 1019 सँ लए प्रायः चारि सए वर्ष सँ ऊपर धरि शाके 1450 धरि मिथिला सब दृष्टिएँ समुन्नत छल, प्रबुद्ध छल, प्रगतिशील छल, ओ एहि स्वर्णयुगमे सबसँ प्रदीप्त, सबसँ प्रखर, सबसँ उन्मुख प्रतिभा छल विद्यापतिक। समयक, देशक, समाजक ओ कुलक मर्यादाक पालन करैत ओ अद्‌भुत दूरदर्शितासँ समाजकें उन्नयनक पथ पर आगाँ लए जाइत रहलाह मुदा मिथिलाक दुर्भाग्य जे ओही समयमे मिथिलाक गौरव-सूर्य अस्तोन्मुख भए गेल; विद्यापतिक प्रदर्शित मार्गक महत्त्व लोककें क्रमशः अनचिन्हार होअए लगलैक। आब जखन विद्यापतिक महिमा पुनः लोक बुझए लागल अछि, तखन विद्यापतिक पुनर्मूल्याङ्कन होएबाक चाही, हुनक उदात्त आदर्श स्थापित होएबाक चाही, हुनक व्यक्तित्वक चारूकात जे कालजन्य एकटा जाल जकाँ पसरि हुनक स्वरूपकें चिन्हए नहि दैत अछि तकरा हटएबाक चाही से जँ करए लागब तँ ओहि युगहुक परिचय प्राप्त करए पड़त। ई एतेक सुगम काज नहि अछि। एहि हेतु एक दल उत्साही नवयुवक विद्वान भक्ति ओ स्नेहसँ लागथि तखनहि ओकर उद्धार भए सकैत अछि मुदा से सर्वथा विधेय थिक ओ से जखन होएत तखन हमरालोकनि अपन जातीय गौरव चीन्हि सकब आ तखनहि विद्यापतिक महिमा चीन्हि सकबैन्हि।

(कौशिकी, विद्यापति-गोष्ठी, पूर्णिया / मिथिला मिहिर, 18.4.1971)

मिथिलामे विद्यापति

आइ पाँच सए वर्षसँ अधिक दिनसँ विद्यापति जाहि रूपेँ मिथिलाक लाख लाख नर आ नारीक कण्ठहार बनल छथि तकरा देखैत केओ निष्पक्ष विवेचक ई नहि कहि सकैत छथि जे मिथिलामे विद्यापतिक समुचित सन्मान नहि भेल अछि, परञ्च इहो कथा सत्य जे से सम्मान विद्यापतिकेँ मिथिलाक साधारण नर ओ नारीसँ, मैथिल जनतासँ, प्राप्त भेल अछि; मिथिलाक पण्डित-समाजसँ ओ बहुत दिन धरि उपेक्षिते रहलाह। इएह तीस पएँतीस वर्षसँ मिथिलामे विद्यापतिक विधिवत् अध्ययन प्रारम्भ भेल अछि परञ्च हमरा एहि अध्ययनक क्रमसँ एखनहु सन्तोष नहि होइत अछि।

परन्तु ई हमरालोकनिक हेतु कम गौरवक विषय नहि थिक जे मिथिलाक जातीय महाकवि विद्यापति बंगालमे प्रायः ओहिना वा ओहूसँ विशेष रूपेँ भक्ति ओ श्रद्धासँ आदृत होइत रहलाह अछि जेना ओ मिथिलामे भेलाह अछि ओ एखनहु होइत छथि। हम एहिठाम ओहि ऐतिहासिक कारण सबहिक चर्चा नहि करए लागब जे किएक वा कोना विद्यापति बंगालमे एना पूजित भेलाह। परन्तु ई कथा सत्य थिक ओ सर्वविदित अछि जे आइसँ पचहत्तरि-अस्सी वर्ष पूर्व धरि कमसँ कम बंगालमे विद्यापति बंगाली बुझल जाइत छलाह ओ बंगाली विद्वान् लोकनि हुनक रचनाक ताहि रूपेँ अध्ययन करैत छलाह, आइओ करैत छथि, जाहि रूपेँ हमरालोकनि एखन पर्यन्त नहि कए सकलहुँ अछि, करए लगलहुँ अछि। महाप्रभु चैतन्य-सम्प्रदायक मनीषी विद्वान्लोकनि विद्यापतिकेँ अपन सम्प्रदायक महाकवि मानैत आएल छथि ओ ई श्रेय बंगालहिक तत्त्वान्वेषक महापण्डित लोकनिकेँ छैन्हि जे ओएह लोकनि इहो सिद्ध कए देल जे विद्यापति बंगाली नहि मैथिल छलाह। मिथिलाक विद्वत्समाज निश्चेष्ट छल, मिथिलाक जनताकेँ एकर आभासो नहि छलैक, परन्तु एही मध्यमे बंगालीलोकनि विद्यापतिकेँ मिथिलासँ बंगाल लए गेलाह, हुनका बंगाली मानए लगलाह, हुनक सबटा परिचय बंगालहिमे पाबि गेलाह, ओ पुनि ओएह लोकनि हुनका चीन्हि हमरा फेरि देल, प्रमाणित कए देल जे विद्यापति बंगाली नहि छलाह, मिथिलाक मैथिल ब्राह्मणकुलक रत्न छलाह। परन्तु जाहि विद्यापतिकेँ ओलोकनि हमरा फेरिकेँ आपस कए देल तनिक स्वरूप ओ नहि रहए पाओल जे विद्यापतिक यथार्थ स्वरूप छल। आब जे

विद्यापति हमरालोकनिकेँ भेटलाह से बंगालक रंगमे रङल, चैतन्यसम्प्रदायक मान्यता ओ उपलब्धिक भावसँ रञ्जित, एकजन स्मार्त्त शिवभक्त मैथिल नहि प्रत्युत वैष्णवसमाजक एकजन महापुरुष। एमहर मिथिलाक विद्वानूलोकनि जे विद्यापतिक अध्ययन ओ अनुशीलन आरम्भ कएल अछि से एही रञ्जित विद्यापतिक। मिथिलाक जनसमुदायमे विद्यापतिक व्यक्तित्वक प्रसङ्ग ने कहिओ भ्रम छल ने एखनहु कोनो भ्रम अछि परन्तु हुनका लोकनिक हृदयमे जे विद्यापतिक मूर्त्ति छैन्हि से समयक जालसँ ताहिरूपेँ छारल छैन्हि जे ओहि मूर्त्तिक यथार्थ स्वरूपकेँ सत्ये चिन्हबाक हेतु ओहि जालकेँ हटबए पड़त। मिथिलाक विद्वानूलोकनिकेँ ई उचित छलैन्हि जे जखन ओलोकनि विद्यापतिक कृतिक अध्ययन आरम्भ कएलैन्हि ताहिसँ पूर्व ओलोकनि विद्यापतिक यथार्थ स्वरूपक निरूपण कए लितथि, मिथिलामे परम्परासँ पूजित जे विद्यापतिक मूर्त्ति छल ताहि परसँ समयक जालकेँ हटाए ओकर मौलिक रूपकेँ चीन्हि लितथि, परन्तु से ओ लोकनि नहि कएल, एखन पर्यन्त नहि कए सकलाह अछि, करब प्रायः आवश्यको नहि बुझलैन्हि, एखनहु प्रायः आवश्यक नहि बुझैत छथि, तथा बंगालमे विद्यापतिक जे व्यक्तित्व प्रचरित छल तकरहि स्वीकार कए ओही आधार पर अपन अध्ययन-अनुसंधान आरम्भ कए देल अछि। खेदक विषय ई अवश्य थिक परन्तु वस्तु-स्थिति इएह अछि।

एमहर कतोक दिनसँ विद्यापतिक प्रतिभाक प्रसङ्ग जे विचार देखबा वा सुनबामे आएल अछि से सब ओही गीत सब पर आधारित अछि जकरा शृङ्गाररसक गीत कहब। विद्यापतिक गीतक जे संग्रह प्रकाशित भेल अछि अथवा होइत अछि सबटा शृङ्गार-रसक, अथवा ओहिमे मुख्य स्थान ओही जातिक गीतकेँ देल जाइत अछि। विद्यापतिक गीत भक्तिक उद्रेक थिक अथवा शृङ्गार रसक भावनासँ प्रेरित अछि एहू प्रसंग विचारक हेतु ओएह गीत सब आधार रहैत अछि। क्रम एहन सन लगैत अछि जे विद्यापति केवल शृङ्गार-रसक गीत रचलैन्हि ओ से गीत सब लौकिक भावनासँ रचित भेल अथवा आध्यात्मिक दृष्टिसँ, इएह जेना आब अनुसन्धानक विषय हो, युक्ति एवं प्रमाणसँ विवेचनीय हो। आश्चर्य तँ ई जे विद्यापति कोन सम्प्रदायक लोक छलाह, हुनक आराध्य देव के छलथिन्ह एकरो विचार होइत अछि, जेना ई विषय विवादास्पद हो, विचारणीय हो!

परन्तु मिथिलाक हेतु ई विषय अत्यन्त नवीन थिक ओ भाग्यसँ ई विषय एखनहु मिथिलाक शिक्षिते समाज धरि सीमित अछि। मिथिलामे एखनहु विद्यापति सहस्र सहस्र नारी ओ नरहुक कण्ठहार छथि परन्तु विद्यापतिक से कोन गीत थिक? लोकप्रियताक दृष्टिसँ सबसँ विशेष प्रचलित अछि विद्यापतिक व्यवहारक गीत जे विवाहादि सकल शुभकार्यमे सर्वत्र गाओल जाइत अछि, राजासँ रङ्क धरि प्रायः सब जातिक लोकक घरमे गुञ्जित रहैत अछि जाहिमे विवाहक अवसरपर गेय अधिकांश गीत शिव-पार्वती विवाह-सम्बन्धी रहैत अछि। मिथिलामे प्रायः प्रत्येक शिवालयमे विद्यापतिक नचारी निश्चित रूपेँ सुनबामे आओत जे डमरू बजाए गाबि गाबि भक्तलोकनि नाचल करैत छथि। रागतालमे बद्ध एही जातिक

गीत महेशवानी कहबैत अछि ओ विद्यापतिक महेशवानी एखनहु सम्पूर्ण मिथिलामे प्रसृत अछि। तखन अबैत अछि विद्यापतिक श्रृंगारक गीत जकर प्रचार रसिक-समाजमे भेटत अथवा स्त्रीगणसमाजमे भेटत परन्तु जकर रसक ज्ञाता सब नहि होइत अछि प्रत्युत ओएह होइत अछि जकरामे "नागर-ता" छैक, जकरा कलामे अभिरुचि छैक।

मिथिलामे ओ बंगालमे विद्यापतिक गीतक प्रचारक यदि तुलनात्मक विश्लेषण करब तँ प्रतीत होएत जे दूहू ठाम विद्यापतिक गीतमे भावुक भक्तलोकनिकेँ से भावप्रवणता भेटैन्हि जे ओ लोकनि ओहि गीत सबकेँ गबैत गबैत आत्मविभोर भए जाथि, नाचए लागथि। परन्तु मिथिलामे से गीत छल नचारी। शिवभक्तिक गीत बंगालमे प्रचलित नहि भेल। ओतए हुनक श्रृङ्गारहिक गीत प्रचलित होइत रहल, कारण स्पष्ट अछि। चैतन्य देवकेँ, ओ हुनक पश्चात् हुनक शिष्यहुलोकनिकेँ, परकीयाक प्रेममे भक्तिक प्रतीक भेटैन्हि, ओ तेँ ओलोकनि विद्यापतिक श्रृंगाररसक गीतकेँ भक्तिक अभिव्यक्ति बूझि ओकरहि गाबि गाबि आत्मविभोर भए जाथि। बंगालक तत्कालीन भक्तिक विकासमे "सहज"—मार्गक बड़ प्रबल योगदान छलैक। चैतन्य अपनाकेँ गोपीक अवतार मानथि। चण्डीदास तँ शुद्ध "सहजिआ" छलाह। सहज-मार्गक पृष्ठभूमिअहिमे श्रृंगारक गीतमे भक्तिक भावनाक जिज्ञासा उठैत छैक। विद्यापति सहजिआ छलाह, हुनक व्यक्तित्व पर सहज मार्गक कोनो प्रभाव छल, ई कथा केओ नहि कहैत छथि। केओ भक्त मिथिलामे एहन श्रुतो नहि छथि जे विद्यापतिक श्रृंगारक गीत गाबि गाबि ओना नाचल होथि जेना हुनक ओहि जातिक गीत गाबि गाबि चैतन्यदेव नाचथि अथवा जेना हुनक नचारी गाबि गाबि एखनहु भक्तलोकनि एतए नचैत छथि। समस्त मिथिलामे प्रवाद सर्वविदित अछि जे विद्यापतिक भक्तिसँ मुग्ध भए महादेव हुनक दासत्व ग्रहण कएने छलाह, हुनक चाकर भेल छलाह, ओ "उगना रे मोर कतए गेलाह" प्रायः विद्यापतिक नामहिक संग संग सर्वत्र प्रसृत अछि। तेँ मिथिलामे कहिओ एकर जिज्ञासा समेत नहि उठल अछि जे विद्यापतिक भक्तिक की स्वरूप छल, विद्यापतिक आराध्यदेव के छलाह, विद्यापति कोन सम्प्रदायक छलाह। एतए तँ सब जनैत अछि जे स्मार्त्त पञ्चदेवोपासक भैओकेँ विद्यापति शिवभक्त छलाह, शैव छलाह। यद्यपि मूलतः ओ सब देवताकेँ एकहि रंग मानैत छलाह तथापि ओहि परम शक्तिक कोनहु रूपकेँ यदि हुनक इष्टदेवता मानए पड़त तँ निश्चय ओहि रूपकेँ से मान्यता देअए पड़त जनिक वन्दनामे ओ शत शत नचारी रचल जकरा आइ पाँच सए वर्षसँ अधिक दिनसँ समस्त मिथिला एक स्वरसँ हुनक भक्त हृदयक उद्रेक मानैत आएल अछि।

ई भावना केवल हमरा लोकनिक थिक, मिथिलाक थिक, से नहि कहि सकैत छी, यद्यपि सेहो कहब असङ्गत नहि होएत। विद्यापति मिथिलाक छलाह, मैथिल छलाह। मिथिलाक मैथिलक हेतु हुनक रचना भेल ओ गीत-रचनाक जे परम्परा ओ चलाओल तकर अनुसरण मिथिलामे वर्त्तमान समय धरि होइत रहल अछि। अतएव विद्यापतिक प्रसङ्ग मिथिलाक मान्यता सर्वोच्च प्रमाण मानल जाएत। परन्तु विद्यापतिक प्रचार मिथिलासँ बाहरहु

थोड़ नहि भेल ओ ताहिमे केवल बंगालमे हुनक गीतक ओहि रूपेँ, मिथिलासँ भिन्न प्रकारेँ, रसास्वादन कएल गेल, तकर कारण चैतन्य महाप्रभु ओ बंगालक सहजिआ सम्प्रदाय। चैतन्य महाप्रभुक सदृश भक्तक अवतार महापुरुष विद्यापतिक रचना- सौष्ठव—पदलालित्य ओ श्रुतिमाधुर्य, अर्थ-गाम्भीर्य ओ भावोल्लास—सँ एहि रूपेँ प्रभावित भेलाह ई कम गौरवक विषय नहि थिक, एकर महत्त्व हम मुक्तकण्ठसँ स्वीकार करैत छी। ओकर एक गोट कारण, प्रायः सबसँ प्रधान कारण, इहो भेलैक जे विद्यापतिक शृङ्गारक गीतमे नारी भावना प्रधान अछि। जयदेव ओ गोविन्द दास तथा विद्यापतिक शृङ्गारमे इएह भेद अछि जे जयदेव ओ गोविन्द दास नायकक महिमा ख्यापित करैत छथि, हुनक राधा यदि प्रेमसँ विह्वल छथि तँ कृष्णक सदृश प्रेमीक हेतु। विद्यापतिक गीतमे नारीक हृदयक विश्लेषण अछि, नारीक दृष्टिसँ। "नारि मनोरथ शत शत अभिमत रहस निरूप विद्यापति कवि गाओल।" भए सकैत अछि नारीक हृदयकेँ तँहि विद्यापतिक गीत एतेक मर्ममे स्पर्श करैत अछि; भए सकैत अछि जे नारीक हेतु गीत रचलैन्हि तेँ कवि ओही नारीक हृदयमे पैसि ओकर भाव ओ भावावेश, भावोल्लास ओ भावविह्वलताकेँ एतेक सूक्ष्मतासँ यथावत् चित्रित कएल। परञ्च एकर प्रभाव चैतन्य ओ हुनक सहचर एवं शिष्य लोकनिक ऊपर विचित्र भेल! ओलोकनि तँ नारी-भावनासँ स्वयं ओतप्रोत रहथि; केओ ललिता रहथि, केओ विशाखा, केओ ई गोपी तँ केओ ओ; तथा सबहिक हृदयमे नारी-सुलभ भाव प्रबल रहैन्हि। विद्यापतिक गीतमे नारी-हृदयक भावनाक चित्रमे हुनका लोकनिकेँ अपने हृदयक भावना प्रतिबिम्बित भेटैन्हि, हुनका लोकनिक हृदयक तार ओहि गीत सबकेँ सुनितहिँ झंकृत भए उठैन्हि। कोन आश्चर्य जे जहिना मिथिलाक नारी-समाज, तहिना बंगालक वैष्णव-समाज, एहि गीतमे तन्मय भए जाथि। साधारणीकरण एतेक तीव्र होइन्हि जे रसक धारमे भसिआए जाथि, विभोर भए भए गीत गाबथि, गीत सुनथि। ओ लोकनि बुझथि जे एहने रसप्लावित भए विद्यापति एहन यथार्थ चित्रण कएने होएताह ओ तेँ हुनका वैष्णव-महा-जन मानि लेल। परन्तु इहो सत्य थिक जे बंगाल छोड़ि अन्यत्र कतहु विद्यापति केँ लोक एहि रूपेँ नहि चीन्हल, केओ हुनका एना नहि मानल। विद्यापतिक प्रायः परोक्षो नहि भेल छल, संवत् 1481 मे जौनपुरक एक गोट कवि लक्खनसेनिक रचना, हरिचरित्र, विराट पर्वक वर्णन, उपलब्ध भेल अछि जाहिमे लक्खनसेनि विद्यापतिक नामक संग "लचारी" क उल्लेख कएने छथि। "विद्यापति कइ गए लचारी", इएह थिक लक्खनसेनिक शब्द। डेढ़ सए वर्षक अभ्यन्तर बादशाह अकबरक राजत्वकालमे हुनक सभाक रत्न अबुल फजल जे आईने अकबरी लिखलैन्हि ताहिमे भारतवर्षक संगीतक ओ दू प्रकार कएलैन्हि, शास्त्रीय ओ देशी, तथा देशी संगीतमे ओ प्रमुख स्थान देल अछि तिरहुतिक भाषामे रचल विद्यापतिक गीतकेँ, जकर नाम ओ कहैत छथि "लचारी", ओहिना जेना लक्खनसेनि कहने छथि। ओकर विषयवस्तुक प्रसंग ओ कहैत छथि जे एहिमे "उत्कट शृङ्गारक" वर्णन अछि। अबुल फजल मैथिली नहि जनैत छलाह; विद्यापतिक रचनासँ हुनका साक्षात् परिचय नहि छलैन्हि; ओ जे किछु लिखलैन्हि से

परम्परया श्रुत कथाक आधार पर ओ तेँ लचारीकेँ जे ओ उत्कट शृङ्गारक गीत कहलैन्हि अछि से स्पष्टतः हुनक भ्रम थिक। परन्तु एहि भ्रमहुसँ इएह सत्य ज्ञापित होइत अछि जे विद्यापतिक कवित्वक ख्याति कतेक शीघ्र ओ कतेक दूर धरि पसरि गेल, तथा सोड़हम शताब्दीक अन्त धरि, सुदूर दिल्ली धरि, हुनक कृति एतेक सम्मानक वस्तु भए गेल जे अबुल फजल सदृश जिज्ञासु व्यक्तिकेँ विद्यापतिक प्रसिद्ध गीत नचारी ज्ञात भए गेल छल ओ हुनका इहो ज्ञात छल जे विद्यापति शृङ्गाररसक, उत्कट शृङ्गार रसक, गीत रचने छलाह। एखनहु विद्यापतिक साहित्यिक रचनामे इएह दू गोट प्रभेद विशेष प्रसिद्धि प्राप्त कएने अछि—शृङ्गार-रसक गीत, जकरा हमरा लोकनि एखनहु शृङ्गार रसहिक गीत बुझैत छी परन्तु जकरा बंगालमे मधुर-रसक कीर्त्तन पद कहल जाइत अछि, ओ से अबुल फजल केँ उत्कट शृङ्गारक गीत बुझल छल, ओ शिव-विषयक गीत जकरा नचारी कहल जाइत अछि तथा जे मैथिली गीत साहित्यक एक गोट प्रसिद्ध अङ्ग भए गेल अछि परन्तु जकर प्रचार बंगालमे नहि भेल। अबुल फजलकेँ भ्रम एतबे भेल जे ओ दूहूकेँ एक मानि लेल। विद्यापतिक गीतमात्र नचारी नहि थिक परन्तु जे कथा हम पूर्वहुँ कहल अछि ई तँ मानहि पड़त जे गीतकार विद्यापतिक प्रसङ्ग सबसँ पूर्व जे वस्तु मनमे उपस्थित होइत अछि से थिक हुनक नचारी जकर ओ सृष्टि कएल परन्तु जे मिथिलामे एतेक लोकप्रिय भेल जे नचारी-साहित्य मैथिलीमे एक गोट स्वतन्त्र वस्तु भए गेल ओ एहि पाँच सए वर्ष मे विद्यापतिक शैलीक अनुसरणमे शत शत नचारीक रचना होइत रहल अछि, एखनहु होइत अछि।

अतः जोनपुरक लक्खनसेनि किंवा दिल्लीक अबुल फजलक लेखसँ ओएह कथा पुष्ट होइत अछि जे मिथिलामे परम्परया मानल जाइत रहल अछि जे विद्यापतिक गीतमे सबसँ विशेष प्रसिद्धि पओलक हुनक नचारी। केवल बंगालमे चैतन्य ओ हुनक अनुयायी लोकनिकेँ विद्यापतिक शृङ्गारक गीत रहस्यात्मक बुझना गेल। मिथिलामे विद्यापतिक शिव-विषयक गीतक प्रचार ओहिना अछि। कोनहु शिवालय जाएब अथवा कतहु विवाह होइत रहतैक तँ सुनबामे आओत विद्यापतिक नचारी अथवा महेशवाणी। मिथिलामे केओ वैष्णव विद्यापतिक शृङ्गारक गीतकेँ ओहि भक्ति-भावसँ नहि गबैत छथि जेना शिवभक्त हुनक नचारी गबैत छथि अथवा जेना बंगालक कीर्त्तनमण्डलीमे हुनक शृङ्गारहुक गीत गाओल जाइत अछि।

परन्तु एमहर किछु दिनसँ जे विद्यापतिक विधिवत् अध्ययन मिथिलहुमे प्रारम्भ भेल अछि से मुख्यतः हुनक शृङ्गारक गीतक। विद्यापति-संगीतक आयोजन होइत अछि तँ सेहो शृङ्गारहिक गीतक। विद्यापतिक काव्यप्रतिभाक विश्लेषण कएल जाओ, अथवा विद्यापतिक भक्तिक स्वरूपक निरूपण कएल जाओ, विद्यापतिक रचना-शैलीक विवेचना हो अथवा विद्यापतिक लोकप्रियताक कारणक जिज्ञासा हो, सर्वत्र आधार रूपेँ प्रमाणमे परिगृहीत होइत अछि हुनक ओएह गीत जे बंगालमे प्रसिद्धि पओलक, जाहिमे मुख्यतः परकीयाक प्रेमक निरूपण, चित्रण, वर्णन भेटैत अछि। बंगालमे नचारीक प्रचार नहि भेल परन्तु मिथिलामे

तँ ओ एखनहु अछि तथापि मैथिल लोकनि विचारक बेरिमे ओकरा त्यागि दैत छथि जेना ओहिमे साहित्यिकता नहि रहैक, ओ उत्तम काव्यक श्रेणीमे रखबाक योग्य नहि हो। क्रम एहन सन प्रतीत होइत अछि जेना विद्यापतिक रचनाक दू प्रमुख भेद हो; एक साहित्यिक जे गम्भीर विवेचनक विषय हो जाहि मध्य हुनक शृङ्गार-रसक गीत अबैत अछि; दोसर, लोक-काव्य जे जनताक मनोरञ्जन मात्रक विषय हो, जाहिमे साहित्यिक विवेचनाक सामग्री नहि रहए ओ एहि श्रेणीमे हुनक नचारी तथा अन्यान्य व्यवहारक गीत पड़ैत अछि। वस्तुतः विद्यापति मैथिलीमे जे किछु रचल से लोक-काव्यक रूपमे, लोकानुरञ्जनक भावनासँ, लोक-विषय प्रचारक उद्देश्यसँ; ओ आइसँ पचास वर्ष पूर्व धरि विद्यापतिक गीत मिथिलामे अध्ययनक वस्तु नहि बुझल जाइत छल। परन्तु से केवल व्यवहारक गीत अथवा नचारी कहब से नहि ; हुनक शृङ्गारहुक गीत सेहो सएह बुझल जाइत छल, केवल लोकानुरञ्जनक वस्तु जकर प्रचार उच्च श्रेणीक स्त्रीगण-विषय अथवा रसिक-समाज धरि सीमित छल। विद्यापतिक गीतक अध्ययन ओ अनुशीलन तँ प्रारम्भे भेल बंगालमे, भाषा-साहित्यक अनुसन्धान, अध्ययन ओ अनुशीलनक क्रममे, पाश्चात्य शिक्षामे दीक्षित बंगाली विद्वज्जनद्वारा ओ तत्पश्चात् भारतीय साहित्य ओ संस्कृतिक रसिक अङरेज मनीषीलोकनिक द्वारा। ओहि समयमे बंगालमे विद्यापति बंगाली वैष्णव महाजन मानल जाइत छलाह ओ वंग-साहित्य, विशेषतः कविताक क्षेत्रमे हुनक प्रभाव सर्वोपरि छल। स्वयं विश्वकवि रवीन्द्रनाथ आरम्भमे विद्यापतिहिक प्रभावमे भानुसिंहेर पदावलीक रचना कएल। बंगालमे विद्यापतिक ओतबे गीत प्रचलित छल जाहिमे प्रेमक वर्णन, विशेषतः परकीयाक प्रेमक प्रसङ्ग, भक्तिक प्रतीक मानल जाइत छल, जे गीत सब श्रीश्रीपदकल्पतरु प्रभृति वैष्णवक कीर्त्तन पदावली सबमे संगृहीत छल। पश्चात् जखन ई कथा निर्विवाद सिद्ध भए गेल जे विद्यापति बंगाली नहि मैथिल छलाह, विद्यापतिक गीतक अनुसन्धान मिथिलहुमे भेल तथापि 1910 ई. मे महापण्डित नगेन्द्रनाथगुप्त जे विद्यापतिक पदक संग्रह प्रथमहि देवाक्षरमे राजर्षि मिथिलेश रमेश्वर सिंह बहादुरक द्रव्य-साहाय्यसँ प्रकाशित कराओल ताहिमे विद्यापतिक शृङ्गारक आठ सएसँ अधिक गीत अछि परन्तु शिवविषयक गीत गोट चालिसेक मात्र अछि। व्यवहारक गीत तँ दुइ तीनि गोट होरी ओ किछु उचिती छोड़ि कोनो नहि अछि। शृङ्गारक गीत तँ रसिकजनक प्रिय छल तेँ कतहु लिखलो छल यथा नेपालक तालपत्रक पोथीमे अथवा रामभद्रपुरक तालपत्रक पोथीमे जाहि आधार पर एमहर विद्यापतिक कए गोट आओर गीतसंग्रह प्रकाशित भेल अछि। परन्तु नचारी किंवा महेशवाणी अथवा व्यवहारक गीत तँ सर्वथा लोक-कण्ठमे रहैत आएल अछि ओ कतेक तँ प्रति पुश्तिमे लोकहिक संग बिलाएल गेल। उचित तँ ई ने छल जे भाषा साहित्यक अध्ययन आ अनुशीलनक क्रममे हमरालोकनि विद्यापतिक ओहि शत शत गीतक संग्रह करितहुँ, अनुसन्धान कए कए लोककण्ठसँ ओकरा लीखि प्रकाशमे अनितहुँ, ओ ताहि आधारपर महाकविक प्रतिभाक ओहि पक्षक निरूपण करितहुँ जे मिथिलामे प्रसृत गीतसँ स्फुट होइत अछि। परन्तु से भेल नहि, भए नहि रहल

अछि। विद्यापतिक शिव-विषयक कतेको गीतक कवीश्वर चन्दाझाक संग्रह कएल, हुनकहि हाथेँ लिखल, हमरा संग अछि। कतेको स्वर्गीय राजपण्डितजीक संग छल। परन्तु मिथिलामे तँ काज आरम्भ भेल ओहीठामसँ जाहिठाम बंगालक पण्डितलोकनि अथवा ग्रिअरसन साहेब ओकरा अनने छलाह। बंगालमे जे अनुसन्धान ओ अध्ययनक प्रवृत्ति छल तकरा हमरालोकनि नहि ग्रहण कए सकलहुँ अछि; ओतएक अनुसन्धान ओ अध्ययनक फलमात्रसँ हमरालोकनि जेना परितृप्त रही। फलतः बंगाली विद्वज्जनक प्रभावमे वा अनुकरणमे, हुनकहि लोकनिक पथानुसरण करैत, हमरहुलोकनि विद्यापतिक प्रसङ्ग विचारणीय ओतबे वस्तु बुझैत छी, विद्यापतिक रचनामे अध्येतव्य ओतबे वस्तु मानैत छी, विद्यापतिक कृतिकेँ ओतबे धरि सीमित रखैत छी। विद्यापतिक व्यवहारक गीतमे साहित्यिकता नहि छैक, नचारीमे उत्तम काव्यक गुण नहि छैक से हमरालोकनि कोना कहि सकैत छी, केओ विवेचक कोना कहि सकैत छथि जखन मिथिलामे ओ व्यवहारक गीत आइ धरि ललनालोकनिक कण्ठहार बनल अछि, नचारी आइओ शिवभक्तक हृदयमे ओहने भावोद्रेक प्रवाहित करैत अछि?

(मिथिला, जनवरी 68, विविध प्रबन्ध सँ)

विद्यापति-पुनर्मूल्याङ्कन

मिथिला देश ओ मैथिल जातिक हेतु विद्यापतिसँ पैघ दोसर केओ महापुरुष आइ धरि अवतार नहि लेलैन्हि अछि ओ मैथिलीक तँ अस्तित्वे विद्यापतिक कृतिपर ठाढ़ अछि। आइसँ पचास वर्ष पूर्व जखन मैथिलीक हेतु आन्दोलन प्रारम्भ भेल तखनसँ दिनानुदिन ई कथा स्पष्ट भेल जाए रहल अछि जे मैथिलीक जन्मदाता तँ विद्यापति नहि छलाह, विद्यापतिक समय धरि मैथिली साहित्यिक भाषा भए गेल छल, ओहि भाषामे साहित्यिक रचनाक परम्परा सुदृढ़ भए गेल छल, पण्डित समाजहुक हेतु मिथिला भाषामे रचना करब सर्वथा हेय नहि रहल छल, परन्तु विद्यापति यथार्थ अर्थमे मैथिलीक पिताक काज कए रहलाह अछि, कारण पिता शब्दक अर्थ थिक ओ जे पालन करए ओ मैथिलीक पालन सर्वतोभावेन विद्यापति कए रहलाह अछि। विद्यापतिक परवर्ती युगमे हमरालोकनि अपन सांस्कृतिक ह्राससँ, आलस्य ओ औदास्यसँ, अपन अकर्मण्यतासँ अपन भाषाक महत्त्व नष्ट कए देल, ओकर व्यापकताकेँ बिसरि ओकरा संकीर्ण करैत गेलहुँ, ओकरा दलित, तिरस्कृत ओ उपेक्षित होअए दैत रहलहुँ, एतेक धरि जे नवयुगक आलोकमे जखन आँखि फूजल, चैतन्य भेल ओ परिस्थितिकेँ देखल तँ चकित होअए पड़ल जे मैथिली तँ हिन्दीक बोली कहल जाइत अछि ओ जे भाषा प्रागैतिहासिक युगहिसँ एहि भू भागक सर्वमान्य भाषा मानल जाइत रहल, सकल मिथिला देशवासीक बजबाक भाषा रहल, आइओ अछि, तकरहि सब कियो, आनक कोन कथा, स्वयं मिथिला देशवासी सेहो, केवल मैथिल ब्राह्मण ओ कायस्थक भाषा कहए लागल। तैओ जे मैथिली किछुओ मान्यता प्राप्त कए सकल, भारतक एक गोट प्रतिष्ठित साहित्यिक भाषाक रूपमे स्वीकृति प्राप्त कएलक, तकर श्रेय सर्वथा विद्यापतिकेँ, एक मात्र विद्यापतिकेँ। ओ आइ केवल मैथिली साहित्यक टा प्रतिष्ठाताक रूपमे नहि, भारतीय भाषा साहित्यक एक गोट मूर्धन्य प्रतिष्ठाताक रूपमे सर्वत्र सम्मानित छथि ओ मैथिलीक कट्टरसँ कट्टर विरोधी सेहो ई कहबाक साहस नहि कए सकैत छथि जे विद्यापतिक भाषा मिथिला देशक भाषा मैथिली नहि थिक।

परन्तु एहन महापुरुषक समुचित आदर मिथिलाक सुधी-समाजसँ कहिओ नहि भेलैन्हि। ई कथा हम नहि कहैत छी, नहि मानैत छी, जे मिथिला भाषा-भाषी जनसमुदाय विद्यापतिक आदर नहि कएलकैन्हि। विश्वक साहित्यमे एकर दोसर दृष्टान्त कतय भेटत

जतय कोनहु कविकेँ हुनक भाषाभाषी स्त्री समाज छओ सए वर्ष धरि अपना कण्ठमे ओना जीवित रखलक जेना मिथिलाक ललनागण आइ धरि विद्यापतिकेँ रखने छथि? हम सुधी समाजक प्रसङ्ग कहैत छी ओ से सुधी समाज बहुत दिन धरि संस्कृत, ताधरि अङ्ग्रेजी ओ आब हिन्दीक मोहमे पड़ल विद्यापतिक उपेक्षा करैत रहलाह अछि। हम तेँ देखैत छी जे आइओ हमरालोकनि विद्यापतिक स्मृति-पर्व कतबओ मनबैत छी तथापि जाहिसँ विद्यापतिक स्मृति रक्षा होएतैन्हि, विद्यापतिकेँ चीन्हब ओ चीन्हि हुनक उदार जीवन-दर्शन, उदार भावनाकेँ बुझब, एहन व्यक्ति परिगणिते छथि, अङ्गुरीपर गनबाक योग्य, विद्यापतिक स्मृति रक्षा होएत हुनक कृतिक रक्षाक ओ सचारसँ, हुनक कृतिक स्थिति अछि? पुरुष परीक्षा छोड़ि हुनक कोन कृति सुलभतया उपलब्ध अछि? कीर्तिलता कीर्तिपताका ओ गोरक्ष विजय—एहि तीनूक केवल एक गोट लेख—पोथी—ताहूमे अन्तिम दूनूक खण्डित ओ भ्रष्ट पाठ तँ तीनूक—केवल नेपालमे उपलब्ध अछि, स्पष्ट अछि जे केओ पण्डित ओकरा लीखि नहि राखल। ओहि समयमे साक्षरताक जे स्थिति रहैक पोथी लिखब केहन दुष्कर कर्म रहैक तकर एखन अनुमानो करब कठिन ओ पण्डित मात्र कोनहु पोथीकेँ शुद्ध लिखि सकैत छलाह से ओकर सर्वथा उपेक्षा कए देल। भूपरिक्रमाक एकमात्र अशुद्ध लिखल प्रति कलकत्ताक संस्कृत कालेजमे अछि। लिखनावलीक एकोटा लेख पोथी कतहु उपलब्ध नहि अछि। विभागसार ओ गंगावाक्यावली, दानवाक्यावली ओ दुर्गाभक्तितरंगिणी ककरो लेख सुलभतया प्राप्त नहि अछि, शैवसर्वस्वसारक एक मात्र खण्डित पोथी दड़िभङ्गामे अछि ओ दोसर मुदा सम्पूर्ण नेपालमे। वर्षकृत्य ओ गयाकृत्यक पतो नहि लगैत अछि। मणिमंजरीक एक गोट मात्र पोथी उपलब्ध छल सेहो दिल्लीक प्रदर्शनीमे चोरि भए गेल! गीतहुक प्रसंग सएह हाल अछि। लोचन छोड़ि आन किओ पण्डित विद्यापतिक गीतक अनुशीलन कएलन्हि से पता नहि लगैत अछि। विद्यापतिक गीतक सब संग्रह—तरौनी तालपत्रक, नेपाल तालपत्रक, रामभद्र पुरक पोथी—प्रायः सब अर्धशिक्षित व्यक्तिक लिखल थिक जाहि सब कारणेँ विद्यापतिक गीतक पाठक निर्णय करब दुष्कर काज अछि।

आइओ काल्हि हमरा लोकनि विद्यापतिक स्मृति-रक्षाक कोन काज करैत जाइत छी? एखनधरि विद्यापतिक सब कृति ताकल नहि भेल अछि ओ शैवसर्वस्वसार तथा विभागसार सन महत्त्वपूर्ण ग्रन्थ प्रकाशमे नहि आयल अछि। बहुत पूर्व जे पोथी सब प्रकाशित भेल यथा दानवाक्यावली अथवा दुर्गाभक्तितरंगिणी सेहो सब दुर्लभ भेल जाइत अछि। से हम नहि कहैत छी—बिहार राष्ट्रभाषा-परिषद्, पटनाक मैथिली डेवलपमेन्ट फण्ड, कलकत्ताक सांस्कृतिक परिषद्—अनेक संस्था किछु काज कए रहल अछि। कए जन व्यक्ति सेहो एहि कार्यमे लागल छथि। परन्तु प्रश्न अछि मिथिला भाषा-भाषी शिक्षित जन समुदायक। ओ लोकनि साधारणतः एखन पर्यन्त विद्यापतिक स्मृतिपर्वक तमासा टामे भाग लेब पर्याप्त बुझैत छथि। ओहि प्रसंग आओर किछु कर्त्तव्य थिक तकर चेतना जाग्रत भेल अछि तकर कोनो लक्षण नहि देखि पड़ैत अछि। विद्यापतिक प्रसंग गम्भीर अध्ययन एवं चिन्तन, हुनक

कृतिक अनुशीलन एवं ताहि प्रसंग अनुसन्धानो एखन पर्यन्त जे भेल अछि से बहुधा मिथिला देशसँ बाहरहि, मैथिलेतरहिक द्वारा ओ एखनहु जाहि रूपेँ बंगालमे हुनका प्रति भक्ति ओ श्रद्धा अछि तथा हुनक अध्ययन अनुसन्धान भए रहल अछि तेना मिथिलामे नहि।

एकर प्रत्यक्ष परिणाम देखैत छी जे विद्यापतिक व्यक्तित्वक प्रसंग कतेक भ्रान्त धारणा पसरल अछि। हुनक मूर्तिक कल्पनामे कतेक अन्तर पाओल जाइत अछि। ओ कोनहु प्रागैतिहासिक युगक पुराण पुरुष नहि छलाह, इतिहासक महापुरुष छलाह ओ हुनक सन्ततिवर्ग एखन पर्यन्त बुद्धिमान वर्त्तमान छथि। परन्तु विद्यापतिक प्रसंग एकहि संग कतेक रूपक मूर्तिक कल्पना कएल जाइत अछि से देखि आश्चर्य होइत अछि। एक दिशि जँ कहल जाइत अछि जे स्वयं शिवशंकर हुनक भक्तिसँ तुष्ट भए हुनक सेवक भए हुनक संग छलथिन्ह तँ दोसर दिशि कहल जाइत अछि जे ओ शिवसिंहक रानी लखिमा देवीक संग अवैध प्रेममे आसक्त छलाह। केओ कहैत छथि जे ओ शैव छलाह तँ केओ कहैत छथि वैष्णव। ककरहु विचारेँ विद्यापतिक गीत मधुर-रसक काव्य थिक तँ ककरहु विचारेँ हुनक गीतमे निर्गुण भावना अछि अर्थात् विद्यापति कविरहा छलाह। विचार कएल जाओ जे विद्यापति तँ एकेटा पुरुष छलाह, दूटा नहि। की ई सब कथा एक पुरुषक प्रति सम्भव छैक? विषय ई छैक जे कालक क्रममे मूर्तिकेँ जे समयक जाल झाँपि देलक अछि, अन्ध-विश्वास ओ अज्ञान-तिमिरक झोल जे हुनक प्रतिभाकेँ झपने अछि ताहिसँ हुनक स्वरूप विकृत भए गेल अछि। विद्यापतिकेँ चिन्हबाक हेतु ओहि जालकेँ हटाबए पड़त, झोलकेँ झाड़ए पड़त। कहबाक तात्पर्य जे विद्यापतिक पुनर्मूल्यांकन करए पड़त। से के करत? अवश्य से तकरे कर्त्तव्य थिकैक जे विद्यापतिकेँ अपन कहैत छैन्हि। मैथिल विद्वत्समाजक से कर्त्तव्य थिकैक ओ से करबाक समय बितल जाए रहल अछि।

सुनैत छी जे एहि वर्षक विद्यापति-स्मृति पर्व पटनाक चेतना समितिक दिशिसँ एहि विषयकेँ दृष्टिमे राखि भए रहल अछि। मिथिला ओ मैथिलीक भाग्यसँ बिहारक राज्यपाल बहुत दिनपर एक एहन महापुरुष अएलाह अछि जे स्वयं कवि छथि, साहित्यक मर्मज्ञ पण्डित छथि ओ भारतक पूर्वांचलक साहित्य ओ संस्कृतिक क्षेत्रमे मिथिला मैथिलीक महत्त्वकेँ अपन अनुभवसँ जनैत छथि। हुनके पोषणतामे हुनके सत्परामर्शसँ एहि बेरि पटनामे एहि पुण्यक अवसरपर भारतक एहि पूर्वांचलक अनेक साहित्य महारथी लोकनि समवेत भए विचार-गोष्ठीमे भाग लेताह ओ आशा कएल जाइत अछि जे ताहिसँ विद्यापतिक व्यक्तित्व ओ कृतित्वक अध्ययन अनुशीलन ओ अनुसन्धानक दिशामे प्रगतिक मार्ग प्रशस्त होएत ओ मिथिलाक नवयुवक विद्वान लोकनि प्रेरणा ग्रहण कए चिर उपेक्षित एहि विषयमे मनोयोग देताह।

(मैथिली प्रकाश, मइ, 1972)

विद्यापतिक स्मृति-रक्षा

'कातिक धवल त्रयोदशि' मैथिली जगतक हेतु एक गोट पावन पर्वक तिथि थिक। एही तिथिकेँ अभिनव-जयदेव राजपण्डित विद्यापति ठाकुरक आयु-अवसान कहल जाइत छन्हि। ओ हमरा गणने आजुक एहि तिथिमे हुनक पाँचसए बारहम वार्षिक श्राद्ध होइन्ह जकरा हमरा लोकनि 'वर्षी' कहैत छिऐक। सबहुँ जनैत छी जे जाहि गीतक आधारपर ई प्रवाद प्रसृत अछि ओ एहि तिथिकेँ हमरालोकनि अभिनव-जयदेवक निधन-तिथि मानैत छी से गीत ओही महाकविक रचित कहल जाइत अछि। तेँ एहि प्रवादक प्रामाणिकता सन्देहसँ शून्य नहि अछि तथा लौकिकताक दृष्टिसँ कहल जाए सकैत अछि जे अपन निधन-तिथि केओ अपनहि कोना लिपिबद्ध कए जाए सकैत अछि। परन्तु यदि ओ गीत कदाच हुनक अपन रचित नहिओ थिकैन्हि तथापि बड़ प्राचीन थिक, परम्परया बहुत दिन सँ श्रुत अछि, ओ तेँ आप्तवाक्य जकाँ श्रद्धेय थिक, ग्राह्य थिक। ओ इहो तँ कहि सकैत छी जे जाहि योगिराट् केँ स्वयं महादेव 'उगना' क नाम धराए सेवक भेल छलथिन्ह ओ अन्त समयमे जनिका अपना तीर धरि पहुँचबामे अक्षम जानि 'सुरसरि' स्वयं समीप आबि तारल, तनिका हेतु अपन आयुक अवसान-तिथि पुर्वहिं बूझि जाएब कोन आश्चर्य! अतएव लौकिकताक दृष्टिसँ सन्देहक अवकाश रहितहुँ हमरालोकनि महाकविक अलौकिक सामर्थ्यक कल्पना कए एहि गीतकेँ प्रामाणिक मानैत आएल छी जाहि आधारपर कार्तिक धवल त्रयोदशी हुनक तिथि बुझल जाइत अछि तेँ मैथिली-जगतमे आजुक तिथि बड़ विशेष महत्त्वक भए गेल अछि ओ अभिनव जयदेवक स्मृतिमे आइ अपन अपन श्रद्धाञ्जलि अर्पण करब प्रत्येक मिथिलाभाषा-भाषी मातृभाषाक प्रेमीक एक गोट कर्त्तव्य थिक।

वस्तुतः 'पिता' शब्दक यदि व्युत्पत्त्यर्थ ग्रहण करी तँ मैथिली-साहित्यिक पिता होएबाक श्रेय सम्प्रति विद्यापतिकेँ छाड़ि दोसराकेँ नहि भए सकैत छैन्हि। मैथिली साहित्यक प्रवर्त्तक विद्यापति नहि थिकाह, एहि साहित्यक आदि-कवि हम हिनका नहि कहैत छिऐन्हि, आदि महा-कवि सेहो हम हिनका नहि कहबैन्हि। हिनकासँ शताधिक वर्ष पूर्वहिं प्रादुर्भूत कविशेखर ज्योतिरीश्वराचार्य अपन प्रणीत वर्णरत्नाकर मध्य भाषाक से प्रौढ़ता प्रदर्शित कएलेँ छथि जाहिमे ई कथा स्वयंसिद्ध जकाँ प्रतिभासित होइत अछि जे ताहू समयमे मैथिलीक साहित्य समृद्ध छल, ओहि भाषा मध्य रचनाक एक गोट परम्परा चल अबैत

छलैक जकरा अपन रचनासँ कविशेखर पुष्ट कएल। परन्तु जेना सूर्यक उदय होइतहिँ अन्यान्य ताराक कोन कथा, चन्द्रमा समेत हुनक तेजक प्राबल्यमे विलीन भए जाइत छथि, कोनो दोसर ज्योति हुनका ज्योतिक प्रखरतामे ज्योतिष्मान् नहि रहए पबैत अछि, तहिना विद्यापतिक प्रादुर्भाव होइतहिँ हुनक पूर्ववर्ती कविगण जेना हुनक प्रतिभाक तेजसँ तिरोहित भए गेलाह। भावक वैशद्य ओ कल्पनाक कमनीयता, भाषाक प्रसाद ओ उक्तिक विच्छित्ति, उत्कट प्रतिभाक प्रतीक, राग-ताल लयाश्रित, अपन कोमलकान्त गीतावलीसँ ओ उत्तर भारतक भाषा साहित्यमे एक गोट नवयुग आनि देल तथा शताधिक वर्ष धरि तँ उत्तर नेपालसँ दक्षिण पुरुषोत्तमक्षेत्र धरि ओ पूर्व कामरूपसँ पश्चिम व्रजभूमि धरि भाषा-काव्यक आदर्श अभिनव जयदेवक रचना मानल जाइत छल।

परन्तु एमहर आबि विद्यापतिक मातृभाषा, मिथिलाभाषाक जे दुर्दश स्थिति सम्प्राप्त भए गेल छल से के नहि जनैत छी? अन्यान्य भारतीय भाषा क्रमशः उन्नति करैत गेल, विकसित होइत गेल, अधिकाधिक प्रसार ओ प्रचारसँ दूर-दूर धरि पूजित होइत रहल, परन्तु मिथिलाभाषाभाषी समाजक अकर्मण्यतासँ एहि भाषाक अस्तित्वो जेना लुप्त होअए लागल। विद्यापति मैथिल छलाह तथा ओ मिथिला भाषामे रचना कएल से प्रमाणित करब आवश्यक भए गेल ओ हुनक ई मिथिला भाषा एक गोट स्वतन्त्र भाषा थिक, जकर लिपि स्वतन्त्र छैक, तथा ताहि मध्य साहित्यक परम्परा आइ सहस्राधिक वर्षसँ अविच्छिन्न धारामे आबि रहल छैक से कथा तँ एखनहु कतोक महापुरुषकेँ मान्य नहि छैन्हि, कतोक भाषातत्त्वक विशेषज्ञहुकेँ स्वीकार नहि छैन्हि। एखनहु धरि भारतीय भाषाक गोष्ठीमे मिथिलाक ई प्राचीन भाषा अपन उचित स्थान नहि पाबि सकल अछि, देशी साहित्यक समुदायमे हमरा साहित्यकेँ समुचित सम्मान सम्प्राप्त नहि भेलैक अछि, परन्तु जेहो किछु स्वीकृत किंवा सम्मान हमरा लोकनि अपना भाषा ओ साहित्यक हेतु प्राप्त कएल अछि से एहि पचीस वर्षक संघर्षक फलस्वरूप, ओ एहि संघर्षक उपक्रममे हमरालोकनिक आँखि फूजल अछि जे विद्यापतिक अपना हाथेँ तिरहुतामे लिखल भागवतक पोथी यदि हमरालोकनिकेँ सुरक्षित नहि रहैत, ओ विशुद्ध मिथिला-भाषामे उपनिबद्ध हुनक गीतावली यदि प्रचुरतया प्रकाशित नहि भेल रहैत तँ केओ व्यक्ति, कोनो आन कवि, अथवा कोनो संस्था हमरा लोकनिकेँ एहि संकट कालमे रक्षा नहि करैत। जानिकेँ अथवा अज्ञानवशतः विपक्षिदल विरोधमे ताहिरूपेँ सन्नद्ध छल जे ने हमरा लोकनि विद्यापतिकेँ मैथिल सिद्ध कए सकतिहुँ ने हुनक भाषाक स्वतन्त्र अस्तित्व प्रमाणित कए सकितहुँ। एहि संकटक समयमे यथार्थ पिता जकाँ ठाढ़ भए विद्यापति मैथिलीक लाज राखल। तखन आबि मैथिली साहित्य परिषदक प्रयाससँ विद्यापतिक स्मृति एहि पावन तिथिकेँ मनाओल जाए लागल, मैथिलीजगतमे हुनक वर्षी होअए लागल। एतेक दिन जे हमरा लोकनि हुनक स्मृतिरक्षाविषयमे निश्चेष्ट छलहुँ तकर फल भोगल ओ भोगि रहल छी परन्तु जहिआसँ ओहि दिशि सक्रिय भेल छी तहिआसँ यथाकथञ्चिद् किछु सफलता लाभ करबे कएल अछि। महाकवि कालिदासक कहल थिक

जे “प्रतिबध्नाति हि श्रेयः पूज्यपूजाव्यतिक्रमः।” अपन पूज्य महापुरुष लोकनिक समुचित सत्कार कएनहि हमरालोकनि अपन गौरवक रक्षा कए सकैत छी ओ ताहि पूज्यलोकनिमे अग्रणी, पूज्यतम, अभिनव जयदेव विद्यापतिठाकुरक प्रति अपन श्रद्धाञ्जलि अर्पित करब ओहि महापुरुषक सम्मान नहि, अपना लोकनिक श्रेयःसम्पादन थिक ई बूझि लेब आवश्यक।

परञ्च समय आबि गेल अछि जे वर्षमे एक दिन ठाम-ठाम समवेत भए अथवा एक सप्ताहक कार्यक्रम बनाए स्थान स्थानपर सभा संयोजित कए विद्यापतिक गुण-कीर्तनसँ उद्‌देश्यक पूर्ति नहि भए सकैत अछि। की सत्ये हमरा लोकनिक अवलम्ब एकमात्र विद्यापतिहिक गीतावली थिक? की मैथिलीमे अन्यान्य महापुरुषक रचनासँ गौरव नहि अछि? परन्तु कए गोटाक स्मृतिमे हमरा लोकनि श्रद्धाञ्जलि अर्पण करए समवेत होइत छी? गोविन्ददासक स्मृतिरक्षाक हमरा लोकनि कोन उपाय कएल अछि? उमापतिक डीहपर हुनक स्मारक बनए से प्रस्ताव बरहगोड़िआमे उल्लाससँ स्वीकृत कैओकेँ परिषद् ओहि दिशि कोन चेष्टा कएलक अछि? ज्योतिरीश्वर, गोविन्द, लोचन, मनबोध, कविचन्द्र किंवा हर्षनाथ, अथवा याज्ञवल्क्य, गौतम, मण्डन, वाचस्पति, उदयन ओ गंगेश कतेक नाम गनाउ, कोन महापुरुषकेँ हमरा लोकनि अपन कहि श्रद्धाञ्जलि अर्पित करैत छिऐन्हि जे हुनक गौरवसँ हमरा लोकनि गौरवान्वित होइ, अपन अतीतकेँ चीन्हि वर्तमानक अकर्मण्यता त्यागि भविष्यक हेतु आदर्शक ग्रहण करी?

परन्तु विद्यापतिक गीतावलिहुक हमरा लोकनि उचित सम्मान एखन पर्यन्त कहाँ कएल अछि? एकोगोट सर्वाङ्ग सुन्दर संस्करण हमरा लोकनि कहाँ प्रकाशित कराओल अछि ओ एहि गीतावलीक पृष्ठभूमिमे जे समाज छल तकरा प्रसंग ने तँ अनुसंधान कएल अछि ने स्थिर भए विचार कएल अछि। विद्यापति गीत रचलैन्हि गएबाक हेतु ओ से गीत सब अछिए परन्तु ओकरा गएबाक रीति हमरा लोकनि बिसरि रहल छी। विद्यापतिक गीतक भनिता मात्रक सम्यक् रूपेँ अध्ययन कएलासँ इतिहासक कतेक सामग्री एकत्रित भए सकत परन्तु ताहि दिशि कहाँ केओ अग्रसर भए रहल छी! शृङ्गारसँ भिन्न नचारी तथा व्यावहारिक अथवा सामयिक गीतक प्रसंग एखन पर्यन्त कोनो अनुसन्धान नहि भेल अछि। कहबाक तात्पर्य जे जेहो गनल गूथल व्यक्ति एहि प्रसंग किछु लिखल अछि से सब एके गोट पुरान परिपाटीकेँ धएने ओ विद्यापतिक गीतावलिहुक सम्यक् रूपेँ समालोचनात्मक अध्ययन एखन पर्यन्त केओ मैथिल नहि कएल अछि।

परन्तु विद्यापति केवल गीतहिकटा रचना कहाँ कएलेँ छथि? हमरा तँ दृढ़ विश्वास अछि जे जाहि गीतावली लएकेँ विद्यापतिक ख्याति ओ प्रतिपत्ति छैन्हि, जाहि गीतावली लएकेँ ओ जगतकेँ मुग्ध कए रखलेँ छथि से गीत यदि ओ एको गोट नहि लिखलेँ रहितथि ओ पण्डित जकाँ केवल स्मृति, पुराण, तीर्थ ओ व्रत आदिक निबन्ध प्रभृति आओर जे ग्रन्थ सब रचलैन्हि सएहटा लिखलेँ रहितथि तैओ हमरा लोकनि हुनका महापुरुष

कहितिऐन्हि, तेहने हुनक प्रतिभा उज्ज्वल ओ सर्वतोमुखी छल। एहि प्रसंग स्वर्गीय म. म. हरप्रसाद शास्त्री स्वसम्पादित कीर्तिलताक भूमिकामे कहैत छथि–

"विद्यापति के आमरा प्रधानतः तिन मूर्तिते देखिते पाइ। एक मूर्तिते तिनि पण्डित, संस्कृत साहित्ये खूब व्युत्पन्न, तिरहुतेर राजादेर एक जन प्रधान सभासद, एवं हिन्दू समाजेर पुनर्गठने कृत-संकल्प। आर एक मूर्तिते देखि, तिनि कवि, कविर चक्षे जगत् देखितेछेन, आदि रसेर पद लिखितेछेन एवं समये समये भक्तिर उछ्वासे गदगद हइतेछेन। ताहार आर ओ एक मूर्ति आछे तिनि इतिहास लिखितेछेन...तांहार इतिहासेर गानगुलि तांहार कीर्तिपताका ओ कीर्त्तिलता तांहाके भारतवर्षेर एकजन प्रधान इतिहास लेखक करिया तुलियाछि।"

हम मानैत छी जे एहि तीनूमे विद्यापतिक जे द्वितीय मूर्त्ति छैन्हि ताहि रूपमे ओ मैथिली-साहित्यक 'पिता' थिकाह ओ ताहि मूर्तिक प्रसादात् मिथिलाभाषाकेँ वर्तमान गौरव सम्प्राप्त छैक। परन्तु विद्यापतिक जे आओर दूहू मूर्त्ति छैन्हि सेहो कम महत्त्वक नहि अछि ओ तत्कालीन मिथिलाक सामाजिक, धार्मिक ओ राजनीतिक स्थितिकेँ बुझबाक हेतु एहन सुन्दर उपकरण प्रायः दोसर केओ महापुरुष हमरा लोकनिकेँ नहि दए गेल छथि। अतएव मिथिलाक संस्कृतिक विकासक एक गोट विलक्षण चित्र विद्यापतिक कृतिमे निहित अछि जकर अध्ययनसँ मिथिलाक इतिहासक एक गोट सुन्दर अध्याय हमरा लोकनिकेँ भेटि जाएत।

स्मृतिक निबन्ध विद्यापतिक रचित शैवसर्वस्वसार, दुर्गाभक्तितरंगिणी, विभागसार ओ गङ्गा तथा दानवाक्यावली उपलब्ध अछि ओ सुनैत छी जे वर्षकृत्य ओ गयाकृत्य–एहू दूहूक प्रसंग हुनक निर्मित ग्रन्थ अछि परन्तु हमरा से उपलब्ध नहि भए सकल अछि। ई सब ग्रन्थ हुनक वृद्धावस्थाक निर्मित थिक, महाराज शिवसिंहक परोक्ष भए गेलाक पर, बारह वर्ष धरि रजाबनौलीमे रहि, पुनि जखन ओ मिथिलाक राज-दरबारमे अएलाह तखन हुनक वयस प्रायः अठसट्ठि-उनहत्तरि छल होएत, ताहि समयक ई सब रचना थिक। विस्तारक भयसँ, विषयक पार्थक्यसँ तथा एहि आशासँ जे कदाचित् अवशिष्टो दूहू ग्रन्थ कतहु भेटि जाए, एहि प्रबन्धमे हम एहि स्मृतिनिबन्धावलीक विषय किंवा महत्त्वक प्रसंग नहि किछु कहब। अवसर भेटत तँ आगाँ कहिओ एहि दिशि अग्रसर होएब। तथापि एतबा धरि अनुरोध एतहु करब आवश्यके प्रतीत होइत अछि जे यदि विद्यापतिकेँ हमरा लोकनि यथार्थ श्रद्धाञ्जलि अर्पित करैत छिऐन्हि तँ हमरा लोकनिक प्रथम कर्त्तव्य थिक जे हुनक समस्त कृतिकेँ एकत्र संकलित करी, जिज्ञासुगणकेँ सुलभतया प्राप्त भए सकैन्हि तकर उद्योग करी।

गीतावली ओ स्मृतिनिबन्धावलीसँ भिन्न जे विद्यापतिक कृति छैन्हि से सब थिक मिथिलाक इतिहासक सामग्री। ताहिमे कीर्त्तिलता ओ कीर्त्तिपताकाक उल्लेख म.म. हरप्रसाद शास्त्री कएलेँ छथि जे हम पूर्वहि उद्धृत कएल अछि। हमरा जनैत विद्यापतिक प्रथम कृति 'कीर्त्तिलता' थिक। एहिमे ओइनिवार महाराज कीर्त्तिसिंहक पौरुष वर्णित अछि जे अपन पिता महाराज गणेश्वरक विश्वासघातपूर्वक असलान नामक मुसलमानक द्वारा हत्या ओ

राज्यापहरण भेलाक पर कोन रूपेँ ओ पुरुषसिंह 'रूसलि विभूति पलटाए आनलि'। एहि ग्रन्थक दू गोट संस्करण प्रकाशित अछि, एकगोट म.म. हर प्रसाद शास्त्री सम्पादित बङलामे, बङला ओ अङ्गरेजी अनुवादक संग, ओ दोसर डाक्टर श्री बाबूराम सक्सेना सम्पादित हिन्दीमे हिन्दी अनुवादक संग। एहि दूहू महापुरुषक प्रति समस्त मिथिला भाषा-भाषी समाजक हार्दिक कृतज्ञता ख्यापित करैत हमरा ई कहबामे कनेको संकोच नहि भए रहल अछि जे एहिमे एको गोट संस्करण परिशुद्ध नहि भेल अछि ओ अनुवाद विशुद्ध होएबाक तँ आशा करबे कोना करब, सबसँ पैघ कठिनता छैक पदच्छेदक। हमरालोकनिक पूर्वक जे लेख अछि ताहिमे पदच्छेद नहिएँ रहैत अछि ओ तेँ पदच्छेदमे कनेको गड़बड़ भेल तँ 'सात हाथ कपड़ा' केँ 'सातहाथक पड़ा' पढ़ि जे अर्थक अनर्थ भए जएबाक संभावना से एहिमे भाषाक प्राचीनताक कारणेँ आओरो प्रचुर अछि। हमरा कवीश्वर चन्दाझाक अपना हाथेँ लिखल समस्त 'कीर्त्तिलता' उपलब्ध भेल अछि, तीन गोट आओर लेख उपलब्ध भेल अछि। प्रकाशित दूहू संस्करणक संग-संग एहि तीनू लेखपोथीक समन्वय कए यदि एक गोट विशुद्ध संस्करण प्रस्तुत कएल जाए तँ हमरा विश्वास अछि जे एहि ग्रन्थक आधा कठिनता ततबहिसँ दूर भए जाएत। तखन 'जओनापुर' ओ ओतएक नवाव 'इबराहिमशाहक' समस्या जटिल अछि। एहि दूहूक परिचय सिद्ध हो ओ ताहिसँ एहिमे वर्णित समय ओ घटनाक सामञ्जस्य भए जाए तखनहि एकर यथार्थ महत्त्व प्रख्यापित भए सकत। से कए जँ एहि ग्रन्थक विषयक क्रमबद्ध अध्ययन कएल जाएत तँ मुसलमानी अमलदारीक आदिकालमे केवल मिथिले किएक, समस्त उत्तर भारतक की स्थिति छल तकर जेहन चित्र एहिसँ व्यक्त होएत तेहन प्रायः दोसर कोनहु मुसलमानेतर व्यक्तिक लिखल ग्रन्थसँ नहि भए सकत।

कीर्त्तिलतहि जकाँ अवहट्ट भाषामे लिखल, परन्तु मध्य मध्यमे संस्कृतमे गद्य ओ पद्य दूहूसँ संवलित, दोसर ग्रन्थ अछि 'कीर्त्तिपताका'। कीर्त्तिलतहि जकाँ इहो वीर-रसक काव्य थिक ओ एहिमे महाराज शिवसिंहक पराक्रमक वर्णन अछि। पुरुष-परीक्षाक अन्तिम पद्यसँ पता लगैत अछि जे महाराज शिवसिंहकेँ पूर्व ओ पश्चिम दूहू दिशक मुसलमान नवाबसँ, गौड़ेश्वर ओ गज्जनेश्वर दूहूसँ युद्ध भेल छल ओ दूहूकेँ ओ अपन शौर्यसँ पराजित कएलेँ छलाह। ओहिमे गौड़ेश्वरक संग युद्धक वर्णन कीर्त्तिपताकामे अछि। एकर एक गोट पद्य सूनू–

पुनु उट्ठिअ सिवसिंघ वप्प-पए-भक्ति-परायण
अत्तपेमतितिअउ पुहवीपति गरुड़नरायण
वेपक्खरसम ममहिजुज्झ अगुसरि मुसमहिअम
आगु पाछु नहि होए वेवि निस्सास पवन जेम

निरनन्त सिसिर तरुपत्त जञो तुलुक फउद किछु काटि कहु
पट्टीस धारे करि सन्तरण पहर एक सुरुताने सहु।
भंग दिअउ गौड़ेस गरुवि निज लाज गमाइअ...इत्यादि–

परन्तु एहिमे केवल वीररसहिक कविता नहि अछि। महाराज शिवसिंहक सौख्यक वर्णनक प्रसंगमे ग्रन्थक आरम्भमे शृंगार रसहुक बड़ विलक्षण कविता सब अछि। नारीक सौन्दर्यक एकगोट चित्र देखू—

दीघर केसकलाप कुटिल कोमल घन सामर
दीघ मत्त कन्दप्प धनू जनि बान्धिअ चामर
निष्कलंक ससि बिम्ब सरिस सुन्दर मुख मण्डल
पिअ अनुराग कहन्त सवन डोल्लइ वे कुण्डल
गुरु पीन पओहर भार भरे मत्त मतंगज मन्द गति
संसार-सार सिंगार-रस कमल काच तुल हर युवति ॥
इत्यादि

परन्तु अत्यन्त खेदक विषय थिक जे एहि ग्रन्थराजक सम्पूर्ण प्रति कतहु उपलब्ध नहि भए रहल अछि। नेपाल दरबारक पुस्तकालयमे एकर एक गोट खण्डित प्रति अछि जकर चर्चा म.म. हरप्रसाद शास्त्री कएलेँ छथि परन्तु ओ ताहि रूपेँ खण्डित अछि ओ जेहो अछि से ताहि रूपेँ अशुद्ध लिखल अछि जे ओहि आधारपर एकर प्रकाशन कोनो कार्यक नहि होएत। कतेक यत्नसँ एकर तीनि गोट पात चारिम-पाँचम ओ सातम तालपत्र पर वेश शुद्ध ओ स्पष्ट लिखल हमरा हस्तगत भेल अछि परञ्च ई तीनू पात ततेक जीर्ण अछि ओ ताहि रूपसँ कीटबिद्ध अछि जे एहिसँ एको पाँती परिशुद्ध बहार करब असम्भव अछि, परन्तु जे अंश बहार होइत अछि ताहिसँ स्पष्ट अछि जे एकर भाषा कीर्त्तिलताक भाषासँ कतेक प्रौढ़ अछि ओ वर्णनशैली कतेक चमत्कारक। एहि ग्रन्थक उद्धार करब मैथिली जगतक एक गोट प्रधान उद्देश्य होएबाक चाही ओ जहिआसँ ई तीनू पात हमरा उपलब्ध भेल अछि तहिआसँ तँ ई भावना आओर दृढ़तर भए गेल अछि जे मिथिलामे कतहु ने कतहु कीर्त्तिपताका ओ कीर्त्तिलताक सेहो सम्पूर्ण पोथी अवश्ये होएत। प्रयोजन अछि अन्वेषणक ओ विद्यापतिक कृतिकेँ अपन नहि, मैथिलीजगतक, सम्पत्ति बुझबाक। हम तँ बुझैत छी जे विद्यापतिक सर्वतोमुखी प्रतिभाकेँ प्रख्यापित करबाक हेतु ओ मिथिलाक तत्कालीन राजनीतिक परिस्थितिक अवगतिक हेतु एहि दूहू ग्रन्थक विवेचना अत्यावश्यक अछि।

विद्यापतिक एक गोट आओर कृति अछि 'भूपरिक्रमा'। ई संस्कृतमे अछि तथा महाराज देवसिंहक आदेशसँ नैमिषारण्यमे रचित भेल छल। नैमिषारण्यमे बलदेवकेँ ब्रह्महत्याक पाप लागल, तकर शान्त्यर्थ ओ पृथिवीक प्रदक्षिण करए बिदा भेलाह। एहि उपक्रमसँ एकर आरम्भ अछि तथा कविक प्रतिज्ञा-वाक्य उपोद्घातहिमे अछि जे "पञ्चषष्ठिदेशयुतां पञ्चषष्ठिकथान्वितां चतुःखण्डसमायुक्तां" एहि ग्रन्थकेँ हम कहब। परन्तु ग्रन्थ एके खण्ड भेल; द्रुपद, ब्रह्मावर्त्त, प्रयाग, काशी, सिद्धदेश, बलिदेश तथा

भोजपुर-जनक-देश, बस पँएसठिमे एही आठ देशक वर्णन अछि तथा कथा सेहो आठ गोट मात्र भए सकल। ई आठो कथा अक्षरशः पुरुष-परीक्षामे पुनरुक्त अछि, पुरुष-परीक्षाक प्रथम परिच्छेदक दानवीरसँ लए अलस-कथा धरि आठो कथा सएह एहि भूपरिक्रमामे अछि। अतएव हमर अनुमान अछि जे विद्यापति भूपरिक्रमा समाप्त नहि कए सकलाह। की तँ तावत् ओ नैमिषारण्यसँ फिरि मिथिला चल अएलाह ओ तेँ ओ छूटि गेल, अथवा एकर क्रम हुनका पसिन्द नहि भेल ओ तेँ ओकरा छोड़ि देल, अथवा पँएसठि देशक परिचय संगृहीत करब दुस्साध्य जानि ओ आयास त्यागि देल, जाहि कोनो कारणेँ हो भूपरिक्रमा अपूर्ण रहि गेल ओ ओकरे कथा लए ओ पछाति महाराज शिवसिंहक संग मिथिलामे रहैत पुरुष-परीक्षाक निर्माण कएल। अतएव कथाक महत्त्व एहिमे कोनो नहि रहल कारण जे पुरुष-परीक्षामे ई सब कथा पुनरुक्त अछि, ताहि परसँ छत्तीस गोट आओर कथा अछि जे सब मिलाए चौआलीस गोट कथाक संग्रह ओहिमे सन्निविष्ट अछि। तथापि भूपरिक्रमाक जे महत्त्व अछि से ओहि आठो कथाक आरम्भमे देल आठो जनपदक वर्णनमे। एहि सब स्थानक पौराणिक महत्त्व ओ तत्कालीन इतिहास तथा परिस्थिति सम्प्रति बड़ा महत्त्वक वस्तु भेल।

परन्तु भूपरिक्रमा सेहो उपलब्ध नहि भए रहल अछि। एक गोट पोथी हमरा भेटल अछि जे देवाक्षरमे लिखल अछि परञ्च ततेक अशुद्ध अछि जे एको पाँतीक अर्थ लगाएब असम्भव बूझि पड़ैत अछि। हमर अनुमान अछि जे एहि पोथीक लेखककेँ मिथिलाक्षर नाम मात्रहिक अबैत छलैन्हि कारण जे मूल पोथी अवश्य मिथिलाक्षरेमे छल होएत, जकर प्रतिलिपि ओ कोनहुना किछु कए लेल। एकर कथा-भाग तँ पुरुष-परीक्षासँ मिलाए शुद्धो कए लए सकैत छी परन्तु एकर महत्त्व तँ कथामे नहि अछि देशक वर्णनमे अछि ओ से अंश कोनाकेँ शुद्ध कए सकब। अधिकतया तँ ओहिमे व्यक्तिक ओ स्थानक नाम अछि जाहि प्रसंग ऊहो करब असम्भव अछि। एहू ग्रन्थक हेतु अन्वेषण होएबाक चाही कारण आइसँ छओ सए वर्ष पूर्व तत्तद्देशमे कोन-कोन स्थान वर्णनीय छल ओ से किएक तकर जेहन सुन्दर विवरण एहि ग्रन्थमे अछि तेहन प्रायः अन्यत्र कतहु नहि भेटत। विश्वास नहि होइत अछि जे ई ग्रन्थ मिथिलासँ लुप्त भए गेल होएत परन्तु कतहुसँ सुनबहुमे नहि अबैत अछि, उपलब्धिक तँ कथे कोन?

गीतावलीसँ भिन्न विद्यापतिक सबसँ प्रचुरतया ख्यात ग्रन्थ अछि पुरुषपरीक्षा। सुनैत छी जे अंगरेजी अमलदारीक आरम्भकालमे फोर्टविलअम कओलेजमे भारतक भावी शासक अंगरेज नवयुवककेँ जे संस्कृत शिक्षा देल जाइन्हि ताहिमे इएह पुरुष-परीक्षा पाठ्य रहए। आइसँ चौँसट्ठि वर्ष पूर्व 1810 शाकेमे एहि ग्रन्थक मिथिलाभाषामध्य अनुवादक संग-संग संस्करण कवीश्वर चन्दा झा कएलेँ छलाह। मध्यमे पुस्तक भण्डारसँ एकर हिन्दी रूपान्तर सेहो प्रकाशित भेल अछि तथा महामना ग्रिअरसन साहेब एकर अंगरेजी मध्य अनुवाद, संग संग एकर ऐतिहासिक सामग्रीक विवेचना, लण्डनमध्य प्रकाशित कराओल। परञ्च मूल

पुरुष-परीक्षा एखनहु लेखहि मध्य यत्र-तत्र उपलब्ध होइत अछि। केवल कवीश्वरक संस्करणमे मूल छल से कहिओ समाप्त भए गेल। सम्प्रति ओ अप्राप्य अछि। एम्हर पुस्तक-भण्डारसँ हिन्दी अनुवाद अथवा ग्रिअरसनक द्वारा अंगरेजी अनुवाद सब कवीश्वरहिक संस्करणक आधारपर भेल अछि परञ्च ई संस्करण पूर्ण विशुद्ध नहि अछि। प्राचीन तालपत्रादि अनेक लेख पोथीसँ मिलाए देखला उत्तर स्पष्ट प्रतीत होइत अछि जे छापाक अशुद्धिक प्रचुरताक संग-संग पाठहुक वैषम्य एहिमे पूर्ण अछि। अतएव पाठक विशुद्धिकेँ ध्यानमे राखि एकर एक गोट नवीन संस्करण अत्यन्त आवश्यक अछि ओ से जँ आधुनिक मैथिली मध्य अनुवादसँ संवलित हो तखन तँ सोनमे सुगन्धि भए जाए। एहि मध्य ऐतिहासिक सामग्रीक संकलन कठिन काज नहि अछि कारण जे बहुत किछु से विषय कवीश्वर अपना संस्करणमे दए गेल छथि ओ ताहि सबहिक विचार कए अत्यन्त प्रामाणिक विवरण ग्रिअरसन अपन अनुवादक संग उपनिबद्ध कए देल अछि। एतए हम एतबए कहि देब पर्याप्त बुझैत छी जे एहि मध्य जे चौआलीस गोट कथा अछि से सब सत्य थिक, विद्यापति ओकरा एही युगक सत्य कथा बूझि लिखलेँ छथि।

एहि प्रसंग इहो कहि देब आवश्यक बोध होइत अछि जे पुरुष-परीक्षा ओ भूपरिक्रमा तथा कीर्त्तिलता ओ कीर्त्तिपताका—ई चारू ग्रन्थ एकहि लक्ष्यकेँ दृष्टिमे राखि निर्मित भेल ओ से लक्ष्य छल पुरुषार्थक निरूपण, पुरुष ककरा कही तकर विवेचन। पुरुष-परीक्षामे विद्यापति कहैत छथि—

बहुत सुलभ हो पुरुषाकार। दुर्लभ विरल पुरुष संसार ॥
वीर सुधी विद्याक निकेत। सुपुरुष सत्पुरुषार्थ समेत ॥
पुरुषाकार से एहिसँ आन। पुच्छश्रृंग बिनु पशुक समान ॥
(कवीश्वरक अनुवाद)

एही अर्थकेँ ओ कीर्त्तिलताक उपोद्घातक एहि दूहू आर्यामे पुष्ट कएलेँ छथि—

पुरिसत्तनेन पुरिसो नहु पुरिसो जम्ममत्तेन।
जलदानेनहु जलओ नहु जलओ पुञ्जिओ धूमो ॥
सो पुरिसो जत्स मानो सो पुरिसो जस्स अज्जणे सत्ती।
इअरो पुरिसाआरो पुच्छविहीनो पसु होइअ ॥

अतएव विद्यापतिक कृतिक विश्लेषणमे गीतावली ओ स्मृति-निबन्धावलीक संग संग पुरुषार्थ—साहित्यक तेसर श्रेणी, दूहूसँ भिन्न, स्पष्ट भए जाइत अछि। एही श्रेणीमे म.म. हरप्रसाद शास्त्री विद्यापतिक तृतीय मूर्त्तिकेँ देखैत छथि ओ ई चारू ग्रन्थ—हुनक समस्त पुरुषार्थ-साहित्य—इतिहासक सामग्री थिक।

विद्यापतिक एक गोट कृति आओर अछि जे एहि तीनू श्रेणीमे कथूमे अन्तर्भूत नहि होएत, जे सत्ये अपूर्व अछि, तथा जकर अध्ययनसँ मिथिलाक तत्कालीन सामाजिक जीवनक

तेहन स्पष्ट चित्र प्रतिभासित होएत जाहिसँ एहि ग्रन्थक महत्त्व विद्यापतिक कोनहु कृतिसँ किञ्चितो न्यून नहि होएत! ई ग्रन्थ थिक 'लिखनावली'। दैनन्दिन व्यवहारक लेख यथा चिट्ठी, रसीद, तमस्सुक आदि संस्कृतमे कोना लिखल जाए तकर आदर्श एहिमे संगृहीत अछि। चारि परिच्छेदमे प्रथम तीनिमे अपनासँ पैघकेँ, अपनासँ छोटकेँ ओ अपन समानकेँ कोना पत्र लिखी तकर आदर्श ओ चारिम परिच्छेदमे केवल व्यवहार अर्थात् तमस्सुक इत्यादिक आदर्श देल अछि। एकर उपोद्घातक श्लोकसँ ज्ञात होइत अछि जे सप्तरी जनपदकेँ जीति ओतए अपन राज्यक स्थापना कएनिहार नृप पुरादित्यक प्रेरणासँ एकर निर्माण भेल छल तथा एहिमे देल तिथिसँ ज्ञात होइत अछि जे एकर रचना ल.स. 299 मे भेल। ल.स. 297 मे महाराज शिवसिंहक परोक्ष भेलाक पर महाराजक स्त्रीलोकनिक संग बारह वर्ष धरि विद्यापति एही पुरादित्यक आश्रयमे रजाबनौलीमे छलाह तथा एतहि रजाबनौलीमे ल.स. 309 मे ठीक बारह वर्षक पश्चात हुनका अपना हाथेँ लिखल भागवतक लेखपोथी समाप्त भेल। अतएव एहि ग्रन्थक रचना ऐतिहासिक महत्त्वक भेल तथा एकर उपोद्घातक श्लोक तथा लेख-भागवतक अन्तिम वाक्य, दूहू विद्यापतिक रजाबनौली मध्य निवासक प्रवादकेँ प्रमाणित करैत अछि।

एहि ग्रन्थक महत्त्व तँ समस्त ग्रन्थक अनुशीलन कएला उत्तर ज्ञात होएत परञ्च दृष्टान्त स्वरूप हम एतए दू गोट विषयक चर्चा करैत छी। विद्यापतिक अपने प्रपितामह सब भाइकेँ तथा पञ्जीमे अनेको अन्यान्य व्यक्तिकेँ रंग-बिरंगक उपाधि देखैत छिऐन्हि यथा पार्णागारिक, महावार्तिक नैबन्धिक, देवागारिक, स्थानान्तरिक, पुष्पभट्ट, मुद्राहस्तक इत्यादि। वर्णरत्नाकरक तृतीय कल्लोलमे अनेक प्रकारसँ जे राजस्थानक वर्णन अछि ताहिमे ई नाम सब कए बेरि आएल अछि तथा छत्तीस गोट 'पदिक' क गणनामे एहि पद सबहिक उल्लेखसँ स्पष्ट भए जाइत अछि जे ई सब राजकीय पद छल। परञ्च प्रत्येक पदक कार्य की छल, कोन अभिप्रायसँ ई सब पद सृष्ट भेल छल तकर पता लगबाक कोनो साधन नहि अछि। तत्कालीन राजशासन पद्धतिकेँ सम्यक् रूपेँ बुझबाक हेतु एहि सबहिक स्पष्टीकरण आवश्यक अछि ओ ओइनिबार लोकनिक शासनपद्धति अत्यन्त नवीन नहि किन्तु कर्णाटलोकनिक शासन पद्धतिहिक रीतिसँ छल। लिखनावलीमे विद्यापति एहि सब पदिकमे कतेकोक दिशिसँ, कतेकोक नामसँ पत्र-लेखनक आदर्श देलेँ छथि ओ तेँ ओहिसँ तत्तत् पदक की कर्त्तव्य छल से अनायास बुझल भए जाइत अछि। अतएव चौदहम ओ पंद्रहम शताब्दी, कमसँ कम एहि दू सए वर्षक, मिथिलाक राज्यशासन-व्यवस्थाकेँ बुझबाक हेतु ई लिखनावलीक चतुर्थ परिच्छेदमे जे व्यवहारक लेखादर्श संगृहीत अछि ताहिसँ तत्कालीन सामाजिक जीवनक अपूर्व चित्र स्पष्ट भए जाइत अछि। विद्यापति तँ तेहने तेहने लेखक आदर्श देलेँ होएताह जकर समाजमे प्रयोजन होइत छलैक। अतएव एहि परिच्छेदक अनुशीलन कएला उत्तर बूझल भए जाएत जे ताहि दिन समाजमे कोन रूपक लेन-देन आदिक व्यवहार छलैक। केवल बन्धकक एहिमे नाना प्रकारक मोसविदा अछि तथा

धर्मशास्त्रमे बन्धकक वर्णन अछिओ तथापि से कोन कोन रीतिएँ भए सकैत अछि तथा मिथिलामे ताहि दिन कोन-कोन प्रचलित छल तकरा बुझबाक हेतु हमरा जनैत लिखनावली छोड़ि दोसर कोनो साधन नहि अछि।

परञ्च ई कहैत खेदेटा नहि, लाजो होइत अछि, जे लिखनावली सम्प्रति अप्राप्य अछि। ई छपिकें प्रकाशितो भेल छल परञ्च प्रकाशित पोथीक कोन कथा, लेखो एकोटा अद्यापि हमरा दृष्टिपथमे नहि आएल अछि; सुनबहुमे कतहुसँ नहि आएल अछि। राजेन्द्रलाल मित्रक सूची-पत्र, हरप्रसाद शास्त्रीक सूची-पत्र, मिथिला-लेख-ग्रन्थक सूची-पत्र प्रभृति ताकिकें थाकि गेलहुँ, कतहु एकर चर्चा नहि भेटल आछि। अकस्मात् प्रकाशित पोथीक तीनि फरमा 25 सँ 48 पृष्ठ धरि 24 पृष्ठ मात्र, कोनहुना उपलब्ध भए सकल अछि जाहिमे 38 सँ लए 78 धरि, एकतालीस गोट लेखक आदर्श अछि जाहिमे अठतीसम आदितः ओ अठहत्तरिम अन्ततः खण्डित अछि। अतएव पूर्ण लेख उनचालिस गोटमात्र रहल। उपोद्घातक श्लोक कवीश्वर चन्दा झा अपन पुरुषपरीक्षाक संस्करण मध्य देलें छथि। बस, एतबे हमरा उपलब्ध अछि। ताहूमे छापाक अशुद्धि अनेक ठाम पाठकें तेहन भ्रमाह कए देलें अछि जे किछु निर्णय करब असम्भव सन भए जाइत अछि। तथापि यदि सम्पूर्ण पोथी भेटैत तँ बहुत किछु काज चलैत। लेख-पोथी यदि प्राचीन भेटैत तँ पाठहुक साधुता निर्णीत भए जाइत। परन्तु क्रम एहन सन लगैत अछि जेना ई पोथी लुप्त भए गेल हो। छपल तँ एक हजार अवश्य होएत परन्तु एकोगोट कतहु भेटैत नहि अछि। एहूमे हमरा विश्वास अछि जे हमरा लोकनिक आलस्य एवं अकर्मण्यता सएह कारण थिक। लेख पोथी यदि नहि रहैत तँ ई छपैत कोना? ओ छपल पोथीक अंश तँ हमरा हाथहिमे अछि। अतएव हम बुझैत छी जे लेखो एकर होएत ओ छपल पोथी सेहो अवश्ये होएत। हमरा लोकनि ओकर महत्त्व नहि बुझैत छिऐक तें तादृश अनुसन्धानो नहि भेल अछि तथा यदि ककरहु संग ई अछिओ तँ से एकरा गुप्त रखलें छथि। एहने तँ अछि विद्यापतिक कृतिक प्रति हमरा लोकनिक आस्था, विद्यापतिक प्रति हमरा लोकनिक श्रद्धा। तखन वर्षमे एक दिन अथवा एक सप्ताह ठाम-ठाम सभा कए समवेत भए विद्यापतिक स्मृतिमे वाचनिक श्रद्धाञ्जलि अर्पित कएलहि कतेक फल होएत?

अतएव हम आदिअहुमे कहल अछि ओ पुनः पुनः कहब जे विद्यापतिक केवल गीतावलीकें लए कतेक कूदब। तकर समय चल गेल। ताहिसँ जे फल होएबाक से भेटि गेल। आब विद्यापतिकें जँ केओ मैथिल नहि कहत तँ तकरा बताह छाड़ि आन किछु नहि कहबैक। मैथिली सेहो भाषाक रूपमे स्वीकृत भए गेल ओ हमरा लोकनि जाहि रूपें एकर स्वीकृति चाहैत छी से जँ नहि भेल अछि तँ से एहिसँ होएबो नहि करत। मिथिलाभाषा भारतक उत्तरपूर्वाञ्चलक एकगोट स्वतन्त्र ओ प्राचीन भाषा थिक; एकरा हिन्दीक शाखा कोनहु अर्थमे नहि कहि सकैत छी, ई मिथिला किंवा तिरहुत जनपदक भाषा थिक, एहि भाषामे सत्साहित्यक परम्परा आइ साहस्राधिक वर्षसँ अविच्छिन्नरूपें आबि रहल अछि

तथा समय-समयपर भारतक एहि उत्तरपूर्वाञ्चलक सबहुँ भाषाक साहित्य एहि भाषाक साहित्यसँ प्रभावित भए उद्बोधन पओलक अछि इत्यादि कथा आब दश पाँच मिथिला-मैथिल-मैथिलीक विद्वेषककेँ छाड़ि प्रायः सब विवेचक मुक्तकण्ठसँ स्वीकार करैत छथि। आब प्रयोजन अछि मिथिलाक जनपदक स्वतन्त्र अस्तित्वक स्वीकृतिक ओ ताहि हेतु हमरा लोकनिकेँ अपन संस्कृतिक परम्परा, अपन इतिहासक परम्परा, अपन स्वतन्त्र विकासक परम्पराकेँ स्पष्ट कए संसारक समक्ष उपस्थित करए पड़त, देशक भाग्यविधाता लोकनिकेँ बुझबए पड़त। एहि हेतु विद्यापति हमरा लोकनिकेँ अपन सर्वतोमुखी प्रतिभाक प्रसाद स्वरूप कतेक सामग्री दए गेल छथि से हमर एहि क्षुद्रो लेखसँ किछु-किछु प्रतिभासित अवश्ये भेल होएत।

अन्तमे हमरा वक्तव्य जे विद्यापतिक स्मृति-रक्षा हमरा लोकनि की कए सकबैन्हि? अपन स्मृति-रक्षाक हेतु ओ ततबा साधन स्वयं छोड़ि गेल छथि जे कालहुक वश ओतए नहि चलत। हमरा लोकनि तँ विद्यापतिक स्मृतिसँ अपनाकेँ गौरवान्वित करबाक हेतु, शुद्धकेँ आत्मरक्षार्थ, हुनका श्रद्धाञ्जलि अर्पित करैत छी। एतेक दिन जँ से श्रद्धाञ्जलि हमरा लोकनि हुनका मैथिली साहित्यक पिताक रूपमे अर्पण करैत छलिऐन्हि तँ आब से अर्पण करैत जाइ हुनका मिथिला-जनपदक पिताक रूपमे ओ तकर सक्रिय रूप होएबाक चाही विद्यापतिक समस्त कृतिक अनुसन्धान, ओकर सङ्कलन, ओकर समुचित प्रकाशन, ओकर अध्ययन ओ अनुशीलन।

(विदेह, 1953, विविध प्रबन्ध सँ)

विद्यापतिक प्रसङ्ग

अभिनव-जयदेव महाराजपण्डित विद्यापतिठाकुर प्रसङ्ग एमहर किछु दिनमे थोड़ नहि लिखल गेल अछि ओ से लेख-सभ बहुधा एहन-एहन विद्वद्वरेण्यक लेखनीसँ लिखल गेल अछि जनिक अध्ययन किंवा अनुसन्धानक क्षेत्रक विस्तीर्णता अथवा समीक्षापूर्ण विषयोपत्थापन शैलीक ख्याति देश ओ विदेश सर्वत्र प्रसृत अछि। परन्तु 'विद्यापति ओ हुनक समय' प्रसङ्ग अध्ययनमे संलग्न हमरा सदृश एक गोट क्षुद्र तत्त्वबुभुत्सुक दृष्टिएँ एखनहु बड़ काज पड़ल अछि ओ से काज सम्प्रति अनुसन्धानहुसँ विशेष समीक्षाक अछि। हमरा दृष्टिमे एखन सबसँ आवश्यक ई काज अछि जे विद्यापतिक व्यक्तित्वक निर्णय भए जाए, गत पाँच सए वर्षसँ अधिक दिनसँ परम्परया श्रुत प्रवादक बलसँ प्रसृत जे भ्रमजाल महाकविक व्यक्तित्वकेँ चारू दिशिसँ आवृत कए देलेँ अछि, जाहि कारणेँ हुनक अलौकिक प्रतिभाक किरण कतिधा मन्दीभूत प्रतिभासित होइत अछि, तकर निराकरण कएल जाए, ई कथा निश्चित भए बूझि लेल जाए जे केवल विद्यापतिक नामहिक बलेँ कोनहु व्यक्तिकेँ ओ महापुरुष नहि मानि ली जनिक अमर-कीर्ति हमरालोकनिकेँ एतेक गौरव प्रदान करैत अछि ओ जा धरि देशमे कविताक मधुररसक आस्वादन होइत रहत निश्चय दैत रहत।

कारण, ई कथा तँ स्पष्ट अछि जे केवल नामक साम्यसँ व्यक्तिक ऐक्य सिद्ध नहि भए सकैत अछि। मिथिलाक पुरातत्त्वक जे वेत्ता छथि से जनैत छथि जे 'विद्यापति' ई नाम मिथिलामे 'शङ्कर' किंवा 'गोविन्द' जकाँ अत्यन्त प्रसिद्ध अछि ओ एहन कोनो कुल नहि भेटल जाहिमे एहि नामक दू चारि व्यक्ति नहि भए गेल छथि। अनेक व्यक्ति तँ महाकविक सदृश 'ठाकुर' एहि कौलिक उपाधिसँ युक्त भेटैत छथि; कतेक महाजन 'महामहोपाध्याय' वा तत्सदृशे विशिष्ट उपाधिसँ विभूषित भेटैत छथि, तेँ 'म.म. विद्यापति ठाकुर' एतबहुसँ महाकवि बूझब भ्रमसँ शून्य नहि भए सकैत अछि। एकर प्रमाणमे एहिसँ अधिक स्पष्ट आओर की होएत जे महाकविक सङ्गहि सङ्ग, एकहि समयमे, ओही ओइनिवार मिथिलेश लोकनिक दरबारमे, एकजन अपर 'विद्यापति' रहैत छलाह जनिको कौलिक उपाधि ओएह छल 'ठाकुर' परन्तु जे छलाह 'हरसिंहपुरवासी निक्रुती' मूलक गोविन्दठाकुरक बालक जाहि गोविन्दक उपाधि भेटैत अछि 'पुष्पभट्' (प्राकृत रूप 'फुलहट') जाहिसँ लिखनावलीक

आधारपर हम राजकीय 'फुलबाड़ीक अध्यक्ष' बुझैत छी। परन्तु ओहि पुष्पभट्ट गोविन्दक बालक विद्यापतिठाकुरक दरबारमे अथवा देशमे ततबा प्रतिपत्ति छल जे हुनक दू गोट कन्या ओहि राजकुलमे विवाहिता भए गेलीह, एक गोट 'महादेवी रतना' महाकविक आश्रय ओ मित्र महाराज शिवसिंह रूपनारायणक छओ पत्नीमे तेसरि छलीह; ओ दोसरि, 'महादेवी हृदयवती' ओही महाराज शिवसिंहक भातिज महाराज धीरसिंह हृदयनारायणक चारि पत्नीमे सबसँ ज्येष्ठा छलीह जनिक सुपुत्र जीवनारायण-पदाङ्कित महाराज राघवसिंह छलाह जनिक उल्लेख महाकविक कए गोट गीतमे अछि।

नामक साम्यसँ महाकविक प्रसङ्ग केहन भ्रान्ति उत्पन्न भए सकैत अछि तकर एक गोट दृष्टान्त पर्याप्त होएत। बङ्गालक चिनसुरा शहरमे श्रीयुत दिनेशचन्द्र भट्टाचार्य एक जन वयोवृद्ध साहित्यसेवी एवं पुरातत्वक गम्भीर समीक्षक छथि तथा मिथिलाक प्राचीन इतिहास एवं संस्कृतिक जे हुनका अनुराग छैन्हि से मैथिल पण्डितहुमे बड़ विरल दृष्टिगोचर होइत अछि। अपन अनुसन्धानक क्रममे हुनका 'आगमद्वैतनिर्णय' नामक एक गोट तन्त्रक ग्रन्थ भेटलैन्हि अछि जे म.म. विद्यापतिठाकुर रचित थिक ओ कलकत्ताक संस्कृत कओलेजक संग्रहमे प्राचीन तालपत्रक एक गोट मोट पोथामे हुनका भविष्यपुराणक कहि एक गोट विस्तृत उद्धरण भेटलैन्हि जाहिमे वर्णित अछि जे कोनरूपेँ कलियुगक साढ़े चारि हजार वर्ष व्यतीत भेलाक पर मैथिल विद्यापति तन्त्रोक्त वीराचार पटल मध्य सिद्धि प्राप्त कएल। श्रीयुत भट्टाचार्य महाशय एहि दूहू विद्यापतिकेँ अभिनव-जयदेव बूझि एक गोट बड़े रोचक प्रबन्ध प्रस्तुत कएल जे प्रयागक 'गङ्गानाथ झा रिसर्च इन्स्टीट्यूटक जर्नल मध्य 1949 ई. केर मइक अङ्क मध्य छठम खण्डक तृतीय भाग मध्य, प्रकाशित भेल। एहि प्रबन्ध मध्य श्रीयुत भट्टाचार्य महाशय आगमद्वैतनिर्णय एवं भविष्यपुराणाधृत वचन सबहिक आधारपर बड़े सुन्दर युक्तया प्रमाणित कएल अछि जे महाकवि विद्यापति शाक्त सम्प्रदायान्तर्गत वीराचारक उपासक छलाह। विद्यापति ठाकुरक व्यक्तित्वक प्रसङ्ग जे संस्कार हमरा लोकनिक हृदयमे दृढ़ अछि तकर ई सिद्धान्त ततेक प्रतिकूल प्रतिभासित भेल जे ने आगम-द्वैतनिर्णय पूर्णतया उपलब्ध भेल ने भविष्यपुराणाधृत वचनसमूह, किन्तु ओकर जतबा अंश श्रीयुत भट्टाचार्यमहाशय उपस्थित कए विचारमे प्रवृत भेल छलाह ततबहिसँ हमरा स्पष्ट भए गेल जे आगमद्वैतनिर्णयक रचयिता म.म. विद्यापतिठाकुर ओ भविष्यपुराणाधृत वचनसमूहमे वर्णित विद्यापति एक जन नहि, दू भिन्न जन छलाह ओ महाकवि विद्यापतिसँ ई दूहू जन भिन्ने छलाह। ततबे नहि, हमरा तँ एतेक दूर धरि सिद्ध करबाक उत्साह भेल जे ओ दूहू जन विद्यापति के छलाह तथा ओही जर्नलक 1950 ई. क नवम्बरक अङ्क मध्य, आठम खण्डक प्रथम भाग मध्य, हम श्रीयुत भट्टाचार्य महाशयक विचारमे दोष देखाए ई प्रदर्शित कएल जे निश्चय पूर्वक तँ आओर विशेष प्रमाण उपलब्ध भेलहिँ कहि सकब, परन्तु जतबा प्रमाण ओ उपलब्ध कराओल अछि ततबासँ हमरा इएह अनुमान होइत अछि जे आगमद्वैतनिर्णयकार म.म. विद्यापतिठाकुर 'घुसोत' मूलक काव्य-प्रदीप ओ पूजाप्रदीपक

रचयिता म.म. गोविन्दठाकुरक सातपुत्र-रत्नमध्य द्वितीय पुत्र छलाह जनिक नवम ओ दशम पुरुषक सन्तानवर्ग मिथिलामे सम्प्रति समौल, कोइलख, भटसिम्मरि प्रभृति अनेक स्थानमे बसैत छथि, तहिना भविष्यपुराणाधृत वचनसमूहमे वर्णित विद्यापति 'उचिती' मूलक हरपति प्रसिद्ध ञाङनिझाक बालक छलाह जाहि ञाङनिझाक वैमात्रेय बहीनिक कन्या मध्य सरिसबक सुप्रसिद्ध म. म. शङ्करमिश्रक विवाह छल ओ तेँ ई सिद्ध विद्यापति कलिगताब्द 4500 क प्रान्तमे प्रादुर्भूत प्रायः महाकवि विद्यापतिक समानकालीने छलाह।

महाकवि विद्यापतिक समयक निर्णयमे 'हलायुधक' 'ब्राह्मण-सर्वस्वक' एक गोट प्राचीन तालपत्रक पुस्तकक पुष्पिका बड़ महत्त्वक भए गेल अछि। ई तालपत्रक पोथी नेपाल दरबारक संग्रहालय मध्य सुरक्षित अछि तथा म.म. हरप्रसाद शास्त्रीक सूचीपत्र मध्य वर्णित अछि। एकर पुष्पिकामे अछि जे 'लक्ष्मणसेनीय संवत् 340 मध्य मुड़िआर ग्राममे सप्रक्रिय सदुपाध्याय निजकुलकुमुदिनीचन्द्र-वादि-मत्तेभसिंह सच्चरित्र-पवित्र पण्डित श्रीविद्यापति-महाशयसँ पढ़ैत छात्र श्रीरूपधरसँ लिखित ई पुस्तक'। देशी एवं विदेशी विद्वज्जन जे विद्यापतिक समयक प्रसङ्ग किछु विचार कएलैन्हि अछि सब एहि विद्यापति महाशयकेँ महाकवि मानि ल. सं. 342 मे हुनका मुड़िआर मध्य अध्यापनवृत्ति करैत पाबि तदनुकूल हुनक काल प्रमाणित कएल अछि। हालहिमे कलकत्ताक सुविख्यात विद्वद्वरेण्य डा. श्रीसुकुमारसेन अपन 'विद्यापति-गोष्ठी' नामक समीक्षाक विलक्षण ग्रन्थमे ओ पटनाक सुप्रसिद्ध इतिहासक विशेषज्ञ एवं मैथिली-साहित्यक अनुरागी श्रद्धेय डॉ. श्रीविमानविहारी मजुमदार विद्यापतिक अपन अनुपम कविता-संग्रहक भूमिकामे एहि पुष्पिकाक बड़ महत्त्व देल अछि। परन्तु हमरा दृष्टिमे एहि पुष्पिकाक विद्यापतिमहाशय स्पष्ट बूझि पड़ैत छथि जे महाकविसँ भिन्न केओ अन्य व्यक्ति थिकाह। ल. सं. 341 मे महाकवि प्रायः अस्सी वर्षक वृद्ध छलाह। मिथिलाक राजधानी अथवा अपन आवास-स्थान विसपीसँ दूर एहि 'मुड़िआर' गाममे महाकवि तखन अध्यापन-वृत्ति करैत छलाह सङ्गत नहि जँचैत अछि, वादिमत्तेभसिंह—वादी रूपक मत्तगजक हेतु सिंह सदृश—ई विशेषण कतेक दूर धरि महाकविक हेतु सङ्गत अछि से सकल सुधीजन स्वयं बूझि सकैत छथि। शास्त्रार्थमे महाकविक ख्याति एहि पुष्पिकासँ भिन्न अन्यत्र कतहु नहि दृष्ट अथवा श्रुत अछि। एहि सबसँ सम्भव नहि प्रतीत होइत अछि जे ई विद्यापतिमहाशय अभिनव-जयदेव राजपण्डित महाकवि छलाह। कवित्वक कोनो सङ्केतो एहिमे नहि अछि।

परन्तु ई सब युक्ति तर्कगम्य अछि तथा तर्ककेँ भ्रमसँ शून्य सिद्ध करब कठिन अछि। किन्तु हमरा तँ एहि पुष्पिकाक शब्दसँ प्रत्यक्ष बोध होइत अछि जे ई विद्यापति महाशय विद्यापति 'ठाकुर' नहि, विद्यापति 'झा' छलाह ओ तेँ महाकवि नहि छलाह। मिथिलाक पुरातत्त्वक वेत्ता जनैत छथि जे उपाध्याय ई उपाधि 'झाक' मूल रूप थिक। मूलतः मैथिल ब्राह्मणमात्रक उपाधि इएह 'उपाध्याय' छल जकर आशय छल जे ओ लोकनि मुख्यतः अध्यापनवृत्ति-शील होइत छलाह। ठाकुर किंवा मिश्र अथवा पाठक वा चौधरी

प्रभृति सब उपाधि तात्पर्यसँ शून्य नहि अछि तथा ओहू सब कुलक उपाधि जे सम्प्रति मिश्र इत्यादि अछि पूर्वमे उपाध्याय छल से भेटैत अछि। महामहोपाध्याय किंवा महोपाध्याय अध्यापन-वृत्तिक वैशिष्ट्यमूलक थिक ओ तेँ सब कुलक हेतु समाने अछि, परन्तु ताहिसँ भिन्न 'सदुपाध्याय' ई उपाधि ताहि रूपक नहि थिक। सदुपाध्याय केवल ताहि व्यक्तिक हेतु प्रयुक्त होइत अछि जनिक कौलिक उपाधि उपाध्याय अथवा झा थिक; मिश्रक हेतु ई उपाधि सन्मिश्र होएत ओ ओही नेपाल दरबारक लेखग्रन्थक सूत्रीपत्रमे तकर एक नहि अनेक दृष्टान्त भेटत; ठाकुरक हेतु ताहि उपाधिक रूप होएत सठ्ठक्कुर ओ तकरो दृष्टान्त प्रचुर भेटैत अछि। ई सदुपाध्याय वा सन्मिश्र अथवा सठ्ठक्कुर वैदुष्य-मूलक नहि थिक; एकर तात्पर्य थिक ओहि व्यक्तिक चरित्र किंवा प्रतिष्ठाक ख्याति, ओ वैदुष्यक ख्याति हो वा नहि, देशमे जँ चरित्रक उत्कर्षक सुयश भेल तँ उपाधि प्रयुक्त होएत।

ब्राह्मण-सर्वस्वक तालपत्रक पोथीक पुष्पिकाक वाक्यमे सदुपाध्याय विशेषणसँ प्रत्यक्ष अछि जे ई विद्यापति महाशय केओ विद्यापतिझा छलाह जनिका हेतु निजकुलकुमुदिनीचन्द्र प्रभृति सब विशेषण हुनक छात्र रूपधर प्रयोग कएल अछि; ओ विद्यापति ठाकुर नहि छलाह; तेँ हुनका महाकवि बुझब भ्रमात्मक थिक कारण एहिमे तँ ककरहु सन्देह नहि होएत जे महाकविक कौलिक उपाधि 'झा' नहि, 'ठाकुर' छल।

एही रूपक कतोक भ्रम एखन धरि पसरल अछि ओ हमरा तँ जखन केओ विद्यापतिक प्रसङ्ग किछु लिखैत छथि वा कहैत छथि तँ प्रथम इएह जिज्ञासा भए जाइत अछि जे ई की सत्ये बिसैबार विसपी मूलक महाकवि विद्यापति ठाकुर थिकाह। ज्योतिरीश्वरकेँ विद्यापतिक पितामह-भ्राता बुझब अथवा गङ्गाभक्तितरङ्गिणीकार गणेश्वरकेँ विद्यापतिक पिता कहब एहने भ्रमात्मक प्रवाद सब थिक ओ एहि सभ भ्रमक निराकरण हम समय समय पर करैत आएल छी। 'गोरक्ष विजय' किंवा 'मणिमञ्जरी' नाटक जे महाकविक रचना कहल जाइत अछि हमरा ताहू प्रसङ्ग सन्देह अछिए ओ तकर निर्णय तँ ओहि ग्रन्थ सबहिक उपलब्धि भेलहि भए सकत। हमरा कहबाक तात्पर्य एतबए जे केवल नाम-साम्यसँ विद्यापतिकेँ महाकवि बूझि लेब भ्रमसँ शून्य नहि भए सकैत अछि ओ तेँ जखन कखनहु कतहु विद्यापतिक उल्लेख भेटए तँ सर्वप्रथम एकर निर्णय कए ली जे ई सत्ये महाकवि थिकाह वा नहि ताहि हेतु नामसँ अतिरिक्त प्रमाणान्तरक अपेक्षा छैक।

(वैदेही, नवम्बर, 1953)

विद्यापतिक वंश

अभिनव-जयदेव महाराज-पण्डित विद्यापति ठाकुरक कृतिक जे केओ अध्ययन कएने छथि अथवा जे केओ हुनका प्रसङ्ग अनुसन्धान करैत छथि सबहुँकाँ ई आश्चर्यवत् प्रतीत होएतैन्हि जे अपन एतेक-रास रचनाक मध्यमे महाकवि अपन परिचय कतहु नहि देने छथि। पितृपितामहादिक नामोल्लेखपूर्वक व्यक्तिक परिचय महाकविक दृष्टिमे तुच्छ छल से कहब असंगत होएत, कारण, ओएह महाकवि अपन भिन्न भिन्न ग्रन्थमे ओहि मिथिलेश महाराज लोकनिक विशद वर्णन करैत छथि जनिक निदेशसँ अथवा जनिक प्रमोदार्थ ओहि ग्रन्थ सबहिक रचना भेल अछि। कीर्त्तिलतामे सिद्ध कामेश्वरसँ लए महाराज कीर्त्तिसिंह धरिक पूर्ण परिचय उपलब्ध अछि; पुरुष-परीक्षामे महाराज देवसिंह ओ महाराज शिवसिंहक चमत्कारक वर्णन अछि; शैवसर्वस्वसारमे महाराज भवसिंहसँ आरम्भ कए महाराज पद्मसिंह ओ हुनक दयिता महादेवी विश्वासदेवीधरिक विलक्षण वर्णन भेटैत अछि; दुर्गाभक्तितरङ्गिणीमे महाराज भवसिंहसँ लए भैरवसिंह धरिक परिचय बड़े चमत्कारसँ सन्निविष्ट अछि। ततबए नहि, अपन गीत सबहिक भनितामे सेहो महाकवि केवल अपन आश्रय मिथिलेश महाराजे लोकनिकटा नहि, अन्यान्यो अनेक व्यक्तिक, जनिक कहलासँ अथवा जनिका हेतु ओहि गीत सबहिक रचना ओ कएने छलाह, नाम दए दए हुनका सबहिकाँ अमर बनाए गेल छथि। तखन पुनि एतेक रास कृतिक रचना कए ताहि मध्य कतहु महाकवि अपन वंशक अथवा पूर्वजक, अपन पिताक वा अपन माताक, ककरो उल्लेखोटा नहि कएलैन्हि ई निश्चय रहस्यमय बोध भए रहल अछि।

किन्तु एतावता ई नहि बुझबाक थिक जे विद्यापति ठाकुरक परिचय हमरा लोकनिकेँ उपलब्ध नहि अछि—हुनक पितृपितामहादिक्रमे पूर्वजक नाम अथवा पुत्रपौत्रादिक्रमे सन्तानक नाम ज्ञात नहि अछि। अपन धरि नाम तँ महाकवि अपन प्रत्येक ग्रन्थमे देनहि छथि ओ ताहि संग संग अपन आश्रय मिथिलेश महाराज लोकनिक परिचय सेहो देने छथि जाहिसँ हुनक जीवनक सीमा सुगमतया निर्धारित भए जाइत अछि। अपन गीत सबहिक भनितामे अनेको ठाम ओ अपन ओहि उपाधि सबहिक सेहो उल्लेख करैत गेल छथि जे सब हुनका मिथिलेशक राजकुलसँ अथवा जनसमुदायसँ, विद्वन्मण्डलीसँ अथवा रसिकक

गोष्ठीसँ प्रदत्त भेल छलैन्हि। हुनक लिखल भागवतक पोथीमे स्वयं हुनक हस्ताक्षर समयोल्लेख-पूर्वक उपलब्ध अछि जे सौभाग्य एतेक दिनुक आन कोनो महापुरुषकेँ कदाचितहिँ प्राप्त छैन्हि। लोकोत्तर गुणराशिक प्रसादात् अपन जन्मभूमि बिसपी ग्रामक शासन जाहि पत्र द्वारा तत्कालीन मिथिलेश महाराजसँ हिनका प्रदत्त भेल छलैन्हि से ताम्रपत्र समेत उपलब्ध अछि। ओ एहि सबसँ महाकविक व्यक्तित्व, हुनक जीवनक क्षेत्र ओ तकर सीमा, ओकर वैशिष्ट्य ओ महत्त्व, सुलभतया अवगत भए जाइत अछि।

तखन रहल ओहि वंशक प्रसङ्ग, जकरा अपन जन्मसँ महाकवि उज्ज्वल कएलैन्हि, से मुख्यतया पञ्जीसँ ज्ञात होइत अछि। ई पञ्जी मैथिलक हेतु एक गोट अमूल्य निधि थिक। एकर निर्माण जाति ओ तद्द्वारा धर्मक रक्षार्थे भेल हो तथा एखनहु एकर प्रधान प्रयोजन सएह रहओ परन्तु निर्माण कालसँ सबा छओ सए वर्ष पश्चात् आइकाल्हि एकर एकगोट महत्त्व ऐतिहासिक अछि तथा हमरा लोकनिकेँ गौरव अछि जे अपनाकेँ मैथिल कहनिहार मैथिल ब्राह्मण ओ मैथिल कर्णकायस्थकेँ अपन पूर्वजक परिचयक, अपन पूर्वक इतिहासक, एकगोट एहन सुन्दर, प्रामाणिक, अथच सर्वाङ्गपूर्ण आकर छैन्हि जे प्रायः अन्य कोनहु जातिकेँ नहि अछि। शाके 1248 मे पञ्जी-प्रबन्धक निर्माण महाराज हरिसिंहदेवक नामेँ भेल ओ तहिआसँ अद्यपर्यन्त जे केओ मैथिल ब्राह्मण अथवा कर्णकायस्थ भेल छथि तनिका सबहिक परिचय तँ एहि पञ्जीमे उल्लिखित भेटते, विशिष्ट-विशिष्ट कुलक परिचय तँ ताहिसँ सए दूसए ओ कतोकठाम ताहूसँ अधिक दिन पूर्व धरिक एहिमे संगृहीत अछि। एहि पञ्जीक मुख्यतः दू गोट भेद अछि, एक कहबैत अछि मूलपञ्जी जाहिमे केवल एक मूलक, एकहि कुलक, सब सन्तानक, पुत्र ओ कन्या सबहिक, नाम, विवाह ओ सन्तानक नाम संगृहीत रहैत अछि। दोसर कहबैत अछि शाखापञ्जी जे एक कुलकेँ लए आरम्भ होइत अछि (एमहर तीन चारिसए वर्षसँ ई आरम्भ होइत अछि वर्त्तमान मिथिलेश दड़िभंगा-नरेशक खण्डबला-कुलसँ) तथा नवीन कुलसँ सम्बन्ध पड़ितहिँ ओहि नवीन कुलक आरम्भसँ परिचय दए देल जाइत अछि। एक कुलसँ दोसर कुलकेँ सम्बन्ध रहितहिँ छैक, फलतः एहि शाखापञ्जीमे प्रायः सभ कुलक मोटा मोटी परिचय आबि जाइत अछि। परन्तु एहिमे बड़का त्रुटि ई अछि जे कन्याक नाम एहिमे नहि रहैत अछि, कन्याक चर्चो जन्मक कुलमे नहि कए विवाहक कुलमे कएल जाइत अछि, तथा जे निस्सन्तान भए गेलाह तनिक परिचय एहिमे नहि आबए पबैत अछि। पूर्वमे सब कुलक मूल-पञ्जी छल ओ एखनहु धरि पँजिआड़ लोकनि मूलपञ्जी रखैत छथि, ओकरा बढ़बैत रहैत छथि, नव नव नाम सबहिक संग्रह करैत ओकरा परिपूर्ण करैत जाइत छथि, परन्तु ततेक कुल अछि ओ दिनानुदिन संख्या बढ़ैत बढ़ैत ओ सब तेहन विशाल भए गेल अछि जे नित्य प्रत्यह कार्यक हेतु तथा अध्ययनक हेतु मूलपञ्जी उपकारक नहि बुझल जाइत अछि। फलतः एमहर आबि शाखापञ्जी सएह बेशी प्रचलित भए गेल अछि ओ उपलब्धो अधिकतया शाखे-पञ्जी होइत अछि। पैघ पैघ कुलक, विशिष्ट विशिष्ट वंशक, मूलपञ्जी सेहो भेटैत अछि परञ्च विद्यापति ठाकुरक वंशक

मूलपञ्जी एखन धरि कतहु उपलब्ध नहि भेल अछि ओ तेँ यावतो रूपेँ हुनक कुलक परिचय नहि भेटैत अछि। शाखा-पञ्जीमे जतबा उल्लिखित अछि से कतोक अंशमे अपूर्ण अछि, कारण, जाहि दिशि आगाँ शाखा नहि भेलैक से अंश छोड़ि देल गेल छैक। परन्तु जे कथा अनुपदे स्पष्ट होएत, ई वंश ततेक महापुरुषक जन्मसँ अलंकृत भेल अछि, एहि वंशक सन्तानसँ विद्याक तेहन व्यवसाय भेल अछि, सत्कर्मक ततबा अनुष्ठान भेल छैक, तत्कालीन मिथिलेश महाराज लोकनिक ताहि रूपक सेवा भेल छैन्हि जे जतबा अंश पञ्जीमे अपूर्ण अछि से तत्तत्कालमे रचित ग्रन्थ सबहिक उपोद्घातसँ पूर्ण भए जाइत अछि! एहि पञ्जी ओ तत्तत्समयमे लिखल गेल ग्रन्थ सबहिक आधारपर एहिठाम महाकविक वंशक एकगोट क्रमबद्ध परिचय लिखैत छी। अनेक ठाम एहिमे सन्देहक स्थान छैक; कतेक ठाम परिचय स्पष्ट नहि भए रहल अछि; कए ठाम एखनहु ई परिचय अपूर्ण अछि। परञ्च ताहि सबहिक हम स्पष्ट शब्देँ निर्देश करैत जतबा जे किछु उपलब्ध अछि तकर सप्रमाण उपपादन करैत जाएब। आशा अछि जे एहि विषयक विज्ञलोकनि, मिथिलाक पुरातत्त्वक अनुरागी लोकनि, भविष्यक अन्वेषक लोकनि, एहि प्रसङ्गक सबटा त्रुटिक संशोधन, समस्त सन्देहक सम्मार्जन, एक अज्ञात अंशक पूर्ति कए देताह जाहिसँ एहि विशिष्ट वंशक परिचय सर्वतोभावेन उपलब्ध हो—जाहि वंशक लोकोत्तर गुणराशि एवं अलौकिक कृति-कलापसँ केवल मिथिलेटा नहि, समस्त भारतवर्ष गौरवान्वित अछि।

पञ्जीमे परिचय मूल ओ ग्रामसँ देल छैक। मूल ओहि ग्रामक नाम-परक थिक जाहि गाममे ओहि वंशक आदि पुरुष रहैत छलाह जनिक धरिक नाम ओ परिचय एहि वंशक पञ्जीप्रबन्धकालीन सन्तान लोकनि दए सकलाह। से आदि पुरुष ओहि वंशक बीजी-पुरुष कहबैत छथि। ग्राम ओहि गामक नाम थिक जाहि ठाम पञ्जी-प्रबन्धकालमे ओहि वंशक व्यक्ति लोकनि रहैत छलाह। एक मूलमे अनेक गाम भए सकैत अछि यदि ओहि मूलक लोक पञ्जीप्रबन्धकालमे अनेक गाममे बसैत छलाह। किन्तु प्रत्येक वंशक बीजीपुरुष एके व्यक्ति होइत छथि जनिक सन्तान ओहि वंशक सब लोक होएत। पञ्जीमे महाकवि विद्यापति ठाकुरक मूल 'गढ़ बिसपी' कहल छैन्हि तथा गाम सेहो बिसपी, ओ महाकवि अपनहुँ बिसपिअहिक वासी छलाह। एहिसँ सिद्ध होइत अछि जे बीजीपुरुषक कालसँ लए महाकविक समय धरि हिनका लोकनिक वास बिसपिअहि मध्य छलैन्हि। मूलमे बिसपी विशेषण-विशिष्ट प्रयुक्त अछि तथा 'गढ़' ई विशेषण पद सूचित करैत अछि जे विसपी आनो वंशक मूल छल। वस्तुतः केवल बिसपी सेहो एक भिन्ने मूल भेटैत अछि जकर बीजी पुरुष शङ्खधर नामक एक भिन्ने व्यक्ति छलाह। एक गाममे दू वंशक बीजीपुरुष रहलासँ मूल तँ दूहू वंशक एके कहाओत मुदा तैओ एतबा भेद पञ्जीमे कएल अछि जे ओहि दूहूमे एक सविशेषण रहैत अछि, दोसर निर्विशेषण। 'गढ़ बिसपी' मूलक बीजी पुरुष विष्णु ठाकुर थिकाह जे महाकविसँ ऊपर आठम ठाम पड़ैत छथि। पञ्जीमे उपाधि सर्वत्र साभिप्राये अछि ओ एहि वंशक 'ठाकुर' उपाधि हिनका लोकनिक ग्रामाधिपतित्व सूचित करैत अछि। बिनु

ग्रामाधिपति भेलेँ ठाकुर उपाधि नहि प्रयुक्त होइत छल ओ तेँ सिद्ध होइत अछि जे एहि वंशक बीजी पुरुष सेहो ग्रामाधिपति छलाह जकरा आइ काल्हि जमिन्दार कहबैक।

एहि दृष्टिसँ विचार कएने बोध होइत अछि जे पञ्जी-प्रबन्धसँ डेढ़ दू सए वर्ष पूर्वहुँ बिसपी एक समृद्धिशाली गाम छल जतए दू घर ब्राह्मणक निवास छल—ओहिमे एक व्यक्ति जमिन्दार, ग्रामाधिपति, छलाह ओ प्रायः ओहि जमिन्दार, विष्णु ठाकुरक निवास गढ़ अर्थात् किला भेला वा कहएबाक कारणेँ हुनक वंश 'गढ़ बिसपी' मूलक कहाए विख्यात भेल। महाकवि विद्यापति ठाकुरक वंश 'बिसैबार बिसपी' कहबैत अछि जाहिमे बिसैबार मूल बिसपी शब्दक विशेषण-रूप थिक तथा द्वितीय बिसपी ग्रामक द्योतक थीक। आठ पुरुषसँ महाकवि विद्यापति ठाकुर बिसपी ग्रामक वासी छलाह।

'गढ़ बिसपी' मूलक बीजीपुरुष विष्णु ठाकुर ओ हुनक बालक हरादित्य ठाकुरक प्रसङ्ग किछु ज्ञात नहि अछि। हरादित्यकेँ एकगोट पुत्र, तनिक नाम कर्म्मादित्य ओ पञ्जीमे हिनक उपाधि 'त्रिपाटि' भेटैत अछि। वंशक साधारण उपाधि तँ ठाकुर छल; अतएव ई उपाधि निश्चय हिनका वैयक्तिक छलैन्हि; परञ्च एकर आशय की से बुझल नहि होइत अछि। ई उपाधि अन्यत्रहुँ भेटैत अछि, हिनके ज्येठ पुत्रक श्वशुरकेँ ई उपाधि देखैत छिऐन्हि। भए सकैत अछि जे एहि 'त्रिपाटिक' वर्त्तमान रूप 'त्रिपाठी' भेल हो तथा पूर्वमे अनेको एहन उपाधि मैथिल ब्राह्मणकेँ होइत छलैन्हि जे आब लुप्त भए मैथिलेतरहिटामे व्यवहृत होइत अछि यथा शुक्ल, कार्ज्जि, प्रसाद इत्यादि। परन्तु तैओ ई उपाधि साभिप्राये छल होएत ओ वंशमे सबकेँ नहि, केवल एक व्यक्तिमात्रकेँ जखन ई उपाधि छलैन्हि तखन तँ निश्चय हुनक कोनहु गुणक द्योतक छल। तीनू वेदकेँ पढ़ने 'त्रिवेदी' जकाँ 'त्रिपाठी' सेहो प्रयुक्त भेल हो तँ कोनो आश्चर्य नहि, परन्तु सेहो त्रिपाठी कहाँ अछि, अछि त्रिपाटि। हमरा तँ कहुखनकेँ सन्देह होइत अछि जे ई उपाधि प्रायः पाली धर्मग्रन्थ 'त्रिपिटक' सँ सम्बद्ध अछि परन्तु सेहो कहब व्याकरणक दृष्टिसँ कठिन अछि।

अस्तु; ई 'त्रिपाटि' कर्मादित्य ठाकुर एक विशिष्ट व्यक्ति छलाह। प्रगन्ना पड़रीमे करेह नदीक किनारमे तिलकेश्वर महादेवक एक गोट मठ अछि जकर कीर्त्तिशिलामे कर्मादित्यक नाम उत्कीर्ण अछि से स्वर्गीय कवीश्वर चन्दाझा ओ स्वर्गीय म. म. बकशी मुकुन्द झा लिखैत छथि। हाबीडीह गाममे हैहट्टदेवी नामक भगवतीक एकगोट मन्दिर अछि। ओकर कीर्त्तिशिलामे जे श्लोक अछि ताहिसँ विदित होइत अछि जे एहि भगवतीक स्थापना लक्ष्मण सेनीय संवत् 213 क श्रावणक सप्तमी बृहस्पतिकेँ स्वाती नक्षत्रमे 'सुमन्त्री' कर्म्मादित्य सौभाग्यदेवीक आज्ञासँ कएने छलाह ल. सं. 213 शाके 1234 भेल ओ ताहि समय मिथिलामे महाराज हरिसिंहदेवक शासन छल। महाराज हरिसिंहदेवक साचिव्य कर्मादित्यक बेटा, पौत्र ओ प्रपौत्र पर्यन्त करैत छलथिन्ह तेँ यदि कर्मादित्यहुक अस्तित्व ताहि समय धरि छलैन्हि तँ ओ निश्चय एहि 'हैहट्टदेवी शिवा' क स्थापना कालमे सए वर्षसँ अधिक वयसक छल होएताह। एहिसँ मुदा एतबा स्पष्ट अछि जे तत्कालीन

मिथिलेशक मन्त्रित्व सभसँ पूर्व एहि कुलमे हिनकहि प्राप्त भेलैन्हि। से कोन महाराजक, ई महादेवी सौभाग्यदेवी के जनिक आज्ञासँ एहि 'हैहट्टदेवी शिवा' क स्थापना, तथा ई भगवती केहन इत्यादि विषय किछु बुझल नहि होइत अछि। म. म. मुकुन्द झा लिखैत छथि जे ई भगवती प्रमारुवंशीय कार्णाटक्षत्रिय महाराज लोकनिक कुलदेवता छलथिन्ह।

त्रिपाटि कर्म्मादित्य ठाकुरकेँ दू पुत्र, देवादित्य प्रसिद्ध शिवादित्य तथा भवादित्य। देवादित्यकेँ पञ्जीमे सान्धिविग्रहिकक उपाधि भेटैत अछि, तथा भवादित्यकेँ राजवल्लभक। सन्धि ओ विग्रह करबाक अधिकारसँ युक्त राजमन्त्री सान्धिविग्रहिक कहाबथि ओ राजवल्लभ आइकाल्हुक मोसाहेब भेलाह। एहि दुइ भाइमे ज्येष्ठ देवादित्य ठाकुर निश्चय एक सिद्ध महापुरुष छलाह तथा हिनक अपन ओ हिनक सन्तानक अनेकविध सेवासँ मिथिला ताहिरूपेँ उपकृत ओ गौरवान्वित अछि जे मिथिलाक कोनहु इतिहासमे हिनक यशोराशि निश्चय स्वर्णाक्षरमे लिखल जएबाक योग्य छैन्हि। लक्ष्मी ओ सरस्वती दूहूक एकत्र सम्मेलन हिनका ओहिठाम छल तथा हिनक सन्तानवर्ग मुख्यतः हिनक पौत्र स्वनामधन्य चण्डेश्वर ठाकुर अपन अनेकानेक ग्रन्थमे, विशेषतः कृत्यचिन्तामणि ओ कृत्यरत्नाकरमे, जे हिनक लोकोत्तर गुणराशिक वर्णन कएने छथि ताहिसँ केवल हिनकेटा व्यक्तित्वक वैशिष्ट्य स्फुट नहि भए जाइत अछि, तत्कालीन मिथिलाक इतिहासहुक दिग्दर्शन होइत अछि।

देवादित्य ठाकुर मन्त्रीन्द्रचूड़ामणि, मन्त्रिराजतिलक, सन्धिविग्रहधुरापात्र प्रभृति उपाधिसँ विभूषित छलाह परञ्च हिनक ऐश्वर्यक बीज छल हिनक नैष्ठिक उपासना। चण्डेश्वर हिनक वर्णन करैत सूर्यक संग हिनक उपमा कए हिनका 'मन्त्रप्रभावाहतप्रत्यर्थिक्षितिनायकान्धतमसः' तथा 'मन्त्रमयद्युतिप्रतिहतामित्रान्धकारोदयः' कहैत छथि। एतावता प्रतिपादित होइत अछि जे मन्त्रक प्रभावसँ शत्रुक अनायास विजय हिनका उपलब्ध छलैन्हि, प्रतिस्पर्धी राजालोकनि अनायास हिनक वशीभूत भए जाइत छलथिन्ह। एहि दुहू पदमे 'मन्त्रसँ' 'तन्त्रोक्त मन्त्र' नहि बूझि राज्याङ्ग मन्त्र, मन्त्रणा, कदाच बुझितहुँ परन्तु ओहीठाम हिनका 'चक्रद्विजानाम्प्रियः' सेहो कहल अछि तथा एहि श्लिष्ट पदक अर्थ सूर्यक पक्षमे चक्रवाकपक्षिक प्रिय कए पक्षान्तरमे 'भैरवीचक्रानुष्ठाता तान्त्रिक ब्राह्मणक' प्रिय ई अर्थ स्वर्गीय बकशीजी कएने छथि। एहिसँ स्पष्ट होइत अछि जे देवादित्य तन्त्रोक्त वाममार्गक अनुयायी छलाह, मन्त्रकेँ सिद्ध कएने रहथि जाहि प्रसादात् ओ 'राज्यलक्ष्मीक स्रष्टा', 'सचिवकुलक गुरु', 'अपथमे जनिक गति एहन एहन दर्पसँ भरल सेनापति लोकनिक बुद्धिसिन्धुक हेतु अगस्त्य' छलाह। हिनक कएल नाना महादान, नानाविध मखानुष्ठान, अनेकतड़ागारामनिर्मापणक चर्चा करैत चण्डेश्वर ठाकुर हिनका 'पद्माश्रय' कहैत छथि तथा बारंबार हिनका हेतु 'जङ्गम पारिजात' एहि विशेषणक प्रयोग करैत छथि।

परन्तु सबसँ मार्मिक विशेषण जे हिनका हेतु प्रयुक्त भेल अछि से थिक 'हम्बीरध्वान्तभानुः'। इतिहाससँ पता लगैत अछि जे चित्तौरक महाराज हम्बीरकेँ आलाउद्दीन खिलजीक हाथसँ पराजय भेल छलैन्हि जाहिमे रणस्तम्भक किला हुनकासँ जीति अलाउद्दीन

अपनाकेँ कृतकृत्य बुझने छल। कवीश्वर चन्दाझा लिखैत छथि जे ओहि संग्रामक उपक्रममे, रणस्तम्भक किलाक अवस्कन्दक आयोजनमे, अलाउद्दीन खिलजी मिथिलेश कार्णाट महाराजक दिशिसँ एही देवादित्य तथा हुनक ज्येष्ठ बालक वीरेश्वरकेँ संग लेने गेल छल तथा सबटा खर्चक भार हिनकहि दुहू पिता-पुत्रके ँ देने छल जकर निर्वाह वीरेश्वर स्पर्शमणिक प्रसादात् करैत रहलाह। 'हम्बीरध्वान्तभानु' एही घटनाक द्योतक प्रतीत होइत अछि तथा एहीसँ अनुमान करैत छी जे कोन कोन रूप ई लोकनि पठान मुसलमान बादशाह सबहिक सङ्ग सन्धि कए कए, कोना कोना ओकरा सबहिक साहाय्य कए कए, मिथिलाक पवित्र भूमिकेँ मुसलमानक विजयवाहिनी हिन्दूधर्म्मध्वंसिनी सेनाक पदाघातसँ मुक्त रखने छलाह, नहि तँ कोन सम्भव जे अलाउद्दीन सदृश हिन्दूधर्मकर्मक लोप कएनिहार क्रूर मुसलमान वीरक आक्रमणसँ मिथिला बाँचल रहैत। एही रणस्तम्भ किलाक विजयमे सुनैत छी देवादित्यकेँ अलाउद्दीन 'मन्त्रिराजतिलक'क उपाधि देल। ई विजय सन् 1300-01 ईशवीमे भेल जे शाके 1222-3 होइत अछि तथा ओहि समय मिथिलाक शासक महाराज शक्रसिंहदेव छलाह जनिक परोक्ष ओ महाराज हरिसिंहदेवक राज्याभिषेक शाके 1228 मे भेल छल। कोनो आश्चर्य नहि जे एही उपाधिक स्मृतिरक्षार्थ देवादित्य अपन अति बृद्ध पितासँ अपन कुलक पूज्य महादेवक स्थापना करेह नदीक किनारमे करओने होथि जनिक नामकरण तिलकेश्वर भेल।

मन्त्रिराजतिलक देवादित्य ठाकुरके ँ तीन विवाह, प्रथम न्याय-वासि कामेश्वर त्रिपाटिक कन्यामे जाहिमे दू बालक जनिक नामोल्लेख पञ्जीमे-पार्णागारिक वीरेश्वर ओ महामहत्तक गणेश्वर एहि रूपेँ अछि। द्वितीय विवाह महरौली-वासि माधवक बहिनिमे, (श्वशुरक नाम पञ्जीमे नहि अछि जे रहस्यात्मक बूझि पड़ैत अछि) जाहिमे दू बालक महावार्त्तिकनैबन्धिक धीरेश्वर ओ भाण्डागारिक जटेश्वर। तृतीय विवाह महथापाटक-वासि माने कार्ज्जिक कन्यामे जाहिमे तीन बालक स्थानान्तरिक हरदत्त, सान्धिविग्रहिक मुद्राहस्तक लक्ष्मीदत्त ओ राजवल्लभ ठाकुर शुभदत्त।

सबसँ जेठ वीरेश्वर कार्णाटभूपतिमुकुटमणि महाराज शक्रसिंहदेव आ हुनक पुत्र महाराज हरिसंहदेवक मन्त्री छलाह तथा हुनक रचित छन्दोगक दशकर्मपद्धति अद्यापि मिथिलामे सर्वत्र प्रमाणरूपेँ अनुसृत भए रहल अछि। एहि पद्धतिक आरम्भ वाक्यमे वीरेश्वर अपनाकेँ देवादित्यक कुलमे उत्पन्न श्रीमान् तथा 'ख्यातस्त्रैलोक्यसंसदि' कहैत छथि। 'तीनू लोकक संसदमे विख्यात' अपनाकेँ उद्घोषित करब केहन गर्वोक्ति भेल से सब बूझि सकैत छी तथा एहिसँ अनुमान कए सकैत छी जे हिनक ऐश्वर्य, विभूति, महिमा कोन रूपक छल। हिनक पुत्र चण्डेश्वर ठाकुर हिनक कीर्तिक विशद वर्णन कएने छथि, 'सान्धिविग्रहिक' 'मन्त्रीशतिलक' कहि हिनक मन्त्रित्वक मुक्तकण्ठसँ वर्णन कएने छथि। अनेको महादान ई कएने छलाह, रामपुर गाम सोतिलोकनिकेँ दान देने छलाह, दहिभत गाममे जकरा चण्डेश्वर 'नगर' कहैत छथि 'अब्धिबन्धुवापी' खुनओने छलाह, 'निर्जितारातिदुर्ग

शुद्धसोपानबद्ध तुङ्ग' प्रासादक निर्माण करओने छलाह तथा हिनक मन्त्रित्वकालमे मिथिलाधिपक राज्यभार 'निर्मत्सर, सुनय-सञ्चित-कोषजात, सप्ताङ्ग- सङ्घटनसम्भृत' भए गेल छल। पुरुषपरीक्षामे महाकवि विद्यापति ठाकुर एहि वीरेश्वरक औदार्यक कथा 'अलसकथा'मे कहने छथि जाहिठाम हिनका हेतु 'स्वभावाद्दानशील' ओ 'कारुणिक' इएह विशेषण प्रयुक्त कए अन्तमे कहैत छथि 'नालसानां गतिः काचिल्लोके कारुणिकं बिना'। ओ ई सब कए सकलाह ई ओही स्पर्शमणिक महिमासँ जकर प्राप्तिक ओ ताहि संग संग ओहिसँ जे दुष्परिणाम घटित भेल तकरो कथा स्वर्गीय कवीश्वर चन्दाझा एवं म.म. मुकुन्द झा बक्शी सेहो कहने छथि। लोहनारोडष्टेशनक समीप वीरेश्वरनाथ महादेव हिनके स्थापित कहल जाइत छथि तथा सकुरीसँ उत्तर सागरपुरक लग हिनके खुनाओल पोखरि थिक जाहि कारणेँ ओहि लगक बस्ती समेत आब वीरसाअर कहबैत अछि जे वीरसागरक अपभ्रंश थिक।

किन्तु पञ्जीमे जे हिनक उपाधि भेटैत अछि से सर्वथा अभिनव अछि ओ अन्यत्र कतहु व्यवहृत नहि भेटल अछि—पार्ण्णागारिक। एहि शब्दक व्युत्पत्यर्थ 'पर्ण्णागारबाला' इएह होइत अछि ओ पर्ण्णागार कहब फूसक घरकेँ। फूसक घरबला ई कोन विशिष्ट उपाधि भेल जे पञ्जीमे सब उपाधिकेँ छोड़ि ओकरे उल्लेख कएल गेल? ओ हमरा तँ एहने प्रतिभासित भए रहल अछि जे ओहन पैघ भए, स्पर्शमणिअहुकेँ रखैत, ओहि रूपक तुङ्ग प्रासादक निर्माणो कराए, प्रायः अपने ई भरि जन्म फूसहिक घरमे रहलाह, सब दुर्गतक गति ओ अनाथक नाथ भैओकेँ अपन जीवन अत्यन्त सरलतासँ बिताओल, आदर्श ऋषिवत् जीवन यापन कएल—एकरे द्योतक उपलक्षणस्वरूप समस्त देश हिनका पार्ण्णागारिक कहए जे कथा पञ्जीमे उपनिबद्ध सम्प्रति हमरा लोकनिकेँ आश्चर्य ओ कौतूहल उत्पन्न कए रहल अछि।

पञ्जीमे वीरेश्वरक ने विवाह भेटैत अछि ने हिनक पुत्रक नाम किन्तु वीरेश्वरकेँ विश्वविख्यातकीर्ति स्वनामधन्य चण्डेश्वर ठाकुर पुत्र छलथिन्ह जे चण्डेश्वर सातो रत्नाकरक रचना कए अन्तमे राजनीतिरत्नाकरक रचना कएलैन्हि तथा जनिक रचित कृत्यचिन्तामणि एवं शैवमानसोल्लास इहो दूनू ग्रन्थ उपलब्ध अछि। नेपालराजकीय पुस्तकालयमे लसं 392 क लिखल एक गोट सूर्य-सिद्धान्तक भाष्य अछि जे 'मैथिल वाजपेय सोमयाजि' चण्डेश्वरक रचित कहल अछि। ई ग्रन्थ आदिमे दश पत्र खण्डित छैक जाहिसँ भूमिका भाग उपलब्ध नहि अछि ओ तेँ ई बुझल नहि होइत अछि जे इहो चण्डेश्वर वीरेश्वरात्मजे छलाह वा केओ दोसर; परन्तु यदि ई ओएह छलाह तखन ज्योतिषक सिद्धान्त विषयहुक हिनक पाण्डित्य मानए पड़त तथा तखन इहो प्रमाणित होएत जे ई वाजपेय सोमयाग कएने छलाह। परन्तु जतबओ हिनक ग्रन्थ उपलब्ध अछि ततबहुसँ स्पष्ट भए जाइत अछि जे हिनक पाण्डित्य-प्रकर्ष कोन रूपक छल। छबो अङ्गक संग श्रुतिक अध्ययन ब्रह्मचर्याश्रममे कएल ई कथा ई स्वयं गृहस्थरत्नाकरमे लिखने छथि तथा विवादरत्नाकरमे अपनाकेँ 'मीमांसानयनः' कहैत छथि। मिथिलामे धर्म कर्मक प्रसङ्ग एखनहु पयन्त चण्डेश्वरहिक मत प्रमाण बुझल जाइत अछि।

चण्डेश्वर ठाकुर धर्माधिकरणिक नहि छलाह मुदा केवल पण्डितेटा नहि छलाह। ई महासान्धिविग्रहिक छलाह। कुलक्रमागत सन्धिविग्रहपदमे महाराज हरिसिंहदेव द्वारा नियुक्त भेल छलाह तथा हुनक राज्य भ्रष्ट भए गेलाक पश्चातो नवागत ओइनवारवंशीय ब्राह्मण मिथिलेश लोकनिक साचिव्य करैत रहलाह आहिमे महाराज शिवसिंहक पितामह महाराज भवसिंहक आदेशसँ ई राजनीतिरत्नाकरक रचना कएलैन्हि। अपनाकेँ ई 'विचार-चतुर' 'सचिवावतंस' 'मन्त्रीन्द्र' एवं 'मन्त्रीधर' कहैत छथि। महाराज हरिसिंहदेवक साचिव्य करैत ई नेपालक विजय कएने छलाह जाहिमे राघववंशजात राजालोकनिकेँ गिरिदुर्गकन्दरक आश्रयण कराए ई पशुपतिनाथ महादेवक पूजा कएलैन्हि। एकरे पश्चात् प्रायः ई बापक अछैतहिँ सान्धिविग्रहिक नियुक्त भेलाह। कतेक गाम दान कए ई सद्ब्राह्मणकेँ देल; अभिरामपुरमे सरोवर खुनाओल जकर वर्णन बड़े चमत्कारसैँ कृत्यरत्नाकरमे कएल अछि, ओ 'रसगुणभुजचन्द्रे' शाकेमे वाग्वती सिन्धुतीरमे तुलापुरुष दान कएल जे कथा दानरत्नाकरमे कहल अछि। 'केषा नैष धरातले स्तुतिपदं मन्त्रीन्द्र-चण्डेश्वरः' जे कहल अछि से सर्वथा सत्ये।

तुलापुरुष-दानक ई तिथि हैहट्टदेवी शिवाक स्थापनाक तिथिसँ दुइए वर्ष पछाति होइत अछि अतएव अनुमान कए सकैत छी जे जाहि समयमे एहि शिवाक स्थापना सुमन्त्री कर्मादित्य कएल, जखन हुनक प्रपौत्र चण्डेश्वर पर्यन्त मन्त्रित्व प्राप्त कएने छलाह, ताहि समयमे हुनक वयस की छल होएत!

अस्तु; चण्डेश्वर ठाकुरक अपनो नाम जखन पञ्जीमे नहि भेटैत अछि तखन हिनक सन्तानादिक नामक कथे कोन ओ हमर अनुमान अछि जे चण्डेश्वर ठाकुरकेँ सन्तान नहि भेलैन्हि जाहि हेतु प्रायः एहि शाखाक उल्लेख पञ्जीमे नहि होअए पओलक।

देवादित्यक दोसर पुत्र, वीरेश्वरक छोट सहोदर भाए, गणेश्वर ठाकुरकेँ पञ्जीमे महामहत्तक कहल अछि। महत्तक पञ्जीमे धनाढ्यकेँ कहल जाइत अछि, महामहत्तक अति धनाढ्यकेँ, ओ एतावता सूचित होइत अछि जे गणेश्वर देशमे धनहिक ऐश्वर्यक हेतु ख्यात छलाह। हिनक अपन रचित दुइ गोट ग्रन्थ उपलब्ध होइत अछि जाहिमे गङ्गापत्तलकक प्रारम्भवाक्यमे तँ अपनाकेँ ई केवल मन्त्री कहने छथि किन्तु अन्तिम वाक्यमे 'महासान्धिविग्राहिक-ठक्कुर-देवादित्यतनय-महासान्धिविग्रहिक-ठक्कुर-धीरेश्वरराज -महामहत्तक-महासामन्ताधिपति' ई प्रशस्ति दैत छथि। दोसर ग्रन्थ हिनक 'सुगतिसोपान' नामक छैन्हि जकर रचना ई खौआलवंशतिलक भवशर्माकेँ नियुक्त कए करओने छलाह ओ जकर एक प्रति लसं 224 क लिखल नेपाल राजपुस्तकालयमे अछि। ओहिमे सचिवतिलक देवादित्य ओ महादान-तड़ाग-याग-भूदान-देवालय-पूत-विश्व वीरेश्वरक वर्णन कए मन्त्रिमणि गणेश्वरक वर्णन अछि जाहिमे हिनक प्रशस्ति श्रीमान् महामहत्तक महाराजाधिराज महासामन्ताधिपति भेटैत अछि तथा हिनका 'लसन्महीपालकिरी- टरत्नरोचिच्छटारञ्जितपादपद्मी' कहल अछि। हिनक पुत्र रामदत्तक रचित वाजसनोयि- दशकर्म-पद्धतिक आरम्भ वाक्यमे

हिनक बाप ओ जेठ सहोदरक वर्णनक अनन्तर हिनका महामहत्तक, श्रीमान् ओ 'भूमिपालशिरोरत्नरञ्जिताङ्घ्रिसरोरुह' कहल अछि। हिनक दोसर पुत्र गोविन्ददत्त अपन गोविन्दमानसोल्लास नामक ग्रन्थमे हिनक वर्णनमे ठीक ओएह श्लोक लिखैत छथि जे सुगतिसोपानमे ई अपने लिखने छथि तथा हिनका 'क्षितिपालमौलिरत्नांशुमञ्जरितपादसरोरुहश्री' कहैत छथि। विद्यापति ठाकुर पुरुषपरीक्षामे सुबुद्धि कथाक रूपमे हिनके बृहस्पतिक सदृश मनीषाक कथा दैत छथि जाहिमे हिनका हरिसिंहदेवक मन्त्री, सांख्यसिद्धान्तपारगामी, दण्डनीतिकुशल, एवं राजनीतिकल्लो लिनीकर्णधार कहने छथि ओ अन्तमे तत्समयक कोनहु कथित दू गोट श्लोक उद्धृत कएने छथि जाहिमे हिनक गुणाग्रामक गणनासम्भवत्व अथच लौकिक ओ वैदिक सर्वविध कार्यमे विज्ञता ओ तज्जन्य चन्द्रवन्निर्मलयशक वर्णन अछि। एहि सबसँ स्पष्ट अछि जे गणेश्वर की तँ धनैश्वर्यसँ महाराजाधिराज समेत कहबैत छलाह अथवा यथार्थ कोनो राज्याधिपति छलाह परन्तु छलाह ई महाराज हरिसिंहदेवक महासामन्ताधिपति ओ सुबुद्धिमत्ताक कारणेँ, विचार-चतुरताक कारणेँ, नीतिक नैपुण्यक कारणेँ, चारू दिशि सब राजाक आदरक पात्र छलाह।

वीरेश्वर जकाँ गणेश्वरहुक विवाह ओ सन्तानक नाम पञ्जीमे नहि अछि। परन्तु गणेश्वरहुक दू गोट पुत्रक कृति उपलब्ध अछि। प्रथम, रामदत्त ठाकुरक दशकर्मपद्धति वाजसनेयिलोकनिक हेतु अद्यापि सर्वमान्य भए अनुसृत भए रहल अछि जकर आरम्भमे ओ अपनाकेँ मन्त्री तथा अन्तमे सान्धिविग्रहिक कहैत छथि। दोसर ग्रन्थ हुनक 'महादानपद्धति' सेहो उपलब्ध अछि जकर रचना ओ अपन पितहि जकाँ मीमांसार्णवकर्णाधारकुतुकी सत्तर्क-चिन्तामणि खौआलवंशतिलक ओही भवशर्माकेँ नियुक्त कए करओने छलाह तथा जाहिमे ई अपनाकेँ नियुक्त कए करओने छलाह तथा जाहिमे ई अपनाकेँ कर्णाटान्वय-भूषण नृसिंहदेवक मन्त्री लिखैत छथि। स्वर्गीय म.म. मुकुन्दझा बक्शी एहि नरसिंहकेँ कर्णाटवंशीय तृतीय महाराज ओ हरिसिंहदेवक प्रपितामह कहैत छथि परन्तु से कथा सर्वथा अलीक थिक रामदत्तक बाप, पितामह ओ प्रपितामह समेत जखन महाराज हरिसिंहदेवक सभामे छलाह तखन ओहरिसिंहदेवक प्रपितामहक मन्त्री होथि ई सर्वथा असम्भव थिक। स्वर्गीय काशीप्रसाद जायसवाल राजनीतिरत्नाकरक भूमिकामे लिखैत छथि जे ई नरसिंह दोसर व्यक्ति थिकाह, हरिसिंहदेवक सन्तान थिकाह, तथा हिनके कथा विद्यापति ठाकुर पुरुषपरीक्षामे सत्य वीरकथा कहि लिखने छथि। महाराज हरिसिंहदेवक तीन गोट बेटाक नाम नेपालक राजवंशावली मध्य भेटैत अछि परन्तु नरसिंह ओहिमे नहि अछि। अतएव खूब स्पष्ट नहि भए रहल अछि जे ई नृसिंहदेव के छलाह जनिक मन्त्री रामदत्त छलाह।

गणेश्वरकेँ दोसरो पुत्र छलथिन्ह—गोविन्ददत्त, जनिका म.म. श्री उमेशमिश्र भ्रमसँ वीरेश्वरक पुत्र कहैत छथि। हिनक लिखल गोविन्दमानसोल्लास नामक विष्णु-भक्ति-विषयक एक गोट ग्रन्थ तालपत्रपर लिखल पटना रिसर्च सोसाइटीक सूची-पत्रमे वर्णित अछि ओ भाग्यसँ ओ पोथी आब राजदरभंगाक लाइब्रेरीमे संगृहीत भए गेल अछि। एहिमे सर्वप्रथम

कार्णाटवंशाङ्कुर महाराज हरिसिंहदेव, हुनक मन्त्री देवादित्य, तनिक पुत्र श्रीमान् गणेश्वर ओ तखन हुनक ज्येष्ठ सोदर वीरेश्वरक वर्णन कए गोविन्ददत्त पुनः गणेश्वरक वर्णन करैत अपनाकेँ हुनक आत्मज कहैत छथि। अपन विशेषण ई 'नयसागर' ओ 'हरिकिङ्कर' मात्र दैत छथि जाहिसँ बोध होइत अछि जे ई प्रायः राजमन्त्री नहि छलाह, गृहस्थ छलाह, विष्णुक भक्त छलाह, स्वतन्त्र व्यक्ति छलाह। हिनक ग्रन्थ, तकरो एक प्रति, भाग्यसँ आब सुरक्षित अछि जाहिसँ हिनक नाम लुप्त होएबासँ बाँचि गेल।

पञ्जीमे रामदत्त ओ गोविन्ददत्त एहि दुहू भाइमे ककरो नाम नहि अछि। अनुमान करैत छी जे इहो दुहू असन्ततिके रहि गेलाह जाहिसँ गणेश्वरक वंशे लुप्त भए गेल ओ तेँ हुनक विवाहादि किछु पञ्जीमे उपनिबद्ध नहि भेल।

देवादित्यक तृतीय पुत्र धीरेश्वर पञ्जीमे महावार्तिक नैबन्धिक कहल छथि। ई उपाधि कतोक छन्दोगदशकर्मपद्धतिक पोथीमे वीरेश्वरहुकेँ भेटैत अछि। स्वर्गीय जायसवाल साहेब एकरा दू पद मानि एहिसँ महावार्त्तिकक रचयिता ओ निबन्धक रचयिता ई दू गोट अर्थ करैत छथि। दुर्भाग्यसँ धीरेश्वरक रचित कोनो ग्रन्थ उपलब्ध नहि होइत अछि जाहिसँ बूझि सकितहुँ जे कोन रूपक हिनक कृति छलैन्हि जकरा महावार्त्तिक-निबन्ध कहब। छलाह ई पण्डित ओ ई उपाधि हिनक वैदुष्यक सूचक थिक ताहिमे कोनो सन्देह नहि। हिनक प्रसङ्ग आओर नहि किछु बुझल होइत अछि परन्तु सन्तान सबसँ अधिक हिनकहि, ओ हिनके सन्तानसँ देवादित्यक वंश अद्यपर्यन्त मिथिलामे वृद्धिमान वर्त्तमान अछि।

धीरेश्वरकेँ दू विवाह एक विवाहमे हिनका एक कन्या जनिक विवाह घुसौत-मूलक प्रज्ञाकरसँ जनिक बालक रविकर नैयायिक छलाह; रविकरक पुत्र बुद्धिकर सेहो नैयायिक; ओ बुद्धिकरक पुत्र छलाह महोपाध्याय केशवठाकुर, जनिक पुत्र महामहोपाध्याय गोविन्दठाकुर काव्यप्रदीप-प्रभृति अनेक ग्रन्थक रचयिता एवं आगमाचार्य म. म. देवनाथ ठाकुर, तर्कपञ्चानन गोपीनाथ ठाकुर, कण्टकोद्धारकारक म.म. मधुसूदन ठाकुर प्रभृति सात गोट पुत्ररत्नक पिता छलाह। एतावता धीरेश्वरकेँ एहि कन्याक सन्तानवर्ग समस्त देशमे परसल छैन्हि जे सौभाग्य देवादित्यक आन कोनहु पुत्रकेँ नहि।

धीरेश्वरकेँ दोसर विवाहमे दू पुत्र, जयदत्त ओ कीर्ति। पञ्जीमे एतबए अछि। एहिमे जयदत्तकेँ दू पुत्र गौरीपति ओ गणपति, जाहिमे गणपतिक विवाह बुधबाल-मूलक श्रीकरक कन्या गाङ्गोदेवीसँ जनिक पुत्र बिसपीग्रामोपार्ज्जक महाराजपण्डित विद्यापति ठाकुर छलाह। धीरेश्वरक एही दोसर पक्षक प्रपौत्र महाकवि छलाह।

एहिठाम दू गोट विषय विचारणीय अछि। वर्णारत्नाकर, पञ्चशायक ओ धूर्तसमागम-प्रहसनक कर्त्ता ज्योतिरीश्वर ठाकुर कहल जाइत अछि जे विद्यापतिक पितामहभ्राता छलाह। आन ग्रन्थमे तँ नहि, धूर्तसमागमक प्रस्तावनामे ज्योतिरीश्वर अपन परिचय देने छथि जाहिठाम अपनाकेँ ओ रामेश्वरक पौत्र ओ धनेश्वर अथवा धर्मेश्वरक पुत्र कहैत छथि किन्तु ओहीठाम एक श्लोकमे ओ अपनाकेँ धीरेश्वरवंशमौलितिलक ओ कार्णाट-

चूड़ामणि हरिसिंहदेवक, कतहु अछि नरसिंह देवक, सभासद कहैत छथि। सम्भव थिक धनेश्वर वा धर्म्मेश्वर धीरेश्वरहिक भ्रमात्मक लेख हो ओ प्रायः एही बलपर ओं महाकविक पितामहभ्राता कहल जाइत होथि। परन्तु रामेश्वरक पौत्र ई कोना? देवादित्यकेँ दोसरो नाम छलैन्हि ओ सेहो नाम शिवादित्य पञ्जीमे अछि। परन्तु ई नाम रामेश्वर तँ हुनक नहि थिकैन्हि। तखन की रामेश्वरक पुत्र धीरेश्वरसँ महावार्त्तिक-नैबन्धिक बुझब? पञ्जीमे ज्योतिरीश्वरक नाम नहि छैन्हि परन्तु से तँ कोनो कथा नहि, चण्डेश्वरहुक नाम नहि भेटैत अछि। हरिसिंहदेव यदि शुद्ध पाठ थिक तखन तँ सहजहिँ ठीके अछि; नहि, नरसिंह पाठ थिक तैओ रामदत्तक आश्रयक जे नरसिंह छलथिन्ह तनिके आश्रित ज्योतिरीश्वरकेँ मानि लेब ओ एहि सबसँ तँ ज्योतिरीश्वर एही वंशक सन्तान सिद्ध भए जैतथि। मुदा ओएह एकटा पद 'रामेश्वरस्य पौत्रेण' कठिनता अछि जकर कोनो समाधान नहि भए रहल अछि ओ ई यदि यथार्थ थिक तखन ज्योतिरीश्वर महाकवि विद्यापतिक वंशक नहि भए सकैत छथि।*

द्वितीय कथा अछि विद्यापतिठाकुरक पिताक प्रसङ्ग। पूर्वक प्रायः सब लेखक महाकविक पिता गणपतिठाकुरकेँ गङ्गाभक्तितरङ्गिणीकार कहैत आएल छथि। ई ग्रन्थ छपलो अछि तथा हस्तलेखो एकर अनेक उपलब्ध अछि। ओहिमे प्रथमतः लेखक महामहोपाध्याय कहल छथि परन्तु पञ्जीमे हिनका दुहू भाइकाँ कोनो उपाधि नहि छैन्हि। द्वितीय, गङ्गाभक्तितरङ्गिणीक प्रस्तावनामे सेहो भाष्यकार अपन परिचय देने छथि से विचारणीय थिक। श्लोक अछि—

सद्विद्याकुलयोर्विशेषमखिलं विज्ञाय नान्यो ददौ
वृत्तिं यस्य पितामहाय मिथिलाभूमण्डलाखण्डलः।
श्रीधीरेश्वरसूनुरत्त्वहमसावभ्यस्य भाट्टंमतं
गङ्गाभक्तितरङ्गिणीङ्गणपतिर्ब्रूते सतां प्रीतये॥

एकर स्पष्ट अर्थ तँ इएह होइत अछि जे जनिक पितामहकेँ सद्विद्या ओ सत्कुलक वैशिष्ट्य देखि मिथिलेश नान्य वृत्ति देलथिन्ह से धीरेश्वरक पुत्र गणपति प्रतिदिन भाट्टमतक अभ्यास कए कए एहि गङ्गाभक्तितरङ्गिणीक रचना सज्जनक प्रमोदार्थ करैत छथि।

गणपतिठाकुर धीरेश्वरक पौत्र छलाह, पुत्र छलाह जयदत्तक। नान्यदेव तँ शाके 1019 मे अपन राज्य स्थापित कएलैन्हि जे बिसपी-मूलक बीजीपुरुषहुसँ कतेक पूर्व भेल होएत। एही गङ्गाभक्तितरङ्गिणीक अन्तमे गणपति आशीर्वाक्यमे अपन कृतिकेँ 'योगीश्वरसम्भवस्य कृतिनः' कहैत छथि। एहि योगीश्वरकेँ आरम्भक धीरेश्वरसँ कोना समन्वय? किन्तु सबहुँ

* ज्योतिरीश्वरक परिचय पञ्जीमे भेटल। बिहार रिसर्च सोसाइटीक जर्नल वर्ष 1951 क 3-4 अङ्क द्रष्टव्य। (लेखक)

गङ्गाभक्तितरङ्गिणीकेँ विद्यापतिक पिताक कृति कहैत छथि। एकर समाधान कोना? कहुखनकेँ हमरा एहनो प्रतिभासित होइत अछि जे एहि श्लोकमे 'नान्य'–पद नान्यवंशीय एहि अर्थमे अपत्यार्थक तद्धित थिक ओ तखन एहिसँ महाराजहरिसिंदेवो लक्षित भए सकैत छथि तथा सूनु शब्द एतए पुत्रवाची नहि सन्तानवाची थिक ओ तखन ओहिसँ पौत्र सेहो लक्षित भए सकैत अछि। एना एहि श्लोकक अर्थ ई कए सकब जे 'जनिका पितामहकेँ नान्यवंशीय मिथिलेश वृत्ति देलथिन्ह, से गणपति धीरेश्वरक संतति–इत्यादि' जाहिसँ श्लोकार्थ विद्यापति ठाकुरक पिता गणपतिठाकुरमे लागि सकत। किन्तु तैओ अन्तिम 'योगीश्वरसम्भवस्य' नहि बैसत यावत् ई नहि मानि लेब जे जयदत्तक दोसर नाम योगीश्वर छलैन्हि। परन्तु की ई सम्भव बूझि पड़ैछ जे अपन परिचय गणपतिठाकुर एतेक गूढ़शब्देँ देताहि? 'संत्कुलक वैशिष्ट्य' एकर सार्थकताक तावत् हम विचार नहि करैत छी परन्तु केवल नाममात्रमे जे भेद भेटैत अछि ताहिसँ संदेह भए रहल अछि जे गङ्गाभक्तिरङ्गिणीकार की सत्ये विद्यापति ठाकुरक पिता गणपति थिकाह?

देवादित्यक आओरो चारू बेटा राजाश्रिते छलाह तथा सबहुँ पञ्जीमे सोपाधिके भेटैत छथि। जटेश्वर भाण्डागारिक छलाह जकर आशय भण्डारक अध्यक्ष बूझि पड़ैत अछि जकरा आब भंडारी कहब। हरदत्त स्थानान्तरिक छलाह जकर अर्थ स्व. डॉ. जायसवाल साहेब एक स्थानसँ दोसर स्थान पठएबाक जे राजकीय विभाग तकर अध्यक्ष कहैत छथि। एकर आशय खूब स्पष्ट तँ नहि होइत अछि। जायसवाल साहेबक मत शुद्ध भए सकैत अछि अथवा ओ प्रायः स्थानान्तर अर्थात् भिन्न राज्यमे, आन राजाक दरबारमे, मिथिलेशक दूत छलाह, परन्तु छल इहो कोनो राजकीये पद। हरदत्तकेँ सन्तान, हुनक बेटो महत्तक उपाधिसँ युक्त छलाह तथा अगँहु शाखा। लक्ष्मीदत्त सान्धिविग्रहिक ओ मुद्राहस्तक छलाह जकर आशय राजकीय मोहर जकरा हाथमे हो एतादृश मन्त्री बोध होइत अछि अथवा खजाञ्ची छल होथि। सबसँ छोट शुभदत्त राजवल्लभ छलाह। एहि सातोमे शाखा केवल धीरेश्वर ओ हरदत्तकेँ; अन्य पाँच भाइक विवाहो पञ्जीमे नहि अछि।

महाकविकेँ दू विवाह पञ्जीमे अछि; एक सम्बुआल सङ्करी मूलक हरिवंश शुक्लक कन्यामे जाहिमे हिनका दू पुत्र, हरपति ओ नरपति; तथा दोसर खूटी खण्डबला मूलक गोण्ढिठाकुरक बालक रघुठाकुरक कन्यामे जाहिमे हिनका एक पुत्र वाचस्पति ठाकुर ओ एक कन्या। इएह कन्या प्रायः ओहि गीतक प्रसिद्ध दुल्लहि थिकीह जाहिमे महाकविक मृत्युक तिथि अछि। हिनक विवाह सुपटाइनि गंगौली मूलक रामक बेटा देबेसँ। एहि तीनूमे हरपतिठाकुरकेँ यद्यपि पञ्जीमे कोनो उपाधि नहि देखैत छिऐन्हि तथापि कवीश्वर चन्दाझा हिनका दैवज्ञवान्धव नामक प्रसिद्ध ज्योतिषक ग्रन्थक रचयिता कहैत छथि। दैवज्ञबान्धवमे हरपति अपन कोनो परिचय नहि दैत छथि परन्तु यदि ई हरपति महाकविक पुत्र छलाह तँ हिनके रचित ज्योतिषक एक गोट आओर ग्रन्थ अछि, व्यवहारदीपक नामक, जाहिमे मिथिलाभाषामे डाकक अनेक वचन उद्धृत अछि तथा बीच बीचमे आओर मिथिलाभाषामे

पद्य सभ अछि। एहि ग्रन्थक अन्तमे हरपति मुद्राहस्तक कहल छथि। कोनो आश्चर्य नहि जे महाकविक पुत्र ज्योतिर्विद् हरपति महाराज शिवसिंह अथवा अपरे कोनहु मिथिलेशक मुद्राहस्तकक पदपर नियुक्त छल होथि। सन्तान महाकविक तीनू बेटामे हिनकहि तथा हिनकहि द्वारेँ महाकवि विद्यापतिक ठाकुरक सन्तान परम्परया उच्चहु कुल मध्य छथि।

संक्षिप्तो एहि वर्णनसँ एतबा धरि तँ स्पष्ट अछि जे महाकविक पूर्वज मिथिलामे वर्त्तमान जे समाजक संघटन अछि, आचार ओ व्यवहार अछि, धर्मकर्मानुष्ठानक जे शृंखला अछि, संस्कारक जे प्रकार अछि, एवं विचारक जे धारा अछि, सबहिक प्रवर्त्तक थिकाह। हरसिंहदेवी व्यवस्था निश्चय वीरेश्वर, गणेश्वर ओ चण्डेश्वरक साचिव्य कालमे भेल छल होएत; सकल ब्राह्मणमात्रक दशविधसंस्कार वीरेश्वर ओ रामदत्तहिक रचित पद्धतिसँ भए रहल अछि; धर्म ओ व्यवहार विषयमे चण्डेश्वर ठाकुरहिक रत्नाकर सर्वमान्य प्रमाण अछि; शिवपूजाक हेतु यदि चण्डेश्वरक शैवमानसोल्लास तँ विष्णुपूजाक हेतु गोविन्दमानसोल्लास ओ गङ्गाभक्त हेतु गङ्गापत्तलक। बूझि पड़ैत अछि जेना हिनक पूर्व वंशज मुसलमान-विजयक आतङ्कमे मैथिल जातिकेँ संघटित करबामे अपन जीवन यापन कएलैन्हि; अपने लोकनि दान, यज्ञ, देवालयस्थापन ओ तड़ागारामादिक निर्मापण कराए सत्कर्मक उच्च आदर्श देशक समक्ष राखि मैथिल जातिकेँ सन्मार्गक निर्देशन करओलैन्हि; देश जाति ओ धर्मक रक्षा कए अपन यश तँ आचन्द्रतारक विमल बनाइए गेलाह, अपन देश, अपन जाति, अपन समाजकेँ से नेतृत्व दए गेलाह जे सोलहम शताब्दी धरि मिथिला ओ मैथिलकेँ प्राप्त छल। धन्य छल ई वंश! धन्य छलाह एहि वंशमे उत्पन्न महापुरुष लोकनि! धन्य छल ई पवित्र मिथिलाभूमि जे एकठाम एतेक सुपुत्रकेँ उत्पन्न कएलक!

अतएव ई अत्यन्त रहस्यमय प्रतीत होइत अछि जे अपना शब्देँ महाकवि अपन परिचय कतहु किएक नहि देलैन्हि। भए सकैत अछि ताधरि हरिसिंहदेवी व्यवस्थाक प्राबल्य भए गेल छल ओ तदनुसार समाजमे अपना वंशकेँ कतहु प्रतिष्ठित स्थान प्राप्त नहि देखि महाकवि ओहि प्रसंग मौने राखब उचित बुझने होथि। भए सकैत अछि अपन पूर्वज लोकनिकेँ अपनहि कीर्त्तिसँ अमर बूझि महाकवि हुनका लोकनिक वर्णन करब अपना हेतु निरर्थक बुझने होथि। भए सकैत अछि अपन प्रपितामह ओ पितामह-भ्रातालोकनिक सदृश अपन पितामह, पित्ती, प्रायः बापहुकेँ प्रसिद्ध ओ कीर्त्तिमान नहि देखि महाकवि चुप रहि गेल होथि। भए सकैत अछि अपन कृति ओ अपन व्यक्तित्वहि टासँ अपनाकेँ ख्यात एवं अमर जानि महाकवि अपन पूर्वजक परिचय व्यर्थ बुझने होथि। परन्तु जाहि कोनो कारणेँ भेल हो अपन परिचयक प्रसङ्ग महाकविक मौन धारण हुनक कृतिक अध्ययन कएनिहार, हुनका प्रसंग अनुसन्धान कएनिहार, सबकेँ आश्चर्यित करितहिँ रहत।

(1944 क विद्यापतिस्मृतिदिवसमे काशीस्थ मैथिल छात्रसंघक सभामे पठित ओ मिथिलामिहिरक 28 अक्टूबर ओ 4 नवम्बर 1944 अङ्कमे क्रमशः प्रकाशित, निबन्धमालासँ संकलित)

विद्यापतिक शिवसिंह

अपन अनुपम कृति कीर्त्तिलताक प्रस्तावनामे विद्यापति कहने छथि जे–

तिहुअन खेत्तहिँ काञि तसु कित्ति-बल्लि पसरेइ।
अक्खर खम्हारम्भ जइ मञ्चा-बन्धि न देइ॥

आशय स्पष्ट अछि। संस्कृतमे कहबी छैक जे 'कीर्त्तिरक्षरसम्बद्धा'। ताहिमे कीर्त्तिमे वल्लीक आरोप कए कवि साङ्गरूपकक विच्छित्ति दए अपन उक्तिकेँ कविताक स्वरूप देल अछि। एहिमे सन्देह नहि जे काव्यप्रतिभा जन्मजात होइत अछि ओ कविक हृदयक उमड़ैत भाव स्वतः भावानुकूल वाणी द्वारा कवितारूपेँ निःसृत होइत अछि। भवभूति कहने छथि जे "पूरोत्पीड़े तड़ागस्य परीवाहः प्रतिक्रिया" ओ शोक एवं क्षोभमे भलहिँ प्रलापहिँ हृदय धैर्य प्राप्त करओ परन्तु कविता-रूप परीवाह अनायास ओहि हृदयक हेतु होइत छैक जे आनन्दक भावसँ उमड़ल रहैत अछि। बहुजनसुखाय बहुजनहिताय अवश्ये कविताक रचना होइत अछि मुदा ई मानए पड़त जे ओकर प्रथम लक्ष्य रहैत अछि स्वान्तःसुखाय। तेँ ई मानबामे कोनो विप्रतिपत्ति नहि जे विद्यापति अपन बहुविध कविताक रचना अपनहि आनन्दक अतिरेकमे कएल। तथापि ओहि स्वान्तःसुखाय लाभक सङ्गे सङ्ग अपन आश्रय, अपन मित्र, अथवा अपन हितैषीकेँ अमरत्व प्रदान करब सेहो हुनका उद्देश्य अवश्य छलैन्हि, नहि तँ अपन गीतक भनितामे एतेक व्यक्तिक नाम दए दए ओहि सबहुँ व्यक्तिक कीर्त्तिवल्लीकेँ पसरबाक हेतु ओ अक्षरक खाम्ह बनाए मचान नहि बान्हि जैतथि।

मिथिलाक इतिहासमे शिवसिंह ओ विद्यापतिक साहचर्य बड़ मधुर प्रसङ्ग अछि। शिवसिंह जँ राजकुलमे उत्पन्न भेल छलाह तँ विद्यापति राजमन्त्रीक कुलमे, ओ सए वर्षसँ अधिक दिन धरि मिथिला-राज्यक शासनसूत्र ओ मैथिल समाजक नेतृत्व हुनकहि घरमे छलैन्हि। महाराज शिवसिंहक ओ बालसखा छलाह, अन्तरङ्ग मित्र छलाह, विश्वस्त सचिव छलाह, महाराज-पण्डित छलाह, राजकवि छलाह। शिवसिंह बड़ प्रतापी राजा भेलाह। मिथिलामे कहबी छैक जे–

पोखरि रजोखरि आ'र सब पोखरा।
राजा शिवैसिंह आ'र सब छोकरा ॥

परन्तु शिवसिंहक सभटा प्रताप विस्मृतिक गर्तमे गड़ि गेल रहैत ओ ई फकड़ा मात्र हुनक प्रतापक गौरवकेँ ख्यापित करैत हुनक नामकेँ मन पाड़ैत रहैत यदि विद्यापति अपन अनेकानेक रचनामे हुनका अमर नहि कए गेल रहितथि। पुरुष-परीक्षाक अवसन्न-विद्य-कथामे विद्यापति राजा ओ कविक सम्बन्धक प्रसङ्गमे कहैत छथि जे सृष्टिक आदिकालहिसँ जे राजा लोकनि वाक्कलागौरवक हेतु कवि लोकनिकेँ आराधि आराधि गेल छथि—

तेषां नाम सरस्वती-परिणतावद्यापि संगीयते।
जाताः के न मृता न के तदितरे ज्ञाता न गेहाद् बहिः ॥

वस्तुतः 'यशसां स्थापनस्थानं कविभाषितं' ई कथा जतेक शिवसिंह-विद्यापतिक प्रसङ्गमे चरितार्थ भेल अछि ततेक आओर कहाँ देखैत छी?

ओना तँ विद्यापति अपन प्रभु शिवसिंहक कीर्त्तिक पताका सएह फहराए गेल छथि परन्तु कीर्त्तिपताका नष्ट भए गेल, लुप्तप्राय अछि। कीर्त्तिपताका कहि जे ग्रन्थ प्रकाशित भेल अछि तकर प्रस्तावनामे 'जगतसिंह'क कीर्तन अछि! परन्तु जतबओ विद्यापतिक रचना उपलब्ध अछि, निश्चित रूपसँ विद्यापतिक रचना प्रमाणित होइत अछि, ततबहुसँ शिवसिंहक सम्बन्धमे बहुतो ज्ञातव्य विषय ज्ञात भए जाइत अछि। आश्चर्य होइत अछि जे शिवसिंह जे किछु विद्यापतिक हेतु कएने होइथिन्ह ताहिसँ ओ बुझने होएताह जे ओ अपन बाल-सखाकेँ उपकृत करैत छथि, कवि अपनहु एकरा उपकारे मानने होएताह, ओ सबसँ बेसी तँ ओहि समयक लोक सब—कतोक तँ ईर्ष्यालु समेत भए—इएह कहने होएताह जे महाराज अपन बालसङ्गीकेँ धन ओ सम्मान सब कथूसँ परिपूरित कए देल। परन्तु आइ जखन दुहू महापुरुषक परस्पर सम्बन्धक दिशि दृष्टिपात करैत छी तँ स्पष्ट प्रतीत होइत अछि जे उपकार तँ विद्यापति कएलथिन्ह शिवसिंहक जे हुनका अमर कए गेलथिन्ह। राजा जे किछु देलथिन्ह से अनित्य छल, नष्ट भए गेल, लोक बिसरि गेल, परन्तु कवि जे किछु हुनका दए गेलथिन्ह से नित्य अछि, एखन पर्यन्त ओ ओहिना अछि वा ई कहू जे जँ जँ लोककेँ ओहि समयक स्मृति क्षीण भेल जाइत छैक तँ तँ अन्धकारक प्रकाश जकाँ महाकविक वाणीमे उपनिबद्ध शिवसिंहक कीर्त्ति आओर तीक्ष्णतासँ आलोकित भए रहल अछि।

विद्यापतिक रचनामे शिवसिंहक प्रसङ्ग यावतो वर्णनक संग्रह कए ओकर क्रमबद्ध अध्ययन एक गोट बड़े रोचक ओ उपादेय विषय होइत परन्तु ताहि हेतु एक गोट क्षीणकाय निबन्ध पर्याप्त नहि होएत। पुरुष-परीक्षामे अनेक ठाम शिवसिंहक प्रशंसा अछि, स्तुति अछि। कमसँ कम दू गोट गीत केवल शिवसिंहक वर्णनमे उपलब्ध अछि। परन्तु सबसँ चमत्कारक अछि विद्यापतिक ओ गीत सब जाहिमे भनितामे शिवसिंहक नामतः उल्लेख

अछि। विद्यापतिक भनिता केवल विधि-रक्षार्थे टा नहि अछि, कवि ओहिमे केवल अपन नाम वा उपाधि अथवा अपन आश्रय किंवा जनिक प्रमोदार्थ ओहि गीतक रचना भेल तनिक नामक कीर्तन मात्रे कएकेँ नहि छोड़ि देने छथि, अपितु ओहिमे बहुधा ओ अपन उक्ति बड़े मार्मिक रूपसँ अभिव्यक्त कएने छथि। गोविन्ददासहुक रचनामे भनिता एहिना सार्थक अछि, साभिप्राय अछि। हुनक परवर्ती कवि लोकनि भनिताकेँ केवल व्यवहार बनाए लेल। ताही कारणेँ विद्यापति वा गोविन्ददासहुक भनिताक महत्त्व साधारणतया लोककेँ आकृष्ट नहि कए सकलैक ओ विद्यापतिक स्वतन्त्र रूपसँ अध्ययन एखन पर्यन्त नहि भेल अछि। केवल श्रद्धेय डाक्टर श्रीविमानविहारी मजुमदार साहेब एकर महत्त्वकेँ बुझलैन्हि अछि। हुनक एक गोट लेख एहि प्रसङ्ग बिहार रिसर्च सोसाइटीक जर्नलमे 1942 मे प्रकाशित भेल छल तथा विद्यापतिक गीतक जे संग्रह ओ सम्पादित कएल अछि ताहिमे भनिताक क्रमसँ गीतक वर्गीकरण कए एक भनिताक सबटा गीत ओ एकत्र संगृहीत कए देल अछि तथा ओकर विस्तृत भूमिकामे एहि भनिता सबहिक विचार सेहो ओ बड़े वैज्ञानिक रीतिसँ कएल अछि। यद्यपि ओ विचार सर्वांशेँ पूर्ण नहि अछि, केवल भनिताक विचारक दिग्दर्शन मात्र कराए देल गेल अछि, मुदा एहिमे कोनो सन्देह नहि जे श्रीमजुमदार साहेब जे काज कएल अछि ताहिसँ विद्यापतिक भनिताक स्वतन्त्र रूपसँ अध्ययन करबाक केवल सामग्री मात्रे संकलित नहि भेल अछि, अपितु ओकर अध्ययन ओ अनुशीलनक प्रकार सेहो प्रदर्शित भेल अछि।

ई कथा आब सर्वविदित अछि जे राधाकृष्ण विषयमे सख्यभाव मानि महाप्रभु चैतन्यदेव विद्यापतिक शृङ्गारहुक गीतकेँ भक्तिक भावसँ देखथि। महामना ग्रिअरसन साहेबकेँ एहि गीत सबमे जतए कतहु माधवक नाम नहिओ अछि तथापि केवल नायकहुसँ परमात्मा एवं राधा किंवा नायिकासँ जीवात्मा प्रतिभासित होइन्ह। एही देखाउसिमे आब अन्यान्यो कतेक जन विद्यापतिक शृङ्गारक गीतमे मधुर रसक परिपाक मानए लगलाह अछि। परन्तु श्रीमजुमदार साहेब एहि गीत-सबहिमे भनिताक सङ्ग शेष पदक समन्वय कए ई देखाओल अछि जे शिवसिंह-नामबला गीत सबमे जतहु माधव ओ राधाक नाम अछि ततहु कवि हुनका नायक ओ नायिकाक Type क रूपमे, आदर्श जकाँ, देखैत छथि, भक्तिभावसँ नहि। गीत-संख्या 164 मे नायिका विलाप करैत छथि जे "सखि हे कतहु न देखिअ मधाई" ओ भनितामे विद्यापति हुनका आश्वासन दैत छथिन्ह जे "लखिमादेविपति पुरिह मनोरथ आबिह शिवसिंह राजा"। गीतसंख्या 175 मे विरहिणी नायिकाक मनोरथ जे–

जखन आओब हरि रहब चरन गहि चान्दे पुजब अरबिन्दा।
कुसुम सेज भलि करब सुरत केलि दुहु मन होएत सानन्दा॥

इत्यादिक अन्तमे ओकरा आश्वासन दैत कविक उक्ति भनितामे द्रष्टव्य थिक जे–

भनहि विद्यापति सुन वर जउवति अछ तोकेँ जिवन अधारे।
राजा शिवसिंह रूपनराएन एकादस - अवतारे॥

गीतसंख्या 177 मे—
"माधव कठिन-हृदय परवासी
तुअ पेयासि मोयँ देखलि वियोगिनि" इत्यादि।

सखी नायकसँ नायिकाक विरहावस्थाक करुण वर्णन कए अन्तमे कहैत अछि जे—

"राजा शिवसिंह रूपनराएन करथु विरह उपचारे" ॥

एहि गीत सबमे मधाइ, हरि वा माधवसँ परमात्मा तँ नहिए अभिप्रेत छथि, साधारण नायकक type 'प्रतिनिधि' सेहो नहि, प्रत्युत अभिप्रेत छथि स्पष्टतः राजा शिवसिंह जनिका हेतु 'एकादश अवतारा' विशेषतः विचारणीय थिक। अतएव श्रीमजुमदार साहेब एहि विषयक विचार तँ कएल निष्पक्ष भावसँ, वैज्ञानिक रीतिसँ, परन्तु निष्कर्ष हुनक आंशिके सत्य प्रकट भेल, पूर्ण सत्य धरि की तँ ओ नहि गेलाह अथवा वैष्णव सिद्धान्तक संस्कारक प्रभावसँ से कण्ठतः स्वीकार नहि कएलैन्हि।

मिथिलाक संस्कृति ओ परम्परामे विद्यापतिक शृङ्गारक गीत कहिओ भक्ति-भावसँ नहि देखल गेल। मधुर रसक कल्पनासँ मिथिलाकेँ कहिओ परिचय नहि। मिथिलामे विद्यापतिक शृङ्गारक गीत विशुद्ध शृङ्गाररसक गीत बुझल जाइत छल ओ एखनहु बुझल जाइत अछि। गीतमे राधा ओ कृष्णक लीलाक वर्णन अछि तेँ एकर रसमे कोनो अन्तर नहि बुझल गेल वा मानल गेल। गाथासपृशती पर्यन्तमे(काव्यमाला447) 'कान्ह' क प्रयोग साधारण नायकक हेतु भेल अछि ओ मिथिलहिमे नहि बङ्गालहुमे जे लोकगीत प्रचलित अछि ताहिमे केओ रमणी अपन रसिक स्वामीकेँ कान्ह, मधाई प्रभृति शब्देँ उल्लेख करैत अछि। एहि परम्परागत संस्कारक पुष्टि हमरा विद्यापतिक गीतसबसँ, विशेषतः हुनक गीतक भनितासँ होइत रहल अछि, ओ तेँ अपन सम्पादित पुरुष-परीक्षाक भूमिकामे हम एहि कथाक प्रतिपादन कएने छी जे विद्यातिक कृष्ण ओ राधाकेँ परमात्मा ओ जीवात्मा तँ नहिए बुझबाक थिक; प्रत्युत हमरा तँ इएह प्रतीत होइत अछि जे विद्यापति कृष्ण ओ राधाक रूप ओ लीलाक व्याजेँ शिवसिंह ओ लखिमाक रूप ओ लीलाक वर्णन कएने छथि, विद्यापतिक कान्ह थिकथिन्ह शिवसिंह ओ राधा थिकथिन्ह लखिमा। हम बुझैत छी जे एहि प्रसङ्ग हमर जे दृष्टि अछि से ओएह जे श्रीमजुमदार साहेबक छैन्हि; भेद एतबे जे हम निस्संकोच पूर्ण सत्यक प्रतिपादन कएल अछि परन्तु श्रीमजुमदार साहेब जेना सशङ्क रहथि, गेलाह अछि तँ सत्यक दिशामे अवश्य परन्तु पूर्ण सत्य प्रकाश नहि कएल।

परन्तु हमर सम्पादित पुरुषपरीक्षाक भूमिकाक समालोचनामे श्रद्धेय श्रीमजुमदार साहेब हमर एही कथाक सङ्ग अपन वैमत्य प्रकट कएल अछि। श्रीमजुमदार साहेब बड़ पैघ विद्वान् छथि, इतिहासविचक्षण छथि ओ विद्यापतिक प्रसङ्ग हुनक पाण्डित्य देशमे ककरहुसँ न्यून नहि कहल जाए सकैत अछि, अतएव हमरा अत्यन्त आश्चर्य अछि जे हुनक सदृश निष्पक्ष विचारक हमर ओहि उक्तिक सङ्ग अपन वैमत्य प्रकट कएलैन्हि अछि जाहि हेतु हमरा

प्रचुर प्रमाणो अछि ततवे नहि, किन्तु जाहि प्रसङ्ग हमरा सबसँ बेशी बल स्वयं श्रीमजुमदार साहेबक विचारसँ भेटल छल। तेँ हम एहि विषयक पुनर्विचारमे प्रवृत्त भेल छी ओ एहिमे हमर विचार-सरणि ओएह रहत जे श्रीमजुमदार साहेबक रहलैन्हि अछि तथा आधार रहत श्रीमजुमदार साहेबहिक संगृहीत ओ सम्पादित विद्यापतिक गीतावली।

एहि संग्रहमे विद्यापतिक रचित कहि गोट हजारेक गीत अछि जाहिमे प्रायः आधा भनिता-रहित अछि। नेपालक पोथीक लेखक महोदय तँ भनिताक महत्त्व बुझबे नहि कएलथिन्ह ओ अन्तमे भनइ विद्यापतीत्यादि लिखि भनिताक अध्ययनक मार्गे अवरुद्ध कए देल! हमरा ई विश्वास नहि होइत अछि जे विद्यापतिक कोनो गीत भनिता-विहीन छल, ई केवल लेखकक अनभिज्ञता ओ अपाटव सूचित करैत अछि जे गीतमे भनिताक पदकेँ निष्प्रयोजन बूझि ओकरा छोड़ि देल गेल। तथापि एहि गोट हजारेक गीतमे दू सएसँ किछुए अधिक गीत अछि जाहिमे भनितामे शिवसिंहक नाम अछि। एहिमे एक सए सत्ताइस गोट गीतमे शिवसिंहक सङ्ग-सङ्ग लखिमाक नाम सेहो अछि तथा सात गोट गीतमे शिवसिंहक सङ्ग सङ्ग हुनक पाँचो अन्यान्य स्त्री, मधुमति (18) सुषमा सोरम(95) रूपिनि (166) ओ मोदवती (169) क नाम अछि जाहिमे सुषमाक नामक गीत तीनि गोट (51,102,205) अछि ओ चारिम (148) मे सुषमाक सङ्ग लखिमाक नाम सेहो अछि। एकर प्रामाणिकता एहीसँ सिद्ध अछि जे पञ्जीमे सेहो शिवसिंहक छओ गोट विवाह उल्लिखित अछि ओ एहि छबो महादेवीक परिचय उपलब्ध अछि।

ई हमर कहबाक तात्पर्य ने पहिने छल ने एखनहु अछि जे विद्यापतिक सब गीतक भनिता साभिप्राये अछि अथवा शिवसिंह-नामबला सब गीतमे हुनकामे कृष्णत्वक आरोप अछि। तकर तँ प्रयोजनो नहि अछि। एकहु दू ठाम विद्यापति यदि स्पष्ट शब्देँ शिवसिहकेँ कृष्ण कहल अछि अथवा मानल अछि तँ ई कथा सिद्ध भए गेल। ओ से विद्यापति एक दू ठाम नहि अनेक ठाम, अनेक प्रकारेँ, अनेक भङ्गिमासँ कहल अछि। केवल कान्ह वा माधव, कन्हाइ वा मधाइ प्रभृति शब्दक प्रयोगहिसँ हम एकर आरोप नहि मानि लेब, कारण, जे कथा हम पूर्वहुँ कहल अछि केओ नायिका अपन हृदयङ्गम स्वामीकेँ अपन 'कान्ह' कहैत अछि, सब रमणीकेँ अपन रसिक प्राणेश्वर कृष्णहिक अवतार होइत छथिन्ह। हमरा तँ स्पष्ट शब्देँ शिवसिंहमे कृष्णक आरोप चाही ओ तकर दृष्टान्त हम एहिठाम श्रीमजुमदार साहेबक संस्करणसँ उपस्थित करैत छी।

सबसँ पूर्व शिवसिंहक रूप-सौन्दर्यक वर्णन देखल जाए।

शिवसिंह

पुहबी नव पचवाने (39)
तीनि भुवन महि अइसन दोसर नहि (50)
रूपे अभिमत कुसुमसायक (92)
पुहबिहि अवतरु नव पँचवाने (127)

परतख पँचवाने (139)
जनि ऊगल नवचन्द (113)

मेदिनि मदन समाने (151) इत्यादि शब्दें वर्णित छथि। हुनक रसिकताक वर्णन अछिः—

रतन सनि लखिमा कन्त। सकल कलारस जे गुनमन्त (48)
सकल कला अवलम्ब (104)
रायनि मह रसमन्ता (109)
राय रसिक (122)
केलि कलपतरु सुपुरुष अवतरु नागर गुरुवर रतने (185)
रस आधार (93)
रसवन्ता गुणनिवास (127) इत्यादि।

'सिंह सम शिवसिंह भूपति' (9) सँ हुनक शौर्यक वर्णन कए हुनक वदान्यताक कीर्त्तन कएल गेल अछि यथा

महोदार (20)
सकल जन सुजन गति (111)
सकल अभिमत सिद्धिदायक (93) इत्यादि।

ताहि सङ्ग हिनक पिताक नामक कीर्त्तन—

देवसिंहनसेदनन्दन (8)
यहड़नराएनवचन (52),

हिनक छवो पत्नीक उल्लेख, तिथिक उल्लेखक सङ्ग हिनक पिताक मृत्यु ओ हिनक सिंहासनाधिरोहणक वर्णन (8), हिनक विजयक वर्णन (9) इत्यादि सब कथाकें मिलाए शिवसिंहक व्यक्तित्वक एक गोट सुन्दर चित्र अङ्कित भए जाइत अछि। ताहि सङ्ग हिनक शरीरक श्याम वर्ण अनेक ठाम अनेक रूपें कहल अछि, यथा—

राजा शिवसिंह रूपनराएन साम सुन्दर काय (34)
सपन देखल हम शिवसिंह भूप
बतिस वरस पर सामर रूप (920)
जकरा पुरुषपरीक्षामे 'चारुपाथोदनील', सजलजलदवर्ण-सुन्दर, कहल गेल अछि।

एहिसँ स्पष्ट अछि जे शिवसिंह श्यामवर्णक सुन्दर कान्तिक नवयुवक छलाह जनिक रूप मनोमोहकर छल अतएव जखन हुनका रसिकशिरोमणि कहबाक भेलैन्हि तखन विद्यापति एहि वर्णसाम्यसँ बलित भए हुनका शृङ्गार-रसक अधिष्ठातृ देवता वृन्दावन-बिहारी कृष्णहिक

अवतार कहि देल। शिवसिंहकेँ ओ कहल अछि

परतख देव (180)

कान्हरूप सिरि शिवसिंह (77)

अभिनव कान्ह (101)

अभिनव नागर रूपे मुरारि (90);

जनिका केवल ओएह टा नहि समस्त संसार हरिक सदृश बुझए "हरि सरीसे जगत जानिअ" (41) ओ तेँ विद्यापति वारंवार हुनका 'एकादस अवतारा' (89, 175, 197) कहि कहि अपन भक्ति प्रदर्शित करैत छथि तथा हुनक रसिकता, शृङ्गार-प्रवणता, कामकला-कुशलता व्यञ्जित करैत छथि। ई सब ततेक स्पष्ट अछि, व्यक्त अछि जे एहि प्रसङ्ग आओर किछु कहब व्यर्थ।

तथापि एक गोट गीत आओर विचारणीय थिक। गीत संख्या 35 मे केओ रमणी अपन स्वप्नक समाचार अपना सखीसँ कहैत अछि।

हरि हरि अनतए जनु परचार।
सपन मोए देखल नन्दकुमार ॥

परञ्च भनितामे विद्यापति ओहि नागरीकेँ बुझबैत कहैत छथिन्ह जे—

...अरे वर जउवति जानल सकल भरमे।
शिवसिंह राय तोरा मन जागल कान्ह-कान्ह करसि भरमे ॥

आओर ई वरयुवती स्वप्नमे जे स्वरूप देखल (जकरा ओ नन्दकुमार बुझलक) तकर वर्णन अछि—

नील कलेवर पीत वसन धर चन्दनतिलक धवला।
सामर मेघ सौदामिनि मण्डित तथिहि उदित शशिकला ॥

ओहि स्वरूपकेँ वरयुवती नन्दकुमार मानल से ओकर भ्रम छल। श्यामवर्ण, पीताम्बर, श्वेतचन्दनतिलक-त्रिपुण्डलसित भाल ओ स्वरूप राजा शिवसिंहक छल। केहन मार्मिक रूपसँ भ्रान्ति प्रदर्शित अछि, केहन चमत्कारक व्यङ्ग्य स्फुट होइत अछि से सहृदयसंवेद्य अछि, कहबाक प्रयोजन नहि।

एकर पुष्टि पुरुष-परीक्षासँ सेहो होइत अछि। ओहिमे शिवसिंह वीर लोकनिमे मान्य, सुधी लोकनिमे वरेण्य, विद्वान् लोकनिमे अग्रविलेखनीय कहि वर्णित छथि जाहिसँ "वीरः सुधीः सविद्यश्च" ई जे पुरुषक लक्षण एहि ग्रन्थमे प्रतिपादित अछि ताहि तीनूक प्राशस्त्य हिनकामे कहल अछि तथा हिनक शौर्यक प्रसङ्ग कहल अछि जे गौड़ेश्वरक सङ्ग युद्धमे ओ यश अर्जित कएल जे चारू दिशि कुन्दकुसुम सदृश शुभ्र आलोकित छल। परन्तु सबसँ

महत्त्वपूर्ण अछि ओहि ग्रन्थक तृतीय परिच्छेदक अन्तमे उपलब्ध ओ श्लोक जकरा ग्रन्थसँ कोनो सम्बन्ध नहि छैक, केवल शिवसिंहक गुणकीर्तन थिक :—

लक्ष्मीपती सर्वलोकाभिरामौ चन्द्राननौ चारुपाथोदनीलौ।
द्वौ पूरुषौ लक्षणैस्तैरुपेतौ नारायणो रूपनारायणो वा ॥

एकर प्रथम दुहू चरणमे चारि गोट पद अछि जे चारि गोट लक्षण थिक ओ श्लोकक उत्तरार्धमे कहल अछि जे एहि चारू लक्षणसँ युक्त दुइए गोट पुरुष छथि, एक तँ पुरुषोत्तम नारायण ओ दोसर शिवसिंह रूपनारायण। चारू गोट लक्षण श्लेषसँ युक्त अछि जे दुहूमे चरितार्थ होइत अछि। यथा नारायण छथि लक्ष्मीक पति ओ शिवसिंह 'लखिमादेइरमाने' वारंवार वर्णित छथि। दुहू सब लोकमे अथवा सब लोकक हेतु सुन्दर छथि जे कथा गीतमे 'परतख देव' वा 'परतख नव पँचवाने' वा 'तीनि भुवन महि अइसन दोसर नहि' शब्देँ कहल अछि। चन्द्रमाक सदृश लोकलोचनाह्लादकर दुहूक मुख अछि जे कथा गीतमे 'जनि ऊगल नव चन्द' शब्देँ कहल अछि अथवा जे कथा दोसर गीतमे ऊपर प्रदर्शित अछि, शुभ्रत्रिपुण्डक उपमा चन्द्रमासँ, नवचन्द्रसँ देल गेल अछि। तथा घनश्याम तँ नारायणक नामे अन्वर्थ थिकैन्हि ओ शिवसिंहक 'सामर रूप' 'साम सुन्दर काय' एहिसँ अभिव्यक्त अछि। अतएव पुरुष-परीक्षाक एहि श्लोकसँ ओही कथाक पुष्टि होइत अछि जे भनितामे 'हरि सरीसे जगत जानिअ' 'अभिनव नागर रूपेँ मुरारि' 'अभिनव कान्ह' अथवा 'एकादश अवतारा' इत्यादि शब्देँ कहल अछि। शिवसिंहक रसिकताक प्रसङ्ग, तहिना, पुरुष-परीक्षाक विदग्धकथामे विक्रमादित्यक वैदग्ध्यक कथा कहि अन्तमे विद्यापति कहैत छथि जे 'साम्प्रतमपि'—एखनहु, कलावती कविता अथवा कलावती कामिनीक वेत्ता राजा शिवसिंह छथि—'तां वेत्ति राजा शिवसिंहदेवः'।

एहि कथाक पुष्टि कीर्त्तिपताकासँ सेहो होइत तथा ओहिसँ सम्भवतः ई कथा निर्विवाद सिद्ध भए जाइत, परन्तु कीर्त्तिपताका जाहि रूपमे उपलब्ध अछि ताहिसँ कोनो प्रयोजन सिद्ध नहि भए सकैत अछि। हमरा जे कीर्त्तिपताका उपलब्ध अछि तकर शृङ्गार भागमे एक गोट श्लोक जे हमरा सम्पूर्ण पढ़ल भेल अछि तकर आशय अछि जे रामावतारमे भगवानकेँ सीता-विश्लेषक कष्ट भोगए पड़लैन्हि तेँ कृष्णावतारमे भगवान शृङ्गारक मूर्त्ति भए अवतीर्ण भेलाह। से जेहने द्वापरमे भगवान् कृष्ण, तेहने सम्प्रति अहाँ छी। सत्ये

संसारे भोगसारे स्फुटमवनिभुजां श्रीफलं वा किमन्यत्।

एहि श्लोकक 'साम्प्रतं तादृशस्त्वम्' मे 'त्वं'सँ ककर अभिप्राय से तँ बुझल नहि होइत अछि—जे पाठ उपलब्ध अछि ताहिसँ शिवसिंहक धरि नहि—परन्तु एतबा तँ स्पष्टे अछि जे रसिक राजाकेँ कृष्णक अवतार कहब विद्यापतिक हेतु कोनो अभिनव कथा नहि भेल।

तेँ अन्यथा उपलब्ध प्रमाणक बलपर कहि सकैत छी जे स्वरूपतः, स्वभावतः, चरित्रतः, शिवसिंहकेँ कृष्णक अवतार मानि लेब कनेको अत्युक्ति नहि भेल।

एहि प्रसङ्ग ई शङ्का नहि कर्त्तव्य थिक जे नररूप शिवसिंहकेँ नारायणक सदृश कहब, हुनका भगवानक एगारहम अवतार मानि स्तुति करब अनुचित थिक, मिथ्या-स्तुति थिक, धार्मिक किंवा नैतिक दृष्टिसँ धृष्टता थिक। शिवसिंह साधारण मनुष्य तँ छलाह नहि, ओ राजा छलाह ओ मनु कहैत छथि जे 'महती देवता ह्येषा नररूपेण तिष्ठति'। स्वयं भगवान् गीतामे कहने छथि जे :–

यद्यत् विभूतिमत् सत्त्वं श्रीमदूर्जितमेव वा।
तत्तदेवावगच्छ त्वं मम तेजोंशसम्भवम् ॥

राजा शिवसिंह निश्चय विभूतिमान् छलाह, श्रीमान् छलाह, ऊर्जिततम छलाह। हुनका 'प्रत्यक्ष देव' कहब आर्यजातिक राजत्व-भावनाक अनुकूल बुझबाक चाही, प्रतिकूल तँ कहिओ नहि, विरुद्ध तँ ओ नहिए भेल। ओ तखन एहि 'केलि-कल्पतरु' 'रायनि मह रसमन्ता' 'सकल कला अवलम्ब' 'पुहुबी नव पँचवाने' शिवसिंहकेँ यदि कोनहु देवताक अवतार कहबाक भेल, हुनक चरितक समता कोनहु देवताक लीलासँ देखएबाक भेल तँ कृष्णसँ विशेष सङ्गत दोसर कोन देवता भए सकैत छलाह?

अतएव श्रीमजुमदार साहेब हमर एहि कथासँ सहमत नहि होथु परन्तु हम तँ जतेक एहि विषयक विचार करैत छी ततेक हमर विश्वास दृढ़ भेल जाइत अछि जे विद्यापति केवल अपन गीतहिटामे नहि, अन्यत्रहु शिवसिंहकेँ कृष्णक अवतार मानैत छलाह। शौर्यमे, वीर्यमे, चातुर्यमे, सौन्दर्यमे, वर्णमे, रसिकतामे, कामिनीमनोमोहकतामे, कामकेलिप्रवणतामे, शृङ्गारिकतामे, अनेकधा, विद्यापति दुहूक समता प्रदर्शित कएने छथि। ई सत्य जे सब गीतमे, सब गीतक भनितामे, ई नहि भेटत; शिवसिंह-नामबला गीतहुमे सब ठाम एकर उल्लेख नहि अछि। परन्तु तकर प्रयोजनो नहि छैक। एकहु ठाम यदि एहि कथाक स्पष्ट उल्लेख अछि तँ कविक भाव व्यक्त भए गेल ओ तखन अन्यत्र तँ व्यङ्ग्यरूपेँ ओकर उपलब्धि सुगम भए जाएत। तेँ हम कहने छी ओ पुनः कहैत छी जे विद्यापतिक शृङ्गारक गीतमे जतए शिवसिंहक नाम छैन्हि ततए यदि माधवक उल्लेख अछिओ तँ माधवसँ हमरा शिवसिंहक प्रतीति होइत अछि। तथा ई सर्वथा काल्पनिक नहि अछि किन्तु स्वयं विद्यापतिक अनेको गीतक भनितामे, कए गोट गीतहुमे, ई कथा स्फुट अछि। विद्यापतिक शिवसिंह वस्तुतः रूपनारायण छलाह तथा विद्यापति हुनका नर रूपमे नहि, नारायणक रूपमे प्रत्यक्ष-देव मानैत छलाह, प्रत्यक्ष-देव आनन्दकन्द कृष्णक एकादश अवतार कहि हुनका अमर कए गेल छथि।

(प्रबन्ध-संग्रह सँ, 1963)

विसपी-माहात्म्य

आजुक एहि सम्मेलनमे बिसपीक प्राचीन इतिहासक प्रसंग किछु 'वार्तालाप'क हेतु जखन श्रीशंकर मिश्रजी हमरा कहलैन्हि तँ हम बिनु ननु नच कएनहि स्वीकार कए लेलिऐन्हि, कारण, हम ताहि संस्कारक मध्यमे पालित भेल छी जतए 'कलौ स्थानानि पूज्यन्ते' क सिद्धान्त सर्वमान्य अछि; ओ गत पचीस वर्षसँ मैथिलीसाहित्योद्यानक रसचञ्चरीकक हेतु बिसपीसँ विशेष महिमाशाली दोसर स्थान आओर कोन मिथिलामे भए सकैत अछि? एतहिक मृत्तिकासँ ओहि कोकिलक निर्माण भेल छल जकर कोमल काकली दिक्षु विदिक्षु गुञ्जित होइत उत्तरभारतक भाषासाहित्यमे एक गोट नवीन स्वर सञ्चार कए देल। एतहिक जल ओ वायुसँ ओ महाराज-पण्डित पोषित भेल छलाह जनिक वैदग्ध्य-चातुरी ओ रचना-सौष्ठव अक्षर-सम्बद्धा कीर्त्तिक उत्तुङ्ग शृङ्गक हेतु एक गोट अभिनव सोपानसरणि प्रदर्शित कएल। एतहिक वैभवमय ओ ऐश्वर्यशाली वातावरणसँ ओ महामहिम अभिनव जयदेव अनुप्राणित भेल छलाह जनिक कोमल-कान्त-पदावली आइ पाँच सए वर्षसँ भक्त ओ रसिक, स्त्री ओ पुरुष, साहित्यिक ओ चरबाह, देशी ओ विदेशी सबकेँ समानरूपसँ रसोद्रेकक अनुपम साधन भेल अछि। धन्य विद्यापति जे मिथिलाभाषाक अस्तित्व, धन्य विद्यापतिक काव्य जे मैथिलीसाहित्यमे जीवन, धन्य विद्यापतिक मैथिलत्व जे बिहारमे मैथिलकेँ मुह उठएबाक साहस, ओ, तैं, के स्वदेश-भक्त मिथिलावासी मिथिला-भाषा-भाषी मैथिली-साहित्य-प्रेमी होएताह जनिका हेतु बिसपी-माहात्म्य भक्ति ओ श्रद्धासँ श्रोतव्य नहि, धातव्य नहि, ज्ञातव्य नहि।

परन्तु अत्यन्त खेदक विषय थिक जे हमरा एहि प्रसंग 'वार्तालाप'क योग्यता नहि अछि। 'वार्तालाप' दू गोट शब्दक समष्टि थिक जाहिमे 'वार्ता' शब्दक अभिप्राय थिक 'यथास्थिति-लोकवृत्तकथन' ओ 'आलाप' तँ सहजहिँ 'अन्योन्यसम्बोधनपूर्वक भाषण' केँ कहैत छिऐक। बिसपीक प्रसंग यथास्थित-लोकवृत्त ओएह कहि सकैत अछि जे ओतए गेल हो, ओ हम बिसपी नहि गेल छी। एहिमे सन्देह नहि जे विद्यापति ठाकुरक प्रसङ्ग आइ पचीस वर्षसँ हम यावतो विषयक अनुसन्धान कए रहल छी ओ तेँ हुनक जन्मस्थान बिसपीक माहात्म्य सेहो हमरा थोड़ बहुत अवश्य अवगत भए गेल अछि। ओ एम्हर दश वर्षसँ मैथिल

ब्राह्मणक जातीय इतिहासक अन्वेषणक उपक्रममे सेहो हमरा बिसपी मात्रहिक नहि, एहि प्रान्तहिक माहात्म्यक बड़ विशेष चित्र हृदयपटपर अङ्कित भए गेल अछि। उचित तँ छल जे एहि मानसिक चित्रकेँ बिसपी जाए ओहि प्रान्तमे घूमि यथाशक्ति दर्शनसँ वास्तविक बनाए तखन एकर माहात्म्यक विश्लेषण करितहुँ। परन्तु एखन धरि से सम्भव नहि भेल अछि ओ तेँ स्वेच्छासँ प्रवृत्तो नहि भेल छी ओ ने से माहात्म्य एहि क्षुद्र प्रबन्धक द्वारा अथवा एक गोट 'वार्तालाप' द्वारा कहले भए सकैत अछि। आइ तँ हम 'फरमाइस'पर एतए बिसपी-सम्बन्धी कतिपय विषय लिपिबद्ध कए अपने लोकनिक समक्ष उपस्थित कए रहल छी जाहि आधारपर 'घोषित' वार्तालाप भए सकत। अन्योन्य-सम्बोधन-पूर्वक भाषण एक गोटासँ कोना सम्भव होएत? अतएव दोसराकेँ पुछबाक अवसर देबाक हेतु हमर ई भूमिका बुझब ओ तखन हम जे कहि सकब से 'आलाप' होएत।

आजुक ई सम्मेलन विद्यापति-स्मारक-समितिक दिशिसँ आयोजित अछि अतएव ई स्वयं सिद्ध अछि जे एकर मुख्य उद्देश्य छैक विद्यापतिक स्मृति-रक्षार्थ कोनो विशेष कार्यक सम्पादन। एहि प्रसङ्ग हमर व्यक्तिगत मत इएह अछि जे विद्यापतिकेँ अपन स्मृति-रक्षार्थ ततेक सत्कार्य स्वयं कएल छैन्हि जे हमरा लोकनिक किछु कएलेँ ओहिमे विशेष उपकारक सम्भव नहि। विद्यापति स्वयं कहने छथि जे–

तिहुअन खेत्तहिँ काञि तसु कित्तिवल्लि पसरेइ।
अक्खर-खम्हारम्भ जञो मञ्चा बन्धि न देइ ।

से तेहन-तेहन मचान ओ अपनहि बान्हि अपन कीर्तिबल्लीकेँ लतराए गेल छथि जे हमरालोकनि ओहिमे की योगदान कए सकब? तखन हमरा लोकनिकेँ विद्यापतिक स्मृति-रक्षासँ अपन कृतज्ञता-ख्यापन तात्पर्य भए सकैत अछि परन्तु मुख्यतः ताहिसँ अपनाकेँ गौरवान्वित करबाक लोभ अछि, विद्यापति हमर थिकाह से श्रेय लेबाक अछि। तकर प्रथम रूप होएबाक चाही विद्यापतिक समस्त रचनाक एकत्र संग्रह ओ सुन्दर रूपसँ प्रकाशनक प्रबन्ध। ओकर दोसर रूप निश्चय बिसपीक पुनरुद्धार होएबाक चाही। कारण, जे कथा हम आरम्भहिमे कहल अछि कलियुगमे स्थानक बड़ महिमा छैक ओ हिन्दूक पुराण-साहित्यमे एक आध नहि, शत शत स्थानक बड़ पैघ-पैघ माहात्म्य देल अछि। वर्त्तमान युगक हेतु एवं मैथिली-जगतक हेतु बिसपी बड़ माहात्म्यक स्थान अछि। ओहि स्थानक दुर्दशाक जे गप्प सुनैत छी से निश्चय हमरा लोकनिक संस्कारक सर्वथा प्रतिकूल प्रतिभासित होइत अछि। आओर कोन कथा, बिसपी जएबाक हेतु मार्ग समेत नहि अछि। ओ ई बिसपी केहन वैभव ओ ऐश्वर्यक दिन देखलेँ अछि से तत्कालीन इतिहासक जे वेत्ता छथि सएह जनैत छथि।

दड़िभङ्गा जिलाक मधुबनी सबडिविजनक नैऋत कोनमे, बेनीपट्टी थानाक दक्षिण भागमे, सदर सबडिविजन ओ मधुबनी सबडिविजनक सीमासँ कोसेक उत्तर अवस्थित, बिसपी गाम कमला नदीक पूर्वीय तटपर किछुए दूर हटल अछि। दड़िभङ्गासँ बेनीपट्टी शुद्ध उत्तर दिशि प्रायः सोड़ह कोस होएत। एहि दूरीक प्रायः तीनि चतुर्थांशपर, बेनीपट्टीसँ कोस चारिएक दक्षिण, किञ्चित् पश्चिम हटल ई गाम अछि। एकर पूबमे गाम अछि नूरचक, जे मुसलमानी नाम थिक, पूर्वमे कोनो दोसर नाम छलैक होएत जे आब अज्ञात भए गेल अछि; ओ सिहासोँ जे हमरा जनैत सिहासम थिक, जतए आइसँ सहस्रावधि वर्ष पूर्व बड़ विशिष्ट सामवेदीय शाण्डिल्य-गोत्रीय ब्राह्मण-कुलक वास छल जकर अर्वाचीन शाखा-भेदमे सोदरपुरिए महाकुल पड़ैत अछि। दक्षिणमे अछि सिङ्गिआ ओ उसौथ जे दूनू सबडिबिजनक सीमापर अवस्थित, मधुबनी सबडिबिजनक सबसँ दक्षिण पड़ैत अछि। पश्चिममे अछि रघौली, बैङरा ओ बलहा। एहि तीनू गाम होइत कमला बहैत छथि, ओ बलहा मध्य बलिआस-मूलक काश्यप-गोत्रीय ब्राह्मणक एक विशिष्ट शाखाक बास आइसँ सात-आठ सए वर्ष पूर्व छल। उत्तरमे अछि भेड़बा ओ सकरारी। एहि सकरारी गाममे आइसँ सहस्रावधि वर्ष पूर्व काश्यपगोत्रीय ब्राह्मणक एक गोट महाकुलक आवास छल जकर सन्तान सम्प्रति मिथिलामे कए सहस्र वर्त्तमान छथि। एहिसँ उत्तर ओ पूबमे नाहस ओ पतञोना, नड़साम ओ बलिआ, अहपुर ओ पाली—कतेको गाम अछि जकर नानाविध उत्कर्ष मैथिल ब्राह्मणक जातीय इतिहासक गवेषणीय विषय अछि। मूलतः एही पालीक वासी विद्यापति ठाकुरक प्रपितामहक समकालीन ज्योतिरीश्वर ठाकुर छलाह जनिक वर्ण-रत्नाकर हमरा लोकनिक भाषा-साहित्यक आदि महाकाव्य, ओ से गद्यमय, उपलब्ध अछि। बिसपीसँ कोसेक वायव्य कोनमेसँ जगवन अछि, जकर कोसेक वायव्य कोनमे राजवन अछि, तकरा उत्तर मेघवन अछि, जकर तीनूक वनान्त नाम विशेष अनुसन्धानक अपेक्षा रखैत अछि। कहबाक तात्पर्य जे आइसँ सहस्रावधि वर्ष पूर्वसँ प्रायः चारि पाँच सए वर्ष धरि ई प्रान्त मैथिल ब्राह्मणक उत्कर्षक एक गोट प्रमुख केन्द्र छल। कालके क्रमेँ तत्तत् कुलक ब्राह्मण लोकनि सम्प्रति देशक 'दूरहु' दूरक कोनमे बसैत होथु परन्तु अपन परिचय देबाक काल एखनहु धरि ओ लोकनि एहि प्रान्तीय अपन मूल-आवास-स्थानक नामहिकेँ अपन 'मूल' कहैत छथि, अपन परिचय ओही गामक सन्तान कहि दैत छथि।

एहिसँ ई नहि बुझबाक थिक जे एहि प्रान्तक इतिहासक रूपरेखा केवल सहस्रावधि वर्षहिक ज्ञातव्य थिक, ताहिसँ पूर्व ई प्रान्त अरण्य छल। वस्तुतः मिथिलाक इतिहासक जाहि रूपसँ प्रामाणिक वृत्तान्त एहि सहस्रावधि वर्षक उपलब्ध होइत अछि ताहि रूपेँ ताहिसँ प्रचीन कालक एखन धरि नहि होअए लागल अछि। मिथिलाक वर्त्तमान-युग आरम्भ होइत अछि शाके 1248 सँ जाहि वर्ष पञ्जीक प्रबन्धन भेल। पञ्जी-साहित्यसँ जे कथा अवगत होइत अछि तकर प्रामाणिकतामे सन्देह नहि अछि। ताहिसँ पूर्वक सबटा वृत्तान्त प्राचीन

दन्तकथा जकाँ केवल श्रुत अछि। तैँ हम एतए पञ्जीसँ प्राचीन समयक चर्चा नहि करैत छी। यदि केवल श्रुत वृत्तान्तक आधारपर एहि प्रान्तक इतिहासक प्रणयन कएल जाए तखन तँ त्रेता युगहिसँ एकर माहात्म्य वर्णनीय होएत ओ रामचन्द्र जे जनकपुर गेल होएताह सेहो एही प्रान्तक पश्चिम भाग होइत; ओ जगवनक प्रसङ्ग तँ परम्परया इएह श्रुत अछि जे महर्षि याज्ञवल्क्यक आश्रम एतहि छल। उच्चैठक सिद्धपीठ बिसपीसँ किछुए कोस उत्तर अछि ओ एहि रूपेँ एकर महिमाक कीर्त्तन कतेक पूर्वसँ करए पड़त।

तेरहम शक शताब्दीक चतुर्थ दशकक प्रान्तमे जखन सकल सद्-ब्राह्मणक परिचय महाराज हरिसिंहदेव संगृहीत करबाओल तँ देखल गेल जे कमसँ कम तीनि गच्छ काश्यप-गोत्रीय माध्यन्दिन-शाखाक त्रिप्रवर ब्राह्मण छथि जे अपन प्राचीन परिचय दैत दैत अपन आदि ज्ञात पूर्व पुरुषकेँ बिसपी गामक वासी कहल। शाखा, गोत्र एवं प्रवरक साम्य रहितहुँ परिचयसँ ई तीनू गच्छ एक कुलक सिद्ध नहि भेलाह ओ तेँ मूल एके निर्धारित कएल गेल परन्तु भेद ज्ञापित करबाक हेतु एक गोट मूल तँ निर्विशेषण छोड़ि देल गेल किन्तु दू गोट मूलमे विशेषण जोड़ि देल गेल। निर्विशेषण बिसपी-मूलक बीजी पुरुष एक जन शङ्खधर कहल छथि ओ हुनक समय अनुमानतः 1100 शाके होएत, कारण, पञ्जी-प्रबन्ध-समयक अपन सन्तान-वर्गसँ ओ चारि पाँच पुरुष प्राचीन छलाह। शेष दू मूलमे एक गोटकेँ अर्वाचीन निवास-स्थानक नाम जोड़ि जगती-बिसपी मूल कहल गेल जकर बीजी पुरुष जयकर छलाह ओ पञ्जी-प्रबन्धसँ कमसँ कम छओ पुरुष प्राचीन रहबाक कारणेँ हिनक समय अनुमानतः 1000 शाके होएत। पञ्जी-प्रबन्ध कालसँ शतावधि वर्ष पूर्व ई लोकनि बिसपी त्यागि जगती मध्य वास स्थिर कएने छलाह। प्रथम निर्विशेषण बिसपी मूलक लोक तँ क्रमशः अपकृष्ट क्रियाक प्रधानतासँ बड़ न्यून श्रेणीमे बड़ आदिअहिमे सम्प्राप्त भए गेलाह ओ आब तँ ई कहबो सम्भव नहि अछि जे एहि कुलमे सम्प्रति के छथि अथवा कतए छथि। जगती-बिसपी मूल कालक्रमे शुद्ध जगती मूल भए गेल ओ बहुत दिन धरि ई कुल अपन क्रियाक उत्कर्ष एवं विद्याक वैभवसँ समाजमे आदरणीय सत्ताकेँ रखने छल। विवादचन्द्रकार म. म. मिसरूमिश्र एही जगतीकुल-सम्भूत एक जन महापण्डित छलाह।

बिसपी मूलक तेसर कुल 'गढ़-बिसपी' कहाओल ओ एकर बीजी पुरुष छलाह विष्णु ठाकुर। पञ्जी-प्रबन्ध कालमे एहि कुलक के लोकनि जिबैत छलाह से कहब बड़ा सुगम अछि, कारण, महाराज हरिसिंहदेवक मन्त्रित्वक भार एही कुलक महापुरुष लोकनिपर छलैन्हि ओ आनक प्रसङ्ग तँ विशेष कहब कठिन अछि मुदा सप्त-रत्नाकर-कार महामहत्तक चण्डेश्वर ठाकुर कार्णाट वंशक लोप भए गेलहु उत्तर ओइनिबार महाराज भवेश्वरक मन्त्री छलाह ओ हुनकहि नामसँ अपन राजनीति-रत्नाकरक रचना कएलैन्हि। चण्डेश्वरक पितामह देवादित्य ओ बाप वीरेश्वर ओ छओ गोट पित्ती गणेश्वर प्रभृति सबहुँ महाराज हरिसिंहदेवक दरबारक

रत्न छलाह। चण्डेश्वरक पितामह देवादित्य, तनिक प्रपितामह छलाह विष्णुठाकुर जे एहि कुलक बीजी पुरुष छलाह; तेँ बीजी पुरुषसँ छठम थिकाह चण्डेश्वर ठाकुर जे पञ्जी-प्रबन्धकालमे वर्त्तमान छलाह। एतावता, विष्णुठाकुरक काल अनुमानतः 1000 शाकेक प्रान्तमे स्थिर करब असङ्गत नहि होएत।

एहि प्रसङ्ग दू गोट विषय विचारणीय थिक। एहि कुलक बीजी पुरुषकेँ 'ठाकुर' उपाधि देखैत छी ओ ठाकुर उपाधि ग्रामाधिपत्य सूचित करैत अछि। एतावता एहि कुलमे समृद्धि आरम्भहिसँ देखैत छी ओ विष्णु ठाकुर सेहो अपना समयक जमिन्दार छलाह। कोन गामक हिनका आधिपत्य छल ओ से ककर प्रदत्त इत्यादि विषय अतीतक गर्भमे विलीन अछि, केवल ओहि आधिपत्यक सूचक उपाधिमात्र एहि कुलक प्राचीन गौरवक दिशि सङ्केत करैत हमरा लोकनिक ध्यान आकृष्ट करैत अछि।

दोसर विषय थिक, एहि मूलक नाममे विशेषणी-भूत 'गढ़' शब्द। गढ़ साधारणतः किलाकेँ कहैत छैक। बिसपीमे गढ़क भग्नावशेष छैक से सुनल नहि थिक परन्तु हमर अनुमान अछि जे प्राचीन कालमे एतए गढ़ छल, प्रायः विष्णुठाकुरक पूर्वज जे ग्राम उपार्जन कएल सएह एतए गढ़हुक निर्माण कराओल ओ तेँ जखन चण्डेश्वर ठाकुरक वंशक मूल निर्धारण करबाक काल बिसपी नामक सङ्ग कोनहु विशेषण देबाक प्रयोजन भेल तँ से एकरा 'गढ़' सएह कहि द्योतित कएल गेल। एतावता केवल एहि वंशक प्राचीन समृद्धिए नहि सूचित होइत अछि अपितु एहि गामहुक ऐश्वर्य बड़ प्राचीन समय पूर्व धरि चल जाइत अछि।

परन्तु मैथिल ब्राह्मण लोकनि अपन परिचय दू गोट गामक नामकेँ जोड़िकेँ कहैत छथि जाहिमे प्रथम मूल-आवास-भूत गामक विशेषण रूप रहैत अछि तथा 'मूल' कहबैत अछि, ओ दोसर ओहि मूल-कुलक शाखाभेद सूचित करबाक हेतु तत्तत् शाखाक पञ्जी-प्रबन्धकालीन अथवा तकर अव्यवहित पर-कालीन अर्वाचीन निवासस्थान-भूत गामक नाम रहैत अछि जे 'ग्राम' कहबैत अछि। विद्यापति ठाकुरक कुलक लोक अपन परिचय 'बिसैवार बिसपी' कहि दैत छथि। एहिमे बिसैबार बिसपी-शब्दक विशेषण रूप थिक (बिसपीवार-बिसईवार-बिसैवार) ओ दोसर शब्द बिसपी स्पष्टे अछि। फलतः एहि कुलक 'मूल' बिसपी थिके, 'ग्राम' सेहो बिसपी भेल। एकर अभिप्राय ई जे बीजी पुरुषक समयसँ लए पञ्जी-प्रबन्धोत्तरकाल धरि एहि वंशक आवास बिसपी मध्य स्थिर रहल। छओ पुरुष एवं दू-अढ़ाइ सए वर्ष धरिक ई प्रमाण भेल।

एहिसँ प्रमाणित एतबे होइत अछि जे विद्यापति ठाकुरक पितामह धरिक जन्म-स्थान बिसपी छल, कारण, चण्डेश्वरक बापक छोट वैमात्रेय भाए धीरेश्वर ठाकुरक प्रपौत्र

विद्यापति ठाकुर छलाह। विद्यापति ठाकुरक जन्मस्थान बिसपी छल तकर प्रमाण ई नहि भेल।* वस्तुतः अपना प्रसङ्ग विद्यापति अपन एतेक कृतिमध्य कतहु कोनो चर्चा नहि कएने छथि ओ ई नाम ततेक ने प्रसिद्ध अछि, ततेक महापुरुष एहि नामक भए गेल छथि,—तत्कालीन मिथिलेशहिक दरबारमे एकहि समय एक नहि दू गोट विद्यापतिक ओ दूहू ठाकुरहिक, परिचय उपलब्ध होइत अछि,—जे विद्यापति ठाकुरक कृतिक यथार्थ समालोचनामे एहि विषयक पर्यालोचना एक गोट मुख्य ओ संगहि संग जटिल समस्या अछि। अतएव विद्यापति ठाकुरक जन्मस्थानक प्रमाण एहिसँ अतिरिक्त ताकए पड़त।

एहि प्रसङ्ग सबसँ प्रथम स्थान हम दैत छी ओहि परम्परया श्रुत प्रवादकेँ जाहि मध्य बिसपीकेँ विद्यापति ठाकुरक जन्मस्थान होएबाक श्रेय देल जाइत अछि। एहि रूपक प्रवाद अनेकधा असत्यो होइत अछि, यथा गङ्गाभक्तितरङ्गिणीकारकेँ विद्यापतिक पिता बुझब। मुदा यदि ई प्रवाद प्रमाणान्तरसँ पुष्ट हो तखन ओकर सत्यतापर सन्देह करब आग्रह मात्र थिक। विद्यापति ठाकुरक सन्तान—हुनक पुमपत्य—एखनहु सौराठमे वृद्धिमान वर्त्तमान छथि तथा हुनका लोकनिकेँ बिसपीसँ सौराठ जएबाक कथा बुझल छैन्हि ओ बिसपीक सङ्ग एखनहु धरि किछु-किछु सम्बन्ध छैन्हि। दोसर, विद्यापति ठाकुरक नामसँ महाराज शिवसिंहक देल बिसपीक दानपत्र। ओना सर्वेक समयमे एहि दान-पत्रकेँ जाली कहि देल गेल हो ओ ग्रिअरसन एकरा सत्यक कसौटीपर अप्रामाणिक सिद्ध कए देथु परन्तु ताहि समय धरि एहि गामक भोग विद्यापति ठाकुरक वंशधर लोकनि करैत छलाह ताहिमे कोनो सन्देह नहि। शाके 1800 धरि जखन एहि गामक आधिपत्य एहि वंशक सन्तानक हाथमे छल तखन दान-पत्र प्रामाणिक जनु हो, दान धरिमे तँ सन्देहक अवकाश नहि अछि। अतएव हमर अनुमान इएह अछि जे महाराज शिवसिंहकेँ अपन गुणवैभव एवं भक्ति-भावसँ सन्तुष्ट कए पुरस्कारमे विद्यापति ठाकुर अपन जन्म-भूमिक आधिपत्य मङने छलाह। परमगुरु वाचस्पति मिश्रक पौत्र द्वैतपरिशिष्ट- कर्त्ता म. म. केशव मिश्र जे विद्यापतिकेँ 'अतिलुब्धनगरयाचक' कहि उपहासक व्यङ्ग कएने छथि ताहिसँ एहि कथाक पुष्टि होइत अछि। एतए बिसपीकेँ ग्राम नहि नगर कहल अछि से देखल जाए। केशव मिश्रक समय 1400 शाकेक प्रान्तमे छल होएत। ताहि समयमे विद्यापति ठाकुरक बालक लोकनि वर्त्तमान छल होएताह। विद्यापतिक बालकमे एक जन-मात्र हरपति ठाकुर विशेष प्रतिष्ठा-भाजन छलाह, मुद्राहस्तक उपाधिसँ विभूषित राजकीय पदकेँ अलंकृत करैत छलाह, दैवज्ञबान्धव नामक ज्योतिषक सुप्रसिद्ध ग्रन्थक रचना कए अपन कुल- क्रमागत मर्यादाक पालन कए गेलाह। परन्तु तकरा पश्चात् जेना एहि कुलक गौरव-सूर्यक अस्त भए गेल। शाके 1400 धरि बिसपीक समृद्धि ओ ऐश्वर्य अक्षुण्ण छल, तकरा पश्चात् एकर ह्रास होअए लागल। दू अढ़ाइ सए वर्षक अभ्यन्तरहिँ

* एहि कुलक निवास-स्थान बिसपीक प्रसङ्ग नव कथा हमर सम्पादित पुरुष-परीक्षाक भूमिकामे द्रष्टव्य।—लेखक

विद्यापतिठाकुरक वंशधर लोकनि बिसपीकेँ त्यागि सौराठ चल जाइत गेलाह। बिसपी शून्य भए गेल ओ एहि दू सए वर्षसँ श्रीहत ओ शून्य ई नगर एक गोट उजड़ल उपवनक सदृश पुरातत्त्वक वेत्ताकेँ अपन करुण कथाक स्मरण करबैत अछि।

बिसपीक समृद्धिक उदय इतिहासक अन्धकारमे एखन पर्यन्त लुप्त अछि। प्रथम दर्शन जखन होइत अछि तखनहु बिसपी समृद्धिशाली छल ओ से समय प्रायः 1000 शाकेक प्रान्तमे छल। तकर पश्चात् एतएत ऐश्वर्यक वर्णन नहि हो! तकर किछु वर्णन हम प्रबन्धान्तरमे कएनहु छी ओ समय भेटत तँ पुनि कहिओ सुनाएब। एतए एतबे कहब पर्याप्त होएत जे विद्यापति ठाकुरक अतिवृद्ध प्रपितामह कर्मादित्य 'सुमन्त्री' कहल छथि, तनिक बालक देवादित्य मन्त्रीन्द्रचूड़ामणि, मन्त्रिराजतिलक, पद्माश्रय ओ जङ्गम-पारिजात कहल छथि। हुनका सात गोट बालक ओ सातो गोटे रङ्गविरङ्गक उपाधिसँ विभूषित एवं राजकीय-पद-भाजन छलाह। सबसँ जेठ वीरेश्वर सान्धिविग्रहिक ओ पार्णागरिक, छन्दोगदशकर्म-पद्धतिकर्ता, 'ख्यातस्त्रैलोक्यसंसदि' छलाह। दोसर गणेश्वर, महामहत्तक महासामन्ताधिपति ओ महाराजाधिराज कहल छथि, विद्यापति हुनका राजनीति-कल्लोलिनी-कर्णधार ओ प्रज्ञामे बृहस्पतिक समान कहैत छथि। विद्यापतिक प्रपितामह धीरेश्वर महावार्त्तिक-नैबन्धिक छलाह। हुनक एक भाए स्थानान्तरिक, दोसर मुद्राहस्तक, तेसर भाण्डागारिक ओ चारिम राजवल्लभ कहल छथि। विद्यापतिक पितामहक पितिऔत भाए चण्डेश्वरक चर्चा करब व्यर्थ। गणेश्वरक एक बालक गोविन्ददत्त ओ दोसर वाजसनेयि-दशकर्मपद्धतिकार रामदत्त मन्त्री छलाह। विद्यापतिक पितामहक एक आओर पितिऔत भाए होरायीठाकुर महामहत्तक अर्थात् अत्यन्त धनाढ्य छलाह। एतबहुसँ स्पष्ट अछि जे एतेक महापुरुषक जन्मस्थान बिसपीक एहि स्वर्णयुगमे कोन रूपक ऐश्वर्य छल होएत! मिथिलामे दोसर कोनहु स्थानक एहन ऐश्वर्य एतेक दिन धरि एहिरूपेँ अक्षुण्ण नहि छल। हमरा तँ पूर्ण विश्वास अछि जे ई गाम हमर अतीतक गौरव-गाथाक बड़ सुन्दर-सुन्दर सामग्री अपना गर्भमे रखने अछि। प्रयोजन अछि जे ई स्थान सुलभ-गम्य हो, मिथिलाक कर्णधार-लोकनिक ध्यान एहि दिशि आकृष्ट हो, तथा तखन एहि स्थानक नीक जकाँ निरीक्षण हो, अन्वेषण हो। एहिसँ विद्यापतिक स्मृति-रक्षा तँ जे होएत, हमर अपन अतीतक गौरवक उद्घाटन होएत, ओ एहिसँ विशेष आवश्यक वर्त्तमानक हेतु दोसर कोनो काज नहि अछि।

(वैदेही, मार्च, 1953 निबन्धमाला सँ)

विद्यापतिक वसन्त-वर्णन

कविक हृदय सौन्दर्यक उपासक होइत अछि। कविता कविक हृदयक आनन्दक उद्गार थिक। सृष्टिमे कतोक एहन नैसर्गिक सौन्दर्य अछि, यथा नारीक रूप-लावण्य, मधुक मादकता, कोकिलक कलरव, सूर्योदय एवं सूर्यास्तकालीन सुवर्णरञ्जित आकाशच्छटा, शशिधरक रजतरश्मि-धवलित नभोमण्डल, इत्यादि जे सृष्टिक आदि कालसँ अधुना पर्यन्त मानव हृदयकेँ मुग्ध करैत आएल अछि तथा यावत् ओकरा सौन्दर्य-ग्रहणक सामर्थ्य रहतैक, मुग्ध करैत रहत। की प्राचीन समयमे की अर्वाचीन कालमे, की पौरस्त्य की पाश्चात्य, कविक हृदय एहि सबहिसँ सर्वदा ओ सर्वत्र आनन्दोल्लसित होइत आएल अछि तथा कोनहु देशक, कोनहु समयक, साहित्यक अध्ययन करू एहि सबहिक चित्रण सर्वत्र भेटत। एहि प्रकारक एकटा विषय 'वसन्तऋतु' सेहो अछि। एकर रमणीयतासँ मानव हृदय सर्वदा मुग्ध होइत रहल अछि ओ सब सांस्कृतिक एवं सब सभ्यताक कवि लोकनि एहि ऋतुकेँ ऋतुराजक उपाधिसँ भूषित करैत अएलाह अछि।

हमरा लोकनिक आदिकवि अभिनव-जयदेव विद्यापति ठाकुर महाकवि छलाह। हुनक हृदय सौन्दर्य-जगतक पर्यवेक्षक छलैन्हि, ओ सौन्दर्यक उपासक छलाह। सृष्टिक की बाह्य जगतक, की अन्तर्जगतक, कोनो सौन्दर्य एहन नहि अछि जकर चित्रण ओ अपन कोमल एवं मधुर भाषामे नहि कएने होथि। संस्कृत साहित्यक अनुसरण करैत, ओकर जे परिपाटी छैक तकर पालन करैत, ओकर जे कविसमय-प्रसिद्धि छैक तकर अपन रचना सबहुमे सन्निवेश करैत ओ एकगोट विलक्षण चमत्कारसँ काव्यक रचना कए केवल अपन नामहिटाकेँ अमर नहि बनाए गेलाह किन्तु अपन मातृभाषहुकेँ एक गोट अमर स्वरूप दए गेलाह जाहि प्रसादात् हमरालोकनिकेँ आइ ई गौरव अछि जे हमरालोकनिक आदिकवि केवल मिथिला भाषाहिक टा आदि महाकवि नहि थिकाह किन्तु समस्त पूर्वोत्तर भारतवर्षमे वर्त्तमान कोनहु भाषामे एहि उच्चकोटिक काव्य-रचनाक श्रेय सर्वप्रथम हमरहि लोकनिक आदि महाकविकेँ अछि।

संस्कृत साहित्यमे ऋतुवर्णनक अत्युच्च स्थान अछि। एहि साहित्य-शास्त्रमे जे महाकाव्यक लक्षण निर्धारित अछि तदनुसार महाकाव्यमे ऋतुक वर्णन होएब आवश्यक। महर्षि वाल्मीकिसँ

लए अद्यपर्यन्त जे कोनो महाकाव्य लिखल गेल अछि ताहि सबहुमे छबो ऋतुक वर्णन भेटैत अछि, ऋतुराजक तँ कथे कोन। महाकवि कालिदास तँ षड्ऋतुक प्रसङ्ग जे किछु वर्णनीय अछि ताहि सबहुक वर्णन अपूर्व चमत्कारसँ अपन 'ऋतुसंहार'मे कएने छथि। एहना स्थितिमे विद्यापति संस्कृतसाहित्यक पारंगत भए एहि विषयकेँ कोना छोड़ितथि? हुनकहु गीत सबहिमे क्रमशः छबो ऋतुक वर्णन भेटैत अछि। तथापि जेना वाल्मीकि शरद्क वर्णनमे अपन अलौकिक प्रतिभा देखओने छथि अथवा कालिदास ग्रीष्महिक प्रतापक वर्णनमे अपन कलम तोड़ने छथि तहिना विद्यापति अपन सभटा चमत्कार ऋतुराजहिक वर्णनमे देखाए देलैन्हि अछि। निस्सन्देह विद्यापतिक पावस-रजनिहुक चित्रण स्थल-स्थलपर कम चमत्कारक नहि अछि तथापि कृत्रिमकए केवल पावस अथवा शरदहिक टा वर्णन हिनक उपलब्ध पदावलीमे कोनहु गीतमे नहि भेटैत अछि। से वर्णन ई केवल वसन्तहि टा कएने छथि।

विद्यापति ठाकुरक गीतक जे कोनो संग्रह उपलब्ध अछि ताहिमे सबसँ पूर्ण श्रीयुत नगेन्द्रनाथ गुप्त जीक सम्पादित तथा बसुमती-साहित्य-मन्दिरसँ प्रकाशित पदावली अछि तथा हम एकरहि सबसँ अधिक प्रामाणिक मानैत छी।* एहिमे 'वसन्तविहार'-शीर्षक अंशमे सोड़ह गोट गीत भेटैत अछि। ताहिमे हमरा जनैत अन्तिम गीत विद्यापतिक रचित नहि थिक कारण ओहिमे भनितामे विद्यापतिक नामक सङ्ग-सङ्ग 'राधामोहनदास'क नाम अछि। एहि पदावलीमे एहि प्रकारक आओर गीत सब अछि जाहिमे एहिना विद्यापतिक नामक सङ्ग-सङ्ग गोविन्ददास, चम्पतिराय प्रभृति नाम देखैत छी। हमर अपन ई सिद्धान्त अछि जे ई गीत सब विद्यापतिक रचना नहि थिक किन्तु विद्यापतिक अनुकरणमे जे 'वैष्णव' लोकनि पदरचना करैत गेलाह से थिक। विद्यापतिक नाम की तँ प्रशंसार्थ देल छैन्हि अथवा जेना एहुखन मिथिलामे कोनहु नचारीमे अन्तमे 'भनइ विद्यापति' जोड़ि देबाक अभ्यास देखैत छी तहिना एहू सबमे विद्यापतिक नाम भ्रमतः सन्निवेशित भए गेल अछि। अस्तु; पन्द्रह गोट गीत एहि अंशमे विद्यापतिक रचित बुझना जाइत अछि जे सब वसन्त विषयक अछि। किन्तु विचार कएलासँ प्रतीत होएत जे एहि अंशक ई 'वसन्त विहार' नाम भ्रमात्मक अछि। वसन्त-विहारसँ ई बुझल जाइत अछि जे एहिमे वसन्त उद्दीपन-विभावक रूपमे वर्णित अछि। वस्तुतः एकर आठम गीत जे—

आओल वसन्त सकल रसमण्डल कुसुम भेल सानन्द
फूललि मल्ली भूखल भमरा पीबि गेल मकरन्द

इत्यादि अछि ताहिमे वसन्तक वर्णन एही प्रकारक अछि। गीतक प्रतिपाद्य विषय कामिनीक गुप्त सम्भोगक वर्णन अछि। एहिना प्रत्येक पदमे एक बेरि 'नव' शब्दक अनुवृत्तिक चमत्कारसँ विलक्षण—

---

* स्मरण रहए जे ई पचीस वर्ष पूर्वक लिखल थिक। —लेखक

नव वृन्दावन नव नव तरुगण नव नव विकसित फूल
नवल वसन्त नवल मलयानिल मातल नव अलिकूल

इत्यादि जे गीत अछि; अथवा एहिना 'मधुर' ओ 'मधु' शब्दक अनुप्राससँ भरल–

मधुऋतु मधुकर पाँति
मधुर कुसुम मधुमाति

इत्यादि जे गीत अछि; अथवा 'र' हिक अनुप्राससँ भरल–

ऋतुपति राति रसिकवर राज
रसमय रास रभस रस माझ

इत्यादि जे गीत अछि–ई सभ वसन्तमे रासक वर्णन थिक, वसन्तक वर्णन केवल उद्दीपन रूपेँ कएल अछि तथा एहि सबहिक हेतु 'वसन्त-विहार' नाम उपयुक्त। परञ्च तखन एहि रूपक गीत विद्यापतिक रचित एतबे नहि अछि। जाहिमे वसन्त उद्दीपनक रूपेँ हो एहन संयोग ओ विप्रलम्भ दुहू प्रकारक शृङ्गारक गीत एहि पदावलीमे अनेको अछि यथा–

मधुर मधुर पिक रव, तरु तरु सब
करु करु लतिका संग
ऐसन सोहाओन सुरति समय वन
पुनमति रच रतिरंग
(मान नं.-83)

वसन्त रजनी रङ्गे, पलटि खेपबि सङ्गे
परम रभसे पिय गेल कहि
कोकिल पञ्चम गाब, तइअओ न सुबन्धु आब,
उतिम वचन बेभिचर नहि
(विरह-128)

कानने कानने कुन्द फूल
पलटि पलटि ताहि भमर बूल
पुनमति तरुणी पिया सङ्ग पाब
बरिसे बरिसे ऋतुराज आब।
(बिरह-133)

तथापि एहि पन्द्रह गोट गीतमे केवल पाँचगोट गीत एहि प्रकारक अछि जाहिमे वसन्त केवल उद्दीपक छथि तथा जाहि हेतुक वसन्त-विहार नाम उपयुक्त अछि। शेष दश

गोट गीत केवल वसन्त-ऋतुक वर्णन अछि। गीतक प्रतिपाद्य विषय केवल एहि ऋतुक प्राकृतिक सौन्दर्य चित्रण अछि, उद्दीपनक वर्णन कए स्थायीभावकेँ पुष्ट करब नहि। तथा एहि निबन्धमे हमर उद्देश्य केवल ओही गीत सबहिक दिग्दर्शन कराएब अछि।

एहि गीत सबहिक अध्ययन, आस्वादन एवं मनन कएलासँ एक गोट संस्कृत-काव्यक रसिक व्यक्तिकेँ प्रायः एकओ गोट नवीन भाव नहि भटतैन्हि। प्रफुल्ल चूताङ्कुर, आताम्रपल्लव,भ्रमर-माला, कोकिलक कलरव, सपुष्पद्रुम, सुगन्धित मलयानिल, चन्द्रमाक शुभ्र किरण, अनङ्गक रङ्ग, दिवाकरक क्रमशः प्रचण्ड होइत रश्मिजाल इत्यादि जे किछु एहि ऋतुक विलक्षणता संस्कृत साहित्यमे उपलब्ध होइत अछि ताहि सबहुक एहू गीत सबहिमे वर्णन भेटैत अछि। वस्तुतः यदि ऋतुसंहारक अट्ठाइसो गोट वसन्त-विषयक श्लोक पढ़ि ली तँ एहि गीत सबहिमे नहि, प्रायः संस्कृत साहित्यहुमे एहि प्रसङ्ग कोनो नवीन भाव नहि भेटत। अन्तर केवल एही भाव सबहिक चित्रणमे अछि, एहि विषय सबहिक वर्णनमे अछि, एकहि कथाकेँ कोमल शब्दमे चमत्कारसँ कहबामे अछि। विद्यापति ठाकुरक प्रतिभा नवीन भावक उल्लेखमे नहि, ओकर चमत्कारक वर्णनमे भेटत। नवीन भाव ओ कतएसँ अनितथि? वसन्त-कालीन जे किछु वर्णनीय विलक्षणता अछि ताहि सबहिक पर्यवेक्षण तँ महर्षि वाल्मीकिसँ प्रारम्भ कए महाकवि लोकनि कएनहि छथि। विद्यापतिक कवित्व-शक्ति ओही वस्तु सबहिकेँ एक नूतन, हृदयग्राही, रीतिसँ कहबामे अछि तथा म.म. हरप्रसाद शास्त्री जे कहने छथि जे विद्यापतिक चमत्कार संस्कृत साहित्यमे वर्णित भाव सबहिकेँ सजएबामे अछि से एहि प्रसङ्ग आओरो स्पष्ट झलकैत अछि।

सर्वप्रथम वसन्तक जन्मक वर्णन देखू। विद्यापति ऋतुराजकेँ एक शिशु मानि वसन्तकालीन समस्त सृष्टिमे ओहि शिशुक जन्म-सम्बन्धीय कल्पना कए की चमत्कारसँ एहि समयक चित्रण करैत छथि। माघ शुदि पञ्चमी, श्रीपञ्चमी, वसन्त-पञ्चमी कहाए प्रसिद्ध अछि। ओही दिनसँ वसन्तक प्रारम्भ कहल जाइत अछि। विद्यापति आहि श्रीपञ्चमीकेँ माए कल्पना कए ओहीसँ ऋतुराजक जन्म कहैत छथि। शिशिरक शैत्यातिशयप्रयुक्त 'अतिघन पीड़ा' प्रसव वेदना भेल। वनस्पति धाए भेलीह। बालकक जन्म भेलासँ परिवारमे उत्साह होइत अछि। उत्सव होइत अछि। नाच होइत अछि। गान होइत अछि। बाजा बजैत अछि। ऋतुराजक जन्म भेलासँ सुनू—

नाचत युवतीगण हरषित जनम लेल बाल मधाइ हे।
मधुर महारस मंगल गाबए मानिनि मान उडाब हे।
बह मलयानिल ओत उचित हे नव घन भउ उजियारा।
माधवीफुल भल गजमुकुता तुल तेँ देल वन्दनेवारा।
पीयरि पाटलि मधुकरी गाबए काहरकार धुतूरा।
नागेश्वर कलि शङ्खधूनि पुर तकर ताल समतूला।

मधु लए मधुकरे बालके दए हलु कमल पखुरिया झुलाइ।
पौँ अनाल तोड़ि कर सूत बाँधल केशर कइलि बघनाही।
नव नव पल्लव शेज विछाएल शिरे देहु कदम्बेरि माला।
बैसलि भमरी हर उदगारए चक्का चन्द निहारा।

की ई सभ उपचार छठिहारक रातिक सन नहि बोध होइछ? ततबे नहि; ज्योतिषी सेहो आबि टिप्पणिक गणना करैत छथि ओ नामकरणहुक विधि पुराओल जाइत अछि–

कनक केशुअ सुतिपत्र लिखिए हलु राशि नक्षत्र कए लोला।
कोकिल गणित गुनित भल जानए रितु वसन्त नाम थोला।

क्रमशः शिशु बढ़ैत छथि तखनुक उपचार सभ देखूः–

बाल वसन्त तरुण भइ धाओल बढ़ए सकल संसारा॥
दखिन पवन घन आङ उगारए किसलय कुसुम परागे।
सुललित हार मजरि घन कज्जल आँखितेँ अञ्चन लागे॥

एहिसँ अधिक आब कल्पना की भए सकैत अछि? ई तँ भेल साहित्यिक विलक्षणता। संगहि संग एहि गीतसँ तत्कालीन मिथिला-देशक जन्मकालिक एवं तदुत्तरक सामाजिक व्यवहारक केहन विलक्षण चित्र बहराइत अछि!

दोसर गीतमे विद्यापति ठाकुर वसन्तक विवाह वनस्थलीमे करबैत छथि। वर विवाह करए अबैत छथि। अतएव कन्याक गृहक सजाबट देखू–

देखह माइ हे मन चित लाय
वसन्त विवाह कानने थलि आय।

पँउअनाल अइपन भल भेल
रात परीहन पल्लव देल।

आब विवाह-कालीन क्रिया-कलापक कल्पनामय चित्रण देखू–

मधुकर रमणी मङ्गल गाब। द्विजवर कोकिल मन्त्र पढ़ाव।
करु मकरन्द हथोदक नीर। विधु बरियाती धीर समीर।
कनक केसुआ मुति तोरण तूल। लाबा बिथरल बेलिक फूल।
केशुकुसुम करु सिन्दुर दान। यौतुक पाओल मानिनि-मान॥

पुरोहित केहन सुन्दर छथि! की सुन्दर श्लेष अछि? लाबा ओ सिन्दूरक चित्र केहन समीचीन अछि! यौतुक तँ यथार्थहु एही विवाहक उपयुक्त भेल!

मिथिलामे अद्यावधि चुमाओनक परिपाटी अछि! उत्सवक अवसरपर स्त्रीगण लोकनि प्रिय व्यक्तिक चुमाओन करैत छथिन्ह। राय वसन्त बहुत दिनपर अएलाह अछि। कवि कहैत छथि–

माइ हे आज दिवस पुनमन्त। करिअ चुमाओन रायवसन्त ॥

एहि निमित्त गाममे हकार पड़ैत अछि! चुमाओनक सामग्री पुरहर ओ दीप, आसन ओ गङ्गाजल, दही ओ सिन्दूर इत्यादिक संग्रह रहैत अछि। आब राय वसन्तक चुमाओनक गीत सुनू–

अभिनव पल्लव बइसक देल। धवल कमल फुल पुरहर भेल।
करु मकरन्द मन्दाकिनि पानि। अरुण अशोक दीप दिहु आनि।
सपुन सुधानिधि दधि भल भेल। भमि भमि भमरइ हकारइ देल।
केसु कुसुम सिदुर सम भास। केतकी फूल बिथुरलहु परवास।

केहन मधुर कल्पना अछि! केहन समीचीन वर्णन अछि! समाजक केहन मनोरम चित्रण अछि!

ई तँ एक प्रकारक चित्रण भेल। शिशिरक पराक्रमसँ सरसिज हतप्राय भेल छथि। आब शिशिरकेँ निर्मूल कए सरसिजक उद्धारणार्थ महाराज ऋतुराजक सबारी अबैत अछि। राजकीय वेष-भूषासँ केहन उत्साह अछि?

आओल रितुपति राज वसन्त।
धाओल अलिकुल माधवी पन्थ।
दिनकर किरन भेल पयगण्ड।
केसर कुसुम धएल हेम दण्ड।

नृप आसन नव पीठल पात।
काञ्चन कुसुम छत्र धरु माथ।
मौलि रसाल मुकुल भेल ताय।
समुखहि कोकिल पञ्चम गाय।

शिखिकुल नाचत अलिकुल यन्त्र।
आन द्विजकुल पढु आसिस मन्त्र।
चन्द्रातप उड़े कुसुम पराग।
मलय पवन सह भेल अनुराग।

युद्धक सभ तैआरी भेल अछि। ई सभ देखितहिँ शिशिर पड़ाए जाइत छथि। हुनका निर्मूल कए ऋृतुराज सरसिजकेँ मुक्त कए दैत छथि। ओहो आदरसँ अपन उद्धारककेँ

अपन नव पात आसन दैत छथि।

कुन्द वल्ली तरु धवल निशान।
पाटल तूण अशोक दल वान।
किंशुक लवङ्गलता एक सङ्ग।
हेरि शिशिर रितु आगे देल भङ्ग।
सैन्य साजल मधुमाछिक कूल।
शिशिरक सबहु कएल निरमूल।
उधारल सरसिज पाओल प्राण।
निज नवदले करु आसन दान।

केहन प्रौढ़ कल्पना अछि! की चमत्कारक वर्णन अछि!

परश्च सभसँ चमत्कारक शीत-वसन्तक विवादक वर्णन अछि। विवादक विषय थिक 'मानिनीक मान'। मन्मथक प्रधान साधन वसन्त वादी (मुद्दइ) भए ठाढ़ भेलाह। मलयानिल मानू हुनक ओकील भेलथिन्ह। दिवाकर मध्यस्थ भेलाह। शिशिर प्रतिवादी (मुद्दांलह) छलाह। द्विजवर कोकिल साक्षी भए इजहार देल। प्रतिवादी एहि सभसँ डरि ओसक विन्दुक अभ्यन्तर जाए नुकाए रहलाह। वसन्तकेँ जयपत्र (डिगरी) भेटलैन्हि। तखनुक उत्सवक की पुछारी? सूनू केहन मधुर श्रुतिरञ्जक शब्दमे विद्यापति एहि कल्पनाक चित्रण कएलैन्हि अछि।

दखिन पवन वह दसदिश रोल। से जनि वादी भाषा बोल।
मनमथ काँ साधन नहि आन। निरसाओल से मानिनि-मान।
माइ हे शीतवसन्त विवाद। कओन विचारब जय अवसाद।
दुहुदिश मधथ दिवाकर भेल। द्विजवर कोकिल साखिता देल।
नव पल्लव जयपत्र सभाति। मधुकर माला आखर पाति।
वादी तह प्रतिवादी भीत। शिशिर विन्दु हो अन्तर शीत।
कुन्द कुसुम अनुपम विकसन्त। सतत जीति बेकताउ वसन्त।

कल्पनाक पराकाष्ठा पहुँचि गेल! केहन नवीन स्फूर्ति अछि! केहन प्रौढ़ोक्ति अछि! केहन समीचीन चित्रण अछि!

एतावता विद्यापतिक कल्पनाक पराकाष्ठा देखाए आब हम ओहि गीत सबहिक दिशि ध्यान आकृष्ट करैत छी जाहिमे शुद्ध शब्देँ वसन्तक वर्णन अछि। अपूर्व छन्दमे, विलक्षण चमत्कारसँ, कोमल ओ मधुर शब्दमे ग्रथित, एहि गीत सबहिक कहाँधरि गुण प्रदर्शित करब? गएबाक कोन कथा केवल पढ़ितहुँ ई गीत केहन मनोहर लगैत अछि? प्रकृतिक केहन सूक्ष्म

निरीक्षण अछि! सौन्दर्यक केहन विलक्षण वर्णन अछि! अनुप्रासक की अनुपम छटा अछि!

चल देखने जाई ऋतु वसन्त। जहाँ कुन्द कुसुम केतकि हसन्त।
जहाँ चन्दा निरमल भमर कार। रजनी उजागरि दिन अन्धार ।
मुगधलि मानिनि करए मान। परिपन्थिहि हेरय पञ्चवान।

आइ काल्हुक रातिक इजोरिआ एवं दिनुक पछबाक झोँक देखि चारिम पद केहन सत्य ओ केहन निरुपम बूझि पड़ैत अछि।

अथवा

मलयानिले साहर डार डोल। कल कोकिल रवे मदन बोल।
हेमन्त हरन्ता दुहुक मान। भमि भमर करए मकरन्द पान।
रङ्ग लागय रितु वसन्त। सानन्दित तरुणी अवरु कन्त।

अथवा–

मलय पवन वह। वसन्त विजय कह।
भमर करइ रोल। परिमल नहि ओल।
इत्यादि

अन्तमे वसन्त समयक आनन्दोल्लासक एक गोट चित्र दैत हमरहु कविहिक शब्दमे कहए दिअ–

नाचहु रे तरुणी गण तेजहु लाज।
आओल वसन्त ऋतु वणिकराज।
हस्तिनि चित्रनि पदुमिनी नारि।
गोरी सामरि एक बूढ़ि बारि।

विविध भाँति करलहि शिङ्गार।
परिधान पटोर गिम झूल हार।
केओ अगुरु चन्दन घसि भरि कटोर।
ककरहु खोञिछा करपुरु तवोर।
केओ कुङ्कुम मरदाब आङ।
ककरहु मोतिआ भल साज माङ।

एहि प्रकारक की कल्पनाक प्रौढ़तासँ अथवा शब्दक मधुरतासँ, सौन्दर्यक चित्रणसँ

अथवा प्रकृतिक वर्णनसँ, विद्यापति ठाकुरक वसन्त-वर्णन अनुपम चमत्कारक अछि। भाषा-साहित्यक तँ कथे कोन, एहि रूपक वर्णन संस्कृत-साहित्यहुमे कतहु उपलब्ध हो वा नहि हो। अतएव हम पूर्वहिँ कहल जे जहिना शरद्वर्णनमे महर्षि वाल्मीकि अथवा ग्रीष्मक वर्णनमे महाकवि कालिदास अनुपम प्रतिभा देखओने छथि तहिना वसन्तक वर्णनमे हमरा लोकनिक आदि-कवि विद्यापतिठाकुर अपन कल्पनाक, अपन मधुर रचनाक, अपन चमत्कारपूर्ण भाव सजएबाक उत्कर्ष देखाए देलैन्हि अछि। आशा अछि जे एतबहुसँ उत्साहित भए मैथिल युवकक चित्त एहि दिशि आकृष्ट होएतैन्हि जाहिसँ विद्यापतिक भाषा हमरालोकनिक मातृभाषा मिथिला-भाषाक पुनरुद्धार होएत।

(भारती, वसन्ताङ्क—जनवरी, 1938, निबन्धमाला सँ)

की विद्यापति वैष्णव छलाह?

उत्तर भारतवर्षक भाषा-साहित्य-क्षेत्रमे महाकवि विद्यापति ठाकुरक अत्युच्च स्थान अछि। मिथिला भाषाक तँ ओ आदिमहाकवि थिकाह, बंगला साहित्यक विकास हुनकहि रचनाक अनुकरणसँ भेल अछि तथा ब्रजभाषाहुक साहित्य हुनक कवितासँ विशेष रूपेँ प्रभावित भेल अछि। ततबए नहि, काव्यकेँ रसात्मक कहू अथवा मानव-हृदयक नैसर्गिक भावक अङ्कन कहू, विद्यापति ठाकुरक काव्य सर्वथा उत्तम काव्य अछि तथा संस्कृत-साहित्य शास्त्रक रीतिसँ किंवा पाश्चात्य काव्य-समीक्षाक प्रणालीसँ हुनक कविताक विचार कएलासँ स्पष्ट होएत जे विद्यापति ठाकुर केवल एक भाषाक, एक देशक, एक सभ्यताक नहि, विश्वक महाकविमे छथि। हम स्वीकार करैत छी जे महाकवि प्रधानतया केवल एकगोटमात्र रसक कविता रचलैन्हि, जीवनक केवल एक गोट अंशमात्रक चित्रणमे हुनक कवित्व मुख्यतः परिसीमित अछि, परञ्च ओहि आदि-रसक कवितामे, ओहि परिसीमित क्षेत्रमे, हुनक प्रकृति-पर्यवेक्षणता, हुनक भावुकता, हुनक कल्पनाक प्रौढ़ता, एवं हुनक भाषाक मधुरता विश्व-साहित्यक कोनहु महाकविसँ न्यून नहि अछि।

एकगोट विशिष्ट साहित्यिकक कहल थिक जे "साहित्य जीवनक प्रतिबिम्ब थिक।" जेना एकगोट पदार्थक छाया दर्पणमे प्रतिबिम्बित होइत अछि तथा ओहि प्रतिबिम्बक रहस्य बुझबाक हेतु ओहि पदार्थक ज्ञान होएब आवश्यक, तहिना काव्य सेहो कविक हृदयक प्रतिबिम्ब थिक, ओहि काव्यक मर्म बुझबाक हेतु कविक हृद्गत भावकेँ बुझब आवश्यक। किन्तु कवि कोनो स्वतन्त्र जीव नहि होइत छथि; हुनक भाव ओ विचार देश, काल ओ समाजक प्रभावसँ निर्धारित होइत छैन्हि तथा कविक महत्त्व एहीमे छैन्हि जे ओ अपन देश, काल ओ समाजक अनुरूप मानव-जीवनक रहस्यकेँ कल्पनासँ प्रत्यक्ष कए भावुकतासँ सत्य सत्य मधुर शब्दमे उद्घाटन करथि। इएह महाकविक लक्षण थिक तथा एहिमे त्रुटि भेलासँ अथवा कोनहु अंशक अभाव रहलासँ कविकेँ महाकवि नहि कहि सकैत छिऐन्हि। विद्यापति ठाकुरमे ई सब गुण विद्यमान अछि ओ तेँ हम कहल अछि जे ओ विश्वसाहित्यक महाकवि थिकाह।

महाकवि विद्यापति ठाकुर मैथिल छलाह, मैथिल मिथिलेशक दरबारक राजपण्डित छलाह, मैथिलक हेतु हुनक काव्यक रचना भेल छलैन्हि। जाहि परिपाटीक अनुसरण कए

ओ काव्य-रचनामे प्रवृत्त भेल छलाह से परिपाटी मिथिलामे प्रचलित भए गेल तथा एहि पाँच सए वर्षमे एक नहि, अनेक कवि ओहि रूपक काव्यक रचना करैत अएलाह अछि। अतएव विद्यापतिक काव्यक मर्म बुझबाक हेतु केवल हुनक गीतहिक अनुशीलन कथमपि पर्याप्त नहि भए सकैत अछि, ओहि हेतु चौदहम-पन्द्रहम शताब्दीक मिथिलाक परिस्थितिक किछु ज्ञान होएब आवश्यक, मैथिल समाज ओ मैथिल सम्प्रदायक भाव ओ विचारक परिचय होएब आवश्यक। ई कार्य मुख्यतया मैथिल-लोकनिक थिक, मैथिलेतरकेँ ई यदि असम्भव नहि तँ कठिन अवश्य छैन्हि। परञ्च खेदक विषय थिक जे मैथिल-लोकनि आइधरि विद्यापतिक रचनाक एहि रूपक समीक्षा नहि कएलैन्हि अछि।

हम ई स्वीकार नहि करब जे विद्यापतिक गीतक मिथिलामे सम्मान नहि भेलैन्हि, मिथिलामे विद्यापतिकेँ महाकविक प्रतिष्ठा नहि भेलैन्हि। बिसपी ग्रामक दानपत्र, 'अभिनय जयदेव'क उपाधि, हुनक गीतक प्रचार तथा परिवर्त्ती कवि लोकनिक द्वारा ओहि रचना-प्रणालीक अनुकरण प्रमाणित करैत अछि जे हमर महाकविकेँ जिबितहिँ से ख्याति, सम्मान ओ प्रतिष्ठा प्राप्त भेलैन्हि जे कतोक महाकविकेँ मरणोत्तरहु नहि होइत छैन्हि। तथापि ई मानए पड़त जे जाहि रूपक समीक्षाक हम चर्चा कएल अछि से विद्यापतिक प्रसङ्ग अद्यपर्यन्त मैथिल लोकनि द्वारा नहि भेल अछि।

तकर दुइ गोट हेतु—प्रथमतः मिथिलामे भाषाक साहित्य पूर्वमे अध्ययन ओ विचारक वस्तु नहि बुझल जाइत छल। दर्शन ओ धर्मशास्त्रक अनुशीलनक समक्ष साहित्य गौण बुझल जाइत छल। साहित्यक विचारो यदि होइत छल तँ संस्कृतक साहित्यक सोझाँ भाषाक साहित्यकेँ के पुछैत? भाषाक साहित्य मनोविनोदक वस्तु बुझल जाइत छल। एकर सरसता ओ चमत्कार केवल सहृदयसंवेद्य बुझल जाइत छल। केओ पण्डित एकरा अध्येतव्य अथवा विचारणीय नहि बुझैत छलाह; एकर प्रचारो विशेषतः स्त्रीगण मध्य अथवा रसिक समाजमे छल। अतएव पूर्वमे एहि प्रसङ्ग केओ विचार नहि कएलैन्हि।

अँगरेजी शिक्षाक सङ्ग-सङ्ग देशमे भाषाक गौरव बढ़ल परञ्च अँगरेजी शिक्षाक प्रचार मिथिलामे बड़ विलम्बसँ भेल तथा एहि शिक्षा-पद्धतिमे मिथिला-भाषाक कतहु स्थाने नहि रहल। मैथिल लोकनिकेँ मातृभाषाक स्थानमे हिन्दी पढ़ए पड़ए लगलैन्हि। अतएव मिथिला-भाषाक प्रसङ्ग जिज्ञासा ओ अनुराग स्वतः गौण पड़ि गेल। ई स्थिति एखन पर्यन्त विद्यमान अछि तथा जानि नहि जे पुनः अपन प्राचीन मातृभाषाक प्रसङ्ग मैथिल विद्वानक अभिरुचि जाग्रत होएत की नहि, ओ यदि होएत तँ कहिआ।*

परन्तु ताबत एमहर विद्यापतिक गीतावलीक प्रचार मिथिलाक सीमासँ बाहर बंगालमे ताहि रूपक भेल जे साहित्यक इतिहासमे एक अद्भुत घटना प्रतीत होइत अछि। सोलहम शताब्दी धरि मिथिला आर्यावर्त्तक पूर्वाञ्चलमे विद्याक केन्द्र छल। बंगाली युवक लोकनि दर्शनशास्त्र पढ़बाक निमित्त एतए आएल करथि। एतए विद्यापतिक गीतक प्रचार छले,

---

* स्मरण रहए जे ई पचीस वर्षसँ ऊपरक लेख थिक। —लेखक

ओ लोकनि जाबत एतए रहथि ओहि गीतकेँ सीखथि तथा जाए लागथि तँ संग लेने जाथि। एहि रूपेँ विद्यापतिक गीतक प्रचार बंगालमे होअए लागल। उत्तम काव्य ककर हृदय नहि मोहित करैत अछि? विद्यापतिक गीतक आधार संस्कृते काव्य छल; हुनक रचनाक आदर्श महाकवि जयदेव छलथिन्ह। एक तँ उत्तम काव्य, ताहूपर राग-ताल-लयाश्रित गीत! बंगाली लोकनि बड़े प्रेमसँ विद्यापतिक गीत सीखए लगलाह ओ गाबए लगलाह। तावत् महाप्रभु चैतन्यक अवतार भेल। भक्तिमार्गक प्रचारमे ओ 'मधुर भाव'क प्रयोग करए लगलाह। विद्यापतिक शृङ्गारक गीतमे हुनका ओहि मधुर भावक अपूर्व चित्रण भेटैन्हि तथा सुनैत छी जे विद्यापतिक गीत गबैत गबैत ओ नाचए लागथि। क्रमशः विद्यापतिक अनुकरणसँ बंगाली लोकनि सेहो गीतक रचना करए लगलाह। तखन मिथिलासँ सम्पर्को कम होअए लागल। कालक्रमेँ सब केओ ई बिसरि गेलाह जे विद्यापति मैथिल छलाह, विद्यापतिक गीतक भाषा मैथिली थिक। ओ लोकनि ओहि गीत सबहुमे कतहु-कतहु राधा ओ कृष्णक प्रणयलीलाक वर्णन देखि ओहि भाषाकेँ 'ब्रजक बोली' बुझए लगलाह। ओहि ब्रजबोलीमे अनेको बंगाली भक्त लोकनि मधुर भावक चित्रण करैत विद्यापतिक अनुकरणसँ राधाकृष्णक प्रणयलीलाक वर्णन करए लगलाह। एतेक धरि जे ओ लोकनि विद्यापतिकेँ बंगाली बुझए लगलाह। चैतन्यक वैष्णवधर्मक प्रचारसँ विद्यापतिहुक गीतक प्रचार बंगालमे घर घर होअए लागल। एहि गीत सबकेँ कीर्त्तनक रूपमे बंगाली वैष्णव लोकनि गाबए लगलाह तथा ओकर नाम सेहो गीतसँ पद भए गेल। विद्यापति ठाकुर वैष्णवक आचार्य मानल जाए लगलाह।

आइसँ साठि सत्तरि वर्ष पूर्व धरि इएह स्थिति वर्त्तमान रहल। ताबत अँगरेजी शिक्षाक प्रचारसँ बंगालक साहित्यक वृद्धि होअए लागल। विद्यापतिक गीत सबहिक कतोक संकलन बंगलामे छपल, हुनक व्यक्तित्वक प्रसंग कतोक लेख लिखल गेल। आश्चर्य तँ ई जे बंगाली विद्वान् लोकनि विद्यापतिक सबटा परिचय बंगालहिमे पाबिओ गेलाह।

परञ्च एहि प्रसंग अन्वेषण करैत कतोक अँगरेज विद्वान ओ बंगालिओ विद्वान् लोकनिकेँ संदेह होअए लगलैन्हि जे यदि विद्यापति यथार्थ बंगाली छलाह तँ हुनक भाषा बंगला किएक नहि छैन्हि? ताबत बंगाल ओ बिहार एक भए गेलासँ दुहू प्रान्तमे आवागमन सेहो विशेष होअए लागल। मिथिलामे विद्यापतिक गीतक प्रचार छले, घर घर विद्यापतिक गीत गाओल जाइत छल, विद्यापतिक सबटा परिचय उपलब्ध छल, विद्यापतिक अपना हाथसँ लिखल ग्रन्थ मिथिलामे छल, पञ्जीमे विद्यापतिक सबटा परिचय भेटैत छल। सबसँ बेसी तँ ई जे जाहि भाषामे विद्यापतिक गीतक रचना भेल छल से भाषा मिथिलाक भाषा छल। अतएव कतोक अँगरेज ओ बंगाली विद्वान् लोकनि ई प्रमाणित कएलैन्हि जे विद्यापति बंगाली नहि, मैथिल छलाह; हुनक भाषा ब्रजबोली नहि, मिथिलाक भाषा थिक। मैथिल लोकनि नहि जनैत छलाह किन्तु संसारक विद्वानक दृष्टिमे विद्यापति मिथिलासँ छीनिकेँ

बंगाल लए गेल छलाह तथा मैथिल लोकनि कोनो आयासो नहि कएलैन्हि तथा सत्यान्वेषी विदेशी पण्डिते लोकनि द्वारा पुनः विद्यापति बंगालसँ आनि हमरा लोकनिकेँ दए देल गेलाह परञ्च पुनः जाहि रूपमे विद्यापतिकेँ हमरा लोकनि पाओल से किछु भिन्ने। आब ओ बंगालक रंगमे रङल अएलाह। मैथिल प्रमाणित भेलहुँ उत्तर ओ वैष्णवक आचार्य रहबे कएलाह। विद्यापतिक असल स्वरूप हमरा लोकनिकेँ नहि भेटल।

विद्यापतिक गीतक कोन रूपक अर्थ लगाओल जाइत अछि से बुझबाक हेतु बंगालक वैष्णव साहित्यक अनेको ग्रन्थ विद्यमान अछि। हम एहिठाम केवल महामना ग्रिअर्सन साहेबक किछु पंक्ति उद्धृत करैत छी जाहिसँ स्पष्ट होएत जे हुनका विद्यापतिक गीतक की अर्थ लगलैन्हि। 1882 ई. मे ओ लिखने छथि :

"विद्यापतिक रचनाक सबटा गीत वैष्णव भजन थिक। आधुनिक भारतीय साहित्यमे एहिरूपक भजनक खूब प्रचार अछि। एहि भजन सभमे आत्माक ईश्वरक प्रति जे अभिलाषा तकर वर्णन केलिगृहक भाषामे कएल गेल अछि। अतएव यूरोपक विद्वानक दृष्टिमे ई अनुचित प्रतीत भए सकैत अछि किन्तु ई स्मरण रखबाक थिक जे 'ईश्वर प्रेमसँ प्राप्य छथि' ई नीति जेहने यूरोपमे अछि तेहने भारतमे। शीतल जलवायु रहलासँ यूरोपमे एहि प्रेमकेँ पुत्रक पिताक प्रति प्रेमक संग तुलना होइत अछि। भारतवर्षक जलवायु उष्ण भेलासँ एहिठाम भक्त लोकनि ईश्वरक प्रति प्रेमक तुलना स्त्रीक स्वामीक प्रति प्रेमक संग करैत जाइत छथि। पाश्चात्य विद्वानकेँ ई कठिनेँ बुद्धिगम्य होएतैन्हि, किन्तु विद्यापतिक गीत सभकेँ भक्त लोकनि ओहिना वासनासँ विहीन भए-भए गबैत छथि जेना क्रिस्तान पादरी लोकनि सोलोमनक गीतकेँ गबैत जाइत छथि।"

ग्रिअर्सन साहेबक दृष्टिमे विद्यापतिक गीतमे सर्वत्र एकटा गूढ़ अर्थ अछि। ओहि गूढ़ अर्थकेँ बुझबाक निमित्त ई बुझि लेअए पड़त जे एहि सभ गीतमे राधा, गोपी वा नायिका भक्तक आत्मा थिक, दूती उपदेशक थिक तथा कृष्ण तँ सहजहिँ ईश्वर थिकाह।

परञ्च की विद्यापति ठाकुर यथार्थ वैष्णव छलाह? की हुनक गीत सब सत्ये हुनक भक्ति-भावक उद्रेक थिक? की विद्यापतिक गीत सब भजन थिक ओ भक्ते लोकनि हुनक गीत गबैत छथि?

ई अत्यन्त गौरवक विषयक थिक जे हमरा लोकनिक आदि महाकवि विद्यापति ठाकुर बंगालक भक्ति-सम्प्रदायक आचार्य बुझल जाथि, स्वयं गौराङ्ग हुनक रचनामे भक्तिक पराकाष्ठा पाबथि, बंगालक वैष्णव-साहित्यक प्रवर्त्तक होएबाक गौरव हुनकहि होइन्ह। किन्तु सत्यक समक्ष गौरव तुच्छ वस्तु थिक तथा ओहि सत्यक अन्वेषण करबाक हेतु हमरा लोकनिकेँ विद्यापतिक गीतक मिथिलामे की अर्थ लगओल जाइत अछि सएह निर्णायक होएत। बंगालमे हुनक गीतक की अर्थ लगाओल जाइत अछि, चैतन्यदेवकेँ हुनक गीतक की अर्थ बोध भेलैन्हि अथवा ग्रिअर्सनकेँओहि गीत सबहिक की अर्थ लगलैन्हि ई सब विषय गौण भए जाइत अछि। विद्यापतिक यथार्थ आशय बुझबाक हेतु हमरा लोकनिकेँ

मैथिल समाजमे हुनक गीतक कोन रूपक सम्मान अछि ताहि पर विश्वास करब उचित।

एहि प्रसङ्ग हम एहिठाम विद्यापतिक गीतमे हुनक अपन उक्ति, स्वयं हुनक रचना, मिथिलामे हुनक प्रसङ्ग प्रचलित विचार, हुनक गीतक प्रचार, एहि सब विषयक विचार करैत छी।

विद्यापतिक गीत-समुदाय जे हमरा लोकनिकेँ उपलब्ध अछि, ताहि सभकेँ हमरा लोकनि दू भागमे विभक्त कए सकैत छी। एक तँ शृङ्गारक गीत जकरा मिथिलामे 'तिरहुत' कहल जाइत अछि। दोसर, भक्तिक गीत, जाहिमे महादेवक गीत अछि, गोसाउनिक गीत अछि, गङ्गाक गीत अछि। एहि दुहू प्रकारक गीतक मिथिलामे पूर्ण प्रचार अछि तथा जहिआ महाकवि रचना कएलैन्हि तहिआसँ आइधरि अविच्छिन्न रूपेँ से प्रचार रहैत आएल अछि। एहिमे नचारी भक्तिक गीत थिक। एकरा भक्त लोकनि सएह गबैत छथि। कोनहु शिवालय जाउ, विद्यापतिक नचारी अवश्य सुनब। परञ्च विद्यापतिक 'तिरहुत' कहिओ मिथिलामे भजन जकाँ नहि गाओल गेल अछि। एकरा केओ कहिओ भजन नहि कहलैन्हि अछि ने भजन जकाँ ई गाओल जाइत अछि। ई तँ शृङ्गारक गीत थिक, रसिक-समाजमे शृङ्गारक गीत बुझल जाइत अछि। एहिसँ कहिओ मिथिलामे ककरहु हृदयमे भक्तिभावक उदय नहि भेल अछि। दोसर कथा ई जे विद्यापतिक रचनाक अनुकरणसँ मिथिलामे एहि रूपक हजारो गीतक रचना अनेको कवि कएलैन्हि अछि। विद्यापति-स्थापित गीत-काव्यक रचनाक एक गोट सम्प्रदाय सएह मिथिलामे चल आबि रहल अछि। परञ्च ने ओहिमे एकओ गोट कवि वैष्णव छलाह, ने ओहि गीत सबकेँ ओ लोकनि स्वयं वा मिथिलाक लोक भजन कहलक अछि। प्रत्युत कालक्रमेँ ओहि 'तिरहुत'क विषय-भेदेँ नाना नामकरण भेल यथा बटगमनी, मान, गोआलरी, फागु, चैत, लगनी इत्यादि। यदि विद्यापति ठाकुर वैष्णव रहितथि, हुनक गीत भक्तिक उद्रेक रहितैन्हि, तँ कथमपि ई सम्भव बुझना जाइत अछि जे से मिथिलामे बुझल नहि होइत? की हुनक परवर्त्ती कवि लोकनि जखन हुनक अनुकरणसँ गीतक रचना करैत जाइत गेलाह तखन ई कथा बिसरि जइतथि? विद्यापतिक भक्तिहुक गीतक अनुकरण भेल अछि। हुनक गोसाउनिक गीतक अनुकरणसँ शक्तिसाधक-लोकनि अनेकानेक गीतक रचना कएलैन्हि अछि, हुनक गङ्गाक गीतक अनुकरणसँ कतोक कवि गङ्गाक गीत रचलैन्हि अछि, जाहिमे सबसँ विशेष उल्लेखनीय म. म. महाराज महेश ठाकुर छथि; हुनक नचारीक अनुकरणसँ मिथिलामे असंख्य नचारी विरचित भेल अछि परञ्च की मिथिलामे हुनक गीत विष्णु-भक्ति-विषयक बुझल गेल अछि? एको गोट कवि भजनक रूपमे की एहि प्रकारक गीतक रचना कएलैन्हि अछि? हमरा जहाँ धरि ज्ञात अछि, विष्णुक भक्ति विषयक गीतक मिथिला-भाषामे बड़ अभाव अछि। रामनवमी अथवा कृष्णाष्टमीक अवसरपर विद्यापतिक गीत नहि गाओल जाइत अछि। ओ गीत सब विशेषतः हिन्दी वा ब्रजभाषाक रहैत अछि। महाकवि गोविन्ददासझाक गीत सब बहुतो विष्णु-विषयक भेटैत अछि परञ्च तकर देशमे प्रचार नहि अछि। लक्ष्मीनाथ गोसाञि प्रभृति वैष्णव कविक रचना उपलब्ध होइतहुँ अछि

तँ विशेषतः ओहि सबहिक भाषा हिन्दी वा ब्रजभाषा देखैत छी तथा मिथिला-भाषामे जे थोड़ेक अछिओ तकर प्रचार देशमे वैष्णव-समाजहिमे सीमित अछि। कहबाक तात्पर्य जे विष्णु विषयक भक्तिक गीत विद्यापतिक सम्प्रदायक नहि अछि। ओ सब सूरदास प्रभृति हिन्दीक भक्त कविक सम्प्रदायानुकूल, हुनकहि लोकनिक अनुकरणसँ, बहुधा ओही भाषामे, ओही छन्दमे विरचित भेल अछि। एकर ज्वलन्त उदाहरण महाराज कुमार बाबू गोपीश्वर सिंह विरचित 'गोपीश्वरविनोद' अछि।

मिथिलामे विद्यापति ठाकुरक प्रसङ्ग परम्परया की बुझल होइत अछि? सब जनैत छी जे ओ महादेवक अनन्य भक्त छलाह; हुनक वंश शैवक वंश छलैन्हि; जाहि राजपरिवारक आश्रयमे रहि ओ काव्यक रचना कएलैन्हि से शैवक वंश छल। एहि प्रसङ्ग इहो विषय बूझि लेब आवश्यक थिक जे मिथिलामे कहिओ वैष्णव धर्मक प्राबल्य नहि भेल। मिथिला सब दिन स्मार्तधर्मानुसार 'पञ्चदेवोपासक' थिक। ओहि पाँचोमे व्यक्ति ओ परिवार-भेदेँ केओ शक्तिक, केओ शिवक, ओ केओ विष्णुक विशेष आराधक भेटताह। परञ्च ताहूमे अधिकांश शाक्त, तखन शैव ओ वैष्णव तँ बड़ थोड़ व्यक्ति भेटताह। विद्यापति ठाकुर शैव छलाह। ओ कोन रूपक शिवक भक्त छलाह ताहि प्रसङ्ग सबहुँ जनैत छी जे स्वयं महादेव उगनाक स्वरूप धए हुनक सेवा करैत छलथिन्ह। केहन साधक छलाह ताहि प्रसङ्ग जनैत छी जे अन्त समयमे हुनक उद्धार करबाक निमित्त स्वयं गङ्गाक धार हुनक समीप आबि गेल छलथिन्ह। परञ्च ई केओ नहि जनैत अछि जे ओ वैष्णव छलाह अथवा हुनक गीत सब, जे शृङ्गारक काव्य बूझि सब पढ़ैत, गबैत ओ सुनैत अएलहुँ अछि, से वस्तुतः 'भक्तिक उद्रेक' थिक।

इहो एहि प्रसङ्ग स्मरण कराए देब उचित होएत जे महाकवि महाराज शिवसिंहक अनन्य मित्र, तत्कालीन मिथिलेशक दरबारक सभासद, ओ राजपण्डित छलाह। हुनक अनेको गीत फरमाइसी अथवा महाराजक प्रीत्यर्थ विरचित भेल अछि। विशेषतः जाहि-जाहि गीतमे महाराज शिवसिंहक सङ्ग-सङ्ग महारानी लखिमा ठकुराइनिक नाम भेटैत अछि से सब द्रष्टव्य अछि। विद्यापतिक सबसँ नीक कोन गीत छैन्हि? एकर उत्तरमे यदि ई कहि दी जे जाहिमे हिनका दुदू गोटाक नाम छैन्हि तँ कनेको अत्युक्ति नहि होएत। ततबए नहि, कतोक विलक्षण गीत एहनो भेटैत अछि जाहिमे नसरद साह, गयासुद्दीन प्रभृति मुसलमान सबहिक नाम भेटैत अछि। ई कहब जे फरमाइस भेलासँ महाकविकेँ भक्तिक उद्रेक होइन्ह अथवा भजन बनाए महाकवि म्लेच्छ सबकेँ समर्पित करथि असङ्गत बुझना जाइत अछि।

अन्तमे महाकवि स्वयं की कहैत छथि सेहो विचारणीय थिक। विद्यापति ठाकुर केवल गीतहिक रचना नहि कएने छथि। हुनक अनेको ग्रन्थ संस्कृतमे छैन्हि जे धर्मशास्त्र, नीतिशास्त्र, अथवा कर्मकाण्ड-विषयक अछि। शैवसर्वस्वसार ओ शैवक हेतु तथा

दुर्गाभक्तितरंगिणी शाक्तक हेतु रचने छथि। वैष्णवक हेतु हुनक कोनो ग्रन्थ नहि भेटैत अछि, बुझलो नहि अछि जे एहि रूपक कोनहु ग्रन्थक ओ रचना कएने छलाह। एहि सब ग्रन्थमे ओ मंगलाचरणमे कोनहु देवताक स्तुति कएने छथि परञ्च विष्णुक स्तुति कतहु नहि अछि, सर्वत्र शिव, शक्ति अथवा गणेशक स्तुति भेटैत अछि।

गीतमे अपन हृदयक यथार्थ उद्रेक महाकवि अनेको ठाम व्यक्त कएने छथि जाहिसँ ई कथा अप्रामाणिक सिद्ध होइत अछि जे ओ गीत सब भजन थिक। 'निर्दय उपभोग'क वर्णनक भनितामे ओ कहैत छथि 'जे बुझ ताहि लाग पचबान।' अभिसारक प्रसङ्ग हुनक उक्ति छैन्हि 'रस शृङ्गार संसारक सारे।' मानक शिक्षा दैत ओ नायिकासँ कहैत छथि तथा एहिसँ अपन हृद्गत भाव जेना ओ सबकेँ कहैत रहथि जे 'कुसुमसररंग संसार-सारा।' पुनः—'परमपद लाभ सन, मोदेँ चिर हृदय रम, नागरी सुरत सुख अमिय भेला।'

अधिक दृष्टान्त देब निरर्थक। अपन ओ अपन रचनाक प्रसङ्ग हुनक उक्ति अनेक ठाम अछि, 'रस शृङ्गार सरस कवि गाओल' इत्यादि।

की ई सभ भजनक लक्षण थिक?

परञ्च दू गोट विषय अछि जाहिसँ विद्यापति वैष्णव छलाह तकर भ्रम होइत अछि। प्रथमतः ई जे विद्यापतिक बहुतो गीतमे राधाकृष्णक प्रणय-लीलाक वर्णन अछि। सब गीतमे ई नहि अछि। महामहोपाध्याय हरप्रसाद शास्त्री कहैत छथि जे 'हम गोटा-गोटीकेँ सभटा गीत देखि गेलहुँ अछि। आधासँ अधिकमे राधाकृष्णक नामो नहि अछि, गन्धो नहि अछि। शेषमे बहुत रास गीतमे कानु, कान्ह, श्याम इत्यादि शब्दमात्र आएल अछि।' हम स्वयं महाराज शिवसिंह ओ लखिमा ठकुराइनिक भनिता बाला सबटा गीतकेँ देखि गेलहुँ अछि। ओहि सबमे प्रायः राधाकृष्णक नाम नहि अछि, आनो फरमाइसी गीत सबमे राधाकृष्णक नाम प्रायः नहि भेटैत अछि।

परञ्च बहुतो गीतमे कृष्णक ब्रजमे गोपीक संग लीलाक नानारूपेँ वर्णन अछि। तकर की समाधान?

प्रथम समाधान एकर ई जे महाकवि विद्यापति ठाकुर अपन गीत-रचनाक आदर्श महाकवि जयदेवकेँ बुझैत छलाह। गीतगोविन्दहिक अनुकरणसँ ओ भाषामे गीतक रचना कएलैन्हि। महाकवि जयदेव गीतगोविन्दमे राधाकृष्णक लीलाक वर्णन कएने छथि। ओ स्वयं कहैत छथि जे—"यदि हरिस्मरणे सरसं मनो यदि विलासकलासु कुतूहलम्" इत्यादि। शृङ्गारक नाना अङ्गक वर्णन करैत-करैत यदि कृष्णक नाम लेना जाए तँ की क्षति? विद्यापति ठाकुर हुनकहि अनुकरणसँ विलास-कलाक वर्णनमे कृष्ण ओ राधाक नाम लैत छलाह। द्वितीय, शृङ्गार रसक सर्वाङ्गीण वर्णनमे श्रीकृष्णक ब्रजलीला सत्ये बड़ उपयुक्त अछि। स्वकीया ओ

परकीया, मान ओ अभिसार, रस ओ केलिविलास सभक वर्णनमे श्रीकृष्ण ओ गोपी-सभक लीला पर्याप्त अछि। यदि कही जे कृष्णक लीला शृङ्गार रसक लीला सएह छल तँ कोनो अत्युक्ति नहि होएत। संस्कृत साहित्य-शास्त्रमे शृङ्गार-रसक अधिष्ठातृ देवता विष्णु कहल गेल छथि। की हुनक कृष्णावतार साक्षात् शृङ्गारक अवतार नहि छल?

तेसर समाधान एकर ई अछि जे महाराज शिवसिंह श्याम-वर्णक छलाह— लखिमा ठकुराइन गौरवपूर्णा छलीह। अनेको ठाम जे केवल कृष्णक नाममात्र आएल अछि ताहिमे कृष्णसँ महाराज शिवसिंह लक्ष्य थिकाह। ओहुना राधाकृष्णक लीलाक व्याजसँ ओ अपन प्रभुक लीलाक वर्णन कएने होथि तँ कोन चित्र? हमरा तँ जाहिठाम राधाकृष्णक नामो अछि ताहि ठाम उलटे अर्थ लगैत अछि जे एहिसँ लखिमा ओ शिवसिंह अभिप्रेत छथि। कारण कतेक गीत, विशेषतः सखी-शिखा ओ रति-वर्णन-विषयक भेटैत अछि जाहिमे महाकविक कल्पनाक प्रौढ़ता ओ भावक गम्भीरता, प्रकृति-पर्यवेक्षणता ओ कोमल पद-विन्यास, हुनक प्रतिभाक चरमोत्कर्ष देखैत छी। परञ्च ओहिमे कतहु राधाकृष्णक नामो नहि अछि। नाम अछि शिवसिंह ओ लखिमाक। एकरा सबकेँ कोन प्रकारेँ भजन कहि सकैत छी?

परन्तु कोनहु स्थितिमे राधाकृष्णक विलास विषयक गीत भेनहिँ ओहिमे मधुर रसक आरोपण कार्य-कारणक व्यत्यासक सदृश बुझना जाइत जछि। जाहि समयमे महाकवि रचना कएलैन्हि ताहि समयमे एहि मधुर भावक चर्चो नहि छल। दाम्पत्य-लीलाक व्याजसँ अपन आराध्य देवताक भजन करबाक परिपाटीक श्रीगणेश महाप्रभु चैतन्यक समयसँ प्रारम्भ भेल। एहि प्रकारक वैष्णव-धर्मक प्रवर्त्तक ओएह महाप्रभु थिकाह। एहना स्थितिमे चैतन्यदेवसँ प्रायः सए वर्ष पूर्व महाकवि विद्यापति ठाकुर एहि वैष्णव मार्गक परिपाटीक अनुसरण करैत शृङ्गार-लीलाक वर्णन कए भजनक रचना कएलैन्हि से कोना भए सकैत अछि? चैतन्यदेवकेँ विद्यापति ठाकुरक शृङ्गारहुक गीतमे भजनहिक अर्थ लगलैन्हि, मधुर भावक अपूर्व चित्रण एहि गीत सबहिमे हुनका भेटलैन्हि, अतएव विद्यापतिकेँ कोना वैष्णव कहि सकैत छिऐन्हि?

दोसर संदेहक हेतु ई अछि जे महाकवि विद्यापति ठाकुर रजाबनौलीमे बारह वर्ष बैसल वैष्णवक मूल ग्रन्थ श्रीमद्भागवत किएक लिखलैन्हि? की एहिसँ ई प्रमाणित नहि होइत अछि जे ओ वैष्णव भक्त छलाह? एकर विशद आलोचना हम 'भारती'मे प्रकाशित अपन लेखमे कएने छी जकर अनुवाद 'विशाल भारतहु'मे छपल छल। संक्षेपमे हम एतए एतबए कहि देब पर्याप्त बुझैत छी जे ओ बारह वर्ष महाकवि जीवनक मर्मान्तिक वेदनाक समय छल। लक्ष्मण सम्बत् 297 मे मुसलमानक सङ्ग महाराज शिवसिंहकेँ युद्ध भेल छलैन्हि जाहिमे महाराज की भेलाह तकर पता ककरहु नहि। जाहिमे महाराजक ने शव भेटलैन्हि ने कतहु पराइए गेलाह तँ पुनः राज्यलाभ भेलापर ओ फिरिकेँ अएबे कएलाह। अतएव शास्त्रानुसार

बारह वर्ष धरि महारानी लखिमाकेँ हुनक प्रतीक्षा करए पड़ल छलैन्हि। ई बारहो वर्ष महाकवि लखिमाकेँ लेने रजाबनौलीमे राजा पुरादित्यक आश्रयमे छलाह।

जाहि शिवसिंहक छत्रच्छायामे ओ ओतेक सुख कएने छलाह तनिक कतहु पता नहि, ताहिपरसँ लखिमाक भार। महाकविक हृदयक की अवस्था छलैन्हि होएत ई सबहुँ अनुभव कए सकैत छी। राधा ओ कृष्णक प्रणयक छद्‌मसँ श्रृङ्गारलीलाक वर्णन कएल तकर ई दण्ड थिक ई बूझि ओहि पापक परिशोधार्थ प्रायश्चित्तक रूपमे महाकवि भागवतक ई पोथी लिखलैन्हि, हमर इएह सिद्धान्त अछि। प्रायः ई पोथी हुनका छलैन्हिओ नहि। यदि यथार्थ विष्णुक भक्त, हृदयसँ वैष्णव भए, ओ एहि भागवतकेँ लिखने रहितथि तँ पुनः रजाबनौलीसँ ओ मिथिलेशक सभामे अएलाह, पुनः राजपार्षद भए ओ ग्रन्थ सार्बहिक रचना कएलैन्हि जाहिमे शैवसर्वस्वसार, दुर्गाभक्तितरंगिणी, विभागसार ओ गङ्गावाक्यावली थिक। यदि ओ वैष्णव भए गेल रहितथि तँ की विष्णुक भक्ति-विषयक कोनो ग्रन्थक रचना नहि करितथि?

किन्तु यदि विद्यापति ठाकुरक गीत वैष्णव भजन नहि थिक, ई सब हुनक भक्तिक उद्रेक नहि थिक, तँ की थिक? महाकविक रचनाकेँ कोन भावक उद्रेक कहब?

हमरा हेतु एकर उत्तर स्पष्ट अछि। महाकवि श्रृङ्गार रसक काव्यक रचना कएलैन्हि। यदि काव्य हृदय नैसर्गिक भावक चित्रण थिक तँ मानव हृदयक हेतु स्त्री ओ पुरुषक परस्पर आकर्षण, सम्मेलन, वियोग, संयोग प्रभृति भावक चित्रणसँ अधिक नैसर्गिक आओर की अछि? सृष्टिक आदिसँ पुरुषकेँ स्त्री ओ स्त्रीकेँ पुरुष मुग्ध करैत आएल अछि ओ रहत। तेँ श्रृङ्गार रस आदि-रस कहबैत अछि। एही आदि-रसक कविताक रचना विद्यापति ठाकुर मिथिला-भाषामे कएलैन्हि अछि।

एहि प्रसङ्ग इहो कहि देब आवश्यक प्रतीत होइत अछि जे पूर्वमे मैथिल पण्डित लोकनि काव्यकेँ गुरुसँ अध्ययन करबाक वस्तु नहि बुझैत छलाह। शास्त्र समाप्त कए गृहस्थाश्रममे प्रवेश करबासँ पूर्व वा ताही समयमे सब केओ काव्यक अनुशीलन अपनहि करैत छलाह तथा कामशास्त्रीय आवश्यक शिक्षाक ग्रहण सेहो एहिसँ करैत छलाह। काव्यक उद्‌देश्य 'व्यवहारविदे' ताहूसँ ई ध्वनित होइत अछि। संस्कृतमे अनेको काव्य केवल एहि शिक्षाक उद्‌देश्यसँ जेना विरचित हो तेहने भासित होइत अछि। यथा अमरुशतक। महाकाव्यहुमे रतिवर्णनक नियमे जेकाँ देखैत छी तथा शिशुपालबध ओ किरातार्जुनीय सदृश वीररस-प्रधान काव्यहुमे रतिवर्णन विशद रूपेँ भेटैत अछि। आओर की, कुमारसम्भव समेतमे कालिदास एहि नियमकेँ भङ्ग नहि कएलैन्हि।

अतएव ई कहब अत्युक्ति नहि जे काव्यमे कामशास्त्रीय शिक्षा सेहो तात्पर्य रहैत अछि।

एहि दृष्टिसँ विचार कएलासँ स्पष्ट होएत जे महाकविक रचनाक एक गोट प्रधान उद्‌देश्य इएह कामशास्त्रीय शिक्षाक सम्पादन छल। संस्कृत-काव्य सबकेँ बोधगम्य नहि भए सकैत अछि विशेषतः स्त्रीगण-मध्य एहि शिक्षाक अभाव छल कारण जे ओ लोकनि संस्कृत नहि बुझैत छलीह। अतएव आवश्यक लौकिक व्यवहारक शिक्षाक प्रयोजनसँ महाकवि विद्यापति ठाकुर अपन गीतक रचना कएलैन्हि, ई पूर्ण सङ्गत प्रतीत होइत अछि। स्त्रीगण-मध्य एहि गीत सबहिक विशेष प्रचार एहि मतकेँ पुष्ट करैत अछि।

तखन रहल अश्लीलताक प्रश्न। परञ्च ई तँ केवल विद्यापति ठाकुरहिक टा गीतमे नहि, समस्त संस्कृत-साहित्यक शृङ्गार रसक कविताक विषयमे भए सकैत अछि। यदि एहि अश्लीलताक निराकरणार्थ सबमे एकटा गूढ़ अर्थ लगाबी तखन तँ समस्त संस्कृत-साहित्यक एकटा भिन्ने गूढ़ अर्थ लगाएब आवश्यक भए जाएत। यदि विद्यापतिक राधा, गोपी अथवा दूती 'आत्मा' थिक तँ अमरुशतकहुक नायिकाकेँ सएह किएक नहि बुझी?

कामशास्त्रीय शिक्षाक सम्पादन एहि गीतावलीक उद्‌देश्य थिक ई मानि लेलासँ एहि अश्लीलता-दोषक निराकरण भए जाइत अछि। विषय आवश्यक भेल तखन अश्लीलता कोन दोष? अश्लीलताक डरेँ आवश्यक शिक्षाक सम्पादन नहि करब कदापि हमरा लोकनिक ओहि ठाम मान्य नहि भेल। दोसर, संस्कृतसाहित्य-शास्त्रहुमे अश्लीलता दोष ई कहाँ अछि? अतएव हमर अपन सिद्धान्त इएह अछि जे महाकवि विद्यापति ठाकुर वैष्णव नहि छलाह। ओ एक गोट पञ्चदेवोपासक स्मार्त्त व्यवहार-कुशल कट्टर मैथिल छलाह। हुनक गीतक रचना भक्तिक उद्रेकसँ नहि, शृङ्गार-रसक उद्रेकसँ भेल अछि। तथा हुनक रचनाक एक गोट उद्‌देश्य आवश्यक कामशास्त्रीय शिक्षाक सम्पादन सेहो छलैन्हि जकर प्रयोजन समाजमे सब दिन रहैत आएल अछि ओ रहत।

(मैथिली-साहित्य-परिषद द्वारा प्रकाशित गद्यसंग्रह, निबन्धमाला सँ)

विद्यापतिक तीनि रूप : कवि, भक्त ओ महापुरुष

अन्यहि वर्ष जकाँ एहू कार्तिकान्तमे समस्त देशमे विद्यापति-स्मृति पर्वक समारोह अत्यन्त उत्साहसँ भए रहल अछि ओ मिथिलामे तँ प्रायः गाम गाम समारोह होइतहिँ अछि, मिथिलासँ बाहरहुँ जतए कतहु दश जन उत्साही मैथिल रहैत छथि ततहि ई समारोह अपूर्व उल्लाससँ होइत अछि। वस्तुतः ई हमरालोकनिक जेना जातीय पर्व भए गेल अछि ओ हम तँ बुझैत छी जे ई हमरालोकनिक नूतन जातीय चेतनाक द्योतक थिक।

एहि वार्षिक समारोहसँ प्रचार ओ प्रसारमे पर्याप्त सहायता भए रहल अछि जे सर्वथा वाञ्छनीय थिक परन्तु स्मृति-पर्व मनएबाक जे प्रधान उद्देश्य थिक, विद्यापतिक जीवन ओ कृतित्वसँ उद्बोधन ओ प्रेरणा प्राप्त करब, से कतेक दूर धरि चरितार्थ भए रहल अछि ताहि प्रसङ्ग हम पूर्ण सशङ्क छी। ताहि हेतु विद्यापतिक वास्तविक परिचय आवश्यक। बिनु विद्यापतिकेँ नीक जकाँ चिन्हने हुनक महत्त्व कोना बुझल भए सकैत अछि, हुनक उत्कर्ष कोना जानल भए सकैत अछि, हुनकासँ कोना प्रेरणा ग्रहण कए सकैत छी? हमरा जनैत जाहि गतिसँ देशमे एहि पर्वक प्रचार बढ़ि रहल अछि ताहि गतिसँ एहि महापुरुषक व्यक्तित्वक प्रसङ्ग अज्ञानता वा भ्रान्तिक निराकरण नहि भए रहल अछि, हुनक यथार्थ स्वरूप मिथिला भाषा-भाषी जनसमुदायक समक्ष स्फुट नहि भए रहल अछि। तेँ देशमे जागृति तँ भए रहल अछि, ताहिमे सन्देह नहि, परन्तु जागृतिक परिणामस्वरूप जे क्रियाशीलता चाही से सर्वत्र लक्षित नहि भए रहल अछि।

साधारणतया लोक विद्यापतिक कविक स्वरूप जनैत छैन्हि, महाकविक रूपमे विद्यापति सर्वत्र मान्य छथि, ओही रूपमे पूज्य छथि। कविक रूपमे विद्यापति जन-साहित्यक निर्माण कएल जन-भाषामे। मानव-हृदयक मूलभूत वासनाकेँ, नैसर्गिक भाव ओ भावावेशकेँ, अत्यन्त सूक्ष्मतासँ, यथावत् चित्रण कएल। रागताल-लयाश्रित कोमल कान्त पदावलीक अपूर्व चमत्कार देखाओल, जाहिमे प्रसाद, लालित्य, ओ माधुर्य उपर्युपरि अछि। रससिद्ध कविराजलोकनिक चिरन्तन साधना सँ परिपूत संस्कृत काव्यक रीतिक भाषा साहित्यमे अत्यन्त मनोहर अथच सफल प्रयोग कएल। अभिनव-जयदेवक विशिष्ट उपाधिसँ सम्मानित भेलाह। ओ मिथिलाक कोकिलक कूजन भारतक पूर्वाञ्चलीय भाषा- साहित्यमे सत्ये वसन्त

आनि देलक। एहिमे सन्देह नहि जे विद्यापतिक सौन्दर्यभावना विषयीगत नहि, विषयगत छल; रूपक पर्वमे ऐन्द्रिय आनन्दक एहन उत्सव, विशेषतः नयनोत्सवक एहन रंग, विश्वसाहित्यमे विरल भेटत; परन्तु तेँ ई कहब संगत नहि होएत जे हुनक दृष्टि बाह्य सौन्दर्यहि धरि अँटकल रहि गेल; मनक सूक्ष्म सौन्दर्य किंवा आत्माक सात्त्विक सौन्दर्य हुनक प्रतिभाक परिधिसँ बाहर छल। विशेषतः नारीक मनोवेगकेँ, ओकर आवेग ओ उद्वेगकेँ, जाहि सूक्ष्मतासँ विद्यापति अङ्कित कएल अछि से सर्वथा लोकोत्तर चमत्कारक प्रतीत होइत अछि। कोन आश्चर्य जे विद्यापति मिथिलाक लक्ष लक्ष नारीक कण्ठहार बनल छथि! विश्वकवि रवीन्द्रनाथ हिनकहि रचनासँ प्रेरणा लए काव्य-रचनाक क्षेत्रमे प्रवेश कएल। एही सँ विद्यापतिक काव्य-प्रतिभाक मूल्याङ्कन कएल जाए सकैत अछि।

विद्यापतिक दोसर रूप थिक भक्तक। हम हुनका सहजमार्गी भक्त नहि कहबैन्हि जे परकीया प्रेमकेँ भक्तिक प्रतीक मानथि। हम हुनका शृङ्गारक भाषामे आध्यात्मिकताक कवि सेहो नहि मानैत छिऐन्हि। परन्तु मिथिलामे चिरदिनसँ प्रवाद प्रसृत अछि जे स्वयं महादेव उगना कहाए हुनक चाकर भेल रहथि ओ लोक एखनहु कहैत अछि जे अन्तिम कालमे हुनका मुक्ति देबाक निमित्त पतितपावनी सुरसरित् राताराती अपन धारकेँ हुनक समीप लए आनल। एहि रूपक प्रवाद बिनु किछु आधारेँ तँ नहिए प्रसृत भेल होएत ओ तावतैव हिनक अलौकिक भक्ति द्योतित होइत अछि। मुदा ई कथा तँ सर्वथा सत्य थिक जे महाप्रभु चैतन्य हिनक गीत गाबि गाबि भाव-विभोर भए जाथि ओ शत शत शिवभक्त एखनहु मिथिलामे डमरू लए विद्यापतिक नचारी गबैत नाचि नाचि आत्म विभोर होइत छथि। अतएव विद्यापतिक गीतमात्रमे, विशेषतः हुनक शान्तिक पदमे, ओ शत शत महेशवाणी ओ नचारीमे, हृदयक मर्मकेँ स्पर्श करबाक अभिव्यञ्जना तँ मानहि पड़त जाहिसँ भक्तिप्रवण चित्त द्रवित हो। वस्तुतः विद्यापतिक भक्तिक पदमे भावुक चित्तक निर्वेद, ओ एहि संसारक निःसारता, श्रद्धाक संबल ओ विश्वासक दृढ़ता, ततेक रागात्माकताक संग अभिव्यक्त रहैत अछि जे ओहिसँ भक्तिक उद्रेक नहि हो से सर्वथा असम्भव। विद्यापति कट्टर सनातनी स्मार्त्त, पञ्चदेवोपासक, गृहस्थ, सद्ब्राह्मण छलाह। हुनका कोनहु सम्प्रदायक बुझब असंगत; हुनका निश्छल श्रद्धा ओ अटल विश्वास छलैन्हि दैवी शक्तिमे, जनिक भिन्न भिन्न रूप भिन्न भिन्न देवताक नामसँ पूज्य होइत छथि परन्तु जे तत्त्वतः एक गोट मात्र छथि। अपन शैवसर्वस्वसारमे विद्यापति हरिहरक अभेद भावनाकेँ जाहि दृढ़तासँ व्यक्त कएने छथि ताहिसँ हुनक आस्तिक बुद्धि ओ भक्तिक भाव स्फुट भए जाइत अछि। ओहि अदृश्य दैवी शक्तिक समक्ष श्रद्धासँ नतमस्तक भए विश्वाससँ आत्म-समर्पण विद्यापतिक भक्तिक स्वरूप थिक।

परन्तु एतबहिसँ विद्यापतिक व्यक्तित्वक परिचय पूर्ण नहि होइत अछि। कवि वा भक्र हुनक व्यक्तित्वक एक एक गोट अंश मात्र छल, ओ अंश कतबओ महान् होएत तथापि सम्पूर्ण सँ ओ न्यूने रहत, सम्पूर्णक परिचय ओहिसँ बृहत्तर अवश्ये होएत। विद्यापति अपन दीर्घ जीवनमे अन्त धरि कर्त्तव्य पथपर कर्म-रत रहलाह। महापण्डितक वंशमे जन्म लए पाण्डित्यक

रक्षा कएल; कमसँ कम दशगोट ग्रन्थरत्न रचल जकर प्रसिद्धि अद्यापि स्थिर अछि। मन्त्रिराजक वंशधर भए मन्त्रित्वक प्रतिष्ठा अक्षुण्ण राखल ओ कमसँ कम छओ गोट मिथिलेशक दरबारमे पूजित रहलाह। अपन पूर्वजक पदानुसरण करैत मिथिलाक नेतृत्व कएल ओ धर्म-कर्मक संस्थापनार्थ आजन्म सक्रिय रहलाह। गृहस्थक लोकयात्रा विधिवत् पालन कएल ओ सुख किंवा दुःख कथूसँ विचलित नहि भए यावज्जीवन कर्त्तव्यकर्मक पालन करैत रहलाह। वस्तुतः विद्यापति कर्मयोगी छलाह, मानव-जीवनक सार्थकता ओ पुरुषत्वमे मानैत रहलाह, एवं वीर, सुधी ओ सविद्यकेँ पुरुषक लक्षण कए ओ पुरुषत्वक आदर्श कीर्त्तिलता तथा पुरुषपरीक्षामे अङ्कित कएल। पुरुषार्थ थिक धर्म, अर्थ, काम ओ मोक्ष, तथा जीवनमे त्रिवर्गक प्राप्तिसँ जन्मक साफल्य लाभ कए अन्तमे पतितपावनी भागीरथीक तटपर शरीर त्यागि मोक्षहुकेँ ओ प्राप्त कए लेल। निश्चय विद्यापति साधारण पुरुष नहि छलाह।

विद्यापतिक राजनीति ओ लोकनीति विषयक कुशलताक एक एक गोट दृष्टान्त एतए पर्याप्त होएत। पण्डित ब्राह्मण भए ओ आइसँ छओ सए वर्ष पूर्वहिँ कहि गेल छथि जे,

स्वभावाच्छां त्रविद्यायां शस्त्रविद्या गरीयसी।
शस्त्रेण रक्षिते राष्ट्रे शास्त्रचिन्ता प्रवर्त्तते ॥

शास्त्रीय विद्यासँ शस्त्रविद्या स्वभावतः पैघ थिक, कारण शस्त्रसँ राष्ट्र सुरक्षित रहलाहे उत्तर शास्त्रविद्या चलि सकैत अछि। भारत ई मन्त्र चीनी आक्रमणक पश्चात् इएह तीनि वर्ष भेलैक अछि जे सिखलक। यदि विद्यापतिक विचार सुनल जाइत, चलैत, तँ भारतक इतिहास दोसर रूपक रहैत। आब जखन हमरालोकनि एहि मन्त्रमे दीक्षित भेलहुँ तखन पाकिस्तानकेँ परास्त करबे कएल। विद्यापतिक गीतकाव्यकेँ जे जन स्त्रैण कहैत छथि हुनका विद्यापतिक पूर्ण व्यक्तित्वक परिचय अत्यन्त आवश्यक छैन्हि।

दोसर जे कथा विश्व बीसम शताब्दीमे अनुभव कएलक जे भाषा राष्ट्रीयताक प्रमुख आधार थिक, विद्यापति आइसँ छओ सए वर्ष पूर्वहिँ बुझैत छलाह। तँहि तँ ओ देववाणीकेँ छोड़ि मिथिलादेशक जनभाषामे अपन गीतक रचना कएल जाहिसँ समस्त मिथिलादेशवासी मिथिला-भाषाभाषी एक सूत्रमे आबद्ध भए अपनाकेँ एक बूझए। समस्त उत्तर भारतमे जनभाषाकेँ ई प्रतिष्ठा सर्वप्रथम इएह देल। तँहि तँ हम विद्यापतिकेँ मैथिलत्वक 'पिता' कहैत छिऐन्हि। विचारल जाओ जे विद्यापतिक गीतकाव्य जँ नहि रहैत तँ आइ मैथिलीकेँ के पुछैत, के मानैत? मिथिलाभाषा ओ मैथिली-साहित्यक की ओ 'प्राण' नहि थिकाह? एहिसँ हिनक महापुरुषत्व सिद्ध अछि। इएह हिनक तेसर रूप, सबसँ विशेष पूज्य, महापुरुषक रूप।

विद्यापतिक महिमा एहि तीनू रूपक परिचयहिसँ ज्ञात भए सकैत अछि, ज्ञापित भए सकैत अछि, ओ देशमे किंवा विदेशमे विद्यापति-स्मृति-पर्वक सार्थकता तखनहि पूर्ण होएत जखन हुनक एहि तीनू रूपकेँ हमरालोकनि नीक जकाँ चीन्हि ली, सबकेँ नीक जकाँ चिन्हाए दी। इति--

(आकाशवाणी, पटना, विविध प्रबन्ध सँ)

विद्यापति-संगीत

ओना तँ विद्यापतिक कवि-रूपक परिचय हमरा 1930 क अन्तिम समय भेल जखन एम. ए. क परीक्षा दए पटना छोड़ि गामक हेतु विदा भेल रही ओ टांगाकेँ रोकि पटना मेडिकल कालेजक सोझाँमे गोविन्द मित्र रोडक मोड़पर हिन्दीक पोथीक बड़का दोकानसँ—आब ओ देकान ओहि ठाम नहि अछि—विद्यापतिक पदावलीक नगेन्द्रनाथ गुप्तक देवनागरी संस्करणक एक प्रति कीनि संग लए लेल। आइ चालीस वर्षसँ ओ पोथी संग रहल अछि ओ विद्यापतिक काव्यक जे किछु अध्ययन-अनुशीलन कएल अछि सबटा ओही पोथीसँ। मुदा गीतकार विद्यापतिक संग हमर परिचय तहिअहिसँ थिक जहिआसँ ज्ञान भेल ओ जीवनक प्राचीनतम स्मृतिमे गन्धवारिक किरतनियाँ नाच हृदयपटपर ओहिना स्पष्ट अंकित भेटैत अछि। हमर माम गणनाथ बाबू मैथिल संगीतक विशेषज्ञ छलाह, अपनहु गीत गाबथि, गीत रचथि, ओ बड़े मनोयोगसँ किरतनियाँ नाच देखथि ओ स्मरण अछि जे मध्य मध्यमे नाचकेँ रोकि स्वयं गाबि नटुआकेँ स्वरक शिक्षा देल करथिन्ह। 21-22-23 ईशवीयक गप्प मोन पड़ैत अछि जे कोना इन्द्रपूजामे हाटीक बबुजन नायकक गिरोहसँ ई संगीत स्वर्गीय महाराजाधिराज रमेश्वर सिंह सुनल करथि। अपराह्न पाँच बजैत सँ अपने महाराज माथमे मालिश लिअबैत शतरंज खेलाइत रहथि, चारू दिशि वरिष्ठ दरवारी लोकनि बैसल शतरंज देखैत बैसल रहथि, कातमे किरतनिञाक नाच होइत रहए। देशक नामी वेश्यालोकनिक नाच होअए परन्तु से सब महाराजके ँ देखैत वा सुनैत नहि कहिओ देखल; केवल एही सन्ध्याक समीपमे किरतनिञाक नाचटा महाराज देखथि। ताहू ठाम स्मरण होइत अछि जे गणनाथ बाबू कए दिन शतरंजक खेड़ि छोड़ि नाच दिशि साकांक्ष भए नायकके ँ स्वरक अथवा आङ्गिक अभिनयक शिक्षा देथिन्ह जे नायक अत्यन्त विनीत भए ग्रहण करए; दरबारीक कोन कथा, स्वयं महाराज ओकर अनुमोदन करथिन्ह, नाच पुनः आरम्भ भए जाए, शतरंज चलए लागए। एहि किरतनिञाक नाचक गीतक आरम्भमे स्वर-संधानक क्रममे ने हे आ...एखन पर्यन्त कानमे ओहिना गुंजित होइत रहैत अछि। एही सङ्ग परिवारक महिलागण जे नाना प्रकारक गीत भिन्न-भिन्न भासमे गाबथि, भासक जे शिक्षा देथिन्ह, संगीतक जे आदर करथि ओ ओकर अनुशीलन करैत जाथि से सब देखल थिक, सुनल थिक ओ तेँ संस्कार रूपमे

हृदयपर अंकित अछि। मन नहि अछि जे विद्यापतिक गीत कतहु गबैआक मुँहसँ सुनल, ई तँ 1930 ई. क बादक गप्प थिक। ताहिसँ पूर्व ई गीत की तँ किरतनिञा गाबए जे तीनि गोटे मीलिकेँ गाबए अथवा महिलागण गाबथि जे संग मीलि गाबथि। ई संगीत 'सोलो' गओले नहि जाए, सर्वदा 'कोरस' रूपमे गाओल जाय। मचकीपर चौमासा, बरहमासा, मलार किंवा पावस दू गोटे गाबथि, जाँत परक लगनी पर्यन्त दू गोटे गाबथि। नारदीय भजन संग मीलि गाओल जाइत अछि। केवल शिवभक्तकेँ एकसरे डमरू लए नचारी गबैत सुनने छी।

पश्चात् लोचनक रागतरङ्गिणीमे मैथिल संगीतक विकासक चित्र भेटल। लोचन कहैत छथि जे मार्गी ओ देशी भेदसँ संगीतक दू भेद अछि तथा ओ मिथिला देशमे विकसित मिथिलापभ्रंश भाषामे विरचित विद्यापतिक ख्यात गीतकेँ आधार राखि मैथिल संगीतक भेद निरूपण करैत छथि। विद्यापतिक समयमे मिथिलाक संगीताचार्यलोकनि द्वारा 'कल्पिताः केऽपि रागाः' जे 'तीरभुक्त्यन्य देशेभ्यस्तीरभुक्तौ विलक्षणाः स्वरभेदात्' मुदा नामसँ अन्यान्य देशक समान छल। एहिसँ स्पष्ट अछि जे एतएक संगीतक सम्प्रदाय भिन्न छल ओ रागक नाम जे आनहु देशमे प्रचलित रागक नामसँ मिलैत अछि तथापि स्वर संयोग एतए स्वतन्त्र छल, भिन्न छल। अतएव लोचनक कथाक स्वरस एहन प्रतीत होइत अछि जे मिथिलाक संगीत विद्यापतिक गीतगानमे रूपायित भेल ओ आइ यदि विद्यापति संगीतक जिज्ञासा अछि तँ ओ मिथिलाक संगीतमे भेटत। दूनू एके वस्तु थिक। विद्यापतिक परवर्त्ती युगमे नव-नव स्वर संधान भेल हो, मुदा मूलतः ओकर स्वरूप विद्यापतिक गीतमे भेटत। लोचन नेपालक राजा श्रीनिवासमल्लक गीत दैत छथि, जयदेवक गीतक चर्चा करैत छथि मुदा हुनक उक्तिसँ स्पष्ट प्रतिभासित होइत अछि जे ओहि राग सबहिक प्रचार एतए छल, तथापि ओकरा अन्यत्रक बुझल जाइत छल, विशुद्ध मिथिला देशीय रागमे ओकर गणना नहि होइत छल। एहुसँ मिथिलाक संगीत पद्धतिक स्वतन्त्रता ओ ओहि संगीतक मिथिलामे व्यवसाय ओ प्रचार प्रमाणित होइत अछि।

तत्पश्चात् अबुलफलजक आईन अकबरीसँ विदित भेल जे लोचन जे लीखि गेल छथि से ओहिसँ सए वर्ष पूर्वहुँ संगीतज्ञ लोकनिकेँ बुझल छलैन्हि। आईन अकबरीमे भारतीय संगीतक दू भेद कएल अछि, मार्गी ओ देशी। मार्गी संगीत सर्वत्र समान रूपसँ अनुगन्यमान छल, अछिओ, मुदा देशी संगीत देशविशेषमे प्रचलित छल। ताहि देशी संगीतक विषयमे अबुल फजल सबसँ पहिने तिरहुतक विद्यापतिक संगीतक उल्लेख करैत छथि तथा ओकर नाम लचारी कहैत छथि जकरा हमरा लोकनि नचारी कहैत छिऐक। सोड़हम शताब्दीक अन्त धरि मिथिलाक संगीत समस्त भारतवर्षमे ख्यात छल ओ ओकरा विद्यापतिक संगीत कहैत छलैक ई कथा अबुलफजलक लेखसँ स्पष्ट होइत अछि।

एहि प्रसङ्ग किरतनिञा नाचक विषय हमरा वर्णरत्नाकरहुसँ सम्पुष्ट भेल। किरतनिञा नाचमे एकटा गायक नायक रहैक ओ दू गोट गायक स्त्री वेषधारी ओकरा संग रहैक। सब

गीत तीनू मीलि गाबए, मुदा गीत जकर उक्ति रहैक, नायकक, नायिकाक वा सखीक, से गीत उठबैक ओ आगाँ आबि भाव देखबैक, आङ्गिक अभिनय करैक। वर्णरत्नाकरमे विद्यावन्त वर्णनामे भेटैत अछि 'जइसे प्रयाग क्षेत्र सरस्वतीकेँ गङ्गा यमुनाक सवाहिक हो तइसे ता विदाञोत के दुअओ संवाहिका हो भउअह'—ओ इएह रूप किरतनिञाक छलैक। वस्तुतः विद्यापति एही विद्यावन्तकेँ दृष्टिमे राखि गीतक रचना कएल ओ विद्यापतिक गीतमे मात्र नायक नायिका किंवा सखीक उक्ति भेटैत अछि। अतएव ई कल्पना असंगत नहि अछि जे मैथिल संगीत सहगान छल, कोरस होइत छल, 'सोलो' नहि होइत छल, तथा ई विद्यापति संगीतक एक गोट बड़का धर्म बड़ प्राचीन कालसँ बचल अबैत अछि।

मिथिलाक संगीतक विषयमे एहि सब विषयक अवगति सिद्धान्ततः होइत रहल मुदा हम संगीतज्ञ नहि छी ओ तेँ एहि संगीतक व्यावहारिक पक्ष दिशि हम आइ धरि अनभिज्ञ रहलहुँ। मुदा भाग्यसँ हमरा स्वर्गीय पण्डित ईशनाथ झासँ बड़ निकट सम्पर्क रहल ओ हुनक तिरोधानसँ मैथिलीक हेतु अकाल बज्रपात भेल। हुनक तिरोधान तेहना समयमे भेल जखन हम हुनक संग कतोक योजना बनबैत रही। वस्तुतः मैथिलीक क्षेत्रमे हम जखन सर्वात्मना अएलहुँ तखन कविजीक सान्निध्य, सहयोग एवं सहायताक हमरा बड़ बल छल। कविजी मैथिलीक विद्वान छलाह, मैथिली संगीतक विशेषज्ञ छलाह, मैथिली संगीतक आचार्य छलाह। मैथिली संगीतक एकटा गढ़ हुनकहि ओहिठाम नवटोलमे छल ओ एखनहुँ मैथिलीक सम्प्रदायक अनुसार भजनक गान नवटोलमे होइत अछि। कविजीक धारणा छलैन्हि जे मैथिल संगीतानुसार विद्यापतिक संगीतकेँ पुनरुज्जीवित करबामे पाण्डित्यक संग-संग ऊहिक प्रयोजन छैक। रागतरङ्गिणीक हम हुनक संग अनुशीलन कएने रही, मुदा रागतरङ्गिणीमे केवल तालक विचार छैक रागक निमित्त लोचन दोसर ग्रन्थ लिखने छलाह, रागरत्नाकर, जे उपलब्ध नहि छैक। परन्तु जेँ किरतनिञासँ विद्यापतिक गीत हुनका सुनल छलैन्हि, अपनहु गाबए जानथि, बहुत गबैआ हुनक शिष्य छलैन्हि तेँ हुनका आशा छल जे विद्यापति संगीतक पुरान रीति ओ नवकेँ ठाढ़ करताह। गोट पाँचेक गीतकेँ ओ ठीको कएने छलाह ओ योजना बनिए रहल छल ताबत हुनक परोक्ष भए गेल। हम असहाय भए गेलहुँ। एहि दिशिसँ निराश भए गेलहुँ।

1966 क नवम्बरमे सप्ताहेक देवघरमे रहबाक अवसर भेल छल ओ छलहुँ बनैलीक राजकुमार श्री श्यामानन्दसिंहक संग। कुमार साहेब संगीतक आचार्य छथि, अत्यन्त मधुर गबैत छथि ओ गान विद्याक मर्म जनैत छथि। मिथिलाक संगीतक पुनरुद्धार कोना हो तकर विचार-विमर्श होइतहिँ छल ओ एही प्रसङ्ग हम दुनू गोटए श्री भवप्रीतानन्द महाराजक दर्शन कएल। हुनक असीमकृपा जे ओतए हमरा लोकनि महाराजजीक प्रशिक्षित परिचर वर्गक मुँहसँ भवप्रीतानन्दसंगीतक श्रवण कए परितृप्त भए गेलहुँ। पुनः गणेशकला मन्दिरक निमंत्रणपर ओतए श्री जयनारायणजी खबाड़ेक मधुर संगीत सुनल। झारखण्डक आदिवासी समाजक साजक संग एहि प्रान्तमे प्रसिद्ध झूमरि ओ घैरा, खमेटा ओ झुमरा प्रभृति अनेक

जातिक अपूर्व गीतक एहन सुमधुर गायन सुनने नहि छलहुँ। ई गीत सब विशुद्ध लोक गीतक भास पर गाओल जाइत अछि। गायक लोकनि ततेक शिक्षित छथि, तेहन सुन्दर शिक्षा ओ भवप्रीतानन्दजीसँ पओने छथि, ताहि रूपक अभ्यास छैन्हि ओ ताहि तन्मयताऽसँ गबैत छथि जे हमहिटा नहि, राजकुमार साहेब सेहो विस्मित छलाह। सबसँ विशेष जे वस्तु कुमार साहेबकेँ आकृष्ट कएलक से ई जे सम्प्रति गबैआ लोकनि जे मैथिलीक गीत गबैत छथि ताहिमे लोकगीतक स्वरकेँ मार्गी रागक लयमे कहल करैत छथि जकर परिणाम ई होइत अछि जे लोकगीतक स्वर भ्रष्ट भए जाइत अछि, ओ ने देशी रहैत अछि ने मार्गी। कुमार साहेब सब सावधान भए एक नहि अनेको गीत सुनलैन्हि, एक गोटासँ नहि अनेक गोटासँ ओ हुनक मर्मज्ञ कान ओ विशिष्ट स्वर चेतनाकेँ एहि संगीतमे विशुद्ध लोकगीतक ध्वनि प्रतीत भेलैन्हि कतहु मार्गी संगीतक संकर नहि सूनि पड़लैन्हि। हमरा आकृष्ट कएलक एहि संगीतक पद्धति। मिथिलाक संगीत जकाँ इहो संग मीलि गाओल जाइत अछि ओ किरतनिञा जकाँ इहो लोकनि ढोलक ओ मजीरा इएह दूटा बाद्य रखैत छथि। हमरा बोध भेल जे इएह थिक झूमरिक ओ गीत जे वर्णरत्नाकरमे झमुरा कहल गेल अछि ओ जे विद्यापति अपन गीतमे कहैत छथि 'गावहु हे सखि लोरि झूमरि मदन अराधने जाउ'। से झूमरि मध्य-मिथिलामे प्रायः लुप्त भए गेल आ मिथिलाक पूर्वीय अंचलमे अपन विशुद्ध रूपमे सुरक्षित अछि। सांस्कृतिक विकासक ई साधारण धर्म थिक। तीनू पुरुषक सर्वनाम जे विद्यापतिक समयमे प्रचलित छल, हमे, तोहेँ, ओ हुनि, से तीनू मध्य-मिथिलासँ ऊठि गेल मुदा देवघर, भागलपुर, पुरैनिञाक अंचलमे एखनहुँ ओहिना अछि। एहि भवप्रीतानन्द संगीतक प्रसङ्ग अपन मानसिक प्रतिक्रिया, मिथिलाक संस्कृतिक ई नव उपलब्धि, हम 1966 क 24 दिसम्बरक इण्डियन नेशनमे प्रकाशित करओने छी ओ प्रयागक गङ्गानाथ झा रिसर्च इन्स्टीट्यूटक जे म. म. उमेश मिश्र स्मारक अंक प्रकाशित होअए जाए रहल अछि, ताहि हेतु निबन्धक रूपमे लीखि पठओने छिऐन्हि। ओहिसबमे हम भवप्रीतानन्दजीक काव्य सौष्ठवक दिशि मैथिलसमाजक ध्यान आकृष्ट कएने छी। हमरा विश्वास अछि जे अपन बोली, देवघरमे बाजल जाइत मैथिलीमे भवप्रीतानन्दजीक काव्य अपन नवीन संगीतमे ओहने वस्तु भेल जेहन विद्यापतिक अपन बोलीमे रचित गीत ताहि दिन अपन स्वतन्त्र आ नवीन स्वरसाधनामे अपूर्व प्रतीत भेल होएत। तेँ हम भवप्रीतानन्दजीकेँ अभिनव-विद्यापति कहने छिऐन्हि, मानैत छिऐन्हि। एहि दुइ वर्षसँ एहि विश्वासमे आश्वस्त रहलहुँ अछि जे मिथिलाक लोकसंगीतक एक टा स्वरूप देवघरमे सुरक्षित अछि ओ भवप्रीतानन्दजीक प्रतिभाक प्रसादसँ हमर लोककाव्यक एक गोट नवीन रूपक विकास ओतए भए रहल अछि।

ताबत गत 14-15 दिसम्बरकेँ देवघरमे विद्यापति स्मृति पर्वक द्वि-दिवसीय समारोह भेल ओ देवघरक मित्रवर्ग विशेषतः ओतएक सबजज श्री नन्दकिशोर झाजी, श्री सत्यधनजी, श्री विभाकरजी, श्री भोलानाथजी ओ आयोजक परमगुणी श्री दुर्गेशजीक सौहार्दसँ ओहिमे

हमरहु सम्मिलित होएबाक सुअवसर भेटल। एक सप्ताह पूर्व पुरैनिञा जिला साहित्य सम्मेलनक दिशिसँ आयोजित समारोहसँ भए आएल छलहुँ ओ ओतएक उत्साह तथा उत्साहपूर्ण कार्यप्रणालीसँ मुग्ध छलहुँ; देवघरमे तँ से साहित्यिक चेतना देखल जे अन्तःकरण संतृप्त भए गेल, रचनात्मक कार्यक से विकास प्रत्यक्ष कएल जे भविष्यक हेतु कतेक रास कामना हृदयमे जोगओने अएलहुँ। श्रद्धेय श्री पंचानन मिश्रजीक भाषणसँ सन्तोष भेल जे मैथिली क्षेत्रसँ बाहरोक विद्वान जे विवेकशील छथि से कोन रूपेँ विद्यापतिक आदर करैत छथिन्ह ओ विद्यापति जाहि भाषामे काव्यरचना कएल तकरा प्रति केहन स्नेह ओ आदर रखैत छथि। मैथिलीक चिरपरिचित सेवक श्री विभाकरजी ओ देवघर कालेजक अंगरेजीक प्राध्यापक श्री बच्चा ठाकुरजीक निबन्ध सूनि आशावान छी जे अचिरहि हिनकालोकनिक कृति हमर साहित्यक अनुपम सम्पत्ति सिद्ध होएत। परन्तु ताहूसँ विशेष आनन्द भेल श्रद्धेय श्री कैरवजीक मैथिली कविताक पाठसँ। मनक विकल्पकेँ शतरंजक रूपकमे बान्हि जे विलक्षण कविता ई सुनाओल से बहुत दिन धरि स्मरण रहत। प्रत्यह नवीन कविताक माहात्म्य सुनैत रहैत छी, प्रत्येक कविगोष्ठीमे नवीन कविताक नवीनतम रूप गुनल करैत छी परन्तु कैरवजीक कविता नवीन होइतहुँ केवल मस्तिष्कहिटाकेँ नहि, अन्तःकरण समेतकेँ अद्‌भुत तृप्ति प्रदान कएलक। उत्कण्ठा जाग्रत भए गेल जे कहिआ हिनक कविता संग्रह मैथिली जगतक नवीनतम उपलब्धि हस्तगत होएत।

परन्तु सबसँ विस्मित भेलहुँ देवघरमे सुसंघटित रूपसँ प्रति दिन होइत मैथिली संगीतक विकाससँ, ओकर अनुशीलन ओ व्यवसायसँ। भवप्रीतानन्दजी महाराजक प्रेरणा ओ पोषणता तँ एतए प्रत्येक साहित्यिक एवं सांस्कृतिक काजकेँ छैके। गणेशकला मन्दिर पूर्ववत वा ओहूसँ अधिक उत्साह एवं तन्मयतासँ कार्यपर अछिए। एहि बेर नव तूरक युवकलोकनिक मण्डली वैद्यनाथ-कला-भवनक समाचार बुझल, ओकर कलाक चमत्कार सूनल, जाहिसँ ई विश्वास भए गेल जे एतए जे मैथिल संगीतक केन्द्र छल से पूर्ण समृद्ध भए गेल ओ चिर दिन पर्यन्त हमर संस्कृतिक एक गोट प्रमुख अङ्ग संगीतक प्रधान केन्द्र रहबे करत जतएसँ निस्सृत मधुर स्वरलहरी देशकेँ आप्लावित करत। वस्तुतः मित्रवर श्री सत्यधनजी जाहि पाँच तरुण कलाकारसँ परिचय कराओल, श्री रूपनारायण, श्री मुकुन्ददत्त, श्री सर्वेश्वरदत्त, श्री मोतीदत्त ओ श्री पारसनाथ—पाँचो अत्यन्त प्रतिभावान ओ भविष्णु, विनीत ओ विशिष्ट प्रतीत भेलाह। गोटेक सए ठाम 'जय जय भैरवि' गोसाञुनिक गीत सुनने छी परन्तु ई पाँचो जन जे ओकर गान कएल ताहिमे किरतनिञा नटुआक स्वर-संयोग प्रतीत भेल ओ मुग्ध भए गेलहुँ। आओर कतेक विद्यापतिक गीत ई लोकनि सुनाओल, सब अपन स्वतन्त्र स्वरमे, सबमे झुमरिक स्वरसन्धान ओ सब हृदयावर्जक। सबसँ विशेष तँ ई जे विद्यापतिक गीतक शब्द जेना एहि स्वरसंयोगहिक अनुकूल नियोजित भेल रहए जे बड़का प्रमाण भेल जे एहि संगीतमे मौलिकता छैक, विद्यापति संगीत यदि इएह नहि तँ एकर अत्यन्त सन्निकट अवश्य छल होएत।

सम्मेलन समारोहसँ पूर्वहिँ परिषदक मन्त्री श्री दुर्गेशजीसँ बड़ हार्दिक वार्तालाप भेल। दुर्गेशजी परम गुणी व्यक्ति, अत्यन्त सरस ओ सहृदय, उत्साही ओ परिश्रमी, कलाभिज्ञ ओ कलाकार सेहो। ओ गोट दशेक विद्यापतिक गीतकेँ झूमरिक स्वरमे बान्हिकेँ सुनओलन्हि, ओ कहलन्हि जे आइ दू दिन एहि रूपक कतोक गायन होएत। सब गीत सुमधुर लागल मुदा सबसँ आकर्षक भेल 'गाबहु हे सखि लोरि झुमरि' गीत। मदनोत्सवक गीत, जाहिमे भोगीश्वरक नाम विद्यापतिक संग असंगत लगैत अछि, कारण भोगीश्वर विद्यापतिक पितामहक समवयस्क जकाँ छलथिन्ह ओ सम्भव जे ई गीत विद्यापतिसँ पूर्वहिक थिक जाहिमे भनितामे विद्यापतिक नाम पछाति जोड़ल थिक। जे हो, ई थिक झूमरि, ओ झुमरिक स्वरमे बान्हल, बूझि पड़ल जेना ई गीत मूल स्वरमे सूनि रहल होइ। गीतक प्रत्येक पद एहि स्वर-संयोगमे अपन प्राकृतिक रूपमे बैसल, कोन आश्चर्य जे यैह एहि गीतक भास छल हो। ई एक गोट बड़का उपलब्धि भेल जे कम सँ कम एक गोट गीतक मूल भास तँ पुनरुद्धृत भेल। एही गीतकेँ पछाति झूमरि, घैरा, झुमरा इत्यादि चारि-पाँच भासमे सुनल। हमरा झूमरि सबसँ पसिन्द भेल। आओरो कतेक विद्यापतिक गीत देवघरक गीतक भासपर सुनल। झूमरिमे बान्हल कतेक गीत सुनल, हम कहबो कयलिएन्हि आ बुझितहुँ छी जे सबटा गीतकेँ झूमरि वा आनहि कोनो एक भासमे बान्हब आग्रह होएत। झूमरि एक जातिक गीत थिक, सम्भव थिक विद्यापति एहि भासक कतोक गीतक रचना कएने होथि, परन्तु तेँ ई कहब जे इएह टा एक टा भास छलैक जाहिपर विद्यापतिक सब गीत बान्हल छल वा बान्हल जा सकैत अछि, पूर्ण समीचीन नहि जँचैत अछि।

देवघरमे संगीतक विद्यालय सेहो अछि जतए श्री विदेश्वर झाजी प्राचार्य छथि। ई परम प्राचीन संगीताचार्य छथि। खेद जे ओहि समयमे ओ अस्वस्थ छलाह तथा केवल हुनक एक जन शिष्य श्री गोपाल गोविन्दजी विद्यापतिक 'कनक भूधर शिखर वासिनि' तेहन पाण्डित्यसँ उपस्थित कएल जे हम तँ मुग्ध भए हुनका हुनक गुरुक समक्ष कहि अएलिएन्हि जे अग्रिम बेर अहाँसँ गीतगोविन्द सुनब जकर गायन, आश्चर्य जे दिनानुदिन उठल जाइत अछि। श्री विदेश्वर झाजी सँ विदित भेल जे ओ गोट साठिएक विद्यापतिक गीतकेँ रागमे बान्हि ओकर स्वरलिपि पटनाक चेतना समितिकेँ पठा देने छथिन्ह। स्वरलिपि यदि प्रकाशितो होएत तँ ओहिसँ उपदेश ग्रहण करताह अँखिगर कलाकार मात्र, हमरा सन-सन संगीतशास्त्रक अनभिज्ञ व्यक्तिक हेतु तँ गीत सुननहि किछु बुझबाक योग्य भए सकैत अछि ओ जेँ ओ स्वयं अस्वस्थ छलाह तेँ गीत सुनि नहि सकलहुँ, परन्तु आचार्यजी हमरा कहलैन्हि जे ओहि साठिमे कतेको लोकगीतक स्वरमे सेहो अछि। मार्गी रीति तँ भारतीय होएत, मैथिल नहि, हँ लोकगीतक भास हमर निजी वस्तु होएत तथा मैथिल संगीतक आधार बनि सकत। देखी, चेतना समिति एहि गीत सबकेँ हुनक प्रदर्शित रीतिसँ कहिआ ओ कोना सुनबैत छथि, स्वर-लिपिक केहन उपयोग करैत छथि। परन्तु ओकरा प्रकाशित करबासँ पूर्व पाँच जन विद्वानक परितोष प्राप्त कए लेब उचित, यथा श्री चन्द्रधारी सिंह, श्री श्यामानन्द

सिंह, श्री रामचतुर मल्लिक इत्यादि। कालिदास कहि गेल छथि जे 'वलवदपि शिक्षितानामात्मन्यप्रत्ययं चेतः।'

देवघरक एहि द्विदिवसीय समारोहक प्रधान वैशिष्ट्य छल विद्यापति संगीतक प्रदर्शन। ओना पुरैनित्राक समारोहमे सेहो संगीतक बड़ विशेष आयोजन छल ओ भेलो पूर्ण सफल, मुदा एक गोट किशोरीक 'कि कहब हे सखि रातुक बात, मानिक पड़ल कुवानिक हाथ' गबैत सूनि हम धरि अप्रतिभ भए गेल छलहुँ। मन पड़ल चेतना समितिक विराट् समारोहमे एक गोट प्रौढ़ महिलाक गायन–'आकुल चिकुर बेढ़लि मुख शोभ, राहु कयल शशिमण्डल लोभ'। लोककेँ जेना बिसरि गेल छैक जे विद्यापति अपन सभ गीतक रचना सबक हेतु नहि कएने छलाह। ओ व्यवसायसँ कवि नहि छलाह। ओ तँ व्यक्तिविशेष किंवा मण्डलीविशेषक हेतु गीत रचथि। जे गीत ओ महाराजक खास दरबारक हेतु रचथि, रहस्यगोष्ठीक हेतु, तकरा साधारण जनताक समक्ष 'लाउडस्पीकर'पर गाएब कविक व्यक्तित्वक अपमान थिक। जे कथा लोक अपन अन्तरङ्गक संग करैत छथि, से सभास्थ बाजल नहि ने जाए। ओ विद्यापतिक गीत ओहने टा नहि अछि। देवघरमे तँ देखल एक वा दू टा छोड़ि प्रायः सब गीत नचारी छल, महेशवानी छल, स्तुतिगीत छल अथवा शृङ्गारहुक छल तँ अवसरक औचित्यक सर्वथा अनुकूल। हमर विचार जे आब जखन विद्यापति स्मृति पर्वक व्यापकता एतेक बढ़ि रहल अछि ओ सर्वत्र विद्यापतिसंगीतक कार्यक्रम रहैत अछि तखन विद्यापतिक गीतक चयनमे औचित्यपर ध्यान देल जाए। विद्यापतिक संगीतमे काव्य ओ संगीत दू अंश अछि। गायनमे दूनू अंश ध्यानमे राखल जाए ओ जे गबैत छथि से की गबैत छी से बूझिकेँ गाबथि। हम पुनः कहब जे रहस्यकथा लोक 'लाउडस्पीकर'पर नहि बजने फिरैत अछि। दोसर कथा ई जे विद्यापतिक गीत एकसर नहि गाओल जाए। नचारी मात्र एकसर गएबाक थिक कारण ओकर विधा भिन्न छैक। महाकविक स्मृतिरक्षामे ई वस्तु आवश्यक; एहिसँ कविक महान् व्यक्तित्वक प्रति विनय ओ सम्मानक भाव प्रदर्शित होएत।

विद्यापतिक व्यक्तित्वक कए गोट अंश छनि जाहिमे प्रमुखमे अन्यतम थिक हुनक कविक रूप। हुनक कवित्वहुक दू गोट प्रधान अंश अछि काव्य ओ संगीत। ओ जेँ विद्यापति संगीत मिथिलाक संगीत थिक तेँ विद्यापतिक गीतक भासक पुनरुद्धार केवल विद्यापतिक स्मृतिरक्षाक साधन नहि, मैथिल संस्कृतिक पुनरुज्जीवन होएत। देवघरमे ओहि संगीतक अनुसन्धान होइत अछि, ओकर अनुशीलन होइत अछि, व्यवसाय होइत अछि, प्रचार होइत अछि एहिसँ विद्यापतिक स्मृतिरक्षा वस्तुतः ओतए भए रहल अछि। देवघर मिथिलाक प्रधान तीर्थस्थान थिक, ओ हमर संस्कृतिक महान् केन्द्र। ओतएक समाजमे अपन प्राचीनताक अनुराग छैन्हि, साधन छैन्हि, क्षमता छैन्हि, उत्साह छैन्हि, क्रियात्मक रूपमे चेतना छन्हि, स्फूर्त्ति छैन्हि। प्रयोजन छैन्हि हिनकालोकनिक कलाक समादरक; आलोचना हो मुदा रचनात्मक, ध्वंसात्मक नहि। हम चेष्टामे छी जे दड़िभङ्गामे एहि संगीतक प्रदर्शन कराबी। अन्यत्रहुक विद्यापतिक रसिक समाजक प्रति हमर अनुरोध जे देवघरक

विद्यापति-संगीतकेँ सुनल जाए, ओकर माधुर्यक आस्वादन कएल जाए, स्वर-विशुद्धि प्रत्यक्ष कएल जाए, ओकरा प्रोत्साहन देल जाए, ओकर प्रचार कएल जाए। गणेश कला मन्दिर अथवा वैद्यनाथ कला भवन अथवा संगीत विद्यालय—सब ठामक कलाकार प्रसन्नतासँ निमंत्रण स्वीकार करताह, आबि-आबि अपन कलाक प्रदर्शन करताह। एक बेरि लोकरुचि जाग्रत भेल तँ सम्भव थिक विद्यापतिसंगीत नव रूपमे उज्जीवित भए सकए।

(मिथिला मिहिर, 23 फरवरी, 1969)

महाकवि विद्यापति ठाकुरक हस्तलिखित भागवत

महाराजाधिराज श्रीमन्मिथिलेशक विशाल ओ विलक्षण पुस्तकालय मध्य सभसँ दर्शनीय वस्तु मैथिल कोकिल महाकवि विद्यापति ठाकुरक अपन हाथसँ तालपत्रपर लिखल तीन जिल्दमे समस्त श्रीमद्‌भागवतक पोथी अछि जकर महत्त्व मिथिला ओ मैथिलीक हेतु अनिर्वचनीय अछि। एकर अक्षर-अक्षरसँ मिथिलाक प्राचीन इतिहासक स्मृति जागृत भए उठैछ। महाकवि केवल मिथिलाहिक नहि, समस्त उत्तर भारतवर्षक भाषाक आदि महाकवि छथि। हुनक रचित संस्कृत ओ भाषामे अनेको ग्रन्थ उपलब्ध अछि। हुनक यश ख्याति मुख्यतः हुनक श्रुतिमधुर ओ मनोहर गीत सबहिपर निर्भर छन्हि जे सबहुँ सहृदयकेँ सदैव मुग्ध करैत आएल अछि ओ यावत् धरि विद्वान लोकनि ललित गीतक प्रेमी रहताह, मुग्ध करैत रहत। परञ्च अद्यावधि हुनक अपना हाथक लिखल आओर किछु नहि भेटल अछि। केवल यैह भागवतक टा पोथी अछि जे महाकविक अपन लिखल थिकन्हि ओ जे भाग्यवश हमरालोकनिक गौरवस्तम्भरूप एहि विशाल राजकीय पुस्तकालय मध्य सुरक्षित राखल अछि।

जे क्यौ विद्वान एहि पुस्तकालयकेँ देखए अबैत छथि सभक यैह उत्कण्ठा रहैत छन्हि जे एक बेरि एहि भागवतकेँ देखी, एक बेरि महाकवि विद्यापति ठाकुरक लेखकेँ देखि जीवन सफल करी। यदि केओ विशिष्ट व्यक्ति अबैत छथि तखन तँ हुनका बड़े आवेशसँ ई ग्रन्थरत्न देखाओल जाइत छन्हि। फलतः बारम्बार फुजलाक कारणेँ डोरिक रगरासँ प्रति वेरि किछु ने किछु अभिघात पोथीकेँ होइतहि छैक जाहिसँ तीनू जिल्दक आदि ओ अन्तक पत्रसवहिक चारू दीशि किछु-किछु अंश झड़ि रहलैक अछि। सबहुँ दर्शककेँ महाकविक अपन नाम देखबाक प्रबल उत्कण्ठा रहैत छन्हि विशेषतः विदेशीय विद्वान लोकनिकेँ ई शङ्का रहैत छन्हि जे की यथार्थहु ई पोथी महाकवि विद्यापतिहिक लिखल थिकन्हि? अतएव ग्रन्थान्तमे विद्यापतिक नाम देखबाक उत्कण्ठा प्रबल रहैत छन्हि जाहि कारणेँ अन्तिम पत्रकेँ आओरो अधिक अभिघात भए गेल छैक ओ भए रहलैक अछि। तथापि आश्चर्य ओ संगहि आनन्दहुक विषय थीक जे एखनहु पर्यन्त ग्रन्थान्तमे **"ल. सं. 309 श्रावण शुदि 15 कुजे राजाबनौली ग्रामे श्री विद्यापतेर्लिपिरियम्"** ई सुपाठ्य अछि जकरा

देखि चित्त आह्लादित भए जाइछ।

एहि अन्तिम पंक्तिसँ स्पष्ट होइछ जे एहि पुस्तकक लेखनक समाप्ति ल. सं. 309 क श्रावणी पूर्णिमा मंगल दिन भेल छल। एखन 829 ल. सं. बितैत अछि। ई संवत् चान्द्रमासानुसार चलैछ तथा एकर प्रारम्भ 1119 ई. मे मानल जाइत अछि। एहि तरहेँ गणना कएने ग्रंथक समाप्तिक समय मोटा मोटी 1424 ई. होइछ। अतएव ई ग्रन्थ पाँच सए बारह वर्षसँ ऊपरक लिखल होइछ। एतेक दिनक आओर कोनो दोसर पोथी एहि पुस्तकालयमे नहि अछि, अन्यत्रहु कदाचिते कतहु भेटत। तथापि एतेक दिनक भेलहु उत्तर पोथी प्रायः सर्वत्र सुपाठ्य अछि। विलक्षण, पुष्ट घन ओ विरल अक्षर अछि। पंक्ति सभ अपूर्व सोझ अछि। अशुद्धि तँ प्रायः नहिएँ अछि। कतहु-कतहु पंक्तिमे छुटल पद अथवा अक्षर ऊपर वा नीचाँ चढ़ाओल भेटैछ। काटल कतहु नहि अछि। अक्षर शुद्ध तिरहुताक अछि। एकहु गोट अक्षरमे किञ्चितो भेद बोध नहि होइछ। केवल अक्षरक काट टा किछु भिन्न अछि यद्यपि कतहु-कतहु मोसि किछु मन्द भेल जाइत छैक तथापि वयसक अनुसारेँ एखनहुँ एहन सुन्दर सुवाच्य अछि, ई देखि आश्चर्य होइछ। एक विदेशीय विद्वान त एकरा अक्षरक पुष्टता ओ समानता, पंक्ति सबहिक विलक्षण सरलता ओ सम्पूर्ण ग्रन्थक असाधारण शुद्धता देखि अपन आश्चर्य एहि रूपेँ प्रगट कएलन्हि जे निश्चय एक बेरि कतहु आनठाम रफ (rough) कए तखन महाकवि एहि तड़िपत्रपर एकरा फेअर (fair) कए लिखने होएताह!

एतेक दिनक एहन सुन्दर कोनो लेख अपूर्व महत्त्वक वस्तु बुझल जाइत परञ्च एहि पोथीक विशेष महत्त्वक प्रधान हेतु ई अछि जे महाकविक अपना हाथक लिखल थीक ओ एहि पोथीकेँ देखला उत्तर ई भ्रम सर्वदाक हेतु निवृत्त भए जाइछ जे विद्यापति मैथिल छलाह की बंगाली। यद्यपि ई भ्रम अनेक काल धरि बंगालमे रहल ओ मैथिल समाजसँ एकर प्रतिवादमे किछु कहले नहि जाइत छलन्हि, तथापि इहो श्रेय बंगालिए लोकनिकाँ छन्हि जे एहि भागवतक पोथीकेँ देखि एवं महाराज शिवसिंहक देल विसपी गामक ताम्रपत्रकेँ पाबि ओ मैथिल ब्राह्मणक पञ्जीसँ महाकविक पूर्ण परिचय बुझि ओ लोकनि एहि विवादक सर्वदाक हेतु निर्णय कए देलन्हि जे महाकवि बंगाली नहि मैथिल छलाह, महाकविक गीतक भाषा ब्रजबोली नहि मिथिलाक प्राचीन भाषा थीक। वस्तुतः एहिसँ पैघ आओर कोन प्रमाण भेटत जे महाकविक अपन लिखल ग्रन्थ मिथिलाक अति प्राचीन लिपि तिरहुतामे अछि। महाकविक स्मृतिकेँ सदाक हेतु जागृत रखबाक सभसँ सुन्दर साधन यैह भागवतक पोथी अछि।

एहि पुस्तकक लेखक समाप्ति रजावनौली गाममे ल. सं. 309 मे भेल। कतोक व्यक्ति एहि 309 केँ 349 ओ कतोक 389 पढ़ैत छथि कारण जे मोसिक मन्दताक हेतु ओ तड़िपत्रक निचला अंश झड़ि गेलाक कारणेँ शून्यक आकार खूब स्पष्ट नहि अबैछ। परञ्च एहि पोथिक जे इतिहास अछि ताहिसँ स्पष्ट होइछ जे ई संवत् आओर किछु नहि भए सकैछ 309 ए थीक।

प्रायः सबहुँ जनैत छी जे महाकवि विद्यापति ठाकुर महाराज शिवसिंहक समवयस्क छलाह, हुनक राज्यपंडित छलाह, प्रधान सभासद छलाह ओ अन्यतम सुहृद छलाह। महाराजक समवयस्क भेलाक कारणेँ महारानी लखिमा ठकुराइन हिनका विशेष स्नेहसँ देखथिन्ह ओ एहि राजदम्पतिक मनोविनोदार्थ महाकविक अनेकानेक गीतिक रचना भेल करन्हि जाहि सबहिक भनिता एकर प्रमाण अछि। महाराज देवसिंहक मृत्युक तिथि अतएव महाराज शिवसिंहक राज्याधिरोहणक समय महाकवि अपन एक विलक्षण अवहट्टक गीतमे दैत छथि जे...

अनल रन्ध्र कर लक्खण णरवइ, सक समुद्द कर अगिनि ससी।
चैत कारि छठि जेठा मिलिओ, बार बेहप्पई जाउ लसी।
देवसिंह जी पुहमी छड्डिअ...

सतबले गङ्गा मिलित कलेवर, देवसिंह सुरपुर चलिओ।
सिंहासण शिवसिंह बईट्ठो, उछबे बैरस बसरि गयो ॥

एहिसँ स्पष्ट अछि जे महाराज देवसिंह ल. सं. 293 शाके 1329 ज्येष्ठा नक्षत्र मिलित षष्ठी बृहस्पतिकेँ एहि पृथ्वीकेँ छोड़लन्हि तथा महाराज शिवसिंह सिंहासनपर बैसलाह। केवल चारि मासक उपरान्त श्रावण शुदि सप्तमी बृहस्पतिकेँ महाराज शिवसिंह अपन अनन्यमित्र महाकवि विद्यापतिकेँ अभिनव जयदेव पदसँ भूषित करैत हुनक जन्मस्थान जरैल तप्पान्तर्गत बिसपी गाम दैत भेलथिन्ह। ई ताम्रपत्रसँ ज्ञात होइछ। किन्तु महाराज शिवसिंह अधिक दिन राज्य नहि कए सकलाह। जे महाराज अनेक बेरि गौड़ ओ गज्जनेश्वरक रणक्षोणीकेँ पराभूत कए अखण्ड यश लाभ कएने छलाह सएह पुनि यवन सेनासँ शीघ्रहि पराभवकेँ प्राप्त भेलाह। मिथिला पुरातत्त्वक विशिष्ट वेत्ता कविप्रवर चन्दा झा लिखैत छथि जे महाराज शिवसिंह केवल तीन वर्ष नओ मास राज्य सुखक भोग कएलन्हि। 296-297 ल. सं. केर अगहन पूस धरि यवनक एक विशाल सेना महाराजक राज्यपर पुनि चढ़ाइ कएलक। परम तेजस्वी ओ ईश्वरक अंशावतार महाराजकेँ सन्देह भेलैन्ह जे रणमे जयाजय ईश्वराधीन। अतएव अपन प्रियतमा विदुषी लखिमाकेँ अपना अनन्य मित्र विद्यापतिक हाथमे राखि अपने युद्धक हेतु विदा भए गेलाह। एहि युद्धमे मिथिलाक भाग्यसूर्यक अस्त भए गेल। यवन सेनाक जय भेलैक। युद्धमे पराजयक वार्त्ता सूनि महाकवि अपन न्यास सुहृत्पत्नी ओ स्वामिपत्नी लखिमाकेँ संग लगाए गजरथपुर छाड़ि नेपाल दीशि पड़एलाह। नेपालक सप्तरी परगन्नाक दोनवार राजा पुरादित्य (जनिका महाकवि अपन 'लिखनावली' समर्पित कएने छथि) महाराज शिवसिंहक मित्र छलाह। भाग्य चक्रक एहि फेरमे पड़ि महाकवि विदुषी लखिमाकेँ लए हुनके आश्रयमे जाइत भेलाह। ओ जनकपुरक समीप रजाबनौली गाममे रहए लगलाह ओ अनुसन्धान करए लगलाह जे महाराज शिवसिंहकेँ की भेलन्हि। ने महाराजक कोनो पता लागल ने हुनक शवे भेटल।

अन्ततोगत्वा दिनानुदिन हुनक वार्त्ताक प्रतीक्षामे ओतहि रजाबनौलीमे बैसल-बैसल जखन बारह वर्ष बीति गेल ओ महाराजक कोनो वार्त्ता प्राप्त नहि भेल तखन विदुषी लखिमा शास्त्रानुसार महाराजक कुशपुत्रकेँ दाह श्राद्ध कए अपने सती भए प्राणत्याग कए देलन्हि। महारानीक सती भेला उत्तर महाकवि पुनि स्वच्छन्द भेलाह। एही बारह वर्षक समयमे रजाबनौली गाममे बैसल-बैसल महाकवि एहि भागवतक पोथीकेँ लिखलन्हि। अतएव ल. स. 309 केरि श्रावणी पूर्णिमाक दिन एकर समाप्ति होएब उचिते।

महाराज शिवसिंहक जीवनक एहि प्रकारेँ अन्त भेलासँ महाकविक हृदयपर कोन रूपक आघात पहुँचल होएतन्हि तकर अनुमान सबहुँ सहृदय व्यक्ति कए सकैत छी। जाहि महाराजक संग वाल्यकालहिसँ महाकविक घनिष्ठ स्नेह छलन्हि, जनिक कृपा हुनक ओतए एहि रूपक छल, जनिक सम्मानसँ ओ अपनाकेँ कृतकृत्य बुझैत छलाह, जनिक अभ्युदयसँ हिनक उन्नति छलन्हि ओ जनिक विश्वास हिनका प्रति एहिरूपक छल जे अन्तिम युद्ध यात्राहुक समय अपन विदुषी प्रेयसीकेँ हिनकहि हाथ न्यास रूपेँ राखि गेलाह ताहि महाराजक कोनो वार्ता नहि! महाकविक जीवनक सुखक दिन ओ छल जखन ओ अपन गीत रचि-रचि कत्थक 'जयत' केँ पढ़ाए-पढ़ाए दरबार आबथि ओ दरबारमे गान हो। महाराज सुनथि, दरबारी लोकनि सुनथि, स्वयं विदुषी लखिमा सुनथि। सबहु सूनि सूनि महाकविक भूरि-भूरि प्रशंसा करथि। महाकविक सौभाग्यक दिन ओ छल जखन महाराज फरमाइश करथि, महारानी फरमाइश करथि ओ ताहि फरमाइशक पूर्त्ति कए महाकवि अपन विलक्षण चमत्कारक गीत सबहिक रचना कए-कए आनथि। महाकवि छलाहे, परम विदुषी लखिमा छलीहे, परञ्च महाराजक कोनो वार्त्ता नहि। केवल महाराजक नहि रहलासँ सभ किछु शून्य छल। कतए गजरथपुरक राजप्रासाद कतए रजाबनौलीक पर्णकुटी! ताहिपरसँ अभागलि विधवा लखिमाक भार जे अन्त समयमे अपन मित्र, अपन अन्नदाता महाराज शिवसिंह दए गेलाह। यदि एहि स्थितिमे विद्यापति ठाकुरक सदृश मनस्वी व्यक्तिकाँ वैराग्य नहि हो तँ कहिआ हो? महाकविकेँ हृदयमे अनुताप होइन्ह जे राधा ओ कृष्णक प्रेमक छद्ममे हम शृङ्गारक कविता रचल—हम यथार्थतः राधाकृष्णक प्रेमक चित्रण नहि कएल, हम शिवसिंह ओ लखिमाक प्रेम-वैचित्र्यक गान रचल। एहि छद्मकारिताक कारणेँ हमरा एहन दिन देखक पड़ल। एही पश्चात्तापक प्रसंगमे अपन कएल पापक परिशोधार्थ महाकवि कृष्णहिक नामकीर्तन करैत भागवतक ई पोथी लिखलन्हि। यदि ओ इच्छा करितथि तँ भूपरिक्रमाहिक सदृश कोनो अन्ये पुराण नहि लिखि सकितथि? की पुरुष-परीक्षाक सदृश दोसरे कोनो नीतिग्रन्थ नहि लिखितथि? अथवा कीर्त्तिलताहिक सदृश आओरो 'देसिल बएना' मे काव्यक रचना नहि करितथि? अथवा मैथिलीहिमे आओर नवीर-नवीन गीत नहि बनबितथि? परन्तु नहि। युवावस्थाक ओ उमंग वैराग्यक भारसँ सर्वदाक हेतु दबि गेल। महाकविकेँ पूर्वक उत्साह, पूर्वक भावोल्लास, पूर्वक जोश आब कतए? एही वैराग्यक अवस्थामे जखन आन्तरिक क्षोभमे नवीन किछु रचब महाकविक हेतु असम्भव छल, तखन चुपचाप बैसल

रहनहुँ मनश्शान्ति नहि अतएव कृष्णहिक कीर्त्तनमे कालयापन करी एही विचारसँ प्रेरित भए महाकवि एहि भागवत पोथीकेँ लिखब प्रारम्भ कएलन्हि ओ बारह वर्षमे लीखि कए समाप्त कएलन्हि।

एहिसँ महाकविक जीवनमे एक विचित्र परिवर्तन भए गेल! आर्यसंस्कृतिक पूर्णवेत्ता जनकक देशमे उत्पन्न विद्यापति ठाकुर कर्मयोगी छलाह। वैराग्यहुमे कर्मत्याग हुनका इष्ट नहि छलन्हि। अतएव विदुषी लखिमाक परोक्ष भेलहुँ सन्ताँ जखन जीवनक कोनो सार्थकता हुनका नहि रहलन्हि, ओ पुनि फीरि कए देश अएलाह ओ देश आबि दरबारो अएलाह परञ्च पूर्वक कविशेखरक रूपेँ नहि। कविशेखर तँ महाराज शिवसिंहक संगे विदा भए गेलाह। आब महारानी विश्वासदेवी ओ महाराज धीरसिंहक दरबारमे विद्यापति ठाकुर धर्माध्यक्ष ओ नैबन्धिकक स्वरूपमे भेटैत छथि जनिक रचना पूर्वक सदृश काव्य ओ पुराण, नीति ओ इतिहास नहि परन्तु शैवसर्व्वस्वसार, गङ्गावाक्यावली, दान-वाक्यावली एवं दुर्गाभक्तितरङ्गिणीक सदृश धर्मशास्त्र ओ कर्मकाण्डक ग्रन्थ सभ होइत भेल। एको गोट महाकविक रचित एहन गीत नहि भेटैत अछि जकर भनितामे की महारानी विश्वासदेवीक नाम हो की महाराज धीरसिंहक। अतएव ई भागवतक पोथी महाकविक जीवनक ओहि सन्धिक कृत्य थीक जखन हुनका जीवनमे सहसा एक परिवर्तन भए रहल छल, जखन कविशेखर अभिनव जयदेवक अस्त ओ धर्माध्यक्ष नैबन्धिक विद्यापतिक उदय होइत छल। ओ एही कारणे हम आदिअहि मे कहल जे एहि भागवतक पोथीक अक्षर-अक्षरसँ मिथिलाक प्राचीन इतिहासक स्मृति जागृत होइछ।

बड़े सौभाग्यक विषय थीक जे एहन अपूर्व ग्रन्थ हमरा लोकनिकेँ उपलब्ध अछि ओ तेहना ठाम राखल अछि जाहि ठाम पूर्ण उद्योगसँ सर्वोपायेन चिरकाल धरि सुरक्षित रहि सकत। अंग्रेज लोकनिक ओहिठाम जे स्थान शेक्सपिअरकेँ छन्हि, मिथिला ओ बंगालमे सएह स्थान महाकवि विद्यापतिकेँ छन्हि। यदि एक गोट चिट्ठ आइ शेक्सपिअरक लिखल प्रमाणित भए जाए तँ संसार भरिमे ओ एक अभूतपूर्व आन्दोलन उपस्थित कए देत। डाक पर डाक भए करोड़ धरि ओकर मूल्य देबाक हेतु अंग्रेजी भाषा-भाषी लोकनि उद्यत भए जएताह। हमरा लोकनिक केहन सौभाग्यक विषय थिक जे यद्यपि विद्यापति शैक्सपिअरसँ शुद्ध दुइ सए वर्ष पूर्वहि भेलाह तथापि हुनक लिखल कोनो साधारण चिट्ठ नहि, एहन ऐतिहासिक महत्त्वक वस्तु श्रीमद्भागवतक सम्पूर्ण पुस्तक अखण्ड उपलब्ध अछि। पुस्तककेँ जीर्ण होएब उचिते परञ्च वर्तमान विज्ञानक युगमे जहाँ धरि एकरा सुरक्षित रखबाक उपाय साध्य भए सकैत छैक से सभ उपाय कएल गेलैक अछि ओ कएल जाए रहलैक अछि। श्रीमन्मिथिलेशकेँ पूर्ण गौरव छन्हि जे मिथिलेशहिक आश्रित एहि महाकविक ई एक मात्र स्मृति हुनक आश्रयमे सुरक्षित रहए। निस्सन्देह ई पोथी समस्त मिथिलाक ओ मैथिल जातिक गौरव थीक ओ चिरकाल धरि एहि राजकीय पुस्तकालय मध्य ई सभसँ दर्शनीय वस्तु रहत। ('भारती', मार्च, 1937 एवं मैथिली साहित्य सरोज, सं.—भोलालाल दास)

मणिमञ्जरी नाटिका

संस्कृत नाट्यशास्त्रक रीतिसँ संस्कृतमे रचित ई नाटिका विद्यापतिक एक मात्र विशुद्ध संस्कृत नाटक उपलब्ध होइत अछि। स्वर्गीय पण्डित विष्णुलाल झा शास्त्री जखन बिहार-ओरिस्सा-रिसर्च सोसाइटीक दिशिसँ मिथिलामे भ्रमण कए प्राचीन पोथीक सूची बनबैत रहथि तखन हुनका एहि नाटकक एक गोट कागत-लेख भेटलैन्हि जे पश्चात् पटना विश्वविद्यालय पुस्तकालयमे नियुक्त भेलापर ओ ओही युनिवर्सीटी लाइब्रेरीकेँ दए देलथिन्ह। 1958-59 मे एकर सम्पादनक भार हमरा देल गेल आ हम एकर प्रतिलिपि कएल। पोथी अशुद्ध छलैक, कतेक ठाम खण्डित प्रतीत भेल परञ्च दोसर पोथी कतहु भेटए नहि, तेँ मूलग्रन्थ लाइब्रेरीकेँ सुनझाए मनमे कयने रही जे प्रकाशनक बेरि एक बेरि पुनः मिलाए जहाँ धरि भए सकत सम्पादनकेँ पूर्ण करब। परन्तु ताबत दिल्लीमे मैथिली पुस्तकक प्रदर्शनी भेलैक। मणिमञ्जरी मङनी गेल। ओतए ओ पोथी सुनैत छी चोरि भए गेल। ओएह जे प्रतिलिपि हमरा संग छल तकरहि ऊहि कए-कए यथासम्भव परिशुद्ध कएल आर ओकर प्रकाशन सम्पन्न भेल अछि। ओ पोथी पटना विश्वविद्यालय के मैथिली डेबलपमेंट फण्डसँ प्राप्त भए सकैत अछि। मूल पोथी आब मणिमञ्जरीक नहि रहल।

चारि अङ्कक एहि नाटिकाक कथावस्तु बड़ सरल अछि। राजा चन्द्रसेन ओ वणिक चन्द्रकान्तक कन्या मणिमञ्जरीकेँ परस्पर स्वप्नमे दर्शन भेलैन्हि। दूहू दूहूँक प्रेमसँ सन्तप्त छथि। वसन्तराज जनिक नगरमे सेठ चन्द्रकान्तक निवास तनिका लीखि चन्द्रसेन मणिमञ्जरीकेँ मङबाए अपन प्रमदवन मे रखने छथि परन्तु अपन रानी पद्मावतीक भय सँ मिलन नहि होइत छैन्हि। राजा पद्मावतीकेँ अप्रसन्न करए नहि चाहैत छथि। रानीकेँ क्रमशः राजाक आसक्ति अपनासँ भिन्न कोनहु रमणीमे लक्षित होइत छैन्हि जकर प्रणयपत्र सेहो हुनका हस्तगत भए जाइत छैन्हि। एहि मध्यमे रानी व्रत कएने छलीह जाहि मे ब्रह्मचर्यक पालन आवश्यक छलैन्हि परन्तु तकर निर्वृत्ति भेलापर रानीकेँ प्रणयकोप असम्भव भए जाइत छैन्हि। ओ स्वयं प्रस्ताव करैत छथि, राजाक इच्छा ओएह पूर्ण कए दैत छथिन्ह, मणिमञ्जरीकेँ बजबाए राजाक हाथकेँ दए दैत छथिन्ह ओ दूहू सौतिनि राजाक प्रेमसँ सन्तुष्ट भए जाइत छथि।

एहि नाटिकामे कालिदासक शकुन्तला, भवभूतिक उत्तर रामचरित एवं श्रीहर्षक रत्नावलीक छाया पद-पदपर लक्षित होइत अछि। केवल मिलनक प्रकार एहिमे सर्वथा नवीन अछि ओ नारी स्वभावक सर्वथा अनुकूल अछि। नायक यदि आन रमणीक प्रेममे आसक्त भए गेलाह अछि तँ दाक्षिण्यवशात ओ अपन प्रेयसीक ओतए पूर्ववत् प्रेम प्रदर्शित करथु तथापि प्रेयसीकेँ ई बुझबामे विलम्ब नहि होएतैक जे हिनक चित्त कतहु अन्यत्र छैन्हि ओ तखन जे प्रेम प्रदर्शितो होएत तँ ओ निस्सार रहत, ओहिसँ ओकरा पूर्ववत् आनन्द प्राप्त नहि भए सकतैक। एहिसँ नीक इएह, चतुरता एहीमे छैक, जे उदार भए सौतिनिक संताप उठाए लेए। पुरुषकेँ अनेक कामिनीक प्रेम अस्वाभाविक नहि थिकैक विशेषतः राजाकेँ ओ नायकक जे चित्त हरण कएने अछि तकरा अंगीकार कए लेलासँ नायकक प्रेमक सङ्ग सङ्ग कृतज्ञता सेहो पाबि ओ पूर्ववत् वा ताहू सँ बेसी प्रिया भय सुख पओती, ई विचार सर्वथा मनोविज्ञानक अनुकूल अछि, यथार्थ अछि। इएह मणिमञ्जरीमे प्रदर्शित अछि, इएह टा एहि नाटिका मे विलक्षणता अछि। अन्यथा एहि नाटिकामे विषय, भाव, भाषा ओ रीति कोनहु अंशमे किछु मौलिकता नहि अछि जे आकृष्ट करए।

परन्तु ई नाटिका अभिनव जयदेव जे विद्यापति ठाकुर छलाह तनिके रचित थिक तकर कोनो प्रमाण नहि अछि। एहि लेख पोथी भेटबासँ पूर्व विद्यापतिक ई नाटक छैन्हि से सुनलो नहि छल। प्रस्तावना ओ नाटिकाक अन्तिम वाक्यमे विद्यापति ठाकुरक ई कृति थिक एतावन्मात्र अछि परन्तु जे कथा हम अनेक ठाम प्रमाणित कए देखाओल अछि, मिथिलामे विद्यापति ठाकुर नामक कए जन व्यक्ति भए गेल छथि जाहि मे कतोकक रचित ग्रन्थो उपलब्ध अछि। अतएव जाधरि प्रमाणान्तरसँ पुष्ट नहि होइत अछि ता धरि विद्यापति ठाकुरक कृति कहाए कोनहु ग्रन्थकेँ महाकवि विद्यापतिक रचना मानब संदेहास्पद। यथा गोरक्षविजयमे विद्यापति अपनाकेँ अभिनव जयदेव कहने छथि तथा ओहि मे महाराज शिवसिंहक कीर्तन अछि। तेना एहि नाटिकामे किछु नहि अछि। कोनहु राजा वा रानीक नाम नहि अछि जे कथा अभिनव जयदेवक प्रसङ्ग परम असङ्गत प्रतीत होइत अछि। तेँ एकरा बिसैबार विसपी मूलक मैथिल कोकिल विद्यापतिक रचना असन्दिग्ध रूपेँ नहि कहि सकैत छी।

तखन अन्तःसाक्ष्य, से एकरा महाकवि विद्यापतिक रचनाक पक्षमे प्रतीत होइत अछि, यद्यपि से ओतेक स्पष्ट नहि अछि ओ तेँ निश्चय नहि कहल जाए सकैत अछि। प्रस्तावनामे 'इन्दुरिव मत्प्रबन्धो बालोदित इव विलोक्यतां सद्भिः' ई वाक्य कीर्तिलताक बालचन्द बिज्जावइ भाषाक स्मरण करबैत अछि। मार्गक अर्थ मे 'बाट' शब्दक प्रयोग लागब धातुक संस्कृत रूप 'ललाग चेतः' रहब धातुक 'मनो रहति' इत्यादि मैथिली शब्दक संस्कृत मे प्रयोग पुरुषपरीक्षाक संस्कृतक अनुसरण करैत अछि। तखन नाटिकाक कथावस्तु सम्हार मे नहि रहल छैन्हि ओ रीतिक सब ठाम पालन नहि भेल छैन्हि ताहिसँ कलाक

परिपक्वता एहिमे नहि लक्षित होइत अछि। संस्कृतक परिष्कृत रूप नहि छैन्हि, भाषामे प्रसाद गुणक अभाव खटकैत अछि, तथा अनुकरणक प्रवृत्ति बड़ बेसी छैन्हि, मुदा विषय बड़ रोचकता सँ उपस्थापित अछि, रसक परिपाक अछि, नाटकक रीतिक पालनक आयास अछि, शृङ्गारक विन्यास अछि मुदा अत्यंत संयमित। मुदा सबसँ विशेष नारी-स्वभावक सुन्दर चित्रण अछि जे हम अभिनव जयदेवक काव्य प्रतिभाक मुख्य लक्षण मानैत छी। एहि नाटिकाक कथानकमे संघर्ष तँ ओना अछि नायिका मणिमञ्जरी ओ प्रतिनायिका पद्मावतीक मध्य चन्द्रसेनक प्रेमक निमित्त, मुदा से संघर्ष वाह्य अछि ओ ओहिमे कोनो चमत्कार नहि अछि। मुख्य संघर्ष जे आंतरिक संघर्ष थिक से हम मानैत छी पद्मावतीक हृदयमे तथा ओकर स्वरूप, जे हम पूर्वहु कहल अछि, एहि रूपक अछि जे 'मणिमञ्जरीक मिलनमे बाधक भए चंद्रसेनकेँ विरक्त राखी ओ अपनहु स्वामिसुख सँ वञ्चित रही' अथवा 'मणिमञ्जरीकेँ सौतिनि स्वीकार कए चन्द्रसेनकेँ सन्तुष्ट राखी ओ तखन अपनहु हुनक संगक सुख भोग करी।'

एही अन्तःसाक्ष्य सबहिक बलपर, विशेषतः एहि अन्तिम मनोवैज्ञानिक नारी हृदयक विश्लेषणक बलपर, हम एकरा महाकविक रचना मानल अछि परन्तु हमर अनुमान अछि जे ई महाकविक शृङ्गार रसक प्रथम रचना थिक। भूपरिक्रमाक संगहि रचित महाकविक किशोरावस्थाक कृति। साहित्यक कोन विधामे प्रतिभा निखरैत अछि तेँ किशोर विद्यापति एहि नाटिकापर हाथ अजमओलन्हि, प्रायः नुकाएकेँ लिखलैन्हि तेँ ककरहु समर्पितो नहि कएलैन्हि, अपनहु पसिन नहि भेलेन्हि—स्वयं लिखैत छथि 'विघटितकलोपि' तें प्रचार नहि कएलैन्हि 'कित्तिवल्लि' केँ पसरबाक हेतु 'अक्खरखम्हारम्भ' सँ 'मञ्चाबन्धि' देबाक लक्ष्य विद्यापतिकेँ अत्यन्त किशोरावस्थहिसँ छल से कोन दिशामे ओ खाम्ह गाड़ी, केहन मचान बान्ही, तदर्थ चण्डेश्वरक घरक किशोर संस्कृतक प्राचीन रीतिकेँ छोड़ि आन कोन दिशा मे आरम्भ करितथि तेँ ओ पुराणक रीतिसँ भूपरिक्रमा ओ नाटकक रीतिसँ एहि नाटिकाक प्रणयन कएलैन्हि। ई मानि लेलासँ एकर सबटा दोष अपरिपक्वता प्रयुक्त समाहित भए जाइत अछि, गुण तँ प्रतिभाक थिक ओ प्रतिभा तँ विद्यापतिकेँ सहजात छलैन्हि।

(विद्यापति वाङ्मय, सं. डॉ. मुनीश्वर झा, मिथिला सांस्कृतिक परिषद, कलकत्ता, 1968)

विभागसार

एमहर किछु दिनसँ 'कार्त्तिक धवल त्रयोदशी' मिथिलाक जातीय पर्व जकाँ भए गेल अछि ओ जतए कतहु मैथिल लोकनि रहैत छथि ओहि दिन सर्वत्र मैथिल कोकिल अभिनव जयदेव विद्यापति ठाकुरकेँ श्रद्धाञ्जलि अर्पित करैत जाइत छथि। एहिसँ आओर जे किछु हो, ओहि महापुरुषक स्मृति जाग्रत होइत अछि, हुनक आदर्शक प्रति श्रद्धा ज्ञापित होइत अछि, मातृभाषाक सेवाक प्रति सम्मान प्रदर्शित होइत अछि। अतीतक उत्कर्षक स्मृतिसँ भविष्यक हेतु उद्‌बोधन प्राप्त होइत अछि, प्रेरणा भेटैत अछि। परन्तु अधिकांश ठाम एहि स्मृति समारोहक ओएह स्वरूप दृश्य होइत अछि जे साधारणतया पर्वक होइत छैक। एक दिन समारोह भेल, क्षमताक अनुकूल रोचक कार्यक्रम बनल ओ सम्पन्न भेल। परन्तु प्रातः सँ सब केओ ओकरा बिसरि गेलाह। पुनः वर्षमा दिन मोन पड़ल। यद्यपि एहूसँ किछु फल होइत अछि; कमसँ कम प्रचार कार्य तँ चलैत अछि परन्तु जे फल सबकेँ अभिप्रेत अछि अथवा एहि नव चेतना, नवीन जागृतिसँ जे फल भेटबाक चाही से नहि होइत अछि। सद्‌भावना मात्रो वाञ्छनीय थिक परन्तु जखन भावना कार्यक रूपमे परिणत हो, समारोहक कार्यक्रम रचनात्मक कार्यक्रमक रूपमे आनल जाए, तखनहि विद्यापतिक सेवाक महत्त्व बुझल भए सकत, हुनके उच्च आदर्शक पालन होएत, मैथिलीक साहित्योद्यानमे पुनः वसन्त आबि सकत।

अतएव जखन कलकताक मिथिला सांस्कृतिक परिषदक मन्त्री हमरा लिखलन्हि जे ओ लोकनि अग्रिम विद्यापति स्मृति दिवसक अवसरपर विद्यापतिक बहुमुखी प्रतिभाक भिन्न-भिन्न अङ्ग पर निबन्ध लिखबाए ओकरा पुस्तकाकार प्रकाशित कए अपन श्रद्धाञ्जलि अर्पण करबाक विचार करैत छथि तँ हमरा अत्यन्त हर्ष भेल ओ हम बुझल जे ई परिषद यथार्थ सांस्कृतिक पुनरुत्थानक दिशामे अग्रसर भए रहल अछि। तेँ हमरासँ जे सेवाक अनुरोध कएने छथि तकर हम सहर्ष सोत्साह पालन करबाक हेतु प्रस्तुत निबन्ध लीखि पठाए रहल छिऐन्हि।

एहिमे संदेह नहि जे विभागसार आर दानवाक्यावली महाकविक तुरीय अवस्थाक कृति थिकैन्हि। 'राज्ञो भवेशाद्‌धरिसिंह आसीतत्सूनुना दर्पनारायणेन राज्ञा नियुक्तः' अर्थात्

राजा भवेशक पुत्र हरिसिंह, देवसिंहक वैमात्रेय भाए, तनिक पुत्र राजा नरसिंह दर्पनारायणक कहलासँ। दानवाक्यावलीक रचना भेल ओही राजा नरसिंह दर्पनारायणक स्त्री धीरमतिक कहलासँ। दानवाक्यावलीमे नरसिंह हेतु भूतकालक प्रयोग भेल अछि ओ तेँ ई स्पष्ट अछि जे एकर रचनाकालमे नरसिंहक परोक्ष भए गेल छल ओ राजा छलाह धीरसिंह हृदयनारायण। धीरसिंहक समयमे विद्यापतिक अन्तिम कृति दुर्गाभक्ति-तरङ्गिणी रचल गेल, राजाक छोट भाए भावी मिथिलेश भैरवसिंह हरिनारायणक आदेशसँ। अतएव दानवाक्यावली विद्यापतिक अन्तिमसँ पूर्वक कृति थिक। स्मरण रहए जे ई रानी धीरमती हृदयनारायण धीरसिंह ओ हरिनारायण भैरवसिंहक माए नहि सतमाए छलीह; हुनक पुत्र छलथिन्ह चन्द्रसिंह जनिक सभा पण्डित मिसरु मिश्र छलाह ओ जनिक नाम दए भानुदत्त मिश्र मिथिला भाषा मे गीतक रचना कएने छथि। तेँ ई दूनू ग्रन्थ ताहि समयक रचना थिक जखन विद्यापतिक वयस प्रायः अस्सी वर्ष छलन्हि सत्तरिसँ ऊपर तँ अवश्ये। तैँ हम कहल अछि जे ई दूनू कृति विद्यापतिक तुरीय अवस्थाक रचना थिक।

विभागसार दायभागक ग्रन्थ थिक। सम्पत्तिक बँटवारा कोना हो, सम्पत्तिमे ककर अधिकार, कतबा अधिकार इत्यादि विषयक विन्यास अछि—विभाग, जीवत्पितृक विभाग, प्रमीतपितृक विभाग, विभाज्य, अविभाज्य, स्त्रीधन इत्यादि क्रमसँ। एहि विषयपर अनेक आकर ग्रन्थ सब अछि; प्रायः प्रत्येक पैघ निबन्धकार एहि विषय पर लिखने छथि ओ पैघ-पैघ ग्रन्थ लिखने छथि। चण्डेश्वरक विवादरत्नाकरमे एहि विषयपर साकल्येँ विचार अछि। विवाद-रत्नाकरक संग-संग विद्यापतिक समकालिक वाचस्पतिक विवादचिन्तामणि ओ मिसरु मिश्रक विवादचन्द्र—इएह तीनूटा ग्रन्थ दायभागक प्रसङ्ग मिथिलामे अद्यापि मान्य अछि। एहना स्थितिमे की कारण जे अस्सी वर्षक बूढ़ पण्डितकेँ मिथिलेश दायभागक प्रसङ्ग निबन्ध लिखबाक हेतु नियुक्त कएल? विभागसारमे एहन कोनो विषय नहि अछि जे सर्वथा नवीन हो यदर्थ एहि बूढकेँ ओ लिखबाक प्रयोजन होइन्ह। अतः एहि प्रश्नक जिज्ञासा प्रबल भए जाइत अछि।

विभागसारक विषय ओ तत्प्रसङ्ग विद्यापतिक सिद्धान्तकेँ देखला उत्तर प्रतीत होएत जे एक गोट मात्र विषय प्रधानतया एहिमे नव अछि जे चण्डेश्वरक विवादरत्नाकरमे नहि अछि। से थिक लोकवृत्तादान वृतमन्यत् नारदक एहि नीति वचनक दाय विषयमे प्रयोग। एकर अवसर अछि राज्यक बँटवाराक प्रसङ्ग। ओना तँ अनेक पुत्र रहलासँ लोक मे पिताक सम्पत्तिक विभाजन सब पुत्रमे समान होइत अछि परन्तु राज्यक प्रसङ्ग से विभाजन नहि हो प्रत्युत राज्य जेठहिकेँ देल जाए, अन्यकेँ ओहिमे अंश नहि हो, अधिक सँ अधिक भोजनाच्छादनादि निर्बाहार्थ किछु देल जाए, ई सिद्धान्त विद्यापति अपन विभागसारमे बड़ विन्याससँ प्रचुर प्रमाण ओ युक्ति दए प्रतिपादित कएने छथि तथा प्रमाण मे अपन प्रपितामहभ्राता वीरेश्वरक नीतिसार नामक ग्रन्थक उल्लेख कएने छथि। वीरेश्वरक एहि नीतिसारक नाम जानल नहि छल ओ एतबहुसँ विभागसारक महत्त्व बुझबाक थिक।

एहि प्रसङ्ग स्मरण रहए जे ओइनिबार वंशमे मिथिलाक राज्य अएलाक उतर किछु दिन राज्य व्यवस्थित नहि छल। लोक विषय दू गोट मुख्य शंका छलैक; प्रथम ई जे ओइनिबार लोकनि दिल्लीक सुलतानक अधीन भए, दिल्लीक शासककेँ कर दए स्वतन्त्र राजा कोना भए सकैत छथि, दोसर, ब्राह्मण भए ओइनिबार लोकनि राज्याभिषेक कोना लेताह ओ बिनु राज्याभिषेकेँ हुनका लोकनिमे राजाक प्रतिष्ठा कोना होएतैन्हि। एही कारणेँ आरम्भमे भोगीश्वर तथा हुनक पुत्र एवं पौत्र लोकनिकेँ देशमे से मान्यता प्राप्त नहि भए सकल जे उचित छलैन्हि। भोगीश्वरक शाखाक अन्त भेलापर जखन भवसिंह राजा भेलाह तँ ओ सप्तरत्नाकरकार चण्डेश्वरकेँ बजाए हुनका अपन पक्षक समर्थन करबाक हेतु नियुक्त कएल। ओहि समय चण्डेश्वरक वयस सत्तरिसँ कम नहि छल परन्तु ओ ताहू वयसमे राजनीति रत्नाकरक रचना कएल जाहिमे उक्त दूहू विषयपर अपन व्यवस्था देल, युक्ति ओ प्रमाण सबसँ सिद्ध कएल जे राजा सकर ओ अकर भेदेँ दू प्रकारक होथि तथा अभिषेक राजाक हेतु आवश्यक नहि। तहिना नरसिंहकेँ समस्या छल। से की तँ हुनका अपने भाइ राज्यक बँटवाराक प्रश्न उठओने छलथिन्ह अथवा हुनका अपन पुत्र लोकनि सँ एहि रूपक विवादक आशंका छलैन्हि। तथ्य विषय बुझल नहि होइत अछि परन्तु एहने कोनो समस्या छल जाहि प्रसङ्ग विद्यापति सदृश बूढ ओ प्रतिष्ठित पण्डितक व्यवस्था अपेक्षित छल ओ इएह कारण भेल जे नरसिंह विद्यापतिकेँ नियुक्त कए विभागसारक निर्माण कराओल। एहि प्रसङ्ग विशेष अनुसन्धानक अपेक्षा छैक ओ से ऐतिहासिक महत्त्वक वस्तु थिक परन्तु विभागसार एखन पर्यन्त प्रकाशमे नहि आएल अछि। एतबा निश्चय जे केवल दायविषयक निबन्ध लिखी ततबहि हेतु अपन तुरीय अवस्थामे वृद्ध विद्यापति एहन ग्रन्थ निर्माणक श्रम नहि कएने होएताह ने एतबहि हेतुक मिथिलेश हुनका एहि निमित्त नियुक्त कएने होइथिन्ह।

(विद्यापति वाङ्मय, सं. डॉ. मुनीश्वर झा, मिथिला सांस्कृतिक परिषद, कलकत्ता, 1968,)

दानवाक्यावली

दानवाक्यावली विद्यापतिक कृति थिक। एहिमे जतेक प्रकारक दान होइत छलैक सबहिक हेतु सङ्कल्पवाक्य लीखि देल गेल छैक। सङ्कल्पमे दू गोट वस्तुक निवेश आवश्यक होइत छैक एक तँ उद्देश्य तदर्थ दान कएल जाए ओ दोसर दातव्य वस्तुक देवताक उल्लेख। दान थिकैक काम्य कर्म। अमुक अवसरपर अमुक वस्तुक दान कएलासँ अमुक फल हो ई पुराणादिमे वर्णित छैक। तदनुसार दानक सङ्कल्प वाक्यमे ओहि फलक कामना रहब आवश्यक। एक गोट दृष्टान्त पर्याप्त होएत। तिलदानक प्रशंसा क्रमशः याज्ञवल्क्य, यम, विष्णुधर्मोत्तर पुराण, वराहपुराण ओ ब्रह्मपुराणमे अछि। फल सबमे भिन्न-भिन्न कहल अछि। याज्ञवल्क्यक वचन अछि जे तिलदान कएलासँ 'देवलोके महीयते' ओ तैँ ओकर सङ्कल्प वाक्यमे प्रयोग अछि 'स्वर्गलोक महितत्वकामः'। विष्णुधर्मोत्तरमे अछि– 'तेजस्विनोऽभिजायन्ते भोगिनश्चिरजीविनः' ओ तें ओकर सङ्कल्प वाक्य मे चाही– 'भोगित्वतेजस्वित्वचिरजीवित्वभवन कामः'। ब्रह्मपुराणमे अछि जे तिलदान कएनिहार 'सोममण्डलसंकाशैर्यानैस्ते यान्ति निर्मलैः। गन्धर्वैरूपगीयन्तः पुरं वैवस्वतस्य च' ओ तैँ ओकर सङ्कल्प वाक्यमे चाही 'सोममण्डल संकाश निर्मलबहुयानकरणक बहुगन्धर्वोयगीय-मानात्मीय वैवस्वतपुरगमन कामः'। इत्यादि विद्यापति एहि सब दानक प्रमाण उद्धृत कए तदनुरूप सङ्कल्पवाक्य लिखने छथि। तहिना प्रत्येक देय वस्तुक देवता निर्दिष्ट छथि ओ से सब ठाम सबहिक देवताक उल्लेख अछि। एना गोटेक सहस्र वस्तु दानक विधान, ओकर उपयुक्त कालक उल्लेख, सङ्कल्पवाक्य ओ ताहिमे फलश्रुति अथ च देवताक उल्लेख, इएह दानवाक्यावलीमे अछि। यथा माघ मासमे विशेष दानक प्रसङ्ग एहि मे वर्णित अछि। माघ मासमे तिलदान, महाभारत कहैत अछि ओ वामनपुराण कहैत अछि, तिल, तिलधेनु, जारनि, कम्बल, तुराइ इत्यादि वस्तु जाहिसँ जाड़ जाए। फागुनमे वामनपुराणक अनुसार ब्रीहि दान करी, गाए दान करी ओ कृष्णाजिन। एहिना सब मासक तिथि विशेषक, ऋतु विशेषक, पर्व विशेषक विशेष-विशेष दानक प्रमाण ओ प्रयोग सब कथूक एहिमे संग्रह अछि।

दानवाक्यावलीक दू गोट बड़ पैघ महत्त्व अछि। एहिसँ विद्यापतिक बहुविज्ञत्व सूचित होइत अछि। एहि ग्रन्थसँ पाण्डित्यक कोनो तादृश प्रकर्ष व्यक्त नहि होइत अछि परन्तु

एतबा तँ स्पष्ट अछि जे विद्यापतिकेँ बुझल कतेक विषय छल ओ जे बुझल छल तकर प्रमाण समेत हुनका ज्ञात छल जकर सन्निवेश एहिमे ओ करैत गेलाह। प्रायः अस्सी वर्षक वयसमे मेधाशक्तिक ई उत्कर्ष असाधारण प्रतीत होइत अछि, अपन दीर्घ जीवनकाल मे विद्यापति देशव्यापी आर्य व्यवहारक जे मूल प्रमाण अवगत कएने छलाह सब किछु हुनका ओहिना स्मरण छल जाहिसँ जखन ओ ताहि प्रसङ्ग लिखए लगलाह तँ सब कथूक यथावत् उल्लेख कए सकलाह।

दोसर महत्त्व अछि एकर सांस्कृतिक। पन्द्रहम शताब्दीक मध्यमे मिथिलामे दानक की महिमा छल, दानक केहन प्रचार छल, की सब दान कएल जाइत छल ओ कोन समय मे, कोन अवसरपर कोन कामनासँ कथीक दान होइत अछि तकर सम्पूर्ण चित्र दानवाक्यावलीमे सुरक्षित अछि। एहि दृष्टिसँ एहि ग्रन्थक परिशीलन अत्यन्त उपादेय प्रतीत होइत अछि।

दानवाक्यावली आइसँ अस्सी-एकासी वर्ष पूर्व काशीसँ प्रकाशित भेल छल ओ एकरा प्रकाशित कराओल बनैलीक राजा पद्मानन्द सिंहक माए रानी पार्वतीदेवी ओ एकर संपादक छलाह ओही रानीक आश्रित सतलखाक गौरी मिश्रक बालक पण्डित फणिधर मिश्र। पोथी बड़ अशुद्ध छपल अछि, बड़ अधलाह जकाँ ओ आब तँ ई पुस्तक सर्वथा दुर्लभ भए गेल होएत परन्तु प्रकाशमे ई ग्रन्थरत्न आबि गेल अछि।

(विद्यापति वाङ्मय, सं. डॉ. मुनीश्वर झा, मिथिला सांस्कृतिक परिषद, कलकत्ता, 1968,)

वर्षकृत्य

विद्यापति-रचित वर्षकृत्यक नाम प्रसिद्ध अछि परन्तु एकरो लेखपोथी उपलब्ध नहि अछि। क्रम एहन सन लगैत अछि जे इहो लुप्त भए गेल जकर अर्थ भेल जे एकर प्रचार नहि भेल। हमरा संग विद्यापतिक वर्षकृत्य कहि केवल एगारहगोट कागतक पातपर लिखल पुस्तक अछि, बेस पुरान लेख जे कोनेकानी लिखल अछि। ई सम्पूर्ण नहि अछि ताहिमे कोनो संदेह नहि परन्तु जतवा हमरा संग अछि से विषयक दृष्टिसँ पूर्ण अछि, पत्रसंख्या प्रथम सँ अछि ओ पोथीक कोनपर विद्यापति ठक्कुर कृतवर्षकृत्यमिदं लिखल अछि। विषय अछि एहिमे आदिसँ कार्तिककृत्य, माघकृत्य ओ फाल्गुनकृत्य तथा जन्मदिनकृत्य, षष्ठिकापूजा (छठिहार), गृहवास्तु, विद्यारम्भ, पञ्चपर्वकृत्य, निवारनियतकृत्य, वस्त्रक्षारयोग, आवश्यक श्राद्धकाल, ग्रहणकृत्य, उन्नैस गोट दानक वाक्य जे दानवाक्यावलीमे प्रायः सब अन्तर्भुक्त अछि, साकलक्त्ये ँ वैश्वदेव ओ बलि कर्म तथा नित्यश्राद्ध। एहिमे फाल्गुनमे शिवरात्रि, जन्मदिन कृत्य ओ छठिहारक कृत्य छोड़ि आन सब अत्यन्त संक्षिप्त अछि।

मिथिलामे वर्षकृत्य रुद्रधरक प्रचलित अछि ओ रुद्रधर विद्यापति ठाकुरक समानकालीन मुदा बयसेँ बेस छोट छलाह। रुद्रधरक वर्षकृत्य मे जन्मदिन कृत्य नहि अछि ओ मिथिलामे जतए कतहु जन्मदिन कृत्य कएल जाइत अछि ताहिमे विधान ओएह देखैत छी जे विद्यापति लिखैत छथि।

हमरा जनैत विद्यापति वर्षकृत्य नहि लिखलैन्हि, ओ आवश्यक कृत्य सबहिक विधि ओ विधानक टिप्पणी करैत गेलाह अर्थात् टिपने गेलाह जकरा पश्चात् केओ लेखक प्रतिलिपि करबा काल वर्षकृत्य लिखि देल। कारण, पोथीमे कतहु वर्षकृत्य-पद नहि अछि ने वर्ष भरिक कृत्य अछि, ने वर्षकृत्य जकाँ कृत्यसबहिक क्रमबद्ध विवरण अछि ओ कतोक वस्तु अछि छठिहार किंवा नित्य श्राद्ध जे वर्षकृत्यक विषय नहि थिक।

ओ सबसँ बेसी तँ ग्रन्थक प्रथमे लक्षण एहिमे नहि अछि। ग्रन्थक आरम्भ होइत अछि मङ्गलाचरणसँ। विद्यापतिक सब ग्रन्थमे मङ्गलाचरण ओ तदुत्तर प्रस्तावना अछि। एहिमे ने मङ्गलाचरण अछि, ने प्रस्तावना। भए सकैत अछि विद्यापतिके ँ वर्षकृत्य लिखबाक छलैन्हि जाहि हेतु ओ सामग्रीक संकलन आरम्भ कएल परन्तु ई योजना अपूर्ण रहि गेल।

विद्यापति जे किछु वस्तु टिपलैन्हि से ओहिना रहि गेल ओ एक आध व्यक्ति कतहु एकर प्रतिलिपि कएल। ग्रन्थ पूर्ण नहि भेल ओ जेहो किछु विद्यापति लिखलैन्हि से विस्तारक संग नहि, केवल मूलरूपहिँ। तेँ रुद्रधरक सम्पूर्ण ओ सम्पन्न वर्षकृत्यक समक्ष ई प्रचारमे नहि आएल। परन्तु जतबा विद्यापति लिखल से व्यवहारक अनुकूल ओ ताहि दृष्टिसँ एकर महत्त्व अवश्य अछि।

(विद्यापति वाङ्मय, सं. डॉ. मुनीश्वर झा, मिथिला सांस्कृतिक परिषद्, कलकत्ता, 1968)

कविता कुसुमसँ

अभिनव-जयदेव

विद्यापति ठाकुर, राजपण्डित, बिसैबार-कुल सम्भूत, विसपी गामक वासी, प्रायः ईसाक 1350 मे जन्म लए 1440 मे बाजितपुरक समीप गङ्गा-तटपर देह-त्याग कएल। दीर्घ जीवनमे कमसँ कम सात जन ओइनवार महाराजक दरबारमे ई राजवल्लभ, राज-पण्डित एवं पार्षदक रूपमे छलाह। विशेष स्नेह-पात्र छलाह ई महाराज शिवसिंहक जनिक ई समवयस्क, छलाह।

ओना तँ मिथिला-भाषामे कविताक रचना हिनकासँ पूर्वहुँ होइत छल परन्तु ई हमर साहित्याकाशमे सूर्य जकाँ अपन रचनाक उत्कर्षसँ आन सब कविक रचनाकेँ दिनक तरेगन जकाँ विलीन कए देल। हिनक 'अभिनव-जयदेव' उपाधि बड़े मार्मिक अछि, कारण, हिनक काव्यक आदर्श छलैन्हि जयदेवक गीतगोविन्द। इहो राग-ताल लयाश्रित गीतहिक रचना कएल जाहिमे अधिकमे नायक छलाह कृष्ण ओ रस शृङ्गार। हिनक रचित शान्त-रसहुक कविता अछि; महादेवक नचारी अछि, जे डमरू लए नाचि-नाचि भक्तलोकनि गबैत छथि ओ जाहिमे हास्य ओ अद्भुत रस प्रचुरतया भेटैत अछि; व्यवहारहुक गीत अछि यथा योग, उचिती प्रभृति। वस्तुतः हिनक रचना, गीति-काव्य, लोकभाषामे अछि जाहिमे प्रसाद गुण सबसँ आकर्षक अछि! अलङ्कारमे ई उत्प्रेक्षाक विन्यासमे बेजोड़ छथि। मैथिली-साहित्यक ई 'प्राण' थिकाह।

हिनक गीतकेँ शीर्षक दए ओकर विषय स्पष्ट कए देल गेल अछि।

विषय-अनुक्रमणिका

अभिनव-जयदेव

टिप्पणी

विद्यापति

1–गोसाञुनिक गीत

अज्ञातमूलस्वरूपा किन्तु सर्वजन प्रसिद्धा नाना रूप धारिणी भगवतीक स्तुति। प्रथम 'विदिता' सर्वप्रसिद्ध; द्वितीय 'विदिता' विस्मयबोधक द्विरुक्ति। 'अविरल केश सोहन्ती' सघन केश पाशसँ सुशोभित। 'एकानेक–पुरनन्ती', एक आदिशक्ति अहाँ अनेक सहस्र रूप धारण कए शत्रुक रणक्षेत्रकेँ पूर्ण करैत छी।

काजर वर्ण स्वरूपमे काली, उज्जर वर्ण स्वरूपमे सरस्वती, सूर्यमण्डल स्थित स्वरूपमे प्रचण्ड, जल रूपमे गंगा, ब्रह्माक गृहणी रूपेँ ब्रह्माणी, महादेवक गृहिणी रूपमे गौरी, विष्णुक गृहिणी रूपमे लक्ष्मी अहाँक उत्पत्तिक रहस्य के जानि सकैत अछि?

भगवतीक माया अद्भुत रहस्यमय अछि, योगी लोकनि सेहो हुनक पार नहि पबैत छथि, मुदा संगहिँ, भक्त लोकनिसँ किछुओ नुकाओल नहि रखैत छथि; तेँ प्रथम पाँतीमे 'विदिता' ओ छठम 'के जान उतपति तोरी' उक्तिमे विरोधक आभास मात्र अछि, वास्तविक विरोध नहि।

भनिता :–हासिनीदेवीक स्वामी महाराज गरुड़नारायणदेवसिंहक आश्रित कविवर विद्यापति एहि स्तुतिक गायक थिकाह।

एक भगवतीक अनेक रूपमे वर्णन रहने उल्लेख अलंकार; 'विदित' ओ 'के जान उतपति तोरी' मे विरोधाभास, ओ सर्वत्र अनुप्रास अलंकार।

2–नचारी

भिक्षुक-महादेवकेँ भीख देबा लेल उद्यत पार्वती हुनक विस्मयजनक चेष्टा देखि संज्ञाविहीन भए जाइत छथि; उपचारक हेतु नाना तर्कवितर्क होइत अछि, अन्तिम निश्चय होइत अछि जे एहि भिक्षुकहिकेँ पार्वतीक दान कए हिनक जीवनरक्षा कएल जाए। अद्भुत भाव।

अकामिक=आकस्मिक; भुगुति=भोजन; कुमारी=पर्वत कन्या पार्वती, भिषिआ= भिक्षा; रिसी=क्रोध, डिठिअओलह=आँखि लगौलह; ओझा=जादूटोना जननिहार ओ तकर उपद्रव शान्त कएनिहार। जोगिआहि=योगीअहि केँ (योगी वेषधारी महादेवहि केँ)।

3–नचारी

अद्भुत वेषधारी महादेवकेँ पति रूपमे पाबि पार्वतीक प्रतिक्रियाक वर्णन। पार्वती यद्यपि 'दुखी' वर्णित बुझि पड़ैत छथि किन्तु आक्षेपसँ लक्षित जे ओ पूर्ण सन्तुष्ट ओ गौरवान्वित छथि। महादेवक 'पञ्चमुख', 'भस्म-लेप' 'तृतीयनेत्रक अग्निज्वाला', 'सर्पक आभूषण', 'नाङट देह' 'सम्पत्तिहीनता' आदिक कारण प्रकाश्यतः ओ दुःख प्रकट करैत बुझि पड़ैत छथि, मुदा अत्यन्त तिरस्कृत ध्वनिसँ लक्षित जे पार्वतीकेँ दुखः नहि छैन्हि।

'दुखे बोले–हम सामी', सँ व्यंग्य जे 'संसारे जनिक भिक्षाक वस्तु थीक' अथवा, संसारेक हेतु जे भिक्षा याचना करैत छथि सएह 'अलौकिक परोपकारी' महादेव हमर स्वामी भेलाह अछि, तेँ पार्वती वस्तुतः प्रसन्न छथि।

'विषधर आभूषण' सँ महादेवक अलौकिक शक्ति, तथा 'दिव-परिधान' सँ हुनकामे 'अपूर्णताक सर्वथा अभाव' ध्वनित। वस्त्राभूषण तँ लोक अपन अपूर्णताकेँ झपबाक लेल धारण करैत अछि। महादेव सर्वतःपूर्ण तेँ वस्त्राभूषणक प्रयोजन नहि।

'बिनु वित्ते इसर' विरोधाभास; लौकिक धन-वित्तक परिमाण होइत छैक, मुदा महादेवक ऐश्वर्य अपरिमित, तेँ एहन प्रयोग। उगना (उग्रनाथ) नामक शिवलिंगक बड़ भक्त रहथि विद्यापति। 'हर नहि निधन' महादेव निर्धन नहि छथि, ओ जगतक स्वामी थिकाह।

आक्षेप, विरोधाभास ओ अनुप्रास अलंकार।

4–नचारी

अद्भुत वेषधारी पार्वती-पति महादेवकेँ देखि विस्मयभावक। नगना=नग्न (नाङट महादेव); बुल =भ्रमण करैत; उन्मत्त; विभूति=भस्म; वीष=विष (माहुर)। तैलोक इसर= त्रिलोकक स्वामी। नग्नभिक्षुक रहितहुँ त्रिलोकक स्वामी थिकाह। विरोधाभास ओ अद्भुतभाव।

5–रसमति मालति

मालती फूलपर आसक्त भ्रमरक आर्त्तता ओ विवशता वर्णनक उपलक्षणसँ गुरुजन ओ परिजनादिसँ घेरलि कोनो नायिकापर लुब्ध प्रेमीक मनोदशाक चित्रण कएल गेल अछि। सम्पूर्ण गीत केतकी फूलकेँ सुनअएबाक लाथेँ, ओहि नायिकाकेँ कहल गेल अछि, एहि आशयसँ जे नायिका ओहि प्रेमासक्त नायकसँ कोनहुँ तरहेँ मिलन कए हुनक प्राणरक्षा करथि। अप्रस्तुत प्रशंसा अलंकार।

प्रेमी नायक नायिकापर अत्यन्त आसक्त; किन्तु नायिकाकेँ पराधीन ओ दुःप्राप्य पाबि अत्यन्त विकल। मिलनक आवेशसँ जीवनक त्याग करबापर आतुर। परगास=प्रकाश, विकास; विसराम=विश्राम; मधुजीवी=मकरन्द पीबि जीवन धारण कएनिहार; मधुरासि= मकरन्दक कोष; 'ओ मधुजीवी–लजासि' ओ भ्रमर (नायक) केवल मकरन्द (प्रेम) पर जीवित रहनिहार थिकाह, ओ अहाँ मालती (नायिक) मकरन्द (प्रेम)क निधि थिकहुँ; मकरन्द

संचित रखने छी आ' ओ भ्रमर (नायक) ओही बिना मरि रहल छथि, की अपन कृपणताक कारण तकर लाज नहि होइत अछि? अपनहिँ बुद्धिसँ विचारि देखू, अहाँक दोष (कृपणता) क कारण भ्रमर (नायक) क मृत्यु भेलापर पाप ककरा लगतैक? अर्थात् अहीँ केँ लागत, तेँ अहाँ हुनका अपन मकरन्द (प्रेम) प्रदान करिऔन्हि।

6–मधुहु मधु विशेष

मानिनी नायिकाक प्रति कृष्णक दूतीक उक्ति जे कृष्णक सबसँ बेसी प्रेम अहीँपर छैन्हि, निन्दहुमे अहीँक स्मरण करैत रहैत छथि; अहाँक वियोगमे बताह जकाँ करैत रहैत छथि; तेँ प्रसन्नतापूर्वक हुनका अङ्गीकार करू।

नायिकाकेँ मधुयुक्त फूल ओ कृष्णकेँ भ्रमर मानि, ताही भाषामे कृष्णक असाधारण प्रेमार्त्तिक वर्णन करैत नायिकासँ दूतीक अनुरोध मान त्याग करबाक हेतु।

तरुअर=श्रेष्ठवृक्ष; कोटिहि=करोड़ो; सून=सुनू; इछ=इच्छा करैत छथि; आपु सराहसि पून–अपन पुपयक प्रशंसा करू; सराहन-प्रशंसा; तोरिए-तोरहि (अहीँक) पाछलि कथा =बीतल गप;

'सबहि फूला–विशेष'; सब फूल (रमणी) मे मधु (आह्लादकता) अछि, आ' ओहिपर भ्रमर (रसिक प्रेमी) लुब्ध रहैत अछि, मुदा सब फूलक मधु समान नहि रहैत अछि, एक दोसरसँ किछु विशेष अवश्य रहैत अछि (तात्पर्य जे, यद्यपि सब रमणीमे लावण्य छैक किन्तु अहाँमे विशेष अछि)।

'जे मधु भमर–सार' जाहि फूलक (रमणीक) मधु (सरसता) केँ भ्रमर (रसिक नायक) निन्दहुँ मे स्मरण करैत रहैत अछि, जकर सुवासकेँ बिसरैत नहि अछि, जाहिपर भ्रमर उड़ि उड़ि पुनः पुनः बैसैत रहैत अछि, सएह फूल (रमणी) संसारक सारतत्त्व थीक।

7–दक्षिण भ्रमर

नायकक पर-रमणी-रति जानि ईर्ष्यासँ मान कएनिहारि नायिकाक प्रति दूतीक अनुनय जे मान त्यागि नायकक वरण करू। नायकक पर-रति केँ क्षम्य सिद्ध करैत चन्द्रमाक बहु नायिका प्रेमक दृष्टान्त दैत छथि, जे ओ गगन एवं धरती दूनू प्रेमिकासँ प्रेम करैत छथि, चकोरी आ कुमुदिनी ताहि कारणे ईर्ष्या नहि कए आनन्दपूर्वक हुनक प्रेमक रसास्वादन करैत अछि।

मालती-रूपिणी हे नायिका, अहूँक नायक-भ्रमर जँ जातकी, केतकी, पद्मिनी आदि कुसुमक रसास्वादन करैत छथि ताहि लेल अहाँकेँ मान नहि करबाक चाही। जहिना कुमुदिनी अनेको प्रेमिकासँ प्रेम रखनिहार चन्द्रमा लग मान नहि करैत छथि, ताहिना अहूँ अपन भ्रमर नायक लग मान नहि करू। अन्य प्रेमिकामे अनुराग रखितहुँ ओ अहाँ केँ कथमपि बिसरैत नहि छथि, तकरहि अहाँ परम भाग्य बुझू। नवीना नायिकाक नव अनुराग

प्राप्त भेलापर के स्थिर रहि सकैत अछि? अहूँक नायक जँ कोनो नवीनामे अनुरक्त भइए गेलाह आ तथापि जँ अहाँक प्रेममे स्खलन नहि आबए देलैन्हि अछि, तँ अहाँकेँ कोप कदापि नहि करबाक चाही, से व्यंग्य।

नायिकामे मालती फूलक, तथा नायकमे भ्रमरक आरोप द्वारा दूनूक प्रेम-लीलाक कथन।

मण्डल–पृथ्वी मण्डल; अमिञे–अमृत; काञिजे-किएक, रोस=रोष, कोप; रभस= आनन्द।

अप्रस्तुतप्रशंसा, रूपक आ अनुप्रास अलंकार। माधुर्य-गुण-प्रधान विप्रलम्भ शृंगार।

8–सुपुरुष

सुपुरुष ओएह व्यक्ति थिकाह जे विपत्तिअहुमे नहि घबराए धैर्य धएने यशक रक्षा करैत छथि। सम्पत्ति, स्थिर रहनिहार नहि थीक; केवल यश ओ अपयश चिरस्थायी थीक, तेँ सुपुरुष व्यक्ति कष्ट सहन कइओकेँ यशक रक्षा करैत छथि। कातर व्यक्ति धैर्य त्यागि दैत छथि। तीनू भुवनमे लखिमा-रमण राजा शिवसिंहक समान सुपुरुष केओ दोसर नहि अछि।

मन्द=अधलाह; भल=सुन्दर; अनुकूल; लो=पादपूरणार्थक (निरर्थक) अव्यय; चिरे थाकए=चिरस्थायी रहैत अछि; भूँजिअ=भोग करैत अछि; काएर=कातर (कायर), हृदय हारि मर=धैर्य त्यागि देत; अवसाद=कष्ट।

नायककेँ अपन पूर्व प्रेममे अविचलित रहबाक उपदेश ध्वनि।

9–सखी शिक्षा

प्रथम समागमक हेतु प्रस्तुत मुग्धा नायिकाकेँ सखीक उपदेश जे नायकक मिलन सँ पूर्व अपन शृंगार–प्रसाधन नीक जेकाँ कए लिअ; हुनक आगमन भेलापर आरम्भमे किछु लाज प्रदर्शित करब, देहकेँ झपने रहब, बेसी सटिकेँ नहि जाएब; किन्तु बीच-बीच मे किञ्चित् कटाक्ष सेहो करब, स्तन झाँपब ओ कनेक उघारिओ लेब, कोँचाकेँ सक्कत करैत रहब, मान करब किन्तु प्रेमभाव सेहो व्यक्त करब। एहि प्रकारेँ मानपूर्वक प्रेम कएलापर नायक बरोबरि लुब्ध रहताह।

किन्तु ई सब सिखअएबाक प्रयोजनहि की, कामदेवक प्रभावेँ सबटा रहस्य अपनहि बुझि जएबैक।

अलक=केश, गोए=झाँपब, अरथित=लुब्ध।

10–वरनारी

सौन्दर्यशालिनी नायिकाकेँ पथ तर जाइत देखि हुनक लावण्यसँ मुग्ध भेल नायकक हृदय

दशाक चित्रण। जेना भिखारि कृपण धनिकक पाछाँ लागल रहैत अछि, तहिना प्रेमक लोभेँ नायक ओहि रूपवतीक पाछाँ आसक्त। नायिकाक गौरवपूर्ण वक्षोजद्वय रूपी स्वर्ण पर्वत मध्य प्रवेश करबाक अपराधमे नायकक मनकेँ कामदेव ओहीठाम जेना बान्धि केँ राखि लेने होथि।

ओ वनवारी केहन छथि? हुनक सहज सुन्दर मुख-मण्डलमे मदपूर्ण आँखि ओ कारी भौंह लगैछ जेना कमलक मकरन्द पान कए मत्त भ्रमर ओहिपरसँ उड़बाक हेतु पाँखि पसारने हो। उत्प्रेक्षा अलंकार।

आननमे कमल, आँखिमे भ्रमर ओ स्तनमे स्वर्ण पर्वतक आरोप द्वारा नायिकाक अद्भुत आह्लादकता ओ सरसता ध्वनित। अलंकार द्वारा नायिकाक अद्भुत सौन्दर्य (वस्तु) ओ हृदयस्थित शृंगार रस ध्वनित।

11–अभिसार

अन्हरिआ रातिमे अपन गौरवर्ण देहकेँ झाँपि, नूपुर ओ मेखला आदि मुखर आभूषणकेँ युक्तिपूर्वक निःशब्द कए, अंगप्रसाधनमे समय नष्ट नहि कए शीघ्रतापूर्वक अभिसार सम्पन्न कए लिअ। विलम्ब भेलापर चन्द्रोदयक आशंका, चन्द्रोदय भए गेलापर पिशुन लोकक दृष्टि पड़ि जएबाक डर। जखन नायक ओ नायिका दूनूमे परस्पर अनुराग अछिए, तखन आभूषण आदि प्रसाधनमे व्यर्थ समय नष्ट कए अभिसारमे बाधा आनी से उचित नहि।

एवं प्रकारेँ नायिकाक सखी हुनका अभिसारमे शीघ्रता करबाक शिक्षा दए रहल छथि।

'तञे अनुरागिणि ओ अनुरागी, दूषण लागत भूषण लागी' सँ व्यंग्य जे शृंगार प्रसाधन तँ आडम्बर मात्र थीक, विशुद्ध प्रेममे ओकर किछु प्रयोजन नहि। रस-ध्वनि।

मुखर=बेसी शब्द कएनिहार; मेखल=डरकस; तिमिर पथ समाई=श्यामल वस्त्रमे आवृत भेलाक कारण अन्धकारपूर्ण पथमे समाए जाएब, अस्तित्व-विहीन बुझि पड़व; 'समुद-कुमुद रभस रसी–ससी'-प्रफुल्ल कुमद फूलक संग रस-क्रीड़ा कएनिहार चन्द्रमा शीघ्रहि उगि जएताह।

12–अनुताप

मानवती रूपगर्विता नायिकाक वक्रोक्ति। वाच्यार्थ ई जे एहि (कष्टमय) संसारमे जन्म नहि हो, जन्म भेलहुपर युवती भएकेँ नहि, सेहो भेलापर रसमती नहि होइ, आ रसमती भेलहुपर कुलवती भएकेँ जन्म नहि हो। [हम (नायिका) एहि सबटा दोषसँ युक्त छी तेँ] विधातासँ मृत्युक याचना करैत छी जे मृत्यु भेलापर तँ हमरा शान्ति देथु।

रसिक स्वामी प्राप्त भेलापर प्रेम परवश नहि होअओ। जँ परवश होएबहु करए तँ नायक विचारवान होथु, नायकक विचारवान भेलापर स्त्री पराभव किएक पओतीह!

नायिका आक्षेप द्वारा ध्वनित कए रहल छथि जे यौवन, रसिकता एवं कुलशीलता सँ युक्त हमही टा छी; युवावस्था ओ रसिकतासँ युक्त रहितहुँ कुल-मर्यादाक अनुरोधेँ विरह-वेदनासँ सन्तप्त होइतहुँ परपुरुषक ध्यान नहि करैत छी। किन्तु हमर स्वामी एहन गमार छथि जे हमरा सन उत्तम रमणीकेँ त्यागि अन्य रमणीमे आसक्त भेल छथि। जँ ओ विचारवान रहितथि तँ सर्वोत्कृष्ट गुणशालिनी अपन स्वकीयाकेँ छोड़ि निम्नकोटिक कोनो दुराचारिणी-संग नहि करितथि। नायिका तेँ इएह कामना करैत छथि जे स्त्रीकेँ विचारवान स्वामी प्राप्त होथुन्ह, ओ जँ अपन स्त्रीक प्रेमक अधीन होएबहु करताह तँ कोनो क्षति नहि। नायिकाकेँ दृढ़ विश्वास छैन्हि जे जँ हुनक स्वामी विचारवान रहितथि तँ हुनका सन उत्कृष्ट नारीकेँ त्यागि दोसर हीन रमणीसँ स्नेह नहि जोड़ितथि।

13–उचिती

ई व्यवहारपरक गीत थीक जे जमाए वा समधिकेँ गाबि सुनाओल जाइत अछि, हुनक महत्ता आ अपन हीनता व्यक्त कए अभ्यर्थना कएल जाइत अछि।

एहिठाम जलधर ओ चातकक रूपक योजना द्वारा अपना केँ हीन ओ अनुग्राह्य कहैत अभ्यर्थना कएल गेल अछि 'समय न वरिससि असमय मोर' अहाँ समयपर नहि वरिसी से त हमर दुर्दिन थीक। 'देले सहस-लाष!'–अवसरपर हजार देलापर ओ लाखक वरावरि होइत अछि, समयपर किछुओ देल गेलेँ ओकर मूल्य शतगुण अधिक होइत अछि।

'जषने कलानिधि–न होअ मलान'–चन्द्रमा जखन अपन पूर्ण शरीर प्राप्त करैत छथि तँ पियासल राहु द्वारा ग्रस्त होइत छथि, मुदा ग्रहणसँ मुक्त भेलापर ओ कनेको मलिन नहि होइत छथि। तात्पर्य ई जे आर्त्तक उपकार कएने हानि नहि हो। 'वैभव गेला–एक'–वैभव नष्ट भेलहुपर विवेक रखनिहार पुरुष लाखमे एक होइत अछि, 'अहाँ तेहने विवेकी होइ' से प्रार्थना व्यंग्य।

यद्यपि ई गीत 'उचिती'मे गाओल जाइत अछि, किन्तु एकरा नायकक प्रति कहल गेल उक्ति सेहो मानि सकैत छी।

14–वसन्तागमन

कामोद्दीपक वसन्त ऋतुक प्रभावक वर्णन संयोग ओ वियोग दूनू पक्षमे। नायक ओ नायिकाक सम्भोगदशामे आनन्दवर्द्धक ओ विप्रलम्भदशामे सन्तापदायक होइत अछि।

रोल=ध्वनि; ओल=अन्त; रभस=आवेश, प्रेमोत्साह; केसु=पलाशक फूल; मेदिनी-कलप-तरु=पृथ्वीपरक कल्पवृक्ष, कल्पवृक्ष देवलोकमे होइत अछि आ सब प्रकारक कामनाक तृप्ति करैत अछि; भनिताक आशय जे मानिनीक जीवनक प्रति सहानुभूति रखनिहार राजा रुद्रसिंह जेना पृथ्वीपर स्थित कल्पतरु रहथि।

प्रतीयमानोत्प्रेक्षा अलंकार।

15–वसन्तक चुमाओन

वसन्त ऋतुक शोभा-वर्णनमे चुमाओनक विधिक आरोप। प्रकृति राजा वसन्तक सविधि चुमाओन कए रहलीहि अछि। नव पल्लव पीढ़ी, श्वेत कमल पूर्णघट, मकरन्द गंगाजल, लाल अशोक दीप, पूर्णचन्द्र दही; भ्रमर घुमि-घुमिकेँ सब लोककेँ हकार देनिहार, पलासक फूल सिन्दूर, केतकी फूलक पराग सुगन्धि द्रव्यक रूपमे आरोपित भए चुमाओनक संभार पुराए रहल अछि। समस्त वस्तु-विषय–सांगरूपक अलंकार। वसन्तक मानवीकरण।

बइसक=बैसबाक वस्तु, पीढ़ी; पुरहर-पूर्णघट; मन्दाकिनि-पानि–गंगाजल; दिवस पुनमन्त–पुण्यदिवस, पवित्र दिन; सपुन–सम्पूर्ण; विथरु–बँटैत अछि; पटवास–सुगन्धिद्रव्य।

16–रामधन

रामभक्तिक प्रायः एकमात्र गीत।

खेती, चाकरी ओ अर्थ-वाणिज्यकेँ लाभविहीन देखबैत, एकमात्र रामभक्ति रूपी वाणिज्यकेँ लाभप्रद सिद्ध करैत भक्तिक प्रतिपादन कएल गेल अछि; संसारमे सब किछु निस्सार ओ अनित्य थीक, केवल रामभक्ति स्थायी लाभ प्रदान कएनिहार थीक। वैराग्य द्वारा भक्तिक पुष्टि। काव्यलिंग ओ अप्रस्तुत-प्रशंसासँ अनुप्राणित रूपक अलंकार।

ठाकुर–मालिक, मजीठ-लाल।

'ई संसार हाट–गमार,' एहि संसारकेँ एकटा हाट बुझवाक चाही जाहि ठाम सब केओ वणिक अछि, जे जेहन व्यापार करत, तेहन लाभ पाओत; आ' मूर्खगमार लोक उचित व्यापार नहि कएने मरैत अछि। विद्यापति कहैत छथि, हे महाजन, केवल रामभक्तिक व्यापारमे लाभ अछि।

(कविता-कुसुमसँ, 1956)

प्राचीन गीतसँ

विद्यापति ठाकुर* (1350-1440)

विद्यापति ओइनिवार महाराज-लोकनिक दरबारमे राजपण्डित छलाह। बिसपी गामक दानपत्रमे हुनका 'अभिनव जयदेव' कहल अछि तथा ओ 'कविकण्ठहार' कहाबथि। एही दूहू उपाधिसँ हुनक कवित्वक आदर्श ओ कृतित्वक साफल्य साकल्येँ सूचित होइत अछि। हुनक काव्य-प्रतिभाक विश्लेषण कएलासँ अवगत होएत जे

1. विद्यापति जन-साहित्यक निर्माण कएल, मानव-हृदयक मूलभूत वासनाकेँ, नैसर्गिक भाव ओ भावावेशकेँ अत्यन्त सूक्ष्मतासँ यथावत् चित्रण कएल।
2. रागताललयाश्रित कोमल कान्त पदावलीक रचना कएल जाहिमे प्रसाद, लालित्य ओ माधुर्य उपर्युपरि अछि।
3. संस्कृत-काव्यक रीतिक भाषा-साहित्यमे अत्यन्त मनोहर अथच सफल प्रयोग कएल।

विद्यापतिक भाषा-गीतक वर्गीकरण एहि रूपेँ कए सकैत छी

1. **शृङ्गारक गीत** जाहिमे

(अ) कृष्णक गोपी-लोकनिक सङ्ग, विशेषतः राधाक सङ्ग, प्रणय लीलाक वर्णन अछि, तथा

(आ) नर ओ नारीक सहज आकर्षण-मूलक प्रेम ओ विलासक विविध भाव ओ अवस्थाक स्वाभाविक चित्रण अछि,

---

* रमानाथ झा सम्पादित मैथिली काव्य-संग्रहक प्रथम खण्ड अछि प्राचीन-गीत। एहिमे विद्यापति ओ हुनक सम्प्रदायक गीत संकलित अछि। विद्यापतिक कुल एक सय दू गीत अछि। गीतक प्रारम्भमे विद्यापतिक काव्य-प्रतिभाक संक्षिप्त विश्लेषण अछि आ पोथीक अन्तमे ओहि सभ गीतक 'व्यङ्ग्यार्थ-बोधिनी टिप्पणी'।

संकलित गीतक सूचीमे हम शीर्षकक संग गीतक प्रथम पंक्ति सेहो लिखि देलहुँ अछि। आशा अछि, एहिसँ गीत आ टिप्पणीक निर्धारणमे सुविधा होयत।—सम्पादक

2. भक्तिक गीत जाहिमे

(अ) शिव-विषयक नचारी सुप्रसिद्ध अछि।

(आ) शक्ति, गङ्गा ओ विष्णुक स्तुति अछि; ओ

(इ) शान्तिक पद अछि।

3. व्यवहारक गीत जाहिमे

(अ) भिन्न-भिन्न समयक अनुकूल गीत अछि यथा फागु, चैत, बरहमासा, पाबस इत्यादि।

(आ) भिन्न-भिन्न अवसरक उपयुक्त गीत अछि यथा योग, उचिती, कुमार, कोबर इत्यादि।

4. कूटक गीत अछि जकर साहित्यिक महत्त्व अत्यल्प अछि, केवल विनोदक सामग्री थिक।

विद्यापतिक प्रतिभा जहिना बाह्य जगतक सौन्दर्यक चित्रणमे निखरैत अछि तहिना अन्तर्जगतँहुक चित्रणमे। प्रायः सर्वत्र वाच्यार्थसँ व्यङ्ग्यार्थ विशेष रमणीय अछि। अलङ्कारक सन्निवेश अत्यन्त स्वाभाविक अछि, कृत्रिमताक भान नहि होइत अछि। उत्प्रेक्षाक प्रयोगमे विद्यापति बेजोड़् छथि। संभोगक वर्णनमे जँ भावोल्लास प्रचुर अछि तँ वियोगक वर्णनमे भावगाम्भीर्य। प्रकृतिक वर्णन विशेषतः ऋतुवर्णन साधारणतया उद्‌दीपनक रूपमे अछि, केवल वसन्तक वर्णन आलम्बनक रूपमे सेहो अछि जाहिमे ऋतुक मानवीकरण अत्यन्त आह्लादजनक प्रतीत होइत अछि। भक्तिक गीतमे रौद्र, भयानक, हास्य ओ शान्त रसक बड़ मनोरम सन्निवेश अछि। नचारीमे शिवक रौद्र दैन्य दशा आदि सब किछु लौकिक दृष्टिएँ वर्णित अछि जकरा जनैत, बुझैत, ओ देखैत गौरीक ओही शिवक हेतु तपस्या हुनक लौकिकता एवं आदर्श सतीत्व द्योतित करैत अछि। वस्तुतः कालिदास जे कथा कुमार-सम्भवमे बटुरूप धए स्वयं शिवक मुहसँ गौरीक स्थिरता जँचबाक हेतु कहबओने छथि तकरहि विद्यापति अपन शत शत नचारीमे विभिन्न भङ्गिमासँ भिन्न-भिन्न रसक पुट दए दए कहने छथि आ तहिआसँ तँ ओकर परिपाटिए चलि गेल जकर दृष्टान्त पुनः चन्दाझाक शत शत नचारीमे भेटैत अछि। विद्यापतिक व्यवहारक गीतक एखन धरि ने प्रामाणिक संग्रह भेल अछि ने ओकर अध्ययने, परन्तु जे किछु प्रामाणिक सामग्री उपलब्ध भेल अछि ताहिसँ ओकर विलक्षणता स्फुट अछि।

विद्यापतिक कविताक छन्द तत्तत् रागहिकेँ बुझबाक थिक से लोचन अपन रागतरङ्गिणीमे कहि गेल छथि। अतएव विद्‌यापतिक छन्दो-विन्यासक अध्ययनक हेतु विद्यापतिक गीतक रागक अध्ययन अनिवार्य अछि ओ ताहि निमित्त एकर ऐतिहासिक पर्यालोचना सेहो आवश्यक। एहि दिशि एखन सबटा कार्य पड़ले अछि।

विद्यापतिक गीतक भाषा ताहि समयमे मिथिलादेशमे बाजल जाइत 'भाषा', यथार्थ 'देसिल बयना' थिक से कीर्तिलताक भाषाक संग तथा अवहट्ट गीतक भाषाक संग ओकर तुलना कएलासँ स्पष्ट भए जाइत अछि। अवहट्ट 'देसिल बयना' थिक परन्तु विद्‌यापतिसँ

पूर्वक युगक, वर्णरत्नाकरहुसँ पूर्वक युगक, मिथिला-देशक ओ 'वयना' जे तावत् धरि साहित्यिक अभिव्यक्तिक माध्यम प्रतिष्ठित भए गेल छल। प्राकृत पैङ्गलहुमे एही रूपक भाषाक दृष्टान्त भेटैत अछि। जन-भाषाकेँ प्रथमहिँ विद्यापति साहित्यिक गौरव प्रदान कएल। तथापि विद्यापतिकेँ जखन गम्भीर विषयपर गीत रचबाक भेल, जनताक हेतु नहि किन्तु सुसंस्कृत समाजक हेतु, तँ ओ अवहट्टहिमे लिखल।

विद्यापतिक भाषाक दू गोट स्तर गीतहुमे लक्षित होइत अछि, एक ग्रामीण, दोसर नागर। प्रथम कतोक नचारीमे ओ अन्यो हास्यरसक गीतमे भेटत।

विद्यापतिक भाषा प्रसाद-गुणसँ ओतप्रोत अछि। जे कठिनता भेटैत अछि से बहुधा लेखकक प्रमादेँ, अशुद्धिजन्य आ प्राचीनताक कारणेँ सेहो। कतोक शब्द लुप्त भए गेल अछि, कतोक शब्दक अर्थ बदलि गेल अछि, कतोक वाक्य-संघटनाक रीति बदलि गेल अछि, व्याकरणक नियम बदलि गेल अछि।

विद्यापतिक गीत मुक्तकक उत्कृष्ट दृष्टान्त थिक। ओना तँ रसक सम्यक् परिपाकक हेतु विभाव, अनुभाव ओ सञ्चारी भावक संयोग आवश्यक ओ से सब सम्भव होइत छैक प्रबन्धकाव्यमे अथवा नाटकमे जाहिमे विभावादि-योजनाक प्रक्रियाडम्बरक अवकाश रहैत अछि। मुक्तकक छोट ओ सीमित परिधिमे से आडम्बर सर्वथा सम्भव नहि होइत अछि। विद्यापतिक कतोक गीतमे केवल नायिकाक स्वरूप वर्णन अछि, कतोकमे कोनहु उद्दीपन मात्रक विन्यास अछि, कोनहुमे सञ्चारी भाव मात्रक चित्रण अछि। परन्तु ई कविक चमत्कार थिक, ओ से चमत्कार प्रायः प्रत्येक नीक मुक्तकमे रहैत अछि, जे ओहिमे रस-योजनाक पृथक् पृथक् तत्त्व ततेक शक्तिशाली रहैत अछि जे एकहु तत्त्वसँ अन्यान्य तत्त्वक समाक्षेप भए जाइत अछि ओ रसक आप्लावन आरम्भ भए जाइत अछि। जे कथा आचार्य आनन्दवर्धन अपन ध्वन्यालोकमे अमरुकक मुक्तकक प्रसङ्गमे कहने छथि सएह विद्यापतिहुक गीतक प्रसङ्गमे कहि सकैत छी जे 'अमरुकस्य कवेर्मुक्तकाः शृङ्गाररसस्यन्दिनः प्रबन्धायमानाः प्रसिद्धा एव' अर्थात् एहि मुक्तक सबहुसँ शृङ्गारमन्दाकिनी ओहिना स्यन्दित होइत अछि जेना प्रबन्ध-काव्यसँ। मुदा तैओ विद्यापतिक गीतक यदि शास्त्रीय विवेचना कएल जाएत तँ प्रतीत होएत जे ओहिमे बहुधा स्थायी-भाव रसक स्थिति धरि नहि पहुँचैत अछि, बहुत ठाम ओ भावहिक स्थितिमे रहि जाइत अछि ओ भावोदय, भावसन्धि इत्यादिक दृष्टान्त जेहन सुन्दर जकाँ विद्यापतिक गीतमे भेटत वा तज्जातीय अन्यहु मुक्तकमे भेटत तेहन तकलहुँ उत्तर विरल। इएह कारण भेल जे मैथिलीक कविलोकनि मुक्तक लीखि ओकरा नाटकमे सन्निविष्ट कएल करथि, कारण, तखन ओ मुक्तक स्वतन्त्ररूपेँ रसस्यन्दी नहिओ हो तँ नाटकक मध्यवर्ती भेलासँ रसयोजनाक सकल तत्त्वक विन्याससँ रसक आप्लावन कए सकए।

ओना तँ विद्यापतिक रचनाक आदर्श जयदेवक गीतगोविन्द छलैन्हि मुदा गीतगोविन्दक गीतक सङ्ग विद्यापतिक गीतक तुलना कएलासँ स्पष्ट प्रतीत होएत जे जयदेवक गीतमे

भावक चित्रणसँ नायकक महिमा द्योतित होइत अछि, नायकक चरित्रगत उत्कर्ष प्रदर्शित होइत अछि मुदा विद्यापतिक गीतमे प्रायः सबटा भावक चित्रण नायिकाक वर्णनात्मक अछि, ओहिसँ नारीक उत्कर्ष प्रकट होइत अछि। विद्यापतिक गीतमे तँ नारीक विविध मनोभावक अपूर्व चित्रण भेटत। स्वयं विद्यापति कहने छथि—'नारि मनोरथ अभिमत शत शत रहस निरूप।'

ओ प्रकृतिक चित्रणक सङ्ग मानवक मनोभावक सामञ्जस्य विद्यापतिक काव्य-शिल्पक विलक्षणता थिक ओ ई गुण संस्कृत-काव्यहुमे भेटत परंच विद्यापति ओकरा भाषा-काव्यमे ताहिरूपेँ अंकित कएल जे मैथिली-काव्यमे ओ काव्य-कलाक एक गोट अभिन्न अङ्ग भए गेल।

विद्यापतिक गीतक संग्रह थोड़मे करब बड़ कठिन अछि। हजारसँ अधिक गीतसँ एक सए मात्र बीछब सुगम नहि अछि कारण बहुतो गीत उत्तम काव्य अछि। हम ई संग्रह अपना रुचिएँ कएल अछि तथा उत्कट शृङ्गारक गीत नहि बीछल। तथापि अनेकानेक उत्तम गीत छूटि गेल।

गीत जाहि संग्रहसँ लेल अछि तकर निर्देश नीचामे कए देल अछि।

गीतक सूची

सं.	गीतक नाम	
1.	गोसाउनिक गीत	— जय जय भैरवि असुर-भयाउनि
2.	गायत्रीक	— जय-जय भगवति भीमा भवानी
3.	शक्ति-वन्दना	— विदिता देवी विदिता हो...
4.	कालीक वन्दना	— आदिभवानि विनय तुअ पाय
5.	उमत महादेव	— बाँधए विकट जटा
6.	पुनमति गङ्गा	— सुरसरि सेवि मोरा किछुओ न भेला
7.	गङ्गाक विनती	— कत सुख सार पाओल तुअ तीरे
8.	गौरीक उमता	— विकट जटाचय किछु न लोक-भय
9.	रूसल महेश	— हम सौं रुसल महेशे
10.	उगना	— पञ्च-वदन हर भसमे धवला
11.	गौरिक नाह	— केहु देखल नगना
12.	गौरिक बौरा	— मोर बउरा देखल केहु कतहु जात
13.	भवानीक पाहुन	— पाहुन आएल भवानी
14.	जोगिआ भिखारि	— आजे अकामिक आएल भेषधारी
15.	जमाए शङ्कर	— प्रथमहि शङ्कर सासुर गेला
16.	भिखारि वर	— नाङ्ट जन्मभिखारि, वर के कर एहन
17.	गौरीक वर	— घर घर भरमि जनम नित...
18.	बूढ़ यति	— जखने देखल हर हो...
19.	शिवक विवाह	— मङ्गल बिलुबिअ सिन्दुरे पिठारे
20.	अर्धनारीश्वर	— कतहु श्मश्रुधर कतहु पयोधर...
21.	नटराज	— आज नाथ एक व्रत...
22.	भिखारि महादेव	— बेरि बेरि अरे शिव...
23.	शिव-शङ्कर	— जोगिया हमर जगत सुखदायक

57.	रूपलावण्य	— ससन-परस खसु अम्बर रे...
58.	अभिनव कामिनि	— देखलि कमलमुखि कोमल देह
59.	अद्‌भुत रूप	— चिकुर-निकर तम-सम...
60.	सखीशिक्षा	— खनहि खन महघ भइ...
61.	सहज सौन्दर्य	— मृगमद-पङ्क अलका
62.	भूषल मदन	— दुरहि रहिअ करिअ मन आन
63.	मूँदल मुकुल	— न बुझए रस नहि बुझ परिहास
64.	वारि विलासिनि	— बारि विलासिनि जतने आनलि...
65.	रूपगर्विता	— हठे न हलब मोर भुजयुग जाँति
66.	विरहिणी	— सरसिज बिनु सर...
67.	हृदयक बाउलि	— सरोवर मज्जि समीरन...
68.	विरह-दशा	— माधव जानल न जिउति राही
69.	बराकिनी	— माधव कठिन-हृदय परवासी
70.	पावसमे विरहिणी	— बरिसए लागल गरजि...
71.	दशमि दशा	— गगन गरज मेघा उठए...
72.	पिअ विनु पावस राति	— सखि हे हमर दुखक नहि ओर
73.	विरह-व्याकुला	— करतल-लीन दीन मुख-चन्द
74.	विरह-व्याकुल	— विरह-व्याकुल वकुल...
75.	आर्त वालम्भु	— जति जति घमिअ...
76.	मानिनी	— बदन चाँद तोर नयन चकोर
77.	अनुशय	— दिने दिने बाढ़ए सुपुरुष नेहा
78.	अपूर्व प्रीति	— जाबे सरस पिआ बोलए हसी
79.	अनुशयाना	— तोहर वचन अमिञ ऐसन
80.	अकथ कामगति	— प्रथमक आदरेँ पुलक भेल...
81.	विप्रलब्धा	— झटक झाटल छाड़ल ठाम
82.	पेअसिक समाद	— मोरि अविनय जत पललि खेञोब तत
83.	उत्कण्ठिता	— कह कह सुन्दरि न कर बेआजे
84.	रसकामिनि	— सुन्दरि तोरित करिअ अभिसारे
85.	नव अनुरागिनि	— नव अनुरागिनि राधा
86.	प्रियवल्लभा	— कत अछ युवति कलामति आने
87.	साध्वस	— अगमने पेम गमने कुल जाएत
88.	मन्मथ-पाश	— प्रथम पहर निसि जाउ
89.	मनक पाहुन	— सहज सुन्दर लोचन-सीमा

90.	कृष्णाभिसारिका	— चरण-नूपुर उपर सारी
91.	शुक्लाभिसारिका	— चान्दक तेज रअनि धर जोति
92.	मदन-प्रस्ताव	— जलद वरिस जलधार
93.	भाव-शवलता	— काजरे रंग बमए जनि राति
94.	पावसक अभिसार	— निसि निसिअर भम भीम भुअंगम
95.	प्रवत्स्यत्पतिका	— दखिन पवन वह मन्द
96.	गमार कन्त	— कुटिल-विलोक-तन्त नहि जान
97.	गोपालकेँ गारि	— गाए चराबह गोकुल बास
98.	कुपुरुष-सङ्ग	— मालति-मधु मधुकर कर पान
99.	गान्धर्व-विवाह	— सुरभि निकुञ्ज वेदि भलि भेलि
100.	नारि-मन-रङ्ग	— रयनि समापलि फुलल सरोज
101.	स्वप्न दर्शन	— नील कलेवर पीत वसन...
102.	प्रीति	— सखि कि पुछसि अनुभव मोय

टिप्पणी

1. गोसाञुनिक गीत। गोस्वामी शब्दक अपभ्रंश रूप गोसाञि, तकर स्त्रीलिङ्ग रूप गोसाञुनि। मिथिलामे कुल-देवताक हेतु प्रयुक्त गोसाञुनिक मूर्त्ति नहि माटिक पीड़ी, पीठ, होइत अछि। तँहि प्रायः ई नाम। सकल माङ्गलिक काज गोसाञुनिक आराधनासँ प्रारम्भ होइत अछि। जगदम्बाक प्रति अनुगत पुत्रक विनीत भक्ति-भाव। एहि जातिक गीतमे देवताक नाम, रूप ओ लीलाक कीर्त्तन रहैत अछि। 'भक्ति' एतए 'भयानक' सँ पुष्ट। जगदम्बाक रौद्र रूप दुर्मति दैत्यक हेतु, तेँ सुमतिक वर-प्रार्थना। 4 अनुगत, पाछाँ पाछाँ गेनिहारक गति, अवलम्ब, तुअ पाया, चरण। 5-6 चरण शिवक शवक ऊपर, ललाटमे चन्द्रमा मणिरूप (रूपक अलङ्कार) 19-12 श्याम वर्णमे लाल लाल आँखि मेघमे लाल कमल (अतिशयोक्ति ओ प्रतीयमान उत्प्रेक्षा)। कट कट दाँतक शब्द। विकट ओठ लिधुरसँ लाल, पाँडरिफूल जकाँ (लुप्त-धर्मवाचक-उपमा)। जिह्वासँ चुबैत लिधुरक फेनमे फोका। पद-सेवक सँ अनुगतत्व। रौद्र वीभत्स ओ भयानक अङ्ग, अङ्गी भक्ति। अंक अनुसारी शब्दक विन्यास।
2. गायत्रीक वन्दना। पूजाकाल गएबाक गीत। गायत्रीक ध्यान 'वेदमाता' 'गायत्री छन्दसां माता ब्रह्म-वादिनी' आवाहन मन्त्र द्रष्टव्य। 3-4 देखू सप्तशती 'न ज्ञायसे हरिहरादिभिरप्यपारा'।
3. शक्तिस्वरूपा जगदम्बा 'अज्ञातमूल स्वरूपा' किन्तु 'सर्वजन प्रसिद्धा'क प्रति भक्ति-भाव, अद्भुत मायक लीलासँ अनुप्राणित। 1 विदिता सर्वप्रसिद्ध; द्विरुक्ति विस्मयबोधक। अविरल...उन्मुक्त केश जाल। 2 एकानेक-एक मात्र आदि-शक्ति अनेक सहस्र रूप शक्तिकेँ धारण कएने शत्रुक रणक्षेत्रकेँ पूर्ण करैत—यथा, सप्तशतीक रक्तबीज-वधमे किन्तु शुम्भवधमे 'एकैवाहं' इत्यादि द्रष्टव्य। 3-6 नाना रूपक शक्तिक कीर्त्तन।
4. आदि भवानी आद्या कालिकाक केलि अर्थात् लीलाक कीर्त्तन। रौद्र, भयानक ओ अद्भुत चरित्रेँ भक्ति-भाव। ध्यानक गीत। 2 दुरत=दुरित, अनिष्ट; स्मरणसँ

दुरितक नाश, असुरक संहार ओ भक्तक प्रतिपाल तेँ 'दाहिनि'—सदय रहबाक प्रार्थना।

5. उन्मत्त महादेव—अद्भुत रस। दक्षयज्ञ विध्वंस कए सतीक वियोगमे बताह महादेव। 1 तथिहुँ-अधिकरणवाचक, जटामे चँदिन, चन्द्रमाक, फोटा=ठोप 12 समत=सम्मत, शान्त। 3 मौलि=माथमे, छार=छाउर, मेलए—मीड़थि। सहज—जे अभ्यास नहि छुटैत छैन्हि। केवल रूप-वर्णन। विस्मयसँ भक्तिक भाव।

6. पुनमति पुण्यवती नहि, पुण्यस्वरूपा अर्थात् जनिकामे पुण्य अनका भेटैक। भगीरथ गङ्गाकेँ लए गेलाह तेँ ईर्ष्याक भाव समस्त गीतमे। सएह चमत्कार! 3-4 महादेवहुक जटाशून्य भए गेल, चन्द्रमा मलिन भए गेलाह तेँ गङ्गाक महिमा व्यक्त। 5 गङ्गाक महिमा ओ भगीरथक लघिमासँ भगीरथ प्रयत्नक प्रशंसा। 7-8 जे गंगा शिवक जटामे छलीह भगीरथक छितनी सनक कपारपर कोना उठतीह। 10 अन्त शरणसँ मुक्तिक प्रार्थना।

7. गंगाक तट छोड़बाक कालक विनती, पुनः दर्शन हो। अन्तकाल शरण दी जे मुक्ति हो से एहूमे। 1 कत सुखक सार—सुखक तत्त्व यथार्थ सुख, देखएबाक सुख नहि। 5-एक अपराध जे मातृरूपा गंगाकेँ पाएरसँ स्पर्श कएल। 7-8 सब जप तप योग ध्यानक समान फलाधायक अछि एक डूब स्नान।

8. गौरीक उक्ति—उन्मत्त महादेवक उदेस। स्वरूप वर्णन-अद्भुत। जटा, नागभूषित, दिगम्बर, त्रिपुर डाहि भस्मसँ गजाजिन भरने, बसहा चढ़ल, बूढ, तीन नेत्र, तेसरमे अग्नि, जटामे गंगा। सर्वथा अद्भुत ओ ते ँ विस्मयसँ भक्ति-दृढ़ता। गौरी विकल-मति एहि उन्मत्तकेँ तकबामे। स्मरण रहए जे सतीक शरीर त्यागला उत्तर गौरी हुनका वरण कएल।

9. रूसल महेश—रूसल सतीक वियोगेँ संसारसँ, तेँ योगी। गौरी हुनका हेतु बताहि छथि जे कतए भेटताह। 3 पथुक=पथिक। 5 अनूप विभूति—भस्म मुदा ऐश्वर्य जकर उपमा नहि हो। एहि गीतक भास द्रष्टव्य थिक, इएह थिक नचारी जे डमरू बजाए नाचि नाचि गाओल जाए। एहिसँ पूर्वक 5 ओ 8 गीत रागतालबद्ध अछि, महेशबानी कहाओत।

10. अधिकांश नचारीमे महादेवक अद्भुत, रौद्र वा दीन रूपक वर्णन कए हिमालय, हुनक स्त्री मेना तथा कतहु कतहु पार्वतीक सेहो विषाद वर्णित अछि। भारतीय परम्परामे गौरी सौभाग्यवतीमे आदर्श बुझल जाइत छथि, तपस्या कए ओ शिवकेँ स्वामी प्राप्त कएल। तखन हुनक विषादक कथा सर्वथा अलीक। परन्तु लौकिक दृष्टिसँ महादेव कथमपि गौरीक योग्य पति नहि बुझल जाए सकैत छलाह। सएह लौकिकता एहि जातिक गीतमे अभिव्यक्त अछि जाहिसँ सात्त्विक दृष्टि दिशि ध्यान आकृष्ट हो। एहि जातिक गीतमे भनिताक पदमे यथार्थ वस्तुस्थितिक उल्लेख भेटत।

एहि गीतमे अद्भुत रस, 'विनु वितेँ ईश्वर' अद्भुत गप्प। उगना महादेवक नाम वेदहुमे भेटैत अछि 'उगणाभ्यः'।

11. गौरीक जिज्ञासा। महादेव भिक्षामे बहराएल छथि–अद्भुत रस। मध्यमे 'अभय वरदाता' सँ हुनक महिमा सूचित।

12. अद्भुत ओ बीभत्स रससँ अनुप्राणित करुण रस। उन्मत्त बताह जकाँ आचरणबला महादेवक प्रति गौरीक चिन्ता। विसपान खात=विषपान करैत। बिसम्भार= विश्वम्भर। बेसम्हार नहि, ई शब्द नव थिक। लौआ=लौका, जेना सजमनिक कमण्डलु भिखारि सब रखैत अछि। योगक युक्ति कण्ठमे; माथ भरल जटासँ, अथवा कण्ठसँ माथ धरि भरल योग-युक्ति, अद्भुत योगी वा योगिराज। अरगज-अङ्गराग। सिरपर जटामे सुरसरित् जनिक नाम गंगा अथवा तरङ्गिनि तेँ बोल। 'बौरा विश्वम्भर' विरोधाभास भेल।

13. महादेवक दोसर स्वरूप। गौरीकेँ तकैत भिक्षुकक रूपमे। अद्भुत रस। युवतिक लोभे=पार्वतीसँ विवाहक इच्छुक। जगतक कृषाण जे संसारकेँ समृद्धि दैत छथि।

14. पूर्ववत् प्रसङ्ग ओ रस। अकामिक=आकस्मिक। भेषधारी=भिक्षुक योगीक रूप धएने। भुगुति=भुक्ति=भोजन। रिसी=क्रोध। डिठिअओलए=आँखि लगओलेँ। शिवक दर्शनसँ पार्वतीक मूर्च्छा, हुनक ईश्वरत्व ओ पार्वतीक सम्मोहन सूचित करैत अछि।

15. सासुरमे शिवक उपहास ओ ताहिसँ गौरीकेँ लज्जा। वोकान=झोरा। प्रकृति औषध–के जनैत अछि जे ई परमेश्वर प्रकृतिक, नियतिक, प्रतीकार-समर्थ छथि। सहज कहू–स्वाभाविक कथा कहैत छथि जे आडम्बरसँ आदर होइत छैक ओ से आडम्बर शिवमे नहि छैन्हि। अर्थान्तरन्यास।

16. शिवकेँ जमाए देखि मनाइनिक कुतर्क। प्रसिद्ध गीत। अद्भुत ओ वात्सल्य रससँ पुष्ट भक्तिक भाव जे भनितासँ व्यङ्ग्य।

17. बड़ प्रसिद्ध गीत। ग्रिअरसन ओ चन्दा झा कहैत छथि विद्यापतिक परन्तु कवि लालक गौरी-स्वयंवरमे अछि। मनाइनि वा सखीक विषाद। महादेवक कुलक परिचय नहि तेँ अधिकारक निर्णय कोना हो। मैथिलक रीति व्यङ्ग्य। असुजन=अस्वाजन्य-विवाहक अधिकार निर्णय जाहि हेतु परिचय आवश्यक। निबन्धनसिद्धान्त। ठओर-ठेहर= रहबाक स्थान, ठेकान।

18. विवाह काल गएबाक गीत–महादेवक विवाह। भास द्रष्टव्य। अद्भुत रस। 7-8 केओ किछु कहू, स्वामी हमर इएह थिकाह, पूर्वक लिखल हमरा इएह छलाह।

19. हिमगिरिक ओहिठामक स्त्री-गणक उक्ति विवाहार्थ आएल शिवक प्रति। घूड़ि जाउ, गौरीक योग्य वर अहाँ नहि। महादेवक अपेक्षा गुणक गौरवमे गौरी अधिक छथि तखन जयमाल अहाँकेँ किएक देथु। तखन महादेवक स्वरूपमे विवाहक अनुपयुक्त

गुण देखबैत छथि ओ व्यङ्ग्यसँ महादेवक ध्यान कहैत छथि। महादेव दिगम्बर छथि, भस्मसँ व्याप्त, तृतीय नेत्रमे अग्नि, जटामे गङ्गा, कण्ठमे नाग। लोकमे मङ्गल सिन्दूर-पिठारेँ बाँटल जाइत अछि, अहाँ छाउरसँ साजिकेँ ओ मङ्गल बाँटब, बँटबाएब। आँखिक आगि हिमगिरि-कूमरि कोना सहतीह, हुनक माथमे आगि लागि पट्टवस्त्रकेँ डाहि देत। सासु चुमाओन करए जैतीह तँ गङ्गामे डूबि जैतीह; संखी प्रणयालापक हेतु जैतीह तँ सापक फुफकारसँ पड़ाए जैतीह। बिलुबिअ=बाँटल जाए। विलग=फराक। अन्तमे शिव-शक्तिक संगम द्रष्टव्य। दूनूक महिमा व्यङ्ग्य। अद्भुत रससँ पुष्ट भक्तिक भाव।

20. पार्वती सखीक सङ्ग शिवक परिहास-आलाप। अर्धनारीश्वरक ध्यान व्यङ्ग्य। दाढ़ी ओ पयोधर दूहूक सम्मिश्रण अद्भुत। कामदेवकेँ डाहल ओ अपन आधा शरीर गौरी केँ देल। बाह रे महादेव! ई परिहास। कामकेँ नष्ट कएल की कामकेँ प्रश्रय देल?

    शिवक उत्तर—गङ्गाकेँ माथपर लेलिऐन्हि तेँ रूसलि गोरीकेँ अपन आधा शरीरमे लए लेल मुदा की कहू, ककर ककर दोष कहू; साप लटकिकेँ पाएर धरि आएल तेँ ओकर फणिकेँ मणि बूझि कपारपर चन्द्रमा बिगड़ि गेलाह जे पाएरपर एहन मणि रखने छथि जे हमरहुसँ सुन्दर अछि।

    शिवक ध्यान। अद्भुत रस। भक्ति-भाव पुष्ट।

21. प्रसिद्ध महेशवानी। शिवक मस्तकपर अमृत, से चुइला उत्तर जे अनर्थ होएत तकर विवरण। नट-राजक भूमिका।

22. दरिद्रता अभिशाप। महादेवक दृष्टान्तसँ तकर समर्थन। महादेवकेँ आक धुथूर फूलसँ पूजा, विष्णुक चम्पासँ। तेँ कृषि करू जकर सब साधन अछि। सम्बर=धन। खटंग=खट्वाङ्ग। पाएट=पटएबाक हेतु पानि लए जएबाक बाट। अन्तमे विनती। एतए जे होअओ, मरणोत्तर शरण देव। महिमा व्यङ्ग्य।

23. अत्यन्त प्रसिद्ध गीत। गौरीक उपराग अढरन ढरन शिवक प्रति। शंकर जे सबकेँ सुख देथि, स्वयं भिखारि। लौकिक दृष्टि तेँ प्रसिद्धि।

24. गौरीक दुश्चिन्ता महादेवक भाँग पीबि मत्त रहलासँ। छठम पंक्ति—लौकिकताक उक्ति। स्वयं मत्त रहितहुँ महादेव विघ्नक विनाशक। भयक आशंकासँ भक्तिक पुष्टि।

25. संसारकेँ सागर कहि ओकर भयानकतासँ शिवक शरणमे। अपनाकेँ समर्पण। भयानकसँ पुष्ट भक्ति।

26. शिव-वानी अर्थात् महेशवानी। शिवक ध्यान ओ हुनक अद्भुत हीनतासँ विस्मय। भक्तिक पुष्टि। एकर भास द्रष्टव्य।

27. विनतीक पद। निर्वेदसँ शान्तिक पुष्टि। जरठ=बूढ़।

28. शिव ओ विष्णुक तादात्म्य। एकहि तेजक दू रूप। विलक्षण साम्य-प्रदर्शन। वानिचालि, स्वभाव अथवा वाणी=शब्द। लीलामे भेद अथवा नाममे भेद।

29. व्यतिरेक द्वारा उपमानान्तर-तिरस्कारसँ अनन्वय। भक्तिक उत्कर्ष।

30. राम-भक्तिक प्रायः एकमात्र गीत। संसारक निस्सारता ओ अनित्यतासँ निर्वेदक भाव; ताहिसँ भक्तिक पुष्टि। काव्यलिङ्ग ओ अप्रस्तुतप्रशंसासँ अनुप्राणित रूपक। राम-भक्तिमे वाणिज्यक आरोप परम्परित। रषवार=काल वा वयस। ठाकुर=मालिक। भोर=वेसुधि। 4 अल्प मूल शीघ्रहिँ आओर थोर भए गेल। बेज=ब्याज, सूदि।

31. वयस थिक काल, तकर प्रभावक वर्णन। एहि शरीरक अनित्यता ओ निस्सारतासँ निर्वेद। तेँ शान्त-रस। स्वभावोक्तिक विलक्षण निदर्शन। शैशव, यौवन इत्यादिक वर्णन कए वृद्धक अपादहस्त स्थितिक करुण वर्णन। पेलि=भरि तोष। चबाए चिन्हओलासि=शिशु जेना सब वस्तुकेँ मुहमे लए चिन्हल करैत अछि। 6 जेना भमर फूलकेँ छूबि छोड़ि देअए, तहिना नित्य परिवर्त्तनशील शरीरकेँ वयस छुवितहिँ छोड़ल करैत अछि—तेँ ओकरा निर्लज्ज कहल। 7 दुइ सिरिफल=स्तन। 7-8 शृंगारक निस्सारता, जेना बसातकेँ खेहारी। बिभछल=उज्जर भए गेल। कमाओल=मन्त्रमुग्ध अथवा केचुआ छाड़ने। छोड़की सोरकी प्रायः दुहू पिपनीक हेतु शब्द, जे लुप्त अछि।

32. जीवनक अनुभवसँ संसारक निस्सारता—तेँ निर्वेद। अन्तक चिन्तासँ भगवच्चरणमे आत्मसमर्पण। परन्तु भरिजन्म मिथ्या मायाक पाछाँ रहि अन्तमे भक्ति भावनासँ लाज। साँझक पहर केओ सेवाक काज माङए आबए तेहने सन स्थिति। साँझकेँ काजक समय बीति जाइत अछि तहिना जीवनक अन्तमे विश्रामक समय, भक्तिक समय कहाँ? तेँ लाज।

33. निर्वेद, आत्मसमर्पण—प्रसिद्ध गीत।

34. रसादि पूर्ववत्। चरित चातुर=क्रिया कौशल। मोर मोर=अहंकार। शेष-दशा=अन्तिम समयमे। कपट=मिथ्या। मदन-गोह=कामरूपी ग्राह।

35. निर्वेदसँ आत्मसमर्पण—प्रसिद्ध गीत। तुलसी तिल—भगवानक प्रिय। 4-5 अपन हीनताक अनुभव। 6-7 जगतारण कहाए यदि छोड़ि देब से की हम जगसँ बाहर थिकहुँ? 8-11 कर्म-विपाकसँ पुनः पुनः जन्मक जाल—मुदा सब बेरि मन आनक संग, भगवानमे नहि, से भेलासँ तँ मुक्ति भए जाएत। 12-15 भवसिन्धुतरणमे कातर। पदपल्लवक एक तिल, एक कण, मात्रक याचना। रूपक। काव्यलिंग।

36. वसन्त-सुषमाक वर्णन—लयमे द्रुति। स्वभावोक्ति। रातिकेँ इजोरिआ, दिनकेँ बसातमे धूलिक कारण अन्धकार। स्वाभाविक वर्णन। परिपन्थिहि=वियोगीकेँ। परिठबइ=प्रस्तुत करैत छथि।

37. वसन्तमे राजाक आरोप—शिशिरक सङ्ग युद्ध; वसन्तक विजय। राजाक सब लक्षण

वसन्तमे लक्षित। युद्धक यात्राक विवरण आ ताहिसँ समयक सारक वर्णन। समस्तमे रूपकक ध्वनि। समस्त वस्तु विषयक साङ्ग-रूपक। पयगण्ड=प्रौढ़। यन्त्र= वाद्ययन्त्र। द्विजकुल (श्लेष) ब्राह्मण ओ पक्षी। चन्दातप=चन्द्रिका। आगे देल भङ्ग=पड़ाए गेल। सरसिज=कमल जे जाड़मे गलि गेल छल से नव प्राण पाओल ओ नव पात वसन्त-राजकेँ आसन देल। एहि गीतमे वर्णक जे सूक्ष्मतासँ अङ्कन अछि से द्रष्टव्य। अन्यत्रहु ई प्रचुरतया भेटत। यथा पहिलहि गीत मे जलद, कोका, पाँड़रि, इत्यादिसँ। प्रकृतिपर्यवेक्षणक सूक्ष्मता एहिमे श्लाघनीय। वसन्तक वर्णनमे प्रकृतिक मानवीकरण एहि जातिक गीतक वैशिष्ट्य द्रष्टव्य।

38. वसन्तक वर्णन—उद्दीपनक रूपमे। संयोगमे आनन्द, विरहमे उत्ताप। ओल=अन्त। रभस=आवेग। केसु=पलाशक फूल लाल। प्रतीयमानोत्प्रेक्षा, अतिशयोक्ति।

39. वसन्तश्रीक वर्णनमे चुमाओनक संभार-प्रदर्शन। अद्भुत चमत्कार। सँपुन=सम्पूर्ण। बिथुरलहु=बॉटल। पटवास=सुगन्धि द्रव्य। समस्त-वस्तु-विषयक साङ्ग-रूपक। वसन्तक मानवीकरण।

40. वसन्तश्रीक वर्णनमे विवाहक सब सम्भार प्रदर्शित अछि। मानवीकरण। धवलीअ=चुनेटल। पौत्र-नाल=कमलक डंटी। रात परीहन=लाल परिधान। हथोदक= हस्तोदक। बरिआती भेलाह चन्द्रमा ओ मन्द वायु। दुजवर=द्विजवर। कनए केआसुति= सोनसन रंगक लत्ती विशेष। समस्त-वस्तु-विषयक साङ्ग रूपक। मुदा कन्या के?

41. ओही श्रीकेँ एहिमे विवादक रूप देल अछि। वादी भेल मुद्दइ, प्रतिवादी मुद्दालह। वादीक भाषा भेल—विवादक विषय लिखित अर्थात् नालिशी। मध्यस्थ भेल विचारक। सखिता=साक्षिता, गबाही। जयपत्र=डिगरी। शिशिर-बिन्दु=जाड़ पड़ाएकेँ ओसक बिन्दुमे नुकाए रहल। 3-4 मन्मथक एकमात्र साधन मलयानिल जे मानिनीक मानकेँ दूर करबामे समर्थ अछि। सएह दक्षिण पवन नालिश दायर कएलक। प्रकृत विषयमे ई दूनू पंक्ति उपकारक नहि प्रतीत होइत अछि। समस्त-वस्तु-विषयक साङ्ग-रूपक। प्रकृतिक मानवीकरण।

42. वसन्तमे वृन्दावन-मध्य रासक वर्णन। चमत्कार अछि 'मधुर' क। विद्यापति अपनाकेँ मधुर कहैत छथि से द्रष्टव्य। 2 कुसुमक मधुसँ मत्त। 4 रस राज अर्थात् शोभित अछि। 7 मातल रसाल पाठ गुप्तक थिक, मित्र-मजुमदार मातलक स्थानमे मृदंग कहैत छथि से पाठ नीक। गुप्तक पंक्तिक अर्थ 'मस्त, रस भरल' करए पड़त। 9 नटन=नाचब, गतिभङ्ग=गतिक भंगिमा। नटिनि=नर्त्तकी। नट-रंग विविध रस-युक्त नाच।

43. रासक वर्णन—वसन्त उद्दीपनक रूपमे। एहिमे नव शब्दक अनुवृत्ति चमत्कारक। वृन्दावन- तरुगण दूनूमे नव विशेषण वसन्तक नवीन सुषमा द्योतित करैत अछि।

उमताअइ=उन्मत्त करए। आमक मजर खाए कोकिल मत्त भए गबैत अछि ई स्मरणीय। युवराजसँ कृष्णक आक्षेप। विद्यापतिक मति सेहो मातल अछि एहि मत्तक समाजमे।

44. वसन्तमे मान सम्भव नहि, ने उचित। वसन्तमे कामदेव शरीर धारण कए प्रत्यक्ष होइत छथि। अनङ्ककेँ तँ रोकलो जाए सकैत अछि परन्तु शरीरी कामदेवकेँ के थम्हि सकत? तेँ एहि ऋतुमे सर्वत्र केलि-विलास प्रत्यक्ष होएत ओ मुनिहुक मन हो लोभे। मानिनीक प्रति सखीक उक्ति। शरीरी अनङ्गसँ वसन्त-सुषमा तात्पर्य। तँहि एहि गीतकेँ एतए देल। अन्यथा ई शुद्ध मानक गीत थिक। 1-2 नव नागर—दूनू पंक्तिमे मनोरम नहि। हँ, प्रथममे साधारण ओ दोसरमे विशेष कएने निर्वाह करी। पुनफलेँ—पुण्यक फलसँ सब सब किछु करबामे समर्थ। षटऋतु सबे—वाच्यार्थ तँ स्पष्ट अछि परन्तु आशय की? वसन्तक सुषमाक प्रसङ्ग अछि, षट्ऋतुक प्रसंग कहाँ?

45. फागु थिक फागुनमे गएबाक गीत। वसन्त पञ्चमीसँ होलिका-दहन पर्यन्त एहि गीतक समय। एहिमे विष्णु ओ महादेवक होली खेलएबाक वर्णन अछि। विष्णुक संग छथिन्ह सरस्वती ओ लक्ष्मी, शिवक संग छथिन्ह गौरी ओ सन्ध्या। विष्णुक दल सिन्दूरसँ खेलाइत अछि, शिवक दल भस्मसँ। बसहा सिंह मयूर मूस—शिवक परिवारक वाहन कसल अछि। पलान=पीठपर बैसबाक आसन। बोकान=झोरा। 4. दूनू भस्म ओ सिन्दूरसँ खेलथि एकहि दिन। व्यवहार अछि होलिकादहनक प्रात भस्मक्रीडा। व्यवहारक विवरण मननीय। बोरी=साधारणतया बोरब तँ जलसँ सम्भव तेँ प्रायः ध्वनि अछि जे महादेव भस्म घोड़िकेँ ओहिसँ विष्णुक पीताम्बर बोरि देल। 7-8 दिगम्बर ओ विष खाए उन्मत्त महादेव उमकि उमकि खेड़ाथि। विनोद गीत। सिन्दूर-क्रीडा ओ भस्म-क्रीड़ाक सबसँ प्राचीन उल्लेख मैथिली साहित्यमे।

46. उचिती—व्यवहारक प्रसिद्ध गीत थिक। जमाएकेँ वा समधिकेँ गाबिकेँ सुनाओल जाइत अछि। एहिमे सज्जनक प्रशंसा रहैत अछि जाहिसँ जकरा गाओल जाइत अछि तकर अभ्यर्थना भेल ओ अपनाकेँ हीन कहल जाइत अछि। कृपाक भिखारि जेना एहिठाम, जलधर ओ चातकक रूपक-योजना अछि। 4 समयपर नहि बरिसी तँ से हमर दुर्दिन। 6 अवसरपर किछु देलासँ ओकर मूल्य सए बर अधिक होइत अछि। 7-10 पूर्णिमामे चन्द्रमाक ग्रहण होइत अछि परन्तु ग्रहणसँ मुक्त चन्द्रमाक कान्ति म्लान नहि होइत अछि। आशय जे आर्त्तक उपकार कएलेँ हानि नहि हो। 11-12 वैभव गेलहुँ विवेक छैक एहन सज्जन लाखमे एक होइत छथि ओ अहाँ तेहने विवेकी होइ से प्रार्थना बुझबाक थिक।

मुदा एहि गीतकेँ नायिकाक दिशिसँ सखीक उक्ति नायकसँ सेहो भए सकैत अछि परन्तु एहि जातिक गीतक भास सेहो अपन विशेष होइत अछि तथा इहो गीत

व्यवहारमे उचिती जकाँ गाओल जाइत अछि।

47. ई शुद्ध उचिती थिक। सुजनक प्रशंसा ओ 'सूहबक साति' सँ स्पष्ट अछि जे एहिसँ जमाए वा समधिक अभ्यर्थना अभिप्रेत अछि, कारण कन्या हुनकहि हाथमे देल जाइत अछि। प्रथम दू पद्यमे दृष्टान्त ओ तेसरमे अर्थान्तरन्याससँ सज्जनक गुणक कीर्त्तन अछि। सज्जन समुद्र थिकाह, गम्भीर तेँ ओ दुर्जन जँ विरोध उत्पन्न करहु चाहए तँ सज्जनक स्नेह आओर द्विगुण होइत अछि जेना सोन तपओला उत्तर दोगुन कान्ति धारण करैत अछि। सूहब=सौभाग्यवती, विवाहिता कन्या, तकर साति अर्थात् परवशता, सासुरक लोकक अधीनता। जकर जे स्वभाव थिकैक से विचलैत नहि अछि अर्थात् सुजन सुजने रहैत छथि, कतबओ दुर्जन 'मन भङ्ग' क चेष्टा करओ।

48. महुअक=मधुपर्क। विकृत रूप। विवाहक विशेष विधि। एहि गीतक भास अपन विशेष होइत अछि। शिवक विवाहक प्रसङ्ग। खाँड़=गूरसँ बनल चीनी।

49. चतुर्थीक गीत। चतुर्थी विवाहक अङ्ग थिक, ताहि विधिक विवरण अछि। प्रसङ्ग महादेवक विवाह। विवाहक चरिमा दिन कोबरक सेज उठबाए ओकरा नीपब, पालोपर नहाएब, कंकण फोलब, कन्याक पसाहनि खोलाएब, कोबर लए जाएब, ओतए होम होएब, ओ पुनः सिन्दूर-दान—ई लौकिक ओ वैदिक विधि वर्णित अछि।

50. योग—वशीकरण प्रयोग। जमाएकेँ भोजनक काल गएबाक गीत योग। एहिमे वशीकरणक प्रयोग वर्णित। वशीकरणक तीनि गोट प्रसिद्ध प्रयोग—लेप वा अङ्गराग, धूप ओ आँजन। इएह तीनूटा एहि गीतमे कहल अछि। प्रथम पद्यमे लेपक विधान आछि। कूढ़ इत्यादि काष्ठौषधि थिक। एकल बीर=एकसर केराक गाछ। हरियाली मान=औषध थिक। दोसर पद्यमे धूपक विधान। गुड़, गुग्गुल, बहेड़ा, मकड़ा, माछी, सड़ल माँड—सबकेँ सानि माटिक महादेव जकाँ बनाए सुखाए आगिमे जराएब—धूपसँ वशीकरण। तेसरमे आँजन अछि। फल कहल अछि 'धिअ जमाइक परान' हो, 'पहु हुँकरब तोरा लागि' 'हाँकब पहु परेबा भाँति।' गीतक ध्रुव आशय स्पष्ट करैत अछि जे योगक युक्ति कएलासँ पिया परवश नहि हो। ई विधि सब केवल वर्णन नहि थिक, सत्ये वशीकरण युक्ति थिक। ई गीत प्रायः चारि सए वर्ष पुरान लेखमे भेटल।

51. अबहट्ठ भाषाक गीत। ऐतिहासिक महत्त्व, लोकानुरंजन प्रयोजन नहि तेँ प्रायः लोक-भाषामे नहि। पुरान, वर्णरत्नाकरहुसँ पुरान भाषामे। तेँ भाषान्तरक प्रयोग यथा, मिलिओ, चलिओ, देखन। लोक-भाषा नहि सिखल भाषा तेँ भाषामे संकर। अनल 3, रन्ध्र 9, कर 2, समुद्द=समुद्र 4, कर 2, अगिन 3, शशि 1, अर्थात् लसं 293 शाके 1324। चैत कृष्ण षष्ठी वृहस्पति ज्येष्ठा नक्षत्र। पुहबी=पृथिवी। छड्डिअ=छोड़ल। इन्द्र अपन आधा आसन हिनका देल। दुहु सुरतान बंगाल ओ जौनपुरक आब निश्चिन्त सूतथु। देवसिंहक परोक्षमे जेना सूर्य अस्त भेलापर संसारमे अन्धकार हो। पौरुषक मध्य पुण्य जेँ सत्यक बलसँ देवसिंह गङ्गालाभ कएल। परन्तु

शिवसिंहक दर्पसँ एकहुक मनोरथ नहि पूरल। फूलक वर्षा, स्वर्गसँ दुन्दुभिक शब्द। देवतालोकनि आकाशसँ वीर-क्षत्र देखए अएलाह। श्राद्ध-यज्ञ आरम्भ भेल। आचारक प्रशंसा पण्डितक ओतए, दानक याचकक ओतए। उत्सवसँ शोक बिसरि गेल।

52. तारुण्यक प्रथम उद्‌गमसँ उत्पन्न विकारक वर्णन, प्रथमावतीर्णयौवना परंच अज्ञातयौवनाक। सखीक उक्ति नायकसँ। शैशव ओ तारुण्य समान अछि कोन अधिक से चीन्हब कठिन। नयन कटाक्ष, वृथा हास, मुहपर नूआ लेब, आँचरसँ स्तनांकुर झाँपब, चौँकब ओ मन्द चालि—सब तारुण्यक लक्षण, मदन-पाठक प्रथम अध्याय। धूलिमे खेलाएब, स्तानांकुर झाँपब बिसरब—शैशवक लक्षण। दुहूक मिलब तेँ वयःसन्धि। चौँकब अज्ञात-मदनाक स्वभाव, मन्द चलब तारुण्य-विकासक लक्षण। खनेखन अनिश्चितता व्यंजित करैत अछि जाहिसँ अज्ञातयौवन-मदन-विकार ध्वनि। हृदयमुकुल (रूपक) छातीपर फूलक कोँढ़ी जकाँ स्तनक अंकुर मात्र। भोर=बेसुधि। स्वभावोक्ति।

53. यौवन-स्पर्श। मुग्धाक शरीर ओ स्वभावमे विकार स्पष्ट अछि, ओ अज्ञातयौवना नहि अछि ई वार्त्ता सखी नायकके दैत कहैत अछि जे ध्यानसँ देखू गए, सुमुखी आब आन रंगक भए गेलि। शैशव गेल नहि छैक मुदा भङ्गिमा आबि गेलैक। आड़=टेढ़। स्तनांकुरकेँ हँसि-हँसि झपैत अछि, जे अंकुर जेना सोनक होइक तेना नुकबाए। सुवर्णसँ नायिकाक शरीरक वर्ण ध्वनि। मधुर हाससँ मुखक लावण्य बदलि गेलैक (मण्डित-विभूषित) जेना अमृतक लोभसँ कमल फुलाए गेल हो। कुशेशय=कमल (प्रतीयमान उत्प्रेक्षा)। लज्जाक आगम ओ अधबोलिआ बाजब जेना अमृतसँ सीँचल हो। शैशवक साठ (ओरिअओनाइ) समाप्त भए गेलैक, आब सबटा शिक्षा मदनक देल भेटत। तेँ आब अज्ञातमदना सेहो नहि। पूर्वसँ एक सीढ़ी आगाँक ई चित्र थिक। स्वभावोक्ति।

54. तेसर सीढ़ी। बाला आब मुग्धा नहि, युवती अछि तेँ एतेक दिन तेँ जे ओकरा 'रतौ वामा' केँ कष्ट देलहक से आब ओ सरि कए देतहु, बदला चुकओतहु, ई परिहास सखी नायकके कहैत अछि। कुण्डलके चक्र, तिलकके अंकुश, कटाखकेँ बाण ओ भौँहकेँ धनुष बनाए ओ सुसज्जित भए रति-युद्ध हेतु रणक्षेत्रमे उतरलि छहु। युद्ध छहु तोरा यौवन-दलपतिसँ, सेनाध्यक्षसँ। त्रिवलीक नदीक तीरपर दुर्गम किला दुःप्रवेश छहु। पत्र पठबहुन्ह मनमथके ओ हुनका बजाए आगाँ पठबहुन्ह। कामदेवसँ बिद्रावित भेलहि उत्तर ओहि युवतीकेँ तोँ रति-समरमे परास्त कए सकबह, ओहि दुर्गमे प्रवेश पाबि सकबह। युद्ध-क्षेत्रक शब्दमे प्रणय-लीलाक विवरण द्रष्टव्य। सम्पूर्णमे रूपकध्वनि अछि। वाच्य वीर-रस, व्यङ्ग्य शृंगार। 'जानि' केँ दू मात्रा पढ़ब। वामा, बाला साभिप्राय। शब्दमे उल्लास भरल अछि। सम्पूर्णमे स्वर अछि परिहासक, नायिकामे यौवनक 'मस्ती'क, नायककेँ अपन मनोरथक

साकल्येँ पूर्तिक आश्वासनक, ओ तेँ उत्साहक।

55. आब नायिका प्ररूढ़-स्मरयौवना अछि, यौवन-गजराज जकर सकल प्रसाधन स्वयं स्मरक कएल अछि। शैशवक लेशो नहि, शैशवराज डेराएकेँ पड़ाएल, सोझहुँ नहि आओत। अद्‌भुत रूपक-योजना। हाथीक मस्तक सदृश स्तन, अंकुश जकाँ ओहिपर नखक्षत, शुण्ड जकाँ रोमावलि, कूपसन नाभी। प्रथम तीनि पाँतीमे उपमा, चारिममे उत्प्रेक्षा। प्रसाधन अछि प्ररूढ़यौवनाक, स्वाभाविक, ते ँ मदन महाउति। लीलाएँ—प्ररूढ़स्मरा।

एहि चारू गीतमे बालाक तारुण्य-विकासक क्रमबद्ध चित्रण अछि।

56. एहि ठामसँ चारि गोट गीतमे नायिकाक रूप लावण्यक वर्णन अछि। एहिमे केवल रूपक सकल स्वरूप चित्रित अछि। केवल पूर्वराग कहब, कारण, ओकरा कामदेवक विजयवल्ली कहल अछि। रूपसुषमा विस्मयोत्पादक जे व्यञ्जित होइत अछि उत्प्रेक्षाक मालासँ। एहिमे वर्णौपम्य दर्शनीय। केशक कालिमा ओ घनत्व रूपकसँ, ताहिमे सीउँथि-मेघमे अरुणक आभा। गजराज गतिसँ चालि (उपमा)। विहलि विहि—विधाता निर्माण कएल। उत्प्रेक्षा। विजयक लता। रूपश्रीक आकर्षण व्यंग्य। शारद-चन्द्रसन मुह (उपमा) मे चञ्चल आँखि जेना सोनक कमल पर खंजनक जाड़ा (उत्प्रेक्षा), हास प्रकट। अधर ओ दन्तावलि जेना मूँगाकेँ अमृतसँ सीँचि गजमुक्ता (उत्पेक्षा)। वाणीक माधुर्य मत्तकोकिल, वीणानाद, आ वंशीरवक सदृश तकर उत्प्रेक्षा जेना मुह मधुर हाक दए वचन बहार करए। एहिमे पूर्वक क्रम भङ्ग अछि। तीन गोट उपमान स्वर्ण-पर्वत सन (उपमा) ताहि पर बहुमूल्य हार जेना सोनाक महादेव पर गङ्गाक निर्मल धार (उत्पेक्षा)। हाथीक शुण्डसन जाँघ जेना मदन पहलमानक (रूपक) कसरतिक हेतु सोनाक खाम्ह वा मुद्‌गर हो। उत्प्रेक्षा। सवसँ नायिकाक प्ररूढ़-यौवन व्यङ्ग्य अछि। भावोल्लास ओ से शब्दहुसँ ध्वनित। केवल पाँचम पद लचकल। चित्रमय।

57. एहिमे नायिका ओएह मुग्धा परन्तु विश्रब्धा। पूर्वराग स्पष्ट, कारण, 'मोहि उपजल रङ्ग'। परन्तु पूर्वहिँ जकाँ एहूमे नायिकाकेँ कोनो खबरि नहि। एकनिष्ट तेँ भाव मात्र वा रसाभास। विजुरी रेहसँ स्वर्णकान्ति। ससन-परस, बसातक स्पर्शसँ; नवजलधरसँ वसनक नीलिमा व्यङ्ग्य। उत्प्रेक्षा। कनकलता विनु अवलम्बक-व्यतिरेकसँ अनुप्राणित उत्प्रेक्षा। कुचयुग कमलक कोरक सदृश, मुखचन्द्रक समक्ष, तेँ विकसित नहि—रूपकसँ अनुप्राणित काव्यलिङ्ग। विस्मयक भाव, सौन्दर्यक प्राशस्त्यसँ। चित्रमय।

58. पूर्वरागक विलक्षण चित्रण। नायिका प्रथमावतीर्णमदन-विकारा। परन्तु समधिक लज्जावती। कामविकारक अत्यन्त सूक्ष्म अथच स्वाभाविक वर्णन। प्रसाद ओ माधुर्य गुणसँ ओतप्रोत—भाषा स्वच्छ, अलंकारसँ शून्य, परन्तु रससँ पूर्ण। अपन उक्ति मुग्धा मुहसँ कहैत नहि अछि, जनबैत अछि अपन चेष्टासँ। प्रथम पंक्तिमे

लुप्तोपमा, अन्तिम पंक्ति अर्थान्तरन्यास।

59. पूर्वराग। नायिका बाला तकरा देखल, मन लोभाए गेल; कारण मनकेँ चंचल कएनिहार छलाह मदन, तेँ तकर प्रतीकार की? लोभक कारण अद्‌भुत रूप-लावण्य। केशपाश अन्धकारक सन (उपमा), मुह पूर्णचन्द्र (रूपक), आँखि कमल (रूपक), तीनू एकहिठाम अवस्थित (विरोधाभास)। ध्वनि अछि रूपोत्कर्षक। वर्णक उपमा द्रष्टव्य। गौर शरीरमे पीन स्तनक श्री जेना कनकलतामे दू पर्वतशृंग फरल हो (विभावना)। विधाताक विधान अद्‌भुत। अद्‌भुत रससँ अनुप्राणित शृङ्गारक भाव। रस नहि कहब, कारण, भाव अछि उद्‌बुद्धमात्र अथवा एकनिष्ठ रति अछि तेँ रसाभास सेहो कहि सकैत छी।

60. सखीक शिक्षा विश्रब्धा मुग्धासँ। अपूर्व मनोविश्लेषणात्मक चित्रण। शिक्षा अछि चारुतर चतुरपनाक जे नायक अधिकाधिक मोहित होथि, कामक वश भए अधिकाधिक आराधना करथि। कामकलाभिज्ञा सखी इन्दुमुखीसँ कहैत अछि जे मुह झापब नहि, मुहक देखलासँ प्रियक हृदयक खेद दूर होएत, कारण, संसारमे सब सुखक सार छैक काम-तृप्ति। बृहदारण्यक उपनिषद्‌मे कहल अछि 'सर्वेषामानन्दानामुपस्थ एवायतनम्'। क्षण क्षण महग होइत जाएब; कपट मान कए आँखि लाल कए लेब जाहिसँ सम्मान हो, मान करब तेँ अरथित होइ'। जेना सोन कसौटीपर कसल जाइत छैक तहिना प्रेमकेँ कसब, मुँह फिराए पुनि हँसिकेँ मुह समक्ष करब ओ अधरक चुम्बन कष्ट देखाएकेँ देब। कथासँ वशमे नहि होएब, पकड़थि तँ बाहुसँ ससरिकेँ दूर भए जाएब, बरु शयनक सीमा त्यागि देब। ओ प्रथम सम्भोगक अनन्तर जखन मुख-कान्ति मलिन हो तखन भुज-पाशमे प्रियक कण्ठ धएकेँ गाढ़ आलिङ्गन देब—'गेल भाव जे पुनु पलटाबए सएह कलावति नारि।' जखन कामक वेगमे प्रियक आँखि कमलक मुकुल जकाँ मुन्दल हो तखनहि नहसँ घात करब जे आँखि खूजि जाइन्ह। चतुर नारीक सङ्ग केलिक सुख अमृत भेटल हो तादृश परमपदक लाभ जकाँ आनन्दसँ बड़ी काल धरि रमण करबाक थिक। भावक उल्लास। नायिका स्वीया, स्वाधीनभर्तृका, नायक अनुकूल। कामशास्त्रक अनुकूल शिक्षा।

61. सहज सौन्दर्यक अपूर्व वर्णन, वक्रोक्तिसँ पूर्ण। सखीक उक्ति सुन्दरीसँ। सहजहिँ सुन्दरि जे नायिका तनिका विशेष पसाहनिक कोन प्रयोजन। पसाहनि तिलक, अञ्जन ओ अङ्गरागसँ होइत अछि परन्तु नायिकाक मुख आँखि ओ शरीरक कान्ति तेहन अछि जे प्रसाधनसँ लावण्यमे वृद्धि नहि प्रत्युत हानि होएत। मृगमदपङ्क=कस्तूरी-चूर्ण। केशमे कस्तूरीक लेप व्यर्थ, मुखमे तिलक पूर्णचन्द्रमे कलङ्क जकाँ लागत। अतिशयोक्ति-मूलक प्रतीपक ध्वनि ओ से सर्वत्र द्रष्टव्य। नयन-नलिन (रूपक) काजरेँ मलिन नहि करू, कारण, दूधसँ धोएल भ्रमर जकर श्यामता स्वच्छ

अछि मोसिमे डूबिकेँ जेना मलिन भए जाएत। भ्रमरसँ आँखिक तुलना उनटा तेँ प्रतीप। गौर वर्ण पीन पयोधर जे उनटल सोनक कटोरी (रूपक) से चन्दनक लेपसँ कान्तिहीन भए जाएत जेना स्वर्गक सुमेरु पर्वत बरफसँ आच्छादित भए जाए। कनक कटोरा उलटल आ सुमेरु–स्तनक चित्र। वर्णोपमेय द्रष्टव्य। जतए रवि छथि ततए तिमिर कतए; जतए सहज सौन्दर्य ततए प्रसाधनक द्वारा लावण्यकेँ दीपित करबाक प्रयोजन कोन। तेँ रूपनारायण जे नायक से गौरव-लाघवक तुलना कए अपन इष्टक प्राप्ति करताह। ध्वनि जे गौरव छैक सहज सौन्दर्यकेँ ओ तकरा समक्ष प्रसाधनकेँ लघुता। हलत=रहत–र ओ ल सम-वर्ण विपर्यय।

62. केओ प्ररूढ़यौवना मुग्धा मानिनी नायिका अपना सखीसँ नायकक संग अपन मिलनक वर्णन करैत अछि जे हमरा तँ मदन भूखल छलाह, ओ रुष्ट होइत छलाह तेँ हम तँ कामक परवश भए गेलहुँ। अपन मन अपन वशमे नहि रहल। की करितहुँ, मान कएल नहि भेल। दूरहि छलहुँ, मनकेँ कतबओ फराक करी तथापि आँखि नायकक प्रेमक पिआसल मान नहि मानलक। हुनक हँसीक अमृतसँ हमर शरीरमे से विकार भेल जे बान्धलो छल नीवी तैओ संदेह हो जे नीवी ससरि तँ ने गेल। मनमे तारतम्य होइत परंच हृदयकेँ दबओने छलहुँ तैओ शरीर नानारूपक चेष्टा, हाव भाव, प्रदर्शित करैत रहल। हृदयक आनन्द नुकाएल नहि रहि सकल ओ आँखि मुनलो छल तैओ मुखपर हँसी आबिए गेल। हृदयक उल्लास व्यक्त भए गेल। मानक छद्‌म व्यक्त भए गेल। नायकक वशमे भए गेलहुँ। अपूर्व मनोवैज्ञानिक विश्लेषण। अन्तर्जगतक अपूर्व सौन्दर्य। कामावस्थाक सूक्ष्म विश्लेषण, बाह्य थोड़, आन्तरिक विशेष।

63. 'रतौ वामा' मुग्धाक वामतासँ रुष्ट नायकक प्रति सखीक प्रबोधन। अहाँ एहिखन सब रस ओकरासँ चाहैत छी से ओ एखन रस-समुद्रक थाह कोना पाओति। अआनि=अज्ञानी, तकर लक्षण प्रथम पंक्तिमे। कोप करबाक योग्य तखन होइति जखन अनुभवसँ संभोग बूझति ओ अहाँक मनोरथ नहि पूरति। एखनुक अहाँक आर्ति द्वन्द्व बनले रहत–द्वन्द्व हृदयक द्वैध, अहाँक कामवासना ओ सखीक वामता। मुन्दल मुकुलमे मकरन्द कहाँ? मकरन्द तँ फुलला उत्तर ने? दृष्टान्त। नव अनुराग पुण्यवान् भाग्येँ पबैत अछि से नवक अनुराग बालाक प्रेम, अहाँकेँ प्राप्त। वक्रोक्ति द्रष्टव्य। बालाक स्वभावक अङ्कन।

64. वारि=नेना। वारि विलासिनि–विश्रब्धा-मुग्धा। तेहन मिलन करब जे बिनु बजओनहु दोसर बेरि आबए। अतएव परकीया। मधुकरक दृष्टान्त जे मुख मखाए मधु टा पिबैत अछि, फूलकेँ तोड़ैत नहि अछि, कष्ट नहि दैत अछि। तहिना राखि जोगाए रमण करब। सखीक उपदेश नायकसँ। इङ्गित=इशारा। जखन संकेत भेटए, ओकर चेष्टासँ। इच्छा विरुद्ध नहि। परन्तु से इच्छा शब्दतः तँ ओ जनाओत नहि। समस्तमे

उपमा वारंवार। सुनिकेतनमे 'सु' पाद पूरणार्थ मात्र। वाम=विरुद्ध। ओकर कहलाक विरुद्ध नहि किछु करब तँ स्वतः समीप आओति, आकृष्ट होइति। नारी-स्वभावक अपूर्व चित्रण।

65. रूपगर्विता जकरा अपन सौकुमार्यक अभिमान छैक, अपनाकेँ मुग्धा बुझैत अछि अथवा जनबैत अछि, यद्यपि वचनभङ्गिमासँ विश्रब्धा प्रतीत होइत अछि। हठ नहि करू, आर्त्ति प्रदर्शनसँ सुखक शोभा नहि रहैत छैक अर्थात् सुख तखनहि शोभैत छैक जखन दुहूक मन मिलैक, एक होइक। विस-किसलय=कमलक कोमल पात जकाँ। भांगि= टुटि। आश्चर्य गप्प जे गाढ़ आलिङ्गनसँ हाथ टुटि जएतैक, आँखि मुहमे पैसि रस पीबि जएतैक, स्तन पाथरक पात्र जकाँ फूटि जएतैक। हलिअ, हलत=रहिअ वा रहत। रूपक- अतिशयोक्ति। गिरि कनक कठोर=सोन सन रंगक पर्वतशृङ्ग जकाँ कठोर, सक्त। स्तनक वर्णन।

66. रूपवती, युवती, मुग्धा, विरहिणी अपन रूप ओ यौवनकेँ प्रियतमक विरहमे व्यर्थ बुझैत अछि से अपन मनोभाव सखीसँ कहैत अछि। विनयोक्तिमूलक प्रतिवस्तूपमा। अप्रस्तुत सरोवर, कमल एवं सूर्यक किरण जे कमलकेँ विकसित करतैक ताहिसँ रूप, यौवन एवं प्रियतमक करस्पर्शसँ जे यौवनकेँ विकसित करतैक तकर गम्योपमा अत्यन्त मार्मिक अथच स्वाभाविक। एहि अवस्थाक हेतु दैवक दोष जे ओकरा मदनक पीड़ा देल, प्रियतम अपन वचनकेँ छोड़निहार देल। काव्यलिङ्ग। तेँ सखीसँ अनुरोध जे आबहुँ जाएकेँ प्रियतमकेँ प्रबोधए। उद्दीपक वसन्त। सुन्दर चित्र। भ्रमर नीरसहु मञ्जरकेँ पिबए, ओ तँ सरसा अछि, मुग्धा, तैओ विरहिणी। प्रियतमक प्रति ओकर विश्वास जे स्नेह टूटत नहि, सुपुरुष जे बजैत अछि से स्थिरतासँ पालन करैत अछि; मुदा एतेक प्रेम जनाए जँ ओ अपन मर्यादा त्यागए तखन तँ समुद्रक जल मानू उछिलए। निदर्शना। गुणग्राहक प्रियतम ओ राजा एकओ विवेकशून्य नहि छथि दूनू रसाभिज्ञ। पूर्वरागक विप्रलम्भ।

67. विरहमे व्याकुल मुग्धा। वसन्त-रजनीक उद्दीपक समय, कामक असह्य वेदना तेँ औत्सुक्य ओ त्वरा। 'सखीसँ अनुरोध जे कमसँ कम बालमुसँ मोर 'दीठि मिलाबहु'—कारण, मुग्धाकेँ अपन रूप ओ यौवनक आकर्षणपर विश्वास छैक। अन्तरङ्ग सखी—ओकरहि टा हृदयक व्याकुलताक निवेदन, कारण ओ सयानी, गुप्त-संगम-प्रतीकार समर्था। बिनु संगमेँ कामदशा ओहने असहनीय जेना बिनु जलक माछ। दृष्टान्त। प्रकृतिक मानवीकरण। शीतल मन्द वायु जेना सरोवरमे स्नान कए केवल कमल पराग विस्तारैत हो। माधवी-लताक मधु केओ पीबि नहि सकैत अछि तेँ जेना कोकिल उपराग दैत हो। अतिशयोक्ति। पाँड़रिक सुगन्धिसँ दिशा सब पूरल अछि, मधुकर गीत गबैत अछि। ताहि परसँ इजोरिआ आवेश बढ़बैत अछि परन्तु विरहमे सब विपरीत। रसमन्त एहिसँ उपदिष्ट होथु ओ नायक अपन

कामिनीक चरणपर खसथु, सेबथु। अर्जुनरायमे रसमन्त व्यङ्ग्य। प्रकृतिक रस केओ पीबि नहि सकैत अछि; सरसा विरहिणीक रस सेहो नष्ट भए रहल अछि सएह जेना कोकिलक उपरागक ध्वनि हो।

68. विरह-दशा-वर्णन। मनोभव-पीड़ासँ रूपलावण्य लुप्त छैक; स्वर्ण सन कान्ति पीड़ासँ कारी झामरि छैक। केवल स्नेह टा एखनहु छैक, नहि तँ पूर्वक सनि ओ लगैत नहि अछि। रूपश्री प्रसिद्ध उपमान सबकेँ दए देलक—उपमागर्भ। मुखरुचि चन्द्रमाकेँ, लोचनलीला हरिणकेँ, केशपाश चमरीकेँ, दाँतक शोभा दाडिमकेँ, शरीरक कान्ति बिजुरीकेँ, भौँह कामक धनुषकेँ, वाणी कोइलीकेँ। व्यङ्ग्य जे नायिकाक ई सब ओहि उपमान सबसँ उत्कृष्टतर छल, जितने छलि, से आपस कए देलक। प्रतीपक ध्वनि, अतिशयोक्ति।

69. सखीक उक्ति विरहिणीक प्रेमीसँ। बेचारी प्रेयसी असह्य वेदना सहैत अछि, आबहु घूड़ि घर जाह। केहन कठिन-हृदय छह। सब प्रवासी एहने होइत अछि। अर्थान्तरन्यास। वराकिनीक दुःस्थिति। चन्द्रकिरण, दक्षिण-पवन, कामदेव ओ कोकिल-रवसँ संताप। तकर की प्रतीकार करैत अछि से सुनह। चन्द्रमाकेँ दूर रखबाक हेतु काजरसँ राहुक चित्र बनबैत अछि। ओकरहि शरणमे रहए जाइत अछि। राहुक वर्ण कारी से स्मरणीय। दक्षिण पवन ओकरा गीड़ए चाहैत छैक तेँ दशो नखसँ साप लिखैत अछि जे पवनकेँ पीबि लेअए। कामकेँ दूर रखवाक निमित्त अपन कर-कमल लए कुचरूपी बेल महादेवकेँ चढ़बैत अछि, शिव शिव जपैत अछि, कारण, शिव थिकाह कामारि। कोइलीकेँ भगएबाक निमित्त पायस लए कौआकेँ बजबैत अछि। उन्मादक स्थिति। काव्यलिङ्ग। वराकिनी नहि, वाराकी चाही, जे वराकक स्त्रीलिङ्ग थिक, अभागलि वा बेचारी। सेरी=शरण्ण। भनिता द्रष्टव्य। विरहक उपचार राजा शिवसिंह करथु—तेँ व्यङ्ग्य जे माधवसँ शिवसिंह अभिप्रेत। वा माधवक नाम लए जेना शपथ हो; संबोधन राजाकेँ, तखन नायक शिवसिंह स्वयम्।

70. पावसक राति, नायिका स्वीया मध्या, अथवा मुग्धा धीरा। नायक परदेशमे, नायिका कामक वशमे, केवल कामदेव हुनक आधार। ओएह नायककेँ घुड़ाएकेँ आनथि परन्तु से ओ नवि-नागरि-रत, अथवा ओ स्वयं नविनागरि तथा बालमु परदेस-रत। दोसर अर्थ चमत्कारक मुदा तखन नायिका मुग्धा। सएह विशेष हृद्य। कामदेव हुनका जीवित राखथि किंवा हुनका मरण देथि। पावसक वर्णन—वर्षा, पृथिवी अंकुरित, भूमि जलमग्न, नीच भूमि अगाध, मार्ग अवरुद्ध, बाट बन्द। प्रिय फूसि कहि गेलाह जे समयपर आपस आएत। परन्तु नहि अएलाह। ओ राज्य भोगथु, हमरा कामदेव बरु प्राण लए लेथु। ई धीराक उक्ति। प्रियक प्रति ईर्ष्या परन्तु संतोषसँ हुनक शुभ कामना। दन्तुदि=दन्तुरि, ऊभर-खाभर वा अंकुरमय जे अंकुर दाँत जकाँ बहराएल। पए-भरे=पानिसँ। अतनु=काम, दोसर अतनु=तन-विहीन,

प्राण-हीन। चिन्ता। नैराश्य। आशंका।

71. पावसमे विरहक प्रसिद्ध गीत। सखीक उक्ति नायकसँ, दशाक वर्णन ओ समाद। आइ तँ खिन्न देखि आइलि छी, नहि जानि काल्हि की होइति? दशम दशा समीप। नायिका दुर्जनकेँ चीन्हि सुजनक संग मिललि, सयानी अछि, ओकर समाद। सुजन बूझि अपन प्रेम देलक मुदा परिणाम—पिअ मुख मोड़ल—जेना साँझक तारा रही अथवा भाद्र शुक्ल चौठक चन्द्रमा जकरा लोक देखैत नहि अछि। तारा वा चन्द्रमाक संग अपन तुलना नायिकाक आत्म-गौरव ध्वनित करैत अछि। मोपति=हमरा निमित्त। जीवन मन्दा=जीवन निरर्थक। बामहु गति=दाक्षिण्यक अभावहुसँ, केवल विधिरक्षार्थ। सब समाद सब कहि गेल, हमर दशा क्रमशः भेल जाइत अछि कृष्णपक्षक त्रयोदशीक चन्द्रमा जकाँ, कला-मात्र अवशिष्ट जे प्रात राति नहि रहत। अपूर्व चित्रण। प्रथम चारि पंक्तिमे पावसक वर्णन। थेध=स्थैर्य। भूमि टेकि उठैत अछि; स्थिति मरणासन्न। नायिका स्वीया मध्या धीरा।

72. विरहिणीक प्रलाप। करुण विप्रलम्भ। अत्यन्त प्रसिद्ध गीत। पावसक रातिक चमत्कारक वर्णन। शब्द अर्थानुकारी। भर बादर=मेघ भरल। झम्पि=रहि-रहि जोरसँ। सघने खर=खर तीव्र ओ धन, चोख आ लगले लागल। कामवेदनाक तीव्रता। डाके=बजैत अछि; डाहुकि=जोरसँ। गीतक भास समेत करुण।

73. विरहिणीक चित्र। रूपलावण्य विरहमे अतिशय म्लान। झँखैत, चिन्तामे व्याकुल। प्राण संदेहमे छैक कारण विनु अपराधेँ नायक विमुख छैक। शरीरक रूपश्री नहि रहलैक, केवल कान्तिए छैक जेना फूल सुखाए जाइक, केवल सौरभ शेष रहौक। चित्र चिन्ताक। हाथपर गाल रखने जेना किसलएपर नव कमल। वर्णक उपमा द्रष्टव्य। अभिनवसँ मुग्धा ध्वनि। आँखिसँ नोर दहोबहो बहैत जेना खञ्जन मोति उगिलैत। रूपक, प्रतीयमान उत्प्रेक्षा। चित्रमय।

74. सखीक उक्ति नायिकासँ, विरहमे व्याकुल नन्दकुमारक वर्णन। नायक परक-गीत मुदा एहूसँ ओहि रमणीक उत्कर्ष व्यङ्ग्य जनिक विरहमे कृष्णक सदृश वरनायक अधीर होथि। नील-नीरज नयन (रूपक)। आँखिक वर्ण द्रष्टव्य। मलयज इत्यादि शीतलताक उपचार परन्तु विरहमे देखबहुमे असह्य, असम्भार=सम्भारि नहि सकथि, भूमिपर खसि पड़थि। मलजय-पङ्क=घसल चानन। मृगमद=कस्तूरी। तामरस= कमल। घनसार=कर्पूर। बसातक वर्णनमे 'मन्द' दू ठाम। परन्तु ताहिसँ असह्य उत्ताप। दून=दुबल। विरहमे कवि-प्रसिद्धि। उत्प्रेक्षा। वेपथु=कम्प। मसृण=चिक्कन। मुक्तामाल कम्पसँ टूटि सखए। उत्प्रेक्षा जे बसातमे तमालक गाछसँ फूल खसए। तमालक वर्ण कारी तेँ कृष्णक वर्णसाम्य। मान-मनि=मानरूपी मणि। सुदति=सुन्दर दाँतवाली। सखीक अनुनय। सुखद श्रुति=कर्ण-सुखाबह। दण्डक छन्दक नाम। अश्रु, स्तम्भ, बेपथु सब सात्विक भाव विरहक दशामे।

75. बालभुँ आर्त छथि, नायिका बाला 'रतौ वामा'। तेँ नायक कोप कएने छथि। मान विप्रलम्भ। सखी नायिकाकेँ प्रबोधन दैत सुरतक हेतु उत्साहित करैत कहैत अछि जे सोनकेँ जतेक तपएबैक ओ ततेक चमकत; बालँभु कामक उद्वेगमे जतेक असन्तुष्ट होएताह मिलनमे ततेक विशेष प्रेम करताह (प्रतिवस्तूपमा) तामस नहि करू। आर्त्तिसँ जे कहल से हुनक दोष नहि। अहाँ हुनक कहल नहि करिऐन्हि, ओ कतेक शपथ देथि। विचारू, अनङ्गक मिलन चाही, रतिसँ तुष्टि। काम-वासना भुजङ्ग अर्थात् साप तँ थिक नहि जे बसात पीबिकेँ जीउत, ओकरा तँ तुरत चाहिऐक। धमिअ=तप्त होइत अछि। रभस कोप=प्रेमक वेगमे क्रोध। अनाइति=अवशता। दीब=दिव्य=शपथ। अथिकमे अ क आब लोप।

76. पूर्वरागक मान। तकर अपनोदनार्थ बालभुँक प्रबोधन अनुनय। नायिका मुग्धा, मुह देखए दिअ—नायिकाक मुख चन्द्र, नायकक नयन चकोर, अमृत पीबओ। चुम्बन दिअ—नायिकाक अधर मधुरी, नायक मधुकर, बिनु मधुएँ कतीखन जीवत? हँसिकेँ उत्तर नहि दैत छी से दिअ तँ सुखसँ राति कटत। ने अपने विचारैत छी, ने आनक कथा सुनैत छिऐक, ने रसिकक बात मानैत छी। अपन व्यग्रता कहैत लाज होइत अछि, बेसी अनुनय कएने आदरमे हानि होइत छैक। अर्थात् कामक प्रभाव विचारि ओकर सन्तुष्टिक गति बूझि स्वयं सुरतमे प्रवृत्त होउ। रूपक-योजना आदिमे, अन्तमे अर्थान्तरन्यास।

77. धीरा मुग्धा। मानक विप्रलम्भ। सुपुरुषक स्नेह बढ़ैत अछि चन्द्ररेखा जकाँ। हमरा विषय पूर्वहु सँ थोड आदर, पूर्वहुक स्नेहमे बाधा, अनुगतिमे बाधा, आज्ञापालनमे त्रुटि, बालत्वजन्य। मनोरथ पुरत से इच्छा छल परन्तु मान कएल, बालभु विरत भए गेलाह, सब मनोरथे रहि गेल। तेँ अनुशय। कल्प वृक्षक सेवा कएल, इच्छाक पूर्ति निमित्त; हुनक नहि दोष, हमरे अभाग्य जे मान कए हुनका विमुख कए देल।

78. मुग्धा नायिका—प्रणय-मान कए रूसलि छथि। सखीक प्रबोधन। कलहक कारण नायकक आग्रह रति-क्रीडाक हेतु। सखीक उपदेश जे बोलमे निठुर नहि, सुरतमे निठुर भए मिलू। पिशुनक उत्साह जनु बढ़ाबी। प्रेममे मधुर वाणीक महिमा। काकुसँ नायिकाक भर्त्सना। प्रेम ओ थिक जे स्वभावक उग्रता सहि सकए। दोष अहाँक थिक कारण निठुर बोल अहीँ बजलहुँ। प्रेमक गतिक विलक्षण चित्रण।

79. मध्या—प्रेममे प्रतारिता, अधीरा परकीया सखी, जे दूती छलि तकरा उपराग दैत अछि। तोहर वचनसँ हम परतारलि गेलहुँ। कहलह तँ सुजन, मुदा सुजन कतहु छोट हो, साधुकेँ कतहु चोरि सुतरैक। अर्थात् ओ नीच कपटी छथि, हमर सतीत्व चोराए हमरा नष्ट कए देल आ आब त्यागि देल। आब केवल पश्चात्ताप हाथ रहल किएक तँ आगाँ नहि सोचल। अपन हानि इत्यादि—तोहर वचनक प्रतारणसँ गमाओल। मनोरथ, जे प्रेमक सुख भोगब, वाणी लागल चल गेल अर्थात् केवल कहबहिटा हेतु।

लोक बेसाहैत अछि वस्तु देखि, हम़ गुञ्जा कीनल अर्थात् परनायकक प्रेम गुञ्जा सदृश देखबहिटामे सुन्दर। तोहर वचनें हम कूपमे धँसलहुँ, पापक पथ धएल। तुल्ययोगिता। नागरकें लोक भ्रमर कहैत अछि जे मधु चिन्हैत अछि; हमर नागर कुपरुष मयूर जकाँ केवल देखबहिमे चकमक छथि, हमर गुण नहि चीन्हल। आत्मगौरव ध्वनि। पढ़ि गुनि अर्थात् ज्ञानी भैओकें हम सब किछु बिसरि गेलहुँ, प्रेमक तरङ्गमे वा तोहर वचनसँ, तें दोष हमर अपने, तोहर कोन दोष? प्रतारणासँ विषादक चित्रण; प्रेमक परवशता तें विरहमे उत्ताप।

80. नायिका परकीया, प्रेम-परवश, परन्तु प्रतारित अथवा विप्रलम्भमे अपनाकेँ प्रतारिता बुझैत। परन्तु प्रेम एखनहु प्रबल तें अकथ कामगति। नायक कपटी, दक्षिण नहि, दक्षिण नायकमे उत्तम शिवसिंह जे सब प्रेयसीकें समान रूपसँ देखथि। प्रेमक व्यवहारमे पुरुषक मनोभाव ओ क्रियाकौशलक सुन्दर चित्र। कपट प्रेम ओ सत्य प्रेमक अन्तर व्यङ्ग्य।

81. परकीया मध्या अधीरा। कामक वेदनासँ शान्तिक मनोरथें दक्षिण जानि नायककेँ सेवल, आत्म-समर्पण कएल, परन्तु ओ दक्षिण नहि रहलाह, प्रेम कए जेना छोड़ि देल। आब ओ कतहुक नहि रहलि। ओकर उक्ति नायकसँ। अप्रस्तुत-प्रशंसाक योजना। झटकक झाँटलि महातरु तर विश्राम लेल। महातरुसँ बहुत नायिकाक प्रेमी व्यङ्ग्य। तें दक्षिण होएबाक आशा। सब प्रेयसीक हेतु दक्षिण परन्तु अन्तिम एकटा ओएह अभागलि जकरा माथपर डारि जेना टूटि खसल। जे समुद्र सन गम्भीर बुझल से मर्यादा छोड़ि थाह भए गेल। 9-10 आबहु हमरा कहलासँ यदि अहाकें बिराम हो, अहाँ हमरा छोड़ि देने छी से पुनि हमरा प्रेम करी, तँ बुझू जे किछु हमरा फल हो। जेना माटिक ढेप फेकिऐक तँ ओ लक्ष्यपर नहिओ लगैक तथापि कतहु तँ विरमत, कतहु तँ भूमिपर खसबे करत। तहिना हमरो प्रेम लक्ष्य प्राप्त नहि करओ परन्तु किछुओ तँ सफलता भेटि जएतैक, अहाँक हृदयक कोनहु कोनमे तँ हमरहु स्थान भेटत। अर्थान्तरन्यास।

82. धीरा मध्या विप्रलम्भमे मरणासन्न स्थितिकें प्राप्त अछि। नायक एतए कृष्ण तें दक्षिण परन्तु ओ अपनाकें उपेक्षिता बुझैत अछि। सखीक द्वारा संवाद दैत अछि। हमर दोष क्षमा करब, मन राखब, अपन अनेकानेक वल्लभाक संग रमण करब, हमरा तिलाञ्जलि दए देब, मुइल बुझि लेब। हमरा सन अभागलि हमहि छी, अहाँ सन प्रेमी सबकें भेटैक। समाद अछि सेवाक, अर्थात् हम अहाँक सेवाक हेतु ओहिना प्रस्तुत छी। प्रेमपरवशता पूर्ववत् अछि। पूर्वक सब प्रेम स्मरण करब, कतेक वल्लभाकेँ अहाँ प्रेम देल। सुमर जत न होअ सेखे—ततेककेँ स्मरण करब जे अन्त नहि हो। आशय स्पष्ट नहि, प्रायः कृष्णक बहुवल्लभत्व ध्वनि। ततेककेँ ओ प्रेम कएल जे स्मरण करैत करैत अन्ते नहि होएत। परन्तु यदि शरीर रहए, क्षमता रहए,

तँ भोग किएक नहि करब, हँ असंख्य रमणी ताहि हेतु भेटैत रहए वा भेटए? जेना हमहु भेटलहुँ, से व्यङ्ग्य। उपेक्षिताक चित्तक चित्र। करु पए ततहि बेरा=ओकर धीरता ओ विरहमे कामवेदना पर विस्मित भए तत्क्षण पाएर उठाओल अर्थात् ओकरा ओहिठाम विदा भेलाह। पललि=पड़ल। खेओब=क्षमब।

83. अभिसारक हेतु उत्कण्ठिता सुन्दरी रमणी, मध्या, परकीया। अपूर्व चित्रण मनक ओ मनक अनुसार क्रिया-कौशलक। अभिसार अन्हारमे तेँ कृष्णाभिसारिकाक चित्र। सयानि सखी ओकर मन लक्षित कए पुछैत अछि जे चेतन व्यक्तिक ओतए लाथ करबह से कोना सम्भव होएतहु तेँ लाथ नहि करह, कहहु, जे के महापुरुष अपन पूर्वजन्मक पुण्यसँ मदनक महासिद्धि-रूप कार्य प्राप्त कएल अछि, तोहरा सनि वरनागरिकेँ प्रेमसँ तेना परवश कएल जे तोँ हुनका धन्य करए जाइत छह। शेष लक्षण कामदशाक, वरनागरिक मनोदशाक, स्पष्ट।

84. अभिसारक निमित्त सखीक प्रोत्साहन। मदन-पसार अन्हारहिमे रहैत अछि, अभिसार अन्हारहिमे सम्भव तेँ सखी अगुतबैत अछि। शीघ्रता करू, चलू, आब चन्द्रोदय होएत; अन्धकार विलीन भए जाएत। ताहिसँ पूर्वहि चलू। कृष्णाभिसारक हेतु समुचित उपदेश थिक, मुह झाँपि चुपचाप जाइ। सएह उपदेश दैत अछि बक्रोक्ति-भङ्गिभा। मुह उघारब नहि, चन्द्रमाक जेना इजोत भए जाएत आ मुखमे चन्द्रमाक भ्रमसँ चकोर आबिकेँ ऐँठ कए जाएत। गम्योपमा, भ्रान्तिमान् ओ काव्यलिङ्ग। तहिना, बाजब नहि, सौरभक लोभसँ भ्रमर दौड़त। तोहरा जएबाक छहु, एहि वसन्त-रजनीमे प्रियतमक सेवाक हेतु। रस-कामिनि=रतिरसक कमनाबाली। रतिक उत्कट अभिलाषा व्यङ्ग्य। वसन्त उद्दीपक।

85. राधाक प्रथम अभिसारक वर्णन। अथवा राधा जे भेलि आराधना कएनिहारि अपन रतिरङ्गसँ प्रिततमक, तादृश कामिनी। अतएव परकीया मध्या। प्रेमक प्राबल्य, रतिक उत्कट अभिलाषा। गीतक लय द्रुत, अर्थक अनुसारी। मनःस्थितिक वर्णन। औत्सुक्य, त्वरा, उत्साह सञ्चारी भाव। 4 अगुताइमे बाट-कुबाट नहि देखैत अछि। 3 स्तनहुकेँ भार बुझैत अछि, कारण, ताहिसँ झटकारि चलबामे बाधा होइत छैक। एहिसँ पूर्णयौवना, तेँ मध्या। 9-10 कङ्कण, मुन्दरी, मञ्जरी प्रभृति बाजबाला गहना सब बाधक बूझि बाटमे बाहर करैत जाइत अछि। 11-12 राति घोर अन्हार छैक मुदा हृदयमे कामक प्रकाशमे इजोत। 13-14 बाटमे विघ्न, तकरा प्रेमक आयुधसँ कटने जाइत अछि। ध्वनि जे कामक प्राबल्य ओ प्रेमक उत्कटतासँ दुस्साध्य कार्य करैत अछि।

86. गुनमति पुनमति रमनीकेँ दूतीक उपदेश अभिसारक हेतु। दारुन मदन-वेदन सहैत नायक प्रतीक्षामे छथि, विनु दर्शनेँ तिलोभरि जीअब कठिन छैन्हि। सब कलावती युवतीकेँ छोड़ि तोहरहि दोसर प्राण मानैत छथुन्ह। एहिसँ प्रेमक प्रोत्साहन। तेँ

उपदेश जे मधु-रजनी छोट होइत छैक, अभिसारमे चलह। नायिका परकीया मध्या। 7-8 शरीरक कान्ति गोर, वस्त्र कारी जे मीलि चन्द्रिका अन्धकारसँ झाँपलि प्रतीत हो। उपमा। तोहर मुख पूर्णिमाक चान, तकर चुम्बन नायक करत जेना चकोर चन्द्रिकाक अमृत पिबए। रूपक, अतिशयोक्ति। हँसि...कामक तृप्ति।

87. अभिसारक हेतु उद्यता कामिनीक दुश्चिन्ता। अन्हरिआ होएतैक से जानि अभिसार स्वीकार कएलक परन्तु थिकैक इजोरिआ। कृष्णक सदृश वर-नायकक हेतु जाइति; उद्वेग उत्पन्न कएनिहार छैक कामदेव, मुदा पृथिवीपर पसरल छैक चन्द्रमाक चन्द्रिका। की करति? नहि जाइति तँ प्रेम नष्ट भए जएतैक, जाइति आ केओ देखि लेलकैक तँ अयश। तेँ शङ्का, भय, मुदा औत्सुक्य, व्यग्रता। हथिनी जेना चिन्ता-पंकमे लागलि हो। उपमा। हथिनीसँ गजगामिनी अछि से व्यङ्ग्य। तेँ चारू दिशि तकैत अछि जेना व्याधक डरेँ हरिणी चौँकि चौँकि ताकए। उपमा। हरिणनयनी व्यङ्ग्य। त्वरामे, कामक उद्वेगमे, हरिक संगक ओत्सुक्यमे ध्यान नहि रहलैक जे राति अन्हरिआ थिकैक की इजोरिआ। कुहु=अमावास्या, लक्षणासँ अन्हरिआ। तहिना पञ्चदशी पूर्णिमासँ इजोरिआ। कुगत=पृथिवीपर आएल चन्द्रिका अथवा दुष्ट! भिन्न-भिन्न भावक संकर नायिकाक हृदयमे। अपूर्व विश्लेषण साध्वसपूर्ण कामिनीक प्रेमक परवशतामे।

88. सुन्दरीकेँ सखीक प्रोत्साहन अभिसारक निमित्त। प्रथम अभिसार। समय संप्राप्त; प्रथम प्रहर राति विगत—चन्द्रोदय समीप। उत्साहक बीज प्रियतमक मिलन। कामवासना पाश जकाँ कण्ठकेँ गहने। प्रथम अपराध, अभिसारक, तेँ साहससँ असाध्यक साधना। मिलनक हेतु उत्कण्ठित करैत अछि; सामर-गोरीक मिलन मेघ-बिजुरीक जोरी सन होएत। लुप्तोपमा। हँसिकेँ आलिङ्गन दए युवतीक जन्मसुख भरिपोष लएह। शङ्का दूर कए कन्तक मनोरथ पूर्ण करह। अपराधसँ मुग्धाक मनक शङ्काक भाव ध्वनित। प्रोत्साहनसँ कामक उत्तेजना लक्ष्य। 'रस सिंगार संसारक सारे' जेना कवि अपन सम्मति दैत होथि यद्यपि एतए सखीक उक्ति 'युवति जन्म-सुख' मन भरि लेबाक हेतु कहल अछि।

89. अभिसारक हेतु दूती सुन्दरीकेँ अगुतबैत अछि। सुन्दरी प्रसाधनमे लागलि जेना सशङ्क रहए, समय टारैत रहए, सखीकेँ सङ्ग करबाक नेआर करैत रहए। दूती कहैत छैक जे तोहर आँखिक निचला सीमा सहजहिँ सुन्दर छहु, काजरसँ वा अंजनसँ ओकरा कारी कए भयंकर जनु बनाबह। कस्तूरीक तिलक कए स्वच्छ मुहकेँ चन्द्रमा जकाँ कलङ्कित जनु करह। ओहिना तोहर शरीरमे सौरभ छहु, अङ्गरागक कोन काज? सखीकेँ संग जनु करह, ओ बजैत जएतहु। दुहूक मनमे अनुराग छहु तखन एहि प्रसाधनक कोन काज? आशय जे प्रसाधनमे समय जनु नष्ट करह परन्तु प्रशंसा सुन्दरीक रूपश्रीक ओ तेँ समस्तमे प्रतीपक ध्वनि। दूतीक उक्ति जे मनक पाहुन

कामदेव दौड़ल अबैत छथुन्ह वा जाइत छथुन्ह अर्थात् कामक उद्वेगमे समयक अतिपात असह्य तेँ व्याज तजि, लाथ छोड़ि, चलह! वदन सरिस–चाही 'ससी सरिस वदन न कर'–दूरान्वय दोष।

90. प्रसङ्ग पूर्ववत्। चन्दोदय समीप–समुद, प्रसन्न, जे कुमुद तकर रभस विकास प्रफुल्लन, तकर रसी, आनन्द लेनिहार, चन्द्रमा आब, कुगत पृथ्वीपर चन्द्रिका पसारि उगबापर छथि। तखन पिशुनक आँखि चकोर जकाँ चारू दिशि अमृत पानक निमित्त बौआएल फिरत। तेँ तोरा चलबाक चाहिअहु। नूपुरकेँ ऊपर कए, मेखलाकेँ हाथसँ धए, कारी अम्बरमे देह नुकाए, अनहार बाट धए, चलह। प्रसाधन व्यर्थ करबह, बाधा होएतहु। दुनूमे अनुराग छहु तखन भूषण दूषण भए जएतहु, कारण कृत्रिम उपायसँ अनुराग बढ़एबाक प्रयोजन की? सारी=ससारि; मुखर=बाजबला; सामरि=कारी; तिमिर पथ=अन्हार बाट; पिशुनलोचन=रूपक। राधेक हेतु गीत 85 द्रष्टव्य। अनुराग प्रेमक विकासावस्था सूचित करैत अछि। नृपति–की कोनहु राजाक हेतु प्रयुक्त अछि जनिक नाम अग्रिम पंक्तिमे छल हो अथवा कविक विशेषण जे नृपति-कुलरूपी कमलकेँ विकसित प्रसन्न करबाक निमित्त रवि जकाँ होथि। रूपक स्पष्ट।

91. शुक्लाभिसारिकाक विलक्षण वर्णन। टहाटहि इजोरिआ। दूती अनुरागिनी कामिनीकेँ लए आनलि ओ से सूचना नायककेँ दैत कहैत अछि। चन्द्रमाक तेज अर्थात् चन्द्रिकासँ रजनी ज्योति धारण कएले अछि अर्थात् इजोरिआ टहा-टहि अछि। ताहिमे अनुपम रीतिसँ नायिका अपन प्रसाधन कए रातिकेँ दिन जकाँ अभिसार कएल। भूषणमे ओ लेल चानीमे मोती बला, अङ्गरागमे चन्दनक लेपसँ शृङ्गार कएल; केशजालमे कुन्दक भार अर्थात् बहुत रास कुन्दक फूल खोंसि लेलक; आँखिक काजरकेँ धोए ओकरा चन्द्रमा जकाँ स्वच्छ बनाए लेलक ओहिना जेना चन्द्रमाक उदय भेलासँ कुमुदक फूल उज्जर फुलाए जाइत अछि। उपमा। एकर आगाँ पंक्ति नओसँ एगारह भ्रमाह अछि। प्रायः पाठ गड़बड़ अछि। 9-10 दुनूक अन्तिम पद तरङ्ग तथा 10-11 क प्रथम पद जमुना पुनरुक्ति खटकैत अछि। तेँ 9 मे प्रायः 'एकत रङ्ग' पदच्छेद करी, अर्थ जे चन्द्रमाक आँखि एक रंगक स्वच्छ ओ मध्यक कालिमा सेहो समान परन्तु 9-10 केँ एक वाक्य मानब कठिन ओना 10 मे उत्प्रेक्षा रहैत तँ नीक होइत। तेँ 9-10 मे भिन्न भिन्न वाक्य मानी। 10 केँ 11 सँ सम्बद्ध बुझी जे जमुनामे पानिक तरङ्ग विपरीत छल तैओ ओकरा पार कए ओ आइलि, तकर साति, क्लेश, अहीँक अनुरागक कारणेँ। परन्तु ई चमत्काराक नहि प्रतीत होइत अछि। शिवसिंहक हेतु विशेषण 'अभिनव कान्ह' द्रष्टव्य।

92. पावसमे अभिसार। सखी अभिसारिका सुन्दरीकेँ कहैत अछि जे तोरा छोड़ि दोसर

के एहना समयमे रातिकेँ बहार भए सकैत अछि? प्रेमक प्राबल्य, कामक उद्वेग व्यङ्ग्य। मदनक प्रस्ताव बड़ महग होइत छैक, कामप्रसङ्ग सुलभ नहि होइत छैक। अर्थान्तरन्यास। चारि पदमे पावस रातिक भयानकताक वर्णन। पानिक बुन्द शर जकाँ लगैत अछि। उत्प्रेक्षा।

93. पावसक राति—अन्हार गुज्ज, बिजुरी, मेघ, बाटमे सापक संचार, निशाचर घुमैत, एहना समयमे समीपहु प्रेमीक गृह सए योजन जकाँ दूर। बहार होइत डर। नायिका वचन देलेँ अछि अभिसारक। कामवेदना असह्य उद्दीपनसँ। जीवनमे संदेह। अतएव कामिनीक मनमे नाना भावक संचार, भय, चिन्ता, पश्चात्ताप, संशय, कामवेदना, वचन पालन करबाक इच्छा, नैराश्य। अपूर्व चित्रण। नेपालक पोथीमे पाठ अछि 'तड़ितहु तेजलि मित अन्धकार' जे स्पष्ट नहि, प्रायः ई अर्थ जे बिजुरी सेहो जेना अन्धकारकेँ छोड़ि देने हो अर्थात् नहि चमकैत अछि जे रहिओ रहिकेँ बाट सूझए। अगमन-गमन—जे मतिमान छथि से बूझि जएताह गमन वा नहि गमनक कारण, सएह टा जेना भरोस होइक नायिकाकेँ।

94. पावसक अभिसार। दुःसाध्य-साधन। ताहिसँ प्रेमक प्रबलता ओ कामक असह्य उद्वेग व्यङ्ग्य। सखीक उक्ति अभिसारिकाकेँ। अपूर्व साहस। कोन सुपुरुषक हेतु चललीह अछि? अन्तरमे दुस्तर नदी से कोना हेलिकेँ पार करबह जे आर्त्तिकेँ रोकि नहि सकलीह? तोहरा तँ कामदेव चालक छथुन्ह, उद्वेजक छथुन्ह तेँ डरैत नहि छह मुदा हम कोना संग जएबहु?

95. स्वीया मध्या अपन प्रियतम अनुकूल नायककेँ प्रवासमे जाइत काल उपदेश दैत अछि। वसन्तमे विरहक उद्दीपन ओ विरहीक वेदनाकेँ व्यक्त करैत अत्यन्त चतुरतासँ प्रवासक निरोध व्यङ्ग्य। वसन्तक विलक्षण चित्र; वसन्तक समय स्वतः कामोद्दीपक परन्तु वसन्तक शोभा आओर विशेष उत्तापक। जखन दक्षिण पवन मन्द बहैक, मञ्जरसँ मधु झरैक, मधुकर गुंजैक, कोकिल बजैक, अर्थात् वसन्त अबैक तँ अहाँ आँखि मुनि बरू बैसि रहब। ओ दृश्य देखब नहि, आ शब्द सूनब नहि। प्रत्यक्ष नहि, अनुमानसँ बुझब जे वसन्त थिक। अनुमानक साधन कामक उद्दीपन। तथापि जँ कामोद्वेग हो तँ धैर्यसँ ओकरा जीतब, मुदा परस्त्रीक शरण नहि लेब, परस्त्रीकेँ तीत बुझब। वसन्तक शोभा देखने तँ प्राणक भय अछि से अहाँ अपन प्राणक रखा करब। हमरा हेतु तँ कोनो उपाय नहि, हम तँ वसन्तश्री बिनु प्रत्यक्ष कएनहु दशम काम-दशाकेँ प्राप्त होएब तेँ हमरा तिलाञ्जलि दैए देब। स्त्रीकेँ कामवेदना विशेष से ध्वनि। कामप्रहार के सहि सकैत अछि विशेषतः वसन्तमे, वसन्तक श्रीकेँ प्रत्यक्ष कए। मन मारि हलब=चित्तकेँ थाम्हिकेँ रहब। लोचन निवारि हलब=आँखि फेरिकेँ रहब, ओमहर नहि ताकब। विरहक अपूर्व वर्णन। अन्तर्जगत् बहिर्जगत् दुहूक सौन्दर्यक वर्णन। केहन वक्रोक्तिभंगिमा अछि,

औचित्य अछि! नारी-भावनाक मनोरम चित्र।

96. धीरा मध्या स्वीयाक उक्ति सखीसँ अपन गमार कन्त, अरसिक स्वामीक वर्णनमे, विषादक स्वर। हम कोन उपाय करब, कोनहु चेष्टासँ हुनक मन नहि हरि सकलहुँ। अरसिकक लक्षण—कामचेष्टा नहि बुझब, ओहिसँ प्रभावित नहि होएब। काम-चेष्टा जे ओ कएल, कुटिल विलोकन, मधुर वाणी, कामोद्दीपक हाव ओ भावसँ बाजब ओ हृदयकामना जनाएब, कपट गमनक लाथेँ देरी लगाएब, हँसिकेँ ताकब, बाहुमूल देखाएब, स्तनपर सम्भारिकेँ नुआ देब। विमुख भए परनायकक ग्रहण करब उपहास-जनक तेँ केलि कलाक हेतु संगतँ हिनके रहने ओ ई एहने छथि तेँ समय झँखैत बितत आ अन्तिम कामदशाक भय अछि। से जीवनोपाय कहह। नारी-भावनाक मनोहर चित्र।

97. अपनाकेँ नागरी बुझैत स्वगुणगर्विता परकीया मध्या गोपीक परिहास-उक्ति सखीक प्रति जे दूती भए चुपचाप कान्हक प्रेमक संदेश लएकेँ आइलि छैक। नागरी कहैत अछि जे ई कोन पैघ काज छैक जे तोँ चुपचाप कहए आइलि छह। हमरा तँ तोहर असंगत प्रस्तावपर हँसी लगैत अछि। ओ नागरीकेँ पाबि ओकरा संग की विलास करताह? ओ छथि गोआर, गोपक संग रहैत छथि, गोपवधूसँ मेल छैन्हि, गाए चरबैत छथि, गाए दूहैत छथि। गाममे रहने गमार, नगरमे रहने नागर। से ओ गोआर हमरा सनि नागरीक संग की रमण करताह? हुनका गमारि चाहिऐन्हि। निन्दापरिहास तेँ गारि। आदि-अन्त आदिसँ अन्त धरि। झालि=झाड़ि =झाड़ी, दूध दुहबाक बासन जे प्रायः झाड़ी कहबैत छल, आइकाल्हि डाबा।

98. कुपुरुष नायकक निन्दा। विषादक स्वर। लोकोक्तिसँ भरल। मालतीक मधु भ्रमर पान करए, भेम्ह नहि। जेना सुपुरुष गुणक निधान। आशय जे नागरीक संग रमण करए सुएुरुष, कुपुरुष नहि, जे हमर नायक छथि। ध्वनि जे हम कलावती नागरि छी, मालती। भलाहु=नीकहुकेँ अधलाह कहए। अपनुक दन्द=अपना हृदयमे जे संघर्ष अछि। चन्दा-रतन प्रभृति गुणवान् वस्तुक जेना सुनागरीक। दृष्टान्तसँ भरल।

99. परस्परानुरागसँ आकृष्ट, कामक वश भए, प्रेमी कृष्ण ओ प्रेयसी राधा वसन्त समयमे एकान्त कुञ्जमे मिललीह आ रतिक्रीड़ा कएल। वसन्तक समय अथवा सौरभमयकुञ्ज तेँ कामक उद्दीपन। दुहू क मन मिलल छलैन्हि : काम देव स्वयं राधा केँ अनि कृष्णक हाथमे देल; अधरक चुम्बन भेलैक; राधाक हाथ पकड़ि कृष्ण हुनका आलिङ्गन देल; नयन मुकुलित छल; राधाक श्वेत मुक्ताहारक मध्यमे शोभित स्तनक ऊपरमे कृष्णक हाथ छल। सम्भोगक एहि 'रसमय रीति' क वर्णन करैत कृष्णक उक्ति—हे राधे! नीक भेल, अहाँक हाथ हम धएल, एहिसँ पाणिग्रहणक विधिक निर्वाह भए गेल, बुझू जे विवाह भए गेल। विवाहक विधिक निर्वाहार्थ रूपक-योजना :—विवाहमे वेदी चाही, से सुरभि निकुंज छल; जन्मगेंठ= जन्मग्रन्थि,

से दुनूक मनक मिलन भेल; कन्याक दान होइत छैक से कन्यादानकर्ता स्वयं मदन छलाह; मधुपर्क प्राशनार्थ देल जाइत छैक से अहाँक अधर-पान भेल; नयनक वक्रिमा वन्दनवार, उज्जर पिठारसँ अरिपन मुक्ताहार, अहाँक पीनस्तन पुरहर ओ ताहिपर हमर हाथ नव-पल्लव। पाणिग्रहण तँ भैए गेल, अहाँक हाथ हम धएल। एहत काम-सम्भव संयोग गान्धर्व-विवाह कहल गेल अछि। देखू मनु, 'इच्छ यान्योन्यसंयोगः मैथुन्यः कामसंभवः' (3-32)। रति-कालक पाणिग्रहणसँ विवाह-कालक पाणिग्रहण भए गेल। राधा-माधवक प्रणय परिणयमे परिणत भए गेल। राधा आब माधवक केवल प्रेमिका नहि, पाणिगृहीता भए गेलीह। एकान्तमे मिलनक वर्णनसँ साङ्ग-रूपकक ध्वनि। द्रष्टव्य जे एहिमे रस-योजनाक सकल तत्त्व विद्यमान छैक, विभाव, अनुभाव, व्यभिचारी भाव, ओ तेँ रसनिष्पत्ति छैक। एहन थोड़ मुक्तक गीत भेटत जाहिमे रससिद्धि एना अछि। बोध उत्प्रेक्षा-व्यजक अव्यय।

100. परकीया मध्या रमणी भरि राति परनायकक संग छलि, शेषमे जाए चाहैत अछि। नायक एखनहु हठ करैत छैक। तृप्त ओहो नहि अछि मुदा युक्तिसँ, लक्षणसँ, अपन मनक तृप्तिसँ नहि, ओ बुझैत अछि जे प्रात भेल अबैत अछि। प्रातक सुन्दर चित्र :—रात्रि शेष, कमल उत्फुल्ल, तेँ ओहिमे बन्द भमरीकेँ घूमि-धूमि भमरा तकैत अछि, दीपक तेज मन्द, आकाश रक्तिम। दोसर पाँतीमे भमरी कर्म, पूर्व प्रयोग ओहि पदपर बल देबाक निमित्त। समासोक्तिक ध्वनि जे नायक भोर होइत ओकर अन्वेषण ने करैक। तँहि प्रायः अगुताइ। आब अँटकब ओकरा नीक नहि लगैत छैक ते ँ निवेदन जे 'अबहु तेजह पहु'। प्रभुक अपभ्रंश, स्वामीक हेतु, एतए उपपतिक हेतु प्रयुक्त; ध्वनि जे ओएह ओकर प्रभु जकर रुचिसँ ओ काज करैत अछि। कामदेवक शपथ लए आश्वासन दैत अछि जे पुनः दर्शन होएत अर्थात् हम आएब। नारीक मनक भावक रक्षा कर्त्तव्य, हठसँ रसभङ्गक सम्भावना। ततबे चोरि करी जतबा सुतरए, पकड़ल ने जाइ से विलम्ब भेने सम्भावित। जाहि रसक स्पर्शमात्र सम्भव वा वांछनीय तकरा अगोरने नहि रही, धएने नहि रही। परनायिकाक संगम स्पर्शमात्र थिक, ओहिपर अधिकार नहि भए सकैत अछि जकरा रखने रही। अथवा मिथिलाक्षरमे न ओ ल क भ्रमसँ ई पद थिक परसल स्पर्श कएल अथवा उपभोगक हेतु समक्षमे धएल, जकर उपभोग कए ली; अगोरने नहि रही। दृष्टान्त।

101. कोनहु रमणीके ँ स्वप्नमे पर-पुरुषक संगम भेलैक से गप्प ओ चुपचाप अपना सखीके ँ कहैत अछि मुदा आग्रह करैत छैक जे अनतए एहि गप्पक प्रचार नहि करिहह। ओहि पुरुषक स्वरूप ओकरा स्मरण छैक 'नील कलेवर, पीत वसन धर, चन्दन तिलक धवला।' ओहि स्वरूपके ँ ओ कृष्ण बुझलक। ते ँ ओ कहैत अछि जे 'सपने भोजे देखल नन्दकुमार।' पाँचम पंक्ति भ्रमाह अछि, जेना पाठ गड़बड़ रहए। एक तँ सिधाक संग विधा चाही, बुधा नहि, परन्तु ताहिसँ अर्थमे विशेष अन्तर

नहि होइत अछि। यदि पहिल 'न' कें हटाए दी तँ अर्थ बैसैत अछि। कृष्णकें तँ ओ देखने नहि छलि तखन स्वप्नमे कोना देखलक एहि शङ्काकें मनमे राखि ओ कहैत अछि 'पूर्वमे देखलहिटा वस्तुकें स्वप्नमे देखी से कोनो नियम नहि छैक, से बुद्धि तों नहि करिहह, कारण, मनोभव-सिद्धि अर्थात् कामतृप्ति जकर अमूल्य छैक एतादृश शृङ्गार रसक पार के पाओत ओ तें बिनु देखलहु नन्दकुमारक संग हमरा संगम भेल ओ अपूर्व कामतृप्ति लाभ कएल।' अथवा पहिल 'न' कें यदि नहि हठाबी तँ ई अर्थ कए सकैत छी जे '(चित्रादिमे) पूर्व जाग्रतावस्थामे देखिलहु एहन (सुपुरुष) कें नहि देखबाक चाही, एहन मनहुमे बुद्धि नहि करी, कारण, (स्वप्नावस्थामे अपना वशमे नाहि रहलाक कारण) शृङ्गाररसक गति विचित्र छैक, कामवासनाक तृप्ति अमूल्य होइत छैक, साध्वी रहलहु पर स्वप्न-संयोग भए जाइत छैक।' एहिमे 'पूर्व देखल' कृष्णक विषयमे संगत प्रतीत नहि होइत अछि ओ अध्याहार करए पड़ैत अछि। परन्तु एतबा निश्चय जे रहस्य कहबाक ओ छठम पाँतीक स्वरसँ इएह जे रमणीकें ओहि स्वप्नमे संगमक सुख भैटलैक जाहिसँ ओकरा तृप्ति छैक। परन्तु एहि गीतक चमत्कार छैक अन्तिम दू पंक्तिमे। विद्यापति कहैत छथिन्ह ओहि वरयुवतीकें अथवा सखीक मुहसँ कहबैत छथिन्ह जे 'हम तोहर स्वप्नक मर्म नीक जकाँ बुझि गेलिअहु। ओ स्वरूप छल राजा शिवसिंहक। 'पयोदनील' पीअर रंगक धोती, उज्जर अर्धचन्द्राकार त्रिपुण्ड्र। ओएह तोरा मनमे जगलथुन्ह, हुनकहिं संग तोहरा 'अमुल मनोभव सिधा' भेलहु। शिवसिंह ओहि रमणीकें पूर्वक देखल वा नहि देखल, किछु मानलासँ ऊपरक दूनू पाँतीक सङ्गति दूनू अर्थमे बैसैत अछि, दोसर पक्षमे नीक जे 'पूर्व जे देखने छलिऐन्हि तैओ स्वप्नमे नहि देखिऐन्हि, स्वप्नहुमे नहि देखिऐन्हि—कामिनी-विद्रावक छथि से ध्वनि, कारण, तखन बिनु संभोगें उपाय नहि। जाग्रतावस्थामे चित्त रोकिओ सकैत छी परन्तु स्वप्नमे कामक गति अपार छैक इत्यादि ऊह्य। शिवसिंहक स्वरूप-वर्णन, शिवसिंहमे कृष्णक भ्रम जें विद्यापति हुनका अभिनव कान्ह कहल इत्यादि ध्वनि स्पष्ट। पहिल दू पाँतीमे पूर्णोपमा।

102. साहित्यशास्त्रमे रतिक जे छओ गोट उत्तरोत्तर विकासावस्था मानल गेल अछि ताहिमे सबसँ उत्कृष्ट थिक अनुराग। प्रेमसँ अङ्कुरित, मानसँ पल्लवित, प्रणयसँ कोरकित, स्नेहसँ कुसुमित एवं रागसँ फलवती प्रीति अनुराग-रूपें भोग्य होइत अछि ओ तें अनुरागकें 'राग एष स्वसंवेद्यदशां प्राप्य प्रकाशितः यावदाश्रयवृत्तिश्चेदनुरागः' कहल अछि। एहिमे प्रेमी ओ प्रेमिकाक तादात्म्य भए जाइत छैक ओ एक दोसरकें आत्मसमर्पण कए दैत अछि। सएह अनुराग-रूप प्रीतिक एहि गीतमे वर्णन अछि जे तिल तिल नूतन होय, कहिओ पुरान नहि होइत अछि। सखीकें कामिनीक उक्ति जे अपन अनुभव हम की कहबहु? हमरा तँ अनुरागावस्थाकें प्राप्त अपन प्रीतिक वर्णन करैत प्रतिक्षण नवता बोध होइत अछि। जन्म भरि हम अपन

प्रियतमक रूप देखल, नयन तृप्त नहि भेल; भरि जनम कानसँ बाजब सुनल, कानकेँ ओ वाणी स्पर्श नहि कएलक; कतेक वसन्तक राति केलिमे बिताओल, केलि की से नहि बुझल; भरि जन्म हृदयमे रखने रहलहुँ तथापि हृदय नहि जुड़ाएल। कतेक रसिक पण्डित जन एहि रसक अनुगमन कएल परञ्च ककरहु एहि अलौकिक अनिर्वचनीय अवेद्याकार रसक साक्षात् अनुभव नहि भेल। विद्यापति कहैत छथि जे प्राण जुड़ाइत एहन देखबामे केओ नहि अएलांह तेहन अचिन्त्याकार ई अनुराग अछि। इएह थिक आदर्श प्रेम, आध्यात्मिक एकता, जे ईश्वरमे भेलासँ मुक्ति होइत छैक ओ लोकमे भेलासँ ब्रह्मानन्द-सहोदर प्राप्त होइत छैक।

विद्यापतिक कीर्त्तिलताक प्रसङ्ग

मैथिली साहित्यमे 'कीर्त्तिलता' एक गोट अद्भुत कृति अछि। विषय-वस्तु ओ भाषा, दुहू दृष्टिएँ ई अपूर्व अछि। कोनहु भाषा-साहित्यमे एहि रूपक दोसर ग्रन्थ नहि अछि। फलतः 'कीर्त्तिलता'क अध्ययन ओ अनुशीलन बड़ विशेष भेल अछि। सर्वप्रथम म. म. हरप्रसाद शास्त्री बङ्गाक्षरमे बङ्गला ओ अङरेजीक अनुवाद सहित तथा बङ्गलामे बृहत् भूमिकासँ संवलित 1924 ई. मे एकरा प्रकाशित कराओल। तदुत्तर डॉ. बाबूराम सक्सेना काशी-नागरी-प्रचारिणी-सभासँ हिन्दी अनुवाद सहित 1929 ई. मे अपन संस्करण प्रकाशित कराओल। तदुत्तर 1955 ई. मे प्रयागक साहित्य-भवनसँ डॉ. शिव प्रसाद सिंहक 'कीर्त्तिलता और अवहट्ठ भाषा' कहि एकर एक गोट संस्करण प्रकाशित भेल जाहिमे एकर भाषाक विस्तृत विवेचन कएल गेल अछि। तदुत्तर साहित्य-सदन, चिरगाँव, झाँसीसँ स्वर्गीय डॉ. वासुदेव शरण अग्रवालजी 1960 ई. मे एकर एक गोट बड़ विशिष्ट संस्करण प्रकाशित कराओल। डॉ. अग्रवालक संस्करण बड़ श्रमसँ सम्पादित छैन्हि। एहिसँ पूर्व बीकानेरक पुस्तक-भंडारसँ एक गोट हस्तलेख पोथी उपलब्ध भेल छल जकरा 'कीत्तिलता' क संस्कृत-टीका कहल गेल छैक। परन्तु वस्तुतः ओ 'कीर्त्तिलता' क संस्कृतमे अर्थ मात्र अछि अथवा ओकरा 'कीर्त्तिलता'क संस्कृत-छाया कहि सकैत छिऐक। 'बम्बइ एशिआटिक-सोसाइटी' क पुस्तकालयमे 'कीर्त्तिलता' क दू गोट लेख-पोथी छैक। दुहूपर 'भानु दाइजी'क नाम लिखल छनि। 'भानु दाइजी' नेपालमे भारतीय ग्रन्थक अनुसन्धान कएने छलाह। डॉ. अग्रवाल बीकानेरक पोथी, बम्बइक दुहू प्रति लेख-पोथी ओ प्राकृत तथा अपभ्रंशक कोष एवं फारसी ओ अरबी-कोष सबहिक पूर्ण अनुसन्धान कए अपना संस्करणमे 'कीर्त्तिलता' क विस्तृत व्याख्या सेहो प्रस्तुत कएने छथि। ई चारू महापण्डित कीर्त्तिलताक विषय-वस्तु ओ भाषा सबहिक विवेचना कए सुन्दर सुन्दर संस्करण प्रकाशित कराओल अछि। एहिसँ भिन्न आओर कतेक महापण्डित लोकनि जे विद्यापतिक अध्ययन कएलैन्हि अछि, कीर्त्तिलतापर प्रकाश दैत रहलाह अछि, जाहिमे दू व्यक्तिक नाम विशेषतः उल्लेखनीय बुझि पड़ैत अछि। स्वर्गीय डॉ. विमान बिहारी मजुमदार साहेब दरभंगा ओरिएन्टल-कनफरेन्सक अवसरपर कीर्त्तिलताक विषय-वस्तुक विवेचना कएने छलाह ओ हमर मित्र डॉ. सुभद्र झा 'विद्यापति-गीत-संग्रह' क भूमिकामे एहि कृतिक विचार कएने छथि।

स्वर्गीय डॉ. ग्रिअर्सन साहेबक संग्रहक जे पोथी सब ब्रिटिश-म्यूजियम लण्डनमे सुरक्षित राखल छैन्हि, ताहिमे एक गोट लेख-पोथी छैन्हि कीत्तिलताक, 1905 ई. मे कलकत्तामे कवीश्वर चन्दा झाक लिखल। कवीश्वर कतएसँ ई उतारलैन्हि, तकर कोनो पता नहि दैत छथि। एहिसँ कतेक पूर्वहि ँ अपन 'पुरुष-परीक्षा' क अनुवाद जे ओ प्रकाशित करओने छलाह, ताहिमे टिप्पणीक मध्य कीर्त्तिलताक गोट छबेक पाँती उद्धृत कएने छथि। कीर्त्तिलताक एक गोट मात्र प्राचीन लेख-पोथी जे उपलब्ध अछि, जाहि आधारपर म. म. हरप्रसाद शास्त्री ओ डॉ. बाबूराम सक्सेनाक संस्करण सम्पादित भेल अछि, से नेपालक वीर लाइब्रेरीमे अछि। 1898 मे ई पोथी प्रथमहि म. म. हरप्रसाद शास्त्रीकेँ भेटलैन्हि। परन्तु ओकर जे ओ प्रतिलिपि अनलैन्हि से सन्तोषप्रद नहि भेलैन्हि। चौबीस वर्षक बाद 1922 ई. मे ओ पुनः ओकर प्रतिलिपि कराओल जाहि आधार पर हुनक बङ्ला संस्करण सम्पादित भेल अछि। कवीश्वर चन्दा झा 1905 ई. मे जे कीर्त्तिलताक प्रतिलिपि कएल से कलकत्तामे। सम्भव थिक हुनक प्रतिलिपिक आधार ओएह म. म. हरप्रसाद शास्त्रीक पुरना प्रतिलिपि छल होइन्हि जे हरप्रसाद शास्त्रीकेँ संस्करणीय नहि बुझि पड़लैन्हि, परन्तु जकर संशोधित प्रतिलिपि कवीश्वर ग्रिअर्सन साहेबकेँ देने होथिन्ह। सम्भव थिक कवीश्वरकेँ कीर्त्तिलताक कोनो दोसरे पोथी उपलब्ध छल होइन्हि जे आब लुप्त अछि। परन्तु कवीश्वरक प्रतिलिपिक जे फोटो-कापी हम देखल अछि, ताहिसँ पूर्ण सन्तोष नहि होइत अछि। कतोक ठाम कवीश्वर आन-आन पाठसँ नीक पाठ दैत छथि अवश्य, परन्तु एहनो स्थल थोड़ नहि अछि जाहि ठाम सोझो पाठकेँ कवीश्वर ओझराए देने छथिन्ह ओ सम्पूर्ण पोथी हुनकहु लेखमे ने परिशुद्ध अछि, ने सुगम अछि ओ तेँ प्रामाणिक नहि मानल जाए सकैत अछि। एही कवीश्वरक लेख-पोथीक आधारपर डॉ. अग्रवालक संस्करणक सहायतासँ हमहुँ कीर्त्तिलताक एक गोट संस्करण सम्पादित कएल अछि जे पटना-यूनिवर्सीटीक मैथिली-डेवलपमेन्ट-फण्डसँ प्रकाशित भेल अछि। एहिमे हम डॉ. अग्रवालक कृतिकेँ प्रामाणिक मानि लेल अछि। केवल ओहिमे जतए पाठ संगत नहि प्रतीत भेल अथवा अग्रवालक अर्थव्यक्ति असंगत अथवा कष्ट-कल्पना बुझि पड़ल, एतावन्मात्रक विवरण देल अछि। डॉ. अग्रवालक संस्करणक संग-संग हमर संस्कारणकेँ मिलाए पढ़ला उत्तर कीर्त्तिलताक बहुत गेँठी सोझराए जाएत। परन्तु तइयो कीर्त्तिलता जटिल रहिए जाइत अछि। अनेको स्थल एहन अछि जकर अर्थक ऊहि नहि होइत अछि, कष्टसँ कल्पना कए किछु कहि देब ई भिन्न वस्तु भेल। विद्यापतिक रचनामे जे प्रसाद गुण छैन्हि, से नहि भेटैत अछि। अतएव संस्करण तँ हम प्रस्तुत कए प्रकाशित कराओल, मुदा सन्तोष नहि होइत अछि।

एकर कारण ई छैक जे कीर्त्तिलताक एखन धरि जे कोनो अध्ययन भेल अछि, सब ओही पाठक जे नेपालमे उपलब्ध भेल। कारण कीर्त्तिलताक ओएहटा प्राचीन लेख-पोथी अद्यावधि उपलब्ध भेल अछि। ओकर पाठ छैक भ्रष्ट, एहन व्यक्तिक लिखल जे ई नहि बुझैत छलाह जे की लिखैत छी। प्रायः कोनहु अखरिआक लिखल जनिक व्यवसाय छलैन्हि

पोथी उतारब। ओहि उतारल पोथीकेँ केओ विज्ञजन संशोधन नहि कएलथिन्ह, ओ प्राचीन कहबी प्रसिद्ध अछि जे मूर्खताक एकटा कारण होइत छैक 'पुस्तकाशोधनंच'। ओहिमे अनेक पाठ लेखक अंट-संट लिखि देने छथिन्ह, भए सकैत अछि अक्षर नहि चललैन्हि, पद नहि बुझलथिन्ह अथवा प्रमादसँ। आब जखन तीन सए वर्षक बाद ओहि पोथीक अध्ययन कएल जाइत अछि तँ ओ सब स्थल विकट भए उपस्थित होइत अछि जकर समाधान असम्भव अछि। एहन-एहन महापण्डित लोकनि अपन एतेक बहुमूल्य समय ओहिमे लगाओल अछि, परन्तु समाधान हो कोना! मूल अशुद्ध अछि ओ ऊहिसँ मूलक कल्पना समेत असम्भव अछि, निर्णयक तँ कथा कोन? अतएव हमरा विश्वास अछि जे कीर्त्तिलता ताबत् पर्यन्त सोझराए नहि सकैत अछि, यावत् पर्यन्त ओकर दोसर प्राचीन लेख नहि भेटैत अछि। नेपाल छोड़ि आन ठाम कतहु ई पोथी दृष्ट नहि भेल अछि। नेपालमे समस्त देशसँ प्राचीन लेख-पोथी सब राज्य दिससँ संगृहीत भए रहलैक अछि। दसो बकसा पोथी सब संग्रह भए आबि गेल छैक ओ काज जारी छैक। संग्रह-कार्य जखन समाप्त होएतैक तखन ओहि सबहिकेँ देखल जएतैक, पढ़ल जएतैक ओ सूची-पत्र तैआर होएतैक। ई सब कहिआ होएतैक, कोना होएतैक, से तँ कहब कठिन अछि, परन्तु हमरा विश्वास अछि जे एहि संग्रहमे कीर्त्तिलता मात्रहिक नहि, आनो-आनो कतेक मैथिलीक अज्ञात रत्नक पता लागत ओ ओकर अध्ययन-अनुशीलनसँ मैथिली-साहित्यक भण्डार भरत। नेपालहिमे कीर्त्तिलताक दोसरो लेख-पोथी भेटए इएहटा एकटा आशा अछि जाहिसँ कीर्त्तिलताक पाठक उद्धार भए सकए। ताबत पर्यन्त कीर्त्तिलता एहने जटिल रहत। ई भिन्न वस्तु भेल जे कतोक गेँठी एहिमे सोझराएल अछि, मुदा तैओ ओहिमे कतोक गेँठी एहन अछि जे सोझराओल नहि भए सकैत अछि, कारण ओकर मूल सएह भ्रष्ट अछि।

पाठक कतबओ त्रुटि रहौक, मुदा कीर्त्तिलताक आशय साधारणतया बुझलामे कोनो कठिनता नहि होइत छैक ओ विषय-वस्तु धरि तँ स्पष्ट बुझल भए जाइत छैक। किन्तु कतबओ एकर अध्ययन-अनुशीलन भेल अछि, कीर्त्तिलताक प्रसङ्ग कतोक विषयक समाधान अद्यापि नहि भेल अछि। एकर कारण दू गोट। प्रथम, एकर भाषाक प्रसङ्ग व्यापक भ्रम अछि। एकर सम्पादक लोकनि मिथिलाभाषाभाषी नहि छलाह, तीन गोटे हिन्दीक पक्षपाती छलाह तथा हुनकालोकनि एकरा हिन्दीक प्राचीन स्वरूप सिद्ध करबामे लागि गेलाह। बहुतो जन कीर्त्तिलतामे उल्लिखित 'देसिल वयनासँ' एकर भाषाकेँ मिथिलाक जनभाषा बुझि भ्रममे पड़ि गेलाह। ताहिपरसँ पोथीक भ्रष्ट पाठ भाषाविषयक समस्याकेँ आओर जटिल बनओने अछि। दोसर, कीर्त्तिलतामे ओइनिवार राजवंशक आदि अवस्थाक घटना वर्णित अछि। ओइनिवार राजवंशक इतिहास अन्धकारमे विलीन अछि। केवल चन्दा झा अपन लेख सबमे कतहु कतहु दस पाँच टा ऐतिहासिक घटना ऐतिह्यक रूपमे लीखि गेल छथि, नहि तँ एहि युगक जे किछु परिचय अवगत अछि से सब साहित्यिक स्रोतसँ जाहिसँ ऐतिहासिक तथ्य बहार करब भ्रान्तिसँ शून्य नहि भए सकैत अछि। एकरा हम तीन

गोट समस्याक रूपमे एतए उपस्थित करैत छी–(1) कीर्त्तिलताक भाषा कोन थिक? स्वयं विद्यापति एकरा 'देसिल वयना' कहैत छथि, परन्तु विद्यापतिक गीतक भाषाकेँ देखैत एकरा मिथिलाक तत्कालीन देशी भाषा कोना कहबैक? (2) विद्यापतिक रचना जे कोनो उपलब्ध अछि, ताहिमे रचनाकालक दृष्टिसँ कीर्त्तिलताकेँ कतए राखब? (3) कीर्त्तिलता तत्कालीन मिथिलाक राजनीतिक एवं सामाजिक चित्र उपस्थित करैत अछि, परन्तु एहिमे जे घटना घटित देखाएल गेल अछि, ताहिमे ऐतिहासिक तथ्य कतेक छैक? एहि तीनू प्रश्नपर प्रायः सबहिक मत भिन्न-भिन्न छैन्हि ओ एकओ गोटाक मत एहन नहि प्रतीत होइत अछि जाहिसँ सन्देहक सर्वथा निराकरण भए जाए। हम एहि तीनू समस्याकेँ एतए क्रमशः उपस्थित करैत छी। यद्यपि दोसर ओ तेसर परस्पर संश्लिष्ट अछि।

(1)

कीर्त्तिलताक भाषाक प्रसङ्ग ई सबसँ पहिने बूझि लेब आवश्यक जे जेँ एकर पाठ ठाम-ठाम भ्रष्ट छैक तेँ एकर भाषागत वैशिष्ट्यक कोनो निर्णयात्मक विचार भइए नहि सकैत अछि। भ्रष्ट-पाठपर विचार करब समय दूरि करब होएत। तथापि एतबा तँ निश्चय जे एकर भाषा विद्यापतिक गीतक जे भाषा अछि ताहिसँ भिन्न ओ प्राचीन थिक। विद्यापतिक एकटा कृति आओर एहने भाषामे छैन्हि कीर्त्तिपताका। ओहो नेपालमे उपलब्ध छैक। परन्तु ओकर पाठ ततेक भ्रष्ट छैक जे म. म. हरप्रसाद शास्त्री ओकरा अकार्यक कहि छोड़ि देलथिन्ह। डॉ. श्री जयकान्त मिश्र तइओ ओकरा प्रकाशित कराओल। परन्तु ओकर पाठ नेपालक लेख पोथीमे जे शुद्ध पाठ छैक तकरहु भ्रष्ट कए देल गेल अछि। हमरा तीन गोट तारक पातपर लिखल एकर एकटा अंश मात्र उपलब्ध अछि जकर पाठ विशुद्ध ओ अत्यन्त ललित अछि। कीर्त्तिलताक सम्बन्धमे एहि लेखकेँ समाप्त कए एहि प्रसङ्ग हम दोसर लेखमे विस्तृत विवरण प्रस्तुत करब। परन्तु एतए एतबए कहब जे कीर्त्तिपताकाक भाषा अत्यन्त ललित छैक, प्रसाद गुणसँ परिपूर्ण छैक ओ कीर्त्तिलताक भाषाक सजातीय होइतहुँ एकर दोषसँ सर्वथा रहित छैक। विद्यापतिक कमसँ कम दू गोट गीत देवसिंहक मृत्यु ओ शिवसिंहक सिंहासनाधिरोहण शीर्षक ओ शिवसिंहक विजय शीर्षक प्रसिद्ध अछि। ओहो एही भाषामे अछि। परन्तु ओहि दुनू गीतमे प्रसाद गुणक अभाव नहि छैक। कीर्त्तिलतामे एहि 'देसिल वयना' क संज्ञा अवहट्ठ भेटैत अछि। अवहट्ठ शब्द 'अपभ्रष्ट' शब्दक विकृत रूप थिक ओ तेँ कहल जाइत अछि जे प्राकृतोत्तर कालमे जे अपभ्रंश भाषा आर्यावर्तमे प्रचलित छल, सएह अवहट्ठ भेल। कीर्त्तिलताक महापण्डित सम्पादकलोकनि तेँ भारतवर्षक भिन्न-भिन्न भागमे जे अपभ्रंश-भाषाक साहित्य अछि–यथा जैन-साहित्य, तकरे भाषाक भेद एहू कीर्त्तिलताक भाषाकेँ मानैत छथि ओ प्राचीन हिन्दीसँ एहिमे किछु साम्य पाबि एकरा प्राचीन हिन्दीक काव्य कहैत छथि। हिन्दीबलालोकनिक ई प्रवृत्तिए छैन्हि। राजस्थानी, बुन्देलखण्डी, अवधी

ओ व्रजभाषा सबकेँ ओ अपनओने छथि। अतएव कीर्त्तिलताक भाषाक प्रसङ्ग एक गोट व्यापक भ्रम पसरल अछि।

मिथिलामे सबसँ प्राचीन जे देशी भाषाक ग्रन्थ उपलब्ध अछि, से थिक वर्णरत्नाकार। एकर भाषा मिथिलाक प्राचीन भाषा थिक, एहिमे ककरहु आपत्ति नहि छैन्हि। ई भाषा ताहि दिन कोन भाषा कहल जाइत छल? वर्णरत्नाकरक छठम कल्लोलमे 'भाटक वर्णना' मे भाटकेँ तेरहो भाषाक ज्ञाता कहल अछि। एहिमे छओ गोट भाषा संस्कृत, प्राकृत, अवहट्ठ, पैशाची, शौरसेनी ओ मागधी तथा सात गोट उपभाषा शकरी, आभीरी, चाण्डाली, शावरी, डाविड़ी, औत्कली आ विजातीया थिक। द्रष्टव्य थिक जे ई नाम सभ गनाए ज्योतिरीश्वर आदि शब्दक प्रयोग नहि कएने छथि अर्थात् ज्योतिरीश्वरकेँ इएह तेरहटा भाषा बूझल छलैन्हि, चौदहम नहि। आब प्रश्न उठैत अछि जे जाहि भाषामे ज्योतिरीश्वर अपन वर्णरत्नाकर लिखलैन्हि, से एहि तेरहोमे कोन भाषा थिक। एहि तेरहोकेँ विचारिकेँ देखला उत्तर स्पष्ट भए जाएत जे मिथिलाक ई भाषा ज्योतिरीश्वरक वर्गीकरणक अनुसार अवहट्ठ थिक। 17 म शताब्दीक अन्तमे लोचन अपन रागतरङ्गिणीमे विद्यापतिक गीतकेँ 'मिथिलापभ्रंश' भाषया उपनिवद्धम् 'कहैत छथि। अतएव जकरा हमरालोकनि आइ मैथिली कहैत छिऐक, से लोचनक समयमे संस्कृतमे 'मिथिलापभ्रंश' भाषा कहबैत छल ओ ओकरे विकृत रूप अवहट्ठ छल। एहि पदसँ 'अपभ्रंश' पद हटाए एहि भाषाक नाम 'मिथिलाभाषा' भेल जे कवीश्वर चन्दा झा प्रयोग करैत छलाह। 'मैथिली', ई नाम तँ एहि भाषाकेँ अङरेजक देल थिक। 'मैथिली' शब्द तँ हमरा लोकनिक हेतु सीताक पर्याय छल। मिथिला देशमे मिथिलाक भाषाक हेतु 'मैथिली' शब्दक व्यवहार बुझी तँ मैथिली-साहित्य परिषद्क स्थापना भेला उत्तर भेल अछि। अतएव ज्योतिरीश्वरसँ लए आधुनिक काल पर्यन्त मिथिलाक भाषाक जे परम्परा अबैत छल, ताहिमे एकर नाम पहिने छल 'मिथिलापभ्रंश', जकरा लोक 'अवहट्ठ' कहैत छल ओ पछाति 'मिथिला-भाषा'।

भारतीय भाषा मध्य आधुनिक भाषा सबकेँ हम संस्कृत-मूलक नहि मानैत छी। संस्कृत आर्य जातिक भाषा छल ओ संस्कृतक प्रभाव सब भारतीय भाषापर पड़ल अछि, आधुनिक भारतीय भाषा सबपर अत्यधिक पड़ल अछि। परन्तु एहि भाषा सबहिक मूल संस्कृतसँ भिन्न स्वतन्त्र छल। भारतीय भाषा-विज्ञानक ई एक गोट विवादग्रस्त प्रश्न अछि ओ एहि प्रसङ्ग हमरा एतए विशेष कहबाक नहि अछि। प्राकृत-भाषा जे बुद्धक पश्चात् भारतवर्षमे प्रमुखता प्राप्त कएलक ओ जकर प्रयोग संस्कृत साहित्यहुमे, नाटकमे होअए लागल, से देश-भेदेँ भिन्न-भिन्न छल तथा शौरसेनी, मागधी, वैदर्भी, गौड़ी महाराष्ट्री इत्यादि नाम सब देश-परक अछि। हमरा विश्वास अछि जे तहिना गुप्तोत्तर कालमे जखन प्राकृत आओर बेसी विकसित अथवा कहू विकृत भेल तँ ओ सब अपभ्रंश कहओलक तथा ओकरो भेद देश-भेदहिँ भेल। मिथिला-देशक अपभ्रंश-भाषामे साहित्य- निर्माण जखन आरम्भ भेल तखन ओ भाषा मिथिलापभ्रंश कहओलक तथा लोकमे अवहट्ठ कहि प्रसिद्ध भेल। अपभ्रंश कोनो एकटा भाषा नहि छल, जेना प्राकृत कोनो एकटा भाषा नहि छल। ई गौरव केवल

संस्कृतकेँ छैक जे ओ मात्र एकटा भाषा छल, एकेटा रहल, आओर सब भाषा देश-भेदेँ भिन्न होइत गेल। अपभ्रंशक सबसँ प्राचीन स्वरूप हमरा लोकनिकेँ 'विक्रमोर्वशीय' क चतुर्थ अंकक गीत सबमे भेटैत अछि। मिथिलाक संस्कृत-नाटकमे मैथिलीक गीत हमरा विचारेँ कालिदासहिक चलाओल थिक जे अपन नाटकमे अपभ्रंश-भाषामे गीत रचिकेँ देल ओ से अपभ्रंश भाषा हमरा हिसाबेँ मिथिलाक अपभ्रंश-भाषा छल।

भाषाक स्वभाव थिकैक जे ओकर परिवर्त्तन अवाध गतिसँ होइत रहैक। ततेक सूक्ष्म ई परिवर्त्तन होइत रहैत छैक जे एकर भान कालान्तरेँ भेल करैत छैक। परन्तु भेद होइत छैक देश ओ काल दुहू कारणेँ। यदि कोनहु समयमे ओ भाषा कोनहु साहित्यिक रचनामे स्वरूपायित भए गेल तँ ओकर ओहि कालक ओ रूप उपलब्ध भए जाइत अछि। परन्तु कालान्तरेँ ओ रूप प्राचीन भए जाइत अछि ओ विकासक क्रममे भाषाक स्वरूप आगाँ बढ़ि जाइत अछि, बदलि जाइत छैक। साहित्यकार मुदा साधारणतया भाषाक ओएह स्वरूप ग्रहण करैत छथि जे पूर्वक कविलोकनि द्वारा परिगृहीत भए मान्यता प्राप्त कए लेने रहैत अछि। एहनो कवि होइत छथि जे प्राचीन रूपकेँ छोड़ि नवीन तत्कालीन भाषाक प्रयोग करैत छथि, परन्तु एहन महाकविकेँ विशेष प्रतिभा चाही, आत्मविश्वास चाही। विद्यापति अपूर्व प्रतिभाशाली एवं आत्मविश्वाससँ प्रौढ़ एवं प्रयोगवादी कवि छलाह। आरम्भहिसँ हुनका लिखबाक व्यसन छलैन्हि। 'कीर्त्तिरक्षरसम्बद्धा' पुरान कहबी छैक ओ विद्यापति तँ मानैत छलाह जे कीर्त्तिवल्लीकेँ त्रिभुवनक क्षेत्रमे पसरबाक हेतु अक्षरक खाम्ह बान्हि-बान्हि मचान बन्हबाक प्रयोजन होइत छैक। आरम्भमे ओहो संस्कृतकेँ ग्रहण कएल जे बिसइवार महाकुलक नेनाक हेतु उचित छलैन्हि। परन्तु विद्यापति दूरदर्शी राजनीतिकुशल महापुरुष छलाह। समयक प्रवाहकेँ ओ चीन्हल तथा देसिल बयनामे लिखए लगलाह। मैथिल राष्ट्रीयताक जड़िकेँ जे हुनके पूर्वज लोकनिक रोपल छलैन्हि सूदृढ़ करबाक उद्देश्यसँ ओ मिथिलाक जन-भाषाकेँ एहन सूत्र बनाओल जाहिमे मिथिलाक समस्त जनताकेँ एकठाम बान्हि सकथि ओ तेँ जनता मात्रक आकर्षणक वस्तु सब, शृंगारक कविता, महादेवक भक्तिक काव्य एवं दैनन्दिन व्यवहारमे उपयोगक वस्तु सब राग-ताल-लयाश्रित गीतक रूपमे जन-भाषामे लिखए लगलाह ओ मिथिलाक भाषाकेँ साहित्यिक मान्यता उपलब्ध कराओल। परन्तु जे काव्य ओ जनसाधारणक हेतु नहि लिखलैन्हि, पण्डितवर्ग किंवा दरबारी हेतु रचलैन्हि, ताहिमे ओ जन-भाषाक प्रयोग नहि कए ओहि देसिल बयनाक प्रयोग कएलैन्हि जे पूर्वहि साहित्यिक मान्यता प्राप्त कए लेने छल, संस्कृतहि जकाँ प्रतिष्ठित भए गेल छल, ओ जे ताहि दिन लोकमे अवहट्ठ कहबैत छल। कीर्त्तिलता, कीर्त्तिपताका तथा शिवसिंहक विजयक गीत सब तेँ पुरान मैथिलीमे अछि; वर्णरत्नाकरहुसँ पूर्वक मैथिली; ओ मैथिली जकर परम्परा सिद्ध-साहित्यसँ, डाकक वचनसँ एवं कृषि सम्बन्धी तथा ज्योतिष सम्बन्धी आन-आन संहितासँ आरम्भ भेल छल। संस्कृतक पश्चात् इएह अवहट्ठ ओहि समयमे साहित्यिक मान्यता प्राप्त कएने छल। परन्तु ई भाषा ताहि दिन बाजल नहि जाइत छल।

एहि रूपमे कहिओ बाजल जाइत छल की नहि ताहूमे सन्देह; मिथिलाक तत्कालीन जन-भाषा हुनक गीतमे स्वरूपायित अछि, जेना ज्योतिरीश्वरकालीन मिथिलाक जन-भाषा हुनक गद्यमे स्वरूपायित अछि, मिथिलाक साधारण जनताक हेतु अवहट्ठ अपरिचित भाषा भए गेल छल ओ स्वयं विद्यापतिकेँ सेहो ई भाषा स्वाभाविक नहि छलैन्हि।

परन्तु कीर्त्तिलता विशुद्ध अवहट्ठमे कहाँ अछि? ई तँ संस्कृत, प्राकृत, अवहट्ठ, मैथिली, फारसी, अरबी अनेक भाषाक सम्मिश्रण थिक, एक गोट कृत्रिम भाषा जे विद्यापति ऊहि कए-कए लिखल। तेँ एहिमे विशुद्ध मैथिलीक अर्थात् जन-भाषाक अनेको शब्द भेटैत अछि। 'मारि', 'करुआतेल', 'बड़प्पन', 'सन्देश', 'नोर', 'तोरहि तोर', 'अन्धार-कूट', 'भैँसुर', 'भावहु' अनेक शब्द कीर्त्तिलतामे भेटैत अछि जे ओही अर्थमे प्रयुक्त भेल अछि जाहि अर्थमे ओ आइ प्रयुक्त होइत अछि ओ तेँ जकर पूर्ण आशय विदेशीलोकनि नहि बुझि सकलाह अछि। तहिना 'गण्डञे गनिअ उपास', 'रूसलि विभूति पलटाए आनलि', 'सेरे कीनि पानि आनिअ', 'पिबए खने कापरेँ छानिअ', 'बगलाक रोटी दिवस गमावथि', 'कुरुम उलटि करबट्ट दे', 'अवस कराबए मारि' इत्यादि वाक्य सब विशुद्ध मैथिलीक थिक जकर प्रयोग एखनहु भए सकैत अछि। अतएव स्पष्ट अछि जे विद्यापति अवहट्ठ ओहिना जनैत छलाह जेना संस्कृत किंवा प्राकृत। ई भाषा हुनका सीखल छलैन्हि; स्वाभविक नहि छलैन्हि। परन्तु संस्कृतक व्याकरण छैक जाहिसँ ओकर साधुताक ज्ञान भए सकैत छैक। प्राकृतहुक व्याकरण छैक जाहिसँ ओकर स्वरूप बूझल भए सकैत छैक। परन्तु अवहट्ठक कोनो व्याकरण नहि छलैक ओ तेँ ओकर साधुता प्रयोग मात्रसँ अवगत कएल जाए सकैत छल। वस्तुतः ई अवहट्ठ तत्कालीन मैथिलीक प्रारूप छल ओ जे स्वाभाविक थिकैक ओहिमे कतोक लक्षण क्रमशः उठि गेल छलैक, कतोक बाहरसँ आएल छलैक, कतोक भाषान्तरमे रहि गेल छलैक; मैथिलीसँ उठि गेल छलैक ओ तेँ जखन विद्यापति ई भाषा लिखए लगलाह तखन भाषाक विशुद्ध स्वरूप तँ हुनका बुझल छलैन्हि नहि, ऊहि कए-कए लिखलैन्हि, जकर परिणाम भेल जे आनहु-आनहु अपभ्रंशक कतोक रूप एहिमे चल आएल, जाहि आधारपर आब लोक कीर्त्तिलतामे भाषान्तरक मूल पबैत छथि। ई कथा कोनो नव वस्तु नहि थिक। राजशेखर जे अपनाकेँ सर्व-भाषा-चतुर कहैत छथि, सेहो अपन 'कर्पूर-मंजरी' ने वैदर्भी प्राकृत लिखलैन्हि, ने महाराष्ट्री, प्रत्युत दुहूक सम्मिश्रण। कारण प्राकृत हुनका समयमे बाजल नहि जाइत छलैन्हि। प्राकृत ओहो सिखने छलाह। परन्तु लिखबाक बेरि वैदर्भी ओ महाराष्ट्रीक भेद हुनका बिसरि जाइन्हि। विद्यापतिओक प्रसंग इएह गप अछि, ओ तेँ कतोक शब्दक अवहट्ठ रूप ओ अपनहि बनओने छथि जे अद्भुत अछि ओ आब ऊहि समेत नहि कए सकैत छी जे कोन शब्दक बनल ई रूप थिक। सोचथि ओ संस्कृतमे अथवा मैथिलीमे, ओ मनहि मन ओकर अवहट्ठमे अनुवाद करैत, जाहि ठाम छन्दोबद्ध छलैक ताहि ठाम छन्दक अनुरोध रखैत, लिखैत गेलाह। तेँ कीर्त्तिलताक भाषा दुरूहे टा नहि अछि, विचित्र खिच्चड़ि भाषा अछि ओ प्रत्येक शब्दक प्रसङ्ग मूलक

अनुसन्धान अपेक्षित भए जाइत अछि। छोटो-छोटो शब्दकेँ यदि ऊहिपर नहि बैसल तँ कष्ट-कल्पना कए-कए अर्थ करए पड़ैत छैक। स्व. डा. वासुदेव शरण अग्रवाल वैयाकरण छलाह, व्युत्पत्तिसँ अर्थ करबाक हुनका संस्कार छलैन्हि। परन्तु कीर्त्तिलताक अर्थ करबामे हुनका कोना भ्रम भेल छैन्हि एकर एक गोट दृष्टान्त पर्याप्त अछि। सबहु जनैत छी जे मैथिलीमे नामक बहुवचन रूप नहि होइत छैक। बहुवचन-बोध करएबाक हेतु की तँ बहुवचन बोधक विशेषण लगाओल जाइत छैक अथवा विशेषणक द्वित्व कए बहुवचन द्योतित कएल जाइत छैक। नीक-नीक कलमक अर्थ भेल बहुत रास नीक कलम। कीर्त्तिलताक चारिम पल्लवमे घोड़ाक वर्णनमे अछि "वाकुले वाकुले वयने, काचले काचले नयने" इत्यादि। ई पद सब वर्ण-रत्नाकरहुमे एहिना प्रयुक्त भेल अछि। एहिमे 'वाकुले', 'काचुले' इत्यादिमे द्वित्व बहुवचन द्योतक थिक। मैथिलीक एहि विशेषतासँ अनभिज्ञ डा. अग्रवाल यमक सिद्ध करबाक हेतु एहि शब्द सभक बड़े कष्टसँ अर्थ बहार कएने छथि। परन्तु मैथिलीक हेतु ई अत्यन्त सरल वाक्य भेल। कहबाक तात्पर्य जे कीर्त्तिलताक भाषा मूलतः मिथिलाक भाषा होइतहुँ भाषान्तरक शब्दसँ ततेक आक्रान्त अछि जे ओहिमे सरलता नष्ट भए गेल छैक। मुसलमानक व्यवहार अथवा मुसलमानी दरबार इत्यादिक वर्णनमे फारसी ओ अरबी शब्द तेना विकृत कए प्रयुक्त छैक जे देखला उत्तर भ्रम होएत जे ई फारसी थिकैक अथवा भाषान्तर । कारण फारसी-अरबी विद्यापति सुनिएकेँ सिखने छलाह। ओकर शुद्ध स्वरूप तँ हुनका जानल छलैन्हि नहि। अतएव कीर्त्तिलताक भाषा ऊभड़-खाभड़ लगैत अछि। क्लिष्टता दोषसँ सर्वत्र भरल अछि ओ विद्यापतिक काव्यक जे प्रधान गुण थिकैन्हि प्रसाद, तकर अभाव पद-पदपर खटकैत रहैत अछि। परन्तु थिक ई मिथिलाक भाषा, से स्पष्ट भए जाइत अछि। जखन विद्यापति अवहट्टमे लिखबाक चेष्टा करैत छथि तखन मिथिलाक जन-भाषामे लिखए लगैत छथि। अतएव हम बुझैत छी जे—

(1) कीर्त्तिलता मिथिलाक देसिल वयनामे लिखल अछि।

(2) ई देसिल वयना ठाम-ठाम विद्यापतिकालीन देसिल वयना थिक; परन्तु अधिकांश ठाम प्राचीन मैथिली थिक जकर प्रयोग ओहि समयमे उठि गेल छल।

(3) बहुत ठाम विद्यापति अपना मनसँ रूप गढ़ि लिखलैन्हि अछि तथा कीर्त्तिलताक पाठ जेँ भ्रष्ट अछि तेँ इहो कहब कठिन जे ई गढ़ल कतए-कतए छैन्हि अथवा एहिमे हुनक गढ़बाक दोष किंवा पोथी लिखनिहारक दोष।

(4) एहिमे ततेक भाषाक सम्मिश्रण अछि जे काव्य दुरूह भए गेल अछि ओ सरलता नष्ट भए गेल छैक।

(2)

दोसर प्रश्न अछि जे कीर्त्तिलताक रचना कहिआ भेल? कीर्त्तिलतामे जे घटना सब वर्णित अछि, से कोन क्रममे घटित भेल? ओ सब घटना कहिआ घटल? यदि कीर्त्तिलतामे

तत्कालीन घटनाक वर्णन अछि, तखन तँ एकरा इतिहासक ग्रन्थ मानए पड़त, किन्तु कीर्त्तिलतामे जे वर्णन अछि तथा जे हमरालोकनिकेँ अन्यथा बूझल होइत अछि, दुहूमे बड़ अन्तर अछि। एहिमे जे घटना कहल गेल अछि, से यदि सत्ये घटित भेल, तखन तँ कीर्त्तिलताक रचनाकाल ओहि घटना सबहिक पश्चात् मानए पड़त। तेँ कीर्त्तिलताक रचना-कालक विचार करबासँ पूर्व ई उचित थिक जे एहिमे वर्णित घटना-चक्रक ऐतिहासिकताक विचार कए ली।

कीर्त्तिलताक विषय-वस्तु अछि ओइनिवार कीर्त्ति सिंहक गुण-कीर्त्तन जे कोना ओ अपन पिताक हत्याक प्रतिशोध जौनपुरक नबाब इब्राहिम साहक सहायतासँ लेल, कोना ओ बप्पाबैर सधाओल। ओइनिवार कर्णाट क्षत्रियक राज्य ध्वंस भेला उत्तर कामेश्वर ठाकुर मिथिलामे ब्राह्मणक राज्य स्थापित कएल। हुनक बालक भोगीश्वर फिरोजशाह तुगलकक प्रिय सखा छलथिन्ह। फिरोजशाहक शासन-काल 1346-1361 छल। लक्ष्मण सेन संवत्क 255 मे (आन-आन सम्पादकक अनुसार 252 ल सं. मे) जे विद्यापतिक गणनानुसार 1364 ई. भेल, भोगीश्वरक बेटा गणेश्वरक एक जन—असलान विश्वासघात कए हत्या कए देलक। समस्त देशमे अराजकता पसरि गेल। गणेश्वरक सबसँ छोट पुत्र कीर्त्ति सिंह अपन जेठ भाए वीर सिंहक संग जौनपुर गेलाह ओ सुलतानक ओतए नालिश कएल जे असलान हुनक पूर्वक फरमानक अवज्ञा कए गणेश्वरक हत्या कए देलक अछि। जौनपुरमे ताहि समयमे सुलतान छलाह इब्राहिम शाह। बहुत दिन प्रतीक्षा कएला उत्तर कीर्त्ति सिंहकेँ सुलतानसँ भेँट भेलैन्हि। सुलतान आज्ञा देलथिन्ह जे सेना तिरहुतपर आक्रमणक हेतु विदा हो। किन्तु सेना पूर्व नहि जाए, पश्चिम विदा भेल। कीर्त्ति सिंह अपन अनुचरक संग सेनाक संग-संग विदा भेलाह ओ बड़ कष्ट सहल। अन्तमे सुलतान तिरहुत प्रयाण कएलैन्हि, ओ गण्डक पार कए दुनू सेना रायपुरक क्षेत्रमे भीड़ि गेल। द्वन्द्व-युद्ध मे कीर्त्तिसिंह असलानकेँ पराजित कएल ओ असलान भागि गेल। कीर्त्तिसिंह ओकरा पकड़बाक हेतु नहि गेलाह, ओकरा क्षमा कए देल। सुलतान कीर्त्तिसिंहकेँ गद्दीपर बैसाओल।

ई ऐतिहासिक तथ्य थिक जे इब्राहिम शाह जौनपुरक प्रतापी सुलतान छलाह। परन्तु हुनक राज्याधिरोहणक समय छल 1400 ई.। इतिहाससँ ज्ञात होइत अछि जे अपन शासनक आरम्भहिमे ओ तिरहुतक हेतु प्रयाण कएल। परन्तु पश्चिमसँ आक्रमणक समाचार पाबि ओ पश्चिम दिशि घुरि गेलाह। पश्चात् ओ तिरहुतपर आक्रमण कएल। परन्तु कोनहु इतिहासमे ई नहि भेटैत अछि जे तिरहुतपर आक्रमण करबाक हुनका हेतु की भेलैन्हि अथवा ओ आक्रमण ककरापर कएलैन्हि। गणेश्वरक हत्या चन्दा झाक अनुसारेँ 1364 ई मे भेल। आन-आन सम्पादकक अनुसार 1371 ई. मे भेल। परन्तु जे हो, एहि अनुसार तिरहुतमे 30 वर्षसँ अधिक दिन धरि अराजकता रहल। परम्परया ज्ञात होइत अछि जे शिवसिंह जखन 16 वर्षक किशोर छलाह, तखनहि हुनक पिता देवसिंह मिथिलाक राज्यक भार हुनका दए अपने नैमिषारण्य चल गेलाह। देवसिंहक परोक्ष 1402 ई. मे भेल जखन शिवसिंहक वयस

पचास छलैन्हि, तखन ओ राजगद्दीपर बैसलाह। एवंक्रमे 1368 ई. सँ 1402 ई. धरि शिवसिंह राजकुमार भए अपन पिताक राज्यक संचालन कएल। शिवसिंह गौड़ ओ गज्जनक मुसलमानी सेनासँ कए बरि लड़लाह, विजयी भेलाह; मुदा 1405-6 क शीतकालमे ओ युद्धमे पराजित भेलाह। ई ऐतिह्य यदि सत्य तँ मिथिलामे अराजकता चारि वर्षसँ अधिक नहि रहल। शिवसिंहक शासन-काल 38 वर्ष भेलैन्हि, 34 वर्ष ओ राजकुमार भए शासन कएल ओ चारि वर्षसँ थोड़ राजाक रूपमे। परन्तु मिथिलामे परम्परया जानल थिक जे शिवसिंहक शासनकाल बड़ प्रतापी छल। मिथिलामे कहबी छैक जे "पोखरि रजोखरि आओर सब पोखरा। राजा शिवइ सिंह आओर सब छोकड़ा।"

एहि कथाक पुष्टि विद्यापति अपना लेखमे जे तिथि देने छथि ताहिमे दू टा सँ होइत अछि। प्रथम लिखनावलीमे तिथि अछि ल. सं. 299। एहि लिखनावलीक रचना सप्तरीक द्रोणवार राजा पुरादित्यक निमित्त रजाबनौलीमे भेल। ओ दोसर भागवतक लेख पोथीमे देल तिथि ल. सं. 309। एहि भागवतक समाप्ति ओ रजाबनौलीमे कएने छलाह। विद्यापतिक लेखक ल. सं. विवादास्पद नहि होएबाक चाही। कारण देवसिंहक मृत्यु ओ शिवसिंहक राज्याधिरोहणक तिथि विद्यापति 293 ल. सं. मे कहैत छथि जे हुनका अनुसार 1324 शाके छल। अतएव ई ऐहिह्य जे शिवसिंह 1402 ई. मे मिथिलेश भेलाह, साढ़े तीन वर्ष मात्र राज्य कएल ओ 1405-6 मे ओ पराजित भेलाह, तदुत्तर विद्यापति शिवसिंहक स्त्रीलोकनिकेँ शिवसिंहक प्रतीक्षामे रजाबनौलीमे 12 वर्ष बिताओल, ई घटनाक्रम विद्यापतिक लेखसँ पुष्ट होइत अछि। अतएव ई कहब जे 1400 ई. मे जखन इब्राहिम शाह जौनपुरक सुलतान भेलाह, मिथिलामे अराजकता छल किंवा ओतए असलानक शासन छल, ऐतिहासिक तथ्य नहि बुझना जाइत अछि।

एहि प्रसङ्ग ज्ञातव्य थिक जे जौनपुरक शरकी सुलतान-वंशक स्थापना 1394 ई. मे भेल, फिरोजशाह तुगलकक मृत्युक 6 वर्षक पश्चात्। ई भेल गणेश्वरक हत्याक 23 वर्षक पश्चात्, चन्दा झाक लेखक अनुसार 30 वर्ष पश्चात्। एहि कथासँ कीर्त्तिलताक ऐतिहासिकता संदिग्ध भए जाइत अछि। कीर्त्तिलताक तेसर पल्लवक छठम पद्यमे कीर्त्तिसिंह इब्राहिम शाहकेँ कहैत छथिन्ह जे असलान–"पढ़म फेल्लिअ तुज्झ फरमान गअण राए तो वधिअ" इत्यादि। अर्थात् पहिने ओ अहाँक फरमानकेँ फेकि देलक तखन गणेश्वरक वध कएलक। ई नहि कहल छैक जे ओहि फरमानमे की छलैक। परन्तु ध्वनि स्पष्ट छैक जे फरमानक विरुद्ध असलानक क्रिया भेलैक ओ तदुत्तर ओ तिरहुतक राज्यकेँ हथिआए लेलक। ई उक्ति स्पष्ट अछि, मुदा इतिहाससँ जे बुझल होइत अछि ताहि संग एकर मेल नहि होइत अछि। डा. वासुदेव शरण अग्रवाल तेसर पल्लवक पाँचम पद्यक "जेन्हि साहि" सँ जौन्हा शाह बुझैत छथि। जौनपुरक प्रथम सुलतानक नाम छलैन्हि ख्वाजा जहाँ, जे पहिने शरकी मल्लिक ओ शरकी सुलतान भेलाह, मुदा 1394 ई.क बाद। गणेश्वरक हत्याक एतेक दिन पश्चात् जखन जौनपुरक शरकी वंशक स्थापना सएह भेल, तखन गणेश्वरक हत्यासँ पूर्वहि

असलानकेँ जौनपुरक सुलतानक ओतएसँ फरमान गेल, ई कथा सर्वथा असंगत। तँहि तँ हमर मित्र डा. सुभद्र झाक विचार छैन्हि जे जौनापुर (पल्लव-2-पद्य-23) जौनपुर नहि, योगिनीपुर थिक जे विद्यापतिक पुरुष-परीक्षाक अनुसार दिल्लीक एक गोट नाम छल ओ इब्राहिम शाह जौनपुरक नबाब नहि, दिल्लीक दरबारक एक पराक्रमी राजपुरुष छलाह, जनिकासँ कीर्त्ति सिंह सहायता लेल। एहि विचारकेँ मानबामे असुविधा छैक। मुदा कीर्त्तिलताक शब्दकेँ ध्यानमे राखि मानब तँ आओर कठिन छैक जे कीर्त्तिलताक ई पाँती सब जौनपुरक नबाब इब्राहिम शाहकेँ कहल गेल छैक। वस्तुतः ई पाँती सब केवल दिल्लीक बादशाहकेँ कहल जाए सकैत छलैक। कारण तिरहुतक राज्यक प्रसङ्ग कोनो फरमान दिल्लीक बादशाह मात्र जारी कए सकैत छल, ओ सम्भव थिक जे कामेश्वर ठाकुरक देहान्त भेला उत्तर ई फरमान भोगीश्वरकेँ तिरहुतक राजा स्वीकार करबाक हेतु जारी भेल हो। ताहूसँ संगत जे भोगीश्वरक देहान्त भेला उत्तर गणेश्वरकेँ राजा स्वीकार करबाक हेतु जारी भेल हो। कारण तखनहि ने ई कथा अपराधक गुरुता सिद्ध करत जे फरमानक अनुसार गणेश्वरकेँ राजा स्वीकार करबाक स्थानमे उनटे हुनक हत्या कएल गेल।

दोसर कथा ई जे कोनहु साहित्यिक ग्रन्थमे अथवा कोनहु इतिहासक पोथीमे ई कथा कतहु नहि अछि जे कीर्त्तिसिंह मिथिलाक राजा छलाह। केवल कीर्त्तिलताक अन्तमे अछि—"कीर्त्तिसिंह भउ भूप"। मैथिल ब्राह्मणक पञ्जीमे ओइनिवारक एहि शाखाक अन्त भए जाइत अछि गणेश्वरक तीनू बालकक नामसँ। ओहि तीनूमे ककरहु राजा नहि कहल अछि। कीर्त्तिसिंहकेँ केवल 'बड़ कूमर' कहल अछि। एहि तीनू भाइमे ककरो विवाहक उल्लेख नहि अछि। अतएव प्रतीत होइत अछि जे ओइनिवारक ई शाखा लुप्त भए गेल तथा मिथिलामे ई कतहु जानल नहि रहल जे कीर्त्तिसिंह राजा भेलाह। मिथिलाक राज्य गणेश्वरक परोक्ष भेला उत्तर देवसिंहकेँ भेटलैन्हि जे कामेश्वर ठाकुरक सबसँ छोट बालक भवसिंहक बालक छलाह। अतएव कीर्त्तिलतामे जे विद्यापति लिखैत छथि तकर पुष्टि ने ऐतिह्यसँ होइत अछि, ने मैथिल ब्राह्मणक पञ्जीसँ।

तेँ यदि कीर्त्तिलतामे वर्णित घटना-चक्र सत्य ओ जौनपुरक इब्राहिम शाह गणेश्वरक हत्या कएनिहारकेँ दण्ड देबाक हेतु ओ कीर्त्तिसिंहकेँ हुनक पिताक गद्‌दीपर आसीन करबाक हेतु तिरहुतपर सत्ये आक्रमण कएलैन्हि तँ से आक्रमण भेल होएत शिवसिंहक विरुद्ध ओ जेँ शिवसिंह गद्‌दीपर बैसबाक चारि वर्षक मध्यहि पराजित भेलाह, तेँ इहो बुझब असंगत नहि होएत जे शिवसिंहकेँ पराजित कएल जौनपुरक इब्राहिमशाह। पुरुष-परीक्षाक अनुवादक संस्करणमे कवीश्वर चन्दा झा ओइनिवार राजकुलक आरम्भ कालक प्रसङ्ग जे दश-पाँच गोट कथा टिप्पणी रूपेँ लीखि गेल छथि ताहिसँ हमर अनुमानक पुष्टि होइत अछि। राजपण्डित कामेश्वर ठाकुरकेँ तीनि गोट पुत्र छलथिन्ह ओ छओ गोट छोट भाए। हुनक परोक्ष भेला उत्तर राज भेटलैन्हि हुनक सबसँ जेठ बालक भोगीश्वरकेँ, जनिका प्रसङ्ग कीर्त्तिलतामे अछि 'पिअ सखि भनि पिअरोज साह सुलतान समानल' किन्तु

हुनक सबसँ छोट भाए भवसिंह हुनकासँ राज्य बँटबाए लेल। भोगीश्वरक परोक्ष भेला उत्तर भवसिंहक जेठ बालक त्रिपुर सिंहक पुत्र अर्जुन राय जनिका विद्यापति अपन गीतक भनितामे 'त्रिपुर सिंह सुत अर्जुन राय' कहि अमर कए गेल छथिन्ह, कामेश्वर ठाकुरक छोट भाए हर्षन ठाकुरक पौत्र रत्नाकर ठाकुरक संग मीलि षड्यन्त्र कए गणेश्वरक हत्या करबाए देल। 'लिखनावली' मे विद्यापति पुरादित्यक विरुदावलीमे कहैत छथि 'संग्रामेऽर्जुन भूपतिर्विनिहतो वन्धौ नृशंसाथितः' अर्थात् बन्धु-विषय नृशंस जे अर्जुन राय तनिका पुरादित्य युद्धमे मारल। स्पष्ट अछि जे आततायी अर्जुन रायकेँ अपन दुष्कर्मक फल भोगए पड़ल ओ हुनक वंश लुप्त अछि। तत्पश्चात् तिरहुतक राज्य भवसिंहक दोसर बालक देवसिंहकेँ प्राप्त भेलैन्हि। परन्तु देवसिंह तत्कालीन राजनीतिक वातावरणसँ ततबा विषण्ण भए गेलाह जे ओ तिरहुत त्यागि नैमिषारण्य चल गेलाह तथा अपन बालक शिवसिंहकेँ जनिक वयस ताहि समयमे केवल 16 वर्षक छलैन्हि, राज-पाट सब किछु सुनझाए देल। शिवसिंह बड़ प्रतापी राजा भेलाह। पुरुषपरीक्षामे विद्यापति कहैत छथि जे बंगालक नबाब ओ दिल्लीक बादशाही सेना दुहूक संग संघर्ष कए ओ बड़ निर्मल यश प्राप्त कएलैन्हि। शिवसिंहक सिंहासनारोहणक जे अवहट्ट भाषामे गीत अछि, ताहिसँ ज्ञात होइत अछि जे 1324 शाके चैत कृष्ण षष्ठी बृहस्पतिकेँ जाहि दिन गंगाक तटपर देवसिंह देह त्याग कएल ताहि दिन यवनक सेना तिरहुतपर आक्रमणक हेतु चलल। सम्भव थिक जे ई प्रयाण इब्राहिम शाहक छल जकरा ओ तिरहुतक हेतु साजल। मुदा ई वार्ता सूनि जे दिल्लीसँ एकवाल खाँ सेना लए जौनपुर दिशि आबि रहल छल, इब्राहिम शाह पूब नहि जाए समस्त सेना लए पश्चिम दिशि विदा भेलाह। कीर्त्तिपताकामे मुसलमानक संग युद्धमे शिवसिंहक विजयक वर्णन अछि, ओ जेँ कीर्त्तिपताका सम्पूर्ण उपलब्ध नहि अछि तेँ ई तँ बूझल नहि होइत अछि जे कोन मुसलमान नबाबक संग युद्धमे शिवसिंहक विजयक ई कीर्त्तन थिक। परन्तु जे उपलब्ध अछि ताहिसँ एतबा तँ निर्विवाद अछि जे विजय भेल छलैन्हि शिवसिंहकेँ। एहि सबसँ ई कथा स्पष्ट भए जाइत अछि जे भोगीश्वरक शाखा लुप्त भए गेला उत्तर शिवसिंह समस्त मिथिलाकेँ अपना हाथमे कए लेल, अपन शासनकेँ सुदृढ़ कए लेल तथा उदार नीति ओ सुसंघटित शासनसँ समस्त तिरहुतकेँ अपना वशमे कए लेल।

एहि प्रसंग ई ज्ञातव्य थिक जे मिथिलामे ओइनिवार लोकनिक शासन आरम्भमे पण्डित समाजक अनुमोदन प्राप्त नहि कएलक। मैथिल ब्राह्मण समाजक जातीय संघटन भेलेटा छल ओ ओहि पुनर्गठनक नेता लोकनि ताहि समयमे जीवित छलाह जाहि समयमे फिरोज शाह तुगलकसँ कामेश्वर ठाकुर मिथिलाक राज्य ग्रहण कएल। ओ नेता लोकनि ओइनिवार ब्राह्मणक शासन दू गोट शास्त्रीय सिद्धान्तक कारणेँ स्वीकार नहि कएल। प्रथम ई जे ओइनिवार लोकनिकेँ सार्वभौम सत्ता नहि छलैन्हि। ओलोकनि दिल्लीक नबाबसँ सत्ता प्राप्त कएने छलाह। दोसर जे, बिनु राज्याभिषेकेँ राजत्व नहि हो, ओ ब्राह्मण भए ओइनिवारलोकनि राज्याभिषेक कोना लेताह। एहि समस्याक समाधान कामेश्वर ठाकुरक

कनिष्ठ पुत्र भवसिंह बड़े चतुरतासँ सम्पन्न कएल। अपन राजनीति कुशलता, चरित्रक चारुता एवं वैदुष्यक पोषणतासँ पण्डित समाजक स्वारस्य प्राप्त कए ओ महामहत्तक चण्डेश्वर ठाकुरकेँ धएल। सात गोट रत्नाकरक निर्माता, देवादित्यक महाकुलमे उत्पन्न, चण्डेश्वर ठाकुर ओहि समयमे पण्डित समाजक सर्वमान्य शिरोमुकुट प्रायः अस्सी वर्षसँ बेसी वयसक वृद्ध छलाह। राजा भवसिंहक आज्ञासँ ओ राजनीति-रत्नाकरक रचना कएल, जाहिमे व्यवस्था देल जे कर देनहि राजत्वक हानि नहि हो, कारण राजा अ-कर ओ स-कर दुहू प्रकारक होथि तथा राजा होएबाक हेतु ई आवश्यक नहि छैक जे अभिषेक भेले टा ताकए। राजाक धर्म थिकैक प्रजाक पालन। अतएव मिथिलामे समाज द्वारा मान्य पहिल ओइनिवार राजा भेलाह भवसिंह, जे हुनक 'सिंह' उपाधिसँ सेहो सूचित होइत अछि। ओ हुनके सन्तान मिथिलामे राजा मानल जाइत रहलाह। ई युग मिथिलामे पाण्डित्यक युग छल ओ जे केओ बड़का पण्डित कोनो ग्रन्थ लिखने छथि सब केओ अपन-अपन ग्रनथ भवसिंह अथवा हुनक सन्तानकेँ समर्पित कएने छथि। कामेश्वर ठाकुर, भोगीश्वर अथवा गणेश्वर ककरहु नामसँ एको गोट ग्रन्थ कतहु नहि भेटल अछि।

अतएव ऐतिह्यसँ तथा सामाजिक अथवा साहित्यक सूत्र सबसँ इएह प्रतीत होइत अछि जे गणेश्वरक हत्या ओ तदुत्तर विप्लव सबहिक कारण छल भोगीश्वर ओ भवसिंह तथा दूहू भाइक सन्तानक परस्पर विरोध। सम्भव थिक असलान चर छल, गणेश्वरक हत्याक हेतु नियुक्त कएल गेल छल तथा नृशंसताक पुरस्कारमे ओकरा छोट-छीन राज्य सेहो दए देल गेल हो। ताहि स्थितिमे ई मानब सुगम भए जाइत अछि जे कीर्तिसिंह साहाय्यक अन्वेषणमे देशसँ बाहर चलल होथि जाहिसँ केवल हुनक पितृ-वैरहिक टा उद्धार नहि हो, प्रत्युत तिरहुतक पैतृक राज्य सेहो हुनका प्राप्त भए जाइन्हि। सम्भव थिक इब्राहिम शाह हुनक उपयुक्त सहायक भेटि गेल होइन्हि। कारण इब्राहिम शाह महत्त्वाकांक्षी भविष्णु युवक नबाब छलाह। ओ अपन अधिकारक्षेत्र विस्तीर्ण करए चाहथि। तिरहुतमे ताहि समयमे शिवसिंहक शासन छल। अपना दर्पमे शिवसिंह ककरहु आँखि नहि लगबथिन्ह। ओ तेँ सम्भव थिक जे इब्राहिम शाहकेँ युद्ध करए पड़लैन्हि शिवसिंहसँ।

यदि मानि ली जे गणेश्वरक हत्यामे शिवसिंहक हाथ नहि छलैन्हि तथापि एतबा तँ मानहि पड़त जे ओइनिवारक जाहि शाखाकेँ ओहिमे हाथ छलैक तकर प्रतिनिधित्व शिवसिंह करैत छलाह। शिवसिंह अपनाकेँ स्वतन्त्र घोषित कएने छलाह। तेँ इब्राहिम शाहकेँ आवश्यक भेलैन्हि जे ओ शिवसिंहकेँ अपना वशमे करथि। कीर्त्तिलतामे ई नहि अछि जे इब्राहिम शाह असलानसँ युद्ध कएल। असलानसँ युद्ध कएल कीर्त्तिसिंह तथा ओकरा केवल धिक्कारि छोड़ि देल। सम्भव थिक अपन बापक राज्य हुनका प्राप्त कराए देल गेल हो। परन्तु ताहि समयमे हुनक वयस पचाससँ ऊपर साठिक लग छल होएतैन्हि। शिवसिंहक पराजयक कारण मानि लोक हुनका त्यागि देने होएतैन्हि। किछु दिन ओ राज्यो कएने होथु, परन्तु समाजसँ ओ बहिष्कृत छल होएताह। कविकेँ आकृष्ट कएलक हुनक दृढ़ संकल्प

जे बप्पावैरि सधाबी, जाहि हेतु हुनका एतेक शारीरिक ओ मानसिक कष्ट सहि एतेक दिनक प्रवासक जीवन बितबए पड़लैन्हि। अतएव कीर्त्तिलताक विषय-वस्तु कीर्त्तिसिंहक साहस ओ धैर्य, संकल्प ओ दृढ़ता, आत्मगौरव ओ प्रतिष्ठा, एक शब्दमे हुनक पुरुषत्वक कीर्त्तन थिक।

हमरा जनैत कीर्त्तिलतामे जँ किछु तथ्य अछि तँ ओकर घटना-चक्रकेँ एहिना उपस्थित कएल जाए सकैत अछि। द्रष्टव्य थिक जे एहिमे भवसिंह अथवा हुनक सन्तानक सम्पर्क परोक्ष-रूपहुँ संकेतित नहि अछि तथा वर्णनमे कल्पनाकेँ स्वच्छन्द छोड़ि देल गेल अछि जाहिसँ चित्र सर्वत्र अतिरंजित भए गेल अछि। यथा, जौनपुरक वर्णनकेँ लिअ। जौनपुरक स्थापना भेलाँ बीसो वर्ष नहि भेल छल ओ जौनपुरक जे भव्यता अछि से सबटा इब्राहिम शाहक निर्मापित। जाहि समयक ओ वर्णन थिक ताहि समयमे ओ नहि छल। तेँ हमरा जनैत ई काव्य ऐतिहासिक उपन्यास मात्र बुझबाक थिक; कतोक व्यक्ति जे एकरा तत्कालीन देश ओ समाजक यथार्थ चित्रण मानैत छथि से सङ्गत नहि जँचैत अछि।

परन्तु ई मानबामे एक गोट एहन आपत्ति उपस्थित होइत अछि जकर कोनो उत्तर नहि अछि। कीर्त्तिसिंह तँ तखन भेलाह शिवसिंहक द्रोही, परमशत्रु। ओ शिवसिंह छलथिन्ह विद्यापतिक प्रभु, पोषक, बालसखा। शिवसिंहक ऐश्वर्य ओ सुखमय जीवनक ध्वंस कराए, कीर्त्तिसिंह स्वयं विद्यापतिक जीवनक समस्त ऐश्वर्य ओ सुखमय स्वप्नकेँ ध्वंस कए देल। एहना स्थितिमे विद्यापति कीर्तिसिंहक कीर्त्तन कोना कएल? कामेश्वर ठाकुरकेँ तीन गोट बालक, मध्यम कुसुमेश्वर राजा नहि कहल छथि, परन्तु हुनक बालक रत्नेश्वरकेँ 'राजा' उपाधि भेटैत अछि। एहि शाखाकेँ छोड़ि दी तथापि कामेश्वरक जेठ बालक भोगीश्वर ओ छोट भवेश्वर—ई दू गोट शाखा प्रत्यक्ष अछि। भोगीश्वर जेठ बापक उत्तराधिकारी, फिरोज शाह तुगलकक मित्र अवश्य राजा छलाह। परन्तु चण्डेश्वर ठाकुर अपन 'राजनीति-रत्नाकर' मे भवसिंहकेँ मुक्तकण्ठेँ राजा कहैत छथि। ई तखनहि सम्भव भेल होएत जखन पिताक परोक्ष भेला उत्तर भवसिंह अपन जेठ भाएसँ राज्य बँटबाए लेने होथि। अतएव स्पष्ट अछि जे ओइनिवारक एहि दुनू शाखामे जँ युद्ध नहि तँ कमसँ कम वैमनस्य अवश्य छल। पितृहत्याक प्रतिशोधक निमित्त कीर्त्तिसिंहकेँ सहायता प्राप्त करबाक हेतु बौआए पड़ल। एतावतैव सिद्ध अछि जे मिथिलामे हुनका से सहायता उपलबध नहि भेल। ओ दस-पाँच व्यक्तिकेँ छोड़ि, जनिकालोकनिक नाम कीर्त्तिलतामे उल्लिखित अछि, मिथिलामे हुनक सपक्ष केओ नहि छल। विद्यापति कीर्त्तिसिंहक समवयस्क छलाह ओ शैशावावस्थामे दुहूमे मित्रतो छल होइन्हि, किन्तु विद्यापति भवसिंहक पक्षक छलाह। किशोरावस्थामे ओ देवसिंहक दरबारमे छलाह ओ हुनका संग नैमिषारण्य गेल छलाह, जाहि ठाम ओ अपन प्रथम साहित्यिक कृति 'भू-परिक्रमा' रचल। शिवसिंहक तँ ओ बालसखा छलथिन्ह, विश्वस्त अनुचर, सुहृत् मित्र, सम्मान्य सचिव ओ विशिष्ट राजपण्डित। शिवसिंहहिक छत्रच्छायामे विद्यापतिक प्रतिभा पूर्ण विकासकेँ प्राप्त कएलक। विद्यापति शिवसिंहकेँ अमर कए गेल छथि ओ शिवसिंह विद्यापतिकेँ सब किछु कएल, जाहिसँ हुनक जीवन सुखी ओ सम्पन्न

भेल। एहना स्थितिमे ई कहब कतेक सङ्गत होएत जे विद्यापति ओहि कीर्त्तिसिंहक गुण कीर्त्तन कएल जे कीर्त्तिसिंह हुनक आश्रय शिवसिंहक शत्रु भेलाह, जनिका कारणेँ मिथिलाक गौरव ध्वंस भए गेल, जे स्वयं हुनक जीवनक समस्त सुखकेँ ध्वस्त कए देल। एहि प्रसङ्ग द्रष्टव्य थिक जे कीर्त्तिलतामे अपराधी असलान कहल गेल अछि, परन्तु असलान तँ साधक मात्र छल, भारापर नियुक्त आततायी। ओ अर्जुन राय तथा हुनक संगीलोकनिक कोनो चर्चा कीर्त्तिलतामे परोक्ष रूपहुँ नहि अछि। किन्तु ओहि दिनुक समाज, जकरा निमित्त कीर्त्तिलताक रचना भेल, तकरा तँ एहि काव्यमे वर्णित घटना-चक्रक समस्त रहस्य ज्ञात छलैक, ओ जे चित्र कीर्त्तिलतामे झाँपल अछि, तकर यथार्थ विवरण बुझल छलैक। विपक्षक नेताक एतेक प्रशंसाक संग गुण कीर्त्तन करब, जे केवल बड़कुमर छलाह, तनिका मिथिलेश्वर कहि कीर्त्तन करब, समाजक दृष्टिमे विद्यापतिक हेतु कृतघ्नताक पराकाष्ठा बुझल जाइत।

ई एक गोट समस्या अछि जकर समाधान नहि होइत अछि। एहिमे कोनो सन्देह नहि जे कीर्त्तिलता इतिहास नहि थिक। एकरा ऐतिहासिक काव्य कहि सकैत छिऐक। एहि काव्यक दू गोट चित्र गणेश्वरक हत्याक अनन्तर मिथिलामे अराजकताक ओ जौनपुरक ऐश्वर्यक काल्पनिक चित्र इतिहाससँ पुष्ट नहि होइत अछि। आनहु अंशमे यथा, सैन्यक वर्णन, सैन्यक प्रयाणक वर्णन, युद्धक वर्णन सब अतिरंजित अछि। कीर्त्तिलताक विषय-वस्तुमे किछु ऐतिहासिक तथ्य अवश्य छैक यथा, गणेश्वरक हत्या, परन्तु असलानक व्यक्तित्वक प्रसङ्ग हमरा पूर्ण सन्देह अछि। अधिकसँ अधिक ओ भारापर नियुक्त घातक मात्र छल। इब्राहिम शाह सम्राटक सत्ताक प्रतीक मात्र थिकाह, कारण यदि से नहि तँ गणेश्वरक हत्यासँ पूर्वहिँ असलान शाही फरमान फेकि देलक, ई कोना कहि सकैत छी जखन ओहि समयमे जौनपुरक अस्तित्व नहि छलैक, इब्राहिम शाहक तँ कथे कोन। जे कथा कीर्त्तिलतामे असलानक प्रसङ्ग कहल अछि से तँ भवसिंहक प्रसङ्ग कहल जाएब उचित छल; कारण कामेश्वर ठाकुरक परोक्ष भेलापर भोगीश्वरसँ राज्य बँटबाए लेल ओएह ओ हुनके पौत्र स्वयं अथवा अनका द्वारा गणेश्वरक हत्या कराओल। अतएव हम बुझैत छी जे कीर्त्तिलताक विषय-वस्तु किछु ऐतिहासिक तथ्यपर गढ़ल एक गोट कथा मात्र थिक। ऐतिहासिक तथ्य कतेक तकर अनुमान मात्र कएल जाए सकैत अछि, निश्चयपूर्वक किछु कहब कठिन अछि। अपनहुँ तँ विद्यापति कीर्त्तिलताक विषय-वस्तुकेँ कहानी, 'पुराण कहानी', मात्र कहैत छथि (पल्लव-2, पद्य-1)।

इएह तँ भेल कीर्त्तिलतामे समसामयिक चित्रण। हमरा तँ कीर्त्तिलताक चित्रसँ कत बड़ विशेष यथार्थ पुरुष-परीक्षक चित्र प्रतीत होइत अछि। 'सत्यवीर कथा' अथवा 'युद्धवीर कथा' मे जे युद्धक चित्र अछि से स्वाभाविक लगैत अछि, कीर्त्तिलतामे वर्णित युद्धक चित्र अतिरंजित। तेसर पल्लवक बीसम पद्यमे–'चौसा-अन्तर दीप दिगन्तर पातिसाह दिग्-विजय भम' तथा एहिसँ अग्रिम पद्यमे 'गिरि-साअर-पार उबार नहि रैअति भेले जीव रह'–ई कहब हास्यास्पद नहि तँ की जखन इतिहास कहैत अछि जे पश्चिम मालवा ओ पूर्व बिहार–एतबए

दूर तँ इब्राहिम शाह प्रयाण कएने छलाह, ताहूमे कोनो नामी विजय प्राप्त नहि कएलैन्हि। ई कथा सत्य जे पन्द्रहम शताब्दीक आरम्भमे उत्तर भारतमे जे कोनो नबाब छलाह ताहिमे इब्राहिम शाह बड़ प्रसिद्ध छथि। परन्तु से नाम हुनक दिग्विजयक कारणेँ नहि प्रत्युत एहि कारणेँ छैन्ह जे ओ कलाक पारखी छलाह, कविताक बड़का पोषक ओ स्थापत्य कलाक संबर्द्धक। एहि दिशि कीर्त्तिलतामे कोनो संकेतो नहि भेटैत अछि। तखन कोना कहि सकैत छी जे कीर्त्तिलतामे विद्यापति अपना आँखिसँ देखल वस्तु सबहिक वर्णन कएने छथि।

कीर्त्तिलताक काव्य-गुणक प्रसङ्ग किछु कहब व्यर्थ। महापण्डित डॉ. बाबूराम सक्सेना अपना संस्करणक भूमिकामे लिखैत छथि–"इन चित्रों में कहीं भी प्रौढ़ प्रतिभा जो विद्यापति के पदों में मिलती है, नही दिखाई देती। उसकी अविकसित अवस्था की झलक मात्र है। कवित्व के हिसाब से कीर्त्तिलता का ऊँचा स्थान नहीं है। यह केवल इसलिए कि कवि का यह प्रथम प्रयास है।" स्व. डॉ. वासुदेव शरण अग्रवाल कीर्त्तिलताक काव्य-गुणक प्रसङ्ग मौन छथि। ओ केवल एतबए कहैत छथि जे कीर्त्तिलताक विषय-वस्तु बड़ ओजसँ वर्णित अछि। एकर वर्णन बड़े चमत्कारक, जीवन्त ओ तत्कालीन सांस्कृतिक महत्त्वसँ पूर्ण अछि। परन्तु तत्कालीन चित्रणमे कतेक तथ्य अछि तकर चर्चा भइए चुकल अछि। अपन भूमिकामे डॉ. अग्रवाल ओइनिवार कालीन मिथिलाक संक्षिप्त परन्तु यथार्थ विवरण देने छथि, किन्तु बुझि पड़ैत अछि जे कीर्त्तिलतामे वर्णित अराजकता ओ विद्यापतिक अन्यान्य रचनामे वर्णित शिवसिंहक ऐश्वर्य–एहि दुहूमे जे परस्पर विरोध ताहि दिस हिनक दृष्टि नहि गेलैन्हि। इब्राहिम शाह तथा जौनपुरक वर्णनकेँ जे ओ जीवन्त तथा ओजपूर्ण कहलैन्हि, ताहि समयमे ओ प्रायः ई विचार नहि करए लगलाह जे ई वर्णन कतेक ऐतिहासिक सत्य। ऐतिहासिक काव्यहुक दृष्टिसँ कीर्त्तिलता उत्तम काव्य नहि कहल जाए सकैत अछि। ई अत्यन्त रुक्ष अछि, ऊभड़-खाभड़, समता गुणसँ रहित, विद्यापतिक काव्यकलाक प्रसङ्ग जे दू टा गुण माधुर्य ओ प्रसाद प्रसिद्ध अछि दुहूसँ विरहित। ई सत्य जे कीर्त्तिलताक पाठ भ्रष्ट अछि ओ ई असमता बहुत अंश धरि तँहि, किन्तु एहिमे संस्कृत, प्राकृत, अपभ्रंश, फारसी, अरबी-सभक जे विचित्र सम्मिश्रण अछि ताहिसँ ई काव्य दुरूह तँ भइए गेल अछि बहुत ठाम अर्थसँ अनर्थ भए-भए जएबाक सम्भावना, किछु निश्चयपूर्वक कहब ठाम ठाम अत्यन्त कठिन। अवहट्ठ भाषामे विद्यापतिक दू गोट गीत उपलब्ध अछि, केहन सुन्दर, चिक्कन, समतायुक्त, कवित्वपूर्ण, बुझबामे सुलभ। कीर्त्तिपताकाक तीन गोट पात हमरा उपलब्ध अछि, ओकर भाषा अत्यन्त मधुर, मसृण, प्रसाद गुणसँ भरल–ई शिवसिंहक विजय कीर्त्तन थिक। यद्यपि हमरा जे अंश उपलब्ध अछि ताहिमे ओहि मुसलमान वीरक नाम नहि छैक जकरा शिवसिंह पराजित कएल। एहि प्रामाणिक काव्य सबहिक तुलनामे कीर्त्तिलता लगैत अछि जे कोनहु नवसिखुआक रचना हो, जकरा कोनहु भाषापर अधिकार नहि छैक, मुदा जे सब भाषामे दखल देअए चाहैत अछि, जे लिखबाक काल कलम छोड़ि देलक, जे जे मन भेलैक, लिखैत गेल, ने सत्यासत्यक विचार कएलक, ने औचित्यक रक्षा कए सकल।

ई सब क्षन्तव्य होइत यदि ई विद्यापतिक प्रथम प्रयास सिद्ध होइत, जखन हुनक काव्यक प्रतिभा पूर्ण विकसित नहि भेल छल। वस्तुतः डॉ. बाबूराम सक्सेना आइसँ चालीस वर्ष पूर्व एहि निष्कर्षपर तँहि पहुँचल छलाह। परन्तु कीर्त्तिलतामे वर्णित घटना-चक्रक ऐतिहासिकतामे जे सन्देह कएल जाओ, एतबा धरि स्वीकार कारबामे तँ कोनो सन्देहक अवकाश नहि अछि जे एकर रचना 1400 ई. क उत्तर कालमे भेल, जखन इब्राहिम शाह जौनपुर नबाब भेलाह, मिथिलामे शिवसिंहक शासन छल ओ विद्यापतिक आयु 50 सँ अधिक छल। कीर्त्तिलता हुनक अन्तिम अवहट्ठ रचना थिक, कीर्त्तिपताका ओ अवहट्ठक गीत सबहिक उत्तरकालीन। एहि मध्य वर्णित घटना घटित भेल ताहिसँ एकर रचना भेल ई कहब तँ संगत नहि होएत। अतएव भाषाक असमता, अनेक भाषाक मिश्रणता किंवा काव्यकलाक अप्रौढ़ता एहि सबहिक समाधान ई कहि सम्भव नहि अछि जे ई विद्यापतिक अपरिपक्वावस्थाक कृति थिक।

कीर्त्तिलताक अन्तिम श्लोकमे बहुत दिन धरि लोक पढ़ैत छल 'खेलनकवेः' जे विद्यापतिक विशेषण रूपमे हुनका किशोर जनबैत छल, परन्तु आब तँ पढ़त भेल शुद्ध, ओ खेलनकवेः नहि थिक, थिक 'खेलतु कवेः'—दू पद। अतएव एहिसँ आब एकर कवि किशोर छलाह से द्योतित नहि होइत अछि, प्रत्युत एहिसँ आब व्यंग्य अछि जे ई काव्य गम्भीर नहि बुझबाक थिक, एकर रचना 'खेलि' मे भेल।

विद्यापतिक एक गोट दोसर रचना अछि, संस्कृतमे, मणिमञ्जरी नाटिका। एकर सम्पादन हम पटना विश्वविद्यालयक मैथिली डेवलपमेन्ट फण्डक हेतु कए प्रकाशित कर-ओने छी। इहो नाटिका विद्यापतिक रचित कहल जाइत अछि। कारण ओहिमे रचयिताक नाम विद्यापति अछि। परन्तु कीर्त्तिलतहि जकाँ मणिमञ्जरीमे सेहो कोनो प्रमाण नहि अछि जे ई विद्यापति महाकवि विद्यापति थिकाह। जहिना कीर्त्तिलतामे तहिना मणिमञ्जरीमे सेहो अपरिपक्वताक सब लक्षण विद्यमान अछि ओ महाकविक यदि ई रचना थिक तँ से आदि-रचना नहि तँ आदि-कालक धरि अवश्य, मणिमञ्जरीक प्रस्तावनाक तेसर श्लोक अछि :

विघटितकलोऽपि दोषाकरोऽपि विपुल प्रसादरहितोऽपि।
इन्दुरिव मत्प्रबन्धो बालोदित इव विलोक्यतां सद्भिः ॥

एहिमे प्रथम तीनू पदक विशेषणक अर्थसँ द्योतित होइत अछि जे ई इन्दु बालेन्दु थिक। कीर्त्तिलतामे सेहो अछि 'बालचन्द बिज्जावइ भासा'। दूनूक अर्थ साम्यसँ ई मानल जाए सकैत अछि जे दूनू एकहि युगक रचना थिक। परन्तु हमर अनुमान अछि जे अपन गीतमे प्रयुक्त लोक भाषाक उपहासक उत्तरमे विद्यापति कीर्त्तिलतामे गर्वोक्ति कहल अछि जे एहि भाषाक महत्त्व बालचन्द्र जकाँ बुझबाक थिक जे 'नागर मन मोहइ'। अतएव एहिसँ इएह सिद्ध होएत जे ई कविक प्रौढ़ावस्थाक कृति भए सकैत अछि। ताहि स्थितिमे कीर्त्तिलताक भाषाक विचित्रता, ओहिमे विद्यापतिक काव्यप्रतिभाक हीनता ओ विषयवस्तुक

मर्यादारहित अतिरञ्जन सबसँ सन्देह बुझना जाइत अछि जे काव्यकलाकुशल विद्यापतिक कृति ई नहि ने हो। विचार कएल जाओ जे महाकवि विद्यापतिकेँ शिवसिंहसँ सब किछु प्राप्त भेलैन्हि जाहिसँ जीवन पूर्ण ओ सुख सम्पन्न हो, अपन जन्मभूमि विसपी गामहुक दान हुनका भेटल, ताहि कविक हेतु कहब जे 'पुहुबी तासु असक्क की जसु पसन्न सुरतान (3-41)' यदि कृतघ्नता नहि तँ की? विचार कएल जाओ जे अलाउद्दीन खिलजीक सदृश निर्मम मुसलमानक आक्रमणसँ मिथिलाक पवित्रताकेँ बचएबाक हेतु जे किछु बाँकी नहि राखल ताहि वीरेश्वरक वंशधर भए विद्यापतिक हेतु इब्राहिम शाहक आक्रमणक प्रसङ्ग कहब 'किमि तिरहुत्ती होअउ पवित्ती' (4-1) कौलिक मर्यादाक परित्याग नहि तँ की? हमरा तँ इएह प्रतीत होइत अछि जे कविक रूपमे देखिऐन्हि, महापुरुषक रूपमे देखऐन्हि, राजनीतिज्ञक रूपमे देखिऐन्हि—कोनहु रूपमे देखिऐन्हि कीर्त्तिलता विद्यापतिक अनुरूप कृति नहि छैन्हि।

अतएव हमरा बहुधा सन्देह उत्पन्न होइत अछि जे कीर्त्तिलता ओहि विद्यापतिक कृति नहि थिकैन्हि जे वीरेश्वर ओ चण्डेश्वरक वंशमे उत्पन्न भेल छलाह, जे देवसिंहसँ लए धीरसिंह धरि ओइनिवार राजालोकनिक दरबारक रत्न छलाह, जे अपन रंग-विरंगक रचनामे देवसिंह, शिवसिंह, विश्वास देवी, धीरमती देवी, नरसिंह, धीरसिंह, भैरवसिंहक अतिरिक्त अनेको मित्र, प्रशंसक एवं आश्रयकेँ अमर बनाए गेल छथि। ई सब राजा ओ रानी ओइनिवार भवसिंहक सन्तान थिकथिन्ह। कीर्त्तिलता मात्रमे भोगीश्वर, हुनक बालक ओ पौत्रसभक कीर्त्तन अछि; एहिसँ भिन्न केवल एक गोट गीत उपलब्ध अछि, नगेन्द्रनाथ गुप्तक देवनागरी संस्करणक गीत संख्या 802 जकर भनितामे राय भोगीश्वरक नाम अछि परन्तु ओ गीत कन्दर्प-पूजाक गीत थिक ओ विरहिणीक उक्ति। गणेश्वरक हत्याक समयमे विद्यापति दश-एगारह वर्षक छल होएताह ओ गणेश्वरक पिता भोगीश्वर जे विद्यापतिक पितामहक समवयस्क छलथिन्ह तनिक नामोल्लेखपूर्वक शृंगारक गीत विद्यापति रचलैन्हि तकर कल्पनो असम्भव। हम तँ बुझैत छी जे ई गीत कोनहु पूर्ववर्ती कविक रचित छल जाहिमे भनितामे विद्यापतिक नाम भ्रमसँ जोड़ल भए गेल जेना शतशः गीतमे होइत रहल अछि अथवा ई विद्यापति नामक कोनहु दोसर पूर्ववर्ती कविक रचना हो।

तहिना कीर्त्तिलताक प्रसङ्ग सेहो। ई कहब सर्वथा असङ्गत नहि जे कीर्त्तिलताक रचयिता विद्यापति कीर्त्तिपताका, गोरक्षविजय, पुरुष-परीक्षा ओ भू-परिक्रमाक रचयिता विद्यापति नहि थिकाह। पुरुष-परीक्षाक अपन संस्करणक भूमिकामे हम ई प्रदर्शित कएने छी जे विद्यापति नामक एकसँ अधिक व्यक्ति भए गेल छथि, कए गोटाक उपाधि समेत ठाकुर छलैन्हि, ओ शिवसिंहक दरबारमे कमसँ कम एक व्यक्ति आओर विद्यापति ठाकुर छलाह, निकुतिबार, जनिक एक कन्या शिवसिंहसँ विवाहित छलीह, दोसर कन्या हुनक भातिज धीरसिंहसँ। गङ्गानाथ रिसर्च इन्स्टीच्यूटक जर्नलक 1950 क नवम्बरक अंकमे हम प्रमाणित कएने छी जे कोना अनेक विद्यापति ठाकुरक लिखल रचनाकेँ हमर मित्रवर स्वर्गीय दिनेश चन्द्र भट्टाचार्य महाशय महाकवि विद्यापति ठाकुरक रचना मानि हुनका तान्त्रिक,

तन्त्रग्रन्थक रचयिता मानि लेने छलाह।

कीर्त्तिलताकेँ विद्वत्समाजक समक्ष सबसँ पहिने अनबाक श्रेय कवीश्वर चन्दा झाकेँ छैन्हि तथा ओएह एकरा महाकवि विद्यापति कृति कहि परिचित कराओल। ई शकाब्द 1810 अर्थात 1888 ई. क समाचार थिक। दश वर्ष पश्चात् एकर सम्पूर्ण लेखपोथी म. म. हरप्रसाद शास्त्रीकेँ नेपालमे भेटलैन्हि। कवीश्वरक देल परिचयकेँ बिनु विचार कएलहिँ प्रमाण मानि ओ 1924 मे एकरा प्रकाशित कराओल तथा पुरुषपरीक्षाक रचयिताक रचित अपूर्व इतिहासक ग्रन्थ कहि एकर प्रशंसा कएल। तहिआसँ ई ग्रन्थ विद्यापतिक अध्येतृगणक हेतु एक गोट समस्या बनल अछि, परन्तु सब केओ एकरा शिवसिंहक राजपण्डितक कृति मानैत अएलाह अछि ओ केओ एहि विषयक अनुसन्धानक श्रम करब आवश्यक नहि बुझलैन्हि अछि जे एकर रचयिताक नामक साम्य छोड़ि आओर कोनो प्रमाणो अछि अन्तरङ्ग अथवा बहिरङ्ग, जे एकरा ओहि महाकविक रचना मानैत छी।

केवल नामक साम्यसँ दू व्यक्तिकेँ एक मानि लेब भ्रान्ति थिक। एहिसँ केहन केहन असम्भव निष्कर्ष बहराइत अछि से हम निबन्ध-मालामे ज्योतिरीश्वरक परिचय शीर्षक लेखमे प्रदर्शित कएने छी। ज्योतिरीश्वर धीरेश्वरक पुत्र ओ रामेश्वरक पौत्र छलाह, विद्यापतिक पितामह जयदत्त ठाकुर धीरेश्वरक पुत्र ओ देवादित्यक पौत्र छलाह। तथापि कतोक व्यक्ति कहए लगलाह, बहुतो एखनहु कहैत छथि जे ज्योतिरीश्वर विद्यापतिक पितामह-भ्राता छलाह तथा ई विचार नहि करए लगलाह जे ज्योतिरीश्वरक ओ विद्यापतिक पितामहक दूनूक पिताक नाम धीरेश्वर अवश्य छलैन्हि तथापि पहिलुक पितामहक नाम छलैन्हि रामेश्वर ओ दोसरक पितामहक नाम देवादित्य, ने इएह देखए लगलाह जे पहिल वत्सगोत्रीय छलाह तथा दोसर काश्यपगोत्रीय। तहिना विद्यापतिक पिता गणपतिकेँ गङ्गाभक्तितरङ्गिणीकार कहल जाइत अछि, मुदा विद्यापतिक पिता गणपति छलाह जयदत्तक पुत्र मुदा गङ्गाभक्तिरङ्गिणीकार गणपति छलाह धीरेश्वरक पुत्र। नाम साम्यसँ एहन-एहन भ्रम कवीश्वर एक दू गोट नहि अनेक कएने छथि। मुदा ज्योतिरीश्वर अथवा गणपतिक प्रसङ्ग जेना दृढ़तासँ कहि सकैत छी तेना कीर्त्तिलताक रचयिताक प्रसङ्ग किछु कहब सम्भव नहि अछि, कारण नाम-साम्यसँ कीर्त्तिलताक विद्यापतिकेँ शिवसिंहक राजपण्डित मानि लेल गेल हो परन्तु जेना ओ दूनू एके व्यक्ति छलाह तकर कोनो प्रमाण नहि अछि तहिना ओ दूनू दू व्यक्ति छलाह, एक व्यक्ति नहिए छलाह, तकरो कोनो प्रमाण नहि भेटैत अछि। एक मानबामे तैओ सन्देहक अवकाश अछि ओ यदि मानि लैत छी जे कीर्त्तिलताक कवि विद्यापति महाकवि विद्यापति नहि छलाह तँ कीर्त्तिलताक प्रसङ्ग जे कतोक सन्देह असमाधेय प्रतीत होइत अछि ताहि सबहिक समाधान अत्यन्त सुगम रीतिएँ सहजहिँ भए जाइत अछि।

एहि प्रसङ्ग एक गोट विषय आओर विवेचनीय अछि। विद्यापतिक एक गोट आओर अवहट्ट काव्य अछि, कीर्त्तिपताका, ओ नामक समतासँ डॉ. वासुदेव शरण अग्रवाल समेत एकरहु कीर्त्तिसिंहक कीर्त्तन मानैत छथि। कीर्त्तिपताकाक किछुए अंश उपलब्ध अछि सेहो

भ्रष्ट रूपमे। परन्तु ओकर अन्तिम पद्य किछु अक्षरकेँ छोड़ि स्पष्ट अछि। ओ ताहिसँ सिद्ध होइत अछि जे विद्यापतिक रचित ई काव्य शिवसिंहक शौर्यक कीर्त्तन थीक।

एवं श्री शिवसिंहदेवनृपतेः संग्रामजातं यशो
गायन्ति प्रतिपत्तनं प्रतिदिशं प्रत्यङ्गणं सुभ्रुवः।
एतत् कीर्त्ति...वाणी च विद्यापते
राचन्द्रार्कमियं विराजतु मुखाम्भेजेषु...सदा ॥

कीर्त्तिलताक अन्तिम पद्य छन्द, भाव ओ भाषा सब दृष्टिसँ एकर समाने अछि मुदा शिवसिंहक संग विद्यापतिक साहचर्य प्रसिद्ध अछि, मुदा कीर्त्तिसिंहक संग हुनक साहचर्य केवल एतहि भेटैत अछि। अतएव ई सन्देह असंगत नहि जे दूनू ग्रन्थ कीर्त्तिलता ओ कीर्त्तिपताकाक अन्तिम पद्य कीर्त्तिलताक अन्तिम पद्यसँ बेसी ललित, ओ बेसी सरल अछि। कीर्त्तिलताक विषय-वस्तुक विचार यदि तत्कालीन इतिहासमे वर्णित घटनाकेँ दृष्टिमे राखि कएल जाए तँ पता लागत जे कीर्त्तिलताक रचना 1400 ई. क पश्चातहिँ भेल होएत कारण 1400 ई. मे इब्राहिम शाह जौनपुरक गद्दीपर बैसलाह, ओ सम्भवतः ओकर रचना 1406क पश्चात् भेल जाहि वर्ष शिवसिंहकेँ इब्राहीम शाहसँ पराजित होअए पड़ल। परन्तु कीर्त्तिपताकाक रचना तँ शिवसिंहक उन्नतावस्थामे भेल होएत। तेँ कीर्त्तिपताकाक रचना कीर्त्तिलतासँ पूर्व भेल। साधारणतया इएह मानल जाइत अछि जे पूर्वक रचनासँ परकालीन रचना कलाक दृष्टिसँ विशेष पूर्ण होएत परन्तु एहि ठाम उनटले दृश्य होइत अछि। कीर्त्तिपताकाक जे अंश उपलब्ध अछि से देखला उत्तर प्रतीत होइत अछि जे एहि दूनू काव्यमे बहुत साम्य अछि। हमरा तँ एहन प्रतीत होइत अछि जे कीर्त्तिलता कीर्त्तिपताकाक अनुकरण थिक, कोनहु साधारण कविक कएल। सम्भव थिक कीर्त्तिसिंहक पक्षक केओ आश्रित कवि जेना विद्यापति अपन आश्रय शिवसिंहक कीर्त्तन कीर्त्तिपताकामे कएने छलाह तहिना अपन आश्रय कीर्त्तिसिंहक कीर्त्तन कीर्त्तिलतामे कएलैन्हि। सम्भव थिक हुनको नाम विद्यापति छल हो मुदा इहो सम्भव थिक जे अपना कृतिकेँ सुप्रतिष्ठित महाकविक रचनाक गौरव प्रदान करबाक उद्देश्यसँ ओहिमे विद्यापतिक नाम दए देने होथिन्ह। ई केवल अनुमान मात्र थिक, परन्तु कीर्त्तिपताकाक सदृश उत्तम काव्यक रचना कए पश्चात् ओएह कीर्त्तिलताक सदृश सामान्य काव्यक रचना कएल एहिसँ बेसी संगत ई होइत अछि जे कीर्त्तिलता महाकविक रचनाक गौरवक प्रतिस्पर्धामे अपन आश्रयक कीर्त्तनमे महाकविक सदृश हुनके रीतिक अनुसरण करैत कोनहु न्यून प्रतिभावान् कविक रचना हो। कीर्त्तिलता ओ कीर्त्तिपताकाक काव्य कलाक तुलनात्मक अध्ययनसँ केओ निष्पक्ष विवेचक एही रूपक निष्कर्षपर पहुँचि सकैत छथि।

परन्तु जे कथा हम वारंवार कहैत आएल छी कीर्त्तिलतामे एहनो कोनो प्रमाण नहि भेटैत अछि जे कीर्त्तिलताकेँ कीर्त्तिपताकाक कविक रचना नहि कही। 1888 ई. मे

कीर्त्तिलताक परिचय विद्वत्समाजकेँ भेटलैक ओ तहिअहिसँ ई शिवसिंहक राजपण्डित विद्यापतिक कृति थिक ई प्रवाद प्रसृत अछि, मुदा से कहबाक हेतु पूर्ण प्रमाण नहि उपलब्ध छलैक, ओ बिनु विवेचना कएनहि हड़बड़ीमे मानि लेल गेल। राजा भेलाहो तँ तिरहुतिक अपन अंशक, समस्त तिरहुतिक राजा तँ नहि भेलाह। शैवसर्वस्वसारमे विद्यापति शिवसिंहक छोट भाए पद्मसिंहक पत्नी विश्वासदेवीकेँ 'पत्युः सिंहासनस्था' कहैत छथि। एहिसँ स्पष्ट अछि जे शिवसिंहक परोक्ष भेला उत्तर हुनक छोट भाए पद्मसिंह राजा भेलाह ओ हुनक परोक्ष शीघ्रहिँ भेला उत्तर हुनक स्त्री विश्वास देवी राज्य कएलैन्हि। शिवसिंहक श्राद्धादिकर्म सम्पन्न भेला उत्तर राज्य हुनक उत्तराधिकारी भवसिंहक पौत्र, हरसिंहक बालक नरसिंह दर्पनारायणकेँ प्राप्त भेलैन्हि। नरसिंह, हुनक स्त्री धीरमती ओ हुनक दू गोट पुत्र धीरसिंह ओ भैरवसिंह सबहिक नामसँ विद्यापति ग्रन्थक निर्माण कएने छथि। अतएव विद्यापतिक रचित ग्रन्थहिसँ ई सिद्‌ध होइत अछि जे अन्त धरि महाकवि भवसिंहक सन्तानवर्गक अविच्छिन्नरूपसँ आश्रित रहलाह।

परन्तु शिवसिंहक पराजय ओ इब्राहिम शाहक विजयसँ मिथिलाक राजनीतिज्ञक समक्ष एक गोट बड़का प्रश्न उपस्थित भेलैन्हि। एक तँ मुसलमान नवावक विजयक अर्थ भेल, कतबओ सीमित सत्ताक हो, मिथिलाक अपन राज्यक अन्त। दोसर मुसलमान सेनाक विजयक परिणाम होइत विजित देशक सत्यानाश, जनताक ऊपर अत्याचार। मिथिलाक नेतालोकनि अपन स्वाधीनताक बलि दए दए एहि दुःस्थितिसँ देशकेँ बचओने छलाह मुदा सम्प्रति से स्थिति प्राप्त छल जे अपन नीति-चातुरीक बलपर तेहन क्रिया कएल जाए ओ से ततबा शीघ्रतासँ कएल जाए जे विजयी सुलतानक क्रोध शान्त हो, देश तबाहीसँ बचए।

कवीश्वर चन्दा झाक लेख अछि ओ ई गप्प परम्परया समस्त देशमे जानल थिक जे एहिसँ पूर्वहुँ कए बेरि जखन शिवसिंहकेँ पकड़िकेँ दिल्ली लए गेल छलैन्हि तखन देवान चन्द्रकरक पुत्र अमृतकरकेँ संग कए विद्यापति दिल्ली गेल छलाह ओ अपन कवित्वसँ बादशाहकेँ सन्तुष्ट कए अपना प्रभुकेँ सम्मान पुरस्सर फिराए अनने छलाह। तेँ ई असङ्गत नहि जे शिवसिंहक पराजय भेलापर जखन मिथिलादेशक उच्छेद सम्भावित छलैक मिथिलाक नेतालोकनि, विद्यापतिक सहकर्मालोकनि, हुनका धएने होथि, मनओने होथि, जे अहाँ अपन काव्यकलाक एक गोट कौशल पुनः देखाउ, इब्राहिम शाह काव्यक रसिक छथि, हुनका अपन प्रतिभासँ तोषित करू। एहिमे सन्देह नहि जे महाकविक हेतु एहन व्यक्तिक संकीर्त्तन करब मर्मान्तिक वेदनाप्रद भेल होएत जे व्यक्ति हुनक सुखक महलकेँ ढाहि देने छल, जीवन भरिक श्रम, स्वप्न ओ आदर्शकेँ समूलोच्छेद कएने छल। परन्तु छलाह ओ नीतिकुशल, कर्मयोगी, आशावादी। अपन हृद्‌गत भावनाकेँ दबाए ओ देशहित, जातिहित, समाजहित भावनासँ प्रेरित भेलाह। अपन आन्तरिक वेदना, विषाद ओ हताशा सबसँ विह्वल रहितहुँ विद्यापति ताहि समयमे समस्त उत्तर भारतमे जे भाषा प्रतिष्ठित छल ताहि भाषामे इब्राहिम शाहक स्तुतिमे एक गोट काव्य रचि देल जाहिमे सुलतानक चाटुकारिता चरमपर

छल, अपन युगक सबसँ पराक्रमी विजेता कहि हुनका आकाश चढ़ाए देल ओ संगहि संग हुनक आश्रित कीर्त्तिसिंहहुक शाहहिक गुणगान कएल, कीर्त्तिसिंहक गुणगान परोक्ष रूपेँ इब्राहिम शाहहिक गुणगान छल, कारण जे कथा ओ स्पष्ट शब्देँ कहल—'पुहवी तासु असक्क की जसु पसन्न सुरतान'।

एहि प्रसङ्ग स्मरणीय थिक जे नचारीक कर्त्ता विद्यापतिक प्रसिद्धि जौनपुरमे छल तकर प्रणाम लक्खनसेनिक काव्यमे तकर उल्लेख उपलब्ध अछि। फारसी ओ अरवीक शब्द सब जे कीर्त्तिलतामे प्रयुक्त भेल अछि ताहूसँ पुष्ट होइत अछि जे ई विद्यापतिक प्रौढ़ावस्थाक रचना थिक, कारण तावत् अपन अनुभवसँ ओ फारसी ओ अरवीक ओहन शब्दावली जकर प्रयोग मुसलमानी दरवार ओ सेना इत्यादिमे होइत छल सीखि लेने होएताह। किशोर विद्यापतिकेँ मुसलमानक सङ्ग सम्पर्क कतए भेल होएत?

अतएव ई कहब असङ्गत नहि होएत जे शिवसिंहक पतनक समाचार पाबि विद्यापति तुरन्त रानीलोकनिकेँ सङ्ग कए राजप्रासादसँ बहराए गेल होएताह। युद्धमे जाएबासँ पूर्वहिँ राजा अपन छबो रानीक रक्षाक भार अपन सखा विद्यापतिकेँ दए गेल छलथिन्ह। एमहर शिवसिंहरकेँ जीवित अथवा हुनक शवकेँ तकबामे समय लागल होएत, परन्तु विद्यापति तकर फलाफलक प्रतीक्षा नहि करए लागल होएताह। राजाक पराजय भेल तँ सबसँ विशेष चिन्ताक विषय भेलीह रानीलोकनि, जिनकापर अत्याचार नहि होअए पाबए। अतएव रानीलोकनिकेँ कतहु प्रच्छन्न राखि, सम्भव थिक रजाबनौलीमे हुनकालोकनिक सुरक्षाक व्यवस्था कए, महाकवि स्वयं आएल होथि, अपन सहयोगी सबहिक सङ्ग मीलि मिथिला राज्यक व्यवस्थामे लागि गेल होथि ओ नवाबक ओतए जएबासँ पूर्व हबड़-हबड़ कीर्त्तिलता लीखि लेने होथि, कारण, कीर्त्तिलताक अनुसार इब्राहिम शाह गण्डकक ओही पार छलाह, मुजफ्फरपुर किंवा चम्पारन जिलामे कतहु हुनक खीमा छलैन्हि। प्रत्यक्ष अछि जे कीर्त्तिलता समर्पण कए, ओकर पाठ कए सुनाए, विद्यापति इब्राहिम शाहकेँ पूर्णतः प्रसन्न कए देल ओ इब्राहिम शाह मिथिलाकेँ पूर्ववत् छोड़ि देल, केवल एतएक राजासँ दिल्लीक सुलतानक स्थानमे जौनपुरक नवावक प्रति अधीनताक शपथ कराए लेल। देश, जाति एवं समाजक कल्याण-कामनासँ अपन कवित्वक प्रकर्ष देखाए विद्यापति निश्चिन्त भए गेलाह जे मिथिलाक राजनीतिक सत्ता पूर्ववत् भवसिंहक सन्तानमे स्थिर रहल ओ स्वयं अपन प्रभुक प्रति कर्त्तव्य-पालनक निमित्त प्रवासमे चल गेलाह, रजाबनौलीमे शिवसिंहक रानीलोकनिक संग बारह वर्षक दीर्घकाल विषादसँ बिताओल। कवीश्वर कहैत छथि जे शिवसिंहक पतन 1406 ई. क फाल्गुन-चैत्रमे भेल, यदि से सत्य तँ कीर्त्तिलताक रचना ओही वर्ष ग्रीष्ममे, बरिसातसँ पूर्वहिँ भेल होएत।

जाहिना पहिल तहिना इहो विकल्प अनुमान मात्रपर आधारित अछि, परन्तु ई अनुमान एहन अछि जाहिसँ सब शंकाक समाधान भए जाइत अछि। तँहि तँ एहिमे भवसिंहक सन्तानक कोनो उल्लेख समेत नहि अछि, एहि विप्लवमे हुनकालोकनिक हाथ

छलैन्हि तकर कथे कोन। तँहि तँ एहिमे वर्णन अतिरंञ्जित अछि तथा समस्त काव्य इब्राहिम शाह ओ हुनक आश्रित कीर्त्तिसिंहक चाटुकारितासँ ओतप्रोत अछि। तँहि तँ एकर भाषा एहन ऊभड़ खाभड़ लगैत अछि, अत्यन्त शीघ्रतामे रचित जकाँ, जकर रचनामे कविक हृदयक ओ उल्लास लक्षित नहि होइत अछि जे उत्तम काव्यक हेतु सदा अपेक्षित होइत अछि। जाहि मनःस्थितिमे कवि एकर रचना कएल ताहिमे ओ कलाचातुरी कोना सम्भव भए सकैत छल जे विद्यापतिक सभ रचनामे भेटैत अछि?

मणिमञ्जरी नाटिकाक भूमिकामे हम कहने छी जे ओहिमे रचयिताक नाम विद्यापति छोड़ि आओर किछु नहि अछि जाहिसँ ओकरा महाकविक रचना कहि सकी, मुदा ओहिमे एकटा एहन गुण अछि जे महाकविक प्रतिभाक अनुरूप अछि ओ से थिक नारी-हृदयक विश्लेषण-चातुरी। केवल एही एक गुणक आधारपर हम ओहि नाटिकाकेँ महाकविक रचना मानि लेल अछि। तहिना कीर्त्तिलतामे सेहो कथाक प्रस्तावना ओ कथाक बीज जकरा पल्लवित करैत कथा कहल गेल अछि अवधातव्य थिक। कीर्त्तिलता भृङ्गक मुहसँ कहल गेल अछि तथापि लोकभाषामे रचित एहि काव्यक हेतु लोककथाक प्रस्तावना ओहने उपयुक्त भेल जेना संस्कृतमे महाकविक रचित भू-परिक्रमाक हेतु पौराणिक प्रस्तावना उपयुक्त अछि। एहि लोककथाक प्रस्तावनासँ कीर्त्तिलताकेँ एक गोट कलात्मक रूप प्राप्त भए गेल छैक जे विद्यापति-सदृश कुशल कलाकारक सर्वथा अनुरूप भेल। तहिना, कीर्त्तिलताक रचनाक उद्‌देश्य भलहिँ इब्राहिम शाहक स्तुति हो परन्तु से कएल गेल अछि परोक्ष रूपेँ, प्रत्यक्ष रूपेँ इब्राहिम शाहक आश्रित कीर्त्तिसिंहक गुणकीर्त्तन कएल गेल अछि। परन्तु विषय-वस्तु कोना कौशलसँ बीछल गेल अछि जे एकर प्रभाव प्रासङ्गिकेटा नहि प्रत्युत सार्वकालिक ओ सार्वदेशिक, एक शब्दमे सार्वभौम कहल जाए सकैत अछि। कीर्त्तिसिंहक पिताक हत्या कएल गेल ओ से विश्वासघात कए तथा कीर्त्तिसिंहकेँ तकर प्रतिशोध लेब कर्त्तव्य भए गेल। बप्पा-वैर सधाएब एहन प्रेरक शक्ति थिक जाहिसँ कोनो आयास, यातना अथवा कष्ट सह्य भए सकैत अछि। कीर्त्तिसिंहक धैर्य ओ संलग्नता, संकल्पक दृढ़ता ओ एकान्तता हुनका बलिराय, रघुतनय, भगीरथ एवं परशुरामक श्रेणीमे लए अनैत अछि। ओ अपनाकेँ 'पुरुष' सिद्ध कए दैत अछि, पुरुषार्थसँ युक्त पुरुष, ओ एहने पुरुषार्थसँ युक्त पुरुष विद्यापतिक आदर्श छलथिन्ह। अतएव कीर्त्तिलता ओएह पुरुषार्थ-साहित्य थिक यथा भूपरिक्रमा ओ पुरुष-परीक्षा जे विद्यापति अपन जीवनक मध्याह्न धरि रचैत रहलाह। ओ हुनक अधिकांश शृङ्गारक गीत समेत पुरुषार्थ-साहित्यमे परिगणित भए सकैत अछि जाहिमे 'सुपुरुष'हिक हेतु नागरी सब विकल रहैत अछि। एहि दृष्टिसँ देखला उत्तर प्रतीत होएत जे कीर्त्तिलता एक गोट विशेष प्रसङ्गकेँ लए रचित भेल अवश्य परन्तु नाम ओ रूपसँ परिच्छिन्न घटना-चक्र द्वारा सिद्ध भेल सार्वभौम सत्य ओ इएह तँ उत्तम काव्यक लक्षण थिक।

अतएव हमरा पूर्ण सन्देह अछि जे कीर्त्तिलता शिवसिंहक राजपण्डित विद्यापतिक कृति नहि हो, परन्तु तैओ विद्यापतिक विशेषज्ञ महापण्डित लोकनिक अनुसरण करैत हमहु मानि लेल अछि जे ई हुनके कृति थिक। परन्तु से थिक हुनक जीवनक अन्धकारमय निराशाक युगक रचना। नाममात्रक हेतु थिक ई कीर्त्तिसिंहक विरुद काव्य किन्तु वस्तुतः ई इब्राहिम शाहक स्तुति थिक, हुनकहि प्रसन्न करबाक हेतु रचित, जाहिसँ शिवसिंहक पराजय भए गेला उत्तर विधर्मी विदेशी विजेतागण तिरहुतिक जातीय जीवनकेँ ध्वस्त ने कए देअए।

परन्तु एक गोट कथा निश्चित। कीर्त्तिलताकेँ तत्कालीन घटनाचक्र अथवा जातीय जीवनक चित्र नहि बुझबाक थिक। संस्कृतक विरुद काव्य जकाँ इहो प्रशंसा ओ गुणकीर्त्तनसँ भरल अछि, सर्वत्र अतिरञ्जित, कल्पनामात्रसँ निर्मित। मुख्य घटना ऐतिहासिक हो परन्तु से अत्यल्प अछि। विवरण सर्वत्र काल्पनिक अछि, से जौनपुरक वर्णन हो अथवा अराजकताक वर्णन हो, अथवा इब्राहिम शाहक सेनाक वर्णन हो अथवा युद्धक वर्णन हो। एहि विवरण सबकेँ तत्कालीन वस्तु-स्थिति बुझब भ्रम होएत। एकरा विशुद्ध काव्य बुझबाक थिक ओ जेँ एकर आधार ऐतिहासिक घटना थिक तेँ एकरा अधिकसँ अधिक एक गोट ऐतिहासिक काव्य कहबाक चाही, इतिहास नहि।

इएह थिक कीर्त्तिलता, विद्यापतिक कृति कहाए प्रसिद्ध काव्यग्रन्थ जे एक गोट समस्या भेल अछि ओ इएह हमर विचार-धारा जे गत चालीस वर्षक अध्ययनसँ हमरा हृदयमे बद्धमूल भए गेल अछि। एक गोट जिज्ञासुक रूपमे हम एकर अध्ययन ओ अनुशीलन करैत रहलहुँ अछि ओ इएह दू गोट विकल्प हमरा सङ्गत जँचैत रहल अछि। एहि प्रसङ्ग ई दोहराएब हमरा आवश्यक अछि जे ई दूनू विकल्प हम साध्य रूपमे उपस्थित कएल अछि; एकरा सिद्ध कएलहि उत्तर कोनो निर्णय भए सकैत अछि। परन्तु एहि प्रसङ्ग सबसँ प्रबल प्रमाण जाहिसँ एहि समस्याक अन्तिम समाधान भए जाइत उपलब्ध नहि अछि। एखन पर्यन्त ई कथा ने इतिहाससँ ज्ञात होइत अछि ने ऐतिह्यसँ जे शिवसिंहकेँ कोन मुसलमान नवाबसँ युद्धमे पराजय भेल छलैन्हि। यावत् पर्यन्त से निश्चित रूपसँ ज्ञात नहि होइत अछि अथवा एहने कोनो दोसर विषय प्रकाशमे नहि अबैत अछि जाहिसँ एहि कथानककेँ साक्षात् सम्बन्ध होइक तावत् पर्यन्त कीर्त्तिलता तथा एकर रचयिताक प्रसङ्ग किछु निर्णय करब असम्भव अछि। कारण, हमरा हेतु ई मानि लेब सम्भव नहि अछि—हमरा जनैत कोनहु जिज्ञासु व्यक्तिक हेतु से सम्भव नहि अछि—जे कीर्त्तिलता विद्यापतिक रचित थिक तेँ ओ शिवसिंहक राजपण्डित विसइवार महाकवि विद्यापतिक कीर्त्तिलता विद्यापतिक कृति थिक। कवीश्वर चन्दा झा से कथा कहि गेल छथि तँ ई कथा कोना मानि लिअ जखन कवीश्वर तकर कोनो प्रमाण नहि देलैन्हि अछि, ने कीर्त्तिलतामे सएह कोनो प्रमाण अछि। जिज्ञासुक हेतु आग्रहक अवसर नहि छैक ओ हमरा एहि प्रसङ्ग कोनो आग्रह नहि अछि। विद्यापति ओ हुनक कालक मिथिलाक प्रसङ्ग जे अनुसन्धान कएने छथि अथवा करैत छथि से हमर

एहि निबन्धसँ एतबा अवश्य अवगत करताह जे हम एहि समस्याक ऊहापोहसँ विषयकेँ केवल उपस्थित कएल अछि तथा कीर्त्तिलताक अध्ययन एवं अनुशीलनकेँ एक नव दिशा प्रदान कएल अछि जाहिसँ प्रेरित भए भए आनो-आनो अधिकारी विद्वान् एहि दिशामे अग्रसर भए महाकवि विद्यापति, एहि ग्रन्थ कीर्त्तिलता, तथा तत्कालीन मिथिलाक इतिहासपर नव प्रकाश दए सकथि ॥इति॥

(मिथिला मिहिर, 15 अगस्त, 29 अगस्त तथा 5 सितम्बर, 1971)

कीर्त्तिलता सँ

टिप्पणी

1962 मे साहित्य-सदन, चिरगाँव, झाँसी सँ स्वर्गीय वासुदेव शरण अग्रवालजीक सञ्जीवनी-व्याख्या-सहित कीर्त्तिलताक प्रकाशनक उत्तर प्रस्तुत ग्रन्थक प्रयोजन बड़ अल्प रहलैक ई कथा हम भूमिका मे कहने छी। कवीश्वरक पाठ सँ दश-पाँच स्थल मे किछु सुधार अवश्य भेल अछि, परन्तु तेँ समस्त पोथीक प्रकाशन निरर्थक मानल जाइत। वस्तुतः अरबी-फारसीक संग-संग प्राकृत ओ अप्रभंशक दृष्टि सँ सम्प्रति अग्रवालजीक व्याख्या सँ विशेष किछु सम्भव नहि छैक।

मुदा अग्रवालजीक दृष्टि प्राकृत-अपभ्रंश-अरबी-फारसी सँ ततबा ग्रस्त छन्हि जे ठाम-ठाम ओ कष्ट-कल्पना कए-कए अर्थ बैसबैत रहलाह ओ सबसँ-पैध त्रुटि हुनका छलैन्हि मैथिलीक अनभिज्ञता। ई काव्य मैथिली-अपभ्रंश भाषा मे लिखल अछि ओ आदि सँ अन्त धरि मैथिली वाग्धारा सँ परिपूर्ण अछि। से अंश अग्रवालजी सबठाम नहि बूझि सकलथिन्ह। तेँ समस्त ग्रन्थक व्याख्या वा शब्द-कोष नहि दए हम एतए केवल ओतबे स्थल देखबैत छी जतए अग्रवालजीक व्याख्या प्रसङ्ग मे खूब सङ्गत नहि बैसैत अछि अथवा कष्ट-कल्पना प्रतीत होइत अछि अथवा मैथिलीक वागधाराक अनभिज्ञताक कारणें ओ भोतिआएल बूझि पड़ैत छथि।

अन्यथा सञ्जीवनी-व्याख्या सर्वाङ्ग सुन्दर अछि; जा धरि कीर्तिलताक विशुद्ध पाठ नहि भेटैत अछि ता धरि एहिसँ नीक संस्करण नहि भए सकैत अछि। अतएव ओहि संस्करण कें समक्ष राखि एकरा देखल जाए। इति।

–रमानाथ झा, सम्पादक

स्वर्गीय वासुदेवशरणजी अग्रवालक व्याख्या सँ भेद :

प्रथम पल्लव

पृष्ठ	पद्य	पंक्ति	
2	2	1	भणञो निरूढ़ि गए-निरूढ़ि भाववाचक नहि, पूर्वकालिक क्रिया; निरूढ़ कए–अत्यन्त स्पष्ट कए। "गए" दूरार्थक अव्यय–भंणञो गए=कहब गए।
2	4	2	हमरा जे भेद कहनिहार से बैरी भैभो दुर्जन नहि। अग्रवालजीक अर्थमे असंगति ओ कष्टकल्पना।
3	9	2	हे मानिनि! मानक संग जकर जीवन रहैक सएह वीर पुरुषक अवतार। एके वाक्य बुझबाक थिक।
3	10	1	वीरपुरुष ककरा कहैत छिऐक, नाथ, नाम नहि कहैत छी।
4	14	2	दोसर पाँती मे "प्रस्ताव" क पुण्य परिगणित अछि। वीर-पुरुषक नाम लेलासँ सुख हो, सुन्दर भोजन भेटत, नीक वचन सुनी, ओ दिन सम्पूर्ण नीक जकाँ कटि जाए। एखनहु मिथिलामे दुर्जन-कृपण प्रभृतिक नाम लोक भोरे नहि लैत अछि।
4	17	1	तिन्नि–तीन नहि; ओ लोकनि; ओइनवार राजा लोकनि, बहुवचन।
4	17	2	अग्रवालजीक दोसर अर्थ मान्य, दानसँ दारिद्रयक दलन करथि। प्रथम असंगत जे दान कए स्वयं दरिद्रा ओढ़ि लेथि।
4	17	2	परब्रह्मक परमार्थ नहि, परब्रह्म केँ परमार्थ बुझथि अर्थात् ब्रह्मज्ञानी।
4	17	2	ई समस्त रड्डा कीर्ति सिंहक नहि, ओहि 'कुल' केर वर्णन थिक, ओइनी-वंशक।
5	19	3	केदार=क्षेत्र (अमरकोष, वैश्यवर्ग)। तेँ जाचक सिद्धि केदार=याचकक हेतु सिद्धिक्षेत्र, जतए हुनक कामना सिद्ध होइन्ह, दानसँ।
5	19	3	बलि एतए राजाक नाम नहि थिक, ओहि पञ्चमहायज्ञक नाम थिक जे प्रतिदिन अवश्य कर्त्तव्य थिक। ओहिमे पाँचम बलि थिक नृयज्ञ जे होइत अछि अतिथिपूजन (मनु, 3.70)। अर्थ स्पष्ट अछि जे "दानहिकेँ अतिथिपूजा मानथि" अर्थात् नित्य दान कए पाँचम महायज्ञक निर्वाह करथि।
5	19	6	कीर्ति ओ जस समानार्थ नहि। जस सम्बन्धवाचक। जनिक कीर्ति पसरए, विखरल। वित्थरिअ प्रेरणार्थक नहि, विथारल नहि।
5	20	2	संदेशक अर्थ सौरभ अप्रसिद्ध। संदेश मैथिली मे उपायनके कहैत छिऐक, सनेस। एहिमे ओ अग्रिम षट्पदमे कवीश्वर 'गरुड़ राए' क अर्थ गरुड़नारायण कहैत छथि जे गणेश्वरक प्रायः विरुद छल।
6		8	अग्रवाल पाठ दैत छथि "साहि करि" ओ अर्थ करैत छथि 'माताओं का"। पाठ चाही "माहि करि"। मिथिलाक्षर मे म–स क साम्यसँ ई भ्रम।

द्वितीय पल्लव

7	2	1	सरपंचपक्ख 255। ई कवीश्वरक लेखक अनुसार। मिथिलाक गणनानुसार ल.स. आरम्भ 1109 ई.। तेँ ई तिथि 1364 ई. क चैत्रकृष्णपञ्चमी। अग्रवाल प्रभृतिक तिथिसँ सात वर्ष पूर्व।
7	2	4	विसवामि=विश्वास उत्पन्न कए।
7	2	6	पृथिवीक जे हानि, स्वर्गक से लाभ। गणेश्वर अबैत छथि तेँ वाम नयनक फड़कब। स्त्रीक हेतु शकुन। अग्रवालजी एतए मौन छथि।
7	3	1	चप्परि=चड़फड़ भए। मैथिली शब्द।
7	3	2	गोसाउनि स्त्रीलिंग शब्द, पुल्लिङ्गरूप नहि। गोसाञि भिन्नार्थ मे रूढ़। कुलदेवताक अर्थमे। एतए लक्षणावशात "मलिकाइनि"।
7	3	2	धर्म द्वन्द्वमे डूबि गेल। गए दूरार्थक अव्यय।
7	3	4	पारक=पालक। पार उतारनिहार कष्टकल्पना।
7	3	5	अक्खर...दू मात्रा घटैत अछि। अक्खररस समीचीन (हर प्रसाद शास्त्री)
8	4	4	दिण्णा=दीन। एहि दीनक उद्धारक...। कवीश्वर 'ओ' केँ 'व' लिखथि।
8	5	2	अंगरइ=अंगवइ सबठाम पाठ अछि। र-व क भ्रम। अगवइ=अंगीकार करब।
8	7	1-2	पइ=पें वर्त्तमान मैथिली रूप।
9	9	1	दान खग्ग–दू वस्तु–एकदिस दान, दोसरदिस खङ्ग अर्थात् शौर्य। स्मरण रहए जे "भूपति ओ भूदेव" ओइनिवारक मुह सँ ई सर्वथा संगत।
9	9	2	जोअइ=जोहहि, तकैत छथि। ओ धन्य थिकाह, निश्चिन्त सुतैत छथि। काकु। ओ धन्य थिकाह, कोनो चिन्ता हुनका नहि। विपरीतलक्षणा।
9	10	1-2	परपुर=शत्रु क नगर, मारिसञो, मारि=युद्ध, कए लेब। सञो तृतीया विभक्ति। घाइ=अगुताए केँ किछु कहल नहि जाए सकैत अछि। हमरा त ज्येष्ठ ओ गुरुतुल्य, मन्त्रणामे विचक्षण, जेठ भाए छथि अर्थात् वीर सिंह। ध्वनि जे हुनक मन्त्रणा हमरा प्राप्त अछि, हुनक गुणसँ हम लाभ उठाएब। अग्रिम षट्पदमे वीर सिंहक मत कीर्ति सिंह कहैत छथि–'वीर सिंह भण अपन-मति।'
9	11	3	दाने दलञो दारिद्र=दानसँ दारिद्रयक नाश करब।

9 11 4 पान-पाट=प्राण-पात। तिअसति-एतए तिअ नहि, निअ थिक। कवीश्वरक लेख पढ़बामे भ्रम। प्राण बरु पात करब मुदा अभिमानसँ अपन शक्तिक प्रकाश नहि करब। अथवा अग्रवालक पाठ नीसत्ति=निःशक्ति, दौर्बल्य। अग्रवाल जी 'क्षत्रिय होकर' भ्रमसँ लिखल अछि। वीरसिंह क्षत्रिय नहि, ब्राह्मण, भूदेव, छलाह।

9 11 6 राज्य रहओ कि जाओ। एखनहु मैथिली मे एना बाजल जाइत अछि।

10 15 1 पाटि पाँतर, युग्म—एक थिक, यथा घर-द्वार।

10 17 2 थोल—थोर। जकरा जे छलैक। थोरक अर्थ बहुत नहि भए सकैत अछि।

10 18 1 (अनुचरक) पंक्तिमे पैसि संग भए गेल।

10 18 2 केओ भेटितहिँ सेवक भए गेल।

10 23 1 कवीश्वरक टिप्पणी अछिः—"योगिनीपुर-दिल्ली। जौनपुर सम्भव अछि। ततए फिरोजसाह बहुत दिन छलाह।"

11 25 4 हर-घर=शिवालय। हजारो महादेवक मन्दिर जाहि ऊपर मे सोनाक कलश।

11 26 2 सथ्य सथ्यहि=संगहि संग अर्थात् एकहि बेरि अनेक कामिनीक कटाक्ष।

11 27 4 उबटि=बाट छोड़ि। बिनु बाट छोड़ने जाएब असम्भव तेँ बाट छोड़ि चलैत छल।

11 21 प्रचुरपौरजनपदसंचार सँ भिन्न एहि मे 'पर' नहि 'पद' थिक। ई समस्त पद—'अनेक पुरवासी लोकक पाएर संग संग रखला सँ मिलल' एहन अर्थ।

11 21 धनहटा-धानक हाट-अन्नक बाजार।

11 22 मुखरव-बजलासँ शब्द होइत अछि से झूठ, फूसि, बूझि पड़ए, बूझि पड़ए जे समुद्र गम्भीर गुर्गरा...कान भरैत मर्यादा छोड़ि बढ़ल आबि रहल अछि। अग्रवालजीक अनेक वाक्य-कल्पना निरर्थक।

12 1 बिकाए बाज-बिकएबाक शब्द होइत अछि। वस्तुक नाम चिकरैत अछि।

12 2 मीसि=मेला। पीसि चर—पिसैत चलैत अछि।

12 2 आँगे आँगे उगर=अङ्ग अङ्ग सँ टकराइत अछि।

12 2 पात्रहु-संस्कृत टीकामे अछि-नर्तकादपि। पात्र वर्णरत्नाकरमे नटुआक नाम अछि। मुदा संगति खूब नहि बैसैत अछि। मेलामे स्त्रीक कङ्ना, चूड़ी, फूटि जाइत छैक ई आशय।

12		4	हृदय चूर=स्तन छातीमे जोरसँ भिड़ैत छैक एतबे पर्याप्त वापुर-विस्मयबोधक पद।
12	28	1	वणिजार=बेचनिहार। हिण्डए=घूमए।
12	28	2	सब किछु क्षण भरिमे बिकाए जाइक आ सब खरीददार कीनिओ नहि सकए। आवश्यकतानुसार वस्तु नहि रहैक।
12	28	3/4	कोनहु लाथेँ गप्प लाधि ओहि नागरी सबसँ सब केओ किछु गप्प कए लेअए। बेचए वा कीनए तँ अपना मनसँ, अपन सुख सुविधासँ, मुदा नागरी-दर्शनसँ आँखिक कौतूहल सबकेँ लाभ रहैक।
12	29	1/2	कमलनयनी स्त्री सबकेँ कटाक्षसँ तकैत अछि। प्रिया रहओ तैओ चोराएकें प्रेम करबामे सब अपना दोषें (चोराएकें प्रेम करबाक कारणें) सशङ्क रहैत अछि। बए नहि वरु पाठ थिक, प्रेसक दोष।
12	30	1/2	ब्राह्मण कायस्थ आ राजपूत मिलि आन सब जातिकें दबाएकें बसैत अछि। चप्परिक अर्थ शुद्ध कए, वाक्यक अर्थमे अग्रवाल ओकरा बिसरि जाइत छथि।
12	30	4/5	जँ-तस सँ नीक जेँ-तेँ—कार्यकारणभावक द्योतक।
12	30	5	सुकेस—सुन्दर केशसँ सुशोभित मुखमण्डल, उत्प्रेक्षा जे घर घरमे जेना नील आकाशमे चन्द्रमा ऊगल होथि।
13		1	ओल=अन्त। कोल=कोर। एक हाटकें पार कए आदरसँ पण्य-स्त्री हाटमे प्रवेश करू वा करी।
13		2	संचरन्ते=घुमैत-घुमैत।
13		5	सौभागे कामन—सौभाग्यक हेतु, सौख्यक हेतु, कामना-इच्छा।
13		6,7	परिचयक परित्यक्त अर्थ करब व्यर्थ। बिना स्वामीक माङमे सिन्दूर आन कें परिचय भेला उत्तर अपवित्र प्रतीत हो।
13	31	1	अलहना=अनर्ह-अपमानित।
13		9	सुखसार-सुखक घर। देखू—बड़ सुखसार पाओल तुअ तीरे। मण्डन्ते इत्यादि—सब पूर्वकालिक-मण्डित करैत इत्यादि।
13		11	पातरी-पातरि, तन्वी, मोटि नहि। नन्ही-बाला। परिहास पेसली=परिहास सँ सुन्दरी।
13		12	लागि अव्यय थिक, जकरा हेतु।
13		13	बजैत अछि सस्वर जेना राग मे बान्हल।
13		15	गौं बोलि-अग्रवालक अर्थ संगत। अथवा “गाए जकाँ बोली जकर छैक एहन गमार” सेहो अर्थ कए सकैत छी।

14	34	2	गन्दा कें गेन्द कहब कष्टकल्पना सन लगैत अछि। रिक्काबिएक स्थानमे निक्कारिए ओही अर्थमे। अर्थ जे हिन्दू कें गन्दा कहि, काफिर कहि, दूर बैलबैत।
14	35	2	तातत प्रेसक अशुद्धि थिक, चाही तातल=तप्त।
14	35	5	खा क्रियापद। दिरम अरवीमे रूपैआक अर्थमे।
14	35	6	फरीबी-जे जाल करए अथवा जे नहि थिक से बनए। पद्य 35क छबो पाँती मूल पुस्तकमे नहि अछि। एतए अग्रवालक पाठ देल आछि।
15	41	2	ठान=ठाम, स्थान पर जाइत काल।
15	44	1	उरिधान–ओरो धान,
16	50	4	लहिअ इनामे-ल-नक साम्यसँ भ्रम। सलाम बजाए इनाम पाबथि।
16	51	3	रहहिं क्रियाविशेषणसँ नीक क्रियापद मानब। रहथि।
17	52	2	साहस=साध्वस=भयभीत
17	52	3	अतरे पटरे अग्रवाल पृष्ठ 10 क 15 पद्यक आँतरे पाँतरे पाठ दैत छथि। ई पाठ कवीश्वरक देल अछि। अटर-पटर अनर्थक बजबाक अर्थ मे अव्यय यथा–अण्ट-सण्ट। परन्तु तखन एकर अन्वय ऊपरक जम्पइ सँ नीक होइत।
17	53	4	सातिसँ शान्ति नहि, शास्ति बुझबाक थिक, अर्थ, दण्ड।
17	53	5	ओठमाहि, ओहीठाम अर्थमे एखनहु प्रयुक्त होइत अछि।
17		17	खगहिन्डोल=एक प्रकारक झूला।
17		19	परिट्ठइअ उचित पाठ, प्रस्तुत कए; ओकरा समक्ष जाए।

तृतीय पल्लव

19	2	5	सिट्ठाअत=सिद्ध होएत। मुदा राज्यक संग एकर प्रयोग चिन्तनीय।
19	3	2	गोचरिअ ओ भेट्टिअ दूहूक एके अर्थ नहि कए, गोचरिअक अर्थ करी इतलाए कराएब।
19	3	2	लहिअ=प्राप्त करब, नजर देब नहि। एकर अर्थ, इतलाए कराए भेंट करिऔन्ह। विदाइमे घोड़ा पोशाक प्राप्त करू इत्यादि। संस्कृत टीकामे लहिअ कें गृहीत्वा कहैत छथि। अग्रिम पद्य 11 दोसर पाँतीमे प्रसाद लए बाहर अएलाह सएह सूचित करैत अछि।

20	4	4	संस्कृत टीका संगत। अकुशल दूनूक समाने। जेहने अहाँक तेहने हमर मुदा अहाँक प्रताप (जाग्रत) अछि। से 'अकुशल' आगाँक पाँचम पद्यमे कहल अछि।
20	5		अग्रिम आठम पद्य धरि कीर्त्तिसिंहक उक्ति। अग्रवालक अर्थ असंगत। आशय जे "फरमान की लेल भेल; ओ तिरहुत अधीन कए लेलक। लोक डरसँ बजैत अछि जे एतए अहाँ, तिरहुत मे असलान।" अग्रवाल–जन्हि साहिं सँ जौनपुरक बादशाह जोन्हाशाह बुझैत छथि। जौनपुरक प्रथम सुलतानक नाम छलैन्हि ख्वाजा जहान जकर विकृत रूप ई भए सकैत अछि मुदा ओ 1394 ई. मे सुलतान भेलाह ओ गणेश्वरक हत्या तकर पश्चात् कहल अछि अग्रिम पद्य मे। चाहि–अव्यय–लेल, चतुर्थीक अर्थ मे। साहिलेल–एखनहु प्रयुक्त होइत अछि–"कौशल सँ अधीन कए लेब" अर्थ मे।
20	6	3	डग्गिअ प्रेसक भ्रम थिक चाही उग्गिअ। कर असूल करब।
20	6	5	आब आइ अभिमान केँ जलाञ्जलि दान करी अर्थात् अभिमानक अन्त भए गेल। अग्रवालजी "अबे"क अर्थ मे व्यर्थ कष्ट कल्पना करैत छथि। संस्कृत टीकामे अछि, "अतः पर' क्रियते अभिमानाय जलाञ्जलिदानम्।"
20	7	2	बेण्डा=दू। आब "बण्डा" कहैत छिऐक।
20	7	4	मारि–अग्रवालजी एकर अर्थ मारण करैत छथि। ई मैथिली शब्द थिक ओ एकर अर्थ भेल लड़ाइ। अबस कराबए मारि विशुद्ध मैथिली वाक्य।
20	8	5	वापुरा=वराकः (संस्कृत टीका) हम एकरा आश्चर्य बोधक अव्यय मानैत छी। भाव कहैत छिऐक–बापरे। आशय स्पष्ट जे "शत्रुक नाम सुनि यदि अहूँ असहिष्णु नहि होइ तँ आन लोक अपना विषय वीरत्व की करओ।"
20	9	5	साठ=आयोजन। साठब क्रिया एखनहु प्रसिद्ध अछि। सम्पलहु= सं-पड़हु=सम्प्राप्त होइत जाउ।
21	10	2	अग्रवालक घन पाठ उत्तम नहि।
21	10	3	सबतहु=सर्वत्र।
21	10	4	ई पाँती कवीश्वरक पाठमे सुन्दर अछि। वायु प्रचण्ड वेग सँ बहए लागल जेना लङ्कामे आगि लगला उत्तर बहए लागल छल। उज्जल=ऊपर जरैत, धधकैत।

21	10	6	अग्रवाल “गइ” दूरार्थबोधक अव्यय नहि बुझलथिन्ह,–एना अन्वय करी–“जनि अबहि (तुरन्ते) सबहि धाइ कहु (दौड़िकेँ) असलान पकड़ि देओ गइ (गए)”
21	11	2	लए पसाओ=प्रसाद लए। देखू–एही पल्लवक तेसर रड्डा।
21	11		कुविवर्त्त वार्त्ता=एहन खबरि जे अधलाह घटल। इतिहास मे अछि जे एकबाल खाँ दिल्ली सँ चलल जकरा संग गङ्गाक तट पर कन्नौज लग मुठभेड़ भेल।
21	0	19	जेठ भाए वीरसिंहक हेतु मन्त्री पद द्रष्टव्य। सम्भव थिक छोटे भाए राजा, जेठ भाए मन्त्री; जे चिन्तनीय। मुदा इहो सम्भव थिक जे मन्त्री एतए यौगिक अर्थमे प्रयुक्त भेल हो। मन्त्रणा देनिहार, विचारी। अग्रवालजी बड़ कष्टकल्पना कएल अछि। चिन्तानत = चिन्ता सँ मूड़ी खसओने। ‘वीरसिंहक मन्त्री’ अर्थ कष्टकल्पना। महायुवराज वीर सिंहक विशेषण जे मन्त्री। अइसनेओ–एक पद–आब कहबैक ‘एहनो।’ गनिओ कें गुनबाक नहि चाही। गनब=अनुभव करबामे लाक्षणिक, गुनब=चिन्ता करबामे लाक्षणिक।
22	13	5	होअ छापाक अशुद्धि–उचित पाठ होञ–भावी, होनिहार, जे अग्रवालजी कहैत छथि। होसए, भविष्यत् अर्थमे=होएत। देखू नीचा 14।5। अर्थ जे “जे होनिहार छैक सएह भेल करैत छैक। तेँ वीर पुरुषकेँ उत्साह मात्र (एक्क पइ) करबाक थिक।”
22	15	3	जब, चाही, जओ=जञो। उपमावाचक अव्यय।
22	16	4	झँपिआ=झाँपब–विशुद्ध मैथिली क्रिया पद, जेना आगाँ फुक्किआ, लुक्किआ इत्यादि अछि।
22	17	1	फुक्किआ=फूकब, अग्रवालजीक पहिले अर्थ। भेरी बजएबामे मुहसँ फूकहि पड़ैत छैक।
23	18	1	अग्रवालजीकेँ एहि पाँतीक अर्थमे भ्रम। जंखणे गज चलइ (हाथी जखन चलैक) मञ गलइ (मद चूबैक) पञ पलइ (आ ओहि पर हाथीक पएर पड़ैक) तँ सौंसे थाल भए जाइक।
23	19	2	ई पाठ संगत। समस्त संसार केँ ई जानि (जे सेना अबैत अछि) निश्चय शंका भेलैक। अग्रवालजीक पाठ भ्रमाह ओ अर्थ असंगत।
23	19	3/4	एके प्रसङ्ग। केलि करि (हँसी खेलमे) बाँधि धरि (पकड़िकेँ बान्हि) चरण तल अप्पिआ (पाएरक नीचामे अर्पित कए दैक) फेलि पर (पुनः ओकरा आपस कए) नमिअ कर (नमित कए) अप्पु करे अप्पिआ (अपना हाथ मे स्वतन्त्र कए दैक)।

23	20	4	वेवि भ्रम, चाही, वेरि=वैरी। लेखक अशुद्धि। मैथिलीमे "र-ब"क साम्य।
23	21	2	"पारक"—अग्रवालजीक अर्थ खूब संगत नहि। एकर अर्थ नहि बैसैत अछि। ई पद अगहुँ अछि।
23	21	3	सरवस=सर्वस्व।
23	21	3	पञड़ा नीक पाठ। मैथिलीमे एकर अर्थ बाट, मार्ग। पदक अर्थ बाट धएने।
23	22	2	कवीश्वरक पाठ देल अछि मुदा अर्थ नहि बैसैत अछि। ओहिसँ तँ अग्रवालजीक पाठ संगत अछि।
23	23	1	साति=शास्ति, कष्ट। विद्यापतिक गीत "होएत बड़ि राति साति।"
23	23	2	कटक लटक। ई पद पल्लव 4 क 19 ओ 27 पदमे प्रयुक्त अछि। अग्रवालजी एहिठाम एक अर्थ करैत छथि ओ चारिम पल्लवमे दोसर। परन्तु तीनू ठाम एके अर्थ भए सकैत अछि। ई युग्म कोनो विशेष अर्थमे बाग्धारा छल जे आब लुप्त अछि। ऊहि करब व्यर्थ। वर्णरत्नाकारहुमे एना अनेको शब्द ओ पद जे ताहि समयमे वाग्धारा जकाँ व्यवहृत छल क्रमशः लुप्त भए दुरूह भए गेल अछि। पटकवाज दगावाज जकाँ कोनो पद हो।
	23	24	अर्थ नहि बैसैत अछि। प्रसङ्ग अछि इबराहीम शाहक राज्यमे अव्यवस्थापक ओ महार्घताक।
24	25	1/2	दूनू पाँती पानिक कष्टक वर्णन। सेरक दरसँ पानि कीनि आनू आ से पानि एहन अधलाह, मटिआह, जे पीबाक बेरि कपड़ासँ छानि कैँ पीबू। विशुद्ध मैथिली।
24	26	1/2	ई चारू महार्घताक वर्णन। अग्रवालजी सौंसे भ्रम कएल अछि।
24	27	1/2	ई सभ मैथिली थिक ओ एखनहु प्रयुक्त होइत अछि। पानक सए सोनक टाका देला पर भेटए—पान एतेक महग। जारनि चाननक दाममे बिकाए—जारनि एतेक महग। बहुत कौड़ी दाम देलहु पर नीक वस्तु थोड़ भेटए-महार्घता। दृष्टान्त, घीक दाम देलहु पर घोड़, मथल मक्खन वा छाल्ही जे आगि पर नीक जकाँ शोधल नहि अछि आ ओहिमे पानि छैक, दैक। कडुआ तेल थिक सरिसबक तेल। देहमे लगएबाक हेतु भेटए, ताहिसँ नीक नहि किछु।
24	28	2	ई पाँती खूब बैसैत नहि अछि। अग्रवालजी संस्कृत टीकाकारक अर्थ देल अछि—दासी वृषभः समर्घं प्राप्येते। अर्थात् दासी बड़दक मूल्यमे भेटैक, एतेक अत्याचार रहैक स्त्रीगण पर।

24	29	2	बहुत मे त अधिक बूझि पड़ैछ—छन्दक अनुरोधें।
24	29	4	निवरल—आब कहबैक, निघटल,
24	30	1	वित्तसँ हीन वाणिज्य नहि हो।
24	30	2	संभवइ=संभव हो। विदेशमे ऋण सेहो सम्भव नहि। तिरहुतामे 'र-व' क साम्य
24	30	3	दीन वअन, लहु वअन—दूनू एकार्थक नहि। अर्थ ई जे राज कुलमे जन्म भेल छलैन्हि तेँ मुह सुखएलो रहैन्हि, दीनता प्रयुक्त, तैओ लघु वचन, छोट कथा, भीख माङब, मुहसँ नहि बहराइन्ह। प्रथम वअन वदन, दोसर वअन वचन।
24	30	5	गण्डें गनिअ उपास=चारि चारि साँझ भुखले रहि जाथि।
24	32	2	भूखसँ नोकर छोड़ि चल जाए।
24	32	4/5	अग्रवालजीक पाठ 'अखौरी' संगत भए सकैत अछि। अखौरी कायस्थक उपाधि थिक। एकर व्युत्पत्ति पण्डित श्री गोविन्द झा (श्री रमानाथ झा अभिनन्दन ग्रन्थ पृ. 207) अक्षपटलिकसँ मानल अछि। सन्नगहि—मिथिलाक पञ्जीमे बड़ प्रसिद्ध शब्द थिक—ई सान्धिविग्रहिकक अपभ्रष्ट रूप थिक। केशव कायस्थ नहि भेटलाह अछि। कायस्थक पञ्जी तकला उत्तर भेटथि से सम्भव। सोमेश्वर—सान्धिविग्रहिक उपाधिसँ युक्त भुतहरी कलि-ग्राम मूलमे भेटैत छथि। राजा गणेश्वरक कन्यामे विवाह छलैन्हि आनन्द खानक सबसँ जेठ बेटाक, जनिक नाम गणेश्वर छलैन्हि। तनिक छोट भाए सन्नगहि सोमेश्वर छलाह। स्पष्ट अछि जे कीर्तिसिंहक बहिनोक छोट भाए सोमेश्वर हिनक संग रहथिन्ह ओ हुनक बाप आनन्द खान मिथिलामे हिनक पक्ष धएने रहथिन्ह। देखू आगाँ पद्य 34।
25	32	1/2	अग्रवालजीक अर्थमे संगति थोड़ अछि, कष्टकल्पना अधिक। सोझ अर्थ ई "ओ वाणिज्य चतुरतापूर्ण कहल जाएत जे हाटमे धर्मक बेसाह करी। नोकर, मित्र ओ सोन अर्थात् धन-तीनूक कसौटी विपत्ति थिक" मुदा एकर एतए प्रसङ्ग की भेलैक से स्पष्ट नहि होइत अछि।
25	5	8	एहि गद्यभागमे पाठक किछु गड़बड़ी अछि। ओना अर्थ भए सकैत अछि मुदा प्रसङ्ग स्पष्ट नहि भेल। समाजक अर्थ मन्त्रणा कष्टकल्पना भेल। चाही संगक लोकवा जकरासँ गप्प-सप्प होइन्ह सेहो। दुःखक समय कोना कटलैन्हि प्रसङ्ग सएह थिक। अर्थात् एही सब प्रसङ्ग वार्तालाप करैत कष्टक पराकाष्ठाक समय काटथि।

25	34	1	आनन्दखान—सान्धिविग्रहिक मन्त्री। परिचय ऊपर देल अछि।
25	34	2	सुपवित्र मित्र श्री हंसराज जे (अम्ह) हमर काज (क हेतु) (अपन) सर्वस्वक उपेक्षा कए सकैत छथि। ई प्रायः ब्राह्मण नहि छलाह। परिचय अज्ञात।
25	35	1	हिनक सबसँ जेठ भाए। पञ्जीमे नाम अछि जयसिंह।
25	35	2	मन्त्री गोविन्ददत्त। जेँ हिनक वंशक प्रशंसा अछि तेँ हिनका गणेश्वरक बालक मानैत छी। हिनक ग्रन्थ गोविन्दमान सोल्लास अछि। विद्यापतिक पितामहक पितिऔत भाए। ओहि कुलक भए ई प्रायः कीर्तिसिंहक पक्षमे छलाह।
25	36	1	हरदत्त विसैवार छलाह। विद्यापतिक प्रपितामहभ्राता, पाँचम। पञ्जीमे स्थानान्तरिक कहल छथि। प्रायः भातिज गोविन्ददत्तक संग ई भोगीश्वरक सन्ततिक पक्षमे छलाह।
25	36	2	धर्माधिकारी हरिहर नहि भेटैत छथि, जे भेटैत छथि से नवीन। पणअत्तिअ—कोन शब्दक ई अपभ्रंश रूप थिक से बुझन कठिन।
25	36	1	नयमार्गचतुर भवेश नहि भेटैत छथि।
25	37	2	राजपूत संग्राम सिंह।
26	38	2	लोग=लोक। राज्यभ्रष्टक प्रजा कहब असंगत। लोक कहने साधारण जनता।
26	39	1	चापि=जोरसँ मुदा एहि अर्थमे ई शब्द आब ऊठि गेल।
26	39		सुरतान के द्वारै-ई पद एखनहु व्यवहारमे अछि।
26	39	2	मन पड़ल। अग्रवालजी ई मैथिली पद नहि बुझलथिन्ह। एकर अर्थ स्मरण होएब। एहि दोहाक पाठ भ्रमाह अछि जे पाठ कवीश्वर देल अछि तकर प्रसङ्गमे संगत अर्थ इएह जे "बिनु कहने, जोरसँ कहने, जे मन पड़तैन्हि एहन पैघ राजा आब कहाँ छथि।" तेँ जोरसँ कहिऐन्हि।
26	40	1/5	एहि रड्डामे पाँच वाक्यमे दूनू सोदर वीर सिंह ओ कीर्तिसिंहक साहस ओ शौर्यक वर्णन अछि। सुलतानक समक्ष अपन विनती लए जाएब ओहने साहसक काज जेहन आगिमे धसब, सिंहक केश पकड़ब, क्रुद्ध भेल यमकें सह्य करब। मुदा हुनका दूनू भाइकेँ मानक प्रश्न छल, सम्मानकेँ चोट लगैत छल। तेँ ओलोकनिक ई साहस कएल। कारण, प्राणक स्नेह, ओकर मोह, तावतहिं यावत मानकेँ धक्का नहि लागल अछि।
26	41	4	सन्नज्जह पाठ समीचीन। फरमान सन्नद्ध कएल गेल।

26	42	1-2	ई दोहा कठिन अछि। पाउआक अर्थ अग्रवालजी प्रकृत जन कहैत छथि से कष्ट कल्पना। लोक पक्षक पालन नहि करए, राजा अपन अंगक, आश्रितक, रक्षा नहि करए, सज्जन सत्य नहि बाजथि तँ धम्म-मति कतए जाथु। अग्रवालजी एकर अर्थ धर्म-माननिहार कहैत छथि।

चारिम पल्लव

28	1	1	सच्च भणन्ता। कतेक सत्य वर्णन अछि से विवेचनीय।
28	1	2	सुलतानक आक्रमणसँ तिरहुत पवित्र भेल। एही एक वाक्यसँ ई काव्य विद्यापतिक नहि थिक से कहल जाए सकैत अछि।
28	2	1	हञो, हमक पूर्व रूप।
28	2	2	धन्ध—एकर अर्थ व्यग्रता नहि संगत होएत, से तँ पूर्ण भेलेन्हि। एकर अर्थ द्वन्द्व—बिनु विरोधें।
28	3	2	कवीश्वरक ई पाठ नीक। एहिमे यथासंख्यक विन्यास। पूर्वक पदमे दूनू राजकुमार तथा मलिक असलान दूनू केँ पैघ कहि दोसर पदमे पहिलक लाज राखए दोसरक विरुद्ध सुलतान स्वयं चललाह ई कहल अछि।
28	10	12	एहि गद्य अंशक पाठ भ्रष्ट अछि। अग्रवालजीक संस्करण द्रष्टव्य। कवीश्वरहुक पाठ भ्रष्ट। संघट्ट—एकत्र भेल।
24	4	1	इत्थि—वित्थि वा इत्थि—मित्ति। पाठ संदिग्ध। अग्रबालजी इत्थि इयत्ताक अपभ्रंश मानैत छथि ओ मित्ति मितिक अर्थात् सीमा ओ परिमाणक मुदा अर्थ करैत छथि "कारण वा उद्देश्य"। मुदा इयत्तासँ जॅं इत्थि हो जॅं वृत्तिसँ वित्थि किएक नहि? वस्तुतः एहिमे बहुतो पदक अपनहि मने अपभ्रंश रूप कएल अछि जकर ऊहि करब कठिन।
28	5	1	तोरहि तोर। एकर अर्थ अग्रवालजी नहि बुझलथिन्ह। ई मैथिलीक वाग्धारा थिक, झुण्डक झुण्ड।
28	5	2	चक्कहकेँ चक्र बुझिओकेँ अग्रवालजी एकरा समूह कहैत छथि मुदा तखन चतुरङ्ग सेना कोना भेल? चक्रसँ रथ बुझबाक थिक। पहिआवाला ई अर्थ कर्त्तव्य।
29	6	2	भागन्ते=भाङ्ते। तोड़ैत।
29	6	3	तोरन्ते=तोरैत काल, बोल=बजैत, गरजैत। मारन्ते=मारैत काल, घोल=कोलाहल (विशुद्ध मैथिली शब्द)

29	6	4	थेध=स्थिर।
29	6	5	अन्धारकूट-एखनहु मैथिलीमे एहिना प्रयुक्त-अत्यन्त कारी। छूट =(दिग्विजयक हेतु) छूटल अछि; चलल अछि।
29	7	9	एहू गद्य अंशक पाठ भ्रष्ट अछि। दमसब हाथीक बजबाक अर्थमे। "मानुस करो मुन्ड" नहि बैसैत अछि। किनि काढ़ल नहि बैसैत अछि; एहिसँ अग्रवालजीक पाठ बीनि=बीछि केँ संगत। अन्तिम वाक्यमे कवीश्वरक पाठ संगत। केवल खनएक अर्थ स्पष्ट नहि अछि। ओना अर्थ जे 'दौड़ैक, खनैक (?) जान मारैक, प्राण लैक! महाउथहुक आँकुस महत्त्वसँ, विशालतासँ, नहि मानैक। ततेक टटा हाथी रहैक ले आँकुससँ ओकरा की होएतैक?"
29	7	1	पाइग्गह अस्तवल भेल; पल्लानिञउ साजसँ सज्जित भेल। मुदा पअ भरेँ-भउँ एहि प्रसङ्गमे पूर्ण नहि बैसैत अछि। अग्रवालजी वाक्यक अर्थमे गड़बड़ाए गेलाह।
29	7	2	थनबार=स्थानपाल, घोड़सारक अध्यक्ष। ओ जे घोड़ाकेँ साजि ओकर पीठ ठोकैक तकर थप थप शब्दसँ रोमाञ्च हो, ततेक घोड़ा रहैक। वर्णरत्नाकरमे (32-9) थलबार अछि से ल-नक भ्रम एतए वा वर्णरत्नाकरमे से कहब कठिन।
29	8	1	तेजि-ताजि—देशान्तरी घोड़ाक भेद—वर्णरत्नाकर पृष्ठ 31 अन्तदिशि।
29	8	3	कर्णसुत्ति—कवीश्वरक पाठ—कानक शुक्ति, कौड़ी।
29	8	4	तलप्प—तड़पब-फानब। अग्रवालजी केँ भ्रम। फानएतँ हाथीकेँ लाँघि जाए। खोहणा=क्षोमणा, क्षोभ देनिहार।
29	9	3	कोहे क्रुद्ध-संदिग्ध अर्थ तेँ समस्त पाँती दुरूह।
30	10	1	विपक्षक सेना देखि हिँहिँआए। दामसँ, दर्पसँ।
30	10	2	खोणि (क्षोणी=धरती) तामससँ (क्रोघसँ) खुन्द (खोघए)।
30	10	3	तजान=चाबुक। वात जीतमे वेगसँ वायुकेँ जीतए; वान जीतमे वेगसँ वाणकेँ जीतए।
30	10	4	राग वाग पण्डिआ—दुरूह। अग्रवालजीक अर्थ कष्टकल्पना। वर्णरत्नाकरमे अश्वशिक्षाप्रकारमे दू ठाम वाग अछि, एकटा प्रायः राग चाही।
30	11	2	पक्खरेहिं—लोहक कवच। वर्णरत्नाकर मे अछि "पाषरेक मीनल (32)।
30	9	14	ई गद्य विशुद्ध मैथिलीमे अछि वर्णरत्नाकरक शैली पर। घोड़ाक

वर्णन थिक तेँ सबटा पदक अर्थ नहि बैसैत अछि, कतोक लुप्त भए गेल। तथापि अग्रवालजी जे कष्टकल्पना कए-कए एकर अर्थ कएल अछि से भ्रमपूर्ण।

प्रथम पाँच वाक्यमे विशेषणक द्वित्व बहुबचन-द्योतक थिक। अग्रवालजी कतेक कष्ट कएल अछि यमक सिद्धकरबाक हेतु। काचले आ अटले वर्णरत्नाकरहु मे अछि (पृष्ठ 32)।

पारक मारिअ–इएह पद तेसर पल्लवक 21 पद्य मे अछि। 'पारक'क अर्थ लुप्त भए गेल अछि।

चारिहु पाएर घोषार–विशुद्ध मैथिली। घोषारब क्रिया। पाएर सँ थाल कादो धोबाक अर्थ मे प्रसिद्ध।

30 12 1 तरवाल अग्रवालजीक कष्टकल्पना। एकर पदच्छेद एना करू–तेज तरलतर बाल तरुण तामस भरेँ बाढ़ल। अर्थ आब स्पष्ट-"तेज, बेसी चंचल किएक तँ नव जवान, घोड़ा रोससँ बढ़ए लागल।

30 12 2 सिन्धुपारसंभूत–घोड़ाक विशेषण–सिन्धुक ओहि पारक।

30 12 2 सूर्यक रथक जे घोड़ा सब वहन करैत अछि ताहि सँ बीछल।

30 12 4 घुप्प धसमसइ-सन्दिग्ध। रज्जसँ धूलिसँ भूमि भरल।

31 12 5 पइ=परि=प्रकार। कोन परि एना विद्यापतिक गीतमे अनेक ठाम अछि।

31 12 6 अछोलिलेँ पाठ शुद्ध। अर्थ ओएह। पदक आदिमे अप्राचीन रूप।

31 13 1 चलिअ अथवा चढ़िअ दूनू संगत।

31 13 2 षाँचि–लुप्त क्रियापद। अर्थ संदिग्ध।

31 13 4 राए गिरि–अग्रवालक अर्थ संगत नहि जँचैत अछि। पाठमे संदेह अछि।

31 13 5 शत्रु भङ्ग ले दूर जा=शत्रु भागि दूर चल जाए। आब कहबैक "लंक लए"।

31 14 1/5 अश्वसेनाक वर्ण।

31 14 3 मोजाञे मोजे–देखू वर्णरत्नाकर पृ. 32। मोजा–सरमोजा।

31 14 4 सीगिनि–वर्णरत्नाकरमे साङ्गी दण्डायुधक नाम।

31 14 6 मोल=मोड़। देह मोड़ब अथवा मोड़ करब थकान दूर करबाक देहक चेष्टा अर्थमे एखनहु प्रयुक्त होइत अछि। अग्रवालक पाठ भोल भ्रम।

कोल=वराह; अहि=साप; कुरुम=कूर्म। ई सब पृथिवीकें टेकने छथि।

31 15 पन्द्रहम पद्यसँ पएदल सेनाक वर्णन।

31	15	2	ढलवाइक–"ढाल लेने सिपाही" अग्रवालजीक भ्रम। ढलवाह एखनहु ओकरा कहैत छैक जे ढेपा फेकि मारि करए। ढेपा फेकबाक अस्त्र "ढेलमासु" कहबैत अछि।
31	15	3	फरिआइक। वर्णरत्नाकरमे 'अनेक फरिआइत चलुअह' (33) तथा 'अनेक फरकाल' (33) अछि। कोनो अस्त्र-विशेषक नाम छल जकर चलओनिहार "फरिआइक" भेल। चारिम पल्लवक पद्य 38 मे सेहो प्रयोग अछि।
31	16	2	षुन्दकार यदि काजी तँ वाक्यक अर्थ भेल जे काजीक कहलासँ लड़ाइमे सम्मिलित हो, आन कारणेँ नहि।
31	17	3	वेलक=तीर-विशेष से काटि अर्थात् स्वयं काटि दू फाँक कए धनुष पर जोड़ए।
32	18	4	बाचा सहि सहसहि अथवा अग्रवालजीक पाठ दूनू संदिग्धाह। संगत अर्थ नहि बैसैत अछि यद्यपि नव जवान तुरुकक वर्णन थिक।
32	18		धाङ्गड़ एखन एक जाति अछि मुदा ई हिन्दू थिक। एतए कहल अछि जे गाए मारि विस्मिल्ला कहि खाए। अग्रवालजीक अर्थ कष्टकल्पना। वाक्य स्पष्ट अछि जे आओर कतेक धाङ्गड़कें जाइत देखी जे गाए मारि विस्मिल्ला कहि खाए लेअए। तेँ ई मुसलमान भेल। अतः धाङ्गड़क अर्थ जाति-विशेष नहि, बर्वर लड़क्का सैन्य करी। आगाँक दोहाक वर्णनसँ ओकर बर्बरता स्पष्ट।
32	20	1	सावर=वर्छा। वर्णरत्नाकरमे "सावल" अछि। (31) एकहोँक एना पदच्छेद करी। वर्णरत्नाकरमे अछि "तरवारि एकहों क कसने"। चेथरा–कोथरा–फाटल चीटल कपड़ा माथमे लपेटने। अग्रवालजीक पाठ भ्रमाह।
32	11	2	विभालि वा विभारि-ई क्रिया लुप्त भए गेल अछि, अर्थ बूझि पड़ैत अछि–पकड़ि अथवा लूटि।
32	22	26	धाङ्गर सैन्यक वर्णन। लूटि छलैक अर्जनक साधन; सबटा व्यय पेटक पाछाँ। अन्यायसँ उन्नति। युद्धमे विनाश। ने दीन पर दया ने शक्तिमानक डर। ने प्रातक हेतु भोजन रहैक; ने घरमे विवाहिता स्त्री। वासि=रातिक अन्न प्रातक हेतु। ने पापक गर्हा (लाज), ने पुण्यक काज। ने शत्रुक आशंका; ने मित्रक लज्जा।

ने वचनक स्थिरता, ने ग्रास=भोजनक मात्रा, थोड़।
ने यशक लोभ, ने अपयशक भय।
ने हृदय शुद्ध, ने साधुक संगति, ने मदिरा पीबामे संयम ने लड़ाइसँ पड़ाए।
अग्रवालजी समस्तमे अनेक भ्रम कएने छथि। ई समस्त संदर्भ विशुद्ध मैथिलीमे अछि, कतहु अवहट्ट नहि।

32	27	1	कटक लटक—अर्थ सन्दिग्ध। तेसर पल्लवमे ई पद द्रष्टव्य।
32	27	3	भोजण तँ भोजन, भक्खण जँ भक्षण तखन द्विरुक्ति, तेँ भक्खणसँ भाषण अर्थात् बाजब अर्थ ली।
33	29	1	अग्रवालजीक अर्थमे तै पद छूटल अछि। सेवामे आएल राजा अपन सेनाक संग जाइत छलाह ई अर्थ समीचीन।
33	29	2	ई कवीश्वरक पाठ थिक। अपन अपन अभिमान, ओ भावी युद्धक मनसूवासँ इत्यादि अर्थ करी।
33	29	3	राउत्ता पुत्ता=राजपूत
33	29	4	पत्तापे चिन्हे वा पत्ताके चिन्हे—आशय एके।
33	29	5	जोअण पाठ कवीश्वरक। योजन अर्थ भए सकैत अछि।
33	29	7	आवत्त विवत्त=आगाँ पाछाँ चक्कर काटब। तुरग नचाबहिं सँ प्राप्त अर्थ। जुग परिवत्तण भाणा—अर्थ संदिग्ध।
33	29	9	वेसरि=खच्चर; वरद्दह = बड़द; इड़िका=भेड़ी।
33	29	10	पाअ घलन्ते = पाएर घसैत; सम्पूर्ण सेनाक चललासँ।
33	29	12	त्त ओ ण मे भ्रमसँ कवीश्वरक पाठ भ्रमाह हो से सम्भव। अर्थ दुरूह। अग्रवालजीक अर्थ ओना बेस मुदा वत्थु ओ नचावहि कष्टकल्पना सन प्रतीत होइत अछि।
33	29	13-14	एहिमे अग्रवालजीक पाठ ओ अर्थ दुनू संदिग्धाह। प्रसङ्गमे एतए तुरुक ओ हिन्दू सेनाक प्रयाणमे अन्तर प्रदर्शित अछि। तुरुक हौदा पर सवार जेमहर मन होइक जवरदस्ती चल जाइक। हिन्दू सेना अवसर देखि झगड़ा करथि मुदा जेमहर होइत कम विरोध होइक तेना घूमिकए पार उतरथि।
33	29	15/16	अग्रवालजीक अर्थ पूर्ण संगत। दिग आखण्डल-पट्टन सत्ये मशरीकी शहर भेल। मुदा परिठवक अर्थ प्रतिष्ठा कष्टकल्पना। वस्तुतः ई कोनो नव अपभ्रंश रूप गढ़ल प्रतीत होइत अछि। ई तँ छल नहि जौनपुर, मुदा लोक एकरा जौनपुर कहैक, जौनपुरक खीमा।
33	30	4	इन्द्रक अर्थ सूर्य कोषमे हो, प्रसिद्ध नहि। प्रसङ्गमे मुदा सूर्य ठीक।

34	30	5/6	अपूर्व अत्युक्ति-पूर्ण वर्णन।
34	31	1	मनुसाए। मनुष्य सँ नाम धातु। मनुसाएब अर्थात् उमगब। असवार महिसक, घोड़सवार नहि।
34	31	4	एहु, सस मूस पाए (पाएरसँ) दरमलिअ (चूर्ण चूर्ण करैक)। ओहु पक्खी सज्जान (वाज) खेदि (खेहाड़ि) खाए।
34	31	6	खणि, खनिके=खोधिके ई अर्थ करब तखन खुन्दि द्विरुक्ति। तँ खणिकेँ क्षोणीक रूप मानी। खेदि=खेहाड़ि खुन्दि=खोघि घसि=भीतर भाए विल वा गुफामे मारइक। जीवो जन्तुकेँ उद्धार नहि। मनुष्यक एतए प्रसङ्ग नहि अछि।
34	10		एहू गद्यमे पाठ भ्रष्ट। दल विहल चूरि चापल करन्ते संदिग्धाह।
34	13		वाट सन्तरि—स्मरण रहए जे तिरहुतक पश्चिमी सीमा गण्डकी थिक जे हाजीपुर लग गङ्गामे मिलैत अछि।
34	32	1	दुहू कहानी—अग्रवालजीक अर्थ असंगत। एतहु कहानी अछि। निश्चय एकर अर्थ भेल जे फरमानक अवज्ञा ओ गणेश्वरक हत्या दूनू समाचार।
34	33	1	पअम्पइ=प्रजल्पतिक अपभ्रंश रूप।
34	33	4	रण-भाण। एहिसँ युद्धक भाजन नहि, रणक भाण्ड अर्थात् भड़ुआ विशेष चमत्कारक होएत। असलानकेँ गारि दैत छथि।
34	33	4	पाखरे पाखरे —एकर अर्थ संदिग्ध। थीक ई बहुवचन रूप। लोहक सन्नाह जे पाखरक अर्थ से एतए खूब नहि बैसैत अछि। दोसर जे पाखरक अर्थ अग्रवालजी दैत छथि से कष्टकल्पना।
35	34	1	आबइ पाठ माबइसँ कतेक नीक।
35	34	2	सपक्ख इन्द=अपन पक्षक संग (बल लए) इन्द्र। सपक्खक आकाशचारी अर्थ करब व्यर्थ।
35	34	5	ई पाठ कवीश्वरक थिक; छन्दक अनुरोधेँ पाँती छोट लगैत अछि मुदा एहि पाँतीक पाठ अवश्य भ्रमाह अछि। आशय स्पष्ट अछि। असलानकेँ मारि ओकर रुधिरक नदीमे पाएर राखब यदि ओ अन्तमे अपन जान लए पीठ देखाए पड़ाए नहि जाएत। अग्रवालक पाठमे "धए के" मैथिली पद। अर्थ ओएह।
35	35	1	सएल हसम—फारसी पद; मुदा सएलसँ सकल बुझब कष्टकल्पना। सअल उचित छल। तेँ सएल सन्दिग्ध। तहिना सारक अर्थ बजाएकेँ कष्टकल्पना। ई दूनू पद सन्दिग्धाह।
35	35	2	पूरनहि=(प्रतिज्ञाकेँ) पूर्ण करबाक हेतु।

35	36	1	गण्डकक तट पर सम्प्रति मुजफ्फरपुर ओ समस्तीपुर अवस्थित अछि।
35	36	2	कवीश्वरक पाठ भ्रष्ट। मलिक महमदसँ इबराहिम शाह बुझब असंगत। ओ पातिसाह कहल जाथि। हमर अनुमान अछि जे इब्राहीम शाहक सेनाक नायक छल मलिक महमद।
35	37	1	रायपुरक पूबमे मुठभेड़ भेल। ई रायपुर चिन्हबाक योग्य नहि होइत अछि। समय छल दूपहर।
35	37	2	भट भेरा=सिपाहीक भेरी।
35	37	4	प्रलय-वृष्टि जकाँ पड़ैक अवश्ये बाण मुदा काण्डक अर्थ वाण? पटवालन–रूइदार कवच अग्रवालजी कहैत छथि। संस्कृत टीकामे काण्ड पटवालन इति जिज्ञास्यम् अछि।
36	38	1	वेकारे लिखबाक भ्रम थिक, चाही रेकारे–रे रे कहब ।
36	38	4	फरिआइत। देखू–ऊपर पृष्ट 31 पद्य 15।
36	39	4	संस्कृत टीकामे अछि–लज्जावतो लज्जा गता। लज्जयैब ममार।
36	40	1/2	युद्धक शब्दचित्र। ओमहर धनुषसँ शर छूटल आ एमहर शत्रुक प्रहारसँ अपने चारूनाल चित्त भूमि पर खसल। अपने पटवाड़ (कवच) सँ चोट लगैक आ अपन हाथ पर भर दैक, अपन भुजदण्डक थेघ (सोङ्गर) दैक। हाथक भरेँ उठबाक चेष्टा करए।
36	41	2	चक्कासँ रथ बुझबाक थिक। सेना चतुरङ्गिणी कहल अछि।
36	42	1	लग्गीआ। ककर ई अपभ्रंश रूप से नहि बैसैत अछि। आशय स्पष्ट जे क्रोध सँ युद्धमे लागि...।
36	42	4	उम्मग्गे मग्गे धाबन्ता=उन्मार्ग मार्गसँ पड़ाइत। जेमहर देने बाट नहि तेमहर देने पड़ाइत; एकरहि कहब–पड़एबाक बाट नहि सुझैक।
36	43	2	परारी=पर जे अरि, शत्रु, तकर श्री कें मेटबैत।
36	43	3	अपन मान प्रतिष्ठाकें सारैत, आगाँ बढ़वैत।
36	43	5	ई पंक्ति सन्दिग्धाह अछि। बुज्झन्ता भ्रमाह।
36	43	6	कवीश्वरक पाठ–कोदन्ड=धनुष ओ ढालक युद्ध। धनुष सँ शर छुटैक, ढाल पर ओकरा थाम्हि लैक।
37	44		वीर सिंहक शौर्यक वर्णन।
37	44	1	पाखर उड्ड=लोहकवचसँ सन्नद्ध घोड़ा छूटल।
37	44	2	संघलिअ संघट्टसँ। मुदा बनाओल जकाँ। घलिअक अर्थ मारब।
37	44	34	सौं तथा सञो दूहू सहार्थक अव्यय, अर्थ संग संग। तुरगक संग राउत आ कवचक संग काअ (शरीर)।

37	44	5	कवीश्वरक पाठ सोझ। पाँजरमे शर पैसि जाइक आ शोणितक धारक फुहारा छुटैक।
37	45		कीर्ति सिंहक शौर्यक वर्णन।
37	45	1	धर्मसँ धर्मराज किएक? कीर्ति सिंह धर्म-युद्ध करैत छलाह, अपन धर्मक पालनार्थ, तेँ साक्षी धर्म।
37	46		एहिमे अनेक पद संदिग्धाह अछि ओ तेँ क्लिष्ट। वस्तुतः बहुत पदक अपभ्रंश रूप अपनहि मनसँ गढ़ल अछि जे दुरूह। यथा कलंकेइ, पझाजन्ति, अरुज्झाल, ढुड्ढुन्त, णिक्करन्तो इत्यादि।
37	46	4	ई पाँती क्लिष्ट। लड़न्ता चलन्ता=लड़ैत जाइतक पाएर मुर्दासँ ठेकैक। अग्रवालजीक अर्थ अदभुत कष्टकल्पना।
37	46	5	अरुज्झाल=ओझरायल। डुड्ढुन्त-भ्रमाह। अग्रवालजीक पाठ नीक।
37	46	7	गआ=गजा किएक नहि।
37	46	9	फेक्कारक संग रोलक अर्थ कोलाहल।
37	46	10	ई पाँती क्लिष्ट। भूखसँ ढेकार असंगत। ढेकार पेट भरल पर हो। युद्ध-क्षेत्रमे डाकिनीकें भूखल रहब असंगत। तेँ बहू ई पद भ्रमाह।
38	46	11	बहुपफाल—अग्रवालजी एकरा 'फाड़ब' सँ बनबैत छथि। मुदा उतफाल जकाँ बहुफाल सेहो कूदब फानब अर्थमे हो से समीचीन।
38	47	1	उफरि, मैथिलीमे एकर अर्थ—भरि पेट।
38	47	2	पाछु जा—अग्रवालजीक अर्थ व्यर्थ अधिक।
38	47	3	मम्म वेआवह पेल्लइ अथ क्लिष्ट। अग्रवालजीक अर्थमे कष्ट-कल्पना वेआवह भ्रमाह। संस्कृत टीकामे वेआलह अछि जे बेआरह छल होएत ओ र-ल क साम्यसँ वेआलह हो। परन्तु इहो अर्थ संगत नहि।
38	47	4	जरहरि=जलहरि। आब कहैत छिऐक झिलहेर।
38	47	5	डमरु डक्कारव=डमरु सन डक्कार शब्द।
38	48	3	एहि पाँतीक सोझ अर्थमे अग्रवालजी भोतिआए गेल छथि। अर्थ जे आकाशमे (विमान पर चढ़ि गेला उत्तर) अप्सरालोकनि अपन आँचरविमल कए (साफ कें झाड़ि-पोछि) ओहिसँ पुण्यात्मालोकनिकेँ हौँकथि।
38	48	4	भमर मनोहर पिच्छल नयनञ्चल—एना अन्वय।
38	48	5	गन्धवक गीत; दुन्दभिक शब्द, स्वर्गीय सौरभ एहि सबहिक यथार्थ परिचय के बूझि सकत।
39	49	2	महु चाही मह; छापाक त्रुटि। कोहान=क्रोधान्ध।

39	49	5	जञों चाही। ज छुटल अछि। जेना सिंह, तनिकासँ भेट भेला=योद्धाक भिड़न्त; द्वन्द्व युद्ध।
39	50	2	रणरत्त नीक, युद्धक कारणे शोणित सँ लाल।
39	51	1	अग्रवालजीक अर्थ कष्टकल्पना। हअ (घोड़ा) लागए चङ्गिम (सुन्दर) चारुकलापूर्ण (ओकर चालि ओ कौशल)।
39	51	3	टरि (खसिकें) टोप्परि (माथक कवच) टुट्टि टूटि शरीर पर चल आएल।
39	52	1/2	पाठ संदिग्ध। अर्थ नहि बैसैत अछि। मुदा थिक ई घोड़ाक मरबाक वर्णन।
39	53	1/2	महाभारतमे अर्जुन–कर्णक युद्धक स्मरण कराए उषाहरण प्रसङ्गक विष्णु शिवक युद्धक स्मरण करबैत अछि जे युद्ध वाणासुरक निमित्त युद्धक प्रसङ्गमे भेल छल। पाठ एहूमे भ्रमाह।
39	53	4	निजानहु। निदान मुदा अनजानहिमे, बिना पड़एबाक इच्छा रहितहुँ परिस्थिति सँ बाध्य भए–इहो अर्थ कए सकैत छी।
39	54	2	सुक्खेपकरेओ...एकर पदच्छेद करी सुक्खे पकरेओ=अनायास ओकरा पकड़ि लेल। सुक्षेपक अर्थ आक्षेप कष्टकल्पना।
39	20/22		गद्य अंश–पाठ भ्रमाह। अग्रवालजीक अर्थमे भ्रम। की जाइत छह, अपशयकें बटोरने, शत्रुक सोझासँ पीठ देखाए, जेना छोट भाइक स्त्री भाहु, आब कहैत छिऐक भावहु, अपन भैसुर (स्वामीक जेठ भाइ) क सोझाँमे मुह फिरओने पीठ देने रहैत अछि। मिथिलामे भावहु भैसुरक सोझाँ-सोझी ठाढ़ि नहि होइति। जँ समक्ष जएबो करति तँ मुह फेरने। जाहि=जेना, जाहि प्रकारें। देखल जाए जे कीर्तिसिंह असलानकैँ मौगी, अपन भावहु, कहि गारि पढ़ैत छथिन्ह।
40	55	1	पाठ भ्रमाह जे–जञो दूनूक प्रयोग भ्रमाह। अर्थ स्पष्ट जे जँ प्राण धएकें अर्थात् प्राणक मोहसँ जीबए चाहैत छह तेँ जाह, जीबह गए।
40	56	1	जइ-तइ=जैँ तैँ।
40	57	4	तिरहुत पाइअ रूप। जाहि राजनीतिक परिस्थिति मे ई सम्भावित अछि ताहि मे शिवसिंहानुरक्त विद्यापतिक हेतु ई कथा अयुक्त।

कीर्त्तिपताकाक प्रसङ्ग

1924 ई. मे प्रकाशित कीर्त्तिलताक अपन संस्करणमे (जे ओकर पहिले संस्करण छल) म. म. हरप्रसाद शास्त्री लिखैत छथि जे महामान्य सर जार्ज ग्रिअरसन साहेब जखन विद्यापतिक गीत-सबहिक उद्धार करैत छलाह तखन हुनका सुनलामे आएल छलैन्हि जे विद्यापति अपन समयक घटनाकेँ लए दू गोट काव्य रचना कएने छलाह, एकटाक नाम कीर्त्तिलता ओ दोसरक कीर्त्तिपताका। 1898 मे शास्त्रीजी नेपाल जाए दूनू पोथीकेँ देखल ओ 1922 मे जखन ओ दोसर बेरि ए़हि हेतु सन्नद्ध भए ओतए गेलाह तखन ओ दूनूक नीक प्रतिलिपि कराए आनल। कीर्त्तिलताक प्रकाशन तँ शास्त्रीजी ओहि आधारपर कएल, मुदा कीर्त्तिपताकाकेँ अकार्यक जानि छोड़ि देल। कीर्त्तिपताकाक प्रसङ्ग शास्त्रीजी लिखैत छथि जे "कीर्त्तिलता तँ कोनहु प्रकारेँ छपाओल भेल मुदा कीर्त्तिपताकाक किछु नहि कए सकलहुँ। ओ तँ आओरो सए वर्ष पूर्वक लिखल छल; तालपत्रपर मिथिलाक्षरमे। ओ पढ़ल नहि भेल। ओहिमे आओर मुसकिल ई जे एहिमे 8 सँ 29 पर्यन्त पात नहि छैक। तेँ एहि असम्पूर्ण पोथीकेँ उद्धार करबाक हेतु विशेष उत्साहो नहि भेल।" तहिअहिसँ कीर्त्तिपताकाक प्रसङ्ग उत्सुकता जाग्रत अछि।

1937 क पछाति मैथिली क्षेत्रमे प्रवेश कएला उत्तर हमहु ओहि अकार्यक एवं असम्पूर्ण कीर्त्तिपताकाक फोटोष्टाट कापी नेपाल दरबार लाइब्रेरीसँ मङओलहुँ, कारण ताबत धरि म.म. हरप्रसाद शास्त्रीक सम्पादित नेपाल दरबार लाइब्रेरीक ग्रन्थ विवरण पुस्तिका प्रकाशित भए गेल छलैक ओ ताहिमे एहू ग्रन्थक मङ्गलश्लोक ओ आदिक वाक्य देल छलैक। जे कथा शास्त्रीजी कहने छलाह से हमरहु अक्षरशः सत्य प्रतीत भेल, मुदा एहि हेतु नहि जे ओ मिथिलाक्षरमे लिखल छैक प्रत्युत ए़हि हेतु जे ओ ए़हन व्यक्तिक लिखल छैक जकरा मिथिलाक्षरो नीक जकाँ नहि अबैत छलैक। ओ ई नहि बुझैत छल जे की लिखैत छी अर्थात् ओ की तँ अर्धशिक्षित व्यक्तिक लिखल थिक अथवा वृत्या जे लेखक हो जे आदर्श देखि जेना आखर लिखल देखैक तहिना उतारि, जे बिनु बुझने जे जे अक्षर लिखैत छी से कोन अक्षर थिकैक। एकर दृष्टान्त एहि लेख-पोथी मे 'न' 'ण' ओ 'ला' क एकरूपता थिक जे कनेके ऊहि कएला उत्तर स्पष्ट भए जाइत छैक जे एहि ठाम की थिकैक। हमर

फोटोष्टाट कापीमे पत्र-संख्या सेहो गड़बड़ छैक ओ एक तँ पोथी खण्डित ताहि परसँ लेखमे अशुद्धिक ठेकान नहि, ताहि परसँ पातमे अंक नहि, पोथी लगाएब असम्भव बूझि पड़ल।

एही मध्यमे हमरा तीनि गोट मात्र तालपत्र भेटल, रद्दी तालपत्रक बोझमे, समस्त कीटविद्ध, परन्तु अपूर्व सुन्दर तिरहुता अक्षरमे लिखल, खूब स्पष्ट ओ सुपठ तथा ओकरा पढ़ि लगले बुझबाक योग्य भए गेल जे ई तीनू पात चारिम, पाँचम ओ सातम जकरा कीर्त्तिपताका कहैत छिऐक तकर शृंगार भागक अंश थिक ओ एकर सरसता एवं लालित्य सर्वथा चमत्कारक अछि। एकरा प्रायः पचीस वर्षसँ अधिक भेलैक। तहिआसँ ई आशा लगओने रहलहुँ अछि जे तीनि गोट पात जखन भेटल तखन आओरो भेटए मुदा आइ धरि पुनः ओकर कोनो अंश कतहु नहि भेटल। नेपालसँ भए अयलहुँ मुदा नेपालमे जे नव नव पोथी सब समस्त राज्यसँ संगृहीत भए वीर पुस्तकालयमे आनल जाइत छलैक से सब खुजलो नहि छलैक। जानि नहि, कहिआ धरि ओ सब उपलब्ध होएतैक। अतएव आब हम जे किछु बूझि सकलिऐक अछि से लिखि प्रकाशित करबाक निश्चय कएल ओ शीघ्रहि ओकरा प्रकाशमे दए देबैक। एतए सबटा विषयक पूर्ण विवरणक सङ्ग उपस्थापन सम्भव नहि अछि, अतएव एतए हम कीर्त्तिपताकाक प्रसङ्ग केवल एक गोट विषय सुधी-समाजक समक्ष उपस्थित करैत छी।

तावत् 1960 ई. मे प्रयागक अखिल भारतीय मैथिली साहित्य समितिसँ ओही खण्डित ओ भ्रष्ट पाठक प्रकाशन कीर्त्तिपताका कहि भेल। तेहन पैघ लोकक नाम सम्पादकमे छैन्हि जे एहि प्रसङ्ग किछु विशेष कहबाक दुस्साहस नहि करब। केवल एतबेटा कहब, किएक तँ से सत्य थिकैक, जे एहिमे जाहि ठाम लेखक पाठ शुद्धो छैक अथवा थोड़ो ऊहि कएला उत्तर शुद्ध भए सकैत छलैक तकरहु भ्रष्ट कए देल गेल अछि। से कोना, एहि प्रसङ्ग यदि ककरहु उत्सुकता होइन्ह तँ ओ एहि निबन्धमे जे कीर्त्तिपताका कहि लेख-पुस्तकक दू चारि गोट्ट पंक्ति उद्धृत होइत अछि ताहि सङ्ग प्रकाशित कीर्त्तिपताकाक पाठ मिलाएकेँ देखि लेथि। प्रकाशित पुस्तकक पत्र ओ पंक्तिक संख्या हम कोष्ठमे दए दैत छी।

ई लेख-पोथी कीर्त्तिपताका थिक, कमसँ कम ओकर अंश अवश्य थिक, से बुझल भेल एकर अन्तिम पातसँ, जे एहि हेतु असन्दिग्ध अछि। ग्रन्थक अन्तिम श्लोक ओ ग्रन्थान्तक वाक्य अछि :

...श्रीशिवसिंहदेवनृपतेः संग्रामजातं यशो
गायन्ति प्रतिपत्तनं प्रतिदिशं प्रत्यङ्गणं सुभ्रुवः।
एतत् कीर्ति...वाणी च विद्यापते
राचन्द्रार्कमियं विराजतु मुखाम्भोजेषु...॥

(प्रकाशित पोथी, पृष्ठ 24 पंक्ति 9-13)

इति श्री विद्यापतिविरचितायां कीर्त्तिपताकायां सम्पूर्णः।

एहिमे आदिक दू अक्षर, तेसर चरणक मध्यक आठ गोट अक्षर ओ अन्तिम चारि अक्षर नष्ट अछि तथा अन्तिम संस्कृत वाक्य भ्रष्ट अछि, मुदा एहिमे तँ कोनो सन्देह नहि जे ई विद्यापति-विरचित कीर्त्तिपताका नामक ग्रन्थक अन्तिम अंश थिक जाहिमे 'श्रीशिवसिंहदेवनृपति' क 'संग्राम-जात यश'क वर्णन अछि। आनहु अनेक पातमे गरुड़नारायणनन्दन शिवसिंहक नाम पढ़ल भए जाइत अछि ओ से सब युद्धक वर्णन प्रतीत होइत अछि। एहि लेख-पोथीक आरम्भ मङ्गलश्लोकसँ होइत अछि जे शास्त्रीजी नेपाल दरबार लोइब्रेरीक विवरण-पुस्तिकामे समस्त उद्धृत कएने छथि। संस्कृतमे तीन गोट श्लोकमे 'शृङ्गारवान्' नवचन्द्रचूड़क वन्दना ओ एहि काव्यकेँ 'रसशीकरवर्षिणी' 'मालतीमालोपम' कहि कवि एकटा दोहा अवहट्टमे लिखैत छथि—

पण्डिअ-मण्डलि-बद्ध-गुण-भीषम-कीर-मुहेण।
वाणी महुर महग्धरस पिअउ सुअन सवणेण॥

(पृष्ठ 5, पंक्ति 12-13)

एहि दोहाक अर्थ स्पष्ट अछि, बड़ चमत्कारक अछि जँ 'गुण' शब्दमे श्लेष मानि ली ओ भीषम कीरमे रूपक। अर्थ होएत जे 'पण्डितक मण्डलीमे बान्हल छैन्हि गुण जनिक (ओ डोरी जाहि सूगाक) एहन भीषम जे सूगा तनिक मुहसँ' (निस्सृत) सरस ओ मधुर वाणी सज्जनगण कानसँ पीबथु। अपनाकेँ 'कीर' कहैत एहि रसशीकरवर्षिणी मालतीमालोपम सरस मधु वाणीक कवि अपन नाम 'भीषम' कहैत छथि ओ व्यंजनासँ प्रतीत होइ अछि जे ई शृंगार-रसक काव्यक भूमिका थिक। तँहि ने 'शृंगारवान नवचन्द्रचूड़सँ' रक्षाक निवेदन कएल गेल अछि। विद्यापतिक रचना कहबाक एहिमे कोनो कारण नहि अछि। मैथिली-साहित्यक इतिहासकेँ जननिहार सब केओ जनैत छी जे मोरंगक राजा नरनारायण ओ हुनक बालक जयनारायणक आश्रित उत्तर-ओइनिवार-कालमे भीषम एक जन बड़ प्रतिभाशाली कवि भए गेल छथि जनिक तीन गोट गीत लोचन रागतरङ्गिणीमे उद्धृत कएने छथि जाहिमे दू गोट उर्वशीक प्रसङ्ग लए कोनहु लुप्त नाटकक गीत थिक। एहि प्रसङ्ग हम एक गोट लेख 1964 ई. क 29 नवम्बरक मिथिला मिहिरमे प्रकाशित कएने छी। एहि कवि भीषमक कोनहु छोट कथाकाव्यक ई आरम्भ पत्र थिक, मुदा जेना भीषमक नाटक लुप्त भए गेल, केवल तीन गोट गीत मात्र हुनक उपलब्ध रहि गेल अछि तहिना ई कथाकाव्यो लुप्त भए गेल। एकटा इएह पात ओहि काव्यक प्रमाणस्वरूप हमरालोकनिकेँ उपलब्ध रहि गेल अछि। सम्भव थिक एहि लेखपोथीमे एहि काव्यक कोनो आनो पात हो परन्तु से बुझबाक कोनो साधन नहि अछि, परन्तु एतबा निश्चय जे एहि पातकेँ कीर्त्तिपताकासँ कोनो सम्बन्ध नहि छैक। ई आरम्भे कीर्त्तिपताकाक नहि थिक।

एहि लेखपोथीक मध्यमे एकटा पात भेटैत अछि जाहिमे पुनः मङ्गलश्लोक, पहिने

संस्कृतमे तखन अवहट्टमे, तदुत्तर जाहि 'राय' क प्रमोदार्थ एकर रचना भेल छैक तनिक, एकर रचयिताक ओ ताहि सङ्ग एहिमे वर्णित विषयवस्तुक निर्देश अवहट्टमे छैक। एहि पातक पूर्वहि पातसँ आरम्भ भए एहि पातक आदिमे पूर्वपातक श्लोकक चारिम चरण छैक।

यथा

...दानन्दकन्दोऽयमिन्दुः ॥

वन्दाइं गणवइणो पअकमलं मुखप्रसन्नहिअअस्स।
विहिनिविदारणकारण किअवारणमुँह विसालदसनस्स ॥
पणवओ गणवइ गाअञो गाहा
अर्जुनराअ राअ भुअछाया
संका छाड़ि सञो तिरहुती
दिनेदिने पहुगुण बाढ़ओ किती
कवि मह नव-जयदेवकवि, रसमह एहु सिंगार।
जगतसिंह रिपुराअमह, तीनिञु तिभुवन-सार ॥

(पृष्ठ 6, पंक्ति 5-12)

अतःपर पुनः अर्जुन रायक वर्णन अछि। एहि उद्धरणसँ तीनि गोट कथा व्यक्त होइत अछि। ई नव-जयदेव-कविक रचना थिक ओ ई उपाधि विद्यापतिक प्रसिद्ध छैन्हि तेँ एकरा विद्यापतिक रचना मानबामे कोनो आपत्ति नहि अछि। विषय-वस्तु थिक ई शृंगारक ओ हमरा जे तीनि गोट तालक पात उपलब्ध अछि से एहि काव्यक पत्रसंख्या 4-5 ओ 7 थिक। परन्तु एहि काव्यमे सबसँ मार्मिक अछि ओहि रायक नाम जनिक प्रमोदार्थ एकर रचना भेल अछि। ई अर्जुन राय ओइनिवार-कुलक परिचित व्यक्ति थिकाह। नगेन्द्रनाथ गुप्तक विद्यापतिक पदावलीमे तीनि गोट गीत अर्जुन रायक नामसँ अछि; गीतसंख्या 99 मे अछि 'राए अरजुन कमला देविकन्त', गीतसंख्या 300 मे अछि 'अछय युवति गति कमलादेविपति मन बस अरजुन राय', गीतसंख्या 722 मे अछि 'त्रिपुरसिंह सुत अरजुन नाम'। अर्जुन राय त्रिपुर सिंहक पुत्र छलाह ओ त्रिपुरसिंह छलाह, भवसिंहक बालक, देवसिंहक जेठ सोदर भाए। अर्जुन राय 'जगतखाण' कहाए प्रसिद्ध छलाह तथा शिवसिंहक पितिऔत भाए, विद्यापतिक समवयस्क। द्रष्टव्य थिक जे एहिमे अर्जुन रायकेँ राजा नहि कहल गेल अछि, हुनका राय-भुज छाया अर्थात् राजाक भुजच्छायामे रिपुराज मध्य भयक कारण अर्थात् शूर, वीर तथा शृङ्गारक रसिक कहल गेल अछि। एहि सम्बन्धक इतिहासक विवरणक ई अवसर नहि थिक, परन्तु एतबा निश्चित रूपसँ कहि सकैत छी जे ई शृंगार रसक काव्य अर्जुन रायक प्रमोदार्थ अभिनव-जयदेव विद्यापतिक रचित थिक। कीर्त्तिपताकासँ एकरा कोनो सम्बन्ध नहि छैक, कारण, कीर्त्तिपताका शिवसिंहक संग्राम-जात-यशक

वर्णनात्मक निश्चय वीर-रसक काव्य होएत।

अतएव हमरा तँ स्पष्ट प्रतीत होइत अछि जे तीनि गोट काव्य कवि भीषमक कोनो कथा-काव्य, विद्यापतिक कोनो शृंगार रसक काव्य अर्जुन रायक प्रमोदार्थ लिखल, ओ शिवसिंहक शौर्यक वर्णनमे विद्यापतिक रचित वीर-रसप्रधान कीर्त्तिपताका—तीनू छोट-छोट काव्य, एकहि ठाम बान्हल, तीनू तालपत्रपर, प्रायः तीनू एकहि लेखकसँ लिखाओल, एकहि आकारक पातपर एहि पोथीमे छल। कालक्रमेँ पोथी जीर्ण भए गेल, प्रायः 'मूर्खहस्तगता' भए पात सब मिझराए गेल। काव्य अवहट्टक, जकर बुझनिहार दिनानुदिन विरल होइत छल ताहिपरसँ अनभिज्ञतासँ लिखल—एकरा के पढ़ैत, पात के मिलबैत, एकर बुझनिहार कए व्यक्ति! फलतः एहि तीनि ग्रन्थरत्नक ई दुर्दशा।

परन्तु एहिमे कोनो सन्देह नहि जे एहि पोथीमे बहुत पात कीर्त्तिपताकाक अछि। ओहि अंशक तथा आनहु-आनहु अंशकेँ हम जे बूझि सकलहुँ ताहि प्रसङ्ग विस्तृत लेख प्रकाशित करबाक आयासमे छी। तावत् ई एक गोट विषय सुधी समाजक समक्ष उपस्थित करैत छी जे प्रकाशित जे कीर्त्तिपताका अछि ताहूसँ कोनहु व्यक्तिकेँ स्पष्ट भए जएबाक चाहिऐन्हि, हँ, यदि ओ पूर्वाग्रहसँ किंवा आग्रहसँ एकर कोनो दोसर अर्थ लगाबए नहि चाहथि।

सुधी-समाजसँ हमर विनम्र निवेदन जे हमर एहि विचारकेँ ओ लोकनि कृपया गम्भीरतासँ बाँचथि। इति

(मिथिला मिहिर, 31 अक्टूबर, 1971)

मणिमञ्जरी : भूमिका

विद्यापतिक ई संस्कृत नाटिका मणिमञ्जरी सर्वथा अज्ञात छल। एकर पता ने कवीश्वर चन्दाझाकेँ छलैन्हि, ने ग्रिअरसन साहेबकेँ छलैन्हि। एकर उपलब्धिक सबटा श्रेय स्वर्गीय विष्णुलालझा शास्त्रीजीकेँ छैन्हि। विहारोत्कल रिसर्च सोसाइटीक स्थापना भेला उत्तर महाराजाधिराज रमेश्वरसिंह बहादुरक व्ययसँ मिथिलामे हस्तलेख पोथीक अन्वेषण आरम्भ भेल ओ शास्त्रीजीकेँ ई भार देल गेल जे ओ घूमि घूमि पोथी ताकथि ओ जे पोथी भेटैन्हि तकर विवरण प्रस्तुत कए-कए सोसाइटीकेँ देथि। बहुत दिन धरि ओ मिथिलाक प्रायः प्रत्येक पण्डितक घर घुमलाह, सहस्रक संख्यामे पोथी देखल, ओकर विवरण प्रस्तुत कएल। चारि जिल्द ओ छपबो कएल परन्तु तावत् ओहि निधिक टाका सधि गेल ओ सुनैत छी जे कमसँ कम दश जिल्दक वस्तु सोसाइटीमे पड़ल अछि। एही भ्रमणक क्रममे शास्त्रीजीकेँ ई नाटिका भेटलैन्हि। पश्चात् शास्त्रीजी पटना युनिवर्सीटीक लाइब्रेरीमे नियुक्त भेलाह ओ ई नाटिकाओ एहि पुस्तकालयकेँ दए देल। इएह भेल प्रस्तुत संस्करणक आधार।

अत्यन्त खेदक विषय थिक जे ओ लेख-पोथी आब नहि अछि। वर्ष तिनिएक पूर्व दिल्लीमे जे मैथिली-पुस्तक प्रदर्शनी भेल छल ताहिमे पटना युनिवर्सीटीक लाइब्रेरीसँ ई लेख-पोथी गेल छल परन्तु प्रदर्शनी भए गेला उत्तर कतोक अमूल्य पोथी दिल्लीमे चोरि भए गेल ताहिमे एकटा इहो पोथी छल। आब ओ नहि रहल परन्तु ताहिसँ पूर्वहिँ मैथिली डेवलपमेन्ट फण्डक दिशिसँ हमरा एकर संस्करण तैआर कए प्रकाशन करबाक भार देल गेल छल ओ हम ओकर प्रतिलिप कए लेने छलहुँ। प्रकाशनक प्रबन्ध ताधरि नहि भेल छल ओ इच्छा छल जे प्रकाशनक बेरि पुनः मूल पोथीसँ अपन प्रतिलिपि मिलाएकेँ तखन प्रेसमे छपबाक हेतु देबैक। परन्तु से नहि भए सफल। तज्जन्य कतोक त्रुटि रहि गेल जकर संशोधनक आब उपाय नहि अछि। तथापि जाही रूपमे लिखल छल ताहीमे ठाम-ठाम अपनासँ ऊहि कए किछु संशोधन कएल अछि मुदा ठाम-ठाम तैओ अक्षर उड़ल वा नष्ट छल जकर पूर्त्तिक कोनो उपाय नहि भेल ओ से सब ओहिना अछि। अनेक ठाम लेखाशुद्धि प्रतीत भेल जकर संशोधन कोष्ठमे कए देल अछि। एक ठाम मूललेखमे विशेष त्रुटि प्रतीत

होइत अछि ओ प्रकाशित तँ ओहिना कए देल अछि मुदा ओहि रूपमे प्रसङ्ग सङ्गति नहि बैसैत अछि। ओ स्थल थिक तेसर अङ्कक बीसम ओ एकैसम श्लोकक मध्यमे। राजा ओ मणिमञ्जरीक प्रथम मिलनक मध्यमे रानीक सहसा आगमन होइत अछि; राजा विचारैत छथि जे रानी अपन दाक्षिण्यक कारणेँ मिलए अवैत होइतीह मुदा लगले अछि 'पादयोः पतन्' जकर अवसर एतए कोनो नहि छैक। हमरा पूर्ण संदेह अछि जे एहिठाम किछु छूटि गेल छैक; मूल पोथीक लेखकहिकेँ प्रायः किछु पंक्ति, सम्भवतः गोटेक पात छूटि गेलैन्हि। एक मात्र लेख-पोथीक आधारपर समीचीन संस्करण बड़ कठिन छैक, एहि संस्करणकेँ तँ ओहो एक गोट लेख पोथी पूर्णतः नहि भेटलैक। तेँ एहिमे दोष रहि गेल अछि ताहिमे कोनो आश्चर्य नहि। संतोष एतबे जे यथाकथञ्चित् एहि नाटिकाक प्रकाशन भए गेल ओ आब ई नष्ट होएबासँ बाँचि गेल कारण एकर लेख-पोथी आब कतहु नहि रहल।

लेखपोथीक अन्तमे जे पुष्पिका छल ताहिमे दूटा श्लोक छल,

> वह्निस्कन्दमुखर्तुचन्द्रगुणिते याते शकाद् वत्सरे
> ... ... दृगीतार्थक पुस्तकम्।
> कृष्णे कार्तिकपक्षके प्रतिपदि ज्योत्स्नापतेर्वासरे
> ... ... यत्नपुरस्सरोलिखमहं प्रेमप्रकामोदयम् ॥
> विद्यापतिकृता ह्येषा नितरां प्रीतिदायिका।
> मेदिनीपतिनाऽलेखि नाटिका मणिमञ्जरी ॥

एहिसँ ओकर लेखसमय कार्त्तिक कृष्ण पड़ीव रवि शाके 1663 (ई. 1741) ओ लेखकक नाम मेदिनीपति एतबे बुझल होइत अछि। ई मेदिनीपति के से सब किछु बुझल नहि भए सकैत अछि।

नाटिकाक प्रसङ्ग एकर नाम ओ एकर रचयिताक नाम पुष्पिकामे अछि। प्रस्तावनामे सेहो अछि 'श्रीविद्यापति-नामधेयस्य कवेः कृतिरभिनवा मणिमञ्जरी नाम।' ग्रन्थान्तहुमे अछि 'महामहो ठक्कुर श्रीविद्यापति-कृता मणिमञ्जरी समाप्ता।' परन्तु एहिसँ विशेष आओर किछु नहि भेटैत अछि जाहि बलपर एकरा अभिनव-जयदेव विद्यापतिक रचना कहब। विद्यापति नाम बड़ प्रसिद्ध अछि। ठाकुर-उपाधि-बला विद्यापति सेहो अनेक भेल छथि जे पण्डितो छलाह, ग्रन्थकारो छलाह। अतएव यावत् पर्यन्त कोनो तेहन प्रमाण नहि भेटैत अछि, एकर निर्णय करब कठिन अछि जे ई विद्यापति के छलाह।

एहि नाटिकाकेँ महाकविसँ भिन्न विद्यापतिक कृति मानबामे अनेक युक्ति अछि। प्रथमतः एहि नाटिकाक भेटबासँ पूर्व कतहु केओ नहि सुनने छलाह जे महाकविक एहि नामक कोनो नाटिका छैन्हि। एहिना हुनक गोरक्षविजयनाटक सेहो अश्रुत छल परन्तु ओ नेपालमे भेटल तथा ओहिमे तँ ककरहु संदेहक अवकाश नहि छैन्हि, कारण, ओहिमे महाराज

शिवसिंह रूपनारायणक कीर्त्तन अछि तथा विद्यापति अभिनव-जयदेव कहल छथि। मणिमञ्जरीमे तादृश कोनो उल्लेख नहि अछि। अत्यन्त किशोरावस्थासँ विद्यापति राजाश्रित छलाह। ग्रन्थक रूपमे विद्यापतिक जे कोनो कृति अछि सब कोनहु राजा वा रानीक नामसँ अङ्कित अछि। एहिमे ताहि रूपक कोनो उल्लेख नहि अछि। अतएव निश्चित रूपेँ कहब जे ई महाकविक रचना थिक से नहि भए सकैत अछि। एकर प्रामाणिकतामे संदेह बनले रहल।

दोसर युक्ति जे एहि संदेहकेँ आओर बलित करैत अछि से थिक एकर भाषाक अपरिपक्वता तथा एकर संघटनक श्लथता। भाषामे ओ प्रसाद गुण नहि अछि जे विद्यापतिक भाषाक सहज धर्म थिकैन्हि ओ ठाम ठाम यमक ओ अनुप्रासक प्रयास बड़ कृत्रिम लगैत अछि। ओकर निर्वाहो नहि भए सकल अछि। तेँ भाषामे असमता दोष स्पष्ट लक्षित होइत अछि। श्लोकहुमे यत्र तत्र छन्दोनुरोधसँ पदक अकृत्रिम विन्यास खटकैत रहैत अछि। अलङ्कारक योजना विन्यस्त अछि; ताहिसँ कविक कल्पनाक कोमलता अवश्य परिलक्षित होइत अछि परन्तु विद्यापतिक अलङ्कारयोजनाक जे सहज धर्म थिकैन्हि स्वाभाविकता, आयास-राहित्य जाहिसँ उक्तिक विच्छित्ति मात्र लक्षित हो तथा एहन सन बुझना जाए जे विद्यापति जानिकेँ अलङ्कारकेँ बैसबए नहि लगलाह, से धर्म एहिमे नहि अछि। विषयवस्तुक संग-संग भाषामे सेहो *कालिदासक अभिज्ञान-शकुन्तलम्* केरि छाया अनेक ठाम स्पष्ट अछि। प्रथम अङ्कक सत्रहम श्लोकमे 'पादौ निधाय हृदये किमु यन्त्रयामि' इत्यादि तथा अठारहम श्लोकमे 'क्व बत मृदुमृणाली' इत्यादि स्पष्टतः दुष्यन्तक उक्ति स्मरण करबैत अछि। तहिना शकुन्तलानाटकक प्रथम अङ्कमे बनैआ हाथीक सूचनासँ मिलन-भङ्गक छाया एहि नाटकक चारिम अङ्कमे दुष्टमहिषक सूचनामे भेटैत अछि। शकुन्तलाक प्रणय-पत्र ओ तकर उत्तरमे राजाक साक्षात् प्रवेश ओ उक्ति कविकेँ प्रायः ततेक नीक लगलैन्हि जे एहि नाटकमे तकर दू बेरि प्रयोग भेल अछि, एक कञ्चुकीक हाथेँ ओ राजाक मौखिक उत्तर ओ पुनः तृतीय अङ्कमे सुशीलाक हाथेँ। रथवेगक वर्णन एहूमे शकुन्तलहि जकाँ अछि।

एहि नाटकमे संघटनाक श्लथता तेसर अङ्कमे बड़ विचित्र अछि। एक तँ एहिमे विष्कम्भक अशास्त्रीय अछि कारण एहिमे कञ्चुकी, राजा, मन्त्री प्रभृति उत्तम पात्र मात्र अबैत छथि ओ मुख्य घटनाक विकास होइत अछि। दोसर नवम श्लोक धरि श्रीपुरमे एक घटनाक क्रम चलाए लगले राजाक प्रमदवनमे दू गोट चेटीक प्रवेश कराए घटनाकेँ आगाँ बढ़ाएब असंगत अछि। वस्तुतः तृतीय अङ्कमे तीन गोट दृश्य अछि जकर समावेश कवि ओरिआएकेँ नहि कए सकलाह अछि।

नाटिकाक कथावस्तु सेहो अत्यन्त साधारण अछि। स्वप्नमे परस्पर दर्शनसँ प्रेमक उत्पीड़न प्रसिद्ध अछि। सएह विषय लए एहिमे पूर्वरागक विप्रलम्भ अङ्गी रस अछि। मिलनमे बाधा अछि रानीरूप प्रतिनायिकासँ ओ आन्तरिक संघर्ष सेहो नायक ओ नायिकाकेँ नहि प्रत्युत प्रतिनायिकाकेँ अछि। राजाक चित्त जखन मणिमञ्जरी मे आसक्त अछि तखन दाक्षिण्यवशात् ओ कतबो रानीक प्रति अपन पूर्वक प्रीति प्रदर्शित करथु, हुनक

हृदय मणिमञ्जरीमे संलग्न रहत ई कथा रानी बुझैत छथि। मणिमञ्जरीक मिलनमे बाधक भए राजाक हृदयकेँ अपना वशमे रखबाक असफल चेष्टा करी ओ स्वयं कामभोगक सुखसँ वञ्चित रही अथवा राजाकेँ अपन नवीन प्रेयसी मणिमञ्जरीसँ मिलाए राजाक सुखक साधिका भए हुनका जे तृप्ति होइन्ह परन्तु अपनहु राजाक अनुग्रह पाबि बाँटल, किन्तु हार्दिक तृप्ति प्राप्त करी–ई संघर्ष बड़ सूक्ष्मतासँ प्रदर्शित अछि। ई छोड़ि एहि नाटिकामे आओर उत्सुकताक लक्षण किछु नहि अछि, साधारण शृङ्गार-रसक जेहन कथा होएबाक चाही सएह अछि। कथावस्तु सेहो सर्वथा काल्पनिक थिक तेँ किछु रोचकता होइत से नहि अछि। एहि सबसँ महाकवि विद्यापतिक ई कृति थिक से पुष्ट नहि होइत अछि।

परन्तु अभिनव-जयदेव विद्यापतिक काव्य-प्रतिभाक विकासकेँ जनैत एहि नाटिकामे कतोक गुण लक्षित करैत छी जाहिसँ ओहि प्रतिभाक बीज एतहु चिन्हबामे अबैत अछि। ओहि विद्यापतिक ई कृति थिक किंवा नहि एहि सन्देहमे जहिना कतोक लक्षण ओहि संदेहकेँ पुष्ट करैत अछि तहिना कतोक लक्षण ओहि संदेहकेँ दूर सेहो करैत अछि ओ जे कथा हम अनुपदहिँ कहब विशेष बलवत्तर ओएह लक्षण सब अछि जाहिसँ एकरा विद्यापतिक कृति कही; हँ, एतबा अवश्य जे यदि ई ओहि विद्यापतिक मानबो करब तँ एहिमे कनेको सन्देह नहि जे हुनक प्रथमे रचना हो।

सर्वप्रथम भाषाकेँ लिअ। कतबो कृत्रिमता अछि, कवित्वक आयास अछि, तथापि भाषामे प्रवाह अछि ओ लालित्य अछि। 'विरहव्यथाव्यर्थीभूतभवनो वनोपान्ते' 'निकटवटविटपवारितातपे' 'पारेनिशं शयनमधिशयाना', 'बालरसालमालान्दोलितमुकुल-मकरन्दतुन्दिलेन' एहन-एहन पचासो पद भवभूतिक गद्यकेँ मन पाड़ि दैत अछि। परन्तु एहन गद्य सब ठाम नहि अछि ओ एहन सन क्रम लगैत अछि जे विद्यापति एहिमे संस्कृत-भाषामे रचनाक अभ्यास करैत होथि ओ जँचैत होथि जे कोन शैली हुनका सम्हरैत छैन्हि, निखरैत छैन्हि।

दोसर, एहि नाटिकामे बहुत रास पद भेटैत अछि जे मिथिलाभाषाक थिक वा मिथिलाभाषाक धातुसँ निष्पन्न अछि। 'ललाग चेतः' मे (1-24) 'लग' धातु 'मनो रहति' मे (2-11) 'रह' धातु, मार्गक अर्थमे 'बाट' क प्राकृत रूप 'बट्ट' (पृ 4 पं. 11), जाँतब, पाएर जाँतब अर्थमे 'जौंत' धातुक संस्कृत बनाए प्रयोग 'पादौ निधाय हृदये किमु यन्त्रयामि' (1-17), शकनोमि अर्थमे 'पारयामि' (पृ. 3 पं. 19), मैथिलीक 'कहए न पारिअ' एहि प्रकारक अनेको दृष्टान्त देल जाए सकैत अछि। अपन पुरुषपरीक्षामे सेहो विद्यापति एहि रूपक प्रयोग कएने छथि। एहिमे प्रौढ़ताक काज छैक, अपनामे विश्वासक प्रयोजन छैक, अपन भाषामे गौरवक भावना चाही ओ जे कथा हम पुरुषपरीक्षाक अपन संस्करणमे कहने छी, विद्यापति एक एहन भाषाक प्रचार करैत छलाह जे *जँ चलितए तँ मैथिल संस्कृतक* रूपमे विकसित होइत। अन्य कोनहु कविक रचनामे एहि रूपक प्रयोग नहि भेटैत अछि प्रत्युत भाषाकेँ क्रमशः क्लिष्ट ओ पण्डिताम बनएबाक प्रवृत्ति एमहर दृश्य होइत अछि।

मिथिलाभाषाकेँ पण्डित-समाज बहुत दिन धरि उपेक्षाक दृष्टिसँ देखैत रहलाह ओ विद्यापति मैथिलीमे रचना कएल तेँ हुनक कुचेष्टा होइत रहल। विद्यापति ओकरा प्रतिष्ठा देल परन्तु ताहि अंशमे अपना समयसँ बहुत आगाँ छलाह। अतएव मैथिली शब्दक संस्कृतमे प्रयोग एक गोट एहन प्रमाण भेल जाहि द्वारेँ एहि नाटिकाकेँ विद्यापतिक कृति मानबामे कोनो तारतम्य नहि भए सकैत अछि।

तेसर, एहि नाटिकाक प्रस्तावनामे कविक 'याच्ञादैन्य' ओ 'याच्ञावचन'। कवि स्पष्ट कहैत छथि 'कविग्रामणीवृत्तीनां परिशीलनाय यदिदं नाट्यं मया निर्मितं' इत्यादि अर्थात् कविलोकनि जे नाटक लिखैत छथि तहिना हमहु जे नाटक लिखल अछि अर्थात् एकगोट कविवृत्तिक परिशीलनार्थ एकर आयास। तहिना दोसर श्लोकमे अछि 'इन्दुरिव मत्प्रबन्धो बालोदित इव विलोक्यतां सद्भिः।' अर्थात् नवचन्द्र जकाँ हमर एहि प्रबन्धकेँ नेनाक उक्ति जकाँ सज्जन लोक देखथु। एहि अर्थक उक्ति विद्यापतिक कीर्त्तिलतामे सेहो अछि—बालचन्द विज्जाबइ भाषा इत्यादि। ओ एहि श्लोकक पूर्वार्ध मे तीनि गोट विशेषण पद अछि जे श्लिष्ट अछि ओ 'मत्प्रबन्धः' तथा 'इन्दुः' दूनूमे लगैत अछि, 'विघटितकलोऽपि दोषाकरोऽपि प्रसादरहितोऽपि।' नव चन्द्रमामे कलाक पूर्ति नहि छैन्हि, दोषाकर छथि ओ प्रसादसँ रहित छथि। तहिना एहि नाटिकामे सेहो नाट्यकलाक पूर्णता नहि अछि, दोष-पूर्ण अछि ओ प्रसादगुणक अभाव अछि। देखबाक थिक जे इएह सब दोष एहि नाटिकामे भेटैत अछि जकरा कवि स्वयं स्वीकार करैत छथि। अस्तु, कीर्त्तिलताक पंक्तिक संग एहि नाटिकाक एहि श्लोकार्धक अर्थ-साम्य सूचित करैत अछि जेना ई दूनू एकहि व्यक्तिक नम्रता किन्तु आत्मविश्वासक शब्द हो, कविक एकहि युगक रचना हो, विद्यापतिक किशोरावस्था, जखन 'कविवृत्तिक'क ई परिशीलन आरम्भ कएने छलाह, काव्यक कोन विधा सम्हरैत अछि तकरा जेना जँचैत छलाह। अतएव हमर अनुमान अछि जे *विद्यापतिक सर्वप्रथम रचना* भूपरिक्रमा थिक, *द्वितीय* ई नाटिका मणिमञ्जरी ओ तेसर कीर्त्तिलता ओ ई तीनू ओ अठारहसँ एकैस वर्ष वयसक मध्य रचल अर्थात् ल. सं. 258 सँ 261 क मध्यमे, 1367 सँ 1370 ई. क मध्यमे।

ओ से मानि लेलासँ अपरिपकताजन्य जे दोष सब भेटैत अछि तकर निराकरणेटा नहि भए जाइत अछि प्रत्युत एहिमे जे प्रतिभाक लक्षण अछि तकरा महाकवि विद्यापतिक प्रतिभाक बीज चिन्हबामे सुलभता होइत अछि। हमर अनुमान अछि जे शृङ्गार रसक ई हिनक प्रथमे रचना थिक ओ किशोर कवियशःप्रार्थी एहि वयसमे शृङ्गारक रचना लीखि कोनहु राजाकेँ समर्पित करताह से धृष्टता होइत। 'विघटितकल दोषाकर प्रसादरहित' नाटक ककरहु नामे लिखने उपहास होइतैन्हि। ओ प्रायः चुप्पेचाप ई नाटिका लिखल; एकर प्रचारे नहि भेल। एक तँ लिखबहुक दिनमे हुनका संदेह छलैन्हि जे ई नाटिका शुद्ध नहि भए रहल अछि तथापि ओ आयास कए एकरा लिखल अभ्यासक हेतु, परिशीलनार्थ। पश्चातहुँ हुनका ई सर्वथा पसिन्द नहि पड़ल ओ नेनाक कृति ई ओहिना रहि गेल। तँहि एहिमे क्रमशः कालिदास, भवभूति ओ श्रीहर्षक नाटकक छाया स्पष्ट अछि। शृङ्गारक वर्णन

एहिमे नहि अछि; विप्रलम्भहिकटा विन्यास अछि; सेहो बड़ संयत, पूर्वसँ जेना वर्णन होइत आयल अछि तहिना। संभोगक एहिमे एक ठाम मात्र वर्णन अछि, चारिम अङ्कमे दुष्टमहिषक सूचनासँ जे कलकल होइत अछि ताहि सम्भ्रणमे मणिमञ्जरीक काँपब ओ राजाकेँ आलिङ्गन करब। एहिठाम 'तन्मन्ये स्मृतिजन्मनो विजयते राज्याभिषेकस्थितिः' क रूपमे जे उत्प्रेक्षाक योजना अछि से विद्यापतिक शैलीक सर्वथा अनुरूप अछि। परन्तु सबसँ महत्त्वक विषय अछि नारी-हृदयक विश्लेषण जे पद्मावतीक चरित्रमे अङ्कित अछि ओ जकर चर्चा किछु पूर्वहिँ कए आएल छी। विद्यापतिक काव्यप्रतिभाक बड़का लक्षण थिक नारीहृदयक यथार्थ विश्लेषण। सम्पूर्ण गीतावलीमे इएह नारीक दृष्टिकोण विद्यापतिकेँ आन कविसँ विशिष्ट बनओने अछि। जयदेवक गीतगोविन्द ओ विद्यापतिक गीतक तुलनात्मक समीक्षासँ स्पष्ट भए जाएत जे जयदेवक शृङ्गार-वर्णन नायकक दृष्टिकोणसँ भेल अछि, ओहिमे नारीक मनोभावक अङ्कन पुरुषक दृष्टिसँ भेल अछि मुदा विद्यापतिक शृङ्गारमे नारीक दृष्टिसँ वर्णन अछि, नायकहुक वर्णन नायिकाक दृष्टिसँ भेल अछि। इएह कारण थिक जे विद्यापतिक रचना कमसँ कम मिथिलामे जाहिरूपेँ स्त्रीगणसमाजमे प्रचलित भेल, कोटि-कोटि ललनाक कण्ठहार जेना विद्यापति भेलाह, तेना ने हुनक शृङ्गारक गीत पुरुष-समाजमे प्रचलित भेल ने आने कोनो कवि एहिरूपेँ स्त्रीसमाजमे स्नेहसँ अङ्गीकृत भेलाह। विद्यापतिक गीतमे नारी-समाजकेँ अपन हृदयक स्पन्दन सूनि पड़ैन्हि, ओहिमे तल्लीनता हुनकालोकनिकेँ सहज होइन्ह। एहि तथ्यकेँ दृष्टिमे राखि जखन एहि नाटकक पर्यालोचन कएल जाएत तँ प्रतीत होएत जे पद्मावतीक हृदयक सूक्ष्म विश्लेषण ओ नारी-सुलभ स्वभावक यथार्थ अङ्कन इएह टा एहि नाटिकाक कथा-वस्तुक वैलक्षण्य अछि। कोनहु अन्य रमणीमे आसक्तचित्त पुरुष दाक्षिण्यवशात् कतबओ प्रेम प्रदर्शित करथु हुनकासँ संतृप्तिक आशा नहि; एक ठामक आसक्ति अपर ठाम विरक्ति उत्पन्न करबे करत। अतएव पद्मावतीक समक्ष प्रश्न अछि जे मणिमञ्जरीक मिलनमे बाधक भए चन्द्रसेनकेँ विरक्त राखि अपनहु आनन्दसँ वञ्चित रही अथवा मणिमञ्जरीकेँ स्वीकार कए चन्द्रसेनकेँ प्रसन्न राखी ओ अपनहु आनन्दसँ रही। पद्मावती दोसर कल्प स्वीकार कएल जे कोनहु हिन्दू नारीक हेतु स्वाभाविक, विशेषतः एक गोट रानीक हेतु, कारण, राजा तँ बहुवल्लभ विख्याते होइत छथि। तँहि हम एहि नाटिकाकेँ विद्यापतिक कृति मानैत छी कारण एहिमे मनोवैज्ञानिक विश्लेषण अभिनव अछि, मौलिक अछि, तीक्ष्ण कल्पनाक सूक्ष्मता द्योतित करैत अछि जे विद्यापतिक प्रतिभाक उत्कर्ष छल।

एहि दृष्टिसँ विचारला उत्तर स्पष्ट प्रतीत होइत अछि जे सर्वप्रथम विद्यापति भूपरिक्रमा रचल जाहिमे पौराणिक रीतिसँ देशवर्णन ओ पुरुषक निरूपण विषय छल ओ जे राजनीतिकुशल पण्डितक घरक प्रतिभावान् किशोर भविष्णु युवकक हेतु स्वाभाविक छल। भूपरिक्रमामे शृङ्गार-रसक गन्धो नहि अछि। एहि मध्यमे एहि नाटिकाक रचना भेल जाहिमे पूर्वक महाकविक अनुकरण मात्र चमत्कारक अछि; विषयवस्तु काल्पनिक मुदा अत्यन्त सरल अछि, स्वप्नमे

दर्शन ओ तदुत्तर प्रेम ओ संघर्षक कोनो आभास नहि। चरित्र-चित्रण किछु नहि। विदूषकक कोनो काज नहि, सखी वा चेटी केवल संग पुरनिहारि, मणिमञ्जरी रूपवती ओ मुग्धा केवल मिलनक हेतु व्याकुल; राजा स्वयं धीर, ललित, दक्षिण, पद्मावतीकेँ अप्रसन्न नहि करए चाहथि मुदा मणिमञ्जरीक हेतु बेहाल। उत्सुकताक बीज अछि केवल मिलनक जिज्ञासा ओ तकर टा स्वाभाविकतासँ चित्रण भेल अछि। भाषामे प्रवाह अछि मुदा स्वाभाविकता नहि, अभिव्यक्तिक प्रसाद नहि अछिः लालित्य अछि मुदा श्लथता अछि, परिपक्वता नहि अछि। नाट्यशास्त्रक हुनका अध्ययन प्रायः पूर्ण नहि छल तेँ शास्त्रीय रीतिक विधिवत् पालन सेहो नहि अछि। अभ्यासक अभावमे नाटकक संघटना सेहो सम्हारमे नहि रहलैन्हि। मुख्य रस अछि शृङ्गार जकर अनुरूप वैदर्भी रीतिक पालन कविकेँ सहजात प्रतिभाक प्रसादेँ मानब। एकर सफलता किंवा असफलतासँ उत्साह पाबि कवि अपना समयक घटनाकेँ लए एक गोट नवीन काव्य रचल जकर विषय छल पुरुषार्थक प्रशंसन जे वस्तु हुनका आरम्भहिसँ आकृष्ट कएने छल, ओ जकरा निरूपण करबाक निमित्त ओ भूपरिक्रमाक रचना कएल, ओ जकर भाषा ओ प्राचीन संस्कृतकेँ छाड़ि लोक-भाषाक साहित्यिक स्वरूप अवहट्टकेँ बीछल। इएह थिक कीर्तिलता। शृङ्गारक विन्यास एहिमे द्रष्टव्य थिक। एहन सन क्रम लगैत अछि जेना विद्यापति क्रमशः अपन उपयुक्त कवि-वृत्तिक प्रयोग कए रहल होथि।

परन्तु ई सब अनुमान थिक। निश्चय एतबे कहि सकैत छी जे ई नाटिका विद्यापति नामक कविक प्रथम रचना थिक परन्तु ओ विद्यापति शिवसिंहक आश्रित महाकवि विद्यापति छलाह वा नहि से संदिग्धे रहत। अन्तःसाक्ष्यसँ एकरा महाकविक प्रारम्भिक रचना मानि एकर प्रकाशन भए रहल अछि।

नाटिकाक कथावस्तुः—एहि नाटिकाक कथावस्तु एकर चारू अङ्कक नामहिसँ सूचित होइत अछि। चारू अङ्क क्रमशः स्वप्ननिवेदन, चित्रफलक, मणिमञ्जरी-सन्दर्शन ओ मणिमञ्जरीसंगम कहल अछि।

श्रीपुर-नगरक एक वणिक् चन्द्रकान्तकेँ एक गोट अपूर्व रूपलावण्यवती कन्या जनिक नाम मणिमञ्जरी। एक राति स्वप्नमे हुनका राजा चन्द्रसेनक दर्शन ओ परिचय प्राप्त भेल। तहिआसँ ओ राजामे अतीव अनुरक्ता हुनक समागम-लालसासँ खिन्न रहैत छलीह। ताही खिन्नावस्थामे हुनक दर्शन राजा चन्द्रसेनकेँ भेल, स्वप्नावस्थहिमे, ओ स्वप्नहिमे हुनक सखीसँ हुनक परिचय ओ अपना विषय अनुरक्तिक समाचार पाबि राजा सेहो हुनका विषय अत्यन्त अनुरक्त भए गेलाह। दूहू दूहूक हेतु व्याकुल छथि। एतहि नाटिकाक आरम्भ होइत अछि।

राजाक हृदय मणिमञ्जरीक मिलनक हेतु संतप्त अछि। तथापि दाक्षिण्यवशात् चक्षुर्लज्जासँ ओ अपन रानी पद्मावतीक प्रति आदर ओ प्रेमक भाव पूर्ववत् प्रदर्शित करैत छथि। एहि मध्यमे पद्मावती पार्वती-व्रत करैत छथि जकर संयममे दम्पतीकेँ ब्रह्मचर्यक पालन आवश्यक छैन्हि। तेँ राजाक विरहावस्थाकेँ रानी ओ हुनक अन्तरङ्ग सखी एही

संयमहेतुक बुझैत छथि।

राजा चन्द्रसेन अपन कञ्चुकीकेँ श्रीपुर पठबैत छथि, अपन करप्रदायी राजा वसन्तराजक ओहिठाम जे ओ चन्द्रकान्तक रूपवती कन्याकेँ पठबाए देथि। तावत् ओ विरहोत्तापक शान्त्यर्थ शिशिरोपचार करैत, विमना, प्रमदवनमे विदूषकक संग समय व्यतीत करैत छथि ओ मनोविनोदार्थ चित्रफलक मङबाए मणिमञ्जरीक चित्र अङ्कित करैत छथि। रानीक व्रतसमापन भए गेल अछि, रानी तकर सूचना पठाए बजबए सेहो पठओने छलथिन्ह तथापि राजा विरहोत्तप्त छथि, अबैत नहि छथि ताहिसँ रानीकेँ संदेह होइत छैन्हि, ओ हुनक अवस्था देखि अपन सखी सबसँ जे समाचार सुनने छथि जे राजाक मन कोनहु स्वप्नमे देखलि रमणीमे आसक्त अछि ताहिसँ रानीक संदेह आओर बलित होइत अछि। राजा धरि अपन गुप्त प्रेम प्रकट नहि करैत छथि ओ विदूषक नाना प्रकारक लाथ करैत छथि।

ओहमर कञ्चुकी श्रीपुर पहुँचि राजा वसन्तराजकेँ चन्द्रसेनक संदेश कहैत अछि। वसन्तराज वणिक् चन्द्रकान्तकेँ बजबाए कन्यारत्न चन्द्रसेनक हेतु मङैत्त छथिन्ह। चन्द्रकान्त एकरा अपन अहोभाग्य ओ कन्याक सौभाग्य मानैत छथि। कंचुकीकेँ मणिमञ्जरीसँ भेँट सेहो होइत छन्हि ओ मणिमञ्जरी अपना दिशिसँ राजाकेँ प्रणय-संदेश ओ हुनक सखी मणिमञ्जरीक दिशिसँ दुरवस्थाक निवेदन कंचुकीक द्वारा पठबैत छथिन्ह।

मणिमञ्जरी अइलीह ओ प्रमदवनक एक खण्डमे राखलि गेलीह। एक गोट परिचारिका हुनक सङ्ग छैन्हि। पद्मावतीकेँ एकर वार्त्ता भए गेलन्हि। राजा स्वीकार नहि करैत छथिन्ह मुदा रानी सावधान छथि जाहिसँ राजा ओ मणिमञ्जरीक मिलन नहि भए सकए। रानीक कोप मात्र आब दूहूक मिलनमे अन्तराय अछि।

परन्तु ई विरह आब राजा ओ मणिमञ्जरी दूहूकेँ असह्य लगैत अछि। मणिमञ्जरी एक गोट प्रणयपत्र लए अपन परिचारिकाकेँ राजाक ओतए पठबैत छथि; राजा साहस कए मणिमञ्जरीसँ मिलए जाइत छथि। दूरहिसँ दूहूक दर्शन मात्र, प्रथमे दर्शन, होइत अछि तावत् पद्मावती राजाकेँ पछुअओने आबि जाइत छथिन्ह ओ राजा नहि नहि कहितहिँ रहलथिन्ह, पाएर पर खसलथिन्ह, विदूषक लाथ पर लाथ करैत रहि गेलथिन्ह तैओ पद्मावती विदूषकक हाथसँ प्रणयपत्र छीनि ओकरा बाँचि ओकरा राजाक जीवित-प्रियतमाक पत्र बूझि तामसेँ भेर प्रणय–प्रणिपातक तिरस्कार कए विदूषकक उपहास करैत चलि जाइत छथि।

व्रत-समापन भैओ गेल तथापि राजासँ मिलन नहि होइत छैन्हि तेँ पद्मावती आब स्वयं खिन्ना छथि। राजा मणिमञ्जरीक विरहसँ आओर संतप्त छथि तेँ मणिमञ्जरीसँ भिन्न रमणीसँ ओ विरक्त छथि। रानीक लालसा धैर्यक बान्ह तोड़ि दैत अछि। ओ आब मणिमञ्जरीकेँ अपन छोटि बहिनि मानि सौतिन स्वीकार करबाक हेतु अगुताइलि छथि। ओ आब राजाक पाछु छाड़ि स्वयं संदेश पठबैत छथिन्ह जे प्रणयप्रणिपातलंघनक दिनसँ हमर धैर्यक बान्ह टूटि गेल अछि। रानी अपन प्रतिकूलता छोड़ल अछि इएह अवसर पाबि राजा विदूषककेँ सङ्ग कए चुपचाप मणिमञ्जरीसँ मिलए जाइत छथि। दूहू गोटए बैसलाह अछि

तावत् हल्ला होइत अछि जे एकटा मरखाह महिसा छूटिकेँ मन्दिरक फुलबाड़ीकेँ तहस नहस कए रहल अछि। मणिमञ्जरी डेराए जाइत छथि ओ कँपैत राजाकेँ भरि पाँजकेँ पकड़ि लैत छथि। महिसा रोकल नहि भए रहल अछि से वार्त्ता पाबि राजा मणिमञ्जरीक आलिङ्गन सुखकेँ छोड़ि महिसाकेँ मारए जाइत छथि। ओतएसँ यावत् फिरथि तावत् रानीक कञ्चुकी आबि संदेश कहैत छैन्हि जे रानी आब पछतबैत छथि ओ प्रणयप्रणिपातलंघनहिक दिनसँ अधीर छथि। तावत् रानी स्वयं उपस्थित होइत छथि ओ लाजसँ मूड़ी गाड़ने सखीक मुहेँ अपन स्त्रीस्वभावसुलभ अपराधक क्षमा मङैत छथि। राजा कहैत छथिन्ह जे एकरा हम अपराधे नहि बुझैत छी तेँ क्षमाक प्रश्ने नहि अछि। ततःपर रानी मणिमञ्जरीकेँ बजबाए अपनहि जकाँ आभूषण आदिसँ प्रसाधन कराए हुनका राजाक हाथमे दए दैत छथिन्ह। मणिमञ्जरी हुनका प्रमाण करैत छथिन्ह तँ आशीर्वाद दैत जे स्वामीक दुलारू होउ ओ राजाकेँ निवेदन करैत छथिन्ह जे जाहिसँ हिनका अपन नैहर ने मन पड़ैन्हि तेना करब।

× × × ×

इएह थिक एहि नाटिकाक विषय-वस्तु। 'स्त्रीप्राया चतुरङ्किका' एकरा नाटिका कहल गेल अछि यद्यपि गीत किंवा नृत्यक एहिमे अवसर नहि भेल अछि। तेँ प्रायः कवि एकरा 'विघटितकलः' कहने छथि। परन्तु जेहो ग्रन्थ छल से लेख-पोथीसँ प्राप्त नहि भए सकल। पोथी मध्यमे खण्डित ताहिपरसँ अशुद्धिबहुल। कतेक ठाम ऊहि कएल, कतेक ठाम छूटि गेल होएत। प्रकाशनक समय धरि मूल लेखपोथीक चोरि। अनेक कारणसँ एकर सम्पादन मनोभिलषित नहि भए सकल, मुद्रणहुमे कतोक महाशुद्धि रहि गेल जकरा शुद्धि-पत्रसँ संशोधन करबाक कष्ट विज्ञ पाठककेँ करहि पड़तैन्हि।

परन्तु तैओ ई जे भेल अछि तकर श्रेय मुख्यतः हमर मित्रवर पण्डित श्रीविश्वम्भरझाजी काँ जनिका पटना युनिवर्सीटी एहि कार्यक हेतु नियुक्त कए हमर सहायता कएल। विनु हुनक साहाय्येँ एहनो ई वस्तु नहि होअए पबैत। युनिवर्सीटीक मैथिली डेवलपमेन्ट फण्ड कमीटीक सदस्य गणक ओतए हम व्यक्तिगत रूपसँ आभारी छी जे एकर सम्पादनक भार हमरा देल। हम एकरा परम गौरव बुझैत छी। विद्यापतिक रचना बूझि जे एकर प्रकाशनक व्यवस्था कएल गेल तकरा विद्यापतिक प्रतिभाक अनुकूल देखाए एकर सम्पादन कए हम अपनाकेँ कृतकृत्य बुझैत छी। आब जखन ई सुधी-समाजक समक्ष जाए रहल अछि तखन एकर सम्यक् विवेचना ओएह लोकनि करताह। हम एहि सम्पादनक त्रुटिक हेतु क्षमायाचना करैत छी। संतोष एतबे अछि जे लोक एहि नाटिकाक नामेटा सेहो एम्हरहि पंद्रह बीस वर्षसँ सुनैत रहल अछि; आइ ओ प्रकाशित भए विद्यापतिक कीर्त्तिवल्लीकेँ पसरबाक हेतु मचानक एक गोट नव खाम्हक काज करत। इति।

(मणिमञ्जरी नाटिका : मैथिली डेवलपमेन्ट फन्ड लेल पटना विश्वविद्यालय द्वारा प्रकाशित, 1966)

भाषा-गीत-संग्रह : भूमिका

प्रस्तुत संग्रह नेपालमे उपलब्ध मिथिला-भाषाक गीतक संग्रह थिक। एहिमे तीन ठामसँ गीत लेल गेल अछि। आदिक एक सए छेआलीस गोट गीत, जाहिमे दशावधान ठाकुरक एक गोट गीत दू बेरि अछि, नेपाल राष्ट्रीय पुस्तकालयक एक गोट संग्रहक थिक जकर नाम ओहि पोथीपर लिखल अछि 'भाषा गीत संग्रह'। दूगोट गीत काठमाण्डूक वीरपुस्तकालयक माधवानलकथा नामक संस्कृत ग्रन्थक दूहू कातक पातपर लिखल भेटल। शेष तेरह गोट, तेरहो महेशवानी, नेपाली संवत् 749 मे भातगामक राजा जगज्ज्योतिर्मल्ल-विरचित हर-गौरी-विवाह नाटकसँ लेल अछि। एवंक्रमेँ एहिमे एक सए एकसठि गोट गीत अछि यद्यपि गीत वस्तुतः एक सए साठिए गोट अछि।

एहि संग्रहक एक गोट इतिहास छैक। नेपालमे मैथिली साहित्यक निधि सुरक्षित अछि ई तँ सबकेँ बुझल अछि। ओहिठाम अधिकांश पोथी नेवारी लिपिमे अछि ओ तखन तिरहुतामे। परन्तु एहि दूनू लिपिक ज्ञाता दिनानुदिन विरल भेल जाइत अछि। लेख सर्वथा परिशुद्ध भेटब कठिन ओ पूर्वक लेखमे पदच्छेदक समस्या तेहन विकट अछि जे अर्थक अनर्थ भए जएबाक सम्भावना ओ तेँ डेग-डेगपर ऊहि करए पड़ैत छैक। बड़ आशासँ हम पटना विश्वविद्यालयक मैथिली-विकास-निधिक अधिकारि-वर्गक अनुमति लए 1967क ग्रीष्ममे काठमाण्डूक यात्रा कएल जे ओतएसँ एक सए पातक फोटो लए आनी जकरा निश्चिन्तसँ एतए पढ़ि ओकर प्रकाशन करी। फोटो एतए रहलासँ आनो व्यक्ति ओकर अध्ययन मूलसँ कए संदेह दूर कए सकैत छथि, भ्रान्तिक निराकरण भए सकैत अछि।

परन्तु हमर ई यात्रा पूर्ण सफल नहि भेल। वीर-पुस्तकालयक अध्यक्ष दैवात् ओतए नहि छलाह। एमहर सम्पूर्ण नेपालसँ जे प्राचीन लेख सब संगृहीत भए भए आएल छैक से ओहिना बन्द छलैक ओ तकर कोनो पता नहि लागल। तखन रहल ओतुका प्राचीन संग्रह। से तँ एतेक दिनसँ ततेक व्यक्ति देखि आएल छथि जे सर्वथा अभिनव वस्तु की भेटत? तथापि वीर-पुस्तकालयक संग्रहमे मैथिली साहित्यक अनन्त निधि देखि, भातगाममे शिलालेख पर्यन्तमे मैथिलीक गीत पढ़ि, आँखि फूजि गेल जे ओइनिबार राज-कुलक पतन भेला उत्तर मैथिली साहित्य मिथिलामे नहि, नेपालमे विकसित भेल ओ जाधरि मल्ललोकनिक राज्य रहल

नेपालक साहित्यिक भाषा मैथिली रहल। मल्लराजा लोकनिक कए गोट शाखा, काठमाण्डू, भातगाम, ललितपुर, बनेपा ओ कीर्त्तिपुरमे राज्य करैत छल तथा परस्पर प्रतिस्पर्धासँ साहित्यक विकासमे अपूर्व योगदान करैत रहल। सबसँ विशेष नाटकक विकास एतए भेल ओ एक दरवारक कवि एकटा नाटक लिखल, ओकर अभिनय भेल, तँ दोसरो दरवारक कवि ओही विषयक दोसर नाटक लिखल। एवं प्रकारेँ वीर पुस्तकालयमे एक-एक नामक अनेक नाटक उपलब्ध होइत अछि। पूर्वमे मोरंगसँ लए पश्चिममे बेतिआ धरि तराइक क्षेत्रमे छोट पैघ अनेक रजबाड़ा छल ओ सर्वत्र मैथिलीक प्रतिष्ठा छल, मैथिलीक सम्मान छल, सर्वत्र मिथिलाक पण्डित लोकनि पूजित छलाह, ओ सर्वत्र मैथिलीक साहित्यक सर्जन होइत छल।

नेपालमे हम जतबा देखि सकलहुँ ताहिमे हमरा चारि प्रकारक वस्तु भेटल। सर्वप्रथम, मिथिलाक साहित्यक लेख सब नेपालमे सुरक्षित अछि। एक तँ नेपालक जलवायु तेहन छैक जतए तालपत्र किंवा कागत लगले दूरि नहि भए जाइत छैक। दोसर, पुस्तकालयमे संगृहीत वस्तु सुरक्षित छैक, मिथिलाक लेख पोथी जकाँ यत्र-तत्र छीटल नहि छैक, ओ तेँ जे जिज्ञासु व्यक्ति अछि तकरा भेटि सकैत छैक ओ ओकरा लए नहि जाए सकैत अछि। नेपालक तालपत्रक पोथी, जाहिमे विद्यापतिक गीतक संग्रह अछि, जकरा श्रीसुभद्रबाबू ओ पछाति राष्ट्रभाषा परिषद प्रकाशित कएलक, ओहिना सुरक्षित अछि मुदा तरौनीक तालपत्रक पोथी कलकत्ता विश्वविद्यालयक लेख-संग्रहसँ हेराए गेल, रामभद्रपुरक तालपत्रक पोथी पटना विश्वविद्यालयक पुस्तकालयसँ हेराए गेल। परन्तु पूर्वक संग्रह सब तँ एहि पचास-साठि वर्षमे धाङल भए गेल। वर्णरत्नाकर, कीर्त्तिपताका, विद्यापतिक गीत-संग्रह सब किछु तँ प्रकाशमे आबि गेल ओ से सबटा नेपालहि मध्य उपलब्ध भेल अछि। हमरा पूर्ण विश्वास अछि जे समस्त नेपाल देशसँ जे लेख पोथी सब आनि आनि काठमाण्डूमे एकत्रित कएल जाइत अछि ताहिमे मैथिली साहित्यक कतेको अमूल्य रत्न भेटत; ओ हम गेल रही ताही भरोसेँ परन्तु ओ सब तहिआ धरि ओहिना पड़ले छल, वक्सामे वंदे छल, खोललो नहि गेल छल ओ पुस्तकालयाध्यक्षक अनुपस्थितिमे ओकरा प्रसङ्ग किछु अवगतो नहि भए सकल। अतएव हम तँ निराश भेल जाइत छलहुँ मुदा वीरलाइब्रेरीमे नहि, नेपालक नव-संघटित राष्ट्रिय पुस्तकालय मध्य 55 गोट कागतक पातपर लिखल 146 गोट गीतक ई संग्रह भेटल जे अद्यापि प्रकाशित नहि भेल छल ओ तकर फोटो कराए हम आनल अछि। ओकर फोटो पटना विश्वविद्यालयक पुस्तकालयक सम्पत्ति थिकैक ओ ओकरहि पढ़ि एहि संग्रहक प्रकाशन भए रहल अछि।

दोसर प्रकारक सम्पत्ति ओतए अछि नेपालक मल्लराजालोकनिक दरवारमे रचित गीत। वीर पुस्तकालयमे छोट पैघ अनेक गीतसंग्रह अछि, सब मिथिलाभाषामे, परन्तु नेवारी लिपिमे जे तत्तद् राजाक रचित कहल अछि। ई सबटा गीत ओहि राजाहिक रचित थिक से तँ हम नहि मानैत छी; हँ , एतबा निश्चय जे ओ सब गीत हुनके आश्रित कविलोकनिक रचना थिक, सबटा हुनके दरवारमे रचित भेल, ओ सम्भव थिक ओहिमे कतोक ओहि

राजाक अपनो रचना होइन्ह। मिथिलहुमे संस्कृतक कए गोट ग्रन्थ राजाक वा रानीक नामसँ लिखल अछि जे पढ़ला उत्तर होइत अछि ओहि राजाक अथवा रानीक आश्रित पण्डितक रचित। विद्यापतिक गङ्गावाक्यावली रानी विश्वासदेवीक रचित कहल अछि, दानवाक्यावली रानी धीरमतीक, मुरारिमिश्रक शुभकर्मनिर्णय मोरंगनरेश निर्भयनारायणक। जगज्ज्योतिर्मल्लक हरगौरी-विवाह नाटकमे दश गोट प्राचीन कविक गीतक समावेश अछि मुदा हुनक अपनो भनितासँ युक्त कए गोट गीत अछि ओ एक गोट गीत "श्री श्रीजगज्ज्योतिर्मल्लमहाराजनन्दन शशिलषनसिंह कएल" देल अछि। एना नेपालक प्रत्येक साहित्यप्रेमी राजाक कृति कहाए गीतसंग्रह सब अछि, छोट ओ पैघ, तथा कतेक राजाक नामसँ एकसँ अधिको संग्रह अछि। एवं क्रमे मैथिली गीत साहित्यक एकटा विशाल निधि नेपालमे सुरक्षित अछि जकरा पढ़ि पढ़ि देखबाक थिक जे ओहिमे की सब अछि, कतेक नव वस्तु अछि, कतेक द्विरुक्त त्रिरुक्त अछि तथा कतेक ओहिमे स्थायी महत्त्वक वस्तु अछि। हमरा सबसँ छोट मुदा सम्पूर्ण जे संग्रह भेटल, सबसँ सुन्दर जकाँ लिखल, खूब सुपठ, से थिक जगज्ज्योतिर्म्मल्लक गीतपञ्चाशिका, पचास गोट गीतक संग्रह, तथा एकर फोटो कराए हम आनल अछि। एकर सम्पादन हम अपन सहकर्मी डाक्टर श्री दुर्गानाथ झाजी श्रीशक संग मीलि कए रहल छी ओ अचिरहिँ ई प्रकाशमे आबि सुधी समाजक समक्ष उपस्थित होएत।

एहि प्रसङ्ग इहो कहब अप्रासङ्गिक नहि होएत जे ओइनिबार राजवंशक पतन भेलाक पश्चात् मिथिलाक राजनीतिक परिस्थिति सहित्यसर्जनक अनुकूल नहि रहल। ओना खण्डवला राजकुलक स्थापना ओकर तीस-पँएतीस वर्षक अभ्यन्तरहिँ भए गेल; राज्य पण्डित ब्राह्मणहिक रहल; खण्डवला राजकुलक संस्थापक स्वयं कवि छलाह, ओ हुनक रचना मैथिलीक गौरव थिक, परन्तु खण्डवला कुलमे राज्यकेँ सुदृढ़ होएबामे गोटेक सए वर्ष लागि गेलैक ओ एहि बीचमे कविताकेँ आश्रय देबाक अवकाश ककरहु नहि छलैन्हि। ओना मैथिली कविताक स्रोत एतहु प्रवहमान रहल मुदा राजाश्रित कवि नहि भेलाह तथा जे केओ आश्रय चाहथि से मिथिलासँ बहार चल जाथि। सूक्तिमुक्तावलीमे हरिहर उपाध्याय पण्डित-कविक जे जीवन-चित्र अँकने छथि से बड़ यथार्थ ओ जे कथा संस्कृतक कविक प्रसङ्ग सत्य अछि से मैथिलीक कविक हेतु आओरो कतेक सत्य। मिथिलामे कवि केवल स्वान्तः सुखाय कविता रचथि ओ विद्यापतिकेँ छोड़ि जेँ आन आदर्श नहि छलथिन्ह तेँ हुनक अनुसरणेटा नहि, अनुकरणमात्र होइत रहल। मैथिलीक कविकेँ तँ मिथिला-भाषा-भाषी क्षेत्रसँ बहार कतहु आश्रय भेटितैन्हि नहि, तेँ ओलोकनि बेतिआसँ मोरंग धरि तराइमे ओ तकरा पार कए काठमाण्डू जाए मल्ल राजालोकनिक आश्रय लेल। मल्लराज्यक पतन 1769 ई. मे भेल ओ 1530 ई. सँ आरम्भ कए दू सए वर्षसँ अधिक दिन धरि एही क्षेत्रमे मैथिली साहित्यक विकास होइत रहल। जगज्ज्योतिर्मल्लक गीतपञ्चाशिका मात्र देखलासँ पता लागि जाएत जे नेपालक मैथिली साहित्य ओना तँ विद्यापतिक प्रभावसँ कहिओ मुक्त नहि भेल मुदा ओतए केवल हुनक अनुकरणटा नहि होइत रहल। उदाहरणार्थ, विद्यापति महादेवक

नचारी रचल। मिथिलामे गोटेक सए कवि कए हजार नचारी रचने होएताह मुदा सब एके वस्तु। नेपालमे ओकर व्याप्तिकेँ बढ़ाए गणेशक नचारी, सूर्यक नचारी, आओर की, विष्णु समेतक नचारी रचल गेल। तँहि हम कहल जे मैथिलीक कविताक वास्तविक विकास एहि युगमे केवल नेपालमे भेल। अत्यन्त खेदक विषय थिक जे मिथिलामे ओकर परिचय प्राप्त नहि भए सकल, ओहि विकासक कोनो प्रभाव एतएक साहित्यसर्जनपर नहि पड़ल। ओमहर नेपालमे मल्लराज्यक पतनक पश्चात् मैथिली साहित्यक परम्परा तेना ने उच्छिन्न भए गेल जे ओ सब विस्मृत भए गेल। अधिकांश ई कवितासंग्रह नेवारी लिपिमे लिखल अछि ओ नेवारी लिपि नेपालसँ ऊठि गेल। अतएव ओ आब अनुसन्धानक वस्तु भए गेल अछि जाहिसँ मैथिली साहित्यक गरिमा ख्यापित होएत। आसाम किंवा बंगालमे मैथिलीक अनुकरण भेल; नेपालमे मैथिलीक सर्जना भेल, ओकर विकास भेल।

तेसर प्रकारक साहित्यक रचना जकर विकास नेपालमे बड़ विशेष भेल से थिक नाटक। मैथिली साहित्यकेँ गौरव छैक जे समस्त भारतीय भाषामे नाटकक रचना सबसँ पहिने मैथिलीमे भेल ओ तकरो आदि प्रवर्त्तक विद्यापति थिकाह। विद्यापति मुदा नाटकमे मैथिलीक समावेश मात्र कए सकलाह, समस्त नाटक मैथिलीमे नहि लीखि सकलाह। संस्कृत साहित्य शास्त्रमे नाटकक रीति बड़ विशेष रूपसँ लक्षित अछि ओ जेँ नाटक थिक लोकवृत्तक अनुकृति तेँ नाटक जहाँ धरि जीवनक अनुरूप हो से आवश्यक। तेँ आरम्भहिसँ संस्कृत नाटकमे भाषाक विषयमे स्वाभाविकतापर बड़ जोर देल गेल अछि ओ सब संस्कृतनाटक द्वैभाषिक होइत रहल। कालिदास तँ अपन विक्रमोर्वशीयमे संस्कृत ओ प्राकृतक संग संग अपभ्रंशहुक प्रयोग कएने छथि। विद्यापति ओहि दृष्टिसँ संस्कृत ओ प्राकृतक संग संग मिथिलाभाषाक प्रयोग कएल गीतमे, ओ ततबा दूर धरि ओ मैथिलीकेँ नाटकमे प्रतिष्ठित कएल। तदुत्तर प्रयोजन छल आगाँ बढ़बाक, समस्त नाटक मैथिलीमे लिखबाक, परन्तु से भए नहि सकल। हमरा विश्वास अछि जे गोरक्षविजय लिखलाक पश्चात् विद्यापतिकेँ अधिक दिन धरि नवीन प्रयोगक उत्साह किंवा अवसर नहि रहलैन्हि। शिवसिंहक परोक्ष भेला उत्तर हुनक जीवनक क्रम बदलि गेल। मुदा हुनक प्रयोगक अनुसरण होइत रहल। अमिञकर, भीषम, गोविन्द एहि तीनि गोटाक नाटक छल तकर प्रमाण एही संग्रहमे संकलित गीत अछि। त्रैभाषिक नाटकक जे प्रयोग विद्यापति प्रतिष्ठित कएल से परम्पराक रूपमे चलि गेल मुदा ओही रूपमे, ओ अठारहम शताब्दीमे आबि उमापति ओकरहि पुनरुज्जीवित कएल। एहि मध्यमे मिथिलामे साहित्यक विकासक गति अवरुद्ध जकाँ रहल ई कथा बराबरि ध्यानमे राखए पड़त।

भारतहिमे नहि, विश्वमे सर्वत्र नाटकक दू गोट रूप परिलक्षित होइत अछि। एक तँ ओ नाटक जकर अभिनय भेल ओ से सफल भेल अर्थात् दर्शकगणकेँ तृप्ति प्रदान कए सकल। दोसर प्रकारक नाटक साहित्यिक होइत अछि जे पढ़बाक हेतु रचल जाइत अछि, काव्य जकाँ पढ़ला उत्तर आनन्द दैत अछि मुदा जकर अभिनय की तँ होइतहिँ नहि अछि

अथवा यदि अभिनय भेलो तँ दर्शककेँ रोचक नहि लागल। राजशेखरक कर्पूरमञ्जरी उत्तम काव्य अछि परन्तु नाटक नीक नहि भेल। भवभूतिक एको गोट नाटकक अभिनय सफलतापूर्वक नहि भए सकैत अछि। मिथिलामे नाटकक अभिनय समय समय पर जँ होइतहुँ रहल तँ ओकर परम्परा नहि चलि सकल। ज्योतिरीश्वरक धूर्तसमागम सम्भव थिक हरिसिंहदेवक खास दरबारमे कहिओ भेल हो, विद्यापतिक गोरक्षविजय शिवसिंहक दरबारमे खेलाएल गेल हो परन्तु से बीछल दरवारीक समक्ष जनिका हेतु संस्कृत-प्राकृत बुझब कठिन नहि छल। साधारण जनताक समक्ष मिथिलाक कोनो नाटक खेलाएल गेल तकर प्रमाण नहि भेटैत अछि ओ ई. 1500 सँ 1700 धरि प्रायः दू सए वर्ष धरि तँ अभिनयक कोन कथा, नाटकक नामो लोककेँ विसरि गेलैक, कारण, अमिञकर, भीष्म, किंवा गोविन्दक नाटक लुप्त भए गेल। गोविन्दक नलचरित्रक नाम धरि कवीश्वर दए गेलाह मुदा अमिञकर अथवा भीष्मक नाटक छल से हुनकहु बुझल नहि छलैन्हि। तँहि तँ उमापति जखन पारिजातहरण लिखलैन्हि तखन एहन सन प्रतीत भेल जे ओ किछु नव काज कएलैन्हि।

मुदा नेपालमे से स्थिति नहि भेल। ओतए संगीत ओ कलाक प्रेमी राजालोकनिक आश्रयमे नाटकक पूर्ण विकास भेल ओ नाटकक अभिनय मनोरञ्जनक एक गोट प्रशस्त साधन भए गेल। भातगाममे एखनहु ओ चबुतरा विद्यमान अछि, प्रासादक सोझाँमे, खुलतामे, जकर पाछाँमे कलापूर्ण देवालजकाँ पाथर ठाढ़ अछि ओ भरि पाथर प्रायः पचीस हाथ लाम ओ मध्यमे दश हाथ ऊँच अक्षर खोधल अछि, विशाल शिलालेख। अत्यन्त खेद जे शीत रौदमे सुरक्षाक कोनो प्रबन्ध नहि रहने अक्षर सब आधा उड़ि गेल अछि, किछु पढ़बाक योग्य नहि होइत अछि परन्तु इएह चबुतरा थिक जाहिपर नाटकक अभिनय होइत छल। मल्लराजालोकनिक शाखा-विभाजन भेला उत्तर ओतए कमसँ कम तीन गोट मुख्य दरबार भए गेल ओ सब दरबारमे परस्पर प्रतिस्पर्धासँ जे साहित्यक वृद्धि भेल तकर चर्चा हम पूर्वहिँ कए गेलहुँ अछि।

ओ सकल साधारण जनताक प्रमोदार्थ अभिनयक हेतु लिखल गेल एहि नाटकसबमे आदिसँ अन्त धरि लोकभाषाक प्रयोग भेल तथा साहित्यिक लोकभाषा जेँ ओतए मैथिली छल तेँ ई सब नाटक मैथिलीमे अछि जे समस्त उत्तर भारतक भाषासाहित्यमे नाटकक प्राचीनतम कृति थिक। ततेक रास एहन नाटक अछि, एक एक नामक ततेक नाटक अछि, जे सबहिक क्रमबद्ध अध्ययन आवश्यक अछि ओ ताहि हेतु समय ओ धैर्य चाही। हमरा सबसँ छोट जे नाटक भेटल बारह पातक, कुञ्जविहार नामक, राजा जगज्ज्योतिर्मल्लक रचल, आन नाटक सबसँ भिन्न शैलीक, मुदा सबसँ सुन्दर लिखल, सुख सुपठ, तकर फोटो कराए आनल अछि। अपन सुयोग्य शिष्य पुरैनिञा कालेजक प्राध्यापक श्रीजगदीशमिश्रक संग मीलि एकर संस्करण प्रस्तुत कएल अछि जे शीघ्रहिँ प्रकाशित होएत।

काठमाण्डूमे पता लागल जे आइसँ शतावधि वर्ष पूर्व डेनिअल राइट साहेब नामक एक जन अङरेज जे बहुत दिन नेपालक वृटिश रेसिडेन्सीक अधिकारी छलाह नेपालसँ बहुत

रास बीछल लेखपोथी विलायत लए गेलाह जकर सूची अपन नेपालक इतिहासमे देने छथि। देश फिरला उत्तर राइटक इतिहासमे देखल जे ई सब लेखपोथी केम्ब्रिज विश्वविद्यालयक पुस्तकालयमे सुरक्षित अछि। ओहिमे एक गोट नाटक अछि हरगौरी-विवाह जकर माइक्रोफिल्म हम अपन विभागीय पुस्तकालय मध्य मङाए राखल अछि तथा ओकरा पढ़ि ओकर प्रतिलिपि कराए अपन सुयोग्य शिष्य विश्वविद्यालय अनुदान आयोगक प्रवर-अनुसन्धान-नियुक्त (सीनिअर-रिसर्च-फेलो) डॉ. श्री विश्वेश्वरमिश्रक संग मीलि प्रकाशित कराए रहलहुँ अछि। जगज्ज्योतिर्म्मल्लहिक ई नाटक अपूर्व अछि। एहिमे मैथिली गद्यक प्राचुर्य अछि तथा अपन रचित गीतक संग-संग विद्यापति, विष्णुपुरी, अमिञकर, सदानन्द, गोविन्द, चतुर्भुज प्रभृति दश गोट कविक शिवविषयक उन्नैस गोट गीत एना कौशलसँ समाविष्ट अछि जेना ओ सब एही निमित्तेँ रचित भेल हो। एहि उन्नैसमे एक गोट विद्यापतिक ओ एक गोट कविरत्नक रागतरङ्गिणीमे उपलब्ध छल, शेष सब नवीन गीत अछि। एहिमे तेरह गोट महेशवानी सर्वथा अभिनव जानि हम एहि संग्रहक अन्तमे परिशिष्ट रूपेँ प्रकाशित कए रहलहुँ अछि। कुञ्जविहार नाटकसँ ई नाटक शिल्प, विषय, भाव ओ भाषा सब अंशमे सर्वथा भिन्न अछि ओ दूनूक तुलनात्मक अध्ययनसँ नेपालमध्य कमसँ कम जगज्ज्योतिर्म्मल्लक छत्रच्छायामे नाटकक जे विकास भेल तकर चित्र सुस्पष्ट भए जाएत ओ से होएत मैथिली साहित्यिक उत्कर्षक चित्र। विद्यापतिक प्रभाव एहिमे एतबे अछि जे नाटकहुमे मैथिलीक प्रयोग रोचक भए सकैत अछि से ओ आंशिक रूपसँ देखाए देल; परन्तु सम्पूर्ण नाटके मैथिलीमे लिखल जाए जाहिसँ संस्कृतानभिज्ञ जनताकेँ मनोरञ्जन होइक, साहित्यिक आनन्द भेटैक, ई नेपाल राजाक आश्रित मैथिल पण्डितगणक मौलिक प्रयोग थिक ओ तँहि हम कहल जे मैथिली साहित्यक जतबा विकास मिथिलामे भेल ताहिसँ कत बड़ विशेष नेपाल मे भेल जाहि प्रसङ्ग हमरालोकनि एखन धरि अन्धकारमे छलहुँ। मिथिला भाषामे सम्पूर्ण नाटक लिखनिहार मिथिलामे कविवर जीवनझा भेलाह, बीसम शताब्दीक प्रथम चरणमे, ओ ताहू नाटकक कहिओ अभिनय नहि भेल। नेपालमे ताहिसँ तीन सए वर्ष पूर्वहिँ ओहन नाटक रचल गेल जकर अभिनय होइत रहल परन्तु मिथिलामे तकर पता आब आबि लागल अछि। एहिना आसामहुमे कमसँ कम शङ्करदेव ओ हुनक शिष्य मैथिलीमे नाटक रचल परन्तु नेपाल ओ आसामक नाटकमे ई भेद अछि जे नेपालमे नाटक मनोरञ्जनक हेतु लिखल गेल, साहित्यिक आनन्दक हेतु, परन्तु आसाममे ओकर उद्देश्य छल वैष्णव धर्मक प्रचार। तेँ विषय ओ भावमे भेद स्वाभाविक; नेपालक नाटकमे यत्रतत्र, विशेषतः गद्यमे, नेपालीक किछु प्रभाव अपूर्व नूतनता आनि दैत अछि, तहिना आसामक नाटकमे असमिआक। परन्तु मैथिली गद्यक, साहित्यिक गद्यक, दृष्टान्त वर्णरत्नाकरक पश्चात् एही नाटक सबमे भेटैत अछि। हरगौरी-विवाह नाटकक गद्य तँ मैथिलीक गौरव सिद्ध होएत ओ आगाँक इतिहासकारकेँ ई अध्याय नवकेँ लिखए पड़त।

परन्तु नेपालमे एहने टा नाटक नहि लिखल गेल। विद्यापति जे त्रैभाषिक नाटकक

रचना कएल मैथिल पण्डित समाजक हेतु ओ आदर्श भए गेल तथा मिथिलामे तेँ एहि शताब्दीक आरम्भ धरि ओही रीतिक अनुसरण होइत रहल, म. म. हर्षनाथ झा धरि ओएह त्रैभाषिक नाटक रचल। नेपालहुमे एहि जातिक रचना भेल, बड़ बड़ उत्कृष्ट नाटक रचल गेल, विशुद्ध संस्कृत साहित्यक लक्षणग्रन्थक अनुसार, ओहन ओहन पण्डितक द्वारा जे प्राचीन सरणिकेँ छोड़ए नहि चाहल ओ विद्यापति जतवा कए गेल छलाह तथा हुनक परवर्ती कविलोकनि जकर अनुसरण कए ओही रीतिकेँ प्रशस्त कएने छलाह ताहिसँ आगाँ बढ़बाक साहस नहि कए सकलाह। एहि पण्डित लोकनिमे सबसँ प्रमुख छलाह वंशमणिझा, बेलोँचए सूदइ-मूलक महापण्डित, बेतिआक बेलोँचए लोकनिक, यथा स्वर्गीय चन्द्रमोहनझाक, पूर्वज। इच्छा छल जे एहनो एक गोट नाटकक फोटो आनी कारण इएह थिक नेपालक चारिम प्रकारक मैथिली-सेवा। परन्तु हमर मित्र डॉ. श्री जयमन्त मिश्रजी, जे त्रिभुवन विश्वविद्यालयमे इण्डिअन कोओपरेशन मिशन दिशिसँ संस्कृतक प्राध्यापक छथि, वंशमणिक 'मुदित-कुवलयाश्व' नाटकक विलक्षण प्रेस कापी तैआर कएने छलाह ओ ताहि सङ्ग मल्लराजालोकनिक मैथिलीसाहित्य-सेवा, विशेषतः नाटकक क्षेत्रमे तथा मुदित-कुवलयाश्वक काव्यगत अथच नाटकगत गुणक विस्तृत विवेचनाक संग भूमिका सेहो लीखिकेँ रखने छलाह। हमर जे साधन छल से पूर्वहिक तीनू पोथीक फोटोमे समाप्त भए गेल तेँ त्रैभाषिक नाटकक फोटो हम नहि आनि सकलहुँ परन्तु आशा अछि मैथिली डेवलपमेन्ट फण्डसँ मुदित-कुवलयाश्वक प्रकाशनक प्रबन्ध भए जाएत ओ तखन इहो सुधी-समाजकेँ उपलब्ध भए जाएत।

इएह चारि प्रकारक साहित्य नेपालक पुस्तकालयमे हमरा भेटल जाहिमे तीनिटाक हम फोटो आनल, एक गोटक माइक्रोफिल्म केम्ब्रिजसँ मङाओल ओ एक गोटक सुन्दर संस्करण श्रीजयमन्तबाबू कएने छथि। एहि पाँचो ग्रन्थक प्रकाशन भए गेला उत्तर नेपालमे मैथिली साहित्य-सेवाक परिचय स्पष्ट भए जाएत। विशाल एहि साहित्यकेँ ताकि प्रकाशमे आनब मैथिली साहित्यक रसिकक कर्तव्य थिक। आरम्भमे बंगाली विद्वान् एहि अनुसन्धान काजमे बड़ स्तुत्य काज कएल मुदा ओ लोकनि हमर काज कतेक दिन धरि करैत रहताह। नेपालक विद्वत्समाजमे एहि दिशि रुचि नहि देखल। ई सम्पूर्ण साहित्य की तँ पुरान नेवारी अथवा तिरहुता लिपिमे लिखल अछि। ई दूनू लिपि लुप्त भेल जाइत अछि। अतएव लिपिक समस्या कठिन अछि। सम्भव थिक जे नेपाल राजकीय पुस्तकालयमे माइक्रोफिल्म करबाक प्रबन्ध भए गेल हो अथवा शीघ्र भए जाएत। एहि समस्त साहित्यकेँ ताकि ताकि माइक्रोफिल्म कराए आनल जाए ओ एतए ओकर अध्ययन हो, प्रकाशन हो, सएहटा मार्ग सुझैत अछि। पटना विश्वविद्यालयक मैथिली डेवलपमेन्ट फण्ड एहि दिशि पूर्ण तत्पर अछि ओ ई काज ओहीसँ होएबाक चाही।

मुदा हमरा सबसँ विशेष उत्सुकता ओ संगहि चिन्ता अछि, समस्त नेपाल देशसँ जे लेखपोथी सब आनल गेल अछि ताहिमे मैथिली-साहित्यक कोन कोन अमूल्य रत्न सब अछि,

ताहि हेतु। हम पूर्ण आशावान् छी जे मा मैथिलीक अनुकम्पासँ ओ सब नष्ट नहि होअए पाओत ओ हम नहि तँ हमर सहकर्मी ओ शिष्यलोकनि ओकर उद्धार कए सकताह।

(2)

आरम्भहिमे कहल अछि जे एहिमे विद्यापतिक दू गोट गीत वीरपुस्तकालयक माधवानलकथाक दूनू कातक पातपर लिखल भेटल ओ अन्तक तेरहो गोट महेशवानी हर-गौरी-विवाह नाटकसँ लेल अछि। शेष 146 गीतमे एक गोट गीत दू ठाम अछि संख्या 16 ओ 99, तथा दोसर ठाम गीतक अन्तमे लिखल अछि 'दशावधानठक्कुरस्य'। अतएव 145 गोट गीतक ई संग्रह 55 गोट कागतक पातपर लिखल नेपालक राष्ट्रीय पुस्तकालय मध्य अछि। एकर प्रथम पृष्ठ सादा अछि जाहिपर देवाक्षरमे पछाति केओ लीखि देने छथिन्ह—भाषा गीत संग्रह—ओ ताही नामसँ ई पोथी सूचीमे उल्लिखित अछि। विशुद्ध तिरहुता लिपिमे लिखल ई संग्रह प्रथम गीतक रागक नाम 'मालव' सँ आरम्भ होइत अछि ओ अन्तिम पद इन्द्रवज्राक उत्तरार्ध थिक—'श्रीकंसनारायणभूमिभर्त्ता वेत्तास्य गोविन्दसुभाषितस्य'। ने एहिमे लेखक समय अछि ने लेखकक नाम। परन्तु संग्रह सम्पूर्ण अछि, बड़ सुन्दर लेख अछि, तथा स्थालीपुलाकन्यायसँ देखला उत्तर लेख तेहन परिशुद्ध प्रतीत भेल जे पढ़बाक ने प्रयोजन प्रतीत भेल ने समय छल, एकर फोटो कराएब आरम्भ कए देल।

एहि संग्रहक जखन अध्ययन कएल अछि तँ सन्देह होइत अछि जे प्रायः एकरहि श्रीजयकान्तबाबू अपन इतिहासमे कंसनारायण-पदावली कहने छथि। नेपालक राष्ट्रीय पुस्तकालय राजगुरु हेमराजक विशाल संग्रहकेँ कीनि स्थापित कएल गेल अछि ओ श्रीजयकान्तबाबूकेँ कंसनारायण-पदावली राजगुरुक संग्रहमे भेटलैन्हि। गीतक संख्या सेहो ओ ओएह 146 कहैत छथि। परन्तु एकरा ओ कंसनारायणक समयमे प्रख्यात गीतक संग्रह बुझि कंसनारायण-पदावली कोना कहलैन्हि से नहि जानि। प्रायः अन्तिम पाँतीमे 'कंसनारायणभूमिभर्त्ता' देखि ओ भ्रममे पड़ि गेलाह। कारण, कंसनारायणक समय ओ स्वयं 1493 कहैत छथि ओ एहि संग्रहमे ललितपुर (पाटन) क राजा सिद्धि-नरसिंहक एक दू गोट नहि, सात गोट गीत अछि जनिक समय ओ स्वयं 1620 सँ 1657 कहैत छथि। कंसनारायणक परवर्त्ती युगक कमसँ कम दश गोट कविक बीस-पचीस गोट गीत एहि संग्रहमे अछि। सए वर्ष पछातिक गीत कोना राजा लक्ष्मीनाथ कंसनारायणक युगमे प्रख्यात भए सकत ई सोझ कथा प्रायः श्रीजयकान्तबाबूक ध्यानमे नहि रहल। तखन नाम गामक व्युत्पत्ति नहि हो ओ एही नामसँ ओ एकर परिचय कराबथि ताहिमे कोनो आपत्ति नहि, मुदा जे ओ विवरण देल अछि से यदि एहि संग्रहक थिक तँ भ्रान्त, ताहिमे कोनो संदेह नहि।

नेपालक राजगुरुक ई पोथी कतोक दृष्टिसँ अपूर्व अछि। ई सम्पूर्ण अछि, सुन्दर तिरहुता अक्षरमे लिखल अछि, सुपठ अछि। अत्यन्त खेदक विषय थिक जे लेखक अपन

नाम नहि देल अछि ने लेखक समय देल अछि मुदा पोथी देखला उत्तर दू गोट कथा स्पष्ट भए जाइत अछि—प्रथम ई जे लेखक जे संग्रह लिखलैन्हि ई सएह थिक, कोनहु पोथीक ई प्रतिलिपि नहि थिक। हमर अनुमान अछि जे सबटा गीत लेखककेँ जे अभ्यास छलैन्हि सएह लिखलैन्हि, कारण, बहुत गीतमे पद सब छूटल अछि, कतोकमे अधिक अछि, ओ अन्यत्र प्रकाशित गीतसँ पाठभेदक मिलानमे सबसँ बेसी एही अंशमे भेद भेटैत अछि। गीत-सबमे पाँतीक क्रममे भेद सेहो सएह प्रमाणित करैत अछि। दोसर ई जे ई संग्रह पण्डित व्यक्तिक लिखल थिक, एहन पण्डितक जे संस्कृत जनैत छलाह ओ मैथिली कविताक रसिकेटा नहि, ज्ञाता सेहो छलाह। मैथिली काव्यक जे पोथी सब भेटल अछि सब एहन व्यक्तिक लिखल जे वृत्या लेखक छलाह, जे देखल से लीखि देल, जे बहुधा ई नहि बुझथि जे की लिखैत छी, ने बुझबाक हुनका प्रयोजन रहैन्हि। अथवा एहन व्यक्तिक लिखल जे रसिक तँ रहथि मुदा अर्धशिक्षित जनिका पाठक संगति किंवा पदक साधुताक अवगति नहि रहैन्हि। विद्यापतिक गीतक जे संग्रह तालपत्रपर वीरपुस्तकालय मध्य अछि, जकर प्रकाशन श्रीसुभ्रदबाबू कएने छथि, वृत्या लेखकक लिखल थिक ओ रामभद्रपुरक पोथी अर्धशिक्षित व्यक्तिक लिखल। फलतः लेखकक भ्रमसँ गीत सबहिक पाठमे से कठिनता उत्पन्न भए जाइत अछि जकर समाधान दुरूह होइत अछि। अथवा यदि लेखक मर्मज्ञ नहि रहलाह तँ अभ्याससँ आनक लिखाओल अथवा अपनो अभ्यासक लिखल गीतमे अभ्यासक त्रुटि किंवा दोषसँ भ्रम होएब पूर्ण सम्भव। एहि पोथीमे एहि प्रकारक दोष अत्यल्प अछि, ने लेखाशुद्धि भेटैत अछि ने पाठाशुद्धि प्रत्युत पद सब विशुद्ध रूपमे लिखल अछि। तेँ कहब जे भ्रम अछिए नहि से नहि, अपवाद-स्वरूप दू चारिटा भ्रम सेहो भेटल अछि मुदा ताहिसँ एकर प्रामाणिकताक पुष्टिए होइत अछि। यथा गीत संख्या 95 मे तेसर पाँतीमे 'तुअ' पद भ्रम बूझि पड़ैत अछि, कारण 'अएलाहुँ' सँ बेसी आवश्यक अछि 'तेजि' क कर्मपदक ओ तेँ रागतरङ्गिणीक पाठ 'निज' अधिक समीचीन। गीत संख्या 118 मे सातम पाँतीमे पाठ अछि 'अधरक जोति अरुन नहि छड़ले'। स्पष्ट अछि 'अरुनक जोति अधर नहि छड़ले' चाही जाहिमे अरुन ओ अधर अनवधानतासँ उलटा लिखाए गेल। ई सब भ्रान्ति एहन अछि जे लगले सूझि जाइत अछि, जकर ऊहि कएल जाए सकैत छैक। हँ, कतहु कतहु एहन शब्दक प्रयोग अवश्य भेटैत अछि जकर प्रयोग आब ऊठि गेल छैक तेँ ओकर ठीक अर्थ बुझल नहि होइत अछि यद्यपि एहन बहुत शब्द अछि जकर अर्थ लेखक स्वयं ऊपरमे अथवा नीचामे चढ़ाए देने छथन्हि। परन्तु तैओ दू चारि ठाम अर्थ नहि बुझल भेल अछि। सबसँ कठिन भेल अछि ठाम-ठाम पदच्छेद करबामे। प्राचीन लेखमे पदच्छेदक समस्या ठाम-ठाम जटिल भए जाइत छैक। ई सुझबाक बात थिकैक ओ जाहिठाम संगत पदच्छेद नहि सुझल ताहिठाम हम अक्षर सबकेँ यथावत् राखि देलिऐक अछि जे कोनहु सुधीकेँ से सूझि जाइन्ह। इएह पाठभेद, भ्रान्ति, पदच्छेदक सन्देह किंवा क्लिष्टता देखएबाक हेतु टिप्पणीक प्रयोजन भेल अछि तथा टिप्पणी देब जखन आवश्यक भेल तखन ओहिमे गीतक विषय, मर्म,

चमत्कार आदिहुक संक्षिप्त चर्चा करैत गेलहुँ।

अतएव एहिमे कोनो सन्देह नहि जे एहि संग्रहक पण्डित लेखक की लिखैत छी से बूझिकेँ लिखल ओ तँहि जतए संदेह भेलैन्हि जे कोनो शब्द कठिन अथवा असाधारण अछि ततए ओकर आशय चढ़बैत गेलाह। अन्तिम गीत जे गोविन्दक थिक ताहिमे अर्थ संस्कृत श्लोकमे सेहो गोविन्द दए गेल छथि जेना पारिजातहरणक प्रसिद्ध मानक गीतमे उमापति कएने छथि (मुदा उमापति भाव मात्रक अनुवाद कएने छथि, गोविन्द शब्दहुक ओ तेँ गोविन्दक काव्य उत्कृष्टतर अछि)। एहि श्लोक सबमे कतहु अक्षराशुद्धि नहि अछि, कोनो प्रकारक भ्रान्ति नहि अछि। भाषाक लेखमे संस्कृतक अनभिज्ञता लगले देखार भए जाइत छैक; से एहिमे नहि अछि एतावतैव सिद्ध अछि जे एकर लेखक संस्कृतक ज्ञाता छलाह, केओ पण्डित छलाह, एहन पण्डित जे रसिक छलाह, भाषाक गीत जानथि, ओकर अर्थ बुझथिन्ह, ओकर आशय ओ मर्म हृदयङ्गम करथि। ओ तेँ ई संग्रह सबटा उत्तम गीतक संकलन थिक। पाँच सात गोट मात्र गीत एहिमे साधारण अछि, एहन अछि जाहिमे कवि-समय-प्रसिद्धिक नूतन विन्यास मात्र कहब, परन्तु ताहूमे पदक लालित्य ओ भावक कोमलता हृदयग्राही अवश्य अछि। कहबाक तात्पर्य जे एहि संग्रहमे उत्तम गीतक बीछिकेँ संकलन कएल गेल अछि, कोनहु प्राचीन संग्रहकेँ उतारिकेँ लिखल नहि थिक; प्रत्युत अपना हेतु वा ककरहु आनक हेतु सहृदयताक संग मर्म बूझिकेँ नाना प्रकारक गीतक एकत्र संकलन थिक। तेँ केवल प्रसिद्धे कविक रचना हो से एहिमे नहि अछि, प्रसिद्धे टा गीतक संग्रह हो से नहि अछि। संग्रहकर्त्ता गीतक गुणक ज्ञाता छलाह। गीतक गुण थिकैक संगीतक माधुर्य, पदक लालित्य, भावक कोमलता, भासक नूतनता; कहबाक तात्पर्य जे भावपक्षसँ विशेष महत्त्व छैक एहिमे कलापक्षकेँ ओ से कलापक्ष एहि संग्रहमे गीत-गीतमे असाधारण चमत्कारक अछि। भावहुक प्रसङ्ग एकटा कथा तँ स्पष्टे अछि जे एहि संग्रहमे एकटा क्रम अछि, गीतक चयन गीतक विषय-वस्तुकेँ, वर्णन-शैलीकेँ, किंवा गीतकारकेँ मनमे राखि कएल गेल अछि। संग्रहक आरम्भे विप्रलम्भक गीतसँ होइत अछि ओ आदिक बारह गोट गीत विप्रलम्भहिक थिक, एक दू नहि छओ गोट कविक रचित, ओ ताहिमे विद्यापतिक रचित केवल तीनि गोट गीत अछि। सिद्धि-नरसिंहक छओ गोट गीत एकहि ठाम अछि, छबो विप्रलम्भक। नृपमानसिंहक भनिताक एकटा गीत भगीरथक लीखि दोसरो गीत मानसिंह भनिताक मैथिलीमे नहि पाबि संग्रहकर्त्ता शङ्कररायक रचित संस्कृतहिक गीत लिखल अछि। विषयक अनुसार गीत सबकेँ देखला उत्तर देखैत छी जे 145 गोट गीतमे एक गोट (120) विशुद्ध संस्कृतक थिक ओ एक गोट (112) बंगलाक थिक, ओहन बंगला जे एक जन मैथिली लीखि सकलाह। प्राचीन संगृहमे मैथिलक रचल बंगलाक गीत इएह टा भेटल अछि यद्यपि बंगालीक लिखल मैथिली व्रजबूली कहाए प्रसिद्ध अछि। एकर अतिरिक्त चारि गोट गीत (65, 88, 93, 113) नाटकक गीत प्रतीत होइत अछि। समस्त संग्रहमे चारि गोट गीत (66, 67, 115, 127) महेशवानी थिक, एक गोट (120) संस्कृतमे भगवतीक स्तुति

थिक, तीनि गोट लगनी अछि, दू गोट (131, 132) जाँत परक ओ एक गोट आस पर (49), एक गोट (52) कूट अछि तथा पाँच गोट (69, 108, 123, 124, 134) गोआलरी थिक। एवं क्रमे चौदह गोट गीत जे जाति-विशेषक थिक, तकरा छोड़ि शेष 131 गोटमे केवल चारि गोट अभिसारक, पचीस गोट रूपश्रीक वर्णन, उनतीस गोट संभोगक, ओ तेहत्तरि गोट विप्रलम्भ शृङ्गारक गीत थिक। स्पष्ट अछि जे एहि संग्रहकर्त्ताकेँ विप्रलम्भक गीत बड़ प्रिय छलैन्हि ओ आधा गीत केवल ओही विषयक बीछल।

एहि प्रसङ्ग ई देखबाक थिक जे बहुतो विप्रलम्भक गीतमे नायिका स्वकीया अछि ओ भावक उपस्थापनमे तेहन स्वाभाविकता अछि जे मर्मकेँ स्पर्श करबामे सर्वथा सक्षम अछि। हमर अनुमान अछि जे एहि गीत सबमे तत्तद् कविक आत्माभिव्यक्तिक ध्वनि अछि। पण्डित कवि लोकनि भेलाह प्रवासी ओ सबकेँ रहैन्हि अपन अनुरक्ता प्रेयसीक वियोग। अतएव विप्रलम्भक गीत रचबामे प्रवासी पण्डित कवि लोकनिकेँ अपने स्थिति कल्पनामे अबैन्हि, अपने प्रेयसीक विकलता हृदयकेँ अभिभूत करैन्हि। गीतमे आत्माभिव्यक्तिमूलक रसक विन्यास बड़ विरल भेटैत अछि मुदा एहि विप्रलम्भक गीत सबमे से ठाम ठाम बड़ प्रचुर मात्रामे उपलब्ध होइत अछि। ई एहि संग्रहक विप्रलम्भक गीतक प्रसङ्ग बड़ विशेष महत्त्वक वस्तु भेल।

एहि संग्रहक पाठक प्रामाणिकताक एक गोट लक्षण एही पुस्तक मध्य भेटत। एकर गीत संख्या 148 जे विद्यापतिक प्रसिद्ध गीत थिक, नगेन्द्रनाथ गुप्तहुक पदावलीमे प्रकाशित अछि, एहि संग्रहक नहि थिक; ओ भेटल वीरपुस्तकालयमध्य माधवानलकथाक पोथीक कातक पातपर, ककरो लिखल, ओकर पाठ परिशुद्ध नहि अछि, भनिताक पदमे 'सुन रमापति' अलग्न अछि, अन्यत्र प्रकाशित भनितासँ सर्वथा भिन्न अछि ओ अन्यत्रहु प्रकाशित एहि गीतक पाठ पूर्ण सन्तोषप्रद नहि भेटैत अछि मुदा एहि संग्रहक गीतक पाठक संग ओकर मिलान कएला उत्तर स्पष्ट प्रतीत होइत अछि जे ओ गीत कोनहु मर्मक अनभिज्ञ रसिक व्यक्तिक लिखल थिक, एहि संग्रहक लेखक जकाँ गीतक मर्मज्ञ सुबोध पण्डितक लेख नहि भए सकैत अछि। हमरा तँ हर-गौरी-विवाहहुक महेशवानी सबमे पाठक विशुद्धि ओतेक नहि जँचैत अछि। वस्तुतः जतेक परिशुद्ध पाठ एहि संग्रहक गीतक भेटैत अछि ततेक आइ धरि कोनहु दोसर संग्रहक नहि भेटल छल।

परन्तु मैथिली गीतक मर्मज्ञ ज्ञाता एहि संग्रहक लेखक के पण्डित छलाह से बुझबाक कोनो साधन नहि अछि। एकर अन्तिम गीतमे कंसनारायणक कीर्त्तन अछि तेँ यदि एकरा कंसनारायणक दरबारमे प्रसिद्ध गीतक संग्रह, कंसनारायण-पदावली, कहल जाए तँ अन्तिम गीत गोविन्दक थिक, सेहो विशिष्ट, संस्कृतमे ओकर विलक्षण अनुवादसँ संवलित, तेँ ई गोविन्दहिक लिखल थिक सएह ने किएक कहल जाए? परन्तु से कहब कतेक असंगत होएत से केओ विवेचक बूझि सकैत छथि। जेना गीतक अन्तिम पदमे देल नामसँ ओही गीतक रचयिताक कल्पना करैत छी तहिना संग्रहक अन्तिम गीतकेँ ओही संग्रहक 'भनिता'

मानि ओकर संकलनक कल्पना हास्यास्पद। अन्तिम ओइनिवार राजा कंसनारायण लक्ष्मीनाथक कमसँ कम एक सए वर्ष पछाति धरिक गीत एहि संग्रहमे संकलित अछि ओ जे कथा हम अनुपदहिँ देखाए रहल छी, एहि संगृहक संकलन सत्रहम शताब्दीक मध्यमे ई. 1650 क प्रान्तमे भेल छल।

परन्तु एतबा धरि हमरा एहि संग्रहक गीतावलीक गम्भीरतापूर्वक अध्ययन कएलासँ प्रतीत होइत अछि जे ओ पण्डित मैथिल अवश्य छलाह मुदा छलाह नेपालक अथवा तराइक कोनहु राजाक आश्रित। नेपालमे लेखपोथी दू प्रकारक उपलब्ध अछि, एक तँ नेपालहिमे लिखल, मुदा ताहिसँ भिन्न नेपालसँ बाहरहु लिखल जे नेपाल चल गेल अछि एहनो पोथीक संख्या थोड़ नहि अछि। एहि संग्रहमे नेपालक कवि, नेपालक भिन्न-भिन्न दरवार, मोरंग, मकमानी प्रभृतिक आश्रित कविलोकनिक रचना प्रचुरतया संकलित अछि। विद्यापतिकेँ छोड़ि चौबीस गोट विभिन्न भनिताक गीत एहिमे संगृहीत अछि जाहिमे अठारह गोट गीत रागतरङ्गिणीमे सेहो अछि। रागतरङ्गिणीक रचना प्रायः एहि संग्रहसँ एक पुस्ति पछाति भेल। एहि संग्रहमे नेपालक ललितपुरक राजा सिद्धि-नरसिंहक एक दू गोट नहि, सात गोट गीत अछि, माकमानीक प्रसिद्ध पण्डित कवि चतुर्भुज रायक एतेक रास गीत अछि, आओरो मोरंगक आश्रित कविलोकनिक गीत अछि। रागतरङ्गिणीमे सेहो एक गोट गीत श्रीनिवास मल्लक रचित देल अछि मुदा से पूर्ण नहि ओ नेपाल बराड़ीक दृष्टान्त हुनका अन्यत्र प्रायः नहि भेटल, अन्यथा सिद्धि-नरसिंहक रचना छोड़ि हुनक पुत्र श्रीनिवासमल्लक रचना किएक ग्रहण करितथि। वस्तुतः मिथिलाक पण्डितलोकनि नेपाल वा तराइक रजवाड़ा जाथि, ओतए रचना करथि, मिथिलाक गीत लए लए जाथि, मिथिलाक गीतक शैलीपर रचना करथि, मुदा नेपालमे जे रचना हो तकर प्रचार ओ प्रसार मिथिलामे होइत छल तकर कोनो प्रमाण नहि भेटैत अछि। अतएव नेपालमे रचित गीतक संग्रह मिथिलाक केओ मैथिल पण्डित कएलैन्हि ताहिसँ विशेष संगत जँचैत अछि ई कल्पना करब जे नेपालक केओ मैथिल पण्डित एहि संग्रहक संकलन कएलैन्हि। मुदा ई केवल कल्पना थिक से स्मरण रहए। निश्चय-पूर्वक केवल एतबे कहल जाए सकैत अछि जे संग्रहकर्त्ता मैथिल छलाह, मिथिलाक्षरमे लिखने छथि; पण्डित छलाह, शुद्ध लिखने छथि; गीतक मर्मज्ञ ज्ञाता छलाह, गीत बीछि-बीछिकेँ लिखने छथि।

कोन उद्देश्यसँ ई संग्रह कएल गेल से कहब आब असम्भव अछि। संग्रह उपलब्ध भेल नेपाल राष्ट्रीय पुस्तकालय मध्य ओ ई पुस्तकालय नेपालक प्रसिद्ध राजगुरुक संग्रहकेँ लए संघटित भैए रहल छल। राजगुरुक संग्रहालय मध्य ई पोथी कोना आएल, कतएसँ आएल इत्यादि विषय ज्ञात नहि भए सकैत अछि। हमर अनुमान अछि जे कोनहु राजा किंवा आने पैघ लोकक हेतु पण्डितजी ई संग्रह कएने होथि अथवा स्वान्तःसुखाय नीक नीक गीत ताकि लिखने होथि से सम्भव। परन्तु काज धरि ओ बड़ पैघ कएल ओ आइ जखन ई संग्रह प्रकाशमे आबि रहल अछि तखन मैथिली-साहित्यक क्षेत्रमे एकर बड़ विशिष्ट

महत्त्व छैक ओ दिनानुदिन होएतैक ताहिमे सन्देह नहि। अतएव अत्यन्त खेदक विषय थिक जे एहन सुन्दर साहित्यिक सेवा कएनिहार रसिक पण्डितक नाम ज्ञात नहि भए सकैत अछि जाहिसँ अपन संग्रहक संग संग हुनक अपनो नाम अमरत्वकेँ प्राप्त करैत।

परन्तु एहि संग्रहक कालक प्रसङ्ग ओतेक अनिश्चय नहि अछि। एहि ग्रन्थक अन्तमे परिशिष्ट रूपेँ एहिमे संगृहीत सब गीतक कविक जहाँ धरि परिचय बुझल भए सकल अछि देल अछि, ताहिमे 13 गोट कविक प्रसङ्ग किछु बुझल नहि भए सकल अछि, भनितामे आश्रय वा मित्रक नाम देलो अछि तथापि हुनका प्रसंग किछुओ कहब सम्भव नहि अछि। शेष 12 गोट कविक परिचय कतोक निश्चित रूपसँ, कतोक अनुमानतः, देल अछि। से देखला उत्तर पता लागत जे सिद्धि नरसिंह जे ललितपुरक राजा छलाह, तनिक समय निश्चित रूपसँ बुझल अछि। ओ 1620 ई. सँ 1657 ई. पर्यन्त राजा छलाह। तकर पश्चात् ककरो तिथि निश्चित रूपसँ बुझल नहि अछि प्रत्युत जनिक तिथि बुझल होइत अछि से तत्समकालीन छलाह आ ताहिसँ पूर्वक। अतएव सत्रहम शताब्दीक मध्यक ई संग्रह थिक ई हमर अनुमान अछि। तकर पुष्टि एहिसँ होइत अछि जे सत्रहम शताब्दीक उत्तरार्धक विशिष्ट रचनासँ एहिमे कोनो गीत सन्निविष्ट नहि भेटैत अछि। नेपालहिमे काठमाण्डूक राजा प्रतापमल्ल (1639-1689) बड़ विशिष्ट कवि छलाह, अपनाकेँ कवीन्द्र कहथि, ओ जे टाका चलाओल ताहिपर कवीन्द्र सएह खोधाओल। पाटनक श्रीनिवासमल्ल बड़ पैघ कवि छलाह ओ रागतरङ्गिणीमे लोचन समेत हुनक गीतक अंश उद्धृत कएने छथि। भातगामहुक राजा जगज्ज्योतिर्मल्ल ओ हुनक परवर्ती राजा लोकनि स्वयं कवि छलाह ओ पण्डित कविक बड़का पोषक; वंशमणिझाक सदृश महाकवि भातगामक दरबारमे छलाह। परन्तु हिनका लोकनिक ककरो रचना एहिमे नहि अछि जाहिमे सबसँ आश्चर्यजनक भातगाम दरबारक रचनाक अभाव खटकैत अछि। सम्भव थिक जे एहि संग्रहक पण्डित भातगाम दरबारक विरोधी दरबारक आश्रित छल होथि परन्तु से जे हो, परवर्ती कविलोकनिक रचनाक अभाव एकर समयक अनुमानमे सहायता करैत अछि। तहिना, मिथिलामे सेहो महाराज सुन्दरठाकुरक समयसँ साहित्यक प्रगति पुनः द्रुत होअए लागल। गोविन्ददासझा, रामदास झा, लोचन ओ उमापति 1700 ई धरि प्रसिद्ध भए गेल छलाह। हिनका लोकनिक ककरो गीत एहिमे नहि अछि। रागतरङ्गिणीमे अनेको कविक रचना अछि जे एहि संग्रहमे नहि अछि। फलतः एहि संग्रहकेँ रागतरङ्गिणीसँ किछु प्राचीन मानए पड़त यद्यपि दूनू एकहि शताब्दीक थिक। लेख पोथीक स्वरूप, ओकर कागत ओ अक्षर, एहू सबसँ एकर समय तीन सए वर्ष मानब असङ्गत नहि होएत। ओना सत्रहम शताब्दी धरि मिथिलामे कागतक प्रयोग ओतेक साधारण नहि भेल छल ओ तालपत्रहुक प्रयोग होइत छल परन्तु नेपालमे कागतक प्रयोग साधारण भए गेल छल ओ मिथिलहुमे कागत नेपालहिसँ अबैत छल। तहुँ ई संग्रह-ग्रन्थ नेपालमे लिखल गेल ताहि कथाक पुष्टि होइत अछि।

एहि संग्रहक प्रत्येक गीतक संग टिप्पणी ओ अन्तमे परिशिष्टरूपेँ कविक

यथासम्भव उपलब्ध परिचय ओ गीत-सबहिक विविध अनुक्रमणिकासँ एहि प्रसङ्ग यावतो ज्ञातव्य विषयक सन्निवेश एकर अध्ययनमे अवश्य उपकारक होएत। ई संग्रह अनेक दृष्टिसँ अनुपम अछि ओ रागतरङ्गिणीसँ विशेष नहि तँ तत्सदृशे महत्त्वपूर्ण अछि। रागतरङ्गिणीमे संगीतक विषय प्रधान अछि ओ मिथिलाक गीत-साहित्यक विवरणसँ ओकर महत्त्व बढ़ि जाइत छैक अवश्य, परन्तु ऐतिहासिक किंवा साहित्यिक दृष्टिसँ एकर महत्त्व रागतरङ्गिणीसँ कनेको न्यून नहि मानल जाएत। रागतरङ्गिणीमे केवल 97 गोट गीत अछि; ओहिमे विद्यापतिक केवल एकावन गोट गीत अछि। एहि संग्रहमे 160 गोट गीत अछि, जाहिमे अठतालीस गोट मात्र प्रकाशित अछि, शेष एक सए बारह गोट नवीन अछि। भाषागीतसंग्रहमे विद्यापतिक अठसठि गोट गीत अछि, माधवानलक कातक पात पर लिखल दूनू गीत ओ सात गोट महेशवानी, सब मिलाए सतहत्तरि गोट गीत अछि; एहिमे प्रकाशित अछि भाषागीत संग्रहक सँएतीस गोट, तालपत्र परक दूनू ओ एक गोट मात्र महेशवानी—कुल मिलाए चालीस गोट मात्र। शेष सँएतीस गोट गीत सर्वथा नवीन अछि। ई थोड़ महत्त्वक वस्तु नहि भेल। विद्यापतिसँ भिन्न कविक सतहत्तरि गोट भाषा गीत संग्रहमे ओ छओ गोट महेशवानी—सब मिलाए तिरासी गोट गीत अछि जाहिमे केवल आठ गोट प्रकाशित अछि; शेष पचहत्तरि गोट गीत सर्वथा नवीन अछि। पचीस गोट कविक रचना एहिमे संग्रहीत अछि जाहिमे केवल पंद्रह गोटक रचना पूर्वमे उपलब्ध छल; शेष दश गोट कविक रचना प्रथमहि भेटल अछि। जाहू कविक रचना पूर्व उपलब्ध छल तनिको नव नव रचना भेटल अछि ओ कतोकक अनेक रचना भेटल अछि जाहि आधारपर हुनक कवित्वक विशेष रूपसँ परिचय होइत अछि यथा गोविन्द ओ चतुर्भुज। एहि दूहू महाकविक वैशिष्ट्य एहि संग्रहसँ स्पष्ट होइत अछि। नाटकक गीत एहिमे बड़ विशेष महत्त्वक अछि ओ जे कथा एमहर किछु दिनसँ हम सन्दिग्ध रूपमे कहैत छलहुँ से एहि संग्रहसँ निश्चित भए गेल अछि। एहि सब कारणसँ एहि संग्रहक ऐतिहासिक महत्त्व अपरिमेय अछि।

परन्तु ताहिसँ किञ्चितो न्यून एकर साहित्यिक महत्त्व नहि छैक। एतेक रास गीत, एतेक विषयक, मैथिली-साहित्यक गौरव थिक ओ से सब गीत भिन्न-भिन्न भासक, गेयधर्मितासँ युक्त, ललित ओ मधुर, सब उत्तम काव्य। लगनीक दूहू जाति, जाँत परक ओ आस परक; महेशवनीक एतेक प्रकार जकरा व्यवहारहुक गीत कहि सकैत छी; गोआलरी ओ मान, विरह ओ अभिसार सब जातिक गीतक ई संग्रह मैथिली गीति-काव्यक विकासक एक गोट बड़ विलक्षण चित्र प्रस्तुत करैत अछि। परन्तु हमरा हेतु एकर महत्त्व सबसँ विशेष अछि नेपाली मैथिली-साहित्यक प्रकाशनमे। बंगाल किंवा आसाममे मैथिलीक अनुकरण भेल; तकर एतेक अनुसन्धान ओ अध्ययन भेल अछि। नेपालमे तँ मैथिलीक साहित्यक सर्जन होइत रहल अछि मुदा आइ धरि गोटेक आधेक गीत छोड़ि नेपालक गीत प्रसिद्ध नहि छल। समय आबि गेल अछि जे साहित्यक क्रमबद्ध ओ गम्भीर अध्ययन कएल जाए ओ एहि संग्रहसँ ओहि अध्ययनक आरम्भे होइत अछि।

ताहि सङ्ग सङ्ग एहि संग्रहक भाषागत महत्त्व सेहो अछि ओ जाहि शुद्धतासँ ई लिखल अछि ताहि आधारपर मैथिली-भाषाक विद्यापति-कालीन नहि तँ सत्रहम शताब्दीक स्वरूपण प्रामाणिक रूपसँ भए सकैत अछि। मिथिलाभाषाक ई बड़का त्रुटि रहल अछि जे एकर स्वरूपक निर्णयक कोनो प्रमाण नहि छल अछि ओ बहुधा ई लेखकक रुचि पर निर्भर करैत छल जकर परिणाम स्वरूप सब केओ जेना बजैत छी तकर अत्यन्त सदृश लिखबाक यत्न करैत रहलाह। अतएव जे जेहन शुद्ध बाजत से तेहन शुद्ध लिखत। एहि संग्रहक लेखक बूझिकेँ लिखैत छलाह ओ तृतीया एवं सप्तमीक विभक्तिकेँ द्योतित करबाक हेतु अर्धचन्द्रक प्रयोग सूचित करैत अछि जे ओ मिथिलाभाषाक मर्मक ज्ञाता छलाह। वस्तुतः जे कथा हम वारंवार कहैत अएलहुँ अछि एहन परिशुद्ध मिथिला भाषा, एतेक प्राचीन, कमसँ कम हमरा नहि उपलब्ध छल। हँ, कतोक पदक हेतु वैकल्पिक रूप एहूमे लक्षित होइत अछि यथा 'षन' ओ 'खन', मुदा 'विष' क हेतु 'विस' प्रयोग सेहो भेटैत अछि। ततबे नहि, विद्यापतिक गीत ओ हुनक परवर्ती कविलोकनिक गीतक भाषामे केवल शब्दहिटामे नहि, शब्दक रूपहुमे ओ ठाम ठाम व्याकरणक नियमहुमे अन्तर देखैत छी। ताहूसँ सूचित होइत अछि जे भाषाक क्रमिक विकासक ध्यान एहि संग्रहक लेखककेँ बराबरि छलैन्हि।

अन्तमे संगीतक प्रसङ्ग। ई तँ हम पूर्वहुँ कहल अछि जे एहि संग्रहक सब गीत कलापक्षमे विच्छित्तिपूर्ण अछि, गेयधर्मितासँ पूर्ण अछि, ललित ओ कोमल अछि, मुदा मिथिलाक संगीतक एहिमे कतेक विकास निदर्शित अछि सेहो विचारणीय थिक। जेना प्रत्येक पुरान संग्रहक रीति थिकैक, एहूमे सब गीतक शीर्षक रागक नामसँ देल अछि, केवल 32 गोट गीतमे रागक नाम नहि अछि। शेष 113 गोट गीतमे 17 गोट रागक नाम अछि जाहिमे चारि गोट भिन्न भिन्न नामेँ निर्दिष्ट अछि; असावरी ओ आसावरी; कोड़ार, कोड़ारा ओ कोलार; धनछी ओ धनाश्री; तथा बरड़ी ओ बराड़ी। रागतरङ्गिणीक चतुर्थ तरङ्गक अन्तमे जे 'सङ्कीर्णासंङ्कीर्णमैथिलरागाणामेकीकृत्य गणना' देल अछि ताहिसँ पंद्रह गोट रागक गीत एहि संग्रहमे अछि, ललित, विभासी, बराड़ी, गोपीवल्लभ, गुर्जरी, सारङ्गी, कोड़ार, धनछी, आसावरी, मालव, भूपाली, राजविजय, नाट, केदार ओ मलारी। केवल दू गोट नाम रागतरङ्गिणीमे नहि भेटैत अछि, गौड मल्लार ओ भाठ, यद्यपि बराड़ी ओ राजविजयक सङ्ग भठिआलीक भेद निर्दिष्ट अछि ओ सएह भठिआली ने एतए भाठ कहल गेल हो। विभास जकर 19 गोट गीत एहि संग्रहमे अछि रागतरङ्गिणीमे विभासी कहल अछि ओ सङ्कीर्ण रागक विवरणमे प्रथमे थिक। मुदा रागतरङ्गिणीमे विभासीक भेद नहि कएल अछि, एहिमे विभासक सबसँ अधिक गीत अछि। तहिना रागतरङ्गिणीमे ललित बिनु भेदक अछि; एहिमे ललितक सङ्ग-सङ्ग ललित-गुर्जरी ओ ललित-कोड़ार दू गोट भेद देल अछि। एतबा एहि दूनू रागक लोकप्रियता किंवा विकास मानए पड़त।

परन्तु आश्चर्य जे अठारह गोट गीत एहि संग्रहमे अछि जे रागतरङ्गिणीमे सेहो अछि परन्तु ताहिमे केवल तीनि गोट गीत एहन अछि जाहिमे दूनूमे राग एके कहल अछि।

रागतरङ्गिणीमे जाहि रागक उदाहरणमे ओ गीत अछि तकर निर्देश एतए टिप्पणीमे कए देल अछि। देखल जएतैक, एकर गीत 105 दूनू ठाम ललित कहल अछि, गीत 31 एतए आसावरी ओ रागतरङ्गणीमे ओकर भेद संभोगासावरीमे देल अछि; ओ गीत 45 जे एतए कोडार देल अछि रागतरङ्गिणीमे कोडारक 'वियोगि' भेदक उदाहरणमे उद्धृत अछि। शेष सब गीतमे भेद अछि। आश्चर्यक विषय एहिमे ई जे जखन लोचन वारंवार कहैत छथि जे 'एतन्नामकं छन्दः' अर्थात् जएह राग सएह ओकर छन्दहुक नाम, तखन ओहि गीतक छन्द की कहल जाएत? राग तँ गएबाक वस्तु थिक ओ मानि लेल जे एकहि गीतकेँ अनेक रागमे बान्हिकेँ गाओल जाए सकैत अछि मुदा छन्द तँ से वस्तु नहि थिक। वस्तुतः मैथिल संगीतक अध्ययन आवश्यक अछि ओ तखनहि एहि प्रश्नक उत्तर भेटबाक आशा।

एहि संग्रहक प्रकाशनक हेतु हम कृतज्ञता ज्ञापित करैत छी पटना विश्वविद्यालयक उपकुलपति डॉ. श्रीकालीकिङ्कर दत्त महाशयक ओ मैथिली डेवलपमेन्ट फण्डक सदस्य बाबू श्रीअमृतधारी सिंह साहेबक। पटना विश्वविद्यालयक कुलसचिव श्रीसीतारामप्रसादजी बड़ तत्पर छलाह अछि ओ बिनु हुनक तत्परतेँ ई एतेक शीघ्र प्रकाशित नहि भए सकैत। नेपालमे हमर मित्र पण्डितवर श्रीजयमन्तबाबू बड़ दत्तचित्त भए साहाय्य कएलैन्हि परन्तु सारस्वत सम्बन्धेँ सगोत्र, हुनका प्रति की कृतज्ञता प्रदर्शित करब। एकर प्रेसकापी बनएबाक काल वारंवार सुहृद्वर ईशनाथ झा मन पड़थि। ओ यदि रहितथि तँ बहुते ठाम ऊह कए कए पद सोझराए दितथि, अर्थ बैसाए दितथि। से काज एहिमे कएल अछि हमर अनुज श्रीतन्त्रनाथबाबू। विश्वविद्यालयसँ साहाय्यक हेतु नियुक्त छलाह हमर प्रिय सुयोग्य शिष्य दू गोटए, श्रीरामचन्द्रझा एम. ए. ओ पछाति श्रीविनोदमिश्र एम.ए.। बड़ मनोयोगसँ ई लोकनि काज कएलैन्हि तदर्थ हृदयसँ आशीर्वाद। एकर मुद्रणमे तत्पर भए हमरा सहायता कएलैन्हि अछि हमर सङ्ग काज कएनिहार आयुष्मान् श्रीइन्द्रनाथ सिंह ठाकुर बी.ए. ओ हमर पौत्र श्रीयशोनाथ। नव भारत प्रेसक श्री निर्भयराघव मिश्र केवल व्यावसायहिक बुद्धिसँ नहि, बड़ उत्साहसँ एकरा एतेक सुन्दर बनाओल। तथापि जे कतोक अशुद्धि रहि गेल से हमर अपने प्रमाद थिक, तदर्थ सुधी-समाज क्षमा करताह। इति।

(भाषा-गीत-संग्रह, 1969 इ.)

डाक्टर उमेश मिश्र के विद्यापति ठाकुर*

प्रयाग की हिन्दुस्तानी ऐकेडेमी एक आदर्श संस्था है। हिन्दी के मौलिक साहित्य की सृष्टि वह जिस लगन और मनोयोग से कर रही है, उसकी जितनी प्रशंसा की जाय, थोड़ी है। अभी तक बहुत-सी अलभ्य और मौलिक पुस्तकें इस संस्था के द्वारा प्रकाशित हो चुकी हैं। बड़े ही आनन्द और उल्लास की बात है कि हिन्दुस्तानी एकेडेमीने 'विद्यापति ठाकुर' नामक एक समालोचनात्मक ग्रन्थ प्रयागविश्वविद्यालयके प्रख्यात विद्वान डाक्टर उमेश मिश्र से लिखबाकर प्रकाशित किया है।

विद्यापति ठाकुर का स्थान भारत के भाषा-साहित्य क्षेत्र में बड़ा ही उज्ज्वल है। बंगाल का साहित्य इन्हीं के अमर गीतों के अनुकरण से विकसित हुआ। हिन्दी-साहित्य में भी इनका स्थान अद्वितीय है। अब यह बात निर्ववाद सिद्ध हो चुकी है कि महाकवि विद्यापति मैथिल थे, और मिथिला की अति प्राचीन भाषा मैथिली में इन्होंने अपने गीतों की रचना की। साहित्य-प्रेमियों से यह बात छिपी नहीं है कि अब तक इस सम्बन्ध में जो कुछ अनुसन्धान हुआ है, वह या तो उदार अंग्रेजों के द्वारा अथवा साहित्य-कला-मर्मज्ञ बंगालियों के द्वारा। बड़े ही परिताप की बात है कि मैथिलों ने अब तक इस दिशा में थोड़ा भी श्रम नहीं किया है।

कुछ दिन हुए पं. जनार्दन मिश्र एम. ए. ने महाकवि के ऊपर एक समालोचनात्मक निबन्ध लिखा था। आप पटने के बी. एन. कालेज के प्रोफेसर हैं। अब इधर आप डॉक्टर भी हो गए हैं। विद्यापति के ऊपर गवेषणात्मक निबन्ध लिखनेवाले आप पहले मैथिल थे। पंडितजी ने विद्यापति के गीतों का एक अनोखा अर्थ किया था। बात यह है कि आपने वाच्यार्थ को छोड़ व्यंजना से ही अर्थ लगाने की चेष्टा की थी। कबीर और दादू की श्रेणी में विद्यापति को बिठाकर इस महाकवि के साथ महान् अन्याय किया है। इसलिए जनार्दन मिश्र की यह पुस्तक जब हमको देखने को मिली तो उत्सुकता से हमने इसका परायण किया। हमें प्रसन्नता है कि अन्ततोगत्वा विद्यापति के गीतों के ऊपर कुछ मजे हुए विचार देखने को मिले।

---

* ई समीक्षा श्री भुवनेश्वर झा तथा श्री रमानाथ झाक नामसँ प्रकाशित अछि।

—सम्पादक

डाक्टर उमेश मिश्र ने इस पुस्तक को लिखने में काफी परिश्रम किया है। इस दृष्टि से वे प्रशंसा के पात्र हैं। आपने पुस्तक की भूमिका में स्वयं लिखा है—"बिना प्रमाण का एक भी कथन इस ग्रन्थ में नहीं है।" इन प्रमाणों को एकत्रित करने में आपको कितना श्रम उठाना पड़ा होगा, इसका अन्दाजा प्रस्तुत पुस्तक के ऊपर के फुटनोटों को देखकर ही लगाया जा सकता है। आप हर तरह से विद्यापति के ऊपर लिखने के अधिकारी हैं। मिथिला के प्रकाण्ड पंडितों के अग्रणी एक धुरन्धर विद्वान के सुपुत्र, प्रयाग विश्वविद्यालय के डाक्टर और संस्कृत के अध्यापक, मैथिली साहित्य-परिषद्‌के भूतपूर्व सभापति और श्री मन्मिथिलेश के दिए हुए विद्यापति-सम्बन्धी निबन्ध प्रतियोगिता-पुरस्कार के पाने वाले—उनसे सुयोग्य तो मैथिलों में अभी और कोई नहीं दीख पड़ता, जो इस गुरुतर भार को उठा सके।

लेखक की जगह आपका नाम देखकर यह विश्वास हो गया था कि आप कुछ स्थायी वस्तु हिन्दी-संसार के सामने उपस्थित करेंगे; परन्तु आशा उस समय निराशा में परिणत हो जाती है, जिस समय पुस्तक का पढ़ना समाप्त होता है। आशा तो उनसे यह थी कि वे अपने अगाध संस्कृत ज्ञान और अंग्रेजी की विचक्षणता का सम्मिश्रण कर एक भावपूर्ण ग्रन्थ लिखेंगे, जिससे साधारण त्रुटियों और भ्रान्त धारणाओं का निराकरण सर्वदा के लिए हो जाय; परन्तु बात ऐसी नहीं है। प्रमाणों का संग्रह उन्होंने किया है सही; परन्तु उन्हें सत्य और सत्समालोचना की कसौटी पर कसने की चेष्टा सही नहीं है। परिणाम यह हुआ है कि अपनी खोज की सारी सामग्री बिना खराद पर चढ़ाए पुस्तक में सन्निविष्ट कर दी है। कम-से-कम एक डी. लिट्. से तो यह आशा नहीं थी। प्रस्तुत आलोचना-मूलक है सही; परन्तु इसका अधिक अंश इतिहास से सम्बद्ध है। इतिहास लिखने के लिए केवल घटनाओं का ही संकलन पर्याप्त नहीं माना जा सकता। सच्चा इतिहास तो वही है, जिसमें घटनाओं के साथ-साथ कल्पनामूलक मौलिक विचार हों। महाकवि को हुए करीब पाँच सौ वर्ष हुए। कल्पना ही के बलपर हम उस सुदूर अतीत में पहुँच कर कवि के हृद्‌गत भावों और तत्कालीन समाज की आत्मा में प्रवेश कर सकते हैं। घटनाएँ तो हमारी कल्पना के लिए मार्गदर्शन का काम कर सकती हैं। हमारे विचार से इस पुस्तक में ऐसी कल्पना का भारी अभाव है।

प्राक्कथन में डाक्टर साहब लिखते हैं—"जिस दृष्टि से इस ग्रन्थ में आलोचना की गई है, उस दृष्टिकोण का सहारा आज तक किसी ने नहीं लिया है।" इसलिए सबसे पहले यही देखना चाहिए कि आपका दृष्टिकोण क्या है। समूची पुस्तक पढ़ने के बाद यही पता चलता है कि विद्यापति को आप एक भाषा का ही कवि मानते हैं। इनके पाण्डित्य के सम्बन्ध में आपकी राय है—"इन्होंने शास्त्र का व्यवसाय विशेष नहीं किया। केवल शास्त्र के उन्हीं विषयों से इनका सम्बन्ध रह गया, जो कि राजदरबार में नित्य काम आते थे।" यहाँ तक कि अन्त में आपने यह भी प्रश्न उठाया है—"क्या कारण था कि विद्यापति भाषा कवि होते हुए भी संस्कृत-भाषा के इतने बड़े विद्वान् थे?"

अब यदि डाक्टर साहब के इस कथन के सामने हम स्वर्गीय पं. हरप्रसाद शास्त्री की विचार-धारा की ओर दृष्टिपात करते हैं तो कुछ दूसरा ही चित्र सामने आता है। अपनी कीर्त्तिलता की भूमिका में शास्त्रीजी लिखते हैं—

"स्मृतिशास्त्रे ताँहार प्रगाढ़ व्युत्पत्ति छिल। पुराणेओ ताँहार प्रगाढ़ पाण्डित्य छिल। एइ सकल स्मृतिर ग्रन्थ लिखिते विद्यापतिके समस्त वेद, पुराण, स्मृति पड़िते हइया छिल केन ना, तिनि याहा किछु बलियाछेन, सकलेरइ प्रमाण दिया छेन, प्रमाण ना दिले ताँहार कथा सुनिबे के?

पण्डितेरा हिन्दूदिगेर क्रियाकाण्ड ओ तीर्थ सम्बन्धे लिखिते गेलेइ विद्यापतिर दोहाइ दिते हइयाछे। ...संस्कृत अलंकारे यत किछु कविप्रौढ़ोक्ति आछे, यत चलित आछे, विद्यापति ठाकुर ताँहार गानगुलिते से गुलिर प्रचुर व्यवहार करियाछेन। 'हालासप्तशती', 'आर्यासप्तशती', 'अमरुशतक', 'शृंगारशतक' प्रभृति संस्कृत एवं प्राकृत आदि रसेर कवितागुच्छ हइते विद्यापति आपनार गानेर यथेष्ट संग्रह करियाछेन। अनेक समय पड़िते-पड़िते सुपरिचित संस्कृत श्लोक मने पड़े। अनेक समय बोध हय, एइ सकल संस्कृत कवितार ऊपर विद्यापति रंग चढ़ाइयाछेन। ताहादेर भाव लइया वेशी करिया फुटाइयाछेन। समय-समय स्त्रीलोकेर रूपवर्णना करिते गिया शरीरेर कोन अंगेरइ नाम करेन नाइ, किन्तु अंगगुलिर उपमानगुलिके एमन करिया साजाइयाछेन जे, जे संस्कृत ना पढ़ियाछे से ताहार रसग्रह करिते पारिबे ना।"

अर्थात्—'स्मृतिशास्त्र में इनकी व्युत्पत्ति प्रगाढ़ थी। पुराण-सम्बन्धी इनका पाण्डित्य भी गम्भीर था। इन स्मृतिग्रन्थों को लिखने में विद्यापति को समस्त वेद, पुराण और स्मृतिशास्त्र के ग्रन्थों को पढ़ना पड़ा होगा। ऐसी एक भी बात नहीं, जिसका हबाला इन्होंने दिया हो और जो बिना प्रमाण के हो, अर्थात् इन्होंने सभी बातों के लिए प्रमाण उपस्थित किए हैं। बिना प्रमाण दिए, इनकी बातें सुनता ही कौन? (यही कारण है कि) परवर्ती पण्डितों को हिन्दुओं के क्रियाकाण्ड और तीर्थ-सम्बन्धी पुस्तकें लिखने के समय विद्यापति की दुहाई देनी पड़ती है। संस्कृत-अलंकारशास्त्रों में कवियों की जितनी प्रौढ़ोक्तियाँ और जितनी प्रचलित उपमाएँ हैं, उन सबका उपयोग कवि ने अपने गीतों में किया है। 'हालासप्तशती', 'आर्यासप्तशती', 'अमरुशतक', 'शृंगारतिलक', 'शृंगारशतक' प्रभृति संस्कृत एवं प्राकृत ग्रन्थों की कवितामालाओं से विद्यापति ने अपने गीतों के लिए भाव (कुसुमों) का यथेष्ट संग्रह किया है। गीतों का परायण करने के समय बहुत से सुपरिचित श्लोक याद आ जाते हैं। बहुत बार तो ऐसा प्रतीत होता है कि कवि ने इन संस्कृत कविताओं के ऊपर नया रंग चढ़ा दिया है—उन्हें नए साँचे में ढाल दिया है। कहीं-कहीं स्त्रियों की रूपमाधुरी का वर्णन करते हुए शरीर के अवयव-विशेष का तो नाम भी नहीं लिया है; किन्तु अंगों के उपमानों को इस खूबसूरती से सजाया है कि जो संस्कृत नहीं जानते, वे इन कविताओं से आनन्द नहीं उठा सकते।

हम मानते हैं कि विद्यापति की यशःपताका उनके गीतों की ही बदौलत फहरा रही है। जब तक मनुष्य-जाति की रुचि श्रृंगार-रस में रहेगी, तब तक सहृदय रसिक समाज विद्यापति के इन गीतों को समादर की दृष्टि से देखता रहेगा। हम शास्त्रीजी के इस कथन से पूर्ण सहमत हैं–

"जे गाने ताँहार ख्याति, जे गाने ताँहार प्रतिपत्ति, जे गाने तिनि जगत मुग्ध करिया राखियाछेन तिनि यदि ताहार एकटि गानओ ना लिखितेन, केवल पण्डितेर मत स्मृति, पुराण, तीर्थ ओ गजेटियार प्रभृति संस्कृत ग्रन्थ लिखिआइ क्षान्त थाकितेन, ताहा हइलेओ, बलिते हइत, ताँहार प्रतिभा उज्ज्वल ओ सर्वतोमुखी।"

अर्थात्–'जिन गीतों के लिए इनकी ख्याति है, जिन गीतों के लिए इनकी प्रतिपत्ति है और जिन गीतों के जरिए इन्होंने जगत को मुग्ध कर रखा है–यदि वे ऐसा एक भी गीत न लिखकर, केवल स्मृति, पुराण, तीर्थ और वार्षिक त्यौहार-सम्बन्धी पुस्तकें ही लिखकर विराम ग्रहण कर लेते, तो भी यह कहा जाता कि इनकी प्रतिभा समुज्वल और सर्वतोमुखी थी।'

यदि शास्त्रज्ञान में डाक्टर साहब का तात्पर्य अवच्छेदकता और प्रकारता की गुत्थियाँ सुलझाने से हो, तो यह हम भी मानते हैं कि विद्यापति पक्षधर की जोड़ के नहीं थे। परन्तु विद्यापतिरचित जितने ग्रन्थ उपलब्ध हैं, उनको देखते हुए भी यह कहना कि शास्त्र का व्यवसाय इन्होंने नहीं किया था और वे केवल 'राज-दरबार में साधारण बुद्धिवाले पुरुष तथा स्त्रियों की रुचि के अनुसार अपनी मातृभाषा मैथिली में कविता बनाने लगे', उस आत्मा के प्रति अन्याय करना है। हम डाक्टर साहब से पूछते हैं कि यदि वे केवल भाषा के ही कवि थे, तो फिर ऐसे धुरन्धर विद्वानों के रहते हुए भी इन्हें 'राजपंडित' की उपाधि कैसे मिली? क्या 'पुरुष-परीक्षा' में पाण्डित्य की कमी है? क्या उनके सैकड़ों संस्कृत के श्लोकों से संस्कृत-साहित्य पर उनका अधिकार प्रमाणित नहीं होता? क्या 'अथागमपुराणादि प्रमाणपरिविष्टितः। दुर्गोत्सव-विधानस्य प्रयोगो लिख्यतेऽधुना॥' इस श्लोक से ही यह बात साफ नहीं झलकती कि महाकवि को अपने पाण्डित्य का पूरा गौरव था? डाक्टर साहब के इस दृष्टिकोण से सम्पूर्ण पुस्तक में एक यह दोष आ गया है कि वे महाकवि को व्यवसाय से ही भाषा का कवि समझते हैं। उनकी कृतियों को देख ऐसा विश्वास नहीं होता। श्रीमन्मिथिलेश के दरबार में ऐसे अनेकों रसिक पंडित हुए हैं, जिन्होंने संस्कृत शास्त्र में पारंगत होते हुए भी भाषा में रचनाएँ की हैं। स्वर्गीय महाराजा लक्ष्मीश्वर सिंह के सभारत्न पंडित हर्षनाथ झा का नाम इस सम्बन्ध में ले लेना ही पर्याप्त समझा जायगा। आप विद्यापति के स्कूल के अन्तिम आलोक थे।

अस्तु, मनोऽभिनिवेशपूर्वक पुस्तक देखने पर यह बात साफ तौर से जाहिर हो जाती है कि आठ अध्यायों में पहला अध्याय सुरुचिपूर्ण और इसमें वर्णित सभी बातें प्रमाणपुष्ट हैं। फिर भी इस अध्याय में एक बात बड़ी असंगत जान पड़ती है। डाक्टर साहब अपनी

पुस्तक के 9वें पृष्ठ में विद्यापति के अतिवृद्ध प्रपितामह कर्मादित्य ठाकुर के सम्बन्ध में लिखते हैं कि वे "मिथिला के प्रथम ऐतिहासिक राजा कर्णाटकुलसम्भव नान्यदेव के मन्त्री थे।" फिर पृष्ठ 10 में आगे लिखते हैं–"ल. सं. 212 अर्थात् 1331 खीस्ताब्द में कर्मादित्य ठाकुर वर्तमान थे।" नान्यदेव का समय निर्धारित करते हुए डाक्टर साहब फर्माते हैं–"सबसे प्रथम मिथिला के ऐतिहासिक राजा नान्यदेव थे। किसी कारण कर्णाट देश को छोड़ 1097 ई. में इन्होंने सीतामढ़ी रेलवे स्टेशन के समीप कुछ आगे कोइली ग्राम के समीप सिमराँवगढ़ में राजधानी बनाई (पृष्ठ 16 और 17)।" क्या यह सम्भव है कि जिस महाराज ने सन् 1097 में एक राजवंश की स्थापना की, उसीका मन्त्री 1331 में वर्त्तमान रहे हैं। सिमरांवगढ़, जो आजकल सिमरौनगढ़ के नाम से मशहूर है, सीतामढ़ी स्टेशन के पास नहीं है, जैसा डाक्टर साहब ने लिखा है। घोड़ासाहन स्टेशन के उत्तर-पूरब कोने में सिमरांवगढ़ का भग्नावशेष नेपाल की उपत्यका में मौजूद है। सीतामढ़ी से यह स्थान काफी दूर है।

दूसरे अध्याय में डाक्टर साहब विद्यापति के समकालीन मिथिला के राजाओं का अत्यन्त संक्षिप्त विवरण देते हैं। वस्तुतः यह अध्याय ओइनवार राजवंश का ही इतिहास है। इसमें कोई नयी बात नहीं दीख पड़ती। दन्तकथाओं का समावेश इस अध्याय में भला नहीं मालूम होता। फिर भी, डाक्टर साहब ने बड़ी सरलता से इस राजवंश का अच्छा परिचय दिया है। सबसे महत्त्व की बात इस अध्याय में उन संस्कृत विद्वानों का परिचय है, जिनके ग्रन्थों के आधार पर ही इस राजवंश का इतिहास उपलब्ध होता है।

डाक्टर साहब के अनुसार विद्यापति ने अपनी अन्तिम कृति 'दुर्गाभक्तितरंगिणी' महाराज भैरव सिंह के समय में लिखी। सम्भवतः डाक्टर साहेब ने उपर्युक्त पुस्तक का छपा हुआ संस्करण नहीं देखा है। इसके अन्त में लिखा है–"...समस्त प्रक्रिया विराजमान-दलित रिपुराजमान-महाराजाधिराज शिवभक्तिपरायण श्री मद्दर्पनारायण देवात्मज-समस्तप्रक्रियाऽलंकृत महाराजाधिराज वीर श्रीधीर सिंह देवेन समरविजयिना कृता दुर्गाभक्तितरंगिणी समाप्ता।" महाराज भैरव सिंह की आज्ञा से उक्त पुस्तक लिखी गयी, इसके प्रमाण में डाक्टर साहब निम्नलिखित श्लोक उद्धृत करते हैं, परन्तु इस श्लोक के विश्लेषण से तो यह बात प्रमाणित नहीं होती। श्लोक यों है–

देवीभक्तिपरायणः श्रुतिमुखप्रारब्धपारायणः
संग्रामे रिपुराज कंसदलन प्रत्यक्ष नारायणः
विश्वेषां हितकाम्यया नृपवरोऽनुज्ञाप्य विद्यापतिं
श्रीदुर्गोत्सवपद्धतिं स तनुते दृष्ट्वा निबन्धस्थितिम्।

इसमें स्पष्टरूप से किसी भी महाराज के नाम का उल्लेख नहीं है। यदि कंसनारायण से ही डाक्टर साहब भैरव सिंह का अनुमान करते हैं, तो उन्हींके दिए हुए 32 पृष्ठ के दूसरे और तीसरे नोटों से स्पष्ट दीख पड़ता है कि 'कंसनारायण' भैरव सिंह और धीर सिंह

दोनों भाइयों के लिए प्रयुक्त हुआ है। इस स्थिति में ग्रंथान्त में स्पष्ट लिखे हुए कथन का त्याग क्यों किया गया, पता नही चलता। जब कि सभी ऐतिहासिक ग्रन्थ धीर सिंह के समय में 'दुर्गाभक्तितरंगिणी' का लिखा जाना कबूल करते हैं।

डाक्टर साहब ने सबसे बड़ी गलती विद्यापति की आयु-गणना के सम्बन्ध में की है। कोरे प्रमाणों का सहारा लेकर कल्पना का गला ही घोंट दिया गया है। सच तो यह है कि महाकवि के जीवन के शेषांश के प्रसंग में समालोचक-प्रवृत्ति का परिचय नहीं दिया गया। डाक्टर साहब का यह कथन कि विद्यापति का जन्म सम्भवतः 241 ल. सं. में हुआ था, इस जनश्रुति के आधार पर सर्वसम्मत है कि ये महाराज शिवसिंह से दो वर्ष बड़े थे और महाराज शिवसिंह 50 वर्ष की अवस्था में गद्दी पर बैठे। परन्तु ये कब तक जीवित रहे? यदि उस कविता को जिसमें 'राए नसरत साह' का नाम आया है, विद्यापति रचित मान लें और साथ ही इसे भी मान लिया जाय कि 'राए नसरत साह' बंगाल के नवाब नसरत शाह प्रसिद्ध नसीब शाह हैं, तो यह कहना पड़ेगा कि महाकवि 1530 ई. तक जीवित थे। इसी साल इनकी चढ़ाई तिरहुत पर हुई। इससे पहले शायद ये तिरहुत नहीं आए थे। डाक्टर साहब ने इस तिथि को पचीस साल पीछे ले जाने की चेष्टा की है। उनका कहना है—"कदाचित नसरत शाह राजा होने से पूर्व ही लोकप्रिय हो गए थे, इसलिए लोगों ने उन्हें पहले से ही राजा कहना आरम्भ कर दिया हो और इसीलिए विद्यापति ने उन्हें राजा लिखा हो—फिर भी यह कहना होगा कि अन्ततः नसरत शाह 30 वर्ष के अवश्य रहे होंगे, जब उनके अलौकिक गुणों से मुग्ध जनता ने उन्हें राजा कहना आरम्भ किया होगा। तथापि सन् 1500 ई. में हम विद्यापति को जीवित मानें, तो अनुचित न होगा।" प्रश्न यहाँ यह नहीं है कि लोगों ने नसरत शाह को कब से राजा कहना आरम्भ किया, प्रत्युत सवाल यह है कि विद्यापति ने इस गीत की रचना कहाँ की? क्या 140 वर्ष के बूढ़े ब्राह्मण ने तिरहुत से बंगाल जाकर नबाव को प्रसन्न करने की चेष्टा की थी? अथवा उनके अलौकिक गुणों को सुनकर ही उनके नाम पर कविता रची? इस गीत को पढ़ने से ऐसा नहीं प्रतीत होता कि यह नबाव के परोक्ष की रचना है। परोक्ष में रचना करने का कोई प्रयोजन नहीं दीख पड़ता। डाक्टर साहब स्वयं स्वीकार करते हैं—"विद्यापति ने अब तक (अर्थात् 296+32=328 ल.स. = 1447 ई.) केवल शृंगार-रस में ही अपना समय लगाया था। किन्तु शृंगार-रस से ही सुगति नहीं मिल सकती, यह जानकर इसके बाद कवि ने मोक्षमार्ग के निमित्त अपनी कवित्व-शक्ति की शरण ली और मोक्षदाता शिव के ही भजनों में अवशिष्ट समय लगाया।" तो क्या यह सम्भव है कि घटना के 53 वर्ष बाद एक मुसलमान नवाव को प्रसन्न करने के लिए इस बूढ़े ने ऐसी रचना की, जो प्रो. जनार्दन मिश्र की भी व्यंजना से शुद्ध शृंगार-रस का द्योतक है। पदों की योजना, शब्दों की कोमलता और मधुरता और अलंकारों की छटा देखते हुए तो यह एक वृद्ध की रचना नहीं मालूम होती। म. म. हरप्रसाद शास्त्री ने तो इस गीत के प्रसंग में लिखा है—"नसरत साहेर नामेर गाने विद्यापतिर नाम नाइ, आछे

कविशेखर। गान टि मैथिल त नयइ, बंगालाय मैथिलीर नकल हइवार सम्भावना। नसरत साहेर समय बङ्गालाय रायशेखर नामे एक जन बड़ पदकर्ता छिलेन। ए गान टि ताँहार हइबार सम्भावना।" अर्थात् 'नसरत साह के नामवाली कविता में विद्यापति का नाम नहीं है। कवि शेखर का नाम अलवत्त है। यह गीत तो मिथिला का नहीं है। बंगला में मैथिली की नकल होने की सम्भावना हो सकती है। नसरत शाह के समय में बंगाल में रायशेखर नाम के एक पद बनाने वाले कवि थे। सम्भव है, यह गीत इन्हीं का बनाया हो।' किन्तु मैथिल कवि लोचन ने (समय 1700 ई. के लगभग) अपने 'रागतरंगिणी' नामक संगीत-ग्रन्थ में 'देशी बराड़ी' छन्द के उदाहरण में इस गीत को उद्धृत किया है, और अन्त में लिखा है, 'इति विद्यापतेः।' अतएव म. म. हरप्रसाद शास्त्री की सम्भावना शिथिल हो जाती है। तो भी यह स्वीकार करना असम्भव जान पड़ता है कि महाकवि 170 वर्ष तक जीवित थे। और उस पर कल्पना यह कि वे अन्त तक शृंगार-रस की कविताएँ करते रहे। हमारी तो यह राय है कि या तो लोचन ने ही भ्रम से 'इति विद्यापतेः' लिखा है—जो समीचीन नहीं मालूम होता—अथवा और ही कोई दूसरा नसरत शाह नाम का व्यक्ति रहा होगा, जिसके नाम पर यह कविता महाकवि ने लिखी थी।

इसके अतिरिक्त उन कविताओं के आधार पर कुछ निश्चित रूप से नहीं कहा जा सकता, जिनमें 'राघव सिंह' और 'रुद्रसिंह' के नाम आए हैं। वस्तुतः ये पद प्राच्य-विद्याविशारद नगेन्द्रनाथ गुप्त के संग्रह से लिए गए हैं। विद्यापति के सम्बन्ध में गुप्त महोदय के अनुसन्धान अमूल्य हैं। फिर भी यह निःसंकोच कहा जा सकता है कि उक्त पद में संगृहीत सभी पद विद्यापति के नहीं है। लोचन की 'रागतरंगिणी' से पता चलता है कि

पद नम्बर 16—

कनकलता अरविन्दा
यमुना माझ उगल जनि चन्दा।

यह पद रतना जी का है।

पद नम्बर 126—

नाव डोलाव अहीरे
जिवइत न पाओव तीरे
खर नीरे लो।'

यह पद कवि भवानीनाथ का है।

पद नम्बर 793—

रितुराज आज विराज हे सखि नागरी जन बन्दिते।

यह पद कवि धरणीधर का है। ऐसे ही और भी पद हैं। पद नं. 86, 210, 670 आदि अनेक पदों में विद्यापति और गोविन्ददास दोनों के नाम आए हैं।

पद नम्बर 366–

अरुण पुरुब दिसि बहल सगर निसि
गगन मलिन भेल चन्दा।

तो महाकवि उमापति के 'पारिजात हरण' नामक नाटक का है।

पद नम्बर 412–

मानिनि आब उचित नहि मान।

कवि नन्दीपतिका है।

गुप्त जी की पदावली से ये सब पद विद्यापति प्रणीत माने गए हैं। कितने पद तो ऐसे हैं, जिन्हें सरसरी निगाह से देखने से ही पता चल जाता है कि ये विद्यापतिके रचे हुए नहीं हैं।

स्वयं डाक्टर साहब को इस बात का प्रत्यक्ष अनुभव होगा कि प्रायः नब्बे प्रतिशत गीतों में मिथिला की स्त्रियाँ 'भनिताओं' में विद्यापति का नाम रख लेती हैं। ऐसी स्थिति में केवल भनिताओं के आधार पर उन गीतों को विद्यापति रचित मान लेना कहाँ तक युक्तिसंगत होगा, इसे सभी विवेकशील व्यक्ति समझ सकते हैं। अतएव भनिताओं के आधार पर यह निष्कर्ष निकालना कि विद्यापति ने राघवसिंह या रुद्रसिंह को लक्ष्य करके शृंगार-विषयक कविताएँ रचीं, असमीचीन मालूम होता है। समय के खयाल से ये नरेश विद्यापति के पौत्र अथवा प्रपौत्र के समकालीन माने जा सकते हैं। हमारी तो यह धारणा है कि ये कविताएँ खण्डवलाकुल के नरपतियों के नाम पर अर्वाचीन कवियों की बनाई हुई हैं, जिनमें गायकों ने भ्रमवश विद्यापति का नाम सन्निविष्ट कर दिया होगा।

अतएव विद्यापति की आयु के सम्बन्ध में निश्चित रूप से केवल यही कहा जा सकता है कि ये महाराज धीरसिंह के समय तक जीवित थे। महाराज शिवसिंह के परोक्ष होने के 32 वर्ष के बाद तक इनका जीवित रहना भी प्रमाणित होता है। उसी समय के दो-चार साल के अभ्यन्तर ही इनका देहान्त हुआ होगा। जनश्रुति तो यही बतलाती है कि महाराज शिवसिंह के मरने के 32-33 वर्ष के बाद विद्यापति ने मानव-लीला संवरण की। अतएव विद्यापति का जन्म 241 ल. सं. और मृत्यु 330 ल. सं. के आसपास हुई। इस गणना से इनकी आयु 89 वर्ष की सिद्ध होती है। और यह अवस्था अधिक विश्वसनीय भी प्रतीत होती है।

दूसरी बात यह है कि डाक्टर साहब ने निम्नलिखित दो पंक्तियों के आधार पर यह अटकल लगाने की चेष्टा की है कि 328 ल. सं. तक विद्यापति शृंगारविषयक कविता करते रहे। पंक्तियाँ यों हैं :–

विद्यापति सुगति प्रस्ताव
त्यागिके करुणा रसक स्वभाव।

इसके आधार पर डाक्टर साहब इस अर्थ पर कैसे पहुँच गये, पता नहीं। असल बात तो यह है कि डाक्टर साहब विद्यापति के जीवन रहस्य को नहीं समझ सके हैं। महाकवि व्यवसाय की दृष्टि से भाषा की कविता नहीं करते थे। उनका प्रकृत व्यवसाय तो धर्माध्यक्ष अथवा राजपंडित का था। भाषा की कविता तो केवल भावावेश में रची गई थी। जब कवि का सरस हृदय भावान्दोलित हो उठता, तो उसी समय ये उद्‌गार पद्य रूप में अवतरित होते। हाँ, यह प्रश्न स्वभावतः उठ खड़ा होता है कि इन उमंगों का मूलाधार क्या था? हमारी तो यह दृढ़ सम्मति है कि महाराज शिवसिंह और विदुषी लखिमा ठकुराइन इन अमर गीतों की आधारशिलाएँ हैं।

अपने पिता के मरने के केवल 3 वर्ष 9 महीने बाद शिवसिंह मुसलमानों के द्वारा पराभूत हुए। युद्ध में वे वीरगति को प्राप्त हुए, अथवा भागकर अपनी जान बचाई, कुछ भी निश्चित रूप से नहीं कहा जा सकता। युद्ध भूमि में उनका शव नहीं मिला। अतएव उनकी प्रतीक्षा में विरह-विधुरा लखिमा पूरे बारह वर्ष बिताकर अन्त में कुशपुत्र दाह-श्राद्ध करके सती हो गई। बारह साल की इस दीर्घ अवधि को लखिमा ने राजबनौली गाँव में विद्यापति के साथ बिताया। इन सभी ऐतिहासिक तथ्यों का उल्लेख डाक्टर साहब ने अपनी पुस्तक में किया है। परन्तु इन घटनाओं का प्रभाव महाकवि के जीवन पर क्या पड़ा, इसे व्यक्त करने का कष्ट आपने नहीं उठाया। डाक्टर साहब ने राजबनौली गाँव में लिखी हुई श्रीमद्‌भागवत की पुस्तक का भी उल्लेख यथास्थान किया है; परन्तु कवि के जीवन के इस अंश पर थोड़ा भी प्रकाश नहीं डाला है। हमारा तो यह सिद्धान्त है कि महाराज शिवसिंह के परोक्ष होने पर महाकवि ने एक भी शृंगारिक कविता नहीं रची। इसके लिए हमारे पास दो प्रमाण मौजूद हैं। 309 ल. सं. के बाद विद्यापति राजबनौली छोड़ मिथिला की राजधानी लौट आए। क्रमशः विश्वास देवी, महाराज नरसिंह एवं महाराज धीर सिंह की सभाओं को अलंकृत करते रहे; किन्तु अब की रचनाएँ पहले की रचनाओं से सर्वथा भिन्न हैं। जहाँ पहले 'पुरुष-परीक्षा' और 'कीर्ति-पताका' आदि ग्रन्थों के प्रणयन में अपना समय लगाते, वहाँ अब उनकी जगह 'गंगा-वाक्यावली' और 'विभागसार' जैसी पुस्तकें लिखने में अपने को लगाया। बात यह भी कि उनके भाव-राज्य में जबर्दस्त क्रान्ति हो चुकी थी। युवावस्था की उमंग शिवसिंह के निधन और उसके बाद की अद्‌भुत घटनाओं के कारण ठंडी पड़ गई थी। ऐसा नहीं कि उस समय उन्होंने कोई कविता नहीं बनाई। इस समय की कविताओं का विषय था—वैराग्य, यज्ञोपवीत और विवाह। भक्ति विषयक कविताओं में अपनी प्रतिभा के रंग-बिरंगे फूल विकीर्ण किये हैं। महादेव की 'नचारियाँ' और गंगा-विषयक स्तुति-गीत इसी समय के रचे

हुए हैं। दूसरा प्रमाण, जिसके आधार पर यह कहने को मजबूर हैं कि शिवसिंह के निधन के बाद कवि ने शृंगारिक कविता नहीं रची, यह है कि यदि थोड़ी देर के लिए डाक्टर साहब के कथनानुसार यह भी मान लें कि 328 ल. सं. तक महाकवि की प्रवृत्ति शृंगारिक कविता की ओर बनी रही तो इसका उत्तर क्या दिया जा सकता है कि विश्वास देवी, महाराज नरसिंह एवं महाराज धीरसिंह के नाम पर रची हुई महाकवि की शृंगारिक कविताएँ क्या हुईं? यदि सब नहीं, तो एक-आध कविता इस समय की जरूर मिलती।

महाराज राघवसिंह एवं महाराज रुद्रसिंह (रुद्रनारायण सिंह) के सम्बन्ध की जो कविताएँ आपने उद्धृत की हैं और जिन्हें आप विद्यापति-प्रणीत मानते हैं, अत्यन्त नीच कोटि की हैं। उदाहरण के लिए हम केवल एक कविता अद्धृत करते हैं—

'फिरि-फिरि भमरा उनमत बूल।
कानन-कानन केसू फूल।
मोहि भान लागल कहओं काहि।
द्विजराज धरमना बिसरि गेल।'
'भनइ विद्यापति बुझ रसमन्त।
राघवसिंह सोनमति देवकन्त।'

हम विद्यापति के प्रेमियों से पूछते हैं कि क्या यह महाकवि की रचना हो सकती है?

चौथे अध्याय में डाक्टर साहब ने विद्यापति की रचनाओं का हवाला दिया है। परिचय उत्कृष्ट नहीं माना जा सकता। इस परिचय में भी डाक्टर साहब के व्यक्तित्व की छाप नहीं है। विद्यापति की संस्कृत रचनाओं के सम्बन्ध में बहुत थोड़ा लिखा गया है। 'पुरुष-परीक्षा' के ऐतिहासिक महत्त्व के सम्बन्ध में डाक्टर साहब एकदम चुप हैं। पदावली की समालोचना फिर भी अपने ढंग की अच्छी है। अर्थ कहीं-कहीं भ्रमात्मक हैं। हम उनका निर्देश कर देना चाहते हैं। एक पद्य है—

दुहु पथ हेरइत मनमथ गेल।

प्रस्तुत पुस्तक के 72वें पृष्ठ में डाक्टर साहब इसका अर्थ करते हुए लिखते हैं—'शैशव और यौवन इन दोनों मार्ग को देखते कामदेव ने प्रस्थान किया।' शैशव और यौवन ये दोनों तो मार्ग नहीं हैं। कामदेव ने प्रस्थान कहाँ के लिए किया? वस्तुतः इसका अर्थ तो यह होना चाहिए कि जब वयःसंधि के अवसर पर कामदेव ने नायिका के शरीर में प्रवेश किया, तो उसे शैशव और यौवन दोनों अवस्थाओं के दर्शन रास्ते में ही हुए। शैशव नायिका के शरीर से बाहर निकल रहा था और यौवन प्रविष्ट हो रहा था। यही अर्थ सन्दर्भ और युक्ति दोनों से समीचीन जान पड़ता है।

कुच-युग चारु चकेवा;
निज कुल आनि मिलाओल कोने देवा।
तें संकाञे भुज पासे;
बाँधि धएल उड़ि जाएत अकासे।

यह डाक्टर साहब का ही दिया हुआ पाठ है। इसमें भी मर्म की बात नहीं कही गई। यह सद्यःस्नाता नायिका का वर्णन है। ऊपर की पंक्तियों में कवि कह आये हैं–

चिकुर गरए जलधारा। जनि मुखशशि डरे रोअए अन्धारा।

नायिका का मुखचन्द्र ऊपर प्रकाशित हो रहा है। फिर भी भाग्यवश किसी ने कुच-रूपी चकवे की जोड़ी को लाकर इकट्ठा कर दिया है। रात में चकवा और चकई एक दूसरे से अलग रहते हैं; परन्तु यहाँ परिस्थिति दूसरी है, इसीलिए नायिका को इस बात की आशंका हो रही है कि कहीं चक्रवाक मिथुन भाग खड़े न हों। अतएव भुजपाश से इन्हें बाँधे हुई है। कैसी स्वभावोक्ति है। एक पद और है–

जिव कर समिध समर कर आगी।'

इस पद में 'समर' का अर्थ आपने किया है 'स्मरण'। परन्तु हमारी समझसे इसका अर्थ होना चाहिए 'स्मर' अर्थात् कामदेव। 'समर' स्मरका ही अपभ्रंश है।

जो हो, सरसरी दृष्टि से देखने पर समालोचना अच्छी ही कही जायेगी। बड़ा अच्छा होता, यदि डाक्टर साहब विद्यापति की काव्य-सम्पत्ति पर प्रकाश डालते। उनकी विलक्षणताओं और खूबियों को प्रकट करते। भाव-सौन्दर्य को व्यक्त करना ही समालोचक का एक मात्र ध्येय नहीं होना चाहिए। इन बातों की समीक्षा तो संस्कृत-साहित्य के आधार पर अथवा पाश्चात्य समालोचना-पद्धति पर करनी चाहिए थी। दुःख है कि आपने अपनी पाण्डित्य-कला को प्रकट नहीं किया।

डाक्टर साहब ने मिथिला के गीतों का वर्गीकरण किया है। अच्छा होता कि आप इस प्रकरण को अछूता ही छोड़ देते। कारण, आपका विश्लेषण एकदम अधूरा है। निस्सन्देह प्रेम की कविताएँ 'तिरहुति' कहलाती हैं; किन्तु बटगमनी तो तिरहुति का ही उपभेद है। बटगमनी में पतिगृहगमनोन्मुखी नायिका का वर्णन रहता है। 'योग' व्यावहारिक गीत हैं। शृंगार-रस का पुट इनमें नहीं रहता। जामाता को स्वानुकूल करने के लिए स्त्रियाँ ऐसे गीत गाया करती हैं। 'तिरहुति' के इतने ही भेद नहीं हैं। आशा है, डाक्टर साहब इस सम्बन्ध में अभी और खोज करेंगे। इस विषय को वे जितना आसान समझते हैं, उतना आसान वह नहीं है।

बाद के अध्याय में लोकोक्तियों का एक बड़ा संग्रह है। हमारी समझ में नहीं आता कि एक समालोचनात्मक ग्रन्थ में लोकोक्तियों को इतनी प्रधानता क्यों दी गई? हम इस

बात को मानते हैं कि लोकोक्तियाँ भाषा के महत्त्व को व्यक्त करती हैं। केवल संग्रह-मात्र पर्याप्त नहीं था। इनके आधार पर तत्कालीन भाषा की अथवा महाकवि के विचारों की कोई धारा निश्चित की जाती, तो कहीं अच्छा होता। संग्रह—समालोचना में कितना अन्तर है, इसे डाक्टर साहब स्वयं जानते हैं।

विद्यापति ने जिस भाषा या जिन भाषाओं में कविताएँ लिखी हैं, उनके विषय में समीक्षात्मक विचार उपस्थित करना चाहिए था। 'कीर्तिलता' की 'अवहट्ट' भाषा के विषय में डाक्टर साहब लिखते हैं—"बहुत विचारने से यह भी मालूम होता है कि कुछ ही ऐसे शब्द हैं, जो आधुनिक मैथिली में अविकल रूप में न प्रयुक्त होते हों (पृष्ठ 69)।" यदि डाक्टर साहब के उपर्युक्त वाक्य में से 'न' को निकाल दिया जाय तो शायद वस्तुस्थिति अधिक स्पष्ट हो जायगी। हमारी तो यह धारणा है कि अवहट्ट भाषा एक स्वतन्त्र भाषा है और पदावली की भाषा से सर्वथा विभिन्न है। ज्योतिरीश्वर ठाकुर-कृत वर्णरत्नाकर की भाषा आधुनिक मैथिली से अधिक मिलती-जुलती है। अवहट्ट भाषा को महाकवि ने 'देसिल वयना' क्यों कहा? इसका तात्पर्य क्या है? उस समय की बोल-चाल की भाषा 'पदावली' की भाषा थी अथवा 'कीर्तिलता' की भाषा? यदि पदावली की भाषा बोल-चाल में प्रयुक्त होती थी, तो 'कीर्तिलता' की भाषा को 'देसिल बयना' क्यों कहा गया? इत्यादि प्रश्नों पर गम्भीर गवेषणा करने की आवश्यकता थी। पुस्तक में इसका अभाव बेतरह खटकता है।

एक बात और है। डाक्टर साहब ने विद्यापति लिखित भागवत की पुस्तक का उल्लेख-मात्र किया है। इस पुस्तक का क्या महत्त्व है, इसका अन्दाजा केवल इसी बात से लगाया जा सकता है कि महाकवि के हाथ की लिखी हुई केवल एकमात्र यही पुस्तक है। प्रस्तुत पुस्तक के मुखपृष्ठ पर ही आपने हस्त-लिखित पुस्तक के दो पृष्ठों के चित्र दिए हैं और उनके नीचे 'विद्यापति की हस्तलिपि' लिखा है। परन्तु दुःख है कि चित्रों को प्रकाशित करने में भारी भूल की गई है। ऊपर वाला चित्र तो ठीक विद्यापति ठाकुर की हस्त-लिखित भागवत का ही है; परन्तु नीचे का चित्र विद्यापति की हस्तलिपि नहीं है। पंडित केशव मिश्र की लिखी हुई 'द्वैतपरिशिष्ट' नामक एक पुस्तक है। उसी की प्रतिलिपि श्री शंकराभिनव पंडितराज की है। उन्हीं की हस्तलिपि का चित्र पुस्तक में भूल से छप गया है। अगले संस्करण में इसका सुधार होना चाहिए। दूसरी भूल संवत् सम्बन्धी है। डाक्टर साहब 309 ल. सं. 389 मानते हैं। आपकी गणना के अनुसार भागवत की पुस्तक के लिखे जाने का समय 1508 ई. होता है। जब डाक्टर साहब स्वयं इस बात को स्वीकार करते हैं कि विद्यापति का देहावसान 1500 ई. के आसपास हुआ, तब यह कहना कि उन्होंने 148 वर्ष की अवस्था में अर्थात् 1508 ई. में भागवत की पुस्तक लिखी कहाँ तक ठीक है। बात यह है कि उक्त चित्र 'मिथिलामिहिर' के मिथिलाङ्क से, जो 1936 ई. में प्रकाशित हुआ था, लिए गए हैं। पं. जीवनाथ राय ने 309 ल. सं. को 389 ल. सं. ही पढ़ा था।

डाक्टर साहब ने भी बिना मीनमेष किए उसे अपनी पुस्तक में प्रकाशित कर दिया है।

लक्ष्मण संवत् के सम्बन्ध की भूलें भी जहाँ-तहाँ देखने को मिलती हैं। प्रायः लक्ष्मण संवत को ईसवी सन् में बदलने के लिए डाक्टर साहब ने 1119 की संख्या प्रत्येक ल. सं. की संख्या में जोड़ दी है। स्थूल रूप से ऐसा करने के कारण अनेक स्थलों में भयंकर भूल हो गई है। मिथिला में अभी ल. सं. का काफी प्रचार है। इस समय 829 ल. सं. बीत रहा है। अब यदि हम इस संख्या में 1119 जोड़ते हैं, तो 1948 होता है। अगर हम थोड़ी देर के लिए 1119 की संख्या को ही आधारभूत संख्या मान लें, तो इस दृष्टि से भी डाक्टर साहब की गणना बहुत जगहों में ठीक नहीं जँचती। पृष्ठ 20 पंक्ति 9 में डाक्टर साहब ल. सं. 293 को 1402 ई. लिखते हैं। अन्तर 1109 का निकलता है। पृष्ठ 37 पंक्ति 18 में ल. सं. 241 को 1368 ई. मानते हैं जिसका अन्तर हुआ 1127। वस्तुतः लक्ष्मण संवत् एक जटिल और विवादास्पद विषय है, जिस पर बड़े-बड़े विद्वानों के विचार इस सम्बन्ध में परस्पर विरोधी हैं। विद्यापति के ऊपर कुछ लिखने वाला व्यक्ति इस प्रश्न को किसी भी हालत में नहीं टाल सकता। इसलिए डाक्टर साहब को उचित था कि इस सम्बन्ध में अपने सिद्धान्त को स्थिर कर गणना करते। महाराज गणेश्वर की मृत्यु तिथि 252 ल. सं. है। म. म. हर प्रसाद शास्त्री की गणना और डाक्टर साहब की गणना में पूरे चार वर्ष का अन्तर है।

प्रस्तुत पुस्तक की हिन्दी में वह ओज और प्रवाह नहीं है, जो एक प्रामाणिक और स्थायी पुस्तक में होने चाहिए। हम इस बात को मानते हैं कि हिन्दी आपकी मातृभाषा नहीं है। फिर भी हिन्दी-भाषा से आपका जैसा घनिष्ठ और अविच्छिन्न सम्बन्ध है, उसको देखते हुए हमें इस बात की पूरी आशा थी कि आपकी हिन्दी परिष्कृत और दोषरहित होगी। प्राक्कथन का पहला ही वाक्य उदाहरण के तौर पर पेश किया जा सकता है। वाक्य यों है—"दो वर्ष पूर्व हिन्दुस्तानी के सुयोग्य सम्पादक श्री रामचन्द्र टंडन महोदय ने मुझे मैथिली-भाषा का साहित्यिक इतिहास हिन्दी-भाषा में लिखने का विचार दिया।" विचार देना हिन्दी में प्रयुक्त नहीं होता। राय देना लिखने की परिपाटी अवश्य है। बात यह है कि मैथिली-भाषा में विचार देना जैसा प्रयोग लिखने और बोलने की परिपाटी जरूर है। इसीलिए डाक्टर साहब ने ऐसा लिख मारा है। एक जगह आप लिखते हैं—"अपनी-अपनी भलाई सभी चाहते हैं और सुपुरुष वह है, जो अन्त तक निवाह चलते हैं।" निवाह चलना आपके टकसाल की गढ़ी हिन्दी है। लिंग-सम्बन्धी भी अनेक दोष आ गए हैं। बहुत जगहों में वाक्यों से कोई यथार्थ नहीं निकलता। पृष्ठ 90, पंक्ति 2 में आप लिखते हैं—"विद्यापति न किसी विरक्त भक्तों के संगठन में कभी थे, जिससे उनका भाव नवीन अवस्था में भक्ति की तरफ उद्‌बुद्ध होता।" भला, इस वाक्य का कोई क्या अर्थ निकाल सकता है। वाक्य का संगठन इतना दोषपूर्ण है कि भाषाशास्त्र का कोई भी जानकार इस तरह का वाक्य नहीं लिख सकता। अगर इस वाक्य की व्याख्या करने के लिए डाक्टर साहब की उपस्थिति

सापेक्ष हो, तो हमें कुछ नहीं कहना है। इस लेख में डाक्टर साहब के वाक्यों के जो उद्धरण दिए गए हैं, उन्हीं से पाठकों को विश्वास हो गया होगा कि आपकी हिन्दी किस स्टैण्डर्ड की है। समालोचनात्मक दृष्टि से पढ़ने पर प्रत्येक पाठक हमारे कथन की सत्यता का अनुभव कर सकते हैं।

अस्तु, उपर्युक्त त्रुटियों के होते हुए भी पुस्तक अपने ढंग की अनोखी है। विद्यापति किस सम्प्रदाय के थे, इसका निर्णय आपने सुन्दर ढंग से किया है। इसके लिए आप धन्यवाद के पात्र हैं।

सद्‌भावना से प्रेरित होकर ही हमने ये पंक्तियाँ लिखी हैं। हम डाक्टर साहब को विश्वास दिलाते हैं कि हमारे हृदय में दुर्भावना की गन्ध भी नहीं है। सत्यान्वेषी की हैसियत से आशंकाएँ सहृदय पाठकों के सम्मुख रखने की चेष्टा की हैं। आशा है, विज्ञ पाठक निष्पक्षपूर्ण हृदय से हमारे मन्तव्यों का मनन करेंगे।

(विशाल भारत, मार्च, 1938)

The Image of Vidyapati

Vidyapati was the brightest product of Mithila's renaissance which swept over the land on the advent of the Karnatas who established an independent kingdom of Mithila after a long spell of political chaos and subjection, and like all products of a renaissance. Vidyapati was a man of versatile genius. Born in a family of scholar statesmen, he breathed scholarship in the very atmosphere in which he was born and brought up. He joined the court as an active politician while still in his teens and found in Shiva Simha a liberal patron of whom he became the most confidential counsellor and reliable officer. Holding the post of a Raj Pandit, he was in constant and close touch with the entire Pandit class that included some of the most glorious names of whom Mithila is justly proud. He was a man of ideas, sometimes much ahead of his times and though very much misunderstood in his own days, as thereafter, he laid the foundation of a Maithil Nation which can still thrive on if only we try to understand him correctly and act up to the high ideals in the pursuit of which he lived and worked all through his long life.

Born in an age when Sanskrit was the language of culture and learning Vidyapati brought into vogue the language actually spoken by the people of the land. He tried to simplify Sanskrit which was getting too cumbrous and abstruse for even a man of average learning to understand; and through that simplified language he wanted to impart education to girls on a large scale. He believed strongly that military training was by its very nature superior to conventional learning, which is book learning, because only when the country is made secure by arms can any system of learning prevail. He stood for the fullness of life which should embrace all the four-fold purpose of life and held the view that for social uplift the only way which is within easy reach of every individual is to improve himself, prove himself a man.

Vidyapati was not a poet by profession, he was a poet by avocation which he cultivated as a hobby with an ulterior motive. It was a part of his grand plan to turn the language spoken in the land into a bond of unity to bring together all the people of Mithila irrespective of caste or creed, sex or riches. It was his unique genius to see the possibility of this step and though he was ridiculed, he never heeded the reaction of the small group of orthodox conservative Pandit-class so long as it served to electrify all those, who heard his songs, not only of his own land but even beyond. It is very important in this connection to note that the themes of Vidyapati's songs are exactly what had the widest appeal—songs depicting sex, songs in devotion to Lord Shiva and songs appropriate for social functions. These songs were meant specially for the women folk for whom they provided the most aesthetic delight as well as the most necessary education and no wonder Vidyapati has been kept alive in the throats of lacs of ladies all over the land for six long centuries. Sanskrit having become the language of the elite, the aesthetic delight which Sanskrit poetry alone can give was denied to the vast majority of the people of Mithila, specially the women folk, and the secret of Vidyapati's popularity lies in the fact that he made available the true delight of poetry to those who did not understand Sanskrit. Vidyapati's cultivation of poetry was spontaneous overflow of powerful feelings, as all true poetry is, but it was actuated by political motives to forge a bond of unity among the different classes of people living in the land and providing much-needed education to the women folk in the most direct and delightful manner.

But Vidyapati was unfortunate in the time in which he flourished and the manner in which his ambitious scheme of things under the liberal patronage of Shiva Simha came to an abrupt close by the latter's ignominous defeat and consequent disappearance. Vidyapati flourishd at a time when the creative phase of the new spirit of the age had reached its saturating point. He was the brightest product of the age but he was also the last and for all practical purposes, the end of Shiva Simha's life marked the end of the creative activity of the age. Students of Mithila's history know that the legend of the defeat of Jayadeva, the Pakshadhara, in the sastric debate with the one-eyed Raghunatha, better known as Shiromani may be just a myth but marks the setting of the sun of Mithila's glory in the field of intellectual pre-eminance and shifting of the centre of learning in North Eastern India from Mithila to Navadwipa which became in course of a century what Bharat Chandra, the great poet of Bengal, calls the capital of learning light of the world.

भारतीर राजधानी क्षितिर प्रदीप

The Pakshadhara-Raghunatha disputation ending in the former's humiliation is known to have taken place within a decade or so of Vidyapati's passing away. But the creative genius of Vidyapati seems to have dried up with the passing away of Shiva Simha when Vidyapati was in the prime of his manhood, only 56 years old.

All the high ideals of Vidyapati's life remained unfulfilled except in one respect; he could lay the foundation of the tradition of poetry in the spoken language of the land. In all other respects his plans were still his dreams that vanished away with the great upheaval which followed the glorious reign of Shiva Simha. The orthodox Pandit, who were never reconciled to the progressive views of Vidyapati who worked systematically for the emergence of the proletariate in a well-knit and cohesive social life asserted themselves and social life since then remained static, if not retrograde. Even the most orthodox Pandit, however, could not remain unaffected by the fame which Vidyapati's songs brought him and this "last infirmity of noble minds" attracted them to follow in the footsteps of Vidyapati. The tradition of composing songs in the language actually spoken came to stay and we have the evidence of songs composed by Pandits like Rudradhara, Bhanudatta, Sanyasi Visnupuri and a host of others to show how the school of Maithili poetry founded by Vidyapati grew in popularity inspite of the ridicule in which Vidyapati was held in his own time and even after that by the diehards of the conservative class.

Within a hundred years Vidyapati's fame spread far and wide and whoever listened to these songs was enchanted by their melody, sweetness and emotional contents. Three different centres grew up around Mithila where Vidyapati was looked upon as a master, and poets of talent followed in his foodsteps. Chaitanyadeva, who, under the influence of the Sahajia cult, then prevalent in Bengal, adored Lord Krishna as the Gopis are described in the Bhagavat to have adored him in the manner of sexual love, found in the songs of Vidyapati, who delineated therein the working of a woman's feelings and emotions with so much of understanding, accuracy, and subtlety, a delineation of his own feelings and emotions towards Lord Krishna. With him and his learned disciples Vidyapati's songs became the holy expressions of their devotion and from a poet who sang of sexual life of the women folk for whom he composed them, Vidyapati was turned into a Vaisnava lyricist in the line of the Bhagavata and Jayadeva, on the basis of which the learned disciples of Chaitanyadeva expounded the theory of Madhura Rasa in which devotion is expressed through the medium of sexual love. But what is unique with the followers of Chaitanyadeva, they did not imitate only the theme, the style, and the manner of Vidyapati; they imitated the very language of Vidyapati's songs and since they could not write the language as spoken in Mithila they created an artificial language which they came to call Brajabuli but which in the words of Rabindranath was only "Imitation Maithili". A vast and rich literature in Brajabuli was thus created on the pattern set by Vidyapati and he was so very much naturalised in Bengal that for a long time many learned men of Bengal believed sincerely that Vidyapati was a Bengali saint of the Sahajia cult.

Assam had closer cultural contact with Mithila since long and the influence of Vidyapati penetrated into the literary life of Assam mostly independently, and only partially through the cult of Chaitanya. In Assam also songs were composed on the pattern set by Vidyapati and these songs came to be known as "Vara-Gita" there but it was in the field of drama that Assam excelled. In Bengal the cult of Neo-Vaisnavism was started in the background of Sahajia cult but in Assam the great Saint Shankaradeva started his Vaisnava movement as a reaction to extreme Tantricism and in order to propagate the new faith among the common people, he took recourse to dramatic representation of such episodes from the Visnu legend as would impress the audience. But the most striking feature about the Assamese saint was the correct and accurate form of Maithili that he used in these dramas. He seems to have mastered completely the idiom of the language used by Vidyapati. Indeed, the earliest dramas, purely and solely in the language of Mithila, were those by Shankaradeva written and staged in Assam. It is true that Madhavadeva or Gopaladeva who succeeded the great saint could not maintain the correctness and accuracy of Maithili in their works as meticulously as the great Shankaradeva but it was basically the language of Vidyapati that they used, with more and more of their native Assamese usages finding their way into it. This had a most potent influence on the growth of Assamese literature which created a literary tradition and gave a literary expressiveness to Assamese to grow into a rich and thriving literature within one hundred years from the passing away of the great master, Vidyapati.

Thus in Bengal, it was the imitation of Vidyapati's art with only the attitude changed to devotion; in Assam it was the influence of Vidyapati's literary expression, but in Nepal the very tradition of new poetry founded by Vidyapati was continued with exactly the same themes, technique, attitude and craftsmanship under the Malla Rajas of Kathmandu valley and till about the middle of the 18th century. Maithili was the literary language of the courts of Nepal and Vidyapati the great master. After the downfall of the Oinibar rule in Mithila during the thirties of the 16th century the literary artists of Mithila lost the patronage of Mithila's court which they received abundantly in the courts of neighbouring Nepal and for almost two centuries Maithili literature was cultivated more intensely and extensively in Nepal than in Mithila and besides songs, which were being composed in Mithila also, dramas in Maithili prose and verse were produced in Nepal which were put on open stage and afforded entertainment to the court and courtiers. The earliest dramas in any modern Indian Language were thus produced in the language of Mithila but in Assam and Nepal. They were all based on episodes from the Ramayana, the Mahabharata and on the other Pauranic legends but with this difference that while the dramas in Assam were part of the Vaisnava movement and therefore religious in spirit, the dramas in Nepal were purely secular and designed to prove entertaining, though instructive to the common people. But it is greatly to be regretted that most of this Nepalese Maithili literature is still unknown to the world of scholars and is lying buried in the libraries at Kathmandu, well preserved and waiting for resuscitation.

All this, however, happened outside Mithila. At home, Vidyapati was ignored completely by the Pandit-class and even when imitating his technique they turned what Vidyapati designed for popular appeal into highly pedantic poetry in a high flown language. In the cultural decadence that followed the great intellectual renaissance, only the name of Vidyapati was adored but his works were gradually ingored and then forgotten. Except Lochan who studied Vidyapati's songs from the point of view of music, no Pandit took Vidyapati seriously till we come to Kavishwar Chanda Jha just about a hundred years ago.

In the early years of the 19th century when Buchanan toured the eastern part of Mithila he did not find any trace of Vidyapati's poetry and he found the works of Manabodha who had then just passed away most popular there. Just at that time Vidyapati was being adored all over Bengal as a "Vaisnava Mahajana".

This should not be mistaken to mean that Vidyapati was

forgotten completely in the land of his birth. Vidyapati has never been thus forgotten but has been kept alive all these centuries all over Mithila in the throats of the ladies or of the devotees of Lord Shiva. These simple and unsophisticated people have always transmitted these songs orally from generation to generation. They, however, could not preserve the purity of the language of these songs nor could they maintain the genuineness of the songs with any critical of historical sense.

On account of the long period of time that has intervened since Vidyapati flourished, throughout which his songs passed orally through uncritical admirers and also because his works spread out in regions where his personality was mostly unknown, his real image got blurred and in course of time confused. The cobweb of time and dust of ignorance gathered through the centuries have so very much obscured his image that now we do not find him the man that he was. There are people who believe that the great Lord Shiva served him as an attendant and the holy Ganga changed its course overnight to flow by the side of the exact spot where he was sojourning during the last night of his life on his way to the bank of the holy river, there are, however, others who believe that Vidyapati was involved in the illicit love of Lakhima, who was the wife of his master deserved devotion and to look upon whom with sexuality was not only a sin but crime also. There are protagonists of the view that he was a Shaiva, a Vaisnava or a Shakta. Quite a large number of admirers feel that Vidyapati depicted divine love in the language of sex while others hold the view that his love-songs describe the craving of the soul for the Almighty, just like the songs of Kabir. Every one has read into his songs something after his own mind and predilection and every view has ground for plausibility. But one can see that Vidyapati was a single individual with a single personality and could not have been all that he is supposed to be.

I, therefore, hold the view very strongly that in order to have before us the real Vidyapati whom we adore, and all his admirers adore affectionately, the cobweb of time and dust of ignorance have to be removed. The time has arrived when we, who speak the language that Vidyapati spoke and live in the tradition that Vidyapati helped to build up and propagate, should take up the task of revaluation of the works of Vidyapati and try to present to the world of his admirers the genuine image of Vidyapati. Vidyapati was a great poet but he was a greater statesman; still greater a man. We ought to know the whole man and then present that image to the world to love and revere. Thus alone we can pay our debt of gratitude to the man who dreamt of a Maithil nation and gave us a language of which we all are proud. It is as the language of Vidyapati that Mathili has received whatever recognition it has and Vidyapati is the only prop on which our language stands. Let us shake off our indolence and apathy and try to re-establish the unique personality of the great seer who saw the way to our national emancipation which we can still aspire to, if only we have before us the image of the man that he was and pursue the line of action which he chalked out for all of us to be the real men and women and not "the manshapes" only, like the dumb driven cattle without tails. There is nothing more urgent than this for scholars of Mithila to do, not so much for Vidyapati who is immortal but for our own sake, to prove ourselves the worthy sons of Mithila that gave birth to the unique genius that Vidyapati was.

(Smarika, Chetna Samiti, Patna, 1971)

Tantrika Vidyapati

In a recent issue of the *Journal of the Ganganatha Jha Research Institute,* Volume VI Part III for May 1949, Sri Dinesha Chandra Bhattacharyya of Chinsura has contributed a very learned and interesting paper in which he has described the rare find of a Tantrika manuscript called *Agama-dvaita-nirnaya* which in its colophon states it to be the work of *Mm.* Vidyapati Thakura. He has also quoted a long extract from the *Bhavisya Purana* discovered by him in a big Ms. now preserved in the Sanskrit College, Calcutta, in which there is narrated a very interesting account of a Maithila Vidyapati and his family. The author of the *Agama-dvaita-nirnaya* refers in that work to his own sampradaya implying there by he belonged to a particular Tantrika School of Mithila and at two places he refers to the particular views of his own father. In the extract from the *Bhavisya Purana,* Vidyapati is described to have been born in the family of an *Agamabhusana* who was initiated in the Vira-cult of Tantra and that he himself attained Siddhi, perhaps in the same Vira-cult.

Naturally, therefore, Sri Bhattacharyya takes these two Vidyapatis, the author of the *Agama-dvaita-nirnaya* as well as the one described in the extract from the *Bhavisya Purana,* to have been one and the same person, and then proceeds to identify them with great poet and Jurist Vidyapati. He has drawn conclusions from this about the religious persuasion of Vidyapati and his family and has held the view that the great poet Vidyapati was really a Sakta, a staunch Sakta at heart, belonging, perhaps, to the Vira-cult of Tantra.

This conclusion was irresistible and would have added greatly to our knowledge of the great poet Vidyapati and his beliefs, had it been proved beyond dispute that Vidyapati who wrote the *Agama-dvaita-nirnaya* was the same person as has been described in the extract from the *Bhavisya Purana* and that Vidyapati was the great poet and Jurist of Mithila who flourished during the days of the Oinbara kings of Mithila. But there is nothing to warrant such an assumption except the sameness of the name in all the three cases. Those who have made even a cursory study of Mithila's geneologies, know it for certain that Vidyapati has been a common name in Mithila and there is hardly any family that has not produced one or more persons of this name. Living contemporaneously with our poet, in the courts of the same Oinbara kings, and with the same distinctive surname of Thakura like the poet himself, there was another Vidyapati, belonging to the family of Nikuti of Kausika gotra, who had one of his daughters married to Maharaja Siva Singh, the friend and patron of our poet, and another daughter married to his nephew and successor, Maharaja Dhira Singh. Unless, therefore, there are other grounds to identify two persons of the same name, it is always hazardous to arrive at any conclusion merely on the similarity of names. These grounds may be various such as the age, parentage, place of residence etc. and in cases of Maithila Brahmanas of the last seven hundred years, the names of the family to which they belonged.

In the present case, we know enough of Vidyapati, the poet, to have any doubt about his age, parentage, or family. He belonged to the Sandilya gotra of the Maithila Brahmanas and his ancestors lived, since long, in the village of Bisapi which is a village some 15 miles west-south of Madhubani in the district of Darbhanga under the police-station of Benipatti. When in the Saka year 1248 the genealogies of all the Maithila Brahmanas were collected and consolidated which is known as Panjiprabandha, this family came to be known by the name of its ancestral village Bisapi. About a hundred years after that, the poet was rewarded by his patron and friend Maharaja Siva Singh with the grant of this very village which fact leads us to suppose that this was the native village of the poet also. This village is about 16 miles west-south of Mangarauni, which is a suburb of Madhubani, the headquarters of the Subdivision of that name, and not east of that village as described in the extract from the *Bhavisya Purana*.

In th extract from the *Bhavisya Purana* Vidyapati[1] is described to have been born in the village of Ucita. This village name, I think is spelt a little incorrectly. It should be Uciti which is an important village under the police-station of Bahera, in the District of Darbhanga, more than 20 miles south-east of Mangarauni. This is a very old village and a family of Maithila Brahmanas belonging to Vatsya-gotra traces its origin to this village, by which name this family is called. To this family of Uciti belonged the poet Madhusudana whose work *Anyapadesa-Sataka* is published in the 9th part of the *Kavyamala* series. From, what has been described in the extract from the *Bhavisya Purana*, it is obvious that this Vidyapati belonged to this Uciti family. The members of this family have for their surname 'Jha' and not 'Thakura'. It is thus clear that

---

* Geneological Table of Vidyapati of the Uciti family :

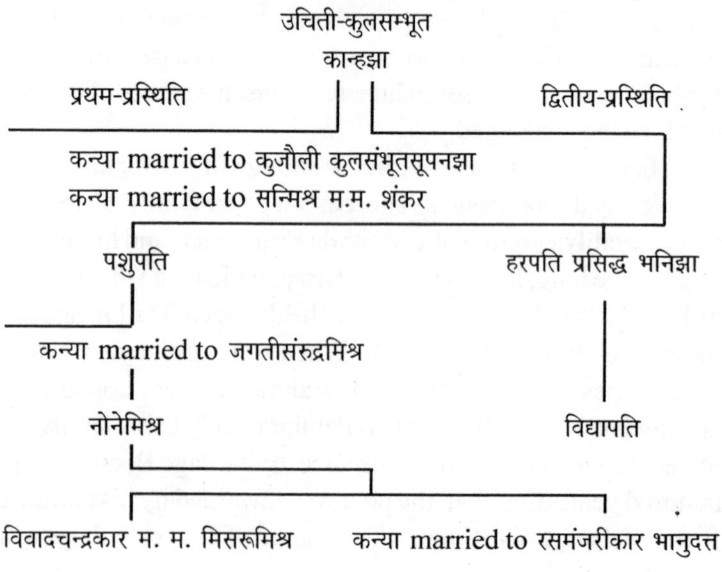

Vidyapati described in the extract from the *Bhavisya Purana* who belonged to the Uciti family of the Vatsya-gotra could not have been the poet Vidyapati who belonged to the Bisapi family of the Sandilya-gotra nor could he have been the same as the author of *Agama-dvaita-nirnaya* because the latter calls himself a *Thakura* while members of the *Uciti* family are all *Jhas* and not *Thakuras*.

And in the *Uciti* family I have actually found a Vidyapati who flourished approximately during the time described in the extract from the *Bhavisya Purana*. He was the eldest son of Harapati who was popularly called Angani Jha. The father of this Harapati had two marriages and by the first he had an only daughter who was married to Supana Jha of Kujauli family, whose daughter was married to the great Sankara Misra who flourished during the last quarter of the 14th and the first quarter of the 15th century. The elder brother of Harapati was Pasupati whose daughter was married to Rudra Misra of *Jagati* family, whose son was None Misra. The eldest son of None was Mm. Misaru Misra, the celebrated author of *Vivadacandra* and one of the daughters of None was married to *Kaviraja* Mm.Bhanudatta, the celebrated author of the *Rasamanjari*. From this it is evident that this Vidyapati was a contemporary, though a younger one, of Mm. Sankara Misra and was older than Mm. Misaru Misra or *Kaviraja* Bhanudatta by one generation. He must have flourished, therefore, during the first half of the 15th century which is exactly what is meant in the extract from the *Bhavisya Purana* where it is said that Vidyapati was born after the expiry of 4,500 years of the Kali era.

There is, however, only one thing to remark in this connection. This Vidyapati is mentioned without any distinctive title to describe him in the *Panjis*. It is claimed in the extract from the *Bhavisya Purana* that he had attained *Siddhi* by virtue of which he was endowed with extraordinary powers of embellished speech in Sanskrit. In the *Panjis* Tantrika Siddhas of Mithila are generally distinguished by the title '*Gosai*' but neither this Vidyapati, son of Harapati, nor any one among his ancestors for about eight generations is appended with any title which may denote that he was a Siddha Tantrika. Who was, then, the Agamabhusana in whose Gotra Vidyapati is said to have been born in the extract from the *Bhavisya Purana ?* The *Panjis* do not offer any clue to this. The only explanation that I can think of for this silence on the part of the *Panjis* about the attainment of *Siddhi* by these great men of the *Uciti* family is the great disfavour with which *Vira cult* has been looked upon in Mithila. There have been many people here, and some of them really very big men in every sense of the term, who have been initiated in the Vira cult and followed *Vamacara* of the Tantra, but they all kept this a secret and never avowed this openly in society. Moreover, it is not claimed even the extract from the *Bhavisya Purana* that Vidyapati left any mark of scholarship behind him, so that in the *Panjis* he could have been honoured with any of those covetted titles that usually go with the names of great scholars. Whatever may be the reason, this silence about the attainments of Vidyapati and his remote ancestor *Agamabhusana in the Panjis* casts a shadow of doubt about the accuracy of the identity of Vidyapati proposed by us, but about this there can be no doubt whatsoever that this Vidyapati who has been described in the extract from the *Bhavisya Purana* as belonging to the family of *Uciti* could not have been the same person as the poet Vidyapati or even as the author of *Agama-dvaita-nirnaya.*

About the identification of the author of the *Agama-dvaita-nirnaya* also with the poet Vidyapati, I have grave doubts. Both of them are *Mahamahopadhyayas* and Thakuras; still I do not think that this alone is sufficient to justify the identification. The author of the *Agama-dvaita-nirnaya* refers to his own *Sampradaya* and to the particular views of his own father. Nowhere else in his many works has Vidyapati, the poet, made any reference to his own *Sampradaya* or to the views of his father or any one else among his ancestors. It is, indeed, a fact worth noting that Vidyapati, the poet, has made no mention of his father or any one among his illustrious ancestors anywhere in his works and even in the

Purusapariksa where there are many anecdotes about his ancestors, the poet is completely silent about his own relationship with them. In this *Agama-dvaita-nirnaya*, the poet would suddenly change his general style of exposition and make reference to his own *Sampradaya* and to the views of his father seems not quite probable. We do not know, independently of this reference, that there was any particular *Sampradaya* of the poet nor do we know of any *Tantrika* work of his father. The title of the work *Dvaita-nirnaya* has come into vogue only with Vachaspati Misra, the jurist, and there is no *Dvaitanirnaya* prior to him though after him this has become a common title of works on *Dharma-Sastra* and even other subjects. All these considerations have led me to doubt the identification of the author of *Agama-dvaita-nirnaya* with the poet Vidyapati.

There was, however, another Vidyapati who was a *Mahamahopadhyaya* and was called a *Thakura*. He came about a century later than the poet Vidyapati and actually belonged to a family of *Tantrikas* which fact the members of that family avowed with great pride. His father was a renowned *Tantrika* and wrote works on the subject which are held in great esteem. This Mm. Vidyapati Thakura was the second son of Mm. Govinda Thakura of the *Ghosauta* family belonging to *Vatsya-gotra*. He had eight sons all of whom were renowned scholars and are styled *Mahamahopadhyayas* in the Panjis. Two of the sons of Govinda are well-known to all students of Sanskrit learning and they were his fifth son *Agamacarya Tarkapaicanana* Devanatha the author of the many *Kaumudis on Tantra, Mantra, Smriti, Mimamsa* etc. and his seventh son Mm. Madhusudana who wrote the many *Kantakoddharas* on *Nyaya* and *Smriti* also. Devanatha in his *Mantra-Kaumudi* eulogises his family in very glowing terms and describes four of his ancestors beginning with his great-great-grandfather, Ravikara, whom he calls सकलागमज्ञः. His father Govinda he calls सकलतन्त्रसरोजसूर्यः... This Govinda is the celebrated author of the *Kavya-Pradipa* on the *Kayaprakasa* and *Puja-Pradipa*, a work on the Tantrika mode of worship. Some of the works of Devanatha and Madhusudana transcribed in the year 400 of Laksmana Sen Era are available to me. Ravikara who was the great-grand-father of Govinda was the son of the daughter (दौहित्र) of *Mahavartika Naibandhika* Dhireshwara who was the uncle of the great jurist Chandesvara author of the *Ratnakaras* and the great-grand-father of Vidyapati, the poet. Govinda was therefore, one generation younger than Vidyapati, the poet, and his son the *Tantrika Vidyapati* who is, perhaps, the author of Agama-dvaita-nirnaya must have flourished, therefore, during the second half of the 15th century. The descendants of the second son of Govinda, namely, Mm. Vidyapati, are scattered all over Mithila and persons ninth and tenth in descent from him are flourishing at present. It may be interesting to note here that the descendants of his elder brother, that is, the eldest son of Govinda who was Mm. Laksminatha Thakura, are permanently settled in the village of Bodhagrama in the district of Dinajpur in East Bengal now.

I have been led to identify the author of the *Agama-dvaita-nirnaya* with the second son of Govinda Thakura by the fact that in the second introductory verse in the *Agama-dvaita-nirnaya*, Vidyapati salutes Govinda which I interpret to mean his father. He has saluted the *Divine Power* (ऐशं महः) and invoked its blessing in the opening verse and in the following verse नत्वा गोविन्दचरणौ would yield a poor meaning if by Govinda only *Lord Visnu* were meant. All the sons of Govinda Thakura salute their father in the beginnings of their works and it gives a more reasonable sense therefore to hold that the author of *Agama-dvaita-nirnaya* has done the same though by श्लेष salutation may be offered to Lord Visnu also. This assumption can even be verified. If we have "the particular views of his father" which he has twice referred to in his *Agama-dvaita-nirnaya*, we can see if these views have been held by his father in his *Puja-Pradipa* and by means of this verification we can arrive at a conclusion which can have no shadow of doubt about its validity. Till those passages are available, I leave all these facts to the judgement of discerning scholars. They may see for themselves if the identification suggested by me is not more plausible than the one adopted by Sri Bhattacharyya.

As regards the religious persuasion of Vidyapati, the poet, I do not see any reason to doubt the authenticity of the tradition that he was an *Upasaka of Panca-devata* like every other Smarta Maithila. If he was specially devoted to any *Devata* that might be called his *ista-devata* it was *Siva*. It is true that the great jurist Chandesvara has in his *Krityachintamani* described his grand-father Devaditya as मन्त्रप्रभावाहतप्रत्यर्थिक्षितिनायकान्धतमसः and चक्रद्विजानां प्रियः which mean that "he was possessed of extraordinary powers given to him by the *Siddhi* of *Mantra* by dint of which he could dispel the blinding darkness caused by the enemy kings" and that "he was a favourite of the *Dvija* sitting in a *Cakra*". This *Cakra* is a term used for a secret conference of people following the *Vamacara*. From this it is obvious that Devaditya was an adept in Mantra-Siddhi and was a patron of *Tantrika* of the *Vira-cult*, if he was not a *Vira* himself. But save this little reference to the religious persuasion of a remote ancestor of the poet, there is absolutely nothing to show that either the poet himself or any one among his ancestors followed the Tantrika way of life and that of the *Vira-cult*. He might have been an अन्तःशाक्त but there is no evidence to show this and unless more conclusive proofs are available. I do not think it reasonable to hold him anything except a devout Saiva which he has been taken to be, not without reasons, for the last five hundred years or more.

(Journal of G.N. Jha Research Institute Allahabad,
Nov. 1950, Vol. VIII, part I)

Kirtilata : Introduction

(1)

This edition of Kirtilata has a history behind it. My friend, Dr. Subhadra Jha, brought for me from the British Museum, London, a photostat copy of the manuscript of Kirtilata written in Devanagari script by Kaviswara Chanda Jha in Calcutta which is dated February 8, 1905 and which was presented to the British Museum by the executor of the will of the late Dr. G. Grierson. Evidently, this copy was made by Chanda Jha for Dr. Grierson but Chanda Jha does not mention the source from which he made the copy. Since the copy was made in Calcutta, it is quite possible that the copy was made from the copy which the late Mm. Hara Prasad Sastri had brought from Nepal in 1898 but which was not considered by him satisfactory for the purpose of its edition which was, later on, made by the late Mahamahopadhyaya Haraprasad Sastri from the copy he made during his second trip to Nepal in 1922. It was on the basis of this copy written by Chanda Jha that I was deputed by the Maithili Development Fund of the Patna University to prepare an edition of Kirtilata. It was in 1956.

There were three different editions of this work already published at that time. The first was the Bengali edition of Mm. Haraprasad Sastri dated 1924; the second was the Kashi Nagari Pracharini Sabha edition of Dr. Baburam Saksena dated 1929, and the third was the Sahitya Bhavan Allahabad edition of Shiva Prasad Singh dated 1955. When I made a copy of Chanda Jha's version, I found to my utter regret that though his version was an improvement at many places over the three published editions, it was not free from gross obscurities and an edition based only on that text would not be better than any of the previous ones. I set about in search of more Mss. There has been a Ms. of the work in Raj library, Darbhanga, which is not dated nor does it mention the name of the scribe. Most probably this was a copy of the copy made by Chanda Jha in 1905 and, therefore, it was not very useful in improving the text. My attention was then drawn to two Mss. of this work in the Library of the Bombay Branch of the Royal Asiatic Society. I got photostat copies of both these Mss. which mention the name of Bhau Daji on the cover. Evidently these are copies of the Nepal Ms. but they are full of errors and hardly an improvement on other texts.

There came to light by the time a Sanskrit commentary of the text of Kirtilata in the Library of the Maharaja of Bikaner. This commentary, or rather a paraphrase in Sanskrit, was made in Khambat in the Samvat year 1672 corresponding to 1615 A.D. A copy of this work was procured for the Bihar Rastrabhasa Parisad, Patna and I got a copy of the same for my use. This solves some of the difficulties no doubt, but most of the obscure passages in the text are left here untouched with the remark इति जिज्ञास्यम्, to be enquired into, specially where Arabic and Persian words are used. Similarly wherever there is a purely Maithili idiom, the commentator has failed to understand it and paraphrases it in an arbitrary way, distorting the idiom itself.

However, with the help of all the three published editions, the three photostat copies, two from Bombay and one from London, and the copy of the Sanskrit commentary from Bikaner, I made out an edition of the text with a glossary of words and submitted it to the University for publication in 1960. It took some time there in calling for quotations selecting the press, procuring paper etc. and by the time the printing was to be taken up there appeared an excellent edition of the book from Sahitya Sadan, Chiragaon, Jhansi, edited by the great Oriental Scholar, Dr. Vasudeva Sharan Agrawal of Varanasi, alas, he is no more.

The late Dr. Agrawal has spent utmost pains over the preparation of his edition. He has utilised all the editions and copies of the work which I made use of, except Kaviswara Chanda Jha's copy in London. Thus he has included in his edition the readings of all different editions, the complete Sanskrit commentary and important variations in the text of the two Mss. in the Library of the Bombay Branch of the Royal Asiatic Society. He has provided a very readable paraphrase in Hindi of the entire text and appended an exhaustive glossary of all words and phrases. He has fully utilised the Arabic and Persian lexicons and sources as also Prakrit and Apabhramsa lexicons and sources to construe difficult and obscure words and phrases. Indeed, at places the late Dr. Agrawal has been able to solve the text so very completely with the help of Arabic and Persian sources that he claims to have given a new life to the text of Kirtilata which was almost dead with the many obscurities that had baffled the ingenuity of all previous editors, and called, therefore, his commentary 'SANJIVANI'.

After the publication of the excellent edition of Dr. Agrawal, any other edition of the work should have been redundant and what I had prepared was rendered useless. It would have been a mere duplication. While his edition was under preparation, Dr. Agrawal was in touch with me also and in many doubtful cases I had supplied him with the version of Chanda Jha's text also which fact he has very graciously acknowledged in his book. Therefore it would have been a mere waste to publish my edition as it was prepared and for some time I was very seriously thinking if this edition should be published at all.

But on a close study of the work of Dr. Agrawal I perceived that howsoever excellent the work was, it was not a perfect one and though it was good as far as it went, there was still scope for improvement both of the text and the interpretation. Chanda Jha's version of Kirtilata is, perhaps, the only text prepared by a Maithil of his eminence and though it is probably a copy of the unsatisfactory copy of the Nepal manuscript, it has made out at many places very intelligible readings, though to be sure, there are passages here too where the readings have not been improved, if not spoilt altogether. I have tried to adhere to the version of Chanda Jha as far as possible; only where the obscurities are still there, I have adopted the readings of Dr. Agrawala's edition. It will thus appear that in some cases, the version given here is, indeed, better than the one given by Dr. Agrawal. That alone may be a justification for a new edition of the text of Kirtilata.

But it is in the matter of interpretation that Dr. Agrawala's edition needs re-thinking. With due respect to the profound scholarship of the late Dr. Agrawal, I must say that Dr. Agrawal has started with the assumption that Kirtilata falls in line with the Apabhramsa literature of the rest of India, whereas it is a work written in the Apabhramsa of Mithila which fact has been clearly stated by Lochana in his Ragatarangini. (Patna University Edition pp. 56) I will have occasion to say something about the language of Kirtilata later on; suffice here to say that Kirtilata is composed in the language of Mithila, and though attempts have been made to use here the language as spoken in Mithila prior to the time of Vidyapati, and therefore the language that had been the medium of literary expression and attained respectability, Vidyapati could not help using the language as spoken during his own time and the whole of Kirtilala is full of words, phrases and idioms which are modern in the sense that they are still used. The late Dr. Agrawal did not know Maithili thoroughly; his knowledge of Maithili was limited; and therefore, in many cases, he has failed to understand the language. In all such cases he has tried to derive the terms from sources other than Maithili which is a characteristic among the Grammarians. Only one case will suffice to show how far-fetched some of the derivations of Dr. Agrawal have been where he failed to grasp the Maithili idiom. In Maithili there is no plural form of nouns and one of the common methods to indicate plurality is to duplicate the adjective. For "many good horses" we say in Maithili “सुन्दर-सुन्दर घोड़ा ”. An ignorance of this Maithili idiom has misled Dr. Agrawal in the prose passage after verse 11 in the fourth Chapter and he has had to give a far-fetched derivation to interpret a simple thing. Dr. Agrawal was so very much inclined to Apabhramsa or Persian sources that he has given many fanciful derivations of even simple Maithili wors and phrases. To give the right meaning of all such words and phrases has been the main reason why I have undertaken this new edition. Indeed, I have appended notes only on such passages where I found the interpretation of Dr. Agrawal inaccurate, misleading, far-fetched or fanciful.

Thus it is clear that howsoever painstaking has been Dr. Agrawal to reconstruct the text of the Kirtilata and give it an intelligible and cogent interpretation, he has not been able to make it perfect in any sense. The text is still obscure at many places and interpretations misleading. The fact of the matter is that he has had to work upon the same corrupt text and his mearge knowledge of Maithili was his greatest handicap. All the editions of the Kritilata have been prepared up till now on the same manuscript of the work preserved in the Vira Library of Nepal. Even the text of the work available to the Sanskrit commentator of Bikaner was not free from obscurities. Unless, therefore, some other copy of the work is not available, it is not possible to make the work perfect. I have every hope that another copy of the work will come to light. Thousands of manuscripts are being collected from all over the country into the National Library of Nepal. It will take some time to complete the search, and then to look into the Mss., but when it is completed I am sure some other copies, not only of Kirtilata but many other Maithili works will come to light. If another copy of the work is available even as full of mistakes as the one available so far, many of the riddles of Kirtilata will be solved. Till then one cannot hope for perfection in the presentation of the text of the Kirtilata. My only justificaction for this edition of the work is to present Chanda Jha's version of the text and to offer interpretation to some of the inaccuracies of Dr. Agrawala's edition which, however, in my opinion is, indeed, the best that can be reconstructed in the present state of our knowledge.

(2)

Kirtilata is a problem work of Vidyapati. Much has been written on Kirtilata by eminent scholars and four different editions of the work have already been published, in each of which the learned editors have dealt exhaustively with the different aspects of the work. Besides these eminent writers, there are scholars like the late Dr. Biman Behari Mazumdar and my learned friend, Dr. Subhadra Jha, who have grappled with the problems that this work presents. But inspite of all the pains spent over it and the ingenuity displalyed, the problem remains as unresolved as ever before. These problems are three in number.

i) What is the approximate position of the work in the chronology of Vidyapati's works ?
ii) What is the nature of the language in which this work has been written ?
iii) What is the nature of the theme of the work or, in other words, to which historical fact the theme of the work refers ?

It has to be admitted that all these problems arise on account of the obscurity of the text. There is only one manuscript of the Vira Library of Nepal which has been the source of all our knowledge of the work. Unless, therefore, another Ms. of the work is available. We shall have to content ourselves with the corrupt text, howsoever much it has been re-constructed and improved upon by the great scholars who have edited the work and studied it with patience and diligence.

There are two more reasons on account of which these problems remain unresolved, or rather, on account of which these problems arise. The first of them is the biassed view of most of these scholars that the work is written in the Apabhramsa language which became the medium of poetic expression after the age of the Prakrits was over during the post-Harsha period. But as Prakrit had developed distinctive features in the different regions and when used as medium of literary expression came to be known as Vaidarbhi, Maharastri, Magadhi and Lati, similarly the Apabhramsa too became distinctly individualised in the different regions according to their genius, character and cultural heritage. Mithila cultivated her native tongue and in the Apabhramsa age at least, there was developed a language peculiar to Mithila which was the most important member of Prachya Apabhramsa, the Eastern dialect. As late as the 17th century the native language of Mithila was known as Mithila-Apabhramsa by Lochan in his Ragatarangini. This fact has been missed by most of the learned Editors of the Kirtilata either through ignorance or through their bias against Maithili which they have constantly refused to accept as a language of so high an antiquity. Unless Kirtilata is studied as a work of the Apabhramsa peculiar to Mithila, what we would call proto- Maithili, it is never possible to interpret the text of Kirtilata accurately, and therefore, satisfactorily.

The second reason is the ignorance of the political history of Mithila of the Oinabara days. The theme of the Kirtilata is the political turmoil that prevailed in Mithila in the early days of the Oinabara rule but the course of events described here does not tally with what is otherwise known from history. Except a few broad hints dropped in by Kaviswara Chanda Jha in his edition of the Purusapariksa, there is nothing authentic known about the children of Rajpandit Kameshwar Thakur who is said to have been made the king of Mithila after the extinction of the Karnata rule here. There are some references here and there in literary works but they are not authentic history. We have, therefore, to rely upon what is known traditionally of those days, specially in the notes of the Kaviswara. The events described, therefore, in the Kirtilata present a problem when we try to interpret them historically.

As the problem of the date of its composition is connected materially with the historicity of the work, the two will have to be taken up together. Let us, therefore, first discuss the nature of the language of Kirtilata.

In the introduction to Kirtilata, Vidyapati says (Verse 8) 'Sanskrit is agreeable to the Pandit-class; it is not easy to appreciate the emotional contents of Prakrit; the spoken language of the land is sweet to all. I am therefore writing accordingly in the Abahatta language.' It is, therefore, clear that the language of the Kirtilata is Abahatta in the words of Vidyapati himself who calls it the "DESILA BAYANA" or the language spoken in the land which he says is 'sweet to all.' Abahatta is the naturalised form of the Sanskrit word "APABHRASTA", Only one generation before Vidyapati, Jyotirisvara had enumerated six languages and seven sub-languages in the 6th Kallola of Varnaratnakara. Sanskrit, Prakrit, Abahatta, Paisachi, Sauraseni and Magadhi were the six languages and Sakari, Abhiri, Chandali, Sabari, Dravidi, Autkali and Vijatiya were the seven sub-languages in which the BHATA was a master. What is, among these thirteen languages enumerated herein, the language in which Jyotirisvara himself wrote the Varnaratnakara ? Obviously it could not have been anything except the Abahatta. It is also admitted by all scholars that Varnaratnakara was written in the language that was spoken in Mithila and it is the 14th century form of Maithili. Late in the 17th century Lochana in his Ragatarangini states that Vidyapati composed his songs in the Apabhramsa language spoken in Mithila. Students of Vidyapati believe that the language of Kirtilata is basically the same as the language in which Vidyapati composed his songs but the language of Kirtilata is much more archaic than the language of the songs, more archaic than even the language of Varnaratnakara. But for all these different forms of the language the name used by Jyotirisvara, Vidyapati and Lochana is the same Abahatta. It is not, therefore, unreasonable to suppose that down from the days when Prakrit went out of use as the vehicle of literary expression, the language spoken in Mithila, the DESILA BAYANA of the land, was called Mithila-Apabhramsa-Bhasa in Sanskrit but simply Abahatta in popular parlance. Long after Lochana, the middle term, Apabhramsa, was dropped for the sake of brevity and the language came to be known as Mithila-Bhasa which is the name used by Kaviswara Chanda Jha. Maithili, in the sense of the language of Mithila, is a word of recent growth, given to it by Englishmen. Formerly Maithili was used exclusively for Sita, the princess of Mithila. Abahatta, therefore, is the name by which Maithili was known in olden times and Kirtilata is a work of old Maithili, the language which was the DESIL language of the land where Jyotirisvara and Vidyapati lived.

But Kirtilata is not the only Abahatta work of Vidyapati. There is another work of Vidyapati called Kirtipataka which is still to see the light of day in correct form but is in Abahatta, much smoother and, therefore, maturer than the Abahatta of Kirtilata. There are at least two songs of Vidyapati (Nos. 9 and 10 of Nanavisayaka Padavali in N. N. Gupta's Devanagari edition) which are very widely known and are in Abahatta. This Abahatta seems to follow the pattern of the language of the hemistichs of Daka, songs and Dohas of the Sahajiya Siddhas, the verses of Haribrahma and others collected in Prakrit Pingala, and indeed, the beginning of this tradition can be traced back in the Apabhramsa verses of Kalidasa's Vikramorvasiya. (Act IV) There are observed trends towards naturalisation and simplification, in a word towards modernisation, but all these forms of language are at bottom the same Abahatta, separated in time from one another, each the Desil Bayana of its own age. The desil bayana of Jyotirisvara's days is preserved in

Varnaratnakara and the same of Vidyapati's time in his songs. The Abahatta is more archaic than even the language of Varnaratnakara. The language of Varnaratnakara which is Maithili in all its essential elements is indeed, archaic, much more archaic than the language of the songs of Vidyapati though separated in time by not more than two generations and, therefore, if the language of the songs of Vidyapati is Maithili, the old Abahatta of pre-Varnaratnakara days is proto-Maithili.

It has to be stressed in this connection that the spoken language is never static; it is always developing. If there is a literary work in any language spoken at the time, that language is preserved in the literary work but the language goes on developing as time passes on, and even in course of a few generations the language moves on to render the language of the older work archaic. But a writer always prefers that form of language which has attained respectability as a vehicle of literary expression and would not venture to write in the form actually spoken at the time unless, of course, the writer is bold and has the self-confidence of a master, set to break new grounds.

Vidyapati was such a master. From a very early age he was fired with the ambition of authorship. In the introduction to his Kirtilata (Verse No. 1 of the Abahatta portion), he says 'How can the creeper of fame spread out in the field of the three worlds unless poles of letters are set up to build the platform (for the creeper to hang about). He began writing when he was a stripling youth and continued writing till his last days. Born in a family of scholar statesmen, he wrote extensively in Sanskrit which was the fashion in those days. But Vidyapati felt the sense of the time and wrote in Desil Bayana. He composed the songs for the common men and women and used the local dialect that was actually spoken by them. But when he had to write for a select audience, he used the Desil Bayana which had attained literary respectability by constant usage. How else can it be explained that the song to commemorate the accession of

Siva Singh to the throne or his victory over the Muslim hordes should be in Abahatta while his songs in general are in the current popular language? In the two Champoo works which are at best historical romances he could not shake off the influence of old tradition and used Abahatta which had been used by poets as respectably as Sanskrit.

But Abahatta was too archaic a Desil Bayana of Mithila to be intelligible to the common men and women. In fact, the language of Kirtilata is not uniformly Abahatta either. It is not in the natural speech of any class of people; it is highly artificial in as much as it has been reconstrcuted and, therefore, we find a large number of current Maithili words and idiomatic expressions interspersed throughout the work. Words like मारि for battle, कड़ुआ तेल for mustard oil, बड़प्पन for dignity, संदेश for presents sent to some one, नोर for tears, तोरहि तोर for herds after herd, अन्हार कूप for absolute darkness, भैंसुर for husband's elder brother, भावहु for younger brother's wife etc. and idioms like गण्डञे गनिअ उपास, रूसलि विभूति पलटाए आनलि, सेरे कीनि पानि आनिअ, पिवए षनें कापड़ै छानिअ, बगलक रोटी दिवस गमाबथि, कुरुम उलटि करबट्ट दे, अबस कराबए मारि etc. are purely Maithili which can be used even today in the same form. It is obvious that Vidyapati knew Abahatta just as he knew Sanskrit or Prakrit, in other words, he had acquired the knowledge of this archaic form which was spoken in Mithila centuries ago. Sanskrit and Prakrit had grammars from which the proper form of the language could be ascertained but for Abahatta there was no such means available and one had to depend upon the usage only, which had gone out of popular use long ago, even if it be admitted that it was ever in common use in the same form. Vidyapati made an attempt and mixed up spoken Maithili with Abahatta. Abahatta as proto-Maithili had many elements that had fallen off in the Maithili of the day and survived in other regions. Vidyapati could not distinguish between them with the result that scholars now find elements in Kirtilata which are characteristics of dialects other than Maithili. It is well known how an erudite scholar of the eminence of Rajasekhara who prides himself on being सर्व-भाषा-चतुर or 'expert in all languages' should have used the two literary Prakrits, Vaidarbhi and Maharastri, promiscuously in his immortal work, Karpuramanjari, so much so that it is impossible to identify the language of that drama with any one of its known varieties. The reason is obvious. Prakrit had ceased to be a spoken language when Rajasekhara wrote and he had, therefore, to learn the language with the result that the distinction between the one kind and the other was blurred when he was writing. Prakrit was in his case, an artificial language in the sense that it had to be acquired. Similar was the case with Vidyapati also in his use of the old Abahatta language of Mithila. We should not be scared away by the presence in the Kirtilata of a few forms of proto-Maithili, obsolete in modern Maithili though surviving in the other dialects.

This fact is corroborated by the large number of strange uncommon Apabhramsa forms which account not a little for the obscurity of the text. Vidyapati, it seems, thought in Sanskrit or Maithili and then made out an Abahatta form of the same. Since there was no grammar of Abahatta available to him, he coined strange and uncommon forms and used them which baffle the ingenuity of a grammarian of the eminence of the late Dr. V. S. Agrawal also, much more of lesser light. The whole of Kirtilata is full of such arbitrary forms which can be seen in the notes. Since these forms do not follow any rule or pattern a reader is left guessing. And there are words of Sanskrit, Prakrit, Maithili, Arabic and Persian, all in Tadbhava forms to make them look like Abahatta. Such words and phrases are like stumbling blocks in the way of clear comprehension of the text, and have been written arbitrarily by the Scribe who could not understand them. This is an additional reason why the text of Kirtilata is corrupt.

Secondly, it is not possible to arrive at any conclusion with regard to the forms of words in the Kirtilata because the text that we have as the basis of our study is admittedly corrupt and it is full of hazards to come to a generalisation on the basis of a corrupt text. We must, therefore, approach Kirtilata realistically and accept it as a work of Maithili that was accepted as the medium of literary expression long before Vidyapati wrote but which he adopted in his poems meant for the learned society of the time, because it had attained the respectability of a literary language though it had become obsolete at that time. The language of Kirtilata may be studied in comparison with other forms of the Apabhramsa language current in other regions in order to find out the peculiarities of Maithili Apabhramsa, but as I have already pointed out, Kirtilata contains much that was current Maithili during Vidyapati's days and this mixed up with what had become obsolete by that time has made the language of Kirtilata unequal, rugged and uncouth and it reads like an artificial language. The language of Kirtipataka (as far as it has been available to me in genuine form) and of the songs is much smoother, much more mature and uniform than the language of Kirtilata. But it has to be always remembered that we donot yet have the genuine text of Kirtilata available to us and, therefore, it is not safe to say anything final about the linguistic peculiarities of this work except that it is in the Desil Bayana, the language spoken in Mithila, sometimes in the form in which it was actually spoken in his days but generally in a form obsolete by that time but reconstructed from usage.

When was Kirtilata written ? What is the sequence of events described in the work and when did these events take place ? If Kirtilata describes the contemporary events as they happened, it must be taken as historical but there are contradictions between what is described here and what we know otherwise. The work must have been composed after these events took place, if these events happened at all as they are described. It will, therefore, be proper to consider the historicity of the work before the question of its date of composition can be taken up.

The theme of Kirtilata is the glorification of Kirtisinha who avenged his father's assassination with the help of Ibrahim Shah of

Jaunpur. Kamesvara of the family of Brahmana, having its origin in the village of Oini founded this Brahmana rule of Mithila after the extinction of the Karnata Kshatriya rule. His son Bhogisvara was the esteemed friend of Feroze Shah Tughlaq (1351-1388). In the year 255 of Lakshmana Sen era (252 according to other editors), corresponding to the year 1364 A. D. according to Vidyapati's reckoning, Bhogisvara's son, Ganesvara, was assassinated treacherously by one Aslan. There was complete chaos in the land and Ganesvara's third and youngest son, Kirtisinha, along with his elder brother Virasinha went to Jaunpur to report to the Sultan there that Aslan had murdered the king of Mithila, having flouted the Sultan's firman issued earlier. Ibrahim Shah was the Sultan reigning at Jaunpur. After waiting for long Kirtisingh had an audience with the Sultan who ordered a march against Tirhut but strangely enough the army instead of marching eastward went westward. Kirti Singh and party accompanied the march suffering utmost privations. At long last the Sultan was moved to turn to Tirhut and having crossed the Gandak the two armies met in the field east of Rayapur. In a duel Kirti Sinha defeated Aslan who turned his back. Kirti Sinha did not pursue him but forgave him. Kirti Sinha was crowned the king by the Padshah.

It is historically true that Ibrahim Shah was the famous Sultan of Jaunpur but he ascended the throne in 1400 A. D. It is recorded that quite early he marched against Tirhut but having ordered the army to march eastward, he turned it towards the west. Later on, he marched against Tirhut but history does not record why or against whom Ibrahim attacked Tirhut. Ganesvara was assassinated in A. D. 1364 according to Chanda Jha's version or in A. D. 1371 according to others. But in any case there was chaos in Tirhut for more than thirty years. Traditionally, however, it is known that Siva Singh acted as the Regent of his father, Deva Singh, who had left Tirhut to stay at Naimisaranya from about 1368 A. D. when Siva Singh was only 16 up to the year 1402 when Deva Singh died and

Siva Singh ascended the throne; and that having repulsed many Muslim attacks from Gauda and Gajjan, he was defeated in the winter of 1405-6. If, therefore, there was anarchy on the assassination of Ganesvara it was for about four years only. The reign of Siva Singh for about thirty eight years, as a Regent for thirty four years and for four years as the king, has been traditionally known as the most powerful in the annals of Mithila and there has been a proverb current in Maithili that 'There is only one pond, Rajokhari; all else are ditches. There has been only one king, Siva Singh; all else were mere lads.'

पोषरि रजोषरि आर सब पोषरा।
राजा शिवइसिंह आर सब छोकरा ॥

This is confirmed by the two dates given by Vidyapati himself, one in Likhanavali which he compiled at Rajabanauli under the Dronabara king Puraditya of Saptari in L. Sam. year 299 and the other at the end of the copy of the Bhagavata which he completed at Rajabanauli in the L. Sam. 309. There should be no doubt about these dates in L. Sam. year era recorded by Vidyapati because in his song on the accession of Siva Singh to the throne he has given the 293 rd. year of the L. Sam. era as equivalent to the 1324th year of the Saka era. What is known, therefore, about Siva Singh that he was the ruling king of Mithila in 1402, that he was defeated in about 1406 after which Vidyapati spent twelve years at Rajabanauli with the wives of Siva Singh is corroborated in the works of Vidyapati. It is, therefore, not quite historical to say that when Ibrahim Shah became the Sultan of Jaunpur in 1400 there was anarchy in Mithila or that Mithila was ruled over by Aslan.

It should be remebered in this connection that the Sultanate of Jaunpur originated in 1394 A. D. six years after the death of Ferozeshah Tughlaq. This is at least 17 years (according to our calculation 24 years) after the assassination of Ganeswara. This fact creates grave doubts about the historicity of Kirtilata. In Kirtilata (page 20, Pallava 3, verse 6) Kirti Singh says to Ibrahim Shah that Aslan first threw away his firman and then assassinated Ganeswara. It is not said what that firman contained but it was for something against which Aslan acted and managed to take possession of the Raj of Tirhut. This clear statement raises questions which cannot be properly answered from historical facts known up till now. Dr. Agrawal has brought in the name of Johna Sah which is perhaps the corrupted form of Khwaja Jehan who became first Mullik-us-Shark and then Sultan-us-Sharki but only after 1394. How could any firman be sent to Aslan before he assassinated Ganeswara when Jaunpur came into being long after the assassination. This led my friend Dr. Subhadra Jha to hold that what we take as Jaunpur is Yoginipur by which name Vidyapati called Delhi and that Ibrahim Shah was some Muslim noble of Delhi's Court whose help Kirti Singh managed to obtain. This interpretation is not without doubts and difficulties but what is there in the Kirtilata makes it very doubtful to hold that these words were addressed to the Sultan of Jaunpur. They could very well be addressed to the Emperor of Delhi only because he alone could have sent any firman to Tirhut and this could have been to confirm Ganesvara as the Raja of Tirhut after the death of his father, Bhogisvara, or even to confirm Bhogisvara after his father's death. This interpretation would fit in because instead of recognising Ganesvara as the lawful Raja, they got him assassinated.

Secondly, there is no reference to Kirti Singh ruling over Mithila at any time in any work literary or historical except what Vidyapati has said at the end of Kirtilata. In the Panjis of Maithil Brahmanas, the genealogy of this branch of Kamesvara's descendants stops with the mention of the three sons of Ganesvara. None of them is styled a Raja; Kirti Sinha is called a वर कूमर only; and no marriage of any one of them is mentioned. It is clear, therefore, that this line of the Oinabaras was extinct and that there was no tradition in Mithila of any rule by Kirti Singh, which passed on to Deva Singh, the cousin of the murdered Raja Ganesvara. What, therefore, Vidyapati tells in the Kirtilata is not supported by tradition nor corroborated by the Panjis.

If the incidents described in the Kirtilata are to be believed and Ibrahim Shah of Jaunpur did invade Tirhut to punish the assassin of Ganesvara and to restore the Raj to Kirti Singh, it must have been with Siva Singh that Ibrahim Shah had to fight and since Siva Singh was defeated within four years of his ascending the throne, it seems probable that Siva Singh was defeated by Ibrahim Shah.

This fact finds support from what we know of the history of the early Oinabar days from the few hints thrown by Kavisvara at the end of his edition of Purusapariksa (reproduced on pages 372-373 of my edition of the Purusapariksa). It appears that Raj Pandit Kamesvara Thakur had three sons and six brothers and when he died, the Raj devolved upon his eldest son, Bhogisvara, who was a personal friend of Feroze Shah Tughlaq, but his younger brother Bhava Singh got the Raj partitioned. When Bhogisvara died, Bhava Singh's grandson Arjun Ray (who has been immortalised by Vidyapati in some of his songs) and Ratnakara, the grandson of Kamesvara's younger brother Harshana Thakur, hatched a conspiracy and got Ganesvara treacherously murdered. Arjuna Ray was the son of Bhava Singh's eldest son, Tripura Singh, whose younger brother was Deva Singh. In his Likhanavali, Vidyapati praises Puraditya as 'having killed on the battle field the king Arjuna who had behaved inhumanly with his kinsman (संग्रामेर्जुनभूपतिर्विनिहतो बन्धौ नृशंसायितः). Arjuna Ray was detested for his act and his line became extinct. The Raj went thereafter to Deva Singh but he was so very much disgusted with affairs of the state that he left Tirhut for ever, naming his son Siva Singh, who was then only 16 years old, as his regent to rule in his stead. Siva Singh was a powerful Raja and if Vidyapati is to be believed he fought against the Nawab of Bengal and the imperial army of Delhi or Delhi's agents (Vide the last verse of the Purusapariksa). On the day his father breathed his last on the bank of the Ganges in 1402 A. D., there was an invasion, or at least a threat of invasion, from the Sultan's army (vide the song in Abahatta on the accession of Siva Singh) and this could have been the march of the army of Ibrahim Shah towards the east which turned westward on hearing the march of Yekbal Khan from Delhi against him. Kirtipataka eulogises the victory of Siva Singh over some Mohammadon attack and since Kirtipataka is not available in full, we are not in a position to say against whom this victory was achieved, though from the fragment available it is clear that it was Siva Singh who achieved the victory. From all these references it is abundantly clear that after the overthrow of Bhogisvara's line, Siva Singh took possession of entire Tirhut, consolidated his position, and by his benevolence and liberal patronage won the heart of the whole of Tirhut.

It is interesting to note in this connection that the Brahmana rule of Mithila was not approved by the orthodox section of society. Maithil Brahmana society had just then been re-organised and many of the great leaders of that movement were still alive when Kamesvara accepted the Raj of Tirhut from Emperor Feroze Shah. They refused their moral support to the Oinabaras mainly on two Sastric grounds. They could not regard the Oinabaras as the rulers; first, because they were not the paramount rulers but derived their authority from their Delhi overlords, and secondly, because according to the Sastras one could be recognised as a king only when he was properly anointed as such and took the coronation oath which the Oinabaras as Brahmanas could not do. This crisis was resolved very tactfully by Bhava Singh only. By his statesmanship, character and patronage he managed to enlist the support of the Pandit class and with their co-operation commissioned the grand old scholar statesman of Mithila, the renowned Chandesvara of Ratnakar-fame to write his Rajanitiratnakara in which it has been established that sovereignty does subsist even where the sovereign has to pay tributes to an overlord and that for royalty, coronation is not necessary. The Oinabara rule of Tirhut was, thus, recognised by society at large only with Bhava Singh and his descendants. Tirhut was famous during that age for learning and scholarship but no Pandit of renown has dedicated any of his works to Kamesvara or his son Bhogisvara and his descendants.

It is, therefore, clear from tradition as well as the social and cultural sources that the chaos and confusion which resulted on the assassination of Ganesvara had its origin in the fratricidal conflict between Bhogisvara and Bhava singh and their descendants. Aslan might have been only an agent and given as a reward for his dastardly crime a small principality to rule over. It is then easy to believe that Kirti Singh should have gone in search of help not only to avenge his father's assassination but also to have the Raj of Tirhut restored to him and he should have found Ibrahim Shah willing because he was an ambitious young man and wanted to expand his influence. Siva Singh was ruling over. Tirhut at the time and as Siva Singh was too intrepid to submit to any one, it was Siva Singh against whom Ibrahim fought.

Even if Siva Singh was not personally involved in the assassination of Ganesvara, he represented that branch of the family that had a leading hand in the affair and that would have been sufficient reason for Ibrahim Shah to subdue him specially as Siva Singh had assumed sovereign power. In the Kirtilata itself, Ibrahim Shah is not described as having fought Aslan; it was Kirti singh who challenged Aslan, and when, over powered by Kirti Singh, he turned his back, the noble prince did not pursue him but forgave him to go away with his life. Kirti Singh might have been given back his father's Raj but he must have been more than fifty years at that time and since he forfeited public support for having brought about the downfall of Siva Singh, he might have continued to live for some time unnoticed and unhonoured by the people of Mithila. What attracted the poet towards him was his firm resolve to avenge his father's assassination which he could accomplish at length though he had to live the life of an exile for such a long time in circumstances so adverse both materially and physically. Thus the theme of Kirtilata is nothing more than glorification of his patience and perseverance, determination and sense of self-respect.

This seems to me to be the most plausible narration of the sequence of events described in Kirtilata if it has any historical basis. Any mention of the involment of Bhava Singh or his descendants has been scrupulously avoided in this narration, and imagination has been given a free play in the descriptive passages which must be accepted with due allowance for exaggeration. For example, the description of Jaunpur is imaginary because Jaunpur had been founded not more than twenty-five years before the events described and the building of Jaunpur was planned and executed by Ibrahim Shah himself. To me this poem reads like an historical romance, not a realistic picture of the time which many people take it to be.

But there is an insuperable difficulty in this assumption. How could Vidyapati glorify kirti Singh who proved to be a sworn enemy of his patron and friend, Siva Singh and who brought about the end of that happy life with which the happiest period of his own life also came to an end. Even if we leave aside Kusumesvara, the second son of Kamesvara, who is not styled a Raja though his son, Ratnesvara is, there were two branches of the Oinabara royal family, the one headed by Bhogisvara, his eldest son and the other headed by Bhava Singh, the youngest. That Bhava Singh was a Raja is borne out by Chandesvara in his Rajanitiratnakara and this could have been possible only by having the Raj partitioned by Bhava Singh. Thus the two branches of the family were estranged, if not actually warring. That Kirti Singh should have to go out in search of help to avenge his father's assassination clearly shows that he was denied the help at home, that he was practically isolated with only a handful of followers who are perhaps, all of them, named in the Kirtilata itself. Vidyapati who was of the same age as Kirti Singh, and perhaps very friendly with him in their boyhood, belonged to the camp of Bhava Singh. Even as a young boy he was a great favourite of Deva Singh whom he accompanied to Naimisaranya where he composed his maiden work Bhuparikrama of Siva Singh. Vidyapati was a constant companion, faithful friend, wise counsellor and distinguished Raj Pandit and it was under his patronage that the talents of the poet found their best bloom. Vidyapati has immortalised Siva Singh and Siva Singh gave to Vidyapati all that makes life full and pleasant. How can then this assumption be entertained that Vidyapati glorified the deed of one inimical to his patron, who was instrumental in bringing about the greatest disaster to the glory of Mithila, and consequently to his own self ? It is not without significance that the person accused is a Turk, Aslan but he was no more than an assassin, a hired assassin and all references to the involvement of Arjun Ray and his accomplices have scrupulously been eschewed. But the people of his own days for whom the romance was composed must have seen the complete picture even in this guarded narration where only half the truth is told. It would have been regarded the height of ingratitude on the part of Vidyapati to have written so highly in praise of a prince of the other camp and describe him as having been crowned when according to the local tradition Kirti Singh, the younger son, was never recognised a king but only a 'वर कूमर', a noble prince by which appellation he is described in the Panjis of the Maithil Brahmans.

These are the difficulties with which the theme of Kirtilata is beset which render any solution of the problem difficult. There is no doubt about the fact that Kirtilata is at best an historical romance and not history. The two pictures drawn so very luridly, namely the state of anarchy in Tirhut and the grandeur of Jaunpur, are not historically true, cannot be true, because they are contradicted by history and tradition. In other respects also, as for example in the description of the army and the army's march, or even in the description of the battle, the pictures are clearly overdrawn, giving free play to the poetic license of exaggeration. There may be some historical basis for the theme, for example, the assassination of Ganesvara but I have grave doubts about Aslan who might have been no more than a hired assassin. Ibrahim Shah seems to me to have been the symbol of imperial power; how else can we explain the throwing off of the Shahi firman by Aslan of Tirhut even before the murder of Ganesvara. The kingdom of Jaunpur was non-existent at the time, much less Ibrahim Shah. What is told here about Aslan would more plausibly be true of Bhava Singh and his children because Bhava Singh got the Raj Partitioned when it was confirmed in favour of Bhogisvara by Firoz Shah after the passing away of Kamesvara and it was the grandson of Bhava Singh who either himself or through some hired assassin got Ganesvara murdered. I hold, therefore, the view that the Kirtilata is no more than a story built upon some historical facts; how far they are historical, however, can only be surmised and not be stated dogmatically. I am led to hold this from what Vidyapati himself calls this narrative, namely a कहानी (2-1) only.

This is about Kirtilata as a record of contemporary events. To me the tales of Purusapariksa are much more faithful records than what is told in Kirtilata. The battle described in the tales of the Hero truthful or the Hero Valorous for example is much more realistic and, therefore, faithful than the hyperbolic passages of the last Pallava of Kirtilata. To say (3-20 and 3-21) that Ibrahim Shah went out for conquest into all the continents and islands all across the four seas,

चौसा अन्तर दीप दिगन्तर पातिसाह दिगविजय भम।

or that for any king there was no escape for life even by crossing over the seas except by yielding to him in obedience,

गिरि सागर पार उबार नहि, रैअति भेलेँ जीव रह।

is nothing, if not ridiculous, when we know from history that Ibrahim Shah did not go beyond Malwa in the west and Bihar in the east, without achieving any decisive victory. Ibrahim Shah is, indeed, a famous king of the early 15th century but he is famous for his patronage of arts, specially poetry and architecture, and of that aspect of his life there is not even a hint in Kirtilata. How then can it be that Vidyapati describes things from his personal observation ?

About the poetic qualities of Kirtilata, the less said, the better. Dr. Baburam Saksena, the great Orientalist, has said in his edition of Kirtilata that the great poetical excellences which we associate with Vidyapati are lacking in this work but he has assumed that it was the work of the poet's immaturity and we must not accept that craftsmanship in this work which we find elsewhere. The late Dr. V. S. Agrawal, too, is silent about this work as a poem except saying in general terms that "the plot of the poem" is described in 'a vigorous style with many motifs of a standard Kavya' and among the motifs he has mentioned the 'vivid' descriptions and other 'cultural information' which have been discussed above regarding the authenticity of the work as a record of contemporary events. Dr. Agrawal has given a short but true account of the Oinabar days but he failed to perceive the contradiction between the picture of anarchy described here and the glory of Siva Singh described elsewhere by Vidyapati, nor did he pause to consider historically the value of the exaggerated pictures of Ibrahim Shah and Jaunpur which he calls 'forceful' and 'vivid' . Even as a romance Kirtilata does not fulfil the conditions of a good poem. It is uncouth, rugged and unequal, lacking entirely in sweetness and perspicuity (माधुर्य and प्रसाद) the two Gunas which we associate with the poetic craftsmanship of Vidyapati. It is true that much of this is due to the corrupt nature of the text but the strange admixture of Sanskrit, Prakrit, Apabhramsa Maithili, Persian and Arabic makes the work a veritable 'babel of tongues', misleading in the extreme, hard to interpret with confidence. Two songs of Vidyapati in the Abahatta language are available but they are smooth, uniform, highly poetical and simple to interpret. At least three folios of Kirtipataka have been available to me and the language of that work is extremely smooth, sweet and perspicuous and it is an glorification of Siva Singh at his victory over some Mohammadon Sultan, his name, however, is not in the fragments available to me (The late Dr. Agrawal is palpably wrong when he says that Kirtipataka is about the domestic or personal life of Kirti Singh). Compared with these genuine poems, the whole of Kirtilata reads like the work of a common poetaster who had no mastery over any language but who aspired to write in all, giving free play to his imagination without any regard to poetic truth or sense of proportion.

All this would have been excusable or understandable if this were the work of young Vidyapati just on the threshold of authorship. That is the only conclusion at which one would arrive after considering the entire work in the above light as, indeed, Dr. B. R. Saksena did arrive at now more than forty years ago. But howsoever unreliable may be the record of events described herein, one conclusion is irresistible that this work was composed sometime after 1402, when Siva Singh had been a full-fledged Raja and Vidyapati was more than fifty-two years of age, Kirtilata in that case was the last of his Abahatta works, later in time than his Abahatta songs or even Kirtipataka. But of these two conflicting views about the probable date of its composition, reliance must be placed on the events described and one cannot hold the view that these events were narrated by him even before they happened. The looseness of linguistic homogenuity or immaturity of poetic craftsmanship must not, therefore, be explained away by assuming that it was the work of a novice in the art of poetry.

For some time it was held that the last adjective phrase describing Vidyapati in Kirtilata was 'खेलन-कवि' or a sporting poet and they saw in this a hint that it was the work of Vidyapati's early youth. खेलन, however, was a mistake for खेलतु. The suggestion of its early composition is, thus, no longer there but the verb खेलतु may suggest that the poet did not mean seriously by this work.

There is another work, a drama in Sanskrit, Manimanjari by name, which has been edited by me for the Darbhanga series of the Maithili Development Fund and published by the Patna University. This, too, is ascribed to Vidyapati because his name is there as the author, but as in Kirtilata, so in Manimanjari also, there is absolutely nothing to identify the author with the great poet-Vidyapati. Like Kirtilata, too, Manimanjari suffers from all sorts of immaturity and if it is a work of the great poet, it is one of his earliest, if not the earliest. In the third verse of the introduction, the poet admits this fact. He says :

विघटितकलोपि दोषाकरोपि विपुलप्रसादरहितोपि ।
इन्दुरिव मत्प्रबन्धो बालोदित इव विलोक्यतां सद्भिः ॥

"The good may look into my work which is deficient in artistic excellence, abounds in blemishes, and lacks perspicuity very largely, as they listen to the prattle of a child, just as people look at the moon which is without all the digits, full of the dark spots, and lacking in effulgence."

What the poet says so very modestly about Manimanjari applies equally well to Kirtilata also and here too the poet says "बालचन्द विज्जावइ भासा". This can not be a chance coincidence and if the one is an early work, the other, too, can very well be taken as such, unless, of course, it is construed to imply that Vidyapati speaks boastfully, deriding the criticism of those who ridiculed him on using the common language of Mithila in his songs; and in that case Kirtilata can be taken as a work of his maturity. But here the strangeness of the language used in Kirtilata, absence of those poetic qualities which we associate with his great name, and above all the treatment of the theme which exceeds the bounds of propriety in its exaggeration, belie the claims of Vidyapati, the master craftsman. For Vidyapati who was so very sincerely devoted to Siva Singh, from whom he received all that makes life full and happy including the grant of his native village which caused envy all around, to say

पुहवी तासु असक्क की जसु पसन्न सुरतान (3.41)

"what is impossible on earth for one with whom the Sultan is pleased" would-be the height of ingratitude; or for one who was an astute Statesman attached devotedly to the Oinabara Rajas of the line of Bhava singh, to say that with the restoration of the Raj of Tirhut to Kirti Singh through the help of Ibrahim Shah, 'Tirhut regained its pristine form'

तिरहुति पाइअ रूप (4.57)

would be a recantation of all that he stood for; or for one who was born in the family of Viresvara, who had compromised the independent status of the Raj of Tirhut to avert by that means the desecration of the holy land by the invasion from one of Alauddin Khilji's ruthlessness, and who worked patiently all through his life to preserve, as far as possible, the cultural purity of Mithila from contamination with the alien Mohammadons, to say that "Tirhut was rendered sacred" by the march of Ibrahim Shah's army into the land.

किमि तिरहुत्ती होअउ पवित्ती (4.1)

would be nothing short of a blasphemy. I feel, therefore, very strongly that if Kirtilata is a work of Vidyapati, it is not worthy of his great talents, either as a man, or as a statesman or even as a poet.

(4)

These are the difficulties with which the theme of Kirtilata is beset and render any appraisal of the historicity of the work baffling. During these six centuries an image of Vidyapati has emerged which is revered-universally but when we analyse critically this Abahatta work which has up till now been acclaimed as a unique work from the pen of the statesman poet of Siva Singh's court, that image is drastically changed into one of an opportunist politician who could change with the change in the fortunes of those who could extend their patronage to him and write hyperbolically on whatever suited the tide of the moment. This would justify the derisive remark of Kesava Mishra when he calls Vidyapati in his Dvaita parisista अतिलुब्धनगरयाचक (p. 308). But Kesava Mishra is the only Pandit to have derided Vidyapati in this fashion, and that also only once; on another occasion (p. 76) in the same work, Kesava Mishra speaks of Vidyapati very reverentially. And Kirtilata is the only work of Vidyapati which casts a shadow of cheap opportunism on his otherwise spotless image.

I, therefore, sometimes feel that Kirtilata is not a work of Vidyapati who was born in the family of Viresvara and Chandesvara, adorned the court of the Oinabara kings of Mithila from Deva Singh down to Dhira Singh, and immortalised in his many works the names of Deva Singh, Siva Singh, Viswasadevi, Dhiramati Devi, Narasingh, Dhira Singh and Bhairava Singh besides a host of other friends, admirers and patrons in his songs. All these Rajas and Ranis belonged to the line of Bhava Singh. Besides Kirtilata there is only one song (No. 802 Indian Press Edn. of N. N. Gupta) alleged to have been written by Vidyapati mentioning in the Bhanita the name of Bhogisvara. That song, however is for the occasion of Madana-Puja and describes the feelings of a Virahini. Vidyapati was only eleven when Ganesvara was assassinated and to say that when he was not even eleven years old, he wrote a highly erotic song mentioning the name of the father of Ganesvara, a person who was of the age of his grand-father, is unthinkable. This song might have been composed by an older poet and the name of Vidyapati put in the Bhanita during later times by mistake as has been done in scores, if not hundreds, of songs in Maithili. Or it might have been composed by some other poet whose name was the same vidyapati which distinction might have been forgotten in course of time.

Similarly with Kirtilata also. It is not preposterous to say that it was not from the pen of the Vidyapati of the great lyrics, of Kirtipataka, of Goraksavijaya of Purusapariksa or even Bhuparikrama. There is nothing in Kirtilata, except the name to ascribe it to him. I have shown elsewhere (Introduction to my Edition of Purusapariksa pp.8) that there have been many persons of this name, some with the same surname Thakur, and at least one of them was living in the same court of Siva Singh, one of whose daughters was married to Siva Singh and another to his nephew, Dhira Singh.

In a paper 'Tantrik Vidyapati' published in the Ganganatha Jha Research Institute Journal, November, 1950, I have shown how different persons bearing the name Vidyapati Thakur were mistaken by my friend the late Pandit Dinesh Chandra Bhattacharya for the great poet Vidyapati, and as a result of this mistake the late Bhattacharya Mahasaya had shown that Vidyapati was a Tantrika and had written on Tantra Sastra also.

It was Kavisvara Chanda Jha who brought Kirtilata into the notice of the modern world of scholars and it was he who identified the author of Kirtilata with the great poet (Vide notes at the end of his edition of Purusapariksa reprinted on page 373 of my edition of the work). This was in the Saka year 1810 or 1888 A. D. Ten years later the complete manuscript of the work was available to Mm. Haraprasad Sastri in Nepal and accepting the identification of the Kavisvara as true without any further test, he got the book published in 1924 as a unique work of the author of Purusapariksa. Since then it has been accepted as such and though this has proved a puzzle to all students of Vidyapati, no one has taken the trouble to ascertain if there is any evidence, either external or internal, except, of course, the name of its author, to warrant the identification of its author with the great poet of Mithila.

It is always hazardous to identify two persons as one and the same merely by the sameness of their names. To what an absurd conclusion one may be led by such an identification has been described by me in my paper on Jyotirisvara published in the Bihar Research Society Journal, Parts 3-4, 1951. Jyotirisvara was the son of Dhiresvara and grand son of Ramesvara. Vidyapati's grand father, Jayadatta Thakur, was the son of Dhiresvara and grandson of Devaditya. It was however held by many and some persons still persist to hold the view, that Jyotirisvara was the brother of Vidyapati's grandfather, forgetting that Jyotirisvara's father, Dhiresvara was the son of Ramesvara while Vidyapati's great grand father, Dhiresvara was the son of Devaditya, besides the fact that the former belonged to Vatsya Gotra while the latter to Kashyapa. Similarly Vidyapati's father Ganapati was considered till recently as the author of Gangabhaktitarangini which is a work of Ganapati but Ganapati, son of Dhiresvara and Vidyapati's father was the son of Jayadatta, All these identifications, and many more, were first made by Kavisvara on insufficient grounds, rather too hastily.

Vidyapati, the author of Kirtilata might have been, thus, identified with the Raj-Pandit of Siva Singh's court on the only ground of the sameness of the two names. But it is not possible to say anything definite about it as I have said about Jyotirisvara or Ganapati, because in Kirtilata there is no evidence, either external or internal, to say anything either way. Circumstantial evidence, however, creates deep doubts about the identification, and if it is held that the author of Kirtilata was some one other than the Raj-Pandit of Siva Singh's court that the great poet was, many of the difficulties that appear insuperable in connection with Kirtilata are automatcically solved.

There is one more point in this connection which deserves careful consideration. There is another Abahatta work, Kirtipataka, ascribed to Vidyapati, and the mere resemblance in the names of the two works has led many people to assume that Kirtipataka too is an eulogistic poem on Kirti Singh. Even a scholar of the eminence of the late Dr. V. S. Agrawal holds this view in his edition of the Kirtilata. This is because Kirtipataka is available only in fragments.

But the last verse of the work is clear enough to show that it recounts the exploits of Siva Singh in the words of Vidyapati.

एवं श्रीशिवसिंहदेवनृपतेः संग्रामजातं यशो
गायन्ति प्रतिपत्तनं प्रतिदिशं प्रत्यङ्गणं सुभ्रुवः ।
एतत् कीर्ति .....वाणी च विद्यापते–
राचन्द्रार्कमियं विराजतु मुखाम्भोजेषु...सदा ॥

The last verse of Kirtilata resembles this verse both in form and matter but as the association of Siva Singh and Vidyapati has been well known it helps us in identifying the author; the association of Kirti Singh and Vidyapati is not known otherwise. It is not unreasonable, therefore, to doubt if this Vidyapati is the same as the author of Kirtipataka. Poetically, however, the verse of Kirtipataka reads much smoother and clearer than the one of Kirtilata. From the consideration of the theme of Kirtilata in the light of events that are known to have happened historically in Tirhut during the period, it has been proved that Kirtilata was composed not before 1400, the year Ibrahim Shah ascended the throne at Jaunpur, most probably by 1406 after Siva Singh was defeated in his battle with Ibrahim Shah. Kirtipataka was composed during the heydey of Siva Singh's glory. Clearly, therefore, Kirtipataka was composed earlier than Kirtilata. Had both the works been of the same author, the earlier work would have been, in the natural course, less perfect than the later one, but here the craftsmanship is of the reverse order. From the fragments that are available it appears that both the works have many points of resemblance. To me, therefore, it seems that Kirtilata is an imitation of Kirtipataka, done indifferently by a person of lesser craftsmanship. He must have been a follower of Kirti Singh's camp and since Siva Singh was eulogised by Vidyapati, he, too, wrote in praise of his patron Kirti Singh. He might have been of the same name Vidyapati or even if he had another name, he would have put the name cf Vidyapati into it to lend to his work the prestige of his great name. It is just a surmise but this fact is clear that Kirtipataka is a genuine work of Vidyapati, the great poet. To hold that the same Vidyapati wrote a less artistic work after he had produced a better one is not as reasonable as to hold that the later work was produced by a lesser craftsman in a spirit of rivalry to extol his own patron as the master craftsman had done his own. This is the conclusion which one would arrive at if he considers the two works Kirtilata and Kirtipataka dispassionately.

But as has been said repeatedly, there is nothing in Kirtilata itself to prove either that the Vidyapati of Kirtilata is not the same as the author of Kirtipataka. From the history of Kirtilata since 1888 when it was first brought to the notice of the world of scholars, it would appear that the author of Kirtilata has been identified as the Raj-Pandit of Siva Singh on insufficient grounds rather hastily, and though as a result of this identification there have arisen a host of problems linguistic, historical and literary, the idea has proved so attractive and held such strong a grip on the minds of scholars that no one has up till now thought over this aspect of the problem. My friend Dr. Subhadra Jha, was the first scholar to put forth a theory that Jaunpur here is a mistake for Yoginipura and Ibrahim Shah is not the ruler of Jaunpur but some military commander of Delhi from whom Kirti Singh sought help. His theory has been laughed at but nothing has been said to meet his point. It must be a admitted that Dr. Jha touched the crux of the problem but he approached it from the wrong end and it is, indeed, difficult to hold on the basis of the text of Kirtilata that the Ibrahim Shah of Kirtilata is some one other than the famous Sharki Nawab of Jaunpur.

Mine is but a hypothesis though a bold one. The only alternative to this is to hold that Vidyapati, the Raj Pandit of Siva Singh's court did write Kirtilata but it could not have been written before 1400, the year Ibrahim Shah ascended the throne, and if the analysis of events given above is true, it must have been composed after the disappearance of Siva Singh. It is a pity that neither tradition nor history tells us who the Mohammadon Sultan was who defeated Siva Singh but from the circumstances in which this tragedy darkened Mithila, it is most probable that Siva Singh fell before Ibrahim Shah.

This was the greatest calamity that befell the poet. The happiest period of his life came to an abrupt end with he inglorious end of his patron-friend and he must have felt the deepest disappointment and greatest frustration. He is said to have gone over to the Raja of Saptari to seek a safe shelter for all the six wives of Siva Singh and wait for 12 years for the last rites of the lost king. He could not have any motive to write out this panegyric of Kirti Singh while at Rajabanauli nor at home where he returned in 1418-19 when he was almost seventy years old. The only period which we can think of when Vidyapati could have written Kirtilata would be immediately after the downfall of Siva Singh. There was then every likelihood of the Raj of Tirhut being annexed to the kingdom of Jaunpur and ruled over by a Mohammadon Viceroy. This, however, did not happen and Kirti Singh was crowned the king which is stated there at the end of Kirtilata. But even if Kirti Singh was crowned a king, he must have been the ruler of his own portion of Tirhut and not the Raja of Tirhut as a whole. In his Saivasarvasvasara which Vidyapati compiled for Visvasa Devi, wife of Padma Singh, the younger brother of Siva Singh, Vidyapati describes Visvasa Devi as पत्युः सिंहासनस्था, occupying the throne of her husband. This shows that after Siva Singh the Raj of Tirhut devolved upon his younger brother who died soon after, and then Visvasa Devi reigned for the period till the last rites of Siva Singh were performed and the Raj went to his next male heir, Nara Singh Darpanarayana who was the son of Hara Singh and grand-son of Bhava Singh from another wife. To Nara Singh, his wife Dhiramati, and his two sons Dhira Singh and Bhairava Singh Vidyapati has dedicated his works. Therefore, from his works themselves, it is proved that Vidyapati owed allegiance to the descendants of Bhava Singh devotedly to the end and the question of his going over to the party of Kirti Singh and dedicating Kirtilata to him does not arise.

But the disapperance of Siva Singh and victory of Ibrahim Shah over the Raja of Tirhut posed a very serious problem before the statesmen of Mithila. The conquest by a Mohammadon Sultan meant the end of the native rule of Mithila, howsoever limited might have been the sovereignty enjoyed by the Oinabaras. Secondly, the victory of the Mohammadon army would have led to the devastation of the land entailing molestation and harassment of the people at large. The leaders of Maithil society has been able, till then, to avert such a situation by compromising with political sovereignty but now it required the utmost statesmanship of the leaders to act and act swiftly to appease the wrath of the victorious Sultan who was a fanatic.

Kavisvara Chanda Jha records and the anecdote is known all over Mithila that on an earlier occasion when Feroz Shah Tughlaq was still the Emperor at Delhi. Siva Singh had been arrested for non-payment of revenue and taken to Delhi. It is said that Vidyapati along with Amritakara, the son of Dewan Chandrakara went over to Delhi and having pleased the Emperor by their poetical genius and poetry they managed to get the Raja not only released but also honoured profusely for his patronage of poetry. It is not unreasonable, therefore, to suppose that after the defeat of Siva Singh when the entire Tirhut was threatened with annihilation, Vidyapati might have been prevailed upon by the leaders of society, his statesmen friends, to try once more his skill to please the ruthless conqueror who was known for his taste for poetry. It must have been extremely galling, indeed, for the poet to sing in praise of a person who had destroyed for ever the very bliss of his life and put to an end all that he had hoped for, stood for and worked for, but the statesman that he was, he sacrificed his own feelings in the larger interest of the land of his birth, kept within himself the anguish of his heart, the poignancy of his disappointment and frustration, and produced a panegyric poem in a language considered respectable all over northern India, praising with fulsome flattery the victorious Sultan, raising him to the sky as the most powerful conqueror of his own time, and glorifying at the same time his protege, Kirti Singh, which was indirectly a glorification of the Sultan himself with whose help 'there was nothing impossible on this earth to obtain.'

It may be noted in this connection that Vidyapati as the maker of Nachari was well-known in Ibrahim Shah's Jaunpur which is proved by the referance to him in the poem of Lakhan Seni [S. P. Sinha-Kirtilata pp 17 (part II)] The large number of words of Persian and Arabic origin in Kirtilata, relating specially to the Moslem court and army points to the late composition of the work, by the time Vidyapati had picked them up which he could not have done in his youth.

It can, therefore, be believed reasonably that Vidyapati left the palace immediately the news of Siva Singh's defeat was announced and though a search for him, whether alive or dead, must have continued for some time, Vidyapati would not have made any delay in escorting Siva Singh's wives to a safe place for fear of their molestation at the hands of the victors. He could himself have returned soon after to set the political situation in Tirhut at right in collaboration with the other statesmen of Mithila, and before they approached Ibrahim Shah who was most probably staying out on the other side of the Gandaka, somewhere in the district of Muzaffar-pur or Champaran, Vidyapati could have composed Kirtilata, almost in a hurry, to present it to him and get it recited before him. That Ibrahim Shah was pleased to let the Raj of Tirhut remain undisturbed goes without saying, of course, with a renewed oath of allegiance to the Sultan of Jaunpur instead of the Emperor of Delhi. Having thus achieved the fruition of their supreme statesmanship in maintaining status quo in the political upheaval consequent upon Siva Singh's end, Vidyapati went in voluntary exile to live at Rajabanauli from where he returned twelve years later a changed man. If Kavisvara is to be believed, Siva Singh's fall happened during the month of Falgun-Chaitra (March-April) in 1406 and Kirtilata, in that case, was composed some time during 1406, probably before the rains set in.

Like the one given above as the first alternative, this to is only a hypothesis but a hypothesis that explains most of the difficulties of the problem. This explains why any reference to the descendants of Bhava Singh has been so scrupulously been eschewed, much less their involvement in the act of treachery. This explains the unrealistic nature of descriptions which are, one and all, pitched at the height of exaggeration. This explains the fulsome flattery of Ibrahim Shah and his protege Kirti Singh which marks the work as a whole. This partly explains the ruggedness of the work which was written probably in great haste and not with that exuberance of feeling which is essential for high poetry. Under the state of mind in which he had been, one cannot expect that craftsmanship from the poet which marked everything that he wrote.

In my study of Manimanjari Natika ascribed to Vidyapati which I have included in the introduction to my edition of the work published under this series, I have shown that there in nothing in that Natika to accept it as the composition of the great poet except the name of the author but there is one thing in that Natika which is characteristic of Vidyapati's genius, namely, the delineation of the feeling of a woman's heart. Only on this one point, I have said, the work might be the creation of the great poet, perhaps his earliest one. Similarly in Kirtilata also, the frame-work in which the poem has been set and the central theme round which the whole poem has been woven deserve attention. Kirtilata is told by a Bhringa to his wife, Bhringi, and this framework of a folk-tale is very appropriate for this Abahatta work, just as the Pauranika framework was suitable for Bhuparikrama which was one of the earliest works of the poet in Sanskrit. This frame-work of a folk-tale gives an artistic shape to the poem which we can expect only from an eminent craftsman that Vidyapati, indeed, was.

And though the purpose of writing this poem was to praise, rather flatter, Ibrahim Shah, it has been done indirectly by glorifying Kirti Singh and the theme of the poem has so judiciously been chosen that it would have a universal appeal, Kirti Singh's father had been treacherously killed and he had to avenge that grievous wrong and punish the assassin for his dastardly crime. This बप्पा-वैर or revenge for the wrong done to one's father is universally regarded as the strongest motive for any amount of hardship and privation to accomplish it. His patience and perseverance, tenacity of his will and singleness of his purpose bring Kirti Singh in line with वलिराय, रघुतनय, भगीरथ and परशुराम (1-15). He proved himself a manly man, a true purusa and a true purusa was his ideal for every man to aspire to. This brings, therefore, Kirtilata to the class of Purusartha Literature to which class belong all the works of Vidyapati's youth, his Bhuparikrama, Purushapariksa and even many of his erotic songs where his damsels love and pine for only सुपुरुष. This treatment takes from the poem its topical nature and endues it with a universality which is the mark of all great poetry.

× × ×

Therefore, though I sometimes feel, and feel very strongly, that Kirtilata may not be the work of Vidyapati, the Raj Pandit of Siva Singh's court, I have persuaded myself to believe with the rest of the students of Vidyapati that Kirtilata was composed by Vidyapati during the darkest period of his life. The poem is a glorification of Kirti Singh, but, in fact, it is a flattering panegyric of Ibrahim Shah written with the motive of pleasing him and appeasing his wrath in order to save Tirhut from annihilation at the hands of the victorious army of Jaunpur after the defeat of Siva Singh.

But there can be no doubt about one fact. Kirtilata should not be taken as faithful record of contemporary events. Like all Sanskrit panegyric Kavya, Kirtilata, too, is all praise, done in a hyperbolic style, giving free play to the imagination. The broad facts are historical but they are only a few. The details are all romantic, whether it is the description of the city, or the condition of anarchy, or the army of Ibrahim Shah, or of the battlefield. No reliance can and should be placed on these details. It is a romance pure and simple, and since it centres round an historical event we can, at best, call it an historical romance.

Such has been Kirtilata, the porblem work of Vidyapati and

this is what I feel and think about it. During the fourteen long years that I have had this work in hand, I have considered this work from all possible points of view in a spirit of scientific enquiry. I have, however, arrived at only the two atlernatives which I have discussed above, in the best possible light, with an open mind. They are nothing more than hypotheses which must be verified before something conclusive could be finally said, but the most crucial fact about the problem, which alone can set all doubts about it at rest has been missing. We dont yet know, either from history or from tradition, the name of that Sultan who defeated Siva Singh, and unless that is known or some such other fact that may have a direct bearing on the story on an essential point, it is not possible to say anything definite about Kirtilata and its author. For me it is not possible to believe, and I feel it is not possible for any one with a scientific spirit of enquiry to believe, that because Kirtilata is a work of Vidyapati, it is from the pen of the great poet who was the Raj Pandit of Siva Singh's Court. Nor can I believe it simply because Kavisvara Chanda Jha said it was so, unless Kavisvara had given his reasons for saying so or there was any evidence, direct or circumstantial, to hold it so. For one who wants to arrive at the truth in the course of an enquiry, it is neither possible nor proper to be dogmatic, and if I have not been dogmatic but stated the problem with an open mind, I am confident that scholars in general, and students of Vidyapati specially, will appreciate my attempt. If any one enlightens me on any point which is germane to the problem, I shall feel highly obliged and thank him profusely.

× × ×

I have to thank Pandit Vishwambhara Jha who was deputed by the Patna University to help me but most of his labour was rendered useless after the publication of Agrawala's edition of the work. In the preparation of the edition as it is being presented, I have had the willing and voluntary assistance of my very promising student Shri Vinod Mishra, M. A. all my thanks are, however, due to the Registrar of the Patna University, Dr. Sitaram Prasad. Without his help and encouragement I would not have been able to complete this task. I must, however, express the sense of utmost relief which I feel today when I have completed this edition which I undertook now fourteen years ago. I am satisfied that in many cases I have been able to remove the textual difficulties by giving the correct interpretations, and that about the work as a whole I have given a new orientation to the study of this unique work of Maithili literature which will provoke others to pursue the study along the line.

(Kirtilata : Published by Maithili Development Fund,
The Patna University, 1970)

Purusapariksa : Introduction

MATERIALS :

In the preparation of this edition the following manuscripts have been consulted.

(1) The Darbhanga Raj Library Manuscript No. 220, on palm leaf, complete in 103 folios with four or five lines on each page and about 70 letters in each line. Four leaves of this Ms. are missing, namely, leaves Nos. 96, 97, 98 and 102 and as the leaves Nos. 85 to 99 are torn at the bottom, some letters on each page of these leaves are not available. It is written fairly correctly in Maithili characters and it is not dated nor is the name of the scribe mentioned. The text which is otherwise complete misses some sentences here and there. The entire story of Khanditavidya, "the tale of a sciolist" (Tale No. 28) is not there. There are altogether ten such spots where one sentence or more are wanting which we find in other Mss. And at least in one case, this Ms. contains four lines of matter which we do not find in any other Ms. and that is on page 25 of the text. In readings, too, this Ms. presents a text which differs, sometimes materially, from the text published by Kavisvara Chanda Jha. It appears, therefore, that these omissions also may be a feature of this version, specially as few of these omissions affect the context. They have however, been pointed out in the foot-notes. This Ms. is indicated क here-in-after.

(2) The Darbhanga Raj Library Manuscript No, 345/38 on paper which is incomplete. It goes up to folio 25 where the 5th tale of the 3rd part, Tale No. 20, namely, the Tale of an Adept in Both

Lores (Ubhayavidyakatha) just begins. There is a big gap after that. It begins again, in the same hand, with the 6th tale of the 4th part, namely, the Tale of the Unsated Florist (Bahvasakatha) No. 35 and in 9 folios which remain unnumbered it goes up to the 12th tale, the Tale of the Lover In fatuate (Ghasmarakatha), No. 41. The Ms. virtually ends here but a later scribe has begun the next tale and in 2 more folios written down the tale No. 42 and a part of the 43rd. The same scribe seems to have written the first two folios also. The main Ms. which is clearly much older contains 11 lines on each page and about 56 letters in each line. Though incomplete, this Ms. is written fairly correctly with mistakes of spelling only occasionally, and the text presented here is almost the one which was published by the Kavisvara. This Ms. is indicated ख here-in-after.

(3) The Darbhanga Raj Library Manuscript No. 345/37 on paper which is a modern transcript of some old copy now lost and is dated San, 1289, only 7 years before the publication of the Kavisvara's edition. It is complete and its text is exactly as of the Ms. ख but it is so full of mistakes of all sorts that it is practically of no use, and as the text does not present anything new, it has been ignored in the determination of the readings.

(4) The Calcutta Sanskrit College Paper Manuscript No. 89 of the Kavya section in the new catalogue. It is very old and dilapidated and neither the opening nor the last folios are there. There are 105 folios in all, of which folios Nos. 1 and 89 to 95 are missing and folios Nos. 2 and 3 in the beginning and 102 to 105 at the end are broken and practically useless. There are 5 lines on each page and about 60 letters in each line. The characters are Bengali and though the date of its transcription is not available, it is fairly old. The text is fairly correctly written and presents readings which are sometimes quite new. It is indicated here in after as छ.

(5) The Vangiya Sahitya Parisad, Calcutta, Manuscript No. 2134 of Sanskrit, on paper, complete in 64 folios with 8 to 10 lines on each page and about 58 letters in each line. It is written fairly

correctly in Bengali characters with occasional mistakes in spelling only, and though it is not dated, it looks fairly old. The text, however, does not present any peculiarity of reading and seems to follow the version of Ms. ख. It has, therefore, been omitted from collation. There is, however, a sentence at the end after the colophon, namely, विद्यापतिरिव विद्यापतिठक्कुरः. It is remarkable that the modern Darbhanga Raj Library Ms. No. 3 described above, also contains this very sentence after the final colophon at the end. This cannot be accidental and it is not unreasonable to suppose that both these Mss. were, perhaps, transcribed from copies with a common source which might have contained this sentence as its post colophon remark.

(6) Lastly, the manuscript on palm leaf in the Library of the Asiatic Society of Bengal.The first five Mss. described above have only been consulted in the preparation of this edition; on this sixth one, which is a rare Ms. of unique value, it has been based. It is complete in 93 folios with only one folio No. 49 missing. There are 5 lines on each page and about 64 letters in each line. It was transcribed by one Narayana on माघवदि प्रतिपद् in L. Sam. 504 in the village of Bisapi. The Micro-film copy of this Ms. has been obtained and kept in the Library of the Patna University. It was first noticed by the Kavisvara at the end of his edition where on page 264 the Kavisvara has given the genealogy of Vidyapati. Against Narayana Thakur, who was the second son of Pitambara Thakur, the grand-son of the poet's great-grand-son, thus seventh in descent from him,—the Kavisvara has noted down that "there is a manuscript of Purusapariksa transcribed by him on palm-leaf dated the 1st Magha Vadi L. Sam. 504." The Asiatic Society of Bengal Manuscript contains and Anustubh verse after the final colophon, namely,

> वेदपञ्चशते गौड़े माघे च प्रथमे तिथौ।
> नारायणेन लिखिता पुस्ती विद्यापतेः कवेः ॥ ल. सं. 504

It is, thus, clear that this Asiatic Society Manuscript of the Purusapariksa is the same as the one noticed by the Kavisvara, and, is, therefore, a copy which was written by a direct descendant of the poet himself. What, however, escaped the notice of the Kavisvara also was the last phrase at the end of this Ms. where Narayana Thakur has stated that this manuscript was transcribed in बिसपी-ग्रामे. This Bisapi was the ancestral village where the family of the poet lived for more than six centuries, from the time of the oldest known ancestor of the family early in the 12th century up to the latter part of the 18th century when the great-grand-son of Narayana Thakur migrated from Bisapi, which was deserted, to the village of Sauratha where his descendants are still flourishing. This manuscript is very correctly transcribed. Except for occasional lapses in the spelling of certain words, chiefly with respect of the right use of the three Sa's, this is completely reliable and in readings too, it represents the same tradition as is preserved in the Ms. ख, described above, with which the printed edition of the Kavisvara also tallies. As this manuscript was transcribed by a direct descendant of the poet at his ancestral home which was the home of the poet himself, within two hundred years from the poet's time, I am led to believe that this was transcribed from an autograph copy of the work, preserved as an heirloom in the family, which getting very old and dilapidated required, perhaps, a transcription which was done by the then head of the family, Narayana Thakur. This manuscript, therefore, has an importance and reliability which can be surpassed only by an autograph copy of the work, and since that is not available, this is decidedly the most authoritative copy of the work. The present edition has, therefore, been based entirely on this one manuscript, and only when it is obviously incorrect, which indeed is very rare, a reading of this Ms. will be found to have been discarded. It may be mentioned here that apart from its importance for the textual genuineness of the present edition, the find of this manuscript has been, indeed, very lucky for all students of Vidyapati, because this Ms. contains the only documentary proof of the fact that Vidyapati had his ancestral home in the village of Bisapi, which has been believed up till now only on the tradition prevalent in Mithila. This Ms. also corroborates the tradition maintained in the family regarding the migration of the family from Bisapi to Sauratha and the desertion of Bisapi. This Ms. has been referred to as च hereinafter.

Over and above these six manuscripts there has been consulted for the purpose of this edition the printed edition of this work with a literal translation in Maithili prose and verse by the Late Kavisvara Chanda Jha and it is referred to as घ herein. It was published in the Saka year 1810 i.e. 1888 A. D. at Darbhanga and has long been out of print. It is this edition on which the translation of this work in English, called the "Test of a Man", by the late G. A. Grierson was based and as that great Savant of Oriental studies has stated (on page XVII of the introduction to the Test of a Man), the Kavisvara's text "presents difficulties owing as a rule to the numerous misprints, many of which are not noted in the five pages of errata prefixed to the volume." It is, however, the only complete edition of this work which preserves the text as it has been known in Mithila. There has been another edition of this work published at Bombay but I have not seen it; nor have I been able to see the abridged edition of the late Mm. Dr. Sir Ganganatha Jha published at Allahabad in 1911. Sir G. A. Grierson refers to a Bengali translation of the work by one Hara Prasada Raya published at Serampore in 1826. These editions have all been extremely rare and none of them has been available to me. But as has been stated before, this edition has been based on such a reliable manuscript that it must claim to present the most genuine text that can be prepared on the basis of the available manuscripts of the work.

THE AUTHOR :

The present work called Purusapariksa or "the Test of a Man" is the most famous of all the Sanskrit works of Vidyapati Thakur. By profession he was a Raj-Pandita at the court of the Oinabara Kings of Mithila at a time when Mithila was a centre of light and learning in North-Eastern India. But Vidyapati has been famous during these five centuries or more for the immortal lyrics that he wrote in the common language, spoken at that time in his native land, and he modelled his lyrics on the lines that Jayadeva had innovated about two hundred years earlier in Sanskrit. This is why he was designated even during his life time as "Abhinava-Jayadeva" or the new Jayadeva. He was, however, the first great poet in any of the modern Indian languages of North-Eastern India and it was he who paved the way for the growth and development of Vernacular Literature in this part of the country. In imitation of his sweet lyrics the Vernacular poets of later times composed their songs and when we remember that the greatest poet of our own times, Rabindranath Tagore, composed his first lyrics under the pseudonym Bhanu Simgha in imitaion of Vidyapati, we realise at once the great influence that this genius of Mithila has cast over the poetic firmament of Northern India during these centuries. But his songs have been so wide-spread in their popularity, that they have been adored and studied from different points of view at different times in the different parts of the country with the result that quite a myth has grown round the personality of the poet and all sorts of fantastic interpretations have been given to these lyrics. People forget that behind all these lyrics was Vidyapati, the man, who was the product of the social environments in which he was born and could not shake off the influence of his country, his times or the society to which he belonged. To build up an image of the man on the basis of these lyrics is preposterous; we should, on the other hand, read the meaning of these lyrics on the basis of the facts that we can gather about the personality of the poet and the make-up of his mind. Fortunately for us, the poet has left behind quite a large amount of his writings, chiefly in Sanskrit and they can throw a flood of illuminating light on the personality of the poet. Of all these Sanskrit works, Purusapariksa is, beyond doubt, the most important and this one work lays bare the springs of the poet's heart much more clearly and unmistakably than any number of his lyrics can. But before a study of this work is undertaken, it will not be amiss to make an attempt to remove some of the mist that has gathered round the personality of the poet and give a brief account of the man that he was.

It is nothing short of a mystery in the history of Maithili literature that Vidyapati, whose works crystallised this old language and made it a vehicle of literary expression, should have made no mention, in any of his many works, about himself or the family to which he belonged, or the place where he was born. Not that Vidyapati did not know the practice of making such a mention in literary works; in his many works he has eulogised his patrons, the king and queens, under whose patronage and for whom he composed those works. Even his songs contain many names which he has immortalised. Of Siva Simgha, his chief patron and friend, he has described not only the qualities and expoits but also his physical appearance, and even the names of his different wives. The family to which he belonged was renowned for glories in more fields than one. For more than a century his family had dominated not only the political but also the cultural life of Mithila and the post of the minister of peace and war, Sandhi-vigrahika, was hereditary in his family for three generations. And his ancestors, brothers of his great-grand-father and cousins of his grand-father have appended long strings of verses to the many works they compiled themselves or got compiled through others, praising themselves, their ancestors, and the other members of their family. Under these circumstances, therefore, the absolulte silence which the poet observes regarding his own self, his all powerful ancestors, or his noble family is mysterious and cannot be without significance.

And this has had its consequences just as they should be. In course of these many centuries that have elapsed since the great poet flourished, there has gathered round his personality the mist of ignorance through which it is always difficult to peer at the real personality of the poet. The history of Mithila is steeped in darkness and very few people have a clear idea of even that glorious age during which Vidyapati flourished. Vidyapati is a common name among Maithil Brahmanas; there is hardly a family which at one time or the other has not had a person with Vidyapati as his name.

The family title of Vidyapati was Thakur but there have been many Vidyapatis even with this family surname over and above other Vidyapatis called Jhas and Misras. As an example, though of an extreme nature, let it be noted that living at the same time with the great poet, at the same court of the Oinabar Mithilesas of the time, there lived a very respectable Brahmana, of the family of Nikuti belonging to कौशिक Gotra, Vidyapati by name, with the same family title Thakur, who had two of his daughters married to the then Oinabara kings, the elder रतना to Maharaja Siva Simgha, and the younger हृदयवती, to Maharaja Dhira Simgha, who was a nephew of Siva Simgha, and one of his later successors to the throne of Mithila.

Among the students of Vidyapati this has created a great confusion, and scholars of great eminence and critical vision, too, have been confounded about the identity of the poet. I will here cite only two examples. My esteemed friend, Prof. Dinesh Chandra Bhatta-charyya of Calcutta (alas he is no more !), than whom a greater scholar of Mithila's glorious past it is hard to find even in Mithila wrote a very illuminating paper, some time ago, in the Journal of the Ganganatha Jha Research Institute of Allahabad (Vol. VI part III for May, 1949) to prove that Vidyapati was a Tantric, on the basis of some literary fragments which he found in the Library of the Calcutta Sanskrit College, but which, on closer analysis, proved to be the works of two different persons of two different centuries but both having Vidyapati as their name, one with even the same surname, Thakur. (Vide my paper on the subject in the same JGJRI, Vol. VIII part I for Nov. 1950). Similarly my learned friend, Dr. Subhadra Jha, of Varanasi has followed blindly Dr. Sukumar Sen and others to believe that Rupadhara, the scribe of the Manuscript of Brahmana-Sarvasva in the Nepal Durbar Library dated the 341st. year of the Lakshmana Sen era was, at that time, a student reading with our great poet, Vidyapati, in the village of Mudiara. The learned Doctor, therefore, concludes that at an age between 96 and 109, our great poet was so "hale and hearty" that he was still teaching students away from his home. A little closer analysis could have shown the learned Doctor that this teacher Vidyapati is styled there सदुपाध्याय and not सठ्ठक्कुर and must have been a Vidyapati Jha and not our poet, who was Vidyapati Thakur. This teacher Vidyapati, a सदुपाध्याय, is called there वादिमत्तेभसिंह which no one has yet been bold enough to assert with respect to our poet, though the second phrase in the colophon of that manuscript, describing the person referred to, namely सच्चरित्र-पवित्र, seems quite common-place to use with respect to any one. When such a patent fact has escaped the critical eyes of my learned friend who is himself a Maithil of no mean eminence and is expected to know all these facts, I need not go into the absurdities and improbabilities into which people of lesser lights have landed themselves. In any disquisition, therefore, on Vidyapati, the first point to take into consideration and determine, for any serious student of Vidyapati, should be the personality of the man he is talking about. In this connection we should remember that Vidyapati, who is the hero of immortal fame by virtue of his sweet lyrics in Maithili and moral tales in Sanskrit like the present work and in Abahatta, was the court-poet of the Oinabara kings of Mithila, specially of Raja Siva Simgha who was not only a patron of the poet but his friend also. This Vidyapati is styled Raja-Pandita in the Panjis of the Maithil Brahmanas and belongs to Kasyapa Gotra of Madhyandina Sakha of Sukla Yajurveda in the Bisapi branch of the Maithil Brahmanas with the origin at Bisapi itself.

These Panjis are a unique possession of the Maithil Brahmanas in-as-much as there are recorded and preserved in them the genealogies of all Maithil Brahmanas of any social standing for the last six hundred years or more since they were first gathered and consolidated during the reign of the last of the Karnata kings of Mithila, Harisimgha Deva, in the saka year 1248. They should, therefore, be an infallible source for ascertaining the identity and age of a Maithil scholar of these six or seven centuries. But most unfortunately the Panjis are kept by a class of Panditas who cultivate them as a profession and make their living there by. They are, therefore, not accessible to every student of Mithila's history and culture, and unless they properly and thoroughly consulted, names are generally so common that any hasty conclusion is likely to land one in an absurd error. Kavisvara Chanda Jha was the first scholar of Mithila who saw the possibility of using the Panjis to ascertain the identity of the Maithil scholars of the past but he had probably only a fragment of the Panjis before him, and he has made some serious blunders regarding the family history of Vidyapati, which, since they were first stated, have been followed blindly and repeated dogmatically by all the subsequent writers on Vidyapati, but which are on the very face of them absurd.

The first is the identity of the poet's father. The Panjis tell us that the poet was the son of Ganapati or Ganesvara, grand-son of Dhiresvara. Now there is a work called Gangabhakti Tarangini, well-known in Mithila. It is by one Ganapati and the Kavisvara concluded, perhaps, on the similarity of the names, that Vidyapati was the son of the author of Gangabhaktitarangini. In the introductory verse in the Gangabhakti Tarangini, however, Ganapati calls himself "the son of Dhiresavara", धीरेश्वरसूनुः is the exact word. Vidyapati's father, Ganapati, was the son of Jayadatta and grand-son of Dhiresvara. Even supposing that सूनुः means the grand-son also and not only the son, as some lexicons say, we cannot suppose that the two Ganapatis are identical because Ganapati, the author of Gangabhakti-Tarangini states earlier in the same introductory verse that "having come to know of the excellence of his distinguished scholarship and noble lineage, Nanya, the lord of the land of Mithila gave an allowance to his grand-father"...

सद्विद्याकुलयोर्विशेषमखिलं विज्ञाय नान्यो ददौ
वृत्तिं यस्य पितामहाय मिथिलाभूमण्डलाखण्डलः इत्यादि

Dhiresvara, the great-grand-father of Vidyapati, with his two elder brothers Viresvara and Ganesvara, was a contemporary of Harisimgha Deva, the last of the Karnata kings of Mithila, Nanya, the founder of the Karnata rule in Mithila, flourished more than 200 years before this Dhiresvara and by no stretch of imagination can we suppose that Vidyapati's great-grand-father or even the father of that great-grand-father flourished during the time of Nanyadeva, unless we suppose that by the word Nanya in the verse, not Nanyadeva himself is meant but one of his descendants. I doubt this very much and am inclined to believe that this identification of the author of Ganga-Bhakti-Tarangini with the father of Vidyapati by the Kavisvara was, rather, hasty and based on insufficient and inconclusive grounds.

Similarly there is a wide-spread belief, started probably by the Kavisvara again and held by many without taking the trouble of testing its validity, regarding the identy of Jyotirisvara Thakur, the author of the earliest Maithili prose work, Varnaratnakara, with the brother of Vidyapati's grand-father. Jyotirisvara calls himself the son of Dhiresvara and his family title is Thakur. To say, therefore, that Dhiresvara Thakur who was the father of the author of Varna-Ratnakara was the great-grand-father of Vidyapati is very hasty. Jyotirisvara was the son of Dhiresvara and grand-son of Ramesvara whereas Vidyapati's great-grand-father, Dhiresvara, was the son of Karmaditya. Moreover, Jyotirisvara states that he belonged to the village of Palli which is one of the most illustrious families of the Maithil Brahmanas of Vatsya Gotra, while the name of Vidyapati's family was Bisapi which belongs to Kasyapa Gotra. In my paper on Jyotirisvara published in Parts 3-4 of Vol. xxxvii of the Bihar Research Society Journal, 1951, I have established the identity of the author of Varna-Ratnakara on the basis of the Panjis themselves and proved that he could not have been, and was not the brother of Vidyapati's grand-father.

HIS AGE :

There is, however, no difficulty in determining the age during which Vidyapati lived. He lived at the court of so many kings of the Oinabara dynasty that from the dates recorded during those reigns we can arrive accurately at the dates when Vidyapati must have been alive. But apart from these indirect references to the age in which he lived, there are, at least, four dates available which Vidyapati has left behind in his works, of which one is available in his own handwriting even now. These dates are :

(i) The date of the completion of the palm-leaf Ms. of Srimad-Bhagavata preserved now in the Darbhanga Raj Library. This was copied by Vidyapati at Raja-Banauli and is dated Sravana Sudi 15 of the L. Sam. year 309 which was a Tuesday.

(ii) The dates given at the end of the models of the forms of letters, documents etc. collected in his unique work, called Likhanavali, compiled for the Dronabara Raja Puraditya of Saptari. These forms bear different dates but they all belong to one and only one year, namely L. Sam. year 299, and it is clear that these dates are actually the dates when these forms were written by Vidyapati.

(iii) The date of the death of Deva Simgha and of the accession of Siva Simgha to the throne of Mithila in one of his Abahatta Songs. The date given there is Chaitra Vadi 6 when the moon was in Jyestha and the day was a Thursday in the L. Sam. year 293, corresponding to the Saka year 1324.

(iv) The date of the assassination of Ganesvara Raya at the hand of the Mohammadon adventurer Aslan given in the second Pallava of Kirtilata. The date there is the 5th day of the first half of Madhumasa, namely Chaitra, in the year 252 of the L. Sam. era.

Besides these four authentic dates, there is the date given in the copper-plate granting the ancestral village of Bisapi to Vidyapati by Siva Simgha. The date there is Sravana Sudi 7, a Thursday, of the L. Sam. year 293, just four months and one fortnight after Siva Simgha ascended the throne of Mithila. Sir G. A. Grierson considers this plate a spurious one but, even if it is not genuine, the date has a corroborative value giving us the traditional view of the time during which Vidyapati lived.

It will be observed that all these dates are recorded in the era known as L. Sam. sometimes called the era of the kings of Gauda. Almost all the dates during the 14th, 15th and even the 16th centuries were recorded in this era in Mithila. Even the palm-leaf manuscript of Purusapariksa, copied by a direct descendant of Vidyapati in the 7th degree, is dated in this era. This L. Sam. era has been a great problem with students of Mediaeval Mithila. Much has been written on and about this but the problem still remains unsolved and scholars generally accept the view of Kielhorn who after a calculation of all the dates available to him came to the conclusion that this era commenced in the year 1119 A. D.

But we have seen that one of the dates given by Vidyapati, namely the date of Deva Simgha's death and Siva Simgha's accession, is given not only in the L. Sam. era but in the corresponding Saka era also. According to Vidyapati the year 293 of the L. Sam. era was the year 1324 of the Saka era so that the L. Sam. era, according to him, seems to have commenced in the Saka year 1031 or 1109 A. D., just ten years before what Kielhorn has given as the initial year of this era. It should be remembered in this connection that the tradition of the L. Sam. era has not been completely forgotten in Mithila though it is now very rarely used. In the Panchangas, however, this era is still given. During the current Saka year 1881 the Maithil almanacs give the year 850 of the L. Sam. era which commences on the 1st day of Magha, so that on the 1st Magha next i.e. on January 14th, 1960, the 851st year of this era will commence. This also gives us the same Saka year 1031 or 1109 A. D. as the initial year of the L. Sam. era as reckoned in the writing of Vidyapati. Whatever may be the case with other dates recorded in this era, there should be no doubt about the dates recorded by Vidyapati because Vidyapati has given its equivalent in the Saka era also in, at least, one case. When that equivalence is supported by the traditional reckoning of that era up to the present time, I take the matter as settled beyond every shadow of doubt, so far, at least, as the dates recorded by Vidyapati are concerned. This was the view accepted by Chanda Jha when he edited the Purusapariksa, now 70 years ago. In any case, the difference there is of 10 years only and there is no uncertainty what-so-ever regarding Vidyapati's dates if we reckon the dates in the era in which they are recorded.

Apart from the many works that Vidyapati has left behind, there is not a little known about him that is almost authentic. There are the Panji records to show his family history, his ancestors and his descendants. There are traditions about him remembered all over Mithila which credit him with many miracles that have to be accepted warily. But there are his own works which show unmistakably the versatility of his genius. If all these works are studied minutely they can throw a flood of light on the personality of the man who wrote them. And we have to remember, at the same time, that Vidyapati though an original genius, was, nevertheless a brilliant product of the age in which he was born and of the society in which he lived his varied life. There were ideals that inspired him and motives that impelled him but these ideals or these motives were his no more than they were of the social life of the times. Fortunately, we have materials enough to give us a picture of the society of his times and in the light of that social life we can, I believe, reconstruct a picture of that personality in whom we may recognise the genius that was Vidyapati.

In the absence of any authentic data to determine the date of Vidyapati's birth, we may rely upon the tradition recorded by Kavisvara Chanda Jha that Siva Simgha was fifty years of age when he ascended the throne of Mithila and that Vidyapati was senior to him by 2 years only. This gives the year 1350 A. D. as the date of his birth. Similarly Siva Simgha is known to have ruled for only three years and nine months after which he disappeared from the field of battle, being worsted at the hands of the Mohammadon invaders whom he had repeatedly driven back, and neither his body was found nor was anything heard about him ever afterwards. This might have happened during the winter-season of 1406-07. For twelve years they had to wait for his return and Vidyapati is said to have remained all this while at Rajabanauli with the wives of his patron friend who had all taken shelter under Puraditya. Rani Lakhima must have burnt herself with the Kusa-body of her lost husband during 1418-19 and his Sraddha performed under the rules of the Sastras. The compilation of Likhanavali during 1408 and completion of the transcription of the Bhagavata during Sravana (Aug.-Sept.) of 1418, both at Rajabanauli, confirm us in this supposition. Vidyapati saw his patron Siva Simgha in his dream 32 years after his disappearance and this might have happened in 1438-39. Next year Vidyapati is said to have died, of which this dream was but an omen. We may, therefore, suppose that Vidyapati died during 1439-1440 in the month of Kartika (November) at the ripe old age of almost 90. He compiled his last work under Dhira Simgha. Hridayanarayana and Dhira Simgha was the king of Mithila during 1430. This is the general outline of the life of Vidyapati in which there is nothing inherently improbable; and as all facts known about him fit in this outline, we may take it as approximately correct as anything under the existing state of our knowledge about him can be.

Vidyapati was, therefore, born just about 25 years after the Karnata rule over Mithila came to an end, and with the passing away of Harisimgha Deva, the last independent Hindu ruler of Northern India succumbed to the inroads of the Mohammadon victors who had subjugated the whole of Aryavarta almost two hundred years ago. It is, indeed, a glorious chapter in the history of Aryavarta, when with wise statesmanship and consummate diplomacy the great Karnata kings and their greater Maithila ministers kept the ruthless conquerors, like Alauddin Khilji, off the holy land of Mithila till the first zeal of their conquest had worn off. It is true that they could not keep their political suzerainty inviolate and they had to buy these Mohammadons off for non-interference in their affairs. Nor were the Mohammadons kept off the land absolutely; there were small incursions of the Mohammadon adventurers, coming not exactly as conquerors but with the pride and confidence of belonging to the conquering race. Nevertheless, independence of the land to pursue its own benign rule continued undisturbed till the year 1326, when Sakari, the capital of Harisimgha Deva, was sacked. Harisimgha Deva, who was only 32 years of age at the time, took shelter in the fastnesses of Nepal hills, and Mithila, the last strong-hold of Hindu rule in Northern India, passed for the first time under the direct rule of the Mohammadons.

But the wise leaders of Mithila's land were not taken unawares. All the time that they kept the Mohammadons off, they were not complacently idle. They saw the danger ahead and as time passed, they were more and more apprehensive of the final overthrow of thier independence also. On the one hand, they bribed the Mohammadons off their land, and on the other, they were setting their own house in order, so that when the final overthrow of their independence came about, they might be able to save their entity even without political sovereignty. Towards the end of the Karnata rule in Mithila, we notice a definite and deliberate plan to re-organise the social life of the land so thoroughly and on such sure foundations that no change in the political set-up might affect adversely their life or anything they held dear in life, and for at least three centuries Mithila continued to be the leader of thought in North-Eastern India, famous throughout Aryavarta for cultivation of learning and purity of conduct. New standards of values were set-up, new ideals were kept in view. The social reconstruction was so complete that we do not recognise anything which is older and our social life has been moulded on the pattern that these leaders of Mithila chose for themselves. It is true that with the passage of time conditions have changed beyond recognition and the old order is crumbling. But we are still holding fast to that, if not in spirit, at least in name. Modern Mithila began with the last Karnata king and credit for all the glories that Mithila has achieved during these centuries must go to the leaders of Mithila of the early fourteenth century, among whom the ancestors of Vidyapati were, perhaps, the most prominent.

It is not possible to give here even a bare outline of this

deliberate planning of social re-construction, carried out so thoroughly by these great Maithilas of the 14th century. Suffice it to say that in every aspect of our social and cultural life, a new beginning was made, which was modelled on the old life but modified, sometimes beyond recognition, to suit the conditions of the times. One or two examples will be enough. The Hindu Smritis lay down that a dvija can marry a girl who is *beyond seventh* in descent from any one of his ancestors on the father's side. For the last six hundred years or more, the Maithila Brahmanas marry a girl who is *seventh* in descent from any one of their ancestors on the paternal side. The degree of consanguinity has been *reduced by one*. But within that degree they look into the matter with a rigour which is observed, perhaps, nowhere else. For this purity of birth, they promulgated the Panjis which were formerly kept by each family individually, but were now handed over to professional keepers who zealously preserved them and kept them up-to-date. Since 1326 there can be no marriage of a Maithila Brahmana or Kayastha unless a keeper of the Panjis gives the certificate that the parties do not fall within the prohibited degrees of consanguinity. In the field of politics, Chandesvara, in his famous Rajanitiratnakara, propounded a new concept of sovereignty, followed since then all over Mithila, that simply by an obligation to pay tribute to an overlord, Sovereignty does not cease. It does not subsist where a sovereign has no overlord but according to the new concept, it can subsist also where the sovereign has an overlord but his overlordship consists only in demanding an annual tribute. We can see that this new concept was propounded to suit the conditions in which the Oinabaras were the sovereigns of Mithila. To maintain purity of birth by checking promiscuous marriages within prohibited degrees of relationship, the Panjis were promulgated. The sixteen Samskaras, laid down in the Grihyasutras, were reduced to ten most important ones for which Paddhatis were compiled which replaced the old Grihyasutras. Rigours were imposed on social intercourse among different castes and sub-castes and also with peoples of other regions. Nibandhas were compiled on every aspect of social life which replaced the old Smritis. Merit or Dharma was enunciated variously by recommending gifts, pilgrimages, public works, fasts and festivals etc. Every effort was made to consolidate the society into a cohesive one and the ideals of life were placed on the purity of birth, cultivation of learning and right conduct conforming to the codes laid down to achieve the ends in view. In all this Vidyapati's ancestors were prominently active. For the last six hundred years and more, all the Maithila Brahmanas, whether following the Samaveda or the Yajurveda, have been observing the Paddhatis compiled by Vidyapati's ancestors and in all aspects of our social life the seven Ratnakaras of Chandesvara have been followed. When we have said this, I believe, we have said enough to show how fundamentally our life has been shaped by Vidyapati's ancestors during all these centuries.

All this was done deliberately in a well-planned manner to save the entity of Mithila from disintegration under the threatened onslaught of the Mohammadon conquerors who had swept over the whole of Aryavarta. The Maithils knew from their own past experiences that if there is social solidarity, political subjection does not affect the lives of the common people. Mithila lost her political independence to the Magadhan empire while the Buddha was still alive, but the importance of the Lichchavis continued undiminished down to the Gupta times simply because the Lichchavis were organised on such lines that the loss of political independence did not disturb their social life. The Karnata rule over Mithila was a benevolent monarchy under which Mithila was prosperous and pursued the cultivation of learning and philosophical speculations with the same zeal and earnestness. Times had changed considerably since the days when the confederation of Vrijjis was a dynamic force. Mithila was threatened with the onslaught of the ruthless Mohammadons who came from abroad and were sworn enemies of the Hindus. Under the new threat, therefore, they planned to solidify their own social life anew on such sound foundations that they should go on unhampered in their daily avocations and the foreign rulers, who were the sworn enemies of Hindu religion, might not sweep them off their feet even when they conquered Mithila, beyond demanding whatever taxes they might be pleased to levy. And all this was done so systematically, thoroughly and zealously that though the Karnata rule was overthrown, Sakari was sacked and completely destroyed, and Mithila was taken under the direct rule of the Mohammadons for the first time in 1326 A. D., they could not remain here for long and placing the Government of the land in the hands of the Oinabaras, who were Maithil Brahmanas of high social status, they left Mithila undisturbed. They did exact tribute from the kings of Mithila but that did not touch the life of the common people. Now and then there were skirmishes whenever any spirited king of Mithila flouted the overlordship of the Sultan, refused to pay the tribute, and exerted his political independence, but the result was in every case disastrous. Small as the state is and inclined more to intellectual pursuits than to political power, Mithila has always prospered when her leaders have kept themselves aloof from political turmoils and concentrated all their energies on the solidarity of their social life, on the cultivation of learning and on right conduct.

The success of this social re-organisation can be seen in the fact that all the other clans that formed the Vrijjian confederacy have passed off into the records of history and thier names have been forgotten, Mithila alone continues to be recognised exactly as she has been since the dawn of history. And the glories of the Oinabara rule of Mithila are the direct outcome of the new social set-up. The days of the Oinabara rule over Mithila were, indeed, the golden age of Mithila's history when she was a centre of light and learning like the eternal Kasi. Many of those illustrious names, of which not only Mithila but the whole of India is proud, flourished during these days and not a few of them were the contemporaries of Vidyapati. There were many incursions of the Mohammadon adventurers during this period also but they were not wide-spread nor were they long-lived. The population of the Mohammadons is very sparse in Mithila. It is remarkable that in the whole of Aryavarta, Mithila is, perhaps, the most important part where the impact of the Mohammadon rule and of Moslem culture is the least on the life and culture of the land.

The contribution of Vidyapati to this scheme of social reconstruction has been the most enduring, the most far-reaching in its effect. He chose the language of the land as the medium through which he could bind together all the different sections of the people living in the land. The language of the common people was already used extensively in the education of the common people here in Mithila. We know that the Buddha used the dialect of the particular region for the propagation of his faith in that region and the "Bauddha Ganas and Dohas" have been found and even published, which have been the compositions of the Siddhas of the Vajrayana sect, in the Prachya Apabhramsa language which is proto Maithili in its essentials. Daka and his followers used the same local dialect for the education of the common man. About a hundred years before Vidyapati, a great Sanskrit Scholar like Kavisekhara Jyotirisvaracharya wrote a series of descriptions of various objects, which has come down to us in a mutilated form and has been published as Varnaratnakara. All this shows clearly that the tradition of literary composition in the local dialect of Mithila was already there when Vidyapati entered upon the scene. But it was bristling with the crudities of the old Prakrita and was not favoured among the highly cultured classes. It was still used in but one section of the society, the lower and unorthodox one. Vidyapati, too, tried his hands in this old antiquated dialect and composed at least two of his works, Kirtilata and Kirtipataka and some songs also in the same Apabhramsa dialect. But he soon found that it was not the genuine "Desila Bayana" which he was out to exploit. He, therefore, polished the dialect as he found it spoken in the land, and composed his immortal lyrics in that sweet language so that they were understood by the high and the low alike. For the subjects of his songs, he chose either the devotion of Lord Siva or the most elemental feeling of human heart, *Love*, which in Sanskrit we call Sringara. This choice also is significant. Every Hindu of either sex has the undisputed right to adore and worship Lord Siva and his devotional songs could be popular among all classes of people of all castes, even the untouchable ones, of both the sexes. Love, also, is the most fundamental emotion which appeals to all men irrespective of caste, creed or sex. And these songs he modelled on the songs of Jayadeva who had broken new grounds in the domain of Sanskrit poetry by the composition of his Gita-Govinda. There were so many Satakas and Saptasatis of erotic verses already in Sanskrit and when we read the songs of Vidyapati we are often reminded of pictures, ideas, fancies so familiar to the students of Sanskrit poetry. Sanskrit, however, was not intelligible to a vast population of the country and women, generally, had no access to Sanskrit. There were many works on erotics in Sanskrit but they were a sealed book to that part of the population which was not permitted to read and, therefore, did not understand Sanskrit. By his sweet songs, therefore, Vidyapati could succeed in touching the hearts not only of the learned men who knew Sanskrit and, therefore, understood these songs as reflecting the ideas which they met with in Sanskrit only, but he touched the hearts of all sections of the people of Mithila, men and women alike, to whom these songs provided not only enjoyment but instruction also. These songs, therefore, became very popular, and no wonder that in course of a hundred years or more they had travelled far and wide so much so that they were sung on the streets of distant Delhi also, as described by Abul Fazal in his Ain-i-Akbari.

Thus, Vidyapati composed these sweet lyrics of such a universal appeal and this he composed in the language of the land which the common man spoke. He made the language of Mithila a polished language, capable of expressing subtlest meanings and all shades of thought. He was the first great poet of a Modern Indian Language in the whole of Aryavarta and established a tradition which was followed all over Aryavarta by poets likeMira Bai and Suradasa and even in our own times the greatest of our poets, Visvakavi Rabindranath Tagore, began his poetical experiments under the influence of Vidyapati, who has been honoured in Bengal not a bit less lovingly than in Mithila.

We can, thus, see that Vidyapati, with an uncommon foresight, chose that factor to cement the various elements of the vast Maithil society, which has stood the test of time admirably well and assumed an importance, little foreseen at the time, but growing gradually till it has been in our own times the main criterion of the distinct individuality of a regional culture. All other things that his forefathers or contemporaries thought out and perfected succeeded for some time in making our social life a compact and distinct entity but they have had their days. Now they are losing their force. The Brahmanic ideal is losing its importance; laws are being codified on new lines; even the Panjis are fast crumbling; but the regional language has already gained an added importance and will go on gaining as time passes. We claim to day a distinct entity in the cultural life of India and we do that only on the strength of our distinct language. All the credit for creating this language as the vehicle of literary expression goes mainly to Vidyapati and any one can see that this was the most potent force in the new re-construction of Maithil society, as a result of which Mithila emerged as a distinct cultural unit in Aryavarta from where light and learning radiated to all parts of the country during the age, which we call here in Mithila the Age of Vidyapati.

HIS FAMILY :

Vidyapati was born in a family of Maithila Brahmanas of Kasyapa Gotra belonging to the Madhyandina branch of the Yajurveda. His earliest known ancestor is said to have been an inhabitant of the village of Bisapi which at the time of Panji Prabandha was a fort, Garha Bisapi. That village still exists in a deserted condition, in the Thana of Benipatti, some 13 miles north-east of Darbhanga. The third in descent from the earliest known ancestor of the family,

Visnu Thakur, was one Karmaditya who is said to have established in the village of Habi a temple of Haihattadevi in the L. Sam. year 213. This is inscribed on the pedestal of the Devi found there. But at the end of his Vivadaratnakara, Chandesvara, who was the great-grand-son of Karmaditya, states that at the bank of the river Bagmati, Chandesvara made a special gift of gold, known as Tulapurusa in the Saka year 1236. Taking the Saka year 1031 as the year 1 of L. Sam. era, the establishment of the temple at Habi by Karmaditya seems to have been done about eight years later than the Tulapurusadana by Karmaditya's great-grand-son. This could have been possible only if we suppose that Karmaditya lived an unusually long life. In fact, one can say with respect to the members of this family what Valmiki says about the kings of Vaisali that they were all long-lived..."सर्वे वैशालिका नृपा दीर्घायुषः".

In the insciption referred to above, Karmaditya is called सुमन्त्री. But the designation of the Minister of Peace & War, Sandhivigrahika, is given to his son Devaditya. He had seven sons; all of them are decorated with royal titles. It is not possible to do any justice here to the exploits of the different members of this family in the fields of politics and culture. Suffice it to say that Devaditya's eldest son, Viresvara, who accompanied Alauddin in his expedition against Mewar, compiled the Paddhati of the most important Sanskaras of the Samavedic Brahmanas of Mithila and his nephew Ramadatta, that of the Yajurvedics. Ganesvara, Ramadatta's father, is called महासामन्ताधिपति, chief of the Feudal Lords, under the Karnata Kings and Vidyapati's great-grand-father, Dhiresvara, a compiler of the Nibandha on the great Vartika—a philosphical treatise. Chandesvara who was the son of Viresvara wrote his compendium of Hindu Law in seven books called Ratnakaras. The last work of Chandesvara called Rajanitiratnakara was compiled under Bhava Simgha of the Oinabara dynasty, grand-father of Siva Simgha. It is remarkable to note that the Paddhatis of Viresvara and Ramadatta are followed in Mithila even today and Nibandhas of Chandesvara, though they are very much indebted to the Krityakalpataru of Lakshmidhara, who flourished almost two centuries earlier, still form the basis of the social and religious life of Mithila.

Vidyapati's grand-father, Jayadatta Thakur, and father, Ganapati, appear to have been ordinary persons. Vidyapati himself had two wives, the second married, perhaps, after the death of the first. His first wife who was the daughter of one Harivamsa Sukla bore him two sons, Harapati and Narapati and two daughters, one married to Soma of Tisuri family and the other to Haraditya of Panichobha family. His second wife, who was the daughter of Hari Thakur of Khutikhandavala family, had only one son, Vachaspati, and two daughters, both married to Deve & Mahe of Gangauli family.

Vidyapati's direct descendants are still flourishing but they are no longer in the village of Bisapi but in Sauratha which is one of the most famous villages in Mithila on account of the annual marriage Sabha there, which attracts the largest number of Maithila Brahmanas from all parts of the country. These descendants are all of his eldest son, Harapati, and are the 14th or 15th in descent from him. Pandit Sasidhara Thakur and Pandit Surendra Thakur are 14th in descent from Vidyapati and they have grand-sons who are thus 16th in descent from Vidyapati. They say that the grand-father of their great-grand-father, Pandit Tula Thakur, left Bisapi. Tula Thakur was 9th in descent from Vidyapati and the Manuscript of Purusa-pariksa, on which this edition is based and which has been described earlier, was transcribed at Bisapi in L. Sam. 504. Beyond the tradition there was no proof up till now that Vidyapati had his home in the village of Bisapi but the find of this manuscript proves conclusively that for nine generations the descendants of Vidyapati lived there. The Panjis prove that Bisapi which was then a Garha was the ancestral home of the family and at the time of the Panjiprabandha it continued to be the home of the family. This is why the family is called Bisaibara Bisapi meaning "Bisapi branch of the family that had its origin at Bisapi". These descendants still worship the Devi at Bisapi which, they say, was their family deity when their ancestors lived there, and once every year, on the occasion of the Saradiya Navaratra, each family at Saurath sends articles of Puja and Bali to Bisapi to be offered to the family deity. The grant of the village of Bisapi by Siva Simgha lends support to this because it was the ancestral home of the poet and, therefore, the gift of that village was, indeed, a coveted thing. In the March Number of 1953 of Vaidehi, a Maithili Monthly of Darbhanga, there is published a paper of mine, called "Bisapi-Mahatmya" in which I have described at great length the glorious past of this village which is now completely deserted. Likewise, in the Mithila-Mihira of Darbhanga there is a paper of mine published in the issues of the 28th Oct. and the 4th Nov. 1944, in which I have described in detail the glories of the ancestors of Vidyapati.

Thus Vidyapati was born in a renowned family of scholar statesmen who were for so long the leaders of Maithil society in the cultural as well as the political fields. When Vidyapati entered upon the scene, the Oinabaras were firmly settled in the government of Mithila after the initial turmoil and it is significant to note that Chandesvara wrote his Rajanitiratnakara for Bhava Simgha who stabilised the power of his house after the line of Bhogisvara had been extinct with his grand son, Kirti Simgha. Vidyapati had an easy access to the court of the Oinabara king while he was still a child and we can see at once that there grew between the poet and the prince Siva Simgha an attachment from the very beginning which gradually developed into a friendship that has become immortal. He was, indeed, the constant companion, faithful friend and valued counsellor of Siva Simgha all through his life and that Siva Simgha should have placed all his six wives in his hands show how greatly he valued the integrity, fidelity, prudence and sagacity of the poet. In the Panjis he is styled "Raj-Pandita", to which honourable and responsible post he must have been appointed by Siva Simgha. He was adorned with many distinguished titles like, Abhinava Jayadeva,

Kavikanthahara etc. which the poet uses so largely in his songs. He was given the grant of his native village only four months after Siva Simgha was consecrated a king. And the story of Siva Simgha is perhaps, the most romantic in the history of Mithila. He was a born hero and came into the field of active politics while he was still a stripling youth. His father, Deva Simgha, a man of extreme piety, lived, for long, away from the turmoils of politics at the far off Naimisaranya and the reins of government were in the hands of the young prince Siva Simgha. He was, thus, a man of action, strong of will and tenacious of purpose. He lived for the land and the people, which he served with zeal and vision. But his heroism did not consist only in his indomitable prowess and bravery. He was true to the tradition of a Brahmana while functioning as a Ksatriya. When Vidyapati says in the post-script ot part III of his Purusapariksa, "Rare indeed is the union of all three, of perspicuity, heroism, and expert-knowledge in the whole Universe, but three persons possess them all," he mentions Siva Simgha Rupanarayana as one of the three, the other two being Visnu & Siva. This must not be taken simply as fulsome flattery; there is much truth in the statement that Siva Simgha did combine within himself the best parts of a heroic Ksatriya and an enlightened Brahmana, and that he was the type of "the perfect man", idealised by Vidyapati in his Purusapariksa.

An early and close association with such a man of heroic actions leads us to suppose that Vidyapati must have entered the active life of a courtier quite early, rather too early to have completed his studies under a teacher. He possessed a wonderful poetic talent of which he gave promise while still a boy. He had an uncommon facility of expression in the language of the learned, Sanskrit. His mind was wonderfully receptive and intelligence quick. True to the tradition of his own illustrious house he chose the active life of a scholar statesman and like his patron friend, he, too, was a man of action, a firm believer in the balanced life of a perfect man. At home and at court, he must have breathed in an atmosphere of learning and scholarship and he did assimilate a vast knowledge of different sorts which a scholar statesman is expected to come across and required to know. From the many works that he has left behind we gather that he was at home with the vast store of Sanskrit literature and that the field of his erudition was, indeed, very wide. But this very catholicity of interest precludes in him the narrowness of a specialised scholar. It was an age of stalwarts in the field of scholarship. Paksadhara Jayadeva, Sankara, Vachaspati II, Jagaddhar and Varddhamana were some of those great scholars who were his contemporaries and we have no evidence, either in the tradition or any one of his many works, to say that Vidyapati was a scholar as any one of these immortal Panditas was a scholar. It will be fair, therefore, to say that Vidyapati was widely-read man but without the depth of scholarship which was so abundant during his own times, that he was a sound judge of scholarship, rather than a profound scholar himself.

From what we know about the life of Vidyapati we can very well say that there were two very well-defined periods of his life, of which the first ended with the sad end of his patron friend, Siva Simgha. This was the happy period of his life when he was a gay courtier, enjoying the confidence of the ideal king, the idol of the people. He composed all his immortal love lyrics during this period and also composed, at least, two poems in Abahatta—the one, Kirtilata, wherein he described how heroically Kirti Simgha proved himself 'a man' by avenging himself on the assassin of his father, and the other Kirtipataka describing the heroic exploits of his friend, Siva Simgha, in a battle against the Mohammadon Sultan in which the invaders were repulsed. During this period he composed two dramas, one in Sanskrit on the old classical model, Manimanjari by name, though there is nothing there, except the dramatist's name, to assert that it is by the great poet Vidyapati, and the other, in mixed Sanskrit and Maithili, Goraksavijaya by name, which is certainly by this Abhinava Jayadeva Kavikanthahara court-poet of Siva Simgha. He began his Bhuparikrama while he was at Naimisaranya with Deva Simgha but completed it later on as Purusapariksa under Siva

Simgha.

The end of the great Siva Simgha was, indeed, so sad that it must have completely disillusioned Vidyapati and cast a deep gloom over his mind. Had he been killed fighting, his end would have been heroic and could have been borne with patience and resignation. But neither his dead body was found nor was anything about him ever traced out. We can imagine with what shocking grief they must have waited for the length of twelve years for any news of him to come from anywhere. For Siva Simgha, evidently, the ignominy of defeat was worse than death, and most probably, he left his native land to perish in the hills unseen and unknown. To Vidyapati the suspense of waiting for so long must have been very galling, chiefly as he had the very responsible charge for all the six wives of his patron-friend as a sacred trust. During this long period of retirement, Vidyapati seems to have compiled only Likhanavali for the king of Saptari with whom he was then living and also to have copied out the whole of Srimadbhagavata partly, perhaps, to pass the tedium of time and partly as an atonement. For so long as Siva Simgha was there, Vidyapati has extolled him as "the eleventh incarnation" of Visnu and described him in the form of Krisna in his love lyrics. Now that the poet had to suffer the bereavement of his patron friend, he realised that it was a sacrilege on his part to have spoken of Siva Simgha as an equal to Visnu and Siva. In copying out the Bhagavata he must have meant to show proper reverence to Lord Krisna whose amours are described so graphically in that Purana. Vidyapati does not seem to have composed any more love lyrics after this sad bereavement. If he composed any songs at all, they must have been the devotional songs like the Nacharis and other songs meant for special occasions, so very much prevalent all over Mithila.

After the long period of mourning had been over, Lakhima burnt herself with the Kusa-body of her husband, and the Sraddha of Siva Simgha performed, Vidyapati came back from this voluntary exile but he was now a changed man. The period of this glorious youth was over. He was now almost 70 years of age. But true to the tradition of Mithila, he was a Karmayogi. He did not renounce the world but carried on all the duties that he was called upon to do. But it can be easily imagined that he had lost the old zest in life and its joys that had inspired him under Siva Simgha. He came, I believe, to the court of the later Oinabara kings but he was no longer a gay courtier as before, taking part in the active politics of the day. He came now as an elder statesman only on special occasions whenever he was called. His son, Harapati, now is a courtier. He is known as "Mudrahastaka", probably a keeper of the royal seal, which was responsible post at the courts of the Mediaeval kings of Mithila. A work on astrology, called Vyavaharadipaka, is ascribed to him. Vidyapati, I believe, passed his life now in asceticism and contemplation. But it is remarkable that Vidyapati lived through three more reigns of the Oinabara monarchs and for each one of them he has compiled, at least, one memorable work so that their names are perpetuated for ever. When Vidyapati returned from Rajabanauli, Padma Simgha, who succeeded his brother Siva Simgha, was dead and his wife Visvasadevi was the reigning monarch, पत्युः सिंहासनस्था says Vidyapati, occupying the throne of her husband. For her Vidyapati compiled a most authoritative treatise on the devotion of Lord Siva, called Saivasarvasvasara. Neither Siva Simgha nor his brother Padma Simgha had any child and, therefore, the line of Deva Simgha became extinct after Visvasadevi. The next king was Nara Simgha Darpanarayana who was the son of Hara Simgha, the stepbrother of Deva Simgha. For this Darpanarayana, Vidyapati compiled Vibhagasara, a work on the Hindu Law of Inheritance and Partition. Nara Simgha had two wives and for the younger, Dhiramati, the mother of Chandra Simgha, Vidyapati compiled his Danavakyavali, a work on the various kinds of gifts and the suitable forms for making each one of them. The next king was Dhira Simgha Hridayanarayana with his brother Bhairava Simgha Harinarayana as the prince, perhaps ruling along with him. Durgabhaktitarangini, the last work of Vidyapati, eulogises both these brothers, both described as ruling at that time.

There are two more works ascribed to Vidyapati, Varsakritya and Gayaviveka, but only fragments of these works are available and they are without even a proper beginning. To me it appears that these two were not compiled in the form of treatises. What we have in simply the notes made by the poet which he intended to cast in the form of treatises but which, perhaps, he could not. There is, moreover, nothing in these two fragments to prove that they are the genuine works of Vidyapati. From what we have seen above, it is obvious that in any work of the poet Vidyapati there is a mention of some Oinabara king or queen. All his works were compiled for and dedicated to any one of his many patrons. That alone can prove conclusively the genuineness of any work ascribed to him. I reserve for a separate treatment a detailed account of all these works which Vidyapati composed or compiled during his long life, when I propose to examine their nature, their importance and their bearing on the personality of the poet. For the present, it will suffice to say that except during the twelve years that he was living a voluntary exile at Rajabanauli, Vidyapati was always engaged in literary activity and compiling some work either creative or critical. It is quite obvious that his works are of two distinct types, according as they belong to either of the two well-defined periods into which his life was divided. The works of the first period are all purely literary, what we would call creative, namely, poems, dramas, tales etc.,— things of beauty, and therefore, of joy for ever. During the second period, however, we find him more scholarly, more pious, more critical, and all his works are compilations of Dharma-literature, which show the extent of his erudition and present an entirely different picture of the man.

There are so many tales of miracle told about Vidyapati, which it is very difficult to verify. It is said that he was such a great devotee of Lord Siva that Lord Siva attended upon him as his servant under the name of "Ugana". Much has been written about this; many legends have been woven round this theme. But it seems to have been missed entirely that Ugana is but a name of Siva mentioned in the Vedas. In the Rudradhyaya of the Madhyandina Sakha of the Sukla Yajurveda, (16.24) "Ugana" in the plural number is one of the many titles by which Rudra or Siva is invoked in the hymn, the only difference being that in the Rudradhyaya we find the cerebral "na" which in the popular legend has been softened into a dental "na". Similarly the legend of the Ganga making a diversion of her course to reach the place, where the poet was putting up for the night on his last journey to her shore, seems to me to be but a reproduction of his own tale of the Kayastha Bodhi told by him in the tale No. 30 of the Purusapariksa. It is not very easy to believe that the same incidents should have happened to the poet also as he has described to have happened to the Kayastha Bodhi.

All that we are justified in believing, however, is the tradition that Vidyapati breathed his last at a place where a Siva temple still stands, which is said to be on the ground where he was cremated, only a little distance off the shore of the Ganga, by the side of the Barauni-Junction-Hajipur line of the North Eastern Railway. The Railway station which is quite in the vicinity of that spot was called Bajitapur but has now been changed into Vidyapati-Nagara. There is, however, no doubt about the fact that Vidyapati was a great devotee of the Ganga; there are many beautiful hymns composed by him in praise of that holy river. All Hindus regard it a great merit to breathe their last on the shore of the Ganga. The custom still prevails in Mithila that pious men, specially if old, undertake the journey to the Ganga in apprehension of impending death. It is probable that Vidyapati, too, started on such a journey but he could not reach the Ganga alive. He breathed his last when he was still a little distance off the shore. And because Vidyapati had himself described the gracious mercy of the holy Ganga to Kayastha Bodhi for his genuine righteousness, it can be presumed that in course of time the same legend should have been woven round the passing away of the poet himself. Or it is also likely that the course of the holy Ganga flowed by Bajitapur at that time and might have receded only a few miles off in course of time, so that people of later times should have taken it as a miracle for the Ganga to have passed by Bajitapur at one time, when Vidyapati breathed there his last, from where it had receded since then.

All these legends of miracles associated with the life of our poet point unmistakably to one fact that the poet received, while he was still alive, and more so when he was dead, the reputation of living, and having lived, a genuinely righteous life. These legends cannot be explained otherwise. Having lived a glorious life full of joys and pleasures, prosperity and riches while Siva Simgha was there, he seems to have turned an extremely pious Brahmana, genuinely righteous in his old age and if breathing one's last in the lap of the holy Ganga liberates the soul from the bonds of the world and cycle of births, Vidyapati must have attained complete liberation. The four objects of life, the four *Purusarthas* have been righteousness, worldly prosperity, sexual love and salvation, and it is exactly these four-fold Purusarthas that Vidyapati took pains to explain and illustrate in his Purusapariksa. It is, however, remarkable that in his life, too, he did achieve the four objects of a man's life, that he was "an ideal Purusa" and that he lived a balanced life, which according to him is the only life worth living. Keeping, therefore, in view the life so worthily lived by the poet himself, we cannot do better than study the Purusapariksa as unfolding his view of life, and this is why I have said, and I do believe, that the Purusapariksa is, beyond doubt, the most important work of Vidyapati, which reveals the personality of the poet in an eminent degree because it unfolds in an excellent manner Vidyapati's view of life and of the objects of life.

HIS INFLUENCE :

It is, however, as a poet that Vidyapati is remembered and esteemed, and when we look upon the great influence he has exercised on the profession of poetry in the modern languages in North-Eastern India, we find him equally great as a poet's poet. In Mithila he became a tradition; Maithili poetry became identified with his songs. There has been no time, since Vidyapati composed these songs, when some talented poets were not imitating what Vidyapati had achieved, and till about that last quarter of the 19th century, there was practically nothing attempted in the realm of Maithili poetry which Vidyapati had not done. But far greater in importance has been his influence on the course of poetical composition in the neighbouring regions. In Bengal, specially, his poems became as popular as in Mithila, and it is said that the scholars who came from Bengal to perfect the study of the Sastras here, went back with the songs of Vidyapati on their lips. Lord Chaitanya was particularly attracted by the violent passion of love delineated in these sweet songs, and he read in them the strivings of a devout soul for the grace of supreme God. Love has two aspects—union and separation. Lord Chaitanya read in the pictures of union that bliss which the devout soul would enjoy in realising God, while in the pictures of separation, he read the agonies of craving for such a union. Lord Chaitanya felt and propagated the cult of love for the realisation of spiritual bliss, and his learned disciples perfected a system of philosophy based on love. In Srimadbhagavata itself the sexual love of the Gopis has been given a spiritual colour, and even in Gitagovinda Jayadeva has made an attempt to direct our attention to Lord Krisna while delineating the violent passion of sexual love. The followers of Chaitanya gave a similar interpretation to the contents of Vidyapati's songs, and consequently, they became as sacred to the Vaisnavas of Chaitanya's cult as Srimadbhagavata itself, or as the songs of Solomon are to devout Christians. For them Vidyapati's songs became to models of poetical composition, but what is amazing is the fact that they did not imitate only the contents of Vidyapati's songs or their sentiments, but they imitated, sometimes quite admirably, even the language in which Vidyapati had written, and since it was not possible for the speakers of other languages to write quite correctly in Maithili, what they wrote in was neither Maithili nor their own mother-tongue, but a hybrid language in which there was a strange admixture of Maithili and the mother-tongue of the particular writers. The cult of Chaitanya spread far and wide in Orissa, in Assam, even in Brindabana and wherever the followers of Chaitanya went, they took with them the songs of Vidyapati as the models of poetical composition, and the language of his songs as the vehicle of poetical expression. This hybrid language came to be called "Brajbuli" in course of time, probably because the songs composed in this language were all about the amours of Krisna and the Gopis in the land of Braja. Though this imitation was started in Bengal, it was followed in Assam and Orissa also, and, therefore, we have different varieties of Brajbuli according as Maithili has been imitated in Bengal, Assam or Orissa. Even in Bengal, the imitation in the hands of a skilful craftsman was a close approximation to Maithili while the same by a commonplace writer was a shapeless language. Visvakavi Rabindranath says the same thing in his Reminiscences (page 139) : "That which the old poets wrote in was not their mother-tongue but an artificial language varying in the hands of different poets." Tagore, however, knew that this language was an artificial one, "largely mixed with Maithili", but before him for more than two hundred years or more Brajbuli was regarded as the literary language of Bengal Vaisnavism, and Vidyapati himself a Vaisnava poet of Bengal. Even today there are scholars in Bengal who doubt genuinely that Brajbuli is but an imitation of Matihili.

It is said, and sometimes believed, that Vidyapati did not receive due recognition of his talents in the land of his birth. They say that it is in Bengal that Vidyapati has been really esteemed, and that Bengal kept alive the poetry of Vidyapati. It is, indeed, a matter of genuine pride to all the admirers of Vidyapati that he should have the unique distinction of inspiring the poets of Bengal, Assam and Orissa, beyond and away from Mithila, and that an imitation of his language should have created the tradition of an artificial language followed so lovingly in the whole of North-Eastern India. But all this does not mean that he did not receive the love and admiration of the poeple for whom he composed his songs. It is true that Mm.

Kesava Misra, who was a grand-son of the great jurist Vachaspati Misra II, in his work Dvaitaparisista, laughs at Vidyapati as "the exceedingly covetous suppliant of a village," अतिलुब्धनगरयाचक, hinting at the grant of the village of Bisapi, which, most unfortunately, was not believed by the late Sir G. A. Grierson. This may have been the attitude of the Pandit-class, the scholars who did not look with favour on the cultivation of vernacular literature, though it must be said that they, too, could not remain aloof from his influence for long. But that does not mean that Vidyapati was not recognised as an original genius in the realm of poetry even during his life-time. The many distinguished titles which were conferred upon him show the great esteem in which he was held by all lovers of poetry and music, and that he was called Abhinava-Jayadeva is, indeed, a clear indication of the true appreciation of his talents. Along with Dhrupad of Agra and Gwalior and Kheyal and Tarana of Delhi, Abul Fazal mentions Vidyapati's Nacharis among "the Desi Sangeet" in his Ain-i-Akbery. Lochana, himself a poet of great eminence of the early 17th century, gives a detailed account, in his Ragatarangini, how Siva Simgha had appointed a master musician, Jayata, who was the son of a Kayastha, but came, later on, to be designated a Kathaka, to set to tunes the songs that Vidyapati composed, and in the book itself Lochana has collected about a hundred songs of Vidyapati which he calls his "well-known songs" (ख्यातगीतानि). But more than anything else he has been remembered, as perhaps no other poet has ever been remembered anywhere in any part of the world, by millions of people, specially our women-folk, all over Mithila, during all these centuries, who sing his songs on all festive occasions, learning them by heart from generation to generation. In the social life of Mithila, music forms an integral part. The tradition of songs has always been identified here with Vidyapati, so much so that there is still a tendency among people, specially the women, to add the name of Vidyapati at the end of a song without giving a thought to it if the song is really his. His songs of devotion to the Goddess or the holy Ganga are commonly known and sung, but much more popular than any other kind of songs are his Nacharis which a devotee of Siva sings almost in ecstasy with a Damaru in his hand, and which can be heard anywhere in Mithila where devotion to Siva is so universally popular. To be in the heart and on the lips of millions of people, generation after generation, for more than five centuries is, perhaps, the best form of love and esteem which any poet can wish for, and it is, therefore, very uncharitable to the people of Mithila to say that the talents of Vidyapati did not receive due recognition in the land of his birth. It is, on the other hand, much more correct to say that Vidyapati has entered into the life of the people of Mithila in a manner which is without a parallel in the whole world, and that he lives in the memory of the people of his land just as he lived more than five hundred years ago. It is true that people of Mithila have been rather very late and slow in adopting the methods of modern researches and criticism, and, therefore, they seem to lack the esteem and enthusiasm which they are expected to show for the personality and poetry of a singer like Vidyapati. But a re-awakening has certainly come about; a growing awareness is visible all over Mithila to the glorious cultural heritage of the past; and the country-wise observance of the 13th day of the bright half of the month of Kartika "Kartika Dhavala Trayodasi" every year, as the day sacred to the memory of Vidyapati, who is said to have breathed his last on that day, in such an enthusiastic but spontaneous manner as it is being observed, shows unmistakably that the people of Mithila have come to realise that Vidyapati is the maker of Maithili language, on the basis of which alone Mithila can now claim to have a distinct cultural identity of her own.

THE WORK :

The Purusapariksa is, indeed, the most widely known work of Vidyapati written in Sanskrit. It was translated into English as "the Test of a Man" by the late Sir G. A. Grierson, published as Vol. XXXIII of the new series of the Oriental Translation Fund in 1935. In the introduction to that volume Grierson says, "Among the early books printed in Bengal was a translation into the Bengali language by Haraprasada Raya of the Purusapariksa. So far as I can ascertain the first edition of this version was published by the Serampur Missionaries in 1815. It became a text-book for Government examinations and an edition by Sir G. Haughton appeared in London in 1826, and others in Calcutta in subsequent years." This long extract is meant to show the great popularity the book enjoyed not only in Mithila but in Bengal also at the beginning of the 19th century, and it can easily be seen that the book must be unique, not only in its contents but also in the style in which it is written, in order that should have been so universally liked and esteemed.

The Purusapariksa is a book of tales told in Sanskrit prose and verse to illustrate a real "*man*". It is divided into four chapters, The first three chapters illustrate the Hero, the Intelligent and the Skilled Adept. The foruth chapter illustrates the four objects of life, namely, righteousness, worldly prosperity, sexual love and salvation, and one who has attained one of these four objects of life is a real "man". The first chapter contains eight stories, illustrating the four kinds of heroes and their counter-examples; the second chapter contains seven tales, three tales illustrating the intelligent and four tales giving counter examples of ill-wits and no-wits; the third chapter contains fourteen tales, five illustrating Adepts, five Adepts in Minor-lores and four counter examples; the last chapter contains fifteen tales of which three illustrate righteousness, four illustrate the worldly prosperity, five illustrate sexual love, and three illustrate salvation. There are, thus, forty-four tales in the work.

And all these tales are set in a framework that makes it interesting, because that gives it an organic unity, and at the same time, makes the purpose of its composition clear. There is a certain king, Paravara by name, who has a daughter, Padmavati, beauteous in every limb and endowed with every auspicious attribute. The king is anxious to find a suitable bridegroom of equal virtue, and worthy of his lineage. He consults a holy man, Subuddhi, and the saint advises him to marry her to "a man", a *Purusa*. The king does not understand what the saint means, and then the saint tells him that by "a man", a Purusa, he means a real man, not something simply in the shape of a human being, as it were, a mere brute beast that has no tail. Such real men are rare, indeed, and are of four kinds, namely, the hero, the intelligent, the skilled adept and one who has attained one of the four objects of life, namely righteousness, worldly prosperity, sexual love, and salvation. The saint, then, goes on to define each one of these kinds, and names four famous examples of the hero class, but the king says that they all lived in the mythical golden ages, and are of little use as examples in this corrupt Kali-age in which men have no longer the intelligence, the bodily power, or the virtue of those times. The saint consents and says that the histories of the former mythical ages have been related by former men of wisdom, and he proceeds to tell him about the present Kali-age. He, first, defines each kind and then narrates a tale to illustrate the definition. At the end of each tale the particular kind exemplified is summed up either to praise or condemn it, as the case may be.

It would, thus, appear that this work is a collection of moral tales designed to illustrate the attributes which, in the view of Vidyapati, make a man really worth the name. That is the significance of the title of the work, the Test of a Man. In purpose this seems to be of the same kind as the Panchatantra or the Hitopadesa, but in design there is a great difference in as much as all the tales told here are said to have actually happened or believed to have happened. To us in the modern times some of these tales appear quite mythical there are some tales that tell of the deeds of miracle; but all these tales are told realistically with a conviction of their having actually happened. But in spirit many of these tales are romantic, and burning underneath each tale, there is the fire of idealism an undimmed consciousness of the rightness of conduct without which a man loses his manliness, and turns out to be a mere brute beast. This blending of a realistic approach with an idealistic purpose is the unique feature of these tales, which accounts for its great popularity. No other work in Sanskrit seems to have been composed on these lines.

It is not possible to determine exactly the date when the Purusapariksa was finally compiled, but there are indications in the work itself on the basis of which we can determine approximately the period, during the literary career of Vidyapati, when this work was compiled. In the second verse after the opening benediction and in the last verse at the end, Vidyapati states that this work was undertaken at the command of His Majesty Siva Simgha, whom he describes as "honoured amongst heroes", and as "having won glory in battle-fields from the princes of Gauda and Gajjan". In the three verses of the Epilogue, however, Vidyapati describes not only Siva Simgha but also his father, Deva Simgha, and grand-father, Bhava Simgha. In the second verse there, he describes Deva Simgha, but that he does in the present tense, which implies that he was then alive. Deva Simgha breathed his last in 1402, but we know that even when Deva Simgha was alive, he was the king reigning only in name, and the reins of government were actually in the hands of the Prince, Siva Simgha, ever since he was a stripling youth under his teens. The Purusapariksa could, therefore, have been compiled some time between 1370 or thereabout, when Siva Simgha may be supposed to have entered upon the scene on his father's accession to the throne of Mithila after Kirti Simgha, and 1402, when Deva Simgha is known to have breathed his last.

But for Siva Simgha to have been honoured amongst the heroes, and to have won the laurels of victory over the princess of Gauda and Gajjan, we must allow a sufficient time after he assumed the powers of government. From the little of the Kirtipataka that has been available to me, it appears that this Abahatta poem commemorates a victory of Siva Simgha over some Mohemmadon Sultan of Bengal. It is, therefore, not unreasonable to suppose that the Purusapariksa was finally compiled after the Kirtipataka had been composed. I am led, therefore, to suppose that the Purusapariksa was completed some time during the last decade of the 14th century, when Siva Simgha had been at the helm of government for more than twenty years, and prepared, during this period, "a place of jasmine-garlands at the breasts and in the tresses of all the maiden-like regions of the earth"–दिक्कान्ताकुचकुन्तलेषु नयते कुन्दस्रजामास्पदम् ।

It is, however, known that the first eight tales of the Purusapariksa, comprising the first part of the book entitled the Exposition of Heroes, are reproduced almost verbatim from the Bhuparikrama, an earlier work of the poet. Much has been heard about Bhuparikrama, but it is so very rare to find that it has not yet been studied and examined critically. The only Ms. of this work, known so far, is in Calcutta in the Library of the Sanskrit College, but it is so full of mistakes of all sorts that it is very difficult to make any sense out of it. In the first volume of the Journal of the Bihar University published in March 1956 there is published a paper of mine in which I have described the contents and character of this work on the basis of this Sanskrit College manuscript. I do not want to repeat here all that I have said there. It will suffice to say here that Bhuparikrama was composed at the command of Deva Simgha, the father of Siva Simgha, living at that time at Suta-pitha in the Naimisa forest, the modern Nimakhar on the Gomati in the Uttar Pradesa. Deva Simgha is not called a king here. It is promised here that the book would have four parts, and would contain the descriptions of 65 desas and 65 tales. Only one part of the book is available which is divided into six chapters and contains descriptions of eight desas only and only eight tales. The desas described are all the different regions, now called districts, that lie on the route from Naimisa forest to the land of Janaka, the Janakadesa as it is called, here, and not Mithila, or Tirhut. These desas are Drupada, Brahmavarta, Prayaga, Kasi, Siddhadesa, Balidesa, Bhojadesa and Janakadesa, corresponding roughly to the modern districts of Hardoi, Unao, Cawnpore, Allahabad, Benares, Ghazipore, Ballia, Arrah and the area round about Janakapur, now in Nepal. The tales are all the eight tales told in the first chapter of the Purusapariksa, including the introduction but without the first four verses.

The Bhuparikrama, however, is cast in a Puranic form. In an assembly of Brahmanas in the Naimisa forest, it is said here, Baladeva, the elder brother of Lord Krisna gave a fatal blow on the head of Suta who recited the Agnipurana, and to expiate the sin of having killed a Brahmana, Baladeva was advised to go on a pilgrimage of the holy shrines of the world. He started from Naimisa forest and in the land of the Drupadas he met with the sage Dhaumya of Mahabharat fame. With Dhaumya Baladeva went on his expiatory pilgrimage, and at night, in the land of the Drupadas, Dhaumya began telling him a tale which begins with a verse which forms the 5th verse of the Purusapariksa. Each chapter contains the description of a desa, the last two, of two desas each, and at the end of each chapter a tale is told, two tales being told at the end of each of the last two chapters.

It would, thus, appear that the main purpose of the Bhuparikrama also was the exposition of a "real man" as distinguished from a mere "man-shape", and the Puranic frame-work is just a device to introduce the tales. As in composing Kirtilata, his first work in "desila bayana", Vidyapati could not shake off the traditional Apabhramsa language, spoken at one time but obsolete at that time, so in compiling his first work of moral tales in Sanskrit, Vidyapati could not shake off the old traditional Puranic frame-work. But he soon found that this method of telling "tales within a tale" was very artificial and cumbrous. It can also be imagined that Vidyapati had undertaken a journey to Naimisa forest in the entourage of Deva Simgha or gone there, later on, to join his entourage. This may be supposed to have happened during the time when Mithila was under the usurpation of Malik Asalan, when Kirti Simgha was at Jaunpur, and Deva Simgha at the Naimisa forest. Vidyapati was, therefore, conversant with the places of historical and mythological importance all along the route from Mithila to the Naimisa forest, and this knowledge he utilised in describing the eight desas in the work that he composed there. He had planned to write four books with descriptions of sixty-five countries and sixty-five tales, but this plan could never be completed because Vidyapati had to come back along with Deva Simgha when the latter was called upon to shoulder the government of Mithila on the extinction of Bhogisvara's line after the death of Kirti Simgha. The Bhuparikrama remained, therefore, incomplete, and the idea of completing it was given up, because Vidyapati had never again the opportunity of going on tours of different countries so as to be able to fulfil his promise of describing sixty-five desas. But the idea of writing a book of moral tales to show the tests of a real man did not leave him, and when, later on, he took up the idea once again, he shook off the Puranic frame-work and gave us what we have as the Purusapariksa, though here also he gives only foryt four tales and not sixty five as promised in the Bhuparikrama. This explains not only the extreme rarity of the Ms. of the Bhuparkirama, which may be considered to have been given up and cancelled, but also the reproduction of the tales of the earlier Bhuparikrama almost verbatim in the later Purusapariksa. I am, therefore, inclined to suppose that both the Kirtilata and the Bhuparikrama are the earliest works of Vidyapati, and that they belong to the period when Kirti Simgha was still the reigning king after the kingdom of Mithila had been restored to him, and Deva Simgha was still living at Suta-pitha in the Naimisa forest. Vidyapati could not have been more than twenty years of age at that time, just entering into man-hood, but aspiring to the glory of a poet, was still feeling his way, experimenting with different forms with a view to see which would show his talents at their best. There is discernible in both of them an originality of design and execution, but they are more imitative than original, because both of them suffer from the shackles of the past. The Kirtilata uses a language that had become obsolete at that time, and the Bhuparikrama uses a frame-work that was too old to be interesting. But both have the same end in view, namely, the exposition of a real man. The Kirtilata gives us the story of a hero who avenged himself on the assassin of his father, and thereby proved himself a real man, while the

Bhuparikrama describes the tests of a real man in a general way, recounting and illustrating those attributes without which a man, in the view of Vidyapati, is only a beast without a tail.

It would, thus, appear that the first idea which captured the poetical imagination of Vidyapati was "the Test of a Man"; it was this which engaged his talents when they were just flowering and towards this he made the first attempts in poetical expression both in the language of the learned and in his "desila bayana". He treated the subject hesitatingly, indirectly at first, putting it in different forms, under different garbs. When, however, his talents were perfectly ripe for expression and he was sure of his ground, he took it up boldly, openly, directly, under the very title, "the Test of a Man", "the Purusapariksa". There could not have been a gap of less than twenty years between his first experiment at Bhuparikrama and the compilation of the Purusapariksa, and to have kept the subject in the crucible of his mind for the best twenty years of his rich and varied life shows unmistakably how deeply he was moved by it, how strongly he felt about it, how much thought he bestowed upon it. This seems, therefore, to have been his life's ambition which he set before himself when he first entered into the poetical field, and when, at last, he did compose it he must have felt greatly relieved, and satisfied to see that he had fulfilled his life's ambition, and produced a work which had engaged his attention so absorbingly for so long. The Purusapariksa is, indeed, the magnum opus of Vidyapati because it lays bare the personality of Vidyapati as, perhaps, no other work of his can ever do.

The Purusapariksa is, thus, a work of Vidyapati's maturity, though the idea seems to have been there in his mind since he was under his teens. In the earlier version of these tales as told in the Bhuparikrama, the young budding poet seems diffident to declare the purpose with which in view he undertook the work. In the Purusapariksa, however, he adds four verses at the beginning, and they, with one already in the Bhuparikrama, form the introduction to the work. In the 3rd verse there Vidyapati states that he undertook the work "for the moral instruction of boys of immature understanding" and "for the delectation of those ladies of culture and refinement who take delight in the mirthful arts of the god of love." It is, therefore, clear that this was planned and designed primarily for tender boys and young ladies of culture and refinement. To me it appears that for boys learning Sanskrit was obligatory and they began it quite early; but among girls it was not so and a beginning was; perhaps; made during that age to encourage the learning of Sanskrit among girls also, but only when they had grown up young. This is why a work was considered necessary for "their delectation" so that they may be attracted towards learning Sanskrit language and literature. Under the new set-up of society when special stress was laid on learning, it must have been felt that there should be an interesting book for these beginners to take up so that they might learn Sanskrit, and at the same time, have a proper instruction in those qualities which were, then, considered essential for every one to possess to be called "a real man", and not a mere brute beast. Specially significant is the fact that this work should have been meant for ladies of culture and refinement,—that is what I understand by पौरस्त्री, –because that shows that the education of women was not neglected, but received, at that time, a new fillip. We know from tradition that there were many learned ladies in Mithila during that age. Lakhima, the beloved wife of Siva Simgha, was herself a learned lady, and some very fine verses composed by her are still well-known. Vidyapati's daughter-in-law. Chandrakala, was a poetess of repute, and Lochana in his Ragatarangini quotes a beautiful song composed by her, and there is a preponderance of Sanskrit there though it is in Maithili. So we can see that under the plan of social reconstruction, a suitable text-book of Sanskrit with special stress on the new values of life, the new cultural values, should have been considered a desideratum, and it is very significant that Vidyapati should have taken it upon himself to compile such a work. It is also remarkable that early in the 19th century, when there was required a text-book of Sanskrit for the Government examination at Fort William (in Calcutta), Vidyapati's Purusapariksa should have been prescribed. I can see in this the continued popularity of this work as the most suitable text-book for beginners of Sanskrit, because this work provides a ground-work not only for a proficiency in that language, but also for the building up of character.

Though meant primarily, thus, for tender boys and young girls, the work was expected, so says Vidyapati in the verse No. 5, to be "pleasing to every heart". In the fourth verse, Vidyapati, however, asks, rather hesitatingly, if the learned men also, the scholars of Pandit-class, will not deign "to hearken to these tales", and then he goes on to say that he claims their condescension on account of the moral instruction contained therein, of the elegance of language in which the tales are couched, and of the interest these tales possess. We cannot, therefore, do better than examine each one of the three merits which Vidyapati claims for this work, because it is on these mertis that Vidyapati, in all humility, appeals for a hearing to the learned scholars who have their hearts chastened and refined by their scholarship and culture,—by their discernment, वैदग्ध्यविशुद्धचेतसः।

It does not require a re-iteration, I believe, that the Purusapariksa has an insistent moral purpose which the very name of the book indicates. Men will be discerned by the test of this device, says Vidyapati in the verse with which these tales are begun in the Bhuparikrama, and which forms the 5th verse of the Purusapariksa. The whole book is inspires by a very high idealism which seems to have been there in the atmosphere so insistently, and which Vidyapati seems to have imbibed so richly. But idealism in itself is nothing new in Sanskrit literature. To paint virtues so attractive that people may be encouraged to emulate them and cultivate them, and to show vices so repulsive that people may shunt them—this is the most potent motive force in Sanskrit literature. The tales of the Purusapariksa do nothing more than what the fables and tales of the Panchatantra or the Hitopadesa have done. But there is a fundamental difference in their approaches. What is very remarkable in the Purusapariksa is the insistence on the worth of the individual as such, and not the individual as the member of a society. The tales of the Panchatantra or the Hitopadesa have a political bias; they treat men as members of aliving society, and the virtues extolled there are only such as can make men useful members of society. Vidyapati is insistently individualistic. The very concept of the four Purusarthas is based on the ideals and purposes which a man can pursue only as an individual, and to bring this in as a test for the right conduct of a man and his real worth is what makes the Purusapariksa a unique work of its kind. Here Man is considered by himself, and one can easily see that if every man realises his worth, and builds up his own character, the society will improve automatically without any further effort necessary to bring it about. This importance of individual worth is a marked characteristic of our culture, and this is why I feel very strongly that the Purusapariksa has for its main purpose the building of individual character in the light of the new standard of values in life which the leaders of Maithil social life idealised under the new set-up.

In the last verse at the end, however, Vidyapati declares this as a "work on the knotty science of politics", ग्रन्थं ग्रन्थिलदण्डनीतिविषये are his exact words. This seems a little strange in the light of the virtues extolled and illustrated, which can be called political only in a far-fetched sense as everything concerning man may be called political in the ultimate analysis. I, therefore, feel that the word दण्डनीति in the phrase quoted above is not very happy, perhaps used not very accurately, because there is nothing of दण्डनीति in the book. It may, however, be possible that the word दण्डनीति has been used at the end only to bring it in line with the old works like the Panchatantra or the Hitopadesa, which were, I believe, even then so very much renowned.

Those who cavil at Vidyapati for having sung so passionately and so very sweetly of love, sexual love, when during the disturbed times the liberty of the country was at stake, should ponder over the tests which Vidyapati here recommends for discerning the worth of a man. The first place, among these tests, he gives to heroism, then to intelligence, and then to adept-ness in any one lore. There also he lays more stress on the creative and utilitarian side of learning than on the purely theoretical and speculative one. In his emphasis on these three tests, in his choice of these three criteria, Vidyapati seems to have been original. Nothing can be more edifying than a character built on such sure foundations. An emphasis on the creative and utilitarian aspects of knowledge has nothing of bookishness about it. As regards the condition at large and of Mithila in particular during those disturbed times, it is remarkable that the first place in the character of an ideal man has been given to the sense of heroism which he possesses and displays in his conduct. Among the various lores in which an adept-ness is essential for a real man, Vidyapati gives the first place to an adept-ness in arms, and this he introduces with the statement, "By its very nature book-lore in inferior to the lore of arms; for it is only when the country has been made safe by arms that the thought for book-lore prevails." There can not be anything, I believe, more categorical, more emphatic, more realistic than this assertion of a scholar statesman alive to the needs of the defence of his country and his liberty. This could not have been the view of a dilettante Pandit. Does it not show Vidyapati pre-eminently a staunch realist and a man of action, rather than a man of sexual obsession or romantic visions ? Even a casual glance over the Purusapariksa, I am sure, will convince one that it is completely misunderstanding the personality of Vidyapati to think or feel, on account of his sweet love-lyrics only, that he was obsessed with matters concerning sex and sexual love.

But that does not mean that Vidyapati should have shut his eyes to the reality of sexual love, should have been blind to the position it occupies in the life of man. He would have been a false realist if he had ignored the manifestations of that eternal urge in the life of man, and all that a man achieves under the influence of that urge. In one of his war poems composed in 1915, under the stress and strain of the first year of the Great War, Thomas Hardy says :

Yonder a maid and her wight
Come whispering by;
War's annals will cloud into night
Ere their story die.

Vidyapati would not have been true to his profession of poetry if he had missed to sing of the story of "a maid and her wight" even under the stress and strain through which Mithila was passing during those disturbed times. It is a hard truth that sexual love is a most fundamental urge. It has its own place in the life of man, and we have been taught to regard this very rightly as one of the four purposes of life. This fact has been proved and established in our own times by the processes of science also, and a renowned psychologist like Sigmund Freud has practically founded a new school of thought in which love-function is the centre of all human activity. One has only to look around, and it will be found that most of the stories of all times, whether in prose or in verse, particularly of the modern times, deal with love, sexual love, and problems relating thereto. Man being what he is and his urges being what they have been, any realist writing about man and the purposes of his life cannot avoid the sexual aspect of his personality. The Purusapariksa has assigned to it the place it rightly deserves, and it is mere squeamishness to find fault with Vidyapati for having sung passionately of sexual love.

And the Purusapariksa should, likewise, clear the mist which still persists in many quarters that Vidyapati was a Vaisnava by faith, and that his sweet love-lyrics have a mystical significance, expressing, as they seem to do, the sentiments of a devout soul either in the bliss of a union, or craving, in separation, for such a union, with the supreme self. It was Lord Chaitanya who perceived for the first time a close parallelism between the urge for spiritual bliss through devotion and the sexual urge, and he read, therefore, spiritual love lying underneath these amorous lyrics of Vidyapati. His followers brought into vogue a class of poetry where there is a subtle allegory of spiritual love behind love-lyrics written in the language of sexuality. But to say, therefore, that Vidyapati implied the same allegorical meaning, and that he was inspired by the same *Madhura Bhava* which the learned disciples of Lord Chaitanya propounded in their philosophy of love, is, to say the least of it, simply preposterous. Lord Chaitanya saw the light of day almost a hundred years after Vidyapati had flourished, and to call him a prophet of Chaitanya's cult is to give him credit for what he never was. Grierson, it is true, accepted this explanation with great avidity, but this he did to explain away the grossness which he felt in the frank delineation of sexual love in these songs. Grierson, we should remember, was a typical Victorian for whom sex was a taboo. He was bred up in an atmosphere where sex was not to be discussed, not to be thought about, not to be investigated, and was spoken about only in whispers. What is strange to me is the attitude of some of the scholars of Mithila who still cling to the old Victorian view that the songs of Vidyapati are quite often obscene. Vidyapati has been identified in Mithila with the tradition of songs, and in course of these centuries his songs have been reverberating in the throats of millions of men and women in Mithila. But never has any one felt any grossness in these songs, nor has any one drawn a spiritual inspiration from them. Vidyapati has many hymns, beautiful hymns, to his credit, and they are well known. He has composed many, songs in devotion to Visnu also, but they are openly so, and they are quite well-known. But to say, therefore, that his love-lyrics also have a spiritual significance is misunderstanding the poet, the motive behind his sweet lyrics and the cultural heritage he has left behind. The fact is, on the other hand, just the other way about. In about a hundred years or so after his death, Vidyapati's songs became famous all over the country, and they were famous as delineating the passions of love. Abul Fazal in his Ain-i-Akbery mentions Vidyapati and his songs of love. Under the head "Deysee" in the chapter on "Sangeet" Abul Fazal says :

Those in the *Tirhut* language called *Lachari* were composed by *Bedyaput* and are on *the violence of the passion of love.* (Gladwin's translation).

The Lachari of the Ain-i-Akbery is obviously the Nachari under which name his songs in devotion to Lord Siva are well-known. It is interesting to note that to Abul Fazal all the songs of Vidyapati were known under one name, the Nachari, and this also was known to him that all the songs of Vidyapati delineated "the violence of the passion of love." It is clear that Abul Fazal made a confusion between the devotional songs of Vidyapati and his love songs, but what is remarkable for our present purpose is the fact that Abul Fazal knew even the devotional Nacharis to be love-songs, not that his love songs had a mystical or spiritual significance. It shows that at that time the songs of Vidyapati had not that spiritual meaning which the Vaisnavas of Bengal imputed to them at a later time.

The mention of Krisna, Radha, and the Gopis need not confuse us. Not all the love-songs of Vidyapati contain these names, and even where they occur they stand for the ideal lover and his sweetheart. Students of Sanskrit poetics know that the deity sacred to Sringara Rasa is Krisna, and therefore, Krisna is not here as the incarnation of Visnu, an emblem of Supreme God, but merely an iedal lover. Vidyapati has often spoken of Siva Simgha as the Krisna of his own time. In the Purusapariksa (the last verse of the 3rd chapter) Siva Simgha, Rupanarayana, has been compared with Narayana. In one of his songs Vidyapati calls Siva Simgha, एकादश-अवतारा, the Eleventh incarnation of Visnu. In the Kirtipataka, referring perhaps to Siva Simgha he says, पूर्व कृष्णो यथाभूदरिकुलदमनः साम्प्रतं तादृशस्त्वम्, "As Krisna was the destroyer of his enemies at one time, so are you at the present moment." To me, therefore, it appears that wherever in his songs Vidyapati mentions Krisna, he means Siva Simgha, rather than Krisna, the God, the type of ideal lover.

And we have the words of Vidyapati himself to guide us as to his motif in all these songs. Again and again at the end of his songs

Vidyapati says, रस सिंगार सरसकवि गाओल, the sweet poet has sung of the emotion of love. At one place he has said that the mirth of sexual enjoyment is the quintessence of life. सुरत-रस-रङ्ग संसार-सारा In Kirtipataka, Vidyapati says that as in all the three worlds the best among poets in Abhinava-Jayadeva, (meaning himself) the best among rasas is this rasa, Sringara (The third foot of this verse is not legible and contains the name of his patron, perhaps Siva Simgha.)

कवि मह नव-जयदेव कवि, रस मह एहु सिंगार।
..........................., तीनित्रु तिभुवन-सार ॥

More explicit is his statement, a little later on, in the same work, that Sringara Rasa, if accompanied with Dharma, gives the greatest enjoyment to the art of poetry, धम्मसहित सिंगार रस कव्वकला बड़ रंग. Even the benedictory verse of the Kirtipataka invokes the grace of Lord Siva in a pose of love, शृङ्गारवानवतु नो नवचन्द्रचूड़ः. In the face of all these statements, clear and unequivocal, it is hard to believe that there was any mysticism implied in all his songs as his admirers in Bengal have tried to make out.

That he was not a Vaisnava is proved beyond doubt by the Purusapariksa. In the beginning of the fourth chapter of this work, there is a very interesting discussion as to the nature of Dharma, as understood by Vidyapati and approved by him for the enlightenment of the people for whom the work was meant. In verses 2, 5 and 10 there, he says emphatically that righteousness is the performance of one's duties. Those duties are ordained for each individual according to the family in which he is born. There is but one creator of this universe, the Almighty. Diversity in belief or faith in Visnu, Siva and others in immaterial, because only in their names is their sublimity distinct. This is the concept of Dharma that has been taught here since the days of the Srimadbhagavad-Gita, with an emphasis on the performance of one's duties. This is what we call, in Mithila, the Sanatana Dharma, the religion eternal and in this concept of Dharma there is no scope for sectarianism; there is, on the other hand the widest scope for tolerance and individual freedom. In view of this, it is very hard to believe that Vidyapati could have been a narrow sectarian as Vaisnavas are known to be. If there is any particular manifestation of the Almighty that Vidyapati adored and paid his devotion to, it was beyond doubt, Siva. If he was anything he was a *Saiva*, though it may be said more correctly that he was a true Smarta adoring all the five deities including Visnu, that he was a *Panchadevopasaka.*

Thus, we have seen that Vidyapati lived a full life, and it is this full-ness of life that he has idealised in the Purusapariksa. In the fullness of life, sexual love is given as important a place as any other, and it is one of the four objects of life. What the psycho-analysts like Freud, Jung, Adler and others of our own times have proved by their researches, our thinkers saw quite early, and even in our Upanisads, it is said that sexual enjoyment is the central factor in all life-processes. The "uniting place of all pleasures is the generative organ," says Brihad-Aranyakopanisad (4.5.12) सर्वेषामानन्दानामुपस्थ एकायतनम्. The new scheme of social re-construction, which the leaders of Mithila set up and tried to bring to perfection, must have remained incomplete, if nothing was done to bring into its proper prominence the sexual aspect of life, and provide necessary instruction in this science of love. For men, who knew Sanskrit, this instruction was available in a large number of standard works as old as the Kamasutra of Vatsyayana; still for them, too, we find a scholar of the eminence of Kavisekhara Jyotirisvara Thakur compiling a work on erotics, known as Panchasayaka, almost a hundred years before Vidyapati. In the Purusapariksa Vidyapati begins the topic of sexual love with the bold assertion that among the three great objects of worldly existencc, sexual love is the most important, in as much as it is the fruit of both righteousness and worldly prosperity. But of the five tales illustrating sexual love, the tale of a *Vidagdha*, a Discerning Amoroso as Grierson calls him, is, perhaps, the most important, not only because it opens with a quotation from *Bharata*, but also because it ends with an eulogy of

Siva Simgha which is so very uncommon. The concluding verse of this tale says, "As all verses have words and meaning, so also all young women possess hairs and breasts etc. Among the verses only a few have an artistic craftsmanship, and among the women also there are only a few who have the artistic skill of love. The king Siva Simgha has the discernment of such verses and of such women." It is clear, therefore, that Vidyapati gave an emphasis on the possession of discernment in the art of love. As this discernment could be acquired by suitable instruction, the Purusa-pariksa seems to have been designed to impart what little it could do in the matter. This explains why Vidyapati in his Purusapariksa promises delectation to the ladies of culture and refinement, who display a taste for the mirthful arts of love. But this could have been only for those ladies who had the advantage of the knowledge of Sanskrit. For women in general, and men too who did not know Sanskrit, Vidyapati composed his songs of love, which could be intelligible to all alike, which would engender in them a proper sense of music, and which should, at the same time, provide them with the necessary instruction in the art of love. Discernment in the art of sexual love is what Vidyapati has idealised, and for accomplishment in that discernment he composed the sweet lyrics which delineate the processes of the art of love.

Secondly, Vidyapati claims for this work the beauty of language-वाचां गुणेन are his exact words. It is, indeed, a very elegant language in which all these tales are couched. Naturalness, simplicity and perspicuity—these are the qualities which characterise the language of the Purusapariksa, as they characterise the language of every thing that Vidyapati wrote, whether it is his love-lyric or his devotional song, his poem or his drama. From my own acquaintance with the works of Vidyapati—and there is no work of Vidyapati known which I have not read with profit and delight—I am confirmed in the belief that Vidyapati was incapable of writing anything either obscure or involved. His language is as clear as crystal, and we can at once reach the meaning behind the words.

He possesses in an abundant measure what we call in Sanskrit the प्रसाद-गुण. Whenever, therefore, any line of Vidyapati's songs presents a difficulty of construction or interpretation, I come at once to doubt if there is not some mistake some-where, and if the reading is genuine. There are words that have gone out of use; forms that have become obsolete; idioms that have been forgotten; syntactical rules that have changed. A language spoken five hundred years ago can not be expected to maintain all these things unchanged for so long. When we remember that Vidyapati was a contemporary of Chaucer, we are surprised at the modernity of Vidyapati's language in face of the obsolescence of Chaucer's English. That, however, does not mean that there is no depth in Vidyapati. Vidyapati has compressed so much meaning in his words; there is a wealth of suggestion which some-times reminds one of Amaru, Bharavi and even Kalidasa. Indeed, in the deft use of उत्प्रेक्षा Vidyapati is, perhaps, as unsurpassed as Kalidasa has been in the use of उपमा. But not withstanding all the wealth of suggestion and deep implications, the language is wonderfully perspicuous so that there is no verbal obstacle in arriving at the sense. This is as true of the Purusapariksa as of any other of his works. Sanskrit prose, specially of the later times, is notorious for its affected style. Long-winded compounds, obscure verbal forms, display of the various figures of speech, sometimes forced and far-fetched, make the language stilted and artificial. The Purusapariksa is absolutely free from all these blemishes. It is as natural as a common speech can be. There is no striving after effects; there is no show of pedantry. It is couched in a language which is eminently suited for a text-book of Sanskrit for the beginners of the language.

But the language is not, therefore, dry. It is as charming as, perhaps, Sanskrit alone can be. Vidyapati had wonderful ears for the sounds of words, and like the Maithili of his songs, his Sanskrit of the Purusapariksa also is pleasing to the ears as it is appealing to the understanding. Like the great poets of all times he always prefers the concrete to the abstract, and therefore, his style is as picturesque as all true poetry always is. And as this is a book of tales, naturally narrative in character, there is very little of prolixity in descriptions which generally mars the effect of many other narrative tales in Sanskrit. His language has motion; it is vivid with a force that keeps the imaginaion moving, rather-than lose the link of the story in the luxuriance of description, or in arid moralisings. The tales are always pointed, and in dialogues, the language is wonderfully conversational. Descriptions are there, but they are just only as much as is absolutely necessary to make the narrative intelligible. Moral maxims are interspersed throughout, but they are always appropriate to the occasion, are very pithy, and therefore, they are always touching. Only in the tale of the Thief (Tale No. 6) there is a string of verses to describe the evils that a king without discernment always brings about. Similarly in the tale of a 'Man whose Mastery of Lore Died Away' (Tale No. 26), Vidyapati deplores very feelingly the sad state of poetry when the king is a fool. In both these tales there is noticed a prolixity which is very uncommon, but it must be admitted that whenever Vidyapati has an occasion to speak about the virtues of a king, or the profession of a poet, he waxes a little more eloquent. It appears, therefore, that these are sincere effusions of the poet's heart, and that the poet had a predilection for these topics where he had his own experiences to guide him, his personal feelings to express.

The greatest asset of the Purusapariksa, which enlivens the tales, and makes them interesting, is the very rich fund of humour and wit. Humour pervades the book like a flavour. There is hardly any other book of tales in Sanskrit where there is so much of gentle, though genuine, humour. Virtues, it has been told, have been painted here attractive, and so have vices been shown repulsive. All the counter-examples are such tales of vices, and in all these tales humour is the dominant note so that the counter-examples appear ridiculous, and therefore, repulsive. The tale of a coward (Tale No. 6) and the tale of cozening Rake (Tale No. 40) are brilliant examples of the gusto with which Vidyapati could create humour. Likewise, the tales are enlivened with bright flashes of wit, which always surprise, though they please nonetheless. Such, for examples, are the short epigrammatical verses which we find in almost every tale, and where wit flashes with a surprising light. The tales of the second chapter exemplify wit itself, and we cannot do better than read the Tale No. 11, to find how Vidyapati has been able to tell, in an interesting way, an anecdote which glorifies one of his own illustrious ancestors. The tale No. 8 of the Four Lazybones is, also, an apt illustration of how deftly Vidyapati could weave a tale so wittily, so very amusing. This, too, we should remember glorifies one of his own ancestors.

But what is surprising in the Sanskrit prose style of the Purusapariksa is the fact that all the eight tales of the first chapter of this work have been reproduced here almost verbatim from the earlier work, the Bhuparikrama. When we remember that the Bhuparikrama is, perhaps, the earliest work of Vidyapati, the earliest, indeed, of all his Sanskrit works, we are surprised to find so very little to show any sign of immaturity in the first eight tales of the Purusapariksa. If there was an interval of some twenty years, as I have tired to show earlier in this section, between the times when the Bhuparikrama was first composed and when the Purusa-pariksa was finally compiled, there should have been something in the later chapters to show that this was the style of Vidyapati's maturity. But except that in the first chapter there is nothing erotic- or of love, which would have certainly appeared indelicate for a young Pandit to write in a serious work, there is practically nothing to distinguish the style of the first chapter, which was the work of a young man, from that of the following three, which were certainly the work of a mature hand. This can be explained only if we suppose that Vidyapati had a wonderful facility of easy expression even in Sanskrit since he was quite young. Indeed, the style he wrote in was so natural, so simple, so very much free from pedantry that he could maintain uniformity throughout, which indeed, he does so very admirably. The only sign of maturity in the later chapters, which would strike any one looking for the same, is the boldness with which Vidyapati introduces erotic verses whenever he has an occasion to do so, or tell tales of love to illustrate even those types which are apparently outside the scope of love. Such for examples are the tale of an Adept in Painting (Tale No. 2) and the tale of a Saint free from Worldly Ties (No. 43).

Vidyapati was a born poet; poetic talents were almost instinctive with him. It is, therefore, not surprising that he should have a spontaneous outflow of poetic feelings quite early. What is surprising is the easy facility and naturalness of expression in Sanskrit, which he seems to have acquired so early, and this is specially so, because we know that Sanskrit was not his mother-tongue, nor was Sanskrit at that time a spoken language. Sanskrit was, however, the language of the cultured, and since Vidyapati was born in a family glorious for its cultural heritage and moved, since, perhaps, he was a child, in an atmosphere of culture and scholarship, we can suppose that Vidyapati breathed in the Sanskrit language along with the very air. But there are clear indications in the Purusapariksa itself to show that he had acquired the facility of expression in Sanskrit rather than learnt it. If he had learnt the language as students have to learn it, there must not have been all those lapses from the standard Paninian forms which we find in the Purusapariksa. In an earlier section it has been shown on the basis of facts known about him that Vidyapati must have entered active politics of his times rather too early to have finished his studies under a teacher, and that supposition finds support from the irregularities and inaccuracies which we meet with in his language of the Purusapariksa. Here are given some of the forms which he uses, sometimes again and again, :— बिमृष्य for विमृश्य; लिखनं, लिखनेन, लिखितव्यं for लेखं or लेखनं, लेखेन, लेखितव्यं; निरपरद्धः for निरपराधः (page 13, line 2); निर्धारितुं for निर्धारयितुं (81-14); वेदविदुषः for वेदविदः (114-4); याचामि for याचे (169-16); पाणिगृहीता for पाणिगृहीती (142-9); परावृत्य for परावर्त्य (144-14); विदेशिनः or विदेशी for वैदेशिकस्य or वैदेशिकः (13-7 and 94-17); निरलसाः for निरालस्याः or अनलसाः (38-8); गायनसमयः for गानसमयः (95-7). There are, likewise, many compounds that are used clumsily :—योग्यायोग्य (page 4-line 7); दिशः प्रतिदिशम् (6-16); पाकपृच्छानिरपेक्षः (99-12); युद्धस्पर्धमानौ (100-2); एतस्य निन्दाकलुषितेन (104-18); कतिपयस्त्रियः (136-17) etc. The use of विमोचयति with two objects in the verse No. 3 on page 6 or the use of the feminine adjective तावती for a masculine substantive संधिः on page 25, line 12, is, likewise, not quite regular. The derivative भाविता (137-17) from भाओ, a purely Maithili word meaning the ecstasy which a devotee feels when the god is supposed to enter into his body, the coinage गोद्रम् for the pulp of anything which we call in Maithili गुद्दा, and the compound संधिदेयस्थाने which in Sanskrit should have been देयसंधिस्थाने are all instances of Maithilism in the Sanskrit of the Purusapariksa, and they all point to one and only one conclusion that Vidyapati was not very scrupulous or accurate in the forms he used, and he did not hesitate to use in Sanskrit the forms which he used in Maithili. This could have been possible only if Maithili at that time was a distinct language of which Vidyapati was conscious. We find in his songs, a studied preference for *Tadbhava* words to pure *Tatsama* words of Sanskrit.

It is not to be supposed that all this has been pointed out to detract from the value of Vidyapati's Sanskrit. Notwithstanding all these un-Paninian forms and all these clumsy usages, Vidyapati's style is wonderfully natural, simple, lucid, racy, with a flow which makes it vivid with life. It is a matter of only regret that there were not many so bold, so talented, so self-confident as Vidyapati; otherwise there would have been evolved a reformed Sanskrit style—and this would have been, perhaps, a Maithil Sanskrit-which would have discarded all the involutions, artificialities, obscurities which make Sanskrit the language of a class only, removed further and still further away from the common speech of the people of the land. A scholar statesman that he was, he made a conscious effort to make Sanskrit the language of the cultured rather than the language of the learned, showing thereby that culture is not the same thing as scholarship. This explains why the Purusapariksa should have been designed for boys of immature understanding and for the delectation of young ladies of culture and refinement. This was meant to be a text-book of the New Age that was ushered in at that time. In fact, the Purusapariksa reveals not only the personality of Vidyapati, but it throws a flood of light on the hopes and aspirations, ideals and beliefs, strivings and achievements of the age to which it belongs.

The Purusapariksa contains many verses that are quotations but they seem to have been quoted from memory. There are about ten verses in Tales Nos 23 and 39 ascribed to Bharata, but, as Grierson has pointed out, they are not there in the works of Bharata available so far. There are about a dozen verses, for example, Chapter 1, Tale No, 3, verse No. 12, 1.5.23, 2.9.9, 2.11.6-7, 2.13.2, 3.25.2, 3.27.8, 4.44.1, which are said to have been the compositions of older poets. As none of the poets has been named, it appears that these were floating verses even at that time so that they were known only traditionally. Many of these verses praise certain great men. Two verses about Ganesvara, his own ancestor, must have been well-known all over Mithila. There are many other verses which are introduced authoritatively with the phrase, तथाहि. They are all moral aphorisms, and may have been known orally only. We have nothing to tell us if they are really the poet's own compositions or they are just quotations. None of them has, however, been traced so far.

That these tales are very interesting, as interesting in thier themes as in the manner of their telling, goes without saying. During all these centuries this has continued to be the most popular Sanskrit work of Vidyapati. The main interest of the tales lies in the fact that they are said to have actually happened. There are certain tales, however, which appear quite incredible to us. Such are the tales of miracles about Vikramaditya, for example, or the tale of Bodhi, the Kayastha. To make Vikramaditya of Ujjayini and Bhoja of Dhara contemporaries is not quite historical. But we have to remember that Vidyapati believed in miracles as people during those days believed. We may, therefore, say that even if these events did not actually happen, they were believed by Vidyapati to have actually happened. Such legendary tales, however, are not many, and they are told as realistically as if they had actually happened. They cover a very wide range in every respect. There are tales of kings and saints, heroes and cowards, wise men and fools, Hindus and Mohammadons. Each tale illustrates a particular type, and naturally, therefore, there are as many types as there are tales. In point of time also, the earliest are the tales of Chanakya and the Nandas, and there may be others of his own times. The largest number of tales relate to Mithila,-there are eight such tales, and then of Bengal,-they are six in number. But no part of Aryavarta seems to have been omitted. There are four tales of Vikramaditya of Ujjayini, three of Patna which is called here Kusumapura, three of Raja Bhoja of Dhara, two of Delhi which is called here Yoginipura, two of Goraksapura, now called Gorakhapur, in the Uttara Pradesa, and one each of Dvarika, Varanasi, Mathura, Ayodhya, Kanchi, Kausambi, Avanti etc. There are tales of historical personages like Chanakya, Chandra Gupta, Raksasa, and Sakatara of Kusumapura—modern Patna, Vikramaditya of Ujjayini, Bhoja of Dhara, Hammira of Mewar, Shahabuddin Muhammad Ghori, Alauddin Khilji, Muhammad bin. Tughlaka, Jayachandra of Kanyakubja, Laksmana sena of Gauda, Sriharsa of Gauda, and Visakhadatta, the author of the famous drama Mudraraksasa. There are tales of the Karnata princes of Mithila, and of two of the most illustrious brothers of his own great-grand-father, Viresvara and Ganesvara, though he is completely silent about his own relation with them. There is a tale of one Paksadhara of Mithila who was an adept in Magic, and Grierson has identified him with the famous logician, Jayadeva Misra, who was popularly known by the same name, Paksadhara; but to say so only on the sameness of the two names is very hazardous. What, however, is very conspicuous by its absence is a tale of some of the Oinabara princes of Mithila. We would have liked it very much to have a tale about his own patrons or contemporaries, but Vidyapati seems to have avoided them very scrupulously.

As tales, too, they are of all types. There are some which we may call mere anecdotes, sometimes very brief, the briefest being the tale No. 32 of a Man whose Mastery of Lore received Honour, and No. 15 of a Booby by Association; but it must be said that, though they are brief, they are not less witty, specially the second tale referred to above, which is so humorous, There are others which are legendary and mythical. It must, however, be borne in mind that Vidyapati believed in "the lores of subjection, fascination and the like." and at the beginning of the fourth chapter of the Purusapariksa, he puts forth "the scriptures of mystic tradition" as a proof conclusive of the infallibility of the Vedas, describing the Agama Sastra along with Jyotissastra and Vaidyaka or Ayurveda as "a weapon rending every doubt". There are some tales which are purely historical, though there also we have to accept some tales, like the tale No. 9 of Visakhadatta, the tale No. 17 of Vikramaditya, Varahamihira and Savaraswami, and the tale No. 39 of Vikramaditya and Bhoja, as more legendary than historical. But all the tales are very good stories, brilliantly told. They are all presented realistically, and they have all of them a motive behind them which makes them idealistic. Nevertheless, most of the tales are romantic in their approach, and that accounts partly for the great interest which these tales have continued to evoke throughout these centuries.

But the most important point of interest in these tales is the variety of *Rasas* which they contain, and which we enjoy with so much relish. If we analyse any tale we shall find that though the dominant *Rasa* may be one and only one there, yet there are always some other *Rasas* also as parts thereof, helping towards the intensification of the same. In the very first tale the dominant *Rasa* is *Vira* but to intensify the effect of the sentiment of zealous heroism, there are the *Bhayanaka* and *Adbhuta* Rasas. Except, perhaps, the *Vibhatsa* Rasa which is used very sparingly, there is no other Rasa which we do not find displayed again and again, if not as the principal Rasa, at least as the subordinate Rasa in these tales. *Hasya Rasa* is, perhaps, the most widely used, and then *Adbhuta*, which is the essence of *romanticism* in most of these tales. *Sringara* and *Vira* are equally represented, and, as it has been already pointed out, the poet has a predilection for Sringara which we find even outside the Kama-tales.

Another point which may be of immense interest to all, but which to students of Vidyapati, like myself, is, indeed, of paramount interest is the light the Purusapariksa throws upon the life of the times, and more particularly, on the personal views, beliefs, ideals and aspirations of Vidyapati himself. His songs are all expressions of his different moods, though underlying them all is the sentiment of love, and we shall look in vain for anything more than manifestations of love there, except, perhaps, in the last couplet, technically known as *Bhanita*, which generally reveals the poet, though in the hands of his later successors the Bhanita, too, was stereotyped into a mere record of the poet's name, and the name of the patron to whom the poem was dedicated. This aspect of the work, however, is such a fruitful source of study that scant justice, I am afraid, can be done to the subject within the limited space at my disposal here. Something, nevertheless, has been said in the foregoing pages to show how we can study the Purusapariksa to find out valuable facts about the life of those times. We can, likewise, study the Purusapariksa to learn something about the personal likes and dislikes of the poet himself. We have already seen his predilection for *Sringara Rasa* or his views about the profession of a poet and the patronage of a king, necessary for the cultivation of the art of poetry. Praise of *Vidya* in the introduction to the third chapter as also in Tales Nos. 25 & 26, verses in praise of *dance* and *drama* in Tale No. 23. praise of travels in 2.12.7, discussion of *Dharma* in the introduction to the fourth chapter and on *salvation* before Tale No. 42, condemnation of a miser in Tale No. 7 and of a calumniator in Tale No. 13, description of the sad lot of the father of a marriageable girl in verse No. 6 of the introduction, and the statement in Tale No. 22 that तैरभुक्तीयाः स्वभावाद् गुणगर्विणो भवन्ति–people of Tirhut are by nature proud of their attainments–are some of the topics where we seem to have an inkling into the mind of Vidyapati himself. About Siva Simgha there is more information in the Purusapariksa than any where else, and though these references are in eulogistic terms, we seem to be on surer grounds here. Thus we have an authentic description of the king in this work, though the description is not free from flattery. In the prologue to the work as also in the epilogue, in the colophons of all the four chapters, and in the last three verses at the end of the 3rd chapter, and the last verse of Tale No. 39 we have references to Siva Simgha, and they tell us not only about himself, his prowess, his attainments, his personal appearance, his discernment, his glory and his popularity, but we are told something about his father and his grand-father also.

It would, thus, appear that though the Purusapariksa is a book of mere tales, yet it is, beyond doubt, a unique work of its kind. The age of Vidyapati was the golden age of Mithila and there is not other work of that age which throws so much of illuminating light, not only on the personality of the man behind the work, but also on the times which this work reflects. A student of the history and culture of Mithila cannot find a more fruitful source of study and research, and a student of Vidyapati will find in this a wonderful revelation of the complete personality of that versatile genius of whom Mithila is justly proud.

× × ×

It is, therefore, a matter of great regret that this work should have been so long out of print, and it is quite in the fitness of things that the Maithili Development Fund of the Patna University should have commenced the publication of the Darbhanga series with this unique work. To bring into light the glorious past of Mithila and stimulate an interest in her rich cultural heritage, there could not have been a better choice. To me personally, it has been a labour of love. It has given me immense pleasure to undertake it and to bring it to a successful close. For more than four years I have been working on this, and I only regret that the Chairman of the Board that made this selection and entrusted this to me, the late Doctor Amaranatha Jha is, alas, no more in the land of the living to see this undertaking completed. Now that it is published I can only hope that it will receive the attention of scholars interested in the subject, which this work so rightly deserves. I do not know how far the scholars will find this introduction useful, but if I have been able to show the lines along which scholars may pursue the study of, and researches in, this unique work I shall deem my labour amply recompensed.

I regret very much that for reasons sometimes beyond my control there are so many misprints in the text of this work. I am very much afraid that even the three pages of errata may not be found to cover all of them. For this inconvenience I have to seek most humbly the indulgence of the scholars.

× × ×

It has been said already that the late Kavisvara Chanda Jha brought out an edition of this work in the year 1888, and that edition of the text was accompanied by a literal translation of the work in Maithili prose and verse. This translation was the first Maithili work to have been published by a Maithil, and much more important than the translation itself has been the valuable series of notes on the history of Mithila in Vidyapati's time and in the century immediately preceding, which that edition contains. Indeed, there has not been, in course of the last hundred years, a greater scholar of Maithil history and culture than the Kavisvara. His edition, which has now become a classic of Maithili literature on account of the Kavisvara's translation and notes, has been long out of print, and extremely scarce. It was, therefore, decided that his translation along with all his valuable notes should be reprinted and accompany this edition. This has been done as faithfully as it was possible to do; only his notes which were scattered in his edition all over the book have all been collected and printed as appendices to all the four chapters of his translation, though his introduction and appendix appearing at the end of his edition have been left as they were in his work. It is hoped that students of Maithili literature will find the Kavisvara's translation useful. It will, at least, stimulate an interest in the topics touched by the Kavisvara in his valuable notes.

× × ×

But the Kavisvara's translation is too literal to be clear; the verses of the text are translated equally literally into Maithili verse so that they are not always intelligible; and his language is too antiquated to be interesting. It was, therefore, considered necessary that a translation of the text in modern Maithili prose should be appended to it. That translation has been done by me. I have tried to make it as faithful as possible, but only the scholars can judge how far I have been able to render the text into modern Maithili, expressing not only the meaning, but preserving in tact the spirit of the text also. I can only say that I have tried my utmost to render the translation in simple and idiomatic Maithili so that the whole thing may read quite natural.

Before I close this long introduction I must acknowledge my indebtedness to the edition of the Kavisvara as also to the translation of the Late Sir G. A. Grierson. To the Board of the Maithili Development Fund, I cannot express adequately my feelings of indebtedness for having entrusted the work to me. I must also acknowledge here the help I have uniformly received from Sri Jagat Nandan Sahay, the Registrar and Sri S. K. Sharma, the Budget & Accounts officer of the Patna University. Babu Amritdhari Singh, a member of the Board, has always taken a personal interest in the work and I have to thank him specially. And lastly, I have to thank Pandit Visvambhara Jha, the Research scholar of Maithili Development Fund who has been of immense help to me in the preparation of this edition.

(Purusapariksa : Published for the Maithili Development Fund by the University of Patna, 1960)

Vidyapati

(1)

Vidyapati was par excellence a maker of Indian literature. At time when Sanskrit was the language of culture throughout Aryavarta, he made the spoken language of his region the medium of his poetical compositions, sweet and charming, and invested it with an expressiveness worthy of a literary language. He set the fashion of a new type of poetry for others to follow, and there is no literature of this part of Aryavarta which does not owe deeply to the influence of his talents and craftsmanship. He has rightly been called *Maithila Kokila* or the *Cuckoo* of Mithila whose sweet warblings ushered in a veritable spring in the poetry of the modern North-Eastern Indian languages.

(2)

Vidyapati was born in the village of Bisapi (in the Madhubani sub-division of the district of Darbhanga) in the heart of Mithila about A. D. 1350 in a family of scholar-statesmen who had been leaders of Maithil society for more than five generations.

The land of Mithila has been since times immemorial famous for intellectual pursuits and speculation, but politically she had been under the suzerainty of Magadh since the Buddha's time. After the Guptas, when the highest ideal of kingship consisted in the performance of an Ashwamedha through the conquest of all the four quarters, every adventurous prince all over India overran Mithila across the Ganges to reach the Himalayas, which formed the northern boundary of their world. Thus Mithila which had no king of her own never enjoyed peace. It is strange how she could maintain her cultural entity inviolate in spite of the political turmoil but it was the Maithil way of life which set no value on political changes so long as the people were free to live their life without let or hindrance. Nevertheless, Mithila could offer no patronage to the arts, on account of which her sons had to go abroad. Therefore, when in 1097, Nanyadeva, the Karnata, came to Mithila from the extreme south, he was received with open arms, specially as he was himself a scholar, fond of the arts and letters. He established a kingdom of his own and for six generations the Karnatas ruled over Mithila. They identified themselves completely with the people of the land and under their benevolent rule Mithila prospered in peace. The rest of Aryavarta passed under the rule of the Mohammedans but Mithila managed her affairs with such consummate statesmanship that her native Kshatriya rule continued undisturbed. This ushered in an age of renaissance in the life of the land. Lakshmidhara compiled his digest of law, the *Kalpataru,* and Gangesha produced in the realm of philosophy his famous *Tattvachintamani*, both of which set the pattern of scholarship all over Aryavarta, and even beyond, for centuries following.

But the leaders of Maithil society saw that they could not keep off the Mohammedans for long from overrunning Mithila and they set about to reorganise their social life, consolidate their social position, and create a bond of unity that would hold together the different sections, living in the land, into a single nation. When, therefore, Mithila under the intrepid young prince, Harisinghadeva, fell before the onslaught of Ghiyasuddin Tughlaq in the Saka year 1245 (A. D. 1323), the last Kshatriya rule in Northern India came to an end; but it was soon found that it was not profitable nor possible to keep Mithila under the direct rule of the Mohammedan Subedar. Consequently, Pherozeshah Tughlaq made over the Raj of Tirhut to Raj Pandit Kameshwar Thakur, and to him and his descendants, members of Vidyapati's family lent their wholehearted support. He belonged to a most respectable family of Brahmanas of Kashyapa Gotra of Shukla Yajurveda with its origin at Oini, a prosperous village still flourishing near Pusa in the district of Muzaffarpur. Vidyapati was born only 27 years after the fall of the Karnatas and almost within a decade or so after the establishment of the Oinabara rule in Mithila.

The Karnatas established their rule in Mithila at a time when the conflict between Vedic and Buddhist systems had been set at rest by the assimilation of Buddhism in neo-Hinduism and the territorial division of castes had crystallised. New social values were being recognised and the old order was yielding place to the new. Old laws were being adapted to suit the conditions of the time by giving them new interpretations. On the other hand, the Mohammedans were advancing gradually from the west and south-west, and the whole of Aryavarta was threatened with the onslaught of Moslem religious adventurism before which one state after the other succumbed with the result that, soon after the Karnatas settled themselves, the whole of Aryavrata passed into the hands of the fanatic and ruthless Mohammedans. The leaders of Maithil society under the enlightened and benevolent Karnatas used every stratagem to keep the Mohammedans away and set about consolidating their own social structure. A new norm, or pattern was planned and promulgated to regulate the entire social behaviour and personal discipline for each caste or group; and though drastic changes were introduced in every sphere of life, these changes were brought about by giving new interpretations to the old rules, so that the whole process seemed outwardly evolutionary rather than revolutionary. Continuity with the past was thus maintained unimpaired, though sometimes only in name.

Vidyapati with the hereditary surname Thakur, which signified possession of landed property, was born in a family of Maithil Brahmanas belonging to Kashyap Gotra of the Madhyandina Sakha of Shukla Yajurveda. The family had its origin at Bisapi, still a prosperous village some 16 miles North-West of Darbhanga and resided at the same village when Vidyapati was born, on account of which the family is known as Bisaibar Bisapi. This was family of scholar-statesmen, noted in Mithila for culture in sacred literature and occupying posts of great trust and responsibility at the court of the Karnata Kings. Sixth in ascent from Vidyapati was Karmaditya who seems to have joined the court as minister, and his son Devaditya, grandson Vireshwara and great-grandson Chandeshwara held the post of minister of peace and war. Another son of Devaditya, Ganeshwara, was the minister and presided over the council of the feudatory rulers, Mahasamantadhipati, and was the chief of feudatories with the high-sounding title of Maharajadhiraja. Vidyapati records tales of both Vireshwara and Ganeshwara in his *Purusapariksa*, and of the latter he tells how he was renowned all over India for his wisdom. The brother of Devaditya, called Bhavaditya, was a courtier and the brothers and half-brothers of Vireshwara held high offices, such as the keeper of Treasury, in charge of the Transfer Department, Keeper of the Seal, etc. Vireshwara composed a Paddhati or manual of rituals for Chhandogas or the followers of Sama Veda, and Ramadatta, the son of his third brother Ganeshwara, for the Vajasaneyins or the followers of Shukla Yajurveda and these Paddhatis govern all the rites in Mithila up to the present time. Ganeshwara is the author of many Smriti works including *Sugati-Sopana* which regulates the Sraddha rites of a large section of the Brahmanas in Mithila up to our own time. The greatest, however, in scholarship was Chandeshwara, the son of Vireshwara. He is the author of the Dharma or Smriti digest called *Ratnakara* divided in seven sections. It deals with law and ritulas and has been the ruling authority among the people of Mithila for the last six centuries. Over and above these seven Ratnakaras, Chandeshwara compiled his *Raja-Niti-Ratnakara* to lend support to the noiabaras who failed at first to receive recognition from the people of Mithila because they owed allegiance to their Delhi overlords and also because, being Brahmanas, they could not take the sacrament of Coronation. On these points as on others Chandeshwara expressed his views with a wonderful realisation of new and hard facts under the changed conditions and thereby laid the foundation of a new society which has survived to our own times through all the stresses and strains of the ages. And Chandeshwara was only one of the band of scholar-statesmen, though, perhaps, the most respected, who moulded the life of the land during this period of renaissance. Vidyapati was the rarest genius of this age of awakening who is immortal as the singer of eternal love but who is no less memorable for the fullness of his personality as man and as statesman.

(3)

Such were the times of great social and intellectual re-awakening in Mithila when Vidyapati was born and such the family of leaders of that cultural resurgence of which he was, indeed, a worthy scion. Connected most intimately with the newly established ruling family of the Oinabaras, he was all along his long life conspicuously attached to the court of the Oinabara kings and served with great distinction as many as seven Rajas covering four generations of the Oinabaras. He was the most representative writer of his time and the life that he lived and the works that he did were shaped by the course of events in the Oinabara Courts. The history of the Oinabaras, however, is not well known even in Mithila. It will, therefore, be convenient to relate here briefly the history of the Oinabara rulers of Mithila in the light of which Vidyapati's life and works can be better understood.

After the Karnata rule of Mithila had come to an end with the defeat of Harisinghadeva in A. D. 1323, although the Raj was handed over to Kameshwara Thakur, for some time the Oinabaras were not recognised as the rightful kings. Kameshwara was succeeded by his eldest son Bhogishwara, but his youngest brother Bhava Singha challenged his authority and got the Raj partitioned.

Consequently there was antagonism between these two branches. Bhogishwara was short-lived and was succeeded by his son, Ganeshwara, but in the L. Sam. year 252 he was assassinated treacherously through the machinations of the children of Bhava Singha. The sons of Ganeshwara, Vira Singha and Kirti Singha, fled away, and having wandered far and wide, managed at length to move Ibrahim Shah of Jaunpur to avenge their father's murder and restore them to their rightful possession. Bhava Singha, in the meantime, took possession of the entire Raj, got himself acknowledged the Raja Tirhut with the active support of the grand old man, Chandeshwara, and assumed the title 'Singha' as the insignia of royalty. In the traditional history of Mithila, Bhava Singha is regarded as the first Raja of the Oinabara dynasty.

Bhava Singha was succeeded by his son Deva Singha but he was so very much disgusted with the state of things arising out of the family feud that he handed over the Raj to his son, Shiva Singha, who was then only 16 years of age and went away forever to far off Naimisaranya, modern Nimsar near Kanpur, to live a retired life, Shiva Singha proved himself a very noble prince, powerful and popular, assumed independence, and fought many battles with the Mohammedan Nawabs, both of Bengal and Patna. Deva Singha died in the L. Sam. year 293 and then Shiva Singha became a full-fledged Raja but he could reign for only three years and a half. In the winter of L. Sam. year 296-297 he had to fight, most probably, with Ibrahim Shah of Jaunpur who had reached Tirhut with Kirti Singha to avenge Ganeshwara's assassination. In this battle Shiva Singha was defeated, but he was not found either alive or dead. The victorious Nawab was, however, pleased to leave Tirhut undisturbed with the renewed oath of allegiance of the Raja to the House of Jaunpur instead of to the Emperor of Delhi but the wives of Shiva Singha went into voluntary exile to live under the protection of Puraditya, the Chief of Saptari, now in Nepal, to wait for 12 years for any news of the lost Raja, after which only his funeral rites could be performed under the Sastras. Tirhut was ruled in the meantime by Padma Singha, the younger brother of Shiva Singha, and after his death, by his wife, Viswasa Devi. When in L. Sam. year 309, the last rites of Shiva Singha were performed and his wife became Sati, the Raj devolved upon the next male heir of the Raja and the reversioner happened to be the old Hara Singha, the youngest son of Bhava Singha by another wife. He was succeeded by his son, Nara Singha, but there was once again a conflict for the Raj. Nara Singha was succeeded by his eldest son Dhira Singha, but after him the Raj went to his younger brother, Bhairava Singha, and not to his son. Vidyapati died sometime about L. Sam. year 330, a little more than 32 years after the disappearance of Shiva Singha when Dhira Singha was the Raja of Tirhut.

We do not know exactly when Vidyapati was born but it is said that he was two years older than Shiva Singha who was fifty years of age when his father died and he became the Raja in his Won right on the sixth day of the dark half of Chaitra which was a Thursday in the L. Sam. year 293, corresponding to Saka year 1324, i.e., A. D. 1402. It follows, therefrom, that Vidyapati was born in A. D. 1350 or thereabout, some 27 years after the fall of the Karnata dynasty and within 25 years from the composition of *Varnaratnakara* by Jyotirishvara Thakur. Vidyapati was, therefore, a boy of ten years or so when Ganeshwara was treacherously assassinated and Bhava Singha came in possession of the entire Raj of Tirhut. It would, therefore, appear that Vidyapati was born while Chandeshwara, who was the first cousin of his grandfather, was still alive.

Vidyapati was the great-grandson of Dhireshwara who has been known as a Maha-Varttika-Naibandhika, though none of his works is now available. Dhireshwara was the brother of Vireshwara (father of Chandeshwara) and of Ganeshwara, who was the proverbially wise minister of the last Karnata king. There are anecdotes about both Vireshwara and Ganeshwara in the *Purusapariksa.* Dhireshwara's son was Jayadatta and Jayadatta's son Ganapati was the father of our poet.

On the sameness of names it has been held by many that Kavisekhara Jyotirishwara, the author of *Varnaratnakara*, who was the son of Dhireshwara, was the brother of Jayadatta whose grandson Vidyapati was. This is, however, a mistake because Jyotirishwara's father Dhireshwara was the son of Rameshwara while Vidyapati's great-grandfather Dhireshwara was the son of Devaditya and also because Jyotirishwara belonged to Vatsya Gotra while Vidyapati belonged to Kashyapa. Similarly Vidyapati's father, Ganapati, has been identified with Ganapati, the author of *Ganga-Bhakti-Tarangini*, but this too is a mistake. Vidyapati's father Ganapati was the son of Jayadatta while the author of *Ganga-Bhakti-Tarangini* calls himself the son of Dhireshwara. Even Vidyapati has been a common name in Mithila and there have been many Vidyapatis, some with even the same surname Thakur, who have composed works that have come down to us. In any study of Vidyapati, therefore, we must not be led away by the mere name Vidyapati to hold him the great poet of that name unless the evidence is unassailable. This is always full of hazard and, if not heeded, will result in identifications as absurd as the identification of his father with the author of *Ganga-Bhakti-Tarangini* or of the author of *Varnaratnakara* with the brother of his grandfather.

Vidyapati was born in the village of Bisapi, the ancestral home of the family as far back as they could remember, with the result that in the new set-up of social re-organisation Bisapi had been accepted as the place of the family's origin on account of which they were called Bisaibaras. Vidyapati lived at Bisapi all his life. and when Shiva Singha ascended the throne, it was this village Bisapi with the grant of which the Raja rewarded the poet for his conspicuous services to the throne. The descendants of Vidyapati continued to live at Bisapi enjoying its free gift till they migrated some 300 years ago to Sauratha, a village near Madhubani, where they still flourish. The village continued to be in the possession of the family till the advent of the British.

This village Bisapi has been called Garha or a fort which is a sure indication of the fact that, having been the seat of one of the most influential families of statesmen for many generations, this village was politically very important, and as these statesmen were all scholars of the first rank, the village was conspicuous in the cultural life of the land. The title of the family, which is Thakur, also points to the same fact because Thakur implies possession of landed property and this becomes all the more clear when we remember that at least one of the members of the family, Ganeshwara, has been known all the time as Maha-Samantadhipati.

Born in a family that was closely connected with the court of the Tirhut Rajas, Vidyapati must have found an easy entrance into the circle of the newly established royal household and played even as a child with the many princes of the same age such as Kirti Singha, Shiva Singha, Padma Singha and Hara Singha who all played important roles in the history of Tirhut during the first century of the Oinabara rule of the land. But of all the princes Vidyapati was drawn specially towards Shiva Singha of whom he became a faithful friend, sincere adviser constant companion and reliable officer. Their association has been a unique feature of the history of the period, specially the literary history of the land, because it was under the liberal patronage and inspiring admiration of Shiva Singha that the genius of Vidyapati found its finest flowering.

We do not know anything about the course and extent of Vidyapati's learning as a student. Traditionally he is known to have read for some time with the renowned teacher Hari Mishra who was the uncle and also the teacher of the renowned Naiyayika of the time, Jayadeva Mishra, popularly known as Paksadhara who has immortalised his uncle Guru in his *Aloka*, the famous gloss on the *Tattva Chintamani* of Gangesha. But Vidyapati does not seem to have spent much time over his studies under a Guru because we find him at Naimisaranya in the entourage of Deva Singha who had retired there to in about A. D. 1368, leaving his young son, Shiva Singha, to rule as his Regent. It was here at Naimisaranya that Vidyapati wrote his first authentic work, *Bhuparikrama*, a work in Sanskrit prose and verse cast in a Pauranika mould, describing the route from Naimisaranya to Tirhut and interspersed with eight tales with an introduction which we find reproduced exactly in *Purusapariksa. Bhuparikrama* promises to describe sixty-five countries and tell sixty-five tales but it does not go beyond the first chapter which describes only eight countries and tells only eight tales. Since these tales are told exactly in the same words in the later work *Purusapariksa*, of course without the Pauranika framework and the topography of the countries between Naimisaranya and Tirhut, it is clear that the plan of *Bhuparikrama* was given up because he did not have the opportunity for travel further to describe the countries or to live longer at Naimisaranya to complete the plan. He was soon recalled to Tirhut to join the court of Shiva Singha and plunge head-long into the politics of the time as the confidential courtier of the young prince.

But what Vidyapati learnt under a Guru was only a small part of his education. It was an age of profound learning all over Mithila and people from all parts of Aryavarta used to come over here to receive specialised training in the different disciplines of Sanskrit lore. The mind of a creative artist like Vidyapati could not be kept confined within the narrow grooves of a particular system. With a sharp intellect and receptive mind he learnt more from the world around him than from the world of letters. His very home was a centre of light and learning and scholars from all over the counttry flocked there to discuss Sastras or Dharma, statecraft or social values, and it appears Vidyapati inhaled learning in the very air that he breathed at home. In fact, he could learn many things without an effort in that enlightened atmosphere that others could hope to do with diligence under competent Gurus. Moreover, his mind was too quick and inquisitive, searching and receptive to stick to one point and concentrate there. His interests were wide and all embracing;

his outlook on life was liberal. As soon as he had acquired the necessary training in the rudiments of the Sastras to give him the power of comprehension of the Sastric lore. he gave up the rigours of a regular student's life and went to adopt the hereditary profession of his illustrious family and dedicated his services to the cause of his land and its people.

But his learning did not cease with his student's life. All through his life he continued a voracious reader and from the quotations in the works of his old age, one is struck with admiration and wonder how very minutely he had read the Mahabharata, the Ramayana, the Puranas, the Agamas and Tantras, the Dharmasastras and Nibandhas, besides poetry and drama from which echoes can be heard in his lyrical songs every now and then. He held, moreover, the office of Raj Pandit in the court of Shiva Singha which brought him in close contact with all the scholars who came to the court. With a quick mind and retentive memory, he remembered whatever he read and retained whatever he heard and he used them with advantage whenever he required them. Vidyapati was, therefore, a scholar of wide erudition rather than of deep learning. In an age when specialisation was the mark of scholarship, Vidyapati was characterised by liberal versatility rather than by specialised mastery of any particular lore.

And much more than reading, Vidyapati had a passion for writing. In his *Kirtilata*, Vidyapati says : 'How can the creeper of renown spread out to the region of the three worlds if a platform is not constructed with poles of letters.' He saw that his illustrious forefathers, though busy as statesmen, were nonetheless famous authors and he was, therefore, fired with an ambition for authorship from his early adolescence. In perfect keeping with the tradition of the house of Chandeshvara, he commenced writing in Sanskrit over which he had a wonderful command even at an early age, and before he was twenty he planned an ambitious work in the orthodox Pauranika style, his *Bhuparikrama*, which is a strange admixture of topography and moral tales exemplifying his ideal of Man. But even before *Bhuparikrama*, Vidyapati seems to have tried his hand on a drama, *Manimanjari* by name, which is very crude in its worksmanship but contatins echoes of *Abhijnana Sakuntalam, Uttara-Rama-Charitam* and *Ratnavali* and shows at the same time a wonderful insight into the working of a woman's heart which is a sure index of Vidyapati's love poetry. Thus, from his early youth, he continued writing till the last days of his life. His last work *Durga-Bhakti-Tarangini* mentions Dhira Singha reigning when he must have been well over eighty years of age. Even if we leave aside the songs, of which he composed more than a thousand at the least, there are a dozen works which will do credit even to a life dedicated to writing alone. But Vidyapati was not a mere author; he was a man of very wide interests, busy for the best part of his life with the politics of his time. It is clear, therefore, that what he wrote in the Kirtilata of constructing poles of letters for the platform for the creeper of renown to spread out was but a statement of his personal ambition, and that he wrote for the very love of renown, which he did achieve in more than an ample measure even while he was alive and ever since his death.

Vidyapati joined the court of the Oinabaras during the time of Deva Singha or even before, and was at Naimisaranya with Deva Singha but he was recalled to Tirhut when Shiva Singha was consolidating his power in about A.D 1370. Since then to the last days of Shiva Singha, he remained constantly with the prince and served him conspicuously with utmost devotion and loyalty as a faithful friend and wise counsellor. Officially he held the post of the Raj Pandit charged with the responsibility to deal with Pandits, to receive them, to look after them, to arrange for their rewards and gifts, etc. but he was actually the intimate friend and faithful counsellor of the Raja, his constant companion and trusted officer. He enjoyed the fullest confidence of the Raja and rendered implicit obedience to him. It is said that once when Shiva Singha was arrested for non-payment of revenue, it was Vidyapati who with Amritakara, the young son of the Diwan, pleased the Nawab with their poetry so very immensely that the Raja was not only released but honoured profusely for his patronage of such eminent poets and decorated Vidyapati with the title Kavisekhara. When Shiva Singha ascended the throne, he rewarded Vidyapati with the grant of his native village and the distinguished title of Abhinava Jayadeva. When going to fight the battle from which he never returned, Shiva Singha entrusted Vidyapati with the care of all his six wives and charged him with their safety and protection. Such was the confidence of the Raja that the poet enjoyed and which he so richly deserved.

Vidyapati was thus in the court of Shiva Singha for about 36 years. In the annals of Mithila, there has not been a more glorious king, puissant but benevolent, strong but popular, and there is a saying common in Mithila[1]:

> There is only one tank, Rajokhar; all else are ditches; there was only one king, Shiva Singha; all else were mere lads.

In the last verse of *Kirtipataka*, Vidyapati says that ladies in every household in every city in every direction sing the glory of Shiva Singha arising out of his victory on the fields of battle. In the last verse of *Purusapariksa*, Vidyapati says that Shiva Singha was victorious in his battles with the lords of Gajjan and Gaura, meaning thereby the forces both of Delhi and Bengal. It appears, therefore, that though in the early years, Shiva Singha was obliged to pay tribute to the Emperor of Delhi direct or through the Governor of Bihar, he came gradually to defy the authority of the overlord, stopped paying tribute, assumed independence and struck his own coins. As a result of all this he had to fight many battles where he was generally victorious. It is perhaps one of these victories which has been eulogised by Vidyapati in his Kirtipataka. It was, however, in one of these encounters that Shiva Singha met his end, just as Hari Singha

---

1. Poshari Rajoshari aar sab poshara
   Raja Shivai Simha aar sab chhokara.

of the Karnatas met his end on account of his intrepid qualities. Fighting, specially with the Mohammedan invaders, had never been the policy of Mithila's statesmen. They had succeeded so long to stem the tide of their advance only with the policy of appeasement. But Hari Singha of the Karnatas and Shiva Singha of the Oinabaras chose to fight them on account of thier prowess and impetuosity, and both had to fall down before the overwhelming forces of the invaders.

Vidyapati has described the character of Shiva Singha variously in glowing terms, bordering almost on adulation. At the end of the third chapter of the *Purusapariksa*, there are two verses in which Shiva Singha has been compared with Lord Vishnu and Lord Siva, not only in personal appearance, but also in their special characteristics, and Vidyapati says that "rare indeed is the union of all three, of perspicacity, heroism and expert knowledge. In the whole universe, but three persons possess them all", the two gods Vishnu and Siva, and one human being Raja Shiva Singha, Rupanarayana. In the tale[1] of the Discerning Amoroso (Vidagdh Katha), Vidyapati says that Shiva Singha was a discerning lover both of poetry and women like the proverbial Raja Bhoja. This idea occurs again and again in his songs. He is called a cupid on earth[2], a discerning lover of beauty[3], an artist among kings[4] and a liberal patron of arts and letters.[5] Vidyapati goes so far as to call him the eleventh incarnation of Lord Vishnu[6] and a dispenser of love like Krishna.[7] It is, indeed, a fact that Shiva Singha gave the poet everything that made his life full and happy but the poet had, on his part, done all to make him immortal in his many works, specially in

1. *Purusapariksa*, Tale No. 39.
2. Songs Nos. 50, 245, 343, 500, 608.
3. Nos. 240, 504.
4. Nos. 122, 243, 294, 343, 364.
5. Nos. 20, 245, 330.
6. Nos. 250, 737.
7. Nos. 75, 240, 600, 767. All these numbers here and hereafter are from the Devanagari edition of *Vidyapati's Padavali* by N. Gupta (1910) unless otherwise indicated.

his songs, all over the land through these centuries. In tale No. 26 of the third chapter of *Purusapariksa*, Vidyapati describes very feelingly the relation between a poet and a patron and says that it is only in the words of a poet that the name of a king is remembered through the ages.

From 1370 to 1406 (from the age of 20 till he was fifty-six), in other words throughout the period of his manhood, Vidyapati lived with Shiva Singha and enjoyed life to the full. Like a true genius of the renaissance he was most progressive in his views, saw far ahead of his time and had the courage of his convictions to pursue the ideals in a form that would appeal to the men and women, not only of his own time, but of all time. He ejnoyed the confidence of a king like Shiva Singha and under his liberal patronage, he pursued his ideals in all spheres of life in a manner which seems amazing and evokes our admiration.

(4)

During this period Vidyapati composed most of the songs which have made him immortal and wrote four works, *Kirtipataka* and *Kirtilata* in Abahatta, *Purusapariksa* in Sanskrit prose and verse, and a drama in Sanskrit and Prakrita, *Goraksavijaya* by name, in which he introduced an innovation by providing songs in Maithili, as Kalidasa had provided dance-songs in the fourth Act of his *Vikramorvasiya* in Apabhramsa. If we analyse all these works of his manhood, including the bulk of his love songs, we shall find that there is a point of view running through all of them and that is the "idealisation of 'Real Man', with all the marks of a man, as distinguished from a 'Man shape', a mere brute without only the tail"[1] Easy enough it is to find a being in the shape of a man," says Vidyapati, "but a real man is rare."[2] "A man is a man if he possesses

1. *Purusapariksa*, I.9.
2. Ibid, I. 8.

manliness but not simply because he is born in the shape of a man. We call cloud the *Falad* or giver of rain only if it gives rain; otherwise it is only a heap of smoke."[1] Even in his love songs the damsels love pine for 'real man', *Supurusha* as he calls them.

Of a real man, Vidyapati recounts three marks, heroism which consists in valour with discretion and energy, intelligence or good wit and specialised skill; and a real man is one who has attained the four objects of life, namely, righteousness, worldly prosperity, sexual satisfaction and salvation. It would, thus, appear that Vidyapati believed in the balanced growth of the full personality of man. Like a true child of the renaissance, he advocated enjoyment of life in full, and his outlook on life was broad enough to include every aspect of it, balanced properly without undue emphasis on one at the expense of the other. This was, indeed, the life that he himself lived. This emphasis on a balanced life seems to have gripped his mind from the very beginning. The very first work that he composed, *Bhuparikrama*, has 'the test of man' as the main thesis and the last work of this period, *Kirtilata*, is an exposition of a 'real man' only.

But in all this Vidyapati followed in the footsteps of his own forefathers. Though eminent scholars and writers, they were preeminently statesmen and all their efforts were directed towards forging a bond of unity among the different sectors of society, so that Mithila might emerge as a nation to withstand the mohammedan subjugation. They built up a new society on foundations so strong that it assumed the leadership of North-Eastern India in matters cultural, and at home it continues, though in a tottering state, up to our own times. And their statemanship lay in their loyalty, not so much to the throne of the Raj of Tirhut, as to the land of Mithila and its people. Through successive generations, they built up the social re-organisation in a planned way and Vidyapati was, indeed, the last of them and the most talented, the rarest genius that Mithila produced during that age of renaissance.

---

1. *Kirtilata*, I. 12.

Vidyapati lays so strong a stress on personal character and extols the fullness of personality because, if society is made up of real men, they will raise society along with themselves. It is something which is within easy reach of every individual, whatever his station in society may be. In the introduction to the fourth chapter of *Purusapariksa,* Vidyapati says, "Follow thou only the path that hath come down in the tradition of the tribe in which by the decree of the almighty thou hast been born." If, therefore, society is made up of 'real men' and there is a strong bond to hold together all the individual of the society irrespective of caste and creed, sex and age, etc. the social organisation will stand out as one nation which can face any aggression from outside without deviating from the path laid down for the fullest enjoyment of life. And what can be more cementing a factor to bind together all the people living in the land irrespective of all the distinctions of birth and acquirements than the language spoken in the land ? Vidyapati took up the language actually spoken in Mithila as the medium of his popular songs, and gave it a literary expressiveness as sweet and entrancing as could be found only in Sanskrit. Sanskrit which had till then been the language of the cultured was confined to a very small minority, the Pandit-class, and the unique pleasure that true poetry in Sanskrit gives was thus available only to that class. Vidyapati made that pleasure easy for everyone to enjoy and as we shall see later on the chose such topics for treatment in his songs which could appeal to the common men and women, including the lowest in society but not excluding the highest and the noblest. A common language has since those far-off days been recognised as the surest mark of nationhood and the adoption of the language of Mithila as the language of his popular songs was, indeed, the first and surest step to turn Mithila into a nation in the truest sense of the term. It is remarkable to note that even today, we of Mithila are recognised as a unit of society distinct from all the rest only on account of our language and that language owes its distinctness and graceful expressiveness to the lyrical outpourings of Vidyapati's poetic heart which had a ravishing effect on all who heard them and became at once the most popular form of literature not only in Mithila, but even abroad.

Vidyapati was, indeed, very progressive in his views and considering the age in which he lived we would call these views almost modern. He was a staunch protagonist of women's education. In cultured families girl's education received proper attention during that age and the ladies of the Oinabara kings' house-hold were learned. Shiva Singha's wife, Lakhima, Chandeshwara's wife of the same name, and Vidyapati's daughter-in-law, Chandrakala, were poetesses of repute. Vidyapati advocated this on a large scale and he composed *Purusapariksa* with the avowed purpose of providing a text-book "for the delectation of those ladies of the city who display a taste for the mirthful arts of the god of love." Imparting sex-education to ladies was one of the purposes of his love-lyrics. In one of his songs Vidyapati says that he wants to teach the qualities of a Nagari,[1] and a 'Nagari', though meaning etymologically a lady of the city, as Grierson translates it, has been used in Sanskrit literature, as also by Vidyapati, to connote a lady who is cultured in the art of love making.

About education in general Vidyapati held very decided views. In the opening verse of the 16th tale, which is the tale of an adept in arms, Vidyapati says that "by its very nature book-lore is inferior to lore of arms; for it is only when a kingdom has been made safe by arms that the thought of book lore prevails." Herein Vidyapati clearly advocates compulsory military training and we can admit at once how very urgent and essential this must have been during those days when the security of the land was under a constant threat of Mohammedan invasion, and Mithila had experienced for more than a thosuand years the evils of weak defence of the land.

In matters religious Vidyapati has been dubbed a sectarian, some calling him a devotee of Vishnu, others of Siva, but Vidyapati

---

1. *Nagaripan Kichhu Kahaba Chahaun,* No. 541.

held the most common sense view that "there is but one Almighty and naught is there in the worlds that has not been created by him[1]" and that "only in their names is their sublimity distinct."[2] In his songs also Vidyapati dismisses the idea of distinctness between Hara and Hari.[3] In the introduction to his *Saivasarvasvasara*, a work devoted to the worship of Lord Siva, Vidyapati quotes holy texts to uphold the view that there is no difference between Hara and Hari and that the devotion to one is as good as the devotion to the other. One is free to adore any one form of the Almighty and Vidyapati did adore the Siva-form, but it does not mean that he was disrespectful towards Hari or that he was hostile to His devotion.

Much has been made of the large number of songs that Vidyapati composed in devotion to Siva, but we must remember in this connection that Vidyapati composed songs in devotion not only to Siva but to Vishnu, Devi, Ganga and many other gods of the Hindu pantheon. It is true that Vidyapati was emotionally a devotee of the Almighty in the form of Siva but traditionally he was Panchadevopasaka, an adorer of the five deities, like every other Smarta Maithil. The reason why he composed so many songs devoted to Siva is simply the fact that of all the gods in Hindu pantheon Siva is the only one whose devotion and worship have been permitted by Sastras for every man and woman of whatever cast he or she may be, from a Brahmana down to the Chandala. Songs in devotion to Siva were therefore the only devotional songs that could appeal to the common men and women irrespective of caste or sex for whom Vidyapati composed these songs.

Vidyapati composed most of his songs during this period and as his fame now rests mainly in these songs, it will be dealt with separately later on. Of the four books composed during this period, all of which are original and creative, the earliest is *Kirtipataka*, a eulogistic poem in old Maithili or Abahatta, as it was then called,

1. *Purusapariksa.*, Chap. IV, V. 5.
2. ibid., Chap. IV, V. 10.
3. No. 6 of *Haragauri Padavali* in N. Gupta's edition.

recounting the victory of Shiva Singha over some Mohammedan whose name is not given in the manuscript avilable to us. Only one manuscript of this work on palm-leaves is known to exit in the Vira Library at Kathmandu in Nepal and was discovered by Mm. Haraprasad Sastri. It is too dilapidated, broken and incomplete and full of all sorts of obscurities and errors and the late Mahamahopadhyaya Sastri gave it up as worthless for the purposes of reconstruction. Recently an edition of this worthless manuscript has been published by Dr. Jayakant Mishra of Allahabad, but it is of little use. The pagination of the leaves is lost, but the last page is intact and from this it is clear that this is a work of Vidyapati on Shiva Singha's victory but in the body of the MS., there are two introductions, including the benedictory verses. From one it appears to have been the work of Bhishma who was a poet of renown of the later Oinabara days, and from the other it seems to have been a love poem composed for the delectation of Arjuna by Abhinava Jayadeva which is a well-known title of Vidyapati. This cannot be Kirtipataka, which is a poem of valour and not of love. It appears therefore that in this bundle the leaves of three different MSS., all in old Maithili, have been mixed up, which in the absence of pagination can not be separated. One of them is a poem of Bhishma; another a love-poem by Vidyapati for Arjuna Raya; and the third is th *Kirtipataka*, of which the first leaf is not there but only the last leaf is clear at the end of the bundle, which has led everyone to suppose that the entire bundle is one manuscript, that of *Kirtipataka*. No work of Bhishma has ever been known nor a love-poem of Vidyapati for the sake of Arjuna Raya.

The second work is *Purusapariksa* which together with *Goraksavijaya* was composed when Shiva Singha was the reigning king. To understand Vidyapati the man, this work is of inestimable value and reflects the spirit of the age also. It was planned quite early, taken up when he commenced writing, and completed when he was mature in his judgement, firm in his convictions and reputed as a writer of extraordinary eminence. In the introduction to this work, which endeed was not there in *Bhuparikrama,* Vidyapati says that he undertakes the preparation of these tales "with a view to the moral instruction of boys of immature understanding and for the delectation of those ladies of the city who display a taste for the mirthful arts of the god of love" (verse 3) and goes on to ask if "the wise man whose intellect has been made clear by skill in learning will not hearken to my work on account of the moral instruction contained therein and of the elegant language in which these tales are couched." These tales are thus of the same category as the tales in the *Panchatantra* or the *Hitopadesa* with only this difference that in the latter works, the tales are fables or legendary stories while in the work of Vidyapati the tales are all anecdotes which had actually happened or at least believed to have happened. There are altogether forty-four tales in the *Purusapariksa* divided into four chapters and the eight tales of the first chapter have been reproduced verbatim from the earlier work, *Bhuparikrama*. Some of them are, indeed, historical and even the tales involving miracles are such as were matters of common belief. The book was translated into Bengali by one H. P. Raya at Serampore in 1815 and another edition by Sir G. Haughton issued in London in 1826. It was prescribed as a text-book for entrants into the service of the East India Company at the College of Fort William.

And *Purusapariksa* is remarkable for the simplicity and elegance of its language. There was a gap of at least twenty years, if not more. between *Bhuparikrama* and *Purusapariksá*, but there is very little in the style of the entire work to show that the first part of the *Purusapariksa* was the first authentic work of his youth issued in the form of *Bhuparikrama* while the rest of the work was composed during the years of his maturity. This shows his command over Sanskrit expression which was, indeed, inborn. There are many forms in this work which do not conform to Panini's grammar and the work is full of Maithilisms. they, however, help to simplify the language without any loss to its expressiveness. All this leads one to believe that Vidyapati made an attempt in this work to create a common Sanskrit, easy and simple but vigorous and elegant, by the popularisation of which a new style of Sanskrit might come into vogue which could be easily grasped by the common men and women desirous to learn the language without much effort. Had Vidyapati's example been followed, we would have had a common Sanskrit language peculiar to Mithila but in this as in his other views, Vidyapati was much ahead of his time and during the stage of degeneration which followed soon after the death of Vidyapati, the cultural life of the land fell into the hands of the orthodox Pandit class and Vidyapati was ridiculed, his attempts at modernisation decried, his original contributions ignored except in one matter, namely the tradition of lyrical songs in Maithili which came to stay for ever in the tongues of lakhs of Maithil women throughout these six centuries.

Goraksavijaya Nataka was also composed while Shiva Singha was ruling. It is a small drama which could be easily staged. There were many small dramas in Sanskrit written during this age for staging and the comic Prahasana, Gauri-Digambara, by Sankara Mishra is perhaps the most famous of them. But Vidyapati introduced an innovation there also, and if followed in the spirit in which it was introduced by Vidyapati, Maithili would have been the modern Indian language to have established a genuine tradition in drama as it is the first to have lyrical songs. Vidyapati introduced songs in Maithili in a drama in Sanskrit and Prakrit prose and verse. The next step would have been the writing of the complete drama in Maithili, as was done by Sankaradeva and his disciple Madhavadeva in Assam or the long line of poets in the different courts of the Malla Kings of Nepal. Vidyapati, however, could not go further, probably because, with the disappearance of Shiva Singha and the sudden change in his fortune, the very source of his inspiration dried up and his creative genius was rendered infructuous. His successors in Mithila kept up the tradition and went on imitating him but just in the form in which the master had done it. Quite a large number of such dramas were produced during the succeeding centuries but in all these dramas only the songs are in Maithili. A genuine Maithili drama was written in Mithila only in the early years of this century.

The last work of this period and the most controversial of all Vidyapati's works is *Kirtilata.* It is a work in old Maithili or Abahatta prose and verse and purports to be an historical account of the early days of Oinabara rule in Mithila, how Kirti Singha avenged his father's assassination with the help of Ibrahim Shah, the Sharki Nawab of Jaunpur. The account given in *Kirtilata,* however, runs counter to the course of events otherwise known. The assassination of Ganeshwara took place in the L. Sam. year 252 which according to Kielhorn's calculation was A. D. 1371 but according to Vidyapati (who says that Shiva Singha's accession to the throne took place in L. Sam. 293 corresponding to the Saka year 1324) this seems to have happened in A. D. 1361. But even supposing that Ganeshwara was treacherously murdered in A. D. 1371 there was a gap of more than thirty years before Ibrahim Shah became the Nawab of Jaunpur. These years are described in Kirtilata as a period of chaos and anarchy in Mithila but we know that these were the days when Shiva Singha was ruling over Mithila and there was peace and prosperity all around under his strong rule.

The theme of *Kirtilata* is the glorification of Kriti Singha who proved himself 'a real man' by his patience and perseverance, valour and determination, but in reality the poem is an eulogy of Ibrahim Shah who has been exalted beyond measure and raised almost to the sky as the most powerful Nawab and greatest conqueror of his time. As a poem *Kirtilata* lacks those excellences which characterise Vidyapati's poetry and has, therefore, been taken to be a work of his early years but as it could not have been composed before Ibrahim Shah was the Nawab of Jaunpur in A. D. 1400 when Vidyapati must have been fifty years old, this explanation is contradicted by history. Linguistically, *Kirtilata* is obscure in places, partly because the only manuscript from which the different editions of this work have been published is full of errors and obscurities, but partly because it is a mixture of Prakrit and Apabhramsa with purely Maithili words and phrases, sometimes sentences, and interspersed with Persian and Arabic terms specially where the Mohammedan court and army are described. Five different editions of the work have been published and eminent scholars have studied it and given their own views about it. It is not possible to enter into the controversy in any detail here. I have explained my own views at great length in the introduction to my edition of the work and give here below what I feel about it.

It is a fact that Ibrahim Shah invaded Tirhut soon after he ascended the throne when Shiva Singha was the Raja here. It is also a fact that Shiva Singha suffered defeat within four years of ascending the Gaddi, exactly three years nine months after, in the winter of 1405-06. It is, however, not known either from history or tradition by whom Shiva Singha was defeated or why and against whom Ibrahim Shah invaded Mithila. But Ibrahim's invasion and Shiva Singha's fall seem to have happened at about the same time and as Shiva Singha was in possession of the Raj which was claimed by Kirti Singha as his patrimony, it is just possible that Ibrahim attacked Shiva Singha to help Kirti Singha and Shiva Singha was worsted in the battle. If that be the fact, Mithila must have been exposed to the danger of being annexed to the kingdom of Jaunpur and devastated by the victorious army. But Mithila was not annexed and we have evidence to believe that Shiva Singha was succeeded by his brother Padma Singha. Ibrahim Shah was a great patron of arts and letters and the fame of Vidyapati as the creator of Siva-songs called Nachari had reached Jaunpur of Ibrahim Shah.[1] I therefore feel that *Kirtilata* was composed by Vidyapati on the disappearance of Shiva Singha, and with this he approached the Nawab, pleased him and saved Mithila from devastation and annexation consequent upon Shiva Singha's defeat.

It must have been very galling to the poet to have to praise a Sultan who had caused the downfall of his patron-friend and put an

1. Search Report for 1944-46 of Kashi Nagari Pracharini Sabha. *vide, Haricharitra*, Virata Parva of Lakhan Seni.

end to all the dreams of his life, but the astute statesman that he was, his first loyalty was to the land and its people for whose sake he had to suppress his personal feelings and use his talents to save Mithila as he had used his talents to save Shiva Singha once before when he had been arrested for nonpayment of revenue. In this light, all the problems of *Kirtilata* are solved. This explains why the poems is full of flattery and imaginary descriptions, avoids scrupulously any reference to Shiva Singha and makes the hired assassin of Kirti Singha's father the target of the Sultan's attack. This accounts also for the large number of Persian and Arabic terms and the absence of those qualities which characterise Vidyapati's poetry, because in the state of anguish at the fall of his patron-friend no poet can be expected to produce a better work. According to this hypothesis *Kirtilata* was composed sometime in early summer of 1406. It is at best an historical romance in which only the basic fact is historical, and was composed to flatter a Mohammedan conqueror.

(5)

The defeat of Shiva Singha and his disappearance in early 1406 changed entirely the course of Vidyapati's life. He lost the light of his life and the source of all inspiration. All his dreams vanished with the Raja at once. The anguish of his heart was all the more gnawing because nothing was heard of the Raja either dead or alive. So completely the Raja relied upon him, so much confidence he had in his character, so implicit was his trust in his integrity and prudence, that when he started for the last battle, he entrusted all his six wives to Vidyapati to look after them, and since not even the dead body of the Raja was found, they had to wait for 12 years before his last rites could be performed according to the Sastras. For fear of molestation by the victorious army, Vidyapati sent them to a friend and ally of Shiva Singha, the Dronabara Raja of Saptari, Puraditya, at Rajabanauli now in Nepal Tarai, and followed himself, soon after the affairs of the State in Mithila were settled, to live a life of voluntary exile, looking after the six Ranis, all waiting for the news of the lost Raja for twelve long years.

These years of voluntary exile at Rajabanauli were the darkest period of Vidyapati's life. There was nothing before him except frustration and disillusionment. The creative genius was dead and poetry given up. He wrote a small treatise, of course in Sanskrit, on the forms of letters, documents, etc. for the Raja of Saptari and this *Likhanavali* is the only work of the poet written during this period. The dates given in the forms are all of them L. Sam. 299 which shows that the work was compiled during that year. The book has been published, and the letters and other documents throw much light on the life of the time, social, political, economic and commercial.

At Rajabanauli Vidyapati had nothing to do, and he read extensively the *Ramayana*, the *Mahabharata*, the *Puranas*, etc. Brooding all the time that it was probably as a punishment for the sacrilege he had committed in praising Shiva Singha and his amours as those of Lord Krishna that he had to lose him, Vidyapati began copying Srimad Bhagavata, the sacred text of the Vaishnavas of the Krishna cult, which he completed on the 15th day of the bright half of the month of Sravana in L. Sam. 309, which was a Tuesday, at Rajabanauli, just when the period of waiting was expiring. It is written on 576 leaves of the palm-tree, each leaf 27 inches long and five inches broad, with five lines on each page and 112 letters in a line in excellent letters, very legible, with only a few scratches or errors corrected, which shows the care and concentration Vidyapati bestowed upon it. The whole manuscript is safely preserved in the library of the Sanskrit University at Darbhanga and is worth seeing. This is the only autograph of the poet available so far.

On the expiry of this painful waiting for 12 years, the last rites of Shiva Singha were performed and though nothing was known as to what became of the other Ranis, Lakhima is said to have burnt herself on the funeral pyre where the body of the Raja made of Kusa grass was burnt. Relieved of the trust reposed in him by the departed Raja, Vidyapati returned home a changed man, sad and old, approaching the Biblical limit of three score years and ten. Viswasa Devi, the first wife of Padma Singha, Shiva Singha's younger brother, was the ruler of Mithila at the time. Scholar have said[1] that after Shiva Singha, Lakhima, his widow, ruled for 12 years, and then Padma Singha and Viswaṣa Devi for thirteen. It is, however, a mistake of duplication. As Shiva Singha was not declared dead for 12 years, the question of succession did not arise. Shiva Singha had no issue nor had Padma Singha any. Legally Lakhima, his widow, was his regent to rule in his absence but she lived at Rajabanauli and did not come back to Mithila. She appointed her husband's younger brother to rule in her stead. Padma Singha died soon afterwards and in his place his wife, Viswasa Devi, held the reins of government. But a woman could not hold the throne as the ruler, and therefore, after the last rites of the deceased Raja were over, the question of succession arose and the next reversioner happened to be Hara Singha, the youngest son of Bhava Singha. But it is doubtful if he was alive at the time, in which case his son, Nara Singha succeeded Shiva Singha as the next male heir. Any way, the period of waiting for 12 years has been assigned separately both to Lakhima and to Padma Singha and Viswasa. It may be interesting to note here that beginning from Deva Singha every ruling Raja of the Oinabara dynasty assumed a *Viruda* or title on ascending the throne. Deva Singha was Garudana-rayana. Shiva Singha was Rupanarayana, Narasingha was Darpanarayana and so on. No such *Viruda* is available for Padma Singha which shows that he was only a regent and not a full-fledged Raja, nor is it available for Hara Singha and therefore, it is doubtful if he was alive when the question of succession opened after Shiva Singha was declared dead.

Vidyapati was, however, a man of action and did not shirk the duties of life. He joined the court of the Raja of Tirhut and for a

1. Grierson, G. A., *The Test of a Man,* introduction, p. xii.

little over 20 years that he lived after his return, he attended the court of three kings, Hara Singha, his son Narasingha and his son Dhira Singha. He compiled as many as seven works for four royal persons, two for Viswasa Devi, one for Narasingha, one for his wife Dhiramati, and the last one for Dhira Singha. They are all of them Smriti works, all in Sanskrit, all compilations and not even one original creative work. It appears, therefore, that he joined the court indeed, but not as an active courtier but only as an elder statesman, ready for consultation on matters of law, custom or polity but without holding any independent post of responsibility. Scholars say that he composed some devotional songs, specially those in which the frustration and disillusionment of old age are depicted so very feelingly and so very faithfully, but the sentiments expressed in the songs need not be attributed to his personal experience. Vidyapati has written hundreds of songs on the non-marital love of Parakiya but on that account we must not hold the view, as the Sahajiyas of Bengal have held, that Vidyapati himself was involved in unlawful sexual relations. In Maithili, as in Sanskrit, poetry is only impersonal and what appears the faithful effusion of the heart is due to the intensity of feeling which the poet creates in himself by the force of his imagination.

The two works associated with the name of Viswasa Devi are *Saivasarvasvasara*, devoted to the worship of Siva and *Gangavakyavali,* devoted to the pilgrimage to the holy Ganga in general and places of special sanctity in particular and the rites to be performed there.

Saivasarvasvasara is a famous work dealing exhaustively with all aspects of Siva-worship which is a matter of common interest to the people of Mithila. It is, however, not yet published and MSS. of this work are very scarce. The book on the Ganga is no less important, specially as it includes a detailed discussion of the everyday necessary duties of a Brahmana, the Ahnika. This book has been published in the series, "Contributions of Women to Sanskrit Literature," edited by the late Dr. J. B. Chaudhary. The special feature of both these works, as of all the books of this period, is the wealth of quotations from sacred texts with which each statement is supported. This shows how extensively Vidyapati was well-versed in the sacred literature of the Brahmanas and how prodigious his memory was to have quoted from them so relevantly because books were then in MSS. only and it was not easy to consult a relevant text in a MS. when it was needed in a particular context.

Another work equally exhaustive is *Danavakyavali* published at Varanasi in A. D. 1883 and has been long out of print. It was compiled for Rani Dhiramati, the second wife of Narasingha, and is dedicated to her. In this work the various kinds of gift have been described and the Sankalpa Vakyas of making them have been set down with sacred texts to support each one of them.

The last work of Vidyapati was *Durga-Bhakti-Tarangini*, which is exactly like the works on Siva, Ganga and Dana and deals exhaustively with the Durgapuja, the popular festival of Mithila. It is stated to have been compiled by orders of Bhairava Singha while his brother Dhira Singha was still ruling. Vidyapati must have been above eighty years of age at the time. No work of Vidyapati has come to light which can be dated later than this.

All these works are on rites and rituals, socio-religious in nature, but there is one work of this period which is on the Hindu Law of inheritance, *Vibhagasara* by name, compiled under the orders of Narasingha Darpaṇarayana. Chronologically it falls, therefore, between the work on Ganga and that on Dana. What could have impelled Vidyapati to compile this serious work on law when he was almost eighty years of age, specially when there were so many authoritative treatises on the subject? The work is not yet published and has not received the attention it deserves. If we look into the contents of this work, we shall find herein only one point that has been discussed with great stress, and all the rest are the common topics dealt with in any work on the subject and that point is the impartibility of a Raj which should be inherited by the law of primogeniture. Narasingha's succession to his father seems to have been disputed by his other half-brothers claiming partition of the Raj, and one of whom Ranasingha actually assumed the Viruda, Durlabhanarayana. From his sons also Narasingha apprehended danger, and actually all his three sons assumed royalty. It is most likely, therefore, that as Narasingha's grandfather, Bhava Singha, had commissioned Vidyapati's grandfather, the grand old man Chandeshwara, to lend him his support by upholding his royalty of limited status even without undergoing the regular coronation rites, so Narasingha also commissoned the grand old man of his own time, a worthy scion of chandeshwara's family, to lend him his support and establish with authoritative texts the fact that the succession to a Raj is not governed by the general law of inheritance but by the special rule of primogeniture. And Vidyapati has done it, very conclusively by quoting, besides other texts, from the Nitisara of Vireshwara, the father of Chandeshwara, and the eldest brother of his own great grandfather. That there was family feud among the Oinabaras of this generation is borne out by a line in the Bhagirathpur inscription of Anumati Devi, dated L. Sam. 394 or A. D. 1503.[1] This Rani was the daughter-in-law of Bhairava Singha, wife of Rambhadra, and mother of the last Oinabara king Kamsa-narayana. In this inscription she has been praised for having brought about amity among her kinsmen by means of her great humility and high diplomacy.[2] It seems that in view of the impending attack from the Mohammedan Nawab of Bengal, Rani Anumati patched up the differences among the later Oinabaras, which were coming down for three generations from the days of Narasingha. This work of Vidyapati was thus motivated by political reasons and shows how highly he was esteemed among the learned men of his own time.

There are two more works of Vidyapati, commonly known but not available and they are *Gayapattalaka* or a work on rites to

1. J*urnal of the Bihar Research Society*, Vol. XLI, part 3, 1955.
2. *Kincoccairvinayannayacca vasalam nila yaya vandhavah.*

be performed at Gaya and *Varshakritya* on the festivals falling during the year. No complete manuscript of either of these has yet been found, and the fragments that are available do not contain any introduction, not even the benedictory verse with which every work begins. It appears therefore that the fragments available were not compiled in book-form but were mere notes made by Vidyapati from time to time. For the same reason it is not possible to say anything about the time of their composition.

It is remarkable to note in this connection that manuscripts of Vidyapati's works are very scarce in Mithila. No manuscripts of works other than the PurusaPariksa are easily available. *Kirtilata*, *Kirtipataka* and *Goraksavijaya* are available only in Nepal, and there too only one manuscript, a very bad one, is available. Of *Bhupari-krama*, the sole copy known to be there is in the Sanskrit College collection at Calcutta. Of *Likhanavali* no manuscript is available and though the book was printed in Darbhanga some 70 years ago, not even a printed copy is easily available. Of *Saivasarvasvasara* there is an incomplete copy at Darbhanga and a fuller one in Nepal. It appears that, except *Purusapariksa*, none of his works was popular in Mithila. It is evident that the songs of Vidyapati so completely eclipsed his other works that his popularity remained confined only to his songs. The Pandits as a class very reluctantly refer to his views and do not recognise him as an authority. The great Naiyayika Keshava Mishra (the grandson of the jurist Vachaspati) refers in his *Daivataparisista* very reverentially to Vidyapati's Ganga-vakyavali, but he too does not miss the opportunity of flinging a gibe at him for his accepting the gift of his native village, Bisapi, from Shiva Singha by calling him, "the greatly covetous beggar of a village", *Atilubdha-nagara-yachaka*. It is interesting to note that even today the Durgapuja in Mithila is not performed according to the treatise compiled by Vidyapati. Clearly enough, Vidyapati was far too advanced in his views for the age in which he lived and was not, therefore, looked upon with due reverence by the orthodox Pandit class.

There are thus four clearly defined periods of Vidyapati's life, each distinct from the other, and the works that he produced reflect clearly the course of life he lived during the period. The first period extending over the first twenty years was one of preparation, and we find him at the end of this period at Naimisaranya in the entourage of Deva Singha. The next thirty-six years, the period of his manhood, were spent at court with Shiva Singha. It was the happiest period of his life when his creative talents were at their best and he produced all those works for which he is immortal. The next twelve years of voluntary exile were the darkest period of his life when he had to suffer silently the deepest anguish of frustration and disillusionment. The last twently years were spent comparatively quietly at home, as an elder statesman at court, engaged in reading and compilation of sacred texts. All through the changes of fortune and vicissitudes of life, through bright sunshine and darkest clouds, there was, however, one work which he never forgot, which he never ceased to do and that was writing. In his own words, he went on patiently and perseveringly constructing poles of letters to build up the high platform for the creeper of his renown to spread out.

Vidyapati married two wives though we do not know if he married the second at the death of the first. From his first wife he had two sons and two daughters and from the second only one son and two daughters. His descendants through his eldest son, Harapati, who was a Mudrahastaka or keeper of the Royal seal of some later Oinabara king and composed a work on Astrology, *Daivajnavandhava*, are still flourishing, but not at Bisapi but at Sauratha, a village near Madhubani famous for its annual marriage Sabha where lakhs of Maithil Brahmanas congregate to negotiate and settle the marriage of their boys and girls. The seventh in descent from Vidyapati was Narayana Thakur who transcribed a copy of the *Purusapariksa* which is preserved in the collection of the Asiatic Society of Bengal in Calcutta on which my edition of that work has been based. It was transcribed in the L. Sam. year 504, i.e., 1613 or 1623 according to Kielhorn in the village of Bisapi from where

Narayana's grandson migrated to Saurath. Those flourishing at present at Saurath are 16th in descent from the poet. Many more respectable persons all over Mithila claim descent from Vidyapati through his three daughters, specially from the ones from his first wife.

Many miracles are told about Vidyapati all over Mithila. It is said that, having been pleased with his devotion, the Lord Siva attended upon him as his servant under the guise of Ugana, but this name with a cerebral n is there in the famous Rudradhyaya in the Samhita of *Shukla Yajurveda*[1] with which the Lord is invoked. It is also said that, during his last journey to the bank of the Ganga, Vidyapati found himself unable to proceed further, but during the night the course of the river so changed that it passed by the spot where Vidyapati was sojourning during his last night and consequently Vidyapati found himself in the morning on the bank of the Ganga where he breathed his last. It should, however, be remembered that this incident has been told by Vidyapati himself regarding the Kayastha Bodhi in his tale of "A Man genuinely righteous" (Tale No. 30 of the *Purusapariksa*). Whatever may be the fact, it is clear that in the eyes of the people of Mithila the image of Vidyapati was holy among the holiest and indeed people believed him to be holiness incarnate with supernatural powers and capable, therefore, of all miracles.

In one of the songs attributed to him it is said that Vidyapati saw Shiva Singh in dream thirty-two years after his disappearance and that he expired on the 13th day of the bright half of, perhaps, the following Kartika. It is a miracle for a man to tell the date of his death while still alive, but even if this song be one of a later poet, it is very old and believed as a fact by people at large, so that this thirteenth day of the bright half of Kartika is regarded as the date of his death as a result of which this date has been celebrated as the Vidyapati Day by all his admirers all over the country. Vidyapati is said to have breathed his last on the bank of the Ganga near the spot where now stands the Vidyapati Nagar Railway station on the

1. Madhyandina Sakha, Adhyaya 16.25.

Barauni Junction in Hajipur branch of the North-Eastern Railway. Vidyapati thus attained the fourth object of life, namely salvation, by breathing his last on the bank of the Ganga. He had lived a full life, lived literally the meaningful life, which he had been advocating all through his life, successful with attainments of the purposes of life the unfailing mark of a 'real man'.

(6)

Such was the man Vidyapati; but Vidyapati is immortal as the maker of songs, the first poet to use the spoken language of the land in the composition of the songs of ravishing melody and exquisite beauty, which opened up, at once, new vistas of Indian poetry. I have, however, always held the view that how soever great as a poet, it was but a mere part of Vidyapati's personality, and since the whole is always greater than a part, however significant it may be, it is essential to know Vidyapati, the man, in order to understand and appreciate him as a poet. It was, indeed, the unique genius of Vidyapati that felt the pulse of the age so cortectly, foresaw the possibilities of his talents so clearly, and laid the foundations of a new type of poetry on such strong grounds that it became a tradition for the poets of the succeeding centuries to follow and imitate; but Vidyapati was himself a creature of his own heredity and environment of his own land, his own age, his own society and his own family, because it was from them that his talents took their shape and direction. We are apt to be misled in our appraisal of the poet if we study him in isolation divorced from all the limitations under which he had to work, and may be led away in our enthusiasm to credit him with things which Vidyapati could never have even dreamt of.

To take a very simple example, Vidyapati used the language actually spoken at the time as the vehicle of his poetical expression, but except in his songs he never used that language as such. In the historical romances, *Kirtilata* and *Kiritipataka*, as also in his songs on Shiva Singha's accession and his victory, which might have been written originally for the *Krtipataka*, he used a language that was supposed to have been spoken at some distant past and was, therefore, approved by usage. When Vidyapati says in the *Kirtilata*[1] "Vidyapati's language is like the young moon; this adorns the forehead of the Lord Siva; that ravishes the hearts of the connoisseurs of poetry", we seem to hear the defence of Vidyapati against the attack of his orthodox critics for the spoken language that he used in his songs. But Vidyapati used Maithili only in the songs in his drama also and in *Likhanavali*, he gives all the forms of letters, deeds and other documents in Sanskrit only and not in Maithili which could have been most useful and desirable. But we must remember that literacy at that time was strictly limited to the orthodox class that favoured Sanskrit and among women it was negligible. Vidyapati used Maithili in his songs because these songs were not written and read but were meant to be sung and listened to, and learnt by heart. Even in the songs of Vidyapati we find the spoken Maithili language of two varieties. There are some in the sophisticated language of the court and the elite where *Tatsam* words predominate and pictures are laden with strings of figures of speech. There are, however, other songs which are couched in a language simple, direct and homely with *Tadbhava* or *Deshee* words predominating. Evidently Vidyapati chose the language according to the cultural status of the audience for whom he meant the songs; and to reach the men and women of his time all his songs had to pass through any one of these channels, through the court and courtly circle, through his own household or through the homes of his friends and admirers, Vidyapati does not seems to have written his songs for himself independently of the particular audience for whom they were meant. Later on, when his fame as a song writer spread out, Raja Shiva Singha appointed a young professional musician of his court, Jayata by name, to take songs from the poet, set them to music and give demonstration when

1. *Kirtilata*, I. 5.

prepared on suitable occasions at court or elsewhere. This is the most basic fact about the songs of Vidyapati and we can understand and appreciate the songs of Vidyapati only when we look at them in this light.

And exactly for this reason, the greatest problem in any study of Vidyapati's songs is the question of authenticity of a song ascribed to Vidyapati. This is done generally by the presence of the name of the poet in the last couplet of the song, technically called the Bhanita, which is a special feature of these songs, but in course of oral transmission over the centuries, specially through the uncritical singers mostly women, the Bhanitas have been confused, misplaced and added. Moreover, not all the songs have the Bhanita either. In many collections specially in Nepal, the Bhanita has been left out for economy of space. Even in anthologies made by scholars as far back as the 18th century, we find such confusions which are baffling. In Mithila, the practice of adding the name of Vidyapati at the end is still common. Many lesser poets have purposely given the name of Vidyapati in their songs to give them the prestige of the master's composition. In Bengal, at least one poet wrote all his songs under the borrowed name of Vidyapati.

Therefore no complete collection of Vidyapati's songs has yet been made and it is very doubtful if it can still be made. Vidyapati never collected his songs; they have been floating orally in Mithila, in Bengal, in Nepal, etc. The pioneer work in this direction was done in Bengal where the Padas of Vidyapati were very carefully preserved in the Vaishnava anthologies as depicting the amours of Lord Krishna and the Gopis. The most critical edition of these Padas, and the most exhaustive too, was made by the late Dr. B. B. Majumdar of Patna. The Bihar Rashtrabhasha Parishad has also been bringing out collections of Vidyapati's Padas. My friend Dr. Subhadra Jha brought out a very valuable collection of these songs as preserved in an old palm-leaf manuscript in Nepal, and before him Pandit Shivanandan Thakur had published a collection which he found in a manuscript in Mithila. A book on Maithil music,

Ragatarangini by name, compiled by Lochana in the middle of the 18th century contains 53 songs of Vidyapati and I have published a manuscript of Nepal, *Bhasha Geeta Sangraha*, which contains 77 songs of Vidyapati, 37 of them being altogether new. But all this does not exhaust the songs. I have found two manuscripts in Mithila containing 300 songs, of which some eighty are not yet published and I am just now busy making a critical edition of this *Mithila Padavali* for the Maithili Development Found of the Patna University. But most of these collection are vitiated by corrupt readings, except the *Bhasha Geeta Sangraha* which is a collection made very meticulously by a Pandit more than 200 years ago. The reason is obvious. All the collections were made either by persons not speaking Maithili or persons who were not learned enough to understand what they were writing. I, therefore, feel that a scientific study of Vidyapati's songs is possible only when the authenticity of the songs and the genuineness of their readings are determined.

We do not know when Vidyapati began composing these songs. The earliest, pointed out so far by many on the basis of its Bhanita, which contains the name of Raja Bhogishwara, is one on the Kandarpa Puja (song No. 850) but it is palpably absurd. Vidyapati was not more than 12 years old when Ganeshwara, son of Bhogishwara, was assassinated in L. Sam. 252. How can it be believed that Vidyapati when he was only ten years old or so composed a highly erotic song depicting the grief of a Virahini, associating therewith Raja Bhogishwara who was of the age of his grandfather? In his first Sanskrit work, *Bhuparikrama*, Vidyapati does not talk of love but in the subsequent sections of the *Purusapariksa* love is the dominant theme even when the tales are meant to exemplify other marks of man. Befitting a disciplined child of a cultured family Vidyapati began writing on love only after his adolescence was over and he had entered manhood.

Vidyapati's songs are of three different categories, each with its own characteristics, the only thing common to all three being the language, which is the language actually spoken by the men and women in Mithila during that age. The most popular of them, which have kept Vidyapati alive in the throats of lakhs of Maithil women over these centuries, are the songs suitable for social functions including the prayer songs of the family deity with which any auspicious function begins in Mithila. Next to them are the songs devoted to Lord Siva, including the songs depicting Siva's marriage and family life. Vidyapati created a new variety of such songs called 'Nachari' which became so popular and were so widely renwoned that a poet of Jaunpur praised Vidyapati as their creator and Abul Fazl in his *Ain-i-Akbari*[1] calls all the songs of Vidyapati, even those that depict the violence of the passion of love, under the general name of Lachari. Those songs are still very popular with the devotees of Siva all over the country and can be heard in any temple of Siva every day. The last but the most important on which his fame chiefly rests are songs in which the various forms and phases moods and situations of sexual love are depicted, some with reference to Lord Krishna and the Gopis, and other to men and women in general.

Before, however, we enter into these different categories of Vidyapati's lyrical outpourings, it is pertinent to give an account of the background in which these overflowings took place and the success achieved by the experiment. of all the titles with which Vidyapati has been decorated over these centuries there are two that are authenticated by his drama *Goraksavijaya*, the copperplate grant of Bisapi and by tradition, over and above by the Bhanitas of those many songs which are genuinely his. Vidyapati was called Abhinava-Jayadeva or 'a modern Jayadeva' during his own lifetime and also Kavikanthahara or 'a poet who was the garland for the throat'. Dr. B. B. Mazumdar who has discussed in detail the many titles associated with Vidyapati has come to the conclusion that these two only were genuinely his and his only. Both these epithets are meaningful, and if we analyse and assess their connotation we shall visualise clearly the ideals

1. Gladwin's translation, edited by Jagadish Mukhopadhyaya, p. 730.

that inspired the post in the experimentation and the immediate ravishment with which this experiment enraptured the heart of all those who listened to them.

It is an established fact, which does not require a reiteration, that for centuries before Vidyapati appeared on the scene there were two streams of poetry running side by side all over North-Eastern India in general, and Mithila in particular. Both these streams were entertaining and not edifying. The one was the stream of classical Sanskrit poetry coming down from the remotest past of which the most outstanding representative is the *Amaru Sataka* (the Century of amaru) of which it has been said that a single verse is equivalent to a hundred treatises. This was in Sanskrit, modelled on Sanskrit rhetoric and composed in Sanskrit metres by Sanskrit poets, and patronised by the cultured society and the various courts all over the country. Sanskrit being the lingua franca of the entire Bharat, this kind of poetry had an all-India appeal, though confined to that class only that knew Sanskrit. This poetry was lyrical and mostly erotic though eulogistic and devotional lyrics too were in vogue. The other stream was the folk poetry in the spoken language refined by usage, the earliest representative of which we have in the *Gatha Saptasati* but which developed in the eastern region of Aryavarta through the Charchari dance-songs of Kalidasa's *Vikramorvasiya* to the songs of the Vajrayana Siddhas, of the Pal days, of which a collection has been published as *Bauddha Gana and Doha* which are characterised by the fact that they are all set in various Ragas peculiar to this part of Aryavarta, and mention the poet's name at the end which came to be known as Bhanita later on.

Jayadeva was the first poet to attempt a fusion of the two and give a new variety of Sanskrit poetry. The language was still Sanskrit there; the theme was the amours of Lord Krishna as depicted in *Srimad Bhagavata* though enshrined in the Prakrit poetry since the days of the Gathas; the style, manner and the attitude were the same as in the classical Sanskrit poetry. Only the technique was the one used in folk-poetry; they were songs to be sung, and were set in the local Ragas with the Bhanita used for the first time in Sanskrit poetry. There was such a happy fusion of true poetry and ravishing melody in the new poetry that it was at once popular, and even today people are enraptured with the songs of *Gitagovinda*, even if they do not understand the meaning, simply by their sweet diction and melodious rhythm.

With the advent of the Karnatas, music and dance received a great impetus in Mithila and from *Varnaratnakara* of Jyotirishwara we gather what an important place they had in the social life of the time. Songs became an integral part of the social life of Mithila which they still are, and there is no function in a Maithil home, religious, social or seasonal, for which there are not songs with tunes peculiar to them.

Vidyapati took the cue from Jayadeva. He adopted the technique of songs of the folk-poetry coming down from the Pal days which Jayadeva had adopted almost two hundred years earlier; he adopted the language of the land as actually spoken and not its refined form, approved by usage, which he himself sometimes used specially in his historical romances. But the theme was taken from classical Sanskrit poetry with its style, manner, tone, etc. There was a true fusion between the two streams of poetry. He went one step still further than Jayadeva towards modernisation and made available the pleasure of Sanskrit poetry even to those who did not know Sanskrit. In Vidyapati's compositions, both the sound and sense appealed to the common men and women and not the sound only. It was in this sense that Vidyapati was an Abhinava Jayadeva because Jayadeva's innovation popularised only the sound element but Vidyapati really modernised it by popularising both the sound and sense.

Vidyapati was like the bright sun in the firmament of Maithili poetry with whose rise in effulgence all the lesser planets and stars disappear from view. All the compositions of his predecessors, most of those of his contemporaries and some of those of even his successors, all of them floating orally among the connoisseur of the art, have perished or they may still be floating with the name of Vidyapati replacing that of the author in the Bhanita. We can imagine that Vidyapati had a sweet voice and talent for singing. Hearing songs being sung by the ladies of his family, he would compose songs even as a lad and give them to the ladies to sing. He must have, therefore, begun with the songs for the social functions and as he grew into manhood he would have composed erotic songs for his friends' for his friends, wives or for his own wife, which moved about in private circles. Vidyapati wrote most of his songs, at least in the early stage, for the women-folk who had to sing them, and therefore, required them. Vidyapati was not a poet by profession; he was a man of the court, and when his reputation spread, he began to compose songs for the king; but there also it was the queens who learnt them with avidity and required them enthusiastically because the men-folk could get the delight of these songs in Sanskrit lyrics also but the women-folk, once they had experienced the exhilaration of poetic delight which his songs afforded, could not be content with what he had given them but wanted more and more of them. Vidyapati had the wonderful insight into a women's heart and he depicted the secret emotions of a woman so very faithfully, realistically and feelingly that women found in them their own portrayal. It was, therefore, the women who learnt these songs and transmitted them from mouth to mouth till some one put them down in a note-book. Till very recently every cultured family in Mithila had its own book of songs, and modern editions of these songs have mostly been made from these family song-books. Vidyapati hardly, if ever, wrote down a song; no song written in the poet's own hand has yet been found or heard of. And since these songs were then, as now, adornments for the throats of the lovers of these songs, he was very affectionately and correctly called Kavi-Kanthahara.

(7)

The Vyavahara songs, as the songs meant exclusively for social functions are called, are of as many varieties as there are functions, and each variety has a tune peculiar to it. These songs have been the most popular, and therefore, the most floating and are found very rarely in writing. The authenticity of these songs, therefore, is most doubtful. Except a few devotional songs in praise of or prayer to the goddess with which all festive functions in a Maithil household begin, some songs describing Siva's marriage, which are sung on the occasion of marriage, and some Uchiti songs which are sung to the bridegroom by the ladies of the bride's party on behalf of the bride in the form of an appeal to look upon her kindly and excuse her faults-except these varieties of Vyavahara songs, none others, genuinely Vidyapati's, for any festive occasion, are available in any old and reliable collection. People have come even to doubt if Vidyapati actually composed any such songs as are popularly attributed to him. One such song has, however, been available to me on a palm-leaf [1] not less than 400 years old; it is a typical Vyavahara song, the prototype of a host of such other songs sung still all over Mithila to the bridegroom at the time of feeding for full one year after the date of marriage or even afterwards. These songs called 'Joga' describe the various methods of spell or charm calculalted to make the husband subservient to the newly married wife. The central idea underlying this type of songs is given by Vidyapati in the refrain here : "Listen carefully, Oh my daughter, to the devices of charm by virtue of which your (newly-married) husband will not fall into the influence of another (girl)" and goes on to give recipes for a herbal concoction for drink, an incense to be burnt, and a special collyrium to apply to the eyes, processes described in any work on erotics to bring a man under the control of a woman. For sheer weirdness it can be compared with the Witches song in Shakespeare's *Macbeth.*

1. Some Unpublished Maithili Songs— Ganganatha Jha Research Institute Journal, Vol. II, Part 4, p. 408. Aug. 1945.

It is sad that these songs have not received the attention which they deserve. Partly it is due to their non-availability, and partly to the fact that belonging as they do to the social life of the land, they can be relished only in that social background. These social functions have certain rites peculiar to each, and although they are nowhere recorded, they are known to the ladies who officiate over these functions. Those rites are described in these songs and they serve, therefore, as guides. When composed, these songs incoporated within themselves the various rites, processes, etc. concerning the function, and in course of transmission these songs served the purpose of lessons for the new generation. Thus these songs kept the function alive in the throats of the women-folk and saved them from being forgotten or confused. Thus they gave an unbroken continuity to the social functions, set a standard for them, and brought about uniformity in them. They have, therefore, a cultural importance of their own. Poetically they are simple, sensuous and straightforward without any effort for embellishment. They evoke homely emotions and sentiments, and appeal to the commonest people as well as the most sophisticated alike because the occasion is equally important for them all. Such are songs suitable for investing a boy with the sacred thread, for the joy of the forefathers is described on the occasion when a new child is being initiated into Duija-hood; songs (called Samadaona) to be sung when a married girl goes to her husband's house, in which the feelings at the parting are portrayed; birth-songs (called Sohara) which are sung on the occasion of the birth of a son, rarely on the birth of a dauther, expressing the joy of the members of the family, specially the sisters of the father of the child who press the parents of the child, specially the mother, to give them presents; rains-songs (called Malara or Pavasa) which express the grief of the young girls whose husbands are away and they spend time in recreation by swinging and so on. These are all sentiments which are common to every member of society, feelings shared by all, and couched as they all are in simple, sensuous and sweet words with a lilting music each peculiar to itself, they electrified the women-folk, then as they do now, and thousands of such songs have been composed by hundreds of poets since Vidyapati's days, but all on the pattern set by the master.

Vidyapati's Siva-songs are no less popular, specially as one kind of these songs, those describing Siva's marriage with the daughter of the Mountain-King, have been treated by the women-folk of Mithila as marriage-songs. He composed, however, a number of songs of devotion to Siva in a specific tune which devotees sing in dance in accompaniment of Damaru[1], sacred to Siva, and they are called Nacharis. It is not the subject-matter that characterises a Nachari, it is the tune which is peculiar to it. One can see a devotee in any Siva temple dancing in ecstasy while singing a Nachiri. Mithila is mostly Saiva and even those who profess devotion to Sakti adore Siva alike. Vidyapati's Siva songs have led people to call him a Saiva and believed in stories of miracles like the one that Siva attended upon him in the guise of a servant called ugana.

Thematically Vidyapati's Siva-songs are of three kinds. There are the prayers and praises of the Lord, so sincere in feeling, so penitent in tone, so completely surrendering in attitude, so simple in expression and so sweet in diction and lilting in tune, that they are universally popular, specially as the adoration of Siva is permitted to all Hindus irrespective of caste and sex. "Oh Bholanath, when wilt thou allay may agonies"[2] or "How shall I cross over the end of this life? There appears no end to the sea of life, Oh Bhairava, take hold of the oars."[3] —are some of the popular songs which evoke the pathos in every one when he thinks of his own helplessness. In many of his songs Vidyapati has depicted the incongruity in the life, looks and deeds of Lord Siva which are humorous in extreme. Siva is said to have burnt Cupid but taken over his wife Gauri as one-half of his own body (in the form of Ardha-Narisvara). Alluding to

1. Damaru-A pan-like drum.
2. Padavali, edited by Benipuri, No. 243.
3. Ibid., No. 239.

this, a friend of Parvati asks Siva[1] —"Oh Sambhu the benevolent, Oh Sambhu the beneficent, thou who destroyedst the five-arrowed (Cupid), how is it that on one side thou hast (man-like) beards and on the other side (woman-like) breast-what a nice combination. Indeed, on account of thy intense desire to possess the great qualities of Gauri, thou tookst her into your own body, ignoring the infamy that this will give rise to."

Secondly, there are the songs describing the various stages of Siva's marriage with Parvati-Siva with five heads and three eyes, the third with fire burning therein; the Ganga flowing from his matted hair; with the digit of the moon on the forehead; the whole body besmeared with the ashes of the cremation ground; with the hide of an elephant for the cover of the body, and a bullock to ride on; with serpents coiled round his neck and arms and hanging all over his body; with his throat black on account of taking poison to which he was addicted inveterately; with the ghosts, Pisachas and other such strange Ganas his followers- such was Siva as old as eternity and could not therefore be a suitable match for the sweet, pretty daughter of the king of mountains. Kalidasa in his *Kumarasambhava* describes how Lord Siva went in the guise of a young Brahmana student boy to Parvati while she was engaged in austere penance to gain Siva as her husband and to test the sincerity of her love dissuaded Parvati from wishing such a disparate union. Disparaing Siva as an old ugly mad mendicant, the Brahmana boy shows how Siva lacks all those qualities which are generally sought in a match for any young girl, more so for a princess. Vidyapati has taken his cue from Kalidasa and what Kalidasa has said in seven verses[2], Vidyapati has described in dozens of his songs in different forms of invective, full of sarcasm, from the mouth of different persons, sometimes from the mouth of the mother of Parvati, sometimes of her friends, sometimes from the ladies of friends families, but always

1. *Haragauri*, N. Gupta's Edition, No. 19.
2. *Kumara Sambhava*, canto V, vv. 66-72.

disparaging the personality of the Lord, his age, his looks, his attributes and his associations. Says the mother of Parvati[1]-"He who has only to beg from house to house every day since he was born, how can he think of marrying, and he will be the bridegÙoom for Gauri-this is intolerable" or "Who gave the name Sankara (which means one who brings about good) to him who has five heads, who destroyed the demon Pura, who is so dreadful with three eyes with fire burning in the third, and nobody knows in which family he has been born, etc."[2] Says the lady of the neighbourhood—"Oh my friend! What a mad bridegroom has Himavat brought home—it is stupefying to think of it. The mad old fellow does not ride a horse, howsoever well the horse is caprisoned, etc."[3] All this is highly suggestive when we remember that in Mithila the bridegroom is even today sought after and brought home for marriage by the guardian of the bride with the help of the match-maker, and in these songs the famous sage Narada in the form of the match-maker is the butt of the ladies attacks for negotiating such a disparate match. It is in this social background that these songs have an everlasting universal appeal for the ladies of Mithila.

And when Siva arrives for marriage, his person, his accoutrements and his associates create a good deal of confusion and amusement. There are various rites in a marriage which ladies perform, over and above the Vedic rites prescribed in the Sastras and many of the local rites have become standardised in the songs of Vidyapati which have been sung over these centuries all over Mithila. Ladies go forward to receive the groom, but they all blush and move away when they find him stark naked and only wrapped in an elephant's skin. They have to catch hold of the bridegroom by the neck with a wrapper but they are scared away by the hissing of the black serpent hanging by his neck. They have to put collyrium to his

2. *Haragauri*, No. 14.
3. *Bhasha Geeta Sangraha*, Appendix No. 3.
4. *Haragauri*, No. 13 in N. Gupta's edition.

eyes but their hand is burnt in the fire burning in the third eye. Says one of the ladies assembled to perform the rites[1]-"What a bridegroom has been brought by the ascetic (meaning the match-maker, Narada) on seeing whom Gauri has been so deeply enamoured! Fire is burning in the eye; where shall we put the collyrium; there is the pool of the Ganga on his head; how shall we perform Chumaon[2] ? Ghosts have come in the marriage party; how shall we feed them ? He has five mouths; to which shall we apply the Mahuaka[3], etc." These are all local rites but even in the performance of the Vedic rites there was confusion. Says a spectator[4]—"It was a sight to see when Siva went over to the Vedi.[5] As the *ankusi*[6] was thrust into the matted-hair, the Ganga began to flow down and all the materials collected for the rites began to float away. The bullock of Siva saw the Kusagrass and began to nibble at it. The fried rice grains attracted the attention of serpents which began to hiss dreadfully on account of which the bullock was frightened, etc."

The suggestiveness of all these popular songs can, however, be properly understood and appreciated only when the background of the peculiar social life is generally known. This is the reason why they have not yet received the attention they deserve outside the Maithil Society. They depict, however, an abundance of fanciful situations, highly amusing and entertaining.

---

1. *Bhasha Geeta Sangraha*, No. 67.
2. Chumaon is a practice common in a Maithil household which consists in moving round over the head of a person of a round flat basket made of split bamboo pieces and full of paddy, bananas, coconut, betel leaves, curd, etc.
3. Mahuaka which is a Maithili form of Madhuparka is a sweet porridge prepared with rice boiled in milk which a bridegroom is made to lick by the mother-in-law.
4. Bhasha Geeta Sangraha, Appendix No. 2.
5. Vedi is a specially built up spot in the courtyard where the Vedic rites of Homa, etc. are performed after the girl is given over to the bridegroom.
6. A hook made of lac and coloured, which is hung by the pig-tail (Sikha) of the bridegroom while he is performing Homa.

And lastly, there are the Siva-songs depicting the domestic life of Siva, more properly of Parvati in the household of Siva. Looked at from the wordly point of view, the predicament of the housewife, Parvati is, indeed, unenviable. The head of the family is an old man without any possession and addicted to poison. He himself has five mouths and of his two sons, one has six mouths and the other has the elephant's trunk. Parvati herself has taken the lion, Lord Siva the bullock and serpents, the eldest son a peacock and the youngest son a mouse and all these animals are sworn enemies of one another. It is a problem to keep peace in the household and provide food for all. Says Parvati[1]—"Oh my mother, how shall I live on; there is nothing in the house except a bag full of ashes. With no possession, not even a piece of cloth to put on; no one to lend any thing; sons oppressed with hunger; what shall I give them to eat ? The serpent lives on air and the lord on poison. The master and the servant have no anxiety but how shall I live on, etc ?" To Siva himself Parvati says[2]—"I have repeatedly advised you, my lord, to take to farming. Unless you have food grains, you cannot do without begging which in a degradation in itself, etc." In dozens of such songs Vidyapati has depicted a realistic picture of abject poverty and helplessness and couched as they all are in the simple language spoken actually by common men and women, they have a special appeal to all the women-folk for whom the trials and patience of Parvati evoke sincerest sympathy. No wonder, therefore, that the image of Parvati has been the ideal of all housewives in Mithila and they all adore her for managing a successful domestic life.

It is, however, important to note that in all these Siva-songs, whether they are satirical in tone or incongruous in content, the image of the Lord in all its peculiarity is brought forth and to that extent they serve the purpose of bringing before us those special features of the Lord, to meditate on which is an improtant part of devotion. Whatever they may appear outwardly, they are essentially

1. *Bhasha Geeta Sangraha*, Appendix No. 4.
2. *Haragauri*, No. 31.

devotional songs. Some of them are dreadful; many of them are humorous; sometimes they are even erotic; but a strain of wonder runs through them all which helps to evoke the feeling of devotion, and it is a common sight in any temple of Siva to see a devotee singing one of these songs while dancing in ecstasy.

And these Siva-songs are a special feature of Maithili literature, the like of which we do not find in the literature of any other language even of this region. They are original contributions of Vidyapati to the Indian literature so much so that for quite a long time the name of Vidyapati was associated in the public mind with his Nacharis, which is clear from what Lakhanseni said in the 15th and Abul Fazal in the 16th century. In Mithila this became the most popular form of devotional poetry and in the course of these five centuries or more, thousands of such songs have been composed by hundreds of poets all over Mithila. In Nepal it became a fashion to compose all devotional songs in the form of a Nachari and we have in the collections preserved in Nepal the Nachari of Vishnu, the Nachari of Ganesha, the Nachari of Surya and the Nachari of Durga, etc.

It is sad to observe that in modern times very little attention has been paid to this aspect of Vidyapati literature, as if these songs were inferior in poetry and not worthy of the great master that Vidyapati was. Almost a hundred years ago Vidyapati caught the attention of scholars of the new light, and English scholars like Beames and Grierson followed by Bengali scholars like Sharadacharan Mitra and Nagendranath Gupta began to study Vidyapati as a poet in the most critical manner. They, however, studied of Vidyapati only that which was available in Bengal in the books of Bengal Vaishnavism, and there only the erotic songs of Vidyapati were available in which the amours of Krishna are described. That set the pattern of Vidyapati studies and most unfortunately the scholars of Mithila also followed in the footsteps of the Bengali admirers of Vidyapati. Only recently I have read with great delight the works of Dr. Sankari Prasad Basu of Calcutta in which as much attention has been given to Vidyapati's devotional

Siva-songs as to his erotic Krishna-songs and one can hope that efforts will be made to collect as many Siva-songs of Vidyapati as are still not all lost and a serious attempt will be made to study these songs critically in the true Maithila perspective when alone they can be properly understood and correctly adjudged.

(8)

It is, however, a fact that the fame of Vidyapati as a world poet today rests solely on his love lyrics. He was indeed a sweet singer of eternal love—physical or sexual love which consists in the urge for mating of persons of both the sexes. This is the most elemental of all human feelings, the one on which the process of creation rests and has been the most popular form of poetry at all times all over the world—Sanskrit literature has been very rich in erotic poetry and the beginnings of this poetry can be traced back to the Prakrit lyrics of pre-Christian days. Vidyapati, however, took it direct from Jayadeva whose *Gitagovinda* is a poem depicting the various aspects of sexual love of Lord Krishna and the Gopis of Vraja land.

But the love songs of Vidyapati have been so popular, not only because of their universal theme, but also because of the superb craftsmanship of the master poet. There are three different elements in these songs, each important in itself, and all three combined together have given these songs the unique popularity which has transcended all the limits of times and space.

The first in importance is, indeed, the theme. All his songs are lyrical or what is technically called in Sanskrit rhetorics as 'Muktaka' poetry, in which each poem is complete in itself. These songs, therefore, depict the various moods in the sexual life of a man and a woman. By the force of his imagination Vidyapati visualises the particular mood which caught his fancy and depicts it so very truly, realistically, feelingly and sympathetically that everyone feels his own self portrayed there in the circumstances described therein.

Secondly these songs are couched in a language which is

sweet, rhythmical and melodious. The words are chosen with the utmost skill, the right word in the right place, appropriate in the context, simple, direct and perspicuous but mellifluous all the same. With a preponderance of short vowels and liquid consonants, Maithili, like Bengali, is a very sweet language and the credit for this goes primarily to Vidyapati who so moulded the forms of words that all crudities of the Apabhramsa period were shorn off and the flow of words was soft and rhythmical. The nature of words in a song of Vidyapati is determined by the kind of audience for whom the song was meant, but whether the word is Tatsam, Tadbhava or Deshee, it is soft, sweet, simple and touching at once the heart while pleasing the ear. Also, Vidyapati had the talent to make the sound follow the sense so that even if we fail to understand the meaning we can at once perceive the kind of feeling that pervades the song.

Thirdly, the songs are all set in different Ragas peculiar to the eastern region of India. The Ragas used by the Bauddha Siddhas in their Gana, those used by Jayadeva in his *Gitagovinda*, those mentioned by Jyotirishwara in the *Varnaratnakara* are all of the same variety as used by Vidyapati. In Mithila under the Karnatas, music received patronage under which it was cultivated extensively and from what Lochana says in his *Ragatarangini* it is clear that there was an independent school of Maithil music which had certain characteristics, e.g., it was always sung in chorus and in *vilambita laya,* etc. etc. Vidyapati contributed largely to the development of this music. He took the Ragas as they were used and provided them with tunes at once sweet and melodious so that there were different tunes even under one Raga. The versification of songs was based on the time taken in reciting a word and consequently the long and short vowel sounds depended upon the mode of recitation and was never fixed. Lochana in his *Ragatarangini* says that the metre of any song of Vidyapati is the same as the name of the Raga, and this has been the view accepted all along, but if the metre is based on the arrangement of words in a line this view of Lochana does not seem to be quite accurate because the same song is quoted under different Ragas by different masters according to the mode of singing, and therefore it is not quite relevant to call the same arrangement of words by different metres, though the different arrangements of sounds of a song can place it under different Ragas. Vidyapati has, however, in his songs given us divers varieties of the same Raga, and since most of them were new innovations they became popular not only for the theme or contents but also for the new music that they provided.

Vidyapati classified his songs on the basis of the Ragas. When any one of them became popular, later poets imitated it and in this way many varieties of Vidyapati's popular songs became the types and came to be known under various names. One example will make the point clear : *Khandita* is a type of Nayika in Sanskrit literature who is cross with her lover whom she has found involved in the love of another lady and the lover appeases her by all means at his command. Vidyapati in some of his songs describes how the lover having tried all through the night to appease her tells at the end that the night is coming to the end yet she has not relented. This type of song became very popular and was sung in a tune suitable for early morning (called Prabhati). Later poets followed this pattern till this kind of song came to be known as 'Mana', which is an important kind of Maithili song which every poet has composed in exactly the same tune. Thus has developed various kinds of songs under different names, all suggestive of the theme and with their peculiar tunes, but to Vidyapati these names were unknown. What was important for him was only the tune, and this was one of the most potent reasons why his songs leapt into instant popularity. These tunes electrified the people; the sweet rhythmical flow of the soft words gripped their mind; and when they easily followed the sense through the incantation of the words, their soul was filled with true poetic delight. To enjoy the songs of Vidyapati to the fullest extent, one must listen to them when they are properly sung. In reading his songs we can get only two thirds of the delight. But by reading them in translation, we will miss the magic of the music and the incantation of the words and receive only one third of the delight that these songs are capable of yielding.

It has to be emphasised that the theme of Vidyapati's erotic songs is love, physical love, the sexual love of man and woman, without any ulterior meaning either spiritual or mystic. It is the greatness of his genius that his words have different import for different sets of people. To Chaitanya and his followers these songs described the amours of Lord Krishna, and since the recitation of the Lila (diversion of pastime) of the Lord is a part of adoration, these songs have been known in the Vaishnava circles of Bengal as purely devotional. To Grierson and persons like him these songs are mystic like those of Kabir where the craving of the soul for union with the Lord has been described in terms of sexual love. But only in less than half the songs of Vidyapati is there a mention of Krishna and Radha, and even there only the names are mentioned. Followers of Chaitanyadeva, however, treat all these songs as referring to the amours of Krishna and Radha whereas we find that in many songs[1], Vidyapati has meant by such terms as Kanha, Madhai, etc. his patron Shiva Singha whom he calls the eleventh incarnation of Vishnu. In any case, Krishna is only the type of the hero and Radha or Gopi of the heroine of the Sanskrit poetics.

In fact, Vidyapati composed these love lyrics on the pattern of Sanskrit literature. In the fragment of the work, published as Kirtipataka, there is a passage[2] wherein it is said that because the Lord had to suffer separation from Sita in his Treta incarnation, He appeared again as Krishna in Dwapara and in the form of the Gopa-boy enjoyed the sexual pleasures of life as the four kinds of the hero with young Gopi damsels who were one of the eight kinds of the heroine. This explains Vidyapati's craftsmanship. He took the forms of Sanskrit poetics-the four types of the hero and eight types of the heroine and composed his songs with reference to them. It does not matter whether the hero is Krishna or any man and the

1. Songs Nos. 35, 164, 175, & 177 in Mitra and Mazumdar edition.
2. Kirtipataka, pp. 8-9.

heroine a Gopi, Radha or any woman. The hero and the heroine, the lover and the beloved, are essential for the evocation of the sentiment of love because then only Sadharanikarana or the universalisation of the principal sentiment is possible; in Aristotle's words[1], "It is universality at which poetry aims in given expressive names to the characters." Poetry is and expression of the universal element in human life. In other words, it is an idealised image of human life, of character, emotion or action, under forms manifest to senses. "The capacity of poetry is so far limited that it expresses the universal not as it is itself, but as seen through the medium of sensuous imagery.[2]" Judged in this light, Vidyapati gave us true poetry and when we consider him as a poet, we may leave aside the consideration of who his hero is or who the heroine.

It is absurd likewise to read any mystical import in Vidyapati's songs. Here there is not only the craving of the beloved for the Lord, but even the Lord has craving for the beloved. It is true that the self-surrendering love of Vidyapati's heroines was interpreted by Chaitanyadeva as the complete idealisation of the craving of the devotee for union with the Lord in the form which came to be known in Vaishnava circles as Madhura Rasa, or it was symbolised by Kabir as the craving of the soul for union with the infinite. But these concepts were not before Vidyapati when he composed these songs, and they do not find a place in the tradition that Vidyapati accepted from Sanskrit erotic poetry and established in the poetry of Mithila. Vidyapati sang of love because to him sexual satisfaction was as important a purpose of human life as piety, riches and final liberation.

It has been held[3] that nearly all interpretations of poetry may be classified roughly as Aristotelian or Baconian, and from whatever point of view we look at the poetry of Vidyapati, we find that he

---

1. Poetics, IX. 3.
2. Butcher, S. H. Aristotle's Theory of Poetry and Fine Art, London. 1895, p. 178.
3. Hudson, *Introduction to the Study of English Literature*, p. 66.

was a master of the craft. Aristotle considered poetry as an imitative art but he admits[1] that the poet's business is to relate not what actually happens but what may happen. Speaking of the poetic truth he says[2] that a probable impossibility is to be preferred to a thing improbable yet possible, for, he says, that the impossible is the higher thing; for the pattern before the mind must surpass the reality. Whether it is the description of the person of a damsel or of her feeling, of the lovers in union or in separation, or it is the description of the season, time or weather in relation to sexual passion, Vidyapati always produces a new thing, not the actuality of experience, not a copy of reality, but a higher reality. He brings together many elements of beauty which are dispersed in nature. It is not enough to select, combine, embellish, to add here and to retrench there. He always harmonises them all into an ideal unity of type.

Bacon, on the other hand, holds[3] poetry as 'feigned history', and "the use of feigned history hath been to give some shadow of satisfaction to the mind of man in those points wherein the nature of things doth deny it, the world being in proportion inferior to the soul; by reason whereof there is agreeable to the spirit of man a more ample greatness, a more exact goodness, and a more absolute variety than can be found in the nature of things". Bacon thus ignores altogether the principle of poetic truth and regards poetry as an untrammelled exercise of imaginative power. He therefore considered poetry merely 'theatre' of the mind to which one may repair for relaxation and pleasure but in which it is "not good to stay too long" because it only 'feigneth'.

Vidyapati's lyrics are "an idealised representation of human life—of character, emotion, action," and what Matthew Arnold has said of Wordsworth, we can say of Vidyapati that he has given us all 'the wonder and bloom' of the world of love. Vidyapati was, however, not a poet by profession. It was merely his avocation, in

1. Aristotle, Poetics, IX. 1.
2. ibid, xxv, 17.
3. Bacon, Advancement of Learning (Everyman's Library), pp. 82-83.

the sense that when he was in the mood to sing, he wrote songs for the delectation of his admirers, specially ladies. It can therefore be said that he was 'feigning' all the time he wrote these lyrics. He composed them only in the full flush of his youth when he was happy in the benevolent patronage of Shiva Singha. He was by profession a Pandit, a Raj Pandit, busy all the time with serious things of the state and life. When, therefore, Vidyapati sings of extra-marital love, of Abhisara, of meeting secretly by assignment, etc. we cannot say that he was giving poetical expression to his own experiences; we can explain them only by saying that Vidyapati is 'feigning'. And actually these songs are sung on particular occasions only for enjoyment, or as Bacon says, they have been actually like a theatre of the mind to which people repair for relaxation and pleasure.

One chief element of Vidyapati's poetry is its revealing power. It opens our eyes to sensuous beauties of the female form or of nature. The range of Vidyapati's poetry is thus limited. He has written only of the sexual life of the female world, but within that range his power of observing and feeling the sensuous beauties and even the beatings of the women's heart shines preeminent. And he possesses, at the same time, the power of so expressing and interpreting what he sees or feels as to quicken our imagination and sympathy to make us see or feel with him. He awakens our mind's attention and "directs it to the loveliness and wonders" of the sexual love. Browing tells us through the mouth of Fra Lippo Lippi :

For, don't you mark ? We're made so that we love,
First when we see them painted, things we have pass'd
Perhaps a hundred times, nor cared to see,
And so they are better, painted-better to us,
Which is the same thing. Art was given for that.

This is a painter's apologia but Vidyapati too was a word-painter. Who has not seen girls in the first phase of adolescence, but Vidyapati in his many songs depicting the changes daily becoming apparent reveals to us the beauties which seem altogether new and wonderful. He perceives beauties in the minutest details and can recall with the help of his most sensitive imagination those details which he expresses in a language simple, sensuous and passionate. What is true of early adolescence is equally true of the first meeting of the adolescent girl and her aged lover. In Mithila till very recently boys of cultured families generally married at the age of about twentyfive a girl of ten and this aspect of the social life of the land is wonderfully reflected in the love lyrics of Vidyapati. In the songs[1] on early adolescence we have a detailed picture of the changes that gradually take place in the growing girl perceived minutely and feelingly, while in those[2] on first meeting there are minute details of the working of her mind, the psychological picture of the girl going for the first time to meet her lover.

The most remarkable thing about Vidyapati's love lyrics is the fact that he almost invariably looks at love from the woman's point of view. This is true of his Vyavahara songs and of Siva-songs also but it assumes an importance all its own in the love lyrics. In this respect he differs remarkably from both Jayadeva and Govindadasa and other Vaishnava poets. It is always the attraction of the girl for her lover (Purvaraga) which has been so finely portrayed by Vidyapati, not the attraction of the lover for the girl. In one of his songs[3], Vidyapati says that "he sings after visualising the hundreds of mute pleasing desires and longings that secretly pass through a woman's heart". From early adolescence to full maturity, there is no stage of a woman's growth of which Vidyapati has not drawn full-length pictures and he has drawn largely from nature and art to describe the charm. From the hairs to the nails of the feet, each part of the body is described in the spirit almost Hellenic and the sense of colour is so correct and penetrating that the picture becomes wonderful, ideally attractive and captivating. He had, likewise, a

1. e.g., songs Nos. 3 to 11, 13, etc.
2. e.g., songs Nos. 150 to 214, etc.
1. e.g., song No. 829.

wonderful insight into the working of a woman's heart and mind. An analysis of any song of Vidyapati can bear witness to this basic fact but I cite here three examples to show how penetrating and revealing his love lyrics are. In one set of his songs (No. 330 and the following) we have the advice of a friend to a girl going to meet her lover and the advice is so true to nature, so revealing of the coquetry common among young girls. In another (No. 334) the girl describes her helplessness when she was face to face with her lover alone and the state of her mind, so true to nature, so simply told, so very sensuous and so passionate. In the third (No. 288) a girl has come out of her room fully prepared to go out to meet her lover whom she had promised to meet that night under the impression that it would be the new-moon night, but now perceives that the whole sky is bright in moon-shine. She is in a fix. She cannot disappoint her lover but she cannot also take the risk of being seen on the way. The whole is a picture of her perplexed mind, torn between her love and her prestige. This speciality of his talents endeared his poetry to the women-folk at large who have kept him alive in their throats. There is, indeed, no aspect of the sexual life of a woman, in union or separation, her joy or sorrow, the longing and regret, the hope or despair, the doubt or determination, which he has not portrayed, and in every one of them he has caught the true glimpse of her heart by the force of his imagination in the most idealised form, and expressed it in a language always in keeping with the spirit of the theme. Still one can say that there are two aspects of this physical love —the feminine form and lovers in union-which throw Vidyapati into lyrical raptures. Rabindranath has, indeed, made the correct evaluation of Vidyapati's poetry when he says Vidyapati was the poet of pleasure, the pleasure of the union of lovers.

Vidyapati had, however, the complete picture of sexual life clear before his mind, a very clear concept of the philosophy of sexual love. It was to him not merely a primary emotion of the human heart, nor even a prime purpose of human life, a biological necessity only. To him love was a source of joy in this joyless life. His songs which are things of beauty are, therefore, a source of joy for ever.

And so true to life is Vidyapati's panorama of the sexual life of a woman, so full and complete, so variegated and colourful, so imaginatively conceived and so feelingly expressed and so sweetly worded and melodiously tuned, that it served the purpose of sexual education to the women-folk to cultivate feminine charms to the fullest extent and enjoy their sexual life fully to the entire satisfaction of their lovers.

One of the strangest results that followed Vidyapati's treatment of love was the attraction that these songs so readily had for Chaitanyadeva. We know that Chaitanya had his own peculiar way of devotion which became the cult of Bengal Vaishnavism and which in the hands of Chaitanya's very learned disciples made a revolution in the concept of Bhakti and gave rise to what is known as Madhura Rasa in Sanskrit poetics. Chaitanya considered himself Radha, the beloved of Krishna, who surrendered herself to the love of the Lord, and Chaitanya's companions considered themselves the Gopis of Vrindavana, all pining for meeting in union with the Lord. Sincerely devoted as they all were, possessing really the feelings of the beloved, their sensibilities were all feminine. Vidyapati's love lyrics, therefore, seemed to them to portray their own feelings and emotions, longings and desires. They vibrated the chords of their hearts and as these songs were true and faithful pictures, they appealed personally to these saintly beloved of Lord Krishna. No wonder, therefore, that every love lyric of Vidyapati was to them a delineation of the feelings of the devoted beloved, a woman that the Gopi was and that they made themselves to be. This is why Chaitanyadeva was captivated so completely by these love lyrics and felt an ecstasy on hearing his own heart's throbbings portrayed in so sweet and melodious a form. Thus what was merely secular poetry was metamorphosed into devotional lyrics of Chaitanyadeva's school. Vidyapati, the singer of feminine charm and sensibilities, came to be adored as a

Vaishnava Mahajana. This is why only Vidyapati's love lyrics found their way into Bengal and spread all over Aryavarta along with the cult of Chaitanya of which these songs became the sacred literature.

As a poet, therefore, Vidyapati was a seer, and through the veil of feminine beauty and feminine sensibilities he saw into the mysteries of the sexual life of man.

(9)

But Vidyapati was not only a seer; he was a master craftsman and he produced poems that have proved through the ages things of beauty and sources of joy.

There are two aspects of Vidyapati's craftsmanship which deserve special mention. I would not repeat what I have already said about the use of the spoken language in all the songs of Vidyapati, how he made available to the common men and women of Mithila the poetic delight which only Sanskrit poetry can give and by the use of this language he did forge a bond of unity among the people living in the land irrespective of caste or sex, riches or learning, on a national plane.

The first thing about Vidyapati's art of poetry is the complete fusion of music and poetry. Music, indeed, is the seasoning of the language and without melody poetry would lack its perfect charm. But Vidyapati never gave us ethereal melody only for the sake of music; the subject-matter in his songs is as important as the melody and he expressed the ideas in a form which was in complete harmony with the theme. The melody of his songs is always appropriate to the mood which the song portrays.

Secondly, Vidyapati used the language not for the sake of meaning only; he had wonderful ears for the sound of the words that he used and his songs are, therefore, really rhythmic creations of beauty. His language is characterised by two of the Gunas or excellences described in Sanskrit poetics and they are sweetness (Madhurya) and lucidity (Prasada). Sweetness in Vidyapati consists not only in the perfectly rhythmical arrangement and selection of words but his poetry reads sweet, sounds sweet and is sweet when understood. Moreover Vidyapati uses such idiomatic expressions as have gathered special import through usage and when these idioms are employed poetically, they appeal to the heart and please the sensibility while conveying the ordinary sense. A proverb, for example, contains within itself the observation of experience of the people speaking the language and when such a proverb is used by Vidyapati it is used poetically with the full import of the proverb throwing out its sweet suggestiveness.

Sweetness, however, is the virtue peculiar to erotic poetry in general and in the field of Maithili literature there are other poets too, Govindadasa for example, who are as sweet as, if not more than, Vidyapati. What distinguishes Vidyapati is the most simple, direct and natural manner in which he expresses his ideas in the speech actually spoken by the common men and women of his time. It was indeed his genius to have used that language and invested it with an expressiveness so very rare among the other languages spoken at that time in this region. This is so characteristic of his poetry that it can safely be taken as a guide to the genuineness of Vidyapati's works. This is true not only of his Maithili songs but of all his poetical works whether in Sanskrit or in Abahatta, and that is the reason why the obscurities of Kirtilata or Kirtipataka give rise to the suspicion if they are the creations of Vidyapati or if they are available as they were written by Vidyapati.

And the most important thing about the lucidity in Vidyapati's poetry is the naturalness of his expression. Vidyapati wrote from his heart without straining for effect, and the effectiveness of his poetry lies in the absolute sincerity of his thoughts and feelings. This is true about the mode of his descriptions also. Vidyapati took his ideas from the vast treasure of Sanskrit erotic poetry but when he reproduced them, they were spontaneous outflowings of his heart. His treatment of nature shows this at its eminence. He observed nature minutely and did not take things as they had been described by the poets. The season of spring as also the rains has been described by Vidyapati with a thoroughness hardly surpassed. Nature for the most part has been treated by the Sanskrit poets and their followers as the background of human emotions and Vidyapati has followed them. Thus we have beautiful descriptions of the rainy season in the context both of the meeting and the separation of lovers, but spring has been described by Vidyapati as a person in itself, and not only as a background. But whether it is the spring or the rainy season, his descriptions are not stereotyped but realistic, because they are natural and described from observation. They appeal therefore direct to the heart and serve the purpose of exciting the predominat emotions admirably well. His sense of colour was acute and the word-pictures painted by him emerge most impressive, life-like and therefore charming mostly by contrast. All his images are concrete and vivid; he observed whatever was beautiful and expressed it so naturally that the reader experiences the same raptures therein as the poet himself.

But the most important thing about his preception of beauty was that he observed not only what was beautiful externally to the eye but also what was beautiful internally in the thoughts and emotions on account of his accurate, realistic and penetrating observation of the mind or heart of the women-folk.

And nothing illustrates the naturalness of Vidyapati's expression more clearly than his use of the Alamkaras or figures of speech which consist in "the striking way of telling a thing". They owe their origin to the imaginative fertility of the poet. They have two-fold functions, illumination and embellishment. Vidyapati excels in the vividness of his pictures and on account of his nimble wit and imaginative alertness, his poetry is superbly picturesque. Vidyapati is a seer in as much as he perceives beauty wherever it may be found; he is a poet in the real sense of the word, because he paints that beauty so very vividly that any one can perceive it. The range of his imagery is, in deed, very vast. If we compare Vidyapati's use of imagery with that of Govindadasa, another master poet of Maithili, we shall find that Govindadasa is at his best in the use of metaphor (Rupaka)[1] and when he imposes one thing upon another he does it so completely that all the characteristic properties of the one are imposed upon those of the other. He has the wonderful capacity of concentrating on one picture. Vidyapati, however, does not feel content with one picture only but in one song he brings together a number of pictures in so quick a succession that the whole songs becomes full of pictures, all beautiful. Vidyapati excels, therefore, in the use of what they call 'fancy' (Utpreksha)[2]. Similarly Vidyapati excels in the use of indirect description[3] (Aprastutaprasamsa). But whatever they are, the images are always concrete, easy to visualise and beautiful because true to nature, accurately observed and faithfully expresed.

If we try to arrive at a clear definition of poetry with an objective differentia, certainly the definition will revolve round the concept of Alamkara, the word Alamakara being taken in the widest sense of the term. Alamkara is the beautiful in poetry, the beautiful form. In a great poet, the Alamkaras form the inevitable incarnation in which ideas embody themselves. But the importance of form not with standing, one should not misunderstand rhetoric as poetry. It is possible to sacrifice poetry at the altar of Alamkaras. There is such a thing as 'auchitya', Appropriateness, harmony, proportion, which is the ultimate beauty in poetry. "The final ground of reference for this Auchitya, the thing with reference to which all other things are appropriate is the soul of poetry, Rasa.[4]" The body becomes a carcass when there is no soul there and of what use are ornaments on a carcass? The poet can make Alamkara render the help its name implies if he introduces it in such a manner as will be conducive to the realisation of the chief object, namely, Bhava and Rasa. Walter

---

1. Sringarabhanjana Gitavali, edited by Dr. Amaranatha Jha, Darbhanaga, Part I, Nos. 5, 6, 11, 12, 42, 44, 45 etc.
2. Songs Nos. 12, 14, 16, 20, 21, 23, 36, 47, 52, 541, 573, 584, 586 to 592, etc.
3. Songs Nos. 84, 96, 140, 384, 417, 440, 452 etc.
4. Raghavan, Dr. V., Some Concepts of Alamkara Sastra, Adyar, 1942. p. 54.

Pater in his essay on style speaks of 'permissible ornament', being for the most part 'structural or necessary'. A talented poet so manipulates it that it is borne along with his delineation of Rasa and becomes a wonder in the proper context. It may appear that the Alamkara is artificial, elaborate and an intellectual exercise requiring great effort in turning it out preciously but it is not really so difficult of effecting for a master poet. "With him. as emotion increases, expression swells and figures foam forth."[1] There is a strong tendency to wax figurative in forceful situations. When the poet has talents and is lost in Rasa, he produces excellent Alamkaras. In Vidyapati we have innumerable instances of Alamkaras rushing to the poet's pen in moments of overflowing Rasa. Such for example are the songs[2] describing feminine beauty, or the songs[3] describing the union of lovers. These are the two subjects which inspired him to heights of poetic fancy, evoked in him the true poetic delight. This does not mean that Vidyapati could not describe separation feelingly. In fact there are many songs[4] describing the state of separation, specially of the heroine, and they are of so highstrung emotion that figures are employed only sparingly and the sublimity or pathos of the situation is left to itself to appeal to us with its own grandeur and beauty.

(10)

And lastly, there are some songs-only half a dozen have been available so far-where the vanity of human life is depicted, its ephemerality and sordidness. Five of them[5] are addressed to Madhava or Hara and one[6] to Age, where the helplessness of

1. ibid. p. 61
2. Songs Nos. 14, 16, 19, 30 to 55 etc.
3. Songs Nos. 542, 584-587, 590 etc
4. Songs Nos. 618 to 808.
5. Songs Nos. 437, 838, 839, 840 & No. 44 of Haragauri Padavali in N. Gupta's Devanagari edition.
6. Song No. 613 of Mitra & Majumdar's edition.

decrepit old age is described most realistically and feelingly. In these songs the poet regrets that he traded in his life only in those things which did not yield him any permanent gain that would help him in the end; that he spent all his life in crying "mine, mine" but there was no one who proved his own when the time has come for him to depart from this world; that in his youth he cast his eyes on the wives and property of others; that this life was like a drop of water on hot sands and no one, not even his son, wife or friend, was able to help him when he was approaching death; that half his life he spent in sleep, and then there were infancy and old age, but even during his youth he was inflamed with sexual love so that there was no time left to spend over the meditation of Lord who alone can take care of him in the life hereafter; that having spent all his life over the sordid affairs of life he was approaching the Lord towards the evening of his life which was as absurd and ridiculous as a wage-earner would go for a day's job to an employer when the day was coming to a close and the time for work has passed away; that he was surrendering himself to the mercy of the Lord in the hope that He would not take into consideration either his merits or misdeeds but would vouchsafe to him the shelter of His unbounded grace. Of old age Vidyapati has drawn a very sordid picture so that man may be forewarned of the shape of his existence as years roll by. This would open his eyes to the reality of life and may induce him to meditate on God who alone can help him in the end.

All these songs are Santa or Quietistic in their emotional appeal of which the 'latent emotion' is Nirveda or repulsion, and self-disparagement its basic feeling. They are felt intensely and described sincerely. Much has been made of these songs to show that they are self-revealing or autobiographical in as much as having spent his life in the love of others' wives or in grabbing others' properties, Vidyapati was penitent in his old age. It has been observed that having basked in the sunshine of the royal patronage of Shiva Singha, Vidyapati was frustrated when his patron disappeared so mysteriously and these songs are born out of that frustration.

To me this does not seem quite the right view to hold of Vidyapati either as a man or a poet. He belongs to a tradition where poetry is an expression of the universal element in human life. In other words it is an idealised image of human life—of character, emotion, action—under forms manifest to the senses, and it is all 'feigning'. As in the erotic songs, so in these quietistic ones, Vidyapati is objective and is never drawing upon his own personal experiences. How can we reconcile the love of 'Parakiya', the extra-marital love, with the piety of life which his name evokes ? There is nothing in these songs to warrant us to take them as revealing his own past life when we do not do so in his love songs. They are the common pictures of human life when looked upon from the quietistic point of view. Vidyapati's lyrics are the creations of the particular moods. As a poet he could write with intense feeling on any topic that took his fancy, and he wrote from the fullness of his heart which was overflowing with the particular sentiment or Rasa of which he was writing. The sentiments expressed in these songs are the common experiences of an average man of the world and it is too much to say that these are the special experiences of the poet who is penitent in his old age. A poet of Vidyapati's genius could have seen and observed these common frailties of man so that they could have a universal appeal. The feeling of repentance or the sense of the sordidness, ephemerality or unsubstantialness of life are all the common features of Santa Rasa. Keeping therefore in view the tradition which Vidyapati followed so scrupulously in his poetry and the facts of the poet's life as far as they are known, I do not believe that in these songs Vidyapati was personal or subjective while in his erotic songs he was impersonal or objective. That there is perfect evocation of the Santa Rasa in these songs as there is perfect evocation of Sringara in his love-songs goes without saying. Vidyapati observed and felt equally intensely the vanity and sordidness of human life. The self-disparagement of these songs does not belong personally to the poet as the obsession of his hero in the sexual love of his beloved does not do so. To depict the universal through the particular has been the highest aim of poetry and Vidyapati was able to achieve it eminently whether it was the sexual love or spiritual, whether it was the joys of life or the disparagement of self when face to face with the vanity, frailty, sordidness and frustration of life.

(11)

The fame of Vidyapati as a maker of sweet melodious songs, saturated with all the beauties of Sanskrit poetry, spread phenomenally far and wide. Whoever heard these songs was ravished by their melody and the sentiments expressed were so common that they afforded aesthetic delight to even common men and women till then strangers to it. At a time when Sanskrit was the language of the cultured and in the land of Mithila where to write in any language other than Sanskrit was almost a sacrilege, he had the courage and self-confidence to write in the language actually spoken by the people of the land. He was derided by the orthodox Pandits of the day for his adoption of the vernacular but when they saw that this new poetry brought Vidyapati unique popularity and unprecedented fame, "that last infirmity of noble minds" induced them to follow in the footsteps of Vidyapati. Composing songs on Vidyapati's pattern became a fashion for even talented Pandits of Mithila. It is true that they did not go beyond an imitation of Vidyapati but the process went on unbroken and Maithili literature was built up on the tradition and the pattern set by Vidyapati.

Outside Mithila, Maithili literature flourished in Nepal under the influence of Vidyapati for almost three centuries. The Malla Rajas of Bhatgaon and Kathmandu who claimed descent from the Karnata rulers of Mithila patronised Maithili literature and the political condition of Mithila after the fall of the Oinabaras led Maithil scholars and poets to seek patronage under the Malla Rajas of neighbouring Nepal. In imitation of Vidyapati they pro duced a vast literature, the most important of which is the large number of dramas written in pure Maithili which were staged there regularly and are indeed the earliest dramas written in any modern Indian language. Till about the middle of the 18th century when the Malla rule was supplanted, Maithili continued to be the literary language of Nepal courts and Vidyapati the one source of inspiration. It is a pity that most of this vast literature has not yet been brought to light and therefore it is very little known, but it is well preserved in the libraries there.

But the most potent influence of Vidyapati inspired the great poets of Bengal and led to the growth of Bengali literature in its early stage. The story of Vidyapati in Bengal is indeed a romantic one. Mithila had cultural relations with Bengal since long and just at that time the Pandits of Bengal used to come over to Mithila to brush up their learning and give it a finishing touch with the great teachers of Mithila. When they returned home, they took melodious songs of Vidyapati on their lips. To Chaitanyadeva and his companions these songs proved ecstatically appealing, because under the influence of Sahajiya cult they felt divine love in a sexual way. The love-songs of Vidyapati became the devotional songs of Chaitanyadeva's school and Vidyapati became 'Vaishnava Maha-Jana', a great exponent of Bengal Vaishnavism. Kirtana or singing of devotional songs was a chief feature of this new cult and hosts of talented poets began composing songs, all on the pattern set by Vidyapati. In following Vidyapati, they imitated even the language used by Vidyapati and since they could not write pure Mathili their language was a strange admixture of Maithili and Bengali which in later times came to be known as Brajabuli. For the followers of Chaitanyadeva Vidyapati became the model and Brajabuli the language of poetical composition. As the new cult of Chaitanya spread, Vidyapati's songs went along with it, and thus in Orissa and Assam, as far as the distant Brajabhumi, Vidyapati came to be recognised as one of the greatest exponents of Divine Love, and songs became the form of their devotional compositions. In Bengal itself Vidyapati was revered as a leader of their cult and people came to consider him a Bengali, one who was born in Bengal and poets used his name at the end of their songs to lend prestige to them. There was at least one poet who composed all his songs under the assumed name of Vidyapati. There is a vast literature in Brajabuli which is a pride of Indian literature and when we remember that Brajabuli is the language of Mithila as used by people not born to it, and that all this was inspired by the love-songs of Vidyapati, we marvel at the unique phenomenon and admire the genius of Vidyapati.

It is remarkable to note in this connection that Vidyapati exerted his influence even on Rabindranath at the threshold of his poetical life and he wrote his Bhanu Singher Padavali in what he himself calls 'Imitation Maithili'. The age of Vidyapati thus extended up to the end of the 19th century in Bengal as in Mithila.

In Assam, the great Sankaradeva and his disciple Madhava-deva wrote in Maithili under the direct influence of Vidyapati and though their works were designed to propagate Vaishnavism through entertaining stage plays, the inspiration came from Vidyapati who employed the language actually spoken by the people in his compositions meant for the people.

The talent to express and communicate poetic delight in the language actually spoken proved so very popular and the crafts-manship to employ melodious songs as the form of poetic expression proved so very captivating that Vidyapati established a pattern which was followed by most of our great poets during the centuries following and we can count Surdas, Mira, Tulsidas and Kabir among many others who drew inspiration from Vidyapati, may be indirectly.

(12)

Vidyapati was the brightest product of the Maithil renaissance. He was not a poet by profession. He had varied interests in life; his outlook was most liberal; his views were far ahead of his times. It is a pity that during the centuries since he flourished, there was a cultural degeneration in the land of Mithila. Consequently Vidyapati the man and the ideals he stood for were forgotten and he was turned into a legend, a myth. But ever since he sang the melodious songs to people around him, his fame as a poet has never diminished. Vidyapati still lives as a poet and will live as a poet. He has been par excellence a maker of Indian literature and will remain immortal as such in the annals of Indian literature.

(Sahitya Akademi, Makers of Indian Literature, 1972)

परिशिष्ट : एक

(विद्यापतिक एहन गीत जकर शोध आ प्रथम प्रकाशन रमानाथ झा कयलनि। निम्नलिखित 37 गोट गीत रमानाथ झा सम्पादित भाषा-गीत-संग्रह मे छपल अछि। एहि मे 31 गीत टिप्पणी सहित अछि, हरगौरी विवाह नाटकक छौ गोट गीत टिप्पणी रहित।

गीतक अन्त मे देल गेल संख्या भाषा-गीत-संग्रहक गीत-संख्या थिक। सं.)

मालव।

एत दिन अगे सखि हम छल भान।
कञोने परि विरहिनि राष परान ॥
सेहे दुसह दुख विहि मोहि देला।
पिआ विनु बसल नगर सुन भेला ॥
कुलिस समान हृदय मोर साइ।
पिअ विसलेपेँ विहरि नहि जाइ ॥
कत दिन अगे सखि विहिँ होएब मन्दा।
जलधर जालेँ लुकाओब चन्दा ॥
हरि हरि कतएक हम छल साधे।
जानल विधिवसँ नहि होअ बाधे ॥
भनइ विद्यापति न करह दन्दा।
थिर नहि रहए दिवस भल मन्दा ॥1॥

---

(1) नवीन गीत–प्रथमहि उपलब्ध।

नायिका स्वकीया, विरहिणी, उपेक्षिता–रस विप्रलम्भ शृङ्गार।

जलधरजालेँ लुकाओब चन्दासँ विरहक स्थिति स्पष्ट। दृष्टान्त।

विहरि न जाइ=विहार कएल नहि जाइत अछि। साधे=मनोरथ। साइ=साति, शालए।

विधिवसँ...=विधाताक वशसँ बाधा नहि होएत अथवा विधाताक जे इच्छा ताहिमे बाधा नहि होइत छैन्हि। विधिक इच्छा बलवती।

× × ×

नन्दन वन उपजलि जनी।
मदने बाँधि थला देल पानी ॥
फूल फल भरेँ नउलि लता।
पूरुष भमर ता अनुरता ॥
रूपक कि कहब कहए न जाइ।
बड़ेओ चेतन भूल कन्हाइ ॥
काजर रेह रोमावलि देली।
अनङ्ग जीनि सरीरी भेली ॥
भनइ विद्यापति ॥14॥

× × ×

कोड़ार।

हासक चतुरिम मान सानन्द।
उपमिअ वदन पुनिमके चन्द ॥
सुन सुन माधव से सखि मोरि।
चाहए बाँहक छाहरि तोरि ॥
रूपक आगरि नागरि नारि।
तोहुहुँ त्रिभुवन दुलभ मुरारि ॥
जत जत सूनल गुन अतिरेक।
अनुभवे बूझल सकल विवेक ॥
नयन तरङ्गे मएन उठ जीबि।
मन कर लोचने छाड़िअ पीबि ॥
भनइ विद्यापति ॥25॥

---

(4) अभिनव गीत। अलौकिक रूपश्रीक वर्णन। कल्पनाक विलास।

नन्दनवन, स्वर्गक फुलवारीमे जनी, नारी, उपजलि। स्वर्गीय लावण्य। कामदेव थला (केआरी) बान्हिकेँ पानिसँ पटाओल। ओ लता (दूबर देह भङ्गिमासँ युक्त) फूल-फलसँ नमि गेल ओ पुरुप भमर ओहिमे अनुरक्त होअए लागल। रोमावली जेना काजरक रेखा। कामदेवकेँ जीति जेना मूर्तिमान भेल हो। तेँ ओकर रूपक की कहल जाए? बड़ चेतन व्यक्ति सेहो मुग्ध भए जाथि।

(25) सखीक अनुरोध माधवसँ—हमर सखी तोहर बाँहिक छाहरि चाहैत अछि। अनुराग वर्णन।

सखीक वर्णन—हँसबामे चतुर, हँसमुखि, चन्द्रवदनी, रूपक आगरि।

तोँहू—त्रिभुवनदुर्लभ। गुणक अतिरेक सर्वत्र प्रसृत, तेँ कटाक्षसँ मदन जीबि उठए ओ मन हो जे आँखिसँ रूपकेँ पीबि छोड़ी।

× × ×

कोड़ार।

विगलित वसन पयोधर आरति दिहु पानि।
कामे कनक हर पूजल करेँ अम्बुज आनि ॥
कतने जतने विहि साजला धनि रूप विसाला ॥
सामर कुञ्चित कुन्तलहु कुसुमावलि काँती।
जलद जीनि जनि ऊगला नखतावलि पाँती ॥
सहजहिँ आनन सुन्दरा लोचन चल तोरा।
सरद सुधाकर देखिअ जनि चकित चकोरा ॥
विद्यापति कवि गाओल बूझए रसमन्ता।
देवसिंह वर नागर हाँसिनि देवि कन्ता ॥27॥

× × ×

बराड़ी।

भोँहा काम कमान करे
लोचन तिष तीर।
जषने कान कसि मारति रे
के सहत सरीर ॥
कञोनक करमे कलावति रे
के सिझल पयाग ॥ देह त्याग कएल
सामर धमिल समारल रे केश
दए सीँदुर रेह।

---

(27) "धनि-रूपा विशाला" कतेक यत्नसँ विधि सजने छथि तकर मनोरम वर्णन।

देह परसँ नूआ हटि गेलैक तँ आर्त भए हाथसँ स्तनकेँ झाँपि लेलक। उत्प्रेक्षा, कामदेव जेना अम्बुजसँ सोनाक महादेवक पूजा कएने होथि, महादेव पर कमल चढ़ओने होथि। कारी औँठिआ केशमे फूल खोँसल जेना मेघकेँ जीति तरेगन जगमगाइत हो। सहज सुन्दर मुहमे चञ्चल आँखि जेना शरदक चन्द्रमा पर चकित चकोर। चकित विशेषण मार्मिक।

कोमल पदावली, कल्पनाक विलास, रूपश्रीक उत्कर्ष।

(29) नव गीत। कोनहु रमणीक रूपलावण्यक वक्रोक्तिपूर्ण वर्णन। ककर कर्मक फल थिकैक, के तीर्थराज प्रयागमे सिद्धि प्राप्त कएने अछि जकरा हेतु ई कलावती एना सज्जिता अछि।

भौँहकेँ कामक धनुष बनाए आँखिक तीक्ष्ण तीर जखन ई कान धरि कसिकेँ मारत तँ ककर शरीर से सहि सकत? कटाक्षक वर्णन। कारी केशकेँ सम्हारि सिउँथिमे सिन्दूरक रेखा जेना इन्द्रधनुष मेघमे ऊगल हो, बिनु शरक धनुष इन्द्रधनुष। पसाहनिक वर्णन। लता सन कोमल रमणीक शरीरमे क्रमशः तीन फल, तीनू अमोल फड़ल—कोली वैर, तखन नारंगी नेबो तखन श्रीफल, बेल। स्तनक वर्णन।

उत्प्रेक्षा ओ अतिशयोक्ति।

मेघहि सुरधनु ऊगल रे

की विनु सरें जेह ॥ गुण
एकहि लताँ तीनि फल रे
तीनीओ अमोल।
कोरि अछलि भेलि नारँगि रे बइर
अबे सिरिफल जोर ॥
भनइ विद्यापति ॥29॥

× × ×

अलप वयस मोरि कान्ह तरुणा।
न तन्हि लाज डर न तन्हि करुणा ॥
लोभेँ निठुर भए कएलन्हि केलि।
के जान कतेँ दुखेँ जामिनि गेलि ॥
न कर न कर धनि मोर परबोधे।
जिव की ब कान्ह अनुरोधेँ ॥

नष्ट भेल।

हठेँ वस भेलाहुँ नठल गेयान।
निविवन्ध फुजइते के की जान ॥
देलन्हि आलिङ्गन भुजजुग चापि।
कोमल हृदय उठल मोर काँपि ॥
कुचँ नख देलन्हि ते परकारेँ।
जनि केसरि गजकुम्भ विदारि ॥
अधर निरसि मुख कएलन्हि मन्दा।
राहुँ गरसि निसि छाड़ल चन्दा ॥
भनइ विद्यापति नव अनुरागे।
भमर भरेँ नहि मॉजरि भॉगे ॥39॥

---

(39) नव गीत। प्रथम सम्भोगक वर्णन बालाक मुहसँ। प्रबोधन नहि करू; कान्हक अनुरोधसँ की प्राण देब? ने हुनका लाज, ने डर, ने करुणा।

नठल=नष्ट भेल। केसरि=सिंह। कविक उक्ति नव अनुरागक प्रसङ्ग जे भमरक भारसँ मञ्जरी नहि टुटैत छैक; निर्दय उपभोग असह्य नहि थिकैक। शेष स्पष्ट।

× × ×

मालव।

कहब पथिक पहु हमर बुझाए।
कत जिव आसँ धरब अरुझाए ॥
कुपित कुसुमसर समय वसन्त।
मलय पवन बह विरह दुरन्त ॥
मोएँ सुधि किछु न बुझल परजन्त।
अछल भान निअँ आधिन कन्त ॥
आरतिँ राति गमाबिअ जागि।
तन्हि हम पेम पराभव लागि ॥
भनइ विद्यापति सुन वर नारि।
पुरुब सुकृत बलेँ मिलत मुरारि ॥40॥

× × ×

विभास।

निविल नितम्ब निबेसलि नीवी निकट भइए कत बेरि।
अञ्चल चञ्चल दए कुच झाँपल दरसिए तसु मुख हेरि ॥
साजनि अबे कि करब रस जानि।
आसा अपनि निवेदि लजएलाहुँ विसरलि मनसिज वानि ॥
कण्टक कपटेँ चरण हेरि कत बेरि भाव बुझाओल गोए।

---

(40) प्रोषितपतिका विरहिणीक समाद परदेशी पहुसँ। वसन्तक समय तेँ विरह दुरन्त।

2—प्राण आशामे बाझल कतेक दिन रहत।

5-6—हम तँ हुनक समाचार पर्यन्त नहि बुझल अछि मुदा भ्रम छल जे कन्त हमर अधीर छथि। शेष स्पष्ट।

(48) नव गीत। रमणीक उक्ति सखीसँ जे कोना ओ यत्न कए थाकि गेलि मुदा नायक अविदग्ध, वामे रहलाह, दक्षिण नहि भेलाह। तेँ ओ कहैत अछि जे विफलताक पश्चात् रस जानि की करब। जाहि आशासँ गेलि रही से निवेदन कए लजाए गेलहुँ; कामक उपयुक्त वाणी बिसरि गेल।

की सब कएल? निविड़ (सटल) नितम्ब (डाँड़क पछिला भाग) मे नीवी, रशनादाम, (इजारवन्द) कए बेरि (खोलि-खोलि) खोंसल; हुनक मुह दिशि ताकि ससरैत आँचरसँ उघाड़ स्तनकेँ झाँपल; पाएरमे काँट गड़ल तेँ पाएर देखि देखि कतेक प्रकारेँ अपन मनक भाव जनाओल।

असदृस सञो जञो पेम बढ़ाबिअ कतए मनोरथ होए ॥
कठिन कुलिस सन अधिक तन्हिक मन कहुषने न छाड़थि वामे।
कि सेहे चतुर नहि हम नहि चीन्हथि की जिवइतेँ नहि कामे ॥
भनइ विद्यापति— ॥48॥

× × ×

आसावरी।

देखलि दूषलि रूषलि भूषलि देखलि सखी समेते।
फूजलि कँवारि न बाँध सामरि सुन्दरि अँ वधँ एते ॥ केश, अवस्था
माधव काञि विसरलि बाला।
ओ नवि नागरि गुनक आगरि भेलि निमालक माला ॥
ओ जे अभागलि देहरि लागलि पथ निहारए तोर।
निचल लोचन न सुन वचन ढरि-ढरि खस नोर ॥
उससि उससि खसि खसी पड़ आलि आलिङ्गए धाए। सखी
जाहि बेयाधि पराधिन औषध ताहेरि कोन उपाए ॥
भनइ विद्यापति ॥54॥

मुदा असमान जनसँ प्रेम कएने मनोरथ कतहु पूरए; वज्र सन हुनक हृदय वाम नहि छुटल।

अतएव की तँ ओ विदग्ध नहि छथि, की हमर विदग्धता नहि चिन्हलन्हि, नहि तँ हुनक शरीरमे काम जिबैत नहि छैन्हि।

अपूर्व चित्रण, उक्तिक विच्छित्ति।

(54) नवीन गीत। बड़ ललित पद-विन्यास।

माधवसँ सखीक निवेदन, नविनागरि गुण-आगरिक विरहक वर्णन। किएक बिसरलिऐक, ओ निर्माल्यक माला जकाँ उपेक्षिता परित्यक्ता अछि। ओकर स्वरूपक वर्णन। सखीक मध्यमे देखलिऐक, दूषलि=दुखसँ पराभूत, रूषलि रुषिता अथवा रूसलि मुदा से अर्थ संगत नहि; भूषलि अन्न त्यागने। केश खूजल, बन्हैत नहि। एहने तँ ओकर अवस्था। देहरि लागलि बैसलि बाट तकैत, आँखि निश्चल, कान जेना वधिर, केवल नोर खसैत। उससि उच्छास लएलए दीर्घश्वास फेकि खसए लागए आ सखी सब जाए भरि पाँजकेँ पकड़ि लैक। ओकर व्याधिक औषध छैक पराधीन, तोहर अधीन। आन कोन उपाय करतैक।

× × ×

धनछी।

मे ँ दुर मुँदिर वरिस जलधार। घन मेघ
पाउस निसाँ निबिल अँधकार ॥ वर्षा
नील निचोल पहिरि हमे लेल। वस्त्र
मने अनुमाने चरण पथँ देल ॥
कए साहस सए अवसर पाए।
सूना सँकेत तुलएलाहुँ आए ॥
तो के कि कहब कान्हु हमे अगे ँयान।
छइलक बचने कएल परमान ॥
आबे कि कहब अवसर बहि गेल ॥
अपन निरूपन अपनहि देल ॥
मोहि परबोधलह जत-जत भाषि।
तोहरे हृदय सबहि ँ अछ साषि ॥
भनइ विद्यापति तषनुक भास।
जे निरवाहिअ ताँ दिअ आस ॥59॥

---

(59) विरहिणी अभिसार कएल, संकेतस्थान शून्य भेटलैक। एहन विप्रलब्धाक उपालम्भ नायकसँ।

मेदुर=सान्द्र, घन। मुदिर=मेघ। अन्हरिआ राति–भदबारिक, पानि पड़ैत। नील साड़ी पहिरि अंदाजसँ बाट साहैत सए गोट साहस कए अवसर बनाए गेलि मुदा पहुँचल शून्य संकेत स्थलमे।

कान्हके ँ की कहल जाए? अज्ञान अपन, चतुर रसिकक वचन मानल से अपन दोष। आब तँ अवसरे बीति गेल, अपन चरित्रक निरूपण अपन क्रियासँ देल भेल। हमरा की सब कहि प्रबोधन देने छलाह तकर साक्षी तोहर अपने हृदय।

एहन अवसरपर विद्यापतिक उक्ति इएह जे जकर निर्वाह कए सकी तकरेटा आशा देबाक चाही।

बड़ विलक्षण गीत। भाषा सरल, भाव स्वाभाविक। मनःस्थितिक यथार्थ वर्णन। विरहक गीतमे भावक स्वाभाविकता ओ भाषाक कोमलता द्रष्टव्य।

× × ×

नाट।

हरि हरि मधुर बाटके आस।
कत दिन लोचन पड़त उपास ॥
हमर सपथ दए पुछिहह तन्ही।
जिबइते ँ दरसन होएत की नही ॥
लागु दुराशा चितँ अति खेद।
होअओ कि जाओ पड़ओ परिछेद ॥
पुरत कि नहि मन संसय पाए।
कण्ठहि डोरा जीव खेलाए ॥
भनइ विद्यापति ॥60॥

× × ×

मालव।

विषिनि देखलि तुअ राही।
तोहे विसरलि संसय पड़लि हृदय कहति काही ॥
देहरि बैसलि पथ निहारए तुअ दरसन आसे ँ।
करतलगत आनने रोअए उठए तेजि निसासे ॥
धरनि धरिए उठए चाहए मुरुछि खसए ठाम ।
पेम महारसेँ मातलि बाला सुमरि तोहरि नाम ॥
पिअ वियोगिनि ओ जे अभागिनि करति की परकार।
विरहेँ दगधि तथिहुँ दारुण विषम सर पहार ॥
भन विद्यापति– ॥62॥

---

(60) विरहिणी गोपीक समाद उद्धवसँ। कृष्ण मथुरामे छथि।

गोपी कहैत अछि–आशा अछि केवल मथुराक बाटक। लोचन कतेक दिन बिनु हुनका देखने उपास रहत। हमर शपथ दए पुछबैन्हि जे जिबैत दर्शन होएत की नाहि? दुराशा लागल अछि ओ तेँ मनमे खेद अछि। कोनो निश्चय भए जाइत जे दर्शन होएत की नहि हौएत। एहि संशयमे स्थिति ओहने अछि जेना फाँसी कण्ठमे लागल रहए आ प्राण खेलाइत रहए!

बड़ सरल, भाषा अत्यन्त स्वाभाविक, भाव अनुरागक सर्वथा अनुकूल।

ई गीत कोनहु अनुरक्ताक भए सकैत अछि मुदा तखन हरि हरि हताशता-सूचक संबोधन मानए पड़त ओ बाटक विशेषण मधुर। आशय जे जाहि बाटेँ नाथ अओताह से मधुरे होएत।

(62) नव गीत। विरहिणीक संतापक वर्णन, दूतीक उक्ति नायकसँ।

तोहर राहीकेँ (राधाक दुलारसँ विकृत रूप) विखिन्न देखलिअहु। तोँ बिसरि गेलहक,

× × ×

राजविजय।

बुझि हल माधव तुअ अनुबन्ध।
प्रथम मधुर परिनामक धन्ध।
आइति अपनी आरति न बुझह आन।
वचन सुधारस हृदय पसान ॥
तोहे ँ हरि कपटी न बुझह अन्त।
वचनहु भल न कएल परजन्त ॥
तोहर दुषन नहि समय सोभाव।
मधुकर मालति निरसि नड़ाब ।
भनइ विद्यापति सुन वरनारि।
कपटी पेम दिवस दुइ चारि ॥63॥

संशयमे पड़लि अछि जे तो ँ स्नेह करैत छहक की त्यागिए देलहक, ते ँ अपन हृदयक कथा कहबो करतैक तँ ककरा?

प्रेमक महारससँ बाला मातलि अछि, तोहर नाम जपैत छहु अनुरागसँ। पिआसँ ओहि अभागलिके ँ वियोग, प्रतीकार की करति, एक तँ विरहसँ दग्ध, ताहूपर कामदेवक कठिन प्रहार। शेष शारीरिक दुरवस्थाक वर्णन स्पष्ट।

बड़ सरल, भावसँ कोमल, करुण।

(63) शठ नायकके ँ उपालम्भ। दूतीक उक्ति।

तोहर अनुबन्ध (स्नेह) बुझिहल (बुझलिअहु)

पहिने मधुर, परिणाममे (धन्ध) चिन्ता देनिहार जे दुर्जनक प्रतीक रूप थिक।

अपन व्यग्रतामे आनक विचार नहि कएनिहार, बजबामे मधुर मुदा हृदय पाथर सन कठोर। तो ँ (कपटी) छली थिकह, कहबहुक हेतु अथवा वचनहुटासँ अन्त धरि भल नहि कए सकलाह। मुदा तोहर दोष कोन, ई समयक स्वभाव थिक जे मधुकर मालतीक रस चूसि ओकर उपेक्षा कए चल जाइत छैक। विद्यापतिक उक्ति—कपटीक प्रेम दुइए चारि दिन रहैत छैक।

द्रष्टव्य थिक जे प्रेमहुक विषयमे विद्यापति सुपुरुषक प्रशंसक छथि।

भाषा अत्यन्त स्वाभाविक, विद्यापतिक समयमे एहने छल जे लोक बजैत छल।

तेसर पाँतीमे पाठान्तर देल अछि आइति। अर्थात् अपन अधीन जे विषय छहु ताहि प्रसङ्ग आनक हित-अहितक विचार नहि छहु।

× × ×

राजविजय।

बेरा एक जिव राष कन्हाइ।
पर (क) विलासिनि देहे पठाइ ॥
न तो ँह लाघव न तोँह लाजे।
पूनु न करब ऐसन काजे ॥
सङ्गे सुचेतन मन्दिर दूरे।
जागत पहरि ऊगत सूरे ॥
भनइ विद्यापति न तेज रीति।
गुपुत सोभए पर पिरीति ॥64॥

× × ×

धनाश्री।

दोला तर नबइते ससि षसि परु
बाघछालँ गेल छिड़िआइ।
तेहि अमिअ रसे मृगरिपु जिबि उठु
भागे ँ मोए अएलाहुँ पड़ाइ ॥
दोसरि विधि पड़िचाँ चढ़ि बैसलाहे
जषने दिगम्बर आइ रे।
लाजक लेलि गोरि नहि आबए
सखि सबे गेलि पड़ाइ ॥

---

(64) दूतिक उक्ति नायकसँ जे परक विलासिनी जे अभिसारमे आइलि छहु तकरा पठाए दहक, एकहि बेर प्राण जनु लए लहक, जीवए दहक। ने तोरा हीनताक विचार छहु ने तोरा लाज छहु। दोसर बेर फेर एहन काज हम नहि करबहु। सङ्गमे बुझनुक लोक छैक (अर्थात् स्वयं ओ दूती), घर दूर छैक, पहरा देनिहार सब जागि जएतैक, सूर्य उगि जएताह। विद्यापति दूतीक समर्थनमे कहैत छथि जे अभिसारक जे रीति थिकैक तकर त्याग नहि करह। परकीयाक प्रेम गुप्त रहनहि सुन्दर होइत छैक, व्याहार भेने अपयश, लाज इत्यादि अनेक दोष। अत्यन्त स्वाभाविक अथच परिमार्जित भाषा।

(66) शिव-विवाहक गीत, महेशवानी। अपूर्व। एहिमे विवाहक पाँच गोट विधिक उल्लेख अछि जाहिकाल महादेवक स्वरूप एवं वेषसँ अद्भुत स्थिति उत्पन्न भए गेल।

शिव विवाह करए पहुँचलाह। स्त्रीगण परिछए आइलि। दोलासँ उतरबाक काल अथवा पान छिड़िअएबाक काल शिवजी जे उतरलाह से माथ परसँ चन्द्रमा ओ देह परसँ बाघक छाल खसि पड़लैन्हि चन्द्रमासँ अमृत चुइल, वघम्बर पर पड़ल, बघम्बर बाघ भए गेल, सब स्त्रीगण डरेँ पड़ाए गेलि। दोसर विधि; पटिआ पर बैसलाह, दिगम्बर, नाङट; गौरी लाजेँ आबथि नहि, सब सखी लाजेँ पड़ाए गेलि। तेसर, महुअकक हेतु यावत् शिवजी पाएर धोथि तावत् वासुकि

माइ हे माड़ब मए नहि जएबे
जहाँ बस उमत जमाइ ॥
पएर धोअए षने दूध पिउल फणि
हर लागलि तसु चोरी।
सबे सबतहु करताल बजाबए
मधुर हासेँ हँस गोरी ॥
सासुहि शङ्कर वदन उगारल
आँचर छान्दल ग्रिमपासे।
देखि गिरि भाने भोगि कुच चढ़लाह
आओर कि कहब उपहासे ॥
गोरि सखी मिलि ईस सीर धरि
नयन आँजल मन मोहेँ।
एक हाथ नयनानल डाढ़ल
दोसर गिड़ल गङ्गा गोहे ॥
भनइ विद्यापति सुनह मन्दाइनि
ओ वर सहजक भोरा।
गोरि सहित हर देथु अभयवर
पुरत मनोरथ तोरा ॥66॥

सबटा दूध पीबि गेलथिन्ह। स्त्रीगण वरक उपहास करथिन्ह जे इएह चोराएकेँ दूध पिउलैन्हि। गौरी मुसुकाइति रहलीह। चारिम, सासु हिनक मुह उङारि आँचर गरदनिमे लपेटि आब वेदी घुमओथिन्ह तावत् हुनक पीन उन्नत स्तनकेँ पहाड़क भ्रमसँ नाग ओहि पर चढ़ि गेलथिन्ह—एहिसँ पैघ धूर्ता की होएत समधिनक? पाँचम, गौरीक सखीसब शिवजीकेँ माथ पकड़ि काजर करए गेलथिन्ह तँ हाथ तेसर आँखिपर पड़लैन्हि, आगिमे पाकि गेलैन्हि, दोसर हाथ माथ पर गङ्गाक गुफामे, मोनिमे, पड़ि गेलैन्हि।

विद्यापतिक उक्ति जे ई उन्मत्त स्वभावहि छथि—ओ अन्तमे प्रार्थना जे सब नचारी महेशवानी मे रहितहिँ छैक।

एहिमे विशेषतः द्रष्टव्य

(1) मैथिल ब्राह्मण समाजमे विद्यापतिक समयमे विवाहक लौकिक विधिक विवरण। देखबाक थिक जे एखन धरि ओ विधि सब कोना अनुवर्तमान अछि।

(2) स्थितिक वर्णनसँ महादेवक ध्यान, रूप-वर्णन।

(3) प्राचीन शब्द जे व्यवहारमे छल, आब उठल जाइत अछि वा बदलि गेल अछि। दोला (पालकी वा खरखरिया), नवइते (उतरैत), पड़िचाँ (पटिआ), माड़ब (मड़बा), उगारल, छान्दल (घेड़िकेँ पकड़ब), आँजल (अञ्जन कएल), डाढ़ल (डाहल), गोह (गुफा मोनि)।

(4) परिस्थितिक प्रतिकूल चित्रणसँ हास्यरस जे एहि जातिक गीतक वैशिष्ट्य थिक।

(5) ई परिछनिक गीत जकाँ गाओल जाइत छल होएत।

(6) विषयवस्तुक अनुकूल भाषाक सौन्दर्य।

× × ×

वरड़ी।

कञोने वर आनल तपसिआ।
गोरि मुगुधि भेलि देखि रँगरसिआ ॥
नयन अनल काजर कहाँ लाओब।
जटा गाँग-गोह कैसे कए चुँबाओब ॥
भुत वरिआती कतए जेमाओब।
पाँच वदन महुअक कहा पाओब ॥
पानि पिनाक मुसरें सें गाबए।
बाघछाल ओढ़न किछु न सोहावए ॥
भनइ विद्यापति ओ वरदायक।
देथु अभय वर ओ जुगनायक ॥67॥

× × ×

कोड़ार।

आसें सुमुखि चलि अइली।
सून सङ्केत हेरि पलटलि गेली ॥
चल चल चपल कन्हाइ।
आबे तुअ सपतहुँ के पतिआइ ॥
यदि तोंह नहि अवकासे।
पर रमनी कके दिअ विसवासे ॥
जागि जौवन गेल सूती।
तें कारने हमे भेलिहु दूती ॥
विद्यापति ॥72॥

---

(67) दोसर महेशवानी। मुदा ई नचारीक भासपर सेहो गाओल जाए सकैत अछि। पूर्वहिक गीत जकाँ महादेवक विवाहक समयमे स्थितिक विषमताक वर्णन, समाजक स्त्रीगणक उक्ति।

कोन तपस्वी वर अनलैन्हि उठाएकें जाहि रंगरसिआ अर्थात् विदग्धकें देखि गौरी मोहित भए गेलीह।

स्थितिक विषमता—आँखिमे आगि छैन्हि, काजर कतए करबैन्हि?
जटामे गङ्गाक मोनि छैन्हि, चुमाओन कोना करबैन्हि?
बरिआती छैन्हि भूत, कतए भोजन करएबैन्हि?
पाँचटा मुह छैन्हि, महुअक कोन मुहें करताह?
हाथमे पिनाक छैन्हि, ताहीसँ अठोङर कुटैत,
मुसरक स्वरक अनुकरण करैत अछि।
देह पर बाघक छाल छैन्हि, कोनो शोभा नहि दैत छैन्हि।

× × ×

ललित।

बीके ँ अइलिहुँ ई भेल भोर।
की षति जञो न बिकएले घोर ॥
पलटि जाएब घर न होएब पार।
हमे ँ कुलबहुँ उपसञोब पसार ॥
हठ तेज माधव कर मोहि पार।
सब तह बड़ बथु पर उपकार ॥
कौतुके ँ पिआए परिहउलाहुँ हार।
रञ्जल पीन पयोधर भार ॥
छुइ जनु हलह जीवे ँ जञो काज।
कामातुर काँ नहि भय लाज।
आइति उचित करिअ उपकार।
थिर नहि रहए अथिर अधिकार ॥
भनइ विद्यापति ई रस जान।
नृप सिवसिंह लखिमा देइ रमान ॥79॥

महादेवके ँ वरदायक, अभयदाता एवं युगनायक कहल गेल अछि।
पूर्वक गीतक वैशिष्ट्य एतहु द्रष्टव्य।

(72) नव गीत। विप्रलब्धाक सखी कन्हाइके ँ उपालम्भ दैत अछि। आशासँ सुमुखी गेलि, सङ्केतस्थल शून्य छल, घूड़ि आइलि। ते ँ हे चञ्चल कन्हाइ! चलह। आब तोहर शपथहुसँ के पतिअएतह। छुट्टी नहि छलह तँ पररमणीके ँ विश्वास किएक देलहक? यौवन अर्थात् कामवेदना जागल छलैक, ओ अएलहु; आब ओ सुप्त भए गेलैक तँहि ने हम दूती भए तोहरा बजबए अएलिअहु अछि। आब ओ नहि आओतह; आब तो ँही चलहक।

विप्रलब्धाक वर्णन विद्यापतिक बड़ चमत्कारक होइत छैन्हि। तकरे इहो एकटा दृष्टान्त। वचनभङ्गिमा एकर चमत्कार।

(79) नव गीत। गोआलरी। यमुनाक घाटपर गोरस बेचए जाइत गोपीके ँ पार करबाक उपक्रममे ओकर छाती पर हाथ रखबाक चेष्टा करैत माधवकेँ ओहि कुलवधू गोपीक भर्त्सना। गोपी विदग्धा।

गोरस बेचए अएलहुँ सएह अज्ञानता भेल। नहिए घोर बिकाएत तँ की क्षति होएत? वरु यमुना पार नहि होएब, घूड़िके ँ घर चल जाएब। कुलवधू छी, गोरसक व्यापार बन्द कए लेब।

देखैत छहक ई हार; बड़ आवेशसँ हमर पिआ एकरा हमर गरामे पहिराए हमर पीन पयोधरकेँ सुशोभित कएने छथि। जँ हमर प्राणक ममता होअह तँ ओकरा जनु छुबहक। तो ँ कामातुर छह, तोरा ने भय छहु ने लाज।

अपन अधीन रहए तँ उपकार करिऐक। अधिकार सब दिन नहि रहैत छैक, अस्थिर थिकैक। ते ँ हे माधव! हठ त्यागि हमरा पार कए दएह। सबसँ पैघ वस्तु थिक परोपकार।

बड़ सुन्दर वक्रोक्तिपूर्ण वैदग्ध्य-वचन। स्वाभाविक।

× × ×

मालव।

तुअ पथ हेरि हेरि निंदहु न सोअइ।
अवनत आनन धनि कत रोअइ ॥
फुजलेओ चिकुर उलँरि उरँ परइ। फिरि,
जनि कनकाचल चामर ढरइ ॥
बेरा एक अबे कान्हु तोरि राहि जिबइ।
जञो तुअ रूप नयन भरि पिबइ ॥
कत परबोधिअ नहि पतिआइ।
जत तन्हि समदल कहहि न जाइ ॥
अबे कान्हू काठ कठिन तुअ हृदया।
धनि तोहँ रतलि तो ँहहि बड़ निदया ॥
भनइ विद्यापति ई रस जान।
नृप सिवसिंह लखिमा देइ रमान ॥82॥

× × ×

कतए दमोदर देव वनमालि।
कतएक हमे धनि गौर गोआरि ॥
आजे अकामिक दुइ डिठि मेरि।
दैव दाहिन भेल हृदय उबेरि ॥
भल भेल माइ हे कुदिवस गेल।
चाँद कुमुद दुहु दरसन भेल ॥

---

(82) नवीन गीत। विरहिणीक सन्तापक वर्णन। सखीक उक्ति कान्हसँ।

स्थिति–तोहर आगमनक प्रत्याशा ते ँ निद्रा नहि। मूड़ी खसओने हरदम कनैत। केश बान्हल नहि, उलटिके ँ छातीपर लटकल, जेना कनकाचल पर चामर डोलाओल जाइत रहए।

आबहु प्राण बचि सकैत छैक जँ एक बेरि तोहर रूप भरि-आँखि पीबि सकए, तोरा प्रेमसँ समीपमे देखि सकए। प्रबोधनसँ विश्वास नहि होइत छैक, जे समाद कहलक से कहल नहि भए सकैत अछि। ओ तोरामे एना अनुरक्त ओ तो ँ एहन निर्दय, काठसन कठोर हृदय छहु।

सरल, करुण, ललित, स्वाभाविक।

(83) नव गीत। कृष्णक गुण सूनि सूनि मोहित गोपी कृष्णक दर्शन पओलक। कृष्ण प्रेम देखाओल। ताहिसँ अपनाके ँ धन्य बुझैत गोपीक आनन्द। ओ कहैत अछिः–

कतए दामोदर बनमाली देवतास्वरूप कृष्ण आ कतए हम एकटा गोरि गोआरि मुदा आइ अकस्मात् दूनूक आँखि मिलि गेल, (कृष्णक दृष्टिमे प्रेम छलैन्हि; ओ प्रेम कएल) दैव

अपनेहि आए मिललि अछि नीधि।
जुग दस जपल आजे भेलि सीधि ॥
भनइ [illegible]ापति सुन वरनारि।
कुदिवस [illegible]हए दिवस दुइ चारि ॥83॥

× × ×

मोरा मन मनमथेँ राषलि गोए।
बिसरए चाहिअ बिसरि न होए ॥
देखलि मोएँ कामिनि कहहि न जाए।
पुनु दरसन लागि रचिअ उपाए ॥
तलितलता सम तनु देखली।
विहिँ जनि दसहुँ दिसाँ लिखली ॥
मित हे !
पीन पयोधर रुचि उजरी।
सिरिफले फललि कनक मजरी ॥
सम्भ्रम सकल सखीजन वारि।
पेम बुझओलन्हि पलटि निहारि ॥
भनइ विद्यापति अछ परकार।
जमुन तरुणि तिर धर कण्डहार ॥
तन्हि जाएब बीके तोँहे लेब दान।
दरसेँ परसेँ पूरत पँचवान ॥88॥

दहिन भेलाह, हृदयक उद्धार भए गेल। श्रवणसँ पूर्वरागक कारणेँ जे विरहक यातना छल से दुर्दिन बितल। आइ चन्द्रमा ओ कुमुदिनी दूनूकेँ परस्पर दर्शन भए गेल। अपनहि हमरा (प्रेम ओ आनन्दक) खजाना आबिकेँ भेटल। दश युग जप कएला उत्तर (हुनक नाम गुण रसिकताक ध्यान कएला उत्तर) आइ सिद्धि प्राप्त भेल।

कविक उक्ति, दुर्दिन दुइए चारि दिन रहैत छैक। अनुरागक यथार्थताक वर्णन। शब्दमे उल्लास अछि।

(88) दर्शनसँ पूर्वराग। एकर भास द्रष्टव्य। ध्रुवमे 'मिता हे' विलक्षण।

प्रथम दस पंक्तिमे अनुरक्तिक वर्णन। अन्तिम चारि पाँतीमे दानलीलाक संकेत। एक दर्शनमात्रसँ मन कामक अधीन। गोए=नुकाएकेँ।

6–दशो दिशा ओकरे मूर्त्ति देखि पड़ैछ। 7-8–प्रतीयमान उत्प्रेक्षा-मंजरी=मञ्जरी फूल वा पल्लवक गुच्छ थिक। स्तनक परिवेशकेँ फूलक गोल गुच्छ कहि ओकर फलकेँ बेल कहैत छथि। सुन्दर चित्र। देखू–भमर भरे कि माजरि भाँगए।

सम्भ्रम=सहसा, अनातर्कित। 9-10 मे बालाक अनुराग द्योतित। तेँ भविष्यमे मिलनक आशा। तरुणि–नदीमे तरुणिमा जलक आधिक्यसँ। तरुणी यमुनाक अर्थ भरल यमुना। कण्डहार गीतान्तरमे कडुआर वा कडुहार अछि!

× × ×

नाट।

वाम नयन वर रे मन हरए हमारा।
विमल कमल दले ँ रे जनि भमए भमरा ॥
मिता हे। राधा दरसन भेला।
भल न देखओ महितल चाँद उगला ॥
पीन पयोधर रे सुखे ँ सहजक गोरा।
कामे ऑओध करु रे जनि कनक कटोरा ॥ उनटाओल
लोचन चञ्चल रे बेबि खञ्जन मेरी।
भनइ विद्यापति रे राधा कान्हक केली ॥89॥

× × ×

बरड़ी।

दुर सञो सुनिअ दमोदर नामे।
केओ बोल दाहिन केओ बोल वामे ॥
आज अकामिक दुइ डिठि मेरा। दरसनभेला
हेरितहि ँ हृदय हरिए लए गेला ॥
कि पुछह अगे सखि कि कहब आने।
भले जानल तोहे ँ देखल मए कान्हे ॥
अधराहुँ लोचने न हेरल लाजे ँ।
कत परमाद पड़ल विनु काजे ॥91॥
॥विद्यापतेर्द्धे॥

---

(89) विद्यापतिक नव गीत। ध्रुवमे 'मिता हे' द्रष्टव्य। नायकक उक्ति मित्रसँ। दर्शनसँ अनुरक्ति। पूर्वराग। राधा-कान्हक केलिक वर्णन मुदा एतए दर्शनमात्र। वाम=टेढ़ अथवा वामाक, सुन्दरी रमणीक। कटाक्षक व्यङ्ग्य। 4–देखल से नीक नहि भेल। 5–सुखे ँ सहजक गोरा=स्वाभाविक रूपसँ गोर कान्ति। बेबि=दुनू। मेरी=मिलन।

(91) पूर्वरागक विरह। प्रथम दर्शनसँ प्रेम-परवशता।

पूर्व नाम सुनिऐन्हि–केओ दक्षिण, गुणी, कहैन्हि, केओ वाम, कुटिल, कहैन्हि। अकामिक=आकस्मिक। भलेँ तोँ बुझलह जे हमरा कान्हक दर्शन भेल। अधराहुँ लोचन=आँखि नीचो कए अर्थात् कटाक्षहुसँ देखि नहि सकलिऐन्हि। लाजसँ तथापि बिनु काजे ँ; बिनु कोनहु फले ँ, केहन प्रमाद भेल, असावधानता कएना गेल, देखना गेल जाहिसँ एना परवश भए गेलहुँ। दामोदर ओ कान्हक नामोल्लेख।

× × ×

काहाँ सञो कतए तुलइलिहुँ आए।
डिठि अनुबन्ध दैवेँ देल लाए ॥
अपुरुव रूप नयन भरि पीबि।
विरहिनि भए मोहि की फल जीवि ॥
वदन विरोधे सुधाकर मार।
अनिलओ करए अनल बेबहार ॥
सहजहिँ दसमि दसा मोहि आज।
अपजस लए तोह की अछ काज ॥
सुकवि विद्यापति ई रस भान।
आरतिँ राषिअ परक परान ॥94॥

× × ×

ललित।

चरणायुध धुनि सुनि जनु होए।
श्रवण मुदए छलेँ करतलेँ गोए ॥
अरुण किरण डरे मुदए गवाष।
षने षने बाढ़ अधिक अभिलाष ॥
सरसिज सौरभ मने अनुमान।
मृगमदे करए तिलक निरमान ॥
कैतवेँ करए सकल समधान।
रमणि जोगाब रसिक जनु जान ॥
भनइ विद्यापति ॥96॥

---

(94) पूर्वरागक विरह। नायिकाक उक्ति। दशम काम दशा, मृत्यु, सन्निहित। कतएसँ आबि खसलहुँ जे आँखि मीलि गेल, नायकक अपूर्व लावण्य दूनू आँखिसँ पीबि आब भरि जन्म विरहक आगिमे जरब। वदनविरोधे अर्थात् मुह ओहने अछि तेँ चन्द्रमा विरुद्ध। वायुमे ताप।

आर्तिमे पड़ल लोकक प्राण-रक्षा विधेय। तेँ नारी-वधक अपयश जनु ली, कृपा करू। अनुनयक पद।

(96) अभिनव गीत। भरि राति रमण कएलक मुदा रमणक अभिलाषा क्षण क्षण बढ़ले जाइत छैक तेँ भोर खन वियोग भए जाएत एहि भयसँ रमणी कैतब कए उषाकालक लक्षण नुकएबाक यत्न करैत अछि ओ रसिक नहि बुझथि तकर जोगार करैत अछि। यथा, चरणायुध=मुरगाक धुनि ने सूनि पड़ैन्हि तेँ तरहत्थीसँ नायकक कान मूँदैत अछि; उषाकालक लाली ने घर आबए तेँ खिड़की बन्द करैत अछि; कमलक सुगन्धि ने आबए तेँ कस्तूरीक तिलक रचैत अछि।

× × ×

नाट।

रामा देह पेम-रस चित लाई।
घनहन वसन करह काञी ॥
सपुन पुनिम ससि तुअ मुख काँति।
कोपेँ जनु हेरह कुटिल भाँति ॥
चष इषु काजर विषे माषि।
काञि मारह हे मरम लषि ॥
तीष कटाष सर सँपु(र) न।
भौँह धनुष अञ्जन गुन ॥
व्याध मदन मृग मोन मन।
देहे सरण जौवन वन ॥100॥

विद्यापतेः

× × ×

मालव।

हेम लताँ हिमकर उगि गेल।
दुहु दिसँ गुरु सुकेसे वा लेल ॥
देखलि रमनि पुरुव पुने आज।
रति रस आँकुर पेलए लाज ॥
बँधलओ राहु करए कत लोभ।
ताहि उपरँ तारागन सोभ ॥
हँसलि सुमुखि किछु भाव बुझाए।
जनि नव दलँ हे कुसुम छिड़ियाए ॥

---

(100) देह क्रियापद। चित लाई=मनसँ। घनहन=पूर्ण आवृत, जाहिसँ सौँसे देह झाँपल भए जाए। काञी=किएक।

चष=चक्षु, आँखि। इषु=शर।

अन्तिम चारि पाँतीमे साङ्गरूपक–मदन-व्याधा हमर मन-मृगकेँ भौँहक धनुष जाहिमे काजरक डोरी छैक तीक्ष्ण कटाक्षरूपी सम्पूर्ण शर मारैत अछि। अपन यौवनरूपी वन शरण दएह।

पूर्वरागक मान। नायिका नवोढ़ा अथवा विश्रब्ध नवोढ़ा। कटाक्षक विलक्षण चित्रण। अनुनयक पद।

(102) रूपलावण्यक वर्णन।

'रममि पुरुष' मे 'पुरुष' चढ़ाओल अछि, छल 'रतन'।

समधिकलज्जावती। रतिरसक अङ्कुरकेँ लाज पेड़ए, कष्ट दैक।

भावक भरमल भमरा बूल।
कामक चातरँ के नहि भूल ॥
भनइ विद्यापति ॥102॥

× × ×

जषने अएलाह कान्ह समाज।
कएल मए वदन आँओँध लाजेँ ॥
हसि सुनौलन्हि रभसेँ वानी।
राषल मूदि मए श्रवण पानी ॥
कत मए साजनि करब मान।
आँरतिँ पाब पराभव कान्ह ॥
मउन जतन कएल जतेँ।
कौसलेँ बालभुँ छिकल तते ॥
तषने संसयँ पड़ु परान।
कुण्डल फेरि परीहल कान ॥
भनइ विद्यापति आन न जान।
गुपुत कथा बुझ सयान ॥111॥

हेमलतामे चन्द्रमा ऊगल। दूनू दिशासँ गुरु ओ शुक्र सँ सेवा ग्रहण करए। कूट जकाँ एकर अर्थ अनुसन्धेय।

बान्हल राहु, खोपा। ताहि उपर तारागण- फूल।

सुमुखी हँसलि, प्रेम प्रदर्शित करैत, जेना नव दल (अधर) पर फूल छिड़िआए गेल हो। प्रेमसँ भ्रान्त भ्रमर (अप्रस्तुतप्रशंसासँ प्रेमी) बौआइत अछि। कामक चत्वर (आङन) मे आबि के नहि भोतिआए।

कोमल भाव, ललित पद मुदा अर्थ क्लिष्ट।

दोसर पाँतीक पाठ स्पष्ट नहि।

(111) मिलन वर्णन नागरिक मुहसँ। बाला समधिकलज्जावती मुदा मदनविकारा।

मान कतेक करब; आर्त्तिसँ कान्ह पराभव पाबथि। तेँ कान्हक अनुरोधसँ मान त्यागल ई व्यङ्ग्य।

समक्ष भेलापर मूड़ी नीचा कए लेल। प्रेमक कथा कहथि तँ कान मूनि ली। चुपचाप, बिनु किछु बजने, जे कोनो यत्न कएल, कान्ह अपन कौशलसँ सबकेँ छिकल, आब कहबैक छेकल, घेरल। निरुपाय प्राण सङ्कटमे पड़ि गेल तँ कानक कुण्डल बहार कए एककेँ दोसरामे पहिरए लगहुं। से चेष्टा जे प्रसङ्गमे असङ्गत। तेँ कान्हकेँ अवसर भेटल जे अपन इच्छानुसार व्यापार करथि। बड़ कोमल भाव ओ ललित पद।

× × ×

मालव।

तिला एक अवधिँ आनलि अभिसारिणि भए गेल चारिम जामा।
अबहुँ मधुरपति समदह सुन्दरि कुशलेँ जाओ निअ ठामा ॥
माधव मोरेँ मने एहे अनुमाने।
सेहे पुरुष वर हितक वचन कर रुचि राषि कर मधुपाने ॥
झाँपल पेम सबहु तह सुन्दर सीचल अमिअक सारेँ।
बेकत करिअ जञो विष परिनति तञो जगत एहे बेबहारे ॥
मल्लदेव नृप कैतव वचन सुनि तोहेँ दुति दुरमति जाती।
ऐसनि प्रीति कैसे विघटाबह दुहु दिसँ दोगुन साती ॥117॥

× × ×

ललित।

जामिनि बहलि सुनिअ पिक राव।
अलि धुनि सुनि मोहि किछु न सोहाब ॥
अरुणेँ उसारल तिमिर पसार।
दुरजने जानि पाओब अभिसार ॥
जएबाँ देहे मोहि हे जदुराए।
लोभेँ अधिकेँ परतष भए जाए ॥
चेतन भए अकछिअ भल मन्द। विचारिअ
पओला जस न बढ़ाबिअ दन्द ॥

---

(117) एक क्षणक हेतु बजाए आनल, चारिम पहर राति बितैत अछि। आबहु समाद कहि सुन्दरीकेँ विदा करह जे कुशलसँ ओ अपन ठाम पहुँचि जाए। झापल प्रेम अमृत सन, व्यक्त भए गेल तँ विष। तेँ रुचि राखि मधुपान करह, हितक वचन सुनह, आब जाए दहक।

मल्लदेव एहि कथाकेँ कैतव कहैत छथि। दूतीक जाति दुर्मति। एहन गाढ़ जे दूनूकेँ प्रेम भए गेल छैक तकरा विघटन जनु करहक, ताहिसँ दूनूकेँ द्विगुण क्लेश होएतैक। दूहूकेँ मन भरि सुख करए दहक।

व्यङ्ग्य जे हृदय मिललासँ दूनूक मिलन दूनूक हेतु सुखकर। एहिमे कैतव ई जे नायक प्रेम-परवश छथि, नायिकाक आकर्षणसँ हारि गेल छथि, से दूतीकेँ बड़ पसिन्द। उपालम्भ हृदयसँ नहि, उपर-मने दैत अछि।

(128 अभिसारिकाक अनुनय भोरक समयमे विदा करबाक हेतु। भोरक समयक वर्णन। प्रकाश भए गेला उतर दुर्जनलोक अभिसारक समाचार बूझि जाएत।

हे यदुराय! आब जाए दैह। अधिक लोभ कएलासँ प्रत्यक्ष भए जाइत छैक। ज्ञानी (चेतन) लोक नीक अधलाह विचारिकेँ काज करैत अछि। यश प्राप्त भए गेलापर द्वन्द्व नहि

आगु निहारि खेलए पसवार।
सरवस पैँति करए वेवहार॥ द्यूतपण
भनइ विद्यापति ई रस जान।
राए सिवसिंह लखिमा देइ रमान ॥128॥

× × ×

मालव।

सुन्दरि जञो तोँहे पिसुनक भीती।
अपन अहित हित प्रथमहि बूझिअ न करिअ पर सञो रीती ॥
एक जिब एक तनु विभिन करह जनु जइओ गरुबि गुरु लाजे।
जगु दस जपिअ तैअओ नहि पाइअ सुवदनि सुपहु समाजे ॥
पहिलेहि आस-पास अरुझओलह आबे किए करह उदासे।
की हरि हीन कलाएँ एके बुझलह की तोहे विरति विलासे ॥
अथिर जौवन धन थिर नहि जीवन थिर अपजस थिर लाजे।
यदि परिणाम ऐसनि धनि होएब एत कइए की काजे ॥
भनइ विद्यापति ॥129॥

बढ़ाबी! अर्थात् काज सिद्ध भए गेला उत्तर विरोध नहि उठाबी। पसवार, जूआ खेलनिहार आगाँ देखिकेँ खेलाइत अछि; काकु जे एकहि बेरि सर्वस्व लगाएकेँ खेलाइत अछि?

आठम पाँतीक पाठ सुस्पष्ट नहि। दशम पाँतीक अर्थ खूब नहि बेसैत अछि।

(129) सखीक उक्ति, अभिसारक हेतु उत्साह।

पिशुनक डर छलह तँ पहिलहि सोचितह। अपन नीक अधलाह विचारि परसँ प्रीति करितह। एहन स्नेह, एक प्राण एक शरीर, तकरा जनु तोड़ह। गुरुजनक लाजक आशंका पैघ मुदा एहन सुनागर दशयुग तपस्या कएला उत्तर पएबह। आब की भेल छैक? की हरिकेँ कलामे हीन बुझलहुन्ह, की तोरा हुनका सङ्ग विलाससँ विरति भए गेलहु? नहि तँ एना अपनामे बझाए आब उदास किए करैत छहक। शेष स्पष्ट।

जगज्ज्योतिर्म्मल्लक हरगौरी-विवाह नाटकमे समाविष्ट विद्यापतिक महेशवानी

मनाइनिक उक्ति

परतह पुछ मोहि बाढ़लि भवानी।
कतिएक भेलि अछ देखए देह आनी ॥
भीखि बेआज वास मोर आब।
मनमोहन जोगिआ भल गाब ॥
ए माइ हमाहि अजगुत लागु।
सुतलि गोरि जोगिआ देखि जागु ॥
जाहि जोगिआ देखि दुरहि पड़ाइ।
ताहि जोगिआ कोर गोरि खेलाइ ॥
भनइ विद्यापति मँदायिनि सूनु।
ई जोगिआ वर होएत पुनु पुनु ॥ 149॥

× × ×

ऋषिक उक्ति

कौतुक एक बड़ भेला। जखन महादेव वेदी गेला।
जटा हलु अँकुसि लाइ। झिकइत सुरसरि गेलि बढ़िआइ ॥
बसहए हलु कुश खाइ। लावा देखि फणि उठल फोफाइ ॥
लावा भासल जाइ। भूखल वासुकि बिछि बिछि खाइ ॥
वाघछाल भासल जाइ। फणि फुफुकार बसह विधुआइ ॥
विद्यापति कवि ईश चुमाउ। रूपनरायण होथु चिराउ ॥ 150॥

× × ×

मदाइनिक उक्ति

पञ्चानन पुरमथन भयङ्कर शङ्कर नाम कवन धरिआ।
तीनि नयन हर एक हुताशन न जानए कुल कवन अवतरिआ ॥
माए न बाप साप संगे खेलए मेलए भसम दिगन्त भरी।
मनमथ मारि नारि आलिंगअ उमत बुझावब कञोन परी ॥
पावनि गाँग मथा जदि थोवहि गोबहि काइ जटा विघनी।
संसय तोरि जे गोरि बुझाबए इथि अनुचित अनुचित अपनी ॥*
भनइ विद्यापति सुनह मँदाइनि कञोन बुझाइति जगत गुरू।
राजा शिवसिंह रूपनरायण सकल याचक जन कलपतरू ॥ 151॥

× × ×

गौरीक उक्ति

अमा कि न गमाबति गोरि।
सकल संपति मइ जोहि अएलहु पावल भसम झोरि।
न घर संवर न पिठि अंवर न मिल पैंच उधार।
तनय बापुर भूषे वेआकुल किन मए देव अधार ॥
वासुकि जिउत पवन पिउत हर जीउब विष खाइ।
सेवक स्वामी दूहू भल मिलल हमर कउन उपाइ ॥
पेट पटकल गाल चोटकल पाकल भौंहरि गोछी।
ताहि बुढ़ा हाथ ई विहि देलहुँ ते मए पापिनि धोछी ॥
माइ न सोचल बाप न खोजल खोजल दैब अपने।
विहिक लिखल मेटि न पाबए झाखिए मनहि मने ॥
भन विद्यापति सुन पारवति ई वर त्रिभुवन देवा।
जगत इसर सामि तोहि मिलु कर जोरि करु सेवा ॥ 152॥

---

* ई दूनू पाँती ऊपरमे चढ़ाओल तेँ खूब स्पष्ट नहि छैक।

× × ×

महादेवक उक्ति

रूसलि भवानी न मानए बोध।
आज क्षमह गोरि मोर अनुरोध ॥
जत किछु मगलह अछए भड़ार।
पहिलहि देब गिम फणिमणिआर ॥
भुखला भाँग देअञो विष सानि।
चढ़अक वसहा देबउ पलानि ॥
भनइ विद्यापति पुनु पुनु सेव।
चंदलदेविपति वैद्यनाथ देव ॥154॥

× × ×

ऋषिक उक्ति :

हर हे सेवए अएलहुँ सुख लागी।
विषम नयन अनुखन वर आगी ॥
बसह पराएल आगे।
पैसि पताल रहल गए नागे ॥
शशि उड़ि चलल अकाशे।
गोरि चललि गिरिराजक पाशे ॥
उचित कहए नहि जाइ।
उमत अराधब कओन उपाइ ॥
विद्यापति कवि सेवा।
देथु अभय वर शङ्कर देवा ॥ 155॥

परिशिष्ट : दू

(प्राचीन तालपत्रपर रमानाथ झाकेँ उपलब्ध विद्यापतिक दू गीत जकर प्रथम प्रकाशन ओ गंगानाथ झा रीसर्च इन्स्टीट्यूट जर्नल (अगस्त, 1945) मे प्रकाशित अपन निबन्ध 'सम अनपब्लिश्ड मैथिली सौंग्स' मे कयलनि। दुनू गीत टिप्पणी सहित प्रस्तुत अछि। सं.)

Leaf No. 1. Page No. 1 Song No. 2.*

मालव

कुढ़[4] एकाङ्गी[5] एकल वीर[6]
च[7] चितउर जैन्तिक सीर[8]।

---

* The central idea underlying this type of songs is given by Vidyapati in the refrain here. "Listen carefully, oh my daughter! to the devices of जोग (जादू, टोना, magic) by means of which your (newly married) housband will not fall into the influence of others." In every treatise on the science of erotics (कामशास्त्र) there is a chapter on वशीकरण which describes the different processes of bringing men and women under one's control. Usually there are three types of these processes--(1) A herbal concoction for drink; (2) An incense to be burnt, and (3) A special collirium to apply to the eyes--In this song one recipe for each one of these processes is given--for the concoction in lines I-4, for the incense in lines 7-10; and for the collirium in lines 11-14.

4. These are common herbal plants.
5. A common aromatic herb.
6. The lonely plantain plant. Plantain plants usually grow in clusters—Here a lonely plant is prescribed.
7. The missing letter may be व giving the word वच a common medicinal herb.
8. Root.

पिसि देवओ[9] हरितारी मान[10]
होएबह[11] धिअ जमाई परान ॥
ध्रु. ॥ जोग जूगुति सुनह धिआ।
नहि परवस होअ पिआ ॥
गूरं[12] गूगूर[13] अओर बहेला[14]।
माकर[15] माछी[16] मण्डपचेला[17] ॥
शानि महेसर[18] जारब आगि।
पहु हुङ्करब[19] तोरा लागि ॥
खंजन[20] आँखि परेबा[21] पीत[22]।

---

9. Give you after grinding.
10. Sulphuret of arsenic, a common drug.
11. This line describes the rusult accruing as a result of using the concoction. By driking this the daughter will be (as dear as) life to the son-in-law.
12. Unclarified sugar.
13. A common incense.
14. बहेला=बहेड़ा=the fruit of a common herbal plant, one of the famous त्रिफला।
15. माकर=मकड़ा= A spider.
16. the common fly.
17. This phrase is not quite clear to me--The letters are clear but perhaps the clue is lost. It may be either मण्ड (gruel) पचेला=पचल = decomposed or it may mean the चेला=चेरा=the faggot of a मण्डप।
18. The first letter of this line is a strange one the like of which there is not found on the leaf. The only letter which this sign can be is, in my opinion शा, giving the meaning of the line as "Mixing them all together, make of the mixture a Shivalinga (like the one people make of clay) and then burn it."
19. हुङ्करब literally means "to say हूँ हूँ" to support everything that is said. हुङ्करब is also used to express the sound produced by cattle. It may therefore mean "that as a result of burning this incense your husband will be as subservient to you as the cattle and support you in whatever you say or do."
20. A common bird noted for its eyes.
21. परेवा=पड़वा= the pigeon.
22. पित्त= liver.

होएबह धिअ जमाइक हीत[23] ॥
नयन काजरें करब पान्ति[24] ॥
हाकब[25] पहु परेवा भान्ति ॥
भने विद्यापति कहल सार।
जोगक[26] बान्धल थिक संसार ॥
राजा रूपनराञन जान।
सुखें सुखमादेवि-रमान ॥

Leaf No. 2. Pages 1 and 2. Song No. 2.[45]

मालव।
सैसव समय पेलि[46] पिओलासि, मधुर माएक षीर।
दधीदुध घृत भरि भुञ्जओलासि कोमल काञ्च सरिर ॥

---

23. जमाइकहीत= helpful to the son-in-law, her husband.
24. पान्ति=पाँती=पंक्ति= a line. Mark the spellings of पान्ति & भान्ति for पाँती & भाँति।
25. As a result of this special collirium, the bride is promised power to "send her husband like a pigeon (at her bidding.)"
26. The idea expressed in the refrain is again emphasised in the colophon which means,"The world is bound up with the devices of जोग।"
45. This song is the same as song No. 839 in N. N. Gupta's edition or No. 838 of the recent Bengali Edition of Vidyapati by Vidyabhusan and Mitra but the text as printed is hopelessly incomplete in the face of this complete song as reproduced here. In the printed text there are, besides the two lines of the refrain, only 6 lines, the lines Nos. 1, 8, 13, 12 and 18 of the song as found by me. But the text as reproduced here is nevertheless mutilated on account of the leaf on which this is written being extremely rotten. It is however an important song in the form of an address to Age in which the different stages of a man's life are most graphically described, especially the extreme senility of old age which is full of pathos.
46. पेलि and भरि are adverts meaning "to the full."

चानन चीर[47] चबाए चिन्हओलासि अपन पर समाज।
[48]भमर जञो फूल छूइतें छाड़सि निलज तोहि न लाज ॥
ध्रु ॥ वएस कतए तेजीए गेला।
तोहि सेवइते जनम खेपल तैओ न अपन भेला ॥
जौवन दसाँ खोजी खोअओलासि काञ्चकर्पूर तमोर[49]।
[50]दुइ सिरिफल छाह सोअओलासि कोमल कामिनी को x[51]।
[52]x x x xतोञे ततए धओलासि जञो नहि रस सबाद।
पवन पाछा लागि जएलाहुँ मोहि भेल परमाद ॥
[53]कैसन केस की भए विमछल[54] वन झरी रहु काठ[55]।
आषि मलमलि[56] कान न सुनीअ सुखि गेल तनु आठ[57] ॥

---

47. चानन चोर seems to be a single word, meaning "a piece of Sandal wood." Compare Vidyapati विससम चानन चीर (702).

The meaning of the first part of the line seems to be :-that the first knowledge of sandal wood was gathered by the poet or is gatherd by an average man while yet a child, by chewing the piece and thereby realising the mistake, recognise the thing.

48. Age is said here to be as shameless as a black bee that forsakes the flower the moment it has sucked up the juice. Age too is always fleeting and every moment it is passing away. Hence the comparison.

49. तमोर=ताम्बूल= betel leaves.

50. A finely drawn picture of blooming youth!

51. The worn off letter must be र giving the word कोर (the lap).

52. The meaning of these two lines is obscure for want of four or five letters in the first line which I dare not restore. The meaning seems to be--"You ran after things without taste and I, not realising the real situation followed you (fleeting) as the wind" पवन, the wind is spoken here as the type of ever fleeting age. प्रमाद means mistake to understand the real significance of age and youth.

53. A graphic picture of old age begins from here.

54. विमछल is twice used in this song and nowhere else by Vidyapati. It must mean "whitened."

55. Here the body of an old man is said to resemble the bare leafless trunk of a tree.

56. The word मलमलि is almost clear. It might have been used in the sense of "blurred vision" as we say nowadays झलफल।

57. तनु आठ=अष्ट अङ्ग which comprises (1) hands (2) feet (3) knees (4) eyes (5) head (6) vision (7) speech and (8) mind.

दान्त झरी मुख थोथर भए गेल जनि कमाओल[58] साप।
[59]ठाम बैसलें भूवन भमिअ झरी गेल सबे दाप[60] ॥
जाहि लागी गृहचातर[61] लाओल बूझल सबे असार।
आखि पाखी[62] दुहु समरि[63] सोएल जनित सबे विकार[64] ॥
छोरकी सोरकी[65] भोंह विमछल बन फूलि गेल काग।
[66]एक दिस जदि बान्धि निरोधीअ तरे उपरे उकासी ॥
भने विद्यापति सुन न मालति[67] मने न करह वाद।
[68]हरि हर पय पङ्कज[69] सेबह ते न रह अवसाद[70] ॥

---

58. कमाओल, I take to mean, "Charmed" by having the fangs extracted. Thus only can a toothless man be compared to a snake. Also, an old man is as harmless as a fangless snake. The reading in the printed editions कचुमाएल meaning having worn off the old skin seems unwarranted. For the use of the verb कमारब we still use it in the sense of, say, "shaving" in the case of a barber.
59. i.e., even when he ((the old man) cannot move about and remains sitting, his mind is wandering over the whole world.
60. दाप=दप= pride.
61. गृहचातर may be an idiom like our modern घरद्वार or लोकवेद।
62. आखि पाखी= vision and resources--we still have this idiom.
63. समरि=समटि= having withdrawn.
64. i.e. all sorts of distempers are cropping up.
65. छोरकी सोरकी It is not quite clear--what this means. But as this is placed with भौंह (eye brows) to have been whitened, I surmise that these two word might have meant in those days the two eyelashes, the upper and the lower ones.
66. कासी is the कास flower to which white hairs are compared.
67. i.e. if I take precaution against any distemper, violent coughing sets in that shakes the whole system.
68. Was मालती the name of some one whom the poet consoles?
69. Mark the reference to हरिहर Does not this prove that Vidyapati was not a Vaisnava nor a Saiva but a Smarta who adored like the text of the Maithils the five chief gods praised in the Smritis.
70. पय=पद; अवसाद= Depression, sadness of spirits.

(Some Unpublised Maithili songs. Ganganath Jha Research Journal Allahabad, August 1945)

❑❑❑

आचार्य रमानाथ झा रचनावली-३

आचार्य रमानाथ झा रचनावली-3

मिथिला ओ मैथिली

संकलन-सम्पादन
मोहन भारद्वाज

वाणी प्रकाशन

वाणी प्रकाशन

ज्ञान के विविध आयामों के प्रकाशक

वाणी प्रकाशन का 'लोगो' विख्यात चित्रकार मक़बूल फ़िदा हुसेन की कूंची से

वाणी प्रकाशन, 4695, 21-ए, दरियागंज, नयी दिल्ली-110002

वाणी प्रकाशन, अशोक राजपथ (पटना कॉलेज के सामने), पटना (बिहार)

AACHARYA RAMANATH JHA RACHNAWALI-3

by Aacharya Ramanath Jha

Edited by Mohan Bhardwaj

Complete work of Ramanath Jha

ISBN : 978-93-5000-210-0

सी.आई.आई.एल. के सहयोग से प्रकाशित

आवरण : छवि झा

प्रथम संस्करण

मूल्य : 5000/-

वाणी प्रकाशन

फोन : 0091#11#23273167, 23275710

फैक्स : 0091#11#23275710

वेबसाइट : www.vaniprakashan.in

ई-मेल : vaniprakashan@gmail.com

vani_prakashan@yahoo.com

आर.टेक ऑफसेट प्रिंटर्स द्वारा दिल्ली-110095 में मुद्रित

The 'Rachnavali' is dedicated to Late Durganath Jha (1946-2005), son of Acharya Ramanath Jha, whose painstaking efforts have made its publication possible

The Rachana is dedicated to late Durganath [illegible] (1946-2005) son of Acharya Ramnath [illegible] whose untiring efforts have made its publication possible.

अनुक्रम

प्राक्कथन

आचार्य रमानाथ झा रचनावलीक प्रथम खण्डक सम्पादकीय वक्तव्य मे उल्लिखित अछि जे रमानाथ झाक पहिल प्रकाशित रचना अछि **मैथिल ओ मैथिली**। यद्यपि एहि सँ पूर्व **बिहार मे मिथिलाभाषाक स्थान** नामक निबन्ध छपि चुकल छल, मुदा ओ प. भुवनेश्वर झा तथा रमानाथ झाक संयुक्त लेखन रहय। ई दुनू निबन्ध अत्यन्त महत्वपूर्ण अछि। दुनू रचनाक ऐतिहासिक सन्दर्भ छैक। बीसम शताब्दीक तेसर-चारिम दशक मे मैथिली-हिन्दीक विवाद उग्र रूप मे चलि रहल छल। किछु गोटे मैथिली के स्वतन्त्र भाषा मानबाक लेल तैयार नहि छलाह। मिथिलाक भाषिक सत्ता आ गुणवत्ताक अस्वीकारक अर्थ छल मैथिलक अस्तित्व पर प्रहार। मैथिल समाज पर आक्रमण। एहि सँ रक्षाक लेल सामाजिक स्तरपर संगठित होयब अनिवार्य छल। सामाजिक एकताक आधार रहय धर्म। किन्तु ब्रिटिश शासनकाल मे यातायातक सुविधा, अंग्रेजी शिक्षा सँ पश्चिमीय सभ्यताक आकर्षण आदि अनेक कारण भेल जे धार्मिकता सँ लोकक चित्त हटि गेलैक। धर्ममूलक सामाजिक बन्धन ढील पड़ि गेलैक। धर्मक स्थान भाषा प्राप्त कय लेलक। रमानाथ झाक अनुसार "समाज संगठनक हेतु भाषा संगठित करक होयत। सभक चित्त मे ई दृढ करय पड़त जे हमरालोकनि धर्मक साम्य सँ मैथिल नहि, मैथिली भाषी होयबाक कारणे मैथिल छी। सभ समाज मे एहिना देखैत छियैक तथा विचारहु सँ पूर्णतया उत्पन्न होइत अछि जे बिना बन्धन एकता कोना होयत तथा भाषा सँ नीक यथार्थहु मे कोन बन्धन एहि बीसम शताब्दी मे स्वतंत्रतावादी भारतीय समूह अंगीकार करत।" मिथिला आ मैथिल, समाज आ भाषाक प्रसंग आचार्य रमानाथ झा जे बात पचहत्तरि वर्ष पूर्व कहने छलाह से आइयो ओतबे महत्वपूर्ण अछि, ओतबे अनुकरणीय अछि।

रचनावलीक प्रस्तुत खण्डक रचना मिथिला आ मैथिलीक अनन्य सम्बन्ध पर, ओहि सम्बन्धक विभिन्न आयाम पर केन्द्रित अछि। मिथिलाक वर्तमान के, ओकर आजुक स्थिति आ समस्या के जनबाक लेल अतीत के देखब आवश्यक अछि। अतीत मृत नहि होइत अछि। परम्पराक रूप मे ओ वर्तमान मे जीवित रहैत

अछि। आवश्यकता अछि अपन परम्परा के जनबाक, ओहि सँ परिचित होयबाक। एहि दृष्टिकोण सँ रमानाथ झा मिथिलाक सांस्कृतिक उत्कर्ष तथा सारस्वत साधनाक विभिन्न पक्ष पर प्रकाश देलनि अछि। एहि मे प्रमुख अछि स्थान-गौरव। मिथिला जनपदक अनेक परिसर अपन विशिष्टताक कारणे महत्वपूर्ण अछि। ओकर गुणवत्ता आ महत्ता कें तखने जानल जा सकैत अछि जखन ओकर भूगोल आ इतिहास सँ अवगत भेल जाय। मधुवनी, सरिसब, बहेड़ा आदि किछु स्थानक भौगोलिक आ ऐतिहासिक विवरण दैत रमानाथ झा ओहि क्षेत्रक सांस्कृतिक महिमा, साहित्यिक गरिमाक विवेचन कयलनि अछि। ई उदाहरण मात्र थिक। मिथिलाक एहन सभ स्थानक, परिसर—विशेषक अध्ययन अपेक्षित अछि।

मिथिला सँ परिचितिक दोसर आयाम अछि एहिठामक विद्वत-परम्परा कँ जानब। मिथिला मे धीमानक अभाव कहियो नहि भेल। बौद्धिक चिन्तन-मनन मे मिथिला सर्वदा अग्रणी रहल अछि। एहिठामक सारस्वत साधना कँ सर्वत्र आदरक दृष्टि सँ देखल गेल अछि। किन्तु आजुक मैथिल अपन ओहि इतिहास कँ नहि जानि रहल अछि। जिज्ञासु लोक कँ सेहो जनबाक आधार नहि भेटैत छैक। रमानाथ झा किछु मैथिल अक्षर-पुरुषक परिचय-पत्र प्रस्तुत क' एहि दिशा मे श्लाघनीय काज कयलनि अछि। परमगुरु गंगेश्वर आ वाचस्पति मिश्र सँ पद्मविभूषण डा. अमरनाथ झा, ज्योतिरीश्वर आ परमहंस विष्णुपुरी सँ कुमार गंगानन्द सिंह एवं सरसकवि ईशनाथ झा धरिक व्यक्तित्व-प्रकाशन सँ मिथिलाक सारस्वत प्रतिभा कें जनबाक आधार आ दृष्टि भेटैत अछि। एहि प्रसंग पंजी-व्यवस्थाक सेहो उपयोग भेल अछि। पंजी सँ मिथिलाक इतिहास संकलित करबाक पहिल सार्थक प्रयास रमानाथ झा द्वारा कयल गेल अछि। परिचेताक रूप मे कार्य करबाक इच्छुक अन्वेषक-समीक्षक के पंजी व्यवस्थाक स्वरूप आ महत्वक ज्ञान, ओकर उपयोग-प्रणाल्लीक जनतब रमानाथ झाक एतद्सम्बन्धी निबन्ध सँ होइत अछि।

रमानाथ झा एकठाम लिखने छथि जे साहित्यक शरीर थिक भाषा। मैथिली भाषाक छवि-छटा, ओकर मधुरता मिथिलाक साहित्य कँ उत्कृष्ट बनौलक अछि। ओकरा व्यापकता देलक अछि। किन्तु, आइ मैथिली भाषा संकटापन्न अछि। मैथिलीक प्रश्न पर आन्दोलन करबाक प्रयोजन भऽ रहल अछि। रमानाथ झा मैथिलीक वर्तमान समस्या पर गम्भीरता सँ, विस्तार सँ विचार कयलनि अछि। एहि प्रसंग लिखित निबन्ध सभ हुनक सुविचारित मान्यता सँ अवगत होयबाक अवसर दैत अछि। मैथिलीक वाचिक आ लिखित, साहित्यिक आ साहित्येतर स्वरूप एवं स्थिति पर ऐतिहासिक परिप्रेक्ष्य मे कयल गेल हुनक विचार-विमर्श तथ्यक उपस्थापन मात्र नहि थिक, कर्त्तव्य-पथ पर चलबाक तर्जनी-संकेत सेहो थिक।

रचनावलीक एहि खण्डक अन्तिम निबन्ध अछि—द **पीपुल ऑफ मिथिला**। एहि शीर्षकक अन्तर्गत चारि उप-शीर्षक मे विभाजित अछि पी.सी.राय चौधुरीक

दरभंगा जिला गजेटियर (1964) क अंश। श्री रमानाथ झा अभिनन्दन-ग्रन्थ मे विद्यानाथ झा लिखित **श्री रमानाथ झाक साहित्यिक कृतिक विवरण** में लिखल अछि जे दरभंगा जिला गजेटियर मे मेन ऐण्ड मैनर्स हिनके रचना थिक। गजेटियरक भूमिका मे पी. सी. रायचौधुरी सेहो सहयोगक लेल रमानाथ झा के धन्यवाद देने छथिन। मुदा, गजेटियर मे **मेन ऐन्ड मैनर्स** नामक कोनो शीर्षक वा उप-शीर्षक नहि भेटल। अन्ततः डॉ. प्रभाकर झा सँ सम्पर्क कयलहुँ। ओ गजेटियरक तेसर अध यायक चारिटा उप-शीर्षकक लेखन केँ रमानाथ झाक रचनाक रूप मे चिन्हित कयलनि। तदनुसार रचनावली मे ओ चारू अंश उप-शीर्षकक संग समाविष्ट अछि।

—मोहन भारद्वाज

शिवपुरी, पटना

2 अप्रैल, 2007

बिहार मे मिथिलाभाषाक स्थान

अनारम्भो हि कार्याणां प्रथमं बुद्धिलक्षणम्।
प्रारब्धस्यान्तगमनं द्वितीयं बुद्धिलक्षणम् ॥

मैथिलसमाज मे अकर्मण्यता तथा अस्तव्यस्तताक जेहन प्राधान्य अछि तेहन आन समाज मे दृष्टिगोचर नहि होएत। प्रायः सामाजिक जीवनक महत्ता कें बुझनिहार बहुत थोड़ व्यक्ति भेटताह। वैयक्तिक स्वार्थक समक्ष सामाजिक कल्याणक अवहेलना जाहि रूपें हमरा लोकनि कै रहल छी से सबकाँ विदित अछि। व्यक्ति तथा समाज मे अन्योन्याश्रय सम्बन्ध अछि। एकक अस्तित्व पर दोसरक जीवन निर्भर अछि। समाज एक प्रकारक अंग थिक। जेना स्थूल शरीरक एक अवयव पर आघात भेला सँ सम्पूर्ण शरीर मे पीड़ाक संचार होइत अछि, तहिना व्यक्ति क दुःख सँ समष्टि दुःखित तथा पीड़ित होइत अछि। यावत् धरि शरीर मे चेतना क संचार अछि तावत्पर्यन्त शरीरक प्रत्येक अवयव समष्टि रूप सँ शरीरक रक्षा मे तत्पर रहैत अछि। जैखन शरीर चेतना-विहीन भै जाइत अछि तैखन कर्मशीलताक स्रोत सर्वदाक हेतु रुकि जाइत अछि। कार्यशीलताक दोसर नाम जीवन अछि। जाहि समाजक व्यक्ति सामूहिक सुख साधनार्थ थोड़बो त्याग नहिं करैत छथि ताहि समाजक नाश अवश्यम्भावी अछि। एहन समाज कें मृतप्राय बुझक चाही। मैथिल-समाजक अवस्था एखन अत्यन्त दयनीय अछि। समाजक कल्याण-साधनार्थ अनेक चेष्टा कैल गेल परंच समाज क कुम्भकर्णी निद्रा एखन धरि भङ्ग नहिं भेल। एकर की कारण भै सकैत अछि। प्रश्न क उत्तर अत्यन्त सरल अछि। हमरा लोकनि सामाजिक उन्नति कैं आत्मोन्नतिक साधन नहिं बुझैत छी। प्रयत्न मे सफलता नहिं भेटवाक दोसर कारण ई अछि जे हमरा लोकनि मे समुचित अध्यवसाय नहिं अछि। नीतिकारक जे श्लोक हम ऊपर उद्धृत कैने छी ताहि श्लोक मे केहन उपयोगी शिक्षा अछि। मैथिलसमाज मे कोनो वस्तुक कमी नहि। यदि कोनो वस्तुक अभाव अछि तँ ओ अछि सबल संगठन क हेतु दृढ़ संकल्प। समाज क शक्ति स्रोत विभिन्न मार्ग मे प्रवाहित भै रहल अछि। उद्योग एहन हैबाक चाही जे समस्त स्रोत एक दिशा मे प्रवाहित हो। मैथिलसमाज कैं एकताक सूत्र मे आबद्ध करबाक

अनेक साधन अछि। एहि क्षुद्र लेख मे हम मिथिला भाषाक महत्ता पर प्रकाश देम चाहै छी। कारण जे भाषाक अस्तित्व पर समाज क जीवन निश्चित अछि।

मिथिला-भाषा मे केहन जीवनी शक्ति अछि एकरा व्यक्त करबाक ततेक प्रयोजन एहि लेख मे नहिं। मैथिल कोकिल विद्यापतिक अमर वाणी सँ जे भाषा लालित तथा वर्द्धित भेलि अछि तकरा गौरव तथा भाषा-सौष्ठव मे अविश्वास कैनिहार अवश्य दयाक पात्र छथि। बिहार मे यदि कोनो भाषा प्रमुख स्थान क अधिकारिणी अछि तँ ओ अछि मिथिला भाषा। परन्तु दुर्भाग्यक विपय अछि जे हमरा लोकनि क अकर्मण्यता क कारणे; एखन धरि मिथिला भाषा अपन न्याय्य स्थान कैं नहिं ग्रहण कैलक। बिहार मे मिथिला-भाषा-भाषीक की संख्या अछि एकरा प्रमाण में हम Census of India, 1921 (Vol. VII), Bihar and Orissa Part I सँ किछु अंश उद्धृत करैत छी।

"The most common language in the province is Hindi or Urdu which is spoken by two thirds of the populaion. In north and south Behar it is practically univarsal, in Orissa it is spoken by 3 and in Chota Nagpur Plateau by 30 persons out of every 100. The language spoken is not really Hindi in the eye of the Linguistic survey, but Bihari a language of the eastern group of the outer subbranch of the Indo-Aryan language'. It has three principal dialeets:- Maithili, which is spoken in North Bihar, excluding Saran and Champaran, Magahi, which is spoken in south Bihar excluding Shahabad, and Bhojpuri, which is spoken in the line of districts that form the western fringe of the province Champaran to Palamu.

According to calculation the number of Mathili speakers is 10,272,711, of Magahi speakers 5,327,55 and of Bhojpuri speakers 6,826,900'

(page 210, 211)

उपर्युक्त अवतरण क सारांश ई अछि जे बिहार प्रान्तक साधारण भाषा हिन्दी अथवा उर्दू थिक। जनसंख्याक दू-तेहाई मनुष्य हिन्दी-भाषा-भाषी छथि। उत्तरीय तथा दक्षिणी बिहार मे सब गोटे इयेह भाषा बजैत छथि। उड़ीसा तथा छोटा नागपुर मे हिन्दी-भाषा बजनिहारक संख्या प्रतिशत क्रमशः 3 तथा 30 अछि। परन्तु प्रान्तस्थित भाषासमूहक यथार्थ निरीक्षण सँ ई स्पष्ट अछि जे एहि भाषा कैं 'हिन्दी' कहव ठीक नहिं, प्रत्युत एकरा 'बिहारी' कहब अधिक उपयुक्त। एहि भाषाक उत्पत्ति भारतीय आर्य भाषाक पूर्वीय उपशाखा सँ अछि। एहि भाषा मे प्रधान तीन 'बोली' (dialects) अछि। सारन तथा चम्पारन जिलाक अतिरिक्त उत्तरी बिहारक आन सब ज़िला मे मैथिली बाजल जाइत अछि। दक्षिणी बिहार क भाषा 'मगही' थिक। दक्षिणी बिहार मे केवल 'शाहाबाद' टा एहन जिला अछि जतै 'मगही' क प्रचार नहिं। प्रान्तक पश्चिमीय सीमा पर अबस्थित आन सब ज़िला मे 'भोजपुरी' क प्रसार अछि। चम्पारण

सँ पलामू पर्यन्त भोजपुरीक विस्तार बुझ क चाही।

गणना क अनुसार मिथिला-भाषा-भाषीक संख्या 10272711,'मगही' बजनिहार क 5327553, एवं भोजपुरी-भाषा-भाषीक 6826900 अछि।'

उपर्युक्त अवतरण सँ स्पष्टतः ज्ञात होएत जे बिहार मे मैथिली-भाषा-भाषी कतेक छथि। की जाहि भाषाक एतेक बजनिहार होथि से भाषा अगण्य कहा सकैत अछि? मैथिली भाषा केँ एम. ए. मे स्थान दै कलकत्ता-युनिवरसिटी जेहन उदारता तथा कृतज्ञताक परिचय देलक अछि से सर्वथा श्लाघनीय तथा अनुकरणीय अछि। मैथिली भाषाक पथ सर्वथा कण्टकाकीर्ण अछि। कारण जे शिक्षित समुदाय मे बहुतो व्यक्ति एहन छथि जनिका मिथिला भाषाक नाम सुनैत कँपकपी भै जाइत छन्हि। किछु दिन भेल पटना सँ प्रकाशित 'देश' नामक समाचार पत्र मे 'बिहार में मिथिलाभाषा' शीर्षक एक लेखमाला छपल छल। उक्त लेख मे मिथिला तथा मैथिल संस्कृति पर एहन निराधार तथा कुत्सित आक्षेप कैल गेल अछि जाहि सँ लेखक महोदयक विषयानभिज्ञता प्रकट होइत अछि। हुनक कथन छैन्हि जे "मिथिलाभाषा क तँ चर्चा कोन मिथिला प्रान्तहु क अस्तित्व नहि अछि तथा जाहि संस्कृति वा आचार-विचार के हमरा लोकनि मैथिल विशेषण दैत छी से यथार्थतः प्राचीन मैथिल नहि थिक। हुनक विचारदृष्टि मे मैथिल जाति यदि अति प्राचीन काल मे कतहु छलो तथापि ओकर शेष आब कतहु नहि अछि तथा मगधक आधिपत्य समय मे सबहु एक भय मागध भय गेलहुँ, अतः हमरा लोकनि सभ बिहारी थिकहुँ, हिन्दी हमरा लोकनिक मातृभाषा थिक तथा बिहार हमर देश थिक।" संक्षेपतया ई ओहि लेखमाला क प्रतिपाद्य विषय छैन्ह। हमरा पूर्ण विश्वास अछि जे केओ मैथिल एहन निर्मूल ओ भ्रमात्मक कथनक युक्तियुक्त खण्डन कय सकैत अछि। किन्तु खेदक विषय थिक जे एहि लेखहुक लिखनिहार अपना कैं मैथिल कहैत छथि। अतएव यदि अन्य मैथिल पर नहि तँ मैथिलेतर व्यक्ति पर हुनक लेखक प्रभाव पड़ि सकैत अछि। हम सम्प्रति हुनक लेखक खण्डन करय नहि चाहैत छी किन्तु पंजाब सँ बंगाल तथा नेपाल सँ कुमारी अन्तरीप धरि के हिन्दू अपन प्राचीन सभ्यता ओ हिन्दूधर्म के जनैत मैथिल ओ मिथिला सँ परिचित नहिं छथि? राजर्षि जनकक राज्य मिथिला छलैन्ह। याज्ञवल्क्य मिथिला मे छलाह जनिके धर्म-शास्त्र प्रायः बंगाल* छाड़ि समस्त भारतवर्ष मे प्रमाण मानल जाइत अछि। बौद्धधर्म के घोर प्रतिद्वंद्वी मंडन मिश्र, उदयनाचार्य, प्रभृति, षट्दर्शनपण्डित वाचस्पतिमिश्र, शङ्करमिश्र आदि अपन प्रकाण्ड विद्वत्ता तथा अविचलित धर्मपरता सँ केवल मिथिला केँ नहिं समस्त हिन्दू जाति कैं उज्ज्वल

* बंगालहु में याज्ञवल्क्यस्मृतिक आदर कम नहि अछि। अन्यान्य भारतीय प्रान्त जकाँ ओतहु 'पत्नी दुहितरश्चैव–इत्यादि' याज्ञवल्क्यहिक वाक्ये सम्पूर्ण उत्तराधिकार कानूनक आधार अछि किन्तु एहि वाक्यक अर्थ जीमूतवाहन किछु भिन्न कैने छथि यतः हुनका मिताक्षरा टीकाकार विज्ञानेश्वर सँ मतभेद भेल छैन्ह। एहि सँ याज्ञवल्क्यक मान किछु मात्र कम नहिं भेल छैन्ह–सम्पादक।

बनओने छथि। हिन्दू धर्मशास्त्र ओ हिन्दू दर्शनशास्त्रक एक मुख्य केन्द्र मिथिला आदि सँ अछि। न्यायदर्शन क प्रवर्त्तक गौतम मिथिला क छलाह। एखनहु मिथिला क भिन्न धर्मशास्त्र बृटिश गवर्नमेन्ट द्वारा स्वीकृत अछि तथापि यदि केओ कहथि जे मिथिला क अस्तित्व नहिं अछि तँ हुनका मूर्ख छाड़ि आओर की कहि सकैत छियैन्ह।

यदि मैथिल कें एखनहुँ कोनहु वस्तुक अभिमान छैन्ह तँ अपन प्राचीन सभ्यता ओ धर्मपरताक यदि कोनहु समाजक आचार ओ विचार याज्ञवल्क्यादिस्मृति क अनुसरण एखनहु करैत अछि तँ ओ समाज मैथिल थिक। हम प्रौढ़ता सँ कहैत छी जे हमरा लोकनि सम्प्रति अपन धर्मपरकताक हेतु अन्य समाज मे असभ्य कहबैत छी तथापि समस्त उत्तर भारतवर्ष क कोन जाति हमरा संग एहि अंश में स्पर्धा कय सकैत अछि? अति प्राचीनकाल सँ अनेको कष्ट सह्य करैत हमरा लोकनि अपन शुद्ध आर्यरक्त ओ श्रौतस्मार्त्त आचार-विचार मात्रहिक रक्षा करैत अयलहुँ अछि। हमरा समाज में बौद्धधर्मक प्रभाव लक्षित होइत अछि। हिंसाक प्राधान्य सदा सँ हमरा ओहि ठाम अछि। सभ समाज मे हमरा लोकनि सदा सँ एही हेतुक भिन्न रहि अयलहुँ अछि तथा यथार्थ जे केओ व्यक्ति सनातनधर्माभिज्ञ होयताह से हमरा लोकनि क सत्कार करितहि छथि। भारत क अन्यान्य प्रान्त मे जतय प्राचीन संस्कृति क लेश छैक हमरा लोकनि सत्कृत होइतहिं छी। तखन दक्षिण भागलपुरीय मैथिल हमरा किछु कहथु ओहि सँ हुनक अपन क्षुद्रता, मूर्खता ओ विषयानभिज्ञता मात्र द्योतित होइत छैन्ह।

उक्त लेखमाला क प्रकाशित होएवाक कारण ई भेल जे गत अगस्त मास में पटना मे मैथिल छात्रक संख्या विशेष बढ़ि गेल तथा एक समिति के स्थापना करब सबहि कै आवश्यक बुझना गेल। समितिक स्थापना भेला सन्ता येनकेनोपायेन मैथिली कैं पटना-युनिवर्सिटी मे कलकत्ता-युनिवर्सिटी जकाँ स्थान भेटय एकर यत्न करब ओकर एक मुख्य अंश बुझना गेल तथा जखन एकर यत्न होमय लागत तखन उल्लिखित लेखमालाक लेखक प्रभृतिक दिशि सँ एकर घोर विरोध होमय लागल ओ एही प्रसङ्ग मे जनताक चित्त कलुषित करवा क हेतु 'देश' मे उक्त लेख छपल। मैथिलीक विरोध मे हुनका लोकनि के मुख्यतया तीनिटा युक्ति छैन्ह। "प्रथमतः मैथिली हिन्दीक अंग थिक ओ एकर उन्नति भेला सँ हिन्दीक उन्नति मे बाधा होएत। (2) मैथिलीक साहित्य दरिद्र अछि तथा भागलपुर, चम्पारन आदि क मैथिल कैं मैथिली सिखवा मे ओतबे कष्ट होएतैन्ह जतबा हिन्दी सिखवा मे। (3) मैथिलीक स्वीकृति भेला सँ सम्भव जे भविष्य मे मिथिला बिहार सँ भाषाभिन्नताक कारणे प्रान्त भिन्नताहुक चेष्टा करय तथा लिपिसाम्य सँ बंगाल मे अन्तर्भुक्त कय लेल जाय।" पटना-समिति, अपना मे विरोध नहि हो अतएव एक प्रश्नावली बनाय मुख्य मुख्य मैथिल विद्वान म. म. डाक्टर श्री गंगानाथ झा प्रभृति सात गोटाक ओतय पठओलक तथा सबहिक उत्तर मैथिलीक घोर पक्ष मे आएल।

राष्ट्रभाषाक नाम पर मैथिल लोकनि यदि अपन मातृभाषाक तिरस्कार करथि तँ हुनका लोकनि क अस्तित्वहि क लोप भय जयतैन्ह। राष्ट्रभाषा हिन्दी तँ समस्त भारतवर्षक होएत परंच कोनो प्रान्त अपन मातृभाषाक त्याग नहि कय रहल अछि। हमर साहित्यक सबसँ उज्ज्वल रत्न विद्यापति छथि तथा उमापति, हर्षनाथ प्रभृति कतेको आओर छथि। अतएव साहित्यहुक दृष्टि सँ नितान्त दरिद्र मैथिली नहि कहल जाय सकैत अछि। शुद्ध मैथिली सिखवा मे प्रायः सभक उत्तर पहिने अछि जे दक्षिण भागलपुरीय व्यक्ति कें छाड़ि आन सभ कें सुगमते होएतैक। प्रान्त विच्छेदक हेतुक जे विरोध अछि तकर सभ तिरस्कारपूर्ण उत्तर देलैन्ह अछि ओ हमरा लोकनि के अपना मे ततबा भेद बुद्धि अछिए जे एक भाषाक स्वीकृति भेलहु सन्ताँ ओहि मे विशेष वृद्धि क सम्भव नहिं। अतएव आब समय प्राप्त भेल अछि जे हमरा लोकनि कटिबद्ध भय तत्पर होइ जाहि सँ मैथिली आबहु स्वीकृत हो। हमरा तँ विश्वास अछि जे यदि पचीस वर्ष पूर्व मैथिलीक स्वीकृतिक हेतु यत्न कयल जाइत तँ आइ बिहार क भाषा हिन्दी नहि किन्तु मैथिली कहबैत। 1925 ई. मे पटना-युनिवर्सिटी मे मैथिली स्वीकृतक हेतु एक प्रस्तावो कयल गेल छल परंच मैथिलक पक्ष में बंगाली छाड़ि आओर केओ नहि भेल। मैथिलीक उन्नति भेनहि सन्ताँ मैथिल जातिहुक उन्नतिक आशा अछि ओ बिहारक सभ समाज के भय छैक जे जखन मैथिल अग्रसर भेल, ओ सभ सब कें हरा कय अगुआ जाएत। अतएव अपन प्रान्त मे हमरा लोकनि कैं चारूदिशि शत्रुए देखना जाइत अछि। एतेक दिन तँ कोनो अपन पत्र नहि छल जाहि द्वारा एहि विषय क कोनो प्रचार कयल जाइत। आब आशा अछि जे मिथिला अपन नामक मर्यादाक रक्षा करैत अपन भाषाक पूर्ण प्रचार करत। सम्प्रति निम्नलिखित प्रस्ताव हम समस्त समाजक समक्ष उपस्थित करैत छी ओ पूर्ण विश्वास अछि जे आबहु हमरा लोकनि यत्नपर भय जाएव जाहि सँ मैथिलीक उन्नति हो तैखन हमरहु लोकनि क उन्नति होएत।

प्रस्ताव–

(1) दरभंगा मे एक मैथिली-साहित्य-परिषदूक स्थापना हो जाहि सँ मैथिल विद्वान लोकनि सँ प्रार्थना कयल जाइन्ह जे ओ लोकनि मैथिली मे ग्रन्थ लीखि परिषद कैं देथि।

(2) मैथिल महासभा मे प्रस्ताव हो जे गवर्नमेन्ट सँ अनुरोध कयल जाइत अछि जे मैथिली के पटना-युनिवर्सिटी मे स्थान हो। कारण मैथिल महासभा हमरा लोकनिक एकमात्र बृहत् संघ अछि।

(3) प्रत्येक स्थान मे एहि हेतु क सभा हो तथा सभठाम सँ गवर्नमेन्टक ओतय प्रार्थना कयल जाय तथा दरभंगा डि. बोर्ड में सबहि चेष्टा करथि जे प्राथमिक शिक्षा मैथिली मे अन्ततः एकोठाम प्रारम्भ हो जाहि सँ ओकर

फलाफल बुझना जाइक।

(4) यदि आवश्यक बुझना जाय तँ मैथिल महासभाक दिशि सँ Minister of Education तथा Vice-Chancellor Patna University क ओतय एक Deputation मैथिलीक स्वीकृतिक हेतु आबय।

(5) प्रत्येक शहर मे मैथिल समितिक स्थापना हो ओ सभ क्यो एहि यत्न मे तत्पर भय जाइ अन्यथा आब दिनानुदिन सफलता कठिन भेल जाइत अछि ओ सबहि हास्यास्पद भेल जाइत छी।

(मिथिला, वर्ष–1 अंक-1, 1929)

मैथिल ओ मैथिली

समाजक उन्नति सभ दिन ओहि समाजके संगठन पर निर्भर करैत छैक। जेहने जाहि समाज मे एकता, संगठन ओ बल रहतैक तेहने ओ समाज उन्नतिशील वर्धिष्णु भेटत। परंच ओहि संगठनक कोनो बन्धन रहैत छैक, जाहि सँ बद्ध भय कतेक व्यक्ति आचार, व्यवहार आदि तुल्य कय अपना के एक वृहत् समुदायक अंग बुझैत अछि जकरा हम समाज कहैत छियैक। बिना कोनो ताद्दृश बन्धनक समाज मे एकता होयब असम्भव छैक। हमरा लोकनिक समाज (मैथिल-समाज) कोनो अभिनव वस्तु नहिं। यद्यपि एखन कतेको एहन व्यक्ति छथि जनिका एतबहुमे सन्देह छैन्ह, परन्तु हुनक कथा नहिं हो। स्वयं बृटिश गवर्नमेण्ट अपन शासनक आदि मे हमरा लोकनिक समाज शक्ति के स्वीकार करैत, हमरा लोकनिक व्यवहार पद्धति केँ स्वीकृत केने छथि जे हिन्दू-धर्मशास्त्रक मिथिला स्कूलक नाम सँ प्रचलित अछि। जतबा दूर धरि एहि कानूनक पालन होइत अछि ततबाधरि हमरा समाजत्व तँ एखनहुँ स्वीकृते अछि ई समाज, अतएव, निश्चय प्राचीन ओ बलिष्ठ थिक। परंच सम्प्रति समाज मे शैथिल्य प्रायः सभ कैं दृष्टिगोचर होइत अछि। हमरा लोकनि मे एकताक नीक जकाँ लोप भय गेल अछि। दू व्यक्ति अपना के मैथिल कहैत दुइ रंग व्यवहार करैत अछि तथा ओकर आचारेँ कोनो अन्य समाजक व्यक्ति केँ एहन भाव नहि होयतैक जे ई दू व्यक्ति कोनो एक संगठन के मेम्बर थिक, कोनो एक समाजक व्यक्ति थिक। एकर एकेटा हेतु छैक जे हमरालोकनिक सामाजिक बन्धन शिथिल भय गेल अछि, अतएव हमरा लोकनि स्वतन्त्र छी। क्यो एहि समाज दीशि आकर्षित भय गेलाह अछि, क्यौ दोसर दीशि। अपना सँ सामाजिकताक ह्रास भय गेलैन्ह अछि। अतएव, आचार ओ विचार मे विचित्र अन्तर देखल जाइत अछि। तै व्यक्तिगत सभ प्रकारक उन्नति समाज मे रहनहुँ सन्ताँ सामाजिक दृष्टि सँ की सभ पण्डितेजी, की ठाकुरेजी कहबैत छी।

पूर्व भारतवर्षक प्रायः सभ समाजक बलिष्ठ बन्धन अपन-अपन धर्मे छलैक तथा सभ धर्म एक वैदिक धर्म वा जे कोनो एक वृहत धर्मक शाखा छलैक। अतएव सभ समाज भिन्न-भिन्न रूपें संगठित भय एक हिन्दूजाति कहबैत छल

जकरो बन्धन पुनः धर्मे छलैक। वृटिश राज्यक आदिधरि ई स्थिति विद्यमान छलैक, हेतु, मिताक्षरा यद्यपि समस्त भारत मे प्रमाण अछि तथापि कतहु दाय-भाग, कतहु शुद्ध मिताक्षरा, कतहु मयूख ओ कतहु आने टीकाक प्राबल्य छैक। बृटिश राज्य काल मे गमनागमन आदि अनेक हेतु एहन भेलैक जाहि सँ परस्पर सहवासे एक स्थान निवास सामाजिक बन्धन नहिं रहलैक। अन्यान्य समाजक संग सहवास होमय लगलैक तत्प्रयुक्त किछु अनुसरण अनिवार्य भय गेलैक। अंग्रेजी शिक्षा सँ पश्चिमीय सभ्यताक आकर्षण कतेक पैघ भेलैक जे धार्मिकता सँ चित्त हटि गेलैक। विज्ञानहुक वृद्धिएँ धर्म मे श्रद्धा कम भय गेलैक। कहबाक तात्पर्य जे अखिल भारतवर्ष मे सभ समाज सँ धर्ममूलक सामाजिक बन्धन चलि गेलैक। मिथिला में ई सभ कारण कम पड़लैक अतएव जे किछु एहिठाम एखनहुँ सामाजिकता अछि से धर्माहि लयके परंच आब एतहु धर्म पर सँ बहुतोक श्रद्धाक ह्रास भेलैक ओ भैयो रहलैक अछि। संसारक गतिक प्रतिकूल जयबा मे अधिक धीरता ओ सामर्थ्यक प्रयोजन पड़ैत छैक। अतः समाजक बन्धन किछु नहिं छैक जाहि बिना एकता होयबे असम्भव छैक।

अन्य देशक कथा कोन, भारतहुँ मे जे कोनो अन्य समाजक उन्नति वास्तविक रूपें देखैत छियैक ताहि सभ के परस्पर एकताक बन्धन छैक। धर्मक ह्रास यदि होइतहुँ छैक तँ प्रत्येक उन्नतिशील समाज पश्चिम सँ किछु गुणहुक अनुकरण कयलक तथा मातृभाषाक प्रति प्रेम हम ओही पाश्चात्य सभ्यता (Culture) क उत्कृष्ट अनुकरण मे गनब। एहि सँ एक भाषा-भाषी अपन-अपन संगठन कयलक तथा भाषा समाजक आधार भय गेल। आब जखन प्रान्तीय भाषा सभ स्वयं प्रबृद्ध ओ उन्नत भय गेल अछि तखन हिन्दी अखिल-भारतीय भाषा हो एकर चेष्टा होमय लागल अछि। जे स्थान पूर्व धर्म कें छलैक से सम्प्रति भाषा कें भय गेलैक अछि। परंच एहि सँ हमरा लोकनि मैथिल केँ परम क्षति भय रहल अछि। जाहि धर्मबलेँ हमर समाज सकल भारतीय समाजक नेता छल तकर आब सम्मान नहिं रहलैक। आब सम्मानक आकांक्षा रखनिहार के संसारक गति दीशि देखय पड़तैक, अतएव समाज आब धर्म सँ बाँधल नहिं जायत। समाज संगठनक हेतु भाषा संगठित करक होयत। सभक चित्त मे ई दृढ़ करय पड़त जे हमरा लोकनि, धर्मक दृष्टि सँ मैथिल नहिं मैथिलक भाषी होयबाक कारणे मैथिल छी। सभ समाज मे एहिना देखैत छियैक तथा विचारहु सँ पूर्णतया उत्पन्न होइत अछि जे बिना बन्धनक एकता कोना होयत तथा भाषा सँ नीक यथार्थहु मे कोन बन्धन एहि बीसम शताब्दी मे स्वतन्त्रता वादी भारतीय समूह अंगीकार करत।

हमरा लोकनिक मातृभाषा हिन्दी कथमपि नहिं भय सकैत अछि। हमरा लोकनि कै हिन्दी नीक जकाँ सीखय पड़ैत अछि। हमरालोकनिक लिपि हिन्दीक लिपि सँ भिन्न अछि। हमरा लोकनिक भाषा छौ सौ वर्ष-सँ वेशीसँ अछि जखन

कवि चन्द भेल छलथिन्ह। चन्दक भाषा ओ विद्यापतिक भाषा अथवा सूरदासहुक भाषा में आकाश ओ पातालक अन्तर छैन्ह। दोसर हिन्दी कें आनो आनो समाज मातृभाषा कहैत अछि, अतएव फल होयत जे यदि सभ हिन्दी कै मातृभाषा स्वीकार करत तँ किछु दिन मे समाज अपन मैथिलत्व के ँ बिसरि जायत ओ आनक अनुचर भय देश मे अपमानित होयत। भारतीय कहयबा सँ पूर्व मैथिल कहायब आवश्यक छैक। यावत धरि हमरा सँ उन्नत समाज भारत मे रहत तावत हमरा कथमपि सम्मान नहि भय सकैत अछि। जखन हम सबल रहब, संगठित रहब, उन्नतिशील रहब, तखनहि भारतवर्ष मे हमरो चर्चा होयत। सम्प्रति तँ हमरा लोकनिक मातृभाषा किछु अछिए नहि। असल मे जे अछि तकरा सरकार कतहु स्थान देनहि नहि छथि ओ हिन्दीक शाखा कहाय प्रचलित अछि। हिन्दीक शाखा यदि हो तथापि शाखाहुक उन्नति सँ वृक्षहि क उन्नति होइत छैक ओ हमर विद्यापति जखन हिन्दीक भण्डार के धनिक बनबितहि छथि तखन मैथिली साहित्यक सभ उन्नति सँ हिन्दी के आआरो वेश होयतैन्ह। निश्चय अपना स्थान मे हिन्दीक प्रचारक परमावश्यकता छैक, परंच ताहि हेतुक मैथिलीक अस्तित्व लोप कय देब ओहि भाषाक प्रति आ ओकर भाषी समाजक प्रति निर्दयता ओ अन्याय सूचित करैत अछि। जातीयताक बीज रोपण करबाक हेतु जतबा हिन्दीक प्रचारक आवश्यकता छैक ताहि सँ वेशी आवश्यकता छैक सामाजिकताक दृढ़ीकरणक हेतु मैथिलीक प्रचारक। जाति-निर्माण करक हेतु भारत कै अनेको समाज छन्हि। मिथिला-भाषा-भाषीक संख्या भारत मे प्रायः 3 प्रति सैकड़ा अछि। परन्तु बिहार मे 33 प्रति सैकड़ा अछि। भारत जातीयता कै मैथिलहुँ सँ तखनहि उचित उपकार होयतैन्ह जखन समाज मे सत्ता रहतैक। निर्बल समाज जातिक बड़ थोड़ उपकार कय सकैत अछि। अतएव जखन उपाय अछि हमर प्राचीन ओ स्वतन्त्र भाषा विद्यमान अछि जाहि मे विद्यापति सन सन कवि भय गेलाह अछि ओ श्रीमान् दरभंगा नरेश सन ईश ओ डाक्टर गंगानाथ झा सन विद्वान विद्यमान छथि, जखन हमरालोकनि कै ँ सभ्यता, आचार, विचार ओ व्यवहार सभ पूर्वहि सँ भिन्न रहि आयल अछि, तखन कियैक अपन सामाजिकताक त्याग कय अपना कैँ बुन्द जकाँ समुद्र मे फेकि लुप्त भय जायब? मातृभाषाक प्रचार सँ शिक्षा मे वृद्धि होयत। दिल्ली मे हम हिन्दू कहाय हिन्दी बाजब परंच पटना मे मैथिल कहाय मैथिली कियैक नहि बाजब?

भाषाक प्रचारक सभ सँ पैघ युक्ति छैक सरकार द्वारा स्वीकृति। एतबहु दिन हिन्दी पढ़ला सँ अनेको शिक्षित मैथिल मे एहन धारणा भय गेलैन्ह अछि जे मथिलीक प्रचार सँ फल बड़ दूर अछि। हिन्दी के सभ अपन कहैत अछि तथा जखन जातीयता दृढ़ भय जायत तखन सामूहिक उन्नतिक संग हमरो उन्नति होयेब करत। अतएव ओ लोकनि हिन्दी दिशि जाय मैथिलीक अभाग्य ओकरा सँ

विमुख भय गेलाह अछि। जनिका एखनहुँ किछु प्रेम छैन्ह, से किछु तँ निराशे छथि, किछके ँ ग्लानिएँ असाध्य होइत छन्हि। थोड़ व्यक्ति एहन छथि जनिका उत्साह यथार्थतः छैन्हि। परंच भारत वर्ष मे पूर्वहि सँ ततेक भाषा स्वीकृत आ प्रचलित छैक जे आब नव भाषाक प्रचलन होयब दुःसाध्य छैक। सभक ध्यान एहि दीशि छैक जे कोनहु रूपे एक भाषाक प्रचार हो। परन्तु मैथिलीक लोप भेने मैथिलत्वक हानि आछि अतः हमरा लोकनिक कर्तव्य थीक जे जहाँ धरि शीघ्र हो, एहि भाषाक स्वीकृति कोनहुनाँ भय जाय। विलम्ब भेला सँ बाहर विरोध बढ़त ओ अपना मे उत्साह ओ प्रेम घटत। एखनहुँ हमरा समाज मे बुद्धिमता ओ विद्वत्ताक अभाव नहि अछि। धन ओ प्रतिष्ठाक कमी नहि अछि। परंच तथापि अन्यत्र असभ्य ओ पुरान चालिक लोक कहाय हँसी होइत अछि। तज्जन्य ग्लानि अवश्य होइत अछि परंच पछुआयल तँ अवश्य छी। उन्नतिक मार्ग पर हमरा लोकनि नीक जकाँ आरूढ़ भेलहुँ अछि परंच अबेर कय। यद्यपि आब हमरा लोकनि कोनो समाज सँ कम नहि जाय रहलहुँ अछि परंच पाछाँ छी। सभ नीक स्थान आगाँ गेनिहार आक्रान्त कैने जाइत छथि। हमरा लोकनिक अपन आँगा बड़ थोड़ छथि। क्यो सहायक नहि होइत अछि। केवल अपने टा बल भरोस रहैत अछि। बहुत थोड़ ठाम दोसरा पुरुष मे (2nd generation) अंग्रेजी शिक्षा भय रहलैक अछि। अतएव ग्लानि, अपमान, परिश्रम आ उत्साह भंग अवश्य होइत अछि परन्तु आबहु तँ मार्ग दीशि देखी। बिहार मे सबसँ बेशी हमरे मातृभाषा–भाषी लोक अछि। बंगाली ओ उड़िया तथा पर्वतिया समेतोक भाषा स्वीकृति होइक तथा हमरा लोकनिक कतहु चर्चा नहि हो एकर ग्लानि आ तरंग प्रत्येक मैथिल शिक्षित नवयुवक के ँ उचित थिकैन्ह। वृद्ध लोकनि सँ बड़ थोड़ आशा। हुनका लोकनि यदि यत्नपर होइतथि तँ बिहार बिहार नहिं कहाय मिथिला कहबितय आ समस्त बिहार मे मैथिलक डाक बजितन्हि। सांस्कृतक केन्द्र मिथिला एखनहुँ अछि, तथापि बिहारोत्कल संस्कृत समिति नाम होइक ओहि मे उत्कलक उल्लेख रहैक मिथिलाक नहि। जेना आबहु समय अछि। एक बेरि उत्साहक तरंग सँ यदि समस्त युवक संघ संचालित भय कार्यपर भय जाय त श्रीमान मिथिलेशक नेतृत्व मे मैथिलीक पुनरुद्धार बिना श्रमक अनायास सिद्ध भय जायत ओ तखनहिं श्रीमानहुँ के मिथिलेशक गौरव ओ हमरहु लोकनि कै ँ मैथिल कहायब शोभत।

(मिथिला, वर्ष 1-अंक-6, आश्विन, 1337 साल)

मिथिलाक उत्कर्ष

ओना तँ मैथिल भए, मिथिलाक माटि ओ पानिक ई तन पाबि, मिथिलाक अन्न ओ जलसँ पोषित भए, मिथिलाक उत्कर्षक कीर्त्तन करब आत्मप्रंशसा होएत, परन्तु युग थिकैक ई प्रचारक, ओ सब केओ जखन अपन-अपन प्रशंसा मे संलग्न अछि तखन यदि हमरहु लोकनि अपन प्रशंसा अपनहि नहि करब तँ दोसरा ककरा समय छैक अथवा प्रयोजन छैक जे हमर प्रशंसा करत। दोसर, मिथिला सत्ये एहि समयमे आबि अवनतिक पराकाष्ठा पर पहुँचि गेल छल। भारतक एहि विशाल भू भागमे हमरा लोकनिक एहि छोट भूखण्डक जेना स्वतन्त्र अस्तित्वो लोककेँ विस्मृत भए गेल छलैक। भाग्यसँ एमहर किछु दिनसँ किछु जागृति बोध भए रहल अछि। तेँ एखन बड़ प्रयोजन अछि जे अपन अतीतक उत्कर्ष ख्यापित कए समाजक भावी कर्णधार-लोकनिक हृदयमे नव-स्फूर्त्तिक संचार कएल जाए। परन्तु सबसँ आवश्यक तँ अछि स्वतन्त्रताक नवयुगक एहि सुप्रभातमे, जखन हमरा लोकनि स्वयं अपन भाग्यक विधाता भेल छी, समाजक भावी भाग्यविधाता लोकनिकेँ मिथिलाक ओ सन्देश सुनाएब जे भारतीयताक मूल थिक। सृष्टिक आदि कालसँ लए मुसलमान-विजेता-गणक आक्रमण काल धरि भारतवर्ष जखन-जखन संकटक समय आएल छैक, मिथिला अपन ज्ञानालोकसँ, विद्या-वैभवसँ आचार-चारुतासँ एवं विचारक वैशद्यसँ भारतीयताक रक्षा करैत आएल अछि, संघर्षसँ सुदूर रहि परिस्थितिक अनुकूल नव-नव मार्गक अवलम्बन कए भारतीय संस्कृतिके जीवित रखने आएल अछि जकरा आइ-काल्हि हमरा लोकनि सनातन धर्म कहैत छियैक। समस्त विश्वक इतिहास ताकि आउ कोनो देश एहन भेटत जे सहस्रावधि वर्ष धरि विदेशीय विजातीय ओ विधर्मी शासक-गणक दासत्वमे रहि पुनि अपन प्राचीन संस्कृतिक रक्षा कए सकल हो? भारतवर्ष जीवित अछि अपन सभ्यताक हेतु, अपन संस्कृतिक हेतु, ओ से सभ्यता किंवा संस्कृति जँ ऊठि गेल तँ राजनीतिक स्वतन्त्रता रहओ की जाओ, भारतवर्ष धरि विश्वक इतिहास मे ओहिना लुप्त भए जाएत जेना विश्वमे अनेको समृद्ध राज्य लुप्त भए गेल अछि। एहि हेतु मिथिलाक उत्कर्ष सबहुँक अध्येतव्य थिक विचारणीय थिक, मननीय थिक ओ वृद्ध गुरुक उपदेश जकाँ मिथिलाक सन्देश अवश्य श्रोतव्य थिक।

मिथिलाक इतिहासक जे केओ परिशीलन कएने छवि सबहुँकें ई कथा स्पष्ट प्रतीत भेल होएतैन्हि जे हमरा लोकनिक ई छोट भू-खण्ड, नापल-जोखल भूमि, कोन रूपेँ अनादिकाल सँ अद्यपर्यन्त अपन स्वतन्त्र अस्तित्वक रक्षा करैत आएल अछि। भारतवर्षक अन्यान्य भागक प्रसङ्ग कतेक मत मतान्तर अछि, केओ कहैत छथि जे आर्य लोकनिक आदिनिवास-भूमि कतहु अन्यत्र छल जतएसँ ओ लोकनि एहि देशमे पञ्जाबक मार्गे अएलाह; केओ कहैत छथि जे भारतवर्षहि मध्य आर्य लोकनिक आदि आवास छल, अन्यत्रसँ ओ लोकनि एतए नहि आएल छथि। परन्तु मिथिलाक इतिहास तँ आदिकालसँ उपलब्ध अछि ओ वेदहि मे एहि भूखंडमे आर्य-जाति आगमनक वृत्तान्त वर्णित अछि। शुक्ल युजर्वेदक माध्यन्दिन शाखाक ब्राह्मण, सुप्रसिद्ध शतपथ ब्राह्मण मे बड़ रोचक कथा अछि जे कोन रूपे वैश्वानरक ओदशसँ विदेघ माथव, जकर परवर्ती रूप विदेह माधव आब प्रचलित अछि, अपन पुरोहित गौतम-गोत्रीय रहूगण सङ्ग सरस्वती नदीक तीरसँ अबैत सदानीरा, जकरा सम्प्रति गंडक कहैत छिऐक, तकरा पार कए पूब दिशि अएलाह ओ विदेहक राज्य स्थापित कएलैन्हि जकर पश्चिम सीमा ओएह सदानीरा निर्णीत भेल जे विदेहके कोशलसँ पृथक करैत अछि। उपाख्यान ई अछि ब्राह्मण ग्रन्थ मे जे वैदिक साहित्य मे संहितासँ पर कालक कहल अछि, परंच शतपथ बड़ प्राचीन ब्राह्मण थिक ओ एहि उपाख्यानक घटना बहुत पूर्वक थिक, कारण, रहूगण जे माथवक सङ्ग विदेह अएलाह से वैदिक साहित्यक प्राचीनतम अंश ऋग्वेदक कतोक सूक्तक द्रष्टा, ऋषि, कहल जाइत छथि। एतावता विदेह राज्य के स्थापना वैदिक युगक प्राचीन कालहिक घटना थिक। एखनहु धरि मिथिला कहू, किंवा तिरहुति कहू, ओही भूभाग मे ओहिना अवस्थित अछि जे तीनि दिशि तीनि गोट नदी गण्डक, गङ्गा ओ कोशिकी तथा उत्तर दिशि हिमालयसँ सुरक्षित, एहि सुदीर्ध काल में कतेक क्रान्ति देखलक, कतेक उत्थान ओ पतन, विकास ओ ह्रास अनुभव कएलक, परन्तु अपन स्वतन्त्र अस्तित्व अद्यापि सुरक्षित रखने रहल, आचार ओ विचार, संस्कार ओ व्यवहार, वेष ओ भूषा, भाषा ओ भाव, सब दृष्टिएँ एक गोट स्वतंत्र जीवनक जे परम्परा ओहि अनादि काल मे आरम्भ भेल तकरा अद्यपर्यन्त अक्षुण्ण रखने आएल अछि जकरा केओ तत्त्वाभिनिवेशी सत्यनिष्ठ विवेचक अस्वीकार नहिं कए सकैत छथि।

ई अमरत्व कथीक प्रसादात्? एहि प्रसङ्ग एकगोट बड़ प्राचीन कथा प्रसिद्ध अछि जे भारतीयताक बीजभूत उपनिषद्-साहित्य मे बारंबार वर्णित अछि। विदेह महाराज जनकक दरबारमे याज्ञवल्क्य नामक एकगोट अद्वितीय तत्वज्ञानी ऋषि रहथि। हुनका दुइ गोट स्त्री रहथिन्ह, एक जनि कात्यायनी तँ साधारण स्त्रीप्रज्ञा छलथिन्ह परन्तु दोसर मैत्रैयी अपन स्वामिएक सदृश तत्वक भूखलि ब्रह्मवादिनी छलीह। याज्ञवल्क्य जखन संन्यास ग्रहण करवा पर भेलाह तखन दूहू सौतिनिमे

पश्चात कलह ने होइन्ह तँ दूहूकेँ भिन्न कए अपन धन-वित्त बाँटि देअए चाहल। ताहि पर मैत्रेयी हुनका पुछलथिन्ह जे हे नाथ! ई समस्त पृथिवी यदि वित्तसँ पूर्ण हो ओ से यदि हमर रहए तँ की हम ताहिसँ अमर होएब? याज्ञवल्क्य कहलथिन्ह, नहि, वित्त थिकैक उपकरण मात्र। सामान्यसँ सामान्य उपकरणबलाक जेहन जीवन होइत छैक तेहने अहूँक जीवन होएत। अमरत्वक कोनो आशा वित्तसँ नहि कए सकैत छी। अमृतत्वस्य तु नाशास्ति वित्तेनेति। मैत्रेयी ताहि पर लगले बाजि उठलीह, हे भगवन! येनाहं नामृता स्यां किमहं तेन कुर्याम्। यदेव भगवान् वेद तदेव में विब्रूहीति। जाहिसँ हम अमर नहि होएब से लए हम की करब? हमरा सएह बुझाएकेँ कहल जाओ जे भगवान अपने जनैत छी। पूर्वहु मैत्रेयी स्वामीक प्रिया छलीह, एहि कथासँ तँ स्वामी आओर प्रसन्न भए गेलथिन्ह ओ तखन जे उपदेश याज्ञवल्क्य अपना प्रियतमाकेँ देलथिन्ह से थिक अध्यात्म-विद्याक जड़ि, जाहि आधार पर समस्त वेदान्त-दर्शनक भित्ति ठाढ़ भेल अछि, एही उपदेशमे अछि ओ महावाक्य-आत्मा वा अरे द्रष्टव्यः श्रोतव्यो मन्तव्यो निदिध्यासितव्यो मैत्रेय्यात्मनि खल्वरे दृष्टे श्रुते मते विज्ञात इदं सर्व विदितम्। इएह थिक आत्म-ज्ञानक उपदेश, ब्रह्मविद्याक मूल भारतीय सभ्यताक चरम उत्कर्ष, ओ एही उपदेशकेँ पाबि तदनुसार अभ्याससँ आत्माक दर्शन, श्रवण, मनन ओ निदिध्यास कए भारतवर्ष अमरत्वकेँ प्राप्त कएने अछि ओ यदि त्यागि नहि देत तँ प्राप्त कएनहि रहत। एहि अध्यात्म-विद्याक उत्पत्ति-स्थली छल मिथिला ओ एकर प्रधान प्रवर्त्तक मध्य प्रमुख छलाह विदेह महाराज जनक ओ 'मिथिलास्थ योगीन्द्र', महर्षि याज्ञवल्क्य। वैदिक साहित्यक ॠक्, साम ओ यजुः प्रभृति मन्त्रभागक उद्भव भूमि पञ्चनद प्रदेश रहल हो, अध्वरादि क्रियाकलापक विस्तारक क्रीड़ाक्षेत्र कुरु-पश्चलाक भूभाग छल हो, परन्तु मन्त्र किंवा ब्राह्मण वैदिक साहित्यक चरम उत्कर्ष नहि थिक, से थिक ओकर उपनिषद् भाग जाहिमे आर्यलोकनिक तत्वबुभुक्षा, तत्त्वान्वेषण ओ तत्त्वज्ञानक अमूल्य निधि निहित अछि ओ ताहि उपनिषद् सबहि मध्य उद्घाटित ब्रह्मविद्याक विकासक एकगोट प्रधान केन्द्र इएह मिथिला थिक। एही मिथिलाक नरेश विदेह जनकक आश्रयमे अनुचातम, सबसँ पैघ ब्रह्मज्ञानी, महर्षि याज्ञवल्क्य कुरुपञ्चाल प्रभृति समस्त देशक ब्राह्मण-लोकनिक सङ्ग शास्त्रार्थ कए-कए अध्यात्म विद्याक से आलोक प्रदान कएल जकर प्रकाशमे समस्त भारतवर्ष अमरत्व प्राप्त कएल। बृहदारण्यकोपनिषद् मे कथा अछि जे महाराज जनक एक बेरि कुरुपञ्चकांल काशी-कोशल प्रभृति सब देशसँ विद्वान् ब्राह्मणलोकनिकेँ मिथिला बजाए एक हजार सुन्दर-सुन्दर दुधगरि गायक यूथ देखाए कहल जे अपने लोकनिमे जे अनूचानतम होइ, सबसँ पैघ ब्रह्मज्ञानी होइ, से एहि यूथकेँ लए गेल जाए। याज्ञवल्क्य अपना शिष्यकेँ कहलनि जे लए जाह एहि यूथकेँ हाँकि। अन्यान्य ब्राह्मणलोकनि बिगड़ि बिगड़ि आगाँ अएलाह परन्तु याज्ञवल्क्य सबकेँ शास्त्रार्थमे

परास्त कए ब्रह्मक निरूपण कएलनि, अध्यात्म-विद्याक स्वरूप सिद्ध कए देल। वस्तुतः उपनिषद्क युगमे ब्रह्मविद्याक परिष्कार ओ प्रसारक प्रमुख केन्द्र विदेह जनकक दरबार छल जाहि हेतु आर्यावर्त्तक कतोक राजाके ँ ईर्ष्या खूब होइत छलैन्हि। कए गोट उपनिषद्मे कथा आएल अछि जे गर्ग गोत्रक बालाकि नामक एक जन ब्राह्मण ब्रह्मज्ञानी छलाह जे उशीनर, मत्स्य, कुरु ओ पाञ्चाल अनेक देशमे रहि, ब्रह्मज्ञानक उपदेश पाबि, दर्पसँ भरल, वाराणसी आबि काशी नरेश अजातशत्रुके कहल, हे महाराज! यदि आज्ञा हो तँ हम अपनेक समक्ष ब्रह्मक निरूपण करी। एहि कथासँ काशी नरेश के ततेक आह्लाद भेलैन्हि जे ओ दृप्त बालाकिके कहल जे हम केवल एहि कथाक हेतु अपनेकाँ एक सहस्त्र गाए दैत छी। देखू, तैओ लोक जनक जनक कहैत दौड़ल फिरैत अछि– जनको जनक इति वै जना धावन्तीति।

वैदिक साहित्यक कथा जाए दिअ। वैदिक साहित्यक पबृंहणमे जे आर्य साहित्य अछि, इतिहास ओ पुराण, तकर अनुशीलन कएलासँ बोध होएत जे विदेह जनकक प्रवर्तित ई अध्यात्म-विद्या-रूपी 'देन' कोन रूपें भारतीय सभ्यताक आधार-शिला भेल अछि। महाभारत, जकरा पाँचम वेद कहल जाइत अछि ओ जाहिमे भारतीय सभ्यताक यावतो विषय समाविष्ट अछि, विदेह जनकक प्रशंसासँ भरल अछि। बेरि-बेरि एहिमे "जनकक गाथा" कहि एक गोट श्लोक कहल अछि जे प्रायः विदेह जनकनक उक्ति थिक जे ताहू समयमे कहबी के रूप धारण कए लेने छल; ओ श्लोक अछिः–

अनन्तं बत मे वित्तं यस्य मे नास्ति किञ्चन।
मिथिलायां प्रदीप्तायां न मे दह्यति किञ्चन ॥

"कहल जाइत अछि जे हमर धनक अन्त नहि अछि परन्तु हमर की थिक? समस्त मिथिलामे यदि आगि लागि जाए तँ हमर की जरत?" तँहि तँ अपन एकमात्र पुत्र शुकदेवके ँ किशोरावस्थहिमे वैराग्यक हेतु उद्यत देखि, अपन वंशक उच्छेदक भयसँ विह्वल भए, द्वैपायन व्यास हुनका जनकक दरबारमे उपदेश ग्रहण करए पठाओल ओ देवीभागवतमे ई कथा केहन रोचक, कैहन उपदेशप्रद, केहन विचारपूर्ण अछि! शुक जखन पुछैत छथिन्ह जे महाराज! राज्यक शासन करैत, दण्डधा भए, अपने जीवनमुक्त कोना छी, विदेह कोना भेलहुँ? तँ जनक कहैत छथिन्ह :

दण्डाजिनकृता चिन्ता यथा तव वनेऽपि च।
तथैव राज्यचिन्ता मे... ॥

जतबए चिन्ता वनमे अहाँ के ँ अपन दण्डक ओ अजिनक रहैत अछि, ततबए चिन्ता हमरहु एहि राज्यक अछि ओ पुनि

देहोऽयं मम बन्धोऽयं न ममेति च मुक्तता।
तथा धनं गृहं राज्यं न ममेति च निश्चयः ॥

"ई देह हमर थिक इएह थिक बन्धनः हम एहि देहसँ भिन्न पुरूष विशेष थिकहुँ, इएह थिक मुक्तता। हमरा तँ निश्चय अछि जे ई धन, ई राजप्रासाद राज्य किछु हमर नहि थिक।" तहि तँ भगवानहुके जखन गीतामृत मे ब्रह्मविद्याक निरूपणक प्रसङ्ग अनासक्ति योग निष्काम कर्मक दृष्टान्तक काज पड़लैन्हि तखन सबसँ पहिने स्मरण भेलथिन्ह विदेह जनक—कर्मणैव हि संसिद्धिमास्थिता जनकादयः। एहिसँ पैघ उत्कर्ष आओर की भए सकैत छैक? ओ से केवल राजर्षि जनक अथवा हुनक आश्रित अनुचानतम ब्रह्मर्षि याज्ञवल्क्ये धरि नहि, पुराणादिमे देखब तँ पता लागत जे एतएक माटि ओ पानिअहिमे जेना आध्यात्मिकता रहैक, एतएक संस्कृतिए ओही भित्ति पर अवलम्बित रहैक, कारण, एतएक व्याधा समेत अध्यात्मचिन्तनमे पटु, सहज कर्म करैत, जीवन्मुक्त छल!

अतएव हम तँ कहब जे भारतीय संस्कृतिक चरम उत्कर्ष, अमरत्वक सोपान, अध्यात्म-विद्याक बीजारोपण एतहि मिथिलामे भेल जे क्रमशः प्रस्फुटित, अंकुरित, पल्लवित होइत समस्त भारतवर्ष मे तँ पसरिए गेल, विश्वक कोन-कोनमे जकर प्रचार ओ प्रसार होएब आवश्यक अछि। एहि प्रसंग इहो ध्यान देबाक विषय थिक जे जाहि अनासक्रिपूर्वक कर्मयोगक जीवन-पथ बनाए, निष्काम कर्म करैत, महात्मा गांधी राष्ट्रपिता भए अमरत्व लाभ कएल, विश्ववन्द्य भए महापुरुष सिद्ध भेलाह, तकर प्रथम पाठ मिथिलेश जनकक देल थिक, तथा वर्त्तमान भारतक अनूचानतम महामहिम सर्वपल्ली राधाकृष्णन भारतक तन्त्र भेलाक पर जाहि अध्यात्म-विद्याक "सन्देश" भारतक राजदूत भए आध्यात्मिकताक उच्छेद-भूमि रूस गेलाह ओ भारतक राष्ट्रपति भए जाहि अध्यात्म-विद्याक प्राशस्त्य सर्वत्र उद्घोषित कए रहल छथि तकर प्रथम उद्घोष भारतवर्षक एहि छोट भू-खंड मिथिलामे आइसँ कए सहस्र वर्ष पूर्व भेल छल।

परन्तु केवल आध्यात्मिकताहिक क्षेत्रमे कहब जे मिथिलाक उत्कर्ष अछि से नहि। विशुद्ध राजनीतिक क्षेत्रहुमे मिथिलाक उत्कर्ष मनन करबाक विषय थिक। इतिहास साक्षी अछि जे विदेह जनकक वंशधर जखन धर्ममार्गसँ च्युत भए अनीतिक पथ धएल, प्रजाक उत्पीड़न करए लगलाह, ओ अन्तमे एकगोट ब्राह्मणक कन्याके ँ बलात्कार पकड़ि राखल तखन समस्त देश विद्रोही भए हुनका राज्यसँ हटाए, ओ अपन पड़ोसी लिच्छवी लोकनिक सङ्ग मीलि, एक गोट गणतन्त्र राज्यक स्थापना कएल। ई गणतन्त्र राज्य आठ गोट जातिक सम्मिलित सङ्घक स्थापना भगवान बुद्धक प्रादुर्भावसँ कतोक दिन पूर्वहि भेल ओ संसारक इतिहास मे प्रजातन्त्र राज्यक रिपब्लिकक, प्रायः प्रथमे दृष्टान्त थिक! वृज्जिगणक ई संघ केहन महर्द्धिक, वैभवशाली ओ महानुभाव, प्रतापी छल तकर वर्णन बौद्ध साहित्य मे भरल अछि, ओकरा अढ़ाइ हजार वर्षसँ ऊपर भेल। भारतवर्ष आइ पुनि प्रजातन्त्र गणसङ्घ राज्यक अछि ओ अपन शैशवहिमे एहि प्रजातन्त्रके चीनक आकमणसँ विकट

सङ्कट सम्प्राप्त भए गेलैक अछि। अतएव ई देखव आवश्यक प्रतीत होइत अछि जे कोन रूपेँ वृज्जिगण ओहि प्राचीनकाल मे अपन कार्यक सञ्चालन करैत छलाह।

बौद्ध त्रिपिटकक सुत्तपिटकक दीघनिकायमे एकगोट सूत्र अछि, महापरि-निर्वाण नामक। ओहिमे भगवान बुद्धक अन्तिम समयक इतिवृत्ति अछि। ओहिमे एकगोट कथा अछि जे पुनि विनयपिटकहुक महावग्गमे कहल अछि जे एक समय मे भगवान बुद्ध राजगृहमे छलाह तखन मगधराज श्रेणिक विम्बिसारक पुत्र अजातशत्रु, जे बारंबार वैदेहीपुत्र विशेषणसँ विशिष्ट कहल छथि जाहिसँ स्पष्ट अछि जे ओ मैथिलक दौहित्र छलाह तथा तकरा गौरव मानैत छलाह, इच्छा कएल जे वृज्जि सङ्घ पर आक्रमण करी। परन्तु हुनका लोकनिक वैभव ओ प्रताप देखि वैदेही पुत्र अजातशत्रुकेँ साहस नहि होइन्ह। अतएव ओ अपन अमात्य वर्षकारकेँ भगवानसँ परामर्श करए पठाओल। भगवान बुद्ध हुनक कथा सूनि हुनका कहल जे वृज्जि लोकनिमे सात गोट "अपरिहार्यणीय" धर्म छैन्हि जाहिसँ हुनका लोकनिक 'हानि' नहि भए सकैत छैन्हि ओ से यावत् पर्यन्त रहतैन्हि तावत् हुनका लोकनिक वृद्धिए होइत रहतैन्हि, हुनका लोकनिक पतन नहि भए सकैत छैन्हि। से सातोटा 'अपरिहार्यणीय' धर्म, ओ धर्म सब जाहिसँ हानि नहि भए सकैत अछि, भगवान बुद्धक शब्दमे थिकः–

(1) वृज्जिलोकनि बराबरि सम्मिलित भेल करैत छथि, सन्निपात-बहुल छथि।

(2) ओ लोकनि मीलिकेँ बैसैत छथि, मीलिकेँ उठैत छथि, एकमत भए कर्त्तव्यकर्मक सम्पादन करैत छथि।

(3) ओ लोकनि अप्रज्ञप्त, अविहित, गैरकानूनीके प्रज्ञप्त नहि करैत छथि, प्रज्ञप्तक उच्छेद नहि करैत छथि तथा जाहि रूपे वृज्जिलोकनिक पुरान नियम विहित छैन्हि तकरहि ग्रहण कए व्यवहार करैत छथि।

(4) ओ लोकनि वृद्ध जनक सत्कार करैत छथि, गुरुजनक आदर करैत छथि, सम्मान करैत छथि, पूजा करैत छथि, हुनक सुनबाक योग्य कथा मानैत छथि।

(5) ओ लोकनि कुलस्त्री ओ कुलकुमारीकेँ छीनिके बलात्कार कए नहि रखैत छथि।

(6) ओ लोकनि नगरक अभ्यन्तर किंवा बाहर जे देवस्थान छैन्हि तकर सत्कार करैत छथि, सम्मान करैत छथि, पूजा करैत छथि ओ ताहि सबहिक हेतु पूर्व मे देल दानके, धर्मानुसार पूर्वमे कएल वृत्ति के, लोप नहि करैत छथि।

(7) ओ लोकनि अर्हत्क, पूज्यलोकनिक, नीक जकाँ धर्मानुसार रक्षा, आवरण, गुप्ति करैत छथि जे भविष्यमे पूज्यलोक राज्यमे आबए, आएल जे छथि पूज्यलोक से एतए सुखसँ बिहरथि।

एही सातो अपरिहाणीय धर्मक प्रसादात वृज्जिलोकनिक समृद्धि छल, हुनका

लोकनिक प्रताप छल। ओही कथामे आगाँ कहल अछि जे वर्षकारण चल गेला उत्तर भगवान् बुद्ध राजगृहमे समस्त भिक्षुकेँ उपस्थान-शालामे बजबाए इएह सातोटा अपरिहार्यणीय धर्मक उपदेश देल। आशय ई जे बौद्ध सङ्घक स्थापना वृज्जिसङ्घक आदर्श पर भेल छल ओ बौद्धधर्मक विश्वविजयक कथा स्मरण कए मिथिलाक एहि प्राचीन प्रजातंत्र राज्यक एहि अपरिर्यहार्यणीय धर्मक महत्व केओ विवेचक विचारि सकैत छथि।

त्रिपिटकक सुप्रसिद्ध टीकाकार महात्मा अश्वघोष अपन अर्थकथामे लिखैत छथि जे कोनरूपेँ वैदेहीपुत्र अजातशत्रु वृज्जिसङ्घमे भेद उत्पन्न कराए ओहि पर विजय पाओल ओ तहिआसँ मिथिलाक राजनीतिक स्वतन्त्रता नष्ट भए गेल ओ एखनहु, अढ़ाइ हजार वर्षक बाद, मिथिला एक प्रकारेँ मगधक अधीन अछि। वृज्जिसङ्घ नष्ट भए गेल तथापि लिच्छवीगणक अस्तित्व प्रायः हजार वर्ष धरि वर्त्तमान रहल ओ गुप्त साम्राज्यक समय धरि एहि गणक संस्कृति, आभ्यन्तरिक शासन ओ विकास अक्षुण्ण छल। सम्प्रति वृजिसङ्घक नाम इतिहास मे भेटैत अछि, लिच्छवीगणक अस्तित्व लुप्त भए गेल। वैशालीक समृद्धि खंडहर मे परिणत अछि। परन्तु वैदेह एखनहु धरि जीवित छथि मैथिल कहाए, तिरहुतिआ कहाए। एकर रहस्य मिथिलाक उत्कर्षक दोसर कथा थिक जकर प्रतिपादन पुनि दोसर बेरि करब। एतए हमरा एतबए प्रतिपाद्य जे वृज्जिसङ्घक जाहि उत्कर्षक भगवान बुद्धदेव कीर्त्तन कएने छथि से मिथिलाक अपन नैसर्गिके उत्कर्ष थिक जकर मूल्य स्वयं भगवान बुद्धदेव ओकरा ग्रहण कए अङ्कित कए गेल छथि।

एहि प्रसङ्ग इहो कहब एखन अप्रासङ्गिक नहि होएत जे भारतवर्ष सम्प्रति विषम सङ्कटमे पड़ल अछि। शैशवहिमे हमरा लोकनिक एहि नवीन गणतन्त्र राज्य के अपन प्रतिवेशी कृतघ्न बर्बर चीनसँ ओही प्रकारेँ आक्रमणक भय प्राप्त अछि जेना प्राचीन कालमे मिथिलाकेँ अपन दौहित्र पितृघाती मगधराजसँ छलैक। ताहि प्रसङ्ग भगवान बुद्धदेवक उक्तिक सत्यता इतिहाससँ सिद्ध भेल अछि। यावत् पर्यन्त गणतन्त्रक सङ्घ सन्निपात-बहुल रहत, एक भए रहत, तावत् ओकर पतन नहि भए सकैत छैक। हमरा लोकनिके एखन सबसँ आवश्यक अछि ऐकमत्य, विजयक हेतु एकमत भए दृढ़-सङ्कल्प होएंब। अपनामे भेद भेलहि उत्तर हानिक भय अछि। वर्त्तमान सङ्कटक स्थितिमे हमरा लोकनि सबहुँकेँ मिथिलाक ई प्राचीन उत्कर्ष स्मरण करबाक थिक, मनन करबाक थिक, अनुसरण करबाक थिक।

(अभियान, 1963, विविध– प्रबन्धसँ)

मैथिल संस्कृति : विभिन्न संस्कार ओ ओकर महत्व

संस्कार शब्द बड़ व्यापक अछि ओ एकर अर्थ भिन्न भिन्न प्रकरणमे भिन्न-भिन्न होइत अछि। यथा; वस्तु ग्रहण करबाक सहजात शक्ति संस्कार कहबैत अछि, जेना हमरा लोकनि कहैत छिऐक जे एहि नेनाक संस्कार बड़ तीव्र छैक। परन्तु प्रस्तुत सन्दर्भ मे विभिन्न संस्कारसँ तात्पर्य अछि ओहि क्रिया-कलापक जकर आधार हमरा लोकनिक धार्मिक परम्परा थिक, परन्तु जे सम्प्रति समाजक दृष्टिमे हमरा लोकनिके अपन यथार्थ स्वरूप प्रदान करैत अछि, ब्राह्मणकेँ ब्राह्मणत्व दैत अछि, क्षत्रियकें क्षत्रियत्व।

मुदा कोनहु अर्थमे प्रयुक्त हो, संस्कार-शब्दमे ओकर व्युत्पत्तिसँ लब्ध जे अर्थ छैक तकर सम्बन्ध किछु अवश्य भेटत। संस्कार-शब्दक व्युत्पत्यर्थ थिकैक, नीक बनओनाइ सुन्दर कएनाइ। से दू प्रकारसँ भए सकैत अछि; एक तँ ओकर दोष हटाएकेँ, ओ दोसर, ओहिमे विशेषक आधानसँ। मानि लिअ माटिक एक गोट सरबा बनाओल। आब ओहिमे उबड़ खाबड़ जे रहि गेल हो तकरा पोछि-पाछि चिक्कन करब ओ तखन ओहि पर पालिस लगाए चकचक बनाएव ओकर संस्कार भेल। एहि सब प्रसङ्गमे संस्कार विशेषाधायक थिक।

मूलतः हमरा लोनिक सामाजिक व्यवस्था वर्णाश्रम-धर्म पर आधारित अछि ओ वर्णाश्रमधर्मक आधारशिला थिकैक संस्कार। ब्राह्मण, क्षत्रिय ओ वैश्य जे द्विज कहबैत छथि से संस्कारहिक कारणे, ओ शूद्रसँ द्विजकें इएह संस्कार पृथक् करैत अछि। द्विज-शब्दक तात्पर्य भेल—जकर दू बेरि जन्म भेल होइक। एक बेरि तँ सबकेँ जन्म होइत छैक परन्तु ब्राह्मण, क्षत्रिय ओ वैश्यकेँ दोसर जन्म होइत छैन्हि संस्कारसँ। बिनु संस्कारे ब्राह्मण पर्यन्त शूद्र रहि जएताह। अनुपनीत ब्राह्मण वटुकक संग शूद्रवत् व्यवहार कएल जाइत अछि। पश्चात् शूद्रहुक संस्कार होअए लागल परन्तु से सब द्विजक देखाउसि सँ, ओ विनु मन्त्रहिक होइत छल। ताहूमे प्रधान केवल विवाह मात्र आवश्यक बुझल जाइत अछि, कारण, ओहिसँ गृहस्थाश्रममे प्रवेश होइत छैक। तेँ द्विजक हेतु संस्कारकेँ 'विशेषाधायक' नहि कहि सकैत छी; ओ तँ द्विजक हेतु 'स्वरूपाधायक' सएह कहल जाएत, कारण, संस्कार सम्पन्न भेलहि उत्तर ब्राह्मणक स्वरूप होइत छैन्हि, नहि तँ ओ शूद्रे रहि जएताह।

वैदिक साहित्यमे द्विजक हेतु चालीस गोट संस्कार कहल गेल अछि ओ ताहिमे सोड़ह गोट वस्तुतः स्वरूपाधायक कहल जाएत, शेष चौबीस गोट विशेषाधायक थिक। गृह्यसूत्रमे कहल अछि जे जकरा ई चालीसो गोट संस्कार भेल छैक सएह ब्राह्मण, यथार्थ ब्राह्मण थिक अर्थात् सायुज्य लाभ करैत अछि।

परन्तु एहिमे चौबीसे गोट जे विशेषाधायक संस्कार यथा पाकयज्ञ, हविर्यज्ञ, सोमयज्ञ प्रभृति से बहुत दिन पूर्वहिं लुप्त भए गेल। सोड़ह गोट संस्कार द्विजक हेतु स्वरूपाधायक बुझल जाइत रहल, आवश्यक मानल गेल। स्मृति-पुराणादिमे इएह सोड़ह गोट संस्कार वर्णित अछि।

एहिमे चारि गोट गर्भाधान, पुंसवन, सीमन्तोन्नयन तथा शोष्यन्ती—गर्भहिक संस्कार थिक जाहिसँ शुभमुहूर्त्तमे सुखपूर्वक बालकक जन्म हो। तदुत्तर उपनयनसँ पूर्व अर्थात् ब्रह्मचर्यमे प्रवेश करबासँ पहिलहिं जन्मक दोषक शान्तिक कामनासँ, ब्रह्मचारी होएबाक योग्यता हो तन्निमित्त, पाँच गोट संस्कारक विधान अछि, जातकर्म, नामकरण, निष्क्रमण, अन्नप्राशन ओ चूड़ाकरण। उपनयन थिक ब्रह्मचर्यक आरम्भ जाहिमे वटुककेँ आचार्यक ओतए लए गेल जाइत अछि। तदुतर चारि गोट वेदव्रतक विधान अछि। ब्रह्मचर्यक अन्तमे स्नानकए ब्रह्मचारी “स्नातक” होइत छथि ओ ई कर्म समावर्त्तन कहबैत अछि। तदुत्तर दारग्रहण कए गृहस्थाश्रममे प्रवेश करबाक निमित्त संस्कार भेल विवाह।

एहिमे गर्भाधान थिक वस्तुतः गर्भाशयक संस्कार जाहिसँ शुभ क्षणमे गर्भ रहैक। पुंसवनक उद्देश्य छैक जे गर्भमे बालक हो। सीमन्तोन्नयन गर्भक रक्षाक निमित्त गर्भवतीक प्रसाधन ओ प्रसादन थिक। शोष्यन्ती प्रसव-वेदना आरम्भ भेला उत्तर सुखप्रसवक हेतु अभिषेक ओ अभिमन्त्रण थिक। जातकर्म गर्भक दोष क्षालनार्थ सद्योजात शिशुक संस्कार थिक। नामकरण शिशुकेँ नाम दए विशिष्ट बनबैत अछि। निष्क्रमण थिक शिशुकेँ घरसँ बाहर संसार में आनब ओ अन्नप्राशन थिक प्रथम अन्न चिखाएब जाहिसँ मानवताक सामान्यधर्म ओकरा होइक। चूड़ाकरण जन्मक केश कटाएब ओकरा शुद्ध करब भेल। उपनयनसँ समावर्त्तन छओ गोट संस्कार ब्रह्मचारीक कृत्य थिक। विवाह गृहस्थाश्रम-प्रवेशक संस्कार थिक।

परंच एमहर आबि, प्रायः हजार वर्ष पूर्व, ब्रह्मचर्यक सुविधा नहि रहलासँ ओकर विधिवत् पालन सम्भव नहि रहल परंच ओकर विधि धरिक पालन तँ अत्यन्त आवश्यक छल, कारण, से नहि भेले त वर्णाश्रमधर्मक आधार-शिला सएह चूर्ण भए जाइत। तैं उपनयनसँ समावर्त्तन धरि जे छओ गोट संस्कार छल तकर सम्पादनमे न्यूनतम बारह वर्ष समय लगैत छलैक। एकहि दिनमे एक गोट संस्कार जकाँ कएल जाए लागल जकर नाम भेल उपनयन। एहिना शोष्यन्ती उठि गेल ओ ओकर पालन जातकर्मक संग होअए लागल। एना जे संस्कार

पूर्वमे सोड़ह गोट छल से आव दश गोट भए रहल। तेरहमशक शताब्दीक आरम्भमे महाराज हरिसिंहदेवक मन्त्री वीरेश्वर छन्दोगक हेतु तथा हुनक भातिज रामदत्त वाजसनेयिक हेतु केवल दशेगोट संस्कारक पद्धति रचलैन्हि जे दशकर्मपद्धति कहाए सम्पूर्ण मिथिलामे आइ धरि प्रचलित अछि।

एहि छओ सए वर्षमे क्रमशः एहू दशविध संस्कारक महत्व ऊठि गेल। द्विजक हेतु आवश्यक रहि गेल अछि शिखा ओ सूत्र। वाजसनेयिकक उपनयनमे शिखाक प्रयोजन पड़ैत छैन्हि तेँ हुनका हेतु चूड़ाकरण ओ छन्दोगकेँ उपनयनमे अभिवादनार्थ नामक प्रयोजन पड़ैत छैन्हि तेँ हुनका हेतु नामकरण आवश्यक होइत छैन्हि। परन्तु इहो दुनू विधि उपनयनक संगहि ओही दिन सम्पन्न कएल जाइत अछि। तेँ जकरा एखन उपनयन कहैत छिऐक वस्तुतः चारि गोट संस्कार छल। वाजसनेयिक हेतु चूड़ाकरण उपनयन वेदारम्भ ओ समावर्त्तन तथा छन्दोगक हेतु नामकरण उपनयन वेदारम्भ ओ सावित्रचरूहोम जे हुनका लोकनिक समावर्तन थिकैन्हि। तेँ कहल जे शिखा-सूत्रक प्रयोजनसँ चूड़ाकरण सहित उपनयन धरि एखनहु प्रचलित अछि। कायस्थलोकनि जे मिथिलामे सच्छूद्र बुझल जाइत छथि चूड़ाकरण करबिताहि छथि। उपनयनक पश्चात विवाह सेहो ओही वैदिक विधानसँ होइत अछि। उपनयनसँ ब्रह्मचर्यक निर्वाह मानि लेल जाइत अछि। तदुत्तर विवाहमे दारग्रहण कए गृहस्थाश्रममे प्रवेश समस्त मिथिलामे सामान्य रूपसँ आवश्यक बुझल जाइत अछि। एवं रूपे वैदिनक संस्कारमे केवल इएह दू गोट संस्कार आजकाल्हि यथाकथञ्चित् रहि गेल अछि–उपनयन जाहिमे चूड़ाकरण, उपनयन, वेदारम्भ ओ समावर्त्तन चारि गोट संस्कार सम्मिलित अछि ओ विवाह। उपनयनसँ द्विजत्वक आधानक संग संग बह्मचर्यधर्मक नामतः निर्वाह भेल ओ विवाहसँ गृहस्थाश्रममे प्रवेश। बीसम शताब्दीमे वर्णाश्रमधर्मक प्रतीक इएह दू टा संस्कार अवशिष्ट रहि गेल अछि ओ जे एहि दूनूसँ वर्ण ओ आश्रम दुहूक धर्मक निर्वाह भए जाइत अछि तहिँ प्रायः ई दूनु अद्यापि अनुगम्यमान अछि।

परन्तु वैदिक विधिसँ नहि तथापि नामतः एखनहु समाज मे बहुत व्यवहार अछि जकरा प्राचीन संस्कारक प्रभाव अथवा अनुकल्प कहि सकैत छी। गर्भरक्षार्थ ग्रहशान्तिक चालि बहुतो ठाम अछि तथा गर्भिणीक प्रसादनार्थ सदहोरिक प्रथा प्रायः सर्वत्र अछि। जातकर्म ओ नामकरणमे ग्रहशान्तिक क्रम एखनहु अछि। शिशुक कल्याणार्थ चुमाओन, पुसओठ इत्यादि कतेक रास विधि गामभेदेँ जातिभेदेँ ओ परिवार भेदेँ एखनहु देखल जाइत अछि। अन्नप्राशन प्रायः सबठाम होइत अछि यद्यपि संस्कारक विधिक पालन कतहु नहि। जनिका उपनयनमे चूड़ाकरण होइतहुँ छैन्हि तनिकहु मुण्डन कराए केश कटाएब प्रायः सब जाति ओ सब वर्गमे प्रचलित अछि ओ ताहि संग कर्णवेध सेहो कए देल जाइत अछि।

एहि प्रसंग स्मरण रहए जे सब धर्ममे संस्कारक विधान किछु ने किछु अवश्य अछि जे ओकरा हेतु स्वरूपाधायक बुझल जाइत अछि। क्रिस्तान अपन नवजात शिशुकेँ अभिषिक्त कए नामकरण करैत छथि जाहि बिनु ओ शिशु वस्तुतः क्रिस्तान नहि बुझल जाइत अछि। अतः जे महत्व हमरा ओहिठाम उपनयकेँ छैक सएह क्रिस्तानक हेतु नामकरणकेँ। अर्थात् ओ स्वरूपाधायक थिक।

(आकाशवाणी, पटना, 1-9-1965, विविध-प्रबन्धसँ)

मिथिलाक पञ्जी-व्यवस्था

मिथिलाक पञ्जी-व्यवस्था हमरा लोकनिक अपन संस्था थिक, ओ अपूर्व अछि। शाकेँ 1248 मे ई व्यवस्थापित भेल ओ आइ छओ सए चालीस वर्षसँ हमरा लोकनिक जातीय जीवन एही व्यवस्था द्वारा नियमित होइत आबि रहल अछि। आइ धरि ई जीवित अछि ओ अपनाकेँ मैथिल कहैत केओ व्यक्ति कतहु रहथु, देशमे वा विदेशमे, अपन वेष, भाषा किंवा आचार समेतसँ विमुख रहथु, परन्तु पञ्जी-व्यवस्थाक अपेक्षा हुनकहु रहितहिँ छैन्हि। वस्तुतः ई व्यवस्था मैथिलत्वक आधार भए गेल अछि तथा मैथिल महासभाक स्थापना भेला उत्तर मैथिलक मान्यता जे केवल मैथिल ब्राह्मण ओ करण कायस्थकेँ देल गेल तकर कारण इएह छल जे इएह टा दूनू जाति आदिसँ पञ्जी व्यवस्थाक विधिवत पालन करैत आएल छल, जातिक दृष्टिसँ मैथिल कहएबाक यथार्थ अधिकारी छल।

पञ्जी प्रबन्धक प्रयोजन छल जातिक रक्षा। जाति निर्भर करैत अछि जन्मक विशुद्धि पर ओ ओएह जन्म शुद्ध थिक जाहिमे जन्मक दाता जे माता ओ पिता, तनिक विवाह विधिवत शास्त्रीय मर्यादाक अन्तर्गत भेल अछि। भारतीय आर्यजातिक विवाहक नियम अनादिकालसँ आबि रहल अछि। विवाहक अधिकार ओहि कन्यासँ भए सकैत अछि जे कन्या वरक सगोत्र नहि हो, वरक माइक सपिण्ड नहि हो इत्यादि। जाहि कन्यासँ विवाहक अधिकार नहि हो से 'स्वजना' भेल ओ स्वजनागामी आर्यमर्यादासँ बहिर्भूत चाण्डाल बुझल जाए। अतएव जातिक रक्षा तखनहि भए सकैत अछि, जन्म विशुद्ध तखनहि कहल जाएत, जखन सन्तान एहन माता-पितासँ उत्पन्न भेल रहए जकरा विवाहक अधिकार रहैक। अधिकारक निर्णय तखनहि सम्भव जँ वर ओ कन्याक यावतो परिचय उपलब्ध रहए। पूर्व समय मे प्रत्येक शिष्ट कुलीन व्यक्ति अपन परिचय स्वयं जानथि, स्वयं लीखिकेँ राखथि। मीमांसा-दर्शनक सुप्रसिद्ध ग्रन्थ तन्त्रवार्त्तिकमे एकर स्पष्ट उल्लेख भेटैत अछि। परन्तु शाकेँ 1200 क प्रान्तमे जखन मिथिलामे अन्तिम कर्णाट महाराज हरिसिंह देवक शासन छल, देखल गेल जे बहुतो शिष्टो लोकनि अपन परिचय नहि जनैत छथि, नहि रखैत छथि ओ अनधिकारमे विवाह

कए लैत छथि। पता लागल जे एक जन महापण्डित हरिनाथ जे कहल जाइत छथि जे स्मृति-सार नामक प्रसिद्ध धर्मशास्त्रक ग्रन्थक प्रणेता छलाह, अपन पितिऔत भाइक दौहित्रीसँ विवाह कए लेने छलाह। देशभरि मे बड़का विक्षोभ पसरि गेल। समाजक नेता लोकनि निर्णय कएल जे जातिक रक्षाक निमित्त विवाहक अधिकार-निर्णय व्यक्तिक हाथसँ लए कतोक विशिष्ट पण्डितक हाथमे दए देल जाए जनिका ई भार रहैन्हि जे विवाहसँ पूर्व अधिकार नीक जकाँ जाँचि विवाहक अनुमति देथि।

एहि निमित्त समस्त देशक सभ शिष्ट व्यक्तिक परिचय संगृहीत कएल गेल जाहि आधार पर अधिकारक निर्णय लेल जा सकए। प्रत्येक परिवारक प्रधान व्यक्तिसँ हुनक यावतो परिचय लेल गेल; जे जतबा जनैत छलाह कहैत गेलाह। सभक आदि वास-स्थान बुझल गेल, वर्तमान निवास-स्थान बुझल गेल। अन्तमे सबटा परिचय मिलाएके देखल गेल जे कतेक शाखा एक मूलक छल।

प्रत्येक कुलक प्राचीनतम ज्ञात पूर्वज ओहि कुलक 'बीजी पुरुष' कहल गेलाह, प्रत्येक कुलक आदि ज्ञात वास-स्थान ओहि कुलक "मूल" कहाओल जे ओहि कुलक संज्ञा निर्धारित कएल गेल। मैथिल ब्राह्मणमे सात गोत्रक छत्तीस गोट एहन कुल भेल जकर परिचय अपेक्षया पूर्ण भेटल। ई सातो गोत्र ओ छत्तीसो मूल व्यवस्थित कहाओल। एहिसँ भिन्न बारह गोट आओर ग्रोत्र छल तथा एक सए चौआलीस गोट मूल जकर परिचय पूर्ण नहि भेटल; ओ सब अव्यवस्थित रहल मुदा पञ्चीमे सभक समावेश भेल। एना मैथिल ब्राह्मण उन्नैस गोत्रक एक सए अस्सी गोट मूलक उपलब्ध छथि।

इएह संग्रह थिक पञ्जी। हमरा लोकनि जकरा रजिस्टर कहैत छिऐक सएह भेल पंजी। ई पंजी संगृहीत कए 1248 शाकेमे कतोक विशेष प्रतिष्ठित पण्डित लोकनिके दए देल गेल जे लोकनि "पंजीकार" कहाओल। ओएह लोकनि एहि संगृहीत परिचयक आधार पर विवाहक अधिकार जाँचि निर्णय करथि जे ककरा कतए विवाहक अधिकार हो। हुनकहि अनुमति सँ विवाह शुद्ध बुझल जाए। ई निर्णय सिद्धान्त कहबैत अछि तथा हुनक लिखित अनुमति अस्वजन-पत्र। बिनु सिद्धान्तक विवाह शुद्ध नहि बुझल जाइत अछि कारण ओकर प्रामाणिकता संदिग्ध भेल। पञ्जीकार लोकनि तहिआ सँ प्रत्येक वैवाहिक सम्बन्धके अपन-अपन पोथीमे लिखने जाइत छथि। इएह प्रबन्धन पञ्जी व्यवस्था थिक ओ इएह परिचय-संग्रह एतेह दिन सँ बढ़ैत-बढ़ैत हमरालोकनिकि विशाल पञ्जी-साहित्य थिक।

ई व्यवस्था हरिसिंहदेवी सेहो कहबैत अछि परन्तु ई कहब भ्रान्ति थिक जे एकर प्रबन्धन हरिसिंह देव कएल। एहिमे कतेक समय लागल होएत ओ ई प्रचारित भेल शाके 1248 मे; हरिसिंह देवक शासन शाके 1245 मे, तीनि वर्ष पूर्वहिं, समाप्त भए गेल छल। तथापि जेँ ई ओही महाराजक प्रेरणा, विचार

ओ सहायतासँ आरम्भ भेल छल ते हुनक स्मृति–रक्षार्थ ई हुनकहि नाम सँ प्रचारित कएल गेल। ई परिचय-संग्रह समस्त द्विजक, ताहिसँ भिन्नो शिष्ट समाजक, भेल छल, परन्तु एतएक ब्राह्मण ओ कायस्थ मात्र एकर विधिवत् पालन कएल। आन आन जाति मिथिलासँ बाहरहुँ सम्बन्ध करैत गेलाह जतए एहि रूपक परिचय उपलब्ध नहि छल ओ तेँ हुनका लोकनिक पञ्जी शीघ्रहि उच्छिन्न भए गेल, लुप्त भए गेल।

परन्तु खेदक विषय थिक जे एतेक पुरान हमरा लोकनिक ई संस्था थिक, एकर मूल-भूत सिद्धान्त ओहने अनादि कहल जाए सकैत अछि जेहन वेद के हमरा लोकनि अनादि मानैत आएल छी; तथापि देशमे एहि प्रसङ्ग नाना प्रकारक भ्रान्ति पसरल अछि ओ शिक्षितो जे व्यक्ति छथि सेहो पञ्जीके, एकर मूलभूत सिद्धान्त केँ, प्रायः नहि जनैत छथि। तकर कारण भेल जे पञ्जी शीघ्रहिं एक गोट व्यवसाय भए गेल ओ पञ्जीकार लोकनि एकरा अपन जीविकाक साधन बूझि एकरा सर्वतोभावेन अपना हाथमे लए लेल। पञ्जी लिखलो अछि तेहन शैलीमे जे साधारणतया लोकक बुद्धिगम्य नहि भए सकैत अछि। लोक विषय एकर तत्व शीघ्रहिं विस्मृत भए गेल ओ क्रमशः सामाजिक दृष्टिकोण जँ-जँ बदलैत गेल तँ-तँ पञ्जी व्यवस्थाक दुष्परिणाम सब प्रकट होअए लागल। अतएव किछु तँ पञ्जी-साहित्यक दुर्लभतासँ, किछु ओकर दुर्बोधतासँ, ओकर दुष्परिणाम देखि लोक-विषय पञ्जीक प्रसंग भ्रान्त धारणा प्रसृत होअए लागल। एखनहु बड़ थोड़ व्यक्ति छथि जनिका पञ्जीक साक्षात परिचय छैन्हि ओ पञ्जीकार लोकनि एहिसँ अपन जीविका मात्र चलबैत छथि।

कहल जाइत अछि जे पञ्जी व्यवस्था समाजमे उच्च-नीचक भावना उत्पन्न कए भेद उपस्थित कएलक। पञ्जीमे उच्चता ओ नीचताक कोनो विषय नहि छैक। हँ, परिचय पूर्णतः ज्ञात भेला उत्तर जाहि व्यक्तिक क्रिया उच्च छल से सामाजिकतामे उच्च बुझल गेलाह ओ जे नीच क्रिया कएल से समाजक दृष्टिमे खसि पड़लाह। परन्तु सामाजिक प्रतिपत्तिक हेतु केवल जाति मिथिलामे पूर्ण नहि बुझल जाइत छल, प्रायः एखनहु नहि बुझल जाइत अछि। मिथिलाक आदर्श छल जाति, आचार ओ विद्याक उत्कर्ष। केवल जातिक गौरव हरिसिंहदेवी व्यवस्थाक अनुसार मिथ्याभिमान थिक। परन्तु केवल जातिक गौरव ओहने मिथ्या जेना केवल धनक गौरव अथवा जेना केवल विद्याक गौरव। एहि हेतु व्यवस्थाके दोष देब असंगत, एहि हेतु दोषी थिक समाजक बदलैत मान्यता। ई बुझब भ्रम थिक जे पञ्जी-प्रबन्ध समाजमे श्रोत्रिय, योग्य, पञ्जीबद्ध एवं जएवार इत्यादि भेदक सृष्टि कएल। पञ्जीमे एहि सबहिक कोनो चर्चा नहि अछि। ई सब व्यक्तिक अपन योग्यताक प्रसाद छल। एकर कारण व्यक्तिक अपन क्रिया छल ओ बहुधा एखनहु अछि। क्रियाक अपकर्षसँ एखनहु लोक

अपन सामाजिक सत्तामे खसै छथिः क्रियाक उत्कर्षसँ एखनहु लोक सामाजिक प्रतिष्ठाकेँ प्राप्त करैत छथि। एहि दृष्टिएँ पञ्जी-व्यवस्था एखनहु जीवित अछि।

हम तँ बुझैत छी जे पञ्जी-व्यवस्थाक प्रसंग भ्रान्ति सर्वथा अज्ञानता-मूलक थिक। प्रयोजन अछि एकर समुचित ज्ञानक, एकर वास्तविक परिचयक। यदि शिक्षित लोक पञ्जी-ताहित्यक विधिवत् अध्ययन करथि, एकरा तत्वतः चिन्हबाक प्रयास करथि तँ हमरा लोकनिक सामाजिक जीवनक उत्कर्ष ख्यापित होएत। मिथिलाक केवल सामाजिकेटा नहि, राजनीतिक एवं सांस्कृतिक इतिहास एहिमे ततेक सामग्री निहित अछि जे बिनु पञ्जीक सहायतासँ हमरा लोकनि अपन अतीतक गौरवके नहि बूझि सकैत छी।

(आकाशवाणी पटना, 15-12-1965, विविध-प्रबन्धसँ)

मैथिल ब्राह्मणक पञ्जी-व्यवस्था

मैथिल ब्राह्मण समाजक आधार-शिला थिक पञ्जी-व्यवस्था। वस्तुतः मैथिलत्वक माप-दंड-पञ्जी-व्यवस्थाक पालन कहल जाए सकैत अछि। आइसँ साठि वर्ष पूर्व मैथिल महासभाक स्थापनाक समयमे मैथिलसँ केवल मैथिल ब्राह्मण ओ करण कायस्थ परिगृहीत भेलाह तकर कारण इएह भेल जे एहि दूनू जातिमे पञ्जीक व्यवस्था विधिवत पालित होइत रहल अछि। मैथिल ब्राह्मणक कतेक गच्छ कए सए वर्षसँ, विदेशमे बसि गेल छथि। बहुतो जन देशसँ फराक रहैत अपन आचार बिसरि गेल छथि, अपन भाषा समेत बिसरि गेल छथि परन्तु पञ्जी-व्यवस्थाक जँ पालन करैत छथि तँ हुनक मैथिलत्व अक्षुण्ण बुझल जाइत अछि ओ मिथिलाक मैथिल हुनकालोकनिक सङ्ग सामाजिक व्यवहार निस्सङ्कोच करैत छथि। एमहर किछु दिनसँ एहि प्राचीन व्यवस्थाक प्रति किछु अनास्था परिलक्षित होइत अछि, विशेषतः नव शिक्षित समाज मे परन्तु से अनास्था प्रायः प्राचीन वस्तुमात्रहि मे लक्षित होइत अछि ओ जे जन एकर उपेक्षा करैत छथि से एखनहु थोड़ छथि; अधिकांश व्यक्ति एखनहु एकर सर्वथा परित्याग नहि करैत छथि ओ तावतैव एकर महिमा सिद्ध होइत अछि।

परन्तु जे जन एहिमे आस्था नहि रखैत छथि सेहो एहि कारणे नहि जे ई वस्तु उपेक्षणीय थिक, हेय थिक, प्रत्युत एहि कारणेँ जे ओ एहि प्रसङ्ग अन्धकारमे छथि, ओ एकरा जनैत नहि छथि ओ तेँ एकर ने मर्म बुझैत छथिन्ह, ने एकर महिमा चीन्हि सकैत छथिन्ह। कतेक दुःखक विषय थिक जे एतेक प्राचीन व्यवस्था, सेहो अपन व्यवस्थाकेँ, ओ व्यवस्था जाहि प्रसादात् आइ धरि मैथिलत्वक रक्षा होइत रहल ओ जे मैथिलकेँ तत्सजातीय समाजान्तरसँ पृथक करैत अछि, विशिष्ट बनबैत अछि, ताहि प्रसङ्ग शिक्षित समाजमे कतेक अज्ञानता पसरल अछि, कतेक भ्रम व्याप्त अछि। वर्त्तमान युगमे समाज-शास्त्रक अध्ययन बड़ प्रशस्त भेल जाइत अछि ओ हमरा तँ विश्वास अछि जे हमरा लोकनिक एहि व्यवस्थाक जँ विधिवत अध्ययन कएल जाए, एकर मर्म ओ क्रमिक विकासक अनुसन्धान कएल जाए, एकर रहस्य ओ मौलिकताक परिचय प्राप्त कएल जाए तँ हमरा लोकनिकेँ वास्तविक आत्मपरिचय भए जाएत जाहिसँ समाजक कल्याण होएत।

हमरा लोकनिक ई व्यवस्था तेहन शाश्वत सत्य पर आधारित अछि, ततेक विस्तृत एकर व्याप्ति अछि, ततेक पुरान ई वस्तु अछि जे थोड़मे एकर संक्षिप्तो विवरण नहि सम्भव अछि। ई एकगोट शास्त्र जकाँ विकसित भेल, शास्त्र जकाँ एकर अध्ययन भए सकैत अछि, होइत आएल अछि। एतए हम एहि प्रसङ्ग जे भ्रमसब पसरल अछि तकर किछु उल्लेख करब जाहिसँ हमरा लोकनि कमसँ कम अपन अज्ञानता बूझि सकी ओ एकरा बुझबाक जिज्ञासा जाग्रत भए सकए।

सबसँ पहिने एहि व्यवस्थाक प्रबन्धनकेँ देखल जाए। प्रवाद अछि ओ सब केओ एकरा सिद्धवत मानैत छथि जे ई व्यवस्था अन्तिम कर्णाट राजा हरिसिंहदेवक कएल थिक। एहिसँ भ्रान्त दोसर कथा नहि भए सकैत अछि। एकर प्रबन्धक प्रसङ्ग पञ्जीक आदिऐमे कहल गेल अछि—

शाके श्रीहरिसिंहदेवनृपतेर्भूपार्कतुल्ये जनि-
स्तस्माद्दन्तहमितेऽब्दके बुधजनैः पञ्जीप्रवन्धः कृतः ॥ इत्यादि

अर्थात् हरिसिंहदेव महाराजक जन्म भेल छल शाके 1216 मे ओ तकर बत्तीस वर्ष पश्चात अर्थात शाके 1248 मे बुधजन अर्थात पण्डितलोकनि पञ्जीप्रबन्ध कएल। स्पष्ट अछि जे एकर प्रवर्त्तक मैथिल ब्राह्मणसमाजक नेता पण्डितलोकनि छलाह, राजा हरिसिंहदेव नहिं। ओ तँ "बाणाब्धिवाहुशशिसम्मित शाकवर्षे" अर्थात् 1245 शाके मे, पञ्जीप्रबन्धसँ तीनवर्ष पूर्वहिं अपन पट्टनपुरी त्यागि "दुर्दैवदर्शितपथा" नेपाल-गिरिक आश्रय लए लेने छलाह। आब विचारल जाओ जे जे राजा शाके 1245 में पराजित भए देश छोड़ि पड़ाए गेल छलाह से 1248 शाकेमे पञ्जीक प्रबन्धन कोना कएने होएताह ओ से तखन जखन स्पष्ट कहल अछि जे ई व्यवस्था राजाज्ञासँ नहि, पण्डितलोकनिक स्वेच्छासँ अपनहिं लोकनिक द्वारा कएल गेल!

ततबे नहि; इहो कहब जे पञ्जीप्रबन्ध शाके 1248 मे एक गोट अभिनव व्यवस्थाक रूपमे प्रवर्त्तित भेल सेहो भ्रान्ति होएत। पञ्जी नाम मात्र अभिनव छल; वस्तु ई बड़ पुरान छल ओ ताहू दिन प्रसिद्ध छल। आइसँ साढ़े छओ सए वर्षसँ ऊपर पञ्जीप्रबन्ध भेल; पञ्जीप्रबन्धसँ साढ़े छओ सए वर्ष पूर्व कुमारिल भट्ट मीमांसादर्शनक प्रसिद्ध वार्त्तिक ग्रन्थ तन्त्रवार्त्तिकक प्रथम अध्यायक द्वितीय पदक दोसर सूत्रमे जाति-रक्षाक प्रसङ्ग जे कथा लिखैत छथि जे पञ्जीक विषय थिक। प्रसङ्ग अछि धर्मक जकर मूल भेल जाति ओ जाति जन्मक विशुद्धिसँ होइत अछि। शास्त्रमे विवाहक जे नियम अछि तदनुसार विवाहक अधिकार जाहि कन्यासँ हो तकरहिसँ विवाह कएला उत्तर ओकर सन्तान जन्मसँ विशुद्ध भेल। से कोना निर्णीत होइत अछि ताहि प्रसङ्ग कुमारिल कहैत छथि—

"विशिष्टेनैव हि प्रयत्नेन महाकुलीनाः परिरक्षन्ति आत्मानम्। अनेनैव हि हेतुना राजभिब्रह्मिणैश्च स्वपितृपितामहादिपारम्पर्याविस्मरणार्थ समूहलेख्यानि प्रवर्त्तितानि। तथा च प्रतिकुलं गुणदोषस्मरणात्तदनुरूपाः प्रवृत्तिनिवृत्तयो दृश्यन्ते"।

अर्थात "बड़का कुलीन लोक बड़ विशेष प्रयत्नसँ अपन (जातिक) रक्षा करैत छथि। तँहि तँ क्षत्रिय ओ ब्राह्मण अपन पिता पितामह आदिक परम्परा बिसरि ने जाए तेँ समूह-लेख्य चलओलैन्हि। ओ प्रत्येक कुल मे गुण ओ दोष देखि ओहि अनुरूप (सम्बन्ध करबामे) लोक प्रवृत्त होइत अछि अथवा निवृत होइत अछि।"

जकरा कुमारिल समूह-लेख्य कहैत छथि पछाति पञ्जी कहओलक ओ सामाजिक सत्ता प्रत्येक कुलमे व्यक्तिक क्रिया पर निर्भर करैत छल जकर मापदण्ड छल परिचयक पूर्णता; कारण, जातिक निर्णय ओहीसँ भए सकैत छल। इएह तँ पञ्जी प्रबन्धसँ सेहो भेल ओ से सातम शताब्दीमे आइसँ तेरह सए वर्ष पूर्वहुँ छल। अतएव पञ्जी प्रबन्ध चौदहम शताब्दी मे भेल से सत्य; परन्तु पञ्जी जाहि सिद्धान्त पर प्रवर्त्तित भेल से ओहिसँ कतेक दिन पूर्वहुँ मान्य छल—कतेक दिन पूर्व से कहिओ नहि सकैत छी, कारण कुमारिलक शब्दसँ इएह ध्वनित होइत अछि, ओहू समयमे ओ नव नहि छल प्रत्युत पूर्वहिसँ चलि आबि रहल छल।

तखन प्रश्न उठैत अछि जे 1248 मे तखन भेल की ओ हरिसिंहदेवक नामसँ एहि व्यवस्थाकेँ जोड़ल किएक गेल? एहि प्रसङ्ग स्मरण रहए जे आर्य जातिक विवाहक जे नियम छल तकरे पालन हो तदर्थ ई सब भेल। ओ नियम सब अनादि कालसँ चल अबैत अछि जकर निबन्धन पछाति स्मृति सबमे भेल। मनु ओ याज्ञवल्क्यक अनुसार ओही कन्यासँ विवाहक अधिकार हो जे—

(1) समान गोत्र ओ समान प्रवरक नहि हो;
(2) माइक सपिण्ड नहि हो;
(3) मातृतः कोनहु पुरुषसँ पाँचम धरि नहि पड़ैत हो;
(4) पितृतः कोनहु पुरुषसँ छठम धरि नहि पड़ैत हो; तथा
(5) पितामह किंवा मातामहक सन्तान नहि हो।

एक समय छल जखन लोक अपन यावतो परिचय स्वयं जनैत छल परन्तु स्मरणशक्ति जखन क्षीण होअए लगलैक अथवा आलस्यसँ लोक अपन परिचय जानब छोड़ए लागल तखन प्रत्येक परिवारमे समूह-लेख्य राखल जाए लागल जकरा एखन अपन वंशावली कहबैक, एहन वंशावली जाहिमे सोड़हो कुलक परिचय रहए अर्थात् पिता ओ माइक पितामह ओ पितामही तथा मातामह ओ मातामहीक पितामह ओ मातामह धरिक परिचय रहए-इएह सोड़ह कुल थिक जकरासँ कन्या छठमा ठाम पड़तैक। वैवाहिक सम्बन्ध स्थिर करबासँ पूर्व वरागत ओ कन्यागत पहिने अपन अपन परिचयसँ ओ पछाति अपन अपन वंशावली मिलाए अधिकारक निर्णय कए लैत जाइत छलाह। समाजमे एखन धरि व्यवहार अछि जे बरिआतीकेँ परिचय पूछल जाइत छैन्हि। आब तँ ओ केवल व्यवहार मात्र रहि गेल अछि, अधिकसँ अधिक विनोद, परन्तु एक समय छल जखन एही परिचयक आधार पर

विवाहक स्थिरता होइत छल ओ तेँ वरक संग एहन व्यक्तिकेँ जाएब आवश्यक होइत छल जे परिचेता रहथि। इएह बरिआतीक व्यवहारक मूल बुझबाक थिक।

शाके 1200 धरि अवैत अबैत नीको लोक अपन परिचय राखब छोड़ए लागल ओ समाजमे अनधिकारहुमे विवाह होअए लागल। सुनैत छी हरिनाथ उपाध्यायक गप्प जनिका स्त्रीकें चाण्डालगामिनीक शपथ कराओल गेल जे पछाति पति-भिन्न जोड़ला उत्तर ओ निर्दोष प्रमाणित भेलीह। पञ्जीसँ एखनहुँ प्रमाणित होइत अछि जे हरिनाथ उपाध्याय अपन पितामहिक सन्तान मे विवाह कएने छलाह, अपन साक्षात् पितिऔत भाइक दौहित्रीसँ। ज्ञान भेला उत्तर समस्त देशमे विक्षोभ पसरि गेल। कारण हरिनाथ महापण्डित छलाह ओ स्मृतिसार सन धर्मशास्त्रक ग्रन्थकर्ता छलाह ओ एकटा ओएह टा एहन नहि छलाह। अनेक ठाम, परिचयक अभावमे शास्त्रक मर्यादाक उल्लङ्घन भेल छल, भए रहल छल। कोन उपाय कएल जाए।

निर्णय भेल जे परिचय राखब लोककेँ अपना पर नहि छोड़ल जाए प्रत्युत ओकरा संगृहीत कए विशिष्ट पणिडतजनक जिम्मा कए देल जाए ओ ई राजकीय एक गोट विभाग बनाए देल जाए जाहिसँ जे पण्डित राजाज्ञासँ नियुक्त होथि सएह एकरा राखथि। इएह पण्डितलोकनि पञ्जीकार कहाओल ओ संगृहीत परिचय, जाहिमे प्रत्येक नव जन्म ओ सम्बन्ध जोड़ल जाइत रहल, पञ्जीक नामसँ व्यवहृत भेल। जनिक नाम पञ्जीमे आएल से पञ्जीबद्ध कहाओल। पञ्जीक अर्थ भेल रजिस्टर, पञ्जीकार भेलाह रजिस्ट्रार ओ पञ्जीबद्ध भेलाह रजिस्टर्ड।

दोसर निर्णय भेल जे प्रत्येक विवाह तखनहि स्थिर हो जखन पञ्जीकार अधिकार जाँचि ई लीखिकेँ देथि जे अमुक कन्या अमुक वरकेँ स्वजना नहि होथि अर्थात शास्त्रीय नियमानुसार कन्याक संग विवाहक अधिकार छैन्हि। ई पत्र अस्वजन-पत्र कहाओल ओ आइओ अधिकार जँचाए अस्वजन-पत्र पञ्जीकारसँ लेब आवश्यक अछि। इएह सिद्धान्त कहाओल। पञ्जीप्रबन्धमे इएह सबसँ प्रधान नियम छल ले बिनु सिद्धान्ते विवाह शास्त्रीय नहि भेल ओ सिद्धान्त कए अस्वजन-पत्र लिखबाक काल पञ्जीकार एहि नव सम्बन्धके अपन पोथीमे लीखि लेल। बस, एतवे नव विषय शाके 1248 मे चलाओल गेल।

परन्तु एकर निश्चय पूर्वहि भेल होएत ओ से भेल हरिसिंहदेवक प्रेरणासँ, हुनक उत्साहपूर्ण सहयोगसँ, हुनक साहाय्यसँ। किन्तु परिचय संगृहीत करबामे समय लागल होएत। जेना कमीशन नियुक्त होइत छैक कतोक जन पण्डित-मण्डली बनाए समस्त देश मे घूमल होएताह ओ जे जन अपन परिचय जतबा जनैत छलाह किंवा समूह-लेख्यमे लीखि रखने छलाह लिखबैत गेलाह। एना समस्त देशसँ परिचय संगृहीत कए ओकर मिलान कएल गेल होएत। आदि-निवासस्थान जे जनिका बुझल छलैन्हि से मूल निर्धारित कएल गेल होएत। भिन्न-भिन्न गच्छके एक कुलक अन्तर्गत शाखाबद्ध करब सहज काज नहि भेल होएत। एना कतोक

वर्षमे परिचय सब संगृहीत भए सुसम्बद्ध रूपमे पञ्जीक पूर्व निर्धारित शैलीक अनुरूप क्रममे लिखल गेल होएत ओ सएह सब थिक मूल-पञ्जीक आदि रूप। शाखा-पञ्जी जे सम्प्रति पञ्जीक साधारण स्वरूप थिक ओ जे पठनपाठनमे व्यवहृत होइत अछि से तँ एमहर आबि रूपायित भेल, सुप्रसिद्ध पञ्जीकार रघुदेवझाक कएल, खण्डवला राजकुलमे मिथिलाक राज्य आबि गेलाक पर। अतएव पञ्जीप्रबन्धक निर्णय ओ आयोजनसँ आरम्भ कए ओकर प्रवर्त्तन धरि पूर्ण समय लागल होएत, हमर अनुमान अछि जे दश-बारह वर्ष, कारण, यातायातक सुविधा ताहि दिन अल्प छल ओ ब्राह्मणेटा धरि तँ ई सीमित नहि छल, भलहि ओकर पालन एतए ब्राह्मण ओ कायस्थ समाज मध्य होइत रहल होएए। तेँ आरम्भ भेल ई हरिसिंहदेवक राजत्वकालमे परन्तु जखन योजना सम्पन्न भेल तावत् हुनक राज्यक अन्त भए गेल छल, अन्त भेलाँ तीनिवर्ष बीति गेल छल। मुदा हरिसिंहदेवक प्रेरणा उत्साह ओ सहयोगसँ ई आरम्भ भेल छल तेँ समाजक नेतालोकनि एहि व्यवस्थाकेँ हुनका नामसँ जोड़ि हुनक स्मृतिरक्षाक स्तुत्य काज कएल, हुनका अमर बनाए देल। मुदा तेँ कहब जे ई व्यवस्था हुनके कएल थिक भ्रम होएत ओ एहि प्रसङ्ग जे भिन्न-भिन्न प्रवाद सब अछि सब काल्पनिक।

पञ्जीप्रबन्ध प्रसंग तेसर भ्रांति अछि जे एहिसँ समाज मे पैघ ओ छोटक भावनाक प्रसार भेल जे अपनामे भेद-भाव बढ़त। ई आक्षेप पञ्जीप्रबंधक प्रसङ्ग पसरल अज्ञानता-मूलक थिक। पञ्जीमे छोट वा पैघक कोनो भेद नहि अछि। पैघ ओ छोट। तँ लोककेँ अपन क्रिया बनवैत छैक, ओ पञ्जीमे ब्राह्मण-मात्र अछि यदि ओकर जाति विशुद्ध छैक, ओकर माए ओ बापक विवाह शास्त्र-सम्मत छैक। पञ्जीक प्रबंधन समाज मे एकताक भावना अनबाक हेतु कएल गेल जे सब केओ अपनाकेँ मैथिल बुझए। बहुत दिन धरि, यावत पर्यन्त लोक एहि व्यवस्थाक मर्मकेँ बुझैत रहलाह, ओकर रक्षा करैत रहलाह, अपनामे भेदभाव नहि छल। पैघत्व वा न्यूनत्व व्यक्तिक क्रियासँ प्राप्त होइत छल ओ पैघसँ पैघ लोक छोटसँ छोट लोकक संग सम्बन्ध करए यदि ओकर जाति विशुद्ध रहैक अर्थात ओकर परिचय उपलब्ध रहैक ओ ताहि परिचयसँ शास्त्रीय विधिक पालन भेल सिद्ध हो। भेद पसरए लागत जखन पैघत्व वंशानुक्रमे मानल जाए लागल ओ केवल जाति कँे महत्ता देल जाए लागल। पाणिनीय वृत्तिकार ब्राह्मणत्त्वक लक्षण आगमोक्त देने छथि जे "त्रीणि यस्यावदातानि विद्या योनिश्च कर्म च। एतच्छिवे विजानीयाद ब्राह्णस्याग्र लक्षणम्।" एही आशयक वचन म.म. जगद्धर अपन मालतीमाधवक टीकामे दैत छथि जे "जन्मना ब्राह्मणो ज्ञेयः संस्काराद् द्विज उच्यते। विद्यया याति विप्रत्वं त्रिभिः श्रोत्रिय उच्यते।" अतएव हरिसिंहदेवी व्यवस्था मे जाति संग संग विद्या जो आचारके समान महत्त्व छलैक ओ से यावत मान्य रहल तावत ने अपनामे भेद भेल ने पैघ-छोटक भावना होइत रहल।

दोसर कथा ई जे पैघ वा छोटक भावना सामाजिक मान्यता थिक। एक समय छल जखन राजकीय सेवा किंवा धनक आढ्यता समाजक दृष्टिमे हेय छल। समय बदलल; लोकक मान्यता दोसर रंग भेलैक; ई सब हेय नहि रहल। एक समय छल जखन लोक कन्यादान टाका लए करए ओ सोतिसमाजमे कन्याक जाति पैघ रहला सँ टाकाक व्यवस्था एखनहु अछि मुदा सएमे केवल पाँचटा टाका लए, सएपञ्चक, पञ्जीकारकेँ सिद्धान्तक समय मे दए देल जाइत छैन्हि। मुदा फरक टाका रूपमे स्वीकृत अछि। आब देखैत छी जे कन्याक प्रसङ्ग नहि, लोक वरक प्रसङ्ग टाका लैत अछि। सम्प्रति अङरेजी विद्या पैघत्वक लक्षण मानल जाए लागल अछि। एहिमे हरिसिंहदेवीक कोन दोष? समाज में बहुत दुर्गुण आएल, बहुत दुर्गुण आबि रहल अछि परन्तु ई सब हरिसिंहदेवीक वास्तविक स्वरूपक नहि थिक; ई सब थिक ओकर अनभिज्ञता-मूलक, ओकर विकृत स्वरूपक। एहि छओ सए वर्ष मे एहि व्यवस्थाक यथार्थ स्वरूप लोक बिसरए लागल ई हमरालोकनिक सामाजिक इतिहासक एक गोट बड़ रोचक अध्याय थिक। ओहि हेतु ने एतए अवसर अछि ने एक गोट छोट निबन्ध मे तकर प्रतिपादन भए सकैत अछि। एतए तँ हमर उद्देश्य एतबे प्रदर्शित करब छल जे एहि प्रसङ्ग लोक मे कतेक गम्भीर अज्ञानता अछि, कतेक भ्रम पसरल अछि। एकर दुष्परिणामो भेल तथापि व्यवस्था ई हमरा लोकनिक अपन थिक ओ दुर्गुणहुक निराकरण तखने भए सकैत अछि जखन लोक मे एहि विषयक जिज्ञासा जाग्रत होएत ओ हमर शिक्षित समाज एहि वस्तुके स्वरूपतः चिन्हबाक प्रयत्न करताह। व्यवस्था ई शाश्वत थिक से हमर इतिहास कहैत अछि ओ प्रायः तीन सए वर्ष धरि, 1600 ई. क लगपास धरि, यावत् एकर मर्म बूझि समाज एकर रक्षा कएलक, मिथिलाक ब्राह्मण समाज समस्त उत्तर भारतक नेतृत्व करैत रहलाह, पूज्य रहलाह। तावतैव एकर सफलता स्पष्ट अछि। जखन लोकविषय एहि प्रसङ्ग अज्ञानता पसरए लागल तखन एकर दुरुपयोग होअए लागल ओ ताहिसँ समाजक कल्याण नहि अहित होअए लागल। तँहु आवश्यक थिक जे लोकविषय एहि वस्तुक जिज्ञासा उत्पन्न हो तथा लोक एहि प्राचीन व्यवस्थाक विकास, एकर इतिहास दत्ताचित भए जनबाक चेष्टा करथि। संसार मे एहन सामाजिक व्यवस्था इएह टा अछि ओ आइकाल्हि जखन समाजशास्त्रक अध्ययन श्रेष्ठ बुझल जाइत अछि तखन हमर समाजक शिक्षित समुदाय संसारक भिन्न-भिन्न सामाजिक संस्थाक संग-संग अपनो सामाजिक व्यवस्थापक अनुसन्धान, अध्ययन एवं अनुशीलन करथि से सर्वथा वाञ्छनीय।*

---

* 1789 ई. में फ्रांसीसी राज्य-क्रान्ति सँ कतेक पूर्व फ्रांसक कुलीन लोकनि ई मांग करए लागल छलाह जे शुद्ध कुलीनताक जाँचक हेतु किछु सरकारी वंशावली जँचनिहार (Offical Genealogists) नियुक्त कएल जाए। –मु. सं.

पूर्वक लेख मे हम कहने छी जे "पञ्जीक प्रबन्धन समाज मे एकताक भावना अनबाक हेतु कएल गेल जे सब केओ अपना कें मैथिल बुझए।" एहि प्रबन्धक साक्षात कारण ई नहि छल सेहो हम ओहि मे कहने छी मुदा जाहिस कोनो कारणे ओ भेल, ओकर परिणाम भेल एकताक सूत्रपात ओ ओहि युगक ऐतिहासिक पृष्ठभूमि एवं सामाजिक जीवनक्रमक अध्ययन कएला उत्तर स्पष्ट प्रतीत होएत जे पञ्जीप्रबन्धन एक गोट स्वतन्त्र व्यवस्था नहि छल प्रत्युत सामाजिक पुनः संघटनक जे योजनाबद्ध क्रियाकलाप मैथिल लोकनिक दूरदर्शी पण्डित नेतागण प्रचलित कएल तकरे अन्तर्गत इहो प्रबन्धन छल ओ एही व्यवस्थाक अन्तिम चरण विद्यापति ठाकुर अपन गीतक रचना सँ पूर्ण करबाक स्तुत्य चेष्टा कएल। हँ, विद्यापति लोकभाषाके ँ महत्व दए ओहि भाषाक बजनिहार सकल समाजके ँ एक गोट एकताक सूत्रमे बान्धल जेना पञ्जीप्रबन्धनसँ ओहि जाति मे एकताक भाव अनबाक आयास कएल गेल। मुदा जहिना विद्यापतिक उदात्त आदर्शके ँ बिसरि परवर्त्ती युगमे मिथिलाभाषा वर्गीय भए गेल ओ एमहर आबि पछिमाहा, दछिनाहा प्रभृति भेदके उभाड़ि मिथिला भाषाक एकता नष्ट होइत गेल तहिना पञ्जीप्रबन्धक उच्च ओ उपादेय तत्वके ँ जखन लोक बिसरए लागल तखन ओएह व्यवस्था एकता नहि, पारस्परिक भेदक जड़ि भए गेल। एहि हेतु ओहि व्यवस्थाके ँ दोष देब पूर्णसत्य नहि होएत, ओहि हेतु उत्तरदायी थिक ओहि विषयक अनभिज्ञता जकर अन्धकारमे मैथिल समाज उत्पथ होइत गेल। हमर उद्देश्य अछि एहि प्रबन्धक प्रसङ्ग ओहि तथ्य सबहिक प्रकाशन जाहि सँ हमरा लोकनि अपन प्राचीन गौरव चीन्हि सकी ओ ओकर प्रकाश मे भविष्यक हेतु प्रेरणा ग्रहण कए सकी।

पञ्जीप्रबन्धक प्रसङ्ग कोनहु विचार-क्रममे ई कथा सतत स्मरण रखबाक थिक जे कोनहु जातिक विशेषतः ब्राह्मणक क्षेत्रीय विभाजन सनातन नहि थिक ओ एकर सूत्रपात यद्यपि पूर्वहि भए गेल मुदा मिथिला मे ओ सुदृढ़ भेल पञ्जीप्रबन्धन सँ ओ केवल मिथिला मे नहि प्रत्युत समस्त आर्यावर्त्तमे ओ जे ँ एकर श्रीगणेश बङ्गाल मे भेल उत्तर भारतक ब्राह्मण गौड़हिक क्षेत्रीय आख्या लए लए संघटित होइत गेलाह। आर्यावर्त्तमे अर्थात विन्ध्यक उत्तर ब्राह्मणक अनेक वर्ग मानल गेल ओ ताहि मे सारस्वत, कान्यकुब्ज, गौड़, मैथिल ओ औत्कल इएह पाँच श्रेष्ठ मानल गेल जे पञ्चगौड़ कहाओल। ई अनुसन्धानक विषय थिक ओ एहि प्रसङ्ग पूर्ण विवरणक हेतु एक छोट प्रबन्ध मे अवकाश नहि अछि मुदा एतवा धरि तैओ कहि देब आवश्यक बुझैत छी जे शङ्कराचार्यक अवतारक पश्चात जखन बौद्धधर्म भारतवर्ष मे नवीन स्मार्त्त धर्ममे मिलाए लेल गेल तखन क्षेत्रक भेद सँ आचार ओ व्यवहारक भेद स्थापित करबाक हेतु तत्तत् क्षेत्रक नाम पर ब्राह्मणक वर्गीकरण होअए लागल। तथापि ई भेद समाज मे भित्ति जकाँ एकके दोसरासँ पृथक् नहि करैत छल। ब्राह्मणक भेद तँ ओहि

---

* मिथिला-भारती, अंक 1, भाग 1-2, पृ. 7-12

वेद ओ वेदक ओहि शाखा सँ निर्धारित होइत छल जकर अनुयायी ओ लोकनि रहथि यथा सामवेदक कौथुम शाखाक अनुयायी छन्दोग कहबथि; यजुर्वेदक वाजसनेयि शाखाक अनुयायी वाजसनेयि। एकहु शाखाक अनुयायी मे अवान्तर भेद गोत्र ओ प्रवरसँ निर्धारित होइत छल यथा वाजसनेयिमे वत्स्य गोत्रीय पञ्चप्रवर, काश्यप गोत्रीय त्रिप्रवर इत्यादि रूपमँ ब्राह्मण लोकनि अपन परिचय दैथि। कुमारिल भट्ट जे तंत्रवार्त्तिक मे समूह लेख्यक उल्लेख कएल अछि से ब्राह्मण ओ क्षत्रिय दूहूक प्रसङ्ग ओ तेँ वैवाहिक सम्बन्धमे अधिकारक निर्णय होइत छल। समूह-लेख्यक आधार पर, गृह्यसूत्र ओ मन्वादि स्मृतिमे उल्लिखित नियमादिक आधार पर, तथा कान्यकुब्ज ओ सारस्वत एहि रूपैं भिन्न-भिन्न जे ब्राह्मणक क्षेत्रीय वर्ग छल ताहिमे परस्पर वैवाहिक सम्बन्धमे कोनो रोक नहि छल यदि वर ओ कन्या समान गोत्रक नहि हो, समान-प्रवर नहि हो, कन्या वरक मात्र सपिण्डा नहि हो इत्यादि।

जन्मक विशुद्धिक प्रसंग कुमारिल जे कथा तंत्रवार्त्तिक मे कहने छथि से सकल सद्ब्राह्मण सँ अनुसृत छल से मानए पड़त। मिथिलामे ओ ओहि रूपमे व्यवस्थित कएल गेल जे पछाति पञ्जीप्रबन्ध कहओलक; बंगालमे सेहो ओकर किछु व्यवस्था भेल जे कुलीन-प्रथा कहौलक। मुदा आन-आन समाज मे ओकर की स्वरूप भेल अधिकारक निर्णय कोन आधार पर होअए लागल, से सब विशेष अनुसन्धानक अपेक्षा रखैत अछि परन्तु समूह लेख्य क्रमशः ओहि-ओहि समाज मे ऊठए लागल ओ तँहि प्रायः ब्राह्मणक क्षेत्रीय वर्गीकरणक प्रयोजन पड़ल से अनुमान कए सकैत छी। सबसँ पूर्व बंगालमे ब्राह्मणत्वक उत्कर्ष स्थिर करबाक उद्देश्यसँ सामाजिक व्यवस्था कएल गेल ओ तेँ ब्राह्मणकें क्षेत्रीयता स्वीकृत भेल। कहल जाइत अछि बंगालक कुलीन-प्रथाक अनुकरण सँ मिथिला में हरिसिंहदेवी व्यवस्था कएल गेल, परन्तु से भ्रम थिक, स्थितिक अनभिज्ञता सँ एना कहल जाइत अछि। बंगाल मे सद्ब्राह्मण नहि छलाह तेँ कान्यकुब्ज सँ पाँच गोत्रक पाँच जन कर्मठ ब्राह्मणकेँ बजाए, पाँचोकेँ भूसम्पति दए-दए ओतए बसाओल गेल ओ वल्लालसेनक समयमे हुनक सन्तानमे जे सर्वथा ब्राह्मणत्वक रक्षा ओ पालन करैत छलाह से सर्वोच्च कुलीन कहाओल, ताहि सँ न्यून जे छलाह से श्रोत्रिय इत्यादि। मिथिलामे से स्थिति नहि छल। एतए सद्ब्राह्मणक अभाव नहि छल ओ श्रेणी-विभाजन एहिठाम दोसर रूपक भेल। कुलीन मे वैवाहिक सम्बन्धक सबसँ पैघ महत्व छल ओ केओ कुलीन अकुलीन कन्या सँ विवाह कए कुलीनत्व सँ भ्रष्ट भए जाइत छलाह। मिथिला मे सब ब्राह्मण समान रूपसँ मान्य छलाह यदि हुनक माए ओ बापक विवाह अधिकार मे भेल छल, हुनक जाति विशुद्ध प्रमाणित होइत छल। तेँ समाजमे सबसँ पैघ समाजमे सबसँ छोटसँ वैवाहिक सम्बन्ध कैओकेँ अपन सत्ता सुरक्षित राखि सकैत छलाह जँ ओहि सम्बन्धक हुनका अधिकार हो। कुलीन प्रथामे जातिक अपचय हो, कुलीन अकुलीन भए सकैत छलाह मुदा केओ

अकुलीन केहनो पैघ क्रिया कए कुलीन नहि भए सकैत छलाह। मिथिलामे सामाजिक सत्तामे अपचय ओ उपचय दूहू होइत रहल अछि, आइओ होइत अछि ओ तेँ ओ आइयो जीवित अछि। परिचय ओहोलोकनि रखैत छलाह परन्तु जाहि विस्तारसँ अथवा सूक्ष्मतासँ मिथिलामे परिचय राखल जाइत अछि ततेक ओ लोकनि नहि कएल ने अधिकारक निर्णय मे ओतेक सूक्ष्मतासँ शास्त्रीय नियमक सर्वथा पालन कए सकलाह। दोसर कथा ई जे बंगालमे कुलीन व्यक्तिक निर्धारण कएल गेल ओ हुनके सन्तान कुलीन रहलाह यदि ओ लोकनि अकुलीन सँ सम्बन्ध कए अपन कुलीनता नष्ट नहि कए लेल। मिथिलामे ब्राह्मणक वर्गीकरण अवश्य भेल मुदा एतए वर्गीकरणक सिद्धान्तमात्र निर्धारित भेल ओ ओहि सिद्धान्तक अनुसार जे व्यक्ति जाहि योग्य बुझल गेलाह ताहि वर्गक मान्यता हुनका उपलब्ध भेल। पञ्जीप्रबन्धक समयमे अथवा ताहि सँ परहु युगमे केओ व्यक्ति सोति अथवा योग्य बनाओल नहि गेलाह, से भेल 1780 ई. क पश्चात महाराज माधवसिंहक मिथिलेश भेला उत्तर जखन कुलीनप्रथा जकाँ सोतिआइ एकटा व्यवस्था जकाँ भए गेल ओ ओकर सबटा अधिकार मिथिलेशक हाथ मे दए देल गेल। सोतिआइ हरिसिंहदेवीक भेद कहल जाए सकैत अछि मुदा ओकर स्वाभाविक भेद नहि, विकृत भेद, अस्वस्थ भेद जाहि मे परस्पर भेदक विष-बीज निहित छल। एकर कारण की भेलैक, कोना ई उत्पन्न भेल, कोन परिस्थिति मे, तथा कोना ई बढ़ैत गेल ई बड़ रोचक गप्प अछि ओ अग्रिम कोनहु लेख मे यथावसर निवेदन करब। प्राचीन व्यवस्थाक अनुसार सोति, योग्य एवं जयवारक लक्षण मात्र निर्धारित छल ओ अपन क्रियाक अनुसार व्यक्तिविशेष एक वा अपर श्रेणीक मानल जाइत छलाह, बनाओल नहि गेल छलाह, बनाओल जाइत नहि छलाह। अतएव हम मानैत छी जे क्षेत्र-क्षेत्रमे अपन-अपन परिस्थितिक अनुसार ब्राह्मणलोकनि जातिक रक्षाक उद्देश्यसँ भिन्न-भिन्न व्यवस्था कएलैन्हि, सभक आधार छलैन्हि एके शास्त्रीय मर्यादा, परन्तु सब क्षेत्रमे सामाजिक व्यवस्था भिन्न-भिन्न रूपक भेल ओ ताहि कारणेँ क्षेत्र-क्षेत्रमे ब्राह्मणलोकनिक एक-एक गोट स्वतन्त्र परम्परा स्थापित भेल जाहि आधार पर क्षेत्र-क्षेत्रक नाम पर ब्राह्मणक जाति भए गेल। विन्ध्यक उत्तर एहन पाँच गोट क्षेत्रक ब्राह्मण सबसँ विशेष रूपें शास्त्रीय मर्यादासँ नियमित, व्यवस्थित, संघटित भेलाह ओ तँहि एतए इएह पाँच जातिक ब्राह्मण, सारस्वत, कान्यकुब्ज, गौड़, मैथिल ओ औत्कल सबमे उत्तम, प्रतिष्ठित, मानल गेलाह ओ मानल जाइत रहलाह अछि।

अस्तु, मिथिलामे सामाजिक पुनः संघटन तेरहम शक शताब्दीक प्रथम चरणमे प्रायः सबसँ पछाति भेल, कारण, एतए हिन्दूक राज्य सबसँ पछाति धरि रहल ओ एतएक ब्राह्मण सबसँ पछाति धरि प्राचीन मर्यादाक पालन करैत रहलाह। पञ्जीप्रबन्धन तँ भेल ओना वैवाहिक सम्बन्धक शास्त्रीयता सुदृढ़ करबाक उद्देश्यसँ परन्तु सामाजिक संघटनक हेतु ओ बड़ पैघ साधन सिद्ध भेल ओ ब्राह्मणक मैथिल

जाति ओकरे परिणाम-स्वरूप भेल। एकर सब सँ पैघ प्रमाण इएह जे मिथिला मे जतेक लोक बसैत अछि ताहिमे दुइए गोट मैथिल विशेषणसँ विशिष्ट भेटत, ब्राह्मण ओ कायस्थ, ओ एही दूनू जातिमे पञ्जी अनुवर्त्तमान रहल, पञ्जीक पालन होइत रहल। तकर अर्थ भेल जे एहि दूनू जातिक लोक आइ धरि अपनहि समाजमे वैवाहिक सम्बन्ध करैत अएलाह अछि, ओही समाजमे जे मैथिल कहबैत छल, मैथिल छल। पञ्जीप्रबन्धसँ पूर्व मिथिलाक ब्राह्मणलोकनि एतए रहितहुँ क्षेत्रीय आख्यासँ परिचित नहि छलाह ओ इएह कारण थिक जे पञ्जीपूर्वकालीन महापुरुष लोकनिकेँ मैथिल, मिथिलाक, चीन्हबाक कोनो उपाय नहि अछि। कालिदास मिश्र, कुमारिल मिश्र, मण्डन मिश्र, वाचस्पति मिश्र प्रभृति महापण्डितलोकनि जनिका हमरालोकनि परम्परया मिथिलाक जनैत अएलहुँ अछि—ककरहु प्रमाणपुरस्सर मैथिल सिद्ध करबाक साधन नहि अछि। पञ्जीमे तत्कालसँ लए छओ पुरुष परिचय तँ प्रायः सब सत्कुलक उपलब्ध अछि, कतोक कुलक, कतोक शाखाक, ताहिसँ बहुतो अधिक दिनुक परिचय भेटैत अछि ओ हमरा विश्वास अछि जे प्राचीन पञ्जीक पोथी सब जँ भेटए तँ हजार वर्ष धरिक बहुतो कुलक परिचय भेटि जाएत ओ तखन कतेको पुरान व्यक्तिक परिचय प्रामाणिक रूपेँ भेटि जाएत मुदा ई कथा एही सँ सिद्ध होइत अछि जे शाके 1200 सँ पूर्वक केओ अपना कें मिथिलाक, मैथिल, तैरभुक्त अथवा वैदेह कहि परिचय नहि दैत छथि। हँ, बुद्धक शिष्य आनन्दकेँ लङ्काक प्रसिद्ध बौद्धग्रन्थ महावंश मे वैदेह मुनि कहल छथि; जैन तीर्थङ्कर महावीर वैदेह कहल छथि। पञ्जीप्रबन्धसँ पूर्वक बहुतो ताम्रपत्र, शिलालेख इत्यादि लेखमे ब्राह्मणक नामसँ पूर्व हुनक निवास-ग्रामक नाम भेटैत अछि जे हुनकालोकनिक मूल ग्राम हो से हमर अनुमान अछि परन्तु एहि प्रसङ्ग विशेष अनुसन्धानक अपेक्षा अछि।

पञ्जीप्रबन्धनसँ ब्राह्मणक, ओ कायस्थक सेहो, मैथिल जातिक भावनाक उदय भेल ओ जे पञ्जीकेँ मानल से मैथिल कहाओल परन्तु से पञ्जीप्रबन्धक उत्तर। पञ्जीप्रबन्धक समय धरि ई जातीय भावना नहि छल। सब ब्राह्मण समान रूपसँ भूदेव छलाह। आगम मे ब्राह्मणक लक्षण कहल अछि—विद्या, योनि ओ कर्म, तथा जगद्धर अपन मालतीमाधवनाटकक टीका मे कोनहु स्मृतिक वचन उद्धृत करैत कहैत छथि जे—

जन्मना ब्राह्मणो ज्ञेयः संस्काराद् द्विज उच्यते।
विद्यया याति विप्रत्वं त्रिभिः श्रोत्रिय उच्यते ॥

अतएव योनिक शुद्धताक निर्णयार्थ समस्त ब्राह्मणक परिचय संगृहीत होअए लागल ओ जे व्यक्ति जतेक अपन परिचय जनैत छलाह तनिकासँ से लए ओ सब संकलित कएल गेल, वर्गीकृत भेल, मूलक निर्धारण कए शाखासवहिक निर्धारण कएल गेल। जे लोकनि पूर्वहिसँ समूहलेख्य रखैत छलाह तनिकासँ ओ

समूहलेख्य लए लेल गेल ओ ताहि आधार पर परिचयक संकलन कएल गेल। परन्तु तेँ ई बुझब भ्रम होएत जे ओ सब ब्राह्मण मिथिलाक छलाह, मूलतः मिथिलाक वासी छलाह। ओहि समयमे मिथिलाक थिकाह किंवा अन्यत्रसँ आबि बसल छथि, एहि रूपक कोनो भेद छल नहि; भेद छल एतवे जे के अपन परिचय रखैत छथि, परिचयक आधार पर वैवाहिक सम्बन्ध करैत छथि, विद्याक व्यवसाय करैत छथि, सदाचारक पालन करैत छथि इत्यादि ओ ताही आधार पर हुनका संग सम्बन्ध मे प्रवृत्ति अथवा निवृत्ति देखल जाइत छल।

अतएव पञ्जीमे जाहि ब्राह्मणोकनिक परिचय संगृहीत भेल ओ आगाँ जाए जे लोकनि मैथिल ब्राह्मण कहि प्रख्यात भेलाह से सब केओ मूलतः मिथिलाक वासी छलाह से नहि कहल जाए सकैत अछि। बहुतो व्यक्ति एहन छलाह जे मिथिलासँ बाहरसँ आएल छलाह, केओ दू पुरुष पूर्व केओ चारि पुरुष पूर्वओ एवंक्रमे अन्यत्रसँ आबि एतए बसल छलाह तथा एतए आबि एहिठामक आचार ओ व्यवहार जे शास्त्रसम्मत छल तथा तकर पालन एतए सदाचार बुझल जाइत छल तकर पालन करैत छलाह। इहो सत्य जे मूलतः मिथिलाक वासी सेहो ताहि समयमे मिथिलाक बाहर बसैत छलाह। बंगीय जातीय इतिहासमे कतेको एहन गच्छ ब्राह्मणक परिचय भेटैत अछि जे बंगालक भिन्न-भिन्न भागमे मिथिलासँ जाएकेँ बसल छलाह, यथा श्रीहट्ट मे अथवा कूचविहारक राज्यमे, अथवा मालवह प्रान्तमे ओ पञ्जीमे हुनकालोकनिक नाम नहि अछि कारण की तँ ओ लोकनि ओतए जाए मिथिलासँ सम्पर्क छोड़ि देने छलाह अथवा दूरत्वक प्रयुक्त हुनका लोकनिक ओतए जाए परिचय संगृहीत करब दुस्साध्य छल, परन्तु यदि हुनका लोकनिक परिचय संगृहीत रहैत तँ मूलक संग-संग हुनका लोकनिक तत्कालीन निवास-स्थानक नाम पत्रपञ्जी* मे भेटैत। परन्तु एहि प्रसङ्ग स्मरण रहए जे पत्र-पञ्जीक अध्ययन एखन धरि नहि भेल अछि, ओहिमे परिगणित गाम सबहिक चिन्हबाक चेष्टा नहि कएल गेल अछि ओ तेँ ई कहब कठिन अछि जे पत्र-पञ्जीमे मिथिलासँ बाहरक गामक नाम नहि अछि। परन्तु मूलक नाममे से विषय नहि अछि ओ अन्वेषण ओहू वस्तुक नहि भेल अछि ओ सब मूलक गामक नाम चीन्हल नहि होइत अछि परन्तु एहिमे कोनो सन्देह नहि जे ओहिमे कतेको गाम मिथिलासँ बाहरक थिक, कतेको मिथिलासँ बाहरक भए सकैत अछि।

एहि प्रसङ्ग ई कथा स्मरण रहए जे ताहि दिन एक ठामसँ उपटि दोसर ठाम बसब ओतेक कठिन नहिं छल जतेक ओ आइ अछि। बाँस, खढ़ ओ खरहीसँ गृहनिर्माण सुकर छल; भूमिक कमी नहि छलैक ओ ओकर मूल्यो विशेष नहि

---

* पत्रपञ्जी पञ्जीक ओ अंश थिक जाहिमे प्रत्येक मूलक शाखाक नाम गनाओल अछि। कोन मूलमे के कतए बसल छलाह जाहि गामक नाम पर पञ्जीप्रबन्धकालमे हुनक शाखा निर्धारित भेल से पत्रपञ्जीमे भेटत।

छलैक। बसबाक हेतु भूमि दान देब, विशेषतः सद्ब्राह्मणके आइसँ सए वर्ष पूर्व धरि साधारण विषय छल। दोसर, उत्तरभारतवर्षमे ताहि समयमे मिथिलाक स्थिति अपूर्व छल। जाहि समयमे मिथिलामे कर्णाट क्षत्रियक राज्यस्थापना भेल ताहि समय मे उत्तर भारतमे मुसलमानक आक्रमण भेल आ समस्त उत्तर भारत प्रायः मुसलमानक अधीन भए गेल तैओ मिथिला सए डेढ़ सए वर्ष धरि अपन क्षत्रिय राजाक अधीन स्वतन्त्र छल। अतएव तीनू दिसिसँ सद्ब्राह्मण जे जाति ओ धर्मक हेतु प्राण समेत देबाक हेतु उद्यत छलाह, देश छोड़ि-छोड़ि मिथिला आबए लगलाह ओ एतएक धर्मप्राण वातावरणमे अपन जातिक अनुकूल सदाचरण करैत एतहि बसि गेलाह। पञ्जीप्रबन्धकालमे, तेँ, जे परिचय सब संगृहीत भेल ताहिमे ओहू सब व्यक्तिक परिचय लए लेल गेल कारण ब्राह्मण ओहो छलाह ओ जन्मना ब्राह्मणोऽज्ञेय एहि सिद्धान्तसँ हुनका स्वीकार करवामे आपत्ति कोन? मैथिल ब्राह्मण ओहि युगमे छलाह नहि ओ तेँ मैथिल एवं अमैथिलक भेद ताहि दिन धरि छल नहि।

मैथिल ब्राह्मणक इतिहासमे एहि विषयक विवरण आवश्यकेटा नहि मनोरञ्जको होएत तथा पञ्जीसँ एकर विवेचन सम्भव अछि परन्तु काज अछि ई बड़ विशाल आ ओझराएल। पञ्जीप्रबन्धनमे प्रत्येक कुलक परिचय सङ्ग ओहि गामक नाम सेहो उल्लिखित भेल जे गाम ओहि कुलक मूल छल अर्थात् जाहि गाममे ओहि कुलक आदिम ज्ञात व्यक्ति बसैत छलाह। ओ व्यक्ति भेलाह ओहि कुलक बीजी पुरुष तथा ओ गाम भेल ओहि कुलक मूल। एवंक्रमे मैथिल ब्राह्मणक छत्तीस गोट मूल व्यवस्थित मानल गेल अछि। सए डेढ़ेक मूल अव्यवस्थित अछि। एना सए दुइएक मूल अछि जकर परिचय बीजी पुरुषसँ उल्लिखित अछि। एहिसँ भिन्न एक हजारसँ अधिक गामक नाम ततद् व्यक्तिक संग जोड़ल भेटैत अछि जे हुनक मूल छल परन्तु ओहि व्यक्तिक परिचय क्रमबद्ध नहि भेटैत अछि। सम्भव थिक ओ कुल सब उच्छिन्न भए गेल हो, देशसँ बाहर चल गेल हो, जातिसँ चाहर चल गेल हो अथवा जाहि कोनहु कारणे हो पञ्जीप्रबन्धकालमे ओहि कुलक व्यक्ति अपन परिचय नहि लिखाओल तथा ओ कुल सब नष्ट भए गेल।

मूलक प्रसङ्ग यावतो विवरण, ओहि प्रसङ्ग जे अनेक दृष्टिसँ विचार भए सकैत छैक से सब हम आगाँ अवसर अएला पर कहब। सम्प्रति हमरा एहि प्रसङ्ग दुइ गोट विषय प्रतिपादनीय जे सब कुलक बीजी पुरुष एक समयक नहि थिकाह तें सब मूल समान रूपसँ एककालिक नहि थिक। जे व्यक्ति अपन जतबे परिचय जाही रूपसँ जनैत छलाह ततवे हुनक परिचय ताही रूपसँ पञ्जीमे उल्लिखित भेल। अर्थात् विद्यापति ठाकुरक प्रपितामह सातो भाइ ओ पितामहभ्राता लोकनि जे पञ्जीप्रबन्धकालमे छलाह अपन कुलक बीजी पुरुष कर्मादित्य त्रिठपाटि कहल जे विद्यापतिक प्रपितामहक पितामहेटा छलथिन्ह अर्थात सप्तरत्नाकरकार चण्डेश्वर

ठाकुरक प्रपितामहे धरिक परिचय, केवल चारि पुरुषक परिचय लिखल भेटैत अछि ओ ताहूमे सन्धिविग्रहिक देवादित्यक तीनि विवाहमे श्वशुरक नाम दुइएटामे भेटैत अछि। हुनक दोसर विवाह जाहिमे विद्यापतिक प्रपितामह धीरेश्वर जेठ बालक ताहिमे देवादित्यक श्वशुरक नाम नहि अछि, धीरेश्वरक मातामहक नाम नहि अछि, देवादित्यक सार, धीरेश्वरक गामकटा नाम अछि, "महरौली वासि माधव भागिनेयो", एना पाँती अछि। कोनहु स्थिति में कर्मादित्य पञ्जीप्रबन्धसँ डेढ़ सए वर्षसँ प्राचीन नहि भए सकैत छथि। मुदा पाली मूलकेँ देखला उत्तर पता लागल जे ओकर बीजीपुरुष पञ्जीप्रबन्ध कालसँ दश पुरुष प्राचीन थिकाह तथा ओहि कुलक दश पुरुष धरिक साङ्गोपाङ्ग परिचय भेटैत अछि।[1] राउल भिरगू जे एहि कुलक बीजी पुरुष थिकाह पञ्जीप्रबन्धसँ कमसँ कम चारि सए वर्ष पूर्व छल होएताह। एना देखला उत्तर पता लागत जे ठाम-ठाम कुलक बीजी पुरुष पञ्जीप्रबन्धकालसँ पाँच-छओ सए वर्ष पूर्व धरि प्रमाणित होएताह। अतएव ओहि-ओहि कुलक मूल गामक अस्तित्व ओतेक प्राचीन मानए पड़त।

दोसर विषय थिक मूलक शाखा-विभाजन। बहुत कुल अछि जाहिमे शाखा-प्रशाखा पञ्जीप्रबन्धसँ बहुत पूर्वहि भए गेल छल ओ से द्योतित करबाक हेतु जे व्यक्ति नव शाखाक बीजी पुरुष भेलाह तनिक नामक सङ्ग ओहि शाखाक नव निवास स्थानक नाम जोड़ि देल गेल ओ कतहु-कतहु तँ ओ शाखा स्वतन्त्रे मूल भए गेल। एक गोट दृष्टान्त पर्याप्त होएत। पालीकुल मे बीजी पुरुष राउल भिरगूक एक गोट पौत्र वररुचिकेँ चारि गोट बालक जे सब भिन्न-भिन्न स्थान मे बसि गेलाह ओ तेँ ओ चारू भाइ पाली मूलक चारि गोट शाखाक बीजी पुरुष भए गेलाह, सबसँ जेठ बलाञिनि, दोसर मछटा, तेसर जनकौर एवं चारिम बहेराढ़ी जाहिमे बहेराढ़ी स्वतन्त्र मूल भए गेल ओ लोक बिसरि गेल जे जेना बलाञिनि पाली (एहि शाखांमे चिन्तामणिकार म.म. वाचस्पति मिश्र छलाह) मछटा पाली, जनकौर पाली तहिना बहेराढ़ी पाली मुदा एहि शाखाक बीजी पुरुष पञ्जीप्रबन्धसँ सात पुरुष प्राचीन थिकाह। पञ्जीप्रबन्धकालमे ओ तकर अव्यवहित पर युगमे सब मूलमे शाखा विभाजन भेल ओ केवल शाण्डिल्य गोत्रक सातगोट व्यवस्थित मूलक 172 गोट शाखा 150 गाममे बसल भेटल ओ तेँ एहि सातो मूलक 150 शाखाक लोक मूलक सङ्ग-सङ्ग ओहि-ओहि गामक नाम जोड़ि-जोड़ि अपन परिचय दैत छथि। यथा एक गोट शाखा बलाञिनि पालीक प्रशाखा सब भेल पलिवार समौलि, पलिवार ओआरी, पलिवार जरहटिया इत्यादि अनेक। एना सब मूलक गोटेक हजार शाखा होएत। केवल एक मूल माण्डरक चौरासी गोट शाखा अछि। कहबाक तात्पर्य जे पञ्जीप्रबन्धकालमे मिथिला मे प्रायः एक हजार गाम मे सत्कुलीन

---

1. राउल ई उपाधि इमरा जनैत "रावल" जे राजपूतमध्य प्रतिष्ठित उपाधि छल तकरे विकृत रूप थिक। अतएव ई उपाधि विचारणीय थिक ओ हमरा जनैत मिथिलाक ब्राह्मणमे विदेशी छल।

ब्राह्मणक बास छल। एनासब मिलाए पञ्जी मे प्रायः अढ़ाइ हजार गामक उल्लेख अछि ओ पञ्जी साहित्यक प्रसङ्ग अनुसन्धान में गामक नामक विचार सत्ये बड़ रोचक विषय अछि।

मूलक नाम मे जे दू गोट गामक नाम रहैत अछि ताहि मे प्रथम थिक "मूल", ओ से साधारणतया पञ्जीप्रबन्धसँ प्राचीन ओ द्वितीय थिक ग्राम जे ओहि मूलक ओहि शाखाक पञ्जीप्रबन्धकालीन बासस्थानक नाम ओ से पञ्जीप्रबन्धकालीन थिक। एहि मे उत्तर पदमे जे गामक नाम अछि से सब गाम प्रायः मिथिलाक थिक कारण ओ ताहि समयक बासस्थानक नाम थिक ओ मिथिला सँ बाहर जाए-जाए परिचय संगृहीत भेल तकर कोनो प्रमाण नहि भेटैत अछि। मुदा प्रथम पद मे जे नाम अछि से थिक मूल जतएसँ ओ कुल पसरल छल ओ ताहिमे हमरा जनैत अनेको मिथिला सँ बाहरक थिक, एहि मे अनेको गामक पता नहि लगैत अछि। सम्भव थिक गाम सब लुप्त भए गेल हो, सम्भव थिक ओहि गाम सबहिक नाम बदलि गेल हो, संभव थिक गामक नाम मे नव विकार आबि गेल हो ओ तेँ ओ अनचिन्हार भय गेल हो। ताहू मे जे गाम जतेक पुरान तकर नाम ततेक अनचिन्हार। ओना तँ नाम-गामक व्युत्पत्ति नहि हो परन्तु से सब ठाम नहि घटैत अछि ओ प्रथमहि नाम पड़ल रहैत छैक किछु व्युत्पत्ति मन मे राखि। कवीश्दर चन्दा झा गामक नामक व्युत्पत्ति करबा मे बड़ पटु छलाह—भौर के भरपुर भराम के भरग्राम भरौरा के भरपुरा, चनौर के चन्द्रपुर; नामक अन्त मे बाड़ केँ-वाट, औनीके-वनी इत्यादि कतेक अनुगम ओ कए गेल छलाह ओ तेँ मडरौनीक मङ्गलवनी, तरौनीक तरुवनी एना व्युत्पति कएल जाइत अछि। मूलक गामक नाम मे कतोक चिन्हवाक योग्य होइत अछि यथा सरिसब, गङ्गौली, पाली, अड़इ, वम्भनिञाम, उजती, माण्डर, सतलखा, विसपी, ओइनी, वेलञोच, पनिचोभ इत्यादि परन्तु अधिकतर नाम अपरिचित अछि यथा हरिअम्ब, घोसौत, करमहा, बुधवाल, बहेराढ़ी, संकराढ़ी, दरिहरा, खौआड़, नरओत, तिसओत, फनन्दह, शंकोना, सोदरपुर, सुरगण इत्यादि। अनचिन्हार गाम सबमे सन्देह होइत अछि जे ई सब आ एहि मे कतेको मिथिला सँ बाहरक तँ ने थिक जतए सँ कोनहु प्राचीन काल मे ब्राह्मणलोकनि एतए आबि बसल होथि ओ पञ्जी मे अन्तर्भूत भए मैथिल ब्राह्मणमे महाकुलीन मानल जाए लागल गेल होथि।

ई संदेह उत्पन्न होइत अछि जे कतोक कुलक मूलकेँ मिथिलासँ बाहरक देखिकेँ ओ बलित होइत अछि कतेको उपाधिकेँ देखि जे आब मिथिलामे, मैथिल ब्राह्मणमे ऊठि गेल अछि। प्रथम उपाधिके लिअ। विद्यापतिक अतिबृद्ध प्रपितामह, हुनक कुलक बीजी पुरुष कर्मादित्य त्रिपाटि कहल छथि ओ सम्भव थिक एही त्रिपाटिक रूपान्तर त्रिपाठी हो। विद्यापतिक प्रपितामहभ्राताक मातामह छलथिन्ह माने "कार्जि" ओ कार्जी सम्प्रति भूमिहार मध्य प्रचलित उपाधि थिक। विद्यापति

ठाकुरक द्वितीय विवाह छल हरिवंशे शुक्ल क कन्यामे ओ सुअरी मूलक उपाधि शुक्ल प्रतीत होइत अछि। अरिअम्बमूलक बीजी पुरुषक उपाधि देखैत छिऐन्हि दीक्षित। एहिना प्रसाद, शर्मा अनेको उपाधि देखैत छी जे आब ऊठि गेल अछि। सम्भव थिक ई सब उपाधिए साभिप्राय हो यथा अविलम्ब-सरस्वती पछाति सरस्वती कहबए लगलाह। परन्तु समाजक बाहर एहिमे अनेको उपाधि एखनहु वर्तमान अछि ओ ताहिसँ मैथिल ओ मैथिलेतर समाजक परस्पर सम्बन्ध, दूहूक समन्वयक संदेह उत्पन्न होएब असंगत नहि। वस्तुतः उपाधिक प्रसङ्ग गम्भीरतापूर्वक अनुसन्धानक अपेक्षा अछि। एतना तँ निश्चय जे ई उपाधि सब आरम्भमे वैयक्तिक छल। खण्डवलाकुलमे उपाधिक परिवर्तन सबसँ अधिक देखैत छी। मूलतः ई लोकनि उपाध्याय छलाह जे गंगौलीवार एखनहु छथि। ततःपर खण्डवला ग्राम सम्पत्तिक रूपमे प्राप्त कए साञी (अर्थात् सिद्ध तान्त्रिक जकरा एखन गोसाञि कहबैक) सङ्कर्षण ठाकुर कहबए लगलाह जे खण्डवला-कुलक साधारण उपाधि भए गेल। एमहर सत्रहम शताब्दीक अन्तमे महाराज राघवसिंह 'सिंह' उपाधि धारण कएल।

एहिना मूलक प्रसंग। सर्वप्रथम खण्डवला कुलकेँ लिअ। पञ्जीप्रबन्धकालमे एहि कुलमे छलाह ज्ञानपति ठाकुर वृद्ध। हुनक पौत्र दूबे ठाकुर भौर जाए बसलाह ओ हुनक दू छोट भाए लाखू ओ महिपति बसलाह बेहटमे। स्वयं ज्ञानपति छलाह हरिड़ीक वासी जतए हुनक प्रपितामह चक्रेश्वर ठाकुर आबि बसल छलाह। पञ्जीमे ज्ञानपति ठाकुर दश पुरुषक परिचय देल ओ हुनकासँ दशम गङ्गाधर झा गंगौलिक वासी कहल गेलाह। एही गंगौली मूलक बीजी पुरुष गङ्गाधर झाक प्रपौत्र छलाह सङ्कर्षण जे सिद्ध तान्त्रिक छलाह, साञी कहाबथि ओ मध्य प्रान्तमे खण्डवामे भूसम्पत्ति उपार्जन कए खण्डवला मूल ग्रहण कए ठाकुर कहबए लगलाह। साञी ठाकुरक सन्तान बहुत दिन धरि मध्यप्रान्तमे छलथिन्ह, मिथिला सँ सम्बन्ध रखने, ओ कतोक जन एखनहु छथि। परन्तु तेँ ई नहि कहि सकैत छी जे ई लोकनि मिथिला छोड़ि मध्यभारत चल गेलाह अथवा ओतएसँ आएल छलाह। साञी ठाकुरक प्रपौत्र चक्रेश्वर हरिड़ी आबि बसलाह ओ चक्रेश्वरक प्रपौत्र ज्ञानपति पञ्जी प्रबन्धक समयमे वृद्ध छलाह। तेँ एहि कुलकेँ मिथिलासँ बाहर सँ आएल तँ नहि कहि सकैत छी मुदा मिथिलासँ सूदूर मध्य भारत सँ एहि कुलकेँ घनिष्ठ सम्बन्ध ई तँ निर्विवाद अछि।

दोसर एक गोट मैथिल ब्राह्मणक प्रतिष्ठित कुल अछि, सामवेदीय शाण्डिल्य गोत्रीय, जे 'दिघवय' कहबैत अछि। पञ्जी प्रबन्धकालमे एहि कुलमे दू भाइ छलाह पर्णागारिक स्थिति ओ धर्माधिकरणिक जान; स्थितिक बालक लक्ष्मणक विवाह ओञिनवार महाराज गणेश्वरक कन्यासँ, कीर्ति सिंहक बहिनिमे; जानक बालक सुधाकरक विवाह महाराज भवेश्वरक पौत्र हरसिंहक कन्यामे, महाराज धीरसिंहक बहिनिमे; दोसर बालक, बाटेक विवाह भवेश्वरक भाए राज रत्नेश्वरक कन्यामे। ओञिनिवार राजकुल सँ

आरम्भमे एहि रूपे सम्बद्ध ई दिघवय कुल बड़ प्रतिष्ठा प्राप्त कएल ओ जानठाकुरक सन्तानमे सिंहवाड़क ठाकुर लोकनि चौधरी उपाधिधारी मिथिलाक गण्य-मान्य छथि। ई लोकनि पञ्जी प्रबन्धकालमे अपन पाँच पुरुषक परिचय देल; स्थितिक वृद्धप्रपितामह श्रीहर्ष एहि कुलक बीजी पुरुष कहल गेलाह ओ से कहल गेलाह पनिचोभक वासी मुदा अपन मूल कहल ई लोकनि दीघो जतएसँ हुनक पूर्वज चन्दयी गाम आबि बसलाह जतएसँ आबि श्रीहर्ष पनिचोभमे रहथि। अर्थात कोनहु समयमे हिनक कुल दीघोसँ आएल छल यद्यपि हिनकालोकनिके ई ज्ञात नहि रहैन्हि जे दीघो सँ के चन्दयी अएलाह ओ चन्दयीसँ के पनिचोभ अएलाह। परिचय हिनकालोकनिकेँ पाँचे पुरुषक ज्ञात ओ से पनिचोभवासी श्रीहर्ष सँ। कवीश्वर चन्दा झा एहि दीघोकेँ दिघवारा मानैत छथि जे सोनपुर सँ आगाँ गङ्गाक तट पर अवस्थित छपरा जिलामे शालिग्रामीक ओहि पार मिथिलासँ बाहर छल। दुर्गासप्तशतीमे जे प्रथम माटिक मूर्ति बनाए दुर्गाक पूजाक उल्लेख अछि से कवीश्वरक अनुसार एही दिघवारामे (तौ तस्मिन् पुलिने देव्याः मूर्त्तिं कृत्वा महीमयीम् इत्यादि)। दीघो अर्थात् दीर्घघोष यदि दिघवारा तँ ई कुल मूलतः मिथिला सँ बाहरक भेल।

एहि प्रसङ्ग एकटा बड़का रोचक कथा अछि। दीघो मूलक एक गोट दोसरो शाखा भेटैत अछि जे अम्बाल दीघो कहबैत अछि। ई 'अम्बाला' शाखा 'चन्दयी' शाखासँ बहुत अर्वाचीन अछि ओ हमर अनुमान अछि जे पञ्जीप्रबन्धकालमे ई शाखा नहि भेटल, अपन परिचय नहि लिखाओल; ई शाखा पञ्जीप्रबन्धोत्तर कालमे अपनाकेँ पञ्जीबद्ध कराओल। हिनका लोकिनिकेँ अपन परिचयो बड़ थोड़ बुझल ओ जतबा परिचय ई लोकनि देलैन्हि ततबासँ ई 'चन्दयी' दीघो-शाखाक उपशाखा प्रमाणित नहि भेलाह। अतएव ई शाखा स्वतन्त्र रूपेँ पञ्जीवद्ध कए लेल गेल ओ जेँ ई लोकनि जनैत छलाह जे हिनक पूर्वज दीघोसँ आएल तेँ मूल हिनको ओएह छल तथा निवासस्थान अम्बालक नाम जोड़ि ई ओही शाण्डिल्यगोत्रक एक गोट स्वतन्त्र मूल भए गेल। सम्भव थिक ई दूनू शाखा एकहि मूलक हो तथा परिचयक अज्ञानतासँ अपनाकँ एकहि कुलक दू शाखा सिद्ध नहि कए सकल होथि; सम्भव थिक दूनू दू कुलक होथि ओ दूनू कुल कोनहु समयमे दीघो सँ आएल होथि, एकक सन्तान चन्दयी मे बसलाह, दोसरक अम्बालमे, मुदा दूनू शाण्डिल्यगोत्रीय। एहिसबसँ एतबे प्रमाणित होइत अछि जे पञ्जीप्रबन्धसँ पूर्व, बहुत पूर्व, मिथिलाक बाहर दीघोसँ ब्राह्मणलोकनि आबि मिथिलामे बसि गेलाह तथा मिथिलाक सामाजिक व्यवस्था स्वीकार कए अपनाकेँ पञ्जीबद्ध कराए लेल, अपनाकेँ मैथिल बनाए लेल।

एक गोट मैथिल ब्राह्मणक कुल और अछि, महाकुल, जकरो मूल मिथिला सँ बाहर प्रतीत होइत अछि। ई कुल थिक काश्यपगोत्रीय पण्डुए। एमहर चारि सए वर्ष सँ वा ताहूसँ अधिक दिनसँ मिथिलामे पञ्जीकारक इएह प्रमुख कुल रहैत आएल अछि। विद्यापतिक दौहित्र तिसुरीमूलक महिपतिक कन्यामे विवाह छल

होरेझाक ओ पञ्जीमे इएह सर्वप्रथम पञ्जीकारक उपाधि सँ युक्त भेटैत छथि। होरेझाक प्रपितामहलोकनि पञ्जी प्रबन्धकाल मे छलाह तथा अपन परिचय ओ नओ पुरुषक देल तथा अपन नवम पुरुषक नाम कहल गोविन्द पाठक जे एहि कुलक बीजी पुरुष कहल गेलाह। अपन मूल ई लोकनि पण्डुआ कहल। पञ्जीप्रबन्धकाल सँ प्रायः तीनि सए वर्ष पूर्व पाठक गोविन्द छल होएताह ओ पण्डुआ सँ ओएह अएलाह वा हुनक कोनो पूर्वज से कहब तँ कठिन अछि मुदा पण्डुआ-मूलक ई कुल। ई पण्डुआ कतए अछि से कहब कठिन अछि। मिथिलामे एहि नामक कोनहु गामक पता नहि अछि। हमर अनुमान अछि जे ई पण्डुआ गौड़ राज्यक अन्तर्गत प्रसिद्ध नगर पण्डुआ थिक जकर भग्नावशेष आब मालदह जिलामे अछि। मिथिलाक पण्डुए पञ्जीकारलोकनिकेँ परम्परया श्रुत छैन्हि जे पञ्जीप्रबन्धक सम्पादक लोकनिमे पण्डुए गुणाकरझा प्रमुख छलाह ओ पञ्जीक व्यवस्था भेला उत्तर जाहि कतिपय पण्डित लोकनिकेँ पञ्जीक रक्षाक भार देल गेल ताहिमे गुणाकर सेहो छलाह अतएव पाँजि मे पञ्जीकारक उपाधि नहि रहैन्हि, से हुनक प्रपौत्रक प्रपौत्र होरेझाकेँ छैन्हि पञ्जीकारक उपाधि पछाति भेल। पहिने ओ लोकनि पण्डित कहाबथि पञ्जीकार नहि। मुदा होरेझाक प्रपितामहक प्रपितामह गुणाकर झा पञ्जीप्रबन्धकालमे छलाह से तखनहि सम्भव भए सकैत अछि यदि एहि कुलमे प्रति पुश्ति तीस वर्षक मानल जाए। होरेझा 1500 ई. मे छलाह ओ हुनका सँ सातम गुणाकरझा 1300 ई. मे तखनहि भए सकैत छथि परन्तु से हमरा संगत नहि जँचैत अछि, हमरा जनैत गुणाकर पञ्जीप्रबन्धसँ बहुत पूर्वक थिकाह। तथापि पञ्जीक अनुशीलनमे एहि कुलक उत्कर्ष, पञ्जीशास्त्रक व्यवसायमे हिनका लोकनिक संलग्नता देखि अनुमान सुलभ अछि जे गौड़ देशमे आदिशूरहिक समय मे व्यवस्थित जातीय संगठनक तत्व ओ रहस्यसँ एहि कुल केँ घनिष्ठ परिचय ओ से संस्काररूपेँ एहि कुलमे वर्त्तमान। परन्तु से जे हो, हमरा तँ पूर्ण सम्भव प्रतीत होइत अछि जे पण्डुए मूल मिथिला सँ सुदूर पूर्वक थिक ओ ओतएसँ आएल सद्ब्राह्मण लोकनि मिथिलामे बसि गेलाह ओ मिथिलाक सामाजिक व्यवस्थाकेँ स्वीकार कए, अपना केँ पञ्जीबद्ध कराए लेल, मैथिल ब्राह्मण जाति मे मीलि गेलाह।

अतएव मैथिल ब्राह्मणक पञ्जी-व्यवस्थासँ तात्पर्य ई नहि जे ई व्यवस्था मैथिल-ब्राह्मण समाजमे भेल, एकर तात्पर्य ई जे मिथिला मे बसैत ब्राह्मण-समाजक ई व्यवस्था भेल ओ एहि व्यवस्थाक सम्पन्न भेला उत्तर ब्राह्मणक मैथिल जाति संघटित भेल। पञ्जीप्रबन्ध भेलहि उत्तर एतए ब्राह्मणमे जातीयताक भावना उत्पन्न भेल ओ एतएक ब्राह्मणक क्षेत्रीय भेद क्रमशः सुदूर होइत गेल। पञ्जीप्रबन्धक प्रसङ्ग ई विषय बूझि लेब आवश्यक।

(मिथिला-भारती, अंक 1 एवं 2, भाग-1-2, 2-4, 1969-1970)

मैथिल ब्राह्मणों की पञ्जी-व्यवस्था

मैथिल ब्राह्मणों की सामाजिक व्यवस्था में पञ्जीका बड़ा ही महत्त्व है। वस्तुतः पञ्जी ही एक ऐसी वस्तु है जो मैथिली ब्राह्मणों को अन्यान्य ब्राह्मणों से पृथक करती है। मिथिला के भीतर जो मैथिल ब्राह्मण रहते हैं उनकी तो बात ही क्या, जो मैथिल ब्राह्मण आज पुश्तों से मिथिला के बाहर रहते हैं–और उनकी संख्या कम नहीं है–और अपनी भाषा तथा और आचारों और व्यवहारों को भूल भी गये हैं, वे भी पञ्जी का अनुसरण करते ही हैं। इसीलिए मैथिल ब्राह्मणों के सामाजिक जीवन की आधार-शिला पञ्जी है यह कहना तनिक भी अत्युक्ति नहीं होगा।

यों तो पञ्जीका मूलभूत सिद्धांत 'अनादि' ही कहना होगा क्योंकि इसका सम्बन्ध खास 'ब्राह्मणत्व' से है और यदि ब्राह्मणत्व अनादि है तो फिर पञ्जी के भी मूलभूत सिद्धान्त वैसे ही अनादि हैं, फिर भी जिस रूप में पञ्जी अभी उपलब्ध है उसका निबन्धन शाके 1248 में हुआ था और उस समय यद्यपि कार्णाट-क्षत्रिय-राजकूलके अन्तिम मिथिलेश महाराज हरिसिंहदेव मुसलामनों से पराजित होकर मिथिला को छोड़ नेपाल भाग गए थे, फिर भी चूँकि पञ्जी का प्रबन्धन उन्हींके विचार, उत्साह और उद्योग से हुआ था इसलिए प्रबन्धन सम्पूर्ण होने पर बुधजनों ने इस को उन्हीं के नाम से पुकारा, इसे 'हरिसिंहदेवी व्यवस्था' नाम दिया और इस तरह उनके नामको इस प्रबन्धनके साथ जोड़ कर उन्हें अमर कर दिया।

इस तरह यह पञ्जी-प्रबन्ध आज करीब छ सौ वर्षों से अधिक दिनामें से मिथिला में सर्वमान्य है परन्तु उस से भी करीब छ सौ वर्ष पहले ही रचित मीमांस के सुप्रसिद्ध ग्रन्थ तन्त्रवार्त्तिक में धर्म की रक्षा में जन्म की विशुद्धि के प्रसङ्ग में उल्लेख से स्पष्ट प्रमाणित होता है कि कुमारिलभट्ट के समयमें भी इस नामसे न सही पर और ही तरह पञ्जी-प्रबन्धके मूलभूत सिद्धान्त उसी तरह अनुवर्त्तमान थे जिस तरह पञ्जी-प्रबन्धन में वे व्यवस्थित कर दिए गए।

इतने दिनों की कोई भी व्यवस्था या नियमन समझने की वस्तु है, श्रद्धासे अध्येतव्य है, इसके तत्त्व अन्वेष्टव्य हैं, पञ्जी तो हमलोगों के समाज की भित्ति

है और अभी भी जीती जागती है। पर इसके प्रसङ्ग में फैले हुए भ्रमों को देखकर बड़ा ही खेद होता है कि इस सम्बन्ध में कितनी अनभिज्ञता है और जो इस की समालोचना भी करते वे भी इसे समझने का यत्न नहीं करते। इसभें कोई सन्देह नहीं कि इस दीर्घकाल में इसमें बहुत सी बुराइयाँ आ गई हैं, इसके फलस्वरूप कितनी मान्यताएँ समाज में प्रसृत हो गई हैं, फिर भी बुराइयों या अनुचित परिणामों को ही मूल समझ वस्तु की निन्दा करना पण्डितोंका काम नहीं है। समय आ गया है–आ ही नहीं गया है, बड़ी तेजी से बीता जा रहा है–जब इस व्यवस्था की जानकारी लोगोंमें, विशेषतः समाजके शिक्षित व्यक्तियोंमें, हो सके। इस छोटी-सी पुस्तिकामें इतने पुराने प्रबन्ध के मूलभूत सिद्धान्तोंका भी प्रतिपादन सम्भव नहीं है–तौ भी अगर इससे लोगोंका भ्रम कुछ भी हट सका और हमारे समाजके शिक्षित समुदायमें इस प्रसङ्गको विस्तार से जानने की अभिरुचि जाग्रत हो सकीं तो मैं अपने श्रमको सार्थक ही नहीं समझूँगा प्रत्युत इस विषयमें अपने अनुसंधानोंको लिपिबद्ध कर इसे समझाने का प्रयत्न भी करूँगा जिससे यह स्पष्ट हो जाएगा कि यह प्रबन्धन कितनी सुदृढ़ भित्ति पर आधारित है, इसके मूलभूत सिद्धान्त कितने व्यापक हैं, कितने सनातन हैं।

हमारे ही यहाँ नहीं, संसारके सभी समाजोंमें सामाजिक क्रियाकलापोंमें सबसे मुख्य स्थान प्राप्त है विवाहको। विवाहके बिना समाजकी प्रगति ही रुक जाएगी। इसलिए सभी समाजोंमें विवाह के कुछ नियम हैं। हमारे यहाँ विवाह एक मुख्य संस्कार समझा जाता है और विवाहकी ही शुद्धता पर जन्मकी शुद्धता निर्भर है, जाति निर्भर है। इसी जातिकी रक्षा करना पंजीप्रबन्धका एक मात्र प्रयोजन था।

अत्यन्त प्राचीन कालसे ही हमारे यहाँ कुछ नियम वर्त्तमान हैं कि विवाह कैसी कन्यासे किया जाए। सभी कन्याओंसे विवाह का अधिकार नहीं है। विवाह का अधिकार उसी कन्या से है जो–

1. एक ही गोत्र की न हो।
2. एक ही प्रवर की न हो।
3. माताका सपिंड न हो।
4. पिता की ओर के किसी भी पूर्वज से 6 पुश्त तक नीचे की न हो।
5. माता की ओर के किसी भी पूर्वज से पाँच पुश्त तक नीचे की न हो।
6. पितामह और मातामह की सन्तान न हो।
7. 'कठमाम' की सन्तान न हो (सौतेली माँ के भाई को 'कठमाम' कहते हैं)।

स्पष्ट है कि विवाहके अधिकारका निर्णय अपने ही नहीं, कन्याके भी पूरे परिचयको जाने बिना नहीं हो सकता। सात पीढ़ियों तक सपिंडत्व रहता है और सपिंडत्वका विचार केवल विवाहके ही लिए नहीं, श्राद्ध और अशौच प्रभृति

अनेक विषयोंमें आवश्यक होता है। अतएव बहुत पहले लोग स्वयं अपना सांगोपांग परिचय जानते थे, याद रखते थे और उसीके अनुसार अपनी क्रियाओंको नियमित करते थे। ये नियम हमारे प्राचीनतम धर्मग्रन्थोंमें पाए जाते हैं और निश्चय ही प्रागैतिहासिक कालसे ही अनुवर्त्तमान हैं। स्मृतियोंमें कहा है कि जिससे विवाहका अधिकार नहीं है वह 'स्वजना' है और 'स्वजना' के साथ विवाह करने से केवल सम्पत्ति ही नहीं प्रत्युत उस अनधिकार विवाहकी सन्तान भी चांडाल समझी जाती है, आर्यत्व की मर्यादासे बहिष्कृत हो जाती है। अतएव विवाह की घटना का प्रथम चरण अधिकारका ही निर्णय रहा होगा, वरपक्ष और कन्यापक्ष के लोग आपस में बैठकर अपने-अपने परिचयोंके आधार पर यह निर्णय करते होंगे कि अमुक कन्यासे अमुकको विवाहका अधिकार है या नहीं। अभी भी विवाहोंमें वरपक्षवाले, वरयात्रिकों को कन्या-पक्षवालोंके साथ परस्पर परिचय पूछने की चाल इसी अति प्राचीन आवश्यक रीतिकी याद दिलाती है। कुमारिलभट्टने ऐसे सांगोपांग परिचयको जो सभी परिवारके लोग स्वयं जानते थे, लिखकर रखा करते थे, 'समूह-लेख्य' कहा है।

पर कालक्रमसे इस बातमें धीरे-धीरे आलस्य होता गया। मिथिलामें परम्परया यही श्रुत है कि एक हरिनाथ नामके ब्राह्मणकी स्त्री पर समाजमें चांडालके साथ व्यभिचारका आरोप होने पर उसने शपथ ग्रहण किया कि 'नाहं चांडालगामिनी' पर इसमें उसके हाथ जलने पर एक नैयायिकके विचारसे वाक्यको बदल कर "नाहं पतिभिन्नचांडालगामिनी" ऐसा शपथ लेने पर वह शुद्ध निकली। अन्वेषण करने से पता लगा, जिसकी पुष्टि अभी भी पञ्जीसे होती है, कि हरिनाथने अनधिकारमें विवाह किया था, उनकी स्त्री उनके साक्षात चचेरे भाई की दौहित्री थी, उन के पितामह की ही सन्तान थी और इस तरह 'स्वजना' से विवाह होने के कारण हरिनाथ शास्त्रतः चांडाल हो गए थे, आर्यत्व की मर्यादा से बहिर्भूत थे। कहा जाता है कि प्रकोण्ड ये हरिनाथ मङरौनी ग्रामके रहनेवाले प्रकांड पण्डित थे, "स्मृतिसार" नामका सुप्रसिद्ध ग्रन्थ उन्हीं की कृति है। स्मृतिसार ऐसे ग्रन्थके रचयिता महामहोपाध्याय हरिनाथ से यदि ऐसी भूल हो गई तो फिर साधारण लोगों की अवस्था क्या होगी? समाज की आँखें जैसे सहसा खुल गईं। महाराज हरिसिंहदेवने व्यवस्था दी कि सभी ब्राह्मणों के परिचय संगृहीत किए जाए और उन्हें खास-खास विशिष्ट पण्डितोंके जिम्मे कर दिए जाएँ। वे पण्डितजन ही अधिकार का निर्णय करें और निर्णय करके 'अस्वजन-पत्र' लिखकर दें जिसके बाद ही विवाह हो और वही विवाह प्रामाणिक हो। यही व्यवस्थापन पञ्जी-प्रबन्ध है। संगृहीत परिचय जिसमें प्रत्येक विवाह और विवाह की सन्तानों के नाम और नए नए सम्बन्ध बराबर जोड़े जाते रहे हैं 'पञ्जी' कहलाया। जिन पण्डितों को ये संगृहीत परिचय सौंपे गए वे 'पञ्जीकार' कहलाए; अधिकार का निर्णय करके अस्वजन-पत्र लिख

कन्या-पक्ष वालेको देना कि अमुक कन्या के साथ विवाह करनेका अधिकार अमुक वरको है 'सिद्धान्त' कहलाया।

अतएव स्पष्ट है कि हरिसिंहदेवने कुछ नया नहीं किया। वस्तुतः यह पुरानी थी। हरिसिंहदेव ने इसमें इतना ही संशोधन किया कि जो समूह-लेख्य पहले व्यक्ति स्वयं ही रखा करते थे उसे अब 'एकत्र' करके कितने विशिष्ट व्यक्तियोंके हाथों में दे दिया। जो पहले वैयक्तिक था वह अब राजकीय हो गया। दूसरी बात यह हुई कि बिना पञ्जीकारकी अनुमति प्राप्त किए वैवाहिक सम्बन्ध अवैध समझा जाने लगा। और तीसरी बात यह कि प्रत्येक वैवाहिक सम्बन्ध पञ्जीकारोंकी अनुमति से होने-से पञ्जीमें सभी उल्लेखोंके समावेश की सुविधा हो गई।

परिचय एकत्र करने का काम सुगम नहीं था। परिचय जानने वाले या परिचय विषयमें जिनको शोक था—ऐसे लोगोंको अभी भी 'परिचेता' कहा करते—घूम-घूमकर प्रत्येक परिवारके मुख्य व्यक्तिसे उनका परिचय पूछते और उसे लिख लेते। सभी अपना परिचय एक-सा नहीं जानते। साधारणतया छः पुरुषोंका परिचय तो सभी अच्छे लोग जानते थे, कुछ लोग बहुत अधिक जानते थे, कुछ दो-तीन पुरुषोंके ही नाम जानते थे। जो जितना ही जानते थे उनसे उतना ही संग्रह कर उनसे पूछ लिया जाता कि आपके पूर्वज किसगामके वासी थे, आपका गोत्र और प्रवर क्या है तथा आप किस वेदकी कौन-सी शाखाके हैं। निश्चय ही इस संग्रह कार्यमें समय लगा होगा और पूरा संग्रह हो जानेके बाद एकही कुलकी अनेक शाखाएँ यदि अनेक स्थानोंमें बस गई थीं तो वे सभी उस कुलके परिचयमें एकत्र मिल गई होंगी। इस प्रकार सभी परिचयोंको गोत्रके अनुसार पृथक्-पृथक् रखनेसे प्रत्येके गोत्रमें भिन्न-भिन्न कुलोंका पूरा नक्शा निकला आया। इन कुलोंके नाम उन कुलोंके प्राचीनतम ज्ञात निवास-स्थानके नाम पर रखे गए जो उन कुलोंके 'मूल' कहलाए। कुलके सबसे प्राचीन ज्ञातपुरुष उस कुलके 'बीजी-पुरुष' कहला या। यदि एकही गामके वासी दो कुल निकले तो उनके भेदको जतानेके लिए कुलके मूलके साथ-साथ नए निवास-स्थान का नाम जोड़ दिया गया। एक ही दृष्टान्त पर्याप्त होगा। काश्यपगोत्रीय एक महाकुल जिसकी शतावधि शाखाएँ देश में व्याप्त थीं संगृहीत परिचयके आधार पर वह मूलतः 'मांडर' गामके वासी सिद्ध हुआ पर पञ्जी-प्रबंधसे बहुत पहले ही इसकी दो शाखाएँ स्पष्ट प्रमाणित हो गईं—एक मङरौनी गामकी और इसरी 'गढ़' की। अतएव पञ्जीमें आदिसे ही मांडर के साथ-साथ 'मङरौनी' और 'गढ़' विशेषण जोड़ा जाता रहा है। परन्तु उपलब्ध परिचयके आधार पर दोनों एक ही कुलकी दो शाखाएँ सिद्ध हुए और इसलिए मूल एक ही रहा, मांडर और इस कुलके बीजी पुरुष एक ही हुए। जानने की बात है कि मांडर-मूलके बीजी-पुरुष पञ्जी-प्रबन्ध-कालसे कम-से-कम दश पुरुष प्राचीन हैं और उनका समय नवम शक-शताब्दसे अर्वाचीन नहीं हो सकता है।

मैथिल ब्राह्मण केवल दो ही वेदके अनुयायी हैं, सामवेद और शुक्लयजुर्वेद के और उसमें भी एक एक ही शाखाके। सामवेदी मैथिल ब्राह्मण कौथुमशाखीय हैं और यजुर्वेदी माध्यन्दिन-शाखीय तथा ये दोनों क्रमशः छन्दोग और वाजसनेयि कहलाते हैं।

इनमें सामवेदी छन्दोग केवल एक ही गोत्र के हैं, शांडिल्य। शेष माध्यन्दिनशाखीय वाजसनेयि मुख्यतः छ गोत्रके हैं, वत्स, काश्यप, पराशर, कात्यायन, सावर्ण और भारद्वाज। इन्हीं सात गोत्रोंके कुल व्यवस्थित कहलाते हैं अर्थात जिन कुलोंसे परिचयकी अपूर्णता या अन्य ही किसी कारणसे गोत्रान्तरकी सम्भावना नहीं है। इनके अतिरिक्त कम-से-कम ग्यारह और गोत्रोंके ब्राह्मण उपलब्ध हैं जिनका परिचय उपलब्ध होता रहा है पर उन गोत्रोंमें व्यवस्था नहीं है क्योंकि एक ही मूलके ब्राह्मण अनेक गोत्रोंमें मिलते हैं। ये गोत्र हैं, गार्ग्य, कौशिक, अलाम्बुकाक्ष, कृष्णात्रेय, गौतम, मौद्गल्य, वशिष्ठ, कौंडिन्य, कपिल और तंडि। प्रत्येक गोत्रमें कई मूल हैं अर्थात इन मूलोंके ब्राह्मण उस गोत्रके हैं। यों तो कोई दो सौ मूलके नाम उपलब्ध होते हैं परन्तु कितने मूल ऐसे हैं जो अनेक गोत्रोंमें मिलते हैं। यथा ब्रह्मपुरा। ब्रह्मपुरा मूलके ब्राह्मण शांडिल्य, वत्स, अलाम्बुकाक्ष, गौतम, गार्ग्य, इन पाँच गोत्रों के मिलते हैं। पञ्जीमें सात ही गोत्र हैं और चौंतीस (कहीं-कहीं छत्तीस) ही मूल हैं जो व्यवस्थित कहे गए हैं।

अब पहले उन सात गोत्रोंके व्यवस्थित मूलोंके नाम दे कर और भी मूलों के नाम दिए जाते हैं जो उन्हीं गोत्रोंके हैं पर केवल उन्हीं गोत्रोंके नहीं हैं अर्थात व्यवस्थित नहीं।

1. सामवेदी-छन्दोग त्रिप्रवर (शाण्डिल्य-असितदेवल) शांडिल्य गोत्र—व्यवस्थित मूल-दीघो, सरिसब, पबौली, खंडबला, गंगौली, जजिबाल, सोदरपुर।

केवल सात।

इनके अतिरिक्त—महुआ, जमुगान, करिअन, सुअरी, सझुआर, मराढ़, पंडौल, दहिभत, तिलइ, माहर, सिम्बलाक, सिंहाश्रम, करहिआ, अल्लारि, कोइआर, तल्हनपुर, परिसरा, परसण्डा, वीरनाम, उत्तमपुर, कोदरिया छतिमन, बरेबा, मछबाल, गंगौर, भटौर, बुधौर, ब्रह्मपुर, करहिआ, गंगुआल, घोसिआम, छतौनी, भिगुआल, ननौती, तपनपुर, होइआर।

छत्तीस।

करमहा [वत्सगोत्रीय] मूल की 'अहपुर' शाखा-कुल चौआलीस।

2. यजुर्वेदी माध्यन्दिनशाखीय-वाजसनेयि-पञ्चप्रवर [और्व, च्यवन, भार्गव, जामदग्न्य, आप्लवान]

वत्सगोत्र—

व्यवस्थित-पाली टङ्कवाल, हरिअम्ब, घोसौत, जल्लकी, करमहा, बुधबाल, तिसओत, बहेराढ़ा, अलयी, बम्भनिज्ञाम, उजली और कहीं-कहीं फनन्दह और शंकोना।

केवल-बारह, कहीं-कहीं चौदह।

इनके अतिरिक्त-तिसुरी, राजोढ़, जजुआड़, पोहद्दी, भतवाल, कोइआर, करहिआ, ननौर, डढहार, मराढ़, लोही, सौनी, मोहरी, बन्धबाल, बरुआली, पण्डौल, वरेवा, भण्डारिसम, तपनपुर, बिठुआर, नरवाल, चित्रपल्ल, जरहटिआ, रतवाल, ब्रह्मपुरा, सरौनी-छब्बीस।

कुल चालीस

3. माध्यन्दिनशाखीय-वाजयसनेयि-त्रिप्रवर (काश्यप, अवत्सार, नैध्रुव) काश्यपगोत्र। व्यवस्थित-माण्डर, दरिहरा, खौआड़, संकराढ़ी, बलिआस, सतलखा, पण्डुआ, विसपी कहीं-कहीं आइनी भी।
कुल नौ।

इसके अतिरिक्त-जगती, पचाओत, कटायी, मालिछ, मेरन्दी, भदुआल, बुधबाल, पकलिआ, पिभुआ, मौरी जनकभुतहरी, छादन, थरिआ, दोसती, भरेहा, कुसुमाल, ननवाल, लगुड़दह, दहला, सुरिमहा—बीस
कुल उनतीस।

4. माध्यन्दिनशाखीय-बाजयनेयि-त्रिप्रवर (शक्ति-वशिष्ठ-पराशर) पराशरगोत्र—व्यवस्थित—नरओन, सुरगण—केवल दो

इसके अतिरिक्त—सकुरी, सुअरी, सम्बुआल, पिहवाल, नदाम, महेसारी, सकरहोल, सौनी, तिलयी, बरेबा। दश। कुल बारह।

5. माध्यन्दिनशाखीय—बाजसनेयि-त्रिप्रवर (कात्यायन-विष्णु-अङ्गिरस) कात्यायन गोत्र-व्यवस्थित—कुजौली—केवल एक
इसके अतिरिक्त—ननौती, जल्लकी रतिगाम तीन, कुल चार।

6. माध्यन्दिनशाखीय—वाजसनेयि-त्रिप्रवर (भारद्वाज-आङ्गिरस-वार्हस्पत्य) भारद्वाज गोत्र-व्यवस्थित—बेलओच, एकहरा—केवल दो

इसके अतिरिक्त—देआम, कलिगाम, भुतहरी, गोढ़ार, दमकटारि, सौनी, धनौली, बरेबा आठ, कुल दश।

7. माध्यन्दिशाखीय—वाजसनेयि—पञ्चप्रवर (और्वच्यवन-भार्गव-जागदग्न्य-आप्लवान) सवर्ण गोत्र, अव्यवस्थित—पनिचोभ, केवल एक इसके अतिरिक्त—सोन्दपूर, बरेबा, ननौर, मेरन्दी चार, कुल पाँच।

इसके अतिरिक्त अव्यवस्थित गोत्रों में—

1. गार्ग्यगोत्र माध्यन्दिनशाखीय-वाजसनेयि पञ्चप्रवर (गार्ग्य-धृत-वैशम्पायन-कौशिक-मांडव्याथर्वण) बसहा, बसामय, ब्रह्मपुरा, सुरौरो, बुधौरा, ओड़िया, कुल छओ।
2. कौशिकगोत्र माध्यन्दिनशाखीय, वाजसनेयि, त्रिप्रवर (कौशिक, अत्रि, जगदग्नि)

निकुती–एकमात्र।

3. अलाम्बुकाक्षगोत्र–माध्यन्दिनशाखीय, वाजसनेयि, विप्रवर कटायी, ब्रह्मपुरा केवल दो।
4. कृष्णात्रेयगोत्र–माध्यन्दिनशाखीय, वाजसनेयि, त्रिप्रवर (कृष्णात्रेय, आप्लवान, सारस्वत) अलहोना, वुसवल, सान्द्रपदौली, केवल तीन
5. गौतमगोत्र–माध्यन्दिनशाखीय, वाजसनेयि त्रिप्रवर [अङ्गिराः, वशिष्ठ, वार्हस्पत्य] ब्रह्मपुरा, उत्तमपुर, कोइआर, बुधौरा, औरिबा, खण्डवला पण्डुआ केवल सात
6. मौद्गल्य गोत्र–माध्यन्दिनशाखीय, वाजसनेयि त्रिप्रवर (मौद्गल्य, अङ्गिरस, वार्हस्पत्य) रतवाल, मलिछ, दीघो, जल्लकी, मैनी केवल पाँच
7. वशिष्ठ गोत्र–माध्यन्दिनशाखीय, वाजसनेयि, त्रिप्रवर (वशिष्ठ, अत्रि, सांकृति) नानपुर, पडौलि, बरेबा, कोथुआ, वृष्टिवाल केवल पाँच
8. कौण्डन्य गोत्र–माध्यन्दिनशाखीय, वाजसनेयि, त्रिप्रवर [आस्तीक, कौशिक, कौण्डिन्य] कोथुआ, नरओन, एकहरा केवल तीन।
9. उपमन्यु–वाजसनेयि, त्रिप्रवर एकरही, केवल एक।
10. कपिल गोत्र–वाजसनेयि, त्रिप्रवर पिपरओन केवल एक।
11. विष्णुवृद्धि गोत्र–वाजसनेयि, त्रिप्रवर [विष्णु वृद्धि, कौरपुच्छ त्रसदस्य] कोथुए केवल एक।
12. तण्डि गोत्र–वाजसनेयि, त्रिप्रवर परसंडा, कटाइ केवल दो।

इस तरह कुल उन्नीस गोत्र और एक सौ अस्सी मूल मिलते हैं, पर जैसा कि पहले भी कहा जा चुका है कि व्यवस्थित गोत्रकुल सात हैं और व्यवस्थित मूल कुल चौंतीस हैं, कहीं-कहीं छत्तीस कहे गए हैं।

पर इसके साथ-साथ यह भी बात भली भाँति समझी जा सकती है कि सर्वाङ्गीण परिचय उपलब्ध कर जब संगृहीत किए गए तो उन परिचयोंके आधार पर कुलों का उत्कर्ष और अपकर्ष भी प्रकट हो गया होगा। वैसे तो उत्कर्ष ओ अपकर्ष वैयक्तिक गुण हैं, पर कुल भी तो व्यक्तियोंकी ही समष्टि है और जिस कुलके लोग अवनी कौलिक मर्यादाकी रक्षाकी दृष्टिसे अच्छे काम करते रहे वह कुल निश्चय ही दूसरे कुलसे बड़ा समझा जाने लगा होगा और जिस कुलमें मर्यादा का पालन वैसी तत्परतासे नहीं होता रहा। परन्तु उत्कर्ष का भी एक मापदण्ड होता है। किस आधार पर किसी कुल को उत्कृष्ट कहा जाए? स्पष्ट है कि इसकी मान्यता युग युगमें अथवा देश देशमें भिन्न होती है। कितनी बातें सामान्य अवश्य हैं यथा सत्य बोलना। पर ऐसी बातका निर्धारण सदा कठिन होता है। बंगालमें कुलीनोंके यहाँ कुलीनसे भिन्न व्यक्तिके साथ वैवाहिक सम्बन्ध स्थापित होते ही कुलीन का कुलीनत्व नष्ट हो जाता था। वहाँ जन्म की विशुद्धिको प्राधान्य दिया गया। मिथिला में पञ्जी-प्रबन्धोत्तरकालमें जब उत्कर्ष और अपकर्ष का विचार

उपस्थित हुआ तो केवल जन्मकी विशुद्धि पर्याप्त नहीं समझी गई। यहाँ जन्म की विशुद्धिके साथ-साथ आचारकी चारुता और विद्याके व्यवसायको भी वैसी ही मान्यता दी गई। जन्म की विशिुद्धिसे तात्पर्य है माता और पिता का समीचीन विवाह। यदि पिता और माता का विवाह अनधिकारमें हुआ है तो ऐसी दम्पतिकी सन्तान जन्मसे शुद्ध नहीं समझी जाएगी। इसलिए जन्मकी विशुद्धि तभी सम्भव है जब पिता और माता का सांगोपांग परिचय उपलब्ध हो जिसके आधार पर ही विवाहके अधिकारका निर्णय हो सकता है। यदि वह परिचय उपलब्ध नहीं है तो अनधिकारमें विवाह नहीं भी हुआ हो पर अधिकारमें ही विवाह हुआ यह भी तो निश्चित रूपसे कहा नहीं जा सकता। इसलिए जिस कुल का या जिस वंश का परिचय सांगोपांग उपलब्ध हुआ उस वंश या कुलमें जन्मकी विशुद्धि सिद्ध समझी गई। सांगोपांग परिचयसे तात्पर्य है उतना परिचय जितना अधिकारके निर्णय के लिए आवश्यक है। उसकी विवेचना आगे करेंगे।

उत्कर्ष का दूसरा आधार आचारकी चारुता। द्विजोंके लिए जो संस्कार विहित हैं उन संस्कारोंके विधिवद सम्पन्न होनेसे ही द्विजत्व प्राप्त होता है। इसी को आजकलकी भाषामें 'संस्कृति' कहते हैं। पर इतना ही नहीं। संस्कारोंके होने पर भी ब्राह्मणोचित क्रियाकलापोंका पालन भी आवश्यक है। जितने नित्य और नैमित्तिक कर्म हैं सबोंका पालन हो तभी तो ब्राह्मणत्व स्थिर रहेगा। वैसे तो ब्राह्मणों के लिए छ वृत्ति विहित हैं, अध्ययन, अध्यापन, यजन, याजन, दान और प्रतिग्रह, फिर भी विशिष्ट हैं तीन अध्ययन, यजन और दान, अध्यापन, याजन और प्रतिग्रह वृत्तिके रूपमें निकृष्ट है। इसलिए किसी व्यक्तिको या किसी कुलको उत्कृष्ट तभी कहा गया जब उस व्यक्तिका या उस कुलके व्यक्तियोंका आचार पवित्र देखा गया।

और तीसरी बात थी विद्याका व्यवसाय। वैसे तो अध्ययन ब्राह्मणों का पहला कर्त्तव्य माना गया है फिर भी इस बात पर जोर देनेका तात्पर्य है कि अध्ययन ही नहीं अध्यापन भी उत्कर्षका आधार हो यदि अध्यापन धर्मबद्ध किया जाए, वृत्ति के रूपमें नहीं। और समाजमें इसको विशेष मान्यता देकर विद्याके व्यवसायको इतना ऊँचा कर दिया गया कि मूर्ख रहना ब्राह्मणोंके लिए पाप हो गया। कितने ऐसे कुल देखनेमें आते हैं जिनमें विद्वानोंमे बाहुल्यसे क्रमशः उच्चता मिलती रही है और जिस कुलमें विद्याका ह्रास देखने में आता है उसकी सामाजिक महत्ता भी गिरती दीख पड़ती है।

पञ्जी-प्रबन्धोत्तर काल में सर्वोच्च ब्राह्मणोंको श्रोत्रिय कहा गया और श्रोत्रियकी परिभाषा की गई—

> जन्मना ब्राह्मणो ज्ञेयः संस्काराद् द्विज उच्यते।
> विद्यया याति विप्रत्वं त्रिभिः श्रोत्रिय उच्यते ॥

जन्मकी विशुद्धिसे ब्राह्मण हुआ, संस्कारसे द्विज, विद्यासे विप्र और तीनों

से श्रोत्रिय। इससे ही स्पष्ट है कि मूलतः कोई कुल श्रोत्रियोंका नहीं था, श्रोत्रियत्व वैयक्तिक था कौलिक नहीं, एक ही पिताके अनेक पुत्रोंमें कोई सभी गुणोंके रहने से श्रोत्रिय समझा जाने लगा तो कोई श्रोत्रियेतर। योग्य या जयबार आदि आख्यायें बादकी हैं। क्योंकि एक ही पिताके पुत्र होनेसे अनेक पुत्रोंमें समानता हुई जन्म की विशुद्धिमें आचारके भेदसे, वृत्तिके भेदसे, विद्याके व्यवसायके भेदसे अनेक भाइयोंमें भी सामाजिक सत्ता एक-सी नहीं, अनेक समझी जाती थी। पञ्जी-प्रबन्ध कालमें या उसके उत्तरकालमें भी बहुत दिनों तक यही मान्य था। ये चौंतीस या छत्तीस मूल जो व्यवस्थित कहे गए हैं उत्कृष्ट कुल हैं, शेष अपकृष्ट। इस आधार पर बीस कुल उत्तम कहे गए हैं और चौदह या सोलह मध्यम।

उत्तम मूलोंमें परिगणित हुए–

शांडिल्य गोत्रीय–गंगौली, पबौली, खण्डवला, सोदरपुर, सरिसब। ये पाँच।

वत्स गोत्रीय–घोसौत, तिसौत, करमहा, बुधबाल, बहेराढ़ी, अलयी, पाली, वम्भनिञाम और हरिअस्व। ये नौ।

काश्यप गोत्रीय–हरिहरा, साए, संकराढ़ी और खौआल। ये चार।

पराशर गोत्रीय–नरओन। केवल एक।

कात्यायन गोत्रीय–कुजौली। केवल एक।

मध्य मूलों में परिगणित हुए–

शांडिल्य गोत्रीय–जजिवाल और दीघो। दो।

वत्स गोत्रीय–टंकवाल, उजती जल्लकी–ये तीन और कहीं-कहीं शंकोना और फनन्दह। कुल पाँच।

काश्यप गोत्रीय–पण्डुआ, सतलखा, बलिआस, बिसपी और कहीं-कहीं ओइनी। कुल पाँच।

पराशर गोत्रीय–सुरगण। केवल एक।

कात्यायन गोत्रीय–एक भी नहीं।

भरद्वाज गोत्रीय–बेलञोच और एकहरा। दो

सावर्ण गोत्रीय–पनिचोभ। केवल एक।

इस तरह कुल सोलह।

इनमें केवल वत्सगोत्रीय फनन्दह और काश्यप-गोत्रीय ओञिनी मूलों के प्रसङ्ग ऐकमत्य नहीं है।

परन्तु जैसा पहले भी कहा जा चुका है, उच्चता या नीचता पञ्जी-प्रबन्धका उद्देश्य नहीं था; उसका उद्देश्य तो इतना ही था कि आलस्यवशात अज्ञानतासे जब लोग स्वयं अपनी जातिकी रक्षाके लिए समर्थ नहीं रहे तब यह काम समाज करे, राजा करे और सबोंके परिचय इस प्रकार लिखित रहें जिससे विवाह अधिकारमें ही हो, अनधिकारमें नहीं होने पाए और इस प्रकार जन्मकी विशुद्धि,

जातिकी रक्षा, अक्षुण्ण बनी रहे। उच्चता और नीचता तो प्रकट हुई परिचयोंके संग्रहसे, मर्यादा-पालनकी कौलिक परम्पराके परिज्ञानसे, कुलोंकी सामाजिक प्रतिष्ठाकी मान्यतासे और यह हुआ पञ्जीप्रबन्धका सामाजिक परिणाम। परन्तु उस परिणामके साथ उस प्रबन्धन को एक कर देना, परिणामको ही प्रबन्ध समझ लेना भ्रम होगा। लोगोंमें जो प्रवाद फैला हुआ है कि पञ्जी-प्रबन्धमें महाराज हरिसिंहदेवने ब्राह्मणोंको तीन श्रेणी में विभाजित कर दिया, श्रोत्रिय, योग्य और जयबार उस प्रसङ्गकी मनमानी घटनाएँ सभी निराधार हैं। प्रबन्धनसे कम-से-कम तीन वर्ष पूर्व ही महाराज हरिसिंहदेव मिथिला त्याग चुके थे। पञ्जीका विशाल साहित्य अभी भी वर्त्तमान है पर उस साहित्य से कोई यह नहीं कह सकता है कि अमुक समयमें अमुक व्यक्ति श्रोत्रिय थे, योग्य थे अथवा जयबार थे। पञ्जीमें तो केवल परिचय संगृहीत हैं जिसके आधार पर विवाहके अधिकारका निर्णय हो सकता है और उससे जन्मकी विशुद्धि असंदिग्ध होती है, जातिकी रक्षा होती है। और उच्चता या नीचता तो केवल जन्मकी विशुद्धि ही से निर्णीत नहीं होती रही। मिथिलाकी हरिसिंहदेवी व्यवस्थामें यही विशेष था और अभी भी है कि यहाँ जन्मके ही आधार पर सामाजिक उच्चता नहीं मिलती। जन्मकी विशुद्धिके साथ-साथ आचार और विद्याको भी समान महत्त्व दिया गया है। धन को अवश्य ही कोई महवन हीं दिया गया और राजकीय अधिकार उत्कर्षधायक नहीं अपकर्षक समझा गया। इस दिशामें अवश्य ही सामाजिक दृष्टिकोण बदला है, परन्तु पञ्जी-प्रबन्ध या तदुत्तरकालीन सामाजिक व्यवस्थामें यही स्थिति थी जिसके अनेकानेक दृष्टान्त पञ्जीमें स्पष्ट हैं। हाँ, जातिके साथ-साथ आचार और विद्या का आदर अभी भी अनुवर्त्तमान है पर अब धनका भी आदर होता है और राजकीय-अधिकारसे सम्पन्न व्यक्ति आदरणीय समझा जाता है।

इस प्रसङ्गमें यह भी जान लेना आवश्यक है कि उच्चता या नीचताका भेद यहाँ समाजके बीचमें दीवालकी नाईं खड़ा नहीं किया गया। बंगालकी कुलीनप्रथा में यही व्यवथा थी कि कुलीनोंका कुलीनों ही से सम्बन्ध हो, अकुलीन से सम्बन्ध होते ही कुलीनों का कुलीनत्व नष्ट हो जाता था। पर हरिसिंहदेवी व्यवस्थामें ऐसी बात न कभी थी और न आज भी है। यहाँ बड़े से बड़े कुलमें क्रियाके लोप से सामाजिक सत्ताका ह्रास होता रहा है और साधारणसे साधारण कुलमें भी क्रिया के उत्कर्षसे सामाजिक सत्ताका उपचय देखा जाता है। सभी ब्राह्मण जन्मना तो ब्राह्मण हैं और ब्राह्मणोंके साथ ब्राह्मणोंके सम्बन्धसे हीनता केसे? आवश्यक है ब्राह्मणत्वका निश्चय। यदि साधारण मूलके भी किसी व्यक्तिका पूरा परिचय उपलब्ध है और उस परिचयके आधार पर अधिकारका निर्णय हो सकता है तो कुलकी मर्यादा न्यून रहते हुए भी महाकुलके भी लोग उनसे सम्बन्ध कर अपनी उच्चता खोते नहीं थे।

अतएव उच्चता और नीचता स्थिर नहीं थी, वह घटती-बढ़ती रहती थी। महाकुलके लोग भी अशास्त्रीय कार्यको करने से अपनी मर्यादा नष्ट कर देते थे, पर न्यून कुलके लोग महाकुलके साथ सम्बन्ध स्थापित करके अपनी सत्ता को बढ़ाते जाते थे। यह बात अभी तक जारी है और इस दृष्टि से यह कहना अयुक्त होगा कि हरिसिंहदेवी व्यवस्था मृत-संस्था है, यह तो जीती जागती है क्योंकि प्रायः प्रतिदिन हमारे यहाँ कुलोंकी मर्यादा अपनी-अपनी क्रियाके आधार पर घटती और बढ़ती जाती है। पर आधुनिक समयकी बात जाने दीजिए। उसकी चर्चा आगे कर रहा हूँ। पञ्जी-प्रबन्धके समयमें या उसके अव्यवहित उत्तर कालमें समाजमें उच्चता और नीचता का कोई भेद कम-से-कम व्यवहार क्षेत्रमें नहीं था। मूलकी उच्चतासे इतना ही अभिप्रेत है कि उस कुलका परिचय पूर्णतः उपलब्ध था और इससे स्पष्ट था कि उस मूलके लोगोंकी जातिकी रक्षा होती रही है। तब यदि इसमें आचारकी चारुता थी तथा विद्याका व्यवसाय तो उस कुलके लोगोंकी प्रतिष्ठा समाजमें सर्वमान्य थी। यह उच्चता समाजके आदर्शको द्योतित करती है न कि सामाजिक क्रियाका नियामक थी। और इसका परिणाम कितना भव्य हुआ। पञ्जी-प्रबंधके पश्चात करीब अढ़ाइ तीन सौ वर्षों तक मिथिला भारतके पूर्वाञ्चल में विद्याका ही केन्द्र नहीं वरन सदाचारका भी आदर्श बना रहा। जब हम आदर्शको भूल कर केवल भेदों पर ही जोर देने लगे तभी कुरीतियाँ फैलीं और समाजमें क्रमशः ह्रास होने लगा। पर जैसा कि पहले भी कहा जा चुका है पञ्जी-प्रबन्ध को उच्च-नीचके भेद-भावसे मिलाना उचित नहीं है।

ऊपरके विवरणसे स्पष्ट हो गया होगा कि पञ्जी-प्रबन्धसे केवल मूलोंका ही निर्धारण हो सका। हाँ, खास खास कुलोंमें पहले ही से शाखाओंका भेद बहुत स्पष्ट था और इसलिए उन मूलोंमें शाखा-भेद उन दिनों भी मान लिया गया। कहीं-कहीं इन भेदों को दिखाने के लिए नवीन निवास-स्थानके नामको मूलके नाम के साथ विशेषण रूपमें जोड़ दिया गया, यथा मङरौनीमाण्डर और गढ़-मांडर, चन्दौलपाली, वलाइनिपाली इत्यादि। कहीं-कहीं शाखाको पृथक मूल ही मान लिया गया। यथा घोसौत और बुधवाल एक ही कुलकी दो शाखाएँ हैं, बहेराढ़ी और शंकोन दोनों पाली मूलकी शाखाएँ हैं।

परन्तु पञ्जी प्रबन्धोत्तरकालमें देखा गया कि एक ही मूलकी भिन्न-भिन्न शाखाओंकी क्रिया एक-सी नहीं है। एक ही पिताके यदि तीन पुत्र हैं तो यह तो हो सकता है कि जन्मना समान होते हुए भी आचार समान होते हुए भी उनमें से एक का विवाह दूसरे महाकुलमें हो, दूसरे का साधारण कुलमें परन्तु अधिकारका निर्णय करके वैध रूपसे, और तीसरे का विवाह साधारण कुलमें बिना परिचयको देखे, अधिकार का निर्णय बिना किए, हुआ हो। अतएव तीनोंकी सामाजिक सत्ता समान नहीं हो सकती। अतएव आचार विद्याके व्यवसाय और वैवाहिक सम्बन्ध

के भेदसे ही कुलमें एक ही पुश्तमें सामाजिक प्रतिपत्ति, प्रतिष्ठा, सत्तामें भेद परिलक्षित होने लगा। अतएव इन भेदोंको जतानेके लिए पञ्जी-सम्बन्धोत्तरकाल में प्रत्येक मूलकी शाखाएँ निर्धारित कर दी गईं जिन शाखाओंको जोड़कर मूलग्रामों के नामसे उन शाखाओंके लोगोंका परिचय दिया जाने लगा। इस तरह करीब दो सौ मूलोंकी हजारों शाखाएँ निर्धारित हो गईं। केवल शाण्डिल्य-गोत्रीय सातों व्यवस्थित मूलोंमें।

गौलीकी चौदह शाखाएँ सत्रह गामोंमें बँट गईं। पबौलीकी–छब्बीस शाखाएँ बीस गामोंमें बँट गई खण्डबलाकी, चौआलीस शाखाएँ तीस गामोंमें बँट गईं। सोदरपुर की–छत्तीस शाखाएँ तीस गामोंमें बँट गईं, सरिसबकी–उनतीस शाखाएँ बाइस गामोंमें बँट गई जजिवालकी–चौदह शाखाएँ सत्रह गामोंमें बँट गईं दीघो की-नओ शाखाएँ तेरह गामों में बँट गईं।

इस तरह केवल शाण्डिल्य गोत्रीय सातों व्यवस्थित मूलों की करीब 172 शाखाएँ डेढ़ सौ भिन्न-भिन्न गामोंमें बँटकर उतनी शाखाओंमें विभक्त और उनका परिचय अब उन मूलोंके विशेषण रूप पाये गए गामोंमे नामोंको जोड़ कर दिया जाता है मूल का विशेषण रूप या तो अय-अन्त होता है या बार-अन्त यथा–गंगौलिबार, पबौलिबार, खड़ोरय सोदरपुरिअय, सबिसबय, जजिवाड़य और दिघवय अतएव गंगौली मूलके सत्रह गामोंके नाम–मौआनी कबइ, बिसपी, देसुआल, जमथरि, डुमराम, दिगओन्ह, कटाओन, गौरि, धर्मपुर, जजुआड़, हरदी, बड़गाम, सकुरी, सरखौनी, वेहटा और अधगामा मूलके विशेषण रूपमें जोड़कर यथा गंगौलि बार मौआनी, गंगौलिवार कबइ, गंगौलिवार बिसपा इत्यादि क्रममे उन शाखाओंका परिचय दिया जाता है। मूलकी शाखाओंका विवरण पत्र-पञ्जीमें मिलता है जिसमें उन शाखाके बीजीपुरुष कौन हैं इसका भी उल्लेख रहता है। जैसे गंगौली मूलके प्रसङ्ग पत्र-पञ्जीमें उल्लेख है–सूपट सन्तति सोम सन्तति मौआनी, धीरसुत पाखू सन्तति कबइ, होरे सन्तति बिसपी इत्यादि। केवल माण्डर मूलकी चौरासी शाखाएँ हैं, पाली मूलकी भी इसी तरह हैं। इस प्रकार सभी मूलोंके सभी ग्रामोंको मिलाकर हजारकी संख्यामें मूलग्राम अभी भी मैथिल ब्राह्मणोंके परिचयमें दिए जाते हैं।

यहाँ स्मरण रहे कि गंगौली-मूलके बीजी हैं वीर और वीर से सात पीढ़ी नीचे, उनके प्रपौत्रके प्रपौत्र थे म.म. सूपट जिनके नाम पर गंगौलीकी इस शाखाका नाम हुआ सुपटाइनि गंगौली। पञ्जी-प्रबन्धके समयमें यदि ये जीवित थे तो बड़े वृद्ध और इनके आठ पुत्रोंमें चार भिन्न-भिन्न शाखाओंके बीजी हुए, मौआनी, जजुआड़ डुमराम और दिगओन्ह और पाँचवेंके तीन पुत्रोंमें तीनों तीन भिन्न-भिन्न शाखाओ के प्रवर्त्तक हुए, कबइ, विसपी और देसुआल। इस तरह केवल एक म. म. सूपट की सन्तानोंकी कम-से-कम सात शाखाएँ हो गईं जिनके बीजी उनके पुत्र और पौत्र हैं। इस तरह और मूलोंके शाखा-विभाजनकी पर्यालोचनासे यही

सिद्ध होता है कि शाखा-विभाजन मूलोंके साथ गामके नामको जोड़ना,—इसे डेरा भी कहते हैं—पञ्जी-प्रबन्ध के कुछ दिनोंके बाद हुआ। अभी मैथिल ब्राह्मण अपने परिचयमें दो गामोंके नाम देते हैं जैसे—सोदरपुरिअय रैआम, खड़ोरय बेहट, मड़रय सकुरी इत्यादि। इनमें पहला जो विशेषण रूप है वह है मूल। वह भी गाम ही का नाम है परन्तु उस गामका नाम है जहाँ उस कुलके बीजी पुरुषका वास था या वहाँ उस कुलका प्राचीनतम निवास-स्थान ज्ञात था। दूसरा नाम है ग्रामका, डेराका, शाखाका जहाँ उस शाखा मे बीजी पुरुषका निवास था। यह सूचित करता है कि यहाँसे उस मूलकी यह शाखा बँट गई है और यह करीब-करीब पञ्जी-प्रबन्ध या उसके अव्यवहित उत्तर-कालकी बात है। कहीं-कहीं शाखा पहले ही बँट गई थी, पर उसका भी निर्धारण पीछे पञ्जी-प्रबन्धोत्तरकालमें हुआ। ऐसे कुछ ही वंश हैं जिनके मूल और ग्राम दोनों एक ही हैं जिस का तात्पर्य हुआ कि उस कुल का बास बीजी पुरुषके दिनोंसे पञ्जी-प्रबन्धोत्तरकाल तक एक ही रहा, उन्होंने वास-स्थान बदला नहीं। ऐसा मूलग्राम है विद्यापति ठाकुर का बिसैबार बिसपी, उनका मूल है बिसपी जिसका विशेषण रूप बिसैवार है और पञ्ज-प्रबन्धोत्तरकालमें भी उनका वासस्थान बिसपी ही था। यही है मैथिल ब्राह्मणोंके 'मूल'—ग्राम का आशय जिसमें षष्ठी तत्पुरुष समास नहीं द्वन्द्व समास है। उसका अर्थ 'मूल का ग्राम नहीं प्रत्युत 'मूल और ग्राम' है और इसलिए उसमें दो नाम हुआ करते। अतएव यदि कोई अपना परिचय यह दे कि मैं 'गंगौलिबार कबइ' हूँ तो इस का अर्थ यह हुआ कि ये सामवेदीय अर्थात छन्दोग विप्रवर, शाण्डिल्यगोत्र गंगौलीमूल की उस शाखा की सन्तान हैं जो पञ्जी-प्रबन्ध अथवा तदुत्तरकालमें कबइ गाममें रहती थी और जो व्यक्ति पञ्जीसे परिचित है वह समझ लेगा कि ये म.म. सूपटके मध्यम पुत्र धीरके ज्येष्ठ पुत्र पाखूकी सन्तान हैं।

इससे स्पष्ट हो गया होगा कि शाखा-विभाजनका प्रयोजन था परिचयको स्पष्ट करना, पहचाननेके योग्य बनाना। जब एक-एक मूलमें पचीसों शाखाएँ हैं तो केवल मूल कहनेसे ही किसी व्यक्तिका परिचय स्पष्ट नहीं हो सकता, उसे सुगम बनानेके लिए उसकी शाखाका भी नाम देना आवश्यक है। यह केवल साधारण लोगोंके लिए ही नहीं प्रत्युत पञ्जीकारोंके लिए भी उपकारक है क्योंकि बिना शाखाका नाम दिए किसी व्यक्तिको मूलके संग्रहित परिचयमें से निकाल कर पहचानना दुष्कर कर्म होगा। परन्तु इसका भी परिणाम क्रमशः वही हुआ जो मूल के निर्धारणका हुआ था अर्थात यह भी उच्चता और नीचताके भेदको जतानेके लिए एक साधन हो गया। वैसे तो यह विभाजन हुआ शाखाके नीवन वास-स्थान के आधार पर। एक ही व्यक्तिकी सन्तान यदि दो गामोंमें बस गईं तो वह व्यक्ति दो भिन्न भिन्न शाखाओंके बीजी पुरुष हो गए, यदि दो व्यक्ति एक ही गामके वासी थे तो वे दोनों उस एक ही शाखाके बीजी पुरुष कहे गए हैं। फिर भी इसमें

सदेह नहीं कि शाखा-विभाजनके बाद एक ही मूलकी विभिन्न शाखाओंकी समाजिक सत्ता इन शाखाओंके 'डेरा' से द्योतित होने लगा। उच्चता का आधार अभी भी जन्म की विशुद्धि आचारकी चारुता एवं विद्याका व्यवस्था रही पर इन बातोंमें भी सभी शाखाएँ तो समान रह नहीं सकीं। फलतः बड़े मूलोंकी भी खास खास शाखाएँ सामाजिक सत्तामें गिर गईं, छोटे-छोटे मूलों की भी खास-खास शाखाएँ सामाजिक सत्तामें बढ़ गईं। जब जन्म मात्रकी उच्चताका आधार नही था तो फिर क्रियाके भेदसे शाखाओंकी प्रतिष्ठा बढ़ती गई या घटती गई और जन्म के विषय में भी सबों के विवाह तो एक रूपके ही नहीं हुए। जो नीच काम करते गए थे क्रमशः नीच होते गए, जो उच्च काम करते गए थे उच्च होते गए या उच्च ही रहे। जिन कुलोंमें जन्मका कोई कलङ्क नहीं होने पाया वे कुल 'अवदात' कहलाए जिसका अर्थ है स्वच्छ, निष्कलंक। यह स्थिति पन्द्रहवीं शक शताब्दीके मध्य तक रही इसके काफी प्रमाण उपलब्ध हैं। तब तक अर्थात पञ्जी-प्रबन्धके कम-से-कम दो सौ वर्षों तक मूल या डेरे का भेद समाजके बीच दीवालका काम नहीं करने लगा था। मूल या डेरे की उच्चता या नीचता परस्पर वैवाहिक सम्बन्धमें प्रयोजक नहीं था। जब तक किसी कुलमें, किसी व्यक्ति में कोई शास्त्रीय दोष नहीं देखा जाता तब तक वह अवदात ही रहता, भले ही उन अवदात कुलोंमें परस्पर उत्कर्ष या अपकर्ष भासित हो। बार-बार यह बात स्पष्ट करने का यत्न किया गया है कि जब तक किसी वरमें या कन्यामें जन्मका दोष नहीं है तब तक न यह वर ही अग्राह्य समझा जाता था और न वह कन्या ही, भले ही वर या कन्या का मूल न्यून हो। इसमें सन्देह नहीं कि उच्च अथवा समान कुलमें वैवाहिक सम्बन्ध करने से व्यक्तिकी मर्यादा स्थिर रहती थी, उच्च कुलमें ही सम्बन्ध करने से सामाजिक सत्तामें उपचय होता था और छोटेही में सम्बन्ध करते-कहते सत्ता घटती जाती थी। पर केवल मूल या डेरा न्यून होनेके ही कारण उस कुल या डेरामें सम्बन्ध करनेसे किसी भी महाकुलसम्भूत व्यक्ति की सत्ता नष्ट नहीं होती थी। अधिकार का निर्णय करने योग्य परिचय प्राप्त हो अधिकारका निर्णय हो तथा जन्मका दोष नहीं हो तो फिर न्यून-से-न्यून कुल में भी बड़े-से-बड़े कुलका वैवाहिक सम्बन्ध होता था। पर जन्मका दोष रहनेसे बड़े-से-बड़े कुल भी गिर जाते थे और इस तरह गिरे हुए कितने महाकुल हैं, महाकुल की शाखाएँ हैं।

जन्मके दोष अनेक हैं। विधवाको सन्तान होना पौनर्भव कहते हैं, जारज होना अर्थात दूसरी की पत्नीमें उत्पादित सन्तान, वर्णसंकर, प्रभृति अनेकों दोष हैं जिनसे जन्म दुष्ट होता है। फिर अनधिकार विवाह, और उसके भी अनेक भेद हैं यथा सगोत्र विवाह, समानप्रवरमें विवाह, पितृपक्षमें छठवीं या उससे भी कम कन्या से विवाह प्रभृति अधिकारके जो नियम हैं उनके उल्लंघनसे भिन्न-भिन्न दोष। ये सभी जन्मके दोष हुए।

जब तक सभी परिचय संगृहीत नहीं हुए थे तब तक बहुत दोष छिपे थे, परिचित व्यक्तियोंसे भिन्न उन्हें नहीं जानते थे। पर पञ्जी-प्रबन्धके पश्चात् पहलेके भी दोष प्रकट हो गए और बादमें भी यदि अज्ञानतासे या प्रमादसे कोई दोष हो जाता था तो वह व्यक्त हो जाता, सभी इसे जान जाते, विशेषतः पञ्जीकार लोग तो उसे समझ जाते थे। ऐसे दुष्ट जन्म के वर या कन्यासे सम्बन्ध कर लोग पतित हो जाते थे, लोग उन्हें त्याग देते थे। पर यदि ऐसे दुष्ट जन्मके वर या कन्याके पुत्र या कन्या का विवाह ब्राह्मणही में हो जाए तो वह दोष उस ब्राह्मणमें भी आ जाएगा। परन्तु उसकी सन्तान फिर यदि ब्राह्मण से विवाहित होता जाए तो इस तरह उच्च क्रिया करते-करते सातवें सम्बन्धमें जाकर वह दोष मलिन हो जाता है। वर्णसंकरके प्रसङ्गमें भी मनु और याज्ञवल्क्यने यही नियम कहा है। याज्ञवल्क्य कहते हैं कि–

जात्युत्कर्षो युगे ज्ञेयः सप्तमे पञ्चमेपि वा।

(आचारकांड–श्लोक 86)

और तन्त्रवार्त्तिक में भी इस प्रसङ्ग विशद विचार है। क्षत्रियोंमें उत्पन्न ब्राह्मण की सन्तान ब्राह्मणोंसे ही सम्बन्ध करते करते पञ्चम स्थानमें जाकर नहीं तो सप्तममें तो निश्चय ही ब्राह्मण समझी जाने लगती थी। इसी सिद्धान्तके अनुसार जन्मका दोष भी सातवीं पीढ़ीमें जाकर मलिन हो जाता है। तब यदि किसी अवदात कुल में उसका सम्बन्ध हुआ तो उस कुलका अवदातत्व तो नष्ट अवश्य ही हो जाएगा, उजला तो वह नहीं रह सकेगा, कलंकका धब्बा तो उसे अवश्य लग जाएगा, पर वह कुल पतित नहीं होगा। इसी कलंकको द्योतित करनेके लिए 'पाँजि' की सृष्टि की गई। आजकल अब अवदात तो कोई कुल नहीं है, करीब करीब दो सौ वर्षोंसे कोई भी वंश अवदात नहीं है। सभी वंशोंमें कलंक हैं जो कलंक 'पाँजि' के रूपमें व्यक्तियोंके साथ लगे हैं। अतएव 'पाँजि' का गौरव करना अज्ञानता है। हाँ तब पाँजि जो बड़ा या छोटा होता है वह इस आधार पर कि मूल कलंकसे अभी कितनी पीढ़ियाँ बीत चुकी हैं। जिस कलंकको हुए बीस पुरुष हो गए वह बड़ा है उस दूसरे कलंकसे जिसे अठारह पुरुष हुए हैं और वह बड़ा है तीसरे कलंक से जिसे हुए सोलह पुरुष हुए हैं। पर ये कलंक अग्निखंडकी नाईं जिसे भी छूते उसे ही जलाते हुए जा रहे हैं और उनके हुए बीस पुरुष हुए या दश, अपेक्षाकृत एकमें दूसरेसे कम दोष हो, पर दोष सभीमें है, सभी पाँजि मे कलंक हैं। इतना निश्चय है कि सात पुरुषसे कममें कोई भी कलंक ग्राह्य नहीं होता है और इसलिए किसी भी पाँजिका कलंक सात पुरुषसे नवीन नहीं था जब वह पहले पहल पाँजिके रूपमें गृहीत हुआ। यही हरिसिंहदेवी का वर्तमान स्वरूप है और इसी पाँजि के आधार पर आजकल उच्चता और नीचताका निर्णय होता है। पाँजिका नियम है कि पिता और माता दोनोंमें जिसका पाँजि न्यून होगा

सन्तानको वही नीच पाँजि होगा। आज से करीब पचास वर्ष पूर्व तक पाँजि की उच्चता और नीचता का निर्णय पञ्जीकार लोग ही करते थे पर उससे मतभेद उपस्थित होनेसे स्वर्गीय मिथिलेशने पाँजियोंकी श्रेणी कर दी। उसी आधार पर ये अभी मान्य हैं। जन्मके दोषोंका पूरा विवरण पञ्जीकारोंके पास है और उसे 'दूषण पञ्जी' या 'दुषनौत' कहते हैं। इस प्रसङ्ग का विस्तृत विवरण देने से कलंकोंका उद्घाटन होगा और नीति है कि—"ऋणव्तणकलङ्कानां काले लोपो भविष्यति।" पर इस प्रसंगको इतना ही जान लेना पर्याप्त है कि अब कोई भी कुल अवदात नहीं है, सभी कुल कलङ्कोंके धब्बेसे भरे पड़े हैं और पाँजि का गौरव करना अज्ञानता है, यह लज्जाकी बात है।

अधिकार का निर्णय

आरम्भ ही में कहा जा चुका है कि विवाहका अधिकार निर्णय करनेमें सात बातें देखनी होती हैं। सर्वप्रथम देखना है कि वर और कन्या एक ही गोत्रके नहीं हों। वैसे तो सभी मूलोंके गोत्रों का उल्लेख कर आए हैं पर अव्यवस्थित मूलोंके गोत्रों का निश्चय नहीं है और उसे सभी स्वयं जानते हैं, यही आशाकी जाती है। पञ्जीकार तो जानते ही होंगे।

पर समान गोत्र ही में नहीं, प्रवर भी एक होनेसे विवाहका अधिकार नहीं होता है। अभी वत्स और सावर्ण ये ही दो गोत्र समान-प्रवर हैं और इसलिए इन दोनों गोत्रोंमे वैवाहिक सम्बन्ध नहीं हो सकता।

ये दो नियम स्पष्ट हैं, इनका निर्णय गोत्रके जान लेनेही से हो जाता है। असल अधिकार देखना होता है कि वरके पितृपक्षके किसी भी पूर्वजसे कन्या छह पुश्त तककी न हो और मातृपक्षके किसी भी पूर्वजसे पाँच पुश्त तककी न हो। इसके निर्णय करनेके लिए कन्याके उन सोलह पूर्वजोंका परिचय आवश्यक है जिनसे कन्या छह पीढ़ी नीचे पड़ती है। ये ही 'सोलह कुल' कहलाते हैं ये सोलह पूर्वज हैं।

1. कन्याके पिताके पितामाहका पितामह
2. कन्याके पिताके पितामहका मातामह
3. कन्याके पिताकी पितामहीका पितामह
4. कन्याके पिताकी पितामहीका मातामह
5. कन्याके पिताके मातामहका पितामह
6. कन्याके पिताके मातामहका मातामह
7. कन्याके पिताकी मातामहीका पितामह
8. कन्याके पिताकी मातामहीका मातामह
9. कन्याकी माताके पितामहका पितामह

10. कन्याकी माताके पितामहका मातामह
11. कन्याकी माताकी पितामहीका पितामह
12. कन्याकी माताकी पितामहीका मातामह
13. कन्याकी माताके मातामहका पितामह
14. कन्याकी माताके मातामहका मातामह
15. कन्याकी माताकी मातामहीका पितामह
16. कन्याकी माताकी मातामहीका मातामह

इसे जाननेके लिए यह याद रखना चाहिए कि सोलह छठि हैं 'कन्याके पिता और माताके पितामह और पितामही तथा मातामह और मातामहीके पितामह और मातामह।' अब इन सोलह व्यक्तियोंकी सन्तान वर न हो। वरके भी पूर्वज पितृपक्ष और मातृपक्षके हो सकते हैं। यदि उन सोलह व्यक्तियोंकी सन्तान वर हो किन्तु माताकी ओरसे तो कन्या छठवीं हुई मातृतः पितृतः नहीं और इसलिए अधिकार हो। पर यदि उन सोलह व्यक्तियों में किसी की सन्तान वर अपने पिता की ओर से हो तो कन्या हुई छठवीं वरके पितृतः इसलिए अधिकार नहीं हो, सातवीं होने ही से अधिकार हो। उस पूर्वजसे वर कितना दूर पड़ता है इसे देखने का प्रयोजन नहीं है। वरको केवल अपने पितामह और मातामहकी सन्तानमें विवाह करनेका अधिकार नहीं है पर अपने प्रपितामहकी ही सन्तानमें विवाहका अधिकार हो सकता है यदि कन्या वरके प्रपितामहसे सम्बन्धमें सातवीं पड़ती है छठवीं ही नहीं, क्योंकि पितामह वरके पितृकुलके हुए। वैसे ही प्रमातामहकी सन्तान यदि छठवीं भी हो तो विवाह का अधिकार हो, क्योंकि प्रमातामह मातृकुल के हैं और मातृतः पाँचवीं ही तक वर्जित है, छठवींमें अधिकार हो। और छठवीं मातृतः और सातवीं पितृतः यह नियम कन्याही के लिए है, वर उस पूर्वजसे चार ही पुश्त दूर हो या दश पुश्त भी दूर हो इससे कोई अन्तर नहीं। कितना भी समीप हो अथवा कितना भी दूर हो, केवल उस पूर्वजसे कन्या पितृतः छठवीं न पड़े, वरके पितृतः और मातृतः पाँचवीं न पड़े, वरके मातृतः। स्मरण रहे कि पितृतः और मात्तृतः वर के लिए है और षष्ठी और पञ्चमी जो वर्जित है वह कन्याके लिए है। वरके केवल तीन ही वर्जित हैं, वह केवल पितामह और मातामह ही की सन्तानसे विवाह नहीं कर सकता है। अतएव व्यावहारिक रूपमें कन्या का परिचय तो केवल छः ही पुरुष तक का जानना आवश्यक होता है पर वरका परिचय तो उससे कहीं अधिक जानना आवश्यक है, क्योंकि सात, आठ, नौ अथवा दश पुरुष दूरके भी पूर्वजसे कन्या छः ही पीढ़ी नीचे हो तो अधिकार नहीं होगा, सिवा उस हालतमें जब कन्या मातृतः षष्ठी है।

गिननेमें जहाँसे गिने उसे लेकर गिनें। इस तरह पितामहसे व्यक्ति तीन पुरुष दूर होता है क्योंकि गिननेमें पितामह, पिता और स्वयं तीन हुए।

यह स्पष्ट है कि कन्या वरके पितामह और मातामहकी सन्तान न हो।

छठा नियम है कि कन्या मातृ-सपिंडा न हो। यह तभी सम्भव है जब कोई उस मूल और ग्रामकी कन्यासे विवाह करना चाहे जिस मूल और ग्रामकी लड़की वरकी माता हो। अतएव यह नियम तभी लागू होगा जब उस कन्यासे विवाहका अधिकार खोजा जाए जो वरकी माताके कुलकी हो। सपिंडत्व सात पुरुष तक रहता है। अतएव माताका सपिण्डत्व रहेगा माताके सातवें पुरुष तक अर्थात माताके प्रपितामहके प्रपितामह तक। उनसे जो कन्यासात पीढ़ी नीचे तक रहेगी अर्थात उनके प्रपौत्रकी प्रपौत्री तक रहेगी तो वह माताकी सपिंडा होगी, आठवीं होनेसे सपिंडत्व हट जाएगा। साधारणतः मातृतः पाँच ही वर्जित है, छठी होनेसे कन्या विवाहके अधिकारकी कोटिमें आ जाती है पर इस खास स्थितिमें जब वरकी माता का और कन्याका एक ही कुल है तो माताके सातवें पुरुषसे कन्या सात पीढ़ी तक नीचें न हो। माता या कन्या कोई भी सातसे अधिक होनेसे सपिण्डत्व हट जाता है।

और अन्त में देखना है कि कन्या कठमामकी सन्तान तो नहीं है। यह नियम भी तभी लागू होगा जब वरके पिताका दूसरा भी विवाह हो। सौतेली माके भाईको कठमाम कहते हैं। सौतेली मा की बहिनसे विवाहका अधिकार होता है, पर सौतेली मा के भाई की कन्यासे या पौत्रींसे विवाह का अधिकार नहीं होता है।

× × ×

इस प्रसङ्गमें यह भी जानने की बात है कि महाराज हरिसिंहदेव ने केवल ब्राह्मणोंके ही परिचय संगृहीत नहीं करवाए, उन्होंने तो सभी द्विजोंके लिए पञ्जी का प्रबन्ध कराया। इसलिए ब्राह्मणोंके साथ साथ क्षत्रियोंकी भी और वैश्योंकी भी पञ्जी बनी। पर क्षत्रियोंकी पञ्जी और वैश्योंकी पञ्जी नहीं चली क्योंकि उन लोगोंके वैवाहिक सम्बन्ध तो मिथिला देश ही में सीमित नहीं थे और मिथिलाके बाहर तो ये परिचय मिलते नहीं थे। अतएव वे चल नहीं सके, लुप्त हो गए। केवल मिथिलाके कायस्थोंने ब्राह्मणोंकी ही भाँति पञ्जी रखी और अभी भी रखते हैं। मिथिलाके कायस्थ भी यहाँके ब्राह्मणोंकी भाँति अपने सम्बन्ध यहींसे कायस्थोंसे करते रहे। यही कारण है कि मिथिलाकी संस्कृतिमें केवल मैथिल ब्राह्मण और मैथिल कायस्थोंका ही योगदान प्रमुख है। ये ही दोनों अपनेको सर्वतोभावेन मिथिला के मानते रहे, अपनेको मैथिल कहते रहे। और कोई दूसरी जाति नहीं है जिसने अपनेको मिथिलाके ही अन्तर्गत रखा। यही कारण है कि जब मैथिल महासभाकी स्थापना हुई तो मैथिलसे केवल ब्राह्मण और कायस्थ दो ही जातिके लोग गृहीत हुए। कायस्थोंकी भी पञ्जी ठीक ब्राह्मणोंकी भाँति है, उन लोगोंके भी जातीय जीवन में पञ्जीका वही स्थान है।

× × ×

संक्षेप ें पञ्जी-व्यवस्थाकी यही रूपरेखा है। इसमें बहुत-सी बातें नहीं कही जा सकीं। जो बातें कही गई हैं वे भी अत्यन्त संक्षेपमें। इसका विस्तृत विवरण विशाल कार्य है। लाखों ब्राह्मणोंके सामाजिक जीवनका विवरण गत छः सौ वर्षो का अवश्य ही विशाल होगा। इसमें भी नामोंके विषयमें या अन्य बातोंमें भी मतभेद का पूरा अवकाश है। मैंने इस प्राचीन प्रबन्धकी छोटी सी रूपरेखा ही यहाँ प्रस्तुत की है। सामाजिक जीवन पर इसका क्या प्रभाव पड़ा इसमें आगे आकर क्यों और क्या-क्या बुराइयाँ आईं और उनके क्या परिणाम हुए, अभी इसमें सुधारकी क्या आवश्यकता और इसमें अभी कौन-सी सामाजिक आवश्यकताकी पूर्ति हो सकती है इत्यादि विषयोंकी मैंने चर्चा भी नहीं की है। जैसा कि मैंने आरम्भमें भी कहा है, यदि शिक्षित समाजमें इसके प्रति अभिरुचि जाग्रत हुई तो शीघ्र ही मैं अपने चिर-आकांक्षित ग्रन्थको मैथिल ब्राह्मणोंको सामाजिक इतिहासके नामसे प्रस्तुत कर सुधी समाजके समक्ष रखनेकी चेष्टा करूँगा।

(नवीन संस्करण, 1977)

मधुवनीक छात्रसँ

अपन महाविद्यालयक वार्षिकोत्सव सप्ताहिक प्रथमहि दिन आयोजित मैथिली-साहित्य-परिषदक एहि विशिष्ट अधिवेशनमे सम्मिलित होएबाक जे अपने लोकनि आइ हमरा अवसर देल अछि, ताहिसँ हमरा अत्यन्त आनन्द अछि ओ एकरा हम अपनें लोकनिक सौहार्द्र एवं अनुग्रह मानैत छी। मधुबनीक छात्रगणक मध्यमे आबि हमरा जे एकगोट अनिर्वचनीय आनन्दक अनुभव होइत अछि से हम शब्दें व्यक्त नहि कए सकैत छी ओ मधुबनीक हेतु हमरा अन्तस्तलमे जे एकटा ममत्व अछि, आत्मीयताक भाव अछि, से कहिओ हटनिहार नहि अछि। एकर कारण ई जे हम स्वयं मधुबनीक छात्र छी, ओ तकर हमरा गौरव अछि। बहुतोकाँ नहि बुझल होएत जे ओ आदरणीय प्राचार्य महोदयके हम मन पाड़ि दैत छिऐन्हि जे आइसँ ठीक-ठीक चालीस वर्ष पूर्व, प्रायः एही तीन जनवरीकें, हम, तेरह-चौदह वर्षक किशोर छात्र, पढ़बाक निमित्त मधुबनी आएल रही ओ 1920 सँ 1924 क जनवरी धरि चारि वर्षक समय एतए ताहि आनन्द ओ उल्लाससँ बिताओल जे पुनि कहिओ नहि भेंटल, आब कतए भेटत? एहि महाविद्यालयक प्राचार्य महोदयसँ हमरा ओही 1920 सँ मैत्री, घनिष्ठ मैत्री जे 1930 धरि सहपाठमे बढ़ैत गेल ओ आइओ हमरा हुनक मित्रताक गौरव अछि। अतएव जखन कहिओ अपनेक प्राचार्य महोदय अपने लोकनि दिसिसँ हमर आह्वान पठबैत छथि—तखन एक तँ मित्रक अनुरोध करबाक योग्य नहि, दोसर मधुबनी आबि पुनः एक बेरि अपन बीतल छात्र-जीवनक मधुर स्मृतिकें उज्जीवित करबाक लोभ रोकल नहि होइत अछि। ओही अनुरोधसँ, ओही लोभें, आइ पुन हम अपने लोकनिक मध्य आएल छी। एतए अबितहिं हमरा अपन छात्रावस्थाक-स्मृति ततेक प्रबल भए जाइत अछि, जे हम मनसँ एहि चलीस वर्षक समयकें लाँघि जाइत छी अपनाकें ओएह छात्र बुझए लगैत छी जे हम एतए 1920 सँ 1923 धरि छलहुँ। अर्थात मधुबनीमे, मधुबनीक छात्र बर्गक मध्यमे, हम अपनाकें मधुबनीक छात्र बुझए लगैत छी। इएह थिक मधुबनीक प्रति हमर आत्मीयता, ओ एही आत्मीयतासँ प्रायः अपनहु लोकनि हमरा यदा-कदा बजबैत रहैत छी। मुदा ई बुझि लिअ जे हमर यदि अपने

लोकनि सम्मान करैत छी, हमरा प्रतिष्ठा दैत छी, सत्कार करैत छी तँ से अपने लोकनि मधुबनीक एकगोट छात्रक करैत छिऐक।

ओ विद्याक जे एकटा प्रेम हमर जीवनक दिशाकेँ नियमित करैत आएल अछि तकर व्यसन हमरा ओही किशोरावस्थामे, एतहि मधुबनीमे, लागल। संयमक मूक प्रेरणाक सङ्ग-सङ्ग उद्‌बोधनक क्षमता जेना मधुबनीक वातावरणमे छल। विद्यानुरागी चरित्रवान शिक्षक लोकनिक प्रभाव कोमलमति छात्रके अपन कर्तव्यक मार्ग पर दृढ़ रखने रहैत छल, स्नेहशील सतीर्थ्यक सतसङ्गति जीवनकेँ ततेक मधुर बनओने रहैत छल जे अवैध-विनोदक दिशि चित्रविक्षेपक अवसरे नहि होइत छल। परन्तु सबसँ अधिक तँ एतए माटिओ पानिमे बौद्धिक विकास, विद्याप्रेम ओ चरित्र-चारुताक एकगोट विलक्षण सामर्थ्य छैक जकर पता तँ लागल बहुत दिनु पछाति, मुदा जकर असरि आइ चालीस वर्षहुक उत्तर कनेको कम नहि भेल अछि। चरित्र-निर्माणक प्रथम चरण किशोरावस्थामे एहन जलवायु, एहन वातावरण, एहन सतसङ्गतिमे जे नियतिक क्रममे आबि गेलहुँ से हम अपन भाग्यवत्ता मानैत छी।

× × ×

वस्तुतः मधुवनी ओहि छोट-छीन भूखंडक केन्द्रवर्त्ती अछि जकर महिमा प्रख्यापित करबाक निमित्त एकटा प्रबन्ध नहि, ग्रन्थ चाही। मिथिलाक जे वैभव भारतीय संस्कृतिक आधार-शिला जकाँ सुदृढ़ अछि तकर उत्कर्ष प्रचुरतया ओही भूखंडमे भेटैत अछि जकर केन्द्र मधुबनी थिक। मधुबनीकेँ केन्द्र मानि दश-बारह कोशक जँ परिधि खींची तँ ओही वृत्तिक अन्तर्गत मिथिलाक सकल ऐश्वर्य, समस्त विभूति, निखिल महिमा अन्तर्भूत भए जाएत। भारतीय संस्कृतिक विलक्षणता थिक—आत्मविद्या, अध्यात्मवाद जकर प्रथम वाक्य 'आत्मा वा अरे द्रष्टव्य', अपने लोकनि जनैत होएब, बृहदारण्यक उपनिषदक थिक; याज्ञवल्क्य अपन ब्रह्मवादिनी पत्नी मैत्रेयीके उपदेशक क्रममे कहने छलाह, एही मिथिलादेशमे वस्तुतः वेदक समस्त ज्ञान कांड जकर आकर हमरा लोकनिक उपनिषद् थिक ब्राह्मण-प्रवर्त्तित कर्मकाण्डक विरोधमे नहि, तँ प्रतिद्वन्द्विताम‍े, अवश्ये राजन्य लोकनिक प्रवर्त्तित थिक ओ तेँ एकरा गीता पर्यन्तमे 'राज-विद्या' कहल गेल अछि। एहि आत्मविद्या वा ब्रह्मविद्याक विकासक केन्द्र छल राजा जनकक दरबार ओ अनेक उपनिषद्‌मे कथा आएल अछि जे काशीराज तँ एकगोट ऋषिके केवल एतबए कहला पर एक सए गाय देलथिन्ह जे हम ब्रह्मक निरूपण करब। काशीराज कहल जे तैओ लोक जनक जनक करैत दौड़ैत फिरैत अछि। तहिना भारतीय नीतिशास्त्रक चरम उत्कर्ष, अनासक्ति कर्मयोग जकर महिमा राष्ट्रपिता गांधी जी समेत गबैत रहलाह, मिथिलाहिक अनुष्ठित मानव-धर्म छल ओ भगवानहुके गीतामे दृष्टान्त देवाक काल जनकहिक नाम फुरलैन्हि। दूर-दूरसँ पण्डित लोकनि शास्त्रक परिष्कारक निमित्त एहि भूखंड अबैत छलाह जकर दृष्टान्त शुकदेवसँ लए रघुनाथ सार्वभौम धरि अविच्छिन्न

अछि। आन्वीक्षिकी विद्याक जन्मभूमि मिथिला थिक, गौतम ओ गङ्गेश एही भूखण्डक छलाह। सांख्य-दर्शनक प्रवर्त्तकक पूजित कपिलेश्वर स्थान एहि ठामसँ कतेक दूर अछि? वारहमसँ लए चौदहम शक शताब्दी धरि-जकरा इतिहासमे मध्ययुग कहैत छिऐक—मिथिलाक उत्कर्ष चरम पर छल, मिथिलाक इतिहासक स्वर्णयुग छल जखन विद्याक व्यवसाय एतए निष्काम भावसँ केवल धर्मबुद्धया होइत रहल। वस्तुतः ओहि युगमे मधुबनीक कात-कात प्रायः प्रत्येक प्रसिद्ध ग्राममे एक एक विद्यापीठ छल, महाविद्यालय छल। ओहि अनेक विद्यापीठमे एकगोट अतिविख्यात विद्यापीठ-जतए वैशेषिक दर्शनक परिष्कार होइत छल—सरिसबमे छल ओ अपन पुण्यश्लोक पिता अयाची भवनाथमिश्रक प्रसङ्ग हुनक शङ्करावतार पुत्र सन्मिश्र शङ्करक उक्ति अछि जे हुनका लग रहि-रहि पण्डित भेल विद्वज्जन लोकनि समुद्रक तट धरि अर्थात बङ्गाल सँ सौराष्ट्र धरि एहि पृथ्वी पर एकगोट मात्र व्यवसाय पसारि देने छथि, विद्याविनोदक व्यसनक व्यवसाय—

यस्यान्तेवासिभिः प्राज्ञैरासमुद्रं वसुन्धरा।
विद्याविनोदव्यसनव्यापारैकपरा कृता ॥

एक-एक विद्यापीठक इतिहास स्वतन्त्र प्रबन्ध भए सकैत अछि ओ से एतेक विद्यापीठ छल! परन्तु एहिमे कोनो सन्देह नहि जे विश्वक कोनहु भागमे एहन भूखण्ड नहि भेटत जतए वैदुष्यक परम्परा एखनो अविच्छिन्न रूपसँ सए दूसए वर्षसँ नहि, इतिहासक आदिकालसँ वा ई कहू जे प्रागैतिहासिक कालहिँ आबि रहल अछि।

परन्तु एहि नगरक अपन इतिहास एतेक प्राचीन नहि अछि। एकर विकास तँ भेल आइसँ अस्सी-पचासी वर्ष पूर्व जखन तिरहुतक जिला विभाजित कए मुजफ्फरपुर ओ दरभङ्गाक दू गोट जिला बनाओल गेल ओ दरभङ्गाक उत्तर भाग मधुबनीक सबडिवीजन भेल जकर मुख्य स्थान मधुबनी भेल। परन्तु एकर स्थापना ओहिसँ सए-सबासए वर्ष पूर्व अठारहम शताब्दीक मध्य भागमे भेल। एकर इतिहास ओहि दू स्थानक इतिहाससँ मिश्रित अछि जे एहि नगरक दछिण ओ उत्तरमे अछि। भौड़ा ओ मङ्गरौनीक मध्यवर्ती मधुबनी अपन स्वरूप लेलक भौड़ासँ ओ नाम मङ्गरौनी सँ। अपने लोकनिकाँ विदित होएत जे भौड़ा प्रायः दू सए वर्ष धरि खंडवला राजकुलक राजधानी छल ओ सोड़हम शताब्दीक अन्तिम चरणसँ लए अठारहम शताब्दीक अन्तिम चरण धरि मिथिलाक शासन भौड़ासँ होइत छल, मिथिलाक राजधानी भौड़ा रहल, मिथिलाक सांस्कृतिक प्रकाशभूमि भौड़ा छल। महाराज नरेन्द्र सिंह एहि राजकुलक बड़ प्रतापी राजा भेल छथि। असन्तति रहलाक कारणे ँ ई महाराज जे दोसर विवाह कएल से महारानी पद्मावती बड़े चतुरा, बड़े तेजस्विनी ओ बड़ कुशला छलीह। भौड़ा ड्यौढ़ीमे शुभोदय होइत नहि देखि ओहि स्थानसँ विरक्त महाराज ओहिठामसँ हटि उत्तर दिशि रम्य उपवनक

मध्यमे एक विश्राम स्थान निर्मापित कए अपन कनिष्ठ पत्नी रानी पद्मावतीक सङ्ग रहए लगलाह। एक ड्योढ़ीमे रहलासँ दुइ रानीमे वैमनस्य भए जएबाक आशङ्का सेहो छल। इएह भेल एहि नगरक स्थापनाक बीज। पश्चात राजाक परोक्ष भए गेलहु उत्तर रानी पद्मावती एतहि रहलीह ओ राज्यक शासन यद्यपि राजाक कृत्रिम पुत्र महाराज प्रतापसिंहके प्राप्त भेल तथापि मिथिलाक तत्कालीन इतिहासमे एहि रानीक प्रभाव स्थिर छल। राज्यक सूत्र ई अपना हाथमे ताहि चतुरतासँ रखने छलीह जे हिनक रुचिक विरुद्ध किछु चलब कठिन छल। अंग्रेजी कम्पनीक अधिकार ताबत भए गेल छल ओ महाराज प्रतापसिंह नवीन युगक अनुकूल क्षमताक अभावसँ मिथिलाक स्वतन्त्र राज्यकेँ जमींदारी स्वीकार कए लेल जकर विरुद्ध हुनक वैमात्रेय भाए ओ कृत्रिम पुत्र अन्त धरि लड़ैत रहलाह। नवाबक प्रतिनिधि दरभंगामे रहैत छल। भौड़ा ओतएसँ दूर छल तें महाराज माधव सिंह अपन राजधानी दरभंगा लए गेलाह ओ रानी पद्मावतीकेँ अनुकूल रखबाक निमित्त एहि रानीक भतिजीसँ अपन तेसर विवाह कए ओहि रानीकेँ एतहि मधुबनीमे छोड़ि देल। ओहि तेसर पत्नीक पुत्र महाराजकेँ भेलथिन्ह महाराज कुमार बाबू कीर्तिसिंह जे रानी पद्मावतीक कृत्रिम पुत्र भए ओहि रानीक स्थावर ओ जङ्गम सकल सम्पत्तिक उत्तराधिकारी भेलाह। ओही महाराज कुमारक सन्तान मधुवनीक बाबू साहेब लोकनि थिकाह ओ बहुत दिन धरि प्रतिष्ठामे, प्रतिपत्तिमे, प्रभावमे, मधुवनी ड्योढ़ी दरभंगाक प्रतिस्पर्धा करैत रहल। तेँ कहल जे मधुबनीक स्थापना भौड़ाक परिसरक बाहर ओकरे उपवनक रूपमे भेल। परन्तु एकर नामकरण भेल मङ्गरौनीक नकलसँ। सत्रहम शताब्दीक मध्यसँ लए प्रायः सए वर्ष धरि मिथिलाक वैदुष्य-वैभव जेना मङ्गरौनीमे पुञ्जीभूत रहल। ओना तँ मङ्गरौनी मिथिलाक इतिहासमे आइ सहस्रावधि वर्षसँ प्रसिद्ध अछि, मङ्गरौनी ई नाम समेत आइसँ छः-सात सए वर्ष पूर्वहुँ प्रचलित छल, प्रख्यात छल मुदा सत्रहम शताब्दीक मध्यमे मङ्गरौनीमे एक जन महापुरुषक प्रादुर्भाव भेल। म.म. रामभद्र उपाध्याय दक्षिणामूर्तिक उपासनासँ सिद्धि प्राप्त कए आन्वीक्षिकी विद्याके अपन वशवर्त्तिनी बनाए लेल। चारि पुरुष धरि एतएक विद्या-वैभवक वर्णन नहि भेल। म.म. गोकुलनाथ उपाध्याय मिथिलाक इतिहासमे पक्षधर, शङ्कर, वाचस्पति, वर्धमान जकाँ विद्वन्मूर्धन्य मानल जाइत छथि ओ मिथिलामे एहि दू सए वर्षमे केओ पण्डित नहि भेल छथि जे हिनक शिष्य, प्रशिष्यक कोटिमे नहि होथि। विज्ञजनक मतेँ मिथिलाक पाण्डित्य प्रकर्ष गोकुलनाथहिक सङ्ग चल गेल। गोकुलनाथक बालक म.म. रघुनाथ महाराज नरेन्द्रसिंहक समसामयिक छलाह। विद्याक बलसँ ओ एक बेरि नहि, तीन बेरि सर्वस्व-दान कएल, जकर स्पर्धा महाराजहुकेँ अशान्त कए देल। स्वयं ओ सर्वस्वदान कोना करितथि, मुदा नहि करितथि तखन एकगोट पण्डित हुनकासँ राजसमे बढ़ि जाइत। तेँ ओ अपन छोट भाएसँ सर्वस्वदान कराओल। मङ्गरौनी फन्नावार

लोकनि अपन गामक प्राकृत नाम मङ्गरौनीके ँ मङ्गलबनी कहल करथि। एही देखाउससँ महाराज सेहो अपन आरामावासकेँ मधुबनी कहल। सुनैत छी जे भौड़ासँ मङरौनी धरि वन छल जे क्रमशः उपवनमे परिणत होइत गेल ओ एहि वनमे मधुक भण्डार छल। सएह भेल नामकरणक बीज ओ मंगलवनीक ऐश्वर्यकेँ जेना अतिक्रमण करबाक उद्देश्य सँ मंगलबनीक सन्निहित मधुबनी बसि गेल।

ओ मैथिली-साहित्यक विकास भूमि सेहो इएह भूखण्ड थिक तथा मैथिली-साहित्यक इतिहासमे मधुबनीक नाम अमर अछि। ज्योतिरीश्वरक जन्मस्थान पाली ओ विद्यापतिक जन्मस्थान विसपी एही क्षेत्रक थिक। गोविन्ददास, उमापति, रमापति, सरसराम, मनबोध प्रभृति एहि साहित्याकाशक दैदीप्यमान नक्षत्रगणक उदय एही भूभागमे भेल अछि। विसपीक माहात्म्य तँ केवल मैथिलिऐकटा क्षेत्रमे नहि, प्रत्युत समस्त पूर्वोत्तर भारतक भाषा-क्षेत्रमे समान रूपसँ प्रख्यात अछि ओ हमरा तँ पूर्ण विश्वास अछि जे ओ समय बड़ दूर नहि अछि जखन स्ट्राटफोर्ड-आन-एवन जकाँ बिसपी एहि समस्त अञ्चलमे एकगोट अद्वितीय पूज्य स्थान भए मधुबनीक गौरव-गरिमा प्रख्यापित करत। एम्हरहु महामना ग्रिअरसन एही मधुबनीमे आबि अपन वैदुष्यबीजक अनुकूल जलवायु पाबि, एतहिक माटि ओ पानिसँ उद्‌बोधन प्राप्त कए, से सुकीर्ति सञ्चित कए सकलाह जे केवल मैथिलिऐक पुनरुद्धारक कारण नहि भेल अपितु हुनक नाम विश्वक भाषातत्त्वविदप्राणीमे अमर भए गेल। मैथिल महासभाक जन्मभूमि मधुबनी थिक, मैथिली साहित्य परिषद एही मधुबनीमे सुगठित भेल अछि, एतहि जन्म लेल।

प्रिय छात्रगण! एतेक विस्तारसँ प्रतिपाद्य हमरा एतवए अछि जे मिथिलाक केन्द्र मधुबनी थिक, मैथिलीक प्रतिभा मधुबनीमे केन्द्रीभूत अछि, मैथिलीक विकास मधुबनीसँ भेल अछि, मिथिलाक जन-जीवनमे सांस्कृतिक उद्‌बोधन सब दिन मधुबनीसँ होइत रहल अछि। अतएव हमरा दृढ़-विश्वास अछि जे मिथिलाक प्रतिनिधित्व आबहु मधुबनी सएह करत, मैथिलक प्रतिनिधित्व मधुबनीक लोक कए सकैत अछि, मैथिलीक अभ्युस्थान मधुबनीसँ भए सकैत अछि। ई हमर आत्मीयताक पक्षपात हो किन्तु ऐतिहासिक पर्यालोचनासँ सेहो तँ सएह सिद्ध होइत अछि। से भविष्य अछि अपने लोकनिक हाथमे, चालीस वर्ष पूर्व हम जखन मधुबनी पढ़ए आएल रही तखन समस्त मधुबनी सबडिवीजनमे मधुबनी स्कूल जाहि नामसँ ताहि दिन वाटसन स्कूल बुझल जाए, छाड़ि केवल मधुपुरमे एकटा नवे स्थापित देहाती हाइस्कूल छल। मधुबनीमे छात्रक संख्या पाँच सए सएह बहुत। समय एतेक बढ़ि गेल अछि जे मधुबनी सवडिवीजनमे आइ बीस टा सँ कम हाइस्कूल नहि होएत, पाँच गोट तँ महाविद्यालय सएह अछि तथा केवल मधुबनीमे सब वर्गक छात्रक संख्या हजारक संख्यामे अछि। एहि किशोर एवं युवक गणक हाथमे अछि मैथिलत्वक रक्षा, मिथिलाक गौरव, मैथिलीक भविष्य। नामसँ

मिथिला कालेज दड़िभङ्गामे हो परन्तु मिथिलाक कालेज थिक इएह रामकृष्ण कालेज तथा ई हमर आत्मीयताक पक्षपात नहि किन्तु यथार्थ सत्य थिक सेहो देखाएब अपने लोकनिक हाथमे अछि।

मैथिलत्व की थिक? मिथिलाक प्रतिभा कथीमे निहित अछि? से बुझवाक हेतु उपनिषद, रामायण ओ महाभारत वर्तमान अछि। सहस्राबधि वर्ष धरि परतन्त्र रहि भारत स्वतन्त्र भेल अछि अवश्य, किन्तु स्वतन्त्रताक एहि नवयुगमे विकासक जे क्रम देखि रहल छी ताहिसँ सन्तोष नहि होइत अछि। भौतिक विकासक दौड़िमे भए अछि जे हमरा लोकनि आत्माक विकासकेँ बिसरि ने जाइ। मिथिलाक योगीन्द्र याज्ञवल्क्यक कथा उपनिषदमे प्रसिद्ध अछि जे हुनका दुइगोट स्त्री छलथिन्ह। जीवनक अपराह्नमे जखन योगीन्द्र संन्यास लेबाक विचार कए रहल छलाह तखन दुहू सौतिनकेँ परस्पर कलह नहि होइन्ह तेँ अपन वित्त दुहू स्त्रीकेँ बाटि देअए चाहल। याज्ञवल्क्यक दोसर स्त्री, मैत्रेयी, ताहि पर स्वामीकेँ कहल जे "हे नाथ! ई समस्त पृथ्वी यदि धनसँ मरि देल जाए ओ से पृथ्वी हमरा दए देल जाए तँ की ताहि सँ हम अमर भए जाएब?" याज्ञवल्क्य उत्तर देल जे–"नहि, घनी भेलहुँ अहाँक जीवन ओहने होएत जेहन साधारण उपकरण-वलाक जीवन। धनसँ अमरत्वक आशा नहि करब।" मैत्रेयी ताहि पर विह्वल भए कहल–"नाथ! जाहिसँ हम अमर नहि होएब से लएकेँ की करब–"येनाहं नामृता स्यां किमहं तेन कुर्याम्।" इएह प्रसङ्ग थिक जाहि मध्य ओ महावाक्य कहल गेल अछि जाहिसँ वेदान्त दर्शनक आरम्भ होइत अछि, इएह थिक अध्यात्म विद्याक प्रकाशक्रम। हम जे 'हम' छी से एहि देह, लोक, धन, वित्त, सबसँ भिन्न थिक। ओही 'हम' केँ चीन्हब आत्म-विद्या थिक। महाभारत मे एकटा श्लोक बारंबार आएल अछि जे जनकक गाथा कहल गेल अछि। बुझि पड़ैत अछि जे जनकक ई उक्ति महाभारतहुक समयमे कहबी जकाँ सर्वत्र विख्यात छल। जनक कहल करथि जे हमर वित्तक कोन अन्त अछि–मुदा 'हमर' एहिमे की थिक? मिथिला जँ जरिए जाएत तँ हमर की जरत?

अनन्तं वत मे वित्तं यस्य मे नास्ति किंचन।
मिथिलायाँ प्रदीप्तायां न मे दह्यति किंचन ॥

आत्मा एहि नाम-रूपात्मक जगत सँ भिन्न थिक तेँ जगतक सकल कार्यजाल करैत अपनाकेँ ओहि कार्यक फलाफलसँ अलिप्त राखी इएह मिथिलाक जीवन-नीतिक विलक्षणता छल जकरा गीतामे अनासक्ति कर्मयोग कहल अछि ओ जाहि योगक साधना कए स्वतन्त्र भारतक राष्ट्रपति गांधीजी महात्मा कहाओल। एहि अध्यात्मवादकेँ जँ हम बिसारि देब तँ स्वतन्त्र भेलहिँ की होएत? भारतक विलक्षणता नष्ट भए जाएत?

परन्तु एकर अर्थ ई नहि जे भौतिक उन्नतिसँ विमुख रही। से मिथिलाक जीवन-नीति नहि थिक। एतएसँ कर्म-योगक शिक्षा भेटैत रहल। किशोरावस्थहि

मध्य अपन पुत्र शुकदेव जीकें संन्याससँ विरत करए हुनक विखिन्न पिता, व्यासदेव, हुनका जनकपुर पठाओल तथा व्याधसँ कर्मक महिमा एतहि सुनाओल गेल। 'कर्ममे प्रवृत्ति जीवनक सहज धर्म थिक, ओहिमे आसक्त नहि होइ आ तखन सब कर्मक भोग करैत रही, इएह भेल कर्मयोगक अनासक्ति। धर्म, अर्थ, काम ओ मोक्ष—ई चारू पुरुषार्थ कहल गेल अछि, कोनो एकटा नहि, परन्तु एकोटाक तिरस्कारसँ पुरुषार्थ-साधन नहि होइछ। तेँ भौतिक उन्नति सर्वथा वाञ्छनीय। चतुरता तँ अछि प्रेयक सङ्ग-सङ्ग श्रेयक सम्पादनमे, तेहन संतुलित जीवनमे जाहिमे ऐहिक एचं आध्यात्मिक दुहूक एकगोट समन्वय रहए। जीवन अछि कष्टमय, दुःखप्रधान एवं अन्धकारमय, अज्ञानक भित्ति पर ठाढ़; ओहि जीवनमे मधुरता आनि सकलहुँ, अपन ज्ञानालोकसँ किछुओ अन्धकार दूर कए सकलहुँ तँ जीवन चरितार्थ भए गेल। इएह मधुरिमा ओ Sweetness ओ Light संस्कृतिक परिचायक थिक, मनुष्यताक मापदण्ड थिक, जीवनक सार्थकता थिक। विचार करू जे विद्यापति यदि अनुपम गीत नहि रचने रहितथि तँ जीवन-यात्रामे कोन विघटन पड़ितए? हर जोतब, पानि भरब, खेत पटाएब—जीवनक सबटा काज तँ ओहिना चलैत रहैत, परन्तु विद्यापतिक गीत पढ़ि, सूनि, गाबि जे लाखो लोक एहि पाँच छओ सए वर्षमे कमसँ कम ओतबो काल अपन दुःख बिसरि एकगोट ब्रह्मानन्द-सहोदर, उदात्त आनन्दक अनुभव कएल अछि से कोना होइत? मानवताक केहन पैघ उपकार कएल ओ महापुरुष! सबसँ ओहनेपैघ सेवा सम्भव नहि अछि सेहो सत्य, परन्तु जतहि रही, जाही समाजमे, ततहि अपन चरित्रसँ किछु मधुरता पसारि सकी, अपन ज्ञानसँ किछु अन्धकार दूर कए सकी—ई तँ ततेक कठिन काज नहि अछि ओ विचार करू जे यदि सब एहि भावनासँ प्रेरित भए जीवनमे अग्रसर होथि तँ संसार केहन सुन्दर भए जाएत!

अन्तमे हमरा मैथिलीक अध्येतृ छात्रगणसँ किछु विशेष अनुरोध अछि ओ आशावान नहि, हमरा दृढ़ विश्वास अछि जे आत्मीयताक जे सम्बन्ध हम पूर्वहिं देखाओल अछि ताहिसँ अपने लोकनि हमर अनुभवकेँ उचित मूल्य दए हमर कथाक समुचित आस्वादन करब, हमर अनुरोधकेँ कमसँ कम सुनब, ओ सूनिकेँ लगले बिसरि नहि जाएब, ओहि पर विचार-विमर्श करब। अपने लोकनि जनैत छी जे हम आइ पचीस वर्षसँ मैथिली-साहित्यक सेवामे संलग्न छी ओ हमरा एकर गौरव अछि जे एहि पचीस वर्षमे मैथिलीक जे प्रगति भेल अछि तकर सम्पादनमे अन्यान्य कर्मठ साहित्य-सेवीक सङ्ग-सङ्ग हमरो सक्रिय सहयोगसँ तुच्छो मुदा सेवा भेल अछि। तैओ हमरा एकर अत्यन्त खेद अछि जे एहि-प्रगतिसँ भाषामे जे व्यवस्था छल से दिनानुदिन विघटित भेल जाइत अछि। युग स्वतन्त्रताक अछि ओ ताहि स्वतन्त्रताकेँ लोक स्वच्छन्दतमे परिणत कए परम्पराक उपेक्षा कए ताहि मार्गकेँ धएने जाइत अछि जे परिणामकेँ भाषाक हेतु घातक सिद्ध होएत।

मिथिलाकेँ अपन लिपि छल से हमरा लोकनि त्यागल। आब से क्रम अछि जे भाषाक स्वरूप से भए जाएत जे ओ हिन्दीक बोली मात्र रहि हिन्दीक विशाल उदरमे पचि जाएत। इएह दश दिन भेल अछि एतहि मधुबनी मध्य साहित्य-परिषदमे हम अपन प्रलाप समाजक कर्णधार लोकोनिकेँ सुनाओल। परन्तु ओतए वातावरण स्पष्टवादिताक अनुकूल नहि छल तेँ हम नरम शब्देँ अपन वक्तव्य प्रकाश कएल, आजुक परिषद् हमर अनुकूल अछि, अतएव अपने लोकनिकेँ कहबामे हमरा कनेको संकोच नहि होएत। हम हालहि मे बी.ए. परीक्षाक उपयोगी एकगोट प्रौढ़ गद्यक संग्रह सङ्कलित कए प्रकाशित कराओल अछि जे अपनहि लोकनिक हाथ आओत। पचाससँ अधिक लेखकक रचना ओहिमे सन्निविष्ट अछि, परन्तु सभक रचना हम ओहिना प्रकाशित कएल अछि जेना ओ लोकनि लिखने छलाह। अपने लोकनिकेँ आश्चर्य लागत जे प्रायः बीस-पचीस लेखककेँ छाड़ि, जनिका लोकनिक लेखक स्वरूप व्यवस्थित छैन्हि, प्रायः आओर सबहिक लेख जएगोटए लेखक तए रूपक; ओ बहुधा तँ एकहु लेखक केवल एक ध्वनिक हेतु तीनि-तीनि गोट संकेत लिखैत छथि; एकहि पदक वा एकहि अर्थमे भिन्न-भिन्न शब्दक भिन्न-भिन्न रूप। पदक कथा जाए दिअ, साधारण विभक्ति समेतक स्वरूपमे कोनो व्यवस्था नहि अछि। आब विचार करू जे जखन भाषाक स्वरूप किछु अछिए नहि तखन हम अन्यान्य भारतीय भाषाक स्पर्धामे कोन मुहसँ कहबैक जे संविधानक आठम परिशिष्टमे हमरो भाषा सन्निविष्ट हो। क्षोभ ओ ग्लानि तँ तखन होइत अछि जखन मिथिलाक महाजन लोकनिक मुहसँ उपदेश सुनैत छी जे "की करबैक, एखन ई प्रश्न जनु उठाबी, एखन जे जहिना लिखैत छथि तहिना लिखए दिऔन्ह, कालक्रमे एकटा स्वरूप अपनहि स्थिर भए जएतैक।" की एकर अर्थ ई नहि भेल जे हमरा लोकनिकेँ भाषाक स्वरूप एखन धरि किछु नहि अछि, कोनो परम्परा नहि अछि, हमरा लोकनि आइए लिखए, सिखहि लगलहु अछि? जए गोट लेखक तए रूपेँ लिखबाक चालि राखि कोना कहबैक जे हमरो भाषा पुरान, व्यवस्थित ओ साहित्यिक अछि? ओ ई स्वच्छन्दता देलासँ जे दुःपरिणाम भेल जाइत अछि से गोटेक पत्रकेँ आद्योपन्त पढ़लासँ विदित भए जाएत! सब स्वतन्त्र अछि, सब कहत जे हम एहिना बजेंत छी ओ जहिना बजैत छी तहिना लिखब। एक तँ कोना बजैत छी तकर अन्दाज लोककेँ सुगम नहि छैक; दोसर जँ एहिना बजैत छी तँ अशुद्ध बजैत छी ओ बजबो सिखू, ई ने हुनका कहल जाए। नेना 'काका' केँ 'टाटा' कहैत छैक तँ, की ओ 'काका' केँ 'टाटा' लिखए? ककरहु-ककरहु 'र' नहि कहल होइत छैक, 'रामकेँ कहत लाम' तँ की ओ लिखबो सएह करओ। भाषा तकरा नहि कहैत छैक ओ यदि मैथिलीमे से स्वच्छन्दता छैक तँ अहाँ अपना आचरणसँ सिद्ध करैत छी जे मैथिली भाषा नहि थिक, भाषा होएवाक पथमे जे धर्म थिकैक, स्वरूप व्यवस्था, से एहिमे नहि अछि।

परन्तु वस्तुस्थिति से नहि अछि! मिथिला भाषा आइ पाँच सए वर्षसँ अधिक दिनसँ साहित्यिक भाषा अछि। एतेक दिनसँ ओहि भाषामे हमरा लोकनि लिखैत आएल छी। ओकर स्वरूप व्यवस्थित छल। एम्हर प्रायः पचास वर्ष भेल होएत, हिन्दीक प्रभावसँ ओहिमे हिन्दीक अनुरूप उच्चारणक अनुसार स्वरूप विकृत होअए लागल। अपने लोकनि विचारिकेँ देखब तँ पता लागत जे मैथिलीमे स्वर-ध्वनि हिन्दीसँ बहुत अधिक अछि। मैथिलीमे ह्रस्व ओ दीर्घ सब स्वरक लघु ओ गुरु स्वरूप होइत अछि। हिन्दीमे से नहि अछि। हिन्दीमे 'ऐ' 'अ' 'ओ' 'ए' क संयोग थिक मुदा मैथिलीमे ओ अ-'इ' क, तँ मैलकेँ मइल कहब। हिन्दीमे ओकरा कहब 'मएल'। तेँ मैथिलीमे दू तरहक जे संयुक्त स्वरक उच्चारण अछि, अए ओ अइ, तथा अओ ओ अउ, तकरा एक-एक स्वरसँ संकेतित कएलासँ भाषामे बड़का विकार उपस्थित भेल-जाइत अछि। मिथिला भाषामे स्वर ध्वनिक बाहुल्य एकर वैशिष्ट्य थिक। से नहि जनलासँ, नहि मानलासँ, तथा ओकर उपेक्षा कएलासँ सबटा गड़बड़ भए रहल अछि। ई कहब घातक होएत जे मैथिलीकेँ एहिसँ हम हिन्दीक अति समीप लए जाए रहल छी, कारण, तखन जहिना हमरा लोकनिक लिपि नष्ट भए गेल तहिना भाषाक सेहो स्थिति होएत। हम ई बूझि सकैत छी जे देशमे हिन्दीक एकछत्र राज्य रहओ तेँ हमरा लोकनि मैथिलीकेँ त्यागि दी परन्तु कहैत छी जे मैथिली स्वतन्त्र भाषा थिक ओ अपन आचरणसँ ओकरा हिन्दीक रङ्गसँ रङ्गने जाइ एहिमे हमरा कोनो अर्थ नहि बूझि पड़ैत अछि।

हम जखन मैथिली लिखए लगलहुँ तखन हम रूपक विभिन्नतासँ डेरएलहुँ, अतएव हम पूर्ण अनुसंधान कए तीन सए वर्ष धरिक लेख संगृहीत कएल ओ व्याकरणक अनुगमसँ सिद्ध एकगोट स्वरूप पाओल जे परम्परासँ परिगृहीत अछि। भाषातत्त्वविद् लोकनि सेहो ओकर अनुमोदन कएल। सएह हम लिखैत छी ओ ताही मे लिखबाक हम कतेकोकेँ प्रेरणा देल अछि। परन्तु ई हमर अपन निर्मित रूप नहि थिक। आब तँ मिथिला-भाषाक विशिष्ट व्याकरण छपि गेल अछि, 'मिथिला भाषाक उत्पत्ति ओ विकास' नामक बृहद् ग्रन्थ सेहो प्रकाशित भए गेल अछि। हम जाहि दिन लिखए लगलहुँ ताहि दिन हमरा पथ-प्रदर्शक केवल म.म. डा. श्री उमेश मिश्रक घोघरडिहामे मैथिली साहित्य परिषदक सभापति पदसँ देल भाषण छल। महमहोपाध्यायक लेखन-शैलीक हम पूर्णतया अनुसरण कएने छी, केवल कतहु-कतहु ओहिमे सुगमता निमित्त किछु एहन संशोधन कएने छी जाहिमे तात्त्विक भेद नहि अछि। तथापि एहि पचीस वर्षमे एहि हेतु हमर जे उपहास भेल अछि, विरोध भेल अछि, से हमर जीवनक एकगोट विषादमय कटु अनुभव अछि। परन्तु हम अधीर भए जाइत छी तखन जखन एकरा 'हमर' शैली कहल जाइत अछि। एकरा 'हमर' कहब हमरा फूसि गौरब देब थिक, हमरा उपहासक पात्र बनएबाक हेतु कहल जाइत अछि, एकरा अभिनव सिद्ध करबाक उद्देश्यसँ। ई

शैली हमर नहि थिक, ई तँ परम्परागत शैली थिक जाहिमे मिथिला-भाषा सब दिन लिखल जाइत रहल अछि। यदि केओ जिज्ञासु हमरा ओहिठाम आबथि तँ हुनका हम प्रायः सब शताब्दीक लेख देखाए सन्तुष्ट कए देबैन्हि जे एहिमे हमर बड़ थोड़ अछि ओ जे अछि से सब सुगमता, सामयिकता एवं एकरूपताकेँ लक्ष्य राखि कएल अछि।

अपने लोकनिसँ हमर इएह अनुरोध जे मैथिलीक भविष्य अपनहि लोकनिक हाथमे अछि। अपने लोकनि सबसँ पहिने मैथिली भाषा कोना लिखी से सिखैत जाइ। हम ई नहि किहब जे अपने लोकनि जेना हम लिखैत छी, तहिना लिखैत जाउ, यद्यपि अपने लोकनिकाँ सेहो कहबाक हमरा अधिकार अछि। हम एतबे कहब जे अपने लोकनि मधुबनी महाविद्यालय एकमत भए एकरूपेँ लिखैत जाउ ओ मैथिली लेखन शैलीक तत्वक श्रेय लैत जाउ। से रूप स्थिर करबामे अपने लोकनि अपन परिषदकेँ प्रेरित करैत जाउ ओ एकमतसँ ओकर पालन करैत जाउ। हम जे विचार एतए उपस्थित कएल अछि से अपने लोकनिकाँ मार्ग-प्रदर्शक होएत। परम्पराक त्याग कए भाषाक स्रोत टूटि ने जाए से देखैत जाएब। अतएव हम सब जे पूर्वसँ भाषा कोना लिखल जाइत अछि, व्याकरणक सुगम की कहैत अछि, भाषातत्त्वक की सिद्धान्त अछि तथा हमर भाषाक वैशिष्ट्य रक्षा कथीसँ होएत। एहि सब वस्तुक ऊहापोह कए विचार-विमर्श कएकेँ किछु स्थिर करैत जाउ ओ तखन यदि जहिना हम लिखैत छी सएह अपने लोकनि समीचीन बूझि, पसिन्न करैत जाइ, तँ हमरा एकर बड़ हर्ष होएत। इएह हमरा अपने लोकनिसँ निवेदनीय ओ विश्वास राखू जे यदि अपने लोकनि ई कए सकलहुँ तँ मातृभाषा मैथिलीक अपने लोकनि से सेवा सम्पन्न कए सकब, जे चिरदिन पर्यन्त अमर रहत। एहि दिशामे नेतृत्व ग्रहण करबाक हमर ई आह्वान थिक ओ ई आह्वान अपनहि लोकनिकेँ कएल अछि तकरो कारण कहनहिँ छी। अपने लोकनिकेँ हम आत्मीय बूझि ई साहस कएल अछि ओ हमरा पूर्ण भरोस अछि जे अपने लोकनि हमरहु आत्मीय बूझि हमरा पर विश्वास कए हमर आह्वान हृदयसँ ग्रहण करब।

शिवास्ते पन्थानस्सन्तु

(3-1-1960 विविध प्रबन्धसँ)

सरिसबक महिमा

कलौ स्थानानि पूज्यन्ते। मिथिलाक पुण्यभूमिमे जे कतोक पूज्यतम स्थान अछि ताहिमे अन्यतम अछि ग्रामरत्न सरिसब। जहिआसँ मिथिलाक क्रमबद्ध इतिहास उपलब्ध अछि, तहिअहिसँ एहि गामक गौरव-गाथा भेटैत अछि ओ प्रागैतिहासिक कालहुक एहि गामक अनेक गौरव-गाथा परम्परया श्रुत अछि, जाहि बल पर ई कहब अत्युक्ति नहि होएत जे सरिसबक इतिहास मिथिलाक इतिहास सँ एहि रूपेँ संश्लिष्ट अछि जे एकक गौरवसँ दोसरक गौरवक प्रतीति होइत अछि। एहिमे सन्देह नहि जे मिथिलामे आओरो अनेक गाम अछि जकर इतिहास बड़ गौरबमय अछि, यथा महिसी, भौर, कोइलख, ठाढ़ी, सकुरी, मङरौनी इत्यादि। परन्तु आन गामक इतिहासमे गौरवमय युग अबैत रहलैक अछि। सरिसबक इतिहास एक रूप उज्ज्वल अछि ओ भविष्यक कथा नहि कहि, मुदा आइ धरि कोनो एहन युग नहि भेलैक अछि जाहिमे मिथिलाक उत्कर्षक प्रतीक सरिसब नहि रहल हो। आइ पचीस वर्षक अनुसंधान ओ अध्ययनक प्रसादसँ हमरा एकर गरिमाक प्रमाणमे ततेक सामग्री उपलब्ध अछि जे विशद रूपेँ उपपादन कए सबटा कथा यदि लिपिबद्ध करी तँ एकगोट सुन्दर पोथी भए जाएत, एहि ग्रामरत्नक गौरवमय इतिहास, जे मिथिलाक सांस्कृतिक इतिहासक रूपरेखा प्रस्तुत करत परन्तु तकर अवसर ई नहि थिक, ओ अपन उदार प्रभुवर मिथिलेशक देहावसानक पश्चात आब तँ पूर्ण सन्देह भए रहल अछि जे जीवनक एहि सन्ध्याकालमे हमरा साध्य ओ सम्पन्न भैओ सकैत अछि वा नहि। तेँ हम हृदयसँ आभार प्रदर्शन करैत छिऐन्हि मैथिली-साहित्य-परिषदक सरिसब अधिवेशनक स्वागत-समितिक उत्साही अधिकारि-वर्गकेँ जे एहि पुण्य काजक हेतु हमरा स्मरण कएलैन्हि ओ एहन प्रिय विषय पर संक्षेपहुमे लिखबाक अवसर देलैन्हि।

मिथिलाक अन्तर्देशक मध्यमे अवस्थित सरिसब गाम एखनहु बड़ विशाल अछि। एकर उत्तरमे अछि भौर ओ रैआम, पूबमे अछि लोहना ओ खररख, दक्षिणमे अछि गंगौली ओ सखबाड़ तथा पश्चिममे अछि पण्डौल। ई सब गाम प्राचीन थिक ओ एहि सब गामक इतिहास रोचक छैक परन्तु सरिसब सबसँ पुरान थिक।

सम्प्रति एहि गामक परिणाहक मध्यमे मूल सरिसब, पाहीटोल, नवटोल, हाटी, बिट्ठू, कल्याणपुर ओ इसहपुर ई सात गोट खण्ड अपन भिन्न-भिन्न नामे ँ विख्यात अछि।

सरिसब मिथिलाक भाषामे ओहि तेलहनक नाम थिक, जकरा संस्कृतमे गौर सर्षप कहैत छैक, जकर पर्यायवाची शब्द थिक सिद्धार्थ। सुनैत छी जे एहि भूभाग मे अतिप्राचीनकालमे सरिसबक वन होइक जकर पीअर फूलसँ समस्त प्रान्त उद्धासित रहैक। ते ँ लोक एकरा सरिसबक खेत, सिद्धार्थ-क्षेत्र, कहए लगलैक। एहि सिद्धार्थ-क्षेत्रक उल्लेख पुराणहुमे भेटैत अछि। स्कन्दपुराणक नागर खण्डमे (अध्याय 52, श्लोक 6-7) कपिल मुनिक आश्रमसँ दू योजन पूर्व सिद्धार्थ-क्षेत्र कहल अछि। यद्यपि वर्णन ब्रह्मवर्त्तक अन्तर्गत गोकुलक परिसरक प्रसङ्गमे अछि, मुदा कपिलक एकटा आश्रमतँ कपिलेश्वरमे अवश्व छल, जाहिसँ दू योजन पूब सरिसबक अवस्थिति ओहि वर्णनके ँ प्रमाणित करैत अछि।

दुष्टप्राणहरी गिरीन्द्रतनया नागेन्द्रहाराञ्चिता
भक्तिप्रह्वसुपर्वनायकशिरोरत्नाञ्चिताङ्घ्रिद्वया।
भक्तानुग्रहहेतवे वटतटे स्थानं विधाय स्थिता
भूयाद् भव्यकरी पराभवहरी सिद्धेश्वरी माहशाम् ॥

ऐतिह्य इएह अछि जे हिनक स्थापना भगवान कृष्णक अग्रज बलभद्र अपन मिथिला-प्रवासक समयमे कलियुगसँ पूर्वहि ँकएने छलाह। वराह पुराणमे (अध्याय 160, श्लोक 44-45) भेटैत अछि जे बलभद्रक उपास्या देवी छलथिन्ह सिद्धेश्वरी तथा बलभद्रक मिथिला-वास पुराणक प्रसिद्ध कथा अछि। विष्णुपुराण (चतुर्थ अंश, अध्याय 13) ओ खिल हरिवंशमे (अध्याय 40) स्यमन्तक मणिक उपाख्यानक प्रसङ्गमे विस्तृत वर्णन अछि जे बलभद्र कृष्णसँ रूसि कोना मिथिला अएलाह, कोना राजा जनक हुनका पूर्ण सत्कारसँ अपना ओहिठाम रखलथिन्ह ओ कोना तीन वर्ष धरि बलभद्र मिथिलामे रहि गेलाह। एतहि दुर्योधन आबि बलभद्र सँ गदाक शिक्षा लेल। कहल जाइत अछि जे एही 'सरिसबक खेत' में —सिद्धार्थ-क्षेत्र मे-बलभद्रक अखाड़ा छल। एही समयमे अर्थात महाभारत युद्धसँ पूर्वहि ँ बलभद्र एहिठाम सिद्धेश्वरीक स्थान कएलैन्हि ओ समीपहिमे सिद्धेश्वरनाथ शिवलिङ्गक सेहो। प्रसिद्धि अछि जे सिद्धेश्वरनाथ शिवलिङ्गके ँ लोक खोधिके ँ देखलक अछि जँ -जँ लोक खोधैत गेल लिङ्गक मोटाइ बेसी होइत गेलैक। इहो सुनैत छी जे बृहद्—विष्णुपुराणमे सरिसबमे बलभद्रक स्थापिता देवीक निश्चित रूपसँ वर्णन अछि परन्तु बृहद्-विष्णुपुराण उपलब्ध नहि अछि तथा ओकर जे अंश मिथिला-माहात्म्यक रूपमे प्रकाशित अछि ताहिमे ई कथा नहि भेटैत अछि। एहिना सुनैत छी जे स्कन्दपुराणक नागर-खंड मे 100 अध्यायक मिथिला खंड अछि जाहिमे उल्लेख अछि जे कपिलेश्वर-स्था आग्नेयकोणमे लक्ष्मणा नदीक पूर्वीय तट पर लोहिनी देवी ओ वीरेश्वरनाथ महादेवक

शिवलिङ्ग अछि। नहि कहि एहि नागर-खण्डक मिथिलाखण्डमे सरिसबहुक वर्णन अछि वा नहि। छपल स्कन्दपुराणमे ई मिथिला-खण्ड नहि भेटैत अछि।

कोनहु समयमे सरिसब एकगोट विशाल नगरक एक भाग छल। ई नगर अमरावती कहबैत छल ओ विस्तारमे ई उत्तरमे भगवतीपुरसँ लए दक्षिणमे बाजितपुर धरि बसल छल। मधुबनीसँ ठीक पूब प्रसिद्ध गाम कोइलखक समीप भगवतीपुरमे एखनहु भुवनेश्वरनाथक शिवलिङ्ग ओ देवी-सथान अत्यन्त प्राचीन सिद्धपीठ बुझल जाइत अछि। बाजितपुर बहेड़ाक समीपमे अछि तथा मिथिलाक इतिहासमे एहि प्रान्तक बड़ महत्त्व अछि। आब एहि बाटेँ कमला नदीक छारन बहैत अछि परन्तु ओहिसँ किछुए पूब लखनदेइ नामक एक गोट नदी, आब तँ मृतप्राय अछि परन्तु प्राचीन कालमे बड़ प्रसिद्ध छल, लक्ष्मणा कहबैत छल। एहि नदीक पूबमे भगवतीपुरसँ बाजितपुर धरि एक पाँतीमे उत्तरसँ दक्षिण सैकड़ाक हिसाबेँ पोखरि अछि, जाहिमे अधिकांश आब भग्नावस्थामे अछि, मुदा सभक नाम अछि। आब एहि भागमे कतहु वस्ती नहि अछि, बहुत दिनसँ बस्ती नहि अछि। सम्पूर्ण विशाल ओ सघन आमक गाछी छल, हजारो बीघामे, आधकोस चाकर, कतेको कोस लाम, उत्तर सँ दक्षिण, जे गत पचास वर्षमे कमलाक बाढ़िमे सुखाए गेल अछि। तेँ एक पाँती मे एतेक रास पोखरि चमत्कारक प्रतीत होइत अछि। मुदा एहि पचास वर्षमे एहिमे कतेको पोखरिक भीड़ परसँ नाना प्रकारक वस्तु उपड़ल अछि, यथा सोनक असरफी, औंठी, पूजाक सामान, गृहस्थाश्रमक उपयुक्त वस्तु, यथा जाँत। एहिसँ प्रमाणित होइत अछि जे एहि प्रान्तमे कहिओ सघन बस्ती छल। एहिसँ अव्यवहित पूब उजान गाम अछि, जे बड़ पैघ गाम अछि, बड़का गाम कहबैत अछि। कहल जाइत अछि जे अमरावती नगरक पूबमे ई नगरक उद्यान छल, जे उज्जानसँ होइत-होइत पञ्जी-प्रबन्धकाल मे उजान भए गेल। कारण, बुधवारए लोकनिक एकगोट शाखा पञ्जीप्रबन्धकालमे उजानमे बसैत छल। एही अमरावतीक मध्य भाग सरिसब छल तथा पश्चिम भाग जमसम, जतए सुनैत छी पक्षधर मिश्रक चौपाड़ि छल, जाहिठाम हुनक लिखल विष्णुपुराण सम्प्रति पटनाक रिसर्च सोसाइटीक पुस्तकालयमे सुरक्षित अछि। श्वर्गीय डॉ. सरगङ्गानाथ झा जे भूमिका आर्यासप्तशतीक म.म. सचलमिश्रक रसप्रदीपिका टीकाक संस्करणमे लिखने छथि, तकर दोसरे पृष्ठमे अमरावतीक उल्लेख अछि। दरिहरए लोकनिक एकटा प्रसिद्ध शाखा, जाहिमे पारिजातहरणकार उमापति उपाध्यायक प्रादुर्भाव भेल छल, अमरावतीक वासी छलाह परन्तु एहि नगरक कोन भाग तेरहम शक शताब्दीक अन्तिम भागमे अमरावती कहबैत छल तकर बुझबाक साधन नहि अछि। एतबा निश्चय जे कोनहु समयमे ई नगर अत्यन्त समृद्ध छल। परन्तु एकर ध्वंस कोना भेल से निश्चित रूपसँ बुझल नहि होइत अछि। अनुमान कएल जाए सकैत अछि जे हर्षवर्धनक साम्राज्यक पतन भेला उत्तर, अर्जुन किंवा अरुणाश्व जे मिथिलाक शासक भेलाह तनिक विरुद्ध

तिब्बतसँ आक्रमण भेल छल। ओहिमे बड़ नरसंहार भेल ओ मिथिलाक नगरकेँ लूटि ओहि मे आगि लगाए देल गेल। सम्भव थिक जे से नगर अमरावती छल (द्रष्टव्य डॉ. उपेन्द्र ठाकुर—हिस्ट्री ऑफ मिथिला, पृ. 196-200) ई घटना 700 ई.क किछु पूर्वक थिक।

ई सबटा गप्प पुराणक कथा जकाँ लगैत अछि। वस्तुतः मिथिलाक इतिहासक इएह क्रम अछि। 1019 शाकेमे एतए कर्णाट क्षत्रियक राज्य स्थापित भेल ओ एहि कुलक अन्तिम राजा हरिसिंहदेव मिथिलामे पञ्जी व्यवस्थाक सूत्रपात कएलैन्हि जे हरिसिंहरेवक पराजयक 3 वर्ष पछाति शाके 1248 मे व्यवस्थापित भेल। एहि युगसँ मिथिलाक इतिहास पुरूषानुक्रमसँ उपलब्ध आछि। पञ्जीसँ ज्ञात होइत अछि जे पञ्जी-व्यवस्थासँ प्रायः तीन सए वर्ष पूर्व अर्थात एगारहम शताब्दीक पूर्वार्धमे सामवेदक कौथुम शाखाक शाण्डिल्य गोत्रीय, जकरा एखन छन्दोग कहैत छिऐक, एक जन महापुरुष सरिसबमे रहैत छलाह, महामहोपाध्याय रत्नपाणि, जनिक सन्तान पञ्जीप्रबन्धकालमे सत्रह गोट गाममे बसैत छलाह। रत्नपाणिक सन्तान 'सरिसबए' मूलक कहबैत छथि ओ ई कुल मैथिल ब्राह्मणक महोच्च कुलमे अन्यतम अछि रत्नपाणिक पौत्र औ प्रपौत्र लोकनि अन्यत्र जाए-जाए बसलाह। हुनक पौत्र लोकनि चाहिर भाइ बड़ विशिष्ट लोक छलाह ओ ओहिमे तेसर महामहोपाध्याय जयादित्य सरिसबहि मध्य रहथि। जयादित्यक प्रपौत्र लोकनि पञ्जी-प्रबन्ध कालमे वर्त्तमान छलाह। ओही समयमे हुनक सन्तान क्रमशः जोंकी, सकुरी, ओ बघवास चल जाइत रहलाह। सबसँ पछाति जयादित्यसँ छठम हुनक प्रपौत्रक पौत्र, नैयायिक महिपाणि झा सरिसवसँ खाड्ड़ जाए बसलाह। अतएव रत्नपाणिसँ महिपाणि धरि, नओ पुरुष, ई लोकनि सरिसबमे रहलाह, प्रायः चारिससए वर्ष, ओ पञ्जीप्रबन्धोत्तर कालमे महिपाणि सरिसब त्यागल। सरिसबसँ सरिसबए उपटि गेलाह परन्तु समस्त देशमे पसरि गेलाह। महिपाणिसँ एगारहम छलाह श्रीपतिझा, पाटीटोलक वासी, परन्तु से हुनक बापे गणपति झा पाही अएलथिन्ह, अपन मातृक। ओ म.म. सचल मिश्रक दौहित्र छलथिन्ह। पाहीमे सरिसबएक सकुरी शाखाक मिश्रक दौहित्र छलथिन्ह। पाहीमे सरिसबएक सकुरी शाखा सेहो लोक छथि, श्रीधर्मनाथ झा प्रभृति। सरिसबएक सकुरी शाखा महिपाणिझाक पित्ती गणेश्वरक सन्तान थिकाह ओ श्रीधर्मनाथ झा गणेश्वरसँ तेरहम पड़ैत छथि। सरिसबएक खाड़तड़ शाखा पण्डितक वंश, अनेक महामहोपाध्याय ओ नैयायिक एहि वंशमे भेलाह अछि मुदा एमहर श्रीपतिझाक प्रपितामह धरि चारि पुरुष हिनक वंश पञ्जीकारक वंश छल।

पञ्जीप्रबन्ध-कालमे अर्थात शाके 1200-1250 मध्य सरिसब अनेक गच्छक सतकुलीन ब्राह्मणक निवासस्थान छल। किछु दिन धरि सरिसबए सेहो छलाह परन्तु ओ लोकनि उपटि गेलाह। ताहिसँ भिन्न कमसँ कम पाँच मूलक शाखा सरिसबमे छल—

(1) शाण्डिल्य गोत्रीय (1) सोदरपुरिनअय (छन्दोग)

(2) काश्यप गोत्रीय (2) दरिहरय (3) सँकढ़िवार ओ (4) जगतिवार (वाजसनेयि)

(3) वत्स्यगोत्रीय (5) तिसओतय (वाजसनेयि)

एहिमे जगतिबार मध्यमश्रेणीक मूल छल, शेष चारू उत्तम।

आन सब शाखाक विस्तार एतए भेल की नहि से अनुसन्धान–सापेक्ष अछि। मुदा सरिसवक महिमा सोदरपुरिअय लएकेँ। सोदरपुरिअयक गच्छकेँ दरिहरयसँ बड़ घनिष्ठ सम्बन्ध देखैत छिऐन्हि। तेँ हमर अनुमान अछि जे सोदरपुरिअयक जे शाखा सरिसब आएल से दरिहरयक लागिसँ तेँ दरिहरय सएह सरिसबक विकासक कारण भेलाह।

दरिहरयक जे शाखा पञ्जीप्रबन्ध सँ छ पुरुष पूर्व पण्डौलिक वासी छल तकर एक शाखा नवहथ गेल ओ नवहथहिमें प्रायः वसैत छलाह एक जन बड़ प्रतिष्ठित व्यक्ति, वीरेश्वरझा, ब मुनि झा कहाए प्रसिद्ध छलाह। मुनिझाक दू बालक रविकर ओ मित्रकर सरिसबक वासी कहल छथि। मुदा सरिसबमे दरिहरएक विकास नहि भेल ओ एहि शाखाक लोक दरिहरए राजनपुराक वासी कहाए प्रसिद्ध छथि। दरिहरए-सरिसब केओ छथि की नहिसे हमरा ज्ञात नहि अछि। परन्तु मुनिझाक परिवारक सङ्ग निविड़ सम्बन्ध अछि एक-दोसर कुलकेँ, सोदरपुरिअयकेँ तथा सरिसबक यश प्रकाशकेँ पाओल एही सोदरपुरिअय लएकेँ, जाहि वंशक एक महोच्च शाखा सरिसबमे बसि गेल।

पञ्जीप्रबन्धसँ अव्यहित पूर्वकालमे अर्थात शाके 1200क प्रान्तमे शाण्डिल्यगोत्रीय एक जन महापुरुष छलाह, विशुद्ध मीमांसक, जे अपन उपाधि 'मिश्र' धारण कएल, म.म. विश्वनाथ। हिनक सन्तानमे जेना विद्याक तेज हो, प्रतिभाक बीज। एहि सात सए वर्षमे कोनो काल एहन नहि भेल अछि जखन हिनक सन्ततिमे केओ देशक सर्वोच्च नैयायिक नहि भेल होथि। विश्वनाथ मिश्रक वास कतए छल से बुझबाक योग्य नहि होइत अछि, कारण, ग्रामक उल्लेख हिनक पुत्र-पौत्रादिक नामक सङ्ग भेटैत अछि। तथापि सोदरपुरिअयक भौआड़, कटका, गौड़, सरिसब, बाली, दिगओन्ह, रैयाम, मानी एवं जगौर शाखा, सब मिश्रउपाधिबला, विश्वनाथक सन्तान थिक। एहि युगक मिथिलाक स्वनामधन्य पण्डितमध्य पक्षधर मिश्र भौआड़क वासी, विश्वनाथक वृद्धप्रपौत्र छलाह ओ शङ्कर हुनक प्रपौत्र सरिसबक। विश्वनाथके काश्यपगोत्रीय मरड़ए लोकनि सङ्ग अनायत्त सम्बन्ध, ओ मरड़एक एक गोट शाखा जाहिमे प्रधान पुरुष रहथि वटेश्वरझा महामहोपाध्याय, ताहि समयमे चारिपुरुषसँ विद्याक आश्रय छल। कर्णाट-राज्य-कालक उत्तर भागमे मिथिलामे न्यायशाखक जे विकास भेल तकर दू प्रस्थान प्रसिद्धि पओलक-गङ्गेशक प्रस्थान तँ विश्वमे ख्यात अछि मुदा दोसर प्रस्थान छल बटेश्वरक–मरड़ए बटेश्वरक। विश्वनाथक

पुत्र ओ पुत्रीक विवाह वटेश्वरक पुत्री ओ पुत्र सँ। बटेश्वरहिक पौत्र छलाह यज्ञपति जनिक 'प्रभा' नामक न्याय-ग्रन्थ एखनहु प्रसिद्ध अछि। विश्वनाथक बालक रतिनाथक विवाह नवहथवासी दरिहरए मुनिझाक कन्यामे, तथा हुनक दू पौत्र जीवनाथ ओ भवनाथ, दूनूक विवाह जेठक मुनिझाक न्यामे ओ छोटक मुनिझाक पौत्रीमे। भवनाथक ससुर जीवनाथक सार ओ ई लोकनि सरिसबक वासी । तेँ सम्भव थिक जीवनाथ ओ भवनाथ अपन सासुर सरिसब आबि बसल होथि। भवनाथमिश्र प्रसिद्ध छलाह दूबेमिश्र कहाए तथा हिनके उपाधि अयाची सर्वत्र प्रसिद्ध अछि। एहिदूबे मिश्रक सन्तति सोदरपुरिअय सरिसब थिकाह ओ ई छलाह मरड़ए बटेश्वर झाक दौहित्र। हिनक सुयश आइ धरि समस्त देशमे व्याप्त अछि। अपन अयाचिता सँ ई अयाचीमिश्र सएह कहाए प्रसिद्ध छथि। जीवनाथमिश्रक सन्तान देशमे व्यापक रूपेँ पसरल छथि। बलुआ-बाजारक सुप्रसिद्ध कांग्रेसी नेता श्रीयुत राजेन्द्र मिश्र जे राजाबाबू कहाए प्रसिद्ध छथि जीवनाथक सन्तान थिकाह, जीवनाथसँ चौदह ठाम ओ सरिसबहिसँ परम्पराया गेलाह अछि।

अयाचीमिश्रक कोनो ग्रन्थ उपलब्ध नहि अछि हिनक जेठ बालक शङ्कर मिश्र मिथिलाक पाण्डित्यक आदर्श छलाह 'तर्काभ्यासपरिश्रान्तश्रान्तिविश्रान्ति' हेतुएँ ओ जे श्लोक रचना करैत छलाह तकर संग्रह 'रसार्णव' नामेँ ख्यात अछि तथा स्वर्गीय अमरनाथ बाबू द्वारा सम्पादित भए प्रकाशितो भेल छल। ओहिमे अपन रचित श्लोकक संग-संग शङ्करमिश्र अपन पूज्यपाद पिताहुक रचित श्लोकक संग्रह कएने छथि। शङ्करमिश्रहिक ग्रन्थ सबसँ एहि दूनू बाप-पुतक विद्यावैभवक परिचय भेटैत अछि। गौरीदिगम्बरप्रहसनमे शङ्करमिश्र अपन पिताके प्रसङ्ग लिखैत छथि—जस्स नाम क्खराणि गोपालडिम्भा विणिच्चं इदो तदो जप्पन्ता दीसन्ति—जनित नाम गैवार-महिसबार समेत नित्य गप्पमे बजैत रहैत अछि तथा—

यस्यान्तवासिभिः प्राज्ञेरासमुद्रं वसुन्धरा।
विद्याविनोद व्यसनव्यापारैकपरा कृता ॥

एहिमे 'प्राज्ञ' ओ 'अन्तेवासि' पद बड़ महत्त्व अछि। आयाची भए कतेक छात्रकेँ अथवा ओहिठाम राखि ओ प्राज्ञ बनाओल जे समस्त आर्यावर्त्तमे ओ लोकनि विद्या-विनोदकेँ व्यसन-रूपेँ प्रसृत कएल।

अयाची मिश्रक ओहिठाम न्याय-वैशेषिक-दर्शनक अनुशीलन होइत छल। शङ्कर मिश्र अपन वैशेधिकसूत्रोपस्कारमे वैशेषिक-सूत्रकार कणाद ओ अपन पिता, दुइए गोटाकेँ नमस्कार करैत छथि, तेसरक हुनका अपेक्षा नहि छलैन्हि—

याभ्यां वैशेषिके तन्त्रे सम्यक व्युत्पादितोऽस्म्यहम।
कणादभवनाथाभ्या ताभ्यां मम नमः सदा ॥

ओ एकरे अन्तमे अपन शिष्य-वैभवक वर्णन करैत छथि, ताहीसँ सरिसबक ताहि दिनुक महिमा द्योतित होइत अछि।

श्लाघास्पदं यद्यपि नेतरेषामियं कृतिः स्यादुपहासयोग्या।
तथापि शिष्यैर्गुरुगौरेवेण परः सहस्रेः समुपासनीया ॥

सम्भव थिक जे आनकेँ ई अन्य श्लाघनीय नहि बुझि पड़न्हि, ओ लोकनि एकरा उपहासहिक योग्य बुझथि, तथापि जाखँ अधिक जे हमर शिष्य छथि से लोकनि तँ गुरुक कृति थिक ई बुझि एकर उपासना करबे करताह। बापकात पण्डि शिष्य समस्त आर्यावर्त्तमे विद्या बनिजा करैत ओ बेटाकेँ हजारसँ अधिक शिष्यक गौरव। केहन ऐश्वर्य छल सरिसबक!

आत्मतत्त्वविवेक उदयनाचार्यक बड़ प्रसिद्ध ग्रन्थ थिक। शङ्करमिश्र एहि ग्रन्थक कल्पलतानामक टीका लिखने छथि। ओहिमे ओ लिखैत छथि जे अपन भाए जीवनाथसँ पढ़ल एकर कोष, किछु मिथिलाक अपन विद्या न्यायदर्शनक ग्रंथरत्न सभक ज्योतिकेँ बाहर अननिहार ग्रन्थ तथा किछु 'स्वर्गादपि गरीयसी' मिथिला देशक प्रकृतिक साहित्यिक ढंगसँ रचित वैज्ञानिक साहित्य अवश्य समक्ष आवि जाय। बाल-साहित्यक व अविलम्ब आपूर्ति होएबैक चाही। एहि हेतु एक विशेष योजना बनबाक चाही। कहबाक प्रयोजन नहि, एही बाल-शिक्षा नीति पर हमरा लोकनिक भविष्य निर्भर करत। प्राचीन ग्रन्थक प्रकाशनमे दोहरौअलि वाञ्छनीय नहि। अल्पशोधित वा स्वल्पशोधपूर्ण संस्करण कहाए व्यर्थ मैथिलीक परिमित कोषकेँ अनावश्यक व्ययसँ संकुचित कए दैछ। एहेन ग्रन्थक मूल्यो बहुधा बहुते राखल जाइछ जाहिसँ जनताक मैथिली ग्रन्थक क्रमक सुझावमे कुण्ठा आबि जाइछ। तएँ एकर ध्यान सम्बन्धित संस्था तथा लेखक, सम्पादक इत्यादि अवश्य राखथि से हमर अनुरोध। परन्तु बात ई अछि जे योजना त अनेक सुन्दर बनि सकै अछि किन्तु ओकर कार्यान्वयनमे बहुत बाधा आबि जाइछ। तकर उपाय त इयेह जे एकोटा सक्रिय गोष्ठी एहेन हो जे दत्तचित्त भए निरन्तर काज करए। हम आशा करैत छी जे एतहि एहेन संगठनक नेञो सुदृढ़ भए जायत आहिसँ अनायास निर्विध्न कार्य आगू बढ़त। ई सब त अछिए। सबसँ महत्त्वपूर्ण बात ई भए गेल अछि जे नेना सभ, किशोर पर्यन्त, ई ठीकसँ नहि बूझि रहल अछि जे मातृ भाषाक की प्रयोजन आधुनिक जीवनमे रहि गेल अछि। ई केवल मिथिलेक प्रश्न नहि बूझि पड़ि रहल अछि। समस्त भारतमे हम ई प्रश्न देखि रहल छी चाहे कतबो केओ अपन मातृभाषा प्रेम परम उद्धत रूपसँ देखाए रहल अछि तर्कसँ एकर उत्तर सम्पूर्णरूपसँ नहि देल जा सकैछ आ हम अपन मनोभाव आन धरि पहुँचा सकब से दिन वीतल सन लागि रहल अछि। 'टोष्ट'क अनुवादसँ की प्रयोजन? संस्कृत भाषाक पठन-पाठनमे अरुचिक संगहि संस्कृतिक अवसान भ' रहल अछि। सम्पूर्ण देशमे भाषाक नाम पर आगि लागल अछि। तखनहुँ ककरहु संस्कृतक सीतल धारा नहि मन पड़ैत अछि। कोनो भाषाक प्रेम नहि अपितु परस्पर द्वेष देखबामे अबैत अछि। उद्धत आन्दोलनक हम घोर विरोधी छी। परन्तु जखन देखैत छी जे सेठ

गोविन्ददास सन मनीषीक दू कोटि जनताक भाषा मैथिलीकें संवैधानिक रूपसँ भारतक अन्य भाषाक समकक्ष नहि देखए चाहैत छथि तखन विद्रोह एवं क्रान्तिज्वालाक आबाहनक इच्छा भै जाइत अछि। सिन्धीक मान्यतामे कुण्ठा नहि तँ मैथिली साधिकार आदर्शनओ यथार्थ दुहू रूपमे अपन माँग प्रस्तुत कैने अछि। एहि माँगक उपेक्षा कयने संविधानोक भविष्य उज्ज्वल नहि बूझि पड़ैत अछि, हम एतवहि कहब। हमरा लोकनि आमर्षी छी, क्रोधी नहि किन्तु ताहिसँ दू कोटि जनताक शक्तिक उपेक्षा नहि कएल जा सकैत अछि।

आन सभ प्रान्तक साहित्यसेवी सभसँ मैथिली साहित्य-विद्यागुरु छलाह। एहि पक्षमे सन्मिश्रकें तीनि बालक, गदाधरमिश्र, गोविन्द मिश्र विश्रुत नैयायिक, ओ तेसर हरषूमिश्र, दोसर विवाह छल सन्मिश्रकें सतलखामूलक सतलखाक बासी नैयायिक शङ्करझाक कन्यामे जाहिमे हिनका तीन पुत्र, वासुदेव, अर्जुन ओ देहरि, तीनू महामहोपाध्याय एवं एक कन्या, नाथो, जनिक विवाह वेहटक बासी करमहय श्रीराम झासँ, सन्मिश्रकें तेसरो विवाह, सतलखाक सतौलिबासी शंकर सबसँ जेठ भाए नैयायिक भास्कर प्रसिद्ध भासेझाक कन्यामे। एहि पक्षमे हुनका एकगोट मात्र कन्या, रतना, जनिक विवाह आहिलवासी खोआड़य अनाथझाक बालक होरेझा सँ। स्पष्ट अछि जे सन्मिश्र दीर्घायु छलाह ओ अपना बापक स्थापित जे सरिसबमे विद्याक केन्द्र छल तकर यश आसमुद्रान्त आओर अधिकाधिक समुज्ज्वल कएल।

सन्मिश्र शङ्करक अवदात चरितक गाथा मिथिलामे घर-घर पसृत अछि। बाप छलथिन्ह अयाची परन्तु सन्मिश्र धनक प्रसङ्ग ओतेक निर्लिप्त नहि छलाह। पाँचो वर्षक नहि भेल छलाह तावतहिं मिथिलाक राजाकेँ सप्रतिभ उत्तर देने छलथिन्ह जे श्लोक आइधरि लोक अपन शिशु सन्तानकेँ सिखबैत अछि तथा राजाक कहला पर जे अपनो रचल आ आनहुक रचल श्लोक सुनाए चट पढ़ि देलैन्हि।

चलितश्चकितश्छन्नः प्रयाणे तव भूपते।
सहस्रशीर्षा पुरुषः सहस्राक्षः सहस्रपात् ॥

हमर अनुमान अछि ओ मिथिलेश राजा शिवइसिंह छलाह होएत (यद्पि किछु विद्वान राजा भैरवसिंह कहैत छथि) जनिक दानसँ खुनाओल चमैनिञा पोषरि अद्यापि सरिसब मे चिन्हार अछि। नेनामे शङ्कर मिश्रकें पिता विनोद जे श्लोक बनाए सिखाए देने छलथिन्ह तकरहि मङ्गल बनाए सन्मिश्र एकगोट प्रहसन लिखलैन्हि 'गौरी-दिगम्बर' नामक जे ओहन ओएहटा अछि। न्याय, वैशेषिक ओ वेदान्त तीनू दर्शन पर हुनक कृति विख्यात अछि। वेदान्त पर मौलिक ग्रन्थ 'भेदरत्न' अछि मुदा कवित्वक प्रतिभा हिनकामे अलौकिक छल। खेद अछि जे काव्यरचनाक हिनका पूर्ण अवसर नहि भेटल। केवल तर्कक अभ्याससँ परिश्रान्त भए श्रान्तिक विश्रान्तिक हेतु मध्य-मध्यमे ई श्लोक रचि लेथि। गौरीदिगम्बर

हिनक रचित दू गोट नाटकक उल्लेख अछि, कृष्णविनोद ओ मनोभवपराभव, मुदा एकांटा कतहु भेटल नहि अछि।

शङ्करक सन्तान समस्त देशमे व्याप्त छथि ओ सर्वत्र हुनकामे एकगोट विलक्षण प्रतिभा परिलक्षित होएत। मुदा सबसँ उत्कर्ष भेटैत अछि हिनक प्रथम प्रस्थितिक दोसर बालक महोपाध्याय गोविन्दमिश्रक सन्ततिमे, ओना महामहा पाध्याय रहथिन्ह हिनक द्वितीय प्रस्थितिक अर्थात सतलखामातृक तीनू बालक।

पौत्रमे हिनक सबसँ प्रसिद्ध भेलथिन्ह गोविन्द मिश्रक सबसँ छोट बालक म. म. परशुराममिश्र। परशुराममिश्रक सन्तान पछाति नसिरादेश चल गेलथिन्ह, कोसीदिस मुदा बहुत दिनधरि ई लोकनि सरिसबमे छलाह। परशुराममिश्रक प्रपौत्र कमलनयनमिश्रक दौहित्र सिम्बर वासी खौआड़य छबनझा छलाह। कमलनयन मिश्रकें पुत्र नहि तें प्रायः छबन झा अपन मातामहक उत्तराधिकारी सरिसब अएलाह। छबनझाक वृद्ध प्रपौत्र विद्यावाचस्पति कविशेरवर श्रीबदरीनाथझा सरिसबक गौरव अक्षुण्ण रखने छथि। एहि सब मे रहि गेलथिन्ह गोविन्द मिश्रक दोसर पक्षक सबसँ छोट निकारमिश्रक सन्तान। रघुनन्दनमिश्रक सन्तानमे बड़ पैघ-पैघ विद्वान रहथिन्ह। सबसँ जेठ बाबू मिश्रक सन्तानमे हुनक बेटा म.म. रामचन्द्रमिश्र म.म. मधुमिश्र, पौत्र म.म. रतिपतिमिश्र, प्रपौत्र म. रामेश्वर मिश्र ओ रमाकान्त मिश्र–चारि पुरुष धरि सरिसब विद्याक उत्कर्ष प्रतिष्ठित कएने रहलाह, विशिष्ट नैयायिक छलाह। हुनक प्रपौत्र राघवमिश्र अपन सासुर लालगञ्ज जाए बसलाह अथवा हुनक बालक पखिआमिश्र अपन मातृक, सुदातहु ओ लोकनि न्यायशास्त्रक उत्कर्ष लेने गेलाह जे अद्याओतए अछिए। यदुनाथमिश्र ओ पष्ठीनाथमिश्र एहि समयकदुर्धर्ष नैयायिक छलाह। रघुनन्दनमिश्रक सबसँ छोटा बालक नरपति मिश्रक दशम ठाम अर्थात प्रपौत्रक प्रपौत्रक प्रपौत्र सम्प्रति श्रोआनन्दमिश्र सरिसबमे वर्धमान-विद्यमान छथि। एहि छओ सए वर्ष सँ ई लोकनि सरिसबवमे कतेक लोककें आनि बसाओल अछि, कतेक शाखा आब नहि अछि, कतेव वंश लुप्त भए गेल अछि मुदा अयाचीमिश्रक डीहकें राघवमिश्र शून्य कए चलि गेलाह। नरपतिमिश्रक सन्तति डीहसँ हटि कए बसैत छथि मुदा बसैत छथि आइ धरि सरिसबहिमे।

गोविन्दमिश्रक छोट बालक निकार मिश्रक सन्तान पाही-टोल बसाओल। निकार मिश्रक बालक लक्ष्मणमिश्र बड़ विशिष्ट महापुरुष छलाह। हुनके सन्तान डीहसँ पूब जाए बसलाह जे 'पाही' टोल कहाओल, डीहीसँ भिन्न। एकर प्रसंग आगाँ अबैत अछि। एतए हमारा एतबे प्रतिपाद्य जे शङ्करमिश्रक छओ पुत्रमे केवल गोविन्द मिश्र मात्रक सन्तान सरिसबमे रहलाह। शङ्करमिश्रक दोसर पक्षक तीनि बालक सतलखा–मातृक जे तीनू महामहोपाध्याय छलाह, वासुदेव अर्जुन ओ देहरि-ककरहु आगाँ ने सामाजिक प्रतिपत्ति, ने विद्याक ओ वैभव। ओ लोकनि

एक-दू पुरुष तँ न्यायशास्त्रक उत्कर्ष राखल मुदा पछाति बिकाए अन्यत्र चलि जाइत गेलाह, यथा म.म. वासुदेवमिश्रक सन्तान–कोटिमे हुनकासँ बारहम ठाम पड़ैत छलाह प. प्रजापतिमिश्र जे कए पुरुषसँ बेतिआमे बसल छलाह।

सन्मिश्रक आओर तीनू भाइ नैयायिक परन्तु आगाँ ककरहु उत्कर्ष नहि भेटैत अछि। केवल महादेवमिश्रक एक गोट ग्रन्थ 'महामोदप्रबन्ध' क नाम सुनल थिक, देखल नहि थिक। सम्भव ओ काव्यक ग्रन्थ छल, कारण, आगाँ हुनक सन्तानमे कवित्त्वक प्रतिभाक बड़ चमत्कारक देखैत छिऐन्हि। हुनक कनिष्ठ पुत्र गणपतिमिश्र ढक्का-कवि कहाए प्रसिद्ध छथि ओ तिनक पुत्र कविराज भानुदत्तमिश्र रसमञ्जरी प्रभृति अनेक अमर कृति छोड़ि गेल छथि। महादेवमिश्रक आन पुत्रक समाचार नहि कहि मुदा गणपति मिश्र सरिसबक परिसरमे डीहसँ उत्तर प्रायः इसहपुरमे 'भानुमती' नामक पोखरि खुनाओल। भानुदत्तक पौत्रीक पुत्र छलाह गङ्गानन्द कवीन्द्र, बलिआसय पण्डितराय रघुनन्दन भातिज, जे अपना भृङ्गदूतमे सरिसबक बड़ विलक्षण वर्णन लिखने छथि। ओहिसँ प्रतीत होइत अछि जे सरिसब हुनक मातृक छल अर्थात महादेवमिश्रक सन्तान कमसँ कम चारि पुरुष धरि सरिसबमे बसैत रहलाह।

एहि प्रसङ्ग दू गोट विषय बड़ महत्त्वपूर्ण अछि। भवनाथमिश्र, जे दूबेमिश्र कहाए प्रसिद्ध छलाह, 'अयाची' कहबथि, कतहु याचना नहि कएलैन्हि ततबे नहि, ककरहुसँ किछु प्रतिग्रह कहिओ स्वीकार नहि कएल। सत्कुलीन मैथिल पण्डितक आदर्श आइ धरि ओएह श्रद्धासँ मानल जाइत छथि परन्तु एहन ओहू समयमे ओएह टा छलाह। हुनक पुत्र सन्मिश्र शङ्कर राजाश्रित छलाह, दानमे स्वर्ण ग्रहण कएल तकर गप्प देशमे प्रसृत अछि। परन्तु अयाचीक प्रपौत्र भानुदत्त मिश्र सोड़हम शताब्दीक दोसर चरणमे प्रायः समस्त आर्यावर्त्तमे सहजहिँ, दक्षिणापथ धरि राजा सबहिक दरबार जाए-जाए विदाइ लैत रहलाह ओ मुसलमान राजा पर्यन्तक विरुदावली गबैत रहलाह। हुमायूँ पर्यन्तक नामसँ हुनक रचित श्लोक उपलब्ध होइत अछि। एहू महाकुलमे केवल चारि पुरुषमे एतबा अन्तर दृष्टिगोचर होइत अछि। धनक प्रति जे एक गोट अनास्था समाजमे मान्यता प्राप्त कएने छल, से मान्य तँ अवश्य रहल, समाजमे आदरणीय तँ अवश्य छल, परन्तु धनक मोह मनुष्यकेँ नैसर्गिक थिकैक ओ पण्डितो लोक आब धनसँ विमुख नहि रहि सकलाह ओ सरिसबमे पण्डित लोकनि अपने विद्वत्तासँ धन अर्जन कए-कए आबए लगलाह।

दोसर कथा ई जे ओना तँ सोदरपुर-मूल मात्रहिमे जेना वैदुष्यक बीज हो, जतेक पण्डित एहि एक मूलमे भेल अछि ततेक प्रायः माण्डर मूल छोड़ि दोसर कोनहु मूलमे नहि भेटत। परन्तु सोदरपुर-मूलक सरिसब शाखा ओहमे विशिष्ट अछि तथा नैयायिकक प्रतिभा एहि वंशमे बड़ विशेष रूपसँ परिलक्षित होइत अछि। तथापि एतबा अवश्य कहब जे सरिसबसँ जे केओ उपटि अन्यत्र चल

गेलाह अछि तनिका मे तत्सजातीय वंश-विशेषसँ उत्कर्ष तँ अवश्य भेटैत अछि मुदा विद्याक ओ उत्कर्ष जेना क्षीण होइत गेल हो। ताहि सङ्ग आनो कुलक लोक जखन एक-दू पुरुष सरिसब रहि जाइत छथि, सरिसबक माटि ओ पानि शरीरमे भिजलासँ जेना विद्याक प्रतिभामे जाग्रत भए उठैत छैन्हि ओ एकर एक-दू नहि अनेक दृष्टान्त उपलब्ध होइत अछि।

शङ्करमिश्रक सन्तानमे सात पुरुष धरि सरिसबमे विद्याक उत्कर्ष स्थिर रहल। मिथिलामे न्याय-वैशेषिकक एक गोट प्रमुख केन्द्र रहल। एहन विद्या-केन्द्र मिथिलामे अनेक छल। सरिसबक समीपहिँ गंगौलीमे घुसोतय लोकनिक परिवार मे कमसँ कम तीनि सए वर्ष धरि विद्याक उत्कर्ष रहल, जाहिमे न्याय-शास्त्रक सङ्ग-सङ्ग तन्त्रक प्रधानता रहल। प्रत्येक केन्द्रक महिमा, उत्कर्ष एवं उपलब्धि गम्भीर अनुसन्धान विषय बड़ रोचक होएत ओ ताहिसँ हमर अतीतक वैभव प्रत्यक्ष भए जाएत। परन्तु बहुतो विषय आब विस्मृत भेल जाइत अछि। भाग्यसँ सरिसबक ऐश्वर्य अनेक ठाम 'अक्षर-सम्बद्ध' ओकर कीर्तिकेँ अमर रखने अछि। शङ्कर मिश्रक देहान्त हमरा हिसाबेँ 1460-70 ई. मे भेल होएत मुदा हुनक विद्यालय जकरा 'चौपाड़ि' कहल जाइत छलैक हुनकहि नामेँ विख्यात रहल ओ प्रायः 1700 ई. क लग धरि विद्याक केन्द्ररूपेँ आकर्षणक बिन्दु रहल। शाके 1410 अर्थात 1488 ई. मे गौड़ीय अम्बष्ठ–वैद्य जातिक बंगाली पण्डित छात्र, वासुदेव, अध्ययनक हेतु सरिसबमे छलाह, ओ एतए उद्योतकरक न्यायवार्त्तिकक वाचस्पतिमिश्रकृत तात्पर्य टीका लिखने छथि। ओ पोथी नेपालमे सुरक्षित अछि तथा ग्रन्थान्तमे उल्लिखित अछि–"सर्षपग्रामे शङ्करमिश्रस्य चतुःपाठ्यां"

एकर एकैस वर्षक उत्तर ल., सं. 501-1610 ई.क अगहन शुदि पड़ीव सोम दिनुक लिखल गीताक गूढ़ार्थदीपिकाक एकटा तालपत्रक पोथी दड़िभङ्गाक राज लाइब्रेरीमे–आब संस्कृत विश्वविद्यालयक पुस्तकालयमध्य अछि जे नओ गोटाक अक्षरमे लिखल अछि तथा अन्तमे चारि गोट श्लोक अछि–

शशिगगनशराख्ये सम्मते लक्ष्मणीये
प्रतिपदि सितपक्षे मासि मार्गे शशाङ्के।
सरिसबमधि कैश्चित सार्धमध्येतृवर्गे-
द्रुतमिह भवदेवः पुस्तकं संलिलेख ॥
दिनमणि-यदुनाथौ माधवः कामदेवो।
रतिपतिरघुनाथौ सुन्दरानन्दमिश्रौ।
लिलिखुरखिलकार्यत्यागपूर्वन्त्वपूर्वं
सविनयभवदेवस्नेहवद्देहभाजः ॥
अहो सर्षपसाम्राज्यमेतज्जानीत सज्जनाः।
यामयुग्मेन यत्राभूदेतपत्पत्रशतद्वयम ॥

भवदेवो भवानीशचरणाम्बुजसेवकः।
गुरोर्गुरुतरामाज्ञां विज्ञायैनां समालिखत् ॥

स्पष्ट अछि एहिसँ सरिसबक विद्यासाम्राज्य, जतए नओ गोटे मीलि गुरुक अनुरोधसँ दू सए पातक पोथी दू पहरमे लीखि गेलाह। गुरुक नाम नहि अछि, सम्भव थिक तावत पर्यन्त कए गोट चौपाड़ि छल होएत। मुदा शङ्करमिश्रक चौपाड़ि पर गुरु छलाह होएत हुनक वृद्धप्रपौत्र रामचन्द्र मिश्र कोनो भाइ एकर 57 वर्ष पश्चात ल. स. 558 फाल्गुन कृष्ण त्रयोदशीकेँ सरिसबहिमे लिखल रतिपति मिश्रक छोट भाए धर्मपतिमिश्रक लिखल याज्ञँवल्क्य-स्मृतिक पोथी हुनक सन्तानक घरमे लालगञ्जमे एखनहु अछि।

एही प्रकारक एक गोट किंवदन्ती नवटोलक स्वर्गीय यदुनन्दन बाबू अपन खण्डबला-कुलक इतिहासमे लिखने छथि जे 1770 ई.क किछु दिन पूर्व जखन भौड़ा मे महाराज नरपति ठाकुर मिथिलेश छलाह, प्रातःकाल हरिवंशक पोथी महारानीकेँ दान करबाक छलैन्हि से रातो राती कोना प्रस्तुत भए सकत, अतएव सरिसब शङ्कर मिश्रक चौपाड़ि पर सवार पठाओल गेल ओ प्रात होइत-होइत समस्त हरिवंश लीखिकेँ गढ़ी पर पहुँचि गेल। ई पोथी उपलब्ध नहि अछि। 1700 ई. धरि शङ्कर मिश्रक चौपाड़ि उजड़ि गेल छल। न्याय-शास्त्रक जे उत्कर्ष सरिसबमे छल से उठि लालगञ्ज चल गेल। तेँ हमरा सन्देह अछि जे स्वर्गीय यदु बाबू जे शङ्करमिश्रक चौपाड़ि पर हरिवंशक पोथी राताराती लिखल जएबाक गप्प लिखैत छथि से प्रायः गूढार्थदीपिकाक गप्प थिक भेद एतवे जे ल.सं. 501 मे मिथिलेश छलाह शुभङ्कर ठाकुर, नरपति ठाकुरक राज्यकाल शतावधि वर्ष पछाति छल।

सत्रहम शताब्दीक मध्य दिशि जाहि समयक सरिसबक विद्या-साम्राज्यक निदर्शन स्वरूप गीतागूढ़ार्थदीपिका वर्त्तमान अछि, शङ्करमिश्रक चौपाड़िक उत्कर्ष चरम पर पहुँचि ह्रासोन्मुख छल। एही समयमे आयची मिश्रक वृद्ध प्रपौत्र ओ भानुदत्तमिश्रक बालक जानुदत्त मिश्र, तनिक दौहित्र, बलिआसय पण्डितराय रघुनंदनक भातिज गङ्गानंद कवीन्द्र अपन भृङ्गदूतक रचना कएने छथि, जाहिमे अपन मातृक, सरिसबक महिमा दू गोट श्लोकमे वर्णित कएने छथि।

मीमांसायाः श्रवणसरसा शेमुपी तावकी चेत्
चित्ते चेत्ते किमपि कविताकर्णने कौतुकं वा।
तत्र भ्राम्यन बुधजन-चतुःपाठिकाभिस्तदा त्वं
शोभाशालि प्रिय-सरिसब-ग्राम-रत्नं परीयाः ॥
राजतसूक्ष्मोत्तरपरिकरा सतस्वभावोक्तिभव्या-
नेकच्छेकाश्रयणललिता शोभितैकाबलीभिः।
भ्रातर्यत्रामलमतिमतः कोविदस्यास्यरङ्गे
भावासङ्गेरितबहुरसा भारती नृत्यतीव ॥

मीमांसासँ हम ओहि नामक दर्शन नहि, ओकर व्युत्पत्यर्थ शास्त्रीय विचार बुझैत छी ओ ताहि संग काव्यक उत्कर्ष। कतेक स्वाभविक वर्णन अछि जाहिमे अतिरञ्जनक लेश नहि। सबसँ चमत्कारक अछि 'चतुः पाठिकाभिः' मे बहुवचन। आशय जे चौपाड़ि आब एक नहि अनेक छल।

सरिसब मे आन कोन-कोन कुलक लोक कोन समय मे कोन लागिएँ आबि बसलाह ओ गामक गौरव कें बढ़ाओल तकर विवरण कम रोचक नहि अछि मुदा सबटाक यावतो वर्णनक एतए अवकाश नहि अछि। अतएव जे कुल सब नष्ट भए गेल किंवा सरिसब सँ उपटि गेल तकर उल्लेख नहि कए केवल ओहि कुल सबहि चर्चा आवश्यक बुझि पड़ैत अछि जे अद्‌यापि सरिसब ग्राम में वर्धमान वर्तमान छथि तथा जाहि कुल सँ सरिसबक गरिमा बढ़ैत रहल अछि, ओकर रक्षा होइत आएल अछि।

अयाचीमिश्रक सन्तान सँ भिन्न जे कुल सबसँ अधिक दिन सँ सरिसबक बासी अछि से थिक सोदरपुरिअयक तेतरिहार शाखा। विश्नाथमिश्रक सब सँ जेठ पित्तीक प्रपौत्र रामझाक सन्तान थिकाह तेतरिहाक वासी ओ रामझाक बालक शिवझाक विवाह सरिसब, ओही मुनिझाक सन्तानमे जनिक लागि सँ सोदरपुरिअयक एक गोट गच्छक सरिसब वास सम्भावित अछि। जे कथा पूर्वहुँ कहने छी मुनिझाक एक कनयासँ विवाह विश्वनाथमिश्रक बालक म.म. रतिनाममिश्रकें जनिक सन्तान कोटि मे सोदरपूर आबि कए कटका, केओटगमा ओ गौड़ शाखा पड़ैत अछि; दोसर कन्यामे विवाह विश्वनाथमिश्रक पौत्र म. म. जीवनाथ मिश्रक। मुनिझाक जेठ बालक दिवाकरक कन्या विवाह अयाचीमिश्रक ओ सबसँ छोट बालक मित्रकरक कन्यामे विवाह शिवझाक। तैं तेतरिहार शिवझा अयाचीमिश्रक साढ़ू छलाह ओ हमर अनुमान अछि जे अयाची मिश्रक आगमन किछुए दिनुक पश्चात की तँ शिवझा स्वयं सासुर आबि बसि गेलाह अथवा हुनक बालक माधवझा मातृक अएलाह। मित्रकरझाक बालक, शिवझाक सार, जे अयाचीमिश्रहुकसार, तनिक विवाह अयाची मिश्रक दोसर पक्षक कन्या सँ छल। ई शिवझा बड़ विशिष्ट व्यक्ति छलाह, ओ दत्त उपाध्यापक दोहित्र छलाह तथा हुनक दोसर विवाह वर्धमान उपाध्यापक दौहित्रीमे छल। शिवझाक पौत्र देवनाथझा महामहोपाध्याय ओ देवनाथक प्रपौत्र महेशझा महामहोपाध्याय, तिनक चारू पुत्र मणिकृष्ण, देवकृष्ण, ओ अयाची चारू भाइ महामहोपाध्याय। एही म. म. देवकृष्णझाक वृद्ध प्रपौत्र श्री जलधरझा सम्प्रति वर्तमान छथि। ओना विद्‌याक क्षेत्रहुक मे सोदरपुरिअयक ई गच्छ कए पुरुष धरि सरिसबक गरिमाक रक्षा कएल मुदा सोति-समाज मे एहि गच्छक महत्त्व बड़ विशिष्ट अछि। एहि कुल मे लोक बड़ थोड़, सम्प्रति एक घर मात्र तेतरिहार-वासी सोदरपुरिअय, मुदा सोतिक दू गोट महोच्च पाँजिक बीज इएह घर थिक। म.स. देवनाथिक बालक हरिकेशक विवाहक लागि सँ रामदेवमिश्र पाँजि पसरल अछि।

एहि रूपेँ सब कुलीन परिवारकेँ एहि घरसँ साक्षात् किंवा परम्परया

सम्बन्ध। यथा सरिसबक सुप्रसिद्ध खोआड़यक गच्छ एहि लागिसँ सरिसब आएल छथि। ओना तँ छबनझा स्वयं कमलनयनमिश्रक दौहित्र छलाह जे कथा पूर्वहुँ कहि आएल छी मुदा छवन झाक एक गोट विवाह छल म. म. महेशझाक कन्यासँ ओ महेशझाक दौहित्र गोकुल झा सरिसबमे बसि गेलाह। हुनक संग हुनक वैमात्रेय भाए बालहझा (गोविन्द झा) सेहो सरिसबहि चल अएलाह। बालहझाक प्रपौत्र श्री कविशेखरजी सम्प्रति सरिसबक गौरवकेँ अक्षुण्ण रखने छथि। ई घर एमहर शतावधि वर्षसँ मिथिलामे अत्यन्त प्रतिष्ठा प्राप्त कएने अछि। एखनहु श्री लक्ष्मीनाथझा कलाकार, श्री त्रिलोकनाथझा पीएच. डी. आ श्री महिनाथझा लोकनि वैदुष्यक ख्याति प्रसृत कए रहलाह अछि। श्री कविशेखरजीक शिष्य तँ 'परः सहस्र' अवश्य होएत। एही बालहझाक एक गोट बालक छलथिन्ह श्रीनाथ झा जनिका पुमपत्य नहि, कन्या मात्र, ओ एक गोट कन्याक विवाह दूरिपुरक बासी मानी—सोदरपुर मूलक पिनाकपाणि मिश्रक बालक सदाशिव मिश्रसँ। सदाशिवमिश्र हरिपुरसँ सरिसब चल अएलाह ओ संगहि छोट भाए गणेश मिश्रके सेहो लेने अएलाह। एहि गणेश मिश्रक बालक छलाह शाब्दिक-प्रवर प. मार्कण्डेय मिश्र जे सरिसबक वैदुष्य प्रतिभाक दृष्टान्त स्वरूप हाल धरि प्रसिद्ध छलाह। शाब्दिक प्रवरक पौत्र डाक्टर श्रीविश्वेश्वरमिश्र मैथिलीक लब्धप्रतिष्ठ विद्वान वर्त्तमान छथि।

दोसर महाकुल जे अन्यत्रसँ सरिसब आएल आ एतए आबि सरिसबक गरिमाकेँ सब प्रकारेँ बढ़बैत रहल अछि से थिक पलिवाड़ मूलक महिसी शाखा। पञ्जी-प्रबंधसँ पूर्वहिसँ महिसीमे बसैत ई लोकनि उग्रताराक उपासक छलाह, धन-जन मर्यादा प्रतिष्ठा सबसँ परिपूर्ण। परन्तु सोड़हम शताब्दीक अन्तिम समय मे जखन महाराज शुभङ्करठाकुर मिथिलेश भेलाह एहि पलिवाड़क कुलमे एक जन बड़ प्रतापी महापुरूष छलाह, अच्युत झा जे घोंघेझा कहाए प्रसिद्ध छलाह। शुभङ्कर ठाकुर मिथिलेश भेलासँ जे गोलेशी उत्पन्न भेल ताहिमे घोघेझाक सदृश प्रतापी व्यक्तिक साहाय्य सर्वथा सुलभतया उपलब्ध हो तेँ मिथिलेशक अनुरोधसँ घोंघे झा महिसीसँ उपटि सरिसब आबि बसलाह। ई गोलेशी की छल से बुझवाक हेतु तत्कालीन समाजक किछु विवरण आवश्यक अछि।

मिथिलाक इतिहास जे जनैत छवि तनिका विदित होएतैन्हि जे भारतक पूर्वाञ्चलमे मिथिलाक जे नेतृत्व छल से पक्षधरमिश्रहिक संग समाप्त भए गेल, ओ तदुत्तर पाण्डित्यक उत्कर्ष मिथिलामे नहि रहल से तँ नहि कहि सकैत छी, सब युग मे एतए मूर्धन्य विद्वान रहैत अएलाह अछि, आइओ छथि, मुदा मिथिलाक जे अपूर्व वैभव छल से 1500 ई.क प्रान्तमे एतएसँ ऊठि नवद्वीप चल गेल। ओ एही वैभवक सङ्ग सांस्कृतिक गरिमा सेहो क्षीण होअए लागल। हरिसिंहदेवी व्यवस्था जाहि उदात्त ओ शाश्वत भावनाकेँ लए चलल छल से लोककेँ विस्मृत होअए लगलैक। हरसिंहदेवी व्यवस्थामे मुख्य छल वैयक्तिक गरिमा हेतु जाति, आचार,

ओ विद्या तीनूक समान आदर भाव, ओ धन किंवा अधिकारक प्रति अनास्था। से क्रमशः हटए लागल ओ ओइनिबार राजकुलक अन्त भेला पर मिथिलामे उदार नेतृत्वक अभाव भए गेल। जातिकेँ सबसँ अधिक महत्त्व दए जातिक दोष ज्ञापित करबाक हेतु पाँजिक सृष्टि भेल जे पछाति लौकित कहबए लागल। विद्याक गौरब रहल ओ विद्याक ह्राससँ सामाजिक सत्ताक ह्रास ओ वैदुष्यमे उपचयसँ सामाजिक सत्ताक उपचय होइतहिँ रहल, आइओ होइतहिँ अछि, परन्तु साधारणतः विद्याक प्रचार कम होइत गेल ओ विद्याक स्थान धन लेअए लागल। सामाजिक सत्ताक मापदण्ड होइत गेल जाति ओ जातिक मापदण्ड होअए लागल लौकित। ई बात क्रमशः विस्मृत होइत गेल जे लौकित थिक दोष ओ एहि दोषक स्वीकृति यद्यपि धर्मशास्त्र-सम्मत अछि, सनातन अछि, शाश्वत अछि, तथापि लौकितक गौरव करब ओहने भेल जेना एक पतित अपना पातित्यकेँ दोसराक पातित्यसँ नीक कहि ओकर गौरब करए। अवदातक संख्या थोड़ होइत गेल ओ आन्तरिक विभेद ततेक परिस्फुट होइत गेल जे तकर स्तर-भेदसँ अपनामे भेदभाव बढ़ैत गेल ओ से भेद दृढ़ होइत गेल। पक्षधरमिश्रक अन्तिम समयमे हुनक चौपाड़ि पर के सब प्रतिभाशाली छात्र छथि, ताहिमे मेघ ठाकुर केँ संकेत कए ई कहला उत्तर जे चानठाकुरक बेटा लोकनि नीक पढ़ैत छथि, कहल गेल छल जे सरस्वती नीच-गामिनी भए गेलीह। एहीसँ ताहि समयक लौकिक भावनाक अनुमान कए सकैत छी, कारण, चानठाकुरक मात्रिकक दोषेँ हुनक नामक पाँजि भए गेल जे आदि नहि तँ आरम्भहिक अतिपुरान पाँजि छल। हरिसिंहदेवी सामाजिक संघटन हेतु व्यवस्थित कएल गेल छल जाहिसँ समाजमे एकताक भावना जाग्रत रहए परन्तु ओकर मूल जखन लोक बिसरए लागल तखन ओहिसँ केवल भेद बढ़ैत गेल। विद्याक उत्कर्ष किंवा अपकर्ष निर्णीत भए सकैत अछि, आचारक चारुता देखल जाए सकैत अछि, धनक प्राचुर्य प्रत्यक्ष वस्तु थिक, परन्तु जातिक उच्चता वा नीचता सामाजिक मान्यता थिक ओ जँ लोककेँ एहिमे अपन कोनो हाथ नहि छैक, 'दैवायत्तं कुले जन्म" जखन स्पष्ट अछि, तखन जातीय हीनता पुरुषार्थक अपमान बुझल जाइत अछि। 1600 ई.क प्रान्तमे ई भावना जोर पकड़ए लागि गेल ओ समाजमे सबसँ विशेष महत्वक विषय होअए लागल छल। एहि उच्च ओ नीचक भावनासँ समाजमे कतेक कटुता आएल तकर वर्णन नहि हो। कुलीनक कन्या अकुलीनकेँ नहि देब तेँ समाजक प्रमुख व्यक्ति कए-कए गोट विवाह करए लगलाह जे पछाति जीवन-यापनक एकटा व्यवसाय भए गेल।

पक्षधर मिश्रक परोक्ष भेला पर ओइनिबार राजकुलक उच्छेद भए गेल ओ बहुत दिन धरि मिथिलामे अराजकता रहल। एही समयमे भानुदत्तमिश्र समस्त देश घुमैत रहलाह। म.म. महेशठाकुर ओना तँ बड़ नीति-कुशल ओ अप्रतिम पण्डित व्यक्ति रहथि परन्तु समाजमे तादृश प्रति-पत्ति नहि छलैन्हि, ओ अधिक काल

गाढ़ा प्रभृत्ति मध्यभारतक राजा लोकनिक दरबारमे रहथि। मिथिलाक राज्य प्राप्त कए जखन ओ भौर अएलाह तँ पण्डित-समाजक समर्थन भेटए तेँ पहिल काज कएल जे पण्डितक सभा कएल ओ सभ पण्डितकेँविदाइ देल जे पछाति खंडवलाकुलक विशिष्ट व्यवहार भए गेल तथा मिथिलेशक हाथसँ धोती पाएब पांडित्यक उपलब्धि बुझल जाए लागल। एहि रूपें म.म. महेशठाकुर अपना समाजमेँ मान्यता त प्राप्त कएल, पैध-पैध कुलसँ सम्बन्ध होइत रहल, परञ्च अन्तिम विवाह ओ कएल जाति-दुष्ट कन्यासँ ओ से भए गेल गोलेशीक जड़ि।

म.म. महेश ठाकुरकेँ छओ गोट विवाह छल जाहिमे दुइएटामे पुमपत्य। तेसर मे एक गोट कन्या मात्र। प्रथम विवाह छल महिसी, पलिवाड़क ओहिठाम, घोंघेक पिता-पितिऔत बहिनसँ। एहि पक्षमे हुनका तीनि गोट बालक, गोपाल ठाकुर, अच्युत ठाकुर ओ परमानन्दठाकुर, तीनू पण्डित। राज्य प्राप्त कएला उत्तर म. म. महेशठाकुर अन्तिम विवाह कएल पलिबाड़क हाटी शाखामे, रत्नपति झाक कन्यासँ, जनिका जातिक दोष, ओ महाराजकेँ अपने बेटा लोकनि एकर अनुमोदन नहि कएलथिन्ह। महेश ठाकुर राज्य अपन जेठ बेटाकेँ दए काशी चल गेलाह ओ प्रायः ओतहि शुभङ्करठाकुरक जन्म भेलैन्हि, शिक्षा-दीक्षा तँ निश्चय ओतहि भेलैन्हि। एमहर गोपालठाकुर, तखन हुनक बालक हेमाङ्गदठाकुर, तखनअच्युत ठाकुर, ओ तखन परमानन्दठाकुर, चारू गोटे क्रमशः राज्य सम्हारए चाहल मुदा राज्य चलल ककरहु बूते नहि। अन्तमे हारि शुभङ्कर ठाकुर बजाओल गेलाह। मिथिलेश तँ ओ भए गेलाह मुदा अपने वैमात्रेय लोकनि हुनका संग व्यवहार स्वीकार नहि कएलथिन्ह।

महाराज शुभङ्करठाकुर पण्डित तँ छलाहे, राजनीति-कुशल व्यक्ति छलाह, विद्वान ओ कार्य-कुशल। खएराडबला-कुलमे मिथिलाक राज्यकेँ दृढ़ कएल। सामाजिको विषयमे ओ हारि नहि मानल। अपनाकेँ ओ सर्वथा समाजमे परिगृहीत करबाक सङ्कल्प कए लेल ओ बड़का बड़का लोकके अपना पक्षमे आनबाक नीति अपनाओल। भौरसँ ओ राजधानी भोंड़ामे बसाओल तथा दड़िभङ्गाक निकट शुभङ्करपुरमे आवास बनवाओल। ताहि दिन समाजक अनेक प्रतिष्ठित ओ प्रभावशाली व्यक्ति तिलयुगाक कातमे बसैत छलाह यथा महिसीमे पलिवाड़, गंगौरामे बुधबारय, रजौरा मे मड़रय, मुल्हनीमे नरोनय। एतेक दूरसँ ओ लोकनि पूर्ण साहाय्य नहि कए सकताह ते ओ हिनका लोकनिकेँ बजबाए भौड़ाक निकट बसाओल जे पछाति आबि सोतिपुरा कहाओल। अपन कन्याक विवाह पैघ-पैघ घरमे कराए ओ सबसँ अनायत्त सम्बन्ध स्थापित कए लेल। परिणाम भेल जे शुभङ्करठाकुर पाँजि भए गेल अवश्य मुदा एकोटा एहन पैघ घर नहि बाँकी रहल जे साक्षात किंवा परम्परया खण्डबलाक एहि राजकुल सँ सम्बद्ध नहि हो। अच्युतठाकुर तथा परमानन्द ठाकुरकेँ पुमपत्य नहि, हुनका दूहू भाइक शाखा शीघ्रहि लुप्त भए गेल। गोपालठाकुरक

सन्तान वर्ग बहुत दिन धरि जातीय मर्यादा रखने रहलाह मुदा शुभङ्करठाकुरक सन्ततिसँ क्वाथ कहिओ हुनका लोकनिकेँ नहि हटल ओ पाँच पुरुषक पश्चात महाराज नरेन्द्र सिंहक सङ्ग शुभङ्गरठाकुरक कनिष्ठ पुत्र सुन्दरठाकुर शाखा लुप्त भए गेला उत्तर पुनः शुभङ्करठाकुरहिक अपर पुत्र नारायण ठाकुर सन्तति, एकनाथ ठाकुर बालक सबकेँ, पहिने प्रतापसिंह ओ तत्पश्चात माधव सिंहकेँ, मिथिलेश देखि गोपाल ठाकुरक वृद्ध प्रपौत्र भैअनठाकुर हताश भए जे क्रिया कएल ताहिसँ छओ पुरुष सञ्चित प्रतिष्ठा डूबि गेल ओ ओकर स्मृति जीवित रखबाक हेतु जेना आइओ भैअन ठाकुरक सन्तान-वर्गमै ठाकुरक सङ्ग-सङ्ग 'सिंह' उपाधि प्रचलित अछि।

महिसीसँ घोघे झाकेँ बजाए अपना पक्ष मे करबाक आओर विशेष कारण छल। गोपालठाकुरकेँ गौरव जे ओ पलिवाड़ दामू झाक दौहित्र छलाह, बड़का लोक। परन्तु दामूझा तीनू भाइक सन्तान मध्य माँझिल कान्हू झाक पौत्र धोंधे झा सएह ओहि समयमे जातीय गरिमा, सामाजिक प्रतिपत्ति, किंवा वैयक्तिक प्रतिष्ठामे सबसँ उत्कृष्ट छलाह। हुनका अपना पक्षमे आनि शुभङ्कर ठाकुर गोपाल ठाकुरक सन्तान वर्गक जे गौरव छलैन्हि तकरा निरुत्तर कए देल। घोंघे झाक कन्यामे महाराज अपन बालकक विवाह कराओल ओ अपन कन्याक विवाह स्वयं घोंघे झासँ कराए देल।

सोतिपुरामे घोंघे झा सरिसब मध्य बसलाह, कारण, हुनक दू गोट विवाह सरिसब छल, शङ्कर मिश्रक दू गोट प्रपौत्रक कन्यामे, गोविन्द मिश्रक प्रपौत्रीमे, निकार मिश्रक पौत्री, लक्ष्मण मिश्रक कन्यामे, ओ म.म. परशुराम मिश्रक पौत्री, म.म. कृष्णानन्द मिश्रक कन्यामे। एहिमे केवल लक्ष्मण मिश्रक दौहित्र कमलनयन झाक सन्तानसँ सरिसब एखन पर्यन्त गौरवान्वित भए रहल अछि। कमलनयन झाक बहिनिक विवाह शुभङ्कर ठाकुरक पौत्र, नारायण ठाकुरक बालक, शत्रुघ्न प्रसिद्ध लाला ठाकुरसँ भेल जनिक बालक गुणानन्द ठाकुर सरिसबहि बसि गेलाह, ओ गुणानन्द ठाकुरक बालक एकनाथ ठाकुरक दू बालक, प्रतापसिंह ओ माधव सिंह, मिथिलेश भेलाह। वस्तुतः महाराज माधव सिंहक जन्म-भूमि होएवाक गौरव सरिसबकेँ ओ से पलिवाड़ घोंघे झाक लागिसँ। ई पवित्र स्थान सरिसब ओ पाहीटोलक मध्यमे एखनहु चिन्हार अछि जाहिठाम एकनाथ ठाकुरक स्थापित 'भैरव' वर्त्तमान छथि तथा शिवलिङ्गक स्थापना चतुश्चरण पद्धतिसँ स्वर्गीय म.म. गङ्गानाथ झा कएने छलाह। तेसर विवाह घोंघे झाकेँ छल म.म. मेघठाकुरक पौत्र रामठाकुरक कन्यामे। एहि पक्षमे घोंघे झाक बालक कवि छलाह, कवि कृष्णपति ओ तनिक बालक रमापति उपाध्याय रुक्मिणी-स्वयंवर नामक सुप्रसिद्ध नाटकक रचयिता विख्यात छथि। सबसँ पूर्व जे विवाह घोंघे झाकेँ छल दिगओन-सोदरपुर-मूलक जगन्नाथ मिश्रक कन्यामे ताहि पक्षक कन्याक विवाह ई कराओल शुभङ्कर ठाकुरक

बालक रघुनाथ ठाकुरसँ। अन्तिम, पाँचम विवाह ई कएल शुभङ्करठाकुरक कन्यासँ जाहिमे हिनका एकगोट कन्या मात्र जनिक विवाह छल बढ़िग्राम-वासी पबौलिवार म. म. हरिपति झासँ। हरपतिझाक पौत्र, घोंघे झाक दौहित्रक बालक छलाह नन्दीपति झा, मैथिलीक सुप्रसिद्ध कवि।

घोंघे झाक सन्तान ओना तँ कतेक ठाम पसरि गेल छथि यथा मङरौनीमे श्री चन्द्रधरझा, मुदा सरिसबमे हिनक सन्तान सम्प्रति छओ पुरुषसँ पाहीटोलमे छथि। परन्तु धोंधे झाक डीह सरिसबमे एखनहु चिन्हार अछि। डीह त्यागलथिन्ह घोंघे झाक पौत्र लोकनि। कमलनयनझाक बालक लक्ष्मीदेवझा पाहीटोल गेलाह ओ हुनक वैमात्रेय लक्ष्मीकान्त झा प्रायः गंगौली, जतएसँ इसहपुर पैकटोल अनेक ठाम पसरि गेल छथि। डीह त्यागबाक कारण भेल मुसलमानक आक्रमण, 1700 ई. क प्रान्तमे सरिसबमे मुसलमान सब आएल ओ मुख्य जे बस्ती छल ताहि पर आक्रमण कए देलक। मध्य मिथिलामे मुसलमान ओही गाम बसैत अछि जे प्रसिद्ध गाम छल यथा सकुरी, सरिसब, उजान, चनौर इत्यादि ओ एहि सब ठाम मसजिद सेहो अछि। सरिसबसँ विशेष गाम कोन अछि? तेँ हमर ई अनुमान अछि जे राघवसिंहक समय मे जे बंगालक नवाब अलीवर्दीखाँक आक्रमण भेल छल ताही क्रममे ई घटना भेल होएत। सरिसबक नैऋत कोनमे जतए सकुरीक सड़क सरिसबमे प्रवेश करैत अछि ओहीठाम मसजिद अछि, ओ ओहिठामसँ दक्षिणसँ उत्तर सड़क अछि, जे गाममे सबसँ उच्च स्थान छैक, ताही कात मुसलमानक बस्ती अछि। पूर्वमे एतए नीक लोकक वास छल। अयाची मिश्रक ढीह एहिसँ पूब अछि। मूल डीहसँ दक्षिण सिद्धेश्वरीक स्थान अछि ओ सिद्धश्वेरी स्थानसँ पश्चिम, दछिनाहुत, मसजिदक आगाँ, पूब जे सड़क जाइत छैक तकर अव्यवहित उत्तर एक गोट चभच्चाक पश्चिम स्थान घोंघे झाक डीह छल। मुसलमानक आतङ्कसँ ई लोकनि डीह छोड़ि पड़एलाह। आओर कतेक कुलीन घर छल से सब उजड़ि गेल। घोंघे झाक पौत्र लक्ष्मीदेव झा, लक्ष्मण मिश्रक पौत्र रत्नाकर मिश्रक संग गामसँ पूब जाए बसलाह। रत्नाकर मिश्रक पिता रघुराम मिश्र घोंघे झाक सार, घोंघे झासँ वयसमे बड़े छोट छलथिन्ह, एतेक छोट जे रघुराम मिश्रक विवाह घोँघे झाक प्रथम पक्षक कन्याक कन्यासँ छल। गामक पूबक ई नव बस्ती पाहीटोल कहओलक।

पाहीटोलक विकासक विवरणसँ पूर्व एक महाकुलक चर्चा आवश्यक जे घोंघे झाक बालक कमलनयन झाक लागिसँ सरिसब अएलाह ओ तहिआसँ अपन कुलक मर्यादाक रक्षा करैत सम्प्रति सरिसबक शाश्वत गौरवकेँ उपलब्ध कए लेने छथि। ओ थिक कुजोलिवारक महाकुल। शङ्कर मिश्रक सारक बालक, गोविन्द मिश्रक ममिऔत भाए छलाह म.म. शुचिकर झा, रैयामक वासी, म. म. महेशठाकुर विद्या व्यवसायमे लागल मिथिलाक प्रतिष्ठा रखने छलाह। शुचि उपाध्ययक प्रपौत्रमे गोविन्ददास झा ओ रामदास झा मैथिलीसाहित्यक इतिहासमे अमर छथि। गोविन्ददास झाक दू भाइ

गङ्गादास झा ओ हरिदास झाकेँ सन्तान, गोविन्ददास ओ रामदासकेँ पुमपत्य नहि। सम्भवतः रेंआममे हिनका लोकनिकेँ अशुभ भेल ओ गङ्गादासक पौत्र मेधाकर झा ओ हरिदासक बालक हिमकर झाकेँ रैआम त्यागए पड़ल। मेधाकर झा अपन पितृ-मातृक लोहना गेलाह जतए हुनक पौत्र टीकानाथ झा, महाराजाधिराज रमेश्वर सिंहक मात्तामहक डीह पर भगवतीक मन्दिर अछि तथा मेधाकर झाक दोसर बालक महाराज माधव सिंहक माम, महोदार रमादत्त झाक कन्यामे विवाह कए बिट्ठू चल गेलाह। हरिदास झाक एकमात्र बालक हिमकर झाक विवाह छल सरिसब पलिवाड़ कमल-नयन झाक कन्याසँ ओ हिमकर झा स्वयं अथवा हुनक बालक सिद्धिकर झा सरिसब गेलाह ओ घोंघेझाक डीहक आग्नेय कोण, सड़कक दक्षिण बसि गेलाह। एखनहु धरि ओहि डीह पर सिद्धिकरसँ पाँचम, हुनक वृद्ध-प्रपौत्र श्री हेतुकर झा वर्धमान, वर्त्तमान छथि। सिद्धकर झाक एक गोट पौत्र, सोने झा, डीहसँ हटि पूब दिशि चल गेलाह जतए हुनक सन्तान एखन उन्नतिक मार्ग पर अग्रसर छथि। सोति-समाजक पहिल ओकील गदाकर झा सरिसबक बासी छलाह ओ हुनक पुत्र लोकनिमे डा. श्री चेतकरझा सम्प्रति सरिसबक गौरव छथि।

कमलनयनझाक बालक लक्ष्मीदेवझा, लक्ष्मणमिश्रक पौत्र रत्नाकरमिश्रक संगहिँ पाहीटोल अएलाह। कमलनयन झाकें रत्नाकरमिश्र ममिऔत भाए, लक्ष्मीदेव झा, रत्नाकरमिश्र ओ इआरमिश्र तीनू साढ़े छलाह; तीनूक विवाह मड़रए भदाइ झाक पौत्री भवेश झाक कन्यामे, ओ भदाइझा एक प्रतिष्ठित पाँजि छल। हरिअम्बयक ई शाखा सरिसबक गौरवकेँ बड़ प्रतिष्ठा देल ओ आइ धरि पाहीटोलक कोन कथा, समस्त प्रान्तमे सम्मान्य रहल। महेशठाकुरक एकमात्र दौहित्र छलाह हरिनाथमिश्र जनिक बालक देवानन्दमिश्र वैदिक छलाह, बड़ पैघ लोक। ई छलाह घोंघे झाक मामक दौहित्र, सम्बन्धेँ भागिन ओ हिनक विवाह भेल लक्षमण मिश्रक पोत्री, रघुराम मिश्रक कन्यामे जे घोंघे झाक दौहित्री-पौत्री, रघुरांम श्रिक कन्यामे जे घोंघे झाक दौहित्री पुत्री छलाह। देवानन्दमिश्रक प्रसङ्ग कथा प्रसिद्ध अछि जे हुनक एक गोट पत्नीकेँ चिता परसँ जीवित पुत्रक जन्म भेल छलैन्हि जनिक नाम नेहालचन्द्रमिश्र छलैन्हि। एहि देवानन्दमिश्रक एक विवाहक बालक इआरमिश्र पाहीटोल आबि बसलाह। इआर मिश्रकेँ कए गोट विवाह मुदा पाहीटोल बसलाह हुनक ओ बालक लोकनि जे मड़रए भवेशझाक दौहित्र छलाह अतएव जखन पाहीटोल अबैत गेलाह तखन छलाह लक्ष्मणमिश्रक पौत्र रत्नाकरमिश्रक बालक लोकनि, हृदयनाथमिश्र, मोदनाथमिश्र ओ नारायणदत्तमिश्र; रत्नाकरमिश्रक भागिन इआर, मिश्रक बालक लोकनि रमानाथमिश्र, विष्णुदत्त मिश्र गङ्गादत्त मिश्र, म.म. सचल मिश्र ओ म. म. मोहन मिश्र तथा रत्नाकरमिश्रक पिसिऔत भाए, कमलनयनझाक बालक लक्ष्मीदेव झाक पुत्रलोकनि रेवतीनाथ झा वैयाकरण अमृतनाथ झा, देवनाथ झा ओ शिवनाथ झा। ई तीनू गच्छ सोदरपुरिअय, हरिअम्बय ओ पलिबाड़—बारहो व्यक्ति मसिऔत

रहथि। इएह लोकनि पाहीटोल बसाओल। एहिमे सोदर-पुरिअय लोकनि तँ क्रमशः क्षीण होअए लगलाह यद्यपि एखन धरि ओ लोकनि वर्त्तमान छथि तथा रत्नाकर मिश्रक प्रपौत्रक प्रपौत्र श्री छत्रनाथ मिश्र ओ श्री खुरखुर मिश्र एखनहु छथि मुदा आरम्भमे हरिअम्बय ओ पश्चात पलिबाड़सँ सरिसबक गौरव समस्त भारतवर्ष पसरि गेल। पाहीटोलमे आओर जे लोक आएल छथि से एही तीनू घरक लागिसँ यथा, म. म. सचलमिश्रक दौहित्र सरिसबय गणपतिझा पाही अएलाह ओ गणपति झाक बालक छलाह श्रीपतिझा। एहिना पलिबाड़ प्रतिनाथझाक दौहित्र छलाह कमलमणि ठाकुर, खरोड़य, मेघठाकुरक सन्तान, ओ कमलमणिठाकुर पाहीटोल अएलाह। कमलमणि ठाकुरपौत्र श्री विघ्नेशठाकुर छथि।

सरिसबक ई गौरव रहल जे एतए जे विद्याक केन्द्र छल से स्वयं पूर्ण छल; एतएसँ विद्या पढ़ए लोक अन्यत्र नहि जाथि जाधरि एतए चौपाड़ि रहल तावत एतहि लोक शास्त्रक परिष्कारक हेतु आवथि। सरिसबक एक स्वतन्त्र रीति छल, स्वतन्त्र विवेचनातमक पद्धति छल। ओना से समृद्ध एतए सत्रहम शताब्दीक अन्त धरि लुप्त भए गेल परन्तु ओहिसँ पूर्वहुँ गंगौलीक घुसोतय, भौरक खरोड़य इत्यादिक उत्कर्ष प्रबल रहितहुँ सरिसबक छात्र सरिसबहि ँ पढ़थि। 1700 ई. प्रान्त मे मङरौनीमे फन्नाबार लोकनि दक्षिणामूर्त्तिके ँ सिद्ध कए अपूर्व वैदुष्य उपलब्ध कएल तथा उजानक करमहय रामेश्वरझा, उजानहिक बलिआसय कल्याणझा, लखनौरक करमहय धनेशझा प्रभृति म. म. गोकुलनाथक शिष्य भेलाह परञ्च सरिसबक केओ तेहन व्यक्ति ओतए नहि गेलाह। हरिअम्बय म. म. सचलमिश्र, सुनैत छी, गोकुलनाथक शिष्य वंशधर तनिक शिष्य अचल उपाध्यायसँ पढ़ने रहथि। परन्तु से जे हो, सचलमिश्र प्रतापी पण्डित भेलाह ओ मिथिलामे तँ ओ अप्रतिम छलाहे, सुदूर पूना धरि जाए ओ शास्त्रार्थमे विजयी भेल छलाह। महाराज प्रतापसिंह हिनका जगतपुर मौजे देल 'सकलछात्राध्ययननिर्वाहाय' और ओहि सनदमे हिनका 'बहुदेशाटनानन्तरानेकभूपालदत्तालङ्कार-कानन-पञ्चानन धर्मधीर' कहल अछि। महाराज माधवसिंहसँ ई चनौर मौजेमे भू-सम्पत्ति प्राप्त कएने छलाह। शाके 1710-88 ई. मे पूनाक पेशवा माधवराव नारायण हिनका जब्बलपुरक निकट मण्डलामे दू गोट मौजे देलथिन्ह। सुनैत छी जे हिनक बैदुष्यसँ प्रभावित भए पेशवा हिनका एक लाख टाका विदाइ देल ओ चलबाक काल हिनक पालकीमे स्वयं कान्ह लगाए देल। महामहोपाध्याय ताहि पर पेशवाके ँ सम्बोधित कए कहल—

किं तया हतया राजन् विदेश-गतया श्रिया।
अरयोयां न पश्चन्ति यां न भुञ्जन्ति वान्धवाः ॥

म. म. सचलमिश्रक छोट भाए मोहनमिश्र सेहो दुर्धर्ष पण्डित छलाह। भाए पेशवा ओतसँ एतेक सम्मानपूर्वक विदाइ अनलैन्हि अतएव ओहो पूना गेलाह; ओतए शास्त्रार्थ कएल; विजयी भेलाह। परन्तु म. म. सचलमिश्रक प्रतिभा हुनका

नहि ई कहि पेशवा हुनका एक टाका कम विदाइ देल, एक लाखसँ एक कम। सुनैत छी, ओ से स्वीकार नहि कएल ओ विषण्ण भए, देश नहि, मथुराक घाट धएल। जखन दूरसँ मथुराक मन्दिरक शिखर दृष्टिगोचर भेल तखन ओ आत्म-निवेदनमे एक गोट श्लोक रचल—

कुञ्जासि प्रचुरादभङ्गविषयव्यापार भारादत—
श्चिन्तामुच्फलागमाय चतुरे मा चित्तवृत्ते! कृथाः।
यस्यामास विलासलालसवती कुब्जा समाब्जापतेः
सैवेयं मथुरापुरी नयनयोर्पन्थानमारोहति ॥

सुनैत छी जे मथुरा पण्डाकेँ स्वप्न भेलैक। ओ पण्डित जी केँ एकलाख टाका दए विदा कएल। मोहनमिश्र देश फिरलाह। हिनक गाथानयनद्विशती बड़ उत्कृष्ट काव्य अछि जकर टीका म. म. बालकृष्ण मिश्र लिखने छथि। मोहनमिश्रक बालक सिद्धिनाथमिश्र, महामहोपाध्याय, बड़ प्रतिष्ठित विद्वान छलाह। म.म. सिद्धिनाथ मिश्रक प्रपौत्र लोकनि श्री देवीनाथ मिश्र, श्री सीतानाथ मिश्र ओ श्री दिवानाथ मिश्र प्रभृति धन-जन-मन ओ प्रतिष्ठासँ पूरिपूर्ण पाही-टोलक गौरव, सरिसबक गरिमाकेँ बढ़ाए रहल छथि। म. म. सिद्धिनाथ मिश्रक जेठ भाए अभयनाथ मिश्रक सन्तान-वर्गमे श्री धर्मनाथ मिश्र, श्री लूटन मिश्र ओ डमरूनाथ मिश्र प्रभृति वर्धमान-वर्त्तमान छथि।

वस्तुतः पाही टोल जे अएलाह हरिअम्बय इआर मिश्र ओ प्रजापति भेलाह ओ हिनक सन्तान वर्गसँ समस्त देश भरल अछि। हुनक तृतीय बालक गङ्गादत्त मिश्रक प्रपौत्र पण्डित महावीर मिश्र सरिसबक प्रतिष्ठा अक्षुण्ण राखल ओ सम्प्रतिओ हुनक अति वृद्धप्रपौत्र श्री शचीनाथ मिश्र वैदुष्यक सुयशसँ ख्यात छथि। म. म. सचल मिश्रक बालक ओ कन्या लोकनिकेँ सन्तान प्रचुर। हुनक बालक दत्त मिश्रक विवाह भेल महाराज छत्रसिंहक कन्यामे ओ तनिक बालक लोकनाथ मिश्र ओ मुरली मिश्र, पौत्र तारानाथ मिश्र, भोला मिश्र ओ केशी मिश्र, प्रपौत्र आनन्द मिश्र, हरिदेवमिश्र, श्री रामनाथ मिश्र प्रभृति देशक गण्यमान्य प्रतिष्ठित व्यक्ति विख्यात रहैत अएलाह अछि। सम्प्रतिओ दत्त मिश्रक वृद्ध प्रपौत्र डॉ. श्री तेजनाथ मिश्र, श्री सहन मिश्र प्रभृति सरिसबिबक गौरवकेँ रखने छथि।

अङरेजी एकटा कहबी छैक जे इतिहासक पुनरावृत्ति भेल करैत छैक। सरिसबक इतिहासक पुनरावृत्ति पाँच सए वर्ष पर जेना भेल से प्रायः थोड़ेक ठाम दृश्य होएत। चौदहम शताब्दीक अन्तिम चरण ओ पन्द्रहम शताब्दीक पूर्वार्द्ध प्रायः पचहत्तरि वर्ष सरिसबक ऐश्वर्य चरम पर छल जखन अयाची मिश्र ओ हुनक पुत्र शङ्कर मिश्र सरिसबक नाम आसमुद्रानत प्रख्यात कएने छलाह। तहिना उन्नैसम शताब्दीक अन्तिम दशकसँ एहि बीसम शताब्दीक मध्य धरि विद्यासागर महामहोपाध्याय गङ्गानाथ झा ओ हुनक स्वनामधन्य पुत्रत्न अमरनाथझा विश्वभरिक

विद्याकेन्द्रमे अपन नाम विश्रुत कराओल। भेद एतबए जे चौदहमृ पन्द्रहम शताब्दीमे ई गौरव डीह-सरिसबकेँ छलैक जतए अयाची-शङ्करक कार्यक्षेत्र छल ओ से गौरव छलैक सोदरपुरिअयकेँ, उन्नैसम बीसम शताब्दीमे ई गौरव भेलैक सरिसबक पाहीटोलकेँ, पलिबाड़क महावंशकेँ, यद्यपि गङ्गानाथ-अमरनाथक कार्यक्षेत्र तीर्थराज प्रद्याग रहल। एखनहु पलिबाड़कुलकमल-दिवाकर ओही विद्यासागरक कनिष्ठ पुत्ररत्न विद्या-वाचस्पति श्री मदादित्यनाथझा दीर्धकाल धरि उत्तरप्रदेशक शासनसूत्र सञ्चालित कए वाराणसेय संस्कृत विश्वविद्यालयक उपकुलपतिक भार, सम्हारि दिल्लीक उपराज्यपालक गौरव-मय पदकेँ सुशोभित करैत समस्त देशमे वैदुष्य ओ शासन चातुरीक सुयश विस्तारित कए रहल छथि।

घोंघे झाक पौत्र लक्ष्मीदेव झा जे पाहीटोल बसलाह तनिका चारि बालक जाहिमे दूक सन्ततिसँ देश व्याप्त, अमृतनाथ झा जे प्रतिष्ठित वैयाकरण छलाह ओ शिवनाथ झा। अमृत-नाथ झाक पौत्र धरानाथ झा बड़ नैष्ठिक सद्ब्राह्मण छलाह तथा भरि जन्म गायत्रीक उपासनामे लीन तीन कोटि जप सम्पूर्ण कएल। हिनक विवाह भेल महाराज छत्रसिंहक पौत्री महाराजकुमार बाबू वासुदेवसिंह कन्यामें। तखन ओ अपन पिता-पितामहक डीह छोड़ि घरसँ दक्षिण आबि अपन विशाल हवेली बनबओला जकर मुख्य द्वार पर उग्रताराक मूर्त्तिक स्थापना कएल। धरानाथ झाकेँ पाँचो असाधारण, जातिमे छलाह महामहोपाध्याय सर गङ्गानाथझा।

1860 ई.मे मिथिलेश महाराज महेश्वरसिंहक परोक्ष भेला उत्तर राज्य कोर्ट ऑफ वाड्र्सक अधीन भेल तखन शिशु दूनू राजपुत्रकेँ नवीन शिक्षाक व्यवस्था कएल गेल। 1880 ई. मे राज्यारूढ़ भेला उत्तर महाराज लक्ष्मीश्वरसिंह बहादुर दड़िभङ्गामे अङरेजी शिक्षाक व्यवस्था कएल, राज हाइस्कूलक स्थापना भेल ओ लोक अङ्गरेजी पढ़ए तहि हेतु प्रोत्साहन देल जाए लागल। तावत धरि मिथिलामे अङरेजी शिक्षाक प्रति विचित्र भावना छल। बंगालमे कुलीन नवयुवक अङ्गरेजी पढि भिस्तान भए गेल छलाह ते धारणा भए गेल छलजै लोकनि अङ्गरेजी पढ़िलहि उत्तर लोक क्रिस्तान भए जाएत केँ महाराज लक्ष्मीश्वर सिंह एहि धारणाकेँ तोड़ल। मिथिलाके नवयुगक आरम्भ एही समयसँ भेल अछि। लोकमे उत्साह हो तेँ अपन सम्बन्धी नेना सबके स्कूलमे भर्त्ती कराओल एहिमे प्रमुख छलाह सरिसबहिक कुलीन किशोर, बाबू बासुदेवसिंहक दौहित्र विन्ध्यनाथझा, गणाना झा ओ गङ्गानाथझा तथा ओही बाबूक भागिनी मुरलीमिश्रक बालक केशोमिश्र प्रभृति। मैथलिमे पहिल ग्रेजुएट भेला विन्ध्यनाथझा ओ दोसर केशोमिश्र तथा प्रथम एम. ए. गङ्गानाथझा—सब पाहीटोलक, सरिसबक। मिथिलामे पुनर्जागरणक अग्रणी भेलाह सरिसबक वासी, विशेषतः पलिवाड़ महाकुलक लोक। परन्तु ई गौरव केवल अमृतनाथझाहिक सन्तानकेँ नहि, शिवनाथझाक सन्तान सेहो विद्याक व्यवसायमे पूर्ण यशस्वी छथि, हुनक वृद्ध प्रपौत्र श्री तेजनाथझा विद्यावारिधि छथि ओ श्री सतीनाथझा एवं श्री मणिनाथझा अपन वैदुष्यक हेतु पूर्ण प्रसिद्ध छथि।

धरानाथझाक सन्तानक विशेष विवरण देवाक प्रयोजन नहि, हुनका लोकनिक अबदात चरित्र सर्वविदित अछि, विवरण हेतु एतए अवकाशो नहि अछि। एतबे कहब पर्याप्त होएत जे ई लोकनि अङ्गरेजी शिक्षा प्राप्त कैओकेँ सरिसबक शाश्वत गरिमा संस्कृत-विद्या नहि छोड़लैन्हि अथवा ई कहू जे संस्कृत विद्या नहि छोड़लैन्हि सएह निर्मल यश प्राप्त कएल, अमर भेलाह। विन्ध्यनाथ बाबू अङ्गरेजी भाषा पर अपूर्व अधिकार कएने रहथि, महाराज लक्ष्मीश्वरसिंहक विश्वासपात्र भए हुनक राजनीतिक प्रतिनिधि रूपेँ समस्त भारत घूमथि, अङ्गरेजक सदृश्य अङ्गरेजी बाजथि ओ लिखथि, मुदा यजुर्वेदक संहिता ओ नैषधीय-चरित महाकाव्यक ओ अङ्गरेजीमे अनुबाद कएने रहथि। गणनाथबाबू तन्त्र ओ ज्योतिषक विशेषज्ञ रहथि। गङ्गानाथ बाबूक कथे नहि हो, मीमांसाक भाष्य ओ वार्तिक, न्यायक भाष्य तथा खडनखडखाद्य सदृश ग्रन्थक अङरेजीमे अनुवाद कए विश्वक हेतु भारतीय दर्शन सुलभ कए देल। काव्य-प्रकाश ओ छान्दोग्योपनिषद, मनुस्मृति ओ साख्यतत्त्वकौमुदी प्रायः पचास गोट एहन ग्रन्थ ओ अङ्गरेजीमे लिखने छथि जकर अर्थ लोक गुरुसँ पढ़ैत छथि। पाण्डित्यक हेतु महमहोपाध्यापक उपाधि मिथिलाक हेतु बड़ परिचित; वैदुष्यक हेतु 'सर' क उपाधि सेहो अपूर्व नहि, परन्तु मीमांसा-दर्शनमे प्रभाकर सिद्धान्त पर डाक्टरेट, पाण्डित्यक हेतु महामहोपाध्याय, ओ निर्मल वैदुष्यक हेतु 'सर', विश्वमे केवल गङ्गानाथझाके ई तीनू प्रतिष्ठाक संग उपलब्ध छल। नओ वर्ष धरि ई प्रयागक उपकुलपति रहलाह ओ समस्त विश्वमे संस्कृतक स्तम्भ मानल जाथि। ई छल हुनक लोकोत्तर चमत्कारक पाण्डित्य। हुनक पुत्ररत्नमे डॉ. अमरनाथझा अङ्गरेजी साहित्यक मर्मज्ञ विद्वान छलाह समस्त विश्वमे अङ्गरेजीक ओजस्वी वक्ता, प्रभावशाली लेखक ओ गम्भीर चिन्तकक रूपमे विख्यात छलाह, शिक्षा-शास्त्रीमे अग्रगण्य, परंतु सस्कृतक ओ केहन विलक्षण पण्डित छलाह से सबके बुझलो नहि छैक। समस्त गीतगोविन्द हुनका अभ्यास छल, पण्डित-राज जगन्नाथक पशंसक, संस्कृत लिखबा ओ बजवामे पटु। स्वर्गीय विभूतिनाथझा जे कलक्टरक पदकेँ सुशोभित करैत अकाल हि पञ्चतत्वकेँ प्राप्त कएल संस्कृतमे एम. ए. छलाह तथा संस्कृत-नाटकक अभिनयमे भारतवर्षमे बेजोड़ छलाह। श्री मदादित्यनाथझाजी अङ्गरेजी साहित्य पढ़लैन्हि, जीवन भरि शासनमे संलग्न रहला परन्तु संस्कृतक विशाल साहित्यक अध्ययन हिनक अपूर्व भाषण ओ विलक्षण लेख सबसँ प्रत्यक्ष होइत रहैत अछि। वाराणसीक संस्कृत विश्व विद्यालयक प्रथम वाइस-वान्सलर भए ई ओकरा चलाओल ओ पण्डित-समाजमे अखण्ड यश अर्जल। वस्तुतः पाही-टोलक महिमा हिनकालोकनिक प्रतिभामे रूपायित अछि। धरानाथझाक चारिम बालक विजयनाथझा ओ सबसँ छोअ वैद्यनाथझा राजदरभंगाक सेवा करैत रहलाह। वैद्यनाथ बाबू तँ महाराजधिराज रमेश्वरसिंह बहादुरक सराहल ओ विश्वस्त यथार्थ पद्महस्त रहथि, ओ गामक कोन कथा, देशक गौरव रहथि।

सरिसबक इतिहासक जे रूपरेखा एखन पर्यन्त अङ्कित कएल अछि ताहि मे लक्षित कएने होएब जे एतए सबटा सोदरपुरिअय मूलक लागि सँ भेल अछि। सरिसबक केवल एक गोट भाग अछि जे एहि दू सए वर्ष सँ सरिसबक गरिमा कें गौरव प्रदान करैल आसल, अछि, मुद्रा, सरिसबक सोदर पुरिअयक लागि सँ नहि, गंगौलीक घुसोतयक लागि सँ बसल। से थिक नवटोल, गंगोली ओ सरिसबक सीमा पर अवस्थित, सरिसबक पछारि टोल। गंगौलीमे घुसोतय लोकनि प्रायः दू सए वर्ष धरि पाण्डित्यक ऐश्वर्य राखल। महोपाध्याय केशव, तिनक स्वनामधन्यपुत्ररत्न काव्यप्रदीप-कर्त्ता गोविन्द ठाकुर, ओ तनिक सातो महापण्डित पुत्र, जाहि मे देवनाथ ओ मधुसूदनक नाम सुविख्यात अछि, मधुसूदन ठाकुरक पुत्र, जगद्गुरू सदानन्द—चारि पुरुष धरि गंगौली मे सरस्वतीक डेरा रहल। पक्षधरोत्तर काल मे मिथिला मे जे तीन गोट मकरादि नामक महानैयायिक भेल छथि ताहि मे मेध ठाकुर ओ माधवमिश्रक सङ्ग मधुसूदनठाकुरक गणना होइत अछि। एहि मधुसूदन ठाकुरक बालक, जगद्गुरु सदानन्दठाकुरक छोट भाए, म.म. कृष्णानन्दठाकुरक बालक छलाह म. म. हरि ठाकुर। हरिठाकुरक बालक राम ठाकुरककें एक बालक कमलाकान्तठाकुर ओ दू कन्या। सुनैत छी कमलाकान्तठाकुरक बालक एक राति पिताके बिनु पुछनहि नटीक नाच देखए चल गेलथिन्ह जे ज्ञात भेला पर बाप बेटा कें घर सँ निकालि अपन सम्पत्ति अपन दूहू भागिन कें दए स्वयं गाम सँ चलि देल। ओही दूनू भागिनक सन्तान नवटोल मे छथि। कमलाकान्तठाकुरक बालक बिकाए गेलाह।

प्रथम कन्याक विवाह छल दिगओन्ह शाखाक सोदर पुरिअय रमाकान्त मिश्र सँ। हुनक बालक भवानीदत्तमिश्रक विवाह पाहीटोल इआरमिश्रक कन्यामे जाहिमे हुनक चारि पुत्रमे दोसर ईश्वरीदत्त मिश्रक प्रपौत्र छलाह न्यायकानननपञ्चनन महामहोपाध्याय बालकृष्ण मिश्र जे सरिसबक प्राचीन गौरवक अन्तिम प्रतीक छलाह। भवभूति जे कथा अपना प्रसङ्ग मे कहने छथि सएह हिनको प्रसङ्ग मे कहल जाए सकैत अछि—यं ब्राह्मणमियं देवी वाग वश्येवानुवर्त्तते। ग्रन्थ देखि ई नहि पढ़ाओल, समस्त भारत मे ई नैयायिक-मूर्धन्यमें गण्य मान्य छलाह, काशी हिन्दूविश्वविद्यालयक संस्कृत विभागक प्राचार्य पद कें अलंकृत करैत अकालहिं काल-कवलित भए गेलाह। ईश्वरीयदत्तमिश्रक एकगोअ पौत्र स्वर्गीय जीवछ मिश्र मैथिलीमे प्रथम उपन्यास रामेश्वर लिखने छलाह। तनिक पुत्र श्री हरिश्चन्द्रमिश्र ओ पौत्र लोकनिक वर्धमान-वर्तमान छथि।

दोसर कन्या विवाहिता छलीह सुल्हनीक नरोनय कुलपतिझासँ जे मैथिलीक प्रसिद्ध कवि छलाह ओ सरसकविक उपाधिसँ परिचित रहथि। सरसकविक पितामह तीनि भाए सुल्हनीसँ एहि दिशि अएलाह जाहिमे जेठ दू भाएक विवाह महाराज शुभङ्करठाकुर कन्यासँ भेल ओ तेसरक विवाह जे लक्ष्मणमिश्रक कन्यासँ छल तनिक कन्याक विवाह महाराजक सबसँ छोट बालक महाराज सुन्दर ठाकुरसँ भेल। कुलपति

झाक बालक जे रामठाकुरक दौहित्र छलाह ओ नवटोलक वासी दयानाथझा तनिका दू विवाह भेल महाराज माधवसिंहक दू कन्यामे, सबसँ जेठि कन्यासँ,—हुनक पुत्र जानकीनाथझा, ओ सबसँ छोटि कन्यामे जनिक पुत्र मनमोहनझा। जानकीनाथ झाक बालक बदरीनाथझा पौत्र अर्कनाथझा जो युदनाथझा एवं प्रपौत्र श्री श्यामानन्दन झा दड़िभंगा राज्यक सेवामे बड़ प्रतिष्ठा प्राप्त कएल। जानकीनाथझाक एक गोट पौत्र विश्वनाथझा प्रतिष्ठित कवि छलाह ओ बिहारीक सतसई पर कुण्डलिया रचल जे रामेश्वर-चन्द्रिका कहाए प्रसिद्ध अछि। जानकीनाथझाक प्रपौत्र छलाह मैथिलीक मूर्धन्य कवि ओ ख्यातनामा अध्यापक ईशनाथझा जनिका हुनक मित्रगण, अपन कुलक प्राचीन उपाधि, सरसकवि कहल करथिन्ह। खेद जे हुनक असामयिक निधनसँ सरिसबक एक गोट गौरव स्तम्भ उठि गेल। मनमोहन झा राज-दरभंगामे बहुत दिन धरि अधिकारी रहलाह। हुनक प्रवर्तित शारदीय दुर्गापूजा आइ एक सए अठारह वर्ष सँ नवटोलक एक दर्शनीय उत्सव थिक, मनमोहनझाक पौत्र चेतनाथझा राज दरभंगाक सेवा करैत मैथिलीक उन्नयनमे अमर कीर्ति प्राप्त कएल। मनमोहनझाक प्रपौत्र लोकनि एखन वर्धमान वर्त्तमान छथि जाहिमे श्री दुर्गानाथझा ओ श्री दीनानाथझा समाजमे अपूर्व प्रतिष्ठा प्राप्त कएने छथि।

सरिसबक गौरवक गरिमाक मूल अंकुन आइसँ तीस वर्ष पूर्वक परिस्थितिसँ नीक जकाँ भए जाएत। 1940 ई. मे सरिसबक छ जन महापण्डित समस्त भारतमे विद्वन्मूर्धन्य मध्य गनल जाइत छलाह—महामहोपाध्याय डॉ. सर गङ्गानाथझाक डॉ. अमरनाथ झा, म. म. बालकृष्ण मिश्र, महावैयाकरण दीनबंधु झा (विस्तार भयसँ सरिसबक एहि उत्तर परिसरक चर्चा नहि कएल) शाब्दिक-प्रवर मार्कण्डेयमिश्र ओ कवि-शेखर श्री बदरीनाथझा। भारत वर्षमे कए गोट गाममे ई गौरव छैक ओ से आइसँ नहि, जहिआसँ देशक इतिहास उपलब्ध अछि। अवश्य ई गाम मिथिलाक तीर्थभूमि थिक!

एखनहु सरिसबमे संस्कृत विद्यालय अछि, प्रथम श्रेणीक कॉलेज अछि, हाइस्कूल अछि, तकनीकी शिक्षण केन्द्र अछि, पोष्ट आफिस अछि जतए टेलीफोनक व्यवस्था अछि, अस्पताल अछि, सार्वजनिक पुस्तकालय अछि, बाजार अछि, विनोदगृह अछि, बिजली अछि। नगरक सुविधामे एकेटा वस्तुक एतए अभाव अछि, रेलक लाइन एतए सँ कोस भरि दूर मुदा पक्की सड़कक कातमे सरिसब दरिभङ्गा ओ मधुबनीसँ 'बस' के द्वारा घण्टा भरिमे पहुँचल जाए सकैत अछि। संस्कृतक अभिरुचि एखनहुँ सरिसबमे अन्यत्रसँ कतेक अधिक अछि। सरिसबक कालेजमे जतेक छात्र संस्कृत पढ़ैत छथि ततेक बिहारक कोनहु महाविद्यालयमे नहि। एतए इहो कहब अप्रासङ्गिक नहि होएत जे चिरकालसँ सरिसबक पंखी, सरोता ओ मधुर विलक्षण होइत अछि, विशेषतः सरिसबक लड्डू एखनहु नामी अछि।

ई भेल केवल सरिसबक महिमा। सरिसबक इतिहासक ई केवल रूपरेखा

थिक। सामाजिक परिस्थितिमे अन्तर भेलासँ जनजीवनमे कोना मोड़ अबैत छैक ओ नव-नव मान्यता उत्पन्न होइत रहैत छैक ताहि प्रसङ्ग हम विशेष नहि किछु कहल अछि। सरिसबक कतेक परिसरकेँ हम विस्तारक भयसँ छोड़ि देल अछि। कतेक कुलक गरिमा हम केवल संकेतित कएल अछि। अन्यक चर्चा हम बड़ विरल कएल अछि। विस्तारसँ वर्णन कएला उत्तर सरिसबक इतिहास एक गोट ग्रन्थ भए जाएत। अस्तु हम तँ एतए विषयक प्रवेश मात्र कएल अछि। यदि केओ उत्साही नवयुवक सरिसबक प्रेमसँ एहि गामक इतिहासकेँ अपन अध्ययन ओ अनुसन्धानक विषय बनाबथि तँ ओ स्वयं अमर भैए जएताह, संग-संग एहि गामहुक गरिमा ज्ञापित कए सकताह। तनिका हेतु ई निबंध मार्गप्रदर्शकक काज करैन्हि से सम्भव।

हमहुँ एहि विषयकेँ प्रेमहिसँ धएलहुँ। कवीन्द्र गङ्गानन्द सरिसबक गुणगान कए गेल छथि, सरिसब हुनक मातृक छलैन्हि। हमरो मातृक सरिसबक पाहीटोल। कवीन्द्र प्रायः विद्याध्ययन सरिसबहि मध्य कएल; हमहु विद्यारम्भ सरिसबहिक स्कूल मे कएल। विद्याक अनुराग हमरा सरिसबहिक जलवायुमे भेटल ओ जे किछु एहि दिशामे उपलब्ध कएल अछि तकर श्रेय हम अपन मातृकुल पलिबाड़हिक महिमाकेँ दैत छिऐक। अपन मातामह धरानाथझाक सञ्चित पुण्य-राशिक जे किछु अंश हमरा प्राप्त भेल हो तकर प्रसादात हमर यत्किञ्चित् प्रतिभाक विकास। एहि निबन्धकेँ लीखितेँ हम ओहि पुण्यश्लोक महापुरुष लोकनिक कीर्त्ति-गाथा अक्षर-सम्बद्ध कएल अछि जाहिसँ कमसँ कम सरिसबक लोक अपन गौरवकेँ चीन्हथि, भविष्य हेतु प्रेरणा प्राप्त करथि। इति।

× × ×

(**स्मारिका,** अखिल भारतीय मैथिली साहित्य परिषद्, दरभंगा, लक्ष्मीवती नगर (सरिसव-पाही) अधिवेशन, 1968 ई.)

श्री वीरेश्वरनाथ

लोहारोड स्टेशन सँ कोस भरि उत्तर लोहना गामक पूब भाग मे, सर्वसीमा एवं नरूआड़ सँ दरभङ्गा सँ अवैत पक्की सड़कक कात मे बेस उच्चभूमि पर एक गोट बड़ पुरान ओ प्रसिद्ध शिवालय अछि, जे एहि प्रान्त मे तँ विदेश्वर स्थान कहवैत अछि, परन्तु थिक वीरेश्वरनाथ नामक शिवालय। एहि मन्दिर मे एकटा मिथिलाक्षर मे खोदल शिलालेख छलैक जे 1934 क भूकम्प से भग्न भए गेलैक ओ सम्प्रति कोन स्थिति मे छैक से नहि जानि, मुदा एकर एकटा प्रति हमरा संग मे अछि, जे एतए प्रकाशित कए रहल छी।

ओँ स्वस्ति

श्रीमद्राघव सिंह बाहु विलसज्जैत्रास्त्रविक्षोभित–
प्रोद्यद्वैरि महीप सम्भवयशः शुभ्री भवद्भूतले।
प्राज्ञः श्री बलभ्रद भद्रवलितो यत्नेन शम्भोरिदं
गर्भीगार मकार यद् दृढ़तरर्न्निर्वाण सम्प्राप्तये ॥1॥
यस्तक समधीत्य जैमिनिमतं सम्यक् पितुः सन्निधे
रध्याप्यातिशयेने शिष्यानिवहानासीत् कृती माधवः।
चान्दोनामनामवती सतीगणवरा धीरा गुणैरुज्ज्वला
तस्यैकैव बभूव धर्मतनया गङ्गेव जह्नोः सुता ॥2॥
वंशे शुभ्रतरेऽथ सोदरपुरे जातो द्विजेशो यथा
दुग्धाब्धौ हरिपादपद्मयुगल ध्याने सदानिर्भरः।
तामुद्वाह्य विधानतो हरिपतिः पुत्रं समासादयत
तस्य श्री बलभ्रद शर्मण इदं...चिरं द्योतताम् ॥3॥
यस्यासीत कुलशीलशीतलमना मानोन्नतो विद्यया।
विख्यातोहि भगीरथो दरिहरा सिन्धोः शशी मातुलः।
तस्य श्री बलभद्रशर्मण इयं कीर्तिर्भवानीपते–
भूयात प्रीतिकरी हिमाद्रि लसिता गौरीव सौधात्मिका ॥4॥

शाके वारणवेद राजकमिते राकेश्वरे भास्वरे
पौषेमासि विलासि मोद रचिते कामान्वितायान्तिथो।
श्री वीरेश्वरनामधेय गिरिशादेशादिदं शाम्भवं
हर्म्यं श्री बलभद्रशर्म सुकृती यत्नादिहाकारयत् ॥5॥
आसीत कोऽपि सुधीर्लसद दरिहरा वंशोद्भवो माधवः
स्तस्यासोत तनया लसद्गुणचया चन्द्रावती नामतः।
एतस्यां महिआकुले हरिपतेरासाद्य पुण्यायत्मनो
जन्म श्री बलभद्रशर्म सुकृती यत्नादिहाकारयत् ॥6॥
नारायणपुरस्थस्य श्री रमाकान्त शर्मणः।
श्लोकाः सर्वसुसंज्ञेया मैथिलैःशास्त्रकोविदैः ॥7॥

एहि शिलालेखक श्लोक रचल थिक एक बड़ विशिष्ट व्यक्तिक—मैथिलेतरक जे अन्तिम पद सँ ध्वनित होइत अछि। ई रमाकान्तमिश्र शाकद्वीपीय ब्राह्मण मङरौनीक म. म. गोकुलनाथ उपाध्यायक शिष्य रहथि। सकरीक समीप नारायणपुर हिनक आवास छल ओ बेहटा मे जे अत्यन्त प्रतिष्ठित शाकद्वीपीय लोकनि छथि से सब हिनक सन्तान। हिनक अतिवृद्ध प्रपौत्र हमरा लोकनिक वयोवृद्ध नेता श्रद्धेय पण्डित गिरीन्द्रमोहन मिश्रजी छथि।

एहि शिलालेख सँ केवल एहि मन्दिरक प्रतिष्ठाक वृत्तान्त बूझल होइत अछि। ई स्थान कतेक प्राचीन थिक तथा एहि शिवलिङ्गक प्रतिष्ठा कहिआ भेल इत्यादि विषय बुझल नहि होइत अछि। शिलालेखक अनुसार एहि मन्दिरक स्थापना महाराज राघवसिंहक समय मे शाके 1648 क पूस शुदि त्रयोदशीके भेल जे 1726 ई. क दिसम्बर प्रायः 24 तारीख रबि छल। एकर स्थापना कएने छलाह सोदरपुर मूलक महिला शाखाक हरिपति झाक बालक बलभद्रझा, जे दरिहरा मूलक रतौली शाखाक माधव झाक दौहित्र छलाह, माधवझाक एकमात्र कन्या चन्द्रावती प्रसिद्ध चानोक बालक।

ई बलभद्र झा, जे एहि मन्दिरक निर्माण कराओल, बड़ विशिष्ट व्यक्ति छलाह। शिलालेख मे अपन कुल सोदरपुरक महिला शाखाकेँ 'शुभ्रतर' कहथु, परन्तु अपन परिचय ओ अपन मातृकुलहि सँ आरम्भ करैत छथि। ई मातृकुल हुनक छल दरिहारा रतौली शाखा। बहुत दिन सँ लोहना मे एहि कुलक वास। एखनहु लोहनामे श्री गणानन्दझा बड़ प्रतिष्ठित छवि। हिनक प्रपितामह गरीबानन्दझाक प्रपितामह छलथिन माधवझा महामहोपाध्याय। म. म. माधव झाक पिता रघुनाथझा, पितामह पद्युम्नझा ओ प्रपितामह गोविन्दझा, सब महामहोपाध्याया माधव झाक बालक भगीरथ झा ओ पौत्र नित्यानन्दझा बड़ प्रसिद्ध वैदिक छलाह। माधव झाकेँ एक बालक वैदिक भगीरथझा ओ एक कन्या चान्दो जनिक पूर्ण नाम चन्द्रावती। एहि कन्याक विवाह छल सोदरपुरक महिला शाखाक परमानन्दझाक बालक हरिपतिझा सँ। हरिपति ओ चान्दोक पुत्र छलाह बलभद्रझा।

बलभद्रझाक माम वैदिक भगीरथझाक विवाह छल बलभद्रझाक वैमात्रेय बहिनि मे, हरिपति झा जे हुनक बहिनोइ छलथिन तनिके प्रथम प्रस्थितिक कन्या मे भगीरथ झाक विवाह ओ भगीरथझाक दू कन्याक विवाह खंडवाला राजकुल मे, जेठिक महाराज राधवसिंह सँ ओ छोटिक महाराजक छोट भाए ठाकुरसिंह सँ। महाराज विष्णु सिंह ओ महाराज नरेन्द्र सिंह दूनू भाई वैदिक भगीरथझाक दौहित्र छलाह ओ महिआ सोदरपुरक हरिपतिझाक दौहित्रीपुत्र छलाह भगीरथझाकेँ चारि बालक जाहि मे दोसर नित्यानन्दझा वैदिक ओ तेसर जयानन्द झा दीवान छलाह। लोहना मे सम्प्रति वैदिक नित्यानन्दझाक सन्तान बसैत छथि।

एवंक्रमे बलभद्रझा महाराज राधवसिंहक सार एवं श्वशुर दूनू, कारण, महाराज नरेन्द्रसिंहक माए महारानी राघवप्रिया बलभद्रझाक माम भगीरथ झाक कन्या ममिऔत बहिनि तथा वैमात्रेय बहिनि जे भगीरथ झाक स्त्री, तनिक कन्या, तेँ भगिनी। दरबार मे तें हिनका पूर्ण प्रतिपत्ति ओ ते बलभद्रझा अपन मातृक लोहना मे एहि शिवालयक सौध निर्माण कराए अमर कीर्ति छोड़ि गेलाह।

परन्तु एहि शिवलिंगक स्थापना के कएल? बलभद्र मातामह म. म. माधव झाक छोट भाए छलथिन्ह म. म. वीरेश्वरझा (एहि वीरेश्वर झाक पौत्री मे कवि वेणीदत्त झाकविवाह छल)। भए सकैत अछि वीरेश्वरझा अपन नाम पर एहि शिवलिंग स्थापना कएने होथि जकरा हेतु भवन हुनक भाइक दौहित्र बलभद्रझा बनवाए देल। अथवा महाराज शिवसिंह मन्त्री छन्दोगक दशकर्म पद्धतिकर्ता वीरेश्वर ठाकुर एहि लिंगक स्थापना कएने होथि जेना वीरेश्वरक बालक चंडेश्वर अपना नाम पर हरिड़ी मे चंडेश्वरनाथ महादेवक स्थापना कए गेल छथि।

परन्तु किछु दिन भेलैक अछि, पता लागल अछि जे स्कन्द पुराणक नागर खण्डक अन्तर्गत 100 अध्यायक मिथिला खण्डक लेख पोथी छैक। छपल नागर खण्ड मे ई नहि छैक। लेख पोथी हम स्वयं नहि देखलिऐक अछि, मुदा हमरा ज्ञात भेल अछि जे ओकर 63 अध्याय मे दूटा श्लोक अछि जाहि मे वीरेश्वरक उल्लेख अछि। श्लोक अछि–

कपिलेश्वर शिवस्थानात् गव्यूतित्रय सम्मिते।
आग्नेय्यां वर्त्तते देवी लोहिनी नाम विश्रुता ॥
लक्ष्मणाया पूर्वतटे सैव ज्वालामुखी स्मृता।
तत्र वीरेश्वरः शम्भुश्चतुर्वर्ग फलप्रदः ॥

अर्थात कपिलेश्वर स्थान सँ तीन गव्यूति अर्थात छओ कोस पूर्व दक्षिण कोण मे लक्ष्मणानदी अर्थात लखनदेइक पुबारी भाग लोहिनी नामक देवीक स्थान अछि। हिनका लोक ज्वालामुखी कहैत छैन्हि। ओतहि वीरेश्वरनाथ महादेव छथि जे धर्म-अर्थ काम ओ मोक्ष चारू फलक देनिहार थिकाह।

यदि स्कन्द-पुराण मे ई अछि तँ लोहना नामक व्युत्पत्ति भेटि जाइत अछि ओ वीरेश्वरक प्राचीनता निर्विवाद। परन्तु लोहना मे लोहिनी देवीक स्थान अथवा ज्वालामुखी प्रायः कालक्रमे लुप्त भए गेल। स्कन्दपुराणक नागर खण्डक छपलो जे पोथी अछि तकर 52 अध्याय मे एहिना कपिलेश्वर स्थान सँ पूर्व सिद्धक्षेत्रक वर्णन भेटैत अछि, जाहि सँ हम 'सरिसव' गामक वर्णन बुझैत छी। ई विषय विशेष अनुसन्धानक अपेक्षा रखैत अछि, मुदा स्थान ई बड़ प्राचीन थिक। शिवालयक आगाँ मे पोखरि सँ जे विष्णुक वेश पैघ मूर्ति बहराएल छल से एखनहु शिवालय मे अछि ओ एहि बीच में गणेशक मूर्ति बहराएल अछि। कोन आश्चर्य, एहि परिसर मे तेहन प्रामाणिक किछु भेटि जाए जाहि सँ एहि गामक, एहि प्रान्तक प्राचीनता प्रख्यापित भए सकए।

(श्री वीरेश्वर माहात्म्य स. तारानाथ झा 1969 सँ)

बहेड़ाक दृश्य

एमहर अनेक दिनसँ सुनैत छलहुँ जे बहेड़ाक निकटवर्त्ती चौगमाक परिसरमे बाराही नामक चरमे वराह भगवानक एकटा मूर्त्ति उपड़ल अछि ओ शिवजीक एकटा जलधरी जे पचहत्तरि मन भारी अछि। पहिनहुसँ एहि प्रान्तक प्राचीन गौरवक गाथा सुनल अछि, विशेषतः पुरातत्त्वशास्त्रक विशेषज्ञ हमर प्रिय शिष्य ओ मित्र डॉक्टर श्रीलक्ष्मणझासँ एहि प्रान्तक अनेकानेक उच्च डीह सबहिक महत्त्वक गप्प सुनल अछि। अतएव गत 28 नवम्बरके" जखन हमर मित्र श्रीकृष्कान्तमिश्रजी एकगोट दलक सङ्ग ओहि स्थानक निरीक्षणक हेतु विदा भेलाह ओ हमरहु आग्रह कएल तँ पूर्ण स्वस्थ नहिओ छलहुँ तथापि एहन सुयोग पुनि भेटत वा नहि ई विचारि विदा भेलहुँ ओ सब किछु देखि अएलहुँ। बहेड़ाक कर्मठ नेता जनिक सदुद्योगक परिणामस्वरूप एतए खोधाइ भेल अछि, डॉ. श्रीव्रजकिशोरवर्माजी, संयोगसँ ओहि दिन बहेड़ामे नहि छलाह परन्तु ते" हमरा लोकनिके" कोनो त्रुटि नहि होअए पाओल। घाटहिसँ हमरा लोकनि बहेड़ा स्कूलक पण्डितजी श्रीमधुपजीके" सङ्ग लेने गेलहुँ तथा ओ बड़े सहृदयतासँ हमरा लोकनिके" घुमाए जे किछु दर्शनीय छलैक सब किछु देखाए देल।

बहेड़ासँ पश्चिम आघ कोस पर ई स्थान अछि जे खोदल गेल अछि तथा समीपमे आन गाम तँ नहि मुदा एकरा उत्तर एकटा बड़कीटा चर अछि जकर दोसरा दिशि अर्थात एहि स्थानसँ उत्तर हाबी-भौआड़ गाम अछि। हाबी-पट्टन मिथिलाक इतिहासमे प्रसिद्ध अछि ओ भौआड़सँ पूर्वमे भौआल कहबैत छल सोदरपुर मूलक एक प्रसिद्ध शाखाक डेरा छल जाहि मध्य महामहोपाध्याय पक्षधरापर नामक जयदेवमिश्र छलाह। बहेड़ासँ पश्चिम होइतहि" भूमिक प्राचीन ऐश्वर्य प्रतिभासित होअए लागल। बहेड़ाक डाकबङ्गला जाहि स्थानमे अछि से अत्यन्त उच्च अछि ओ ओकर विस्तार कोनहु प्राचीन ऐश्वर्यके द्योतित करैत अछि। जाहि स्थानक खोदाइ भेल अछि से बीच बाधमे अछि, ओकर चारू दिशि केवल खेत अछि ओ गाछी इत्यादि सेहो बड़ विरल अछि। मुदा बाधक बीचमे उच्च उच्च भीड़ँ जे जनबैत अछि जे भूमि कोनो प्राचीन ऐतिहासिक स्थान थिक एक नहि अनेक अछि। जाहि स्यानमे

खोदाइ भेल अछि तकर नाम एहि प्रान्तक लोकके ँ महादेव मठ बुझल छैक, एकर नीचा चारू दिशि जे खेत सब छैक तकरा लोक 'महादेव मठक' नीचा इएह एखन धरि कहैत छैक। एहि स्थानसँ कनिए पूब सेहो खोदाइ भेल अछि। ताहिसँ किछु पूब एक गोट एहने उच्च भींड़ अछि, किछु हटि ऐशान कोण दिशि दोसर विशाल भीड़ अछि। थोड़ दूरक परिधिमे एतेक उच्च भींड़ सभक होएब साधारण महत्त्वक द्योतक नहि थिक। इएह सब देखैत भावना करैत स्थानक समीप पहुँचि गेलहुँ।

परन्तु किछु दूर पूर्वहिसँ जाहि ट्रकपर हमरा लोकनि जाइत रही तकर गति अरुवद्ध होअए लागल लोकक धरोहिसँ। जेना लगमे कोनो हाट रहैक तेहन बोध भेल। ट्रक रोकि देल गेल। उतरैत गेलहुँ तँ किछुए दूर पर देखल नाटकक स्टेज परदा टाङ्गल ओ बाटक दौबगली गमैआ मधुर आदिक दोकान। पुछला पर ज्ञात भेल जे इएह स्थान थिकैक जतए भगवान उपड़लाह अछि। ओ तकरे ई मेला थिक। ई मेलाक स्थान सएह हमरा लोकनि देखए आएल रही। श्रीमधुपजी आगाँ बढ़ि कहल जे पहिने भगवानक दर्शन कए लिअ। परन्तु ओतए पहुँचब कोना? दूरहिसँ थाल भेटए लागल ओ एतेक लोकक बीचमे पैसब कोना? जेना-तेना पहुँचलहुँ तँ देखल जे जे वस्तु देखए आएल रही से तँ जल ओ बेलपातसँ झाँपल अछि। सुनल जे शतावधि टाकाक पाइ एतए चढ़ौआमे जमा भेल अछि।

देखल दू गोट वस्तु। एकटा जलधरी जाहिसँ शिवलिङ्ग भग्न छथि ओ पचहत्तरि मन तँ नहि कहि, जे बेश विशाल ओ अवश्य अछि। ओही भग्न लिङ्गक स्थानमे थोड़ेक दूर पर उपड़ल दोसर भग्न लिङ्गकेँ जोड़ि एकरा महादेव बनाए एतए लोकक भेड़िआ-छसान अछि। जलधरी धरि अद्भुत पालिश कएल चिक्कन कारी वर्णक। केओ कहलक जे एकरा चारू कात किछु लिखल छैक। परन्तु से पढ़ब कोना। सबटा तँ बेलपातसँ झाँपल छल ओ लोक ततेक जमा छल जे नीक जकाँ सुझब कठिन। मुदा सङ्गमे कतोक छात्रलोकनि गेल रहथि। चारि-पाँच गोटे मीलि ओकरा टेढ़ कए उठाओल जाहिसँ ओ भाग ऊपर ऊठि गेल। देखल तँ बीचसँ पालिश उखड़ि घुणाक्षरन्यायकेँ चरितार्थ करैत अछि। ततेक ओतए थाल छलैह ओ ततेक बेलपातक ढेर जे बेसी चेष्टो नहि कए भेल। दोसर जे वराह भगवान कहल जाइत छथि से कारी पाथरक हाथ दुइएक लाम खम्हा जकाँ अछि। निमुठ हाथ नीचासँ बिनु पालिश कएल ओहने खर-खर मुदा ऊपर विलक्षण पालिश ओ बीतेक ऊपररसँ ओहिमे वराहक थुथुन जकाँ नमड़ल। वराहक तँ हमरा कोनो लक्षण आओर नहि देखना गेल। हमरा एहने प्रतिभासित भेल जे ई कोनो खम्हामे लागल छल अथवा मुख्य द्वार पर गाड़ल छल जकरा ऊपरमे दीप राखल जाइत छल अथवा एतादृशे कोनो दोसर काज होइत छल। मुदा तखन एकर एकटा जोड़ा भेटबाक चाही।

तखन गेलहुँ ओ स्थान देखए जतए ई उपड़ल अछि। जलधरीसँ जल बहबाक नाली ओहने कारी पाथरसँ पीटल मन्दिर बहार धरि उत्तर दिशि ओहिना

विद्यमान अछि। मन्दिरक गर्भगृह जतएसँ जलधरी उपाड़िकेँ बहार कएल गेल अछि से चारू भाग उत्तम पाथरसँ पीटल अछि ओ नीचामे सेहो एक तह पाथर छल। एहि पाथर पर पालिश नहि अछि। आगाँमे प्रायः घंटा घरक सेहो भग्न भेटल अछि। स्थान बहुत नीचा धरि खोदल भए गेल अछि। आश्चर्य जे एखन धरि कोनो शिला-लेख नहि भेटल अछि परन्तु आगाँ दिशि लेख भेटबाक चाही। आलयक चारू दिशि देबाल छल तकर भग्नावशेष विद्यमान अछि। परन्तु एतए कोनो जलाशय अवश्य छल होएत। उचित तँ थिक पोखरि मुदा से कतहु छल तकर कोनो लक्षण नहि भेटल। तखन कूपो धरि भेटैत मुदा उपड़ल अछि सेहो नहि। आलयक उत्तर दिशि बेलक किछु गाछ झंखार जकाँ देखल। आओर विशेष किछु तकितहुँ से तँ तेहन लोकक मेला छल जे सम्भव नहि मेल। आओर की, ओतहि एक भागमे नव घर सेहो बनि रहल अछि। आश्चर्य जे एक ठाम भूमि खोदल जएबाक उपक्रम अछि मुदा दोसरा ठाम नव घर बनैत अछि! एहि स्थानसँ पश्चिम बेश नीच भूमि अछि परन्तु पता लागल जे ई स्थान एतेक नीच नहि छल। पचीस-तीस वर्ष पूर्व ई लोक सब कोड़िकेँ खेत बनओलक ओ तहिआ ओही ठाम एकटा भगवतीक प्रस्तरमूर्त्ति भेटलैक जे एकटा स्थानमे राखल छैक। ओतहु जाए ओहि मूर्त्तिकेँ देखल। ओ पार्वतीक मूर्त्ति सन बूझि पड़ल, परन्तु पाथर ततेक कम भेटैत छैक जे ओ स्थापित मूर्ति नहि, शृङ्गारक हेतु देवालमे साटल मूर्त्ति सन प्रतीत भेल। सम्पूर्ण स्थानकेँ देखला उत्तर हमरा ई स्थान विदेश्वर-स्थान जकाँ प्रतीत मेल। ओहिना एतहु मुख्य मन्दिसँ हटि छोट मन्दिरक भग्न-विशेष बहराएल अछि जाहिमे एक गोट लिङ्ग सेहो बहराएल, उज्जर सन, रुक्ष पाथरक, जे हमरा जनैत भैरव छलाह। हुनकहि महादेवक जलधरी पर टूटल लिङ्गक स्थानमे राखि लोक एखन हिनक पूजा करैत अछि! विदेश्वर-स्थानसँ मेल एतबए अछि जे एतए जलशय कोनो नहि अछि। एहिमे तेँ कोनो सन्देह नहि जे ई कहियो शिवालय छल ओ से छल बड़ ऐश्वर्यशाली। एतेक पाथरक प्राचुर्य अन्यथा सम्भव नहि छल। वराह भगवान एतए प्रतिष्ठित छलाह से तँ सम्भव नहि प्रतीत होइत अछि। ओ शृङ्गारक सामग्री छल। तहिना भगवतीक मूर्त्ति सेहो शृङ्गारहिक सामग्री छल सएह सम्भव बूझि पड़ैत अछि। परन्तु ई कतेक पुरान स्थान थिक तकर निर्णय नहि भए सकल। कतहु कोनो लेख नहि भेटल अछि। ईँटा सबमे रङ्ग विरङ्गक चित्र, कतहु छापल, कतहु खोदल, भेटल परन्तु से सब कोनो महत्त्वक प्रतीत नहि भेल।

परन्तु सबसँ अधिक खेद भेल स्थानक दुरवस्था देखि। ई ऐतिहासिक महत्त्वक स्थान थिक। एतए भग्न शिवलिङ्ग अथवा गाड़ल जएबाक योग्य बनाओल वराहाकृतिक खम्भाकेँ वराह भगवान बूझि ओकरा एना पूजब ओ पुजाएब लोकक आस्तिकतासँ लाभ उठाएब छाड़ि आओर की कहाए सकैत अछि खोदाइक काज सम्पन्न नहि भेल अछि। एखन आओर खोदाइ होएब आवश्यक अछि। सङ्ग-सङ्ग

किछु-किछु दूर पर जे दू तीनटा भीड़ अछि तकरो खोदाइ आवश्यक। ओहि सब स्थानक खोदाइ मेला उत्तर सम्भव थिक एहि स्थानक प्राचीनताक प्रसङ्ग किछु विशेष विषय अवगत भए सकए ओ इहो बुझल भए सकए जे ई भूभाग ताहि दिन की छल? ओहि सब भीड़क तरमे सम्भव थिक दोसर-दोसर शिवालय हो ओ गोटेकोमे जँ शिलालेख भेटि गेल तँ समस्याक समाधान भए जाएत। अथवा यदि शिवालय नहि थिक तँ पुरान मुद्रा सेहो भेटबाक पूर्ण सम्भावना अछि। कोनहु स्थितिमे ई भाग बड़ महत्त्वपूर्ण अछि ओ हमरा तँ पूर्ण विश्वास अछि जे पण्डौलक? उत्तर भगीरथपुरमे जे भग्न बड़ मन्दिर उपड़ल अछि ताहिसँ ई स्थान अधिक महत्त्वपूर्ण, बड़ अधिक प्राचीन ओ बड़ बेसी ऐतिहासिक सिद्ध होएत। एहि हेतु बहेड़ाक कर्मठ नेता श्री वर्माजीक जतेक प्रशंसा कएल जाए से थोड़ होएत परन्तु ई काज केवल हुनके टा त' थिकन्हि नहि, एकसर बेचारे ओ कतेक कए सकताह। एहि मे एहि प्रान्तक सब व्यक्तिक सर्वथा सहयोग आवश्यक ओ सबसँ अधिक तँ सरकारक सहयोग ओ साहाय्य अपेक्षित छैक।

(वैदेही, जनवरी 1955)

परिचय-पत्र

भारतवर्षक प्राचीन साहित्यमे सबसँ पैघ त्रुटि अछि ऐतिहासिक सामग्रीक। ज्ञानक कोनो अङ्ग एहन नहि जकर पूर्त्ति हमरा लोकनिक साहित्यमे अनुपम रीतिसँ नहि हो, विद्याक कोनो विभाग नहि जाहि मध्य हमरा लोकनिक उत्कृष्ट रचना नहि हो, परन्तु जखन जीवन-चरितक अनुसंधान करैत छी-ओ इतिहास की थीक, अवदात चरितक चित्रणो तँ इतिहास कहबैत अछि-तेँ देखैत छी जे एहि दिशि जेना हमरा लोकनिक पूर्वज कनेको ध्यान नहि देलैन्हि। ऐहिक जीवनसँ निस्सार ओ तुच्छ जानि सम्भव थीक ओ लोकनि अपना वा अपन पूववर्त्ती महापुरुषलोकनिक जीवनक इतिवृत्ति लिखव व्यर्थ बुझने होथि; सम्भव थीक तत्त्वार्थप्रकाशहिकेँ परम पुरुषार्थ मानि ओ लोकनि केहनो पैघ मानव-जीवनकेँ चित्रण करब तुच्छ ओ असार बुझैत छल होथि। परन्तु जाहि कोनो करणे हो एहि रूपक साहित्यक हमरा लोकनिकमे ताहि रूपक अभाव अछि जे विश्व विख्यातो लेखक, तत्त्वप्रदर्शक एवं कलाकोविदक प्रसङ्ग हमरालोकनि बहुधा अन्धकारहिमे छी। बड़ थोड़ लेखक छथि, अधिकांशक प्रसङ्ग तँ हमरा लोकनि नाना रूपेँ, बहिरङ्ग ओ अन्तरङ्ग परीक्षण भिन्न-भिन्न प्रकारेँ, कोनहु रूपक किछु परिचयमात्र प्राप्त करैत छी।

भारतवर्षक प्रत्येक प्रान्तक इएह स्थिति अछि परन्तु मिथिलाक स्थिति तँ सबसँ विशेष खेदजनक अछि। सृष्टिक आदिकालसँ एतए विद्याक अपूर्व वैभव रहैत आएल अछि। कोनहु समयमे भारतवर्षक अग्रण्य प्रकाण्ड पण्डित मण्डली मध्य एकओ दू गोट मैथिल विद्वद्वरेणय नहि छल होथि से नहि मैथिल लोकनिक रचना विश्वक कोन-कोनमे व्याप्त अछि, मैथिल लोकनिक वैछुष्यालोकसँ दिगन्त प्रकाश पओने अछि परञ्च कएगोट मैथिल महापुरुषक परिचय असन्दिग्ध रूपसँ ज्ञात अछि? अन्यान्य प्रान्तवासीलोकनि हमरालोकनिक विभूतिकेँ अपन कहि कहि गौरवान्वित होइत अछि। जेहो दश-पाँच व्यक्तिक परिचय किछु-किछु अवगत होइत अछि सेहो अन्य-प्रान्तीय पण्डित-प्रवर लोकनिक अनुसंधानक प्रसादत्। हमरा लोकनिक एखन पर्यन्त अपन पूर्वक अनुसन्धानमे प्रवृत्तो नहि भेल छी ओ जेहो दुइ-चारि व्यक्ति किछु कछु एहि दिशि प्रवृत्तो भेल छथि से ताहि रूपक भ्रमात्मक परिचय सब दैत गेल छथि जे सर्वथा हास्यास्पद प्रतीत होइत अछि।

अन्यान्य प्रान्त जकाँ हमरा लोकनिकेँ परिचयक सामग्रीक अभाव अछि से विषय नहि अछि, अपनहि अपने परिचय जनु लिखैत जाथु परन्तु मिथिलामे, तँ शाके 1248 हि मध्य एकगोट एहन संस्था स्थापित कएल गेल छल जे तत्कालीन समस्त ब्राह्मण ओ कायस्थक, प्रायः क्षत्रिय ओ वैश्यहुक परन्तु से आब लुप्तप्राय अछि, परिचय संगृहीत कए लिपिबद्ध कराए लेलक ओ से समाजक प्रतिष्ठित व्यक्तिकेँ समर्पित कए देलक जे ओ लोकनिक ओकर रक्षा करथि, बराबर नव लोकक परिचय ओहिमे लिखैत चल जाथि तथा ओही आधार पर वैवाहिक सम्बन्धक निर्णय कए जातिक रक्षा करथि। इएह थीक हमरा लोकनिक पञ्ची। एहिमे शाके 1248 सँ अद्यपर्यन्तक समस्त ब्राह्मणक परिचय संगृहीत अछिए, ताहिसँ पूर्वहुक, पैध-पैध कुलक तँ दश-दश पुरुष पूर्वक ओ साधारणतया छओ पुरुष पूर्व धरिक, परिचय त प्रायः प्रत्येक सत्कुलक संरक्षित अछि। जाति ओ धर्मक रक्षाक सद्भावना सँ प्रेरित भए जे एहन विलक्षण वस्तु हमरा लोकनिक पूर्वज राखि गेल छथि तकरा अछैत यदि हमरा लोकनि अपन पूर्वजक परिचय नहि बुझि सकी तँ तकर एकमात्र कारण हमरा लोकनिक अपन अकर्मण्यता थीक, एहि हेतु सर्वथा उत्तरदायी समाजक ओ वर्ग थिकाह जानिका पञ्जीक संरक्षण ओ परिवर्धनक भार देल गेल छलैन्हि।

वस्तुतः पञ्जीसँ मिथिलाक इतिहास संकलित करबाक यत्न अद्यपर्यन्त नहि कएल गेल अछि। तकर मुख्य कारण थीक पञ्जीक दुर्लभता। पँजिआड़ लोकनि तँ पञ्चीकेँ वैवाहिक सम्बन्ध स्थिर करवाक साधनमात्र बुझैत आएल छथि ओ अपन जीविका ओही पर निर्भर छैन्हि ते ओकरा गुप्त रखने रहैत छथि। साधारण विद्वानके ओ वस्तु भेटव दुर्लभ ओ यदि भेटबो करतैन्हि त यावतपर्यन्त ओकर लेखन-शैली बुझल नहि होएतैन्हि तावत ओहिसँ उपकारे की लए सकताह। दोसह, काज तँ पड़ैत छैन्हि पँजिआड़ लोकनिकेँ आधुनिक परिचय मात्रक ओ प्राचीन-प्राचीन जे परिचयक ग्रन्थ सब छैन्हि से देखि आँखि बिनु अश्रुपात भेले नहि रहि सकैत अछि। एमहर आबि तँ पँजिआड़ लोकनिक केवल नाम मात्र लिखि अपन काज सम्पंन्न बुझैत छथि परन्तु पूर्वक पाँजिक पोथी सबमे कतेक विषय समाविष्ट रहैत छल से देखलहिँ बूझि सकैत छी। आब ओ पोथी सब क्रमशः नष्ट भेल जाइत अछि परन्तु एखनहु धरि देशमे बहुत अछि। हम तँ कहब जे मिथिला ओ मैथिलीक अतीत गौरवक प्रख्यापनसँ जँ समाजक समक्ष भविष्यक हेतु उच्च आदर्श उपस्थित करबाक अभिप्राय हो तँ देशक प्रत्येक विद्वान ओ श्रीमानक प्रथम कर्त्तव्य ई थीक जाहिसँ से प्राचीन पाँजिक सकल पुस्तकक अनुसन्धान कए-कए ओकरा सुरक्षित राखल जाए ओ तेहन विशाल ई साहित्य अछि जे एक नहि अनेक व्यक्ति यदि एहिमे लागि जाथि त एहिसँ तेहन तेहन अद्भुत सामग्री सब बहराएत जे मिथिलाक इतिहासक एकगोट अङ्गए हिसँ प्रामाणिक रूपसँ पूर्ण भए जाएत ओ से होएत मैथिल महापुरुष लोकनिक परिचय।

भाग्यसँ हमरा दड़िभङ्ग। राजकीय पुस्तकालयक हेतु तीनि गोट पुरान ब्राह्मणक पाँजिक पोथी कतेक यत्नसँ उपलब्ध भए सकल अछि–एक गोट शाखाक पोथी छओ सए पातक शाके 1642 क ओ दू गोट मूलक पोथी सोदरपुर मूलक महाराज राघव सिंहक समयक लिखल ओ माण्डर मूलक ओहिसँ सए वर्ष पूर्वक लिखल–तीनू गोट तालपत्र पर। एहिसँ भिन्न दू-तीन गोट नवीनो लेख सब हमरा अपना उपलब्ध भए सकल अछि। परन्तु जतेक विशाल ई साहित्य अछि, जतेक पुरान अछि, जतेक विस्तृत अछि, ताहि समक्ष त एतबा पोथी किछु नहि भेल। ने एहिमे सबटा परिचय अछि, ने सबटा शङ्काक एतबहिसँ समाधान होइत अछि। तैओ आरम्भ करबाक हेतु एतबओ पर्याप्त अछि तथा एहि सबहिक आधार पर जे मिथिलाक विद्वन्मूर्धन्य लोकनिक परिचय उपलब्ध भेल अछि से क्रमशः एहिमे हम प्रकाशति कए रहल छी आशा अछि, एतबहुसँ विद्वन्नमंडलीक ध्यान एहि दिशि आकृष्ट होएत ओ से तँ पुनि मिथिलाक विगत सहस्र वर्षक ताहि रूपक इतिहास सङ्कलित भए जाएत जेहन भारतक अन्य कोनहु प्रान्तके ँ होएब असंभव छैन्हि।

(क) तत्त्वचिन्तामणिकार महामहोपाध्याय परमगुरु गङ्गेश्वर

एहि सहस्रावधि वर्षक अभ्यन्तरमे मिथिलाक जे जे शत-शत विद्वद्वरेण्यलोकनिक अपन अलौकिक ज्ञानालोकक प्रकाशसँ दिन्दिगन्तक अज्ञान-तिमिर दूर कए तत्त्वान्वेषणक सन्मार्ग प्रदशित कएने छथि अपन अनुपम वैदुष्यक सुकीर्तिसँ मिथिलाक मुख उज्ज्वल कएने छथि सरस्वतीक एकान्त उपासनाक प्रसादात मैथिलीक सुयश प्रख्यापित कएने छथि; ताहि सबहुँ मनीषीक मूर्धन्य निस्सन्देह तत्त्वचिनमणिकार महामहोपाध्याय गङ्गेश्वरझा थिकाह। ई हिनक अखण्ड पुण्यक प्रताप थीक जे रत्नाकरसँ उत्पन्न कलाकर जकाँ, हिनका सर्वथा अपनहि सदृश पुत्ररत्न महामहोपाध्याय वर्धमानझा भेलथिन्ह जे पाण्डित्यप्रकर्षकउत्कर्ष मे बापसँ अन्यून बापहिक सदृश विद्वत्समाजक मूर्धन्य भेल अनन्त काल धरिकहेतु अपन अमर कीर्ति छोड़ि गेल छथि।

परन्तु अत्यन्त खेदक विषय थीक जे हिनका लोकनिक कोनो परिचय उपलब्ध नहि अछि। तत्त्वचिन्तामणिमे खण्डन-खण्डखाद्यकारक नामक उल्लेख अछि। ओ ते ँ कहल जाइत अछि जे तत्त्वचिन्तामणिकार कवि-पण्डित-मुख्य श्री हर्ष ओ हुनक आश्रय कान्यकुब्जेश्वर महाराज जयचन्द्रसत्र अर्वाचीन थिकाह म. म. वर्धमान अपन लीलावती-प्रकाशक उपोद्घातमे 'न्यायाम्भोज पतङ्गमीमांसापारदृश्वा' अपन पिता गङ्गेश्वरहिक वन्दना कएने छथि ते ँ ई बुझल होइत अछि जे ई तत्त्वचिन्तामणिकारक पुत्र छलाह। एहिसँ अतिरिक्त हुनक प्रसङ्ग आओर किछु विदित नहि अछि। सर्वदर्शनसंग्रहमे माधवाचार्य पाणिनि दर्शन प्रकरणमे महोपाध्याय वर्धमानक नाम त उल्लेख कएने छथि ओ ते ँ पूर्व कहल जाइत छल जे एतावता माधवाचार्यसँ हुनका प्राचीन होएब प्रमाणित होइत अछि परन्तु म. म.

पण्डित गोपीनाथ कविराजजी तकरहु खंडित कए देल; ओ कहैत छथि जे से वर्धमान 'गणरत्नमहोदधिकार वैयाकरण' थिकाह।

भाग्यसँ हमरा पञ्जीमे हिनका दुहू पिता-पुत्रक उल्लेख भेटि गेल अछि ओ से ताहि रूपेँ विशेषण-विशिष्ट अछि, स्पष्ट अछि, असन्दिग्ध अछि, जे ई दुहू नाम अत्यन्त प्रचलित रहितहुँ हिनका लोकनिक परिचय मे कोनो सन्देहक अवकाश नहि रहैत अछि।

गङ्गेश्वरक नाम यद्यपि 'गङ्गेश' सेहो प्रसिद्ध अछि परन्तु हिनक पुत्र हिनका 'गङ्गेश्वर' सएह कहैत अछि तथा पञ्जीमे सेहो सएह रूप भेटैत अछि। पञ्जीक प्राचीन लेखमे नाम सब बहुधा उपाधिविशिष्टे रहैत अछि ओ गङ्गेश्वरकेँ 'महामहोपाध्याय' तँ कहले अछि, संग-संग 'तत्त्वचिन्तामणिकारक' कहल अछि जाहिसँ हिनक परिचय मे सन्दहेक अबकाश नहि अछि; ओ ताहि परसँ 'परम गुरु' से कहल अछि। ओना तँ गुरुक गुरु 'परम गुरु' कहल जाइत छथि परन्तु हिनक एहि उपाधिक तात्पर्य की से बुझल नहि होइत अछि। सम्पूर्ण पञ्जीमे दुइगोट महापुरुषकेँ ई उपाधि भेटल अछि, एक तँ हिनकहि ओ दोसर महामहोपाध्याय वाचस्पति मिश्रकेँ। हमरा बूझि पड़ैत अछि जे एहि उपाधिसँ हिनक अध्यापनक उत्कर्ष ओ शिष्यमंडलक वैपुल्य तथा प्रकर्ष सूचित होइत अछि।

वर्द्धमानक उल्लेख हुनक मूल-पुरस्सर अछि ओ अपन-अपन पिताक नाम ओ स्वयं लीखि गेल छथि तेँ चिन्हबामे हुनकहु भाङठ नहि होइत अछि परन्तु एकगोट पोथीमे हिनक नाम 'बाढू' भेटल अछि। अन्यान्यो एहि नामक व्यक्तिक हेतु प्रयुक्त भेल देखि प्रतीत होइत अछि जे वर्द्धमानक अपभ्रंश अतएव प्रसिद्ध रूप 'बाढू' छल जेना 'गणेस' अथवा 'गणेश्वर' क 'गञन', 'पक्षधर' क 'पाखू', देवादित्य अथवा देवनाथक 'देवे' अथवा 'देबाइ', भोगीश्वरक 'भोगे' अथवा 'भोगाई'। 'महामहोपध्याय, तँ इहो कहले छथि परञ्च ताहि संग एकगोट पुरान पोथीमे हिनक उपाधि भेटैत अछि 'उपायकारक'। निश्चय, 'उपाय' कोनहु ग्रन्थक नाम थीक कारण एही रूपेँ 'तत्त्वचिन्तामणिकार' 'रसमञ्जरीकार', 'पल्लवकार' प्रभृति प्रसिद्ध व्यक्ति लोकनिक परिचायक विशेषण लिखबाक व्यवहार अछि परन्तु से 'उपाय' कोन ग्रन्थ थीक? म. म. वर्धमानक तँ केवल 'प्रकाश' नामहिक सबटा ग्रन्थ उपलब्ध होइत अछि।

पञ्जीमे हिनका लोकनिक मूल 'छादन' कहल गेल अछि जे गोत्र-पञ्जीमे 'काश्यप' गोत्रमे परिगणित अछि। कोनहु कुलक 'मूल' ओहि गामक नाम होइत छैक जतए ओहि कुलक बीजी-पुरुषक निवास छल हो। पञ्जीप्रबन्ध कालमे अपन पूर्वजक परिचय दैत-दैत सबसँ प्राचीन जाहि पूर्वजक परिचय दैत गेलाह से ओहि कुलक 'बीजी'-पुरुष' कहाओल ओ से जाहि गाममे बसैत छलाह से गाम ओहि कुलक 'मूल' भेल। पश्चात ओहि कुलक कोनो शाखाँ मूल-भूत ग्रामसँ उपटि आन गाममे जाए

बसलाह त ओहि नव गामक नाम मूलक नामक संग जोड़ि देल गेल। 'सरिसब' मूलक एक शाखा पञ्जी-प्रबंधक कालसँ पूर्वहि 'छादन' गाम जाए बसलाह ओ ताहि शाखाक सन्तान-वर्ग अद्यपर्यन्त 'सरिसबए छादन' कहाए अपन परिचय दैत छथि। परन्तु 'छादन' मूलक केओ ब्राह्मण एखन छथि की नहि से हमरा ज्ञान नहि अछि। कोनहु ग्रन्थमे हमरा 'छादन' मूलक बीजी नहि भेटल अछि। तत्त्वचिन्तामणिकार अथवा हुनक बालकक परिचय त हिनका लोकनिक स्त्र्यपत्य दिशिक सन्तान अपन परिचय दैत दैत कहि गेलाह परन्तु से एही दुहू महापुरुष धरि। ने गङ्गेश्वरक बापक नाम भेटैत अछि, ने मातामहक, ने हुनक वा हुनक बालकक विवाहहिक परिचय भैटैत अछि। अतएव हमरा पूर्ण संदेह अछि जे पञ्जीप्रबन्ध-कालमे 'छादन' मूलक केओ सद्ब्राह्मण नहि छलाह जे अपन परिचय दए सकितथि। म. म. वर्धमानझाकेँ प्रायः पुमपत्य नहि ओ तेँ तत्वचिन्तामणिकारक वंश लुप्ते छल; हुनक सकुल्य लोकनि जँ छलथिन्हो तँ ओ कोनहु नीक कुलसँ सम्बन्ध नहि छलैन्हि, ने भेलैन्हि, जे पछातिओ परिचयक संग्रह होइत। तहिँ पञ्जीमे एहि कुलक परिचय संगृहीत नहि भेटैत अछि। यदि से सत्य, तखन तँ इहो पूर्ण सम्भव जे तत्त्वचिन्तामणिकारक जे मूल हुनक स्त्र्यपत्यक सन्तान लोकनि कहल से हुनक निवासस्थने छल हो। हमर अनुमान इहए अछि जे ई लोकनि 'छादन' गामक वासी छलाह।

अस्तु एखन धरि पञ्जीसँ हमरा एतबए उपलब्ध भेल अछि जे 'छादन-' ग्राम-सम्भूत तत्त्वचिन्तामणिकारकेँ एक बालक, म. म. वर्धमानझा जनिक प्रसिद्ध नाम 'बादू' झा छल, ओ एक कन्या। बालकक विवाह कतए से ज्ञात नहि, ने हुनक कोनहु पुमपत्यक पता लगैत अछि। से प्रायः हुनका नहि छलथिन्ह। परन्तु हुनका एक गोट कन्या जनिक विवाह 'एकम्बा'-ग्रामवासी 'खण्डबला' मूलक विश्वनाथक सबसँ छोट बालक शिवनाथसँ छलैन्हि। एहि कन्याकेँ अनेक सन्तान ओ पुमपत्यक तँ पता नहि अछि परन्तु स्त्र्यपत्यक सन्तानसँ देश व्याप्त अछि। तथापि ताहिमे निकटवर्त्ती कोनहु विशिष्ट व्यक्तिक नाम नहि भेटैत अछि ओ तेँ एहि दिशिक विशेष वर्णन एतए नहि करब। परन्तु 'एकम्बा'-बासी 'खण्डबला' मूलक ई शिवनाथ बड़ विशिष्ट व्यक्ति छलाह तथा हिनक सम्बन्धसँ हिनक श्वशुर म. म. वर्धमान झाक समय निर्णीत करबाक हेतु बड़ प्रामाणिक सामग्री भेटत तेँ तकर वर्णन एतए करैत छी।

शिवनाथकेँ दोसरो विवाह छलैन्हि ओ ताहि पक्षक एकमात्र कन्यासँ विवाह छलैन्हि 'पतञोना'-ग्रामवासी 'खौआल'-मूलक 'पाखू'झाक। 'खौआल' मूलक ई शाखा मैथिल ब्राह्मणक एक गोट बड़ विशिष्ट, प्रतिष्ठित ओ उच्च कुल थीक। पञ्जीप्रबंधक भए गेला पर संगृहीत परिचयक आधार पर जखन ब्राह्मणक श्रेणीविभाग भेल तँ ई कुल सर्वोच्च, श्रोत्रियक, श्रेणीमे राखल गेल पाखूझाक निवास कतए छल से नहि कहि परन्तु हिनक प्रपौत्र लोकनि 'सिम्बरबाड़' गाममे जाए बसैत गेलथिन्ह

जे रैत्रामक सन्निहित उत्तरमे छल, आव ओ गाम नहि अछि। एहि शाखाक 'खौआड़ए सिम्बरबाड' कहैत छथि। सरिसबक सुविख्यात कविशेखर श्रीवदरीनाथझा एही कुलक थिकाह ओ पाखूझासँ चौदहम ठाम पड़ैत छथि। सबटा प्रमाण उद्धृत करए लगाव तँ लेख बड़ पैध भए जाएत तेँ सिद्धवत जानि लिअ जे पञ्जी-प्रबन्धक समयमे, शाके 1248 मे, पाखूझाक बालक भूलेझा वर्त्तमान छलाह ओ यदि पाखूझा अपनहु छलाह तँ बड़ वृद्ध छल होएताह। अतएव पाखूझाक श्वशुर शिवनाथ, तनिक श्वशुर म. म. वर्धमानझा ओहिसँ प्रायः सए वर्ष पूर्व भेल होएताह, पञ्जीप्रबन्ध कालसँ दू पुरुष प्राचीन हुनक समय थीक। हमरा दृष्टिमे एहिसँ हुनक जीवनकाल द्वादशम शक-शताब्दक मध्य भाग प्रमाणित होइत अछि।

एकर पुष्टि दोसरहु प्रकारेँ होइत अछि। शिवनाथक जेठ सोदर भाइक विवाह छलैन्हि, नान्यपुर-ग्रामवासी खौआल-मूलक रत्नाकर प्रसिद्ध ञाङ्गनि मिश्रक कन्यामे। दू सोदर भाइक श्वशुर होएबाक कारणेँ आङ्गने मिश्र ओ वर्द्धमान झा भिन्न वयसक छल होथि ताहिमे नहि कोनो आश्चर्य परन्तु समसामयिक अवश्य छलाह। एहि ञाङ्गनि मिश्रक साक्षाते पितिऔत भाइक पौत्र छलाह भवशर्म्मा जे 'प्रतिहस्त' कहाए मिथिलाक पण्डित-मण्डलीमे विख्यात छथि। हिनकहि नियुक्त कए महाराज हरिसिंहदेवक मन्त्री 'राजनीति—कल्ललोलिनीकर्णधार महासामन्ताधिपति महामहत्तक' गणेश्वर ठाकुर 'सुगति-सोपान' क ओ गणेश्वरात्मज 'वाजसेनिय-दशकर्म्म-पद्धतिकार' म. म. रामत्त ठाकुर 'षोड़शमहादान-निर्णय' क निर्माण कराओल। अतएव एहिमे कोनो संदेह नहि जे शाके 1248 मे प्रतिहस्त भवशर्म्मा पूर्णवयस्क छलाह। अतएव हुनक पितामहक पितिऔत भाए आङ्गनि मिश्र ओहिसँ दू पुरुष प्राचीन भेलाह ओ तनिक समसामयिक म. म. वर्धमानझाक समय सेहो सएह भेल।

तत्त्वचिन्तामणिकारक जे कन्या छलथिन्ह तनिक विवाह 'बम्भनिञाम' मूलक बिसाढ़ी ओ दोलमालपुर दुहू शाखाक वीजी-पुरुष साधुकरसँ छलैन्हि। हिनक प्रसिद्ध नाम 'साठू' अधिक ठाम भेटैत अछि। हिनका एक बालक रत्नाकर ओ एक कन्या; परन्तु ततबहि सँ हिनक सन्तानक ततेक वृद्धि भेल जे पछबारिपारक स्थिति हमरा ज्ञात नहि अछि परन्तु पुबारिपारमे तेँ एहने प्रायः कोनो प्रतिष्ठित कुल हो जे परम्परया हिनक, ओ तद्द्वारा हिनक श्वशुर तत्त्वचिन्तामणिकारक, सन्तान वर्गमे नहि पड़ैत हो।

सबटाक साङ्गोपाङ्ग वर्णन करब निष्प्रयोजन बुझैत छी, से कएने ई लेख बड़ विस्तृत भए जाएत मुदा विशिष्ट-विशिष्ट दू-चारि गोट परिचयक उल्लेख तैओ कए देब आवश्यक जाहिसँ हिनका लोकनिक समय निर्धारित करबाक प्रचुर सामग्री भेटए।

तत्त्वचिन्तामणिकारक दौहित्र रत्नाकरकेँ अनेक विवाह, ओ एकगोट विवाह, प्रायः सबसँ पछातिक, जमुनी-बासी जजिबाल-मूलक गुणीश्वरक कन्यामे। एहि

गुणीश्वरक विवाह गढ़-बिसपी छलैन्हि, सुप्रसिद्ध भाण्डागारिक जटेश्वरक पौत्रीमे, सप्त-रत्नाकर-कार महामहत्तक चण्डेश्वरक ओ वाजसेनिय-दश-कर्म्मपद्धतिकार म. म. रामदत्तक पितिऔत भाइक कन्यामे। एहि बुढ़ारी वयसक विवाहमे रत्नाकरकेँ एकमात्र कन्या जनिक विवाह पिथनपुर-बासी खौआल-मूलक नादूझाक पौत्र भवदत्तसँ। ई नादूझा का सिम्भरबाड़-वासी खौआड़एक पूर्व-पुरुष पाखूझाक सबसँ जेठ वैमात्रेय भाए छलाह तथा हिनक पौत्र भवदत्त छलाह दौहित्र सोदरपुर-मूलक धओलि प्रभृति अनेक शाखाक बीजी-पुरुष भोगीश्वरक जे जँ पञ्जी-प्रबन्धकालमे छलाहो तँ अत्यन्त वृद्ध छल होएताह ओ हुनक दौहित्र भवदत्तके शाके 1248 मे पूर्ण वयस्क मानबामे कोनो आपत्ति नही। एतावता भवदत्तक श्वशुर रत्नाकर, तनिक मातामह तत्त्वचिन्तामणिकार ताहिसँ तीन पुरुष प्राचीन होएब सिद्ध होइत छथि।

रत्नाकरक एक गोट पौत्र, होरेक दौहित्रीमे विवाह छलैन्हि नरुआड़-वासी करमहा मूलक श्रोत्रिय रविपतिक ओ रविपतिक पौत्रीसँ विवाह छलैन्हि भौरवासी खण्डबला-मूलक जलदकार म. म. मेघप्रसिद्ध भगीरथठाकुरक सबसँ जेठ बालक म. म. रामभद्रठाकुरक सबसँ जेठ बालक हरिदेव ठाकुरक।

तत्त्वचिन्तामणिकारक दौहित्रीक विवाह छलैन्हि चौठबाल-वासी संकराढ़ी मूलक हरिकीर्त्तिसँ ओ हरिकीर्त्तिक पौत्र केशवकीर्त्तिक कन्यामे विवाह छलैन्हि शीबावासी हरिअम्ब-मूलक सीरूमिश्रक। सीरूमिश्रके अनेक विवाह जाहिमे एकटा छलैन्हि सतलखा-मूलक शङ्करक कन्यासँ। एहि शङ्कर कन्यासँ सरिसबवासी सोदरपुर-मूलक म. म. सन्मिश्र शङ्कर ओ हुनक छोट भाए महोपाध्याय भासेमिश्रक सेहो विवाह छलैन्हि। एतावता सन्मिश्र शङ्कर ओ शीबा-हरिअम्बए सीरूमिश्र साढ़ू भेलाह, समसामयिक भेलाह। सन्मिश्र शङ्करक पितामह पञ्जी-प्रबन्ध-कालमे वर्त्तमान छलाह, प्रायः हुनक प्रतितामहो अतिवृद्ध छल होथि ओ तेँ सन्मिश्रक श्वशुरक, सतलखा सम्भूत शङ्करक, समसामयिक चौठवाल-सङ्कराढ़ी सम्भूत केशवकीर्त्ति, तनिक पितामह हरिकीर्त्ति पञ्जीप्रबन्धकालमे यदि छलाह तँ वृद्ध ओ हुनक श्वशुरक श्वशुर तत्त्वविचन्तामणिकार शाके 1248 सँ तीनि पुरुष पूर्व सिद्ध कए आएल छी सएह एहूसँ पुष्ट होइत अछि।

अस्तु, चौठबाल-सङ्कराढ़ी-सम्भूत केशवकीर्त्तिक दौहित्र, शीबावासी हरि-अम्बए सीरूमिश्रक बालक, छलाह वेणी मिश्र। हुनक विवाह धओलि-वासी सोदरपुर-मूलक महनू रायक कन्यामे। एहि महनूक पितिऔति बहिनि महाराज शिवसिंह एक गोट विवाह छलैन्हि। एहि महनूक .दौहित्र, वेणीमिश्रक बालक छलाह जुड़ाओन मिश्र। महामहोपाध्याय सन्मिश्र शङ्कर साढ़ू सीरूमिश्रकेँ चौठ-बाल-सङ्कराढ़ी केशवकीर्त्तिक कन्यासँ जे विवाह छलैन्हि ताहि पक्षक प्रपौत्रीमे जुड़ाओन मिश्रक कन्यासँ, सन्मिश्रक पौत्र, म. म. गोविन्द मिश्रक जेठ बालक महापोध्याय रघुनन्दन मिश्रक विवाह छलैन्हि जनिक सन्तान सोतिमे प्रायः सब प्रतिष्ठित व्यक्ति छथि। महोपाध्याय

रघुनन्दनमिश्रक नवम ठाम पड़ैत छथिन्ह सुप्रसिद्ध नैयायिक महोपाध्याय षष्ठीनाथमिश्र सबहुँ भाई जे सम्प्रति समस्त श्रोत्रिय-समाजमे सबसँ उच्चजातिक छथि। तत्त्वचिन्तामणिकारसँ ई लोकनि सत्रहम ठाम पड़ैत छथि।

एहि सबसँ हमरा इएह सिद्ध होइत अछि जे तत्त्वचिन्तामणिकार परमगुरु म. म. गङ्गेश्वरझा द्वादशम शक-शताब्दक पूर्वार्द्ध मे छादन गाममे बसैत छलाह।

एहि प्रसङ्ग इहो कहब उचित बुझैत छी जे दड़िभङ्गा राजकीय पुस्तकालय मध्य प्राचीन ग्रन्थ सबहिक वृहत संग्रहमे सबसँ प्राचीन जे ग्रन्थ अछि से तत्त्व चिन्तामणि थीक, तालपत्र पर लिखल, बंगलाक अत्यन्त सदृश किन्तु तिरहुता लिपिमे श्रीकृष्ण पण्डित लिखल। एहि पोथीक अन्तमे एकर समय देल अछि 'शं 1155 आषाढ़ मासस्य सप्तविंशति-वासरे गुरोवरि पश्चम्यान्तिथौ' जाहिमे 'शं' सँ संवत् नहि लए हम शाके सएह बुझैत छी कारण पूर्वमे मिथिलामे संवत् प्रचलित नहि छल। ई पोथी श्रीशङ्करभट्टाचार्यक थीक सेहो ओतहि लिखित जछि। एहिमे परमगुरुक नामोल्लेख म. म. श्रीगङ्गेश्वर अछि ओ मिथिलाक सम्प्रदाय थीक जे जीवितहिँ व्यक्तिक नामक पूर्व 'श्री' लगाओल जाइत अछि। कोनो आश्चर्य नहि जे शाके 1155 मध्य परमगुरु जीवितहिँ छल होथि ओ ई पोथी हुनक जीवितावस्थहि मध्य केओ बङ्गाली छात्र श्रीशङ्कर भट्टाचार्य अपना हेतु श्रीकृष्ण पण्डितसँ लिखबओने होथि।

किछु हो, एतबा तँ एहिसँ निर्विवाद प्रमाणित भए जाइत अछि जे पञ्जीप्रबन्धसँ तिरान्नबए वर्ष पूर्व शाके 1155 सँ पूर्वहिं तत्त्वचिन्तामणिक निर्माण ओ प्रचार भए गेल छल।

(ख) म. म. परमगुरु वाचस्पति मिश्र

'तत्त्वचिन्तामणिकार' सँ भिन्न जाहि दोसर विद्वन्मूर्धन्यके पञ्जीमे 'परमगुरु'क उपाधिसँ विभूषित देखैत छिऐन्हि से थिकाह महामहोपाध्याय वाचस्पति मिश्र। पूर्व मिथिलामे ई नाम बड़ प्रसिद्ध छल ओ अनेक पण्डित एहि नामक भेटैत छथि। 'भामती' प्रभृति अनेको अमरकीर्तिक कर्त्ता सर्वतन्त्र-स्वतन्त्र दर्शनकाननपञ्चानन वाचस्पति मिश्रक नाम तँ विश्वविख्यात अछि। अपन समय मे ई 'वस्वङ्कवसु' वत्सर लिखैत छथि जे प्रायः विक्रमाब्दीय थिक ओ तेँ पंजी प्रबन्ध कालसँ बहुत प्राचीन होएबाक कारणेँ : यद्यपि ओहो मैथिले छलाह तथापि पञ्जीमे हुनक निश्चित रूपसँ उल्लेख नहि भेटल अछि। पञ्जीप्रबन्ध कालसँ अर्वाचीनो अनेक वाचस्पतिक परिचय भेटैत अछि जनिका सबहिक चर्चा आगाँ करब। 'परम गुरु'क उपाधिसँ विशिष्ट जे म. म. वाचस्पति मिश्र छथि से थिकाह 'पलिवाड़समौलि' मूलक गिरिपति मिश्रक बालक, सौंसें मिश्रक पौत्र, हलधर मिश्रक प्रपौत्र।

मिथिला भरिमे तँ सहजहिँ समस्त भारतवर्षमे अथवा कहू जे जतए कतहु

संस्कृत शास्त्र ओ संस्कृतिक प्रसार अछि, पण्डित-मण्डलीमे दू व्यक्ति वाचस्पति मिश्र नामक मैथिल मनीषी अपन अलौकिक वैदुष्य-प्रतिभेँ विशेषरूपेँ समादृत होइत आएल छथि। एक तँ दार्शनिक वाचस्पति मिश्र जे वृद्ध वाचस्पति' कहाए विख्यात छथि तथा तत्त्वचिन्तामणिकारहुसँ व्यापक रूपेँ शास्त्रक जिज्ञासुक कण्ठहार छथि कारण तत्त्वचिन्तामणिकार जँ प्रवर्त्तको थिकाह तेँ केवल नव्यन्याय-शास्त्र मात्रक परन्तु वृद्ध वाचस्पपतिक कीर्त्तिवल्लीसँ समस्त दर्शन-क्षेत्रकेँ व्याप्त कएने अछि। दोसर वाचम्पति मिश्र जे 'अभिनव' कहल जाइत छथि स्मार्त्त थिकाह कारण हुनक स्मृत्ति विषयहिक निबन्धावली सर्वत्र प्रचलित ओ सम्मानित अछि। ओना त हिनकासँ पूर्वहुँ ओ परहुँ अनेको निबन्धकार एक नहि अनेको प्रमाणिक ग्रन्थ सब आचार ओ व्यवहारक विषयमे समष्टि रूपेँ वा पृथक-पृथक विषय लए-लए लीखि छोड़ि गेल छथि परन्तु धर्म किंवा संस्कार, आचार किंवा व्यवहार कोनहु विषयमे संशय मिथिलामे वाचस्पति मिश्रहिक कथा प्रमाण बुझल जाइत अछि। मिथिलामे हिनक परवर्त्ती निबन्धकार लोकनि जे सहजहि, मिथिलासँ बहारहुक बड़का-बड़का निबन्धकार लोकनि जे हिनक परवर्त्ती भेल छथि यथा बङ्गेलाक सुप्रसिद्ध रघुनन्दन ओ गोविन्दानन्द, 'श्राद्धकल्पलता' ओ दत्तक-भीमांसाकार नन्द पण्डित 'वीरमित्रोदय' कार मित्र मिश्र, 'निर्णय-सिन्धु'कार कमलाकर भट्ट सबहुँ वाचस्पति मिश्रक सिद्धान्तसँ प्रभावित भए-भए अपन अपन निर्णय स्थिर करैत गेलाह अछि। मिथिलाक प्रचलित व्यवहारक निर्णायक हिनके विवादचिन्तामणि शासन कालीन न्यायालय बहुल स्वीकृत्तिमे अछि। मिथिलामे धर्म ओ कर्मक यावती तत्त्वक जेना ई निरूपण कए गेल छथि तहिना क्रिया-कलाप अद्यापि सदाचार बूझल जाइत अछि ओ महामहोपाध्याय पाण्डुरङ्ग वामन काणे जे अपन 'धर्मशास्त्र इतिहास' मे लिखैत छथि जे मैथिल निबन्धकार लोकनिमे सर्वोत्कृट स्थान एही वाचस्पति मिश्रकेँ छैन्हि से कनेको अत्युक्ति नहि सर्वथा समीचीन प्रतीत होइत अछि।

चरम वयसक, प्रायः अपन अन्तिम कृति 'पितृभक्तितरङ्गिणी'क उपसंहारमे वाचस्पतिमिश्र लिखैत छथि जे यौवनावस्थामे 'शास्त्रे दश स्मृतौ त्रिंश निबन्धाः, हमरासँ विनिर्मित भेल अछि। एहि रूपेँ हिनक रचना चालीस गोटसँ ऊपर सिद्ध होइत अछि परन्तु से सबटा अद्यापि उपलब्ध नहि भेल अछि। ओना त हिनक व्यक्तित्व ओ रचनाक प्रसङ्ग कए ठाम प्रामाणिक लेख भेटैत अछि परन्तु सबसँ नवीन ओ पुष्ट परिचय भेटैत अछि म. म. डॉक्टर श्रीउमेश मिश्रक लिखल स्व. म. म. डॉक्टर सर गङ्गानाथ झा-कृत विवाद-चिन्तामणिक अंग्रेजी अनुवादक भूमिकामे। एहिमे म. म. डॉक्टर श्रीउमेश मिश्र हिनक शास्त्र विषयक छओ गोट ओ स्मृति विषयक अट्ठाइस गोट ग्रन्थक उल्लेख करेत छथि जाहिमे कएगोट त ग्रन्थान्तरमे कएल उल्लेखहिसँ बुझल होइत अछि, ग्रन्थ उपलब्ध नहि अछि। ताहू सबमे कतहु ई अपन परिचय नहि दैत छथि। नाम सँ भिन्न अन्यान्य परिचय जाहिसँ हिनक

व्यक्तित्वक, निश्चित प्रमाण भेटत से हिनक ग्रन्थमे बड़ विरल अछि। अपना वंशक प्रसङ्ग त केवल अपन दू गोट ग्रन्थ, 'कृत्यप्रदीप' ओ श्राद्ध-कल्प मे ई कहैत छथि जे 'कर्ममीमांसकक कलुषरहित वंशमे उत्पन्न'। अपन पितृ पितामहादिक नामतः उल्लेख ई कतहु नहि करैत छथि। अपन आश्रयक प्रसङ्ग 'न्यायसूत्रोद्धार' मे ई अपनाकेँ 'मिथलेश्वर-सूरि' कहैत छथि। 'शूद्राचार-चिन्तामणि'क अन्तिम वाक्यमे हिनक परिचय अछि 'महाराधिराज श्रीमद्धरिनारायण परिषद' ओ 'सकलपण्डित मंडली-शिरोमणि' 'महादाननिर्णय' मे महाराज भैरवसिंह हरिनारायण ओ हुनक पुत्र महाराज रामभद्र रूपनारायणक नाम अछि। 'द्वैत-निर्णय' महाराज भैरवसिंहक स्त्री राजाधिराज पुरुषोत्तम देवक माताक आदेशसँ रचित अछि। 'कृत्यमहार्णव' महाराजहरिनारायण-कारित कहल अछि। 'पितृभक्तिरङ्गिणी' महाराज रामभ्रदक आज्ञासँ निर्मित भेल।

एहि सबहिसँ एतबए प्रमाणित होइत अछि जे म. म. वाचस्पति मिश्र ओञिनिबार महाराज भैरवसिंह हरिनारायण ओ हुनक बालक महाराज रामभद्र रूपनारायणक आश्रित छलाह परन्तु ई वाचस्पति मिश्र के छलाह तथा एहि नामसँ रचित जे अनेक ग्रन्थ वर्णित अछि से सब हिनके रचना थिक की नहि, एहि सब विषयक कोनो प्रमाण नहि भेटैत अछि। दृष्टान्तस्वरूप म. म. डॉ. श्रीउमेश मिश्रक लेखमे नवम जे स्मृति-विषयक गन्थ 'छत्रयोगोद्भूत-दोष-शान्तिविधि'क वर्णन अछि ताहि प्रसङ्ग त हमरा पूर्ण सन्देह अछि जे ई 'द्वैतनिर्णय' ओ अनेक चिन्तामणिकार वाचस्पति मिश्रक रचना नहि थिक कारण ई श्रीमत्साहबहादुरक आज्ञासँ पन्द्रहम शक शताब्दक तेसर अथवा सातम (पुष्करसँ जे ली) दशाब्दक मध्यमे रचित भेल छल ओ शाके चौदह सए पँएतीसो महाराज रामभद्र रूपनारायणहुक समयसँ पर भेल। एक तँ एहि 'साहबहादुर'क पता नहि लगैत अछि, मैथिल धरि तँ ओ नहिए छलाह तथापि जँ जीवितो छलाह त अतिशय वृद्ध म. म. वाचस्पति एहि साहबहादुरक आज्ञासँ कोनहु ग्रन्थक रचना कएल से सङ्गत नहि प्रतीत होइत अछि। हमरा जनैत ई आन वाचस्पतिक रचना थिक ओ एहि चओतीस गोट ग्रन्थमे कए गोट एहि रूपक अछि से नहि जानि तथा 'पितृभक्ति-तरङ्गिणी' कारक 'शास्त्रे दश स्मृतौ त्रिशत्' निबन्ध कोन-कोन थिक ताह प्रसङ्ग निश्चय नहि भए सकल अछि।

परन्तु मिथिलामे हिनक प्रसङ्ग जे परिचय परम्परासँ प्राप्त अछि से इएह जे स्मार्त्त अभिनव वाचस्पति 'पलिबाड़-समौलि'-मूलक थिकाह जनिक उपाधि पाँजिमे 'परम गुरु' भेटैत अछि। शङ्कर, वाचस्पति ओ पक्षधर–तीनू समानकालीन पण्डित–पुङ्गवक प्रसङ्ग जे कहवी प्रसिद्ध अछि से वाचस्पति इएह थिकाह। 'दण्डविवेक' कार वर्धमानक गुरु शङ्कर ओ वाचस्पतिमे जे वाचस्पति सेहो इएह थिकाह। शास्त्र विषयक् हिनक ग्रन्थ सवहिक प्रचार नहि भेल हो परन्तु गुरुक

कृपासँ अन्वीक्षिकी शास्त्रमे लब्धतत्त्वावबोध ओ दश गोट शास्त्रक ग्रन्थक प्रणेता वाचस्पति मिश्र अव्यापलकलाक वैशद्य ओ शिष्य-समुदायक वैपुल्य अथच प्रकर्षहिसँ 'परम गुरु' क उपाधि प्राप्त कएने होएताह तथा वर्धमानक सदृश जनिक शिष्य तनिका प्रसङ्ग ताहि विषयमे सन्देहे कोन?

एकर पुष्टि हिनक अपन एक गोट उक्तिसँ होइत अछि। ओना त 'पलिबाड़' मूलक ब्राह्मण साधारण उपाधि 'उपाध्याय' अथवा 'झा' थिक परन्तु हिनक वंशानुगत उपाधि 'मिश्र' थिक। 'मिश्र' उपाधि मिथिलामे हुनकहि छैन्हि जे आरम्भमे मीमांसक छलाह। उभयाधिकरणवेदी पण्डित मिश्र कहाबथि। परम गुरु जे कहैत छथि जे 'जातो वंशे कलुषरहिते कर्ममीमांसकानां' ताहिसँ स्पष्ट होइत अछि जे हिनक पूर्वज उभयाधिकरणवेदी मीमांसक छलथिन्ह तेँ हिनका लोकनिक उपाधि 'मिश्र' प्रसिद्ध भेलैन्हि। एताबता 'चिन्तामणि'-प्रभृति अनेकानेक स्मृति-ग्रन्थरत्नक निर्माता अपर वाचस्पति, वर्धमानक गुरु म. म. वाचस्पति मिश्र 'पालिबाड़ समौलि'-मूलक परम गुरु वाचस्पति सएह थिकाह ई जे परम्परासँ जानल कथा थिक तकरहि प्रमाण बुझबाक थिक।

ई 'पलिवाड'-मूल मैथिल ब्राह्मण एक गोट बड़ प्राचीन ओ बड़ विशिष्ट कुल थिक। एहि कुलक बीजी पुरुष पञ्जीप्रबन्धकालसँ बारह पुरुष प्राचीन थिकाह ओ आठ पुरुषक तँ सर्वाङ्गीण परिचय उपलब्ध होइत अछि। क्रमशः एहि कुलमे शाखा सब होअए लागल। एक जन नव मूलहिक बीच रोपल जे 'बहेराढ़ी' कहाए विख्यात अछि। ताहिसँ अतिरिक्तो 'पलिबाड़' कहबितहुँ तीन गोट बड़ प्रसिद्ध शाखा भेल जे क्रमशः 'बलाञिनि', 'तपनपुर' ओ 'चन्दौत' ग्राम जाए-जाए बसल जाहि कारणेँ ओहि शाखाक लोक अपने परिचय 'बलाञिनि-पाली' 'तपनपुर-पाली' एवं 'चन्दौत-पाली' कहि कहि दैत अएलाह। ओहिमे 'बलाञिनि' जे गेलाह तनिक वृद्धप्रपौत्र छलाह हलधर मिश्र जे 'समौलि' ग्राममे बसैत छलाह ओ पञ्जीप्रबन्ध कालमे प्रायः वृद्ध वत्तर्मान छलाह। हिनक सन्तान वर्ग यद्यपि मुख्यतः 'समौलि' गामहिमे रहलाह तथापि कए गोट शाखा 'ओआरी', 'जरहटिआ', 'दबएपुरा' प्रभृति आनो-आनो गाममे जाए बसैत गेलाह। हलधरमिश्रक पौत्र गिरिपति मिश्र "समौलि"क वासी छलाह से कथा पत्र-पञ्जीमे स्पष्ट अछि तेँ गिरिपति मित्रक बालक म. म. परमगुरु वाचस्पतिक जन्मस्थान निश्चय "समौलि" छल ओ म. म. डॉक्टर श्री उमेशमिश्र जे हिनका 'सुगओना' क वासी कहैत छथि से कथा निर्मूल प्रतीत होइत अछि।

परमगुरुक पिता शिवपतिमिश्रकेँ पञ्जीमे 'सन्मिश्र' कहल अछि जाहिसँ सूचित होइत अछि जे ओ बड़ प्रतिष्ठित व्यक्ति छलाह। हुनका आओर तीनगोट भाए रहथिन्ह ओ सबकेँ सन्तान परन्तु उल्लेखनीय भेटैत छथि ताहि मे सन्मिश्र गिरिपतिक सबसँ जेठभाए उमापति जनिक प्रपौत्रलोकनिक नाम पञ्जीमे सोपाधिक अछि ओ एक गोटए तँ 'वा दराज' अर्थात 'खूब शास्त्रार्थी' नैयायिक कहल छथि।

परमगुरु अपनहु तीन भाइ रहथि ओ हिनक छोट भाए कान्हामिश्रक सन्तानवर्गमे बड़ पैघ-पैघ कुल पड़ैत अछि।

परमगुरु 'कर्ममीमांसक' क कलुषपरहित वंशमे उत्पन्न भेल रहैथ परन्तु सरस्वतीक जे प्रसाद हिनक वंशमे हिनका समयसँ दृश्य होइत अछि से पूर्व नहि छल ओ आगाँ स्पष्ट भए जाएत जे अपर वाचसपति सदृश सकल पण्डितमण्डली--शिरोमणि भए ई कोना सरस्वतीकेँ अपना ओहि ठाम आनि स्थापित कएल जे हिनक वृहत सन्तानवर्गमे एतेक पण्डित जन्म लेल। अपने ई कोन गुरूक करुणासँ आन्वक्षिकी शास्त्रमे तत्त्वाववोध प्राप्त कएल से तँ कतहु नहि अछि परन्तु हिनका घरि 'दण्डविवेक' कार वर्धमान अपन गुरु कहि प्रतिष्ठित कए गेल छथि।

परमगुरुकेँ चारि गोट विवाह ज्ञान होइत अछि। प्रथमतः हिनक विवाह छल ओञिनिवार राजकुलमे महाराज भोगीश्वरक प्रपौत्री, महाराज गणेश्वरक छोट सोदर भाए स्थानान्तरित गोविन्दक द्वितीय बालक कुमरकेशवक कन्यासँ, जे सम्बन्धे महाराज भैरवसिंहकेँ बहीनि छलीहि जाहिसँ हिनका एक गोट बालक, लक्ष्मीनाथ, जनिक एक गोट विवाह छल सुप्रसिद्ध महानैबन्धिक म. म. रूद्रधर उपाध्यायक दौहित्रीमे। एतावता ई रुद्रधर उपाध्यायसँ एक पुरुष नवीन, प्रायः समसामयिक सिद्ध होइत छथि। लक्ष्मीनाथकेँ चारि बालक जाहिमे दू गोट महोपाध्याय, नैयायिक ओ सबसँ जेठ शूलपाणि पञ्जीमे 'कोकिल-कण्ठ'क उपाधिसँ विशिष्ट भेटैत छथि।

दोसर विवाह छल परमगुरुकेँ 'पबौली-मूलक हरदत्तक बालक धर्माधिकरणिक रुद्रपाठकक कन्यामे। ई हरदत्त बड़ विशिष्ट व्यक्ति छलाह। हिनक एक विवाह 'पलिबाड' धर्माधिकरणिक नरसिंहक कन्यामे, दोसर महाराज देवसिंहक मसिऔत बहीनि 'गढ़घोसौत' गुनाञीक कन्यामे ओ तेसर महाराज भवेश्वरक कन्यामे छलैन्हि। एहि महाराज भवेश्वरक कन्यासँ, महाराज देवसिंह ओ महाराज हरसिंह वैमात्रेय बहीनिसँ, जे हरदत्तके विवाह छलैन्हि ताहिमे हुनका नओ गोट बालक जाहिमे द्वितीय छलाह धर्माधिकरणिक रुद्रपाठक जे महा राज शिवसिंह ओ महाराज भैरवसिंह क बाप महाराज नरसिंहकेँ पिसिऔत भाए भेलथिन्ह। रुद्रपाठकक विवाह 'दोसती' मूलक शान्तिकरणिक जीवेश्वरक कन्यामे ओ तनिक कन्यासँ महाराज भैरवसिंहक सम्बन्धे बहीनिमे परमगुरुक दोसर विवाह।

एहि पक्षमे परम गुरुकेँ तीन गोट बालक, मिश्र वेणी, म. म. रघुनाथ, ओ म. म. नरहरि। एहि दिशि सबकेँ प्रचुर सन्तान। वेणी मिश्रकेँ तीनि विवाह ओ दश गोट बालक। म. म. रघुनाथकेँ दू गोट विवाह ओ नओ गोट पुत्र जाहिमे एक गोट महामहोपाध्याय ओ तीनि गोट नैयायिक महोपाध्याय। म. म. नरहरि मिश्रकेँ पाँचगोट पुत्र जाहिमे दू व्यक्ति माधव ओ केशव महामहोपाध्याय ओ शेष तीनू व्यक्ति नैयायिक, महोपाध्याय। म. म. केशव मिश्र तँ 'द्वैतपरिशिष्ट'-कर्त्ता सुप्रसिद्ध छथि जे अनेक ठाम अस्मत्पितामहचरणाः ओ 'परमगुरबः' कहि-कहि

अपन पितामहक मतक उल्लेख कएने छथि। म. म. केशव मिश्रके ँ एक बालक म. म. अर्जुन मिश्र जनिका पाँच बालक सबसँ जेठ रघुपति मिश्रक बालक छलाह भोजमिश्र जे पाँजि सोतिमे प्रसिद्ध छल ओ पश्चात भोजमिश्रक पौत्रीक कन्यासँ महाराज माधव सिंह बहादुर जखन विवाह कएलैन्हि तखन ओहि पाँजिक नाम बदलिके ँ 'रूद्रपति झा' कएल गल जे सम्प्रति बड़का पाँजि गनल जाइत अछि। म. म. अर्जुन मिश्रक चारिम बालक पशुपति मिश्रक दौहित्र छलाह। वीरठाकुर जनिक विवाह छल सुप्रसिद्ध कवि वंशमाणि झाक पौत्रीमे। ई वीरठाकुर सम्प्रति सोतिमे एक गोट प्रतिष्ठित पाँजि थिक ओ एही वीरठाकुरक दौहित्र वर्त्तमान मिथिलेशक वृद्धप्रमातामह छलाह।

परम गुरुक तेसर विवाह छलन्हि जातिक क्रमे प्रायः सबसँ पैघ 'सतलखा' मूलक चानझाक कन्यासँ। एहि चानझाक छोट भाए शङ्करझाक कन्यासँ 'सोदरपुर-सरिसब' मूलक शङ्करावतार महामहोपाध्याय सन्मिश्र शङ्कर ओ हुनके छोट भाए महोपाध्याय भासेमिश्रक विवाह छलैन्ह ओ ओही चानझाक जेठ भाए भासेझाक कन्यासँ सन्मिश्र शङ्करक तेसर विवाह छलैन्ह। तीन भाइमे दू भाइए क कन्यासँ म. म. शङ्करमिश्रक विवाह ओ तेसरमे म. म. वाचस्पतिमिश्रक विवाह—एतावता ई दूहू महापुरुष साढ़ू छलाह ओ ते ँ समसामयिक छलाह।

एहि पक्षमे परमगुरुके ँ चारि बालक जाहिमे तीनगोट महोपाध्याय सबसँ छोट महोपाध्याय श्रीहरिमिश्रक कन्यामे विवाह छलैन्हि खण्डबलाराज्योपार्ज्जक महामहोपाध्याय महाराज महेश ठाकुरक गुरु 'कुजौली'-मूलक सोति महामहोपाध्याय शुचि उपाध्यायक बालक भवनाथझाक, जाहिमे दौहित्र हुनक यदुनाथ महामहोपोध्याय। एहि म. म. यदुनाथक विवाह छल 'करमहा। - बेहट' मूलक सदुपाध्याय राघवझाक दौहित्री 'भर्तृहरिनिर्वेद' ओ सुभाषित'-कार म. म. हरिहरझा उपाध्यायक भगिनी-पुत्रीमे। एहि म. म. यदुनाथझाक दौहित्र छलाह 'एकहरा' मूलक म. म. लोचनझा जनिक कृति 'रागतरङ्गिणी' सुविख्यात अछि।

चारिम विवाह परमगुरूके ँ छलैन्हि 'सोदरपुर'-मूलक रैआमगाम वासी महिपतिमिश्रक कन्यासँ जे महिपतिमिश्र म. म. रघुनाथमिश्रक बालक ओ म. म. शङ्करमिश्रक पिता म. म. अयाची भवनाथमिश्रक पितिऔत भाए छलथिन्ह। एहि सम्बन्धे म. म. शङ्करमिश्रक बहीनिमे परमगुरुक विवाह छल। महिपतिमिश्रक जे कन्या परमगुरुसँ विवाहिता छलीह से ओइनिबार राजकुलक दौहित्री रहथि। महाराज भागीश्वरक छोट ओ महाराज भवेश्वरक जेठ सोदर भाए छलाह महामहत्तक कुसुमेश्वर, जनिक जेठ बेटा रहथि महामहत्तक महेश्वर। एहि महेश्वरक सात बालकमे तेसर छलाह कुमार 'सुरबरुए' चण्डेश्वर ओ तनिक कन्यामे महिपति मिश्रक विवाह, जनिक कन्यामे परमगुरुके ँ पुमपत्य नहि, एक गोट कन्या मात्र जनिक विवाह 'बलिआस्'-मूलमे छल।

एहि रूपे ँ मिथिलाक राजपरिवार ओ अवदात कुल सबहिसँ धनिष्ठ रूपसँ सम्बन्ध कोन आश्चर्य जे म. म. परमगुरु वाचस्पतिमिश्रक मिथिलाक धर्मं ओ कर्मक आदर्श स्थापित कए गेलाह। एही परिचय सबसँ हिनक समयहुक निर्णय सुलभ भए जाएत ओ इहो स्पष्ट भए जाएत जे कतेक ओ केहन विशिष्ट सन्तान समुदाय परम गुरुके ँ भैलेन्हि जनिक अपत्य एखन प्रायः देशक बड़ बड़ विशिष्ट लोक छथि।

परन्तु इएहटा वाचस्पतिमिश्र पञ्जीमे नहि भेटैत छथि। हमरा एखन धरि चारि गोट विशिष्ट व्यक्ति एहि नामक भेटलाह अछि जाहिमे दुइगोक त उपाधिओ 'मिश्र' हिक छैन्हि।

प्रथमतः 'पनिचोभ' मूलकमे एक जन नैयायिक राजनमिश्र नामक छलाह हिनक बालक म. म. गोँढ़िमिश्रक रचित 'शूद्राचारविवेक' नामक ग्रन्थ उपलब्ध अछि ते 'मिथिला भूमि मौलिमाणिक्य भूतपूर नृप - विकरदेवनन्दन' वासुदवेक आज्ञासँ, निर्मित भेल अछि। ई रविकरक बालक वसुदेव के छलाह जनिक, गोँढ़िमिश्र मिथिलाक राजा कहि एतेक प्रशंसा करैत छथि से तँ नहि कहि परन्तु ओहीमे अपन प्रशंसावाक्यमे गोँढिमिश्र मिथिलाक राजकहि एतेक प्रशंसा करैत छथि से तँ नहि कह परन्तु ओहीमे अपन प्रशंसावाक्यमे गोँढ़िमिश्र लिखैत छथि 'योऽजैषीन्नृपराम भद्रसदसि प्रख्यातसंख्यावतः' जे महाराज रामभद्रक सभामे प्रख्यात पण्डितलोकनि पर विजय पाओल...ओ से महाराज रामभद्र निश्चय ओञिनिबार थिकाह जनिक आश्रित परमगुरु छलाह। एहि गोंढि मिश्रक वैमात्रेय छओ गोट आओर भाए छलथिन्ह जाहिमे दोसर महोपाध्याय वाचस्पति मिश्र छलाह। हिनक विवाह ओ परमगुरुक जेठ बालक वैणामिश्रक एक गोट विवाह दू सोदर बहीनिमे छलैन्हि तेँ ई वास्पतिमिश्र परमगुरुसँ एक पुरुष नवीन थिकाह।

दोसर महोपाध्याय वाचस्पतिमिश्र छलाह म. म. सन्मिश्र शङ्करक प्रपौत्र म. म. अर्जुनमिश्रक पौत्र, चक्रपाणिमिश्रक बालक 'सोदरपुर' सरिसव'–मूलक।

तेसर महोपाध्याय वाचस्पति मुदा 'झा' छलाह 'भांडर'-रजौरा' मूलक 'तत्त्वचिन्तामणिक 'प्रभा नामक टीकाक कर्त्ता। म. म. यज्ञपतिक पितिऔत भाए। हिनक प्रसिद्ध नाम छल 'दूषड़िझा' तथा हिनक कन्यासँ विवाह 'काव्यप्रदीप' ओ 'पूजाप्रदीप' क कर्त्ता सिद्ध म. म. गोविन्दठाकुरक, जाहिमे हिनका 'कण्टकोद्धार' कारक मधुसूदन, आगमाचार्य देवनाथ प्रभृति सातगोट प्रकाण्ड पण्डित दौहित्र छलथिन्ह। इहो परमगुरुसँ किछु अर्वाचीन किन्तु समान कालीने छल होएताह।

चारिम, महोपाध्याय वाचस्पतिझा छलाह 'महिसी' वासी 'चन्दौत-पाली'-मूलक ओ हिनक जेठ भाइक विवाह मिथिलाराज्योपार्जक म. म. महेशठाकुरक जेठ बहीनिमे छलैन्हि।

एहिसँ भिन्नो प्राचीन वाचस्पति नामक पण्डित लोकनि 'खौआल' ओ 'पबौली' मूलमे भेटैत छथि तथा निरूपाधिक तँ कए ठाम परन्तु दिग्दर्शन हेतु एतबओ पर्याप्त बुझैत छी।

(स्वदेश, वर्ष-1, अंक 1 एवं 3, 1948)

महाकवि उमापति एवं हुनक परिचय

हालहिमे—हमरा कवीश्वरक एक गोट छोट बान्हल बही भेटल अछि जकरा 'नोट-बुक' कहब ओ जकरा स्वर्गीय म.म. डॉक्टर सर गङ्गानाथझाक शब्दमे कवीश्वरक 'पोथा' कहल जाए सकैत अछि। अंशतः कीटभक्षित अछि, आरम्भमे एहिमे पुरान-पुरान भगवतीक गीत अछि, सब कवीश्वरक अपना हाथक लिखल, पहिल गीत लोचनक, दोसर अछि विद्यापतिक, तेसर अछि सदानन्दक ओ चारिम अछि उमापतिक। प्रचण्ड-चण्डिका, जनिका छिन्नमस्ता सेहो कहैत छिऐन्हि, तनिक ई गीत 'ध्यान' थिक तथा बाबू ललितेश्वरसिंह साहेबक संकलित मैथिल-भक्ति-प्रकाशमे प्रकाशित अछि। एहि गीतक अन्तमे कवीश्वरक लेख अछि तेरह पंक्तिमे—

"ई महामहोपाध्याय उपापति उपाध्याय तिरहुति मौजे कोइलखमे बसथि। महामहोपाध्याय गोकुलनाथ उपाध्यायक परीक्षक गुरु छलाह। हिन्दूपति हरिहरदेव मकमानीक प्रधान पण्डित ओ धनी छलाह। कीर्त्तनिआँ नटुआ मिथिलामे ओही महाशयक द्वारा प्रचारित भेल। दरिहरय अमरावती मैथिल ब्राह्मण छलाह जनिक पिता, महामहोपाध्याय कविरत्नशर्मा चिन्तामणि न्यायग्रन्थक क्षीरनीरनामक टीका कयल छल जे श्रीमन्मिथिलेशक पुस्तकालयमे अछि।"

एहि सूत्रक द्वारा उमापतिक यावतो परिचय हमरा भेटि गेल अछि। मैथिल ब्राह्मणक एक गोट महाकुल अछि जकर मूल थिक दरिहरा। शुक्ल यजुर्वेदक माध्यन्दिन शाखाक अनुयायी अर्थात् वाजसनेयि ब्राह्मणक काश्यपगोत्र मध्य दरिहरा एक गोट अत्युच्च कुल थिक शाके 1248 मे जखन पञ्जी प्रबन्ध भेल तखन एहि महाकुलमे एक जन नैयायिक छलाह कीर्त्तिशर्मा। अपन परिचय ओ दश पुरुष धरिक देल तथा ई जे हुनक दशम पुरुष छलथिन्ह से 'दरिहरा' गामक वासी छलाह। कीर्त्ति शर्माक प्रपितामह यशस्पति विजनपुर नामक वासी छलाह तेँ पञ्जी प्रबन्धकालहुमे 'दरिहरा' मूलक ई 'विजनपुर दरिहरा' नामेँ ख्यात छल। कीर्तिशर्माक बालक छलाह केशव ओ केशब अमरावती गाम आबिकेँ बसलाह तेँ केशवक सन्तति पञ्जीमे 'अमरावतीवासि दरिहरा' मूलक अर्थात "दरिहरय अमरावती" कहबैत छथि। एही केशवक सन्तति, हुनकासँ सातम अर्थात हुनक प्रपौत्रक प्रपौत्र,

कवि पण्डितमुख्य उमापति छलाह। केशवक दू बालक, बागू ओ सोने, जाहिमे जेठ बागूक विवाह सरिसबक स्वनामधन्य शङ्करमिश्रक पिउसिसँ, ओ छोट सोनेक विवाह भौआलक विभुतनैयायिक पक्षघरमिश्रक पिताक पिउसिमे। केशवकें समाजमे केहन प्रतिष्ठा छलैन्हिसे एहीसँ सिद्ध होइत अछि।

केशव जाहि अमरावतीमे बसल छलाह से आब लुप्त भए गेल अछि परन्तु पक्षधरमिश्रक समय धरि अमरावती कहाए कोनो गाम-विशेष छल तकर प्रमाण हुनक लिखल विष्णुपुराणक पुष्पिका। सुनैत छी जे उत्तरमे भगवतीपुरसँ दक्षिणमे वाजितपुर धरि, कोइलखक पश्चिम सँ बहेड़ा लग धरि, छओ कोस लाभ अमरावतीनगर उत्तरें दक्षिणें कहिओ छल ओ सातम शताब्दीमे जे चीनक आक्रमण मिथिला पर भेल ताहिमे अमरावती ध्वस्त भए गेल। तथापि सरिसबक पश्चिम पण्ढौलिक पूर्व जमसम प्रान्त बहुत दिन धरि अमरावती कहबैत छल से वृद्धलोकनिक मुँहे सुनल थिक। पक्षधरमिश्रक चौपाड़ि जमसमहि मध्य छल सेहो प्रवाद अछि ओ रघुनाथ शिरोमणि ओहीठाम, जमसमहि मध्य, पक्षघर मिश्रक ओहिठाम आएल छलाह। से किंवदन्ती सुनल थिक।

परन्तु अमरावती त्यागि केशवक सन्तति कोइलख गेलाह, कहिआ गेलाह, अथवा कोन लागिएँ गेलाह इत्यादि विषय बुझल नहि होइत अछि, विशेष अनुसन्धानसापेक्ष अछि। केशवक प्रपौत्रक पौत्र छलाह रत्नपति जनिक पञ्जीमे महामहोध्याय ओ कवि कहल अछि ओ जनिका कवीश्वर म.म. कविरत्न कहैत छथि। राज दरभंगाक लेख-संग्रहमे सत्य **क्षीरनीरविवेचन** नामक तत्त्वचिन्तामणिक टीकाग्रन्थ तालपत्र पर लिखल अछि, उल्लेख कविरत्नक रूपमे भ्रमाह अछि, कारण, 'कविरत्न' उपाधि सेहो थिक ओ एहि उपाधिसँ विभूषित दू जन विशिष्ट कवि मिथिलामे भए गेल छथि से हमरा भेटल अछि, प्रथम 'विवादचन्द्र' कार म.म. मिसरूमिश्रक छोट भाए म.म. होरबमिश्र ओ दोसर 'तल्हनपुर' मूलक रति मिश्रक बालक नैयायिक हरिकृष्णमिश्र। रागतरङ्गिणीमे एक गोट कविरत्नक गीत अछि ओ दोसर कवितनाथके जे हमरा जनैत कविरत्नहिक अपभ्रंशरूप थिक ओ छन्दक अनुरोधे एना अपभ्रष्ट प्रयुक्त अछि। एहिमे कोनो गीत कविरत्नउपाधि-विशिष्ट कोनहु कविक थिक अथवा म.म. कविरत्नपतिसभक थिक से कहब असम्भव। एतबे कहि सकैत छी जे "दरिहरय अमरावती' म.म. कविरत्न जे कवीश्वर लिखने छथि ताहिमे कविरत्न उपाधि नहि थिक प्रत्युत रत्नपति नामक संक्षिप्त रूप 'रत्न' हुनक उपाधि "कवि" क सङ्ग जोड़ि देल गेल अछि। ओ छलाह विशिष्ट नैयायिक, महामहोपाध्याय ओ कवि सेहो तथा समाजमे 'कविरत्न' कहाए प्रसिद्ध छलाह। कोनो आश्चर्य नहि जे रागतरङ्गिणीक गीत हुनके रचित हो।

एही म.म. कवि रत्नपतिक बालक छलाह कवि पण्डित मुख्य उमापति। हिनक प्रसिद्ध नाम छल 'उमानाथ' ओ पाँजिमे साधारणतया प्रसिद्धे नाम रहैत

अछि, मुदा एक गोट पुरान पोथीमे हमरा दूहू नाम भेटल अछि। ओना तँ ई बड़ विशिष्ट नैयायिकक बालक छलाह, पिता सेहो हिनक कवि छलथिन्ह, परन्तु हिनक प्रतिभाक तेज जेना हिनक मातृकुलक सम्पर्कमे स्फुटित भेल ओ 'पदार्थीय-दिव्यचक्षु' मे जे ई अपन माम भवदेवकेँ गुरु कहि हुनक कीर्तन कएने छथि ताहिसँ अनुमान करैत छी जे पढ़लैन्हि ई मातृकमे, अपन सबसँ छोट माम भवदेवसँ ओ से तखनहि सम्भव भए सकैत अछि यदि ई कल्पना करी जे हिनक पिताक देहान्त हिनक शैशवहिमे भय गेल। वस्तुतः हिनक मातृकुल बड़ विशिष्ट छल। ई पलिबाड़क ओहि शाखाक दौहित्र छलाह जे पञ्जी प्रबन्धसँ पूर्वहिँ "तपनपुर" मे बसैत छल ओ पञ्जीप्रबन्धोत्तर कालमे ई शाखा कटैआक वासी छल अथवा रोहाड़क से स्पष्ट नहि होइत अछि। हिनक मातामह छलथिन्ह यदुनन्दनझा जनिका पाँजिमे 'कवीन्द्र' कहल अछि। ई कवीन्द्र हिनक प्रसिद्ध नाम छल अथवा उगधि से बुझल नहि होइत अछि, परन्तु कहल छथि अधिकांश ठाम ई कवीन्द्रहिक नामेँ ओ हमर अनुमान अछि जे कवित्वक प्रखर प्रतिभा ओ सुख्यातिसँ ई 'कवीन्द्र' कहाबथि। कवीन्द्रकेँ दू गोट विवाह। प्रथम पक्षमे हिनका पाँच गोट बालक जाहिमे एक जन नैयायिक ओ एक जन पँजिआड़। दोसर विवाह छल कवीन्द्रकेँ रसमञ्जरीकार भानुदत्तमिश्रक पितिऔत भाए श्रीवत्समिश्रक कन्यामे जाहिमे हिनका चारि गोट बालक जाहिमे दू जन, सबसँ जेठ छीतू ओ सबसँ छोट भवदेव नैयायिक। एहि भवदेवसँ हिनक सोदरापुत्र उमापति न्यायशास्त्र पढ़ल। श्रीवत्समिश्रक एक गोट बालक छलाह लक्ष्मीदास जे कवि छलाह ओ गुणनिधिक नामसँ गीतक रचना कएने छथि। श्रीवत्समिश्रक जाहि कन्यासँ कवीन्द्रक विवाह दल से छलीह पण्डुएक दौहित्री ओ परम्परया ओ विद्यापतिठाकुरक सन्तान छलीह। विद्यापतिक दौहित्रक दौहित्र छलाह पण्डुए जानू झा जनिक बालक मीसरझाक कन्यामे श्रीवत्समिश्रक विवाह छल। एतावत विद्यापतिक दौहित्रक दौहित्रक पौत्रीक दौहित्री-पुत्र छलाह उमापति, विद्यापतिसँ दशम ठाम मुदा कन्यापक्षमे। उमापतिक माइक नाम नहि भेटल अछि, मातामहीक नाम भेटैत अछि 'चिलकी' ओ उमापति जे अपनाकेँ 'रत्नावली-रत्नपत्योः' पुत्र कहैत छथि ताहिमे रत्नावली हुनक मूल नाम, नैहरक नाम, नहि प्रतीत होइत अछि ई। हुनकसासुरके नाम थिक, विवाहक समय पतिक नामक अनुरूप देल गेल नाम।

उमापतिक विवाह छल खड़ोरय कामदेव ठाकुरक कन्या, मनोरमासँ। कामदेवठाकुर छलाह मिथिला-राज्योपार्जक म.म. महेशठाकुरक जेठ भाए विश्रुत नैयायिक म.म. मेघठाकुरक सबसँ छोट पौत्र। कामदेवठाकुरक एक गोट विवाह छल पलिबाड़ बाभनझाक कन्यासँ, जे बाभनझा बड़का पाँजि भए बड़-बड़ ठाम पसरि गेल। दोसर विवाह छल कामदेवकेँ 'करमहयतरौनी' किशाइझाक कन्यामे जे पण्डितराय रघुनन्दनक दौहित्री छलीह। ई पण्डितराय मिथिलाराज्योपार्जक म.

म. महेशठाकुरक अग्रशिष्य छलाह तथा मिथिलाराज्यक उपार्जनक क्रममे अपन गुरुक जे सेवा कएने छलाह तकर बहुविध कथा सुविदित अछि। पण्डितरायकेँ तीनि विवाह ओ अन्तिम जे हुनक विवाह छल ताहिमे हुनका दू बालक ओ एक कन्या। एही कन्याक दौहित्री छलीह मनोरमा। पण्डितरायक एहि पक्षक जेठ बालक छलाह म.म. चतुर्भुजराय जनिक रचित गीत-गोपाल तेरह सर्गमे सम्पूर्ण नेपालक दरबार लाइब्रेरीमे सुरक्षित अछि तथा जकर रचना ओ अपन आश्रय सिंह दत्तनक प्रमोदार्थ कएने छलाह। पाँजिमे चतुर्भुजकेँ अद्भुत उपाधि देखैत छिऐन्हि, माकमानीपातिसाह। एहि प्रसङ्ग आओर विशेष विचार तँ एतए अप्रासङ्गिक होएत, एतबे कहब पर्याप्त जे चजुर्भुजराय सप्तरीक माकमानी राज्यसँ घनिष्ठ रूपेँ सम्बद्ध छलाह, ओतए हुनक सर्वाधिक प्रतिपत्ति छल ओ ताही लागिए सम्भव थिक जे चतुर्भुज सोदरा-पुत्रीक जमाए कवि पण्डितमुख्य माकमानी दरबारमे प्रवेश कएने होथि।

उमापतिकेँ पुमपत्य नहि, केवल दू गोट कन्या दैआ ओ मैञा। जेठि दैआक विवाह पलिबाड़-नैयायिक रघुपतिमिश्रक सबसँ छोट बालक चानमिश्रसँ। ई चानमिश्र परमगुरुवाचस्पतिमिश्रक अति वृद्ध-प्रपौत्र छलाह। वाचस्पतिमिश्रक जे विवाह छल महाराज शिवसिंहक पिसिऔत भाइक कन्यामे, ताहि पक्षक हुनक पौत्र छलाह प्रसिद्ध 'द्वैतपरिशिष्ट' कर्त्ता म.म. केशवमिश्र तनिके प्रपौत्र छलाह चानमिश्र। चानमिश्रक जेठ भाए भोजमिश्र बहुत दिन धरि एक गोट व्यापक पाँजि छल तथा एहि भोजमिश्रक पौत्रीक विवाह छल बलिआसय हरपतिझासँ जनिक दौहित्र महाराज छत्रसिंह बहादुर छलाह। दैआकेँ पुमपत्य नहि, केवल दू गोट कन्या, जयन्ती ओ कुन्ती। जयन्तीक विवाह 'पवौली' मूलक विश्वम्भर झाक बालक अभिरामझासँ छल ओ कुन्तीक विवाह 'सकरढ़िबाड़ हरहट' कवीन्द्र रघुनाथझाक सबसँ छोट बालक गोविन्दझासँ छल। गोविन्दझाक सबसँ जेठ सोदर भाए म.म. रैआझाक दौहित्र छलाह भाषा-कवि भोलनझा जनिक नामान्तर 'मनबोध' छल ओ जनिक रचित 'कृष्णजन्म' थिक। गोविन्दक सबसँ जेठ वैमात्रेय भाए देवानन्दक रचित उषाहरण नाटिकाक नाम सुनैत छी ओ ताहिसँ छोट भवानन्दझाक कन्यामे महाराज महिनाथठाकुर ओ महाराज नरपतिठाकुर दूहू भाइक एक-एक गोट विवाह छल। भवाननन्दहिक दौहित्र छलाह महाराज राघवसिंहबहादुर।

उमापतिक छोटि कन्या मैञाक विवाह छल 'सोदरपुरिअय कन्हौली'। यदुनाथझाक बालक कमल नयनझा सँ जाहिमे हुनका एक गोट कन्या जनिक विवाह खौआड़य गोपझाक बालक पीताम्बरझासँ जे असन्ततिक, ओ एक गोट बालक महिनाथझा। कमलनयनझाक जेठ भाए पीताम्बरझाक विवाह दल उमापतिक जेठ माम पञ्जीकार हरिदेवझाक कन्यामे जनिक कन्या "फन्नावार" म.म. वागीश उपाध्यायक पुतहु छलीह, सुप्रसिद्ध धीरेन्द्र उपाध्यायक पितिआइन। तेँ पीताम्बर

ओ कमलनयन दुहू भाइ 'फन्नावार' वागीश उपाध्यायक समकालीन ओ वागीश उपाध्यायक भातिज म.म. गोकुलनाथ उपाध्यायसँ प्राचीन। अतएव कमलनयनक श्वशुर उमापति वागीश उपाध्यायसँ वृद्ध, हुनक भातिज गोकुलनाथसँ विशेष वृद्ध, अतिवृद्ध। हमरा जे पाँजिक पोथी अछि से शाके 1642 क लिखल ओ ताहिमे उमापतिक दौहित्र महिनाथक उल्लेख अछि मुदा हुनक विवाहक उल्लेख नहि अछि। अतएव महिनाथ केँ यदि शाके 1642 मे बीस बाइस वर्षक मानि ली तँ से असङ्गत नहि होएत।

इएह भेल उमापतिक मोटामोटी परिचय। हमर पाँजिक पोथी ततेक पुरान अछि, प्रायः अढ़ाई सए वर्ष पुरान, जे सम्प्रति हुनक सन्तान-कोटिमे के छथि, कतए छथि से हमरा ज्ञात नहि भए सकैत अछि। तकर हमरा प्रयोजनो नहि अछि। हमरा उपमापतिक परिचय चाही ओ से हम मोटामोटी एतए देखाए देल। आओर परिचय विस्तारक डरसँ हम नहि देल।

एहि परिचयक आधार पर ई कहब सुगम अछि जे उमापति पण्डितरायसँ तीन पुरुष नवीन छलाह; वागीश उपाधयायसँ एक पुरुष प्राचीन छलाह, महाराज महिनाथठाकुर सँ एक पुरुष प्राचीन छलाह। पण्डितरायक समय मोटामोटी 1530 ई. सँ 1600 ई. धरि, वागीशक समय 1650 ई. सँ 1710 ई. धरि ओ महाराज महिनाथठाकुरक समय प्रायः 1640 ई. सँ 1690 ई. धरि छल। तेँ हमर अनुमान अछि जे उमापतिक जन्म सत्रहम शताब्दीक प्रथम चरणक अन्त दिशि अर्थात 1620 ई. मानव असङ्गत नहि होएत ओ जँ गोकुलनाथ उपाध्यायक ओ परीक्षकगुरु छलाह तथा गोकुलनाथक परीक्षा 1960 ई. क प्रान्तमे भेल छल अतएव ताहि समय उमापतिक वयस सत्तरि छल होएत। तेँ हुनक देहान्त मोटामोटी 1700 ई..मे मानि लेब उचित। गोविन्ददासझाक जन्म जँ 1570 ई. मे मानी तँ सरसरामक 1590 ई. तथा गोकुलनाथक 1970 ई. मानव असङ्गत नहि होएत। उमापतिक परिचयक सङ्गति एहि कालनिर्धारणमे पूर्णतया बैसि जाइत अछि। तेँ उमापतिक काल 1620 ई. सँ 1700 ई. धरि मोटामोटी हमरा गणनासँ निश्चित होइत अछि।

एहि प्रसङ्ग इहो कहि देब आवश्यक जे म.म. परमेश्वरझा सेहो अपन 'मिथिलात्त्वविमर्श' मे उमापतिक इएह परिचय देने छथि[1]। भेद एतबे जे मिथिलातत्त्वविमर्शमे ई रत्नपतिक बालक नहि पौत्र कहल छथि जे साधारण भ्रम थिक।

(मैथिली एकेडमी, इलाहाबाद सँ प्रकाशित **मैथिली अनुसंधान पत्रिका,** प्रथमांक, 1971)

1. मिथिला-तत्व-विमर्श, पूर्वार्ध, पृष्ठ 204

म.म.डा. सर गङ्गानाथ झा

विद्यासागर महामहोपाध्याय पण्डित गङ्गानाथ झा एम.ए.डी. लिट् एल.एल.डी. क, मिथिलाक सुप्रसिद्ध ग्रामरत्न सरिसवक पाहीटोलक पलिबार-मूलक एक अत्युच्च श्रोत्रिय कुलमे भेल छलैन्हि। हिनक पिता कैलाश वासी तीर्थनाथझा प्रसिद्ध, धरानाथ झा बड़ पुण्यात्मा ब्राह्मण छलाह तथा आजीवन नित्य ठाढ़ भए गायत्रीक सहस्र जप करैत रहलाह। हिनक माता वर्तमान मिथिलेशक वृद्ध प्रपितामह महाराज छत्रसिंह बहादुरक पौत्री, हुनक द्वितीय पुत्र गन्धवारिक महाराज कुमार वाबू बासुदेब सिंहक कन्या छलीह। ओतहि गन्धवारि अहिमे डॉ. झाक जन्म सन् 1871 ई. मे भेलैन्हि।

डॉक्टर झाक सर्वतोमुखी प्रतिभा अत्यन्त बाल्यकालहिसँ प्रत्यक्ष छल जकर अनेक दृष्टान्त देल जाए सकैत अछि। जीवन भरिमे हिनका कहिओ कतहु दिग्भ्रम नहि भेलैन्हि। जखन ई बड़ छोट छलाह तखन एकबेरि ई अपन मातामही संग नाओसँ काशीक यात्रा करैत छलाह। ओहि यात्रामे जे केओ छल सब नित्यकर्मक सम्पादनार्थ प्रातःकाल ओ संध्यासमय हिनकहि पूछि स्थिर करैत छल जे कोन दिशा 'पूर्व' थिकैक। जखन ई दशो वर्षक नहि भेल छलाह तखन एकबेरि महाराज लक्ष्मीश्वर सिंह बहादुरक कहलासँ ई अपनासँ द्विगुण आकृतिक एकगोट नेनाकेँ कुश्तीमे उठाए पटकि देल जाहि पर प्रसन्न भए महाराज बहादुर आज्ञा देलथिन्ह जे प्रतिदिन हिनका पनपिआइक हेतु आधसेरकेँ रसगुल्ला भेटल करैन्हि जे यावत ई दड़िभङ्गमे छलाह बराबरि हिनका भेटैत रहलैन्ह। हिनका अधिक मोटायल जाइत देखि महाराज बहादुर आज्ञा देलथिन्ह जे ई वेदाभ्यास करथि जे ताहू श्रमसँ हिनक मोटाइ किछु कम होइन्ह तथा हिनका पढ़एबाक हेतु अपन दरबारक वृद्ध महाराष्ट्री वैदिककेँ नियुक्त कए देलथिन्ह। बूढ़ वैदिक बेचारे मन्त्रक स्वर सब बिसरि गेल छलाह तथा ई दुइए चारि दिनमे छपल पोथीसँ स्वरविन्यासक रहस्य बूझि एक दिन महाराज बहादुरक ओहिठाम नालिस कए देल जे 'एहि बूढ़ासँ पढ़ब व्यर्थ! ई त सब किछु बिसरि गेल छथि।" एवं क्रमेँ हिनका ओहि नीरस वेदाभ्याससँ छुट्टी भेटलैन्हि।

जखन ई सात वर्षक भेलाह तखन हिनका अंगरेजी पढ़बाक हेतु महाराज

लक्ष्मीश्वरसिंह बहादुर गन्धवारिसँ दरिभङ्गा लए अनलथिन्ह तथा राज स्कूलमे भरती कए देलथिन्ह ओहि स्कूलसँ सन् 1886 ई. मे ई एन्ट्रेस पास कएलन्हि।

अग्रिम शिक्षाक हेतु महाराज बहादुर हिनका काशीक क्वीन्स कओलेज पठाए देल। महाराज बहादुर अपनहु किछु दिन धरि ओहि कओलेजक छात्र छलाह तथा ई नियम कए देने छलथिन्ह जे जे केओ राज स्कूलसँ एन्ट्रेंस पास कए आगाँ पढ़ए क्वीन्स कओलेज जाएत तकरा राज दिशिसँ दस रुपैया मासिक वृत्ति भेटल करतैक।

यद्यपि डॉ. झा एन्ट्रेंस परीक्षा तृतीय श्रेणिअहिमे पास भेल छलाह किन्तु काशी जइतहिँ जेना हिनक प्रतिभा जागि उठलैन्हि! प्रथमहि वर्षक अन्तमे जे परीक्षा भेलैक ताहिमे ई समस्त युक्ताप्रान्तक छात्रसबमे सर्वप्रथम भेलाह। 1888 ई. मे ई 'इंटरमीडिएट' परीक्षा देल जे ताहि दिन "एफ.ए." कहबैक तथा सम्पूर्ण युक्तप्रान्तमे सर्वप्रथम भेलाह। तावतघरि प्रयाग विश्वविद्यालयक स्थापना नहि भेल छलैक तथा क्वीन्सो कओलेज कलकत्तहि विश्वविद्यालयक अन्तर्गत छल। प्रयाग विश्वविद्यालय यद्यपि 1887 ई. मे स्थापित भेल तथापि ओकर परीक्षा 1889 ई. सँ चलल! विश्वविद्यालयक पार्थक्य भेलहु पर महाराज बहादुरक अनुमतिसँ डॉ. झा क्वीन्स कओलेजहिमे बी.ए. सेहो पढ़ैत रहलाह तथा अग्रिम वर्ष 1890 ई. मे प्रयाग विश्वविद्यालयक दोसरहि बी.ए. परीक्षामे सम्मिलित भेलाह। एहू परीक्षा मे ई प्रथम श्रेणीमे सबसँ उच्च स्थान प्राप्त कएल तथा दर्शन शास्त्रमे आनर्स अर्थात प्रतिष्ठा पाओल। एहि परीक्षामे हिनक प्रतिद्वन्द्वी छलथिन्ह सतीशचन्द्र वनर्जी जे पछाति डॉक्टर एस.सी. वनर्जी कहाए प्रसिद्ध भेलाह तथा प्रयागक गणमान्य ओकीलमे छलाह किन्तु जनिक असामयिक मृत्युसँ एक गोट प्रतिभासम्पन्न जीवनक अकाल अन्त भए गेल।

एम. ए. परीक्षाक हेतु डा. झा संस्कृतहिकेँ पसिन्द बी.ए. परीक्षा के दर्शनशास्त्रमे 'आनर्स' प्राप्त कुएलन्हि। करबाक कारणेँ यदि ई एम.ए परीक्षा दर्शनशास्त्रहिमे दितथि तँ विश्वविद्यालयक नियमानुसार हिनका एकहि वर्षक उपरान्त एम.ए. परीक्षा देबाक अनुमति भेटि जइतैन्हि किन्तु आदिअहिसँ हिनक अभिलाषा छलैन्हि जे संस्कृतक विद्वान होइ। ताहि दिन समस्त युक्तप्रान्तक कोनहु कओलेजमे संस्कृतक एम.ए. क पठन पाठनक प्रबन्ध नहि छलैक अतएब एहू परीक्षाक हेतु हिनका काशीअहिमे रहि अपनहि पण्डितहि लोकनिसँ पढ़ैत रहए पड़लैन्हि जाहिमे सबसँ मुख्य छलाह पण्डित, पछाति महामहोपाध्याय जयदेव मिश्र। 1892 ई. मे एम.ए. परीक्षा देल तथा विश्वविद्यालयमे सर्वश्रेष्ठ होइतहु हिनका केवल द्वितीय श्रेणी सएह भेटल।

एहि मध्यमे 1889 ई. मे हिनक विवाह शारदापुरक पण्डितप्रवर हर्षनाथ झाक जेठि कन्यासँ भेलैन्हि। ई पण्डित ताहि समयमे मिथिलाक प्रमुख पण्डितमे गनल जाइत छलाह, मिथिलाभाषाक एक गोट प्रतिभा-सम्पन्न कवि छलाह, तथा मिथिलेशक सभाक रत्न रहथि।

एम.ए. पास कैओके डॉ. झा महाराज बहादुरक अनुमतिसँ काशिअहिमे रहि संस्कृत शास्त्रक अध्ययन करैत रहलाह। ओहि समयमे ई संगहि संग पण्डित जयदेव मिश्र, पण्डित शिवकुमार मिश्र, पण्डित गंगाधर शास्त्री ओ पण्डित कैलाश शिरोमणि भट्टाचार्य्य—चारू गोटासँ पढ़ैत छलाह। इएह चारू गोटए ताहि समयमे काशीमे सबसँ पैघ ओ प्रतिष्ठित विद्वान छलाह।

किन्तु ई पाठक्रम बहुत दिन धरि नहि चलि सकल। पारिवारिक कतोक झंझटिक कारणें 1893-94 ई. मे हिनका दड़िभङ्गा आबए पड़लैन्हि। महाराज बहादुर हिनक प्रवृत्ति ओ योग्यतासँ पूर्ण परिचित छलथिन्ह, ओ हिनका अपन पुस्तकालय अध्यक्ष बनाए देल। महाराज बहादुरक इच्छा छलैन्हि जे राजकीय पुस्तकालयकेँ सुदृढ़ भित्तिपर स्थापित कए एकरा पूर्णरूपेँ सजि दी ओ जखन ई तदुपयुक्त भए जाए तखन एकरा सार्वजनिक संस्था बना दी।

डॉ. झाक अध्यक्षतामे पुस्तकालय बराबरि बढ़ैत गैल। महाराज बहादुर कहि देने छलथिन्ह। जे पुस्तक मोल लेबामे कतबो खर्च होएत तँ से हमरा अधिक नहि बूझि पड़त। अतएव भारतवर्ष, लंदन आ पेरिसक पैघ-पैघ पुस्तक भंडार सबसँ अधिकाधिक संख्यामे पुस्तक आबए लागल। एक बेरि तँ लंदनक सुप्रसिद्ध पुस्तक विक्रेता 'बर्नड क्वारिच' क ओहिठामसँ लाखावधि रुपैआक पोथी आएल छल जाहिमे अंगरेजी ओ फारसीक अद्वितीय लेखो सब छल। ओहिमे फारसीक त अनेको लेख-पोथी सचित्र छल जे केवल बहुमूल्य नहि सर्वथा दुष्प्राप्य अछि। वस्तुतः दड़िभङ्गा राज लाइब्रेरी हिनके सजाओल थीक।

दड़िभङ्गामे हिनका संस्कृत शास्त्रक अध्ययनक आओर पूर्ण अवसर भेटलैन्हि। ताहि दिन राजक प्रधान पण्डित महामहोपाध्याय पण्डित चित्रधर मिश्र छलाह। हुनकासँ ई मीमांसाशास्त्रक कठिन-कठिन सब ग्रन्थ पढ़ि गेलाह। दू वर्ष धरि ई नित्य प्रातःकालकेँ तीनि घंटा घरि हुनकासँ पढ़ैत रहथि।

जखन ई काशिअहिमे पढ़ैत छलाह तखनहि ई सिद्धान्त स्थिर कए लेने छलाह जे प्रतिदिन जे किछु पढ़ी तकरा ओहि दिन अंगरेजीमे लीखि जाइ। तदनुसार जखन ई एम.ए.क परीक्षाक हेतु पढ़ैत छलाह तखनहि 'काव्यप्रकाश' आ 'साङ्ख्यतत्त्वकौमुदी' सदृश कठिन ग्रन्थक अंग्ररेजीमे अनुवाद कए लेने छलाह। दड़िभङ्गा अएलहु पर ई क्रम बराबरि चलैत रहलैन्हि। गोटेक गोटेक दिन तँ अपन प्रणक पूर्त्यर्थ हिनका रातिमे एगारह एगारह बजैत धरि लिखैत रह पड़ैन्हि यावत् ई दड़िभङ्गामे छलाह तावत् प्रतिदिन साधारणतया अस्सी पुलिसकेप पृष्ट लीखि तखन ई निश्चिन्त होथि।

महाराज लक्ष्मीश्वरसिंह बहादुरक देहान्त 1898 ई. मे भेल तकर चारि वर्ष उत्तर सन् 1902 ई. मे हिनका दड़िभङ्गा छोड़ए पड़लैन्हि। भाग्यसँ ठीक ओही समय प्रयागक म्योर सेन्ट्रल कओलेज'मे संस्कृतक अध्यापकक स्थान रिक्त भेलैक। ओहि कओलेजक प्रिंसिपल डॉक्टर थीबो छलाह। ओ डॉ. झाक योग्यतासँ पूर्ण परिचित भए गेल छलाह।

कारण जे ताधरि डॉ. झाक अनेको अनुवादक ग्रन्थ प्रकाशित भए गेल छल जाहिमे तन्त्रवार्तिक ओ श्लोकवार्तिकक अनुवादसँ डॉ. थीबो विशेष प्रभावित भेल छलाह किएक तँ ई दूहू ग्रन्थ मीमांसादर्शनक कठिन थिकैक। अतएव डॉ. थीकोब सिफारिशसँ ई प्रयागक म्योर सेन्ट्रल कओलेजक संस्कृत अध्यापक नियुक्त भए गेलाह तथा 1902 क 22 नवम्बरके ँ ओहि पद पर कार्य करब आरम्भ कएलैन्हि।

सोड़ह वर्ष धरि ई म्योर सेन्ट्रल कओलेजमे संस्कृतक अध्यापक रहलाह 1918 ई. मे ओहिठामसँ हिनक बदली भेलन्हि तथा ई काशीक गवर्नमेंट संस्कृत कओलेजक प्रिंसिपल भेलाह। एहिसँ पूर्व सब बिदेशिए एहि कओलेजक प्रिंसिपल होइत आएल छलाह, डॉ. झा प्रथम भारतीय छलाह जे एहि प्रतिष्ठाक पदके ँ प्राप्त कएल।

एहि सोड़हो वर्ष धरि प्रयागमे रहैत डॉ. झा बराबरि लिखितहि ँ छलाह तथा दर्शन सबहिक अनेकानेक प्रधान ग्रन्थक, अंगरेजीमे अनुवाद कए गेलाह। डॉ. थीबोक संग मीलि 1907 ई. मे ई एकगोट त्रैमासिक पत्रक सञ्चालन आरम्भ कएलैन्हि जकर नाम छल Indian Thought अर्थात भारतीय विचारधारा 1914 ई. मे डॉ. थीबो चल गेलाह पश्चात एहि पत्रक सञ्चालनक सबटा भार हिनका अपनहि उठबए पड़लैन्हि। एहि पत्रमे डॉ. झा वात्स्यायनक भाष्य ओ उद्योग करक वार्तिकक संग गौतमक न्यायसूत्र-श्रीहर्षक खण्डनखण्डखाद्य, मधूसूदन सरस्वतीक अद्वैतासिद्धि प्रभृति एहन एहन ग्रन्थ सबहिक अनुवाद प्रकाशित कएने छलाह जकरा पण्डित लोकनि अतिशय क्लिष्ट बुझैत छथि।

1910 ई. क प्रथम जनवरीके ँ जे उपाधि वितरण भेल ताहिमे डॉ. झाके ँ महामहोपाध्याक' उपाधि भेटल! एहिसँ पूर्वहि ँ विगत नवम्बरमे हिनका प्रयाग विश्वविद्यालय अपन "डॉक्टर ऑफ लेटर्स" (डी.लिट्.) क वशिष्ट उपाधिसँ विभूषित कएने छल। एहि उपाधिक हेतु ई Prabhakara School of Purva Mimamsa 'पूर्वमीमांसा मे प्रभाकरक सिद्धान्त' नामक अंगरेजीमे। लिखिकए देलथिन्ह। समस्त संसारमे ताहि दिन डा. थ्गीबोके ँ छोड़ि आओर केओ अंगरेज़ी। नहि छलाह जे मीमांसाशास्त्रक ज्ञाता होथि। अतएव हिनक ग्रन्थक परीक्षक डॉ. थीकोब संग संग पण्डित शिवकुमार मिश्र एवं पण्डित गंगाधर शास्त्री नियुक्त कएल गेलाह। ओ जे ँ ओदुहू जन अंगरेजी नहि जनैत रहथि ते ँ हिनका अपन अंगरेजी ग्रन्थक सारांशक अनुबाद संस्कृतमे करए पड़ल छलैन्हि।

काशी हिन्दू विश्वविद्यालयक नियमादि स्थिर करबाक हेतु भारत सरकारसँ परामर्श करबाक निमित्त जे पाँच व्यक्तिक एकगोट 'कमिटी' नियुक्त कएल गेल छल ताहिमे एक व्यक्ति इएह डॉ. छलाह। भारतीय शास्त्र सबहिक अध्ययन ओ अध्यापनक प्रसंग अपन नीति स्थिर करबाक हेतु विचारक निमित्त भारत सरकार जे पचीस तीस व्यक्तिक एक गोट कमिटी नियुक्त कएने छल ताहि मे डॉ. झा एक प्रमुख सदस्य छलाह।

जखन डॉ. झा काशीमे प्रिंसिपल छलाह तखन ई सरकार द्वारा प्रथम 'काउंसिल ऑफ स्टेट'क सदस्य मनोनीत भेलाह। 1923 ई. धरि ओहि काउंसिलक ई सदस्य रहलाह परन्तु तावत् ई प्रयाग विश्वविद्यालयक उपकुलपति, वाइस-चान्सलर, निर्वाचित भए गेलाह ओ ओहि नवीन पदक कार्यसम्पादनमे अन्य कार्यशक्ति बाधक होएत ई जानि ओहि काउंसिलक सदस्यतासँ इस्तीफा दए देल।

एही मध्यमे प्रयाग विश्वविद्यालयक नवीन संगठन भेल छल तथा एहि नवीन पद्धतिक अनुसार स्थिर भेल छल जे वाइसचांसलरक नियुक्ति निर्वाचनसँ हो। डॉ. झा एहि विश्वविद्यालयक प्रथम वाइस चांसलर निर्वाचित भेलाह तथा नवीन परिस्थितिमे एकरा सुचारू रूपेँ सञ्चालनक भार हिनकहि उठबए पड़लैन्हि। नओ वर्षसँ अधिक धरि ई एतएक वाइसचांसलर रहलाह; तीनि बेरि ई एहि पदक हेतु निर्वाचित भेलाह। एहन सौभाग्य प्रायः अन्य कोनहुँ व्यक्तिकेँ प्राप्त नहि भेल छैक; हँ हिनकहि पुत्र स्वनामधन्य श्री अमरनाथ बाबूकेँ ओतहि वाइसचांसलरक हेतु तीनि बेरि निर्वाचित भेलैन्हि। एहिसँ ई स्पष्ट अछि जे प्रयाग विश्वविद्यालय सम्प्रति जाहि महत्ताकेँ पओने अछि से हिनके एकान्त तत्परता, अविश्रान्तश्रम, ओ सुदृढ़ शासन-प्रणाली के प्रसाद थीक।

जखन ई वाइसचांसलर छलाह तखन एकबेरि कांग्रेसवाला लोकनि हिनका कार्यमे अनेक प्रकारक विघ्न कएलकैन्हि। ताहि समय मे कांग्रेसक यथार्थ नेता लोकनि जहलमे रहथि तथा हुनका लोकनिक अनुपस्थितिमे कतोक नव-नव कांग्रेसी लोकनि 'पिकेटिंग' द्वारा युनिवर्सिटीमे बड़ उपद्रव कएलथिन्ह। परन्तु ई तँ अपन सिद्धान्त पर अटल रहलाह ओ विश्वविद्यालयक कार्य यथावत् चलैत रहल!

हिनक वाइसचांसलरत्वहिक समयमे प्रयाग विश्वविद्यालय हिनका आनरेरी एल.एल.डी. क उपाधि प्रदान कए सम्मानित कएलक।

1932 ई. क नवम्बरमे हिनक पत्नीक देहान्त भए गेलैन्हि तथा ई पुनः चारिमबेरि वाइसचांसलरक पदक हेतु ठाढ़ नहि भेलाह। जखन ई वाइसचांसलरक काज छोड़ए लगलाह तखन युनिवसर्टिक भिन्न-भिन्न विभाग ओ संस्था सबहिसँ हिनका एक-दूगोट नहि तेरहगोट अभिनन्दनपत्र देल गेलैन्हि। एहीसँ हिनक लोकप्रियता, व्यवहार-कुशलता एवं शासनपटुता सुस्पष्ट अछि।

विश्वविद्यालयक जे सेवा ई कएने छलथिन्ह तकर सम्मानमे ई ओकर 'कोट'क आजीवन सदस्य बनाए लेल गेलाह तथा हिनक सहकर्मचारी लोकनि सब केओ मीलि हिनक एकगोट पूर्णाकृति तैल-चित्र बनवाए विश्वविद्यालयकेँ समर्पित कएल जकर उद्घाटन विश्वविद्यालयक चांसलर संयुक्त प्रान्तक गवर्नर सर मेकम हेली बहादुर कएलन्हि।

वाइस-चांसलरक काज छोड़लहुँ पर युनिवर्सिटीक अधिकारी-वर्ग बड़ आग्रहसँ हिनका बाध्यकए 'एक्सक्यूटिवकमीटी' क सदस्यता हेतु ठाढ़ कराए हिनका निर्वाचन

कराओल। आजीवन ई ओकर सदस्य रहलाह तथा युनिवर्सीटीक प्रत्येक कार्यमे पूर्ण तत्परतासँ सहयोग देल करथि।

डॉ. झा ग्रेटब्रिटेनक 'रायल एशियाटिक सोसाइटी' क 'आनरेरी' सदस्य छलाह। ई प्रतिष्ठा विश्वमे एक संग केवल तीस व्यक्तिकेँ प्रदत्त होइत छैक। बम्बइक एशियाटिक सोसाइटी हिनका अपन 'केम्पबेल मेडल' प्रदान कए सम्मानित कएने छलैन्हि!

1941 ई. मे सम्राटक जन्मदिनक उपलक्षमे जे उपाधि वितरण भेलैक ताहिमे डॉ. झा 'नाइटहुड' क विशिष्ट उपाधि 'सर' सँ विभूषित कएल गेलाह। वैदुष्य ख्यातिक हेतु 'नाइटहुड' क उपाधि देल जाइत छैक जकर निदर्शन विश्वकवि रवीन्द्रनाथ, वैज्ञानिक श्रीचन्द्रशेखर वेकटरमण ओ इतिहास विचक्षण श्री यदुनाथ सरकार प्रभृति अनेको छथि; पाण्डित्यहुक हेतु महामहोपाध्यायक उपाधि कतेको विद्वान पाओल अछि; परन्तु पाण्डित्यक हेतु महामहोपाध्याय ओ पुनि निर्मल वैदूष्य ख्यातिक हेतु 'नाइटहुड' दुहू उपाधिकें पओनिहार विश्वक इतिहासमे केवल डॉ. झा छलाह।

परन्तु प्रतिष्ठा ई बहुत दिन भोगि नहि सकलाह 1941 ई.क 17 नवम्बरक राति तीर्थराजमे पद्मासन लगओने जप करैत डॉ. झा अत्यन्त शान्तिपूर्वक एहि नश्वर शरीरकेँ त्यागि अमरत्वकेँ प्राप्त कए लेल।

डॉ. झा केँ पाँच गोट पुत्र-रत्न, पाँचों धुरन्धर। सबसँ जेठ कप्तान भवनाथ झा दड़िभङ्गामे राज-अस्पतालक प्रधान छलाह। दोसर रत्नाकरसँ उद्‌भूत कलाकार जकाँ साहित्य सम्राट ओ विद्वदग्रणी स्वनामधन्य डॉ. अमरनाथझा जे दस वर्षसँ ऊपर धरि प्रयाग विश्वविद्यालयक वाइसचांसलर रहि युक्तप्रांतीय पब्लिक सर्विस कमीशनक सभापति छलाह तथा वर्ष दिन काशी विश्वविद्यालयक कुलपतिक पद ग्रहण कएने छलाह। अपना समक्षहिँ अपन पुत्रकेँ अपन अध्युषित वाइस-चांसलरक आसन पर आसीन भेल देखि हुनक अभिनन्दन करबाक सौभाग्य डॉ. झा केँ जे भेल तकरो दृष्टान्त विश्वमे बड़ बिरले भेटत। तेसर पुत्र, पण्डित शिवनाथझा एम.ए. युक्तप्रान्तीय शिक्षा-विभागमे अध्यापक छलाह। चारिम, पण्डित विभूतिनाथझा एम.ए. बिहारमे शासनविभागमे जिलाधीश छलथिन्ह ओ सबसँ छोट पण्डित श्री आदित्यनाथझा एम.ए.एल. एल.बी., आइ.सी.एस. वाराणसी संस्कृत विश्वविद्यालयक कुलपति छलाह ओ सम्प्रति दिल्लीक छोटा लाट छथि। एहन एकोगोट पुत्र होएब सौभाग्य थिक; डॉ. झाकेँ एहन-एहन पाँचगोट पुत्र। एहूसँ हिनक आलौकिक सौभाग्य सूचित होइत अछि। कहबीओ छैक जे–

पुत्रे यशसि तोये च ज्ञायशे ह्रययं नृणाम्।

संक्षेपमे इएह डॉ. झाक जीवन-वृत्तान्त अछि। ओना त एहि छोट निबन्धमे हिनक समस्त गुणराशिक विमर्श संक्षेपहुमे असम्भव अछि परन्तु बिनु से भेलेँ

एहि महापुरुषक व्यक्तित्वक परिचय अपूर्णे रहत अतएव ककरो किछु दिग्दर्शन कराएब आवश्यक प्रतीत होएत अछि।

एहिमे कोनो सन्देह नहि जे एहि रूपक अन्तःप्रज्ञ होएब वा एहन उच्च प्रतिष्ठा एवं निर्मल यश प्राप्त करब प्राक्तन संस्कारहिक बलेँ सम्भव छैक परन्तु डॉ. झामे यथार्थो एहन अनेक गुण छलैन्हि जाहि प्रसादात इतरो व्यक्ति बिनु उन्नति कएलेँ नहि रहि सकैत अछि।

डॉ. झासँ जे केओ परिचित छलाह सबहुँ ई कथा मुक्तकंठेँ स्वीकार करताह जे हिनक उन्नतिक प्रधान साधन हिनक अलौकिक कार्यक्षमता एवं सुदृढ़ सङ्कल्प छलैन्हि। जे कोनो काज हो जकरा ई आरम्भ करताह तकरा बिनु समाप्त कएने हिनका शान्ति नहि होइत छलैन्हि। जे काज आई कर्त्तव्य थिक अथवा कए सकैत छी तकरा काल्हुक हेतु राखए हिनका अबितहिँ नहि छलैन्हि। समय केहन मूल्यवान वस्तु थिक ओ तकर सदुपयोग कोना करी ई सिखबाक हेतु हिनक जीवन आदर्श छल। सबटा मिलाए हिनक लिखल गोट साठिएक ग्रन्थ छैन्हि जकर मूल्य चारि सए टाकासँ कम नहि होएतैक। जे केओ एकगोट पोथी लिखने छथि से बूझि सकैत छथि जे एहि सब ग्रन्थकेँ लिखबामे हिनका केवल मानसिक नहि, शरीरिको श्रम कतेक लागल होएतैन्हि। तथा प्रत्येक ग्रन्थ लिखबामे हिनका अध्ययन कतेक करए पड़ल होएतैन्हि। परन्तु सङ्ग-सङ्ग इहो स्मरण रखबाक थिक जे ई केवल ग्रन्थ लिखैत तँ कहिओ नहि रहलाह। दरिभङ्गामे राजकीय पुस्तकालयक अध्यक्षतासँ लए प्रयाग विश्वविद्यालयक वाइसचांसलरत्व धरि जाहि कोनहु पदकेँ ई सुशोभित कएल सब छल श्रमसाध्य ओ सब कठिन उत्तरदायितासँ पूर्ण। ताहि सब काजकेँ एतेक सफलतासँ सुचारुरूपेँ सम्पादन करैत सांसारिक एवं पारिवारिक जतेक क्रियाकलाप छैक तकरहु निबाहैत, तखन पुनि ई एतेक अध्ययन कए गेलाह ओ ताहूसँ बेसी एतेक ग्रन्थ लीखि गेलाह ई सर्वथा आश्चर्यजनक प्रतीत होइत अछि। एहि अलौकिक कार्यक्षमताक प्रसादात तँ डॉ. झा जीवनमे उन्नतिक चरम उत्कर्षकेँ प्राप्त कए सङ्गहिँसे ख्याति लाभ कए सकलाह जे विश्वक कोन कोनमे जतए कतहु हिन्दू सभ्यताक ओ संस्कृतशास्त्रक मर्यादा छैक सर्वत्र हिनक नाम श्रद्धासँ पूजित होइत अछि।

ई क्षमता हिनक केवल लिखबहिक पढ़बहिक कार्यमे छलैन्हि से नहि कार्यमात्रमे जे हिनका कर्त्तव्य होइन्हि तकर श्रमकेँ ई श्रम नहि बूझथि। वस्तुतः काज करबहिमे हिनका आनन्द होइन्ह। एहि प्रसङ्ग एतबए कहब पर्याप्त होएत जे सोति लोकनिक भोज नामी होइत छैन्हि ओ अनेक बेरि एहन अवसर भेल छैक जखन डॉ. झा एकसरे दू-दू सए गोटाक भोज्यक सामग्री रान्हिकेँ परसि देने छथिन्ह। महाराज लक्ष्मीश्वरसिंह बहादुरक श्राद्धक भोज विन्यास ओ इन्तिजाम सब दृष्टिसँ अभूतपूर्व भेल छल। डॉ. झा ओहिमे प्रमुख कार्यकर्त्ता छलाह।

अपन सङ्कल्पक तेहन ई दृढ़ छलाह जे हिनका जिद्दी कहबो अत्युक्ति नहि होएत। जे नियम ई स्थिर कए लैथि ताहिसँ किश्चितो विचलित नहि होथि। लिखबाक प्रसंग ई अपन सिद्धान्त कोन रूपेँ पालन कएल करथि तकर चर्चा कएनहि छी। छोटसँ छोट काजमे हिनक दृढ़ता स्पष्ट होइत रहए। हिनक नियम छलैन्हि जे चिट्ठीक उत्तर लगले दी ओ जाहि चिट्ठीक उत्तर हिनक दातव्य होइन्ह तकरा ई चिट्ठी पबितहिँ ओही क्षण दए देथि। सङ्कल्पक एही दृढ़ताक कारणे हिनका ओहि ठाम काजक ढेरि कहिओ नहि लागल रहैन्हि। काज ढेर तखनि हौइत छैक जखन ई नहि स्थिर रहैत छैक जे एहि प्रसंग की कर्त्तव्य थिक ओ कार्यक प्रणाली नियमबद्ध नहि रहैत छैक। अपन कर्त्तव्य जखन स्थिर अछि ओ प्रतिदिन जखन सबकाज नियमानुरूप करबे करब तखन कतबओ काज आबओ ओकरा समाप्त करैत जएबामे विलम्ब किएक होएत ओ आजुक काज काल्हुक हेतु किएक पड़ल रहत? बिनु सङ्कल्पक एहि दृढ़तेँ डॉ. झा एतेक काज कए सकितथि तकर कोन सम्भव? सङ्कल्प दृढ़ताक विषयमे ई केहन कठोर छलाह तकर एकगोट गप्प कहैत छी। जाहि समयमे ई दड़िभङ्गामे रहथि ताहि समयमे ई अधिक मोटाए गेल छलाह। आन कोनहु प्रतीकारेँ जखन हिनक शरीरक स्थूलता कम नहि भेलैन्हि तखन डॉक्टर लोकनि हिनका भोजन थोड़ करए कहल। ताहि समयमे ई जहिना काज करबामे नामी छलाह तहिना खएबहुमे नामी छलाह, एतेक धरि जे सासुरमे एक बेरि आम खएबाक आग्रह भेला पर ई अपन श्वशुरक विशाल गाछीकै झखबाए जतेक पाकल आम छलैन्हि सबटा खाए गेलथिन्ह। परन्तु तथापि जखन भोजन थोड़ करबाक भेलैन्हि तखन बहुत दिन धरि ई केवल चारि गोट फुलकी सोहारी मात्र खाए रहए लगलाह तथा एही कारणेँ हिनक स्वास्थ्य यद्यपि सर्वदाक हेतु दूरि भए गेलैन्हि मुदा तैओ यावत् ओ स्थूलता थोड़ नहि भेलैन्हि ई अपन सङ्कल्प पर अटल रहलाह।

किन्तु एतावता ई बुझब भ्रम होएत जे डॉ. झाक जीवनमे विनोदक स्थान नहि छलैन्हि तथा हिनक दिन केवल काजे करैत बितलैन्हि। समयक सदुपयोग तकरा नहि कहैत छैक। हिनक गप्प केहन सरस होइत छलैन्हि तथा हास्य विनोदक ई कतेक प्रिय छलाह से जे केओ हिनकासँ परिचित छलाह सबहुँ जनैत छथि। एतबा आवश्यक जे हिनक समय नियमबद्ध छलैन्हि तथा काजक बेरिमे यदि हिनक भेंट कएल जइतिऐन्हि तँ तैं ई अपन काज नहि छोड़ितथि। अहाँक काज बूझि लितैथि, तकर समुचित उत्तरो दए दितैथि, गप्प कहितिऐन्हि तँ सेहो सुनैत रहितथि परन्तु संगहि संग अपन जे काज रहितैन्हि सेहो करितहिँ रहितथि। मुदा जखन काजक समय नहि रहैन्हि तखन लोकक संग बैसि गप्प करब ओ आओर नहि केओ तँ नेनो भुटकाक संग विनोद करब सएह हिनक नियम छलैन्हि।

व्यसन यदि कोनो डॉ. झाकेँ छलैन्हि तँ से लिखबाक! एहिसँ बेसी आनन्दप्रद हिनका हेतु दोसर कोनो काज नहि छलैन्हि 1937 ई. मे पटना

यूविर्सिटीक 'रामदीन रीडरशिप' व्याख्यानमालाक आरम्भमे अपन परिचय दैत ई कहने छलाह–"लाखो पेजों के मुह काले किए।" ई कथा अक्षरशः सत्य अछि बृद्धावस्थाहुमे अस्वस्थहुक अवस्थामे लिखबाक काज ई अन्त धरि करितहिँ रहलाह ओ हिनक तीनिगोट ग्रन्थ हिनक परोक्ष भेला पर प्रकाशित भेल। लिखबाक श्रमकेँ ई श्रम नहि, विनोद बुझथि। हिनक पूर्वक लिखल ग्रन्थ सब जखन अनुपलब्ध भए जाइक तखन तकर पुनर्मुद्रणार्थ यदि केओ प्रकाशक हिनका ओहि ग्रन्थक संशोधन कऐ देअऽकहैन्हि तँ ई पुनि नबेकेँ ओहि ग्रन्थकेँ लीखि देथिन्ह। संशोधनसँ सुलभ हिनक पुनः लिखबे बूझि पड़ैन्हि। ई केवल कर्त्तव्य बुद्ध या नहि भए सकैत अछि; एहि हेतु ओहि कार्यक प्रति आन्तरिक प्रेम अपेक्षित छैक ओ तेँ कहल जे लिखबाक हिनका व्यसन छलैन्हि तथा हिनक लेखक स्पष्टता, गम्भीरता ओ संक्षिप्तताक प्रमाण हिनक ग्रन्थे सब अछि। हिनक लिखल अधिक ग्रन्थ अनुवादे छैन्हि परन्तु से केहन-केहन ग्रन्थ सबहिक त जकर आशयो बुझब बड़-बड़ पण्डितक हेतु कठिन होइत छैन्हि तथा अनुवाद केवल मूलक शब्दहिक टा नहि, अपितु मूलक तात्पर्य की विलक्षण जकाँ भाषान्तरसँ आबि गेल छैक से देखि आश्चर्य लागत। एहिसँ विदित होइत अछि जे ओहि सब ग्रन्थक आशयेटा हिनका हृदयङ्गम नहि भए गेल छलैन्हि किन्तु अंगरेजी भाषा पर हिनका केहन अधिकार छलैन्हि जे एहन-एहन गूढ़ विषय सभकेँ ई सुस्पष्टतया मूल लेखक शैली पर थोड़सँ थोड़ शब्दमे बुझाएकेँ लीखि सकलाह?

किन्तु जन्मना ओ क्रियना सर्वथा एहन पैघ लोक रहितहुँ हिनका देखला उत्तर से कथमपि प्रतीत नहि होइत। हिनक वेष ओ भूषा, रहबाक परिपाटी ओ व्यवहार, सब किछु आडम्बरसँ शून्य छलैन्हि। एहन पैघ ओ कार्यासक्त व्यक्तिसँ भेंट समेत कठिन होइत छैक परन्तु हिनका ओहिठाम तँ सबकेँ प्रवेश अप्रतिषिद्ध छलैक तथा हिनका देखला उत्तर शरीरक ऋषितुल्य कान्ति छोड़ि आओर किछु नहि लक्षित कए सकितहुँ जाहिसँ हिनक विशाल महत्ताक परिचय होइत। जहिना ई पूर्व रहैत छलाह तहिना अन्त धरि रहलाह, कतबओ उन्नति कएलैन्हि, कतबओ प्रतिष्ठा लाभ कएलैन्हि, कतबओ पैघ भेलाह, तथापि रहबाक हिनक परिपाटी ओहने रहलन्हि। ई बाह्याडम्बरशून्यता, ई सरलता, ई एकरूपता सत्ये हिनक चरित्रक उत्कर्ष छल ओ ताहिसँ हिनक यथार्थ महत्त्व द्योतित होइत अछि।

परन्तु ई समस्त गुण राशि जाहि प्रसादात एतेक सौभाग्य जाहि बल पर, से छल डॉ. झाक आस्तिकता, परमात्मामे हिनक अटल विश्वास ओ अपन पूर्वपुरुषमे श्रद्धा। वस्तुतः जे महापुरुष समस्त उपनिषद्केँ छानि ओकर रहस्य जानि गेल छलाह तनिका हेतु ई आश्चर्ये कोन? संसारक सब काज करैत तखन धरि ओहि कर्मजालसँ निलिप्त, दुखमे अनुद्विग्न ओ सुखमे विगतस्पृह, राग, भय ओ क्रोधसँ अस्पृष्ट, यथार्थ आत्मज्ञानीक जे लक्षण थिकैक पूर्वसमयमे जकरा 'मुनि' कहैक ओ तकर परिभाषा

श्रीमद्भगवद्गीतामे 'स्थितधी' कहल अछि, डॉ. झा सएह छलाह। परञ्च संग-संग ब्राह्मणोचित जे सकल क्रियाकलाप छैक तकरो सम्पादन जेना ई करैत छलाह तेना एहि युगमे विरले केओ करैत अछि! हूँ, एतबा अवश्य जे अपन धर्माचरणहुक ई आडम्बर नहि करथि। प्रतिदिन ब्रह्ममुहूर्त्तमे ऊठि नित्यकर्म सम्पन्न कएकेँ ई बाहर होथि तथा त्रिकालक निर्मित जे किछु कृत्य आवश्यक छैक से सबटा जतहि रहथि ततहि करबेटा करथि। भरि वर्ष जतेक पार्वण विहित छैक से सबटा ई करबे करथि, एकोदिष्टक तँ कथे कोन। परन्तु सब सँ पैघ गायत्रीक सहस्र जप ई अपन पितहि जकाँ नित्य करैत रहलाह। भेद एतबए जे हिनक पिता नित्य टाढ़ भए जप कएल करथिन्ह परन्तु ई अस्वास्थ्य-प्रयुक्त पछाति से नहि कए सकथि तेँ बैसल करथि एकरहि प्रभावेँ हिनकामे ओ ब्राह्मण्य तेज छलैन्हि तथा यथार्थ धीमान् छलाह। मेधाशक्ति हिनक लोकोत्तर चमत्कार छल। शास्त्रीय कथाक तँ चर्चे कोन, छोटसँ छोट विषय हिनका ओहिना स्मरण रहैन्हि। अपन मन पर हिनक अधिकार शुद्ध योगीक सदृश छलैन्हि। जखन जे काज ई करथि तल्लीन भए करथि। लगमे लोक नाना प्रकारक गप्प करैत अछि, चारूकात धीआ पूता घोल कए रहल अछि परन्तु डॉ. झा शान्तिपूर्वक पद्मासन लगओने कठिनसँ कठिन ग्रन्थ लीखि रहलाह अछि। निश्चय ई सब ओही गायत्रीक एकान्त उपासनाक फल छल। ओही गायत्रीक उपासनाक परिणाम थिक जे जीवनमे उन्नतिक पराकाष्ठा पर पहुँचि देश आ विदेश सर्वत्र निर्मल यश लाभ कए, ई पुरुषपुङ्गव एहन-एहन एकसँ एक योग्य पाँच गोट पुत्ररत्न देशक गौरवकहेतु छोड़ि गेलाह जाहिसँ मिथिलाक मुख उज्ज्वल अछि।

ओना तँ डॉ. झाक सदृश कर्मयोगीक हेतु कोनहु स्मारकक प्रयोजन नहि छैक, हुनक अपने कृतिकलाप आकल्पान्त हुनक नामकेँ अमर कएने रहतैन्हि, आ एखन तँ हुनक आत्मजे लोकनि हुनक सबसँ पैघ स्मारक छथिन्ह परन्तु विद्याव्यसन, अपन अतीतक गौरव ज्ञापन एहि सबहिक स्मारकस्वरूप हुनक भक्त शिष्य ओ गुणविमुग्ध महाजन लोकनि हुनक कार्यक क्षेत्र तीर्थराज प्रयागमे हुनक नाम पर एकगोट 'रिसर्च इंस्टीट्यूट' स्थापित कएलैन्हि अछि जाहिमे आर्य-सभ्यता, संस्कृति साहित्य ओ भारतक प्राचीन गौरवक प्रसङ्ग अनुसंधान कार्य भए रहल अछि तथा ओहिसँ एकगोट त्रैमासिक पत्र बहार भए रहल अछि जे समस्त देशमे आदरसँ देखल जाइत अछि। अनुसंधान संस्थान उत्तर भारतमे एहि रूपक ई प्रथमे थिक ओ आशामात्रे नहि पूर्ण विश्वास अछि जे तेहन महापुरुषक नाम पर स्थापना भेल अछि जे दिनानुदिन एकर विकास होइत ई देशक एकगोट अनुपम संस्था भए जाएत जतए सँ विशुद्ध भारतीयताक ज्योति ज्ञानतिमिरक उच्छेद कए समस्त विश्वक कल्याणार्थ पथ प्रदर्शित करत।

(मैथिली साहित्य संग्रह (उत्तरार्द्ध) गद्यांश 1974इ.)

महामहोपाध्याय पण्डित बालकृष्ण मिश्र

महामहोपाध्याय बालकृष्ण मिश्र आब एहि लोकमे नहि छथि। संस्कृत विद्याक एक गोट विशाल स्तम्भ टूटि गेल, भारतवर्षक प्राचीन विद्वत्ताक अन्तिम आदर्श ऊठि गेल, मिथिलाक अतीत गौरवक प्रकाशन, एक गोट ज्योतिष्मान् नक्षत्रक अस्त भए गेल, सोतिपण्डितक मुकुटमणिके ँ कुटिल काल कबलित कए गेल। क्रूर 1943 ईसवीएक अन्तिम दिन दिवाकरक संग-संग नैयायिक मूर्द्धन्यक आत्मतिरोहित भए गेल। विश्वनाथक पावनपुरीमे बालकृष्णबाबू विगत शुक्र दिन शरीर त्याग कएल।

दर्शन कानन-पञ्चाननक प्रादुर्भाव आइसँ 56 वर्ष पूर्व सन् 1295 सालमे मिथिलाक सुप्रसिद्ध शोभाशालि प्रिय सरिसब ग्राम रत्नक पछबारि टोल-नवटोलमे एक अवदात कुलमे भेल छल। हिनक पिता गोसाईं मिश्र पुण्यश्लोक अयाची भवनाथ मिश्रक छोट भाए म.म. देवनाथ मिश्रक वंशवर साधारण वित्तक किन्तु सात्विक प्रकृतिक साधु सद्ब्राह्मण रहथि। हिनक माता उजानक प्रसिद्ध रामेश्वरझाक वृद्ध प्रपौत्री नान्ही झाक कन्या नैयायिक प्रवर श्री नीलाम्बर झाक बहिनि छलीह।

अत्यन्त बाल्यकालहिसँ हिनक लोकोत्तर मेधा एवं सुदृढ़ संकल्प, अलौकिक अध्यवसाय एवं चमत्कार व्युत्पत्ति स्फुट छल तथा ई अपन मातृकहिमे अपना माम श्री नीलाम्बर बाबूसँ विद्यारम्भ कएल ओ आरम्भे कएल न्यायशास्त्र, नव्य न्याय, नवद्वीपक न्याय। शैशवावस्थहिमे पितृवियोग भए गेलाक कारणे ँ हिनका, बापक जेठ बेटाके ँ, आश्रमक सभटा भार ऊपर पड़ल ओ ते ँ बहुत दिन मातृक नहि रहि सकलाह किन्तु गामहि रहैत गृहस्थाश्रमक सभटा भार वहन करितहुँ ई अपन गामक अतिनिकटवर्त्ती गंगौलीक श्रोत्रिय पुङ्गव विश्रुत नैयायिक लोकनाथझासँ पढ़ए लगलाह।

यद्यपि बालकृष्ण बाबूक सदृश निर्मल वैदुष्य, एहि रूपक निभ्रान्त शास्त्रीय संस्कार, एहन सर्वतोमुखी प्रतिभा ओ असाधरण व्युत्पत्ति, एतेक रास गुणरासिक एहन सम्मेलन बिनु आत्मक वैशदये ँ प्राक्तन संस्कारे ँ, जन्म-जन्मार्जित पुण्यक प्रभावे ँ सम्भव नहि, ओ ते ँ मानहिक पड़त जे हिनक आत्मा एहि सभक बीज

लेनहि प्रादूर्भूत भेल होएत, तथापि ओ पाडित्यक तेजोमय जे बीज छल, तकर प्रथम विकास ओ समुचित विकास हिनका मातृकमे भेल। वस्तुतः हिनक मातृक एम्हर डेढ़ दू सय वर्षसँ मिथिलामे एक गोट विद्यापीठ छल, न्यायशास्त्र ओ धर्मशास्त्रक प्रकाशक एक गोट बड़ उज्ज्वल केन्द्र छल। जहिना दू सय वर्ष पूर्व मङरौनीक वैभव देखैत छी, आन्वीक्षिकी विद्याक मिथिलामे डेरा फन्नावारहिक ओहिठाम देखै छी, तहिना सर्वसिद्धान्त दीक्षागुरु गोकुलनाथ उपाध्यायक परोक्ष भेलाक किछु दिन पश्चात हुनके अग्रशिष्य उजानक करमहए महामहोपाध्याय रामेश्वरझाक ओहिठामक विद्या-वैभव छल। सिद्ध रामेश्वरक तीनू बेटा धुरन्धर पण्डित, नैयायिक ओ धर्मशास्त्री। स्वर्गीय महामहोपाध्यायक प्रमातामह दू भाँइ केशवझा ओ जगद्धर झा तथा पितिऔत ईशदत्तझा महामहोपाध्यायक दू गोट माम स्वर्गीय दिगम्बर बाबू ओ श्री नीलाम्बर बाबू नवद्वीपसँ समग्र न्यायशास्त्र पढ़ि आएल छलाह। एहन नैयायिक, पण्डित वंशक, भगिनमान; आदर्श तकबाक हिनका प्रयोजनो नहि भेल ओ निश्चय एही अनुकूल जलवायुमे, एहने उच्च आदर्श प्रकाशमय ज्योतिमे देवेन्द्रबाबूक मातृक नाम स्वर्गीय महामहोपाध्यायक 'देवेन्द्र' छल—अन्तर्निहित वैदुष्यक बीज क्रमशः प्रस्फुटित, अङ्कुत्तरित पल्लवित भए उठल। नैयायिक ई उजानहि मध्य भेलाह।

किन्तु पण्डित बनाओल हिनका लोकनाथ बाबू। मामसँ ई केवल नव्यन्याय पढ़ल गंगौलीमे ई न्यायशास्त्रक सर्वाङ्गीण अध्ययन कएल, समस्त प्राचीन न्याय, नव्यन्यायक उपस्कार ओ शब्द खण्ड न्यायशास्त्रमे प्रायः जे किछु अध्येतव्य छैक सब कथूक अध्ययन कए गेलाह। ओ से ताहि तत्परता, एकान्तता एवं अध्यवसायसँ कएल जे ई गामहि मध्य निष्णात तार्किक भए गेलाह, ओ बड़ थोड़ व्ययमे स्वर्गीय श्री 5 मन्मिथिलेशक कृपाभाजन भए दरभंगा-राजकीय-महाविद्यालयमे न्यायशास्त्रक अध्यापक नियुक्त भेलाह।

नैयायिक मूर्द्धन्यक पाण्डित्यक जे प्रखरता छलन्हि से कतोक अंशमे हिनका गुरुअहिक छलन्हि। प्राचीन सम्प्रदायक अनुसार अध्यापककेँ ग्रन्थक अभ्यास आवश्यक हो लोकनाथ बाबू शास्त्रक अभ्यासक हेतु सुप्रसिद्ध छलाह। ई गुण मुदा हुनकासँ कत वड़ वेशी हुनक शिष्य स्वर्गीय महामहोपाध्यायमे छल। पाठ्य-ग्रन्थ तँ सभ हिनका अभ्यासे छलन्हि कहिओ ग्रन्थ देखिकए पढ़एबाक हिनका अभ्यास नहि। कतेक ग्रन्थ हिनक जिह्वाग्रवर्ती छल से के कहि सकत? दर्शनक ग्रन्थ सभ, प्रधान-प्रधान सभ उपनिषद्; कतेक काव्य, नाटक, चम्पू, आख्यायिका, अलङ्कारक ग्रन्थ सभ आओर की गाथासप्तसतीक सदृश प्राकृतिक काव्य समेत हिनका समग्र कण्ठस्थ छल। अभ्यासक ई जोर बालकृष्ण बाबू संगहि लेने चल गेलाह। एहि अंशमे ओ मिथिलाक प्राचीन विद्वन्मुकुट सभहिक अन्तिम निदर्शन छलाह।

दोसर गुण जे ई अपन गुरुसँ सीखल से छल नैयायिकक मुख्य गुण शास्त्रार्थ चातुरी। आब तँ शास्त्रार्थक चालिओ उठले जाइत अछि किन्तु न्यायशास्त्रक

शास्त्रार्थ केहन श्रुतिमधुर होइत छैक से जे केओ हिनक शास्त्रार्थ सुनने होएताह सएह बूझि सकैत छथि। एहू अंशमे प्रायः स्व. महामहोपाध्याय अन्तिमे नैयायिक छलाह, मैथिल नैयायिकक शास्त्रार्थ नैपुण्यक अन्तिमे आदर्श छलाह।

किन्तु गुरुसँ जाहि अंशमे स्वर्गीय महामहोपाध्याय आदिअहिसँ बड़ विशिष्ट छलाह ओ जाहि प्रसादेँ ई एतेक उज्ज्वल यश लाभ कएल से छल हिनक भारतीक विमलता, वाङ्मयक माधुर्य वचनक चातुरी एवं असाधारण व्युत्पत्ति। शब्दमे कतेक लालित्य भए सकैत छैक, वाणीमे कतेक मधुरिमा सम्भव छैक से स्वर्गीय महामहोपाध्यायक मुहसँ निःसृत शास्त्रीय कथाक कोन चर्चा साधारणो वाग्विलाससँ विदित भए सकैछ। निश्चय बालकृष्ण बाबू शब्दकेँ वीछि-वीछि जेना मिसरीमे पागि-पागि रखने रहैत छलाह से समय पर बाहर करी, ओ मिसरीक पाकक तरमे यद्यपि कतोकके कहुखन-कहुखन कटुता, तिक्तता, रुक्ष ता, विदाहकता समेत बूझि पड़ैत छलन्हि परञ्च के एहन व्यक्ति होएताह जे हुनक शब्दमे कोनो दोष देखाए सकतथि, हुनक वाणीक मधुरतामे सन्देह करितथि? सरल, सरस स्वच्छ एवं श्रुतिमधुर सुरभारतीमे अव्याहत रूपेँ बजैत रहबाक हिनकामे अपूर्व क्षमता छल। प्राकृतक ई विशेषज्ञ पण्डित छलाह तथा एहूमे ओहिना लिखबाक ओ बजबाक क्षमता रखैत छलाह। हिन्दी ओ मैथिली तँ सहजहि हिनक वंशवर्त्तिनी छलि। बालकृष्ण बाबूक सदृश शब्दक विन्यासी मधुरबाक पण्डित दोसर नहि दृष्ट भेल अछि। हमरा तँ हिनकहु प्रसङ्ग भवभूतिहिक पद मन पड़ैत अछि—“यं ब्रह्मणमियंदेवी, वाग्वश्येवानुवर्त्तते।”

स्वर्गीय महामहोपाध्यायकेँ उन्नतिक पथपर आनल वैदुष्यक निर्भ्रान्त परीक्षक स्वर्गीय राजर्षि मिथिलेश। ताहि समय हिनक वयस बीसो नहि छलन्हि। केओ विद्यार्थी एहि नवयुवकसँ पढ़ब नहि स्वीकार करैत छलाह यद्यपि शीघ्रे पुनि गुणसँ सभ केओ मुग्ध भए गेलाह। ओहि समयमे यदि हिनका जीविकाक एहन सुन्दर उपाय नहि भए गेल रहितन्हि तँ ई कथमपि एहि रूपेँ स्वाध्यायनिरत नहि रहि सकितथि, आश्रमक बोझसँ उत्साह विहीन भए गेल रहितथि, कथमपि एतेक पैघ नहि भए सकतथि। जीवनक एहि अध्यायक चर्चा चलितहिँ बालकृष्णबाबू द्रवित भए जाइत छलाह। ओ स्व. मिथिलेशक यश गवैत वैयाकरणभूषण स्वर्गीय हरिनारायण झाक भूरि-भूरि प्रशंसा करए लागथि जे एहिमे हिनक यथार्थ साहाय्य कएने छलथिन्ह।

दरभंगा अएला उत्तर नैयायिक-मूर्द्धन्यकें दू गोट विशिष्ट विद्वानक संग भेल ताहिमे विश्रुत्त तार्किक विश्वनाथझाक संग ई न्याय तथा महामहोपध्याय चित्रधर मिश्रक संग मीमांसा ओ वेदान्तक व्यवसाय कएल। आठ वर्ष ई दरभंगा छलाह मुदा ओतए रहैत अपन समय ई दर्शन काननक सञ्चरणसँ अधिक साहित्य सरसीक अवगाहनमे लगाए देल। नैयायिकक माजल बुद्धि, नव वयस, लोकोत्तर

मेधा आ संस्कृतक लोमनीय साहित्य क्रमशः बालकृष्ण बाबू सम्पूर्ण संस्कृत साहित्य पढ़ि गेलाह ओ केवल पढ़िएटा नहि गेलाह अधिकांश हुनक जिह्वाग्रपर रहि गेल। निश्चय बालकृष्ण बाबूक निधनसँ प्राच्य दर्शनहिकटा अपूरणीय क्षति नहि भेल अछि, संस्कृत साहित्यक एक गोट अद्वितीय वेत्ता, मार्मिक परीक्षक ओ सहृदयक सरस प्रकाशक सेहो चल गेल।

मुजफ्फरपुरमे धर्मसमाज संस्कृत कॉलेजक स्थापना भेला उत्तर श्री 5 मन्मिथिलेशक विचारसँ नैयायिक मूर्द्धन्य ओतए एक न्यायाध्यापक रूपेँ नियुक्त भेलाह किन्तु दरभंगासँ जएबासँ पूर्वहि श्रीमन्मिथिलेश हिनका पण्डितप्रवर खुद्दी झासँ शास्त्रार्थ कराए दूहू गोटाकेँ धोती दए मिथिलाक प्राचीन सम्प्रदायक अनुसार हिनक समुचित सम्मान कए लेल।

स्वर्गीय महामहोपाध्याय नओ वर्ष धरि मुजफ्फरपुरमे अध्यापन कएल ओ बड़ निर्मल यश प्राप्त कएल। हिनक जीवनक सभसँ सुखमय समय इएह मुजफ्फरपुरहिक छल। पाण्डित्यक दिग्विजयी, प्रकर्ष अध्यापनक सुयश, परिवारक सुख, ओ स्वस्थ जीवन--सभ प्रकारेँ एतए ई सुखी छलाह। ग्रन्थहुक जे कोनो ई निर्माण कएलन्हि से प्रायः एतहि परन्तु सभसँ पैघ उन्नतिक साधन भेल एतए हिनका पण्डितक संग दिग्गज विद्वान सभहिक सहवास, भिन्न-भिन्न शास्त्रक विज्ञलोकनिक समाज तथा एहि सुअवसरक पूर्ण सदुपयोग करैत ई महामहोपाध्याय पण्डितराज शशिनाथ झासँ व्याकरण प्रसंग बहुत किछु बुझल तथा स्वनामधन्य स्व. बच्चाझाक, विमल विद्या, गम्भीर ज्ञान ओ स्वाध्याय-संलग्नतासँ प्रभावित भए प्राच्यदर्शनक पराकाष्ठा वेदान्तक अध्ययन, अनुशीलन अभ्यास प्रारम्भ कए देल। सर्वतन्त्रस्वतन्त्र बच्चा झाक शरीरपातोत्तर देशकेँ इएहटा आश्वासन भेटलैक जे बालकृष्ण बाबू सर्वतन्त्रस्वतन्त्रक नाम राखि लेताह। मैथिल पण्डितक आदर्श अक्षुण्ण रहत। आइ स्वर्गीय महामहोपाधयक शरीरावसान भेला पर मिथिला जेना शून्य भए गेलि, प्राचीन पद्धतिक अनुसार सुरभारतीक नैष्ठिक उपासकक जेना अन्त भए गेल।

स्व. महामहोपाध्यायक कीर्तिवल्ली मुजफ्फरपुरहिसँ दूर-दूर पसरए लागल; हुनक असाधारण वैदुष्यक ख्याति एतहिसँ तीरभुक्तिक सीमा त्यागि सुदूर कोशल ओ काशी, बङ्ग ओ कलिङ्ग महाराष्ट्र ओ गुर्ज्जर प्रभृति प्रान्तमे प्रसिद्ध भए गेल, हुनक अध्यापन कलाक सुयश एतहु दूर-दूरसँ तावबुभुत्सु। विद्यार्थी सभकेँ आकृष्ट करए लागल ओ एतहिसँ बालकृष्णबाबू ऐहलौकिक एवं पारलौकिक दूहू प्रकारक उन्नतिक सर्वोच्च शिखरक सोपान पकड़ल। पुष्कल वेतन एवं समुचित सम्मानक संग विश्वनाथक मुक्तिपुरीमे, संस्कृत-शिक्षा आ आर्यसभ्यताक अनादि क्षेत्रमे, दिनानुदिन वृद्धयुन्मुख भविष्णु काशी हिन्दू विश्वविद्यालय गेलाह।

हिन्दू विश्वविद्यालयक आरम्भहिसँ महामना मालवीयजीक मनोरथ छल जे एक गोट मिथिलाहुक पण्डितराज विश्वविद्यालयमे रहथि ओ तदर्थ सभसँ पूर्व

स्वर्गीय सर्वतन्त्र-स्वतन्त्रहिक ओतए आसेध कएल गेल छल परन्तु ओ तँ तीरभुक्ति त्यागि ओतए जाएब नहि स्वीकार कएल परन्तु दर्शनकानन-पञ्चानन नैयायिक मूर्द्धन्य के पाबि महामना मालवीयजी कृतार्थ भए गेलाह तथा हिनका हिन्दू विश्वविद्यालमे 'वेदान्त केसरी'क विशिष्ट स्थानमे सम्मानसँ प्रतिष्ठित कएल।

बीस वर्षसँ अधिक ई काशीमध्य रहलाह तथा अक्षय-कीर्ति प्राप्त कएल। उन्नतिक पथ पर अग्रसर होइत अन्तमे विश्वविद्यालयक प्राच्य विद्याविभागक प्रधान सेहो भेलाह। अपन विद्याक प्रकाशसँ कतेक अज्ञान-तिमिर दूर कएल; अपन ऋषिकल्प आचारसँ कतेकके ँ सदाचारक शिक्षा देल; अपन आदर्शसँ कतेक आत्माके ँ उन्नत कएल, अपन गम्भीर विचारसँ कतेक विद्याक विकासक प्रबन्ध कएल ओ कराओल, किन्तु यावत शक्ति रहलन्हि एक गोट व्यवसाय जे ई सतत करैत रहलाह से छल हिनक स्वाध्याय; ओ 'अजरामवत्' कोना विद्याक चिन्ता करबाक थिक तकर जाज्वल्यमान दृष्टान्त स्व. महामहोपाध्याय छलाह। निश्चय एही ब्राह्मणोचित स्वाध्यायतत्परताक समुचित पुरस्कार ब्राह्मणक सर्वोच्च प्रतिष्ठा "महामहोपाधय"क पदवी सेहो प्राप्त कएल। एहि भूलोकमे कोनहु प्रकारक प्रतिष्ठा हिनका अवशिष्ट नहि रहल 'अधीतमध्यापितमर्ज्जितं यशः' सत्ये चरितार्थ भए गेल, ओ अन्तमे 'साक्षान्मुक्ति-प्रदायिनी' काशीक पावन क्षेत्रमे 'मनोहारिणी जाह्नवीतटे' शरीरत्याग कए संसार यन्त्रणासँ मुक्त पाओल।

किन्तु खेद एतबए जे बालकृष्ण बाबूक अन्तिम समय कष्टसँ बीतल। सर्वथा सुयोग्य ज्येष्ठ पुत्र जकरा अपनहिसन बनएबाक हेतु स्व. महामहोपाध्याय आदिअहिसँ सयत्न छलाह मुदा भयानक क्षयरोगसँ पीड़ित भए गेल। अपनो जर्ज्जर शरीर अन्तमे क्षयरोगक कीटाणुसँ व्याप्त भए गेल ओ अन्तमे ओहि ज्येष्ठ पुत्रक मृत्युक शोकक कठोर आघातजीवनसँ जेना विरक्त भए हिनक आत्मा परमात्मामे लीन भए गेल।

स्वर्गीय महामहोपाध्याय हमर आत्मीय छलाह, हुनक पितामह ओ हमर मातामह साक्षात मसिऔत रहथि ओ ते ँ अत्यन्त बाल्यावस्थहिसँ हमरा बालकृष्ण बाबूक परिचय ओ घनिष्ठ आत्मीयता ओ एकटा गुण जकर स्मरण हिनक स्मरण होइतहि ँ भए अबैत अछि से छल हिनक शास्त्रीय आवेश—'किछु पूछू वा पूछए दिअ'—ई भाव मैथिलिक ओ प्राचीन प्रतिभा जकर प्रथम आभास हमरा लोकनिके ँ 'मिथिलास्थ' योगीन्द्र याज्ञवल्क्यक शब्दमे मेटैत अछि—योवः कामयते स मापृच्छतु...।

(मिथिला-मिहिर, 15 जनवरी, 1944)

पद्मविभूषण डॉ. अमरनाथ झा

विद्यामार्त्तण्ड पद्मविभूषण डाक्टर अमरनाथझा स्मर्त्तव्य भए गेलाह। सरस्वतीक एकटा एकान्त उपासक चल गेलाह; भारतक एकगोट गौरव-स्तम्भ टूटि गेल; मिथिलाक शिरोमुकुट भग्न भए गेल; मनस्विताक बड़का आदर्श लुप्त भए गेल। गत 2 सितम्बरक सन्ध्याकाल अपन परिवार, अपन समाज, अपन देशकेँ विस्मित, विषण्ण ओ सन्तप्त छोड़ि अमरनाथबाबूक महान आत्मा सहसा तिरोहित भए गेल, एहि नश्वर शरीरकेँ त्यागि ओ अमृतत्वकेँ प्राप्त कए लेल।

आब जखन अमरनाथबाबूक परोक्ष भए गेल तखन हुनका प्रसङ्ग सबसँ श्लाघनीय प्रतीत होइत अछि हुनक भाग्यवत्ता! जन्म पाओल ई मिथिलाक तपोभूमिमे, सद्ब्राह्मणक एकगोट प्रशस्त कुलमे, स्वनामधन्य पिताक तेजस्वती पुत्र भए। प्राक्तन संस्कारक नैसिर्गिक प्रतिभा तपोनष्ठि मनीषी पिताक आदर्श अभिभावकत्वमे प्रखर भए चमकि उठल। कहिओ कोनहु परीक्षामे ई ककरहुसँ न्यून नहि भेलाह; अपना पाठावस्थहिमे प्राध्यापक भए अध्यापन आरम्भ कए देल ओही महाविद्यालय मे जतए ई स्वयं अध्ययन करैत छलाह; अपन विश्वविद्यालयक बाइसचान्सलरक महोच्च आसन जे तीनि खेपि हिनक पितासँ अध्युषित भेल छल ताहि पर ई अपना पिताक समक्षहिँ आसीन भेल छलाह ओ से ततवा अल्प वयसमे जतबामे आइ धरि दोसर केओ वाइसचान्सलर नहि भेल अछि; जीवनमे उन्नतिक एक काष्ठासँ दोसर काष्ठा पर अद्भुत प्रतिष्ठाक सङ्ग वर्धमान ई अपनाकेँ स्वनामधन्य कए लेल; ओ भारतवर्षक कोन कथा, समस्त विश्वमे साहित्य-वाचस्पति, ललितकलाक मर्मज्ञ रसिक, शिक्षा-शास्त्रक अभ्रान्त विशेषज्ञ, प्रभावशाली वक्ता, विलक्षण लेखक, गम्भीर विचारक, सहृदय शासक—कतेक कहल जाए, अपन बहुविध गुण गरिमासँ अपनाकेँ नररत्न प्रसिद्ध कए देल; ओ अन्तमे जरा, व्याधि प्रभृति क्लेशक अनुभवसँ अस्पृष्ट, जीवनक अन्तिम घड़ी धरि अपन कर्तव्य कर्मक यथावद पालन करैत, स्वाध्यायमे संलग्न, प्रायः दशो मिनट शय्यागत नहि भए, हृदयक गतिक सहसा अवरोधसँ काल-धर्मक पालन कए अमरनाथबाबू निश्चय अलौकिक भाग्यवता देखाए गेलाह।

कहल जाइत अछि जे मानव पूर्ण नहि भए सकैत अछि परन्तु अमरनाथ

बाबूक जीवनमे पूर्णता जाहि मात्रामे भेटैत अछि से यथार्थतः अलौकिक प्रतीत होइत अछि। विद्याक ई वारिधि छलाह आ जहिना हिनका पिताकेँ लिखबाक व्यसन छलैन्हि तहिना हिनका पढ़बाक व्यसन छलैन्हि। भारतीय भए भारतवर्षहिटामे विद्याध्ययन कए अङ्गरेजी भाषा ओ साहित्यक ई वेजोड़ पण्डित छलाह, रससिद्ध पारदृश्वा छलाह तथा अङ्गरेजी बाजब ओ लिखब हिनक तेहन चमत्कारिक छल से अङ्गरेजहुकेँ से विस्मित कए दैत छल। पटना विश्वविद्यालयक दीक्षान्त-समारोहक अवसर पर हिनक प्रदत्त भाषण भाषाक चमत्कार, भावक वैशद्य, विचारक सुष्ठुता एवं बजबाक वैलक्षण्य सब दृष्टिसँ अद्भुत भेल छल ओ से सूनि विश्वविद्यालयक चान्सलर, बिहारक गवर्नर, हएलट साहेब, हिनका इएह लीखिकेँ धन्यवाद पठओने छलाह जे आक्सफोर्ड छोड़लाक पश्चात एहि रूपक भाषण आइ प्रथमहि कर्णगोचर भेल अछि। परन्तु हिनक पाण्डित्य केवल अङरेजिअहिमे सीमित कहाँ छल? संस्कृतसाहित्यक ई असाधारण वेत्ता छलाह। समस्त गीत-गोविन्द हिनका अभ्यास छल; पण्डितराज जगन्नाथ हिनक बड़का प्रशंसक छलाह; भर्तृहरिक श्लोकसभ ओ एतादृश आओर कतेक पद हिनका जिह्वा पर नचैत रहैत छल। उर्दू साहित्यक ई अपूर्व विद्वान ओ रसिक छलाह तथा ओहिसँ हिनका से सहज स्नेह छल जे अपन अन्तिम समयमे ई उर्दू साहित्य ओ ओकर कवि सबहिक प्रसङ्ग अपन विचार पुस्तकाकार प्रकाशित कराए रहल छलाह। हिन्दीक तँ ई धुरन्धर आचार्य छलाह ओ महात्मा गान्धीजीसँ समर्थित देशरत्न श्रीराजेन्द्र प्रसादजीक सङ्ग प्रतिद्वन्द्विता लड़ि ई हिन्दी साहित्य सम्मेलनक अबोहर अधिबेशनक सभापति भेल छलाह; काशी नागरी प्रचारिणी सभाक बड़का उन्नायक स्तम्भ छलाह एवं हिन्दी-साहित्यक सर्वाङ्गीण इतिहास निर्माणार्थ आयोजित समितिक सभापति छलाह। बङ्गला साहित्यक ई बड़ भावुक वेत्ता छलाह तथा रवीन्द्र साहित्यक रसिक तँ हिनक सदृश देशमे बड़ विरल छथि। मैथिलीकेँ अपन मातृभाषा कहवामे ई गौरव बुझैत छलाह तथा हिन्दी साहित्य सम्मेलनक सभापतिक आसनसँ भाषण इएह कहि आरम्भ कएल जे हिन्दी हमर मातृभाषा नहि थिक। अत्यन्त अल्पवयसहुसँ प्रयागमे रहैत, अनेकानेक भाषाक मर्मज्ञ वेत्ता होइतहुँ जखन ई मिथिला भाषा बाजए लगैत छलाह तखन एकोगोट विजातीय शब्द कथी लए हिनका मुहसँ बहराएत स्वरमे कनेको वैजात्य कथी लए परिलक्षित होएत? भारतमे सैनिक शिक्षणालयक प्रबन्धक मे ई प्रमुख छलाह जकर परिचायक हिनका लेफ्टिनन्ट कर्नलक उपाधि छल जे वाइसचान्सलरक पदसँ हटलहु उत्तर हिनका विभूषित करैत रहल। क्रिकेट ओ टेनिस–एहि दूहू खेलक ई असाधारण प्रेमी छलाह ओ विशेषज्ञमे गनल जाथि। भ्रमणक एतेक प्रिय प्रायः दोसर दृश्य नहि होइत छथि। भारतवर्षक कोन कोन ई एक बेरि नहि अनेक बेरि धूमिल छलाह ओ भारतक बाहर समस्त यूरोप–छोड़ि रूस [illegible] नहि गेल छलाह–ओ अमेरिका, चीन, फारस, हिन्द-चीन प्रभृति कतेक स्थानक [illegible] कएने छलाह। एहन परस्पर-विरोधी गुण-राशिक

ई सामञ्जस्य हिनक जीवनक पूर्णताक द्योतक छल! विद्या-व्यसनी भए एहन चतुर ओ कुशल शासक तथा एतेक लोकप्रिय अध्यापक। कतए हमर विद्यार्थी कोन स्थानमे अछि ओ से कहिआ विद्यार्थी छल ई कथा हिनका स्मरण रहैत छल। सहस्रक संख्यामे अपन विद्यार्थीमण्डलक एहि रूपक परिचय राखब ओ सबसँ समान रूपेँ भक्ति ओ श्रद्धासँ समादृत होइत रहब हिनक व्यक्तित्वक सबसँ विशिष्ट उत्कर्ष छल। परन्तु ई अध्यापकेटा कहाँ छलाह? पूर्वमे प्रयाग म्युनिसिपैलिटीक वाइस-चेअरमन, पश्चात् प्रयाग विश्वविद्यालयक कला-विभागक डीन, तदुत्तर ओतहि विश्वविद्यालयक वाइसचान्सलर एक खेपि नहि, पिताहि जकाँ तीनि खेपि पुनः उत्तर प्रदेशक पब्लिक सर्विस कमीशनक चेअरमैन, एही बीचमे हिन्दू विश्वविद्यालयक वाइस चान्सलर ओ अनतमे बिहारक पब्लिक सर्विस कमीशनक चेअरमैन—शासनक भार हिनका बराबरि रहल परन्तु सबमे अपूर्व कौशल, अद्‌भुत दृढ़ता, असाधारण सहृदयतासँ अपना शासनके आदर्श बनाओल, जाहि कारणेँ कतेक कमिटी, कमीशन, डेलिगेशन, बोर्ड, समिति परिषद् प्रभृति संन्थाक अध्यक्ष वा सदत्य छलाह से गनाएवो कठिन अछि ओ जाहि कोनहु सन्स्थाक ई सम्बद्ध छलाह सबकेँ अपना सम्बन्धसँ गौरव प्रदान कएल, सबकेँ अपन विचारसँ, अपन कुशलतासँ अपन कर्मठतासँ उत्कृष्टतर बनाए छोड़ल। मुदा चमत्कार ई जे एतेक क्रियाकलापमे व्यापित रहितहुँ, एतेक भारकेँ सानन्द ओ अनायास वहन करितहुँ, सतत भ्रमण ओ तकर आयोजनमे व्यस्त रहितहुँ स्वाध्यायसँ हिनका कहिओ प्रमाद नहि होइत छल, अध्ययन-कर्म हिनका नहि छूटल ओ हिनक ज्ञान-राशि ततेक विशाल छल जे विश्वमे कोनो वस्तु हिनका अज्ञात छल से परिलक्षित नहि हो!

ओना तेँ अमरनाथबाबूक असाधारण प्रतिभा, व्यक्तित्व वा कृतित्व किंवा हुनक अप्रतिम गुण-राशिक प्रसङ्ग किछु लिखब एहिठाम हमरा हेतु असम्भव अछि; ताहि हेतु पर्याप्त स्थान चाही ओ हुनका प्रसङ्ग लिखबाक, हुनक गुण-गरिमा बुझबहुक योग्यता चाही। तथापि हम एतए हुनका प्रसङ्ग एक-दुइ गोट विषयक मात्र चर्चा करब जाहिसँ हुनक महत्ता द्योतित होएत। अमरनाथबाबूक व्यक्तित्वक सबसँ पैघ गुण जाहि प्रसादात् ओ एतेक उच्च भेलाह ओ उच्चतहुसँ अधिक प्रतिष्ठा लाभ कएल से छल हुनक आत्माभिमान। जीवनक आरम्भहिमे ई जे अपन मोनोग्राम बनाओल ताहिमे लेटिन भाषाक एकगोट वाक्य खोदल छल जकर आशय छलैक जे हमरासँ पैघ केओ नहि अछि। इएह छल हिनक जीवनक उच्च आदर्श ओ से अभिमान मिथ्या नहि हो तेँ अपनाकेँ तद्‌योग्य बनएवामे ई अपन समस्त जीवन बिताओल। जाही क्षेत्रमे ई गेलाह ततहि ई अपन अध्यवसाय, चतुरता एवं प्रतिभासँ असाधारण प्रतिपत्ति, प्रतिष्ठा ओ क्षमताक सङ्ग सर्वोच्चहिक श्रेणीमे रहलाह ओ से सर्वत्र अपन योग्यतासँ। नहि तँ, कतेक अङ्गरेजीक प्राध्यापक छथि, कतेक विद्वान् भेलाह अछि, कतेक साहित्यिक ओ कलामर्मज्ञ भेटताह, कतेक वाइसचान्सलर

छथि; कतेक पब्लिक सर्विस कमीशनक चेअरमैन भेलाह अछि। ककरहु ई प्रतिष्ठा, ई सम्मान, ई यश कहाँ सम्प्राप्त भेल छैन्हि जे अमरनाथक्षा पाओल। जेहने नाम हिनका देशमे छल तेहने विदेशमे, जेहने आदर हिनका अङ्गरेजक शासन-कालमे छल तेहने स्वतन्त्र भारतमे, जेहने सम्मान हिनका विद्यार्थी मण्डलमे छल तेहने राजनीतिक शासक वर्गमे। आ चमत्कार ई जे कहिओ ई ककरो खुशामद नहि कएल, कतहु माथ नहि नमाओल कतहु हाथ नहि जोड़ल। एकबेरिक समाचार थिक जे प्रयाग विश्वविद्यालयक कोनो समारोह छल जाहिमे भाषण राज्यकमुख्य मन्त्री पण्डित गोविन्द वल्लभ पन्तजी कएनिहार छलाह ओ सभापतित्व राज्यपाल (वा राज्यपालिका) विश्वविद्यालयक चान्सलर स्वर्गीया सरोजिनी नायडू करितथि। समय भए गेल, ने चान्सलर अइलीह ने मुख्य मन्त्री हुनका लोकनिकेँ विलम्ब भए गेल। वाइसचान्सलर अमरनाथ बाबू बिनु हुनकालोकनिक प्रतीक्षा कएनहि समारोह आरम्भ कए देल ओ भाषण स्वयं कए गेलाह। ओ लोकनि यावत पहुँचथि तावत तँ भाषण भए रहल छल। एतेक आत्माभिमान अपना पर एतेक विश्वास, एहन दृढ़ता ओ राज्यक शासनसूत्र जनिका हाथमे अछि तनिक प्रसादनक एहन उपेक्षा-- की ई साधारण विषय भेल? तहिआसँ जाहि समारोहमे अमरनाथबाबू सम्मिलित भेलाह ताहिमे कमसँ कम सरोजिनी नायडू धरि एको मिनट विलम्ब करबाक साहस नहि कएल। महात्मा गान्धीसँ समर्थित देशरत्न राजेन्द्र प्रसादक सङ्ग हिन्दी साहित्य सम्मेलनक सभापतित्वक हेतु ई निस्सङ्कोच निर्वाचन लड़लाह ओ चमत्कार ई जे जीति गेलाह।

रवीन्द्र परिषदमे विश्वकविक प्रसङ्ग हिनक भाषण सूनि पटना हाइकोर्टक जष्टिस दास हिनका कहल जे अहाँक भाषण बड़ा सुन्दर भेल परन्तु अपनासँ छोट, परन्तु पदक गौरवेँ अपनाके पैघ बुझैत, जष्टिस दासक एहि प्रशंसाकेँ अलग्न बूझि, अमरनाथ बाबू हुनका मुँहतोड़ उत्तर देल जे हमर भाषण तँ सुन्दर होइतहिँ अछि। जाहि समयमे ई हिन्दू विश्वविद्यालयक वाइसचान्सलर छलाह, एक बेरि कोनहु महाराजक आगमनमे सभा संयोजित छल, ओ महाराजक अएला उत्तर सभकेँ सभा-भवनसँ बहराइत देखि केओ हिनका पूछल जे वाइसचान्सलर भए अहाँ नहि गेलिऐक। उत्तरमे ई किछु कहल नहि, केवल भतृहरिक ई श्लोक समस्त पढ़ि देल जे त्वं राजा वयमप्युपासितगुरु प्रज्ञाभिमानोन्नता; इत्यादि। इएह प्रज्ञाक अभिमान कारण छल जे ई ने कतहु मर्यादासँ च्युत भेलाह, ने कतहु अनादर पाओल, यावत् जिवैत रहलाह सर्वत्र सम्मान पाओल ओ मरणोत्तर से यश छोड़ि गेलाह अछि जे चिर दिन पर्यन्त हिनक स्मृतिकेँ अमर राखत, जे मनस्विअहु मे बड़ थोड़केँ प्राप्त होइत छैन्हि।

परन्तु तेँ कहब जे हिनक जीवन केवल कार्य करैत बीतल से नहि। तखन हिनक जीवनकेँ पूर्ण नहि कहितहुँ। हिनका जीवनमे विनोदक स्थान कार्यसँ कनेको न्यून नहि छल। गप्पक एहन रसिक थोड़ पैघ लोक भेटताह ओ

गप्प हिनक कतेक रसमय होइत छल से कहल नहि भए सकैत अछि। हिनक मित्रताक क्षेत्र वस्तुतः बड़ विशाल छल ओ नेनासँ लए बूढ़ धरि, छात्रसँ शासक धरि, स्वदेशक किंवा विदेशक—सभक उपयुक्त हिनका गप्प रहैत छल ओ सब केओ हिनकासँ भेंट कए किछु प्रकाश ओ किछु माधुर्य लैएकेँ बहराइत छल। जीवनक आनन्द सेहो अमरनाथबाबू कम नहि भोगल ओ हिनका सङ्ग रहैत लोक राजा जकाँ सुखक भोग करैत छल। कोनो वस्तु हिनक समीप साधारण नहि रहैत छल। पोथीक भण्डार हिनका अद्भुत छल परन्तु से केवल पोथीक नहि। लत्ता-कपड़ा, छड़ी-जूता चित्र-मूर्त्ति घड़ी-कलम—जएह देखब सएह हिनका सङ्ग अनेक ओ अपूर्व छल। जन्मसँ शाकाहारी, एहन मधुर-प्रिय थोड़ व्यक्ति भेटताह ओ समस्त भारतवर्षमे जाहि स्थानक जे मधुर उत्कृष्ट होइत अछि तकर दश-बीस प्रकार हिनका ओतए सतत रहैत छल। समयक प्रसङ्ग अत्यन्त सावधान, ई कहिओ अकालमे काज नहि करथि ओ रातिकेँ दश बजैत-बजैत निश्चय सूति रहथि तथा प्रातःकाल सूर्योदयसँ पूर्वहिं नित्यकर्मसँ निवृत्त भए नियमतः कार्यमे संलग्न भए जाथि। एतेक विद्याव्यसनी, एतेक भ्रमणशील, एतेक कार्याशक्त ओ तखन पुनि गप्पक एहन रसिक, एहन विनोदी, एहन लोकप्रिय-वस्तुतः अमरनाथबाबूक जीवनमे मानव-लभ्य पूर्णताक पराकाष्ठा परिलक्षित होइत छल ओ यावज्जीव योगीजकाँ अपन कर्त्तव्य, अपन धर्म्म, अपन मर्यादाक सर्वथा पालन करैत जीवनमे जे आनन्द प्राप्त भए सकैत छैक तकरहु राजाजकाँ भोगि—श्रेय ओ प्रेय दूहूक सम्पादन कए—ई सत्ये ऐहिक लीलाक चमत्कार देखाए गेलाह।

जीवनक सार्थकता छैक मानसिक प्रखरतामे जाहिसँ विश्वमे व्याप्त अज्ञान-तिमिरके विलीन कए लोकमे प्रकाश व्यापए, हृदयक औदार्यमे जकरा सम्पर्कमे आबि संसारक क्लेशकेँ थोड़हु कालक हेतु बिसरि लोक ताहि मधुरिमाक आस्वादन कए सकए जाहिसँ जीवन किछु आनन्दमय सेहो प्रतीत हो। एही मधुरिमा ओ प्रकाश— Sweetness and light — मे मानव जीवन चरितार्थ भए सकैत अछि, एही सामञ्जस्यमे छैक मानव-जीवनक उत्कर्ष। ओतेँ ई कहबामे कनेको सङ्कोच नहि होइत अछि जे स्वर्गीय डाक्टर अमरनाथझाक जीवन सार्थक जीवन छल, उत्कृष्ट जीवन छल, एहन जीवन छल जकरा आदर्श बनाए लोक एहि संसारकेँ अधिक सुन्दर, अधिक उपादेय, अधिक आनन्दमय बनाए सकैत अछि। एहन नररत्नक निधनसँ मानव-जातिक जे क्षति भेलैक अछि तकर पूर्ति नहि भए सकैत अछि। हमरालोकनिक एकटा बड़का गौरव चल गेलाह। मिथिला आइ यथार्थ श्रीहत अछि।

(7 सितम्बर, 1955, विविध-प्रबन्धसँ)

स्वर्गीय सत्यनारायण झा

गत शनि दिन आषाढ़ शुदि एकादशीके ँ उजानक योगतपोलब्ध-सकल-विद्य सत्यनारायण झाक देहान्त भए गेल।

सत्यनारायण बाबू महात्मा छलाह; गाममे हमरा लोकनि सब केओ हुनका महात्माजी कहैत छलिऐन्हि—महात्माक अनुरूप हुनकामे सबटा गुणो छलैन्हि-साधु, सदाचारी, सद्वृत्त साधक छलाह। शान्तप्रकृतिक, मृदुवक्ता, ओ मितभाषी, देखबामे ऋषितुल्य सौम्य, सभक उपकारी, लोकप्रिय ओ सर्वत्र सम्मान्य। विशेष विद्वान नहिओ भए योगतपोवले ँ सर्वज्ञ जकाँ सब शास्त्रक रहस्यक वेत्ता। एहू कराल कलिकालमे कर्मबलसँ सिद्धिके ँ प्राप्त कएने छलाह। वस्तुतः 'कर्मणैव हि संसिद्धिमास्थिता जनकादयः' ई जे भगदवत्‌वाक्य अछि तकर दृष्टान्त हमरा लोकनिक गाममे एहि समयमे महात्माजी सएह छलाह। हिनक निधनसँ केवल हमरहि लोकनिक गामक एक गोट महापुरुष नहि चल गेलाह, मिथिलाक एकगोट विशिष्ट व्यक्ति ऊठि गेल, एकगोट नर-रत्नक तिरोधान भए गेल।

यद्यपि महात्माजी जन्मना योग्य छलाह तथापि हिनक कुल उच्च श्रोत्रियक अवदात 'सङ्कराढ़ी परहम' छल। हिनक प्रपितामह रङ्गनाथ प्रसिद्ध नकटूझा कवि छलाह तथा हिनक पितामह वैदिक चन्द्रदत्त प्रसिद्ध चन्दा झा कृष्णकेलिमाला प्रभृति अनेक मैथिली काव्यक रचयिता सुप्रसिद्ध कवि नन्दीपतिक दौहित्र छलथिन्ह। हिनक पिता सोति छलथिन्ह किन्तु छोट विवाह करबाक कारणे ँ समाजसँ बहिष्कृत छलाह। महात्माजी इहो कलङ्क प्रक्षालित कए देल। अपन क्रियाक वैशद्ये ँ पुनः समाजमे सादर सम्मिलित कए लेल गेलाह। निश्चय हिनका अपनाए सोति समाज स्वयं गौरवान्वित भेल।

महात्माजी योगी छलाह। योग-क्रियाक नैष्ठिक अनुष्ठानमे निष्णात छलाह तथा अनन्यरूपे ँ तकरे अभ्यास कए हिनक दृष्टि जेना स्फीत भए गेल छल, जाहि प्रसादात् शास्त्र-विषयक हिनक ज्ञान निर्मल ओ निर्भ्रान्त छल। योगशास्त्रक ई अपूर्व ज्ञाता छलाह; तन्त्रक उपासना-काण्ड ओ ज्ञान-कांड दुहूक रहस्यक ई अनुपम वेत्ता छलाह। साधक तँ हिनक सदृश अत्यन्त विरल अछि। कतेक ई अनुष्ठान

सम्पन्न कएने छलाह, कोन रूपें भक्तिसँ अनन्यमना भए उपासनामे संलग्न रहैत छलाह से के कहि सकत? तकर अनुमान, जे सिद्धि ई प्राप्त कएल ताहीसँ कएल जाए सकैत अछि। हिनक रचित सभाष्य अमृतोपदेश, अम्बाष्टकक टीका एवं भजनानन्दतरङ्गणी प्रभृति ग्रन्थ-रत्न सभसँ हिनक विद्वत्ताक आभास भेटि जाएत। जे केओ हिनकासँ कोनो सन्देह पुछने होएताह, योग अथवा तन्त्रक कोनो रहस्य बुझबाक हेतु गेल होएताह सएह कहि सकताह जे हिनक शास्त्रीय दृष्टि केहन स्फीत छल, कोन रूपक सुदृढ़ हिनक शास्त्रीय संस्कार छल! उपपादनक की चमत्कार छल!

लौकिक दृष्टिसँ महात्माजी सिद्ध पुरुष छलाह। हिनक पुत्र सर्वथा योग्य ओ पण्डित श्री अवधविहारीझा, अत्यन्त मेधावी, सदाचारी, कार्य-कुशल एवं लोक-प्रिय। महात्माजीक दू कन्याक विवाह स्वर्गीय बाबू मोदेश्वर सिंह साहेबसँ जाहिमे द्वितीय पक्षमे बाबू श्री राधेश्वर सिंह साहेब प्रभृति महात्माजीक दौहित्र वृद्धिमान वर्त्तमान छथि। एक आओर कन्या आनन्दपुर बाबू श्री तन्त्रेश्वर सिंह साहेबक परिणीता—ताहूमे सन्तति। महात्माजीक पौत्री श्रीमान् मिथिलेशक अनुज श्रीमान् राजाबहादुरक द्वितीय रानी ओ तिनकहु पुत्र-रत्न, चिरजीवि श्रीकुमारसँ अलंकृत देखि प्रायः अस्सी वर्षक वयसमे श्री 108 विश्वेश्वरोपम श्रीमान् राजाबहादुरक समक्ष ज्ञानपुरस्सर जीवनलीला संवृत करैत महात्माजी स्वर्गक हेतु प्रस्थान कए देल। कोनो ऐहिक सिद्धि हिनका अवशिष्ठ नहि रहल विशेषतः अपन कुलक लक्ष्मी अपना पौत्री श्री श्री छोटी रानी साहिबाकेँ सपुत्रा देखि महात्माजी जेना कृतकृत्य भए गेलाह।

महात्माजीक ग्रामीण व्यक्तिकेँ एतबए खेद जे हिनक जिबैत श्री 3 मान् राजाबहादुर श्री रानी साहिबा ओ चिरजीवि श्री कुमरसाहेबकेँ सङ्ग लए उजान महात्माजीक ओहिठाम नहि जाए सकलाह।

महात्माजीक अवदात चरित हमरा लोकनिकेँ कर्मशीलताक उपदेश दैत अछि-सरलताक ई मूर्ति छलाह; आडम्बरसँ शून्य अहंकार-ममकारसँ दूर; शुद्ध कर्मयोगी। जे व्यक्ति स्वयं सिद्ध छल तकरा हेतु आनक कामनाक कोन काज, तथापि आब एतबए कामना जे महात्माजीक महान् आत्मा चिरशान्ति लाभ करओ, महात्माजीक सिद्धि सब अचल रहओ, महात्माजीक सन्तानवर्ग वृद्धिमान् होअओ। इति।

(मिथिला मिहिर जुलाई, 1945)

हमर कुमार साहेब

कुमार गङ्गानन्द सिंह एहि लोकमे नहि रहलाह, स्मर्त्तव्य भए गेलाह। गत पचास वर्षसँ मिथिला, मैथिल, ओ मैथिलीक नेतृत्व करैत कुमार साहेब मिथिलामे नव जागृतिक प्रतीक रहलाह। ओ अपन व्यक्तित्वक गरिमासँ जाही क्षेत्रमे गेलाह, ओकरहि गौरव प्रदान करैत रहलाह। एहि मध्यमे कोनो राजनीतिक, सांस्कृतिक, अथवा साहित्यिक आन्दोलन अथवा योजना मिथिलामे नहि भेल अछि जाहिमे हिनक सक्रिय योगदान नहि रहल। तेँ आइ जखन कुमार साहेब नहि रहलाह तखन मिथिलाक जातीय जीवनमे एकटा शून्यताक अनुभव कए रहलहुँ अछि,एक गोट एहन अभावक, जकर पूर्त्ति नहि भए सकैत अछि। ओना कुमार साहेब पूर्णायु भए शरीर त्याग कएल; अपन एकहत्तरि वर्षक दीर्घ जीवनमे यश ओ प्रतिष्ठा, उपलब्धि ओ मान्यता, सब किछु प्राप्त कएल; किछु दिनसँ रुग्णताक कारणेँ हुनक जीवन अत्यन्त कष्टमय बितैत छल, परन्तु यावतपर्यन्त ओ छलाह, हृदय आशावान् छल, ओ एहनो भान होइत छल, जे पुनः स्वास्थ्य लाभ कए, यदि पूर्ववत नहि तथापि, अपन प्रतिभाक प्रसाद ओ वितरण करैत रहताह। परन्तु आइ से आशा निरस्त भए गेल ओ कुमार साहेबक निधन हमरा लोकनिकेँ सहसा जेना जड़ बनाए देने हो। एहन सुपुरुष देशमे बड़ विरल छथि, ओ आइ हुनक विविध गुणराशि स्मरण कए कए अन्तकरण कतेक खेद, विषाद ओ पश्चात्तापसँ अभिभूत भए जाइत अछि जे कुमार साहेबक नैसर्गिक प्रतिभासँ देश ओ समाज संभावित फल नहि पाबि सकल ने हमरालोकनि हुनका नीक जकाँ चीन्हि सकलिऐन्हि, नें हुनक प्रतिभाक समुचित सम्मान कएल गेलैन्हि; परिस्थितिक प्रतिकूलतासँ ने हुनक प्रतिभाकेँ विकासक, ओ ताहूसँ विशेष फलवती होएबाक, अवसर भेटैत रहलैन्हि, ने हुनक ओ स्वप्न सब साकार भए सकलैन्हि जे ओ अपन अन्तिम घड़ी धरि हृदयमे जोगओने गेलाह।

कुमार साहेबक प्रादुर्भाव आइसँ एकहत्तरि वर्ष पूर्व 24 सितम्बर, 1898 केँ मिथिलाक विशिष्ट राजकुल श्रीनगरमे भेल। हिनक पिता राजा कमलानन्द सिंह अपना समयक विशिष्ट साहित्यसेवी, ओ ताहूसँ बेसी साहित्यिकक पोषक

छलाह। विश्वकवि रवीन्द्रनाथसँ हुनक वैयक्ति मैत्री, पण्डित अम्बिकादत्त व्यास हुनक आश्रित। तँहि ओ 'साहित्यसरोज' क विशिष्ट उपाधिसँ विभूषित छलाह, ओही नामसँ परिचित छलाह। एहन पैघ कुलक प्रतिभावान् बालक, कुमार साहेब विशिष्ट योग्यतासँ छात्रजीवन सम्पन्न कए कलकत्ताक सबसँ प्रतिष्ठित प्रेसिडेंसी कालेजसँ प्राचीन भारतक इतिहास ओ संस्कृतिमे एम.ए.क उपाधि प्राप्त कएल ओ आगाँ अनुसंधान काजमे लागि गेलाह। सुप्रसिद्ध इतिहास-विचक्षण डॉ. हेमचन्द्र वरुआ महाशयक निरीक्षणमे ई 'वरहूत' क शिलालेखक सम्पादन कएल ओ मौलिक निबन्ध लिखए लगलाह। पचीस वर्षक वयस धरि ई अपन प्रतिभा, प्रवृत्ति एवं अध्यवासायसँ भविष्णु विद्वान् बुझल जाइत रहलाह मुदा 1923 ई. मे पचीस वर्षक होइतहिं ई राजनीतिमे अएलाह, विद्याक व्यवसाय हिनका छूटि गेलैन्हि, मुदा विद्याक प्रति आकर्षण, विद्याक स्नेह, विद्वानक प्रति आदर हिनका अन्तिम दिन धरि ओहने रहल।

1923 ई. मे वयस्क होइतहिँ ई पूर्णिया-सन्ताल परगन्ना क्षेत्रसँ केन्द्रीय व्यवस्थापिका सभाक सदस्य निर्वाचित भेलाह ओ ताहि सङ्ग-सङ्ग पूर्णिया नगरपालिका एवं पूर्णिया जिला परिषद्क सेहो सदस्य भए गेलाह। दू खेप ई केन्द्रीय व्यवस्थापिका सभाक सदस्य निर्वाचित भेलाह। प्रवेश कएल ई स्वतन्त्र सदस्य भए मुदा मोतीलालजीक अध्यक्षतामे गठित स्वराज्य पार्टीक सदस्यता स्वीकार कए ई ओहि सभाक प्रमुख सदस्य रहलाह जाहिमे मोतीलालजीक अतिरिक्त मालवीयजी, डॉ. मुञ्जे, अणे साहेब, सत्यमूर्त्ति प्रभृति महारथी-लोकनि रहथि। पश्चात् ई ओहि पार्टीक 'मन्त्री' नियुक्त भेलाह, उत्कलक नीलकंठ दासक सङ्ग, ओ 1929 धरि हिनक सुयश समस्त भारतवर्षमे पसरि गेल, मिथिला मे ई नवयुवक अग्रगण्य नेता भए गेलाह।

तावत् धरि हिनक पारिवारक स्थिति चिन्तनीय भए गेल छल। हिनक उदारहस्त पिता ओ अपन परिवार मर्यादाक रक्षक पित्तीक समयमे हिनक राज्य ऋणग्रस्त भए गेल छल। आब इएह घरक मुख्य छलाह, से विद्या ओ राजनीतिक रसमे डूबल। हिनक छोट भाए ओ चारिगोट पितिऔत भाए—सब नवयुवक। सब दिसि केवल व्यय; आयक प्रबन्ध कएनिहार केओ नहि। एहन स्थिति उपस्थिति भए गेल जें यदि उचित व्यवस्था नहि कएल जाएत तँ हिनक समस्त सम्पत्ति ऋण नीलाम भए जाएत। तावत् स्वर्गीय महाराजाधिराज कामेश्वर सिंह मिथिलेश भेलाह। हुनका विलायत जएबाक भेलैन्हि। कुमार साहेबक सुयशसँ ओ मुग्ध छलाहे। कुमार साहेब हुनक सेवा स्वीकार कए लेल ओ महाराजाधिराज हिनक सम्पत्ति सधौआ-पटौआ पर स्वीकार कए ओकरा अपन प्रबन्धमे लए लेल। अतएव सम्पत्तिक चिन्ता तँ हिनका छूटि गेल मुदा एतेकटा परिवारक निर्वाह कोना हो। महाराजाधिराज हिनका अपन प्राइवेट सेक्रेटरी बनाए हिनक भाए ओ एक गोट पितिऔत भाएकेँ एक एकटा सरकलक मनेजर नियुक्त कए देल, ओ एक गोट पितिऔत भाएकें अपन पर्सनल

स्टाफमे राखि प्रायः समस्त परिवारक अपन मर्यादानुकूल जीविका दए हिनका भारमुक्त कए देल। राजदड़िभंगाक सेवा स्वीकार कए कुमार साहेब अपन भविष्यक सम्भावना त्यागि देल अवश्य मुदा अपन परिवारक यथार्थ रक्षक सिद्ध भेलाह; राजदरंभगाकेँ अपन उत्कर्षसँ कम गौरव प्रदान नहि कएल, परन्तु अपनहु राजक प्रतिष्ठासँ देशमे थोड़ प्रतिष्ठा नहि प्राप्त कएल। 1930 सँ 1950 धरि बीस वर्ष ई मिथिलेशक सचिव रहलाह ओ पूर्णियाकेँ छोड़ि दड़िभंगाक भए गेलाह। कए खेप ई बिहारक विधान परिषद्क सदस्य निर्वाचित होइत रहलाह परन्तु से दड़िभंगासँ। वस्तुतः एहि दीर्घकालमे राजदरभंगाक जे कोनो सार्वजनिक काज भेल, सांस्कृतिक आयोजन होइत रहल, सबमे हिनक हाथ रहल। हिनक साहित्यिक जीवन एहि समयमे उत्कर्ष पर छल। अपन वैयक्तिक प्रतिष्ठा ओ दड़िभंगा राजक प्रतिपत्ति दूनू मीलि हिनका मैथिल समाजक सर्वमान्य नेता बनाए देलक। एही मध्यमे ई हिन्दू महासभाक उपाध्यक्ष ओ पुनः अध्यक्ष सेहो भेलाह। विश्वविद्यालयक सेनेट ओ तदुत्तर सिण्डीकेटक सदस्य भेलाह। हिनक सार्वजनिक कार्यक क्षेत्र विस्तृत रहल। दड़िभंगा रहथि ई बड़ थोड़ काल, अधिकांश समय हिनक महाराजाधिराज संग दिल्ली, शिमला, कलकत्ता, पटना इत्यादि स्थानमे बितए; वर्षमे चारिमाससँ अधिक ई दड़िभंगा नहि रहथि। परन्तु जखन रहथि तखन साहित्यक सेवा करबाक हिनक प्रवृत्ति सर्वदा जाग्रत रहए। पूर्णरूपसँ ओकरा ई कार्यमे परिणत नहि कए सकथि सेहो सत्य मुदा ताहिमे दोष हिनक नहि, ओहि परिस्थितिक दोष, जाहि मध्य हिनक जीवन व्यस्त रहए।

जमींदारी-उन्मूलनक पश्चात् दड़िभंगा-राज्यक स्थिति बदलि गेल; हिनको सम्पत्ति ऋणमुक्त भए हिनका लोकनिक हाथमे चल आएल छलैन्हि; देशमे कांग्रेसक शासन स्थिर भए गेल ओ नव संविधानक कार्यान्वयनसँ देशक राजनीतिक परिस्थिति बदिल गेल। कुमार साहेब महाराजाधिराज बहादुरक विचारसँ कांग्रेसक सक्रिय सदस्यता स्वीकार कए लेल ओ अपन कार्यक्षेत्र पटना बनाए लेल। बारम्बार ई विधान परिषद्क सदस्य रहलाह, एक खेपि ओकर अध्यक्षो भेलाह। 1957क निर्वाचनक फलस्वरूप बिहार केसरी श्रीकृष्णसिंह जे अपन अन्तिम मन्त्रिमण्डल बनाओल। ताहिमे ई बिहारक शिक्षामन्त्री भेलाह जे पद हुनक परोक्ष भेला उत्तर हिनका छूटि गेल। एही मध्यमे ई दरिभंगामे संस्कृत विश्वविद्यालयक स्थापना कराओल।

अन्तमे ई संस्कृत विश्वविद्यालयक वाइसचान्सलर बनाए देल गेलाह जाहि पद पर चारिवर्ष धरि रहि आइ ई शरीर त्याग कएल अछि। एमहर वर्ष दशेकसँ हिनक स्वास्थ्य खूब ठीक नहि छल। पहिने आँखिक कष्ट तदुत्तर मूत्राशयक विकार ओ रक्तचापक उल्वणता हिनक जीवनकेँ कष्टमय बनओने रहल परन्तु कर्मयोगी जकाँ ई अन्तिम क्षण धरि कार्यासक्त रहलाह ओ जीवनाशा कहिओ नहि त्यागल। मास दिन पूर्व भेंट भेल छलाह अत्यन्त रुग्न छलाह; कछमछ करैत

अशान्त छलाह; परन्तु तैओ गप्पमे भविष्यक योजना कहैत रहलाह। अनेक भार दए हमरासँ वचन लेल जे ई सब सम्पन्न कए हम दए अएबैन्हि जकराई कनेको स्वस्थ होइतहिँ कार्यमे परिणत कए देताह। एहन कर्मठ, आशावादी, सरल ओ शुभ आत्मा छल कुमार साहेबक कुलीनता शालीनतासँ ओतप्रोत, नम्र ओ मृदुभाषी। हिनक निधनसँ एकगोट एहन व्यक्ति ऊठि गेल जकर सम्पर्कसँ सब अपनाकेँ गौरवान्वित बुझैत छल, आनन्द होइत छल, विद्या ओ संयमक किछु प्रेरणा लए घुरैत छल।

हमरा कुमार साहेबसँ प्रायः चालीस वर्षक घनिष्ठ सम्बन्ध। 1700 ई. सँ लए डेढ सए वर्ष हमर पूर्वजलोकनि पुरैनिआक वासी ओ हमरालोकनिक पुरैनिआमे जे वास छल, खोखा गाममे, तकरे सन्निहित कुमार साहेबक पितामहक नाम पर श्रीनगरक स्थापना भेल छल। खोखा श्रीनगरक सिंह दरवाजाक सोझाँमे पड़ैत छल ओ हिनक परिवारक संग हमर पूर्वजलोकनि बड़ सुहृद्भावसँ रहैत छलाह। कुमार साहेबकेँ ई विषय बूझल ओ तेँ हमरा सबदिन आत्मीय बुझैत रहलाह। 1936 मे जखन हम दड़िभङ्गा अएलहुँ तखन हमर लाइब्रेरी कुमार साहेबक आवास सचिव-निलयक अव्यवहित सटल; बीचमे एकटा नाला मात्र, लोहाक काँटसँ घेरल। कुमार साहेब एहि घेराकेँ तोड़वाए ओतए एकटा फाटक लगवाओल तथा नाला पर पूल बनवाओल। तहिआसँ 1952 धरि कोनो दिन एहन नहि होइ जखन कुमार साहेब दड़िभगा रहथि ओ भेंट नहि हो। एतेक दिनमे कुमार साहेब किछु नहि लिखलैन्हि जे लीखि ओ हमरा देखाए नहि लेथि ओ कहिओ-कहिओ तँ रातिमे बारह-एक बजे मोटर पठाए हमरा निन्दसँ जगाए बजबथि ओ कहथि जे काल्हि तँ भोरे एकरा प्रेसमे देबैक तेँ रातिकेँ कष्ट देल। मन पड़ैत अछि साहित्यपत्रक योजना जे हिनकहिँ उत्साहसँ कार्यरूपमे परिणत भेल ओ कोना हिनकासँ हम 'अगिलही' मे पुनः हाथ लगवाओल; मन पड़ैत अछि बौंसी महासभाक अवसर पर कवि सम्मेलनक हेतु हिनक भाषण जे हम हिनकासँ पद्यमे लिखवाओल; मोन पड़ैत अछि प्राच्य विद्या महासम्लेनक दडिभंगा अधिवेशनमे मैथिलीविभागाध्यक्षपदीय हिनक भाषणक तैयारी जे संक्षिप्त होयतहुँ पूर्ण अछि; ओ मन पड़ैत अछि हिनका हेतु हमर अयलीकुल प्रकाश लिखब जाहिमे छओ मास समय लागल मुदा जाहिसँ हिनका यत्परोनास्ति आनन्द ओ सन्तोष भेल। एहि पोथीमे हिनक कुलक वर्णन विशद रूपेँ प्रमाणसँ पुष्ट लीखि अपन अति प्राचीन मैत्रीक ऋण हम सधाए देल ओ इएह छल हमरा लोकनिक सहवासक अन्तिम चरण। दड़िभंगासँ गेलाक बाद कुमार साहेब कोनो साहित्यिक रचना कएल की नहि से हमरा ज्ञात नहि, प्रकाशमे कोनो उल्लेखनीय वस्तु नहि आएल। वस्तुतः दड़िभगाहुमे ई अत्यल्प लिखल; लिखवाक हिनका समयो ने होइन; जेहो लिखथि से कतेक तगादा कएला पर ओ ताहिमे हमर तगादा हिनका बड़ प्रिय लगैन्हि, ओहिना जे ताहिदिन श्रीसुमनजीकेँ

लगैन्हि। परन्तु जखन ई कलम धरथि ओ लिखथि तखन जे वस्तु तैयार हो से अपना ढङ्गक अद्‌भुत, विलक्षण, चमत्कारिक। प्रत्यक्ष अछि जे कुमार साहेबक लिखल साहित्य सए पात होएत परन्तु ओतबहिसँ हिनक नाम मैथिली साहित्यक इतिहासमे अमर रहत।

आब जखन कुमार साहेब नहि रहलाह तखन जे हुनक जीवनक उपलब्धि दिशि दृष्टिपात करैत छी तँ खेद होइत अछि जे हिनकासँ देश किंवा समाजकें पैघ-पैघ आशा छलैक से पूर्ण नहि भए सकलैक; हिनक प्रतिभासँ जे उपलब्धि सम्भावित छलैक से प्राप्त नहि भए सकलैक। जीवनमे ई अनेक क्षेत्रमे प्रवेश पाओल ओ जतहि गेलाह ततहि अपन गौरवसँ असाधारण सम्मान पाओल। परन्तु ओहि क्षेत्रसँ बहार भए जखन ई दोसर क्षेत्रमे जाए लागथि तखन देखल जाए जे जाहि आशासँ लोक हिनक सम्मान कएने छल से आशा सफल नहि भेलैक। किछु तँ तकर कारण ई जे ई बहुत दिन धरि एकठाम स्थिर नहि रहलाह ओ अंगरेजीमे जे कहबी छैक गुड़कैत पाथर पर जमरी नहि वैसैत छैक। विद्याक क्षेत्रमे जे ई स्थिर रहितथि तँ देशक बड़का इतिहास-विचक्षणमे परिगणित भेल रहितथि। कांग्रेसमे यदि ई डटल रहितथितँ स्वतन्त्रता प्राप्तिक उत्तर यदि कतहुक लाट नहि तँ केन्द्रीय मन्त्रिमण्डलमे अवश्य सम्मिलित भेल रहितथि। साहित्यमे यदि ई अपनाकेँ रमाए देने रहितथि तँ देशक महान् साहित्यकारमे ई समादृत भेल रहितथि। बिहारक मन्त्रिमंडलमे ई गेलाह ओ ताही समयमे प्रान्तमे चारि गोट विश्वविद्यालय स्थापित भेल परन्तु ई मिथिलामे विश्वविद्यालय स्थापित नहि कए सकलाह; मिथिलेशक औदार्यक प्रसादात् दड़िभंगामे केवल संस्कृत विश्वविद्यालयक स्थापना करओलैन्हि जे साधन-विहीन किछु करबामे आइ धरि असमर्थ अछि। मैथिलक ई नेता मानल जाइत रहलाह मुदा बिहारक शिक्षामन्त्री भैओकेँ ई मैथिलीक पक्षमे एको डेग आगाँ नहि घुसकाए सकलाह। संस्कृत विश्वविद्यालयक उपकुलपति भए ई ओहिमे किञ्चितो सक्रियता नहि आनि सकलाह ओ अन्त धरि केवल योजना बनबैत रहि गेलाह। हिनकामे क्षमताक अभाव नहि छलैन्हि, योग्यताक अभाव नहि छलैन्हि, अवसरक अभाव कहियो नहि भेलैन्हि मुदा किछु तँ परिस्थितिक दोष, किछु हिनक स्वाभावक दोष, संकल्पक दुर्बलता, कार्यप्रणालीक अनैयत्य, चित्तक विक्षेप, कतोक दोष हिनका स्वभावमे छल जाहिसँ ई व्यवहार-विषयमे अपटु सेहो बुझल जाथि। कागत-पत्र ई अत्यन्त सरिआएकेँ राखथि परन्तु सरिअएवैमे ततेक समय लागि जाइन्ह जे ओहि कागत पर जे हिनका कर्त्तव्य रहैन्हि से पछुआए जाइन्ह। ततेक काजक भार ई लए लेथि ततेक लोकसँ भेंट करबाक रहैन्हि, गप्पमे तेनाने बाझि जाथि, अत्यन्त अबेरकेँ उठथि। लिखबाक काज ई बहुधा निशीथमे करथि ओ तेँ नियत करबे करताह से नहि होइन्ह।

परन्तु कुमार साहेबमे गुणक कमी नहि छल। हृदयसँ शुद्ध ई अपन

मर्यादाक बड़का पक्षपाती रहथि तथा राजकुमारक उपयुक्त औदार्य, शालीनता, विवेक ओ सदायशतासँ परिपूर्ण छलाह। मृदुभाषी, उपकार करबाक भावनासँ स्निग्ध, लोकके चिन्हैत, हिनका ओहिठाम लोक अवितहि ँ रहैत छल ओ उपकार ई बहुतक नहि कए सकथिन्ह, नहि कए सकलथिन्ह परन्तु अपकार धरि ई ककरो नहि कएल। कुटुम्बक पोषक एहन व्यक्ति विरल भेटल, वस्तुतः अपन कुटुम्ब ओ परिवारक हेतु ई अपन जीवनकेँ नष्ट कएल, जीवनक अन्तिम दिन धरि सेवामे व्यस्त रहलाह तथापि अपन एकमात्र पुत्र ओ एकमात्र कन्याक जन्मजात रुग्णतासँ ई ताहि दिशिसँ निराश सबटा स्नेह ओ आशा अपन पौत्र ओ पौत्रीमे केन्द्रित कएने गेलाह। अपन जीवनक अन्तिम किछु वर्ष ई विवशतामे बिताओल, पहिने आँखिक कष्ट ओ तदुत्तर मूत्राशयक विकार जाहिसँ हिनका त्राण नहि भेल। मुदा कुमार साहेब भेलाह धरि दीर्घायु ओ जीवनमे प्रतिष्ठा ओ सम्मान थोड़ नहि पाओल। अपन व्यक्तित्वगरिमासँ ई समाजकेँ गौरव प्रदान करैत रहलाह ओ आब जखन कुमार साहेब स्मर्तव्य भए गेलाह तखन मिथिलाक एकटा गौरव-स्तम्भ टूटि गेल। गत पचास वर्षमे मिथिला, मैथिल ओ मैथिलीक प्रसङ्ग जे कोनो चर्चा, आन्दोलन किंवा विचारक अवसर भेल छल सबमे कुमार साहेब आगाँ रहैत छलाह; हुनक निधनसँ आइ एक गोट सर्वमान्य नेता ऊठि गेलाह ओ एहन केओ दृष्टिपथमे नहि अबैत अछि जनिक नेतृत्व पर सबकेँ एकरूपक आस्था हो, विश्वास हो।

गत चालीस वर्षमे कुमार साहेबक अनेक रूप देखल। स्वर्गीय मोतीलालजीक स्वराज्य पार्टीक प्रमुख सदस्य, महाराज दडिभंगाक प्रधान सचिव, हिन्दू महासभाक अध्यक्ष, अमन सभाक विशिष्ट संयोजक, कांग्रेसक सक्रिय सदस्य, बिहार-केसरीक मन्त्रिमण्डलक शिक्षामंत्री, बिहार विधान परिषद्क अध्यक्ष, संस्कृत विश्वविद्यालयक उपकुलपति—एहि सब रूपमे कुमार साहेबकेँ देखल अछि, खूब समीपसँ देखल अछि। एहि सब रूपमे हिनक जीवनक विविधता देखल; हिनक प्रतिभाक बहुरूपता देखल। परन्तु एकटा वस्तु हिनकामे समान रूपसँ सब दिन लक्षित करैत रहलहुँ ओ से देखि-देखि मुग्ध होइत रहलहुँ; से छल हिनक पुस्तक-प्रेम, विद्यामे हिनक अनुराग। पूर्वक सञ्चित हिनक विलक्षण पुस्तकालय तँ श्रीनगरक अग्निकाण्डमे जरि भस्म भए गेलैन्हि मुदा तकर पश्चातहुँ जे ई संग्रह कएल से सर्वथा दर्शनीय छल। हम मानैत छी जे पुस्तक पढ़बाक सौविध्य अथवा अवकाश हिनका सब दिन नहि भेटैल रहल ओ एमहर वर्ष दशेकसँ आँखिक तेज मलिन भए गेला उत्तर ई ताहिमे अक्षम सेहो भए गेलाह मुदा पुस्तकक अनुराग हिनका ओहने छल। हजारो दिन हिनकासँ भेंट भेल होएत, घण्टा-घण्टा गप्प भेल अछि मुदा कहिओ विद्याक प्रसङ्ग छाड़ि आन गप्प ई नहि कएने छलाह। राजनीति किंवा गोलेसी किंवा छिद्रान्वेषण, निन्दा किंवा अभियोग, कोनहु विषयक गप्प कमसँ कम हमरा संग ई कहिओ नहि कएल। अन्तिम समय धरि जे गप्प भेल ताहि समेत ओ विद्याक

विकासक योजना बनबैत रहलाह ओ संस्कृत विश्वविद्यालयमे मिथिलाक पञ्जीशास्त्रक परीक्षा चलएबाक अपन विचारमे हमर सहयोग मङ्गैत रहलाह। हमरा हेतु तेँ कुमार साहेबक व्यक्तित्व विद्यानुरागमे उत्कृष्टतम छल, हम हुनका यथार्थ अर्थमे सरस्वतीक सेवकक रूपमे स्मरण करैत रहबैन्हि, हुनक नाम केँ भक्तिसँ मन रखने रहबैन्हि। की उत्तम होइत यदि कुमार साहेब राजनीतिक क्षेत्रमे नहि आएल रहितथि? ई विषय बनले रहत जे विद्याक क्षेत्रसँ राजनीतिमे आबि कुमार साहेब अपन प्रतिभाकेँ नष्ट कए देल ओ हमरा विश्वास अछि जे आबहु कुमार साहेब अमर रहताह ओही किछु काजक हेतु जे विद्याक अनुरागमे ओ कए सकलाह, कए गेलाह।

(मिथिला-भारती, अंक–2, भाग 1-4, 1970)

हमर कविजी

हमर कविजी, ईशनाथ बाबू, एहि लोकमे नहि रहलाह। हुनक ऐहिक लीला सहसा समाप्त भए गेल। काल्हि शिवरात्रिक निशीथ प्रान्तमे रक्तचापक प्रचण्ड उल्वणतासँ सहसा आक्रान्त भए नीक जकाँ बुझैत जे प्राण-वियोग भए रहल अछि, प्रहराभ्यन्तरहिं ओ एहि नश्वर शरीरकेँ त्यागि देल। हुनक पुण्यात्मा शिव सायुज्य लाभ कए लेल।

ईशनाथबाबूक गणना भाग्यवानमे कएल जाएत। संसारमे ओ सब किछु पाओल; जीवनमे जे पुरुषार्थ थिकैक तकर ओ पूर्णतः उपलब्धि कएल। विधिवत् पढ़लैन्हि ई थोड़ परन्तु प्रतिभा ओ अध्यवसायक प्रतापसँ ई पण्डितक श्रेणीमे गण्यमान्य छलाह; मैथिली-साहित्यक मर्मज्ञ विद्वान् ओ कुशल रक्षक रूपमे तँ हिनक स्मृति चिर दिन पर्यन्त अक्षुण्ण रहत। मैथिली-कविताक क्षेत्र मे ई नव प्रेरणा प्रदान कए तत्वक निर्मल यश अर्जन कएल तथा अपन सुमधुर कविता कथासँ कवि-सम्मेलनकेँ ततेक मुग्ध कएल करथि जे कविवर्ग हिनका 'सरस कवि, क उपाधि देल; लौकिकताक विषयमे ई तेहन व्यवहारपटु छलाह जे सम्पत्तिक प्रबन्ध किंवा धनक सञ्चयकेँ ई सर्वदा प्राथमिकता देल करथि ओ टाका स्वयं हिनक हाथमे अपनहि आएल करैन्हि; पुत्रसबकेँ लिखाए-पढ़ाए योग्य बनाए देल तथा कन्या सबहिक विवाह कराए ताहू भारसँ मुक्त छलाह; मित्रताक हिनका अद्भुत क्षमता छल ओ तेहन विनोदप्रिय छलाह, ततेक ने फुरैन्हि, जे जतहि रहथि—बूढ़क मण्डलीमे, समवयस्कक संगतिमे, अथवा नवतुरिआक गोलमे—ततहिक उपयुक्त व्यंग्य ओ परिहास ई करैत रहथि ओ हिनक उपस्थिति-मात्रहिँ वातावरण विनोदमय भए जाइत छल। एहि रूपेँ व्यक्तित्वक यश, पाण्डित्यक प्रतिष्ठा, कवित्वक ख्याति, अध्यापनक प्रसिद्धि, समृद्धिक गौरव, मित्रताक कीर्त्ति—ऐहिक भाग्यवत्ता आओर की चाही? प्रायः तीस वर्षसँ नित्य गायत्रीक अनुष्ठान अत्युष मे, आतारकोदयात्, ओ पार्थिव शिवलिङ्गक पूजा करैत कविजी सद्ब्राह्मणक कर्त्तव्य श्लाघनीय रूपेँ निबाहल। अन्तमे शिवरात्रिक निशीथमे मृत्यु! एहिसँ आओर स्पृहणीय की भए सकैत अछि? निश्चय, कविजी अपन जीवन-लीला बड़ विशेष जकाँ, बड़े चमत्कासँ, सम्पूर्ण सफलताक संग, सम्पन्न कए जाहि देवदेव महादेवक नित्य अर्चना कएल करथि तथा जनिका ओ अपन मधुर नचारी सबमे पूर्ण आत्मबलसँ उलहन ओ उपरागिक तर करैत रहलाह, तनिक पवित्र तिथि, शिवरात्रिकेँ,

निशीथमे प्राण त्यागल, बिनु विशेष यन्त्रणाक, जरा किंवा रुग्णताक विवशतासँ असम्पृक्त! वाह रे जीवन आ' वाह रे मरण! एकरा भाग्यवान कही!

परन्तु एक अंशमे हिनक भाग्यवत्ता नहि सिद्ध भेल, कवि पूर्णायु नहि भए सकलाह। साठिक कोन कथा, उठावन्न वर्ष पर्यन्त हिनक आयु नहि भेल। तेँ जीवनक जाही अंशकेँ देखब प्रतीत होएत जे कविजीक जीवन-लीला अकालहिमे पर्यवसित भए गेल, अपूर्ण रहि गेल। रक्तचापक आधिक्यसँ अपना स्वास्थ्यक प्रसङ्ग ई सतत संशयालु रहैत छलाह मुदा मानसिक स्फूर्ति हिनक पूर्ववत तीव्र रहल, अन्तिम दिन धरि हिनक क्रियाकलाप यथावत सुव्यवस्थित छल, कार्यक्षमताक किञ्चितो ह्रास कहिओ केओ परिलक्षित नहि कए सकल। हम तँ हिनकासँ जतबा काज एमहर आबि कराए सकलहुँ ततबा पूर्व नहि होइत छल। हिनकासँ बड़-बड़ आशा छल—वर्णरत्नाकरक शब्दसूची ओ नाना कोषके ताकि-ताकि ऊहि कए-कए, ओकर अर्थनिर्णय सम्पन्न नहि कए सकलाह; शृङ्गारभजनक कुल तेइस गोट गीतक ई व्याख्या लीखि सकलाह; जँ जीवित रहितथि तँ ई सब अवश्य पूर्ण होइत। परन्तु से भेल नहि। गायत्रीक जे अनुष्ठान ओ एतेक निष्ठा ओ तत्परतासँ करैत छलाह तकर कल्प पूर्ण नहि भए सकल, कोटिजपी ई नहिए भए सकलाह। हिनक कनिष्ठ पुत्र कृतिवद्य नहि भए सकल छलथिन्ह तथा सम्पत्तिक सुव्यवस्थामे किछु कार्य अवशिष्ट रहि गेल छलैन्हि। कविताक जे संग्रह स्वर्गीय अमरनाथबाबू मुग्ध भए पन्द्रह वर्ष पूर्व प्रकाशित कराए देने छलथिन्ह तकर पश्चातक रचनाक दोसर 'माला' प्रकाशित नहि कराए सकलाह, ओकर प्रेस-कापी पड़ले रहि गेल। हमरहि अनुरोधसँ ई जे महाभारत-काव्यक रचना करए लागल छलाह से अपूर्णे रहि गेलैन्हि। मिथिला कालेजमे मैथिलीक पठन-पाठनकेँ लोकप्रिय इएह बनाओल, परन्तु स्नातकोत्तर विभागक व्यवस्था भेला उत्तर जे उत्साह, संलग्नता एवं दक्षताक संग ई अलंकार-शास्त्रक अध्यापनक भार अपना ऊपर लए हमरा मुक्तेटा नहि कए देने छलाह, अपितु आश्वासन दैत छलाह जे पाँच वर्षमे ओ मैथिली-अलंकार-शास्त्र श्रृङ्खला सुव्यवस्थित कए एतए एक गोट परम्परा स्थापित कए देताह जाहिसँ हमर छात्र लोकनि एहि विषयमे निष्णात भए ओकर प्रचार ओ प्रसार करैत रहताह से आब केवल मनोरथ रहि गेल ओ यावज्जीवन हृदयमे विषादक बीज बनल रहत। हम दूहू गोटए पाँच वर्षक कए गोट योजना बनबैत छलहुँ, बनओने छलहु, ओ सब दिन ई कहैत रहलाह जे पाँच वर्ष आओर कार्य करबाक अछि, जे सत्य यदि ई पाँच वर्ष आओर रहितथि तँ बहुत किछु पूर्ण भए जाइत। परन्तु विधि के विधानमे मनुष्यक साध्य कोन? कालक गतिकेँ के रोकि सकत? कविजी सब किछु ओहिना छोड़ि चल गेलाह। जे अपूर्ण रहल से अपूर्णे रहत। संसार चलितहिं रहत परन्तु जे स्थान ओ रिक्त कए गेलाह से रिक्ते रहि जाएत। हिनक निधनसँ जे क्षति भेल अछि से अपूरणीय अछि, अपूर्ण रहि जाएत।

कविजीक निधनसँ व्यक्तिगतरू पेँ हमरा जे क्षति भेल अछि, अभावक जे एकटा बोध अन्तःकरणकेँ शिथिल कए रहल अछि, शून्यताक जे एकटा भाव जीवनपथकेँ अन्धकार मय कए हल अछि, तकर विषाद यावज्जीवन नहि हटि सकत। हमरा ओ कविजीकेँ आत्मीयताक कए गोट बन्धन। कविजीक पितामह जे ताहि समयमे दड़िभंगा-राजक देवान छलथिन्ह हमर प्रपितामहीक मसिऔत भाए ओ ओएह अपन भागिन, हमरा पितामहकेँ पुरैनिञासँ मङाए दड़िर्भगामे बसाओल; तज्जन्य हमर परिवार कविजीक घरक आभारी। कविजीक विवाह हमर जेठ माम, विन्ध्यनाथबाबूक दौहित्रीसँ ओ तेँ कविजी हमर जमाए। परन्तु सबसँ प्रबल बन्धन छल साहित्यिक मैत्रीक। तीस वर्ष पूरए अबैत अछि जे हम मैथिली-साहित्यक निर्माण-कार्य दिशि प्रवृत्त भेलहुँ। ई गर्वोक्ति हम नहि कहब जे हमहिँ कविजीकेँ एहि क्षेत्रमे आनल, परन्तु एहिमे कोनो सन्देह नहि जे हम दूहू गोटए सङ्गहि एहि क्षेत्रमे प्रवेश कएल। ताहि दिन ई संगीतक आचार्य बुझल जाइत छलाह ओ उपहासक कविता जकरा 'कुकाव्य' कहिऐक तकर रचनामे बड़ प्रसिद्धि प्राप्त कएने छलाह। ओहि समयमे ई अपन प्रतिवेशी अपन श्रीहर्ष दर्शनकाननपञ्चानन बालकृष्ण मिश्रसँ अलङ्कारशास्त्रक पाठ लेथि, ओ शकुन्तला-नाटकक श्लोकक अनुवाद कए-कए हुनक सङ्ग बैसि-बैसि ओकर परिष्कार करैत रहथि। ओही शकुन्तला-नाटकक अनुवादकेँ लए ई हमर साहित्यपत्रक योजनामे सहायक भेलाह। तहिआसँ हम दूनू गोटए संग मीलि काज करैत रहलहुँ ओ अन्त धरि ई सर्वात्मना हमरा संग देल ओ हम हिनकासँ काज करबैत रहलहुँ। एहि तीस वर्षक अवधि मे ई जे किछु कएल से हमरा अनुरोधसँ, हमरा विचारे, हमरा मनक अनुकूल, ओ हम जे किछु कएल अछि से हिनक अनुरोधसँ, हिनका विचारे, हिनक मनक अनुकूल। मन पड़ैत अछि साहित्यपत्रमे प्रकाशनीय ग्रन्थ सबहिक अक्षर-अक्षरक विवेचना जाहिमे हिनक विचार वहुधा निर्णायक हो; मन पड़ैत अछि हिनक प्रत्येक रचनाक इतिहास, कोना, कतए, कहिआ ओ रचल गेल; मन पड़ैत अछि पटनामे श्रीलक्ष्मीकान्तबाबूक ओहिठाम हमरा लोकनिक बैसक अथवा दड़िभंगामे अमरनाथबाबूक अएला उत्तर हमरा लोकनिक साहित्यिक गोष्ठी; मन पड़ैत अछि मालाक हेतु पुष्प-चयन जे दड़िभंगा किंवा नवटोलमे सम्भव नहि भए सकल तँ हम दूहू गोटए नाहर जाए हिनक कचहरी पर कएल; मन पड़ैत अछि शृङ्गारभजनक अनुशीलन जे मिथिला कओलेजमे नियुक्ति भेलाक उत्तर ई हमर संग मीलि करथि ओ जाहि विषयमे पछाति ई, कम सँ कम हमरा हेतु, एकमात्र विशेषज्ञ भए गेलाह। विद्यापति हमरा छोड़ि ई वर्णरत्नाकर तथा गोविन्ददासक अनुशीलनक भार लए लेल ओ पछाति अलंकारशास्त्रक भार लए हमरा स्वाध्यायक हेतु मुक्त कए देल।

मैथिली-लेखन-शैलीक प्रसङ्गे ई हमर कट्टर समर्थक छलाह, ओहने कट्टर

जेहन श्रीसुभद्रबाबू। हम समय-समय पर अगुताइओ जाइ, सिद्धान्तसँ विचलितो होअए लागी, परिस्थितिक अनुकूल विचारकेँ बदलहु लागी, परन्तु ई सब दिन हमरा धैर्य दए स्थिर रखने रहलाह, आत्मविश्वासक प्रेरणा दैत रहलाह। हम अपन प्रत्येक प्रकाशनमे हिनक साहाय्यकेँ ख्यापित करैत अएलहुँ अछि, ओ इहो अपन महाभारत-काव्यक प्रस्तावनामे जाहि शब्देँ हमर उल्लेख कएने छथि से ओकर प्रकाशन भेलहि उत्तर लोककेँ अवगत होएतैक। एहि मैत्रीक हेतु कतेक जन ईर्ष्यालु भेलाह, कतेक शत्रु भए ठाढ़ भेलाह, कतेक पिशुनवृत्ती तरहि अनिष्टो कएल करथि, कतेक उपहास सुनल, 'नाथ-पंथी' कहाओल, परन्तु तेहन प्रबल छल हिनक व्यक्तित्व, तेहन सशक्त छल हिनक आत्मविश्वास, ततेक ठोकल रहैत छल हमरा दूहू गोटाक संयुक्त कार्यक्रम, ततेक निःस्वार्थ ओ ततेक रचनात्मक, जे हमरालोकनि कहिओ उत्साहसँ विचलित नहि भेलहुँ। आब जखन कविजी नहि रहलाह तखन सन्तोष एतबे अछि जे मैथिली-साहित्यक जे सेवा हमरा लोकनि कए सकलहुँ से नगण्य नहि अछि, उपेक्षणीय नहि अछि। परन्तु इहो सत्य जे आइ हुनक परोक्ष भेला उत्तर हम अनुभव करैत छी जे हमर दहिन हाथ टूटि गेल, सशंक छी जे एकसर हमरा बूतेँ आब की कएल भए सकैत अछि। पिशुनक दंशक विष ककर मन्त्रक बलेँ हम आब सहि सकब? ककर परितोषकेँ हम आब अपन कविक सफलता मानब? अपन सन्देह लए आब हम ककरा संग विचार-विमर्श करब? ककर ऊहि पर आब हम निर्भर रहि सबक? के हमर भार बँटबाक हेतु उद्यत होएत ओ ककरा पर भार दए हम ओहिसँ निश्चिन्त भए सबक? साहित्य-निर्माण-कार्यमे कविजीक परोक्षमे आइ हम अपनाकेँ पंगु अनुभव कए रहल छी। कविजीक निधनसँ हमर साहित्यिक जीवन पर जे आघात भेल अछि तकर कल्पनो करब एखन सम्भव नहि अछि। मैथिली-साहित्यक विकासक एक गोट समृद्ध युग कविजीक संग समाप्त भए गेल!

कविजीक व्यक्तित्व, हुनक बहुमुखी प्रतिभा, मैथिलीसाहित्यमे हुनक अवदान, बहुत विषय छैक जे हमहिटा जनैतछी परन्तु शोकक एहि आवेगमे ताहि सबहिक प्रसङ्ग लिखल नहि भए सकत। वस्तुतः कविजीक साहित्यिक जीवनक वृत्त-बहुत अंशमे हमर अपने जीवन-स्मृति भए जाएत। सम्भव थिक जे हुनक मित्रताक ऋणसँ मुक्ति पएबाक निमित्त हम लिखी परन्तु एखन तकर समय नहि छैक। सम्प्रति ई कहि विरत होएब जे एकहि वर्ष, चौदह सालमे, हमरा दूनू गोटाक जन्म भेल छल, हमर आश्विनमे ओ कविजीक पछातिमे, तै हम हिनकासँ जेठ छलिऐन्हि। अनेक दिन ओ कहल करथि जे देखा चाही, के अगुआइत छी, जे दोसर शोकप्रस्ताव उपस्थित करब, स्मृतिमे निबन्ध लिखब। ओ जाहि कठोरतासँ ओ मधुरतासँ जीवन-धर्मक पालन करैत रहलाह तेहने निर्ममतासँ ओ निर्भीकतासँ हँसैत-हँसैत काल-धर्महुक पालन कएल, चलि गेलाह। हम रहि गेलहुँ हुनक

वाणीकेँ सत्य करबाक निमित्त, हुनक निधन पर शोकप्रस्तावक भार उठएबाक निमित्त, हुनक मधुर स्मृतिमे दश पाँती लीखि ओहि पुण्यात्माक चिरशान्तिक कामना करबाक निमित्त। ओही कर्त्तव्यक ई पालन थिक, ओ निश्चय हमरा शब्दसँ कविजीक आत्माकेँ सन्तोष होएतैन्हि, शान्ति भेटतैन्हि। शान्तिः शान्तिः शान्तिः।

गुणविमुग्ध ओ शोकसन्तप्त
श्री रमानाथ झा
2-3-65
(विविध-प्रबन्ध सँ)

विद्यावाचस्पति डॉक्टर आदित्यनाथ झा
पारिवारिक झाँकी और जीवनी

महामहिम विद्यावाचस्पति डॉक्टर आदित्यनाथ झा जी स्वयं भारतीय संस्कृति के मूर्तिमान स्वरूप हैं। उनका सारा पर्यावरण ज्ञान-गरिमा, सहज गाम्भीर्य, स्नेह एवं कलात्मकता से ओत-प्रोत है। वे सर्वतोमुखी प्रतिभावान हैं। अपनी कर्त्तव्यनिष्ठा, कार्यकुशलता और सहजात दक्षता से उन्नति के शिखर पर आगे बढ़ना ही उनका धर्म है।

अर्जित सत्त्वों का परिचय गीता में भगवान ने 'मम तेजोंऽशसम्भवम्' कहकर किया है। माननीय डॉ. झा महोदय में उस तेज का अंश भी निश्चय ही अधिकतम मानना उनका प्रादुर्भाव मैथिल ब्राह्मणों के एक ऐसे महाकुल में हुआ है जिसकी सामाजिक प्रतिपत्ति, नैष्ठिकता और निर्मल वैदुष्य ख्याति युगयुगों से पूज्य रही है।

इधर सौ वर्षों से उनके विशिष्ट परिवार में इतने मनीषी-मूर्धन्यों का प्रादुर्भाव हुआ है कि उनका संक्षिप्त परिचय भी एक ग्रन्थ हो सकता है। पच्चीस पुरुषों से उनके वंश का परिचय संगृहीत-सुरक्षित है और केवल जाति की रक्षा ही नहीं, नैष्ठिकता, धर्माचरण और विद्या के व्यवसाय में भी उनके पूर्वजों ने ऐसी प्रतिष्ठा प्राप्त की कि ऐसा दूसरा महोच्च कुल कम से कम मैथिल ब्राह्मणों में नहीं मिलेगा। परन्तु उस परिचय को लिपिबद्ध करने से पूर्व मैथिल ब्राह्मणों के सामाजिक आदर्शों का कुछ दिग्दर्शन आवश्यक प्रतीत होता है जिसके बिना सभी बातें—कम-से-कम अमैथिलों को प्रायः स्पष्ट नहीं होंगी।

भारत में मिथिला की अपनी एक प्रतिष्ठा है, सम्मान है, आदर है और यह सब राजनीतिक कारणों से नहीं प्रत्युत मिथिला के सामाजिक उन मूल्यों के कारण जो बहुत अंशों में अक्षुण्ण हैं।

भगवान बुद्ध ने जिन वृज्जियों के संघ की भूरि-भूरि प्रशंसा की है वे 'अष्टकुल' (आठ जातियों के संघ) थे। उनमें राजनीतिक गरिमा से लिच्छवियों के

नाम इतिहास में प्रसिद्ध हैं, पर आज उनके नाममात्र ही अवशिष्ट हैं। लिच्छवियों का लोप हो गया, वैशाली खण्डहर है। और छः जातियों के नाम प्रायः प्राचीन साहित्य में ही मिलेंगे, पर लिच्छवियों के साथ वैदेह अभी भी मैथिल नाम से वर्तमान हैं। मैथिलों की स्वतन्त्र सत्ता अभी भी सुरक्षित है। इसका कारण एक ही है, मैथिलों का सामाजिक सुसंगठन और सांस्कृतिक परम्परा पर उनकी अटल आस्था। मैथिलों ने राजनीतिक प्रतिष्ठा को कभी भी महत्त्व नहीं दिया, अधिकार की कभी भी लिप्सा नहीं की, धन को कभी भी अपने जीवन का लक्ष्य नहीं बनाया। इनके लिए जाति की रक्षा, धर्म का आचरण, विद्या का व्यवसाय साधन के रूप में नहीं, साध्य-रूप में, धर्मबुद्धि से और योजनाबद्ध सुसंगठित समाज के नियमों का धाार्मिक नियमों से भी अधिक दृढ़ता से परिपालन–यही मैथिल जाति की सांस्कृतिक परम्परा रही है। इनके जीवनधर्म के गुण हैं त्याग, संयम और मर्यादा–इन्हीं कारणों से मैथिल जाति पिछड़ी हुई अवश्य है, पर है जीवित, और सनातन धर्म के रक्षक के रूप में अभी भी आदृत है।

मैथिलों का अन्तिम योजनाबद्ध सामाजिक संगठन शाके 1248 में हुआ था जबसे इस जाति का क्रमबद्ध इतिहास सुरक्षित है। उस समय तक उत्तर-भारत मुसलमानों के अधीन हो चुका था, केवल मिथिला में ही क्षत्रियों का राज्य था, पर आशंका थी कि किसी दिन मिथिला भी विजित हो जाएगी और इसी आतंक से समाज के पुनर्निमार्ण की योजना बनी और कार्यान्वित हो गई। धर्म की रक्षा जाति से होगी और जाति निर्भर करती है जन्म और शुद्धि पर, इसलिए मैथिलों ने सभी परिवार के समस्त परिचय संगृहीत कर दिए और उन परिचयों को प्रतिष्ठित पण्डितों के हाथों में दे दिया कि वे लोग परिचय देखकर शास्त्रीय नियमों के अनुसार सिद्धान्त कर दें कि अमुम व्यक्ति को अमुक कन्या से विवाह का अधिकार है। इससे पहले सभी कुलीन व्यक्ति इन परिचयों की स्वयं रक्षा करते थे जिनका प्रमाण मीमांसा के प्रसिद्ध ग्रन्थ 'तन्त्र वार्तिक' में मिलता है। शाके 1248 के प्रबन्ध के समय जो व्यक्ति अपना जितना परिचय जानते थे उसे उन्होंने लिखित करा दिए और आज तक उन लोगों से सभी वैवाहिक सम्बन्ध वे ही पण्डित लोग रखा करते हैं जिन्हें पञ्जीकार कहते हैं और परिचयों का संग्रह पञ्जी कहलाता है।

परिचयों के साथ-साथ उन लोगों ने अपने पूर्वजों के निवास-स्थानों के भी नाम दे दिए। इन्हीं ग्रामों के नाम पर कुलों का नामकरण हुआ। किसी कुल के आदि ज्ञात पुरुष उस कूल का बीजी-पुरुष कहलाया, आदिम निवासस्थान उस कुल का मूल हुआ और उस समय वे लोग जहाँ रहते थे उस मूल का नाम ग्राम कहलाया। इस तरह अभी भी मैथिल लोग अपने मूल का परिचय दो ग्रामों के नाम से देते हैं, एक मूलग्राम, दूसरा आवासग्राम अथवा डेरा।

परिचय संगृहीत करने के बाद देखा गया कि शुक्ल यजुर्वेद की माध्यन्दिन शाखा के अनुयायी पञ्चप्रवर वत्स्य गोत्र की एक विशाल शाखा है। इस शाखा के लोग उस समय भिन्न-भिन्न कोई एक सौ दस ग्रामों में बसते थे, परन्तु सभी एक कुल के थे और उपलब्ध संग्रह के आधार पर इस कुल के कोई ग्यारह पुरुषों का परिचय उपलब्ध था। इस कुल के बीजी पुरुष निर्णीत हुए कपिलदेव नाम से एक महापुरुष, जिनसे पाँचवें अर्थात कपिलदेव के वृद्ध प्रपौत्र थे 'भृगु' जिनके नाम के साथ एक विशेषण है 'राउल' जिससे इनकी प्रतिपत्ति सूचित होती है। इन्हीं राउल भृगु के समय से इस कुल का सर्वाङ्गीण संगृहीत परिचय उपलब्ध है। इन लोगों का आदिम निवास-स्थान स्थिर हुआ 'पाली' और यही महाकुल का मूल हुआ। पाली का विशेषण रूप होता है 'पलिबाड़' और इनकी सन्तान अभी भी 'पलिबाड़' कहलाती है। मैथिली के सर्वप्रथम लेखक कविशेखर ज्योतिरीश्वराचार्य जिनका 'वर्णरत्नाकर' ग्रन्थ है और जो 1248 शाके में वर्तमान थे, अपने धूर्तसमागम प्रहसन में अपने को 'महाशासन-श्रेणीशिखर श्रीमत पल्ली जन्मभूमि' का कहा है जिसमें 'पल्ली' पाली का संस्कृत रूप है और वे इसी कुल के थे। यह पाली दरभिंगे से कोई तीस मील उत्तर बेनीपट्टी थाने के अन्तर्गत अभी भी एक विशाल ग्राम है।

शके 1248 में इस महाकुल की एक शाखा 'महिसी' में बसती थी। महिसी अभी भी मिथिला का एक अत्यन्त प्रसिद्ध ग्राम है जो सहर्षा जिले के मुख्य नगर सहर्षा से कोई पाँच मील नैऋत्य कोण में तिलयुगा नदी के पश्चिम-तट पर अवस्थित है। इस शाखा के प्रधान पुरुष उन दिनों में एक सिद्ध पुरुष थे दुर्गादित्य। ये दुर्गादित्य राउल भृगु से आठवें अर्थात उनके प्रपौत्र के प्रपौत्र के पुत्र थे। दुर्गादित्य से चार पुरुष ऊपर अर्थात उनके प्रपितामह, चन्द्राकर, चन्दौत नाम के ग्राम में बसते थे, ऐसा परिचय दुर्गादित्य ने दिया। चन्द्राकर की सन्तान चन्दौतपाली कहलाती है जिसकी एक शाखा, और प्रमुख शाखा, दुर्गादित्य की सन्तान महिसी-पाली या पलिबाड़-महिसी कहलाती है। इन्हीं सिद्ध दुर्गादित्य की सन्तान, उनसे चौदहवें अर्थात दुर्गादित्य के प्रपौत्र के प्रपौत्र के प्रपौत्र के प्रपौत्र के पुत्र हैं विद्यावाचस्पति श्री आदित्यनाथ झा, जो इस महिसी-पाली वंश के मौलि-मुकुट हैं। छः सौ वर्षों में चौदह पुश्त बीते हैं; अतएव एक पुश्त चालीस से कुछ अधिक वर्षों का हुआ। इसके अनुसार दुर्गादित्य से आठ पुश्त पहले के राउल भृगु का समय अनुमानतः शाके 900 होता है और उनसे पाँच पुश्त पहले के कपिलदेव जिन्हें इस कुल का बीजीपुरुष कहा जाता है, अनुमानतः शाके 700 के लगभग थे। इस प्रकार इनके वंश का परिचय कोई 1200 वर्षों का उपलब्ध है जिसमें हजार वर्षों के परिचय सर्वाङ्गीण सुरक्षित है।

पञ्जीप्रबन्ध के समय में ही उपलब्ध परिचयों के आधार पर व्यक्तियों की प्रतिष्ठा श्रेणीबद्ध हो गई और कुछ दिनों तक वह प्रतिष्ठा वैयक्तिक रही, पर पीछे

वह वंशानुगत हो गई। उनमें जन्मना, कर्मणा और विद्या सभी अन्शों में जो अवदात थे वे कहलाए 'श्रोत्रिय'। कहा गया है कि :

जन्मना ब्राह्मणो ज्ञेयः संस्काराद् द्विज उच्यते।
विद्यया याति विप्रत्वं त्रिभिः श्रोत्रिय उच्यते ॥

और ऐसे ही अवदात महापुरुष थे दुर्गादित्य जो श्रोत्रिय मान्य हुए तथा उनकी सन्तान आज चौदह पुश्तों से मैथिलों में सर्वोच्च श्रोत्रिय सम्मानित है। श्रोत्रियों में भी ऐसा महान और शुभ्र दूसरा कुल नहीं है। ऐसे ही अवदात कुल के कमल हैं डॉ. झा।

आदित्यनाथ झा जी का जन्म प्रयाग में हुआ है। जहाँ इनके पूज्यपाद पिताजी ने इनके जन्म से कितने दिन पूर्व ही अपना निवास-स्थान बना लिया था। फिर भी इसका पैत्रिक निवास-स्थान–जहाँ इनकी कुलदेवी प्रतिष्ठिता हैं–मिथिला के मध्य में दरिभंगे जिले के मधुबनी सब-डिवीजन के सुप्रसिद्ध सरिसव ग्राम के पूर्वीय भाग पाहीटोल है। कहा जाता है कि कृष्ण से रूठकर बलराम ने कई वर्ष मिथिला में बिताए थे। जहाँ आकर दुर्योधन ने उनसे गदा की शिक्षा ली थी, वह यही सिद्धार्थ-क्षेत्र है और सिद्धार्थ सरसो के पर्यायवाची होने से इस ग्राम का नाम सरिसब पड़ा। बलराम की प्रतिष्ठापिता उनकी कुलदेवी सिद्धेश्वरी इस क्षेत्र की अधिष्ठात्री देवी आज भी इस प्रान्त में प्रसिद्ध है। आज हजारों वर्षों से इस ग्राम की महिमा समस्त मिथिला में विख्यात है। चौदहवें शक-शताब्द के अन्त में इस ग्राम के आदर्श श्रोत्रिय श्री अयाची मिश्र के सम्बन्ध में उनके महापण्डित पुत्र सन्मिश्र शङ्कर की यह गर्वोक्ति वस्तुतः सरिसब की महिमा को द्योतित करती है।

यस्यान्तेवासिभिः प्राज्ञैरासमुद्रं वसुन्धरा।
विद्याविनोदव्यसनव्यापारैक-परा कृता ॥

इसके दौ सौ वर्ष के बाद कवीन्द्र गङ्गानन्द ने सरिसब को 'ग्राम राज' कहा है और कहा है कि यहाँ के "अमल मतिमतः कोविदस्यास्य रंगे भावा संङ्गेरितबहुरसाभारती नृत्यनीब।" वस्तुतः इस ग्राम की जलवायु में विद्या के बीज हैं और आज हजार वर्षों से कोई ऐसा समय नहीं हुआ है जब इस ग्राम में एक न एक ऐसे मूर्धन्य पण्डित न हों जिनकी प्रतिष्ठा भारतवर्ष में व्याप्त हो।

पर सरिसब में इन लोगों का निवास कोई सात पुश्तों से ही है; इनके प्रपितामह के प्रपितामाह के पिता ही सरिसब आए, सोलहवीं शक शताब्दी के उत्तरार्ध में आज से कोई तीन सौ वर्षों से कुछ ही अधिक दिन पहले। इसके पहले ये लोग महिसी में बसते थे जहाँ 1248 शाके में पञ्जी प्रबन्ध के समय सिद्ध दुर्गादित्य वर्त्तमान थे। महिसी शब्द महिष्मती का तद्भव रूप कहा जाता है और इसकी गणना मिथिला के उन इने-गिने सिद्धपीठों में होती है जो तीर्थ के रूप में आज सदियों से प्रख्यात हैं। कहा जाता है कि मण्डनमिश्र इसी महिष्मती के वासी

थे और शङ्कराचार्य से उनका शास्त्रार्थ यहीं हुआ था। दर्शनकाननपञ्चानन वाचस्पति मिश्र भी इसी महिसी प्रान्त के वासी माने जाते हैं। महिसी की ख्याति पलिवाड़ों की ही निवास-भूमि होने के कारण है और इस ग्राम को सिद्धपीठ बनाया है इन्हीं पलिबाड़ों की आराध्य कुलदेवी उग्रतारा ने, जिनकी विलक्षण मूर्ति महिसी में पलिबाड़ों की प्रतिष्ठापिता बताई जाती है। इसी मन्दिर का सन्निहित भू-भाग डॉ. झा के पूर्वजों की वासभूमि कहा जाता है। पञ्जी के आधार पर प्रायः सिद्ध है कि महिसी में पलिबाड़ों का निवास शाके 1000 से कोई छः सौ वर्षों तक था। इसमें कोई सन्देह नहीं कि पलिवाड़ों ने उग्रतारा की उपासना अङ्गीकार कर ली और आश्चर्य नहीं कि मूर्ति की स्थापना इन्होंने ही की हो।

इस प्रसङ्ग में बड़े महत्त्व की यह बात ज्ञातव्य है कि समस्त मैथिल ब्राह्मण समाज में पलिवाड़ों की यही एक शाखा है जो कुल-देवी के रूप में उग्रतारा की उपासना करती आ रही है। और इष्ट देवी के रूप में भी उग्रतारा ही की साधना करती रही है। प्रायः देखा जाता है कि कुलदेवी सभी कुलों के भिन्न-भिन्न होती हैं और कबसे उनकी अराधना हो रही है यह मालूम नहीं है, पर पञ्जी प्रबन्ध के पूर्व से ही यह परम्परा वर्त्तमान है। इष्ट देवता की लोग दीक्षा लेते हैं और उनकी साधना अपना वैयक्तिक कर्त्तव्य समझते हैं। यह दीक्षा कई कुलों में कुलक्रमागत होती है अर्थात उस कुल की सभी सन्तान उसी एक देवता की दीक्षा लेते हैं और यह कौलिक दीक्षा फिर भी कुलदेवता की उपासना से भिन्न होती है। डॉ. झा महोदय के कुल की यह विशेषता है कि यहाँ इष्ट देवी कुलक्रमागत उग्रतारा हैं और कुलदेवी भी वही उग्रतारा हैं। इसका अर्थ यह हुआ कि एकान्तभाव से ये लोग उग्रतारा के उपासक हैं। यह प्रसङ्ग बड़ा ही रोचक है और कुलदेवी एवं इष्टदेवी की परम्परा से हम उस कुल की उपासना-पद्धति और साधनाक्रम को जान सकते हैं और इसके आधार पर प्रत्येक कुल की सांस्कृतिक और धार्मिक पृष्ठभूमि की कल्पना कर सकते हैं।

उग्रतारा की उपासना तन्त्रों में चीनाचार के अनुसार होती है। कहा गया है कि वसिष्ठ तारा की उपासना को महाचीन से ले आए। महाचीन तिब्बत है। इस प्रकार तारा की उपासना तिब्बत से आई प्रतीत होती है। पाल राजाओं के समय में विक्रमशिला से तिब्बत का घनिष्ठ सम्बन्ध था और अनुमान किया जा सकता है कि आरम्भ में ही महिसी में उग्रतारा की उपासना का एक पीठ स्थापित हुआ जिसे पलिबाड़ों ने यहाँ आकर अपनाया तथा उनकी उपासना एकान्त भाव से करने लगे। डॉ. झा के पितामह ने जब अपने नए निवासस्थान का पुनर्निर्माण करवाया तो उन्होंने भी जैसी महिसी में थी वैसी ही परन्तु उससे बहुत छोटी मूर्ति को अपने आलय में प्रतिष्ठापित किया जिसकी उपासना का भार डॉ. झा महोदय के ही परिवार के भाग में पड़ा है। इसी से यह बात भी सिद्ध है कि डॉ. झा का

कुल आज हजारों वर्षों से तान्त्रिक उपासना में लीन रहा है और उसी के प्रसादात ऐहिक सिद्धि प्राप्त करता रहा है।

पलिबाड़ों की यह शाखा महिसी कब आई और क्यों? इसे तो जानने का साधन भी नहीं है परन्तु महिसी त्यागकर सरिसब आने के कारण ज्ञात हैं। जैसा कि ऊपर कहा जा चुका है डॉ. झा महोदय के प्रपितामह के प्रपितामह के पिता थे अच्युत झा, जिन्हें लोग घोंघे झा कहा करते थे। ये बड़े ही प्रतिभावान और प्रभावशाली महापुरुष थे। जाति में भी ये अपने समय में सबसे बड़ों में एक थे। सामाजिक विषयों में उनकी बड़ी प्रतिपत्ति थी। उन दिनों मिथिलाराज्योपार्जक म. म. महेश ठाकुर के सबसे छोटे पुत्र महाराज शुभङ्कर ठाकुर मिथिलेश थे, पर उनकी माता जाति में नीच थी और इसलिए समाज में शुभङ्कर ठाकुर की प्रतिष्ठा नहीं थी और कितने लोग उन्हें नीच कहा करते। महाराज को प्रयोजन था लोकसंग्रह का। ऐसे लोगों का संग्रह जो जाति में उच्च हों और मिथिलेश की प्रतिष्ठा करें। घोंघे झा से अधिक उपयुक्त दूसरे व्यक्ति नहीं थे जो मिथिलेश के पक्ष का नेतृत्व करें। पर घोंघे झा रहते थे महिसी में मिथिला की राजधानी भौर वहाँ से कोई तीस मील पश्चिम थी। इतनी दूर से नेतृत्व करना कठिन था, अतएव घोंघे झा सरिसब चले आए जहाँ उनका विवाह था। घोंघे झा ने अपनी एक कन्या मिथिलेश के पुत्र से ब्याह दी और स्वयं मिथिलेश की कन्या से ब्याह कर मिथिलेश की प्रतिष्ठा को उठा दिया। तीन पुश्तों तक सरिसब में रहने के पश्चात मिथिलेश महाराज राघवसिंह के समय में मुसलमानों के उपद्रव से डॉ. झा महादेय के पिता के प्रपितामह अमृतनाथ झा वहाँ से हटकर कुछ पूरब की ओर पाहीटोल जा बसे। डॉ. झा महोदय के परिवार का वर्तमान निवास स्थान तो इनके पूज्यपाद पितामह का ही निर्मिति है।

डॉ. झा के पितामह तीर्थनाथ झा जो धरानाथ झा के नाम से प्रख्यात थे अपने समय के अत्युच्च श्रोत्रियों में अन्यतम थे और आजन्म गायत्री की उपासना में एकान्त रूप में रह रहे थे। नित्य खड़े होकर सहस्र गायत्री का जप करना इनका नियम था और कितने वर्षों तक तो वे प्रतिदिन तीन हजार जप करते थे। कहा जाता है कि अपने जीवन में वे तीन कोटि जप कर सके जिसके प्रसाद से उन्होंने ऐहिक और पारलौकिक दोनों सिद्धि प्राप्त कर ली (इन्होंने काशी में गङ्गा के तट पर ज्ञान पुरस्सर प्राणत्याग किया तथा उनकी सन्तान असाधारण प्रतिभावान और धीमान वृद्धिमान हैं। जन्मतः ये वित्तहीन थे पर जाति में, नैष्ठिकता में, साधुता में और चारित्रिक चारुता में इतने पवित्र और प्रसिद्ध थे कि मिथिलेश महाराज छत्रसिंह बहादुर के दूसरे पुत्र महाराजकुमार बाबू वासुदेवसिंह अपनी मृत्युशय्या पर यह आदेश दे गए कि उनकी कुमारी कन्या का पाणिग्रहण यदि धरानाथ झा स्वीकार करें तो उनके ही हाथों किया

जाए। मिथिला राजकुल से इस सम्बन्ध से महात्मा धरानाथ झा की स्थिति ही पलट गई, उन्हें पाँच पुत्ररत्न हुए जिन्होंने अपनी गुणगरिमा से ऐसा शुभ्र यश प्राप्त किया जो किसी भी दूसरे मैथिल परिवार को आज नहीं है। आप ही के तृतीय पुत्र थे स्वर्गीय विद्यासागर महामहोपाध्याय डॉ. सर गङ्गानाथ झा जिनका नाम विश्व के कोने-कोने में जहाँ कहीं भी संस्कृत-विद्या का प्रचार है, सर्वत्र श्रद्धा में पूजित है और जो अपनी अमूल्य कृतियों में ही नहीं अपने आत्मजों में भी अमर हैं। इन्हीं महामनीषी यथार्थ अर्थ में महामोपाध्याय के कनिष्ठ आत्मज हैं हमारे विद्यावाचस्पति श्री आदित्यनाथ झा जी।

महापुरुष धरानाथ झा के पाँच पुत्र थे। दरभंगा के महाराज लक्ष्मीश्वर सिंह बहादुर के ये सभी फुफेरे भाई लगते थे। भारतवर्ष के स्वतन्त्रता आन्दोलन के प्रवर्त्तकों में दरभिंगे के महाराज लक्ष्मीश्वर सिंह का नाम अमर है। उन्होंने ही मिथिला में अङ्ग्रेजी शिक्षा आरम्भ किया। अपने इन फुफेरे भाइयों की प्रतिभा को पहचान कर महाराज बहादुर ने दरभिंगे में एक अंगरेजी स्कूल स्थापित किया जो इस जिले का सबसे पुराना स्कूल है और वहीं इन भाइयों ने शिक्षा ग्रहण करना आरम्भ किया। सबसे ज्येष्ठ बाबू विन्ध्यनाथ झा पहले मैथिल ग्रेजुएट् थे और अङ्ग्रेजी, संस्कृत एवं दर्शनशास्त्र में उनकी विद्वत्ता बड़ी प्रखर थी! वे आगे पढ़ नहीं पाए; बी.ए. पास करके ही वे महाराज के विश्वासपात्र सचिव और प्रबन्धक के रूप में यावज्जीवन दरभिंगा-राज की सेवा में निरत रहे। वे अल्पायु हुए, केवल 45 वर्ष की आयु में आपका देहान्त हो गया, पर उतने ही दिनों में आप विश्वस्तता, कुशलता, बुद्धिमत्ता और कर्त्तव्यनिष्ठा सभी दृष्टियों से राज के ही कर्मचारियों में नहीं परन्तु समस्त बङ्गाल के राजनीतिक क्षेत्रों में भी अपनी एक प्रतिष्ठा सुदृढ़ कर ली थी। उन्हीं के आदर्श को सामने रखकर उनके द्वितीय अनुज स्वर्गीय महामहोपाध्याय गङ्गानाथ झा जी ने अपना जीवनक्रम बनाया था और अपने संस्मरणों में उन्होंने लिखा है कि नित्य जो पाठ ग्रहण करें उसे उसी दिन अङ्ग्रेजी में लिख डालें, यह नियम जो उनके अध्ययन-जीवन का मूल सूत्र था, इसे उन्होंने अपने बड़े भाई बाबू विन्ध्यनाथ झा जी से सीखा था। यजुर्वेद संहिता और नैषधीयचरित महाकाव्य का अङ्ग्रेजी में अनुवाद बाबू विन्ध्यनाथ झा जी ने किया था, पर विद्या के क्षेत्र से राजनीति के क्षेत्र में चले जाने से और अल्पायु होने के कारण वे अनुवाद प्रायः अधूरे रह गए और प्रकाश में नहीं आए। सत्य तथा स्पष्ट और निर्भीकता से बोलने के लिए ये विख्यात थे और रियासत के कर्मचारी होते हुए उन्होंने इस व्रत को कैसे निभाया, यह आश्चर्य की बात है। पर इसका कारण था इनकी विश्वासपात्रता और ऐसी अनेक घटनाएँ जिनसे विदित होता है कि महाराज बहादुर का आप पर कितना विश्वास था और इन्होंने उस विश्वास की किस खूबी से रक्षा की। बाबू विन्ध्यनाथ झा

शिवजी के अनन्य भक्त थे और मैथिली में गीतों की रचना करते थे जो प्रकाशित व प्रसिद्ध हैं।

दूसरे बाबू गणनाथ झा आँखों के खराब हो जाने के कारण पढ़ तो आगे नहीं सके, पर लौकिकता में मिथिला की संस्कृति और इतिहास की विचक्षणता में एवं वाक्‌चतुरता में वे बेजोड़ थे। ज्योतिष के फलित भाग पर उनका पूरा अधिकार था; मैथिली साहित्य में वे मर्मज्ञ ज्ञाता थे और स्वयं भी काव्य की रचना करते थे; पर सबसे अधिक तान्त्रिक-उपासना पद्धति के अद्वितीय पण्डित थे। अपना सारा जीवन उन्होंने उग्रतारा की उपासना में बिताया और तान्त्रिक साधना में वे योगी की भाँति निर्लिप्त भाव से संलग्न रहे। जीवन के अन्तिम कई वर्ष वे काशी में रहे और साधना छोड़ कोई दूसरा काम नहीं करते थे। लोगों ने आश्चर्य से देखा कि इनके जीवन के अन्तिम दिनों में इनके गुरु भी इनसे आ मिले और जब इन्होंने देह त्याग किया तो इनका एक हाथ अपने गुरु के पैर पर था और दूसरा हाथ उग्रतारा की धातुमयी विग्रहमूर्त्ति के पैर पर जिसकी प्रतिष्ठा अपने पूजागृह में उन्होंने काशी जाकर की थी। इन दिनों ऐसा सिद्ध महापुरुष निश्चय ही बहुत विरल है।

डॉ. झा के तृतीय पितृव्य, इनके पूज्यपाद पिता के अनुज थे बाबू विजयनाथ झा जी। उन्होंने पढ़ा तो अधिक नहीं पर अङ्ग्रेजी पर उनका भी पूरा अधिकार था। वे पारिवारिक कामों में दक्ष थे और बड़े ही प्रतापी थे। जीवन का उत्तरार्ध उन्होंने भी दरिभंगा राज की सेवा में बड़ी योग्यता से बिताया और साहस एवं पराक्रम के कामों में वे सबसे आगे रहते थे। वस्तुतः वे पुरुषसिंह थे, पुरुषार्थ के प्रतीक और व्यावहारिक क्षेत्र में उनकी कर्मठता श्लाघनीय थी, यही नहीं, उनकी सूझ भी बड़ी पैनी थी। विद्या में सभी भाइयों में हीन होकर भी प्रतिपत्ति में, प्रतिष्ठा में, मर्यादा यह भी भाई के सदृश सम्मान्य थे और सामाजिक कामों में सबों के दाहिने हाथ के रूप में उपकारी थे।

सबसे छोटे थे बाबू वैद्यनाथ झा जो बी.ए. पास कर दरिभंगा राज की सेवा में लग गए और अन्तिम दिनों तक उसी सेवा में लगे रहे। जमींदारी के प्रबन्धक के रूप में काम करते हुए उन्होंने ऐसी लोकप्रियता एवं प्रतिष्ठा प्राप्त कर ली। राज के हित के कामों से महाराज का उन्होंने ऐसा विश्वास प्राप्त कर लिया कि वे प्रबन्ध-विभाग में राज के व्यवसाय-विभाग के अध्यक्ष बना दिए गए और उनकी अध्यक्षता में दरिभंगा-राज व्यवसाय के क्षेत्र में भारत से बाहर भी ख्यात होने लगा। इस विषय में इनकी सूझ बेजोड़ थी और यह इन्हीं की कर्मठता, कुशलता, दूरदर्शिता एवं तत्परता का फल था कि जमींदारी होकर भी दरिभंगा-राज देश के समृद्ध व्यवसायियों में गिना जाने लगा। उसी बुद्धिमत्ता से उन्होंने स्वयं भी बहुत अर्थसञ्चय किया और मिथिला में इनकी गणना धनियों में होने लगी। मनस्विता

के लिए ये प्रसिद्ध थे; किसी कार्य के सञ्चालन करने की आपकी क्षमता और दक्षता श्लाघनीय थी; मितभाषी थे, परन्तु अत्यन्त मधुरभाषी और लोगों को अपने गुणों से विमुग्ध करने की क्षमता आश्चर्यजनक थी। सुख से जीवन बिताना उनका एकमात्र ध्येय था और धन का उपार्जन कर ये महापुरुष उसके दान और भोग में उपयोग करते रहे।

डॉ. झा के स्वनामधन्य पिता, जो पाँच भाइयों में तीसरे थे, अपनी गुणगरिमा से, चरित्रचारुता से, पाण्डित्य के प्रकर्ष से और अमर कृतियों से इतने बड़े थे और इतने प्रख्यात थे कि उनके प्रसङ्ग में थोड़ा भी लिखना इस छोटे-से लेख में सम्भव नहीं है। इनका प्रादुर्भाव 1871 ई. में हुआ था और सातवें वर्ष में ये अपने दोनों अग्रजों के साथ राजस्कूल में भरती कर दिए गए। 1886 ई. में एन्ट्रेन्स पास कर आप काशी क्वीन्स कॉलेज पढ़ने चले गए और 1892 में वहीं से एम.ए. पास करके भी आप काशी में ही रह गए और संस्कृत शास्त्रों का अध्ययन करते रहे। महाराज लक्ष्मीश्वर सिंह की उन पर अपूर्व कृपा थी और महाराज बहादुर के आदेश से आप काशी में साथ-साथ पण्डित शिवकुमार मिश्र, पण्डित गङ्गाधर शास्त्री, पण्डित कैलाशशिरोमणि भट्टाचार्य एवं पण्डित जयदेव मिश्र से पढ़ते रहे। 1894 में आप दरिभंगा वापस आए और महाराज के पुस्तकालय के अध्यक्ष नियुक्त हुए। वहीं वे दरिभंगा राज के प्रसिद्ध पण्डित महामहोपाध्याय चित्रधर मिश्र से मीमांसा दर्शन पढ़ गए। 1902 में म्योर सेन्ट्रल कॉलेज प्रयाग में संस्कृत के अध्यापक नियुक्त होकर प्रयाग गए। वहाँ इन्होंने अपना निवास स्थान बनवाकर जीवन-यापन किया। 1909 के अन्त में उन्होंने डी. लिट्. की उपाधि प्राप्त की और 1910 में वे महामहोपाध्याय की उपाधि से विभूषित किए गए। 1919 में वे क्वींस कॉलेज के प्रिंसिपल नियुक्त हुए तथा 1919 में काउंसिल ऑफ स्टेट के सदस्य मनोनीत किए गए। 1923 में वे प्रयाग विश्वविद्यालय का नवसंगठन होने पर प्रथम वाइसचान्सलर हुए और तीन बार लगातार चुने जाते रहे। 1932 में उनकी धर्मपत्नी का देहान्त हो गया और चौथी बार वे उस पद के लिए खड़े नहीं हुए। 1941 में उनको नाइटहुड की उपाधि मिली, पर इसी वर्ष 18 नवम्बर को आपका देहान्त हो गया।

इसमें सन्देह नहीं कि ऐसा अन्तःप्रज्ञ होना अथवा इतनी ऊँची प्रतिष्ठा तथा ऐसा निर्मल यश प्राप्त करना प्राक्तन संस्कार के ही प्रसाद से सम्भव है, फिर भी महामहोपाध्याय में यथार्थ कुछ ऐसे गुण थे जिनके बल से इतर व्यक्ति भी बिना उन्नति किए नहीं रह सकता है।

महामहोपाध्याय जी से जो कोई भी व्यक्ति परिचित थे सभी मुक्तकण्ठ से स्वीकार करेंगे कि इनकी उन्नति के प्रधान साधन थे, इनकी कार्यक्षमता और उनका दृढ़ सङ्कल्प। किसी भी काम को आरम्भ करके समाप्त करने पर ही इन्हें

शान्ति होती थी, जो आज का कर्त्तव्य है या जो आज कर सकते हैं उसे कल के लिए छोड़ना ये जानते ही नहीं थे। समय कैसा मूल्यवान वस्तु है और उसका सदुपयोग किस प्रकार करना चाहिए यह सीखने के लिए इनका जीवन आदर्श था। अठारह वर्ष की अवस्था में जब ये छात्र थे तभी से इन्होंने लिखना आरम्भ किया और जीवन के अन्तिम दिनों तक लिखते ही रहे। कुल साठ के करीब इनके ग्रन्थ थे। दरिभंगा में पुस्तकालयाध्यक्ष के पद से लेकर प्रयाग विश्वविद्यालय में कुलपति-पद तक जिस किसी पद को उन्होंने सुशोभित किया सभी श्रमसाध्य थे, सभी उत्तरदायित्व से पूर्ण। पर उन सभी कामों को सफलता के साथ सुचारु रूप से सम्पादन करते हुए सांसारिक और पारिवारिक सभी कर्तव्यों का निर्वाह करते हुए ये इतना अध्ययन कर सके और फिर इतना लिख सके यह सर्वथा आश्चर्यजनक प्रतीत होता है। इसी अलौकिक कार्यक्षमता से वे जीवन में उन्नति के चरम उत्कर्ष को प्राप्त कर उन्होंने ऐसा निर्मल यश प्राप्त किया कि जहाँ कहीं भी हिन्दू सभ्यता और संस्कृत शास्त्रों की मर्यादा है, सर्वत्र उनका नाम अमर है और रहेगा। सङ्कल्प में वे इतने दृढ़ थे कि उनको जिद्दी कहना भी अत्युक्ति नहीं होगा। उन्होंने नियमों से आप तनिक भी विचलित नहीं होते थे। छात्रावस्था में ही आपने नियम बना लिया था कि आज का पढ़ा हुआ विषय आज ही अङ्गरेजी में लिख डालें। कभी-कभी इस नियम को पालन करने में उन्हें नित्य अस्सी पृष्ठ लिखना पड़ता था और रात बारह बज जाने, पर भी जब तक लिखना सम्पन्न नहीं हो वे विश्राम नहीं करते थे। छोटे-से-छोटे कामों में भी उनकी यह दृढ़ता स्पष्ट होती रहती थी। इनका नियम था कि पत्र का उत्तर तुरत देदें और जिस पत्र का उत्तर इन्हें देना होता वे पत्र आते ही दे देते। सङ्कल्प की इसी दृढ़ता के कारण इनके यहाँ कामों का ढेर कभी नहीं देखा गया। सङ्कल्प की दृढ़ता के विषय में वे कितने कठोर थे इसकी एक कथा बड़ी ही रोचक है। जब वे दरिभंगा में थे उस समय वे बहुत मोटे हो गए थे। किसी भी प्रतीकार से जब वे स्थूलता कम नहीं हुई तो डॉक्टरों की सलाह से उन्होंने भोजन अत्यल्प कर दिया और इनका स्वास्थ्य इसलिए बिगड़ भी गया, पर जब तक स्थूलता कम नहीं हुई वे नित्य केवल चार पूड़ियाँ खाकर ही रहे।

किन्तु इससे यह समझना भ्रम होगा कि इनके जीवन में विनोद का स्थान ही नहीं था तथा इनके दिन केवल काम ही करते बीतते थे। समय का सदुपयोग उसे नहीं कहते। इनकी वार्त्ताएँ कितनी सरस होती थीं और ये कितने विनोदप्रिय थे, इसे वे जानते हैं जो इनसे परिचित थे। यह बात सही है कि इनके सभी काम नियमबद्ध थे। काम के समय यदि आप इनसे मिलने जाते तो ये अपना काम नहीं छोड़ते। आपकी बात सुन लेते, उसका समुचित उत्तर दे देते, गप्प कहते तो उसे भी सुनते जाते, पर साथ ही साथ अपना काम करते ही रहते। लेकिन जब

काम का समय नहीं रहता लोगों के साथ बैठ कर विनोद करना इनका नियम था तथा और कोई नहीं तो छोटे बच्चों के ही साथ आप मिलकर विनोद किया करते।

व्यसन यदि इन्हें कोई था तो वह लिखने का था। इससे अधिक आनन्द उनको और किसी दूसरे काम में नहीं होता। 1927 ई. में पटना यूनिवर्सिटी में रामदीन व्याख्यामाला देते हुए अपने परिचय में इन्होंने कहा था, 'लाखों पेजों के मुँह काले किए।' यह कथा अक्षरशः सत्य है। जीवन के अन्तिम घड़ी तक वे लिखते ही रहे और उनके तीन ग्रन्थ उनके परोक्ष हो जाने पर प्रकाश में आए। लिखने के श्रम को वे श्रम नहीं विनोद समझते थे। इनके प्रकाशक यदि इन्हें किसी ग्रन्थ का संशोधन करने के लिए कहते तो ये उसे फिर लिख ही देते, संशोधन से इन्हें फिर लिख देना ही सुलभ मालूम पड़ता। यह बात केवल कर्त्तव्यबुद्ध्या नहीं हो सकती। इसके लिए उस काम के प्रति आन्तरिक प्रेम चाहिए। और इनके लेख की स्पष्टता, गम्भीरता और संक्षिप्तता के प्रमाण इनके ग्रन्थ ही वर्त्तमान हैं। इनके अधिक ग्रन्थ अनुवाद हैं किन्तु वे अनुवाद उन ग्रन्थों के हैं जिनके आशय समझना बड़े-बड़े पण्डितों के लिए भी कठिन होता है तथा अनुवाद मूल के शब्दों के ही नहीं अपितु मूल का तात्पर्य किस विलक्षणा से भाषान्तर में आ गया है यह सर्वथा आश्चर्यजनक प्रतीत होगा। स्पष्ट है कि उन कठिन ग्रन्थों के आशय ही उन्हें हृदयङ्गम नहीं थे प्रत्युत अङ्ग्रेजी भाषा पर भी उनका ऐसा अधिकार था कि गूढ़ से गूढ़ विषयों को भी सुस्पष्टतया मूल लेखक की शैली को थोड़े से थोड़े शब्दों में सरल रीति से समझाकर लिख सकते थे।

किन्तु जन्मना और क्रियया सर्वथा इतने बड़े होने पर भी उनको देखकर कोई ऐसा नहीं समझता। उनकी वेश भूषा, रहने की परिपाटी और व्यवहार सभी आडम्बर से शून्य थे। इतने बड़े और कार्यासक्त व्यक्ति से मुलाकात कठिन होती है, पर उनके यहाँ सबों का प्रवेश अप्रतिषिद्ध था और उनसे मिलने के लिए किसी को कभी कार्ड नहीं भेजना पड़ता तथा दर्शन होने पर उनकी ऋषितुल्य कान्ति को छोड़कर कोई भी लक्षित नहीं कर सकता कि वे इतने महान हैं। जैसे वे पहले रहते थे, अन्त तक वैसे ही रहे। यह आडम्बरशून्यता, यह सरलता, यह एकरूपता उनके चरित्र का उत्कर्ष था।

परन्तु यह गुणराशि जिसके प्रसाद से, इतना वैभव जिसके बल से था वह महामहोपाध्याय जी की आस्तिकता, परमात्मा में अटल विश्वास, अपने पूर्व पुरुष में श्रद्धा, वस्तुतः जिन महापुरुष ने समस्त दर्शनों के तत्त्वों को जान लिया था, धर्मशास्त्रों के मर्मों को आत्मसात कर लिया था। उपनिषदों को मथ कर उनके रहस्यों को हृदयङ्गम कर लिया था, उनके लिए यह कौन आश्चर्य! संसार के सभी कामों को करते हुए फिर कर्मजाल से निर्लिप्त, दुःख में अनुद्विग्न और सुख में विगतस्पृह, राग, भय और क्रोध सबों से अस्पृष्ट। यथार्थ आत्मज्ञानी के जो लक्षण

हैं, पूर्व समय में जिन्हें 'मुनि' कहा करते और जिनकी परिभाषा गीता में भगवान् ने 'स्थितधी' कहा है, वे वही थे। परन्तु साथ ही साथ ब्राह्मणोचित सकल क्रियाकलाप को भी आप जिस निष्ठा से करते रहे वैसा इस युग में शायद ही कोई दूसरा करता है। इतना अवश्य कि उस विषय में भी आपने आडम्बर कभी नहीं किया। प्रतिदिन ब्रह्ममुहूर्त में शय्या त्याग कर नित्यकर्म सम्पन्न करके ही आप बाहर निकलते, त्रिकाल के लिए जो कृत्य आवश्यक हैं उन्हें भी वे जहाँ रहते वहीं सम्पन्न कर लेते, वर्ष में जितने पार्वण विहित हैं वे सबों को नियमपूर्वक किया करते, एकोद्दिष्टि की तो बात ही क्या! परन्तु सबसे बड़ा गायत्री का सहस्र जप वे अपने पिता की ही भाँति उपनयन के दिन से लेकर अपने अन्तिम दिनों तक नित्य करते रहे, पिता से उस अनुष्ठान में अन्तर इतना ही था कि आपके पिता नित्य खड़े होकर जप किया करते परन्तु अस्वस्थता के कारण आप वैसा नहीं करते रह सके, आप बैठकर ही जप कर लेते थे। इसी के प्रभाव से उनमें वह ब्राह्मण्य तेज था। आप यथार्थ धीमान् थे। मेधाशक्ति आपकी लोकोत्तर चामत्कारिक थी। अपने मन पर उनका अधिकार योगियों के सदृश था। जब जो काम वे करते तत्लीन होकर किया करते। समीप में लोग नाना प्रकार की बातें कर रहे होते, चारों ओर बच्चे हल्ला करते हुए खेल-कूद कर रहे होते परन्तु वे शान्तिपूर्वक पद्मासन लगाए कठिन से कठिन ग्रन्थ को लिख रहे हैं। निश्चय ही यह उसी गायत्री की एकान्त उपासना का फल था, उसी गायत्री की उपासना का यह भी परिणाम था कि जीवन में उन्नति की पराकाष्ठा को प्राप्त कर, देश और विदेश सर्वत्र ऐसा निर्मल यश लाभ कर वे महापुरुष एक से एक योग्य पाँच पुत्ररत्नों को देश के गौरव के लिए छोड़ गए जिनसे भारत का मुख उज्ज्वल हो रहा है।

डॉ. झा का मातृकुल भी सद्ब्राह्मणों का एक महोच्च कुल है। जो शुक्लयजुर्वेद की माध्यन्दिन शाखा के अनुयायी विप्रवर काश्यपगोत्र के अन्तर्गत संकराटी मूल के परहट शाखा के नाम से परिचित है। डॉ. झा साहब के मातामह पण्डित प्रवर हर्षनाथ झा अपने समय के दुर्धर्ष पण्डितों में एक थे। महाराज लक्ष्मीश्वरसिंह बहादुर की सभा के वे रत्न थे। थे तो वे वैयाकरण परन्तु शास्त्रीय सूझ उनकी इतनी गहरी और प्रखर थी कि शास्त्रार्थ में उनका जोड़ मिलना दुर्लभ था। कई बार दरभिंगे के महाराज की ओर से वे शास्त्रार्थ करने काशी प्रभृति स्थानों में गए थे और सर्वत्र विजय प्राप्त करके मिथिला के पण्डितों की प्राचीन प्रतिष्ठा की रक्षा की थी। पर महाराज के दरबार में आकर उन्होंने पीछे धर्मशास्त्र का विशेषतः कर्मकांड का अध्ययन किया और उस विषय में उनकी प्रतिष्ठा अद्वितीय थी। उनके द्वारा रचित 'चातुश्चरणयागपद्धति' और 'संस्कार-दीपक' मुद्रित हैं। इस 'संस्कारदीपक' में पण्डितप्रवर ने माध्यन्दिनशाखीय वाजसनेयियों के लिए वही काम किया है, जिसे सामवेदीय छन्दगो. के म.म. मुरारि मिश्र ने कोई तीन सौ

वर्ष पहले अपने शुभकर्म निर्णय में किया था अर्थात सभी संस्कारों के कर्त्तव्यकर्मों का प्रामाणिक विचार उपस्थित कर उन्होंने इतिकर्त्तव्यता का सिद्धान्त सरल शब्दों में कर दिया है। साथ ही साथ वे बड़े ही प्रतिभावान और व्युत्पन्न कवि थे तथा संस्कृत, मैथिली एवं ब्रज भाषा में उनकी रचनाएँ मुद्रित एवं उपलब्ध हैं। विद्यापति के सम्प्रदाय के अन्तिम महाकवि पण्डितप्रवर हर्षनाथ झा ही माने जाते हैं। वस्तुतः उनके सम्मान में उनका सुयश अभी भी शास्त्रार्थ में दिग्विजयी और कर्मकाण्ड के पारहश्वा रूप में प्रख्यात हैं परन्तु समस्त मिथिला भाषा-भाषी क्षेत्र में वे एक महाकवि और सफल नाटककार के रूप में परिचित हैं और अमर रहेंगे। ऐसे ही महापण्डित और महाकवि की ज्येष्ठा कन्या हमारे डॉ. झा साहब की माता थीं।

डॉ. झा पाँच भाइयों में सबसे छोटे हैं और इनकी पाँच बहनें थीं जिनमें एक ही बहन आप से छोटी हैं। भाइयों में सब से बड़े थे भवनाथ झा जी। वे बड़े ही कुशल और अनुभवी डॉक्टर थे और दरिभंगा के राज अस्पताल के प्रधान के रूप में उन्होंने बड़ी ही ख्याति पाई। सैनिक शिक्षण प्राप्त कर वे कप्तान की श्रेणी में बहुत दिनों तक काम करते रहे। उन से छोटे थे स्वनामधन्य डॉ. अमरनाथ झा जी। इनके परोक्ष हुए अभी बहुत दिन नहीं हुए हैं और ये इतने बड़े थे, इतने विख्यात थे कि इनके प्रसङ्ग को थोड़े में बहुत लिखना असम्भव है और उस का प्रयोजन भी नहीं है। इन की ख्याति भारतवर्ष में तो सर्वत्र थी ही भारत के बाहर भी प्रायः सभी देशों में साहित्य-सम्राट् के रूप में, अद्भुत लेखक के रूप में, ओजस्वी वक्ता के रूप में, निर्भीक शासक के रूप में, कुशल शिक्षक के रूप में, उत्कृष्ट शिक्षा-विशेषज्ञ के रूप में, पुरुष नहीं, महापुरुष के रूप में व्याप्त थी। ऐसी अलौकिक प्रतिभा, ऐसी अपूर्व मेधाशक्ति, ऐसी अद्भुत कर्त्तव्यनिष्ठा, ऐसा प्रताप और ऐसा वैभव सबसे बढ़ कर ऐसा आत्मविश्वास और आत्मगौरव—डॉ. अमरनाथ झा जी की गुणराशि को कौन गिना सकता है। जहाँ कहीं भी वे रहे, सबसे ऊपर रहे; हर किसी पद को आपने अपने व्यक्तित्व से सुशोभित किया। अपने पिता के अध्युषित प्रयाग विश्वविद्यालय के वाइसचान्सलर के पद को उन्होंने पिता के समक्ष ही प्राप्त कर लिया और प्रायः सबसे कम वयस के वाइसचान्सलर ही थे तथा आप अपने पिता ही की भाँति उन्होंने भी तीन बार उस पद को सुशोभित किया। वस्तुतः प्रयाग विश्वविद्यालय इन्हीं पिता-पुत्रों द्वारा संवर्धित होकर इतना प्रशस्त हुआ है। समस्त भारतवर्ष में उनके शिष्य भरे पड़े हैं जो इनके नाम को पूजते हैं। भारत की क्या बात, वे प्रायः समस्त विश्व भ्रमण कर चुके थे और उनके मित्रों की संख्या यदि अनगिनत कहें तो अत्युक्ति नहीं होगी। पिता को यदि लिखने का व्यसन था तो पुत्र को पढ़ने का और कितनी पुस्तकें उन्होंने पढ़ी थीं इसका अनुमान भी करना कठिन है। उनका पुस्तकालय, उनकी और चीजें यथा कपड़े, कलम, जूते, छड़ियाँ—कोई भी चीज उनके पास उत्तमोत्तम से हीन नहीं थी।

इतने विद्याव्यसनी, इतने मिलनसार, इतने विनोदी, इतने लोकप्रिय, इतने मेधावी, तेजस्वी, मनस्वी, मनीषी-मानवता के वे गौरवस्तम्भ थे। एक क्षण भी उनसे मिलकर लोग कुछ प्रकाश और कुछ मिठास लेकर लौटते थे। हमारे डॉ. झा साहब को वे प्राणों से भी अधिक प्यार करते थे। 1934 की 7 मई की अपनी डायरी में उन्होंने लिखा है कि झा साहब के आई.सी.एस. में सर्वप्रथम आने की वार्त्ता की सूचना उन्हें प्रयाग रेलवे स्टेशन पर मिली जब वे पहली बार लण्डन की यात्रा को चले थे। आपको इतनी प्रसन्नता हुई थी कि वहाँ जो छात्र उपस्थित थे सभी आपस में बात करने लगे कि इनका आनन्द तो देखो जैसे स्वयं आई.सी.एस. में सर्वप्रथम आए हों। अत्यन्त खेद की बात है कि वे साठ वर्ष भी न जी सके; अकाल में उन्होंने देहत्याग कर दिया। अपने प्रिय अनुज और शिष्य को उन्होंने राज्यपाल के वरिष्ठ पद पर आसीन नहीं देखा। कितना उन्हें आनन्द होता, कितने उल्लसित होते!

डॉ. अमरनाथ झा जी के प्रसङ्ग में संस्कृत कवियों की भाँति कह सकते हैं कि उनके गुणों के वर्णन के लिए शेषनाग की दो सहस्र जिह्वा चाहिए, पर इतना अवश्य है कि उनकी अलौकिक प्रतिभा, क्षमता, विद्वत्ता, तेजस्विता प्रभृति गुणों को देखते हुए मानवजाति के लिए वे जो कुछ छोड़ गए वह अत्यन्त अल्प प्रतीत होता है। परिवार को, देश को, विश्व को उनसे बड़ी-बड़ी आशाएँ थीं। वैसे तो मालूम पड़ता है कि इतने भाग्यवान व्यक्ति विरल होते हैं, पर यथार्थ में उनका जीवन दुःखान्त था, अपनी असाधारण प्रतिभा को विश्वकल्याण के लिए कार्यरूप में परिणत करने का उन्हें अवसर नहीं मिला।

डॉ. झा के तीसरे अग्रज थे पण्डित शिवनाथ झा। वे अङ्ग्रेजी साहित्य में एम.ए. थे और उत्तर प्रदेश के शिक्षा विभाग में अनेक पद अलंकृत कर अवकाश ग्रहण करते ही चल बसे। इतने प्रतिभावान और प्रभावशाली भाइयों के बीच उनकी गुणराशि चमकने न पाई, पर वे बड़े ही सहृदय साधु सज्जन थे और अपने घर की, कुल की, परिवार की मर्यादा को रखते हुए बड़ी ही योग्यता से उन्होंने अपने जीवन को निभाया।

उनके चौथे भाई, अव्यवहित अग्रज थे विभूतिनाथ झा जी। अपने पिता की मर्यादा को निभाने के लिए उन्होंने संस्कृत में बड़ी प्रतिष्ठा के साथ एम.ए. पास किया और बिहार सिविल सर्विस में प्रवेश किया। अत्यन्त खेद की बात है कि वे बड़े ही अल्पायु हुए। मुजफ्फरपुर के जिला मजिस्ट्रेट के विशिष्ट पद को बड़ी ही योग्यता से सम्हाले हुए ही वे सहसा चल बसे। विभूतिनाथ जी विनोद की मूर्ति थे और बिहार सिविल सर्विस में उनसे अधिक लोकप्रिय शायद ही कोई दूसरा अफसर था। यह लोकप्रियता उनके अपने वर्ग में उसी प्रकार की थी जैसी आम जनता में। खेल-कूद, नाटक, संगीत, कवि-सम्मेलन, मुशायरा, उत्सव मात्र में उन्हें

अद्‌भुत रुचि थी। पर अपने काम में वे वैसे ही दक्ष थे और तत्पर रहते थे। लोगें के उपकार करने की उनकी प्रवृत्ति श्लाघनीय थी। पर अपने अधिकार का उन्होंने कभी दुरुपयोग नहीं किया। उनकी मृत्यु पर मुजफ्फरपुर में जो शोक का प्रदर्शन हुआ, उसी से उनकी असाधारण लोकप्रियता का सच्चा परिचय होता था।

डॉ. झा ऐसे भी विशिष्ट परिवार के लाड़ले हैं, ऐसे प्रतिभाशाली भाइयों के छोटे, ऐसे महापुरुष के सबसे छोटे पुत्र।

डॉ. आदित्यनाथ झा का जन्म 1911 ई. के 18 अगस्त को हुआ। इससे पूर्व वर्ष 1910 ई. नव वर्ष के उपलक्ष्य में जो उपाधि-वितरण हुआ था उसमें उनके पूज्यपाद पिताजी को महामहोपाध्याय की उपाधि मिली थी। उससे कुछ ही दिन पहले 1909 के अन्त में उनको प्रयाग विश्वविद्यालय की विशिष्ट उपाधि 'डि. लिट्' प्रदत्त हुई थी। अतएव डॉ. झा साहब के जन्म को परिवार के लोगों ने बड़ा ही शुभ माना और लोग इन्हें 'पण्डित' कहने लगे। परिवार के लोगों के लिए, आत्मीयों के लिए, परिवार से घनिष्ठ रूप से सम्बद्ध दरिभंगा के या प्रयाग के लोगों के लिए भी आदित्यनाथ झा जी अभी भी 'पण्डित' ही हैं। और कैसा यह अन्वर्थ नाम हुआ! वैसे तो डॉ. अमरनाथ झा जी ही बड़े प्रतिभावान थे, प्रयाग विश्वविद्यालय की बी.ए. परीक्षा में उन्होंने ऐसी मान्यता उपलब्ध की थी कि तभी वे युनिवर्सिटी के प्राध्यापक नियुक्त हो गए और एम.ए. परीक्षा में भी वे सर्वोच्च रहे, परन्तु श्री आदित्यनाथ झा की प्रतिभा उनसे भी प्रखर थी और उन्होंने तो कभी किसी परीक्षा में सर्वोच्च से नीचा स्थान नहीं पाया है, सदा प्रथम रहे।

आपकी शिक्षा काशी के क्वींस कॉलेज में आरम्भ हुई जहाँ आपके पिताजी प्रिन्सिपल थे। फिर जब वे वाइसचान्सलर होकर प्रयाग आए तो आप प्रयाग के गवर्नमेण्ट कालेज में प्रविष्ट हुए और वहीं से आपने प्रयाग विश्वविद्यालय की एम. ए.परीक्षा अंग्रेजी साहित्य में सम्मिलित हुए और कानून की एल-एल. बी. परीक्षा भी पास की। 1934 में आप आई.सी.एस. परीक्षा में सम्मिलत हुए और प्रथम ही प्रयत्न में आप प्रथम निकले। फिर प्रशिक्षण के लिए आप आक्सफोर्ड गए और दो वर्षों तक वहाँ रहने के बाद प्रशिक्षण के अन्त की परीक्षा में फिर सर्वप्रथम रहे तथा सबसे अधिक अङ्क उनको घुड़सवारी की जाँच में मिले। 1936 के अक्तूबर में आप फैजाबाद से कार्यारूढ़ हुए।

पिता का कनिष्ठ पुत्र होने के कारण आप जन्म से ही परिवार के असीम-स्नेह के भाजन रहे, जिससे उनकी ज्वलन्त प्रतिभा से बराबर वृद्धि ही होती गई। छात्रावस्था में आपकी तेजस्विता सचमुच अद्वितीय रही और आदि से अन्त तक विश्वविद्यालय में आप सदा सर्वोच्च रहे। उन दिनों किसी भी प्रतिभाशाली छात्र के लिए आइ.सी.एस. में प्रवेश से बड़ी उपलब्धि नहीं थी और उस आई.सी.एस. परीक्षा में आपने प्रथम ही बार सर्वोच्च स्थान प्राप्त कर अपनी अलौकिक प्रतिभा

का परिचय दिया तथा शास्त्रीय विषयों के साथ घोड़े की सवारी के परीक्षण में भी आप सबसे आगे रहे।

तीन वर्षों तक फैजाबाद के ज्वाइंट मजिस्ट्रेट और काशी के सिटी मजिस्ट्रेट के भार को अपूर्व कुशलता से वहन करने के बाद आ भारत सरकार के राजनीतिक एंव परराष्ट्र विभाग में बुला लिए गए। 1942 में वे पुनः उत्तर प्रदेश, उन दिनों संयुक्त प्रान्त वापस आए। क्रमशः उन्होंने कानपुर में एडिशनल कलक्टर, जमींदारी उन्मूलन समिति के अर्थ सचिव, कृषि, योजना और विकास विभाग के सचिव, खाद्य-उत्पादन के कमिश्नर, और विकास कमिश्नर के कामों को दक्षता, कुशलता एवं सफलता के साथ देखते हुए 1954 में वहाँ पर प्रधान सचिव नियुक्त हुए। 1958 में वाराणसी में संस्कृत विश्वविद्यालय की स्थापना होने पर आप स्वेच्छा से वहाँ उपकुलपति होकर विश्वविद्यालय को स्थापित करने चले गए। इसी मध्य में आपने मसूरी के शासन-प्रशिक्षण-संस्थान (National Academy of Administration) में निदेशक के पद को भी गौरवान्वित किया। 1962 में दिल्ली बुला लिए गए और योजना समिति के सचिव नियुक्त किए गए। अग्रिम वर्ष वहाँ पर सुरक्षा-उत्पादन विभाग के सचिव हुए और फिर अगले वर्ष सूचना और प्रसारण विभाग के सचिव हुए। 1956 के मार्च में आप दिल्ली के चीफ कमिश्नर के वरिष्ठ पद पर नियुक्त हुए और दिल्ली के शासन के नए संविधान बनने पर उनका पद चीफ कमिश्नर से बदलकर उपराज्यपाल कर दिया गया। अभी वे उपराज्यपाल हैं और आशा ही नहीं विश्वास है कि अचिर भविष्य में आप पूरे राज्यपाल के महामहिम पद को प्राप्त कर शासन सेवावृत्ति के उच्चतम प्राप्य गौरव के पद को सुशोभित करेंगे।

यों डॉ. झा की असाधारण प्रतिभा, प्रगाढ़ विद्वत्ता, कुशलशासनदक्षता, आकर्षक सहृदयता–इनके पूर्ण व्यक्तित्व को आँकना, इनके अवदात चरित्र का चित्र उतारना एक छोटे निबन्ध में असम्भव है। उनकी प्रतिभा में सबसे चमत्कारकारी है आपकी मेधाशक्ति, जिसे अलौकिक कहना भी अत्युक्ति न होगी। उनके पिता भी अद्भुत मेधावी थे, उनके अग्रज डॉ. अमरनाथ झा जी अद्भुत मेधावी थे। पर डॉ. झा ने उन लोगों को भी मात दिया है और इसके एक नहीं अनेक दृष्टान्त दिए जा सकते हैं। जब ये स्कूल के ही छात्र थे, डॉ. अमरनाथ झा जी को इन्होंने यमक से भरे हुए छः श्लोकों को–जिसे षट्पदी कहते हैं–इतनी शीघता से अभ्यास कर सुना दिया कि इसके लिए उनको मुँहमाँगा पुरस्कार दिया गया। हाल ही में वाराणसी संस्कृत विश्वविद्यालय में एक सभा में किसी छात्र को एक लेख देखकर कालिदास के श्लोकों का पाठ करते देख उन्होंने बड़ा ही खेद प्रकट किया था और स्वयं तीस वर्ष पूर्व पढ़े रघुवंश के तेरहवें सर्ग के श्लोकों को मल्लिनाथ की संजीवनी टीका के साथ सुनाना आरम्भ कर दिया। सभा में उपस्थित छात्र ही नहीं, प्राध्यापक गण भी सम्मिलित हो गए।

दूसरी बात जो इनके व्यक्तित्व के प्रसंग में बहुत विशिष्ट है–वह है इनकी सहजात महत्ता। इतने बड़े घर में उनका प्रादुर्भाव हुआ है और जन्म से ही इतने बड़े-बड़े लोगों के साथ सहवास रहा है कि महत्ता तो आपके शोणित में है, नस-नस में घुल गई है। अतएव किसी भी उच्च पद से उनकी महत्ता बड़ी नहीं है, आप उसे सहज भाव से वहन करते रहे हैं और उस उच्च पद को ही आप-जैसे व्यक्ति को पाकर गौरव की रक्षा हुई अपने ही घर में, अपने ही परिवार में, अपने ही आत्मीय बन्धुओं में आपने ऐसी प्रतिष्ठा देखी है और परिवार में सबसे कनिष्ठ होने के कारण उनको उन विभूतियों के प्रति नतमस्तक रहने का ऐसा सौभाग्य प्राप्त हुआ है कि अभिमान तो आपके छू भी नहीं सका है और अपने घर की मर्यादा रखने में ही आपकी महत्ता, ज्यों-ज्यों आप उन्नति के पथ पर बढ़ते गए हैं, बढ़ती गई है। जीवन के आदर्श आपको कहीं खोजने नहीं पड़े। अपने पिता और अपने अग्रज के ही जीवन-क्रम से आपने जीवन की सफलता की कुञ्जी प्राप्त कर ली। एक ही दृष्टान्त यहाँ पर्याप्त होगा। हाल ही में जब आप कुछ अस्वस्थ हो गए थे तथा डॉक्टरों ने आपको भोजन में संयम करने को कहा तो मासों तक आपने अन्न नहीं खाया तथा चीनी और नमक दोनों त्याग दिए। संकल्प की यह दृढ़ता उन्होंने अपने पिता से ही प्राप्त की है। प्रतिभा आपमे लोकोत्तर है और इसीलिए जीवन के जिस पथ पर उन्होंने पैर रखे अथवा यों कहिए कि पैर रखने का आपको अवसर मिला उसी पथ पर आप उन्नति की पराकाष्ठा पर पहुँच गए।

डॉ. अमरनाथ झा जी की भाँति उनका भी यही सिद्धान्त रहा कि जीवन की सार्थकता अच्छी तरह रहने में है और जीवन में काम करना उतना ही जरूरी है जितना विनोद। डॉ. झा फूलों के कितने शौकीन हैं, संगीत में आपको कितनी रुचि है, कितने मिलनसार हैं, मित्रता की उनमें कितनी क्षमता है! ये ही तो मानवता के गुण हैं और इन्हीं गुणों के बाहुल्य से और प्राचुर्य से वे नर नहीं नर-रत्न हैं।

और आपका पारिवारिक जीवन कितना सुखमय है! आपके पिता ने ही एक बड़े घर की शुभलक्षण कन्या को खोज कर आपके लिए पत्नी ला दी जो विदुषी ही नहीं यथार्थ अर्थ में धर्मपरायणा धर्मपत्नी हैं। उनकी पत्नी स्वर्गीय बदरीनारायण जी की कन्या हैं जिन्होंने बिहार जुडिशिल सर्विस में सब-जज होकर अवकाश ग्रहण किया था। इस सुघर गृहिणी श्रीमती आद्या झा से उनके चार प्रतिभावान पुत्र और एक कन्या हैं जो सभी कुलक्रमागत तेजस्विता से अपने घर की मर्यादा रखने में निश्चय ही समर्थ होंगे। उनके सबसे बड़े पुत्र आयुष्मान श्री प्रकाशनाथ झा जी इंजीनियर हैं और भारत सरकार के सुरक्षा विभाग में विशिष्ट पद पर हैं। शेष सभी छात्र हैं, पर सबों में प्रतिभा है, विनय है, आत्मविश्वास है, आत्मगौरव है। ये ही तो इस कुल के सहज धर्म हैं और इन्हीं कौलिक सद्गुणों

से मण्डित भविष्णु किशोर बच्चे इस पुराने महाकुल की गरिमा को अक्षुण्ण रखेंगे, कुल के कमल सिद्ध होंगे।

डॉ. झा को अपने कुल का गौरव है, अपने पूर्वजों के प्रति असीम श्रद्धा है और उस उग्रतारा में अचल विश्वास और भक्ति है जिसकी उपासना इस कुल में आज हजार वर्षों से होती आई है। वही उग्रतारा इस पलिबाड़ कुल के मौलिमुकुट को चिर दिन पर्यन्त स्वस्थ, सबल और समृद्ध रखें। इन्हें धन, जन, तन और मन से परिपूर्ण बनाए रहें, सपरिवार इनकी रक्षा करें।

(संस्कृति, डॉ. आदित्यनाथ झा अभिनन्दन-ग्रन्थ, 1969)

जिज्ञासा

मिथिला-भारतीक प्रथम अङ्क पाबि बड़ प्रसन्न भेलहुँ। सौंसे देखि गेलहुँ। तेहन पत्र ई नहि छैक जे सरसराएकेँ पढ़ि जाएब; एकरा पढ़वा मे अवकाश, तत्परता ओ समयक अपेक्षा छैक, परन्तु ई कहबा मे कनेको संकोच नहि होइत अछि जे मैथिली मे एहि उच्च स्तरक ई प्रथमे पत्र थिक। प्रबन्ध सम्पादक ओ प्रधान सम्पादक केँ भूरि-भूरि धन्यवाद दैत छिऐन्हि, ओना धन्यवादक पात्र तँ एकर प्रत्येक सदस्य थिकाह। कालिदास कहने छथिन्ह 'स्नेहः पापशङ्की' हमरहु हृदय केँ एकेटा पाप संशक कएने अछि जे एहन विलक्षण ई पत्र चलि सकत की नहि अथवा चलबो करत तँ सब अंक एकर एहने उच्चस्तरीय भए सकत की नहि?

एहि अंकक लेख सब मे पहिल लेख जे पढ़लहुँ अछि ओ पूर्ण उत्सुकता एवं मनोयोग सँ पढ़लहुँ अछि, से थिक चित्रपति आध्यायक प्रसंग। ओहि हेतु उत्सुकता केवल इएह हेतु नहि भेल जे ओकर लेखक इतिहास-विचक्षण एक जन लब्धप्रतिष्ठ विद्वान छथि; अपितु एहू हेतु जे ई लेख एहि पत्रक प्रधान सम्पादकक थिकैन्हि ओ ते ई लेख एहि पत्रक लेखक स्तर की होएबाक चाही तकर नियामक होएत। लेख सत्ये बड़ रोचक, बड़ उपादेय ओ बड़ अभिनव लागल। परन्तु एहि लेख सँ उत्सुकता शान्त नहि भेल प्रत्युत आओर जागल। एहि लेख मे तँ चित्रपति उपाध्यायक ओ तत्कालीन न्याय-व्यवस्थाक वृत्तान्त मात्र प्रतिपाद्य छल ओ से सुन्दर जकाँ भेल परन्तु जाहि घटना-चक्र मे पड़ि उपाध्यायजीक जीवनक एहन दुःखद अन्त भेल ओहि घटना-चक्रक विवरण ज्ञातव्य रहि गेल।

पुरैनिञा मिथिलाक प्रमुख अंग थिक ओ सत्रहम तथा अठारहम शताब्दी मे पुरैनिञा मे मैथिलक आधिपत्य छल जे हाल घरि सुदृढ़ रहल। मिथिलाक इतिहास ताधरि अपूर्ण रहत जाघरि पुरैनिञाक इतिहासक संकलन नहि होइत अछि। जाहि रानी इन्द्रावतीक एहि लेख मे चर्चा अछि तनिका बुकनन पुरैनिञाक रानी कहने अछि तथा ओ विशाल सम्पत्तिक अधिकारिणी छलीह। प्राचार्य मदनेश्वर मिश्र रानी इन्द्रावतीक प्रसङ्ग कतोक वृत्तान्त संकलित कएने छथि ओ एहि रानीक

प्रसङ्ग हुनक एक गोट बड़ सुन्दर लेख सेहो पढ़ल अछि। तें ओहि घटना-चक्रक प्रसङ्ग आओर बुझबाक जिज्ञासा बनले रहल अथवा ई कहू जे बढ़ि गेल।

एहि लेख मे जाहि व्यक्ति सबहिक उल्लेख अछि ताहि मे कतोकक परिचय हमरा जानल ओ ताहि परिचयक आधार पर हुनका लोकनिक परस्पर सम्बन्ध सेहो निर्धारित भए जाइत अछि। से परिचय ओ परस्पर सम्बन्ध हम एतए दैत छी जे ताहि सँ ओहि घटना चक्र केँ नीक जकाँ बुझबा मे प्रायः सहायता हो।

सर्वप्रथम, राजा इन्द्रनारायण राय ओ श्रीनारायण एवं ललितनारायण राय। ई लोकनि दयाद छलाह, सुरगण्य लोञाम मूलक दू शाखाक। एहि राजकुलक बीजी पुरुष समरू चौधरीक जेठ बालक भगीरथ रायक सन्तान श्रीनारायण ओ ललितनारायण राय दुनू भाइ, समरू सँ सातम; समरूक दोसर बालक कृष्णदेव रायक सन्तान इन्द्रनारायण राय, समरू सँ सातम। दूनू शाखाकेँ तेँ सापिण्ड्यक अन्तिम श्रेणी छलैन्हि। श्रीनारायण ओ ललितनारायणक जेठ भाए देवनारायणक प्रपौत्र श्री शेषनारायण राय एखन दुर्गागञ्ज मे अतिवृद्ध वर्त्तमान छथि ओ हुनका पौत्रलोकनि छथिन्ह। आब एहि दूनू शाखा मे ककरा कतए राज्य, राजधानी कतए ओ कोन-कोन कृत्य इत्यादि विषय अनुसंधानक विषय थिक।

राजा दुलारसिंह बनैली-श्रीनगर राज्यक प्रतिष्ठापक छलाह। हिनक एक बालक वेदानन्द सिंहक प्रपौत्र कुमार श्री श्यामानन्द सिंह लोकनि थिकाह ओ दोसर बालक रुद्रानन्द सिंहक प्रपौत्र कुमार गङ्गानन्द सिंह छलाह।

गङ्गादत्त झा जे एहि लेखमे एक गोट प्रमुख नायकक रूप मे वर्णित छथि जे राजा इन्द्रनाराण रायक मसिऔत भाए छलाह। ई दड़िभङ्गा जिलाक विट्ठू गामक वासी छलाह मुदा मिथिलेश नरेन्द्र सिंहक समय मे जे गोलेशी भेल ताहि मे घर छोड़ि पराए पुरैनिञा गेलाह ओ अपन मसिऔतक आश्रय लेल। पुरैनिञा मे हिनक वास खोखा छल जे श्रीनगरक सन्निहित अछि। गङ्गादत्त झाक बालक लोकनि पुरैनिञहि छलथिन्ह; हिनक पौत्र लोकनि पुनः दड़िभङ्गा आबि अपन-अपन मात्रिक मे बसलाह। गङ्गादत्त झाक एक गोट पौत्रक पौत्र हम स्वयं छी ओ हमर परिवार केँ पुरैनिञा सँ अएनाइ एक सए वर्ष सँ किछुए अधिक भेल अछि। एहि घटना-चक्र मे गङ्गादत्त झाक की कृत्य छलैन्हि से बुझबाक जिज्ञासा। हमरा लोकनि केँ एकर कोनो वार्त्ता बुझल नहि अछि। एतबे जनैत छी जे पुरैनिञा मे हमर घर राजा विजय गोविन्द सिंहक विरोधी दलक छल।

रानी इन्द्रावती मिथिलेश माधवसिंहक कन्या भैए नहि सकैत छथि कारण दूनू समाने वयसक छल होएताह। रानी छलीह मड़रए मनवोध झाक कन्या, पबौलिवार रामेश्वर झाक दौहित्री ओ रामेश्वरक पौत्र छलाह भैआ झा जनिक बालक राजा विजय गोविन्द सिंह छलाह। अतएव रानी भैआ झाक पिसिऔत

बहिनि छलथिन्ह। रानी कें माधवसिंह सँ कोनो सम्बन्ध नहि। तखन भैआ झाक मातामही करमहय म.म. रामेश्वर झाक कन्या छलीह ओ एहि रामेश्वर झाक पौत्री, लक्ष्मीदत्त झाक कन्या मे महाराज माधवसिंहक प्रथम विवाह छल। तेँ भैआ झाक माए केँ लक्ष्मीदत्त झाक कन्या जे स्त्री छलथिन्ह ममिऔत बहिनि छलथिन्ह, भैआ झा के माउसि। भैआ झा के दूनू सँ सम्बन्ध रानी इन्द्रावती सँ पैत्रिकक, माधवसिंहक स्त्री सँ मात्रिकक परन्तु तेँ हुनका दूनू गोटा केँ परस्पर कोनो सम्बन्ध नहि। एही करमहय रामेश्वर झाक दू गोट पौत्र छलाह, जगद्धर झा ओ ईशदत्त झा दूनू पितिऔत उजानक वासी (छपल अछि लेख मे उज्जलक से भ्रम थिक) जाहि मे पण्डित तँ दूनू मुदा जगद्धर झा महापण्डित, महामहोपाध्याय। भैआ झा केँ ई दूनू भाइ माइक ममिऔत भाए छलथिन्ह, सम्बन्धेँ माम।

इसहपुरक भैआ झा यदि राजा विजय गोविन्द सिंहक पिता भैआ झा थिकाह तँ ई नव कथा बुझल भेल जे हुनक आदि वास इसहपुर छल। सरिसवक दुल्ली ठाकुर केँ नहि चिन्हैत छिऐन्हि।

मिथिला-भारतीक प्रधान-सम्पादक पुरैनिञाक वासी थिकाह; धमदाहाक प्राचीन वैदुष्यक प्रतीक छथि, इतिहासक आचार्य छथि। यदि हुनक सत्प्रयासेँ पुरैनिञाक विस्मृत गौरव-गाथा प्रकाश मे आबि सकए तँ से मिथिलाक इतिहासक एक गोट नव अध्याय होएत। पुरैनिञा महाविद्यालयक प्राचार्य श्री मदनेश्वर मिश्र जी सेहो एहि दिशि रुचि रखैत छथि, अनुसंधान मे लागल छथि। साधन-सम्पन्न छथि। हुनको ध्यान हम एहि दिशि आकृष्ट करैत छिऐन्हि।

(मिथिला-भारती, नवम्बर-दिसम्बर, 1969)

मैथिलीक प्रश्न

'मिथिलामिहिर' क तएतालिसम किरणमे महामहोपाध्याय डॉ. श्री उमेशमिश्रक उद्गार पढ़ि बड़ क्षोभ भेल। स्वाधीनताक एहि नवयुगक सुप्रभातमे बिहारक एकमात्र साहित्यिक भाषा, मिथिलाक सदृश पुण्यभूमि ओ तीरभुक्तिक सदृश प्राचीन जनपदक मातृभाषा, मैथिलीक एहन 'भयङ्कर अवहेलना' हो, ई बुझि के मिथिलाभाषाभाषी मातृभाषाप्रेमी होएत जकर चित्त आत्मग्लानि सँ संक्षुब्ध नहि भए जाएत। किछु सन्तोष भेल अछि मैथिली साहित्य परिषद् दिशि सँ एहि महासम्मेलनक अधिकारिवर्गक ओतए प्रेषित अनुरोध-पत्र पढ़ि (जे समाचारपत्रहु मध्य प्रकाशित भेल अछि)। एकर ऐतिहासिक विवेचना, आत्मसम्मानक भावना, युक्तियुक्तता एवं गर्वोक्ति सर्वथा परिषद्क सदृश साहित्यिक संस्थाक उपयुक्त भेल अछि। किछु आश्वासन भेटल अछि ई जानि जे एहि महासम्मेलनक तिथि अनियत रूपें बढ़ि गेल अछि। भरोस तँ नहि अछि, परन्तु आशा करबामे की क्षति जे परिषद्क अनुरोध पत्र पढ़ि ओहि सँ प्रभावित भए महासम्मेलनक विद्या-विनोदव्यसनी प्रवर्त्तक लोकनि, विशेषतः बिहारक गौरव श्रीदेशरत्नजी, जे महासम्मेलनक मनोनीत सभापति छथि, कदाचित आबहुँ न्याय करथि।

परन्तु हमरा तँ ताहि सँ अधिक क्षोभ भेल अछि महामहोपाध्यायजीक भावावेश देखि। ई अवहेलना की सत्ये तेहन 'भयङ्कर' थीक जाहि सँ महामहोपाध्यायजीक 'हृदय विदीर्ण' होअए लागल? की यथार्थतः एही महासम्मेलनक सदस्यता पर मैथिलीक जीवन-मरण अवलम्बित अछि? की वस्तुतः एहि महासम्मेलनमे आहूत भेलहि मैथिलीकेँ सबटा अधिकार प्राप्त भए जएतैक, आओर की मिथिलाप्रान्तक 'स्वतन्त्र निर्माण' भए सकत? महामहोपाध्यायजी बढ़ पैघ लोक छथि, मैथिलीक बड़ विशिष्ट उपासक छथि, एहि सब विषयक विशेषज्ञ छथि, परन्तु तैओ हमरा तँ ई सबटा कथा पुराणक अर्थवाद जकाँ प्रतीत होइत अछि। सम्भव थीक जे भरि जन्म विदेशहि मे रहबाक कारणे महामहोपाध्यायजीके विदित नहि छैन्हि जे प्रान्त मे केहन-केहन घोर अवहेलना ओ भयङ्कर अत्याचार मैथिलीक ऊपर भेल अछि ओ भए रहल अछि, जकरा समक्ष ई अवहेलना नगण्य थीक। सम्भव थीक जे महामहोपाध्यायजी बड़ पैघ लोक छथि, बड़ पैघ-पैघ समाज

मे घूमैत छथि तथा एहि अवहेलनासँ हुनक अपन आत्मसम्मानपर अभिघात भेलैन्हि अछि जाहि कारणें ओ एतेक आवेशमे आबि गेलाह अछि। सम्भव थीक जे अपमान, अवहेलना ओ अत्याचार सब कथूसँ बहीर, चिरप्रसुप्त, मैथिलीभाषाभाषी जनसमुदायकें उद्बुद्ध ओ कार्यशील करबाक उद्देश्यसँ जेना डाकनि होइत छैक तेना, महामहोपाध्यायजी वस्तुस्थितिके अतिरञ्जित कए उपस्थित कएलैन्हि अछि, जे ताहूसँ कदाचित आँखि खुजए, होश होअए, परिस्थितिकेँ बूझी। परन्तु जाहि कोनहु कारणेँ हो, विषय अत्यन्त गम्भीर रहलहु सन्ताँ ओकर उपस्थापन बड़ भेल तथा हुनक उद्गारक स्वर मे आतङ्क, विह्वलता ओ अधीरता परिलक्षित होइत अछि।

वस्तुस्थिति की अछि? ई कथा ककरा अविदित अछि जे भारतवर्षक जे नवीन शासन-पद्धति प्रस्तुत भए रहल छैक ताहिमे भाषा किंवा साहित्य, शिक्षा किंवा संस्कृति इत्यादि विषयक प्रसङ्ग जेहो किछु अधिकार एखन केन्द्रीय सरकारकें छैक सेहो नहि रहतैक, ई सबटा अधिकार एखनहु प्रान्तीय सरकारके छैक ओ आगा तँ सर्वतोभावेन होएतैक। दिल्लीमे सम्भावित जे महासम्मेलन केन्द्रीय सरकार द्वारा आयोजित भए रहल अछि ओ ओएह भाषा सब एहिमे सम्मिलित कएल जाइत अछि जे देशक भिन्न-भिन्न प्रान्तमे स्वीकृत अछि। एहिमे सम्मिलित भेलहु उत्तर मैथिलीक स्थितिमे की परिवर्तन होएत जाधरि प्रान्तीय सरकार एहि भाषाकें भाषा नहि स्वीकार करत? एहि महासम्मेलनक सदस्यतासँ प्रतिष्ठा छोड़ि आओर की लाभ होएत ओ से प्रतिष्ठा कए गोटाकें? ओही दू चारि पैघ ओ प्रतिष्ठित व्यक्तिअहिकें ने जे मैथिलीक प्रतिनिधि भए ओहिमे जएताह? मिथिलाभाषाभाषी जनसमुदायक कोन समस्या ओहिसँ सोझराएत? पी.ई.एन. हिक स्वीकृतिसँ मैथिलीकें प्रतिष्ठा छाड़ि आओर दोसर कोन लाभ भेल अछि? एहू महासम्मेलनमे तँ मैथिलीके, केवल मैथिलीटाकेँ छाँटिए देलक! एक बड़ विशिष्ट मैथिल विद्वन्मूर्धन्यक उद्गार थीक जे 'किन्तया हतया राजन् विदेशगतया श्रिया?'

दिल्लीक सम्मानसँ मैथिलीक कोनोटा हितसाधन नहि होएत जाधरि अपना घरमे एकरा उचित अधिकार प्राप्त नहि भए सकत, बिहारमे एकरा समुचित सम्मान नहि होएत।

से घरमे की स्थिति अछि से ककरासँ अविदित अछि? कलकत्ता ओ काशी विश्वविद्यालय मिथिलाभाषाकेँ 'आधुनिक भारतीय भाषा'क रूपमे स्वीकार कएने अछि, परन्तु पटना विश्वविद्यालयकेँ एखनहु पर्यन्त मैथिलीके मैथिलीभाषाभाषी जनसमुदायक मातृभाषा स्वीकार नहिं कएलक अछि। सन्थाली किंवा नेपाली पर्यन्तके जे स्थान पटना विश्वविद्यालयमे छैक से स्थान की मैथिलीकेँ भेटलैक? प्रारम्भिक शिक्षाक माध्यम नेनाक मातृभाषा हो ई सिद्धान्त महात्माजी ओ हुनक प्रत्येक अनुयायी काँग्रेसीक तथा देशक प्रत्येक शिक्षानिपुण महापुरुषक सर्वमान्य होइतहुँ बिहार शिक्षापुनर्निर्माणसमितिमे कोनरूपें श्रीअमरनाथबाबूक युक्तियुक्त ओ सङ्गत

प्रस्तावक तिरस्कार कएल गेल ओ मैथिलीभाषाभाषी नेनाक शिक्षाक माध्यम मैथिली नहिए स्वीकृत कएल गेल से ककरा बिसरल अछि? बिहार संस्कृतसमितिसँ एक स्वरेँ स्वीकृत प्रस्ताव जे मिथिलाभाषाभाषी परीक्षार्थीक मातृभाषा मैथिली मानल जाए कोन कांग्रेसी सरकारसँ निरादृत भेल से ककरा नहि बुझल अछि? अदालति, फौजदारी, रजिष्टरी प्रभृति सरकारी भिन्न-भिन्न महकमामे, जमीदारक सिरिस्तामे, छोटहुसँ छोट कोनहु राजनैतिक संस्थामे—विहारमे मैथिली कतए भाषारूपेँ स्वीकृत अछि। प्रत्येक विद्यार्थीकेँ, परीक्षार्थीकेँ, नौकरीक हेतु आवेदनकर्त्ताकेँ जे अपन मातृभाषक स्थानमे 'हिन्दी' लिखबाक मिथ्या कहबालए बाध्य कएल जाइत छैक ई ककरा ज्ञात नहि अछि? ई सब एहन विषय थीक जकर फलाफल साधारणसँ साधारण व्यक्ति बूझि सकत, जकर प्रभाव समस्त मिथिलीभाषाभाषी जनसमुदाय पर पड़त, जकर निराकरण भेने मिथिलीभाषाक यथार्थ उन्नति होएत, मैथिली साहित्यक विकास होएत, मैथिल संस्कृतिक रक्षा होएत। परन्तु ई सब रहैत ओ सहैत 'आश्चर्य, क्षोभ, खेद, दुःख, ग्लानि, वेदना, सन्ताप' सब किछु सूचित करी एहि निमित्त जे दिल्लीक महासम्मेलनमे हमरा भाषामेँ स्थान नहि भेटल, हमरा जनैत ओकरा अत्यधिक महत्त्व देब थीक। ई विषय लए जँ गाम-गाम सभा करब गए तँ लोक आब एहि सब विषयमे ततबा पटु भए गेल अछि जे कोनो आश्चर्य नहि जे लगले पूछि बैसए जे 'अहाँकें' की एहि महासम्मेलनमे सदस्य भए जएबाक अछि!"

अतएव हम तँ कहब जे आन्दोलन अवश्य कर्त्तव्य थीक, घोर आन्दोलन कर्त्तव्य थीक, गाम-गाम, नगर-नगर सभा कर्त्तव्य थीक—समय बड़ थोड़ अछि, समय तँ बीति गेल, अतिकाल भए रहल अछि—परन्तु एहि हेतु नहि जे दिल्लीमे सम्भावित महासम्मेलनक सदस्यता मैथिलीकेँ प्राप्त हो परन्तु एहि हेतु अे मिथिला भाषा-भाषी नेनाकेँ प्राथमिक शिक्षा मैथिलीमे भेटओ; मैथिली हमरालोकनिक मातृभाषा स्वीकृत हो; स्कूल, कॉलेज, विद्यालय सबठाम शिक्षा ओ परीक्षाक माध्यम मैथिलीओ मानल जाए; कचहरीमे हमरा लोकनि मैथिलीमे बाजी ओ लिखी; रजिष्टरी हमरालोकनि मैथिलीमे कराए सकी, जमींदारक ओहिठाम हमरालोकनि मैथिलीमे दरखास्त दी ओ रसीद मैथिलीभाषामे पाबी, कहबाक अभिप्राय जे सबटा आन्दोलन एहि हेतु कर्त्तव्य जे प्रान्तमे हमरा लोकनिक मातृभाषा स्वीकृत हो, जे दैनन्दिन कार्यमे हमरा लोकनि मैथिलीके प्रयोग कए एकर प्रसार ओ विकास कए सकी, अपना घरमे हमरा लोकनिकेँ अपन जन्मसिद्ध अधिकार प्राप्त हो। से भेलेँ केन्द्रीय समस्त कार्यजातमे स्वतः हमरालोकनिक भाषाक उचित सम्मान होअए लागत। मुख्य जे व्याधि अछि तकर समुन्मूलनमे यत्न विधेय थीक एहन एहन तँ कते महासम्मेलन होइत रहतैक; ताहि सबहिक सदस्यतासँ वञ्चित होएब ओही व्याधिक उपाधि मात्र बुझबाक थीक। उपाधिक कतेक प्रतीकार करैत रहब? एक उपाधि छूटत, दोसर होएत। यदि व्याधि छूटत तँ सबटा उपाधि अपनहि चलि जाएत।

एहि प्रसङ्ग इहो कहब अनुचित नहि होएत जे मैथिली साहित्य-परिषद्क सुविदित सेवक डॉक्टर श्री सुभद्र झा बहुत दिनसँ प्रारम्भिक शिक्षाक माध्यमक प्रश्न लए महात्माजीसँ लए अखिलभारतवर्षीय कांग्रेस कमीटी धरि बिहार सरकारक मैथिली-विरोधी नीति लए आन्दोलन ओ पत्राचार कए रहल छथि जकरा पेरिसहुसँ ओ जारी रखनहि छथि। एहि बीचमे कांग्रेसक प्रधानमन्त्रीक जे पत्र हुनका अएलैन्हि से ओ हमरा पठाए देने छथि जाहिमे स्पष्ट अछि जे "जाहि वस्तुस्थितिक अहाँ वर्णन करैत छी ताहिमे मैथिलीकेँ प्राथमिक शिक्षाक माध्यम नहि स्वीकार करब सोझे-सोझे अन्याय थीक परन्तु ई भार तँ प्रान्तीय मन्त्रिमण्डलक थिकैक। यदि एतेक पैघ जन समुदाय अहाँक भाषाक भाषी अछि त अपन प्रतिनिधि सबहिक द्वारा अहाँ प्रान्तीय मन्त्रि-मण्डल किएक ने प्रभावित करैत छी? दू कोटि जन-समुदायक अधिकार जनमत पर अवलम्बित मन्त्रिमण्डल की एको दिन अपहृत कए राखि सकैत अछि?" हमरा तँ होइत अछि जे परिषदहुक अनुरोधपत्रक इएह उत्तर आओत जे 'हमरा लोकनि तँ ओहि भाषा सबकेँ निमन्त्रित कएल अछि जे भिन्न-भिन्न प्रान्तमे स्वीकृत अछि। अतएव अहाँलोकनिके उचित थीक जे अपना प्रान्तमे अपन भाषा के स्वीकृत कराबी ओ तखन एहि सम्मेलनक सदस्यता अहाँक भाषाके अनायास प्राप्त भए जाएत।" विचार करैत गेल जाओ जे एहि उत्तरमे हमरा लोकनि की दोष देबैक?

अतएव हमरा बुझैत एहि महासम्मेलनक सदस्यताक हेतु 'घोर आन्दोलनमे' अपन शक्तिक अपव्यय नहि कए तकर सद्व्यय कएल जाए जे तेहना हेतु जकर किछु स्थायी फल हो। हमरा तँ पूर्ण विश्वास अछि जे घोर आन्दोलन करहु नहि पड़त। ततेक सबल हमरा लोकनिक पक्ष अछि, तेहन सत्य ओ उचित स्वत्वक हेतु हमरा लोकनिक आन्दोलन होएत, ताहि रूपक जन्मसिद्ध अधिकारसँ हमरालोकनि वञ्चित भेल छी, ओ ततगोट विशाल जनसमुदायक ई विषय अछि जे आन्दोलन प्रारम्भ करितहिं, देशमे वास्तविक जागृति होइतहिं प्रान्तीय सरकार अपनहिं हमरा लोकनिक स्वत्व दए देत। सत्य, न्याय, अवसर सब किछु हमरालोकनिक पक्षमे अछि, विचार ओ सद्भावनाक हमरा लोकनिकेँ कमी नहि अछि; कमी अछि त्यागक, निःस्वार्थ सेवा-भावक, एहन कार्यकर्त्ताक जे सब किछु त्यागि एहि हेतु बताह भए जाथि। 'नेताक' तँ एखनहु कमी नहि अछि, यदि अधिकार भेटए तँ कतेक जन 'नेता' बनि-बनि अओताह परन्तु एखन तँ प्रयोजन अछि एहि हेतु 'संन्यासी'क ओ से यावत केओ संन्यासी भए कार्य-क्षेत्रमे नहि अबैत छथि ताधरि दू कोटि जन-समुदायक नामक बलेँ की होएत? दू कोटि जनसमुदायकेँ तँ जगबए पड़त ओ से के जगाओत? सएह तँ बड़का प्रश्न अछि।

(**मिथिला मिहिर,** 2 अक्टूबर, 1947)

मैथिलीक समस्या

चारि वर्ष पूर्व जखन साहित्य अकादमीमे मैथिलीकेँ स्थान भेटलैक ओ मैथिलीक प्रतिनिधि भए हम ओकर कार्यकारिणी समिति एवं साधारण सभासँ भए अएलहुँ तखन हम, 'मैथिलीक वर्त्तमान समस्या' कहि एक गोट छोट पुस्तिका लीखि प्रकाशित कराए देल जाहिमे मैथिलीक समक्ष जे समस्या हमरा सभसँ विशेष मौलिक ओ मार्मिक, सभसँ आवश्यक, प्रतीत भेल तकर नीक जकाँ उपपादन कए शिक्षित समाजक ध्यान ओहि दिसि आकृष्ट कएने छलहुँ। सरकारक मैथिली-सम्बन्धी नीतिक चर्चा कए हम ओहि मे कहने छलहुँ–

"यदि मैथिलीक प्रति न्याय नहि कएल जाएत, मैथिलीक उपेक्षाक नीति यदि छोड़ल नहि जाएत, राष्ट्रभाषाक वेदी पर मैथिलीक बलिदानक व्यापार यदि बन्द नहि होइत अछि तँ आओर आन्दोलन तँ हमर साध्य नहि होएत, परन्तु अकादमीक मंच परसँ, जाहिमे भारतक कए गोट साहित्यिक भाषाक प्रतिनिधि छथि, ई तँ हम उद्घोष कए कहि सकैत छिऐन्हि जे मैथिलीकें अपना घरमे बिहार सरकार भूखेँ मारि रहलैक अछि, राष्ट्रभाषाक वेदी पर जनमतक विरुद्ध मैथिलीक बलिदान कए रहल अछि।"

ई हम 1966 मे लिखने छलहुँ। तहिआ सँ आइ धरि बिहार सरकारक नीतिमे कोनो परिवर्त्तन नहिए भेल अछि प्रत्युत श्री कर्पूरीठाकुरक सदृश मैथिली-भाषी जननेता बिहारक शिक्षा मन्त्रीक पदसँ बाजि गेलाह जे मैथिलीभाषी लोकक संख्या 'पचास लाख' होएत ओ लोकसेवा आयोगमे मैथिलीके स्थान "ओ नहि दए सकैत छथि।" ओमहर केन्द्रीय सरकार जे एतेक दिन मैथिलीक हितक दिशामे जागरूक बुझि पड़ैत छल–कम सँ कम पण्डित जवाहरलाल तँ अवश्य मैथिलीक उद्धार कए देल–एमहर बिहारहिक सरकार जकाँ विरुद्ध नहि, तँ उदासीन अवश्य भए गेल अछि। गत वर्ष भारत सरकार भारतीय भाषा सबकेँ विकासक योजना बनाए उन्नतिक पथ पर अग्रसर होएबाक हेतु पर्याप्त अनुदानक घोषणा कएलक ओ तदर्थ दिल्लीमे भारतीय भाषा समितिक स्थापना कएलक। ताहिमे मैथिलीकेँ स्थान नहि देल गेल। हम भारत सरकारक ओतए निवेदन कएल जे यदि भारतीय कोनहु

भाषाकेँ केन्द्रीय सरकारक अनुदानक अपेक्षा छैक तँ से मैथिली थिक, कारण, मैथिलीकेँ अपन राज्य सरकार किछु मदति नहि करैत छैक। हमर निवेदन साहित्य-अकादमी अग्रसारित कएलक, अभिशंसित कएलक। हम एकटा योजना सेहो बनाकए पठओलिऐक जे दड़िभाङ्ग मे एक गोट मैथिली-प्रतिष्ठानक स्थापना कराए देल जाए जतएसँ मैथिलीक प्रकाशन होइत रहए ओ मैथिलीक उत्तम ग्रन्थ सबकेँ पुरस्कार देल जाए। मुदा शिक्षा विभागक राज्यमंत्री प्रो. शेर सिंहक उत्तर आएल जे "जेँ मैथिली संविधानक अष्टम अनुसूचीमे नहि अछि तेँ भारतीय भाषा समितिमे मैथिलीक समावेश सम्भव नहि अछि।" विचारल जाओ जे यदि अष्टम अनुसूची मे मैथिली रहैत तँ ई निवेदन करबाक अवसरे की होइत; तखन तँ अनुदान मैथिलीकें स्वतः प्राप्त रहितैक। प्रतिष्ठानक योजनाक प्रसङ्ग उत्तर आएल जे—"चारिम योजनामे भाषाक प्रतिष्ठान राज्य-सरकारक क्षेत्रमे छैक तेँ एहि प्रसङ्ग निवेदन बिहारक राज्य-सरकारक ओतए कर्त्तव्य!" साहित्य अकादमीक मान्यतासँ मैथिलीक मान्यताक प्रसङ्ग कोनो अन्तर नहि भेल! बिनु राजनीतिक मान्यता प्राप्त भेने मैथिलीक उद्धारक दोसर कोनो मार्ग नहि अछि। बिहार सरकार राष्ट्रभाषा परिषदपर लाखक हिसाबें टाका व्यय करैत अछि, मुदा एतबा विवेक नहि छैक जे मैथिलीक हेतु किछु हजारो टाका दैक! बिहारकेँ मैथिलीक गौरव चाहिऐक मुदा बिहारक राजनीतिक नेताकेँ एकर गौरव नहि, एकरासँ जेना द्वेष होइक!

अतएव हमरा अपन स्थिति समस्त देशक साहित्यकारकेँ जनाएब आवश्यक भए गेल। भाग्यसँ ताहि हेतु हमरा अवसर बड़ सुन्दर भेटल। गत 2 अगस्तकेँ अकादमीक बैसक भेल छल सभापतिक निर्वाचनक निमित्त। देश भरिसँ सदस्यलोकनि अओताह तँ किछु विचार-विनिमय हो तदर्थ अकादमी एक गोट विचार-गोष्ठीक आयोजन कएलक तीन ओ चारि अगस्तकेँ जाहिमे ओहि तीनि भाषाक समस्यापर निबन्ध पढ़ल गेल तथा विचार-विनिमय भेल जाहि तीनि भाषाकेँ साहित्य अकादमी मान्यता देने छैक, अष्टम अनुसूचीमे नामो छैक, परन्तु जकरा अपन राज्य नहि छैक। एहन तीनि गोट भाषा छैक संस्कृत, उर्दू तथा सिन्धी। हम एहि विचार-गोष्ठीक निमित्त मैथिलीक समस्यापर निबन्ध लीखि पठओलिऐक जकरा राज्य छैक मुदा सरकार नहि छैक, स्टेट छैक, गवर्नमेंट नहि छैक। सर्वसम्भतिसँ हमर निबन्ध स्वीकृत भेल तथा 4 अगस्तकेँ ओतए पढ़ल गेल। ओहि पर विचार-विनिमय भेल। गोष्ठीमे भाषा-सबहिक प्रतिनिधि तँ छलाहे, भारत-सरकारक मनोनीत सदस्य सेहो छलाह। हमर निबन्ध गोष्ठीकेँ ततेक पसिन्न पड़लैक जे ओतहि निश्चय भेल जे ई सम्पूर्ण निबन्ध अकादमीक पत्रिका "इंडिअन लिटरेचर"क अग्रिम अंकमे प्रकाशित भए जाए। बिहार सरकारक उपेक्षानीति ओ भारत सरकारक उदासीनताक हम ओहिमे स्पष्ट विवरण प्रस्तुत कएने छी ओ एहि कथाकेँ नीक जकाँ बुझाए देने छी जे बिहार-सरकार जानिकेँ मैथिलीकेँ राष्ट्रभाषाक वेदी पर बलिदान कए

रहल अछि। हमरालोकनि भाषाकेँ राजनीतिक प्रश्न नहि बनबए चाहैत छी। मैथिल हिन्दीक विरोधी नहि छथि। राष्ट्रीय एकताक हेतु हमरा लोकनि अपन प्राचीन लिपिक त्याग कए देल जाहि कारणेँ ई सब अनुताप सहए पड़ैत अछि। परन्तु मैथिली-विरोधी नीतिक फलस्वरूप यदि मिथिलामे हिन्दीक विरोधी आन्दोलन आरम्भ हो तँ तकर दोष मैथिलीभाषाभाषीकेँ नहि देल जाए; ताहि हेतु उत्तरदायी बूझल जाथि हिन्दी-साम्राज्यवादक पुजेगरीलोकनि जे आबहु बिहारकेँ हिन्दी-भाषी प्रान्त मानैत छथि ओ मैथिलीक अभ्युदयक प्रश्न अबितहिं भोजपुरी ओ मगहीक प्रश्नकेँ आगाँ कए ओकर मार्गमे प्रतिबन्धक ठाढ़ करैत छथि। साहित्य अकादमीक मंचपरसँ ई उद्घोष हम सबकेँ सुनाए देल ओ आब जखन अकादमीक पत्रिका 'इंडिअन लिटरेचर' मे ई प्रकाशित होएत तखन केवल भारतवर्षहिटामे नहि, विश्वमे जतए कतहु भारतीय भाषाक आदर अछि सर्वत्र ई ख्यापित भए जाएत जे भारतवर्षक एक भागक प्राचीन भाषा जकरा साहित्य अकादमीक मान्यता प्राप्त छैक, जकर उत्कृष्ट रचना पर प्रतिवर्ष पुरस्कार भेटैत छैक, जकर बजनिहारक संख्या कोटिसँ कम तँ नहिए छैक, दू कोटिक लग पहुँचि जएतैक तकरा अपन राज्य बिहारक तँ कथे कोन, भारतक सरकार समेत भूखें मारि रहलैक अछि। इएह थिक भारतवर्षक लोककल्याणकारी राष्ट्र, इएह थिक भारतवासीक मौलिक अधिकार, इएह थिक भारतक राष्ट्रभाषा हिन्दीक साम्राज्यवाद! एही राष्ट्रभाषा हिन्दीक साम्राज्यवादक विरोधमे दक्षिणमे हिन्दीक बहिष्कार भए रहल अछि। एही साम्राज्यवादक दुष्परिणाम थिक जे राजस्थानी विद्रोहमे ऊठि ठाढ़ भेल अछि ओ अग्रिम वर्ष साहित्य अकादमीक मान्यता प्राप्त कए अपनाकेँ स्वतन्त्र घोषित कए रहल अछि।

परन्तु हमर उद्घोषसँ मैथिलीक प्रति सभक सहानुभूति भेलैक, नैतिक बल प्राप्त भेलैक से अवश्य मुदा ताहिसँ आगाँ की फल होएतैक? गोष्ठीमे चारू दिशिसँ हमरा प्रश्न कएल गेल जे एहन जखन स्थिति अछि ओ बिहार विधान सभाक कम सँ कम एक तृतीयांश सदस्य जखन मिथिलाभाषाभाषी छथि तखन सरकार एहन उपेक्षाक नीति किएक रखने अछि, कोना रखने अछि? वस्तुतः प्रजातन्त्रमे राजनीतिक स्वत्वक रक्षा केओ अपनहि कए सकैत अछि। साहित्य अकादमी तँ साहित्यिक मान्यता देलक, ताहिसँ अधिक ओ की कए सकत? हमर एके टा उत्तर छल, बड़ छोट ओ बड़ सोझ, जे हमरा लोकनि अपन भाषाकेँ राजनीतिक प्रश्न नहि बनबए जनैत छी। नहि तँ हमरा लोकनि हिन्दीक प्रचारक निमित्त अपन लिपिक त्याग करितहुँ? एहि उत्तरसँ ओतए तँ सब संतुष्ट भेल, हमरा लोकनिक उदार भावनाक प्रति आदर देखौलक, मुदा प्रश्न तँ इएह अछि सब समस्याक जड़ि। राजनीतिक मान्यता प्राप्त करब आब मैथिलीक हेतु नितान्त आवश्यक भए गेल अछि ओ राजनीतिक मान्यता प्राप्त करबाक हेतु मैथिलीकेँ राजनीतिक समस्या बनबए

पड़त, ओहि हेतु राजनीतिक संघटन करए पड़त, राजनीतिक आन्दोलन करए पड़त। ई समयक प्रभाव थिक अथवा एहि तथ्यक जागि रहल चेतना थिक जे श्रीयुत ललितनारायण मिश्रक सदृश नव-मिथिलाक वरिष्ठ जन-नेता जे भारत सरकारक राज्यमन्त्री छथि सौराठ्क सभामे बाजि गेलाह जे मैथिलीक हेतु मैथिलकेँ आब मिथिलाक राज्य ने माङ्गए पड़ए? हालहिमे लहेरिआसरायमे मैथिली प्रचार सेवाक संघटन प्रारम्भ भेल अछि। अपन भाषा-सम्बन्धी अधिकारक हेतु अनशन आरम्भ भए गेल छल ओ सुनैत छी पुनः आरम्भ होएत। हम नहि चाहैत छी—हमर संस्कृति ई नहि कहैत अछि—जे एहि हेतु हम ककरो विरोध करी, परन्तु आन्दोलन चलि गेला उत्तर ओकर की रूप रहतैक से के कहि सकैत अछि! अपना घरमे अपन उपेक्षाकेँ देखैत ओ भारतक अन्य भागमे अपन-अपन भाषाक हेतु की-की भए रहल छैक से जनैत हमहि कोना कहब, केओ कोना कहत जे मैथिलीक अभिवृद्धिक कथा जाए दिय, मैथिलीक अस्तित्वहुक हेतु राजनीतिक अधिकार प्राप्त करब अदि आवश्यक नहि भए गेल अछि ओ ताहि हेतु यदि आन्दोलन करए पड़ए तँ सेहो विधेय नहि थिक।

परन्तु ई हताशाक विचार थिक, अन्तःकरणसँ हम आन्दोलनक पक्षमे नहि छी। हमरा लोकनिक जे संस्कृति अछि तकर जे संस्कार हृदयमे दृढ़ भए गेल अछि तकरा आब एहि वयसमे हटएबो सम्भव नहि अछि। हमरा लोकनिक संस्कृतिमे कर्त्तव्यपालनक शिक्षा अछि, कर्त्तव्यक पालन कएनहि अधिकार प्राप्त भए सकैत छैक। विश्वामित्र ओ वशिष्ठक उपाख्यान एकरे शिक्षा दैत अछि। युद्ध पर्यन्त कएलेँ वशिष्ठ विश्वामित्रकेँ ब्रह्मर्षि नहि स्वीकार कएल, ताहि हेतु विश्वामित्रके 'ब्राह्मण्य' प्राप्त करए पड़ल। यदि समस्त मैथिलीभाषाभाषी जन-समुदाय अपन भाषाक प्रति अपन कर्त्तव्य बुझए लागए ओ अपन योग्यताक अनुसार ओहि कर्त्तव्यक यथाकथंचित् पालन करए लागए तँ संसारमे कोनो शक्ति नहि छैक जे हमरा अपन अधिकारसँ वंचित राखि सकए। अधिकार पाबि यदि तदूनुरूप कर्त्तव्यक पालन नहि करब तँ प्राप्तो अधिकार नहि राखि सकब—ओहिसँ च्युत भए जाएब। ई कथा की हमरा कहए पड़त जे एक सए शिक्षित व्यक्तिमे एको व्यक्ति मातृभाषाक प्रति अपन कर्त्तव्यक भावना समेत नहि करैत छी। जे लोकनि नेता कहाए सभामे मंचपरसँ बड़का-बड़का व्याखान दैत छथि ताहूमे कए व्यक्ति मैथिलीक प्रति अपन कर्त्तव्यक पालन करैत छथि? कहैत छिऐक जे दू कोटि जनता मैथिली भाषाभाषी अछि, मुदा दू कोटि जनताकेँ अपन मातृभाषा मैथिलीक प्रति गौरवक अनुभव करबाक अवसर दैत छिऐक? हम तँ बुझैत छी जे मैथिलीक दीनता, दुरवस्था, उपेक्षा—सब किछु अछि मैथिलीभाषाभाषीक अकर्मण्यताक कारणेँ, कर्त्तव्यक प्रति पराङ्मुखताक कारणेँ, अपनामे नाना प्रकारक भेद-भावसँ सामूहिक चेतनाक अभावक कारणें। हम ककरहु अनुत्साहित नहि करैत छी, जतेक संस्था वा जे केओ

व्यक्ति मैथिलीक हेतु जे कोनो कार्य करैत छथि किंवा जे कोनो आंदोलन करैत छथि, करए जाए रहल छथि, सबहुक प्रति हमर हार्दिक शुभकामना, अजस्र सद्भाव। मुदा सबसँ हमर एक गोट मात्र विनम्र निवेदन जे आओर जे आन्दोलन करैत जाइ ओहि संग एक गोट ईहो आन्दोलन कएल जाओ जे समस्त मैथिलीभाषाभाषी क्षेत्रमे, समस्त जनसमुदायकेँ आपागर जनताकेँ ई बुझाए दिऔक जे ओहो मैथिली बजैत अछि, मैथिली ओकरो मातृभाषा थिकैक, अपन भाषाक प्रति सबकेँ किछु ने किछु कर्त्तव्य छैक ओ ताहि कर्त्तव्यक पालन थोड़-बहुत अपन-अपन योग्यताक अनुसार सब केओ करए।

हमरा तँ विश्वास अछि जे तेहन सत्य ओ सबल हमर पक्ष अछि ओ ताहि महामायाक नाम पर हमर भाषाक नाम अछि जे एकर हानि भए नहि सकैत छैक, एकर अभ्युदय अवश्यम्भावी छैक। हँ, यदि हमरा लोकनि जागरूक रहब, सचेष्ट रहब, ओ नीतिक मार्ग धएने चलब तँ ओकर गति द्रुततर होएत। जय मैथिली!

(**मिथिला मिहिर,** 31 अगस्त, 1969)

मैथिली आन्दोलन

मैथिली साहित्य परिषदक एहि अधिवेशनक समारोह देखि हम मुग्ध छी। स्वागत समितिकेँ कतेक धन्यवाद दिऔन्ह जे एहि हेतु एतेक उत्साह देखाओल अछि। परन्तु एकटा कथा हम अपने लोकनिकेँ कहब। आइ सँ प्रायः 30 वर्ष पूर्व एहिठाम मैथिल महासभाक अधिवेशन भेल छल जाहिमे स्वागत समितिक केहन प्रबन्ध छल से कविवर सीताराम झा जी विलक्षण रीतिसँ कविताबद्ध छपाए देने छथि ओ ओकर परिणाम भेल जे ओकर पश्चात कतहुसँ महासभाकेँ निमन्त्रण नहि आबए कारण सब सशङ्क रहए जे सरिसब सन स्वागत तँ भैए नहि सकत ओ तखन हँसी होएत। अपने लोकनि जाहि समारोहसँ परिषदक एहि अधिवेशनक आयोजन कएल अछि तकरो सएह ने परिणाम हो। ओहिना तँ आठ वर्ष पर परिषदक अधिवेशन भेल अछि, ताहि परसँ यदि एहन आयोजन नहि ने कए सकी ताहि शङ्कासँ केओ परिषदके बजएबे नहि करथि तखन तँ परिषदक हेतु अपने लोकनिक एहि सबटा उत्साहक परिणाम उनटले ने भए जाए!

आइ प्रातःकालहिसँ मैथिलीक विविध समस्या पर अनेक भाषण सुनल अछि, बड़-बड़ ओजस्वी, उत्तेजक। हम कहिओ कोनो आन्दोलनमे भाग नहि लेल अछि, भाग लैओ नहि सकैत छी तथा हमर तँ इएह अनुभव अछि, इतिहास सँ इएह अनुभव अछि, इतिहास सँ इएह धारणा अछि जे मैथिल आइ धरि कहिओ आन्दोलन नहि कएलक अछि, नहि कए सकैत अछि आजुक सभामे नहि, अन्यत्रहु अनेक सभाक मञ्च परसँ लेख सबमे, वक्तव्यमे एमहर कतोक दिनसँ मैथिलक नेता लोकनि अपन अधिकारक हेतु उद्घोष करैत छथि, हमर भाषा बिहारक अपर राजभाषा हो, मैथिलीमे पोथी छपाबए, लोक सेवा आयोगमे मैथिलीकेँ स्थान हो, मिथिला विश्वविद्यालयक स्थापना हो, मिथिलामे रेडिओ स्टेशन बनए। एगारह-एगारह सूत्री प्रस्ताव सब ठाम पारित होइत अछि, सबमे अपन अधिकारक माङ्ग। एहि प्रस्ताव सबहिक पाछाँमे जे मनोवृत्ति परिलक्षित होइत अछि से विचारि हम क्षुब्ध रहैत छीं। सरिसबसन पवित्र भूमिमे ठाढ़ भए हम निस्सङ्कोच कहि सकैत छी जे एहि रूपेँ अपन अधिकारक 'माङ्ग' करब हमरा लोकनिक संस्कृतिक

प्रतिकूल थिक। हमरा लोकनिकेँ बुझबाक चाही जे प्रत्येक अधिकारक हेतु कतोक कर्त्तव्य छैक तथा हमर संस्कृतिमे अपन कर्त्तव्यक पालन विधेय कहल गेल अछि। अपन मिथिला देश, अपन समाज, अपन भाषा, अपन साहित्य, अपन लिपि-सबहिक प्रति हमरा लोकनिकें किछु कर्त्तव्यो अछि। परन्तु तकर चर्चा कतहु ने सुनैत छी। आइ यदि हमरा लोकनि अपन कर्त्तव्य पर दृढ़ भए जाइ तँ संसारमे कोन शक्ति छैक जे हमर अधिकारसँ हमरा वञ्चित राखि सकैत अछि, ताहूमे एहि गणतन्त्रक युगमे जखन मैथिलीभाषाभाषी जनता प्रायः तृतीयांश सँ अधिक विधायककेँ राज्यक विधान सभामे पठबैत अछि। लिपि हमरा लोकनि त्यागि देल, मिथिलादेशक अस्तित्व हमरा लोकनिक अकर्मण्यतासँ लुप्त अछि; भाषामे हमरा लोकनि ततबा भेद-भाव करैत रहैत छी जे अङ्गिका ओ बज्जिका दूनू कातसँ मुह बाबि मैथिलीकेँ गिड़बा पर तैआर अछि। केवल हमरा लोकनिक साहित्यक स्रोत सुखाए नहि पओल अछि तकर कारण जे हमर साहित्यकार लोकनि अपन घामसँ, अपन शोणितसँ ओकरा जीवित रखने छथि। हुनकालोकनि कर्त्तव्यनिष्ठ छथि, अधिकारक 'माङ्ग' नहि करैत छथि। नहि तँ जनतासँ कतेक प्रोत्साहन भेटैत छैन्हि से कोनहु साहित्यकारके पूछि सकैत छिऐन्हि, अथवा अपनहिं छाती पर हाथ राखि पूछि सकैत छी जे कए गोटे मैथिलीक पोथी किनैत जाइए छी! दू कोटि मैथिली भाषाभाषीमे दुइओ सए गोटए नियमतः मैथिलीक पोथी किनैत छी, दुइओ सए गोटए अपन नेनाकेँ मिथिलाक्षर सिखवैत छी? दू कोटि जनताक भाषा कहि मैथिलीक हेतु आन्दोलन चाहैत छी मुदा दू कोटि जनताकेँ अपन भाषाक हेतु मैथिलीक गौरव अनुभव करबाक कोनो अवसर दैत छिऐक? हमर आन्दोलनक पाछाँमे जनताक शक्ति चाही ओ से शक्ति यावत् नहि सञ्चित होएत तावत् आन्दोलन चलि नहि सकत।

बन्धुगण! क्षमा करब। हम वेसुरा राग अलापल अछि। तथापि एतबा हम अवश्य कहब जे हम निराशावादी नहि छी। हमर भाषा तेहन शक्तिक नाम पर अछि जे जँ 'सत्यमेव जयते' सत्य तँ हमर विजय अवश्यम्भावी। परन्तु से जँ होएत तँ साहित्यिक बल पर। अपने लोकनि हमरा अपन भाषाक प्रतिनिधि बनाए भारतक सर्वोच्च साहित्यिक संस्थामे पठाओल अछि। ई हमर परम सौभाग्य थिक ओ एकर गौरव हमरा अवश्य अछि, परन्तु एहि गौरवक सङ्ग जे भार अछि तकरो हम प्रतिक्षण अनुभव करैत छी। अतएव हमर एक गोट निवेदन सुनल जाए। साहित्य अकादमीय मान्यताक महत्त्वकेँ बुझल जाए ओ ताहि सँ भारतीय भाषा संघमे जे गौरव प्राप्त भेल अछि तकर रक्षा कएल जाए। यदि भारतीय अन्यान्य भाषा जकाँ मैथिलीक प्रतिष्ठा अभिप्रेत हो तँ ओहि भाषामे साहित्य-सर्जनक जे रीति ओ गति छैक तकर अनुसरण करैत जाउ। आइ यदि हमर साहित्य समृद्ध होइत अछि तँ समस्त भारतमे तकर आदर होएत ओ मैथिलीक पक्ष स्वतः बलिष्ठ

भए जाएत। साहित्य-सर्जनमे साहित्यक निर्माण, साहित्यक प्रकाशन ओ साहित्यक वितरण, तीनू समान रूपसँ आवश्यक। ई एक व्यक्तिक साध्य नहि छैक, एहि निमित्त सामूहिक प्रयास अपेक्षित छैक। तेँ हम अपने लोकनिकेँ अत्यन्त विनम्र शब्देँ अनुरोध करब जे मैथिली साहित्य परिषदकेँ विशुद्ध साहित्यिक संस्था रहए दिऔक जे एकाग्रचित्ततासँ साहित्य-सर्जनक काजमे संलग्न रहए। ओहिमे एकरा जतेक अधिक हो से सहायता करिऔक। परन्तु आन्दोलनक बिहाड़िसँ कमसँ कम एहि परिषदकेँ छोड़ि दिऔक। देशमे संस्थाक कमी नहि अछि। आन्दोलन आन-आन मञ्च परसँ करू। साहित्य परिषदकेँ राजनीतिसँ असम्पृक्त विशुद्ध परिषद् रहए दिऔक। ई एक गोट एहन संस्था रहए दिऔक जतए सब दलक, सब मतक, सब श्रेणीक लोक जकरा मैथिलीसँ स्नेह होइक एकत्र भए मिलए। केओ एकरा छोड़ि नहि दिऔक मुदा केओ एकरा अपन बनाए आनकेँ एतए अएबासँ जनु रोकिऔक। ई सभक भए रहिओ, कोनहु एक विचार बलाक नहि भए जाओ। तखनहि परिषद साहित्यसर्जन कए सकत, कराए सकत; तखनहि एकर नाम सार्थक होएतैक।

परिषदहुक अधिकारीवर्गसँ हमर एकटा अनुरोध। परिषद एतेक दिन मृतप्राय छल, आजुक समारोह देखि आशा भए रहल अछि जे सरिसबमे परिषद्केँ नवीन चेतना, नव स्फूर्त्ति जगतैक। काल्हि अपने लोकनि अग्रिम वर्षक कार्यक्रमक संकल्प करैत जाएब, हम काल्हि नहि रहब। अतएव आइए हम अत्यन्त विनीत भावेँ अपने लोकनिक ओतए निवेदन बुझी, अनुरोध बुझी, आग्रह बुझी उपस्थित करैत छी जे परिषदक समक्ष बहुत समस्या छैक जकर सर्वतोभावेन समाधान अपने लोकनि लगले कए लेब से नहि होएत तेँ कोनहु एक गोट समस्याकेँ बीछि लेल जाओ, बिचारि लेल जाओ, निश्चय कए लेल जाओ ओ एक वर्षमे केवल ओही समस्याक पूर्ण रूपसँ समाधान कएल जाओ। कमसँ कम एहि परिषदक मञ्च परसँ केवल प्रस्तावे टा पारित कए निश्चेष्ट बैसि जनु गेल जाओ। एक टा प्रस्ताव कएल जाओ; ओकर संकल्प कएल जाओ आ ओकरा पूर्ण कएल जाओ। स्मरण रहए जे एहन पवित्र भूमि पर ठाढ़ भए कएल संकल्प पूर्ण भेल ताकए तेँ परिषद्सँ कर्त्तव्य पालनक चेतना समाजकेँ होइक से सर्वथा विधेय।

शिवास्ते पन्थानः सन्तु ॥

(अखिल भारतीय मैथिली साहित्य परिषद्क सरिसवपाही अधिवेशनमे देल गेल भाषणक सारांश, स्मारिका सँ)

मैथिलीक उन्नायकसँ

ओहि दिन मैथिली-साहित्य-परिषदक महामन्त्रीजी कहैत छलाह जे 1967 मे साहित्य अकादमीसँ मैथिलीक ग्रन्थ के जे पुरस्कार नहि भेटलैक ताहि हेतु मैथिलीक कतो तथाकथित उन्नायक जन मौखिक रूपेँ ओ एक जन जे अपना के बड़का उन्नायक मानैत छथि से लिखित रूपेँ हुनका उपराग देलथिन्ह अछि जाहिमे सबटा दोष अकादमीमे मैथिलीक प्रतिनिधिकेँ व्यक्तिगत रूपसँ देल गेल अछि ओ कहल जाइत अछि जे ओएह मैथिलीकेँ पुरस्कार नहि होअए देलथिन्ह। संयोगक बात थीक जे अकादमीमे मैथिलीक प्रतिनिधित्व हमहिं करैत छी, परन्तु ई कथा प्रायः सबकेँ बुझल नहि होएत जे एहि प्रतिनिधित्व हेतु आवेदन नहि करए पड़ैत छैक, सिफारिश नहि छैक; मैथिलीक साहित्यिक संस्था सबसँ तीन गोट नाम माङ्गल जाइत छैक ओ जकर नाम सबसँ अधिक संस्था दैत छैक से प्रतिनिधि मानल जाइत अछि। हम एकरा अपन सौभाग्य बुझैत छी जे प्रायः सब संस्था एकटा नाम हमर देलक ओ तेँ हम प्रतिनिधि भेलहुँ परन्तु एकर अर्थ ई नहि जे अकादमीमे हमरेटा जूति चलैत अछि वा चलत। पुरस्कारक निर्णय सम्पूर्ण कार्यकारिणी करैत छैक ओ कार्यकारिणीमे भारतक सत्रहो भाषाक प्रतिनिधि रहैत छथि। अतएव मैथिलीमे पुरस्कार होइक वा नहि ताहि मेजतेक हमर जूति ततबे कोनहु अन्य भाषाक प्रतिनिधिक, तैँ एहि हेतु हमरा दोष देब अपन अज्ञता प्रदर्शित करब थिक।

एहि प्रसङ्ग दू विषयक अवगति आवश्यक। प्रथमतः वस्तुस्थितिक। पुरस्कार भेटतैक मैथिलीक पोथीकेँ ओ तें मैथिलीमे कोन-कोन पुस्तक प्रकाशित भेल छैक से बिनु जनने एकर विचारे केओ कोना कए सकैत छथि जे पुरस्कार भेटवाक चाहिऐक। परन्तु मैथिलीक पोथी पढ़निहारक की स्थिति छैक से प्रकाशक लोकनि जनैत छथि। सब तथाकथित उन्नायकलोकनि इएह प्रत्याशा लगओने रहैत छथि जे पोथी मङ्गनीमे भेटि जाए। दाम दए कए गोटे पोथी किनैत छथि? नहि विश्वास हो तँ पण्डित श्री यशोधर झा केँ पुछिऔन्ह जे जे पुरस्कार भेटबासँ पूर्व हुनक 'मिथला-वैभव' क कए गोट प्रति बिकाएल छलैन्हि?

दोसर, अकादमीसँ पुरस्कार भेटैत छैक कतोक नियमक अनुसारेँ। 1966क पुरस्कारक सम्बन्धमे कार्यवाही आरम्भ होएबासँ पूर्वहिं मिथिला-मिहिरक 1966क 10 अप्रैलक अङ्कमे एहि प्रसङ्ग हम नियमावलीक मैथिली रूपान्तर प्रकाशित कराए देने छलहुँ। नियम ओएह अछि। मैथिलीक अठारह गोट विद्वानक सम्मति सँ पोथीक सूची बनाओल जाइत अछि तथा से पोथी तीनि गोट विद्वानकें पढ़ि कए सम्मति देबाक हेतु देल जाइत छैन्हि। दू गोट विद्वान यदि कोनहु पोथीकेँ पुरस्कार योग्य कहैत छथिन्ह तखनहि ओहि पोथी पर विचार होइत अछि तथा विचारक आधार होइत अछि तीनू विद्वान पाठकक लिखित सम्मति। ओहि तीनू पाठकक नाम अत्यन्त गुप्त रहैत छैक तथा ओहो लोकनि नहि जनैत रहैत छथि जे दोसर-तेसर व्यक्ति के थिकाह। ओ कोनो ग्रन्थ ओहि भाषाक सबसँ नीक ग्रन्थ अछि तँहि ओ पुरस्काराई नहि भए जाइत अछि। अकादमीक पुरस्कार प्राप्त करबाक योग्यता ओहि ग्रन्थमे छैक की नहि सेहो विवेचनीय होइत अछि। एहि वर्ष मैथिलीकेँ पुरस्कार नहि भेटल, मुदा तेलुगुकेँ सेहो नहि भेटल। तेलुगुकेँ परुकहु वर्ष नहि भेटल। परुकाँ वर्ष गुजरातीके नहि भेटल, पंजाबीके नहि भेटल, उर्दूके नहि भेटल, कश्मीरीके नहि भेटल। आइ धरि सब भाषाकेँ पुरस्कार कहिओ नहि भेटल अछि। सदस्यक अपन पोथी तँहि पुरस्कारक हेतु विचारमे अबितहुँ नहि अछि। तें की पुरस्कार नहि भेटलैक से सदस्यक दोष? ई बुझब अज्ञानता थिक ओ वस्तुस्थितिक अज्ञानता तँ क्षम्यो मानल जाइत अछि, नियमक अज्ञानता तँ कतहु क्षम्य नहि कहल गेल अछि।

एहि वर्ष की भेलैक, किएक नहि पुरस्कार भेटलैक इत्यादि विषय गुप्त छैक तथा ओकर विवरण हम नहि देब। एतबे धरि कहब जे जाहि अठारह व्यक्ति के पुरस्कारक हेतु विचार करबाक योग्य मैथिली पुस्तकक नाम लिखए कहल गेल छलैन्हि ताहिमे नओ गोटे कोनो उत्तर नहि देलथिन्ह। इएह अछि मैथिलीक विद्वानक सहयोग, परन्तु दिल्लीक मैथिली समाजक सदस्यगणकेँ पूछल जाइन्ह, जाहि दिन मैथिलीकेँ प्रथम पुरस्कार भेटल ओहि दिन मानसिंह रोड, नई दिल्लीमे आयोजित अभिनन्दन-सभामे हम उद्घोष कए देने छलहुँ जे एहि वर्ष पुरस्कार भेटि गेल, मुदा अग्रिम वर्ष पुरस्कार नहि भेटत। कारण, 1967क पुरस्कार 1 जनवरी, 1964 सँ 31 दिसम्बर, 1966क मध्यमे प्रकाशित पुस्तकके भेटितैक ओ मार्च, 1967 मे कमसँ कम हमरा धरि ओहि तीनि वर्षमे प्रकाशित पुस्तक देखलेटा नहि, पढ़लो छल। तकर पश्चातहुँ हम बराबरि बजैत रहलहुँ अछि, लिखैत रहलहुँ अछि जे मैथिलीमे पुस्तक प्रकाशनक जे क्रम देखैत छी ताहिसँ पुरस्कारक आशा नहि करू। क्षमा कएल जाए, हमरा लोकनि अपनाकेँ सर्वज्ञ ओ सर्वश्रेष्ठ बुझैत रही, परन्तु भारतवर्षमे आन भाषाक साहित्य जे प्रगति कए रहलैक अछि तकर सोझाँ हम नगण्य छी ओ अपना घरमे जे बाजि ली; साहित्यिकक गोष्ठीमे हमरा लोकनि मूड़ी उठएबाक योग्य नहि छी। कलकत्ता सँ 1967 मे सात-आठ गोट पोथी प्रकाशित भेल अछि, मुदा एको गोट पोथी

की भाषा, की शैली, की शिल्प, कोनहु दृष्टिञे ओहि ठामक बंगला साहित्यक समकक्ष के कहए, ओकर श्रेणिअहुमे अएबाक योग्य अछि? मैथिलीक तथाकथित उन्नायक लोकनि कए गोट भाषाक साहित्य पढ़ने छथि वा पढ़ैत छथि; साहित्यक मर्म कतेक जनैत छथिन्ह? तथापि हमर पोथी सबसँ नीक, ई 'दम्भ' के स्वीकार करत?

अतएव मैथिलीक जे तथाकथित 'उन्नायक' छथि तनिका दूरहिसँ नमस्कार कए, मैथिलीक यथार्थ उन्नायकगणसँ हमर विनम्र प्रार्थना जे कृपा कए मैथिलीक प्रकाशनक समस्या दिशि ध्यान देल जाए। साहित्य अकादमीक मान्यतासँ कोन फल जँ साहित्यक निर्माण नहि होएत। अग्रिम वर्ष जे पुरस्कार भेटतैक ताहि पर देखल जाओ जे तीनि गोट मात्र पुस्तक उपस्थित कएल जाए सकैत अछि, श्रीहरिमोहन बाबूक 'खट्टरककाक तरङ्ग' जाहिमे नव एक गोट मात्र तरङ्ग अछि, श्री यात्रीजीक 'पत्रहीन नग्न गाछ' जाहिमे आधा कविता पुरान अछि, ओ श्रीरेणुजीक 'दूधफूल'। आब विचार सँ जे फलाफल हो, परञ्च कतेक लज्जाक विषय थिक जे अढ़ाइ कोटि जनताक साहित्यिक भाषामे वर्ष भरिमे अढ़ाइओ गोट पोथी नहि बहराएल। ई काज 'जनता' क थिक, ओहि समाजक जे समाज पुरस्कार नहि भेटने 'क्षुब्ध' होइत छथि। साहित्य अकादमीक मान्यता प्राप्त करबामे कलकत्ताक साहित्यिक बन्धुगणक योगदान स्तुत्य रहल, परन्तु के नहि जनैत अछि जे मान्यता भेटलहिं उत्तर कलकत्ताक मैथिलीसेवी लड़ए लगलाह ओ से लड़ाइ हाइकोर्टमे अछि। कलकत्तामे सम्प्रति कए गोट दल अछि से नहि जानि। सब दल अपना अपनी सेवामे लागल छथि, उत्साहक कमी नहि, कार्यकर्त्ताक कमी नहि, साधनक कमी नहि, द्रव्यक कमी नहि। मुदा, योजनाबद्ध काज होएत तकर प्रतीकार नहि, कारण, एकता नहि। पटनाक चेतना समिति साहित्य-निर्माणक दिशि दृष्टिपात नहि करैत अछि। मैथिली साहित्य परिषद् नओ वर्षसँ सूतल छल, नव संघटन भेलैक अछि, देखी की होइत अछि। देशमे एक सए ठाम विद्यापति पर्व होइत अछि। पचासो हजार टाका नाच-गानमे खर्च होइत अछि, प्रस्ताव सब जे पारित होइत अछि से पढ़ि पढ़ि कए हँसी लगैत अछि। सब ठामसँ अधिकारक 'माङ्ग'; अपन कर्त्तव्यक चेतना कतहु नहि।

तथापि पुरस्कारक योग्य पोथी नहि बुझल गेल, पुरस्कार नहि भेटल तँ दोष मैथिलीक प्रतिनिधिक। एहि संकीर्ण मनोवृत्तिसँ मैथिलीक ई दुर्दशा अछि। ओ यावत पर्यन्त हमर शिक्षित-समाज विवेकसँ संयत भए भाषाक प्रति अपन कर्त्तव्यक चेतना नहि करत, मैथिलीक अभ्युदय असम्भव प्रतीत होइत अछि।

धन्य थिकाह हमर साहित्यिक कर्णधार लोकनि जे सबटा भार अपना कान्ह पर लादि सत्ये सत्साहित्यक निर्माण करैत रहैत छथि। एहन महापुरुष थोड़ छथि, परन्तु मैथिलीकेँ जीवित ओएह लोकनि रखने छथि। माँ मैथिली हुनका लोकनिकेँ सम्बल देथुन्ह। अधिकाधिक लोककेँ प्रेरणा देथुन्ह।

(**मिथिला दर्शन,** मई, 1968)

मैथिलीक वर्तमान समस्या

1

मैथिलीकेँ साहित्य अकादमी स्वीकृत कए लेलक। भारतवर्षक पाँच जन भाषातत्त्वविद् महापण्डितक सम्मतिसँ गत वर्षहि मैथिली भारतवर्षक प्रमुख साहित्यिक भाषा मानि लेल गेल। अङ्गरेजी लगाए सोड़ह गोट भाषा पूर्वहिँ स्वीकृत छल। सत्रहम मैथिलीकेँ सेहो मान्यता दए देल गेल। गत बीस फरवरीके मैथिलीक प्रतिनिधि अकादमीक साधारण सभामे सम्मिलित भेलाह। अकादमीक कार्यकारिणी परिषदमे अन्य सोड़ह भाषाक प्रतिनिधिक संग मैथिलीक प्रतिनिधि सेहो लए लेल गेलाह। मैथिलीक हेतु परामर्शदात्री समितिक सेहो निर्वाचन भए रहल अछि। अग्रिमवर्षसँ अकादमीक पुरस्कार मैथिलीके सेहो प्राप्त होएतैक। वर्ष भरिसँ अधिक समय लागल मुदा सबटा विधि सम्पन्न भए गेल। प्रमुख साहित्यिक भाषाक रूपेँ जहिना भारतक अन्य सोड़ह गोट भाषा सम्मानित अछि तहिना आब मैथिली सेहो सम्माननीय भए गेल। मिथिलाभाषाभाषी जनसमुदायक एक गोट हीनतासूचक वैषम्य दूर भए गेल। मैथिलीक स्वीकृतिक हेतु स्वर्गीय महाराजाधिराज कामेश्वरसिंह बहादुर जे 1937मे पटना विश्वविद्यालयमे प्रस्ताव लए गेलाह तहिआसँ क्रमशः मैथिलीक मान्यता स्वीकृत होइत-होइत आइ ओकरा पूर्णता प्राप्त भए गेल। जे भेल अछि से न्याय्य, उचित-प्राप्त ओ एहि हेतु बड़ विशेष आन्दोलन सेहो नहि करए पड़ल–आन्दोलन करए तँ मैथिल जातिके अबितहिँ नहि छैक–परन्तु जे किछु आन्दोलन भेल से साफल्य लाभ कएल। एहि हेतु साहित्य अकादमीक विद्वन्मूर्धन्य सदस्यगण ओ विशेष रूपसँ ओकर अधिकारीवर्ग ओ सबसँ अधिक तँ ओ पाँचो जन भाषातत्त्वविद् महापण्डितलोकनि हमरा लोकनिक कृतज्ञताक पात्र थिकाह जनिक निष्पक्षपात ओ समीचीन सम्मतिसँ मैथिलीक स्वीकृति भए सकल। भारतवर्षक प्रत्येक भाषाक भाषी शिक्षित समुदायकेँ मैथिलीक प्रति श्रद्धा छैक, सहानुभूति छैक, सद्भावना छैक ओ हमरा लोकनिकेँ उचित थिक जे एहि सुअवसरक महत्त्वकेँ बूझि अपन भाषाक साहित्यक से श्रीवृद्धि करी जे हमरालोकनिकेँ जे सम्मान भेटल अछि, प्रतिष्ठा भेल अछि, तकर रक्षा हो।

हम एकरा बड़ पैघ गौरव बुझैत छी जे साहित्य अकादमीमे मैथिलीक प्रथम प्रतिनिधिक रूपमे हमहि निर्वाचित भेल छी। एहि हेतु हम केवल साहित्य अकादमीक कार्यकारिणी परिषदिक टा आभारी नहि छी प्रत्युत ओहि सब साहित्यिक संस्थाक अनुग्रह हृदयसँ मानैत छौ जकर विचारसँ हमरा एहि प्रतिनिधित्वक गौरव प्रदत्त भेल। कहुखनके ँ हमरा स्वयं आश्चर्य लगैत अछि जे मैथिलीक प्रतिनिधित्व करवाक हमरामे कोन योग्यता अछि। हम ने कवि छी ने कथाकार, आन्दोलनसँ हम दूर रहैत छी। सभा सोसाइटीमे कम जाइत छी। परन्तु एतवा सेवा हमर अवश्य अछि जे आइ तीस वर्षसँ हम मैथिली-साहित्यक श्रीवृद्धिमे लागल छी ओ अपन नहि तँ आनहिक, एहि तीस वर्षमे जतबा मैथिलीक नव पुरान, रचना वा संग्रह हम प्रकाशित कराओल अछि ततबा आइ धरि एक व्यक्ति केओ नहि कए सकलाह। साहित्यक एही सेवाक प्रसादात आइ हमरा मैथिलीजगतमे ई गौरब प्राप्त भेल अछि।

परन्तु हम एहि गौरवके ँ बड़का भार बुझैत छी। हमरा हेतु ई सम्मान उत्तरदायित्वसँ परिपूर्ण अछि। एखनहिसँ सुनबामे आबए लागल जे "साहित्य अकादमीमे हमर सदस्य सचेत रहथि।" हम भयभीत छी। अपन क्षमता हम जनैत छी। अपन वर्त्तव्यहुक हमरा ज्ञान अछि। अतएव हम कहि देब आवश्यक बुझैत छी जे जे व्यक्ति वा सन्स्था हमरा प्रतिनिधि बीछल अछि तनिक कर्त्तव्य थिकैन्हि जे ओ लोकनि अपन सहयोग ओ साहाय्य हमरा दैत रहथि तथा हमर परिस्थितिके ँ सहानुभूतिक संग बुझबाक यत्न करथि। हमरासँ यदि कोनो सेवा भए सकत तँ से हमर वैयक्तिक सेवा नहि होएत प्रत्युत ओहि जनसमुदायक सेवा होएत जनिक हम प्रतिनिधि छी। अतएव हमर हाथ जाहिसँ सबल हो, हमर वाणी सशक्त हो, तदर्थ समस्त मैथिली-भाषाभाषी शिक्षित समुदायक सहयोग अपेक्षित अछि ओ सबहिक ओतए ताहि निमित्त हमर विनम्र निवेदन, विनीत याचना। सएह दृष्टिमे राखि हम एहिठाम मैथिलीक वर्त्तमान समस्या जे हमरा समक्ष अछि, ओ जकर समाधान केवल हमर वाक करो एक व्यक्तिक साध्य नहि अछि, मिथिलाभाषाभाषी समस्त शिक्षित समाजक सम्मुख निवेदनक रूपमे उपस्थित करैत छी। मैथिलीक समस्या कोनहु एक व्यक्तिक अथवा एक वर्गक अथवा एक जातिक अथवा एक प्रान्तक समस्या नहि थिक। ई समस्या थिक ओहि बृहद् जनसमुदायक जकर भाषा मैथिली थिक। ई वस्तु जा धरि प्रत्येक जागरूक व्यक्तिकेँ हृदयङ्गम नहि होएत ता धरि हमरा लोकनि अपन भाषा साहित्यक प्रतिष्ठा सुदृढ़ नहि कए सकैत छी। हमरा पूर्ण विश्वास अछि जे हमर ई विचारधारा प्रत्येक स्वदेश ओ स्वभाषाक प्रेमीकेँ केवल समस्यासँ अवगते टा नहि कराओत, अपितु हुनका एकर समाधानहुके ँ सोचबाक हेतु प्रेरित करत।

साहित्य अकादमीमे मैथिलीकेँ स्थान भेटि गेल ताहिसँ एक गोट बड़का समस्याक समाधान तँ भए गेल परन्तु ताहि संग एक नहि, अनेक नव-नव समस्या

समक्ष आएल अछि। अधिकारक यावत प्रश्न छल, आन्दोलन सुलभ छल, परन्तु स्मरण रहए जे प्रत्येक अधिकार लोककेँ कर्त्तव्यहुक भार आनि दैत छैक ओ अधिकारक प्राप्तिक हेतु लोक जतवा जागरूक रहैत अछि, सक्रिय रहैत अछि, उत्साहसँ पूर्ण रहैत अछि, ततबा अपन कर्त्तव्य पालनक हेतु नहि। तेँ हमर मातृभाषाकेँ मान्यता भेटि गेल, हमरो भाषा आब आन-आन भाषा जकाँ भारतक प्रमुख साहित्यिक भाषा-समूहमे गण्यमान्य भए गेल, एतबहिसँ सन्तोष कए निष्क्रिय भए बैसि गेला सँ मैथिलीक हितसाधन नहि भए सकैत अछि। हमरा तँ अपन भाषाकेँ आन-आन समृद्ध भाषाक समकक्ष बनएबाक अछि। यदि से नहि भेल तँ मैथिलीक प्रतिनिधि कोन मुह लएकए अकादमीक अधिवेशनमे जएताह। साहित्यक समृद्धि केहनो पैघ लोक रहथु एक गोटासँ साध्य नहि भए सकैत अछि। भाषा ने एक गोटाक थिकैक, ने एक गोटाक भाषाक रूपमे एकरा मान्यता भेटलैक अछि, ने एक गोटाक साध्य एकर श्रीवृद्धि भए सकैत छैक।

2

सबसँ मार्मिक जे समस्या हमरा लोकनिक समक्ष उपस्थित अछि, आ जाहि प्रसङ्ग हमरा लोकनिकेँ अविलम्ब विचार कए एक गोट नीति निर्धारित करबाक चाही, से थिक हमरालोकनिक भाषा, मैथिलीक मर्यादाक। मैथिलीक स्वरूप की मानब, ई भाषा कोन थिक, एकर सीमा की मानल जाए—एहि प्रश्नक उत्तर पर हमरा लोकनिक भविष्य निर्भर अछि। की मधुबनी सब-डिविजनक भाषा, सेहो शिष्ट जनक भाषा मात्र, मैथिली थिक? पुरैनिञा, भागलपुर, दुमका, पलामू, बेतिआ, मुजफ्फरपुर, नेपाल तराइ इत्यादिक भाषा मैथिली नहि थिक अथवा ओहि सबहिक भाषाकेँ भ्रष्ट मैथिली कहबैक? सुनैत छी जे हालहिमे भागलपुरस्थ टी.एन.बी. कालेजक मैथिली-साहित्य-परिषदक मञ्च पर दड़िभङ्गाक मैथिली ओ भागलपुर मैथिली लए विवाद जकाँ उपस्थित भए गेल छल! कहबाक बेरि हमरा लोकनि कहैत छिऐक जे मैथिलीभाषा दू कोटि जन-समुदायक भाषा थिक परन्तु व्यवहारक दशामे आञ्चलीय भाषा सबकेँ अपभ्रष्ट मैथिली कहि हमरा लोकनि तिरस्कार करैत छिऐक। शिक्षाक प्रचार ओ जनतामे आत्मसम्मानक भावना ताहि रूपसँ बढ़ि रहल अछि जे केओ अपन बजबाक भाषाकेँ अपभ्रष्ट अथवा हीन स्वीकार करबाक हेतु उद्यत नहि होएत ओ केवल केन्द्रीय मैथिलीकेँ लए हमरा लोकनि मैथिलीक यथार्थ हितसाधन नहि कए सकैत छी। हमरा लोकनि दू कोटि जनसमुदायक भाषा कहि मैथिलीकेँ प्रतिष्ठा प्राप्त कराओल अछि ओ तँ उचित थिक जे दूहू कोटि जनसमुदायक भाषाकेँ मैथिलीक मर्यादा दिऐक, दूहू कोटि जनताकेँ अपन मातृभाषाक गौरवक अनुभव करबाक अवसर दिऐक। सम्प्रति आञ्चलीय मैथिलीक बजनिहार बहुधा ई जनितहुँ नहि छथि जे हुनक भाषा मैथिली थिक, जे जनितहुँ छथि तिनकहुँ अपन भाषाक अपभ्रष्टताक

कारणेँ विक्षोभ छैन्हि आ ओ अपनाकेँ मैथिली-भाषी कहबामे संकुचित होइत छथि तथा हिन्दीक शरण लए अपनाकेँ सम्मानित बुझैत छथि। अतएव भाषाक प्रसङ्ग सञ्कुचित दृष्टिकोण रखलासँ हमरा लोकनि अधिकाधिक संख्यामे मैथिलीभाषीकेँ क्रमशः अपनासँ दूर करैत जाए रहलहुँ अछि। केन्द्र मिथिलामे वस्तुतः मुसलमान समेत मैथिली बजैत छथि परन्तु बजबामे अपाटव होएत से जानि मैथिलीसँ विमुख रहैत छथि। एना तँ केवल मैथिल ब्राह्मण ओ करण कायस्थ तथा कतोक सुशिक्षित परिवारक लोक, सेहो केन्द्र मिथिलाक, विशुद्ध मैथिलीक भाषी भेलाह ओहि से लए भाषाक कतेक गौरव होएत?

व्यक्तिगत रूपेँ हम मैथिलीक सब बोलीकेँ मैथिली मानैत छी ओ केवल केन्द्र मिथिलाक शिष्ट समाजमे बाजल जाइत भाषा टा के विशुद्ध मैथिली सेहो नहि मानैत छी। यदि विद्यापतिक भाषा मैथिली थिक तँ जतए कतहु उत्तमपुरुष सर्वनाम 'हमे', मध्यमपुरुषक "तोहें" तथा अन्यपुरुषक 'हुनि' प्रयुक्त होइत अछि सब विशुद्ध मैथिली थिक तथा केन्द्र मिथिला धरिमे तँ ई सब प्रयोग नहिए होइत अछि। एहि वर्ष दिनुक मध्यमे हमरा कलकत्ता, सहरसा, मुजफ्फरपुर एवं देवघर चारिठाम साहित्यगोष्ठीमे सम्मिलित होएबाक अवसर भेल अछि ओ सब ठाम हम आञ्चलीय भाषामे केन्द्रीय भाषाक समान महत्त्व दैत अएलहुँ अछि ओ अपन सङ्कलित मैथिलीकथाक संग्रहमे हम देवघरक भाषाकेँ पूर्ण साहित्यिक मान्यता दए ओहिमे लिखल कथाकेँ सम्मान सँ सन्निविष्ट कएल अछि। मुजफ्फरपुरक रामदयालुसिंह महाविद्यालयक मैथिली साहित्यपरिषद मञ्च परसँ हम आग्रह कए ओहि प्रान्तक मिथिलाभाषाभाषी प्राध्यापकलोकनिसँ अपना बोलीमे व्याख्यान कराओल तथा से केहन सुन्दर भेल तकर सबसँ विशेष आश्चर्य वक्तालोकनिकेँ स्वयं भेलैन्हि। हम चाहैत छी जे मिथिलाक भिन्न-भिन्न अञ्चलक लोक अपनहि भाषामे बाजथि, अपनहि भाषामे लिखथि। एहिमे किछु तँ हुनका लोकनिकेँ स्वयं उत्साह प्रयोजन छैन्हि, धैर्यक प्रयोजन छैन्हि, सबसँ विशेष आत्मविश्वासक प्रयोजन छैन्हि, अपन भाषाक प्रति नैसर्गिक स्नेहक प्रयोजन छैन्हि, परन्तु संगहि संग हमरा लोकनि जे केन्द्रीय-मिथिलाक कहबैत छी ओ ऐतिहासिक कारणसँ अपन भाषाकेँ विशुद्ध मैथिलीभाषा मानैत छी, अनकहु मानए कहैत छिऐक, तनिकहु लोकनिक कर्त्तव्य थिक जे मैथिलीभाषाक जे भिन्न-भिन्न विभाषा छैक, जकरा बोली कहैत छिऐक, तकर अस्तित्व स्वीकार कए ओकरा सबकेँ मैथिलीक अङ्ग मानि ली ओ तखन ओकर बजनिहारकेँ ई गौरव अनुभव करए दिऐक जे हमरहु लोकनि मैथिलीभाषा सएह बजैत छी, मैथिलीभाषाभाषी छी। कोनहु बोलीकेँ यदि हमरा लोकनि अपभ्रष्ट कहबैक तँ ओहिमे हीनताक भाव आबि जाइत अछि ओ आजुक युगमे केओ अपनाकें हीन स्वीकार करत तकर आशा करब व्यर्थ। यदि मैथिलीभाषाक ई सब भिन्न-भिन्न अङ्ग थिक तँ सबहिक समान महत्त्व छैक ओ केन्द्रीय मैथिली

सेहो ओही भिन्न-भिन्न अङ्गमे अन्यतम थिक। इएह भावना एखन हमरा लोकनिक हेतु श्रेयस्कर थिक, एहीसँ हमरालोकनि दूर-दूर धरि पसरल मैथिलीभाषाभाषीकें एकताक सूत्रमे बान्धि सकैत छी; एहीसँ हमरा लोकनि अपन भाषाकें से व्यापक रूप दए सकैत छी जे ओकरा उचित प्राप्त छैक, एही सँ हमरालोकनि मैथिलीक इतिहासमे एक गोट नवयुगक सूत्रपात कए सकैत छी।

हम जनैत छी जे भाषाशास्त्री लोकनि वैज्ञानिक रीतिसँ भाषाक विकासक प्रसङ्गमे जे नियम सब निर्धारित कएने छथि से सब भाषाक विषयमे समान रूप सँ चरितार्थ होइत अछि ओ मिथिलाभाषा तकर अपवाद नहि भए सकैत अछि। भाषाक गति विचित्र छैक ओ एक नहि अनेक कारणसँ भाषाक भेद अनन्त छैक। हमरालोकनि जनैत छी जे पाँच-पाँच कोस पर भाषामे अन्तर होअए लगैत अछि। समयक भेदसँ भाषामे अन्तर होइत अछि, एकहु गाममे शिक्षा, व्यवसाय ओ सामाजिक जीवनक स्तरक भेदसँ भाषामे अन्तर होइत अछि। तें कोनहु भाषाक भिन्न-भिन्न क्षेत्रमे, विशेषतः उपरान्त क्षेत्रमे, भाषान्तरक प्रभावसँ भेद अनिवार्य। परन्तु एना यदि भाषाक स्वरूपमे भेद मानल जाए लागए तँ भाषा अनन्त भए जाएत ओ कोनहु भाषाक स्वरूप स्थिर नहि होअए पाओत, तें सब उन्नत भाषाक एक गोट आदर्श स्वरूप मानि लेल जाइत अछि जे बहुधा कतहु बजलो नहि जाइत अछि परन्तु जाहिसँ ओहि भाषाक सब भेद ओ उपभेद मिलैत रहैत अछि तथा बजबाक बेरि, व्यवहारक हेतु, लोक अपन-अपन बोलीक प्रयोग करओ परन्तु लिखबाक बेरि, गम्भीर लेखमे अथवा गम्भीर भाषाण सब आदर्श भाषा Standard Language क प्रयोग करैत छथि। तँहि लोककें अपनो भाषा पढ़बाक प्रयोजन पड़ैत छैक। भाषाक दू रूप भेल, एक स्वभावतः जे लोक बजैत अछि जकरा 'प्राकृत' कहब ओ दोसर लिखबाक, आदर्श जकरा 'संस्कृत' कहब। भाषाक संस्कार होइत छैक व्याकरणक द्वारा तथा प्रयोगक सौष्ठव द्वारा। इएह संस्कृत रूप लोककें पढ़ए पड़ैत छैक, कारण, बजबाक रीति अनेक छैक परन्तु आदर्श स्वरूप एक होएबाक चाही जे लोक सीखि सकए। तैं ई कहब जे अपन मातृभाषा हम जहिना बाजब सएह विशुद्ध होएत से भ्रम थिक। भाषामे पाटव हो तदर्थ भाषा सीखए पड़ैत छैक। की बंगाली बङ्ला नहि सिखैत अछि अथवा अङ्गरेज अङ्गरेजी नहि सिखैत अछि? आन भाषासँ अपन भाषा सीखब सुलभ छैक, थोड़ अयासें भए जएतैक से निश्चय परन्तु बिनु सिखने भाषाक 'प्राकृत' रूप रहि जएतैक, ओकरहि आइकाल्हि हमरालोकनि 'बोली' कहैत छिऐक; 'संस्कृत' रूप अर्थात 'विशुद्ध' किंवा आदर्श जकरा अङ्गरेजीमे Standard कहैत छिऐक से जन्मजात नहि भए सकैत अछि। ओहिमे व्याकरणादिसँ किछु कृत्रिमता होएबे करतैक, एकरूपताक हेतु किछु स्वाभाविकताक हानि अवश्यम्भावी।

मैथिलीक केन्द्रीय भाषा आइसँ छओ सए वर्ष पूर्वहिं स्थिर भए गेल ओ से दिनानुदिन दृढ़तर होइत गेल अछि। एकर कारण ऐतिहासिक ओ से ओएह जे

आनहु भाषाक प्रसङ्ग सत्य अछि। केन्द्रीय भाषा किंवा साहित्यिक भाषा ओएह अछि जाहि मे साहित्यक रचना होइत अछि ओसे रचना लोकप्रिय होइत अछि। मैथिली साहित्यक प्रतिष्ठा विद्यापति कएल ओ मधुबनी सबडिविजनमे जन्म-ग्रहण कएल। तहिआसँ मैथिलीक सेवकमे अधिकांश व्यक्ति एही सबडिविजनक भूमिमे उत्पन्न होइत गेलाह। गोविन्ददास, उमापति, मनबोध, हर्षनाथ, चन्दाझा, मुरलीधरझा, रघुनन्दनदास, श्रीउमेशमिश्र, श्रीभोलालालदास सब केओ मधुबनी सबडिविजनक भूभागमे वा तत्सन्निहितहि ँ जन्म लेल ओ ते ँ हुनकालोकनिक भाषा, मधुबनी सबडिविजनक भाषा प्रयोग सौष्ठव प्राप्त करैत मैथिलीक आदर्श रूप भए गेल। दोसर, मिथिलाक संस्कृति केन्द्र मिथिलेशक दरबार रहैत आएल अछि ओ कमसँ कम खण्डवला राजकुल मूलतः मधुबनी सबडिविजनक थिक ओ एमहर प्रायः पओने दू सए वर्षसँ मिथिलाक राजधानी दड़िभङ्गा रहल परन्तु दड़िभङ्गा मैथिल-संस्कृतिक केन्द्र नहि छल ओ राजदरबारमे मधुबनीक सबडिविजनहिक प्रधानता रहैत आएल। फलतः मधुबनी सबडिविजनक भाषा विशुद्ध साहित्यिक मैथिलीक रूपमे प्रतिष्ठित भए गेल। मुदा स्मरण रहए जे एतहुक प्राकृत, बजबाक भाषा, ओ संस्कृत, साहित्यक भाषा, मे अन्तर छैक ओ एमहर आबि एहि प्रधान तत्त्वके ँ बिसरि जे लोक स्वच्छन्दता सँ भाषाक प्रयोग करए लगलाह अछि ताहिसँ मैथिलीभाषी क्षेत्रमे अत्यन्त विषमता उपस्थित भए गेल अछि, मैथिलीभाषा कोना लिखल जाए ताहि प्रसङ्ग मतभेद अछि। अतएव केन्द्रीय भाषा समेतमे जखन स्वरूपक स्थिरता नहि अछि तखन आञ्चलिक भाषाके ँ की कहि सकैत छिऐक! हम भाषाक स्वरूपक एकताक पक्षपाती छी, भाषाक विशुद्धि हमरा सबसँ विशेष अभिप्रेत अछि, एही कारणे ँ हम मैथिली-जगतमे 'वदनाम' छी मुदा हम आञ्चलिक भाषाके ँ ओही सम्मानसँ देखैत छिऐक जतेक सम्मान सँ हम अपन भाषाके ँ देखैत छी ओ हमरा दृष्टिमे आञ्चलिक भाषाक स्वतन्त्रता ओतबे इष्ट जतबा हमर केन्द्रीय भाषा। आइ यदि देवघर-दुमकाक भाषामे शरच्चन्द्रक सदृश कथाकार अपन कृति लिखथि अथवा बेतिआक भाषामे प्रेमचन्दक सदृश लोकप्रिय साहित्यकारक रचना प्रकाशित हो तँ की ओ सब उपेक्षित रहत? परन्तु ते ँ ई कहब जे देवघर दुमकाक भाषा अनियन्त्रित स्वच्छन्द छैक, ओकर कोनो स्वरूप नहि छैक अथवा बेतिआक भाषामे एकरूपता नहि आबि सकैत अछि से हम नहि मानि सकैत छी। हँ एतबा अवश्य जे आञ्चलिक भाषाभाषी केन्द्रीयभाषा सीखथि, ओहिमे रचित ग्रन्थक अनुशीलन करथि, केवल विषयक दृष्टिसँ नहि भाषाक दृष्टि सँ सेहो, परन्तु ओतबे आवश्यक हमरा जनैत केन्द्रीय मिथिलाक लोकके ँ सेहो एतएक साहित्यिक भाषाके ँ सीखब अछि। केन्द्रीय साहित्यक भाषा जकरा आदर्श मैथिलीभाषा कहब सबके ँ सिखबाक; ओकर स्वरूप स्थिर हो सबहुक हेतु आवश्यक, परन्तु केन्द्रीय भाषाक सङ्ग आञ्चलिक भाषाक सहअस्तित्व केवल वाञ्छनीयेटा नहि, आवश्यक सेहो। हम ओहि दिनक

स्वप्न देखैत छी जखन पूर्वीय मैथिली, पश्चिमीय मैथिली, दक्षिणी मैथिली, नेपाली मैथिली—सबहिक पृथक-पृथक कोष बनत, व्याकरणक विशेष नियमक अनुगम कएल जाएत। से तावत धरि कोना सम्भव होएत यावत एहि भिन्न-भिन्न भाषामे रचना नहि होएत, प्रयोग-सौष्ठव नहि होएत। अतएव एखन तँ दूनू दिशि वैषम्य अछि—ने केन्द्रीय भाषामे एकरूपता देखैत छी, ने भाषाक भेदक प्रति सहिष्णुता देखैत दी। भारतवर्षक अन्यान्य भाषाकेँ देखिऔक। सबहिक आदर्श स्वरूप छैक परन्तु सबकेँ वि-भाषा छैक। मैथिलीकेँ सेहो छैक—मैथिली भाषा थिक परन्तु दुर्भाग्य जे हमरा लोकनि अपन दृष्टि तेहन रखने छी जे एक दिशि स्वच्छदन्ता ओ दोसर दिशि संकीर्णतासँ दाबल भाषाक मर्यादाकेँ बूझि नहि रहल छी।

तेँ हम कहल जे कहबैक जे मिथिलाभाषा प्राचीन साहित्यिक भाषा थिक ओ व्यवहारक दशामे कहबैक जे एखन जे जेना लिखैत छथि से लिखथु, कालक्रमे भाषाक स्वरूप स्थिर भए जएतैक; प्रचार करबैक जे मिथिला भाषा दू कोटि जनसमुदायक भाषा थिक ओ मैथिलीकेँ मान्यता देबैक केवल दड़िभङ्गा—मधुबनीक भाषाकेँ। ई नीति कतेक दिन चलत? ओ जकर भाषाकेँ अहाँ अपभ्रष्ट कहबैक, मैथिली नहि कहबैक से जखन अपन भाषाक प्रति सहज स्नेहसँ पृथक भए जाएत, अपन स्वतन्त्र अस्तित्वक घोषणा कए देत तखन कतेक जनसमुदायक भाषा कहाए मैथिली प्रतिष्ठित रहतीह? यदि दू कोटि जनसमुदायक भाषा कहाए मैथिलीकेँ मान्यता लाभ कराओल अछि तँ दू कोटि जनसमुदायक भाषाकेँ मैथिलीक मान्यता दिऔक। महत्त्व ओ हीनत्वक भावनाकेँ दूर करू। से युग बीति गेल जे केओ पछुलगुआ बनल रहत। मैथिली कोनहु जाति-विशेष, वर्ग-विशेष अथवा दल-विशेषक भाषा नहि थिक। ओ जनसमुदायक भाषा थिक ओ समस्त जनसमुदायकेँ अपन भाषाक गौरव बोध होअए दिऔक। एहीमे मैथिलीक मर्यादा अक्षुण्ण रहत; एहीसँ देशक कल्याण अछि, एहिसँ मैथिल जातिक अस्तित्व सुदृढ़ भए सकत।

अपना प्रसङ्ग हमरा भ्रम नहि अछि। हम भाषाक शुद्धताक कट्टर पक्षपाती छी, हम भाषामे एकरूपता चाहैत छी। परन्तु भाषाक स्वरूप एक वस्तु थिक; भाषाक रूप दोसर वस्तु थिक। भाषाक स्वरूप भिन्न-भिन्न भए सकैत अछि परन्तु प्रत्येक स्वरूपक एकटा रूप होएबाक चाही, होइत छैक। भाषाक एकरूपताक पक्षपाती भए, अपन भाषाक शुद्धताक गौरव रखैत हम आनक भाषाकेँ ने अशुद्ध कहबैक ने हीन कहबैक यदि ओ भाषा ककरो वास्तविक भाषा थिकैक ओ तेँ मैथिलीक ओ विशिष्टता छैक, मौलिक धर्म छैक तकर पालन होइत रहैक। एकरूपता तँ जेहने मधुबनीक भाषामे तेहने देवघरक भाषामे, तेहने बेतिआक भाषामे; सब ठाम समान रूपेँ वाञ्छनीय थिक। अशुद्ध मधुबनीक भाषा सेहो होइत अछि, होएत; देवघरक भाषा सेहो, बेतिआक भाषा सेहो। भाषाक अशुद्धि ओ भाषाक

विभेद दू वस्तु थिक ओ ताहिमे परस्पर विरोध नहि छैक। हमरा भाषाक विभेद स्वीकार अछि, मान्य अछि, मुदा भाषाक अशुद्धि मान्य नहि अछि। एहि उदार दृष्टिकोणक संग भाषाक शुद्धता ओ एकरूपता हमरा असंगत नहि लगैत अछि। जे पक्षपात हमरा अपना भाषामे अछि, जे एकरूपता हम अपन लेखमे रखैत छी से पक्षपात ककरहु अपना भाषामे होइक, से एकरूपता ओ अपन लेखमे राखए तँ हम ओकरा आदरक दृष्टिसँ देखबैक। हँ, मिथिला भाषाक जे कतोक मूल तत्व छैक तकर रक्षा विधेय। से यदि नहि भेल, तखन तँ मिथिलाभाषाक वैशिष्ट्य सएह नष्ट भए जाएत, मैथिली रहबे ने करत, ओ तखन आओर विचारे कथीक करब?

इएह थिक एखनुक सबसँ पैघ समस्या जाहि प्रसङ्ग सकल मिथिलाभाषाभाषी शिक्षित समाजकेँ विचार करब कर्त्तव्य थिक। एहि प्रसङ्ग अपन विचार सेहो हम स्पष्ट रूपसँ व्यक्त कएल अछि परन्तु से हमर व्यक्तिगत विचार थिक। ई समस्या एक व्यक्तिक नहि थिक; एकर समाधान एक व्यक्तिक हाथमे नहि छैक।

3

दोसर समस्या हमरालोकनिक समक्ष अछि मैथिलीक मान्यताक। साहित्य अकादमी मैथिलीकेँ मान्यता देलक ई बड़ गौरवक विषय भेल, परन्तु अकादमी तँ सरकार नहि थिक। साहित्य अकादमीक मान्यतासँ मैथिली एक गोट प्रमुख साहित्यिक भाषाक सम्मान प्राप्त कएलक परन्तु जाहिसँ एकर राजनीतिक स्थितिमे कोनो परिवर्तन नहि भेल अछि। मैथिली एखन पर्यन्त बिहार-राज्यक विशाल जनसमुदायक मातृभाषाक रूपमे स्वीकृत नहि भेल अछि। क्षेत्रीय भाषाकेँ जे अधिकार प्राप्त छैक से एकोटा मैथिलीकेँ प्राप्त नहि छैक। सरकारक नीति छैक जे प्रारम्भिक शिक्षा प्रत्येक शिशुकेँ अपन मातृभाषाक द्वारा देल जाइक। कतोक वर्ष पूर्वहिँ ई आदेश देल गेलैक जे मिथिलाभाषाभाषी शिशुकें प्रारम्भिक शिक्षा मैथिलीमे देल जाइक। परन्तु सरकार सब भाषाक भाषी शिशुक हेतु ओकर भाषामे पाठ्यग्रन्थ प्रकाशित कए रहल अछि परन्तु मैथिलीमे एकोटा पाठ्यग्रन्थ प्रकाशित नहि भेल अछि, सरकारक आदेश रहितहुँ सरकारी कर्मचारी लोकनिक दोषे वा हमरा लोकनिक अपने औदास्ये जाहि कोनो कारणेँ हो ओहि आदेशक पालन नहि भए रहल अछि। पुस्तक छैक नहि, अध्यापनक व्यवस्था छैक नहि ओ सबसँ विशेष त ई जे परीक्षामे मैथिलीमे प्रश्न नहि रहैत छैक। फलतः मिथिला भाषाभाषी शिशु एहि सुविधासँ वञ्चित अछि जे शिशुकेँ मातृभाषाक द्वारा शिक्षा दातव्य। निश्चित संख्या तँ बुझल नहि भए सकत परन्तु लक्षावधि शिशु होएत जकरा शिक्षाक ई मौलिक अधिकार नहि भेटि रहलैक अछि, बलजोड़ी हिन्दीक बोझ उठबए पड़ि रहल छैक। एकर एक गोट दुष्परिणाम आगाँ जाए लक्षित होइत अछि जे जखन ओएह शिशु मैथिली पढ़ए लगैत अछि तँ ओ आरम्भसँ मैथिलीक ध्वनि, शब्द ओ वाग्धारासँ

परिचित नहि रहलाक कारणेँ ओकर मैथिलीमे पटुता नहि ओअए पबैत छैक, जे स्वभाविक नहि रहलाक कारणेँ ओकरा हिन्दीमे पटुता होइत छैक प्रत्युत भाषाक प्रसङ्ग तेहन ने मैथिली ओ हिन्दीक खिच्चड़ि भए जाइत छैक जे दूहू क्षेत्रमे उपहासास्पद अछि। मिथिलाभाषाभाषी समाजकेँ बौद्धिक विकासक मार्गमे ई बड़का प्रतिबन्धक अछि। भाषा विषय अपाटबसँ देशमे अभिव्यक्तिक क्षमताक क्रमिक ह्रास परिलक्षित भए रहल अछि। अतएव हमरा लोकनिकेँ जे क्षति भए रहल अछि से तँ फराक जाओ एहि उपेक्षासँ राष्ट्रक कत गोट अहित भए रहल छैक से चिन्तनीय थिक।

तहिना माध्यमिक कक्षामे मैथिली शिक्षाक माध्यम स्वीकृत नहि अछि, भाषा साहित्यकेँ छोड़ि आन सब विषयमे बंगाली बंगलामे, मुसलमान उर्दूमे, ओड़िआकेँ अपना भाषामे उत्तर लिखबाक अधिकार छैक मुदा मैथिलकेँ सबटा हिन्दीमे लिखए पड़ैत छैक। राष्ट्रभाषाक पत्रमे सबकेँ उत्तीर्ण होएब आवश्यक छैक परन्तु ताहिमे अहिन्दी भाषाभाषीकें राष्ट्रभाषाक प्रश्न किछु निम्न स्तरक रहैत अछि। से सुविधा मैथिलीभाषाभाषीकेँ प्राप्त छैक; ओकरहु हिन्दीक आवश्यक पत्र निम्न स्तरक उत्तरणीय होइत छैक। परन्तु ई मानिओकेँ जे मिथिलाभाषाभाषी हिन्दी मे पटु नहि होइत अछि, अन्य सब पत्रक उत्तर ओकरासँ हिन्दीमे लिखाएब कोन न्याय थिक! केवल हिन्दी नीक नहि जनबाक कारणेँ मैथिलकेँ छात्र परीक्षामे कतबा असौकर्य होइत छैक तकर अनुमान सुगमतासँ कएल जाए सकैत अछि।

विश्वविद्यालयीय स्तर पर मैथिलीक स्थिति अपेक्षया सन्तोषजनक अछि। भाषा-साहित्यसँ भिन्न विषयक हेतु परीक्षाक माध्यम रूपमे एहूठाम मैथिली स्वीकृत नहि अछि ओ ताहि अंशमे माध्यमिकहि कक्षा जकाँ एतहु असंगति अछि परन्तु अन्यथा मैथिलीकेँ विश्वविद्यालय सबमे मान्यता भेटि गेल छैक। बिहार राज्यक छओ विश्वविद्यालयमे मैथिलीमे परीक्षा होइत अछि। बिहार, पटना ओ भागलपुर विश्वविद्यालयमे मैथिलीक अध्यापन होइत अछि, पहिल दू ठाम तँ एम.ए. कक्षा धरि अध्यापनक समुचित प्रबन्ध अछि। मैथिलीक विषय लए कएक जन पी.-एच. डी. ओ.-डी.लिट्. समेत भेल छथि ओ आब तँ मिथिलाभाषा पर्यन्तमे शोध-निबन्ध स्वीकृत होइत अछि।

किन्तु कतेक खेदक विषय थिक जे तथापि बिहार सरकार लोक-सेवा-आयोग (पब्लिक सर्विस कमीशन) द्वारा जे सरकारी नोकरीमे भरतीक हेतु प्रतियोगिताक परीक्षा होइत अछि ताहिमे मैथिलीकेँ स्थान नहि छैक। नियम छैक जे जे विषय एम.ए. परीक्षाक हेतु स्वीकृत अछि ताहिमे आयोग परीक्षा लए सकैत अछि ओ सुनैत छी जे स्वर्गीय अमरनाथझाजी जखन आयोगक अध्यक्ष रहथि तखन ओ ई विषय सरकारकेँ लिखनहु छलथिन्ह। हुनक देहावसानसँ आओर जे क्षति भेल, आयोगक ई परामर्श कतए दाबल गेल से जानि नहि ओ तकरा आब दश वर्षसँ

ऊपर भेल। एहिसँ मिथिलाभाषी शिक्षित नवयुवकक प्रति केहन घोर अन्याय भए रहल छैक, मिथिलाभाषाक प्रचारमे कोन रूपक बाधा भए रहल अछि, लोक-विषयक क्षोभ ओ निराशा कोना बढ़ि रहल अछि ई सरकारकेँ बुझबाक चाहिऐक। स्वर्गीय डॉ. अमरनाथझाजी मैथिलीक तीनि गोट सेवा कए गेल छथि जकरा मैथिलीजगत कहिओ नहि बिसरत। अबोहरमे हिन्दी साहित्य सम्मेलनक अध्यक्ष पदसँ ओ घोषणा कएने छलाह जे "हिन्दी मेरी मातृभाषा नहीं है" ओ साहित्य अकादमी जे आइ मैथिलीकेँ मान्यता देलक अछि से केवल हुनक एहि उद्घोषकेँ चरितार्थ कएलक अछि। दोसर हुनक सेवा छल बिहार-प्रान्तीय शिक्षा पुनर्निर्माण समितिमे देशरत्न (पश्चात भारतरत्न) राजेन्द्र बाबूक प्रमुख बहुमत रिपोर्टक विरुद्ध अपन वैमत्य प्रकाशन जे मिथिलाभाषाभाषी शिशुकेँ अपन मातृभाषा द्वारा शिक्षा प्राप्त करबाक अधिकार छैक। से कार्य रूपमे परिणत जनु कएल जाओ परन्तु सिद्धान्त रूपमे ओ कथा सरकारकेँ मानए पड़लैक। तेसर हुनक सेवा छल–खेद जे अपन जीवनक सन्ध्याकाल मे हुनका एकर अवसर भेटलैन्हि जकरा ओ कार्यान्वित नहि कए सकलाह–लोक-सेवा-आयोग मे मैथिलीकेँ स्थान हो तदर्थ परामर्श। ओहि सत्परामर्श कार्यान्वित करबामे की बाधा भए सकैत अछि? ई सत्य जे एहि हेतु हमरा लोकनि आन्दोलन नहि कएल अछि। हालहिमे विधान-सभामे एहि प्रश्नक उत्तरमे जे मिथिलाभाषाभाषी शिशुक हेतु सरकार पाठ्य पुस्तक किएक नहि छपैत अछि सुनैत छी जे एक गोट मन्त्रीजी कहलथिन्ह जे एहि हेतु आन्दोलन नहि भेल अछि। स्पष्ट अछि जे बिहार सरकार न्याय करबामे, औचित्यक पालनमे सेहो आन्दोलन चाहैत अछि। परन्तु सरकार इहो जनैत अछि हमरा लोकनिमे राजनीतिक चेतना प्रबल नहि अछि; हमरा लोकनि आन्दोलन करए नहि जनैत छी। यदि से हमरालोकनि कए सकितहुँ तँ उत्कल, आन्ध्र, अथवा पञ्जाब जकाँ हमरा लोकनि अपन प्रान्ते पृथक कए लेने रहितहुँ ओ तखन बिहारक की स्थिति होइत। परन्तु मैथिल ने कहिओ आन्दोलन कए सकल अछि ने से कए सकत, ई बिहार सरकारक कर्णधार लोकनिकेँ विश्वास छैन्हि। परन्तु ई कल्पना भ्रम मात्र थिक। युग चेतना बड़ प्रबल होइत अछि। अन्याय सह्य करबाक एकटा सीमा होइत छैक। मिथिलामे जनजागरण भेल नहि अछि किन्तु भए रहल अछि। यदि मिथिला-मैथिल ओ मैथिलीक प्रति न्याय नहि होएत, ओकर उपेक्षा होइत रहत तँ मिथिलासँ बिहारकेँ हाथ ने धोअए पड़ैक ओ तकर दोषी इतिहास बिहारक एहि नवयुगक नेता लोकनिकेँ मानत।

बिहार सरकार मैथिलीक उपेक्षा करैत अछि से एकर भाषानीतिसँ आओर स्पष्ट भए जाइत अछि। संसार जनैत अछि जे छोटानागपुरकेँ छोड़ि केवल बिहारमे तीनि गोट भाषा बाजल जाइत अछि, मैथिली, भोजपुरी ओ मगही। साहित्य अकादमी मैथिलीकेँ साहित्यिक भाषाक मान्यता दए देलक; भोजपुरीकेँ नहि देलक अछि;

मगही ओहि हेतु एखन पर्यन्त उत्सुको नहि भेल अछि। एहन स्थितिमे उचित तँ ई थिक जे बिहार सरकार मैथिलीक साहित्यक गौरव अनुभव करितए, मैथिलीकेँ बिहारक अपन साहित्यिक भाषाक रूपमे स्वीकार करितए, मैथिली साहित्यिक श्रीवृद्धिक निमित्त आयास करितए, राजकीय घोषणा सम्मान करितए। परन्तु बिहार सरकारक लेकेँ बिहार हिन्दी भाषा-भाषी थिक। भारत सरकार स्वयं एकरा स्वीकार नहि करैत अछि ओ विगत जनगणनामे बिहारक भाषा हिन्दी नहि बिहारी लिखित भेल यद्यपि बिहारी कहि कोनो भाषा ज्ञात नहि अछि। हम एतबहुसँ संतुष्ट छी जे कम-सँ-कम बिहारके हिन्दी-भाषाभाषी जे कहल जाइत छल तकर संशोधन तँ भए गेल। पूर्ण सत्य तखन प्रकट होइत जखन बिहारक भाषा मगही, भोजपुरी ओ मैथिली लिखल जाइत परन्तु से जँ नहि भेल कम-सँ-कम मिथ्याक जे प्रचार होइत छल जे बिहारक भाषा हिन्दी थिक तकर तँ निराकरण भेल। परन्तु बिहार सरकार एखनहु ओएह पुरान लीक धएने हिन्दीक पाछाँ पड़ल बिहारक अपन भाषाक उपेक्षा कए रहल अछि। मगही ओ भोजपुरीक समाचार हम नहि कहब मुदा मैथिलीक तँ साहित्य छैक। साहित्यक परम्परा छैक ओ साहित्य अकादमीसँ एकरा मान्यता भेटि गेलैक। की मैथिलीक उपेक्षा बिहार सरकारक हेतु अन्याय नहि भेल? बिहार सरकार पटनामे राष्ट्रभाषापरिषद् स्थापित कएने अछि जाहिसँ हिन्दीक अमूल्य सेवा भए रहल छैक जे सर्वथा श्लाघनीय थिक। परन्तु बिहार सरकार जे राष्ट्रभाषाक हेतु एहन स्तुत्य सेवा कए रहल अछि, अपन लोकभाषा मैथिलीक हेतु की करैत अछि? आइ धरि प्रायः दू गोट हमर महाकवि राष्ट्रभाषापरिषदसँ सम्मान पओलन्हि अछि। की इएह उचित थिक? राष्ट्रभाषाक हेतु जँ लाखक लाख टाका लगाओल जाइत अछि तँ मैथिलीक हेतु हजारहुक संख्यामे लगाओल नहि जाए? हिन्दीक क्षेत्र बड़ विशाल छैक। भारतक प्रत्येक राज्यमे ओकर विकासक योजना छैक। सुदूर दक्षिणमे जतए हिन्दीक विरोधमे लोक प्राणकेँ उत्सर्ग करबाक हेतु उद्यत अछि ओतहु हिन्दीक प्रचारार्थ प्रचुर आयास ओ व्यय कएल जाए रहल अछि। परन्तु मैथिलीक हेतु तँ बिहार सरकार नहि किछु करत तँ दोसर कोन राज्य करत? से बिहार सरकार हिन्दीक हेतु एतेक कैलक मुदा मैथिलीक हेतु किछु नहि करए एकर अर्थ की? एकर अर्थ स्पष्ट छैक जे राष्ट्रभाषाक वेदी पर मैथिलीक बलिदान हो। एकरहि हिन्दीक साम्राज्यवाद कहल जाइत छैक। ई प्रयास मैथिलीकेँ दबएबाक थिकैक, जँ से जानिकेँ नहि कएल जाइत अछि तथापि एकर परिणम सएह भए रहलैक अछि। मैथिल जाति, मिथिलाभाषाभाषी शिक्षित समाज हिन्दीक विरोधी नहि अछि। बिहारमे आन कोनहु भाषाभाषीसँ हिन्दीक क्षेत्रमे मिथिलाभाषाभाषीक सेवा कम नहि छैक। आइ चारि सए वर्षसँ मैथिल हिन्दीक सेवा करैत आएल अछि। हमर एक नवयुवक मित्र एहि विषय पर शोधकार्य कए रहल अछि; ओ जखन कार्य सम्पन्न कए अपन निबन्ध

प्रकाशित करओताह तखन विद्वत्समाज देखत जे मिथिलाभाषाभाषी कोनहु युगमे हिन्दीक विरोधी नहि अपितु हिन्दीक प्रशंसक, ओकर उन्नायक, ओकर सेवक रहैत आएल अछि। एहू युगमे कुमार श्रीगङ्गानन्दसिंहजी, श्री नागार्जुन जे मैथिली जगत मे यात्रीजी कहाए प्रसिद्ध छथि, श्रीराजकमलजी, श्री फणीश्वरनाथ रेणु, प्रभृति अनेको मैथिल हिन्दीक उन्नायकमे अग्रगण्य छथि। वस्तुतः राष्ट्रभाषा एवं मातृभाषा के कोनो विरोध नहि छैक। दूनूक क्षेत्र पृथक छैक; एकहि संग दुनूक सेवा भए सकैत छैक, होएबाक चाही। परन्तु बिहार सरकारक नीतिसँ मिथिलाभाषाभाषी समाजमे असन्तोष ओ क्षोभ बढ़ि रहल अछि। मातृभाषाकेँ उपेक्षित देखैत बहुतो भावुक जन हिन्दीक साम्राज्यवादक विरोधी भए रहलाह अछि। युगचेतना बड़ प्रबल शक्ति थिक, लोक अपन अधिकार बूझए लागल अछि। अपन नीतिसँ बिहार सरकार मैथिलीभाषाभाषीकेँ हिन्दी-बिरोधी बनाए रहल अछि जकर परिणाम राष्ट्रीय एकताक मार्गमे बाधक सिद्ध होएत। साहित्य अकादमीक उदार दृष्टिकोण एवं निष्पक्ष नीति सँ समस्त मिथिलामे सन्तोषक अपूर्व लहरि उठल अछि। परन्तु साहित्य अकादमीक उदारताक समक्ष बिहार सरकारक उपेक्षाभाव मिथिलाभाषाभाषीक क्षोभकें तीव्रतर कए देलक अछि ओ जे कथा हम पूर्वहिं स्पष्ट कएल अछि राज्य सरकारक पोषणताक अभावमे साहित्य अकादमीक मान्यता सम्मान छोड़ि आओर किछु नहि दए सकैत अछि, साहित्यक समृद्धि सम्भव नहि भए सकैत अछि, अकादमीक विशिष्ट गोष्ठी मे मैथिली कृतित्वक गौरव नहि पाबि सकैत अछि। इएह थिक मैथिलीक मान्यताक समस्या।

स्पष्ट अछि जे ई समस्या कोनो कठिन नहि अछि ओ बिहार सरकार यदि अपन भाषा-सम्बन्धी नीति कनेक उदार करए, स्थितिक वास्तविकताकेँ देखैत अपन नीति निर्धारित करए, हिन्दी साम्राज्यवादक ठीकेदारी छोड़ि निष्पक्ष भए भाषा-साहित्यक अभिवृद्धिक निमित्त सचेष्ट होअए, सबसँ बेसी तँ ई जे अपन मैथिलीक उपेक्षाक नीति छोड़ि देअए, तँ हमरा लोकनिक सब अभाव-अभियोग अनायास दूर भए जाएत। साहित्य अकादमीक निर्णयसँ आब ओकरा ई करबामे कोनो तारतम्य नहि होएबाक चाही। मगही ओ भोजपुरीक संग मैथिलीकेँ राखब आब असंगत होएत। मैथिलीक साहित्यिक परम्परा आब देशक सर्वोच्च साहित्यक प्रतिष्ठा मानि लेलक अछि ओ बिहारक केवल एकहि गोट भाषाकेँ से मान्यता भेटलैक अछि। हमरा लोकनिकेँ कोनो आपत्ति नहि होएत जँ बिहार सरकार मगही ओ भोजपुरी समेतक विकासार्थ यत्न हो परन्तु यदि से नहि कए सकए तथापि मैथिलीक पोषणताक कारणेँ बिहार सरकार आब भेद-नीतिक दोषी नहि कहल जाए सकैत अछि।

परन्तु हमरा पूर्ण सन्देह अछि जे बिहार सरकार स्वेच्छासँ मैथिलीक संग न्याय करत। एहि सरकारकेँ केवल आन्दोलन डोलाए सकैत अछि तथा आन्दोलन

करए मिथिलाभाषाभाषीकेँ नहि अबैत छैक ई कथा सरकारकेँ दृढ़ भए गेल छैक। ततेक सबल हमर पक्ष अछि जे पाँच-सात जन विधान-सभाक माननीय सदस्य यदि एहि निमित्त कटिबद्ध भए जाथि तँ सब किछु विधान-सभामे कराए ओ अपना समाजमे अजस्त्र श्रेयक भागी बनि सकैत छथि। परन्तु मिथिलाभाषाभाषी पचासो सदस्य होएताह, तृतीयांश सदस्य तँ अवश्य मैथिलीक क्षेत्रक प्रतिनिधित्व करैत होएताह, तथापि जँ पाँचो व्यक्ति एहन निर्भीक होथि जे मैथिलीक पक्ष ग्रहण करथि तँ हमरा लोकनिक पक्ष ततेक सबल अछि जे सब किछु अनायास सिद्ध भए जाएत। एहि दशामे यत्न सब प्रकारें विधेय थिक ओ मिथिलाभाषाभाषी क्षेत्रमे एहि वस्तुक प्रचार सेहो नीक जकाँ कर्त्तव्य। हमरा पूर्ण विश्वास अछि जे यदि देशक नवयुवक ई लए प्रचार करथि त सभ निर्वाचन-क्षेत्रमे किछु जागृति अवश्य आओत ओ तखन देखब जे सरकार कोना बेंत जकाँ लबि जाइत अछि। नेहरूजी सन नेताकें आन्ध्र कोना लिबाए देलक! पञ्जाबक विभाजन कोना भेल अछि!!

परन्तु एकर सबसँ सुगम समाधान अछि जे संविधानक आठम अनुसूचीमे मैथिलीक नाम जोड़ल भए जाए। से भेलासँ मैथिलीकेँ राजनीतिक मान्यता प्राप्त भए जएतैक ओ संविधानक अनुसार भारतीय भाषाकेँ जे सब अधिकार प्राप्त छैक से एकरहु प्राप्त होअए लगतैक। ताँहि हम आरम्भहिमे कहल जे साहित्य अकादमीसँ प्रदत्त मान्यतासँ मैथिलीकेँ साहित्यिक मान्यता मात्र प्राप्त भेलैक। ई थोड़ नहि थिक; वस्तुतः इएह थिक भाषाक हेतु मूलभूत मान्यता जाहि बल पर राजनीतिक मान्यता प्राप्त भए सकैत अछि। परन्तु राजनीतिक मान्यता सर्वोपरि थिक। संविधानमे अन्तर्भूत भेलहि अकादमीक सदस्यता प्राप्त भए जएतैक मुदा अकादमीक सदस्यतासँ संविधानमे अन्तर्भूत कए लेबामे सहायता होएत से अवश्य परन्तु केवल ओहीसँ संविधानमे नाम जोड़ल नहि जाएत। ताहि हेतु संविधानमे संशोधन करए पड़त ओ से लोकसभा करत। भारत सरकार मैथिली-विरोधी नहि अछि; भारत सरकारकेँ एकटा नीति छैक। वस्तुतः हिन्दी-साम्राज्यवादीकेँ छोड़ि भारतक कोनो भाषाक भाषी मैथिलीक विरोधी नहि। अकादमीमे मैथिलीक प्रति सद्भावना देखि हम मुग्ध छी। सब भाषाक सदस्य हमरासँ मीलि अपन शुभकामना प्रकट कएलन्हि, मैथिलीक संवर्धनाक हेतु अपन साहाय्यक वचन हमरा देलैन्हि। बहुतो सदस्य अकादमीक उपस्थिति-पुस्तिकामे तिरहुतामे हस्ताक्षर करैत देखि उलहन-उपराग देअए लगलाह जे "अहाँ लोकनि एहन सुन्दर लिपिक परित्याग किएक कएल, लिपिक परित्याग कएल तँहि ने भाषाक ई दुर्दशा भेल, आबहु लिपिक प्रचार किएक ने आरम्भ करैत छी।" ई विचार बहुत सुष्ठु अछि परन्तु लिपिक प्रसङ्ग हम निराश जकाँ भए गेल छी। एकर प्रसङ्ग आगाँ अबैत अछि। परन्तु यदि चेष्टा कएल जाए तँ भारत सरकारकेँ मनाएब ओतेक कठिन नहि अछि। साहित्य अकादमीक मान्यता भारत सरकारक हेतु पर्याप्त प्रमाण भेल जाहि बल पर संविधानक

आठम अनुसूची मे एकर उल्लेख भए जाए। लोकसभाक सदस्यगण एहि हेतु चेष्टा करताह। हँ, यदि ओहिमे किछु बाधा होएत तँ पुनः बिहार सरकारहिसँ। तेँ हमर विचार जे बिहार सरकारकें हमरा लोकनि अपन समस्या बुझाए दिऐन्हि। मिथिलाभाषाभाषी शिक्षित समाजक एक गोट बीछल शिष्टमण्डल बिहारक मुख्यमन्त्री ओ बिहार प्रान्तीय कांग्रेसक अध्यक्षसँ भेंट कए सबटा विषय हुनका लोकनिकेँ साफ-साफ कहि दिऐन्हि। यदि मैथिलीक प्रति न्याय नहि कएल जाएत, मैथिलीक उपेक्षाक नीति यदि छोड़ल नहि जाएत, राष्ट्रभाषाक वेदी पर मैथिलीक बलिदानक व्यापार यदि बन्द नहि होइत अछि तँ आओर आन्दोलन तँ हमर साध्य नहि होएत, परन्तु अकादमीक मंच परसँ जाहिमे भारतक सत्रह गोट साहित्यक भाषाक प्रतिनिधि छथि ई तँ हम उद्घोष कए कहि सकैत छिऐन्हि जे मैथलीकेँ अपना घरमे बिहारक सरकार भूखेँ मारि रहलैक अछि, राष्ट्रभाषाक वेदी पर जनमत विरुद्ध मैथिलीक बलिदान कए रहल अछि।

4

तेसर समस्या हमरा जनैत सबसँ विशेष महत्त्वक समस्या अछि मैथिलीमे साहित्य-सर्जनाक। भाषाक प्राण थिकैक साहित्य। साहित्येक बल पर इहो मान्यता भेटल अछि; साहित्यिक विकाससँ भाषाक गौरव बढ़त। साहित्य अकादमीक मान्यतासँ हमरा लोकनिकेँ एहि विषयमे उत्तरदायित्व बड़ बेसी बढ़ि गेल अछि। एहिमे कोनो सन्देह नहि जे कमसँ कम विद्यापतिक युगसँ अद्यपर्यन्त कोनो एहन समय नहि भेल अछि जखन मैथिलीमे साहित्यसर्जनाक क्रम बन्द छल। आइसँ सए वर्ष पूर्वक भारतीय-भाषा-सबहिक साहित्य-भण्डारक यदि लेखा-जोखा कएल जाए तँ विदित होएत जे तावत् पर्यन्त मैथिली-साहित्यक निधि आन कोनहु भाषा-साहित्यिक निधिसँ की परिणामे की विलक्षणतामे हीन नहि छल। परन्तु एमहर आबि जतए आन-आन भाषाक साहित्य द्रुतगतिसँ बढ़ैत गेल, हमरा लोकनि पछुआए लगलहुँ। एमहर पचीस-तीस वर्षसँ, वस्तुतः 1937सँ, हमरहु भाषामे साहित्य-सर्जनाक गति द्रुत भेल अछि मुदा आन भाषा-साहित्य तँ आओरो द्रुततर बढ़ैत रहल अछि। शीघ्रताक एहि युगमे आन-आन भाषा-साहित्य। वायुयानक वेग सँ बढ़ि रहल अछि ओ हमरा लोकनि बढ़ितहुँ छी तँ बैलगाड़ीक वेगसँ। परन्तु आब जखन साहित्य अकादमीक मान्यतासँ मैथिली प्रमुख भारतीय साहित्यिक भाषाक श्रेणीमे आबि गेल अछि तखन एहि गतिसँ काज नहि चलत, आ प्रतिष्ठा अक्षुण्ण रखबाक हेतु गतिकेँ द्रुततर करए पड़त, वायुयानक गति नहि तँ कम-सँ-कम जीपहुक गति तँ पकड़ए पड़त। ई विषय सकल मिथिलाभाषाभाषी शिक्षित समुदायकेँ नीक जकाँ बूझि लेबाक थिक।

मैथिलीक ई विशेषता रहलैक अछि जे हाल धरि ई राजाश्रित रहल। ओना तँ मैथिली भाषाक विकास ओही युगमे भेल जाहि युगम मिथिलाक्षरक विकास

भेलैक, गुप्तोत्तर कालमे, आइसँ कमसँ-कम पन्द्रह सए वर्ष पूर्व परन्तु कर्णाट युगसँ पूर्वक साहित्य कहाँ उपलब्ध होइत अछि? ग्रन्थक रूपमे सर्वप्रथम वर्णरत्नाकारक रचना मानए पड़त जे हरिसिंहदेवक मिथिलात्यागक पश्चात भेल। परन्तु एहन प्रौढ़ गद्यक ग्रन्थ सहसा नहि लिखल गेल होएत यदि एहिसँ पूर्व मैथिलीमे साहित्य-रचनाक परम्परा नहि रहैत। परन्तु नान्यदेवसँ पूर्व तँ मिथिलामे राजा छले नहि जकर आश्रय पाबि मैथिल साहित्यकार अपन भाषा साहित्यक श्रीवृद्धि करितथि। हम तँ मानैत छी जे एही आश्रयक आकर्षणसँ कालिदासमिश्र पाटलिपुत्र गेलाह ओ चन्द्रगुप्त विक्रमादित्य दरबारमे आदर पाबि हुनके संग साकेत होइत उज्जयिनी धरि पहुँचलाह। जखन-जखन मैथिलीकेँ राजाक पोषणता प्राप्त भेलैक तखन ओ फूलाएल; जखन से नहि भेलैक ओ मुरझाए गेल। तेँ मैथिली-साहित्य एकाङ्गी भए गेल दरबारक वस्तु। लोक-साहित्य सेहो मैथिलीमे थोड़ नहि भेल परन्तु साक्षरताक अभावमे ओ सब मौखिक रूपेँ प्रचलित भेल ओ कालक्रमें लुप्त होइत गेल। मनबोधक कृष्णजन्म खण्डित बचल; दानलीलाल कतहु पता नहि। वस्तुतः कविलोकनि अपन रचना अपन आश्रय श्रीमानकेँ समर्पित कए देथि। इएह छल प्राचीन साहित्य-सर्जनाक प्रक्रिया जाहिमे कवि ओ पोषक दुइए गोटाकेँ ओहिसँ साक्षात सम्बन्ध। पछाति छापा चलल तथापि क्रम इएह रहल। मैथिलीक अधिकांश पोथी कोनहु श्रीमानूक द्वारा अथवा कोनहु सार्वजनिक संस्थाक द्वारा प्रकाशित भए बहुधा बिनु मूल्यहिक वितरण कए देल गेल। चन्दाझाक रामायणक दू गोट संस्करण एहिना वितरित भेल। दाम दएकेँ मैथिलीक पोथी किनबाक चालिए नहि होअए पओलक। तेँ पुस्तको थोड़ प्रकाशित भेल; ओकर प्रचारक क्षेत्र सीमित रहल; साधारणलोक धरि ओ पहुँचबो नहि कएल; साधारण लोक ओहिसँ अनभिज्ञ ओ तेँ क्रमशः विमुख रहए लागल। मैथिली साहित्य वर्गीय भए गेल। कहल जे जाइत अछि जे ई साहित्य मैथिल ब्राह्मण ओ करण कायस्थ मात्रक थिक से सर्वथा असत्य नहि। एमहर सए वर्ष सँ जे क्रम अछि से सएह सिद्ध करैत अछि।

परन्तु आब तँ देशमे श्रीमान नहि रहलाह जनिक प्रसादार्थ केओ साहित्यकार रचना करताह। साहित्यकेँ जनता धरि पहुँचाबए पड़त ओ तेँ ओकरा जन-जीवनक समीप लए जाए पड़त। साहित्य जा धरि जन-साहित्य नहि होएत ता धरि जनता ओहि दिश आकृष्ट नहि होएत। हमरा दू कोटि जनताकेँ दृष्टिमे राखि साहित्य-सर्जना करए पड़त; साहित्यकेँ वर्गीय रूपसँ दूर कए लोक-साहित्यक रूप देअए पड़त। तेँ साहित्यक कोनहु एक विधासँ, गीत-कवित्त मात्रसँ, किंवा कथा-वार्त्ता मात्रसँ साहित्यिक भण्डार भरत ई सोचबो व्यर्थ थिक। आब त उच्चसँ उच्च ओ सरलसँ सरल सब कथूक सृष्टि करए पड़त जकर पहुँचि जन-साधारण धरि होइक ओ जनसाधारण एहि साहित्यक रसास्वादन कए सकए तदर्थ सब यत्न करए पड़त। ई थिक एहि युगक आवश्यकता।

सम्प्रति साहित्य सर्जनाक तीन गोट अङ्ग स्फुट अछि। जनिका प्रतिभा छैन्हि से लिखताह। परन्तु केओ तखनहि लिखत जखन ओकर रचनाक सम्मान होएतैक, ओकर प्रकाशन भए सकतैक। थोड़ साहित्यकार छथि जे पोथी लीखि स्वयं प्रकाशनक भार उठओताह। ने प्रतिभावान लेखक पोथी लीखि प्रकाशकक ओहिठाम दौड़ब पसिन्द करताह। साहित्यकार अपन प्रतिभाक प्रकाशनक प्रतिफलहुक आशा रखैत छथि। मातृभाषाक सेवा-बुद्धिसँ कतेक काज चलत तेँ आवश्यक अछि जे प्रतिभासम्पन्न साहित्यकार यदि अपन समय ओ श्रम लगाए कोनहु ग्रन्थक रचना करैत छथि तँ ओकर प्रकाशक रहए जे ओकरा नीक जकाँ छपएबाक भार लए ओकरा प्रकाशमे आनए। परन्तु प्रकाशक तँ व्यवसायी होएत। यदि प्रकाशनसँ ओकरा लाभ नहि होएतैक तँ ओ एहन वृत्ति किएक करत। ताहूमे प्रकाशन-कार्य बड़ व्ययसाध्य भए गेल छैक। संग-संग प्रकाशनक कला ततेक उन्नति कएलक अछि जे केवल छपाए देलहि उत्तर कोनहु पोथीक प्रचार नहि भए सकतैक। तेँ व्यय आओर अधिक चाही। तेँ प्रकाशकके उत्साह तखनहि होएतैन्हि जँ ओहि पुस्तकक प्रचार खूब हो। यदि एक हजारक संस्करण तीन मासमे विकाए जाए तँ प्रकाशकके अपन पूँजी ऊपर भए जेतैन्हि तथा लेखकके ओ तखनहि किछु पारिश्रमिक दए सकथिन्ह। अतएव साहित्यसर्जनाक हेतु केवल लेखकेटा नहि, प्रकाशक ओ पाठक सेहो ओहने आवश्यक।

मैथिली साहित्यक एखन जे स्थिति अछि ताहिमे केवल लेखक टा प्रचुर संख्यामे भेटताह। साहित्यिक प्रतिभाक देशमे अभाव नहि अछि। विद्याक विकास ओ साक्षरताक प्रचार एमहर कम नहि भेल अछि। भारतवर्षमे भाषासाहित्यक जे एतेक विकास भेल अछि से मुख्यतः अङ्गरेजी शिक्षाक फलस्वरूप परन्तु आश्चर्य जे आइसँ पचास वर्ष पूर्व केवल संस्कृत पण्डित मैथिलीक उन्नायक छलाह; अङ्गरेजी पढ़ल व्यक्ति बहुधा एकर विरोधी रहलाह तेँ आधुनिक युगहुक मैथिली साहित्य आरम्भमे संस्कृतमूलक रहल; पश्चिमक सम्पर्कसँ ओहिमे जे नवीनता अएबाक चाही से बड़ विलम्बसँ आएल। वस्तुतः श्रीहरिमोहन बाबूक 'कन्यादान' एहि रूपक प्रथम कृति छल जे प्रकाशमे आएल। परन्तु आब से स्थिति नहि अछि। कम-सँ-कम कविता ओ लघुकथाक क्षेत्रमे मैथिली भारतीय कोनहु भाषा-साहित्यिक संग पूरि सकैत अछि। अन्यान्यो विषय पर मैथिलीमे सुन्दरसँ सुन्दर ग्रन्थ लिखल गेल अछि, लिखल जाए सकैत अछि। मैथिलीक जे व्याकरण प्रकाशित भेल अछि तकर प्रशंसा टर्नर साहेब ओ सुनीति बाबूक सदृश विश्वविख्यात भाषाशास्त्री कएने छथि। एखनहु हमरा संगमे कोश ओ अलंकार, वेदान्त ओ मनोविज्ञान, भाषाशास्त्र ओ उपनिषद; कम-सँ-कम दश बारह गोट विशिष्ट ग्रन्थक पाण्डुलिपि पड़ल अछि। एहिना कतेक ग्रन्थ लिखल अछि, लिखल जाए रहल अछि, लिखल जाए सकैत अछि।

परन्तु प्रकाशित तँ होइत अछि कविता, लघु-कथा ओ नाटकक पोथी सब। मैथिलीक केओ प्रकाशक नहि छथि; मैथिलीक प्रकाशन व्यवसायक रूप नहि धएलक अछि। एखन तँ जे पोथी प्रकाशित होइत अछि सब एही भरोसें जे ओ कोनहु परीक्षाक निमित्त पाठ्य निर्धारित भए जाएत ओ प्रकाशित होइतहिं ओकरा पाठ्य निर्धारित करबाक प्रयास होअए लगैत अछि। एही भरोसे ँ केओ प्रकाशक कोनहु पोथीके ँ छपएबाक हेतु प्रस्तुत होइत छथि। तैओ हजारक संख्यामे छात्रक हेतु जे पोथी पाठ्य निर्धारित होइत अछि से बिकाइत अछि सएक संख्यामे। फलतः एक हजारक संस्करणके ँ सधबामे तीनि चारि वर्ष समय लागि जाइत अछि। जे प्रकाशक पूँजी लगाए ओकरा छपैत छथि तनिका ओतबा दिन प्रतीक्षा करए पड़ैत छैन्हि तथा लेखकके ँ जँ पारिश्रमिक भेटितहुँ छैन्हि तँ ओतबा दिनमे। ई तँ पाठ्य पोथीक हाल थिक। साधारण पोथी तँ एक बेरि छपल उत्तर दशहु वर्षमे नहि बिकाइत अछि। श्रीहरिमोहन बाबूक सदृश लोकप्रिय प्रतिभावान सुविख्यात लेखक आब लिखब प्रायः छोड़ि देने छथि, कारण जे हुनको पोथीक केओ ग्राहक नहि होइत छैन्हि। श्रीयात्रीजीक सदृश प्रतिभा बला लेखक जनिक जीविके थिकैन्हि लिखब, मैथिलीमे प्रायः नहिए लिखैत छथि; ओ हिन्दीमे लिखैत छथि, कारण जे हिन्दीक लेखनसँ हुनक जीविका चलैत छैन्हि; मैथिलीक पोथीसँ किछुओ प्राप्ति नहि होइत छैन्हि। एकर परिणाम ई होइत अछि जे जे किछु प्रकाशित होइत अछि से सब एहने पोथी जकर प्रकाशनमे कम व्यय पड़ैक यथाः कविता, लघुकथा, छोट-छोट नाटक। पोथीक प्रकाशन बड़ व्ययसाध्य भए गेल छैक ओ केओ लेखक वा प्रकाशक जँ उत्साहो करैत छथि तँ ततबे व्यय करैत छथि जे सह्य भए सकैन्हि। एखनहु मिथिलाभाषामे गद्यलेखकसँ अधिक संख्यामे कवि छथि, कारण, कवि लोकनि तँ कमसँ कम कविसम्मेलनमे कविता-पाठ कए यश धरि पाबि जाइत छथि। लघुकथामे मैथिली बड़ प्रगति कएलक अछि, कारण, ओ छोट होइत अछि; पत्र-पत्रिका ताहूमे छपि जाइत अछि। गत वर्ष दू टा उपन्यास प्रकाशित भेल अछि परन्तु ओहो अत्यन्त छुछुन अछि, अत्यन्त छोट; उपन्यासक व्यापकता ओहिमे नहि अछि।

मैथिलीक पोथीक पाठक नहि छथि से बात नहि छैक। एक तँ मैथिलीक आन्दोलनसँ प्रायः प्रत्येक शिक्षित मैथिल मैथिलीक पोथीक दिशि साकांक्ष रहैत छथि; ओहुना मैथिलीक जे ग्रन्थ काव्यगुणसँ सम्पन्न रहैत अछि ताहि हेतु रसिक जनकेँ आकर्षण रहैत छैन्हि। परन्तु मैथिलीक पोथी प्रकाशित भेलहु उत्तर सुलभतया प्राप्त नहि होइत अछि। कतहु एक गोट स्थान नहि अछि जतए मैथिलीक पोथी भेटत। अधिकांश पोथी लेखकक संग रहि जाइत छैन्हि ओ सबके ँ एतेक अवकाश कहाँ, एतेक व्यग्रता कहाँ, जे प्रत्येक पोथी भिन्न-भिन्न ठाम सँ मङ्गओताह। साधारण जनता विशेषतः स्त्रीगण मध्य तँ इएह प्रवृत्ति अछि जे ककरहुसँ माङ्गिके ँ पढ़ि ली, कोन

पोथी प्रकाशित भेल अछि तकरो पता लगाएब सुगम नहि अछि। हम स्वयं मैथिलीक सब पोथी संग्रह करब तदथं सतत् सचेष्ट रहैत छी तथापि भए नहि सकल अछि। तेँ जेहने विकट प्रकाशनक समस्या अछि ताहूसँ विशेष नहि तँ ओतबे विकट ओकर वितरणक समस्या अछि। एमहर किछु दिन पूर्ब धरि मैथिली पोथीक सबसँ पैघ प्रकाशक भेल अछि दड़िभंगाक राज प्रेस मुदा वितरणक से अव्यवस्था ओतहु अछि जे ओतएसँ पोथी टको दए कीनब श्रमसाध्य नहि अछि। एकरो कारण अन्ततोगत्वा ओएह प्रतीत होइत अछि जे मैथिली पोथीक संख्या ओतबा नहि अछि जाहिसँ केओ व्यवसायी केवल ओही लए अपन दोकान चलाए सकताह। आइ यदि मैथिली पोथीक ग्राहकक संख्यामे वृद्धि हो ततबा वृद्धि हो, जे ओकर प्रकाशनसँ लाभ होअए लागए ओ ओकर विक्रयसँ एक गोट दोकान चलए लागए तँ संगहि एहि दुनू समस्याक समाधान भए जाइत अछि। ततबे नहि; ग्राहक भेलहि उत्तर ग्रन्थ-निर्माणसँ लेखकहुँकेँ किछु प्राप्ति भए सकतैन्हि; तखनहि प्रकाशक लोकनि सहित्यकारसँ पोथी लिखबओताह ओ तकर पारिश्रमिक दए सकताह। तखनहि तँ साहित्यसेवा मैथिलीक लेखकक हेतु एक गोट जीविकाक साधन भए सकैत अछि। मैथिलीमे साहित्य-सर्जनाक रूपे बदलि जाएत।

कहल जाइत अछि जे मैथिलीमे तेहन पोथी नहि लिखल जाइत अछि जे जन-साधारणकेँ रुचिकर होइन्ह ओ जेँ रुचिकर पोथी नहि लिखल जाइत अछि तेँ जन-साधारण ओकर ग्राहक नहि होइत छथि; ओएह व्यक्ति ग्राहक होइत छथि जनिका मैथिलीक पोथी किनबाक चाही ई भावना रहैत छैन्हि ओ से भावना जन-साधारणमे चाहब से कठिन। ई कथा सर्वथा असत्य नहि अछि। मैथिली साहित्य एक तँ ओहिना एकाङ्गी रहल अछि; एखनहु गद्यलेखकसँ अधिक कवि भेटताह। जएह कवि, सएह कथाकार, ओएह उपन्यासो लिखताह ओ कोनहु क्षेत्रमे सफलता भेटितहिँ अपनाकेँ महापण्डित बूझि शास्त्रहुक दाबा करताह, समालोचक भए गुण-दोषहुक विवेचना करए लगताह। जेहो नीक कवि छथि सेहो नव-नव प्रवृत्तिकेँ धए धए तेहन रचना करताह जे जन-साधारणक बुद्धिमे नहि आबि सकैत अछि। कथाक क्षेत्रमे सेहो नव प्रयोग ओकर प्रचारमे बाधक भए रहल अछि। हम मानैत छी जे हमरा भाषामे से अभिव्यक्तिक सामर्थ्य छैक ओ हमर साहित्यकार लोकनिमे से प्रतिभा छैन्हि जे कबिता वा कथहुमे नवसँ नव प्रयोग मैथिलीमे होइत अछि, भए सकैत अछि, ओ पचि जाइत अछि। परन्तु एहि प्रसङ्ग इहो स्मरण रहए जे हमर भाषा-साहित्यक पाठकक क्षेत्र केहन अछि। रचना ककरहु हेतु होइत अछि ओ हमर साहित्यकार बहुधा ओहि जन-साधारणक हेतु रचना नहि करैत छथि जाहि वर्गक पोषणातासँ वर्त्तमान युगमे मैथिली-साहित्यक अभिवृद्धि भए सकैत अछि। पुरान चालिक कविताकेँ सामन्तवादी कहू परन्तु मैथिलीक साधारण पाठकक हेतु एखनहु ओएह रुचिकर अछि, नवयुगक प्रयोगवादी कविता नहि। अङ्गरेजी साहित्यक

अनुकरण एखन हिन्दी समेतमे लोकप्रिय नहि भए सकल अछि, मैथिलीक तँ कथे नहि। दोसर, आन-आन उन्नत साहित्यमे नव प्रयोगक पाछाँमे एकटा परम्परा छैक। अङ्ग्रेजीमे आइ प्रयोगवादी उपन्यासकारके सुदीर्घ परम्परा छैक, जेम्सक उपन्यास रचल गेल स्काट, डिकेन्स ओ हार्डीक रचनाक पश्चात। हिन्दीमे प्रेमचन्दक रचनाक प्रचार भेलहि उत्तर जैनेन्द्रकुमार वा अज्ञेय लिखए लगलाह। मैथिलीमे यदि हम एकहि बेरि नवीनतम प्रयोग पर उतरब तँ परम्पराक अभावमे साधारण पाठक ओहि सँ की बुझताह? तहिना साहित्य क्रमशः बुद्धिक विलास भेल जाइत अछि ओ तेँ साधारण जनताक हेतु जे साहित्य होएत ताहि प्रसङ्ग देखए पड़त जे ओहिमे बुद्धिक ओतबे विलास रहए जतबा पाठकके सुगमतया गम्य होइन्ह। अतएव हमरा लेखकके लोकरुचिक परिष्कारसँ पूर्व लोकरुचिक अनुसरण करबाक चाहिऐन्हि। से नहि भेलासँ साधारण जनतामे साहित्यक प्रति आकर्षण नहि भए सकत। हमरा लेखकक समक्ष ई बिचार सतत रहए जे स्वान्तःसुखाय तँ रचना होइतहिं अछि, ओ होइतहिं रहत, परन्तु लोकके आकृष्ट करब सेहो हुनक एक गोट लक्ष्य होएबाक चाही। हँ, क्रमशः पाठकक रुचिक परिष्कार सेहो आवश्यक अछि परन्तु परिष्कार तँ तखन ने होएतैक जखन रचना पढ़ब। अतएव प्राथमिकता आकर्षणके देबाक थिक।

परन्तु इहो सत्य जे मैथिलीमे लोकप्रिय जे रचना अछि तकरो ग्राहक ओहि संख्यामे नहि होइत छथि जाहिसँ ओकर प्रकाशन लाभप्रद हो। दृष्टान्तक हेतु श्रीहरिमोहनबाबूक रचना लेल जाए, अथवा श्रीयात्रीजीक कृतिके देखल जाए। हिनका दूहू जनसँ विशेष प्रतिभावान लेखक एखन हमरा समाजमे नहि छथि जे रोचकता किंवा लोकप्रियतामे हिनक समता कए सकथि। परन्तु हिनको लोकनिक पोथी बिकाइत नहि छैन्हि। श्रीहरिमोहनबाबू तँ लिखब प्रायः छोड़नहि छथि तथा श्रीयात्रीजी केवल हिन्दीमे लिखैत रहैत छथि। हिनके लोकनिक जखन ई हाल तखन आनक की कहल जाए! एकरा की कहब? एहि प्रसङ्ग इहो स्मरण रहए जे केवल मनोरंजन मात्रक रचनासँ साहित्यक श्रीवृद्धि चाहब से नहि भए सकत। आकर्षणक एक गोट कारण, ओ से मुख्य कारण, मनोरंजन अवश्य थिकैक, परन्तु केवल मनोरंजनहिटासँ कोनहु पुस्तकक यथार्थ महत्ता बुझल नहि भए सकैत अछि। आब मिथिलाभाषाभाषी समाजमे शिक्षाक प्रचार नगण्य नहि अछि। एतेक शिक्षित व्यक्ति छथि, एतेक विभिन्न क्षेत्रमे, आ सबके कोनहुँ विषयमे विशेष रुचि अवश्य होएतैन्हि। तेँ कहब जे सबके हास्यरसहिक कविता नीक लागत अथवा सबके लघुकथामे सएह स्नेह होए तेँन्हिं से नहि। तेँ साहित्यक सभ अङ्गक पुष्टि हो, सब विधाक विकास हो, सभ रंगक रचना हो से चाही। तदर्थ शिक्षित समाजक रुचिक परिष्कार हो, पुस्तकमे प्रेम हो से आवश्यक। तेँ एहिमे अन्योन्याश्रय सम्बन्ध अछि। यावत रुचिकर ग्रन्थक निर्माण नहि होएत तावत

मैथिली लोकप्रिय नहि होएत; यावत मैथिलीक पोथी लोकप्रिय नहि होएत तावत ओकर ग्राहकक संख्या नहि बढ़त, तावत मैथिलीक पुस्तकक प्रकाशन लाभप्रद नहि होएत। एहि जिच्चकेँ दूर करए पड़त ओ से सबसँ सुन्दर रीतिएँ होइत यदि बिहार-सरकार अपन अनुदान सँ मैथिलीक प्रकाशनमे साहाय्य करितए। पोथी छपैत, नीक-नीक पोथी छपैत, ओ विक्रयक ओतेक व्यग्रता ओहि हेतु नहि रहैत, मुदा शिक्षित समाजमे कोन दिशि रुचि छैन्हि सेहो ओहिसँ बुझबाक योग्य भए जाइत। तदनुसार प्रकाशक किंवा लेखक अग्रिमक हेतु योजना बनबितथि। परन्तु सरकारसँ लगले किछु आशा करब असम्भव, तेँ हमर विचार जे हमरा लोकनि स्वयं पुस्तक-निर्माण, ओकर प्रकाशन ओ वितरणक एक गोट योजना बनाबी ओ कमसँ कम पाँच वर्ष यदि योजना-बद्ध कार्य चलए तँ हमरा तँ विश्वास अछि जे तावत मैथिली-साहित्यिक रूपरेखा सएह बदलि जाएत ओ भविष्यक हेतु मार्ग प्रशस्त भए जाएत।

हमर अनुभव अछि जे कोनहु पोथीक चालीस प्रतिशत बिकाए गेलासँ ओकर प्रकाशन ओ साधारण रूपेँ वितरणक व्यय ऊपर भए जाएत। से यदि नहि भेल तखन तँ जे पूँजी लए प्रकाशनक कार्य आरम्भ करब तकर मूलधन घटए लागत। अतएव सब सँ प्रथम उद्योग होएवाक चाही जे प्रकाशनक तीन मासक अभ्यन्तर एक हजारक संस्करणक चारि सए पोथी विकाए जाए। यदि हमरा लोकनि एक हजार एहन सदस्य बनाए ली जे वर्ष मे कम सँ कम दस रुपैआक मैथिलीक पोथी कीनथि तँ ओहि वर्ष हमरा लोकनि पचीस हजार मूल्यक पोथी प्रकाशित कराए सकैत छी, जकर अर्थ भेल जे पाँच टाका मूल्यक पाँच गोट पोथी प्रकाशित भए जाएत ओ जँ ई योजनाबद्ध होएत तँ ई सब पोथी उच्च स्तरक रहत, एहन रहत जाहिसँ साहित्यक यथार्थ श्रीवृद्धि भए सकत। मिथिलाभाषाभाषी जनता मध्य शिक्षाक प्रसार, हमरा लोकनिक मध्य जातीय जागरण ओ ताहिसँ उत्साह, मातृभाषाक प्रति स्नेह ओ ताहि हेतु किछु करबाक भावना, सबसँ विशेष आत्मगौरव, आत्मविश्वास ओ आत्मरक्षाक प्रतिदिन बढ़ैत लहरि देखि हमरा तँ भरोस होइत अछि जे एक हजार एहन व्यक्ति भेटब कठिन नहि छथि जे वर्षमे मातृभाषाक पुस्तकक हेतु दस टाका व्यय करबाक क्षमता ओ उत्साह रखैत होथि। प्रतिवर्ष सए ठामसँ कम विद्यापति-स्मृति नहि बनाओल जाइत अछि; यदि प्रत्येक ठाम आयोजक लोकनि हराहरी दस गोट सदस्य बनाए लेथि तँ हजार पूरि जाएत ओ अनायास पूरि जाएत। ओहुना हमरा लोकनि एकरा केन्द्रमे बाँटि सकैत छी। (1) दड़िभङ्गा नगर, (2) दड़िभङ्गा-मण्डल, (3) मधुबनी ओ ओकर मण्डल, (4) पटना, (5) कलकत्ता, (6) सहरसा-सुपौल-मधेपुरा, (7) भागलपुर-देवघर-दुमका, (8) राँची-सिन्द्री-जमशेदपुर, (9) काशी-प्रयाग, (10) दिल्ली। देहातकेँ छोड़ि दिअ। केवल शहरहुसँ एना प्रचार कएलासँ एक हजार सदस्य भए जएताह, से यदि भए

जाए तँ प्रकाशनक कार्य अबाधगतिसँ चलि सकैत अछि। एहि पचीस हजार मूल्यक पाँच गोट पुस्तकक प्रकाशनमे व्यय पड़त दस हजार। एतबा पूँजी एक सए व्यक्ति एक-एक सएक अंश दए एकत्र कए सकैत छथि ओ एकरा लिमिटेड कम्पनीक रूप दिऔक अथवा को-ओपरेटिवक। सए गोट शेअर-होल्डर दस व्यक्तिकेँ बीछि हुनका एकर सबटा भार दए सकैत छथि जे विधिवत् सबटा काज करताह; पुस्तकक चुनाव करताह, ओकरा छपएबाक व्यवस्था करताह, पुस्तक छपाए केन्द्र-केन्द्र पठओताह ओ सबटाक लेखा-जोखा रखताह। एहिसँ छोट की योजना होएत ओ यदि इहो हमरालोकनि नहि कए सकैत छी तँ मिथ्या मैथिलीक आन्दोलन करब थिक, मैथिलीक वृद्धि नहि भए सकैत अछि; हमरा लोकनि चुप भए बैसि रही।

परन्तु ई सब के करत? कर्त्तव्य थिकैक ई मैथिली-साहित्य-परिषदक परन्तु ओ तँ केवल नाम-मात्रक हेतु अछि, सर्वथा निष्क्रिय अछि। मिथिला मण्डलमे कोनो दोसर संस्था नहि अछि ने भए सकैत अछि। हमरा दृष्टिमे दू टा क्षेत्र अछि, मिथिलासँ फराक, दूर, जतए ई काज भए सकैत अछि, नीक जकाँ भए सकैत अछि। वस्तुतः देशसँ दूरहिँ लोककेँ अपन देशक ममत्व जाग्रत होइत छैक। से क्षेत्र थिक पटना ओ कलकत्ता। पटनाक चेतना समिति एखन मैथिलीक सबसँ क्रियाशील संस्था अछि, बिहार-राज्यक राजधानीमे अछि। कलकत्ता मैथिलीक हेतु सिद्धिपीठ जकाँ तीर्थस्थान थिक। जँ कलकत्ता मैथिलीकेँ स्थान नहि देने रहितए तँ बिहारमे मैथिली उपेक्षिते रहितए। ओतहु पटनहि जकाँ बहुत अधिक संख्यामे, हम तँ बुझैत धी जे पटनहुसँ अधिक, शिक्षित मैथिल छथि। दूनू ठाम अपूर्व उत्साह अछि, विचारहुक कमी नहि अछि। सबसँ विशेष ई लोकनि अपन रचनात्मक कार्यदक्षतासँ प्रमाणित कए देल अछि जे मैथिलहुक संस्था किछु ठोस काज कए सकैत अछि। तेँ पटनाक चेतना समिति ओ कलकत्ताक मैथिल समाज ई काज अपना हाथमे लेअए। दूनू ठाम यदि ई काज आरम्भ हो तँ परस्पर स्पर्धा सँ किछु विशेष काज भए सकैत अछि अथवा दूहू ठाम सँ सम्मिलित योजना सएह बनए। एहि प्रसङ्ग हमरा योजना समेत तैयार अछि ओ हम अपन जेना जे चाहथि तनिका देबाक हेतु प्रस्तुत छी।

वस्तुतः प्रकाशनक काज एखन एतेक महत्त्वपूर्ण अछि, साहित्यक भविष्य एहि पर एतेक अवलम्बित अछि ओ एहि दिशामे हमरालोकनि ततेक पछुआएल छी जे सबसँ मुख्य प्राथमिकता एकरहि देल जाए। प्रकाशनक कोनो व्यवस्था होइतहिं साहित्य-सर्जना स्वतः होअए लागत। मुदा ई आब वैयक्तिक रूपसँ चलनिहार नहि थिक, एहि हेतु सामूहिक यत्न विधेय थिक।

5

दू गोट आओर समस्या हमरा लोकनि समक्ष अछि जाहि दिशि शिक्षित समाज साकांक्ष नहि बूझि पड़ैत छथि। प्रथम थिक रेडियो द्वारा मैथिलीक प्रसारण।

कहबाक प्रयोजन नहि जे एहि युगमे रेडियोक की महत्त्व छैक। सांस्कृतिक क्षेत्रमे एकर प्रभाव सर्वोपरि ओ भाषाक स्वरूप सबसँ सुन्दर जकाँ रेडियो द्वारा नियमित भए सकैत अछि। अङ्गरेजी भाषाक उच्चारणक हेतु एक गोट सर्वमान्य प्रमाण बी.बी.सी.क ब्रोडकास्ट मानल जाइत अछि। एमहर किछु दिनसँ पटनासँ मैथिलीक प्रोग्राम प्रसारित होइत अछि; अचिरहिं भागलपुरमे रेडियो स्टेशन खूजि रहल अछि ओ दड़िभङ्गामे स्टेशन होएबे करत से निश्चित भए गेल। मैथिलीक हेतु ई बड़का उपलब्धि थिक ओ एहि हेतु हमरा लोकनिकेँ भारत-सरकारक प्रति कृतज्ञ होएबाक चाही। परन्तु एहिसँ जे फल होएबाक चाही से नहि भए रहल अछि। किछु तँ प्रोग्राम नव अछि; मैथिली-प्रसारणक हेतु स्वतन्त्र रूपसँ टाका देल नहि गेल छैक; मैथिलीक प्रोग्रामक हेतु केओ व्यक्ति स्वतन्त्र रूपसँ नियुक्त नहि छथि, इत्यादि कारणसँ सब किछु मनोनुकूल नहि भए रहल अछि बहुत त्रुटि बुझना जाइत अछि परन्तु इहो सत्य जे कतोक वस्तु एहन छैक जे एक बेरि चलि गेल तँ ओकरा बदलब कठिन भए जाइत छैक, परम्परा बनि जाइत छैक जे आगाँक हेतु प्रमाण भए जएतैक। एहि प्रसङ्ग व्यक्तिगत रूपसँ हमरा बड़ संतोष अछि जे आकाशवाणीक अधिकारीगण सेचष्ट छथि जे मैथिलीक प्रोग्राम सुन्दर हो, रोचक हो तथा हम जखन जे किछु सुझाव देलिऐन्हि अछि तकरा मनसँ सुनलैन्हि अछि। मुदा हम सुझाव देनिहार के ओ कतेक सुझाव देबैन्हि। मिथिला आ मैथिलीसँ घनिष्ठ रूपे सम्बद्ध केओ जन ओतए छथि नहितेँ बहुत त्रुटि अनजानमे, अनभिज्ञतासँ अछि। एहि प्रसङ्ग एक गोट काज जे अविलम्ब होएबाक चाही से ई जे मैथिलीक प्रोग्रामक प्रसङ्ग परामर्श देबाक हेतु चारि-पाँच जन बीछल मैथिलक एक गोट समिति बनाए देल जाए। दिल्लीक प्रसारण-मन्त्रणालयक एहि मे सम्मति छैक। सबटा विषय तँ हमरा तथ्यतः ज्ञात नहि अछि मुदा ई कार्य प्रायः पटनाक स्टेशन-डाइरेक्टर सएह कए देताह। अतएव एकरे चेष्टा कएल जाए जे यथार्थ साहित्यिक व्यक्ति लोकनिक परामर्शदात्री समिति बनि जाए जे मैथिलीक प्रोग्रामक नीति निर्धारित करए ओ तकर कतेक दूर धरि पालन होइत अछि से देखैत रहए। हमरा जनैत एतबहिसँ बहुत रास सुधार अनायास भए जाएत।

प्रसारणक भाषाक प्रसङ्ग हमर वक्तव्य जे एखन जाहि भाषामे प्रसारण भए रहल अछि से सर्वथा सन्तोषप्रद नहि अछि। सब केओ इएह चेष्टा करैत छथि जे केन्द्रीय मैथिली बाजी ओ जे केन्द्रक नहि रहैत छथि सेहो सएह यत्न करैत छथि। परन्तु बाजि होइत नहि छैन्हि ओ तेँ भाषा भए जाइत छैन्हि अनचिन्हार। जे जेना बजैत छथि ताही भाषामे यदि ओ प्रसारण करथि तँ निश्चय हुनक भाषामे स्वाभाविकता रहत ओ केन्द्रीय मैथिलीकेँ ओ विशुद्ध नहि बूझि पड़ैन्ह मुदा एहि लए जे उच्च ओ नीचक दूषित भावनाक बीज समाजमे विष-वपन कए रहल अछि, अपनामे भेद-भावक प्रसार कए रहल अछि, मैथिलीक मर्यादाकेँ संकुचित करैत रहैत अछि,

से दूर भए जाएत। भागलपुरक लोक अपन बोलीमे बाजथु, मुजफ्फरपुरक लोक अपन बोलीमे, मधुबनीक लोक अपन बोलीमे—की क्षति जे सब बोली मैथिलीक प्रसारणमे प्रयुक्त हो? एहिसँ तत्तत् प्रान्तक लोकके ँ ई भावना स्वतः जाग्रत भए जएतैक जे हमरो बोली मैथिली थिक। प्रमुखता रहौक केन्द्रीय मैथिलीके ँ, यदि आवश्यक प्रतीत हो तँ केन्द्रीय मैथिलीक पाठ मासमे गोटेक दिन प्रसारित होइत रहओ परन्तु आञ्चलिक भाषामे प्रसारण भेलासँ अङ्गिका ओ बज्जिकाक जे आन्दोलन राजनीतिक चालिसँ अनुप्राणित भए भाषाक मर्यादाके ँ दूरि करए जाए रहल अछि तकर निराकरण भए जाएत। भागलपुरमे प्रसारण-केन्द्र स्थापित भए रहल अछि ओ ते ँ भागलपुर-देवघर-दुमका-पुरनिञाक बोलीके ँ महत्त्व देबाक समय सेहो बड़ उपयुक्त अछि। यदि मैथिलीक नेताक दिशिसँ एखन उदार-नीतिक अवलम्बन कएल जाए, परस्पर भेद-भावके ँ दबाए एकत्व भावनाके ँ प्रमुखता देल जाए, मैथिलीक क्षेत्रके ँ व्यापक बनाओल जाए तँ हमर भाषाक मर्यादा सुदृढ़ भए जाएत, ओ एकर जे परिणाम राजनीतिक स्तर पर प्रबल भए उठत ताहिसँ मैथिल जातिक कल्याण निश्चित अछि।

6

दोसर समस्या अछि मैथिली लिपिक। भाषा ओ लिपिके ँ परस्पर जे सम्बन्ध छैक ताहि प्रसङ्ग सुधी समाजके ँ किछु कहबाक प्रयोजन नहि। आइ मैथिलीक प्रसङ्ग जे वाधा भए रहल अछि तकर एकमात्र कारण थिक जे हमरा लोकनि अपन लिपिके ँ त्यागि देल। भारतीय राष्ट्रीयताक हितक भावनासँ प्रेरित भए हमरा लोकनि ई त्याग कएल से सब बिसरि गेल। आइ यदि मैथिली लिपि प्रचलित रहैत तँ भारतमे एकताक सूत्रमे ओहो एकटा गेंठ रहैत। हिन्दी साम्राज्यवादक पुजेगरी लोकनि हमर उदारताके ँ दुर्बलता बूझि लेल, हमर त्यागके ँ मूर्खता मानि लेल ओ क्रमशः हमर भाषाक समूल नाश करबा पर लागि गेलाह, हमर जातीय सत्ता पर आघात करए लगलाह। भाग्यसँ हमर भाषा बँचि गेल; मैथिल संस्कृति नष्ट नहि भेल; मिथिला जिबैत अछि। आब जखन आंशिक सफलता प्राप्त भए गेल अछि, भाषाक सत्ता स्वीकृत भए गेल तखन विचारणीय थिक जे की हमरा लोकनि अपन लिपिके ँ सत्ये त्यागनहि रहब! हम एहि प्रसङ्ग निराश छी। कालक गति, लोकक प्रवृत्ति ओ समस्याक जटिलता एकर विरोधी अछि। परन्तु मैथिलीक हेतु यदि पुनरुत्थानक युग आबए, देशमे उत्साहक लहरि लहरैत रहए, सबसँ विशेष तँ जातीय भावनाक प्रसार यदि व्यापक रूप करए तँ ताहि सङ्ग लिपिक पुनरुज्जीवन सम्भव भए सकैत अछि। तावत् हमरा लोकनि दश-पाँच गोटे ओकरा धएने छी, तकरा लुप्त नहि होअए देब। भविष्य निर्भर अछि नवयुवकक उत्साह ओ शिक्षित समाजक कर्त्तव्य-भावना पर। युगधर्मसँ प्रेरित भए मीथिलाभाषाभाषी

जन-समुदाय यदि संकल्पबद्ध भए कनेक कर्त्तव्यनिष्ठ भए जाए तँ मिथिलाक गौरव अवश्य पूर्ववत सुदृढ़ भए जाएत ओ तखन मैथिली-लिपिक समस्या स्वतः समाधेय भए जाएत।

मैथिलीक इएह थिक वर्त्तमान समस्या। समस्याक प्रतिपादन हम जहाँ धरि विस्तारसँ भए सकल कएल अछि। समाधानहुक दिशि हम संकेत करैत अएलहुँ अछि। सुधी-समाज एहि पर स्थिर चित्तसँ विचार करथि। स्मरण रहए जे ई हमर अपन विचार थिक, हमर वैयक्तिक भावना। राग ओ द्वेष छाड़ि हम अपन मनक भाव एतए व्यक्त कएल अछि ओ राग तथा द्वेष छाड़ि एहि विषय पर विचार हो से हमर अनुरोध। एना स्पष्टरूपसँ विचार उपस्थित करबाक साहस हमरा भेल अछि ओहि भारसँ, उत्तरदायित्वसँ पूर्ण भारसँ, जकर अनुभब हम करैत छी साहित्य अकादमीक सदस्यतासँ। ओतए हम मैथिलीक प्रतिनिधित्व करैत छी ओ तेँ मैथिलीक समस्याकेँ उपस्थित करबाक हमरा अधिकार अछि। मैथिलीक विषय अकादमीक समक्ष हमरहि राखए पड़त; हमरहि एकर समस्याक समाधान कहए पड़त। अतएव हम अपन कर्त्तव्य बूझि अपन विचार एतए उपस्थित कएल अछि। हमरा संतोष होएत जँ एहि विषय पर मिथिलाभाषाभाषी शिक्षित समाज विचार करथि। समाधानक प्रसङ्ग हम जे विचार उपस्थित कएल अछि सएहटा प्रतीकार छैक वा हमर सब विचार निर्भ्रान्ते अछि ई कहबाक धृष्टता हम नहि करब। परन्तु गत तीस वर्षसँ मैथिलीक सेवामे लग्न हमरा कतोक वस्तु मनमे जमि गेल अछि जे एतए हम व्यक्त कए सबहिक दृष्टिमे आनि देल अछि। हम आरम्भहुमे कहल अछि ओ पुनः कहब जे मैथिलीक अभ्युदय एक व्यक्तिक साध्य नहि छैक। दू कोटि जनताक भाषाक निमित्त दूनू कोटि जनताक सहयोग ओ सेवा अपेक्षित छैक। यदि शिक्षित समाजसँ सहयोग भेटत त हमरहुसँ किछु सेवाकाज भए सकत। यदि समाज अपनाके कृतकृत्य बूझि बैसि रहत तँ साहित्य अकादमीक मान्यता हमर कोनो उपकार नहि कए सकैत अछि।

(1996)

मिथिला भाषा ओ लिपि

आइसँ शतावधि वर्ष पूर्व यदि उत्तर भारतक भाषा-साहित्य सबहिक लेखा लेल जाइत तँ एहिमे कोनो सन्देह नहि जे मिथिलाक भाषाक, साहित्यिक महत्त्व किंवा विस्तार कोनहु दृष्टिसँ कोनहु भाषा-साहित्यसँ न्यून नहि प्रमाणित होइत। परन्तु एहि शतवधि वर्षमे परिस्थितिमे कतेक पैघ अन्तर भए गेल अछि ओ एखनहुँ धरि कतेक सज्जन एहेन छथि जे मिथिलाक भाषाकेँ स्वतन्त्र भाषा स्वीकार नहि कए सकैत छथि परञ्च गत शताब्दीक अन्तिम चरण धरि एहि भाषाक एवं एहि भाषाक साहित्यिक महिमा एहि रूपेँ भारतवर्षक एहि अंचलमे व्याप्त छल जे हमरालोकनिक विश्वकवि रवीन्द्रनाथ पर्यन्त अपन काव्य-कलाक विकासक आरम्भमे गीत सबहिक रचना जाहि भाषामे 'भानुसिंह'क नामसँ कएलसे एही भाषाक विकृत रूप थिक जकर प्रयोग बङ्गलामे गत पाँच सए वर्षसँ होइत आयल छल तथा जकरा बङ्गाली लोकनि पश्चात यथार्थताक अनभिज्ञतासँ 'ब्रजबूली' कहए लागल छलाह। वस्तुतः विश्वकविक रहस्यवादक विकासमे कबीरक पश्चात् विद्यापतिहिक प्रभाव प्रचलित होइत अछि जाहि रहस्यवादकेँ बङ्गलामे चैतन्यानुयायी वैष्णव महाजनगण स्फुट करैत गेलाह।

मिथिला भाषाक स्वातन्त्र्य, ओकर स्वतन्त्र लिपिए प्रमाणित करैत अछि ओ सम्प्रति ओहि लिपिक ह्रासक कारणहिं हमरा लोकनिक भाषाक स्वातन्त्र्य प्रमाणनीय भए गेल अछि। आसामी किंवा ओड़िया भाषाक प्रसंग कतहु कोनो सन्देह नहि कएल जाइत अछि, परन्तु ई दुर्भाग्य केवल मिथिलाक भाषाक अछि। बङ्गला, आसामी ओ ओड़िया लिपि मैथिली लिपिक विकसित रूप थिक ई ओहि तीनू लिपिमे आइसँ चारि-पाँच सए वर्ष पूर्वक लेखसँ स्पष्ट भए जाएत ओ ताहि रूपक लेखकक एखनहु अभाव नहि अछि। ताहिसँ पूर्व देशमे स्थान-स्थान पर उपलब्ध शिला-लेख सभ साक्षी अछि जे काशीसँ पूर्व एहि समस्त भूभागमे केवल इएहटा लिपि प्रचलित छल। कालक्रमे कोन रूपसँ पश्चिम-दक्षिणक देवनागरी लिपिक प्रसार बढ़ैत-बढ़ैत मैथिली-लिपिक क्षेत्र संकुचित करैत पूर्व दिशि जाए रहल अछि, ई भारतीय लिपि शास्त्रक एक गोट अत्यन्त मनोरंजक अध्याय अछि। तथापि यदि

केओ विद्वान मिथिलाक स्वतन्त्र लिपिक प्रसङ्ग सन्दिग्ध होथि तँ हुनका के मनाए सकत? मिथिलामे मिथिलाक लिपि एखन पर्यन्त लुप्त नहि भेल अछि ओ एखनहु कतोक जन एहि अञ्चलमे छथि जनिका मिथिलाक्षर छोड़ि दोसर लिपि लिखए नहि अबैत छैन्हि ओ एहि लिपिमे अक्षरारम्भ तँ प्रायः सकल प्रतिष्ठित मैथिल परिवारमे होइतहिँ अछि। परञ्च इहो मानए पड़त ओ से खेदक सङ्ग मानए पड़त जे अपन लिपिक उपेक्षाक कारणहिँ हमरा लोकनिक भाषा उपेक्षित भए रहल अछि ओ समयक गति नहि जानि, परञ्च आशा नहि होइत अछि जे एहि दिशि मैथिल समाजमे आबहु ताहि रूपक उत्साह होएत जे मिथिलाक्षरक पुनरुद्धार भए सकत ओ बिनु से भेलेँ जाहि विषय परिस्थितिमे हमरा लोकनि सम्प्राप्त छी ताहि परिस्थिति मध्य हमरा लोकनि अपन भाषाक स्वातन्त्र्य अक्षुण्ण कोना रखि सकब सेहो दुरूह बोध होइत अछि।

मिथिला भाषाक प्राचीनता भाग्यसँ सत्साहित्य-बद्ध अछि ओ अन्य भाषा-भाषी द्वारा ओहि साहित्य सबहिक समीक्षा सँ तावत ओहिमे अन्य भाषाक आरोप हो परञ्च क्रमशः सत्यक उद्‌घाटन भए जायब स्वभावसिद्ध थिकैक। वस्तुतः जाहि प्राच्य-अपभ्रंश भाषामे बौद्ध-धर्म प्रचारक लोकनि सकल जनहिताय सत्साहित्यिक स्रोत आइसँ सहस्र वर्ष पूर्व परिचालित कएल सएह विकसित होइत-होइत हमरा लोकनिक मैथिली भाषा थिक। समय-समय पर परिस्थितिक अनुकूलता किंवा प्रतिकूलतासँ से स्रोत कहुखन वृद्धि वा कहुखन ह्रास, कहुखन वेग वा कहुखन स्थिरता पबैत रहल अछि, परन्तु सुखाएल धरि अछि ओ स्रोत कहियो नहि। डाकक, हुनके सदृश अन्य-अन्य ज्योतिषी लोकनिक वचन, जे प्राचीन मैथिलीनिबन्धमे आचार्यक मत सदृश उद्‌धृत अछि एहि अपभ्रंश भाषामे उपनिबद्ध अछि। विद्यापति प्रथम महाकवि थिकाह जे मिथिलाक भाषामे गीतक रचना आरम्भ कएल, परञ्च हुनको प्रारम्भिक रचना एही अपभ्रंश भाषाक किछु विकृत रूपमे भेल जकरा ओ 'देसिल बएना' कहल अछि।

एहिमे सन्देह नहि जे आदि प्राच्य अपभ्रंश भाषाकेँ केवल मैथिलीक प्राचीन रूप कहब युक्तिसंगत नहि होएत। ताहि कालमे मैथिली, बङ्गला, ओड़िया किंवा आसामी भाषा सबहिक रूप स्फुट नहिँ भेल छल ओ तेँ एहि सब भाषाक जननीभूत एहि अपभ्रंश भाषामे थोड़-बहुत सब भाषाक लक्षण परिलक्षित होइत अछि। इएह कारण थिकैक जे बौद्ध सिद्धगणक रचना जकर नामकरण बौद्धगान ओ दोहा गीति, अछि क्रमशः बंगला, आसामी एवं मैथिली प्रत्येक भाषाक प्राचीन साहित्य गनल जाइत अछि। प्रत्येक भाषाभाषी ओहिमेसँ लक्षण सब ताकि-ताकि बाहर करैत छथि जे आगाँ आबे तत्तद्‌भाषामे विकसित भेल। परन्तु विचार कएला उत्तर प्रतिभासित होएत जे जहिना लिपि तहिना भाषाक सम्बन्धमे सेहो कहल जाए सकैत अछि जे ओही भाषासँ सब भाषा विकसित भए पृथक भेलि अछि।

परन्तु मूलतः यदि ओ कोनहु भाषाक प्राचीन रूप कहाए सकैत अछि तँ से भाषा मैथिली थिक। तकर निर्णय केवल भाषाक दृष्टिसँ पर्यालोचना कएनहि टा नहिं भए सकत। तदर्थ ओकर भाषाक, ओहिमे वर्णित व्यवहारक एवं आचारक, ओकर विषयक जकरा सम्प्रति संस्कृति कहैत छिऐक तकर विवेचना विशेष आवश्यक अछि। हम एतए एक गोट मात्र दृष्टान्त दैत छी दोहा-कोष नामक ग्रन्थमे सरहपादक एकटा पद अछि 'सिद्धिरत्थु मइ पढ़मे पठिअउ मण्ड पिवन्ते विसरअ एमइउ' इत्यादि।

'सिद्धिरस्तु' हम प्रथम-प्रथम पढ़लहुँ ओ माँड़ पिबैत-पिबैत सबटा पढ़ल बिसरि गेलहुँ इत्यादि।

आब विचारणीय अछि जे सिद्धिरस्तु सँ अक्षरारम्भ कोन जातिक संस्कृतिमे भेटैत अछि ओ माँड़ पीलासँ संस्कारक हानि हो एहि रूपक विश्वास कोन क्षेत्रमे प्रचलित अछि? कहए नहि पड़त जे मिथिलामे अक्षराम्भ दिन जकरा आब 'खड़ी' कहैत छिऐक, पाथर पर इएह सिद्धिरस्तु चारू अक्षर लिखाओल जाइत अछि। केवल एहि चारू अक्षरसँ पूर्व 'आँजी' कहाए एकटा बुझू 'यन्त्र' लिखाओल जाइत अछि। जहाँ धरि हमरा पता अछि कोनहु आन क्षेत्रमे, यथा बङ्गाल, एहि चारू अक्षरसँ अक्षरारम्भक व्यवहार नहि अछि। तहिना माँड़हुक प्रसंगमे मिथिलामे प्रवाद एखन पर्यन्त प्रसारित अछि। एही रूपेँ यदि एहि दोहा कोश अथवा अन्यान्यो गीत सबहिक विषयक नीक जकाँ पर्यालोचन कएल जाए तँ हमरा विश्वास अछि जे एहि बौद्धगान ओ दोहाक पृष्ठभूमिमे जाहि देशक वा जातिक भाव ओ विचार निहित अछि से मैथिली प्रमाणित भए जायत। वस्तुतः भारतक पूर्वोत्तर अञ्चलमे साहित्यिक परम्परा आदित : मिथिलाक भाषामे प्रारम्भ भेल एहिमे विवादक अवकाश नहि अछि।

(मैथिली साहित्य सुमनसँ)

मैथिली लिपि

मिथिलाक सांस्कृतिक प्राचीनता अथवा ओकर स्वतन्त्र अस्तित्वक द्योतक जे कतोक वस्तु एखनहु वर्त्तमान अछि ताहिमे अन्यतम थिक मिथिलाक अक्षर जकर पुरान नाम थिक तिरहुता परन्तु जे मिथिलाक्षर कहल जाइत अछि तथा जकरा आब लोक मैथिली लिपि सेहो कहए लागल अछि। अत्यन्त खेदक विषय थिक जे ई लिपि आब उठल जाइत अछि, एकर प्रचार दिनानुदिन क्षीण भेल जाइत अछि, ओ हमरा तँ भरोस नहि अछि जे देशक जे वर्त्तमान परिस्थिति अछि, लोकक भावनाक जे प्रवृत्ति अछि, आ सबसँ विशेष हमरा-लोकनि एहि दिशामे ततेक पछुआएल छी, पछुआए गेल छी, जे आब जे चाहब जे तिरहुताकेँ पूर्वक स्थिति पर लए जाएब, मिथिलाक्षरकेँ पुनः प्रतिष्ठित करब, मैथिली लिपिक पुनि प्रचार करब से जेना नदीक वेगकेँ बहाए कए लए जाएब दुःसाध्य अछि तद्वते असम्भव नहि तँ दुःसाध्य अवश्य अछि।

परन्तु आइसँ सत्तरि--पचहत्तरि वर्ष पूर्व धरि ई स्थिति नहि छल। हम एहन एहन पण्डितकेँ नीक जकाँ देखने छिऐन्हि जे तिरहुता छाड़ि दोसर अक्षर लिखए नहि जानथि; ओ देवाक्षरमे छपल पोथी पढ़ि लेथि मुदा लिखथि केवल तिरहुता, एहन तँ बहुतो लोक हाल धरि छलाह। सातम शताब्दीक आदित्यसेनक शिलालेख मन्दार पर्वत पर भेटल छल जे तिरहुतामे अछि ओहि लिपिक प्राचीनतम उपलब्ध आदर्श इएह थिक। दशम-एगारहम शताब्दी धरि गयामे प्रायः जतेक शिलालेख भेल ताहि सबकेँ तिरहुता जँ नहि तँ तिरहुताक लेख-शैलीसँ प्रभावित अवश्य मानए पड़त। हमर तँ धारणा अछि जे गुप्तकालोत्तर एहि लिपिक विकास भेल जे कथा एकर नामहुसँ ध्वनित होइत अछि, कारण, तीरभुक्ति अथवा तिरहुति एहि देशक नाम गुप्तलोकनिक देल अछि। गुप्तसाम्राज्यहिमे प्रान्त सबकेँ 'भुक्त' कहल जाइक। गुप्तकालीन साम्राज्यक केन्द्र मगधसँ ई लिपि प्रसृत होइत समस्त पूर्वोत्तर भारतमे पसरि गेल ओ एखनहु बङ्गला ओड़िसा तथा असमिया लिपि एही लिपिक विकसित रूप मानल जाइत अछि। भारतक एहि अञ्चलमे जे तन्त्रशास्त्रक विकास भेल ताहिमे जे वर्णमाला वर्णित अछि से विशुद्ध तिरहुताक वर्णमाला थिक।

आसामक लिपि तँ तिरहुताक अत्यन्त सदृश अछि; बङ्गला लिपि सेहो एकर सदृश अछि ओ केवल आठ गोट अक्षरक स्वरूप बङ्गलामे एमहर आबि भिन्न भेल अछि। ओड़िआ वर्णमाला पर दक्षिणक प्रभाव विशेष अछि ते ँ ओकर लेख शैली भिन्न लगैत अछि परन्तु ओकरो वर्णमालामे अक्षरक जे स्वरूप छैक से तिरहुताक समाने। भारतवर्षक एहि पूर्वाञ्चलक वर्णमालाक एहि सादृश्यक एकटा परिणाम ई भेल जे एमहर तिरहुतामे लिखल ग्रन्थ सब बंगला-लिपिमे लिखल बुझल जाए लागल। संसारक कोनो लेख-ग्रन्थ-संग्रह नहि होएत जाहिठाम मैथिलक द्वारा मिथिलाक्षरमे लिखल ग्रन्थ नहि अछि परन्तु सबटा बङ्गला लिपि बुझल जाइत अछि। नेपालमे मैथिलीक पुरान नाटक मिथिलाक्षर मे लिखल जे प्राप्त भेल सेहो महामहोपाध्याय हरप्रसाद शास्त्री सदृश विद्वद्वरेण्यक द्वारा नेपाल बाङ्गला नाटक कहाए प्रकाशित भेल। तहिना भारतीय लिपि पर जतेक ग्रन्थ सब रचित भेल अछि, ओहि पर जतेक अनुसन्धान भेल अछि, सबमे तिरहुता अपेक्षितरहल अछि ओ प्रमुखता सबमे रहलैक अछि बंगालके ँ। स्वयं मिथिलामे तिरहुता दिन दिन उपेक्षित होइत गेल ओ आब तँ प्रतिष्ठित ब्राह्मण ओ कुलीन कायस्थ मात्रक परिवारमे प्रायः अक्षरारम्भ मात्र तिरहुतामे कराओल जाइत अछि। एहि प्रसङ्ग अनुसंधान पर्यन्त मिथिलामे प्रारम्भ नहि भेल अछि।

एकर कारण स्पष्ट अछि। जाहि समयमे मुद्रण कलाक प्रचार एतए प्रारम्भ भेल ताहि समयमे मिथिलामे सांस्कृतिक ह्रास छल, जातीय चेतना क्षीण छल, ओ स्थितिक जे परिवर्तन भए रहल छलैक ताहिसँ अनभिज्ञ हमरा लोकनि पुरान चालि पकड़ने रहि गेलहुँ। फलतः देवनागरीमे पोथी सब छपए लागल, हमरा लोकनि हिन्दीभाषी बुझल जाए लगलहुँ, अपन भाषा, लिपि, आचार, विचार सब दृष्टिसँ हमरा लोकनि पछुआए लगलहुँ। मिथिलाक संस्कृतिक केन्द्र छल मिथिलेशक दरबार। 1860 सँ 1878 धरि मिथिलाक राज्य कोर्ट ऑफ बार्डसक आधीन छल। महाराज लक्ष्मीश्वर सिंह बहादुर चाहितथि तँ ओ मिथिलाक स्वतन्त्रताक हेतु बहुत किछु कए सकितथि परन्तु हुनकामे भारतीय राष्ट्रीय भावना ततेक प्रबल छल जे भारतवर्षमे एकता हो ताहि दृष्टिएँ ओ हिन्दी भाषा ओ हिन्दीक लिपिके ँ पोषणता प्रदान कएल। राष्ट्रीयताक दृष्टिसँ हुनक ई कार्य अवश्य स्तुत्य कहल जाएत। यदि ओ मिथिलाक्षरक प्रचार कएने रहिताह तँ भारतक एहि भागमे एकटा आओर लिपिक झंझटि रहैत परन्तु मिथिलाक संस्कृति रक्षाक दृष्टिसँ हुनक ई त्रुटि कमसँ कम तिरहुताक उच्छेदक सिद्ध भेल। सब हिन्दी पढ़ए लागल, देवाक्षर लिखए लागल, तिरहुता उपेक्षित होइत गेल।

मुदा आइ-काल्हि जखन देश भेदक एतेक कारण अछि ओ एहनो चेष्टा भए रहल अछि जे भाषा भिन्नो अछि तथापि सब एकहि लिपिमे लिखल जाए ओ बङ्गला तथा उर्दू समेत देवनागरी लिपिमे लिखल देखलामे अबैत अछि तखन

लुप्तप्राय तिरहुताकेँ पुनः प्रचारमे आनब देशक जनभावनाक प्रतिकूल होएत। सबसँ मुख्य विषय तँ ई अछि जे मिथिलाभाषाभाषी जन-समुदाय पर्यन्त एहि हेतु उत्सुक नहि बुझि पड़ैत छथि। ऐहना स्थितिमे आइसँ पचास वर्षक मध्यहि हमरा जनैत मिथिलाक्षर इतिहासक वस्तु भए जाएत ओ जेना आइ ब्राह्मी अथवा खरोष्ट्री पढ़निहार विशेषज्ञ होइत छथि तहिना तिरहुता पढ़ब विशेष योग्यता बुझल जाएत।

मुदा तिरहुता बड़ सुन्दर लिपि अछि ओ एकरा लिखबाक शैली तेहन अछि जे देवाक्षरसँ बहुत अधिक शीघ्रतासँ ई लिखल भए सकैत अछि। एहिमे वामसँ दहिन दिशि लिखबाक नियम एतेक अछि जे मात्रा सेहो ऊपर वा नीचा नहि, दहिनहि दिशि लगैत अछि। लिखवाक सौकर्येँ कलम रुकए नहि तेँ एक अक्षरसँ दोसर अक्षर संश्लिष्ट रहैत अछि। कहल जाइत अछि ते तिरहुता लिखब बड़ कठिन छैक कारण एहिमे संयुक्ताक्षर सेहो स्वतन्त्रे होइत अछि परन्तु से भ्रम थिक। यदि ई दूनू नियम मन रहए जे लिखबामे कलम वामसँ दहिन जाए, घुड़िओकेँ दहिनसँ वाम नहि आबए, ओ लिखबामे कलम उठए नहि, रुकए नहि प्रत्युत चलितहिँ रहए, तँ बहुत रास संयुक्ताक्षरने वस्तुतः अक्षरक स्वरूप दृश्य होएत।

वर्ष चालिसेक भेलैक स्वर्गीय पण्डित जीवनाथरायक सदुद्योगसँ रायबहादुर श्रीनाथ मिश्रक अध्यक्षतामे एक गोट मिथिलाक्षराङ्कन समिति संघटित भेल छल ओ तिरहुताक टाइप बनल। आचार्य रामलोचनशरणजी टाइप मङ्गाओल तथा गोसाञिक नाम ओ दुर्गासप्तशती तिरहुतामे छपबो कएल परन्तु मैथिल पण्डित समाज ओकरा बङ्गलाक काटक अक्षर कहि उपेक्षा कए देल। फल भेल जे जेहो टाइम बनल से सबटा नष्ट भए गेल। ने लोकक प्रवृत्ति, ने समाजक उत्साह, ताहि परसँ कुचेष्टा; प्रयास विफल भए गेल। टाइपक तँ अर्थे थिकैक काट; यदि तिरहुताक टाइप बनत तँ ओ कोनो काटक होएत। लेखमे जे विभिन्नता छैक से टाइपमे कोना आओत? परन्तु आब तँ ओहि दिशि ककरहु चेष्टो नहि छैक आ तेँ हम जे कथा पूर्वहिँ कहल तिरहुताक भविष्यसँ हम निराश छी। मिथिलाक ई एकटा गौरव छल मुदा हमरा लोकनि अपन अकर्मण्यतासँ एहि गौरबकेँ नष्ट कए देल।

(आकाशवाणी पटना, 20-3-1966 **विविध-प्रबन्ध** सँ)

मिथिलाक्षरक टाइप

ओना तँ के मैथिलामिथिला ओ मैथिलीक अनुरागी छथि जे कलकत्ताक मिथिला लोक सङ्घक सुयशसँ अपनाकेँ गौरवान्वित नहि बुझैत छथि, के मैथिलीक अनुरागी छथि जे मिथिला दर्शनक स्तुव्यय सेवासँ मुग्ध नहि होइत छथि, परन्तु हमरा एहि सङ्घक, तथा एहि पत्रक प्रधान सम्पादक श्रीयुत प्रबोध नारायण बाबूक यथार्थ परिचय गत शीतकालमे भेल जखन हम कार्य विशेषेँ किछु दिनक हेतु कलकत्ता गेल छलहुँ। नगरसँ पूर्ण परिचित नहि रहला कारणें एवं अपन कार्यक अस्तव्यस्ततासँ हम सङ्घक कार्यालय नहि जाए सकलहुँ यद्यपि ओतए एक सन्ध्या समय सङ्घक सदस्य लोकनि हमर प्रतीक्षो करैत छलाह, परन्तु तैओ श्रीयुत बाबू साहेब चौधरीजी ओ श्रीयुत प्रबोध नारायण सिंहजीसँ हमरा दर्शनक सौभाग्य भेल, बहुत गप्पो भेल, कतोक विचार विनिमय सेहो भेल ओ हमरा ई जानि अत्यधिक आह्लाद भेल जे ओ लोकनि मिथिलाक्षरक टाइपक निर्माण कए मिथिलाक्षरमे पोथी छापि एहि मुमूर्षू लिपिक पुनरुज्जीवनक हेतु बद्ध परिकर छथि ओ हुनका लोकनिक उत्साह, संलग्नता एवं साधन-सम्पति देखि हमरा पूर्ण विश्वास अछि जे अचिरहिं हुनका लोकनि अपन उद्देश्यकें कार्य रूपमे परिणत कए देशक एक गोट एहन सेवा कए देताह जाहिसँ मिथिलाक इतिहासमे हुनका लोकनिक नाम अमर भए जएतैन्हि।

वस्तुतः एहि नवयुगक सुप्रभातमे हमरा लोकनि जाहि स्थितिमे पहुँचल छी ओतए मिथिलाक्षरक पुनरुज्जीवनसँ पैघ दोसर कार्य सम्भव नहि भए सकैत अछि। कोनहु भाषाक शरीर ओकर लिपिमे छैक, आत्मा छैक साहित्यमे। लिपिक परित्याग कएलाक जे दुष्परिणाम भेल से एमहर पचीस-तीस वर्षसँ हमरा लोकनि भोगि चुकलहुँ ओ मिथिला भाषाक पृथकत्वक प्रसङ्ग यद्यपि आब ककरहु विप्रतिपत्ति नहि छैन्हि तथापि श्रीलक्ष्मी नारायण सिंह सुधांशुजीक सदृश एखनहु कतोक महा-जन छथि जनिक उन्मत्त प्रलाप मैथिलीक अस्तित्वकेँ लोप करबाक दुष्ट बुद्धिसँ हिन्दीक पक्षपाती 'बिहारी' क्षेत्रमे उद्‌घृष्ट होइत रहैत अछि। डॉक्टर श्री सुनीति कुमार चाटर्जी भलहि हमरा लोकनिमे झगड़ा लगवथु परन्तु सुधांशुजीकेँ तावत ई साहस कतए छलैन्हि यावत स्वनामधन्य डाक्टर अमरनाथ झा विहारक राजधानी

पटनामे सिंह जकाँ गरजैत छलाह? सुनैत छी सुधांशुजी केवल राजनीतिक 'पण्डा' नहि छथि हुनका किछु विद्याक सेहो व्यवसाय छलैन्हि। कोनहु प्राचीन ग्रन्थालयमे जाए सुधांशुजी अपन आँखिक बीझ किएक नहि मेटाए लैत छथि जे मिथिलाक भाषाक अपन लिपि तिरहुता एखन आब लोक मिथिलाक्षर कहए लगलैक अछि कतेक दिनसँ कतेक व्यापक रूपमे भारतवर्षक एहि पूर्वाञ्चलमे प्रसृत छल। बुद्धगयाक प्राचीन शिलालेख सब देखि सुधांशुजीकेँ मानए पड़तैन्हि जे आइासँ सहस्रावधिवर्ष पूर्व गया धरिमे इएह लिपि प्रचलित छल। परन्तु सुधांशुजी सदृश मैथिलद्रोही कें ई साहस केवल एही कारणे भए सकैत छैन्हि जे हमरा लोकनि एमहर दुइ पुश्तसँ अपन लिपिक परित्याग कए देल। जँ आइ हमरा अपना भाषा सङ्ग अपन लिपिओ रहैत तँ जे मिथ्या प्रचार आइ सुधांशुजी कए रहलाह अछि से जे करैत तकरा आन्हर छोड़ि आओर की कहितैक?

तिरहुता लिपिक टाइप हो तदर्थ आयोजन नव नहि थिक, ने तकर आयासे प्रथम थिक। आईसँ प्रायः तीस वर्ष पूर्ब दड़िभङ्गामे मिथिला समितिक निर्माण भेल छल, मैथिली साहित्य परिषदसँ पूर्वहि नहि तँ प्रायः एकहि समयमे। ओहि समितिक मन्त्री छलाह नार्थबुक जिला स्कूलक हेडपण्डित मैथिलीक पुरान सेवक श्री जीवनाथ राय ओ अध्यक्ष छलाह परम सुप्रतिष्ठ व्यवहारकुशल राय बहादुर श्रीनाथ मिश्रक। ई लोकनि दूआकार टाइप बनवाओल, विद्यापति प्रेस लहेरिया सरायमे आचार्य श्री रामलोचनशरणजी टाइप मङ्गबाओल ओ ककरहाक पोथी तथा गोसाईंक नाम ओ दुर्गासप्तशती कमसँ कम तीनि गोट पोथी छापिकेँ प्रचारितो भेल ओ टाइप एखनहु अछिए, परन्तु श्री रामलोचनशरणेक कार्यालय लहेरियासराएसँ उठि पटना चल गेलें हुनका मिथिलाक्षरक प्रचारक अवकाश कतए ओ हमरा लोकनिक औदासीन्य तँ सहजहिँ विख्याते अछि। क्रमशः ओहि टाइप सबमे बीझ लागि रहल अछि ओ लोक बुझैत अछि जे मिथिलाक्षर टाइप छैके नहि। तहिँ ने आइ मिथिला लोक संघ एहि आयोजनकेँ लए अग्रसर भए रहलाह अछि।

परन्तु एमहर किछु दिनसँ सुनलामे आबए लागल अछि जे कतोक तथाकथित नेता लोकनिकेँ ई टाइप नहि पसन्द छैन्हि। एक बेरि दड़िभङ्गामे मैथिलमहासभाक विषय निर्धारिणी समितिमे मिथिलेश श्रीमान् दड़िभङ्गा नरेश ओ स्वर्गीय अमरनाथबाबू प्रभृति अनेको विद्वज्जनक समक्ष हम एहि प्रसङ्ग अपन विचार उपस्थित कएने छलहुँ ओ सब केओ हमर विचारसँ सहमत भेलाह जे जखन मिथिलाक्षराङ्कन समिति तिरहुता अक्षरक स्वरूप स्थिर करैत छल तखन चुपचाप बैसि आब जखन ओ एक रूपक टाइप बनबाए लेल तखन ओहिमे दोष देखाएब ओ तेहन दोष देखाएब जे ओ शिष्टजन सँ परिगृहीते नहि हो पाण्डित्य नहि थिक ई थिक असूया, परोत्कर्षासहिष्णुता, मैथिलक ओ पुरना चालि जाहि कारणेँ व्यक्तिगत वैशिष्ट्यक अछैतहुँ हमरा लोकनिकेँ समाजगत परस्परविरोध ओ छिद्रान्वेषण मात्र

साधारण धर्म रहि गेल अछि। कहल जाइत अछि जे ई टाइप तिरहुताक नहि बङ्गलाक थिक। ई कथा अक्षरशः सत्य। प्रायः एगारह गोट वर्णकेँ छोड़ि तिरहुता ओ वङ्गला एके थिक, बङ्गले किएक, आसामी अक्षर तँ वङ्गलहुसँ अधिक साम्य रखैत अछि। तखन जतए भेद छैक ततए तँ एहूमे भिन्न टाइप अछिए। आइसँ तीनि चारि सए वर्ष पूर्वक पोथी देखि-देखि ई निर्णय नहि भए सकैत अछि जे एकर अक्षर तिरहुता थिक वा वङ्गला, यावत ओ अक्षर नहि भेटत जाहिमे दूहूमे लिपिभेद छैक। जखन तिरहुता ओ बङला दूहू एके रङ्ग अछि, किछु काट विद्यापतिक छलैन्हि सएह काट रहत। ततेक पुरान आदर्श होएत ओ तेहन पैघक लिखल; जे प्रायः ककरहु कोनो विप्रतिपत्ति होएबाक आशा नहि। तैओ जे बजताह तनिक फुफकार ढोंढ़क सन निर्विष होएबाक कारण ओकर असरि लोक पर पड़बाक सम्भव नहि। एहिमे व्यय किछु विशेष पड़त; सब अक्षरक टाइप बनवाबए पड़त; संयुक्ताक्षर ओ समात्रिक अक्षरक संख्या विशेष अधिक भए जाएत। परन्तु से साध्य कोन? परिमित व्ययमे सुन्दरसँ सुन्दर वस्तु तँ मिथिलाक्षरांकनसमिति तैयार कराओल परन्तु तकर परिणाम तँ प्रत्यक्षे अछि। ई वस्तु तेहन महापुरुषक नामसँ सम्बद्ध होएत जे ओहि नामहिक यशसँ इहो टाइप अमरत्वकेँ प्राप्त कए जाएत। वस्तुतः ई तँ विद्यापतिक लेखक काटकेँ प्रचारित करब होएत ओ ताहि दृष्टिएँ एकर महत्व मिथिलाक सीमित क्षेत्रहुसँ बाहर द्योतित होएत। तिरहुता लिपिसँ एकर महत्त्व विशेष भए जाएत कारण तिरहुता लिपिसँ अतिरिक्त ई होएत विद्यापतिक लिपि ओ एकहि कार्यसँ मिथिलाक्षरक प्रचार ओ विद्यापतिक लिपिक प्रचार दू गोट प्रयोजन सिद्ध भए जाएत।

(**मिथिला-दर्शन,** अगस्त, 1956)

मिथिलाक पण्डित-समाज सँ

तत्त्वक जिज्ञासु एवं अपन प्राचीन परिपाटीक पक्षपातक दृष्टिसँ हमर सानुरोध विज्ञप्ति जे अपने लोकनि एक बेरि मूर्धन्य ऊष्माक मैथिल सम्प्रदायानुसार उच्चारणक प्रसङ्ग विचार कएल जाए।

ई विज्ञप्ति सम्प्रति हम केवल संस्कृतक विद्वान लोकनिसँ करैत छी; अङ्गरेजीक विद्वान लोकनिसँ हमर ई विज्ञप्ति एखन नहि अछि। समय पाबि हुनकहु लोकनिसँ हमर अनुरोध होएत ओ से हम उचित अवसरपर समुचित स्थानमे करब। सम्प्रति हमर विज्ञप्ति केवल हुनकहि लोकनिसँ अछि जे लोकनि पण्डित कहबैत जाइत छथि।

तकर हेतु ई जे अङ्गरेजीक विद्वान लोकनि तँ सहजहि ँ विदेशीय भाषामे अध्ययन कएने छथि; अन्य देशीय भाव ओ विचारसँ प्रभावित भेल रहैत छथि; नवीन एवं विदेशीय शिक्षा-प्रणालीक द्वारा अपन प्राचीन संस्कार हुनका लोकनिके ँ कुण्ठित भए गेल रहैत छैन्हि जाहि सब कारणे ँ मिथिलामे जे कोनो 'विद्वत्परिषद' होइत अछि ताहिमे हुनका लोकनिके ँ स्थानो नहि भेटैत छैन्हि। हमर समाजक यथार्थ नेता थिकाह पण्डितलोकनि; हमरा लोकनिक प्राचीन गौरवक रक्षाक भार वस्तुतः हुनकहि लोकनिके ँ छैन्हि; ओएह लोकनि अनादि कालसँ अद्यपर्यन्त धर्म्मबुद्धया यत्न पूर्वक विद्याक प्राचीन प्रणालीसँ अध्ययन करैत अपन प्राचीन मर्यादाक रक्षा करैत आएल छथि। मिथिलाक इतिहासक जे केओ थोड़बो पर्यालोचना कएने छथि से निश्चय स्वीकार करताह ओ मुक्तकंण्ठे स्वीकार करताह जे हमरा लोकनिक जे एक गोट स्वतन्त्र सभ्यता अछि, भारतवर्षक सदृश विशाल देशमे हमरा जातिक जे एक गोट विशेष महत्त्व अछि, भाषा ओ भाव, आचार ओ विचार, व्यवहार ओ संस्कार सब कथूक एक गोट वैशिष्ट्य अछि, जाहि सब कारणे ँ हमरा लोकनि मैथिल कहबैत छी तथा अपनाकेँ मैथिल कहैत गौरवान्वित होइत छी, ताहि सबहिक रक्षा सभ दिन पण्डितेलोकनि करैत आएल छथि। राजनीतिक क्षेत्रमे अपन स्वातन्त्र्य नष्टो भए गेल तथापि इएह पण्डितलोकनि थिकाह जनिक नेतृत्वमे मिथिला; समाजक ओ धर्मक, आचारक ओ व्यवहारक विषयमे अपन स्वतन्त्रता नष्ट नहि होअए देलक तथा अपन पृथक

अस्तित्व आइ धरि ओहिना अक्षुण्ण रखलक जेना दू हजार वर्षसँ अधिक पूर्व हमरालोकनिक छल।

एहना परिस्थितिमे हम जखन कखनहुँ कोनहु पण्डितक मुहेँ मूर्धन्य ऊष्माक उच्चारण 'श' क सदृश सुनैत दी तँ हमरा अत्यन्त क्षोभ होइत अछि। ततेकटा हम विद्वान नहि जे युक्ति अथवा प्रमाणसँ पुष्ट अपन कथासँ सबकेँ प्रभावित कए सकी ने स्वभावहिसँ हम तेहन दुद्दंट छी जे सबकेँ सब ठाम टोकितहि रहब; परन्तु समाजमे प्रतिष्ठित ओ प्रभावशाली जे पण्डितलोकनि छथि तनिकहु लोकनिमे कतोकक मुहेँ एमहर किछु दिनसँ मूर्धन्य ऊष्माक उच्चारण 'श' क सदृश सुनैत-सुनैत आइ हम भयभीत हृदयसँ एहि अनधिकृत चर्चा करबाक धृष्टता कएल अछि तथा एहीटा भरोसँ कएल अछि जे पण्डित समाज एहि प्रसङ्ग हमरा चर्चा करबाक अधिकार अछि किंवा नहि ताहि दिशि ध्यान नहि दए जे विषय हम उपस्थित करैत छी ताहि प्रसङ्ग शुद्ध बुद्धिसँ विचार करताह तथा हमर वक्तव्य यदि कोनहु दृष्टिएँ अनर्गल बोध होइन्ह तँ हमर भ्रान्तिक निराकरण कए हमरा सत्यक दिग्दर्शन कराए देताह।

किछु दिनसँ एहि प्रसङ्ग हम थोड़ अन्वेषण नहि कएल अछि। अनेक ग्रन्थ देखल अछि; एहि विषय पर लिखल गेल अनेक निबन्ध पढ़ल अछि; प्रतिष्ठित बूढ़ पण्डितलोकनिक सङ्ग परामर्श कएल अछि; प्राचीन लिखल सभ अनेको ग्रंथ ताकि-ताकि पढ़ल अछि। हमरा तँ स्पष्ट प्रतीत भए रहल अछि जे मिथिलामे अनादि कालसँ मूर्धन्य ऊष्माक उच्चारणक एक गोट स्वतन्त्र प्रणाली अछि तथा केवल 'ट' वर्गक संयोग दशाकेँ छोड़ि अन्यत्र सर्वत्र असंयुक्त किंवा संयुक्त सब 'व' क उच्चारण 'ख' क सदृश होइत आएल अछि। आन प्रान्तमे एकर उच्चारणक की नियम अछि तकर हम चर्चा नहि करब यद्यपि गुजराती समेतमे ने केवल 'श्र' किन्तु 'य' हुक उच्चारणक नियम हमरे लोकनि जकाँ अछि। भाषातत्त्वक तुलनात्मक दृष्टिसँ एकर विचार हमरा कर्त्तव्य नहि अछि यद्यपि हम जनैत छी जे सुदूरक जर्मनभाषा समेतमे 'अष्ट' (आठ) केँ 'आख्ट' सएह कहैत छैक जाहिमे टवर्गक योगहुमे 'ख' सएह उच्चरित होइत अछि। हमरा तँ मिथिलाक जे सम्प्रदाय अछि तकरहिटासँ प्रयोजन ओ यदि हमरा लोकनिक अपन एक गोट सम्प्रदाय स्थिर प्रमाणित हो तँ की आन प्रान्त अथवा आन भाषाक प्रभावमे पड़ि हमरा लोकनिक मर्यादाक रक्षक, समाजक नेता, प्राचीनताक पालक, पण्डित-समाज अपन पूर्वक नियम छोड़ि देताह?

अतएव अपने लोकनि विचार कएल जाओ जे अक्षरारम्भमे हमरा लोकनिकेँ अन्तस्थ चारू वर्णन की उचारण कराओल जाइत अछि 'शशसह' अथवा 'शखसह'? वैयाकरण लोकनिसँ हमरा प्रष्टव्य जे तेरहम माहेश्वरसूत्र अपने लोकनि के कोन घोखाओल गेल 'शशसर' अथवा 'शखसर'? केओ पुरुषसूक्त मे 'सहस्रशीर्शा' कहैत

छिऐक? ज्योतिर्विद् देशमे अपामर जनता द्वारा कतहु 'जोतिशी' कहल जाइत छथि? सबसँ बेसी एकर काज पड़ैत छैन्हि नैयायिक लोकनिकेँ से ओ लोकनि की 'विशयता' बजैत छथि अथवा कणाद–दर्शनक नाम 'वैशेशिक' कहल जाइत अछि? 'अक्षिक' आँखि अथवा 'अक्षरक' आखर जे प्रायःसभ बजैत छी से की सूचित करैत अछि? प्राचीन लेख सबमे भ्रमहुँ 'लिखितक' स्थानमे 'लिषित' भेटैत अछि किन्तु 'भाषा'क स्थानमे ककरहु कतहु 'भाशा' भेटल अछि? विद्यापतिसँ लए चन्दाझा पर्यन्तक काव्यमे अन्त्यानुप्रास (तुक)क हेतु 'सम्भाषि' क संग 'राखि' सएह देखैत छी, 'ष' केँ 'श' संग कतहु मेल भेटल अछि? अतएव शाखामे एहि वर्णक एक रंग उच्चारण कएे लोक विषय 'भाषाकेँ' 'भाशा' 'परिषद' केँ 'परिशद' 'दोष'केँ 'दोश' इत्यादि कहब कतेक युक्तिसङ्गत एकर विचार अपने लोकनि करी।

हमरा लोकनिक ई उच्चारण-प्रणाली निर्मूल नहि अछि। शुक्ल यजुर्वेदक जे प्रातिशाख्य अछि तकर प्रतिज्ञा परिशिष्टक द्वितीय कण्डिकामे एकर उच्चारणक प्रसंग एक गोट सूत्र अछि "अथ मूर्धन्योष्मणोसंयुक्तस्य दुमृते संयुक्तस्यच खकारोचारणम्" जाहिसँ हमरा लोकनिक जे सम्प्रदाय अछि से स्पष्ट शुद्ध प्रमाणित होइत अछि। माध्यन्दिनीय शिक्षामे कहल अछि–

"पदस्याद्यन्तमध्ये स्यात्खकारोचारणं षिति।
तृतीयवर्गयोगेतु ष एव स्यात्सदैवहि"॥

एहूसँ हमरा लोकनिक सम्प्रदाय अक्षरशः मिलैत अछि। एहि प्रमाण सबसँ तँ इएह भासित होइत अछि जे अनादि कालसँ मिथिलामे एहि वर्णक उच्चारणक इएह नियम अछि तथा वेदसँ पैघ आओर दोसर प्रमाणे की भए सकैत अछि जे पण्डित समाजकेँ मान्य भए सकतैन्हि? तखन ई कहब जे उच्चारणक ई नियम केवल वेदक हेतु अछि, लोकक हेतु नहि, से कतेक युक्तिसङ्गत तकर निणर्य तँ पण्डितलोकनि कए सकैत छथि। हमरा हेतु तँ जखन एहि वर्णक उच्चारणक ई परिपाटी अद्यापि अनुवर्त्तमान अछि तखन हमर परिपाटी निर्मूल नहि थीक, वेदसम्मत थीक ओ बिनु दृढ़तर प्रमाण भेटने एकर त्याग कथमपि विधेय नहि थीक एतबए प्रमाणित होइत अछि तथा से प्रमाण तँ पुनः श्रुतिए भए सकैत अछि। हमरा तँ से नहि कतहु दृष्ट भेल अछि ने श्रुते थीक। ई कहब जे ई नियम केवल माध्यन्दिनशाखीयक थीक केवल वाजसनेयिक हेतु थीक, ई कथा श्रुतिक विषयमे कदाचित सम्भव हो, यद्यपि तकरो कोनो प्रमाण हमरा नहि भेटल अछि। किन्तु लोक विषय वाजसनेयि भाषाकेँ 'भाखा' बजताह ओ सामवेदी छन्दो 'भाशा'? बड़ बूढ़-बूढ़ पण्डितकेँ हम पुछलिऐन्हि अछि। नवद्वीपमे जे व्यक्ति न्यायशास्त्रपढ़ने छथि अथवा म.म. शिवकुमार शास्त्री तथा म.म. गङ्गाधर शास्त्रीसँ जे लोकनि विद्याग्रहण कएने छथि तनिकहु लोकनिसँ हम परामर्श कएल अछि। केओ ई नहि

कहलैन्हि अछि जे केओ नैयायिक 'विशयता' अथवा वैयाकरण तेसर माहेश्वर सूत्रकें 'शशसर' एतद्रूपक उच्चारण करैत छलाह ओ छन्दोग्य रहथु वा वाजसनेयि; तथा शाखाक भेदे ँ एहि रूपक उच्चारणक भेदक कल्पना करब हमरा बुझैत कष्टकल्पना मात्र होएत। विद्यापति ठाकुर तँ प्रायः छन्दोग्ये छलाह; ओ कोना 'ष' के ँ 'ख' क संग तुक मिलओलैन्हि?

एहि प्रसंग हमरा इहो वक्तव्य जे ई 'ष' के ँ 'श' कहबाक अभ्यास मिथिला मे नव थीक। प्राचीन पण्डित एखनहु धरि केओ एना नहि बजैत छथि ने कहिते छथि जे ओ बूढ़ लोकनिके ँ एना बजैत सुनने छथि।

मुदा तखन प्रश्न उठैत अछि जे एना बजबाक ई नव चालि चलल कोना? हमरा पूर्ण सन्देह अछि जे ई थीक नवका हिन्दीवला लोकनिक अनुकरण। जाहि कारणे हमरा लोकनिक तिरहुता लिपि पण्डित समाजसँ लुप्त भेल जाइत अछि, जाहि कारण हमरा लोकनि अपना भाषाक प्राचीन शब्द सब बिसरल जाइत छी, जाहि कारणे अपन वर्णमालाक स्वर सबहिक उच्चारण विकृत भए-भए हिन्दीक स्वर सबहिक उच्चारणक सदृश भेल जाइत अछि, ताही कारणे ँ इहो नव चालि चलल जेकाँ भए गेल अछि तथा ओएह लोकनि एकर अनुसरण करैत छथि जे 'अपटूडेट' पण्डित बनैत छथि। जेना 'अपटुडेट' कहएबाक हेतु अङ्गरेजी बला अपन प्राचीन वेश-भूषा छाड़ि कोट-पतलून-टोप प्रभृतिके ँ ग्रहण करैत छथि, पण्डितोलोकनि प्रायः तहिना अपटूडेट बनबाक हेतु एहि नवीनताक आश्रयण करैत छथि। ई बूझू जे एक गोट 'फैशन' भेल जाइत अछि। ओ तहि ँ हमरा अपने लोकनि ओतए ई विज्ञप्ति जे यदि ई सत्य 'फैशन' थीक तँ अपन प्राचीन गौरवक स्मरण कए एहि 'फैशन' के ँ अपने लोकनि नहि आश्रय दी तथा जाहिसँ ई चालि बढ़ए नहि पाबए तकर उपाय सोची। कहब जे देश मे उच्चारणक एकरूपता अनबाक हेतु ई स्वीकर्त्तव्य थीक तँ हम पुछैत छी जे अपने लोकनि अनकहि अपना सन नहि बनाए स्वयं अपने आनक सदृश किएक होएब? हमरा लोकनिक ओहि योगराज याज्ञवल्क्यक उपाख्यान बिसरि गेलहुँ जे गुरुक संग मतभेद भेलाक पर गुरु समेतक वेद त्यागि एकगोट नव वेदहिक प्राप्ति कएल ओ मिथिलाक गौरव समस्त देशमे प्रसारित कएल? की अपने लोकनि आचार्य उदयनक ओ गर्वोक्ति बिसरि गेलहुँ जाहिमे ओ अपने लोकनिक सरणिकें यथार्थ पथ घोषित कएने छथि तथा सूर्यक दृष्टान्त दए कहैत छथि जे जेम्हरहि सूर्य उगैत छथि सएह पूर्व दिशा होइत अछि, सूर्यक उदय दिशाक अधीन नहि थीक? हम तँ कहब जे हिन्दी समेत बजबामे हमरा लोकनि 'ष' के ँ 'ख' कहबे करी परन्तु यदि से नहि करी तँ हिन्दी बजबाकाल धरि "श" सएह बरु कहू मुदा मिथिलाभाषा जखन बजैत छी तखनहु धरि तँ अपन प्राचीन सम्प्रदायक रक्षा करू।

अन्तमे पुनः एहि अनधिकार चर्चाक हेतु भूरि-भूरि क्षमायाचना करैत हम अपने लोकनिकेँ मैथिलीक वरदपुत्र कविकोकिल विद्यापति ठाकुरक ओहि उक्तिक स्मरण कराए दैत छी जे हमरा लोकनि मर्यादा आइ धरि कोना अक्षुण्ण रहल तकर मूल मन्त्र थीक तथा जाहिसँ अनुप्राणित भए हम प्रस्तुत प्रसङ्ग चर्चा करबाक धृष्टता कएल। "अहो! तीरभुक्तीयाः स्वभावाद् गुणमर्व्विणा भवन्ति" इति।

(मिथिला मिहिर, 29 अप्रैल, 1944)

मिथिला-भाषा-प्रकाश

भूमिका

विश्वविद्यालयमे मैथिलीक सर्वतोभावेन स्वीकृति भेलाक उत्तर एक गोट एहन पुस्तकक प्रयोजन बूझि पड़ल जाहिसँ छात्र लोकनिकेँ मिथिला भाषा लिखबामे मार्ग-प्रदर्शन होइन्ह। परीक्षामे पुस्तक विषयक ज्ञान तँ आवश्यक छैके परन्तु ताहि सङ्ग-सङ्ग भाषाक शुद्धता ओ विषयोपस्थापनक रीति ओ भिन्न-भिन्न शैली सेहो कम आवश्यक नहि छैक। भाषाक शुद्धता ओना व्याकरणक विषय थिक परन्तु सेहो विषय सरल रीतिसँ बुझाएकेँ छात्रलोकनिकें भाषा-विषयक शुद्धाशुद्धिक दिग्दर्शन कराओल भए सकैत छैन्हि। तहिना अर्थ-प्रकाशक भिन्न-भिन्न प्रकार ओ लेख लिखबाक रीति ओ ताहि सङ्ग कतोक विषयक प्रसङ्ग विचार-विन्दुक सङ्कलन छात्र लोकनिकेँ बड़ उपकारक होएतैन्हि। अतएव केवल मैथिली पढ़निहार छात्र लोकनिक उपकारक दृष्टिसँ एहि छोट पुस्तकक रचना भेल अछि ओ एहिसँ छात्र लोकनिकेँ जँ थोड़ो उपकार भैलैन्हि तथा हुनका लोकनिकेँ अपन भावकेँ शुद्ध भाषामे प्रकाश करबाक अवगति भए सकलैन्हि तँ हम अपन श्रम सार्थक बुझब।

एहि प्रकारक ई प्रथमे पुस्तक थिक तेँ एहि मे कतोक त्रुटिक होएब अनिवार्य। बुझनुक छात्र लोकनि ओ मैथिलीक शिक्षक लोकनि तेँ यदि एहि दिशि हमर दृष्टि आकृष्ट करबाक अनुग्रह करथि तँ दोसर संस्करणमे तकरा सबहिक निराकरण कए एकरा पूर्ण करबाक यत्न कएल जाए। इति।

राज लाइब्रेरी, दड़िभङ्गा। श्रीरामनाथ झा

10-1-55

पुनः

एमहर मैथिलीक प्राध्यापक लोकनि विशेषतः वन्धुवर सरसकवि श्री ईशनाथ झा जी ओ मित्र श्री नवीनचन्द्र मिश्रक विचारसँ कतोक आवश्यक विषय जोड़ि ई नवीन संस्करण प्रकाशित भए रहल अछि। आशा अछि जे एकर ई रूप आओर उपकारक सिद्ध होएत। इति

10-4-62 श्री रमानाथ झावर्ण

वर्ण-विचार

वर्ण

भाषा ओ थिक जाहि द्वारा लोक अपन मनक भाव अनका जनाए सकए ओ तेँ एहि शब्दक व्युत्यत्तिसँ लब्ध अर्थ थिक "जे बाजल जाए।" भाषाक मुख्य प्रयोजन बजबहिक हेतु छैक। परन्तु से तँ बाजिकेँ जनाए सकैत छी ओकरहि जे सुनबाक योग्य दूर पर वर्त्तमान रहत। जे ताहिसँ दूरमे अछि अथवा सम्प्रत्ति वर्त्तमान नहि अछि तकरा अपन भाव यथावत जनएबाक हेतु मनुष्य भावकेँ व्यक्त करबाक हेतु जाहि जाहि *ध्वनिक* उच्चारण करैत छल सभक एक एकटा *सङ्केत* राखि ओकरा लिखए लागल जकरा पढ़ि आन मनहि मन वक्ताक भावकेँ जेना सूनि जाए। ओएह *सङ्केत* सब भेल *अक्षर।* ओ जे भाषा व्युत्पत्तिक बलसँ केवल बाजल जाइत ध्वनिसमूहक हेतु प्रयुक्त होइत छल सएह कालक्रमेँ लिखित ध्वनिसङ्केतहुक हेतु लाक्षणिक अर्थमे प्रयुक्त होअए लागल। अतएव आरम्भमे भाषा बाजल टा जाइत छल ओ ओकर एकमात्र साधन छलैक *'ध्वनि'* कआब भाषा बजलो जाइत अछि जकर साधन एखनहु 'ध्वनि' एटा छैक तथा लिखलो जाइत अछि जकर साधन छैक ध्वनिक सङ्केत जकरा 'अक्षर' अथवा *'वर्ण'* कहैत छिऐक। 'अक्षर' नाम एहि हेतुक जे ओहि द्वारा व्यक्त ध्वनिक नाश कहिओ नहि होएतैक, यावत ओ रहत अथवा ओकरा बुझनिहार रहत। 'वर्ण' नाम एहि हेतुक जे एखनहु अक्षर कोनहु रङ्गमे लिखल जाइत अछि।

फलतः भाषाक साधन भेल ध्वनि तथा वर्ण। परन्तु प्रत्येक भाषामे एकहि रङ्गक ध्वनि नहि होइत अछि। वक्ताक संस्कारवशात अथवा अभ्यासवशात प्रत्येक भाषामे कतोक ध्वनि छैक जे भाषान्तरमे नहि छैक अथवा भाषान्तरमे जे ध्वनि छैक से ओहिमे नहि छैक। बङ्गाली लोकनि 'क्ष' नहि कहि सकैत छथि, मैथिलकेँ तालव्य 'श' क उच्चारण कठिन होइत छैन्हि। तथापि प्रत्येक भाषामे जतेक ध्वनि अछि ततेक ओकर सङ्केत अर्थात वर्ण होएबाक चाही। तखनहि ओ भाषा लिखल जाए सकैत अछि। एक वर्णसँ अनेक ध्वनिक सङ्केतन अव्यवस्थित भए जाएत।

मिथिला-भाषामे वर्ण तँ संस्कृतहिक अनुरूप अछि ओ ताहि सबहिक श्रवण सेहो अर्थात उच्चारण, संस्कृतहिक समान अछि। परन्तु मिथिला भाषामे

कतेक ध्वनि एहन अछि जकर अनुरूप वर्ण संस्कृत मे नहि अछि। एकर चर्चा आगाँ करब। मुदा संस्कृतमे कतोक वर्ण अछि जकर श्रवण मिथिलाभाषामे नहि अछि। यथा स्वर मे– ऋ ॠ लृ लॄ विसर्ग अथवा अर्ध-विसर्ग जे संस्कृतमे जिह्वामूलीय ओ उपध्मानीय कहबैत अछि ओ व्यञ्जन मे व श ष।

एहि सबहिक प्रयोग केवल तत्सम शब्दमे होइत अछि। विशुद्ध मिथिला भाषाक शब्दमे, तद्भव अथवा देशज शब्दमे, एहि सबहिक श्रवण नहि होइत अछि। ओहिमे केवल एकगोट पवर्गीय 'ब' के श्रवण होएत, एक गोट मात्र दन्त्य 'स' क श्रवण होएत। परन्तु कोनहु भाषासँ तत्समरूपमे गृहीत शब्दमे ओहि भाषाक अनुसारे वर्णक प्रयोग उचित थिक। यथा–

ऋषि–रिखि नहि	शत्रु–सत्रु नहि
क्लृप्त–क्लिप्त नहि	विद्या–विधा नहि
दुःख–दुह्ख नहि	होश–होस नहि
निःपाप–निहपाप नहि	स्टेशन–स्टेसन नहि
वर्ष–बर्ख नहि	नालिश–नालिस नहि

मैथिलीभाषामे पूर्वहिसँ व्यवहार आबि रहल अछि जे भाषान्तरक शब्द तत्समरूपेँ नहि प्रत्युत तद्भव-रूपेँ, ओकरा मिथिलाभाषाक उच्चारणक अनुकूल किछु विकृत कैएके, ग्रहण करबाक थिक। विद्यापतिक कवितामे सर्वत्र 'रितु' प्रयोग भेटत, 'ऋतु' नहि, मनबोध बारंबार 'ब्रिच्छ' लिखैत छथि 'वृक्ष' नहि। परन्तु एमहर आबि संस्कृतक शब्दक तत्समरूपेँ ग्रहण करब शिष्टसम्प्रदाय भए गेल अछि, कारण, संस्कृत-भाषा देशी भाषाक जननी कहबैत अछि ओ ताहि संस्कृतक शब्दराशिकेँ यथावते ग्रहण उचित बुझल जाइत अछि। सम्प्रति 'जउबन' एतादृश लेख अशुद्ध बुझल जाए लागल अछि। परन्तु संस्कृतसँ भिन्न भाषाक शब्दक प्रसङ्ग एखनहु शिष्ट लोकनिक सम्मति ओएह अछि जे भाषान्तरक शब्दकेँ तद्भव बनाए, अर्थात ओहिमे अपना भाषाक ध्वनिक अनुकूल विकार कैएकेँ, व्यवहार करी।

स्वरक स्वरूप

स्वरक प्रसङ्ग ई जानि लेब परमावश्यक अछि जे मैथिली भाषामे संस्कृतसँ बहुत अधिक स्वर-ध्वनि अछि। संस्कृतक जे स्वर एहि भाषामे परिगृहीत अछि ताहि सबहिक उच्चारण संस्कृतहिक अनुरूप एहू भाषामे अछि। अतएव 'ऐ' 'औ' क उच्चारण मिथिलाभाषमे 'अइ' 'अउ' एहने होएत, 'अए' 'अओ' नहि। 'करैत छी' केँ 'करइत छी' ओ कतेक गोटे, 'करयित छी' समेत लिखैत छथि, तहिना 'रौद' केँ 'रउद'। 'अए' 'अओ' एहन ध्वनिक हेतु 'औ' क प्रयोग करब उचित नहि कारण जे 'ए' 'ऐ' 'ओ' 'औ' ई चारू वर्ण मैथिलीभाषामे ह्रस्व अर्थात लघूच्चारो होइत अछि। ई कथा अनुपदे कहब।

संस्कृतमे अ इ उ ई तीनू स्वर-वर्ण ह्रस्व थिक, एकर उच्चारण लघु होइत अछि। केवल आगाँमे संयुक्ताक्षर रहलासँ एकरो उच्चारण गुरु भए जाइत अछि। तथा 'आ ई ऊ ए ऐ ओ औ' एतेक स्वर-वर्ण दीर्घ थिक, एकर उच्चारण गुरु होइत अछि। परन्तु मैथिलीभाषामे सब स्वरक उच्चारण ह्रस्व ओ दीर्घ होइत अछि। केवल बजबहिटामे नहि, लिखबहुमे एकर विशेष ध्यान रखबाक चाही तेँ एकर किछु नियम एतए दैत छी।

गुरूच्चारण

मिथिलाभाषामे सब पदमे, विभक्तिक सङ्ग हो अथवा विभक्तिसँ रहित, एकोटा वर्ण गुरूच्चारण होएबे करत। एक अक्षरक पद तथा 'सँ' विभक्ति सर्वत्र गुरूच्चारणे होएत। दू अक्षरक पदमे अन्तिम स्वरसँ पूर्वक स्वर (एकर नाम *उपधा* अथवा *उपान्त्य* थिक) गुरु हो। सम्बन्ध कारकक विभक्तिसँ युक्त पदमे उपान्त्य गुरु हो। एक पदमे गुरुसँ अव्यवहित पूर्व गुरु नहि हो। परन्तु साधारण नियम इएह अछि जे उपान्त्य स्वर सर्वत्र गुरु हो, से नाम हो अथवा क्रियापद।

केवल (1) पदान्त 'य' वा 'ए' क यथा 'किए' देखए

(2) *दीर्घस्वरान्तक* यथा झगड़ा, सतधी, चड़ै

(3) संस्कृतक तत्सम शब्दक यथा श्रीयुत–

एहि तीनूक उपान्त्यकेँ गुरुता नहि होइत अछि। एहेन आओर कतेक शब्द अछि 'यथा' चकचक, सदबद, गहुमन इत्यादि जकर उपान्त्यकेँ गुरुता नहि होइत अछि।

संयुक्ताक्षरसँ पूर्वक स्वर गुरूच्चारण होइत अछि से तँ संस्कृतहिसँ प्राप्त अछि। मिथिलाभाषामे *आजुक* दिनक उच्चारण होएत आजूक दीन।

बहिनि—बहीनि	मन—मोन
पुतहु—पुतोहु	थिक—थीक
मधु—मोधु	भाबहु—भाबोहु

अतएव लिखबहुमे एकरा सबक दू गोट प्रकार देखल जाइत अछि। उचित थिक लिखव ह्रस्वे, गुरुच्चारण भाषाक धर्म थिक परञ्च दीर्घो लिखने ततेक क्षति नहि। महावैयाकरण दीनबन्धु झाक मतेँ केवल ह्रस्व आकारकेँ गुरुता भेलहु पर ह्रस्वे लिखी, दीर्घ नहि, तेँ मनक स्थानमे मोन लिखब वा पुतहुक स्थानमे पुतोहु लिखब हुनका मतेँ अनुचित।

लघूच्चारण

आ ई ऊ ए ऐ ओ औ—सामान्यतः दीर्घ ओ गुरूच्चारण थिक परन्तु एहू सबहक उच्चारण लघु भए जाइत अछि—यथाः

(1) समासमे

एकमे ए दीर्घ। समासमे ए लघु, एकबट्टी

रौदमे औ दीर्घ। समासमे औ लघु, रौदमुहाँ

गोआरमे ओ दीर्घ। समासमे ओ लघु, गोअरगमा

मैलमे ऐ दीर्घ। समासमे ऐ लघु, मैलछन

(2) स्वरादि प्रत्यय यथा अनाइ, अनुक अलाह प्रभृतिक योगमे—देख धातुसँ देखनाइ देखनुक, देखताह इत्यादि। तहिना ऐँठलाह, पओलैन्हि, बौसिनहार।

परन्तु एक स्वरक प्रत्यय यथा अ, उ, ऊ तथा अत, अब, अल एहिसँ पूर्व लघु नहि। देख, देखी, देखू, देखत, देखब, देखल।

(3) कतोक व्यञ्जनादिओ प्रत्ययसँ पूर्व लघु हो।

यथा का—मैल मैलका। सौंस सौंसका। बा—गेन गेनवा। ना—सोम सोमना। गर—भोर भोरगर।

एहि प्रसङ्ग विशेष नियमक अनुसन्धान मिथिलाभाषा-विद्योतन तथा मिथिलाभाषा-कोषक विस्तृत भूमिकामे कर्त्तव्य।

× × ×

एहि गुरु-लघु-भावक कारणेँ एहि भाषाक ध्वनिमे बड़ भेद छैक, एकरा बाजब सुगम नहि छैक। एकर ध्यान नहि रहलासँ बजलेँ अपाटब सूचित भए

जाएत। लिखबहुमे एहि कारणे ँ लेखकक दू रूप-रङ्ग भए जाइत अछि परन्तु से उचित नहि। एहि विषयक नीक जकाँ परिचय भए गेलासँ लिखबामे एकरूपता अनायास आबि जाएत। अतएव एहि प्रसङ्ग मिथिलाभाषा सिखनिहार विद्यार्थी लोकनिके ँ सावधान भए जाएब सर्वथा उचित थिक। ह्रस्व स्वर यदि गुरुच्चारण हो तँ तकरा नीचा बिन्दुरूप चेन्ह ओ दीर्घ स्वर यदि लघूच्चारण हो तँ तकरहु नीचा बिन्दुरूप चेन्ह देब उचित। परन्तु से सर्वदा सम्भव नहि अछि ने सुगम ते ँ एकर अनुसन्धाने राखब उपाय। एतए सब स्वरक लघु ओ गुरु उच्चारण देखबैत छी ओ ह्रस्व स्वर गुरूच्चारणक नीचामे ओ दीर्घ स्वर लघूच्चारणक नीचामे बिन्दु देल अछि।

अनदिना—प्रथम तीनू स्वर ह्रस्व, दीर्घान्त रहने—

अप़न, ह़र, ह़र्क, म़न, भाभ़ट, पुत़हु—गुरु अ।

आन—आकार दीर्घ गुरुच्चारण।

प़ाएर, खाएर, मेघाओन—आकार दीर्घ लघूच्चारण।

टिटही, टिकुली—इकार ह्रस्व लघूञ्चारण दीर्घान्त रहने। दिन, खिखिर, धनिक—इकार ह्रस्व गुरुच्चारण।

आ ई उके लघुता भेलासँ ओकरा ह्रस्व भए जाइत अछि यथा, पनिबट = पानिबट, एकजुतिआ = एकजूतिआ। जुतिआएब = जूतिआएब। गिलगर = गीलगर।

देह, मेघ	एकार गुरूच्चारण
देहगर, मेघाओन	एकार लघूच्चारण
ऐ ँठ, बैसब	ऐकार गुरूच्चारण
ऐ ँठनाइ,	ऐकार लघूच्चारण

अनुस्वार-अनुनासिक

अनुस्वार अर्ध-मकार थिक परन्तु आगाँ स्वर रहलासँ दूनू मीलि जाइत अछि। तहिना आगाँ कोनहु वर्गक वर्ण रहलासँ अनुस्वारके ँ ओहि वर्गक पञ्चम वर्ण भए जाइत अछि। *पण्डित* लिखब नीक थिक *पंडित* नहि। गङ्गा, चञ्चल, अन्तिम, सम्पत्ति एहिना लिखी, गंगा, चंचल, अन्तिम, सम्पत्ति नहि। परन्तु एहिना लिखनहु क्षति नहि। वस्तुतः आइ-काल्हि छापा क सुविधासँ एहिना बेशी लोक लिखैत छथि। विषय छैक जे ई नियम वैकल्पिक थिकैक। मिथिलाक सम्प्रदाय पूर्वमे सन्धि करबहिक छल। एहि विषयमे ते ँ विकल्पे मानब उचित। वैयाकरण एखनहु पदक अन्तर्गत सन्धि आवश्यके कहताह। आगाँ अन्तस्थ अथवा ऊष्म वर्ण रहनहिटा अनुस्वार प्रयुक्त हो। यथा—संयम, संसार।

अनुस्वारयुक्त वर्ण दीर्घ ओ गुरूच्चारण होइत अछि।

परन्तु अनुनासिक, चन्द्रबिन्दु, अनुस्वारहुसँ सूक्ष्म ध्वनि थिक ओ मैथिलीभाषामे सानुनासिक बजबाक प्रवृत्ति अछि। लोक बजैत अछि साँप, परन्तु से उचित नहि। तैओ अनेक निरनुनासिक शब्द एकहि अर्थमे सानुनासिको प्रयुक्त होइत अछि–यथा; *धोकचब, धोँ कचब, घोकब, घोँ कब, घोसरब, घोँ सरब, घोसिआएब, घोँ सिआएब।* अनेकमे अर्थक भेद अछि–घोटब, भाङ घोटब, *घोँ टब, जल, घोँ टब।* रबीचब, कपड़ा खीचब, *खीँ चब,* डारि खीँ चब, वा, रस्सा खीँ चब।

नाओ–तरणि
नाओँ–नाम
निसा–राति
निसाँ–मद्यपानसँ (नशा)
परता–बिना जोतल खेत
परताँ–परत्व सन्ताँ
पाक–रान्हब
पाँक–थाल
पातर–कृश
पाँतर–निर्जन पैघ भूमि
फाटब–विदरण
फाँटब–विभक्त करब
बाचब-आपत्ति सँ स्पृष्ट नहि होएब
बाँचब–चिट्ठी पुराणादि पठन
बाट–मार्ग
बाँट–विभाजन
बास–निवास
बाँस–वंशवृक्ष
राग–रक्तिमा
राँग–धातु विशेष

राड़–शूद्र
राँड़–विधवा
हटब–स्थानत्याग
हँटब–वारण
आक–गाछ विशेष
आँक–अङ्क
आड़ा–व्यावधानकारक लम्बा उच्च माटि
आँड़ा–अण्डबीज
उगारब–बचाएब
उँगारब–उबटन लगाएब
काच–सीसा
काँच–अपक्व
काट–आकार वा विद्वेष
काँट–कण्टक वा गरदनिक भूषण
हाक–उच्चैः सम्बोधन
हाँक–पशुक प्रेरणा
पाच–त्वचामे औषध लगाएब
पाँच–संख्याविशेष
ह–खेदसूचक अव्यय
हँ–स्वीकारार्थक अव्यय

अनुस्वार जकाँ अनुनासिक वर्णकेँ गुरु नहि कए दैत अछि प्रत्युत ह्रस्व सानुनासिको ह्रस्वे रहत, लघूच्चारण। जेँ मिथिलाभाषामे नाम एवं क्रियापद सबमे अनुनासिकक प्रयोग प्रचुर होइत अछि तेँ एहि विषयमे सावधान रही ओ भ्रमहु एकरा स्थानमे अनुस्वार नहि लिखी ने अनुस्वारक स्थानमे चन्द्रबिन्दु।

अनुस्वार एवं चन्द्रबिन्दुक भेद एहि कतिपय शब्दयुग्मसँ स्पष्ट होएत!

हंस-हँसब, कंस-काँस, वंश-बाँसुरी, हिंसा-हिँहिँ आएब।

ड ड़–ढ ढ़

ड ओ ढ मिथिलाभाषामे दू प्रकारक अछि, एक सरल संयोगज, दोसर आघातज, जकरा तरमे बिन्दुरूप चेन्ह देबाक परिपाटी अछि। एहिमे प्रथम, अर्थात सरल संयोगज, पदक आदिमे ओ संयुक्तमे प्रयुक्त होइत अछि यथा; डिबिआ, ढर, अड्डा, पण्डा, ढाकी, ढेप, बड्डी। स्वरसँ आगाँ वा असंयुक्तमे द्वितीय, आघातज प्रयुक्त होइत अछि–यथा, कड़ी, घोड़ा, टेढ़, बेढ़ा।

परन्तु सबसँ बेसी गड़बड़ होइत अछि र ओ ड़ क प्रयोगमे। एक पदमे स्वरसँ आगाँ दू 'र' अथवा दू 'ड़' क प्रयोग हेय थिक। ओहिमे 'ड़'क उच्चारण मुखसुखावह अछि 'र'क ओहिसँ कठिन तेँ साधारणतः इएह नियम रहए जे दूनू एकत्र रहलासँ प्रथम 'ड़' द्वितीय 'र' हो यथा–परोड़, पाँड़रि, खरा कड़रा, इत्यादि। एहि मुख-सुखोच्चार्य होएबाक कारणेँ मिथिलाभाषामे लोक सुगमतासँ जतहु 'र' हो ततहु 'ड़' कहि भ्रम उत्पन्न कए दैत अछि।

एहिमे संस्कृत-भव शब्दमे तँ नियमे जकाँ अछि जे 'ट' अथवा 'ड' स्थानीय रेफ 'ड़' हो यथा *घोड़ा,* (घोटकं) *साड़ी,* (साटी) *चड़ै,* (चटक) *माँड़* (मण्ड) *डाँड़* (दण्ड) इत्यादि। लकार स्थानीय रेफ 'र' होइत अछि। यथा, *सार* (श्याल), *गारि* (गाली), *हर,* (हल), *फार* (फाल), *पड़ोर* (पटोल), *पाँड़रि* (पाटलि) इत्यादि।

देशी शब्दमे सौकर्य एकर निर्णायक हो तँ इएह क्रम उचित थिक। हँ, जतए एकर उनटे निर्णीत हो ततए विपर्यासो लिखबे करी यथा–मूलबटी *मुरबड़ी* वा *मुरौड़ी*।

ओ–व

'ओ' क स्थानमे मैथिलीभाषामे 'व' लिखल जाइत अछि यथा जव–जओ, छव-छओ, नाव-नाओ। एहि सबमे कारण ई छैक जे ई सब संस्कृत-भव थिक ओ संस्कृतमे एहि सबमे 'व' छैक। तकरे देखाउसि कतेको व्यक्ति पठाओलकेँ पठावल सेहो लिखल करैत छथि। परन्तु मिथिलाभाषामे अन्तस्थ व केँ श्रवण नहि अछि तेँ ई नहि लिखी सएह नीक। परन्तु जेहो लिखैत छथि सेहो 'एव' 'अपि' क योगमे 'ब' करान्ते लिखैत छथि। यथा–

जओ बाग कएल–जबेटा बाग कएल–जबो बाग कएल नाबहिसँ, नाबहु पर, छबेटा, छबोटा इत्यादि।

य

एकर उच्चारण मिथिलाभाषामे द्विविध अछि-एक 'ज' जकाँ-से शब्दक आदिमे, यथा, *यमुना* (जमुना), *यशोदा* (जशोदा), *यथा* (जथा) दोसर शब्दक मध्यमे 'एअ'

जकाँ, यथा, नियम, प्रयोग बेजाय। परन्तु स्वरमात्र मध्यमे दुहू दिशि दू 'य' क उच्चारण मध्यहुमे 'ज' जकाँ, यथा, युयुधान, युयुत्सु। रेफ पर 'य' कारक उच्चारण ज जकाँ, यथा आर्य। तेँ *कएल* केँ *कयल* करैत केँ करयित इत्यादि लिखब सर्वथा असङ्गत नहि।

ष

एकर उच्चारण मिथिलाभाषामे 'ख' जकाँ होइत अछि, केवल टवर्गक योगमे टा नहि। परन्तु आब प्रवृत्ति अछि जे एकर 'ख' कार जकाँ उच्चारण नहि करी। परन्तु से भाषान्तरक प्रभाव थिक।

वर्गक चतुर्थ वर्ण

वर्गक चतुर्थ वर्ण *घ, झ, ढ, ध ओ भ क* जेहन उच्चारण होइत अछि से तँ होइतहिँ अछि परन्तु तहिना *गह, जह, डह, दह, ओ, बह* एहनो ओकर उच्चारण होइत अछि। तेँ *मघा* केँ *मगहा,* ओझाकेँ ओजहा, साढ़ू केँ साड़हू, खोधा केँ खोदहा, उभीकेँ उबही लोक बजैत अछि ओ लिखितहुँ अछि। परन्तु से तखनहि जँ वर्गक चतुर्थ वर्णक आगाँ दीर्घ स्वर हो। ह्रस्व स्वर रहलासँ से नहि हो यथा, पैघ, बोझ, टेढ, थोभ इत्यादि।

इति वर्ण-विचार

शब्द-विचार

मिथिलाभाषामे शब्द चारि प्रकारक अछि।

संस्कृतानुरूप ओ संस्कृत शब्द थिक जे सकल साधारण द्वारा ओही रूपमे व्यवहृत होइत अछि यथा, देह, वानर, फल, नदी, अधिक, दोष, गुण इत्यादि। परन्तु एहन शब्द जकर प्रयोग आपामर नहि करैत अछि तकरा शुद्ध संस्कृत कही, संस्कृतानुरूप मिथिलाभाषा नहि, यथा कर्त्तव्य, गन्तव्य। बहुधा ई शब्द सब ओहि अर्थमे प्रयुक्त होइत अछि जाहि अर्थमे ओ संस्कृतमे परन्तु कतोक शब्दमे ताहिमे भेद अछि यथा मात्सर्य संस्कृतमे द्वेषार्थक थिक, मिथिलाभाषामे 'स्नेहार्थक; आयत संस्कृतमे 'दीर्घ'-वाचक मिथिलाभाषामे 'सुन्दर'-वाचक, जङ्घा संस्कृतमे 'छाबा'-वाचक, मिथिलाभाषामे जानुसँ ऊपर नितम्बसँ नीचाक; संवाद संस्कृतमे 'मेल'-वाचक, मिथिलाभाषामे 'अनका कहबाक हेतु कथ्य' वाचक प्रमाद, संस्कृतमे 'अनवधान'-वाचक, मिथिलाभाषामे 'धाख'-वाचक।

(2) *संस्कृतभव*–जे संस्कृत शब्द किछु विकृत भए मिथिलाभाषासँ गृहीत भेल अछि से संस्कृतभव थिक। एहिमे विकार अनेक प्रकारसँ भए सकैत अछि–यथा कोनहु आखरके ँ हटाए देलासँ (एकरा लोप कहैत छैक), वर्णान्तरक योजनासँ (एकरा आगम कहैत छैक) कोनहु आखरकेँ हटाए ओकरा स्थानमे वर्णान्तरक समावेश कएलासँ (एकरा आदेश कहैत छैक)। प्रसार रेफक लोपसँ पसार। पर्वत अक आगमसँ परबत। हल स्थान रक आदेशसँ हर।

संस्कृतानुरूपमे शब्दक रूप ओहने रहैत अछि तेँ य, व, श, ष अथवा ऋ प्रभृति वर्णक प्रयोग संस्कृत वत होएत। संस्कृतभवमे विकार भेलासँ वर्णक प्रयोग उच्चारणक अनुरूप चाही ओ तेँ संस्कृत भव शब्दमे य, व, श, ष प्रभृति वर्णक प्रयोग नहि होइत अछि। *"वर्षा" संस्कृतानुरूप भेल तहिना "साक्षी" "मूषक" "श्वशुर" 'यावत्'* इत्यादि। विकार भेला उत्तर एही सब शब्दसँ भए जाएत रूप–बरखा, साखी, मूस, ससुर, जाबत इत्यादि।

(3) देशी शब्द–ओ थिक जे ने संस्कृतसँ आएल अछि ने भाषान्तरसँ किन्तु स्वतन्त्र मिथिला-देशक शब्द थिक यथा *छाती,* पहुँचा, बकलेल, भुसकौल।

देशी शब्दमे क्वचित् वर्णक द्वित्व भेल करैत अछि, ओ वैकल्पिक थिक यथा सकत, सक्कत, चटपट, चट्टपट्ट, अमत, अम्मत, गप-गप्प इत्यादि। कतेकमे वर्गक द्वितीय ओ चतुर्थ वर्णक द्वित्व भेलासँ पूर्वक वर्ण वर्गक प्रथम ओ तृतीय भए जाइत अछि यथा, अखा-अक्खा, बाघ–बग्घ, दोसझा-दोसज्झा, हथा-हत्था, गफा-ग़फ्फा इत्यादि। वर्णद्वित्व भेलासँ पूर्वक स्वर ह्रस्व भए जाइत अछि यथा, छीका-छिक्का, मूका-मुक्का, जूता-जुत्ता, चूटी-चुट्टी।

(4) विदेशी शब्द–संस्कृतसँ भिन्न भाषासँ जे शब्द आबि मिथिलाभाषामे मिश्रित भए गेल अछि से विदेशी शब्द थिक। अरबी, फारसी ओ उर्दूक शब्द बहुत दिनसँ मिश्रित होइत आएल अछि; एमहर आबि अङ्गरेजीक द्वारा यूरोपीय भाषाक शब्द से आबि मिझराए गेल अछि, ओ सम्प्रति हिन्दीक शब्द ओ मुहावरा से सब दिनानुदिन मिश्रित भए रहल अछि। एहिमे कतोक तत्सम प्रयुक्त होइत अछि ओ कतोकमे किछु विकार भए जाइत अछि। उचित जे तत्सम व्यवहार नहि करी, ओकरा तद्भव बनाए किछु विकार कैएकेँ व्यवहारमे आनी।

अरबी–शब्द जे प्रचुरतया मिथिलाभाषामे प्रयुक्त अछि–सिफारिस, फकीर, गरीब, खराब वा खराप, मालूम, अदालति, मोकदमा, अदना, फायदा, कसरि, हिसाब, हक, माफ, आदति, फुरसति, इम्तिहान, तारीख, हुकुम, हिम्मति, इजाजति इत्यादि।

फारसी–आदमी, सरम, जोर, जुलुम, सओदा, सूद, रेशमी, आजाद, होस, दरबार, निसान, दोस्त, रास्ता, तमासा, खून, खूब, केराया, अएना, बाग, दुश्मन, ओस्ताद, सबार, चाकू, गुलाब इत्यादि।

तुरकी–तोप, लाश, उर्दू, आलमारी, चकमक इत्यादि।

पुर्तगीज–कमरा, कमीज, नीलाम, गिरजा, फरमा, पादरी, गोदाम, किरानी, इस्पात इत्यादि।

अङ्गरेजी–प्रेस, पुलिस, थिएटर, माष्टर, स्कूल, रजिस्टर, पोष्टआफिस, बटन, इञ्च, रेल, स्टेशन, टिकट, टाइम, मिनट, सेकेण्ड, फुटबओल, पाबर, ष्टोभ इत्यादि।

शब्दक ई भेद 'उद्‌गम' क दृष्टिसँ कएल गेल अछि।

जीवित भाषाक लक्षण थिकैक जे आन–आन भाषाक शब्द यदि नव हो, अर्थात ओहि अर्थक शब्द यदि अपना भाषामे नहि हो, ओकरा अपनाए ली। एना मुसलमानी अमीलदारीमे बहुतो शब्द हमरा लोकनि लेलहुँ ओ एमहर अङ्गरेजी अमलदारीमे सेहो लेलहुँ अछि। परन्तु यदि ओही अर्थक शब्द अपना भाषामे अछि तखन ओकरा छोड़ि आन भाषाक शब्द ग्रहण करी से उचित नहि। यथा, 'तक'। एहि अर्थमे हमरा लोकनिकेँ 'धरि' अव्यय अछिए। "साँझ धरि अओताह" मुदा ओकरा स्थानमे "साँझ तक अओताह" कहने अपन शब्द 'धरि' छूटि जाएत। एहिना 'वाद'। एकरा हेतु अपन शब्दि अछि 'पछाति' अथवा

'पर'। 'तरह' वा 'तरहेँ'-एहि हेतु मैथिलीमे शब्द अछि 'प्रकार' वा 'प्रकाहें'। मैथिलीक शब्द 'मुदा' क हेतु 'लेकिन' लोक व्यवहार करैत छथि। विदेशी शब्दक व्यवहार नहि करी से बात नहि, मुदा मैथिलीक शब्द जँ उपयुक्त अछि तखन ओकर त्याग नहि करी।

व्युत्पत्तिक अनुसार शब्दक तीनि भेद अछि :

(1) रूढ़—ओ थिक जकर समुदायक अर्थ हो, अवयवक अर्थ नहि हो। यथा—घैल, घर, मानस।

(2) यौगिक—ओ थिक जे अवयवक अर्थ बोध कराए समुदायक अर्थक बोध कराबए। यथा-तमघैल, घरजमैआ, भनसिआ।

(3) योगरूढ़—ओ थिक जहिमे अवयवक अर्थक सङ्ग समुदायक अर्थ विलक्षण हो यथा पनबट्टी। एकर अवयवक अर्थ भेल पान रखबाल बाटी। परन्तु समुदायक अर्थ होइत अछि पानक एक गोट विलक्षण पात्र-विशेष तेँ तीननक बाटीकेँ पानक पात्र बनाए लो तँ ओ पनपट्टी नहि कहोओत। तहिना खेतक अर्थमे, दोफसिला आमक अर्थमे, मटकूर दहीक पात्रविशेषक अर्थमे, भाबहु छोट भाइक स्त्रीक अर्थमे विलक्षण समुदायार्थ बोध करबैत अछि।

अर्थक अनुसार शब्दक चारि प्रकार भए सकैत अछि—

(1) *जाति शब्द*—जाहिसँ जातिक बोध हो।

(2) *गुण शब्द*—जाहिसँ गुण, परिमाण, संख्या, प्रकार इत्यादिक बोध हो।

(3) *क्रिया शब्द*—क्रियाक बोध करओनिहार।

(4) *संज्ञा शब्द*—एक मात्र व्यक्ति-बोधक कहाओत।

ओना व्याकरणक दृष्टिसँ मिथिलाभाषामे शब्दक तीनिए भेद मानब पर्याप—

(1) *नाम* (जाहिमे विशेषण अन्तर्गत अछि)

(2) *क्रिया* (समापिका, असमापिका, पूर्वकालिक प्रभृति)

(3) *अव्यय* (जाहिमे क्रिया-विशेषण अन्तर्गत अछि)

शब्दक अर्थ तीनि प्रकारक होइत अछि, वाच्य, लक्ष्य ओ व्यंग्य।

वाच्य अर्थ शब्दक सङ्केतित अर्थ होइत अछि। शब्दक सुनला उत्तर स्मरण द्वारा जे अर्थ प्रथमतः उपस्थित होइत अछि, सएह थिक वाच्यार्थ। यथा, *"आगि"* दाहक तेज द्रव्यक अर्थमे; "बड़द" पशु-विशेषकक अर्थमे।

प्रथमोपस्थित मुख्य वाच्यार्थ जखन असङ्गति किंवा तात्पर्यक अनुपपत्तिसँ बाधित भए जाए, तखन मुख्यार्थक सम्बन्धी जाहि आन अर्थक अवगति हो से लक्ष्यार्थ थिक। "ओ आगिभए गेलाह"। एहिठाम मनुष्यक आगि भए जाएब असङ्गत अछि तेँ सन्तमत्व-रूप धर्मसँ अग्नि सदृश अर्थ अवगत होइत अछि तस्मात् आगिक लक्ष्यार्थ भेल "दीप्तया अग्नि सदृश"। तहिना "ओ बड़द थिक" एहिठाम बड़दक अज्ञतया पशुवत् ई लक्ष्यार्थ भेल।

वाच्य लक्ष्य ओ तात्पर्य सब प्रकारेँ अर्थक प्रतीति भेला उत्तर वक्ता, प्रकरण, देश, काल प्रभृतिक वैशिष्टयसँ जे एक गोट भिन्न अर्थक अवगति होइत अछि से थिक "व्यङ्ग्यार्थ"। यथा "सूर्य अस्त भेलाह" एहि वाक्यसैं धार्मिकके ँ यदि भृत्य कहत तँ "सन्ध्या-वन्दनक बेर भेल", कर्मचारी गण एक दोसराके ँ कहत तँ "आब कार्य समाप्त करू", मालिक चरबाहके ँ कहत तँ "माल घर लए जाउ"; सखी प्रोषित-भर्तृकाके ँ कहत तँ आइयो नायक नहि अयलाह; ग्रामान्तर गेनिहार केओ कहत तेँ "आब गाभ जएबाक समय भेल" इत्यादि अनेको अर्थ व्यङ्ग्य भेल।

मुख्य वाच्यार्थ अमिधा कृत्तिसँ, लक्ष्यार्थ लक्षणावृत्तिसँ ओ व्यङ्ग्यार्थ व्यञ्जनावृत्तिसँ अवगत होइत आछ। शब्दक समुदायसँ जे अर्थ प्रतीत होइत अछि से थिक-तात्पर्यार्थ ओ से "तात्पर्य-वृत्ति" सँ होइत अछि।

मिथिलाभाषामे व्याकरण-सम्बन्धी विलक्षणता

शब्दक शुद्धता व्याकरणक विषय थिक अतएव शब्दक विचारमे व्याकरण-सम्बन्धी कतिपय *विशेषक* उल्लेख आवश्यक। एहि प्रसङ्ग विशेष विवरण व्याकरणमे द्रष्टव्य :

प्रथमतः मिथिलाभाषा मे *सन्धिक* सर्वथा अभाव बुझव। सन्धि दू वर्णक संयोग थिक; दू वर्ण मीलि जखन एक तेसर वर्ण भए जाइत अछि तखन ओ सन्धि कहबैत अछि। मिथिलाभाषामे दू पदक परस्पर सन्धि नहि होइत अछि, एक पदमे सन्धिक काज भए जाइत अछि। यथा हम अबैत छी, सूर्य उगलाह, कतहु सन्धि नहि होएत परन्तु 'अबैत अछि' एहि पदक साधनमे अब धातुसँ ऐत अछि प्रत्यय लगलासँ ई पद सिद्ध भेल। तहिना समासमे *एकाध दिनेक* प्रभृतिमे सन्धि कार्य भए जाइत अछि परन्तु सेहो कार्य पदक मध्यहिमे भेल अछि। सूर्योदय भेल एहिमे 'सूर्योदय' संस्कृतक अनुरूप सन्धि कएले भाषामे परिगृहीत भेल अछि। तेँ एकर देखाउसिमे 'सूर्य उदित भेलाह' एकरा स्थानमे 'सूर्योदित भेलाह' लिखब वा बाजब असङ्गत थिक। संस्कृतसँ जे शब्द लेल गेल अछि ताहिमे अनेक सन्धि कएले लेल गेल अछि परन्तु तेँ ओहि शब्दकेँ मैथिलीक शब्द नहि कहब ने ओहि सन्धिक नियम एहि भाषाक नियम भेल। यथा, महाशय, उपेन्द्र, महोदार, अत्युत्तम, नयन, पावक, तन्मय, तच्छील, उन्नति, उल्लङ्घन, अतएव, दुश्चिन्ता, दुराग्रह, प्रभृति शब्दमे संस्कृतक सन्धिक नियम लगैत अछि। एकर ज्ञानक हेतु संस्कृत-व्याकरणक ज्ञान आवश्यक। मिथिलाभाषामे एहि नियम सबहिक चर्चा निरर्थक।

(2) मिथिला-भाषामे वचनक भेद नहि छैक; केवल 'एकवचन' होइत छैक, द्विवचन तँ संस्कृतहिटामे छैक मिथिलाभाषामे बहुवचनो नहि होइत छैक। बहुवचनक बोध शब्दक आगाँ 'सब' अथवा 'लोकनि' लगाकए कराओल जाइत अछि। 'लोकनि' केवल आदरसूचक थिक; 'सब' आदर-अनादर सब अर्थमे अबैत अछि। बहुवचन क्रियापदमे जे विशेष होइत अछि से आगाँ भेटत। तोँ सब जाइत जो; तोहरा सब जाइत जाह; तोहरा लोकनि जाइत जाह; अहाँ सब जाइत जाउ; अहाँ

लोकनि जाइत जाउ; अपने लोकनि जाइत गेल जाओ।

(3) मैथिलीभाषामे लिङ्ग लौकिकेटा होइत अछि, शास्त्रीय नहि। संस्कृत किंवा हिन्दीमे लिङ्गक निर्णय भाषा-शास्त्रक नियमानुसार होइत अछि, लौकिक दृष्टिसँ नहि। ते ँ मिथिलाभाषामे लिङ्ग चारि गोट होइत अछि; पुल्लिङ्ग यथा—बाप,भाए; स्त्रीलिङ्ग यथा—भाए, बहिनि; उभय-लिङ्ग यथा घोड़ा, बाभन, अलिङ्ग यथा—बाट, माछ, मोस, मूस।

अप्राणी-वाचक सब शब्द अलिङ्ग थिक। जाहि प्राणिवाचक शब्दसँ पुल्लिङ्ग ओ स्त्रीलिङ्ग दूहूक बोध हो से अलिङ्ग भेल यथा—लोक, पठरू, बच्चा, नेना। जाहि प्राणीक सन्तानोत्पादक इन्द्रिय मनुष्यक दृष्टिक गोचर नहि अछि सेहो अलिङ्ग थिक यथा मोस, मूस, माछ, माछी इत्यादि।

उभय-लिङ्ग शब्द जखन स्त्रीमे प्रयुक्त अछि तखनहि ओहिमे स्त्रीप्रत्यय लगैत अछि, तथा आकारान्तसँ ई घोड़ा-घोड़ी भेड़ा-भेड़ी; अकारान्तसँ इ वाभन-बाभनि, कुमार-कुमारि। जे शब्द पुल्लिङ्ग थिक तकर स्वोलिङ्ग रूप नहि होइत अछि; जे स्त्रीलिङ्ग थिक तकर पुल्लिङ्ग नहि होइत अछि। केवल उभय-लिङ्ग शब्दक विवक्षावशात पुल्लिङ्ग ओ स्त्रीलिङ्ग दूहू रूप होइत अछि।

लिङ्ग-भेद भेलासँ मिथिलाभाषामे केवल *विशेषणमे भेद होइत* अछि ओ भूत एवं भविष्यमे क्रियापदमे भेद होइत अछि यथा छोट घोड़ा आएल वा आओत। छोटि—घोड़ी आइलि वा आओति।

'बड़ी' काल वा 'बड़की' टा पोखरि—एहिठाम बड़ी वा बड़की टा अलिङ्ग स्वतन्त्रे थिक, 'बड़' क स्त्रीलिङ्ग रूप नहि।

ते ँ 'हमर गाए बड़ि मोट अछि' एहन रूप नहि "बड़ मोट अछि" एहने प्रयोग शुद्ध थिक।

नपुसंक लिङ्ग मिथिलाभाषामे नहि अछि ओ ते ँ तज्जन्य कोनो कार्यो नहि होइत अछि।

(4) संस्कृत जकाँ मिथिलाभाषा मे तीनि पुरुष अछि। उत्तम पुरुष—केवल हम सर्वनाम अछि-विभक्तिसँ पूर्व एकरा 'हमरा' आदेश भए जाइत अछि। बहुवचनमे 'हमरा सब' अथवा 'हमरा लोकनि' एहन रूप होएत। मध्यम पुरुष मे 'अहाँ' अधिक आदरमे 'अपने', अनादरमे 'तो ँ' (विभक्तिसँ पूर्व तोहरा ओ अधिक अनादरमे 'तो ँ' (विभक्तिसँ पूर्व तोरा) ई चारि गोट सर्वनाम अछि। अन्यपुरुष 'आन' थिक ओ शेष सब सर्बनाम एवं नाम अन्ये पुरुष होएत।

(5) आदर ओ अनादरक विवक्षासँ मिथिलाभाषामे क्रियापदक जे वैचित्र्य होइत अछि से एहि भाषाक एक गोट बड़का वैलक्षण्य थिक। यथाः

देखैत अछि—एहिसँ कर्त्तामे अनादर,

देखैत छथि—एहिसँ कर्त्तामे आदर,

देवदत्तक कार्य भेलैक—एहिसँ कर्त्तासँ आन देवदत्तमे आदर,

देखत छैक–एहिसँ कर्त्ता ओ कर्म दूहूमे अनादर,
देखैत छैन्हि–एहिसँ कर्त्तामे अनादर कर्ममे आदर,
देखैत छथिन्ह–एहिसँ कर्त्ता-कर्म दूहूमे आदर
देखैत छिऐक–एहिसँ कर्त्तामे आदर, कर्ममे अनादर,
देखैत छिऐन्हि–एहिसँ कर्त्ता-कर्म दूहूमे आदर,

एहिरूपे ँ क्वचित कर्त्तामे, क्वचित कर्त्तासँ आनमे, क्वचित् कर्ममे आदर ओ अनादरक विवक्षासँ क्रियापदक रूप-बाहुल्य होइत अछि इत्यादि विषय व्याकरणक ग्रन्थसँ ज्ञातव्य थिक।

नाम

व्याकरणक दृष्टिसँ मिथिलाभाषामे शब्दक तीनि गोट मात्र प्रकार अछि से पहिनहि कहि आएल छी–(1) नाम, (2) क्रिया, (3) अव्यय।

(1) नाम–जाति, गुण, क्रिया ओ व्यक्ति कथूक भए सकैत अछि। जातिवाचक ओ नाम थिक जाहिसँ ओहि जातिक सभक बोध हो यथा गाए, फूल, घर इत्यादि। गुणवाचक नाम विशेषण थिक यथा उजर, कारी, लाम, मोट, थोड़ बहुत। क्रियाक नाम दौड़नाइ, दौड़ब अथवा गुणहिक नाम विशेष धातुसँ कर्ताक अर्थ भिन्न-भिन्न प्रत्यय यथा उजरी, करिआर, लमाइ, मोटाइ, थोड़ाइ इत्यादि भाववाचक नाम थिक। व्यक्तिक नाम संज्ञा थिक यथा, राम, गङ्गा, देवदत्त, दड़िभङ्गा।

नाम चारि प्रकारक अछि–(1) कृदन्त, (2) तद्धित, (3) समास, (4) अव्युत्पन्न।

कृदन्त

कृदन्त ओ शब्द थिक जे धातुसँ प्रत्यय लगाए सिद्ध होइत अछि। एहन प्रत्यय सब अनेक अछि तथा भिन्न-भिन्न अर्थमे अबैत अछि। कतोक प्रत्यय अछि जे सब धातुसँ लगैत अछि ओ कतोक प्रत्यय विशेष धातुसँ विशेष अर्थमे अबैत अछि। यथा–

(अ) कर्त्ता मे–

सब धातुसँ अबैत अछि।

(1) अनिहार–देखनिहार, बसनिहार, अएनिहार।

(2) अल–भूत अर्थमे अकर्मक सब धातुसँ यथा, बसल लोक, टूटल खाट, सूतल व्यक्ति।

(3) तहिना अने–रह्, अब्, ज, छ सम्भावित अर्थमे हो, धातु एहि पीब धातुक योगमे सब धातुसँ यथा–देखने रही, देखने छी ओ देखने होइ।

विशेष धातुसँ कर्ताक अर्थ भिन्न-भिन्न प्रत्यय

अ–ठक आदिसँ–ठक, फड़, झड़, पनिभर, लठिधर।

आ—जोत आदिसँ, उपज आदिसँ टुट आदिसँ तथा अधिकरण ओ कर्मपूर्व सँ यथा—जोता, उपजा टुट्टा, घरपैसा, मथठेका, कनफुक्क, मितटप्पा।

आह—तच्छील अर्थमे बिसर आदिसँ—बिसराह, अगुताह डगमगाह, अबढंगाह।

अनमा—तच्छील अर्थमे—फड़नमा, सुतनमा, भगनमा, उड़नमा

एहिना उसराहु (आहु), चलाक (आक), चलता (अता), लड़ाका, लड़क्का (अक्का), डरबुक (अबुक), बुझनुक (अनुक) प्रभृति, तच्छील अर्थमे भिन्न-भिन्न धातुसँ भिन्न-भिन्न प्रत्यय अबैत अथि।

(आ) कर्ममे

अल प्रत्यय भूत अर्थमे सकर्मक सब धातुसँ—यथा देखल वस्तु, पढ़ल पोथी; चोटाओल साप। अल प्रत्यय सब धातुसँ अबैत अछि, ओ से भूत अर्थहिमे। परन्तु अकर्मकसँ से कर्त्तामे अबैत अछि मुदा सकर्मकसँ कर्ममे। जँ सब धातुसँ सकर्मक जकाँ व्यवहार नहि होइत अछि तेँ "एहि सबसँ कर्त्तहिमे अल होएत ओ बज आदि धातुसँ सेहो अकर्मक जकाँ व्यवहार होइत अछि परन्तु एहिसँ कर्महिमे अल अबैत अछि। तेँ गेल लोक, आएल पाहुन कर्त्तामे भेल, मुदा *वाजल जाएत* कर्ममे।

अल (कर्त्ता ओ कर्ममे) तथा अब (भावमे) कृदन्तो अछि ओ तिङन्त सेहो अछि। भूतमे तिङन्त 'अल' ओ भविष्यमे 'अल' अबैत अछि। परन्तु तिङन्त ओ कृदन्त दूहूमे भेद अछि।

(1) तिङन्त क्रिया-पदसँ वाक्यक समाप्ति होइत अछि यथा,—हम नाच देखल, अहाँ गप्प सुनल कृदन्तसँ क्रियान्तरक आकांक्षा रहि जाइत अछि, यथा—देखल नाच पुनि देखल, सुनल गप्प की सुनाएब?

(2) दोसर, तिङन्तसँ विभक्ति नहि अवैत अछि मुदा कृदन्तसँ सब विभक्ति अबैत अछि, यथा—देखलासँ की? देखवामे क्षति की?

(3) तेसर कृदन्तसँ कालक बोध नहि होइत अछि मुदा तिङन्त काल सेहो बोधित करैत अछि अलसँ भूत ओ अबसँ भविष्य।

आओर कर्ममे कृदन्त प्रत्यय-विशेष धातुसँ ओ विशेष अर्थ मे—

छनुआ (उआ) दूध, चोरौआ (औआ) धन, ओढ़ना (अना), देन (अन), ओछाओन (ओन), बुकनी (अनी), देखनुक (अनुक), लिखा (अर्थ चीठी), लोढ़ा, उसिना, छिट्टा (सब मे आ), कट्टू (ऊ), देखार (आर) इत्यादि।

(इ) करण अर्थमे

अना (देख आदिसँ) देखना, ठेकना, मुनना।

अनि (बाढ़ आदिसँ) बाढ़नि चालनि, लाड़नि।

अनी कतर आदिसँ कतरनी, झरनी, बटगमनी।

आ (कर्म-पूर्वक धातुसँ) पनिभरा, भतरन्हा, पएरधोआ।

(ई) अधिकरण अर्थमे—बैसाड़

(उ) भाव अर्थ मे—दू भेद अछि, एक जे नाम होइत अछि ओ, दोसर जे पूर्वकालिक किंवा असमापिका क्रिया होइत अछि।

(1) नाम जे होएत ताहिमे सब धातुसँ अबैत अछि प्रत्यय—

अब—देखब, सुनब, बाजब, कानब, बसब।

अनाइ—देखनाइ, सुननाइ, बजनाइ, कननाइ।

'सक' आदि धातुसँ 'अ', यथा—सक, दौड़, छीक; सुतार, उपाड़।

'झगड़' आदि धातुसँ 'आ', यथा—झगड़ा, छिटका, दरक्का, छिक्का।

'चल' आदि धातुसँ 'इ', यथा—चालि, हारि, मारि, लागि।

'हँस' आदि धातुसँ 'ई', यथा हँसी, हुलकी, भनकी, जमकी

एहिना, उलटन (अन), रोपनि (अनि), झुकनी (अनी), गनती (ती) खगता (अता)। बकार, (आर), झोकारा (आरा) इत्यादि

(2) समान-कर्तृक दू गोट क्रियामे पूर्व कालक क्रियासँ 'इ', कतहु-कतहु (यथा—बिकादि सँ) 'आए' प्रत्यय अबैत अछि। पूर्वकालिक क्रियासँ पर विकल्पसँ 'केँ' अबैत अछि। देखि गेलाह देखिकेँ गेलाह, *बिकाएकेँ* अएलाह वा बिकाए अएलाह।

सक धातु, सम्पादनार्थक चुक धातु, सामर्थ्यार्थक हो धातुक योगमे धातुसँ 'इ' प्रत्यय होइत अछि। पर धातुक योगमे बूझ, जन, सुन, देख एतेक धातुसँ 'इ' प्रत्यय अबैत अछि। यथा—देखि सकलहुँ; गाबि चुकलहुँ, पढ़ि होएत, बूझि पड़त, जानि पड़त, सूनि पड़त, देखि पड़त।

क्रियार्थक क्रिया रहलासँ धातुसँ 'अए' प्रत्यय अबैत अछि ओ विकल्पसँ 'लए' ओहिसँ 'पर' प्रयुक्त होइत अछि। देखए जाइत छथि वा देखए लए जाइत छथि। एहिना अप प्रत्यय निम्नांकित धातुक प्रयोग सँ अबैत अछि।

अनिरोधार्थक द धातु—नाचए दिअ।

प्रवृत्त्यर्थक लग धातु—पढ़ए लगलाह।

अबगत्यर्थक अब धातु—गाबए अबैत अछि।

अवसरप्राप्त्यर्थ पब धातु—बैसए पओलहुँ।

परस्पर क्रियामे देख, मार, पटक बजार, उकट आदि धातुसँ ई ओ औबलि प्रत्यय अबैत अछि मुदा धातुक *द्विवेचन,* ओ पूर्व खण्डसँ आ प्रत्यय सेहो अबैत अछि यथा—

देखा देखी—देखा देखौबलि
मारा मारी—मारा मरौबलि
पटका पटकी—पटका पटकौबलि
बजरा बजरी—बजरा बजरौबलि
उकटा उकटी—उकटा उकटौबलि इत्यादि

तद्धित

तद्धित ओ नाम थिक जाहिमे नामसँ प्रत्यय अबैत अछि। कृदन्तहि जकाँ तद्धितक सेहो अनेक प्रत्यय अछि। से सब कतोक भिन्न-भिन्न अर्थमे अबैत अछि। नीचा तकर कतोक प्रभेद देखाओल जाइत अछि।

(अ) सर्वनाम प्रकृतिक–

मिथिलाभाषामे 'ते' 'जे' 'ए' 'ओ' 'की' एहि पाँच गोट सर्वनामसँ भिन्न-भिन्न अर्थमे भिन्न-भिन्न प्रत्यय लगलासँ नाना प्रकारक शब्द सिद्ध होइत अछि जाहिमे कतोक अव्यय थिक।

'हन'–सदृश अर्थमे–तेहन, जेहन, एहन, ओहन, केहन।

'ना'–प्रकार अर्थमे–तेना, जेना, एना, ओना, कोना।

'तबा'–परिमाण अर्थमे–ततबा, जतबा, एतबा, ओतबा, कतबा।

'तेक'–परिमाण अर्थमे–ततेक, जतेक, एतेक, ओतेक, कतेक।

'तने'–अल्प परिमाण अर्थमे–ततने, जतने, एतने, ओतने, कतने।

'तनी'–अल्प परिमाण अर्थमे–स्त्रीलिङ्ग–ततनीटा, जतनीटा, एतनीटा, ओतनीटा, कतनीटा।

'महर'–दिश अधिकरण अर्थमे–तेमहर, जेमहर, एमहर, ओमहर, कोमहर।

'तए'–दिश अधिकरण अर्थमे–ततए, जतए, एतए, ओतए, कतए।

'हाँ'–जे, ते, की सँ–जहाँ, तहाँ, कहाँ।

'हिआ'–असमीप कालमे–जे ते की सँ–जहिआ, तहिआ, कहिआ।

न–निर्धारण अर्थमे–की सँ–कोन।

तोक–अल्प संख्यायुक्त अर्थमे–की सँ–कतोक।

(आ) संख्या-प्रकृतिक पूरणार्थक–

संख्यावाचक नामसँ पर पूर्त्तिकारक अर्थमे–

'म' प्रत्यय–साधारण–चारिम, पाँचम।

'सर'–दू तीनिसँ–दोसर, तेसर।

'की' संयुक्त अर्थमे–ए–कए गोट।

'की' सँ संख्यापूरक अर्थमे–एम–कएम।

(इ) स्वार्थिक–स्वार्थिक प्रत्यय स्वार्थमे अबैत अछि। स्वार्थ थिक नामक अपन अर्थ। ई प्रत्यय अधिक किंवा अल्प अर्थ मे अबैत अछि।

पन–पना–पनी–स्वार्थ मात्रमे–यथा–भाभटसँ–भभटपन भभटपना–भभटपनी–सब एकहि अर्थमे

गर–अधिक अर्थमे–गिलगर, मोटगर, प्रियगर, लोकगर इत्यादि। एहू सब प्रत्ययक अएलासँ विशेष्यभूत अर्थ ओएह रहल ते ँ इहो सब स्वार्थिक भेल।

आह–अल्प अर्थमे–अमताह, मधुराह।

आँठ–अल्प अर्थमे–मधुराँठ।

आहुत–अल्प अर्थमे–पुबाहुत, पछिमाहुत, दछिनाहुत।

ई–छोट अर्थमे–थारी, तसली, कोही, छाँछी।

उली–छोट अर्थमे–कोठली, कठुली।

अकी–छोट अर्थमे–लोटकी इत्यादि।

(ई) भवार्थक–

उत्पन्न होअनिहार ओ रहनिहार दूहू 'भवार्थक' कहबैत अछि।

उक–आजुक, काल्हुक, परसुक, भोरुक, साँझुक।

प्रभेद सँ एही सबसँ 'आ' प्रत्यय, अजुका, कल्हुका इत्यादि।

इल–माँझिल, साँझिल।

इला–देशिला, अगिला, पछिला।

अला–बिचला।

ऐला–कोनैला।

अका–कतका, तरका, उपरका।

ऐआ–गमैआ, बनैआ, समैआ, घरैआ।

इआ–परदेशिआ, जङ्गलिआ, परोसिआ।

ई–परदेशी, जङ्गली, परोसी, देहाती, स्वदेशी।

बा–बसात अर्थमे–पुरिबा वा पुरबा, पछबा।

ही–बसात अर्थमे–दछिनाही।

अङ्ग–बसात अर्थमे–उतरङ्ग।

वारि–खेत, घर आदि अर्थमे–पुबारि, पछबारि, उतरबारि, दछिनबारि।

बा–मनुष्य अर्थमे–पूबा।

आहा–मनुष्य अर्थमे–(पछिमाहा–दखिनाहा)।

आ–मनुष्य अर्थमे–पछिमा।

इआ–संख्यापूर्वक वर्ष, मास आदिसँ–एकमसिआ, चौमसिआ, एकवर्षिआ।

ऊ–संख्यापूर्वक वर्ष, मास एकमस्सू पँचवर्षू।

आ–सख्यापूर्वक दिन ओ सालसँ प्राणीसँ भिन्न–एकदिना, दोदिना, तेसाला, चौसाला।

औआँ–एकहि गाममे रहनिहार अर्थमे गामसँ–गौआँ।

(उ) भावार्थक–

प्रकृतिसँ स्वार्थसे विशेषण-रूपेँ बोधित पदार्थ भाव कहबैत अछि। यथा – अमत शब्द अम्लत्वयुक्त वस्तुबोधक थिक ओ एहिमे अम्लत्व, विशेषण, ओ तकर आश्रय वस्तु, विशेष्य, सेहो रहैत अछि तेँ

अमतसँ सँ भावमे प्रत्यय कएने अम्लत्व बोध होएत।

आइ–गुणवाचक शब्दसँ–अमताइ, पण्डिताइ, सोझाइ, चकराइं, समर्थाइ।

ई–हरिअर आदिसँ–हरिअरी, लाली, पीरी, उजरी।

आरी–बुढ़ारी, नबारी।

(उ) कर्मार्थक–

कर्म थिक क्रिया। यथा–चरबाहक क्रिया एहि अर्थमे कर्मार्थक तद्धित प्रत्यय आओत।

इ–बाह, बार प्रत्ययान्तसँ चरबाहि, रखबारि, कोरबाहि, बगबारि तथा चोरि।

ई–चोरी, कहारी बेगारी, खबासी, चाकरी, नौकरी।

आ–धूर्ता।

रए–गोआँरए।

ऐती–डकैती, सभैती, पञ्चैती, घटकैती; कुटुमैती।

तथा–डाक (अ) ओ डाका (आ) सेहो।

गिरी–ओझागिरी, बैदगिरी।

अओज–बमनओज।

(ऋ) भाव-कर्तार्थक–

कतोक प्रत्यय भाव ओ कर्म दूहूमे अबैत अछि। नेनपन व्यतीत भेला पर समर्थाइ

अबैत छैक एहि वाक्यमे नेनपन ओ समर्थाइ दूहू भावक वाचक थिक। अहाँ नेपनन करैत छी एतए नेनपनमे कर्मार्थक प्रत्यय अछि।

पन-पना पने–मनुष्य मात्रमे प्रयुक्त गुणवाचकसँ-नेनपन, बुड़िपन, गमरपन, चुगिलपन इत्यादि।

ई–बुधिआरी, बुड़िबकी।

आइ–चतुराइ, पण्डिताइ, वैदाइ।

आरए–पंडितारए, व्यक्तितारए।

(ऋ) प्रभेदार्थक–

गुणवाचक नामसँ तद्गुण-विशिष्ट प्रभेदक–ई अर्थ एहि तद्धितान्त नामक होएत। यथा–फूल लाल, कारी, उजर अनेक रङ्गक होइत अछि ताहिमे लाल प्रभेदक फूल–ललका।

आ–(1) उजर आदिसँ, (2) युक्त अर्थक 'आह' प्रत्ययान्तसँ, (3) भव-अर्थक 'उक' प्रत्ययान्तसँ–उजरा, करिआ, चितकबरा पुरना, पनिआहा, बतहा, अजुका, भोरुका।

का–ललका, पैघका, छोटका, मेहिक्का।

की–स्त्रीलिङ्गमे–ललकी, पैघकी, छोटकी

हा–अधलाहा, निकहा, पकलहा।

हा तथा औआ–मधुराहा, अमताहा, मधुरौआ, अमतौआ।

(ऌ) युक्तार्थक–

एकरहि मत्वर्थीय सेहो कहैत छैक। युक्तमे सम्बन्ध छैक 'योग' क से अनेक प्रकारक अछि; क्वचित *संयोग,* यथा–पागबाला, छड़ीबाला; क्वचित स्वस्वाभिभाव, यथा–गाएबाला, घरबाला; क्वचित सामानाधिकरण्य, यथा–भाएबाली कन्या, गामबला ओझा क्वचित विषय-विषयिभाव, यथा–व्यवस्थाबाला विषय।

युक्त अर्थसँ प्राशस्त्य, आधिक्य, अल्पत्व, अतिशयत्व इत्यादि अर्थ बोध होइत अछि।

प्राशस्त्य–प्रशस्त ज्ञानसँ युक्त–ज्ञानबाला।

अधिक धनसँ युक्त–धनमन्त।

अल्पमेघसँ युक्त–मेघओन।

अतिशय बुझवाक योग्य आँखिसँ युक्त अँखिगर।

बाला–नामसँ पर–पागबाला।

मन्त गुण आदिसँ–गुणमन्त, बलमन्त।

गर पानि आदिसँ—आधिक्य अर्थमे—पनिगर।

आह—तामस आदिसँ—तमसाह, तेलाह।

एवं (ई)—मात्सर्यी; (अओन) मेघओन, अन्हरओन, (आहु) वयसाहु, झगड़ाहु, (ई) गाछी, (ल) धोधिल; अभागल, (आर) गोआर, बुधिआर, (आड़) पँजिआड़, (इआ) इजोरिआ, अन्हरिआ।

(लृ) अपत्यार्थक–

अपत्य थिक सक्षात सन्तान से बोध करओनिहार अपत्यार्थक प्रत्यय भेल यथा—इऔत-ममिऔत, मसिऔत, पितिऔत, बहिनौत, पिसिऔत, समधौत, सतौत।

स्त्रीक सम्बन्धबोधक बहिनिसँ औत अबैत अछि, यथा—

लव-कुश उर्मिलाक बहिनौत छलाह।

पुरुषक सम्बन्धबोधक वहिनिक अपत्य भागिन, स्त्रीलिङ्गमे भगिनी कहबैत अछि।

(ए) स्थानार्थक–यथा

भर—दिशावाचक नामसँ—पूभर, पच्छिमभर, दच्छिनभर।

(हर)—धनहर, (होरि) खढ़होरि, (अजान) करजान, (आरी) तेलिआरी, गों ढ़िआरी, (आनीं) कोरिआनी, (ई) मुसहरी, (आल) कठाल।

(ऐ) संज्ञा-प्रकृतिक–

व्यक्तिक नामसँ अनादरमे 'आ' अथवा 'बा' ओ आदरमे क्वचित् प्रकृतरूप, क्वचित् 'आइ' अथवा प्रत्यय अबैत अछि। यथा, प्रकृत शब्द हरिहर—आदर ओऊ—एह मुदा अनादरमे हरिहरबा।

एहिना—बुध-बुधन-बुधना, संकर-संकर-संकरबा।

गेना—गेनाइ-गनेबा।

हरिलाल—हरिलाल-हरिललबा।

लतर—लतर-लतरा।

मुसहर—मुसहरू, मुसहरबा।

बताह—बतहू-बतहा।

स्त्रीलिङ्गमे—बतही-बतहिओ-बतहिआ।

खजनो—खजनो-खजनी।

एहिसँ अतिरिक्त अनेक अर्थमे भिन्न-भिन्न प्रत्यय अबैत अछि सदृश अर्थमे—आइनि-छुछुनराइनि गन्ध, अमताइनि स्वाद।

मिश्रित भक्ष्य अर्थमे—औरी—कुम्हरौरी, तिलौरी।

धरबाक योग्य–आम–पण्डिताम, इसखिआम, कएथाम।

तुल्य क्रिया कएनिहार–आह–तेलिआह, बभनाह, रड़ाह।

वहन कएनिहार अर्थमे–बाह–(हर आदिसँ) हरबाह, कोदरबाह।

रक्षक अर्थमे घाट आदिसँ–बार-घरबार, रखबार डिहबार, गैबार।

व्यवसायी जाति अर्थमे–आर–लोहार, सोनार, चमार।

त्याजित अर्थमे कृत् अबान्तसँ–आओन–निछाओन छटाओन, सुखाओन।

पारितोषिक अर्थमे कृदन्त बाजबसँ बजाओन-मुहबजाओन मुहदेखाओन, हथनोताओन।

परस्पर मारब अर्थमे–लाठी आदिसँ-ई, औबलि-लाठा-लाठी, लाठालठौवलि, मूकामुकी, मूकामुकौवलि इत्यादि।

समास

जेना अनेक वर्णक संयोग संधि कहबैत अछि तहिना अनेक पदक संयोग समास कहवैत अछि। दू वर्ण सन्धिमे मिलि तेसर वर्ण भए जाइत अछि; दू पद विभक्तिकेँ छोड़ि एक स्वतन्त्र पद भए जाइत अछि सएह समास थिक।

संस्कृतमे समासक बड़ खेलि अछि। ओहिमे दू पद समस्त भए तेसर पद मे समस्त होइत अछि ओ एहि रूपेँ दश-दश, बीस-बीस पद मीलि एक गोट पद भए जाइत अछि। दोसर, ई ऐच्छिक होइत अछि परन्तु पदमे सामर्थ्य छैक तखन समासक बाँध नहि होइत अछि। परन्तु मिथिलाभाषामे से हाल नहि अछि। एक तँ मिथिलाभाषामे दू पदसँ अधिकक समास नहि अछि। दोसर, समस्त पद जे अछि से भाषामे स्वीकृते पद सब अछि, अपना इच्छासँ विवक्ष कए समास कए लेब से नहि अछि। यथा-बेलपात। एहिमे 'बेलक पात' एहि विग्रहसँ षष्ठी तत्पुरुष सिद्ध होइत अछि मुदा तेँ 'आमक पात' केँ एहि दूहू पदक विवक्षा-वशात समास कए 'आमपात' नहि कए सकैत छी। तहिना द्वन्द्वमे प्रसिद्ध जे साहचर्य छैक ततहि समास होइत अछि, अप्रसिद्ध दू पदकेँ एकत्र द्वन्द्व नहि कए सकैत छी। शास्त्र-पुरान, लोक-वेद, पोथी-पतरा, अन्न-पानि इत्यादि पद द्वन्द्वक उदाहरण लोक-प्रसिद्ध अछि। परन्तु तेँ पोथीमे ओ चाउरमे दिबाड़ लागल एहि अर्थमे पोथी-चाउरमे ऐना समास नहि कए सकैत छी। अतएव मिथिलाभाषामे समासक क्षेत्र बड़ सीमित अछि ओ तेँ समासक विधि सेहो नियमबद्ध नहि अछि। पानिक बाट = पनिबट, जारनक घर = जरनघरा, कानक ऐंठब = कनैठी, गाएक सिंह सदृश = गै सिंही, हाथीक शाला = हथिसार; माएक सौतिन = सतमाए, सौतिनक धी = सतधी, दालिक अन्न = दलिहन, दूक साझी = दूसज्झा सबमे किछु ने किछु कार्यक निपातन होइतहि अछि।

मिथिलाभाषामे तीनिए गोट समासक दृष्टान्त भेटत—तत्पुरुष, द्वन्द्व ओ बहुब्रीहि। अव्ययीभावक दृष्टान्त दिनेक, भरिसक दू चारि गोट भेटए सएह, ओकरा

स्वतन्त्रे अव्यय मानि ली सएह नीक ओ अव्ययीभावक अभावे कही।

तत्पुरुष

तत्पुरुष ओ समास थिक जाहिमे उत्तर पद प्रधान हो अर्थात जाहिमे प्रथम पद विशेषण हो तथा उत्तर पद विशेष्य हो सएह थिक तत्पुरुष।

यथा, आन धान = अनधन, चारि बाट = चौबट्टी, फूलक बाड़ी = फुलबारी, राड़क गाम = रड़गामा।

षष्ठी तत्पुरुषसँ भिन्न आन सब तत्पुरुषमे समासान्त 'आ' अबैत अछि। एहिसे दू, तीन, चारि, गाए, भाए, सैतिनिकेँ पूर्व पद रहलासँ क्रमश दो, ते, गै, भै, सत आदेश होइत अछि। दोगोला, तेबट्टी, चौघरा, गैघरा, भैंसुर, सतसासु।

तद्धितक विषयमे समानाधिकरण संख्याक सङ्ग मास आदि समस्त होइत अछि। एकमसिआ, चौसाला, पँचवर्षा।

कृदन्तक विषयमे जाहि पूर्वक धातुसँ जे प्रत्यय विहित अछि ताहि पदक सङ्ग से कृदन्त समस्त हो। यथा अधिकरण ओ कर्म-पूर्वक धातुसँ कर्त्तामे 'आ' कृत्प्रत्यय विहित अछि। यथा घरमे पैसनिहार। एहिसँ पैस धातुसँ आ प्रत्यय कए पैसा साधि 'घरपैसा' समस्त पद निष्पन्न भेल। माथमे ठेकनिहार = मथ ठेका, कानकेँ फुकनिहार = कनफुक्का, बलिकेँ कटनिहार = बलिकट्टा। तहिना कर्ता मे अ प्रत्यय कए पनिभर, लठिधर। कर्मपूर्वक धातुसँ करण ओ अधिकरणमे 'आ' प्रत्यय कए—पएरधोआ अढ़िआ, भतरन्हा तसला इत्यादि।

द्वन्द्व

जाहि समासमे दूहू पद प्रधान हो अर्थात परस्पर ककरो कोनों विशेषण नहि हो से समास द्वन्द्व थिक। इतरेतर योगमे द्वन्द्व होइत अछि। अनेक पदार्थक एक रूपसँ समानमे अन्वय इतरेतर-योग थिक। ई समास प्रसिद्ध साहचर्यमे होइत अछि से कहनहि छी। उदाहरण, दालि-भात, चूड़ा-दही, घर-आङ्गन, लोकवेद, बाबू-भैआ इत्यादि।

बहुब्रीहि

बहुब्रीहि ओ समास थिक जाहिमे समास परक अर्थसँ भिन्न अर्थ प्रधान हो। यथा 'एकटा मुह छैक' एहि अर्थमे 'एक' ओ 'मुह' केँ समास कए होइत अछि परन्तु ओकर अर्थमे प्रधान ने एक अछि ने मुह परन्तु ओ कोठी वा आने कोनो पात्र जकरा एकेटा मुँह होहक।

बहुब्रीहिमे सेहो समास 'आ' किंवा 'ऊ' अबै अछि। हाथ लागल हो जाहिमे से हथलग्गू, एकमति छैक जकरा से एकमतिआ।

संख्याक सङ्ग मति आदि, प्राणीक अङ्गक सङ्ग काटल अहष्ट आदिक सङ्ग्ग घटल, भूतादिक सङ्ग लागल, पित्त ओ पानिक सङ्ग मुइल, पेटक सङ्ग जरल, गुणक सङ्ग प्राणीक

अङ्गक अनेक प्रकारेँ बहुब्रीहि समास होइछ। उदाहरण, एकमतिआ ओहिना–कनकट्टा, नकपिच्चा, कर्मघट्टू, भुतलग्गू, पितमरू, पनिमरू, पेटजरू, ललमुहा इत्यादि।

कुकुरटँगा, चौमुख, चिकनकेर, कुगर, कुचालि इत्यादिमे समस्त सान्तक अभाव विशेष अछि।

बहुब्रीहिमे अन्त्य अलक विलोप, रेफ ओ संयुक्त स्वरो छाड़ि आन व्यञ्जन केँ द्वित्व भए जाइत अछि तथा विलुप्त पूर्व रेफान्त तथा लग आदिसँ समासान्त 'ऊ' होइत अछि प्राण्यग बहुब्रीहिमे अलक विलोप भेलासँ आदर मे 'ऊ' सान्त अबैत अछि; अनादरमे आ। नकपिच्चू पंडित नकपिच्चा खबास। कनकट्टू ब्राह्मण, कनकट्टा कुकुर।

बहुब्रीहि समास ओ योगरूढ़िमे भ्रम होएबाक सम्भावना छैक, कारण, योगरूढ़ शब्द प्रायः समस्ते होइत अछि। परन्तु दूनूमे भेद स्पष्ट अछि। बहुब्रीहि समासमे समस्त पदक अर्थ समस्य मान पदक अर्थसँ भिन्न होइत अछि। अर्थात ओ अन्य-पद-प्रधान होइत अछि। योगरूढ़िमे अवयवक अर्थक सङ्ग सङ्ग समुदायक अर्थ विलक्षण होइत अछि परन्तु ओ भिन्न हो से आवश्यक नहि। तेँ सबटा योगरूढ़ शब्द बहुब्रीहिए समास हो आवश्यक नहि कतेक तत्पुरुष समाज सेहो योगरूढ़ होइत अछि। 'भाबहु' शब्दक अवयावार्थ भेल 'भाइकबहु' परन्तु ओहि शब्दसँ एक बिलक्षण अर्थक बोध होइत अछि 'छोट भाइक बहु' बहुब्रीहि नहि भेल कारण अछि ई उत्तर-पद-प्रधान तत्पुरुष बहुब्रीहि समासमे प्रधान होइत अछि अवयवार्थसँ भिन्न। से भिन्न यदि सामान्य हो तँ शब्द यौगिक मात्र भेल किन्तु यदि ओ ताहि अर्थमे कोनहु विलक्षण मात्रटामे प्रयुक्त हो तखनहि ओ योगरुढ़ि कहाओत। दृष्टान्तमे 'मृगनयनी देखू'। मृगक सदृश नयन हो जाहि रमणीक से रमणी कहाओत मृगनयनी जे समस्यमान पद मृग ओ नयन दूहूसँ भिन्न थिक। परन्तु त्रिनयन कहलासँ तीनि गोट नयन छैक जकरा से सामान्य अर्थ नहि प्रत्युत ओहिसँ विलक्षण महादेव मात्र बुझल जाइत अछि। यद्यपि महादेवहुके तीनि गोट नयन छैन्हि ओ त्रिनयनक सामान्य अर्थसँ हुनको बोध होएबे करत। तेँ त्रिनयन महादेवक अर्थमे योगरूढ़ अछि। एतावता योगरूढ़ि ओ बहुब्रीहिमे साम्य एतवे अछि जे दूहू समस्त पद होइत अछि, नहि तँ योगरूढ़ि बहुब्रीहिसँ भिन्नहु समासक पद भए सकैत अछि तथा कतोक बहुब्रीहि योगरूढ़ सेहो होइत अछि।

अव्युत्पन्न

शब्दक चारिम प्रभेद थिक, अव्युत्पन्न। एहिमे प्रकृति प्रत्ययक विभाग नहि होइत अछि, ने एहिमे सार्थक खण्डद्वय रहैत अछि। ई नाम सब विशेष अर्थमे 'रूढ़' रहैत अछि। एहन शब्दक सब भाषामे प्राचुर्य रहैत अछि। धैल, कोहा, हाथ, पाएर, भात,

दालि—सब अव्युत्पन्न थिक, रूढ़ि थिक।

ई रूढ़ि सब विशुद्ध मिथिलाभाषाक जकरा देशज कहब सेहो अछि, तद्भव सेहो अछि ओ तत्सम सेहो होइत अछि।

एहि ठाम कतोक एहन समस्त किंवा असमस्त शब्द-युग्मक दृष्टान्त अछि जकर अर्थ विशेष भए जाइत छैक।

अकासी-कॉंकोड़ (निन्दामे विशेषण)। वकलेल अर्थ मे।

अकासी-वृत्ति—अनिश्चित जीविका।

अगल-बगल—कात-करोट, एमहर-ओमहर।

अलग-बलग—शीघ्रतासँ, असमीचीनतासँ।

अगिआ-वेताल—उद्दंड।

अगिमुत्तू—आनक अधलाह कार्य कएनिहार।

अगिलकंठ = अधलाह कथा बजनिहार।

अगिलह = उत्पाती।

अचल-भारथी = नहि चलनिहार।

अठकपारि = अलच्छि।

अण्टबण्ट, अण्टसण्ट = असम्बद्ध (कथा मे)

अनेर-धुनेर = अरक्षित।

अरिआ-दुर्भिक्ष = एक खेत मे उपजा, समीपमे दुर्भिक्ष।

अरिआ-लङ्घन = एहन वर्षा जाहिमे आरि लाङ्घि पानि बहए।

अलगटेँट = योग्यकेँ बजवाक अवसर नहि दए उत्तर देनिहार।

आगत-स्वागत = अतिथि-सम्मान।

आभड़-खुभड़,

उभड़-खाभर=ऊँच-नीच।

उथर-पाथर=युगपात् नाना क्रिया।

उनट-पनट=हेरी-फेरी।

उपरफट्टो=उपरिष्ठात् प्राप्त।

उपरवदरा=क्षणिक-मेघकृत वर्षा।

उपर-सहाक=भानसमे भनसिआक सहायता।

एकछाहा=आनसँ अमिश्रित।

एकपिठिआ=अव्यवहित जेठ वा छोट।

एकपेँड़िआ=एक गोटक चलबाक योग्य बाट।

औनापथारी=आकुलतापूर्वक अन्वेषण।

कचुआबध=छिन्न भिन्न काटब।

कैञ्चगति=कैञ्चाक हिसाबेँ।

कनकुत्ती=खेतक कूत करब।
कुकुर कटाउझि=कुकुर जकाँ परस्पर काटव।
कुकुर-चालि=अस्थिर प्रकृतिक अविवेकी।
कुशोथरि=कुश बिछाए देवागारमे कामना विशेषसँ धरना देब।
कौटङ्ग=छोट पैघ पाएरबाला।
कौड़िआ-कातर=जे एक कौड़ीक हेतु कातर हो, अति कृपण।
खटबताह=ईषत् विक्षिप्त।
खटबानर=वानर सदृश खटखटाह।
खाँझ माँझ=तारतम्य।
खिरकिट्टी=अत्यन्त कृश।
खुष्टमख्याल=अत्याग्रह।
गुहचोरा=खढ़पात चोरओनिहार, सिंहाचोरसँ भिन्न।
गोरकट=पाएर पसारि सुतबाक अयोग्यता।
गोरथारी=पाएर रखबाक स्थान।
घमलौड़=अनेक पुरुषक वा शब्दक सम्मिश्रण।
घरहञ्ज=आश्रममे सम व्यक्ति मृत्यु।
चलाचलती=अधिक प्रचार।
चलचलाओ=चलबा कालक सघटन-चाञ्चल्य।
पतिकरनी=प्रतिष्ठा-रक्षार्थ अति अल्प क्रिया।
नाकरनुकर=अस्पष्ट निषेध।
जनीजात=स्त्रीगण।
जहपटार=यत्र तत्र पसरल।
दोसरा साँझ=पहिल सन्ध्याक उपरान्त झल फल समय।
राताराती=दिनक अस्पर्श-पूर्वक राति।
राति विराति=वर्षादि उपद्रव सँ युक्त राति।
रित्ती छित्ती=छितिर-बितिर।
रेका-तोकी=रे तोँ शब्दोच्चारणपूर्वक कलह।
रेड़क बहेरम=अनेक लोकक सङ्कुक्तलता-प्रयुक्त धक्का ओ घोल।
लगले लागल=व्यवधान-रहित, पुनि-पुनि।
लजकोटर=अत्यन्त लज्जाशील।
लत्तहिँ पतहिँ=अतिशीघ्र।
लाबा दूआ=स्वीकृतसँ किछु अधिक दान।
लार-चार=प्रचार।
लारूबातू=अत्यन्त शिथिल।

लिच्छोपलिच्छ=अत्यन्त शुद्ध।

लूलू थूथू=अत्यन्त तिरस्कार पूर्वक परास्त।

सकचून-सकनाचूर=सर्वथा चूर्णित।

सङतुरिआ=समवयस्क सङ्गी जकरासँ हँसीठट्टा हो।

समय-सतरा=समय पर अपन कार्य सम्पन्न कएनिहार।

सुधि-बुधि=स्मरण ओ विवेक।

कतोक एहन-एहन शब्द अछि जाहिमे ततेक थोड़ अन्तर छैक जे एकमे दोसराक भ्रम भए सकैत अछि परन्तु अर्थमे बड़ भेद छैक। तकर किछु दृष्ठान्त एतए देल जाइत अछि–

कलि–चारिम युग

कली–फूलक कौँढ़ी

कृति–कार्य

कृती–कार्य सम्पन्न कए ओकर यशसँ यशस्वी

वलि–उपहार

बली–बलवान

पिक– कोइली

पीक–पानक थूक

सुत–बेटा

सूत–सारथी

कुल–वंश

कूल–नदीक तीर

चिर–बहुकाल

चीर–वस्त्र

असक्त–आसक्तिसँ रहित

अशक्त–अक्षम

अंश–हिस्सा

अंस–कान्ह

जड़ि–वृक्ष-मूल

जड़ी–रोगनिवारक मूल

जनि–उत्प्रेक्षाव्यञ्जक

जनी–स्त्रीलोक

जनु–नहि

धनगर–अधिक धानसँ युक्त

धनचर–अनेक कार्यक युगपत् प्राप्ति

धनहर–धान उपजए वाला
धरि–पोखरिक चारूकातक जलसँ उपर भाग
धरी–धारा तौलल
धारी–पंक्ति
पतौटी–भोजनार्थ विछाओल पात
पतौड़ी–ताम्बूलादि रखबाक पत्रपुटक
भजाएब–समान मूल्यक अनेक छोट-छोट मुद्रासँ वदलव
भँजिआएव–भाँजि ताबक
अँकड़ा–आँकड़ सदृश
अकड़ी–अश्लील हास्यवाला
अखड़ा–मेही नहि पीसल
अखड़हा–अखाड़ा
अखड़िआ–अखाड़ा पर शिक्षित
अखरिआ–अक्षर-जीवा
अछार–अल्पकालक सुवृष्टि
अछारब–पानि मे बीआ बाओग करब
कोनाकोनी=कोणसँ कोण दिशि सम्मुख
कोनेकानी=कोण सहित सकल स्थान
कानोकान=कन्हेर धरि
खटखटाएब=क्रोधे जोरसँ बाजव
खटपटाएब=वैमनस्य होएब
टोन=लकड़ी, बाँस, आदिक खण्ड
टोना=रोगके शान्त कएनिहार वा उत्पन्न कएनिहार मंत्र रहितक्रिया
टोना=अल्प बले ँ भङ्ग होएबाक योग्य
डोरा=सूत
डोरि=अरबनी, खोपा बन्हबाक डोरी, गमन-सौकर्य
डोरी=साबए प्रभृतिक बाँटल रज्जु
डोरिआ=अनेक सरल रेखासँ युक्त (वस्त्र)
डोरिआएब=सक्रमता-सम्पादन
अँचरा=बालिकाके ँ पहिरबाक छोट वस्त्र
अँचार=आम आदिक सलवण संहित खाद्य-विशेष
अरिआ=आरि सम्बन्धी
अणिआ=अण्डकोषयुक्त (बरद)
अढ़िआ=पादप्रक्षालनादिक हेतु पात्रविशेष

अण्टा=सीर चलबाक हेतु डारिमे माटि
अण्डा=गर्भसँ निःसृत सजीव गोल
अदत्त=अतिकृपण
अदन्त=बिना दाँतक (माल)
अनुपान=औषध खाए खाएब
अनुमान=तर्क
अन्त=अवसान
अन्तए=अन्यत्र
अन्ता=माछ मारबाक यन्त्र विशेष
घमौरी=घामसँ भेल देहमे फोँसरी
घम्हौरी=फलविशेष
घानि=खानि, आधिक्य
घानी=समूहसँ पृथक कएल भुजबाक वा कुटबाक योग्य (अन्न)
घाटि=घटती, अल्पीभाव
घाठि=बेसन
घोड़=घोड़ा
घोर=(1) दहीक पानि (2) व्याकुल
चानि=माथक ऊपर भाग
चानी=रूपा
चालि=गति, स्वभाव, प्रचार
चाली=कृमि
कलकलि=पामा, रोगविशेष
कलकली=अत्यन्त भूख
कल्लोल=समुद्रक लहरि
कलोल=घोल, कोलाहल
काड़ा=पाएरक भूषण
काढ़ा=क्वाथ
काँट=(1) कण्टक (2) गरदनिक गहना-विशेष
काँड़=बोझक राशि।
काँति=(1) हारि मे देय धन 2) गरदनिक गहना-विशेष
काँड़=बोझक राशि।
कांति=(1) हारिमे देय धन (2) शोभा
काँती=कर्त्री, छोट खड्ग
कान्ती=माटि मिलाएकेँ लोहक बनाओल।

अधिकरण मे–विभक्ति 'मे' 'पर'।

एही विभक्तिसबकेँ क्रमशः प्रथमा, द्वितीया, तृतीया, चतुर्थी, पञ्चमी, षष्ठी ओ सप्तमी कहैत छैक।

विभक्तिसँ युक्ते नाम 'पद' थिक, वाक्यमे प्रयोग पदक होइत अछि, नामक नहि ओ विभक्ति पदक अभिन्न अङ्ग थिक। तेँ विभक्तिकेँ नामसँ जाड़िएकेँ लिखी। "घरमे छथि" एना लिखब उचित थिक, "घर मे छथि" एना तीनि शब्द बनाए नहि।

सर्वनाम

मैथिलीमे तीनि पुरुषक सर्वनाम अछि—

उत्तम पुरुषक	हम	
मध्यम-पुरुषक	साधारण	अहाँ
	आदर मे	अपने
	अनादरमे (हओ सम्बोधनवाला)	तोँ
	अतिअनादरमे (रओ सम्बोधनबाला)	तोँ
अन्यपुरुष		आन

तीनू पुरुषक हेतु—आत्मा अर्थात अपना

एहिसँ भिन्न सर्वनाम अदि—पाँच गोट मात्र

ओ, ए, जे, ते की

रूप—

उत्तम पुरुष—

प्रथमा—हम; द्वितीय—हमरा; तृतीय—हमरासँ वा हमरेँ; चतुर्थी—हमरा; पञ्चमी—हमरासँ; षष्ठी—हमरा वा हमर; सप्तमी—हमरामे वा हमरापर।

	(साधारण)	(आदर)	(अनादर)	(अतिअनादर)
	अहाँ	अपने	हओ-संबोध्य	रओ-सम्बोध्य
प्रथमा—	अहाँ	अपने	तोँ	तोँ
द्वितीया—	अहाँकेँ	अपनेकेँ	तोहरा	तोरा
	अहाँकाँ	अपनेकाँ		
		अपनुकाँ		
तृतीया—	अहाँसँ	अपनेसँ,	तोहरासँ,	तोरासँ
	अपनेँ	तोहरेँ	तोरेँ	
	अपनुकाँसँ;			
	अपनुकेँ			

चतुर्थी—अहाँके ँ	अपनेके ँ	तोहरा	तोरा
अहाँकाँ	अपनेकाँ		
	अपनुकाँके ँ		
	अपनुकाँकाँ		
पञ्चमी—अहाँसँ	अपनेसँ	तोहरासँ	तोरासँ
	अपनुकाँसँ		
षष्ठी—अहाँक	अपनेक,	तोहरा,	तोरा,
	अपनुकाँक	तोहर	तोर
सप्तमी—अहाँमे	अपनेमे,	तोहरामे,	तोरामे,
	अपने पर		
अहाँपर	अपनुकाँमे,	तोहरापर,	तोरापर
	अपनुकाँपर		

अन्य-पुरुषक–

(1) सब सर्वनामक रूप दू प्रकारक होइत अछि। मनुष्यक हेतु एक रंग ओ मनुष्यसँ भिन्नमे आन रंग।

(2) मनुष्यहुक हेतु प्रयुक्त सर्वनामक रूपमे आदर ओ आदरक अभावमे दू रंगक रूप होइत अछि।

एना अन्यपुरुषक सर्वनामक रूप तीन होएत।

(अ) मनुष्यक हेतु आदरमे;

(आ) मनुष्यक हेतु आदरक अभाव मे;

(इ) मनुष्यसँ भिन्नक हेतु।

'आन' शब्द–

मनुष्यक हेतु ओ मनुष्यसँ भिन्नक हेतु दू भेद एहूमे होइतहि ँ अछि मुदा मनुष्यमे आदर वा आदरक अभाव एहिमे नहि होइत अछि।

	मनुष्यक हेतु	मनुष्यसँ भिन्नक हेतु–
1.	आन	आन।
2.	अनका, आनके ँ	आनके ँ, आन।
3.	अनकासँ, अनके ँ	आनसँ, आने ँ।
4.	अनका, आनके ँ	आनके ँ।
5.	अनकासँ, आनसँ	आनसँ।
6.	आनक, अनकर,	आनक।
7.	अनकामे, अनकापर आनमे, आनपर	आनमे, आनपर।

ओ

	'ओ' मनुष्यक हेतु आदरमे	मनुष्यक हेतु आदरक अभावमे	मनुष्यसँ भिन्नक हेतु
1.	ओ,	ओ,	ओ
2.	हुनका	ओकरा	ओकरा, ओ
3.	हुनकासँ हुनकेँ	ओकरासँ, ओककेँ	ओहिसँ
4.	हुनका	ओकरा	ओकरा
5.	हुनकासँ	ओकरासँ	ओहिसँ
6.	हुनक, हुनकर, हुनका	ओकर ओकरा	ओकरा ओकर
7.	हुनकामे हुनकापर	ओकरामे, ओकरापर	ओहिमे ओहिपर

ए–'ओ' शब्दक रूप जकाँ, भेद एतबे जे

'ओ'क स्थान मे ई।	हुनका स्थानमे *हिनका*। हुनका स्थानमे *हिनक*
ओकरा स्थानमे एकरा ओकर स्थानमे एकर	ओहि स्थानमे *एहि।*
ते–ओक स्थान मे *से*।	हुनका स्थानमे *तनिका*। हुनक स्थानमे *तनिक*।
ओकरा स्थानमे *तकरा*। ओकर स्थानमे *तकर*।	ओहि स्थानमे *ताहि*।
जे–ओक स्थानमे *जे*।	हुनका स्थानमे *जनिका*। हुनका स्थानमे *जनिक।*

ओकरा, ओकर स्थानमे जकरा, जकर। ओहि स्थानमे जाहि।

की	आदर	आदराभाव	मनुष्यँभिन्न
1.	के	के	की
2.	कनिका	ककरा	की
3.	कनिकासँ	ककरासँ	कथीसँ
4.	कनिका	ककरा	कथीकेँ
5.	कनिकासँ	ककरासँ	कथीसँ
6.	कनिका	ककरा	कथीक

कनिकर ककर

7. कनिकामे, ककरामे, कथीमे

कनिकापर ककरापर कथीपर

तीनू पुरुषक सर्वनाममे स्वयं, अपनहि इत्यादि अर्थमे "अपने" शब्दक प्रयोग होइत अछि। ओकर रूप निम्नांकित प्रयोगसँ बुझब।

ओ अपने गेलाह। ओ अपनाकेँ कहल। ओ अपनासँ ठकल गेलाह। ओ अपनाकेँ देल। ओ अपनासँ रुसलाह। ओ अपन घर वा अपना घर गेलाह। ओ अपनामे सन्तुष्ट छथि वओ अपना पर बिगड़लाह। एहिना मध्यमपुरुष ओ उत्तमपुरुषमे ऊह कएलेब।

क्रिया

'धातु'सँ प्रत्यय मीलि 'क्रिया' बनैक अछि परन्तु से प्रत्यय सब 'तिङन्त' कहबैत अछि। धातुसँ जे प्रत्यय सब मिलि 'नाम' निष्पन्न करैत अछि से सब कहबैत अछि। तिङ्न्त आ कृदन्तमे जे भेद अछि से कृदन्त प्रकरणने देखाए आएल छी।

धातु व्यञ्जनान्ते स्वीकार करवामे लाघव अछि तैँ देखब अर्थमे धातु 'देख्' सएह मानबाक चाही।

मिथिला भाषामे एक अर्थमे प्रायः एके धातु अछि, संस्कृतजकाँ अनेक नहि।

(1) परन्तु कर्त्ता ओ कर्म तथा ताहि दूहूसँ अन्य तीनूक आदर ओ अनादरक विवक्षामे क्रियापदक रूपमे भेद होइत अछि, तथा

(2) प्रेरणा ओ भिन्न-भिन्न अर्थमे मुख्य धातुसँ पर अन्यान्य धातुक अनुप्रयोग, ओ।

(३) कर्म एवं भाववाच्यक रूप—एहि सब कारणेँ क्रिया पदक वैचित्र्य एहि भाषाक एक गोट बड़का वैशिष्ट्य अछि।

एहि कारणेँ मिथिला-भाषामे व्युत्पत्तिक हेतु क्रियापदक रूप-जालक यावतोरूपेण ज्ञान कएलब आवश्यक अछि। एतए तकर दिग्दर्शन मात्र कराएब।

पुनः एक अर्थमे एके धातु रहितहुँ,, पदविशेषक समभिव्याहारसँ शक्तितः किंवा लक्षणासँ एकहि धातुसँ अनेक अर्थक बोध होइत अछि एक्तय एक गोट धातु 'लाग' सँ भिन्न-भिन्न पदक समभिव्याहारमे गोट पैंएतालीसेक भिन्न-भिन्न अर्थक द्योतक वाक्य-खण्ड (Phases) देखाओल अछि पुनः अनेक धातुसँ पदविशेषक समभिव्याहारसँ जे विभिन्न अर्थ द्योतित होइत अछि तकरो निदर्शन किछु वाक्यखण्ड (Phrases) देखाओल अछि। एहि सँ एतादृश कतेक भिन्न-भिन्न अर्थक द्योतक खण्ड अछि वा भए सकैत अछि तकर ऊहि वा अनुसंधान कर्त्तव्य थिक—

एक धातुसँ विशेष पदक समभिव्याहारसँ अर्थमे भेद

लाग् धातु

(मुख्य-अर्थ संयोग)।

1. पाएर लागल
2. परि लागल
3. भाङ लागल
4. महीसि लागल
5. मेला लागल
6. आँखि लागल
अ. किञ्चित निद्रा भएगेल
आ. असम्भव बुझि पड़ल
7. अर्थ लागल
8. पाटि लागल
9. पाहि लागल
10. बगहा लागल
11. बुकौर लागल
12. भक लागल
13. भुकनी लागल
14. लट लागल
15. साहि लागल
16. हकबाहि लागल
17. हक लागल
18. घाओ लागल (बंसी मेमाछकेँ)
19. पार लागल
20. लागल धान (विशेषण)
21. मास वा वर्ष लागल
22. पानि लागल
23. नदी लागल
24. भूख लागल
25. मधुर लागल
26. मन लागल
27. भूत लागल
28. चोट लागल
29. मुँहलागल (अव्यय) बजैतछँ
30. पीठ लागल (अव्यय) आएल
31. मुरछी लागल
32. पछोर लागल

33. फानी लागल
34. छिछिऐनी लागल
35. जोट लागल
36. झगड़ा लागल
37. कान्ह लागल
38. लस्सा लागल (लस्सा लगाएदेल बक टिटिआइए.
39. हाथ लागल (अछि) अर्थात बाझल
40. दूध लागल (जरि गेल)
41. छूरी लागल (कटलक)
42. कुकुर लागल
अ. राति कुकुर बड़े लागल
आ. आन्हरके थारीमे कुकुर लागि गेल
43. खेल लागल
44. गरा लागल
45. गर लागल

भिन्न-भिन्न धातुक पदविशेषक समभिव्याहारसँ भिन्न-भिन्न अर्थमे प्रयुक्त वाक्य-खण्ड (Verb Phrases)

अकासी देब=वृथा आकाश दिशि ताकब।
अर्र-दर्र-बाजब=अण्ट सण्ट बाजब।
अलग-फुनगी मारब=बिनु तत्त्वतः बुझनहि बाजि उठब।
आँखि उठब=आँखिक रोग विशेष होएब।
आँखि देखाएब=आक्षेप करब।
आँखि देब=दोषावह अक्षिपात करब।
आँखि नहि लगाएब=तुच्छ बुझब।
आँखि लागब=किञ्चित काल आँखि मुनब। दोषावह अक्षिपात होएब।
आँखि गुड़ारब=क्रोधसँ आँखिक उत्फालन।
उखी बिखी आँखि निड़ारब=रोगसँ आँखिक उत्फालन
लागब=अस्थिर रहब।
उजरी धबब=श्वेतता प्रकाश होएब।
उफाटि=किञ्चित भाग-मात्रेण अस्त्रादिक लागब।
उसास देब=आनक काज अपना पर लए ओकरा बिश्राम देब।
एकार मारब=श्रेष्ठकेँ नीच शब्देँ सम्बोधित करब।
कचबच करब=बहुत बाजब।

कछनी काटब=व्याज सँ अवस्थान्तरक चेष्टा करब।
कनछी काटब=परोक्ष बाट धरब।
कनडेरिएँ ताकब=कटाक्ष बीक्षण।
कनकन करब=मारबाक उत्साह करब।
कसमस करब=उकस-पाकस करब (अस्थैर्य्यसँ)।
काहि काटब=दुर्दशा प्राप्त होएब।
कुफर मचब =अत्यधिक झगड़ा होएब
कुठाठ मचाएब=कुत्सित रीति करब।
कोंढ़ फाटब=अन्तःकरण विदीर्ण होएब, कानए लागब।
खनखन करब=लेशतः ज्वरादिसँ पीड़ित होएब।
खपखप काटब=निवधि छेदन।
खलबल हँसब=स्पष्ट हँसब।
खुरछाही काटब=ओढ़ना बिछओना केँ नोचब।
खुस खुस टूटब=बिना बले टूटब।
गजगज करब=पानिसँ अधिक भिजने स्थलक अतिकोमलीभाव।
गटगट गीरब=विनु चिबओनहि खाएब।
गदह मचब=घोलपूर्वक बहुत झगड़ा करब।
गुथनी लागब=एकत्र वा एक ठाम सटल/बहुतक सम्बन्ध।
माथं भुकाएब=बहुत वृथा वौआएब।
मूठि लेब=देवपित्रर्थ प्रथम धान्यच्छेदन।
मुँह दूसब=अपमान जनक मुखच्येष्टा करब।
मुँह बनाएब=नानाबिध मुखचेष्टा करब।
मूठि भाँजब=क्रीड़ामे कौड़ी हाथमे लए नीचाँ खसाएब।
मुँह बिजुकाएब=मुखसङ्क नेत्रचन करब
रँड़खेप खेपब=विधवा जकाँ कष्टपूर्वक समय बिताएब।
लङ्क लेब=पड़ाएकेँ नुकाएब।
लट लागब=पूर्वापरक सङ्गति।
लबर-लबर बाजब=झटपट बहुत बाजब (निन्दा मे)।
लुचलुच करब=सञ्च नहि रहब, वृथा हस्ता देव्यापारकरक निन्दामे
सगबग करब=किञ्चित् इतस्ततः सञ्चलन।
सटसट करब=रोच नहि राखि प्रौढ़तापूर्वक बाजब।
सनसन करब=सनूसन् शब्द करब; जोरसँ सामर्थ्यप्रकाशन करब
सपना देखब=सपनाएब।
साहि लागब=एक क्रियामे बारंबार प्रवृत्ति।

सुटसुट या सुटपुट करव=लोभ-भयादिवशतः इतस्ततः करब।
हकन्न कानब=जोरसँ कानब।
हकबाहि लागब=एके वाक्य बजबामे बारंबार प्रवृत्त होएब।
हक लागब=अत्यन्त प्रत्याशा जागब।
हक-हक करब=श्रमसँ अधिक हकमब।
हड़कम्प कापब=हाड़पर्यन्तमे कम्पयुक्त होएब।
हथोरिआ देब=अन्हारमे वा जलमे हस्तचालन।
हाए हाए करब=धन बढ़बाक अधिक चेष्टा करब।
हाहाकार मचब=समन्तात् हाहा शब्द होएब।
हाहि बहब=बसातक जोरसँ बहब।
हिआ हारब=निराश होएब।
हुलकी देब=प्रच्छन्न रहि मुँह नमराए देखब।
हुदुक्का मारब=ऊर्ध्वमुख अघात करब।
गेङ्ग जोतब=वकवाद करब।
घड़ेर करब=एक उद्देश्ये ँ बारंबार आएब।
घिसिऔड़ काटब=चलब-फिरबसँ अशक्त होएब।
घुघना लड़कब=दैन्यमुद्रायुक्त मुह बनाएब।
चरखा काटब=सूत बनएबाक हेतु चर्खा चलाएब।
चरक फुटब=श्वेतकुष्ठ होएब।
चाटी चलब=सर्पविषक उद्देश्ये ँ चमेटा चलब।
नँगड़िमोड़ देब=लोभवश पुनः पुनः इष्टवस्तुक सन्निधिमे घूमब (निन्दामे)।
नबाबी छाँटब=नबाबजकाँ केवल आज्ञा चलाएब, कोनो काज नहि करब (निन्दा मे)
नाओँ काढ़ब=मन्त्रद्वारा चोरक नाम जानब।
पटरी बैसब=मिलान होएब।
परि लागब=प्राप्त होएब।
पलथा मारब=पद्मासनादि लगाएब।
पलार फे ँकब=वर्षासँ ऊपरसँ पानिक प्रवाह।
पाठि लागब=बड़दक शिक्षार्थ प्रारम्भिक हल ग्रहण।
पाहि लागब=प्रकरण समाप्ति; चोर आदिक गेल मार्गक चिह्न ज्ञान होएब।
पाहुर कीचब=ठोर पर दाँत बैसाए क्रोध मुद्रा करब।
पुक्की पारब=जोरसँ 'ऊ' इत्यादि ध्वनि करब।
पेटकान्ह लाधव=आहार त्यागि कए पड़ब।
फकफक करब=देहमे हृदय-वायुमात्रक सञ्चालन।

फकसिआरी काटब=फकसिआर जकाँ दीन शब्द बाजब।

फचफच बाजब=असङ्गत अधिक बाजब।

फटफट करब=असमीचीन निर्धोख बहुत बाजब।

बकार फुटब=बोल स्फुट होएब।

बकधेआन लगाएब=बकजकाँ ध्यान करब।

बगबग करब=मिश्रितमे स्फुटतया दृश्य होएब।

बगहा लागब=आबल्यसँ शिराक स्तब्धता।

बजबज करब=जलसम्बन्धे ँ भूमिक लसलसी।

बपहारि काटब=बाप रे बाप इत्यादि बाजब।

बाट ताकब=आगमन प्रतीक्षा करब।

बाटाबाटी ताकब=आतुरतापूर्वक आगमनक प्रतीक्षा करब।

बाना बान्हब=कोनो हेतु हठपूर्वक नाना प्रयत्न लागब।

बुकौर लागब=रोदनादिसँ कंठक रुद्धता प्राप्ति।

बेर उठब=सूर्यके उदय-स्थानसँ दूर आएब।

बोल फुटब=वाणी स्फुट होएब।

भक खाएब=किञ्चित् भ्रममे पड़ब।

भक लागब=जाग्रतावस्था मे अज्ञानता प्राप्ति।

भकसी झोंकब=सर्वथा उच्छिन्न कहब।

भुकनी लागब=बारंबार एके बात करब।

भौरी देब वा करब=धुमि-धुमि वस्तु बेचब।

मकरी ऐंठब=दुष्टतासँ कार्यमे ओझरोठ लगाएब।

मटकी मारब=नेत्रावरण-चालन।

मन पारब=स्मरण करब।

मरकछ लाधब=मृत्वत् कृत्रिम चेष्टा-शून्यता देखाएब।

छक दए लागब=क्षणिक तेज-सम्बन्ध होएब।

छट-छट करब=चामक नीचा पिण्डके ँ छुइलासँ इतस्ततः घुसकब।

छटपट करब=अङ्गक भूयः सञ्चालन।

छिन्ना ताकब=छिद्रान्वेषण करब।

जरती जाएब=जरबासँ विनष्ट होएब।

झख मारब=औदास्यपूर्वक दीनताक चिन्ता करब।

झड़ी लाधब=सवात वृष्टिक चिरप्रवृत्ति।

झनदए उठब=हठात् झनकार शब्द होएब।

झपसी लागब=चिरस्थायी सवात मेही वर्षण।

झमानसँ खसब=हठात् निराश होएब।

टकटक करब=अत्यन्त दुर्बल होएब।

टकटक ताकब=एकतान दुष्टिसँ ताकब।

टकटोरिआ देब=नहि देखैत भूमिमे अनेकधा हस्तारोपण।

टकुरी काटब=टकुरी द्वारा सूत निर्माण करब।

टग हनब=आबल्यसँ झुलैत चलब।

टप्पाटोइआ देब=अन्हारमे हाथ भूमि पर देने चलव वा किछु ताकब।

टाल मारब=कौशलसँ तौलवामे वञ्चना करब।

ठहक्का मारब=जोर सँ शब्दपूर्वक हँसब।

चुप्पी लाधब=तूष्णोभावक अवलम्बन।

छपकुनिआ देब=धर नम्र करब।

छिछरी पथिआ उठब=व्याकुल होएब।

जिद्द लागब=अधिक आग्रह होएब

जीह पनिछाइब=खएबाक विशेष इच्छा करब।

जुबान देब=स्वीकार वाक्य कहब।

नाम बाजब=द्रुर्यश पसरब।

थेथरिआ देब=निराकरणहुँ बारंबार याचना।

थोमथाम लगाएब, थोपथाप लगाएब=कलहादिक यथाकथञ्चित् तात्कालिक शान्ति।

दाँत कीचब=क्रोध वा कार्पण्य द्योतक दन्तप्रकाशन।

दाँती लागब=रोगवश दाँत पर दाँत बैसब।

दुरि करब=अनुपयुक्त करब।

दुनि जाएब=दुरि होएब–अनुपयुक्त होएब।

धरोहि लागब=पंक्तिबद्ध होएब।

धार फुटब=जलक धार बा अस्त्रक धार स्फुट होएब।

क्रिया-पदमे आदर ओ अनादरक बहुविध विवक्षासँ रूप-भेद सावधान भए बुझबाक थिक। प्रथम तँ तीनि पुरुषमे रूपक भेद साधारण थिक। ताहूमे अन्य-पुरुषमे आदर ओ अनादरसँ दू मध्यम-पुरुषमे आदर-सूचक अहाँ, अनादर-सूचक तो ँ, अति-अनादर-सूचक तो ँ एवं तीनि, ओ मध्यमपुरुषमे 'हम'–एना छओ गोट भेद भेल। क्रियाफलक भागीक यदि विवक्षा नहि करी तँ एक गोट मात्र रूप होएत। मुदा यदि विवक्षा करी तखन तँ क्रिया फलक भागीमे आदर ओ अनादरक भेदसँ दू गोट रूप होएत। नीचा एक धातुक वर्तमान काल मात्रमे सबटा रूप देखबैत छी।

अन्य-पुरुष कर्तृगत अनादर क्रिया-फल-भागीक अविवक्षामे रूप–लोक देखैत अछि।

लोक ओकरा देखैत छैक
लोक हुनका देखैत छैन्हि
लोक तोहरा देखैत छहु
लोक तोरा देखैत छौक
| विवक्षा

लोक अहाँके ँ वा हमरा देखैत अछि। अन्यपुरुष कर्तृगत आदरमे क्रियाफल-भागीक

अविवक्षामे महाराज देखैत छथि।

महाराज ओकरा देखैत छथिन्ह
महाराज हुनका देखैत छथिन्ह
महाराज तोहरा देखैत छथुन्ह
| विवक्षा

महाराज तोरा देखैत छथुन्ह
महाराज अहाँके ँ वा हमरा देखैत छथि।

मध्यमपुरुष कर्तृगत अनादर में क्रिया-फल भागीक अविवक्षामे

तो ँ देखैत छह

तों ओकरा देखैत छहक
तों हुनका देखैत छहुन्ह
तों हमरा देखैत छह
| विवक्षा

मध्यमपुरुष कर्तृगत अति अनादरमे कियाफल-भागीक अविवक्षामे

तो ँ देखैतछह

तो ँ ओकरा देखैत छहीक
तो ँ हुनका देखैत छहुन्ह
तो ँ हमरा देखैत छेँ
| विवक्षा

मध्यमपुरुष कर्तृगत अति अनादरमे क्रियाफल
भागीक अविवक्षामे तो ँ देखैतछेँ

मध्यमपुरुष कर्त्तगत-आदर मे वा उत्तमपुरुषमे क्रियाफलभागीक अविवक्षामे

अहाँ वा हम देखैत छी

अहाँ वा हम ओकरा देखैत छिऐक
अहाँ वा हम हुनका देखैत छिऐन्हि
अहाँ हमरा देखैत छी
हम तोहरा देखैत छिअहु
हम तोरा देखैत छिऔक
| विवक्षा

क्रियाक भेद

धातुक भेद दू गोट अछि। सकर्मक ओ अकर्मक। समर्थक धातुकेँ कर्म रहैत अछि यथा देख, सून। तथा कर्मक परिभाषा थिक 'धात्वर्थ-व्यापारसँ जयमान जे फल ताहि फल सँ सम्बध्यमान अर्थात ओकर आधार'। अकर्मक धातुकेँ कर्म नहि होइत अछि। परन्तु मिथिलाभाषा मे एहि दूनूक इएहटा भेद नहि अछि।

(1) सकर्मक धातुसँ भूतमे 'अलैन्हि' विभक्ति अबैत अछि, अकर्मकसँ 'अलाह'। पण्डितजी नाच देखलैन्हि तखन उठलाह।

बज, चल, ज, अब, लब, ढुक, पैस—एतबा धतु अछि जे थिक सकर्मक, एकरा कर्म रहैत छैक, परन्तु तैओ क्रियाक रूप अकर्मक जकाँ होइत छैक।

(2) दोसर भेद छैक जे 'कृत्' प्रत्यय जे 'अल' अछि से सब धातुसँ भूत अर्थमे होइत अछि परन्तु से सकर्मकसँ कर्ममे होइत अछि। देखल वस्तु पढ़ल पोथी।

बज धातुसँ सेहो 'अल्' प्रत्यय कर्महिमे अबैत अछि। बाजल बात।

अकर्मक धातुसँ 'अल' कर्त्तामे अबैत अछि। सूतल लोक, खसल गाछ। जँ चल आदि धातु अछि ताहिसँ अकर्मक जकाँ कर्त्ताहिंसँ 'अल्' होइत अछि यथा चलल दोकान, गेल धन, आएल पाहुन इत्यादि।

प्रेरणार्थमे धातुसँ 'अब' प्रत्यय अबैत अछि। बैसक धातु रूप बैसैत अछि। ओकरहि प्रेरणार्थकमे धातु बैसब, रूप बैसबैत अछि। तहिना नाम-धातुमे 'अब' प्रत्यय अबैत अछि यथा 'मूका' सँ 'मुकिअबैत अछि,' ओ 'इब' प्रत्यय सेहो अबैत अछि यथा झीसी वा बुन्नीसँ झिसिआइत अछि वा बुनिआइत अछि। एहिमे प्रेरणार्थक ओ अबन्त नाम-धातु सकर्मक होइत अछि। केवल इबन्त नाम-धातु अकर्मक होइत अछि।

तिङन्त प्रत्यय धातुसँ तीनि अर्थमे होइत अछि। कर्त्ता-कर्म ओ भाव। कर्म मे प्रत्यय सकर्मकसँ ओ भावमे अकर्मकसँ होइत अछि।

कर्म ओ भावमे 'अल' प्रत्यय अबैत अछि ओ तकर पश्चात् 'ज' धातुक

अनुप्रयोग होइत अछि। विभक्ति एही 'ज' धातुसँ लगैत अछि। यथा, सोमन देखल जाइत छथि। सोमना देखल जाओ; सोमन देखल जाथु।

अनौचित्य अर्थ मे 'अना' प्रत्यय धातुसँ अबैत अछि औ 'जक' अनुप्रयोग पूर्ववत। हमरा देखना गेल अर्थात देखब अनुचित छल तथापि देखल।

भावमे प्रायः क्रियाफलक अन्य पुरुषक विभक्ति यथा ऐत अछि (वर्तमानमे) अल छल (भूत) अत (भविष्य) अओ (प्रेरणा) ऐत वा आए (इच्छा)-एतबे प्रयुक्त होइत अछि। अपने, हमरा वा ओकरा बैसल जाइत अछि। बैसल गेल। बैसल जाएत। बैसल जाओ। बैसल जाइत। बैसल जाए, इत्यादि।

काल

सब भाषा जकाँ मिथिला-भाषामे काल तीनिए गोट होइत अछि—वर्त्तमान, भूत, भविष्य। परन्तु जेना संस्कृतमे दश गोट लकार होइत अछि तहिना मिथिला-भाषामे धातुसँ तिङ्ग विभक्तिसँ एतेकक बोध होइत अछि।

(1) वर्त्तमान काल (2) भूतकाल
(3) भविष्य काल (4) प्रेरणा अर्थात विधि
(5) इच्छा (6) अनिष्पत्ति वा सम्भावना तथा
(7) भविष्यद् व्यापारानुज्ञा।

एहिमे अन्तिम, सातम, केवल दूहू 'तोँ' पद कर्त्ता रहने प्रयुक्त होइत अछि यथा—क्रियाफलक अविवक्षामे—तोँ देखिहह तों देखिहेँ। क्रियाफलक विवक्षामे—अनादर-गत रहने—तोँ ओकरा देखिहक। तोँ ओकरा देखिहैक। आदरगत रहने—तोँ हुनका देखिहौन्हि।

क्रियाफल अन्यगतसत्याँ तद्गत आदर ओ अनादरक विवक्षा कएलासँ क्रियाक रूपमे जे वैचित्य होइत अछि तकर चर्चा कए ठाम कएल अछि। तकर विस्तृत रूपावली एतए देखाएब आवश्यक नहि। क्रियाफलक अविवाक्षमे जे-जे रूप होइत अछि से सब स्थलमे प्रयुक्त होइत अछि। ततबेटा एतए देखाओल जाइत अछि। यथा, सोमना देखैत अछि—ई रूप कर्म कोनहु पुरुषक आदरणीय वा अनादरणीय रहने दूहूमे समाने होइत अछि।

यथा—सोमना ओकरा देखैत अछि। सोमना हुनका देखैत अछि।
सोमना तोहरा देखैत अछि। सोमना तोरा देखैत अछि।

(1) वर्त्तमान—
सोमना देखैत अछि।। सोमन देखैत छथि।
तोँ देखैत छह। तोँ देखैत छेँ।
अहाँ देखैत छी। हम देखैत छी।

क्रियाफल अन्यगत सन्ताँ तद्गत आदर बा अनादरमे रूपावलीक ऊहि कए लेब—एवं अगहुँ।

(2) भूतकाल–अकर्मक ओ सकर्मक

सोमना बसल-देखलक। सोमन वसलाह–दैखलैन्हि।

तो ँ बसलाह-देखलह। तो ँ बसलें–देखले ँ।

अहाँ बसलहुँ–देखल वा देखलहुँ। हम वसलहुँ देखल वा देखलहुँ।

(3) भविष्य–

सोमना देखत सोमन देखताह।

तो ँ देखबह। तो ँ देखवे ँ।

अहाँ देखब। हम देखब।

(4) प्रेरणा–

सोमना देखओ। सोमन देखथु।

तो ँ देखह। तो ँ देख।

अहाँ देखू। हम देखू।

(5) इच्छा–

सोमन देखए। सोमन देखथि।

तो ँ देखह। तो ँ देखहि ँ।

अहाँ देखी। हम देखी।

(6) अनिष्पत्ति वा सम्भावना–

एकरा हिन्दीबला हेतुहेतुमद्भूत कहैत छथि ओ संस्कृतमे लिङ। क्रियाक असिद्धि गम्यमान सन्ताँ कार्य-कारण-भावापन्न क्रिया-बोधक अर्थात फलीभूत क्रिया-बोधक ओ कारणीभूत क्रिया-बोधक दूहू धातुसँ अनिष्पत्तिक तिङ् अबैत अछि से भूतकालमे नित्य–नटुआ नचैत तँ हम रहितहुँ।

भविष्यमे विकल्प अर्थात भविष्यक वा अनिष्पत्तिक कोनो तिङ्

नटुआ नचैत तँ हम रहितहुँ (अनिष्पत्ति)

नटुआ नाचत तँ हम रहब (भविष्य)

सोमना देखैत। सोमन देखितथि।

तो ँ देखितह। तो ँ देखिते ँ।

अहाँ देखितहुँ। हम देखितहुँ।

उण्यन्त अर्थात प्रेरणार्थक क्रिया

कर्त्ताक जे प्रयोजन अर्थात प्रेरक, तकर व्यापारमे धातुसँ 'अब' प्रत्यय अबैत अछि तथा ओ 'अबन्त' अथवा 'प्रेरणार्थक' क्रिया कहबैत अछि। सोमना नाच देखैत अछि, नटुआ सोमनाके ँ नाच देखबैत अछि। दोसर खाढ़ीमे पुनः प्रयुज्यमान भेलासँ मालिक नुटआसँ सो मनाके ँ नाच देखबैत छथि। कतोक प्रयोज्य कर्त्तासँ द्वितीयन ओ कतोकसँ तृतीया विभक्ति अबैत अछि, कतोकसँ द्वितीया अथवा तृतीया। यथा, सोमनाके ँ हैसबैत छी, सोमनासँ कार्य करबैत छी,

सोमनाकेँ वा सोमनासँ देखबैत छी।

'सक' ओ 'रुच' एहि दू धातुक प्रयोगमे कर्तृ-प्रयोजक व्यापारक विवक्षा नहि होइत अछितेँ एहि दू धातुसँ प्रेरणामे 'काज' नहि हो। तहिना बिक आदि धातुसँ अबन्त प्रयोगमे दोसरे धातुक प्रयोग होइछ। यथा—

वस्तु बिकाइत=बनिआँ वस्तु बेचैत अछि।
कार्य रुकैत अछि=कार्यकेँ रोकैत अछि।
नूआ फटैत अछि=नूआकेँ फाड़ैत अछि।
रोग छुटैत अछि=रोगकेँ छोड़बैत अछि।
काज त्यागैत अछि=काजकेँ छोड़बैत अछि।
पण्डित होइत अछि=पण्डित बनबैत अछि।
घर जरैत अछि=घरकेँ डाहैत अछि।
लोक मरैत अछि=लोककेँ मारैत अछि।
कलम टुटैत अछि=कमलकेँ तोड़ैत अछि।
कतोक धातुकें अबन्तमे भिन्न आदेश होइत अछि।
ओ अबैत छथि=हुनका अनबैत छथि।
ओ गाए लबैत छथि=हुनकासँ गाए लेअबैत छथि।
ओ अध्यापक रहैत छथि=हुनकासँ अध्यापक रखबैत छथि।
जयदेव जाइत छथि=जयदेवकेँ पठबैत छथि।
सोमना खाइत अथि=सोमनाकेँ खोअबैत छथि।
सोमना पिबैत छथि=सोमनकेँ पिअबैत छथि।
आगि पजारैत अछि=हुनकासँ आगि पजरबैत छथि।
दान दैत छथि=दान देअबैत छथि।

नाम-धातु

नामसँ 'होएब' प्रकृति अर्थमे जे प्रत्यय लगाए धातु होइत अथि से नाम-धातु थिक। नाम-धातुमे नामसँ 'अब' वा 'इब' प्रत्यय अबैत अछि। स्मरण रहए जे 'अबन्त' धातु सकर्मक होइत अछि मुदा "इबन्त" अकर्मक।

मूकासँ मारैत छथि=मुकिअबैत छथि।
बुन्नी पड़ैत अछि=बुनिआइत अछि।

किछु विशेषार्थक नामधातु

घरिआएब=घरमे रोगक कारणेँ सतत रहब।
बिसाएब=विषवत होएब।
असकताएब=अशक्त होएब।
ढठिआएब=ढाठसँ अबरुद्ध होएब ओ तेँ लक्षणामे उड़बासँ अवरुद्ध कए

ढाठी लगाएब।

भँजिआएब=भाँजि लगाएब, चोरक रस्ता भँजिअबैत अछि।

जड़िआएब=जड़ि पकड़ब-दृढ़ होएब।

पताएब=पात जकाँ होएब-देह पताइत अछि।

ठमाएब=ठाम देखब-माल ठमाए अएलहुँ।

दमाएव=दाम करब–माल दमाए अएलहुँ

छतिआएब=छाती पर रखने रहब माए नेना केँ छतिअओने रहैत अछि।

अँखिआएब=दुष्ट दृष्टिसँ ताकब।

अर्थाएब=ज्ञान रहनहु जिज्ञासा करब–बड़े अर्थबैत छिऐक।

कचकचाएब=क्रोधाकुल होएब।

कछमछाएब=काछु माछ जकाँ छटपटाएब।

खटिआएब=क्रमशः न्यून होएब। सबटा पोथी खटिआएल जाइत अछि।

खटखटाएब=क्रोधेँ जोरसँ बाजब।

गोङिआएब=अस्पष्ट बाजब–साफ बाजू ने, गोङिआइत की छी?

जकथकाएब=आरम्भ भए चलब नहि।

कनकनाएब=वेदना-विशेष।

खनखनाएब=खनखन करब, अस्वास्थ्य-प्रयुक्त बेशी काल दुखिताह रहब।

गनगनाएब=गनगन करब, उद्‌घुष्ट होएब–ई बात गाम भरि गनगनाए गेल।

चनचनाएब=छोट नेनाक अधिक बाजब।

छनछनाएब=(1) ब्रणादिमे लवणादिसम्बन्धजन्य वेदनाविशेष, (2) छनछन शब्द करब।

झनझनाएब=झनझन बाजब। यथा, टाका झनझनबैत छथि।

टनटनाएब=टनटन शब्द करब। करुण अवस्थासँ किछु उत्थानावस्था पाएब।

ढ़नढनाएब=मेघध्वनि, ढनढन, शब्द करब।

तनतनाएब=वेदना-विशेषयुक्त होएब।

मरमराएब=मरमर शब्द करब–बानर डारि मरमराएकेँ तोड़ि देलक।

हरहराएब=हर शब्द करब-रेलगाड़ी वा मेघ हरहराइत अछि।

दनदनाएब=फेनयुक्त होएब।

भनभनाएब=मन्द मन्द अस्पष्ट शब्द बाजब।

सनसनाएब=सनसन करब।

करकराएब=करकर शब्द करब, यथा, दाँत करकराएब।

खरखराएब=खरखर शब्द करब, यथा खढ़ खरखराएब।

गरगराएब=गरगर शब्द करब, गायकेँ दूध गरगरारद्वत अछि।

घरघराएब=घरघर शब्द करब।
चरचराएव=वृथा अधिक बाजब। चरचर शब्द करब।
झरझराएब=झरझर शब्द करब।
टरटराएब=टरटर निरर्थक शब्द अविनीतरूपेँ बाजब।
तरतराएब=तासा तरतरबैत अछि।
थरथराए=काँपब, कम्पब।
दरदराएब=दर शब्द पूर्वक भक्षण, यथा माल नार दरदरबैत अछि।
धरधराएव=ओ धरधराएकेँ अएलाह।
फरफराएब=फरफर शब्द करब, जालादिबद्ध खगादिक पक्षधूनन शब्द।
वरबराएब=अनर्थक बात बाजब।

अनुप्रयोग

विशेष-विशेष अर्थमे धातुसँ कोनो प्रत्यय लगाए आन धातुक प्रयोग कए क्रियापद बनैत अछि तथा से आन धातुक प्रयोग 'अनुप्रयोग कहबैत अछि। यथा पुनः-पुनः देखैत अछि—देखल करैत अछि। एहिमे 'कर' धातुक प्रयोग अनुप्रयोग भेल। अनुप्रज्यमान धातु स्वतः अनर्थक थिक; पूर्व धातुक अर्थसँ अर्थबोधक होइत अछि तथा विभक्ति अनुप्रयुज्यमान धातुसँ अबैत अछि।

(1) पुनः पुनः अर्थमें—धातुसँ 'अल' प्रत्यय ओ "कर" अनुप्रयोग। देखल करैत अछि-पुनः पुनः देखैत अछि।

(2) क्रियाफलक कर्तृगामी रहलेँ 'इ' प्रत्यय ओ 'ल' धातुक अनुप्रयोग यथा, हम पुस्तक देखि लैत छी; अहाँ भानस कए लिअ।

(3) परगामी क्रियाफल रहकें 'इ' प्रत्यय ओ 'लेँ' धातुक अनुप्रयोग। हम चिट्ठी लीखि दैत छी, अहाँ भानस कए दिअ।

(4) कर्त्ता यदि एकसँ अधिक हो तँ 'ऐत' प्रत्यय, 'ज' धातु अनुप्रयोग। सोमना गेल, सोमना सब जाइत गेल।

(5) क्रियाक सम्पन्नतामे 'इ' प्रत्यय, 'ज' धातुक अनुप्रयोग (केवल 'ज' धातुसँ नहि)। हम बाजि गेलहुँ, ओ कहि जाइत छथि। 'चल' धातुसँ 'इ' प्रत्ययक स्थानमे 'अ' होइत अछि, स्त्रीलिङ्ग छोड़ि। ओ चल गेल; गुरुआइनि चलि गेलीह।

(6) क्रम अर्थमे सकर्मकसँ 'अने' प्रत्यय, 'ज' धातुक अनुप्रयोग—देखने जाइत छी। अकर्मक धातुसँ 'अल' प्रत्यय 'ज' धातुक अनुप्रयोग— बंसल गेल। नटुआ नाचल गेल; हम देखने गेलहुँ।

(7) जे क्रिया अनेक व्यापारसँ क्रमिक जायमान अछि तकर मध्यवर्त्ती व्यापारक बोध करएबाक हेतु धातुक 'इ' प्रत्यय ओ 'छ' पूर्वक 'रहल' क्रियापदक अनुप्रयोग। नाच देखि दहल अछि। ओ खाए रहल छल। परन्तु एहिमे 'छ' धातुक वर्त्तमान ओ भूत मात्रक प्रयोग होइत अछि। एकर अर्थ भेल जे नाच किछु देखि

चुकलाह, किछु देखब बाँकी छैन्हि ओ सम्प्रतिओ देखैत छथि।

(8) क्रियाक आवश्यकत्वमे—(अ) धातुसँ 'अल' प्रत्यय, ओ 'तक' धातुक 'इच्छा'-र्थक अए इत्यादि विभक्तिसँ युक्त रूप। सोमना नाच देखल ताकए, सोमना ओकर नाच देखल तकैक, सोमना हुनक नाच देखल तकैन्हि, सोमना तोहर नाच देखल ताकहु, सोमना तोर नाच देखल तकौक; सोमन नाच देखल ताकथि, सोमन ओकर वा तोहर नाच देखल तकथुन्ह, तोँ ओकर नाच देखल तकहक, तोँ हुनक नाच देखल ताकहुन्ह, तोँ नाच देखल ताकहिँ तोँ ओकर नाच देखल तकहीक, तोँ हुनक नाच देखल ताकहुन्ह, हम वा अहाँ नाच देखल ताकी, हम वा अहाँ ओकर नाच देखल तकिऐक, हुनक नाच देखल तकिऐन्हि, तोहर नाच देखल तकिअहु, तोर नाच देखल तकिऔक।

(आ) दोसर प्रकारेँ धातुसँ पर 'अब' ततः पर 'आक' प्रत्यय, ओ 'चाह' धातुक भाववाच्यमे अर्थात 'चाही' अनुप्रयोग। फलतः कर्त्तामे प्रथमा विभक्ति नहि, षष्ठी मात्रा हमरा देखबाक चाही।

× × ×

अव्यय

अव्यय ओ शब्द थिक जाहिसँ आगाँ कोनहु विभक्तिक प्रयोग नहि हो। यथा, कलबल, नहूँ-नहूँ, काल्हि, परसू। अनेको एहन अव्यय भाषामे प्रचलित अछि।

जाहि शब्दक अन्तमे अधिकरणार्थक तद्धित प्रत्यय हो, यथा तए, महर, हिआ, हाँ से सब अव्यय थिक। ई सब सर्वनाम-प्रकृतिक थिक। कतए, कोमहर, कहिआ, कहाँ, कोना इत्यादि।

एहिना, जकरा अन्तमे कृत संज्ञक 'ऐत', 'इ', 'अए'—ई तीनू प्रत्यय हो सेहो अव्यय थिक। यथा, नचैत देखलहुँ, सूनि लिखू, नहाए गेलाह।

अव्ययक आगाँ कोनो विभक्ति नहि अबैत अछि वा प्रथमेटा अबैत अछि।

अधिकरणार्थक अव्ययसँ पर द्वितीया, पञ्चमी, ओ षष्ठी विभक्ति कतहु-कतहु अबैत अछि। यथा एतए कुशल ओतएक कुशल लिखब। कहाँ सँ अएलहुँ? कतएकेँ विदा भेलहुँ? परन्तु ई विषय केवल अधिकरणार्थक अव्ययक प्रसङ्गमे अछि।

किछु विशेष अर्थ-बोधक अव्यय

दिन दुपहर दिन देखार,
परुकाँ=गत वा आगामी वर्ष
तेसरुकाँ=तेसर वर्ष
सदिखन=सर्वदा
सती=प्रतिनिधि। हमरा सती अहीँ जाउ।

सन्ताँ=सत्तामे वा तत्काल।
जइती=जएबाक कालमे।
अबिती=अएबाक काल मे।
जोकर=योग्य
ठंढाठंढी=केवल ठंढा समयमे।
डेगाडेगी=क्रमशः डेग बढ़बैत।
तड़फड़=शीघ्र।
तरा-उपरी=तर उपर कए राखल वा भेल।
अझक्क=किञ्चिन्मात्र (देखबा मे) अपना-अपनी = स्वयं स्वयं
अपना भरि = यथाशक्ति अब-तब=मुमूर्षु
अरबधिकए = कृत्रिमकए आधा आधी = परस्पर आधा
आपकए=दोषसमुच्चय, सेहो एक परताल=कोनो एक समय
एक लखत=बराबरि एनमेन=अत्यन्त सदृश
कलवल=चेष्टा नहि करैत किन्नहु=कथमपि
कुस्तम-कुस्ता=धक्कम धुक्का खटाए दए=अतिशीघ्र
मुक्का मुक्की=बजड़मबजड़ा बजड़मबजड़ी, पतिआनी जोरसँ
सञ्चमञ्च=स्थिरतासँ कलकुशल=सुस्ते ँ
जानजानी=प्राणक उपेक्षा कए। जानतबे=ज्ञानानुसार
लहु-लहु=मन्द मन्द। नहूँ-नहूँ=मन्द मन्द, शनैः-शनैः
ठाँइ-पठाँइ=आगाँमे लगले। बलधकेल=बलात्कारपूर्वक धकेलिकेँ
मने=प्रायः। भरिपोख=शक्तयनुसार
भरि पाएर=पादानुरूप। भरिसक=प्रायः
हबरहबर=शीघ्रतासँ। दिनेक=कोनो दिन
दए=मादए, प्रसङ्गमे देने=स्पर्श करैत
दोआरेँ=हेतुएँ। देहादेही=डीलाडीली, यावज्जीवन
धतपत=कनेक, पूर्णरूपेँ नहि।
परि=सदृश-अन्याय कएने राबणक परि होएत।
बलहिं=व्यर्थ-बलहिं झगड़ा करैत छी।

× × ×

एव–अपि

एव ओ अपि संस्कृतक अव्यय थिक। 'एवं' अवधारण अर्थमे अबैत अछि ओ 'अपि' समुच्चय अर्थमे। रामे अएलाह अछि। रामो अएलाह अछि। एहिमे प्रथमे 'एवं' ओ द्वियीयमे 'अपि' अर्थमे प्रत्यय आएल अछि। मिथिला–भाषामे एव–अपि स्वरूपतः कतहु नहि रहैत अछि, सम्पूर्णक आदेश भए जाइत अछि

परन्तु से ततेक रूपक होइत अछि ओ पदमे ओकर स्थिति मध्य ओ अन्त भेदेँ ततेक विभिन्न अछि जे ई प्रकरण मैथिली-भाषाक एक गोट बड़का वैशिष्टय थिक ओ थोड़हु असावधानतासँ से त्रुटि भए जएबाक सम्भव जाहिसँ अपाटव सूचित भए जाइछ।

'एव' क स्थानमे जे भिन्न-भिन्न आदेश होइत अछि से थिक, ए (रामे अएलाह—तकरे घोल, हुनके स्वागत)

ई (ताही काल, जाहीसँ, एहीमे)

ई (अहीँ कहल, हमहीँ गेलहुँ)

अहिँ (रामहिकेँ—एतहि रहू, हमरहि कहू—एहिना करू)

अहिँ (पाएरहिँ गेलाह—घरहिँ छथि—सबहिँ आएब।)

देखितहिँ छी—तहिँ कहल, देखितहिँ अएलाह—देखितहिँ जाएताह, तखनहिँ अएलाह)

हीँ (तोंहीँ)

एह (से-सएह) जे—जएह, ओएह, इएह

इए (कएकेँ-कइएकेँ, माइ माइए)

तहिना—'अपि' क योगमे क्रमशः ओ, ऊ, ऊ, अहुँ, हूँ, हो इओ आदेश होएत।

एहिमे कोन आदेश केहना स्थलमे हो से विषय जटिल अछि, बहुत नियम छैक, तकर अनुसंधान मिथिला-भाषा-विद्योतनसँ कए लेब। यथा

(1) एव—अपिक संयोगमे पदक अन्तिम अकार, आकार अथवा एकारक लोप भए जाइत अछि तथा पदान्त ई तथा ऊ क्रमशः ह्रस्व इ—उ भए जाइत अछि।

(2) पदमे यदि विभक्ति नहि अछि अर्थात विभक्तिक लोप भेल छैक अथवा षष्ठी अकारान्त अछि तँ ताहिसँ 'एव' क 'ए' ओ 'अपि' क 'ओ' होएत। यदि विभक्ति रहतैक तँ 'अहि' 'अहु' सानुनासिक अथवा निरनुनासिक होएत। रामे, गङ्गे, कालिए भालुए, रामहिसँ, गङ्गहिसँ, कालिअहिसँ। तकरे, तकरहिसँ। इत्यादि। अतएव रामहि अएलाह, रामे गेलाह, उचित नहि रामे अएलाह, गामहिँ गेलाह। पुनः हाथेसँ उचित नहि, हाथहिसँ अथवा हाथहिँ। एहि रूपक अनेको अनुगम महावैयाकरणजी अपन विद्योतनमे देखओने छथि।

(3) उपाधियुक्त संज्ञामे अथवा पुरनगरान्तमे एव-अपि अन्तमे वा मध्यमे (नामसँ पर वा विशेषणसँ पर लगैत अछि)

राम मिश्र—राम मिश्रे, रामे मिश्र, रामो मिश्र, राम मिश्रो

राजनगर—राजेनगर, राजनगरे, राजोनगर, राजनगरो

मोतीपुर—मोतिएपुर; मोतीपुरे, मोतिओपुर, मोतीपुरो

(4) तिङ्तक विषयमे वर्त्तमान कालमे तँ एब-अपिक आदेश अहिँ अहुँ

"ऐत" विभक्तिक आगाँ 'छी' या 'अछि' क पाछाँ होइत अछि।

ओ देखैत अछि–ओ देखितहिँ अछि।

हम देखैत छी–हम देखितहिँ छी।

वर्त्तमान-भिन्नमे दू प्रकार अछि–एक तँ ए–ओ क्रियापदक अन्तमे आबए यथा; हम बात सुनबे, ओ नाच देखतों। मुदा ई भूतमे नहि होइत अछि। दोसर, धातुसँ 'अब' प्रत्यय, तखन एव-अपिक ए-ओ, तखन 'कर' धातुक अनुप्रयोग–

देखत–देखबे करत; देखबो करत।

देखी–देखबे करी, देखबो करी।

देखल–देखबे कएल, देखबो कएल।

कतेक शब्द अछि जाहिसँ एब–अपिक योग नहि हो। यथा–लोकनि, झा, की, एकारान्त संज्ञा–मन्ने, बच्चे। एहिमे झासँ पूर्वहिँ संज्ञासँ पर एव–अपि लागत। यथा-रामे झा, रामो झा। तहिना ओएह लोकनि, ओहो लोकनि। जतए एव–अपि नहि लागए ततए 'से' शब्दक प्रयोग कए बाजल जाइत अछि–मन्ने झा सएह अएलाह, बच्चे झा तनिकहु बजाउ।

शब्द लिखवामे नाना प्रकारक अशुद्धि भए सकैत अछि तकर किछु दृष्टान्त एतए देखाओल जाइत अछि।

यथा–(1) वर्णक अशुद्धि

अशुद्ध	शुद्ध	अशुद्ध	शुद्ध
श्रीयुत्	श्रीयुत	सन्मुख	सम्मुख
भरथ	भरत	सम्बाद	संवाद
जागृत	जाग्रत	किम्वा	किंबा
नवरात्रि	नवरात्र	किंवदन्ती	किंवदन्ती
नैराश	नेराश्य वा निराश	दुरावस्था	दुरवस्था
स्वयम्वर	स्वयंवर	सन्मान	सम्मान

(2) सन्धि ओ समासक अशुद्धि

अशुद्ध	शुद्ध	अशुद्ध	शुद्ध
	कृतघ्नी	कृतघ्न	
अत्योक्ति	अत्युक्ति	सशङ्कित	सशङ्क-वा शङ्कित
उपरोक्त	उपर्युक्त	महिमासागर	महिमसागर
कालीदास	कालिदास	अहोरात्रि	अहोरात्र
महाराजा	महाराज	नीरोगी	नीरोग
निरोग	नीरोग	निर्धनी	निर्धन
संन्यासी	संन्यासी	शशीशेषर	शशिशेषर

(3) प्रत्यय ओ लिङ्गक अशुद्धि

आवश्यकीय–आवश्यक
षष्ठम–षष्ठ
पैत्रिक–पैतृक
पार्वतीय–पार्वत्य वा पर्वतीय
गृहीता–ग्रहीता
उत्कर्षता–उत्कर्ष
ऐक्यता–एकता वा ऐक्य
सिञ्चन–सेचन
सिञ्चित–सिक्त
धैर्यता–धैर्य, धीरता
महानता–महत्ता
भाग्यमान–भाग्यवान

(4) निरर्थक वा विशेषणक अशुद्धि

अधीनता–अधीन
यौवनावस्था–यौवन वा युवावस्था
सावधानतापूर्वक–सावधान
सादरपूर्वक–सादर वा आदर पूर्वक
पूज्यास्पद–पूज्य वा पूजास्पद
पूज्यनीय–पूज्य वा पूजनीय
सानन्दित–सानन्द वा आनन्दित

(5) ष ओ ण क अशुद्धि

रिन–ऋण
मृण्मय–मृन्मय
प्रान–प्राण
कृपन–कृपण
नारायन–नारयण
श्मसान–श्मशान
श्वसुर–श्वशुर
पुस्प–पुष्प
हविस्य–हविष्य
दोस–दोष

परन्तु स्मरण रहए जे ई सब संस्कृतक शब्द थिक ओ एकर शुद्धाशुद्धिक विवेक संस्कृत-भाषाक ज्ञानसँ होएत। परन्तु जँ ई सब शब्द भाषामे प्रचुरतासँ व्यवहृत होइत अछि तेँ एकरा सबहिक कतोक दृष्टान्त देखाओल अछि। एकरा बूझि सदृश स्थलमे स्वयं ऊहि कए लेब।

अनेक पद, वाक्य खण्ड वा खण्ड-वाक्यक हेतु एक शब्द :

अपना इच्छासँ सेवा कएनिहार	स्वयंसेवक
आँखिक फराक	परोक्ष
आँखिक सोझाँ	समक्ष
आकाशमे चलनिहार	आकाशगामी–खग
ईश्वर ओ परलोक मे जकरा विश्वास छैक	आस्तिक
जे उपकारकेँ मन राखए	कृतज्ञ
जे उपकारकेँ नहि मानए	कृतघ्न
मस्तकसँ पाएर धरि	आपादमस्तक

आदरसँ युक्त	सादर
जाधरि जीवन अछि	आजीवन यावज्जीव
जकर शत्रु नहि जनमलैक अछि	अजातशत्रु
जकर वर्णन नहि भए सकैक	अवर्णनीय
जकर पति जीवित नहि छैक	विधवा, राँड़
जकर पति जीवित छैक	सधवा, ऐहब
जे प्रतिष्ठा प्राप्त कएल अछि	लब्धप्रतिष्ठ
दया करब जकर स्वभाव छैक	दयाशील
जे देखल नहि गेल अछि	अदृष्ट
जे देखल जएबाक योग्य नहि अछि	अदृश्य
जे बात कहिओ सुनल नहि गेल अछि	अश्रुतपूर्व
सिंहक चिन्हबाला आसन	सिंहासन
बजबाक इच्छा	विवज्ञा
जनबाक इच्छा	जिज्ञासा
जयबाक इच्छा	जिगमिषा
खएबाक इच्छा	बुभुक्षा
पएबाक इच्छा	लिप्सा
पीबाक इच्छा	पिपासा, पिआस
जितवाक इच्छा	जिगीषा
लोभमे जे फसल हो	लोभग्रस्त
नगरमे जे उत्पन्न भेल वा रहए	नागरिक
ग्राममे जे उत्पन्न भेल वा रहए	ग्रामीण
शक्तिक उपासक	शाक्त
विष्णुक उपासक	वैष्णव
शिबक उपासक	शैव
क्षण भरिमे नाश भेनिहार	क्षणभङ्गुर
अधिक दिन धरि रहनिहार	चिरस्थायी
जकरा लगले फूरि जाइक	प्रत्युपन्नमति
जकर बुद्धि कुशक नोक सन तेज होइक	कुशाग्रबुद्धि
जाकर दृष्टि दूर धरि जाइक	दूरदर्शी
न्याय शास्त्रक पण्डित	नैयायिक
व्याकरण शास्तक पण्डित	वैयाकरण
मीमांसा शास्त्रक पण्डित	मीमांसक
दर्शन शास्त्रक पण्डित	दार्शनिक

गणित शास्त्रक पण्डित	गणितज्ञ
जे सबकेँ बराबरि देखए	समदर्शी
जे एकहि समयमे भेल हो वा रहए	समसामयिक
जकर प्रतिज्ञा दृढ़ छैक	दृढ़प्रतिज्ञ
जे मन देने अछि	दत्तचित्त
जे मधुर बाजए	मधुरभाषी
जे कम बाजए	मितभाषी
जे बड़े बाजए	फँचाड़ि, वाचाल, बजन्त
जकरा कोनहु विषयक विशेष ज्ञान छैक	विशेषज्ञ
जकर दमन कठिन छैक	दुर्दम, दुर्दान्त, दुर्दम्य
जकर तेज चलि गेल छैक	निस्तेज
जे विषय बिचारमे आबि सकए	विचारगम्य
जे बारंबार कहल जाए	पुनरुक्ति
जे बढ़ाए चढ़ाएकेँ कहल जाए	अत्युक्ति
उपकारक बदलामे कएल गेल उपकार	प्रत्युपकार
अपकारक बदलामे कएल गेल अपकार	प्रत्यपकार
जकर अनुमान पूर्वसँ नहि हो	अतर्किक
जे कहबाक इच्छा हो	विवक्षित
जकर प्रत्याशा नहि हो	अप्रत्याशित
जकर निवारण कठिन छैक	दुर्निवार
जकर अनुभव इन्द्रिय द्वारा नहि हो	अतीन्द्रिय, अगोचर
जकर प्रयोजन सिद्ध भए गेलैक अछि	कृतकार्य, कृतकृत्य, कृतार्थ
जे नापल नहि जाए सकए	अपरिमित, अपरिमेय
जे दोसराक स्थानमे अस्थायी रूपसँ काज करए	स्थानापन्न
देबाक योग्य	देय
खएबाक योग्य	भक्ष्य, खाद्य
गएबाक योग्य	गेय
जएबाक योग्य	गम्य
जे एक स्थानसँ हटिकेँ दोसरा स्थान पर गेल अछि	स्थानान्तरित
जन्मसँ लएकेँ	आजन्म
कष्टसँ भेनिहार	कष्टसाध्य
कोनहु कार्यमे दोसरासँ बढ़ि जएबाक इच्छा	प्रतिस्पर्धा
स्त्रीसहित	सस्त्रीक

कतोक व्यक्तिमे एक	अन्यतम
जे सबसे समानरूपसँ पाओल जाए	सर्वसाधारणमे, सर्वसामान्य
जे आएल अछि	आगत
जे फीरिके आएल अछि	प्रत्यागत
वर्त्तमानसँ पूर्व जे भेल वा छल	भूतपूर्व
बिना आँखिक पिपनी खसओंने	निर्निमेष, एकटक
की करबाक चाही की नहि से जकरा नहि फुरैक	किंकर्त्तव्यविमूढ़
जे दोसराक हेतु बाजए वा काज करए	प्रतिनिधि
कष्टसँ भेनिहार	कष्टसाध्य

वाक्य-विचार

अर्थबोध-योग्य पद-समूह 'वाक्य' थिक। विभक्तिसँ युक्त शब्द पद थिक परन्तु एकहु पदसँ यदि अर्थक बोध भए जाए तँ ओहो वाक्य भेल यद्यपि ओकरा पूर्ण वाक्य नहि, 'वाक्यैकदेश' कहब। पदसमूह यदि पूर्ण अर्थक बोध नहि कराबए तँ ओकरा 'पद-समष्टि' अथवा वाक्य-खण्ड कहब। यथा–

कतए यात्रा कएल अछि? (वाक्य)

काशीकेँ (वाक्यैकदेश)

एहीमे, यात्रा करब 'वाक्य-खण्ड' कहाओल।

अर्थबोधक हेतु वाक्यमे तीनि गोट गुण रहब आवश्यक।

(1) आसत्ति–पदक एक दोसरासँ समीपता। प्रातःकाल उच्चारिक 'कतए' सन्ध्याकाल उच्चारित 'यात्रा कएल अछि' क सङ्ग मीलि अर्थबोध योग्य नहि भए सकैत अछि। तेँ पदकेँ एक दोसराक समीप रहब आवश्यक। (2) आकांक्षा–पदक समूहसँ जिज्ञासाक निवृत्ति भए जाए, अर्थक बोधक हेतु पदान्तक आकांक्षा नहि रहए। 'यात्रा कएल अछि' एतबहिसँ आकाँक्षाक पूर्त्ति नहि होइत अछि, के कएल अछि, कतएक हेतु यात्रा कएल अछि इत्यादि विषयक जिज्ञासा बनले रहल। (3) योग्यता–पदकेँ अर्थबोधक योग्यता आवश्यक। आगिसँ सींचैत अछि–ई कथा असङ्गत कारण आगिकेँ सिचबाक योग्यता नहि छैक।

वाक्यार्थमे दुइ अंश रहैत अछि–एक बोद्धाक ज्ञात जकरा प्रसङ्ग वक्ता किछु अज्ञात विषय कहए चाहैत छथि। दोसर अंश थिक बोद्धाक अज्ञात जे ज्ञात विषयक प्रसङ्ग वक्ता कहए चहैत छथि वाक्यक ज्ञात अंश उद्देश्य ओ अज्ञात अंश विधेय कहबैत अछि।

यथा देवदत्त गाम गेलाह। एहि वाक्यमे देवदत्त ज्ञात छथि; हुनके प्रसङ्ग वक्ता कहैत अछि अतएव 'देवदत्त' उद्देश्य भेलाह तथा 'गाम गेलाह' ई अज्ञात अंश जे वक्ता हुनका प्रसङ्ग कहैत अछि से विधेय भेल।

प्रत्येक वाक्यमे कमसँ कम एक गोट उद्देश्य ओ एक गोट विधेय आवश्यक। यदि कोनहु वाक्यमे एके गोट उद्देश्य ओ एके गोट विधेय भेल तँ ओ वाक्य

'सरल' कहाओत। यथा-देवदत्त गाम गेलाह। परन्तु यदि उद्‌देश्य ओ विधेयक अछैतहुँ कोनहु वाक्यक अर्थ साकांक्ष रहि जाए, पूर्ण नहि होअए, तँ से वाक्य नहि, 'खण्ड-वाक्य' थिक। यदि एक खण्ड-वाक्य दोसर खण्ड-वाक्य सङ्ग मीलि पूर्ण अर्थक बोध कराबए तेँ ओ अनेक खण्डवाक्यक मिश्रणसँ बनल वाक्य 'मिश्रित' वा 'मिश्र' वाक्य भेल। यथा, जनिका अहाँ पुछारी करैत छलहुँ, से देवदत्त गाम गेलाह" दूनू वाक्य थिक कारण दूहूमे उद्‌देश्य ओ विधेय अछि परञ्च अर्थ दूहूमे साकांक्ष रहि जाइत अछि तेँ ओ वाक्य नहि खण्ड-वाक्य थिक। ओहिमे एक गोट खण्ड-वाक्य प्रधान होइत अछि जकरा पर अन्यान्य खण्ड-वाक्य निर्भर रहैछ। 'जनिक अहाँ पुछारी करैत छलहुँ' ई खण्ड-वाक्य 'से देवदत्त' क विशेषण थिक ओ तेँ अप्रधान अथवा साकांक्ष खण्ड-वाक्य भेल। यदि अनेक वाक्य साकांक्ष भए नहि परन्तु ओहिना समुच्चायार्थक अव्ययसँ युक्त एक बृहत्तर वाक्य भए जाए तँ ओहि वाक्यकेँ 'यौगिक' वा 'संयुक्त' वाक्य कहब ओ ओकर प्रत्येक वाक्यखण्ड वाक्य कहाओत परन्तु प्रधान-अप्रधानक भेद एहिमे नहि रहत-यथा, देवदत्त आइ गाम गेलाह मुदा काल्हि पुनः अओताह।

दूवा अधिक खण्ड-वाक्यमे पूर्व खण्ड-वाक्य यदि 'जे' सँ युक्त अछि तँ अगिला खण्ड-वाक्यमे 'से' वा 'ओ' अवश्य आओत। यथा, जे आएल छथि तनिक सम्मान करू वा हुनक सम्मान करू। परन्तु यदि अग्रिम वाक्य-खण्ड 'जे'—सँ युक्त रहए तँ पूर्व वाक्यमे 'से' वा 'ओ' रहए वा नहिओ रहए। यथा, देवदत्त गाम गेलाह जनिक अहाँ पुछारी करैत छलहुँ अथवा ओ देवदत्त वा से देवदत्त गाम गेलाह जनिक अहाँ पुछारी करैत छलहुँ। परन्तु एतबा स्मरण रहए जे 'जे' पदसँ युक्त खण्ड-वाक्य केवल विधेय-विधायक होएत उद्‌देश्य-समर्पक नहि होएत, कारण, ओहिसँ युक्त खण्ड-वाक्य अप्रधाने रहत तथा विशेषणहिक कार्य करत।

विशेषण ओ थिक जे वाक्यक अर्थक बोधमे क्रमशः पूर्व-पूर्व भासमान होएत, उत्तरोत्तर भासमान पूर्व-पूर्व भासमानक विशेष्य होएत। सबटा कारकसँ क्रियाक विशेष रूपहिँ प्रयुक्त होइत अछि। विशेषणक तीनि गोट काज होइत अछि, की तँ ओ व्यावर्तक होइत अछि अर्थात विशेषकेँ इतरसँ भिन्न प्रतीत कराबए यथा-लाल फूल-एतए लालसँ उजर, पीअर आन सब रङ्गक फूलक व्यावर्तन होइत अछि। दोसर ओ उपरञ्जक होइत अछि अर्थात विशेष्यक विशेष रूपसँ बोध करबैत अछि। यथा सर्व-शक्तिमान् भक्तवत्सल भगवानक भजन करू। एहिमे सर्वशक्तिमान् वा भक्तवत्सल ककरो व्यावर्त्तन नहि करैत अछि प्रत्युत भगवान एहन थिकाह से बुझएबाक हेतु प्रयुक्त भेल अछि जाहिसँ भजनमे प्रवृत्ति हो। तेसर थिक उपलक्षक जे तत्काल तँ विशेष्यमे नहि रहए परन्तु पूर्वकालमे छल। इहो व्यावर्त्तक ओ उपरञ्जक होइत अछि परन्तु तत्काल नहि।

ई विशेषण की तँ समानाधिकरण होइत अछि अथवा व्याधिकरण। समानाधिकरण विशेषण ओ थिक जे बिशेष्यसँ अभिन्न रहए—लाल फूल—एतए लाल ओ फूल एके वस्तु भेल। अतएव अभेद अर्थात तादात्म्य सम्बन्धसँ जकरा विशेषणता होइक अर्थात विशेष्यमे अन्वय होइक से समानाधिकरण विशेषण थिक। विशेष्यसँ भिन्न जे विशेषण से व्यधिकरण थिक। ओकरा अन्वय होइत छैक स्वस्वामिभाव सम्बन्धसँ यथा, सोमनाक गाए, जन्य-जनकभाव सम्बन्धसँ यथा, सोमनाक बेटा इत्यादि। समानाधिकरण विशेष्यक विभक्ति ओएह होइत छैक जे विशेष्यक, परन्तु व्यधिकरण विशेषणक विभक्ति विशेष्यसँ भिन्न होइत छैक।

व्यधिकरण विशेषण सर्वदा विशेष्यसँ पूर्वहि अबैत अछि। समानाधिकरण विशेषण जँ विधेय रहए तँ पछाति, नहि तँ ओहो विशेष्यसँ पूर्वहि अवैत अछि। 'लाल फूल अछि' एहिमे समानाधिकरण विशेषण विधेय नहि अछि परन्तु ओएह जँ विधेय रहए तँ ओ विशेष्यक पश्चात् आओत, यथा—'फूल लाल अछि।' कारक क्रियाक व्यधिकरण विशेषण होइत अछि तेँ कारक सबहिक स्थान क्रियासँ पूर्व होइत अछि तथा अनेक कारक रहने ओकर उनटापनटी हो परन्तु सब आओत क्रियासँ पूर्वहि। यथा, ओ हमरा हेतु अलमारासँ हाथेँ पोथी बाहर कएल। एहिमे चारू कारकक, प्रयोग, उनटापनटी भए सकैत अछि।

उद्‌देश्य सर्वथा विधेयसँ पूर्वहिं अबैत अछि ओ वाक्यक अन्तमे तिङन्त क्रियापद अबैत अछि। 'नहि' 'जन' 'किएक' इत्यादि अव्यय तिङन्तसँ पूर्वहु वा परहु अबैत अछि, वर्त्तमानमे 'ऐत' सँ पर वा धातुसँ पूर्वहुँ अबैत अछि, अनुप्रयुक्तसँ पूर्व वा पर तथा धातुमे एव-अपिक योजनामे ताहिसँ परहिँ अबैत अछि। यथा, नहि गेलाह वा गेलाह नहि, किएक जाएब वा जाएब किएक;—देखैत नहि छथि वा नहि देखैत छथि;—नहि खाए दिऔन्हि वा खाए नहि दिऔन्हि;—देखितहिँ नहि छथि, देखबो नहि करताह।

परन्तु पूर्व-पर-प्रयोगक नियम सबटा वैकल्पिक थिक। नियमसँ एतबे बुझबाक थिक जे साधारणतया प्रयोग एहन होइत अछि परन्तु यदि कोनहु पद पर जोर देबाक हो अथवा क्रोध स्नेह आदिक आवेशमे किछु बाजल जाए तँ एकर नियम सबहिक उनटापनटी सेहो होइत अछि परन्तु बिनु कारणेँ से नहि करबाक थिक।

अव्ययक अन्वय क्रियहिमे होइत अछि : एवं-अपि प्रभृति कतोक अव्ययकेँ क्रियासँ भिन्नहुमे अन्वय होइत छैक परन्तु से साधारण नहि अछि। 'मना' अव्ययक प्रयोग केवल द, कर ओ हो धातुमे होइत अछि, आन धातुमे नहि। मना देव, मना करब, मना होएत।

समुच्चयार्थक अव्यय, 'आ, आओर, तथा' एनि तीनूसँ पूर्व विभक्तिक लोप विकल्पसँ होइत अछि। रामक ओ लक्ष्मणक प्रभाव अथवा राम ओ लक्ष्मणक

प्रभाव। परन्तु सर्वनाम, अहाँ हम, तोँ, की, जे, ते, ए, ओ ई, एहि सबहिक विभक्तिक लोप आगाँ समुच्चयार्थक अव्ययक रहनहु नहि हो। अहाँक ओ हमर एके विचार। एतए 'अहाँक' स्थान मे 'अहाँ' कहब अशुद्ध होएत।

लोकोक्ति

'लोकोक्ति' वा 'कहबी' भाषाक चमत्कार थिक। लोक जे अवसर-अवसर पर कथा बजैत अछि सएह लोकोक्ति थिक तथा से सुन्दर ओ गम्भीर भेल तँ व्यापक रूपसँ व्यवहृत होइत अछि। ओना तँ शिक्षित ओ ग्रामीण सब एहि सबहिक प्रयोग करैत छथि परन्तु एकर व्यापकता छैक जन-साधारणक व्यवहारमे। बहुधा कवि लोकनिक सूक्ति लोकोक्ति भए जाइत अछि; ताहिसँ ओहि कविक लोकप्रियता द्योतित होइत अछि। कतोक कवि लोकोक्तिक व्यवहारसँ अपन रचना-शैली ओ भाषाके ँ लोकप्रिय बनाए लैत छथि। लोकोक्ति मिथिला-भाषामे असंख्य अछि; प्रान्त-प्रान्तमे भिन्न-भिन्न कहबी चलैत अछि ओ एकर स्वतन्त्र संग्रहो प्रायः कए गोट भेल अछि। एखन विद्यापति ठाकुरक रचनामे प्रयुक्त कहबी सबसँ ओ कवीश्वर चन्दा झाक रामायणमे प्रयुक्त कहबी सबसँ थोड़ेक देल जाइत अछि जाहिसँ एकर प्रामाणिकता, व्यापकता ओ प्राचीनता स्पष्ट हो।

विद्यापतिक गीत सबसँ उद्धृत कतोक प्रसिद्ध लोकोक्ति–

1. अपनहु न देखिअ अपनुक देह-निविड़ अन्धकारक अर्थ मे।
2. अवसर बहला पर पछताव-अवसर बीति गेला पर पश्चात्ताप पढ़बाक बेरि पढ़ताह नहि, फेल भेला पर कनताह–एहि ठाम कहैत छैक–अवसर...
3. आइति पड़लेँ बुझिअ विवेक–बुद्धि बुझल जाइत छैक ककरहु अधीनता प्राप्त कएलासँ, स्वतन्त्र रहलासँ नहि।
4. आडम्बरे ँ आदर हो सबतहु–भेषें भीख–आडम्बर कएलासँ सबठाम आदर होइत छैक।
5. आन औषध कर आन वेआधी=व्याधि कोनो, औषध किछु आओरे। व्याधिसँ भिन्ने प्रतीकार।
6. आरति गाहक महग बेसाह=जँ गाहक आर्त रहए तँ बेसाह महग होइत छैक। गरजूके ँ दाम वैसी लागए।
7. आशा लुबुधल न तेजए रे कृपनक पाछु भिखारि–
   आशा लगओने भिखारि जेना कृपणक पाछाँ-पाछाँ निरर्थक बौआइत अछि।
8. कउड़ि पठाओल पाब नहि घोर। घीउ उधार माङ मतिभोर = पाइ पठओलहु उत्तर यदि घोर नहि भेटए तखन बिनु दामें जेना घिउ पएबाक आशा करब निरर्थक थिक दूबत्। एही अर्थमे दोसर कहबी छैक.करजान गेले पातो नहि, घर गेले ँ केरा–

9. कतए सुनल अछि जुड़ि हो आगि–आगि शीतल छैक से कतए सुनल अछि अर्थात कतहु नहि, तेहने असङ्गत कथा।
10. कहल न बूझए हृदयक सून–हृदय यदि शून्य छैक अर्थात विषयान्तरमे लागल छैक तँ कहलो कथा, कानमे गेलहु उत्तर बुझबाक योग्य नहि होइत छैक।
11. कूप न आबए पथिकक पास–तृषार्त्त पथिक अपन आर्त्ति हरणक साधन कूप तकैत अछि, कूप स्वयं पथिकक लग नहि जाइत छैक; जएह आर्त्त हो सएह ओकर शान्तिक उपाय ताकए।
12. गुञ्जा-रतन करए समतूल–गुञ्जा थिक करजनी जे देखबामे चकमक होइत अछि तकरा रत्नक तुल्य बुझब जेहन गुणक अनभिज्ञता द्योतित करैत अछि।
13. गेल दिन पुनु पलटि न आब–बीतल समय पुनः फीरिकए नहि अबैत अछि; यौवन बितला उत्तर पुनः युवा नहि होएब।
14. छिक्कहि नहि चली–यात्राक समय छिकब अशकुन थिक।
15. दूरहिँ रहब तेँ अरथिक होए–जे दूरमे अछि तकरहि लोक आदरसँ प्रार्थना कए लग अनैत अछि; अत्यन्त समीप रहने आदर कम होइत छैक। संस्कृतमे छैक–सन्ततरमनादनादरो भवति।
16. धनिकक आदर सब तहँ होए–(स्पष्ट)
17. नखछेदन के लाब कठार–नह कटबाक हेतु कुरहरि आनब जेहन असङ्गत अल्पायास-साध्य काजक हेतु विशाल आयोजन।
18. परक वेदन पर बाँटि न लेह–आनक वेदना आन बाँटिनहि लैत अछि।
19. पूब पच्छिम नहि जान–एतेक अज्ञ जकरा दिशाक ज्ञान नहि हो।
20. बड़ अपराध मौन पए साध–पैघ अपराध भेलासँ सबसँ सुन्दर प्रतिकार इएह जे चुप भए जाइ।
21. भिन्न भिन्न राज भिन्न बेबहार–सब राज्य मे भिन्न भिन्न व्यवहार होइत छैक।
22. भेक न पिबए कुसुम मकरन्द; फूलक मधु बेङ्ग नहि पिबैत अछि, पिबैत अछि भमरा–एही अर्थमे दोसर कहबी अछि
23. बानर-मूह कि सोभए पान (स्पष्ट) अथवा
24. बानर-कंठे कि मोतिम हार (स्पष्ट)
25. माणिक पड़ल कुबानिक हाथ–माणिक्य सन रत्न मूर्ख वाणिकक हाथमे पड़ि गेल, ओकर गुण ओ नहि बुझत। तहिना गुणनभिज्ञ जनक हाथमे मूल्यवान् वस्तुक प्राप्ति।
26. मुरुछल जीबए चुरुएक पानि–मूर्छित व्यक्ति एको चुरू पानीसँ पुनरुज्जीवित भए जाइत अछि। थोड़हु यत्नसँ आर्तिक शान्ति सम्भव अछि।

27. रोपि न काटिअ विषहक गाछ–अपन रोपल विषहुक गाछि अपने नहि काटी। संसकृतमे छैक, विषवृक्षोपि संवर्ध्य स्वयं छेत्तु मसाम्प्रतम्।

28. लाभक लागि मूल डुबि गेल–लाभक अधिक लोभ कएलासँ उचितहुक हानि।

29. सकल कण्ठ नहि कोकिल-वानि–सभक कण्ठमे कोइलीक सदृश मधुर वाणी नहि होइत छैक। सबमे गुणक उत्कर्ष सामने भेटब असम्भव।

30. सकल समय नहि रितु वसन्त–सबदिन वसन्त ऋतु रहब सम्भव नहि। समय बदलैत रहब स्वाभाविक। एक रंग दिन सबदिन ककरहु नहि रहैत छैक।

31. सबसँ बड़ थिक आँखिक लाज-दृष्टि-लज्जा सबसँ पैघ होइत छैक। कतबओ केओ अनिष्ट करओ, समक्ष भेलासँ ओकरा लाज होएबे करतैक।

32. सुपुरुष-वचन पखनाक देह–सत्पुरुष अपन वचनक पालन करितहिटा छथि तेँ ओकरा पाथर परक चिह्न कहल अछि।

33. से नहि बिचल जकर जे जाति–जन्म-जात स्वभाव ककरहु नहि छुटेंत छैक।

34. हाथक काँगन आरसी काज–एहि अर्थमे हिन्दीमे कहबी छैक "हाथ कङ्गन को आरसी क्या?" अर्थात हाथक कङनाक हेतु अएनाक कोन काज? प्रत्यक्ष वस्तुकेँ देखबाक प्रायसान्तरक अपेक्षा कौन?

कवीश्वर चन्द्रझाक रामायणसँ उद्धत कतोक कबही–

35. फेरि गबै छी गओले गीत–पुनः पुनः कहले कथाकेँ दोहराएब जाहिमे रोचकता नहि होइक।

36. नदिआ नाव-संयोग=नदी ओ नावक संयोग जकाँ संसारमे जीवनक संयोग आकस्मिक ओ आधाराधेय-भावयुक्त।

37. सत्य कहए से मारल जाए=सत्य कहनिहार हानिमे पड़ैत हो एहन अनीतिक प्राबल्य।

38. झिटुकीसँ फुटि जाइछ घैल=घैल सन काँच द्रव्य झिटुकीसँ फुटि जाइछ, अल्प-आयासेँ साध्य अछि।

39. लोभहिँ पतन कहए संसार=कहैत अछि जे लोभसँ लोक अवश्य खसैत अछि।

40. ठेस लगलेँ बुद्धि बढ़ए=ठेस लगलासँ, अनुभवक लाभसँ, बुद्धि बढ़ैत अछि–प्रतिकूल आघातसँ अनुभव-जन्य लाभ।

41. हिनका माथ नचै अछि काल=माथ पर काल नाचब व काल मरराएब ओकर भावी अनिष्ट द्योतित करैत अछि।

42. योगीसँ कएलनि धुरखेरि=योगीक सङ्ग धुरखेरि जकाँ परिहास कएलेँ यदि योगी तमसाए गेलाह तँ अनिष्टक आशङ्का। सर्व-सामर्थ्य-युक्तक सङ्ग समान जकाँ व्यवहार।

43. चोटाओल साप=खिसिआओल शत्रु। सापकेँ चोटाए देल मारल नहि, तखन जेना ओ शत्रु जकाँ पाछाँ लागि जाइत अछि।

44. ऐंठन जरल न जड़ि गेल जौड़ि=सामर्थ्य चल गेल तैओ ऐँठी नहि हटल अछि।

45. मूर्खक लाठी माँझ कपाड़=मूर्खक आघात जेना बिचहि कपाडमे होइत अछि तहिना बिनु विवेक व्यवहार, ठाँई पठाँइ।

46. राड़क असँधै जिवक जञ्जाल=छोट लोक जे काजमे देरी लगाबए ताहिसँ मनः खेद होइत अछि।

47. भाग्यवानकाँ भूत कमाए=भाग्यवानक समृद्धि ओहिना बढ़ैत अछि जेना भूत ओकरा हेतु कमाइत होइक–अप्रत्थाशित समृद्धि।

48. काँच घैलकेँ मङ्गरक आस=काँच घैल जे झुटकिओसँ फुटि जाए तकरा हेतु मुङ्गरक अपेक्षा कोन? थोड़ व्यापारसँ सम्पद्यमान काजक हेतु विशाल आयोजन।

49. चोड़क मुह जनु चमकए चान=चोरक मुह चान सन=अपराधी जेना अपन अपराधक गोपनमे आओर विशेष चेष्टा करए।

50. भल घर मध देलनि अछि वेन=नीक ठाम सनेस पठाएब आरम्भ कएल अछि। एकर विपरीत अर्थमे प्रयोग होइत अछि जखन केओ प्रबलक सङ्ग बैर ठनैत अछि।

51. मारिक डरसँ भूत पड़ाए=मारि तेरहम विद्या कहबैत अछि ओ एकरा डरेँ भूतो पड़ाइत अछि। भूत जकरा लागल छैक तकरा मारला उत्तर भूत छूटि जाइत छैक।

किछु आओर प्रसिद्ध कहबी

1. अघाएल बककेँ पोठी तीत=पेट भरल रहने नीको वस्तु अधलाह लगैत छैक एहि अर्थमे।
2. अनहामे कनहा राजा=आन्हरक मध्यमे जेना कनाह गण्य होइत अछि दरिद्रक मध्यमे अल्पधनी, मूर्खक मध्यमे अर्धपंडित तादृश अर्थमे।
3. अपनहि तेलेँ नाचब=व्यग्रतासँ प्रदर्शनहुक व्यय अपनहि सम्हारब अर्थमे।
4. धड़फड़ी विआह कनपटी सिन्दूर=व्याग्रतासँ कार्य सम्पादनमे जँ नीक जकाँ अथवा उचित रूपसँ कार्य सम्पन्न नहि हो ताहि अर्थमे।
5. असरफीक लूटि आ कोइहला पर छाप=बेसी व्यय कैओकेँ अल्प व्ययक प्रसङ्ग कृपणता करबाक अर्थमे।
6. आगाँ नाथ न पाँछाँ पगहा=जकरा केओ नहि छैक अथवा ककरहु हेतु चिन्ता नहि छैक ताहि व्यक्तिक प्रसङ्ग।
7. ई गुड़ खएने कान छेदओने=किछु फल लाभ कए अन्यथा हानि उठएबाक अर्थमे, जेना नेनाकेँ कान छेदबाक समय ओकरा हाथमे गूड़ वा आने मधुर दैत छैक।

8. उचित कहने सँग बिधुआए=उचित कथा कहलासँ मित्र लोक जँ असन्तुष्ट भेल करैत छथि एहि अर्थमे।

9. उलटे चोरा मारामारी=अपराध कैओकेँ अपराधी व्यक्ति यदि जकर अपराध कएलक अछि तकरहि दोष देअए लागथि ताहि अर्थमे।

10. ऊगल चान कि लपकए पूआ=चौठचन्दमे चन्द्रोदय होइतहि हाथ उठाए प्रसाद ग्रहण करैत तहिना समय होइतहिं फल लाभक प्रत्याशामे लागल–एहि अर्थमे।

11. एक पंथ दू काज=एक कार्यसँ दू गोट फल प्राप्तिक आशाक अर्थमे।

12. (अ) एक आनाक मूर नओ आनाक मशाला
(आ) नओके लकड़ी नब्बे खर्च

13. ओ गैआकेँ ई गैआ बहिनधी=परस्पर सम्बन्ध नहिओ रहला उत्तर स्वार्थसिद्धिक तात्पर्य कष्टकल्पनाबलात् सम्बन्ध-स्थापनक अर्थमे।

14. ओझाक लेखेँ गाम बताह-गामक लेखेँ ओझा बताह। साधारणलोकक विचारसँ भिन्न विचारमे यदि केओ दृढ़ अछि तँ सब हुनका बताह बुझैन्हि परन्तु ओ अपनहिकेँ ठीक ओ आनकेँअलग्न बुझैत होथि ताहि अर्थमे।

15. ओझाकेँ गाए छूटल बाए भेल=जाहिसँ फल हो से यदि फल नहि दए झंझटि देअर लागए ताहि अर्थमे।

16. कनही गाइक भिन्ने बथान="मुरारेस्तृतीयः पंथाः" एहि अर्थमे जखन केओ आनसँ पृथक् अपन कार्यक्रम राखए।

17. काज ने धंधा नओ रोटी बंधा=काज नहि करए परन्तु भोजनाच्छादनादि यथावद् आनहि जकाँ माङए वा पाबए!

18. कनबैक छल तँ आँखिमे गड़ल खुट्टी=जखन अभिप्रेत कार्यक अनुकूल अवसर अनायास प्राप्त हो तेहना ठाम।

19. कुकुरक पेटमे कतहु घी पचए=जे रहस्य गपकेँ लुप्त नहि राखि सकए तकरा हेतु। जेना कुकुरकेँ घी नहि पचैत छैक तहिना जकरा गुप्त गप्प नहि अरधैक, पेटसँ बहराए जाइक।

20. कुकरक भाग्येँ सीक टूटल=बिनु आयासहिँ अप्रत्याशित अर्थक सिद्धि–अर्थमे

21. कोढ़िया चाहे हओ=हओ कहला उत्तर बड़द ठाढ़ भए जाइत अछि। तहिना अकस्मात् कार्य रुकला उत्तर विराम प्राप्तिक अर्थमे।

22. कोन पुरुषकेँ भेलो गाए, चालनि लए दुहावए जाए=छोट लोककेँ सहसा पैधत्व प्राप्ति भेलेँ जेना पैधक अनुरूप क्रियामे अनभिज्ञता प्रदर्शित होइत छैक तेहना ठाम।

23. कोरमे नेना नगरमे सोर=वस्तु सँगहि अछि परन्तु प्रमादवशतः ओकर अन्वेषणक आयासक अर्थमे।

24. खसने लजाइ ने हँसने लजाइ=हानिसँ वेसी अयशक डरक अर्थमे।

25. खिसिआएल बिलाड़ि धुरखुर नोचए=क्रोधक प्रतिकारमे असमर्थ अस्थानमे क्रोध प्रदर्शनक अर्थमे।

26. गाए ने रहए तँ बड़द दूही=उपकार करबामे अशक्य व्यक्तिसँ यदि उपकारक आग्रह कएल जाए तेहना ठाम।

27. गूड़क नफा चुट्टी खएलक=अनुचित लाभक अनुचितरूपेँ व्ययक अर्थमे।

28. गूड़क चोट धोकड़े जानए=कोनहु कार्यक श्रम जेना ओहि कार्यक कएनिहारे जनैत अछि आन नहि तेहना ठाम।

29. गोआरैक कहने गाइक घी, गोआरैक कहने महिसिक घी=कोनहु विषयक प्रसङ्ग जेना प्रमाण ओहि विषयक अधिकारिए व्यक्तिक कथा होइत अछि तेहना ठाम।

30. अपन दही केओ खट्टा कहए=अपन वस्तुकः केओ निन्दा नहि करैत अछि ताहि अर्थमे।

31. गोनूझाक बिलाड़=कोनहु कार्य परिणामसँ वित्रस्त व्यक्ति तासदृश कार्यान्तरहुमे सशङ्क रहैत अछि ताहि अर्थमे।

32. गोरि माउगो गौरवे आन्हरि=सौन्दर्यगर्विताक अर्थमे।

33. सागरक अछैत कूपक दोहाइ=प्रतिकारसमर्थ पैघक अछैत ओहि प्रतिकारक निमित्त छोटक याचना करबाक अर्थमे।

34. घरक भेदिआ लंका डाह=आत्मीयकेँ अथवा आत्मीय बूझिकेँ रहस्य कहलिऐक से यदि रहस्यक उदूघाटन कए अपकार करए ताहि अर्थमे।

35. चोरकेँ गरहात्था उसास=चोरकेँ पकड़ि यदि गरहत्था दए बैलाए दिऐक मारिऐक पीटिऐक नहिं तँ ओ निसास छोड़त जे बाचि गेलहुँ। तहिना अधिक दंडक संदेहावस्थामे थोड़ दण्डसँ उद्धारक अर्थमे।

36. चलए ने जानी अङ्गना टेढ़=अपन दोष नहि मानि आनकेँ विशेषतः सहायककेँ दोष देबाक अर्थमे। अथवा, अपन अपटुताकेँ नहि मानि कार्यहिकं दुरूह कहबाक अर्थमे।

37. चालनि दूसए सूपकेँ जनिका सहस गोट छेद=अपना अनेकानेक दोष अछैत आनक थोड़ों दोषकेँ दूसबाक अर्थमे। (चालनि ओ सूपक दृष्टान्त स्पष्ट)

38. जनिका खेवा नहि से बैसताह अगिले माँगि=योग्यता नहिओ रहला उत्तर जँ सुयोग्यक स्थान वा सम्मानक भोग करबाक आशा करए।

39. घर फूटए गमार लूटए=अपनामे विरोध भेलासँ आन जँ अनुचित लाभ उठाबए तेहना अर्थमे।

40. चोर-चोर मसिऔत भाए=अनुचित कार्य कएनिहार लोकमे जेना परस्पर मेल भेल करैत अछि तेहना अर्थ मे।

41. छोट खिखिरकेँ मोट नाङ्गरि=छोट लोक यदि पैघक अनुरूप भाभट करए

ताहि अर्थमे।

42. चोर कतहु इजोत सहए?=चोरएवाक काज कएनिहार जेना प्रकाशसँ डरैत अछि ताहि अर्थमे।

43. जौअक संग घून पिसाए=अपराधीक संग यदि निरपराधी व्यक्ति सेहो अबल, यदि सीदति हो तेहना ठाम।

44. जौ ले गेलाह सतुआइन कएने अएलाह=जाहि कार्यक हेतु पठाओल से कार्य सम्पन्न भए गेल तखन यदि फीरिकेँ आबथि तेहना ठाम।

45. टिटही टेकल पर्वत=कोनहु कार्यक सम्पादनमे जकरा सामर्थ्य नहि छैक सेहो यदि अहंकारवशात ई गौरव करए जे हमहि कार्य सम्पादन कएल अछि तेहना अर्थमे।

46. तेलिक बड़द लै कुम्हैन सती=अनधिकार हस्तक्षेपक अर्थमे।

47. दूरक ढोल सोहाओन=दूरसँ जाहि वस्तुक आकर्षण हो, समीपसँ आकर्षण नष्ट भए जाइक तेहना अर्थमे।

48. दोहरओने बनिआ दुन्ना=जिद्दी व्यक्तिक प्रसङ्ग, जकरा जतेक आग्रह करबैक ततेक ओ जिद्द पकड़ने जाए।

49. घी मारि पुतहु ले त्रास=एकक दण्डसँ दोसरक त्रासनक अर्थमे।

50. ने रहए बाँस ने बाजए बाँसुरी=कारणकेँ हटाए देलासँ जेना कार्योत्पत्तिक सम्भावना हटि जाइत अछि तेहना ठाम।

51. फूटल भाँड़ संग जोहए=दोषी व्यक्ति जेना अपनहि दोषसँ युक्त आनहु व्यक्तिकेँ बनावए चाहए वा ओकरा संग मेल करए तेहना ठाम।

52. पानिमे माछ, नओ-नओ कुटिआ बखरा=फलोत्पत्तिसँ पूर्वहिं फलक विभाजनक अर्थमे।

53. बरे बुड़िबक तँ दहेज के लेत=जे फलक भोक्ता होएत सएह यदि अनभिज्ञ वा असमर्थ हो तेहना अर्थमे।

54. बाड़िक पटुआ तीत= 'अतिपरिचयादवज्ञा' क अर्थमे जेना गुणसँ युक्त रहितहुँ अत्यन्त परिचित व्यक्ति वा वस्तुक लोक सम्मान नहि करैत अछि तेहना ठाम।

अर्थ-प्रकाश

साहित्यिक भाषा साधारण भाषासँ भिन्न होइत अछि। साहित्यक परिभाषा इएह थिक जे सुन्दरसँ सुन्दर अर्थकेँ सुन्दरसँ सुन्दर भाषामे व्यक्त कए सकी। दूहूक वैशिष्ट्य उत्तम काव्यक लक्षण थिक; एकसँ ओ उत्तमता नहि अबैत अछि। अर्थक विलक्षणाताक हेतु ओहिमे रस होएब आवश्यक, गुणक अस्तित्व आवश्यक, अलङ्कारक विन्यास आवश्यक। रसक अभिव्यक्ति व्यञ्जना-वृत्तिसँ होइत अछि अतएव अभिधार्थ ओ लक्ष्यार्थक कथे कोन, व्यङ्ग्यार्थ समेत ओहिमे निहित रहैत अछि। अलङ्कार पुनि अर्थ ओ शब्द दूहूमे रहनिहार थिक। उक्तिमे जे विच्छित्ति छैक, चमत्कार छैक, सएह भेल अलङ्कार ओ से यदि शब्दगत छैक तँ अलङ्कार शाब्दी ओ अर्थगत छैक तँ अलङ्कार आर्थी भेल। एवंविध नाना गुणसँ युक्त विच्छित्तिमय उक्ति साहित्यिक भाषा होइत अछि। साधारणो कथाकेँ कवि रचिकेँ व्यक्त करैत छथि।

अतएव साहित्यक भाषाक अर्थ सर्वबोध्य नहि होइत अछि। प्रसाद गुणक प्राचुर्य्य रहलासँ आशय यदि बोधगम्य भैओ जाएत तँ ओकर विच्छित्तिक विश्लेषण, गुणक प्रकाशन, रसक अभिव्यञ्जन प्रभृति नानाविध काव्यत्वक प्रतिपादन कएलहि उत्तर ओहि भाषाक महिमा स्पष्ट भए सकैत अछि। अतएव प्राचीन कालहिसँ काव्यक टीका लिखबाक परिपाटी आबि रहल अछि। साहित्यक भाषाक अर्थ-प्रकाश केवल दोसरहिकेँ ओकर वैशिष्ट्य बुझएबाक हेतु आवश्यक नहि अछि प्रत्युत अपनहु ओकर चमत्कारिता कतेक बुझल, कतेक ओकर रसास्वादन कए सकलहुँ तकर सर्वोपरि जाँच थिक!

ई अर्थ-प्रकाशन कए प्रकारेँ भए सकैत अछि। प्रत्येक प्रकारक संज्ञा भिन्न छैक, ओ तदनुसार ओकर प्रणाली भिन्न छैक, बिस्तारमे भेद छैक, प्रतिपादन पृथकरुपेँ होइत छैक। एतए पाँच प्रकारक अर्थ-प्रकाशक प्रकार प्रदर्शित होइत अछि ओ प्रत्येकक दू-दू गोट आदर्श सेहो उपस्थापित कएल जाइत अछि जकरा देखि ओ मनन कए एतादृश अन्यान्यो सन्दर्भक अर्थ-प्रकाश सुलभ भए जाएत। परन्तु एहि सबमे आवश्यक अछि जे अर्थ यावतोरूपेण जनैत रही। जँ अर्थ पूर्णतः

नहि जानल रहत तँ केवल प्रणालीक परिचयसँ ओहि त्रुटिक पूर्ति नहि भए सकत। ओ पाँच प्रकार थिक–

(1) व्याख्या (Explanation)

व्याख्या-शब्दक व्युत्पत्तिसँ अर्थ होइत अछि 'विशेष रूपसँ कथन।' लेखक जाहि कथाकेँ बान्हल शब्दमे, कमसँ कम शब्दमे, कहि देल अछि तकरहि पुनि विस्तारक सङ्ग प्रतिपादन करब, जाहिसँ ओहिमे निहित सकल अर्थक स्पष्टतः अभिव्यक्ति भए जाइक, सएह व्याख्या थिक। अर्थ-प्रकाशक सबसँ विस्तृत इएह प्रकार थिक। एहिमे प्रकरणसँ लए शब्दार्थ, तात्पर्यार्थ, भावार्थ, रसक निष्पत्ति ओ अलङ्कारक विन्यास-यावतो विषयक समावेश रहब आवश्यक। वस्तुतः व्याख्या लिखबामे ओहि प्रसङ्गक सभ ज्ञातव्य विषयक सम्यक्तया प्रतिपादन आवश्यक थिक।

व्याख्या लिखबामे सर्वप्रथम कविता नाम ओ सन्दर्भक प्रसङ्ग देबाक चाही। अमुक ग्रन्थक ई सन्दर्भ थिक अथवा अमुक अध्याय वा सर्ग वा अङ्कक, ताहिसँ काज नहि चलत। प्रत्येक वाक्यक अर्थ प्रकरणासँ व्यक्त होइत अछि, ओहिसँ पूर्व वा परक वाक्यसँ यदि सम्बन्ध रहैत तँ से बिनु कहलेँ ओकर आशय स्पष्ट नहि होएत। अतएव प्रसङ्गकेँ थोड़ शब्देँ जहाँ धरि यथार्थ बनाए सकी से कर्त्तव्य।

तखन ओकर शब्दार्थकेँ स्पष्ट करैत ओकर तात्पर्य लिखी। शब्दक प्रतिशब्द देब आवश्यक ओ अभिधा, लक्षणा एवं व्यञ्जना तीनू वृत्तिसँ जे अर्थ होइक तकर क्रमशः प्रतिपादन करी। यदि श्लेष होइक तँ तकरा स्पष्ट करैत दूहू पक्षमे शिलष्ट पदक अर्थ स्पष्ट करी। यदि उपमा वा तेहने कोनो दोसर अलङ्कार रहैक जाहिमे दू गोट भिन्नार्थक वाक्य परस्पर सृदश देखाओल रहैत तँ तकरा स्पष्ट करी। कहबाक तात्पर्य जे सन्दर्भक अर्थ स्पष्ट करबामे जाहि कोनहु कथाक उपपादन आवश्यक छैक सभक निर्देश एहि अंशमे करब आवश्यक। अन्तमे भावार्थ लीखि एहि अंश के समाप्त करी।

तखन तेसर खण्डमे ओकर रस, गुण, अलंङ्कार, यदि कोनहु प्राचीन कथाक उल्लेख रहैक तँ से, सब संक्षेपमे देखाए दी। रसादिक केवल नाम लिखब व्यर्थ, ओकर सङ्गति देखाएब आवश्यक। अन्तमे ओहि सन्दर्भक प्रसङ्ग अपन व्यक्तिगत सम्मति जे ओ पसिन्द भेल वा नहि, ओ जँ पसिन्द भेल तँ तकर, नहि जँ नहि पसिन्द भेल तँ तकरे, युक्ति दए एहि खण्डकेँ समाप्त कए व्याख्याकेँ समाप्त करी। ई तेसर खण्ड सभसँ कठिन छैक ओ एहीमे व्याख्याताक योग्यता देखल जाइत छैक परन्तु इहो स्मरण रहए जे व्याख्यामे व्याख्यातासँ प्रत्याशिते विषयक जिज्ञासा रहैत छैक। एक गोट प्रारम्भिक छात्रसँ पंडित जकाँ अलङ्कारक विवेचन तँ प्रायः केओ नहि आशा करताह।

(1) कुकुद-कोश-कारा-निलय-बान्हल रविक निदेश।
अलिकुलकाँ सानन्द झट कएलन्हि खोलि निशेश ॥
(एकावली-परिणय, सर्ग 2-दोहा-36)

व्याख्या—सन्ध्यावर्णनक प्रसङ्गमे कविशेखर श्रीबदरीनाथ झा चन्द्रोदय भेला उत्तर कुमुद-वनक एक गोट सुन्दर चित्र बड़ चमत्कारसँ एहि दोहामे अङ्कित करैत छथि।

कुमुदक स्वभाव होइत छैक जे सूर्यक उदय होइतहिं ओकर पत्ती मुनि जाइत छैक ओ चन्द्रोदय भेल उत्तर पुनि ओ सब प्रस्फुटित भए जाइत छैक। रातिके कुमुदक प्रस्फुटावस्थामे ओकर पराग मधुक आस्वादन करैत भ्रमर सव भिनसर होइत कुमुदक मुनितहि ओहि मध्य बन्द भए जाइत अछि ओ से पुनि सन्ध्या भेलहि उत्तर चन्द्रोदयक उपरान्त कुमुदके प्रस्फुटित होइत बहराए सकैत अछि। एहि प्राकृतिक दृश्यके अङ्कित करैत कवि कहैत छथि जे रवि अर्थात सूर्यक निदेश अर्थात आज्ञासँ कुमुदक कोशरूपी कारागार अर्थात जहलखानामे बान्हल अलिकुल अर्थात भ्रमराक समूहके निशेश अर्थात चन्द्रमा अपन राज्य होइतहि अर्थात निशाक आरम्भ होइतहि झट दए खोलि अर्थात बन्धनमुक्त कए सानन्द अर्थात आनन्दसँ युक्त, आनन्दित कएलैन्हि। जेना केओ राजा अपन प्रतिपक्षीक सपक्षके अपन आधिपत्यमे बन्दी बनाए जहलमे रखने रहैत अछि परन्तु ओकर आधिपत्यक अन्त भेला उत्तर प्रतिपक्षी राजा अपन उदय होइतहि झट दए अपन ओही सपक्ष सबके कारागारसँ मुक्त कए आनन्दित करैत अछि, तहिना दिनेश, सूर्यक आधिपत्यमे कुमुद-कोशमे बन्दी भ्रमरके, दिनान्त भेला उत्तर निशेश चन्द्रमा साँझ होइतहि चटपट खोलि बन्धन-मुक्त कएल। कहबाक भाव जे भरि दिन मुनल कुमुद चन्द्रोदय होइतहि फुलाए गेल ओ ओहिसँ भरि दिनुका बान्हल भ्रमरा सब उड़िकें बहराए गेल।

एहिमे कुमुद-कोशके कारागार कहल अछि, उपमेय कुमुदकोशमे उपमान कारागारक आरोपण अर्थात तादात्म्यसँ अध्यास कएल अछि तेँ एतए रूपक अलङ्कार थिक। पुनि प्रस्तुत निशेशमे अप्रस्तुत राजाक सपक्ष भ्रमरके कारागारसँ खोलि आनन्दित करबाक क्रिया द्वारा व्यवहारक समारोप अछि ते एहिमे समासोक्ति अलङ्कार थिक। चन्द्रमामे राजाक आरोप शब्दः नहि अछि परन्तु क्रिया-द्वारा व्यवहारक समारोप भेल अछि। चन्द्रमा नवीन राजा जकाँ उत्साहसँ अपन सपक्षकें बन्धन मुक्त कएल अछि तेँ एहिसँ वीररस व्यञ्जित होइत अछि। 'क' ओ 'ल' एहि दूहू वर्णक बारंबार आवृत्तिसँ वृत्त्यनुप्रास ओ निशेश एवं दिनेशमे अन्त्यानुप्रास स्पष्टे अछि।

2. सुयश कतए नहि सोर, रे रे राक्षस अधम तोँ।
धिक् धिक् वनिता-चोर, सूर्पनखा गति हम करब ॥
(मिथिलाभाषा रामायण, लङ्काकाण्ड)

ई सोरठा कवीश्वर चन्शक झाक मिथिला-भाषा-रामायणक लङ्काकाण्डसँ उद्धृत रावण-अङ्गद-संवादमे अङ्गदक उक्ति थिक।

अङ्गदक कठोर कथा सुनिकेँ रावण भीतरसँ जरि गेल अछि। अङ्गदकेँ कहैत अछि जे की करू, राजनीति बड़ गूढ़ अछि ओ राजनीतिमे दूतके अवध्य कहल गेल अछि। तैओ यदि तोरा जानसँ मारब नहि तँ अङ्ग-भङ्ग धरि तोहर कैए देब। अङ्गद उत्तरमे कहैत अछि जे रे रे नीच राक्षस! तोहर सुयशक सोर कतए नहि छौक अर्थात कतए लोक तोहर दुर्यश नहि जनैत छौक। तोँ सीताके चोरएकेँ अनकेँ छेँ स्त्री-चोर थिकेँ। तोँ अङ्ग-भङ्ग करवेँ तँ हम छोड़ि नहि देबौक, हमहु तोहर नाक-कान काटि तोहरो ओएह गति करबौक जे लक्ष्मण तोहर बहिन शूर्पनखाक कएल।

अधम—विशेषणक सङ्ग सुयश सङ्गत नहि होइत अछि तेँ लक्षणासँ ओकर अर्थ दुर्यश बुझवाक थिक। एकरहि विपरीतलक्षण कहैत छैक।

राजनीतिक दोहाई दैत रावणकेँ वनिता-चोर कहि चुप करब बड़का चमत्कारक भेल। शूर्पनखा-गतिसँ नाक-कान काटि लेब-व्यङ्ग स्पष्ट अछि। रावणक प्रत्येक कथाक एहि रूपसँ मुहतोड़ उत्तरसँ अङ्गदक निर्भीकता, उत्साह ओ प्रत्युत्पन्नमतिकता द्योतित होइत अछि। भाषा सरल ओ स्पष्ट अछि जेहन उत्तर प्रत्युत्तरमे स्वाभाविक थिकैक ओ एही सरल भाषामे सुन्दर अर्थक चमत्कारसँ व्यक्त चन्दाझा कवीश्वरक ख्याति पाओल।

(2) दोसर भेद अर्थ-प्रकाशक थिक अर्थानुवाद (Paraphrase)

एहिमे प्रसङ्गक निर्देश आवश्यक नहि, ने रस, गुण, अलङ्कारादिक निर्देश; एहिमे शब्दार्थ स्पष्ट शब्दमे लीखि तात्पर्य लीखि दी। मुदा शब्दार्थक लिखबामे यदि लक्षणा अथवा व्यञ्जनासँ अर्थक उपलब्धि होअए तँ तकर उपपादन करब आवश्यक।

1. सुन्दरी शेफालिका लखि सरस यौवन अपन उमड़ल
भेलि पुलकित सुरभिपूर्ण प्रवाल-हीराक-हार पहिरल
निरखि शोभा चन्द्रिका झट कहल आबि हँसैत खल-खल
सखि अहाँक सोहाग लएकेँ शरद आएल शरद आएल।
(माला-शरद-अन्तिम पद)

अर्थानुवाद—शेफालिका नाम थिकैक सिङारहारक। सिङारहारक फूलक डाँटी होइत छैक लाल, मूँगा सन ओ पत्ती होइत छैक उज्जर, हीरा सन। सिङारहारक फूल शरद ऋतुमे फुलाइत अछि ओ साँझ होइतहिँ कोंढ़ी सभ फलकए लगैत अछि जे भोर होइत-होइत भकरार भए जाइत अछि ओ सूर्यक किरण पड़ितहिँ फूल झरि जाइत अछि। एही प्राकृतिक दृश्यक एहि पद्यमे वर्णन अछि। शेफालिका ओ चन्द्रमाक ज्योत्सनाकेँ स्त्रीलिङ्ग पाबि कवि एतए शेफालिकामे नयिकाक ओ चन्द्रिमामे सखीक

आरोप कएल अछि। ओ कहैत छथि जे सुन्दरी जे शेफालिका अर्थात सिङारहार से अपन युवत्व उमड़ल देखि अर्थात पुष्पोद्गमक समय जानि पुलकित भए गेलि अर्थात रोमाञ्च जकाँ छोट-छोट लाम-लाम फूलक कोंढ़ीसँ भरि गेल। नायिकाकेँ यौवनक दशामे पुलकित होएब-स्वाभाविक-थिकैक। तखन ओ शेफालिका अपन शृङ्गार करैत अछि। मूंगा ओ हीराक हार जाहिमे सौरभ भरल छैक, एहन फूलसँ भरि गेल। ई शोभा देखि चन्द्रमाक ज्योत्स्ना चन्द्रिका खलखल हँसैत आइलि। हँसीक उपलक्षण उज्जर वर्णसँ देल जाइत अछि ओ केँ चन्द्रज्योत्स्नाक उज्जर छटा चन्द्रिकाक खलखल हास कहल गेल अछि। हँसैत-हँसैत ओ अपन सखी शेफालिकाकें कहल जे हे सखी अहाँक सोहाग लएकेँ शरद् आएल अर्थात शरदक अएलहिसँ अहाँक ई सौभाग्य भेल अछि, एहन सौन्दर्यक विकास भेल अछि। जहिना पतिक अएलासँ पत्नीक सौभाग्य जागि जाइत छैक तहिना मानू शरदक आगमनसँ शेफालिकाक सौभाग्य जागल, ओ भकरार भए फुलाए गेल। कहबाक तात्पर्य जे शरद ऋतुक रातिमे उज्जर दपदप इजोरिआमे सिङारहारक गाछ लाल-डाँटी उज्जर-पत्ती बला सौरभसँ महमह करैत असंख्य भकरार फुलाएल फूलक भारसँ भरि अपूर्व शोभा देखाए रहल अछि।

(2) जञो विधि कोमल करथि प्रबाल।
नव पल्लव दुति रह चिरकाल ॥
ताहि सुधारस धरथि अमूल।
तखन होअ तसु अधरक तूल ॥ (पद्य-संग्रह, रमापति)

अर्थानुवाद–अधर अर्थात निचला ठोरक उपमा कवि लोकनि लालिमामे प्रबाल अर्थात मूँगासँ दैत छथिन्ह, अधर परक मन्द मुसुकानक उपमा अमृतसँ दैत छथिन्ह। कवि एहि पद्यमे कोनहु नायिकाक अधरक वर्णन करैत-कहैत छथि जे ओकर लालिमा, कोमलता एवं मन्द मुसुकानक तुलना कथी सँ दिअ? कोना बुझाएब जे ओ कोन रूपक छैक? रङ्गमे प्रबाल सन कहब तँ प्रबाल तँ सक्कत होइत अछि; नवपल्लव द्युति अर्थात कान्तिसँ तुलना करब तँ सेहो नहि कारण जे ओकर द्युत बड़ थोड़ काल रहैत छैक। ओहि अधरक उपमा तँ तखन हो जँ प्रबालकेँ विधाता कोमल नवावथि अथवा नवपल्लव कान्ति चिरस्थायी होइत ओ ताहिमे अमूल्य अमृतक रस राखल हो। एहन यदि प्रबाल वा किसलय होइक तखनहि ओकर अधरक तुलना भए सकैत अछि। कहबाक तात्पर्य जे नायिकाक अधरमूँगा सन लाल होइतहु अत्यन्त कोमल छैक, ओकर मसृणता, कोमलता, चमक, नवपल्लव सन होइतहु चिरस्थायी छैक, तथा ओहि अधर परक मन्द मुसुकान तँ जेना साक्षात अमृत रहए जाहिसँ अधरक पान कए कामशर-जर्जर नायक तत्कालहि नव स्फूर्त्ति, नव उत्साह, नव प्राण जेना पाबि जाथि।

(3) तात्पर्य-लिखन (Meaning)

कोनहे वाक्यक अर्थ बुझबामे शब्दार्थक अतिरिक्त एक गोट आओर वृत्ति होइत छैक जकरा शास्त्रमे 'तात्पर्य' कहल जाइत छैक। पदक समूह वाक्य भेल; पदक अर्थ अभिधा, लक्षणा एवं व्यञ्जना तीनूसँ अवगत कएल तथापि पदक अर्थक अन्वय लगाए वाक्यक अर्थक बोधन तात्पर्य-वृत्ति कहबैछ। तात्पर्य लिखबामे शब्दार्थ वा पदार्थ लिखबाक काज नहि। लक्ष्यार्थ किंवा व्यङ्ग्यार्थ तकरहु कहबाक काज नहि। केवल सम्पूर्ण वाक्य वा वाक्य-समूहमे जे अर्थ लेखकके अभिप्रेत होइन्ह तकरा बूझि ओकरा स्पष्ट शब्दे ँ ए लीखि दी। वाक्यमे रस वा अलङ्कार, श्लेष वा काकु उपमा वा रूपक ककरहु फरिछएबाक काज नहि। मोटा मोटी वाक्यक अर्थ लिखी से सरल भाषामे। उक्तिवैचित्र्यक यदि द्योतन कराए सकी तँ उत्तम नहि तँ अभिप्राय मात्रहुक स्पष्टीकरणसँ ई सम्पन्न भए जाएत। एकरहि 'अभिप्राय-लिखन' से कहि सकैत छी।

(1) कानन कुसुम तोड़सि मिअ गोरी,
कुसुमहि सब तन निरमित तोरी।
आनन हेम सरोरुह भास, सौरभ श्याम भ्रमर मिलु पास।
नयन युगल निल उतपल जोड़, सहज सोहाओन श्रवणक ओर।
अपरुप तिल फुल सुललित नास, परिमल जितल अमरतरु वास।
बन्धुक मिलित अधर जहँ हास, दशनहि कुन्दकुसुम परकास।
सब तनु घटित चम्पक सम तोरा, पानिक तल थलकमल इजोरा।
गोविन्ददास एतए अनुमान, पूजह पशुपति निज तनु दान ॥

(शृंङ्गार-भजन)

द्वितीय भाग (गीत 93)

केओ सुन्दरी गोपी महादेवक पूजाक निमित्त फूल तोड़ैत अछि। ओकर सखी ओकर कृष्णक सङ्ग मिलएबाक निमित्त ओकरा तकैत आइलि ओ ई बूझि जे ओ महादेवक पूजाक हेतु फूल तोड़ैत अछि ओकरा कहैत अछि जे अहाँ पशुपति जे महादेव तनिक पूजाक हेतु वनमे फूल किएक तोड़ैत छी, अहाँक तँ सम्पूर्ण शरीरे फूलमय अछि से शरीर लए अहाँ पशुक पति जे गोआर, कृष्ण, तनिक पूजन किएक नहि करैत छी; हुनका आत्म-समर्पण किएक नहि कए दैत दी? अहाँक मुह सोनक कमल सन अछि जकर सौरभसँ कारी जे भौंह से भ्रमर जकाँ ओहिमे लागल अछि। आँखि अहाँक नीलकमल सन अछि जे कान दिशि बढ़ल बड़की टटा अछि। अहाँक सुन्दर नाक अपूर्व तिलक फूल सन अछि जकर सौरभ परिजातहुक फूलक सौरभ के जितले अछि। अहाँक निचला ठोर मधुरी फूल सन लाल अछि जतए हँसी लगलासँ दाँत जे प्रकट होइत अछि से कुन्दक फूल सन लगैत अछि। सम्पूर्ण शरीर अहाँक चम्पाक फूल सन गोर अछि ओ तरहत्थी तँ थलकमल जहाँ शोभायमान अछि। एहन फूलक शरीरसँ अहाँ गोपालक पूजन करू, अपन शरीर हुनका समर्पण कए दिअ, व्यर्थ

महादेवक पूजाक हेतु गाछ-गाछसँ फूल किएक तोड़ब।

कहबाक अभिप्राय जे सोन-कमल सन मुँह, नीलकमल सन पैघ-पैघ आँखि, तिलक फूल सन नाक, मधुरी सन अधर, कुन्द सन दाँत, चम्पा सन वर्ण ओ थलकमल सन तरहत्थी—एहन एहन कुसुम सन कोमल, सुकुमार लावण्यमय शरीर अहाँ गोपालकेँ समर्पित करू, महादेवक पूजाक हेतु फूल तोड़बाक श्रम व्यर्थ। महादेवक पूजासँ जे पुण्य होएत तकर सुखसँ पैघ सुख अहाँ के कृष्णक सङ्गमसँ होएत से गोविन्ददासक अनुमान छैन्हि।

(2) स्तुतिनिन्दामे भेद न मानल रिपु हित बुझल समाने।
पटबथि वा काटथि दूहूकें छाया सँ सम्माने ॥
(श्रीसुमनजी-तरु सँ)

तात्पर्य—तरुमे समदर्शी तपस्वीक आदर्श देखबैत कवि कहैत छथि जे अहाँ अपूर्व समदर्शी छी कारण अहाँक जे स्तुति करैत छथि से हित अथवा निन्दा करैत छथि से अहित, दूहूक हेतु अहाँक दृष्टि एक रङ्ग अछि, समाने व्यवहार अहाँक होइत अछ। जे अहाँकेँ पटबैत छथि एहन जे हित अथवा जे अहाँकेँ कटैत छथि एहन जे शत्रुक दूहूकेँ अहाँ अपन छाया एक रूपेँ दैत छिऐन्हि, दूहूक अहाँ समाने सम्मान करैत छिऐन्हि। मित्र ओ शत्रुक भेद अहाँक दृष्टिमे नहि अछि। एहन समदर्शित्वक शिक्षा मनुष्यकेँ तरुसँ सिखबाक थिक।

(4) भावार्थ (Substance)

लेखक जे किछु लिखैत छथि से मनमे किछु भाव लए ओ लिखबाक काल ओही भावकेँ पुष्ट करबाक हेतु, ओकरा चमत्कारसँ व्यक्त करबाक हेतु, नाना प्रकारक उक्तिवैचित्र्यक अवलम्बन करैत छथि। भाव ओएह मूल वस्तु थिक जकरा मनमे राखि लेखक लिखैत छथि ओ से बहुधा शब्दजालक बीचमे ओझराएल रहैत अछि। अतएव शब्दार्थ बूझि तात्पर्य अवगत कए कविक आशय बुझबाक यत्न करी ओ ओही आशयकेँ जहाँ धरि स्पष्ट शब्दमे लीखि सकी; सहए भेल सन्दर्भक 'भाव' अथवा 'आशय'। शब्दार्थ अथवा तात्पर्य प्रभृति किछु लिखबाक एहिमे प्रयोजन नहि। भाव बड़ थोड़ शब्दमे लिखल भए सकैत अछि परन्तु शब्द थोड़े-हो एहन कोनो नियम नहि। भाव गहन रहलेँ ओकरा स्पष्ट करबामे पैघो भए गेलासँ कोनो क्षति नहि, प्रत्युत से स्पष्ट करब आवश्यके।

(1) अन्तःपुरहुक वासिनिमे अछि भेटब दुर्लभ जेहन सरूप आश्रमवासिनि जनक तेहन हो यदि अति सुन्दर मनहर रूप तँ मानू वनजातलता निज परम मनोहर गुण दरशाए नीक जेकाँ उद्यानलताकेँ सुन्दरतामे देलक हराए।
(शकुन्तला नाटक, प्रथम अङ्क, पद्य 11)

सौन्दर्य प्राकृतिक गुण थिक; ओ अन्तःपुरमे रहि सकैत अछि ओ आश्रमहुमे।

परन्तु राजाक अन्तःपुरमे सुन्दरी सब ताकि ताकिकए आनलि रहैत छथि ओ हुनका लोकनिक प्राकृतिक सौन्दर्य प्रसाधन, आभूषण आदि कृत्रिम उपायसँ आओर मनोहर रचित रहैत अछि। आश्रममे प्राकृतिक सौन्दर्य यदि रहितहुँ अछि तँ कृत्रिम उपायक अभाव मे ओ मलिन रहैत अछि। फुलबाड़ीमे लगाओल लता कृत्रिम उपाय सँ आओर मनोहर रचित रहैत अछि। आश्रममे प्राकृतिक सौन्दर्य यदि रहितहुँ अछि तँ कृत्रिम उपायक अभावमे ओ मलिन रहैत अछि। फुलबाड़ीमे लगाओल लता कृत्रिम उपायसँ विशेष मनोहर बनाओल रहैत अछि, वनमे स्वयंजात लता ओहन आकर्षक नहि होइत अछि। परन्तु तैओ यदि केओ आश्रमवासिनी सौन्दर्यमे अन्तःपुरक सुन्दरीसँ बढ़ि जाथि तँ ओ ओहने आश्चर्यक विषय होएत जेहन वनके स्वयंजात लता सुन्दरतामे फुलवाड़ीमे यत्नसँ लगाओल लताकेँ हराए देथि। एहिसँ तँ इएह स्पष्ट होएत जे ओहि आश्रमवासिनीक सौन्दर्यक उत्कर्श अतिशय छैक।

(2) जे महाराज स्वायत्तसिद्धि प्राप्त छथि, तनिक साधन हुनक अपने प्रज्ञा होइत छैन्हि, ओ कृतकार्य भेलाह अथवा नहि ओहिमे मन्त्रीके कोन दोष किन्तु जे महाराज सचिववायत्त सिद्धि प्राप्त छथि तनिक कार्यसाधन तँ हुनक मन्त्रिमंडलहिक प्रज्ञा पर निर्भर करैत छैन्हि। हुनक मन्त्री यदि उत्साहसँ हीन होथि तँ लक्ष्मी तिलाञ्जलिए पाबथि। (उदयनकथा, प्राप्त अध्याय–5)

भावार्थ–राजा की तँ स्वायत्तसिद्धि होइत छथि की सचिवायत्तसिद्धि। स्वायत्तसिद्धि प्राप्त राजाक नीति हुनक अपने बुद्धि पर निर्भर रहैत छैन्हि ओ हुनक मन्त्री केवल हुनक सहायक होइत छथिन्ह। परन्तु जे राजा अपन सब भार मन्त्रीकेँ देने छथि तनिक हानि-लाभ तँ हुनक मन्त्रीक बुद्धि ओ उत्साह पर अवलम्बित छैन्हि। अतएव सचिवायत्तसिद्धि प्राप्त राजाक मन्त्रीकेँ बड पैघ उत्तरदायित्व छैन्हि ओ यदि हुनक मन्त्री योग्य भेलाह तँ राजाक अभ्युदय एवं यदि अयोग्य भेलाह तँ राजका ह्रास अवश्यम्भावी।

सारांश–ई भावार्थ थिक परन्तु सेहो संक्षेपमे-साधरणतया मूलक शब्द-संख्यासँ थोड़ेक शब्दमे ई लिखी। गद्यमे ई सर्वत्र मान्य परन्तु पद्यमे कदाच से नहिओ हो। परन्तु जहाँ धरि थोड़ शब्दमे हो से कर्त्तव्य। एहि हेतु सन्दर्भक केवल मुख्य-मुख्य विषयक उपन्यास करी, गौण विषयकेँ छोड़ि दी।

(1) एक दिन वसन्त समयमे महाराज रानी लोकनिक सङ्ग सन्ध्याकालकेँ अपन विख्यात देवीकृत उद्यानमे विहार करैत छलाह। सस्वेद शरीर ओ स्वच्छ सरोवर देखि महाराज पानिमे उतरलाह, सब रानी सेहो उतरैत गेलीह। जलक्रीड़ा होअए लागल। महाराज पानि छीटए लगलाह। विदुषी विष्णुशक्ति-दुहिता शिरीष-सुकुमारी स्तनभरालसा पानिक मारि नहि सहि सकलीह दूहू हाथसँ दुहु आँखि मूनि कहए लगलथिन्ह 'मोदकैर्देव परिताड़य' केँ। मोदकसँ महाराज लड्डू बुझलैन्हि, खबासकें आनए कहलथिन्ह। से देखि विदुषी रानी कहए

लगलथिन्ह—“महाराज! कहू तँ, पानिमे लड्डूक कोन अवसर छैक? हम तँ कहलहुँ ‘मा उदकैदेव परिताड़य’। मा शब्द-उदक शब्दक सन्धिओ धरि नहि अबैत अछि? प्रकरणो धरि नहि बुझलिऐक? केहन मूर्ख छी?” सभ केओ हँसए लगलैन्हि।

(उदयन-कथा—अवतार-कथा)

सारांश

एक दिन वसन्त समयमे सन्ध्याकाल महाराज रानी लोकनिक सङ्ग जल-क्रीड़ा करैत छलाह। हुनक एकटा रानी परम सुकुमारि ओ विदुषी छलीह। महाराज हुनका पानिसँ मारए लगलाह, रानी से सहि नहि सकलीह, बजलीह मोदकैदेव परिताड़य। राजा मूर्ख छलाह, मोकदसँ लड्डू बूझि ओ लड्डू आनए कहलनि। ताहि पर रानी हुनक उपहास कएल जे पानिमे लड्डूक कोन अवसर होएतैक। हम तँ कहल मा उदकैः, से सन्धिओ नहि बुझलिऐक। सब एहि पर हँसि देल।

(2) कमलाकर कुमुदक सहवास-मधुप तोहर नहि पूरल आश।
भाँटि कटैआमे लपटाह—कतए स्वर्ग-सुख नरकमे जाह।
मधुकर मन जनु राखब रोष—सभ अपयश मधुपानक दोष।
भवविस्तार भनथि कवि चन्द्र—कथिहु केओ केओ कथिहु आनन्द।

(पद्यसंग्रह—चन्दाझा)

सारांश—कविचन्द्र भ्रमरक प्रति अन्योक्ति कहैत छथि जे कमल ओ कुमुदक रससँ तृप्त नहि भए जे तो भाँटि कटैआ सन-सन फूलमे लपटाइत छह से तोहर अयश थिकहु परन्तु तकर हेतु जे तोँ मधुपान—मद्यपान—करैत छह ओ तेहि तोहर विवेक नष्ट भए गेल छहु। मुदा संसार बड़ पैघ छैक, ककरहु कतहु आनन्द भेटैत छैक, ककरहु कतहु आनहि ठाम ॥

चीठी लिखबाक प्रशस्ति

मिथिलामे चीठी लिखबाक रीति बड़ आदिकालसँ अपन स्वतन्त्र छलैक। आइ-काल्हि ओ रीति लोक बिसरल जाइत अछि ओ जे रीति देखबामे अबैत अछि से आंशिक अङ्गरेजी रीतिक अनुकरण ओ आंशिक मिथिलासँ बाहरक थिक। मिथिलामे एखन जकरा 'चीठी' कहैत छिऐक से पहिने चीठी नहि कहाबाए। वस्तुतः चीठी मैथिलीक शब्दो नहि थिक। हाल धरि एकरा 'लिखा' कहैत छलिऐक चीठी तँ ऋण लएकेँ ऋण-पत्र जे लिखैत छल तकरा कहैत छलिऐक ओ सेहो मिथिलामे बाहरसँ आएल छल।

आइसँ छओ सए वर्ष पूर्व विद्यापति ठाकुर चीठी लिखबाक रीति पुस्तकबद्ध कए लिखने छलाह जकर नाम थिकैक 'लिखनावली'।

कहबाक प्रयोजन नहि जे पूर्वमे लोक संस्कृतहिमे चीठी लिखैत छल। ओ जे व्यक्ति जेहन व्युत्पन्न रहैत छलाह अथवा जेहन पैघ व्यक्तिकेँ चीठी लिखबाक रहेन्हि तदनुरूप बड़ विस्तारसँ अलंकृत भाषामे प्रशस्ति लिखल करथि। विद्यापतिक समयसँ लएकेँ आइसँ सए वर्ष पूर्व धरि कतेको प्रशस्ति-माला कहि-कहि ग्रन्थ रचित भेल अछि ओ पुरान लिखा सबहिकेँ देखलाँ उत्तर बूझि पड़त जे कतेक विन्याससँ चीठीमे प्रशस्ति लिखबाक चालि मिथिलामे प्रसृत छल।

परन्तु क्रमशः संस्कृत छोड़ि मैथिला भाषामे जखन चीठी लिखल जाए लागल तखन सकल साधारणकेँ एतेक व्युत्पत्ति तँ छलैक नहि जे प्रशस्ति फुराए फुराएकेँ विन्याससँ लिखल करत तेँ कतोक प्रशस्ति स्थिर भए गेल जे साधारणो लोक अभ्यास राखए ओ लिखल करए।

मैथिल-रीतिक अनुसार चीठी लिखबामे सबसँ पूर्व कोनहु देवताक नाम लिखब आवश्यक यथा श्री गणेशाय नमः अथवा अथवा श्री ई सबसँ ऊपरहि पत्रक बीचो-बीच लिखल जाए। एतबा लिखब आवश्यक। तिथि सेहो लिखल जाइत अछि परन्तु अङ्गरेजी रीतिक अनुसार चीठीक उपरहि वामा भागमे नहि परन्तु लिखबाक अन्तमे; तथा लिखबाक स्थानक नाम जँ लिखब आवश्यक हो तँ चीठीक मध्यमे अपना नामसँ पूर्व स्थानक नामसँ पञ्चमी विभक्तिक अर्थमे 'तसिल्'

अर्थात–तः” लगाए यथा दड़िभङ्गातः, मधुवनीतः पुरैनिञातः इत्यादि। अपन नाम चीठीक मध्यहिमे लिखल जाइत अछि अन्तमे नहि जेना अङरेजीक रीति अछि।

मैथिल रीतिक अनुसार चीठीक स्वरूपो अपूर्व होइत अछि। एक तँ चीठीक आरम्भ होइत अछि ‘आँजी’ सँ जाहि ‘आँजी’ सँ मिथिलामे अक्षरारम्भक रीति अछि ई आँजी एकटा यन्त्र जकाँ चिन्ह थिक जकर स्वरूप होइत अछि। ई कोन यन्त्र थिक अथवा एकर आदि कहिआ ई सब अनुसन्धानसाक्षेप अछि। एतबे कहब पर्याप्त होएत जे ई आइसँ सहस्रावधि वर्षसँ पूर्व निश्चित आबि रहल अछि। ‘आँजी’ क विकृत रूप जे एमहर केओ-केओ लिखल करैत अछि ओ अनुमान करैत छी जे ई गणेशक यन्त्र थिक कारण आकार ओ स्वरूपमे ई गणेशक आँकुस सन लगैत अछि।

‘आँजी’ क पश्चात् चीठीमे ‘स्वस्ति’ लिखब आवश्यक। ई ‘स्वस्ति’ केवल मिथिलहिमे नहि प्रत्युत भारतवर्षहिमे प्रयुक्त होइत छल जकर प्रमाण प्राचीन शिलालेख, ताम्रपत्र इत्यादि भेटैत अछि।

मैथिल रीतिक अनुसार चीठी युग्म पंक्तिमे नहि हो, अयुग्म पंक्ति होएबाक चाही। ते ँ पत्रक दहिन भाग जे चीठी आरम्भ करब ‘आँजी स्वस्ति’ सँ से पंक्ति समाप्त कए तकर पश्चात जे दोसर पंक्ति लिखब से स्वस्तिक पछातिक अक्षरक सोझाँ नीचामे, जाहिसँ आँजी स्वस्ति एहि तीनि वर्णक सोझाँ नीचामे स्थान रिक्त रहए। यदि चोठी अन्त होइत होइत देखलाँ जाए जे चोठीमे युग्म पंक्ति भए जाएत तँ अन्तिम पंक्ति एहि रिक्त स्थानमे टेढ़ कए लीखि चीठी अयुग्मे पंक्तिमे सम्पूर्ण कएली।

एना ‘आँजी स्वस्ति’ लीखि तखन प्रशस्ति लिखी, से प्रशस्ति सबके ँ एक प्रकारक नहि। यथा अपन गुरुजनके ँ जनिका पाएर छूबि प्रणाम करैत होइ तनिका लिखी।

हरिवदाराध्य प्रणतिमात्रैकसाध्य श्री भाइचरणकमलेषु श्री (अपन नामक षष्ठी एकवचन) प्रणामाश्शतं कुशलं च। आगां समाचार जे...इत्यादि विषय लिखी।

लिखनावलीमे विद्यापति जे गुरुके ँ चीठी लिखबाक उदाहरण देने छथि से देखबाक योग्य अछि।

स्वस्ति गुरुषु परमदेवातधिदैवतेषु परमाराध्यतमेषु आचारचारुत्वचमत्कारित्वचतुर्मुखमानयेपु विद्यानिर्जितवशिष्ठादिनिवर्हेषु महामहोपाध्याय श्री देवदत्तमहाशयेषु अमुकग्रामात् अन्तेवासिश्री अमुकस्य मेदिनीमिलिताष्टाङ्गप्रणामपत्रीयम् श्रीचच्चरणानुकम्पया कुशलमत्र गोचरश्चः। इत्यादि–

एहिमे देखब जे भाषा विशुद्ध संस्कृत। ‘कमलेषु’ क स्थानमे ‘सरोजेषु’ सेहो बेश प्रचलित अछि, एकरा मैथली बनाए सकैत छी यथा

हरिवदाराध्य प्रणतिमात्रैकसाध्य श्रीभाइचरण सरोजेषु श्री...क प्रणाम आगाँ समाचार जे इत्यादि।

संस्कृतमे नाम यदि अकारान्त रहल तखन तँ बड़ सुन्दर, 'स्य' लगओनहि षष्ठी एकवचनक रूप भए गेल परन्तु नाम यदि 'हनुमान' रहल तखन हनुमानस्य एहन पद तँ नहि हो, हनुमतः लिखए पड़त। तहिना यदि नाम रहल 'चुल्हाइ' अथवा 'फेकू' तखन षष्ठी एकवचन कोना बनाएब? एहना स्थितिमे 'स्वार्थ' मेतद्धित्तक 'क' प्रत्यय लगाए नामकेँ 'अकारान्त' बनाए चुल्हाइकस्य अथवा फेकूकस्य लिखब सुगम। एहीमे सुविधा अछि।

दोसर कथा ई जे मैथिल रीतिक अनुसार जीवित व्यक्तिक नाममे 'श्री' सर्वत्र जोड़ल रहए। अपनो नाम बिनु "श्री"क नहि लिखी। केवल महाशौचक अवस्थामे नामसँ पूर्व श्री नहि लिखी। यथा, बाप मुइला उत्तर श्राद्धक निमन्त्रण पत्र यदि लिखवाक हो तँ ओहिमे अपना नामसँ पूर्व श्री नहि, ने प्रणाम, नमस्कार आदि किन्तु केवल यथोचितम्। कतेक व्यक्ति आइकाल्हि बुझए लगलाह अछि जे 'श्री' लिखब महत्त्वक प्रदर्शन थिक तेँ अपना नामसँ पूर्व श्री लिखब पैघत्वक सूचक अभिमान बुझैत छथि। ई परम भ्रम थिक। श्रीसँ जीवित छोड़ि आओर किछु सूचित नहि होइत अछि। अतएव मिथिलाक एहि रीतिक पालन सर्वथा कर्त्तव्य; बिनु श्रीक नाम नहि लिखी।

आब प्रशस्ति सब देखू—

(1) गुरुजनकेँ जनिका पाएर छूबि प्रणाम करी।

स्वस्ति हरिवदाराध्य प्रणतिमात्रैकसाध्य श्री भाइचरण सरोजेषु श्री...प्रणामाः शतं कुशलंच। आगा समाचार जे...

(2) अपन गुरुजन यदि स्त्री होथि तँ

स्वस्ति गङ्गावदाराध्य श्री वहिनिदाइ चरणसरोजेषु

श्री...प्रणामाः शतं कुशलंच। आगाँ समाचर जे....

(3) अपनासँ छोटकेँ जे पाएर छूबि प्रणाम करैत होथि तनिका

स्वस्ति सकलमङ्गलालय चिरंजीवि श्री बबुआ शुभोदयेषु श्री...स्य शुभाशिषः शतं कुशलंच। आगाँ समाचार जे...

(4) से यदि स्त्रीगण होथि यथा छोटि बहिन तथापि

स्वस्ति सकलमङ्गलालयचिरजीवि श्री बचनी शुभोदया सुश्री...स्य शुभाशिषश्शतम्।

(5) साधारण कुटुम्बकें जनिका नमस्कार करैत होइऐन्हि

स्वस्ति परमाराध्य बहुविनयसाध्य श्री...महाशयेषु श्री...स्य नमस्काराः शतकुशलं च। आगाँ समाचार जे...

(6) विशेष कुटुम्बकेँ यथा जमाए, श्वशुर, बहिनोकेँ

स्वस्ति अत्याराध्य बहुविनयसाध्य ओझाश्री...झा महाशयेषु श्री...स्य नमस्काराश्शतं कुशलञ्च। आगाँ समाचार जे...

(7) कुटुम्बिताक श्रेणीसँ जे न्यून होथि परंच जनिका नमस्कार करैत होइऐन्हि

स्वस्ति परमसुप्रतिष्ठ श्री...झा महाशयेषु श्री...स्य नमस्काराः शतं कुशलं च। अगाँ समाचार जे...

(8) साधारण व्यक्तिकेँ ब्राह्मणेतरकेँ

स्वस्ति सर्वोपमायोग्य श्री...कामति महोदयोषु श्री...स्य शुभाशिषःशतं कुशलं च। आगाँ समाचार जे...

एवं प्रकारेँ कतोक प्रशस्ति परम्परया प्रसिद्ध अछि। एहिमे प्रणाम, शुभाशीषः; नमस्कार इत्यादि व्यक्ति–विशेषमे ऊह कर्त्तव्य थिक।

एक प्रकारक विशेष लिखा होइत अछि 'पाता' जे ब्राह्मण पंडित, गुणी तथा कुटुम्बकेँ विशेष अवसर पर यथा उपनयन, श्राद्ध आदि के निमन्त्रणक अवसर पर लिखल जाइत अछि। आब तँ एकर चालि ब्राह्मणहुमे उठल जाइत अछि परंच दिग्दर्शनार्थ एतए दू गोट प्रशस्ति लीखि दैत छी जे बड़ प्रसिद्ध अछि तथा कुटुम्बकेँ लिखल जाइत अछि,

लौकिकतापंकजबनीदिनकर शीलागार।
यशोनिशाकरचन्द्रिकाधवलीकृतसंसार ॥
ताञ्छी...शर्मणो महाशयान्नत्वा निवेदयति श्री...॥
उन्मीलत्सुकुलीनताकुमुदिनीमुर्दभासयन्ती मुहुः
श्रौता-चारविचारचारुताधिकतरप्रोद्यत्सुधासंयुता।
काचिल्लौकिकता धरातलगता चान्द्रीकलेवोज्ज्वला
यानुच्चैरवलम्व्य नित्यमुदयग्रावानिवोद्द्योतते ॥
ताच्छ्री...शर्मणो महाशयान्नत्वा निवेदयति श्री...

× × ×

किछु आदर्श–

श्री गणेश

स्वस्ति ॥ हरिवदाराध्य प्रणतिमात्रैकसाध्य श्री पढुआ काका चरणसरोजेषु श्री मुचकुन्दस्य प्रणामः। शतं कुशलं च। आगाँ समाचार जे एतए सब कुशल अछि। अपना लोकनिक कुशल-वार्ता लीखि आनन्द करब। हमर पाठ नीक जकाँ चलैत अछि परंतु पोथीक किछु अभाव अछि। श्री बाबूसँ कतेक टाका मङिऔन्ह ते अहाँ के लिखैत छी। पौथीक हेतु किछु टाका पठाए दितहुँ तँ हमर काज नीक जकाँ होइत ओ श्री बाबूकेँ ओतबा साहाय्य होइतैन्हि। श्रीबचू कोना रहैत अछि से लिखब ओ श्री काकीकेँ हमर प्रणाम कहि देबैन्हि, इति माघ वदि त्रयोदशी मंगल।

स्वस्ति सकल मंगलालयचिरजीविश्रीसुमंगलाशुभोदयासु श्रीमङनूकस्य शूभाशिषः शतं कुशलंच। आगाँ समाचार जे श्री मामाक लिखासँ ज्ञात भेल जे तो प्रथमा

परीक्षा पास कएलह से सूनि कतेक हर्ष भेल से की कहिअहु। संस्कृतमे तोँ श्रम कएलह अछि ओ योग्यता प्राप्त कएलह अछि ताहिसँ बोर्डक परीक्षामे तोरा बड़ उपकार होएतहु तेँ एही संलग्नतासँ अपन स्कूलहुक पाठ प्रस्तुत करिहह जे अग्रिम वर्ष फर्ष्ट डिबिजनमे पास करिहह। मुदा पढ़बामे स्वास्थ्यकेँ नहि अनठबिहह। स्वास्थ्य तँ सबकें अमूल्य होइत छैक विशेषतः स्त्रीगणकेँ। उत्तर दिहह। पास कएलह तकर पुरस्कार की लेबह से लिखिहह जे हम अग्रिम अवकाशमे तोरा हेतु लेने अएबहु। श्री मामा ओ श्री मामीकेँ हमर प्रणाम कहि देबहुन्ह। सतत मन रखिहह जे हम तोहर सफलता दिशि आँखि लगओने रहैत छी ओ ताहिसँ केवल आनन्देटा नहि गौरवो होइत अछि। विशेष कुशल जानिहह ओ लीखिकेँ आनन्द करिहह। इति चैत्र शुक्ल अष्टमी बृहस्पति।

प्रबन्ध वा लेख

साहित्य किंवा जीवनसँ सम्बद्ध कोनहु विषय पर अपन विचारकेँ साधारण जनकेँ सुलभतया बोधगम्य वाणीक रूप दए व्यक्त करब प्रबन्ध वा लेख कहबैत अछि। अथवा ई कहू जे जाहिसँ सब लोकके किंवा अधिक लोककेँ सम्बन्ध छैक ताहि पर साधारण जनकेँ बुझबाक योग्य कथा अपन अनुभव अथवा ज्ञानसँ लिखल जाए तँ सएह भेल प्रबन्ध। विषयक कोनो सीमा नहि छैक; कोनहु विषय पर प्रबन्ध लिखल जाए सकैत अछि परन्तु प्रबन्ध महत्त्व विषय पर नहि छैक। प्रबन्धक उत्कर्ष छैक ओहि लेखकक व्यक्तित्व पर जे अपन अनुभव किंवा ज्ञान ओहि लेखमे व्यक्त कएल अछि। विषय यदि हृदयङ्गम अछि ओ ओहि प्रसंग अपन साक्षात अनुभव अथवा विचार यदि सहृदयतासँ व्यक्त कएल भेल तँ लेखकक व्यत्तित्व ओहि लेखमे स्पष्टतया प्रतिबिम्बित भए जाइत अछि। तेँ प्रबन्ध स्वगत-भाषण किंवा आत्मीय मित्रक संग सहृदय संलापक सदृश शब्दक द्वारा भावक अभिव्यक्ति थिक।

अतएव प्रबन्धक दू अंग होइत अछि। प्रथम थिक विचार ओ द्वितीय थिक ओकर अभिव्यक्ति। विचार ओकर प्राण थिक, अभिव्यक्ति थिक ओकर रूप। दूनूक महत्त्व पृथक् छैक—एकहिसँ प्रबन्ध उत्तम नहि भए सकैत अछि। अभिव्यक्तिक बिना विचारक ग्रहण भैए नहि सकैत अछि ओ विचारक बिना अभिव्यक्ति होएत ककर?

प्रबन्ध-लेखन एक गोट कला थिक ओ तेँ अन्यान्य कला जकाँ प्रबन्ध-लेखनहुमे सफलता अभ्यासहिसँ सम्भव अछि। एहिमे अभ्यासक दू गोट विषय अछि—

(1) कोनहु विषयक प्रसङ्ग अपन विचार-बिन्दुक संग्रह कोन प्रकारेँ करी?

(2) विचार-बिन्दुकेँ क्रमबद्ध कए कोना पल्लवित करी जाहिसँ प्रबन्ध प्रभावोत्पादक भए सकए?

विचार भए सकैत अछि अनुभूति ओ अध्ययनसँ। परन्तु छात्रक अनुभूति ओ अध्ययनक एक गोट सीमा होइक छैक। तेँ एक छात्रसँ ओकर ज्ञानस्तरक

अनुसारहि ँ विचारक आशा कएल जाए सकैत अछि। अतएव लेख लिखबामे छात्रके एकर चिन्ता छोड़ि देबाक चाही जे विषयक यावतोरूपेण वा गम्भीर रीतिएँ विचार-विमर्श भेल वा नहि। अपन योग्यतानुसार हृदयगत भाव जँ यथावत् व्यक्त कएल भेल ओ से शुद्ध ओ परिमार्जित भाषामे, तँ विचारक पूर्णता नहिओ अछि, दृष्टिकोण पूर्ण संगत नहि अछि, तथापि लेख उपेक्षणीय नहि भए सकैत अछि। एकहि विषय पर भिन्न-भिन्न व्यक्तिक लेख विषय ओ भाषा सब अंशमे सर्वथा विभिन्न भए सकैत अछि, कारण, दू व्यक्तिक विचार-सामर्थ्य वा विचार-सरणि एक रंगक होएब सम्भव नहि अछि। आवश्यक अछि जे लेखक अपन हृदयगत भावके ँ व्यक्त करथि ओ ते ँ केवल कतहु पढ़ल किंवा सुनल कथाक उपपादनसँ कत बड़ विशेष प्रभावोत्पादक लेखकक अपन विचार होएत जे विचार ओ अपन अनुभूति किंवा अध्ययन बले भावना कए सङ्कलित कए सकथि। अतएव कोनहु विषय पर लेख लिखबाक हो तँ लगले लिखब कथमपि आरम्भ नहि करी।

पहिल कर्त्तव्य थिक जे जँ अनेक विषयसँ एक गोट विषय बिछबाक हो तँ से ओ विषय बीछी जाहिसँ पूर्ण परिचित रही, जाहि प्रसङ्ग भावना कए सकी, जाहि प्रसङ्ग अध्ययन वा अनुभूति हो। जे विषय बीछी ताहि पर एकाग्रचित भए भावना करबाक चाही जाहिसँ विषय यदि पढ़ल अछि अथवा ओकर अनुभूति अछि तँ सबटा कथा स्मरण भए जाए; यदि विषय पूर्व अधीत वा अनुभूत नहिओ अछि तथापि ओकरा भावनामे आनि, अन्त-श्चक्षुक गोचर कए, ओकर भिन्न-भिन्न दृष्टिसँ विचार करी। विषयक अनुसार प्रबन्ध वर्णनात्मक, विवरणात्मक अथवा विचारात्मक भए सकैत अछि। यात्रा-सम्बन्धी लेख मुख्यतः वर्णनात्मक होएत, कोनहु आधुनिक योजनाके ँ लए विवरणात्मक लेख होएत, ओ समस्याके ँ लए विचारात्मक। परन्तु एकहि लेखमे वर्णन, विवरण ओ विचार तीनू भए सकैत अछि, ओ होइतहुँ अछि, तथापि ओहिमे कोनहु एक अङ्गक प्रधानताक कारणे ँ ओकरा ओहि कोटिमे रखैत छी।

विषयक अनुसार प्रबन्धक शैली भिन्न होइत अछि तथा से निर्णय आरम्भहिमे कए लेलासँ लिखबामे सौकर्य होएत। पुनः प्रबन्धक विषयके ँ सुविधानुसार सामाजिक, राजनीतिक, धार्मिक, सांस्कृतिक, साहित्यिक प्रभृति अनेक दृष्टिसँ विचार-कोटिमे आनि सकैत छी। प्रत्येक वस्तुक दू पक्ष होइत छैक, नीक ओ अघलाह, ताहि दूहू दृष्टिसँ ओहि पर विचार करी ओ अपन सिद्धान्तक विरुद्ध मतक प्रतिपादन कए अपन मतक समर्थमे विरुद्ध मतक अपन बुद्ध्यक अनुसार खण्डन लेखमे रोचकता आनि देत। एहि रूपे ँ भावना करैत विचारक जे जे बिन्दु हो तकरा टिपने जाइ। टिपबामे कतहु पूर्ण वाक्य, कतहु वाक्यक खण्ड मात्र अथवा कतहु एक शब्दहिसँ काज चलि जाएत, तँ एतबे द्रष्टव्य थिक जे विचार-बिन्दुके ँ ताहि रूपमे टीपि ली जाहिसँ पल्लवित करबाक काल विचार-सरणि भोतिआए ने जाए। एहि रूपसँ भावना

कए विचार-बिन्दुक संग्रहमे जे समय लागत से नष्ट नहि होएत, ओहिसँ लेख लिंखबामे सौकर्य टा नहि होएत, प्रत्युत समयो थोड़ लागत ओ लेख सुन्दर, समीचीन ओ क्रमबद्ध होएत।

लेखकेँ सुविधानुसार तीनि भागमे बाँटि सकैत छी। आदि, मध्य ओ अन्त। लेखकेँ प्रभावोत्पादक बनएबाक हेतु, पाठकक दृष्टिकेँ आकृष्ट करबाक हेतु, समस्त लेख पढ़बाक हुनकामे उत्सुकता उत्पन्न करबाक हेतु एहिमे सबसँ मार्मिक, सबसँ मुख्य, ओ सबसँ महत्त्वपूर्ण अंश लेखक आरम्भ ओ अन्त होइत छैक। परीक्षाक दृष्टिसँ तँ एकर महत्त्व अत्यधिक होइत अछि। परीक्षक लेखक आन अंश पढ़थि वा नहि, आदि ओ अन्त तँ अवश्य पढ़ताह ओ से यदि हुनका प्रभावित कए सकल तँ लेख सफल भए गेल।

पूर्वहिँ कहल गेल अछि जे विचार-विन्दुक संग्रह विषयक सामान्य ज्ञान ओ अध्ययन पर निर्भर रहैत अछि तथा ताहि दूहूसँ जे विषयक परिचय उपलब्ध अछि तकरे अभिव्यक्ति तँ लेख भेल। से परिचय कोन रूपेँ देबाक चाही? विषयक आरम्भ कोना करी? एहि प्रसङ्ग कोनो निश्चित नियम ने अछि ने भए सकैत अछि। ई निर्भर अछि लेखकक ज्ञान, सुविधा ओ प्रवृत्ति पर। आवश्यक एतबए अछि जे लेखक प्रथमहि वाक्यमे विषयक चर्चा भए जाए। एहन नहि हो जे आरम्भहिमे विषयकेँ उपस्थित करबामे ओझराए जाइ। तेँ कतोक रीतिक एतए चर्चा कएल जाइत अछि जाहिसँ लेख आरम्भ करबामे सुलभता हो, विचार-सरणिक उपस्थापनमे सहायता हो।

लेख आरम्भ करबाक सबसँ सुन्दर प्रकार अछि जे लेखक विषयक परिचय ओकर परिभाषासँ आरम्भ करी, जाहि विषय पर लेख लिखबाक अछि तकर विश्लेषण कए ओकर लक्षण बहार करी तदनुसार आगाँ लेख बढ़ए। परन्तु ई रीति सुगम नहि अछि। कोनहु विषयक परिभाषा करब कठिन होइत अछि ओ परीक्षा-भवनमे पूर्वसँ जँ जानल नहि अछि तेकर चटपट परिभाषा बनाए लेब साधारणतया सम्भव नहि अछि ओ से परिभाषा यदि निर्दिष्ट नहि भेल तखन लेखक महत्त्वे नष्ट भए जाएत।

तेँ दोसर रीति अछि भूमिका लीखि आरम्भ करी। विषय-प्रवेशक ई प्रकार अत्यन्त प्रशस्त अछि, आकर्षको पूर्ण भए सकैत अछि परन्तु एहूमे सतर्क रहबाक बड़ प्रयोजन छैक। भूमिका लिखैत लिखैत असम्बद्ध अथवा अप्रासङ्गिक विषय आबि गेल तखन तँ विषय-प्रवेश जे मुख्य लक्ष्य अछि से वाग्जालमे भोतिआए जाएत। अतएब भूमिका एहन लिखी जे बड़कीटा नहि हो, ओ ई बात सतत ध्यानमे रहए जे भूमिका विषयसँ सम्बद्ध हो तथा ओहिसँ विषय पर पूर्ण प्रकाश पड़ए। कौशल सँ विषयकेँ स्पष्ट करैत जे भूमिका छोटछीन होएत से कला-पूर्ण होएत ओ ताहिसँ विषय ततबा आकर्षक भए जाएत जे लेख अवश्य रोचक

होएत। उदाहरणक हेतु मानि लिअ जे अहाँके 'संयुक्त-राष्ट्र-सङ्घ' पर प्रवन्ध लिखबाक अछि तँ अहाँ विषय-प्रवेशमे एहन भूमिका लिखी जाहिसँ पचीस वर्पक अभ्यन्तरमे दू वेरि विश्यव्यापी युद्धक विभीषिका स्पष्ट हो ओ विज्ञानसँ दिनानुदिन नर-संहारक जे भीषणतर साधन सब प्रस्तुत कएल जाए रहल अछि तकरा समक्ष मानव-जातिक उन्मूलनक आतङ्क द्योतित हो। मानव-जीवनमे खेल-कूदक स्थान पर यदि प्रबन्ध लिखबाक अछि तँ 'खेल-कूदक प्रवृत्तिमे ने अनिवार्यता अछि ने वास्तविकता कोनो उद्देश्य होइत अछि, ओ स्वेच्छा एवं आन्तरिक उमङ्गसँ प्रेरित थिक', एकरा स्पष्ट करैत भूमिका विषय-प्रवेशक सुन्दर एवं रोचक आरम्भ होएत।

एक गोट रीति इहो अछि जे प्रचलित कहबी अथवा कोनो नीति-कथा कहि लेख आरम्भ करी, परन्तु ई काज सुलभ नहि अछि। एहन कहबी अथवा कथा लगले स्फूर्ति हो तखन तँ बड़ सुन्दर परन्तु से यदि नहि भेल तखन तँ उलटे लेख व्यर्थ बढ़ि जाएत ओ आरम्भ विषयसँ सर्वथा सम्बद्ध नहि रहले ँ आकर्षक नहि होअए पाओत।

तखन विद्वान कवि अथवा अन्यहि भाषाक कोनहु उदाहरणसँ लेख प्रारम्भ करी सेहो सनातन रीति अछि ओ बड़ प्रशस्त अछि। ई रीति मर्मस्पर्शी होइत अछि ओ एहिसँ पाठकक ध्यान बड़ सुगमतासँ आकृष्ट भए जाएत। परन्तु इहो रीति ओतेक सुगम नहि अछि। उदाहरण अथवा उद्धरणक प्रयोग आरम्भहिमे नहि, लेखमे ओकर कतहु प्रयोग करबामे दू बातक सतत ध्यान रहए। प्रथम तँ ई जे उदाहरण वा उद्धरण सोलहो आना विषयक अनुकूल हो, संगत हो, तथा उदाहरण दिशि मोड़ि देअए। धनक सदुपयोग पर प्रबन्ध लिखबाक हो तँ संस्कृतक प्रसिद्ध श्लोक—

दानं भोगो नाशस्तिस्रो गतयो भवन्ति वित्तस्य।
यो न ददाति न भुङ्क्ते तस्य तृतीय गतिर्भवति ॥

अर्थात--वित्तक तीनि गोट गति छैक—दान, भोग ओ नाश...

तथा जे ने दान करैत छथि ने भोग करैत छथि तनिक वित्तक तेसरे गति होइत छैन्हि, नाश।

ई यदि लीखि विषयक आरम्भ करी तखन तँ बुझू जे आधा काज भए गेल। परन्तु एहन उदाहरण अथवा उद्धरण ठीक समय पर स्फूर्ति हो तथा से विषयक सर्वथा उपयुक्त हो तखन ने। से यदि नहि भेल तखन तँ पुनि परिणाम उनटले होएत।

जेहने महत्त्वपूर्ण प्रबन्धक आरम्भ होइत अछि तेहने ओकर अन्त सेहो होइत अछि। प्रबन्धक अन्तिम पंक्ति पाठकक हृदय पर अपन प्रभाव अवश्य छोड़ि देत ओ लेखकक व्यक्तित्वक अभिव्यक्ति, लेखक सबसँ अधिक प्रभाव, अन्तहिसँ भए सकैत अछि। अतएव एहि प्रसङ्ग पूर्ण अवधानता अपेक्षित छैक। कतेक

विद्यार्थी लेख लिखैत जाइत छथि ओ जेना, जेना कथाक स्फूर्ति भेलैन्हि लिखैत गेलाह। पूर्वापर सन्दर्भक यदि ध्यान नहि रहल तँ विषयक प्राचुर्य रहितहुँ लेखमे आकर्षण नहि आबए पबैत अछि ओ अन्तमे तँ से यदि नहि भेल तँ सम्पूर्ण लेख प्रभावोत्पादकतासँ शून्य नहि जाएत। प्रबन्धक अन्त सम्पूर्ण प्रबन्धक 'सार' होएबाक चाही, ओ एहन होएबाक चाही जकरा पश्चात पुनि किछु कहब शेष नहि रहि जाए। ओ की त मध्यमे उत्थापित तर्क पर आश्रित 'निष्कर्ष' हो, अथवा लेखकक अपन 'विचार' हो, अथवा भविष्यक हेतु लेखकक 'आशा' हो किंवा हुनक 'सुझि' हो अथवा भावात्मक 'अभिव्यक्ति' हो। यथा लोकसेवा प्रबन्ध लिखी त ओकर अन्तमे यदि कही जे 'लोक-सेवा सएह व्यावहारिक देश-भक्ति थिक' त ई बड़ सुन्दर अन्त होएत। पुस्तकालय ओ ओकर उपयोगिता पर लेख लिखैत ओकरा अन्त करबाक थिक ई कहि जे 'नीक नीक पुस्तकक सुन्दर संग्रहसँ जनताक अधिकाधिक उपयोगक द्वारहिँ जनतन्त्रक सफलता ओ भारतक भविष्य उज्ज्वल प्रत्याशित अछि।' केओ केओ सम्पूर्ण तर्कवितर्कक सारांश किछु पाँतीमे अन्तमे दए प्रबन्धक समाप्त करैत छथि; केओ-केओ भावनात्मक प्रवाहयुक्त अथवा कविताक पंक्तिसँ प्रबन्ध अन्त करैत छथि। ई सब सुन्दर रीति थिक। विषयक प्रसङ्ग लेखकक विचार-दृष्टि अन्तमे स्पष्ट भए जाए ओ से लेखकक अपन अनुभव, अपन विचार, अपन भाव प्रतीत हो एतबे आवश्यक अछि। लेख भेल लेखकक व्यक्तित्वक अभिव्यक्ति ओ से सबसँ सुन्दर रीतिएँ अन्तहिमे भए सकैत अछि। अतएव एकर नीक जकाँ अभ्यास करबाक चाही जे लेखक अन्त कोना प्रभावोत्पादक होएत, ओ कोन प्रकारेँ आकर्षक भए सकत। एहि हेतु पूर्ण साकांक्ष रहलासँ लेख सफल भए सकत अन्यथा नहि।

पाठकक चित्तकेँ आकृष्ट करबाक हेतु, विषयकेँ रोचक बनबएबाक हेतु ओ लेखकक अपन व्यक्तित्वकें स्पष्टता या अभिव्यक्त करबाक हेतु प्रबन्ध आदि ओ अन्त भलेँ महत्त्वपूर्ण हो परन्तु मुख्य प्रबन्ध होइत अछि ओकर मध्य भाग जाहिमे लेखक अपन अनुभव, अपन भाव किंवा अपन विचार व्यक्त करैत छथि। वस्तुतः एही भागमे तर्क-वितर्क, वर्णन-विवरण प्रवृति लेखक मुख्य वस्तु रहैत अछि। एहीमे विषयक विभिन्न दृष्टिसँ यथा सामाजिक, राजनीतिक, धार्मिक, सांस्कृतिक, विचार कएल जाइत अछि। विषयक प्रति विरोधी मतक प्रतिपादन ओ तकर समुचित खण्डन-मंडनसँ विषयक यथार्थ मंथन कए निष्कर्ष बहार करबाक इएह स्थान थिक। एहि अंशमे लेखककेँ विचारक कार्पण्य नहि करबाक चाही। एहिमे उदाहरण, दृष्टान्त, अङ्क आदि जाहि कथूसँ अपन विचारक पुष्टि हो से सब देबाक थिक। आवश्यक एतबए जे लेखककेँ अपन मन्तव्य स्थिर हो, अपन दृष्टि स्फीत हो, कथ्य विषयक प्रसङ्ग अपन विचार निर्णीत हो। तकरा विचार-बिन्दुक क्रमसँ बढ़बैत एहिरूपेँ निष्कर्षक दिशि चली जे एक अंशसँ दोसर अंश सर्वथा

सम्बद्ध ओ संलग्न प्रतीत हो। कोनहु कथाकेँ कतहु राखि देलहिँ लेख रोचक नहि भए सकैत अछि। एक कथासँ दोसर कथा ताहिरूपेँ लागल हो जे दूहूक सङ्गतिमे कनेको सन्देह नहि होअए पवैक। एहिमे कोनो सन्देह नहि जे ई तखनहि पूर्ण सम्भव भए सकैत अछि जखन विषयक प्रसङ्ग लेखकक ज्ञान ओ अनुभव दूहू परिच्छिन्न रहत परञ्च जेहन गम्भीरता ओ स्थिरतासँ विचार-बिन्दुक सङग्रह कएने रहब ततेक सुगमता ओ चमत्कारसँ एहि भागकेँ पल्लवित कए सकब। विचार सबल ओ पुष्ट हो, विचार-सरणि युक्तियुक्त ओ तर्कपूर्ण हो, विषयक उपस्थापनक कौशलसँ कएल जाए, दृष्टिकोण उदार ओ आग्रहसँ शून्य हो--इएह थिक व्यक्तित्व चमत्कार ओ से सब आँखिक समक्ष राखि यदि विचार-बिन्दुक संग्रह एवं ओकरा चमत्कारसँ शब्दमे उपस्थित कए सकलहुँ तँ लेख अवश्ये रोचक होएत।

ओ अन्तमे तेँ शब्द-शैलीक प्रसङ्ग किछु कहब सेहो आवश्यक। लेखमे शब्द शुद्ध-शुद्ध लिखल जाए ओ वाक्यक-विन्यास सरल, सुगम, सुलभतया बोधगम्य हो। विचारक दुर्बलता अथवा तर्कक दोष कदाच पाठक क्षमा कए सकथि, परीक्षक ओकरा ओतेक क्रूर दृष्टिसँ नहि देखथि परन्तु भाषाक अशुद्धि तँ सर्वथा अक्षम्य बुझल जाएत। बड़ पैघ पैघ शब्द लिखब, आलङ्कारिक भाषाक प्रयोग करब, वाक्य ततेक टटा लिखब जे पछाति कोना वाक्य प्रारम्भ कएने छी से बिसरि जाए--ई सब शैलीक दोष थिक। यदि एहि सबहिक सफलतापूर्वक प्रयोग कए सकलहुँ तखन तँ क्षति नहि परन्तु से यदि नहि भेल तखन तँ विद्वत्ताक प्रदर्शन करए चललहु परञ्च प्रदर्शित भए जाएत अपटुता। एहिसँ बचबाक चाही। भाषा शुद्ध हो तथा परिमार्जित ओ ओकर प्रवाह नहि टूटए एतबे ध्यानमे रहए ओ से कोनो कठिन काज नहि अछि। चेष्टा रहए जे एक रङ्गक शैलीमे प्रबन्ध लिखल हो। विषयक अथवा भावक विभिन्नतामे लेखशैलीमे भेद होइत छैक परन्तु एकर सम्हार रहए जे सुगम नहि छैक। एहि दिशि साकांक्ष रहबाक चाही। वाक्यहुसँ अधिक घातक होइत अछि शब्द शुद्धि। ह्रस्व ओ दीर्घक भ्रम, भिन्न 'स' कारक भ्रम, दूहू 'न' क भ्रम, भयावह थिक। बिनु अर्थ नीक जकाँ जनलेँ शब्दक प्रयोग लेखकँ हास्यास्पद बनाए देत। अतएव केवल चिन्हारे टा शब्द लिखी, अनचिन्हार शब्दक फेरीमे नहि पड़ी।

अन्तमे एक गोट आओर कथा दृष्टिमे आनि दैत छी। परीक्षामे लेख लिखबाक जे विषय देल रहैत अछि से दू प्रकारसँ। एक प्रकार अछि, विषयक सङ्ग सङ्ग विचार बिन्दु देल ओ दोसरामे केवल विषय रहैत अछि। ई अपन सुविधा पर अवलम्बित अछि जे कोन लिखी। विचार करबामे जँ आलस्य हो अथवा विषय पूर्णतया परिचित नहि हो तखन तँ विचार-बिन्दु देल विषयकेँ बीछि लिअ। विचार-बिन्दुक अनुसरण करैत चल जाउ ओ एक रङ्गक लेख अपनहि प्रस्तुत भए जाएत। परन्तु स्मरण रहए जे प्रत्येक विचार-बिन्दु प्रश्नदाताक विचार-सरणिक

अनुकूल रहैत अछि ओ ततेक दूर, ततेक गम्भीर अथवा ततेक व्यापक यदि अहाँक विचार-सामर्थ्य नहि जाए सकल तखन तँ अहाँकेँ ओ लाभप्रद नहि, हानिकार भए जाएत। ओकर अनुसरण अहाँ नहि कए सकब तथा ओहि विषयमे अहाँकेँ स्वच्छन्दता नहि अछि जे अहाँ आन रूपसँ विषयक प्रसङ्ग अपन विचार उपस्थित करी। अहाँक हाथ ओहिमे बान्हल रहैत अछि ओ अहाँकेँ ओही सरणिक अनुसरण करए पड़त। जाहि विषयक प्रसङ्ग प्राश्निक विचार-बिन्दु नहि देल अछि ताहिठाम अहाँ स्वच्छन्द छी। ओहिमे अहाँकेँ स्वतन्त्रता अछि जे विषयकेँ जाहि रूपसँ उपस्थित करी। एहिमे अहाँकेँ विचार करबाक श्रम करए पड़त; ओहि प्रसङ्ग अपन अनुभव ओ ज्ञानकेँ स्मरणक बलसँ समक्ष आनि ओकर विन्यास कौशलसँ करए पड़त; ओहि प्रसङ्ग अपन व्यक्तिगत भावकेँ अभिव्यक्त करए पड़त। परन्तु अहाँकेँ हाथ ओहिमे बान्हल नहि अछि। 'गामक हाट' पर प्रबन्ध लिखबाक अछि तँ अहाँ ओकरा 'वर्णनात्मक' बनाए कोनहु विलक्षण हाटक वर्णन कए अपन लेख सम्पन्न कए सकैत छी। अथवा ओहि हाटक उत्पत्ति, उपयोगिता ओ सामाजिक सुविधाक प्रसङ्ग अपन विचार उपस्थित कए ओकरा 'भावात्मक' बनाए सकैत छी। दूहूमे अपन अपन सुविधा छैक, दूहूमे अपन अपन कठिनता छैक। ई कहब कठिन जे अहाँ ककरा बीछी। से निर्भर करैत अछि अहाँक ज्ञान पर, अहाँक रुचि पर। ध्यान एतबए रहए जे ताहि विषयकेँ बीछो जे विषय परिचित हो ओ तकरा ताहि रूपसँ उपस्थापित करी जे अहाँकेँ नीक जकाँ बुझल हो, अनुभूत हो, विचारल हो।

एक बेरि पुनि एहि बातकेँ दोहराए दैत छी जे लेखमे अहाँक ज्ञानक जाँच नहि होइत अछि, अपन ज्ञात विषयकेँ अहाँ कोनाकेँ रोचक बनाए कहि सकैत छी तकर जाँच होइत अछि। विषय कोनो रहओ, ओहि प्रसङ्ग अहाँक मानसिक व्यापार कोन रूपक होइत अछि ओ तकरा अहाँ उपस्थित कोना करैत छी सएहटा एहिमे देखल जाएत। तेँ लेख लिखबामे पाण्डित्य प्रदर्शनसँ विशेष उपकारक होएत कौशलक प्रदर्शन, भावक चमत्कारसँ विशेष प्रभावोत्पादक होएत भाषाक चमत्कार। दू व्यक्ति जेना एक रङ्गक नहि होइत अछि तहिना दू व्यक्तिक लिखल लेखो एक रङ्गक नहि होएत। लेखक कोनो माप-दंड नहि छैक; कोनहुँ रीतिसँ अहाँ अपन व्यक्तित्व अभिव्यक्त कए सकलहुँ तँ अहाँक लेख सफल भए गेल ओ जेँ ई एक कला थिक तेँ एकर अभ्यास करब नितान्त आवश्यक ओ सब कला जकाँ एहूमे सौन्दर्य—भावक, भाषाक, शैलीक, विचारक—सब कथूक सौन्दर्य अपेक्षित होइत अछि।

एहिठाम आदर्श-स्वरूप कतोक विषय पर विचार-बिन्दुक सङ्कलन कए देल गेल अछि जकरा मनन कए छात्रलोकनि कोनहु विषय पर कोना 'विचार करी' तकर मार्ग-प्रदर्शन पाबथि। ई सब सार्वांशिक नहि अछि, एक गोट सरणि मात्र प्रदर्शित करैत अछि ओ ताही रूपमे एकरा देखबाक थिक।

प्रबन्धक सूची जाहि प्रसङ्ग विचार-बिन्दुक एतए संग्रह कएल अछि—

1. मिथिलाक प्राचीनता
2. मैथिली-साहित्यक प्रगति
3. मिथिलाक संस्कृति
4. तिरहुता लिपि
5. विश्वशान्तिक प्रश्न
6. भूदान-यज्ञ
7. शिक्षाक माध्यम
8. सामूहिक-विकास-योजना
9. हमर कृषिक उन्नति
10. अन्नक समस्या
11. बाढ़िक समस्या
12. ग्राम-सुधार
13. गृह-उद्योग
14. यातायात
15. संस्कृत-भाषा
16. राष्ट्रभाषाक प्रश्न
17. मातृभाषा ओ राष्ट्रभाषा
18. अङ्गरेजी भाषाक प्रयोजन
19. अहाँक सबसँ प्रिय पौथी
20. मिथिला प्रांतक प्रश्न

मिथिलाक प्राचीनता

तीरभुक्ति; मिथिलाक दलदल भूमि, यज्ञीय अग्नि द्वारा सकत बनाओल गेल ओ विदेह माधवसँ बसाओल ई देश विदेह-भूमि कहाओल ई कथा वेदमे।

उपनिषतकालमें जनकक दरबार ब्रह्मविद्याक विकासक केन्द्र—याज्ञवल्क्य आचार्य—काशीनरेश एवं जनकें केवल एही हेतु इनाम देल जे कहल हम ब्रह्मक उपपादन करब। नरेश कहल, तेओ लोक जनक-जनक चिचिआइत अछि।

समस्त महाभारत जनक ओ विदेहक गाथासँ भरल। अनासक्त योगीक दृष्टान्त भगवानहुँकें 'जनक' भेटलथिन्ह वृज्जिगणक सङ्घ राज्य जाहि मे सब जातिक 'मान्य-जन'—'राजा' के समिति शासन करए। प्रथम प्रजातन्त्र। एखनहु मिथिलामे सब जातिक 'मान्य-जन' राजा जकाँ सर्वाधिकार सम्पन्न। राजनीतिक स्वतंत्रता अपहृत भेलहु उत्तर सामाजिक व्यवस्था पूर्ववत् लोकतन्त्र-प्रधान।

विद्याक व्यवसाय—एतएक वैशिष्ट्य। ब्रह्मविद्याक विकास भूमि तें वेदान्तक जन्मभूमि। गौतम मैथिल तें न्यायदर्शनक जन्मभूमि। मीमांसाक विकास—कुमारिलक पश्चात् प्रायः हजार वर्ष धरि मीमांसाक अनुशीलन। नव्यन्यायक प्रवर्त्तक गङ्गेश।

वाचस्पति, उदयन, पक्षधर, शंकर, महेश भारतीय दर्शनक क्रीड़ाभूमि। भाषा-साहित्यक जन्मभूमि-वर्णनरत्नाकर प्रथम गद्य अन्य—विद्यापति प्रथम महाकवि।

भारतीय संस्कृतिक जे संश्लिष्ट जाल अछि जकर गौरव विश्वविदित, ताहि मध्य कतेक सूत्र मिथिलाक गाँथल थिक से देखि ककरा हृदयमें अपना प्राचीनताक प्रति अभिमान नहि होएत ओ सङ्गहिं भविष्यक हेतु प्रेरणा नहि भेटत?

मैथिली साहित्यक प्रगति

देसिल बएना सब जन मिट्ठा (विद्यापति—कीर्तिलता)

मिथिला-भाषाक साहित्य लोक-साहित्य।

ज्योतिरीश्वरक वर्णन-रत्नाकार, कथाकारक उपकारक वर्णन-समूह एकत्र संग्रह।

विद्यापति—सकल जनक अनुभव सिद्ध शृङ्गार-रसक उपपादन जकर महत्त्व मानव-जातिक सङ्ग रहत ओ भक्तिक नचारी जे जाति-भेद नहि जानत (सब

वर्णकेँ महादेवक पूजाक अधिकार) अथवा व्यवहारिक गीत जे आपामर स्त्रीगण गाओति।

इएह मैथिली साहित्यक सनातन परम्परा—जखन एकरा लोकसँ हटाए पंडित वा रसिक धरिमे संकुचित राखब तखन एकर विकासमे बाधा होएत। सएह परिस्थिति 1900 ईशवीयक प्रान्तमे ओ भाषाक हेतु से ह्रासक युग।

चन्दाझा नवयुगक संस्थापक—विषय, भाव, भाषा सब सकल जनक अनुभवसिद्ध—सकल-जनहितक कामना। पत्र-पत्रिकाक आरम्भ परन्तु पुनः ओहि सबकेँ वर्गीय रखबाक दोषसँ उन्नति प्रतिरुद्ध।

भुवनजीक प्रयत्नदलितक प्रति हुनक दृष्टि—मुत्तक जकरा अङरेजीमे Lyric कहैत छिऐक हुनकहिसँ आरम्भ।

सर्वाङ्गीण उन्नतिमे बाधक विदेशी सरकारक नीति—बिहारक भिन्न प्रान्तक जनक द्वेष ओ विरोध—सरकारक आ विश्वविद्यालयक स्वीकृति नहि रहलासँ प्रचारमे बाधा—हिन्दीक प्रचासँ लोकक उपेक्षा—वर्गीय होएबाक आशङ्कासँ ब्राह्मण ओ कायस्थसँ भिन्न वर्गक उपेक्षा। प्रयोजनः—लोक साहित्य हो, भाषाक स्वरूप स्थिर हो परन्तु ताहि बीचमे सब क्षेत्रक लोककेँ स्वतन्त्रता—गद्य-साहित्यक विकास—पत्र-पत्रिकाक सुन्दर व्यवस्था—लोकमे भाषाक प्रति आदरक भावना।

नव साहित्य एहन हो जाहिमे सकल लोक अपन जीवनक प्रतिबिम्ब पावए। तखनहि साहित्य लोकप्रिय होएत, यथार्थ लोक साहित्य होएत। एक बेरि लोकक रुचि जागरित भेल तखन पुनि एकर विकासकेँ एहि लोक-युगमेँ के रोकि सकल?

मिथिलाक संस्कृति

स्वभावात् तीरभुक्तीयाः स्वगुणगर्विणो भवन्ति।

(विद्यापति—पुरुषपरीक्षा—गीतविद्याकथा)

संस्कृति की थिक? एकर व्यापकता। संस्कार जे बिनु सिखओनहि 0161 शिशु अपन गुरुगणसँ सीखि जाइत अछि।

मिथिलाक आचार भिन्न-जन्मसँ लए मरण पर्यन्त, प्रातः कृत्यसँ लए शयन धरिक, नित्य नैमित्तिक, काम्य, शुचि, समय-शुद्धि, विवाह—बिचार भिन्न—ऐहिक ओ पारलौकिक। तकर कारणः—मिथिलाक प्राचीन परम्परा, अनासक्त कर्मयोग ब्रह्मविद्याक जन्मभूमि, वृज्जिसङ्घक स्थापना—व्यक्तिगत स्वतन्त्रता ओ जातिगत अधिकार—विद्याक व्यवसाय—ऐहिक सुखक प्रति उपेक्षा—युद्धक सर्वथा अभाव ब्राह्मणक प्रधानता—राजनीतिक स्वतन्त्रताक प्रति उपेक्षा, सामाजिक स्वतन्त्रताक प्रति आस्था—ताहूमे व्यक्ति स्वातन्त्र्य।

स्वगुणगर्वी—अनकासँ अपनामे भेदक भाव ओ ताहि विषयमे आत्मगौरव, आत्मसंयम-स्त्रीगणक आदर—स्त्रीगणक शिक्षा स्त्रीधनक प्रति उदार भाव (कानून दृष्टिसँ) समय समय पर समाजमे नव संघटन ओ तदनुरूप आचार, विचार,

व्यवहारक सुधार-प्राचीनताक रक्षा करैत समयानुकूलता-सहिष्णुता-धर्ममे, व्यवहारमे, आचारमे। एकहि परिवारमे वैष्णव, शाक्त ओ शैव—भाषाक प्रति स्नेह—अपन लिपि, अपन पतड़ा, अपन व्यवहार, विद्यामे अभिरुचि, व्यापारमे अपटुता, राजनीतिमे अरूचि, धर्ममे आस्था, परलोकमे विश्वास, विनोदप्रियता।

कतहु देखब, वेष-भूषा, चालि-ढालि, बाजब-बूझब, भोजन, साजन, कथा-वार्त्ता, शुचि-निष्ठा, गप्प-सप्प, हँसी-ठट्ठा, आचार-व्यवहार-सबसँ चीन्हि जाएब जे ई मैथिल थिकाह, तिरहुतिआ थिकाह।

तिरहुता—लिपि

भाषा ओ लिपिक सनातन सम्बन्ध—मिथिलाभाषाक सङ्ग मिथिलाक लिपिक इतिहास। जहिना भारतक पूर्वी अञ्चलमे मैथिली प्रथम साहित्यक भाषा, तहिना एकर लिपि सेहो मूल। प्राच्य अपभ्रंश भाषा एहि सब भाषाक जननी ओ गुप्तोत्तरकालीन लिपि एहि सब लिपिक मूल। सातम शताब्दसँ तिरहुता लिपिक लेख प्राप्त—सबसँ प्राचीन आदित्यसेनक मन्दारगिरिक शिलालेख—बंगला, उड़िआ, आसामी ओ नेपाली लिपिक सङ्ग तिरहुता लिपिक साम्य।

सए वर्ष पूर्व धरि मिथिलामे इएह टा लिपि। देवनागर लिपि एहि प्रान्तक हेतु 'विदेशी'। मिथिलाक सब प्राचीन पोथी एही लिपिमे।

अङ्गरेजी शासन-कालक प्रारम्भमे मिथिलाकभाषाक उपेक्षा ओ तिरहुता लिपिक ह्रास। हिन्दी एतुक्का मातृभाषा भेल ओ तेँ देवनागर लिपि छापासँ देवनागरक प्रचार भी तिरहुताक क्रमिक लोप। वर्त्तमान परिस्थिति—एकर ज्ञाता नवीनमे विरल।

एहिमे सुविधा :—शीघ्र लिखल जाए, एहि अञ्चलक सभ लिपिक सङ्ग समानता।

एहि मे दोष—बहुत अक्षर, संयुक्तक्षरो भिन्न। छापाक अभाव।

भविष्यः—यदि लिपि नहि सुधारव तेँ प्रचार नहि होएत। लिपि नहि रहत तँ भाषा नहि रहि सकत। प्राचीन पोथी कोना पढ़ल जाएत? एकता अवश्य अपेक्षित परन्तु एकताक हेतु एकसँ सँभिन्नक हत्या उचित नहि। अतएव जँ मिथिलाक अपन प्राचीन अस्तित्व ओ पृथक्त्व अभिप्रेत हो तँ लिपिक पुनः प्रचार आवश्यक; ताहि बिनु भाषाक दृढ़ता नहि रहि सकत ओ बिनु भाषाक संस्कृति लुप्त भए जाएत।

विश्व-शान्तिक प्रश्न

पचीस वर्षक मध्यमे दू गोट विश्वव्यापी युद्धक विभीषिका—सन्त्रस्त्र मानव-जाति—विज्ञानक द्वारा आविष्कृत नरसंहारक साधनक प्रचुरता—अग्रिम युद्धमे विजयी ओ विजित दूहूक आमूलनाश अवश्यम्भावी।

अन्तरराष्ट्रीय क्षेत्रमे एखनहु साम्राज्यक विस्तारक लिप्सा, पारस्परिक प्रतिस्पर्धा, आतङ्क।

विश्व-शान्तिक चिन्ता सबके ँ समान परन्तु जीवनक कठिन समस्या सुखद स्वप्न वा निर्दोष भावनासँ नहि सुधरत। एहि हेतु वस्तु-स्थितिक सम्यक ज्ञान; राजनीतिज्ञटाकै नहि, साधारण लोकहुँके ँ आसन्न सङ्कटक पूर्ण परिचय हो।

प्रथम महायुद्धक पश्चात 'लीक आफ नेशन्स', एहि महायुद्धक पश्चात 'संयुक्त-राष्ट्र संघ' क स्थापना। परन्तु परिणाम? राष्ट्रक परम्परा दूषित, नैतिक अग्रहसँ केओ कोनहुँ निर्णयके ँ स्वीकार नहि करताह।

विश्व-शान्तिक हेतु जनताक शिक्षा आवश्यक, राजनीतिज्ञ एकरा सम्हारि नहि सकताह। संसारक बारूदखानामे केओ बताह दिआसलाइक एकटा काठी सुनगाए फेकि संसारके ध्वस्त कए देत।

विश्व-शान्तिक सबसँ पैघ सङ्कट आर्थिक असमानता–वर्ण-भेद, पारस्परिक अविश्वास।

यदि संयुक्तराष्ट्रमे विभिन्न सरकारक प्रतिनिधि नहि विभिन्न देशक जनताक प्रतिनिधि जाए तँ कदाच ई संभव हो।

परंन्तु जीवनक महत्व भौतिक मात्र नहि, आध्यात्मिक सेहो, एकर प्रचार होइ। मुदा लीग मुइल, संयुक्त-राष्ट्र-संघ दए गेल, तहिना राष्ट्रसंघहुसँ विश्व-सरकार अथवा विश्व-पार्लमैण्ट भए जाए जे विश्व-शान्ति स्थिर, राखए इएह टा आशा।

भूदान-यज्ञ

एहि यज्ञक विधाता गाँधीजीक प्रमुख अनुयायी संत विनोवा भावे–दानक लक्ष्य पारलौकिक नहि प्रत्युत सम-विभाजन। एकर आशय 'भूमि प्रेम-पूर्ण सम-विभाजन अर्थात उचित बाँट'। तेँ ई यज्ञ आधुनिक ओ क्रान्तिकारी।

प्रेरणा गाँधीजीसँ प्राप्त। हुनक रामराज्य ओ ग्राम-स्वराजक आदर्शमे जमीनक समस्याक समाधान।

स्वराज्यक पश्चात विनोवाजीक कल्पना–आरंभ 18 अप्रैल 1951। पाँच करोड़ एकड़क लक्ष्य। पाएरहि गाम-गाम भ्रमण आ सबसँ अपन भूमिक छठम अंशक दान माङ्व। ओहि जमीनक ओहि गाममे भूमिहीनके ँ दान। आब तेँ भूदानक सङ्ग-सङ्ग सम्पत्ति-दानक योजना जाहिमे जकरा भूमि नहि हो सम्पत्ति हो, टाका हो, से सएह देअ। सेहो जकरा नहि हो तकरा हेतु श्रमदानक योजना, कोशी-विकास-योजनामे विनोवाजीक श्रमदान-योजनासँ अप्रत्याशित सफलताक सम्भावना।

आन देशमे जमीनक बँटवारासँ बिनोवाजीक योजना विलक्षण। ई कानून बनाएके ँ नहि, बलजोरी नहि, ठकिके ँ नहि, प्रेमसँ, स्वेच्छासँ, दान देअए कहैत छथि। हुनक आदर्श गीताक "तैर्दत्तानप्रदायैभ्यों यो भुङ्क्ते स्तेन एवं सः" अर्थात जकरासँ जे वस्तु पाबी ओ यदि बिनु ओकरा देलहि ँ भोग करी ते ँ से चोरि थिक–समाजसँ जे हमरा धन, सम्पत्ति या भूमि भेटल अछि तकर फलसँ जे हमरा धन, सम्पत्ति वा भूमि भेटल अछि तकर फलसँ यदि हम समाजके ँ बिनु देलहि भोग

कएल तँ हमर से भोग चोरि भेल। महाराष्ट्र, राजस्थान, उत्तर-प्रदेश ओ सबसँ बेसी बिहारमे विनोबाजीक यज्ञ में आशातीत सफलता।

लोक सन्देह–(1) आन-आन निधि जकाँ एहूमे अन्याय होएत? परन्तु जमीन तँ गामहिमे रहत, केओ उठाएकेँ लए नहि जाएत। उचित थिक जे गामक जमीनवला स्वयं जमीन बाँटि देअए परन्तु से नहि होइत अछि ते हुनका बीच के पड़ए पड़ल। (2) कानून बनवाए किएक ने जमीन छीनि लैत छी? परन्तु विनोवाजीक आदर्श शोषणहीन समाज ओ सर्वोदयक शैली पर। ओ प्रेम एवं स्वेच्छित दानक नवीन प्रकार बहार कएल। सफल भेल तँ जे मार्क्सवाद नहि कए सकल से कए देत; जँ सफल नहि भेल तखन कानूनक शरण लिअहि पड़त। मार्क्सवाद समता चाहैत अछि परन्तु ओकर रीतिसँ संसार भयभीत अछि; भूदान भयकेँ प्रेममे परिणत कए संसारमे एक नवयुग आनए चाहैत अछि।

शिक्षाक माध्यम

जाहि भाषा द्वारा छात्रकेँ शिक्षा देल जाए से ओहि शिक्षाक माध्यम भेल।

शिक्षाक भिन्न-भिन्न स्तर–प्रारम्भिक, माध्यमिक ओ उच्च। तदनुसार छात्रक ग्रहण-शक्तिमे अन्तर।

भाषाक कठिनता विषय-ग्रहणमे बाधक नहि हो तेँ मातृभाषाक द्वारा शिक्षा परमावश्यक। मातृभाषामे अवगति शिशुक विचार-शक्ति ओ भावाभिव्यक्ति दूहूमे साधक।

क्रमशः प्रान्तीय भाषा, राष्ट्रभाषा ओ कमसँ कम एक गोट विश्वभाषाक ज्ञान आवश्यक, परन्तु ओकर ज्ञान ततवे आवश्यक जाहिसँ भावकेँ बूझि सकी, भावकेँ व्यक्त कए सकी। मातृ-भाषाक स्थान दोसर कोनो भाषा नहि लए सकैत अछि।

आन भाषाक माध्यम शिक्षाक प्रगति मंद करत मातृभाषाक अवगति शिथिल करत, सांस्कृतिक चेतना रोधक होएत, शिशुक नैसर्गिक गुण विकासमे वाधक होएत।

गाँधी मातृभाषाक माध्यमक पक्षपाती–शिक्षा-विशेषज्ञ एकर पक्षपाती। अन्य भाषाक आधिपत्यसँ संस्कृतिक हानि ओ तेँ सब भाषाकेँ अपन विकासक समान अधिकार।

शिक्षाक यथार्थ तात्पर्य–शिशुक सर्वाङ्गीण विकास–केवल मातृभाषाक माध्यमसँ सम्भव।

सामूहिक विकास योजना

विषय-प्रवेशः–भारत सरकारक अनेक राष्ट्रीय विकास-योजनामे एक–परन्तु आनसँ भिन्न, कारण, पूर्णरूपसँ ई सरकारी योजना नहि, अर्ध-सरकारी संस्था जाहिमे श्रम

सवटा जनताक केवल अपेक्षित व्यय, अओजार एवं आरंभिक शिक्षा देनिहार विशेषज्ञ सरकारक। लक्ष्य ई जे जनता अपने जीवन-स्तरके अपना उद्योगसँ ऊँच करए। नेहरूक उक्ति जे राष्ट्रक उन्नति हेतु शारीरिक श्रम करए पड़त। ग्राम-स्वराज्यक स्थापनाक स्वप्न राष्ट्रपिता गांधीजीक। एही स्वप्नकेँ साकार करबाक सरकारी योजना। किसानक एहि ग्रामप्रधान देशमे गरीबी, अशिक्षा ओ पुरान अर्थव्यवस्थाके दूर करबाक हेतु ग्रामीण समुदायकेँ सचेष्ट करबाक योजना।

क्रमः—प्रत्येक दृष्टिस ग्रामीण जीवनक उन्नति—खेतीक हेतु भूमि तैयार करब, खाद, पटौनी, नीक बीआ, नहर, सड़क, शिक्षालय, पुस्तकालय, चिकित्सालय, नीक कूप-इनार, नीक घर, बाटघाट, मनोरंजन, कलाकौशल, सांस्कृतिक प्रदर्शन, प्रशिक्षण केन्द्र, ग्रामोद्योग, उद्यान, पशुचिकित्सा, माछक उत्पादन आदि। गामसँ आरम्भ कए ग्राम-संघ, नागरिक क्षेत्र। आरम्भ 2 अक्टूबर 1952। 55 योजना, क्षेत्रफल 28950 वर्गमील, जनसंख्या प्रायः डेढ़ करोड़, गाम संख्या 18464। 81 केन्द्रमे काज आरंभ भेल, तीन वर्षक योजना। व्यय 75 प्रतिशत केन्द्रीय सरकार, 25 प्रतिशत राज्य सरकार, व्ययक एक अंश अमेरिका सहायतासँ प्राप्त भेल अछि। केन्द्रीय समितिसँ एकर प्रबन्ध। विहारमे चारि गोट योजना। सफलता आशातीत। परन्तु से अवलम्बित अछि जनताक सहयोग पर। एहिमे दोष ई अछि जे ई विदेशी धनसँ चलैत अछि ओ एहिमे स्त्रीगण, आदिम जाति, हरिजन-पछुआएल जाति सबहिक हेतु स्थान नहि अछि। परन्तु विदेशी धन आदर्शक हत्या कए नहि लेल गेल अछि प्रत्युत ओ सौहार्दपूर्ण सहायताक रूपमे अछि ओ विकाससँ लाभ सबकेँ अछि। एकर प्रगति क्रम अछि एक क्षेत्रमे विकास कए दोसरा क्षेत्र जाएव ओ एहि रूपेँ क्रमशः समस्त देशक गामकेँ सुधारव। जनता एहिमे मनासँ सहयोग दान करए ओ गामक सुधार कए गाँधीजीक स्वप्न सत्य करए तथा रामराज्य स्थापित करए।

हमर कृषिक उन्नति

भारतमे कृषिक महत्त्व—आर्थिक जीवनक आधार—पचहत्तरि प्रतिशत कृषि पर अवलम्बित, उद्योगमे लागत लोकक पँएसठि प्रतिशत कृषिसँ सम्बद्ध—भारत मे प्राथमिक साधन, धन, प्रायः दू तृतीयांश कृषिसँ उपलब्ध। परंतु महत्त्व ओ वर्त्तमान अवस्थामे सन्तुलन नहि।

उद्योगक कमी तेँ खेत पर बोझ; खेती लाभप्रद नहि, खेत खण्ड खण्ड भए रहल अछि। अङ्गरेजक शासनमे भारतक औद्योगिक नीति देशहितक प्रतिकूल। बनल माल एतए आबए, काँच माल जाए। किसान ऋणग्रस्त 70 प्रतिशत खेतिहर मुदा 20 प्रतिशतकेँ लाभप्रद खेत। आबाद जमीनक 15 प्रतिशत 5 प्रतिशत लोकक हाथमे। जमीन पर तेँ बोझ ओ असम बँटबारा। स्थिति सुधरि नहि रहल अछि, 1938-39 मे कृषिक उपजा जँ 100 छल तँ 1947-48 मे 97। देश-विभाजनसँ

स्थितिं बदतर, लोक भारतमे 75 प्रतिशत, आबादीक जमीन 70 प्रतिशत।

परिणामः—अन्नक हेतु भारत अन्य देश पर निर्भर, अपन उद्योग हेतु काँच माल सेहो अन्यत्रसँ आबए, देशक वर्त्तमान द्ररिद्रता।

योजनाक कसौटीः—उत्पादनवृद्धि, जीवन-स्तरमे उन्नति, सामाजिक न्याय।

दुरवस्थाक कारणः—वर्तमान कृषि-पद्धति; सामाजिक आर्थिक व्यवस्था—व्यक्तिवादी पद्धति—जनसंख्यामे वृद्धि—खेती अलाभप्रद—बारहो मास काज नहि—पूँजी लगाएव असम्भव।

एकर उपाय—खेत लाभप्रद बनाओल जाए—पूँजीक व्यवस्था—भूमिकानूनमे परिवर्त्तन—भूमि-स्वामित्वक आमूल परिवर्तन—(1) सरकार ओ खेतिहरमे साक्षात संबंध (2) वेदखलीसँ मुक्ति (3) उत्तराधिकार कानूनमे आवश्यक संसोधन।

जमीनक पुनर्वितरणः—लाभप्रद खेतसँ कम ककरहु नहि हो, जे जमीन जोतए तकरहि जीमन रहए; जीवन-स्तर उठएबाक हेतु देशक औद्योगिकरण-विशेषतः कृषि-सुधारक हेतु पूँजीक व्यवस्था। कृषि आकाश पर नहि निर्भर रहए तेँ बाढ़िक नियंत्रण, पटौनीक व्यवस्था।

लक्ष्य केवल उत्पादन वृद्धि नहि, जीवन-स्तरमे उन्नति मात्र नहि प्रत्युत किसानमे नवजीवन ओ नवप्रेरणाक सञ्चार-भारतीय जनतांत्रिक समाजक रीढ़ थिक समुन्नत विकेन्द्रित कृषि-व्यवस्था।

अन्नक समस्या

मानवजातिक समक्ष आदिसँ बड़का समस्या अन्नक। अन्नक उत्पादन कम, जनसंख्यामे वृद्धि अधिक। एखन अमेरिकामे 3249 केलोरी भोजन भेटैत अछि, विलायतमे 3005 भारतीयकेँ केवल 2021, तहिना दूध आदि पौष्टिक पदार्थ, चीनी, तरकारी, सब कथूक कमी।

भारतमे केवल 40 प्रतिशत लोककेँ यथेष्ट भोजन, 60 प्रतिशतकेँ परिणाम वा पौष्टिकता कोनहु दृष्टिसँ भोजन नहि। सत्तरि देशक सूचीमे भारत केवल सात देशसँ आगाँ अछि।

परिणामः अतिमृत्यु-संख्या, बालमृत्यु, व्याधिक अधिकता-स्वास्थ्य-ह्राससँ कार्यशक्तिक ह्रास, उत्पादनमे कमी।

अन्न-समस्याक दू दृष्टिः —तात्कालिक ओ दीर्घकालीन। अन्नक कमीक कारण, कम उत्पादन, बर्माक पृथक, होएव, देशक विभाजन, आयातसँ निर्वाह से महायुद्धक कारण बन्द ओ बङ्गालमे अकाल—अकाल पूर्वहुँ मुदा कारणन्तरेँ, यातायात असुविधेँ परन्तु आजुक अकालक कारण देशमे अन्नक कम उत्पादन ओ जनसंख्यामे वृद्धि।

भूमिक शक्तिमे ह्रासः—पटौनीक व्यवस्था नहि—बाढि ओ जरती—प्राचीन कृषि व्यवस्था—भूमि-सम्बन्धी कानून—अलाभप्रद खेत—जंगलक नाश तेँ वर्षाक कमी।

उत्पादनक्रम एह अछि जे 1950 मे जतबा प्रति व्यक्तिकेँ अन्न देल जाइत छल तदनुसार 1956 में 70 लाख टन अन्न घटत मुदा से अन्न पर्याप्त नहि छल। आध सेर प्रति व्यक्तिकेँ देल जाए तँ 1956 मे प्रायः डेढ़ कोटि टन अन्न घटत।

अतः आकलकेँ जँ रोकबाक अछि तँ उत्पादन बढ़ाउ, अन्न-भण्डार बनाउ, वितरणक व्यवस्था करू।

उत्पादन-वृद्धि खेतीक उन्नति पर अवलम्बित अछिः—रैअति सरकारक साक्षात सम्बन्ध, वेदखलीसँ मुक्ति, भूमिक पुनिर्वितरण, कृषि-व्यवस्थामे आमूल परिवर्तन।

परती जमीनकेँ आवाद करव—व्यक्तिवादी कृषि नहि, सहयोगसँ कृषि हो ताहिसँ पूँजीक समस्याक समाधान। गामक आधार पर कृषिक व्यवस्था। गाम-पञ्चायत पर एकर भार। ई भेल तात्कालिक। स्थायी समाधान—(1) विशाल नदीघाटी योजना—जल ओ सस्त बिजलीक व्यवस्था, (2) समस्त देशमे सहकारी खेती (3) जनसंख्याक नियंत्रण

जनतांत्रिक जीवनमे भूखक समस्याक समाधान प्रथम आवश्यकता।

बाढ़िक समस्या

तीरभुक्ति नदी-बहुल—तेँ ई नाम। हिमालय सुरक्षाक दिवालमुदा वर्षाक क्षेत्र ओ हिमक आलय। तेँ हिमालयसँ पानिक प्राचुर्यसँ नदी सबमे बाढ़ि स्वाभाविक।

रेलक सड़क, पक्की सड़क, इत्यादि ऊँच बाँध सबसँ पानिक बहतीमे प्रतिरोध ओ तेँ बाढिसँ एतेक क्षति मुदा यदि पानि आबए ओ बहि जाए तँ ऐतेक क्षति नहि होएत।

बढ़िसँ क्षति—खेतीक, घरद्वारक, मनुष्यकेँ, पशुकेँ पेय-जलक अभाव तेँ स्वास्थ्यक नाश, यातायातक असुविधा, वृक्षादिक विनाश।

कोशीक समस्या आओर विकराल। समस्त उत्तर बिहार, विशेषतः पूर्वीय भाग ध्वस्त। एकर उपाय?

बाढ़ि रोकल नहि भए सकैत अछि मुदा ओकरासँ बचवाक उपाय इहए जे पानिके मार्गसँ बहावी।

एतए बाढ़िक सङ्ग-सङ्ग पटौनीक दुरवस्था। बाढ़िसँ दहाएत ओ अनावृष्टिसँ जरत। तेँ चीन ओ अमेरिका जकाँ नदी-घाटी योजना-पानिकेँ जड़िअहिमे रोकू, हौज बनाउ ओ नदीकेँ बान्हू—बीच-बीच मे नहर चीरि दूर-दूर लए जाउ। बाढ़ि रोकल भए जाएत, पटौनीक व्यवस्था होएत ओ जलविद्युत बनत जाहिसँ औद्योगिकरणमे अत्यधिक सहायता भेटत कारण ओ बड़ सस्त पड़त।

द्रव्यक एहिमे प्रयोजन—सरकारक कर्त्तव्य परञ्च सरकारहिटासँ काज चलनिहार नहि। एहि हेतु लोकक सहयोग आवश्यक। श्रमदान।

परन्तु एहिसँ देश नाशसँ बचत ओ जे एखन उजड़ल अछि सएह जीवन सँ जगमग उपवन भए जाएत।

ग्राम-सुधार

प्रास्तवना–प्रत्येक देशमे विशेषतः भारतमे ग्रामीण जनसंख्या पर राष्ट्रशक्ति अवलम्बित अछि। यदि ग्रामीण जनसंख्या अधःपतित दशामे अछि तेँ राष्ट्रशक्ति बिनु क्षीण भेने नहि रहत। तेँ सामाजिक; आर्थिक ओ राष्ट्रीय सब दृष्टि गामक सुधार आवश्यक अछि।

भारतमे प्राचीन गामक स्वरूप–गामक वर्तमान दुर्दशा आ तकर भौतिक, मानसिक ओ नैतिक सुधारक आवश्यकता–स्वच्छता ओ स्वास्थ्यक प्रबन्ध–शिक्षाक प्रबन्ध–निराशावादी ओ अप्रयत्नशील विचारधाराक निराकरण–जीवन स्तरकेँ ऊँच उठाएव–कृषि उन्नति–नीक खाद, नीक बीआ, पटौनीक प्रबन्ध, पशुपालन–ग्रामीण ऋृणक समस्या–खेतीक उपजाक बिकरीक समस्या-रूढ़िवाद ओ निरक्षरता दूर करबाक उपाय–चिकित्साक सुविधाक अभाव ओ तकर पूर्ति–सहायक उद्योगधन्धा–सहकारी समिति उद्योग–किसान ओ मजदूर–यातायातक सुव्यवस्था–भूमिक कानूनमे आवश्यक परिवर्तन–आर्थिक सहायता–पञ्चायतक स्थापना–ग्राम स्वराज्य गाँधीजीक स्वप्न।

गृह-उद्योग

ग्राम अर्थशास्त्रक विशेषज्ञ कैलवर्टक उक्तिः–संसारक कोनहु देशमे किसान केवल खेतीबाड़ी पर निर्भर रहि सुचारु रूपसँ जीवन निर्वाह नहि कए सकैत अछि, पुनः ई असम्भव बात भारतहिक किसान हेतु कोना संभव होएत।

गृह-उद्योग परिभाषाः –संगठित उद्योग विपरीत–जाहिमे गामक साधारण काज, यथा कुम्हार, जोलहा आदिक कासँ लए उन्नतिशील ओ कला-कौशलक सव धन्धा ओ सहायक धन्धा सम्मिलित अछि।

गृह-उद्योगक महत्वः –विदेशी शासनक दुष्परिणाम, मेशीनक सङ्ग प्रतिस्पर्धा–पूंजीक अभाव, निपुण सञ्चालन ओ शिक्षणक अभाव–खेती पर बोझ, खेतीमे बेकारी, जीवन-स्तर नीच, जन-संख्याक वृद्धि।

वर्तमान दशा ओ ओकर उन्नतिमे कठिनताः –धन-साधन उत्पादन करू अथवा सत्यानाश भए जाउ इएह आजुक नारा–शरणार्थीक समस्या–अन्तर्राष्ट्रिय स्थितिसँ विदेशी माल वा विदेशी पूँजी सुगम नहि।

उद्योग-धन्धाक हेतु कच्चा माल, कारीगरक निर्धनता ओ पूंजीक अभाव, सुसंगठित बाजारक कमी, समयानुकूल साधनक अभावमे शहरक प्रतिस्पर्धा, कारीगरक अशिक्षा।

दशा सुधारवाक उपायः –पूँजीक उपाय हो, केन्द्रीय व्यापारिक संस्थाक

अभावक पूर्ति हो, प्रदर्शिनी इत्यादि, टेकनिकल (कौशल) शिक्षा—परस्पर मेल ओ सद्भावना।

ग्रामीण उद्योग-धन्धा दू प्रकारक भए सकैत अछि। सहायक उद्योग-धंधा—यथा, पशुपालन, मुरगी पालन, दूध-मक्खनक काज—चरखा काटब, कपड़ा बुनब, चटाई बनाएब, टोकरी बनाएब, गुड बनाएब इत्यादि फल, मधु, घी रेशमक कीड़ा। अतिरिक्त वस्तु बनाएब।

सरकारी सहायता—गृहोद्योग बोर्ड अछि, चरखा करघा आदिसँ बुनबाक कमेटी—पञ्चवर्षीयी योजनामे एहि पर ज़ोर—निष्कर्ष।

यातायात

यातायात साधनक महत्त्व—राजनीतिक, सामाजिक, आर्थिक, सांस्कृतिक।

यातायातक विभिन्न साधन—रेल, सड़क, नदी, समुद्रतटीय, हवाइ।

रेल द्वारा यातायातक आधुनिक दशा ओ ओकर आर्थिक प्रभाव—कम्पनीक हाथसँ सरकारक हाथ—आब ई राष्ट्रीय संस्था।

सड़क यातायातक स्थिति, उन्नति योजना, ओकर लाभ—आन्तरिक जल-यातायातक महत्त्व ओ ओकरा अधिक उपयोगी बनएबाक सुझाव।

समुद्रतटीय यातायात ओ तकरा स्वदेशी बनएबाक योजना—हवाइ यातायातक उन्नति—ओकर भविष्य—पञ्चवर्षीय योजनामे यातायात-यातायातक साधनमे समन्वय—भविष्य।

संस्कृति-भाषा

भारतमे विभिन्नताक मध्यमे एकताक एक टा सूत्र संस्कृत भाषा।

भारतीय संस्कृतिक निधि एही भाषामे। सहस्र-सहस्र वर्षक ज्ञान, विज्ञान, साहित्य, कला सब किछु एही भाषामे।

संसारक सबसँ प्राचीन भाषामे एक। परन्तु अङ्गरेजक शासनकालमे एकर ह्रास।

संस्कृत धर्मबुद्ध्या पढ़ब रहि गेल, जीवनसँ सम्बन्ध नहि रहए पाओल।

देशीभाषाक विकास—मुदा सब संस्कृतक सन्तान—एकताक सूत्र भए गेल अङरेजी जे पूर्व संस्कृत छल। संस्कृतक उपयोगिता नष्ट भए गेल।

देशमे संस्कृतक आबहुत उपेक्षा—संस्कृत शिक्षाक अवनति—अङ्गरेजी शिक्षामे संस्कृतक गौण स्थान रहि गेल—संस्कृतक महिमा सब गओताह, परन्तु संस्कृत शिक्षाक उन्नतिक बेरि मुँह फेरि लेताह।

देशी भाषाक सम्यक् ज्ञानक हेतु संस्कृतक ज्ञानक प्रयोजन।

संस्कृतिक रक्षा हेतु संस्कृतक ज्ञान आवश्यक। अपन प्राचीन गौरवक रक्षा।

की संस्कृत मृत-भाषा अछि? एखनहु शत-शत व्यक्ति धाराप्रवाह बाजि सकैत छथि।

की संस्कृत बड़ कठिन अछि? विदेशी भाषासँ कठिन तँ भए नहि सकैत छथि?

देशी भाषाक प्रतिस्पर्धामे केवल संस्कृत सर्वमान्य भए सकैत अछि। परन्तु संस्कृतकेँ लोकप्रिय बनबए पड़त, सरल बनबए पड़त।

भारतक आदर्श राष्ट्रभाषा संस्कृत हो, तखनहि भारतक भारतीयताक उचित रक्षा होएत।

राष्ट्रभाषाक प्रश्न

भारत संसारक छोट रूप। विभिन्न राज्यमे विभिन्न भाषा, एकहु राज्यमे अनेक भाषा।

पूर्वमे संस्कृत द्वारा परस्पर भाव-विनिमय, पछाति अङ्ग्रेजी द्वारा।

स्वतन्त्रता प्राप्त भेला उत्तर आब कोन भाषा एहन अछि जे सर्वमान्य होएत?

हिन्दी और हिंदुस्थानीक दावा।

बङ्गाल, गुजरात, महाराष्ट्र ओ समस्त दक्षिण भारत हिन्दीक आधिपत्य सहर्ष स्वीकार नहि करता। सबकेँ संस्कृत समान रूपसँ मान्य।

परन्तु संस्कृतमे दोष—कठिन अछि मिथ्या। सरल बनाओल जाए सकैत अछि। सब प्रकारक शब्द अछि ओ जे नहि अछि से बनाए लेब।

सबसँ बड़का दोष जे देशक भाग्यविधाता लोकनि स्वयं संस्कृत नहि जनैत छथि। हिन्दीक स्थान। सब भाशामे सबसँ अधिक लोक एकरहिँ बुझत।

हिन्दीमे त्रुटिः—नवीन अछि—शब्दावलीक निर्माण होइत अछि परन्तु से सवहिक बोधगम्य हो।

अन्य प्रान्तमे एकर प्रचारक कार्य। परन्तु तैओ विरोधी।

दश वर्षक पश्चात की होएत से नहि जानि। तावत अङ्रेजीक प्रधानता पूर्ववत्।

संस्कृतक तैओ उपेक्षा—भारतीयताक रक्षाकहरष्टिसँ खेद-जनक अछि।

मातृभाषा ओ राष्टभाषा

भारतमे भाषाक विभिन्नतः—मातृ-भाषा ओ जे लोक घरमे बजैत अछि ओ तेँ जे नेना सबसँ पहिने सीखत।

राष्ट्र-भाषा ओ जाहिमे राष्ट्रक कार्य होएत ओ जा जहिमे एक राज्यकलोक दोसरा राज्यक लोक सङ्ग बाजत।

दूनूक क्षेत्र पृथक। दूनमे प्रतिद्वन्द्विता नहि। भाषान्तरक आधिपत्य कोनहु क्षेत्रक स्वाभाविक विकासक बाधक, संस्कृतिक अवरोधक। राष्ट्र-भाषाक पक्षपातीक अनधिकार चेष्ट ज जान भाषा दाबल रहए।

मातृभाषासँ विकास स्वभाविक। शिक्षा माध्यम कमसँ कम अबोध शिशुक हेतु मातृ-भाषा अत्युत्तम।

भिन्न-भिन्न भाषा-साहित्यक उन्नतिसँ कोनो भाषा अपनाकेँ उपेक्षित नहि

बुझए।

विदेशी भाषाकेँ हटएबाक हेतु एक गोट राष्ट्र-भाषाक निर्माण ओ विकास आवश्यक। परन्तु तेँ मातृ-भाषाक हत्या नहि हो।

अङरेजी-भाषाक प्रयोजन

अङ्गरेजी-भाषा विदेशी शासनक उपहार, परन्तु अङ्गरेजी-साहित्यक उत्कर्ष।

अङ्गरेजी-भाषाक विश्वव्यापकता।

अङ्गरेजी-भाषाक विकास, एहि विज्ञानक युगमे। विज्ञान-कला, व्यापार, राजनीति—सब दृष्टिमे विश्वक सङ्ग विचारविनिमयक हेतु एक गोट विश्व-भाषाक ज्ञान आवश्यक।

अन्तरराष्ट्रीय संघर्षमे अन्तरराष्ट्रीय-भाषाक ज्ञान आवश्यक। भारतीय स्वतन्त्रताक उद्बोधनमे अङ्गरेजी-साहित्यक योगदान।

अङ्गरेजीक एतेक दिनक सम्पर्क सहायक। तें अङ्गरेजीक शिक्षा एखनहु आवश्यक परंतु से मातृभाषा किंवा राष्ट्र-भाषाक स्थानमे नहिं परन्तु विश्व-भाषाक रूपमे तीनूक क्षेत्र। पृथक से बूझि अङ्गरेजी शिक्षा एखनहु उपकारक।

अहाँक सबसँ प्रिय पोथी।

पोथी तीनि प्रकारक—मनोरञ्जक; आवश्यक उपकारक केवल उपकारक पोथी मे मनोरञ्जनक अवसर थोड़। केवल मनोरञ्जन क्षणिक-आवश्यक पोथी पढ़वामे प्रयोजन लक्ष्य; उत्तम पोथी ओएह जाहिमे उपकार ओ मनोरंजन दूहू समान रूपसँ उपलब्ध हो। ओएह पोथी 'प्रिय' भए सकैत अछि।

एहि दृष्टिसँ हमर सबसँ प्रिय पोथी 'रामायण'। एहिसँ मनोरञ्जन युग युगसँ हाइत आएल अछि, सब रसक घटना—शृङ्गार राम-सीताक प्रणयमे, लङ्कादाह वर्णनमे, एवं प्रकारेँ मनोरञ्जनक सामग्री।

ईश्वरक मानव-लीला, आदर्श चरित। बाप, माए, भाए, सौतिनि, मित्र, भृत्य, शिष्य मुनि योद्धा सभक चरित्र।

काव्य आनन्द—आदि-काव्य। वर्णन, कविक उपदेश, प्रकृतिक सब अंशमें पूर्ण। तखन, परुषोत्तमक आदर्श। हिन्दू संस्कृतिक अपूर्व चित्रण। पद पद पर उपदेश जाहिसँ जीवनक सफलता ओ पारलौकिकं शान्ति दूहूक आशा—प्रेय ओ श्रेय दुहु प्राप्त हो एत।

मिथिला-प्रान्तक प्रश्न

भारतवर्षमे राज्यक विभाजन अङरेजी राज्य-कालमे शासनक सुविधासँ। कोनहु सिद्धान्त पर नहि। भारतमे भाषा, संस्कृतिक, इतिहास ओ भूगोल सवहिक आधार पर भिन्न-भिन्न प्रान्तक विभाजन सम्भव।

काँग्रेसक ई नीति आरम्भहिसँ जे भाषाधार प्रान्त हो। कारण ई निर्दुष्ट आधार। एही आधार पर उत्कल राज्य भेल, आसाम राज्य हालहिमे आन्ध्रक राज्य भेल, महाराष्ट्र मेल, गुजरात मेल।

मिथिलाक स्वतन्त्र अस्तित्व आदि कालसँ। सीमा प्रायः ओएह जे वेदमे वर्णित अछि। ऐतिहासिक परम्परा अक्षुण्ण, भौगोलिक सुविध, संस्कृतिक स्वतन्त्र ओ पृथक भाषा ओ लिपि अति प्राचीन, साहित्यक परम्परा अक्षुण्ण।

यदि एहि सब सिद्धान्तक मान्यता हो तँ मिथिलाक पृथक्तत्व विवादसँ शून्य।

आपत्ति।

1. देशमे विभाजनक नव पश्न—परन्तु से एही टा कारणेँ तँ नहि। कतहु नहि हो तँ एतहु जनि हो।

2. बिहारक विच्छेद—परन्तु आनक कारणेँ हम अपन अधिकार किएक छोड़ब?

3. आर्थिक स्वतन्त्रता—एहूसँ छोट-छोट राज्य कोना चलैत अछि एतएक आय ततेक कम नहि अछि वा प्रथमहिं तँ ई हमरा लोकनि नहि चाहैत छी! एतेक दिन कोना मिथिलाक राज्य चलल?

बिहार रहलेँ एकर उपेक्षा सब दृष्टिसँ। विशेषतः भाषाक आओर संस्कृतिक ओ आर्थिक अभ्युत्थानक।

मिथिला नव राज्यक सृष्टि नहि चाहैत अछि परन्तु अपन अपहृत सत्ताक पुनः प्राप्ति चाहैत अछि। देशकेँ खण्ड-खण्ड नहि करए चाहैत अछि परन्तु यदि आन ठाम होइक तँ हमरहु हो। से चाहैत अछि अपन स्वतन्त्र संस्कृतिक—(जाहिमे भाषा ओ लिपि प्रधान अछि)—रक्षार्थ यदि से मिथिलाकेँ होइक तँ मिथिला कहिओ राजनैतिक सत्ताके महत्त्व नहि देलक, आइओ नहि देत परन्तु आई तँ बिनु ओहि सत्ताक स्वतन्त्र जीवन असम्भव भए गेल अछि।

इति

प्रवेशिका मैथिली व्याकरण

भूमिका

मिथिला भाषाक व्याकरण कतोक अंशमे आन आन भाषाक व्यारकणसँ भिन्न अछि तथा स्कूलक छात्रकेँ ओहि व्याकरणक ज्ञान नहि रहैत छैन्हि तेँ महाविद्यालयमे आबि मैथिलीक छात्रकेँ बड़ कठिनता होइत छैन्हि। इएह विचारि मिथिला-भाषाक प्रवेशिका व्याकरण लिखल अछि। एहिमे प्रेरक भेलाह हमर प्रिय शिष्य श्री रामकृष्ण झा जे लोहा स्कूलक हेडमास्टर मैथिलीक बड़का उन्नायक छथि। भरोस अछि जे ई व्याकरण छात्र-लोकनिकेँ अपन भाषाक शुद्धताक अवगति कराए देतैन्हि। कहबाक प्रयोजन नहि जे एहि व्याकरणक एकमात्र आधार थिक महावैयाकरण दीनबन्धु झा जीक मिथिलाभाषा-विद्योतन। तेँ कोनहु संदिग्ध स्थलमे अथवा विशेष अवगतिक हेतु ओकर अनुसन्धान कएल जाए। इति।

मैथिली व्याकरण

व्याकरण ओ शास्त्र थिक जाहिसँ शुद्ध-शुद्ध बाजए ओ लिखए अबैत छैक।

शास्त्र ओ थिक जाहिमे किछु नियम होइत अछि। व्याकरणहुमे नियम होइत अछि जकर पालन करब भाषाक शुद्धताक हेतु आवश्यक होइत अछि।

ओना तँ अपन भाषा सब केओ शुद्धे बजैत अछि ई लोकक विश्वास छैक परन्तु से भ्रम थिक। सबकेँ शुद्ध बाजए नहि अबैत छैक। सबकेँ बजबामे किछु ने किछु विशेष भेल करैत छैक। यदि जे केओ बाजए सएह ओकर भाषाक स्वरूप मानब तखन भाषाक स्वरूप अनन्त भए जाएत। ओकर एकटा स्वरूप निश्चित नहि भए सकत। भाषाक नियम नहि बनि सकत। तेँ सब भाषाक एकटा स्वरूप मानि लेल जाइत छैक ओ ताही अनुसार ओकर नियम बनैत छैक। से स्वरूप सब भाषामे ओ मानल जाइत अछि जे 'शिष्ट' लोक बाजल करैत छथि। तेँ शिष्ट लोक जकाँ बाजब सँ शिष्ट बुझल जाएब, बजवा मे पटु कहाएब। तेँ शिष्ट लोक जकाँ जँ नहि बाजब, तँ बजबामे अपटु बुझल जाएब। भाषा शुद्ध वा अशुद्ध एकरहि कहैत छैक।

स्पष्ट अछि जे व्याकरणक नियम लोकक बनाओल थिक। समय ओ देशक भेदसँ एहि नियम सबमे भेद भेल करैत छैक। नव-नव प्रयोगसँ नव-नव नियम बनैत अछि, पुरान नियम हटल जाइत अछि। विद्यापति लिखथि 'सुन्दरि सुनहि वचन रे', आब कहबैक 'सुन्दरि सुनह वचन रे'। क्रियाक रूपमे स्त्रीलिङ्ग आब केवल भूत ओ भविष्यमे चलैत अछि आ सेहो क्रमशः हटल जाइत अछि। 'सीता आइलि' लोक कम बजैत छथि, आब चलल जाइत अछि 'सीता आएल।'

तहिना देश भेदेँ भाषामे भेद होइत अछि। पुरैनिञाक मैथिली, मधुबनीक मैथिली ओ बेतिआक मैथिलीमे भेद होइत अछि। तेँ सब भाषामे एकटा 'केन्द्र' मानि लेल जाइत अछि जतएक भाषा आदर्श बुझल जाइत अछि। आन-आन ठामक भाषा ओकर 'बोली' भेल।

तेँ कोनहु भाषाक व्याकरण ओकर केन्द्रक शिष्ट जनक प्रयोगसँ बनैत अछि। हँ, भिन्न-भिन्न 'बोली' बजनिहार शिष्ट जनक बजबाक प्रयोगसँ ओहि

'बोली' सबहिक नियम सेहो होएत। एहि ठाम जे नियम सब कहल जाएत से केन्द्र-मिथिलाक भाषाक नियम होएत।

मुदा तँ जे प्रयोग मैथिलीक कोनहु अंचलमे शिष्ट लोक करैत छथि तकरा अशुद्ध नहि कहब। ओकरा 'आञ्चलिक प्रयोग' कहबैक।

—0—

भाषा होइत अछि 'ध्वनिक समूह'। ध्वनिक हेतु 'प्रयत्न' चाही। एक प्रयत्नसँ एकटा 'ध्वनि' होएत ओ प्रत्येक 'ध्वनि' क हेतु जे लिखबाक 'संकेत' होइत अछि, जकरा 'चेन्ह' कहब, से थिक 'वर्ण' अथवा 'अक्षर'। अतएव एक ध्वनिक हेतु एकेटा संकेत वा अक्षर होएत अर्थात एक अक्षरक एकेटा ध्वनि होएत, ओकर उच्चारण एकहि रंगक होएत।

एकटा वर्ण अथवा एकटासँ अधिक वर्ण किछु अर्थक बोध कराबए तँ ओ 'शब्द' भेल। एक वर्णक शब्द—'ओ' जकर अर्थ भेल 'दूरक केओ व्यक्ति' एक सँ अधिक वर्णक शब्द—'ओमहर' जकर अर्थ भेल 'दूरक दिशामे'।

शब्दमे विभक्ति इत्यादि लगाए जखन ओकरा वाक्यमे प्रयोग करबाक योग्य बनबैत छी तखन ओकरा 'पद' कहब। यथा, ओ, ओकर, ओकरा इत्यादि।

एकोटा पद अथवा एकटासँ अधिक पद जखन किछु आशय व्यक्त करए तँ ओ 'वाक्य' भेल। यथा—आबह, एमहर आबह, लगले एमहर आबह।

एना व्याकरणक चारि गोट प्रकरण होएत।

(अ) वर्णक तथा ओकर उच्चारणक सम्बन्धक नियम सब— वर्ण-विचार।

(आ) शब्द कोना बनाएव ओ शब्दक रूप की होएत जकरा वाक्यमे प्रयोग करब— शब्द-विचार।

(इ) पदक मेल जे किछु आशय व्यक्त करए अर्थात वाक्य हो से वाक्य-विचार।

(ई) कवितामे व्याकरणक साधारण नियम ठाम-ठाम काज नहि करैत अछि। छन्दक अनुरोधसँ व्याकरणक नियममे भेद भए जाइत अछि। ताहि सम्बन्धक नियम भेल—'छान्दस'।

वर्ण विचार

ओना तँ मिथिलाभाषामे ओतबे वर्ण अछि जतेक संस्कृतमे, मुदा विशुद्ध मिथिलाभाषामे कतोक वर्णक प्रयोग नहि होइत अछि :

मिथिलाभाषामे प्रयोग होइत अछि।

अ आ इ ई उ ऊ ए ऐ ओ औ अनुस्वार अं अर्धचन्द्र अँ।

ऋ ॠ ऌ ॡ एहि चारूक प्रयोग नहि होइत अछि, एहिना,

क ख ग घ ङ च छ ज झ ञ ट ठ ड ढ ण।

त थ द ध न प फ ब भ म य र ल स ह

एतबा वर्णक प्रयोग होइत अछि, व श ष एहि तीनि वर्णक नहि।

एहिमे पाँच-पाँचटा आदिसँ कवर्ग, चवर्ग, टवर्ग, तवर्ग ओ पवर्ग कहबैत अछि।

एहिमे अ सँ अँ धरि स्वर कहबैत अछि।

क सँ ह धरि व्यञ्जन कहबैत अछि।

एना मिथिलाभाषा मे दशटा स्वर अछि तथा सब स्वरके ँ अनुनासिक वा अनुस्वार होइत अछि।

तथा तीस गोट व्यञ्जन अछि जे बिनु स्वरक हलन्त कहल जाइत अछि ओ जकर उच्चारणक हेतु स्वरक आवश्यकता होइत अछि– यथा कखन मे छओ गोट वर्ण भेल क अ ख् अ न् अ।

चारि गोट स्वर, विसर्ग, व श ष ई तीनू व्यञ्जन–एतेक वर्णक प्रयोग दोसर भाषाक शब्दक जे तत्सम प्रयोग करब तखन होइंत अछि, यथा–संस्कृतक शशि ऋतु, अङ्गरेजीक अटेंशन, वेटिङरूम, फारसीक शीशा इत्यादि।

मैथिलीमे सब स्वरक दू रूप होइत अछि, लघु ओ गुरु।

अ लघु चाम	अ गुरु मधु
आ लघु पाएर	आ गुरु पान
इ लघु ओ गुरु	खिखिर–पहिल खि लघु दोसर गुरु
उ लघु मधु	उ गुरु मधुर

ई लघु इ भए जाइत अछि, ऊ लघु उ यथा–
मेही–मेहिआ, भगलू–भगलुआ

ए लघु गेनवा	ए गुरु गेन
ऐ लघु मैलाह	ऐ गुरु मैल
ओ लघु ओकर	ओ गुरु ओ
औ लघु बौआ	औ गुरु बौक

ऐ क उच्चारण अइ होइत अछि मैल वा मइल
औ क उच्चारा अउ होइत अछि रौद वा रउद
तहिना मिथिलाभाषामे एकेटा दन्त्य स होइत अछि
एकेटा पवर्गीय ब होइत अछि

अनुस्वार आधा न होइत अछि, तेँ जाहि स्वर पर अनुस्वार रहत से दू मात्राक अर्थात् गुरु भए जाएत। यथा अंकुश अथवा अङ्कुश, पंडित अथवा पण्डित।

अनुनासिक आधा अनुस्वार थिक तेँ अनुनासिक रहनहु कोनहु स्वरक मात्रा नहि बढ़ैत अछि, यथा अंकुरी हिंहिंआएब इत्यादि।

सन्धि

दू वर्ण परस्पर मीलि जखन एक गोट वर्ण भए जाइत अछि तखन एहि मीलब क्रियाकेँ सन्धि कहैत छिऐक। विद्या ओ आलय एकत्र रहलासँ द्याक आ ओ आगाँक आ दूनू मीलि एकटा आ भए जाइत अछि। ओ शब्द भए जाइत अछि विद्यालय।

संस्कृतमे सन्धिक बड़ खेड़ि अछि। मिथिलाभाषामे सन्धि नहि होइत अछि। एकहु पदमे सन्धि नहि होइत अछि–'अएलहुँ' मे अ तथा ए नहि मिलैत+ अछि। दू पदक तँ कथे कोन। 'हम अएलहुँ' एहिमे म.+ अ सन्धि नहि होइत अछि। केवल संस्कृतक जे पद तत्सम गृहीत अछि ताहिमे यदि सन्धि भेल रहैत अछि तँ से मिथिलाभाषामे ओहिना गृहीत होइत अछि। विद्यालय सन्धि भेले गृहीत अछि परन्तु यदि वाक्य रहैत विद्या आदरक वस्तु थिक तँ विद्या+ आदर मीलि सन्धि नहि होएत। सूर्योदयमे सन्धि परन्तु सूर्य उदयाचल पर छथि एहिमे सन्धि नहि।

तथापि दू-चारिटा समासक पदमे सन्धि देखैत छी, यथा–दिनेक, आधेक, गोटेक, परन्तु ई सब अपवाद बुझवाक थिक।

संस्कृतक बहुत तत्सम शब्द, सेहो समासक, मिथिलाभाषामे व्यवहृत अछि से बुझबाक हेतु संस्कृतमे सन्धिक कतोक मुख्य नियम एतए देखबैत छी।

(1) अ, आ क आगाँ अ, आ; इ, ई क आगाँ ई! उ, ऊ क आगाँ उ, ऊ रहलासँ दीर्घ, अर्थात आ, ई, ऊ।

यथा पीत + अम्बर = पीताम्बर, परम + आराध्य = परमाराध्य, दया + अर्णव = दयार्णव, विद्या + आलय = विद्यालय। महि + इन्द्र = महीन्द्र, पृथिवी

+ ईश्वर = पृथिवीश्वर, पृथिवी + इन्द्र = पृथिवीन्द्र, मुनि + ईश = मुनीश रघु + उत्तम = रघुत्तम।

(2) अ आ क आगाँ इ ई रहला सँ दूनू मिलि ए–

यथा–सुर + इन्द्र = सुरेन्द्र, महा + ईश = महेश।

अ आ क आगाँ उ ऊ रहलासँ दूनू मीलि ओ। यथा परम + उदार = परमोदार, महा + उदार = महोदार।

(3) अ आ क आगाँ ए ऐ रहने दूनू मीलि ऐ–यथा–मत + एकता = मतैकता; परम + ऐश्वर्य = परमैश्वर्य।

अ आ क आगाँ ओ औ रहने दूनू मीलि औ। यथा–वन + ओक = वनौक, परम + औदार्य = परमौदार्य।

(4) इ उ क आगाँ असमान स्वर रहने इ ख क य् व्। यथा अति + उत्तम = अत्युत्तम, अनु + अर्थ = अन्वर्थ।

(5) ओ क आगाँ असमान स्वर रहने ओ क अब यथा गो + ईश = गवीश, औ क आगाँ असमान स्वर रहने औ क आव यथा पौ + अक = पावक।

(6) बर्गक तेसर चारिम य र ल व ओ वर आगाँ रहलासँ य् च् ट् द प् क क्रमशः ग् ज् ड् द् ब् यथा–वाक् + जाल = वाग्जाल, अच + अन्त = अजन्त, षट् + दर्शन = षड्दर्शन, सुहृत् + वर = सुहृद्वर, अप् + ज = अब्ज।

(7) त् के ँ च् छ् सँ पूर्व च् यथा–सत् + चरित्र = सच्चरित्र

ज् झ् सँ पूर्व ज् यथा–सत् + जन = सज्जन

ट् ठ् सँ पूव ट् यथा–सत् + ठक्कुर = सट्ठक्कुर

ड ढ सँ पूर्व ड् यथा बृहत् + डमरु = बृहत्ड्डमरू

न् म् सँ पूर्व न् यथा तत् + न = तन्न, तत् + मेय = तन्मेय

ल् सँ पूर्व ल् यथा तत् + लीन = तल्लीन।

(8) पद्क अन्तिम म् के ँ आगाँ व्जञ्जन रहलासँ अनुस्वार; वर्गीय व्यञ्जन रहलासँ आहि बर्गक पञ्चम वर्ण सेहो वैकल्पिक, यथा–अहम् + कार = अहंकार वा अहङ्कार।

(9) आगाँ क् ख् प् फ् रहलासँ विसर्ग ओहिना रहए; यथा–अन्तःकल्प, मनःखेद।

(10) त् थ् सँ पूर्व विसर्गक स् यथा, मनः + ताप = मनस्ताप

च् छ् सँ पूर्व विसर्गक श् यथा–दुः + चिन्ता = दुश्चिन्ता

ट् ठ सँ पूर्व विसर्गक ष्; यथा–निः + ठुर = निष्ठुर

श् सँ पूर्व विसर्गक श् विकल्प; यथा दुः + शील = दुश्शील वा दुःशील

स् सँ पूर्व विसर्गक स् विकल्प यथा–निः + सहाय = निस्सहाय वा निःसहाय

(11) वर्गक तेसर, चारिम, पाँचम वर्ण, य् र्, ल्, व् ओ आगाँ रहला सँ अः कें ओ यथा–यशः + गान = यशोगान।

12 अः क आगाँ अ रहने अ + विसर्ग + अ = ओ यथा–अशः + अम्बुधि = यशोम्बुधि।

शब्द

शब्द तीन प्रकारक होइत अछि।

तत्सम – जे संस्कृतक शब्द ओहिना मिथिलाभाषामे प्रयुक्त होइत अछि यथा–जल, वायु, पुत्र, कलत्र इत्यादि।

तद्भव – संस्कृतक शब्द जे विकृत रूपमे प्रयुक्त होइत अछि यथा–आँखि (अक्षि सँ) हाथ (हस्त सँ)।

देशज – जे संस्कृतमूलक नहि थिक, विशुद्ध मैथिलीदेशक शब्द थिक; यथा–टाङ्ग, बेटा, टाट, तौला।

भाषान्तरक शब्द जे ओही रूपमे वा विकृत रूपमे भाषामे प्रयुक्त होइत अछि; से विदेशी शब्द तीनूसँ भिन्न भेल। ओहो तद्व ते प्रयुक्त होएत तैँ तत्सम भेल मुदा जँ विकृत रूपमे प्रयुक्त होएत तँ तद्भव होएत।

मुदा व्यवहारमे तत्समसँ संस्कृतक शब्द ओ तद्भव सँ संस्कृतमूलक शब्द एतवे बुझले होइत अछि।

व्याकरणमे शब्द तीन प्रकारक अछि। (1) नाम (2) अव्यय (3) क्रिया।

नाम

नाम पाँच प्रकारक होइत अछि।

(1) व्यक्तिबोधक नाम–यथा–पलटा, गङ्गा, पटना इत्यादि।

(2) जातिबोधक नाम–यथा–मनुष्य, गाए, धान इत्यादि।

(3) गुणबोधक नाम–यथा–लाल, लाभ, बुधिआर इत्यादि।

एकर अन्तर्गत संख्यावाचक वा परिमाणवाचक नाम सेहो बुझबाक थिक यथा–एक, दू अथवा थोड़-बहुत इत्यादि।

(4) भावबोधक नाम–भाव थिक (अ) क्रियाक अर्थ यथा–देखब, सुनब, देखनाइ, सुननाइ इत्यादि।

(आ) गुणक धर्म; यथा–लाली, गौहिड़ाइ, बुधिआरी, पण्डिताइए इत्यादि।

(5) जे कोनहु नामक हेतु प्रयुक्त हो – एकरहि सर्वनाम कहैत छैक। मिथिलाभाषामे केवल बारहटा सर्वनाम अछि, हम, अहाँ, तोँ (सामान्य) तोँ (अनादरार्थक), अपने, ओ, ई, जे, से, की, अपना, आन।

नामक प्रयोग विभक्ति लगाएकेँ होइत अछि। बिनु विभक्तिक शब्द वाक्यमे प्रयुक्त नहि होइत अछि। नामसँ विभक्ति लगाए ओकरा पद बनबैत छी

ओ वाक्यमे पदक प्रयोग होइत अछि। विभक्ति कतहु श्रूयमाण होइत अछि; यथा गामकेँ देखू। कतहु उछ; यथा–गाम चलू।

नामसँ एकक बोध हो तँ एकवचन, एक सँ अधिकक बोध हो तँ बहुवचन कहाओत, परन्तु मिथिलाभाषामे शब्दक बहुवचन रूप नहि होइत अछि। सब वा लोक आदरमे ई लोकनि बहुवाचक शब्द लगाए कए बहुतक बोध कराओल जाइत अछि यथा–गामकेँ देखू बहुवचनमे गामसबकेँ देखू। ओ अएलाह–ओलोकनि अबैत गेलाह।

तहिना, नामसँ पुरुषक बोध सेहो होइत अछि। पुरुष तीन गोट अछि। (1) उत्तम पुरुष, केवल सर्वनाम हम।

(2) मध्यम पुरुष तीनि गोट चारि अर्थमे अपने (अतिआदर), अहाँ (आदर) तोँ (जेना तोँ अबैत छह–सामान्य) तोँ (जेना तोँ अबैत छेँ तोँ अनादरार्थक)।

(3) एहिसँ भिन्न सब नाम प्रथम पुरुष थिक।

आदर ओ अनादरक विवक्षासँ क्रियापदमे भेद होइत अछि जे से आगाँ कहल जाएत। आदर ओ अनादर अर्थमे तद्धितक प्रत्यय सब होइत अछि से आगाँ कहल जाएत।सब तद्धितान्त शब्द कृदन्त शब्द आ समास कएल शब्द नाम होइत अछि से जानब।

× × ×

विभक्ति सात गोट होइत अछि, प्रथमा, द्वितीया, तृतीया, चतुर्थी, पञ्चमी, षष्ठी ओ सप्तमी।

प्रथमा विभक्ति श्रूयमाण नहि होइत अछि अर्थात् कोनो विभक्ति नहि लगैत अछि – अर्थमे ओकर अनुमान करैत छी। जेना, राम गेलाह।

द्वितीया विभक्ति "के" थिक, कतहु कतहु आदरमे "काँ" सेहो होइत अछि। अप्राणिवाचक शब्दमँ ओकर बहुधा लोप होइत अछि। यथा नटुआकेँ बजाउ, नाच करत।

तृतीया विभक्ति "सँ" थिक एकरा कतहु कतहु "एँ" भए जाइत अछि। ताहिसँ पूर्व अ-आ क लोप होइत अछि। यथा, हाथसँ लिखू वा हाथेँ लिखू।

विशेषः– मैथिलीमे स्वरादि प्रत्यय रहलासँ दीर्घ स्वर ह्रस्व भए जाइत अछि। कालीसँ मुदा कालिएँ।

चतुर्थी विभक्ति द्वितीया जकाँ "केँ" वा "काँ" थिक। मुदा चतुर्थीक लोप नहि होइत अछि। यथा, ब्राह्मणकेँ दिऔक।

पञ्चमी विभक्ति "सँ" थिक मुदा तृतीया जकाँ ने एकरा "ए" होइत अछि ने कोनो लोप। यथा गामसँ अएलाह।

षष्ठी विभक्ति "क" थिक मुदा "केर" ओ "केरि" सेहो ठाम-ठाम होइत अछि। यथा गामक लोक गामकेर लोक।

सप्तमी विभक्ति “मे” थिक ओ “पर”। यथा गाममे वा गामपर छथि।

विभक्ति–	हाथ	माला	मालि	काली	भालु
प्रथमा–	हाथ	माला	मालि	काली	भालु
द्वितीया–	हाथ	माला	मालिकेँ	कालीकेँ	भालुकेँ
	हाथकेँ	मालाकेँ			
तृतीया–	हाथसँ	मालासँ	मालिसँ	कालीसँ	भालुसँ
	हाथेँ	मालेँ	मालिएँ	कालिएँ	भालुएँ
चतुर्थी–	हाथकेँ	मालाकेँ	कालीकेँ	कालीकेँ	भालुसँ
पञ्चमी–	हाथसे	मालासँ	मालिसँ	कालीसँ	भालुसँ
षष्ठी–	हाथक	मालाक	मालिक	कालिक	भालुक
	हाथकेर,	मालाकेर	मालिकेर	कालीकेर	भालुकेर
	केरि	केरि	केरि	केरि	केरि
सप्तमी–	हाथमे	मालामे	मालिमे	कालीमे	भालुमे
	हाथ पर	माला पर	मालि पर	काली पर	भालु पर

एहिना आओरो शब्दक रूप जानब।

सर्वनामक रूपावली

(1) उत्तम पुरुष – हम

प्रथमा – हम

द्वितीया –हमरा

तृतीया– हमरासँ

हमरे

चतुर्थी–हमरा

पञ्चमी–हमरासँ

षष्ठी–हमर

हमरा

सप्तमी–हमरामे

हमरापर

(2) मध्यमपुरुष–अहाँ आदरार्थक	अपने अत्यादरार्थक
प्रथमा–अहाँ	अपने
द्वितीया–अहाँके ँ	अपनेके ँ
अहाँकाँ	अपनेकाँ
(3) तृतीया–अहाँसँ	अपनेसँ
चतुर्थी–अहाँके ँ	अपनेके ँ
पञ्चमी–अहाँसँ	अपनेसँ
षष्ठी–अहाँक	अपनेक
सप्तमी–अहाँमे	अपनेमे
अहाँ पर	अपने पर

(4) भाव-बोधक नाम–भाव थिक (अ) क्रियाक अर्थ यथा देखब, सुनब, देखनाइ, सुननाइ इत्यादि।

(आ) गुणाक धर्म यथा लाली, गँहिड़ाइ, बुधिआरी, पण्डिताइ इत्यादि।

(5) जे कोनहु नामक हेतु प्रयुक्त हो – एकरहि सर्वनाम कहैत छैक।

मैथिलीभाषा मे केवल बारहटा सर्वनाम अछि, हम, अहाँ , तें (सामान्य) तों (अनादरार्थक), अपने , ओ , ई , जे , से , की , अपना , आन।

नामक प्रयोग विभक्ति लगाएकें होइत अछि। बिनु विभक्तिक शब्द वाक्य मे प्रयुक्त नहि होइत अछि। नाम मँ विभक्ति लगाए ओकरा पद बनबैत छी ओ वाक्य मे पदक प्रयोग होइत अछि। विभक्ति कतहु श्रू यमाण होइत अछि यथा–गाम कें देखू। कतहु ऊ; यथा–गाम चलू ।

नाम सँ एकक बोध हो तँ एकवचन , एक सँ अधिकक बोध हो तँ बहुवचन कहाओत ,परन्तु मैथिलीभाषा मे शब्दक बहुवचन रूप नहि होइत अछि। सब वा लोक आदर मे लोकनि ई बहुवाचक शब्द लगाए बहुतक बोध कराओल जाइत अछि यथा गाम कें देखू बहुवचन मे गामसब कें देखू। ओ अएलाह–ओ लोकनि अबैत गेलाह।

तहिना, नामसँ पुरुषक बोध सेहो होइत अछि। पुरुष तीन गोट अछि।

(१) उत्तम पुरूष , केवल सर्वनाम हम।

(२) मध्यम पुरूष तीनि गोट चारि अर्थ मे अपने (अति आदर), अहाँ (आदर) तों (जेना तों अबैत छह–सामान्य) तों (जेना तों अबैत छें अनादरार्थक)।

मनुष्यक हेतु		मनुष्यसँ-भिन्न हेतु	
	आदर	अनादर	
चतुर्थी–	हिनका	एकरा	एकरा
पञ्चमी–	हिनकासँ	एकरासँ	एहिसँ
षष्ठी–	हिनक	एकर	एकर
	हिनकर		
	हिनका	एकरा	एकरा
सप्तमी–	हिनकामे	एकरामे	एहिमे
	हिनका पर	एकरा पर	एहि पर

सर्वनाम–'ओ'

प्रथमा–	ओ	ओ	ओ
द्वितीया–	हुनका	ओकरा	ओकरा
तृतीया–	हुनकासँ	ओकरासँ	ओहिसँ
	हुनकेँ	ओकरेँ	
चतुर्थी–	हुनका	ओकरा	ओकरा
पञ्चमी–	हुनकासँ	ओकरासँ	ओहिसँ
षष्ठी–	हुनक	ओकर	ओकर
	हुनकर	ओकरा	ओकरा
	हुनका		

सप्तमी–	हुनकामे	ओकरामे	ओहिमे
	हुनकापर	ओकरापर	ओहिपर

सर्वनाम–'जे'

प्रथमा	जे	जे	जे
द्वितीया	जनिका	जकरा	जकरा
तृतीया	जनिकासँ	जकरासँ	जाहिसँ
	जनिकेँ	जकरेँ	
चतुर्थी	जनिका	जकरा	जकरा
पञ्चमी	जनिकासँ	जकरासँ	जाहिसँ
षष्ठी	जनिक	जकर	जकर
	जकरा	जकरा	जकरा
	जनिकर		
सप्तमी	जनिकामे	जकरामे	जाहिमे
	जनिकापर	जकरापर	जाहिपर

सर्वनाम–'से'

प्रथमा	से	से	से
द्वितीया	तनिका	तकरा	तकरा
तृतीया	तनिकासँ	तकरासँ	ताहिसँ
	तनिकेँ	तकरेँ	
चतुर्थी	तनिका	तकरा	तकरा
पञ्चमी	तनिकासँ	तकरासँ	ताहिसँ
षष्ठी	तनिक	तकर	तकर
	तनिका	तकरा	तकरा
	तनिकर		
सप्तमी	तनिकामे	तकरामे	ताहिमे
	तनिकापर	तकरापर	ताहिपर

सर्वनाम–'की'

	मनुष्यक हेतु	मनुष्यसँ भिन्नक हेतु	
	आदर–अनादर		
प्रथमा	के	के	की
द्वितीया	कनिकासँ	ककरा	की
			ककरा
तृतीया	कनिकासँ	ककरामे	कथीमे

	कनिकेँ	ककरेँ	
चतुर्थी	कनिका	ककरा	कथीकेँ
			ककरा
पञ्चमी	कनिकासँ	ककरासँ	कथीसँ
षष्ठी	कनिक	ककर	कथीक
	कनिकर	ककरा	ककरा
	कनिका		
सप्तमी	कनिकामे	ककरामे	कथीमे
	कनिकापर	ककरापर	कथीपर

एहि सबमे वैकल्पिक रूपक प्रयोग नियमित अछि जकर ऊहि प्रयोगसँ करब। यथा—षष्ठीक रूप मे ह्रस्वान्त एकर, ओकर , जनिक, तनिक, कनिक—एकर प्रयोग अव्ययक योगमे नहि, आओर सर्वत्र होइत अछि। अव्ययक योगमे तथा प्रथमासँ भिन्न विभक्तिक योगमे दीर्घान्त, एकरा, ओकरा, जनिका, तनिका, ककरा होएत। यथा—ककर बालक अएलाह, मुदा ककरा बालकके़ँ बजओलिऐन्हि। जनिका मादे कहल तनिक नाम की?

सर्वनाम–'अपना' (स्वयं अर्थमे)

प्रथमा	अपने	(हम अपने जाएब अर्थात स्वयं)
		तोँ अपने जइहह
		ओ अपने कहलक
द्वितीया	अपनाकेँ	(हम अपनाकेँ कहल
		तैँ अपनाकेँ बुझाबह
		लोक अपनाकेँ चेतए)
तृतीया	अपनासँ	हम अपनासँ लड़लहुँ
चतुर्थी	अपनाकेँ	
पञ्चमी	अपनासँ	
षष्ठी	अपन	(हम अपन काज कएल
	अपना	हम अपना दए कहैत छी)
सप्तमी	अपनामे	
	अपनापर	

सर्वनाम–'आन'

	मनुष्यमे	मनुष्यादि भिन्नमे
प्रथमा	आन	आन

द्वितीया	आनकेँ	आनकेँ
	अनका	आन
तृतीया	आनसँ	आन्‍सँ
	आनेँ	आनेँ
	अनकासँ	
	अनकेँ	
चतुर्थी	आनकेँ	आनकेँ
	अनका	
पञ्चमी	आनसँ	आनसँ
	अनका सँ	
षष्ठी	आनक	आनक
	अनकर	
	अनका	
सप्तमी	आनमे	आनमे
	आनपर	आनपर
	अनकामे	
	अनकापर	

कृदन्त नाम

प्रथमा	देखब	जाएब	होएब
द्वितीया	देखबकेँ	जाएबकेँ	होएबकेँ
	देखबाकेँ	जएबाकेँ	होएबाकेँ
तृतीया	देखबसँ	जाएबसँ	होएबसँ
	देखबासँ	जाएबासँ	होएबासँ
	देखलासँ	गेलासँ	भेलासँ
	देखलेँ	भेलेँ	भेलेँ
	देखने	गेने	भेने
चतुर्थी	देखबकेँ	जाएबकेँ	होएबकेँ
	देखबाकेँ	बएबाकेँ	होएबाकेँ
पञ्चमी	देखबसँ	जाएबसँ	होएबसँ
	देखबासँ	जाएबासँ	होएबासँ
	देखलासँ	गेलासँ	भेलासँ
षष्ठी	देखबाक	जएबाक	होएबाक
	देखलाक	गेलाक	भेलाक

सप्तमी	देखबामे	जएबामे	होएबामे
	देखबमे	जाएबमे	होएबमे
	देखलामे	गेलामे	भेलामे
	देखबापर	जएबापर	होएबापर
	देखलापर	गेलापर	भेलापर

किछु विशेष शब्द

प्रथमा	आङ्न	दोसर	चारिम
द्वितीया	आङ्नकेँ	दोसरकेँ	चारिमकेँ
	अङ्नाकेँ	दोसराकेँ	चरिमाकेँ
तृतीया	आङ्नसँ	दोसरसँ	चारिमसँ
	अङ्नासँ	दोसरासँ	चारिमासँ
	अङ्नेँ	दोसरेँ	चरिमेँ
चतुर्थी	आङ्नकेँ	दोसरकेँ	चारिमकेँ
	अङ्नाके	दोसराकेँ	चरिमाकेँ
पञ्चमी	आङ्नसँ	दोसरसँ	चारिमसँ
	अङ्नासँ	दोसरासँ	चरिमसँ
षष्ठी	आङ्नक	दोसरक	चारिमक
	अङ्नाक	दोसराक	चरिमाक
सप्तमी	आङ्नमे	दोसरमे	चारिममे
	अङ्नामे	दोसरामे	चरिमामे
	आङ्नपर	दोसरपर	चारिमपर
	अङ्नापर	दोसरापर	चरिमापर

कारक

कारक थिक 'कएनिहार' अर्थात क्रियाक उत्पादक। क्रियाकेँ उत्पन्न करबाक हेतु केवल कर्त्ता नहि, आनो आनो वस्तुक काज पड़ैत छैक–राम घरमे बकस सँ भिखारिकेँ देबाक हेतु हाथसँ पैसा बहार करैत छथि। एहिमे जे क्रिया छैक 'बहार करब' तकर उत्पादक की सब छैक से देखू। के बहार करैत छथि? कोना बहार करैत छथि? किएक बहार करैत छथि? कतएसँ बहार करैत छथि? कतए बहार करैत छथि? एहि छओ नामकेँ क्रियासँ अन्वय छैक। ई छओ भिन्न-भिन्न 'कारक' भेल। ई क्रमशः कहबैत अछि कर्त्ता, कर्म, करण, सम्प्रदान, अपादान ओ अधिकरण। एहि सबहिक हेतु भिन्न-भिन्न विभक्तिक प्रयोग होइत छैक ओ विभक्तियुक्ते नामक प्रयोग वाक्यमे होइत अछि।

एहि छओसँ भिन्न एक प्रकारक आओर नामक रूप होइत अछि जाहिसँ

एक नामक दोसर नामसँ सम्बन्ध सूचित होइत अछि। जेना रामक बाप। एहिमे रामसँ बापका सम्बन्ध सूचित होइत अछि। क्रियासँ एकरा अन्वय नहि छैक। एकरा 'सम्बन्ध' कहैत छैक। असलमे ई कारक नहि थिक मुदा सम्बन्धक रूप भिन्न होइत छैक तेँ एकरो गणना कारकमे कएल जाइत अछि।

प्रथमा– क्रियाक कएनिहार कर्त्ता थिक। अर्थात धात्वर्थ-व्यापारक आधार कर्त्ता थिक। गाए चरैत अछि। एतए चरब व्यापार छैक गाएमे तेँ गाए कर्त्ता भेल।

कर्त्तामे प्रथमा विभक्ति होइत अछि जे क्रियासँ कर्त्तामे तिङ्न्त हो। यदि कर्ममे तिङ्न्त हो तखन कर्ममे प्रथमा विभक्ति होइत अछि ओ कर्त्तामे तृतीया। देवदत पोथी पढ़ैत छथि मुदा देवदतसँ पोथी पढ़ल जाइत अछि।

द्वितीया– कर्मवाच्यसँ भिन्न क्रियाक कर्ममे द्वितीया होइत अछि। धात्वर्थ-व्यापारक जे फल छैक तकर आधार कर्म थिक। राम पोथी पढ़ैत छथि। एतए पढ़ब क्रियाक व्यापार पोथीमे छैकतेँ पोथी कर्म भेल।

प्रेरणार्थक क्रियामे प्रयोज्य कर्त्ता कर्म भए जाइत अछि। अकर्मकमे नित्य, सकर्मकमे विकल्पसँ तृतीया। यथा–ओ हँसैत छथि, राम हुनका हँसबैत छथि। ओ पोथी पढ़ैत छथि। गुरु हुनका पोथी पढ़बैत छथि वा हुनकासँ पढ़बैत छथि।

नोट–जखन क्रियाक फल प्रयोज्य कर्त्ताकेँ होइन्ह तखन द्वितीया, जखन प्रयोजक कर्त्ताकेँ होइन्ह तखन तृतीया। गुरु हुनका पढ़बैत छथि, जखन पढ़बाक फल हुनका होइन्ह। गुरु हुनकासँ पढ़बैत छथि जकर अर्थ भेल जे पढ़बाक फल गुरुकेँ होइन्ह।

अत्यन्त संयोग अर्थात लगातार संयोग रहलासँ कालबोधक अथवा मार्गबोधक नामसँ द्वितीया विभक्ति। ई अन्न तीन दिन चलत। ई बाट दू कोस टेढ़ अछि

कारक-सम्बन्धसँ भिन्न स्वत्वादि सम्बन्ध जखन विशेष रूपमे विधेय हो तँ सम्बन्ध अर्थमे षष्ठी नहि, द्वितीया विभक्ति। रामकेँ पोथी छैन्हि। एहिमे कहबाक मुख्य विषय छैक रामक स्वत्व पोथीमे।

आठ पहरसँ बेसी नहि, एहन कालक बोधक नामसँ सप्तमीक स्थानमे द्वितीया विभक्ति होइत अछि से रवि आदि दिन वाचकसँ नित्य–रविकेँ अएलहुँ, सोमकेँ जाएब। आन नामसँ वैकल्पिक–दिनकेँ अएलहुँ अथवा दिनमे अएलहुँ।

तृतीया–करणमे तृतीया विभक्ति होइत अछि। क्रियाकेँ सम्पन्न करबामे साक्षात साधक करण थिक। राम बाणसँ रावणकेँ मारल। एतए मारबाक क्रिया सम्पन्न कएल राम सेहो मुदा साक्षात साधक भेल बाण। तेँ 'वाण' करण भेल।

कर्मवाच्य ओ भाववाच्यमे कर्त्तासँ तृतीया विभक्ति अबैत आछि।

हेतु अर्थमे तथा निमित्तबोधक नामसँ तृतीया विभक्ति अबैत अछि। किछु कार्य आएल छी। कोन निमिते ँ भएबहु।

बेत्रेक ओ बिना एहि दू अव्ययक योगमे तृतीया ओ षष्ठी विकल्पसँ होइत अछि। हमरा बेत्रेक वा हमरा बिना। हमरेँ बेत्रेक अथवा हमरे ँ बिना।

चतुर्थी– सम्प्रदानमे चतुर्थी विभक्ति होइत अछि। कर्म-सम्बन्धी होएबामे कर्त्ताक इष्ट सम्प्रदान थिक। दीनके ँ अन्न दी। एतए कर्त्ताके ँ इष्ट जे दीन अन्न पाबए।

रुच प्रभृति धातुक योगमे चतुर्थी होइत अछि। हमरा साग रुचैत अछि।

पञ्चमी–अपादानमे पञ्चमी विभक्ति होइत अछि। अपादान थिक विभागक आधार परन्तु विभाजनक क्रियाक आधार नहि। गाछसँ पात खसैत अछि। एहिमे खसब क्रियाक आधार गाछ ओ पात दूनू भेल परन्तु विभाजनक क्रिया 'नीचा जाएब' गाछमे नहि पातमे अछि ते ँ ओ कर्त्ता भेल तथा गाछ अपादान। जतएसँ विभाजन हो से अपादान भेल।

लिख, पढ़, सुन, छक, बच, बुझ, पट, लड़, हार, वन, दब, खेल, डर इत्यादि धातुक योगमे कर्मादिसँ भिन्न कारक अपादान थिक। गुरु, सीखल, गुरुसँ पढ़ल, गूरुसँ सुनल, अहाँसँ छकलहुँ इत्यादि।

जकर गुणक अपेक्षया दोसराक ओहि गुणक उत्कर्ष प्रतीत हो तद्बोधक नामसँ पञ्चमी, रामसँ श्याम धनिक छथि।

फूट, पृथक, भिन्न, दूर अर्थबोधक शब्दसँ पञ्चमी। हमरासँ फूट, गामसँ पृथक, सबसँ भिन्न, धरसँ दूर समीपार्थक नामसँ पञ्चमी ओ षष्ठी विकल्प।

गामसँ लग वा गामक लग।

कहाँ, कतए इत्यादि अधिकरणार्थक अव्यय जखन अधिकरण अर्थके ँ छोड़ि केवल स्थान अर्थमे प्रयुक्त तें हो ओहिसँ पंचमी ओ षष्ठी।

कतएसँ वा कहाँसँ वा कोमहरसँ अबैत छी। कतएक थिकाह वा कहाँक थिकाह वा कोमहरक थिकाह।

षष्ठी– सम्बन्धमे षष्ठी विभक्ति होइत अछि, परन्तु ई सम्बन्ध कारक सम्बन्धसँ भिन्न हो। कारक-सम्बन्धमे कर्त्तासँ प्रथमा, कर्मसँ द्वितीया इत्यादि कहल गेल अछि। ताहिसँ भिन्न स्वत्व आदि सम्बन्धक द्योतक थिक षष्ठी विभक्ति। गामक लोक।

कृदन्त प्रकरणमे जे प्रत्यय सब कहल जाएत तकर योगमे ओहि शब्दक मूल धातुक कर्त्ता ओ कर्ममे षष्ठी होइत अछि। नेनाक खेलाएब। गेनक खेलाएब। छात्रक पढ़ब। पोथीक पढ़ब। एहिमे 'खेलाएब' क्रियाक कर्त्ता

थिक नेना आ कर्म थिक गेन, पढ़बक कर्त्ता थिक छात्र ओ कर्म थिक पोथी। ताहिमे षष्ठी।

परन्तु जे कृदन्त अव्यय जकाँ व्यवहृत होइत अछि जेना पढ़ि, पढ़ैत, पढ़ए इत्यादि—तकर योगमे षष्ठी नहि होइत अछि।

जतए कर्त्ता ओ कर्म दूहूमे षष्ठी प्राप्त हो तकरा योगमे केवल कर्महिमे षष्ठी होइत अछि, कर्त्तामे तृतीया। यथा—नेनासँ गेनक खेलाएब नीक थिक। छात्रसँ पोथीक पढ़ब आवश्यक।

सप्तमी—कर्त्ता ओ कर्मक आधार थिक अधिकरण। अधिकरण मे सप्तमी विभक्ति होइत अछि। यथा—घरमे पोथी अछि। बासन मे भात रन्हैत छथि। 'घर' कर्त्ता, पोथीक आधार थिक ओ 'बासन' कर्म भातक।

लिङ्ग

मैथिलीमे 'लिङ्ग' लौकिक होइत अछि, शास्त्रीय नहि। जाहि नामसँ पुरुषक बोध हो से भेल पुल्लिङ्ग, जाहिसँ स्त्रीक बोध हो से भेल स्त्रीलिङ्ग। ते ँ ओ सब नाम जाहिमे लिङ्ग नहि छैक अथवा जकर लिङ्ग बूझल नहि भए सकैत छैक यथा—खाट जकरा लिङ्ग नहि छैक अथवा उड़ीस, मोस, चाली जकर लिङ्ग बुझल नहि भए सकैत अछि से सब 'अलिङ्ग' भेल।

कतोक नाम केवल पुल्लिङ्ग अछि, यथा—बाप, बड़द, कतोक नाम केवल स्त्रीलिङ्ग अछि यथा—माए, गाए। कतोक शब्द एहन अछि जाहिमे प्रत्यय लगाए स्त्रीलिङ्गक बोध कराओल जाइत अछि, यथा—बेटासँ बेटी, घोड़ासँ घोड़ी, तेलिसँ तेलिनि। एहन नाम उभयलिङ्ग थिक।

जे प्रत्यय लगाए स्त्रीलिङ्ग बनाओल जाइत अछि से स्त्री प्रत्यय कहबैत अछि।

मुदा मिथिला-भाषामे लिङ्गक विचार केवल नामहिक टा हेतु विशेष अछि, लिङ्गक भेदसँ भाषामे केवल तीनि गोट भेद होइत अछि।

(अ) अकारान्त विशेषण स्त्रीलिङ्ग विशेष्य रहला सँ ह्रस्व-इकारान्त स्त्रीलिङ्ग भए जाइत अछि। यथा—
सुन्दर छौँड़ा, सुन्दर छौँड़ी।

(आ) भूत कालक क्रियाक रूप ओ भविष्य कालक क्रियाक रूपमे भेद होइत अछि। यथा—
छौँड़ा आएल मुदा छौँड़ी आइलि।
छौँड़ा आओत मुदा छौँड़ी आओति।

मुदा भाषाक प्रवृत्ति अछि जे इहो सब भेद क्रमशः लुप्त भेल जाइत अछि। नीको लोक लिखए लगलाह अछि, सुन्दर छौँड़ी आएल, काल्हि जाएत जखन शुद्ध

होएबाक चाही सुन्दरि छौंड़ी आइलि, काल्हि जाइति।

एहिठाम थोड़ेके स्त्रीप्रत्यय देखबैत छी यद्यपि एकर प्रयोगहिसँ ऊहि करबाक थिक।

अकारान्त विशेषणसँ 'इ'—छोट-छोटि; मोट-मोटि; कुमार-कुमारि।

अकारान्त शब्दसँ 'ई'—घोड़ा-घोड़ी, धनबाला-धनबाली।

अकारान्त जातिवाचकसँ 'इनि', कतहु 'इनी'—दास-दासिनि; खबास-खबासिनि वा खबासिनी साप-सापिनि, केओट-केओटिनि वा केओटिनी; मुदा वाभनसँ वाभनि, गोआरसँ गोआरि वा गोआरिनि।

इकारान्त वा उकारान्तसँ 'नि'—तेलि-तेलिनि;, धोबि-धोबिनि; नाति-नातिनि।

बानर आदिसँ 'नी'—बानर-बनरनी; चोर-चोरनी; हाथी-हथिनी।

धनिक आदिसँ 'आइनि'—धनिक-धनिकाइनि; गुरु-गुरु-आइनि, नौआ नौआइनि;

कुम्हार-चमार-कमार सँ 'ऐनि' मुदा 'आर' क लोप—कुम्हैनि, चमैनि, कमैनि।

पुरुष सम्बन्धसँ स्त्रीमे व्यवहृत पण्डित आदिसँ 'आइनि'—पण्डिताइनि, पितिआइनि, ठकुराइनि, ओझाइनि मिसराइनि, चौधराइनि।

काका आदिमे 'ई'—काकी, मामी, दादी, नानी, पिसी।

मामसँ 'इ' सेहो—माम-मामि वा मामी मुदा सम्बोधनमे 'मामि' नहि।

कतोक विशेष स्त्रीप्रत्यय, यथा—भाए सँ भौजी वा भाउजि, सार सँ सरहोजि, बहिआसँ बहिकिरनी, मुदा जेना मामि तहिना भाउजिक प्रयोग सम्बोधनमे नहि होइत अछि—अए भाउजि वा अए मामि एहन प्रयोग नहि प्रत्युत अए भौजी वा अए मामी।

समास

सन्धिमे जेना दू गोट वर्ण परस्पर मीलि एक गोट वर्ण भए जाइत अछि, तहिना समासमे दू गोट पद मीलि एक गोट पद भए जाइत अछि। यथा—बेलक पात एहि दू पदक मिलाप बेलपात समास भेल।

साधारणतया दूहू पदक जे अर्थ होइत छैक सएह अर्थ समास कएल पदक सेहो होइत छैक मुदा कतहु-कतहु अर्थमे भेदो भए जाइत छैक। तामक घैल भेल तमघैल परन्तु तमघैलक अर्थ व्यापक भए कोनहु धातुक बनल घैलक हेतु भए गेल अछि, केवल तामहिक नहि।

संस्कृत जकाँ मिथिलाभाषा मे समासक स्वच्छन्दता नहि छैक। समासक क्षेत्र एतए बड़ सीमित अछि। एक तँ दू गोटसँ बेसी पदक समास नहि होइत अछि, दोसर जतए इच्छा होएत ततए समास नहि कए सकब। समास ओतहि होइत अछि जतए ओ व्यवहारमे आबि गेल अछि। बेलक पातकेँ बेलपात कहबैक

मुदा आमक पातके ँ आमपात नहि कहबैक।

समास तीन गोट अछि

(1) तत्पुरुष = जाहिमे उत्तर पद प्रधान हो। यथा–

पानिक बाट = पनिबट, तामक घैल = तमघैल। एहि दूनू मे बाट ओ घैल प्रधान थिक ओ पानि तथा तामक विशेषण जकाँ गौण।

एहिमे एहिल पदमे षष्ठी विभक्ति अछि ते ँ ई षष्ठी तत्पुरुष कहाओत।

विशेषण ओ विशेष्यक समास कर्मधारय कहाओत, सब दिन = सबदिना; आन धान = अनधना।

विशेषण यदि संख्यावाचक हो तँ द्विगु।

एक बाट = एकबट्टी; चारि बाट = चौबट्टी।

एना तत्पुरुषक भेद भेल कर्मधारय जाहिमे समानाधिकरण (एक विभक्ति-बला) विशेषणक संग समास होइत अछि ओ कर्मधारयक भेद द्विगु भेल जखन ओ विशेषण संख्यावाचक रहए।

(2) द्वन्द्व– जाहि सामासमे दूनू पद समान रूपसँ प्रधान हो,

विशेषण–विशेष्य भाव नहि रहैक से द्वन्द्व थिक।

यथा–पानि-पाथर, लोक-वेद।

नोत-हकार, अन्न-जल।

परन्तु प्रसिद्ध जे साहचर्य अछि अर्थात जे लोक बजैत अछि ताहीमे द्वन्द्व होइत अछि। लोक कहैत छैक पूजा-पाठ, सन्ध्या-तर्पण। यदि कहब पूजा-सन्ध्या अथवा पाठ-तर्पण त से नहि भेल। एतए संग-संग प्रयोग, जकरा साहचर्य कहैत छैक से प्रसिद्ध नहि अछि। पोथीमे दिबाड़ लागल आ चाउरमे दिबाड़ लागल एहि दूनू के ँ मिलाए पोथी-चाउरमे दिबाड़ लागल से नहि होएत। प्रसिद्ध अछि पोथी-पतड़ा, चाउर-दालि इत्यादि।

(3) बहुब्रीहि–जाहिमे अन्य पद प्रधान हो से बहुब्रीहि थिक। जेना, दो-दिना। एकर अर्थ भेल कोनो वस्तु यथा–पाबनि जे दू दिन हो। एहिमे समासक पद दू आ दिन अछि मुदा अर्थ प्रतोत होइत अछि पाबनि जे एके दिन नहि, कतहु एक दिन भेल आ कतहु दोसर दिन।

नोट–बहुब्रीहि आ योगरूढ़िमे भ्रम नहि कर्त्तव्य थिक। योगरूढ़ि ओ अर्थ थिक जे होइत तँ अछि यौगिक मुदा यौगिक अनेक अर्थमे एकहिटमे सीमित रहैत अछि। यथा पनबट्टी जकर अर्थ भेल पानक बाटी। मुदा कोनहु बाटीमे पान राखब ते ँ ओ पनबट्टी नहि कहाओत। से ओकर यौगिक अर्थ भेल। पनबट्टीसँ एक विशेष प्रकारक पानक बाटी जकाँ बासन अर्थ बोध होइत अछि जे ओकर एकटा यौगिक अर्थ भेल मुदा ओही अर्थमे ओ सीमित रहत। समास भेल ई षष्ठी तत्पुरुष। बहुब्रीहि ओहिसँ भिन्न थिक। एहिसँ तँ अन्य अर्थसँ भिन्न अर्थक बोध

होइत अछि। ओ विशेषण होइत अछि कोनहु आन विशेष्यक। चतुर्भुज भेलाह ओ जनिका चारिटा भुजा होइन्ह से बहुब्रीहि थिक। मुदा जँ ओकर अर्थ भेलाह विष्णु तँ ओ योगरूढ़ि सेहो भेल।

एहिसँ भिन्न संस्कृतमे अव्ययी भाव समास सेहो अछि मुदा मिथिलाभाषामे ओकर उदाहरण केवल तत्सम शब्दमे भेटत, यथा—प्रत्येक, अनुक्षण (विकृत रूप अनुखन), तदर्थ, धनार्थ, विद्यार्थ प्रभृति। मैथिलीमे एहि समासक दृष्टान्त बड़ बिरल अछि।

मिथिलाभाषामे समासक क्षेत्र परिमित अछि ओ तेँ कोन शब्दक सङ्ग कोन शब्दक समास होइत अछि तकर व्यवस्था छैक परन्तु से ऊहिसँ बुझल भए सकैत अछि। एतए ओहि नियम सबहिक किछु परिचय देल जाइत अछि जे समास भेला पर होइत अछि :

(1) समासमे प्रत्येक पदक विभक्तिक लोप भए जाइत अछि ओ समस्त पद एक भए जाइत अछि जाहिसँ विभक्ति लगैत अछि। पानिक घाट = पनिघट, तामक घैल = तमघैल।

(2) पूर्व पदक स्वर ह्रस्व भए जाइत अछि मुदा द्वन्द्वमे नहि। पानिक शाला = पनिसाला। द्वन्द्वमे भात-दालि, लोक-वेद।

कतहु-कतहु उत्तर पदहुक स्वर ह्रस्ब भए जाइत अछि। यथा—पानिक घाट = पनिघट, बाभनक गाम = वभनगमा।

(3) समासक पूर्व पदक दू, तीन, चारि, भाए, गाए, ओ सौतिनिकेँ क्रमशः दो, ते, चौ, भै, गै ओ सत भए जाइत अछि। उदाहरण—

दू बाट = दोबट्टी, तीन बाट =तेबट्टी।

चारि मुख = चौमुख, भाए ससुर = भैसुर।

गाएक घर = गैघरा, सौतिनि माए = सतमाए।

(4) तत्पुरूष ओ बहुब्रीहिमे समासक अन्तमे आ प्रत्यय लगैत अछि, षष्ठी तत्पुरुषकेँ छोड़ि। आन दिन = अनदिना, आन धान = अनधना। टेढ़ छैक मुँह जकर = मुहटेढ़ा, एक मति छैक जकर = एकमतिआ। मुदा पानिक घाट (षष्ठी तत्पुरुष) = पनिघट।

(5) संख्याक संग समासमे समासान्त ई = चौबट्टी।

(6) बहुब्रीहिमे समासान्त आ = नकटेढ़ा, नकपिच्चा।

तथा ऊ = पितमरू, दुधकट्ट।

कतहु-कतहु आ अनादरमे ओ ऊ आदरमे यथा—नकपिच्चु ब्राह्मणकेँ नकपिच्चा खबास।

अव्यय

अव्यय ओ थिक जाहिमे रूप सबठाम एके रङ्ग रहैत अछि लिङ्ग, वचन, पुरुष

इत्यादिसँ कोनो भेद नहि होइत अछि। सबटा अव्यय तँ कोषमे भेटत वा प्रयोगसँ। थोड़के अव्यय देखू :

मना, विदा, किछु, दन, लए, दए, ए, ओ, चुप, नहू-नहू, काल्हि, परसू, परूकाँ, तेसरूकाँ, आइ, राति-बिराति, परि, भरि, इत्यादि।

(1) अधिकरण अर्थमे तद्धितक प्रत्यय बला शब्द अव्यय होइत अछि – कतए, कहाँ, कोमहर, कहिआ इत्यादि।

(2) ना तद्धितक प्रत्यय वला–कोना, जेना, तेना इत्यादि।

(3) जकरा अन्तमे कृदन्त ऐत, इ, अए प्रत्यय हो सेहो अव्यय थिक। देखैत, देख, देखए इत्यादि।

अधिकरणार्थक अव्यय जखन अधिकरण अर्थ छोड़ि केवल स्थान सूचित करए तखन ओहिसँ पञ्चमी ओ विभक्ति लगैत अछि; यथा–कतएसँ अबैत छी? कतएक थिकाह?

तद्धित

नांमसँ जे प्रत्यय लगैत अछि से तद्धित कहबैत अछि। धातुसँ जे प्रत्यय लगैत अछि से कृत् प्रत्यय कहबैत अछि। तद्धित-प्रत्यय जकर अन्तमे रहैक से भेल तद्धितान्त ओ कृत प्रत्यय जकर अन्तमे रहैक से भेल कृदन्त। ई दूनू की तँ नाम होएत की अव्यय। यथा–सर्वनामसँ जे तद्धित लगाए शब्द बनबैत छी से सब अव्यय होएत। मुदा आन नामसँ तद्धित भेलहु उत्तर ओ नाम रहैत अछि। यथा–केहन, कहिआ, कोन, कोमहर, कतेक, कतनी, कहाँ, कतए सब कीसँ बनल अछि, सब अव्यय थिक। मुदा गामसँ गौआँ वा गमैआ नाम भेल। तहिना देख धातुसँ देखैत, देखि, देखए अव्यय भेल मुदा देखनुक देखनाइ, देखब, (नाचक देखब) देखनिहार, देखल, (देखल वस्तु) सब नाम भेल।

तद्धित प्रत्यय अनेक अछि ओ अनेक अर्थमे अबैत अछि। किछु दृष्टान्त देखबैत छी–

सर्वनामसँ–	
सदृश अर्थमे	हन, केहन (की सँ), तेहन, (से सँ) जेहन, एहन (ई सँ), ओहन,
प्रकार अर्थमे	ना, कोना, तेना, जेना, एना, ओना,
परिमाण अर्थमे	तबा, कतबा ततबा जतबा एतबा ओतबा तेक, कतेक, ततेक, जतेक, एतेक, ओतेक
अल्प परिमाण अर्थमे	तने, कतनेटा छौंड़ा
स्त्रीलिंग	तनी, कतनीटा छौंड़ी
दिशारूप अधिकरण अर्थमे	महर कोमहर, जेमहर, तेमहर
स्थानरूप अधिकरण अर्थमे	तए कतए जतए ततए

मुदा की, जे, से मात्रसँ हाँ, जहाँ, तहाँ

असमीप काल अर्थमे हिआ कहिआ, जहिआ, तहिया

की शब्दसँ निर्धारणमे —कोन

अल्प संख्यायुक्त अर्थमे कतोक

2. पूरणार्थक— म —चारिसँ चारिम, पाँचम, छठम—की सँ कएम।

सर —दूसँ दोसर, तेसर,

3. स्वार्थिक— स्वार्थ भेल अपने अर्थ। जाहि प्रत्ययसँ नामक अर्थ नहि बदलैक, ओही अर्थमे उत्कर्ष वा अपकर्ष, गुरुत्व वा लघुत्व बुझल जाए।

आधिक्य अर्थमे गर—गिलगर, पनिगर, नोनगर

अल्प अर्थमे आह—नोनाह, मधुराह, बुड़िविकाह

छोट अर्थमे ई —थार-थारी, डाला-डाली, आसन-आसनी

पूब आदिसँ आहुत—पुबाहुत, पछिमाहुत, उतराहुत, दछिनाहुत

4. भावार्थक—उत्पन्न होएनिहार वा रहनिहार 'भव' थिक आज आदिसँ उक—आजुक, रातुक, एखनुक

साँझ " इल —साँझिल माझिल

देस " इला —देशिला, अगिला, पछिला

बीच नीचासँ—अला—बिचला, निचला

कात आदिसँ अका —कतका, तरका, उपरका

विदेश जंगल आदिसँ ई वा इआ —विदेशी वा विदेसिआ;

जंगली वा जंगलिआ

पूर्व आदि दिशासँ – पुबारि घर, पूबा लोक, पुरबा बसात

पछबारिघर, पछिमा लोक, पछवा ब सात

दछिनबारि घर, दछिनाहा लोक,

दछिनाही बसात

उतरबारि घर/ × × उतरङ्ग बसात।

5. भावार्थक—गुणक नाम भाव थिक।

गुणवाचकसँ आइ—पण्डिताइ, गोलाइ, जेठाइ, गोराइ

ई—लाली, उजरी, उदासी।

6. कर्मार्थक—चरवाहक कर्म एहि अर्थमे चरवाह आदिसँ

इ—चरबाहि, रखबारि

कहार आदिसँ ई—कहारी, खबासी, नोकरी

किछु विशेष कर्मार्थक—धूर्तक कर्म-धूर्ता

गौआँक कर्म – गौआँरए

डाकूक कर्म – डकैती, घटकैती, कुटुमैती, सभैती, पंचैतौ

वैदक कर्म– वैदगिरी
वाभनक कर्म– वभनओज
7. भाव-कर्म–
पन–नेनाक भाव = नेनपन (नेनपन बितला उत्तर समर्थाइ)
नेनक कर्म = नेनपन (अहाँ नेनपन करैत छी)
ई–बुधिआरी भाव (हुनका बुधिआरीक दावी छैन्हि)
कर्म–ई बुधिआरी नहि होएत।
आइ–पण्डित, पण्डिताइ
8. प्रभेदार्थक–आ उजर प्रभेदक–उजरा फूल चाही
का–लाल प्रभेदक–ललका (ललका आङी, हरिअरका नहि)
हा–मधुरहा मुदा मधुरौआ, मधुरका सेहो।
9. युक्तार्थक–
बाला–पागसँ युक्त, पागबाला
मन्त–गुणसँ युक्त गुणमन्त
गर–पानिसँ युक्त पनिगर, मुहगर, रुपैगर
आह–तामससँ युक्त तमसाह, तेलाह, अमताह
किछु विशेष–मेघ-मेघाओन। अन्हार-अन्हराओन।
गाछ-गाछी। गाछिअन।
वयस-वयसाहु। झगड़ा-झगड़ाहु
अभाग-अभागल। धोंधि-धोधिल
इजोत-इजोरिआ। अन्हार-अन्हरिआ

10. अपत्यार्थ–मामक अपत्य ममिऔत; पितिऔत, मसिऔत समधि-समधौत। सौतिनि-सतौत। बहिनौत।

11. स्थानार्थक–पूभर, पच्छिमभर, मुसहरी, तेलिआरी, खड़होरि, करजान, धनहर

12. संज्ञाप्रकृतिक– अनादर मे 'आ' 'बा' –रविआ, गेनबा,
मा –पञ्चनमा, किसुनमा
आदरमे 'आइ' –गेनाइ, भोलाइ
ऊ–बौकू, चेथरू
स्त्रीमे, अनादरमे आ–बतहिआ
आदरमे ओ –बतहो, खजनो

विविध–
सदृश गन्धमे आइनि–छुछुनराइनि, अमताइनि
बहन कएनिहार अर्थमे बाह–हरबाह, कोरबाह

रक्षा कएनिहार अर्थमे बार–गैबार, महिसबार
व्यवसाय कएनिहार अर्थमे हर–भेड़िहर, मुसहर
आर–लोहार, चमार, कुम्हार
पारितोषिक अर्थमे आओन–पोसाओन, पिसाओन
मुँहबजाओन, मुँहदेखाओन।
ई प्रत्यय सब किछु मात्र देखाओल अछि।
प्रयोगसँ ऊहि करबाक थिक।

क्रिया

जाहिसँ व्यापारक बोध होइत अछि से पद क्रिया कहबैत अछि। क्रिया-पदमे दू भाग होइत अछि, प्रकृतिभाग कहबैत अछि धातु; ओकरा पद बनएबाक हेतु प्रत्यय लगाओल जाइत अछि जाहि प्रत्ययसँ व्यापारक कर्त्ताक पुरुष, लिङ्ग इत्यादि तथा व्यापारक काल इत्यादिक बोध हो; से तिङ् प्रत्यय कहबैत अछि ओ से युक्तपद तिङन्त कहाओत। परन्तु जाहि प्रत्ययसँ व्यापारक कर्ता, कर्म अथवा करण इत्यादिक बोध हो से कृत् प्रत्यय कहबैत अछि ओ पद कृदन्त। यथा–हँसलाह एहि पदसँ बोध होइत अछि जे अन्यपुरुष कर्त्ता, आदरणीय, भूतकालमे हँसबाक व्यापार कएल। हँसलैन्हि–एहि पदमे बोध होइत अछि जे अन्यपुरुष कर्त्ता, आदरणीय, भूतकालमे हँसबाक व्यापार कएल जकर फलक भागी केओ आदरणीय अन्यपुरुष छलाह अर्थात ओ हुनका हेतु हँसलैन्हि। एना हँस धातुसँ अएलाह तथा अएलन्हि प्रत्यय तिङ्ग भेल तथा पद तिङ्गन्त। मुदा हँसनिहार, हँसी, ई दूनू कृदन्त नाम थिक, हँसब व्यापार कर्त्ता ओ कर्म अथवा भावक। तेँ अनिहार ओ ई–ई दूनू प्रत्यय कृत् भेल तथा पद कृदन्त।

एना, मैथिलीमे क्रियापदसँ सम्पूर्ण वाक्यक बोध भए जाइत अछि। कहलिऐक एतबहिसँ बोध भए जाइत अछि 'हम ओकरा कहलिऐक' तथा कहलिऐन्हिसँ 'हम हुनका कहलिऐन्हि'।

आदर ओ अनादरक भेदसँ क्रियापदमे भेद अछि। ई आदर ओ अनादरक भेद कतेक ठाम वक्ताक विवक्षा पर निर्भर करैत अछि यथा–विद्यार्थी पढ़ैत अछि (अनादर) ओ विद्यार्थी पढ़ैत छथि (आदर) दूनू प्रयोग होइत अछि, परन्तु किछु शब्द केवल आदरमे प्रयुक्त होइत अछि जेना–

लोकनि लगाए जे बहुवचन बनैत अछि,
ओझा, मिसर, चौधरी इत्यादि उपाधि-बोधक;
मुसहरू, खंजनो, नकपिच्चू इत्यादि आदरार्थक
तद्धितान्त नाम,
हम, अहाँ, अपने इत्यादि पद
कतोक शब्द केवल अनादरमे प्रयुक्त होइत अछि जेना

लोक, नेना, इत्यादि शब्द,

अप्राणी-वाचक प्रायः प्रत्येक नाम,

नकपिच्चा, गेनवा खंजनिआ प्रभृति अनादरार्थक तद्धितान्त नाम,

नोट—स्मरण रहए जे बहुवचन बनएबाक हेतु मैथिलीमे नामसँ लोकनि तथा सब जोड़ैत छी। ताहिमे लोकनि आदरार्थक मात्र थिक परन्तु 'सब' मे आदर ओ अनादरक विवक्षा बक्ता छैक। जेना खबास लोकनि अबैत छथि किन्तु खबास सब अबैत छथि अथवा अबैत अछि।

विशेष—जाहिठाम तीनू पुरुषक कर्त्ता वा कर्म संगहि प्रयुक्त हो अथवा आदरार्थक ओ अनादरार्थक दूनू एकहिठाम रहए ताहिठाम नियम ई जे

प्रथम पुरुषसँ मध्यम पुरुष प्रबल

तोँ आ ओ रहबह, रहत नहि।

प्रथम ओ मध्यम पुरुषसँ उत्तम पुरुष प्रबल

ओ आ हम जाएब, जाएत नहि।

तोँ आ हम चलब, चलबह नहि

अनादरणीयसँ आदरणीय प्रबल

ओझा आ खबास अबैत छथि, अछि नहि।

मिथिलाभाषामे क्रियाक रूप कर्त्ताक आदर ओ अनादरक विवक्षासँ होइतहिँ अछि परन्तु क्रियाक फल यदि आनकेँ होइक तथा से यदि स्पष्ट करबाक रहए तखन ओहि आन व्यक्तिमे आदर ओ अनादरक विवक्षासँ सेहो क्रियाक रूपमे भेद होइत अछि। एहना स्थितिमे क्रियामे रूप दू गोट होएत, एक तँ क्रियाफलक अन्यगत विवक्षा नहि कए सामान्य प्रयोग यथा—

लोक हुनका हेतु (आदर) अथवा ओकरा हेतु (अनादर) बसत—ई साधारण भेल परन्तु अन्यगत क्रियाफलकेँ स्पष्ट करबाक हेतु लोक हुनका हेतु बसतैन्हि (आदर), परन्तु लोक ओकरा हेतु बसतैक (अनादर) आदर ओ अनादरक विवक्षा केवल अन्यपुरुष तथा तोँ मध्यम पुरुषमे भए सकैत अछि से जानब। उत्तमपुरुष हम तथा मध्यम पुरुष अहाँ ओ अपने सर्वदा आदरार्थके होइत अछि से कहनहि छी।

× × ×

धातु दू प्रकारक अछि, सकर्मक ओ अकर्मक। जाहि धातुक अर्थ व्यापारिक फल कर्त्तासँ भिन्नमे रहए वा पड़ए से सकर्मक थिक। यदि धात्त्वर्थ व्यापार ओ तकर फल दूहू कर्त्ताहिमे रहए से भेल अकर्मक। ओ पोथी पढ़ैत छथि, एहिमे पढ़ब क्रियाक व्यापारक फल कर्त्तासँ भिन्न पोथीमे पड़ल तेँ पढ़धातु सकर्मक भेल। परन्तु ओ सुतैत छथि, एहिमे सूतब क्रियाक फल सेहो कर्त्ताहिमे रहल। ओ अकर्मक भेल।

सकर्मक ओ अकर्मकक भेदसँ भूतकालक अन्यपुरुष कर्त्ता रहलासँ क्रियाक रूपमे भेद होइत छैक से देखबाक थिक।

लिङ्गक भेद सँ सूत ओ भविष्य मे अन्यपुरुष क्रियाक रूप मे भेद होइत अछि से देखबाक थिक।

धातुसँ प्रत्यय कर्त्तामे, कर्ममे, ओ भावमे अबैत अछि। अकर्मकसँ कर्त्तामे ओ भावमे, तथा सकर्मकसँ कर्त्तामे ओ कर्ममे। जेना

राम पोथी पढ़ैत छथि (कर्त्ता मे)।
रामसँ पोथी पढ़ल जाइत अछि (कर्म मे)।
राम हँसैत छथि (कर्त्ता मे)।
रामसँ हँसल जाइत अछि (भावमे)

कर्म ओ भावमे क्रियापद संयुक्त रहैत अछि अर्थात मूल धातुसँ पर जे धातुक प्रयोग कएल जाइत अछि। तिङ्ग प्रत्यय ज धातुमे लगैत अछि मूल धातुमे अल प्रत्यय लगैत अछि। कर्म ओ भावमे कर्त्तासँ तृतीया वा द्वितीया तथा कर्ममे कर्मसँ प्रथमा विभक्ति अबैत अछि से कहनहिं छी। यथा–

हमरा वा हमरसँ पोथी पढ़ल जाइत अछि,
पढ़ल गेल, पढ़ल जाओ, पढ़ल जाइत इत्यादि (कर्ममे),
हमरा वा हमरासँ सूतल जाइत अछि,
सूतल गेल, सूतल जाओ, सूतल जाइत इत्यादि (भावमे),

सात टा धातु एहन अछि जे अर्थक अनुसार सकर्मक थिक परन्तु रूप ओकर अकर्मक जकाँ होइत अछि। बज् धातुसँ भूतमे बजलाह रूप होइत अछि, बजलैन्हि नहि। ई धातु सब थिक–

बज्–बजलाह, चल्–चललाह, ज्–गेलाह,
अब्–अएलाह, लब्–लएलाह, ढुक्–ढुकलाह,
पैस्–पैसलाह।

परन्तु आओर काज सब एहू धातु सबसँ सकर्मक जकाँ होइतहि॑ अछि। यथा–कर्ममे तिङ्ग प्रत्यथ होइतहि अछि ओ कृत सेहो सकर्मके जकाँ होइत अछि। यथा–बाजल (कर्ममे कृदन्त) बात पुनः बाजल जाए (कर्ममे तिङ्ग)

धातुसँ सात भिन्न-भिन्न अर्थमे तिङ्ग प्रत्यय होइत अछि।

(1) वर्त्तमान	(2) भूत	(3) भविष्य
(4) प्रेरणा	(5) इच्छा	(6) अनिष्पत्ति

एहिमे प्रत्येकमे जे तिङ्ग प्रत्यय होइत अछि तकर भेद एक तँ कर्त्ताक पुरुष ओ ताहिमे आदर ओ अनादरक भेदसँ होइत अछि, दोसर भेद होइत अछि क्रियाफलक जाहि रूपक विवक्षा रहत। अर्थात यदि सामान्य उक्ति रहत तखन एकहि रूपसँ भए जाएत, मुदा यदि क्रियाफलक विवज्ञा अन्यत्र रहत तखन अन्यपुरूषक आदर

ओ अनादर, मध्यम पुरूषक आदर ओ अनादर, अहाँ तथा हम एतेकमे क्रियाफलक विवज्ञासँ भेद होएत। एना प्रत्येक अर्थमे उन्नैस गोट प्रत्यय अबैत अछि ओ सात गोट प्रत्यय समान होइत अछि तकरा मिलाए एक अर्थमे एक धातुक छब्बीस गोट रूप होइत अछि। यथा–

धातु 'देख' – सकर्मक।

1. बर्तमान अर्थ मे –(अ) कर्त्ता अनादरणीय प्रथम पुरुष–

(1) (कर्त्ता अनादरणीय) लोक देखैत अछि (सामान्य)।

मुदा क्रियाफलक विवज्ञा यदि अन्यत्र रहए तखन–

(2) (कर्त्ता अनादरणीय) लोक, (क्रियाफल अनादरणीय अन्यगत) ओकरा हेतु देखैत छैक।

(3) (कर्त्ता अनादरणीय) लोक, (क्रियाफल आदरणीय अन्यगत) हुनका हेतु देखैत छन्हि।

(4) (कर्त्ता अनादरणीय) लोक, (क्रियाफल अनादरणीय तो ँ गत) तोरा हेतु देखैत छौक।

(5) (कर्त्ता अनादरणीय) लोक, (क्रियाफल आदरणीय तो ँ गत) तोहरा हेतु देखैत छहु।

(6) (कर्त्ता अनादरणीय) लोक, (क्रियाफल अहाँ वा हम गत) अहाँक अथवा हमरा हेतु देखैत अछि।

विशेष–एहि प्रसङ्ग दू गोट विषय द्रष्टव्य। प्रथम तँ ई जे एहिमे छठम रूप सामान्य जकाँ अछि ओ ते ँ वर्त्तमान अर्थमे अनादरणीय प्रथम पुरूष कर्त्ता रहने केवल पाँच गोट तिङ्‌ भेल, रूप छओ गोट।

दोसर–सामान्य जे रूप अछि से सबमे प्रयुक्त भए सकैत अछि। लोक देखैत अछि , लोक ओकरा देखैत अछि, लोक हुनका देखैत अछि, लोक तोरा देखैत अछि, लोक तोहरा देखैत अछि इत्यादि। केवल वक्ता यदि क्रियाफलक अन्यत्र विवक्षा करथि तखन रूपमे भेद होएत।

ई सब अर्थमे ओ सब प्रकारक कर्त्ताक प्रसङ्ग बुझबाक थिक।

(आ) वर्त्तमान अर्थमे कर्त्ता आदरणीय प्रथम पुरूष–

1. ओझा देखैत छथि – सामान्य
2. ओझा ओकरा हेतु देखैत छथिन्ह – क्रियाफल अनादरणीय अन्य गत
3. ओझा हुनका हेतु देखैत छथिन्ह –क्रियाफल आदरणीय अन्य गत
4. ओझा तोरा हेतु देखैत छथुन्ह –क्रियाफल आदरणीय तो ँ गत
5. ओझा तोहरा हेतु देखैत छथुन्ह – क्रियाफल आदरणीय तों गत
6. ओझा अहाँ वा हमरा हेतु देखैत छथि – क्रिवाफल आदरणीय अहाँ वा हम गत

एहिमे प्रथम ओ छठम, दोसर ओ तेसर तथा चारिम ओ पाँचममे एके तिङ्‍ अछि तेँ रूप भेल छओ मुदा विभक्ति केवल तीनि।

(इ) वर्त्तमान अर्थमे कर्त्ता अनादरणीय तोँ मध्यम पुरूष –

1. तोँ देखैत छेँ।	सामान्य
2. तोँ ओकरा हेतु देखैत छहीक।	क्रियाफल अनादरणीय अन्यगत
3. तोँ हुनका हेतु देखैत छहुन्ह।	क्रियाफल अनादरणीय अन्य-गत
4. तोँ हमरा हेतु देखैत छेँ।	क्रियाफल आदरणीय हम गत।

एहिमे क्रियाफल मध्यम-पुरुष-गत नहि भए सकैत अछि कारण कर्त्ता स्वयं मध्यम पुरुष। तेँ रूप चारि, तिङ्‍ तीनि।

(ई) वर्त्तमान अर्थमे कर्त्ता आदरणीय तोँ, मध्यम पुरुष।

1. तोँ देखैत छह।	सामान्य
2. तोँ ओकरा हेतु देखैत छहक।	क्रियाफल अनादरणीय अन्यगत
3. तोँ हुनका हेतु देखैत छहुन्ह।	क्रियाफल आदरणीय अन्यगत
4. तोँ हमरा हेतु देखैत छह।	क्रियाफल आदरणीय हमगत

एहिमे चारि रूप, तिङ्‍ तीनि।

(उ) वर्त्तमान अर्थमे कर्त्ता अहाँ वा हम – अत्यादर मध्यम पुरुष वा उत्तम पुरूष।

1. अहाँ वा हम देखैत छिऐक।	सामान्य
2. अहाँ वा हम ओकरा हेतु देखैत छिऐक।	क्रियाफल अनादरणीय अन्यगत
3. अहाँ वा हम हुनका हेतु देखैत छिऐन्हि।	क्रियाफल आदरणीय अन्यगत
4. अहाँ वा हम, तोरा हेतु देखैत छिऔक।	क्रियाफल अनादरणीय तो गत
5. अहाँ हम तोहरा हेतु देखैत छिअहु।	क्रियाफल आदरणीय अन्यगत
6. अहाँ हमरा हेतु देखैत छी। वा हम अहाँक हेतु देखैत छी।	सामान्य जकाँ।

एहिमे रूप छओ मुदा तिङ्‍ पाँच गोट मात्र।

एना मिलाए वर्त्तमान अर्थमे तिङ्‍ भेल उन्नैस, रूप भेल छब्बीस।

2. भूत अर्थमे–एहिमे सकर्मक ओ अकर्मक भेदसँ तिङ्‍ होइत अछि तेँ दूनूक रूप देखबैत छी।

धातु सकर्मक देख्–

अ. कर्त्ता प्रथम पुरूष अनादरणीय

1. लोक देखलक। सामान्य
2. लोक ओकरा हेतु देखलकैक।
3. लोक हुनका हेतु देखलकैन्हि।
4. लोक तोरा हेतु देखलकौक।
5. लोक तोहरा हेतु देखलकहु।
6. लोक अहाँ वा हमरा हेतु देखलक। सामान्य जकाँ।

आ. कर्त्ता प्रथम पुरुष आदरणीय–

1. ओझा देखलैन्हि। सामान्य
2. ओझा ओकरा हेतु देखलथीन्ह। | दूनू सामान्य
3. ओझा हुनका हेतु देखलथीन्ह। |
4. ओझा तोरा हेतु देखलथुन्ह। | दूनू सामान्य
5. ओझा तोहरा हेतु देखलथुन्ह। |
6. ओझा अहाँ वा हमरा हेतु देखलैन्हि। सामान्य जकाँ

इ कर्त्ता तोँ अनादरणीय

1. तोँ देखलेँ। सामान्य
2. तोँ ओकरा हेतु देखलहीक।
3. तोँ हुनका हेतु देखलहुन्ह। सामान्यजकाँ
4. तोँ हमरा हेतु देखलेँ।

ई कर्त्ता आदरणीय तोँ

1. तोँ देखलह। सामान्य
2. तोँ ओकरा हेतु देखलहक।
3. तोँ हुनका हेतु देखलहुन्ह।
4. तोँ हमरा हेतु देखलह। सामान्य जकाँ।

उ कर्त्ता अहाँ वा हम–

1. अहाँ वा हम देखलहुँ। सामान्य
2. अहाँ वा हम ओकरा हेतु देखलिऐक।
3. अहाँ वा हम हुनका हेतु देखलिऐन्हि।
4. अहाँ वा हम तोरा हेतु देखलिऔक।
5. अहाँ वा हम तोहरा हेतु देखलिअहु।
6. अहाँ हमरा हेतु देखलहुँ |

वा | सामान्यजकाँ

हम अहाँक हेतु देखलहुँ |

अहूमे छब्बीस टा रूप मुदा तिङ्ग उन्नैस गोट।

भूत अर्थ—अकर्मक धातु-बस।

अ कर्त्ता अन्यपुरुष-अनादरणीय

1. लोक बसल	सामान्य
2. लोक ओकरा हेतु बसलैक।	क्रियाफल भागी
3. लोक हुनका हेतु बसलैन्हि।	अन्य
4. लोक तोरा हेतु बसलौक। अन्य।	
5. लोक तोहरा हेतु बसलहु।	
6. लोक अहाँ वा हमरा हेतु बसल।	सामान्य जकाँ।

आ, कर्त्ता आदरणीय अन्य पुरुष—

1. ओझा बसलाइ।	सामान्य
2. ओझा ओकरा वा हुनका हेतु बसलथीन्ह।	
3. ओझा तोरा वा तोहरा हेतु बसलथुन्ह।	
4. ओझा अहाँ वा हमरा हेतु बसलाह।	सामान्य जकाँ।

इ. कर्त्ता अनादरणीय तोँ—

1. तोँ बसलेँ।	सामान्य
2. तोँ ओकरा हेतु बसलहीक।	
3. तोँ हुनका हेतु बसलहुन्ह।	
4. तोँ हमरा हेतु बसलेँ।	सामान्य जकाँ।

ई. कर्त्ता आदरणीय तोँ।

1. तोँ बसलाह।	सामान्य
2. तोँ ओकरा हेतु बसलहक।	
3. तोँ हुनका हेतु बसलहुन्ह।	
4. तोँ हमरा हेतु बसलाह।	सामान्य जकाँ

उ. कर्त्ता अहाँ वा हम

1. अहाँ वा हम बसलहुँ।	सामान्य
2. अहाँ वा हम ओकरा हेतु बसलीक।	
3. अहाँ वा हम हुनका हेतु बसलिऐन्हि।	
4. अहाँ दा हम तोरा हेतु बसलिऔक।	
5. अहाँ वा हम तोहरा हेतु बसलिअहु।	
6. अहाँ हमरा हेतु बसलहुँ वा हम अहाँक हेतु बसलहुँ	सामान्य जकाँ

रूप छब्बीस गोट; तिङ्ग उन्नैस।

3. भविष्य अर्थमे–

अ. कार्य अनादरणीय प्रथम पुरुष

1. लोक देखत। | सामान्य
2. लोक ओकरा हेतु देखतैक। | सामान्य जकाँ।
3. लोक हुनका हेतु देखतैन्हि।
4. लोक तोरा हेतु देखतौक।
5. लोक तोहरा हेतु देखतहु।
6. लोक अहाँ वा हमरा हेतु देखत। सामान्य जकाँ

आ, कर्त्ता आदरणीय प्रथम पुरुष

1. ओझा देखताह। सामान्य
2. ओझा ओकरा वा हुनका हेतु देखथीन्ह।
3. ओझा तोरा वा तोहरा हेतु देखथून्ह।
4. ओझा अहाँ वा हमरा हेतु देखताह। सामान्य जकाँ

इ. कर्त्ता अनादरणीय तोँ (मध्यम पुरुष)

1. तोँ देखबेँ। सामान्य
2. तोँ ओकरा हेतु देखबहीक।
3. तोँ हुनका हेतु देखबहुन्ह।
4. तोँ हमरा हेतु देखबेँ। सामान्य जकाँ

ई. कर्त्ता आदरणीय तोँ (मध्यम पुरुष)

1. तोँ देखबह। सामान्य
2. तोँ ओकरा हेतु देखबहक।
3. तोँ हुनका हेतु देखबहुन्ह।
4. तोँ हमरा हेतु देखबह। सामान्य जकाँ।

उ. कर्त्ता अहाँ वा हम आदरणीय

1. अहाँ वा हम देखब। सामान्य
2. अहाँ वा हम आकरा हेतु देखबैक।
3. अहाँ वा हम हुनका हेतु देखबैन्हि।
4. हम तोरा हेतु देखबौक।
5. हम तोहरा हेतु देखबहु।

6. अहाँ हमरा हेतु देखब
वा
हम अहाँक हेतु देखब | सामान्य जकाँ।

पुनः छब्बीस गोट रूप; उन्नैस गोट तिङ्ग।

सामान्य

4. प्रेरणा अर्थमे–

अ. 1. लोक देखओ।

2. लोक ओकरा हेतु देखौक

3. लोक हुनका हेतु देखौन्हि।

4. लोक तोरा हेतु देखौक

5. लोक तोहरा हेतु देखहु।

6. लोक अहाँ वा हमरा हेतु देखओ। सामान्य जकाँ।

आ. 7. ओझा देखथु सामान्य

8.9. ओझा ओकरा वा हुनका हेतु देखथून्ह।

10.11. ओझा तोरा वा तोहरा हेतु देखथून्ह।

12. ओझा अहाँ वा हमरा हेतु देखथु। सामान्य जकाँ।

इ. 13. तोँ देख। सामान्य

14. तोँ ओकरा हेतु देखहीक।

15. तोँ हुनका हेतु देखहून्ह।

16. तोँ हमरा हेतु देख। सामान्य जकाँ

17. तोँ देखह। सामान्य

ई. 18. तोँ ओकरा हेतु देखहक।

19. तोँ हुनका हेतु देखहुन्ह।

20. तोँ हमरा हेतु देखह। सामान्य जकाँ

20. तोँ हमरा हेतु देखह।

उ. 21. अहाँ वा हम देखू। सामान्य

22. अहाँ वा हम ओकरा हेतु देखिऔक।

23. अहाँ वा हम हुनका हेतु देखिऔन्हि।

24. अहाँ वा हम तोरा हेतु देखिऔक।

25. अहाँ वा हम तोहरा हेतु देखिअहु।

26. अहाँ हमरा हेतु देखू।
वा
हम अहाँक हेतु देखू। | सामान्य जकाँ।

छब्बीस गोट रूप; उन्नैस गोट तिङ्ग

5. इच्छा अर्थमे–

अ. 1. लोक देखए। सामान्य

2. लोक ओकरा हेतु देखैक।

3. लोक हुनका हेतु देखैन्हि।

4. लोक तोरा हेतु देखौक।
5. लोक तोरा हेतु देखहु
6. लोक अहाँ वा हमरा हेतु देखए। सामान्य जकाँ
आ. 7. ओझा देखथि सामान्य
8.9. ओझा ओकरा वा हुनका हेतु देखथीन्ह।
10.11. ओझा तोरा वा तोहरा हेतु देखथून्ह।
12. ओझा अहाँ वा हमरा हेतु देखथि। सामान्य जकाँ
इ. 13. तो ँ देखही सामान्य
14. तो ँ ओकरा हेतु देखहीक।
15. तो ँ हुनका हेतु देखहुन्ह।
16. तो ँ हमरा हेतु देखहिं। सामान्य जकाँ
ई. 17. तो ँ देखह। सामान्य
18. तो ँ ओकरा हेतु देखहक।
19. तो ँ हुनका हेतु देखहून्ह।
20. तो ँ हमरा हेतु देखह। सामान्य जकाँ
उ. 21. अहाँ वा हम देखी सामान्य
22. अहाँ वा हम ओकरा हेतु देखिऐक।
23. अहाँ वा हम हुनका हेतु देखिऐन्हि।
24. अहाँ वा हम तोरा हेतु देखिऔक।
25. अहाँ वा हम तोहरा हेतु देखिअहु।
26. अहाँ हमरा हेतु देखी
वा सामान्य जकाँ।
हम अहाँक हेतु देखी

छब्बीस गोट रूप; उन्नैस गोट तिङ्।

दैखबैक जे प्रेरणा ओ इच्छा एहि दूनूमे बहुत रूप समान अछि।

6. अनिष्पत्ति अर्थ मे

अनिष्पत्ति थिक व्यापारक असिद्धि अर्थात कार्य भेल नहि। जँ गाममे रहितहुँ तँ नाच देखितहुँ। एकर अर्थ भेल जे गाम रहलहुँ नहि आ ते ँ नाच नहि देखल। ई व्यापार भूत ओ भविष्य दूनू कालमे भए सकैत अछि। जँ गाम रहितहुँ ते ँ नाच देखितहुँ। दूहू स्थितिमे कहल जाए सकैत अछि जे जखन गाममे नाच भेल छल अथवा गाममे नाच भावी अछि। परन्तु भेद एतबए जे भूतकालक असिद्धिमे 'अनिष्पतिक' तिङ् नित्य होएत, भविष्यमे अनिष्पति एवं भविष्यक तिङ् विकल्पसँ अबैत अछि। यथा—भूतमे पानि होएत तँ धान उपजैत। अर्थात पानि नहि भेल

ओ ते ँ धाम नहि उपजल।

भविष्यमे—पानि होइत तँ धान उपजैत

अथवा

पानि होएत त धान उपजत।

अ. 1. लोक देखैत — सामान्य

2. लोक हुनका हेतु देखितैक

3. लोक ओकरा हेतु देखितैन्हि

4. लोक तोरा हेतु देखितौक

5. लोक तोहरा हेतु देखितहु

6. लोक अहाँ वा हमरा हेतु देखैत। — सामान्य जकाँ

आ. 7. ओझा देखितथि — सामान्य

8.9. ओझा ओकरा वा हुनका हेतु देखितथिन्ह

10.11. ओझा तोरा वा तोहरा हेतु देखितथून्ह।

12. ओझा अहाँ वा हमरा हेतु देखितथि। सामान्य जकाँ

इ. 13. तो ँ देखिते ँ — सामान्य

14. तो ँ ओकरा देखितहीक

15. तो ँ हुनका देखितहून्ह।

16. तो ँ हमरा देखिते। — सामान्य जकाँ

ई. 17. तो ँ देखितह। — सामान्य

18. तो ँ ओकरा देखितहक।

19. तो ँ हुनका देखितहून्ह।

20. तो ँ हमरा देखितह। — सामान्य जकाँ

उ. 21. अहाँ वा हम देखितहुँ। — सामान्य

22. अहाँ वा हम ओकरा हेतु देखितिऐक।

23. अहाँ वा हम हुनका हेतु देखितिऐन्हि।

24. हम तोरा हेतु देखितिऔक।

25. हम तोरा हेतु देखितिअहु।

26. अहाँ हमरा हेतु देखितहुँ

वा — सामान्य जकाँ।

हम अहाँक हेतु देखितहुँ

छब्बीस रूप; उन्नैस तिङ्ग।

भविष्यद्–व्यापारानुज्ञा

एकर अर्थ भेल एहन अनुज्ञा वा प्रेरणा जे भविष्यक हेतु हो। एहि अर्थमे तिङ्ग

केवल तोँ पद कर्ता रहने होइत अछि, अनादर किंवा आदरमे। आन कोनो कर्त्ता रहने एहू अर्थमे 'प्रेरणा' क तिङ सएह होइत अछि यथा, तोँ ओतए जाए हुनक काज देखिहौन्हि मुदा अहाँ ओतए जाए हुनक काज देखिऔन्हि।

अतएव एहि अर्थमे केवल छओ गोट तिङ्ग होएत।

1. तोँ देखिहेँ — सामान्य
2. तोँ ओकरा हेतु देखिहैक।
3. तोँ हुनका हेतु देखिहै।
4. तोँ हमरा हेतु देखिहेँ। — सामान्य जकाँ
5. तोँ देखिहह — सामान्य
6. तोँ आकरा हेतु देखिहक।
7. तोँ हुनका हेतु देखिहौन्हि।
8. तोँ हमरा हेतु देखिहह।

विशेष धातुक रूप

एना छओ अर्थमे उन्नैस उन्नैस गोट अर्थात् एक सए चौदह ओ भविष्यद्-व्यापारानुज्ञामे छओ गोट—सब मिलाए एक सए बीस गोट तिङ् मेल।

तेँ प्रत्येक धातुसँ एक सए बीस गोट तिङ्ग अबैत अछि ओ एक सए चौंसठि गोट रूप होइत अछि—छओ अर्थमे प्रत्येकसँ छब्बीस ओ अन्तिममे आठ।

ई रूपावली साधारण धातुक थिक। तिङ्ग तँ आनहु धातुसँ इएह होइत अछि, परन्तु कतोक धातु-समूह अछि जकरा तिङ्ग भेला उत्तर किछु-किछु रूपमे विकार भेल करैत छैक। ई समूह सब थिक—

अ) विकादि-जाहिमे प्रायः दू सए धातु अछि जकर रूप भए जाइत अछि 'बिकाइत अछि' विकैत अछि नहि।

एहिमे मुख्य-मुख्य धातु अछि,

(1) सबटा अकर्मक नाम-धातु जकर चर्चा पश्चात करब। यथा—मेघ झिसिआइत अछि।

(2) बिक्, नुक्, ख् (खाइत अछि) दुख्, सुख्, ज् (जाइत अछि) लज्, मेट्, लेट्, पड़, दह, नह, वि (विआइत अछि) इत्यादि।

(आ) अबन्त धातु जाहिमे तीन कोटिक धातु अछि।

1. सकर्मक नाम-धातु यथा—जुतिअबैत अछि।

2. प्रेरणार्थक अब् प्रत्ययान्त यथा—देखबैत अछि।

3. अब् धातु ओ जाहि धातुक अन्तमे अब् हो यथा—अब् (अबैत अछि), गब् (गबैत अछि) ओछब् (ओछबैत अछि)

इ. जक्, तक् आदि धातु।

ई. द् ओ ल् धातु।

उ. ओकारान्त धातु, विशेष हो।

ऊ. चुबू, छुबू, मर्, कर् ई चारू धातु।

तथा जिब् पिब् ओ सिब् ई तीनू इबन्त धातु।

ऋ. छ ओ थिक् धातु।

'अ' बिक् धातुक रूप–सातो अर्थमे–सामान्य मात्र देखबैत छी क्रियाफलक अन्यगत विवक्षामे रूपक ऊहि कए लेब।

वर्त्तमानमे–लोक बिकाइत अछि।

ओझा बिकाइत छथि।

तोँ बिकाइत छेँ।

तोँ बिकाइत छह।

हम वा अहाँ बिकाइत छी।

भूतमे–लोक बिकाएल–सकर्मकमे, लोक खएलक

ओझा बिकएलाह–ओझा खएलैन्हि

तोँ बिकएलेँ

तोँ बिकएलाह।

हम वा अहाँ बिकएलहुँ।

केवल ज धातुकेँ– लोक गेल, ओझा गेलाह, तोँ गेलेँ, तोँ गेलाह, हम वा अहाँ गेलहुँ इत्यादि।

भविष्यमे–लोक बिकाएत।

ओझा बिकएताह।

तोँ बिकएवेँ।

तोँ बिकएबह।

हम वा अहाँ बिकाएब।

प्रेरणामे–लोक बिकाओ

ओझा बिकाथु।

तोँ बिका–ख धातुक, तोँ खो।

ज धातक, तोँ जो।

तोँ बिकाह।

हम वा अहाँ बिकाउ।

इच्छामे–लोक बिकाए।

ओझा बिकाथि।

तोँ बिकाहिं।

तोँ बिकाह।

हम वा अहाँ बिकाइ।

अनिष्पति–लोक बिकाइत।
ओझा बिकइतथि।
तोँ बिकइतेँ।
तोँ बिकइतह।
हम वा अहाँ बिकइतहुँ।
भविष्यद्-व्यापारानुज्ञा–तोँ बिकइहेँ।
तोँ बिकइहह।

आ अबन्त धातु प्रेरणार्थक सबटा सकर्मक होएत। नामधातु सकर्मकेटा अबन्त होएत। मूलतः जे अकर्मक होएत यथा–तब्, चैत तबल; दब्–लोक दबल, ओझा दबलाह इत्यादिक रूपमे कोनो अन्तर नहि होइत अछि।

सकर्मकहुक रूप वर्त्तमान तथा अनिष्पत्तिमे साधारण होइत अछि। केवल भूत, भविष्य, प्रेरणा ओ इच्छा अर्थमे रूप देखबैत छी–सामान्य मात्र। धातु-पठब्।

भूत अर्थमे–लोक पठओलक।	अब्सँ आएल;	लबसँ लाएल।
ओझा पठओलन्हि।	" अएलाह;	" लएलाह।
तोँ पठओलेँ।	" अएलेँ	" लएलेँ।
तोँ पठओलह।	" अएलह	" लएलह।
हम वा अहाँ पठओलहुँ।	" अएलहुँ	" लएलहुँ।

भविष्य–लोक पठाओत।
ओझा पठओताह।
तोँ पठएबेँ।
तोँ पठएबह।
हम वा अहाँ पठाएब।

प्रेरणा– लोक पठाबओ वा पठबओ मुदा केवल आबओ, गाबओ, लाबओ।
ओझा पठाबथु वा पठबथु मुदा केवल आबथु, गाबथु, लाबथु।
तोँ पठा
तोँ पठाबह वा पठबह मुदा केवल आबह, गाबह, लाबह।
हम वा अहाँ पठाउ
इच्छा–लोक पठाबए बा पठबए मुदा केवल आबए, गाबए, लाबए।
ओझा पठाबथि वा पठबथि मुदा केवल आबथि, गाबथि, लाबथि।
तोँ पठाबहिं वा पठबहिं मुदा केवल आबहिं, गावहिं, लाबहिं।
तोँ पठाबह वा पठबह मुदा केवल आबह, गाबह, लाबह।
हम वा अहाँ पठाबी वा पठबी मुदा केवल आबी, गाबी, लाबी।
जेना वर्त्तमानमे, पठबैत अछि, पठबैत छथि, पठबैत छेँ, पठबैत छह, पठबैत

छी 'देखू' धातु जकाँ, तहिना अनिष्पति सेहो पठबैत, पठवितथि, पठबिते ँ, तथा पठबितहुँ, ओ भविष्यद्-व्यापारनुज्ञामे पठबिहें ओ पठबिहह।

प्राचीन भाषा मे उत्तम पुरुष वा आदरार्थक मध्यम पुरुष, हम वा अहाँक सङ्ग अबन्त धातुक भविष्य मे रूप पठाएब, आएब, लाएब इत्यादि नहि किन्तु पठाओब, आओब, लाओब इत्यादि होइत छल ओ एखनहु पुरान लोक लिखैत छथि।

* * *

इ. जक् आदि गोटेक सए धातु अछि जकर रूपमे एतबे विशेष अछि जे एक मात्राक (यथा—प्रेरणामे मध्यम पुरूष वा उत्तम पुरुष) अथवा दू मात्राक तिङ्ग अएला उत्तर एहि धातुक स्वरकेँ दीर्घ भए जाइत अछि। तेँ वर्त्तमानमे ओ अनिष्पतिमे कोनो भेद नहि होएत। भूत आदिमे कतोक तिङ्ग एहन अछि। यथा—भूतमे सकर्मकसँ अनादरणीय प्रथम पुरुष कर्त्ता रहलासँ अलक (तीन मात्राक) तिङ्ग रहने 'ओ हमर पोथी तकलक' मुदा अकर्मकमे अल (दू मात्राक) तेँ रोटी पाकल।

भूतमे—सकर्मक—लोक तकैत अछि, तकलक, लोक रखैत अछि, रखलक, अकर्मक—रोटी पकैत अछि, पाकल, लोक जगैत अछि, जागल, आँखि लगैत अछि, लागल।

परन्तु कर्ममे कृत् अल भेला उत्तर, ताकल वस्तु, राखल पोथी, टाङ्गल तसवीर।

भविष्यमे—लोक ताकत। अहाँ वा हम ताकब।
प्रेरणामे—लोक ताकओ। ओझा ताकथु। तोँ ताक
तोँ ताकह। हम वा अहाँ ताकू।
इच्छामे—लोक ताकए। ओझा ताकथि। तोँ ताकहिं।
तोँ ताकह। हम वा अहाँ ताकी।

* * *

ई. द धातु दैत अछि, लू धातु लैत अछि।
वर्त्तमानमे कोनो भेद नहि।
भूत—लोक देलक वा लेलक।
ओझा देलैन्हि वा लेलैन्हि।
तोँ देलेँ वा लेलेँ।
तोँ देलह वा लेलह।
हम वा अहाँ देलहुँ वा लेलहुँ।
भविष्य—लोक देत वा लेत।
ओझा देताह वा लेताह।

तो ँ देबे ँ वा लेबे ँ।

तो ँ देबह बा लेबह।

हम वा अहाँ देब वा लेब।

प्रेरणामे—लोक देअओ वा लेअओ।

ओझा देथु वा लेथु।

तो ँ दे वा ले। (ओकरा दही, हुनका दहून्ह)

तो ँ दएह वा लएह। (ओकरा दहक, हुनका दहून्ह)

हम वा अहाँ दिअ। (हम ओकरा दिऐक, हुनका दिऐन्हि)

लिअ। (हम तोरा दिऔक, तोहरा दिअहु)

इच्छामे—लोक देअए, लेअए

ओझा देथि, लेथि

तो ँ देहि ँ, लेहि ँ

तो ँ दएह, लएह

हम वा अहाँ दी, ली

अनिष्पत्ति—लोक दैत, लैत।

ओझा दितथि। लितथि।

तो ँ दिते ँ, लिते ँ।

तो ँ दितह, लितह।

हम वा अहाँ दितहुँ, लितहुँ।

भविष्यद्—व्यापारानुज्ञा—तो ँ दिहे ँ, तो ँ लिहे ँ।

तो ँ दिहह तो ँ लिहह।

उ. धो धातुक रूप हो धातुक रूप

वर्त्तमानमे

क्रमशः—धोऐत अछि वा धोइत अछि मुदा होइत अछि

धोऐत छथि वा धोइत छथि मुदा होइत छथि

धोऐत छे ँ वा धोइत छे ँ मुदा होइत छे ँ

धोऐत छह वा धोइत छह मुदा होइत छह

धोऐत छी वा धोइत छी मुदा होइत छी

भूतमे—धोएलक	मुदा भेल
धोएलैन्हि	मुदा भेलाह
धोएले ँ	मुदा भेले ँ
धोएलह	मुदा भेलह
धोएलहुँ	मुदा भेलहुँ
भविष्यमे—धोएत।	होएत।

धोएताह		होएताह।

धोएबेँ		होएबेँ।

धोएबह		होएबह।

धोएब		होएब।

प्रेरणा—धोअओ वा धोओ		होअओ, होओ

धोअथु वा धोथु		होअथु, होथु

धोअ वा		होअ, हो

धोअह		होअह

धोउ		होउ

इच्छा—धोअए		होअए, हो

धोअथि, धोथि		होथि

धोअहिं, धोहिं		होअहिं

धोअह		होअह

धोइ		होइ

अनिष्पत्ति—धोऐत, धोइत		होइत

धोइतथि		होइतथि

धोइतेँ		होइतेँ

धोइतह		होइतह

धोइतहुँ		होइतहुँ

भविष्यद्-व्यापारानुज्ञा—धोइहेँ		होइहेँ

धोइहह		होइहह

*		*		*

ऊ. चुब् (अकर्मक) ओ छुब् (सकर्मक) तथा कर् ओ मक् ओ पिब्, सिब् ओ जिब् एहि तीनू धातुक भूत मात्रमे रूप किछु विलक्षण होइत अछि।

भूतमे—

चुब् (अकर्मक)	छुब् (सकर्मक)	
चुइल	छुइल	
चुइलाह	छुइलैन्हि	
चुइलेँ	छुइलेँ	
चुइलह	छुइलह	
चुइलहुँ	छुइलहुँ	
मर् (अकर्मक)	कर् (सकर्मक)	धर्

मुइल	कएलक	धएलक
मुइलाह	कएलैन्हि	धएलैन्हि
मुइलें	कएले	धएलें
मुइलह	कएलह	धएलह
मुइलहुँ	कएलहुँ	धएलहुँ

जिब् (अकर्मक)	पिब् (सकर्मक)
जील वा जीअल	पील वा पिअल
जीलाह	पीलैन्हि
जीलें	पौलें
जीलह	पीलह
जीलहुँ	पीलहुँ

* * *

छ धातुक रूप केवल वर्त्तमान ओ भूत अर्थमे होइत अछि। एहिसँ भिन्न अर्थमे 'रह' धातुक रूप सएह ओकरो रूप बुझब; यथा—पोथी अछि, पोथी, छल, मुदा (भविष्यमे) पोथी रहत (प्रेरणामे) पोथी रहओ (इच्छामे) पोथी रहए (अनिष्पत्तिमे) पोथी रहैत इत्यादि।

केवल वर्त्तमान अर्थमे 'छ' धातुक स्थानमे 'थिक्' धातुक प्रयोग होइत अछि—दुइए स्थितिमे—

1. जखन प्रथमान्त पदक अर्थ विधेय रहए यथा—ई पोथी थिक। एकर तात्पर्य छैक 'ई' शब्दसँ 'पोथी' बुझू।

2. जखन षष्ट्यन्त सम्बन्ध विधेय रहए; यथा—ई पोथी हमर थिक अर्थात पोथीमे हमर स्वत्व बुझएबाक अछि।

केंवल सत्ता अर्थमे 'छ' रहत। पोथी अछि, कलम नहि अछि।

छ धातु—

	वर्त्तमानमे	भूतमे
1.	लोक अछि। सामान्य	छल।
2.	लोक ओकरा छैक।	छलैक।
3.	लोक हुनका छैन्हि।	छलैन्हि।
4.	लोक तोरा छौक।	छलौक।
5.	लोक तोरा छहु।	छलहु।
6.	लोक अहाँक वा हमरा अछि।	छल।
7.	ओझा छथि। सामान्य	छलाह।
8.9.	ओझा ओकरा वा हुनका छथीन्ह।	छलथीन्ह।
10.11.	ओझा तोरा वा तोहरा छथून्ह।	छलथून्ह।

12.	ओझा हमरा छथि।	छलाह।
13.	तोँ छेँ। सामान्य	छलेँ।
14.	तोँ ओकरा छहीक।	छलहीक
15.	तोँ हुनका छहून्ह।	छलहून्ह।
16.	तोँ हमरा छेँ।	छलेँ।
17.	तोँ छह। सामान्य	छलह।
18.	तोँ ओकरा छहक।	छलहक।
19.	तोँ हुनका छहून्ह।	छलहून्ह।
20.	तोँ हमरा छह।	छलह।
21.	अहाँ वा हम छी। सामान्य	छलहुँ।
22.	अहाँ वा हम ओकरा छिऐक।	छलिऐक।
23.	अहाँ वा हम हुनका छिऐन्हि।	छलिऐन्हि।
24.	हम तोरा छिऔक।	छलिऔक
25.	हम तोहरा छिअहु।	छलिअहु।
26.	अहाँ हमरा छी।	छलहुँ।
	वा	वा
	हम अहाँक छी।	छलहुँ।

धातु थिक—

केवल वर्त्तमानमे—

ई पोथी थिक।	प्रथमान्तक अर्थ विधेय
ई पोथी ओकर थिकैक।	षष्ठ्यन्त सम्बन्ध विधेय
ई पोथी हुनक थिकैन्हि।	"
ई पोथी तोर थिकौक।	"
ई पोथी तोहर थिकहु।	"
ई पोथी अहाँक वा हमर थिक। सामान्यवत्	"
ओझा थिकाह।	प्रथमान्तक अर्थ विधेय
ओझा ओकर थिकथीन्ह।	षष्ठ्यन्त सम्बन्ध विधेय
ओझा हुनक थिकथिन्ह।	"
ओझा तोर थिकथून्ह	"
ओझा तोहर थिकथून्ह।	"
ओझा हमर वा अहाँक थिकाह।	"
तोँ थिकेँ	प्रथमान्तक अर्थ विधेय
तोँ ओकर थिकहीक।	षष्ट्यन्त सम्बन्ध विधेय
तोँ हुनक थिकहून्ह।	"

तोँ हमर थिकेँ।	”
तोँ थिकह।	प्रथमान्तक अर्थ विधेय
तोँ ओकर थिकहक।	षष्ठ्यन्त सम्बन्ध विधेय
तोँ हुनक थिकहून्ह।	”
तोँ हुनक थिकहून्ह।	”
तोँ हमर थिकह।	प्रथमान्तक अर्थ विधेय
हम वा अहाँ ओकर थिकिऐक।	षष्ठ्यन्त सम्बन्ध विधेय
हम वा अहाँ हुनक थिकिऐन्हि।	”
हम तोर थिकिऔक।	”
हम तोहर थिकिअहु।	”
अहाँ हमर थिकहुँ।	”
वा	
हम अहाँक थिकहुँ।	”

प्रेरणार्थक

केओ जखन ककरहुसँ काज करबैत छथि तँ काज कएनिहार 'प्रयोज्य' अथवा मूल कर्त्ता भेलाह आ करओनिहार 'प्रयोजक' कर्त्ता। राम पड़ैत छथि; गुरु रामकेँ पढ़वैत छथि, एतए पढ़बाक कर्त्ता राम छथि मुदा प्रयोजक कर्त्ता भेलाह गुरु।

प्रयोजक कर्त्तामे प्रथमा ओ प्रयोज्या अथवा मूल कर्त्तासँ द्वितीया वा तृतीया होइत अछि, से कहनहि छी।

गुरु रामकेँ पढ़वैत छथि।

वा

गुरु रामसँ पढ़बैत छथि।

एहिने पहिलुकसँ क्रियाक फल रामकेँ छैन्हि, दोसरसँ गुरुकेँ ई भेद बुझबाक थिक।

कतोक धातुसँ केवल द्वितीया होइत अछि यथा—रामकेँ हँसबैत छथि, नेनाकेँ खेलबैत छथि, सूतलकेँ जगबैत छथि इत्यादि।

कतोक धातुसँ केवह तृतीया होइत अछि; यथा—जनसँ काज करबैत अछि, छात्रसँ पोथी तकबैत छथि, जनसँ गाछ कटबैत छथि इत्यादि।

प्रयोजक कर्त्ता रहलासँ अर्थात प्रेरणार्थ रहलासँ धातुसँ अब् प्रत्यय अबैत अछि तथा 'अबन्त' धातुक रूप कहनहि छी। यथा—देखैत छथि, देखबैत छथि, देखल, देखाओल, देखत, देखाओत, देखओ, देखबओ, देखए, देखबए, देखैत, देखबैत, देखिहेँ, देखबिहेँ। इत्यादि।

कतोक धातुसँ 'अब्' भेला उत्तर किछु विशेष भए जाइत अछि। यथा—

लब् धातु– लबैत छथि मुदा लेअबैत छथि।
खू धातु–खाइत छथि मुदा खोअबैत छथि।
छुब् धातु– छुबैत छथि मुदा छुअबैत छथि।
जिब् धातु– जिबैत छथि मुदा जिअबैत छथि।
मान् धातु– मानैत छथि मुदा मनबैत छथि।
द् धातु– दैत छथि मुदा देअबैत छथि।
ल् धातु– लैत छथि मुदा लेअबैत छथि।
कतोक धातुसँ प्रेरणार्थक भेला पर भिन्ने रूप भए जाइत अछि; यथा–
वस्तु बिकाइत अछि–वनिआ बेचैत अछि।
काज रूकैत अछि–ओकरा रोकैत अछि।
घर त्यागैत अछि– ओकरा छोड़बैत अछि।
नूआ फटैत अछि–नूआ फारैत अछि।
रोग छुटैत अछि–ओकरा छोड़बैत अछि।
कलम टुटैत अछि– ओकरा तोड़बैत अछि।
पण्डित होइत अछि–ओकरा पण्डित बनबैत अछि।
ओ रहैत अछि–ओकरा रखैत अछि।
ओ अबैत अछि–ओकरा अनैत अछि।
ओ जाइत अछि–ओकरा पठबैत अछि।
घर जरैत अछि–ओकरा ढाहैत अछि इत्यादि
अबन्त सबटा धातु सकर्मक होएत से जानब।
अबन्त धातुकेँ पुनः प्रयोजक भेला उत्तर पुनः अब् होइत छैक; यथा–
कलम टुटैत अछि।
छात्र कलमकेँ तोड़ात अछि।
गुरु छात्रसँ कलमकेँ तोड़बैत अछि।
गाए अबैत अछि।
चरबाह गाएकेँ अनैत अछि।
मालिक चरबाहसँ गाएकेँ अनबैत छथि।

नाम-धातु

नामसँ होएब, मारब इत्यादि अनेक अर्थमे अब् ओ इब् दूटा प्रत्यय आबि नामकेँ धातु बनाए दैत अछि। अबन्त धातु होइत अछि सकर्मक ओ इबन्त होइत अछि अकर्मक। अबन्त धातुक रूप कहनहि छी। इबन्तक रूप विकादि जकाँ होइत अछि।

कोन नामसँ कोन अर्थमे धातु बनैत अछि से अनेक अछि तेँ ओकर ऊहि

कए लेब। नाम-धातुमे किछु-किछु विशेष भेल करैत अछि सेहो देखब। यथा–

अबन्त–मुकासँ मारब अर्थमे–मुकिअबैत अछि।

लातसँ मारब अर्थमे–लतिअबैत अछि।

चाड़िसँ युक्त करैत अछि–चड़िअबैत अछि।

दामसँ करब अर्थमे–दमबैत अछि।

अपनासँ बनाएब अर्थमे–अपनबैत अछि।

आँखिसँ खेब अर्थमे– ओखिअबैत अछि।

धक्का देब अर्थमे–धकिअबैत अछि।

ठामसँ देखब अर्थमे– ठमबैत अछि।

इबन्त–घट्टीसँ होएब अर्थमे–घटिआइत अछि।

बहारसँ अर्थमे –बहराइत अछि।

लाजसँ युक्त होएब अर्थमे–लजाइत अछि।

एहिना घमाइत अछि, रोगाइत अछि, अलसाइत अछि इत्यादि।

झींसीसँ छोड़ब अर्थमे–झिंसिआइत अछि।

विषसँ तुल्य होएब अर्थमे–बिसाइत अछि।

शब्द करब अर्थमे–गोंगिआइत अछि, करकराइत अछि।

–गनगनाइत अछि, खनखनाइत अछि।

अनुप्रयोग

विशेष अर्थ बुझएबाक हो तँ धातुसँ पर दोसर धातुक प्रयोग होइत अछि। एकरा अनुप्रयोग कहैत छैक। मूल धातुसँ पर जे दोसर धातु अबैत अछि तकरा अनुप्रयुज्यमान अथवा परवर्ती धातु कहबैक। परवर्ती धातुक अपन अर्थ नहि रहैत छैक मुदा तिङ्ग ओहीमे लगैत छैक, मूल धातुसँ विशेष अर्थमे विशेष प्रत्यय लगैत अछि।

मैथिलीमे अनुप्रयोग अनेक होइत अछि। यथा–

(1) बहुवचनमे– मूलधातुसँ ऐत प्रत्यय़ ज् धातुक अनुप्रयोग

उदाहरण–लोक देखलक–लोक सब देखैत गेल।

ओ गेल–ओ सब जाइत गेल।

ओ पढ़ैत अछि–ओ सब पढ़ैत जाइत अछि।

2) पुनः-पुनः अर्थमे–

धातुसँ अल प्रत्यय + कर् धातुक अनुप्रयोग–

पुनः-पुनः देखैत अछि–देखल करैत अछि।

(3) कर्तृगामी क्रियाफलक विवक्षामे

धातुसँ इ प्रत्यय + ल् धातुक अनुप्रयोग–

पुस्तक देखू–पुस्तक देखि लिअ (अपना हेतु)

(4) परगामी क्रियाफलक विवक्षामे अर्थात कर्त्ता सँ भिन्न
धातुसँ इ प्रत्यय + द् धातुक अनुप्रयोग
पुस्तक देखू–पुस्तक खि दिअ (हमरा हेतु)।

देखू हम भानस कए दैत छी, अहाँ पोथी पढ़ि दिअ।
हम भानस कए लैत छी, अहाँ पोथी पढ़ि लिअ।
हम भानस कए दैत छी, अहाँ पोथी पढ़ि लिअ।
हम भानस कए लैत छी, अहाँ पोथी पढ़ि दिअ।

(5) क्रमशः सम्पन्न होएब अर्थ मे
सकर्मक धातु सँ अने + ज धातुक अनुप्रयोग
अकर्मक धातुसँ अल
यथा–हम कहने गेलिऐन्हि, ओ हँसल गेलाह।
किछु विशेष अर्थमे अव्ययक अनुप्रयोग होइत अछि–

1. भूतकालमे सामीप्य बुझएबाक हेतु
भूतकालक तिङ्सँ अछि अव्यय
यथा–ओ कहलैन्हि अछि, ओ गेलाह अछि।
2. दूरवर्ती कालक बोध करएबाक हो तँ
भविष्यार्थक तिङ्सँ गए अव्यय
यथा–ओ पढ़ताह गए, हम देब गए।
3. क्रिया दूर देश मे होएब अर्थमे
प्रेरणार्थक तिङ्सँ गए अव्यय।
यथा–पढ़ू गए, देखू गए।
4. क्रिया समीप देशमे होएब अर्थमे
प्रेरणार्थक तिङ्सँ ऐन्हि अव्यय
यथा–पढ़ू ऐन्हि, देखू ऐन्हि।

कृदन्त

जेना नामसँ तद्धितक प्रत्यय होइत अछि तहिना धातुसँ कृत् आदि प्रत्यय अबैत अछि। तद्धितान्त साधारणतया नाम होइत अछि मुदा ओहिमे अधिकरण-अर्थ वला प्रत्यय लगलासँ, जेना–कतए, कोमहर, कहिआ, कहाँ, प्रकारार्थक ना प्रत्ययवला, यथा जेना ,कोना इत्यादि अव्यय होइत अछि तहिना कृदन्त सेहो साधारणतया नाम होइत अछि ओ ओहिसँ नाम जकाँ विभक्ति लगैत अछि मुदा ऐत, इ ओअए–ई तीन गोट प्रत्यय लगाए जे कृदन्त होएत से अव्यय होएत। यथा हम रामकेँ पढ़ैत देखलहुँ, देखि अएलहुँ, देखए अएलहुँ। एहि सबमे लिङ्ग पुरुष किंवा कारकक भेदसँ कोनो भेद नहि होइत अछि तेँ ई सब अव्यय थिक।

कृदन्त प्रत्यय पाँच भिन्न-भिन्न अर्थमे अबैत अछि। (1) कर्त्तामे (2) कर्ममे (3) करणमे (4) अधिकरणमे ओ (6) भावमे।

तद्धितहिक जकाँ कृत् आदि प्रत्ययक ठेकान नहि छैक। कतोक प्रत्येक सब धातुसँ आओत यथा–अनिहार देखनिहार, बसनिहार, चलनिहार अथवा अल् प्रत्यय भूतमे अकर्मकसँ कर्त्तामे ओ सकर्मकसँ कर्ममे यथा–अकर्मकसँ बसल लोक, लोक सूतल नेना जागल पुरुष ओ सकर्मकसँ देखल नाच, पढ़ल पोथी, बिकाएल बड़द। मुदा कतोक प्रत्यय विशेष अर्थमे विशेष धातुसँ अबैत अछि यथा–कर्त्तामे चल् सँ चलाक लोक, कर्मसँ छनु् सँ कर्ममे छनुआ दूध। एतए सब प्रत्यय देखाएब कठिन अछि, मुख्य-मुख्य प्रत्यय देखबैत छी।

कर्त्तामे सब धातुसँ अनिहार–चलनिहार, पढ़निहार, गेनिहार, होनिहार, भेनिहार, मुइनिहार, धएनिहार, बिकएनिहार, खएनिहार।

नोट–देखबैक जे एहि प्रत्ययमे वा एहने आओर प्रत्ययमे विशेषतः अ जकर आदिमे छैक तेहन प्रत्ययमे धातुसँ ओहने विकार होइत अछि जेहन तिङ्ग प्रत्यय भेने।

कर्त्तामे ठक् आदिसँ अ। ठक, फड़, झड़, मर (जे मुलइ छैक) अधिकरण वा कर्म पूर्वक धातुसँ आ – जे दूध बेचए = दुधबेचा, मथठेका, घरपैसा, मुहदूसा,

वर्त्तमान अर्थमे ऐत–सब धातुसँ–बिकाइत वस्तु, खेलाइत नेना, जिबैत मनुष्य,

भूत अर्थमे–अल्– अकर्मकसँ कर्त्तामे–जागल लोक, सुतल नेना,

भूत अर्थमे–रह, अब्, जू, छ, तथा सम्भावना अर्थवला हो – एतेक धातुक योगमे सकर्मक धातुसँ अनेक।

पढ़ने रहताह, पढ़ने अओताह, पढ़ने जएताह, पढ़ने छथि, पढ़ने होशि।

जाहिसँ क्रियामे अभ्यास वा कौशलबोध हो एहन कर्त्तामे–कतोक धातुसँ अनमा-सुतनमा लोक, फड़नमा गाछ।

बिसर्	धातुसँ	बिसराह
उसर्	धातुसँ	उसराहु, उपजाह
डर्	धातुसँ	डरबुक
बुझ्	धातुसँ	बुझनुक
ख्	धातुसँ	खाधुर
गब्	धातुसँ	गबैआ, स्त्री गाइनि।

(2) कर्ममे –

भूत कालमे –

सब सकर्मक धातुसँ अल् – देखल वस्तु, पढ़ल पोथी उआ प्रत्यय – छनुआ दूध, भरूआ चाउर, किनुआ, रन्हुआ।

औआ „ —चोरौआ, नुकौआ
एन „ — देन, लेन
अना „ —ओढ़ना, पहिरना
ओछओना, बिछओना, ओछाओन, बिछाओन
आ प्रत्यय — उसिना धान, लोढ़ा धान, फाड़ा अचार।
लिखा (चिट्ठीक अर्थमे)

(3) करणमे—
अना—ठेकना, भुनना, टेकना, देखना
आनि—बाढ़नि, चालनि, लाड़नि, लागनि
अनी—कतरनी, नहरनि, थकरनी,
करण ओ अधिकरणमे
जाहिसँ फूल तोड़ी—फुलतोड़ा लग्गी
जाहिमे फूल तोड़ी—फुलतोड़ा डाली

(4) अधिकरणमे—बैसाड़, बैसक।

(5) भाव मे—
भाव थिकैक क्रियाक व्यापारक नाम। अतएव—

सब धातुसँ एहि अर्थमे—अब्—(भविष्यक उत्तम पुरूषक तिङ्ग जेकाँ)—यथा देखब, सुनब, बिकाएब, होएब, देब, लेब। सब धातुसँ एहिना अनाइ—देखनाइ, सुननाइ, बिकएनाइ, भेनाइ, देनाइ, लेनाइ।

अ प्रत्यय सक् आदिसँ—सक, छीक, बेसाह, पसार, सम्हार।

आ प्रत्यय झगड़ आदिसँ—झगड़ा, बजरा, पटका, ललकारा।

इ प्रत्यय चल् आदिसँ—चालि, मारि।

ई प्रत्यय हँस् आदिसँ—हँसी, कुट्टी टुट्टी।

अन प्रत्यय उलट् आदिसँ—उलटन, मरन, जीवन, लेआओन, ओरिआओन, चुमाओन

अनी प्रत्यय रोप आदिसँ—रोपनी, तामनी, गाथनि, थाकनि, परिछनि, सीअनि

अनी प्रत्यय झुक् आदिसँ—झुकनी, कननी, कहनी, मङ्गनी, करनी, नोचनी, कँपनी

आइ प्रत्यय ठोक् आदिसँ—ठोकाइ, मजाइ, चिराइ, सिआइ, अगुताइ, लेबाइ, छराइ।

पूर्वकालिक क्रिया

जखन एक कर्त्ता कएल अछि एक पूर्व कालमे तथा दोसर उत्तर कालमे, तँ से बुझएबाक हेतु पूर्वकालक क्रियाबोधक धातुसँ 'इ' प्रत्यय होइत अछि। यथा—पढ़ि

अएलहुँ। अर्थात पढ़ल तखन अएलहुँ।

एहि 'इ' प्रत्ययक आगाँ कतहु-कतहु 'के ँ' सेहो अबैत अछि। पढ़िके ँ अएलहुँ। ई प्रयोग इच्छा पर अछि , करी वा नहि।

एहिसँ भिन्न 'इ' प्रत्ययक प्रयोग होइत अछि।

(अ) नहि अव्ययक योग्यमे, जँ क्रियाक अर्थ उचित हो यथा–ई कथा लीखि नहि अर्थात लिखब उचित नहि।

(आ) सक् धातु (सकैत अछि)
चुक् धातु (चुकैत अछि)
हो धातु (सामर्थ्य अर्थमे)–एहि तीन धातुक योगमे।
यथा–ई के कहि सकैत अछि? ओ हमरा देखि सकल। काज देखि चुकल। पढ़ि होएत, हमरा पढ़ि भेल।

(इ) पड़ धातुक योगमे बुझ्, जन्, सुन्, देख्, धातुसँ–बुझि पड़ैत अछि, जानि पड़ैत अछि, सुनि पड़ैत अछि, देखि पड़ैत अछि।

परन्तु–

अ. विकादि धातुसँ 'इ' प्रत्यय अबैत अछि तँ एकर 'आए' भए जाइत अछि। यथा–बिकाए, खाए, जाए–बिकाएके ँ अएलाह, खाएके ँ सूतू, जाए-काज देखू।

आ. अबन्त धातुसँ सेहो इ के ँ आए होइत अछि यदि धातु अनेक स्वर वला हो, यथा–

अनेक स्वर वला–पठब् – पठबैत छी,
इ भेलासँ पठबाए।
टहलब् (टहलबैत छी) टहलबाए।
एक स्वर वला–अब्–आबि
लब्–लाबि
गब्–गाबि

इ. ओकारान्त धातुसँ इ के ए होइत अछि; होए, धोए।

ई. कर्, धर्, द्, लृ, हो धातुकें इ भेला पर क्रमशः क, ध, द, ल, भ होइत अछि तथा इ क ए।

कर–कए; धर्–धए; द्–ल–लए; हो–भए।

उ. इ प्रत्यय अएला उत्तर अन्तसँ पूर्वक स्वर यदि इ वा उ रहैक तँ ओकर विकल्पसँ दीर्घ भए जाइत अछि। लिखि वा लीखि, डुबि वा डूबी, बूझि वा बूझी, पिबि वा पीबि।

ऊ. इ अएला उत्तर अन्तसँ पूर्वक 'अ' के ँ 'आ' होइत अछि

जक् आदि धातुके ँ–जाकि ताकि, राखि, पाकि, चाखि, माखि, थाकि, जागि,

लागि, माङ्गि, जाँचि।

एक स्वर वला अबन्त धातुकेँ—आबि, लाबि, पाबि, गाबि।

क्रियार्थी क्रिया

जखन एक क्रियाक निमित्त दोसर क्रिया विवक्षित रहैत अछि तखन निमित्त-मूल क्रियासँ 'अए' प्रत्यय होइत अछि। यथा—

देखए अएलाह।

पढ़ए जाइत छथि।

जाए कहिऔन्हि।

एहिमे देखए, पढ़ए, जाए निमित्त थिक आएब, जाएब ओ कहब क्रिया। ई सब क्रियार्थी क्रिया भेल।

क्रियार्थी क्रियामे अब प्रत्ययक आगाँ इच्छासँ लए अव्ययक प्रयोग होइत अछि। यथा—

देखए लेल अएलाह वा देखए अएलाह।

पढ़ए लए जाइत छथि वा पढ़ए जाइत छथि।

एहि अए प्रत्ययक प्रयोग होइत अछि—

(अ) जन् धातुक योगमे—काल करए जनैत छथि।

(आ) अनुमति अर्थ वला दू धातुक योगमे हुनका लिखए दिऔन्ह, हमरा जाए दिअ।

(इ) प्रवृत्ति अर्थ लग् धातुक योगमे—ओ काज करए लगलाह, हम पढ़ए लगलहुँ।

(ई) अवगति अर्थक अब् धातुक योगमे—हमरा गाबए अबैत अछि; पढ़ए आओत तखन लिखए आओत।

(उ) अवसर प्राप्ति अर्थक पब् धातुक योगमे—हम नाच देखए पओलहुँ, काज करए पाएब।

(ऊ) प्राप्ति अर्थक पड़ धातुक योगमे आवश्यक अर्थमे अए तथा ऐक दूनू प्रत्यय होइत अछि।

अहाँकेँ पढ़ए पड़त अथवा पढ़ैक पड़त।

हमरा बाजए पड़त अथवा बाजैक पड़त।

काज करए पड़ैत अछि अथवा करैक पड़ैत अछि।

स्मरण रहए जे कर्त्तामे ऐत प्रत्यय, पूर्वकालिक इ प्रत्यय ओ क्रियार्थी क्रियाक अए प्रत्यय वला सब कृदन्त अव्यय होइत अछि।

एव-अपि

एह एहि अर्थकेँ अबधारण तथा इहो—एहि अर्थकेँ समुच्चय कहल जाइत अछि। संस्कृतमे अवधारणमे एव ओ समुच्चयमे अपि अव्यय अबैत अछि। मैथिलीमे

एकर नियम बड़ जटिल अछि ओ प्रयोगमे बड़ गड़बड़ भेल करैत अछि।

एवक स्थानमे मिथिलाभाषामे ए, ई, अहि, अहि, अहिँ, हि इत्यादि

अपिक स्थानमे ओ, ऊ, अहु, अहुँ, हु इत्यादि।

एहि प्रसङ्ग ई विशेष ध्यान राखब–

1. स्वरादि प्रत्यय; यथा–ए, ओ इत्यादिसँ पूर्व अ, आ, ए तीनूक लोप भए जाइत अछि–

राम	रामे	रामो
माला	माले	मालो
पहिने	पहिनहि	पहिनहु।

2. ई ओ ऊ केँ ह्रस्वता–

काली	कालिए	कालिओ
टहलू	टहलुए	टहलुओ

3. अब् ओ अल् प्रत्ययवला शब्दक सब स्वर ह्रस्व भए जाइत अछि–

जाएब	जएबे नीक	जएबो नीक।
पाओल	पओले टाका	पओलो टाका।

4. ऐत केँ इत

देखैत	देखितहिँ	देखितहुँ

5.आइत केँ अइत नहाइत नहइतहिं नहइतहुँ

6. शब्दक अन्तिम ए केँ इ ओ तखन ए वा ओ

भाए	भाइए	भाइओ
माए	माइए	माइओ
कए	कइए	कइओ

साधारणया नामसँ अवधारणमे 'ए' आ समुच्चयमे 'ओ' अबैत अछि। राम रामे रामो।

मुदा विभक्ति रहलासँ अहि–अहु अबैत अछि

रामकेँ रामहिकेँ रामहुकेँ

तृतीयाक एँ विभक्तिसँ अहिँ–अहुँ

पाएरेँ पाएरहिँ पाएरहुँ

सप्तमीक विभक्तिक लोप रहलासँ

गाममे छथि–गामहिमे छथि–गामहिँ छथि।

गामहुमे छथि–गामहुँ छथि।

अहिँ-अहुँ–

तेँ जेँ सँ तहिँ तहुँ; जहिँ जहुँ।

ऐत प्रत्ययसँ –देखैत देखितहिँ देखितहुँ।

अने प्रत्ययसँ—देखने देखनहि ँ देखनहुँ।

अपने, परुकाँ, तेसरुकाँ आदिसँ

अपने-अपनहि-अपनहुँ

परुकाँ-परुकहिँ-परुकहुँ

अहि—अहु—

विभक्तिसँ पूर्व—हाथसँ हाथहिसँ हाथहुसँ

घरक घरहिक घरहुक

तेना-जेना नासँ पूर्व-तहिना, तहुना-जहिना-जहुना,

एना, कोना, ओना-मे, एहिना, एहुना, कोहुना, ओहिना, ओहुना

अए प्रत्ययान्तसँ—

देखए गेलाह—देखहि गेलाह—देखहु गेलाह।

तद्धित तए—महर सँ

ततए ततहि ततहु

तेमहर तेमहरहि तेमहरहु

ककरा, हमरा, अपना, अनका, जनिका, तनिका, हिनका, हुनका इत्यादि नामसँ—

ककरहु, हमरहि, अपनहि, अपनहु इत्यादि—

ई—ऊ—ताहि, जाहि, एहि, ओहिसँ

ताही, ताहू; जाही, जाहू इत्यादि

अहाँसँ—अही ँ—अहूँ

विशेष—तो ँ-तो ँही ँ-तो ँहूँ

से-सएह-सेहो

जे-जएह-जेहो

ई-इएह-इहो

ओ-ओएह-ओहो

दू-दुइए-दूनू वा दूहू

तीनि-तिनिए-तीनू

चारि-चरिए-चारू

क्रियापदमे विशेष—

धातुसँ अब प्रत्यय + ए वा ओ + कर् धातुक अनुप्रयोग।

देखब-देखबे-देखबो

अथवा

देखबे करब-देखबो करब।

आओत-अओते-अओतो

अथवा

अएबे करत-अएबो करत।

पढ़ल-पढ़ले-पढ़लो

अथवा

पढ़बे कएल-पढ़बो कएल।

ई रूप सब धातुसँ सब अर्थमे होइत अछि। ए-ओ सब ठाम नहि लागत—

देखहीक—देखबे करहीक, देखबो करहीक दोसर रूप नहि।

एहि प्रसङ्ग स्मरण रहए जे साधारणतया

राम कहलैन्हि रामकेँ कहलैन्हि

एकर होएत रामे कहलैन्हि, रामो कहलैन्हि।

रामहिकेँ कहलैन्हि, रामहुकेँ कहलैन्हि।

एहिमे सविभक्तिक रामहिकेँ लोक बजैत अछि रामइकेँ= रामैकेँ ओ रामउकेँ=रामौकेँ। तेँ रामे, रामो जकाँ रामेकेँ, रामोकें कहब अयुक्त। तहिना रामे कहलैन्हिक स्थानमे रामहि कहलैन्हि इहो बाजब अयुक्त। स्मरण रहए जे विभक्ति नहि रहतैक तखन ए—ओ, विभक्ति रहतैक तखन अहि—अहु।

गुरूच्चारण

मिथिलाभाषाक ई विशेष गुण थिकैक जे एहिमे प्रायः जतेक शब्द अछि सबमे कमसँ कम एकटा स्वरक उच्चारण गुरु होइत छैक। अ इ उ सन ह्रस्व स्वरहुक उच्चारण गुरु होइत छैक तथा ए ओ स्वरहुक उच्चारण लघु होइत छैक से आरम्भहिमे कहने छी। यथा—'जँ मन रहत' एहि वाक्यकेँ देखू। एहिमे तीनू पदमे सबटा स्वर ह्रस्व अछि मुदा उच्चारणमे जँ मनमे म ओ रहतमे ह क उच्चारण गुरु होएत। कतेक लोक मनमे मोन लिखैत छथि, पुतहुकेँ पुतोहु, एक मन धानकेँ एक मोन धान इत्यादि। परन्तु यदि उच्चारणक नियम बुझल रहए तँ एना शब्दकेँ विकृत करबाक काज नहि। तेँ गुरु-उच्चारणक किछु नियम लिखैत छी। विषय ई बड़ जटिल छैक ओ मैथिली-भाषा-शास्त्रक उच्चारण विषयक थिकैक।

स्मरण रहए जे अ क गुरु उच्चारणमे लोक ओ लिखैत अछि तथा इ-उ क गुरु उच्चारणमे ई-ऊ।

1. एक अक्षरक सब शब्द वा पद गुरु होइत अछि।
   जँ, तँ, ह, ह
2. अनुस्वारयुक्त विभक्ति—सँ। तहि लोक एकरासौँ सेहो लिखैत छथि।
3. संयुक्त व्यञ्जन पूर्वक यथा—निम्न मे नि, चट्टी मे च।
4. षष्ठी विभक्तिसँ पूर्वक स्वर-रामक मे म, हमर मे म।
5. ओना नाम वा क्रियापदमे अन्तिम स्वरसँ पूर्वक स्वर। हर। बहिनि (जकरा

बहीनि लिखैत अछि) थिक (जकरा थीक लिखैत अछि) मन (मोन) मधु (मोधु) पुतहु (पुतोहु) लिखि (लीखि) भागिन (भागीन) आजुक (आजूक)।

ई नियम प्रायः सर्वत्र लगैत अछि, केवल पढ़क अन्तमे ए वा य रहलासँ ओहिसँ पूर्वक स्वर गुरु नहि होएत। जेना देखए जाउमे ख गुरु नहि। अहाँक जय। संस्कृतक तत्सम शब्दमे ई नियम नहि लागत। पदक अन्तमे दीर्घ स्वर गुरु रहततँ ओहिसँ पूर्वक स्वर गुरु नहि होएत। झगड़ा, बखरा, अनका, अपना, इत्यादिमे अन्तिमे स्वर गुरु अछि, अन्तिम सँ पूर्वक नहि। हँ, किछुए शब्द छैक जेना चकचक, हरदम, झटपट, सदबद, भरिसक, गहुमन, रतिचर, अबतब इत्यादि जाहि मे कोनो स्वर गुरु नहि बाजल जाइत अछि।

* * *

वाक्य विचार

नामसँ विभक्ति लगैत अछि तखन पद होइत अछि। ओ विभक्ति 'श्रूयमाण' रहए अर्थात ओ सूनि पड़ए वा देखल जाए जेना रामकेँ, कहलिऐन्हि, अथवा ओकर लोप भेल हो, जेना राम गाम गेलाह।

धातुसँ प्रत्यय तिङ्ग कहबैत अछि जेना देख्—अल=देखल। तेँ क्रियापद तिङ्न्त होइत अछि। अव्ययमे कोनो प्रत्यय नहि लगैत अछि। कृदन्त नाम होइत अछि अथवा अव्यय। तहिना तद्धित सेहो। समास नाम थिक तेँ विभक्तियुक्त नाम, तिङ्न्त अथवा अव्यय पद मीलि यदि अर्थक बोध कराबए तँ ओ वाक्य भेल—'राम आइ अएलाह' वाक्य भेल मुदा 'राममे आइ अएलाह' वाक्य नहि भेल कारण एहि वाक्यसँ किछु अर्थ नहि बुझल होइत अछि।

अर्थक बोध कराए सकए तेँ वाक्यमे तीन गोट गुण चाही। आसक्ति, आकांक्षा ओ योग्यता। आसक्ति थिक पदक एक-दोसराक समीप रहब। 'अएलाह रहताह ओ आइ' एहि पदसमूहसँ अर्थ बुझबाक योग्य नहि होएत मुदा यदि कहिऐक, 'ओ अएलाह आइ रहताह' तँ अर्थ बुझल भए जाइत अछि। अतएव अर्थ-बोधक हेतु आवश्यक जे जे पद जकरासँ सम्बद्ध रहए से तकर समीप रहए। तहिना पद सबसँ यदि किछु बुझबाक जिज्ञासा शेष नहि रहए, अर्थ पूर्ण भए जाए तखनहि ओ वाक्य होएत। 'जे अएलाह अछि' एतबा कहने वाक्य नहि भेल कारण आकांक्षा बनले रहल जे, जे अएलाह अछि से की?

एहनो होइत अछि जे ठाम-ठाम कतोक पद नहिओ रहत तथापि अर्थक बोध भए जाएत, आकांक्षा पूर्ण भए जाएत, कारण, ओहि पर सबहिक अध्याहार कए लेव सुगम होइत अछि। कतएसँ अबैत छी? काशीसँ। कहिआ अएलहु? आइए। एहि प्रश्नोतरमे देखब जे दूनू प्रश्न वाक्यमे कर्त्ता पद नहि अछि तथा उत्तर-वाक्यमे ने कर्त्तापद अछि ने क्रियापद मुदा अर्थ बुझवामे भाङ्गठ नहि होइत

अछि। एहन पद-समूह 'वाक्यैकदेश' कहाओत।

तेसर गुण चाही योग्यता। भोरकेँ सूर्यास्तक दृश्य बड़ मनोरम होइत अछि, वाक्य नहि भेल कारण भोरकेँ सूर्यास्तक योग्यता नहि छैक, शब्दक बिनु अर्थ जननहि प्रयोग कएने एहिना वाक्य दूषित भेल करैत अछि।

वाक्यमे दू अंश होइत अछि— एक अंश ओहिमे बुझल रहैत अछि जकरा प्रसङ्ग किछु कहबाक रहैत अछि ओ दोसर जे अंश बुझल नहि रहैत अछि। एहिमे ज्ञात अंश अर्थात ओ अंश जकरा प्रङ्ग्ग किछु कहबाक अछि से कहबैत अछि उद्देश्य ओ अज्ञात अंश अर्थात उद्देश्यक प्रसंग जे कहबाक भेल से कहबैत अछि विधेय। जेना, ई घैल थीक। एहि वाक्यमे 'ई' प्रत्यक्ष अछि, से की थिक इएह कहबाक अछि। तेँ 'ई' उद्देश्य भेल ओ 'घैल थिक' विधेय। 'घैल ई थिक' एहि वाक्यमे 'घैल' बुझल अछि मुदा से कोन सएह बुझएबाक अछि। तेँ 'घैल' भेल उद्देश्य ओ 'ई थिक' विधेय।

ई घैल थिक, ओ डाबा थिक।

ई घैल अछि, ओ घैल फूटि गेल।

एहि दूनु वाक्य-युग्मकेँ देखू। प्रथम दूनू वाक्यमे उद्देश्य अछि 'ई' तथा 'ओ' कर्ता अछि, प्रथमान्त पद, तकर अर्थ बुझाएब अर्थात ई-ओ सँ की बुझब। दोसर वाक्य-युग्ममे एहि घैलक सत्ता छैक, आ घैलक सत्ता नहि छैक, ओ नष्ट भए गेल, इएह विधेय भेल। तहिना ई पोथी हमर थिक, एहि वाक्यमे विधेय अछि पोथीमे हमर स्वत्व। मन राखब जे प्रथमान्तक अर्थ जखन विधेय रहैत अछि अथवा षष्ठ्यर्थ सम्बन्ध विधेय रहैत अछि तखनहि 'थिक' धातुक प्रयोग होइत अछि से कहने छी।

वाक्यमे उद्देश्य पहिने आओत, विधेय पश्चात ई नियम जानब। प्रत्येक वाक्यमे ई दूनू अंश रहबे करत। बिनु तिङ्न्तक विधेय अंश पूर्ण नहि भए सकैत अछि तेँ प्रत्येक वाक्य मे तिङ्न्त रहब आवश्यक।

वाक्य तीनि प्रकारक होएत। उद्देश्य ओ विधेय छैक आ अर्थ पूर्ण भए गेल तँ ओ सरल वाक्य भेल। भिन्न-भिन्न वाक्य समुच्चयार्थक अव्ययसँ जोड़ल संयुक्त वाक्य भेल। परन्तु अनेक वाक्य यदि परस्पर सम्बद्ध भए एक अर्थ दैत रहए तँ ओ संश्लिष्ट वाक्य कहाओत। क्रमशः उदाहरण—

ओ आएल छलाह (सरल)

ओ आएल छलाह मुदा चलि गेलाह (संयुक्त)

ओ जे आएल छलाह से चलि गेलाह (संश्लिष्ट)

एहिमे जे तेसर वाक्य जे से सँ संश्लिष्ट अछि से देखब। एना सब प्रकारक वाक्य एकहि ठाम मीलिकेँ रहल करैत अछि। देखू

ओ जे कहिकेँ आएल छलाह जे आइ रहब से चल गेलाह मुदा कहि

गेलाह अछि जे जँ काज हो तँ हम पुनः आबी।

एहिमे तीनि गोट वाक्य परस्पर संश्लिष्ठ 'मुदा' अव्ययसँ जोड़ल अछि। एहन वाक्य 'मिश्र' वाक्य भेल।

जे वाक्य वाक्यान्तरक अंग अछि से खण्ड-वाक्य थिक। संयुक्त वाक्यक खण्ड-वाक्यमे मुख्य-गौण किंवा प्रधान-अप्रधान भेद नहि होइत अछि; ओहिमे परस्पर कोनो सम्बन्ध नहि छैक। केवल अनेक सरल वाक्य समुच्चयार्थक कोनहु अव्ययसँ जोड़ल रहैत अछि। परन्तु संश्लिष्ठ वाक्यमे से नहि होइत अछि। ओहिमे एक गोट मात्र खण्ड-वाक्य प्रधान रहत; शेष खण्ड वाक्य अप्रधान रूपसँ ओहि प्रधान वाक्य पर अवलम्बित भेटत।

ऊपरक संश्लिष्ट वाक्यमे—ओ चल गेलाह (प्रधान)

जे आएल छलाह से (अप्रधान-विशेषण थिक)

मिश्र वाक्यमे—प्रथम तीनि संश्लिष्टमे

ओ चल गेलाह (प्रधान)

जे कहिकेँ आएल छलाह से (विशेषओक)

जे आइ रहब (कर्म—'कहिकेँ' सकर्मक क्रियाक)

दोसर संश्लिष्ट वाक्यमे

(ओ) कहि गेलाह अछि (प्रधान) जे हम पुनः आएब (कहि सकर्मक क्रियाक कर्म) जँ काज हो तँ (विशेषण—आएब क्रियाक)

जे-से क सम्बन्ध नित्य थिक। पूर्व वाक्यमे जँ जे रहत तँ उत्तर वाक्यमे से रहब आवश्यक अथवा ओकरा स्थानमे ओ सेहो भए सकैत अछि। जे आबथि से लेथु अथवा जे आबथि ओ लेथु। परन्तु उत्तर वाक्यमे जे रहए तँ पूर्व वाक्यमे से नहिओ अबैत अछि। यथा—से लिअ जे इच्छा हो अथवा लिअ जे इच्छा हो।

परन्तु स्मरण रहए जे जे युक्त वाक्य उद्देश्येटा भए सकैत अछि, विधेय भए नहि सकैत अछि। अतएव ओकर प्रयोग विधेयसँ पूर्वहिं होएब उचित थिक। उत्तर वाक्यमे जे-वला खण्ड-वाक्य अस्वाभाविक लगैत अछि, शोभन नहि।

विशेष्य—विशेषणः—

वाक्यक अर्थ बुझबामे जाहि पदक अर्थ पहिने भासित हो से विशेषण थिक ओकर जे पश्चात् भासित हो जकरा ओकर विशेष्य कहब। 'लाल फूल' कहने पहिने 'लाल' भासित हाइत अछि तखन 'फूल'। तेँ वाक्यमे अन्तिम विशेष्य क्रियापद होइत अछि तथा सब कारक ओकर विशेषण थिक।

विशेषण ओ थिक जे विशेष्यकेँ आनसँ भिन्न प्रतीत कराबए। लाल फूलसँ फूल जातिक आन रंगक सब फूल नहि, केवल लाल रंगक फूल बुझल होइत अछि। 'गाए' कहने सब गाए बुझब मुदा जँ 'हमर गाए' कहबैक तँ आन सभक गाएसँ

भिन्न गाएक बोध होएत। एहि विशेषणके 'व्यावर्त्तक' कहल जाइत अछि।

एहनो विशेषण होइत अछि जे विशेष्यकेँ विशेष रूपसँ बोध कराबए। 'हुनक वर्ण गौर छल' एहिमे 'गौर' केवल हुनक वर्णक विशेष बोध करबैत अछि।

विशेषण समानाधिकरण होइत अछि जखन ओ विशेष्यसँ अभिन्न हो। एहना विशेषणमे ओएह विभक्ति रहैत अछि जे विशेष्यमे। 'लाल फूल लाउ' एहिमे लाल आ फूल अभिन्न थिक ओ दूनूमे तादात्म्य सम्बन्ध छैक।

मुदा अभेदसँ भिन्न आन सम्बन्ध जेना स्व–स्वामिभावजन्य-जनक भाव आदिसँ अन्वय रहैक तँ ओ व्यधिकरण विशेषण भेल। व्यधिकरण विशेषणमे विशेष्यसँ भिन्न विभक्ति अबैत अछि। 'हमर गाए थिक' मे हम स्वामी, गाएमे हमर स्वत्व, हमरमे षष्ठी विभक्ति, गाएमे प्रथमा।

व्याधिकरण विशेषणक प्रयोग विशेष्यसँ पूर्व हो। कारक सब क्रियाक व्यधिकरण विशेषण तेँ कारकक प्रयोग पहिने, क्रियाक सबसँ पछाति। मुदा भिन्न भिन्न कारकक प्रयोग उनटापनटी भए सकैत अछि। बालक लड्डू हाथसँ खाइत छथि वा हाथसँ लड्डू बालक खाइत छथि वा हाथसँ बालक लड्डू खाइत छथि वा लड्डू बालक हाथसँ खाइत छथि।

उद्देश्यक प्रयोग विधेयसँ पूर्व हो। ई घैल थिक वा घैल ई थिक।

नहि, जनु, किएक इत्यादिक प्रयोग तिङन्तसँ पूर्व वा पर हो।

परन्तु ई पूर्व–परक नियम विवक्षा पर अछि, वैकल्पिक थिक। जखन कोनहु पद पर विशेष जोर देबाक भेल तखन ओकर स्थान वाक्यमे जे उचित थिकैक ताहिसँ भिन्न ठाम ओकर प्रयोग कएल। देखू–

जयलाल काशी गेलाह (सामान्य)

काशी गेलाह जयलाल (प्रयाग नन्दलाल) काशी जयलाल दूनू पर जोर।

गेलाह काशी जयलाल (नहि मानलैन्हि) काशी पर दूनू पर जोर

काशी जयलाल गेलाह (नन्दलाल प्रयाग गेलाह) काशी पर जोर।

एहना स्थितिमे जाहि पद पर जोर देबाक रहैत अछि तकर उच्चारणो जोरसँ कएल जाइत अछि। पदक स्वर पर जे गुरुत्वक जोर देल जाइत अछि ताहिसँ ई जोर देब भिन्न थिक कारण ई जोर समस्त पद पर देल जाइत अछि से जानब।

छन्द

लय ओ तालक अनुकूल वर्णक बिन्यास छन्द थिक। एहिठाम ओ नियम किछु देखबैत छी तदनुसार वर्ण-विन्यास कएने पद समुदाय लय ओ तालक अनुकूल भए जाइत अछि। ई नियम दू वस्तुक होइत अछि–एक मात्राक, दोसर वर्णक।

जाहिमे वर्णक मात्राक संख्या ओ क्रम-विन्यास नियत रहए से मात्रिक

छन्द थिक।

जाहिमे वर्णक संख्या ओ क्रम-विन्यास नियत रहए से वार्णिक छन्द थिक।

छन्दमे चारि चरण होइत अछि। यदि चारू चरण एक रङ्गक हो तँ छन्द समचरण कहाओत। यदि चारूमे पहिल ओ तेसर एक रंगक तथा दोसर ओ चारिम दोसर रङ्गक हो तँ अर्ध-सम-चरण भेल। जाहिमे सब चरण सब रङ्गक से विषम-चरण।

वर्ण थिक स्वर मात्र। व्यञ्जनक गणना नहि होइत अछि। वर्ण दू प्रकारक होइत अछि।

लघु–एक मात्राक–संकेत ऽ अ इ उ

गुरु–दू मात्राक–संकेत आ ई ऊ

ओना तँ गुरु-उच्चारणक किछु नियम पूर्वहु कहि आएल छी मुदा एहिठाम पुनः कहैत छी जे ई सब गुरु थिक–

(1) आ ई ऊ

(2) सँ जँ हँ तँ

(3) जकरा आगाँ अनुस्वार, विसर्ग ओ स्वरहीन व्यञ्जन हो।

(4) एक पदमे जकर आगाँ संयुक्त वर्ण हो। भिन्न पद रहलासँ ई नियम नहि लागए, 'लेल शिर पर प्राची सुकुमारि' एहिमे परक 'र' गुरु नहि मुदा 'कतहु कतहु सेहो गुरु मानल जाइत अछि–'श्रुति स्मृतिक सदृशे जेँ अविकार' मे 'ति' गुरु अछि। 'न्ह' ओ 'म्ह' सँ पूर्वक लघु स्वर गुरु नहि। कन्हाइमे 'क' लघु; कुम्हारमे 'कु' लघु।

ए ऐ ओ औ–

(1) संस्कृतक तत्सम शब्दमे सर्वदा गुरु।

(2) एव-अपि क ए-ओ सर्वदा गुरु।

(3) एक पदमे स्वरसँ पर ए-ओ सर्वदा लघु।

देखए-देखओ, छओ, नाओ

(4) तद्भवमे अन्तसँ तेसर ओ चारिम सर्वदा लघु।

चरणक अन्तमे वर्त्तमान लघु स्वर कदाचित दीर्घ, विशेषतः वार्णिक छन्दमे।

मात्रिक छन्द

मात्रिक छन्दमे प्रत्येक चरणमे मात्राक संख्या निश्चित रहैत अछि। मात्रा थिक समयक ओ अंश जे एक लघु स्वरक उच्चारणमे लगैत अछि। तेँ लघु केँ एक मात्रा ओ गुरुकेँ दू मानव।

मैथिलीमे मात्रिक छन्दमे मात्राक संख्या कहल गेल रहैत अछि परन्तु ततबिसँ छन्द नहि बैसैत अछि। ओहिमे एक मात्राक दू मात्राक तथा तीन मात्राक खण्ड सब, ओ सार्थक हो वा निरर्थक, रहैत अछि जे एक निदिष्ट क्रमसँ रहबाक

चाही। एहिमे

एक मात्राक त एकटा लघु वर्ण होएत

दू मात्राक दूटा लघु वर्ण वा एकटा गुरु

तीन मात्राक तीनूटा लघु SSS

एक लघ + एक गुरु

एक गुरु + एक लघु

ई खण्ड 'गण' कहबैत अछि।

ज य ज य भै र वि अ सु र भ या उ नि

1 1 1 1 2 1 1 1 1 1 1 1 2 1 1 =16 मात्रा

परन्तु एकर गण–रूपेँ विन्यास भेल

जय। जय। भ। रवि। असु। र भ। या। उनि= दू मात्राक गण

प शु प ति भा मि नि मा या

1 1 1 1 2 1 1 2 2 = 12 मात्रा

गण रूपेँ = पशु। पति। भा। मिनि। मा। या= 6 दू मात्राक गण,

चौपाई–ई छन्दक एकटा जाति थिक जाहिमे अनेक प्रकारक छन्द अबैत अछि। एहिमे मात्राक विस्तारसँ अनेक छन्द होएत यथा–

एगारह मात्रा प्रति चरणमे हो तँ अहीर

विद्यापतिक–मधुरितु मधुकर पाँति

पन्द्रह मात्रा प्रति चरण–जयकरी

सोलह मात्रा प्रति चरण–चौपाइ इत्यादि

मुदा एहि मात्रा सबहिक विन्यास-क्रम निश्चित अछि ओ मात्रा सब एना गण रूपसँ-विन्यन्त हो

2+2+2+2+2+2– – –

2+2+3+3+2+2– – –

2+2+2+2+3+3– – –

3+3+2+2+2+2– – –

जेना 15 मात्राक जयकरी चौपाइ–

मारुति	कहल	देवि	मुँह	बाउ	
211	111	21	11	21	=15

मा रुति कहल देवि मुँह बा उ

2+2+3+3+2+2+1

खाए	सकी	तँ	हमरा	खाउ	
21	12	2	112	21	=15

खाए सकी त हम रा खा उ

33 2 222 1

सोलह मात्रा प्रति चरण–

धरणी भार वेआकुलि भेली

112 21 12 121 12 2=16

धर णी भा रबे आ कुलि भे ली

2 2 2 2 2 2 2 2

सुरभि रूप धए सुरपुर गेली

111 21 11 1111 22=16

ओना जयकारी ओ औपाइ दुनू चौपाइ कहबैत अछि। भेद एतबे जे अन्तिम स्वर एक मात्राक जयकरी ओ दू मात्राक चौपइ होएत।

भाषाक छन्दमे अन्त्यानुप्रास अथवा तुक आवश्यक बुझल जाइत अछि। अन्त्यानुप्रास उत्तम थिक जे केवल अन्तिम स्वर-सहित व्यञ्जनेटा नहि, ओहिसँ पूर्वक स्वर सेहो मिलैत रहए, जेना भेली-गेली। यदि अन्तिम अक्षरसँ पूर्वक स्वर नहि मिलए तँ से अधम थिक परन्तु अन्तिम स्वर-सहित व्यञ्जजन संग संग ओहिसँ पूर्वक स्वर-सहित व्यञ्जन समेत मिलए अर्थात दू गोट अक्षर मिलैत रहए तँ से मध्यम पक्ष थिक।

अन्त्यानुप्रास अथवा तुक अलङ्कार थिक से जानब तेँ ओकर रहब आवश्यक नहि बुझल जाइत परन्तु से होइत नहि अछि। भाषामे छन्दमे तुकक रहब आवश्यक अछि। से कोन कोन चरणमे हो तकर विधान अछि। यथा चौपाइमे पहिल ओ दोसर तथा तेसर ओ चारिम चरणमे अनयानुप्रास होइत अछि।

अर्ध–सम–चरण

एहन छन्दमे चारू चरण समान विस्तारक नहि रहैत अछि। प्रथम ओ तेसर एक रंग, दोसर आ चारिम दोसर रंग।

दोहा–प्रथम ओ तेसरमे तेरह मात्रा

दोसर ओ चारिममे एगारह मात्र-तुक

एहिमे 13 मात्रा हो 6, 4, 3

11 मात्रा हो चौपाइ जकाँ अन्तिम लघु

तुक रहए दोसर ओ चारिमक।

वाम अङ्गमे जानकी	घन चपला समतूल
21 212 212	11 112 11 21

वाम अङ्ग भेजा नकी	धन चप ला सम तू ला
6 4 3	2 2 2 2 2 1

पुरी अयोध्यापति रहथु | हृदय सदा अनुकूल
12 122 11 111 | 121 12 11 21

पुरीअयो ध्यापति रहथु | हृद यस दा अनु कू ल
6 4 3 | 2 2 2 2 2 1

सोरठा—एकरहि उनटा दिऔक अर्थात्
प्रथम तो तेसर चरण 11 मात्रा अन्तिम लघु तुक
दोसर ओ चारिम चरण 13 मात्रा 6 4 3

बालि-मरण सुनि कान — विपतलि निपतित क्षिति मुरुछि
2 1 111 11 21 1111 11, 11 11 111

बालिम रण सुनि का न _ विपतलिनिप तितक्षिति मुरुछि
2 2 2 2 2 1 6 4 3

तारा तारा भान—प्रात जखन अरुणित गगन।
2 2 2 2 2 1 21 111 11 11 111

ता रा ता रा भा न—प्रात जखन अरुणित गगन।
2 2 2 2 2 1 6 4 3

वर्णिक छन्द

एहिमे चारू चरणमे कए गोट वर्ण रहत तकरे टा नियम अछि जेना मात्रिक छन्दमे चारू चरण मे कए गोट मात्रा रहत तकर।

हँ, वर्ण कतए ह्रस्व आ कतए गुरु तकर नियम अछि।

एहिमे तीन-तीन अक्षरक 'गण' अछि।

ल गण—लघु—एक वर्ण मात्राक।

ग गण—गुरु—एक वर्ण मात्रक।

मगण—गुरु, गुरु, गुरु—तीन बर्णक

यगण—लघु, गुरु, गुरु— ”

रगण—लघु, गुरु, लघु— ”

सगण—लघु, लघु, गुरु— ”

तगण—गुरु, गुरु, लघु— ”

जगण–गुरु, लघु, गुरु– ”
भगण–गुरु, लघु, लघु– ”
नगण–लघु, लघु, लघु– ”

आब देखू–सवैआ जातिक छन्दमे नियम अछि जे भगण जोड़ैत जाउ अर्थात गुरु, लघु, लघु–से यदि आठ गोट भगण रहत तँ सवैआ जातिक किरीट छन्द भेल।

जाधरि जहुसुता जगमे छथि ताधरि राम विराग बराबरि।
जाधरि जह्ु सु ताजग मेछथि ताधरि रागवि रागब राबरि
एहिना–शिखरिणी छन्द–
यगण, मगण, नगण, सगण, भगण, लघु गुरु
अर्थात प्रथम, सातमसँ एगारहम, चौदहम पंद्रहम
सोड़हम–9टाह्रस्व–द्वितीयसँ छठम, बारहम
तेरहम ओ सत्रहम–टा 8 गुरु–
अये हंसी चिन्ता चित परिहरू सुस्थिर रहू।
अयेहं सोचिन्ता चितप रिहरू सुस्थिर र हू।
य, म, न, स, भ, ल, ग
एहिना आनो जानब। मुदा वर्णवृत्त संस्कृतक थिक।

इति।

अलङ्कार-प्रवेश (मैथिली)

भूमिका

आन पोथीमे भूमिकाक प्रयोजन हो वा नहि परन्तु एहि छोट पोथीक प्रसङ्गमे भूमिकाक रूपमे किछु कहब आवश्यक। अलङ्कारक विषय साहित्यक शास्त्र थिकैक; एकर उपपादन एहि क्षुद्रकाय पुस्तकमे असम्भव अछि। परन्तु मैथिलीमे एहन ग्रन्थक अभाव अछि ओ आब जखन मैथिलीक छात्र लोकनिकेँ एहि प्रसङ्ग किछु प्रारम्भिक ज्ञान आवश्यक कए देल गेल छैन्हि तखन हुनका लोकनिक सुविधार्थ सरल भाषामे अलङ्कार शास्त्रक किछु महत्वपूर्ण तथ्यक वर्णन आवश्यक भए गेल। तँहि एहि अलङ्कार-प्रवेशक निर्माण ओ प्रकाशन भेल अछि। विवादक विषयकेँ छोड़ि कतिपय मुख्य-मुख्य विषय मात्रक एहिमे मोटा मोटी विवरण अछि परन्तु से अछि छात्रक उपयोगिताक दृष्टिसँ अत्यन्त सोझ एवं सरल रीतिसँ। आशा अछि छात्र लोकनिकेँ एहिसँ एहि शास्त्रमे प्रवेश सुगम होएतैन्हि।

एकर निर्माणमे कालेजक छात्रा हमर दौहित्री श्रीमती सतीक प्रेरणा ओ तत्परता बड़ सहायक भेल अछि। प्रकाशनक हेतु धन्यवाद थिकैन्हि दड़िभङ्गाक अनन्त प्रकाशनकेँ।

प्राध्यापक लोकनिसँ निवेदन जे यदि ओ लोकनि सुझाव देथि जे कोन-कोन अंश आओर रहैक ओ कतए विषय व्याख्या-सापेक्ष रहि गेल तँ अग्रिम संस्करणमे तकर सुधार भए जाएत।

श्री रमानाथझा मातृनवमी, 1887 शाके

काव्य

'काव्य' थिक 'कवि' = क कर्म, परन्तु पहिने काव्य भेल होएत ओ लोक जखन साधारण उक्ति ओ काव्यक अन्तर बुझए लागल होएत तखन काव्य जे करथि तनिका 'कवि' कहए लागल होएत। तेँ काव्य यदि पहिने भेलो तँ से बिनु बुझनहि भेल होएत। जानि बूझिकेँ काव्य कएनिहार पहिने 'कवि' कहाओल ओ कविक कर्म 'काव्य' कहल गेल।

कवि-शब्दक अर्थ थिक 'वर्णन-कर्त्ता'। परन्तु वर्णन होएत देखल वस्तुक; से देखल एहि चर्म-चक्षुसँ हो अथवा ज्ञान-चक्षुसँ। कविके से शक्ति रहैत छैक जे ओ अनकासँ नीक जकाँ देखि सकत, वस्तुक अन्तर्हित धर्मकेँ तत्वरूपसँ देखि सकत। वस्तुक ओहि अन्तर्हित धर्मकेँ देखि ओकरा शब्दरूपसँ प्रकट करब ओ से तेना प्रकट करब जे श्रोता वा पाठक सेहो ओहि अन्तर्निहित धर्मकेँ देखि सकए, ओकरा चीन्हि सकए, कवि-कर्म थिक। एहि शक्तिमे केवल वस्तुक मर्मकेँ उद्घाटित करबहिकटा सामर्थ्य नहि छैक, एहिमे प्रेषणीयता सेहो छैक जाहि द्वारा कवि अपन देखल तत्वकेँ पाठक वा श्रोता धरि प्रेषित कए सकैत अछि। एहि शक्तिक नाम थिक 'प्रतिभा'। ई प्रतिभा अलौकिक होइत अछि, जन्मजात। एहि शक्तिक, प्रतिभाक, व्यापार जाहि द्वारा कवि कोनहु वस्तुक अप्रकट मर्मरूपकेँ विशेष आकर्षक रीतिसँ प्रकट करैत छथि, उद्घाटित करैत छथि, से कहबैत अछि 'व्यञ्जना' जकर अर्थ भेल वि अर्थात विशेषरूसँ अञ्जना अर्थात् अप्रकटकेँ प्रकट करब। व्यञ्जनासँ जे अर्थ बहराइत अछि से थिक 'व्यङ्ग्यार्थ' ओ तेँ 0161 कवि-कर्म मे व्यङ्ग्यार्थक महिमा अपरिमित अछि।

कवि-कर्मक एहि रूपसँ दू गोट पक्ष होइत अछि—अन्तरङ्ग पक्ष जे थिक वस्तुक मर्मक दर्शन ओ बहिरङ्ग पक्ष जे थिक ओहि मर्मकेँ शब्दक द्वारा प्रस्तुत करब, वर्णन। स्थूल रूपेँ एहि अन्तरङ्ग पक्षकेँ भाव-पक्ष ओ बहिरङ्ग पक्षकेँ कलापक्ष कहल जाइत अछि।

वर्ण्य विषयक सीमा नहि छैक। संसारमे कतोक वस्तु छैक वा छलैक कतोक घटना घटित भेलैक अछि वा घटित होइत छैक। ई सब वस्तु देश ओ

कालक सीमामे बान्हल रहैत अछि, ई सब जगतक 'मूर्त' रूप थिक। परन्तु बहुत एहन वस्तु अछि जकर कल्पना, भावना वा विचार कए सकैत छी, जे भेल छैक अथवा छल से तँ नहि कहि सकैत छी परन्तु ओ सब भए सकैत छैक, घटित भेल छैक से नहि कहि सकैत छी परन्तु घटित भए सकैत छैक। ई सब देश ओ कालक सीमासँ मुक्त रहैत अछि, साधारण अथवा सार्वभौम भेल। ई जगतक 'अमूर्त्त' रूप थिक। जगतक मूर्त रूप हमरा लोकनिकेँ इतिहासमे भेटैत अछि ओ तेँ इतिहासक सत्य विशिष्ट सत्य भेल। काव्यमे जगतक अमूर्त रूपक वर्णन रहैत अछि ओ तेँ काव्यक सत्य सार्वभौम थिक, इतिहासक सत्यसँ भव्यतर। ओ काव्यमे अमूर्त जगतक वर्णन रहैत अछि तेँ ओ कल्पना अथवा भावना पर ठाढ़ रहैत अछि। ओ तेँ इहो कहि सकैत छी जे 'इतिहास' मनुष्य - जातिक बाह्य क्रियाकलापक संकलन थिक ओ 'काव्य' मनुष्य जातिक भावना ओ कल्पना, हर्ष ओ विषाद, आशा ओ अभिलाषाक प्रतिबिम्बन करैत अछि।

अतः कहि सकैत छी जे संसारक कोनो वस्तु एहन नहि अछि जे काव्यक विषय नहि भए सकैत अछि। कविक समक्ष जगतक तीनि गोट रूप रहैत अछि—(1) प्रतीयमान अर्थात जगत जेहन कविकेँ देखि वा बूझि पड़ैत छैन्हि, (2) सम्भाव्य अर्थात जगत जेहन कवि सोचि सकैत छथि, हुनका सम्भव बूझि पड़ि सकैत छैन्हि ओ (3) आदर्श अर्थात जेहन जगत कवि देखए चाहैत छथि। स्पष्ट अछि जे एहि सबकेँ प्रत्यक्ष करबामे ओ वर्णन करबामे कविकेँ कल्पना ओ भावनाक शरण लेअए पड़ैत अछि।

कविकेँ वर्णन करबाक प्रेरणा होइत अछि आत्माभिव्यक्तिसँ अर्थात अपना मनमे जे आएल से व्यक्त कए दोसरकेँ जनाबी; सौन्दर्यक प्रति आकर्षणसँ जकरा ओ दबाएकेँ राखि नहि सकैत छथि, अनकहु ओ जनबए चाहैत छथि; तथा कौतुकसँ जे मानव-स्वभावक सहजात प्रवृत्ति थिक।

परन्तु एहि सबहिक मूलमे रहैत अछि आनन्दक भावना। कविक हृदयमे आनन्द-भाव कविताक रूपमे बहए लगैत अछि। एही आनन्दक नाम थिक 'रस' ओ कवि रससिद्ध होइत छथि। काव्यक सृष्टि होइत अछि मूलतः 'स्वान्त सुखाय' परन्तु भावनाक बलसँ कविक भाव 'स्व' क परिधिसँ मुक्त भए सार्वभौम सत्ता प्राप्त कए लैत अछि जकरा 'साधारणीकरण' क प्रक्रिया कहल जाइत अछि। कवि-कर्म जे स्वान्तःसुखाय छल से सकल-सहृदय-संवेद्य भए जाइत अछि, सर्वजनसुखाय सिद्ध होइत अछि। इएह थिक रसक व्यापारक स्वरूप ओ एही रसवत्तासँ कविकर्ममे अलौकिक आनन्दक प्राप्ति होइत अछि। अपन हृदयक आनन्द कवि अपन सहृदय पाठक ओ श्रोताकेँ प्रेषित करैत छथि।

काव्यक लक्षण

काव्य केहन होइत अछि वा कोना होइत अछि से तँ मोटामोटी कहल मुदा काव्य

ककरा कही, काव्यक परिभाषा की, से कहब सुगम नहि छैक। तथापि काव्यक परिचय भए सकए एहन लक्षण आचार्य-लोकनि कहि गेल छथि। लक्षण दू प्रकारक होइत अछि। बहिरङ्ग जाहिसँ काव्यक स्वरूप चीन्हि सकब, ओकर अवयवक, ओकर अङ्गक सङ्घटनक वर्णन रहत। दोसर, अन्तरङ्ग जाहिसँ ओकर स्वभाव बूझि सकब, ओ विशेष गुण चीन्हि सकब जे काव्यमे रहैत छैक, अन्यत्र नहि।

बहिरङ्ग

(1) काव्य शब्द ओ अर्थक मञ्जुल समन्वय थिक। शब्द ओ अर्थक सम्बन्ध नित्य थिकैक परन्तु जखन शब्द ओ अर्थ दूहूकेँ समानरूपसँ आह्लाद उत्पन्न करबाक एक क्रियामे अन्वय होएतैक तखने ओ 'साहित्य' भेल। साहित्य नाम पछाति प्रयोगमे आएल मुदा शब्द ओ अर्थ दुहू मीलिकेँ काव्य होइत अछि ई बड़ पुरान सिद्धान्त थिक। तेँ काव्यमे शब्दक चारुता ओ अर्थक चमत्कारिता दूहू चाही।

(2) काव्य दोषसँ शून्य हो। ओना दोषसँ शून्य तँ केओ नहि अछि, किछु नहि अछि, परन्तु दोषसँ न्यूनता अवश्य भए जाइत छैक। एहि प्रसङ्ग इहो स्मरण रहए जे जेना मनुष्य, तहिना काव्य सेहो, दोषक अछैतहुँ गुणक प्रचुरतासँ मान्य होइत अछि। परन्तु तैओ दोषसँ काव्यत्वमे हानि अवश्य होइत अछि, यद्यपि दोष रहनहि कोनो रचना काव्य नहि भेल से नहि भए सकैत अछि।

(3) गुणक रहब काव्यमे आवश्यक। गुण तीन गोट मुख्य अछि माधुर्य, ओज ओ प्रसाद। शब्द ओ अर्थमे जखन ई सब गुण रहत तखने ओ काव्य कहाओत। तेँ गुण थिक काव्यक नित्य धर्म।

(4) काव्यमे शब्दक ओ अर्थक अलङ्कार सेहो हो। परन्तु अलङ्कार नहिओ रहलासँ काव्य भए सकैत अछि यदि ओहिमे गुण रहए। तेँ अलङ्कार काव्यक नित्य धर्म नहि थिक, ई थिक शोभाकेँ बढ़ओनिहार।

स्पष्ट अछि जे ई लक्षण 'विवरण' मात्र थिक। एहिमे दोष ओ अलङ्कार तीनू पारिभाषिक शब्द थिक जकर परिचय काव्य बुझबाक हेतु आवश्यक।

अन्तरङ्ग

काव्यक ई लक्षण मम्मट अपन काव्य-प्रकाशमे देल अछि, साहित्य-दर्पणकार विश्वनाथ एहि लक्षणसँ संतुष्ट नहि छथि। हुनक विचार जे शब्द ओ अर्थ काव्यक शरीर भेल; दोष भेल जेना कनाह होएब , कुरूप होएब ; गुण भेल रूपलावण्य , शौर्य, तीक्ष्ण बुद्धि इत्यादि; अलङ्कार जेना सोनाक गहना होइत अछि शोभाकेँ बढ़ओनिहार। परन्तु एहिसँ तँ काव्यक यथार्थ परिचय नहि भेल। असल वस्तु थिक आत्मा, से आत्मा काव्यक की थिक? विश्वनाथक मत अछि जे काव्यक आत्मा 'रस' थिक ओ कोनहु रस-युक्त वाक्यकेँ तेँ काव्य कहब।

परन्तु एहू लक्षणमे ओ दोष अछिए। काव्य बुझबाक हेतु पहिने रसक परिचय आवश्यक। दोसर एहि लक्षणमे अव्याप्ति दोष सेहो अछि। यदि रस रहनहि काव्य हो ते ँ बहुतरास रचना काव्य नहि कहाए सकत जतए रसक परिपाक नहि छैक। कविशेखरजीक ई दोहा देखू–

दिन भरि दौड़ल रौदमे व्याकुल वाजी जानि।
मिहिर वारिनिधि-तीर जनु आनल पिअबए पानि।।

ई सन्ध्याकालक वर्णन थिक। एहिमे रस तेँ नहि छैक मुदा तें की एकरा काव्य नहि कहब?

ते ँ पण्डितराज जगन्नाथ काव्यक लक्षण कएल जे 'रमणीयार्थ-प्रतिपादक शब्द' काव्य थिक। शब्द ओ अर्थ दुहूकेँ जगन्नाथो समाने महत्त्व देल अछि मुदा ओ कहैत छथि जे अर्थमे रमणीयता हो, चमत्कार हो। रमणीयताक फल भेल आनन्द ओ से आनन्द रससँ हो अथवा उक्ति-भङ्गिमासँ, कहबाक छटासँ। तेँ एहिमे शब्दक चारुता ओ अर्थक चमत्कार दूहूक समावेश अछि। अतएव कहि सकैत छी जे एहन रमणीय रचना जे हृदयकेँ प्रभावित कए अलौकिक आनन्दक सञ्चार कए सकए से काव्य थिक।

काव्यक प्रयोजन

काव्यक प्रयोजन प्रसङ्ग भारतीय तथा पाश्चात्य साहित्यशास्त्री लेकनिमे पूर्ण मतैक्य नहि अछि परन्तु काव्यक मुख्य प्रयोजन थिक शिक्षा ओ आनन्द; ताहूमे अन्त श्चमत्कार अर्थात आनन्दक प्रधानता प्रायः सभकेँ स्वीकार छैन्हि। भारतीय साहित्याचार्य लोकनि धर्म, अर्थ, काम ओ मोक्ष अर्थात जीवनक परम पुरुषार्थक सिद्धिकेँ काव्यक प्रयोजन मानल अथवा ई कहू जे जीवनक सिद्धिकेँ काव्यहुक चरम सिद्धि मानल।

परन्तु रसास्वादजन्य अन्तश्चमत्कारकेँ काव्यक आत्मा मानिओकेँ साहित्य-शास्त्री लोकनि काव्यक आधार मानल अछि औचित्यकेँ तथा ताहिमे सबसँ प्रमुख अछि नैतिक औचित्य, जाहि बिनु रस रसाभास भए जाएत। सत्त्वक उद्रेक रसक आवश्यक भूमिका थिक ओ ते ँ विभावादि सकल काव्यतत्त्वक निरूपणमे सत् ओ असत्‌क विवेक रहितहि ँ अछि। किन्तु ई नैतिक विवेक रस-परिपाकक प्रक्रिया मात्र धरि आवश्यक छैक, रसोद्रेकक अवस्था तँ अखण्ड आनन्दक अवस्था थिक। तेँ कहि सकैत छी जे भारतीय साहित्य-शास्त्रक अनुसार नैतिक मूल्यक आधार पर काव्यक द्वारा आनन्दक सिद्धि होइत अछि। एहि विषयमे भारतीय साहित्य-शास्त्रमे मतभेद नहि अछि।

परन्तु पाश्चात्य-साहित्य-शास्त्री लोकनिमे काव्य मे नैतिकताक प्रश्न लए घोर विवाद अछि ओ एहि आधार पर काव्यक प्रयोजनक भेद सँ नाना 'वाद'क

प्रचार-प्रसार भेल। एक वर्ग क आलोचक नैतिक मूल्यहिकेँ काव्यक आधार मानैत छथि तथा शुभाशुभक धारणा ओ बहुजनक हितक आदर्शकेँ काव्यक मानदण्ड मानैत छथि। रस्किन कहैत छथि जे कोनहु राष्ट्रक कला ओहि राष्ट्रक नैतिक स्थितिक द्योतक थिक। टालस्टायक विचारेँ काव्य आनन्द नहि, मानव एकताक साधन थिक जे मानव-मानवकेँ सह-अनुभूति द्वारा परस्पर सम्बद्ध करैत अछि। प्रगतिवादी आलोचकगण जनहितकेँ काव्यक अन्तिम कसौटी मानैत छथि ओ तदनुसार जनजीवनक उपयोगी तथा सामाजिक चेतनाक विकासमे सहायक तत्त्व-मात्र काव्यक यथार्थ मानदण्ड थिक। ई लोकनि सबहुँ सौन्दर्यक निषेध करैत छथि, सुन्दरकेँ शिवक अधीन अथवा ओहिसँ अभिन्न मानैत छथि।

परन्तु प्रतिपक्षी आलोचक कहैत छथि जे सौन्दर्यक सृष्टि अपनहि अपन सिद्धि थिक ओ ताहिसँ भिन्न नैतिक प्रयोजनक सिद्धि काव्यक हेतु अप्रासङ्गिक थिक। 'कला कलाक हेतु' इएह हिनका लोकनिक उद्घोष अछि। परन्तु एहिमे दोसरो वर्ग छथि जे कलाकेँ निष्प्रयोजन नहि मानैत छथि। सौन्दर्यक सृष्टिमे इहो विश्वास करैत छथि परन्तु कहैत छथि जे समस्त कलाक लक्ष्य थिक आह्लाद जे काव्यक परम प्राप्य थिक। आह्लादक साधक यदि नैतिकता हो तँ ओ ग्राह्य थिक परन्तु यदि से नहि हो तँ ओ ग्राह्य नहि थिक।

एहि दूनू अति-वादक बीचमे एक मध्यम मार्ग अछि जे आनन्द ओ नैतिकतामे, शिव ओ सुन्दरमे विरोध नहि मानैत छथि ओ तेँ नैतिक सौन्दर्य केँ काव्यक लक्ष्य कहैत छथि। नैतिकताकेँ ई लोकनि रूढ़िसँ मुक्त कए जीवनक व्यापक मानवीय आधार दैत छथि ओ आनन्दकेँ मनोरंजन अथवा उत्तेजनासँ हटाए स्वस्थ परिष्कृत रूप दैत छथि। ओ तेँ जे जीवनक हेतु कल्याणकारी नहि अछि से आनन्दक विषय नहि भए सकैत अछि तथा स्वस्थ आनन्द अवश्ये जीवनक हेतु हितकर होएत-ई हिनकालोकनिक विश्वास छैन्हि। ई मत अधिक सन्तुलित प्रतीत होइत अछि। नैतिक मूल्यक प्रति विद्रोही काव्य सत्ये जीवनक प्रति विद्रोहो थिक, नैतिक मूल्यसँ पराङ्मुख काव्य जीवनक प्रति पराङ्मुख बुझब उचित थिक।

शब्द-अर्थ

शब्दक ओ अर्थ दूहू मीलिकए साहित्य होइत अछि। एहि दूनूमे सम्बन्ध नित्य छैक। शब्दक अर्थ होइत छैक से अर्थ-विशेषक वाचक शब्द होइत अछि।

शब्दक अर्थ तीनि प्रकारक होइत अछि। अमिधा अथवा वाच्य अर्थ ओ भेल जे ओहि शब्दसँ लोक बुझैत अछि , लोक मानैत अछि। आगि कहलासँ दाहक पदार्थविशेष बुझलाजाइत अछि; से ओकर अभिधार्थ भेल, वाच्य अर्थ कहाओत, संकेत थिक।

परञ्च जखन मुख्य अर्थ बाधित भए जाए ओ रूढ़ि अर्थात प्रयोगप्रवाह अथवा प्रयोजनसँ मुख्यार्थक सम्बन्धसँ युक्त अर्थान्तरक बोध कराबए तँ से अमुख्य

अर्थ लाक्षणिक अर्थ भेल। यथा–ओ आगि भए गेलाह। मनुष्य आगि नहि भए सकैत अछि तेँ आगि शब्दक मुख्य अर्थ एतए नहि बैसैत अछि। तखन जे वक्ताक प्रयोजन छैन्हि ओहि व्यक्तिक दाहक क्रोधक आधिक्य देखाएब, तेँ आगिक जे धर्म छैक दाहकत्व ताहिसँ युक्त एतए अमुख्य अर्थ भेल जे लाक्षणिक अर्थ भेल। सूर्य उगलाह। एतए उगब सूर्यक क्षितिजसँ ऊपर अएबाक अर्थमे लाक्षणिक अछि, कारण, क्षितिजक नीचा डूबल जेना ओ उगथि। ई उगब क्रियाक मुख्य अर्थसँ सम्बद्ध अछि। एतए कोनो प्रयोजन नहि हेतु अछि परन्तु एहि अर्थ मे 'उगब' धातुक प्रयोग होइत दोसरएल अछि, रूढ़ि अछि।

परन्तु शब्दक एकटा अर्थ आओर होइत छैके जे ने अभिधासँ प्राप्त होइत अछि ने लक्षणासँ। यथा–'ओ आगि भए गेलाह' एहिसँ 'क्रोधक आधिक्य' जे बोध होइत अछि से व्यञ्जनासँ ओ ई अर्थ व्यंग्यार्थ कहबैत अछि। 'ई गप्प सूनि गाममे आगि लागि गेलैक' एहिसँ समस्त गाममे एकाएक जे व्याकुलता, क्रोधक उत्तेजना इत्यादि अर्थक बोध होइत अछि से व्यञ्जनासँ। व्यंग्यार्थ अनेक होइत अछि। के कहैत अछि, ककरा कहैत अछि, कोन प्रकरणमे कहैत अछि इत्यादि अनेक कारणसँ व्यंग्यार्थक बोध होइत अछि। यथा–'घंटी बाजि गेल' एही वाक्यसँ विद्यार्थी यदि शिक्षककेँ कहौक तँ बोध होएत जे आब क्लाससँ जाउ वा क्लास चलू, परन्तु यदि केओ छात्र अपना मित्रकेँ गछने रहत जे घण्टी बितला उत्तर हम अहाँकेँ चाह पिआएब, तकरा यदि कहतैक जे घण्टी बाजि गेल तँ एहिसँ अर्थ भेल जे चलू आब चाह पिआउ। लक्षणामे जे प्रयोजन होइत छैक से व्यंग्यार्थ होइत अछि।

उत्तम काव्य ओ कहबैत अछि जाहिमे वाच्यार्थसँ व्यंग्यार्थ विशेष चमत्कारक होइत अछि। यदि दूनू समान चमत्कारक हो तँ काव्य मध्यम थिक। परन्तु यदि व्यंग्यार्थसँ विशेष चमत्कारक वाच्यार्थ रहए तँ काव्य अधम थिक।

रस

काव्यक आस्वाद आनन्दमय होइत अछि ओ एहि आस्वादक नाम थिक 'रस'। रस काव्यक आत्मा कहबैत अछि।

रसक प्रसङ्ग भरतक सूत्र अछि जे विभाव, अनुभाव ओ सञ्चारी भावक संयोगसँ रसक निष्पत्ति होइत अछि।

एहिमे विभाव, अनुभाव ओ संचारी भाव पारिभाषिक शब्द थिक। ई सब 'भाव' थिक। लोक विषय जकरा 'कारण' कहैत छैक सएह काव्य-नाटकमे विभाव कहबैत अछि, लोक विषय जकरा 'कार्य' कहबैक से अनुभाव भेल, 'सहकारी' कारण भेल सञ्चारी भाव। एहि सबसँ व्यक्त जे स्थायी भाव सएह रस कहबैत अछि।

यथा शत्रुकेँ समक्षमे मोछ पर ताओ दैत देखि जे क्रोध होइत छैक से भेल क्रोधक स्थायी भावक विभाव, जाहिमे शत्रु भेल 'आलम्बन' ओ 'मोंछ पर ताओ

देब' भेल उद्दीपन। शत्रुकेँ देखि ताल ठोकब, दाँतसँ ओठ काटब भेल अनुभाव। मोह (सब किछु बिसरि जाएब), अमर्ष (बदला लेबाक हेतु क्रियामे आग्रह) इत्यादि संचारी भाव भेल। एहिमे 'रौद्र रस' भेल।

परन्तु रस-निष्पत्तिक व्यापार एतेक सोझ नहि अछि। विभाव-अनुभाव-सञ्चारी भावकेँ देखि ओकर भावन कएला उत्तर यदि दर्शक, श्रोता वा पाठकक ह्रदयमे क्रोधक भाव वासना-रूपमे अछि तँ भावन-व्यापार द्वारा विभाव आदि अपन विशिष्ट सत्ताकेँ छोड़ि साधारण प्रतीत होअए लगैत अछि, शत्रु-मित्र, स्व-परक भाव हटि जाइत छैक; ओ सर्वसाधारण सन लगैत अछि। एहिसँ आत्माक रजोगुण ओ तमोगुण दबि जाइत छैक ओ रहि जाइत छैक केवल सत्त्वक भाव जकर स्वभाव थिकैक आनन्द। एही रूपेँ स्थायी भावक अभिव्यक्ति रसक रूपमे होइत छैक।

एहिमे ज्ञातव्य जे

1. रसक आस्वाद होइत छैक जकरा चर्वणा कहब।

2. रसक अभिव्यक्ति होइत छैक—रसक प्रतीति ध्वनिसँ होइत अछि—व्यञ्जनासँ।

3. रसक प्रतीति सत्त्वक उद्रेकसँ होइत अछि जाहिमे रजोगुण अथवा तमोगुण तिरोहित रहैत छैक, ओकर प्रभाव नहि रहैत अछि।

4. रसक प्रतीतिक हेतु आवश्यक अछि जे दर्शक, श्रोता वा पाठकक ह्रदयमे ओ भाव वासनाक रूपमे हो जकर उत्तेजना होएत विभावादिकेँ देखि-सूनि। एवं रूपेँ काव्य-नाटक देखि-सूनि ह्रदयक भाव उद्वजित भए शान्त होइत अछि, ताहिसँ भावक परिष्कारक अनुभूति ओ सत्त्वोद्रेकसँ आनन्द होइत अछि। तँहि काव्य-नाटकक आनन्द ओकरहि होएत जकरा ओ भाव सब ह्रदयमे वासनाक रूपमे विद्यमान रहत, जे 'सह्रदय' होएत।

5. रसक आस्वादमे विभावादिक 'साधारएणी-करण' होइत छैक। काव्य-नाटकमे विशिष्ट नामधारी व्यक्तिक ओ ओकर जीवनमे घटित विशेष घटनाक वर्णन होइत अछि परन्तु कवि ओकर स्थूल रूपक उपेक्षा कए ओहिमे सन्निहित सामान्य मानव-अनुभव पर अपन ध्यान केन्द्रित करैत छथि जाहिसँ ओकर विशिष्टता गौण भए जाइत अछि तथा ओकर सर्व-संवेद्य सामान्य रूप ऊपर भए अबैत अछि। यथा—शकुन्तला नाटककेँ लिअ एहिमे दुष्यन्त ओ शकुन्तलाक प्रेम प्रसङ्गकेँ। देखि सह्रदय दर्शक दुष्यन्तकेँ दुष्यन्त ओ शकुन्तलाकेँ शकुन्तला नहि प्रत्युत एक साधारण नायक ओ नायिका बूझए लगैत अछि तथा एहि प्रेमप्रसङ्गकेँ एहन जीवनानुभव मानए लगैत अछि जकर अनुभव कोनहु देश ओ युगक मानवकेँ भए सकैत अछि। ई सर्वसंवेद्य अछि। एतए दुष्यन्त वा शकुन्तला विशिष्ट नामधारी पुरुष वा स्त्री नहि रहि सामान्य प्रेमी ओ प्रमिका भए जाइत छथि जे सबहिक सह्रदयमे स्थित मानव रतिक भावकेँ उद्‌बुद्ध करबामे समर्थ होइत अछि। नाम-रूपसँ

विशिष्ट व्यक्तिक माध्यमसँ एही सार्वभौमताक सिद्धि काव्यक लक्ष्य होइत अछि।

काव्यनिबद्ध अनुभव प्रत्यक्ष नहि, भावित अनुभव होइत अछि अतएव शोक, क्रोध इत्यादि कटु अनुभवक प्रत्यक्ष अनुभूत कटुता ओहिमे नहि रहैत अछि प्रत्युत कल्पनाक चमत्कारक समावेशसँ शोक, क्रोध इत्यादि सब किछु आस्वाद्य भए जाइत अछि।

व्यक्ति सम्बन्धसँ मुक्त भए विभावादिक स्थूल लौकिक सम्बन्ध नष्ट भए जाइत अछि अर्थात ओकर रूप सामान्य जीवनगत अनुभूतिक अपेक्षा अधिक उदात्त ओ अवदात्त भए जाइत अछि। व्यक्तिबद्ध 'अल्प' के चेतनामे सुख नहि छैक, सुख छैक व्यक्तिक सीमासँ मुक्त 'भूमा' क चेतनामे। एहि न्यायसँ काव्यमे शोक आदि अप्रिय भाव साधारणो करणक व्यापारसँ व्यक्ति-सम्बन्धजन्य दोषसँ मुक्त भए रसमय भए जाइत अछि ओ 'योग' मे जकरा मधुमती भूमिका कहैत छैक से आनन्दमय होइत अछि, तेहने काव्यक ई 'रसवती' भूमिका आनन्दमय होइत अछि।

6. विभावादिक प्रत्येकसँ रसोद्बोध नहि होइत छैक परन्तु समष्टिसँ। कतहु कतहु यदि सबटा नहिओ रहैत छैक तथापि अन्य तत्वक समाक्षेपसँ रसक आस्वाद होइत अछि।

यदि सञ्चारी भाव प्रधान हो, देवादि-विषयक रति हो ओ उद्बुद्ध मात्र अतएव अपरिपुष्ट स्थायी भाव हो तँ ओ रस नहि 'भाव' मात्र कहबैत अछि।

अनौचित्यमे रस वा भावकेँ रसाभास वा भावाभास कहल जाइत अछि। यथा–एकनिष्ठ प्रेम (रसाभास), उपनायकक रतिभाव (रसाभास), पशुपक्षीक रतिभाव (रसाभास), गुरु पर क्रोध (रसाभास) इत्यादि, वेश्याकें लज्जा भावाभास।

तहिना भावक शान्ति, भावक उदय, भावक सन्धि ओ भावक शवलता (मिश्रण) ई सब रसहि जकाँ आस्वाद्य होइत अछि।

मुक्तक काव्यमे बहुधा रसक परिपाक नहि होअए पबैत अछि ओ अधिक ठाम ओहिमे भाव, रसाभास, भावोदय, भावसन्धि इत्यादि मात्र रहैत अछि।

विभाव दू प्रकारक अछि–

आलम्बन–जकर अवलम्बन कए रसक उद्गम हो यथा–नायक, नायिका, इत्यादि।

उद्दीपन–जे रसक उद्दीपन करए, यथा–आलम्बनक चेष्टा, देश, काल इत्यादि।

अनुभाव–मनोगत भावक साक्षात अभिव्यञ्जक उपादान–एहन-एहन अङ्ग-चेष्टा, स्वभाव-चेष्टा, कथा वा सात्विक भाव जे उद्बुद्ध रत्यादि भावकेँ प्रकाशित करए। यथा–श्रृङ्गारमे कटाक्ष, वीरमे आँखि लाल, रौद्रमे देह काँपब, शोकमे अश्रु। सात्विक भाव अनुभाव थिक।

सञ्चारी भाव—ओना तँ एक रसक स्थायी भाव दोसर रसक सञ्चारी भए जाइत अछि तथापि 33 गोट ई गनाओल गेल अछि यथा—निर्वेद, आवेग, दैन्य, श्रम, मोह, गर्व, अमर्ष, औत्सुक्य, शङ्का, स्मृति, त्रास, ब्रीड़ा, हर्ष, असूया, विषाद, ग्लानि, चिन्ता, इत्यादि; जे सब संचरणशील होइत अछि, अबैत अछि पुनि चलि जाइत अछि।

स्थायी भाव—जे मनोभाव 'स्थितिशील' हो जकरा विरुद्ध वा अनुकूल कोनो भाव तिरोहित नहि कए सकए, जे 'आस्वादाङ्कुरकन्द' थिक। ई नओ गोट अछि।

रति—अनकूल वस्तुक प्रति चित्तक प्रवणता।

हास—चेष्टाक विकृति इत्यादिक दर्शनसँ चित्तक विकास।

शोक—इष्ट वस्तुक नाश ओ अनिष्टक प्राप्तिसँ चित्तक वैकल्प।

क्रोध—विरोधीक प्रति हृदयमे उत्पन्न अपचिकीर्षा ओ ताहिसँ उत्पन्न तीव्रता।

उत्साह—कार्यारम्भमे स्थैर्यशाली हृदयक आवेश वा उद्योग।

भय—भीषण वस्तुक विभीषिका शक्तिसँ चित्तक विकलता।

जुगुप्सा—दोष देखि उत्पन्न घृणा अथवा विस्मयसँ घृणा।

विस्मय—नानाविध अलौकिक पदार्थक दर्शनसँ सम्भूत चित्तक विस्तार।

शम—निस्पृहताक अवस्थामे सम्भूत अन्तःकरणक अन्तर्मुखता।

* * *

1. शृङ्गार-रस—प्रेमी ओ प्रेमिकाक कामाविर्भावसँ उत्पन्न स्थायी भाव—रति।

आवलम्बन विभाव—नायक ओ नायिका

उद्‌दीपन-विभाव—एकान्त, वसन्तऋतु, चन्दन, माला इत्यादि।

अनुभाव—कटाक्ष, चुम्बन, आलिङ्गन इत्यादि।

सञ्चारी भाव—हर्ष, लज्जा, हास इत्यादि।

2. हास्य-रस—आकार, वचन, वेश, चेष्टा इत्यादिक विकृतिक दर्शन, वर्णन वा अभिनयसँ चित्तक विकास

स्थायी भाव—हास।

आलम्बन—जकरा देखि हँसी लागए।

उद्‌दीपन—ओकर चेष्टा

अनुभाव—मुख-विकास, नेत्र-संङ्कोच, इत्यादि।

सञ्चारी भाव—आलस्य, ब्रीड़ा इत्यादि।

3. करुण-रस—इष्टनाश ओ अनिष्टक प्राप्ति-मूलक।

स्थायी भाव—शोक।

आलम्बन—जकर शोक हो।

उद्‌दीपन—जाहिसँ शोक बढ़ए।

अनुभाव—दैवक निन्दा, भूमिपतन, कानब, वैवर्ण्य, अश्रु, प्रलाप इत्यादि।

सञ्चारी भाव—निर्वेद, मोह, विषाद, चिन्ता, ग्लानि इत्यादि।

4. रौद्र-रस।

स्थायी भाव—क्रोध।

आलम्बन—जकरा पर क्रोध हो; यथा—शत्रु।

उद्दीपन—ओकर चेष्टा' यथा मुक्कासँ मारब, संग्राम, ललकारब इत्यादि।

अनुभाव—ताल ठोकब, दाँत कीचब, उग्रता, आवेग, रोमाञ्च, स्वेद, इत्यादि।

सञ्चारी भाव—अमर्ष, मोह इत्यादि।

5. वीर-रस

स्थायीभाव—उत्साह।

आलम्बन—जकरा जितबाक उत्साह हो।

उद्दीपन—ओकर चेष्टा।

अनुभाव—सहायान्वेषण आदि।

सञ्चारी भाव—घृति, तर्क, मति, चिन्ता इत्यादि।

6. भयानक रस

स्थायी भाव—भय।

आलम्बन—जकर भय हो।

उद्दीपन—भयोत्पादक पदार्थक भीषण चेष्टा।

अनुभाव—वैवर्ण्य, गद्गद् भाषण, स्वेद, रोमाञ्च आदि।

सञ्चारी भाव—जुगुप्सा, आवेग, त्रास ग्लानि, दीनता, शङ्का, सम्भ्रान्ति, मृत इत्यादि।

7. वीभत्स-रस

स्थायी भाव—जुगुप्सा।

आलम्बन—दुर्गन्ध, मान्स, रुधिर इत्यादि

उद्दीपन—ओहिमे पीलु इत्यादि।

अनुभाव—मुँह फेरब, थूक फेकब, आँखि मूनब आदि।

सञ्चारी भाव—मोह, आवेग इत्यादि।

8. अद्भुत-रस

स्थायी भाव—विस्मय।

आलम्बन—अलौकिक वस्तु।

उद्दीपन—अलौकिक वस्तुक गुणकीर्तन।

अनुभाव—स्तम्भ, स्वेद, रोमाञ्च, गद्गद्स्वर इत्यादि।

सञ्चारी भाव—वितर्क, आवेग, सम्भ्रान्ति, हर्ष आदि।

9. शान्त रस

स्थायी भाव—शम।

आलम्बन–संसारक अनित्यता वा दुःखमयतासँ ई ज्ञान जे ई संसार निःसार थिक वा परमात्माक स्वरूपक ज्ञान।

उद्दीपन–पुण्याश्रम, महापुरुषक सङ्ग इत्यादि।

अनुभाव–रोमाञ्च इत्यादि।

सञ्चारी भाव–निर्वेद, हर्ष, स्मरण, मति, भूतदया इत्यादि।

दोष

काव्य मे रसक अपकर्षक दोष थिक तेँ साधारणतया जे दोष बुझल जाइत अछि सेहो अवस्था-विशेषमे रसक उपकारक भए गुण भए जाएत। यथा–कटु शब्दक प्रयोग रौद्र रसमे उपकारक भए जाएत। तेँ सब दोष नित्य नहि थिक। हँ, अशुद्ध पदक प्रयोग सर्वत्र दोषे रहत।

दोष पदमे, पदांशमे, वाक्यमे अर्थमे ओ रसमे रहैत अछि।

गुण

काव्यक गुण–रसक उत्कर्ष-विधायक थिक परन्तु ओ शब्द ओ अर्थमे रहनिहार नित्य धर्म थिक। कतेक ठाम तँ दोषक परिहार सएह गुण थिक। अलङ्कारसँ गुणमे इएह भेद छैक जे अलङ्कार नित्य धर्म नहि थिक। अलङ्कार विनहु काव्य उतम भए सकैत अछि परन्तु गुण यदि नहि रहत तँ दोष भए जाएत। गुण थिक रस केँ उत्कर्ष देनिहार, ओकरा पुष्ट कएनिहार। एहन गुण तीनि गोट अछि, माधुर्य, ओज ओ प्रसाद।

अलङ्कार

अलङ्कार जेना लोकमे बड़ पुरान ओ प्रसिद्ध अछि तहिना साहित्य-शास्त्रहुमे बहुत दिनसँ बड़ प्रसिद्ध अछि ओ बहुत दिन धरि तँ एहि शास्त्रहिक नाम छलैक अलङ्कार शास्त्र। अलङ्कार थिक कहबाक छटा, उक्तिक विच्छित्ति। सबसँ पूर्ण काव्य के ँ साधारण उक्तिसँ भिन्न इएह विच्छिति वा चमत्कार स्फुट कएने होएत ओ ते ँ काव्यक सबसँ पुरान ओ सबसँ महत्वपूर्ण अङ्ग अलङ्कार मानल जाइत अछि। एमहर आबि गुण, रीति, दोष ओ रस आदिक विवेचन ओ निरूपण भेल अवश्य ओ काव्यमे क्रमशः एहि सबहिक स्थानक विचार होइत रहल, परन्तु अलङ्कार एखनहु काव्यक एक गोट प्रमुख अङ्ग थिक ओ काव्यमे जे कल्पना-तत्व छैक से अलङ्कारहिक योजनासँ व्यक्त होइत अछि।

परन्तु काव्यमे अलङ्कारक स्थान वस्तुतः की थिक एहि प्रसङ्ग आचार्य लोकनि एकमत नहि छथि। भरत अपन नाटयशास्त्रमे रसक निरूपण कएल, परन्तु बहुत दिन धरि ओकर महत्ता नाटकहिक हेतु मानल जाइत रहल। श्रव्य-काव्यक हेतु रस पर्यन्त अलङ्कारे बुझल जाइत छल ओ गुण अलङ्कारसँ रहित वाणीके ँ विधवा कहल जाइत रहल, जेना कामिनीक सुन्दरी रूप बिनु अलङ्कारे ँ निर्भूषण होइत अछि तहिना बिनु अलङ्कार काव्य श्रीहीन मानल जाइत रहल। एक गोट आचार्य तँ बिनु अलङ्कारे ँ काव्य मानव ओहने असङ्गत कहल अछि जेहन आगिके ँ अनुष्ण कहब।

परन्तु अलंकरण नामहिसँ स्पष्ट अछि जे अलङ्कार कोनहु वस्तुके ँ अलंकृत करत। लोकमे देखल जाए तँ नारीके ँ गोर होएब गुण थिक परन्तु कङना पहिरब अङ्करण। शिर पर केश शोभा-विधायक थिक; केश नहि रहने वा नीक नहि रहने सुन्दरतामे हानि होएत। परन्तु ओही केशक विन्यास अलङ्करण भेल। इएह भेल गुण ओ अलङ्कारक परस्पर भेद। काव्यमे गुण तँ काव्यक धर्म भेल, जे नहि रहने ओ असुन्दर बुझल जाएत, कुरूप; परन्तु अलङ्कार कथूक शोभा बढ़ाओत जकरा ओ अलंकृत करत, जे, "अलंङ्कार्य" होएत। 'अलङ्कर'ओ 'अलङ्कार्य' क भेद ध्वनिवादक आचार्य आनन्दवर्धन स्फुट कएल ओ ई सर्वथा समीचीन, तर्कपुर्ण, ओ युक्तियुक्त

प्रतीत होइत अछि। अलङ्कार्य थिक रस जकर शरीर–शब्द ओ अर्थक शोभा बढ़बैत अछि अलङ्कार।

अलङ्कारक प्रयोजन शोभा बढ़ाएब थिक से दू प्रकारेँ होइत अछि। एक तँ अलङ्कारसँ कविक आशयक स्पष्टीकरण होइत अछि। दोसर, अलङ्कारक प्रयोगसँ काव्य चित्रमय भए जाइत अछि। ई चित्रमयता काव्यक अन्यतम धर्मधिक।

तेँ अलङ्कारक प्रसङ्ग ज्ञातव्य जे–

1. अलङ्कार शब्द अथवा अर्थक शोभा बढ़ाए, ओकरा चमत्कारक बनाए, तद्द्वारा रसक उपस्कारक होइत अछि, तेँ अलङ्कार रसक धर्म नहि थिक। गुण रसक धर्म थिक।

2. अलङ्कार शब्द ओ अर्थहुक स्थिर अथवा नित्य धर्म नहि थिक। अलङ्कार नहिओ रहलासँ काव्यत्वमे हानि नहि होएत। गुण रसक स्थिर धर्म थिक।

3. अलङ्कार काव्यक शोभाक विधायक नहि थिक। ओ थिक शोभाक वृद्धि कएनिहार।

अलङ्कारक दू भेद अछि। शब्दमे रहनिहार शब्दालङ्कार कहाओल ओ अर्थमे रहनिहार अर्थालङ्कार। एहनो स्थल होइत अछि यद्यपि थोड़, जतए दूनू अलङ्कार हो तथा से शब्दालङ्कार वा उभयालङ्कार कहाओत।

अलङ्कार भेल चमत्कार। से चमत्कार जँ शब्दमे रहत तँ शब्दालङ्कार भेल ओ यदि अर्थमे रहत तँ अर्थालङ्कार।

एकर भेद बुझबाक इएह उपाय जे जाहि शब्दमे चमत्कार हो ताहि अर्थक दोसर शब्द प्रयोग कएलहु, जँ चमत्कार नहि जाए तँ ओ अर्थालङ्कार भेल। एकरा कहैत छैक 'शब्द–परिवृत्ति-सहिष्णुता' जाहिसँ अर्थालङ्कार होइत अछि। से सहिष्णुता नहि रहलासँ शब्दालङ्कार। यथा देखू–'चिकुर-निकर तमसम' (विद्यापति) एहिमे 'कर' 'कर' ओ 'म' 'म' सँ अनुप्रास भेल ओ 'चिकुर-निकरमे तमक सादृश्यसँ उपमा। आब चिकुर-निकरक अर्थवाचक 'केशजाल' ओ 'तम-सम' क अर्थवाचक 'अन्हार सदृश' बदलि देलासँ 'केशजाल अन्हार सदृश' कहलासँ उपमा तँ रहिए गेल परन्तु अनुप्रासक छटा नहि रहल। तेँ एहिमे 'अनुप्रास' भेल 'शब्द-परिवृत्यसहिष्णु' शब्दालङ्कार ओ 'उपमा' भेल 'शब्द-परिवृत्ति-सहिष्णु' अर्थालङ्कार।

शब्दालङ्कारक प्रमुख दू गोट भेद अछि–

(1) अनुप्रास–वर्णक समता अनुप्रास थिक। परन्तु वर्णसँ स्वर नहि, व्यञ्जन बुझल जाइत अछि। स्वरक सादृश्यमे कोनो विशेष चमत्कार नहि मानल गेल अछि। मुदा मिथिला-भाषामे स्वरहुक साम्य चमत्कार अवश्य दैत अछि।

यथा–आहत नाग समान जाहि आकृष्ट (कीचक-वध)।

एहि पाँतीमे पाँच गोट 'आ' कार क्रोधक गुरुता ध्वनित करैत अछि।

निस्सहाय एकसरि छी जाइत आज

निशिविच दासीवृत्तिविवश जानि जाए।
बलिवेदी दिशि रज्जुबद्ध पशु जानि
ध्रुव वध अपन किन्तु सबविधि असहाय ॥

एहि चारि पाँतीमे ह्रस्व 'इ' कार एवं अन्तिम दूनूमे ह्रस्व 'उ' कार। अङ्ग्रेजीमे एकर बड़ महत्व छैक, अनुप्रासहि जकाँ, ओ ह्रस्व एवं दीर्घ स्वरक विन्याससँ शब्दमे 'वेग' वा 'स्थिरता' आनि शब्दकेँ अर्थानुगामी बनएबाक कौशल चमत्कारक होइत अछि।

व्यञ्जनक साम्य--कए तरहे भए सकैत अछि।

1. एक वर्णक एक आवृत्ति।

2. एक वर्णक अनेक आवृत्ति।

यथा--बहि रसिक-समीर सिखाओल--(एकावली परिणय) एहि मे 'र' क एक आवृत्ति ओ 'स' क दू।

3. अनेक वर्णक आवृत्ति।

(क) अनेक कए तरहेँ भए सकैछ--

दू असंयुक्त वर्णक।

दू संयुक्त वर्णक।

दूसँ अधिक असंयुक्त वर्णक।

दूसँ अधिक संयुक्त वर्ण मैथिली-भाषामे भेटब कठिन।

(ख) आवृत्ति दू प्रकारेँ भए सकैत अछि।

स्वरूपतः यथा--रस, सर।

स्वरूपतः ओ क्रमतः यथा--रस, रसिक, रसाल।

(ग) तथा ओ आवृत्ति।

(अ) एक बेरि हो।

(आ) अनेक बेरि हो।

उदाहरण देखू--

(क) सम्पुन कलानिधि दधि भल भेल।
भमि भमि भमर हकारइ देल।

एहिमे--(1) 'न' क एक आवृत्ति, ध क एक आवृत्ति

(2) प्रथम पाँती मे ल के दू आवृत्ति,

(3) दोसर पाँतीमे भ ओ म असंयुक्तक दू आवृत्ति ओ से स्वरूपतः ओ क्रमतः दूहू।

(ख) अरविन्द-विनिन्दक मे 'न्द' क आवृत्ति, संयुक्त वर्णक स्वरूपतः ओ क्रमतः।

(ग) दारुण-दुदर्श दुरुह गात्र दिन राति दुराचारहिक पात्र।

एहिमे 'द' न्र' क स्वरूपतः ओ क्रमतः संयुक्त ओ असंयुक्त सब मिलाए पाँच आवृत्ति।

(घ) नख-छवि केसर कर सरसीरूह इत्यादिमे 'क' 'र' 'स' क आवृत्ति, एना दृष्टान्त देखि सकैत छी।

एहिमे अनेक व्यञ्जनक एक आबृत्ति मुदा से स्वरूपतः ओ क्रमतः **छेकानुप्रास** कहबैत अछि।

कुण्डल-मण्डित कुटिल कर्णयुग,

तरणि-किरण भए सबल गलाओल,

एहिमे 'ण्ड' क तथा 'रण' क—संयुक्त आ असयुंक्त-व्यञ्जन-संघक सकृत् साम्य स्वरूपतः ओ क्रमतः अछि।

शेष सब **वृत्यनुप्रास** कहबैत अछि।

पादक अन्तमे वा पदक अन्तमे स्वर-सहित व्यञ्जनक साम्य हो तथा ओहिसँ पूर्णबहुक स्वरमे साम्य हो तँ ओ **अन्त्यानुप्रास** कहबैत अछि जकरा 'तुक' सेहो कहैत छिऐक; यथा—

सुनितहि ँ बूढ़क बात, अपनहिके ँ बुझइत निपुण।

अकछि पड़ाइछ कात, उपदेशक डरसँ तरुण ॥

एहिमे बात-कात ओ पुण-रुण अन्यानुप्रास थिक। जाहिमे अन्तिम स्वर-सहित व्यञ्जन 'त' 'ओ' 'ण' तँ एक अछिए, ओहिसँ पूर्वक स्वर 'आ' कार ओ 'उ' कार समान अछि एहिमे प्रथम ओ तृतीय तथा द्वितीय ओ चतुर्थ पदमे अन्त्यानुप्रास अछि।

यमक—स्वर-सहित व्यञ्जन-समूहक स्वरूपतः ओ क्रमतः पुनः आवृत्ति यमक कहबैत अछि। एहिमे सब पद सार्थक हो अथवा सब पद निरर्थक हो अथवा कोनो सार्थक हो, कोनो निरर्थक हो। देखबामे ओ सुनबामे ओ दूनू-तीनू-चारू वा जए गोट हो एक रङ्ग लागए, से व्यञ्जनेटा नहि स्वर समेत, यथा—

(1) लतिके लतिके देल एहन इत्यादि (मधुप)

(2) तोहर सन
क्यो दोसर अछि सरस न
तों अबितहिँ कहितहुँ नहि नहि जहि ँ तहि ँ
करह हैम-धन बरसन ॥ (मधुप)

(3) मन लहरल हिअ हहरल लोचन झहरल हे।
हर न हरल दुख देखल खल हँस खल खल हे ॥ (अमर)

पहिलमे—"लतिके" दू बेर प्रयुक्त अछि, प्रथम बेरि लतिकाक सम्बोधन, दोसरमे लतिके एहि दू पदक योग।

दोसरमे—'सन' तीनि बेरि आएल अछि जाहिमे पहिल सार्थक ओ शेष दूनू

पदान्तरक खण्ड मात्र, निरर्थक।

तेसरमे–'हरल' चारि बेरि अछि, पहिल तीनि निरर्थक ओ चारिम सार्थक, ओ 'खल' सेहो चारि बेर आएल अछि एक सार्थक, दोसर 'देखल' क खण्ड ओ 'खलखल' दूनू मिलिएकेँ सार्थक, प्रत्येक निरर्थक।

यमकमे–'श ष स' तीनू, कतहु, 'ष' 'ख' 'व ब' तथा 'ड ल' एक बुझल जाइत अछि।

श्लेष–एक शब्दकेँ यदि दू भिन्न-भिन्न अर्थमे प्रयोग कएल जाए तँ ओ श्लेष थिक।

यथा–1 स्वच्छो रवि वनल परसि प्रतीची–अङ्ग।

2 प्रतिदिन केवल वारुणा पतित भेल तेँ भानु।

प्रथममे 'रागी' क दू अर्थ अछि, राग अर्थात लाल रङ्गसँ युक्त तथा राग अर्थात अभिमत-विषय अभिलाषा ताहिसँ युक्त। प्रस्तुत अर्थमे सूर्य पश्चिम दिशाक सम्पर्कसँ लाल भए गेलाह ई अर्थ। दोसर अप्रस्तुतक आक्षेप होइत अछि जे सूर्य नायक प्रतीची नायिकाक सम्पर्कसँ रागी भए गेलाह। दोसरमे वारुणी अर्थात वरुणक दिशा अर्थात पश्चिम। दोसर वारुणी मदिराक नाम थिक। श्लेष एहि दूनू ठाम शब्दक अलङ्कार थिक कारण 'रागी' ओ 'वारुणी' शब्दकेँ बदलि दिऐक तँ श्लेष नहि रहए पाओत। परञ्च एहि सोरठाकेँ देखू–

थोड़हिं ऊपर जाए थोड़हिमे पुनि खसि पड़ए।
एक समान लखाए नीच तराजू दुहूक गति।

एतए 'थोड़हि' क स्थानमे 'अल्प' कए दिऐक, ऊपर जाए क स्थानमे उठए खसि पड़ए क स्थानमे नीचा चलि जाए कहिऐक तथापि नीच जन ओ तराजूक गतिक एकरूपता जे अर्थ छैक से रहिए जाएत। तेँ जतए ,श्लेष शब्द-परिवृत्ति सहि सकए ततए अर्थालङ्कार ओ जतए नहि सहि सकए ततए शब्दालङ्कार थिक। मुदा श्लेष थिक धरि शब्दार्थोभयालङ्कार।

अर्थालङ्कारक कोनो ठेकान नहि भए सकैत अछि। जए प्रकारक कहबाक चमत्कार होएत तए प्रकारक अलङ्कार मुख्य वस्तु छैक चमत्कार से बराबरि ध्यानमे रहए।

ओना तँ अलङ्कारक भेद सादृश्य, विरोध, क्रम, कार्य-कारण भाव अनेक प्रकारेँ होएत परन्तु सभक जड़िमे छैक सादृश्य। दू भिन्न-भिन्न वस्तुक सादृश्य ओकर तुलना भेल। मुँह केहन, तँ चन्द्रमा सन। परन्तु से कोन अंश मे? चन्द्रमामे अनेक गुण छैन्हि, शीतलत्व, कलङ्किता आह्लादकत्व, बढ़व-घटब परन्तु मुखक सादृश्य यदि चन्द्रमामे देखाएब तँ स्पष्ट अछि जे से आह्लोदकत्व अर्थमे। एना सादृश्यमे दू भिन्न-भिन्न वस्तु होएत–एक ओ जकरा सङ्ग तुलना करबैक, जकरा सन ककरहु कहबैक ओ से विशेष गुणवान होएत, दोसर ओ जकर तुलना करबैक,

जकरा ओकर सन कहबैक, ओसे ओकरासँ कम गुणवान होएत। ओ ताहि दूनू पदार्थक मध्य कोनो एहन गुण रहत जाहि आधार पर दूनूक तुलना होएतैक, दूनूमे सादृश्य होएतैक। ई भेल साधर्म्य। दूनू पदार्थ जकर सादृश्य देखएबैक ताहिमे जकरा सन कहबैक से भेल "उपमान" ओ जकरा ओकर सन कहबैक से भेल 'उपमेय'। अतएव सादृश्य मे तीनि गोट वस्तु भेल, जन जाहिमे ओ धर्म विशेष रहत, उपमेय जाहिमे ओ धर्म कम रहत, तथा साधर्म्य जाहि द्वारा सादृश्य देखाओल जाएत।

उपमानकेँ ठाम-ठाम **अप्रस्तुत** ओ **विषयी** सेहो कहैत छैक ओ **उपमेयकेँ प्रस्तुत** ओ **विषय**।

सादृश्यक एहि भावकेँ अनेक भंगिमासँ व्यक्त कए सकैत छी ओ जेँ कहबाक विच्छिति सएह अलङ्कार थिक तेँ प्रत्येक भंङ्गिमासँ विच्छिति-विशेषसँ अलङ्कार-विशेष कहल जाइत अछि। यथा—चन्द्रमाक सादृश्य मुँहमे बड़ प्राचीन ओ बड़ प्रसिद्ध थिक। परन्तु एहि सादृश्यकेँ कोना नाना भंङ्गिमासँ कहल जाए सकैत अछि ओ ताहिसँ कोना भिन्न-भिन्न प्रकारक विच्छिति होएत अर्थात भिन्न-भिन्न अलङ्कार बुझल जाएत से द्रष्टव्य।

1. चन्द्रमा सन मुँह सुन्दर	उपमा भेल।
2. ओकर मुँह सन ओकरे मुँह	अनन्वय
3. चन्द्रमा सन ओकर मुँह ओ ओकर मुँह सन चन्द्रमा	उपमेयोपमा
4. ओकर मुँह सन चन्द्रमा	प्रतीप
5. चन्द्रमा सन ओकर मुँह परन्तु कलंकी नहि	व्यतिरेक
6. चन्द्रमाकेँ देखि ओकर मुँह मन पड़ैत अछि	स्मरण
7. ई ओकर मुँह थिकैक की चन्द्रमा	सन्देह
8. ओकर मुँहकेँ चन्द्रमा बूझि हमर लोचन-चकोर ओम्हर दौड़ल	भ्रान्तिमान
9. ओकर मुँह चन्द्रमा थिकैक	रूपक
10. ओकर मुख-चन्द्र देखि हमर मनक ताप शान्त भेल	परिणाम
11. ओकर मुँह लगैत छैक जेना चन्द्रमा	उत्प्रेक्षा
12. ई ओकर मुँह नहि, चन्द्रमा थिकैक	अपहुति
13. कोठाक छत पर चन्द्रमा देखू	अतिशयोक्ति

एवं प्रकारेँ केवल सादृश्यसँ कतेक अलङ्कार भए सकैत अछि!

1. उपमा

साम्य वाच्यमवैधर्म्य वाक्यैक्य उपमा द्वयोः। (विश्वनाथ) उपमा ओहि सादृश्यकेँ कहब जतए एकहि वाक्यमे दू वस्तुक सादृश्य शब्दतः (अर्थात अभिधा वा लक्षणासँ)

कहल हो मुदा वैधर्म्य नहि कहल हो। सादृश्य कहलासँ चमत्कार हो, से तँ सब अलङ्कारक हेतु आवश्यक कहले अछि ओ-से सब ठाम बुझब।

उपमामे चारि गोट तत्व अपेक्षित छैक, उपमान, उपमेय, धारण, धर्म ओ उपमा-वाचक शब्द, सन, सदृश इत्यादि।

(आ) दूनूमे बिम्ब-प्रतिबिम्ब भाव हो अर्थात एकक छाया दोसरामे बूझि पड़ए यथा–

राजतनूजक बिहसित मुँह पर लटकल लखि कचपालि
के नहि मानल विकच कमल पर लुबुधल भल मधुपालि ॥

प्रथममे उपमा शाब्दी अछि ओ साधारण धर्म 'लग जाथि', 'निकट पड़ाथि' एकार्थक, शब्दमात्रेँ भिन्न अछि।

दोसरमे उपमा आर्थीकेँ नहि मानल 'सँ' तथा साधारण धर्म कपालिक लटकब ओ मधुपालिक लुबुधबमे सादृश्यक छाया अछि।

स्मरण रहए जे सादृश्य यदि वाच्य नहि रहैत तँ प्रथम स्थितिमे प्रतिवस्तूपमा अलङ्कार भए जाइत, ओ दोसर स्थितिमे दृष्टान्त।

2. रूपक

तद्र पकमभेदो य उपमानोपमेययो (मम्मट) : उपमान तथा उपमेयमे भेद स्पष्ट अछि तथापि अतिसाम्यसँ कवि यदि दूनूमे अभेदक कल्पना करथि तँ रूपक अलङ्कार भेल। एहिमे उपमेय पर उपमानक आरोप कएल जाइत अछि। अहाँक मुँह कमल थिक। एतए मुख ओ कमल दू वस्तु स्पष्ट अछि परन्तु कवि मुँह पर कमलक आरोप कए ओकरा अभिन्न कहैत छथि। व्यङ्ग्य भेल अत्यन्त साम्य। उपमामे वाचक शब्द यदि हटाए दिऐक तँ रूपक भए जाएत।

स्मरण रहए जे रूपक साधर्म्यमूलक अभेदप्रधान अलङ्कार थिक। रूपकमे उपमेयकेँ उपमानक सङ्ग ताद्रूप्य कहल जाइत अछि, उपमानक रङ्गसँ रङ्गि देल जाइत अछि, एके थिक से अध्यवसाय नहि कहल रहैत अछि, नहि तँ ओ अतिशयोक्ति भए जाएत। आरोप कविकल्पित होइत अछि जकरा आहार्य कहैत छैक। ई आरोप शब्दतः हो, अर्थगत आरोप भेलासँ निदर्शना भए जाएत।

रूपकक तीनि गोट भेद अछि–

(1) साङ्गरूपक–जाहिमे अङ्गीक रूपण अङ्गसबहिक रूपणक सङ्ग-सङ्ग होइत अछि।

यथा,

ओ उदितमात्र शिशु पूर्णचन्द्र
कमला प्राची दुखतम अमन्द
हरि हरिचकोर दृग दए प्रमोद

रचलन्हि अवनी-रजनी-प्रमोद।

एहिमे शिशुमे पूर्णचन्द्रक आरोप अङ्गी अछि ओ शेष सब कमलामे प्राची, दुखमे अन्धकार, हरिमे चकोर, अवनीमे रजनीक आरोप अङ्ग रूपें अछि।

(2) जतए एक गोट आरोप दोसर आरोपक कारण होअए से परम्परित रूपक कहबैत अछि, यथा—

ईर्ष्यालु रिपुक रोषानलमे अपकारघृतक आहुति देने।
निश्चिन्त जकाँ की बैसल छी नहि काज चलत कातर भेले ॥

एतए रोषमे अनलक आरोप कएलाक कारणें अपकारमे घृतक आरोप भेल अछि।

आन्हर-जिनगी
सेहन्ताक ठेङा सँ थाहए... (यात्री)

एहिमे जिनगीमे आन्हरक आरोपक कारणें सेहन्तामे ठेङ्गाक आरोप भेल अछि।

(3) निरङ्ग-रूपक—जाहिठाम आरोप शुद्ध रहैत अछि, साङ्ग जकाँ अङ्गाङ्गि-भाव सँ रहित अथवा परम्परित जकाँ कार्यकारणभावसँ रहित; जेना—

उत्सुक लोचन-खञ्जन घुमैत।
सभठाम गेल शिशुकें तकैत ॥

मुदा एक उपमेयमे अनेक उपमानक सादृश्य देखओलासँ जेना मालोपमा होइत अछि तहिना एक उपमेयमे अनेक उपमानक आरोप भेलासँ माला—रूपक होइत अछि। यद्यपि ई निरङ्ग होइत अछि तथापि एहिमे एकटा नवे विच्छिति रहैत अछि—

मालोपमा, यथा— जन्मक आन्हर जनि अरजि आँखि
उत्सुक गन्ता जनि पाबि पाँखि
अति निर्धन जनि निधिकुम्भ देखि
उन्मद मयूर जनि जलद पेखि
तहिना महिपति आनन्द बौड़ि
लेलन्हि उठाए शिशु अङ्क दौड़ि
विकसित मुख-पङ्कज चूमि-चूमि
नाचल चारू दिसि घूमि-घूमि ॥

एतए महिपति—लेलन्हि उठाए क सादृश्य चारि गोट उपमानमे देखाओल गेल अछि तथा मुख-पङ्कजमे निरङ्ग रूपक अछि।

माला रूपक—सौन्दर्यक निधि, सुषमाक खानि
तेजक आश्रय, प्रतिभाक मानि
अवलम्ब प्रसादक एकमात्र
ओ छल कुमार सुकमार-गात्र।

एहिमे उपमेय कुमारमे पाँच गोट उपमानक आरोप अछि तीनू पाँतीमे।

एहि प्रसङ्ग इहो देखबाक थिक जे उपमामे कोना भेद प्रधान रहैत अछि ओ रूपकमे अभेद। मालोपमाक जे उद्धरण एकावली-परिणयसँ देल अछि ताहिमे 'मुख-पङ्कज' पदकेँ देखू। मुखपङ्कजक दू गोट अर्थ भए सकैत अछि 'मुख पङ्कज सन' जतए उपमा भेल ओ 'मुख जे पङ्कज' जतए रूपक भेल। आब कोन अलङ्कार कहब तकर निर्णय विशेषणसँ होएत। यथा श्री कविशेखरजी मुखपङ्कजक हेतु विशेषण देल 'विकसित' जे मुखमे नहि बैसत, पङ्कजमे बैसत। तेँ एतय आरोप मानए पड़त ओ मुख तथा पङ्कजमे अभेद भेल तेँ रूपक। परन्तु 'मुख-पङ्कज हाससँ चमकि उठल' एहन प्रयोगमे विशेषण पद मुखमे बैसत ओ पङ्कज केवल उपमान भए रहत, भिन्न, ओ एतए वाचक-धर्म-लुप्ता उपमा कहब।

3. उत्प्रेक्षा

भवेत् सम्भावनोत्प्रेक्षा प्रकृतस्य परात्मना (विश्वनाथ) सम्भावना थिक उत्कट कोटिक संशय, से सम्भावना प्रकृत अर्थात उपमेयक यदि उपमानमे हो तँ 'उत्प्रेक्षा' कहल जाएत।

यथा–

तावत पश्चिम जलधि-तट नभ सँ उतरल श्रान्त।
सन्ध्यावन्दन करए जनु कर्मठ नलिनीकान्त ॥

एतए सूर्यक पश्चिम क्षितिज पर उतरबाक प्रकृत क्रियामे सन्ध्यावन्दन करबाक उद्देश्यसँ आएल छथि तकर सम्भावना अर्थात उत्प्रेक्षा अछि।

(1) उत्प्रेक्षा अभेदप्रधान साधर्म्यमूलक अलङ्कार थिक। रूपकमे अभेद आरोपित रहैत अछि, उत्प्रेक्षामे कविक चित्तवृत्तिमे निश्चय नहि रहैत अछि, संशय रहैत अछि, उपमान पक्षक दिशि। संदेह अलङ्कारमे संशय दूनू पक्षमे समान रहैत अछि। वस्तुतः संदेह ओ अतिशयोक्तिक मध्यवर्ती स्थिति थिक उत्प्रेक्षा। संदेहक स्थितिसँ उपमानक दिशि झुकैत झुकैत जखन उपमेय उपमानमे एकदम मीलि जाइत अछि अध्यवसाय सिद्ध भए जाइत अछि, तखन अतिशयोक्ति भए जाइत अछि। उत्प्रेक्षामे अध्यवसाय=अभेद, साध्य होइत अछि। तेँ उत्प्रेक्षामे उपमेय ओ उपमान दूनूक शब्दतः उपादान होइत अछि, अतिशयोक्तिमे जेँ उपमान उपमेयकेँ गीड़ि जाइत अछि, अध्यवसाय सिद्ध रहैत अछि, तेँ उपमेयक शब्दतः उपादान आवश्यक नहि।

(2) संभावना सर्वत्र आहार्य अर्थात् कविकल्पित होइत अछि।

(3) उत्प्रेक्षा-वाचक शब्द मानू, जनि, जेना इत्यादि यदि कहल रहए तँ उत्प्रेक्षा "वाच्या" भेल, नहि तँ "प्रतीयमाना"।

सामर वरन नयन अनुरञ्जित, जलद योग फुल कोका।

एहिमे श्याम-वर्णमे लाल आँखिक उत्प्रेक्षा कारी मेघमे लाल कोकासँ अछि मुदा उत्प्रेक्षावाचक पद नहि अछि। तेँ एतए प्रतीयमाना उत्प्रेक्षा। पूर्वक दृष्टान्तमे

"जनु" अछि तेँ वाच्या।

उत्प्रेक्षाक भेदक ठेकान नहि छैक। काव्यप्रकाशमे ओकर भेद नहि कहल अछि मुदा साहित्यदर्पणमे ओकर 176 गोट भेद अछि। परन्तु मुख्यतः एकर तीनि गोट भेद देखबाक थिक जे उत्प्रेक्षा स्वरूपक थिक, की हेतुक, वा फलक। यथा–

सरद ससिधर सरिस सुन्दर वदन लोचन-लोल।
विमल कञ्चन-कमल चढ़ि जनि खेल खञ्जन-जोड़ ॥

(विद्यापति)

एतए चञ्चल नयन युक्त मुँहक स्वरूपक उत्प्रेक्षा अछि स्वर्ण-कमल पर एक जोड़ा खञ्जनक।

वैरितिमिर-मण्डल मिहिर बढ़इत लखि तत्काल।
प्रतीकार-असमर्थ जनि भेल क्रोधसँ लाल ॥ (एकावली-परिणय)

एतए लाल होएबाक हेतुक उत्प्रेक्षा अछि शत्रुकेँ बढ़ैत देखि प्रतीकारक असमर्थतासँ।

रोमावलि नग-सुण्डक रूप।
पानि पिअए चल नाभी-कूप ॥ (विद्यापति)

एतए रोमावलीक उत्प्रेक्षा अछि हाथीक सूँढ़ पानि पिअए जएबाक फलसँ।

एहिमे प्रथम दू वाच्या अछि, तेसर प्रतीयमाना। पूर्व जे "संन्ध्यावंदन करए जनु" अछि ओतए फलोत्प्रेक्षा अछि वाच्या।

परन्तु एहिसबसँ विशेष चमत्कारक होइत अछि जखन उत्प्रेक्षाक मूलमे आन-आन अलङ्कार रहैत अछि। देखू–

(1) जन-समूह प्रमुदित-नयन-विकसित-कमलक ढेरि।
नृपतिक पूजा-हेतु जनि, अरपल एकहि बेरि ॥

(रूपक + उत्प्रेरक्षा)

(2) सीमर लाल फूल कपटेँ जनु ऊपरसँ पाटक पट।
कान्त वसन्त देल परिणयमे वनलक्ष्मीकेँ घोघट ॥

(अपह्नुति + उत्प्रेक्षा)

(3) जनबैत शशी युवजनकाँ फल कामुकताक कलङ्कित
जीवन-निःस्पृह जनि सागर-जलमे डुबि भेल तिरोहित ॥

(निदर्शना + उत्प्रेक्षा)

4. अतिशयोक्ति

निगीर्याध्यवसानं तु प्रकृतस्य परण यत्। (मम्मट)

प्रकृत अर्थात उपमेयकेँ निगरण कए अप्रकृत अर्थात उपमानक सङ्ग

अध्यवसान अर्थात अभेद-प्रतिपत्ति अतिशयोक्ति थिक। अभेद-प्रतिपत्ति काल्पनिक होएब आवश्यक। यथा—एक वीरक वर्णनमे कविशेखरजी कहैत छथि "रुचिमे मनोज बलमे समीर।"

अध्यवसाय थिक अभेद-प्रतिपत्ति अर्थात् उपमेयकेँ उपमान मानि लेब। से होइत अछि उपमेयक "निगरण" पूर्वक। उपमेयक "अधःकरण" निगरण थिक, जकरा कहब "गीड़ि लेब"। उपमेय जेना नुकाओल भए जाए, उपमानसँ गीड़ल। ई उत्प्रेक्षामे सेहो होइत अछि ओहूमे उपमेय निर्गीण रहैत अछि, अधःकृत परन्तु उत्प्रेक्षामे ओ साध्यरूप होइत अछि, अनिश्चित। अतिशयोक्तिमे अध्यवसाय सिद्ध रहैत अछि, निश्चित।

"अतिशयोक्ति" उपमा जकाँ अत्यन्त प्राचीन ओ प्रसिद्ध अलङ्कार थिक, कारण, अतिशयोक्ति थिक बढ़ाए-चढ़ाएकेँ कहब। प्राचीन आलङ्कारिक लोकनि एकर लक्षण "लोकसीमातिवर्ती" कहने छथि। विषयक उत्कर्ष-कल्पना एकर बीज थीक ओ से थोड़-बहुत सब अलङ्कारमे रहैत अछि ओ तेँ अतिशयोक्ति सब अलङ्कार क मूलमे रहितहिँ अछि। दण्डीक समय धरि अतिशयोक्तिक लक्षण स्थूल छल। मम्मट ओहिमे "निगीर्याध्यवसान" क निवेश कए केवल "अभेदाध्यवसान" मात्र उत्कर्षकेँ अतिशयोक्तिक लक्षण कएल। तहिआसँ सब आचार्य एकर इएह लक्षण करैत अएलाह अछि।

अतिशयोक्तिक कतोक भेद मानल गेल अछि। विश्वनाथ एकर भेद मानैत छथि भेदमे अभेद, अभेदमे भेद, सम्बन्धमे असम्बन्ध, असम्बन्धमे सम्बन्ध तथा कारण ओ कार्यक पौर्वापर्यक व्यत्यास।

प्रथम—जाहिमे उपमेय शब्दतः कहल नहि रहैत अछि परन्तु उपमामे अन्त मग्न रहैत अछि। एहन काल्पनिक अभेदनिश्चय अर्थात भेदमे अभेदक अध्यवसाय।

यथा—विद्यापतिक नखशिख वर्णनमे नाना प्रकारेँ कहल अछि

विमल बिम्बफल युगल विकास। ता पर कीर थीर करु वास।
ता पर चञ्चल खञ्जन जोड़। ता पर सापिनि झाँपल मोड़ ॥

एहिमे बिम्बफलमे ओष्ठ, कीरमे नाक, खंजनमे आँखि
ओ साँपिनिमे वेणी अन्तर्मग्न अछि, कहल नहि अछि।

श्री सुमनजीक—

मेघ घटा उमड़ल गगन अर्धचन्द्र चमकैछ।
तनल धनुष तर खञ्जनो आँखि पसारि उड़ैछ ॥

एहिमे मेघघटामे केशपाश, अर्धचन्द्रमे ललाट, तनल धनुषमे भौंह ओ खञ्जनमे आँखि अन्तर्मग्न अछि, निगीर्ण। द्वितीय—अभेदमे भेदक अध्यवसाय—यथा श्री सुमनजीक प्रियक दर्शनोत्तर प्रियदर्शनाक

अंग-रंग मुख-रुखि वयन नयने, ठामहि ठाम।
छने भेल छवि आन किछु छविवन्तीक रुचिधाम ॥

ओएह सब अङ्ग आन तरहक भए गेल, अभेदमे भिन्न मानि लेल गेल अछि।

तेसर—जतए सम्बन्ध छैक ततए असम्बन्धक अध्यवसाय।

यथा—सृष्टिरचनामे विधाताक निर्मातृत्वकेँ असम्बद्ध करब कालिदासक विक्रमोर्वशीयक प्रसिद्ध श्लोकक अनुवाद, श्री सुमन जीक शब्दमे,

रस श्रृङ्गारक प्राण चान वा मदन वसन्ते
रचलन्हि धनिक शरीर प्रजापति नव रसवन्ते।
धारि कमण्डलु रटथि वेद अन्तर न विषयरुचि
सृष्टि-व्यस्त धाता पुरान कथमपि न सकथि रचि ॥

चारिम—असम्बन्धमे सम्बन्ध; यदि शब्दक प्रयोग कए एहन अर्थक कल्पना जकर सम्भावना नहि हो। यथा—

यदि म्लान न होइत तिलक फूल
यदि होइत मृदु कनकक त्रिशूल
शुकचञ्चु वक्रता यदि तजैत
तखनहि समता नाकक पबैत (ईशनाथ झा)

एहिमे तीनू पाँतीमे असम्बन्धमे सम्बन्धक कल्पना अछि। तिलक फूल कतहुँ म्लान नहि हो इत्यादि।

अथवा श्री सुमनजीक ई विलक्षण दोहा देखू—

ने वसन्त उपवन बसए, ने ग्रीसम मरु भूमि।
सुखित चित्त मधु मलय वह, लूह दुखित-उर जूमि ॥

एहिमे पूर्वार्द्धमे उपवनमे वसन्तक सम्बन्ध ओ मरुभूमिमे ग्रीष्मक सम्बन्धकेँ निरोध कए असम्बन्धक अध्यवसाय अछि। उत्तरार्द्धमे वसन्तक मलयानिलकेँ सुखित चित्तमे बहबाक, ओ लूहकेँ दुःखित हृदयमे जुमबाक असम्बन्धमे सम्बन्धक अध्यवसाय अछि। अतएव एकहि दोहामे तेसर ओ चारिम प्रकारक अतिशयोक्तिक चमत्कार एतए द्रष्टव्य।

पाँचम—कार्य-कारणक पौर्वापर्यक विपर्यय। पूर्व कारण होइत अछि पश्चात कार्य। परन्तु दूनू जँ सङ्गहि सङ्ग कहल जाए वा कार्य पूर्ण कहल जाए कारण पश्चात।

ओ निज आदेशक जनु संगहिँ उपवन-प्राकारक द्वारदेश।
सेनापतिकेँ सन्नद्ध सैन्य लए देखि उपस्थित दानवेश ॥
(एकावली-परिणय)

आदेशक संगहि सैन्यक पहुँचबाक—कार्य कारणक सङ्गहि होएब भेल।

× × ×

सादृश्य-मूलक किछु आओर अलङ्कार ।

5. अनन्वय

एके वस्तु जकर वर्णन हो, उपमान ओ उपमेय दूनू रहए तँ "अनन्वय"। एहिमे अन्य उपमानक तिरस्कार चमत्कार होइत अछि अर्थात उपमेयकेँ अनुपमेय कहल जाइत रहैत अछि।

यथा—तोहर सरिस जग एक तोँहि माधव (विद्यापति)

6. उपमेयोपमा

जाहिमे उपमानक सदृश उपमेय कहल जाए ओ उपमेयक सदृश उपमान अर्थात तत्सदृश तेसर वस्तुक तिरस्कार रहए।

यथा—अहँक प्रभो! अछि श्री-सम बुद्धि।
बुद्धि सदृश पुनि श्रीक समृद्धि ॥

7. सन्देह

प्रकृत जे उपमेय ताहिमे अप्रकृत अर्थात उपमानक संशय रहए ओ से संशय कविप्रतिभासँ उत्थापित हो, सादृश्यक आधार पर, तँ से सन्देह अलङ्कार थिक।

यथा—बिनु जलहुँ रम्य रुचि भरल ओज।
ओ छल सरोज वा छल उरोज ॥ (ईशनाथ झा)

8. भ्रान्तिमान

सादृश्यक कारणेँ एक वस्तुमे, उपमेयमे, दोसर वस्तुक, उपमानक भ्रम जँ कविप्रतिभासँ उत्थापित रहए तँ से अलङ्कार भ्रान्तिमान् थिक।

यथा—लखि केओ हुनक सुन्दर कपोल
अनुमानल, दुइ थिक मुकुर गोल।
पुनि केओ लेल नवरङ्ग जानि
तँ केओ सेव फल लेल मानि ॥ (ईशनाथझा)

9. अपह्नुति

जाहिठाम उपमेयकेँ असत्य कहि, ओकर प्रतिषेध कए, ओहि पर उपमानक आरोप कएल जाए, आहार्य अर्थात कवि-प्रतिभासँ, निश्चय कहल रहए तँ अपह्नुति अलङ्कार।

दृगयुग नहि, ओ छल भ्रमर जोड़,
सित कमलक दल बैसल विभोर।
वा चल चकोर, वा चपल मीन,
वा खञ्जन भ्रूपाशक अधीन ॥ (ईशनाथझा)

10. निश्चय

उपमानक निषेध कए उपमेयक आहार्य निश्चयमे ई अलङ्कार होइत अछि। परन्तु यदि एकहि गोटाकेँ संशय ओ निश्चय रहतैक तँ ओ "निश्चयान्त सन्देह" भए जाएत। निश्चयमे, संशय रहैक एकके ँ ओ ताहि संशयके ँ हटाए। कवि निश्चय स्थापित करैत रहथि।

यथा—विद्यापतिक प्रसिद्ध गीतमे—

नहि मोरा जटा-भार चिकुरक वेनी।
सुरसरि नहि मोरा कुसुमक सेनी ॥
चन्दनक बिन्दु मोरा नहि इन्दु गोटा।
ललाट पावक नहि सिन्दुरक फोटा ॥

जाहिमे विरहिणी एहि भ्रममे जे हमरा महादेव बूझि कामदेव हमरा पर प्रहार करैत छथि अपना रूपमे महादेवक संदेह उत्पन्न कएनिहार लक्षणक निषेध कए निश्चय कहि रहल अछि।

एहिमे—भेदाभेद-प्रधान भेल, उपमा, अनन्वय।

आरोपमूलक अभेद-प्रधान भेल, रूपक, सन्देह, भ्रान्ति-मान अपह्नुति।

अध्यवसायमूलक अभेदप्रधान भेल, उत्प्रेक्षा, अतिशयोक्ति एहि सबमे सादृश्य मूलमे रहैत अछि।

सादृश्य तेना व्यङ्ग्य रहैक जे उपमाक भाव अन्तर्निहित हो तँ "गम्यौपम्य" भेल। गम्यौपम्यभावक आश्रयण कए जे विविध अलङ्कार होइत अछि ताहिमे प्रमुख अछि—

11. तुल्ययोगिता

जतए केवल प्रस्तुत अथवा केवल अप्रस्तुत पदक अर्थमे गुण-रूप अथवा 'क्रिया-रूप धर्मक योग प्रतीत होइत अछि ओतए "तुल्ययोगिता" अलङ्कार कहल जाइत अछि।

एहिमे उपमान-उपमेय भावक अभिव्यञ्जना आवश्यक छैक ओ से 'पद' क अर्थगत हो; वाक्यक अर्थगत औपम्यभावक अभिव्यञ्जनामे तुल्ययोगिता नहि प्रतिवस्तूपमा भए जाएत।

बहुत दिवस पर नृप निरखि कृश-तनु तेज-निधान।
सभक मोद मन, नोर दृग, भरल तुमुलधुनि कान ॥
(एकावली-परिणय)

बहुत दिन पर राजा नगरमे आबि रहलाह अछि अतएव प्रस्तुत वर्णनक प्रसङ्गमे सभक मनमे आनन्द, आँखिमे नोर ओ कानमे तुमुल ध्वनिक "भरल" एहि एक क्रिया-रूप धर्मसँ अभिसम्बन्ध। एहि तीनूमे उपमानोपमेय-भाव गम्य प्रतीत होइत अछि।

तनिक मुखक सुषमा निरखि केँ न बुझल मतिमान।
विकच कमल वा मालती चन्द्रकलहुकेँ म्लान ॥

एतए ओहि नारीक मुखक समक्ष अप्रस्तुत प्रफुल्ल कमल, मालती वा चन्द्रकलाकेँ मलिन बृझब, तीनू अप्रस्तुतकेँ "मलिनता"–रूप एक गुण-रूप धर्मसँ सम्बन्ध।

12. दीपक

तुल्ययोगिता जकाँ एक धर्मक सम्बन्ध यदि प्रस्तुत ओ अप्रस्तुत दुहूमे हो, तुल्ययोगिता जकाँ केवल प्रस्तुतहिमे नहि अथवा केवल अप्रस्तुतहिमे नहि, तँ ओ "दीपक" कहल जाइत अछि।

यथा–एकावली-परिणय मे
सम्भव नहि फेरि फिराएब कालक घर पहुँचल जनकेँ।
कृपणक कर सोपल धनकेँ, दयितक पद लागल मनकेँ ॥

एहिमे प्रस्तुत विषय अछि एकावलीक विरह ओ कालक धर पहुँचल जन तथा कृपणक कर सौंपल धन अप्रस्तुत अछि। "सम्भव नहि फेरि फिराएब" रूप एक क्रिया-रूप धर्मसँ सम्बन्ध।

एहि दीपकमे उपमाक भाव अन्तरमे छैक। दू प्रकारक आओर दीपक होइत अछि जाहिमे एकहि कारकेँ अनेक क्रियासँ सम्बन्ध हो अथवा एकहि क्रियाकेँ अनेक कारकसँ सम्बन्ध हो।

13. प्रतिवस्तूपमा

जँ एकहि साधारण धर्मक उपादान भिन्न-भिन्न शब्देँ उपमान ओ उपमेय दूनू वाक्यमे दू बेरि हो तँ ओ प्रतिवस्तूपमा भेल। एहिमे दू वाक्य होएब आवश्यक जाहिमे एक उपमान वाक्य हो तथा दोसर उपमेय-वाक्य साम्य वाच्य नहि, गम्य हो। साधारण धर्म दूनू वाक्यमे हो परन्तु एकहि शब्दसँ कहल गेलासँ कथितपदता दोष भए जाएत तेँ शब्दभावसँ ओ भिन्न हो। प्रतिवस्तूपमाक अर्थे होइत अछि जे प्रति वाक्यमे उपमा अर्थात सादृश्यक कथन हो। प्रतिवस्तूपमामे "वस्तु-प्रतिवस्तु" भाव रहैत अछि जे "एकहि अर्थ दू शब्देँ कथन" थिक।

यथा–पङ्कमलिन लखि कुमुदिनी होथि विमुख नहि चान।
काँट परखि की केतकी त्यागए मधुप सुजान ॥

एहि दूनू वाक्यमे उपमानोयमेय-भाव अछि तथा साधर्म्य 'होथि विमुख नहि' तथा "की त्यागए"? समानार्थक, शब्दमात्रेँ भिन्न, पृथक पृथक दूनू वाक्यमे अछि जकरा "वस्तुप्रतिवस्तु-भाव" कहब।

14. दृष्टान्त

प्रतिवस्तूपमहि जकाँ दृष्टान्त सेहो गम्यौपम्याश्रय अलङ्कार थिक। जँ दू परस्पर निरपेक्ष वाक्य उपमान तथा उपमेय-भावापन्न रहए। भेद एतबए जे प्रतिवस्तूपमामे भिन्न साधारण धर्म एके रहैत अछि शब्द-मात्रसँ भिन्न। दृष्टान्तमे साधारण धर्म सदृश रहैत अछि, एके नहि। एकरहि "बिम्ब-प्रतिबिम्ब" भाव कहैत छैक। वस्तुतः भिन्न जे उपमान ओ उपमयेक धर्म से यदि परस्पर सादृश्यसँ अभिन्न मानल जाए ओ पृथक पृथक दू बेरि जीवन कथा रहैत तँ बिम्ब-प्रतिबिम्ब भेल। प्रतिवस्तूपमामे वस्तुप्रतिवस्तु भाव रहैत अछि। दोसर, दृष्टान्ते केवल साधारण धर्मेटामे नहि, धर्मी समेतमे बिम्ब-प्रतिबिम्ब भाव रहए। यथा—कविशेखरजी पूर्वक कवि सबहिक कीर्त्तन कए कहैत छथि—

तत बिफल हमर रचना-प्रयास।
रवि रहितहुँ की खद्योत भास?

एहिमे धर्मी पूर्वक कवि तथा रवि, स्वयं कवि ओ खद्योत तथा धर्मी "प्रयासक विफलता" एवं "भासित होएबाक असंभवता" बिम्ब-प्रतिबिम्ब-भावापन्न अछि।

15. निदर्शना

दू वाक्यार्थक परस्पर अन्वय उपपन्न हो अथवा अनुपपन्न, परन्तु दूनूमे यदि बिम्ब-प्रतिबिम्ब-भाव भासित होइत रहए तँ से "निदर्शना" भेल। एहिमे उपपन्न अर्थात अबाधित वाक्यार्थक परस्पर अन्वयमे बिम्ब-प्रतिबिम्ब भाव "सम्भवद्-वस्तु-सम्बन्ध" निदर्शना कहल जाइत अछि, अनुपपन्नमे "असंभवद्-वस्तु-सम्बन्ध" निदर्शना।

दृष्टान्तहि जकाँ निदर्शनामे सादृश्य "वाक्यार्थगत" रहैत अछि तथा बिम्ब-प्रतिबिम्ब-भाव रहैत अछि। परन्तु दृष्टान्तमे वाक्यार्थ परस्पर निरपेक्ष रहैत अछि, निदर्शनामे सापेक्ष। दृष्टान्तमे प्रस्तुत ओ अप्रस्तुतक धर्म भिन्न-भिन्न रहैत अछि, तेँ ओकर निर्देश रहैत अछि। निदर्शनामे धर्म अभिन्न रहैत अछि तेँ ओकर निर्देश आवश्यक नहि होइत अछि। बिम्ब-प्रति-बिम्ब भाव दूनूमे रहैत अछि परन्तु निदर्शनामे बिना ओकर आक्षेपे वाक्यार्थक प्रतीति पूर्ण नहि होएत। दृष्टान्तमे वाक्यार्थ, प्रतीति पूर्ण भेला उत्तर वाक्यार्थक सामर्थ्यसँ प्रस्तुत ओ अप्रस्तुतमे बिम्ब-प्रतिबिम्ब भावक प्रतीति होइत अछि

निदर्शनाक चमत्कार ओना तँ स्फुट अछि परन्तु एक दिशि रूपक ओ दोसर दिशि दृष्टान्तक सङ्ग ई ततेक संश्लिष्ट अछि जे भेद देखाएब बड़ सूक्ष्म विवेचन मङ्गैत अछि। तेँ एकर दू तीनि गोट स्थूल लक्षण कहि दैत छी।

(1) कोनहु विशेष घटनाकेँ कोनहु सामान्य सिद्धान्तक सूचक कहल जाए,

जनबैत, बुझबैत, इत्यादि पदक प्रयोग कए; एहिसँ एकक प्रतिबिम्ब दोसरमे प्रतीत होएत।

यथा :– जे अति तपबथि जीवकेँ क्षणिक पाबि अधिकार।
तनिक अन्त गति बुझबइत भानु डुबल मझधार ॥

(2) जे-से, जँ-तँ इत्यादिसँ अनेक वाक्यकेँ जकर अन्वय ओना अनुपपन्न होएत अन्वित कए बिम्ब-प्रतिबिम्ब भाव देखाओल जाए। यथा,

विश्वास करथि जे कामुक भए राजा स्त्रीजातिक अज्ञानी।
से लगबथि अपनहि गरदनिमे दुहु हाथेँ विपत्ति-ससरफानी ॥

(3) रूपक जकाँ उपमानक वाक्यार्थ अथवा पदार्थ के उपमेय पर आरोप कएलासँ, मृदा से शब्दतः नहि अर्थतः यथा,

(अ) पछिमहु उगि रवि, हो शिशिर आगि
कर्कशता गिरि बरु सकथि त्यागि
भए जाए उष्ण हिम अचल बात
हो किन्तु हरिक नहि मृषा बात ॥

(आ) चिन्तामलिन वदनकेँ गहि नृप-नीति।
प्राभातिक विधुमण्डल लेलक जीति ॥ (सब एकावली-परिणय सँ)

16. व्यतिरेक

उपमानसँ यदि उपमेयमे आधिक्य देखाओल जाए तँ से व्यतिरेक कहबैत अछि। वस्तुतः सादृश्यमे वैधर्म्यक कहला सँ ई अलङ्कार होइत अछि, ओहि वैधर्म्यसँ उपमेयक उत्कर्ष हो अथवा उपमानक अपकर्ष।

एकर भेद अनेक अछि, विश्वनाथ एकर 176 भेद कहैत छथि। परन्तु चमत्कार एकर स्फुट होइत अछि कारण एहिसँ उपमानक अपेक्षा उपमेयकेँ उत्कृष्ट कहल जाइत अछि। अतएव एकर चमत्कार प्रतीप जकाँ होइत अछि। यथा : विद्यापतिक प्रसिद्ध गीत मे–

जौँ श्रीखण्ड सौरभ अति दुर्लभ तौँ पुनु काठ कठोरे।
जौँ जगदीश निशाकर, तौँ पुन एकहि पक्ष इजोरे ॥

17. अप्रस्तुत-प्रशंसा

अप्रस्तुतक वर्णनसँ जँ प्रस्तुतक अभिव्यञ्जना होइत हो तँ से अप्रस्तुत-प्रशंसा कहबैत अछि। एकर भेद पाँच गोटभेद कहल गेल अछि–अप्रस्तुत-रूपविशेषसँ प्रस्तुत रूप सामान्य, अप्रस्तुत-रूप सामान्यसँ प्रस्तुत रूप विशेष, कारण-रूप अप्रस्तुतसँ कार्य-रूप प्रस्तुत, कार्य-रूप अप्रस्तुतसँ कारण-रूप प्रस्तुत तथा तुल्य अप्रस्तुतसँ तुल्य प्रस्तुतक अभिव्यञ्जना। उदाहरणक हेतु–विद्यापतिक प्रसिद्ध गीत "कण्टक माझ कुसुम परगास" इत्यादि जाहिमे प्रस्तुत अछि प्रेयसीक प्रबोधन सखीक द्वारा

प्रेमीक देसि सँ परन्तु वर्णन अछि मालती ओ भ्रमरक उद्वेगक। एहि अप्रस्तुतक वर्णनसँ प्रस्तुत नायिकाक प्रसङ्ग विषयक अभिव्यञ्जना होइत अछि। ई अप्रस्तुत-प्रशंसाक पाँचम भेद समानसँ समानक दृष्टान्त थिक।

18. समासोक्ति

अप्रस्तुत-प्रशंसाक ठीक उनटा ई अलङ्कार थिक। एहिमे प्रस्तुत पर अप्रस्तुतक व्यवहारक समारोप कएल जाइत अछि ओ से प्रस्तुत ओ अप्रस्तुत दूनूमे समान रूपसँ अन्वित हो एहि रूपक कार्य, लिङ्ग अथवा विशेषणक बलसँ कएल जाइत अछि। यथा–

कुमुद कोश-कारा-निलय बान्हल रविक निदेश।
अलिकुलकाँ सानन्द झट कएलन्हि खोलि निशेश ॥

एहिमे प्रस्तुत अछि सन्ध्यावर्णन, जाहिमे दिनमे कुमुदिनीक मूनि गेला पर ओहिमे बन्द भमरा चन्द्रोदय भेला पर कुमुदिनीक पुनः फुलएलासँ बहराए जाइत अछि। परन्तु एतए समारोप अछि चन्द्रमा पर राजाक जे शत्रु राजाक शासनमे बन्दी भेल अपना सपक्षकेँ अपन अधिकार भेला पर कारागारसँ मुक्त कए दैत अछि। सपक्षकेँ मुक्त करब समान कार्यक बलसँ ई समारोप प्रतीत होइत अछि।

एहिना–स्वच्छो रवि रागी बनल परसि प्रतीची अङ्ग। एहिमे प्रतीचीक स्त्रीलिङ्गसँ रवि कामुकक समाक्षेप।

19. अर्थान्तरन्यास

ई बड़ प्रसिद्ध अलङ्कार थिक। व्युत्पत्तिसँ एकर अर्थ होइत अछि जे प्रस्तुतसँ अतिरिक्त अप्रस्तुत अर्थक एहन उपनिबन्धन जे अन्ततोगत्वा प्रस्तुतक समर्थन करए। अतएव एहिमे वाच्य-चमत्कार समर्थनमे छैक। सामान्यसँ विशेषक अथवा विशेषसँ सामान्यक समर्थन साधर्म्यसँ हो अथवा वैधर्म्यसँ अथवा साहित्यदर्पणकार जेना कहैत छथि, कार्यसँ कारणक समर्थन हो वा कारणसँ कार्यक समर्थन हो तँ अर्थान्तरन्यास भेल।

दृष्टान्तसँ एहिमे भेद इएह अछि जे दृष्टान्तमे सामान्यक समर्थन सामान्यसँ तथा विशेषक समर्थन-विशेषसँ भेल करैत अछि। काव्यलिङ्गमे सेहो कार्यसँ कारण एवं कारणसँ कार्यक वाक्यार्थगत समर्थन रहैत अछि। परन्तु स्मरण रहए जे कारण तीनि प्रकारक होइत अछि, ज्ञापक, निष्पादक ओ समर्थक। प्रथम अनुमान अलङ्कारक विषय थिक, द्वितीय काव्यलिङ्गक ओ तेसर अर्थान्तरन्यासक। काव्यलिङ्गमे निष्पादक कारणक उपपादन बिना वाक्य साकांक्ष रहि जाएत। अर्थान्तरन्यासमे वाक्यार्थ स्वयं उपपन्न रहैत अछि। तथापि मम्मट प्रभृति कार्य–कारणक समर्थन-वैचित्र्य केँ अर्थातन्तरन्यासक विषय नहिए मानैत छथि।

सामान्यसँ विशेषक समर्थन साधर्म्यसँ–

पुरजनक परस्पर-बातहिँ ओ राति अतर्कित बीतल।
किछु बूझि पड़ए न समय-गति जँ हृदय रहए सुखशीतल ॥

कारणसँ कार्यक समर्थन साधर्म्यसँ–

ते ँ विकल बाल लए चलल चम्प
राखल ओही थल त्वरित जाए
भययोगहिँ लोलपुता पड़ाए ॥

कारणसँ कार्यक समर्थन वैधर्म्यसँ–

लखितहिँ पुहमी पतिक दयासँ सार्द्र भेल मन।
दीनक दुख नहि देखि सकथि करुणामय सज्जन ॥

सामान्यसँ विशेषक वैधर्म्यसँ–

उगितहिँ चन्द्रक रहल नहि तिमिरक ओ धनभाव।
एके रङ्ग सदा रहए जगमे ककर प्रभाव ॥

विरोधमूलक

20. विरोधाभास

जतए दू उक्तिक आपाततः विरोध दृष्टिगोचर हो परन्तु कोनहु प्रकारे ँ ओकर परिहार होइत रहए तँ विरोधाभास कहल जाइत अछि। एक आश्रयक सङ्ग सम्बद्ध दू परस्पर असम्बन्धक आभास एकर बीज थिक परन्तु ई "आभास" थिक, वस्तुतः विरोध नहि ओ ते ँ चमत्कार। विभावना-विशेषोक्तिमे कार्य-कारणक विरोध रहैत अछि परन्तु एकर क्षेत्र बड़ व्यापक छैक। यथा—भगवानक स्तुतिमे श्रोकविशेखरजी।

अपने छी निर्गुण गुणाधार
निष्क्रिय जगपालन कएनिहार
निर्लेप भक्तजनतानुरक्त
नीरूप विविध-अवतार-सक्त

21. विभावना

विना कारणे ँ अर्थात् कारणक अभावहुमे जँ कार्यक उत्पत्तिक वर्णन हो तँ विभावना कहल जाइत अछि। ई वास्तविक नहि कविप्रतिभोत्थापित भेल करैत अछि ते ँ एक रूपे ँ विरोधाभास सन लगैत अछि परन्तु स्मरण रहए जे ई कार्योपत्ति कोनहु अन्य कारणसँ होइत वर्णित रहैत अछि जकर प्रतीति सहृदयके ँ भए जाइत छैन्हि। यथा—

तुहिन शीतलो चन्द्ररुचि देल विरहिके ँ दाह ॥

(एकावली परिणय)

कनक-लता जनु संचरु रे महि निर - अवलम्ब ॥

(विद्यापति)

प्रथममे चन्द्ररुचिक तुहिन-शीतल भेलासँ दाह-रूप कार्यक सद्भाव बिनु कारणेँ प्रतीत होइत अदि। तहिना दोसरमे, कनकलताक सञ्चार बिनु अवलम्बे एँ कारणक अभावमे प्रतीत होइत अछि।

22. विशेषोक्ति

ठीक एकर उनटा भेल। कारणक अछैतहुँ कार्योत्पत्तिक अभावमे विशेषोक्ति कहल जाइत अछि। यथा–

छल स्मर-दीप जरैत, हृदय-मध्य अनुखन प्रखर।
छल नहि तदपि करैत, स्नेह-क्षय कनिओ मनक ॥

अनुखन प्रखर दीप जरैत रहलेँ तेल घटैत अछि मुदा स्नेहक श्लेषसँ एतए स्नेहक क्षय नहि होइत छल यद्यपि स्मरदीप जरैत छल एहि रूपेँ कारणक अछैत कार्यक अभाव अछि।

एहि प्रसङ्ग ध्यान रहए जे एक दृष्टिसँ जे विभावना कहल जाएत सएह दोसर दृष्टिसँ विशेषोक्ति। चन्द्रकिरण तुहिन-शीतल अछि, तैओ दाह दैत अछि एहिमे दाह-रूप कार्य यदि विना कारण अछि तँ तुहिन-शीतल कारणक अछैतहुँ कार्यक अभाव सेहो भेल। तेँ शुद्ध विभावना अथवा शुद्ध विशेषोक्ति भेटब दुर्लभ। हँ, कार्यानुत्पतिवला अंशमे चमत्कार रहलासँ विशेषोक्ति मानल जाएत, कार्योत्पत्तिसवला अंशमे चमत्कार रहलासँ विभावना मानल जाएत। विरहीकेँ चन्द्रमासँ दाह हो, निरवलम्ब कनकलता सञ्चरए, दूनूमे कार्योत्पति चमत्कारक अछि; श्नेहक्षय नहि हो एहिमे कार्यानुत्पतिमे चमत्कार अछि से ज्ञातव्य।

दोसर विषय एहि प्रसङ्ग स्मरण रहए जे विभावना ओ विशेषोक्ति दूनू अतिशयोक्तिसँ विशेष रूपेँ अनुप्राणित रहैत अछि। तुहिन-शीतलकेँ दाहकत्वक सङ्ग असम्बन्धमे सम्बन्धक अध्यवसाय स्पष्ट अछि; निरवलम्ब कनकलताकेँ महिसंचरणरूप क्रियासँ असम्बन्धमे सम्बन्धक अध्यवसाय अछि; दीप जरैत स्नेह-क्षयक सम्बन्धमे असम्बन्धक अध्यवसाय अछि। अतएव एहि सबमे अतिशयोक्ति स्फुट अछि। परन्तु अतिशयोक्तिक एहि जातिक विच्छितिमे जतए कारणक अभावमे कार्योत्पत्ति हो अथवा कारणक सद्भावमे कार्यानुत्पत्ति रहए, विभावना एवं विशेषोक्तिक विशेष वैचित्र्य मानल गेल अछिं तेँ बुझबाक थिक जे अतिशयोक्तिसँ विभावना बाधित नहि होइत अछि अपितु सबल भए चमत्कार प्रदान करैत अछि।

23. असङ्गति

कार्य ओ कारणक भिन्नदेशता अर्थात वैयधिकरण्यमे असङ्गति अलङ्कार कहल जाइत अछि। साधारणतया ई देखल जाइत अछि जे जतहि कारण हो ततहि कार्यो होइत अछि। परन्तु देखू–गोविन्ददासक गीत–

नख-पद हृदय तोहारि
अन्तर ज्वलित हमारि इत्यादि।

अथवा कविशेखरजीक

प्रियदर्शन पाओल नयन हर्ष रोमकेँ भेल।
सुषमा मूसल नृपक धृति कम्प कलेवर लेल ॥ इत्यादि।

ओना तँ जतहि नख लगतैक ततहि ज्वाला होएतैक परन्तु नायकक छाती पर पर-नायिकाक नखक्षति देखि नायिकाक हृदय ईर्ष्यासँ जरैत छैक। तेँ नख-क्षतक ज्वाला एवं ईर्ष्याक ज्वाला जे भिन्न छैक ताहिमे अभेदक अध्यवसाय कए अतिशयोक्तिसँ अनुप्राणित असङ्गति होइत अछि।

असङ्गति ओ विरोधाभास भिन्न थिक। व्यधिकरणसँ प्रसिद्धकेँ समानाधिकरणक रूपमे निबन्धन विरोधाभास थिक परन्तु असङ्गति थिक समानाधिकरण रूपसँ प्रसिद्धकेँ व्यधिकरण रूपमे निबन्धन। अर्थात जकर अवस्थिति भिन्न-भिन्न आधार पर वा आश्रयमे प्रसिद्ध अछि तकर एकत्र अवस्थापनमे जे विरोध आभासित होइत अछि ततए विरोधाभास कहबाक थिक परन्तु जकर अवस्थिति एकत्र प्रसिद्ध अछि तकर भिन्न-भिन्न आधार वा आश्रय पर अवस्थानक वर्णनमे जे विरोध आभासित होइत अछि ततए असङ्गति बुझबाक थिक।

24. विषम

ई अलङ्कार तीनि विभिन्न स्थितिमे कहल जाइत अछि।

प्रथम— जखन कारण ओ कार्यक गुण अथवा क्रिया परस्पर विरुद्ध रूपसँ वर्णित हो, यथा—

कत तुच्छ हमर तप अणु-समान।
ओ ई फल कत पर्वत महान ॥ (एका. परि.)

एहिमे कारण "अणु-समान" ओ फल "पर्वत समान" वर्णित अछि।

उष्ण अश्रुधारेँ शिशिर सखी हृदय कए देल॥ (एका. परि.)

एहिमे अश्रुक उष्णतासँ हृदयकेँ शीतल करब वर्णित अछि।

द्वितीय—जँ आरब्ध कार्यक विफलताक सङ्ग-सङ्ग अनर्थक उत्पतिक वर्णन हो, यथा—

नाम यथार्थ मानि पथिक व्रज स्फुट अशोककेँ सेवल।
ओ पुनि मदन-दहन उज्ज्वल कए शोक बढ़ाओल केवल ॥
(एका. परि.)

एहिमे शोक हटत तेँ अशोकक सेवन कएल परन्तु ओ हटल तँ नहिए प्रत्युत कामाग्निकेँ प्रज्वलित कए शोक आओर बढ़ओलक।

तृतीय—जतए दू विरुद्ध पदार्थक परस्पर सङ्घटनाक वर्णन हो, यथा—

कत तात-नृपति-घर सौख्य भोग
कत आकस्मिक अपहरण-योग ॥ (एका.परि.)

25. काव्यलिङ्ग

समर्थनीयस्यार्थस्य काव्यलिङ्ग समर्थनम्। (कुवलयानन्द)

कोनहु समर्थनीय अर्थक समर्थन यदि पदक अथवा वाक्यक अर्थसँ कएल जाए तँ काव्यलिङ्ग अलङ्कार कहल जाइत अछि। समर्थक पदार्थ अथवा वाक्यार्थ हेतु-रूपसँ उपन्यस्त रहैत अछि तथा ई हेतु निष्पादक अथवा समर्थक होइत अछि। परन्तु एहिमे हेतुक व्यञ्जना रहबाक चाही, शब्दतः हेतुत्वक उपादानमे चमत्कार नष्ट भए जाइत अछि। इएह काव्यलिङ्गकेँ अनुमान अलङ्कारसँ पृथक करैत अछि। ओना बहुतो आचार्य काव्यलिङ्गकेँ अलङ्कार मानितहुँ नहि छथि, कहैत छथि जे निर्हेतुत्व दोषक अभाव मात्र थिक काव्यलिङ्ग।

अर्थान्तरन्यासहुमे एहिना एक वाक्यार्थसँ दोसर वाक्यार्थक पुष्टि होइत अछि। परन्तु अर्थान्तरन्यासमे दूनू वाक्यार्थमे सामान्य-विशेष-भाव रहैत अछि तथा काव्यलिङ्गमे कार्यकारण भाव। ई कार्य-कारण भाव सर्वदा व्यङ्ग्य रहए, वाच्य रहलासँ एकर अवकाश नहि रहैत अछि। दृष्टान्त देखू–

हालाहल-सोदर शङ्कर-तनुमध्य-गरल-सहवासी।
जनु चन्द्र भेल तनिका प्रति विषमय-कर-निचय-विकासी ॥
(एका. परि.)

चन्द्रकिरण विषमय भेल तकर समर्थन अछि पूर्वार्द्धकेँ दू पदसँ, हालाहल-सोदर ओ शङ्कर-तनु-मध्य-गरल सहवासीसँ।

वदन कामिनि हे बेकल न करिहह, चउदिस होएत उजोरे।
चानक भरम अमिअ-रस-लालच, ऐँठ कए जाएत चकोरे ॥

एहिमे मुह नहि उघारब एहि समर्थनीय अर्थक हेतु-रूपसँ उपन्यस्त अछि शेष वाक्य जे चकोर ऐँठ कए जाएत इत्यादि।

26. संसृष्टि ओ सङ्कर

शब्द ओ अर्थक जे भिन्न-भिन्न अलङ्कार कहल गेल अछि से कतेक ठाम परस्पर मिश्रित भेटैत अछि ओ तखन ओकर चमत्कार सेहो विशिष्ट होइत छैक। ई मिश्रण दू प्रकारक भए सकैत अछि। एक तँ जेना चाउरमे तिल मिझराए जाए जे अछि तँ मिश्रित परन्तु फरिछाओल जाए सकैत अछि, जाउरसँ तिल फराक कएल जाए सकत। एना तिल-तण्डुल-न्याय जे मिश्रण रहैत अछि तकरा "संसृष्टि" कहल जाइत अछि। यथा–

पाबि मनोभाव-पावनि युवति वसन्त।
पाओल नहि मधुपा बनि केलिक अन्त ॥

एहिमे प न त ल अनेक व्यञ्जनक आवृतिसँ अनुप्रास ओ दूहू पंक्तिमे, पावनिक आवृतिसँ यमक—दूनूक सन्सृष्ट स्पष्ट अछि।

गलित-तेज भए गेल रवि लोक-विलोचन-कम्र।
अधिकारच्युत होथि जनि राजपुरुषजन नम्र ॥

एतए प्रथम पंक्तिमे रविक 'लोक-विलोचनकम्र' क हेतु-रूपे ँ गलित-तेज पद उपन्यस्त अछि। ओहि मे काव्य लिङ्ग अलङ्कार कहब। दोसर पंक्तिमे उपमा स्पष्ट अछि। दूनू परस्पर-निरपेक्ष अछि, शुद्ध संसृष्टि।

परन्तु दोसरो प्रकारक मिश्रण होइत अछि जे दूध-पानिक मिश्रण सन होइत अछि जाहिमे जेना दूध ओ पानिके ँ पृथक नहि कए सकैत छी तहिना एक अलङ्कारके ँ दोसरसँ पृथक् नहि मानल जाए सकैत अछि। एहि रूपक नीर-क्षीर-न्याय मिश्रणके ँ सङ्कर कहल जाइत अछि।

एहिमे कतहु एक अलङ्कार दोसरक अङ्ग रहैत आछि, कतहु दू अलङ्कार समान चमत्कारक होइत अछि कतहु दू अलङ्कारमे संदेह रहैत अछि जे एहिमे कोन अलङ्कार क चमत्कार-प्रधान कहब। परन्तु संङ्करमे दू वा अधिक अलङ्कार परस्पर सापेक्ष रहैत अछि।

अद्भुत निशि-दिन तुल्य-रुचि रहल अनीरज नीरज।
नख-विधु-संयोगहुँ नहि सकुचल अवनिपाल-पद-पङ्कज ॥

(एका-परि)

एहि मे पद मे पङ्कजक आरोप सँ रूपक अछि, परन्तु अनीरज कहि नीरज मे विरोधक आभास से भेटैत अछि तथा निशि दिन तुल्य-रुचिर एवं अनीरज सँ पद मे पङ्कज सँ व्यतिरेक स्पष्ट अछि। परन्तु मुख्य चमत्कार अछि एहि मे सकुचब रूप कार्यक अभावक जे नख मे विधुक आरोपक कारणें प्राप्त अछि। तें एहि मे अङ्गी भेल विभावना; अङ्गरूपें रूपक, व्यतिरेक ओ विरोधाभास विन्यस्त अछि।

स्वच्छो रवि रागी बनल परसि प्रतीची-अङ्ग।
होथि विरक्तो की न जन विषयी बनिता-संग ॥

एहि मे रागी मे श्लेषसँ तथा प्रतीचीक स्त्रीलिङ्ग सँ प्रथम पंक्रिमे प्रस्तुत रवि पर अप्रस्तुत कामुकक व्यवहारक समारोप अछि तें एहि मे समासोक्ति स्पष्ट अछि। परन्तु एहि विशेष अर्थक समर्थन द्वितीय पंक्ति मे सामान्य अर्थक वाक्य सँ अछि तेँ एहि मे अर्थान्तरन्यास अछि। परन्तु दूनू समान चमत्कारक प्रतीत होइत अछि। संङ्करक चमत्कार अनेक अछि, अद्भुत, जे भिन्न-भिन्न अलङ्कारक परिचय सहृदय स्वयं ऊह कए सकैत छथि।

॥ इति ॥

The Maithil Way of Life

India is veritably an epitome of the world, not only physically, but also culturally. There is a unity, indeed, running through all the different units that go to make up India but it cannot be again said that there is, at the same time, a diversity of races and languages castes and creeds, manners and customs, outlooks on life and way of living, so widely different at times that it seems bewildering how they form parts of a single unit. To a foreigner a person may be recognised as an Indian by the underlying unity of his 'Indian-ness' but to Indians themselves the diversity is more striking than the one-ness. The term, BHARATVARSA, by which the country is still known, connotes this diversity of regions which were treated till recently as different and distinct countries that combined together to make up the sub-continent or VARSA that is Bharat.

Mithila is just one such distinct region in the sub-continent and people of Mithila even to-day regard this as their land, their "Desha", the rest of India being considered as "VIDESHA". This is not peculiar to Mithila alone but all other regions of India feel alike and that is the historical background against which the problem of national integration assumes importance that it has done since we have become a sovereign republic twenty years ago.

The position of Mithila is unique in the whole of *Bharatvarsa*. The antiquity of this tiny region in North Bihar, lying between the Himalayas and the Ganges, goes hack to the earliest period of recorded history and the Vedic literature is full of the praises of this land. But the political sovereignty of Mithila was destroyed by Ajatsatru, the patricide prince of Magadh, soon after the passing away of the Buddha, and except for brief period of a few centuries when Mithila enjoyed limited sovereignty of sub-ordinate type of varying degrees, she has been ruled over, since then, mostly by Magadh from across the Ganges.

But loss of political independence seems to have had no effect on the entity of Mithila as an independent social and cultural unit, and it is, indeed, a wonder how this region has been able to maintain its cultural eminence unimpaired through the ages, though under political subjection all the time. There is hardly any other region in the whole of India which has survived such a long political subjection but Mithila has been able not only to keep intact its distinct individuality but to emerge out of the general chaos resulting from political turmoil of medieval times, as the leader of thought in the northeastern part of India east of Varanasi. It is the Maithil way of life that accounts for this strange phenomenon.

The geographical position of a region mould the course of its history and the way of life of a people grows out of the course of events in its history. Maithil way of life is, thus, conditioned by its peculiar geographical position and the unique course of events in the political life of the land.

Lying between the State of Nepal on the North and the Ganges on the South, Mithila is bounded on the other two sides by the great rivers, the Gandaki and the Kosi, and the extent of this region is just 192 miles in length and 144 miles in breadth. There is a network of rivers all over the region that rise in the Himalayas and flow down to the Ganges and this accounts for the name—*Tirabhukti* (modern Tirhut) which the Guptas gave it, the *"Bhukti"* in Gupta Empire being the designation of a province.

Naturally, therefore, Mithila is purely agricultural and pastoral but the soil of the area is extremely fertile. There is hardly any other region in this part of the country which yields three harvests every year. But there is complete absence of mineral wealth in this region so that Mithila has always been self-sufficient in matter of food but devoid of the splendour of riches. Till very recent times there was hardly a town much less a city in the whole of Mithila and it is the land of villages, poor but self-sufficient and self-contained for all the necessities of life. This geographical fact has moulded the character of the people to a very great extent, and the Maithil way of life has been, till very recent times, simple, though contended, in poverty.

The peculiar geographical position of Mithila has given it an 'insularity' which has been a marked characteristic of the people of this land. There have been inroads from the West and the south-west on the Maithil way of life which in its turn has penetrated far and deep to the east and south-east but Mithila proper has been known for its extreme insularity and imperviousness to external influence.

Magadh and Anga of the old days, which we call the south Bihar, have been the prohibited regions for the people of Mithila to go to except on a pilgrimage and this shows clearly that crossing the Ganges itself was a taboo till quite recently and there still exists a notion among the people of this land that dying on the Southern bank of the Ganges itself will result in rebirth not as a man but as donkey. It has been generally mistaken for vanity of the people of Mithila, and as far back as the early 15th century Vidyapati has referred to this unfavourable impression which people of other regions usually had about the people of Mithila—that the people of Tirhut are by nature proud of their own merits. It is, however, self reverence rather than empty vanity and it is this self-reverence which coupled with self-knowledge and self-control have led the people of Mithila to shine forth with undiminished effulgence all through the ages as the upholders and protagonists of Hindu culture and Hindu way of life in its pristine purity.

Looked at from another angle, this 'insularity' of Mithila will appear as the mark of distinction which separates the people of Mithila from all the rest. Maithil way of life has an individuality of its own and it can be observed in the manner in which they wear clothes, the way in which they cook their food and take their meals, the fashion in which they paint in colours or make in clay, the style in which their craftsmen work in gold or silver, iron and wood. In manners and customs, in social rites and religious observations, fasts and feasts in greetings and farewells in arts and crafts–in big things as in small — there can be detected in the Maithil way of life, a distinctness, an individuality, a peculiarity.

There is always a norm or pattern to which they stick tenaciously with self-consciousness and any deviation from which they look down upon with great disfavour.

This geographical position of Mithila tended to make the people physically not hardy but mentally alert. At the very dawn of history we find the people of Mithila busy with philosophical disquisitions and speculations about the meaning and purpose of life. The contributions of Mithila to philosophy and religion, law and liturgy, are too many, and too well known, to dwell upon here even briefly but this intellectual alertness and a general spiritual bias to all problems and duties of life have made the people of the land unique not merely in their outlook on life but also in the way of their living. Achievements of Mithila have been known all over the world and in the composite texture of India's culture there are many skeins which can at once be recognised as Mithila's contributions, yet those achievements have never been martial or even political; they have all been in the realm of intellect and speculations, scholarship and piety, law and religion, literature and philosophy.

It is indeed a glory unique to Mithila that the principality of Tirhut which came to be known later on as Darbhanga Raj was acquired not by any feats of arms or valour on the field of battle but by dint of wide erudition uncommon scholarship and deep piety of the founder on whom the Raj was conferred as a gift by Akbar the Great.

2

The norm or pattern of Maithil way of life as it is lived today was fixed some six hundred years ago at the close of Karnata rule of Mithila. There has been no change in the norm ever since then and the vast literature on law and conduct that was produced during the succeeding ages till about the close of the fifteenth century reflects practically every aspect of the Maithil way of life.

The norm so fixed was, however, neither arbitrary nor sporadic. It was the outcome of the growth through the ages and every epoch in the long history of Mithila has had its own contribution to the pattern of the approved way of life. The leaders of Maithil society took up the reconstruction of the social life of the land in a planned way when they saw that the whole of Aryavarta was passing slowly into the hands of Mohammadons and Mithila, the last stronghold of the Hindu rule in Aryavarta which could keep off the Mohammadons for more than a century, would not be able to do so for long. They took a comprehensive view of life as it was lived at that time and recommending certain changes to meet the exigency of the situation, fixed up a norm which has come down as the Maithil way of life and which they have followed willingly and scrupulously since then. Such a deep impression has this social reconstruction left on the Maithil way of life and so completely unflinching has been the adherence to the norm of life then fixed that Mithila remembers this as the starting point of its modern life and all memory of the periods before this has slipped off as something pre-historic and legendary, and therefore, purely traditional and unrealistic.

When we look back to the remotest past we find Mithila ruled over by the Videhas with Janaka as their king and the court of Janaka was renowned for speculations about life and purposes of life. The concept of 'self' as something different and distinct from the 'body' was propounded here till 'Adhyatma Vidya' or 'Brahmavidya' spread all over Aryavarta, Realisation of self became, therefore, the end of life. For this Mithila never advocated renunciation of life like the Buddha but recommended discharge of one's duty as the Dharma without

'Attachment' without hankering after the fruits of action. In the Celestial Song, Lord Krishna has recommended this 'doing of one's' duty without attachment' as the ideal Raj Vidya and cited Janaka as the ideal king who realised self through this way of life. The Mahabharata cites again and again a verse attributed to Janaka, called herein as the *Gatha* of Janak in which he says, *"My riches have no ends. I however do not have anything; though Mithila may be ablaze there is nothing mine that burns."*

This attitude towards life and life's possessions has persisted throughout the ages; it seems to have been there in the very atmosphere of Mithila. Man is a lonely being and in the famous discourse of Yajnavalkya which he gave to his favourite wife, Maitreyi when she told him *"of what use is that to me which cannot make me immortal"* it is plainly said that everything is dear to one for the sake of one's own self. This insistence on individualism is the corner-stone of the entire Maithil way of life. One has to do one's duty without 'craving' for the result and scrupulous and selfless performance of that duty entitles one to the highest merit here and also here-after —this has been the philosophy of Maithil way of life. This makes people of Mithila 'fatalists'; this accounts for the absence of adventure in the people of Mithila; this makes the people of Mithila indifferent to prosperity and reconciles them to their misery. But this is indeed the 'Gita-way of life' basically and this had given a tolerance to them which is almost uncommon. In matters of faith as in behaviour people of Mithila are absolutely free from rigidity and fanaticism. The father may be a Vaisnava, the wife a Sakta and the son a Saiva without any rancour. Even learning among the Maithils is a part of their duty without any ulterior motive. It is why the joint family system prevailed here till almost the present times and succession was governed by the rule of survivorship. It is this individualism that is the mainspring of all their actions and it is this individualism that has given a stability to their traditional way of life, though, to be sure, it is this to which can be attributed also all the ills to which they have been heir, specially in the political and material fields.

The next epoch of Mithila's history, which has left indelible marks on the Maithil way of life is the glorious age of Vrijjian confederacy, which was in the most flourishing state at the advent of the Buddha. The last king of Janaka's race was destroyed by the people for a sacrilege unworthy of a Kshatriya prince and Videhas joined the Lichhavis and other tribes of this region to form the confederation of eight tribes known in history as the *Vrijji Samgha*, which was a unique Republic, perhaps, the earliest of its kind. The Buddhist scriptures are full of the praises of the Lichhavis and their *Samgha*, and the *Samgha* which the Buddha established as the basis plank of his order was modelled on the Samgha of Vrijjis.

But the origin of these confederate tribes, specially the Lichhavis, is shrouded in darkness. The Vedic literature does not mention any one of them except the Videhas, and it is, therefore, possible that these tribes were un-Aryan in origin, though Aryanised in course of time. The Lichhavi way of life as recorded in Buddhist literature was entirely different from the Aryan and the most important aspect of their life was the communal setup which was democratic in nature. There were groups within a tribe and each group had its own head-man called the Raja. All these head-men combined together to form the Assembly which ruled as the Republic. It is not known how the Videhas ruled before the federation; it was probably a monarchy but once they joined the Lichhavis, they adopted the same form of social order as prevailed among all the rest.

This communal set-up continues in Mithila up to the present times. The four castes of the Vedic times gave rise to quite a number of castes by their admixture even when Manu's laws were codified and the process went on till at last the number of castes can be called almost innumerable. But each caste has its own groups and sometimes subgroups within groups. Each caste, and sometimes even the group, has its own head-man, called the *Manya Jana* or the respectable man. Each group is democratic in nature; every member of the group is supposed to be equal; but the will of the group is expressed through the *Manya Jana* whose word is law for the entire group. Group loyalty, therefore, is the principle which governs the Maithil way of life in all social matters. As long as the Lichhavis and the rest wielded political power, it was so even in the political field.

But the political power of the Vrijjis was destroyed soon after the passing away of the Buddha by Ajatashatru, the patricide king of Magadh, who was himself the son of a Lichhavi princess. Ajatashatru managed to cause dissension among the different units of the confederacy and broke its power completely. But though bereft of political independence, the Videhas and the Lichhavis continued to be prominent. The Videhas have survived up to the present times as Maithila or Tirhutiyas. The Lichhavis have disappeared completely leaving no trace whatsoever of their glorious existence but up to the time of Harshavardhana they were flourishing and during the Gupta age they were a famous tribe of which the great king Samudra Gupta felt proud to have been a daughter's son. It is thus clear that on account of their social cohesion and disciplined way of life, they maintained their prominence even though under political subjection.

Mithila, thus, remained under the Empire of Magadh for most of the time and whenever the central power was weak, Mithila fell a prey to any adventurous prince who went in for conquest. After the downfall of Harsha, and even before, there was a craze among adventurous young princes of India for overlordship for which *Aswamedha Yajna* had to be performed and the horse had to be let loose which must not be checked by any one without a battle. For such as Aswamedha, the horse had to reach the Himalayas on the north and for this the Ganges had to be crossed and Mithila traversed from south to north. The *Epigraphica Indica* contains quite a large number of inscriptions in which various princes both of Aryavarta and the Deccan have claimed to have conquered Mithila. But all these conquests were nominal. Mithila was never rich enough to attract a foreign prince and she was wise enough not to offer any resistance to a conquering army. The prince at the head of the army crossed the Ganges, walked over Mithila, reached the foot of the Himalayas and, satisfied that Mithila was conquered, turned back to go home to perform Aswamedha. But the conquest left no lasting impression whatsoever on the daily life of the people of Mithila, except perhaps a few words that entered into common parlance, a few habits that the people of that part through which they passed probably imbibed. People in general took it indifferently, without much scare, unruffled and unconcerned. Political upheavals meant very little to them so long as they were socially solidified and unobtrusive. It was their way of life which enabled them to survive all the changes. The perfect democratic set up of the Lichhavis with the social cohesion learnt from the experience gave the individuals liberty of action and also opportunity to make way for themselves in life and carry on the intellectual pursuits or family affairs in their own way.

3

One such adventurous young prince from Karnataka in the South, Nanyadeva by name, came to Mithila, chose to stay and established a kingdom of his own in the year 1097. He was a scholar and a great connossieur of arts. Though a foreigner in Mithila, he identified himself entirely with the people of Mithila and the people of Mithila hailed this with great delight because this gave them at last a benevolent king of their own. This gave them security and peace after so long a time.

The Karnatas ruled over Mithila for more than two centuries and laid the foundations of greatness and glory which Mithila enjoyed in this part of the country till about the 18th century. It was the age during which Aryavarta was passing gradually into the hands of the Mohammadons. The Karnata kings with the help of Maithil scholar-statesmen managed to keep the Mohammadons away and maintained their Independence for more than a hundred years when the whole Aryavarta had succumbed to the Mohammadon force. Mithila was the last Hindu kingdom to fall and even when Mithila was conquered in 1323 A.D., it is remarkable to note that Mithila did not pass into the direct rule of the Moslems but it was a scholar Brahmana of Mithila to whom the State of Mithila was entrusted to rule over.

It was limited sovereignty no doubt but it was sovereignty nonetheless. It was the result of the social re-construction and consolidation carried out by the scholar-statesmen of Mithila during the Karnata rule that when the Kshatriya rule of Mithila was destroyed, the rule of native Brahmanas took its place and saved Mithila from the direct rule of the Mohammdons.

The Karnatas established their rule in Mithila at a time when the conflict between Vedic and Buddhist system had been set at rest by the assimilation of Buddhism in neo-Hinduism and territorial division of castes had crystallized. New social values were being recognized and the old order was yielding place to new. Old laws were being adapted to suit the conditions of the time by giving them new interpretations. On the other hand, the Mohmamadons were advancing gradually from the West and South-west and the whole of Aryavarta was threatened with the onslaught of Moslem religious adventurism before which one State after the other succumbed with the result that soon after the Karnatas settled themselves, the whole of Aryavarta passed into the hands of the religiously fanatic and ruthlessly cruel Mohammdons.

The leader of Maithil society under the enlightened and benevolent Karnatas used every stratagem to keep the Mohammdons away and set about consolidating their own social structure. A new norm or pattern was planned and promulgated to regulate the entire social behaviour and personal discipline for each caste of group; and though drastic changes were introduced in every sphere of life; these changes were brought about by giving new interpretations to the old rules, so that the whole process seemed outwardly as evolutionary rather than revolutionary. Continuity with the past was thus maintained unimpaired though sometimes only in name. This is what we call *Sanatan Dharma* of which Mithila has been a champion and of which she is still a stronghold. An example will be sufficient to explain this evolutionary Process by means of which revolutionary changes were brought about in the Maithil way of life.

The ancient *Grihyasutras* that regulated the daily domestic life of the *Arya Dvijas* till about the 10th century recommended four *Ashramas* of which the first was *Brahmacharya* during which a *Dvija* boy was required to live with his teacher and the first taking of the boy to his teacher was the *upanayana*. By the Karnata time the observance of *Brahmacharya* had fallen into disuse but the initiation was still considered essential for investing him with *Dvija-hood*. They combined, therefore, all the rituals of a *Brahamchari* from his first taking to the *Guru*, *Upanayana*, to his leaving the *Guru's* home, *Samavartana*, into one single ritual and added to it the first shaving of the boy's head which must precede the *Upanayana*. All the four rites, *Churakarana*, *Upanayanas*, *Vedarambha* and *Samavartana*, were performed on the same day in course of the same function with the four rituals taking place one after the other. As a result of this the actual period of *Brahmacharya* covered only a couple of hours or so, which according to the old *Grihyasutras* should last for at least twelve years. The entire function came to be known as *Upanayana* which, in fact, is only one of the four rites that are performed along with it. All these rites were regulated by the old *Grihyasutras* which proved very inconvenient during later times and, therefore, hand-books were compiled strictly on the lines of the *Grihyas* but avoiding all points of dispute for which the right course decided as the most acceptable was incorporated therein. This was done separately for the followers of the *Yajurveda* and *Samaveda* simultaneously during the later Karnata days, sometime towards the close of the 13th century. These *Paddhatis* or handbooks are followed up to the present day all over Mithila regulating the performance of these necessary rites or Samskaras.

Maithil way of life as it is lived to-day was thus determined during the Karnata times six hundred years ago and it was done in such a planned way that the approved way of life was clearly defined with the unapproved way of life clearly demarcated. Within these limits the individuals were free, are still free, but overstepping of the limits has always been looked down upon with great disfavour. The dictum of the Mahabharata, *'Dharma consists in keeping within the limits'*, applies much more accurately in the case of the people of the Mithila than anywhere else and therefore we can say that the old Hindu way of life can be seen still in Maithil way of life.

It must be noted in this connection that the more disciplined among the groups of people in Mithila are flourishing and maintain their individuality; those that have not observed the social laws have become dismembered. But the essence of Maithil way of life consists in the fine equipoise between the social of group loyalty and individual liberty. They stick tenaciously to the old order and in that they appear rigidly conservative and orthodox but in spirit they are very tolerant and liberal and once they decide to make a change they do so with one will with courage and determination.

It is a pity that people of Mithila as a whole have fallen from the great heights attained during the Mohammadon period so much so that the name of Mithila has disappeared from the political mop of India. But the reason is obvious. People of Mithila organised themselves in a planned way against the treat of the impact of the Mohammadons and Mithila emerged as the leader of the region east of Varansai. Such an occasion presented itself when the English came conquering Northern India. Mithila missed to adjust herself and went on in the old groves with the result that she was completely suppressed. The old Raj of Tirhut was reduced to a mere Zamindari and following the old way of life people of Mithila were left behind in the march of time. Now times brought new opportunities which they missed entirely and new problems which could not be solved in the old ways. Had Mithila been as vigilant during the mid-eighteenth century as the had been in mid-thirteenth, Mithila must have maintained the old leadership and would not have been politically suppressed.

During the last thirty years the Maithil way of life has been changing at a terrific speed as perhaps never before but these changes are sporadic without direction or purpose and it is feared that if these changes go on Maithil way of life would lost its individuality. Though politically dead, Mithila is still culturally alive through its own way of life. It hat too is lost, the name of Mithila would go down like that of the Lichhavis to the pages of History.

(Published as a series of three articles in *The Indian Nation Sunday Magazine,* Patna, February-March. 1971)

Lay Thoughts on The Language of Mithila

Philologists are almost unanimous in holding that all the Modern Indian Languages of Aryavarta have evolved out of Sanskrit through Apabhramsa and though there are differences among them whether Prakrit is derived from Sanskrit under different climates by people of different cultures or Sanskrit is the refined form of Prakrit which was spoken by people at large; they are agreed that both Sanskrti and Prakrit have had the same origin and that the one can be turned into the other. It was Prakrit which when polluted still further by the people speaking it, and therefore still more naturalised, came to be known as Apabhramsa from which the different modern Indian Languages have evolved during historical times.

Sanskrit, on the other hand, was stereotyped quite early by the greatest Grammarian of the world has produced. It does not seem, however, quite accurate to say that the uniformity, and refinement that Panini brought out was to the Prakrit languages as they are preserved even in the earliest specimens of those languages in our literature. It will be more correct to say that Panini worked on the languages or dialects of the Vedas, not fixed in form till then, and it was the dialects spoken by the people of the Vedic age and used by them in their early poetry which were refined and stereotyped by Panini which he called 'Bhasha' which means the spoken language as opposed to 'Chhandas' which means 'of the verses' *i. e.* of the Vedic hymns, in which those dialects were available to Panini. The Vedic dialects, thus, refined and stereotyped became Sanskrit which has come down to us in almost the same form. These Vedic dialects are not the same as even the oldest Prakrit as it is available to us, say in the Buddhist canonical literature or in the many edicts of Ashoka.

It, thus, appears that from the earliest times there were two different sets of speech used side by side by the people of Aryavarta, the one used by the Vedic people whom we may call the DVIJAS and the other used by the rest of the people, probably the aboriginal inhabitants of the different regions and persons outside the Vedic fold. This was, perhaps, the earliest form of Prakrit. The one must have been influenced by the other and from their being spoken side by side there must have been borrowings on a large scale, even fusion in some cases, but there seems to be no doubt about the fact that there were two languages spoken in the land.

I am led to this conclusion by what Valmiki says about the languages spoken during his days, if not during the times of which he has given us the story in his Ramayana. The occasion is the first meeting of Hanuman with Sita in the garden in Lanka. Finding himself face to face with the lady whom he had undertaken all the risk to find out, Hanuman was beside himself with joy but quite uncertain at first as to the language in which he should address her. He soon makes up his mind and in the words of Valmiki :

अहं ह्यतितनुश्चैव वानरश्च विशेषतः
वाचं चोदाहरिष्यामि मानुषीमिह संस्कृताम् ॥
यदि वाचं प्रदास्यामि द्विजातिरिव संस्कृताम् ।
रावणं मन्यमाना मां सीता भीता भविष्यति ॥
अवश्यमेव वक्तव्यं मानुषं वाक्यमर्थवत् ।

(सुन्दरकांड अध्याय-30 श्लोक, 17 etc.)

"I am", cogitates Hanuman, "so very diminutive in form and particularly a Vanara. I shall speak the language of the people but refined. If I speak the refined language like a Dvija, Sita will take me to be Ravana and will get afraid. I must speak the language of the people but full of import."

Three things are clear from this extract. It is clearly stated here that there were two languages spoken at that time, the one by the Dvijas and the other by others which is called here 'popular', मानुषी They were different, and therefore, it was a problem to Hanuman which of them to use in addressing Sita. Secondly, both these languages "had two forms crude or natural and refined. The refined language of the Dvijas has come down to us as Sanskrit and it is called the language of the Gods, देववाणी to distinguish it from what Valmiki calls the language of the people मानुषी. That the popular language too was refined by applying the rules of Grammar to it and by using it in literary compositions is borne out by what Valmiki suggests by the phrase "the popular language refined" मानुषीमिह संस्कृताम्. It is clear, therefore, that the two languages flourished side by side and both of them had their crude and refined forms prevalent. I take अर्थवत् of the last line of this extract to mean that the refined language was one which had the suggestive meaning along with the literal one. To me it appears that Valmiki meant to say what Rhetoricians have stated more clearly during later time that it was the prominence of the suggestive meaning that marked the refined language which we would call literary. When Valmiki wrote his Ramayana both these languages, had been sufficiently cultivated and were being used as vehicles of literary expression.

Lastly, this extract conveys to us the fact that Hanuman as a Vanara was not expected to speak the same language as a Dvija. It was not natural to him as it was to Ravana, a Divija. It is quite a different matter that Hanuman could speak the language of Dviga also. He was a great linguist. This view of the matter finds support in another context in the Ramayana. When Hanuman approaches Rama and Lakshmana at the foot of the Rishyamuka mountain as the emissary of the king of Kishkindha, and speaks to them, Rama is surprised above all the linguistic proficiency of Hamuman. Rama says to Lakshmana, to talk to the Kapi minister of Sugriva.

नानृग्वेदविनीतस्य नायजुर्वेदधारिणः।
नासामवेदविदुषः शक्यमेवं विभाषितुम् ॥
नूनं व्याकरणं कृत्स्नमनेन बहुधा श्रुतम्।
बहु व्याहरतानेन न किञ्चिदपभाषितम् ॥

(किष्किंधा कांड, अध्याय-3-28.9)

"This minister of Sugriva has spoken in a manner which is not possible for one who is not disciplined in the Rig-Veda, has not contained within himself the Yajurveda and has not been conversant with the Sama Veda. Indeed he has been thoroughly instructed in the whole of Vyakarana because he has spoken so much and yet there is not a single expression which he has vulgarized."

It is clear from this passage that Hamuman was a great linguist. Though ethnologically a non-Dvijaa Vanara, his mastery over the Dvija-speach was marvellous. Rama was filled with admiration for the attainments. It supports, therefore, the view that Sanskrit, as we know it, was not natural to Hanuman; he had required it. This is why Rama was surprised that though he had spoken so much, he had not vulgarised single expression in speaking. This leads me to suppose that transforamation of Sanskrit according to the speaking habits of the common people of different part of Aryavarta gave rise to the literary

Prakrits as we find them in our ancient literature while the original speeches of the people under the influence of the learned Sanskrit have come down to us as the Modern Indian Languages. Hanuman was an exception in not having used any अपभाषित in his long speech. In ordinary course if non Dvijas used Sanskrit, they did use अपभाषित expression, just as people of different parts of Aryavarta still do. It is true that Hamuman was a Vanara of Kishkindha, and therefore, not a native of Aryavanrta. His native speech was of Kishkindha, and therefore, his mastery of Sanskrit evoked that amount of admiration from Rama. But Sita was a native of Aryavarta. The language of Videha where she was born or of Avadha where she was married was of Aryavarta, and when Hamuman spoke to her in the संस्कृता मानुषी language, that must have been either the मानुषी वाक् of Mithila or of Avadha but not of किष्किंधा Thus we can very well understand that Hanuman was conversant not with the refined language of the Dvija only but also with the refined language of Mithila and Avadha.

× × ×

I am not a student of linguistics and I do not claim to have made a special study of the subject. But as student of Mithila's history and culture, I sometimes feel, and feel strongly, that Maithili as spoken by the common people of Mithila could not have evolved out of Sanskrit as we know it. Historically it is probable that Mahavira who was a Maithila residing in Vaishali preached his religion in the language then spoken in Mithila but his teachings unfortunately are not preseved in the actual words that he would have spoken. But even that language must have been polished by the Dvija that Mahavira was, and we cannot accept his language as the language of the common people of Mithila. The Dvijas have always been a minority and living together with the non-Dvijas they must have lost natural gift of Sanksrit speech long long ago. The women and other people of lowerd, cultural stages have been assigned Prakrit speech even in the earliest dramas and it is a conclusive proof to show that Sanskrit had lost the old position even in the Dvija households before Bharata wrote his Natyasastra. The Prakrits, however, are artificial languages and I doubt very much if it was the spoken speech at any time. To me it appears that it was the polluted form of Sanskrit, polluted in the sense that it was transformed into these froms by the local conditions of speech. This is why there are Prakrit forms according to the regions in which they were evolved and the one evolved in a region which had a superior culture was more akin to Sanskrit than the other which grew in the region backward in Vedic culture.

When we take into consideration the composition of society in Mithila when the Buddha flourished, we find that of the eight clans that formed the confederacy of, Vrijjis, the Vaidehas alone were Vedic in origin and profession. The Lichhavi that predominated here were most probably Non-Aryans, partly Aryanised. They with the other clans were probably the aboriginal inhabitants of this part of the country. The Vedic literature mentions only the Vaidehas as truly Vedic, though to be sure, they too were not as orthodox members of the Vedic Society as the Dvijas of Kuru-Panchal or even Kashi-Kosal. Yajnavalkya rebelled against his Guru and formed as new branch of Yajurveda. Even the Brahmavidya or Adhyatma Vidya which they cultivated was Kshatriya in origin and unorthodox. All this leads me to suppose that in Mithila the microcopic minority of the Vedic Dvijas who formed the clan of the Vaidehas could not have influenced the others so as to suppress their native languages altogether and spread their own. The fact that the Buddha and Mahavira preached their sermons in the language of the land points to the prevalence of a native speech in this part of the country. The speech of Magadh became prominent because Magadh soon became the seat of an Empire and the language of the contiguous land of Mithila came to be known as Ardha-Magadhi because it was so akin to Magadhi, though not quite the same.

When we look at the language as spoken by the common people of Mithila at present, we find that most of the words of everyday use are not Sanskrit in origin. Let us take the names of near blood relations, parts of the body, words used in the house-building, terms used in Agriculture, words peculiar to the different professions like those of a carpenter, a potter, a goldsmith, a shoe-maker, a fisherman, a cowherd, a shepherd and so on and we shall find that they are all native देशज words and neither Sanskrit तत्सम nor even तद्भव. Most of the verb roots for common actions are not Sanskrit in origin. In many cases there are Sanskrit words for which there are native non-Sanskrit words also and where as the former are used only by learned Pandits or people of high classes, the latter are used by the common people including those Pandits themselves.

It cannot be denied that there are still many words of Sanskrit in common use; many more are derived from Sanskrit words but their proportion has not been ascertained. The derivations in many cases follow the pattern of the native language. The tendency of nasalisation, for instance, is purely Maithil. Still I do not believe that there are more than fifty percent of words in common use which can be thus derived. All words of religion and philosophy, abstract ideas and learned pursuits are mostly Sanskrit तत्सम words. It is natural. The superior culture of the Dvijas has so widely and deeply influenced the native way of life and thought that this could not have been otherwise. But what strikes me as very important in the native words that have in course of time been Sanskritised and taken over into Sanskrit Vocabulary. Kavisekhara Badarinath Jha has compiled an exhaustive vocabulary of Maithili words which can derived from Sanskrit, but in many cases it will be found that these derivations are fanciful and it is much easier to take the supposed Sanskrit words native in origin transformed into Sanskrit forms, rather than Sanskrit roots changed into Maithili forms. Philologists take great pains to derive common words like pronouns from Sanskrit but it may, perhaps, be asserted with more plausibility that these are native words for which it is futile to find out the derivation from a Sanskrit origin. There is a bias, I am afraid, for finding Sanskrit origin for every words of Maithili but once the bias is discarded the whole picture may appear otherwise, easy and simple.

In this respect, we find a marked similarity between Maithili as it is spoken to-day and English. In English also quite a large number of words specially concerning intellect, morality, politics, art, science, religion and philosophy are of foreign origin, mostly Latin, but the common words are mostly Anglo- Saxon in origin. The back-bone of English is Anglo-Saxon and many words have both Anglo-saxon and Latin forms. But though there is so great an influence of Latin languages, it is basically still Anglo-Saxon and known as such. Similarly Maithili also has such a predominant element of Sanskrit but the backbone of the language is non-Sanskritic which we may call native.

Besides vocabulary, there are other aspects of Maithili Grammar which are so different from Sanskrit. There is scant regard for Gender in Maithili ; there is no consideration for number; the verbs are governed not only by the subject but also by the object or even by the interestee; the compounds which are so prominent in Sanskrit are used very sparingly in Maithili; the suffixes of both तद्धित and कृदंत are different and peculiar. All these point out to an independent origin of the language. Phonetically, too, Maithili has peculiarities of its own. There is an old saying in Mithila that if a foreigner could speak with proper accentuation the language of Mithila, the water of the seas could easily be drunk by a tiny fish.

भाषां यदन्यदेशीयो मिथिलाया वदेत् तदा।
पीतमिञ्चाकपोतेन समस्तं बारिधेर्जलम् ॥

(Quoted by, चन्दाझा in the Introduction to his edition of the पुरुषपरीक्षा)

Many of these peculiarities manifest themselves from very early times even in Sanskrit as spoken by the people of Mithila, say for example the followers of the माध्यन्दिन शाखा of यजुर्वेद but the same person speaks Sanskrit and Maithili with different accents even at the present day and this shows that the two are not the same, have not been the same.

And lastly, the way in which the native language of Mithila has been treated over these thousand years or more by the Dvijas leads me to suppose that this could not have been Sanskritic in origin. There has been a deep-seated prejudice against the native language for any serious purpose. Sanskrit ceased to be a spoken language, even if it was ever spoken by the Dvijas as a class, almost two thousand years ago, and yet they prefer broken Sanskrit to correct Maithili. For a long, long time the Dvijas too spoke the native language at home but used Sanskrit even for issuing an invitation. For all religious purposes Maithili is still considered too low. Jyotirisvara was, perhaps, the first Brahmana Pandit to use Maithili for literary expression. Maithili was cultivated before him mostly by non-Dvijas and a Dvija even if he used it did so anonymously. As late as the 15th century Vidyapati was the object of derision of the orthodox Brahmana Pandits. Maithili was profane, is still so, while Sanskrit is traditionally religious. If Maithili has had its origin in Sanskrit, why should this prejudice be there against it ?

These are the lay thoughts of an unorthodox student of history and culture of Mithila and must be taken as such. But what I have said here about Maithili applies more or less to all other Modern Indian Language spoken in this region. This has, therefore, to be investigated scientifically before this can be presented as a thesis to the scholars of Linguistics for their serious consideration. For the present, let me conclude this with the question for my friends, interested in the language of Mithila, if Maithili is really Sanskritic in origin or if all the words which we call देशज do not point, to an origin other than Sanskrit or the refined language spoken by the Dvija.

(Videha, Darbhanga, 1967)

Problem of Maithili

Among the languages represented on Sahitya Akademi, Maithili stands in a peculiar predicament. It is spoken by nearly one third of the people of the State of Bihar, almost all over North Bihar, and parts of the South also. It is the only one of the three indigenous languages of the State that has a literary tradition dating back to the 8th century, and all the Universities of the State have recognised it as a subject of teaching and examination. But most unfortunately, Maithili has not yet been recognised as a regional language by the Govermnent of Bihar and does not receive any aid, grant or encouragement for its development, as a result of which it is literally being starved. It is systematically and deliberately being ignored, if not suppressed, at home. The recognition, by Sahitya Akademi has given Maithili only the status; it still lacks the political recognition which seems now essential for the removal of all those disabilities from which it suffers and which stand in its growth and development.

It may sound surprising to my learned friends of Sahitya Akademi, but it is a fact, that among those who count in the political life of Bihar there are people, no matter to which political party they belong, who still labour under the delusion, or allow themselves to be deluded, that Maithili is not a language but only a dialect of Hindi. The recognition by Sahitya Akademi accorded after a thorough consideration of the matter does not seem to have any effect on these dichard protagonists of Hindi who would sacrifice Maithili at the altar of the national language. Speakers of Maithili are not antagonistic to Hindi. Their contribution to Hindi has not been less either in quality or in quantity than that of any other non-Hindi speaking people of India. Yatriji who has won the last award in Maithili is renowned as Nagarjun in the field of Hindi literature also. We do not believe that there is any antagonism between the national language and our own native language, but the planned and deliberate antagonism of non-Maithii speaking politicians and lovers of Hindi still continues to oppose the cause of Maithihi in the name of the national language.

Whenever there is any talk about the amelioration of Maithili language and literature, the Government of Bihar brings forth the cases of Magahi and Bhojpuri, the other two indigenous languages of Bihar. We sincerely wish that they, too, should prosper and flourish, but their cases arc different from ours. We are represented on the Sahitya Akademi and the Universities of Bihar have recognised Maithili for teaching and examination. Bhojpuri and Magahi have still to achieve that. But because they have not yet that status, Maithili is being denied the privileges which it deserves from the State Government.

In the field of education, it has been the settled policy of the Government of India that primary education should be imparted through the mother tongue. The Government of Bihar conceded this privilege to Maithili more than ten years ago but primary education to our children is not yet imparted in Maithili because there are no books available. The Government of Bihar publishes books for the primary classes and does not permit the use of books printed privately. No books are published in Maithili and therefore no teaching in Maithili is possible.

At the secondary stage, Maithili is recognised as a Modern Indian Language and our boys who read Maithili have to appear in Rashtrabhasha paper of a lower standard. This privilege is allowed to our boys along with students of Bengali, Urdu, Nepali, Oriya, Santhali and all the minority languages of Bihar. But students of other minority languages have the privilege of writing their answers in other papers also in their own language while students of Maithili have to write in Hindi, like students who read Hindi of a higher standard. Maithili is not given the status of even a minority language there.

This is the case with the University Examination also, though in all the Universities of Bihar there is provision of examination and teaching of Maithili up to the M.A. standard. In course of the last six years more than a dozen theses in Maithili have been approved for the Ph. D. and D Lit. degrees. Still there is no provision of Maithili in the examinations held by the Public Service Commission of Bihar. More than twelve years ago when Maithili was recognised for the M.A. Examination, the then Chairman of the Bihar Public Service Commission wrote to the Government recommending the inclusion of Maithili in the curricula of the State Public service examinations but nothing has been done to implement it, with the result that post-graduate teaching of Maithili is lossing its popularity and our young men are getting desperate.

The Government of Bihar has established the Rashtrabhasha

Parishad at Patna at a great cost and it is doing very valuable work indeed, of which all of us of Bihar are really proud. But the same Government has not spent a single pie up till now for the cause of Maithili.

Only recently the Government of India constituted a Bharatiya Bhasha Samiti for the development of Indian languages. I felt, and still feel, that if there is any language in India which deserves the special attention of the Government of India, it is Maithili, and I submitted an appeal to the Government of India which was recommended even by the Sahitya Akademi but I was told by the Ministry of Education that 'As Maithili is not yet included in the 8th schedule, 1 am afraid, it will not be possible for the Government to accord it representation on the Samiti at this stage. I had written to the Minister or Education to help us in establishing an Institute or Pratisthana of Maithili at Darbhanga and I was told that 'the scheme of setting up of State Institutes of Languages is in the State Sector in the fourth Five Year Plan. You are accordingly advised to approach the State Government in the matter.' The State Government of Bihar does not even respond to our appeals, with the result the Maithili is the only language in India represented on Sahitya Akademi which is denied consideration from the Government of India, while at home it is being suppressed in the name of Rashtrabhasha.

Maithili has developed through the patronage of the Maharajas, Rajas and Zamindars of Mithila but now that there are no more Maharajas and Rajas there is no source of its sustenance left. Moreover, in the modern days of welfare state, it should be the duty of the State to work for the growth and development of the languages spoken within the state, but the apathetic, if not positively hostile, attitude of the State Government leaves Maithili languishing. Whatever little is published is for the consumption of students in schools and colleges. All credit goes to our writers who publish, now and then, their works at their own cost but that is too meagre for a language which has been neglected and undeveloped and strives to grow forth repidly like the sister languages of India.

And all this has happened and is happening in a State where one third of the entire population speaks Maithili and almost one third of the members of the State legislature are Maithili speaking. If our members of the State legislature take it up in right earnest, they can do much to help their language. But Maithili-speaking people have always been backward politically, with the result that in Bihar people of Mithila have always been ruled over by non-Maithili speaking people, mostly of south Bihar. We who work in the field of Maithili literature never make of our language a political issue. We do not oppose any language, we love all literatures, and works in Brajabhasha and Hindi have always been popular in Mithila along with our own literature.

It may not be out of place to mention here that during the eighties of the last century when the modern Indian languages were being introduced in schools as well as in the law courts, the then leader of Maithil Society was the Maharaja of Darbhanga, Lakshmishwar Singh Bahadur, who was a staunch nationalist among the princes. For the sake of national integration he adopted Hindi and though he did not ignore or neglect Maithili he gave Hindi a preference for national purposes and kept Maithili for use at home. But the most outstanding service that he rendered to the cause of national integration was the establishment of a Devanagari press at Darbhanga. Till then Mithila had her own script and that was the script used all over Mithila. The Maharaja did not establish a Maithili press but printed Maithili books in Devanagari script. In course of these eighty years Maithili script has gone out of use and not even one in a hundred Maithils knows the script. It was a sacrifice that Mithila has voluntarily made for the cause of Hindi, the national language, and it is because we have given up our script that people doubt if Maithili is an independent language like Bengali, Oriya or Assamese. We expect that protagonists of the national language should remember that since we have given up our script, we deserve help to foster our language; but it is a tragedy that we are being compelled to let our language, too, die out for want of the most elementary privileges which are our due.

We who are still inspired by our old tradition revere the national language and learn it voluntarily. We do not want to make of our language a political issue. But our days are past and already our young men are getting desperate. Only last month, they have begun organizing a Sena to work against Hindi. We of the older generation have no agitation approach to the problem and we are sure of the rightness of our own cause, but if there is an agitation in Mithila against Hindi, it will be for no fault of ours, but the responsibility for this would lie with those who work deliberately against our fundamental right about our own language. Only recently the distinguished leader of young Mithila, Lalit Narayan Mishra, M.P. has voiced the feeling of our young men that Mithila should be a separate State to work for its progress. Our young men are inspired by what is being done in other parts of the country for the sake of regional languages. Let me hope that wiser counsels will prevail and the real protagonists and well-wishers of Hindi will raise their voice against the injustice being done to Maithili before Mithila is lost to them. And let me declare once again that we of Mithila are not antagonistic to Hindi, we admire Hindi and revere it, but we do want that Maithili should not be ignored, much less suppressed.

Let me appeal to this distinguished gathering of renowned scholars of all the languages of India to lend us their moral support so that with their good–will Maithili may find its rightful place at the Centre as well as at home.

(A seminar on Languages without State or Region was organised by the Sahitya Akademi in New Delhi on August 3 and 4, 1969. Among the papers contributed to the seminar, this was published in **Indian Literature,** Vol. 12, No. 4, 1969)

The Panjis of Mithila

The *Panjis* are a unique feature of the social life of Mithila. They were formally promulgated in the Saka year 1248 and have maintained their authority over the social life of the land up to our own times.

Meant for all the four castes of Hindus, they have continued and grown up for only the Brahmanas and Kayasthas of Mithila. The other castes of Mithila lost them, or rather could not maintain them, because they kept up their connections with other social units where the Panjis were never maintained. Consequently, only these two sectors of people living in Mithila are being recognized as genuinely Maithil because they alone can show with the help of the Panjis that they have been completely of Mithila ever since the Saka year 1248.

The *Panjis* are a surest index of Maithil culture. In course of these centuries, quite a lot of respectable Brahmanas have migrated to other parts of country and there are colonies of Maithil Brahmanas in Rajasthan, Uttar Pradesh, Central India, Bengal, over and above across the Ganges in South Bihar. They have in many cases given up their rites and customs in some cases, they have forgotten even their language. But in most cases they have maintained the *Panjis* and observed them scrupulously. If they have done so, they are still recognized as Maithil Brahmanas and the Brahmanas of Mithila proper do accept them as their own. They are shunned only when they transgress the *Panjis* and go voluntarily out of the Maithil fold. Observance of the *Panjis* is the surest sign of a Brahmana being recognized as Maithil.

Panji is a Sanskrit word which means a 'register' and *Panjibaddha* or 'being included in the *Panji*' would, thus mean 'registered'. Every Maithil Brahmana is expected to have been registered in the *Panji* which was first of all prepared in the Saka year 1248 and is continued regularly and meticulously since then. A Maithil is entered into the *Panji* when he enters into the married state. Before the marriage of any Maithil Brahmana is fixed up, he has to obtain a certificate from the keeper of the *Panji*, called the Panjkara, which would mean a Registrar, to the effect that the prospective bride is not a 'SWAJANA' of the boy, that there is no *Sastric* bar in the marriage of the two, that the girl does not fall within the degree of propinquity prohibited by Sastras for a valid marriage. As the *Panjikara* issues the certificate, he enters the name of the parties in his *Panji*. This system is coming down for the last six hundred and forty four years and there has, thus, grown up the vast literature of the *Panjis*.

The *Panjis* as we have them were promulgated only in 1248 Saka year but the system is not that old only. The rules are there in the oldest Hindu Sastras and in the famous *Vartika of Mimasa Sutras*, the great Kumarila has described the efforts made by the Brahmanas and Kshatriya to ensure the purity of their birth which appears exactly what the *Panjis* have been to us. It goes, therefore, as back as the 7th century A.D., though the institution of the *Panji* is dated 1248 of the Saka era. Any institution so very old which governs the social life of the people of an important section of society is worthy of attention; the *Panjis* have governed and still are governing the social life of that section of society which by its intellectual attainments acted as the leader of thought and culture throughout the north-eastern India for more than three centuries when the entire Aryavarta was groaning under the early Mohammadon rule. A brief sketch, therefore, of what the *Panjis* are and what they stand for is necessary for the scholars interested in social development and social institution, and it is hoped that they will be drawn towards the vast literature to study them in the right sociological spirit.

It may be mentioned at the very outset that the *Panji* literature, though so vast, has not been quite accessible to scholars. The class of people who keep them make their living out of them. It is their profession to issue certificates at the time of marriage of every Brahmana of Mithila and once the literature become public property, the *Panjikara* feel, though without reason, that they will be thrown out of employment. The *Panjis,* moreover, are written in Sanskrit in a style too technical for a lay man to understand, and one has to learn the technique and the intricacies from a specialist to study them in a scientific spirit and find out anything useful therein. Thanks to the liberal patronage of a benevolent master like the late Maharajadhiraj of Darbhanga, I could procure with great labour and at a great cost some half a dozen most authoritative *panji* texts and engage some of the most proficient *panjikaras* of the country to initiate me into the *Panji-Sastra* and enlighten me on the principle and thereof.

2

The *Panji* were promulgated to ensure purity of birth for which as it necessary that the parents should have been married according to the Sastric rules.

A girl who by reason of propinquity is debarred from being taken as a wife is called 'SWAJANA' and by marrying a *Swajana* girl, not only the husband and the wife but even the children born of them are thrown out of the Aryan fold; they are deemed as *Chandalas*.

Like every other race, the Aryans too had their own marriage law and these laws are exogamous inasmuch they put certain restrictions on the choice of a wife. These rules are mainly five—

i. The girl must not be of the same *Gotra* and *Pravara* as the boy;

ii. The girl must not be a *Sapinda* of the mother of boy which means that the girl must not be within seven a degrees from any ancestor of the boy on his mother's side up to the 7th degree in the direct line;

iii. The girl must not fall within seven degrees removed from the ancestor of the boy on his father's side; and

iv. The girl must not fall within five degrees removed from an ancestor of the boy on his mother's side; and

v. The girl must not be a descendant of the grandfather, both paternal and maternal of the boy.

Of these four rules, the second is limited application; it applies only in the case where the prospective bride belongs to the same family as the mother of the bride-groom in which case she must not fall within seven degrees from the 7th ancestor of the mother of the bridegroom because *Sapinda-ship* continued up to the 7th degree.

The 3rd rule, which all important Smriti writers have laid down (e.g. Yajnavalkya and Manu) has, however, in course of time been modified in Mithila to allow the 7th suitable for the marriage. It is important to note in this connection that the Sastric rules limit the choice of the girl so that in actual practice it is the suitability of the girl that is tested. A boy is free to marry a descendant of his great-grand-father only four degrees removed, provided the girl is removed 7 degrees from that ancestor.

If we analyse the two rules III and IV we shall find that there are 16 ancestors from whom the girl would be removed six degrees. They are the paternal and maternal grandfather of the paternal and maternal grandfathers and grandmothers of the father and mother of the girl. When testing the suitability of the girl for marriage, it is ascertained if the boy is descended from any of these 16 ancestors of the girl. If that ancestor is on the father's side of the boy, the girl is only 6 degrees removed from him, the marriage is barred by the 3rd rule; but if he is on the mother's side of the boy, the marriage is permissible because under the fourth rule only five degrees are barred. It is immaterial how far the boy is removed from that common ancestor; he must not be within three degrees in any case. Otherwise if the girl is removed only 6 from the 8th ancestor of the boy on his father's side, the match is barred but if the girl is 7th from even the fifth ancestor of the boy there is no bar against the match.

These have been the marriage rules of the Aryans coming down perhaps from the earliest times, codified later on in the *Smritis.* There was no restriction among the Aryans to choose a wife from a particular class. Thus a Brahmana of say Mithila could marry a daughter of a Brahmana of Gujarat if the girl was otherwise eligible. There was no territorial division among the *Dvijas* they were classified according to the *Gotra* and *Pravara* and, therefore, according to the *Sakha* of the Veda which they professed.

But here in Mithila, they were influenced to a great extent by the practice prevailing among the Lichhavis who were their close neighbours and had formed together the Vrijji Confederacy as far back as the time of the Buddha. The Lichhavis had their peculiar customs and they were endogamous in their marriage rules. Thus a Lichhavi could marry only within his own class and if he had to marry outside his own fold, he had to obtain the sanction of the Sabha. We shall see, later on, how in Mithila there grew up a system, though very gradually, to contract marriage relations among themselves and when the territorial division among Dvijas became fixed and five divisions of Brahmanas of Aryavarta (to the North of the Vindhyas) were recognized namely Saraswata, Kanyakubja, Gauda, Maithils and Autkalas the practice of having marriage restrictions within their own class gained ground among the Brahmana of Mithila also. Their marriage laws, thus, tended to became both exogamous and endogamous.

It will thus, be seen that the choosing a girl eligible for marriage is a very cumbrous process. It requires a thorough knowledge of the ancestry of the girl up to the sixth degree and of the boy up to seven, eight or even nine because we have seen the boy must not be a descendant of all the 16 ancestors of the girl from whom the girl is descended six degree removed except that if the boy is descended from him on his mother's side, the match is permissible with the sixth.

In fact, Kumarila Bhatta in his famous *Vartika* on the *Bhasya* of

Mimansa Sutras (Jha's translation in work no. 161 of *Bibliotheca Indica*) states, "And it is for the sake of making their respective castes duly and authoritatively recognized that the Brahmanas and kings have introduced the system of writing up and preserving their forefathers. And records distinctly point out the particular excellences and defects of each family. It is always in accordance with these that we find people being attached to or repulsed from particular families."

As far back, therefore, as the 7th century the system was evolved to ensure the purity of birth by following scrupulously the laws of marriage and each family, or perhaps each individual, maintained his own chart of ancestry. When a marriage was under negotiation, the two parties met with their genealogical charts and determined if the girl was eligible by the rules of propinquity. Every respectable family did maintain its genealogical chart up to 7 degrees because *Sapinda-ship* subsists up to the 7th degree and *Sapinda-ship* is important not only in the matter of marriage but also in matters connected with *Shraddha* and inheritance. Every respectable family was expected to maintain this family chart, on the basis of which all those socio-religious acts were performed, where the blood-relationship was the only criterion.

The manner in which Kumarila Bhatta refers to maintenance of the ancestral chart indicates clearly that this was the mark of respectability among the Brahmanas and Kshatriyas of those days irrespective of any regional distinction among them. Though Kumarila does not mention it expressly, it would appear that by that time, the genealogical charts were not maintained among all the regions equally scrupulously.

After the downfall of Buddhism when there was the revival of Hinduism and Buddhist were converted on a mass scale to Neo-Hinduism, there was gradually a crystallization of the territorial division of Brahmana also and as the cultural level of the people of different regions differed, sometimes considerably, the practice of contracting marriage relation within one's territorial division began to gain ground, specially among the Brahmanas according as they maintained the genealogical charts, on the basis of which alone the eligibility of a girl for marriage could be ascertained.

Though classified on a territorial basis, it became hereditary in course of time and lost the original regional connotation. Inter-marriage between the different divisions was not prohibited; but in actual practice it was considered unusual to go outside one's own region. The Sastric rule was qualified to that extent by the social customs, though instances are available when marriage relations between different territorial groups were contracted without any loss to the social status of the parties.

From what Kumarila says about purity of birth it would appear that the maintenance of the ancestral chart was very important from sociological point of view. It required special effort to keep it complete by entering each new relation thereto.

Purity of birth could be ascertained only by the maintenance of this chart and, therefore, the respectability of an individual depended entirely on the fullness of the chart maintained. Since, however, the 7th century when Kumarila wrote about this the practice was not quite scrupulously followed by each individual with the result that those only maintained their respectability who kept the chart and those who did not came gradually to be shunned. This also helped in stereotyping the regional classification of the Brahmanas because, each region had its own social practices. It does not seem that, except among the Maithils, this practice continued for long among the Brahmanas living in other regions. There are no data available to know how they arranged their marriage relations but the Brahmanas of Mithila accepted the Brahmanas of other regions also if they maintained their ancestral chart.

By the year 1300 AD when Mithila was enjoying internal peace under the benevolent Karnatas, it was observed that many people did not keep the ancestral charts and, therefore, there was no guarantee that they did not transgress the *Sastric* injunctions about marriage. Birth was the most important thing for the determination of caste on which stood the whole social edifice of the land. Purity of birth was, thus, the most essential pre-requisite for upholding *Dharma*. It was in this context that Kumarila has described the attempts made by the leaders of society in the seventh century to ensure purity of birth. And since by negligence or ignorance that system was not scrupulously being maintained by the people by the end of the 13th century, a forward step was taken to ensure the same. It was the *Panjiprabandha* of the year 1326 A.D.

About the origin *of Panjiprabandha*, it is recorded at the very outset of the *Panjis* that Mm. Harinath married a girl within the prohibited degree and this created a stir in Maithil society. Harinath was a famous jurist of Mithila and his *Smritisara* has been regarded authoritative for the last seven centuries. 'When a man of his eminence could marry a girl within prohibited degree, by ignorance indeed, it was decided that the State should intervene to uphold Dharma and it should be a distinct department of the State to maintain the genealogical charts of all Dvijas and issue a certificate of eligibility for each marriage to be solemnized. The rules were there; the principles were there; the methods were there; only the manner of keeping up the charts was changed. What was till then the responsibility of the individual became now the responsibility of the State. What was at first decided by comparing their family charts by the two parties of the intended marriage was to be decided now by the State official who kept the genealogical charts and could issue a certificate to the effect that there was no propinquity barring a marriage between the two. And what was the most important degree, no marriage was to be considered valid in the eye of law which was not approved with the sanction of the certificate issued by the person authorized for the purpose.

But before the degree was promulgated all the genealogical chart that were maintained by the individual members of families were collected together and where charts were not available, persons were asked to give their genealogies as far as they knew them. This was a very stupendous task and it can be supposed that a commission consisting of learned and respectable persons interested in the matter must have been appointed who toured the whole country and collected the materials.

Most probably there were different commissions for different castes and though the *Panjis* of only Brahmanas and Kayasthas are maintained uptodate and available since the earliest time, there were *Panjis* of Kshatriyas also. Kumarila mentions Rajanyas specifically. The other castes did not maintain their *Panjis* for the simple reason that they had their marriage relations even outside Mithila where no such charts were maintained, and therefore, the *Panjis* of people living in Mithila became obsolete in course of a generation or two as they could not have the charts on their mother's side. Only the Brahmanas and Kayasthas kept up all their relations inside Mithila with people who maintained their genealogies and this is the reason why these two castes alone claim to be completely of Mithila and Maithil alone.

Collection of genealogies was a simple affair in cases of all respectable families because they all had their family charts maintained up to date. The commission noted down the Vedic *Sakha* to which the family belonged with the *Gotra* and *Pravara* and then inquired where the family was known to have its earliest habitation and in cases where the family had migrated from one place to another, the names of those villages where the family had migrated to along with the name of the person who had migrated. But in cases where the charts were not maintained the head of the family was asked to give his genealogy as far as he knew it along with the name of the place of family's earliest habitation and subsequent migrations. The place name of the earliest known habitation of the family was declared the *MULA* or origin and it became the stock name of the family while the subsequent migrations became the branches into which the family had divided itself by the time the survey was being made. When all the charts were brought together and compared, many charts proved to be the branches of one stock into which they were properly placed.

It was, however, found that all the families could not give equally full and authentic facts about them. The respectable families that maintained the charts could furnish their genealogies for at least seven generations without fail and many of them for much more than mere seven. Their origin, too, was easily determined and thus these stocks fell into certain definite *Gotras* to which all the members of those families belonged. But there were many more families where the family charts were not kept regularly. In such cases the members gave their genealogies as far as they knew them and gave the name of the place of their origin traditionally known to them. In many cases even if the charts were there, they were only perfunctory and not full. Many families that could not be registered at first came later on and got themselves included.

It was found in many cases though the members gave as their places of origin the old familiar names, they could not be adjusted in the family charts of those families. An example will make this point clear. There is a very large and important family belonging to Vatsya Gotra, which had its origin at Alayi. In course of the census, it was discovered that there were as many as 18 different families which claimed Alayi as their place of origin and all belonged to 'Vatsya Gotra' but from the genealogies given by all these families they could not all of them be identified as belonging to the same family. It is possible that all these branches did not possess their genealogies as full and complete would show their branching off from the same stock; or they branched off at a remote time up to which these genealogies did not go back or they could have been different families though all of them had their origin at the same place. Whatever might have been the reason, all these 18 families were recorded as 18 independent stocks but each with the name of their later domicile added to the name of the origin e.g. BAD-ALAYI, GODHAULI-ALAYI, TITIHAALAYI, and so on.

When the survey was completed it was pointed out that there were nineteen Gotras to one or the other of which all the Maithil Brahmanas belonged.

Similarly with the stocks also. There were 34, according to some 36, stocks only which had their Gotras fixed and ascertainable and they were reputed. Besides them there were as many as one hundred and forty-six, or according to some one hundred and forty-four, only which belong sometimes to two or even more Gotras and are not therefore ascertainable by their very names. There are thus one hundred and eighty stocks among which all the Maithil Brahmanas belong.

These places-names, which form the stock-names, are the most fundamental feature of the social organisation of Mithila. This was the most common method of identifying a family. In Bengal, too, there was the system of identifying a family by the name of the place of its origin, called GAIN. Long before the genealogies were collected in Mithila or *Kulinism* was established in Bengal, there are epigraphical records to show that a Brahmana was almost invariably identified by adding the name of his habitation along with his name. We may take that to mean that the man lived at that place but it can also be imagined that it was the family name which in later times came to be recognised as the stock-name. In that case it will have to be admitted that the system adopted at the time of *Panjiprabandha* was not a new one but the one that was already in vogue and that what was done by *Panjiprabandha* was just to systematise that practice, divide them into their respective *Gotras*, and on the basis of the social status of the members of a family assign the proper place to the family in the social life of the community.

It may be mentioned in this connection that over and above these one hundred and eighty place names that have become the stock names of Maithil Brahmanas, there are many more , almost a thousand village names, that are used with the names of the persons in the genealogies. Most of these names are older than the *Panjiprabandha,* but there may be some of them of later times also. If a detailed study is made of the complete *Panji* literature, it will give us a picture of the distribution of Maithil Brahmanas all over the country, because many names can still be identified though many more must have perished in course of time or even changed names.

(Published as a series of three articles in The 'Indian Nation , Sunday' Magazine, Patna, April, 1971)

The Declaration of a Sarayantri

In his lectures on Poetical Training in Ancient Times delivered in Hindi in the Hindustani Academy at Allahabad during 8th the year 1928-29, published later on under the title *Kavirahasya*, the late Mahamahopa dhyaya Doctor Sir Ganganatha Jha has described a "Public Test of Highest Scholarship" that was prevalent in Mithila till about a hundred and fifty years ago, but which has long since been dead though people of the older generation know it still by name. This test was held at the request of the Scholar himself who on succeeding in the test was said to have 'taken up Sarayantra' and the scholar was thenceforth styled a Sarayantri.

Though this word Sarayantra looks like a pure Sanskrit word, its exact meaning or its origin is shrouded in mystery and no Sanskrit lexicon mentions the word. Sir Monier-Williams has a word Sarayantra which he explains, on the authority of Subandhu's *Vasavadutta,* as the "string on which the palm-leaves of a manuscript are filled." In Mithila, however, a Pandita even to this day is said, in popular language, to have bound a book or manuscript with string when he knows it by heart and has no need to refer to it. "To take up Sarayantra", therefore, may be symbolical of having bound up all the Mss. with strings when the scholar would claim to know everything contained in all the Sastras and has no need to look into any book whatsoever. It was, in fact, the claim of highest scholarship.

This interpretation of the term finds support from or is rather based upon what the late Mahamahopadhyaya Doctor Sir Ganganatha Jha says in the '*Kavirahasya*' (pp. 73-74). Let me give here the translation of the relevant portion of the book which is so very interesting—

"The system of public test of scholarship, was prevalent in Mithila up to 150 or 200 years ago. Whenever a scholar got renown and rich rewards in foreign lands and came back home, he used to declare thus to the people of his own land, if he thought himself equal to the task. "I have come home back from foreign lands laden with glory and renown, but of what use is that damned glory which a scholar receives in a foreign land which neither his foes can see nor his friends enjoy ? I am, therefore, very solicitous of winning glory in my own land. The highest glory of scholarship in Mithila has ever been of Sarayantra. It is my great wish that this test should be held in my case."

"The method of the test was like this. First of all the scholars all over the country used to ask the most abstruse questions not in an one Sastra but in ali the Sastras. All the questions must be properly answered in the assembly to the satisfaction of all present. When the scholars were thus satisfied, the public used to put questions. Anybody was entitled to put any question he liked. Everybody must be answered and answered to the satisfaction of all present. When every one present was thus satisfied, then only the honour of a Sarayantri was conferred upon him. What this term Sarayantra really connotes is not known, but this custom is still known by its name."

It is, however, clear that the above description is based on tradition and that the late M. M. Sir Ganganatha Jha had no document bearing on the subject before him when he wrote these lines. But only recently I chanced to find a piece of old paper written on the both sides excellent Tirhuta (Maithili) characters, in a bundle of the paper mss. in the Possession of Babu Ganesa Jha of the eastern part of my village of Ujan in the district of Darbhanga.. There are eleven lines on the first page and four overleaf and the writing appears more than a hundred years old, though there is no mention to its writer or his date. Let me reproduce it here with an English translation of the same.

1. इयमान्वीक्षिकी विद्या दक्षिणामूर्त्तेः प्रसादान्महामहोपाध्याय गोंढ़ि शर्म्मणा अलम्भि–
2. तत्रातुलं सुखमनुभवन्ती सा तच्छिष्यम्महामहोपाध्यायमाधवशर्म्माणमाश्रितवती बहुकालमव्यग्रै–
3. व व्यतिष्ठत माधवशर्म्मणाच नामतश्चार्थतश्च स्वसदृशेषु शिष्येषु महामहोपाध्याड़िआमा–
4. धवमिश्रेषु समर्प्पिता तच्छिष्येण महामहोपाध्याय शङ्करशर्मणा यज्ञपत्युपाध्याये समर्प्पिता–
5. तेन च महामहोपाध्याय परशुरामशर्म्मशु स्थापिता ततोऽपि महामहोपाध्यायवाम–
6. देवशर्मणा शिष्येण समासादिता ततोपि विद्यानिधि-पदाङ्कितेन माध्यन्दिनमूर्द्धन्येन–
7. महामहोपाध्याय पीताम्बरशर्म्मणा प्राप्ता तेनापीयमान्वीक्षिकी तेषु

महामहोपाध्याय–

8. गोकुलनाथशर्म्मसु स्थापिता येहि सकलसिद्धान्तर्य्युक्त्या खंडयतश्शिरोमणेर्म्मानिमपने तुं–

9. सिद्धान्ततत्त्वप्रभृतीन् न्यायनिबन्धान् बहुशः प्रणीतवन्तः सर्व्वसिद्धान्तदीक्षा गुरवोभूमौ व्य–

10. राजन् ततोपि महामहोपाध्याय जगन्नाथद्वितीयेन जगन्नाथशर्म्मणा समासादिता ततश्च

11. महामहोपाध्याय वंशधरशर्म्मणाऽलम्भि ततोपि दानसन्तानविनिर्जितकर्ण्णेन

Overleaf :

1. महामहोपाध्यायेन श्री रघुनाथशर्म्मणा प्राप्ता इत्थम्परम्परायाताः सर्व्वे गुरवो गृहीत

2. शरयन्त्राः प्रसिद्धनामान एव तेषाम्परोक्षेपि मादृशा यद्यप्यत्र शरयन्त्र

3. कर्म्मणि न थोग्यास्तथापि अमुकाद्य (न्म?) मया शरयन्त्रग्रहणङ्क्रियते तत्र तेषांविद्यमान–

4. सज्जनानाञ्चानुग्रह एव शरणमिति शुभम्भूयात्

महामहोपाध्याय
दत्तशर्म्मण इय (यं?)
(वि?) म्बिज्ञप्तिः

Translation—This learning of Logic was revealed to Mahamahopãdhyya Gonrhi Sarmma by the grace of Daksinamurti and She, the Lady Logic, while remaining there in utmost felicity, betook herself to his disciple M.M.. Mãdhava Sarmma with whom she abode undisturbed for long. Madhava Sarmma made her over to his disciple, the revered M.M. Aria Madhava Misra, who was exactly like himself not only in name but also in the true signification of the term. His disciple M.M. Sankara Sarmma made her over to Yajnapati Upadhyaya who saw her settled with the received M.M. Parasuram Sarmma.. From him his disciple, M.M. Vamdeva Sarmma, got her, from whom also she was received by M.M. Pitambara Sarmma who was called Vidyãnidhi, "Ocean of Learning", and who was indeed the Head of all the Madhyandinas. From there this Lady Logic was lodged with that revered M.M. Gokulanatha Sarmma, who to discredit Siromani, refuting with right reasoning all the previous conclusions, composed many theses on Nyaya, such as Siddhantatattva, and who flourished on this earth with the reputation of being "the Master for the Teaching of All Right Conclusions." From him She was received by M.M. Jagannatha Sarmma, who was the second Jaganntha and M.M. Vamsadhara Sarmma, got her from him. It was from him that M.M. Raghunatha Sarmma received her—Shree (Glorious) Raghunatha, who by his series of Danas (gifts) threw into shade the glory of Karna. This is a list of famous names of a succession of famous men who were all Masters and who had all taken up Sarayantra. Even when they are no more, persons like myself are not fit to take up Sarayantra. Nevertheless I do take up Sarayantra on this particular day and in this I rely on the blessings of those (departed souls) and the good wishes of all those who are present on the occasion. May success follow.

A perusal of this piece will show that this is the text of the (Vijnapti) declaration made by one M.M. Datta Sarmma at the time of taking up Sarayantra, but the most important point is missing from this copy, namely, the date of that public test, the date on which M.M. Datta Sarmma took up Sarayantra. The words in the text are अमुकाद्य *"today on this particular day"* and the particular date must have been spoken out there 'in the Assembly by M.M, Datta Sarmma at the commencement of the proceedings. It is, therefore, only a copy of the original declaration as prepared by M.M. Datta Sarmma. To arrive at any conclusion regarding the date of the public test in which this declaration was made, we must look into the declaration itself and rely upon the internal evidence furnished by the names, many of which are, indeed very famous.

There are, however, three or four points in this brief declaration that deserve our notice before any attempt is made to identify the Pandita mentioned in the list.

First of all, we have here before us a long line of Gurus, Masters, who imparted instructions in Anvikski Vidya, by which is meant clearly the Nyaya Darsana, for which Mithila has been famous since the days of Gautama. There are twelve names in the declaration, the 13th being M.M Datta Sarmma himself, and each succeeding Pandita is said here to have received the Vidya from the preceding one. Though it is not clear from the text if M.M. Datta received the learning of Nyaya from M.M. Raghunatha yet it could not have been otherwise as M.M. Datta was the son of M.M. Raghunãtha, which I will show later on and as such could not have gone to others for learning. It is well-known that in old India, a कुल (line) was by birth and also by learning i.e., teaching (विद्या) and here we have one, only one वंश the family-tree of a line of गुरु (Masters), of mediaeval Mithila, which is said to have originated with Mahamahopadhyäya Gonrhi Sarmma and to which the famous

Mahamahopadhyays Gokulanatha had the honour to belong. A Pandita can have a student learned enough to take up Sarayantra generally after 20-25 years after himself, and judged from this standard the period covered by this line of Masters may safely be taken to be 250-300 years.

Secondly, the terms in which the thirteenth descendant of this family, M.M. Datta Sarmma, eulogises his ancestors deserve our consideration. They were all Masters, famous Masters all of them and every one of them had taken up Sarayantra, says M.M. Datta. Nevertheless there are clear indications in the description of the Masters to show that all of them were not equally respectable or at least, did not command the same respect of the posterity. Of the 12 names as many as seven have adjective clauses to describe them and they are गुरु's—Masters Nos. 1, 2, 3, 8, 9, 10 and 12. Then there are three names of Masters Nos. 3, 6 and 9 which are used in the plural number, perhaps, to show special reverence to them. There are likewise three names of Masters Nos. 4, 7 and 11 that have the bare title of Mahamanopadhyaya, Lastly there is only one name, that of Master No. 5, which is used without any adjective whatsoever.

I shall have occasion to refer to all these adjectives when I attempt to identify them, but to me one thing seems clear from this declaration. Human nature is uniform both in space and time and it is not unreasonable to suppose that all these twelve Masters were not all of the same calibre, of the same eminence, of the same veneration, and though all of them had taken up Sarayantra in a formal assembly called for the purpose, the function itself could not have evoked the same interest, the same enthusiasm, the same spirit of rivalry in all the cases. A venerable old Pandita with his students, students' students, and perhaps their students too, renowned, would not have been asked anything inconvenient and the whole function would have been what we would call only a tame affair, while a still-rising, self-confident young Pandita declaring to take up Sarayantra in the flush of glory won in foreign lands, must have created a stir in the Pandita-land of Mithila and scholars, mostly the contemporaries of the Sarayantri, must have mastered strong in the assembly with their questions. Is it therefore, improper to read in this Vijnapti (declaration) a distinction of some such sort in the different sets, of words used with the different Masters ?

Thirdly, the interesting account of the origin of this family arrests our attention. It is here claimed that the knowledge of Nyaya-Sastra was revealed to Gonrhi Sarmma by the grace of Daksinamurti, as a fruit of whose devotions extraordinary powers of expounding the Sastras are promised in the Tantras. It is suggested thereby that Gonrhi Sarmma did not owe his eminence to any Master, but who, nevertheless, challenged a public test and having silenced all took up Sarayantra. This knowledge, moreover, is personified throughout and is said to descend from the Guru. (Master) to one of his many disciples, who perhaps with the devotions of Daksinämurti continued unimpaired, inherited the knowledge, Vidya, kept up the tradition set up by the Guru, Master, and took up Sarayantra. For twelve generations the Vidya thus resides in the family and the 13th descendant from that self-made devotee Naiyãyika Gonrhi Sarmma, claims in this declaration to be the present possessor of that Vidyã, to be the greatest Naiyayika of his time as his predecessors were in theirs.

This takes us to the main problem of the identification of the Masters of this school, but this is beset with difficulties. All these are very common names and there is hardly any family of Maithil Brahamas which has not produced one or more persons of these names. Had the family to which each of those Masters belonged been indicated or even the names of their fathers given, it would have been possible to identify them correctly, but in the absence of all that, one has to depend entirely on the chronology given here and just make an attempt.

Of the thirteen names given here there is, however, one name,—only one—which any educated Maithil can identify at once and that is the name of Gokulanatha who belonged to the famous Fanandah family of the Maithil Brahmanas and was an inhabitant of the celebrated village of Mangarauni near Madhubani in the district of Darbhanga. This is the only light with the help of which one must try to reconstruct the history presented in this declaration. In one of his many works, Ekavali. (Ms. Darbhanga Raj Library) Gokulanatha says that it was composed for King Fateh Sah, who can be identified with the famous Fateh Sah of Garhwal, a contemporary of Aurangzeb and who is said to have died in 1699 (Imperial Gazetteer,,1908 Edn. Vol. XI, pp. 212). Tradition places him in the reign of Maharaja Raghava Singh Bahadur who ruled over Mithila from 1700 to 1739 A.D. I have, therefore, assumed, that M.M. Gokulanätha took up Sarayantra in the year 1700 on his return from Garhwal after the passing away of his great patron. Having thus fixed the date of the 9th Master of this school, if we go back to each preceding Master, we find that the Founder of this family must have flourished almost 200 years before Gokulanãtha. This takes us to the days when the reins of the Government of Mithilã had not yet passed into the hands of M.M. Mahãräja Mahesa Thakur, the founder of the present Darbhanga Raj, but when Mithilä was still ruled over by the kings of the Oinavara family the descendants of Siddha Kameswara.

MASTER-I : M.M. GONRHI MISRA (1490 A.D.)

Fortunately there is in the Raj Darbhanga Library an old palm-leaf ms. which is also noticed on pp. 453-454 of 8th the first volume of the Descriptive Catalogue of Mithila Mss. This is a copy of Sudracara (The Daily Duties of Sudra) by M.M. Gonrhi Sarmma, who is called here a Misra. In the long introduction to this work, the author praises very highly one Vasudeva, very learned and very liberal, son of Ravikara, and he calls him, "the gem to adorn the head of the land of Mithilã" but he was not a king. It was under orders of this Vasudeva, who was perhaps Sudra, that Gonrhi Mishra composed his Sudracara. About himself, however, he says very little except that he 'vanquished in the Court of King Ramabhadra renowned scholars— योऽजैषीन्नृपरामभद्रसदसि प्रख्याततसंख्यावतः are-his exact words. Now Maharaja Ramabhadra with the Viruda (title) Rupanãrayana was the last but one king of the Oinavara family, son of the famous king Maharaja Bhairava Singh Harinarayana (S. N. Singh—*History of Tirhut*, pp. 78-79) Ramabhadra himself was a celebrated scholar and in his court there were such renowned scholars as Vãcaspati and Varddhamana, though both of them .were very old by 8th that time. If it was the court of this king Ramabhadra that the author of Sudräcära did vanquish, then really he must have been a gifted scholar, a man blessed with invincible divine powers. Here the story related in the Declaration fits in exactly. 8th No wonder Gonrhi Misra did create a school of his own towards the close of the 15th century and the 9th Master of that School, 9th in the descent from him, comes forward to challenge the scholars of Mithila in, say, about 1700 A.D. I, therefore, identify the founder of this school, with the author of Sudrcara and the victor of the court of the scholar king, Rambhadra.

MASTERS II AND III : M.M. MADHAVA S ARMMA (1520 A.D.,) M.M. ARIA. MADHAVA MISRA (1570 A.D.)

The next two names are the same and it is one of the commonest names. There is nothing to distinguish them except that with the first the Lady Logic is said to have lived long and the second is used in the reverential plural with the family title, Misra, and is given another title Aria which does not seem to be a Sanskrit but only a vernacular term. The real significance of this is not clear to me but I take it to be a variant of or at least in some way connected with Alayi which is the name of an important family of Maithilã Brãhmanas and to which family the second Madhava might have belonged. It is therefore purposely prefixed here to his name to distinguish him from his Master who also bore the same name.

Now as many as three Madhavas are known to me in their works. First of all is the author of Divyadipika (Raj Darbhanga Library Ms., Noticed in the first volume of the Mithilä Mss., pp. 225-226, No. 208 and 209) who was the son of M.M. Khantara Misra. There is another palm-leaf ms. in the Darbhanga Raj Library called Pratyaksalokadipika by Madhava where also the same Khantara with his three brothers Dinakara, Srikara and Srihari are eulogised. Both these Dipikas, therefore, may be taken to be the works of the same Madhava, Mädhava Misra.

There is another ms. in the Raj Library, Adbhutadarpana by name, which also is a work of Madhava but the Madhava calls himself the son of Raghunatha of the Budhabala family and mentions Matinatha as his elder and M.M. Govinda as the younger brother.

There is yet another Madhava with the surname Misra, who in the opening verses of his Bhedadipika (R.L Mitra, V. pp. 194, No. 1879) calls himself the son of Gadadhara and Srimati.

There is still one more Ms. in the Darbhanga Raj Library called Durgabhaktitarangini, which is also by Madhava, but here the author does not say anything about himself and hence it is impossible to identify him with any one of the three Madhavas described above.

In this state of things I find myself unable to identify these two masters with any of these authors. I have only assigned a period of fifty years to the first Madhava, the Master No. II, during which Lady Logic resided with him.

MASTER IV : M.M. SANAKARA SARMMA (1590 A.D)

The next name Sankara is equally, if not more, common and many Sankaras are mentioned in the History of Dharmasastras by M.M. Kane. At least three of them are quite well known to me. First of all, there is the famous Sankara, called Sankaramisra, the son of Ayachee, Bhavanatha Misra and the author of Kanadasutropaskara, Vadivinoda, Gauri-Digambara-Prahasana etc. But he belonged to generation or two older than even the founder of this school. Then there is another Sankara, called Sankara Jha or Ojha, the author of Smriti-Sudhakara, of family of Kunjapalli, which is popularly known as Kujauli. He mentions one Bhagiratha as his Master, and praises at the length in the beginning of this work Emperor Akbar and Raja Todaramall. He must therefore, be taken to be the disciple of the renowned author of the Jalada-Commentary on Udayanacharya's *Kusumanjali,* the elder brother of the founder of the Darbhanga Raj M.M.

Bhagirath Thakur, who was also called Megha Thakur and contemporary of Akbar. There is yet another Sankara called Abhinava-Pandita Raja who was the son of Pandita-Raja Raghunandana of the family of Baliasa, the celebrated student of M.M. Maharaja Mahesa Thakur who accompanied him to Delhi and there helped his Master in getting the Raj of Tirhut. This Sankara also must have been a contemporary of Emperor Akbar. Nevertheless, it is very difficult to say, without further light on the subject, if our Master IV M.M. Sankara Sarmma is the one of the other of the last two Sankaras or he is some other Sankara not yet known to me, but if he is either of the last two described above, then the date assigned to him quite reasonable.

MASTER V : YAJNAPATI UPADHYAYA (1610 A.D.)

This is the only name in this list of 13 Masters which is not mentioned here with any title, not even the customary title of Mahamrahopadhyaya though as a Sarayantri he must be assumed to have been a M.M. also. But to me the reason of this omission is clear. Yajnapati is a very famous name in the annals of Nyäya Darsana. Siromani in his *Chintamani Didhiti* quotes Yajnapati by name. There is in the Darbhanga Raj Library a very old ms, on palm-leaves which is a commentary called Prabha on Gangesa Chintãmani and is the work of Yajnapati, son of Sivapati of the famous family of Mãndnara. Siromair evidently quotes this Yajnapati who therefore must be taken to have flourished even before the founder of this school and hence cannot be our Master V. To avoid, therefore, any chance of mistaking our Yajnapati with the author of Prabha, the older M.M. Yajnapati, he is mentioned here simply by name without even the customary title of M.M., the title up adhyaya added to his name, being only his surname. Nothing can therefore be said definitely of him.

MASTER VI : M.M. PARASURAMA SARMA (1630 A.D.)

There is absolutely no data to identify the 6th Master of this school who is mentioned here in the plural number to suggest perhaps the old age to which he attained and the great veneration in which he was held.

MASTER VII : M.M. VAMADEVA SARMMA (1660 A.D.)

His is a famous name. He belonged to the family of Sarisaba and. was the son of M.M. Raghunãtha. He was, more- over, the daughter's son of Vaidika Visvambhara and daughter's son of M.M. Dämodara Thäkur, the elder brother of the founder of the Darbhanga Raj. Three of his works are known to me. They are (i) *Vaisesika-Rahasya,* (ii) *Smritidipika* and

(iii) *Ahnika*. The last named work was written for the sake of Lala Thākur who was the grandson of M.M. Maharaja Subhañkara Thākur who died in 1617 A.D. It was the great grandson of this Lālā Thākur who in 1785, became the Mithiles as Maharaja Madhava Singh Bahadur. The date therefore assigned to him in this chronology, i.e. 1660 A.D., fits in exactly with the history of the Khandavala family of Darbhanga Raj also.

MASTER VIII M.M. PITAMBARA SARMMA VIDYANIDHI (1680 A.D.)

With this 8th Master of this school I seem to have come on surer grounds and the light here becomes sufficiently clear to identify with precision all the remaining six masters all at once. With this Vidynidhi at its head, all the remaining five Masters of this school form not only one family by Vidyä (learning) alone, but by birth also and this declaration turns out to be the glorious page from the history of the Fanandaha family which dominated, ruled over, and shaped the intellectual life o Mithila for more than a hundred years. I cannot do better than reproduce here the relevant portion of the genealogical table of the Fananadahas from which all these six Masters including the maker of this declaration will appear clearly to have been born in almost a single family. I have said almost because of the Master XI Vamsadhara who was Vidyanidhi's daughter's son and therefore of a different, Darihara, family.

It is not my purpose to extol in this paper the glories of the Masters of the Fanandaha Family, nor to write here a history of the Fanandahas. Only the life and time of the third son of Vidyanidhi, M.M. Gokulanatha Upadhyaya, will require more than one such paper to do justice to it. There is no longer the problem of identification; the point fixed has been reached and the age of the remaining masters can very well be fixed. Let us now read therefore the declaration itself and see what virtue, excellences and exploits, the humble maker of this declaration claims for the father, grand-father and great-father.

M.M. Pitambara has been called in the declaration. *"Vidyanidhi-Padankita"*(marked, decorated with the title "Ocean of Learning"). It is exactly the phrase in the Maithila Panji also. It seems therefore, to have been the title by which he was known all over the country in his own days as Bhavanatha was known as Ayachi and Jayadeva as Paksadhara even during their life times. Very possibly he was 'decorated' with this title by the Assembly called to test him is Sarayantra. Anyway, the title show the high position held by him in the realm of scholarship.

The other title, however, by which Pitambara has been

distinguished. *Madhyandina-Murdhanya,* is a new one. It means. 'Head of the Madhyandinas' who are popularly known as Vajasaneyins, followers of the Madhyandina Sakha of Sukla Yajurveda. I have not come across any scholar distinguished with this or a similar title. I therefore suppose that this phrase was coined by M.M. Datta Jha himself. The implications however are clear. Vidyãnidhi is declared to have been the most orthodox follower of the Vedic Sakha that he professed, the truest Brãhmana of his times. This stress on Vedic learning is meant perhaps to distinguish him from his renowned son who is known all over Mithilã to have had Tãntrika learnings, though the declaration is silent about it.

MASTER IX M.M. GOKULANATHA UPADHYAYA

Even if Vidyanidhi was great as an 'Ocean of learning' or as an orthodox Brahmana, he was greater for being the father of four such renowned sons, chiefly the ninth Master of the school of Gonrhi Misra, still known all over Mithila as Gokulanatha Upãdhyãya. Lady Logic, without the appellation "Vidya", is introduced in a new sentence, as if anew, to Gokulanatha by his own father and there is no other title to this Master except the customary Mahamahopãdhyaya and the reverential plural. Then follows a long description of the life's work of that great *savant* which is said here to have been threefold, namely,

(i) to discredit Sromani and with that end in view,

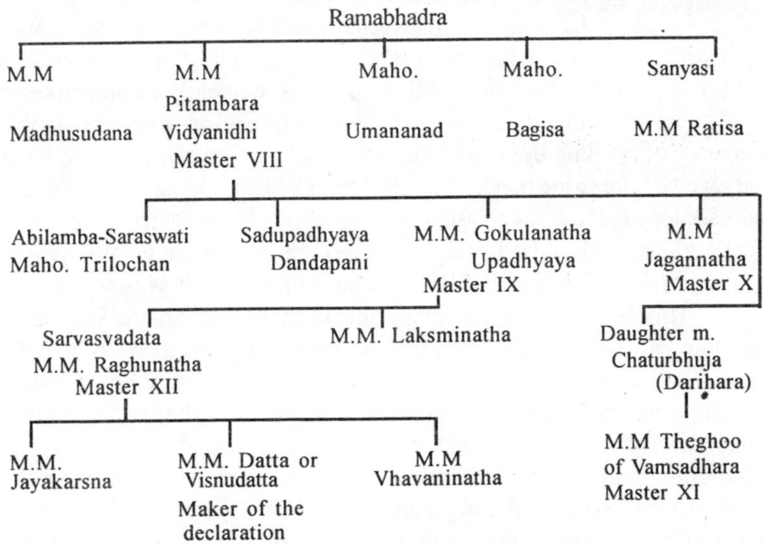

(ii) to compose a large number of theses chiefly on Nyaya, and
(iii) to teach as a true Master.

The first of those is mentioned so very clearly and unambiguously in the declaration that it seems to have been the one aim of the Master's life, indeed, the principle upon which the school was founded; and this reminds us of the story, so often told, of Jayadeva called Paksadhara, the Master and Raghunãtha, called Siromani, the pupil. The pupil is said to have openly challenged the Master as a consequence of which he was driven away from Mithilä, but he seems to have carried away with himself the leadership in the speculations of Nyäya from Mithil a to Nuddeä where he refuted with force, in his commentary called Didhiti on Gangesa's Chintamani many of the conclusions of his Maithila Guru, Jayadeva, contained in the Aloka. This commentary Didhiti became in course of time so very popular and tended to supplant all the older works on Nyäya so very completely, that it became later on the life's work of not a single school but of many schools of Maithilã Naiyäyik as refute the objections raised by Siromani. Side by side with this school of Gonrhi Misra at least in its early stages, there was the school of the Ghusotaya Thakurs of whom M.M. Madhusudana composed his different *Kantakoddharas*. But all was of no avail and within less than 200 years from the date of this declaration, no student of Nyay in Mithila is seen taught either Aloka or Darpana much less the highly-praised Siddhanta-Tattva but only Didhiti with the various other commentaries Jagadsi, Mãthuri, Gadadhari, etc. Nevertheless we have here in this declaration a clear hint as to the motive with which these old Masters worked I during their days. Very possibly the school founded by Gonrhi Misra, who was evidently a contemporary of Siromani, became the training ground in Mithila for young Naiyayikas in the art of refuting the arguments and conclusions of Didhiti, and it can very well he supposed that in his many theses M.M. Gokulanatha embodied the essence of all the speculations in the realm of Nyaya carried out during the previous two hundred years by all the eight Masters of Gonrhi Misra's school, perfected and embellished by himself, the ninth Master.

This brings us to the many theses that Gokulanätha composed and they are so widely known that we need not pause here to describe them. His grandson, M.M. Datta Jha the maker of this declaration, names *Siddhãntatattva* as his magnum opus which is perhaps the same as *Siddhantatattva-viveka* (Aufrecht, II. 172 and R.L. Mitra, V. 201) or *Nyayasiddhantatattva* (Aufrecht, I. 158). Gokulanätha, however, was a most prolific writer and composed works,—and learned works they all are said to be—on almost every subject such as "Nyãya. Vedanta,

Literature, Poetry, Astrology and .Rituals, so much so that there, is a .work of. his called Parasiprakasa in which the Sanskrit equivalents of Persian words are given" (Kavirahasya, p. 74).

But more than anything else, Gokulanatha was famous as a Master and indeed in his days, his native home in the celebrated village of Mangarauni near Madhubani had veritably become in Mithilã the place of pilgrimage for all seekers of knowledge in all its branches, a University of the modern days, as Nuddea wal in Bengal or the holy city of Kasi of eternal fame. All the famous scholars of those days had sat at his feet and even today there will be few Panditas, very few indeed, who, when they trace their descent-by-learning, do not betray their origin to Gokulantha Upadhyaya.

The Sarayantra Test of Gokulanatha Upadhyaya has been very vividly described in the *Kavirahasya* on page 74. Tradition in Mithilã points him out as the last Sarayantri, the last scholar of Mithilã, who was actually tested by the public. In the declaration on the other hand three more sarayantrie are described and the fourth is the maker of the declaration himself, an aspirant for that honour, who though fourth in descent-by-learning was only the grandson of Gokulanatha. Other can, however, be reconciled by taking the later Sarayantra Tests to have been held in the 'learned assemblies of Panditas in which the public took little or no interest. Anyway, the declaration is clear as to how the Guruship of this school, descended from one master to the other for almost a hundred years after the passing away of Gokulanãtha and all these Gurus Masters, must be regarded as the leading Naiyãyikas of their days, if not the greatest in the whole of Mithila.

It may be observed here that in the declaration one long and independent sentence has been given to describe Gokulanatha who is said to have 'flourished' on this earth. Is it a hint from M.M. Datta to regard his grandfather as *the Master* among all the 13 masters of that school ? Indeed, he is one of' the proudest names in the annals of 'Maithila scholarship'.

MASTER X : M.M. JAGANNATHA SARMA

The Great Master is .very possibly denied a long life. He does not live long enough to train his own son but he is survived by his younger brother whom he could train and polish, M. M. Jagannatha Sarma, the 10th Guru of this school who is said in the declaration to have received Vidya (Knowledge) from Gokulanatha. This Jagannatha. must have been a. scholar of very high eminence, a really talented teacher to have kept up the tradition of the Great Master unimpaired, a worthly successor of the Great Master, because Mangarauni still continues to be a University. The school of Gonrhi Misra does not 'pass away, does not even fade in glory with the passing away of the Great Master. Pupils are still trained here to celebrity, important works are still being composed here, and what appears more clearly in the next generation, this holy place, now almost a permanent resort of Vidyä, knowledge, attracts, Sri Grandeur, also. Really, Mangarauni has witnessed feats too kingly even for the Kings. But of this with the 12th Master.

Only one work of Jagannätha is known, a drama Atandrahandrika,. which is said to have been composed for Raja Fateh Sah, (Aufrecht, Vol. I, p 196) indeed the same Fateh. Sah of Garhwal who patronised Gokulanatha also. So Jagannatha seems to have accompanied the great Master during hy sojourn at Garhwal where he is said to have composed seven of his works of which Ekavali is only one. No other work of Jagannatha, however, is known.

In the declaration Jagannatha has been called the second Jagannatha. This is perhaps suggestive of the sanctity attaching to his name on account of the holiness of his life, the great veneration in which he was held all over the land by all, equally for his deep learning as for his noble living.

MASTER XI : M.M. VAMSADHARA SARMA

M.M. Jagannätha must have lived long to have succeeded to the Guruship on the passing away of his elder brother and then to have trained to such perfection our next Master M.M. Vamsadhara. His is a famous name. (Aufrecht, I. 547) mentions three of his works of which Nyayatattvapariksa (R. L. Mitra, V. 193) contains in the two introductory verses very valuable information which tallies exactly with the story told by this declaration. Here Vamsadhara states to have begun learning Nyay a from Suri (Sage) Gokulanätha which he perfected with his younger brother Jagannatha and both of them he calls his maternal uncles, Mattulat (from my materinal uncle) is his exact word. This Ms. was copied in 1187 fasli equivalent to 1780 A.D. The other work Vidhivada (R. L. Mitra, No. 2362, Vol. VII, p. 132) does not throw any light on the subject.

M.M. Vamsadhara, who was also called Theghoo, appears from the Maithil Pafnjis to have been the son of Chaturbhuja of Darihara family, and daughter's son of M.M. Pitambara Vidyanidhi. His family surname therefore must have been Upadhyaya or simply Jha and the title Misra added to his name by Aufrecht is perhaps reminiscent of his renown as a Vedāntin, because only the masters of both the Purva and Uttara Mimansas were called Misras in Mithila originally. However, from the Panjis we gather that Vamsadhara had three sons, Citradhara, Dharanidhara and Rudradhara and a daughter's son, Acala of the Budhabala family and all four of them are styled Mahãmahopãdhyayas.

MASTER XII M.M. RAGHUNATHA SARMA

M.M Vamsadhara is said in the declaration to have imparted Vidya, knowledge, to the son of Gokulanātha, our twelfth Master, who happens to be not only the father but also the Guru of the maker of this declaration. There is the word 'Sri' prefixed to his name. This may be taken to mean that Raghunatha was alive when his son challenged to take up Sarayantra as in Mithila it is a custom to use 'Sri' with persons alive.

But this is improbable in face of the clear words of the declaration that the old Masters are no more. Thus it may have been used to suggest the kingly disposition of Raghunãtha, the grandeur of his life. But it is the other adjective clause that is significant and shows him a prince among scholars. Here Raghunatha is said to have "thrown into shade the glory of Karna by his series of all, gifts." Maithil Panjis style him a. *Sarvasvadata*, maker of the gift of his all. Tradition says that Raghunatha made 'the gift of his all' not only once but thrice and this finds support from the phrase "*Dana-Santana*" ('series of Danas') of the declaration. It s said that after performing the Dana every time in a right royal fashion, Raghunatha left his native land, toured all over the country and by virtue of his noble birth and vast scholarship, plain living and high thinking, integrity of character and. exemplary manners, he found patrons everywhere whom his fame, traveling before him, had captivated and who felt proud to confer riches upon him, which all he took to his native village of Mangarauni to give away in the strict *sastric* manner. What a kingly disposition ! What a clear realisation of the vanity of human possessions ! What a love of one's birth place ! This is why I have stated earlier that Mangarauni is justly proud of having witnessed such princely acts of charity as may perhaps be considered 'too kingly even for the kings.'

MASTER XIII : M.M. DATTA SARMM A.

M.M Raghunatha had three sons, all of 'them Mahamahopadhyayas and evidently, the second of them, M.M Datta Sarma, was the most outstanding of all to have been nominated the Master of the school by their father who must have been their Master also, but which is not mentioned clearly in the declaration. This thirteenth Master of Gonrhi Misra's school and 6th since the days when it was established permanently at Mangarauni is an aspirant for the honour of a 'Sarayantri' and makes the declaration which is the subject of our first study.

The terms in which MM. Datta Jha, for so he must have been called, speaks of himself are full of humility. Even in the absence of the Masters of by-gone days, he, coming after so very many intellectual giants, feels himself too low to aspire for an honour so very much coveted by the Gurus of yore. He does not find himself equal to the task. But he must keep as the tradition of the school, must maintain the tradition of the family, must prove himself worthy of the rich legacy left to him and challenge the Pandita-land of Mithila as the greatest Naiyayika of his time as his predecessors had done in theirs. There can absolutely be no doubt that M.M. Datta Sarma came out successful in the Test and was declared a 'Sarayantri', perhaps the last Sarayantri, not only of the school of Gonrhi Misra but of the whole Mithila.

There remains now only the date of this declaration to fix, but it is not difficult to fix the dates of the Master coming after Gokulanätha, This declaration was made by the grandson of the Great Master, who was, however, fourth in descent-by- learning from him. It cannot, therefore, be too wide of the mark if we take 80 years to have intervened between the Sarayantra Test of Gokulanätha and the making of this declaration. It is valuable to note in this connection that though M.M. Datta Jha did not leave behind any issue, his younger brother M.M. Bhavaninatha has his great-great-grand children flourishing at the present day. This supports the date assumed for the declaration.

This is the Vijnapti of a Sarayantri which we have read and this is the story in brief this declaration unfolds to us, which is corroborated in almost every detail from entirely different and independent sources. There are points which are not clear and require more light. But even as it is, it is a glorious page from the history of Mithila, not the legendary history of the prehistoric days but the true story of the Panditaland of Mithila only two hundred years ago. And when we remember that it was not the only school of its kind, nor the most renowned, nor even the oldest, we are really filled with pride at the heights of eminence reached by these Maithilas in the realm of Vidya, knowledge or scholarship. What a strange contrast, it is nothing short of irony of Fate, that the descendants of this race of scholars should have no place left to them even in their own home, that Mithila, Maithila or Maithili should not be recognised as such in the Province of Bihar.

P.S.—Since I submitted this Paper, I have come across another copy of the same Declaration in exactly the same words from the possession of one Pandit Modanand Jha, a celebrated, Panjikar of Shivnagar in the district of Purnea. This lends support to my view, not then elaborated in my paper, that this was perhaps circulated by M.M. Datta Jha, the would-be Sarayantri, among all the renowned scholars of his day to apprise them of his intention to take up Sarayantra on that Particular day.

(All India Oriental Conference Banares, 1943-44)

Jyotiriswara : His Identity And Age

In the annals of modern Indo-Aryan Languages, the name of **Acharya Jyotiriswara Thakur**, called the **Kavisekhara**, stands pre-eminently as a pioneer of great force and excellence. His immortal work, **Varna Ratnakara**, is the earliest undisputed literary specimen of Maithili, and as Dr. Sunitikumar Chatterji has stated in the introduction to his edition[1] of that work, it is "one of a comparatively small number of authentic works in a Modern Indo-Aryan language" which goes so far back.

It is, however, sad to reflect that both the identity and the age of this pioneer in the realm of vernacular literature of Northern India should still remain unsettled. About his age the two learned editors of ***Varna Ratnakara***, **Dr. S. K. Chatterji** and **Pandit Babua Misra**, have expressed divergent views in the separate introductions to their joint edition of that work. About his identity there is no complete knowledge. In the introduction to his edition[2] of the poems of **Vidyapati** Mahapandit Nagendranath Gupta stated that according to a tradition current in **Mithila, Jyotiriswara** was a brother of **Vidyapati's** grand-father, **MM. Dr. Umesa Misra** in his paper on ***Maithli Sahitya***[3] and ***Pandit Babua Misra*** in his introduction[4] to **Varna Ratnakara** do not touch this point; Dr. Jayakanta Misra in his History of Maithili Literature[5] expresses his doubt about the correctness of this tradition. Still we find that in the absence of a clear refutation, the tradition given currency by the Mahapndita still holds the field and people take this for granted. We do not know who advanced the view first of all which took the form of a tradition in Mithila but whoever he was, this much is quite certain, as we shall see later on, that this has no foundation in fact.

1. Varna Ratnakara edited in Bibliotheca Indica by Dr. S. K. Chatterji & Pandit Babua Misra, p. XXXVII
2. Published by Vangiya Sahitya Parisad, Calcutta, 1316 Bengali Fuslee year, p. VI
3. Hindustani of Allahabad, Vol. IV, Part. I January 1934.
4. His introduction to Varna Ratnakara, pp. 5-6.
5. A History of Maithili Literature, Vol. I, p. 121.

This is all the more surprising because unlike many other celebrated writers of much later dates, the **Kavisekhara** has furnished us with detailed information about himself and his family. Vidyapati who flourished almost a century later does not tell us anything about himself, his ancestors or his family. Yet we have identified him beyond a shadow of doubt. The **Kavisekhara** has given us his own name and titles, the names of his father and grand-father and the name of the village of his birth. In the name of his patron, there is a difference in the various manuscripts of his work and this has given rise to the divergence of views about his exact time; but on the basis of his family relationships even that can be settled and his age fixed with approximate exactitude.

In his Sanskrit work on Erotics, '***Panchasayaka***': and facial drama ***'Dhurtasamagama Prahasana,'*** Jyotiriswara gives his full name with his titles, but again and again he refers to himself simply by his title Kavisekhara. In ***Varnaratnakara*** also he gives us his full name with his titles at the end of each chapter which he calls ***Kallola***'; still in the closing verse here also, he calls himself simply the ***Kavisekhara***. It is clear, therefore, that though he was named Jyotirisvara and his family title was ***Thakur***, he was popularly known by his title ***Kavisekhara*** which was perhaps, conferred upon him by the then reigning king of Mithila. The title Acharya denotes his profession and though teachers are generally designated Upadhyayas, the title Acharya may denote excellence in that profession. This title, however, is not common but there are many distinguished persons mentioned in the Maithil ***Panjis***, who are so designated.

In the prologue to ***Dhurta-Samagama Prahasana, Jyotirisvara*** described himself as the son of **Dhiresvara** and the grand-son of **Ramesvara**. It is this name of his father with the family title of Thakur that has given rise to the misleading identification of **Jyotirisvara** with the brother of **Vidyapati's** grand-father. We know that the great-grand-father of **Vidyapati** was **Dhiresvar Thakur**[6], called ***Maha-Vartikanaibandhika***. This **Dhiresvara** was the younger brother of **Viresvara**[7] and **Ganesvara**[8],

---

6. In the genealogical chart appended to his introduction on page XIX, Dr. S. K. Chatterji has committed a blunder in omitting the name of Dhiresvara altogether. He mentions Jayadatta as the third son of Devaditya though Jayadatta was not the son of Devaditya but was the son of Dhireswara who was the son of Devaditya.
7. For Vireswara, see the introductory verse 9 to 12 of Krityaratnakara in Bibliotheca Indica.
8. For Ganeswara, see the introductory verses of Sugati Sopana (R. S. Catalogue No. 1868). For Vireswara see Alasakatha (Tale No. 8) of Book I. For Ganeswara see Subuddhikatha (Tale No. II) of Book-II.

both ministers of peace and war, ***Sandhivigrahika***, of ***Maharaja Harisinghadeva***. In ***Vidyapati's Purusapariksa*** there are anecdotes about both of them. As *Jyotiriswara* was also a **Thakur** and the son of a **Dhireswara**, people have, I believe, taken him to have been the son of **Dhireswara** the ***Mahavartika Naibandhika,*** and thus a brother of Vidyapati's grand-father Jayadatta. This is probably absurd, because **Mahavartikanaibandhika Dhireswara** was the son of **Devaditya** but **Jyotiriswara's** father **Dhireswara** was the son of Ramesvara.

In the same prologue to his Sanskrit ***Prahasana Jyotirisvara*** states that the place of his birth was **Palli** "which was at the top of the category of Mahasasanas" which, I believe, came to be known as ***Perganas*** later on his exact words. I regret that the proper significance of this statement has been completely missed even by those who should have known better. This is still a flourishing and very big village under the police station **Benipatti** in **Madhubani** subdivision of Darbhanga district and is situated some four miles north by west of ***Bisapi***, the ancestral home of **Vidyapati**. In the Panjis promulgated in Saka year 1248, the different families of Maithil Brahmana were called by the names of the villages of their birth and origin, called their ***Molagrama.***

Dr. Jayakanta Misra does not seem to know the entire scheme of ***Panji-Prabandha*** when he says that "We should not expect **Molagramas** (probably an earlier thing) and ***Panji*** names at the earliest stage".[9] In fact, ***Molagramas*** were the earliest thing evolved to group together different members of the same family or the different families of the same origin scattered about in course of time. Similarly, **Pandit Babua Misra**[10] shows his unacquaintance with the vast ***Panji*** literature of Mithila when he states that ***Kavisekhara's*** name does not find place in the **Panjis**.

The learned **Pandit** goes still further and states that the ***Kavisekhara*** has not mentioned his ***Molagrama*** in any of his works. He has obviously missed the significance of the phrase in the prologue of ***Dhurtasamagamaprahasana*** which I have already quoted. I am however in a position to state categorically that in all the **Panji** books of **Mithila** there is actually mentioned, in the family of Brahmanas called after the name of the place of their origin ***Palli*** or its vernacular form **Pali**, a person of great eminence Kavisekhara ***Jyotis*** or ***Jyotiriswara***. In later books he is mentioned simply by his title **Kavishekhara** but in older records his name also is given, some times in its brief form **Jyotis** and sometimes fully as **Jyotiriswara**. There is thus no doubt whatsoever about his identity.

9. History of Maithili Literature, vol. I, p. 121, Note No. 81.
10. His introduction to Varna Ratnakara, pp. 5-6.

The ***Panjis*** of Mithila, I may be permitted to explain here, are the collected and consolidated genealogies of all the Brahmanas of Mithila. In order to avoid the danger of marrying within prohibited degrees of relationship enjoined in the **Smritis**, the Brahmanas of Mithila collected their genealogies as far as they were known to them and consolidated them into what they called ***Panjis*** in the Saka year 1248. These **Panjis** were then handed over to some of the leading scholars of the time to keep up-to-date and issue to the intending parties to a marriage a certificate to the effect that they did not fall within the prohibited degrees of consanguinity. Since then these ***Panjis*** are being kept by persons who are called ***Panjikaras*** and their certificate is still regarded as absolutely necessary for the final settlement of Maithil marriage.

Even from this brief description two facts must be quite obvious. First, there must have grown up a vast literature of ***Panjis*** in course of these six centuries and more. There is no ***Panjikara*** in the country who can boast of having the entire Panji literature from the earliest times to the present day. Each one of them has the records only of those parts of the country or of those families that they serve. As these ***Panjikaras*** carry on this business as a profession, which has become almost hereditary, in order to maintain themselves, they guard their books most jealously and never allow any one to have access to them.

Fortunately for the **Darbhanga Raj** Library, I have been able to procure some six volumes of ***Panjis*** consisting of about 2000 palm leaves and I feel bold to assert that I am the only person to have worked upon these ***Panjis*** in a historical spirit, trying to find out little bits of information regarding the history of Mithila and Maithil culture in the ***Panji*** literature of the land.

The other point which must be obvious from the brief description given above is that though the ***Panjis*** were promulgated in the Saka year 1248, they do not begin actually from that date. Persons living at that time must have given their genealogies as far as they knew them and in the cases of all respectable families, these ***Panjis*** invariably go back at least to six generations and in some cases still further back. We know what a great part ***Sapindaship*** plays in the Hindu ***Dharmasastras*** not only in connection with marriage but also in connection with many other things. Unless one knows his six ancestors, how can he decide Sapindaship? This aspect of the ***Panji*** literature has completely been missed both by ***Pandit Babua Misra*** and ***Dr. Jayakanta Misra*** in their treatment of Jyotiriswara's time and identity.

I must however confess that only a very small fragment of the vast ***Panji*** literature has yet been available to me and on the basis of this small fragment I am not yet in a position to explain every fact. But even this small fragment has been enough to bring to light the identity and age of ***Jyotirisvara*** beyond a shadow of doubt. In the family of Maithil Brahmanas who claimed their origin in the village of ***Pali***, there was a branch that migrated in course of time to another village called Abarajhatta and persons born in that family are said in the ***Panjis*** to belong to ***Abarjhatta-Pali***. From numerous references to this branch of the ***Pali*** family it is clear that persons of that family had Thakur as their family title which denotes in the ***Panjis*** ownership of lánded property or what we would call Zamindars. One of these ***Thakurs*** was ***Jyotis*** or ***Jyotiriswara*** who is invariably called ***Kavisekhara*** and in later ***Panji*** works his name is altogether dropped and he is mentioned simply as ***Kavishekhara***. I have not been able, with limited amount of ***Panji*** literature available to me up till now, either to trace out his descent or fix up this ***Abarajhatta*** branch in the main line of the Pali family to which, the great jurist of Mithila, ***Vachaspati Misra***, belonged or to which the late ***Dr. Sir Ganganatha Jha*** belonged. For that I must wait for an access to a more copious and more ancient ***Panji*** literature specially dealing with the ***Pali family***. But even the title that has been available to me confirms the identity of ***Jyotirisvara Thakur, Kavisekhara***, and it is quite certain that ***Kavisekhara Jyotis*** or ***Jyotirisvara*** mentioned repeatedly in the ***Panjis*** in the family of Abarajhatta Pali was the celebrated author of the immortal ***Varna Ratnakara*** who in the prologue to ***Dhurtasamagama Prahasana*** calls the village of ***Pali*** as the place of his origin. Moreover, I find in the ***Panjis*** a fuller description of his descendants and by noting their marriage relations and analysing their connections, I feel sure I can throw a flood of light on the age in which he must have flourished.

Kavishekhara Jyotirisvara was married to the daughter of one **Durgadasa of Bhanabala** family. I cannot say if he had any son but he had at least one daughter who was married to one **Sivanatha** of **Gangaura** family. **Sivanatha** was the son of Ramanatha who was the son of Mahamahopadhyay Harinatha. This Harinatha is an important figure in the cultural history of Mithila. It was his marriage within prohibited degrees that was one of the glaring instances of gross violation of time-honoured marriage laws that opened the eyes of the leaders of ***Maithil*** society and led to the ***Panji-Prabandha***. Tradition ascribes the authorship of the famous law-digest, ***Smriti-Sara***, to him. As the ***Kavisekhara's*** daughter was married to **Mm. Harinatha's** son's son, it is clear that the ***Kavisekhara*** was junior to the ***Mahamahopadhyay*** by at least one generation. If this **Harinatha** was really the author of ***Smriti-***

Sara, he was senior to, even if a contemporary of, the famous philosopher of Mithila, **Gangesa**, because **Gangesa** has controverted[11] the view of the author of Smriti-Sra in the fourth book of his famous *Tattvachintamani*. *Shivanatha'* the grand–son of **Mm. Harinatha**, had Iwo of his daughters. both by the daughter of **Kavisekhara**, married, one after the death of the other, to one **Ruchi Sarma** of **Sankona** family. This **Ruchi** was the grand-son of **Mm. Harihara Misra** also called **Dharmadhikaranika**. I think it is this **Dharmadhikaranika** Harihara who has been so frequently quoted with reverence by all the early *Nibandhakaras* of Mithila including Harinatha. This **Harinatha** had three wives and the youngest son of his last wife was one **Harisarma** who had three sons, the eldest was **Rama** and the youngest was **Ruchi**. **Rama**, the eldest, was married to the daughter of one **Medo of Pabauli** family who was married to the daughter of Viresvara, the minister of war and peace of Maharaja Harisinghadeva. The son of this *Viresvara* was the famous **Chandeswara** who wrote the great **Ratnakara** divided into seven parts. According to his own testimony'[12] he performed the gift of a Tuladana i.e., his weight in precious metals on the bank of the river Vagvati in 1236 Saka. that is, twelve years before the *Panjiprabandha*. Now among the three grandsons of **Harihara Misra**, the eldest Rama was married to the daughter of **Viresvara's** daughter and the youngest **Ruchi** was married to the daughter of Jyotirisivara's daughter. It is. therefore, quite obvious that the **Kavishekhara** was a contemporary of **Viresvara**. All that we can presume about their respective ages is that the **Kavishekhara** was probably junior to Viresvara, but there can be no doubt about their contemporary. It is, therefore, certain that the **Kavishekhara** was a contemporary of Maharaja **Harisinghadeva** whose minister of peace and war **Vireswara** was.

Ruchi Sarma who was married to two of the grand-daughters (daughter's daughters) of the **Kavishekhara**, left a large number of sons and daughters. One of his grandsons, son's son, was a **Dharmadhikaranika** and one of his sons was married to the daughter of **Shivai Thakur** of **Oinbara** family. **Shivai** was the son of **Harakhana** who

11. I am indebted to Pandit Dinesh Chandra Bhattacharya, a retired professor of Chinsura for this information. Under Vidhivada in Tattvachintamani there is a passage which according to both Haridasa and Mathuranatha was the view of Harinatha. Under there is actually a passage-Here Gangesa, as usual, has quoted the view of Harinatha in an improved from (Pariskriya) using the better term Hinsa for Vadha.
12. Last verse, Mitra VI, 134.

was the younger brother of **Rajapandita Kamesvara** Thakur — the founder of the Oinbara family of Maithila Kings.

I can cite a large number of such marriage relations to prove the exact age of the **Kavishekhara** but I think it is useless to pursue them because I cannot cite anything more conclusive than his contemporary with **Vireṣwara**. Nevertheless I cannot resist the temptation of giving details of only two of the many marriage-connections that will throw a flood of light on the subject. **Ruchi Sharma** had a daughter who was married to one **Vira Thakur** of **Khandabala** family in its **Ekamba** branch. **Vira's** grand-father was **Balabhadra** who was the son of **Varddhamana's** daughter. This **Varddhamana** belonged to **Chhadana** family and to this **Chhadana** family the great **Naiyayika Ganesha** belonged. **Varddhamana** calls himself the son of **Ganesha**. In none of my Panji books it is expressly mentioned that this **Varddhamana** was the son of **Ganesha**; still I think that he is no other, not only because he belongs to the same **Chhadana** family to which **Ganesha** belonged but for another weightier reason. In my ***Panji*** **Books, Varddhamana** is called '***Upaya-Karaka Mahamahopadhyaya***'. The works of **Varddhamana** are called **Prakasas** and not **Upayas**. But in his paper[13] on **Tvantopadhyaya**, Prof. **Dinesh Chandra Bhattacharya** has reproduced the contents of an old palm-leaf which contained a most interesting book list. Again and again in this list, the works of **Varddhamana** are called ***Upayas***. This is a clear evidence to show that ***Varddhamana's*** work were called ***Upayas*** also and therefore the **Upayakara Mm. Varddhamana** of my **Panji Books** turns out to be the great philosopher **Varddhamana**, son of **Ganesa**. To the grandson of **Upayakara's** daughter's son was married the daughter of **Kavisekhara's** daughter's daughter. Thus **Varddhamana** himself was at least one generation older than the **Kavishekhara** and therefore **Ganesha** was still more so. Since Ganesa has controverte the views of the author of ***Smritisara***, *Harinatha* the author of ***Smritisara*** must have been much older than the **Kavishekhara**. It is, therefore, not quite clear if **Harinatha** the author or Smritisara was the same person as Harinatha whose marriage within prohibited degrees of consanguinity led to the *Panjiprabandha* and to whose son's son was married the daughter of **Kavishekhara Jyotiriswara Thakur**.

Another daughter of **Ruchi Sarma** was married to one **Pure** of **Baliasa** family in its **Chando** branch and the daughter of **Pure** was married to one **Vidyapati** of **Nikuti** family in its **Harisinghapur** branch. This **Vidyapati** was an important person and belonged to a family of

13. Journal of the Ganganath Jha Research Institute, Vol. V. Part 1, pp. 15-16.

Puspabhattas which was some important office of the then kings of Mithila. The father of this **Vidyapati** was **Puspabhatta Govinda** and **Govinda's** father was **Puspabhatta Supana.** A daughter of **Supana** was one of the wives of Maharaja **Ganeshwara** of **Oinbara** family. Of **Puspabhatta Vidyapati** himself two daughters married were in the **Oinbara** royal family. One of his daughters, **Mahadevi Ratna**, was the third of the six wives of Maharaja **Shivasingha**, the celebrated patron of the great poet Vidyapati and another of his daughters, **Mahadevi Hridayavati** was the first wife of **Shivasingha's** nephew, **Maharaja Dhirasingha Hridayanarayana**. From this also it would appear that the **Kavishekhara** must have flourished almost a hundred years before **Maharaja Sivasingha**.

Thus, from the ***Panji Books*** in my possession I have been able to gather that

1. In the family of Maithil Brahmanas called "*Abarjhatta Palī*" was a **Kavishekhara** whose full name was **Jyotiriswara Thakur** but who was called briefly **Kavishekhara Jyotis**.
2. One of his daughter's daughters was married to **Ruchi Sharma** of **Sankona** family. **Ruchi's** eldest brother was married to the daughter's daughter of Viresvara, a minister of peace and war of Maharaja **Harisinghdeva.**
3. Two of the descendants of **Kavishekhara's** daughter in the fifth generation i.e. his daughter's daughter's daughter's daughter's daughters, were married to Maharaja **Shivasingh** and Maharaja **Dhirasingh,** both of them being immortalised by the great poet **Vidyapati.**

(Bihar Research Society Journal] 1951)

Paramahamsa Visnupuri : His Identity and Age

In the annals of the religious history of Mediaeval India, the name of Paramahamsa Visnupuri stands very prominent. Few leaders of religious thought have wielded such an influence and attained to such a celebrity as this Sanyasi and his Necklace of Devotional Gems, Bhaktiratnavali, has, indeed, inspired devotees throughout the whole of Aryavarta from Assam up to Gujerat. He is rightly regarded as a pioneer of Bengal Vaishnavism and legends have been woven round the title he was pleased to give to his literary composition which is a very apt, and, if I may be permitted to say, inspired culling from the great Bhagavata which is the *magnum opus* of the Bhakti movement of mediaeval India. The history of Chaitanyism is replete with the praises of this scholar Sanyasi and there is hardly any work connected with the life and teachings of the Mahaprabhu composed during the last four centuries which does not eulogise the impetus given by Visnupuri and his Necklace of Devotional Gems to the new form of Bhakti-cult which swept the whole of Hindustan in the early years of the 6th century.

It is, however, not a little surprising that we should-know so very little of this Paramahams a with any degree of definiteness. The very name by which he was known before he donned the garb of a Sanyasi and assumed the new name Visnupuri is a matter of dispute. In the introduction to the Calcutta edition of Bhaktiratnavali (published in Calcutta in the Bengali year 1318 with a translation. Bengali verse by Pandit Manomohan Bandopadhyaya) his name is given to be Visnu Sarma. Mr. Manju Lal Majumdar, however, in his paper published in the Hindustani of Allahabad in 1938 (Volume VIII, Part I) calls him, on the authority of Hindi Visva Kosa, Vaikuntha Puri. As regards the order of Sanyasa to which he belonged, Rai Bahadur D. C. Sen, in his "Chaitanya and his Companions," calls him a Madhava ascetic. Professor S. K. De in the introduction to the Padyavali of Rupa Goswami proves him to have belonged to the Dasanama order of Sankarite Advaitins; while Mr. M. L. Mazumdar, in his paper referred to above, opines that perhaps he was a follower of Nimbãrka. Then, again, according to Krisnadas Kavirãja, the celebrated author of "Chaitanya Charitamrita," he was a disciple of Mädhavendrapuri ; but, according to Kavikarnapura, the famous writer of Gauda-Ganoddesa-Diplka, he was a disciple of Jayadharma

About the age in which he flourished, all we can say with definiteness is that he preceded Lauria Krisnadas who is said to have translated the Necklace of Devotional Gems, Bhaktiratnavali, in Bengali some time in the 15th century. It is, therefore, almost certain that he came before Mahaprabhu Chaitanyadeva. But there are two widely divergent views about the period that separated them two. Those who believe Kavikarnapura and regard him as the disciple of Jayadharma, place him long before Chaitanya, a couple of centuries according to some, on the ground that the Mahäprabhu was seventh in descent from Jayadharma in the line of discipleship. There are, however, others who place their reliance upon the words of Krisnadasa Kaviraja and, taking him to have been the disciple Mãdhavendrapuri, make him a contemporary, though an older ones of Chaitanyadeva. There are legends prevalent among the Vaisnavas of Bengal supporting both the views, but there is a very strong tradition to the effect that Visnupuri had met Chaitanyadeva, though Professor S. K. De regards this tradition as a pure myth. Dr. B. B. Mazumdar, in his monumental work in Bengali called Shree 'Chaitanya Chariter Upadana", surveys the ground covered by the protagonists of both the views in a masterly fashion and proposes a compromise to the effect that Visnupuri was probably a disciple of Jayadharma but that he might have lived a very long life and could thus have found favour with Madhavendrapuri and Chaitanyadeva also.

The confusion is, however, worse confounded by the presence of two couplets at the end of some of the MSS. of Bhaktiratnävali reproduced in both the published editions of the work, namely the Calcutta edition referred to above and the Allahabad edition in the Sacred Books of the Hindus series, Volume VII. These couplets give the time and place of the completion of the work and state that Bhaktiratnvali with the commentary, Kantimala was completed on Tuesday, the 2nd day of the bright half of Phãlgun in the Saka year 1555 (equivalent to 1632 A.D.) in a temple of Hari near that of Mahesha in Kasi. On the very face or it, this cannot be the date of its composition, because it is almost a century later than Chaitanyadeva and also because it militates against the date in an India Office manuscript (*Eggeling, Vol.* VI, pp. 12 72-3) which, it is stated there, was copied in the Samvat year 1652, equivalent to 1595 A.D.

Instead of taking these couplets, therefore, as those of the copyist who transcribed that manuscript in which they occur, of which the other MSS. in which they are found may be the true transcripts, as has rightly been done by many, some learned scholars have been quite misled by them, and they put forward really ingenious views which are nothing, short of amusing.

For instance, Mr. M. L. Mazumdar ascribes these couplets to the author of Kantimala. To make this possible he takes off the authorship of this commentary from Visinupuri, rightly believed for so long and by so many to be his, and ascribes it to one Sridhara, who, he says, composed the commentary with the two couplets in Kasi in the Saka year 1555. He has been led into this mistake by the Allahabad edition of Bhaktiratnãvali where the closing verse of the Kantimala is given in a foot-note along with the two couplets because they were not there in the MSS. from which that edition was prepared. But most of the MSS. give the closing • verse of the Kãntimala, wherein Visnupuri states how he supplied this commentary to his Necklace of Devotional Gems, following in the footsteps of Sridharacharya, the famous commentator of the Bhagavata who flourished in the 13th century, to whom he acknowledges his debt and offers apology for inaccuracies that might have crept into his commentary. Instead of reading this simple meaning in the clear words of Visnupuri, Mr. Mazumdar brings into being an• altogether different Sridhara, to whom he ascribes the Kantimala, by giving a forced meaning to this fine closing verse, and all this he does to explain the presence of the two closing couplets. Little did Mr. Mazumdar take into consideration the fact that the India Office MSS., copied almost 38 years before the composition of these couplets, contains not only the text of the Bhaktiratnavali but also in the commentary Kantimala, and therefore makes all the attempts to ascribe those couplets the author of the Kantimala utterly futile.

Much more original and ingenious is the view expressed by Professor G.V. ***Devasthali*** of Nasik in his paper read before the last Oriental Conference at Benares. He has attempted to cut the Gordian knot by proposing an emendation in the very reading of the first line of the second couplet, by means of which the Saka year 1555 has been taken back 300 years to the year 1255. Indeed, he has thrown such a strong and dazzling light on the problem that it has been completely obscured thereby !

In the midst of all these conflicting and confusing views about the age and personality of Sanyasi Visnupuri, it is indeed, very refreshing to find that there is at least one fact about him which is beyond all dispute and that is the nationality of this scholar Sanyasi. At the end of each string of his Necklace, Visnupuri describes himself as a Tairabhukta Paramahamsa, which is found in all the MSS. of the work. Similarly in his commentary Kantimala, in the fourth and last verse of the introduction to his Necklace, visnupuri calls himself a Tairabhukta Sanyasi. It is apparent, therefore, that though he had renounced the world and all that pertains to it, though he had donned the garb of a recluse and given up the very name by which he was known, there was at least one thing which was too dear to him to be forsaken, of which he was too proud to forget it completely and that was the love of his native land, the fact of his having been born in the holy land of Tirabhukti. Indeed, if Visnupuri had not mentioned it so clearly himself, who could have ever thought, far less believed, that Mithila had the proud privilege of giving birth to such a distinguished son ? Have we not witnessed the great controversy about Vidyapati and are not scholars till sceptic about the identity of Govindadasa ? Fortunately, however, there is no ground for any such scepticism about Visnupuri and all scholars are unanimously agreed that he was a native of Tirhut. The learned editor of the Calcutta edition of the Bhaktiratnavali has given even details about his birth and, though it is incomplete and inconclusive and he does not indicate the source from where he could get all this, he tells us and tells us quite correctly (at least partially) that Visnupuri belonged to the Karamaha family of the Maithila Brahmanas, was a resident of Tarauni and was called Visnu Sarmã in his pre-sanyasa days.

I was led by this clue to consult the Panjis of the Maithila Brahmanas. These Panjis are the most exhaustive and at the same time most authoritative genealogies of all the important families of the Maithil Brahmins, kept by professional Panjikars, generation after generation, since the days of Maharaja Harisimhadeva, the last of the Karnata kings of Mithila, who in the Saka year 1248 (equivalent to 1326 AD.) brought them into being, which in the cases of more important families go back almost to a couple of centuries earlier and which in all cases continue since that time up to the present day without a break. Of these Panjis there are two broad classes, The more ancient of them, called the Mula Panji, confines itself to a single family or stock and records the names of sons as well as daughters with their marriages and children. The other which is more common these days is Called the Sakha Panji. It starts with one family, the family of the Maharajadhiraja of Darbhanga, and branches off into another family as soon as a marriage occurs in it. It contains, therefore, the genealogies of all the important families, because all important families are inter-connected by marriages. In this, however, the names of women do not occur and daughters are recorded not in the families of their birth but in those of their marriage. These Panjis are growing day by day and are kept by professional Panjikars who guard them as their valuable treasures. They do not allow a layman to have an access to them and, written as they are in a technical style of their own, they are not quite intelligible at the first glance, though a little practice can give one an insight into their method and intricacies.

Luckly some very good Pañji MSS., both of the Mula and Sãkha types, have lately been acquired for the Darbhanga Raj Library, which are all on palm-leaves and are very old. There is one among them, a Sakha panji which is very correct, very exhaustive, covering 626 leaves, very clear, and dated the Saka year 1642 (equivalent to 1720 A.D.) There are two more MSS,, both of the Mula class, belonging to two different Mulas or stocks and though both of them are incomplete and undated, it is quite clear from internal evidence, as also from the style of writing that one of them is about 400 years old and the other too is not less than 200 years old. Thanks to the clue left by the learned editor of the Calcutta Edition of Bhaktiratnavali, I have succeeded in finding the mention of Visnupuri in the Sakha Panji in clear unambiguous terms, and following that up, when I have dived deep into the Mula Panjis, I have found there also the details about the family of this famous Sanyasi so very clearly and definitely that there remains no doubt whatsoever about the identity of the Paramahamsa. I give here below all the relevant facts about him with details of his family-history and on the basis of all this I shall try to deduce, as approximately as I can, the age in which he might have flourished.

But, before I do so, I would like to point out that all attempts to fix the date of Visnupuri have hitherto been based upon the evidence of the line of discipleship, which in no case can be regarded as conclusive. A Guru can be of the same age as the disciple he initiates and any degrees of discipleship can happen in a single generation. Any date fixed upon this evidence will have to be corroborated by other evidences when alone this can be reliable. A date fixed, on the other hand, on the basis of ancestry of birth cannot but be reliable, because a father can in no case be of the same age as his son or daughter. Viewed in this light, the attempt made here may be of inestimable value in determining the probable age of Visupuri.

As indicated by the learned editor of the Calcutta edition of the Bhaktiratrravali, Sanyasi Visnupuri was born in the *Karamaha* family of the Maithila Brahmanas which is one of the thirteen highest families among them and belonged to the Vatsya Gotra of the Vajasaneuins. When the Panjis were first instituted by King Harisimhadeva in Mithila in Saka year 1248, there was one Gangeshwara of this *Karamaha* family whose seven sons migrated to different parts of the country and settled in different villages as a result, perhaps, of the new social order brought into being by the promulgation of this Panji. The second son of Gangeshwara was 'Sridhara who went to Tarauni, which is still a flourishing village near Sakri Railway Station on the Oudh Tirhut Railway, some fifteen miles east of Darbhanga, as a consequence of which the descendants of Sridhara call themselves up to the present day as belonging to the family of ***Karamaha Tarauni***. This Sridhara was a very fortunate man. He had two Sons and a daughter. The eldest was a son, Ratidhara, also called Rati, and the youngest was a daughter, Sorama by name. This Sorama was given in marriage to Sripati Thakur, popularly called Dube Thakur, of the famous Khandavala. family residing in the village of Bhour. The youngest son of Dube and Soramä was Chandrapati Thakur, known as Chan Thakur, who was the lucky father of the four distinguished sons, all of them renowned scholars and Mahamahopädhyayas, Thegha, Megha, Damodara and Mahesha, the youngest of whom was the founder of Darbhanga Raj and is known to have obtained the firman of the Sircar of' Tirhut from Emperor Akbar in the Saka year Vasu-Naga-Yeda-Vasundhara or 1478, equivalent to 1556 A.D.

Sridhar (of Karamaha Tarauni)

His eldest son
Ratidhar

and youngest daughter
Sorama
married to Sripati Thakur
called Dube Thakur
(of Khandavala Bhour)

Her son Chan Thakur

His youngest son
M.M. Maharaja Mahesha Thakur
the founder of Darbhanga Raj

The eldest son of Sridhara, Ratidhara, had two wives. His first wife was named Rupini and was the daughter of Heloo who was the son of Graheshvara the famous *Sodarapur* and a resident of the village of *Dhaoli*. This Heloo had another brother, Bhadreshvara, who was the second son of Graheshvara by another wife and the eldest daughter of this Bhadreshvara who was named Mahadevi Majhaini was married to Maharaja Shiva Singha with the Viruda, Rupanarayana of the celebrated oinwara family, who has been immortalised by Abhinavajayadeva Vidyapati Thãkur in his many songs and who according to that poet ascended the throne of Mithila in the year *Anala-Randhra-Kara*, i.e. 293, of the Lakshman Sen era corresponding to the Saka year *Samudra-Kara-Agina-Shashi*, i.e. 1324 equivalent to 1402 A.D.

Graheshwara (of Sodarapur Dhaoli)

Bhadreshwara	Heloo
Mahadevi Majhaini	Rupini
married to Maharaja	Married to Ratidhara
Shivasingha Rupanarayan	(of Karamaha Tarauni)

The second wife of Ratidhara hailed from the family of Jajibala residing in Udayanapur and was named Maura. She was the second of four daughters of Kusha by his wife Bhavano who was the youngest daughter of Mahamahopadhyaya Surapati of the *Mandara* family resident of the village of *Kalasama*. This Surapati, by the way, was the youngest son of Mahamahopadhyaya Bateshwara whose daughter's son was the famous Ayachee Bhavanatha Mishra, the father of the great Mahamahopadhyaya Sankara Mishra. The eldest daughter of Kusha and Bhavano, who was called Gaura, was married to one Dinoo Mishra of the family of Hariamba resident of *Chanda Katama*. This Dinoo had a second wife by whom he had a daughter, whose name unfortunately is not available in the Panjis, and this daughter of Dinoo was given in marriage to Rama of the family of *Sodarpur*, resident of *Hasouli.* Rama had a daughter by the daughter of Dinoo who was named Susama and this Susama was married to Maharaja Bhairava Singha with the Viruda, Hari Narayana of the Oinwar family, who according to the History of Tirhut by S. N. Sinha succeeded his brother Maharaja Dhira Singha to the throne of Mithila during the latter half of the 15th century and was the distinguished patron of such renowned scholars as Pakshadhara, Vachaspati, Vard dhaman, Ruchipati and others.

Kusha of the family of Udayanapur Jajibala married to Bhavano

Gaura married to	Maura married to
Dinoo Mishra of (Hariamba Chanda Katama)	Ratidhar of
His daughter by second wife married to	Karamaha Tarauni
Rama of Sodarapur Hasoulee	
Their daughter Mahadevi Susma, married to	
Maharaja Bhairava Singh Harinarayana.	

The son of Ratidhara by his second wife Maura was named

Ramãpati or Ramapati (both the forms are available in the Panjis) and this is the famous Paramahamsa who, on taking to Sanyasa, adopted the new name Visnupuri.

Such was the distinguished birth of Sanyasi Visnupuri, in such a noble family, so richly connected, and among all those connections, the most important for my present purpose is the relationship of his father, Ratidhara, with Maharaja Shiva Singha Rupanarayana, and therefore I start with this. Maharaja Shiva Singha, as stated already, is known to have ascended the throne of Mithila in 1402 A. D. at the age of fifty and reigned for only four years. It is also known about him that in a battle with the Mohammadons he fled from the field after which nothing was heard of him nor was his body ever recovered. He had as many as six wives. The great poet, Vidyapati, gives us the names of five of his wives in the colophons of his songs and they are Lakhima, Susamta, Rupini. Madhumati and Modavati, but the name of Mahadevi Majhaini, the daughter Bhadreshvara, is not found in any of the songs of the poet. It is, therefore, not unreasonable to suppose that she was, perhaps, the youngest of all his wives, the sixth one, whom the king had married only a year or two before he so mysteriously disappeared from the world. Supposing she was married in 1405 A. D.). at the age of ten, she may be taken to have been born in 1395 A. D. She was the eldest daughter of her father, Bhadreshvara. and therefore his birth may be placed in the year 1365. Now Bhadreshvara was the second son of his father, Graheshvara, by his first wife who bore him three sons and three daughters. That Graheshvara, the father of Bhadreshvara, marries a second wife by whom he had only one son, Heloo, seems, therefore, to have been due, perhaps, to the death of his first wife which event might have happened in about 1375 A. D. Heloo may, therefore, be taken to have been born in say 1380 and, supposing he had a daughter, the eldest daughter, born to him at the age of thirty, who was given in marriage at the age of 10 to Ratidhara, aged 25, the year in which Ratidhara might have been born seems to be near about 1395 A. D.

Ratidhara had four sons and three daughters by his first wife Rupini and only one son, Ramapati, later on Sanyasi Visnupuri, by his second wife, Maura. It appears, therefore, that he married the second wife after the death of the first. Supposing Rupini died in 1440 A. D. and Ratidhara, aged 45, married Maura his second wife, aged 10 the same year, the birth of Sanyasi Visnupuri might have happened in about 1445. If we take, however that Ratidhara married the second wife during the lifetime of his first wife and that both his wives were living simultaneously, we can push back the date of Visnupuri's birth by 20 years at the most, but it cannot be assigned to an earlier date, because, as I shall show presently, an earlier date for his father, Ratidhara, cannot be possible on account of his close relationship with the founder of Darbhanga Raj, Mahamahopadhyaya Maharaja Mahesha Thakur, whose date is almost certain. It appears, therefore, that Sanyasi Visnupuri was born in the second quarter of the 15th century.

Gaura, the eldest sister of Maura, Visnupuri's mother, was the first wife of Dinoo Mishra. Supposing he took another wife while his first wife was still alive, which seems probable because we find many children to both his wives, the second wife of Dinoo might have been of almost the same age as Maura. Supposing she was born in 1430, which is the later date for the birth of Maura, she might have had a daughter at the age of 15 who was given in marriage to Rama. If she had a daughter, Susama at the age of 15 who was given in marriage, say, at the age of ten, the marriage of Mahadevi Susarna (born thus in 1460) with Maharaja Bhairava Singha Harinarayana seem to have taken place in about 1470 A.D. In the History of Tirhut by S. N. Singh it has been shown, on the strength of the post-colophon remarks of the many MSS. noticed by R .L. Mitra as also of the Nepal Durbar Library, that Maharaja Bhairava Singha succeeded his brother Maharaja. Dhira Singha who is known to have been ruling in 1438 A.D. Maharaja Bhairava Singha, on the other hand, was succeeded by his son, Maharaja Ramabhadra, who is known to have been ruling in 1495 A.D., It is, therefore, quite possible that Maharaja Bhairava Singh a might have married Mahadevi Susama in about 1470 A.D. at the age of 50-55. It may be mentioned that like his great predecessor Maharaja Shiva Singha, Maharaja Bhairava Singha too had as many as five wives and one of his wives was the sister of this very Rama, whose daughter, Susama, he married late in 1470.

To the founder of the Darbhanga Raj, Mahamahopadhyaya Maharaja Mahesha Thãkur, Visnupuri was very closely related, he being the first cousin of the father of the great Mahamahopadhyaya. We do not know as yet the exact year in which Maharaja Mahesha Thakur was born but as this is quite certain that he obtained the firman of he Raj of 'Tirhut from Emperor Akbar in 1556 A.D, it can safely be a assumed that he was born in, say, 1500 and not earlier. Maharaja Mahesha Thakur, however, was the youngest child of his parents, youngest of four sons and six daughters, and supposing he was born when his father, Chadrapati, known as Chana Thakur, was 60 years of age, the date of Chana Thakur's birth can be placed in 1440 AD. Now Chana Thakur the youngest child of Dube Thakur and Sorama and supposing he was born when his mother, Sorama, was 40 years of age, she can be taken to have been born in 1400 A.D. which seem quite reasonable in view of the fact that the birth of her eldest brother, Ratidhara, has been assigned to the year 1395 A.D. This difference of a hundred years between the births of Sorama and her grandson, Maharaja Mahesha Thakur, seem quite enough and any attempt to assign an earlier date to Ratidhara will take back the date of his sister, Sorama, also, thus separating her from her grandson by a still longer period which does not seem quite reasonable to me.

Of Visnupuri's marriages, I have not been able to find any mention in any of the Panji MSS, but a son of his is mentioned in one of the Mula Panjis as marrying a descendant of the *Sodarapur* family resident of the village, Sundar. He is named Mahadeva and is said to have married the daughter of Helana, the youngest daughter of Pakhoo who was the second son of Deveshvara, son of Dhireshvara who was the younger brother of Graheshvara whose son, Heloo's Daughter, Rupini, Visnupuri's father, Radidhara, had first married.

Graheshvara–*Sodarapur* resident of Dhaoli).	His younger brother Dhireshvara *(Sadarpur* resident of Sundar*).*
|	|
His son, Helloo	His son, Deveshvara
|	
His daugheter Rapini married to Ratidhara, Visnapuri's father	His son, Pakhoo, Her daughter, married to Mahadeva Vishnupuri son.

This seems quite probable in point of time and considered chronologically, must have happened some time in the 3rd quarter of the 15th century. From this is clear that Visnupuri had, before he took up Sanasa, taken a wife and got at least one son. Nothing more is known about Visnupurl's married life; for example it is not available where he had married or if he had any more children other than this Mahadeva. Nothing can, therefore, be said about the statement of Francis Buchanan in his Purnea Reports complied in 1809 (pp, 275) , supported by the *Assamese Shankaracharita* of Ramacharan Mishra, that Visnupuri married of a wife even after he had taken to Sanyasa. Even if he had, the children of this post-sanyasa marriage must have been considered degraded according to Hindu Law and Custom, as has been stated by Buchanan himself, and this Mahadeva could not have been a child of this post-sanyasa marriage of Visnupuri.

It remains now, to be seen if the time fixed for Visnupuri agrees well with what we know about him. As I have stated at the very outset, all that we know about his time with any degree of definiteness, is that he preceded Lauria Krishna Das who is said to have translated the *Bhaktiratanvali* into Bengali verse. About this Lauria Krishna Das, Rai Bahadur Dinesh Chandra Sen says in his *Chaitanya and His Age* (p. 47) that "Adwaita's father Kuvera Pandita was the minister of the Raja of Laur. The latter became a disciple of Adwaita in after years and took the name of Krishna Das and wrote Adwaita's biography in 1409 Saka (1487 A.D.S.) when Chaitanya was a baby, a little more than one year old". When did Krishna Das translate the *Bhaktiratnavali* ? On the basis of what the learned Rai Bahadur has said, it would appear almost certain that this must have been done when the Raja had turned into a Vaishnava Bhakta, had been initiated into Vaisnavism. by .Adwaitacharya, *in after years* in the words of the learned Rai Bahadur, near about 1487 A.D., probably after he had completed the biography of his Guru. But most strangely, the same learned Rai Bahadur in his earlier work, *Chaitanya and His Companions*, on page 298, says (without giving any reason) that, "The *Bhaktiratnavali* of Visnupuri. was translated into Bengali verse by *Lauria Krishna Das* in the beginning of the 15th century", and it is this statement of the learned Rai Bahadur that is being quoted by everybody in discussing the age of Visnupuri. To me it appears that the earlier statement of the learned Rai Bahadur was too wide of the mark and that what he says in his later work is more in accord with facts, supported as this later statement is by the evidence of the date of the biography of Adwaitacharya by the same Raja. I would, therefore place the translation of the *Bhaktiratnvali* into Bengali verse some time during the eighties of the 15th century and its composition to a decade earlier, say, during the seventies of the same century. Keeping in view the words of Francis Buchanan that Visnupuri "found the state of Sanysa very inconvenient and the flesh prevailing, he returned to his house, resumed the thread and took :a young wife" by whom he got children, it is quite reasonable to suppose that he had taken up Sanyasa at a comparatively early age, say, at the age, which he gave up, say of 40 at the age of 50. Looked at from this point of view also, the date of his birth falls near about 1125 A.D.

Even if we suppose, however, that all that Francis Buchanan says is about some other Visnupuri, or that some socially degraded persons' of the district of Punera had manufactured this tale, just to offer an explanation for their social degradation which might have been due to some more objectionable reason, the main conclusions arrived at by me are not affected. Born in the second half of the 15th century Visnupuri could have been a contemporary, though an older one, of Chaitanyadeva (who was born in 1486 A.D.) and could have even met him but that must have happened when Visnupuri was well advanced in age. But if this is admitted, the statement of Buchanan must be taken with certain qualifications. As regards Madhavendrapuri, born as he was in about 1400, he could very well have initiated him into the ways of Sanyasa. So far as Jayadharma is concerned, Visunupri could as well have seen him and been inspired by him also, provided we take the three Gurus intervening between Jayadharma and Madhavendrapuri almost contemporaneous in age, which is not improbable.

This is what I have found about this scholar Paramahamsa in the *Panjis* of the Maithila Brahmanas and deduced therefrom. There is absolutely no doubt about the identity of Visnupuri which should be taken as fixed beyond any shadow of doubt, and so far as his age is concerned, the facts being what they are, the conclusion arrived at by me cannot be far from the real truth. Nevertheless, I have assumed the dates for the various persons mostly on suppositions, and hence it is just possible that there may be errors in them but they cannot be great and in no case can we put Visnupuri before the 15th century in the face of the fact about his family and family connections before us. To me therefore it appears quite certain, beyond any doubt whatsoever, that the 15th century was the time during which the great Tairabhukta Sanyasi Visnupuri flourished.

(Patna University Journal, January, 1945)

Dr. Amaranatha Jha : A Tribute to His Memory

Padmavibhusana Dr. Amaranatha Jha is no more. A life dedicated to learning has been cut short in its prime. A veteran educationist of world-wide fame has been snatched away just when his services were most needed to shape the educational policy of regenerate India. He was an eminent scholar, unsurpassed for his wide erudition and accuracy of knowledge\; an ideal teacher loved and respected by tens of thousands of students all over the country and even aborad; a wise administrator at once upright and tactful; an intellectual giant during these days of cheap democracy when mediocrity is everywhere parading as the expert and specialist; but more than anything else; he was a gentleman, an embodiment of culture, combining the best that is in the East and the West. In every sense of the word he was a great man. Bu his sudden and premature death, it is not only India that has lost a peerless personality but the world has lost a person, like of whom is rare is his world, and the void left by him cannot be filled up.

Dr. Amaranatha Jha was born the son of a great father, the late Mahamahopadhyaya Dr. Sir Ganganatha Jha who was famous all over the world as the great Pandit. When he was only five years old he went to Allahabad where his father was appointed the Sanskrit teacher in the Muir Central College and since then till his very end, he lived at Allahabad except for two short periods when he had to leave the city of his adoption, once when he came over to Banaras to hold the Vice-Chancellorship of the Hindu University for one year, and secondly, when he came to Patna, only lately to preside over the Bihar Public Service Commission, from where he never returned.

A wonderfully precocious child, Dr. Amaranatha Jha never stood second in any examination. By the time he was only twenty, he had shown such a mastery over English language and literature that while he was still a postgraduate student of the old Allahabad University, he was appointed a lecturer to teach English to the undergraduate classes of the Muir Central College. For over twenty years he was a teacher and won the love and admiration of successive batches of students. So very fond of this profession Dr. Jha was, that even when he was elected the vice-Chancellor of the Allahabad University, he did not cease teaching, which he could easily have done, but continued teaching the post-graduate classes as before. It was a fitting tribute to the memory of this great popularity among his student what Shri Jagadish Chandra Mathur I.C.S. one of his illustrious students, stated on hearing of his death that to tens of thousands of Dr. Jha's students, his passing away would he nothing short of a personal loss.

It is a wonder how while engaged in teaching At Allahabad he was rising high and higher, steadily and rapidly, is prestige and power, side by side. Quite early in his life he established his reputation as one of the greatest scholars of English language and literature. He wielded a facile pea and could write equally well in the simple style of the Holy Bible or the ornate style of the great Victorians. He had not been outside India and still his spoken English was faultless in its accents. And he was quite at home not only in English literate. He was equally well read in Sanskrit literature, in Hindi literature, in Urdu literature, in Bengali literature and in Maithili literature,. He was a great connoisseur of Arts and had great fascination for painting, music and dance. He was a great Rotarian of International repute, had served as a Governor of his own district zone, and was actively associated with it till he very end. He was a great lover of Tennis and was for many years the President of Lawn Tennis Association. He was a member of the Central Borad of Film Censors also. But side by side he was rising in power also. He was the Vice-Chairman of Allahabad Municipality for a full term while still a young lecturer and in the University he rose quickly from one height to the other, became the Reader and then the Professor of English, and while still very young was elected the Dean of the Faculty of Arts. When only 41, he was elected he Vice-Chancellor of his *alma mater* and for three successive terms he was elected to hold that coveted post. His illustrious father had before this been the Vice-Chancellor for three terms and it is perhaps, unique in the history of the world that the son should have been elected the Vice-Chancellor while the father was still alive, still a member of the Executive Council to address 'Sir' to his own son as the Presiding Officers of the University. In fact, he was the youngest Vice-Chancellor elected to hold that post in India. Twice he presided over the Inter-University Board, he presided over the All India Educational Conference, All India English Association and many other Commissions etc. too tedious to enumerate. He was conferred the Doctorate in Literature, *honoris causa,* by many universities, including the Patna University which conferred the degree to him on the occasion of its Silver Jubilee convocational. He delivered the convocation addresses at many Universities which are all masterpieces for their exposition of educational problems. And his delivery of an address in whatever language it might be, was always superb. After listening to his beautiful address at the convocation of the Patna University, His Excellency Sir Maurice Hallet, the Chancellor, wrote to him to thank him, saying that since leaving Oxford he has not listened to such an illuminating address where "humane education" was so highly and so convincingly extolled. So successful he was as the Vice-Chancellor of the Allahabad University that he was prevailed upon by the Governor of Uttar Pradesh, Srimati Sarjojini Naidu, to go over the Banaras to hold charge of the Hindu University after the retirement of Dr. S. Radhakrishnan. Dr. Jha retired prematurely from service after completing the third term of his Vice-Chancellorship at Allahabad and was appointed the Chairman of the U.P. Public Service Commssion. For two terms he held that post. Here also he set an example of efficiency, uprightness and ignity, as a result of which he was offered the Chair-manship of the Bihar Public Service Commission also and would surely have gone to the Central Public Service Commission, the highest post which he could be eligible for, had he but been spared only a few years more. He was perhaps the only man in India to preside over the Public Service Commission of two states. During the last few years of his life he was entrusted with highly dignified and responsible works of the Nation, he was the member to advise on the establishment of Military Training College in India, he was sent to Chandernagar to find out the wishes of the inhabitants of that city about their own future, he was appointed the Chairman of the Committee to go in to the question of those organization of the two Universities of Madhya Pradesh; he was a member of the Official Language Commissions, led the Indian Delegation to UNESCO, he was a prominent member of the Cultural Delegation sent to China. It is impossible even to enumerate all the public institution with which he was intimately connected. Suffice it to say that he fought the election for the Presidentship of Hindi Sahitya Sammelan with Dr. Rajendra Prasad who was suppored by Mahatma Gandhi and he had the unique honour of being elected in keenly contested fight. It is, however, a wonder that in spite of all these multifarious public activities, he never ceased to be a scholar and he had a passion of reading. And he had a wounderful memory. He remembered all his student by name and could tell the exact year in which they left the University. He was thus an intellectual giant, a marvellous man who seemed to know almost everything under the sun. With his passing away has indeed passed away a walking encyclopedia of Universal Knowledge. It is not without significance that on the very first occasion when the President of the Indian Republic honoured some notable sons and daughters of Mother India with suitable decorations, Dr. Amaranatha Jha was among those chosen for 'Padmavibhusana'

And he was a widely travelled man. There was no place in India which he had not visited and he had travelled extensively even outside India. He had been to all the countries of Europe except Russia and Scandinavia. He had been to all parts of North America, he had toured all over China, Indo-China, Siam and even Iran and Turkey. There was hardly a month when he did not go out and during the last seven or eight years of his life, used to go aborad once a year almot regularly. But these journeying did not stand in the way of his private studies. In fact, he was so particularly regular not only in his studies, he was so in all his duties. He never kept up after 10 PM at night and before the sun rose he was out to take his morning cup of coffee, having finished all his morning duties by that time. He was a brilliant conversationalist, as entertaining, perhaps, as the Late Dr. S. Sinha and he had streams of visitors every day. He was regular and prompt in his correspondence and every day he had his heaps of letters. He was punctual to a minute and once when Pandit Govind Ballabh Pant, the Chief Minister of Uttar Pradesh, who was to address the convocation of Allahabad University, along with the Chancellor, the late Sarojini Naidu, failed to reach the convocation hall at the appointed time, he did not wait for them even for a minute but at the scheduled time he commenced the proceedings and delivered the convocation address himself. Amidst these duties, personal professional and social, amidst all these distractions that demanded his constant attention, the one thing which he never missed was his reading. Indeed, it is the last act that he was found performing in this life. When death came to take him away, he was reading, he did not remain alive for more than fifteen minutes.

It is not possible for me to indicate even briefly the eminence of his high attainments of the brilliance of his character. To do that, there is required in the writer himself an intellectual approach to his high personality which I so sadly lack in. But having watched him from the closest range and admired his uncommon qualities since his earliest infancy, I feel bold to say that it was neither as a teacher, nor as an administrator not even as scholar that Dr. Jha was unique, though, to be brief he was extra-ordinarily great in all these respects. It was rather as a man that he won the admiration of all those who came in contact with him and he was as highly respected by his enemies as he was revered and loved by his friends. He was held in as high an esteem during the

British regime as the was in Independent India. He possessed within himself, "sweetness and light" in abundance which lent a magnetism to his personality and whoever went to him came back not only delighted but also illumined. He was an embodiment of culture, a gentleman in the true sense of the term with a breadth of passion, catholicity and right perspective for all that lend charm to this otherwise sordid world and render this life more livable, more enjoyable.

And what a full life Dr. Jha lived ! Amidst all the high duties which he shouldered so ably and efficiently till the last moment of his life, he always made time to enjoy even the lighter sides of life. He liked to laugh and laugh hilariously and those who knew him know what a rich sense of humour he had. His capacity for friendship was immense and his circle of friends extensive. Fastidious in matter of food and punctilious in matter of dress, he lived like a prince and entertained his friends lavishly pretty frequently. He built around him a magnificent library and his house was a veritable museum where all sorts of curious could be seen in abundance. And all his articles were the best available. He was a strict vegetarian and teetotaller by birth, and was an old widower, his wife having pre-deceased him by almost twenty years. But the pleasures of married life were never his ambition. Beyond that he was an excellent family man, at once affectionate and solicitious of the happiness of the large number of his kith and kin. He had always with him about half a dozen brilliant students and they know what a kind and vigilant guardian he had been to each one of them.

But the one trait of his character that lifted him at once from the common run of great men was his unswerving self-confidence and zealous self-reverence. He was always conscious of his own intrinsic worth and unfailing rectitude, and he always relied solely upon his own merits to achieve whatever he aspired to. He never stooped low and, therefore, he never feared anybody. He was confident without being dogmatic, he was punctilious without being showy, he never hazarded an opinion of his own accord but when he was asked he never hesitated to tell the truth, and nothing but the exact truth howsoever much it might be unpalatable. Quick of decision, he never retracted a step because he was confident that what he had done was always the right thing.

And he was proud of being a teacher. Son of an illustrious teacher, he was himself a more illustrious one by profession and he realised by his instinct and his experience the importance of the profession of teaching, its rights and duties, its responsibilities and its feelings. Indeed, the profession of teaching has lost in him perhaps the greatest champion of its cause. He was always conscious of the great responsibilities that rested with the members of this profession in any free country and he also knew their foibles and lapses. But it was his firm conviction that all the lapses on the part of the teachers would vanish the moment these teachers were accorded their rightful place which was theirs by virture of their calling. How could a nation hope to have its future citizens trained properly and efficiently to shoulder to burden of the state unless those entrusted with the business of that training were given their rightful place in society, that honourable and dignified place in society, treated with honour and reverence, and paid ungrudgingly for what they did?

Of the students as a class, Dr. Jha was an unflinching friend and he was always on their side. It was his firm conviction that students were instinctively good and wherever there was a clash between students on the one hand and authorities on the other, the students might be blamed for excesses which was but natural in a class that was led so easily by emotions, still on closer analysis it would be found that the authorities were invariably to blame for creating the clash. He also believed that no sooner a politician entered actively into an educational institution than the peaceful atmosphere that usually prevails there was poisoned and sooner or later there was bound to be a clash there between the students and the authorities. Whenever students approached him for any legitimate cause, he was always ready to help them. He had honoured thousands of students' gathering with his august presence and encouraged them to think rightly and behave properly.

But the one ardent wish of him which remained unfulfilled and which he took away with him, was that he never had an occasion to pay a visit to the Chandradhari Mithila College in Darbhanga. Once only he was approached by Shri Praramakant Chaudhary, when he was the Principal of this college, to condescend to honour us with his presence in our midst, but the University examinations were then going on and he put it off to some future date, when, he said, he would meet even the students of this college. He came to Darbhanga, the place of his birth, almost every year but he was never approached to visit the college. In the annals of our college therefore, this would remain for ever a matter of deepest regret that the Chandradhari Mithila College could not have in its campus, amidst there future heroes of Mithila, to honour and adore him, the greatest Maithil of our times. Indeed, in our own generation we do not hope to have the like of the Padmavibhusana whom we have lost and whose inspiring presence we miss so very sadly today.

May his soul rest in peace.

(Videha, 1955)

Chitra – Rasamanjari

In the Woolner Commemoration Volume Dr. Hiranand Sastri of Baroda contributed a note on what he called a "new and charming little" Sanskrit Kavya. In fact he found five paintings on whose reverse Sanskrit verses describing the subject of the representations on the obverse are given. The pictures formed one set which has been dispersed but that picture which formed the last leaf of the set fortunately came to his hands and on the reverse of this leaf the concluding portion of the poem is written from which it is gathered that these pictures were drawn and the verses written by one Devidasa who was an accomplished painter in the Vikrama year 1752, for the amusement of Raja Kripala of Viswasthali which Dr. Sastri identified with Basohli, the head quarters of a Tehsil of that name forming part of the Jammu territory. The set seems to have comprised 130 pictures and the poem, therefore, 130 stanzas, because the number 130 is given at the end of the verse which is followed by the three Slokas constituting the colophon. The title of the work, noted bye Dr. Sastri, is written though in a later hand, on the top margin of the obverse side of the leaf whose reverse side gives the 130th stanza. Dr. Sastri read this as **"Chitta Rasamanjari"**. In the second verse of the colophon, however, it is called simple "Manjari" which, Dr. Sastri thought, is an abbreviated form of the full title of the Kavya.

These five verses, Dr. Sastri thought he had discovered. He reproduced them along with the three verses of the colophon in the note referred to above, "for the information of scholars interested in such works with the hope that they will try to trace out the remaining ones and give a complete version of the Kavya which was not known before (till of course he announced its discovery, casually, at the Lahore session of the All India Oriental Conference) and is only partially known even now".

Let me therefore state for the information scholars interested in this work that they may try to trace out the remaining leaves of this for the sake of the pictures which when completed will be a very valuable set indeed; but for the sake of the verses they should not waste their time and labour over the search because what Dr. Sastri claimed to have discovered are not fragments of an "Uttama Khanda Kavya" not known before, but are the illustrative verses from one of the most well known works on *Sanskrita Alamkara Sastra,* namely the famous *Rasamanjari* of the renowned maithili poet, *Kaviraja Bhanudatta Misra.* If one will look on "the top margin of the obverse side of the leaf whose reverse side gives the 130th stanza" he will perceive, I am quite sure, that what Dr. Sastri read as त्त is really a त्र so that the proper designation of the set is चित्ररसमञ्जरी or रसमञ्जरी in pictures. This is, perhaps, the reason why the title is indicated on the picture side of the leaf and not on the verse side. As for the abbreviated form given in the colophon, it may be noted that the same abbreviated title was used by **Kaviraja Bhanudatta** himself in the last verse of the **Rasamanjari.**

Rasamanjari, it is well-known, is a work on *Alamkara* devoted mainly to the classification of *Nayikas*, heroines, and *Nayakas*, heroes, on account of which it is treated as a work on erotics also, and each kind of *Nayika* and *Nayaka* is illustrated here in a verse. It is these illustrative verses of the **Rasamanjari** which have been drawn into pictures by the painter, Devidasa, for the amusement of King Kripala of Basohli. On the reverse side of the pictures he has put down the verses also for the sake of the proper understanding of the theme of the pictures and has called the set चित्ररसमञ्जरी. Thus the verse numbered 22 of the चित्ररसमञ्जरी, निविड़ etc. is the 23rd verse of रसमञ्जरी illustrating वाग्विदग्ध ानायिका ; No. 53, अलीभि, etc. is the 54th verse of रम illustrating मुग्धा विप्रलव्धा; No. 97 पृथ्वित्वं etc. is the 101st verse of रम illustrating अनुकूल नायक; No./ 103. उदयति etc. is the 109th verse of रम illustrating अधम नायक; and No. 130 चेतश्चञ्चलतां etc. is the 136th verse of रम illustrating साक्षाद्दर्शन।

The reading of these verses as reproduced in this note are not quite perfect which can be seen at once by comparing them with any of the published texts. It is a clear proof that though an accomplished painter, Devidasa was not an equally accomplished scholar to understand the true import of the words used. For instance, both 1st and the 4th feet of the first verse No. 22 have two letters each missing; the last word of the 4th verse No. 103. पातयेथा instead of the correct यातयेथा : and कुसुम in the third foot instead of the correct मुकुल take away much from the suggestiveness of the verse; and the व form भवतु in the last line of the last verse instead of the correct लट् form भवति spoils the entire denouncements of that excellent poem. Nevertheless, in spite of all these blemishes, the verses can at once be recognized as the illustrations of the Rasamanjari, that master piece of erotic poetry, which has enthralled the imagination of all lovers of Sanskrita poetry ever since it was composed more than four hundred years ago. No wonder, therefore, that the learned Dr. Sastri should have been so very much charmed with these verses even though they are imperfect.

One word about the number of verses of more properly of the pictures. There are altogether 138 verses in the Rasamanjari of which the first two are introductory and the last two tell us about the work and the poet. There are thus 134 verses that are illustrative and should have been pictured. But the 23rd verse of रम forms the subject of the 22nd picture and 54th verse of रम forms that of subject of the 53rd. It appears, therefore, that the painter has omitted perhaps only one verse of the introduction namely the 2nd which like the last two verses cannot be represented pictorially, but has included the first verse which is benedictory and is a worthy subject to be drawn into a picture. There should have been thus, 135 pictures in the set and not only 130. Five verses of रम seem therefore to have been left out by Devidasa. Three of them seem to have been left out after the 54th but before the 101st verse of रम which otherwise would have been the 100th picture but which is numbered only 97th. Similarly after the 101st verse of रम but before the 109th two verse seem to have been omitted because the 109th verse of रम is the subject of the 103rd picture and not of the 105th which it could have been had there been no omission even after 101st verse of रम. These are therefore, the five verses which together with the 2nd and the last two have not been a vsrawn into pictures by the painer. Which actually these five verses are that have thus been left out cannot be known unless we have the complete set before us now can we give any reason for this omission till then. All the other verses of रम 130 in number, seems to have been represented pictorially in this set.

It is thus clear that what Dr. Sastri claimed to have been a new poem. Chtta Rasamanjari is really Chtra Rasamanjari where the illustrative verses of रम including the fine benedictory verse have been drawn into pictures, except five, three from between the verses 54 and 101 and two from between 101 and 109.

(J.B.R.S, Vol. XXXIII, Part, I & II, 1947)

Bhagirathapur Inscription of Anumati Devi

The find of this beautiful and important inscription at a place where no one ever dreamt of finding a relic of such a high antiquity is a unique event in the history of Mithila. The value of inscription in the reconstruction of history of a country cannot be overstated, and it was, indeed, a matter of great regret that very few inscriptions of really old times were found in the country of Mithila. Kaviswara Chanda Jha had come across some very old inscriptions which he described only in his note-books, some of which are available, but the original inscriptions are all lost. Only one small inscription found at Kandaha has been brought to the notice of the students interested in Mithila's glorious past (J.B.O.R.S. vol. XX-1934/part I, 15-19). The inscription which I have the great pleasure of bringing to the notice of the learned world is about two generations later than the Kandaha inscription but in points of artistic beauty as well as the light it throws upon the history of Mithila, it is much more important than the Kandaha Inscription found some twenty years ago.

We are indebted to the medical practitioner of Pandaul, Dr. Raj Kumar Misra, for bringing the existence of an inscription at Pandaul into our notice. About a mile north of the Pandaul Bazar in the subdivision of Madhubani, by the side of the District Board Road from Pandaul to Bhaura and Madhubani, south of the famous village of Birasaera, there is an old bed of the river Kamala curving suddenly from a south-westerly direction to the north-east and there is a shrine called *"Sati Mai Ka Sthana"* just where the river takes the sudden turn. The bend of the river with the *Sati-Sthana* lies just beside the road on the eastern side and not even a furlong to the south-west of this spot, the ruins of a temple have been unearthed at a distance of some 20 yards west of the road in the middle of the cultivated fields. The particular plot of land where this temple has been unearthed was comparatively higher than the neighbouring lands and almost barren, and the owner tried to improve it by cutting away the earth from the field, when to his surprise he found that the whole field was full of brick bats. The more he dug into the field, the more came out the bricks and when this news reached Dr. Rajkumar Misra, he sent words to my friend and colleague, Prof. K. K. Misra of C. M. College, who went there with a batch of his students and after digging about two feet deep, the entire shape of the temple became clear and a stone slab, 52 inches long and 9 inches broad, was found lying buried, on which there is incised this beautiful inscription which is being reproduced here.

The entire area described above is now under cultivation and the nearest habitation is a cluster of huts of poor Mohammadons at a distance of more than a furlong on the south east. This area, however, is still called "Rama Baga" which is very significant, specially as there is not even the trace of a garden left and not even the oldest people of the locality could say if there was ever a garden here to justify the name of "Bag" to the area. Less than a furlong south of the ruins unearthed there is a tank in ruins. It has been filled up on all sides and most of it has been converted into paddy fields but there are still remains of the tank at the centre, full of lotuses and other water plants. It is clear that at one time this must have been a good tank of considerable size. To me, therefore, it appears that about the time when the temple in ruins was erected there was a beautiful garden here with a good tank in it and the whole garden was either laid out or it was very dear to king Ramabhadra Deva, after whom it is named Ramabag, so that when the widow of that king had to construct a temple, she chose this spot as the proper site for the same. I also think that there might be the ruins of a palace of king Ramabhadra somewhere near about but that can be ascertained only after the work of digging is carried on at some more length on all the sides of the ruins just unearthed. The lands just north and north-west of the plot unearthed are comparatively high and as the temple was facing north, it is not quite clear what might have been there in front of the temple. It is, however, in the direction of the bend in the course of the river and that is not without significance. I state all this to suggest that this site is promising of rich returns and if properly excavated may yield finds that may throw a flood of light on the history of the period. It may not be out of place to mention here that only a mile north of this site, there is the famous village of Birasaer associated with the name Viresvara, whose son the great jurist Chandeshwara was and I have been told by my friend Dr. Subhadra Jha M.A., D.Lit. (Pat. and Paris) that one of his relations living in that village built a whole house with the bricks unearthed in one of his fields, like the field where this old temple has been unearthed in Bhagirathapur. Only about 2 miles west of this site is the famous village of Jarahatia, a village associated with the name of Harinarayana Bhairava Singh. Less than two miles east of the site is the village of Bhavanipur associated with the name of the poet Vidyapati where the Vidyapati-Kupa has only recently been renovated with the munificence of the Maharajadhiraja of Darbhanga — Pandaul itself is an ancient site in the history of Mithila, and Sakkuripura, modern Sakri, is very closely associated with the history of Mithila till it was sacked in the year l324. This site, therefore, falls in an area historical in importance and if further excavations are made in the site and near about, I am confident we shall find clues to reconstruct the history of Mithila with epigraphical and archaelogical materials.

सिद्धिः। स्नुषा हरिनरायण-क्षितिपतेर्गतेः चमाभृतां
बधूर्न्नृपतिमंडलीमहित – राम – भूमीपतेः।
द्विजोत्तमसुखप्रदा नृपतिकंसनारायण–
प्रवीरजननी मुदा मठमचीकरत् सुन्दरम् ॥1॥
दानैर्य्या दलयाम्बभूव जगतां दारिद्रयमत्युद्भटं
कीर्त्या या शरदिन्दुसुन्दरतरान् लोकाँश्चकारायुतान्
किञ्चोच्चैर्व्विनयान्नयाच्च वशतां नीता यया बान्धवाः
सेयं विश्वविलक्षणोज्ज्वल गुणग्रामा मठन्निर्म्ममे ॥2॥
वेद-रन्ध्र-हरनेत्र-चिह्निते
लक्षमणस्य नृपतेर्म्मतेऽब्दके।
विश्वविश्रुतगुणा गुणालयं
देवतालयममुं मुदाऽकरोत् ॥3॥
कविता माधव-सुकवेः कीर्त्तिर्द्दिव्या सुधाम्बुधिस्फीता।
त्रिभुवनभुवनाभोगे विलसतु कल्पान्तपर्यन्तम् ॥4॥
देवी देवालयमियममुं कारयामास कृच्छ्रे
भक्ता नक्तन्दिनमनुमतिर्धर्म्मकर्म्मानुरक्ता।
यैषाऽशेषे जगति जगतीनाथनाथस्य योषा
भूषाषभूता विविध-विधया रूपनारायणस्य ॥5॥
(...न्याका कीर्तिरन्या कुलधरकविना) कीर्त्तनीयानुमत्या
(नक्षामा कापि लक्ष्मीरवनिमुपगता) माधवाराधनाय।
सूनुर्ज्ज्यायान् यदीयो यवनपतिभयाधायकस्तीरभुक्तौ
राजा राजाधिराजः समरसरभसः कंसनारायणोसौ ॥6॥

...दि श्रीमदनुमति-देवीनामाशया अतिप्रणतेन गयापुत्रेण ...मठनिर्माणं कारितमिति शुभमस्तु श्रीरस्तु ॥

1. Daughter-in-law of Harinarayana, the lord of the earth, who was a refuge to kings; wife of king Rama, who was celebrated in the circle of kings; and mother of the great warrior king Kamsanarayana — the lady, who gave delight to the best of the Brahmanas, got this beautiful temple (Matha) erected.
2. Through her gifts she destroyed the extra-ordinary poverty of the world; through her glory she rendered tens of thousands of people more beautiful than the autumn moon; through her modesty and her prudence she brought her relatives under control; such a repository of bright virtues, unique in the world, got this temple built.
3. In the year signed as 394 approved by king Lakshmana, this lady of world-renowned fame got this abode of the god, full of good qualities, constructed with pleasure.
4. (This) poetry of the good poet Madhava and (this) glory of the lady, thriving as the sea of nectar, may shine till eternity in the regions of the three worlds.
5. The faithful lady, Anumati, who was engaged day and night in the deeds of piety, got this abode of the god constructed in the course of an austerity — the lady who was the wife of Rupanarayana, the lord of the lords of the earth, and who was, in different ways, like an ornament in the whole world.
6. It was some Lakshmi, Goddess of wealth and success, not emaciated, who had come over to the earth for the devotion of Madhava, whose eldest son, a terror in Tirhut to the king of Yavanas, is this king of kings, Kmasanarayana, with a passion for war.

By orders of Anumati Devi, full of glory, the construction of this temple was made by the most obedient, Gaya's son May this be auspicious. May there be success.

It is clear from the inscription that this stone slab was the Kirtisila of the temple of Madhava erected by Anumati Devi who was the daughter-in-law of Harinarayana Bhairava Singha, wife of Rupanarayana Ramabhadra and mother of Kamsanarayana Lakshminatha during the year 394 of the Lakshmana Sen era when her son was the ruler of Mithila. These names are famous in the history of Mithila in the 15th ' century and the reign of Bhairva Singha, who assumed the Virud of Harinarayana, was without any doubt the golden age of Mithila. In his court were gathered such renowned scholars as Vidyapati, Vachaspati, Vardhamana, Ruchipati, Misaru and a host of other writers whose works have immortalised not only their own names but the names of their patrons also. The colophons of Vachaspati's Sraddhakalpa and Varadhamanas Gangakrtyaviveka give us the names of Harinarayana and his son Rupanarayana Rambhadra. One Andhra Scholar Ramabhatta, the author of Vidvatprabodhini a Commentary on Saraswata system of Grammar, has immortalised the fame of the Brahmana king Rupanarayana to whom he paid a visit from Gaya. The Mantrapradipa of Haripati called Agamacharya has eulogised Kamsanarayana Lakshminath. As regards the date, Hridayanarayana Dhira Singha, the elder brother of Bhairava, was ruling Mithila in L. Sam 321 as recorded in the post-colophon remark in the Ms. of Setudarpani. In L. Sam. 392, only two years before the construction of this temple, a copy of Devimahatmya was transcribed by Udayakara which is still preserved in the Nepal Durbar Library. Udayakara mentions himself अति-प्रणतेन as in the final prose passage in this inscription and describes himself as having been deputed to it by Kamsanarayana.

Doubts have been expressed about my interpretation of रन्ध्र in the compound वेद-रन्ध्र-हरनेत्र-चिह्निते in the third verse and some people take it to suggest zero. रन्ध्र no doubt, means "Void" and can, therefore, be used for zero but in most of the dates known to me, which can thus be deduced रन्ध्र stands for nine as there are nine रन्ध्र in the human body, I have not come across any date where रन्ध्र stands for zero. Vidyapati has mentioned the year of death of Deva Singh in his Abahatta verse as अनल-रन्ध्र-कर लक्खन नरबए, सक समुद्दकरअगिन ससी Here the year 293 of the Lakshmana Sen Era has been stated as equivalent to the Saka year 1324. In the date of this inscription also, if रन्ध्र is taken to mean zero, it would go ninety years back to the L. Sam. 304 which is much earlier than the reign of Dhira Singh whom the father-in-law of Anumati Devi succeeded on the throne of Mithila. In view, therefore, of the fact that in L. Sam. 392 Kamsanarayana is described in the manuscript of the Devimahatmya to have been reigning, there should be no doubt about the interpretation of the words of this inscription to mean L. Sam 394 with रन्ध्र standing for nine, not for zero.

Coming back to the inscription itself, one cannot fail to be impressed with the style of the panegyric recorded therein. We now from different sources that Bhairava Singha was indeed a refuge to the kings and Varddhamana in the Introductory verse of his Dandaviveka states that Bhairava Singha gave shelter to Hussain Sah (of Jâunpur) when he was bereft of his entire army, probably when he was fleeing to Bengal, and considered Kedar Roy (of Bengal) as subservient to "himself as a wife". We have the testimony of Andhra Scholar about the reputation of Ramabhadra Rupanarayana. Knowing the history of these turbulent times when the Pathan Empire was disintegrating and local Mohammadon chiefs were pouncing upon the holy land of Mithilas from both the east and the west, the description of Kamsnarayana Lakshminath as the "terror of Tirhut to the king of the Yavanas" seems quite appropriate and it was in one of those fights that this "terror" himself was laid low on the field of battle and with him the glory of the Oinabars came to an end. It is not known definitely when Kamsanarayana was defeated and by whom, but most probably it was about the year 1525 that he succumbed to the onslaught of Nasrat Shah of Bengal and this temple too must have been demolished in any one of these many Mohammadon invasions some time within 30 years of its creation in the L. Sam. year 394 corresponding to 1503 A.D.

About the Mahadevi, who got this temple erected, the Panji records of the Maithil Brahmanas are very elucidative. King Ramabhadra had four wives of whom the first was Anumati, the daughter of Shiva Jha of Pali family resident of Mahisi now in the district of Saharsa. The mother of Anumati belonged to Mandara family resident of the village of Jarahatia, a village about a mile west of the spot where the ruins of the temple have been unearthed. Shiva Jha of Mahisi was one of the most respectable among Maithil Brahmanas of his own times and it will greatly interest the scholars to know that the late chairman of the Bihar Public Service Commission, Dr. Amarnath Jha was eleventh in the direct line of descent from Shiva Jha. Rupanarayana Ramabhadra had another son, Bhavanatha, from second wife. He also assumed the role of royalty and called himself Hridayanarayana. Ramabhadra had a brother Purusottama, called Garudanarayana, and he also assumed kingship. It will thus appear that by the end of the 15th century, the Raj of Mithila was not unitedly under one king but the different members of the Oinabara royal family were laying claims to royalty without any regard for solidarity which was the imperative need of the hour. In the light of the analysis given above, the words of the inscription that Mahadevi Anumati, "through her modesty and her prudence brought her relatives under her control" sound quite appropriate and it is just possible that under the pressure of the repeated attacks from the Mohammadon chiefs from all sides, she succeeded both by her विनय and नय in bringing about a sort of unity among all the members of the Oinabara royal family. It was however too late. The rivalry and antagonism among the different branches of the same family proved fatal to the solidarity which was so necessary to withstand the attacks of the common foe. But from this inscription it is not unreasonable to suppose that a successful attempt was made, though very late, to patch up these personal differences and the credit for the achievement of this was due to the tactfulness and modesty displayed by Mahadevi Anumati, the queen mother when her eldest son, Kamsanarayana, was ruling Mithila.

About the poet who composed these panegyrics, nothing is known definitely. Madhava is such a common name that unless more details are given it is impossible to fix up his identity. I have come across only one Madhava who can be identified with the writer of these verses with any plausibility and he is called "Madhura Kavi" in the Panjis. He belonged to the same family as Shiva Jha, the father of Mahadevi Anumati, but Madhava was tenth in descent from the common ancestor from whom Shiva Jha was only the seventh. Shiva, however, belonged to a senior branch while Madhava to a junior one and is not quite absurd to suppose that Madhava was a young poet patronised by Mahadevi Anumati when he was deputed to compose these verses for the inscription.

The last verse is obscure because the first four letters of the 1st line and the first three letters of the second line cannot be read. There seems, however, to be some panegyric of Mahadevi Anumati composed or more properly, to be composed, by Kuladhara Kavi. Nothing is known about Kuladhara nor any panegyric available extolling the virtues of this wise queen but this much can safely be inferred from this last verse of the Inscription that during the last days of Oinabara rule of Mithila Mahadevi Anumati did all she could to avert the danger of disintegration of the Raj of Tirhut and thus save it from falling a prey to the Mohammadon invaders. That she could not succeed does not take away from the credit that is her due and if the panegyrics of Kuladhara Kavi could be available then only the part she played during these critical days would be properly assessed.

The inscription ends with a description of the artisan who did all the stone work of this temple and though his name is effaced we can still read गया पुत्रेण as his appellation. It is clear, therefore, that he was a man of Gaya and we cannot but praise his skills in inscribing these verses. The most important thing about this inscription is the very artistic writing of the whole inscription and this can be put forth as the specimen of the style of Tirhuta writing in the beginning of the 16th century.

(J.B.R.S Vol XLI, Part 3, 1955)

Darbhanga Raj & Indian Nationalism

On the occasion of the unveiling ceremony of the Statue of Maharaja Lakshmishwar Singh Bahadur of Darbhanga some 12 years ago in front of the Anandabagh palace in Darbhanga, since then made over to the Sanskrit University established at Darbhanga, the first President of the Indian Republic, the late Dr. Rajendra Prasad deplored that even among the Congress-men there was a strange unawareness of the eminent services rendered by the House of Darbhanga, particularly the late Maharaja Lakshmishwar Singh Bahadur, In the resurgence of Indian Nationalism in general and in bringing into being and fortering with care the growth of the Indian National Congress in particular. Similarly it is greatly to be deplored that people do not know what eminent services were rendered to the cause of Indian Nationalist movement after 1942 by the Late Maharajadhiraj Kameshwar Singh Bahadur of Darbhanga. Now that the Raj has long vested in the Government of the land and the House of Darbhanga has become extinct with the passing away of the last of the Mithileshas, it is in the fitness of things that we recount in humble gratefulness the glorious part played by this premier house of noblemen in eastern India in the cause of the congress and attainment of freedom through the troublous time ever since the inception of the Indian National Congress.

Maharaja Lakshmishwar Singh was born in 1858, only one year after the first organised effort for liberation from English Yoke by the people of India, mis-called the mutiny. The Raja of Tirhut, which the Maharaja of Darbhanga was called before the new designation was adopted during the days of the court of wards, lent his support to the popular cause and it was reported that the Raja was making preparations to welcome the restoration of the Indian Empire to the Muslims. In fact, the Raj of Tirhut was bestowed by the Moghul Emperor of Delhi and the Raja of Tirhut quite naturally owed allegiance to the representatives of the Moghul house and considered the English as intruders. The war of independence failed and English rule was entrenched more strongly which looked upon Tirhut with great suspicion. But the then Raja of Tirhut died prematurely in 1860 leaving behind two infant sons, the elder only 2 years old and the Raj was taken under Court of Wards which gave the future Maharajas a most liberal education with the result that Mithila which was still groping in medievalism was brought into sudden light when in 1879 the young Maharaja Lakshmishwar Singh took the Raj into his own hands and enthusiastically began to spread the liberalism of the nationalist kind so that Mithila too should join the other parts of the country to strive for self-rule.

No words can express more adequately, more eloquently and more feelingly the place in the national life of the land so illustriously held by Maharaja Lakshmishwar Singh Bahadur than those addressed to the open session of the Indian National Congress by Shri Anand Mohan Bose from the Presidential chair of the 14th session of the Congress held at Madras in December 1898 within three weeks of the sad and premature demise of the Maharaja.

> "And now in the closing month of the year, not a fortnight ago, has passed away to the realm beyond, one of the noblest and most illustrious of India's sons, illustrious not by birth and position alone, the Premier Nobleman of Bengal and the Head of its proud Aristocracy but illustrious by that which is a higher nobility by far than that of birth and wealth, God's own nobility of a rich heart and a rich service in humanity's cause. In the Maharaja of Darbhanga, the British Government loses a loyal subject and perhaps the most trusted and honoured of its councillors, the country one of the greatest of its benefactors and staunchest of defenders of its rights, and the Congress a friend, a generous helper, a warm supporter none warmer—whose value no word that can fall from our lips can adequately express. Can memory fail to go back at this moment to that scene when two years ago he came to the Congress Pavilion in Calcutta, the last he lived to attend and the whole assembly rose as one man with an enthusiasm that knew no bounds, to welcome this true friend alike of the Government and of the people".

It should be remembered that Maharaja Lakshmishwar Singh had ascended the Gaddi only in 1979 and within four years he attained such a celebrity throughout the country for his liberal views, active interest in the political life of the land and large-hearted munificence that we find the Rev. K.M. Banerjee, the, President and Sri Surendranath Banerjee, the Secretary of the proposed National Fund writing to the Maharaja and his assistant Manager respectively to enlist the Maharaja's interest, appealing fervently for his generosity to subscribe to the Fund which was proposed to be instituted to response the cause of Indian's political advancement. It was this movement for the institution of the National Fund which culminated two years later into the foundation of the Indian National Congress. At the end of a long letter, the Rev. K. M. Banerjee writes to the Maharaja.

> "I need not say more when I am addressing a noble man on whose large-hearted generosity the Viceroy himself espatiated so justly at the distribution of prizes in the Mahometan's college not many months ago." and Shri Surendranath Banerjee writes on the 14th Nov. 1883 to Sri Chandrashekhar Bose, the then Asst. Manager of the Raj.
>
> "Since your appointment in the Darbhanga Raj I have not had the opportunity of writing to you and if I do so now, you will possibly think that I have some object in view; and so I have. I beg to appeal to you, and through you to His Highness the Maharaja of Darbhanga, for aid in connection with the National Fund. The Maharaja was good enough to write through his Private Secretary for a copy of the proceedings of the inaugural meeting and I am sure His Highness still continues to take an interest in the movement. I enclose a copy of the appeal just issued which sufficiently explains the objects and scope of the National Fund. All that I may add in this place is that not a pice of the money raised will be devoted to the prejudice of the interests of the zamindars. That is a false alarm that has been raised and its falsity will be apparent from the fact that Babu Mahesh Chandra Chaudhary, one of the trustees is himself zamindar and a member of the central committee of the Landholders. If the Maharaja does not wish his name to appear, His Highness has only to intimate his wish to that effect and it will be carried out. Indeed the amount need not be advertised at all. I will not tresspass upon your time any further. The Maharaja is one of the most enlightened zamindars in the province and I am sure he will not hesitate to lend a helping hand in aid of a movement which is faught with good to the country".

It may here be noted how solemnly Sri Surendranath Banerjee assures the Maharaja that this movement was purely national in character and would not be devoted to the prejudice of any interests least of all to the interests of the Zamindars.

And the Maharaja gave his whole hearted and unstinted support. We do not know what amount the Maharaja gave to the Rev. K. M. Banerjee for the National Fund but to the Congress the Maharaja gave a sum of Rs. 10,000 every year from the year it was started. The Maharaja seems to have acted according to the suggestion of Shri Surendranath Banerjee and did not wish his name to appear; he remained for ever an anonymous "Friend". Dr. S. Sinha in his work "Some Eminent Bihar contemporaries" says about the Maharaja that "during these years the Congress account used to show as the first item of entry on the side of receipts, a sum of Rs. 10,000/- donated by a "Friend". Though he did not advertise it, his generosity was well-known in Congress Circles and was "very highly appreciated".

And what a valuable contribution this help from a "Friend" was and how much the leaders of the Congress depended upon this help will be clear from the two letters reproduced below, both from Mr. A. O. Hume, one in the 1893 and the other in 1895. They need no comment.

A. O. Hume Esq. writes to Maharaja from London, on the **20th March, 1893**

I write to acknowledge the receipt through W. C. Bannerji of £ 6 11-9-7 the equivalent of your princely subscription of Rs. 10,000/ for 1892 and to thank you most heartily in my own name arid that of the British committee for having so generously and promptly responded to over appeal.

I cannot tell you what a weight this has taken off our hearts, I mean Wedderburn's and mine and how this has relieved us from the unpleasant remarks of some of the other English members of the committee who did not relish having to pay the money that they guaranteed.

With this money £200-1 given by Bannerjee £ 100/- by myself and other smaller sums that have dropped in, we shall nearly clear off all the debt and shall—require the money to keep us going which I doubt not will begin to come in. Any how our honour is saved because it will no longer be in the power of any one here to say that they were compelled to pay India's debts.

Again thanking you very heartily I remain etc.

A. O. Hume Esq. writes to the Maharaja from London on the 28th June, 1895.

I donot often bother you as you know, only when there is a real necessity and that there is now. The fact is the subscription have been coming very badly. We have written and written but the money though promised definitely comes in only driblets. We have just had to borrow £ 300/- for the work of the committee on Wedderburn's and my responsibility and this will only cover the expenses of this office and the paper which is daily growing in importance. I send you an early copy of the July number, the only copy I fear that will reach India by this mail. Now we are all in the midst of the election work. Neither Wedderburn nor I can advance another farthing for the coming contest and failing aids I fear that very great and serious interruption to the work of the committee which is yearly gaining in importance will issue.

What I beg and entreat of you is that as soon as possible after the receipt of this you will kindly send us Rs. 10,000/. viz. Rs. 5000/- on account of 1894 and Rs. 5000/. on account of 1895. If it were convenient and possible I would ask you to send not Rs. 10,000/- but Rs. 15,000/- viz. not only the balance of your generous subscription for 1894 but the whole of that for 1895 also. But this I leave to you, only do not fail us. Send us, I entreat you, at least the Rs. 1000/- and send it Right off. If you would write to your Bankers and tell them to wire to Sir Wm. Wedderburn of 84 Palace Chambers the equivalent of the Rs. 10,000/- or Rs. 15,000/- it would be a great thing because we should get it three weeks earlier and it would come just when we most need it.

Do pray not fail us. You are positively the only man at this juncture on whom I can rely and I can and do rely on you to tide us over this time of trouble.

But what Maharaja Lakshmishwar Singh did for the Reception committee of the 4th Session of the Congress to be held at Allahabad was unique and should go down in the history of the congress as the glorious example of the burning patriotism and independence of the Maharaja. Lord Dufferin the then Viceroy had spoken against the congress and Sir Auckland Colvin the then Lt. Governor of the N. W. Provinces had written openly against it. People had been told by their official superiors that they would 'Come to grief" if they joined, subscribed to, or the any way aided the National Congress. The Civil and Military authorities had made it impossible for the Reception Committee to obtain a site on which to hold the Congress in the city of Allahabad. None but the intropid and unselfish Pandit Ayodhyanath could have floated the Congress argosy over the boisterous confluence of the Colvin, Dufferin and Syed Ahmed rapids at the time. Pandit Ayodhyanath, the Chairman of the Reception Committee is reported to have said that if his countrymen in the N. W. Provinces were found to be lukewarm which they were not, he would pay Rs. 50,000/-. from his own pocket and hold the Congress at his own expense. And we know where his pocket lay. When only six weeks were left for the Congress to meet and no site was available Pandit Ayodhyanath ran to Maharaja Lakahmishwar Singh who came at once to his rescue fearlessly and purchased over night the famous lowther castle with its extensive grounds just in front of the Government House in the heart of Allahabad where Sir Auckland Colvin lived and he placed the entire castle at the disposal of the Reception Committee. The name of the Maharaja was not advertised at the time but every one knew, even the Viceroy and the Lt. Governor, who it was that had failed their attempt to kill the Congress. The Maharaja again in 1892 gave the castle its grounds to the Congress when it met at Allahabad for the second time.

Such was the devotion of Maharaja Lakshmishwr Singh to the national cause and such were his eminent services to the Indian National Congress.

And the nationalism of the Maharaja was not confined to what he did for the Indian National Congress only. His services in the constructive field were equally eminent. To bring about national integration, he introduced and popularised Devanagari script which gave a death blow to the old indigenous Tirhuta script of Mithila but made Bihar a homogenous state to that extent. He introduced English education in Mithila and established a High school at Darbhanga ; the oldest of its kind where no fees were charged as long as the Maharaja lived. He opened a Middle Vernacular school at the headquarters of each of his numerous circles and by this means made modern education available to quite a large number of people in his extensive Zamindari. He patronised Hindi much more than he did Maithili and his had been the most potent patronage to popularise Hindi in the state of Bihar in preference to the native tongues spoken there. Though only a Zamindar, the Maharaja acted like a prince and the benevolent measures taken by him for the education of his subjects, for meeting the crises of famines which visited his prencipalaty twice buring his time, to- extend patronage to arts and letters were all praised by the Government and appreciated by the people.

Maharaja Lakshmishwar Singh was succeeded by his younger brother, Maharajadhira Rameshwar Singh who could not adjust with the Congress but his services in the cause of education and Hindu solidarity are well known. His munificent donations to the University of Calcutta, Banaras Hindu University, Patna Medical College and to the Sanskrit Institutions of the country were all princely. He was acknowledged the head of the Bharat Dharma Mahamandal and spokesman of the orthodox Hindu views. He established the Maithil Mahasabba through which social reforms of far reaching influence were introduced in the social life of Mithila.

Maharajadhiraj Kameshwar Singh, the last of the Mithileshas was a nationalist to the core of his life heart. It was the cordinal principle of his life that Raj Darbhanga existed for the welfare of the people. In the Ramgarh session of the congress he gave his princely assistant to Dr. Rajendra Prasad. Indeed his ties with Dr. Rajendra Prasad were deep and intimate. To Netaji Subhash Chandra Bose the Maharajadhiraj gave financial help off and on. In fact there was no leader of Indian National movement who did not receive help from him whenever he required it. In the 1942 movement, he refused to lend his support to the authorities to maltreat the people and terrorise them. His financial assistance to C. M. College at Darbhanga, his donation of his big palace Anandbag and his invaluable Raj Library to the Sanskrit University, his rich gift to the Mithila Research Institute will keep his memory green for long. His enthusiastic response to the blossoming of the national urges and aspirations of people marked out the Maharajadhiraj as a devoted son of India. In fact, the Maharajadhjraj lived his life as a great servant of free & resurgent India.

(Maithili Prakash, Nov., 1968.)

Darbhanga Raj & Sanskrit Learning

The Darbhanga Raj, which was known till about a hundred years ago as the Raj of Tirhut, was acquired by dint of learning; it was given as a reward for his scholarship and piety to Mahamahopdhyaya,[1] later on Maharaja, Mahesha Thakur who was the greatest Naiyayika and, indeed, a most erudite scholar of his time. He was the founder of the dynasty which came to be known as the House of Darbhanga, renowned all over the country for its patronage of Sanatana Dharma and cultivation of learning.

The first thing that Maharaja Mahesha Thakur did on his return to Ṃithilã was to convene an assembly of all Pandits of Mithilã and he honoured each one of the assembled Pandits with a pair of Dhoti. This practice of conferring a pair of Dhoti continued up till our own time as the highest honour that the Mithilesha could render to any scholar and the receiving a pair of Dhoti from the Mithilesha has been till quite recently the highest honour for any Maithil Pandit to aspire to and achieve. Till about the end of the last century the only examination which scholars of Sanskrit underwent here in Mithila was in the court of the Mithilesha. It was towards the close of the last century that the first written examination was held here in Darbhanga to judge which of the Pandits deserved Dhoti from the Mithilesha. Before that, a Pandit on completing his studies came to the court of the Mithilesha and there he had to enter into sastric discussion with the court of Pandits among whom some of the foremost Pandits of the day have always been prominent. If the Pandit showed his worth in course of the discussion he was honoured with a pair of Dhoti and he was recognised all over Mithila as a man of learning. Thus, for more than three centuries, a recognition of the learning of a Pandit by the Mithilesha was the hall-mark of scholarship recognised all over the country. (Vide Dr. Ganganath Jha in his Kavirahasya published by Kashi Nãgari Pracharini Sabha, Varanasi, and the first Mithilesha Mahesha Ramesha Lectures II-Ill).

1. There is divergence of opinion on this point.

The Mithileshas extended their patronage to Sanskrit learning, not only by giving honourable recognition to scholarship in their own typical way; they themselves extended the bounds of knowledge by compiling learned treatises on the different branches of Sanskrit learning. Maharja Mahesha Thakur was the foremost Naiyayika of his own time and his gloss, Darpansa, on the famous *Aloka* of *Paksadhara* on the Tattvachintãmani of Gangesha has long been regarded as the most searching enquiry on the subject. The publication of this has been taken up by the Mithila Research Institute of Darbhanga. Mahãrãja Mahesha Thakur wrote about half a dozen works on law and ritualism. His most remarkable work, however, is the life of Akbar, a sort of Akbaranäma in Sanskrit which is available only in a fragment in the manuscript collection of the India office Library in London and which has since been published by the Maithili Development Fund of the Patna University. Three of the sons of Maharja Mahesha Thakur were celebrated authors. One of them Mahãrja Achyuta Thakur has written a commentary on Amarakosha called Vyakhyapradipa which claims to give the etymology of all the words collected there. Another Mm. Paramanand Thakur has left behind a work on Astronomy called Siddhantasudha. His youngest son Mm. Maharaja Subhankar Thakur wrote a work called *Tithidvaidhanirnaya* which is still regarded as an authority on the subject. A grandson of Maharäja Mahesha Thakur was a celebrated astronomer and he has left behind a record of eclipses for about 1100 years from 1620 A. D. to 2708 A. D. called *Grahanamala* or *Rahuparagapanji*. It is remarkable that timings noted by the learned Mahãrãja more than three hundred years ago tally in the occurrences of the eclipses even to-day. This tradition was maintained even by Maharajadhiraj Rameshwara Singh Bahadur who got compiled under his own supervision the *Paddhatis* of Durga puja, Indrapüja and *Chaturatinividhanapaddha* of *Jalasayotsarga*. These paddhatis were not available in his time.

Till the beginning of this century there was no college or school for Sanskrit learning here in Mithilä because no Pandit could undertake teaching on payment. A Pandit taught his pupils at his home and in many cases maintained them in his own family as members thereof. Every Pandit's home was, therefore, a school and the Darbhanga Raj patronised these Pandit teachers by sending regularly to them at their homes allowances varying according to the number of pupils maintained or the Shastras taught. In many cases landed property was made over to these Pandits to maintain themselves and their pupils and there are thousands of such rent-free tenures all over Mithila which the descendants of those

Pandits still enjoy. It was only the late Maharjadhirāj Rameshwar Singh Bahadur of revered memory who on succeeding to the Guddee broached the idea of establishing here at Darbhanga a full-fledged Sanskrit college with powers to hold its own examinations like the Banaras Sanskrit College and papers are still available to show the outline of the scheme and the consent of about one hundred renowned Pandits of Mithila serving then all over the country but willing to serve in the proposed college, if called upon to do so. It is not known why the idea was dropped but the first Sanskrit Vidyalaya in Mithila was started by him some sixty years ago here at Darbhanga, the present Sri Rameshwaralata Vidyalaya. Before that his elder brother, Maharaja Lakshmishwar Singh Bahadur had started at Varanasi a Vidyalaya where some of the greatest Pandits of the day, patronised already by the Raj, were deputed to teach sastras to deserving pupils regularly in a house acquired specially for the purpose. Other Vidyalayas sprang up quickly and Maharajadhirāj Rameshwar Singh Bahadur himself established another college for Sanskrit studies at Lohan a and then at Rajriagar, and a net-work of schools all over Mithila. He patronised a large number of Sanskrit teaching institutions all over the country from Assam to the Punjab with monetary aids given regularly either for their establishment or for the maintenance of students there. The opening of the Oriental College in the Banaras Hindu University owes not a little to his inspiration and encouragement. After the creation of the province of Bihar and Orissa, a Sanskrit .Association was formed to supervise the studies of Sanskrit learning in these provinces and conduct the examinations thereof and the Mahārājädhirāj Rameshwar Singh was the life-President of that Association. The establishment of the Sanskrit College at Muzaffarpur was due to his advocacy for Sanskrit learning in Tirhut. In his own court he had some of the foremost Pandits of his time, and himself a profound Pandit, he worked ceaselessly for the growth and popularity of Sanskrit learning not only in Mithila but all over the country. In fact Mahārājadhiraj Rameshwar Singh was the one man to whom all credit for the propagation and popularity of Sanskrit learning in the States of Bihar and Orissa is due.

Maharaja Lakshmishwar Singh Bahadur who was the elder brother of Maharajadhiraj Rameshwar Singh Bahadur and to whom he succeeded on the Guddee of Darbhanga Raj had established a magnificent Library of his own and to this Library Maha arājdhirāj Rameshwar Singh added a very large number of rare books and unique manuscripts so that it became a glory to this part of the country. He also established a Press here at Darbanga and from there a large number of valuable books have been published specially in Sanskrit. Three of the famous works of Vidyapati, the immortal poet of Mithila, were published here—*Purusapariksa* or the Test of Man, a book of moral tales concerning historical persons of the Kali Age, with a Maithili translation; *Durgabhaktitarangini*, a smriti compilation on Durgapuja and Likhanavali or the models of letters, documents etc. of every day use—these were the first works published here and they were all in Sanskrit. And the fourth work was by the court-poet of the Maharaja himself, by Kavishwara Chanda Jha, the Mithila Ramayana which has been the most popular work in Maithili after Vidaypati and has been printed again and again, the last critical edition of the text on the basis of the autograph copy of the poet having been edited only recently by the Librarians of the Raj Library. He patronised the poets of other parts of the country also and the famous poet of Bihar, Pandit Ambika Dutt Vyas wrote his famous play Samavatam for Maharja Lakshmishwar Singh Bahadur and it was published here. The Maharaja Bahadur did not live long to carry out any planned scheme of the publication of Sanskrit works and it was left to Maharajadhiraj Rameshwar Singh Bahadur to carry it out. But his wife, Maharani Lakshmivati Sahiba did all she could to encourage the publication of Sanskrit works both old and new and more than a dozen works were thus published under her patronage, chief among them being (1) Bhartriharinirveda Nataka of Mm. Harihara , (2) Amritodaya Nãtaka of Mm. Gokulanãth and such new works like the Lakshmishwaropãynam, Jalasayotsargapaddhati, Siddhãnta Muktãvali, Lakshmishwaricharitam by Mm. Bãlakrishna Mishra later on the Principal of Oriental College of Banaras Hindu University etc.

Maharajadhiraj Rameshware Singh Bahadur, however, greatly encouraged the publication of works in Sanskrit and during his time about 30 works were published by the Darbhanga Raj. These books are widely known all over Mithila and abroad that an Enumeration of the titles is not necessary but a mention may be made of *Samskaradipaka* of Mm. Harshanath which deals with all questions relating to the ten Samskaras of a Brahmana, *Tantrahnika* of Mm. Rajanath Mishra which is indispensable to any one observing Tantric worship; *Tithidvaidha-Nirynaya* by Mm. Maharaja Shubhankara Thakur a reference to which has already been made; the different *Virudavalis* and *Prashasti* of the family of Darbhanga Raj written at different times; Bhrngadutam, a poem in imitation of Kalidas's Meghadütam by Kavindra Ganganand of the late 17th century; *Mantrarta-Sangraha* of Jagaddhara giving the meaning of all Vedic Mantras required during the different rites of a Yajurvedi Brahmana; *Atmatattvaviveka* of Mm. Udayanacharya with different commentaries available till then but which remained incomplete; and the many eulogistic Kavyas. Under his patronage the scheme of a Mithila-Granthamälä was started and though it failed for want of public support, it could bring to light in course of its short existence such celebrated works like the Gunavisnu bhäshya on the Mantras of Sãmaveda, Smriti-I, kaumudi of Mm. Devanatha, and the *Dvaitanirnaya* of Mm. Vachaspati with the commentary of his grandson Mm. Narahari. He encouraged his court—Pandits and court—Poets to compile works and compose poems and at least one of them, the late Mm. Parameshwara Jha, edited almost all the works necessary for the every day use of a Brahmana so that he was called "Karmakandoddhraka". His works Yaksasama, *gama* Kavya designed as a sequel to Kalidasa's Meghadutam, *Usmavivekatika* and *Mithileshaprasasti* are well-known. Mm. Srikrishna Singh Thakur wrote his *Khandabalakuladipika* and Mm. Hariharakripalu his *Rameshwarakriti Kaumudi* under his liberal patronage.

But Maharäjadhiraj Rameshwar Singh was not satisfied with the collection of Sanskrit manuscript for his own Library or publication of works at his own cost, He encouraged the idea of a Research Society for the state of Bihar and Orissa of which he became a patron when it was established and under its auspices he arranged to have a thorough search made of Sanskrit manuscripts in Mithilã. A Pandit was specially deputed to tour throughout Mithilä and prepare a descriptive catalogue. Four volumes of this descriptive catalogue have already been published under the able editorship of the late K. P. Jayaswal and, after his death, of Dr. A. P. Banerji-Shastri. Materials for some ten such volumes more are still lying in the Library of the Bihar Research Society. All this was done at the cost of the Maharaj adhiraj of Darbhanga. Moreover, Maharajädhiraj Rameshwar Singh was the chief sponsor and generous patron of the Agamanusandhanaai Samiti of Calcutta under whose auspices the Tãntrik Texts have been published. The works of Justice Woodroffe were all published in this series at first under the name of Arthur Avalon and later on under his own name. How valuable these volumes of the Tantrik Text series are must be known to all students of Tantra, a branch of Sanskrit Learning long neglected and very much misunderstood, and to all students of Hindu religion and culture the works of Woodroffe must be indispensable. The sole credit for all this laudable work in the field of Tantrik literature must go to Maharajadhiraj Rameshwar Singh of Darbhanga. But it was not only in the field of Täntrik Texts only; the

Maharajadhiraj Bahadur patronised most liberally Pandit Jwala prasad Mishraji in the publication of his monumental work of Yajurved Samhita with an authoritative translation of the same in Hindi and he bore the entire cost of the publication of the first complete and authoritative edition of Vidyapati's songs in Devanagari script by Nagendranath Gupta from the Indian Press Allahabad.

Lastly, Mahãräjädhirãj Rameshwar Singh Bahadur did all to resusciate the Samaveda at least in this part of the country. It is well known that the Samaveda had its own system of music but it was completely forgotten and the study of that was confined to book knowledge only. The Maharajadhiraj had a band of Vaidikas trained in the music of the Samaveda and kept them under his own colleges where pupils learnt from them and popularised the same in the country. At Banaras he maintained a Vidyalaya for the teaching of the Vedas only, not only Yajurveda but all the four Vedas including the Atharvan also.

The late Maharäjadhiaj Kameshwar Singh Bahadur kept undiminished the love of Sanskrit learning which he so nobly inherited from his ancestors, intertained the high tradition of his house; and continued all that his great father had started. He continued to maintain all the colleges and schools as before and he kept in his own court some of the greatest Pandits in their own branches of Sanskrit learning. He held the Pandits' examination under the guidance of the late Mm. Dr Sir Ganganatha Jha and honoured by bestowing Dhoti a Iarge number of scholars not only of Mithilä but of even other parts of the country. It is noteworthy that the President of our Republic Dr S. Radhakrishnan is one of such scholars who was so honoured by the Maharajadhiraj at a special assembly of scholars early in 1941.

Maharajadhiraj Kameshwar Singh Bahadur extended his patronage to Sanskrit learning by convening periodically large assemblies of Sanskrit scholars, some times not of Mithila only but of the whole state of Bihar.

This practice of calling periodically an assembly of scholars to meet together and discuss problems of Shastric interest has been characteristic of the court of the Mithileshwas. We read about such assemblies even in the *Brihadaranyokapanisad* to which king Janaka called the scholars from the countries of the kurus and the Pachalas. The assembly called by Raja Bhairava Singh of Mithila in the late fifteenth century is said to have been attended by thousands of scholars, among whom there were as many as 1400 Mimamsakas only. Mahrajadhiräja Kameshwar Singh kept up the tradition, or rather revived it, with great zeal. Soon after he ascended the Guddee he called in the summer of 1934 a great Sammelan of Sanskrit scholars which lasted for three days. It was attended by thousands of Pandits not only of Mithilä but of other parts of the country also, among whom were Pandit Madan Mohan Malaviya who presided over it on the 1st day, Mm. Dr. Ganganath Jha, Pandit Ramabhadra Jha of Alwara, Vidyvachaspati Madhusudan Jha of Jaipur and others. It was said at the time that the Mahasammelan called by the Maharajadhiraj was just like the quinquennial assemblies called by Harshavardhana in holy Prayaga more than a thousand years ago. A year later when the then Viceroy Lord Willingdon paid a visit to Darbhanga, there were called about a thousand Pandits of Mithila to felicitate him. There was practically no important function in the Raj during the 33 years of his reign when Pandits in hundreds were not invited. During the Upanayana of his first nephew in 1941, when the Pandits' examination was held and Dhoti was conferred on our, President Dr. S. Radhakrishnan, the assembly of Pandits was, indeed, very large and impressive. During the marriage ceremony of the same nephew he called an assembly of about a thousand Pandits who met together on the 6th February 1948 to offer a benedictory address to the Maharaja of Jaipur who was an honoured guest of the Maharajadhiraj on that occasion. The Maharajadhira had to perform as many as five Sraddhas himself and had to manage three more which were performed by his nephews. On the occasion of all these eight Sraddhas, Pandits in hundreds were invited to attend and bless the departed souls. Indeed, the assembly of Pandits was a regular feature of any function in the Raj during the time of Maharajadhiraj Kameshwar Singh Bahadur. He invited the Oriental Conference here at Darbhangha in 1948 and the assembly of Sanskrit Pandits on that occasion invited for the Pandit Parishad was, perhaps, unique in the history of Oriental Conference itself. The last of such assemblies was on the occasion of the last visit of Dr. Rajendra Prasad, the first President of the Indian Republic to Darbhanga on the 23rd March 1955 when Maithil Pandits in their hundreds assembled to offer their benedictory address to the President. There was, likewise, an assembly of a very large number of Pandits invited to witness the laying of the foundation of the Mithila Research Institute at Kabraghata, since then called Mahesh Nagar, at Darbhanga by the President of India Dr. Rajendra Prasad on the 21st November 1951. The Maharajadhiaj had been the President of the Bihar Sanskrit Association and was the Chairman of the Sanskrit Re-organisation Committee of which Sir S. Radhakrishnan and the Late Mm. Ganganatha Jha, among others, were the members. He enriched his already rich Library by acquiring at a great cost a very large number of excellent manuscripts, some of which are almost unique.

The Maharajadhiraj endowed large sums of money for the growth and development of Sanskrit learning in all possible ways. Soon after coming to the Guddee the Maharajadhiraj made a munificent endowment for a chair in Maithili in the Patna University and for researches therein. It is worth noting that one of those research scholars, Dr Subhadra Jha, completed his studies in the Origin and Development of Maithili language on which he was awarded the D. Lit. degree by the University and which has since been published. The Maharajadhirāj made another endowment to the Patna University for the development of Maithili and from this Fund, have been critically edited two important works of Vidyapati, namely Puruspariksa and Kirtilata, an Apabhramsa work, by the Librarian of the Mahrajadhirāj besides the Sanskrit Akbarnama by Dr. Subhadra Jha and Ragataraṅgini by Dr Sudhakar Jha. The Maharajadhiraj made an endowment to the University of Allahabad for a series of lectures every alternate year, the first series of lectures having been delivered by the Late Mm. Dr. Sir Ganganatha Jha, published as Shankar Vedanta. He created another endowment for an annual address to be delivered on the occasion of the convocation of the Bihar Sanskrit Association known as Shree Mithilesha Mahesha Ramesh lectures; the first lectures being delivered by the late Mm. Dr. Sir Ganganatha Jha. These lectures have been delivered by such illustrious scholars during later years as Dr. Rajendra Prasad, later on the President of the Indian Republic, Dr. Sir S. Radhakrishnan, our. President, Sri K. M. Munshi the then Rajyapala of Uttar Pradesha, Sri M. S. Aney, the then Governor of Bihar, Sri R. R. Divakar, the then Governor of Bihar. All these lectures are published and they form a rich store-house of Indological studies in different branches. For development of the Ayurvedic college of the Hindu University the Maharajadhiraj made a munificent grant and that college is now a unique institution of its kind in Hindusthan. It can thus be said that the Mahārajadhirāj Bahadur did quite a lot of service to the cause of Sanskrit learning and scholarship.

In matter of publication also the Maharajadhiraj kept up the high tradition of his house. Quite a number of learned works were published at his cost e g. *Guneshwaracharita Champoo* by Kavishekhara Badarinath Jha. His Librarian made a critical edition of the Mithila-Ramayan of Chanda Jha which has been described above and another critical edition with an exhaustive introduction has been published of the Sūktimuktāvali or Harihara Subhāsita by his Librarian. His Librarian has made, moreover, a critical edition of Vidyapati's Purusaparikaha and Kirtilata for the Maithili development Fund of the Patna University, the second of which is in the press. A critical edition of Kalidäsa's Abhijnana Shakuntalam in its Maithil recension on the basis of two old mss. about 400 years old and two Maithil commentaries equally old has been made in his Library by his Librarian which has been published by the Mithila Research Institute. Quite a large number of Maithili works have been published from his press which is one of the most equipped presses in North Bihar.

One of his greatest services of far-reaching importance in the cause of Sanskrit learning has been the establishment of the Mithila Institute of Post Graduate Studies and Research in Sanskrit Learning at Darbhanga for which he made a gift of some 70 acres of valuable land on the outskirts of the town and the entire initial cost of over three lacs of rupees. This Institute is designed to synthesise the old traditional scholarship with the modern methods of research and critical edition of old standard works. It prepares Sanskrit Acharyas of the M. A. degree of the Bihar University, guides scholars for the Ph. D. and D. Lit. degrees and prepares and publishes critical editions standard Sanskrit works. To the scholars of the Institute the Maharajadhiraj made available his magnificent Library and under the auspices of the Institute a descriptive catalogue of the manuscript section of the Raj Library was prepared and is now being published. During the short space of some fifteen years the Institute has done so much and is doing much more and it is hoped that the cause of Sanskrit learning will be immensely served by the manifold activities of the Institute, specially its programme of publication of critical editions of important Sanskrit works on the most modern lines.

But the greatest service by far which the late Maharjadhiraj rendered to the cause of Sanskrit learning just a couple of years before his sad and premature passing away was the magnificent donation of his most valuable ancestral palace and the equally valuable collection of his Sanskrit books and thousands of rare manuscripts to the Sanskrit University which the Government of Bihar has established at Darbhanga after his name. After the abolition of zamindari the Maharãjadhiraj saw that as days passed on he would not be able to do all that he had been doing or would like to do for the cause of Sanskrit learning and he made up his mind to help the Government of Bihar as much as he could do to establish a Sanskrit University here at Darbhanga on the lines of the Varanaseya Sanskrit University. As in the founding of the Mithila Institute he had the advantage of the wise counsels and collaboration of Shri M.S.

Aney, the then Governor of Bihar, he had the advantage of encouragement and active co-operation of the late Dr. S. K. Sinha, the then Chief Minister and Kumar Ganganand Singh, the then Education Minister of Bihar and it was with their collaboration that the Sanskrit University was established here which is beyond doubt the greatest memorial which will keep the memory of Maharajädhiraj Kameshwar Singh and his love for Sanskrit learning green for a long time to come. The Raj of Darbhanga was acquired through Sanskrit learning and since the House of Darbhanga Raj has become extinct with the passing away of the late Mahajädhirãj without an heir to perpetuate the tradition of the Mithilesha, it is in the fitness of things that his memory should be perpetuated in a Sankrit University to which he donated perhaps two of the most valuable things that he possessed.

Maharäjädhirãj Kameshwar Singh could do as much for Sanskrit learning as perhaps no single individual has yet been able to do. He was not a Sanskrit scholar himself and this was, indeed, a handicap which he himself realised more than any one else; but he had the intuitive grasp of the function of the office that he inherited so nobly and adorned so conspicuously. He upheld with added glory the tradition of a Mithilesha, handed down from the days of king Janaka, and looked at from that point of view, he would be remembered for long, let us all hope and pray, as the last of the Mithileshas. May his soul rest in peace.

(Bulletin of Mithila Research Institute, Darbhanga, 1965)

The Last of Mithileshas

Today falls the first death anniversary of Maharajadhiraj Dr. Sir Kameshwar Singh Bahadur of Darbhanga. It was on this day last year that he had breathed his last, and full one year had rolled by since this melancholy event had plunged the whole of the country in deep gloom, especially Mithila though she was then too stunned by this sudden and shocking event to realise fully what she had actually lost. Let us on this day recall most reverentially the sacred memory of that noble soul and pay in all humility the homage of our heart to the great and glorious nobility which the late Maharajadhiraj embodied in his own person that inspired awe and reverence like a "divinity in human form" in which light he was looked upon by people at large all over Mithila.

The late Maharajadhiraj was much more than a mere individual. He was an institution within himself, the embodiment of a glorious tradition that went back to those distant days when Aryavarta had not yet been overrun bye the Mohammadons. For, with the passing away of the Late Maharajadhiraj there has come to an end the long line of *Mithileshas* who have all of them been the protagonists and promoters of Mithila's culture, patrons and protectors of all that has been high and noble in Mithila's life.

Ever since the last scion of Janaka's illustrious house was destroyed during prehistoric times for acts of indiscretion unworthy of a Kshatriya prince, Mithila had never had a king of her own till in the year 1097 an adventurous noble prince from far off Karnataka carved out a principality for himself on this side of the Ganga, almost at the foot of the Himalayas. Though a foreigner, this benevolent monarch so completely identified himself with the people of Mithila that entire Mithila hailed him as the *Mithilesha*. Thus came into existence, for the first in history, the independent kingdom of Mithila or Tirhut and the Karnataka king, Nanyadeva was the first *Mithilesha.*

The Karnatas ruled over Mithila for six generations and then the Maithil Brahmanas of Oinawar family became the *Mithileshas*. The

Oinawaras were succeeded by the Khandavals family of the Maithil Brahmanas and the kingdom of Mithila was received by M.M. Mahesha Thakur as a gift for his scholarship, erudition and piety. The late Maharajadhiraj was eleventh in descent from that scholar prince and nineteenth occupant of the Gaddi. The independent kingdom of *Mithila* has passed through many vicissitudes, weathered many a storm, and seen many ups and downs, but the institution of the Mithilesha which Nanyadeva founded in 1097 came almost unbroken down to this day only last year when the last of the Mithileshas passed away.

It is true that the political status of the *Mithileshas* has been changing with every change in the political set-up of this part of the country and even during the last four centuries that the Khandavals were the Rajas of Tirhut, the political status of the *Mithileshas* underwent at least three important changes, till at last in the year 1950, after the abolition of Zamindari the late Maharajadhiraj was divested of whatever of Mithila he still possessed and he remained a Mithilesha without any part of Mithila of which he could be called the Lord. But in the cultural life of the land, in the social sphere of Mithila's life, indeed in every thing except political status, the late Maharajadhiraj enjoyed the same privileges and prerogatives, exercised the same powers and authority, discharged the same duties and responsibilities, say, Maharaja Harisighadeva, who was the last Hindu king in the whole of Aryavarta to succumb to the Mohammadons.

With the passing away of the Maharajadhiraj, therefore, there has passed away not only a noble man, the premier noble man of North Bihar; there has come to an end not only a very old and useful institution known all over the country and even beyond as the Darbhanga Raj that had been the glory of Mithila; but a very ancient and glorious tradition, the tradition of the *Mithilesha*, has also passed away.

It was, indeed, this tradition of the *Mithilesha* which connected us so intimately with our ancient past. It was the *Mithilesha* under whose influence there was a social cohesion in the life of Mithila to be found nowhere else in the whole of Hindusthan. It was the leadership of the Mithilesha that kept alive more than anywhere else the pristine purity of Indian culture here in this land of Mithila. It was the *Mithilesha* who could keep Mithila inviolate as the last citadel of *Sanatana Dharma* even during these "degenerate" days and was regarded with veneration all over the country as the most enlightened though staunchest leader of Hindu way of life. His words were *Dharma* to hundreds of thousand of the people of Mithila and even beyond. He could raise a man in social status and could degrade in the eyes of society.

It was the *Mithilesha* who was the chief promoter and patron of arts and letter and all that was high and noble not only in Mithila but even beyond. It was this undisputed, supreme and benevolent leadership of the Mithilesha which had been the unique feature of our social life all through these centuries and it was, indeed, on account of the Mithilesha that Mithila could maintain her distinctive cultural heritage more than any other part of the country. One dynasty of Mithila's, rulers replaced the other and of the Khandavala dynasty itself the late Maharajadhlraj was the nineteenth to occupy the Gaddi, but the glorious tradition of Mithilesha came down through the ages in one unbroken line, which alas ? Came abruptly to an end with the passing away of the Maharajadhiraj.

We can no longer boast of having a natural reader who represented so brilliantly the ancient glory of Mithila throughout the whole of Bharatvarsha. Mithila was really orphaned when with the passing away of the Maharajadhiraj, the last of the *Mithileshas*, passed away and the last symbol of the ancient Hindu concept of kingship became a thing of the past .It was one of the few surviving ties that connected modern India with her ancient past and this break with her ancient past is a distinct loss to the ancient Indian cultural tradition.

We are still too near the event to assess properly the extent and gravity of loss Mithila has sustained in the death of the Maharajdhiraj and time alone will show the full impact the this melancholy event on the social and cultural life of the land. No one however, will gain say that by the passing away the *Maharajadhiraj* a void has been create which can never be filled again. With forces of disintegration working all around and even within, Mithila may go adrift till she ceases to be Mithila without a *Mithilesha* to restrain of guide her.

It was the personality of the *Mithilesha* that could keep the distinct entity of Mithila intact. Now that the *Mithilesha* is no more, the future of Mithila herself is dark and uncertain. A chapter has come to a close with the close of a noble life and we can only hope that the name of Maharajadhiraj Kameshwar Singh of Darbhanga will forever be remembered as the last of *Mithileshas.*

May his soul rest in peace.

(Published in *The Indian Nation,* Patna, October, 1963).

The People of Mithila

(Contributions to the Darbhanga District Gazetteer)

(A) LANGUAGE AND LITERATURE :

The language spoken in the district of Darbhanga by the majority of the persons, is the indigenous language of Mithila, Mithilia-Bhasa or what is now called Maithili.

It may be mentioned that Bihar has three linguistic units, Maithili in the east, Magahi in the south and Bhojpuri in the west. Efforts have been made to bring them into close relationship with Eastern Hindi, Bagheli and Chattisgarhi and thus classify them all together under what is called the MEDIATE GROUP of modern Indo-Aryan languages, but linguists like the late Dr. Sir G.A. Grierson, Dr. S.K. Chatterjee and Monsieur Jules Block hold that this classification cannot be absolutely correct. All the three Behari languages belong to the same group as Bengali, Assamese and Oriya, and what is known as the EASTERN GROUP of the modern Indo-Aryan languages. Like Bengali, Assamese and Oriya, they are the direct descendants, perhaps the most direct of the descendants, of the old form of speech, known as Magadhi PRAKRITA and have so much in common with them in their inflexional system that it would almost be possible to make one grammar for all of them.

A great proof of the evolution of the three Behari languages along with those of Bengal, Assam and Orissa, from the old Magadhi form of Prakrit speech, through the eastern, called the *Prachya Apabhramsa* is furnished by the script in which all three languages were written, Mithila has a script of her own, called Tirhuta, which is wonderfully alike Bengali, Oriya and Assamese and the similarity among these scripts is much more remarkable than among these languages. The earliest specimens of Maithil script are found in the inscription of Mandar Hill (in the district of Bhagalpur) from where it was taken to Vaidyanath Dham where it was noticed by Dr. Rajendra Lal Mitra who got it published in the second number of the Journal of the Asiatic Society of Bengal for the year 1883 on pages 190-191 (Inscription no.3) This inscription was written during the reign of Aditya Sena of the later Gupta dyanasty towards the end of the 7th century A.D. (*vide* footnote 6 on page 81 of the History of Bengal, Vol. I, edited by Dr. R.C Majumdar). Thousands of manuscripts written in Maithili script are scattered in the different manuscritp libraries and in Nepal there are many manuscripts very old, perhaps the oldest known so far. In the Raj Library at Darbhanga there is a complete book of Srimad Bhagavat a written by Vidyapati himself in the first quarter of the 15th century. Owing to climatic conditions and want of idea of preservatives, very many old manuscripts have perished. But from those that are available, it appears that Maithili script has retained its main distinctive features. The style of writing may have varied from area to area in different epochs but the script has not changed either in form or shape.

Bengali, Oriya and Assamese, as they are written now, present certain features which differ from Maithili, though these divergences are much fewer than their similarity. We need not enter into any controversy which script is more ancient and whether Maithili is the old script from which all these scripts have evolved in course of the last three or four centuries and that Maithili represents the eastern script of the post Gupta period. It may, however, be mentioned that only half a century ago Vadyapati was believe to be a Bengali and his language the old language of Bengal.

About the origin and growth of this Eastern variety of North Indian script we have a masterly exposition in "The origin of Bengali Script" By R.D. Banerjee but most unfortunately he completely ignores Maithili or its evolution. He regrets the dearth of records of the 13th and 14th centuries but in Maithili script there is no such dearth and of the early 15th century we have in the handwriting of Vidyapati himself the complete Bhagavata preserved intact. To a very great extent, therefore, an opinion may be hazarded that this book by R.D. Banerjee deals with the origin and development of Maithili script and that up to the 16th century, all these eastern scripts were Maithili in character or at least proto. Maithili. If this opinion is correct then Bengali, Oriya or Assamese developed those divergences from the old forms which are, however, still preserved in Maithili and distinguish them, therefore, from Maithili.

It is very interesting to follow the gradual spread of the Nagari alphabet of the south-west in the regions of the Eastern script which was consequently been displaced. The Eastern script of which Maithili is a direct descendant evolved long before the invasion of North-Eastern India by the Nagari alphabet and this has had, therefore, very little influence upon the development of Maithili script. But the Eastern variety has continually been having ground and its western boundary has gradually been receding east ward. In the 8th century Banaras formed the western boundary of the Eastern script but in the 11th century this western boundary receded eastward and there is very little similarity between the script used in Banaras or Varanasi and that used in Gaya. In the 12th century both the western and the eastern scripts were used in Magadh. After the Mohammadon conquest the western variety gradually spread itself over the whole of Magadh and the use of the eastern variety was confined to Mithila and the rogions to the east of it. The use of the Eastern variety, however, lasted in Magadh till the 14th century and it was only in the 15th century that Nagari appears to have completely displaced the Eastern variety in Magadh.

In Mithila, however, the native script has survived up to the present day though it has now been completely displaced for all practical purposes by the Devanagari alphabet. Even when the printing presses were introduced in Devanagari and books were printed , people in Mithila read them but for writing they still used their Maithili script. This was the state of affairs till about the second half the 19th century. There are still persons alive who cannot write any other script except Maithili and the first alphabet taught to Maithil boys was Maithili till the early years of this century. But the later introduction of compulsory teaching of Hindi as the vernacular of the Maithil boys in schools and colleges brought in a change and the use of Maithili script started declining. But at the present moment there seems a swing to the use of the script and the Maithili language. It may be mentioned here that the late Sir Ashutosh Mukherjee as Vice-Chancellor had recognized the importance of Maithili language and introduced it in Calcutta University. It seems, however, almost a lost cause and it is too late in the day to try to revive it to the extent that it may be universally used. Types have been made out for printing books in the Maithili script but they are not very popular. But it must besaid that it has not completely died out and there are persons who still use this script but it has lost the popular support. The script of Maithili is called "Tirhuta" in Mithila.

The tract of Mithila, has an ancient history and almost uninterrupted traditions and she was comparatively unaffected, at least internally, by any large scale foreign domination during the last thousand years or more. In this respect Mithila was better off than the tracts of Magadhi or Awadhi languages.

For a long time after the conquest of Magadh and Bengal, Mithila retained her independence and the first flood of Turki invasion did not pass over her. Barring the episodes of a few Moslem incursions during later times and consequent suppression of native dynasties temporarily for short periods, the normal life in the land was peaceful and happy when the scholars could carry on their literary activities without any hindrance. Pandits of Mithila have been renowned for their Sanskrit learning and beginning as far as the foundation of the Karnata Dynasty in the 11th century, may be even earlier than that, down to the 16th century, Mithila had been a prominent seat of learning and thought in eastern India. Students from other parts of Aryavarta specially from Bengal came in large number to learn the Sastras her. The cultural bonds with Assam were also prominent. Had the Mohammadon conquest swept away the native dynasties, we should not have expected this flourishing state of Sanskrit studies in the land. The Hindu State of Mithila retained its independent status up to the end of the 18th century and the cultivation of arts and letters, Sanskrit learning and Maithili literature continued under the benevolent patronage of Brahmana rulers. The vernacular literature was not despised at all and for some centuries it was the literary vernacular language for almost the whole of North Eastern India. Maithili, has an unbroken literary record from the 13th century probably much earlier, down to the present day.

The beginnings of the literature in the language of Mithila, as of all other literatures, can be traced back to popular poetry and what is common to all such cases, it is very difficult to assign any definite date of these early popular compositions. There are, however, three different kinds of poetical compositions available so far which can legitimately be claimed to have been earliest specimens of Maithili.

Firstly, a number of mystic songs and other poems discovered in Nepal were published in Bengal. These songs are said to have been composed by the *Siddhas* of the Sahajiya sect, which was an offshoot of the *Tantrika* or later *Vajrayana* Buddhism. The collection has, therefore, been called the *Bauddha Gan O Doha.* The language in which these poems are composed in wonderfully archaic but there are characteristics in it which are recognized as Bengali, Assamese and Maithilli, on account of which it has been taken as the earliest specimens of each one of these sister languages. Linguists are, however, agreed that these poems were composed when all these modern East Indian languages were still in an early formative stage and had not developed their distinctive features. This language may be taken to be the later form of the Eastern or *Magadh Aiabhramsa* with the influence of Western or

Sauraseni Apabharamsa discernible at places. Naturally therefore, it contains elements that have come down to one or the other of the modern languages which have grown out of the parent stock, the Eastern or *Prachya Apabhramsa.* A theory may be advanced that in spite of all these Bengali or Assamese peculiarities, the language of this collection in basically, of old Mithila, proto-Maithili, rather than proto-Bengali or proto-Assamese. Maithili language was employed seriously in literature very early. It is for the linguists to say if serious literary efforts in Bengali or in Assamese were made before or after Maithili had already cultivated a rich literature. The tradition of composing poems in the archaic *Apabhramsa* language continued in Mithila up to the fourteenth century. Vidyapati composed two of his poem *Kirtilata and Kirtipataka* together with many smaller songs in a very much similar *Apabhramsa* language which he calls *Abahatta.* It is said that most of the *Siddhas* who composed these poems were monks of the Vikramshila University within the zone of Maithili culture and language. These *Siddhas* too might have been Maithil by birth. The society that is mirrored forth in these poems is the picture of Maithil society. In one of the songs it is said that the first words what a child begins to learn the alphabet with are "*Siddhirastu*" and in no other region except in Mithila are these words taught to a boy when he begins to learn the alphabet. It is only one of the examples. To determine precisely and conclusively the true nature of this archaic language a more detailed study not only of the forms of the language but also of the contents of these poems is necessary and we leave it to the linguists if this language cannot be taken as proto-Maithili.

Secondly, there are the distichs of Daka. These distichs somebody the proverbial wisdom of the land-astrological and agricultural maxims and comments on life and on things and are popularly known and found all over Aryavarta from Assam to Rajputana. Numerous legends are current about the author of these distichs who is variously called Daka, Ghagha, or Bhaddari and so on, according to the traditions prevailing in different parts of the country and it is very difficult to say if they are all one and the same person. Within recent years, many collections of these distichs have been published but each one of them is based on the distichs known popularly in that region where the collection has been made, and none on any old manuscript. The language of each edition, therefore, is greatly modernized and bears the stamps of the language of that region. Fortunately for Maithili, there have been found many distichs quoted under the name of Daka in some of the old works of astrology by Maithil scholars belonging in some cases to the 14th and the 15th centuries, for example, there is a work Vyavaharadipaka not yet published but preserved in the Darbhanga Raj Library by Harapati, called Mudrashastaka, keeper of the seal, said to have been the son of the great poet, Vidyapati. The language of these quotations is very archaic, similar to the language of the *Bauddha Gan O Doha* and differs widely from what is popularly known and published as of Daka even in Mithila. That scholars of Mithila and Mithila alone should quote these distichs as authority like the views of the great Acharyas bespeaks their Maithil orgin as well as their great antiquity. It is, therefore, quite reasonable to hold that Daka was a Maithil and composed his proverbial distichs in the proto-Maithili Apabhramsa language. In course of time they became popular all over Aryavarta and transmitted orally from generation to generation got modernized, infected strongly by the languages of the different regions where they spread.

Daka is not, however, the only writer of such popular distichs in the pro-Maithili *Apabhramsa* language, though he is perhaps the most celebrated. There are many such distichs from old astrological treaties like Kchapanaka Jatak and Kapalika Jataka quoted as authority by that famous jurist of Mithila Chandeshwara Thakur of the seven Ratnakara fame in his work Krityachintamani [*Vide* paper on Daka (in Hindi) by Pandit Jivanand Thakur published in part III of the proceedings of the 13th All-India Oriental conference, 1946, Nagpur]. None of these Jataka works is available nor the names of their authors are known but like the works of Daka they seem to have been works of popular appeal and, therefore, composed in the popular language. It is, therefore, a conclusive proof of the tradition of employing the popular language of the land for works of popular appeal and this tradition is of such a high antiquity that by the 14th century these old works had attained the celebrity of being quoted as authority by such renowned a scholar as Chandeshawara.

Thirdly, there are the popular ballads and songs, some of them highly literary of such semi-mythological figures and heroes of olden times, as LORIKA, BEHULA, NAGAS, SALAHESA, and others, which have been known since long, no one knows since how long and though never recorded in black and white have been transmitted orally from generation to generation and listened to with great veneration by the genuinepeople whenever recited even now. No one can vouch for the tenuousness of the language of these popular ballads which must have got modernised in course of these oral transmission, nor can their age be determined with any precision, but there is no doubt that they are very-very old. This also proves that the tradition of employing Maithili language in works of popular appeal, not only for the purpose of enlightenment but also recreation, has been prevalent in Mithila since the earliest stage of East India *Apabhramsa* language which linguists place near about 1000 A.D. if not earlier.

The earliest authentic specimens of Maithili language available so far are preserved in VARNA RATNAKARA of Jyotirishwar Thakur, known as Kavishekhara, of the early 14th century. He was an older contemporary of Chandeshwara and renowned for his poetical talents and two of his Sanskrit works are extent, Panchasayaka, a work of Erotics and Dhurtasamagama, a farce. His work in Maithili which has been found only in fragments is in prose and that is very remarkable because it is probably the earliest prose work in any of the modern languages of Northern India. It is full of descriptions based on the best classical models but there are wonderfully realistic pictures of contemporary society, the manner and customs, beliefs and habits of the people of Mithila. It is not clear why the Kavishekhara wrote these description in Maithili prose but the work seems to have been designed to serve as an encyclopaedia reference book for the poets and bards because this purpose only could have been served by these strings of descriptive epithets heaped up together without any organic unity or logical sequence among them. This suggests that in the early years of the 14th century, the tradition of literary composition in Maithili was well-established, Maithili was developed into a full-fledged medium of poetical expression that could mirror forth the society and that there was the imperative need of a book of reference of this kind for the sake of a growing number of poets and bards for whom alone, it is surmised the work was composed. It is true that the work of these poets anterior to or contemporary of the Kavishekhara are not available but that has to be explained otherwise and we cannot doubt the existence of the poets and the tradition by the very nature, scope, purpose, style and polish of the Varna-Ratnakara as we have it.

This work stands, therefore, as a very important land-mark in the literary tradition of Maithil and it indicates definitely that by the early 14th century Maithili had developed that sweetness, richness, polish and expressiveness which are so very essential for a language in order that it may reflect the manner and customs, beliefs and habits, dreams and aspiration of the people speaking that language, in order that it may be the medium of expression of a full-fledged popular literature.

During the century following Joytirishwara about two generations later was born the greatest poet of Mithila, one of the greatest in the whole of Aryavarta whose immortal lyrics have an irresistible appeal for all those who have ears for the sweetness and melody of words and heart to feel the depth and flow of feelings. Vidyapati, indeed is the sun in the firmament of Maithili literature in the full blaze of whose glory all the lesser lights have almost disappeared. Born in a family noted for scholarship and for the leadership of the land, and bred in the tradition of the best classical Sanskrit poetry, Vidyapati drew inspiration from Jayadeva of Bengal and he modelled his lyrics on the immortal songs of Gitagovinda, full of sweetness and melody, with only this difference that Jayadeva used Sanskrit in his songs but Vidyapati used his own language Maithili. This is obvious from the fact that the copper plate grant of the village of his birth, Bisafi, by his patron and friend Maharaja Shiva Sinha, he has been designated with only two epithets, "Maharaja-Pandita" and "Abhinava-Jayadeva"

Vidyapati was versatile genius. He has written panegyrics of his patrons Kirti Sinha and Shiava Sinha in the old Abahatta language and these poems possess great historical value. He has written at least one book of moral tales like the Panchatantra and the Hitopadesha but of real men and women called the Test of Man, Purusapariksa. He has written learned treatises on *Dharma,* ritualism, right conduct and law. His treatise on Durga-puja, called Durgabhakti-Tarangini, has been the earliest work on that subject and regarded as authority throughout Bengal, Assam, Orissa and Mithila.

But it is on his Maithili lyric songs that his fame chiefly rests. These songs can be divided into four distinct classes, *(i)* There are the typically love lyrics, on the lines of Amaru, Govardhana, and host of Sanskrit poets of immortal fame, designed mainly to serve as instruction in the necessary sciences of erotics but miscalled later on as Vaisnava *Padas* because Chaitanya and his followers read into them the delineation of mystic devotion expressed in the language of love, called in Vaisnava literature *Madhura-Rasa,* and therefore, considered them devotional in spirit. They are wonderfully expressive of the finest sentiments, with richness of embellishments, sweetness of diction, full of suggestiveness and admirably perspicuous above all. They combine the excellence of Sanskrit poetry with the ease and simplicity of a popular speech, cast in a melodies tune, which was altogether new and therefore gave a delight which was available to all irrespective of caste, creed or sex *(ii)* Then, there are the devotional songs in honour of the Goddesses, the Ganga, Visnu, but chiefly Lord Shiva, the last of them being more numerous and composed to be sung in accompaniment with dancing with a *Damaru* in hand, called therefore *Nacharies* which can be heard or seen in any temple of Shiva even at the present day in the morning or evening. They are really devotional in sentiment and do not speak of love in any form. On the contrary the feelings portrayed there are of pathos, wonder and humour, leading to the sentiment of devotion. In his *Nacharies,* there is a wonderful picture of the common life of a middle class family and naturally therefore they have an appeal which is almost irresistible. These *Nacharies* are mentioned by Abul Fazl in his chapter on "Sangeet" in the "Ain-I-Akbery" as one of the important varieties of *Desee* songs though he confuses *Nacharies* with all the songs of Vidyapati in as much as he states that they are on "the violence of passion of love", which can apply only to Vidyapati's love lyrics. *(iii)* Thirdly, there are the songs which we can call "occasional" (1) suited for special occasions, *Vyavaharika,* such as social functions like *Vivaha, Upanayana,* etc. and such are his songs called *Yoga, Uchati, Chumaon, Parichhan, Lagani, Batagamani*, etc. and (2) also suited for special seaons, *Samayika,* like *Malara, Chaumasa, Barahamasa, Fagu, Chaita, Pavasa, Prabhati,* etc. We have to remember in this connection that in the social life of a Maithil music plays a most important part. There is no function social or religious for which there are not special songs and these songs are sung in their special tunes by the women folk of society in chorus. These occasional songs as we may call them are a part and parcel of the life of every Maithil. Except *Sraddha* or functions connected therewith there is no event in man's life for which appropriate songs have not been in existence and each function begins with a prayer song to the family goddess called *Gosauni.* Most of the songs that are still sung in Mithila on these occasion contain the name of Vidyapati in the *Bhanita.* We are not in position to vouch for their genuineness but we have such songs of Vidyapati available in oldest manuscripts and even if all these songs are not his authentic composition, we can safely state that Vidyapati did compose such songs, that the tradition has been coming down from his time and that it is just possible that in many songs the name of Vidyapati might have been added in ignorance or consciously to give them an air of sanctity as is done in other cases also in the love lyrics and *Nacharies.* And (*iv*) lastly there are the "songs of the riddle" called *"Kutas"*. Very little attention has been given to these songs even by such able editors of Vidyapati's songs as Nagendranath Gupta, Khagendranath Mitra, Biman Behari Mazumdar and Subhadra Jha but there are many songs of this class which tax the ingenuity of a reader to arrive at the meaning of the lines which in itself is very trifling and all their excellence lies in the way in which the sense has been couched in a series of epithets joined together. They are in the true tradition of the *Kutas* of Sanskrit literature and provide a mental exercise to find out the sense. They are more an object of curiosity than literature proper but nonetheless highly interesting.

Jyotirishwar, Umapati and Vidyapati were great dramatists as well. Only recently the dramas of Jyotirishwar and Vidyapati have been published. The period following Vidyapati is marked by its preference for drama and its musical qualities. The tradition of Dramatic literature was carried to Assam and Nepal. In Mithila it took the form of Kirtaniya drama and the theme in most cases in the story of Krishna and in some of Shiva and Parvati. Besides the *Parijatharan* of Umapati, *Dhurtasamagam* of Jyotirishwar, *Goraksavijaya* and *Manimanjari* of Vidyapati, the following important dramas are known to us;—Lalkavi—*Gauriswayamvar,* Ramapati—*Rukminiharan,* Nandipati—*Krishnakelimala, Gokhulanand —Amritoday, Karna Jayanand—Rukmanganatak,* Kanharamdas—*Gauriswaryamvar,* Bhanunath—*Prabhavatiharan,* Ratnapani—*Ushaharana,* a natak of the same name has been written by Harshanath, and Manbodh Krishnajanma, Munshi Raghunandan Das—*Subhadraharana.* Recently a translation of Jayadeva's *Gitagovinda* in Maithili by a Biabamsiya Kayastha Ratipati Bhagat has been discovered and published by Acharya Parmanand Shastri. The translation of the *Gitagovinda* referred to above, is a unique musical achievement of the Maithili language. The tradition of ballad did not die and we have a graphic description in poetry the battle of Kandarpighat by Lal Kavi of Mangarauni. Nowhere in all these composition, have the description suffered in lucidity and expressiveness. The language remained stereotyped with practically no inclination to any change. Whereas the dramas conceded to popular taste and demand some writers used ornate language on the pattern of Sanskrit language. In spite of these two predominant trends, the devotional and secular writings of Magniram, Laksminath Gossain, Sahebramdas, John Saheb* and others fromed a class by themselves. The tradition of epic poems set by Manabodh was continued with equal vigour by Chanda Jha and Lall Das (authors of Ramayana in Maithili). While Chanda Jha and Lall Das were the two famous poets of the 19th century, Munshi Raghunandan Das formed a golden trio with the above two. The description of the terrible famine of 1881, in poetry, by Faturkavi has been translated into English language by Grierson.

---

* Johan christian's *bhajans* are sung in churches.

Towards the close of the nineteenth century, the study of the Maithili language received a new impetus at the hands of eminent European scholars like Beames and Grierson. Grierson, like a true scholar, collected a large number of Maithili poems and folklores and published them in his famous *Maithil Chrestomathy* (2 Volumes 1882). That publication inherently brought to light the inherent qualities of Maithili as a language. Pandit Jiwan Jha and Chanda Jha took advantage of the opportunity and began to study Maithili in right earnest. Chanda Jha translated Vidyapati's *Purusapariksa* (later on translated into English by Grierson) into Maithili and appended a very good historical introduction to it in Maithili prose. Soon a new school of thought came to be established. Jiwan Jha and Munshi Raghunandan Das by means of abstraction and personification of virtues had tried to interest the Maithili speakers. The dramas of Jivan Jha, Munsi Raghunandan Das and Kumar Ganganand Singh belong to this category and they thus paved the way for modern dramas in Maithili. The Maithili language has the unique privilege of possessing a *Vyakaran,* entitled *Mithilabhasa Vidyottama* by Kavishekharacharya Badri Nath Jha which can be rightly claimed as the *Abhidhanchintamani* of the Maithili language. Any language could boast of such a publication. His *Ekavaliparinay* and *Radhaparinaya* are the two great epics. Another important living poet of Mithila is Pandit Sitaram Jha of Chaugama. The specimen of modern Maithili prose in its earlier from can be seen through the *Vedantadipika* (by Mm. Ganganath Jha), *Mithilatattvavimarsa* (by Parmeswar Jha) and others.

The twentieth century in general and the period after independence has seen the rise of Maithili language in all its field and both old and new schools of writers are competing for the countinuance of their own school. With the introduction of its teaching up to the post graduate standard, the language has of late acquired immense importance. Poetry, drama, criticism, literature, history, geography and technical literature, are slowly coming up and in some spheres the language has reached the contemporary standard as compared with other languages. Among the modern writers in the different branches are Achyutanand Datta, Bholalal Das, Surendra Jha 'Suman', Kasikant Misra 'Madhup', Chandranath Misra 'Amara', Kanchinath Jha 'Kiran', Ishanath Jha, Harimohan Jha, BrajKishore Varma 'Manipadma', Baidyanath Misra 'Yatri' (well-known in Hindi as Nagarjuna), Sudhansu Sekhar Choudhury (Editor, Mithila Mihir), Yoganand Jha, Kedar Nath Labh, Arsi Prasad Singh (famous Hindi poet), Acharya Parmanand Sastri, Jivach Misra, Sashinath Choudhury, Dineswar Lal Ananda, Upendra Jha Vyas, Radhakrishana

Choudhury, Jayakant Misra, Krishnakant Misra, Mm. Dr. Umesh Mishra, Kumar Ganganand Singh, Mayanand Mishra, Ramanath Jha, Tantranath Jha, Umanath Jha, Upendra Thakur, Narendranath Das, Benode Bihari Varma, Anant Bihari Lal, Indu, Jagdip Narayan Dipak, Baidyanath Das, Jayanarayan Mallick, Pulkit Lal Das, Madhur, Lakshmi Narayan Singh, Dr. Lakshman Jha and a host of others. These writers are well-known in their respective branches and have contributed a good deal towards the development of Maithili language in all its branches. Prof. Parmeswara Jha had recently published an account of the prose writers of Maithili in the Mithila Mihir and among the rising scholars are Prof. Buddhidhari Singh, Anand Misra, Ramdeva Jha, Messrs. Bibhakar, Ramakar, Ramesh and others. It is not possible to give a brief account of all of them. Prof. Ganganand Singh and Brajkishore Varma have broken a new ground in the realm of modern Maithili prose. The history of Maithili literature by Dr. J.K. Mishra in two volumes is a major contribution, though it suffers from the defect of a pioneer work in the field. Dr. Subhadra Jha's *Formation of the Maithili Language* (Luzac-London-1958) is a unique contribution to the language of his birth and his edition of *Vidyapati's Padavali* (with English translation of the Nepal MSS) is still the best in the field. The recent publication of the First Volume of Vidyapati's poems by the Bihar Rastrabhasa Parishad, though critically well done, is hopelessly confused in so far as the introduction is concerned. Work on *Vidyapati* by Sarda Chandra Mitra, Nagendra Nath Gupta, Khagendra Mitra and B.B. Majumdar, etc, are valuable and important contributions in the field. All these publications indicate that the Maithili language is yet a living language of a vast majority of people with all literary possibilities of a bright future. Yatri is a progressive writer both in the field of poetry and prose. Radhakrishna Choudhary's *Sharantidha* (under print), partly published in the Mithila Mihir, has broken a new ground in the field of Maithili prose and is a pointer to a new thought yet untouched by other writers. His two historical dramas (entitled *Nanyadevaka Darbar,* published in Mithila Darsan, and *Rajyabhiseka,* published in the Mithila Mihir) are valued contributions. The All-India Maithili Sahitya Parishad has started publication of the old Maithili Texts from Allahabad and they are being edited by Mm. Umesh Mishra and Dr. J.K. Misra. The publication of a voluminous dictionary of the Maithili language from Allahabad is a major contribution. The Vaidehi (monthly organ) published from Darbhanga, Mithila Darsan (monthly) from Calcutta and the occasional publications from different places of India are giving a very good account of themselves. A daily in Maithili *"Swadesha"* was started a few years ago at Darbhanga but languished for want of funds. Same was the case with the literary publication of a very high standard named *"Sahityapatrika* from Darbhanga. The starting of a weekly "Mithila Mihir" by the efforts of the late Maharajadhiraj of Darbhanga has created an opportunity for old and new writers. In recent years Maithili books on various aspects have been written and published. A critical review of the contemporary development of the languages goes to show that Maithili language is fast growing and is bound to assume its proper place in the comity of Indian languages is no distant future.

(B) MANNERS AND CUSTOMS

The influence of western education and the impact of modern concepts about social equality and justice, individual freedom and the place of religion in life have brought about in the course of the last half a century a series of remarkable changes in the customs, manners, beliefs and the general sense of values in Indian society. The pace of change has been further accelerated and its direction erystallized by the operation of the new economic forces which as a result of the introduction mechanical power have revolutionized the methods of production, given rise to large concentrations of population in urban areas and by the very nature of the conditions of work created by them helped in cutting across that social isolation which a caste system based purely on birth had imposed in the rigidly separated innumerable communal groups of which Indian society is made. As in every other sphere of life so also in social and religious matters, this district has also come out of a more or less static spell. This pace has, however, been slower in this district because of the traditional aristocracy of the Maithils who had been able to keep the district in a sort of cultural isolation to a great extent. This is the reason why the Christian missions have not been able to go ahead in this district as they have done in some other districts. The Maharajadhiraj is still regarded with a certain amount of religious fervour as the 'Mithila Naresh' and is looked up to for all social and religious matters of the Maithils. Naturally, the hold of the traditional customs and religious obligations is yet far too deep.

The major part of the outcomes of the Hindus consists of ritualistic practices related to various ceremonies known as *Samskaras* (Sacraments). These ceremonies which principally consist of purifying rites are conducted under the directions according to orthodox practice, or a Brahmana priest. Regarding the exact number of these *Samskaras* there is a great divegence of views among the *Smriti* writers. According to some, sixteen *Samskaras* as they are *nitya* (usual) must be performed, and the rest twenty-four as they are *naimittika* (special) ones are left to choice. They are observed by almost all castes above those that were traditionally considered to be the lowest. The chief of these customary rituals are those at birth, thread-girding, marriage, pregnancy and death. These *Samskaras* find their hold with regard to the Brahmanas of the village which may be considered good for the whole of the district of Darbhanga.

The prospect of a childbirth is watch anxiety and eagerness by the family and in her first pregnancy the young wife is treated with great care and tenderness both at her parent's and at her husband's. Her desires are believed to foreshadow and influence the characteristics and sex of the child. She has to observe a number of taboos. Birth-marks and congenital defects in the child are often ascribed to the neglect of the longings and the non-observance of taboos. Because of her delicate condition she is considered particularly open to attacks of evil spirits and following the current folklore she complies with a number of do's and don'ts. The *Griyasutras* prescribed for the benefits of the pregnant woman a number of observances of Magico-religious mature and believers in the efficacy of vedic *Samskaras* follow then to a varying extent.

For her first confinement the young wife generally goes to her parent's house. At the inception of labour pain she takes to the lying in a room which has been swept clean and kept warm, dim-lighted and free from draught. A midwife (a *Chamain* in rural areas and a trained nurse or *dai* in urban areas) generally known to the family and engaged beforehand is called in and she attends the girl from then onwards for ten or more days.

After delivery, the position of the woman is not changed for some time. After a while the midwife ties the child's umbilical cord with a cotton thread, a few inches away from navel and cuts it with a knife. In past days she used to touch with ashes the spot where the navel cord was cut and rub the mother and child with turmeric and oil but now the ashes are not used and instead boric powder, etc. is used. Both the child and the mother are then bathed in hot water, and the child is wrapped up. The after-birth is put in an earthen pot with a pice, a little turmeric and vermilion and buried in a hole in the mother's room but this system is now changing in the rural areas and it has completely gone out in urban areas. The mother is given butter, hot milk, etc. and the child is given, a few drops of castor oil and honey. She with her child beside her, is laid on the cot under which a small fire of live coal is set. Near the door of the room an earthen pot of sacred water, some untensils made of iron either a knife or a sword and thorny plant are set. That no evil spirit may come in with them, all visitors sprinkle a few drops of sacred water on their feet before the room. The *prasuti* (the mother) for some days is on special diet such as fried *Makhana, battisaka Halwa*, fine rice, butter, pepper, honey and warm water for a few days till she reverts to her normal diet. For a few days both the child and the mother are treated as impure. On the third or fourth day both are bathed in hot water in which *nim* leaves are boiled. On the third and fourth days, beyond bathing the mother in hot water, no ceremony takes place.

As soon as a child is born, *Janma Kalik Utsarga* is performed by the father and in case father is absent or dead it is performed by any of the nearest male relatives. According to the means the *Utsargakarta* pays, a *Dakshina* minimum being Rs. 1.6 np. to the Brahmana priest. The *Ustargakarta* has to bathe soon after the *Janmakalik utsarga* ceremony is over.

As a rule all rural or urban communities are particular about the sixth days worship known as *chhathi* ceremony. This function is generally performed during the night of the sixth day. People believe that the sixth day is full of danger to the new born child. They share the common belief that convulsive seizures and most other forms of disease are the work of spirits. They think that only by worshipping *Sasthidevi* can the child be saved from the attacks of evil spirits. On the sixth day friends and relations are asked to dine at the house.

On the ninth day a *puja (nanabhaiya)* is performed in the evening and during that ceremony other children of the age up to eight to nine years beats a *thali of kansa* with the help of a small wooden stick and go near the child in mother's lap and speak out in the ears of the child *"nanabhaiya nanabhaiya jhat, bachcha janalai parat"*. Then coins, small-shells and fied paddy (*dhankalawa*) mixed and thrown up into the air and collected by the children. Yellow garments are worn by both the mother and the child on the sixth or *chhathi* days and ninth day.

On the eleventh or twelfth day *namakaran sanskar* ceremony takes place. It is generally performed in the evening. Women friends are asked to the house, musicians play, the child is cradled and the naming ceremony is celebrated. The *karnavedh* (piercing of the ear-lobes) ceremony may take place the same morning or may be postponed to sixth of twelfth month.

Both the *karnavedh* and *chudakarna* or *mundan* (the first cutting of the hair on the child's head) ceremony has a place in the Hindu *Sanskara* and they generally take place in the fifth year in this district. *Karnavedh* ceremony is strictly followed among the Maithil Brahmanas of the district but the other Hindu castes and communities, this ceremony is not essential. For *khari or akshar arambha* the same age is prescribed as for *karnavedh* or *mundan.*

The thread girding ceremony is prescribed for all Hindu claiming a place in the first three varnas (caste groups). In essence it is a rite initiating a boy to *brahmacharyashrama* (stage of studenthood).

A *kumara* (boy) undergoes the *upanayan* or thread-girding at the age of the eight or after eight, eleventh and twelfth years from birth being considered the proper time for the ceremony. In the district of Darbhanga, this ceremony is performed at the age of twelve. The *muhurta* (proper time) for thread-girding occurs in the five months of Magha, Phalguna, Chaitra, Vaishakh and Jyestha. In any one of these months the astrologer chooses a lucky day, paying special attention to the month in which, the constellation under which, and the hour of the day at which, the boy was born. In a rich family this ceremony is celebrated with great pomp.

Preparations begin a few days before the thread-girding day. Drummers and pipers are engaged. The house is cleaned and white washed. A booth is raised in front of the house, and its posts are ornamented with plantain trees, mango twigs and flowers. On the western side of the booth an altar is raised. Facing east. Invitation letters marked with red mark (*rodi*) are sent to friends and kinspeople. A day or two before the thread-girding, an *akshat* (invitation processing) consisting of the boy's parents and the family priest, first visit the local temple of Ganapati and perform the Ganapati *puja* and pray to the god to be present at the ceremony with his two consorts Riddhi and Siddhi; they then go to the houses of select relatives and friends to give them personal invitation.

As the lucky moment draws near on the lucky day, the friends and kinspeople asked to the ceremony meet at the house and take their seats in the booth. The father sits on a *pidha* palced on the *Vedi* with his face to the east, while the boy stands before him facing west and the priests hold between them a curtain marked with a vermilion *swastika* (lucky cross). The boy's sister stands behind the boy with a lighted lamp and a cocoanut in her hands. The priests recite the *manglastakas* (lucky verses) and guests throw *akshta* (richmixed with *rodi*) at the boy and his father. At the proper *muhurta* (lucky moment), the priests stop chanting, the musicians redouble their noise, the curtain is pulled to the north and the boy lays his head on his father's feet. The father blesses him and seats him on his right. *Pan,* perfume and rosewater are distributed among the guests who then withdraw, usually receiving a present of a cocoanut each. It is now getting customary for the guests to make some present to the boy on this occasion.

The *upanayan* ritual now begins. The priest and other Brahmanas throw *akshata* over the boy's head, and seat him on a *Pidha* (a flat wooden seat) to the father's right. An earthen altar is traced in front of the father, blades of sacred grass (*Dubbhi*) are spread over it and a *homa* (sacrificial fire) is kindled on it. The priest *daubs* a cotton string in oil and turmeric, ties it round the boys waist and gives him a *langoti* (loin-cloth) to wear. He then rolls a yellow short waist-cloth, round his waist and a white one round his shoulders. Another string daubed with oil and turmeric and a bit of deer skin passed into it, is hung on the left shoulder of the boy in the manner of a sacred thread. Offerings of *ghee,* sesamum and seven kinds of sacred fuel sticks are made to the sacrificial fire. The boy is made to pass between the sacrificial fire and his father, sip three *achamans* and repeat texts. He then goes back between the fire and his father and takes his seat.

The boy now with folded hands approaches the *acharya* (Preceptor-priest) and makes a request to initiate him into *brahmacharyashrama* (stage of studenthood). The *acharya* grants his request, hands over to him a consecrated *yajnopavita* (sacred thread) and a *danda of palas* and give him general instruction as to how to acquire knowledge. The *acharya* then takes the boy out to see the sun and makes his repeat him prayer to the sun.

The principal sacrifice of the ceremony is then gone through. The *acharya* makes four offerings of sacred fuel sticks and then the boy makes an offering of one sacred fuel stick and then wipes off his face thrice with words purporting, "I annoint myself with lustre and may *Agni* (Fire God) and *Indra* (Rain God) bestow on me insight,, offspring and vigour." The *acharya* concludes the sacrifice with the final oblations and sprinkles sacred water over the head of the boy and towards all directions. The *acharya* and the boy both then stand and offer prayer to *yajnadevata* (sacrificial god). The boy bends his knees, embraces the teacher's feet and requests him to recite the *Gayatri* (sacred verse). The *acharya* then recites *pada* (syllable) by *pada* the *Gayatri* verse and makes the boy repeat it syllable by syllable. The *acharya* then advises the student how to behave in his career of studentship, and tells him of the rules and observances to be followed by a *brahmachari* (student).

Money presents are made to the priests, who then bless the 'student' and the father.

In the evening the *bhiksavala* (begging procession of relatives and friends) goes to the temple of Ganapati with music and firework, etc.

The boy who is attended by his priest bows beofe the god and the procession returns home. The boy is then seated near the altar, the priest sits near him, and places a bamboo basket or a sup (winnowing fan) before him. The mother of the boy comes and stands before him near the altar. The boy says to her in Sanskrit, "*Bhavati bhiksam dehi* (Lady, give me alms), and holds the bamboo basket before her. The mother blesses him and puts sweets-balls, rice, etc., into the basket. Other married women follow the boy repeating the same words to each. The contents of the bamboo basket go to the priest who gives part of the sweetmeats to the boy and keeps the rest for himself. The last rite of the *upanayana* ceremony is *medha-janan.* A small square earthen mound is raised and a *palas* branch planted in it. The boy pours water round the plant, prays *Medha,* the goddess of mind, to give him knowledge and wealth.

The *upanayana* ceremony often used to last for as many as four days in olden times. Now, however, it is generally only a one day affair. The thread girding ceremony is generally followed now among the Brahmanas and a few other castes like Rajput, Bhumihars, etc. It is now not restricted for all castes and communities excepting the Brahamanas.

After *upanayana* ceremony there is a *Samavartana* (return) ceremony. This ceremony makes the boy return the *grihasthashrama* (householder), i.e., now the boy is allowed to marry and lead a life of a *grihastha.*

So far the marriage is concerned, the detail have been discussed earlier.

Funerary Customs

Hindus generally cremate their dead. At the time of death the dying man is normally brought outside the house if there is an *angan* (courtyard). The dying man is laid down on bare ground besmeared with cowdung, water and *kusha* grass being spread beneath him. Then the boy is besmeared with *gopichandan,* garland of *Rudraksha* beads and a *tulsi* plant is fixed, near the head of the dying man whose head is kept always towards north, offerings are made. After the death, the dead body is carried by four persons and the deceased's son has to go with the dead body with an earthen pot in his hands to the burning ghat. Then several minor rituals like *agni sanskar, panch kathia* (all the funeral bearers will throw five sticks from their over head to the back and they will not look behind and will proceed to another *ghat* to bathe) are strictly observed. The son or the person who performs the *agni sanskar* will undergo clean shaving of head and beard and moustaches. He wears *the uttariya,* i.e., white untailored cloth till the Sraddha creremony.

On the third day those who go to the burning *ghat* and those who are related to the dead have to go for shaving of head. But this custom is prevalent only among the Srotriya Brahmanas. The relatives of the dead generally go under this rite among the other castes on the *dashma karma* ceremony which falls on the tenth day of the death. On the same day the fires of the pyre are extinguished and one *ekodashta* ceremony is performed. On the fourth day, if the deceased has a daughter, eleven Brahmanas are fed. Till ten days the *karta,* i.e., the person who performs the *agni sanskar,* has to offer *dasgatrak pinda,* i.e., all the ten parts of the body have to be completed thereby. On the ninth day mustard oil with mustard cakes is used by the *karta* and his relatives *(Dayadas*). *Karta*_would take food known as *hawikh a* prepared only in cow-ghee unsalted and offers *arghyasana* with food to the dead. On the tenth day the *karta* and his *dayadas* get their head again clean shaved.

On the eleventh day the *karta* first goes to the family deity's (*kuladevata*) place and puts five *mutthis* of *urd* (a kingd of lentil) in a new earthen pot on a new hearth *(chulha)* and on the *deodhi* (main door) he gives new white *sari, etc.* in the hands of the deceased's wife. Then he goes to the nearby tank or river and performs *ekadasha sraddhya karma.* Then he feeds eleven Brahmanas at the tank or river *ghat* and returns to his residence. At his residence also he has to feed the invited persons and Brahmanas.

On the twelfth day fourteen *ekodishtha* ceremony is performed and he breaks the *uttariya* near the tank or river as the case may be. He comes back to his residence and performs *dwadasha chumaon,* i.e, as soon as he enters the courtyard of his house the females begins to cry and an *aripana* or *alpana* is prepared where the *karta* is to wear a yellow *dhoti* and a yellow *dupatta.* He is to sit on a *pidha* (a flat wooden seat) and the females come to bless (*ashisha*) him. He goes to the *Kuladevata's* place and offers his prayer and comes back to the courtyard. Meanwhile the *aripana* is rubbed off so that the *karta* may not see to it on his return from *Kuladevata's* place.

Two types of *Sradha* are performed. One is *Panchadana* and the other is *Brikotsarga.* In *Panchadana Sraddha,* five things, namely, cow, bed with beddings, *arhana* i.e., different untensils, *kanchan purukh,* i.e., statue prepared of gold, umbrella and shoes are given as gift to the Brahmanas. *Brikhotsarga* goes side by side to the *Panchandana* but the difference is that a he-calf is branded with a hot iron rod by a *Purohit Mahapatra* (Kantaha) and along with the branded he-calf, four other calves are left loose to become bulls.

The above death rituals are prevalent in almost all the Hindu castes and communities with slight differences in certain rites. But these are strictly followed by the local Brahmanas especially the Srotriyas of the district.

(C) MARRIAGE AND THE PANJIKARS

The Maithil Brahmanas may be categorized into four groups—Srotriyas, Yogya, Panjivadha and Jaiwar or Srotriyas and non-Srotriyas. Even among the Srotriyas there are eight levels. Their marriage system is the same but they differ in certain rituals.

The Panji system and the Panjikars have a great influence on the social and religious life of the Maithils. It is said that during the reign of Maharaja Harisimhadeva, last of the *rajas* of Mithila in the 14th century, an interesting case was brought to his court. A married female was held up for unchastity and at first held to be guilty. She appealed for a reconsideration of her case. The case was re-examined and she was found innocent. This case complelled the king to call a meeting of the Brahmanas of his kingdom. When the Brahmanas assembled in the king's court, the king considered each and every Brahmana's ethical bend and he evolved out the *panji* system according to which a systematic genealogical table of every Maithil Brahmana family and of the Maithil Karan Kayasthas was recorded and a class of people known as *panjikars* (Chroniclers) had to maintain and continue this chronology. In fixation of marriage of a Maithil Brahmana, these *Panjikars* maintain a list of boys technically known as "*Adhikarmala*". The relatives of bride's side chose boys or bridegrooms from this very '*Adhi*karmala'. The *Panjikars* help them to give the ropes about the eligibility of marriage between a boy and a girl.

There are altogether about 180 stocks or *Mulas* among Maithil Brahmanas but most of them are indeterminate. There are only 36 stocks or *Mulas* that are determinate or *Vyavasthita* and the bulk of the Maithil Brahmanas belong to one or the other of these 36 stocks. Each stock, however, has several branches. One stock of Kasyapa Gotra with the place of orgin at Mandara even now a famous village some eight miles west of Madhubani, has as many as eighty-four different branches. To indicate this, another place name was added, of course a little later on, say during the years following the consolidation, which was the name of the village where that branch had its home at the time of *panji prabandha.* Thus, a Maithil Brahmana gives his identification by two place-names, the first in it's adjective form, is the name of the "*Mula*", the place of origin of the stock, and the second is the name of "*Grama*" or *"Dera"* which is the place of habitation of the particular branch to which he belongs. This is the *Panji Prabandha* of the consolidation of the genealogies. It was completed in the Saka year 1248 some three years after Harisimhadeva was defeated by Mohammad Tughlaq and had to retire to Nepal. Still the *Prabandha* was called *Harisimhadeva Vyavastha* or the Ordination of Harisimhadeva because it was begun during his reign under his patronage by him.

Originally each stock or *"Mula"* has its own *Panji* which mentioned not only the sons' but also the daughters' names with names of their children. But gradually when population went on increasing and these *Panjis* became voluminous, it became almost impossible for all the *Panjikaras* to keep all the *Panjis* i.e, the *Panjis* of all the *Mulas* in the same form in which they were begun. These *Panjis* which are *"Mula-Panjis"* are still there but a Panjikara generally keeps the *Panjis* of only those *Mulas* he serves. A new method was later on devised by which a single *Panji* should give a general outline of all the important stocks. This is the *"Saka Panji"* which every *Panjikara* commits to memory as the first step in his study of the vast *Panji* literature. Here the genealogy of one "*Mula*" is begun and as soon as the marriage alliance with another *"Mula"* is stated, the genealogy of the second *Mula* is given from the *Viji Purusa* down the particular branch to the person under reference. As the alliance of one *"Mula"* is always with another *"Mula"* of a different *Gotra*, all important *"Mulas" are thus covered. The genealogies of the different* "Mulas" are·thus inter-connected in this but they are not comprehensive because here only that particular branch is detailed in which the particular alliance in the given context has taken place. Many *"Mulas"* are left out and many more branches, but it is, on the other hand, very handy and can give in one single volume the genealogies of most of the prominent stocks in their prominent branches. The *Sakha Panji,* most commonly used at present, commences with the family of the Maharajadhiraj of Darbhanga and has been in vogue for more than three centuries now. There is also another *Panji,* called the "*Patra Panji*", which the different branches of a "*Mula*" are enumerated with the names of the persons with whom the branches started.

All this was done obviously safeguard against union between persons within degree prohibited by the *Shastras* and it was done for all different castes of Mithila. No other castes except the Brahmanas and the Kayasthas, however, confined itself only to Mithila in matter of marriage and as the genealogies as required by the ordinances of

Harisimhadeva were not kept by people outside Mithila, the *Panjis* of the other castes though collectded and consolidated as far as available at that time could not grow and died out.

There is, however, one respect in which a Maithil differs. The Maithil way of determining the auspices of the season for socio-religious functions particularly for marriages is unique. The indigenous people of the district of Darbhanga have their own *Panchanga* by which they are guided in their rites and rituals, fasts and festivals. In fact, the Maithil rules for determining the "*Suddhi*" of "*Samaya*", auspices of the season, are much more stringent, and therefore, the season for such socio-religious functions like *Upanayaan,* marriage, installation of a deity or the consecration of tank is periodical dependent upon the position not only of the sun and the moon but of the other planets also e.g., Venus and Jupiters, for which there are elaborate rules in the *Sastras.* Even in the district of Darbhanga, however, there are people who are not Maithil but have migrated this district from outside. If they have not yet merged into Maithil society and imbibed Maithil culture, they would be guided by the other *Panchangas* for example of Vanaasi or Bengal as the case may be and follow the rules as they obtain in those schools in determining "*Suddhi*" of the season for holding marriage, etc.

In a Shrotriya Brahmana's marriage the permission of the Darbhanga Maharaja has to be obtained because the Maharajadhiraj of Darbhanga is taken to be the traditional head of all the Shrotriya Brahmanas. Permission is given as matter of course provided the negotiations are not within the prohibitive degrees of relationship.* After this permission (*Patvanagi*) is obtained the *Panjikar* is again resorted to and he gives his consent. The settlement of marriage is known as *"hathdari".*

The main purpose of the *Panjikar* is to took into the relations of the father and mother of both sides up to the past six generations. In a non-Shrotriya Brahmana there is no head like the Maharajadhirja of Darbhanga and simply the *panjikar's* permission is essential. There is also a custom known as *"Sidhanata"*, i.e. the *Panjikar* reads out the genealogical table of both sides before four relations of each side and proves that the marriage can take place. The marriage of a Srotriya can take place only among the Shrotriyas. If there is no bridegroom or bride among the Shrotriyas then bridegroom or bride is chosen from the Yogya Brahmanas and only the bride of bridegroom is upgraded into Shrotriya. Their parents remain Yogya.

* The certificate is called "A Swajana-Patra"—the form of non-consanguinity-a sort of license for union in marriage.

The marital age of a Shrotriya boy is usually between seventeen or eighteen and onwards up to thirty years and for a girls from eight up to fourteen years. But the girl must be married at the age of fourteen. In the marriage of a Shrotriya Brahmana, the number of non-Shrotriya barat party is not fixed but the number of Shrotriya Brahmana is fixed according to levels mentioned above. If the *barat* of a first level Shrotriya is going to a second level Shrotriya the number of Shrotryia Brahmanas will be only two, i.e., the bridegroom himself and one of his relations either his father or elder brother or uncle, etc. But if the *barat* is going to a same level Shrotriya's house or even to a higher level, the number is not fixed. Among the non-Shrotriya there is no such restriction and there is no level among the non-Shrotriyas.

The Shrotriyas have restrictions with regard to the dress of a Shrotriya bridegroom which is a silk *Dhoti,* a silk *pag* (turban) and a silk *Dupatta*, all non-tailored clothes. The Shrotiya bridegroom will go with a clean Shaven head. The bride wears a silk *ghaghari*, a *silk katechua* (blouse) and few gold ornaments. Her head is left bare but hair is well dressed with a knot on the top. Only after the *Sinduradan* when the bridegroom puts on the head of the bride the *ghogta sari,* she puts on the *sari* over her head for the whole life. There is no dowry system among the Brahmanas.

Among the Shrotriyas the boy will go to bride's house on a *Kharakharia,* a palanquin carried by eight or sixteen or thirty-two persons but among the non-Shrotriyas there is no such restriction.

The *barat* of a Shrotriya goes thrice to the bride's house, i.e., on the marriage day, on the fourth days (*Chaturthi Karma*) and on the day the boy return (*vida*). But among the non-Shrotriyas there is no such system and the *barat* party returns on the very next day but the boy remains there till *Chaturthi Karma.* He may remain there for a longer period and it is not essential that the *barat* should go again to return with the bridegroom. It is only on the invitation of bride's side that the members of bridegroom's side go again to the bride's house. Generally after *Duragaman* ceremony the girl comes to the house of her husband.

If the bridegroom's party of a Shrotriya Brahman is of a much higher level than the bride's *Duragaman* ceremony (wife going to the husband's place for the first time) may be performed even on the days of marriage. If he is somewhat higher, *Duragaman* is performed during the first year of the marriage. If both of them are of equal level the *Duragaman* takes place during the third year of the marriage. If the girl's level is higher than that of the boy, *Duragaman* must take place either during the fifth year or seventh year.

Among the Dhanuks, Nonias, Kewats, Goalas and Amats child

marriage is prevalent. But the *Duragaman* takes place only when they are grown up. They have got their own Brahmana *Purohits.*

(D) MUSI C

In the cultural life of Mithila music plays a very important role and there is no occasion of festivity, social or religious, where music is not considered an essential part of the function. Continuity of tradition in modern Mithila may be traced back to the time of Harisimhadeva, the last King of the Karnata dynasty when a new orientation was given to the social life of the land and new values of culture established. In *Varnaratnakar,* work of unique, historical and cultural importance produced during the time of Harismihadeva by a great poet and scholar, Jyotirishvara Thakur, styled Kavishekharacharya, there is a graphic description of music both vocal and instrumental, classical and folk, but we cannot say definitely how far it is of Mithila proper. But from Vidyapati onwards till the beginning of the present century Maithili poetry has been in songs only meant to be sung and actually sung. Mithila school of music, however, was there even before, P.C. Bagchi of the Visvabharati records in his *"Bharata O China"* (page 51-52) that Brahmana musicians of India would go to the China under the Jangs (618-907 A.D) and leave many deep imprints of Indian music on China. Begchi's discussion of the subjects leads one to the inference that the Indian musicians going China were mostly from Mithila. About the same time Sankara's direct disciple and biographer Anandagiri also refers to Mithila's music in his "Sankaravijaya".

With Vidyapati we come upon grounds. Vidyapati gave a new orientation to the art of music. He was greatly impressed with what Jaydeva had achieved in the field of Sanskrit poetry. Vidyapati took the pattern that was brought into vogue by Jayadeva and used Maithili as the language which was still Sanskrit in Jayadeva. He used a large number of *Ragas* in different Talas in his songs but they were all songs in *Ragas* and *Talas* so much so that in Vidyapati, as in his followers, the *chhandas* are the same as the *Ragas,* or in other words, the name of the *Raga* in which the song is composed in the same of the metre also. Vidyapati was a musician as well as a poet and whatever he composed, he set to music. But he could'not possibly sing all his songs himself on all occasion to all sort of audience. He got, therefore, a young artist, Jayata by name, as an apprentice to himself whom he trained in the art of his music. He came to be known as 'Kathaka' and his descentants have been the noted musicians of the district of Darbhanga, famous not only in Mithila but even beyond. They cultivated the indigenous music and progagated it, specially in Nepal. Abul Fazl in the *Ain-I-Akbari* mentions the Mithila school of music, i.e. the music of Vidyapati's songs at the head of the *Deshee* music. In the 18th century Lochansa, himself a poet of no mean order, composed two works on the Maithil art of music of which on *Ragatarangini* has been published. Manuscripts of works on this art have been noticed in Nepal and they are works by Damodara and Vamsamani both of Mithila.

But since the middle of the 18th century, the Mithila school of music seems to have been eclipsed by the music of the Delhi school. Indigenous Mithila music was considered archaic and went out of fashion in the courts of the great partrons of the art. But so deeply has this art permeated through the life of the land that it was not dead. It was preserved intact by the women folk of Mithila and by the village folk specially the devotees who still keep it alive. It is a pleasure to hear women sing the songs in true Maithil fashion and they always sing in chorus without any instrument. There are songs for every festival, social and religious, there are songs for every season; and all these songs have their appropriate tunes which are based on *Raga and Tala* and which have been coming down from the past, transmitted orally and learnt by the girls of every generation from the ladies of the old generation. It is only recently that film songs seem to have cast their influence on the young girls of the remote villages also and they have come to ignore their own traditional music. The state of things is really alarming and if this last citadel of Maithil music is stormed and lost, a great art will die.

Among the men folk also there have been connoisseurs of this art at all times. Even now there are in the countryside groups or parties who practise this art, always in chorus, with the accompaniment of *Mridanga* and *Jhali.* Such parties are now few and far between but they preserve the old tunes. There are, moreover, devotees of Shiva who sing the *Nacharies* and *Maheshvanis* with the accompaniment of *Damaru* only or with *Mridanga* and *Jhali.* They sing in the old traditional way.

Till about a quarter of a century ago, there was a dance party, called the *Krataniya* party, which was very popular with the lovers of native music. The party sang the classical songs in *Ragas* and *Talas* in the true Maithil fashion, always in chorus with the accompaniment of *Mridanga* and *Jhali.* It is sad that this party has now completely disappeared and historians of Mithila's literature have come to call them the Drama party which was not but was "Natua", the dancing party. There has never been a Maithil stage at least in living memory and no drama has ever been staged simply because there has been no Maithili drama before the end of last century. These *Kirataniya* parties did not stage a play but only sang the songs which the so-called Maithili Dramas contained.

(Darbhanga District Gazetteer, 1964)

❑❑❑